T0277637

El poder de los cumpleaños, las estrellas y los números

El poder de los cumpleaños, las estrellas y los números

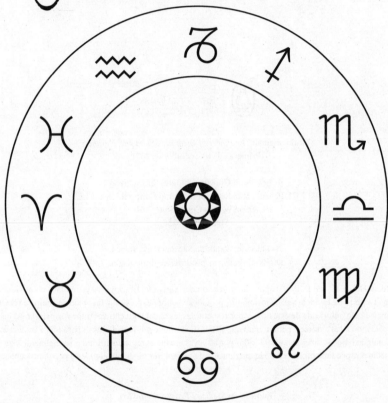

LA GUÍA DE REFERENCIA MÁS COMPLETA SOBRE LA PERSONOLOGÍA

Saffi Crawford y Geraldine Sullivan

TRADUCCIÓN DE WENDOLÍN PERLA

VINTAGE ESPAÑOL

Penguin
Random House
Grupo Editorial

Título original: *The Power of Birthdays, Stars and Numbers*
Primera edición: octubre de 2021

© 1998, Saffi Crawford y Geraldine Sullivan
© 2021, Penguin Random House Grupo Editorial USA, LLC
8950 SW 74th Court, Suite 2010
Miami, FL 33156

Traducción: Wendolín Sabrina Perla Torres
Diseño de cubierta: produccioneditorial.com

Penguin Random House Grupo Editorial apoya la protección del *copyright*. El *copyright* estimula la creatividad, defiende la diversidad en el ámbito de las ideas y el conocimiento, promueve la libre expresión y favorece una cultura viva. Gracias por comprar una edición autorizada de este libro y por respetar las leyes del Derecho de Autor y *copyright*. Al hacerlo está respaldando a los autores y permitiendo que PRHGE continúe publicando libros para todos los lectores.
Queda prohibido bajo las sanciones establecidas por las leyes escanear, reproducir total o parcialmente esta obra por cualquier medio o procedimiento, así como la distribución de ejemplares mediante alquiler o préstamo público sin previa autorización.

Impreso en México / *Printed in Mexico*

ISBN: 978-0-593-31104-2

21 22 23 24 25   10 9 8 7 6 5 4 3 2 1

A nuestras familias, por su inmensa paciencia y apoyo durante el proceso de escritura de este libro. A nuestros padres, Margaret y Michael Sullivan, y Leon y Kristina Grushko, así como a Melissa Crawford, Ricky Foulcer y Cleo Foulcer.

Agradecimientos

Gracias a nuestra editora, Ginny Faber, a nuestra agente, Julie Castiglia, y a Chuck Wein por creer en este proyecto desde el principio.

También nos gustaría agradecer particularmente a Jason Zuzga, Huw Davies y Jane Laing por su ayuda con la edición, y a Mark Reiner por contribuir con sus ilustraciones.

Queremos mencionar a otras personas sin cuyo apoyo este libro no habría visto la luz: Pat Foster, Josephine Shannon, Tom Sullivan, Deirdre Edwards, Julianna Doyle, Alexia Beck, Tasha Griffiths y Anne Leman.

Índice

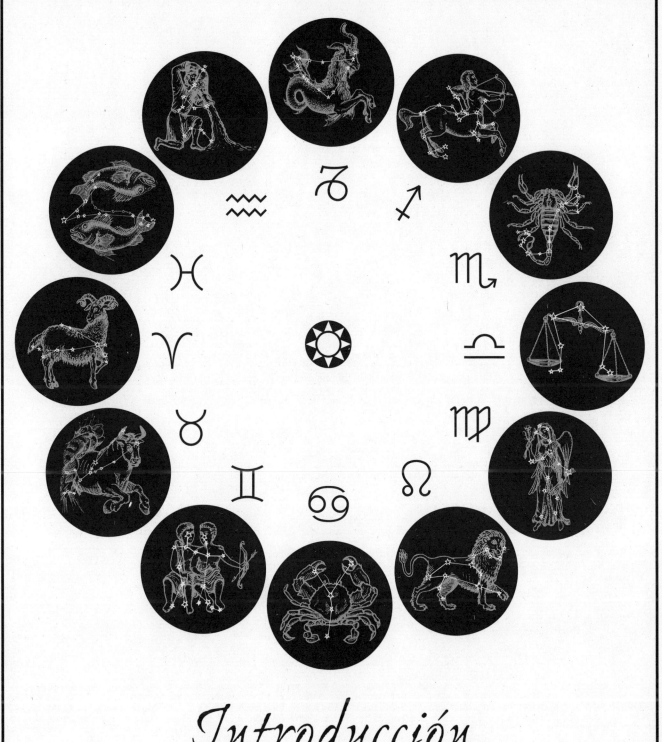

Introducción

En las páginas de este libro encontrarás un perfil de personalidad completo para cada uno de los 366 días del año. Este libro trasciende la astrología popular al compartir las características que hacen único a cada individuo según su día de nacimiento. Partimos de nuestro conocimiento sobre astrología, psicología, numerología y estrellas fijas con el fin de sintetizar todas estas disciplinas y crear perfiles integrales para cada día del año. No hay dos días que compartan fuerzas cósmicas idénticas; por lo tanto, cada día es único y especial. Cada perfil diario ofrece información apasionante sobre tu personalidad y futuro, e igualmente interesante te resultará consultar los cumpleaños de amigos, parejas, familiares y colegas. Aprenderás mucho no solo sobre tus propias habilidades y tu potencial, sino que también te adentrarás en la personalidad y las motivaciones de la gente que te rodea.

La astrología y la numerología son lenguajes de símbolos que exploran la relación entre la humanidad y el universo, y nos hablan de nuestro lugar en el inmenso plan del cosmos.

Desde la antigüedad, la humanidad ha estado consciente de la fuerza y los ciclos de la naturaleza. Estos ciclos naturales y ritmos cósmicos ejercen su influencia sobre todos los organismos vivos. Las estrellas fijas también influyen en nosotros, pese a que están fuera de nuestro sistema solar; eso explica por qué son el centro de atención de la astrología desde la antigüedad. En este libro compartiremos interpretaciones modernas sobre la influencia de las estrellas fijas para cada día del año solar.

La astrología y la numerología son formas de interpretar estas influencias y mostrar el impacto que tienen estos ciclos en nuestra vida. Entre las múltiples facetas del estudio de la astrología se encuentran la astronomía, el simbolismo, la psicología, la física y la geometría, mientras que la numerología comprende la teoría de que los números poseen una dualidad de calidad y cantidad. En el presente volumen hemos reunido todos estos poderosos métodos interpretativos para ofrecer un perfil diario único y completo.

El poder de los cumpleaños, las estrellas y los números integra dos formas distintas de calcular el ciclo anual del Sol. El año astrológico comienza el 21 de marzo, a 0º de Aries, mientras que el año numerológico que se basa en el calendario occidental comienza cada año el 1 de enero. Al combinar estos dos sistemas solares se obtiene una visión holística de la astronumerología que permite esbozar un perfil psicológico complejo para cada día de nacimiento.

Las prácticas astrológicas más sofisticadas se basan en un único momento en el espacio y el tiempo, lo que hace que cada carta astral sea única en términos simbólicos. Aunque los astrólogos requieren el año, la fecha, la hora y el lugar de nacimiento exactos para poder construir una rueda zodiacal, la astrología popular se basa principalmente en los 12 signos básicos del zodiaco. Esta división del año en 12 categorías mensuales, junto con los planetas, se considera el ABC de los estudios astrológicos.

El Sol es el centro de nuestro sistema solar, y los planetas, incluyendo la Tierra, orbitan a su alrededor. La Tierra lleva a cabo dos ciclos importantes a medida que gira tanto sobre su propio eje como alrededor del Sol en dirección contraria a las manecillas del reloj. La rotación de la Tierra sobre su propio eje es lo que posibilita el día y la noche. Desde una perspectiva geocéntrica (desde la Tierra), el Sol parece atravesar el cielo desde el horizonte oriental hasta el horizonte occidental. La jornada aparente del Sol, en contraste con la de las estrellas fijas en sus constelaciones como telón de fondo, marca un camino alrededor de la Tierra llamado eclíptica. El eje de la Tierra no solo rota, sino que se inclina y acerca y aleja el Polo Norte del Sol para producir cuatro variaciones climáticas conocidas como las cuatro estaciones. Estos puntos se conocen más comúnmente como equinoccios de primavera y de otoño, y solsticios de verano e invierno. Para la astrología, estas cuatro divisiones del año representan los cuatro puntos cardinales de la rueda zodiacal de 360 grados. El año astrológico comienza en primavera, a 0º de Aries; el solsticio de verano entra en el 0º de Cáncer; el otoño en el 0º de Libra, y el solsticio de invierno en el 0º de Capricornio. Dado que la rueda zodiacal se divide en 12 partes iguales, con un arco de 30º cada uno, los cuatro signos cardinales de la rueda del zodiaco vienen seguidos de los cuatro signos fijos de Tauro, Leo, Escorpión y Acuario. Los cuatro signos mutables de Géminis, Virgo, Sagitario y Piscis completan los 12 signos de la rueda zodiacal.

El zodiaco se divide entonces en 12 signos distintos. No obstante, en la práctica astrológica avanzada, esos signos tienen aún más divisiones, cada una de las cuales se asocia con otras fuerzas. Los 12 signos se dividen en tercios, conocidos como decanatos. Cada decanato recorre 10º de la rueda zodiacal, dando como resultado tres decanatos para cada signo que también influyen y complementan sus cualidades. Además, cada decanato se asocia con otro signo y otro planeta. En este libro descubrirás no solo el signo bajo el cual naciste, sino también el decanato que te rige.

Ya que el Sol regresa aproximadamente al mismo grado cada año, los astrólogos se refieren a la fecha de cumpleaños como un regreso solar. Al dividir cada uno de los 12 signos entre 30 grados individuales, incluyendo la numerología y las estrellas fijas, *El poder de los cumpleaños, las estrellas y los números* crea un vínculo entre los 12 signos y el arte más amplio de la astrología.

También ofrecemos una sección especial que permite a los lectores investigar más a fondo su personalidad y futuro por medio de la numerología. Esto incluye el cálculo de números holísticos y la elaboración de predicciones a partir del año personal.

Los perfiles por cumpleaños

El perfil de cada cumpleaños contiene información específica sobre las características de ese día. También ofrece información general sobre las configuraciones planetaria y numerológica junto con el signo astrológico, el grado y el decanato para individualizar aún más el perfil al agregar las subinfluencias de otro signo y otro planeta.

Asimismo, hemos incluido la técnica astrológica de predicción conocida como progresión. Los astrólogos a menudo se valen de progresiones solares para indicar los años importantes en la vida de un individuo. Estos puntos de inflexión para el desarrollo personal ocurren aproximadamente tres veces en la vida de una persona, en las ocasiones en que el signo del Sol progresado cambia.

Las fortalezas y las debilidades secretas de cada individuo están desarrolladas en el apartado "Tu yo secreto". Además, compartimos las mejores opciones de carrera según el día de nacimiento y una lista de personas famosas que también nacieron ese día.

En cada perfil brindamos información sobre la numerología de ese cumpleaños. Se presentan las cualidades numerológicas según el día del mes, las cuales luego se describen a fondo a través de las cualidades numerológicas de cada mes. A pesar de que la numerología del día y del mes es importante para entender tu personalidad, lo cierto es que resulta secundaria frente al número holístico personal, el cual rige tu vida entera y cada aspecto de tu personalidad. Por ende, para entender a cabalidad tu personalidad, es necesario que consultes no solo la numerología de tu día y mes de nacimiento, sino también tu número holístico, el cual se define con claridad en la introducción a este libro. Si quieres descubrir cómo

influye sobre ti la numerología de cada año, deberás calcular tu número anual personal, lo cual también se explica en la sección introductoria.

En cada entrada diaria se describen particularidades del amor y las relaciones junto con fechas específicas y categorías de gente con quien el lector puede tender vínculos kármicos, relaciones amorosas ideales, amistosas y sociales. A pesar de que incluimos varias fechas sugeridas, estas listas no son concluyentes; por lo tanto, también puedes entablar relaciones significativas con gente nacida en días que no se contemplan en la lista.

Cada perfil de cumpleaños también brinda información sobre la influencia especial y poderosa que las estrellas fijas esparcidas a lo largo del ciclo anual del Sol ejercen sobre esa fecha. Es posible que varias estrellas influyan en tu día de nacimiento, o bien, que ese día no haya estrellas lo suficientemente brillantes ni cercanas a la ubicación del Sol en el cielo galáctico como para ejercer influencia alguna sobre tu día de nacimiento. Todas las estrellas que ejercen influencia relacionada con el Sol se mencionan en cada fecha de nacimiento, y encontrarás también la ascendencia de tu estrella principal. A partir de la página 805 encontrarás un apéndice con todas las estrellas fijas importantes, de modo que puedas consultar la influencia de todas las estrellas incluidas en tu lista; y, si decides ir más a fondo en la práctica astrológica, aprenderás que incluso si no hay una estrella fija relacionada con la posición de tu día solar, de cualquier modo algunas estrellas estarán vinculadas con las posiciones de los planetas ese día. Tenemos la esperanza de que todos los lectores quieran adentrarse más a fondo en los ricos laberintos de las estrellas fijas.

Mediante la numerología propia del día, se describen más a fondo datos especiales sobre las características de ese día y se complementan con interpretaciones del número de cada mes. Por último, en cada entrada diaria se discuten el amor y las relaciones, y se ofrecen fechas específicas y categorías de individuos con quienes el lector puede entablar vínculos kármicos, relaciones amorosas ideales, amistades y parejas.

Al combinar en un solo volumen nuestras áreas de especialización, esperamos ofrecerles a los lectores la herramienta de referencia más completa disponible en el campo de la personología. Hemos trabajado arduamente para sintetizar muchos años de investigación, la complejidad de la carta astral y miles de casos de estudio dentro de perfiles personológicos que te permitirán entender mejor no solo tu personalidad, tus aptitudes y tu potencial, sino también la personalidad, las aptitudes y el potencial de los demás. Sumérgete con nosotros en cada día del año. Cada día comienza igual que cada persona: siendo único y prometedor.

Introducción a la astrología

 Desde el surgimiento de la civilización, hemos observado el cielo para entender la relación entre el universo y nosotros. A los primeros humanos, la transitoriedad de nuestra existencia en la Tierra les generaba mucha incertidumbre. Sin embargo, la recurrencia de los fenómenos celestiales, tales como la salida y la puesta del Sol, les traía sosiego. Nuestros ancestros percibieron este contraste como la distinción fundamental entre los dominios terrenal y celestial. Por ende, la astrología surgió como un estudio de las interacciones significativas entre las estrellas, los ciclos planetarios y los sucesos terrestres.

La astrología, una de las pocas filosofías aún vigentes que poseen una perspectiva holística, nos enseña que todo está interconectado. Nada se sostiene por sí solo. Todo forma parte de una relación dinámica y en constante cambio con los ciclos del cosmos. No existimos al margen de este sistema viviente; influimos en él y nuestra vida se ve influida profundamente por él. Todos los individuos somos parte de una relación dinámica y cambiante con los demás. El universo, por su parte, es una interacción compleja de ciclos y fuerzas, ya que una serie de polaridades opuestas se ponen en marcha unas a otras, y con ello forman parte de un sistema más grande. Los astrólogos reconocen esta interacción y tratan de comprenderla a través de simbolismos.

Ninguna persona existe en sí misma, ya que somos parte de un conjunto de relaciones dinámicas y cambiantes con otros individuos, y cada uno de ellos está a su vez involucrado en relaciones cambiantes y dinámicas con los ciclos del cosmos.

Estos ritmos orgánicos se distinguen por su periodicidad, y esta existencia cíclica y rítmica forma parte de la hipótesis astrológica. La astrología acepta la complejidad, la simultaneidad de la objetividad y la subjetividad. A nivel objetivo, la astrología mide el tiempo a través de los ciclos de los planetas, y con ello brinda una perspectiva única sobre el significado de su duración. A nivel subjetivo, la astrología opera por medio de simbolismos profundos y se enriquece a través del estudio de los contextos.

La astrología sostiene que el curso de la naturaleza es un círculo o un mandala, y en los 360° de la circunferencia vivimos nuestra existencia a nivel individual y colectivo. Cada grado es un fragmento independiente del círculo, pero solo a través de la unión de todos estos grados es que este puede existir. El mandala es el símbolo de toda la creación, una forma independiente y perfecta sin principio ni final. El círculo, por su parte, representa tanto al universo como a todos los humanos en su individualidad, el universo interior. Eso significa que cualquier actividad de la vida está relacionada con este círculo, y su estructura también comprende los ciclos del tiempo. Al explorar la astrología podemos también descubrir las conexiones entre los universos externo e interno y adquirir a través de ello mayor conciencia psicológica y espiritual.

Las dos luces mayores en la astrología son el Sol y la Luna, las cuales corresponden al ciclo del día y de la noche. Con base en este ritmo las antiguas civilizaciones establecieron los calendarios lunar y solar, de los que se desprendieron las horas, los días, los meses y los años. En términos psicológicos la unión simbólica entre el Sol y la Luna se percibe como "el matrimonio místico", el cual representa la unión de dos opuestos dentro del individuo. Según la filosofía oriental esta unión está representada por el *ying* y el *yang*, o los principios masculinos y femeninos.

Un horóscopo personal, entonces, es un "mapa" que muestra la posición precisa de los planetas en nuestro sistema solar en relación con la Tierra al momento en que nace una persona. En su forma más simple, la carta astral consiste de 10 planetas y 12 signos zodiacales.

Los 12 roles astrológicos del Sol

La humanidad comparte temas universales, como el amor, el odio, el nacimiento, la muerte, la infancia, la paternidad y la vejez. El rango completo de estas experiencias humanas está simbolizado en la rueda astrológica, a medida que el Sol recorre de forma simbólica los 12 signos del zodiaco. La astrología sostiene que todos nacimos para unirnos a este gran ciclo de la existencia y desempeñar cierto papel dentro del escenario divino. Como bien lo dijo Shakespeare: "El mundo entero es un escenario, y hombres y mujeres somos simples actores".

En el modelo de la totalidad, absolutamente todo está en relación con todo lo demás y, por lo tanto, está interconectado. De igual modo, en la astrología, los 12 signos están incrustados en la psique de los individuos y la humanidad al mismo tiempo, y a pesar de que una persona nazca bajo un signo en particular, para poder integrarla con el resto es necesario que se relacione de alguna manera con los otros 11 signos. En nuestra vida diaria experimentamos las facetas de estos 12 signos, pero nuestro signo solar puede interpretarse como el papel más importante que vinimos a aprender y desempeñar. Desde el punto de vista psicológico, Carl Gustav Jung interpretó estos roles universales como arquetipos.

La gente a menudo piensa que actúa por voluntad propia, pero al adquirir conciencia personal se percata de que los individuos no somos sino conductos o canales de la divinidad, y que a través de ellos el universo se acomoda en función del momento y el lugar de su existencia. Según el astrólogo Dane Rudhyar, en su libro *Un mandala astrológico:* "El ego [en un individuo] se convierte en un lente transparente a través del cual la voluntad de Dios se concentra en cada acto individual. No hace sino lo que la Gran Mente le pide hacer. Su vida es sagrada porque ya no se trata de su vida sino todo en su conjunto que se manifiesta con y a través del espacio del total de su organismo".

Los arquetipos y roles de los 12 signos zodiacales

Cada signo zodiacal adopta y desempeña los roles de un arquetipo particular para manifestar su poder dentro del acto de creación. En la siguiente lista se vinculan algunos de los principales arquetipos y roles con cada signo zodiacal:

ARIES: el líder, el entusiasta, el pionero, el guerrero, el temerario, el competidor.

TAURO: el pragmático, el hedonista, el amante de la naturaleza, el cantante, el evaluador.

GÉMINIS: el comunicador, el intérprete, el escritor, el orador, el narrador, el educador.

CÁNCER: la madre, el cuidador, el psíquico, el consejero, el protector.

LEO: el artista, el rey o la reina, el niño, el creativo, el amante, el actor o la actriz.

VIRGO: el analista, el perfeccionista, el investigador, el servidor, el refinador, el crítico.

LIBRA: el amante, el diplomático, el compañero, el socializador, el anfitrión o la anfitriona, el equilibrador, el negociador.

ESCORPIÓN: el controlador, el hipnotista, el mago, el detective, el transformador.

SAGITARIO: el viajero, el filósofo, el optimista, el buscador, el extranjero.

CAPRICORNIO: el padre, la figura de autoridad, el trabajador, el disciplinado, el tradicionalista.

ACUARIO: el humanitario, el observador objetivo, el inventor, el científico, el amigo, el excéntrico, el revolucionario, el anarquista.

PISCIS: el visionario, el romántico, el salvador, el místico, el sanador, el soñador, el poeta.

Los 12 signos astrológicos

ARIES

PRIMER SIGNO
FUEGO CARDINAL
PLANETA DOMINANTE: MARTE
PARTE DEL CUERPO: CABEZA
PALABRAS CLAVE: ENERGÍA, ACTIVIDAD, LIDERAZGO

Los arianos están llenos de energía e ideas creativas, y pertenecen al primer signo del zodiaco. Aries es un signo de fuego, y quienes nacen bajo él suelen ser personas animosas y entusiastas, convencidas de que la exploración y la conquista del mundo están a su alcance. Además de ser fervorosos y asertivos por naturaleza, estos individuos se involucran en una cantidad interminable de proyectos y actividades que les encanta emprender. Son pioneros y por ello están a la cabeza del zodiaco; de hecho, hasta los arianos más reservados desean en secreto ocupar el primer lugar o encabezar algo. Al estar regidos por el planeta Marte, son personas de acción que rara vez se quedan sentadas mirándose el ombligo. Al combinar su corporalidad activa con un espíritu audaz y emprendedor, quienes pertenecen a este signo buscan con ansias estar al frente en cualquier actividad. Acostumbran ser audaces y apasionados, e idealistas y leales hasta la muerte con sus seres queridos. A los arianos les gusta tener conversaciones largas con sus parejas sobre sus proyectos favoritos, y apoyarlas en sus propios emprendimientos.

Dado que la paciencia no es su fuerte, es posible reconocer a las personas de este signo por su actitud directa, sus acciones decididas o su falta de tacto y sutileza. Esta misma impaciencia puede volverlos intolerantes, impulsivos y propensos a tomar decisiones imprudentes de un momento a otro. Sin embargo, responden bien a las crisis, pues tienen la capacidad de hacer frente a los retos y a las dificultades con valentía.

Aunque se opongan a la opinión pública, los arianos suelen negarse a poner en entredicho sus ideales, aun si eso conlleva problemas. No obstante, conforme crecen, la mayoría aprende humildad y modestia, no sin antes enfrentar muchas dificultades. Los hombres nacidos bajo este signo gustan de ser caballeros andantes; las mujeres pueden aparentar ser asertivas y vigorosas.

Con frecuencia, los arianos se enfurecen muy rápido y ansían expresar sus opiniones, pero también perdonan y olvidan con la misma velocidad. Al dejarse llevar por la adrenalina y carecer de la paciencia de fijarse en los detalles, estos individuos suelen siempre tener prisa y se desempeñan mejor al inicio de los proyectos. Sin embargo, las personalidades arianas deben cuidarse de ser ingenuas, egocéntricas y de la tendencia a abusar de los demás.

Por lo general, poseen una intensa energía creativa e inspiración, así como una enorme fe en sí mismos. Esto suele observarse en su capacidad de liderazgo natural. Por lo tanto, no es extraordinario que influyan a otros para que sigan sus pasos. El espíritu de Aries, que es incapaz de darse por vencido, además de ser dinámico y generoso, siempre vive para luchar un día más.

TAURO

SEGUNDO SIGNO
TIERRA FIJA
PLANETA DOMINANTE: VENUS
PARTE DEL CUERPO: CUELLO Y GARGANTA
PALABRAS CLAVE: FORTALEZA, PERSEVERANCIA,
SENSUALIDAD

Los Tauro son sensatos, se caracterizan por su empeño discreto y son individuos razonables que nunca se dan por vencidos. Al ser pacientes y perseverantes, siguen adelante cuando los demás han tirado la toalla. Su carácter cálido, tranquilo y sencillo refleja su gusto por la simpleza de la vida.

A los Tauro no les gusta apresurarse; toman decisiones con detenimiento y de forma deliberada, y la seguridad y los asuntos financieros siempre son el eje de sus inquietudes. Con Venus como planeta dominante, los individuos de este signo suelen ser magnéticos y sensuales, y le resultan atractivos al sexo opuesto. La influencia de Venus también los dota de una gran pasión por la belleza, interés por el arte y un refinado sentido del tacto.

Tauro es un signo de tierra pragmático, por lo que los placeres básicos de la vida —como el hogar y la comida— son importantes. Con frecuencia, los Tauro se convierten en expertos en las artes culinarias y conocedores vinícolas, y les encanta recibir invitados. También son los banqueros simbólicos del zodiaco, lo que explica por qué la mayoría realiza listas detalladas de todos sus negocios y transacciones. Si los acusan de ser materialistas, responderían que solo intentan ser sensatos y aprovechar su dinero al máximo. Se especializan en evaluar y valorar cualquier cosa, desde asuntos de dinero hasta a sí mismos.

Los Tauro suelen ser generosos con sus seres queridos, pero quizá deban evitar ser demasiado posesivos. Son amigos leales y devotos que pueden sufrir en silencio para evitar la confrontación; sin embargo, si se les presiona, se vuelven obstinados y tercos. Su personalidad necesita estabilidad y seguridad; por lo tanto, prefieren mantener las cosas tal y como están, sin alterarlas. Durante los periodos de cambio e inestabilidad, a estos individuos se les dificulta adaptarse a situaciones nuevas. Por fortuna, su amor por el arte, la creatividad, las bondades de la naturaleza y la música puede reconfortarlos.

Las personas nacidas bajo este signo suelen tener voces atractivas, serenas y firmes, y con frecuencia son buenos cantantes. Sin embargo, si están estresados, con frecuencia se enferman de la garganta, a pesar de que —por regla general— tienden a ser fuertes y sanos. La personalidad de este signo disfruta el placer y la comodidad, pero deben evitar la tendencia a ser demasiado complacientes con las cosas buenas de la vida.

Estos individuos acostumbran ser pragmáticos y perseverantes, y se esfuerzan con diligencia para alcanzar sus metas. Firmes en su deseo de construir bases sólidas, los Tauro atraen y alcanzan el éxito.

GÉMINIS

TERCER SIGNO
AIRE MUTABLE
PARTE DEL CUERPO: PULMONES, BRAZOS, MANOS
PALABRAS CLAVE: VERSATILIDAD, LOCUACIDAD, INGENIO

Los Géminis, comunicadores natos con una sed de conocimiento inagotable, son estudiantes eternos. Al ser de un signo de aire y poseer una gran inteligencia, están siempre en movimiento, intentando satisfacer su curiosidad intelectual. Identifican con gran rapidez los puntos relevantes de cualquier tema y adquieren un amplio conocimiento general, mismo que les gusta compartir con los demás. Estos individuos pueden ser brillantes y entusiastas, y tener múltiples talentos, pero deben cuidarse de desperdigar su energía en demasiadas direcciones. Mediante la disciplina mental y la educación pueden aprender a desarrollar un pensamiento más sofisticado.

Dado que están ligadas a Mercurio, las personas de este signo suelen tener cierta cualidad andrógina, así como un cuerpo esbelto y juvenil. Los Géminis suelen tener rostros brillantes y expresivos y gustan de usar las manos al transmitir sus ideas. Al ser amantes de la conversación, pueden hablar durante horas, lo que suele reflejarse en sus recibos telefónicos kilométricos. Dada su visión jovial del mundo, a quienes nacieron bajo este signo se les suele llamar niños eternos porque nunca pierden la capacidad de asombro.

Puesto que su sistema nervioso es sensible, se les complica enfocar toda su atención en algo o alguien. Al igual que su símbolo, los gemelos, se caracterizan por poder hacer más de una cosa a la vez, además de ser flexibles, versátiles y adaptables. Como personas de un signo aéreo, son tan sofisticados que no les agrada sentirse encasillados y se empeñan en nunca estar ni ser aburridos. Los Géminis son famosos por su inconstancia, y parecen tener varias personalidades y un humor cambiante. Por lo general, son personas intelectuales e interesadas más en retos mentales estimulantes que en pasiones terrenales.

Gracias a que son amigables y de sangre ligera, los Géminis suelen llevarse bien con otros y estar más que dispuestos a compartir los cúmulos de conocimiento que tienen a su disposición. Debido a su encanto juvenil e ingenio innato, no es sorprendente que sean amigos y compañeros maravillosos. Llegan a ser expresivos cuando le dan rienda suelta a su espíritu mercurial, además de ser entretenidos y tener una tonelada de ideas frescas.

CÁNCER

CUARTO SIGNO
AGUA CARDINAL
PLANETA DOMINANTE: LA LUNA
PARTE DEL CUERPO: PECHOS Y ESTÓMAGO
PALABRAS CLAVE: SENSIBILIDAD, EMPATÍA, AFECTO

Los Cáncer, al ser emotivos y sensibles, se rigen por sus sentimientos. Al igual que su planeta dominante, la Luna, experimentan la amplia gama de emociones que trae consigo el cambio de la marea. Tienen el poder del océano más profundo y la vulnerabilidad de un cangrejo solitario en una playa vacía. Como ese cangrejo, traen encima un caparazón de timidez que los protege u oculta su sensibilidad o cautela. Esto no debe interpretarse como debilidad, pues en ocasiones se retraen para recobrar fuerzas.

Los Cáncer, empáticos y gentiles, sienten una gran necesidad de brindar cuidados, por lo que suelen adoptar el papel de padres, guardianes o terapeutas. A veces tienen una veta extremadamente protectora, por lo que defenderán a sus seres queridos frente a cualquier cosa. No es extraordinario, entonces, que la familia y el hogar ocupen un papel central en su necesidad de seguridad. Por lo general, se orientan hacia lo doméstico y reconocen la buena comida y a los buenos cocineros. Muchas personas que nacen bajo este signo llegan incluso a sentirse inseguras si no tienen el refrigerador repleto.

A pesar de sus humores diversos y variantes, la personalidad de este signo es afectuosa por naturaleza; pero quizá los cancerianos deban evitar sofocar a los demás con su amor protector y su devoción. Cáncer es un signo de agua, por lo que las personas de este signo suelen ser tímidas y tender al sentimentalismo, además de que son propensas a aferrarse al pasado y convertirse en ávidas coleccionistas o acumuladoras. Los objetos coleccionados o acumulados pueden ir desde reliquias familiares y antigüedades hasta recuerdos guardados en fotografías y cartas. Tienen talento para acumular dinero, mismo que es probable que almacenen en cuentas de ahorros para emergencias.

Los individuos de este signo tienen una personalidad compleja. Por un lado, pueden parecer pilares de fortaleza; pero, por el otro, aparentan tener la vulnerabilidad de un niño. Los Cáncer son maestros del arte de la resistencia pasiva.

Con la Luna dando sazón a sus respuestas, los Cáncer son naturalmente intuitivos o poseen tendencias de médium, y pueden sentirse heridos con facilidad. Su imaginación poderosa y su empatía pueden encontrar mecanismos de expresión en el mundo creativo o artístico. Sin embargo, una vez que confían en alguien lo suficiente como para mostrar sus sentimientos, son fuertes, leales y protectores.

LEO

QUINTO SIGNO
FUEGO FIJO
PLANETA DOMINANTE: EL SOL
PARTE DEL CUERPO: CORAZÓN
PALABRAS CLAVE: VITALIDAD, CONFIANZA,
AUTOEXPRESIÓN

Además de ser cálidos, amorosos y generosos, los Leo tienen un corazón enorme. Sus gestos generosos provienen de su gusto por el histrionismo, pues a los Leo les gusta complacer al público y siempre son más felices frente a una audiencia que los aprecie. Por fortuna, para compensar la tendencia a acaparar todos los reflectores, también son atentos con los demás. Asimismo, expresan desaforadamente su apoyo a los proyectos de otros y los llenan de cumplidos.

Al estar regidos por el Sol, poseen una alegría juguetona e infantil, así como una necesidad de expresarse de forma creativa. Ya que prefieren ser los protagonistas y no parte del coro, su orgullo y vanidad suelen traerles problemas. Les cuesta trabajo admitir que están equivocados, y los halagos los hacen vulnerables a la manipulación. No obstante, compensan cualquiera de sus defectos con su brillante personalidad, facilidad para divertirse y generosidad. Estas personas amistosas y sociables son la pareja ideal para reuniones, fiestas, salidas al teatro o viajes largos.

Las ansias de brillar, combinadas con su aire regio e imponente, lleva a los Leo a posiciones de autoridad, donde se les permite demostrar su notable capacidad de liderazgo. Asumen el mando por naturaleza. Ya que en ocasiones lo hacen sin que se les pida, también pueden acusarlos de ser demasiado autoritarios. Sin embargo, estas personas acostumbran trabajar tan arduamente como pueden para cumplir con sus responsabilidades, y eso los hace excelentes líderes o gerentes. Aquellos que no alcanzan su máximo potencial natural pueden caer en la holgazanería y perder los ánimos.

Los Leo son famosos por su valentía, y prefieren desempeñar un papel fuerte y protector que ser débiles o estar indefensos. Aun si los más tímidos ocultan su orgullo y grandeza detrás de una fachada de modestia, su regia dignidad suele salir a la luz. Los Leo suponen que los demás tienen una integridad similar a la suya y procuran mantener el respeto por sí mismos en cualquier desacuerdo. Asimismo, quieren que las personas tengan una buena opinión de ellos y están conscientes de la imagen que proyectan a los demás.

Al pertenecer a un signo de fuego fijo, los Leo son vivaces y entusiastas, si bien un tanto tercos. La combinación de creatividad y dramatismo los convierte en románticos irredentos. Adoran amar y ser amados. Sin importar dónde los encuentres, su brillante personalidad dejará una marca duradera.

VIRGO

SEXTO SIGNO
TIERRA MUTABLE
PLANETA DOMINANTE: MERCURIO
PARTE DEL CUERPO: INTESTINOS
PALABRAS CLAVE: DISCERNIMIENTO, EFICIENCIA,
SERVICIO

Los Virgo son analíticos y eficientes, y poseen una ética laboral inquebrantable. Necesitan orden en sus vidas y prefieren hacer las cosas de forma metódica. Asimismo, constantemente examinan y refinan las cosas para mejorar los sistemas existentes. Por desgracia, este perfeccionismo a veces se extiende a criticar a quienes los rodean, lo que provoca que los demás se resistan a sus mensajes. Por otra parte, no aprecian que les señalen sus defectos, pues están conscientes de ellos y suelen ser los mayores críticos de sí mismos. Esta capacidad de reconocer sus fallas los hace sencillos y poco pretenciosos, y suelen encontrar la validación de su valor propio al servir a los demás.

Como están dominados por Mercurio, los Virgo son inteligentes, elocuentes y perspicaces, y al añadir el elemento de la Tierra se vuelven pragmáticos y buenos organizadores que trabajan de forma ardua y le ponen atención a los detalles. Además aunque son ahorradores y prudentes con el dinero, se aferran demasiado a su billetera, pueden ser generosos con su tiempo y dinero si alguien requiere su ayuda. Sin embargo, esperan que esas personas hagan un esfuerzo por ayudarse a sí mismas. Los Virgo no suelen responder bien a la estupidez o la vulgaridad; poseen mentes lógicas cuyo instinto es encontrar el orden en medio de la confusión. Asimismo, acostumbran analizar los más mínimos detalles, pero deben evitar repasar los mismos puntos una y otra vez para poder ver el panorama completo.

Ya que tienen expectativas y estándares altísimos, los nacidos bajo este signo suelen ser discernidores y minuciosos en algunas áreas. Los individuos de este signo suelen interesarse en la limpieza y en la nutrición, y con frecuencia se desempeñan como promotores del ejercicio y de la vida saludable. A pesar de esto, en ocasiones padecen tensión mental y a veces caen en la ansiedad o la neurosis. Esto puede ser consecuencia de la presión laboral; ya que, dado su sentido de la responsabilidad y el deber, asumen más responsabilidades de las que pueden manejar. Por lo general, son empleados maravillosos, pues les desagrada el desorden y son defensores de la meticulosidad y la eficiencia.

Además de ser confiables y sinceros, y mirar la vida con un enfoque metódico, los Virgo serán siempre pilares de apoyo práctico y sensato. De hecho, un Virgo te ofrecerá su ayuda incluso antes de que se la pidas.

LIBRA

SÉPTIMO SIGNO
AIRE CARDINAL
PLANETA DOMINANTE: VENUS
PARTE DEL CUERPO: RIÑONES
PALABRAS CLAVE: EQUILIBRO, DIPLOMACIA, RELACIONES

Los Libra son los diplomáticos del zodiaco. Para evitar desacuerdos, anteponen su encanto, se muestran brillantes y hacen todo lo posible por mantener la paz. Además de ser afectuosos, corteses y refinados, tienen la necesidad de ser populares. Ya que son un signo de aire, poseen cierta levedad y son amigables, inteligentes y sociales.

Los Libra, regidos por Venus y conscientes de las relaciones, siempre ven las cosas desde la perspectiva de los demás. Este principio de equilibrio suele hacerlos necesitar una pareja que funcione como un espejo para entenderse a sí mismos. Al ser expertos en la justicia y la paridad sopesan todo con cautela antes de tomar una decisión. Pueden discutir los pros y contras de cualquier situación o problema con lógica y discernimiento asombrosos. Esta habilidad los dota de talento para el arte de la transigencia y la negociación. Por desgracia, esto también puede ser motivo de indecisión e incapacitarlos para llegar a una conclusión.

"Equilibrio" es una palabra poderosa para los Libra. A pesar de que en verdad buscan la armonía, no dejan de ser propensos a periodos complicados, cuando sus básculas se cargan demasiado hacia un lado. No obstante, mientras más trabajan en su conciencia y ajustes internos, más independientes se vuelven. Esto mitiga su tendencia a depender de los demás. A veces deben aprender a defender sus creencias, aun cuando estas sean controversiales.

Al estar regidos por Venus los Libra son sociables, elegantes y amantes de la belleza y los lujos. Suelen tener hogares hermosos, y por naturaleza son buenos para algún tipo de expresión artística. Dado que tienen buen ojo para los colores, necesitan estar rodeados de armonía y buen gusto; de lo contrario se sienten infelices. Este amor por la belleza se aprecia también en su apariencia, pues invariablemente hacen un esfuerzo por verse atractivos.

Son anfitriones maravillosos y adoran las actividades que combinan la socialización con el amor, como las bodas y las reuniones con familia y amigos. De hecho, son grandes románticos que siempre apreciarán los regalos, las flores o el chocolate, lo cual satisface tanto el deseo de su alma de encontrar belleza como su debilidad por las cosas dulces. Con apenas un poco de amor y afecto, encontrarás un lugar en el corazón de un Libra.

ESCORPIÓN

OCTAVO SIGNO

AGUA FIJA

PLANETA DOMINANTE: PLUTÓN

PARTE DEL CUERPO: ÓRGANOS SEXUALES

PALABRAS CLAVE: REGENERACIÓN, SIGILO, PODER

Los magnéticos escorpiones se encuentran bajo el signo más apasionado del zodiaco. Sin importar lo que hagan, lo hacen con gran intensidad. Con los Escorpión no hay medias tintas: son criaturas de poder, voluntad y contrastes.

Al ser de un signo de agua, los Escorpión prefieren contemplar la vida desde un nivel emocional más profundo. El lenguaje vacuo de los aficionados no es para ellos; quieren conocer la historia auténtica y buscan la verdad. Son expertos para recibir señales subliminales gracias al regente de su planeta dominante, Plutón, el gobernante del inframundo. Esto provoca que sean capaces de detectar psíquicamente

lo que los demás sienten de forma inconsciente, además de comprender sus palabras. Como detectives o psicólogos, te preguntarán todo sobre ti, pero rara vez revelarán algo sobre sí mismos. Este sigilo suele ser una forma de ocultar su poder. Debido a que experimentan las emociones con una gran intensidad, en ocasiones pueden sentirse heridos de gravedad y prefieren tener el control de las cosas.

Una gran lección de vida para las personas de este signo es sobreponerse a los deseos por medio del uso creativo de la fuerza de voluntad. Dado que su signo está conectado a las raíces del impulso sexual, sus sentimientos son intensos y poderosos, y a veces los llevan a ser celosos o posesivos.

La muerte simbólica o la transformación es una poderosa experiencia que los Escorpión no temen enfrentar. Habrá ocasiones en las que estén dispuestos a alejarse de todo para validar sus emociones intensas. No pueden ser hipócritas aunque eso implique perderlo todo; esto, por supuesto, deviene en una enorme fortaleza cuando no temen dejar ir las cosas. Una vez que se deciden a emprender algo, su deseo por lograrlo es incontenible. Debido a que pertenecen a un signo fijo, tienen una capacidad de resistencia extraordinaria y perseveran hasta las últimas consecuencias.

Los Escorpión suelen ser competitivos y les disgusta perder. Cuando los derrotan, esperarán hasta poder demostrar que la otra persona se equivoca o cobrar venganza, sin importar cuánto tiempo tengan que esperar para hacerlo. Por otra parte, cuando están de tu lado, serán leales y amorosos con la misma intensidad, y se entregarán por completo sin importarles el esfuerzo o el sacrificio que ello conlleve.

Escorpión es un signo de regeneración. Tienen el potencial de conjurar una enorme fortaleza al conectar con las fuerzas creativas fundamentales de la naturaleza. El símbolo mágico del fénix que resurge de entre las cenizas representa su capacidad de renacer desde las profundidades y ascender a las alturas con un nuevo entendimiento y poder. Para los Escorpión las cosas son todo o nada; no quieren vivir meramente en la superficie. Por lo tanto, requieren retos para poner en evidencia su poder y sentirse vivos.

SAGITARIO

NOVENO SIGNO

FUEGO MUTABLE

PARTE DEL CUERPO: CADERA Y MUSLOS

PALABRAS CLAVE: HONESTIDAD, EXPLORACIÓN,

IDEALISMO

Los Sagitario son espíritus libres con un estilo amigable e independiente. Les disgusta sentirse atrapados y son idealistas irredentos que siempre buscan expandir sus horizontes y mejorar su situación. Además de ser optimistas y tranquilos, añoran la verdad, la honestidad y la justicia, lo que les da una perspectiva filosófica de la vida.

Los Sagitario son enérgicos, piensan en grande y son capaces de ver el panorama completo. Esta habilidad para visualizar "el plan maestro" significa que suelen trabajar en proyectos o planes para el futuro. Les encanta explorar y son viajeros empedernidos del mundo y de la mente. Le dan un gran valor al conocimiento y la sabiduría, y buscan inspiración para sí mismos y otros, con el deseo genuino de impulsarlos con sus palabras divertidas e inteligentes, o con su enorme sonrisa. Para su mala fortuna, suelen provocar el efecto contrario cuando se les olvida pensar antes de hablar. Como son francos y directos externan cualquier cosa que tengan en mente, con una honestidad que puede resultar desconcertante. Por otro lado, recuperarse después de meter la pata es parte del encanto de las personas de este signo, por lo que te asegurarán que no fue su intención ofender, y uno no puede hacer más que perdonarlos.

Debido a su necesidad de expansión constante, los Sagitario suelen abocarse a la educación superior y disfrutan explorar temas como filosofía, religión, viajes y derecho. Sin embargo, algunos son más deportistas que intelectuales, y obtienen su dosis de emoción de la competencia y el juego. Además, acostumbran tener suerte y les encanta correr riesgos de una u otra forma, por lo que les atraen las apuestas o la especulación.

Sin importar lo que hagan, los Sagitario lo hacen con estilo. Por la forma en que ansían las mejores cosas de la vida, suelen ser bastante autocomplacientes, aunque deben tener cuidado de no llevar su lado extravagante demasiado lejos y volverse codiciosos o demasiado autocomplacientes. Para compensar, tienen buen humor y son sinceros. Les encanta tener libertad de movimiento y, por lo tanto, mantener sus opciones abiertas.

Los Sagitario, entusiastas, cálidos, generosos, y con el corazón siempre en la mano, son como el arquero que apunta sus flechas alto: saben cómo disfrutar de la vida y están ávidos de aventuras.

CAPRICORNIO

DÉCIMO SIGNO
TIERRA CARDINAL
PARTE DEL CUERPO: RODILLAS, ESQUELETO
PALABRAS CLAVE: AMBICIÓN, CONCIENCIA, DILIGENCIA

Los Capricornio, que pertenecen al signo más realista del zodiaco, saben que no hay recompensas sin trabajo arduo. Poseen un gran sentido del deber y están dispuestos a esperar pacientemente para satisfacer sus ambiciones. Al igual que la cabra, terminarán por alcanzar la cima de la montaña, incluso si les toma toda la vida.

Los Capricornio son trabajadores, activos y decididos, y necesitan tener un propósito en la vida, pues sin una meta concreta están perdidos. Ansían orden y estructura para sentirse completos y, por lo general, hacen listas de tareas diarias. La seguridad es importante para ellos y, bajo la influencia de su planeta dominante, Saturno, adoptan un enfoque precavido y conservador frente a la vida. Sienten un gran respeto por la autoridad y admiran la sabiduría de la edad y la experiencia. Esto se extiende a su trabajo, pues cuando realizan una tarea, siempre la hacen a conciencia. Sin embargo, también pueden ser tercos, fríos o calculadores, y usar su rigidez saturnina para propósitos egoístas en vez de usarla para la disciplina, que suele ser una de sus mejores cualidades.

Las características económicas, prácticas y ahorradoras del elemento de tierra de los Capricornio se mezclan bien con su deseo de estatus y prestigio, lo cual les permite alcanzar posiciones de poder sin desperdiciar sus esfuerzos. No son frívolos ni caprichosos; se toman sus responsabilidades en serio y ponen a su familia y hogar en primer lugar en lista de prioridades. Por desgracia, también pueden ser pesimistas y sentir que no son suficientemente buenos, por lo que deben evitar caer en la depresión. Cuando dudan de sí mismos y de sus capacidades, se dan por vencidos sin siquiera esforzarse; sin embargo, cuando tienen la seguridad de una base sólida, se vuelven incansables en su búsqueda del éxito. Más que cualquier otra cosa, los nacidos bajo este signo necesitan desarrollar una perspectiva optimista y positiva.

Recuerda que detrás de su exterior un tanto tímido y reservado hay un extraordinario humor negro y una tenacidad derivada de su disciplina interior. Cuando los demás necesitan ayuda, saben que siempre pueden contar con un Capricornio que sea confiable y fuerte.

ACUARIO

UNDÉCIMO SIGNO
AIRE FIJO
PARTE DEL CUERPO: TOBILLOS Y PANTORRILLAS
PALABRAS CLAVE: DESAPEGO, HUMANITARISMO,
INDEPENDENCIA

Los Acuario son originales y poco convencionales, además de progresistas e independientes. El interés que tienen en el funcionamiento de la humanidad es para ellos un ejercicio intelectual. Siempre fungen como observadores imparciales y son capaces de adoptar una perspectiva objetiva, sin apego emocional. Esta tendencia implica que pueden pensar en términos de una conciencia grupal y entender que las personas son individuos separados que funcionan dentro de un todo más grande. Esta conciencia humanitaria es una de las características de los Acuario, quienes suelen trabajar en pro de causas universales o filantrópicas y emprender campañas por causas justas. Esta falta de individualismo hace que sean amigables y serviciales, y les permite conversar con desconocidos como si fueran amigos de toda la vida.

La veta rebelde de los nacidos bajo este signo proviene de su planeta dominante, Urano, conocido por otorgar la habilidad de prever tendencias futuras, el cual además les confiere una poderosa necesidad de libertad. Les desagrada recibir órdenes y prefieren pensar por sí mismos y hacer las cosas a su manera. Demasiada insistencia en que hagan algo de cierta forma provocará que hagan lo opuesto. La combinación de su tendencia a llevar la contraria y de su signo fijo puede hacerlos tercos. Por fortuna, siempre están dispuestos a escuchar puntos de vista alternativos y sobre innovaciones recientes y emocionantes sin que eso los intimide. Al igual que Urano, los Acuario poseen una cualidad excéntrica que puede manifestarse como intuición mental. Esto con frecuencia provoca "el efecto eureka", cuando los Acuario reconocen alguna verdad de forma repentina. Su genio poco convencional los puede hacer volátiles e impredecibles, a la vez que innovadores.

A pesar de que cada Acuario tiene una apariencia individual, todos saben que son parte de un grupo unido que defiende los derechos humanos y las reformas sociales. Aun si el resto del mundo no los comprende en el presente, lo que los Acuario hacen hoy será lo que los demás hagan mañana.

PISCIS

DUODÉCIMO SIGNO
AGUA MUTABLE
PARTE DEL CUERPO: PIES
PALABRAS CLAVE: COMPASIÓN, RECEPTIVIDAD,
IMAGINACIÓN

Los Piscis tienen una naturaleza sentimental altamente desarrollada. Son sensibles, siempre pendientes de su entorno pero, al mismo tiempo, son conscientes de sus impulsos internos. Suelen refugiarse en un mundo de ensueño privado para disfrutar de las invenciones de su poderosa y maravillosa imaginación; pero, a veces, para escapar de las duras realidades de la vida. Su símbolo astrológico está compuesto por dos peces que nadan en direcciones opuestas, lo que sugiere una personalidad dual y contrastante. A veces están exhaustos y aletargados, y otras pueden ser eficientes, precisos y tan trabajadores como cualquiera.

Los Piscis están psíquicamente abiertos a las emociones más sutiles, además de que pueden ser generosos y compasivos. Ya que no siempre se imponen los límites más estrictos, a veces se pierden en las necesidades ajenas. Por lo tanto, deben tener cuidado de no perder su sentido de individualidad ni convertirse en mártires. Suelen necesitar grandes cantidades de apoyo y comodidad para reforzar la seguridad en sí mismos; en ocasiones pueden ser tercos e impedir que nadie influya en ellos. Dado que es el signo menos egoísta del zodiaco, quienes se rigen bajo él suelen ser sumamente pacientes, pero si los provocan pueden exhibir una agresividad inesperada.

Además de ser sentimentales y gentiles, y con emociones tiernas, los Piscis son receptivos a su ambiente y a los sentimientos de otros. Aunado a su sobresaliente imaginación, este talento hace a los individuos de este signo excelentes para cualquier forma de sanación, la música, el arte, el teatro o la fotografía, y en particular para cualquier cosa de naturaleza espiritual. Así como los peces nadan en direcciones opuestas, los Piscis son propensos a los cambios de humor. A veces son demasiado optimistas, y en otras ocasiones les falta motivación y se rinden con mucha facilidad. En esos momentos, deben cuidarse del desaliento y de las tendencias evasivas. Es particularmente común entre los Piscis proyectar sus altas expectativas y sueños en otras personas y terminar decepcionados.

Por fortuna, pueden aprovechar su habilidad psíquica natural para conectar de forma directa con la conciencia de la humanidad. Son los visionarios que no pueden evitar impulsar a quienes están a su alrededor por medio de su humor, encanto y simpatía.

Los 10 planetas

Cada uno de los planetas representa una función psicológica y corresponde a aspectos de nuestra personalidad. Los rasgos de la personalidad se sugieren a partir de la posición de los planetas y la relación entre ellos. En astrología, el Sol y la Luna, técnicamente *luminarias,* se incluyen en los 10 planetas que conforman nuestro sistema solar. Las principales cuestiones asociadas con cada planeta se desglosan a continuación.

EL SOL

Al ser el centro energético de nuestro sistema solar, el Sol irradia el poder de la luz y la vitalidad y se relaciona con la fuerza de la vida. En astrología, representa la fuente de energía de todos los seres vivos y provee una poderosa aserción de la individualidad. El Sol es el centro de nuestro ser, de nuestro sentido de la identidad y del ego. El glifo del Sol es un círculo con un punto en el centro, el cual sugiere el centro de nuestro universo físico. En el simbolismo esotérico, el círculo representa la totalidad del infinito o la eternidad, y el punto en el centro equivale a un punto particular en el tiempo y el espacio dentro de dicha totalidad. Algunos de los múltiples atributos del Sol son fuerza de voluntad, energía, fortaleza y expresión propia. También representa la ambición y el orgullo, la conciencia, la confianza en uno mismo, y es una metáfora del arquetipo del padre o de la figura masculina. En la mitología, los reyes y los héroes suelen estar relacionados con Helios, el Sol, el planeta que rige el signo de Leo.

• *Cualidades positivas:* vitalidad, individualidad, creatividad, vigor, fuerza de voluntad, inspiración, autoconciencia, ego, identidad.

• *Cualidades negativas:* egoísmo, egocentrismo, orgullo, arrogancia, despotismo, comportamiento controlador o dominante.

LA LUNA

La Luna recibe el reflejo de la luz del Sol y es única, ya que es el único satélite que orbita la Tierra. Su influencia es esencialmente receptiva, no racional. La Luna representa nuestros instintos y necesidades emocionales, y gobierna el elemento agua, incluyendo a los océanos y las mareas, así como a la vida nocturna.

En la mitología, Isis, Istar, Artemisa y Diana representan distintas caras de la diosa de la Luna. Tradicionalmente, la Luna se asocia con lo femenino, en armonía con el antiguo concepto griego de Gaia. Por lo general, se asocia con la intuición y la capacidad psíquica, y cuenta con gran representación en el folclor, la poesía y la mitología. Su divinidad en particular se expresa mediante la feminidad y el ciclo de la fertilidad, la concepción, el parto, la maternidad y la abundancia de la naturaleza.

En la astrología psicológica, la Luna representa nuestras reacciones inconscientes y experiencias subjetivas. También corresponde al impulso inconsciente de satisfacer nuestras necesidades básicas. La Luna refleja nuestras distintas tensiones y nos insta a externar estos sentimientos. Influye también en las fluctuaciones dentro de estos sentimientos o estados de ánimo y rige el signo de Cáncer.

• *Cualidades positivas:* sensibilidad, crianza, receptividad, intuición, habilidades psíquicas.

• *Cualidades negativas:* malhumor, hipersensibilidad.

MERCURIO

En la mitología, Mercurio es el mensajero de los dioses, quien le dio el lenguaje al hombre, así como la capacidad de comunicarse y aprender. Los griegos lo conocían como Hermes, cuyos regalos para la humanidad fueron la escritura y el lenguaje. Mercurio confiere talento para la retórica y los juegos mentales, un reflejo de la capacidad para desarrollar la mente consciente hasta volvernos demasiado inteligentes para nuestro propio bien.

Si bien suele representarse como una figura masculina y juvenil, Mercurio no es masculino ni femenino. Esto es simbólico de su papel como un medio neutral para el intercambio de información. Mercurio representa el intelectualismo, el pensamiento racional y la capacidad de discernimiento, pero también está ligado al comercio y los mercados.

En lo psicológico, Mercurio representa la habilidad mental y la necesidad de comprender y comunicar, ya sea mediante el habla, la escritura, la enseñanza u otra forma de expresión mental. Mercurio rige tanto a Géminis como a Virgo.

• *Cualidades positivas:* inteligencia, agilidad mental, buenas habilidades comunicativas, intelectualismo.

• *Cualidades negativas:* engaño, intelecto débil o demasiado desarrollado, falta de lógica.

VENUS

En la mitología, Venus es la diosa del amor y la belleza, madre de Eros, a quien los griegos llamaban Afrodita. Como representante de los principios femeninos, Venus armoniza y crea unidad, además de otorgar aprecio por el arte y la naturaleza.

En lo psicológico, Venus representa el deseo de relacionarse con los demás, la expresión del amor y aquello que produce placer. Venus es popular, encantadora y atractiva, aunque quizá sea demasiado autocomplaciente o relajada. Al intentar evitar confrontaciones a toda costa, intentará neutralizar las amenazas cautivando o seduciendo a su oponente.

Dado que la función de Venus es traer unión, la atracción es importante en el rol que desempeña, pues enfatiza la apariencia, la sociabilidad, el amor romántico y el sexo opuesto. El planeta Venus otorga un carácter dulce, aprecio por la naturaleza y deseos poderosos. También "suaviza" todo lo que toca y provee un sentido estético o buen gusto, refinamiento natural y talento para las artes y la música. Además, al gobernar las cosas que más valoras, pone en evidencia las actitudes con respecto al dinero o las posesiones materiales, así como la autoestima. Venus rige los signos de Tauro y Libra.

• *Cualidades positivas:* amor por la belleza y el arte, calidez, sociabilidad, sentido de los valores, cooperación.

• *Cualidades negativas:* búsqueda del placer, complacencia excesiva, despilfarro en lujos, ociosidad.

MARTE

En la mitología, Marte es el dios guerrero. Gobierna nuestros instintos de supervivencia, ya sea que luchemos o huyamos. Al ser la antítesis de Venus, Marte representa los principios de la masculinidad y es competitivo, asertivo y está siempre listo para la acción. Está lleno de energía y empuje. Con demostraciones de valentía y un vigor dinámico al enfrentarse a sus adversarios, Marte se asocia también con el arquetipo del héroe. Las cualidades marcianas suelen relacionarse con actos de valentía y sugieren una mentalidad temeraria. En el mundo moderno, usamos la energía de este planeta para salir adelante en nuestras carreras, alcanzar nuestras metas y objetivos o defender nuestras convicciones.

Dado que la función de Marte atañe a nuestro deseo de supervivencia, se relaciona con la descarga de adrenalina en el cuerpo y la capacidad de reaccionar con rapidez. Si se presentan en exceso, estas mismas energías que nos hacen asertivos y nos ayudan a luchar pueden desencadenar mal carácter, agresión e impaciencia. Sin Marte, empero, no tendríamos dinamismo, vigor, iniciativa ni la fuerza para alcanzar nuestras ambiciones por medio de nuestros esfuerzos. Rige el signo de Aries.

• *Cualidades positivas:* asertividad, valentía, dinamismo, acción, vigor.

• *Cualidades negativas:* agresividad, violencia, comportamiento inapropiado, ira, intranquilidad.

JÚPITER

Júpiter es el planeta más grande de nuestro sistema solar. Toma su nombre del soberano del panteón romano (conocido por los griegos como Zeus), quien en la mitología se asocia con la sabiduría, la victoria y la justicia. En concordancia con su gran tamaño, este planeta extiende o exagera, representa la habilidad de ir más allá de nuestros horizontes y buscar un plan superior o visión más amplia, y trae consigo optimismo y la confianza para lograr las cosas.

El deseo por encontrar significado y una verdad mayor implica que Júpiter enfrenta la vida con filosofía. El deseo de un conocimiento superior inspira a seguir estudiando y está ligado a las universidades o a los maestros espirituales. Además, como Señor de la Verdad, Júpiter suele asociarse con el sistema judicial, las cortes y la ley y el orden.

Junto al impulso a expandirse en lo mental, emocional y espiritual, la buena fortuna y la abundancia también están ligadas a Júpiter. Además, estimula el anhelo de nuevas experiencias y viajes a lugares remotos y exóticos. La expansión excesiva, sin embargo, puede traer consigo codicia, falso optimismo, falta de sinceridad y un ego inflado. En su mejor versión, Júpiter impulsa a los idealistas con buen humor y generosos a materializar sus planes más grandes mediante la fe y la sabiduría. Júpiter rige a Sagitario.

• *Cualidades positivas:* deseo de verdad, generosidad, idealismo, optimismo, viajes largos, educación superior.

• *Cualidades negativas:* exageración, expansión excesiva, falso optimismo, avaricia.

SATURNO

En la mitología, Saturno es el Padre Tiempo, la Parca. En las antiguas Roma y Grecia, Saturno era el dios del orden social y se le mostraba como el cosechador con la hoz, con lo cual simbolizaba el principio de que uno cosecha lo que siembra. Saturno representa la justicia perfecta o la ley de causas y efectos.

En términos psicológicos, Saturno es el arquetipo del anciano sabio, el maestro. Al aceptar la responsabilidad y la disciplina de la realización personal, crecemos y nos volvemos más sabios. El trabajo arduo y el entrenamiento que supone la restrictiva influencia de este planeta siempre termina por dar frutos, pues esa es la única forma de aprender. Para equilibrar la expansividad de Júpiter, tenemos la influencia restrictiva de Saturno, que puede contener la inflación excesiva y mantener el orden. Sin embargo, la influencia limitante de Saturno puede traducirse en pesimismo, miedo y demasiada seriedad.

Saturno ansía definición, forma y estructura, y crea barreras para obtener control, regulaciones y seguridad. Representa todo lo que es rígido, desde nuestros huesos y dientes hasta la dureza que necesitamos tener con nosotros mismos. Ya que este planeta nos exige afrontar nuestras responsabilidades y deberes, sus lecciones pueden resultar incómodas. La justicia y equidad de Saturno son absolutas: aquello que se ha invertido será recompensado en la medida exacta, pues con Saturno no puedes esperar recibir algo a cambio de nada. Este planeta provee la determinación y la perseverancia para alcanzar el éxito. Rige el signo de Capricornio.

• *Cualidades positivas:* disciplina, orden, autoridad, responsabilidad, sabiduría, realismo, paciencia, perseverancia.

• *Cualidades negativas:* pesimismo, miedo, exceso de restricciones.

URANO

El nombre de Urano en griego antiguo era Cielo o Cielo Nocturno. En la mitología, Urano era el padre de Saturno. La vastedad de los cielos simboliza nuestra capacidad de abrir la mente a lo universal. Urano trae consigo iluminación y libertad espiritual al alejarse de las restricciones y la seguridad de Saturno. Este tipo de libertad conlleva dejar un espacio en nuestras vidas y lanzarnos a lo desconocido, o atrevernos a expresar nuestra individualidad a pesar de las expectativas del conformismo. No obstante, si vamos demasiado lejos, corremos el riesgo de volvernos rebeldes sin causa.

En lo psicológico, a través de Urano podemos expandir nuestra perspectiva hacia lo universal y entender a la humanidad como una hermandad. Urano está dispuesto a luchar por los derechos humanos y la libertad de expresión.

Urano rige todos los tipos de energía eléctrica: frecuencias radiales, ondas de televisión, campos magnéticos, láseres, computadoras y las nuevas tecnologías electrónicas. Al mirar siempre hacia el futuro y ser capaz de pensar de forma simbólica y abstracta, Urano representa la intuición y la inventiva. Esto suele implicar estar un paso adelante del resto de la sociedad en su conjunto y expresarse de forma individualista o poco convencional.

• *Cualidades positivas:* libertad, humanismo, desapego, objetividad.

• *Cualidades negativas:* rebeldía, excentricidad, tendencias revolucionarias, terquedad.

NEPTUNO

En la mitología, Neptuno es el dios del océano, profundo, insondable y misterioso. Así como el océano puede disolver rocas y convertirlas en arena, Neptuno puede disolver, de forma lenta y sutil, las barreras creadas por el ego y conducirnos hacia una experiencia mística. Las nieblas que penden sobre la costa son análogas a las que rodean este planeta, donde nada es sólido; todo es una ilusión y un enigma.

En términos psicológicos, la función de Neptuno es ayudarnos a trascender nuestros límites al refinar y purificar nuestra naturaleza emocional. Contrario a Saturno, no conoce límites y está en comunión con todas las cosas. No obstante, esta habilidad para mezclarse con todo puede también provocar incertidumbre. La extrema sensibilidad sugerida por la influencia de Neptuno puede dotar de una gran compasión por el sufrimiento humano. También trae consigo la capacidad de dejarte llevar por emprendimientos inspiradores, como el arte, la música o el teatro. Neptuno inspira al artista, además de darle la capacidad de imaginar que cualquier cosa es posible.

Con una percepción e imaginación exacerbadas puede ser fácil escapar a un mundo de fantasía, abusar de las drogas o el alcohol, o caer en el autoengaño y perderse o confundirse. Trabajar de forma positiva con este planeta significa mantener la visión de nuestros ideales para alcanzar nuestros sueños. Neptuno rige el signo de Piscis.

• *Cualidades positivas:* sensibilidad, visión, compasión, inspiración, trascendencia.

• *Cualidades negativas:* ilusión, engaño, evasión, confusión, incertidumbre.

PLUTÓN

En términos mitológicos, Plutón, el dios del inframundo, representa transformación, muerte y renacimiento. Es indicativo de cambio profundo, y su energía es intensa y poderosa. Bajo la influencia de este planeta, se tiene la habilidad de penetrar o leer el subconsciente a partir de las señales subliminales que genera, en particular mediante el lenguaje corporal. Esto puede utilizarse de forma positiva en campos como la psicología profunda, pero también puede abusarse de ello al manipular o controlar a otros.

El descubrimiento del planeta Plutón ocurrió al mismo tiempo que el descubrimiento de las partículas subatómicas y la publicación de la teoría del inconsciente de Carl Jung. Ya sea gobernando a personajes sospechosos de los bajos mundos, fanáticos o terroristas, o a personas capaces de transformar el mundo para bien, la energía de Plutón puede ser potente.

Este planeta provoca las mismas respuestas intensas dentro de nosotros, pues suele simbolizar las reacciones de "todo o nada". Como parte de nuestro continuo esfuerzo de superación personal, habrá momentos en los que debamos dejar atrás lo viejo sin garantías de lo que nos deparará el futuro. Plutón simboliza de forma notable la energía de la muerte y la resurrección. Gracias a él, aceptamos los cambios en la vida, aprendemos a soltar en el momento correcto el pasado o cualquier cosa que hayamos trascendido ya. Nos enseña que en cada final hay un principio y que la vida continúa.

Este conocimiento nos auxilia en todo proceso de reconstrucción. Plutón rige el signo de Escorpión.

• *Cualidades positivas:* poder, transformación, regeneración, revelar lo oculto.

• *Cualidades negativas:* abuso de poder, obsesión, compulsión.

Decanatos

Un decanato consiste en 10 grados del círculo de 360 grados del zodiaco. Cada signo zodiacal abarca 30 grados, por lo que dentro de cada signo hay tres decanatos equivalentes en lo espacial, pero distintos en lo simbólico. Recuerda: 30 grados del zodiaco equivalen a 30 grados en el trayecto de la órbita de la Tierra. Conforme el Sol pasa por el signo zodiacal (la constelación zodiacal en el cielo opuesta a la posición de la Tierra en relación con el Sol) en el curso de un mes astrológico, también pasa por tres decanatos, uno tras otro. El Sol entra a un nuevo decanato aproximadamente cada 10 días. Cada uno de los tres decanatos añade la influencia de su propio planeta y signo a la influencia básica del signo solar general. Al contemplar el decanato junto con el signo solar, es posible afinar la lectura de cada cumpleaños individual. Por ejemplo, un Capricornio nacido en el segundo decanato estará bajo la influencia del signo solar de Capricornio, pero también bajo el decanato de Tauro. Los egipcios antiguos consideraban que el significado de los decanatos era tan importante como el de los signos solares mismos.

La influencia de los decanatos está dictada por el elemento asociado con el signo que los alberga, y cada signo tiene un lazo simbólico con uno de los cuatro elementos fundamentales:

- El elemento **fuego** rige a Aries, Leo, Sagitario. Planetas dominantes: Marte, el Sol, Júpiter.
- El elemento **tierra** rige a Tauro, Virgo, Capricornio. Planetas dominantes: Venus, Mercurio, Saturno.
- El elemento **aire** rige a Géminis, Libra, Acuario. Planetas dominantes: Mercurio, Venus, Urano.
- El elemento **agua** rige a Cáncer, Escorpión, Piscis. Planetas dominantes: la Luna, Plutón, Neptuno.

La secuencia de los tres decanatos sigue el mismo patrón bajo cada uno de los 12 signos solares. Los decanatos bajo cada signo se asocian con los tres signos relacionados con el elemento ligado a dicho signo solar. Por ejemplo, como se observa previamente, Aries está ligado al fuego. Todas las personas nacidas bajo el signo de Aries pertenecen al elemento del fuego, y los tres decanatos de Aries se asocian con los signos que corresponden al fuego. El primer decanato de Aries corresponde al signo solar asociado con el fuego más cercano a Aries; a saber, Aries mismo. Después, en sentido contrario a las manecillas del reloj en el círculo del zodiaco, el siguiente elemento de fuego que encontramos es el de Leo. Leo, por lo tanto, se asigna al segundo decanato. Si continuamos la trayectoria alrededor del círculo del zodiaco, llegamos al tercer signo relacionado con el fuego, Sagitario. Por tanto, el tercer decanato de Aries se asocia con Sagitario. Todos los decanatos bajo los signos solares funcionan de la misma manera.

Si lo llevamos un paso más lejos, cada signo se asocia con un planeta. Así como cada signo solar tiene un planeta dominante, también lo tienen los decanatos. El decanato de Aries está regido por Marte, mientras que el decanato de Sagitario está regido por Júpiter.

En el diagrama que se presenta a continuación observarás con claridad cómo operan los decanatos dentro de los distintos signos. Asimismo, incluye una lista de signos solares y las influencias que tienen los decanatos dentro de los mismos, así como los días asociados con cada decanato.

ARIES, 21 DE MARZO–20 DE ABRIL

Aries–Aries	Decanato de Marte: 20–21 al 30 de marzo
Aries–Leo	Decanato del Sol: 31 de marzo al 9 de abril
Aries–Sagitario	Decanato de Júpiter: 10 al 20–21 de abril

TAURO, 21 DE ABRIL–21 DE MAYO

Tauro–Tauro	Decanato de Venus: 20–21 al 30 de abril
Tauro–Virgo	Decanato de Mercurio: 1 al 10 de mayo
Tauro–Capricornio	Decanato de Saturno: 11 al 21–22 de mayo

GÉMINIS, 22 DE MAYO–21 DE JUNIO

Géminis–Géminis	Decanato de Mercurio: 21–22 al 31 de mayo
Géminis–Libra	Decanato de Venus: 1 al 10 de junio
Géminis–Acuario	Decanato de Urano: 11 al 21–22 de junio

CÁNCER, 22 DE JUNIO–22 DE JULIO

Cáncer–Cáncer	Decanato de la Luna: 21–22 de junio al 1 de julio
Cáncer–Escorpión	Decanato de Plutón: 2 al 11 de julio
Cáncer–Piscis	Decanato de Neptuno: 12 al 22–23 de julio

LEO, 23 DE JULIO–22 DE AGOSTO

Leo–Leo	Decanato del Sol: 23–24 de julio al 2 de agosto
Leo–Sagitario	Decanato de Júpiter: 3 al 12 de agosto
Leo–Aries	Decanato de Marte: 13 al 22–23 de agosto

LIBRA, 23 DE SEPTIEMBRE–22 DE OCTUBRE

Libra–Libra	Decanato de Venus: 22–23 de septiembre al 3 de octubre
Libra–Acuario	Decanato de Urano: 4 al 13 de octubre
Libra–Géminis	Decanato de Mercurio: 14 al 22–23 de octubre

ESCORPIÓN, 23 DE OCTUBRE–21 DE NOVIEMBRE

Escorpión–Escorpión	Decanato de Plutón: 22–23 de octubre al 2 de noviembre
Escorpión–Piscis	Decanato de Neptuno: 3 al 12 de noviembre
Escorpión–Cáncer	Decanato de la Luna: 13 al 21–22 de noviembre

SAGITARIO, 22 DE NOVIEMBRE–21 DE DICIEMBRE

Sagitario–Sagitario	Decanato de Júpiter: 21–22 de noviembre al 2 de diciembre
Sagitario–Aries	Decanato de Marte: 3 al 12 de diciembre
Sagitario–Leo	Decanato del Sol: 13 al 21–22 de diciembre

CAPRICORNIO, 22 DE DICIEMBRE–20 DE ENERO

Capricornio–Capricornio	Decanato de Saturno: 21–22 de diciembre al 31 de diciembre
Capricornio–Tauro	Decanato de Venus: 1 al 10 de enero
Capricornio–Virgo	Decanato de Mercurio: 11 al 20–21 de enero

ACUARIO, 21 DE ENERO–19 DE FEBRERO

Acuario–Acuario	Decanato de Urano: 20–21 al 30 de enero
Acuario–Géminis	Decanato de Mercurio: 31 de enero al 9 de febrero
Acuario–Libra	Decanato de Venus: 10 al 19–20 de febrero

PISCIS, 20 DE FEBRERO–20 DE MARZO

Piscis–Piscis	Decanato de Neptuno: 19–20 de febrero al 1 de marzo
Piscis–Cáncer	Decanato de la Luna: 2 al 11 de marzo
Piscis–Escorpión	Decanato de Plutón: 12 al 20–21 de marzo

Progresiones

En astrología, las progresiones son una técnica frecuente en el sistema de predicciones. El método de progresión más conocido implica sustituir "un día por un año" para mostrar nuestra vida en cámara lenta de manera simbólica. En este sistema simbólico de interpretación, los movimientos planetarios a lo largo de un día se traducen como el movimiento de los planetas progresados en el curso de un año. Por ejemplo, las posiciones de los cuerpos celestes el vigésimo cuarto día después del nacimiento de la persona corresponderán con el vigésimo cuarto año de su vida.

El Sol se encuentra en el signo del gran círculo estelar del zodiaco en la posición opuesta a la de la Tierra con respecto al Sol. Conforme la Tierra orbita el Sol, este se mueve a través de los varios signos ubicados en los intervalos de 30 grados dentro de este gran círculo estelar. En este libro, seguiremos la travesía del Sol por los diversos signos e interpretaremos cómo eso afecta a cada individuo. Con el sistema de progresiones de "un día por un año", al Sol le toma cerca de 30 años —en vez de 30 días— completar cada signo zodiacal. Por ejemplo, si naciste en la cúspide entre dos signos, en el sistema de "un día por un año", tu Sol progresado llega en la siguiente cúspide después de 30 años, en tu cumpleaños 30. Si naces en el décimo quinto día de un signo solar particular, tu Sol progresado se moverá hacia el siguiente signo solar 15 años después; al cumplir 30 años habrá llegado a la mitad de ese siguiente signo.

Si naciste cerca del final de un signo zodiacal o en una cúspide, tu Sol progresa hacia el siguiente signo zodiacal en unos cuantos años. En estas instancias sentirás mayor afinidad con el signo siguiente que con tu propio signo solar. A continuación, hay tres ejemplos con una tabla correspondiente que muestran progresiones del Sol, en donde los puntos de inflexión están marcados con una "X".

EJEMPLO 1. Si nacieras al comienzo del signo de Géminis, es decir, el 23 de mayo, tu Sol progresa por Géminis durante 28 años. Se mueve hacia el signo de Cáncer cuando alcanzas los 29 años. El Sol luego tarda 30 años más para completar su paso por Cáncer y se mueve hacia Leo conforme avanzas hacia los 59 años.

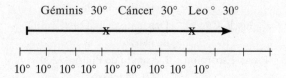

EJEMPLO 2. Si nacieras en medio del signo de Virgo, el 7 de septiembre, tu Sol progresado cambiaría de signo y entraría a Libra cuando llegaras a los 15 años. El Sol luego tardaría 30 años en viajar por el signo de Libra antes de entrar a Escorpión cuando cumplieras 45 años. Un cambio

más ocurriría a los 75 años, cuando tu Sol progresado entraría a Sagitario.

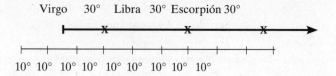

EJEMPLO 3. Si nacieras en los últimos días de Sagitario, tu Sol progresaría hacia Capricornio cuando aún eres bebé. El Sol tardaría luego 30 años en viajar por Capricornio. Un cambio más llegaría cuando cumplieras 31 años, cuando tu Sol progresado se moviera hacia Acuario. Al llegar a los 61 años, tu Sol progresado volvería a cambiar de signo y entraría a Piscis.

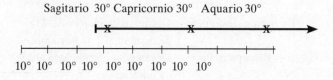

Introducción a las estrellas fijas

 Las estrellas fijas pertenecen al cosmos y no a nuestro sistema solar. Contrario a los planetas que orbitan nuestro Sol, las estrellas fijas son soles por sí mismas; de hecho, dependiendo de su magnitud, algunas son más grandes y brillantes que el Sol. Cuando hablamos de estrellas fijas utilizamos el término "años luz" para describir las enormes distancias que son difíciles de comprender o de calcular. Dada la lejanía de estas estrellas, desde la Tierra aparentan estar estáticas, y por eso se les llama "estrellas fijas". La influencia de estas es relativa a su fuerza, misma que se calcula a partir de su brillo.

A pesar de que existen millones de estrellas fijas en el universo, solo una cantidad relativamente pequeña se considera en la práctica de la astrología; a saber, aquellas que se ubican cerca del círculo zodiacal.

La observación y la relación de las estrellas fijas con los sucesos mundiales comenzó hace miles de años. El nombramiento de las estrellas fijas está registrado en la historia de Mesopotamia y Babilonia. Se les menciona en la *Epopeya de Gilgamesh*, y junto a los cometas, eclipses y planetas desempeñaron un papel importante en la interpretación de fenómenos meteorológicos. Además de los babilonios, los egipcios antiguos creían en la influencia potente de las estrellas fijas. Por ejemplo, ya que estaban conscientes del poder de la naturaleza y dependían del Nilo para sobrevivir, los egipcios celebraban el solsticio de verano de su calendario agrícola con ritos de fertilidad y relacionaban la estrella de Sirius con el desbordamiento del Nilo. De un tiempo para acá, han surgido muchas evidencias que sugieren que los egipcios alinearon las majestuosas pirámides de Giza con el Cinturón de Orión. Aunque varios historiadores siguen afirmando que las pirámides son un homenaje a los grandes faraones, muchos descubrimientos arqueológicos recientes revelan una clara conexión entre el diseño de la Pirámide de Keops y las estrellas circumpolares.

En la historia de la Natividad, una estrella guio a los Reyes Magos al establo en Belén. Existen registros de catálogos estelares en Grecia del año 250 a. C. La observación de estrellas fijas continuó a lo largo de la historia y se incorporó al entendimiento celestial antiguo. Las estrellas fijas se asociaban con diferentes aspectos de la vida, y los orígenes de su interpretación derivaron de los símbolos ligados con las constelaciones. Por ejemplo, la estrella más brillante de la constelación Alpha Leonis, o Leo, es Regulus ("corazón del león"), la cual simboliza fuerza, poder y autoridad. Esta estrella es una de las estrellas fijas más importantes en el firmamento, pues se relaciona con la realeza y el honor. Por lo general, esta estrella aparece en las cartas astrales de reyes, reinas, gobernantes y altos funcionarios. Está ligada también a personas que gozan del favor público y dota de popularidad.

La importancia de las estrellas fijas surge del hecho de que los cuerpos materiales en el cosmos poseen cierta carga eléctrica y tienen un campo magnético que los rodea, y hasta las emisiones más débiles son capaces de influir en la vida en la Tierra. Esto es similar al "efecto mariposa" en la teoría del caos moderna, la cual propone que hasta el aleteo de una mariposa en el aire puede tener repercusiones en un sistema climático en otra parte del mundo. Ya que las estrellas fijas son casi idénticas a nuestro Sol, poseen campos de fuerza similares. El efecto de las estrellas se mide por su magnitud y brillo.

Las estrellas fijas proveen una perspectiva fascinante del subconsciente y el potencial o los problemas que un individuo podría tener. Sin embargo, esta interpretación debe analizarse con cautela en relación con un horóscopo de nacimiento completo; las estrellas fijas no se interpretan por separado, sino siempre como una subinfluencia de las cualidades celestiales de los planetas. Las estrellas deben entenderse como potenciadoras o detractoras de los planetas con los que están en contacto.

En la página de cada cumpleaños presentamos la estrella fija más influyente para esa fecha. Con frecuencia, hay otras estrellas fijas que ejercen influencias adicionales, así que hemos incluido las lecturas de estas en el "Apéndice de estrellas fijas" al final del libro.

Ten en cuenta que no todos los días en el libro están asociados con una estrella fija. Solo presentamos las estrellas ligadas al Sol, por lo que si no hay estrellas fijas influyentes cercanas al Sol en una fecha en particular, no aparecerá ninguna estrella en la página de ese día. No obstante, es probable que haya otras asociadas con las posiciones de los planetas ese día. Si tienes tu carta astral, podrás usar el apéndice de este libro para comprender la influencia que tienen sobre ti las estrellas fijas ligadas a ciertos planetas. Alentamos a todos nuestros lectores a obtener sus cartas astrales, pues nuestra discusión de este tipo de estrellas es una mera introducción a este complejo y fascinante mundo.

Estrellas fijas: reglas básicas de interpretación

En un año, el Sol recorre los 360 grados del círculo zodiacal. Los 12 signos astrológicos abarcan 30 grados cada uno dentro del círculo. Las estrellas fijas por sí solas ocupan ciertos puntos en el círculo, pero sus órbitas o rangos de influencia pueden extenderse varios grados. La magnitud de las estrellas afecta la potencia de su influencia, y tanto el rango como la potencia se deben calcular para determinar la potencial duración y fuerza que la estrella ejercerá. Cuando el Sol o un planeta están dentro de la órbita de una estrella fija la influencia de esa estrella se percibe con claridad y tiene más poder al momento de la conjunción, poder que disminuye conforme el Sol o el planeta se alejan de la órbita.

MAGNITUD DE LAS ESTRELLAS FIJAS

El poder de una estrella fija se define según su magnitud.
La magnitud más alta es aquella que está entre 0 y -1.

Magnitud 1: la órbita es 2° 30'.
Magnitud 2: la órbita es 2° 10'.
Magnitud 3: la órbita es 1° 40'.
Magnitud 4: la órbita es 1° 30'.
Estrellas de magnitud 5, cúmulos estelares y nébulas: la órbita es de menos de 1°.

En este libro ilustramos las influencias positivas y negativas de estas estrellas sobre los cumpleaños individuales. Hemos intentado no solo proveer las interpretaciones clásicas de sus efectos, sino también sugerir interpretaciones psicológicas modernas.

Le asignamos una clasificación de fuerza a cada estrella correspondiente a su magnitud. Una magnitud de -1, la más fuerte, recibe una clasificación de 10 estrellas. Una magnitud de 5, la más débil, recibe una clasificación de dos estrellas.

Lista de estrellas fijas

ARIES

Deneb Kaitos	★★★★★★★★	Baten Kaitos	★★★★★
Algenib	★★★★★★	Al Pherg	★★★★★
Sirrah	★★★★★★★★	Vertex	★★★★★

TAURO

Mirach	★★★★★★★★	Menkar	★★★★★★★
Mira	★★★★★	Zaurak	★★★★★★
Sharatan	★★★★★★★	Capulus	★★★★
Hamal	★★★★★★★★	Algol	★★★★★★★
Shedir	★★★★★★★	Alcíone	★★★★★★
Alamak	★★★★★★★★		

GÉMINIS

Alcíone	★★★★★★	Mintaka	★★★★★★★★★★★★
Hyadum I	★★★★	Elnath	★★★★★★★★
Ain	★★★★	Ensis	★★★
Aldebarán	★★★★★★★★★★	Alnilam	★★★★★★★★
Rigel	★★★★★★★★★★	Al Hecka	★★★★★★★★
Bellatrix	★★★★★★★★★	Polaris	★★★★★★★★
Capella	★★★★★★★★★★	Betelgeuze	★★★★★★★★★★
Phact	★★★★★★★	Menkalinan	★★★★★★★★

CÁNCER

Tejat	★★★★★★	Propus	★★★★
Dirah	★★★★★★	Cástor	★★★★★★★★
Alhena	★★★★★★★★	Pólux	★★★★★★★★★★
Sirius	★★★★★★★★★★	Proción	★★★★★★★★★★
Canopus	★★★★★★★★★★	Altarf	★★★★★
Al Wasat	★★★★		

LEO

Altarf	★★★★★	Merak	★★★★★★★★
El Pesebre	★★	Algenubi	★★★★★★
Asellus Borealis	★★	Alfard	★★★★★★★★
Asellus Australis	★★★★	Aldhafera	★★★★★
Kochab	★★★★★★★★	Al Jabhah	★★★★★
Acubens	★★★★	Regulus	★★★★★★★★★★
Dubhe	★★★★★★★★	Phecda	★★★★★★

VIRGO

Regulus	★★★★★★★★★★	Copula	★★★★
Phecda	★★★★★★	Labrum	★★★★
Alioth	★★★★★★★★	Zavijava	★★★★★
Zosma	★★★★★★★	Alkaid	★★★★★★★★
Mizar	★★★★★★★	Markeb	★★★★★★★
Denébola	★★★★★★★★		

LIBRA

Zaniah	★★★★	Seginus	★★★★★★
Vindemiatrix	★★★★★★	Foramen	★★★★
Porrima	★★★★★★	Espiga	★★★★★★★★★★
Algorab	★★★★★★	Arturo	★★★★★★★★★★

ESCORPIÓN

Princeps	★★★★★	Zubeneschamali	★★★★★★★
Khambalia	★★★★	Unukalhai	★★★★★★
Ácrux	★★★★★★★★★★	Agena	★★★★★★★★★★
Alphecca	★★★★★★★	Tolimá	★★★★★★★★★★
Zubenelgenubi	★★★★★★		

SAGITARIO

Yed Prior	★★★★★★	Rasalhague	★★★★★★★★
Dschubba	★★★★★★★	Lesath	★★★★★★
Graffias	★★★★★★	Aculeus	★★★
Han	★★★★★★	Etamin	★★★★★★
Antares	★★★★★★★★★★	Acumen	★★★
Rastaban	★★★★★★★	Sinistra	★★★★★★
Sabik	★★★★★★★	Spiculum	★★

CAPRICORNIO

Sinistra	★★★★★★	Ascella	★★★★★★
Polis	★★★★	Manubrium	★★★★
Kaus Borealis	★★★★★★	Vega	★★★★★★★★★★
Facies	★★	Deneb	★★★★★★
Nunki	★★★★★★★★	Terebellum	★★

ACUARIO

Albireo	★★★★★★	Armus	★★
Altair	★★★★★★★★★★	Dorsum	★★★★
Al Giedi	★★★★	Castra	★★★★
Dabih	★★★★★★	Nashira	★★★★
Oculus	★★	Sadalsuud	★★★★★★
Bos	★★	Deneb Algedi	★★★★★★

PISCIS

Sadalmelik	★★★★★★	Achernar	★★★★★★★★★★
Fomalhaut	★★★★★★★★★★	Markab	★★★★★★★★
Deneb Adige	★★★★★★★★★★	Scheat	★★★★★★★★
Skat	★★★★		

Introducción a la numerología

La creencia de que los números poseen poderes sagrados ha estado presente no solo en civilizaciones arcaicas y en el pensamiento de los filósofos griegos, sino también en las ideas de los pensadores renacentistas y varios matemáticos modernos.

Marcas con cuentas y cúmulos de huesos grabados encontrados en Zaire, fechados entre los años 9 000 y 7 500 a. C., se corresponden con registros de fases lunares y son algunos de los primeros signos de actividad matemática.

La numerología es tan antigua como la astrología y tiene sus orígenes en las civilizaciones mesopotámica, judaica y griega. Por ejemplo, se cree que en el Antiguo Testamento los números y las letras tienen correspondencias con significados ocultos relativos a mensajes, sueños y nombres de personas. Cada cultura desarrolló su propio sistema de interpretación de números para darles sentido al universo y a la naturaleza humana. Entre los sistemas más reconocidos que contienen numerología están el pitagórico, el cabalístico, el I Ching y los teoremas mayas.

A muchos filósofos griegos les intrigaba el misterio de los números. Uno de los pensadores más destacados del periodo helénico fue Pitágoras, quien sostenía que los números eran sagrados y que "todas las cosas son números". Pitágoras era un líder religioso, un místico y un matemático puro. Contrario a muchos matemáticos modernos, combinó la teología con el pensamiento racional. Pitágoras dejó un legado único para la civilización occidental y un punto de partida para la identificación de los números. Al descubrir cuán importante era la relación entre los números y la música, estableció una conexión entre las notas musicales y las matemáticas. Al notar que los números correspondían con ciertas formas, fue el primero en describir los oblongos, cuadrados y triángulos como una serie de puntos o de números. Sus seguidores, los pitagóricos, también fueron de los primeros grupos en creer que los principios matemáticos eran los cimientos de toda la existencia y que, dentro de dichos principios, los números son arquetipos primarios natos y establecen el orden en la naturaleza y el universo por encima de cualquier otra cosa.

Algunos matemáticos modernos concuerdan con estas creencias y sugieren que mientras más profundizamos en cómo funciona el universo, más descubrimos la influencia de las matemáticas en el cosmos. Los números y las matemáticas subrayan la forma precisa en que se comporta el universo.

Los números poseen tres patrones básicos. Podemos concebirlos mediante teorías matemáticas, definiciones filosóficas y simbolismos numéricos. Durante los primeros años del siglo XX, Jung interpretó los números como un arquetipo de orden que ha cobrado conciencia y argumentaba que son indispensables para crear orden. Creía que un número es cuantitativo a la vez que cualitativo. De hecho, hay investigaciones en física de partículas que sugieren que los cambios en la cifra del número atómico de los elementos provocan diferencias cualitativas perceptibles en el mundo macroscópico.

La numerología, al igual que la astrología, es un sistema simbólico y una de muchas herramientas que podemos utilizar para entender nuestro propósito en la vida y a nosotros mismos. Los números tienen una naturaleza dual y pueden representar fuerzas tanto negativas como positivas. Explorar sus significados ayuda a descubrir y desarrollar nuestro potencial individual y nos guía por los caminos de la vida. En este libro nos enfocaremos en particular en las interpretaciones cualitativas de los números en relación con la fecha de nacimiento de una persona, y en las páginas siguientes te mostraremos lo sencillo que es determinar tu número holístico.

¿Cómo calcular tu número holístico?

Tu número holístico representa la suma total de los números en tu día, mes y año de nacimiento. Esta cifra, con sus atributos negativos y positivos, revela tu propósito en la vida o los retos que enfrentarás. Al conocer tu número holístico puedes adquirir un nivel superior de autoconciencia. Calcular tu número holístico personal es un proceso sencillo: lo único que debes hacer es sumar todos los dígitos, uno por uno. Por ejemplo:

28 de junio de 1956 $(28/6/1956) = 2 + 8 + 6 + 1 + 9 + 5 + 6 = 37$ $= 3 + 7 = 10 = 1 + 0 = 1$.

Tu número holístico es 1, que también puede leerse como 37/1.

20 de octubre de 1961 $(20/10/1961) = 2 + 0 + 1 + 0 + 1 + 9 + 6 + 1 = 20 = 2 + 0 = 2$.

Tu número holístico es 2, que también puede leerse como 20/2.

Los nueve números básicos

La cualidad que posee cada uno de los nueve números básicos puede expresarse de forma negativa o positiva en la personalidad de cada individuo, dependiendo de cómo esa persona enfrente los retos de la vida.

NÚMERO 1

La dinámica del número 1 es consciente. Los atributos positivos del número 1 son seguridad, creatividad, singularidad e independencia. Si tu número holístico es el 1, esto sugiere que eres ingenioso y estás lleno de vitalidad, ambición y energía. Como un pionero con espíritu aventurero, te gusta desempeñar un papel de liderazgo y expresar tu originalidad. Conforme aprendes sobre tu propia creatividad e individualidad, necesitarás expresarte y estar listo para valerte por ti mismo. En ocasiones, esto puede significar pensar o actuar diferente que los demás. A veces te sentirás aislado de tu entorno, en particular si estás emprendiendo ideas nuevas. La inspiración es la clave de tu motivación, y desarrollar la intuición te ayudará a decidir qué hacer cuando te enfrentes a diversas opciones. Tu fuerza de voluntad y determinación te instan a guiar y no a seguir. A lo largo de tu vida es probable que enfrentes experiencias que te enseñarán a superar las inseguridades, ya sean emocionales, físicas o mentales. Hacerte responsable de tus acciones es también parte de las lecciones de vida. Cuando encarnas la mejor versión de ti mismo, eres una persona segura e independiente que inspira a los demás. Desarrollar tolerancia, compasión y paciencia te ayudará a alcanzar tus metas; y tomarte el tiempo de mejorar tus habilidades te impulsará a mostrar tu originalidad.

Los retos para una persona cuyo número holístico es el 1 incluyen cambios de humor derivados de la falta o exceso de confianza, ser exigente, arrogante, egoísta y algo dictatorial.

NÚMERO 2

La dinámica del número 2 es sensorial. Los atributos positivos de este número son sociabilidad, receptividad y habilidad de equilibrar tus necesidades con las de los demás. Los individuos con el número 2 tienen don de gentes y suelen aprender mediante esfuerzos colaborativos. Si tu número holístico es el 2, eres considerado y empático con los sentimientos de los demás, y tu naturaleza es cortés y romántica. También eres diplomático, amigable, sociable y te interesan las relaciones públicas. Además de ser intuitivo y adaptable, prosperas con apoyo de los demás, pero también eres susceptible a los halagos. Quizá debas aprender a distinguir entre ser cooperativo y servicial con los demás y ser sumiso y atormentarte a causa de tus inseguridades emocionales. Tu confianza se verá socavada si te vuelves demasiado dependiente de otra persona; por lo tanto, constantemente necesitas dar y recibir en igual medida. Si eres demasiado necesitado o vulnerable, otras personas pueden aprovecharse de tu bondad. Las personas con el número 2 deben aprender a ser asertivos sin ser agresivos. Aprende a decir que no sin sentirte culpable. También te beneficiarás si aceptas ayuda sin parecer débil o ineficiente. El camino correcto para los individuos con el número 2 es el de la autoaceptación. Tus logros positivos son alcanzar la armonía interior, desarrollar metas con un propósito y establecer tus límites.

Los retos a los que se enfrentarán son dependencia, inquietud, inseguridad, exceso de sensibilidad, darse por vencidos, tendencia a desconfiar de la gente y falta de autoestima.

NÚMERO 3

La dinámica del número 3 es expresiva o emocional. Los atributos positivos de este número son expresión creativa, sensibilidad, imaginación y versatilidad. Si tu número holístico es el 3, eres entusiasta, amante de la diversión, sociable y amigable. Quizás elijas mostrar tus diversos talentos mediante múltiples emprendimientos artísticos. Sin embargo, tomar decisiones puede resultarte difícil. Al ser del número 3, disfrutas interactuar con otros por medio del entretenimiento, las reuniones sociales y las conversaciones íntimas. Amas la libertad, eres emotivo y necesitas expresar tu alegría de vivir. También eres bueno para sintetizar el conocimiento y comunicar tus ideas. Las personas con el número 3 suelen evitar los conflictos con una actitud alegre y optimista. Ya que tus lecciones de vida a menudo están relacionadas con el crecimiento emocional y la expresión propia, quizá debas aprender a entender más a detalle tus sentimientos; y, en vez de manipular las situaciones, necesitas externar lo que sientes de forma directa. Los individuos con este número también pueden experimentar llamaradas de emociones negativas, como odio o celos. Si bien puedes ser ingenioso y elocuente, también puedes ser tímido o inseguro, sentirte aislado o inhibido, tener dificultad para expresar lo que sientes y vivir en negación. La satisfacción emocional suele provenir de la alegría de compartir y aprender sobre el amor y la compasión.

Los retos que podrían enfrentar las personas con el número 3 son preocupaciones, dudas, tendencia a malgastar sus energías, a exagerar, intolerancia, sensación de no estar bien preparado, indecisión e irresponsabilidad.

NÚMERO 4

La dinámica del número 4 es física. Los atributos positivos de este número son practicidad, habilidades de organización y disciplina. Si este es tu número holístico, eres honesto, directo, trabajador y ansías estabilidad. Las personas con el número 4 son pacientes, meticulosas y saben bien que la metodología y la preparación son esenciales. Cualquier cosa que hagas en la vida debe tener un propósito y una aplicación práctica. Como persona con este número, tienes un buen sentido de la forma, habilidades técnicas o mecánicas y, por lo general, la capacidad para hacer las cosas por ti mismo. Además de interesarte en la seguridad, te sientes atraído por el mundo de las finanzas o los negocios en general. Si bien eres estricto y poco expresivo con tus emociones, también puedes ser leal y confiable. Tiendes a ser terco o rígido, y es aconsejable que aprendas a ser más flexible y adaptable. Tu ambición y vitalidad te permiten seguir adelante cuando otros ya no tienen energías. Sin embargo, quizá sea necesario que aprendas a no asumir más de lo que puedas manejar. Aunque eres protector con tus seres queridos, necesitas superar la tendencia a imponerte en situaciones y ser demasiado dominante. Las personas con el número 4 tienen fama de ser constructores, y en efecto pueden fundar proyectos y empresas.

Los retos a los que se enfrentarán las personas con el número 4 son dogmatismo, obstinación, falta de confiabilidad, holgazanería o adicción al trabajo, dificultad para soltar el pasado y tendencia a los excesos.

NÚMERO 5

La dinámica del número 5 es instintiva. Los atributos positivos de este número son ingenio, reacciones veloces y acciones decididas. Los individuos con el número 5 son entusiastas y aman la libertad. Cuando estás en un estado positivo eres disciplinado y enfocado, y posees una mente alerta y astuta. Si bien como número 5 puedes ser responsable, necesitas autonomía para moverte con libertad. Por lo general, eres versátil y emprendedor; disfrutas conocer gente nueva y vivir experiencias diferentes. Al ser liberal y de mente abierta, te adaptas con facilidad a nuevas situaciones y tienes una actitud progresista. Sueles ser hábil y eficiente, además aprendes rápido y comprendes las situaciones gracias a tu enfoque directo. Los viajes y cambios son parte del estilo de vida que acompaña al número 5. Ya que eres propenso a dejarte llevar por la corriente, aceptas las reformas y te adaptas con poca resistencia a nuevas circunstancias. Las personas negativas con este número suelen ser inquietas, impacientes e inconstantes. Sin propósito ni perseverancia, alguien con el número 5 puede vagar sin rumbo por la vida buscando su verdadera vocación; por lo tanto, es prudente no dejarlo todo a la suerte. La comprensión profunda y el aprendizaje constante te ayudan a aprovechar tu enorme potencial. Si logras combinar tu agilidad mental con tus instintos poderosos, con facilidad opacarás a otros con tus reacciones veloces. Eres ingenioso y audaz, y tienes una personalidad caballerosa y aventurera.

Los retos a los que podría enfrentarse una persona con el número 5 son comportamiento impetuoso, desviaciones, conducta irresponsable, desconsideración, tendencia a malgastar la energía, aburrimiento, exceso de franqueza y dureza implacable.

NÚMERO 6

La dinámica del número 6 es emotiva y universal. Los atributos positivos de este número son idealismo, creatividad, humanitarismo, compasión y visión. Los individuos con el número 6 son sensibles y responsables, y suelen juzgar la vida acorde a sus sentimientos. Si eres del número 6, sueles ser directo en tus respuestas y reflejas tu entorno y el comportamiento de las personas que te rodean. Puedes ser tanto hogareño como cosmopolita, y disfrutas formar parte de tu comunidad. Tener lazos familiares sólidos indica que puedes ser un buen padre que provea apoyo y sea edificante. Debido a que eres un individuo confiable y un consejero práctico habrá amigos que se acercarán a ti en momentos de dificultad. Con frecuencia eres perfeccionista y te encanta ser creativo o artístico. Gracias a tu buen gusto y ojo para el estilo, la belleza y la forma, te gusta decorar tus alrededores y embellecer tu hogar. Si tienes ideales elevados, es posible que te alejes de la realidad mundana o de la vida ordinaria. No obstante, para crear un mundo mejor debes aferrarte a tus ideales utópicos y esforzarte por vivir en concordancia con tus valores. Sin embargo, quizás es aconsejable que te sobrepongas a la tendencia a ser crítico. Al aprender a equilibrar tus sentimientos y tus pensamientos, generarás armonía y paz. Aceptar tus propias imperfecciones y defectos te ayudará a aceptar el mundo y sus limitaciones. Debido a que eres del número 6 debes superar la tendencia a preocuparte o frustrarte. Mientras más des, más recibirás.

Los retos a los que se enfrentarán las personas con el número 6 serán insatisfacción, esnobismo, falta de compasión, exceso de crítica, autoritarismo e interferir en los asuntos de otros.

NÚMERO 7

La dinámica del número 7 es intuitiva y mental/racional. Algunos de los atributos positivos de este número son honestidad y confianza, capacidad de discernimiento, atención a los detalles, metodología e ingenio. Analíticos y considerados, los individuos con el número 7 pueden ser egocéntricos y reflexivos, con la habilidad para perfeccionar las cosas y ser precisos. Tu perspectiva autónoma indica que también eres independiente y asertivo. Ya que prefieres tomar tus propias decisiones, sueles aprender mejor mediante experiencias personales. Si tiendes a ser hipersensible o inseguro, puedes volverte retraído o huraño. Cuando no logras comunicar tus emociones te sientes incomprendido. La habilidad de diferenciar y refinar sugiere que, si bien puedes convertirte en un individuo dedicado a encontrar fallas en las cosas, también puedes destacar al mejorar sistemas existentes. Estar bien informado y ser meticuloso sugiere que disfrutas de recabar información y tienes una memoria excelente. Eres bueno para el autoanálisis y buscas una conciencia más elevada, lo cual sugiere que consideras que el tiempo de calidad a solas suele ser importante para la introspección; debes tener cuidado, sin embargo, de no caer en el aislamiento. Tu interés en la lectura, la escritura o la espiritualidad suele ser una fuente de inspiración para ampliar tus horizontes. Este deseo de obtener un entendimiento más profundo puede inclinarte hacia la educación y el mundo de la academia o hacia la investigación en un área especializada. Si bien son intuitivos, los individuos con el número 7 pueden caer en la racionalización excesiva, que los hace perderse en los detalles. Esto, a su vez, trae consigo una falta de fe o crea dudas e inseguridades. Aunque tiendes a ser reservado, enigmático o sigiloso, también eres inquisitivo y sueles hacer preguntas sutiles que ocultan tus pensamientos de los demás.

Los retos a los que se enfrentarán las personas con este número son suspicacia, falta de sinceridad, sigilo, escepticismo, confusión, crítica excesiva, desapego e insensibilidad.

NÚMERO 8

La dinámica del número 8 es emocional y de poder material. Los atributos positivos de este número son fuerza y convicciones sólidas. Además de tener motivación y ser decidido, eres trabajador y autoritario. La fortaleza o el poder sugeridos por el número holístico 8 revelan un carácter de valores firmes, capacidades ejecutivas y buen juicio. Al ser una persona con el número 8, buscas seguridad y constancia en situaciones permanentes. La actitud dominante y el deseo de éxito material de los individuos con este número hacen que suelan aspirar a lograr grandes cosas y sean ambiciosos por naturaleza. Tu dedicación y perseverancia, por lo general, te harán alcanzar posiciones de responsabilidad y liderazgo. Como persona con el número 8, posees un instinto natural para los negocios y obtendrás grandes beneficios de desarrollar tus habilidades ejecutivas y organizacionales. Quizá debas aprender a delegar tu autoridad o a administrar de forma justa e imparcial. Si te encuentras en posiciones influyentes, podrás darles a otros consejos prácticos y protegerlos. Si tienes este número holístico, deberás lidiar con el poder, la paciencia y la tolerancia mediante el perdón, la comprensión y la consideración de las debilidades de otros al momento de emitir juicios. Las personas con el número 8 buscan seguridad mediante planes a largo plazo e inversiones a futuro. Sueles tener el poder para sanar a otros y a ti mismo, y te beneficiarás mucho si aprendes a encauzar estas fuerzas para el bien de quienes te rodean.

Los retos que plantea el número 8 son impaciencia, intolerancia, frugalidad, exceso de trabajo, deseo de poder, impulso de ser dominante y falta de planeación.

NÚMERO 9

La dinámica del número 9 es el colectivo o lo universal. Los atributos positivos de este número son compasión, tolerancia, paciencia, integridad, sensibilidad y humanitarismo. Las personas con este número suelen ser magnéticas y carismáticas, con mentes perspicaces y habilidades psíquicas que apuntan hacia una receptividad universal. Si este es tu número holístico, sueles ser generoso e intuitivo, y tienes fuertes premoniciones. Además de ser idealista e influenciable, el número 9 te confiere previsión, y juzgas la vida a partir de tus sentimientos y receptividad. Este sentido de sabiduría profética sugiere que posees una sabiduría interior y una conciencia elevada. Si bien puedes ser generoso, compasivo y tener una gran imaginación, te desilusionas o frustras emocionalmente cuando los demás, o tú mismo, no están a la altura de tus expectativas. Esto puede derivar en cambios de humor y tendencia hacia la evasión. Al tener el número 9, deberás encontrar satisfacción interior y evitar perder los ánimos o dejarte llevar por la melancolía. Quizá debas también desarrollar tu sapiencia, tolerancia y paciencia, además de aprender a ser más objetivo. Con el 9 como número holístico, quizás estés destinado a ponerte al servicio de otros o a contribuir al mejoramiento de la humanidad. Tu visión universal hace probable que te beneficies en gran medida de viajar por el mundo y de interactuar con personas de todos los contextos. La necesidad de superar los retos y la tendencia a ser hipersensible sugieren que mantenerte equilibrado y evitar los sueños poco realistas es lo mejor para ti. La combinación de inspiración e idealismo con una vida interior intensa y sueños vívidos indica que tu mayor felicidad se encuentra en la búsqueda de un camino espiritual.

Los retos a los que pueden enfrentarse las personas con el número 9 son nerviosismo, egoísmo, terquedad, falta de practicidad, propensión a ser manipulado, cierto complejo de inferioridad y tendencia a preocuparse.

¿Cómo calcular tu número de año personal?

Para calcular tu número personal para un año particular, solo debes sumar tu mes y día de nacimiento al año en cuestión. Esto es, si naciste el 28 de junio de 1956 y deseas saber qué año habrías vivido en 1999, debes sustituir tu año de nacimiento con 1999.

Por ejemplo, sustituye 1999 por tu año de nacimiento (1956):

28 de junio de 1999 = 2 + 8 + 6 + 1 + 9 + 9 + 9 = 44 = 8. Esta vibración duraría solo un año, del 1 de enero de 1999 al 31 de diciembre de 1999.

Las interpretaciones de los nueve números de años personales

Los números de años personales se distribuyen en ciclos de nueve años. Las siguientes palabras clave describen las cualidades vibracionales de cada año personal:

AÑO 1

Es un momento de nuevos comienzos. Hay varias oportunidades para hacer crecer proyectos existentes o para comenzar nuevos programas que lleven el sello de tu individualidad. Si bien tomar una nueva dirección puede conllevar riesgos, y tomar las decisiones correctas requiere valor y confianza, debes escuchar tu voz interior e impedir que otros te desanimen.

Si hay cambios en el aire, es momento de entrar en acción. El desarrollo personal es sumamente importante para ti, y el énfasis en este año debe estar puesto en la independencia, la positividad y la ambición; de otro modo desaprovecharás las oportunidades que un año número 1 puede traer consigo. Cualquier intento por dar marcha atrás será rechazado y es poco aconsejable. Cuídate de no ser demasiado holgazán o inseguro como para alcanzar tus sueños. La experiencia más satisfactoria en un año 1 es revolucionar con una nueva idea o invención que beneficiará a otros.

AÑO 2

Este es un año de relaciones, cooperación y paciencia. Es probable que expandas tu círculo social y conozcas personas de otros ambientes. Aprender a ser conciliador incrementará las probabilidades de que desarrolles relaciones duraderas o sociedades particulares. También puedes encontrar alguien que represente un reto para ti. No te desanimes, pues esta persona tendrá algo que enseñarte que valdrá la pena si mantienes la mente abierta y un enfoque positivo. Durante este año será posible que aprendas a hacer acuerdos, te mantengas equilibrado, diplomático y desarrolles habilidades comunicativas. Este suele ser un año de mejoramiento personal mediante la autoconciencia; puedes aprender mucho de ti mismo a partir de la forma en que te relacionas con otras personas. Un año 2 ofrece la experiencia de estar en buena compañía y formar nuevas sociedades basadas en la sinceridad, sin perder tu independencia o libertad, y ayudando a los demás a la vez que te ayudas a ti mismo.

AÑO 3

Este es un año de expresión emocional mediante empresas creativas, de amor y diversión. También es momento de celebración, por lo que es probable que desees encontrar más diversión en tu vida. Tus energías creativas fluirán, permitiéndote expresarte con mayor libertad y plenitud. Es una época para enamorarse, y tu alegre optimismo te ayudará a satisfacer tu necesidad de amor y felicidad. Quizá también amplíes tu círculo social. Sin embargo, debes cuidarte de los celos, la preocupación, la indecisión y el desperdicio de energía. El número 3 sugiere también un año de creatividad y expansión: tener un hijo; viajar por placer; llevar arte, música y cultura a tu hogar; hacer de tu casa un lugar más placentero. Entre las cosas que es probable que quieras o necesites este año están las salidas sociales, visitas al teatro y reuniones con amigos. Si te quieres expresar por medio del arte, el año 3 es un excelente momento para encontrar un nuevo pasatiempo o emprender aquel proyecto creativo que siempre has deseado en secreto, como el teatro comunitario, la pintura, el baile, el canto o la escritura. Ten confianza en ti mismo, prueba cosas nuevas y no olvides divertirte. Las experiencias más satisfactorias que un año 3 puede ofrecer son aprender sobre las dichas de la vida y crecer a nivel emocional.

AÑO 4

En un año 4, una buena estructura es clave. En este año, la organización, el orden, la paciencia y la aplicación práctica te ayudarán a fortalecer tus cimientos. Puedes lograr muchas cosas este año, y encontrarás la oportunidad de hacerlo. La necesidad de tener un enfoque pragmático sugiere que también puedes enfrentar retos financieros o materiales, sobre todo si no has administrado bien tus fondos. No obstante, sin importar su estructura, es momento de revisar tus finanzas, seguros y asuntos legales y hacer los arreglos necesarios para simplificar las cosas o hacerlas más eficientes.

Los años número 4 son buenos para los negocios, para construir y reparar propiedades o tan solo para mudarte a un lugar mejor. Sin embargo, debes evitar tomar decisiones imprácticas sobre propiedades o seguros de las que podrías arrepentirte. El reto más importante en un año así es construir una base sólida y no sucumbir a una rebeldía u holgazanería indeseada. La experiencia más satisfactoria puede ser lograr algo de lo que estés orgulloso.

AÑO 5

Este es un año de cambios, lo que suele indicar que tu situación laboral o de relaciones personales, están en un proceso de transformación. Las oportunidades para viajar (ya sean viajes cortos o largos) o un cambio de trabajo pueden traer consigo mucha actividad. Tus instintos son potentes, y la necesidad de variedad se vuelve crucial. Quizás estés buscando gente y experiencias nuevas. Prepárate para lo inesperado y recibirás agradables sorpresas.

En un año número 5 es vital adaptarse a los cambios. Ejerce el desapego con tranquilidad y cuídate de la impaciencia, la inquietud y el aburrimiento; debes tener cautela también de no hacer cosas impulsivas de las que te puedas arrepentir. Esta es una época para moverse con propósito y determinación, así que actualiza tu imagen o cambia tu rutina habitual para evitar sentirte estancado. Los elementos más satisfactorios de un año número 5 son las experiencias nuevas de aprendizaje, el conocimiento de caras y lugares nuevos, y saber que puedes lograr mucho en poco tiempo.

AÑO 6

Este es un año para asumir responsabilidades, ya sea en el hogar o en el mundo. Ya que el 6 es un número universal, debes interesarte más en el mundo en general y no solo en tu burbuja. Es un momento de adaptarse a un nuevo ambiente. Las nuevas responsabilidades suelen estar relacionadas con familiares o hacer de tu hogar un lugar cómodo y hermoso. El servicio a los demás, el cual puede incluir trabajo comunitario, hace de este un año de cuidados. Sin embargo, si trabajas arduamente durante este año, cosecharás recompensas positivas, pues las oportunidades y los beneficios inesperados surgirán de ayudar a otros. Dedica tiempo a tus amigos y seres más queridos, pues podrían necesitar tu apoyo en este año. Un año 6 es un periodo para traer armonía y belleza a tu vida, así como una buena oportunidad para mejorar tu casa y traer algo de lujo y comodidad a tu hogar.

AÑO 7

Este es un año de desarrollo personal, de obtener nuevos conocimientos y expandir tu mente. El deseo de comprensión o aprendizaje puede ocupar los primeros lugares de tu lista de prioridades. Por ello, vale la pena que analices tu vida, que te tomes el tiempo de reflexionar sobre tus esfuerzos y logros pasados, y que planees para el futuro. También es un buen año para adquirir nuevas habilidades que contribuyan a lo que ya sabes o a emprender una nueva área de estudio. Nuevas oportunidades llegarán a través de tu trabajo, en forma de clases o capacitaciones que mejorarán tu posición o tu desempeño. Quizá necesites o quieras más tiempo a solas; si, por el contrario, estás solo, tal vez necesites encontrar con quién compartir tus intereses y comunicarte con facilidad. Un libro o un artículo que leas puede tener una profunda influencia en ti o brindarte nuevas perspectivas. Algunas de las experiencias que podrías estar buscando son la escritura, la lectura o ser parte de un grupo que te estimule a nivel intelectual. Evita aislarte del resto del mundo o ser demasiado crítico con quienes te rodean, pues los malentendidos se vuelven más probables en un año 7. La mayor satisfacción de este año vendrá de un entendimiento más profundo y de comunicar tus ideas de una forma nueva.

AÑO 8

Este es un año de acciones decididas, de establecer e impulsar los esfuerzos de los siete años anteriores. Si quieres triunfar, este no es el año de los deseos: debes hacer el esfuerzo y seguir adelante. Es probable que los logros o las oportunidades de escalar en la vida se presenten en forma de ascensos laborales o ganancias financieras. Los planes e inversiones del pasado rendirán frutos. Este también es un año de trabajo arduo y responsabilidades adicionales. Por lo tanto, debes tener cuidado de no trabajar hasta el agotamiento.

Te atraerá hacer inversiones a largo plazo, como adquirir bienes raíces, pues sentirás la necesidad de echar raíces y tomar control de tu vida o encontrar seguridad a largo plazo. También es posible que se te presenten buenas oportunidades y seas afortunado en los negocios. No obstante, la administración de tus finanzas es esencial para garantizarte buenos réditos. Este año ten consideración de los demás y disfruta de lo que este periodo te ofrece sin intentar dominar a otros ni concentrarte demasiado en tu beneficio personal.

AÑO 9

Este es el año más importante y espiritual en el ciclo numerológico. Es un año de completar proyectos y atar cabos.

No ha nacido un nuevo ciclo aún, pero el anterior está por terminar. La regla fundamental del número 9 es cosechar lo que se ha sembrado. También es el momento de analizar en dónde estás parado y desechar todo lo que no sea esencial. Evita aferrarte al pasado; si has superado algunas situaciones o personas, es momento de despedirte de ellas y planear tu futuro, sobre todo en la parte final del año.

El simbolismo universal del número 9 sugiere también la llegada de la madurez y el entendimiento de los principios fundamentales de la vida en el ciclo de la muerte y el renacimiento, de partir y comenzar de nuevo. El número 9 representa las bases de la vida eterna de cambio y continuidad. Las experiencias más satisfactorias de un año 9 son la compasión y el perdón. Tus buenas acciones no pasarán desapercibidas: la caridad con otras personas te hará mejor persona y te dará el valor para seguir adelante.

Las interpretaciones de los 31 días personales

El número del día personal corresponde al día del mes en que naciste y es inamovible.

DÍA 1

Tu fecha de nacimiento revela tus ansias de sobresalir y ser independiente. Al tener el número 1 por cumpleaños, tiendes a ser individualista, innovador, valeroso y enérgico. No es inusual que necesites establecer una identidad sólida y desarrollar la seguridad en ti mismo y asertividad. Tu espíritu pionero te insta a hacer las cosas por tu cuenta, aunque falles en el intento. Este ímpetu emprendedor también te estimulará a desarrollar habilidades ejecutivas o de liderazgo. Tu gran entusiasmo e ideas originales te permiten mostrarles el camino a los demás. Sin embargo, la necesidad de ser admirado y popular puede socavar tu confianza, y la tendencia a depender de otros puede surgir a partir de esa falta de confianza. Con el número 1 por cumpleaños quizá también debas aprender que el mundo no gira a tu alrededor y evitar la propensión a ser egocéntrico o dictatorial. El triunfo y el éxito son posibles con ideas nuevas o inventando diversos emprendimientos emocionantes.

• *Cualidades positivas:* liderazgo, creatividad, ideas progresistas, vigor, optimismo, convicciones fuertes, competitividad, independencia, sociabilidad.

• *Cualidades negativas:* altivez, celos, egocentrismo, orgullo, antagonismo, desenfreno, egoísmo, debilidad, inestabilidad, impaciencia.

DÍA 2

El número 2 en tu fecha de nacimiento sugiere sensibilidad y necesidad de pertenecer a un grupo. Tu facilidad para adaptarte y ser comprensivo hace que disfrutes actividades cooperativas en las que interactúas con otras personas. Eres receptivo e influenciable por tu medioambiente, y tienes una personalidad amigable y cálida, con buenas habilidades sociales y un enfoque diplomático. El gusto por la armonía y la inclinación a trabajar mejor con otras personas te inspirarán a fungir como mediador en asuntos familiares o convertirte en conciliador. Al intentar complacer a quienes te agradan, corres el riesgo de volverte demasiado dependiente. No obstante, si desarrollas la confianza en ti mismo, superarás la tendencia a sentirte herido por las acciones y críticas ajenas. Ten cuidado de no volverte manipulador.

• *Cualidades positivas:* colaborador, gentileza, tacto, receptividad, intuición, amabilidad, armonía, afabilidad, embajador de la buena voluntad.

• *Cualidades negativas:* suspicacia, falta de confianza, sumisión, hipersensibilidad, egoísmo, susceptibilidad, engaño.

DÍA 3

Tener el número 3 en tu fecha de cumpleaños te convierte en una persona sensible, con la necesidad de externar su creatividad y sus emociones. Eres divertido y buena compañía, ya que disfrutas las actividades sociales amistosas y tienes intereses diversos. Aunque eres versátil, expresivo y necesitas vivir experiencias emocionantes y variadas, tu tendencia a aburrirte con facilidad puede volverte indeciso o demasiado disperso. A pesar de tener el número 3 por cumpleaños sueles ser artístico, encantador y tener un buen sentido del humor, pero es posible que debas fortalecer tu autoestima y superar la propensión a preocuparte en exceso y ser celoso, así como otras inseguridades emocionales. Las relaciones personales y una atmósfera amorosa son de suma importancia para ti, pues te proveen entusiasmo e inspiración.

• *Cualidades positivas:* humor, felicidad, afabilidad, productividad, creatividad, veta artística, deseos vehementes, amor por la libertad, talento con las palabras.

• *Cualidades negativas:* aburrimiento, vanidad, exageración, extravagancia, autocomplacencia, pereza, hipocresía, preocupación, indecisión, inseguridad.

DÍA 4

La estructura sólida y el poder jerarquizado que conlleva el número 4 en tu fecha de nacimiento apuntan hacia la necesidad de estabilidad y el gusto por establecer orden. Tu gran cantidad de energía, habilidades prácticas y voluntad férrea te ayudarán a alcanzar el éxito por medio del trabajo arduo. Debido a que naciste en el día número 4 eres sensible a las formas y la composición, y eres capaz de crear sistemas prácticos. Enfocarte en tu seguridad hará que desees construir una base sólida para tu familia y para ti, así que aprovecha que tu visión pragmática de la vida te confiere un buen sentido de los negocios y la capacidad de alcanzar el éxito material. Con el número 4 en tu fecha de nacimiento, acostumbras ser honesto, franco y justo. No obstante, quizá debas aprender a ser más expresivo con lo que sientes y evitar ser terco o falto de tacto. Los retos que enfrenta un individuo con el número 4 incluyen periodos de inestabilidad o de preocupaciones financieras, o la crueldad.

• *Cualidades positivas:* organización, autodisciplina, estabilidad, trabajo arduo, destreza, habilidades manuales, pragmatismo, confianza, exactitud.

• *Cualidades negativas:* comportamientos destructivos, incapacidad para comunicarse, represión, rigidez, pereza, avaricia, comportamiento controlador o dominante, rigor.

DÍA 5

El número 5 en tu fecha de nacimiento indica instintos poderosos, una naturaleza aventurera y ansias de libertad. La disposición a explorar o probar cosas nuevas, así como tu entusiasmo para enfrentar el mundo, sugieren que la vida tiene mucho que ofrecerte. Los viajes y las múltiples oportunidades de cambio, algunas de ellas inesperadas, podrían conducir a una auténtica transformación de tus perspectivas y creencias. Al tener el número 5 por cumpleaños, necesitas sentir que la vida es emocionante; no obstante, es posible que también debas desarrollar una actitud responsable y evitar la tendencia a ser impredecible, a los excesos y el desasosiego. Con frecuencia, tener un cumpleaños con el número 5 significa que necesitas aprender sobre la paciencia y la atención a los detalles; alcanzarás el éxito si evitas acciones impulsivas o especulativas, y aprendes a ser paciente. El talento natural de una persona con el número 5 es saber cómo dejarse llevar por la corriente y mantenerse desapegado.

• *Cualidades positivas:* versatilidad, adaptabilidad, actitud progresista, instintos poderosos, magnetismo, suerte, audacia, amor por la libertad, ingenio, agilidad mental, curiosidad, misticismo, sociabilidad.

• *Cualidades negativas:* poca confiabilidad, volatilidad, postergación, incongruencia, exceso de confianza, obstinación.

DÍA 6

Algunos de los atributos propios de la gente nacida en el día 6 son la compasión, el idealismo y la naturaleza atenta. El 6 es el número de los perfeccionistas o de las amistades universales, y con frecuencia indica que eres un ser humanitario, responsable, amoroso y comprensivo.

Si bien puedes ser cosmopolita y estar enfocado en tu carrera, con un cumpleaños en el día 6, es más frecuente que tu orientación sea doméstica, hogareña, que seas una madre o un padre devoto y dedicado a lo doméstico. Tus emociones intensas y el deseo de buscar la armonía universal suelen animarte a trabajar arduamente por las cosas en las que crees, sea en tu comunidad o mediante el voluntariado. Las personas más sensibles entre quienes nacieron en esta fecha deberán encontrar una forma de expresión creativa, pues se sienten atraídas por el mundo del entretenimiento, las artes y el diseño. Los retos para alguien nacido el día 6 pueden incluir el desarrollo de confianza en sí mismo y compasión por sus amigos y vecinos, así como aprender a ser más responsable. Quizá debas desarrollar la seguridad en ti y superar la tendencia a ser entrometido, a preocuparte en exceso y a sentir compasión por quien no la necesita.

• *Cualidades positivas:* actitud cosmopolita, hermandad universal, afabilidad, compasión, confiabilidad, comprensión, empatía, idealismo, orientación hacia lo doméstico, humanismo, compostura, talento artístico, equilibrio.

• *Cualidades negativas:* ansiedad, timidez, terquedad, irracionalidad, franqueza excesiva, falta de armonía, perfeccionismo, comportamiento dominante, irresponsabilidad, egoísmo, suspicacia, egocentrismo.

DÍA 7

A pesar de ser analíticas y reflexivas, las personas con el número 7 en su fecha de nacimiento suelen ser perfeccionistas, críticas y egocéntricas. Por lo general, prefieres tomar tus propias decisiones y, con frecuencia, aprendes mejor mediante la experiencia. Tienes una necesidad constante de desarrollar tu autoconciencia, además de que disfrutas absorber información y te pueden interesar la lectura, la escritura o la espiritualidad. Este deseo de aprendizaje puede llevarte también al mundo de la academia o a trabajar constantemente por mejorar tus habilidades existentes. Si bien eres astuto, también tiendes a ser escéptico o a racionalizar demasiado las cosas y perderte en los detalles. En ocasiones, puedes ser demasiado sensible a las críticas o sentirte incomprendido. Una tendencia a ser enigmático o reservado puede llevarte a desarrollar el arte de hacer preguntas sutiles, sin revelar tus propios pensamientos. Las personas con el número 7 quizá deban también evitar ser demasiado críticas, obstinadas, poco comunicativas y distantes.

• *Cualidades positivas:* educación, confianza, meticulosidad, idealismo, honestidad, habilidades psíquicas, capacidades científicas, racionalidad, reflexión.

• *Cualidades negativas:* engaño, tendencia a ser solitario, hermetismo, escepticismo, confusión, desapego, frialdad.

DÍA 8

El poder del número 8 en tu fecha de nacimiento indica un carácter con valores firmes y un juicio sólido. El número 8 denota que aspiras a conseguir grandes logros y que tienes una naturaleza ambiciosa. Tu fecha de cumpleaños esboza además tu deseo de dominio, seguridad y éxito material. Como una persona nacida bajo el número 8, tienes un talento natural para los negocios y te beneficiarás en gran medida si desarrollas tus habilidades organizativas y ejecutivas. Si estás dispuesto a trabajar duro, sueles recibir grandes responsabilidades. Por otro lado, es posible que debas aprender a administrarte o a delegar tu autoridad de forma justa y responsable. A muchas personas nacidas en un día 8 suelen atraerles las ocupaciones relacionadas con la justicia, la ley y el orden o posiciones de liderazgo en la administración de negocios, así como las finanzas o la banca. Tu necesidad de seguridad y estabilidad te insta a hacer planes e inversiones a largo plazo. Muchos individuos con el número 8 en su fecha de nacimiento tienen también un gran poder para curar a otros y a sí mismos, y obtienen el máximo beneficio de ello si aprenden a canalizar estas fuerzas para el bien de la humanidad.

• *Cualidades positivas:* liderazgo, minuciosidad, trabajo arduo, tradición, autoridad, protección, poder de sanación, talento para juzgar valores.

• *Cualidades negativas:* impaciencia, intolerancia, avaricia, desasosiego, exceso de trabajo, sed de poder, comportamiento controlador o dominante, tendencia a darte por vencido, falta de planeación.

DÍA 9

Entre las características asociadas con haber nacido bajo el número 9 están la benevolencia, la amabilidad y el sentimentalismo. Sueles ser generoso e inteligente, creativo y gentil. Tus habilidades intuitivas y psíquicas apuntan hacia una receptividad universal que, canalizada de forma positiva, te inspirará a buscar un camino espiritual. Al cumplir años en un día número 9, sueles sentir que el sendero de tu vida ya está trazado y no tienes mucho espacio para maniobrar. Quizá debas trabajar en tu comprensión, tolerancia y

paciencia y aprender también a ser más objetivo. Esta fecha de nacimiento sugiere la necesidad de superar desafíos, y la tendencia a ser hipersensible y experimentar altibajos emocionales. No obstante, las personas con el número 9 están destinadas a lograr cosas en la vida y ayudar a la humanidad.

Viajar por el mundo e interactuar con gente de todo tipo te beneficiará, pero es posible que debas cuidarte de tener sueños poco realistas o de tender hacia la evasión.

• *Cualidades positivas:* idealismo, humanitarismo, creatividad, sensibilidad, generosidad, magnetismo, naturaleza poética, caridad, naturaleza dadivosa, desapego, suerte, popularidad.

• *Cualidades negativas:* frustración, nerviosismo, incertidumbre, egoísmo, falta de practicidad, amargura, falta de ética, tendencia a dejarse llevar, complejo de inferioridad, miedo, preocupación, aislamiento.

DÍA 10

Al igual que otras personas con el número 1 en su fecha de nacimiento, acostumbras perseguir grandes objetivos que probablemente alcances. Sin embargo, para ello es necesario que superes una gran cantidad de obstáculos. Por lo general, tienes una poderosa necesidad de establecer tu identidad, y el número 10 sugiere que puedes ser innovador, seguro de ti mismo y ambicioso. Piensas en grande y eres una persona de mundo. Con frecuencia eres enérgico y original, y defiendes tus creencias aun cuando son distintas a las de los demás. En ocasiones, puedes sentirte solo o impopular. Tu capacidad de iniciar proyectos por cuenta propia y tu espíritu pionero te animan a viajar por territorios inexplorados y a triunfar o fracasar por ti mismo. La tendencia a depender de otros suele surgir de una falta de confianza, miedo o la necesidad de ser admirado o reconocido. Al cumplir años en un día número 10, es posible que también debas entender que no eres el centro del universo. Evita ser egoísta y dictatorial. El éxito y los logros son importantes para aquellos con un cumpleaños con el número 10, por lo que es normal que quieras llegar a la cima de tu profesión. Ya que esto involucra trabajar con los problemas más grandes, es probable que carezcas de inclinaciones domésticas.

• *Cualidades positivas:* liderazgo, creatividad, naturaleza progresista, vigor, optimismo, convicciones firmes, competitividad, independencia, sociabilidad.

• *Cualidades negativas:* autoritarismo, celos, egoísmo, orgullo, antagonismo, falta de control, egocentrismo, debilidad, inestabilidad, impaciencia.

DÍA 11

La vibración especial del 11, el número maestro en tu fecha de nacimiento, sugiere que el idealismo, la inspiración y la innovación son importantísimos para ti. La combinación de humildad y seguridad en ti mismo te desafía a esforzarte por alcanzar el dominio material y espiritual de tu ser. A través de la experiencia aprenderás a lidiar con ambos lados de tu naturaleza y a adoptar una actitud menos extrema cuando se trate de confiar en tus emociones. Si bien tienes poderes de intuición, es posible que malgastes tus energías y necesites encontrar una meta en la cual enfocarte. Sueles estar conectado con el mundo y posees una gran vitalidad, pero por esa misma razón evita ser demasiado ansioso o impráctico. En su peor versión, una persona con el número 11 en su cumpleaños puede tener dificultades para distinguir entre lo que siente y lo que ansía lograr. En el mejor de los casos, están dotados de cualidades geniales que pueden beneficiar a los demás.

• *Cualidades positivas:* equilibrio, concentración, objetividad, entusiasmo, inspiración, espiritualidad, idealismo, intuición, inteligencia, extroversión, inventiva, talento artístico, espíritu servicial, capacidad de sanación, humanitarismo, fe, habilidad psíquica.

• *Cualidades negativas:* complejo de superioridad, exceso de emotividad, deshonestidad, falta de dirección, tendencia a ofenderse con demasiada facilidad, nerviosismo, egoísmo, falta de claridad, actitud dominante, mezquindad.

DÍA 12

Un cumpleaños en el día 12 suele sugerir un deseo de establecer una verdadera individualidad. Sueles ser intuitivo, servicial, amigable y tienes una excelente capacidad de razonamiento. Eres innovador, comprensivo y sensible por naturaleza, así que sabes aprovechar el buen tacto y las capacidades cooperativas ajenas para alcanzar tus metas y objetivos. A los ojos de los demás puedes parecer seguro de ti mismo, pero la duda y la sospecha pueden socavar tu personalidad extrovertida y actitud optimista. Cuando encuentres el equilibrio entre tu necesidad de expresarte y el impulso natural de apoyar a otros, hallarás satisfacción emocional y personal. No obstante, quizá debas armarte de valor para independizarte, desarrollar la seguridad en ti y no dejarte desanimar por otras personas.

• *Cualidades positivas:* creatividad, atractivo, iniciativa, disciplina, fortalecimiento de otros o de ti mismo.

• *Cualidades negativas:* aislamiento, excentricidad, falta de cooperación, hipersensibilidad, baja autoestima.

DÍA 13

Sensibilidad emocional, entusiasmo e inspiración son algunas de las cualidades que suelen asociarse con el número 13 en la fecha de nacimiento. En términos numéricos, te caracterizan la ambición y el trabajo arduo, y puedes lograr grandes cosas mediante la expresión creativa. Sin embargo, quizá tengas que cultivar una perspectiva más pragmática si quieres transformar tu creatividad en productos tangibles. Tu enfoque original e innovador inspira ideas nuevas y emocionantes, mismas que con frecuencia se traducen en obras que suelen impresionar a los demás. Tener el número 13 en tu fecha de cumpleaños te hace honesto, romántico, encantador y amante de la diversión, pero también alguien capaz de alcanzar la prosperidad por medio de la dedicación. Tus emociones poderosas y deseo de libertad o expresión sentimental pueden ser tus mejores herramientas. Sin embargo, aprender a entablar sociedades y cooperar te dará la oportunidad de compartir tus enormes talentos con otros. Como muchos individuos con quienes compartes día de nacimiento, quizá desees viajar o ansíes encontrar un nuevo ambiente en el cual forjar una vida mejor. Los idealistas de entre los nacidos el día 13 pueden elegir una carrera en el mundo del entretenimiento y buscar formas de externar sus talentos creativos.

• *Cualidades positivas:* ambición, creatividad, amor por la libertad, autoexpresión, iniciativa.

• *Cualidades negativas:* impulsividad, indecisión, autoritarismo, falta de sensibilidad, rebeldía.

DÍA 14

Potencial intelectual, pragmatismo y determinación son solo algunas de las cualidades ligadas a un cumpleaños con el número 14. Sueles tener un fuerte deseo por establecer una base sólida y de alcanzar el éxito mediante el trabajo arduo. De hecho, con un cumpleaños con el número 14, a menudo priorizas tu trabajo y juzgas a los demás y a ti mismo con base en logros laborales. Aunque necesitas estabilidad, la inquietud que el número 14 sugiere te insta a seguir adelante y enfrentar nuevos retos en un esfuerzo constante por mejorar tus condiciones. Esta insatisfacción inherente también puede inspirarte a hacer grandes cambios en tu vida, sobre todo si estás inconforme con tus condiciones laborales o tu estado financiero. Al igual que muchas personas con este cumpleaños, es posible que llegues a la cima de tu profesión. Las características ocultas indicadas por el número 14 sugieren que te beneficiarás de explorar tus talentos creativos y de aprender a expresar tus sentimientos de forma más abierta. En ocasiones, el amor puede ser una gran prueba para ti, pero tu versatilidad, sentido de lo práctico y fuertes instintos pueden imponerse a tu tendencia a la terquedad. Gracias a tu perspicacia, respondes con rapidez a los problemas y disfrutas resolverlos. Tener el número 14 en tu día de nacimiento te hace disfrutar de correr riesgos o apostar, y es posible que tengas suficiente suerte como para ganar en grande.

• *Cualidades positivas:* acciones decisivas, trabajo arduo, suerte, creatividad, pragmatismo, imaginación, oficio.

• *Cualidades negativas:* exceso de cautela o impulsividad, inestabilidad, desconsideración, terquedad.

DÍA 15

El número 15 en tu fecha de nacimiento sugiere versatilidad y entusiasmo. Sueles estar alerta y tienes una personalidad carismática. Tus más grandes atributos son tus poderosos instintos y la habilidad para aprender rápido mediante la combinación de teoría y práctica. En muchas ocasiones logras ganar dinero mientras aprendes nuevas habilidades. Sueles utilizar tus poderes intuitivos y reconoces de inmediato las oportunidades cuando se presentan. Con un cumpleaños con el número 15, tienes talento para atraer dinero o para recibir ayuda y apoyo de otras personas. Por lo general, eres despreocupado, entusiasta y recibes lo inesperado con los brazos abiertos. Si bien eres aventurero por naturaleza, necesitas encontrar una base real o un hogar que puedas llamar propio. Aunque seas animoso y ambicioso, en ocasiones puedes ser terco u obcecarte, y debes evitar estancarte. La conclusión exitosa de tus emprendimientos puede ser más frecuente si aprovechas tus habilidades prácticas para materializar tus ideas originales y superas tu tendencia a la inquietud o la insatisfacción.

• *Cualidades positivas:* disposición, generosidad, responsabilidad, gentileza, cooperación, aprecio, creatividad.

• *Cualidades negativas:* desorganización, desasosiego, irresponsabilidad, egocentrismo, miedo al cambio, falta de fe, preocupación, indecisión, materialismo, abuso de poder.

DÍA 16

Un cumpleaños con el número 16 sugiere que eres ambicioso, y a la vez sensible, considerado y amigable. Tu gran deseo de realizarte y la necesidad de vivir la grandeza del mundo pueden llevarte a dejar a tu familia atrás. Sueles juzgar la vida según cómo te sientas y tienes una mirada perspicaz para analizar personas y situaciones. Sin embargo, si tienes la personalidad de alguien nacido en un día 16, vivirás tensiones internas ya que te debates entre tu necesidad de expresión personal y las responsabilidades que tienes con los demás.

Por haber nacido en un día número 16, tal vez te interesen la política y los asuntos internacionales, y puedes integrarte a corporaciones trasnacionales o al mundo de los medios de comunicación. Por otro lado, puedes involucrarte con organizaciones benéficas y trabajar por causas justas. Los más creativos de entre los nacidos en este día pueden tener talento para la escritura, con destellos repentinos de inspiración. La tendencia subyacente de inquietud que indica el número 16 con frecuencia sugiere un despertar espiritual, en particular durante periodos de inestabilidad o cambio. Si tu cumpleaños es en un día 16, quizá deberás aprender a equilibrar tu exceso de confianza con tus dudas e inseguridades. Aunque algunos de ustedes pueden provenir de familias unidas, con frecuencia eligen vivir solos o viajar bastante.

• *Cualidades positivas:* educación superior, responsabilidad en el hogar y con la familia, integridad, intuición, sociabilidad, cooperación, perspicacia.

• *Cualidades negativas:* preocupación, insatisfacción, irresponsabilidad, autopromoción, dogmatismo, escepticismo, tendencia a ser quisquilloso, irritabilidad, egoísmo, falta de empatía.

DÍA 17

Al tener un cumpleaños con el número 17, sueles ser astuto, reservado y tener habilidades analíticas. Eres un pensador independiente y talentoso, estás bien educado, y confías en tu experiencia personal. El número 17 en tu fecha de nacimiento significa que aprovechas tus conocimientos de una forma particular para desarrollar tu pericia. Eres reservado por naturaleza y posees una buena capacidad analítica, lo que te permitirá ocupar una posición importante como especialista o investigador. El que seas reservado, introspectivo y te interesen los datos y cifras se refleja en un comportamiento reflexivo y en que te guste tomarte tu tiempo. Al desarrollar tus habilidades comunicativas, descubrirás mucho de ti mismo a través de los demás. Sin embargo, una vez que eliges un curso de acción puedes ser demasiado tajante e ignorar los consejos de los demás, sean buenos o malos. Con frecuencia eres capaz de pasar largos periodos de concentración y resistencia, y puedes aprender más mediante la experiencia. Por otro lado, mientras menos escéptico seas, más rápido aprenderás.

• *Cualidades positivas:* amabilidad, pericia, planeación, instinto para los negocios, éxito financiero, intelecto, meticulosidad, precisión, talento para la investigación, capacidad científica.

• *Cualidades negativas:* desapego, soledad, terquedad, descuido, malhumor, hipersensibilidad, obcecación, crítica, preocupación, suspicacia.

DÍA 18

Algunos de los atributos asociados con el número 18 en la fecha de cumpleaños son tenacidad, asertividad y ambición. Eres activo y te gustan los retos, por lo que procuras mantenerte ocupado y sueles participar en todo tipo de proyectos. Eres competente, trabajador y responsable, por lo cual se te facilita ascender a posiciones de autoridad y sentirte atraído por carreras relacionadas con la ley y el orden o el gobierno. Por otro lado, tu facilidad para los negocios y habilidades organizacionales pueden inclinarte hacia el mundo del comercio. Con una fecha de nacimiento con el número 18, puedes ser crítico, discutidor y difícil de complacer. Dado que sufres por trabajar en exceso, es importante que aprendas a relajarte y a bajar la velocidad de vez en cuando. Con la personalidad de alguien nacido en un día 18, puedes usar tus poderes para sanar a otros, dar consejos valiosos o resolver problemas ajenos. Sin embargo, tal vez debas aprender a distinguir entre el uso y el abuso de poder al aprender a vivir con otros.

• *Cualidades positivas:* actitud progresista, asertividad, intuición, valentía, determinación, capacidad de sanación, eficiencia, facilidad para asesorar.

• *Cualidades negativas:* emociones fuera de control, pereza, desorden, egoísmo, insensibilidad, incapacidad para completar proyectos o trabajos, engaños.

DÍA 19

Algunas de las cualidades de las personas nacidas bajo el número 19 son la alegría, la ambición y el humanitarismo. Eres una persona tenaz e ingeniosa, con una visión profunda, pero el lado soñador de tu naturaleza es compasivo, idealista y creativo. Aunque seas una persona sensible, las ansias de sobresalir pueden empujarte a la actuación y a intentar acaparar reflectores. Sueles tener un fuerte deseo de establecer tu identidad individual. Para ello, deberás empezar por aprender a no sucumbir ante la presión social. Solo mediante numerosas experiencias podrás desarrollar tu confianza en ti mismo o tus habilidades de liderazgo. A ojos de los demás eres una persona segura, fuerte e ingeniosa, pero las tensiones internas pueden provocarte altibajos emocionales. Si bien eres orgulloso, con la necesidad de que los demás aprecien y reconozcan tus esfuerzos, quizá debas entender que no eres el centro del universo. Esto suele indicar que la tendencia a ser egoísta o arrogante puede ser un obstáculo en tu camino. Quizá tengas que aprender también sobre valentía, planeación y estructura, así como a superar tu miedo a la soledad. Con frecuencia expresas tu espíritu artístico y tu carisma, y tienes el mundo al alcance de las manos, pero deberás aprender que el éxito será más asequible si haces las cosas por tu cuenta o si trabajas dentro de corporaciones de gran tamaño.

• *Cualidades positivas:* dinamismo, ecuanimidad, creatividad, liderazgo, suerte, actitud progresista, optimismo, convicciones fuertes, competitividad, independencia, sociabilidad.

• *Cualidades negativas:* ensimismamiento, depresión, angustia, miedo al rechazo, altibajos, materialismo, egoísmo, impaciencia.

DÍA 20

Al haber nacido bajo el número 20, eres intuitivo, sensible, adaptable y comprensivo y, por lo general, te consideras parte de grupos más grandes. Suelen agradarte actividades cooperativas en las que puedes interactuar, compartir experiencias y aprender de otros. Con la influencia de tus alrededores, puedes también ser artístico o musical. Tu encanto y gracia te ayudan a desarrollar habilidades diplomáticas y sociales que te permiten moverte con fluidez en círculos sociales distintos. No obstante, quizá necesites fortalecer tu confianza o superar la tendencia a sentirte herido por las acciones y críticas ajenas y a ser demasiado dependiente. En las relaciones y otras sociedades debes tener cuidado de no atormentarte, ni ser desconfiado o demasiado dependiente de los demás. Tienes una facilidad extraordinaria para crear atmósferas amistosas y armoniosas, y puede que necesites fungir como mediador en asuntos familiares o conciliador en el trabajo, donde sueles asistir a otros.

• *Cualidades positivas:* buenas asociaciones, gentileza, tacto, receptividad, intuición, amabilidad, armonía, afabilidad, naturaleza amistosa, embajador de buena voluntad.

• *Cualidades negativas:* suspicacia, falta de confianza, servilismo, timidez, hipersensibilidad, egoísmo, tendencia a ofenderse, engaño.

DÍA 21

Tener el número 21 en tu fecha de cumpleaños te hace una persona divertida, magnética, creativa y encantadora. Sueles mostrarte amigable y simpático con los demás. Eres sociable, amistoso, tienes muchos intereses y contactos y, por lo regular, tienes mucha suerte. También eres original e intuitivo, y posees un espíritu independiente. Si tu cumpleaños es en un día con el número 21, es posible que te encante la diversión; que seas magnético, creativo y tengas encanto social. Por otro lado, puedes ser tímido y reservado, con necesidad de desarrollar la asertividad, en especial en relaciones cercanas. Suelen presentársete varias oportunidades en la vida y puedes alcanzar el éxito con otras personas. Aunque te inclines hacia las relaciones de cooperación o el matrimonio, siempre querrás que se reconozcan tus talentos y habilidades. Las personas ligadas al número 21 deben, sin embargo, procurar no ser demasiado egoístas o buscar su identidad en los sueños de otras personas. Puedes también dedicarle demasiado tiempo a tus relaciones y, en consecuencia, volverte codependiente.

• *Cualidades positivas:* inspiración, creatividad, uniones amorosas, relaciones duraderas.

• *Cualidades negativas:* dependencia, nerviosismo, falta de control emocional, falta de visión, decepción, miedo al cambio.

DÍA 22

Tener el número 22 en tu fecha de cumpleaños te hace una persona orgullosa, práctica, disciplinada y sumamente intuitiva. Es un número maestro que puede vibrar tanto en forma de 22 como en forma de 4. Sueles ser honesto y trabajador, poseer habilidades de liderazgo innatas y tener una personalidad carismática y una profunda capacidad de entender a la gente y sus motivaciones. Aunque no demuestras tu afecto, sueles preocuparte por el bienestar de tus seres queridos. No obstante, nunca pierdes de vista tu lado pragmático o realista. Por lo general, eres culto y cosmopolita, y tienes muchos amigos y admiradores. Tus atributos más evidentes son las habilidades prácticas y las capacidades ejecutivas. Tu personalidad directa pero contenida te ayuda a ascender hasta los puestos directivos más altos. Los más competitivos de entre los nacidos en el día número 22 pueden alcanzar el éxito y la buena fortuna con la ayuda y el apoyo de otros. Muchos de los nacidos en este día tienen fuertes lazos con sus hermanos o hermanas, a quienes protegen y apoyan.

• *Cualidades positivas:* universalidad, intuición, pragmatismo, practicidad, habilidades manuales, talento, habilidades de construcción, organización, realismo, capacidad para resolver problemas, éxitos.

• *Cualidades negativas:* codicia, nerviosismo, complejo de inferioridad, autoritarismo, materialismo, falta de visión, pereza, egoísmo, autopromoción.

DÍA 23

Algunos de los atributos ligados a un cumpleaños con el número 23 son la intuición, la sensibilidad emocional y la creatividad. Sueles ser una persona versátil y apasionada que piensa rápido, mantiene una actitud profesional y siempre está llena de ideas. Con la influencia del número 23, puedes aprender cosas nuevas con facilidad, aunque prefieres la práctica más que la teoría. No obstante, tal vez debas superar tu tendencia a criticar a otros; asimismo, quizá debas desarrollar una actitud menos egoísta. Te encantan los viajes, la aventura y conocer gente nueva, y la cualidad enérgica que trae consigo el número 23 de tu cumpleaños te insta a probar toda clase de experiencias distintas. Además, te adaptas para sacar lo mejor de cada situación. En general, eres amigable y divertido, con valor y empuje; es posible que necesites de un estilo de vida activo para alcanzar tu verdadero potencial. Si bien estás dispuesto a ayudar a otros, si te sientes indeciso o cambias de opinión con frecuencia, puedes dar la impresión de ser irresponsable. Algunas personas con el número 23 en su fecha de nacimiento pueden tener varias relaciones cortas antes de encontrar la felicidad y a la pareja perfecta.

• *Cualidades positivas:* lealtad, responsabilidad, gusto por viajar, comunicación, intuición, creatividad, versatilidad, confiabilidad, fama.

• *Cualidades negativas:* egoísmo, inseguridad, intransigencia, inflexibilidad, celos, desapego, inquietud, crítica.

DÍA 24

Algunos de los adjetivos que la gente suele emplear para describir a alguien nacido el día 24 son concienzudo, responsable y con iniciativa. Aunque quizá te desagrade la rutina, sueles ser una persona trabajadora, con habilidades prácticas y buen juicio. La sensibilidad emocional que sugiere un cumpleaños con el número 24 indica que quizá sientas necesidad de estabilidad y orden. Tienes también una sensibilidad para las formas y estructuras y facilidad para crear sistemas tan complejos como eficientes. Por lo general, eres honesto, confiable y consciente de la seguridad; necesitas amor y respaldo ajeno, y disfrutas de sentar bases sólidas para tu familia y para ti. Eres fiel y justo, pero poco efusivo, y tiendes a creer que las acciones dicen más que las palabras. Tu visión pragmática de la vida también te da buen olfato para los negocios y la capacidad de alcanzar el éxito material. Con el número 24 por cumpleaños, es posible que debas sobreponerte a la tendencia a ser obstinado o de ideas fijas. Al aprender a confiar en tu intuición y desarrollar tus habilidades sociales, adquirirás disciplina. No obstante, tendrás que cuidar tus comportamientos destructivos, mismos que pueden llegar a interpretarse como crueldad o materialismo. El reto principal al que puede enfrentarse alguien asociado con el número 24 es aprender a llevarse con gente de todos los contextos, superar el impulso a sospechar y construir un hogar seguro.

• *Cualidades positivas:* energía, idealismo, habilidades prácticas, determinación inquebrantable, honestidad, franqueza, justicia, generosidad, amor al hogar, actividad.

• *Cualidades negativas:* inflexibilidad, materialismo, inestabilidad, desprecio por la rutina, pereza, deslealtad, comportamiento dominante, necedad, ansias de venganza.

DÍA 25

Eres intuitivo y considerado, pero también rápido y enérgico; necesitas expresarte a través de experiencias diversas que pueden incluir ideas, personas o lugares nuevos o emocionantes. El deseo de perfección asociado con el día 25 suele instarte a trabajar arduamente y ser productivo. No obstante, debes dejar de ser tan impaciente o crítico si las cosas no salen según lo planeado. Entre tus atributos ocultos se encuentran la sensibilidad emocional y el talento creativo o artístico. Tal vez debas evitar subestimarte, pues puede llevarte a la frustración o a actitudes destructivas. La poderosa necesidad de tener relaciones personales cercanas y duraderas, amor y afecto puede quedar socavada por la vibración inquieta del número 25. Sueles ser instintivo y estar alerta, y puedes adquirir más conocimientos con la aplicación práctica que con la teoría. Tu buen juicio y ojo para los detalles te garantizan logros y éxitos. Es posible que necesites desarrollar una actitud menos escéptica y sobreponerte a la tendencia a tomar decisiones erráticas o impulsivas. El miedo al cambio genera tensiones emocionales, malhumor y celos. Al ser una persona con el número 25, tienes una gran energía mental, que te ayudará a analizar todos los hechos y llegar a una conclusión más rápidamente que cualquier otra persona. El éxito y la felicidad llegan cuando aprendes a confiar en tus propios instintos y fortaleces la perseverancia y la paciencia.

• *Cualidades positivas:* intuición, perfeccionismo, perspicacia, creatividad, don de gentes.

• *Cualidades negativas:* impulsividad, impaciencia, irresponsabilidad, hipersensibilidad, celos, hermetismo, volubilidad, nerviosismo.

DÍA 26

Una fecha de nacimiento con el número 26 sugiere que aspiras a obtener grandes logros y que eres ambicioso por naturaleza. Para adoptar un enfoque más pragmático con respecto a la vida, necesitas desarrollar tus habilidades ejecutivas y un buen instinto para los negocios. La fuerza o el poder asociados con el número 26 en tu cumpleaños muestran que eres una persona cautelosa, con valores sólidos y buen juicio. Al tener el número 26 en tu fecha de cumpleaños, sueles ser responsable y tener un sentido natural de la estética. Tu amor por el hogar y tus fuertes instintos parentales sugieren que debes construir una base sólida o encontrar estabilidad real. Sin embargo, debido a tu terquedad o falta de confianza en

ti mismo, a veces puedes darte por vencido con demasiada facilidad. No obstante, con autocontrol y planeación cuidadosa, puedes alcanzar el éxito.

Una inclinación por las causas idealistas y humanitarias puede llevarte a vocaciones que conlleven trabajar con la gente, en la educación o sirviendo a la comunidad. Como sueles ser un pilar de fortaleza para otros, estás dispuesto a ayudar a amigos y familiares que recurran a ti en momentos de dificultad. Sin embargo, quizá debas cuidar tus tendencias materialistas y el deseo de controlar situaciones o a personas.

• *Cualidades positivas:* creatividad, practicidad, cuidado, responsabilidad, orgullo familiar, entusiasmo, valentía.

• *Cualidades negativas:* necedad, rebeldía, falta de entusiasmo, falta de perseverancia, inestabilidad, dominio.

DÍA 27

El día número 27 indica que tu profundidad de pensamiento puede verse beneficiada enormemente por el desarrollo de la paciencia y el autocontrol. Eres intuitivo e inquisitivo; sueles ser enérgico, decidido, observador y poner gran atención a los detalles. Con frecuencia eres idealista, sensible, con una mente fértil y creativa, y puedes impresionar a otros con tus ideas y pensamientos originales. Si bien a veces aparentas ser hermético, racional y desapegado, en realidad esto podría ocultar tensiones internas como tendencias hacia la indecisión o suspicacia con respecto a futuros cambios. Al desarrollar buenas habilidades comunicativas, puedes superar tu renuencia a expresar tus sentimientos más profundos. La clave del éxito suele radicar en la inspiración; al desarrollar una perspectiva más universal, evitarás los exabruptos emotivos y dejarás de preocuparte de lo que los demás puedan pensar o decir. La educación es esencial para las personas con el número 27 y, con la preparación adecuada, puedes alcanzar el éxito en la escritura, la investigación o el trabajo en grandes organizaciones. Eres versátil e imaginativo por naturaleza, con fuertes instintos o habilidades psíquicas; puedes ser ambicioso y estar lleno de ideas. Sin embargo, la inquietud te puede llevar a la intranquilidad e impulsividad y deberás aprender a convertir tus ideas en resultados tangibles. Si bien sueles ser afectuoso y considerado, en ocasiones puedes aparentar ser demasiado sensible y poco accesible. Al desarrollar una perspectiva más desapegada, serás capaz de escuchar a los demás y aceptar sus críticas o ideas.

• *Cualidades positivas:* versatilidad, imaginación, creatividad, determinación, valentía, comprensión, capacidad intelectual, espiritualidad, ingenio, fortaleza mental.

• *Cualidades negativas:* antipatía, susceptibilidad, naturaleza pendenciera, inquietud, nerviosismo, desconfianza, exceso de emotividad, tensión.

DÍA 28

Eres independiente, idealista, poco convencional, pero también pragmático y decidido; acostumbras marchar a tu propio ritmo. El número 28 en tu fecha de nacimiento también indica un conflicto interno entre tu deseo de ser autosuficiente y de pertenecer a un equipo. La suma de los dos dígitos de tu fecha de cumpleaños, 2 y 8, es igual a 1, lo cual en términos numerológicos significa que eres ambicioso, directo y emprendedor. Siempre estás preparado para la acción y para iniciar nuevos proyectos; enfrentas los desafíos de la vida con valentía y, gracias a tu entusiasmo, motivas fácilmente a otros, si bien no a seguirte, por lo menos a apoyarte en tus emprendimientos. Entre tus múltiples atributos están una fuerte convicción, ingenio, buen juicio, y la capacidad de acumular conocimiento y utilizarlo para resolver problemas. Con un cumpleaños con el número 28 tienes capacidad de liderazgo y dependes de tu sentido común, lógica e ideas claras. Aunque el éxito, la familia y la vida hogareña son importantes para ti, encontrar estabilidad y cuidar de tus seres más queridos a veces puede ser un reto. Sueles asumir responsabilidades, pero también puedes ser demasiado entusiasta, impaciente o intolerante. Es posible que debas cuidarte de no ser demasiado autoritario, obcecado o rebelde.

• *Cualidades positivas:* compasión, actitud progresista, audacia, veta artística, creatividad, idealismo, ambición, trabajo arduo, vida familiar estable, fuerza de voluntad.

• *Cualidades negativas:* fantasioso, falta de compasión, poco realista, autoritario, falta de juicio, agresividad, poco cooperativo, falta de confianza, dependencia excesiva de los demás, orgullo.

DÍA 29

Los individuos que nacen bajo el número 29 son visionarios idealistas, con un carácter dinámico y vigoroso, personalidad enérgica y potencial para sobresalir. Además, eres intuitivo, sensible y emotivo. Tu naturaleza compasiva y comprensiva inspira el espíritu humanitario en otros a quienes anima a cumplir sus sueños y objetivos. En efecto, la inspiración es la clave de tu éxito, ya que sin ella puedes encontrarte sin rumbo o propósito. Si bien eres un soñador, en ocasiones los extremos de tu personalidad sugieren que trates de controlar tus cambios de humor. Puedes pasar de ser amigable y cálido a ser frío y poco atento; puedes ir del optimismo al pesimismo. Aunque un cumpleaños en un día 29 te hace competitivo y ambicioso, ansías ser popular y te importa lo que la gente piense de ti. Sin embargo, quizá necesites aprender a ser menos crítico, dubitativo, tímido o desapegado y más considerado con quienes te rodean. Si

confías en tus sentimientos más profundos y abres tu corazón a otras personas, superarás la tendencia a preocuparte de más o a usar tu intelecto como armadura. Usa tus ideas creativas para lograr algo único y especial que puede inspirar o servirle a otros.

• *Cualidades positivas:* inspiración, equilibrio, paz interior, generosidad, éxito, creatividad, intuición, misticismo, sueños poderosos, cosmopolita, fe.

• *Cualidades negativas:* desconcentración, inseguridad, nerviosismo, malhumor, personalidad difícil, extremismo, aislamiento, hipersensibilidad.

DÍA 30

Algunas de las cualidades asociadas a las personas nacidas el día 30 son creatividad, afabilidad y sociabilidad. Disfrutas la buena vida, te encanta socializar, sueles tener un carisma excepcional y eres leal y amigable. También eres ambicioso, emotivo y tomas ideas y las desarrollas con tu intenso estilo personal. Eres sociable, tranquilo, tienes buen gusto y ojo para el color y las formas; disfrutas todo tipo de trabajo enfocado en el arte, el diseño y la música. El orgullo y la ambición, en combinación con buenas oportunidades, pueden permitirte llegar a la cima de tu profesión. Si tienes un cumpleaños con el número 30, tus emociones son intensas, y estar enamorado o satisfecho es un requisito esencial para ti. En tu búsqueda de la felicidad, evita ser perezoso, autocomplaciente, impaciente o celoso, pues esto podría causarte inestabilidad emocional. Muchas de las personas nacidas en este día alcanzarán el reconocimiento o la fama, en particular los músicos, actores y artistas, pero quizá tengan que hacer algunos sacrificios por sus seres queridos.

• *Cualidades positivas:* aprecio por la diversión, lealtad, afabilidad, capacidad de síntesis, talento con las palabras, creatividad, suerte.

• *Cualidades negativas:* pereza, terquedad, comportamiento errático, impaciencia, autocomplacencia excesiva, indiferencia, indecisión, celos.

DÍA 31

El número 31 en tu fecha de cumpleaños indica una férrea fuerza de voluntad, determinación y énfasis en la expresión personal. Sueles combinar tu intuición con tus habilidades prácticas para tomar buenas decisiones. Por lo general, eres incansable y decidido, con la necesidad correspondiente de lograr progreso material; sin embargo, quizá debas aprender a aceptar las limitaciones de la vida y, por lo tanto, construir una base sólida. Con el 31 en tu día de nacimiento vienen ideas originales, buen sentido de las formas y capacidad de tener éxito en los negocios si te tomas tu tiempo y sigues un plan de acción práctico. La buena suerte y las oportunidades afortunadas también acompañan a un cumpleaños con el número 31, y podrás transformar tus pasatiempos en empresas productivas con bastante éxito. Sin embargo, quizá debas aprender a no rendirte con facilidad y a ser más considerado con los demás. El tiempo para el amor y la diversión es crucial para ti, pues es probable que trabajes de forma ardua. No obstante, cuídate de la tendencia a ser demasiado autocomplaciente o egoísta, así como de la propensión a ser demasiado optimista. Los individuos más débiles de entre los asociados con el número 31 son inseguros, se rinden con facilidad en la búsqueda de sus sueños o pueden caer en fantasías imposibles.

• *Cualidades positivas:* suerte, creatividad, originalidad, habilidad para construir, tesón, practicidad, buen conversador, responsabilidad.

• *Cualidades negativas:* inseguridad, impaciencia, suspicacia, tendencia a desanimarse con facilidad, falta de ambición, egoísmo, terquedad, materialismo.

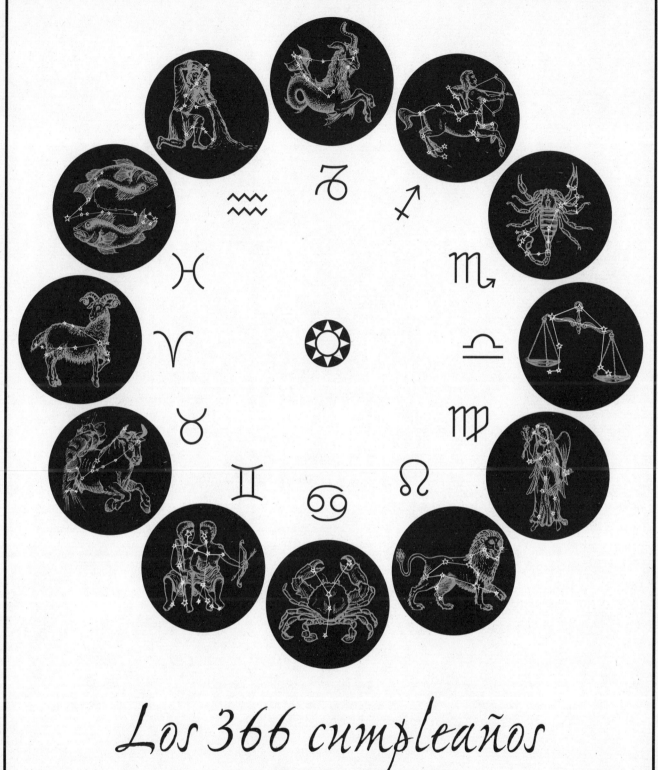

Los 366 cumpleaños del año

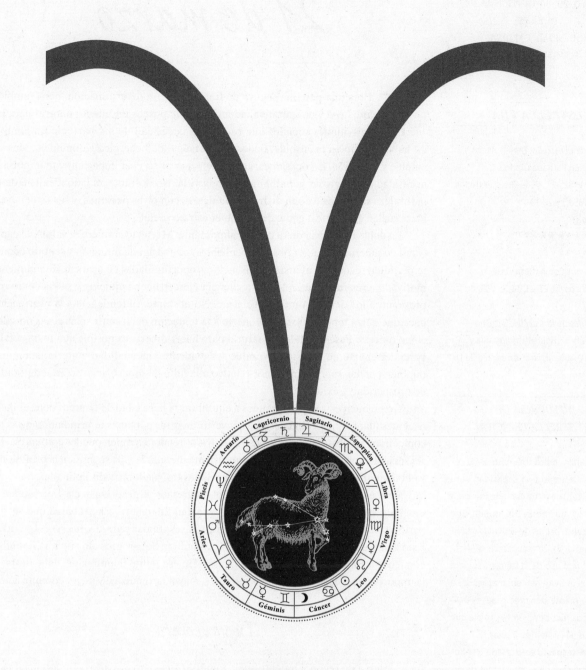

Aries

21 de marzo–20 de abril

SOL: CÚSPIDE ARIES/PISCIS
DECANATO: ARIES/MARTE
ÁNGULO: 29º 30' DE PISCIS–0º 30'
DE ARIES
MODALIDAD: CARDINAL
ELEMENTO: FUEGO

21 de marzo

ESTRELLA FIJA

Nombre de la estrella: Deneb Kaitos, también llamada Diphda

Posición: 1º 32'–2º 27' de Aries, entre los años 1930 y 2000

Magnitud: 2

Fuerza: ★★★★★★★

Órbita: 2º 10º

Constelación: Cetus (Beta Ceti)

Días efectivos: 21, 22, 23, 24, 25 y 26 de marzo

Propiedades de la estrella: Saturno

Descripción: estrella entre amarilla y anaranjada ubicada en la cola de la ballena

INFLUENCIA DE LA ESTRELLA PRINCIPAL

Deneb Kaitos indica una naturaleza reservada, así como una capacidad para avanzar con determinación. También transmite una inquietud innata que puede llevar a brotes de actividad seguidos de periodos de recuperación. Alerta contra el mal uso de la fuerza y sugiere que estos individuos deben aprender a relajar la mente por medio del pensamiento positivo; también es posible que requieran pasar tiempo a solas.

Con respecto a tu grado del Sol, esta estrella confiere habilidades de organización y enfatiza los deberes y las responsabilidades. Con disciplina y control, es posible lograr mucho. Esta estrella también alerta contra la tendencia a frustrarse.

• *Positiva:* perseverancia, determinación.

• *Negativa:* represión o frustración, hacer cosas por impulso, cambio de dirección sin pensar.

Eres una persona segura de ti misma y con determinación, pero también amistosa y cooperativa, además de que posees un talento natural para las actividades sociales que revelan tu necesidad de ser parte de un equipo. Al haber nacido en la cúspide, tienes una personalidad enérgica y dinámica, llena de empuje y ambición. En ocasiones, aparentas tener prisa y ser impaciente; te impulsa la necesidad de progresar genuinamente en la vida. No obstante, el lado idealista de tu naturaleza se inclina a compartir y comunicarse con otras personas, y tus espléndidas ideas suelen acercarte a gente de cualquier estrato social.

La doble influencia de tu planeta dominante, Marte, te confiere el valor y la capacidad de superar cualquier obstáculo, mientras que tu aguda intuición y sentido común te permiten reconocer al instante las mejores oportunidades de negocio. Te mantienes motivado, eres imaginativo, con frecuencia ejerces buenos juicios y sabes cómo impresionar a los demás con tu entusiasmo. No obstante, tu tendencia a la obstinación hace que quizá tengas que sobreponerte a la tentación de discutir si las cosas no salen como quieres. Pese a tu talento natural para hacer dinero, es posible que te haga falta aprender el arte de transigir. Aunque sea evidente una cualidad materialista, quizá también puedas superar un temor relativo a la falta de dinero, incluso en temporadas de prosperidad y éxito.

Como buen estratega, aprendes a equilibrar la necesidad de triunfar con tus inclinaciones filantrópicas. En ocasiones, invertir en otras personas te brinda inmensas recompensas; no obstante, es posible que debas aprender en quién puedes confiar. Sueles ser sociable, con muchos contactos, que disfruta mezclar la vida social con la profesional y entablar alianzas laborales con otras personas trabajadoras y disciplinadas.

Después de los 30 años, cuando tu Sol progresado se desplaza hacia Tauro, tendrás una mayor necesidad de estabilidad y seguridad financiera. Es probable que sea un periodo en el que te concentres en construir bases sólidas para ti y tus seres queridos. Esto continuará hasta que cumplas los 60, cuando tu Sol progresado entre a Géminis y comience a transformar tu forma de pensar. En ese punto de inflexión, cabe destacar la importancia creciente de nuevos intereses, mayor aprendizaje y mejor comunicación.

Tu yo secreto

La necesidad de reconocimiento suele impulsar tus logros y éxitos. Tu potencial para alcanzar logros materiales es inmenso cuando combinas tu visión y tu intuición. Dado que no esperas obtener beneficios a cambio de nada, estás dispuesto a esforzarte para lograr resultados. Tus grandes ideales son adecuados para trabajos que conllevan recompensas financieras sustanciales, al mismo tiempo que benefician a otros.

Los contrastes de tu personalidad suelen implicar que deseas dinero, poder y estatus, pero también paz y tranquilidad. Una forma de alcanzar la armonía podría ser encontrando un hogar que funja como refugio del mundo exterior. Otra sería canalizar parte de tu deseo de poder en prácticas de sanación, arte, música u otras expresiones artísticas. Sin embargo, no debes relajarte demasiado porque la falta de logros podría provocar que caigas en la inercia o que padezcas ansiedad.

Trabajo y vocación

Con tu enorme capacidad para hacer contactos y tratar con la gente a nivel individual, tienes un gran potencial para carreras que impliquen negociación, consultorías, especialización en relaciones públicas, mediación, abogacía o trato con el público. También posees una aptitud excepcional para las ventas de cualquier índole, siempre y cuando creas en lo que estás vendiendo. Idealmente, tu entusiasmo y habilidades de liderazgo son excelentes para iniciar proyectos; luego puedes dejar que otros se encarguen del trabajo más mundano y rutinario. Por otro lado, tu perspectiva única del mundo puede canalizarse a través de la creatividad. No obstante, sin importar qué carrera elijas, lo más probable es que uses tu talento para tratar con gente. Tus habilidades ejecutivas y gerenciales naturales suelen conducirte a puestos de autoridad, por lo que también podrías prosperar en negocios de envío por correo o en bienes raíces. Quizá prefieras el autoempleo, pero es probable que te beneficies más de situaciones que requieran trabajo colaborativo.

Entre las personas famosas con quienes compartes cumpleaños están los actores Timothy Dalton y Matthew Broderick, la comediante Rosie O'Donnell y el compositor Johann Sebastian Bach.

Numerología

Tener el número 21 en tu fecha de cumpleaños te hace una persona divertida, magnética, creativa y encantadora. Sueles mostrarte amigable y simpático con los demás. Eres sociable, amistoso, tienes muchos intereses y contactos y, por lo regular, tienes mucha suerte. También eres original e intuitivo; posees un espíritu independiente. Por otro lado, puedes ser tímido, reservado, con necesidad de desarrollar la asertividad, en especial en relaciones cercanas. Aunque te inclines hacia las relaciones de cooperación o el matrimonio, siempre querrás que se reconozcan tus talentos y habilidades. La subinfluencia del mes número 3 indica que necesitas expresar tus emociones y mostrar tus sentimientos tal y como son. Cuando funges como anfitrión eres un encanto; tu personalidad amable y comprensiva te ayuda a mediar en situaciones difíciles. Eres capaz de prestar atención a los detalles, pero ten cuidado de tender hacia la crítica.

• *Cualidades positivas:* inspiración, encanto, creatividad, uniones amorosas, relaciones duraderas.

• *Cualidades negativas:* dependencia, nerviosismo, falta de control emocional, falta de visión, decepción, miedo al cambio, envidia.

Amor y relaciones

Tu necesidad de estímulo mental suele evidenciar una vida social activa, de múltiples relaciones o alianzas. Te atraen personas listas y poderosas, pero quizá debas tener cuidado de enfrascarte en juegos de poder mental con tus parejas. Al enamorarte, eres generoso y sociable, pero debes aprender a equilibrar tus necesidades personales con las de tu pareja o amante.

ESE ALGUIEN ESPECIAL

Si buscas a alguien especial, es posible que encuentres personas estimulantes y compañía ideal entre quienes nacieron en las siguientes fechas.

Amor y amistad: 3, 23 y 31 de enero; 11, 21 y 22 de febrero; 9, 19, 28 y 31 de marzo; 7, 17, 26 y 29 de abril; 5, 15, 24, 27, 29 y 31 de mayo; 3, 13, 22, 25, 27 y 29 de junio; 1, 11, 20, 23, 25, 27 y 29 de julio; 9, 18, 21, 23, 25 y 27 de agosto; 7, 16, 19, 21, 23 y 25 de septiembre; 5, 14, 17, 19, 21 y 23 de octubre; 3, 12, 15, 17, 19 y 21 de noviembre; 1, 10, 13, 14, 15, 17 y 19 de diciembre.

Buenas para ti: 4, 10 y 21 de enero; 1, 2, 8 y 19 de febrero; 6, 17 y 30 de marzo; 4, 15 y 28 de abril; 2, 13 y 26 de mayo; 11 y 24 de junio; 9 y 22 de julio; 7 y 20 de agosto; 5 y 18 de septiembre; 3, 16 y 31 de octubre; 1, 14 y 29 de noviembre; 12 y 27 de diciembre.

Atracción fatal: 22 y 28 de enero; 20 y 26 de febrero; 18 y 24 de marzo; 16 y 22 de abril; 14 y 20 de mayo; 12 y 18 de junio; 10 y 16 de julio; 8 y 14 de agosto; 6, 12, 23, 24 y 25 de septiembre; 4 y 10 de octubre; 2 y 8 de noviembre; 6 de diciembre.

Desafiantes: 11 y 20 de enero; 9 y 18 de febrero; 7 y 16 de marzo; 5 y 14 de abril; 3, 12 y 30 de mayo; 1, 10 y 28 de junio; 8, 26 y 31 de julio; 6, 24 y 29 de agosto; 4, 22 y 27 de septiembre; 2, 20 y 25 de octubre; 18 y 23 de noviembre; 16 y 21 de diciembre.

Almas gemelas: 26 de enero, 24 de febrero, 22 y 30 de marzo, 20 y 28 de abril, 18 y 26 de mayo, 16 y 24 de junio, 14 y 22 de julio, 11, 12 y 20 de agosto, 10 y 18 de septiembre, 8 y 16 de octubre, 6 y 14 de noviembre, 4 y 12 de diciembre.

22 de marzo

ESTRELLA FIJA

Nombre de la estrella: Deneb Kaitos, también llamada Diphda

Posición: 1º 32'–2º 27' de Aries, entre los años 1930 y 2000

Magnitud: 2

Fuerza: ★★★★★★★★

Órbita: 2º 10º

Constelación: Cetus (Beta Ceti)

Días efectivos: 21, 22, 23, 24, 25 y 26 de marzo

Propiedades de la estrella: Saturno

Descripción: estrella entre amarilla y anaranjada ubicada en la cola de la ballena

*INFLUENCIA DE
LA ESTRELLA PRINCIPAL*

Deneb Kaitos indica una naturaleza reservada, así como una capacidad para avanzar con determinación. También transmite una inquietud innata que puede llevar a brotes de actividad seguidos de periodos de recuperación. Alerta contra el mal uso de la fuerza y sugiere que estos individuos deben aprender a relajar la mente por medio del pensamiento positivo; también es posible que requieran pasar tiempo a solas.

Con respecto a tu grado del Sol, esta estrella confiere habilidades de organización y enfatiza los deberes y las responsabilidades. Con disciplina y control, es posible lograr mucho. Esta estrella también alerta contra la tendencia a frustrarse.

• *Positiva:* perseverancia, determinación.

• *Negativa:* represión o frustración, hacer cosas por impulso, cambio de dirección sin pensar.

Las personas que nacieron este día tienen una personalidad dinámica y deseos intensos. Haber nacido bajo el signo de Aries te hace una persona independiente, intrépida, atrevida, con instintos agudos y una naturaleza aventurera. Tomar la iniciativa con frecuencia te permite explorar nuevas ideas y emprender nuevos caminos. La motivación es la clave de tu éxito y, por lo regular, estás a la altura de los desafíos que se te presentan. La doble influencia de tu planeta regente, Marte, te infunde mayor vitalidad, la cual suele ayudarte a mirar por encima de lo ordinario.

Al ser de mente amplia, puedes tener habilidades de liderazgo, ser idealista y mostrar un semblante confiado cuando buscas el éxito. No obstante, deberás evitar ser demasiado directo o crítico con la gente incapaz de cumplir tus expectativas. Como eres visionario e independiente, te gusta pensar en grande y te va mejor cuando inicias nuevos emprendimientos o encabezas nuevos proyectos e ideas.

Aunque tu deseo de triunfar es potente, quizá debas aprender a controlar tu propensión a entusiasmarte en exceso y caer en actitudes dictatoriales. En algunas ocasiones, tu personalidad enérgica te hace cambiar de opinión con frecuencia o frustrarte por la falta de actividad o la postergación. Al evitar la tendencia a exagerar o maquillar las cosas un poco, aprenderás a manejar con tranquilidad la inestabilidad afectiva y la volubilidad.

El lado más idealista de tu naturaleza te inspirará a trabajar por el bien ajeno. Con tus habilidades prácticas y capacidades estratégicas, puedes inspirar a otros con tus ideas creativas e imaginativas. Tu naturaleza humanista y tu interés en lo que motiva a otros suele fomentar el desarrollo de un buen sexto sentido para entender a los demás.

Después de los 29 años, cuando tu Sol progresado se desplaza hacia Tauro, tienes una mayor determinación para alcanzar éxitos materiales y poseer riquezas. Es posible que ansíes cierta estabilidad financiera o quieras estar más cerca de la naturaleza a partir de ahora. Esto continúa hasta alrededor de los 59 años, cuando tu Sol progresado entra a Géminis, un punto de inflexión que resalta la importancia de diversificar tus intereses y estimular el deseo de aprendizaje.

Tu yo secreto

En lo más profundo de tu ser posees un deseo intenso de amor y afecto que, de existir las circunstancias adecuadas, estás más que dispuesto a corresponder. Cuando tu estado de ánimo es positivo, esta energía fluye de tu ser como un recurso inagotable y fortalece tu liderazgo habitual con el poder del amor. Cuando te bloqueas por exceso de egoísmo, puedes experimentar un desbordamiento de emociones o terminar por imponer tu voluntad sobre los demás. Esta misma energía puede traer consigo muchísima creatividad cuando se encamina hacia las artes, el entretenimiento o los negocios. Tus relaciones personales son de suma importancia como medio para comunicarte e incrementar tus oportunidades de éxito. Dado que sueles trabajar mejor cuando te adhieres a tus principios que cuando dudas de ti mismo, lo más recomendable es que confíes en tus instintos y tu capacidad estratégica. Por lo regular, eres una persona activa y trabajadora que logra ganar al ser directa y franca, sin comprometer tus ideales por diplomacia o ansias de cooperación.

Trabajo y vocación

Con tu valentía y tus capacidades ejecutivas, puedes hacer carrera como negociador, agente o asesor financiero. Por otro lado, tu individualidad podría encontrar un medio de expresión en el mundo creativo. Al dejarte motivar por la mezcla de idealismo y practicidad, tus habilidades naturales de liderazgo resaltan. Es probable que prosperes frente a nuevos comienzos o desafíos, y en los negocios tienes el talento para identificar las oportunidades. Es posible que a veces promuevas el trabajo ajeno mejor que el tuyo; no obstante, sin importar la carrera que elijas, te beneficiarás de tus extraordinarias habilidades sociales.

Entre las personas famosas con quienes compartes cumpleaños están los compositores Andrew Lloyd Webber y Stephen Sondheim; el cantante George Benson; los actores Matthew Modine y Chico Marx; y el periodista Bob Costas.

Numerología

El número 22 en tu fecha de cumpleaños es una cifra maestra que puede vibrar tanto en esa forma como en la del número 4. Además de que sueles ser honesto y trabajador, y tienes habilidades naturales de liderazgo, posees una personalidad carismática y una profunda capacidad de entender a la gente y sus motivaciones. Aunque no seas expresivo, sueles mostrarte preocupado por cuidar y proteger el bienestar de otros. Tus atributos más evidentes son las habilidades prácticas y las capacidades ejecutivas. Tu personalidad directa pero contenida te ayuda a ascender hasta los puestos directivos más altos. Las personas más competitivas que nacen este día alcanzan el éxito y la buena fortuna con ayuda y aliento de otras personas. La subinfluencia del mes número 3 indica que al madurar se fortalece tu sabiduría y comprensión de las adversidades personales. Al ser introspectivo y meditabundo, debes aprender también a confiar en tu intuición. Evita el pesimismo siendo realista pero equilibrado. Aunque necesites analizar las situaciones a detalle, sobreponte a la tendencia a ser suspicaz o crítico.

• *Cualidades positivas:* universalidad, capacidad de dirección, intuición, pragmatismo, practicidad, habilidades manuales, habilidades de construcción, organización, capacidad para resolver problemas, éxitos, realismo.

• *Cualidades negativas:* vulnerabilidad a caer en planes para enriquecerse rápido, nerviosismo, complejo de inferioridad, autoritarismo, materialismo, falta de visión, pereza, egoísmo, autopromoción, codicia.

Amor y relaciones

El deseo de cambio constante y la falta de satisfacción con la situación actual, sea la que sea, sugiere que eres propenso a la incertidumbre emocional. Esto suele confundirte acerca de lo que quieres en realidad. Es posible que necesites gente que te mantenga interesada todo el tiempo y te ofrezca variedad e ideas estimulantes. También te desagrada la idea de que te limiten de cualquier forma, por lo que se te dificulta comprometerte y sentar cabeza. No obstante, eres entusiasta, encantador, amistoso y tienes muchos allegados, pues no se te complica atraer gente. Si te tomas el tiempo necesario para elegir a los amigos o parejas adecuadas, es probable que seas menos impetuoso en cuanto al amor y las relaciones.

ESE ALGUIEN ESPECIAL

Encontrarás la satisfacción emocional y a ese alguien especial entre quienes nacieron en las siguientes fechas.

Amor y amistad: 14, 15, 24 y 31 de enero; 12, 22 y 29 de febrero; 10, 20 y 27 de marzo; 8, 9, 18 y 25 de abril; 6, 16, 23 y 30 de mayo; 4, 14, 21, 28 y 30 de junio; 2, 12, 19, 26, 28 y 30 de julio; 10, 17, 24, 26 y 28 de agosto; 8, 15, 22, 24 y 26 de septiembre; 6, 13, 20, 22, 24 y 30 de octubre; 4, 11, 18, 20, 22 y 28 de noviembre; 2, 9, 16, 18, 20, 26, 29 y 30 de diciembre.

Buenas para ti: 5, 22 y 30 de enero; 3, 20 y 28 de febrero; 1, 18 y 26 de marzo; 16 y 24 de abril; 14 y 22 de mayo; 12 y 20 de junio; 10, 18 y 29 de julio; 8, 16, 27 y 31 de agosto; 6, 14, 25 y 29 de septiembre; 4, 12, 23 y 27 de octubre; 2, 10, 21 y 25 de noviembre; 9, 19 y 23 de diciembre.

Atracción fatal: 12 de enero; 10 de febrero; 8 de marzo; 6 de abril; 4 de mayo; 2 de junio; 24, 25, 26 y 27 de septiembre.

Desafiantes: 16 y 21 de enero; 14 y 19 de febrero; 12, 17 y 30 de marzo; 10, 15 y 28 de abril; 8, 13 y 26 de mayo; 6, 11 y 24 de junio; 4, 9 y 22 de julio; 2, 7 y 20 de agosto; 5 y 18 de septiembre; 3 y 16 de octubre; 1 y 14 de noviembre; 12 de diciembre.

Almas gemelas: 25 de enero; 23 de febrero; 21 de marzo; 19 de abril; 17 de mayo; 15 de junio; 13 de julio; 11 de agosto; 9 de septiembre; 7 de octubre; 5 de noviembre; 3, 4 y 30 de diciembre.

23 de marzo

ESTRELLA FIJA

Nombre de la estrella: Deneb Kaitos, también llamada Diphda

Posición: 1º 32'–2º 27' de Aries, entre los años 1930 y 2000

Magnitud: 2

Fuerza: ★★★★★★★★

Órbita: 2º 10º

Constelación: Cetus (Beta Ceti)

Días efectivos: 21, 22, 23, 24, 25 y 26 de marzo

Propiedades de la estrella: Saturno

Descripción: estrella entre amarilla y anaranjada ubicada en la cola de la ballena

INFLUENCIA DE LA ESTRELLA PRINCIPAL

Deneb Kaitos indica una naturaleza reservada, así como una capacidad para avanzar con determinación. También transmite una inquietud innata que puede llevar a brotes de actividad seguidos de periodos de recuperación. Alerta contra el mal uso de la fuerza y sugiere que estos individuos deben aprender a relajar la mente por medio del pensamiento positivo; también es posible que requieran pasar tiempo a solas.

Con respecto a tu grado del Sol, esta estrella confiere habilidades de organización y enfatiza los deberes y las responsabilidades. Con disciplina y control, es posible lograr mucho. Esta estrella también alerta contra la tendencia a frustrarse.

• *Positiva:* perseverancia, determinación.

• *Negativa:* represión o frustración, hacer cosas por impulso, cambio de dirección sin pensar.

Algunos de tus atributos naturales son fortaleza mental, buen juicio y capacidad reflexiva. Al ser Aries, eres enérgico y tienes capacidad de mando. Tu mente es tu atributo principal y, si reconoces el poder de una buena educación, alcanzarás muchos éxitos. Las mujeres nacidas en este día suelen hacerse cargo de las situaciones. Dada tu naturaleza de líder, te gusta tener el control o presentar ideas nuevas. Por lo regular, sueles dar puntos de vista únicos frente a los problemas u ofrecer consejos y soluciones prácticas a otros.

Quienes te conocen bien ven en ti una extraña mezcla de conservadurismo e ideas radicales, pero jamás te consideran una persona aburrida o torpe. Aunque disfrutas argumentar y debatir, y sueles ser el vencedor, quizá te falta aprender que la agresividad mental e incapacidad para adaptarte a las situaciones no producen los resultados que ansías.

Con frecuencia entiendes los razonamientos ajenos, y entender sus necesidades te permite delegar responsabilidades y ser un buen empleador. No obstante, no soportas la incompetencia, y a veces eres intolerante ante las fallas de los demás. Irónicamente, uno de tus defectos es que crees que lo sabes todo y, por ende, puedes ser autoritario. Si aprendes a ser más compasivo y tolerante, tendrás más posibilidades de triunfar en tus emprendimientos y en las relaciones humanas. Si ignoras tu necesidad de expresión personal, puedes ser susceptible a cambios de ánimo bruscos, a pasar del optimismo al pesimismo, y a experimentar baja autoestima. Aprender a confiar en tu propia intuición te permite enfrentar desafíos como desarrollar un talento artístico natural o agudeza empresarial.

Hasta los 27 años, eres propenso a ser una persona activa y aventurera. Después de los 28, cuando tu Sol progresado se desplaza hacia Tauro, sentirás un mayor interés por temas financieros y la necesidad de tener seguridad material. Esto continúa hasta cerca de los 58 años, cuando tu Sol progresado entra a Géminis, lo que resalta intereses nuevos y un deseo más intenso de comunicación en todos los niveles.

Tu yo secreto

Por lo general, deseas y disfrutas ostentar el poder, sobre todo si implica intercambio de pensamientos competitivos en entornos amistosos. Estás dispuesto a trabajar mucho, lo que suele implicar el despliegue de una determinación incansable. Dado que también adoptas un papel diplomático cuando las circunstancias lo requieren, quizá necesites desarrollar tu sabiduría natural para decidir cuál de estos dos enfoques es el mejor en distintas situaciones.

Aunque te encanta debatir ideas y compartir tus opiniones con otras personas, tal vez también debas aprender el arte de hacer concesiones. Esto sugiere que, ante las ansias de tener el control, no debes recurrir a medidas de manipulación. Por fuera a veces aparentas ser cínico o autocrático, pero en el fondo de tu corazón luchas contra las injusticias y ansías ayudar a tu prójimo. Como sueles ser consciente y responsable, quizá debas asegurarte de no exigirte de más.

Trabajo y vocación

Tus habilidades de liderazgo y capacidad de adquirir responsabilidades y trabajar mucho te sirven para avanzar, ya sea en los negocios u otros campos. Tu intelecto agudo y gran imaginación te infunden la necesidad de expresarte mediante las palabras, ya sean habladas o escritas. Quizá por eso te inclines por ocupaciones como profesor, reformista o instructor. Como alternativa, tu sentido natural del dramatismo puede atraerte hacia las artes o el entretenimiento. Sin importar qué carrera elijas, tu brillante intelecto te impulsará a recibir algún tipo de educación para materializar tu excepcional potencial.

Entre las personas famosas con quienes compartes cumpleaños están la actriz Joan Crawford, los cantantes Chaka Khan y Ric Ocasek, el escritor Erich Fromm, el astrólogo Dane Rudhyar y el científico Wernher von Braun.

Numerología

Sueles ser una persona versátil y apasionada que piensa rápido, mantiene una actitud profesional y siempre está llena de ideas. Te encantan los viajes, la aventura y conocer gente nueva; la cualidad enérgica que trae consigo el número 23 de tu cumpleaños te insta a probar toda clase de experiencias distintas. Además, te adaptas para sacar lo mejor de cada situación. Con la influencia del número 23, puedes aprender cosas nuevas con facilidad, aunque prefieres la práctica más que la teoría. No obstante, tal vez debas superar tu tendencia a criticar a otros; asimismo, quizá debas desarrollar una actitud menos egoísta. La subinfluencia del mes número 3 indica que posees buena memoria e imaginación vívida, y que necesitas mucho amor y atención. Si aprendes a expresar tus emociones por medio de un poder dinámico y creativo, podrás sobreponerte a tus inseguridades afectivas. Sueles ser amistoso y te gusta divertirte; dada tu valentía y empuje, es posible que requieras una vida activa para materializar tu auténtico potencial. Te resultan importantes los logros y adquieres muchas responsabilidades.

• *Cualidades positivas:* lealtad, responsabilidad, gusto por viajar, comunicación, intuición, creatividad, versatilidad, confiabilidad, fama.

• *Cualidades negativas:* egoísmo, inseguridad, intransigencia, fijarse en los fallos ajenos, torpeza, ensimismamiento, prejuicios.

Amor y relaciones

Tu necesidad de tener un entorno afectivo seguro sugiere que quieres rodearte de amigos y seres queridos. Ser honesto y directo con tus emociones hace que también te empeñes en proteger a la gente a tu cuidado y a hacer lo que sea por las personas a las que amas. Aunque otros reconocen tu capacidad de razonamiento, procura no aparentar arrogancia. El hogar y la vida familiar te son importantes, y es más probable que entables relaciones duraderas y estables en las que encuentres seguridad afectiva. Tener un lado pragmático también te ayuda a conseguir comodidad en la vida. Eres una persona apasionada y carismática; no obstante, debes tener cuidado de no dejarte llevar por tus pasiones.

ESE ALGUIEN ESPECIAL

Encontrarás relaciones duraderas entre quienes nacieron en las siguientes fechas.

Amor y amistad: 11, 13, 15, 17, 25, 27 y 28 de enero; 9, 11, 13, 15 y 23 de febrero; 7, 9, 11, 13 y 21 de marzo; 5, 7, 9, 11 y 19 de abril; 3, 5, 7, 9, 17 y 31 de mayo; 1, 3, 5, 7, 15 y 29 de junio; 1, 3, 5, 27, 29 y 31 de julio; 1, 2, 3, 11, 25, 27 y 29 de agosto; 1, 9, 23, 25 y 27 de septiembre; 7, 21, 23 y 25 de octubre; 5, 19, 21 y 23 de noviembre; 3, 16, 17, 19, 21 y 30 de diciembre.

Buenas para ti: 1, 5 y 20 de enero; 3 y 18 de febrero; 1 y 16 de marzo; 14 de abril; 12 de mayo; 10 de junio; 8 de julio; 6 de agosto; 4 de septiembre; 2 de octubre

Atracción fatal: 24, 25, 26 y 27 de septiembre.

Desafiantes: 6, 22 y 24 de enero; 4, 20 y 22 de febrero; 2, 18 y 20 de marzo; 16 y 18 de abril; 14 y 16 de mayo; 12 y 14 de junio; 10 y 12 de julio; 8, 10 y 31 de agosto; 6, 8 y 29 de septiembre; 4, 6 y 27 de octubre; 2, 4, 25 y 30 de noviembre; 2, 23 y 28 de diciembre.

Almas gemelas: 6 y 12 de enero, 4 y 10 de febrero, 2 y 8 de marzo, 6 de abril, 4 de mayo, 2 de junio.

24 de marzo

ESTRELLA FIJA

Nombre de la estrella: Deneb Kaitos, también llamada Diphda

Posición: 1° 32'–2° 27' de Aries, entre los años 1930 y 2000

Magnitud: 2

Fuerza: ★★★★★★★★

Órbita: 2° 10°

Constelación: Cetus (Beta Ceti)

Días efectivos: 21, 22, 23, 24, 25 y 26 de marzo

Propiedades de la estrella: Saturno

Descripción: estrella entre amarilla y anaranjada ubicada en la cola de la ballena

INFLUENCIA DE LA ESTRELLA PRINCIPAL

Deneb Kaitos indica una naturaleza reservada, así como una capacidad para avanzar con determinación. También transmite una inquietud innata que puede llevar a brotes de actividad seguidos de periodos de recuperación. Alerta contra el mal uso de la fuerza y sugiere que estos individuos deben aprender a relajar la mente por medio del pensamiento positivo; también es posible que requieran pasar tiempo a solas.

Con respecto a tu grado del Sol, esta estrella confiere habilidades de organización y enfatiza los deberes y las responsabilidades. Con disciplina y control, es posible lograr mucho. Esta estrella también alerta contra la tendencia a frustrarse.

• *Positiva:* perseverancia, determinación.

• *Negativa:* represión o frustración, hacer cosas por impulso, cambio de dirección sin pensar.

A quienes nacen en este día se les suelen atribuir cualidades como intuición aguda, buen juicio y talento mental superior. Es probable que la combinación de sabiduría y lógica te lleve a ocupar posiciones de autoridad. Ser Aries te convierte en una persona práctica y decidida, con personalidad encantadora y atractiva. La doble influencia de tu planeta regente, Marte, te insta a ser competitivo y ambicioso a nivel intelectual. No obstante, el desarrollo de tu intuición natural y de la confianza en tu voz interna suelen darte una ventaja con respecto a los demás.

A veces otros te describen como una persona relajada, con aptitudes naturales, honesta y directa. Sin embargo, cuando no estás de ánimos de ser generoso o empático, con facilidad puedes volverte necio y rechazar la interferencia ajena. Al ser intolerante frente a la ignorancia, también pierdes la paciencia y te inquietas a nivel mental. Por otro lado, dadas tus ansias de ayudar y ser amable, tienes que cuidarte de no hacerte el mártir y reaccionar de forma demasiado dramática.

Gracias a tu gran determinación, te gusta traducir los pensamientos en acciones; tu naturaleza curiosa e inquisitiva suele inspirarte a explorar nuevos territorios. En lo relativo a la comunicación, posees una gran agudeza verbal y extraordinaria elocuencia. Tus inclinaciones sociales e inmensa creatividad permiten que tus talentos encuentren un medio de expresión en el arte, el teatro y la escritura cómica.

Es probable que hasta los 26 años seas más bien independiente y osado. Después de los 27, cuando tu Sol progresado se desplaza hacia Tauro, empiezas a darle mayor importancia al éxito material, la estabilidad y la seguridad. Este toque más empresarial perdura hasta alrededor de los 57 años, cuando tu Sol progresado entra a Géminis. Dado que es un punto de inflexión para ti, es recomendable que explores nuevas ideas y aprendas nuevas habilidades, así como que resaltes la importancia creciente de la escritura, el habla y la comunicación.

Tu yo secreto

Aunque los demás te consideren una persona sumamente inteligente, tu fecha de cumpleaños sugiere que bajo la fachada de asertividad hay una sólida sensibilidad interna. Esto también indica que quizá debas encontrar una forma de expresión personal creativa para darles voz a tus emociones más profundas. Dado que también buscas satisfacer una intensa necesidad de reconocimiento —si no es en términos personales, entonces en términos familiares o ancestrales—, es posible que te atraigan ideas que a veces parezcan imposibles. Sin embargo, esto no debe desalentarte, pues el camino hacia tus sueños suele ser más importante que el destino final.

La capacidad de pensar en grande te permite mirar a futuro para vislumbrar tus posibles logros. Al superar la proclividad a permitir que los deseos materiales se apoderen de tu vida, te das cuenta de que el dinero o el estatus por sí solos no te llenarían por completo y que hay recompensas que el dinero no puede comprar. Esto resalta la necesidad de apegarse a elecciones de vida que favorezcan tus valores y tu identidad personales.

Trabajo y vocación

Tus inclinaciones humanitarias te proveen el ímpetu para sobresalir como profesor, consejero o trabajador social, o para realizar un trabajo que implique hablar en nombre de otros, como líder sindical o político. También encontrarás ocupaciones idóneas en los campos del derecho, la banca o la clerecía. Por otro lado, tu facilidad de palabra y creatividad pueden encaminarte hacia la escritura, la cinematografía, la música o el teatro. No obstante, tu lado más pragmático puede sentirse atraído por la ciencia o los negocios. Sin importar qué carrera escojas, es probable que tu principal satisfacción provenga de algún tipo de servicio al prójimo. Dado que tienes fuertes cualidades de liderazgo, tus mayores logros suelen llevarte a la cima de tu profesión elegida.

Entre las personas famosas con quienes compartes cumpleaños están los actores Steve McQueen y Kelly LeBrock, el pintor prerrafaelita William Morris y el psicólogo Wilhelm Reich.

Numerología

Algunos de los adjetivos que la gente suele emplear para describir a alguien nacido el día 24 son concienzudo, responsable y con iniciativa. Aunque quizá te desagrade la rutina, sueles ser una persona trabajadora, con habilidades prácticas y buen juicio. Por lo general, eres honesto, confiable y consciente de la seguridad, necesitas amor y respaldo ajeno, y disfrutas de sentar bases sólidas para tu familia y para ti. Tu visión pragmática de la vida también te da buen olfato para los negocios y la capacidad de alcanzar el éxito material. Con el número 24 por cumpleaños, es posible que debas sobreponerte a la tendencia a ser obstinado o de ideas fijas. Los principales desafíos para quien cumple años en este día son superar el impulso a sospechar y construir un hogar seguro. La subinfluencia del mes 3 indica que puedes ser compasivo y de mente abierta, pero necesitas cumplir tus ideales siendo paciente y no cediendo ante las tentaciones mezquinas. Puedes promover la armonía y la comprensión por medio de tu prudencia y empatía.

• *Cualidades positivas:* energía, idealismo, habilidades prácticas, determinación inquebrantable, honestidad, franqueza, justicia, generosidad, amor al hogar, actividad.

• *Cualidades negativas:* inflexibilidad, materialismo, inestabilidad, desprecio por la rutina, pereza, deslealtad, comportamiento dominante, necedad, ansias de venganza.

Amor y relaciones

Eres de mente aventurera y curiosa; intuitivo pero práctico, ya que puedes tener un sexto sentido para juzgar a la gente. Eres amistoso, sociable y prefieres a la gente inteligente y activa que es ambiciosa y versátil. Aunque, por lo regular, sabes qué quieres de la vida, quizá tu indecisión te haga cambiar de ideas de forma repentina. Tal vez decidas tomar un rumbo distinto y dejes que los demás se den cuenta por sí solos en qué se equivocaron. Puedes ser leal y afectuoso; no obstante, cuídate de sentir empatía por quien no la merece o hacer más de lo que te corresponde, sobre todo si intuyes que están abusando de tu amabilidad. Si aprendes a ser paciente y superas tu tendencia a aburrirte con facilidad, podrás sentar bases sólidas para relaciones duraderas.

ESE ALGUIEN ESPECIAL

Encontrarás a ese alguien especial entre quienes nacieron en las siguientes fechas.

Amor y amistad: 12, 16 y 25 de enero; 10, 14, 23 y 24 de febrero; 8, 12, 22, 23 y 31 de marzo; 6, 10, 13, 20 y 29 de abril; 4, 8, 18 y 27 de mayo; 2, 6, 16, 25 y 30 de junio; 4, 14, 23 y 28 de julio; 2, 12, 16, 21, 26 y 30 de agosto; 10, 19, 24 y 28 de septiembre; 8, 17, 22 y 26 de octubre; 6, 15, 20, 24 y 30 de noviembre; 4, 13, 17, 18, 22 y 28 de diciembre.

Buenas para ti: 2, 13, 22 y 24 de enero; 11, 17, 20 y 22 de febrero; 9, 15, 18, 20 y 28 de marzo; 7, 13, 16, 18 y 26 de abril; 5, 11, 16, 18 y 26 de mayo; 3, 9, 12, 14 y 22 de junio; 1, 7, 10, 12 y 20 de julio; 5, 8, 10 y 18 de agosto; 3, 6, 8 y 16 de septiembre; 1, 4, 6 y 14 de octubre; 2, 4 y 12 de noviembre; 2 y 10 de diciembre.

Atracción fatal: 25 de enero; 23 de febrero; 21 de marzo; 19 de abril; 17 de mayo; 15 de junio; 13 de julio; 11 de agosto; 9, 26, 27 y 28 de septiembre; 7 de octubre; 5 de noviembre; 3 de diciembre.

Desafiantes: 7 y 23 de enero; 5 y 21 de febrero; 3, 19 y 29 de marzo; 1, 17 y 27 de abril; 15 y 25 de mayo; 13 y 23 de junio; 11, 21 y 31 de julio; 9, 19 y 29 de agosto; 7, 17, 27 y 30 de septiembre; 3, 13, 23 y 26 de noviembre; 1, 11, 21 y 24 de diciembre.

Almas gemelas: 17 de enero, 15 de febrero, 13 de marzo, 11 y 22 de abril, 9 de mayo, 7 de junio, 5 de julio, 3 de agosto, 1 de septiembre, 30 de noviembre, 6 y 28 de diciembre.

25 de marzo

Quienes nacieron este día suelen compartir cualidades como magnetismo social, jovialidad y entusiasmo natural. Esto implica que eres idealista y optimista por naturaleza, y ansías enfrentar los desafíos de la vida. Al ser Aries, eres una persona audaz y directa, de mente activa e ideas brillantes. No obstante, debido a tu espontaneidad, puedes entusiasmarte al grado de volverte demasiado fervoroso o impaciente. En ocasiones, esto puede llevarte a ser impulsivo o a tomar decisiones precipitadas sin un plan apropiado.

Es probable que la responsabilidad y una actitud reflexiva y más madura sean las claves de tu éxito. Una vez que domines la tendencia de ser inconstante o inquieto, puedes demostrar lo verdaderamente talentoso y listo que eres. Por medio de la educación y la adquisición de conocimiento eres capaz de desarrollar sin problemas tu facilidad de palabra (hablada o escrita) innata o asegurarte un trabajo en investigación, enseñanza o impartición de conferencias.

Con tu inclinación hacia lo individual, sueles encontrar alguna forma original de expresión artística o creativa. Por lo regular, sueles ser moderno, poco convencional y progresista, además de tener intereses y proyectos poco comunes. Aunque eres sociable y amistoso, también te gusta ser despreocupado y diferenciarte de los demás, por lo que rara vez sucumbes a las presiones sociales. No obstante, tu inquietud característica implica que debes evitar perder el tiempo o rebelarte y pasar por alto los sentimientos ajenos.

Hasta los 25 años es probable que seas entusiasta, atrevido y relajado. Alrededor de los 26, cuanto tu Sol progresado se desplaza hacia Tauro, entras a un periodo de tres décadas caracterizado por un mayor énfasis en el estatus material, la estabilidad y la seguridad financiera. El siguiente punto de inflexión llega después de los 56, cuando tu Sol progresado se desplaza hacia Géminis y te vuelves más propenso a interesarte en ampliar tus horizontes y probar suerte en nuevas áreas de estudio.

Tu yo secreto

Tu necesidad profunda de expresión personal, combinada con tu vitalidad, sientan las bases del impulso de encabezar actividades que te permiten manifestar tus emociones y opiniones más intensas. No obstante, tu potente deseo de seguridad hace que te tomes demasiado en serio las cuestiones materiales. Ten cuidado de no malgastar tu preciada energía preocupándote de forma innecesaria por las finanzas.

La riqueza de tus emociones internas resalta la importancia del amor y el afecto en tu vida. Cuando proyectas esto hacia el mundo exterior, eres capaz de encantar y conquistar a otros, así como de demostrar tu gusto por ayudar al prójimo. Mantener el equilibrio entre el dinero y las necesidades afectivas te permitirá mostrar mejor la exquisita combinación de ingenio y humor que posees y que será una fuente de motivación para los demás.

ESTRELLA FIJA

Nombre de la estrella: Deneb Kaitos, también llamada Diphda

Posición: 1° 32'–2° 27' de Aries, entre los años 1930 y 2000

Magnitud: 2

Fuerza: ★★★★★★★★

Órbita: 2° 10°

Constelación: Cetus (Beta Ceti)

Días efectivos: 21, 22, 23, 24, 25 y 26 de marzo

Propiedades de la estrella: Saturno

Descripción: estrella entre amarilla y anaranjada ubicada en la cola de la ballena

INFLUENCIA DE LA ESTRELLA PRINCIPAL

Deneb Kaitos indica una naturaleza reservada, así como una capacidad para avanzar con determinación. También transmite una inquietud innata que puede llevar a brotes de actividad seguidos de periodos de recuperación. Alerta contra el mal uso de la fuerza y sugiere que estos individuos deben aprender a relajar la mente por medio del pensamiento positivo; también es posible que requieran pasar tiempo a solas.

Con respecto a tu grado del Sol, esta estrella confiere habilidades de organización y enfatiza los deberes y las responsabilidades. Con disciplina y control, es posible lograr mucho. Esta estrella también alerta contra la tendencia a frustrarse.

• *Positiva:* perseverancia, determinación.

• *Negativa:* represión o frustración, hacer cosas por impulso, cambio de dirección sin pensar.

Trabajo y vocación

Gracias a tu talento para comunicarte de forma entretenida y encantadora, tus aptitudes pueden conducirte a profesiones ligadas con la impartición de conferencias, la escritura, las ventas, la promoción comercial, las relaciones públicas, el mercado financiero o la política. Tus ideales sólidos y tu dinamismo te convierten en un activista extraordinario o luchador por distintas causas. Tu extraordinario potencial para adquirir conocimiento puede llevarte a carreras relacionadas con la academia y la educación. Por otro lado, con tu actitud jovial e instinto creativo, también puedes ganarte la vida a través del arte, la música o el teatro. Dado que estás dispuesto a esforzarte mucho por lograr tus objetivos, tu agilidad mental, talento dramático y habilidades de liderazgo podrían servirte igual de bien en profesiones ligadas al derecho y la administración. Por otro lado, ser pionero y explorador puede potenciar tus cualidades aventureras.

Entre las personas famosas con quienes compartes cumpleaños están los cantantes Elton John y Aretha Franklin, el director de orquesta Arturo Toscanini, el director de cine David Lean, la actriz Sarah Jessica Parker y la autora feminista Gloria Steinem.

Numerología

Con el número 25 como fecha de cumpleaños, posees una fuerte energía mental; cuando te concentras, puedes observar todos los hechos y alcanzar conclusiones más rápido que los demás. Eres intuitivo y considerado, pero también rápido y enérgico; necesitas expresarte a través de experiencias diversas que pueden incluir ideas, personas o lugares nuevos o emocionantes. No obstante, debes dejar de ser tan impaciente o crítico si las cosas no salen según lo planeado. El éxito y la felicidad llegan cuando aprendes a confiar en tus propios instintos y fortaleces la perseverancia y la paciencia. La subinfluencia del mes número 3 indica que puedes ser una persona original y segura. A pesar de tu ambición, necesitas tomar tus propias decisiones y, de ser posible, trabajar de forma independiente. Sensibilidad afectiva y talento artístico son algunos de tus atributos ocultos. Sueles estar alerta y dejarte guiar por tus instintos. Aprendes más a través de la práctica que solo de la teoría.

• *Cualidades positivas:* intuición, perfeccionismo, perspicacia, creatividad, don de gentes.

• *Cualidades negativas:* impulsividad, impaciencia, irresponsabilidad, sentimentalismo excesivo, celos, hermetismo, crítica, volubilidad, nerviosismo.

Amor y relaciones

Eres un individuo espontáneo, entusiasta, audaz y apasionado, que adora la libertad y quiere seguir siendo independiente, a pesar de que sueles buscar la relación amorosa ideal. En ocasiones, eres demasiado intenso y te metes de lleno en relaciones sentimentales sin pensar en el futuro. Si tus expectativas son demasiado altas, con frecuencia te decepcionan. Debes aprender a responsabilizarte antes de sentar cabeza en una relación estable. Tu tendencia a ser idealista también sugiere que lo que necesitas es un vínculo espiritual para sobreponerte a tus heridas de soledad y abandono. El aura de misterio que rodea las uniones amorosas suele implicar que te involucras en relaciones secretas.

ESE ALGUIEN ESPECIAL

Encontrarás el amor y la felicidad con alguien que haya nacido en las siguientes fechas.

Amor y amistad: 7, 10, 17, 18 y 27 de enero; 5, 8, 15 y 25 de febrero; 3, 6, 13 y 23 de marzo; 1, 4, 11 y 21 de abril; 2, 9 y 19 de mayo; 7 y 17 de junio; 5, 15, 29 y 31 de julio; 3, 4, 13, 27, 29 y 31 de agosto; 1, 11, 25, 27 y 29 de septiembre; 9, 23, 25 y 27 de octubre; 7, 21, 23 y 25 de noviembre; 5, 15, 19, 21 y 23 de diciembre.

Buenas para ti: 3, 5, 20, 25 y 27 de enero; 1, 3, 18, 23 y 25 de febrero; 1, 16, 21 y 23 de marzo; 14, 19 y 21 de abril; 12, 17 y 19 de mayo; 10, 15 y 17 de junio; 8, 13 y 15 de julio; 6, 11 y 13 de agosto; 4, 9 y 11 de septiembre; 2, 7 y 9 de octubre; 5 y 7 de noviembre; 3 y 5 de diciembre.

Atracción fatal: 13 de enero; 11 de febrero; 9 de marzo; 7 de abril; 5 de mayo; 3 de junio; 1 de julio; 27, 28 y 29 de septiembre.

Desafiantes: 16 y 24 de enero; 14 y 22 de febrero; 12 y 20 de marzo; 10 y 18 de abril; 8, 16 y 31 de mayo; 6, 14 y 29 de junio; 4, 12 y 27 de julio; 2, 10 y 25 de agosto; 8 y 23 de septiembre; 6 y 21 de octubre; 4 y 19 de noviembre; 2 y 17 de diciembre.

Almas gemelas: 16 de enero; 14 de febrero; 12 de marzo; 10 de abril; 8 de mayo; 6 de junio; 4 y 31 de julio; 2, 15 y 29 de agosto; 27 de septiembre; 25 de octubre; 23 de noviembre; 7 y 21 de diciembre.

ESTRELLA FIJA

Nombre de la estrella: Deneb Kaitos, también llamada Diphda

Posición: 1° 32'–2° 27' de Aries, entre los años 1930 y 2000

Magnitud: 2

Fuerza: ★★★★★★★★

Órbita: 2° 10°

Constelación: Cetus (Beta Ceti)

Días efectivos: 21, 22, 23, 24, 25 y 26 de marzo

Propiedades de la estrella: Saturno

Descripción: estrella entre amarilla y anaranjada ubicada en la cola de la ballena

INFLUENCIA DE LA ESTRELLA PRINCIPAL

Deneb Kaitos indica una naturaleza reservada, así como una capacidad para avanzar con determinación. También transmite una inquietud innata que puede llevar a brotes de actividad seguidos de periodos de recuperación. Alerta contra el mal uso de la fuerza y sugiere que estos individuos deben aprender a relajar la mente por medio del pensamiento positivo; también es posible que requieran pasar tiempo a solas.

Con respecto a tu grado del Sol, esta estrella confiere habilidades de organización y enfatiza los deberes y las responsabilidades. Con disciplina y control, es posible lograr mucho. Esta estrella también alerta contra la tendencia a frustrarse.

• *Positiva:* perseverancia, determinación.

• *Negativa:* represión o frustración, hacer cosas por impulso, cambio de dirección sin pensar.

26 de marzo

Algunos de los atributos comunes entre quienes comparten esta fecha de nacimiento son la astucia, la ambición y la determinación. Al haber nacido bajo el signo de Aries, estás siempre ávido de una amplia gama de experiencias. Sin embargo, si desarrollas autodisciplina, evitarás dispersar tu energía mental y podrás enfocarte mejor en metas importantes.

La doble influencia de tu planeta dominante, Marte, sugiere que tienes el potencial de lograr muchas cosas en la vida. No obstante, sin inspiración, es probable que te sientas inquieto y frustrado, y no logres terminar lo que empiezas. A menos que busques un objetivo que estimule tu imaginación, seguirás sin encontrar una meta definitiva. Una forma de superar este predicamento es aprender a ejercer el autocontrol y la introspección.

La verdadera satisfacción en la vida proviene de los logros que son productos de tu propio esfuerzo. Si dependes de los esfuerzos ajenos, no tardarás en aburrirte y sentirte insatisfecho. El éxito será resultado de tu trabajo arduo y perseverancia. Tu visión e inspiración te impulsan a pensar de forma independiente y a gran escala, en vez de concentrarte en los pequeños detalles.

También puedes ser persuasivo y animar a otros a perseguir sus sueños. A veces pareces alguien sencillo, ya que tu fuerza y naturaleza obsesivas se ocultan detrás de tu personalidad tranquila y amigable.

Quizá tus primeros años de vida estén marcados por una fuerte influencia masculina, por lo general, la de tu padre. Hasta los 24 años es probable que seas activo y aventurero. Después de los 25, cuando tu Sol progresado se desplaza hacia Tauro, seguramente desearás mayor seguridad y estabilidad material. A partir de los 55, cuando el Sol se desplaza hacia Géminis, verás un cambio en tu enfoque, que se centrará más en la educación y la adquisición de conocimiento en general. Aprender una nueva habilidad podría ser crucial.

Tu yo secreto

La necesidad de honestidad es una parte importante y sustancial de tu composición interna que te permite afrontar y navegar situaciones que otras personas evitarían. Quieres sentar bases sólidas para cualquier cosa que emprendas y estás dispuesto a esforzarte para alcanzar tus objetivos. Eres capaz de conjugar el sentido común y la practicidad con tus excelentes habilidades sociales, intuición y perspicacia con respecto a la gente, con lo cual desarrollas tu propia fórmula del éxito.

Tu gran naturaleza creativa garantiza que tanto la expresión de tu ser como el de las personas ocupan un lugar importante entre tus prioridades. Cuida que la preocupación o la indecisión no arruinen tu diversión. El trabajo es una parte esencial de tu vida y debes estar orgulloso de él. Procura no estar tan ocupado como para no tener tiempo de escuchar la vocecita de tu intuición. Sin embargo, siempre que lo necesites podrás acceder a una sabiduría más profunda, lo que te armará con un enfoque filosófico para enfrentar la vida o un antídoto de simpatía ante cualquier problema social.

Trabajo y vocación

Tu fuerza de voluntad dinámica, agudeza intelectual y extraordinarias habilidades sociales te permiten alcanzar tu potencial en diversas áreas de la vida. La necesidad de expresarte y el amor por lo dramático podrían conducirte a la escritura o el mundo de las artes y el entretenimiento. También puedes destacar en educación, investigación, ciencia, política, filosofía y relaciones públicas. Dado que recibir órdenes te hace infeliz, es crucial que no termines en una posición de subordinación. En los negocios, sentirás atracción por las grandes operaciones, pues eres un excelente solucionador de problemas. Tus habilidades organizacionales y administrativas suelen ayudarte a escalar hasta posiciones importantes. Sin importar qué carrera elijas, es probable que disfrutes la variedad y demuestres talento para emprender proyectos con gran ánimo y entusiasmo.

Entre las personas famosas con quienes compartes cumpleaños están la escritora Erica Jong, el poeta Robert Frost, el dramaturgo Tennessee Williams, los actores Martin Short y James Caan, el compositor Pierre Boulez, la cantante Diana Ross y el psiquiatra Viktor Frankl.

Numerología

El poder y la fuerza implicadas en el número 26 de nacimiento indican que eres una persona cautelosa, con valores sólidos y una sensatez notable. Para adoptar un enfoque más pragmático con respecto a la vida, necesitas desarrollar tus habilidades ejecutivas y un buen instinto para los negocios. Al tener el número 26 en tu fecha de cumpleaños, sueles ser responsable y tener un sentido natural de la estética. Tu amor por el hogar y tus fuertes instintos parentales sugieren que debes construir una base sólida o encontrar estabilidad real. Como sueles ser un pilar de fortaleza para otros, estás dispuesto a ayudar a amigos y familiares que recurran a ti en momentos de dificultad. Sin embargo, quizá debas cuidar tus tendencias materialistas y el deseo de controlar situaciones o personas. La subinfluencia del número 3 en tu mes de nacimiento indica que eres una persona sensible e idealista. Al ser un individuo altruista y con grandes ideales, posees una inclinación humanitaria. Aunque te motivan otras personas o la inspiración externa, permite que sean tu intuición y tus sentimientos los que te guíen.

• *Cualidades positivas:* creatividad, pragmatismo, cuidado, responsabilidad, orgullo familiar, entusiasmo, valentía.

• *Cualidades negativas:* necedad, rebeldía, relaciones inestables, falta de entusiasmo, falta de perseverancia, inestabilidad.

Amor y relaciones

Eres un compañero confiable, hogareño y solidario. Sin embargo, también eres independiente y ambicioso, así como una persona de creencias firmes. Suelen atraerte individuos poderosos y asertivos que dicen lo que piensan. Aunque siempre emprendes las cosas con gran entusiasmo, incluyendo tus relaciones, puedes perder el interés con facilidad al descubrir que tu pareja no es activa, ambiciosa o lo suficientemente inteligente. Es probable que requieras encontrar amigos o parejas que trabajen arduamente o que tengan un sentido natural de la autoridad. Como te inspiran el poder y la sabiduría, sueles buscar la compañía de personas serias y genuinas.

ESE ALGUIEN ESPECIAL

Si dejas de ser tan autoritario, encontrarás una pareja leal y confiable entre quienes nacieron en las siguientes fechas.

Amor y amistad: 1, 14, 19, 28 y 31 de enero; 12, 26 y 29 de febrero; 10, 24 y 27 de marzo; 8, 13, 22 y 25 de abril; 6, 20 y 23 de mayo; 4, 18 y 21 de junio; 2, 16, 19 y 30 de julio; 14, 17, 28 y 30 de agosto; 12, 15, 26, 28 y 30 de septiembre; 10, 13, 24, 26 y 28 de octubre; 8, 11, 22, 24 y 26 de noviembre; 6, 9, 20, 22 y 24 de diciembre.

Buenas para ti: 26 de enero, 24 de febrero, 22 de marzo, 20 de abril, 18 de mayo, 16 de junio, 14 de julio, 12 de agosto, 10 de septiembre, 8 de octubre, 6 de noviembre, 4 de diciembre.

Atracción fatal: 26, 27, 28 y 29 de septiembre.

Desafiantes: 3 y 25 de enero, 1 y 23 de febrero, 21 de marzo, 19 de abril, 17 de mayo, 15 de junio, 13 de julio, 11 de agosto, 9 de septiembre, 7 de octubre, 5 de noviembre, 3 de diciembre.

Almas gemelas: 3 y 10 de enero, 1 y 8 de febrero, 6 de marzo, 4 de abril, 2 de mayo, 16 de agosto, 8 de diciembre.

27 de marzo

ESTRELLAS FIJAS

Aunque el grado en que se ubica tu Sol no se encuentra vinculado con una estrella fija, algunos de los grados de tus otros planetas sí lo estarán. Si solicitas el cálculo de tu carta astral, encontrarás la posición exacta de los planetas en tu fecha de nacimiento. Esto te permitirá determinar cuáles de las estrellas fijas descritas en este libro son relevantes para ti.

Además de ser emotivos, idealistas y creativos, quienes nacieron en esta fecha están llenos de ideas y potencial artístico. Aunque eres intuitivo e imaginativo, tu tendencia a darte por vencido con demasiada facilidad puede provocarte frustración. Si ejercitas el autocontrol y aprendes a aceptar los retos como experiencias positivas de aprendizaje, desarrollarás tu perseverancia. Además, si mantienes una mentalidad constructiva, podrás convertir situaciones difíciles en ventajas.

La doble influencia de tu planeta dominante, Marte, implica que tu espíritu aventurero añora conocimiento, por lo que con un poco de aliento estás dispuesto a emprender con entusiasmo aventuras nuevas y emocionantes. Sin embargo, procura no tomarte las cosas demasiado en serio ni darle rienda suelta a la ansiedad, pues esto suele provocar intranquilidad, malhumor y preocupaciones innecesarias.

Eres generoso y amable con tus seres queridos, pero acostumbras ocultar tu inmensa sensibilidad detrás de una actitud amigable y humorística. Dada tu tendencia a ser dramático y tu personalidad dinámica, sueles buscar emociones fuertes que a veces desembocan en situaciones abrumadoras. Aprender a mantener el equilibro y encontrar paz y armonía interiores pueden traerte resultados increíbles. Mientras más universal, compasivo y de mente abierta seas, más positivo y exitoso te volverás. Aprende a hacer y no solo a soñar.

Hasta los 23 años es probable que viajes o explores y tengas varios intereses. A partir de los 24, cuando tu Sol progresado se desplaza hacia Tauro, es posible que desees éxito material, y seguridad y estabilidad financieras. Quizá también enfrentes la necesidad de entrar en contacto con la naturaleza de alguna manera. A partir de los 55, cuando el Sol se desplaza hacia Géminis, el conocimiento, la educación y la comunicación comenzarán a desempeñar un papel más importante en tu vida.

Tu yo secreto

El dramatismo inherente que te impulsa a acaparar los reflectores coexiste en una peculiar combinación con tu deseo de paz y satisfacción. Las ansias de armonía atizan tu necesidad de tener un hogar del que te enorgullezcas y en el que puedas refugiarte cuando necesites sentirte seguro. Como sueles ser honesto y directo con la gente, y no dudas en expresar tus ideas, es posible que alces la voz por otros y con frecuencia defiendas las causas de los más desfavorecidos. Sin embargo, cuando esto se combine con tu gran sentido de la responsabilidad, no te dejes llevar y comiences a interferir en la vida de los demás.

Cuando tu actitud es positiva, eres generoso y de gran corazón, y posees una facilidad asombrosa para tratar con la gente. Esto puede venirse abajo, empero, si permites que tu tendencia a dirigir la orquesta e imponerte opaque tu buen corazón. Mantener una mirada objetiva y tener algo en qué creer garantizará que aproveches el enorme potencial de quienes nacieron en este día.

Trabajo y vocación

La necesidad de expresar tus ideas individuales puede conducirte a profesiones como el diseño, la escritura, la música, el arte o el teatro. Tu amor por el conocimiento y tus cualidades humanitarias podrían llevarte por el camino de la enseñanza, la escritura, las ciencias, el trabajo social o los servicios de cuidado. Ya que disfrutas los debates, tu inclinación hacia la lucha social y tu capacidad comunicativa pueden combinarse en carreras como abogacía, activismo o política, o en algo relacionado con el mundo de los negocios. Tu capacidad para recaudar fondos para las causas que te interesan sugiere que el trabajo altruista podría darles una excelente estructura a tus habilidades de organización y administración.

Entre las personas famosas con quienes compartes cumpleaños están las cantantes Sara Vaughan y Mariah Carey, los actores Gloria Swanson y Michael York, y el jugador de fútbol americano Randall Cunningham.

Numerología

Las personas con el número 27 en su fecha de cumpleaños suelen ser enérgicas, observadoras e intuitivas, pero también analíticas y con buen ojo para los detalles. Si bien a veces aparentas ser hermético, racional y desapegado, en realidad esto podría ocultar tensiones internas como tendencias hacia la indecisión o suspicacia con respecto a futuros cambios. La clave del éxito suele radicar en la inspiración; al desarrollar una perspectiva más universal, evitarás los exabruptos emotivos y dejarás de preocuparte de lo que los demás puedan pensar o decir. La subinfluencia del número 3 en tu mes de nacimiento sugiere que eres idealista, sensible y posees una mente fértil y creativa. Impresionarás a los demás con tus ideas originales o contribuirás con tu conocimiento en proyectos grupales. Ser versátil e imaginativo por naturaleza y tener buenos instintos son atributos que te ayudan a mantenerte enfocado y evitar acciones impulsivas que te alteren. Quizá también necesites aprender a convertir tus excelentes ideas en conceptos tangibles.

• *Cualidades positivas:* versatilidad, imaginación, creatividad, determinación, valentía, comprensión, capacidad mental, espiritualidad, inventiva, fortaleza mental.

• *Cualidades negativas:* discutidor, te ofendes o discutes con facilidad, inquietud, nerviosismo, desconfianza, exceso de emotividad, tensión.

Amor y relaciones

Aunque seas idealista y sensible ante las emociones y necesidades ajenas, a veces también muestras el lado enérgico y egocéntrico de tu personalidad. No obstante, eres sociable y tienes muchos amigos y compañeros. Tus sentimientos intensos a veces te rebasan y, por lo tanto, tal vez necesites tiempo a solas para descansar, reflexionar o meditar. Aunque las relaciones son importantes para ti, cuídate de la tendencia a depender demasiado de tu pareja o a confiar de sobra en sus opiniones. Si te vuelves demasiado idealista o abnegado, quizá te decepciones y pierdas la fe en los demás. Evita ser demasiado impaciente o temperamental, y aprende a comunicar lo que sientes en vez de volverte reservado o hermético. Necesitas a alguien con quien compartir tus pasiones, ideas y creencias.

ESE ALGUIEN ESPECIAL

Cumplirás tus sueños con más facilidad si te relacionas con personas que hayan nacido en las siguientes fechas.

Amor y amistad: 1, 5, 15, 26, 29 y 30 de enero; 13, 24, 27 y 28 de febrero; 11, 22, 25 y 26 de marzo; 9, 20, 23 y 24 de abril; 7, 18, 21 y 22 de mayo; 5, 16, 19 y 20 de junio; 3, 14, 17, 18 y 31 de julio; 1, 12, 15, 16, 29 y 31 de agosto; 10, 13, 14, 27 y 29 de septiembre; 8, 11, 12, 25 y 27 de octubre; 6, 9, 10, 23 y 25 de noviembre; 4, 7, 8, 21, 23 y 29 de diciembre.

Buenas para ti: 1, 2, 10, 14 y 27 de enero; 8, 12 y 25 de febrero; 6, 10 y 23 de marzo; 4, 8 y 21 de abril; 2, 6, 19 y 30 de mayo; 4, 17 y 28 de junio; 2, 15 y 26 de julio; 13 y 24 de agosto; 11 y 22 de septiembre; 9 y 20 de octubre; 7 y 18 de noviembre; 15 y 16 de diciembre.

Atracción fatal: 28, 29 y 30 de septiembre.

Desafiantes: 17 y 26 de enero; 15 y 24 de febrero; 13 y 22 de mayo; 11 y 20 de abril; 9 y 18 de mayo; 7 y 16 de junio; 5 y 14 de julio; 3, 12 y 30 de agosto; 1, 10 y 28 de septiembre; 8, 26 y 29 de octubre; 6, 24 y 27 de noviembre; 4, 22 y 25 de diciembre.

Almas gemelas: 21 de enero; 19 de febrero; 17 de marzo; 15 de abril; 13 de mayo; 11 de junio; 9 y 29 de julio; 7, 17 y 27 de agosto; 5 y 25 de septiembre; 3 y 23 de octubre; 1 y 21 de noviembre; 9 y 19 de diciembre.

ESTRELLAS FIJAS

Aunque el grado en que se ubica tu Sol no se encuentra vinculado con una estrella fija, algunos de los grados de tus otros planetas sí lo estarán. Si solicitas el cálculo de tu carta astral, encontrarás la posición exacta de los planetas en tu fecha de nacimiento. Esto te permitirá determinar cuáles de las estrellas fijas descritas en este libro son relevantes para ti.

28 de marzo

El potencial intelectual y la fuerza de voluntad al alcance de quienes nacieron en esta fecha suelen indicar que con tranquilidad y paciencia pueden cosechar grandes éxitos. Como cualquier ariano verdadero, por lo general, posees una personalidad asertiva y un apetito intenso por actividades intelectuales.

La doble influencia de tu planeta dominante, Marte, te impulsa a ser independiente y directo. Sin embargo, cuando te enojas, quizá debas superar la tendencia de ser brutalmente honesto y, en ocasiones, demasiado emotivo. Crear un ambiente armónico siempre influye de manera positiva sobre ti; desarrollar buenas habilidades comunicativas te ayudará a evitar muchos malentendidos.

La habilidad de destacar en todo tipo de actividades intelectuales te da una ventaja en debates y discusiones, pero, a menos que encuentres verdaderas fuentes de inspiración, te aburres con facilidad y desperdicias tu enorme potencial en discusiones mezquinas y tensiones internas innecesarias. No obstante, posees un sexto sentido innato para detectar la falta de sinceridad en otras personas, sobre todo cuando hay juegos de poder de por medio.

Si bien eres perfectamente capaz de cuidarte solo, cuando te sientas poco apreciado e indeciso a nivel emocional quizá debas evitar percibirte como víctima de la agresión de otras personas. Cuando aprehendas el inmenso poder del conocimiento, alcanzarás tu verdadero potencial. Puedes ser un gran planeador y desarrollar un buen sentido de la estructura, o también convertirte en un estratega que diseñe un sistema a prueba de errores. También tendrás suerte con las inversiones por lo que, gracias a tus múltiples talentos, podrías amasar una fortuna material considerable.

Hasta los 22 años, es probable que seas entusiasta, decidido y enfático. Después de los 23, cuando tu Sol progresado se desplaza hacia Tauro, quizá desees mayor estabilidad financiera y éxito material. Puede ser una época en la que te vuelvas más práctico y disciplinado, pues tu objetivo será garantizar tu seguridad. Cerca de los 53 años, cuando tu Sol progresado entre a Géminis, habrá un punto de inflexión en tu vida, en el que destacará un creciente interés en la educación y las habilidades comunicativas y en afianzar nuevas amistades.

Tu yo secreto

Gracias a tu suerte innata, podrás ir por la vida sin esforzarte demasiado; sin embargo, tal vez ese también sea tu reto más grande. Si bien estás consciente de tu sabiduría interna, quizá te falte paciencia para aprovechar tu conocimiento como base para construir otras cosas. Por lo tanto, es vital que, mediante la autodisciplina y la concentración, las personas nacidas en esta fecha desarrollen su inmenso potencial intelectual.

Tu poderosa conexión emotiva con el amor profundo resalta la importancia de los afectos en tu vida y te llevará a tener experiencias variadas. Pese a que, por lo general, eres una persona activa, una parte de ti necesita retraerse del mundo y pasar tiempo contemplando, escribiendo o buscando respuestas de una naturaleza más profunda. Con ayuda de tu fe, inspiración y determinación saldrás adelante y alcanzarás tus objetivos.

Trabajo y vocación

Sin importar qué carrera elijas, notarás que tu liderazgo natural te coloca a la vanguardia de tu profesión y que disfrutas emprender nuevos proyectos. Tu increíble sentido de la forma y la estructura suele indicar que eres un gran estratega. Ser visionario puede encaminarte a carreras como arquitectura, fotografía o cinematografía. Tu éxito natural con las personas, por su parte, puede guiarte hacia profesiones o negocios que requieran trato con el público. A menudo deberás utilizar los talentos ejecutivos que te hacen sumamente apto para la educación, los servicios de salud, el trabajo social o el derecho. Quienes tienen una mayor inspiración necesitarán encontrar un espacio para expresarse en el mundo de las artes, la música y el entretenimiento.

Entre las personas famosas con quienes compartes cumpleaños están el actor Dirk Bogarde; el compositor Petróvich Músorgski; la cantante Cheryl James, y Santa Teresa de Ávila.

Numerología

Eres independiente, idealista y poco convencional, pero también pragmático, decidido y acostumbras ir a tu propio ritmo. El número 28 en tu fecha de nacimiento también indica un conflicto interno entre tu deseo de ser autosuficiente y de pertenecer a un equipo. Siempre estás preparado para la acción y para emprender nuevos proyectos. Enfrentas los desafíos de la vida con valentía, y motivas fácilmente a otros, si bien no a seguirte, por lo menos a apoyarte en tus emprendimientos. Entre tus múltiples atributos están una fuerte convicción, ingenio, buen juicio y sentido común. Aunque el éxito, la familia y la vida hogareña son importantes para ti, encontrar estabilidad y cuidar de tus seres queridos a veces puede ser un reto. La subinfluencia del número 3 en tu mes de nacimiento supone que eres intuitivo y creativo. Necesitas una rutina y un enfoque pragmático frente a la vida. Ya que es esencial prepararse para tener un buen desempeño, la planeación te ayuda a mantenerte concentrado y a ser exitoso.

• *Cualidades positivas:* compasión, actitud progresista, audacia, veta artística, creatividad, idealismo, ambición, trabajo arduo, vida familiar estable, voluntad férrea

• *Cualidades negativas:* falta de motivación, falta de compasión, poco realista, autoritario, falta de juicio, indecisión, orgullo, dependencia excesiva de los demás

Amor y relaciones

Tu voluntad de emprender y tu personalidad independiente te vuelven una persona atrevida y sin pelos en la lengua. Al mismo tiempo, eres leal y confiable. En lo que respecta a las relaciones personales, es esencial que encuentres a una persona que te estimule a nivel intelectual, alguien con quien compartas intereses y valores. Si aprendes a ser justo y a discutir menos, tus relaciones serán más duraderas. Si compartes principios similares con la otra persona y desarrollas un nivel básico de empatía, entablarás relaciones cálidas y tiernas. Te suelen atraer las personas brillantes y directas. Disfrutas ser franco y honesto, pero debes evitar hablar cuando no te corresponde, así como los comportamientos impulsivos de los que puedes arrepentirte después. No obstante, eres leal, trabajador y capaz de brindarles afecto y seguridad a tus seres queridos.

ESE ALGUIEN ESPECIAL

Si quieres encontrar estímulo intelectual y amor, búscalos entre las personas nacidas en las siguientes fechas.

Amor y amistad: 10, 13, 20, 21 y 30 de enero; 8, 11, 18, 19 y 28 de febrero; 6, 9, 16 y 26 de marzo; 4, 7, 14 y 24 de abril; 2, 5, 12 y 22 de mayo; 3, 10 y 20 de junio; 1, 8 y 18 de julio; 6, 16 y 30 de agosto; 4, 14, 28 y 30 de septiembre; 2, 12, 26, 28 y 30 de octubre; 10, 24, 26 y 28 de noviembre; 8, 22, 24 y 26 de diciembre.

Buenas para ti: 12, 16, 17 y 28 de enero; 10, 14, 15 y 26 de febrero; 8, 12, 13 y 24 de marzo; 6, 10, 11 y 22 de abril; 4, 8, 9, 20 y 29 de mayo; 2, 6, 7, 18 y 27 de junio; 4, 5, 16 y 25 de julio; 2, 3, 14 y 23 de agosto; 1, 12 y 21 de septiembre; 10 y 19 de octubre; 8 y 17 de noviembre; 6 y 14 de diciembre.

Atracción fatal: 31 de marzo, 29 de abril, 27 de mayo, 25 de junio, 23 de julio, 21 de agosto, 19 y 30 de septiembre, 1 y 17 de octubre, 15 de noviembre, 17 de diciembre.

Desafiantes: 6, 18, 22 y 27 de enero; 4, 16, 20 y 25 de febrero; 2, 14, 18 y 23 de marzo; 12, 16 y 21 de abril; 10, 14 y 19 de mayo; 8, 12 y 17 de junio; 6, 10 y 15 de julio; 4, 8 y 13 de agosto; 2, 6 y 11 de septiembre; 4 y 9 de octubre; 2 y 7 de noviembre; 5 de diciembre.

Almas gemelas: 28 de marzo, 26 de abril, 24 de mayo, 22 de junio, 20 de julio, 18 de agosto, 16 de septiembre, 14 de octubre, 12 de noviembre, 10 de diciembre.

29 de marzo

ESTRELLA FIJA

Nombre de la estrella: Algenib, también llamada Gamma Pegasi o la punta del ala

Posición: 8º 10'–9º 4' de Aries, entre los años 1930 y 2000

Magnitud: 3

Fuerza: ★★★★★★

Órbita: 2º

Constelación: Pegaso (Alpha Pegasi)

Días efectivos: 29, 30 y 31 de marzo; 1 y 2 de abril

Propiedades de la estrella: Marte/ Mercurio

Descripción: estrellita blanca ubicada en la punta del ala de Pegaso

INFLUENCIA DE LA ESTRELLA PRINCIPAL

Algenib confiere capacidad de razonamiento, así como una mente positiva capaz de lograr cosas extraordinarias a través de sus ideas y acciones. Esta estrella indica una naturaleza decidida, entusiasta y competitiva. También refuerza la agilidad mental y otorga la confianza necesaria para contraatacar de forma adecuada con un manejo impresionante del lenguaje. Alerta sobre el riesgo de ser temperamental e imprudente.

Con respecto a tu grado del Sol, esta estrella confiere buenas habilidades para los negocios, amor por el aprendizaje, interés en temas religiosos y talento para la escritura. Algenib también involucra cierta necesidad de privacidad y tiempo en soledad. Asimismo, apunta hacia un trato exitoso con el público.

• *Positiva:* determinación, mentalidad emprendedora, voluntad sólida, espíritu de lucha, facilidad de conversación.

• *Negativa:* crítica, sarcasmo, obstinación, depresión, exageración.

Quienes nacieron en esta fecha se caracterizan por ser inteligentes y astutos, además de que tienen una gran capacidad para evaluar situaciones con prontitud y el potencial para desarrollar un buen sexto sentido. Aunque te guste mantenerte bien informado, ten cuidado de ser demasiado crítico u obstinado. La sabiduría de tu voz interior es la que suele reconocer la verdad.

Como ariano, eres asertivo y competitivo. Sin embargo, tu peculiar mezcla de escepticismo e ingenuidad suele causar confusión con respecto a qué estás pensando. A veces puedes ser testarudo y negarte a escuchar o a recibir consejos, aun si las otras personas están velando por tus intereses.

Debido a la doble influencia de tu planeta dominante, Marte, necesitas desafíos y, si bien te gusta gozar de gran libertad, también trabajas duro. Eres franco y directo; prefieres estar acompañado de personas sin pretensiones, honestas y con los pies sobre la tierra.

Tu habilidad innata para lidiar con situaciones complejas permite que nunca te sientas víctima del destino. Además, alcanzarás el éxito material gracias a tu fuerza de voluntad y determinación. Pero ten cuidado de no frustrarte o preocuparte por problemas de dinero; evita las estafas que prometen dinero rápido.

Hasta los 21 años, es probable que seas aventurero e independiente. Después de los 22, cuando tu Sol progresado se desplaza hacia Tauro, se presenta una necesidad más grande de encontrar estabilidad y seguridad financieras. En ese momento, quizá te vuelvas más práctico y disciplinado. A los 52 años, cuando tu Sol progresado entra a Géminis, es probable que ocurran cambios que subrayen la necesidad creciente de encontrar áreas de interés nuevas y emocionantes, y de aprender habilidades nuevas como la escritura.

Tu yo secreto

Posees una capacidad innata para superar obstáculos y, con determinación, eres capaz de generar abundancia económica. Sin embargo, el dinero por sí solo no será suficiente a menos que también encuentres la manera de expresar esa perspicacia profunda que forma parte de tu potencial intelectual. Cuentas con un talento natural para aprehender el valor de las cosas, por lo que es importante que aproveches tu capacidad de discernimiento para ser decidido y formal con las personas correctas en el momento preciso.

Debido a que necesitas sentirte productivo y útil, es probable que el trabajo ocupe un lugar cada vez más prominente en tu vida a medida que envejeces. Con la inspiración adecuada, estarás preparado para trabajar arduamente y convertir tus ideales en algo tangible. No obstante, quizá descubras que trabajas mejor cuando tu energía fluye y no se estanca entre arranques y frenos. A pesar de ser espontáneo y tener energía y motivación, debes protegerte del escepticismo mediante la fe y la confianza en tu intuición.

Trabajo y vocación

Posees una energía intelectual dinámica que es excelente para los negocios, el debate, el derecho y la investigación. Tus potenciales habilidades técnicas pueden encaminarte hacia trabajos con computadoras o relacionados con ingeniería. Gracias a tu talento para el liderazgo y agudeza mental, podrías hacer carrera en pedagogía, aunque quizá desees usar tus aptitudes comunicativas en la escritura. Esta fecha de nacimiento apunta también a la posibilidad de alcanzar posiciones altas en la función pública y de convertirte en un instrumento de reforma social. Tu mente analítica también puede orientarte hacia una profesión médica o de cuidados, o hacia áreas que te permitan compartir tus conocimientos con otros.

Entre las personas famosas con quienes compartes cumpleaños están la estrella del tenis Jennifer Capriati, la cantante Pearl Bailey, el comediante Eric Idle y el ex primer ministro británico John Major.

Numerología

Los individuos que nacen bajo el número 29 son visionarios idealistas, con un carácter dinámico y vigoroso, una personalidad enérgica y potencial para sobresalir. Además, eres intuitivo, sensible y emotivo. Tu naturaleza compasiva y comprensiva inspira el espíritu humanitario en otros a quienes anima a cumplir sus sueños y objetivos. Aunque eres competitivo y ambicioso, deseas ser popular y te importa lo que la gente piense de ti. Si confías en tus sentimientos más profundos y abres tu corazón a otras personas, superarás la tendencia a preocuparte de más o a usar tu intelecto como armadura. La subinfluencia del número 3 en tu mes de nacimiento sugiere que eres intuitivo y posees un fuerte sexto sentido y talentos creativos. Como eres inquieto y enérgico, te gusta ser libre de hacer lo que se te antoje sin rendirle cuentas a nadie. Necesitas incluir disciplina y estabilidad en tu vida diaria sin estancarte en la rutina. Aunque eres versátil e imaginativo, también debes ser práctico, considerado y desarrollar una actitud más cautelosa para evitar ser insensible.

• *Cualidades positivas:* inspiración, equilibrio, paz interior, generosidad, éxito, creatividad, intuición, misticismo, sueños poderosos, fe, cosmopolita.

• *Cualidades negativas:* falta de concentración, inseguridad, nerviosismo, malhumor, personalidad difícil, extremismo, actitudes desconsideradas, aislamiento, hipersensibilidad.

Amor y relaciones

Mantener una actitud positiva y ser decidido te ayudará a superar la tendencia a preocuparte en exceso por lo que los demás puedan pensar y decir. Como eres intuitivo y astuto, pero también reticente y hermético, te gusta hablar de todo menos de lo que en verdad sientes. Tu escepticismo suele provocar que necesites tiempo para construir una relación duradera y segura. Empero, puedes ser apasionado y entrañable, e incluso si logras mantener la calma, les resultarás atractivo a otros. Encontrar a una persona que te motive y sea de fiar será de gran ayuda para que confíes en ti mismo, lo que te permitirá ser una pareja leal. Las mujeres en particular te traerán suerte tanto en tu vida profesional como personal.

ESE ALGUIEN ESPECIAL

Si buscas seguridad, estímulo intelectual y amor, los encontrarás entre quienes nacieron en las siguientes fechas.

Amor y amistad: 21, 28 y 31 de enero; 19, 26 y 29 de febrero; 17, 24 y 27 de marzo; 15, 22 y 25 de abril; 3, 20 y 23 de mayo; 11, 18 y 21 de junio; 9, 16 y 19 de julio; 7, 14, 17 y 31 de agosto; 15 de septiembre; 3, 10, 13, 27, 29 y 31 de octubre; 1, 8, 11, 25, 27 y 29 de noviembre; 6, 9, 23, 25 y 27 de diciembre.

Buenas para ti: 9, 12, 18, 24 y 29 de enero; 7, 10, 16, 22 y 27 de febrero; 5, 8, 14, 20 y 25 de marzo; 3, 6, 12, 18 y 23 de abril; 1, 10, 16, 21 y 31 de mayo; 2, 8, 14, 19 y 29 de junio; 6, 12, 17 y 27 de julio; 4, 10, 15 y 25 de agosto; 2, 8, 13 y 23 de septiembre; 6, 11 y 21 de octubre; 4, 9 y 19 de noviembre; 2, 7 y 17 de diciembre.

Atracción fatal: 3 de enero; 1 de febrero; 30 de abril; 28 de mayo; 26 de junio; 24 de julio; 22 de agosto; 20 de septiembre; 1, 2, 3 y 18 de octubre; 16 de noviembre; 14 de diciembre.

Desafiantes: 7, 8, 19 y 28 de enero; 5, 6, 17 y 26 de febrero; 3, 4, 15 y 24 de marzo; 1, 2, 13 y 22 de abril; 11 y 20 de mayo; 9 y 18 de junio; 7 y 16 de julio; 5 y 14 de agosto; 3 y 12 de septiembre; 1 y 10 de octubre; 8 de noviembre; 6 de diciembre.

Almas gemelas: 3 y 19 de enero, 1 y 17 de febrero, 15 de marzo, 13 de abril, 11 de mayo, 9 de junio, 7 de julio, 5 de agosto, 3 de septiembre, 1 de octubre.

ESTRELLA FIJA

Nombre de la estrella: Algenib, también llamada Gamma Pegasi o la punta del ala

Posición: 8º 10'–9º 4' de Aries, entre los años 1930 y 2000

Magnitud: 3

Fuerza: ★★★★★

Órbita: 2º

Constelación: Pegaso (Alpha Pegasi)

Días efectivos: 29, 30 y 31 de marzo; 1 y 2 de abril

Propiedades de la estrella: Marte/ Mercurio

Descripción: estrellita blanca ubicada en la punta del ala de Pegaso

INFLUENCIA DE LA ESTRELLA PRINCIPAL

Algenib confiere capacidad de razonamiento, así como una mente positiva capaz de lograr cosas extraordinarias a través de sus ideas y acciones. Esta estrella indica una naturaleza decidida, entusiasta y competitiva. También refuerza la agilidad mental y otorga la confianza necesaria para contraatacar de forma adecuada con un manejo impresionante del lenguaje. Alerta sobre el riesgo de ser temperamental e imprudente.

Con respecto a tu grado del Sol, esta estrella confiere buenas habilidades para los negocios, amor por el aprendizaje, interés en temas religiosos y talento para la escritura. Algenib también involucra cierta necesidad de privacidad y tiempo en soledad. Asimismo, apunta hacia un trato exitoso con el público.

• *Positiva:* determinación, mentalidad emprendedora, voluntad sólida, espíritu de lucha, facilidad de conversación.

• *Negativa:* crítica, sarcasmo, obstinación, depresión, exageración.

30 de marzo

Eres intuitivo, perspicaz y tienes una mente creativa llena de ideas y planes. Sin embargo, la extraña combinación de ambición y apatía puede obstaculizar tu enorme potencial. Tu fecha de nacimiento revela que eres alguien trabajador, con un gran sentido de la responsabilidad, pero esa enorme necesidad de amor y satisfacción emocional puede perjudicar tus increíbles prospectos en la vida.

Sueles ser una persona de mundo y versátil, inspirada por múltiples ideas y creencias. No obstante, también logras establecer tu propia visión y sorprender a otros con tu estilo personal. Al ser amigable, generoso y de mentalidad abierta, disfrutas compartir tu búsqueda de conocimiento y participar en grupos de estudio. Tus ansias de aprender te inspiran a tomar cursos que te permitan explorar tus talentos, en particular aquellos relacionados con la música o el arte.

La gente a menudo te describe como una persona discreta pero nerviosa y con un toque dramático. Quizá tengas que superar la tendencia a preocuparte de forma innecesaria, sobre todo cuando haces menos de lo que se espera de ti. Si eres metódico y no postergas ninguna tarea, evitarás sentir autodesprecio y depresión. Suelen atraerte las personas inteligentes que han progresado en la vida gracias a sus propios esfuerzos. Eres amigable y extrovertido, lo cual te permite desempeñar un papel importante dentro de tu comunidad o pertenecer a círculos sociales. Si te sientes solo o decaído, evita compensarlo a través de la evasión o las autocomplacencias. Para poder alcanzar la paz mental y el equilibrio emocional, intenta desarrollar tu capacidad de expresión personal.

Hasta los 20 años, es probable que seas enérgico y te guste experimentar. A partir de los 21, cuando tu Sol progresado se desplaza hacia Tauro, crecerá tu interés por hacerte de recursos y seguridad materiales. La búsqueda de estabilidad financiera estimulará tu deseo de construir algo sólido, y esto continuará hasta después de los 40 años. Cuando tu Sol progresado entre a Géminis, lo que antecede un punto de inflexión a los 51 años, destacará la creciente necesidad de comunicar e intercambiar ideas. Este puede ser un buen momento para expandir tus horizontes intelectuales y explorar nuevas áreas de interés.

Tu yo secreto

Si bien tienes una capacidad de liderazgo innata, estás consciente de que no puedes hacer las cosas sin la cooperación de otras personas. Por fortuna, posees la habilidad de tratar con la gente cara a cara y un olfato increíble para hacer los contactos correctos. Gracias a tus ansias naturales de poder y tu fuerte determinación, una vez que tomas una decisión eres imparable. Esto solo enfatiza la importancia de saber con precisión cuáles son tus objetivos y la dirección que tomarás.

Tal vez en algunas ocasiones te sientas dividido entre tus deberes y el placer. Esto también se puede manifestar en una disyuntiva entre ser autoritario en el trabajo y pasivo en el hogar. Quizá sea necesario que mantengas cierto equilibrio para ser empático con lo que sienten otras personas sin comprometer demasiado tu poder personal. Asegúrate de equilibrar tus deseos en los negocios y tus relaciones.

Trabajo y vocación

Aunque a veces eres impaciente con el desarrollo de tus habilidades, el placer que obtienes de los proyectos intelectuales puede inclinarte hacia la docencia, la enseñanza, la investigación o la escritura. Tu carisma, sencillez y gusto natural por las formas y el color podrían acercarte al diseño de interiores, el paisajismo, el teatro, la música o las artes. Tienes un talento natural para entender a los demás, lo que podría guiarte hacia ocupaciones donde haya contacto personal o algún tipo de consejería como psicoterapia, recursos humanos, servicios de salud, relaciones públicas, ventas o negocios. Esta fecha de nacimiento produce también buenos gerentes y ejecutivos.

Entre las personas famosas con quienes compartes cumpleaños están el actor Warren Beatty, los músicos Eric Clapton y Tracy Chapman, el pintor Vincent van Gogh y la psiquiatra Melanie Klein.

Numerología

Algunas de las cualidades asociadas a las personas nacidas el día 30 son creatividad, afabilidad y sociabilidad. Te gusta la buena vida, te encanta socializar, tienes un carisma excepcional y eres leal y amigable. Eres ambicioso, versátil y tomas ideas y las desarrollas con tu intenso estilo personal. Eres sociable y tienes buen gusto y ojo para el color y las formas, por lo que disfrutas todo tipo de trabajo enfocado en el arte, el diseño y la música. En tu búsqueda de la felicidad, evita ser perezoso, autocomplaciente, impaciente o celoso, pues esto podría causarte inestabilidad emocional. Muchas de las personas nacidas en este día alcanzarán el reconocimiento o la fama, en particular los músicos, actores y artistas. La subinfluencia del número 3 en el mes de nacimiento indica que eres entusiasta y talentoso, y tienes buena memoria y un estilo de expresión personal histriónica que te permite llamar la atención. Si bien te caracterizas por tu buen carácter, a veces eres temperamental y poco razonable. Como todo buen perfeccionista, te gusta que las cosas sean impecables; si estás infeliz o insatisfecho, eres propenso a quejarte y criticar.

• *Cualidades positivas:* aprecio por la diversión, lealtad, afabilidad, capacidad de síntesis, talento con las palabras, creatividad, suerte.

• *Cualidades negativas:* pereza, terquedad, comportamiento errático, impaciencia, inseguridad, indiferencia, tendencia a dispersar tu energía.

Amor y relaciones

Además de ser cariñoso, amigable y apasionado, eres un idealista que experimenta las emociones con intensidad y dramatismo. Necesitas mucho amor y afecto, pero la estabilidad y la seguridad suelen ser prerrequisitos que no estás dispuesto a sacrificar. Eres carismático y encantador, y te fascina socializar tanto como cualquier proyecto creativo que despierte tu imaginación. Sin embargo, procura no caer en la inseguridad emocional o ser demasiado exigente cuando las cosas no cumplan con tus expectativas. Es probable que sientas atracción por personas que te estimulen a nivel intelectual y con quienes puedas compartir tu amor por el conocimiento o tu necesidad de expresión personal creativa. Sueles usar tus emprendimientos creativos para liberar tensión, pero también te permiten conocer personas afines a ti.

ESE ALGUIEN ESPECIAL

Si buscas satisfacción emocional y a alguien especial, los encontrarás entre personas que hayan nacido en estas fechas.

Amor y amistad: 8, 18 y 22 de enero; 16 y 20 de febrero; 14, 18 y 28 de marzo; 12, 16 y 26 de abril; 10, 14 y 24 de mayo; 8, 12 y 22 de junio; 6, 10, 20 y 29 de julio; 4, 8, 18, 20, 27 y 30 de agosto; 2, 6, 16, 25 y 28 de septiembre; 4, 14, 23, 26 y 30 de octubre; 2, 12, 21, 24 y 28 de noviembre; 10, 19, 22, 26 y 28 de diciembre.

Buenas para ti: 6, 10, 25 y 30 de enero; 4, 8, 23 y 28 de febrero; 2, 6, 21 y 26 de marzo; 4, 19 y 24 de abril; 2, 17 y 22 de mayo; 15, 20 y 30 de junio; 13, 18 y 28 de julio; 11, 16 y 26 de agosto; 9, 14 y 24 de septiembre; 7, 12 y 22 de octubre; 5, 10 y 20 de noviembre; 3, 8 y 18 de diciembre.

Atracción fatal: 29 de mayo; 27 de junio; 25 de julio; 23 de agosto; 21 de septiembre; 1, 2, 3, 4 y 19 de octubre; 17 de noviembre; 15 de diciembre.

Desafiantes: 13, 29 y 31 de enero; 11, 27 y 29 de febrero; 9, 25 y 27 de marzo; 7, 23 y 25 de abril; 5, 21 y 23 de mayo; 3, 19 y 21 de junio; 1, 17 y 19 de julio; 15 y 17 de agosto; 13 y 15 de septiembre; 11 y 13 de octubre; 9 y 11 de noviembre; 7 y 9 de diciembre.

Almas gemelas: 6 y 25 de enero, 4 y 23 de febrero, 2 y 21 de marzo, 19 de abril, 17 de mayo, 15 de junio, 13 de julio, 11 y 20 de agosto, 9 de septiembre, 7 de noviembre, 5 y 12 de diciembre.

ESTRELLA FIJA

Nombre de la estrella: Algenib, también llamada Gamma Pegasi o la punta del ala

Posición: 8° 10'–9° 4' de Aries, entre los años 1930 y 2000

Magnitud: 3

Fuerza: ★★★★★

Órbita: 2°

Constelación: Pegaso (Alpha Pegasi)

Días efectivos: 29, 30 y 31 de marzo; 1 y 2 de abril

Propiedades de la estrella: Marte/Mercurio

Descripción: estrellita blanca ubicada en la punta del ala de Pegaso

INFLUENCIA DE LA ESTRELLA PRINCIPAL

Algenib confiere capacidad de razonamiento, así como una mente positiva capaz de lograr cosas extraordinarias a través de sus ideas y acciones. Esta estrella indica una naturaleza decidida, entusiasta y competitiva. También refuerza la agilidad mental y otorga la confianza necesaria para contraatacar de forma adecuada con un manejo impresionante del lenguaje. Alerta sobre el riesgo de ser temperamental e imprudente.

Con respecto a tu grado del Sol, esta estrella confiere buenas habilidades para los negocios, amor por el aprendizaje, interés en temas religiosos y talento para la escritura. También involucra cierta necesidad de privacidad y tiempo en soledad. Asimismo, apunta hacia un trato exitoso con el público.

• *Positiva:* determinación, mentalidad emprendedora, voluntad sólida, espíritu de lucha, facilidad de conversación.

• *Negativa:* crítica, sarcasmo, obstinación, depresión, exageración.

31 de marzo

Instintivos, atentos y ágiles son solo algunos de los adjetivos que se usan para describir a quienes nacieron en esta fecha. Debido a estos atributos, también puedes ser inquieto, estar siempre en movimiento y tener una gran curiosidad intelectual. Aunque siempre estás en busca de nuevas experiencias, una vez que encuentras algo que vale la pena desarrollas una línea de interés y te conviertes en especialista en el campo que elijas.

Al haber nacido bajo el signo de Aries, eres dinámico, asertivo y audaz por naturaleza. Sin embargo, debes cuidarte de la tendencia a aburrirte con facilidad, lo que podría provocarte intranquilidad. Al fortalecer la paciencia, superarás las ansias de actuar de forma impulsiva. La subinfluencia del regente de tu decanato, Leo, te da vitalidad y confianza en ti mismo, pero también puede volverte demasiado arrogante.

La parte idealista de tu naturaleza con frecuencia te hace ver las cosas en blanco y negro. A causa de la insatisfacción y el escepticismo, terminas confundido y dispersas tus energías. Si, por otro lado, reconoces que mediante la educación y el aprendizaje puedes desarrollar una concentración metódica y profundidad mental, alcanzarás altos niveles de minuciosidad y aptitudes de resolución de problemas.

Eres propenso a ser aventurero e inquieto hasta los 19 años. A partir de los 20, cuando tu Sol progresado se desplaza hacia Tauro, desarrollas una perspectiva mental más pragmática y un mayor interés por la riqueza y la seguridad. Este deseo de estabilidad material continúa hasta poco después de los 50, cuando tu Sol progresado entra a Géminis. Tras este punto inflexión es probable que tu ritmo de vida se acelere y pongas un mayor énfasis en expandir tus intereses y aprender nuevas habilidades.

Tu yo secreto

Por fuera no demuestras lo emotivo que eres interiormente, ni que necesitas más retroalimentación externa de la que estás dispuesto a aceptar. Tal vez también experimentes una dicotomía emocional: por un lado, quieres cambiar; y, por el otro, deseas construir algo más sólido para ti. Cuando ambas sensaciones se conjugan de forma positiva, estos dos polos opuestos se entrelazan para conferirte una productividad flexible y garantizar la educación concienzuda, al menos en una de tus áreas de interés.

Cuando trabajas a todo vapor, se te dificulta ceder tu tiempo; sin embargo, cuando te detienes y dedicas toda tu atención y corazón a los demás, eres capaz de hacer cualquier cosa por ellos, al punto de sacrificar tus intereses por los suyos. Tu carisma y espontaneidad naturales te permitirán desarrollar alguna forma de expresión creativa y, si lo haces en circunstancias de cambio o progreso, será incluso mejor.

Trabajo y vocación

Tu agudeza intelectual y necesidad de estimulación mental requieren que haya variedad en tu vida, pero también te permiten procesar la información rápidamente. Tus cualidades naturales de liderazgo pueden traerte éxito en cualquier campo, en especial en el mundo de los negocios, la filosofía o la vida política. Al elegir carrera deberás evitar posibles fuentes de aburrimiento y reconocer que es importante escoger una ocupación en la que las personas y las situaciones estén en constante cambio; por ejemplo, en trabajos frente al público o que impliquen viajar.

Entre las personas famosas con quienes compartes cumpleaños están el compositor Joseph Haydn; los actores Richard Chamberlain, Christopher Walken y Rhea Perlman; el director de cine Nagisa Oshima; el escritor Octavio Paz; el filósofo René Descartes y el exvicepresidente de Estados Unidos Al Gore.

Numerología

El número 31 en tu fecha de cumpleaños indica una férrea fuerza de voluntad, determinación y énfasis en la expresión personal. Sueles combinar tu intuición con tus habilidades prácticas para tomar buenas decisiones. Por lo general, eres incansable y decidido. Con el 31 en tu día de nacimiento vienen ideas originales, buen sentido de las formas y capacidad de tener éxito en los negocios si te tomas tu tiempo y sigues un plan de acción práctico. Podrás transformar tus pasatiempos en empresas productivas con bastante éxito. No obstante, cuídate de la tendencia a ser demasiado autocomplaciente o egoísta, así como de la propensión a ser demasiado optimista. La subinfluencia del número 3 en tu mes de nacimiento sugiere que eres creativo, pero también analítico. Tus capacidades intuitivas y tu facilidad de palabra revelan un talento particular para la escritura, pero también implican que puedes ser cínico o demasiado sensible. Aunque necesites mucho afecto o atención, evita ser posesivo. Tu capacidad de introspección y contemplación puede hacerte parecer despistado o retraído.

• *Cualidades positivas:* suerte, creatividad, originalidad, habilidad para construir, tendencias constructivas, tesón, practicidad, responsabilidad, buen conversador.

• *Cualidades negativas:* inseguridad, impaciencia, sospecha, tendencia a desanimarse con facilidad, falta de ambición, egoísmo, terquedad.

Amor y relaciones

Eres idealista e intuitivo. Sueles albergar sentimientos profundos que mantienes ocultos, aunque a veces también tienes el corazón a flor de piel. Eres sensible pero reservado, por lo que prefieres mantener tus relaciones personales en privado. Toma cada una de tus relaciones personales como una experiencia de aprendizaje para mantener vivo tu espíritu aventurero. Considera que tu profesión suele desempeñar un papel importante en la configuración de tu vida personal, y, además, con frecuencia enfrentarás lecciones relacionadas con aprender a soltar el pasado.

ESE ALGUIEN ESPECIAL

Si lo que buscas es seguridad, confianza y amor, los encontrarás entre quienes nacieron en las siguientes fechas.

Amor y amistad: 13, 19, 23 y 24 de enero; 11, 17 y 21 de febrero; 9, 15, 19, 28, 29 y 30 de marzo; 7, 13, 17, 26 y 27 de abril; 5, 11, 15, 24, 25 y 26 de mayo; 3, 9, 13, 22, 23 y 24 de junio; 1, 7, 11, 20, 21 y 22 de julio; 5, 9, 10, 18, 19 y 20 de agosto; 3, 7, 16, 17 y 18 de septiembre; 1, 5, 14, 15, 16, 29 y 31 de octubre; 3, 12, 13, 14, 27 y 29 de noviembre; 1, 2, 10, 11, 12, 25, 27 y 29 de diciembre.

Buenas para ti: 7, 15, 20 y 31 de enero; 5, 13, 18 y 29 de febrero; 3, 11, 16 y 27 de marzo; 1, 9, 14 y 25 de abril; 7, 12 y 23 de mayo; 5, 10 y 21 de junio; 3, 8 y 19 de julio; 1, 6, 17 y 30 de agosto; 4, 15 y 28 de septiembre; 2, 13 y 26 de octubre; 11 y 24 de noviembre; 9 y 22 de diciembre.

Atracción fatal: 1, 2, 3 y 4 de octubre.

Desafiantes: 6, 14 y 30 de enero; 4, 12 y 28 de febrero; 2, 10 y 26 de marzo; 8 y 24 de abril; 6 y 22 de mayo; 4 y 20 de junio; 2 y 18 de julio; 16 de agosto; 14 de septiembre; 12 de octubre; 10 de noviembre; 8 de diciembre.

Almas gemelas: 30 de abril; 28 de mayo; 26 de junio; 23 y 24 de julio; 22 de agosto; 20 de septiembre; 18 y 30 de octubre; 16 y 28 de noviembre; 13, 14 y 26 de diciembre.

ESTRELLA FIJA

Nombre de la estrella: Algenib, también llamada Gamma Pegasi o la punta del ala

Posición: 8º 10'–9º 4' de Aries, entre los años 1930 y 2000

Magnitud: 3

Fuerza: ★★★★★★

Órbita: 2º

Constelación: Pegaso (Alpha Pegasi)

Días efectivos: 29, 30 y 31 de marzo; 1 y 2 de abril

Propiedades de la estrella: Marte/ Mercurio

Descripción: estrellita blanca ubicada en la punta del ala de Pegaso

INFLUENCIA DE LA ESTRELLA PRINCIPAL

Algenib confiere capacidad de razonamiento, así como una mente positiva capaz de lograr cosas extraordinarias a través de sus ideas y acciones. Indica una naturaleza decidida, entusiasta y competitiva. También refuerza la agilidad mental y otorga la confianza necesaria para contraatacar de forma adecuada con un manejo impresionante del lenguaje. Alerta sobre el riesgo de ser temperamental e imprudente.

Con respecto a tu grado del Sol, esta estrella confiere buenas habilidades para los negocios, amor por el aprendizaje, interés en temas religiosos y talento para la escritura. También involucra cierta necesidad de privacidad y tiempo en soledad. Asimismo, apunta hacia un trato exitoso con el público.

• *Positiva:* determinación, mentalidad emprendedora, voluntad sólida, espíritu de lucha, facilidad de conversación.

• *Negativa:* crítica, sarcasmo, obstinación, depresión, exageración.

1 de abril

V Eres pragmático y místico, independiente y de voluntad firme; simultáneamente sensible y huraño, con un punto de vista único y filosófico. Como ariano, eres entusiasta y ambicioso, con notables poderes intuitivos y capacidad de liderazgo. Tu sabiduría interior suele indicar que aprendes más mediante la experiencia y que tus posibilidades de éxito aumentan a través de una buena educación.

La subinfluencia de tu Sol contribuye a tus ansias de expresarte, pues sueles querer lograr cosas diferentes y originales para salirte de la rutina. Tu amor por la libertad y lo inusual puede también llevarte a explorar, y viajar es quizás uno de tus pasatiempos favoritos.

Ocupar una posición que esté por debajo de tus talentos te provocaría conflictos internos entre el ideal que visualizas y la realidad de la vida diaria. Por lo tanto, tal vez debas superar la proclividad a amargarte o albergar envidias a causa de la frustración. Para alcanzar la realización emocional, quizá también debas encontrar una fe interior verdadera y superar tu tendencia a sospechar. Sin embargo, con calma, paciencia y confianza podrás alcanzar tus ideas y sueños originales.

Hasta los 18 años serás audaz e independiente. Al cumplir los 19, cuando tu Sol progresado se desplace hacia Tauro, aumentará tu necesidad de encontrar estabilidad y seguridad financieras. Esto continuará hasta los 49 años, cuando tu Sol progresado entre a Géminis. Este punto de inflexión enfatizará la importancia creciente de perseguir nuevos intereses, mayor aprendizaje y mejor comunicación.

Tu yo secreto

Reconocer tu poder interior te permitirá alcanzar posiciones de liderazgo cuando sea necesario y te impulsará a desarrollar tus habilidades al máximo. Cuando se te presenten oportunidades, quizá debas pensar a profundidad en los posibles resultados y disciplinarte para explotar al máximo tu capacidad de producir dinero. Aunque a veces trabajes para personas que carecen del mismo nivel de conciencia que tú, la lección que obtengas de ello puede empoderarte e independizarte.

La facultad de combinar los negocios con el placer también es parte de tu composición y te da un cierto encanto. Tu facilidad de trato con las personas y capacidad para mantenerte activo requiere equilibrarse con algo de tiempo de introspección. Estos periodos te inspirarán a experimentar en el arte, la música, el teatro o intereses más místicos.

Trabajo y vocación

Tu fecha de cumpleaños es un indicio de tus potenciales habilidades ejecutivas y de liderazgo. Estas se manifestarán cuando seas un especialista en tu área u ocupes puestos gerenciales, administrativos, militares o políticos. Aunque tienes buen olfato para los negocios, entre las personas más creativas nacidas en este día habrá un mayor interés por ocupaciones que les permitan aprovechar su inusual imaginación, como el arte, el teatro

72

o la música. Ya que también sabes organizarte bien, podrías ocuparte de los asuntos financieros de otros o sobresalir en el ramo de la comercialización. Tu lado humanitario e idealista, igualmente fuerte, puede inclinarte hacia una carrera en organizaciones de beneficencia pública o trabajos como consejero o profesor.

Entre las personas famosas con quienes compartes cumpleaños están las actrices Ali MacGraw y Debbie Reynolds, el compositor Serguéi Rajmáninov y el psicólogo Abraham Maslow.

Numerología

Tu fecha de nacimiento revela tus ansias de sobresalir y ser independiente. Al tener el número 1 por cumpleaños, tiendes a ser individualista, innovador, valeroso y enérgico. No es inusual que necesites establecer una identidad sólida y desarrollar tu asertividad. Tu espíritu pionero te insta a hacer las cosas por tu cuenta, aunque falles en el intento. Este ímpetu emprendedor también te estimulará a desarrollar habilidades ejecutivas o de liderazgo. Tu gran entusiasmo e ideas originales te permiten mostrarles el camino a los demás. Con el número 1 por cumpleaños, quizá también debas aprender que el mundo no gira a tu alrededor y evitar la tendencia a ser egocéntrico o dictatorial. La subinfluencia del mes número 4 indica que eres práctico, trabajador, enérgico e inquisitivo; además, puedes ser versátil e ingenioso, con una fuerza de voluntad inquebrantable y optimista. Sin embargo, deberás superar tu tendencia a ser necio, desconsiderado o arrogante.

• *Cualidades positivas:* liderazgo, creatividad, ideas progresistas, vigor, optimismo, convicciones fuertes, competitividad, independencia, sociabilidad.

• *Cualidades negativas:* altivez, celos, egoísmo, orgullo, antagonismo, desenfreno, egoísmo, debilidad, inestabilidad, impaciencia.

Amor y relaciones

Sueles ser independiente y práctico al mismo tiempo; extrovertido, amigable, con emociones profundas y una gran sensibilidad. Cuando estás en el estado de ánimo correcto, te conviertes en el alma de la fiesta y eres un éxito a nivel social. Suelen atraerte las personas inteligentes y educadas, pero evita hablar en exceso o ser demasiado dominante. Disfrutas aprender cosas nuevas y necesitas estímulos intelectuales. Te puede ir bien si te unes a grupos de estudio o emprendes otras actividades educativas. En lo romántico, eres encantador, ingenioso y divertido.

ESE ALGUIEN ESPECIAL

Podrás entablar relaciones duraderas y encontrar estabilidad con personas que hayan nacido en las siguientes fechas.

Amor y amistad: 5, 6, 21, 28 y 31 de enero; 19, 26 y 29 de febrero; 17, 24 y 27 de marzo; 15, 22 y 25 de abril; 13, 20, 23 y 30 de mayo; 11, 18 y 21 de junio; 9, 16 y 19 de julio; 7, 14, 17 y 31 de agosto; 5, 12, 15 y 29 de septiembre; 3, 10, 13, 27, 29 y 31 de octubre; 1, 8, 11, 25, 27 y 29 de noviembre; 6, 9, 23, 25 y 27 de diciembre.

Buenas para ti: 9, 12, 18, 24 y 29 de enero; 7, 10, 16, 22 y 27 de febrero; 5, 8, 14, 20 y 25 de marzo; 3, 6, 12, 18 y 23 de abril; 1, 4, 10, 16, 21 y 31 de mayo; 2, 8, 14, 19 y 29 de junio; 6, 12, 17 y 27 de julio; 4, 10, 15 y 25 de agosto; 2, 8, 13 y 23 de septiembre; 6, 11 y 21 de octubre; 4, 9 y 19 de noviembre; 2, 7 y 17 de diciembre.

Atracción fatal: 3 de enero; 1 de febrero; 4, 5 y 6 de octubre.

Desafiantes: 7, 8, 19 y 28 de enero; 5, 6, 17 y 26 de febrero; 3, 4, 15 y 24 de marzo; 1, 2, 13 y 22 de abril; 11 y 20 de mayo; 9 y 18 de junio; 7 y 16 de julio; 5 y 14 de agosto; 3 y 12 de septiembre; 1 y 10 de octubre; 8 de noviembre; 6 de diciembre.

Almas gemelas: 3 y 19 de enero; 1, 5 y 17 de febrero; 15 de marzo; 13 de abril; 11 de mayo; 9 de junio; 7 de julio; 5 de agosto; 3 de septiembre; 1 de octubre.

ESTRELLAS FIJAS

Algenib, también llamada Gamma Pegasi o la punta del ala; Sirrah, también llamada Alpheratz y Caput Andromeda

ESTRELLA PRINCIPAL

Nombre de la estrella: Algenib, también llamada Gamma Pegasi o la punta del ala

Posición: 8º 10'–9º 4' de Aries, entre los años 1930 y 2000

Magnitud: 3

Fuerza: ★★★★★

Órbita: 2º

Constelación: Pegaso (Alpha Pegasi)

Días efectivos: 29, 30 y 31 de marzo; 1 y 2 de abril

Propiedades de la estrella: Marte/Mercurio

Descripción: estrellita blanca ubicada en la punta del ala de Pegaso

INFLUENCIA DE LA ESTRELLA PRINCIPAL

Algenib confiere capacidad de razonamiento, así como una mente positiva capaz de lograr cosas extraordinarias a través de sus ideas y acciones. Esta estrella indica una naturaleza decidida, entusiasta y competitiva. También refuerza la agilidad mental y otorga la confianza necesaria para contraatacar de forma adecuada con un manejo impresionante del lenguaje. Alerta sobre el riesgo de ser temperamental e imprudente.

Con respecto a tu grado del Sol, esta estrella confiere buenas habilidades para los negocios, amor por el aprendizaje, interés en temas religiosos y talento para la escritura. Algenib también involucra cierta necesidad de privacidad y apunta hacia un trato exitoso con el público.

2 de abril

Haber nacido bajo el signo de Aries sugiere que posees una personalidad pionera y progresista. Además de ser original e inquieto, tienes un poder sutil que te permite alcanzar tus objetivos en cualquier campo que elijas. Tu planeta dominante, Marte, te inspira a buscar una vida activa y emocionante. El respaldo influyente del regente de tu decanato, Leo, te confiere imaginación, creatividad y la necesidad de sentirte apreciado.

Esta fecha también indica que posees intuición, encanto y deseos de armonía y paz. Aunque seas aventurero, eres más propenso a ser reservado y sensible, pues tienes una naturaleza refinada y la necesidad de sentirte seguro en un ambiente agradable. El enorme potencial vinculado con tu cumpleaños puede alcanzarse mediante la autodisciplina. Una vez que encuentras tu verdadera fortaleza, aprovechas tu fuerza de voluntad y determinación para sobreponerte a cualquier obstáculo. Aún así, quizá debas aprender a diferenciar entre la perseverancia y la terquedad.

Tu necesidad de contacto humano y la subinfluencia de tu Sol pueden, sin embargo, dotarte de un talento creativo y ansias de salir al mundo a lograr cosas. Sueles ser amigable y sociable. También tienes un sólido sentido de la justicia y del juego limpio. Los demás te consideran alguien responsable, trabajador y serio. Empero, detrás de tu fachada sutil, puedes ser ambicioso y albergar un gran deseo de superarte y ser exitoso.

Es probable que una figura femenina fuerte tenga un impacto considerable en tus primeros años. Al cumplir los 18, cuando tu Sol progresado se desplace hacia Tauro, madurará tu necesidad de encontrar seguridad y estabilidad financieras. Esto continuará hasta los 48 años, cuando tu Sol progresado entre a Géminis y marque un punto de inflexión en tu vida que subraye la importancia creciente de la comunicación y la exploración de proyectos más intelectuales.

Tu yo secreto

La visión interior y la confianza fortalecen tu capacidad de comprensión, y te ayudarán a aprender sobre el desapego a un nivel profundo. Esto podría implicar que estés dispuesto a desprenderte de cualquier cosa o persona de la que dependas para sentirte seguro. Tal vez no aprendas esta lección hasta una etapa tardía de tu vida, pero cuando lo hagas te dará una enorme libertad interior y deseos de cosas de una naturaleza más profunda. En las relaciones personales, cualquier tendencia a aferrarte o a ser demasiado dependiente se manifiesta a través de una profunda seriedad. Por otro lado, también eres un compañero devoto, atento y un amigo fiel.

Tienes un lado humanitario y generoso que te garantiza popularidad con las demás personas. Eres receptivo a las necesidades ajenas y puedes contribuir muchísimo a cualquier proyecto conjunto o comunitario.

Trabajo y vocación

Tu fecha de cumpleaños indica que puedes tener mucho éxito en carreras relacionadas con el trato humano, como en medios de comunicación, relaciones públicas, psicología, consultoría y trabajo social. También podrías asociarte con alguien y descubrir las ventajas de aprender a colaborar con otros. Tu enfoque original y creativo te permite alcanzar el éxito en la actuación o las artes, e incluso en la exploración, la educación o la defensa de alguna causa. En algunas ocasiones, los retos laborales pueden causarte ansiedad, pero buscar nuevas alternativas te traerá resultados positivos. Intenta evitar la monotonía o el estancamiento. Al ser trabajador y tener buen olfato para los negocios, es probable que tu motivación sea el deseo de obtener las cosas buenas de la vida.

Entre las personas famosas con quienes compartes cumpleaños están el actor Alec Guinness, el comediante Dana Carvey, los escritores Émile Zola y Hans Christian Andersen, y el pintor William Hunt.

Numerología

El número 2 en tu fecha de nacimiento sugiere sensibilidad y necesidad de pertenecer a un grupo. Tu facilidad para adaptarte y ser comprensivo hace que disfrutes actividades cooperativas en las que interactúas con otras personas. Al intentar complacer a quienes te agradan corres el riesgo de volverte demasiado dependiente. No obstante, si desarrollas la confianza en ti mismo superarás la tendencia a sentirte herido por las acciones y críticas ajenas. La subinfluencia del mes número 4 te hace necesitar una base sólida. Con frecuencia te inclinas hacia la corrección y el perfeccionismo; te gusta apoyar a otros o colaborar con ellos. Eres sociable y buen anfitrión, te gusta recibir invitados y es probable que estés orgulloso de tu hogar. Tienes un efecto tranquilizador en los demás, aunque no siempre externes lo que sientes. Ser perfeccionista implica que sueles ser responsable, pero también que debes evitar la inconformidad y el aletargamiento.

• *Cualidades positivas:* colaborador, gentileza, tacto, receptividad, intuición, amabilidad, armonía, afabilidad, embajador de buena voluntad.

• *Cualidades negativas:* suspicacia, inseguridad, sumisión, hipersensibilidad, egoísmo, ofenderse con facilidad, engaño.

Amor y relaciones

Eres intuitivo e ingenioso, acostumbras estar bien informado y tienes la capacidad de aprender rápido. Por lo general, te agrada leer, y tu amor por el conocimiento sugiere que, si en verdad deseas encontrar satisfacción emocional, deberás continuar con tu educación o aprender nuevas habilidades. Te gusta relacionarte con personas pensantes que te estimulen a nivel intelectual. En lo romántico, te atraen las personas exitosas y necesitas una pareja brillante con muchos conocimientos y una mente poderosa. Tu personalidad te garantiza muchos amigos y buenos contactos sociales. Sin embargo, quizá debas superar la tendencia a ser desconfiado o escéptico en tus relaciones personales.

• *Positiva:* determinación, mentalidad emprendedora, voluntad sólida, espíritu de lucha, elocuencia.

• *Negativa:* crítica, sarcasmo, obstinación, depresión, exageración.

En el apéndice encontrarás las lecturas de tus estrellas fijas adicionales.

ESE ALGUIEN ESPECIAL

Si deseas seguridad, estímulo intelectual y amor, búscalos entre quienes nacieron en las siguientes fechas.

Amor y amistad: 6, 10, 20, 22, 24 y 30 de enero; 4, 18, 20, 22 y 28 de febrero; 2, 16, 18, 20, 26 y 29 de marzo; 14, 16, 18, 24 y 27 de abril; 12, 14, 16, 22 y 25 de mayo; 10, 12, 14, 20 y 23 de junio; 8, 10, 12, 18, 21 y 29 de julio; 6, 8, 10, 16 y 19 de agosto; 4, 6, 8, 14 y 17 de septiembre; 2, 4, 6, 12 y 15 de octubre; 2, 4, 10 y 13 de noviembre; 2, 8, 11 y 19 de diciembre.

Buenas para ti: 1, 3, 4 y 14 de enero; 1, 2 y 12 de febrero; 10 y 28 de marzo; 8, 26 y 30 de abril; 6, 24 y 28 de mayo; 4, 22 y 26 de junio; 2, 20 y 24 de julio; 18 y 22 de agosto; 16 y 20 de septiembre; 14 y 18 de octubre; 12 y 16 de noviembre; 10 y 14 de diciembre.

Atracción fatal: 11 de enero; 9 de febrero; 7 de marzo; 5 de abril; 3 de mayo; 1 de junio; 5, 6 y 7 de octubre.

Desafiantes: 3 y 5 de enero; 1 y 3 de febrero; 1 de marzo; 31 de julio; 29 de agosto; 27 y 30 de septiembre; 25 y 28 de octubre; 23, 26 y 30 de noviembre; 21, 24 y 28 de diciembre.

Almas gemelas: 5 y 12 de enero; 3, 6 y 10 de febrero; 1 y 8 de marzo; 6 de abril; 4 de mayo; 2 de junio.

ESTRELLA FIJA

Nombre de la estrella: Sirrah, también llamada Alpheratz y Caput Andrómeda

Posición: 13º 11'–14º 13' de Aries, entre los años 1930 y 2000

Magnitud: 2

Fuerza: ★★★★★★★

Órbita: 2º 10'

Constelación: Andrómeda (Alpha Andromedae)

Días efectivos: 2, 3, 4, 5, 6 y 7 de abril

Propiedades de la estrella: Júpiter/Venus

Descripción: estrella binaria blanquiazul y púrpura ubicada en la cabeza de Andrómeda

INFLUENCIA DE LA ESTRELLA PRINCIPAL

Sirrah implica buenas relaciones personales y popularidad. Asimismo, indica una naturaleza armoniosa y confiere los beneficios de buenos vínculos sociales. También otorga honra, riqueza, alegría, optimismo, versatilidad y buen juicio. Sin embargo, alerta sobre el riesgo de abusar de la franqueza o de no valorar la popularidad.

Con respecto a tu grado del Sol, esta estrella indica que, por lo general, logras lo que te propones siempre que tengas tus objetivos claros. A veces, tras obtener lo que quieres, te sientes desorientado sobre qué hacer después. No obstante, como te es fácil identificar a la gente adecuada y encontrarte en el lugar correcto en el momento preciso, ese estado de desorientación suele ser pasajero.

• *Positiva:* buen corazón, alegría, popularidad, personalidad atractiva.

• *Negativa:* arrogancia, tendencia a los excesos.

3 de abril

Tu espíritu pionero, versatilidad y amor por los viajes garantizan que nunca tendrás una vida aburrida o anodina. Posees un gran poder de persuasión, gracias a tu fuerte motivación y talentos comunicativos. Las ansias de expresarte y los deseos de cambio inherentes a tu fecha de nacimiento te prometen una vida llena de emociones y aventuras.

Tu planeta dominante, Marte, y el elemento de fuego te hacen una persona entusiasta, impaciente y dinámica. La subinfluencia del regente de tu decanato, Leo, implica que quizá presentes una fachada asertiva y audaz. Aunque tu camino estará lleno de retos, el éxito llegará con paciencia, trabajo arduo y determinación. Como eres apasionado e intenso, el crecimiento espiritual llegará cuando aprendas a desapegarte. Los cambios están ligados a tu carrera, donde enfrentarás algunos obstáculos, pero ya vendrán las oportunidades para abrir nuevos caminos y encontrar la suerte.

Si bien tienes cierta tendencia al malhumor, tu determinación te impide estar decaído demasiado tiempo.

Eres divertido, entretenido, imaginativo, entusiasta, amigable y buena compañía; posees un talento particular para el ingenio y el humor. Sin embargo, cuídate de la tendencia a aburrirte con facilidad.

Durante tu juventud, serás activo, inquieto y, en ocasiones, imprudente. Hay también indicios de la influencia de un pariente o amigo que necesitará tu apoyo. Después de los 16 o 17 años, te convertirás en una persona más práctica y con una mayor conciencia financiera conforme tu Sol progresado entre a Tauro. En la mediana edad, tras numerosos cambios, es probable que logres avances importantes mediante sociedades y relaciones de cooperación. Tu entusiasmo y motivación garantizarán que algunos de tus sueños se hagan realidad. A partir de los 47 años, cuando tu Sol progresado entre en Géminis, adquirirás una mayor curiosidad intelectual, lo que te llevará a adoptar nuevos intereses. Un nuevo punto de inflexión llegará a los 77 años, cuanto tu Sol progresado entre a Cáncer, en el cual te volverás más sensible y te enfocarás más en la familia.

Tu yo secreto

Tu más grande éxito puede provenir del poder del amor. Necesitas canalizar tus sentimientos intensos de forma práctica; de otro modo, podrían rebasarte. Tu lado histriónico podría provocar algunos alborotos bastante notables.

Posees encanto, sensibilidad y una imaginación fértil, cualidades que quizá sea necesario equilibrar con una base sólida. Si aprovechas tu visión excepcional para imaginar escenarios positivos futuros y luego formular un plan para alcanzarlos, explotarás al máximo tus increíbles talentos. Por medio de esfuerzos activos y enfocados en tu trabajo, desarrollarás tu verdadero potencial y recibirás la protección financiera que tu cumpleaños anuncia.

Trabajo y vocación

Gracias a tu poder de persuasión y toque dramático, en lo profesional eres un excelente vendedor o promotor. Estos talentos, junto con tu necesidad de expresarte, te guiarán hacia el teatro, la enseñanza o la política. Las carreras que conlleven viajes y variedad, como la mensajería, el transporte o los servicios de aerolínea, te garantizarán satisfacción laboral. Tu compasión natural podría inclinarte hacia el ámbito de los servicios de salud. Una clave esencial para las personas nacidas en esta fecha puede ser mantener el espíritu aventurero latente y evitar las ocupaciones monótonas.

Entre las personas famosas con quienes compartes cumpleaños están los actores Marlon Brando, Alec Baldwin, Eddie Murphy y Doris Day; el poeta George Herbert; el músico Wayne Newton, y la naturalista Jane Goodall.

Numerología

Tener el número 3 en tu fecha de cumpleaños te convierte en una persona sensible, con la necesidad de expresar tu creatividad y tus emociones. Eres divertido y buena compañía, ya que disfrutas las actividades sociales amistosas y tienes intereses diversos. Aunque eres versátil, expresivo y necesitas vivir experiencias emocionantes y variadas, tu tendencia a aburrirte con facilidad puede volverte indeciso o demasiado disperso. A pesar de tener el número 3 por cumpleaños sueles ser artístico, encantador y tener un buen sentido del humor, pero es posible que debas fortalecer tu autoestima y superar la propensión a preocuparte en exceso, así como tus inseguridades a nivel emocional. La subinfluencia del número 4 en tu mes de nacimiento sugiere que te gusta ser organizado. Tienes buenas aptitudes analíticas, y dado que eres asertivo puedes lograr que los demás consideren tus opiniones. A veces aparentas ser indiferente o ensimismado. Sin embargo, cuando quieres llamar la atención de los demás, lo logras con apenas unas cuantas palabras.

• *Cualidades positivas:* humor, felicidad, afabilidad, productividad, creatividad, veta artística, deseos vehementes, amor por la libertad, talento con las palabras.

• *Cualidades negativas:* aburrimiento, vanidad, imaginación demasiado activa, exageración, incapacidad para ser cariñoso, jactancioso, extravagancia, autocomplacencia, pereza, hipocresía.

Amor y relaciones

Eres un individuo amoroso, leal, devoto, imaginativo y visionario. Sueles ser romántico e idealista en tus relaciones personales, debido a ello buscas a una pareja que cumpla con tus elevados ideales. De hecho, en ocasiones eres tan idealista que optas por relaciones platónicas, pues se te dificulta encontrar a alguien que esté a la altura de tus expectativas exigentes. Es mejor elegir a una pareja que posea una cultura general vasta y un lado humanitario. Cuando te enamores, cuídate de no poner a tu pareja en un pedestal o de adoptar el papel de salvador, sobre todo si la otra persona no quiere ser salvada. Aunque acostumbras ostentar una fachada audaz, quizá se te dificulte mostrar vulnerabilidad en tus relaciones románticas. Trabaja en tus habilidades comunicativas a nivel íntimo y no te precipites al actuar si quieres encontrar a tu pareja ideal.

ESE ALGUIEN ESPECIAL

Alcanzarás tus metas con más facilidad si te relacionas con personas que hayan nacido en las siguientes fechas.

Amor y amistad: 1, 6, 7, 20, 21, 23 y 31 de enero; 5, 18, 19, 21 y 29 de febrero; 3, 17, 19 y 27 de marzo; 1, 15, 17 y 25 de abril; 13, 15 y 23 de mayo; 11, 13 y 21 de junio; 9, 11 y 19 de julio; 7, 9 y 17 de agosto; 5, 7 y 15 de septiembre; 3, 5 y 13 de octubre; 1, 3 y 11 de noviembre; 1 y 9 de diciembre.

Buenas para ti: 5, 16 y 18 de enero; 3, 14 y 16 de febrero; 1, 12, 14 y 29 de marzo; 10, 12 y 27 de abril; 8, 10, 25 y 29 de mayo; 6, 8, 23 y 27 de junio; 4, 6, 21 y 25 de julio; 2, 4, 19 y 23 de agosto; 2, 17 y 21 de septiembre; 15 y 19 de octubre; 13 y 17 de noviembre; 11, 15 y 29 de diciembre.

Atracción fatal: 6 y 30 de enero; 4 y 28 de febrero; 2 y 26 de marzo; 24 de abril; 22 de mayo; 20 de junio; 18 de julio; 16 de agosto; 14 de septiembre; 5, 6 y 12 de octubre; 10 de noviembre; 8 de diciembre.

Desafiantes: 4 de enero; 2 de febrero; 29 y 31 de mayo; 27, 29 y 30 de junio; 25, 27 y 28 de julio; 23, 25, 26 y 30 de agosto; 21, 23, 24 y 28 de septiembre; 19, 21, 22 y 26 de octubre; 17, 19, 20 y 24 de noviembre; 15, 17, 18 y 22 de diciembre.

Almas gemelas: 23 de enero; 21 de febrero; 19 de marzo; 17 de abril; 15 de mayo; 13 de junio; 11 y 31 de julio; 6, 9 y 29 de agosto; 7 y 27 de septiembre; 5 y 25 de octubre; 3 y 23 de noviembre; 1, 6 y 21 de diciembre.

ESTRELLA FIJA

Nombre de la estrella: Sirrah, también llamada Alpheratz y Caput Andromeda

Posición: 13° 11'–14° 13' de Aries, entre los años 1930 y 2000

Magnitud: 2

Fuerza: ★★★★★★★★

Órbita: 2° 10'

Constelación: Andrómeda (Alpha Andromedae)

Días efectivos: 2, 3, 4, 5, 6 y 7 de abril

Propiedades de la estrella: Júpiter/Venus

Descripción: estrella binaria blanquiazul y púrpura ubicada en la cabeza de Andrómeda

INFLUENCIA DE LA ESTRELLA PRINCIPAL

Sirrah implica buenas relaciones personales y popularidad. Asimismo, indica una naturaleza armoniosa y confiere los beneficios de los buenos vínculos sociales. También otorga honra, riqueza, alegría, optimismo, versatilidad y buen juicio. Sin embargo, alerta sobre el riesgo de abusar de la franqueza o de no valorar la popularidad.

Con respecto a tu grado del Sol, esta estrella indica que, por lo general, logras lo que te propones siempre que tengas tus objetivos claros. A veces, tras obtener lo que quieres, te sientes desorientado sobre qué hacer después. No obstante, como te es fácil identificar a la gente adecuada y encontrarte en el lugar correcto en el momento preciso, ese estado de desorientación suele ser pasajero.

• *Positiva:* buen corazón, alegría, popularidad, personalidad atractiva.

• *Negativa:* arrogancia, tendencia a los excesos.

4 de abril

Con trabajo arduo, determinación y una actitud positiva, tendrás el empuje suficiente para mover montañas e impresionar a otros con tus conocimientos. Sueles buscar seguridad e intentas construirte una buena base sólida. A través de varias oportunidades laborales y un sexto sentido para los negocios, saciarás tu hambre de éxito. Esto sugiere que no acostumbras tener problemas financieros; cuando sucede, no duran demasiado.

Aunque eres encantador, generoso y bondadoso, y puedes llegar a ser popular, quizá debas reconocer que ser demasiado directo o imperioso puede ahuyentar a las personas. Gracias a tu atractivo y magnetismo, sabes disfrutar y entretener a la gente; sin embargo, la inestabilidad de tus valores puede hacerte caer en excesos, y tal vez debas moderar tu tendencia a vivir en grande. Por otro lado, en ocasiones eres demasiado rígido y muestras una cara inflexible y desconsiderada hacia las necesidades ajenas.

Haber nacido bajo el signo de Aries te hace dinámico y ambicioso, si bien pragmático. No obstante, con frecuencia tu enorme curiosidad por explorar resulta en una vida emocionante y variada. La subinfluencia del regente de tu decanato, Leo, le añade una pizca de determinación y vitalidad a tu personalidad asertiva. Sin embargo, debes evitar ser demasiado terco u obstinado, pues puede llevarte a tener comportamientos destructivos.

Es probable que seas audaz y rebelde hasta los 15 años. A partir de los 16, cuando tu Sol progresado se desplace hacia Tauro, llegará una necesidad creciente de estabilidad financiera, riqueza y seguridad materiales. Esto continuará hasta los 46 años, cuando tu Sol progresado entre a Géminis. Este punto de inflexión enfatizará la importancia creciente de buscar nuevos intereses, aprendizaje, comunicación y relaciones personales. Al alcanzar los 76 años, cuando tu Sol progresado entre en Cáncer, te volverás más sensible y te enfocarás en el hogar y la familia.

Tu yo secreto

Para ti, el conocimiento y la experiencia son sinónimos de poder, por lo que respetas a las personas con gran capacidad intelectual y a los librepensadores como tú. Enfocarte en los logros y las ambiciones te ayuda a desarrollar un buen ojo para las oportunidades y un don para resolver problemas por medio de la creatividad.

Tu necesidad de ser honesto y directo con la gente puede llevarte al éxito si utilizas tu fuerza de voluntad y tus capacidades analíticas de forma constructiva. Ya que posees una mente inquisitiva por naturaleza, siempre estarás en busca de cosas nuevas y emocionantes que explorar a lo largo de la vida. Gran parte de tu personalidad reside en la habilidad de animar a otros con tu irresistible entusiasmo. Procura no dejarte llevar ni volverte codicioso o demasiado autocomplaciente. Por el lado positivo, eres una persona afortunada gracias a tu actitud abierta y animada que ayuda a inclinar a tu favor cualquier situación.

Trabajo y vocación

Cuando combinas tus habilidades prácticas con tus capacidades estratégicas, eres excelente para organizar proyectos y programas a gran escala. Esto es de suma utilidad en posiciones gerenciales o administrativas, e incluso si trabajas por tu cuenta. Muchos emprendedores, productores, promotores y constructores han nacido en esta fecha. También pueden atraerte las artes, pero es poco probable que te interesen a menos que traigan consigo compensaciones monetarias. Como buen estructuralista, tienes un impecable sentido de la forma y estás dispuesto a trabajar mucho. Sueles ser perfeccionista y estás orgulloso de tu esfuerzo, pero debes procurar no esperar el mismo nivel de excelencia de los demás.

Entre las personas famosas con quienes compartes cumpleaños están la leyenda del blues Muddy Waters; el compositor Elmer Bernstein, y los actores Anthony Perkins, Robert Downey *Jr.* y Christine Lahti.

Numerología

La estructura sólida y el poder jerarquizado que conlleva el número 4 en tu fecha de nacimiento apuntan hacia la necesidad de estabilidad y el gusto por establecer orden. Tu gran cantidad de energía, habilidades prácticas y voluntad férrea te ayudarán a alcanzar el éxito por medio del trabajo arduo. Enfocarte en tu seguridad hará que desees construir una base sólida para tu familia y para ti, así que aprovecha que tu visión pragmática de la vida te confiere un buen sentido de los negocios y la capacidad de alcanzar el éxito material. Con el número 4 en tu fecha de nacimiento, acostumbras ser honesto, franco y justo. Los retos que enfrenta un individuo con el número 4 incluyen periodos de inestabilidad o de preocupaciones financieras. La subinfluencia del mes número 4 indica que eres una persona inquisitiva y enérgica que disfruta de una vida activa. Tu disciplina y fuerza de voluntad sugieren que eres autosuficiente e imponente, y que te atrae el poder. Sin embargo, debes evitar ser autoritario o controlador. No te agrada sentirte limitado y puedes objetar al recibir órdenes.

• *Cualidades positivas:* organización, autodisciplina, estabilidad, trabajo arduo, habilidades manuales, pragmatismo, confianza, exactitud.

• *Cualidades negativas:* incapacidad para comunicarse, represión, rigidez, pereza, insensibilidad, postergación, avaricia, afectos ocultos, resentimiento, rigor.

Amor y relaciones

Eres una persona ambiciosa y dinámica, orientada hacia el éxito, con una gran necesidad de obtener prestigio y reconocimiento. Prefieres asociarte con personas profesionales o individuos afluentes con antecedentes bien establecidos. El dinero suele ser un factor importante en tus relaciones, y no te gustan las personas que pierden el tiempo o que carecen de potencial. Te caracterizas por ser generoso y orgulloso. También tienes buen gusto y aprecias la calidad y la belleza de las cosas. Por otro lado, quizá debas superar algunas de tus tendencias materialistas y entender que la satisfacción emocional no necesariamente proviene de la riqueza.

ESE ALGUIEN ESPECIAL

Para encontrar a esa persona especial, búscala entre quienes nacieron en las siguientes fechas.

Amor y amistad: 8, 14, 17, 20, 22 y 24 de enero; 6, 15, 18, 20 y 22 de febrero; 4, 13, 16, 18 y 20 de marzo; 2, 11, 14, 16 y 18 de abril; 9, 12, 14 y 16 de mayo; 7, 10, 12 y 14 de junio; 5, 8, 10, 12 y 30 de julio; 3, 6, 8, 10 y 28 de agosto; 1, 4, 6, 8 y 26 de septiembre; 2, 4, 6 y 24 de octubre; 2, 4 y 22 de noviembre; 2, 20 y 21 de diciembre.

Buenas para ti: 6 y 23 de enero; 4 y 21 de febrero; 2, 19 y 30 de marzo; 17 y 28 de abril; 15, 26 y 30 de mayo; 13, 24 y 28 de junio; 11, 22 y 26 de julio; 9, 20 y 24 de agosto; 7, 18 y 22 de septiembre; 5, 16 y 20 de octubre; 3, 14 y 18 de noviembre; 1, 12, 16 y 30 de diciembre.

Atracción fatal: 7 de enero, 5 de febrero, 3 de marzo, 1 de abril, 7 y 8 de octubre.

Desafiantes: 5, 26 y 29 de enero; 3, 24 y 27 de febrero; 1, 22 y 25 de marzo; 20 y 23 de abril; 18 y 21 de mayo; 16, 19 y 30 de junio; 14, 17 y 28 de julio; 12, 15, 26 y 31 de agosto; 10, 13, 24 y 29 de septiembre; 8, 11, 22 y 27 de octubre; 6, 9, 20 y 25 de noviembre; 4, 7, 18 y 23 de diciembre.

Almas gemelas: 30 de enero, 8 y 28 de febrero, 26 de marzo, 24 de abril, 22 de mayo, 20 de junio, 18 de julio, 16 de agosto, 14 de septiembre, 12 y 31 de octubre, 10 y 29 de noviembre, 8 y 27 de diciembre.

ESTRELLA FIJA

Nombre de la estrella: Sirrah, también llamada Alpheratz y Caput Andrómeda

Posición: 13° 11'–14° 13' de Aries, entre los años 1930 y 2000

Magnitud: 2

Fuerza: ★★★★★★★★

Órbita: 2° 10'

Constelación: Andrómeda (Alpha Andromedae)

Días efectivos: 2, 3, 4, 5, 6 y 7 de abril

Propiedades de la estrella: Júpiter/Venus

Descripción: estrella binaria blanquiazul y púrpura ubicada en la cabeza de Andrómeda

INFLUENCIA DE LA ESTRELLA PRINCIPAL

Sirrah implica buenas relaciones personales y popularidad. Asimismo, indica una naturaleza armoniosa y confiere los beneficios de los buenos vínculos sociales. También otorga honra y riqueza, alegría, optimismo, versatilidad y buen juicio. Sin embargo, alerta sobre el riesgo de abusar de la franqueza o de no valorar la popularidad.

Con respecto a tu grado del Sol, esta estrella indica que, por lo general, logras lo que te propones siempre que tengas tus objetivos claros. A veces, tras obtener lo que quieres, te sientes desorientado sobre qué hacer después. No obstante, como te es fácil identificar a la gente adecuada y encontrarte en el lugar correcto en el momento preciso, ese estado de desorientación suele ser pasajero.

• *Positiva:* buen corazón, alegría, popularidad, personalidad atractiva.

• *Negativa:* arrogancia, tendencia a los excesos.

5 de abril

Nacer bajo el signo de Aries te convierte en un individuo dinámico, persuasivo y trabajador. Tu versatilidad y encanto, junto con el espíritu competitivo de tu planeta dominante, Marte, contribuyen a que ostentes audacia y seguridad en ti mismo. La influencia de tu Sol te inyecta un flujo de energía creativa y contribuye a tu necesidad de expresarte.

Pese a que aparentas asertividad, en ocasiones esta oculta una indecisión o inseguridad subyacente. No obstante, eres incansable e implacable cuando persigues tus ambiciones, lo cual te ayudará a superar estos obstáculos a fuerza de determinación. Tu impaciencia hace que requieras estar constantemente activo. Sin embargo, tu fuerte personalidad te convierte en un candidato natural para posiciones de liderazgo. Pero procura no volverte demasiado controlador o exigente.

Con la actitud correcta, inspirarás a otros, pero evita gastar toda tu energía emocional en asuntos nimios o irrelevantes, pues eso puede alterar tu sensible sistema nervioso. Tómate el tiempo de recuperar energías y cuida tu salud. En años posteriores, gracias a tus experiencias variadas y la conciencia de cuánto has avanzado en la vida desarrollarás una profunda compresión universal y sabiduría. Tu apariencia es importante para ti, pues te gusta dar una buena impresión. Y cierto toque de histrionismo garantiza que no temerás hacer declaraciones atrevidas.

En tu juventud, te sentirás inclinado a llevar una vida activa al aire libre y es probable que tengas muchos amigos. A los 15 años, cuando tu Sol progresado se desplace hacia Tauro, observarás una necesidad creciente de estabilidad y seguridad financiera. Esto continuará hasta alrededor de los 45 años, cuando tu Sol progresado entre a Géminis. Este será un punto de inflexión que subrayará tu hambre de conocimiento, de comunicación y de aprender nuevas habilidades, y quizá conlleve viajes y cambios. A partir de los 75, cuando tu Sol progresado entre en Cáncer, te volverás más sensible, por lo que el hogar y la familia adquirirán un papel más preponderante en tu vida.

Tu yo secreto

La vida está llena de bendiciones disfrazadas, y, si bien en el fondo ansías armonía, buena parte de tu vida depende de tu actitud con respecto al dinero, las cuestiones materiales y los desafíos que estas conllevan. Al enfrentarte a tus dudas y miedos, encontrarás la fe en ti mismo y en lo que la vida puede ofrecerte. El amor, la amistad y la belleza están a tu disposición, pero también debes hacer énfasis en la responsabilidad. Al responsabilizarte de las consecuencias de tus acciones, la vida te lo recompensará con creces.

Quizá también sientas un amor profundo por el arte y el teatro, el cual puedes desarrollar si superas tu inquietud e impaciencia. Si las canalizas de forma constructiva, esto no solo te permitirá expresarte con dinamismo, sino que además te dará la habilidad de entretener a los demás con tu carisma y encanto juvenil.

Trabajo y vocación

Tu espíritu progresista y pionero, junto con las ansias de expresar tu potencial creativo, te conducirán a profesiones como la exploración, la política o la actuación, ya sea en el teatro o en el cine. También posees aptitudes para la investigación en educación, ciencias, derecho y filosofía. Tus poderes de persuasión y liderazgo natural te pondrán a la vanguardia en cualquier negocio, así como en ámbitos relacionados con la teología, la función pública o la administración. Si la carrera que eliges no resulta redituable, es probable que la abandones pronto. Ya que tienes la capacidad de acceder a los sueños y anhelos colectivos de toda una generación, quizá quieras encarnarlos mediante el arte.

Entre las personas famosas con quienes compartes cumpleaños están los actores Spencer Tracy, Gregory Peck y Bette Davis; el poeta Algernon Swinburne; el educador Booker T. Washington, y el general estadounidense Colin Powell.

Numerología

El número 5 en tu fecha de nacimiento indica instintos poderosos, una naturaleza aventurera y ansias de libertad. La disposición a explorar o probar cosas nuevas, así como tu entusiasmo para enfrentar el mundo, sugieren que la vida tiene mucho que ofrecerte. Los viajes y las múltiples oportunidades de cambio, algunas de ellas inesperadas, podrían conducir a una auténtica transformación de tus perspectivas y creencias. Al tener el número 5 por cumpleaños necesitas sentir que la vida es emocionante; no obstante, es posible que también debas desarrollar una actitud responsable y evitar la tendencia a ser impredecible, a los excesos y al desasosiego. Alcanzarás el éxito si evitas acciones impulsivas o especulativas, y aprendes a ser paciente. La subinfluencia del mes número 4 indica que necesitas sentir seguridad, pero también tener la libertad suficiente para encontrar tu propia identidad. Eres intuitivo y sensible; sueles querer combinar tu naturaleza tradicional con una mirada amplia y cosmopolita de la vida. Evita volverte hipersensible siendo práctico y realista.

• *Cualidades positivas:* versatilidad, adaptabilidad, actitud progresista, instintos poderosos, magnetismo, suerte, audacia, amor por la libertad, ingenio, agilidad mental, curiosidad, misticismo, sociabilidad.

• *Cualidades negativas:* poca confiabilidad, volatilidad, postergación, inconsistencia, exceso de confianza, obstinación.

Amor y relaciones

Dado que eres naturalmente encantador te resulta fácil atraer admiradores o amantes. Ya que todo tipo de personas se acercan a ti, quizá debas ser prudente al elegir a tus amistades. También es posible que debas alternar entre ser expresivo con lo que piensas y sientes, y aislarte. Puedes requerir tiempo a solas, en particular rodeado de la naturaleza, para reflexionar y recargar energías. Te atraen las personas activas e intelectualmente estimulantes, así que realizar actividades intelectuales con tu pareja puede ser provechoso. El reto estará en mantener relaciones estables y armoniosas.

ESE ALGUIEN ESPECIAL

Tendrás más suerte con personas que hayan nacido en las siguientes fechas.

Amor y amistad: 6, 9, 17, 23, 25 y 27 de enero; 7, 21, 23 y 25 de febrero; 5, 19, 21, 23 y 29 de marzo; 3, 17, 19, 21, 27 y 30 de abril; 1, 15, 17, 19, 25 y 28 de mayo; 13, 15, 17, 23 y 26 de junio; 11, 13, 15, 21 y 24 de julio; 9, 11, 13, 19 y 22 de agosto; 7, 9, 11, 17 y 20 de septiembre; 5, 7, 9, 15 y 18 de octubre; 3, 5, 7, 13 y 16 de noviembre; 1, 3, 5, 11 y 14 de diciembre.

Buenas para ti: 2, 4 y 7 de enero; 2 y 5 de febrero; 3 de marzo; 1 de abril; 31 de mayo; 29 de junio; 27 y 31 de julio; 25 y 29 de agosto; 23 y 27 de septiembre; 21 y 25 de octubre; 19 y 23 de noviembre; 17 y 21 de diciembre.

Atracción fatal: 8 y 14 de enero; 6 y 12 de febrero; 4 y 10 de marzo; 2 y 8 de abril; 6 de mayo; 4 de junio; 2 de julio; 8 y 9 de octubre.

Desafiantes: 6, 19 y 29 de enero; 4, 17 y 27 de febrero; 2, 15 y 25 de marzo; 13 y 23 de abril; 11 y 21 de mayo; 9 y 19 de junio; 7 y 17 de julio; 5 y 15 de agosto; 3, 13 y 30 de septiembre; 1, 11 y 28 de octubre; 9 y 26 de noviembre; 7, 24 y 29 de diciembre.

Almas gemelas: 16 y 21 de enero; 9, 14 y 19 de febrero; 12 y 17 de marzo; 10 y 15 de abril; 8 y 13 de mayo; 6 y 11 de junio; 4 y 9 de julio; 2 y 7 de agosto; 5 de septiembre; 3 de octubre; 1 de noviembre.

ESTRELLA FIJA

Nombre de la estrella: Sirrah, también llamada Alpheratz y Caput Andromeda

Posición: 13º 11'–14º 13' de Aries, entre los años 1930 y 2000

Magnitud: 2

Fuerza: ★★★★★★★★

Órbita: 2º 10'

Constelación: Andrómeda (Alpha Andromedae)

Días efectivos: 2, 3, 4, 5, 6 y 7 de abril

Propiedades de la estrella: Júpiter/Venus

Descripción: estrella binaria blanquiazul y púrpura ubicada en la cabeza de Andrómeda

INFLUENCIA DE LA ESTRELLA PRINCIPAL

Sirrah implica buenas relaciones personales y popularidad. Asimismo, indica una naturaleza armoniosa y confiere los beneficios de los buenos vínculos sociales. También otorga honra y riqueza, alegría, optimismo, versatilidad y buen juicio. Sin embargo, alerta sobre el riesgo de abusar de la franqueza o de no valorar la popularidad.

Con respecto a tu grado del Sol, esta estrella indica que, por lo general, logras lo que te propones siempre que tengas tus objetivos claros. A veces, tras obtener lo que quieres, te sientes desorientado sobre qué hacer después. No obstante, como te es fácil identificar a la gente adecuada y encontrarte en el lugar correcto en el momento preciso, ese estado de desorientación suele ser pasajero.

• *Positiva:* buen corazón, alegría, popularidad, personalidad atractiva.

• *Negativa:* arrogancia, tendencia a los excesos.

6 de abril

Las personas nacidas este día, además de ser atrevidas y ambiciosas, a la vez que sensibles y encantadoras, ostentan una personalidad que mezcla el idealismo con el realismo. Si bien eres bastante sociable, nunca dejas de pensar en la necesidad de equilibrar tus elevados ideales con un sentido innato del pragmatismo. Gracias a eso, eres capaz de aprovechar las oportunidades al máximo.

Al haber nacido bajo el signo de Aries, eres decidido y pionero; posees iniciativa y motivación. Aunque seas bastante independiente, en ocasiones prefieres trabajar con otros que por tu cuenta. Si bien a veces la gente y los sucesos te hacen reaccionar de forma intensa, evita ser demasiado sensible o aislarte. Por lo regular, alcanzarás tu máximo potencial a través de asociaciones y colaboraciones con otros, por lo que el trabajo en equipo y la cooperación te permitirán obtener beneficios económicos.

La subinfluencia de tu Sol te dota de originalidad y amor por la libertad. Sin embargo, ser alborotador y rebelde, o contradecir los deseos de otros puede generar estrés. Quizá debas superar tu tendencia a ser malhumorado, impaciente y terco para beneficiarte de verdad del trabajo colaborativo. No obstante, con tu perspicacia e intuición puedes desarrollar una visión humanitaria y un juicio objetivo que te ayudarán a entender a la gente y sus motivaciones.

Al llegar a los 14 años, cuando tu Sol progresado se desplace hacia Tauro, ansiarás cada vez más la estabilidad financiera y el éxito material en la vida. Es posible que también quieras acercarte a la naturaleza a partir de ese momento. Esta influencia continuará hasta cerca de los 44, cuando tu Sol progresado entre a Géminis. Este es un punto de inflexión que acentuará la importancia de la comunicación y de expandir tus intereses intelectuales y aprender habilidades nuevas. A partir de los 74 años, cuando tu Sol progresado avance hacia Cáncer, tendrás mayor conciencia de tus necesidades emocionales y les darás una mayor importancia a la familia y el hogar.

Tu yo secreto

Para ti, la clave de la felicidad puede residir en llevar una vida equilibrada. Aunque muchas de las lecciones que enfrentes estén relacionadas con el trabajo, es importante que evites estancarte en una rutina monótona. Si desarrollas otros intereses y pasatiempos, o sales de viaje, ampliarás tus horizontes y explorarás nuevas oportunidades. Dado que eres imaginativo y tienes instintos creativos, uno de los grandes desafíos que enfrentarás será materializar esos sueños.

Posees una nobleza interna que sale a relucir cuando estás en posiciones de liderazgo o responsabilidad. Te tomas tu trabajo en serio y te desempeñas mejor cuando tienes libertad de hacerlo a tu manera. Si estás ansioso, quizás implique que debes superar tu propensión a retraerte en vez de compartir tus problemas con los demás. Al aprender a examinar todas las facetas de una situación difícil y encontrar un punto medio en vez de inmiscuirte en juegos de poder, es más probable que logres resultados positivos. Aunque por fuera seas sociable, en el fondo puedes ser reservado y sensible, y atesorar una fortaleza interior que no revelas con frecuencia.

Trabajo y vocación

Sin importar qué carrera elijas, deberás encontrar el equilibrio entre el pragmatismo y la sensibilidad. Es posible que tus mayores éxitos sean producto del trabajo en sociedad o como parte de un equipo, lo que puede inclinarte hacia carreras como las relaciones públicas o la diplomacia. Por otro lado, quizá desees involucrarte en actividades que beneficien a otros y te sientas atraído por trabajos altruistas para ayudar a los menos privilegiados. Sin importar lo que elijas, tienes la capacidad de trabajar arduamente, y esto traerá sus propias recompensas. Es probable que tengas un talento natural para las compras, las ventas y las finanzas, así como para ser un excelente agente. Si te atrae la vida pública, te irá bien en la política o la función pública. Podrás manifestar tus talentos creativos y visión notable sobre todo en la actuación o la fotografía, pero también en la escritura o cualquier otro ámbito de las artes y el entretenimiento.

Entre las personas famosas con quienes compartes cumpleaños están el mago Harry Houdini, el artista Gustave Moreau y el escritor Baba Ram Dass.

Numerología

Algunos de los atributos propios de la gente nacida en el día 6 son la compasión, el idealismo y la naturaleza atenta. El 6 es el número de los perfeccionistas o de las amistades universales, y con frecuencia indica que eres un ser humanitario, responsable, amoroso y comprensivo. Al tener el número 6 en tu cumpleaños, sueles ser una madre o un padre devoto y dedicado a lo doméstico. Las personas más sensibles entre quienes nacieron en esta fecha deberán encontrar una forma de expresión creativa, pues se sienten atraídas por el mundo del entretenimiento, las artes y el diseño. Quizá debas desarrollar la seguridad en ti y superar la tendencia a ser entrometido, a preocuparte en exceso y a sentir compasión por quien no la necesita. La subinfluencia del mes número 4 sugiere que puedes ser ambicioso, pero al mismo tiempo tener una personalidad idealista. Al ser original y creativo, puedes materializar tus aspiraciones si fortaleces la confianza en ti mismo y adoptas una perspectiva independiente. En ocasiones, te atraerán los viajes o el trabajo en el extranjero. Aprender el arte de las sugerencias sutiles y la diplomacia te ayudará a establecer los contactos correctos.

• *Cualidades positivas:* cosmopolita, hermandad universal, afabilidad, compasión, confiabilidad, comprensión, empatía, idealismo, orientación hacia lo doméstico, humanismo, compostura, talento artístico, equilibrio.

• *Cualidades negativas:* ansiedad, timidez, terquedad, irracionalidad, franqueza excesiva, comportamiento dominante, irresponsabilidad, egoísmo, suspicacia.

Amor y relaciones

En el amor eres sensual, romántico, audaz y encantador, pero por debajo de ese entusiasmo hay un deseo de estabilidad que parece tener una importancia particular. Una vez que termina la etapa de la luna de miel en cualquier relación, sueles asentarte en una rutina diaria más armoniosa y apacible. Empero, deberás evitar tu tendencia a ir en la dirección contraria para impedir que tus relaciones se vuelvan sosas o monótonas. Esto puede volverte manipulador o malhumorado con tus seres queridos. Por fortuna, tu encanto atrae a la gente hacia ti, lo que suele garantizarte el afecto que ansías.

ESE ALGUIEN ESPECIAL

Tendrás más suerte con personas que hayan nacido en las siguientes fechas.

Amor y amistad: 10, 11, 26 y 28 de enero; 8, 9, 24 y 26 de febrero; 6, 22, 24 y 30 de marzo; 4, 20, 22 y 28 de abril; 2, 18, 20, 26 y 29 de mayo; 16, 18, 24 y 27 de junio; 14, 16, 22 y 25 de julio; 12, 14, 20, 23 y 30 de agosto; 10, 12, 18, 21 y 28 de septiembre; 8, 10, 16, 19 y 26 de octubre; 6, 8, 14, 17 y 24 de noviembre; 4, 6, 12, 15 y 22 de diciembre.

Buenas para ti: 8 de enero; 6 de febrero; 4 y 28 de marzo; 2 y 26 de abril; 24 de mayo; 22 y 30 de junio; 20, 28 y 29 de julio; 18, 26, 27 y 30 de agosto; 16, 24, 25 y 28 de septiembre; 14, 22, 23, 26 y 29 de octubre; 12, 20, 21, 24 y 27 de noviembre; 10, 18, 19, 22 y 25 de diciembre.

Atracción fatal: 15 de enero, 13 de febrero, 11 de marzo, 9 de abril, 7 de mayo, 5 de junio, 3 de julio, 1 de agosto, 9 y 10 de octubre.

Desafiantes: 7, 9 y 30 de enero; 5, 7 y 28 de febrero; 3, 5 y 26 de marzo; 1, 3 y 24 de abril; 1 y 22 de mayo; 20 de junio; 18 de julio; 16 de agosto; 14 de septiembre; 12 y 29 de octubre; 10 y 27 de noviembre; 8, 25 y 30 de diciembre.

Almas gemelas: 8 y 27 de enero; 6, 10 y 25 de febrero; 4 y 23 de marzo; 2 y 21 de abril; 19 de mayo; 17 de junio; 15 de julio; 13 de agosto; 11 de septiembre; 9 de octubre; 7 de noviembre; 5 de diciembre.

SOL: ARIES
DECANATO: LEO/SOL
ÁNGULO: 16º 30'–17º 30' DE ARIES
MODALIDAD: CARDINAL
ELEMENTO: FUEGO

ESTRELLA FIJA

Nombre de la estrella: Sirrah, también llamada Alpheratz y Caput Andromeda

Posición: 13º 11'–14º 13' de Aries, entre los años 1930 y 2000

Magnitud: 2

Fuerza: ★★★★★★★★

Órbita: 2º 10'

Constelación: Andrómeda (Alpha Andromedae)

Días efectivos: 2, 3, 4, 5, 6 y 7 de abril

Propiedades de la estrella: Júpiter/Venus

Descripción: estrella binaria blanquiazul y púrpura ubicada en la cabeza de Andrómeda

INFLUENCIA DE LA ESTRELLA PRINCIPAL

Sirrah implica buenas relaciones personales y popularidad. Asimismo, indica una naturaleza armoniosa y confiere los beneficios de los buenos vínculos sociales. También otorga honra, riqueza, alegría, optimismo, versatilidad y buen juicio. Sin embargo, alerta sobre el riesgo de abusar de la franqueza o de no valorar la popularidad.

Con respecto a tu grado del Sol, esta estrella indica que, por lo general logras lo que te propones siempre que tengas tus objetivos claros. A veces, tras obtener lo que quieres, te sientes desorientado sobre qué hacer después. No obstante, como te es fácil identificar a la gente adecuada y encontrarte en el lugar correcto en el momento preciso, ese estado de desorientación suele ser pasajero.

• *Positiva:* buen corazón, alegría, popularidad, personalidad atractiva.

• *Negativa:* arrogancia, tendencia a los excesos.

7 de abril

La gente nacida en esta fecha se caracteriza por una profunda determinación y una marcada sensibilidad intuitiva. Gracias a tu personalidad dinámica y amor por lo novedoso, sueles involucrarte en el arranque de proyectos. Esto sugiere que los desafíos nuevos y los inicios suelen traer consigo grandes transformaciones que compensan periodos prolongados de postergación o depresión. Al desarrollar tu intuición o tu sexto sentido, lograrás comprenderte a un nivel más profundo.

Te mantienes motivado, trabajas duro y eres dedicado, pero la intranquilidad propia de tu planeta dominante, Marte, te impide quedarte quieto. Con la inspiración necesaria, eres entusiasta, creativo y aprovechas tu idealismo espontáneo; sin embargo, tu tendencia a ser reservado y poco comunicativo hace que los demás duden de qué harás después. A pesar de que proyectes una fachada audaz, en realidad ocultas un alma tímida y sensible. Cuando por fin aprendes a soltar el pasado y superas la tendencia a torturarte por asuntos emocionales, puedes lograr un progreso real y desarrollar la autodisciplina. Tendrás que aprender a diferenciar entre fortaleza interior, determinación inquebrantable y arrogancia obcecada, puesto que los demás pueden percibirla como hostilidad o indiferencia.

Después de cumplir 13 años, cuando tu Sol progresado se desplace hacia Tauro, habrá una necesidad creciente de estabilidad y seguridad materiales. Esto continuará hasta cerca de los 43, cuando tu Sol progresado entre a Géminis. Este será un punto de inflexión que le dará preponderancia a varios nuevos intereses, así como a un mayor deseo de comunicación en todos los niveles. Esto puede implicar, incluso, aprender nuevas habilidades. A los 73 años, cuando tu Sol progresado se desplace hacia Cáncer, te volverás más consciente de los asuntos relativos al hogar, la familia y la sensibilidad.

Tu yo secreto

Aunque tu naturaleza emocional, sensible e idealista está oculta de la mirada pública, puede llevarte a la reflexión contemplativa y al autoanálisis. En tu búsqueda de perfección quizá descubras que la gente no siempre está a la altura de tus expectativas. Cuídate de la tendencia a ser suspicaz y del temor a la soledad o al abandono. Por fortuna, posees una intuición profunda que, una vez desarrollada, garantizará que el lado espiritual de tu naturaleza te proteja y te ayude a enfrentar cualquier situación complicada.

Gracias a tu agudeza mental y a que eres muy trabajador, tus instintos te otorgan una capacidad inaudita para juzgar el carácter de los demás. Utilizar este talento psicológico con las personas te ayuda a combatir los nervios y la impaciencia, así como a trabajar de forma diplomática y amigable. Eres capaz de juzgar si estás empleando bien esta habilidad en tus relaciones, pero también si has perdido el sentido del humor o estás siendo demasiado serio. Cuando tu energía fluye de forma positiva, adquieres un excelente sentido de la espontaneidad. Obtendrás beneficios particulares de la actividad física; por ejemplo, de las artes marciales, el deporte o el yoga.

Trabajo y vocación

Tu capacidad de liderazgo y de trabajo arduo te ayudan a salir adelante en cualquier campo o proyecto. Te gusta tener el control y no ser subordinado de nadie, por lo que es probable que prosperes en posiciones gerenciales o ejecutivas, o que prefieras trabajar por tu cuenta. Al mantener la calma en situaciones críticas demuestras tu verdadera fortaleza y te ganas la admiración de los demás, lo cual es excelente si buscas desarrollarte en posiciones de autoridad. Sin duda, quienes te rodean valorarán tu capacidad de tomar el mando y tu manera de adoptar ideas nuevas y originales. Si te atraen el cine y el teatro, podrías destacar como actor, productor o director, y tu fuerte individualidad puede expresarse en la escritura, el arte o la música.

Entre las personas famosas con quienes compartes cumpleaños están el director de cine Francis Ford Coppola, el actor James Garner, el actor y artista marcial Jackie Chan, el músico Ravi Shankar, la cantante Billie Holiday, el poeta William Wordsworth y. el político Jerry Brown.

Numerología

A pesar de ser analíticas y reflexivas, las personas con el número 7 en su fecha de nacimiento suelen ser críticas y egocéntricas. Tienes una necesidad constante de desarrollar tu autoconciencia, además de que disfrutas absorber información y te pueden interesar la lectura, la escritura o la espiritualidad. Si bien eres astuto, también tiendes a ser escéptico o a racionalizar demasiado las cosas y perderte en los detalles. La tendencia a ser espiritual o místico y retraído sugiere que, en ocasiones, te sientes incomprendido o fuera de lugar. La subinfluencia del número 4 en tu mes de nacimiento indica que eres pragmático, pero también intuitivo y receptivo. Dado que eres un individuo con sentimientos intensos y profundos, debes aprender a relajarte mediante la alegría y evitar agotarte mentalmente en situaciones de estrés. Tu tendencia a ser hermético o enigmático te permite afinar el arte de formular preguntas sutiles sin dejarles saber a los demás qué estás pensando.

• *Cualidades positivas:* educación, confianza, meticulosidad, idealismo, honestidad, habilidades psíquicas, capacidades científicas, racionalidad, reflexión.

• *Cualidades negativas:* poco amistoso, tendencia a ser solitario, hermetismo, escepticismo, confusión, engaño, desapego, frialdad.

Amor y relaciones

Cuando se trata de amor, es posible que caigas en uno de dos extremos: o eres expresivo y espontáneo, o retraído e inhibido a nivel emocional. Mientras aprendes a equilibrar estos opuestos, acepta a las personas como son y no esperes que se ajusten a tus ideales. Al canalizar este idealismo en expresión creativa, empresas humanitarias o conciencia espiritual, abordarás tu vida personal con menos seriedad. Ya que posees un encanto extraordinario que atrae amigos y admiradores, tienes garantizada una vida social activa. Sin embargo, puede haber un conflicto entre tus deseos personales y tus responsabilidades o deberes. Necesitas intimidad profunda, pero debes tener cuidado de no preocuparte demasiado por tus intereses propios, los cuales pueden alejarte de los demás. Tu pareja ideal será alguien que sea tan amigable y trabajador como tú.

ESE ALGUIEN ESPECIAL

Encontrarás una pareja amorosa y leal entre personas que hayan nacido en las siguientes fechas.

Amor y amistad: 11, 20, 21, 25, 27 y 29 de enero; 9, 18, 23, 25 y 27 de febrero; 7, 16, 21, 23 y 25 de marzo; 5, 14, 19, 21 y 23 de abril; 3, 12, 17, 19 y 21 de mayo; 1, 10, 15, 17 y 19 de junio; 8, 13, 15 y 17 de julio; 6, 11, 13 y 15 de agosto; 4, 9, 11 y 13 de septiembre; 2, 7, 9 y 11 de octubre; 5, 7 y 9 de noviembre; 3, 5 y 7 de diciembre.

Buenas para ti: 9 y 26 de enero; 7 y 24 de febrero; 5 y 22 de marzo; 3 y 20 de abril; 1, 18 y 29 de mayo; 16 y 27 de junio; 14, 25, 29 y 30 de julio; 12, 23, 27, 28 y 31 de agosto; 10, 21, 25, 26 y 29 de septiembre; 8, 19, 23, 24 y 27 de octubre; 6, 17, 21, 22 y 25 de noviembre; 4, 15, 19, 20 y 23 de diciembre.

Atracción fatal: 16 de enero; 14 de febrero; 12 de marzo; 10 de abril; 8 de mayo; 6 de junio; 4 julio; 2 de agosto; 8, 10, 11 y 12 de octubre.

Desafiantes: 8, 29 y 31 de enero; 6, 27 y 29 de febrero; 4, 25, 27 y 28 de marzo; 2, 23, 25 y 26 de abril; 21, 23 y 24 de mayo; 19, 21 y 22 de junio; 17, 19 y 20 de julio; 15, 17 y 18 de agosto; 13, 15 y 16 de septiembre; 11, 13, 14 y 30 de octubre; 9, 11, 12 y 28 de noviembre; 7, 9, 10 y 26 de diciembre.

Almas gemelas: 11 de febrero, 5 y 30 de mayo, 28 de junio, 26 de julio, 24 de agosto, 22 y 30 de septiembre, 20 y 28 de octubre, 18 y 26 de noviembre, 16 y 24 de diciembre.

ESTRELLAS FIJAS

Aunque el grado en que se ubica tu Sol no se encuentra vinculado con una estrella fija, algunos de los grados de tus otros planetas sí lo estarán. Si solicitas el cálculo de tu carta astral, encontrarás la posición exacta de los planetas en tu fecha de nacimiento. Esto te permitirá determinar cuáles de las estrellas fijas descritas en este libro son relevantes para ti.

8 de abril

Al haber nacido bajo el signo de Aries, eres independiente, audaz y sientes la necesidad de expresarte de formas distintas y originales. Eres receptivo a ideas nuevas y siempre estás dispuesto a vivir cosas diferentes. A menudo las personas nacidas en este día desean lograr grandes cosas y obtener poder. Con tu personalidad poderosa y actitud pragmática, sueles aspirar a posiciones de autoridad. La subinfluencia de tu Sol te dota de una energía inagotable que, aunada a tus instintos naturales para los negocios, te ayuda a tomar la iniciativa y a obtener resultados positivos.

En tu búsqueda por llegar a la cima, acostumbras ser responsable y trabajador. A pesar de que tener seguridad en el futuro es importante para ti, a veces haces cosas dramáticas y tomas decisiones espontáneas. Por ende, quizá debas desarrollar la autodisciplina y superar la tendencia de actuar sin una planeación adecuada. También deberás evitar aburrirte o desmotivarte con facilidad. Por otro lado, encontrarás la suerte en cualquier momento, aunque puede tomarte por sorpresa. Aunque aparentas ser tradicionalista, en realidad eres bastante progresista, pero necesitas atravesar una transformación de valores para alcanzar la verdadera conciencia espiritual.

Después de los 12 años, cuando tu Sol progresado se desplace hacia Tauro, pondrás mayor énfasis en el éxito, la estabilidad y la seguridad materiales. Esta veta práctica continuará hasta los 42 años, cuando tu Sol progresado entre a Géminis. Este será un punto de inflexión para ti, en el que tu ritmo de vida se acelerará y aumentará la importancia de nuevos intereses como la escritura y la comunicación. Tras cumplir los 72 años, cuando tu Sol progresado entre en Cáncer, le darás mayor importancia a las necesidades emocionales, además de ocuparte de los demás, de tu hogar y tu familia.

Tu yo secreto

Tu agilidad intelectual te ayudará a explorar diversas vías de expresión, pero esto puede volverse problemático si intentas involucrarte en demasiados proyectos a la vez. Eres más complejo de lo que aparentas, y puedes ser sutil, artístico y sumamente brillante. Por desgracia, también eres susceptible a enojarte e impacientarte con facilidad, pero eres capaz de disimularlo para tu beneficio.

Eres creativo y tienes un empuje que hace que siempre estés en busca de nuevos logros. Tu histrionismo natural y falta de disposición para recibir órdenes de otras personas hacen que se te dificulte aceptar las críticas. Tienes un extraordinario don de gentes y eres excelente para hacer contactos, pero alternas entre ser cálido y receptivo, y ser frío e indiferente. Debajo de tu aparente confianza, eres propenso a la duda y el miedo de no ser suficiente, así que es importante que tengas un sistema de apoyo emocional conformado por amigos y familiares amorosos que te respalde.

Trabajo y vocación

Trabajas arduamente y tus ansias de poder te motivan a buscar posiciones de liderazgo. Al ser un psicólogo nato, quizá te atraigan carreras relacionadas con psicoterapia y consultoría de algún tipo, aunque también puedes aprovechar este don en el mundo de los negocios, sobre todo en áreas como recursos humanos o publicidad. Tus capacidades de organización y tu valentía para pensar en grande te ayudarán en cualquier profesión que decidas emprender. Muchas personas con tu misma fecha de nacimiento se sienten atraídas por ocupaciones ligadas al derecho y la justicia, así como a posiciones de liderazgo o gerenciales en los negocios, las finanzas y la banca. Por otro lado, tu agudeza y agilidad mental, así como tu histrionismo te pueden guiar hacia formas de expresión artística como el teatro y la música.

Entre las personas famosas con quienes compartes cumpleaños están los cantantes Carmen McRae y Julian Lennon; la actriz Mary Pickford, y la fundadora de la Clínica Ford, Betty Ford.

Numerología

El poder del número 8 en tu fecha de nacimiento indica un carácter con valores firmes y un juicio sólido. Este número denota que aspiras a conseguir grandes logros y que tienes una naturaleza ambiciosa. Tu fecha de cumpleaños esboza además tu deseo de control, seguridad y éxito material. Como una persona nacida bajo el número 8 tienes un talento natural para los negocios y te beneficiarás en gran medida si desarrollas tus habilidades organizativas y ejecutivas. Tu necesidad de seguridad y estabilidad te insta a hacer planes e inversiones a largo plazo. La subinfluencia del mes número 4 indica que eres cauteloso y pragmático, con disposición a aceptar responsabilidades. También puedes ser servicial, amigable y versátil, pues posees un ingenio ágil y entretenido. Si bien puedes ser imaginativo y talentoso, quizá debas superar la tendencia a aburrirte con facilidad. Si estás dispuesto a esforzarte, con frecuencia recibirás grandes responsabilidades. Sin embargo, debes aprender a administrarte y a delegar tu autoridad de forma justa. Procura no exigirte demasiado en el trabajo.

• *Cualidades positivas:* liderazgo, minuciosidad, trabajo arduo, tradición, autoridad, protección, poder de sanación, talento para juzgar valores.

• *Cualidades negativas:* impaciencia, intolerancia, avaricia, desasosiego, sed de poder, comportamiento controlador o dominante, tendencia a darte por vencido, falta de planeación.

Amor y relaciones

En el amor y la amistad, te atraen las personas amigables, sociales e interesadas en el desarrollo personal. Ya que sueles ser optimista y directo, esperas el mismo nivel de honestidad de los demás, aunque esta expectativa a veces es demasiado ingenua. Al estar consciente de que el dinero es poder, es probable que te atraigan personas con el potencial de ser exitosas. Tu amor por el conocimiento sugiere que disfrutas la compañía de gente que te estimule a nivel intelectual o la participación en grupos en los que puedas adquirir conocimiento o habilidades nuevas. Dado que también eres orgulloso y ansías el respeto de otros, evita los juegos de poder o volverte demasiado crítico o controlador con tus seres queridos. Por fortuna, tu encanto y tacto con las personas siempre te permitirán tener amigos.

ESE ALGUIEN ESPECIAL

Si quieres encontrar estímulo intelectual y amor, búscalos entre las personas nacidas en las siguientes fechas.

Amor y amistad: 3, 4, 11, 12, 26, 28 y 30 de enero; 2, 9, 10, 24, 26 y 28 de febrero; 7, 8, 22, 24 y 26 de marzo; 5, 6, 20, 22, 24 y 30 de abril; 3, 4, 18, 20, 22, 28 y 31 de mayo; 1, 2, 16, 18, 20, 26 y 29 de junio; 14, 16, 18, 24 y 27 de julio; 6, 12, 14, 16, 22 y 25 de agosto; 10, 12, 14, 20 y 23 de septiembre; 8, 10, 12, 18 y 21 de octubre; 6, 8, 10, 16 y 19 de noviembre; 4, 6, 8, 14 y 17 de diciembre.

Buenas para ti: 10 y 29 de enero; 1, 8 y 27 de febrero; 6 y 25 de marzo; 4 y 23 de abril; 2 y 21 de mayo; 4 y 19 de junio; 17 y 30 de julio; 15 y 28 de agosto; 13 y 26 de septiembre; 11 y 24 de octubre; 9 y 22 de noviembre; 7 y 20 de diciembre.

Atracción fatal: 11 de enero; 7 de marzo; 5 de abril; 3 de mayo; 1 de junio; 11, 12 y 13 de octubre.

Desafiantes: 9 de enero; 7 de febrero; 5 y 28 de marzo; 3 y 26 de abril; 1 y 24 de mayo; 22 de junio; 20 de julio; 18 de agosto; 16 de septiembre; 14, 30 y 31 de octubre; 12, 28 y 29 de noviembre; 10, 26 y 27 de diciembre.

Almas gemelas: 7 de enero, 5 de febrero, 3 de marzo, 1 de abril, 29 de mayo, 27 de junio, 25 de julio, 23 de agosto, 21 de septiembre, 19 de octubre, 17 de noviembre, 15 de diciembre.

ESTRELLAS FIJAS

Aunque el grado en que se ubica tu Sol no se encuentra vinculado con una estrella fija, algunos de los grados de tus otros planetas sí lo estarán. Si solicitas el cálculo de tu carta astral, encontrarás la posición exacta de los planetas en tu fecha de nacimiento. Esto te permitirá determinar cuáles de las estrellas fijas descritas en este libro son relevantes para ti.

9 de abril

Algunos de los atributos asociados con quienes nacen en esta fecha son la creatividad, el emprendimiento, la fortaleza interior y el orgullo. Si bien eres receptivo, sensible e intuitivo, también tienes una personalidad dinámica y gran capacidad de liderazgo. Por ende, prefieres pertenecer a agrupaciones en las que puedas ostentar un papel preponderante.

Haber nacido bajo el signo de Aries te confiere un gusto por el histrionismo y orgullo por tu trabajo, además de hacerte activo, confiable y decidido. Esto sugiere que la necesidad de seguridad con frecuencia se impone a otros factores. La gente te considera una persona generosa, filantrópica y buena para juzgar los valores ajenos. Sin embargo, preocuparte por lo material puede causarte angustia innecesaria. Aprender a ajustarte a un presupuesto será quizás uno de los principales retos que enfrentes.

Debido a tu carácter fuerte, te disgusta ocupar posiciones de subordinación; aunque tienes una personalidad encantadora y carismática, evita ser demasiado franco o hiriente con tus palabras. Tu curiosidad intelectual y la profundidad de tus pensamientos reflejan tu inclinación hacia las ciencias y tu capacidad de ir al grano y ser preciso. Ser metódico y hacendoso te ayuda a organizar, definir y explicar tus ideas con claridad y a resolver problemas al primer vistazo.

Cerca de los 11 años, cuando tu Sol progresado se desplace hacia Tauro, comenzará un periodo de tres décadas enfocado en la estabilidad material, la posición social y la seguridad financiera. Otro punto de inflexión ocurrirá a los 41 años, cuando tu Sol progresado se desplace hacia Géminis y te inste a expandir tus intereses y a poner más atención en el conocimiento, la comunicación y el estudio. A partir de los 71 años, cuando tu Sol progresado avance hacia Cáncer, te harás más consciente de tus necesidades emocionales, así como de la importancia del hogar y de la familia.

Tu yo secreto

La indecisión o la preocupación por las cosas materiales puede bloquear la creatividad extraordinaria que albergas en tu interior. Para desarrollar esa parte tuya a toda costa quizá sea indispensable que dejes de derrochar en gustos materiales superfluos. Sin embargo, es probable que ese sacrificio sea la clave para liberarte de las cargas y frustraciones de la vida y encaminarte a búsquedas más humanitarias.

Cuando ejerces el desapego, adquieres una cierta ligereza que te facilita juzgar el carácter ajeno. Esto te permite ser sociable y tener buena disposición para el trato con el público; combinar estas dos cualidades te permite hacer cosas útiles para otros en situaciones grupales. También puedes ser creativo y dominar tu oficio. Debes evitar aferrarte a situaciones por más tiempo del que te sean útiles. Por otro lado, generalmente eres caritativo y generoso con tu tiempo y energía, y estás dispuesto a poner todo de tu parte si en verdad crees en una persona o en un proyecto.

Trabajo y vocación

Eres enérgico y entusiasta, y no temes adentrarte en terrenos desconocidos. Gracias a tu espíritu pionero, tu valor y capacidad de liderazgo tendrás una amplia gama de posibilidades profesionales. Sueles destacar en los negocios y te gusta estar a cargo de tus asuntos. Por otro lado, la capacidad de generar cambios podría guiarte hacia posiciones de liderazgo en organizaciones como sindicatos. Quienes no se dediquen al activismo pueden interesarse en la educación o en alguna otra forma de servicio público o social. Muchos filántropos, empresarios, artistas, pintores y músicos comparten cumpleaños contigo, además de comerciantes de arte y curadores. Es probable que brilles en posiciones de autoridad y que seas justo, lo cual te convierte en un excelente dirigente o administrador.

Entre las personas famosas con quienes compartes cumpleaños están Hugh Hefner, el poeta Charles Baudelaire, el actor Dennis Quaid y el actor y cantante Paul Robeson.

Numerología

Entre las características asociadas con haber nacido bajo el número 9 están la benevolencia, la amabilidad y el sentimentalismo. Sueles ser generoso, liberal, tolerante y gentil. Tus habilidades intuitivas y psíquicas apuntan hacia una receptividad universal que, canalizada de forma positiva, te inspirará a buscar un camino espiritual. Esta fecha de nacimiento sugiere la necesidad de superar desafíos; la tendencia a ser hipersensible y experimentar altibajos emocionales. Viajar por el mundo e interactuar con gente de todo tipo te beneficiará, pero es posible que debas cuidarte de los sueños poco realistas y de la tendencia a la evasión. La subinfluencia del número 4 en tu mes de nacimiento indica que eres pragmático y tienes una excelente capacidad de organización. Si las circunstancias te restringen, tiendes a rebelarte o a perder la calma. Debes aprender a ser más flexible y menos orgulloso. Adáptate a las situaciones nuevas y aprende a desprenderte del pasado.

• *Cualidades positivas:* idealismo, humanitarismo, creatividad, sensibilidad, generosidad, magnetismo, naturaleza poética, caridad, naturaleza dadivosa, desapego, suerte, popularidad.

• *Cualidades negativas:* frustración, nerviosismo, incertidumbre, egoísmo, falta de practicidad, amargura, falta de ética, tendencia a dejarse llevar, complejo de inferioridad, miedo, preocupación, aislamiento.

Amor y relaciones

Tu naturaleza amena y deseo de expresarte te garantizan amigos y una vida social activa. Tienes una forma original de enfrentar la vida que te acercará a personas que estimulen tu creatividad innata. Aunque seas amoroso, la incertidumbre e indecisión con respecto a las relaciones puede convertirse en fuente de preocupación o decepción. Sin embargo, es poco probable que esto te detenga en tu búsqueda de la relación perfecta, pues con frecuencia estás dispuesto a hacer sacrificios por tus seres queridos. Al reforzar tu creatividad y no aferrarte a los problemas, descubrirás que puedes lidiar con cualquier situación en tus relaciones de forma sólida y positiva.

ESE ALGUIEN ESPECIAL

Encontrarás una pareja que comprenda tus necesidades afectivas entre quienes nacieron en las siguientes fechas.

Amor y amistad: 13, 14, 21 y 29 de enero; 11, 27 y 29 de febrero; 9, 25 y 27 de marzo; 7, 23 y 25 de abril; 5, 21, 23 y 29 de mayo; 3, 19, 21, 27 y 30 de junio; 1, 17, 19, 25 y 28 de julio; 15, 17, 23 y 26 de agosto; 13, 15, 21 y 24 de septiembre; 11, 13, 19, 22 y 29 de octubre; 9, 11, 17, 20 y 27 de noviembre; 7, 9, 15, 18 y 25 de diciembre.

Buenas para ti: 11 de enero; 9 de febrero; 7 y 31 de marzo; 5 y 29 de abril; 3, 27 y 31 de mayo; 1, 25 y 29 de junio; 23, 27 y 31 de julio; 21, 25, 29 y 30 de agosto; 19, 23, 27 y 28 de septiembre; 17, 21, 25 y 26 de octubre; 15, 19, 23, 24 y 30 de noviembre; 13, 17, 21, 22 y 28 de diciembre.

Atracción fatal: 12 de enero; 10 de febrero; 8 de marzo; 6 de abril; 4 de mayo; 2 de junio; 11, 12, 13 y 14 de octubre.

Desafiantes: 10 de enero; 8 de febrero; 6 y 29 de marzo; 4 y 27 de abril; 2 y 25 de mayo; 23 de junio; 21 de julio; 19 de agosto; 17 de septiembre; 15 y 31 de octubre; 13, 29 y 30 de noviembre; 11, 27 y 28 de diciembre.

Almas gemelas: 18 y 24 de enero; 16 y 22 de febrero; 14 y 20 de marzo; 12 y 18 de abril; 10 y 16 de mayo; 8 y 14 de junio; 6 y 12 de julio; 1, 4 y 10 de agosto; 2 y 8 de septiembre; 6 de octubre; 4 de noviembre; 2 de diciembre.

10 de abril

ESTRELLA FIJA

Nombre de la estrella: Baten Kaitos, también llamada Cetus o Zeta Ceti

Posición: 20° 57'–21° 49' de Aries, entre los años 1930 y 2000

Magnitud: 3.5–4

Fuerza: ★★★★★

Órbita: 1° 30'

Constelación: Cetus (Zeta Ceti)

Días efectivos: 10, 11, 12 y 13 de abril

Propiedades de la estrella: Saturno

Descripción: estrella de color del topacio amarillo ubicada en el cuerpo de la ballena

INFLUENCIA DE LA ESTRELLA PRINCIPAL

Baten Kaitos confiere cautela, seriedad y sinceridad. Asimismo, indica responsabilidad, franqueza y capacidad para sobreponerse a grandes desafíos. También supone la preferencia de trabajar en soledad y la tendencia a impacientarse en caso de que lo limiten.

Con respecto a tu grado del Sol, esta estrella indica que quizá necesitas aprender a adaptarte a los cambios de circunstancias, pues es probable que sucedan cosas que alteren tu suerte y estilo de vida. Justo cuando crees que el agua ha vuelto a su cauce, ocurren las conmociones. No obstante, tendrás también buenas oportunidades para viajar o cambiar de residencia por cuestiones laborales.

• *Positiva:* seriedad, modestia, dedicación, esmero, perseverancia.

• *Negativa:* melancolía, egoísmo, inestabilidad.

Esta fecha de nacimiento suele asociarse a una combinación de ambición, ímpetu y personalidad jovial. Es probable que seas alguien animoso, encantador, entretenido y de corazón cálido, pero tu hambre de éxito proviene de una extraña mezcla de materialismo e idealismo. Dado que naciste bajo el signo de Aries, sueles ser inquieto y aventurero. Por lo regular, quieres que la vida sea emocionante y glamorosa, y con ayuda de tu entusiasmo y magnetismo personal atraes muchos amigos y admiradores. Sin embargo, en tu afán de lograr cosas, debes evitar ser demasiado impulsivo, inconstante o irresponsable.

Pese a que posees agudeza mental y originalidad para la expresión artística o creativa, eres propenso a desperdiciar energías si no encuentras un verdadero propósito en la vida. No obstante, antes de optar por una dirección particular, deberás superar tu tendencia a distraerte con las ideas de otras personas.

Aunque eres decidido, ingenioso, entretenido y de mente ágil, a veces también te muestras infantil o renuente a crecer. Aprender a responsabilizarte traerá estabilidad a tu vida y, al adoptar una perspectiva más madura, incrementarás tus probabilidades de éxito.

A partir de los 10 años, cuando tu Sol progresado se desplace hacia Tauro, sentirás una mayor necesidad de seguridad. Cobrarás más conciencia de las emociones ajenas y entenderás mejor las cuestiones prácticas de la vida. Esto continuará hasta alrededor de los 40 años, cuando tu Sol progresado entre a Géminis. Al alcanzar este punto de inflexión, resaltará la importancia de nuevos intereses y mejor comunicación, por lo que quizá puedas adquirir nuevas habilidades. A partir de los 70 años, cuando tu Sol progresado entre en Cáncer, te volverás más sensible, y la vida familiar y hogareña adquirirán un papel más preponderante en tu vida.

Tu yo secreto

Dado que eres expresivo, brillante y afable, tienes muchos amigos, intereses y oportunidades. No obstante, quizá sientas que debes elegir entre dos extremos: lo que te inspira y lo que te reditúa. Ya que estos intereses diversos pueden llevarte en direcciones diferentes, es importante que tengas un propósito y que evites ser indeciso con respecto a tus decisiones en la vida.

Si bien puedes ser independiente, hay también un énfasis en las relaciones personales. La necesidad de intimidad apunta hacia la importancia de las asociaciones, sean personales o profesionales. Si pierdes el equilibrio, te arriesgas a sufrir mucha ansiedad, así que procura aprovechar tus maravillosas habilidades intuitivas a tu favor. Esto quiere decir que les permitas guiarte hacia aquello que te brinde una felicidad interior auténtica. Además de ser intuitivo, creativo y de tener excelentes ideas, también posees un entusiasmo natural que te acompañará toda la vida.

Trabajo y vocación

Tus capacidades de liderazgo, habilidades de organización y carisma personal revelan tu potencial para llegar a la cima de cualquier campo que elijas. Tus probabilidades de éxito son mayores en áreas como ventas, negociación, publicidad, mercadotecnia, trabajo editorial, derecho o la banca. Es posible que te sientas atraído por puestos ejecutivos o gerenciales, o que prefieras el estímulo de trabajar por tu cuenta. Sin importar qué carrera escojas, tu talento para tratar con la gente podría influir mucho en tu éxito y darte una ventaja competitiva. Tu necesidad de expresarte y tu amor por el histrionismo también pueden empujarte hacia las artes o el mundo del entretenimiento.

Entre las personas famosas con quienes compartes cumpleaños están el periodista Joseph Pulitzer, el creador de la homeopatía Samuel Hahnemann, y los actores Omar Sharif y Steven Seagal.

ESE ALGUIEN ESPECIAL

Numerología

Al igual que otras personas con el número 1 en su fecha de nacimiento, acostumbras perseguir grandes objetivos que probablemente alcances. Sin embargo, para ello es necesario que desarrolles tu paciencia y determinación. Eres enérgico y original, y defiendes tus creencias, aun si los demás no las comparten. Tu capacidad de iniciar proyectos por cuenta propia y tu espíritu pionero te animan a viajar por territorios inexplorados y a triunfar o a fracasar por ti mismo. Deberás aprender que no eres el centro del universo y evitar ser egoísta o autoritario. El éxito y los logros son importantes para ti, por lo que es normal que quieras llegar a la cima de tu profesión. La subinfluencia del mes número 4 indica que eres inquieto y emprendedor. No te rindas con demasiada facilidad, pero tómate en serio tus responsabilidades. Encuentra estabilidad en el cambio y evita caer en la monotonía.

• *Cualidades positivas:* liderazgo, creatividad, naturaleza progresista, vigor, optimismo, convicciones firmes, independencia, sociabilidad.

• *Cualidades negativas:* autoritarismo, celos, tendencia a la soledad, egoísmo, orgullo, antagonismo, falta de control, inestabilidad, impaciencia.

Amor y relaciones

Eres jovial y animado, y posees un carisma natural que te facilita atraer amigos y admiradores. Además de ser entusiasta, eres divertido y una excelente compañía en cualquier situación social. Eres aventurero y audaz, por lo que es probable que tengas una vida social activa. Sin embargo, tal vez debas tomarte tu tiempo para elegir tus relaciones con cuidado; de otro modo, podrías tomar decisiones apresuradas de las que quizá te arrepientas después. Por lo general, las personas que nacen en esta fecha tienen buenos matrimonios y se benefician de alianzas cercanas.

Entablarás relaciones duraderas y estables con personas que hayan nacido en las siguientes fechas.

Amor y amistad: 6, 8, 14, 15, 23, 26 y 28 de enero; 4, 10, 12, 13, 21, 24 y 26 de febrero; 2, 10, 12, 19, 22 y 24 de marzo; 8, 14, 17, 20 y 22 de abril; 6, 15, 16, 18 y 20 de mayo; 4, 13, 16 y 18 de junio; 2, 11, 14, 16 y 20 de julio; 1, 9, 12, 14 y 22 de agosto; 7, 10, 12 y 24 de septiembre; 5, 8, 10 y 26 de octubre; 3, 6, 8 y 28 de noviembre; 1, 4, 6, 30 de diciembre.

Buenas para ti: 9 y 12 de enero; 7 y 10 de febrero; 5 y 8 de marzo; 3 y 6 de abril; 1 y 4 de mayo; 2 y 30 de junio; 28 de julio; 26, 30 y 31 de agosto; 24, 28 y 29 de septiembre; 22, 26 y 27 de octubre; 20, 24 y 25 de noviembre; 18, 22, 23 y 29 de diciembre.

Atracción fatal: 12, 13, 14 y 15 de octubre.

Desafiantes: 11, 13 y 29 de enero; 9 y 11 de febrero; 7, 9 y 30 de marzo; 5, 7 y 28 de abril; 3, 5, 26 y 31 de mayo; 1, 3, 24 y 29 de junio; 1, 22 y 27 de julio; 20 y 25 de agosto; 18, 23 y 30 de septiembre; 16, 21 y 28 de octubre; 14, 19 y 26 de noviembre; 12, 17 y 24 de diciembre.

Almas gemelas: 12 y 29 de enero, 10 y 27 de febrero, 8 y 25 de marzo, 6 y 23 de abril, 4 y 21 de mayo, 2 y 19 de junio, 17 de julio, 2 y 15 de agosto, 13 de septiembre, 11 de octubre, 9 de noviembre, 7 de diciembre.

11 de abril

Ⓥ Naciste en un día afortunado, una fecha que promete riquezas y logros, razón por la cual eres una persona orientada al éxito. Sin embargo, para obtener algunas de las recompensas que esta fecha de cumpleaños trae consigo, deberás aprender autodisciplina y trabajar duro. Por haber nacido bajo el signo de Aries, eres decidido, ambicioso, intuitivo y con buenos valores. Tu planeta dominante, Marte, te dota de valentía, empuje y una naturaleza aventurera. Los demás suelen reconocer tu capacidad de liderazgo y tu potencial natural para materializar ideas y proyectos.

La subinfluencia del regente de tu decanato, Sagitario, indica que eres afortunado y optimista, además de que tienes la capacidad de reconocer las buenas oportunidades a primera vista. No obstante, quizá debas evitar riesgos innecesarios o emprender negocios dudosos sin pensarlo.

La riqueza material y las adquisiciones son importantes para ti, lo cual a veces se traduce en una vida de excesos. Por ende, procura no volverte demasiado materialista o despiadado en tu búsqueda de seguridad financiera. Si, por otra parte, te dejas llevar por la inquietud, generarás inestabilidad al pasar de un objetivo a otro y desperdiciar tu energía por falta de enfoque.

A partir de los nueve años, cuando tu Sol progresado se desplaza hacia Tauro, aumentará el deseo de estabilidad material y seguridad financiera. Durante las siguientes tres décadas, ansiarás construir una base sólida para tus logros y adoptarás un enfoque pragmático frente a los retos de la vida. Un nuevo cambio de énfasis en tu vida llegará poco antes de los 40, cuando tu Sol progresado entre a Géminis. En ese momento reconocerás un interés creciente en las relaciones personales y le darás mayor importancia a la comunicación. Tras cumplir 69 años, cuando tu Sol progresado se desplace hacia Cáncer, priorizarás las emociones, la familia y el hogar.

Tu yo secreto

Aprenderás desde muy joven que el dinero es poder, por lo que quizá te enfoques mentalmente en los negocios. Te gusta mantenerte ocupado y es probable que lleves una vida atareada. Gracias a tu excelente potencial de organización, es posible que reclutes a gente que participe en tus planes y proyectos, y que utilices enormes cantidades de energía positiva para convencerlos. Aun así, no permitas que tus múltiples ocupaciones sean una excusa para evitar reflexionar sobre las áreas más personales de tu vida.

Tu nobleza interior y atracción por el histrionismo hacen que sea peligroso sobrecargarte con trabajos insignificantes, pues tus cualidades son aptas para ocupar posiciones de poder. Tienes un talento natural para fungir como enlace entre personas de diversos grupos. La gente considera que tienes confianza en ti mismo y posees una capacidad formidable para obtener buenos resultados. Quizá debas cuidarte de la tendencia inconsciente a ser egoísta. Esto no es premeditado; es solo que a veces dedicas tanta energía a tus propios proyectos que la sutil energía emocional que fluye a tu alrededor puede pasar desapercibida. Sin embargo, lo compensas con creces con tu excepcional generosidad y buena voluntad.

ESTRELLA FIJA

Nombre de la estrella: Baten Kaitos, también llamada Cetus o Zeta Ceti
Posición: 20° 57'–21° 49' de Aries, entre los años 1930 y 2000
Magnitud: 3.5–4
Fuerza: ★★★★★
Órbita: 1° 30'
Constelación: Cetus (Zeta Ceti)
Días efectivos: 10, 11, 12 y 13 de abril
Propiedades de la estrella: Saturno
Descripción: estrella de color del topacio amarillo ubicada en el cuerpo de la ballena

INFLUENCIA DE LA ESTRELLA PRINCIPAL

Baten Kaitos confiere cautela, seriedad y sinceridad. Asimismo, indica responsabilidad, franqueza y capacidad para sobreponerse a grandes desafíos. También supone la preferencia de trabajar en soledad y la tendencia a impacientarse en caso de que lo limiten.

Con respecto a tu grado del Sol, esta estrella indica que quizá necesitas aprender a adaptarte a los cambios de circunstancias, pues es probable que sucedan cosas que alteren tu suerte y estilo de vida. Justo cuando crees que el agua ha vuelto a su cauce, ocurren las conmociones. No obstante, tendrás también buenas oportunidades para viajar o cambiar de residencia por cuestiones laborales.

• *Positiva:* seriedad, modestia, dedicación, esmero, perseverancia.

• *Negativa:* melancolía, egoísmo, inestabilidad.

Trabajo y vocación

Como te disgusta recibir órdenes tendrás que aprender a delegar, por lo cual es probable que alcances posiciones de autoridad. Tus instintos naturales para los negocios y la capacidad de aprovechar tu encanto te traerán recompensas financieras, en particular en carreras de mercadotecnia, servicios y hostelería. Es posible que prefieras ámbitos enfocados en la interacción con otras personas, en vez de trabajar en solitario, y que destaques en ellos. Tu capacidad para pensar a gran escala puede inclinarte hacia profesiones donde ocupes cargos gerenciales, seas emprendedor o te desempeñes como ejecutivo, administrador, oficial, juez, banquero o miembro del clero. El lado más altruista de tu naturaleza te empujará a formarte como docente o terapeuta; incluso descubrirás que hay varios filántropos y mecenas con quienes compartes cumpleaños.

Entre las personas famosas con quienes compartes cumpleaños están Ethel Kennedy, el actor Joel Grey, el diseñador de moda Oleg Cassini y el político Dean Acheson.

Numerología

La vibración especial del 11, el número maestro en tu fecha de nacimiento, sugiere que el idealismo, la inspiración y la innovación son importantísimos para ti. La combinación de humildad y seguridad en ti mismo te desafía a esforzarte por alcanzar el dominio material y espiritual de tu ser. A través de la experiencia aprenderás a lidiar con ambos lados de tu naturaleza y a adoptar una actitud menos extrema cuando se trate de confiar en tus emociones. Sueles estar conectado con el mundo y posees una gran vitalidad, pero por esa misma razón evita ser demasiado ansioso o poco práctico. La subinfluencia del número 4 en tu mes de nacimiento indica que eres pragmático, atento y posees una naturaleza considerada y comprensiva. Cuando mezclas tus ideas con tus habilidades prácticas, eres capaz de crear conceptos originales. Si bien eres generoso y cooperativo, en ocasiones te vuelves impaciente e impulsivo. Evita ser egocéntrico o problemático, y date tiempo para reflexionar y analizar las situaciones dentro de tu propio espacio. Ten fe y no intentes resolver los problemas de inmediato.

• *Cualidades positivas:* equilibrio, concentración, objetividad, entusiasmo, inspiración, espiritualidad, idealismo, intuición, inteligencia, extroversión, talento artístico, espíritu servicial, capacidad de sanación, humanitarismo, fe, habilidad psíquica.

• *Cualidades negativas:* complejo de superioridad, deshonestidad, falta de dirección, susceptibilidad, nerviosismo, egoísmo, falta de claridad, actitud dominante.

Amor y relaciones

Tu atractivo y carisma te harán popular y te permitirán tener muchas oportunidades románticas y de socialización. Eres un amigo leal que está dispuesto a dar mucho de sí mismo a sus seres queridos. La tendencia a impacientarte o sentirte insatisfecho en lo emocional supone que necesitas variedad y emociones intensas en tu vida diaria. Dado que albergas sentimientos potentes y fervientes, a veces te dejas llevar por tus pasiones, pero no permitas que este hecho ponga en riesgo tus intereses a largo plazo. Es posible que te sientas dividido entre la necesidad de amor y afecto, y la búsqueda de seguridad material. En ocasiones, prefieres asociarte con personas ambiciosas e independientes que, por lo mismo, son menos demandantes a nivel emocional y personal.

ESE ALGUIEN ESPECIAL

Si buscas amor y amistad, los encontrarás entre personas que hayan nacido en las siguientes fechas.

Amor y amistad: 6, 15, 16, 29 y 31 de enero; 4, 13, 14, 27 y 29 de febrero; 2, 11, 25 y 27 de marzo; 9, 10, 23 y 25 de abril; 7, 21 y 23 de mayo; 5, 19 y 21 de junio; 3, 17, 19 y 30 de julio; 1, 10, 15, 17 y 28 de agosto; 13, 15 y 26 de septiembre; 11, 13 y 24 de octubre; 9, 11 y 22 de noviembre; 7, 9 y 20 de diciembre.

Buenas para ti: 13, 15 y 19 de enero; 11, 13 y 17 de febrero; 9, 11 y 15 de marzo; 7, 9 y 13 de abril; 5, 7 y 11 de mayo; 3, 5 y 9 de junio; 1, 3, 7 y 29 de julio; 1, 5, 27 y 31 de agosto; 3, 25 y 29 de septiembre; 1, 23 y 27 de octubre; 21 y 25 de noviembre; 19 y 23 de diciembre.

Atracción fatal: 30 de mayo; 28 de junio; 26 de julio; 24 de agosto; 22 de septiembre; 13, 14, 15 y 20 de octubre; 18 de noviembre; 16 de diciembre.

Desafiantes: 12 de enero; 10 de febrero; 8 de marzo; 6 de abril; 4 de mayo; 2 de junio; 31 de agosto; 29 de septiembre; 27, 29 y 30 de octubre; 25, 27 y 28 de noviembre; 23, 25, 26 y 30 de diciembre.

Almas gemelas: 2 y 28 de enero, 26 de febrero, 24 de marzo, 22 de abril, 20 de mayo, 18 de junio, 16 de julio, 14 de agosto, 12 de septiembre, 10 de octubre, 8 de noviembre, 6 de diciembre.

12 de abril

ESTRELLA FIJA

Nombre de la estrella: Baten Kaitos, también llamada Cetus o Zeta Ceti

Posición: 20° 57'–21° 49' de Aries, entre los años 1930 y 2000

Magnitud: 3.5–4

Fuerza: ★★★★★

Órbita: 1° 30'

Constelación: Cetus (Zeta Ceti)

Días efectivos: 10, 11, 12 y 13 de abril

Propiedades de la estrella: Saturno

Descripción: estrella de color del topacio amarillo ubicada en el cuerpo de la ballena

INFLUENCIA DE LA ESTRELLA PRINCIPAL

Baten Kaitos confiere cautela, seriedad y sinceridad. Asimismo, indica responsabilidad, franqueza y capacidad para sobreponerse a grandes desafíos. También supone la preferencia de trabajar en soledad y la tendencia a impacientarse en caso de que lo limiten.

Con respecto a tu grado del Sol, esta estrella indica que quizá necesitas aprender a adaptarte a los cambios de circunstancias, pues es probable que sucedan cosas que alteren tu suerte y estilo de vida. Justo cuando crees que el agua ha vuelto a su cauce, ocurren las conmociones. No obstante, tendrás también buenas oportunidades para viajar o cambiar de residencia por cuestiones laborales.

• *Positiva:* seriedad, modestia, dedicación, esmero, perseverancia.

• *Negativa:* melancolía, egoísmo, inestabilidad.

Tu personalidad dinámica y espontaneidad sugieren que llevas una vida llena de acción. Aunque eres idealista y optimista, tienes un fuerte sentido del valor de las cosas materiales. Al haber nacido bajo el signo de Aries, eres ambicioso y aventurero, al mismo tiempo que generoso y gentil. Gracias a la subinfluencia del regente de tu decanato, Sagitario, es probable que viajes y encuentres el éxito en el extranjero. El desarrollo constante, ya sea material o intelectual, es necesario para mantenerte inspirado o interesado.

Si bien atraes dinero con facilidad a través de la autodisciplina y el trabajo arduo, tu tendencia a los gestos magnánimos puede agotar tus recursos financieros. La ironía de tu fecha de nacimiento es que en ocasiones tienes una fortuna increíble, mientras que en otras tus poderes de intuición y tu suerte se esfuman.

Eres inteligente, objetivo, de mente abierta y puedes usar tu imaginación e individualidad para convertir situaciones desesperanzadoras en historias de éxito, sin dejar que otras personas socaven tus ánimos. No obstante, te beneficiarás de las opiniones ajenas si evitas volverte demasiado temerario. Si desarrollas autocontrol y persigues tus metas despacio y con cautela, alcanzarás el éxito tal y como lo planeas.

Cerca de los ocho años, cuando tu Sol progresado se desplaza hacia Tauro, comenzará un periodo de tres décadas con un énfasis superior en la practicidad, la estabilidad material, el estatus y la seguridad financiera. Un nuevo cambio de prioridades ocurrirá alrededor de los 38 años, cuando tu Sol progresado se desplace hacia Géminis, lo cual te impulsará a expandir tus intereses y a darles más importancia al conocimiento, el estudio y la comunicación con quienes te rodean. A partir de los 68 años, cuando tu Sol progresado se desplace hacia Cáncer, les darás mayor importancia a tus necesidades emocionales, así como a hacerte cargo de otros, de tu hogar y de tu familia.

Tu yo secreto

Eres buen juez y tienes buenos instintos para el dinero. Sin embargo, descubrirás que tus finanzas personales atraviesan algunos altibajos antes de asentarse. Si aprendes a ajustarte a un presupuesto y a hacer inversiones a largo plazo, reducirás significativamente tus preocupaciones financieras.

Debido a tu carácter fuerte y a que te desagrada ocupar posiciones de subordinación, te irá bien estableciendo asociaciones en las que desempeñes un papel preponderante. Aun así, es preferible que tu trabajo conlleve variedad para evitar el aburrimiento y la intranquilidad. Dada tu excelente capacidad intelectual, confía en tus habilidades y busca nuevos éxitos cuando las circunstancias sean favorables, pero evita tomar riesgos innecesarios. A pesar de tus capacidades de liderazgo y don de mando, debes ser cauteloso y no volverte autoritario o demasiado dominante. Sin embargo, los demás se vuelven dependientes de ti cuando eres activo y confiable, pues te enorgulleces de tu trabajo y encuentras satisfacción en tus responsabilidades.

Trabajo y vocación

Tu agudeza intelectual y objetividad te garantizan que, con disciplina y determinación, tendrás éxito en cualquier carrera que elijas. Dadas tus capacidades de liderazgo, querrás ocupar posiciones de autoridad o, cuando menos, tener la libertad de trabajar a tu manera, ya sea como maestro, catedrático o siendo tu propio jefe. Esta fecha también puede indicar éxito en el mundo del espectáculo o en las artes. Ser brillante, liberal y humanitario hace que te atraigan trabajos para apoyar causas benéficas, consultoría de imagen, sector salud o ciencias. Ya que eres bueno para hacer valoraciones, tu lado más pragmático podrá sentirse atraído hacia la banca, los negocios y la bolsa de valores.

Entre las personas famosas con quienes compartes cumpleaños están la estrella de la televisión David Letterman, la actriz Claire Danes, el actor y cantante David Cassidy, el pianista de jazz Herbie Hancock y el líder amerindio Dennis Banks.

Numerología

Sueles ser intuitivo, servicial, amigable y tienes una excelente capacidad de razonamiento. Ya que deseas mostrar tu verdadera individualidad, acostumbras ser innovador. Eres comprensivo y sensible por naturaleza, así que sabes aprovechar el buen tacto y las capacidades cooperativas ajenas para alcanzar tus metas y objetivos. Cuando encuentres el equilibrio entre tu necesidad de expresarte y el impulso natural de apoyar a otros, encontrarás satisfacción emocional y personal. No obstante, quizá debas armarte de valor para independizarte, desarrollar seguridad en ti y no dejarte desanimar por otras personas. La subinfluencia del mes número 4 sugiere que eres trabajador e inteligente. Aunque sueles ser generoso y amigable, tal vez también necesites ser paciente, perseverante y práctico. Cuando mantienes una actitud positiva y te muestras seguro de ti mismo, aprovechas tus habilidades analíticas para resolver los problemas con ingenio. Escribe tus pensamientos e ideas para aclarar tus circunstancias y persiste a pesar de los obstáculos. Alcanzarás el éxito si eres un poco más dócil y responsable.

• *Cualidades positivas:* creatividad, atractivo, iniciativa, disciplina, fortalecimiento de otros y de ti mismo.

• *Cualidades negativas:* aislamiento, despilfarro, falta de cooperación, hipersensibilidad, baja autoestima.

Amor y relaciones

Eres un compañero ingenioso y divertido, por lo que no tendrás problemas para atraer amigos y admiradores. Tu agilidad mental hace que requieras una pareja inteligente y estimulante que te dé la retroalimentación intelectual necesaria para mantenerte alerta. Si bien sueles ser comprensivo y de buen corazón, habrá periodos en los que te decepciones o seas demasiado serio, lo que puede resultar problemático para tus relaciones. Sin embargo, gracias a tus talentos naturales para la diplomacia y la perspicacia psicológica, eres capaz de reparar situaciones complicadas. Eres más feliz cuando estás en compañía de personas que piensan como tú, con quienes puedes disfrutar de conversaciones con mucho humor.

ESE ALGUIEN ESPECIAL

Será más probable que encuentres a esa persona especial entre quienes nacieron en las siguientes fechas.

Amor y amistad: 6, 16 y 25 de enero; 4 y 14 de febrero; 2, 12, 28 y 30 de marzo; 10, 26 y 28 de abril; 8, 24, 26 y 30 de mayo; 6, 22, 24 y 28 de junio; 4, 20, 22, 26 y 31 de julio; 2, 18, 20, 24 y 29 de agosto; 16, 18, 22 y 27 de septiembre; 14, 16, 20 y 25 de octubre; 12, 14, 18 y 23 de noviembre; 3, 10, 12, 16 y 21 de diciembre.

Buenas para ti: 9, 14 y 16 de enero; 7, 12 y 14 de febrero; 5, 10 y 12 de marzo; 3, 8 y 10 de abril; 1, 6 y 8 de mayo; 4 y 6 de junio; 2 y 4 de julio; 2 de agosto; 30 de septiembre; 28 de octubre; 26 y 30 de noviembre; 24, 28 y 29 de diciembre.

Atracción fatal: 21 de enero; 19 de febrero; 17 de marzo; 15 de abril; 13 de mayo; 11 de junio; 9 de julio; 7 de agosto; 5 de septiembre; 3, 14, 15 y 16 de octubre; 1 de noviembre.

Desafiantes: 4, 13 y 28 de enero; 2, 11 y 26 de febrero; 9 y 24 de marzo; 7 y 22 de abril; 5 y 20 de mayo; 3 y 18 de junio; 1 y 16 de julio; 14 de agosto; 12 de septiembre; 10 y 31 de octubre; 8 y 29 de noviembre; 6 y 27 de diciembre.

Almas gemelas: 15 y 22 de enero; 13, 16 y 20 de febrero; 11 y 18 de marzo; 9 y 16 de abril; 7 y 14 de mayo; 5 y 12 de junio; 3 y 10 de julio; 1, 4 y 8 de agosto; 6 de septiembre; 4 de octubre; 2 de noviembre.

13 de abril

SOL: ARIES
DECANATO: SAGITARIO/JÚPITER
ÁNGULO: 22° 30'–23° 30' DE ARIES
MODALIDAD: CARDINAL
ELEMENTO: FUEGO

ESTRELLA FIJA

Nombre de la estrella: Baten Kaitos, también llamada Cetus o Zeta Ceti

Posición: 20° 57'–21° 49' de Aries, entre los años 1930 y 2000

Magnitud: 3.5–4

Fuerza: ★★★★★

Órbita: 1° 30'

Constelación: Cetus (Zeta Ceti)

Días efectivos: 10, 11, 12 y 13 de abril

Propiedades de la estrella: Saturno

Descripción: estrella de color del topacio amarillo ubicada en el cuerpo de la ballena

INFLUENCIA DE LA ESTRELLA PRINCIPAL

Baten Kaitos confiere cautela, seriedad y sinceridad. Asimismo, indica responsabilidad, franqueza y capacidad para sobreponerse a grandes desafíos. También supone la preferencia de trabajar en soledad y la tendencia a impacientarse en caso de que lo limiten.

Con respecto a tu grado del Sol, esta estrella indica que quizá necesitas aprender a adaptarte a los cambios de circunstancias, pues es probable que sucedan cosas que alteren tu suerte y estilo de vida. Justo cuando crees que el agua ha vuelto a su cauce, ocurren las conmociones. No obstante, tendrás también buenas oportunidades para viajar o cambiar de residencia por cuestiones laborales.

• *Positiva:* seriedad, modestia, dedicación, esmero, perseverancia.

• *Negativa:* melancolía, egoísmo, inestabilidad.

Las personas nacidas en este día suelen caracterizarse por su determinación, buen sentido de los negocios y valores firmes. Tu planeta dominante, Marte, te dota de varias cualidades arianas: fuerza de voluntad, vitalidad y una personalidad dominante, con habilidades organizacionales y de liderazgo.

La fuerza motora detrás de tu naturaleza dinámica es la necesidad de seguridad y poder o el deseo de éxito material y reconocimiento. En tu caso, la educación también es esencial para el éxito, ya sea transmitiéndoles tus conocimientos a otros o aprendiendo a utilizar la información que adquieres de forma práctica y productiva.

Cuando intentes construir una base sólida, quizá debas mejorar tu autocontrol y superar la tendencia a ser manipulador o demasiado materialista. Si, por el contrario, dedicas tu energía a un proyecto que lo amerite, podrás conseguir logros notables.

El crecimiento y la fuerza provendrán de tu capacidad para sobreponerte a las dificultades. Sin embargo, en tu ascenso a la cima, quizá debas esforzarte para dejar de ser tan rebelde u obstinado, y de derrochar el dinero en cosas superfluas. Aunque otras personas te consideran muy trabajador, debes procurar no volverte demasiado exigente.

A partir de los siete años, cuando tu Sol progresado se desplace hacia Tauro, habrá un deseo creciente de estabilidad material y seguridad financiera. Durante las siguientes tres décadas, sentirás la necesidad de construir una base sólida para lo que quieres lograr en la vida. A partir de los 37, cuando tu Sol progresado entre a Géminis, es posible que ansíes adquirir más conocimiento e intereses nuevos. Tras cumplir los 67 años, cuando tu Sol progresado entre en Cáncer, te volverás más sensible, y el hogar y la familia ocuparán un lugar más preponderante en tu vida.

Tu yo secreto

Tu liderazgo natural se revela a través del trabajo arduo y la inspiración espiritual; en cualquier circunstancia, tu potencial radica en el dominio de ti mismo. Si acaso pierdes la fe en ti o en tus habilidades, corres el riesgo de volverte frío y ensimismado. Sin embargo, si te dejas guiar espontáneamente por tu espíritu, tu inmenso poder y fortaleza los elevarán a ti y a otras personas.

Posees una sabiduría innata que se manifiesta de forma práctica y concisa. No obstante, también tienes un lado oculto que puede manifestarse como ansias de soledad, introspección o alguna forma de educación. Esto contrasta con lo mucho que disfrutas el dramatismo que te estimula a expresarte de forma rápida y competitiva, casi retando a los demás a ponerse a tu nivel.

Trabajo y vocación

Tu estilo dinámico, directo y profesional garantizará que no pierdas el tiempo y vayas directo a alcanzar tus objetivos. Te gustan el poder, la estructura y la eficiencia, así que destacarás como organizador, gerente, supervisor, líder o pionero en un nuevo emprendimiento. A la gente nacida en esta fecha suelen atraerle los negocios, el derecho y la política. Dado que no te gusta recibir órdenes y eres independiente, quizá prefieras ser tu propio jefe o delegar. Empero, es probable que la comunicación en todas sus formas sea parte de tu experiencia laboral.

Entre las personas famosas con quienes compartes cumpleaños están el expresidente de Estados Unidos Thomas Jefferson, el escritor Samuel Beckett, el cantante Al Green, el actor Jonathan Brandis y el ajedrecista Garri Kaspárov.

Numerología

Sensibilidad emocional, entusiasmo e inspiración son cualidades que suelen identificarse con el número 13 en la fecha de nacimiento. En términos numéricos, te caracterizan la ambición y el trabajo arduo, y puedes lograr grandes cosas mediante la expresión creativa. Quizá tengas que cultivar una perspectiva más pragmática si quieres transformar tu creatividad en productos tangibles. Tu enfoque original e innovador inspira ideas nuevas y emocionantes, mismas que suelen inspirar a otros. Tener el número 13 en tu fecha de cumpleaños te hace honesto, romántico, encantador y amante de la diversión, pero también alguien capaz de alcanzar la prosperidad por medio de la dedicación. La subinfluencia del mes número 4 sugiere que eres juicioso y tienes una personalidad propia y sólida. Eres ingenioso, trabajador, activo y enérgico. Aunque seas tradicionalista, pragmático y tengas talento para los negocios te gusta adoptar una filosofía personal para la vida y pensar de forma independiente. El deseo de éxito material y de poder a veces eclipsa otros aspectos de tu personalidad.

• *Cualidades positivas:* ambición, creatividad, amor por la libertad, autoexpresión, iniciativa.

• *Cualidades negativas:* impulsividad, indecisión, autoritarismo, falta de sensibilidad, rebelión.

Amor y relaciones

Eres sociable y ansías ser popular, lo cual debería permitirte ampliar tu círculo de amigos y conocidos. Tu creatividad innata y necesidad de expresarte contribuyen a tu personalidad sociable. Por lo general, eres un amigo leal y haces grandes esfuerzos por ayudar a tus seres queridos. Aunque tienes claras tus metas financieras, quizá te resulte más difícil tener certeza de cómo te sientes o a quién amas. Es probable que la inseguridad, los celos o la indecisión afecten tus relaciones cercanas hasta que aprendas a dejar ir las cosas y a evitar que cualquier cosa se interponga entre tu felicidad y tú.

ESE ALGUIEN ESPECIAL

Es más probable que encuentres a tu verdadera alma gemela entre personas que hayan nacido en las siguientes fechas.

Amor y amistad: 7, 17, 18 y 20 de enero; 5, 15 y 18 de febrero; 3, 13, 16, 29 y 31 de marzo; 1 , 11, 12, 14, 27 y 29 de abril; 9, 12, 25 y 27 de mayo; 7, 8, 10, 23 y 25 de junio; 5, 8, 21 y 23 de julio; 3, 4, 6, 19 y 21 de agosto; 1, 4, 17 y 19 de septiembre; 2, 15 y 17 de octubre; 13, 15 y 30 de noviembre; 11, 13 y 28 de diciembre.

Buenas para ti: 15, 17 y 28 de enero; 13, 15 y 26 de febrero; 11, 13 y 24 de marzo; 9, 11 y 22 de abril; 7, 9 y 20 de mayo; 5, 7 y 18 de junio; 3, 5 y 16 de julio; 1, 3 y 14 de agosto; 1 y 12 de septiembre; 10 y 29 de octubre; 8 y 27 de noviembre; 6 y 25 de diciembre.

Atracción fatal: 5 de enero; 3 de febrero; 1 de marzo; 16, 17 y 18 de octubre.

Desafiantes: 4, 5 y 14 de enero; 2, 3 y 12 de febrero; 1 y 10 de marzo; 8 y 30 de abril; 6 y 28 de mayo; 4 y 26 de junio; 2 y 24 de julio; 22 de agosto; 20 de septiembre; 18 de octubre; 16 de noviembre; 14 de diciembre.

Almas gemelas: 2 de enero, 29 de marzo, 27 de abril, 25 de mayo, 23 de junio, 21 de julio, 5 y 19 de agosto, 17 de septiembre, 15 de octubre, 13 de noviembre, 11 de diciembre.

14 de abril

ESTRELLAS FIJAS

Aunque el grado en que se ubica tu Sol no se encuentra vinculado con una estrella fija, algunos de los grados de tus otros planetas sí lo estarán. Si solicitas el cálculo de tu carta astral, encontrarás la posición exacta de los planetas en tu fecha de nacimiento. Esto te permitirá determinar cuáles de las estrellas fijas descritas en este libro son relevantes para ti.

Eres un Aries dinámico, con una personalidad magnética y entusiasmo por la vida, optimista e idealista, a la vez que impaciente y desasosegado. Gracias a la influencia del regente de tu decanato, Sagitario, sueles ser directo, franco y de naturaleza ambiciosa. Sin embargo, debes evitar ser demasiado entusiasta o tener comportamientos compulsivos. Si bien eres responsable y de carácter noble, y crees en la equidad y la justicia, tiendes a juzgar a los demás, y a ti mismo, solo con base en sus logros profesionales. Ya que ansías triunfar en la vida, sueles seguir adelante y enfrentar nuevos retos como parte de tu búsqueda constante por mejorar tus condiciones de vida.

Los extremos de tu personalidad muestran, por un lado, una naturaleza humanitaria, compasiva y cariñosa; y, por el otro, un carácter demasiado serio o rígido, en particular con respecto al dinero. No obstante, gracias a tu optimismo y mentalidad positiva, puedes lograr grandes cosas. La fortuna te sonreirá en algunas ocasiones, pero procura no dar las cosas por sentadas ni dejarlo todo a la suerte.

Tu tendencia a la intranquilidad y la impaciencia indica que sueles obviar los pequeños detalles y ser impreciso. Si aprendes a ser metódico y minucioso, realizarás tus tareas y superarás la propensión a frustrarte ante los retrasos y obstáculos.

A partir de los seis años, cuando tu Sol progresado se desplace hacia Tauro, sentirás un deseo creciente de seguridad material y estabilidad financiera. Durante las siguientes tres décadas, sentirás la necesidad de ser más práctico y construir una base sólida fundamentada en logros. Esta influencia continuará hasta cerca de los 36 años, cuando tu Sol progresado se desplace hacia Géminis e inicie un periodo de ideas nuevas, con un deseo creciente de mayor entendimiento y comunicación. A partir de los 66 años, cuando tu Sol progresado entre a Cáncer, te volverás más sensible; la familia y el hogar ocuparán un lugar más preponderante en tu vida.

Tu yo secreto

Las demostraciones de afecto pueden ser importantes para ti. Como todos, necesitas amor y validación, los que quizá te fueron negados en algún momento al no cumplir con las expectativas de otras personas. Esto pondrá a prueba cuán dispuesto estás a sacrificar tu propia vitalidad para conseguir el afecto y la aprobación que requieres y mereces. Conforme aprendas de tus sentimientos y de ti, lograrás ser más desapegado sin negar tu amor o volverte frío. Esto te permitirá ser más generoso con los demás al revelar tu vulnerabilidad y dejar que las cosas sucedan de forma espontánea, sin querer controlarlo todo. Si aprendes a soltar las cosas y a tomar la vida como venga, recibirás recompensas de inmediato y te acercarás a todo lo que necesitas.

Trabajo y vocación

Posees un talento para activar tu encanto y ser sociable que te ayudará a tener éxito en carreras orientadas al público, sobre todo por tu facilidad para combinar los negocios con el placer. Tu sentido de lo dramático y tu necesidad de expresión pueden llevarte a emprender una carrera en el arte, el teatro, la música o la escritura. Con tu capacidad natural de liderazgo, te atraerán posiciones de autoridad o trabajos por cuenta propia, pero debes evitar que tu lado impaciente o inquieto te impida tener la disciplina necesaria para explotar todo tu potencial. Quizá también ansíes libertad para hacer las cosas a tu manera y, con tu olfato para los negocios y entusiasmo natural, seguro disfrutarás emprender proyectos nuevos.

Entre las personas famosas con quienes compartes cumpleaños están los actores Rod Steiger, John Gielgud y Julie Christie; el escritor Erich von Däniken; el músico Ali Akbar Khan, y la cantante country Loretta Lynn.

Numerología

Potencial intelectual, pragmatismo y determinación son solo algunas de las cualidades ligadas a un cumpleaños con el número 14. Aunque necesitas estabilidad, la inquietud propia del número 14 en tu fecha de nacimiento te insta a seguir adelante y enfrentarte a nuevos retos para mejorar tu situación. Esta insatisfacción inherente también puede inspirarte a hacer grandes cambios en tu vida, sobre todo si estás inconforme con tus condiciones laborales o tu estado financiero. Gracias a tu perspicacia respondes con rapidez a los problemas y disfrutas resolverlos. La subinfluencia del número 4 en tu mes de nacimiento sugiere que eres activo, inquisitivo y enérgico, y que posees habilidades prácticas e ingenio. Dado que tienes habilidades ejecutivas y operas de forma independiente, te desagrada que te limiten o recibir órdenes de otras personas. Tu sensibilidad e intuición suelen sugerir que necesitas equilibrar tu naturaleza idealista con las ansias de éxito material.

- *Cualidades positivas:* acciones decisivas, trabajo arduo, suerte, creatividad, pragmatismo, imaginación, oficio.
- *Cualidades negativas:* exceso de cautela o impulsividad, inestabilidad, desconsideración, terquedad.

Amor y relaciones

Las relaciones pueden ser una fuente tanto de deleite como de insatisfacción, pues a veces pasas de ser amoroso, cálido y espontáneo a ser frío y retraído. Sin embargo, tu encanto natural y sociabilidad te permiten tener un amplio círculo de amigos con quienes eres generoso y solidario. El amor por la belleza y el arte te estimularán a expresar tus sentimientos más intensos, y así mantenerte satisfecho y entusiasmado. Esto te permitirá evitar la inhibición ocasional de tus emociones, lo cual podría causarte frustración o decepción. Evita ser el mártir de quienes no merecen tu lealtad o afecto. También es posible que te sientas atraído por una pareja que no sea de tu misma edad.

ESE ALGUIEN ESPECIAL

Encontrarás a ese alguien especial entre quienes nacieron en las siguientes fechas.

Amor y amistad: 4, 8, 18, 19 y 23 de enero; 2, 6, 16, 17 y 21 de febrero; 4, 14, 15, 19, 28 y 30 de marzo; 2, 12, 13, 17, 26, 28 y 30 de abril; 10, 11, 15, 24, 26 y 28 de mayo; 8, 9, 13, 22, 24 y 26 de junio; 6, 7, 11, 20, 22, 24 y 30 de julio; 4, 5, 9, 18, 20, 22 y 28 de octubre; 2, 3, 7, 16, 18, 20 y 26 de septiembre; 1, 5, 14, 16, 18 y 24 de octubre; 3, 12, 14, 16 y 22 de noviembre; 1, 10, 12, 14 y 20 de diciembre.

Buenas para ti: 5, 16 y 27 de enero; 3, 14 y 25 de febrero; 1, 12 y 23 de marzo; 10 y 21 de abril; 8 y 19 de mayo; 6 y 17 de junio; 4 y 15 de julio; 2 y 13 de agosto; 11 de septiembre; 9 y 30 de octubre; 7 y 28 de noviembre; 5, 26 y 30 de diciembre.

Atracción fatal: 17 de enero; 15 de febrero; 13 de marzo; 11 de abril; 9 de mayo; 7 de junio; 5 de julio; 3 de agosto; 1 de septiembre; 17, 18 y 19 de octubre.

Desafiantes: 1, 10 y 15 de enero; 8 y 13 de febrero; 6 y 11 de marzo; 4 y 9 de abril; 2 y 7 de mayo; 5 de junio; 3 y 29 de julio; 1 y 27 de agosto; 25 de septiembre; 23 de octubre; 21 de noviembre; 19 y 29 de diciembre.

Almas gemelas: 30 de agosto, 28 de septiembre, 26 de octubre, 24 de noviembre, 22 de diciembre.

15 de abril

ESTRELLA FIJA

Nombre de la estrella: Al Pherg, también llamada Kullat Nunu o Eta Piscium

Posición: 25º 50'–26º 46' de Aries, entre los años 1930 y 2000

Magnitud: 3.5–4

Fuerza: ★★★★★

Órbita: 1º 30'

Constelación: Piscis (Eta Piscium)

Días efectivos: 15, 16, 17 y 18 de abril

Propiedades de la estrella: Saturno y Júpiter

Descripción: estrella binaria ubicada en el cordón cercano a la cola del pez del norte

INFLUENCIA DE LA ESTRELLA PRINCIPAL

Al Pherg confiere voluntad para cumplir con los objetivos personales. El éxito es resultado de la paciencia y la constancia, pero también viene acompañado de esfuerzo. Los logros y el reconocimiento se alcanzan a través de la perseverancia y la dedicación. Esta estrella también supone que la insatisfacción con uno mismo y con los demás puede traducirse en un carácter irritable.

Con respecto a tu grado del Sol, esta estrella denota logros y un ascenso lento pero constante hacia posiciones de mayor poder, así como una preferencia por trabajos gubernamentales y cuestiones políticas.

• *Positiva:* satisfacción en soledad, sentido del deber, franqueza, honestidad.

• *Negativa:* volatilidad, insatisfacción, cambios de humor, tensiones emocionales, inestabilidad de objetivos.

Eres sensible y encantador, y a la vez ambicioso y vigoroso. Tu fecha de nacimiento revela una combinación de motivación e inercia. Al haber nacido bajo el signo de Aries, tienes profundos deseos de alcanzar el éxito y la prosperidad. Sin embargo, sin la motivación correcta, te desanimas con facilidad y te estancas en una rutina o vagas sin rumbo hasta que algo o alguien estimule tu imaginación.

La subinfluencia de Júpiter te confiere oportunidades y suerte, además de una personalidad abierta y franca. No obstante, en tu caso, mantenerte positivo y ser optimista son prerrequisitos para el éxito. Solo a través del trabajo arduo, la perseverancia y la tenacidad lograrás tus objetivos.

El lado confiado y compasivo de tu naturaleza también indica que otras personas solicitan tu apoyo y aliento, y, aunque puedes dar buenos consejos, te cuesta trabajo hacer caso a tus propias palabras. Esto sugiere que quizá debas sobreponerte a una tendencia a ser dogmático, necio, así como demasiado orgulloso.

Entre tus muchos atributos están tus capacidades de organización y la habilidad de pensar en el panorama general. La felicidad y la promesa de éxito, por lo tanto, están a tu alcance, pero deberás esforzarte mucho para lograr lo que tu corazón anhela.

Alrededor de los cinco años, tu Sol progresado se moverá hacia Tauro, dando inicio a un periodo de tres décadas de énfasis en las consideraciones prácticas y la seguridad financiera. Cerca de los 35 años, cuando tu Sol progresado se desplace hacia Géminis, experimentarás un cambio de prioridades: te sentirás impulsado a ampliar tus intereses y darle más importancia al conocimiento, la comunicación y la exploración mental. Esto podrá implicar nuevos estudios e incluso aprender habilidades nuevas. Después de los 65 años, cuando tu Sol progresado se desplace hacia Cáncer, te interesarán más las cuestiones emocionales y tu vida familiar.

Tu yo secreto

A nivel profundo, eres creativo e intuitivo. Sin embargo, debes procurar que tu tendencia a la frustración no anule estas cualidades especiales. Algunas de estas decepciones ocurren porque atraes personas que dependen de ti, pero no están disponibles cuando necesitas su apoyo. Acepta el cambio interno para modificar tus circunstancias externas.

Cuando mantienes una mentalidad positiva, eres sociable y muestras interés por la gente. Es probable que tengas muchos amigos que te consideran una persona tolerante y generosa. Para no enredarte en dramas ajenos, deberás tener claras tus propias metas y objetivos. Aunque una parte de ti se sienta satisfecha asentándose en una rutina sencilla y predecible, tus ansias de disfrutar las cosas buenas de la vida te pueden impulsar a esforzarte más.

Trabajo y vocación

Tu mente sobresaliente y tu capacidad para expresarte de forma directa te inclinarán hacia carreras de negocios y ventas, como agente o mercadólogo. Sin importar qué campo elijas, es posible que ansíes ser pionero, explorar o emprender nuevos proyectos. Ser tolerante y filosófico también podría llevarte hacia la clerecía, la docencia o el derecho. Ya que tienes talento para tratar con la gente y te gusta apoyar a los más desfavorecidos, quizá quieras luchar por una buena causa. Tu amor innato por el color, las formas y la armonía te permitirá expresarte exitosamente en las artes, el teatro o la música.

Entre las personas famosas con quienes compartes cumpleaños están las actrices Claudia Cardinale y Emma Thompson, la cantante de blues Bessie Smith, el escritor Henry James y Leonardo da Vinci.

Numerología

El número 15 en tu fecha de nacimiento sugiere versatilidad y entusiasmo. Sueles estar alerta y tienes una personalidad carismática. Tus más grandes atributos son tus poderosos instintos y la habilidad para aprender rápido mediante la teoría y la práctica. Sueles utilizar tus poderes intuitivos y reconoces de inmediato las oportunidades cuando se presentan. Tienes talento para atraer dinero o para recibir ayuda y apoyo de otras personas. Si bien eres aventurero por naturaleza, necesitas encontrar una base real o un hogar. La subinfluencia del número 4 en tu mes de nacimiento indica que eres práctico y resistente. Aunque ser independiente y decidido te otorga la libertad que quieres, necesitas mantenerte positivo y enfocado. Muestras tu fortaleza preocupándote por los demás, pero evita ser altivo. Aunque aparentes tener confianza en ti mismo, tus tensiones e inseguridades internas pueden causarte altibajos emocionales. Empero, eres orgulloso y firme, y necesitas saber que les importas a otros y que aprecian tus esfuerzos.

• *Cualidades positivas:* disposición, generosidad, responsabilidad, gentileza, cooperación, apreciación, creatividad.

• *Cualidades negativas:* desorganización, desasosiego, irresponsabilidad, egocentrismo, miedo al cambio, falta de fe, preocupación, indecisión, materialismo, abuso de poder.

Amor y relaciones

Tu calidez y autoconciencia te hacen popular con otras personas. Sin embargo, deberás discernir a qué tipo de individuos quieres tener cerca, ya que a veces tomas a la ligera tu éxito con la gente. Las personas pueden volverse dependientes de ti, pues tienes la capacidad de hacer que se sientan reconfortadas. Por ende, asegúrate de que tus relaciones se desarrollen en un terreno parejo. La vida familiar y tu hogar están destinados a formar gran parte de tu plan de vida; la seguridad material también será un asunto importante. Ya que tienes altas expectativas de tus relaciones, te resulta significativo saberte necesitado y apreciado.

ESE ALGUIEN ESPECIAL

Sueles dar mucho a la gente a la que amas, por lo que es más probable que encuentres reciprocidad entre personas que hayan nacido en las siguientes fechas.

Amor y amistad: 5, 9, 18 y 19 de enero; 3, 7, 16, 17 y 18 de febrero; 1, 5, 14, 15 y 31 de marzo; 3, 12, 13 y 29 de abril; 1, 10, 11, 27 y 29 de mayo; 8, 9, 25 y 27 de junio; 6, 7, 23, 25 y 31 de julio; 4, 5, 6, 21, 23 y 29 de agosto; 2, 3, 19, 21, 27 y 30 de septiembre; 1, 17, 19, 25 y 28 de octubre; 13, 15, 21 y 24 de diciembre.

Buenas para ti: 1, 6 y 17 de enero; 4 y 15 de febrero; 2 y 13 de marzo; 11 de abril; 9 de mayo; 7 de junio; 5 de julio; 3 de agosto; 1 de septiembre; 31 de octubre; 29 de noviembre; 27 de diciembre.

Atracción fatal: 17, 18, 19 y 20 de octubre.

Desafiantes: 2 y 16 de enero, 14 de febrero, 12 de marzo, 10 de abril, 8 de mayo, 6 de junio, 4 de julio, 2 de agosto, 30 de diciembre.

Almas gemelas: 11 y 31 de enero, 9 y 29 de febrero, 7 y 27 de marzo, 5 y 25 de abril, 3 y 23 de mayo, 1 y 21 de junio, 19 de julio, 17 de agosto, 15 de septiembre, 13 de octubre, 11 de noviembre, 9 de diciembre.

SOL: ARIES
DECANATO: SAGITARIO/JÚPITER
ÁNGULO: 25° 30'–26° 30' DE ARIES
MODALIDAD: CARDINAL
ELEMENTO: FUEGO

ESTRELLAS FIJAS

Al Pherg, también llamada Kullat Nunu
o Eta Piscium; Vertex, también llamada
Gran Nébula

ESTRELLA PRINCIPAL

Nombre de la estrella: Al Pherg, también
llamada Kullat Nunu o Eta Piscium
Posición: 25° 50'–26° 46' de Aries, entre
los años 1930 y 2000
Magnitud: 3.5–4
Fuerza: ★★★★★
Órbita: 1° 30'
Constelación: Piscis (Eta Piscium)
Días efectivos: 15, 16, 17 y 18 de abril
Propiedades de la estrella: Saturno y
Júpiter
Descripción: estrella binaria ubicada en
el cordón cercano a la cola del pez
del norte

INFLUENCIA DE
LA ESTRELLA PRINCIPAL

Al Pherg confiere voluntad para cumplir
con los objetivos personales. El éxito es
resultado de la paciencia y la constancia,
pero también del esfuerzo. Los logros y
el reconocimiento se alcanzan a través
de la perseverancia y la dedicación. Esta
estrella también supone que la insatisfacción con uno mismo y con los demás
puede traducirse en un carácter irritable.

Con respecto a tu grado del Sol,
esta estrella denota logros y un ascenso
lento pero constante hacia posiciones de
mayor poder, así como una preferencia
por cuestiones políticas.

• *Positiva:* satisfacción en soledad,
sentido del deber, franqueza, honestidad.

• *Negativa:* volatilidad, insatisfacción, cambios de humor, tensiones emocionales, inestabilidad de objetivos.

16 de abril

Esta fecha de nacimiento suele indicar un amor por el cambio y una inquietud innata. Eres tan gentil como ambicioso, albergas un poderoso deseo de
ocupar un lugar único en el mundo. Los viajes suelen ser esenciales en tu
vida, en particular si implican progreso en tu carrera o nuevas oportunidades laborales. Por otro lado, también puedes solo disfrutar una vida activa, llena de emoción y
variedad.

Al haber nacido bajo el signo de Aries, eres seguro de ti mismo, ambicioso y audaz. La subinfluencia de tu decanato, Júpiter, te confiere cualidades progresistas que te
impulsan a ser emprendedor. Esta influencia también conlleva el deseo de ocupar una
posición en la que puedas inspirar a otros. Tienes el poder de enfocarte en una meta
particular y dedicarle toda tu atención. Tu amor por la libertad y necesidad de expresión
te garantizan que, si estás abatido, no tardarás mucho en levantarte de nuevo. A través
de la persistencia y la tenacidad puedes sobreponerte a las dificultades y fortalecer tu
seguridad. Si eres ordenado y metódico, y evitas emprender acciones impulsivas, dis-
minuirás al mínimo los altibajos financieros.

Eres informativo y comunicativo, con una mente atenta que te permite utilizar la
intuición para hacer proyecciones a largo plazo. Si logras ahorrar y contemplas la opción
de hacer inversiones a futuro, obtendrás ganancias considerables, sobre todo en bienes
raíces en el extranjero.

A los cuatro años de edad, tu Sol progresado se moverá hacia Tauro, lo que te
traerá un creciente deseo de estabilidad material y seguridad financiera que durará tres
décadas. Durante este periodo te enfocarás en la construcción de una base sólida para
los objetivos que quieres alcanzar, así como en tus necesidades físicas. A los 34 años,
cuando tu Sol progresado entre a Géminis, llegará un punto de inflexión a tu vida que
detonará el interés en las relaciones personales y las habilidades comunicativas. Este
será un momento en el que quizá desees aprender algo nuevo, ya sea por negocios o
placer. A partir de los 64 años, cuando tu Sol progresado entre en Cáncer, tu sensibilidad
aumentará, y la vida del hogar y familiar ocupará un lugar más preponderante.

Tu yo secreto

En un nivel profundo, a veces puedes vivir la inseguridad que proviene de la incertidumbre derivada de las decisiones que tomas. Sin embargo, con tu lado humanitario,
que es capaz de considerar el panorama completo, puedes poner todo en perspectiva y
dejar de preocuparte. Te irá mejor si te enfocas en tus maravillosas ideas, tus proyectos
creativos y tu sentido del humor.

Por fortuna, aprendes con rapidez y tienes buen ojo para las oportunidades con
potencial financiero. No obstante, tu impaciencia y deseo de satisfacer tus necesidades
materiales de inmediato implican que debes evitar los periodos de derroche o autoindulgencia. Si canalizas tu inquietud hacia algo que en verdad te interese, te inspirarás
lo suficiente como para trabajar lo más arduamente posible y aceptar responsabilidades
que traen consigo recompensas sólidas.

Trabajo y vocación

Debido a tu ambición, necesidad de variedad y habilidades de liderazgo, te desempeñarás mejor en posiciones de autoridad y en una carrera que no conlleve una rutina. Idealmente, deberás aprovechar tu sentido pragmático al igual que tu imaginación, por ejemplo, en ámbitos como teatro, escritura, fotografía o arquitectura. Quizá te atraiga trabajar en empresas trasnacionales o el mundo de los medios de comunicación. Por otro lado, te interesará laborar con organizaciones sin fines de lucro y en causas que consideres valiosas. Explorar con valentía nuevas áreas de trabajo te estimulará y animará a lograr cosas arriesgadas. Es poco probable que permanezcas en una carrera que no conlleve recompensas monetarias en el corto plazo, pero sí que te interesen las ocupaciones que impliquen viajar. De igual forma, tu gusto por la acción puede inclinarte hacia los deportes.

Entre las personas famosas con quienes compartes cumpleaños están el actor Peter Ustinov, los comediantes Spike Milligan y Charlie Chaplin, la cantante Selena, el músico Henry Mancini, el escritor Kingsley Amis y el basquetbolista Kareem Abdul-Jabbar.

Numerología

Un cumpleaños con el número 16 sugiere que eres considerado, sensible y amigable. Si bien eres analítico, sueles juzgar al mundo y a las personas según tu estado de ánimo. Con la personalidad de alguien nacido en un día 16, vivirás tensiones internas ya que te debates entre tu necesidad de expresión personal y las responsabilidades que tienes con los demás. Tal vez te interesen la política y los asuntos internacionales. Las personas más creativas de entre las nacidas en este día poseen un talento innato para la escritura con repentinos destellos de inspiración. Deberás aprender a equilibrar tu exceso de confianza con tus dudas e inseguridades. La subinfluencia del número 4 en tu mes de nacimiento indica que eres práctico, trabajador, extrovertido e inclinado a encajar en grupos. Eres empático con lo que sienten los demás, servicial y amistoso. Aunque eres receptivo y valoras las opiniones ajenas, evita desanimarte con facilidad ante las críticas de quienes te rodean. No le temas al cambio; aprende a ser flexible.

• *Cualidades positivas:* educación superior, responsable en el hogar y con la familia, integridad, intuición, sociabilidad, cooperación, perspicacia.

• *Cualidades negativas:* preocupación, insatisfacción, irresponsabilidad, dogmatismo, escepticismo, malhumor, irritabilidad, egoísmo.

Amor y relaciones

Tu lectura veloz y perspicaz de la gente garantiza que eres un compañero divertido y animado en situaciones sociales. Las amistades son importantes para ti y disfrutas convivir con personas que te inspiren y que te hagan pasar un buen rato. Tienes muchas ideas y estás consciente de la imagen que quieres proyectar, pues te importa lo que opinen los demás. Por lo general, estás dispuesto a esforzarte por mantener la paz en tus relaciones, pero debes evitar la impaciencia y el ánimo combativo porque pueden interferir en tus interacciones humanas. Idealmente, necesitas estar con alguien con una mente aguda y con quien puedas compartir tus intereses. Ya que además tienes un lado jovial y juguetón, quizá también debas aprender un poco más sobre responsabilidad.

En el apéndice encontrarás las lecturas de tus estrellas fijas adicionales.

ESE ALGUIEN ESPECIAL

Encontrarás amores y amistades más estables al relacionarte con personas que hayan nacido en las siguientes fechas.

Amor y amistad: 6, 10, 20 y 29 de enero; 4, 8, 18 y 27 de febrero; 2, 6, 16, 25, 28 y 30 de marzo; 4, 14, 23, 26, 28 y 30 de abril; 2, 12, 21, 24, 26, 28 y 30 de mayo; 10, 19, 22, 24, 26 y 28 de junio; 8, 17, 20, 22, 24 y 26 de julio; 6, 7, 15, 18, 20, 22 y 24 de agosto; 4, 13, 16, 18, 20 y 22 de septiembre; 2, 11, 14, 16, 18 y 20 de octubre; 9, 12, 14, 16 y 18 de noviembre; 7, 10, 12, 14 y 16 de diciembre.

Buenas para ti: 7, 13, 18 y 28 de enero; 5, 11, 16 y 26 de febrero; 3, 9, 14 y 24 de marzo; 1, 7, 12 y 22 de abril; 5, 10 y 20 de mayo; 3, 8 y 18 de junio; 1, 6 y 16 de julio; 4 y 14 de agosto; 2, 12 y 30 de septiembre; 10 y 28 de octubre; 8, 26 y 30 de noviembre; 6, 24 y 28 de diciembre.

Atracción fatal: 25 de enero; 23 de febrero; 21 de marzo; 19 de abril; 17 de mayo; 15 de junio; 13 de julio; 11 de agosto; 9 de septiembre; 7, 19, 20 y 21 de octubre; 5 de noviembre; 3 de diciembre.

Desafiantes: 3 y 17 de enero; 1 y 15 de febrero; 13 de marzo; 11 de abril; 9 y 30 de mayo; 7 y 28 de junio; 5, 26 y 29 de julio; 3, 24 y 27 de agosto: 1, 22 y 25 de septiembre; 20 y 23 de octubre; 18 y 21 de noviembre; 16 y 19 de diciembre.

Almas gemelas: 18 de enero, 16 de febrero, 14 de marzo, 12 de abril, 10 y 29 de mayo, 8 y 27 de junio, 6 y 25 de julio, 4 y 23 de agosto, 2 y 21 de septiembre, 19 de octubre, 17 de noviembre, 15 de diciembre.

ESTRELLAS FIJAS

Al Pherg, también llamada Kullat Nunu o Eta Piscium; Vertex, también llamada Gran Nébula

ESTRELLA PRINCIPAL

Nombre de la estrella: Al Pherg, también llamada Kullat Nunu o Eta Piscium

Posición: 25° 50'–26° 46' de Aries, entre los años 1930 y 2000

Magnitud: 3.5–4

Fuerza: ★★★★★

Órbita: 1° 30'

Constelación: Piscis (Eta Piscium)

Días efectivos: 15, 16, 17 y 18 de abril

Propiedades de la estrella: Saturno y Júpiter

Descripción: estrella binaria ubicada en el cordón cercano a la cola del pez del norte

INFLUENCIA DE LA ESTRELLA PRINCIPAL

Al Pherg confiere voluntad para cumplir con los objetivos personales. El éxito es resultado de la paciencia y la constancia, pero también del esfuerzo. Los logros y el reconocimiento se alcanzan a través de la perseverancia y la dedicación. Esta estrella también supone que la insatisfacción con uno mismo y con los demás puede traducirse en un carácter irritable.

Con respecto a tu grado del Sol, esta estrella denota logros y un ascenso lento pero constante hacia posiciones de mayor poder, así como una preferencia por cuestiones políticas.

• *Positiva:* satisfacción en soledad, sentido del deber, franqueza, honestidad.

• *Negativa:* volatilidad, insatisfacción, cambios de humor, tensiones emocionales, inestabilidad de objetivos.

17 de abril

Eres práctico, visionario, ambicioso por naturaleza y sueles ser positivo y estar listo para la acción. Como ariano, sientes el ímpetu de levantarte y hacer las cosas; sin embargo, durante la búsqueda del éxito, en ocasiones tendrás que superar la impaciencia y la tendencia a cambiar de dirección. La subinfluencia del regente de tu decanato, Júpiter, supone que, con suficiente previsión, tomarás decisiones acertadas. Esto te da una suerte natural y te protege en cuestiones financieras. No obstante, para beneficiarte genuinamente de este mecenas celestial, tendrás que concentrarte en los valores, trabajar duro y desarrollar una actitud responsable. Eres capaz de lidiar con situaciones complicadas y resolver problemas gracias a tu rápida comprensión. Si bien logras superar obstáculos con tu tenacidad y vitalidad, tras completar tus tareas necesitas detenerte y disfrutar un merecido descanso.

Tus habilidades prácticas, intuición poderosa y la capacidad de concentrarte en la tarea que tienes enfrente son solo algunos de tus múltiples talentos. El orgullo que te inspira tu trabajo apunta hacia el perfeccionismo. Sin embargo, este sentido del deber y el autocontrol no debe hacer que te preocupes demasiado por cuestiones económicas. Tu enfoque eficiente y centrado suele sugerir que eres franco y directo, pero debes cuidar tu tendencia a ser brusco y terco.

Tu Sol progresado se moverá hacia Tauro al cumplir los tres años, dando inicio a un periodo de tres décadas de énfasis en la seguridad. Un punto de inflexión llegará a los 33, cuando tu Sol progresado se desplace hacia Géminis y te impulse a ampliar tus intereses y a enfocarte más en el conocimiento, la comunicación y el estudio. Poco después de los 60, cuando tu Sol progresado avance hacia Cáncer, te volverás más consciente de tus necesidades emocionales, y tu vida familiar y hogareña adquirirán más importancia.

Tu yo secreto

Paradójicamente, una parte de tu personalidad ansía una vida estable, segura y predecible, mientras que la otra busca actividad y variedad para evitar el aburrimiento. Ten cuidado de no estancarte en la rutina si estás en una situación tranquila y sin sobresaltos, pues siempre encontrarás oportunidades lejos de tu rutina habitual y de tu hogar. Si reprimes esta búsqueda de emociones y experiencias nuevas, sentirás frustración e impaciencia sin entender bien por qué. Esto puede derivar a que tiendas a evadirte.

Dado que eres una persona activa, quizá sientas que la experiencia es mucho mejor maestra que la teoría. Posees una gran sensibilidad y perspicacia intuitiva que pueden guiarte por caminos positivos. En vez de lanzarte en diferentes direcciones, escucha a esta voz interior que permitirá que tu vida fluya con más tranquilidad.

Trabajo y vocación

Tu fecha de nacimiento conlleva excelentes oportunidades para el comercio y el emprendimiento. Gracias a tu pragmatismo innato, te gusta ser metódico y ordenado, por lo que es esencial que hagas un plan para materializar tu gran visión. En los negocios, estás perfectamente equipado para profesiones donde trabajes en inversiones, importaciones y exportaciones, la banca, el derecho, el comercio internacional y el emprendimiento de proyectos a gran escala. También posees habilidades manuales y un buen sentido de la estética. Eres ambicioso y tienes talento para negociar, por lo que sueles hacer buenos tratos y amasar pequeñas fortunas. Tu fecha de nacimiento también sugiere que pueden atraerte los datos y las cifras, y que puedes encontrar el éxito material u ocupar una posición prominente como especialista o investigador. Por otra parte, puedes elegir viajar y explorar, o aprovechar tu sensibilidad y creatividad en algún medio expresivo como la música o las artes.

Entre las personas famosas con quienes compartes cumpleaños están el premier soviético Nikita Jrushchov, la cantante Chabela Vargas, los actores William Holden y Olivia Hussey, el músico Jan Hammer y el banquero J. P. Morgan.

Numerología

Como pensador astuto e independiente, te beneficias de tener una buena educación y ser talentoso. El número 17 en tu fecha de nacimiento significa que aprovechas tus conocimientos de una forma particular para desarrollar tu pericia. Eres reservado por naturaleza y posees una buena capacidad analítica, lo que te permitirá ocupar una posición importante como especialista o investigador. El que seas reservado, introspectivo y te interesen los datos y cifras se refleja en un comportamiento reflexivo y en que te guste tomarte tu tiempo. Al desarrollar tus habilidades comunicativas descubrirás mucho de ti mismo a través de los demás. La subinfluencia del número 4 en tu mes de nacimiento indica que eres amigable, extrovertido, y tienes talento para la diplomacia. Con ayuda de tu naturaleza atenta y amorosa puedes aclarar cualquier malentendido. Aunque te gusta resolver problemas de forma independiente, debes aprender a compartir tus ideas y a trabajar en equipo. Evita la tendencia a la avaricia o la envidia. La necesidad de recibir reconocimiento sugiere que estás dispuesto a expresarte y a liberar tu espíritu creativo.

• *Cualidades positivas:* amabilidad, planeación, instinto para los negocios y la investigación, éxito financiero, intelecto, precisión, capacidad científica.

• *Cualidades negativas:* desapego, soledad, terquedad, descuido, malhumor, obcecación, crítica, suspicacia.

Amor y relaciones

Ser cálido y sociable te ayuda a atraer a las personas con tu encanto natural. Tus emociones intensas implican que tienes mucho amor para compartir. No obstante, si tus sentimientos no encuentran un medio de expresión adecuado, te vuelves malhumorado o irritable. La intranquilidad o la impaciencia asociados con tu cumpleaños suelen salir a la luz cuando te sientes limitado o frustrado con tu situación. Mantenerte activo y emprender aventuras te ayudará a encontrar satisfacción emocional. Aunque a veces tus relaciones sean inestables, en general, estás dispuesto a esforzarte para mantener la paz y no te rindes con facilidad. Sin embargo, tu energía dinámica y emocional garantiza que eres capaz de defender tu postura, y recibir el afecto y admiración que ansías en compañía de cualquiera.

En el apéndice encontrarás las lecturas de tus estrellas fijas adicionales.

ESE ALGUIEN ESPECIAL

Es más probable que encuentres a tu verdadera alma gemela entre personas que hayan nacido en las siguientes fechas.

Amor y amistad: 7, 11, 22 y 24 de enero; 5, 9 y 20 de febrero; 3, 7, 18 y 31 de marzo; 1, 5, 16 y 29 de abril; 3, 14, 27 y 29 de mayo; 1, 12, 25 y 27 de junio; 10, 23 y 25 de julio; 8, 10, 21, 23 y 31 de agosto; 6, 19, 21 y 29 de septiembre; 4, 17, 19, 27 y 30 de octubre; 2, 15, 17, 25 y 28 de noviembre; 13, 15, 23 y 26 de diciembre.

Buenas para ti: 8, 14 y 19 de enero; 6, 12 y 17 de febrero; 4, 10 y 15 de mayo; 2, 8 y 13 de abril; 6 y 11 de mayo; 4 y 9 de junio; 2 y 7 de julio; 5 de agosto; 3 de septiembre; 1 y 29 de octubre; 27 de noviembre; 25 y 29 de diciembre.

Atracción fatal: 20, 21 y 22 de octubre.

Desafiantes: 9, 18 y 20 de enero; 7, 16 y 18 de febrero; 5, 14 y 16 de marzo; 3, 12 y 14 de abril; 1, 10 y 12 de mayo; 8 y 10 de junio; 6, 8 y 29 de julio; 4, 6 y 27 de agosto; 2, 4 y 25 de septiembre; 2 y 23 de octubre; 21 de noviembre; 19 de diciembre.

Almas gemelas: 9 de enero, 7 de febrero, 5 de marzo, 3 de abril, 1 de mayo, 30 de octubre, 28 de noviembre, 26 de diciembre.

ESTRELLAS FIJAS

Mirach, también llamada Beta Andromedae; Al Pherg, también llamada Kullat Nunu o Eta Piscium; Vertex, también llamada Gran Nébula

ESTRELLA PRINCIPAL

Nombre de la estrella: Mirach, también llamada Beta Andromedae

Posición: 29° 17' de Aries–0° 24' de Tauro, entre los años 1930 y 2000

Magnitud: 2

Fuerza: ★★★★★★★

Órbita: 2° 10'

Constelación: Andrómeda (Beta Andromedae)

Días efectivos: 18, 19, 20, 21, 22 y 23 de abril

Propiedades de la estrella: Neptuno y Venus

Descripción: estrella amarilla rojiza ubicada en un costado del cinturón de Andrómeda

INFLUENCIA DE LA ESTRELLA PRINCIPAL

Mirach confiere sensibilidad, una naturaleza soñadora e idealista, y un refinado sentido de la belleza. Eres sociable y encantador, ansías ser feliz y disfrutas mucho estar en compañía de otros. La influencia positiva de esta estrella te provee capacidad de imaginación, inspiración y creatividad artística. Sueles tener tendencias de médium, además de que te encanta soñar despierto. Aunque seas aventurero, también eres una persona dedicada y visionaria. Es común que aceptes la ayuda de los demás.

Con respecto a tu grado del Sol, esta estrella confiere talento para la composición y la interpretación musical. Esta estrella también indica que la

18 de abril

Eres honesto y serio, y sueles buscar formas originales y versátiles de expresarte. Haber nacido bajo el signo de Aries te hace una persona tenaz y creativa, con encanto natural y una personalidad sencilla. La subinfluencia del regente de tu decanato, Sagitario, te insta a viajar, explorar o buscar experiencias diversas, por no hablar de tus múltiples intereses. Esta influencia, sin embargo, también supone que debes tener cuidado de no derrochar tu energía o perder el tiempo.

Aunque acostumbras depender de tu sentido común y tienes la capacidad de analizar cualquier situación desde todas las perspectivas posibles, a veces eres indeciso. No obstante, también eres un estratega natural y posees una intuición poderosa; por lo tanto, cuando enfrentas un problema, encuentras soluciones creativas con rapidez.

Eres trabajador, metódico y meticuloso, y te gusta ir al grano. Tu confiabilidad, astucia y flexibilidad intelectual con frecuencia hacen que los demás admiren tu integridad y mente creativa. A pesar de tu entusiasmo por enfrentar los retos de la vida, procura no ser demasiado idealista o correr riesgos innecesarios al creer que un nuevo comienzo solucionará todos tus problemas.

Ya que tu Sol se desplaza hacia Tauro desde que cumpliste dos años, es probable que tu infancia esté marcada por la influencia de la estabilidad, con un énfasis en la seguridad material. A los 32 años, cuando tu Sol progresado entre a Géminis, llegará un punto de inflexión. A partir de ese momento, es posible que quieras adquirir mayores conocimientos y ser más comunicativo en todas las áreas de tu vida. Alrededor de los 62 años, tu Sol se moverá hacia el signo de Cáncer y traerá consigo un cambio que acentúe tus necesidades emocionales, tu hogar y familia.

Tu yo secreto

La necesidad constante de seguridad y afecto es parte importante de tu personalidad, lo cual se manifiesta de distintas formas. Por ejemplo, cuando alguien pone en entredicho tu autoridad, eres propenso a prolongar la situación hasta sentirte seguro de ti mismo. Por otro lado, cuando tus seres queridos están decaídos, ansías animarlos con toda tu devoción.

Corres el riesgo de experimentar ansiedad o nerviosismo si la vida se vuelve demasiado rutinaria o no se mueve tan rápido como te gustaría. Sin embargo, siempre es cuestión de tiempo para que tu naturaleza tenaz te empuje a la acción. Estos periodos de parálisis temporal pueden ser esenciales para encontrar paz mental; aprovéchalos para reflexionar y recargar energías antes de volver a comenzar.

Trabajo y vocación

Tu excelencia intelectual y habilidades comunicativas suponen una extraordinaria capacidad para lograr tus objetivos. Solo evita abarcar más de lo que puedes lograr y no dudes de ti mismo. Cuando tienes una actitud positiva, miras la vida con un enfoque creativo que se manifiesta en cualquier ámbito profesional. Si es en las artes, querrás compartir tus ideas originales y tu talento con el mundo. Tu afabilidad natural y tu sofisticado olfato para los negocios te inclinarán hacia carreras que incorporen ambas características, como la banca, las ventas o bienes raíces. Tus inclinaciones filosóficas o humanitarias se pueden satisfacer a través de la clerecía, el trabajo comunitario o la filantropía. Asimismo, los viajes serán mecanismos particularmente útiles para crecer en el ámbito profesional.

Entre las personas famosas con quienes compartes cumpleaños están la actriz Hayley Mills, el conductor de televisión Conan O'Brien, el director de orquesta Leopold Stokowski, la actriz y escritora America Ferrera, el filántropo Huntington Hartford y la reina Federica de Grecia.

Numerología

Algunos de los atributos asociados con el número 18 en la fecha de cumpleaños son tenacidad, asertividad y ambición. Eres activo y te gustan los cambios, por lo que procuras mantenerte ocupado y sueles participar en todo tipo de proyectos. Eres competente, trabajador y responsable, por lo cual se te facilita ascender a posiciones de autoridad. Por otro lado, tu facilidad para los negocios y habilidades organizacionales pueden inclinarte hacia el mundo del comercio. Dado que sufres por trabajar en exceso, es importante que aprendas a relajarte y a bajar la velocidad de vez en cuando. Con la personalidad de alguien nacido en un día 18 puedes usar tus poderes para sanar a otros, dar consejos valiosos o resolver problemas ajenos. La subinfluencia del mes número 4 indica que eres eficiente, respetuoso de las reglas e imaginativo. Ante la duda, recurre a la fe y confía en tus instintos. Si a veces tus emociones son demasiado intensas, procura no perder la calma ni actuar de forma egoísta; sé tolerante y comprensivo. Eres expresivo, así que debes pensar antes de actuar y evitar juzgar a los demás. Si ocupas posiciones de autoridad, es importante que seas honesto, justo y confiable.

• *Cualidades positivas:* actitud progresista, asertividad, intuición, valentía, determinación, capacidad de sanación, eficiencia, facilidad para asesorar.

• *Cualidades negativas:* emociones fuera de control, pereza, falta de orden, egoísmo, incapacidad para completar proyectos o trabajos, engaños.

Amor y relaciones

Eres versátil y creativo, lo que te lleva a tener muchos amigos y conocidos. Tu encanto y afabilidad te garantizan el éxito en toda clase de actividades de índole social, pero en especial en aquellas relacionadas con la expresión personal. Si mantienes una actitud positiva con respecto al romance, puedes ser amoroso y espontáneo; sin embargo, cuando te preocupas demasiado por tus propios problemas, aparentas frialdad e indiferencia. Es esencial que apartes tiempo personal para reflexionar y escuchar tu sensibilidad intuitiva interna, pues es lo que te permite conectarte con tus ideales más elevados. Esto podría ayudarte a fortalecer la fe y a evitar que proyectes en tus relaciones las ansiedades causadas por el temor a la inseguridad financiera.

excentricidad puede estar relacionada con falta de confianza en ti mismo.

• *Positiva:* altruismo, mente brillante, inclinación al misticismo, idealismo, buen gusto, talento artístico, amplia gama de intereses.

• *Negativa:* malos hábitos secretos, tendencia a la angustia romántica, idealismo excesivo, autoengaño.

ESE ALGUIEN ESPECIAL

Incrementarás tus probabilidades de encontrar amor y romance si los buscas entre personas que hayan nacido en las siguientes fechas.

Amor y amistad: 8, 22 y 26 de enero; 6, 20, 21 y 24 de febrero; 4, 18 y 22 de marzo; 2, 16, 20 y 30 de abril; 14, 18, 28 y 30 de mayo; 12, 16, 26 y 28 de junio; 10, 14, 24 y 26 de julio; 8, 9, 12, 22 y 24 de agosto; 6, 10, 20, 22 y 30 de septiembre; 4, 8, 18, 20 y 28 de octubre; 2, 6, 16, 18 y 26 de noviembre; 4, 14, 16 y 24 de diciembre.

Buenas para ti: 9 y 20 de enero; 7 y 18 de febrero; 5, 16 y 29 de marzo; 3, 14 y 27 de abril; 1, 12 y 25 de mayo; 10 y 23 de junio; 8 y 21 de julio; 6 y 19 de agosto; 4 y 17 de septiembre; 2, 15 y 30 de octubre; 13 y 28 de noviembre; 11, 26 y 30 de diciembre.

Atracción fatal: 27 de enero; 25 de febrero; 23 de marzo; 21 de abril; 19 de mayo; 17 de junio; 15 de julio; 13 de agosto; 11 de septiembre; 9, 21, 22 y 23 de octubre; 7 de noviembre; 5 de diciembre.

Desafiantes: 2, 10 y 19 de enero; 8 y 17 de febrero; 6 y 15 de marzo; 4 y 13 de abril; 2 y 11 de mayo; 9 de junio; 7 y 30 de julio; 5 y 28 de agosto; 3 y 26 de septiembre; 1 y 24 de octubre; 22 de noviembre; 20 y 30 de diciembre.

Almas gemelas: 15 de enero, 13 de febrero, 11 de marzo, 9 de abril, 7 de mayo, 5 de junio, 3 de julio, 1 de agosto, 29 de octubre, 27 de noviembre, 25 de diciembre.

19 de abril

ESTRELLAS FIJAS

Mirach, también llamada Beta Andromedae o cinturón de Andrómeda; Vertex, también llamada Gran Nébula

ESTRELLA PRINCIPAL

Nombre de la estrella: Mirach, también llamada Beta Andromedae

Posición: 29° 17' de Aries–0° 24' de Tauro, entre los años 1930 y 2000

Magnitud: 2

Fuerza: ★★★★★★★★

Órbita: 2° 10'

Constelación: Andrómeda (Beta Andromedae)

Días efectivos: 18, 19, 20, 21, 22 y 23 de abril

Propiedades de la estrella: Neptuno y Venus

Descripción: estrella amarilla rojiza ubicada en un costado del cinturón de Andrómeda

INFLUENCIA DE LA ESTRELLA PRINCIPAL

Mirach confiere sensibilidad, una naturaleza soñadora e idealista, y un refinado sentido de la belleza. Eres sociable y encantador, ansías ser feliz y disfrutas mucho estar en compañía de otros. La influencia positiva de esta estrella te provee capacidad de imaginación, inspiración y creatividad artística. Sueles tener tendencias de médium, además de que te encanta soñar despierto. Aunque seas aventurero, también eres una persona dedicada y visionaria.

Con respecto a tu grado del Sol, esta estrella confiere talento para la composición y la interpretación musical. Esta estrella también indica que la excentricidad puede estar relacionada con falta de confianza en ti mismo.

Eres idealista y amistoso, pero también posees un espíritu emprendedor que aprecia las comodidades materiales y suele entablar alianzas que conlleven mayor desarrollo. Al haber nacido bajo el signo de Aries, eres enérgico, asertivo y de mente aguda, y posees una buena intuición. Esto suele implicar que eres perspicaz e imaginativo, y que tus talentos creativos te impulsan a tomar la iniciativa.

La importancia de las relaciones y alianzas vinculada con tu cumpleaños sugiere que, aunque eres un individuo fuerte y enfático, deberás aprender el arte de la negociación para beneficiarte de lo que otros puedan ofrecerte. La subinfluencia del regente de tu decanato, Sagitario, te vuelve optimista e ingenioso. A menudo formulas ideas extraordinarias con mucho potencial de generar recompensas financieras.

Acostumbras ser amistoso y generoso, y tu mente visionaria te inspira a buscar trabajos que te permitan participar en tu comunidad. Si crees en una causa, eres enfático y persuasivo. A nivel profesional, tu interés por las ventas y la publicidad te ayudan a hacer negocios exitosos.

Al cumplir un año, tu Sol progresado se desplaza hacia Tauro y precipita un periodo de tres décadas en donde la seguridad se vuelve cada vez más importante. A los 31 años hay un punto de inflexión, cuando tu Sol progresado entra a Géminis, el cual te impulsa a ampliar tu horizonte de intereses y darle mayor importancia al conocimiento, la comunicación y los intereses nuevos. A partir de los 60, cuanto tu Sol progresado se traslade hacia Cáncer, te harás más consciente de tus sentimientos y te procurarás una vida familiar más armoniosa.

Tu yo secreto

Tu necesidad innata de reconocimiento te hace desear logros materiales que garanticen que la gente te tome en cuenta. Puesto que encarnas una mezcla peculiar de idealismo y ansias de dinero y estatus, posees la energía y la tenacidad para lograr cosas sustanciales, aunque tu mayor logro será satisfacer tus ansias de hacer cosas por los demás. El anhelo de construir un paraíso personal de paz y armonía se refleja en tu necesidad de tener una base segura desde la cual armar tus ambiciosos planes. También te impulsará a desarrollar habilidades musicales o artísticas que te permitan entrar en comunión con tu fuerte sentido de la universalidad.

Tu sólida ética profesional y la conciencia de que nada en la vida es gratuito te brindan felicidad una vez que tienes en mente tu siguiente objetivo. Aunque sientas un temor infundado por la falta de recursos, tu naturaleza idealista ansía lograr algo que beneficie a otros.

Trabajo y vocación

Tu experiencia y entusiasmo emprendedor te llevarán a muchos ámbitos distintos. La facilidad para hacer negocios y la capacidad de comercializar ideas o productos en los que crees te permitirán ver más allá de las ventas y empezar a promover tus ideales y a ti mismo. Eres feliz cuando estás al mando y puedes delegar el trabajo más detallado y rutinario a otras personas. Tus habilidades sociales y capacidad para hacer contactos profesionales indican que las carreras ideales para ti son aquellas que incluyan trato con otros, como las relaciones públicas, la consultoría, la intermediación o el trabajo como agente. También podrían atraerte las negociaciones comerciales que involucren bienes raíces o comunicación de alguna índole. Aunque te gusta ser el jefe y trabajar por cuenta propia, también reconoces la importancia del trabajo colaborativo.

Entre las personas famosas con quienes compartes cumpleaños están las actrices Jayne Mansfield y Ashley Judd, el comediante Dudley Moore, la diseñadora de moda Paloma Picasso, el psicólogo Gustav Fechner y el estadista Benjamin Disraeli.

Numerología

Algunas de las cualidades de las personas nacidas bajo el número 19 son la alegría, la ambición y el humanitarismo. Eres una persona tenaz e ingeniosa, con una visión profunda, pero el lado soñador de tu naturaleza es compasivo, idealista y creativo. Aunque seas una persona sensible, tu necesidad de sobresalir pueden empujarte al dramatismo y a intentar acaparar reflectores. Sueles tener un fuerte deseo de establecer tu identidad individual. Para ello, deberás empezar por aprender a no sucumbir ante la presión social. A ojos de los demás eres una persona segura, fuerte e ingeniosa, pero las tensiones internas pueden provocarte altibajos emocionales. Con frecuencia expresas tu espíritu artístico y tu carisma, y tienes el mundo al alcance de las manos. La subinfluencia del mes número 4 indica que, aunque seas práctico y trabajador, tienes que mantenerte enfocado y evitar desperdiciar tu energía. En ocasiones, la tendencia a actuar de forma precipitada es consecuencia de tu optimismo excesivo. Cuando eres flexible y desenvuelto, muestras tus habilidades de liderazgo con facilidad. Al usar tus habilidades prácticas y tu imaginación, conviertes las ideas en productos tangibles.

• *Cualidades positivas:* dinamismo, ecuanimidad, creatividad, liderazgo, suerte, actitud progresista, optimismo, convicciones fuertes, competitividad, independencia, sociabilidad.

• *Cualidades negativas:* ensimismamiento, depresión, angustia, miedo al rechazo, altibajos, materialismo, egoísmo, impaciencia.

Amor y relaciones

Tu energía dinámica indica que sueles tener una vida social activa y muchos intereses. Es probable que con frecuencia te atraigan personas poderosas e inteligentes, o con una identidad bien definida. No obstante, existe la posibilidad de inmiscuirte en juegos de poder mentales o volverte manipulador cuando las cosas no salen como esperas. Empero, eres generoso y solidario con los demás, y, por fortuna, posees la capacidad de hacer amigos en cualquier entorno que, a su vez, pueden convertirse en contactos profesionales útiles.

• *Positiva:* altruismo, mente brillante, inclinación al misticismo, idealismo, buen gusto, talento artístico, amplia gama de intereses.

• *Negativa:* malos hábitos secretos, tendencia a la angustia romántica, idealismo excesivo, autoengaño.

ESE ALGUIEN ESPECIAL

Amor y amistad: 3 y 23 de enero; 11, 21 y 23 de febrero; 9, 19, 28 y 31 de marzo; 7, 17, 26 y 29 de abril; 5, 15, 24, 27, 29 y 31 de mayo; 3, 13, 22, 25, 27 y 29 de junio; 1, 11, 20, 23, 25, 27 y 29 de julio; 1, 9, 18, 21, 23, 25 y 27 de agosto; 7, 16, 19, 21, 23 y 25 de septiembre; 5, 14, 17, 19, 21 y 23 de octubre; 3, 12, 15, 17, 19 y 21 de noviembre; 1, 10, 13, 15, 17 y 19 de diciembre.

Buenas para ti: 3, 4, 10 y 21 de enero; 1, 2, 8 y 19 de febrero; 6, 17 y 30 de marzo; 4, 15 y 28 de abril; 2, 13 y 26 de mayo; 11 y 24 de junio; 9 y 22 de julio; 7 y 20 de agosto; 5 y 18 de septiembre; 3, 16 y 31 de octubre; 1, 14 y 29 de noviembre; 12 y 27 de diciembre.

Atracción fatal: 22 y 28 de enero; 20 y 26 de febrero; 18 y 24 de marzo; 16 y 22 de abril; 14 y 20 de mayo; 12 y 18 de junio; 10 y 16 de julio; 8 y 14 de agosto; 6 y 12 de septiembre; 4, 10, 23 y 24 de octubre; 2 y 8 de noviembre; 6 de diciembre.

Desafiantes: 11 y 20 de enero; 9 y 18 de febrero; 7 y 16 de marzo; 5 y 14 de abril; 3, 12 y 30 de mayo; 1, 10 y 28 de junio; 8, 26 y 31 de julio; 6, 24 y 29 de agosto; 4, 22 y 27 de septiembre; 2, 20 y 25 de octubre; 18 y 23 de noviembre; 16 y 21 de diciembre.

Almas gemelas: 26 de enero, 24 de febrero, 22 y 30 de marzo, 20 y 28 de abril, 18 y 26 de mayo, 16 y 24 de junio, 14 y 22 de junio, 12 y 20 de agosto, 10 y 18 de septiembre, 8 y 16 de octubre, 6 y 14 de noviembre, 4 y 12 de diciembre.

SOL: CÚSPIDE ARIES/TAURO
DECANATO: SAGITARIO/JÚPITER
ÁNGULO: 29º 30' DE ARIES–0º 30'
DE TAURO
MODALIDAD: CARDINAL
ELEMENTO: FUEGO

20 de abril

ESTRELLA FIJA

Nombre de la estrella: Mirach, también llamada Beta Andromedae

Posición: 29º 17' de Aries–0º 24' de Tauro, entre los años 1930 y 2000

Magnitud: 2

Fuerza: ★★★★★★★★

Órbita: 2º 10'

Constelación: Andrómeda (Beta Andromedae)

Días efectivos: 18, 19, 20, 21, 22 y 23 de abril

Propiedades de la estrella: Neptuno y Venus

Descripción: estrella amarilla rojiza ubicada en un costado del cinturón de Andrómeda

INFLUENCIA DE LA ESTRELLA PRINCIPAL

Mirach confiere sensibilidad, una naturaleza soñadora e idealista, y un refinado sentido de la belleza. Eres sociable y encantador, ansías ser feliz y disfrutas mucho estar en compañía de otros. La influencia positiva de esta estrella te provee capacidad de imaginación, inspiración y creatividad artística. Sueles tener tendencias de médium, además de que te encanta soñar despierto. Aunque seas aventurero, también eres una persona dedicada y visionaria. Tu influencia en otros es estimulante, además, tienes facilidad para hacer amigos. Es común que aceptes la ayuda de los demás.

Con respecto a tu grado del Sol, esta estrella confiere talento para la composición y la interpretación musical. Esta estrella también indica que la excentricidad puede estar relacionada con falta de confianza en ti mismo.

• *Positiva:* altruismo, mente brillante, inclinación al misticismo, idealismo,

Estar en la cúspide de Aries y Tauro te provee tanto del impulso y asertividad de Aries como de la determinación pragmática de Tauro. Aunque eres sensible, también eres ambicioso y te caracterizas por una fuerte necesidad de estabilidad y progreso materiales. Esto también implica que quizá necesites encontrar un equilibrio entre tu compasión natural y la tendencia a ser demasiado ensimismado o autoritario.

Las ansias de éxito y seguridad propias de tu cumpleaños también indican que deseas obtener la validación de otros, y, por ende, te vuelves amistoso y receptivo. Tu magnetismo personal suele ayudarte a superar baches iniciales, y tu poder de intuición suele salir a tu rescate. Invariablemente, estas cualidades te ayudan a valorar las situaciones con rapidez y precisión.

Ser amistoso y extrovertido también te vuelve susceptible a las críticas ajenas. Si desarrollas una visión más racional, evitarás que los demás te lastimen con facilidad.

Gracias a tu mentalidad realista y sin complicaciones y a tus habilidades diplomáticas innatas, disfrutas los trabajos que implican colaboración con otros y te desenvuelves como pez en el agua cuando puedes combinar los negocios con el placer o cuando puedes promover tus ideas acerca de cómo obtener más ganancias.

En los primeros años de vida recibirás una influencia fuerte de una figura femenina, probablemente tu madre. Hasta los 30 años, cuando tu Sol progresado está transitando hacia Tauro, darás mayor importancia a la estabilidad material, el estatus y la seguridad financiera. A partir de los 31 habrá un punto de inflexión, cuando tu Sol progresado se desplaza hacia Géminis, el cual te impulsa a ampliar tu horizonte de intereses y darle mayor peso al conocimiento, la comunicación y el estudio. A partir de los 60, tu Sol progresado entra a Cáncer y subraya las necesidades sentimentales, el hogar y la familia.

Tu yo secreto

El instinto natural de evaluar a la gente y las situaciones con rapidez te pone un paso por delante de los demás cuando se trata de obtener lo que deseas. Disfrutas emprender proyectos, ya sea que uses esta habilidad para comercializar alguna de tus múltiples ideas o para hacer contactos. Al trabajar con otras personas, es importante que evites usar tácticas de poder y que desarrolles el arte de la negociación, la diplomacia y la cooperación.

En lo más profundo de tu ser albergas deseos sumamente intensos. Si los canalizas hacia el amor incondicional y el servicio desinteresado, serán una fuerza poderosa para el mejoramiento de otros. No permitas que el miedo financiero bloquee esta tremenda fuerza de bien. Ya que posees la habilidad de manifestar tu voluntad hacia el exterior, es esencial que sepas exactamente qué deseas y por qué.

Trabajo y vocación

Tu entusiasmo, valentía, compromiso y capacidades ejecutivas favorecen tu desarrollo en carreras comerciales como negociador, agente o asesor financiero. Los nuevos negocios son fuentes ideales de prosperidad, en especial porque tienes buen olfato para las oportunidades en este ámbito. Posees una capacidad mágica para materializar tus deseos mediante tu voluntad centrada y decisión férrea. Te motivan una combinación sólida de idealismo y pragmatismo, y posees habilidades de liderazgo innatas que resultan excelentes para trabajos como gerente, ejecutivo y emprendedor. Tu fuerte sentido del histrionismo y la creatividad pueden inclinarte hacia carreras en el arte o el entretenimiento.

Entre las personas famosas con quienes compartes cumpleaños están los actores Daniel Day-Lewis, Ryan O'Neal y Jessica Lange; el cantante Luther Vandross, y el pintor Joan Miró.

Numerología

Al haber nacido bajo el número 20, eres intuitivo, sensible, adaptable, comprensivo y, por lo general, te consideras parte de grupos más grandes. Suelen agradarte actividades cooperativas en las que puedes interactuar, compartir experiencias y aprender de otros. Tu encanto y gracia te ayudan a desarrollar habilidades diplomáticas y sociales que te permiten moverte con fluidez en círculos sociales distintos. No obstante, quizá necesites fortalecer tu confianza o superar la tendencia a sentirte herido por las acciones y críticas ajenas y a ser demasiado dependiente. Tienes una facilidad extraordinaria para crear atmósferas amistosas y armoniosas. La influencia del número 4 indica que eres práctico y realista, pero también amoroso y solidario. Confía en tu intuición; no te preocupes demasiado por los demás, sobre todo si te lastiman o te generan desconfianza. Dado que sueles ser perfeccionista, es imperativo que reconozcas cuando has dado lo mejor de ti. Quizá debas superar la propensión a criticar y sentirte siempre insatisfecho, y aprender a escucharte a ti mismo antes que las opiniones de los demás.

• *Cualidades positivas:* buenas asociaciones, gentileza, tacto, receptividad, intuición, amabilidad, armonía, afabilidad, naturaleza amistosa, embajador de buena voluntad.

• *Cualidades negativas:* suspicacia, inseguridad, timidez, hipersensibilidad, reacciones exageradas, egoísmo, engaño.

Amor y relaciones

Eres amistoso y de buen corazón, y es probable que lleves una vida ocupada porque te encanta conocer gente nueva. Tus ansias por apresurar las cosas en las relaciones sugieren que sueles cambiar de opinión y que los compromisos a largo plazo te generan incertidumbre. El amor por los cambios te permite tener experiencias diversas y emocionantes, viajes y aventuras. Dado que eres ambicioso y tenaz, lo ideal es que encuentres una pareja activa y trabajadora, como tú. Aunque sueles ser cálido y cariñoso, a veces tienes comportamientos egoístas y autoritarios con tus seres queridos. Si ejercitas la paciencia y la imparcialidad encontrarás equilibrio y estabilidad emocional.

buen gusto, talento artístico, amplia gama de intereses.

• *Negativa:* malos hábitos secretos, tendencia a la angustia romántica, idealismo excesivo, autoengaño.

ESE ALGUIEN ESPECIAL

Quizá te sientas más estimulado a compartir tu amor y cariño con personas que hayan nacido en las siguientes fechas.

Amor y amistad: 14, 24 y 31 de enero; 12, 22, 23 y 29 de febrero; 10, 20 y 27 de marzo; 8, 18 y 25 de abril; 6, 16, 23 y 30 de mayo; 4, 14, 15, 21, 28 y 30 de junio; 2, 12, 19, 26, 28 y 30 de julio; 10, 11, 17, 24, 26 y 28 de agosto; 8, 15, 22, 24 y 26 de septiembre; 6, 13, 20, 22, 24 y 30 de octubre; 4, 11, 18, 20, 22 y 28 de noviembre; 2, 9, 16, 18, 20, 26 y 29 de diciembre.

Buenas para ti: 5, 22 y 30 de enero; 3, 20 y 28 de febrero; 1, 18 y 26 de marzo; 16 y 24 de abril; 14 y 22 de mayo; 12 y 20 de junio; 10, 18 y 29 de julio; 8, 16, 27 y 31 de agosto; 6, 14, 25 y 29 de septiembre; 4, 12, 23 y 27 de octubre; 2, 10, 21 y 25 de noviembre; 9, 19 y 23 de diciembre.

Atracción fatal: 12 de enero, 10 de febrero, 8 de marzo, 6 de abril, 4 de mayo, 2 de junio, 24 y 25 de octubre.

Desafiantes: 16 y 21 de enero; 14 y 19 de febrero; 12, 17 y 30 de marzo; 10, 15 y 28 de abril; 8, 13 y 26 de mayo; 6, 11 y 24 de junio; 4, 9 y 22 de julio; 2, 7 y 20 de agosto; 5 y 18 de septiembre; 3 y 16 de octubre; 1 y 14 de noviembre; 12 de diciembre.

Almas gemelas: 25 de enero, 23 de febrero, 21 de marzo, 19 de abril, 17 de mayo, 15 de junio, 13 de julio, 11 de agosto, 9 de septiembre, 7 de octubre, 5 de noviembre, 3 y 30 de diciembre.

Tauro

21 de abril–21 de mayo

21 de abril

ESTRELLAS FIJAS

Mirach, también llamada Beta Andromedae o cinturón de Andrómeda; Mira, también llamada Ómicron Ceti o Mirae Stellae

ESTRELLA PRINCIPAL

Nombre de la estrella: Mirach, también llamada Beta Andromedae

Posición: 29º 17' de Aries–0º 24' de Tauro, entre los años 1930 y 2000

Magnitud: 2

Fuerza: ★★★★★★★

Órbita: 2º 10'

Constelación: Andrómeda (Beta Andromedae)

Días efectivos: 18, 19, 20, 21, 22 y 23 de abril

Propiedades de la estrella: Neptuno y Venus

Descripción: estrella amarilla rojiza ubicada en un costado del cinturón de Andrómeda

INFLUENCIA DE LA ESTRELLA PRINCIPAL

Mirach confiere sensibilidad, una naturaleza soñadora e idealista, y un refinado sentido de la belleza. Eres sociable y encantador, ansías ser feliz y disfrutas mucho estar en compañía de otros. La influencia positiva de esta estrella te provee capacidad de imaginación, inspiración y creatividad artística. Sueles tener tendencias de médium, además de que te encanta soñar despierto. Aunque seas aventurero, también eres una persona dedicada y visionaria. Es común que aceptes la ayuda de los demás.

Con respecto a tu grado del Sol, esta estrella confiere talento para la composición y la interpretación musical. Esta estrella también indica que la

La influencia de tu cumpleaños supone que eres un individuo inteligente, independiente y competente que acostumbra ser directo. Puedes ser juicioso y cuidadoso, así como innovador, ya que estás abierto a nuevas ideas; te gusta mostrarte como una persona audaz y asertiva. Al haber nacido en la cúspide de Aries y Tauro, te beneficias de ambos signos zodiacales. Con eso se revela que eres original y audaz, pero también sensual y con talento artístico. Por desgracia, esta doble influencia también te imprime mucha terquedad e inclinación a la autoindulgencia excesiva.

Dado que eres muy inteligente, la educación es un componente esencial para desencadenar tu potencial extraordinario. Aunque seas pragmático, necesitas intereses que estimulen tu curiosidad intelectual y amplíen tu conocimiento. Te gusta ser franco con tus emociones y asentar tus logros sobre cimientos sólidos, por lo que es importante que tengas una base segura sobre la cual trabajar, no solo en el hogar sino también en los negocios y otros aspectos de tu vida. Una vez que esté bien afianzada, podrás expresar tu autoridad natural y descubrir que tu sabiduría te permite comandar cualquier situación. Las mujeres que nacen en esta fecha suelen tener una mentalidad más convencionalmente masculina, por lo que las personas de ambos sexos deben procurar no volverse demasiado autoritarias.

Hasta los 29 años, es probable que te preocupen la seguridad financiera y la estabilidad. Después de los 30, cuanto tu Sol progresado entra a Géminis, la claridad de comunicación y los nuevos intereses adquieren mayor importancia. Esto continúa hasta poco después de los 60 años, cuando tu Sol progresado entra en Cáncer. Después de esa época, sentirás una mayor necesidad de seguridad emocional, y el hogar y la familia ocuparán un lugar más central en tu vida.

Tu yo secreto

La mezcla de poder interno y la capacidad de relacionarte hábilmente con las personas a nivel individual indica que te desagrada ocupar una posición de subordinación. Una forma de ejercer el poder implica desafiar a otros, ya sea para mal, por medio de juegos de poder, o para bien, por medio de rivalidades amistosas. Te encanta intercambiar ideas con otros e instintivamente emprendes esfuerzos y trabajos colectivos. Tu apariencia física puede enmascarar tu fortaleza interior y ocultar tu sensibilidad e idealismo.

A veces te exiges de más con el afán de cumplir con tus responsabilidades; sueles trabajar arduamente y no te detienes hasta alcanzar tus objetivos. Reconoces la importancia de la paciencia y la perseverancia para alcanzar metas a largo plazo. A pesar de tu esfuerzo y dedicación, es posible que debas superar la tendencia a ser controlador o demasiado materialista. No obstante, tu perseverancia puede ser extraordinaria e implacable, aun si no te interesa del todo el trabajo en turno.

Trabajo y vocación

Puesto que los demás reconocerán tu capacidad de mando y tu trabajo arduo, naturalmente ascenderás a puestos de autoridad en cualquier carrera. Tus poderes mentales hacen que sea esencial que recibas algún tipo de educación para explotar tu potencial excepcional. Debido a tu intelecto extraordinario y gran imaginación, necesitarás expresarte en palabras, ya sea en voz alta, por escrito, por medio de canciones o de la actuación. Por ende, quizá te sientas atraído a desempeñarte como profesor, juez, legislador o artista del entretenimiento. Si te dedicas a los negocios, posiblemente te atraigan las inversiones, la bolsa de valores, las ventas, la industria editorial, la publicidad, los bienes raíces y los productos agrícolas.

Entre las personas famosas con quienes compartes cumpleaños están la reina Isabel II; la escritora Charlotte Brontë; los actores Andie MacDowell, Anthony Quinn y Charles Grodin; el músico Iggy Pop, y el psicólogo Rollo May.

Numerología

A las personas con el número 21 por cumpleaños suele caracterizarlas el dinamismo y la personalidad extrovertida. Eres sociable, amistoso, tienes muchos intereses y contactos sociales, y un gran círculo de amigos. Gracias al número 21, es probable que te encante la diversión y tengas una personalidad magnética y creativa. Por otro lado, puedes ser tímido y reservado, con necesidad de desarrollar la asertividad, en especial en relaciones cercanas. Aunque te inclines hacia las relaciones de cooperación o el matrimonio, siempre querrás que se reconozcan tus talentos y habilidades. La subinfluencia del mes número 4 indica que eres práctico y responsable, pero también considerado e imaginativo, y posees habilidades analíticas sustanciales. Aunque deseas estar en compañía de otros, también sueles necesitar un entorno privado y apacible en el cual puedas reflexionar. Es posible que también tengas que superar tu propio escepticismo, para lo cual deberás desarrollar confianza y sinceridad. Confiar en tu intuición te ayuda a ser más asertivo y disciplinado. Para superar el miedo al fracaso, diviértete y prueba cosas nuevas. Evita las decisiones precipitadas y aprende a aceptar las críticas.

• *Cualidades positivas:* inspiración, creatividad, uniones amorosas, relaciones duraderas.

• *Cualidades negativas:* dependencia, nerviosismo, falta de control emocional, falta de visión, desilusión, miedo al cambio.

Amor y relaciones

Las intensas ansias de estabilidad emocional indican que, aunque deseas una vida activa que te desafíe a nivel intelectual, también buscas una vida familiar apacible. Gracias a tus poderes de persuasión, sueles hacer tanto como te es posible para mantener las relaciones equilibradas. No obstante, quizá te des cuenta de que el exceso de crítica o arrogancia provocan tensiones e inquietudes. Disfrutas estar en compañía de personas que te estimulen a nivel intelectual y necesitas tener intereses en común con tu pareja. Tu naturaleza protectora te inspira a cuidar a los demás.

excentricidad puede estar relacionada con falta de confianza en ti mismo.

• *Positiva:* altruismo, mente brillante, inclinación al misticismo, idealismo, buen gusto, talento artístico, amplia gama de intereses.

• *Negativa:* tendencia a la angustia romántica, idealismo excesivo, autoengaño.

En el apéndice encontrarás las lecturas de tus estrellas fijas adicionales.

Si buscas amor y una relación estable, quizá los encuentres con personas nacidas en las siguientes fechas.

Amor y amistad: 8, 11, 13, 15, 17 y 25 de enero; 9, 11, 13, 15, 23 y 24 de febrero; 7, 9, 11, 13 y 21 de marzo; 5, 7, 9, 11 y 19 de abril; 3, 5, 7, 9, 17 y 31 de mayo; 1, 3, 5, 7, 15 y 29 de junio; 1, 3, 5, 27, 29 y 31 de julio; 1, 3, 11, 25, 27 y 29 de agosto; 1, 9, 23, 25 y 27 de septiembre; 7, 21, 23 y 25 de octubre; 5, 19, 21 y 23 de noviembre; 3, 17, 19, 21 y 30 de diciembre.

Buenas para ti: 1, 5 y 20 de enero; 3 y 18 de febrero; 1 y 16 de marzo; 14 de abril; 12 de mayo; 10 de junio; 8 de julio; 6 de agosto; 4 de septiembre; 2 de octubre.

Atracción fatal: 23, 24 y 25 de octubre.

Desafiantes: 6, 22 y 24 de enero; 4, 20 y 22 de febrero; 2, 18 y 20 de marzo; 16 y 18 de abril; 14 y 16 de mayo; 12 y 14 de junio; 10 y 12 de julio; 8, 10 y 31 de agosto; 6, 8 y 29 de septiembre; 4, 6 y 27 de octubre; 2, 4, 25 y 30 de noviembre; 2, 23 y 28 de diciembre.

Almas gemelas: 6 y 12 de enero, 4 y 10 de febrero, 2 y 8 de marzo, 6 de abril, 4 de mayo, 2 de junio.

ESTRELLAS FIJAS

Mirach, también llamada Beta Andromedae; Mira, también llamada Ómicron Ceti o Mirae Stellae; Sharatan, también llamada Al Sharatain

ESTRELLA PRINCIPAL

Nombre de la estrella: Mirach, también llamada Beta Andromedae
Posición: 29° 17' de Aries–0° 24' de Tauro, entre los años 1930 y 2000
Magnitud: 2
Fuerza: ★★★★★★★
Órbita: 2° 10'
Constelación: Andrómeda (Beta Andromedae)
Días efectivos: 18, 19, 20, 21, 22 y 23 de abril
Propiedades de la estrella: Neptuno y Venus
Descripción: estrella amarilla rojiza ubicada en un costado del cinturón de Andrómeda

INFLUENCIA DE LA ESTRELLA PRINCIPAL

Mirach confiere sensibilidad, una naturaleza soñadora e idealista, y un refinado sentido de la belleza. Eres sociable y encantador, ansías ser feliz y disfrutas mucho estar en compañía de otros. La influencia positiva de esta estrella te provee capacidad de imaginación, inspiración y creatividad artística. Sueles tener tendencias de médium, además de que te encanta soñar despierto. Aunque seas aventurero, también eres una persona dedicada y visionaria. Es común que aceptes la ayuda de los demás.

Con respecto a tu grado del Sol, esta estrella confiere talento para la composición y la interpretación musical. Esta estrella también indica que la

22 de abril

Tu fecha de nacimiento revela que eres un individuo astuto y sociable, encantador y seguro de sí mismo, que posee muchos dones naturales. Las habilidades de liderazgo provienen de la confianza en tu conocimiento y la capacidad de entender a distintos tipos de personas. Tienes una mente ágil que disfruta el ingenio, los debates y las discusiones, además de que gozas de una gran capacidad crítica. Tienes la valentía de decir lo que piensas sin importar las repercusiones, por lo que te caracterizas por ser directo y franco.

Con la doble influencia de tu decanato en Tauro, eres un sensualista intenso que requiere dar y recibir afecto. Disfrutas los lujos, aprecias el color, el arte y la belleza; tienes dotes creativas fuertes. No obstante, debes tener cuidado de no abusar de ellas y rendirte ante la autocomplacencia en todas sus presentaciones. Aun así, sueles ser bueno para evaluar cuestiones financieras o cualquier cosa que implique seguridad material.

Sueles tener planes formidables y la capacidad de ver el panorama completo, lo cual te hace bueno para organizarte o como intermediario entre distintos grupos. Además, eres generoso y comprensivo con la gente a la que quieres. Sin embargo, procura no ser demasiado obstinado o testarudo. Te pones estándares altos y crees que las acciones dicen más que las palabras. Si pones en práctica la autodisciplina, lograrás resultados sobresalientes.

Hasta los 28 años, es probable que te preocupen los valores, ya sean personales o monetarios. Después de los 29, cuando tu Sol progresado entre a Géminis, quizá te importen más tu educación y la adquisición de nuevas habilidades. El mundo de la comunicación en general puede desempeñar un papel más importante en tu vida. Esto se mantendrá así hasta cerca de los 60, cuando tu Sol progresado entre en Cáncer. En este momento, prestarás más atención a tus sentimientos y a la importancia creciente de la seguridad emocional, el hogar y la familia.

Tu yo secreto

Dado que posees una mezcla interesante de materialismo y sensibilidad emocional, buscas satisfacción a través de los logros personales. Si superas la tendencia a permitir que las cuestiones mundanas determinen el rumbo de tu vida, te darás cuenta de que el dinero o el estatus por sí solos no traen satisfacciones genuinas. Esto suele implicar dejar de creer en lo demostrado y lo cierto, y empezar a confiar por completo en tu fe e intuición internas. La parte más difícil será tomar las decisiones adecuadas y permitirte confiar por completo en el proceso creativo. Una vez que decides y te liberas de toda duda, eres capaz de proceder con seguridad y determinación y, por lo regular, logras resultados extraordinarios. La capacidad de expresarte te resultará valiosa para dejar ir tus ansiedades y te impedirá volverte hipersensible. Asimismo, estimulará tu alegría de vivir y te impulsará a ser feliz y creativo.

Trabajo y vocación

El lado práctico de tu naturaleza podrá atraerte hacia el mundo financiero, en donde probablemente serías un excelente banquero, economista o accionista. Por otro lado, también podrías ser un extraordinario asesor financiero, contador, negociador o comerciante. Prefieres ocupar puestos de liderazgo, y tus magníficas habilidades organizacionales te garantizan el éxito como político, directivo o administrador. También podrías sentirte atraído por la ciencia, aunque tu elocuencia podría inclinarte hacia la educación, las reformas sociales o el derecho. Asimismo, los individuos más creativos nacidos en esta fecha pueden interesarse en el diseño de cualquier índole, la actuación, la música y el paisajismo.

Entre las personas famosas con quienes compartes cumpleaños están el actor Jack Nicholson, el productor de televisión Aaron Spelling, los músicos Charlie Mingus y Yehudi Menuhin, el filósofo Immanuel Kant y el científico Robert Oppenheimer.

Numerología

Tener el número 22 en tu fecha de cumpleaños te hace una persona práctica, disciplinada y sumamente intuitiva. Es un número maestro que puede vibrar tanto en forma de 22 como en forma de 4. Sueles ser honesto, trabajador, poseer habilidades de liderazgo innatas y tener una personalidad carismática y profundamente empática. Aunque no demuestras tu afecto, sueles preocuparte por el bienestar de tus seres queridos. No obstante, nunca pierdes de vista tu lado pragmático o realista. La subinfluencia del número 4 en tu cumpleaños indica que debes evitar tomar riesgos innecesarios. Si eres paciente y organizado, podrás ser más eficiente y constructivo. Aprende a usar tu intuición y perspicacia al lidiar con cuestiones mundanas. El interés en la espiritualidad te ayudará a entender las leyes y el orden del universo, y superar las tendencias materialistas. Con tesón y trabajo arduo, lograrás muchas cosas.

• *Cualidades positivas:* universalidad, liderazgo, intuición, pragmatismo, habilidades manuales, habilidades de construcción y de organización, realismo, capacidad para resolver problemas, éxito.

• *Cualidades negativas:* susceptibilidad a caer en estafas financieras, nerviosismo, complejo de inferioridad, autoritarismo, materialismo, falta de visión, pereza, egoísmo, codicia.

Amor y relaciones

Eres una persona mentalmente aventurera y entusiasta, que disfruta la variedad y la compañía de gente ambiciosa y motivada. También eres atractivo y sociable, por lo que se te presentan múltiples oportunidades para el amor y el romance. No obstante, el aburrimiento puede apoderarse de tus relaciones si no son bastante dinámicas. Con frecuencia, te atraen personas creativas con las que compartes tu ingenio y sentido del humor. Sin embargo, al interactuar con otros cuídate de no sacrificar demasiado ni hacerte el mártir.

excentricidad puede estar relacionada con falta de confianza en ti mismo.

• *Positiva:* altruismo, mente brillante, inclinación al misticismo, idealismo, buen gusto, talento artístico, amplia gama de intereses.

• *Negativa:* tendencia a la angustia romántica, idealismo excesivo, autoengaño.

ESE ALGUIEN ESPECIAL

Amor y amistad: 4, 12, 16 y 25 de enero; 10, 14, 23 y 24 de febrero; 8, 12, 22 y 31 de marzo; 6, 10, 20 y 29 de abril; 4, 8, 18 y 27 de mayo; 2, 6, 16, 25 y 30 de junio; 4, 14, 23 y 28 de julio; 2, 12, 21, 26 y 30 de agosto; 10, 11, 19, 24 y 28 de septiembre; 8, 17, 22 y 26 de octubre; 6, 15, 20, 24 y 30 de noviembre; 4, 13, 18, 22 y 28 de diciembre.

Buenas para ti: 2, 13, 22 y 24 de enero; 11, 17, 20 y 22 de febrero; 9, 15, 18, 20 y 28 de marzo; 7, 13, 16, 18 y 26 de abril; 5, 11, 16, 18 y 26 de mayo; 3, 9, 12, 14 y 22 de junio; 1, 7, 10, 12 y 20 de julio; 5, 8, 10 y 18 de agosto; 3, 6, 8 y 16 de septiembre; 1, 4, 6 y 14 de octubre; 2, 4 y 12 de noviembre; 2 y 10 de diciembre.

Atracción fatal: 25 de enero; 23 de febrero; 21 de marzo; 19 de abril; 17 de mayo; 15 de junio; 13 de julio; 11 de agosto; 9 de septiembre; 7, 25, 26 y 27 de octubre; 5 de noviembre; 3 de diciembre.

Desafiantes: 7 y 23 de enero; 5 y 21 de febrero; 3, 19 y 29 de marzo; 1, 17 y 27 de abril; 15 y 25 de mayo; 13 y 23 de junio; 11, 21 y 31 de julio; 9, 19 y 29 de agosto; 7, 17, 27 y 30 de septiembre; 3, 13, 23 y 26 de noviembre; 1, 11, 21 y 24 de diciembre.

Almas gemelas: 17 de enero, 15 de febrero, 13 de marzo, 11 de abril, 9 de mayo, 7 de junio, 5 de julio, 3 de agosto, 1 de septiembre, 30 de noviembre, 28 de diciembre.

ESTRELLAS FIJAS

Mirach, también llamada Beta Andromedae; Mira, también llamada Ómicron Ceti o Mirae Stellae; Sharatan, también llamada Al Sharatain

ESTRELLA PRINCIPAL

Nombre de la estrella: Mirach, también llamada Beta Andromedae

Posición: 29º 17' de Aries–0º 24' de Tauro, entre los años 1930 y 2000

Magnitud: 2

Fuerza: ★★★★★★★

Órbita: 2º 10'

Constelación: Andrómeda (Beta Andromedae)

Días efectivos: 18, 19, 20, 21, 22 y 23 de abril

Propiedades de la estrella: Neptuno y Venus

Descripción: estrella amarilla rojiza ubicada en un costado del cinturón de Andrómeda

INFLUENCIA DE LA ESTRELLA PRINCIPAL

Mirach confiere sensibilidad, una naturaleza soñadora e idealista, y un refinado sentido de la belleza. Con frecuencia ves la vida con alegría, eres sociable, encantador, ansías ser feliz y disfrutas mucho estar en compañía de otros. La influencia positiva de esta estrella te provee capacidad de imaginación, inspiración y creatividad artística. Sueles tener tendencias de médium, además de que te encanta soñar despierto. Aunque seas aventurero, también eres una persona dedicada y visionaria. Es común que aceptes la ayuda de los demás.

Con respecto a tu grado del Sol, esta estrella confiere talento para la composición y la interpretación musical. Esta

23 de abril

♉ Las personas nacidas en este día se caracterizan por su calidez entusiasta y su personalidad carismática. Además de ser muy inteligente y tener el don de comunicar tus ideas, eres sociable y divertido. Dado que deseas ser franco con tus emociones, sueles evidenciar tu individualidad y tener la capacidad de que ocurran cosas extraordinarias.

Gracias a la influencia de tu decanato Tauro, te encantan la belleza, la naturaleza y las artes, y anhelas expresarte de alguna forma. Dado que sueles tener aptitudes en este ámbito, obtendrás excelentes resultados al combinar tus talentos con tu originalidad. Esto también implica que te molesta que te manipulen y tomas represalias siendo terco y obstinado. No obstante, te dejas guiar, sobre todo en el amor. En tu plan de vida global, la seguridad material es un tema central, y necesitas algo sólido y estable en lo cual apoyarte. Sueles ser bueno en cuestiones financieras y tener la capacidad de obtener recursos para ti y para otros.

Como eres amistoso, puedes relacionarte con personas de múltiples ámbitos. Te gusta mantenerte activo. Sin embargo, debes prestar atención a la tendencia al nerviosismo y estrés causados por emociones reprimidas, y evitar aceptar demasiadas responsabilidades. Sueles ser persuasivo y tener la capacidad de organizar y liderar a otros de una forma que parecería fluida y natural. No obstante, deberás tener cuidado de no ser demasiado inquieto o impaciente, pues eso te vuelve dogmático e inflexible. Por fortuna, tu espíritu emprendedor no te permite sentirte derrotado durante mucho tiempo, por lo que tu capacidad de ayudarte y ayudar a otros te impulsa a buscar nuevas formas de expandir tus horizontes.

Hacia los 27 años, es probable que veas la vida desde una perspectiva práctica, enfocada en la seguridad. Sin embargo, después de los 28, cuando tu Sol progresado se desplace hacia Géminis, empezarás a ser más receptivo a ideas nuevas e incluso quizá desees empezar a estudiar. Esta influencia más intelectual continúa hasta casi los 60, cuando tu Sol progresado entra a Cáncer. Ahí ocurrirá un giro que te hará enfocarte más en cuestiones emocionales, sobre todo si se relacionan con el hogar y la familia.

Tu yo secreto

Tu sólida ética profesional y deseo de lograr cosas en la vida se equilibran con tu jovialidad interna y ansias de amor y afecto. Tu magnetismo cautiva a la gente cuando le das rienda suelta a tu lado más amoroso. Esta capacidad indica que eres ingenioso, optimista y entusiasta. Aunque seas carismático y de alma joven, deberás aprender ciertas lecciones con respecto a equilibrar la necesidad de diversión con el sentido de la responsabilidad. Si tienes posturas firmes con respecto a ciertos temas, es probable que dediques tu tiempo libre a esa causa y la respaldes con todo tu idealismo e ingenio.

Tu veta materialista podrá ser un bache en tus inmensas ansias de triunfar, pues te tentará a tomar el camino más seguro y prudente, en lugar de desafiarte a ti mismo al máximo. Los temores con respecto al dinero suelen ser infundados, pues tienes una gran capacidad de obtener recursos financieros, la cual se fortalece gracias a tu habilidad para desarrollar tus ideas al tiempo que mantienes a otros interesados o entretenidos.

Trabajo y vocación

Sin importar qué carrera elijas, estás dispuesto a trabajar arduamente para alcanzar tus objetivos y posees un sentido de los negocios innato. Tu encanto, personalidad persuasiva y capacidades de comunicación suelen llevarte al éxito en el mundo de las ventas, la publicidad y la negociación. Por otro lado, quizá te sientas capacitado para emprender una carrera en bienes raíces, relaciones públicas, derecho o política. El deseo de fortalecer tu intelecto constantemente podría abrirte puertas en la academia; por otro lado, también es posible que te inspiren ocupaciones más creativas, como la fotografía, la escritura, el arte, la música o el teatro. Estás dispuesto a pelear con uñas y dientes por las causas en las que crees, lo cual te podrá inclinar hacia trabajos relacionados con reformas públicas. También podrías ser un excelente directivo, administrador o albacea.

Entre las personas famosas con quienes compartes cumpleaños están el científico Max Planck, el cantante Roy Orbison, el pintor Joseph Turner, la actriz y diplomática Shirley Temple Black, el actor Lee Majors y el escritor Vladimir Nabokov.

Numerología

Algunos de los atributos ligados a un cumpleaños con el número 23 son la intuición, la sensibilidad emocional y la creatividad. Sueles ser una persona versátil, apasionada que piensa rápido, mantiene una actitud profesional y siempre está llena de ideas. Con la influencia del número 23, puedes aprender cosas nuevas con facilidad, aunque prefieres la práctica más que la teoría. Te encantan los viajes, la aventura y conocer gente nueva, ya que la cualidad enérgica que trae consigo el número 23 de tu cumpleaños te insta a probar toda clase de experiencias distintas. En general, eres amigable y divertido, con valor y empuje, por lo cual es posible que necesites de un estilo de vida activo para alcanzar tu verdadero potencial. La subinfluencia del mes número 4 indica que te gustan el orden y la planeación. Con ayuda de tu intuición y habilidades prácticas, sueles tener excelentes ideas y armar buenos planes. La necesidad de mantenerte enfocado supone que no debes perder tu objetivo de vista, lo cual también te ayuda a superar la sensación de soledad o aislamiento. Ser inteligente y creativo hace que necesites expresarte con libertad. Asimismo, la compasión y amabilidad que muestras por los demás te traerán recompensas inesperadas.

• *Cualidades positivas:* lealtad, responsabilidad, viajes, comunicación, intuición, creatividad, versatilidad, confiabilidad, fama.

• *Cualidades negativas:* egoísmo, inseguridad, terquedad, naturaleza intransigente, búsqueda de defectos ajenos, sosería, ensimismamiento, prejuicios.

Amor y relaciones

Eres un amante apasionado que disfruta vivir el presente. Sin embargo, tu tendencia idealista implica que necesitas conexiones espirituales porque tu concepción del amor es elevada. Eso podría hacerte sentir solo si no se cumplen tus expectativas, pero tendrás la posibilidad de entablar relaciones poco comunes o tener amoríos secretos. Las responsabilidades con respecto a los demás y las cargas familiares también influirán en tus relaciones. Aun así, como pareja o amigo eres leal, comprensivo y atraes a otros con tu carisma.

estrella también indica que la excentricidad puede estar relacionada con falta de confianza en ti mismo.

• *Positiva:* altruismo, mente brillante, inclinación al misticismo, idealismo, buen gusto, talento artístico, amplia gama de intereses.

• *Negativa:* tendencia a la angustia romántica, idealismo excesivo, autoengaño.

ESE ALGUIEN ESPECIAL

Si buscas amor y estabilidad, las encontrarás con personas que nacieron en las siguientes fechas.

Amor y amistad: 2, 7, 10, 17 y 27 de enero; 5, 8, 15 y 25 de febrero; 3, 6, 13 y 23 de marzo; 1, 4, 11 y 21 de abril; 2, 9 y 19 de mayo; 7 y 17 de junio; 5, 15, 29 y 31 de julio; 3, 13, 27, 29 y 31 de agosto; 1, 11, 25, 27 y 29 de septiembre; 9, 23, 25 y 27 de octubre; 7, 21, 23 y 25 de noviembre; 5, 19, 21 y 23 de diciembre.

Buenas para ti: 3, 5, 20, 25 y 27 de enero; 1, 3, 18, 23 y 25 de febrero; 1, 16, 21 y 23 de marzo; 14, 19 y 21 de abril; 12, 17 y 19 de mayo; 10, 15 y 17 de junio; 8, 13 y 15 de julio; 6, 11 y 13 de agosto; 4, 9 y 11 de septiembre; 2, 7 y 9 de octubre; 5 y 7 de noviembre; 3 y 5 de diciembre.

Atracción fatal: 13 de enero; 11 de febrero; 9 de marzo; 7 de abril; 5 de mayo; 3 de junio; 1 de julio; 26, 27 y 28 de octubre.

Desafiantes: 16 y 24 de enero; 14 y 22 de febrero; 12 y 20 de marzo; 10 y 18 de abril; 8, 16 y 31 de mayo; 6, 14 y 29 de junio; 4, 12 y 27 de julio; 2, 10 y 25 de agosto; 8 y 23 de septiembre; 6 y 21 de octubre; 4 y 19 de noviembre; 2 y 17 de diciembre.

Almas gemelas: 16 de enero, 14 de febrero, 12 de marzo, 10 de abril, 8 de mayo, 6 de junio, 4 y 31 de julio, 2 y 29 de agosto, 27 de septiembre, 25 de octubre, 23 de noviembre, 21 de diciembre.

24 de abril

ESTRELLA FIJA

Nombre de la estrella: Sharatan,
también llamada Al Sharatain

Posición: 2º 58'–3º 58' de Tauro, entre
los años 1930 y 2000

Magnitud: 2.5–3

Fuerza: ★★★★★★★

Órbita: 2º

Constelación: Aries (Beta Arietis)

Días efectivos: 22, 23, 24 y 25 de abril

Propiedades de la estrella: Marte/
Saturno

Descripción: estrella aperlada ubicada
en el cuerno norte del carnero

INFLUENCIA DE
LA ESTRELLA PRINCIPAL

Sharatan indica una naturaleza perseverante y una capacidad para sobreponerse a través de la entereza y la energía. Esta estrella sugiere que posees la capacidad para desarrollar habilidades de liderazgo, recibir distinciones y gozar de buena suerte por medio del esfuerzo. Su influencia implica que debes abordar los sucesos irritantes con paciencia, y evitar la frustración y la indecisión, pues te drenan el poder.

Con respecto a tu grado del Sol, esta estrella confiere una inclinación hacia trabajos que requieren fortaleza mental y fuerza física. Gracias a eso, logras sobresalir en tu campo. No obstante, Sharatan también ejerce un influjo negativo que se traduce en una tendencia a dominar o a controlar las situaciones, lo que genera problemas.

• *Positiva:* perseverancia, fuerza incansable.

• *Negativa:* fuerza destructiva, terquedad, falta de energía, falta de vitalidad.

Tu fecha de cumpleaños indica que eres un individuo cálido, inteligente y tenaz, con un espíritu independiente y gran capacidad para alcanzar tus metas. Es probable que seas entusiasta y trabajador cuando te interesa mucho un proyecto o causa, pues tienes el potencial para lograr cosas extraordinarias.

La influencia de tu Sol en el decanato de Tauro habla de tu intensa sensualidad y tu amor por la naturaleza, la belleza y las artes. De ser necesario, activas tu encanto para ser entretenido y sociable. Sin embargo, si las cosas no salen como esperas, con facilidad te vuelves obstinado o terco.

Sueles pensar en grande y, gracias a tus habilidades ejecutivas, eres capaz de contribuir a actividades grupales porque eres un líder nato. Aunque a veces eres arrogante o dogmático, curiosamente en otras ocasiones pecas de falta de confianza en ti mismo. Por fortuna, tener una intuición aguda y la capacidad de tomar decisiones con rapidez te ayudan a superar estos desafíos. Tu personalidad atractiva y ansia de popularidad también suponen que te gusta acaparar los reflectores. Dado que eres persuasivo, solo te falta desarrollar la autodisciplina para explotar al máximo tu potencial extraordinario.

Hasta los 26 años, es probable que te enfoques en tu necesidad de afecto y seguridad material; sin embargo, alrededor de los 27, cuando tu Sol progresado se desplace hacia Géminis, te diversificarás y encontrarás nuevos intereses. A partir de entonces, el estudio y la comunicación se volverán prioritarios. Después de los 57 habrá otro punto de inflexión, cuando tu Sol progresado entre a Cáncer, momento en el que te volverás más sensible y reconocerás la importancia del hogar.

Tu yo secreto

Intuir que el conocimiento es poder te impulsa a aprender de forma constante. Dado que también posees un pragmatismo nato y buen juicio, estás preparado para realizar el trabajo necesario para cumplir con tus planes, por grandes que sean. Por medio de la perseverancia y una valoración realista de tus metas, podrás explotar tu extraordinario potencial. Gracias a tus habilidades sociales avanzadas y capacidad de organización, consigues que otros te ayuden a alcanzar el éxito.

Aunque seas sociable y te encante ser espontáneo y libre, tu trabajo ocupa un lugar central en tu vida. Es importante que escuches los susurros de la intuición, sobre todo para que te ayude a superar las decepciones causadas por otros. Si acaso deseas abarcar demasiado, ten cuidado de no dejarte llevar y volverte codicioso o materialista. No debes preocuparte por el dinero, pues tendrás cierta protección financiera que siempre respaldará tu deseo de disfrutar las cosas buenas de la vida.

Trabajo y vocación

Tu intelecto espléndido, gusto por la actuación y habilidades sociales te permiten alcanzar tu potencial en muchos aspectos de la vida. En los negocios, eres emprendedor y protector de la gente que ocupa posiciones inferiores a la tuya. Posees talento para resolver problemas y excelentes habilidades de organización y liderazgo. El talento de la escritura es una habilidad nata que puedes aprovechar en ámbitos creativos o en los negocios. Te atrae la vida pública, lo que te permitirá involucrarte en la política, la actuación o el entretenimiento. Te gusta la variedad y necesitas ser bastante independiente, lo cual te podría inclinar hacia empleos en donde no tengas que ocupar posiciones de subordinación. A pesar de ser pragmáticas, algunas de las personas que nacen en esta fecha también se sienten atraídas por la filosofía o el misticismo.

Entre las personas famosas con quienes compartes cumpleaños están las actrices Shirley MacLaine, Barbra Streisand y Jill Ireland, y el guitarrista John Williams.

Numerología

La sensibilidad emocional que sugiere un cumpleaños con el número 24 indica que quizá sientas necesidad de estabilidad, equilibrio y armonía. Tienes también una sensibilidad para las formas y estructuras, así como facilidad para crear sistemas tan complejos como eficientes. Eres fiel y justo, pero poco efusivo, y tiendes a creer que las acciones dicen más que las palabras. El reto principal al que puede enfrentarse alguien asociado con el número 24 es aprender a llevarse con gente de todos los contextos, superar el impulso de desconfiar y construir un hogar seguro. La subinfluencia del mes número 4 indica que puedes ser tenaz, tener mucha fuerza de voluntad y una naturaleza inquisitiva. Deberás trabajar en tu impaciencia, exigencia y ansias de control. Con frecuencia, recibes la lección de que los atajos derivan en rutas más largas. Responsabilizarte de tus acciones y prestar atención a los detalles, a la larga, te permitirá ahorrar tiempo. Ansías reconocimiento, pero debes trabajar arduamente para ganarte el respeto y la admiración de otros. Fortalece tu confianza superando la tendencia a ponerte a la defensiva.

• *Cualidades positivas:* energía, idealismo, habilidades prácticas, determinación inquebrantable, honestidad, franqueza, justicia, generosidad, amor al hogar, actividad.

• *Cualidades negativas:* inflexibilidad, manipulación, materialismo, inestabilidad, desprecio por la rutina, pereza, deslealtad, inestabilidad, comportamiento dominante y necedad.

Amor y relaciones

La influencia profunda de un hombre mayor, probablemente tu padre, podría tener un impacto importante en tu visión del mundo. Las ansias de independencia y llevar una vida atareada indicarían cierta incertidumbre con respecto a las relaciones. Por ende, quizá necesites encontrar a una pareja que posea un sentido natural de la autoridad, a quien respetes y admires. Como te inspiran el poder y la sabiduría, sueles sentirte atraído por individuos serios y trabajadores. Si evitas ser autocrático y demasiado serio, encontrarás felicidad y amor en las relaciones personales.

ESE ALGUIEN ESPECIAL

Encontrarás una pareja o amante leal y confiable entre quienes nacieron en las siguientes fechas.

Amor y amistad: 1, 4, 9, 14, 28 y 31 de enero; 12, 26 y 29 de febrero; 10, 24 y 27 de marzo; 8, 22 y 25 de abril; 6, 20 y 23 de mayo; 4, 18 y 21 de junio; 2, 16, 19 y 30 de julio; 14, 17, 28 y 30 de agosto; 12, 15, 26, 28 y 30 de septiembre; 10, 13, 24, 26 y 28 de octubre; 8, 11, 22, 24 y 26 de noviembre; 6, 9, 20, 22 y 24 de diciembre.

Buenas para ti: 26 de enero, 24 de febrero, 22 de marzo, 20 de abril, 18 de mayo, 16 de junio, 14 de julio, 12 de agosto, 10 de septiembre, 8 de octubre, 6 de noviembre, 4 de diciembre.

Atracción fatal: 26, 27, 28 y 29 de octubre.

Desafiantes: 3 y 25 de enero, 1 y 23 de febrero, 21 de marzo, 19 de abril, 17 de mayo, 15 de junio, 13 de julio, 11 de agosto, 9 de septiembre, 7 de octubre, 5 de noviembre, 3 de diciembre.

Almas gemelas: 3 y 10 de enero, 1 y 8 de febrero, 6 de marzo, 4 de abril, 2 de mayo, 14 de septiembre.

ESTRELLAS FIJAS

Hamal, también llamada Al Hamal, que significa "la oveja"; Sharatan, también llamada Al Sharatain

ESTRELLA PRINCIPAL

Nombre de la estrella: Hamal, también llamada Al Hamal que significa "la oveja"

Posición: 6° 43'–7° 38' de Tauro, entre los años 1930 y 2000

Magnitud: 2

Fuerza: ★★★★★★★★

Órbita: 2° 10'

Constelación: Aries (Alpha Arietis)

Días efectivos: 25, 26, 27, 28, 29 y 30 de abril

Propiedades de la estrella: influencias mixtas de Marte y Saturno

Descripción: estrella entre amarilla y anaranjada ubicada en la frente del carnero

INFLUENCIA DE LA ESTRELLA PRINCIPAL

Hamal confiere impaciencia y el impulso de sobresalir, así como cierta tendencia rebelde. Advierte, además, que la competitividad y las ansias de éxito en ocasiones te incitan a usar métodos poco ortodoxos para alcanzar tus objetivos.

Con respecto a tu grado del Sol, esta estrella otorga la capacidad de sobreponerte a los obstáculos por medio de la concentración y la perseverancia, pero sugiere evitar ser desconsiderado con los demás o usar la fuerza para salirte con la tuya. Solo con paciencia podrás desarrollar tus habilidades, talentos y capacidades. Hamal también te previene acerca del peligro de convertir el dinero en tu principal prioridad.

25 de abril

♉ Gracias a tu intelecto sobresaliente, eres un individuo cuya opinión importa. Eres práctico pero también idealista, y te caracterizas por tu sentido común sólido y el deseo de ser abierto y honesto. Eres una persona liberal, de mente abierta, que disfruta los debates y adquirir conocimiento. Sin embargo, quizá debas superar la tendencia a la negatividad y cuidarte de no ser demasiado crítico o dogmático.

La influencia de tu Sol en el decanato de Tauro implica que eres confiable y concienzudo, y también que necesitas mucho amor y afecto. Asimismo, es probable que seas ahorrador y cauteloso con el dinero, aunque seas generoso con la gente a la que quieres. Te suelen atraer la belleza, el arte y la música, y es probable que poseas talento artístico, así como una voz excepcional. Por medio de la autodisciplina, puedes desarrollar estos talentos para expresarte de formas poderosas.

Para superar la obstinación, quizá sea necesario que te asegures de afrontar desafíos constantes en áreas nuevas en lugar de apegarte a lo conocido y demostrado. Aunque, en general, eres optimista, cuando te desanimas puedes ser impaciente, frustrarte y tener baja autoestima. Aun así, sueles organizarte bien y tener ideas maravillosas, y quizá sea necesario que pongas varias de ellas en práctica para explotar tu potencial extraordinario.

A los 26 años, cuando tu Sol progresado se desplaza hacia Géminis, sientes una mayor necesidad de comunicarte e intercambiar ideas. Es una época ideal para ampliar tus horizontes mentales por medio del estudio de temas nuevos. Después de los 56, cuanto tu Sol progresado entre a Cáncer, experimentarás un punto de inflexión sustancial que subrayará la necesidad de cercanía con tus seres queridos. También es posible que haya cambios estructurales al interior de tu familia.

Tu yo secreto

Las relaciones personales y el hogar desempeñan un papel central en tu vida, pues ansías un entorno armonioso en el que te sientas seguro y a salvo. Sueles aprovechar tu creatividad para transformar tu hogar en un lugar cómodo y acogedor, aunque con un toque lujoso. También te expresas a través de ideas que enfatizan la importancia de relacionarte con personas que estimulen tu intelecto. Asimismo, seguirte educando llenará tu rutina diaria de inspiración.

Eres una persona amable que suele atraer a quienes necesitan consejo y apoyo. Dado que eres sensible y que es fácil para ti tratar con la gente, con frecuencia ocupas posiciones de guía o mentor. Dado que tus objetivos en la vida son firmes, evitas el riesgo de depender demasiado de otros. En tu caso, esta dependencia es motivo de frustraciones y decepciones si la gente no está a la altura de tus expectativas. También te gusta cooperar y ser justo y responsable, por lo que esperas que los demás sean como tú.

Trabajo y vocación

Tu creatividad innata y amor por el conocimiento indican que sueles tener éxito en ámbitos educativos o artísticos. Tu humanidad y compasión te pueden impulsar a defender reformas públicas, hacer labor social o trabajar como consultor. Puedes ser un orador extraordinario y compartir tu conocimiento con otros. Asimismo, podrías explorar el interés en los negocios en distintos ámbitos, como la banca, la bolsa de valores, la venta de mercancías y los bienes raíces. Por otro lado, tu talento creativo te hace apto para el trabajo manual, por lo que el diseño puede ser tu fuerte. El teatro, la música y sobre todo el canto son áreas que pueden resultarte atractivas. Tu capacidad para reunir fondos para causas que te importan implica que el trabajo en organizaciones sin fines de lucro te permitiría explotar a la perfección tus habilidades de organización y liderazgo.

Entre las personas famosas con quienes compartes cumpleaños están el inventor Guillermo Marconi, el basquetbolista Meadowlark Lemon, la cantante Ella Fitzgerald y el actor Al Pacino.

Numerología

Eres intuitivo y considerado, pero también rápido y enérgico, y necesitas expresarte a través de experiencias diversas. El deseo de perfección asociado con el día 25 suele instarte a trabajar arduamente y ser productivo. Sueles ser instintivo y estar alerta, y puedes adquirir más conocimientos con la aplicación práctica que con la teoría. Tu buen juicio y ojo para los detalles te garantizan logros y éxitos. Quizá necesites desarrollar una actitud menos escéptica y sobreponerte a la tendencia a tomar decisiones erráticas o impulsivas. Al ser una persona con el número 25, tienes una gran energía mental que te ayudará a analizar todos los hechos y llegar a una conclusión más rápido que cualquier otra persona. La subinfluencia del mes número 4 indica que necesitas aprender a ser más paciente y práctico para canalizar tu potencial creativo. Déjate guiar por las emociones para aprender a mantenerte enfocado, y confía en tu intuición. Despréndete de la propensión a la ansiedad y la falta de practicidad. Aprende a pensar antes de actuar. Por medio del tacto y la diplomacia, podrás adaptarte a cualquier circunstancia.

• *Cualidades positivas:* intuición, perfeccionismo, perspicacia, creatividad, don de gentes.

• *Cualidades negativas:* impulsividad, impaciencia, irresponsabilidad, hipersensibilidad, celos, hermetismo, crítica, volubilidad, nerviosismo.

Amor y relaciones

Para personas sensibles y emotivas como tú, las relaciones son significativas. Las mujeres nacidas en este día suelen ser leales y devotas, pero deben tener cuidado de no volverse demasiado dependientes de sus parejas. Al ser sociable y amistoso, disfrutas ser anfitrión y, gracias a tu ingenio y humor ácido, eres una compañía agradable. Algunas relaciones fungen como catalizadoras que transforman tus creencias y agudizan tu entendimiento. Aprende a comunicar lo que sientes y no seas demasiado reservado ni hermético. Necesitas una filosofía de vida positiva o alguien que te comprenda, pues prosperas en entornos donde tienes apoyo y amor.

• *Positiva:* paciencia, disciplina, esfuerzo, energía concentrada, liderazgo.

• *Negativa:* uso de la fuerza, falta de escrúpulos, asociación con personas inapropiadas.

ESE ALGUIEN ESPECIAL

Si deseas encontrar felicidad duradera, seguridad y un entorno estable, empieza tu búsqueda entre quienes nacieron en las siguientes fechas.

Amor y amistad: 1, 5, 10, 15, 26, 29 y 30 de enero; 13, 24, 27 y 28 de febrero; 11, 22, 25 y 26 de marzo; 9, 20, 23 y 24 de abril; 7, 18, 21 y 22 de mayo; 5, 16, 19 y 20 de junio; 3, 14, 17, 18 y 31 de julio; 1, 12, 15, 16, 29 y 31 de agosto; 10, 13, 14, 27 y 29 de septiembre; 8, 11, 12, 25 y 27 de octubre; 6, 9, 10, 23 y 25 de noviembre; 4, 7, 8, 21, 23 y 29 de diciembre.

Buenas para ti: 1, 2, 10 y 27 de enero; 8 y 25 de febrero; 6 y 23 de marzo; 4 y 21 de abril; 2, 19 y 30 de mayo; 17 y 28 de junio; 15 y 26 de julio; 13 y 24 de agosto; 11 y 22 de septiembre; 9 y 20 de octubre; 7 y 18 de noviembre; 5 y 16 de diciembre.

Atracción fatal: 28, 29 y 30 de octubre.

Desafiantes: 17 y 26 de enero; 15 y 24 de febrero; 13 y 22 de marzo; 11 y 20 de abril; 9 y 18 de mayo; 7 y 16 de junio; 5 y 14 de julio; 3, 12 y 30 de agosto; 1, 10 y 28 de septiembre; 8, 26 y 29 de octubre; 6, 24 y 27 de noviembre; 4, 22 y 25 de diciembre.

Almas gemelas: 21 de enero, 19 de febrero, 17 de marzo, 15 de abril, 13 de mayo, 11 de junio, 9 y 29 de julio, 7 y 27 de agosto, 5 y 25 de septiembre, 3 y 23 de octubre, 1 y 21 de noviembre, 19 de diciembre.

26 de abril

ESTRELLA FIJA

Nombre de la estrella: Hamal, también llamada Al Hamal, que significa "la oveja"

Posición: 6º 43'–7º 38' de Tauro, entre los años 1930 y 2000

Magnitud: 2

Fuerza: ★★★★★★★

Órbita: 2º 10'

Constelación: Aries (Alpha Arietis)

Días efectivos: 25, 26, 27, 28, 29 y 30 de abril

Propiedades de la estrella: influencias mixtas de Marte y Saturno

Descripción: estrella entre amarilla y anaranjada ubicada en la frente del carnero

INFLUENCIA DE LA ESTRELLA PRINCIPAL

Hamal confiere impaciencia y el impulso de sobresalir, así como cierta tendencia rebelde. Advierte, además, que la competitividad y las ansias de éxito en ocasiones te incitan a usar métodos poco ortodoxos para alcanzar tus objetivos.

Con respecto a tu grado del Sol, esta estrella otorga la capacidad de sobreponerte a los obstáculos por medio de la concentración y la perseverancia, pero sugiere evitar ser desconsiderado con los demás o usar la fuerza para salirte con la tuya. Solo con paciencia podrás desarrollar tus habilidades, talentos y capacidades. Hamal también te previene acerca del peligro de convertir el dinero en tu principal prioridad.

• *Positiva:* paciencia, disciplina, esfuerzo, energía concentrada, liderazgo.

• *Negativa:* uso de la fuerza, falta de escrúpulos, asociación con personas inapropiadas.

Tu fecha de cumpleaños revela que eres una persona inteligente y sensible, así como un visionario pragmático con un potencial de éxito extraordinario. Aunque te atraiga el poder intelectual en todas sus dimensiones, el desprecio por la crueldad implica que eres sensible ante tu entorno. Posees empuje e imaginación, lo cual es ideal para inspirarte a luchar por tus sueños.

Gracias a que tu Sol está en el primer decanato de Tauro, posees un lado creativo y un aprecio profundo por los colores, las formas y los sonidos. Esto también acentúa tu amor por la naturaleza, la belleza y los lujos, así como una necesidad intensa de expresarte. Dado que es probable que seas muy afectuoso, te atraen personas que se caracterizan por ser amorosas. La subinfluencia de Venus, el regente de tu decanato, indica que tienes facilidad para las cuestiones financieras y que solo te falta disciplinarte para poder manifestar tus planes a gran escala y buena fortuna innata. Por desgracia, esto también indica cierta tendencia a la autoindulgencia excesiva.

Aunque eres una persona pragmática con un buen sentido de la forma, también tienes dones psíquicos naturales. La gran fuerza de tus instintos te permite entender las motivaciones ajenas y indica que una percepción tan sofisticada podría promover el entendimiento universal y un sentido creciente de la compasión.

Después de los 25 años, cuando tu Sol progresado entre a Géminis, habrá un mayor deseo de expresar tus ideas y de relacionarte con gente de tu entorno inmediato. Esta influencia podría impulsarte a estudiar o diversificarte intelectualmente de distintas formas, y continúa hasta los 55, cuanto tu Sol progresado entra en Cáncer. Al ser un punto de inflexión en tu vida, resaltará la importancia creciente de tener un hogar seguro y de expresar las emociones, en especial en círculos familiares. Asimismo, sentirás un deseo intenso de cuidar o de ser cuidado.

Tu yo secreto

Eres una persona a la que le gusta ser productiva, que entiende el valor del conocimiento y quiere usarlo para construir un mejor futuro. Esto te permite sentir que estás haciendo algo positivo, te vuelve consciente de la seguridad y te hace congruente con tus fuertes valores. Sin embargo, las tendencias evasivas ponen en riesgo tu tendencia a mantener ocupada tu mente extraordinaria y a estar a la altura de tu potencial. Gracias a tu sensibilidad e imaginación potente y vívida, en ocasiones te parecerá sencillo tomar el camino fácil o decirle a la gente lo que quiere oír. Por otro lado, cuando te enfocas en algo, tu potencial y tenacidad son formidables.

Posees habilidades de organización superiores y eres sociable, lo que te permite prosperar en actividades grupales. Con frecuencia adoptas papeles de liderazgo, sobre todo en circunstancias que implican aprendizaje. Si te interesa un tema, lo aprendes con rapidez; de hecho, es posible que te atraigan las cuestiones metafísicas.

Trabajo y vocación

Las aptitudes pragmáticas, junto con las habilidades de organización, suponen que puedes tener éxito en ámbitos de fabricación, creación de marcas o finanzas. Si eliges los negocios como carrera, prefieres implicarte en operaciones a gran escala. Tu creatividad natural puede guiarte hacia la escritura, la pintura o la música. Tus aptitudes para identificarte con otras personas indican que se te facilita tratar con el público, sobre todo en ámbitos educativos y de bienestar social. Tu excelente sentido de la estructura o la forma combinado con tu visión del mundo podría inclinarte hacia carreras como arquitectura, fotografía y cine. Por otro lado, tu facilidad innata para la psicología y la sanación podrían llevarte a profesiones relacionadas con la salud o la medicina alternativa.

Entre las personas famosas con quienes compartes cumpleaños están el pintor Eugène Delacroix, la artista Carol Burnett, el músico Duane Eddy y el filósofo Ludwig Wittgenstein.

Numerología

La fuerza o el poder asociados con el número 26 en tu cumpleaños muestran que eres una persona cautelosa con valores sólidos y buen juicio. Tu amor por el hogar y tus fuertes instintos parentales sugieren que debes construir una base sólida o encontrar estabilidad real. Como sueles ser un pilar de fortaleza para otros, estás dispuesto a ayudar a amigos y familiares que recurran a ti en momentos de dificultad. Sin embargo, quizá debas cuidar tus tendencias materialistas y el deseo de controlar situaciones o a personas. La subinfluencia del mes 4 indica que necesitas expresarte con más libertad. Asimismo, debes desarrollar tus talentos internos y experimentar. Por tanto, evita ser demasiado crítico, perezoso o cínico. Cuando te confundes, puedes ser temperamental, obstinado o aburrirte con facilidad. Combate el pesimismo siendo positivo pero realista; date tiempo para divertirte sin pensar demasiado en las responsabilidades.

• *Cualidades positivas:* creatividad, practicidad, cuidado, responsabilidad, orgullo familiar, entusiasmo, valentía.

• *Cualidades negativas:* necedad, rebeldía, relaciones inestables, falta de entusiasmo, falta de perseverancia, inestabilidad.

Amor y relaciones

Cuando se trate de relaciones importantes, es esencial que encuentres gente que piense como tú, con quien puedas compartir los mismos valores y visiones. Las relaciones sentimentales más exitosas, duraderas y estables en términos sociales serán las que entables con personas que te estimulen a nivel intelectual y tengan ideas propias, posiblemente relacionadas con temas de política, filosofía, espiritualidad o educación. El trabajo también puede influir en tus relaciones personales, así que cuídate de no caer en juegos de poder. La capacidad para identificar los cambios emocionales sutiles te permite entablar relaciones encantadoras con parejas potenciales.

ESE ALGUIEN ESPECIAL

Encontrarás a la pareja estimulante que buscas entre quienes nacieron en las siguientes fechas.

Amor y amistad: 10, 13, 20, 30 y 31 de enero; 8, 11, 18 y 28 de febrero; 6, 9, 16 y 26 de marzo; 4, 7, 14 y 24 de abril; 2, 5, 12 y 22 de mayo; 3, 10 y 20 de junio; 1, 8 y 18 de julio; 6, 16 y 30 de agosto; 4, 14, 28 y 30 de septiembre; 2, 12, 26, 28 y 30 de octubre; 10, 24, 26 y 28 de noviembre; 8, 22, 24, 26 y 29 de diciembre.

Buenas para ti: 12, 16, 17 y 28 de enero; 10, 14, 15 y 26 de febrero; 8, 12, 13 y 24 de marzo; 6, 10, 11 y 22 de abril; 4, 8, 9, 20 y 29 de mayo; 2, 6, 7, 18 y 27 de junio; 4, 5, 16 y 25 de julio; 2, 3, 14 y 23 de agosto; 1, 12 y 21 de septiembre; 10 y 19 de octubre; 8 y 17 de noviembre; 6 y 15 de diciembre.

Atracción fatal: 31 de marzo; 29 de abril; 27 de mayo; 25 de junio; 23 de julio; 21 de agosto; 19 de septiembre; 17, 29, 30 y 31 de octubre; 15 de noviembre; 17 de diciembre.

Desafiantes: 6, 18, 22 y 27 de enero; 4, 16, 20 y 25 de febrero; 2, 14, 18 y 23 de marzo; 12, 16 y 21 de abril; 10, 14 y 19 de mayo; 8, 12 y 17 de junio; 6, 10 y 15 de julio; 4, 8 y 13 de agosto; 2, 6 y 11 de septiembre; 4 y 9 de octubre; 2 y 7 de noviembre; 5 de diciembre.

Almas gemelas: 28 de marzo, 26 de abril, 24 de mayo, 22 de junio, 20 de julio, 18 de agosto, 16 de septiembre, 14 de octubre, 12 de noviembre, 10 de diciembre.

ESTRELLAS FIJAS

Hamal, también llamada Al Hamal, que significa "la oveja"; Shedir, también llamada Shedar o Alfa Casiopea

ESTRELLA PRINCIPAL

Nombre de la estrella: Hamal, también llamada Al Hamal, que significa "la oveja"

Posición: 6° 43'–7° 38' de Tauro, entre los años 1930 y 2000

Magnitud: 2

Fuerza: ★★★★★★★

Órbita: 2° 10'

Constelación: Aries (Alpha Arietis)

Días efectivos: 25, 26, 27, 28, 29 y 30 de abril

Propiedades de la estrella: influencias mixtas de Marte y Saturno

Descripción: estrella entre amarilla y anaranjada ubicada en la frente del carnero

INFLUENCIA DE LA ESTRELLA PRINCIPAL

Hamal confiere impaciencia y el impulso de sobresalir, así como cierta tendencia rebelde. Advierte, además, que la competitividad y las ansias de éxito en ocasiones te incitan a usar métodos poco ortodoxos para alcanzar tus objetivos.

Con respecto a tu grado del Sol, esta estrella otorga la capacidad de sobreponerte a los obstáculos por medio de la concentración y la perseverancia, pero sugiere evitar ser desconsiderado con los demás o usar la fuerza para salirte con la tuya. Solo con paciencia podrás desarrollar tus habilidades, talentos y capacidades. Hamal también te previene acerca del peligro de convertir el dinero en tu principal prioridad.

27 de abril

Tu fecha de cumpleaños sugiere que eres un Tauro astuto y tenaz, inteligente y con ideas originales. Ser independiente y capaz de evaluar las situaciones con rapidez te brinda una mezcla interesante de suspicacia e ingenuidad. Posees cierta jovialidad que te permite inspirar a otros con tus ideas emocionantes y aventureras. Además, tu tenacidad y perseverancia te permiten llevar los proyectos hasta sus últimas consecuencias.

La doble influencia de tu Sol en el decanato de Tauro implica que te encantan las cosas buenas de la vida y los pequeños lujos. Si te presionan, puedes volverte obstinado y egoísta. Sin embargo, esto se contrarresta con el lado amoroso y afectuoso de tu naturaleza. Tu sensualidad innata también trae consigo aprecio por la belleza, los colores y las formas, lo cual puede traducirse en expresión artística. Asimismo, sueles desear cosas sumamente placenteras que te pueden inclinar hacia la autocomplacencia excesiva.

Gracias al desarrollo de tu agudeza mental, puede emerger tu extraordinario potencial y prepararte para superar la tendencia a pensar de forma negativa. Las preocupaciones y ansiedades pueden frustrarte y volverte frío, por lo que es importante que tengas una meta clara y mantengas una actitud positiva. Cuando te sientes motivado, eres apasionado y astuto; además, posees la capacidad de actuar de forma espontánea y aprovechar las oportunidades en el momento.

A los 24 años, cuando tu Sol progresado se desplace hacia Géminis, sentirás una mayor necesidad de comunicar e intercambiar ideas. Será una época en la que expandas tus horizontes y aprendas nuevas habilidades o estudies temas nuevos. A los 54, cuando tu Sol progresado entre a Cáncer, habrá otro punto de inflexión que resalta la creciente necesidad emocional de bases sólidas sobre las cuales construir. Esto pone un mayor énfasis en tener un hogar seguro, así como lazos familiares estrechos.

Tu yo secreto

Sin importar las dificultades que enfrentes en la vida, en el fondo sabes que posees la capacidad de superar las adversidades. Tienes un sentido innato del valor de las cosas, así como el empuje para alcanzar tus metas materiales, lo cual te ayuda a seguir adelante. Es posible que la influencia de las mujeres te resulte de especial utilidad para lograr tus objetivos. Cuentas con una visión empresarial que te permite triunfar en lo financiero, pero es importante que creas que tu trabajo vale la pena. La educación es esencial para sacarle el mayor provecho posible a tus cualidades.

Dado que tiendes a ser terco, debes recordar disfrutar el debate con otros sin enfrascarte en peleas. Te gusta tener contiendas de agudeza mental entre amigos y disfrutas hacer preguntas sutilmente provocativas. Aunque eres sociable, quizá necesites tiempo a solas para recobrar energías y tener oportunidad para reflexionar. Esto desarrolla tu intuición natural, lo cual te puede poner en un lugar firme y ayudarte a superar la tendencia al escepticismo.

Trabajo y vocación

Con tu vitalidad mental y amor por el debate, sobresaldrás en carreras como educación o derecho, o en algo relacionado con investigación. Sueles poseer buenas habilidades técnicas que te permiten trabajar con computadoras o en distintos tipos de ingeniería. Si compartes tu conocimiento con otros es porque te agrada el trabajo que implica cambios y reformas sociales. Gracias a tu mente privilegiada te beneficiarás de la educación superior, y, con ayuda de tus habilidades de organización, te será posible alcanzar puestos elevados en el gobierno. Por otro lado, quizá te interese la psicología, y tu mente analítica te incline hacia profesiones médicas.

Entre las personas famosas con quienes compartes cumpleaños están el inventor Samuel Morse, la activista Coretta Scott King, la escritora feminista Mary Wollstonecraft (Mary Shelley), la actriz Sandy Dennis y la cantante Sheena Easton.

Numerología

El día número 27 indica que tu profundidad de pensamiento puede verse beneficiada enormemente por el desarrollo de la paciencia y el autocontrol. Eres intuitivo, inquisitivo, enérgico, decidido y observador, ya que pones gran atención a los detalles. Con frecuencia eres idealista, sensible, con una mente fértil y creativa, y puedes impresionar a otros con tus ideas y pensamientos originales. Al desarrollar buenas habilidades comunicativas, puedes superar tu renuencia a expresar tus sentimientos más profundos. La educación es esencial para las personas con el número 27 y, con la preparación adecuada, puedes alcanzar el éxito en la escritura, la investigación o trabajando en grandes organizaciones. La subinfluencia del mes 4 indica que necesitas dirección o control en la vida. Eres entusiasta y te beneficias de la disciplina y de tener tu vida bien organizada. Eres naturalmente versátil e imaginativo, tienes instintos fuertes y habilidades psíquicas; además eres ambicioso y estás lleno de ideas. No obstante, la inquietud te volverá inestable e impulsivo, por lo que quizá sea necesario que primero aprendas a convertir tus ideas en conceptos tangibles.

• *Cualidades positivas:* versatilidad, imaginación, creatividad, determinación, valentía, comprensión, capacidad intelectual, espiritualidad, ingenio, fortaleza mental.

• *Cualidades negativas:* antipatía, susceptibilidad, naturaleza pendenciera, inquietud, nerviosismo, desconfianza, tensión.

Amor y relaciones

Eres intuitivo y sensible, pero también emprendedor y activo, por lo que te atraen los individuos ingeniosos. Tu astucia e independencia te hacen querer saber qué motiva a los demás, pero solo cuando superas la tendencia a la suspicacia logras abrir tu corazón y expresar tus emociones internas. Las mujeres leales desempeñan un papel importante en tu éxito y podrán ayudarte a alcanzar puestos de autoridad en el trabajo o presentarte a personas pertenecientes a círculos sociales que te beneficien.

• *Positiva:* paciencia, disciplina, esfuerzo, energía concentrada, liderazgo.

• *Negativa:* uso de la fuerza, falta de escrúpulos, asociación con personas inapropiadas.

Para no perder interés en una relación a largo plazo, vincúlate con personas nacidas en las siguientes fechas.

Amor y amistad: 11, 21, 28 y 31 de enero; 19, 26 y 29 de febrero; 17, 24 y 27 de marzo; 15, 22 y 25 de abril; 13, 20 y 23 de mayo; 11, 18 y 21 de junio; 9, 16 y 19 de julio; 7, 14, 17 y 31 de agosto; 5, 12, 15 y 29 de septiembre; 3, 10, 13, 27, 29 y 31 de octubre; 1, 8, 11, 25, 27 y 29 de noviembre; 6, 9, 23, 25 y 27 de diciembre.

Buenas para ti: 9, 12, 18, 24 y 29 de enero; 7, 10, 16, 22 y 27 de febrero; 5, 8, 14, 20 y 25 de marzo; 3, 6, 12, 18 y 23 de abril; 1, 10, 16, 21 y 31 de mayo; 2, 8, 14, 19 y 29 de junio; 6, 12, 17 y 27 de julio; 4, 10, 15 y 25 de agosto; 2, 8, 13 y 23 de septiembre; 6, 11 y 21 de octubre; 4, 9 y 19 de noviembre; 2, 7 y 17 de diciembre.

Atracción fatal: 3 de enero, 1 de febrero, 30 y 31 de octubre, 1 y 2 de noviembre.

Desafiantes: 7, 8, 19 y 28 de enero; 5, 6, 17 y 26 de febrero; 3, 4, 15 y 24 de marzo; 1, 2, 13 y 22 de abril; 11 y 20 de mayo; 9 y 18 de junio; 7 y 16 de julio; 5 y 14 de agosto; 3 y 12 de septiembre; 1 y 10 de octubre; 8 de noviembre; 6 de diciembre.

Almas gemelas: 3 y 19 de enero, 1 y 17 de febrero, 15 de marzo, 13 de abril, 11 de mayo, 9 de junio, 7 de julio, 5 de agosto, 3 de septiembre, 1 de octubre.

28 de abril

ESTRELLAS FIJAS

Hamal, también llamada Al Hamal, que significa "la oveja"; Shedir, también llamada Shedar o Alfa Casiopea

ESTRELLA PRINCIPAL

Nombre de la estrella: Hamal, también llamada Al Hamal, que significa "la oveja"

Posición: 6° 43'–7° 38' de Tauro, entre los años 1930 y 2000

Magnitud: 2

Fuerza: ★★★★★★★

Órbita: 2° 10'

Constelación: Aries (Alpha Arietis)

Días efectivos: 25, 26, 27, 28, 29 y 30 de abril

Propiedades de la estrella: influencias mixtas de Marte y Saturno

Descripción: estrella entre amarilla y anaranjada ubicada en la frente del carnero

INFLUENCIA DE
LA ESTRELLA PRINCIPAL

Hamal confiere impaciencia y el impulso de sobresalir, así como cierta tendencia rebelde. Advierte, además, que la competitividad y las ansias de éxito en ocasiones te incitan a usar métodos poco ortodoxos para alcanzar tus objetivos.

Con respecto a tu grado del Sol, esta estrella otorga la capacidad de sobreponerte a los obstáculos por medio de la concentración y la perseverancia, pero sugiere evitar ser desconsiderado con los demás o usar la fuerza para salirte con la tuya. Solo con paciencia podrás desarrollar tus habilidades, talentos y capacidades. Hamal también te previene acerca del peligro de convertir el dinero en tu principal prioridad.

La interesante y especial combinación de poder mental, encanto y buen olfato para los negocios caracteriza a la gente que comparte esta fecha de cumpleaños. Gracias a la fortaleza y la capacidad de avanzar en la vida por mérito propio, abordas con tenacidad la materialización de tu visión personal del mundo. Por desgracia, la pasión que te inspiran las cosas buenas de la vida y la tendencia a ser demasiado ensimismado podrían distraerte de alcanzar tus más grandes sueños.

La influencia añadida de tu Sol en el decanato de Tauro sugiere que posees un aprecio particular por la belleza, el color y los sonidos, por lo que sientes la necesidad de expresarte de formas creativas. Esto a veces también incluye la aptitud para la oratoria o el canto. Dada la potencia de tu atracción, necesitas sentir el afecto de otros y estás dispuesto a retribuirles con amor. Sin embargo, debes evitar las frustraciones y no canalizar tu sensualidad innata en cualquier tipo de autocomplacencia excesiva.

Para evitar conflictos entre tu idealismo y sensibilidad, y el materialismo mundano, será necesario que valores bien la situación antes de comprometerte con algún tipo de organización. Esto implicará hacer uso de tu excelente sentido de la intuición en toda clase de cuestiones prácticas para establecer bases concretas sobre las cuales desarrollar tus aspiraciones.

Después de los 23 años, cuando tu Sol progresado entra a Géminis, el ritmo de la vida se acelera y hay un mayor énfasis en la escritura, el habla y la comunicación en general. Esto sigue así hasta los 53, cuando tu Sol progresado entra en Cáncer. En ese momento, habrá un punto de inflexión en tu vida que resaltará la importancia creciente de los vínculos emocionales, la seguridad, el hogar y la familia.

Tu yo secreto

Tu tenacidad y habilidad para trabajar en equipo, aunadas a cierto gusto por el histrionismo, revelan tus habilidades de liderazgo. Posees la capacidad innata para comercializar tus talentos y hacer contactos, pero para ello debes superar el miedo injustificado a la falta de reservas financieras.

Siempre que estás dispuesto a dedicar el tiempo y el esfuerzo necesarios, proteges con uñas y dientes tu lugar de trabajo. Sin embargo, es esencial que encuentres un punto de equilibrio entre esta parte de tu vida y tus relaciones. Tienes la capacidad de comprender, hacer concesiones y llegar a acuerdos con otros, pero deberás cuidar mucho el equilibrio de poderes durante el proceso. Si te excedes, puedes volverte muy dominante; si te privas, podrías terminar resignado e inactivo. Por fortuna, siempre tienes la fortaleza para manejar cualquier situación con voluntad mesurada.

Trabajo y vocación

El placer de los emprendimientos intelectuales podría inclinarte hacia la enseñanza o la escritura. La capacidad de entender la naturaleza humana indica que ocupaciones como asesor, terapeuta o consejero también te resultarían gratificantes. Tu aptitud natural para las formas y los colores podría inspirarte a volverte diseñador o a trabajar en teatro, música o las artes en general. Por otro lado, tu capacidad de persuasión e ideas brillantes podrían permitirte tener éxito en el mundo de la publicidad, los medios de comunicación o el sector editorial.

Entre las personas famosas con quienes compartes cumpleaños están la escritora Harper Lee; los actores Lionel Barrymore, Penélope Cruz y Ann-Margret; el presentador de televisión Jay Leno, y la cantante Blossom Dearie.

Numerología

La suma de los dos dígitos de tu fecha de cumpleaños, 2 y 8, es igual a 1, lo cual en términos numerológicos significa que eres una persona ambiciosa, directa y emprendedora. Siempre estás preparado para la acción y para emprender nuevos proyectos; enfrentas los desafíos de la vida con valentía, además, gracias a tu entusiasmo, motivas fácilmente a otros, si bien no a seguirte, por lo menos a apoyarte en tus emprendimientos. Aunque te motiva el éxito y eres tenaz, la familia y la vida hogareña son importantes para ti. Encontrar estabilidad y cuidar de tus seres más queridos a veces puede suponerte un reto. La subinfluencia del mes número 4 indica que eres entusiasta y versátil. Aunque necesitas estabilidad y seguridad, es probable que viajes mucho por trabajo o trabajes lejos de casa. La necesidad de encontrar el equilibrio entre los deberes y el amor por la libertad indica que debes aprender a ser disciplinado para volverte tenaz y asertivo. Evita desperdigar tu energía en todas direcciones y aprende que, a través de procesos y avanzando paso a paso, es posible alcanzar las metas. La capacidad para crear nuevas estructuras a través de la síntesis de ideas anteriores también te ayuda a poner en práctica tu poder de intuición.

• *Cualidades positivas:* compasión, actitud progresista, audacia, habilidades artísticas, creatividad, idealismo, ambición, trabajo arduo, vida familiar estable, fuerza de voluntad.

• *Cualidades negativas:* fantasioso, desmotivación, falta de compasión, poco realista, autoritario, falta de juicio, agresividad, inseguridad, dependencia excesiva de los demás, orgullo.

Amor y relaciones

Eres una persona dinámica y dramática a nivel emocional; necesitas expresar tu amor y capacidades creativas. Aunque seas sensible y te encante el romance, debes aprender a disciplinarte y cuidarte de tendencias hacia la posesividad, la envidia o los celos. Te atraen personas creativas y amistosas, aunque prefieres las personalidades histriónicas que le imprimen emoción a tu vida. Por otro lado, la búsqueda de conocimiento puede inclinarte a buscar personas que piensen como tú y que compartan tus intereses.

• *Positiva:* paciencia, disciplina, esfuerzo, energía concentrada, liderazgo.

• *Negativa:* uso de la fuerza, falta de escrúpulos, asociación con personas inapropiadas.

ESE ALGUIEN ESPECIAL

Encontrarás una pareja que comprenda tu sensibilidad y tus necesidades afectivas entre quienes nacieron en las siguientes fechas.

Amor y amistad: 8, 12, 18 y 22 de enero; 10, 16 y 20 de febrero; 8, 14, 18 y 28 de marzo; 12, 16 y 26 de abril; 10, 14 y 24 de mayo; 8, 12 y 22 de junio; 6, 10, 20 y 29 de julio; 4, 8, 18, 27 y 30 de agosto; 2, 6, 16, 25 y 28 de septiembre; 4, 14, 23, 26 y 30 de octubre; 2, 12, 21, 24 y 28 de noviembre; 10, 19, 22, 26 y 28 de diciembre.

Buenas para ti: 6, 10, 25 y 30 de enero; 4, 8, 23 y 28 de febrero; 2, 6, 21 y 26 de marzo; 4, 19 y 24 de abril; 2, 17 y 22 de mayo; 15, 20 y 30 de junio; 13, 18 y 28 de julio; 11, 16 y 26 de agosto; 9, 14 y 24 de septiembre; 7, 12 y 22 de octubre; 5, 10 y 20 de noviembre; 3, 8 y 18 de diciembre.

Atracción fatal: 29 de mayo, 27 de junio, 25 de julio, 23 de agosto, 21 de septiembre, 19 y 31 de octubre, 1 y 17 de noviembre, 15 de diciembre.

Desafiantes: 13, 29 y 31 de enero; 11, 27 y 29 de febrero; 9, 25 y 27 de marzo; 7, 23 y 25 de abril; 5, 21 y 23 de mayo; 3, 19 y 21 de junio; 1, 17 y 19 de julio; 15 y 17 de agosto; 13 y 15 de septiembre; 11 y 13 de octubre; 9 y 11 de noviembre; 7 y 9 de diciembre.

Almas gemelas: 6 y 25 de enero, 4 y 23 de febrero, 2 y 21 de marzo, 19 de abril, 17 de mayo, 15 de junio, 13 de julio, 11 de agosto, 9 de septiembre, 7 de noviembre, 5 de diciembre.

ESTRELLAS FIJAS

Hamal, también llamada Al Hamal, que significa "la oveja"; Shedir, también llamada Shedar o Alfa Casiopea

ESTRELLA PRINCIPAL

Nombre de la estrella: Hamal, también llamada Al Hamal, que significa "la oveja"

Posición: 6° 43'–7° 38' de Tauro, entre los años 1930 y 2000

Magnitud: 2

Fuerza: ★★★★★★★

Órbita: 2° 10'

Constelación: Aries (Alpha Arietis)

Días efectivos: 25, 26, 27, 28, 29 y 30 de abril

Propiedades de la estrella: influencias mixtas de Marte y Saturno

Descripción: estrella entre amarilla y anaranjada ubicada en la frente del carnero

INFLUENCIA DE LA ESTRELLA PRINCIPAL

Hamal confiere impaciencia y el impulso de sobresalir, así como cierta tendencia rebelde. Advierte, además, que la competitividad y las ansias de éxito en ocasiones te incitan a usar métodos poco ortodoxos para alcanzar tus objetivos.

Con respecto a tu grado del Sol, esta estrella otorga la capacidad de sobreponerte a los obstáculos por medio de la concentración y la perseverancia, pero sugiere evitar ser desconsiderado con los demás o usar la fuerza para salirte con la tuya. Solo con paciencia podrás desarrollar tus habilidades, talentos y capacidades. Hamal también te previene acerca del peligro de convertir el dinero en tu principal prioridad.

29 de abril

♉ La agilidad de pensamiento que te caracteriza garantiza que tu mente jamás dejará de trabajar. Eres intuitivo y capaz de dilucidar ideas complejas, por lo que al instante generas opiniones de los demás que suelen ser correctas. Quizá te resulte necesario encontrar intereses y especialidades que te permitan enfocar tu energía mental en algo que valga la pena.

La influencia del decanato en Tauro indica amor por la belleza y las artes, así como expresión creativa. Asimismo, sugiere una naturaleza sensorial que en ocasiones está inclinada hacia lo material y la conciencia de la seguridad. Las habilidades comerciales naturales que te imprime este decanato se combinan bien con tu interés en otros y te ayuda a obtener contactos de toda clase de personas. Suelen atraerte lugares del extranjero o conocer gente nueva, por lo que es probable que tengas la oportunidad de trabajar en otro país. Por otro lado, para evitar el aburrimiento, tal vez debas buscar nuevas experiencias y aprender sobre la marcha.

Para evitar el pesimismo o el cinismo, quizá sea necesario plantearte una meta positiva que sientas que está a tu alcance. Esto estimula tu espíritu de emprendimiento y hace sobresalir tu optimismo y sentido de la buena fortuna. Sueles tener agilidad mental y curiosidad, por lo que eres buena compañía y puedes ser entretenido, ya que posees un sentido del humor particular.

Después de los 22 años, cuanto tu Sol progresado se desplace hacia Géminis, el ritmo de tu vida se acelerará y habrá un mayor énfasis en la escritura, el habla y la comunicación. Esto seguirá así hasta los 52, cuando tu Sol progresado entre a Cáncer. En ese momento habrá un punto de inflexión que resaltará la importancia creciente de la intimidad y seguridad emocionales.

Tu yo secreto

Aunque cierta inquietud interna te impulsará a buscar variedad en la vida, en tu interior también hay necesidad de orden, confianza y seguridad. Gracias a tu ingenio y enfoque pragmático, puedes organizar con facilidad tus planes de vida y resolver los problemas que se presenten. Tienes una voluntad férrea y eres perseverante una vez que decides algo, lo que te convierte en una persona de cuidado.

A pesar de ser práctico en la superficie, en tu interior también posees el deseo de encontrar cosas profundas y significativas. Esto podría traducirse en secretos dentro de las relaciones o intereses en temas de una naturaleza más profunda. Asimismo, eres sensible a nivel emocional y también puedes ser intuitivo o psíquico, lo que te permite entender a la gente a la perfección. Aunque seas amoroso y cariñoso, cuídate de no ser demasiado voluble. Aun así, cuando adoptas una actitud positiva, canalizas de forma creativa tus pensamientos y habilidades prácticas para alcanzar tus metas.

Trabajo y vocación

La necesidad de estímulo intelectual y tu agilidad mental son indicativas de que sueles asimilar la información con gran rapidez. Esto te da una amplísima variedad de posibles profesiones, pero deberás tener cuidado de no elegir alguna que pueda aburrirte. Aunque la variedad sea tu clave del éxito, evita meter demasiadas cucharas en sopas ajenas; no desperdigues tu energía. Podrían interesarte trabajos en la función pública, pues las actividades orientadas a las personas suelen darte cierto sentido de propósito en la vida. Si posees dones artísticos, quizá tendrías más éxito como escritor o periodista, o en los ámbitos del arte comercial, la publicidad o la moda. Tus habilidades de liderazgo podrían permitirte sobresalir en el mundo de los negocios o en la política. Asimismo, la actuación o la música pueden ser excelentes formas de canalizar tu imaginación y empuje.

Entre las personas famosas con quienes compartes cumpleaños están las actrices Michelle Pfeiffer y Uma Thurman, el comediante Jerry Seinfeld, el músico y compositor Duke Ellington, los directores de orquesta Sir Thomas Beecham y Sir Malcolm Sargent, el tenista Andre Agassi y el magnate de la publicidad William Randolph Hearst.

Numerología

Haber nacido bajo el número 29 te convierte en una persona sumamente intuitiva, sensible y emotiva. Tu naturaleza compasiva y comprensiva inspira el espíritu humanitario en otros, y los anima a cumplir sus sueños y objetivos. Si bien eres un soñador, en ocasiones los extremos de tu personalidad sugieren que debes cuidar tus cambios de humor. Quienes cumplen años en un día 29 ansían ser populares y les importa lo que la gente piense de ellos. La subinfluencia del mes número 4 indica que requieres estabilidad y seguridad. Aunque seas idealista y generoso, te servirá ser más consciente de las necesidades ajenas. Si eres inquieto e inestable, puedes perder el tacto y volverte problemático. El equilibrio entre tus ideales elevados, el amor por la libertad y la realidad suele alcanzarse por medio de la disciplina y el trabajo arduo. Aceptar tus limitaciones y mantener los pies en la tierra te ayudará a lograr algunas de tus metas.

• *Cualidades positivas:* inspiración, equilibrio, paz interior, generosidad, éxito, creatividad, intuición, misticismo, sueños poderosos, cosmopolita, fe.

• *Cualidades negativas:* desconcentración, inseguridad, nerviosismo, volubilidad, personalidad difícil, extremismo, desconsideración, aislamiento, hipersensibilidad.

Amor y relaciones

Aunque sueles ser franco y mantenerte alerta, eres bastante reservado con tus emociones dentro de las relaciones personales. Quizá debas superar la tendencia a ser demasiado suspicaz con la gente a la que amas y aprender a enfrentar cada relación como una experiencia enriquecedora. Sin embargo, eres un buen amigo y confidente, y ser entretenido te garantiza el éxito en situaciones sociales.

• *Positiva:* paciencia, disciplina, esfuerzo, energía concentrada, liderazgo.

• *Negativa:* uso de la fuerza, falta de escrúpulos, asociación con personas inapropiadas.

ESE ALGUIEN ESPECIAL

Si lo que deseas es seguridad y felicidad duraderas, búscalas entre quienes nacieron en las siguientes fechas.

Amor y amistad: 4, 13, 19 y 23 de enero; 11, 17 y 21 de febrero; 9, 15, 19, 28, 29 y 30 de marzo; 7, 13, 17, 26 y 27 de abril; 5, 11, 15, 24, 25 y 26 de mayo; 3, 9, 13, 22, 23 y 24 de junio; 1, 7, 11, 20, 21 y 22 de julio; 5, 9, 18, 19 y 20 de agosto; 3, 7, 16, 17 y 18 de septiembre; l, 5, 14, 15, 16, 29 y 31 de octubre; 3, 12, 13, 14, 27 y 29 de noviembre; 1, 10, 11, 12, 25, 27 y 29 de diciembre.

Buenas para ti: 7, 15, 20 y 31 de enero; 5, 13, 18 y 29 de febrero; 3, 11, 16 y 27 de marzo; 1, 9, 14 y 25 de abril; 7, 12 y 23 de mayo; 5, 10 y 21 de junio; 3, 8 y 19 de julio; 1, 6, 17 y 30 de agosto; 4, 15 y 28 de septiembre; 2, 13 y 26 de octubre; 11 y 24 de noviembre; 9 y 22 de diciembre.

Atracción fatal: 1, 2 y 3 de noviembre.

Desafiantes: 6, 14 y 30 de enero; 4, 12 y 28 de febrero; 2, 10 y 26 de marzo; 8 y 24 de abril; 6 y 22 de mayo; 4 y 20 de junio; 2 y 18 de julio; 16 de agosto; 14 de septiembre; 12 de octubre; 10 de noviembre; 8 de diciembre.

Almas gemelas: 30 de abril, 28 de mayo, 26 de junio, 24 de julio, 22 de agosto, 20 de septiembre, 18 y 30 de octubre, 16 y 28 de noviembre, 14 y 26 de diciembre.

SOL: TAURO
DECANATO: TAURO/VENUS
ÁNGULO: 9º–10º DE TAURO
MODALIDAD: FIJA
ELEMENTO: TIERRA

30 de abril

ESTRELLA FIJA

Nombre de la estrella: Hamal, también llamada Al Hamal, que significa "la oveja"

Posición: 6º 43'–7º 38' de Tauro, entre los años 1930 y 2000

Magnitud: 2

Fuerza: ★★★★★★★

Órbita: 2º 10'

Constelación: Aries (Alpha Arietis)

Días efectivos: 25, 26, 27, 28, 29 y 30 de abril

Propiedades de la estrella: influencias mixtas de Marte y Saturno

Descripción: estrella entre amarilla y anaranjada ubicada en la frente del carnero

INFLUENCIA DE LA ESTRELLA PRINCIPAL

Hamal confiere impaciencia y el impulso de sobresalir, así como cierta tendencia rebelde. Advierte, además, que la competitividad y las ansias de éxito en ocasiones te incitan a usar métodos poco ortodoxos para alcanzar tus objetivos.

Con respecto a tu grado del Sol, esta estrella otorga la capacidad de sobreponerte a los obstáculos por medio de la concentración y la perseverancia, pero sugiere evitar ser desconsiderado con los demás o usar la fuerza para salirte con la tuya. Solo con paciencia podrás desarrollar tus habilidades, talentos y capacidades. Hamal también te previene acerca del peligro de convertir el dinero en tu principal prioridad.

• *Positiva:* paciencia, disciplina, esfuerzo, energía concentrada, liderazgo.

• *Negativa:* uso de la fuerza, falta de escrúpulos, asociación con personas inapropiadas.

Tu fecha de cumpleaños indica un pragmatismo vigoroso, franqueza al hablar y trabajo arduo. Con ese enfoque pragmático y tus habilidades de organización y lealtad, es probable que te involucres en proyectos creativos a gran escala. No obstante, posees un toque de rebeldía que podría afectar la armonía que tanto ansías.

La influencia añadida de tu decanato en Tauro indica que eres una persona sensual, con un fuerte poder de atracción que necesita amor y afecto. Disfrutas la belleza y los lujos, pero debes evitar ser demasiado autocomplaciente con toda clase de placeres. Esta influencia también te infunde amor por el arte, la música y el teatro, así como aprecio por la naturaleza. Dado que posees aptitudes creativas innatas, es posible que ansíes desarrollarlas para expresarte de diversas maneras.

Tus habilidades innatas para percibir las gangas o hacer contactos de negocios te aseguran que detectarás las oportunidades que se te presenten, además de que se te facilitarán los emprendimientos comerciales. Al ser persuasivo de forma natural y poseer un ingenio mordaz, por lo regular, te atraen personas listas o exitosas por mérito propio. Sin importar lo que hagas, te gusta hacerlo con estilo y honestidad, así como sentir que estás ampliando tu conocimiento. Cuando eres entusiasta y te concentras, eres capaz de materializar tus ideas.

A los 21 años, cuando tu Sol progresado se desplace a Géminis, te diversificarás y encontrarás más intereses. Durante este periodo, los estudios y la comunicación se volverán importantes para ti. Después de los 51 vendrá otro punto de inflexión, cuando tu Sol progresado se desplace hacia Cáncer, en el que identificarás la importancia de los vínculos emocionales y un hogar sólido.

Tu yo secreto

Para tu yo más sensible, será importante encontrar un refugio de tranquilidad, lejos del ajetreo del mundo. Por ende, el hogar podrá ser parte importante de tus responsabilidades y te permitirá tener una base sobre la cual construir lo demás. A pesar de desear paz y tranquilidad, es probable que también estés en una búsqueda constante de gratificación intelectual. El estímulo del conocimiento como una forma de poder te impulsará a explorar nuevos horizontes e ideas, ya sea en busca de recompensas financieras o para satisfacer la parte idealista de tu naturaleza.

Rara vez dejas que las emociones te muevan el piso, a pesar de querer a tus seres queridos con intensidad. Sin embargo, cuando adquieres responsabilidades, estás dispuesto a hacer los sacrificios necesarios. Por otra parte, tu lado más juguetón puede florecer de forma inesperada, y te permitirá sorprender a los demás con tu espontaneidad.

Trabajo y vocación

Estás rebosante de ideas que se pueden monetizar; además, eres bueno para planear y organizar. Es posible que tengas éxito en ámbitos como la educación, el comercio o la publicidad. Si te dedicas a los negocios, necesitas mucho espacio para operar de forma independiente, y es posible que seas más feliz trabajando por tu cuenta. Aun así, tus habilidades de planeación e implementación de muchos esquemas provechosos y financieramente ventajosos harán que seas valioso para cualquier equipo. Es probable que te interese estudiar filosofía, psicología o pensamiento religioso. Asimismo, quizá te atraigan profesiones que te permitan explotar tu intelecto sofisticado y que impliquen ventas, información o educación. También es posible que te atraiga el mundo del entretenimiento o de las artes.

Entre las personas famosas con quienes compartes cumpleaños están el cantante Willie Nelson, las actrices Eve Arden y Jill Clayburgh, y la reina Juliana de los Países Bajos.

Numerología

Algunas de las cualidades asociadas a las personas nacidas el día 30 son creatividad, afabilidad y sociabilidad. Tienes buen gusto y ojo para el color y las formas, por lo que disfrutas todo tipo de trabajo enfocado en el arte, el diseño y la música. De igual modo, la necesidad de expresarte y la facilidad de palabra natural te permiten sobresalir en la escritura, la oratoria y el canto. Tus emociones son intensas, así que estar enamorado o satisfecho es un requisito esencial para ti. En tu búsqueda de la felicidad, evita ser perezoso o autocomplaciente. La subinfluencia del mes número 4 indica que, dado que tienes ideas maravillosas, necesitas un lugar estable y seguro que te permita estar en paz y ser creativo. Con frecuencia, te ensimismas en tus pensamientos o te motivas con algo que observas o lees y que te permite ver más allá de lo evidente. Mantén la concentración y evita dispersar tu energía en demasiadas actividades, pues eso causa distracciones. Aunque seas extrovertido, sueles buscar las respuestas en tu interior.

• *Cualidades positivas:* aprecio por la diversión, lealtad, afabilidad, capacidad de síntesis, talento con las palabras, creatividad, suerte.

• *Cualidades negativas:* pereza, terquedad, comportamiento errático, impaciencia, inseguridad, indiferencia, tendencia a desperdiciar la energía.

Amor y relaciones

Aunque en algún momento de la vida te hayas sentido atraído a relaciones poco comunes, tu capacidad de discernimiento revela que rara vez te mueve el piso alguien. Sueles ver las relaciones como experiencias de aprendizaje valiosas que te vuelven más sabio y experto en el amor. La necesidad de desafíos intelectuales indica que es más probable que expreses opiniones que emociones; sin embargo, una vez que encuentras a alguien que te estimule a nivel mental, entonces eres una pareja leal y amorosa.

ESE ALGUIEN ESPECIAL

Si lo que quieres es seguridad y amor, búscalos entre personas nacidas en estas fechas.

Amor y amistad: 3, 4, 14, 20, 24 y 25 de enero; 2, 12, 18 y 22 de febrero; 10, 16, 20, 29 y 30 de marzo; 8, 14, 18, 27 y 28 de abril; 6, 12, 16, 25, 26 y 31 de mayo; 4, 10, 14, 23, 24 y 29 de junio; 2, 8, 12, 21, 22 y 27 de julio; 6, 10, 19, 20 y 25 de agosto; 4, 8, 9, 17, 18 y 23 de septiembre; 2, 6, 15, 16, 21 y 30 de octubre; 4, 13, 14, 19, 28 y 30 de noviembre; 2, 11, 12, 17, 26, 28 y 30 de diciembre.

Buenas para ti: 4, 8 y 21 de enero; 2, 6 y 19 de febrero; 4, 17 y 28 de marzo; 2, 15 y 16 de abril; 13 y 24 de mayo; 11 y 22 de junio; 9 y 20 de julio; 7, 18 y 31 de agosto; 5, 16 y 29 de septiembre; 3, 14 y 27 de octubre; 1, 12 y 25 de noviembre; 10 y 23 de diciembre.

Atracción fatal: 3 de enero; 1 de febrero; 31 de mayo; 29 de junio; 27 de julio; 25 de agosto; 23 de septiembre; 21 de octubre; 2, 3, 4 y 19 de noviembre; 17 de diciembre.

Desafiantes: 7, 10, 15 y 31 de enero; 5, 8, 13 y 29 de febrero; 3, 6, 11 y 27 de marzo; 1, 4, 9 y 25 de abril; 2, 7 y 23 de mayo; 5 y 21 de junio; 3 y 19 de julio; 1 y 17 de agosto; 15 de septiembre; 13 de octubre, 11 de noviembre; 9 de diciembre.

Almas gemelas: 31 de marzo, 29 de abril, 27 de mayo, 25 de junio, 23 de julio, 21 de agosto, 19 de septiembre, 17 y 29 de octubre, 15 y 27 de noviembre, 13 y 25 de diciembre.

1 de mayo

ESTRELLAS FIJAS

Aunque el grado en que se ubica tu Sol no se encuentra vinculado con una estrella fija, algunos de los grados de tus otros planetas sí lo estarán. Si solicitas el cálculo de tu carta astral, encontrarás la posición exacta de los planetas en tu fecha de nacimiento. Esto te permitirá determinar cuáles de las estrellas fijas descritas en este libro son relevantes para ti.

Tu fecha de cumpleaños revela que eres un individuo astuto, práctico y creativo que necesita a los demás. Floreces con ayuda de la variedad y los cambios, los cuales le brindan a tu vida la emoción que buscas. Tu encanto magnético y sociabilidad te hacen necesitar la aprobación de otros, aunque seas popular. Sientes una fuerte atracción por la belleza y las artes, lo cual te puede permitir expresar tu sensibilidad emocional. La inclinación por el arte, la música o el teatro hace probable que uses tu propio trabajo como medio de expresión creativo.

La influencia adicional de tu decanato en Virgo sugiere que posees agilidad mental, capacidad de discernimiento y habilidades comunicativas superiores. Junto con la creatividad, estas se manifiestan como talento para la escritura. Asimismo, trabajas arduamente y deseas servir a otros, además de inclinarte por el trabajo o las investigaciones detalladas. Puesto que esta influencia también resalta la facilidad para ganar dinero y recursos materiales, te ayudará a materializar tus ideas.

La ventaja adicional de ser tanto pragmático y analítico, como sensible y emotivo, es que posees una personalidad variada y, por ende, estás en mejor posición que la mayoría para triunfar en grande. Sin embargo, debes procurar no desanimarte ni distraerte de tus principales objetivos al caer en la autocomplacencia excesiva o en los mejores placeres de la vida.

Durante tu juventud eres sensible, versátil y sociable. Después de los 20, cuando tu Sol progresado se desplaza hacia Géminis, sentirás un mayor deseo de expresar tus ideas e interactuar más con tu entorno inmediato. Esto te impulsará a estudiar o a diversificarte a nivel intelectual de alguna forma. Durante la mediana edad, después de múltiples cambios, es probable que obtengas ganancias a través de asociaciones o relaciones de cooperación. Más o menos a los 50 habrá otro punto de inflexión, cuando tu Sol progresado entre a Cáncer. Esto resaltará la importancia creciente de tener estabilidad emocional y un hogar seguro.

Tu yo secreto

Posees emociones intensas y la capacidad de dar y recibir amor. Por ende, es importante que encuentres medios para expresar tus sentimientos en vez de buscar la satisfacción en emprendimientos financieros. Si te desvías del camino, terminarás enfrascado en los dramas emocionales de otros para poder ponerte en contacto con tu propia sensibilidad. Por lo regular, te ayuda el deseo de orden y estructura, y tener un plan de vida definido es casi un prerrequisito para hacer buen uso de tu extraordinario potencial.

Tu sólida escala de valores te permite construir cosas valiosas para el futuro. Ser activo te permitirá transformar tu excelente visión en una realidad práctica y encontrar oportunidades de trabajo cuando más las necesitas. Por ende, la perseverancia es una de las principales claves de tu éxito; además, ser constante te permitirá también sosegar el lado impaciente de tu naturaleza que ansía gratificación instantánea.

Trabajo y vocación

De entre las personas nacidas en esta fecha, quienes tienen talentos creativos y musicales se sentirán atraídos por la escritura o el canto. Es probable que la vida te haya bendecido con una voz particular y buen oído para la música. También pueden interesarte los viajes o los trabajos que impliquen cambios y variedad. Ser intuitivo y sensible significa que suelen interesarte la metafísica, la filosofía o la espiritualidad. En términos profesionales, serías un buen vendedor gracias a tu capacidad para promover ideas, personas o productos. Otros ámbitos profesionales adecuados pueden ser finanzas, bienes raíces, jardinería, trabajo con productos agrícolas, cocina creativa y organización de banquetes. También puede atraerte el mundo del entretenimiento, pues tienes el potencial para triunfar en cualquier emprendimiento creativo.

Entre las personas famosas con quienes compartes cumpleaños están las cantantes Judy Collins y Rita Coolidge, el actor Glenn Ford, los escritores Terry Southern y Joseph Heller, y el astrólogo William Lilly.

Numerología

Tu fecha de nacimiento revela tus ansias de sobresalir y ser independiente. Al tener el número 1 por cumpleaños, tiendes a ser individualista, innovador, valeroso y enérgico. Tu espíritu pionero te insta a hacer las cosas por tu cuenta. Tu gran entusiasmo e ideas originales te permiten mostrarles el camino a los demás. Con el número 1 por cumpleaños, quizá debas aprender que el mundo no gira a tu alrededor. La subinfluencia del mes número 5 indica que requieres un ritmo estable y un propósito en la vida. En ese sentido, la disciplina te permitirá tomar el control de tu vida. Dado que eres versátil y un estratega pragmático que se ocupa de transformar sus pensamientos en acciones, tener una rutina o especialización te resultará ventajoso. Eres consciente de las necesidades ajenas y eso te beneficia; además, ser responsable te permite estar libre de preocupaciones. Tus fuertes instintos te guiarán e inspirarán; una vez ahí, verás nuevas posibilidades y un futuro más brillante. Ten paciencia y trabaja dentro de los límites de tus posibilidades.

• *Cualidades positivas:* liderazgo, creatividad, ideas progresistas, vigor, optimismo, convicciones fuertes, competitividad, independencia, sociabilidad.

• *Cualidades negativas:* altivez, celos, egoísmo, antagonismo, desenfreno, debilidad, inestabilidad, impaciencia.

Amor y relaciones

Cuando se trata de relaciones personales, eres romántico e idealista, por lo que es probable que te tome tiempo encontrar a tu pareja ideal. En ocasiones, prefieres las amistades platónicas, pues es difícil encontrar a alguien que esté a la altura de tus ideales. Es preferible que elijas una pareja inteligente y entusiasta, con un fuerte lado humanitario. Una vez que te enamoras, amas con pasión y eres leal, incluso en los tiempos más difíciles. Si desarrollas flexibilidad y cierto desapego, evitarás frustraciones sentimentales y tendrás relaciones más fluidas, felices y gratificantes.

ESE ALGUIEN ESPECIAL

Tendrás mucha suerte si te enamoras de alguien nacido en las siguientes fechas.

Amor y amistad: 1, 7, 8, 21, 23 y 31 de enero; 5, 19, 21 y 29 de febrero; 3, 4, 17, 19 y 27 de marzo; 1, 15, 17 y 25 de abril; 13, 15 y 23 de mayo; 11, 13 y 21 de junio; 9, 11 y 19 de julio; 7, 9 y 17 de agosto; 5, 7 y 15 de septiembre; 3, 5 y 13 de octubre; 1, 3 y 11 de noviembre; 1 y 9 de diciembre.

Buenas para ti: 5, 16 y 18 de enero; 3, 14 y 16 de febrero; 1, 12, 14 y 29 de marzo; 10, 12 y 27 de abril; 8, 10, 25 y 29 de mayo; 6, 8, 23 y 27 de junio; 4, 6, 21 y 25 de julio; 2, 4, 19 y 23 de agosto; 2, 17 y 21 de septiembre; 15 y 19 de octubre; 13 y 17 de noviembre; 11, 15 y 29 de diciembre.

Atracción fatal: 6 y 30 de enero; 4 y 28 de febrero; 2 y 26 de marzo; 24 de abril; 22 de mayo; 20 de junio; 18 de julio; 16 de agosto; 14 de septiembre; 12 de octubre; 2, 3, 4 y 10 de noviembre; 8 de diciembre.

Desafiantes: 4 de enero; 2 de febrero; 29 y 31 de mayo; 27, 29 y 30 de junio; 25, 27 y 28 de julio; 23, 25, 26 y 30 de agosto; 21, 23, 24 y 28 de septiembre; 19, 21, 22 y 26 de octubre; 17, 19, 20 y 24 de noviembre; 15, 17, 18 y 22 de diciembre.

Almas gemelas: 23 de enero, 21 de febrero, 19 de marzo, 17 de abril, 15 de mayo, 13 de junio, 11 y 31 de julio, 9 y 29 de agosto, 7 y 27 de septiembre, 5 y 25 de octubre, 3 y 23 de noviembre, 1 y 21 de diciembre.

ESTRELLA FIJA

Nombre de la estrella: Alamak, también llamada Almach

Posición: 13° 15'–14° 20' de Tauro, entre los años 1930 y 2000

Magnitud: 2

Fuerza: ★★★★★★★

Órbita: 2° 10'

Constelación: Andrómeda (Gamma Andromedae)

Días efectivos: 2, 3, 4, 5, 6 y 7 de mayo

Propiedades de la estrella: Venus

Descripción: estrella binaria, anaranjada, esmeralda y azul, ubicada en el pie izquierdo de Andrómeda

INFLUENCIA DE LA ESTRELLA PRINCIPAL

Alamak confiere talento artístico y musical, buena voz y popularidad social. Imparte buena fortuna y éxito, por lo que es posible que recibas distinciones y ganancias inesperadas. Si eres dinámico y paciente, no solo alcanzarás el éxito, sino que también encontrarás amor, romance y felicidad en las cuestiones familiares.

Con respecto a tu grado del Sol, esta estrella otorga distinciones en los ámbitos de la escritura y la creatividad, así como éxito en la interacción con la gente en general y en la vida pública, sobre todo en cuestiones relacionadas con la profesión legal y el derecho. También indica que, a menudo, puedes obtener fama y prestigio.

• *Positiva:* talento para la creatividad, naturaleza amorosa, capacidad para atraer el éxito material.

• *Negativa:* egoísmo, autocomplacencia, despilfarro.

2 de mayo

♉ Tu cumpleaños en Tauro demuestra que eres un individuo práctico, tenaz y creativo que probablemente aprecia la belleza y las cosas buenas de la vida. Ser honesto y directo, sumado a tus habilidades diplomáticas innatas, te permite proyectar una imagen amigable, pero también exitosa.

Dada la influencia de tu Sol en el decanato de Virgo, posees aptitudes naturales para adquirir recursos materiales. Es probable que seas receptivo e intuitivo, pero también analítico, pragmático y de mente ágil. Sientes una predilección particular por la comunicación y las interacciones precisas, las habilidades críticas y la capacidad de discernimiento.

Tu encanto magnético y calidez humana te garantizan fortuna en actividades sociales. Dado que también buscas relaciones armoniosas con los demás, eres sensible a tu entorno y te gusta rodearte de lujos y cosas de buen gusto. Por ende, tu hogar es parte de tus prioridades de vida, y es probable que te esmeres por embellecerla y hacerla cómoda. Tus talentos creativos innatos pueden inclinarte hacia actividades como la música, las artes, la escritura o el teatro, en donde posiblemente sobresaldrías. El amor por la naturaleza, por su parte, podría atraerte hacia la jardinería o actividades al aire libre.

Después de los 19 años, cuando tu Sol progresado se desplaza hacia Géminis, hay una mayor necesidad de comunicar e intercambiar ideas. Es una época en la que te ejercitas mentalmente y te interesas más en el aprendizaje. Los 49 años representan un punto de inflexión, cuando tu Sol progresado entra a Cáncer y sobresale la importancia creciente de sentir cercanía con otros y hacer una valoración del lugar que ocupas dentro de tu familia.

Tu yo secreto

Ser inteligente y tener muchas capacidades mentales indican que respetas a la gente experimentada y conocedora. Parte de tu éxito radica en que te gusta poner en práctica tus habilidades y convertir la teoría en práctica. Esto se suma al hecho de que eres trabajador, ambicioso y líder por naturaleza. Darle importancia a los detalles implica que sueles ser creativo y tener una capacidad excelente para resolver problemas. Tu curiosidad natural, combinada con tu intelecto imaginativo, supone que siempre estás buscando respuestas, por lo que es probable que te interesen el misticismo o la espiritualidad.

Dado que eres una persona leal, buena parte de tu seguridad se basa en el amor y la amistad, lo que significa que las buenas relaciones son importantes para hacerte sentir realizado. Aunque sueles ser directo y honesto, si intentas engañarte a ti mismo te volverás necio y evitarás enfrentar la verdad, al tiempo que cederás a la autocomplacencia excesiva.

Trabajo y vocación

Eres pragmático y sueles prosperar como emprendedor, productor, promotor o constructor. Por lo regular, estás dispuesto a trabajar arduamente para satisfacer tus intensos deseos de seguridad y tus gustos costosos. Te atraen las artes, pero necesitas recompensas financieras, así que es probable que sobresalgas en la publicidad, los medios de comunicación, la escritura y la actuación. Tu sangre ligera y habilidades ejecutivas te permiten ser un buen administrador y un empleador comprensivo y generoso. Gracias a tu visión positiva de la vida y tu destreza, sueles ser bueno para trabajos manuales y disfrutas construir nuevos proyectos. En el trabajo tendrás suerte, se te presentarán oportunidades y tu tenacidad te permitirá sobresalir en el campo que elijas.

Entre las personas famosas con quienes compartes cumpleaños están el cantante Bing Crosby, el director de cine Satyajit Ray, la actriz y activista Bianca Jagger y el pediatra Benjamin Spock.

Numerología

El número 2 en tu fecha de nacimiento sugiere sensibilidad y necesidad de pertenecer a un grupo. Tu facilidad para adaptarte y ser comprensivo hace que disfrutes actividades cooperativas en las que interactúas con otras personas. El gusto por la armonía y la inclinación a trabajar mejor con otras personas te inspirará a fungir como mediador en asuntos familiares o convertirte en conciliador. Al intentar complacer a quienes te agradan corres el riesgo de volverte demasiado dependiente. La subinfluencia del mes número 5 indica que necesitas expresar tus emociones y comunicarte con otros. Mantener una actitud positiva y decidida te ayuda a enfocarte y desarrollar confianza en ti mismo. Quizá necesites encontrar un equilibrio entre ser reservado, distante o desconfiado, e ingenuamente esperar demasiado de los demás, para que luego te decepcionen. Eres creativo pero también racional, por lo que debes adquirir un entendimiento más profundo de la vida para desarrollar una filosofía propia de mayor desapego.

• *Cualidades positivas:* colaborador, gentileza, tacto, receptividad, intuición, amabilidad, armonía, afabilidad, embajador de buena voluntad.

• *Cualidades negativas:* suspicacia, inseguridad, sumisión, timidez, hipersensibilidad, egoísmo, susceptibilidad, engaño.

Amor y relaciones

Sueles ser ambicioso y te gusta que te asocien con prestigio y éxito. Para ti, la seguridad financiera y el dinero son factores importantes en las relaciones, por lo que prefieres personas realizadas o con mucho potencial. Dado que tienes buen gusto y valoras la calidad, también buscas esas cualidades en otros. Sueles ser generoso con la gente a la que quieres, pero también hay situaciones en las que te vuelves inesperadamente ahorrativo. Evita juzgarlo todo en términos materiales y aprende que la flexibilidad y la comprensión te harán merecedor de la admiración y el afecto que tanto necesitas.

ESE ALGUIEN ESPECIAL

Encontrarás satisfacción emocional y a ese alguien especial entre quienes nacieron en las siguientes fechas.

Amor y amistad: 8, 12, 17, 20, 22 y 24 de enero; 6, 15, 18, 20 y 22 de febrero; 4, 8, 13, 16, 18 y 20 de marzo; 2, 11, 14, 16 y 18 de abril; 9, 12, 14 y 16 de mayo; 7, 10, 12 y 14 de junio; 5, 8, 10, 12 y 30 de julio; 3, 6, 8, 10 y 28 de agosto; 1, 4, 6, 8 y 26 de septiembre; 2, 4, 6 y 24 de octubre; 2, 4 y 22 de noviembre; 2 y 20 de diciembre.

Buenas para ti: 6 y 23 de enero; 4 y 21 de febrero; 2, 19 y 30 de marzo; 17 y 28 de abril; 15, 26 y 30 de mayo; 13, 24 y 28 de junio; 11, 22 y 26 de julio; 9, 20 y 24 de agosto; 7, 18 y 22 de septiembre; 5, 16 y 20 de octubre; 3, 14 y 18 de noviembre; 1, 12, 16 y 30 de diciembre.

Atracción fatal: 7 de enero; 5 de febrero; 3 de marzo; 1 de abril; 3, 4 y 5 de noviembre.

Desafiantes: 5, 26 y 29 de enero; 3, 24 y 27 de febrero; 1, 22 y 25 de marzo; 20 y 23 de abril; 18 y 21 de mayo; 16, 19 y 30 de junio; 14, 17 y 28 de julio; 12, 15, 26 y 31 de agosto; 10, 13, 24 y 29 de septiembre; 8, 11, 22 y 27 de octubre; 6, 9, 20 y 25 de noviembre; 4, 7, 18 y 23 de diciembre.

Almas gemelas: 30 de enero, 28 de febrero, 26 de marzo, 24 de abril, 22 de mayo, 20 de junio, 18 de julio, 16 de agosto, 14 de septiembre, 12 y 31 de octubre, 10 y 29 de noviembre, 8 y 27 de diciembre.

ESTRELLAS FIJAS

Alamak, también llamada Almach; Menkar

ESTRELLA PRINCIPAL

Nombre de la estrella: Alamak, también llamada Almach

Posición: 13° 15'–14° 20' de Tauro, entre los años 1930 y 2000

Magnitud: 2

Fuerza: ★★★★★★★★

Órbita: 2° 10'

Constelación: Andrómeda (Gamma Andromedae)

Días efectivos: 2, 3, 4, 5, 6 y 7 de mayo

Propiedades de la estrella: Venus

Descripción: estrella binaria, anaranjada, esmeralda y azul, ubicada en el pie izquierdo de Andrómeda

INFLUENCIA DE LA ESTRELLA PRINCIPAL

Alamak confiere talento artístico y musical, buena voz y popularidad social. Imparte buena fortuna y éxito, por lo que es posible que recibas distinciones y ganancias inesperadas. Si eres dinámico y paciente, no solo alcanzarás el éxito, sino que también encontrarás amor, romance y felicidad en las cuestiones familiares.

Con respecto a tu grado del Sol, esta estrella otorga distinciones en los ámbitos de la escritura y la creatividad, así como éxito en la interacción con la gente en general y en la vida pública, sobre todo en cuestiones relacionadas con la profesión legal y el derecho. También indica que, a menudo, puedes obtener fama y prestigio.

• *Positiva:* talento para la creatividad, naturaleza amorosa, capacidad para atraer el éxito material.

3 de mayo

♉ Tu fecha de cumpleaños muestra que eres una persona de intelecto sobresaliente y gran potencial creativo. Solo es importante cuidar que la preocupación y la indecisión no te distraigan de alcanzar tus metas. Eres amistoso, sociable, y proyectas un encanto irresistible que atrae a la gente y te garantiza éxitos en actividades de índole social.

La influencia de tu Sol en el decanato de Virgo indica tu naturaleza práctica y de la sabiduría para tener acceso a recursos materiales. La agilidad mental que te permite aprehender conocimiento e ideas con rapidez te brinda también facilidad para el análisis, el trabajo detallado y la comunicación. El aprecio por la belleza y las artes, en combinación con tu sensualidad innata, se puede expresar por medio de algún tipo de expresión artística, como la música o la actuación. Desarrollar tus talentos naturales también tendrá un efecto sanador, en caso de que estés hipersensible o frustrado.

Tienes el potencial de inspirar a otros y de obtener felicidad del esfuerzo que pones en los proyectos. Cuando adoptas una postura positiva, eres trabajador; tu fe en el futuro, resultado de tu esfuerzo, te garantizará la victoria. Si te desprendes y aprendes a trabajar con críticas constructivas, superarás con facilidad cualquier indicio de obstinación o insatisfacción. Aunque eres pragmático, también posees un potencial místico natural que, si lo desarrollas, te ayudaría mucho a entenderte y a comprender tu entorno.

Durante tu juventud, eres sociable, imaginativo, versátil y te encanta hacer actividades al aire libre. Después de los 18 años, cuando tu Sol progresado se desplace hacia Géminis durante tres décadas, sentirás una mayor necesidad de comunicarte e intercambiar ideas. Será una época en la que te explayes intelectualmente y quizás incluso dediques tiempo al estudio. A los 48 años, cuando tu Sol progresado entre a Cáncer, habrá un punto de inflexión en tu vida que resaltará la necesidad emocional de una base sólida sobre la cual trabajar. Esto subraya la importancia de los vínculos familiares y de tener un hogar seguro.

Tu yo secreto

Gracias a tu agudo sentido de los negocios y voluntad para trabajar, es probable que acumules posesiones materiales poco a poco, de forma constante. Sin embargo, el principal crecimiento espiritual ocurrirá cuando aprendas a desapegarte. Ansías armonía a nivel interno y estás dispuesto a hacer sacrificios para alcanzarla. Por este motivo, tener una base familiar segura y sólida es parte esencial de tu plan de vida.

Siempre tendrás la energía intensa de tu niño interior, la cual expresarás siendo creativo y juguetón, o sintiendo lástima por ti mismo. Habrá ocasiones en las que las expectativas que tengas de otros te desilusionen, por lo que deberás cuidar de no evadirte en exceso para compensarlo. Si aceptas la responsabilidad de los desafíos apremiantes, descubrirás que la vida hará más que simplemente recompensarte.

Trabajo y vocación

La expresión personal y el estímulo intelectual deberían ser la base de tu carrera. Algunas mujeres desempeñarán un papel central en tu desarrollo profesional. Tu agudo olfato para los negocios te guiará hacia profesiones como el comercio, las finanzas y los bienes raíces. Inclinarte hacia el trabajo arduo y tener agilidad mental también podría impulsarte a hacer carrera en investigación científica o derecho. Por otro lado, quizá te atraigan procesos creativos como la escritura, el diseño de interiores, la decoración o la venta de antigüedades y obras de arte. Dado que eres idealista, cuando te motivas eres capaz de trabajar sin parar por las causas en las que crees. Asimismo, tu afinidad por la naturaleza te podría inspirar a elegir carreras como agricultura u horticultura, aunque también te iría bien en profesiones que impliquen trato con el público.

Entre las personas famosas con quienes compartes cumpleaños están la ex primera ministra israelí Golda Meir, las actrices Mary Astor y Samantha Eggar, el cantante Pete Seeger y el boxeador Sugar Ray Robinson.

Numerología

Eres divertido y buena compañía, ya que disfrutas las actividades sociales amistosas y tienes intereses diversos. Aunque eres versátil, expresivo y necesitas vivir experiencias emocionantes y variadas, tu tendencia a aburrirte con facilidad puede volverte indeciso o demasiado disperso. A pesar de tener el número 3 por cumpleaños, sueles ser artístico y encantador, y tener un buen sentido del humor, pero es posible que debas fortalecer tu autoestima, superar la propensión a preocuparte en exceso, así como tus inseguridades a nivel emocional. Tienes talento con las palabras, mismo que puede manifestarse a través de la oratoria, la escritura o el canto. La subinfluencia del mes número 5 indica que debes aprender a aprovechar la abundancia de tus capacidades creativas. Dado que eres versátil e incansable, desarrollar una visión pragmática del mundo te traerá estabilidad. Esforzarse genuinamente y trabajar de forma ardua resaltan tu determinación para triunfar. Aprender a sobreponerte a pesar de los desafíos y los baches te permite tomar el control.

• *Cualidades positivas:* humor, felicidad, afabilidad, productividad, creatividad, veta artística, deseos vehementes, amor por la libertad, talento con las palabras.

• *Cualidades negativas:* imaginación demasiado activa, exageración, aburrimiento, vanidad, incapacidad para ser cariñoso, jactancia, extravagancia, autocomplacencia, pereza, hipocresía.

Amor y relaciones

Aunque eres sociable, habrá periodos en los que desees retraerte y estar a solas. Este tiempo es necesario para reflexionar y acomodar tus ideas en un entorno tranquilo o rodeado por la naturaleza. Dado que te atrae gente inteligente, prefieres a aquellas personas con las que puedes compartir actividades intelectuales o de esparcimiento. Ya que uno de tus principales atributos es que eres encantador, no tienes problema en conseguir amigos y amantes, pero tu mayor éxito será superar los desafíos que se te presenten en relaciones a largo plazo.

• *Negativa:* egoísmo, autocomplacencia, despilfarro.

ESE ALGUIEN ESPECIAL

Es probable que puedas entablar relaciones estables con personas nacidas en las siguientes fechas.

Amor y amistad: 9, 11, 13, 23, 25 y 27 de enero; 7, 21, 23 y 25 de febrero; 5, 19, 21, 23 y 29 de marzo; 3, 17, 19, 21, 27 y 30 de abril; 1, 15, 17, 19, 25 y 28 de mayo; 13, 15, 17, 23 y 26 de junio; 11, 13, 15, 21 y 24 de julio; 9, 11, 13, 19 y 22 de agosto; 7, 9, 11, 17 y 20 de septiembre; 5, 7, 9, 15 y 18 de octubre; 3, 5, 7, 13 y 16 de noviembre; 1, 3, 5, 11 y 14 de diciembre.

Buenas para ti: 2, 4 y 7 de enero; 2 y 5 de febrero; 3 de marzo; 1 de abril; 31 de mayo; 29 de junio; 27 y 31 de julio; 25 y 29 de agosto; 23 y 27 de septiembre; 21 y 25 de octubre; 19 y 23 de noviembre; 17 y 21 de diciembre.

Atracción fatal: 8 y 14 de enero; 6 y 12 de febrero; 4 y 10 de marzo; 2 y 8 de abril; 6 de mayo; 4 de junio; 2 de julio; 4, 5 y 6 de noviembre.

Desafiantes: 6, 19 y 29 de enero; 4, 17 y 27 de febrero; 2, 15 y 25 de marzo; 13 y 23 de abril; 11 y 21 de mayo; 9 y 19 de junio; 7 y 17 de julio; 5 y 15 de agosto; 3, 13 y 30 de septiembre; 1, 11 y 28 de octubre; 9 y 26 de noviembre; 7, 24 y 29 de diciembre.

Almas gemelas: 16 y 21 de enero, 14 y 19 de febrero, 12 y 17 de marzo, 10 y 15 de abril, 8 y 13 de mayo, 6 y 11 de junio, 4 y 9 de julio, 2 y 7 de agosto, 5 de septiembre, 3 de octubre, 1 de noviembre.

ESTRELLAS FIJAS

Alamak, también llamada Almach; Menkar

ESTRELLA PRINCIPAL

Nombre de la estrella: Alamak, también llamada Almach

Posición: 13º 15'–14º 20' de Tauro, entre los años 1930 y 2000

Magnitud: 2

Fuerza: ★★★★★★★★

Órbita: 2º 10'

Constelación: Andrómeda (Gamma Andromedae)

Días efectivos: 2, 3, 4, 5, 6 y 7 de mayo

Propiedades de la estrella: Venus

Descripción: estrella binaria, anaranjada, esmeralda y azul, ubicada en el pie izquierdo de Andrómeda

INFLUENCIA DE LA ESTRELLA PRINCIPAL

Alamak confiere talento artístico y musical, buena voz y popularidad social. Imparte buena fortuna y éxito, por lo que es posible que recibas distinciones y ganancias inesperadas. Si eres dinámico y paciente, no solo alcanzarás el éxito, sino que también encontrarás amor, romance y felicidad en el ámbito doméstico.

Con respecto a tu grado del Sol, esta estrella otorga distinciones en las áreas de la escritura y la creatividad, así como éxito en la interacción con la gente en general y en la vida pública, sobre todo en cuestiones relacionadas con la profesión legal y el derecho. También indica que, a menudo, puedes obtener fama y prestigio.

• *Positiva:* talento para la creatividad, naturaleza amorosa, capacidad para atraer el éxito material.

4 de mayo

Una mezcla interesante de practicidad, encanto y sensibilidad emocional caracteriza a quienes nacen en esta fecha. Compartir en el trabajo y a nivel personal es, para ti, la clave del éxito. Eres ambicioso, trabajador, responsable y concienzudo.

La influencia adicional de tu Sol en el decanato de Virgo supone que tienes aspiraciones altas en lo laboral y disfrutas ser servicial con otros. Esto también indica que tienes cualidades prácticas y realistas, y que para sentirte seguro buscas orden y organización.

Aunque seas independiente y te desagrade que te limiten, tienes una gran capacidad para identificarte con otros en lo individual. Esto puede deberse en parte a tus dones de empatía innatos y tus poderes de percepción. Aunque al inicio te interesen las cuestiones materiales, necesitas obtener perspectivas más profundas que en el futuro te permitan interesarte en temas metafísicos o espirituales. Sin embargo, habrá ocasiones en las que exhibas una terquedad casi egocéntrica o seas propenso a dudar de ti mismo por periodos. Tendrás que cuidarte de la tendencia a la evasión y la autocomplacencia como mecanismos para compensar estos sentimientos. Por fortuna, posees la habilidad para dispersar los estados de ánimo negativos al poner en marcha tu poderosa imaginación y visualizar tu ideal perfecto.

Después de los 17 años, cuando tu Sol progresado se desplace hacia Géminis, el ritmo de tu vida se acelerará y habrá un mayor énfasis en la escritura, la oratoria y la comunicación en general. Esto continuará hasta los 47 años, cuando tu Sol progresado entre a Cáncer. En ese momento habrá un punto de inflexión que subrayará la importancia creciente de la intimidad emocional, la seguridad y los vínculos familiares.

Tu yo secreto

Tus habilidades de liderazgo se exhiben de forma natural cuando tomas las riendas de un trabajo que ves que se está haciendo mal o de forma poco eficiente. En ocasiones, parecerás autoritario pero, por lo general, tienes buenas nociones de lo que implica el trabajo cooperativo. Tus capacidades mentales, así como de aprehender información, suelen indicar que te gusta saber mucho para formar tus propios criterios. Si desarrollas tu intuición natural con respecto a cuáles son las mejores ideas a materializar, obtendrás ventajas enormes.

Es probable que los demás reconozcan tu gran sentido de la responsabilidad y que esto te ayude a triunfar. No obstante, deberás cuidarte de ser malhumorado, ansioso o ponerte tenso ocasionalmente, pues esto afecta el equilibrio de tus relaciones con otros. Necesitarás estar en un entorno que conduzca a la armonía. Por lo tanto, es probable que tu hogar sea importante para ti, al ser un lugar de seguridad y confianza.

Trabajo y vocación

Es probable que tengas talento natural para la compra-venta, las finanzas y el comercio, y que también seas un excelente agente o negociador. Por otro lado, quizá te interesen actividades que beneficien a otros, como las labores caritativas, la orientación o trabajar con los menos favorecidos. Te atrae la vida pública, por lo que te iría bien en la política, la función pública, la diplomacia y las relaciones públicas. Es probable que tus talentos creativos se manifiesten en la música, la fotografía y el teatro. Algunas personas nacidas en esta fecha sienten inclinación por los deportes. Sin importar lo que elijas, tienes la capacidad de trabajar mucho, lo cual traerá consigo recompensas especiales.

Entre las personas famosas con quienes compartes cumpleaños están la actriz Audrey Hepburn, el cantante de música country Randy Travis, el músico Maynard Ferguson y el expresidente egipcio Hosni Mubarak.

Numerología

La estructura sólida y el poder jerarquizado que conlleva el número 4 en tu fecha de nacimiento apuntan hacia la necesidad de estabilidad y el gusto por establecer orden. Con una fecha de nacimiento con el número 4 eres sensible a las formas y la composición. Enfocarte en tu seguridad hará que desees construir una base sólida para tu familia y para ti, así que aprovecha que tu visión pragmática de la vida te confiere un buen sentido de los negocios y la capacidad de alcanzar el éxito material. Acostumbras ser honesto, franco y justo, pero quizá debas aprender a ser más expresivo con lo que sientes. Los retos que enfrenta un individuo con el número 4 incluyen periodos de inestabilidad. La subinfluencia del mes número 5 indica que eres entusiasta, pero también sensible a nivel emocional. Necesitas sentir la motivación de encontrar ideas o proyectos que te estimulen. Aunque eres intuitivo, debes aprender a confiar en tus instintos y ponerlos en práctica. A pesar de que quieras trabajar por cuenta propia, eres consciente de la necesidad de disciplina y estabilidad.

• *Cualidades positivas:* organización, autodisciplina, estabilidad, trabajo arduo, destreza, habilidades manuales, pragmatismo, confianza, exactitud.

• *Cualidades negativas:* comportamientos destructivos, incapacidad para comunicarse, represión, pereza, falta de emotividad, postergación, avaricia, comportamiento controlador o dominante, afectos ocultos, resentimientos.

Amor y relaciones

El matrimonio, las relaciones estables y la seguridad de un hogar parecen ser especialmente importantes para ti. El amor por el conocimiento y la necesidad de comunicación suponen que te gusta explorar ideas nuevas y ser creativo a nivel mental. Cuando te aburras, deberás tener cuidado de no permitir que las cosas caigan en la rutina o se vuelvan monótonas. Compartir proyectos creativos con tu pareja los ayudará a ambos a moverse, experimentar y divertirse. Salir, socializar o recibir amigos en casa siempre te traerá muchas satisfacciones.

• *Negativa:* egoísmo, autocomplacencia, despilfarro.

ESE ALGUIEN ESPECIAL

Encontrarás compañía estimulante y a la pareja perfecta entre personas nacidas en las siguientes fechas.

Amor y amistad: 10, 11, 14, 26 y 28 de enero; 8, 24 y 26 de febrero; 6, 22, 24 y 30 de marzo; 4, 20, 22 y 28 de abril; 2, 18, 20, 26 y 29 de mayo; 16, 18, 24 y 27 de junio; 14, 16, 22 y 25 de julio; 12, 14, 20, 23 y 30 de agosto; 10, 12, 18, 21 y 28 de septiembre; 8, 10, 16, 19 y 26 de octubre; 6, 8, 14, 17 y 24 de noviembre; 4, 6, 12, 15 y 22 de diciembre.

Buenas para ti: 8 de enero; 6 de febrero; 4 y 28 de marzo; 2 y 26 de abril; 24 de mayo; 22 y 30 de junio; 20, 28 y 29 de julio; 18, 26, 27 y 30 de agosto; 16, 24, 25 y 28 de septiembre; 14, 22, 23, 26 y 29 de octubre; 12, 20, 21, 24 y 27 de noviembre; 10, 18, 19, 22 y 25 de diciembre.

Atracción fatal: 15 de enero; 13 de febrero; 11 de marzo; 9 de abril; 7 de mayo; 5 de junio; 3 de julio; 1 de agosto; 5, 6 y 7 de noviembre.

Desafiantes: 7, 9 y 30 de enero; 5, 7 y 28 de febrero; 3, 5 y 26 de marzo; 1, 3 y 24 de abril; 1 y 22 de mayo; 20 de junio; 18 de julio; 16 de agosto; 14 de septiembre; 12 y 29 de octubre; 10 y 27 de noviembre; 8, 25 y 30 de diciembre.

Almas gemelas: 8 y 27 de enero, 6 y 25 de febrero, 4 y 23 de marzo, 2 y 21 de abril, 19 de mayo, 17 de junio, 15 de julio, 13 de agosto, 11 de septiembre, 9 de octubre, 7 de noviembre, 5 de diciembre.

ESTRELLAS FIJAS

Alamak, también llamada Almach; Menkar

ESTRELLA PRINCIPAL

Nombre de la estrella: Alamak, también llamada Almach

Posición: 13º 15'–14º 20' de Tauro, entre los años 1930 y 2000

Magnitud: 2

Fuerza: ★★★★★★★★

Órbita: 2º 10'

Constelación: Andrómeda (Gamma Andromedae)

Días efectivos: 2, 3, 4, 5, 6 y 7 de mayo

Propiedades de la estrella: Venus

Descripción: estrella binaria, anaranjada, esmeralda y azul, ubicada en el pie izquierdo de Andrómeda

INFLUENCIA DE LA ESTRELLA PRINCIPAL

Alamak confiere talento artístico, musical, buena voz y popularidad social. Imparte buena fortuna y éxito, por lo que es posible que recibas distinciones y ganancias inesperadas. Si eres dinámico y paciente, no solo alcanzarás el éxito, sino que también encontrarás amor, romance y felicidad en la vida familiar.

Con respecto a tu grado del Sol, esta estrella otorga distinciones en los ámbitos de la escritura y la creatividad, así como éxito en la interacción con la gente en general y en la vida pública, sobre todo en cuestiones relacionadas con la profesión legal y el derecho. También indica que, a menudo, puedes obtener fama y prestigio.

• *Positiva:* talento para la creatividad, naturaleza amorosa, capacidad para atraer el éxito material.

5 de mayo

Tu fecha de nacimiento indica fuerza de voluntad y tenacidad. También lo es de cierta necesidad de diversidad y acción, pero eso implica que tendrías que superar tus inquietudes internas. La agudeza mental te permite entender las situaciones al instante, y es probable que lo que más disfrutes sea trabajar arduamente en algún proyecto o causa que te importe mucho.

La influencia añadida de tu Sol en el decanato de Virgo le brinda un cariz crítico a tu pragmatismo y enfatiza la importancia de hacer bien tu trabajo. Asimismo, puede indicar habilidades analíticas, el deseo de ser metódico o quizá cierto tipo de habilidades técnicas. La terquedad y la obcecación serán algunos de los principales bloqueos al enorme potencial inherente a quienes nacieron en esta fecha.

Además de la necesidad de seguridad material, también deseas profundizar, ya sea en la vida o en las personas. Esto te inspirará a investigar y a buscar más allá de la superficie, y te enseñará que las cosas no siempre son lo que parecen. Desarrollar un lado más intuitivo seguramente te ayudará a superar cualquier posible tendencia al egoísmo, el malhumor o la depresión, y será de gran ayuda para tener acceso al gigantesco potencial que tienen al alcance quienes nacieron en esta fecha.

Poseer iniciativa, encanto y ansias de mantenerte ocupado te brindan los elementos necesarios para ocupar posiciones de liderazgo. Gracias a tu capacidad para pensar de forma visual y práctica, tu ideal sería vivir en una estructura segura, pero seguir teniendo experiencias nuevas o estimulantes.

Alrededor de los 16 años, cuando tu Sol progresado se desplace hacia Géminis, es posible que te diversifiques y encuentres muchos intereses nuevos. En esa época, los estudios y la comunicación de cualquier tipo serán importantes para ti. Después de los 46 habrá otro punto de inflexión, cuando tu Sol progresado entre a Cáncer. Es probable que en ese momento te vuelvas más sensible y seas más consciente de tus vínculos familiares y de la importancia de una base familiar sólida. A partir de los 76, cuando tu Sol progresado se desplace hacia Leo, te volverás más fuerte y seguro de ti.

Tu yo secreto

Detrás de tu apariencia pragmática puede ocultarse un individuo idealista. Esto puede llevarte a relaciones que no cumplan con tus altísimas expectativas. Será importante que aproveches tu inusual sentido del humor para no volverte demasiado serio. Así podrás mantenerte equilibrado y complementar con astucia las primeras impresiones que tengan otros de ti. Si confías en esta reacción instintiva e incluso desafías a la gente de forma amistosa, podrás trascender los límites de tu propio poder y evitar decepciones sentimentales, ensimismamiento y frialdad. Esta confianza instantánea en tu propio poder te brindará una confianza propia y espontaneidad enormes.

En tu interior hay fuerzas potentes que te darán la capacidad de enfrentar cualquier situación, lo que te permitirá presentarles ideas nuevas a otros de una forma cuidada y lógica que los impresionará gracias a tu visión única.

Trabajo y vocación

Es probable que tus empleadores y superiores reconozcan tu capacidad para aprehender conceptos originales y situaciones nuevas. La adaptabilidad y capacidad de mantener la calma en momentos de crisis suponen que eres capaz de superar situaciones desafiantes. Estas cualidades, en combinación con el trabajo arduo, suelen ayudarte a desarrollar tus habilidades de liderazgo. De hecho, como te gusta tener el control y no ocupar posiciones de subordinación, te va mejor cuando trabajas por cuenta propia o como directivo o gerente. Sobresales al momento de solucionar problemas y cuando es necesario ser rígido y autoritario. Esto es de particular utilidad para incorporar reformas nuevas y hacer cambios. Si te atraen el teatro o el cine, puedes ser buen actor, productor o director. Gracias a tu buen sentido de la forma y el estilo, te atraerán las industrias de la imagen o trabajarás como diseñador. Otra posibilidad para aprovechar tu talento está presente en el gobierno o la política, en donde podrás utilizar tu autoridad innata.

Entre las personas famosas con quienes compartes cumpleaños están el filósofo Søren Kierkegaard, la cantante Tammy Wynette y el comediante Michael Palin.

Numerología

El número 5 indica instintos poderosos, una naturaleza aventurera y ansias de libertad. Los viajes y las múltiples oportunidades de cambio, algunas de ellas inesperadas, podrían conducir a una auténtica transformación de tus perspectivas y creencias. Con frecuencia, tener un cumpleaños con el número 5 significa que necesitas aprender sobre la paciencia y la atención a los detalles; alcanzarás el éxito si evitas acciones impulsivas o especulativas. La subinfluencia del mes número 5 indica que eres ambicioso y decidido, aunque a veces confíes demasiado en tus capacidades. Al intentar llegar a tu destino demasiado rápido, pierdes de vista el panorama espectacular. Eres de carácter fuerte y perspicaz, por lo que te disgusta que te limiten. La insatisfacción contigo mismo o con otros, y las circunstancias de confinamiento te instan a hacer cambios y empezar de cero. La disciplina será indispensable si ansías tener éxito.

• *Cualidades positivas:* versatilidad, adaptabilidad, actitud progresista, instintos poderosos, magnetismo, suerte, audacia, amor por la libertad, ingenio, agilidad mental, curiosidad, misticismo, sociabilidad.

• *Cualidades negativas:* poca confiabilidad, volatilidad, postergación, inconsistencia, lascivia, exceso de confianza.

Amor y relaciones

Aunque necesitas amor y afecto, y eres afectuoso y entregado, las ansias de independencia y tu espontaneidad natural indican que también te encanta la libertad. Debido a las circunstancias cambiantes, es posible que vivas un conflicto entre el amor y el trabajo o entre los deberes y los deseos personales. Necesitas intimidad profunda, pero a veces te inhibes cuando se trata de expresar tus emociones más intensas. Sin embargo, puedes ser una pareja devota y una influencia estable para ese alguien especial. Es posible que debas tener cuidado de no preocuparte en exceso por cuestiones personales, ya que puede aislarte de otros. Por lo regular, encajas mejor con alguien que comparte tus ideales y aspiraciones elevadas.

• *Negativa:* egoísmo, autocomplacencia, despilfarro.

ESE ALGUIEN ESPECIAL

Si lo que buscas es una relación, podrás encontrar a una pareja o a un amante leal entre personas nacidas en las siguientes fechas.

Amor y amistad: 11, 15, 20, 25, 27 y 29 de enero; 9, 18, 23, 25 y 27 de febrero; 7, 16, 21, 23 y 25 de marzo; 5, 14, 19, 21 y 23 de abril; 3, 12, 17, 19 y 21 de mayo; 1, 10, 15, 17 y 19 de junio; 8, 13, 15 y 17 de julio; 1, 6, 11, 13 y 15 de agosto; 4, 9, 11 y 13 de septiembre; 2, 7, 9 y 11 de octubre; 5, 7 y 9 de noviembre; 3, 5 y 7 de diciembre.

Buenas para ti: 9 y 26 de enero; 7 y 24 de febrero; 5 y 22 de marzo; 3 y 20 de abril; 1, 18 y 29 de mayo; 16 y 27 de junio; 14, 25, 29 y 30 de julio; 12, 23, 27, 28 y 31 de agosto; 10, 21, 25, 26 y 29 de septiembre; 8, 19, 23, 24 y 27 de octubre; 6, 17, 21, 22 y 25 de noviembre; 4, 15, 19, 20 y 23 de diciembre.

Atracción fatal: 16 de enero; 14 de febrero; 12 de marzo; 10 de abril; 8 de mayo; 6 de junio; 4 de julio; 2 de agosto; 6, 7 y 8 de noviembre.

Desafiantes: 8, 29 y 31 de enero; 6, 27 y 29 de febrero; 4, 25, 27 y 28 de marzo; 2, 23, 25 y 26 de abril; 21, 23 y 24 de mayo; 19, 21 y 22 de junio; 17, 19 y 20 de julio; 15, 17 y 18 de agosto; 13, 15 y 16 de septiembre; 11, 13, 14 y 30 de octubre; 9, 11, 12 y 28 de noviembre; 7, 9, 10 y 26 de diciembre.

Almas gemelas: 30 de mayo, 28 de junio, 26 de julio, 24 de agosto, 22 y 30 de septiembre, 20 y 28 de octubre, 18 y 26 de noviembre, 16 y 24 de diciembre.

6 de mayo

ESTRELLAS FIJAS

Alamak, también llamada Almach; Menkar

ESTRELLA PRINCIPAL

Nombre de la estrella: Alamak, también llamada Almach

Posición: 13º 15'–14º 20' de Tauro, entre los años 1930 y 2000

Magnitud: 2

Fuerza: ★★★★★★★★

Órbita: 2º 10'

Constelación: Andrómeda (Gamma Andromedae)

Días efectivos: 2, 3, 4, 5, 6 y 7 de mayo

Propiedades de la estrella: Venus

Descripción: estrella binaria, anaranjada, esmeralda y azul, ubicada en el pie izquierdo de Andrómeda

INFLUENCIA DE LA ESTRELLA PRINCIPAL

Alamak confiere talento artístico, musical, buena voz y popularidad social. Imparte buena fortuna y éxito, por lo que es posible que recibas distinciones y ganancias inesperadas. Si eres dinámico y paciente, no solo alcanzarás el éxito, sino que también encontrarás amor, romance y felicidad en las cuestiones familiares.

Con respecto a tu grado del Sol, esta estrella otorga distinciones en los ámbitos de la escritura y la creatividad, así como éxito en la interacción con la gente y en la vida pública, sobre todo en cuestiones relacionadas con la profesión legal y el derecho. También indica que puedes obtener fama y prestigio.

• *Positiva:* talento para la creatividad, naturaleza amorosa, capacidad para atraer el éxito material.

Tu fecha de nacimiento supone que eres una persona más compleja de lo que aparentas. Posees un histrionismo natural para interactuar en el escenario de la vida; proyectas una imagen de seguridad y posees múltiples talentos. No obstante, detrás de aquella máscara se oculta cierta preocupación e indecisión. Posees habilidades innatas de liderazgo y don de gentes, por lo que idealmente deberías ocupar posiciones que saquen el mayor provecho posible de tus aptitudes. Sin embargo, hay cierto peligro de que te conformes con menos de lo que mereces o con una vida cómoda y simple, y no explotes al máximo tus capacidades.

Con la influencia añadida de tu Sol en el segundo decanato de Tauro, es probable que poseas habilidades analíticas y críticas extraordinarias, las cuales deberían ayudarte a alcanzar tus metas. También posees cierta inclinación hacia la escritura, así como facilidad para los negocios. Aprendes con rapidez, valoras el conocimiento y la libertad, y estás abierto a ideas ingeniosas y progresistas.

Entre tus prioridades están la seguridad y el hogar, y es probable que te tomes tus responsabilidades en serio. Aun así, cuídate de no involucrarte tanto que termines por interferir en las vidas de otros e impedirles aprender a su propio ritmo. Por fortuna, eres capaz de activar tu encanto y habilidades sociales maravillosas. Posiblemente tengas muchos conocidos, pero eliges con cuidado amistades interesantes e intelectualmente estimulantes. Sin embargo, como te gustan mucho los placeres de la vida y sabes bien cómo disfrutarlos, también deberás cuidarte de la tendencia a ser demasiado autocomplaciente.

A los 15 años, cuando tu Sol progresado se desplace hacia Géminis, el ritmo de tu vida se acelerará y le darás mayor importancia a la comunicación. Durante las siguientes tres décadas, sentirás una mayor necesidad de ampliar tus habilidades mentales y de vincularte con otros a través del intercambio de ideas. A los 45, cuando tu Sol progresado entre a Cáncer, habrá un punto de inflexión que resaltará la importancia creciente de la cercanía emocional, la familia y la seguridad. A partir de los 75, cuando tu Sol progresado se desplace hacia Leo, adquirirás más poder y confianza.

Tu yo secreto

Tu mentalidad creativa te permite combinar el ingenio con el conocimiento, con lo cual podrás reflejarles a otros sus propias características de forma sutil pero estimulante. El interés en la naturaleza humana, por lo regular, te llevará más allá de los negocios y la socialización, y desarrollarás ansias de ayudar a la humanidad y de hacer cosas significativas. Esto puede incluir luchar por ciertas causas, por la libertad o por tus sueños, lo que eliminará tus inquietudes y te traerá mucha satisfacción. Los posibles bloqueos que encontrarás en tu camino están la falta de fe en tus habilidades o la indecisión sobre tus propias resoluciones. Estas dudas podrían llevarte a ocupar papeles secundarios en lugar de aprovechar al máximo el potencial que tienes al alcance. Dado que reaccionas bien a los impulsos, podría motivarte leer historias sobre la vida de personas que admiras y respetas; recuerda que cada paso que das hacia el cumplimiento de tus sueños también inspira a otros. Por lo tanto, procura inspirar en lugar de criticar.

Trabajo y vocación

Posees habilidades psicológicas naturales que sin duda te ayudarán mucho en cualquier profesión que elijas. En los negocios, esta habilidad te permitirá trabajar bien con la gente e intuir los resultados de propuestas financieras. También va de maravilla con tu capacidad para evaluar situaciones, e indica que cumples con los requisitos necesarios para ascender a puestos de autoridad en el campo que elijas. Por otro lado, también podrías usar estos dones en el mundo terapéutico, en donde puedes ejercitar tu humanismo innato. Tu intelecto agudo y sentido histriónico te impulsarán a perseguir carreras en los escenarios; además, dado que también es probable que hayas sido bendecido con una voz excepcional, podrías desempeñarte como cantante o político. También aprovecharías tus talentos haciendo carrera en la música o la enseñanza. Tu inclinación por la independencia y tu aversión a recibir órdenes podrían impulsarte a trabajar por cuenta propia.

Entre las personas famosas con quienes compartes cumpleaños están el actor George Clooney, el director de cine Orson Welles, el psicoanalista Sigmund Freud y el beisbolista Willie Mays.

Numerología

Algunos de los atributos propios de la gente nacida en el día 6 son la compasión, el idealismo y la naturaleza atenta. Cumplir años en este día suele implicar una orientación hacia la familia, y que seas una madre o un padre devoto y dedicado al hogar. Tus emociones intensas y el deseo de buscar la armonía universal suelen animarte a trabajar arduamente por las cosas en las que crees. Las personas más sensibles entre quienes nacieron en esta fecha deberán encontrar una forma de expresión creativa, pues se sienten atraídas por el mundo del entretenimiento, las artes y el diseño. Los retos para alguien nacido el día 6 pueden incluir el desarrollo de confianza en sí mismos y la compasión hacia sus amigos y vecinos, así como aprender a ser más responsables. La subinfluencia del mes número 5 indica que eres entusiasta e incansable, pero también responsable y orgulloso. Cuando tienes tacto y eres diplomático, encantas a los demás con tu naturaleza relajada. Alternas entre ser seguro de ti, por un lado, e impresionable e inseguro, por otro. Te inspiran las causas humanistas y te beneficias de proyectos de cooperación o de colaboraciones con otros.

• *Cualidades positivas:* cosmopolita, hermandad universal, afabilidad, compasión, confiabilidad, comprensión, empatía, idealismo, orientación hacia lo doméstico, humanismo, compostura, talento artístico, equilibrio.

• *Cualidades negativas:* ansiedad, timidez, terquedad, franqueza excesiva, perfeccionismo, comportamiento dominante, irresponsabilidad, egoísmo, cinismo.

Amor y relaciones

Te atrae la gente comprometida con el crecimiento personal, sueles combinar tus actividades sociales con aprendizajes y te interesa intercambiar información y conocimiento con otras personas. Un componente esencial de las relaciones es, en tu opinión, el amor por la armonía, por lo que te atraen individuos con alto nivel educativo. Aunque seas una persona de carácter fuerte, evita ser demasiado autoritario con tus seres queridos.

• *Negativa:* egoísmo, autocomplacencia, despilfarro.

ESE ALGUIEN ESPECIAL

Si deseas seguridad, estímulo intelectual y amor, búscalos entre quienes nacieron en las siguientes fechas.

Amor y amistad: 4, 11, 12, 16, 26, 28 y 30 de enero; 2, 9, 10, 24, 26 y 28 de febrero; 7, 8, 12, 22, 24 y 26 de marzo; 5, 6, 20, 22, 24 y 30 de abril; 3, 4, 18, 20, 22, 28 y 31 de mayo; 1, 2, 16, 18, 20, 26 y 29 de junio; 4, 14, 16, 18, 24 y 27 de julio; 12, 14, 16, 22 y 25 de agosto; 10, 12, 14, 20 y 23 de septiembre; 8, 10, 12, 18 y 21 de octubre; 6, 8, 10, 16 y 19 de noviembre; 4, 6, 8, 14 y 17 de diciembre.

Buenas para ti: 3, 10 y 29 de enero; 1, 8 y 27 de febrero; 6 y 25 de marzo; 4 y 23 de abril; 2 y 21 de mayo; 4 y 19 de junio; 17 y 30 de julio; 15 y 28 de agosto; 13 y 26 de septiembre; 11 y 24 de octubre; 9 y 22 de noviembre; 7 y 20 de diciembre.

Atracción fatal: 11 de enero; 9 de febrero; 7 de marzo; 5 de abril; 3 de mayo; 1 de junio; 7, 8 y 9 de noviembre.

Desafiantes: 9 de enero; 7 de febrero; 5 y 28 de marzo; 3 y 26 de abril; 1 y 24 de mayo; 22 de junio; 20 de julio; 18 de agosto; 16 de septiembre; 14, 30 y 31 de octubre; 12, 28 y 29 de noviembre; 10, 26 y 27 de diciembre.

Almas gemelas: 7 de enero, 5 de febrero, 3 de marzo, 1 de abril, 29 de mayo, 27 de junio, 25 de julio, 23 de agosto, 21 de septiembre, 19 de octubre, 17 de noviembre, 15 de diciembre.

SOL: TAURO
DECANATO: VIRGO/MERCURIO
ÁNGULO: 15° 30'–17° DE TAURO
MODALIDAD: FIJA
ELEMENTO: TIERRA

7 de mayo

ESTRELLA FIJA

Nombre de la estrella: Alamak, también llamada Almach

Posición: 13° 15'–14° 20' de Tauro, entre los años 1930 y 2000

Magnitud: 2

Fuerza: ★★★★★★★

Órbita: 2° 10'

Constelación: Andrómeda (Gamma Andromedae)

Días efectivos: 2, 3, 4, 5, 6 y 7 de mayo

Propiedades de la estrella: Venus

Descripción: estrella binaria, anaranjada, esmeralda y azul, ubicada en el pie izquierdo de Andrómeda

INFLUENCIA DE LA ESTRELLA PRINCIPAL

Alamak confiere talento artístico, musical, buena voz y popularidad social. Imparte buena fortuna y éxito, por lo que es posible que recibas distinciones y ganancias inesperadas. Si eres dinámico y paciente, no solo alcanzarás el éxito, sino que también encontrarás amor, romance y felicidad en las cuestiones familiares.

Con respecto a tu grado del Sol, esta estrella otorga distinciones en los ámbitos de la escritura y la creatividad, así como éxito en la interacción con la gente en general y en la vida pública, sobre todo en cuestiones relacionadas con la profesión legal y el derecho. También indica que, a menudo, puedes obtener fama y prestigio.

• *Positiva:* talento para la creatividad, naturaleza amorosa, capacidad para atraer el éxito material.

• *Negativa:* egoísmo, autocomplacencia, despilfarro.

Tu fecha de cumpleaños sugiere que te caracteriza cierto pragmatismo astuto, combinado con un carácter fuerte. Eres activo, voluntarioso y con la tendencia a ascender a puestos de autoridad de forma natural, aunque debes evitar ser demasiado mordaz o autoritario. Tienes buen juicio cuando se trata de evaluar a las personas o las situaciones prácticas, y es posible que procures luchar por los derechos de otros. Prefieres estar siempre ocupado y tienes brotes intensos de energía, por lo que tienes la capacidad de lograr cosas extraordinarias.

Con la influencia añadida de tu Sol en el decanato de Virgo, tienes una visión metódica o analítica de la vida, así como gran agilidad mental y capacidad de concentración. Esto podría manifestarse en especial como poderes de persuasión fuertes o habilidades para la escritura y la comunicación. Ver la vida de forma realista y ser capaz de ir al meollo del asunto también fortalecen tu pericia en los negocios. Gracias a tu capacidad de razonamiento profundo, te inclinas por posturas filosóficas o habilidades para resolver problemas. Un posible bache en el camino de tu gran potencial podría ser la tendencia a aislarte o ser terco, arrogante y poco comunicativo.

El talento natural para obtener recursos materiales, las buenas habilidades de organización y la capacidad de inspirar a otros te equipan de forma automática para ocupar posiciones de liderazgo en cualquier situación. Si a tu fortaleza interior le agregas disciplina, tienes el potencial para traducir tus aspiraciones en realidades tangibles.

Alrededor de los 14 años, cuando tu Sol progresado se desplaza hacia Géminis, empezará un periodo de cambio en el que encontrarás muchos intereses nuevos. En esta época, el estudio y la comunicación adquirirán una mayor importancia. Habrá otro punto de inflexión a los 44, cuando tu Sol progresado entre a Cáncer. En ese momento iniciará un periodo en el que probablemente te enfoques en las relaciones sentimentales, la familia y la comprensión instintiva de las necesidades ajenas. A partir de los 74 años, cuando tu Sol progresado entre en Leo, confiarás más en tu capacidad de expresión.

Tu yo secreto

Si a tus habilidades histriónicas les añades disciplina, podrás transformar tu amor por el arte, la música y el teatro en una forma concreta de expresión personal. La creatividad interna inherente a tu cumpleaños se puede extender a tu vida en general, ya sea en los negocios o en el hogar. Sin embargo, la tendencia a preocuparte o a ser indeciso sobre el dinero o el trabajo podría cerrarte la puerta a muchas posibilidades. Estas ansiedades y frustraciones podrían volverte demasiado cauteloso a la hora de tomar decisiones importantes o mantenerte en situaciones inadecuadas durante demasiado tiempo. El lado humanista y desapegado de tu personalidad te inclinará a aspirar alto y te estimulará a ser más alegre y audaz. Solo debes cuidar que, una vez que te sientas libre, no caigas en derroches extravagantes o autocomplacencias excesivas de las cosas buenas de la vida.

Trabajo y vocación

En el ámbito profesional, tendrás una amplia variedad de opciones. Es probable que sobresalgas en puestos de liderazgo; además, con tus habilidades de evaluación, podrías triunfar en la creación de marcas y la publicidad. Eres famoso por tu generosidad, así que podrías ser un filántropo que respalde las ideas y a la gente en la que crees. Tu creatividad podría inclinarte hacia el mundo del entretenimiento, el arte o la música. Sueles ser capaz de combinar tu aprecio por la belleza y las artes con los negocios, ya sea como vendedor de arte, agente artístico o curador. Tu capacidad para impulsar reformas te atraerá a posiciones de liderazgo en organizaciones como sindicatos. Sin embargo, quienes carezcan del empuje para luchar por la libertad podrían estar más interesados en la educación u otra forma de trabajo público o social.

Entre las personas famosas con quienes compartes cumpleaños están los compositores Johannes Brahms y Piotr Ilich Chaikovski, el cantante Jimmy Ruffin, el actor Gary Cooper, los poetas Rabindranath Tagore y Robert Browning, y la política argentina Eva Perón.

Numerología

A pesar de ser analíticas y reflexivas, las personas con el número 7 en su fecha de nacimiento suelen ser críticas y egocéntricas. Por lo general, prefieres tomar tus propias decisiones y, con frecuencia, aprendes mejor mediante la experiencia. Este deseo de aprendizaje puede llevarte también al mundo de la academia o a trabajar constantemente por mejorar tus habilidades existentes. En ocasiones, puedes ser demasiado sensible a las críticas o sentirte incomprendido. La tendencia a ser enigmático o reservado puede llevarte a desarrollar el arte de hacer preguntas sutiles, sin revelar tus propios pensamientos. La subinfluencia del mes número 5 indica que eres inteligente y tienes la capacidad de aprehender las ideas con rapidez. Eres ingenioso y elocuente, por lo que entretienes a cualquiera que te haga compañía. Eres creativo pero también impresionable; te gusta divertirte y adquirir muchos pasatiempos. La integridad y la cooperación te resultarán esenciales para triunfar. Al ser solidario y amistoso, impulsas las ideas de los demás. Pero la tendencia a ser manipulador en lugar de ser directo supone que a veces se te dificulta expresar tus verdaderas emociones.

• *Cualidades positivas:* educación, confianza, meticulosidad, idealismo, honestidad, habilidades psíquicas, capacidades científicas, racionalidad, reflexión.

• *Cualidades negativas:* ocultamiento, engaño, hermetismo, escepticismo, confusión, comportamiento malicioso, desapego.

Amor y relaciones

La necesidad de estímulo mental y creatividad suelen indicar que te atraen personas inteligentes de cualquier contexto social. Aunque seas divertido y tengas muchos intereses, la indecisión o incertidumbre acerca de las relaciones pueden provocarte confusión y angustia. Si no estás seguro de dónde están puestas tus lealtades, es probable que prefieras salir a socializar con tus amigos. Si eres creativo y dejas de obsesionarte con esta parte de tu vida, podrás resolver tus problemas personales con el tiempo.

ESE ALGUIEN ESPECIAL

Para no perder interés en una relación a largo plazo, vincúlate con personas nacidas en las siguientes fechas.

Amor y amistad: 13, 17 y 29 de enero; 11, 27 y 29 de febrero; 9, 25 y 27 de marzo; 7, 23 y 25 de abril; 5, 9, 21, 23 y 29 de mayo; 3, 19, 21, 27 y 30 de junio; 1, 17, 19, 25 y 28 de julio; 15, 17, 23 y 26 de agosto; 1, 13, 15, 21 y 24 de septiembre; 11, 13, 19, 22 y 29 de octubre; 9, 11, 17, 20 y 27 de noviembre; 7, 9, 15, 18 y 25 de diciembre.

Buenas para ti: 11 de enero; 9 de febrero; 7 y 31 de marzo; 5 y 29 de abril; 3, 27 y 31 de mayo; 1, 25 y 29 de junio; 23, 27 y 31 de julio; 21, 25, 29 y 30 de agosto; 19, 23, 27 y 28 de septiembre; 17, 21, 25 y 26 de octubre; 15, 19, 23, 24 y 30 de noviembre; 13, 17, 21, 22 y 28 de diciembre.

Atracción fatal: 12 de enero; 10 de febrero; 8 de marzo; 6 de abril; 4 de mayo; 2 de junio; 8, 9 y 10 de noviembre.

Desafiantes: 10 de enero; 8 de febrero; 6 y 29 de marzo; 4 y 27 de abril; 2 y 25 de mayo; 23 de junio; 21 de julio; 19 de agosto; 17 de septiembre; 15 y 31 de octubre; 13, 29 y 30 de noviembre; 11, 27 y 28 de diciembre.

Almas gemelas: 18 y 24 de enero, 16 y 22 de febrero, 14 y 20 de marzo, 12 y 18 de abril, 10 y 16 de mayo, 8 y 14 de junio, 6 y 12 de julio, 4 y 10 de agosto, 2 y 8 de septiembre, 6 de octubre, 4 de noviembre, 2 de diciembre.

8 de mayo

ESTRELLAS FIJAS

Aunque el grado en que se ubica tu Sol no se encuentra vinculado con una estrella fija, algunos de los grados de tus otros planetas sí lo estarán. Si solicitas el cálculo de tu carta astral, encontrarás la posición exacta de los planetas en tu fecha de nacimiento. Esto te permitirá determinar cuáles de las estrellas fijas descritas en este libro son relevantes para ti.

Quienes nacen en esta fecha tienden a ser individuos amistosos y espontáneos, así como mentalmente ágiles y con gran encanto personal. En ocasiones, exhibes una mezcla interesante de idealismo y materialismo, además de que necesitas socializar y eres una persona cálida. Es probable que mantengas actitudes joviales toda la vida, lo cual muestra un lado de tu personalidad que seguramente encantará a los demás. Dado que también es factible que seas ambicioso, tus habilidades sociales te ayudarán a alcanzar la cima.

Con la influencia añadida de tu Sol en el decanato de Virgo, se observa una mejoría en tu elocuencia y agilidad mental, así como mayores habilidades de comunicación. Esto también puede traer consigo capacidad de análisis crítico y deseos de servir, así como aptitudes naturales para los negocios, lo que te proveerá el conocimiento necesario para obtener recursos materiales.

Sueles ser consciente de la imagen que proyectas a los demás y, por lo regular, quieres expresar un sentido sólido de individualidad y estilo personal. Las ansias de trascender lo mundano se manifestarán como un deseo de experiencias místicas o, en el extremo opuesto, confusión, evasión o sueños imposibles. Invariablemente, te gusta ser honesto y directo, y ansías la libertad con desesperación. Al combinar estas cualidades con tu pragmatismo, podrás aprovechar el potencial de éxito que trae consigo esta fecha de cumpleaños.

Después de los 13 años, cuando tu Sol progresado entre a Géminis, desearás con más fuerza expresar tus ideas e interactuar con personas de tu entorno inmediato. Esto te impulsará a estudiar o a diversificarte intelectualmente de alguna forma. Esta tendencia seguirá ese rumbo hasta los 43, cuando tu Sol progresado se desplace hacia Cáncer. En este punto de inflexión resaltará la importancia de estar en contacto con tus emociones y de prestar atención al hogar y la familia. A partir de los 73 años, cuando tu Sol progresado entre en Leo, te volverás más fuerte y seguro de ti.

Tu yo secreto

Dado que la inteligencia y afabilidad asociadas a tu fecha de cumpleaños sugieren que puedes ser versátil, quizá te resulte necesario tener metas y objetivos claros. Si haces planes precisos, evitarás parte de la indecisión y de las preocupaciones que te caracterizan. Las ansias de obtener dinero o lujos te desviarán de tus ideales, así que para demostrar tus talentos extraordinarios deberás decidir dónde yacen en realidad tus responsabilidades. Por fortuna, es probable que hayas sido bendecido con una mente capaz y habilidades de aprendizaje veloz, por lo que siempre tendrás protección a nivel material.

También hay muchas probabilidades de que la educación y la escritura influyan en tu progreso, quizá después de terminar una carrera o en otros momentos de tu vida. De cualquier forma, serían un excelente medio para expresar tu creatividad y pericia comunicativa.

Trabajo y vocación

La capacidad de generar dinero, mezclada con tu carisma, indica que tienes el potencial de llegar a la cima del campo que elijas. Las posibilidades de éxito son particularmente altas en ámbitos como las ventas, la negociación y la promoción. De igual modo, es posible que te atraigan el mundo editorial, la publicidad y los medios, o que te involucres en ámbitos jurídicos, en la política o en las finanzas. Tus habilidades de liderazgo y ambición te llevarán a puestos ejecutivos o gerenciales. La necesidad de expresión personal te inspirará a ser creativo y te podría posicionar entre escritores, poetas y actores. Tu talento artístico también podrían llevarte a la música, el entretenimiento y las artes. Por otro lado, podrías tener éxito en trabajos relacionados con propiedades y terrenos, como bienes raíces, construcción o agricultura.

Entre las personas famosas con quienes compartes cumpleaños están el expresidente estadounidense Harry S. Truman, la psíquica y escritora Jane Roberts, el escritor Thomas Pynchon y el boxeador Sonny Liston.

Numerología

El poder del número 8 en tu fecha de nacimiento indica un carácter con valores firmes y un juicio sólido. El número 8 denota que aspiras a conseguir grandes logros y que tienes una naturaleza ambiciosa. Tu fecha de cumpleaños esboza además tu deseo de control, seguridad y éxito material. Como una persona nacida bajo el número 8 tienes un talento natural para los negocios y te beneficiarás en gran medida si desarrollas tus habilidades organizativas y ejecutivas. Es posible que debas aprender a administrarte o a delegar tu autoridad de forma justa y responsable. Tu necesidad de seguridad y estabilidad te insta a hacer planes e inversiones a largo plazo. La subinfluencia del mes número 5 indica que eres entusiasta e incansable, y que posees mucha fuerza de voluntad. El desenfado te permite beneficiarte de expresar tus emociones y aprender a comunicar exactamente lo que sientes. Por medio de la disciplina y una visión optimista, dejarás la impresión adecuada y obtendrás control sobre las situaciones.

• *Cualidades positivas:* liderazgo, minuciosidad, trabajo arduo, tradición, autoridad, protección, poder de sanación, talento para juzgar valores.

• *Cualidades negativas:* impaciencia, desperdicio, intolerancia, avaricia, desasosiego, exceso de trabajo, comportamiento controlador o dominante, tendencia a darte por vencido, falta de planeación, abusos.

Amor y relaciones

La necesidad de estabilidad, seguridad y fondos para financiar cierto estilo de vida indica que te interesan personas que contribuyan a tu nivel económico y que recibes ayuda de tus amigos con frecuencia. Eres idealista y pragmático, así como amistoso y sociable, y ansías la seguridad de tener compañeros leales. Eres afectuoso, amoroso y romántico con la gente a la que amas; sin embargo, para ser feliz, deberás asegurarte de tener estabilidad económica a largo plazo. Date tiempo para elegir tus relaciones con cuidado; de otro modo, sufrirás desilusiones si la gente no está a la altura de tus expectativas elevadas.

ESE ALGUIEN ESPECIAL

Si deseas encontrar felicidad duradera, seguridad y una pareja amorosa, empieza por buscarlos entre quienes nacieron en las siguientes fechas.

Amor y amistad: 6, 8, 14, 18, 23, 26 y 28 de enero; 4, 10, 12, 21, 24 y 26 de febrero; 2, 10, 12, 14, 19, 22 y 24 de marzo; 8, 14, 17, 20 y 22 de abril; 6, 15, 16, 18 y 20 de mayo; 4, 13, 16 y 18 de junio; 2, 11, 14, 16 y 20 de julio; 9, 12, 14 y 22 de agosto; 2, 7, 10, 12 y 24 de septiembre; 5, 8, 10 y 26 de octubre; 3, 6, 8 y 28 de noviembre; 1, 4, 6 y 30 de diciembre.

Buenas para ti: 9 y 12 de enero; 7 y 10 de febrero; 5 y 8 de marzo; 3 y 6 de abril; 1 y 4 de mayo; 2 y 30 de junio; 28 de julio; 26, 30 y 31 de agosto; 24, 28 y 29 de septiembre; 22, 26 y 27 de octubre; 20, 24 y 25 de noviembre; 18, 22, 23 y 29 de diciembre.

Atracción fatal: 9, 10, 11 y 12 de noviembre.

Desafiantes: 11, 13 y 29 de enero; 9 y 11 de febrero; 7, 9 y 30 de marzo; 5, 7 y 28 de abril; 3, 5, 26 y 31 de mayo; 1, 3, 24 y 29 de junio; 1, 22 y 27 de julio; 20 y 25 de agosto; 18, 23 y 30 de septiembre; 16, 21 y 28 de octubre; 14, 19 y 26 de noviembre; 12, 17 y 24 de diciembre.

Almas gemelas: 12 y 29 de enero; 10 y 27 de febrero, 8 y 25 de marzo, 6 y 23 de abril, 4 y 21 de mayo, 2 y 19 de junio, 17 de julio, 15 de agosto, 13 de septiembre, 11 de octubre, 9 de noviembre, 7 de diciembre.

9 de mayo

ESTRELLAS FIJAS

Aunque el grado en que se ubica tu Sol no se encuentra vinculado con una estrella fija, algunos de los grados de tus otros planetas sí lo estarán. Si solicitas el cálculo de tu carta astral, encontrarás la posición exacta de los planetas en tu fecha de nacimiento. Esto te permitirá determinar cuáles de las estrellas fijas descritas en este libro son relevantes para ti.

Tu fecha de cumpleaños sugiere que te inclinas hacia el éxito, eres ambicioso e inteligente, y posees las habilidades sociales necesarias para alcanzar la felicidad. Estás lleno de energía y empuje, ya que te motiva la promesa de recompensas inmediatas por lo que casi siempre tienes un plan o proyecto en marcha. Eres astuto y veloz para evaluar a la gente y las situaciones, y constantemente buscas oportunidades y proyectos a gran escala.

La influencia añadida de tu Sol en el decanato de Virgo supone que, con tu agilidad mental, eres lógico, analítico y técnico. La visión pragmática del mundo te provee un sentido natural de los negocios, además de que es posible que te agrade servir a otros. Conforme desarrolles tus cualidades sensuales, es probable que disfrutes el romance, pero debes tener cuidado de no caer en autocomplacencias excesivas.

Ser independiente y buen planeador u organizador te permitirá encargarte de toda clase de proyectos. La generosidad y el optimismo te acercan a otros y expanden tu fortuna. Sin embargo, deberás cuidarte de la obstinación que surge de forma ocasional. Dado que posees todos los ingredientes para triunfar, solo basta con que agregues disciplina para explotar al máximo las posibilidades extraordinarias que trae consigo tu fecha de nacimiento.

Después de los 12 años, cuando tu Sol progresado se desplace hacia Géminis, tu ritmo de vida se acelerará y le darás mayor importancia a las relaciones con otros, así como al aprendizaje y la comunicación en general. Esta tendencia continuará hasta los 42 años, cuando ocurrirá un punto de inflexión conforme tu Sol progresado entre a Cáncer. Durante los años siguientes, resaltará la importancia creciente de la intimidad y seguridad emocionales. A partir de los 72, cuando tu Sol progresado entre en Leo, la prioridad del hogar será superada por la creatividad y la expresión personal intensificada.

Tu yo secreto

Aunque probablemente aprendas desde muy joven que el dinero es poder, también es posible que te des cuenta de que el éxito material no siempre garantiza la felicidad. Posees una habilidad natural para hacer dinero cuando te enfocas en ello y trabajas arduamente; sin embargo, es posible que la satisfacción personal provenga de la expresión de tu naturaleza idealista interna. Gracias a tu flexibilidad intelectual y pensamiento ingenioso, sueles adelantarte a tu época, lo que explicaría que te interesen los cambios que hay en la sociedad. Esto puede llevarte a intereses humanistas o filantrópicos que acentuarán tu facilidad para sobresalir en posiciones de liderazgo. Dado que tienes inclinaciones a actuar como intermediario, es probable que conozcas gente de todo tipo y que les proporciones información que sea benéfica o inspiradora para ellos.

Trabajo y vocación

Eres emprendedor y ambicioso, con una facilidad natural para los negocios que quizá te traiga muchas recompensas, aunque la disciplina será esencial para ello. Tu encanto innegable te permitirá sobresalir en la industria del servicio al cliente, y es probable que prefieras carreras orientadas al trabajo con el público que profesiones solitarias. Debido a tu optimismo y tendencia a planear en grande, te agrada iniciar proyectos nuevos en los que ocupes posiciones de liderazgo. Como te disgusta recibir órdenes, es posible que prefieras trabajar por cuenta propia. Entre tus múltiples talentos, tienes habilidades ejecutivas y organizacionales que podrían permitirte ascender en puestos como funcionario público, juez o banquero. Si ansías fama, quizá te interese explorar tus talentos creativos como actor o político.

Entre las personas famosas con quienes compartes cumpleaños están los actores Albert Finney y Candice Bergen, la actriz y política Glenda Jackson, el cantante Billy Joel, el escritor escocés Sir James Barrie y el abolicionista estadounidense John Brown.

ESE ALGUIEN ESPECIAL

Numerología

Entre las características asociadas con haber nacido bajo el número 9 están la benevolencia, la amabilidad y el sentimentalismo. Tus habilidades intuitivas e intelectuales apuntan hacia una receptividad universal que, canalizada de forma positiva, te inspirará a buscar un camino espiritual. Quizá debas trabajar en tu comprensión, tolerancia y paciencia y aprender también a ser más objetivo. Viajar por el mundo e interactuar con gente de todo tipo te beneficiará, pero es posible que debas cuidarte de tener sueños poco realistas o de tender hacia la evasión. La subinfluencia del mes número 5 indica que eres entusiasta y aventurero, y que te gusta estar ocupado y mantenerte activo. Quizá prefieras trabajar por cuenta propia, ya que te desagrada que te den órdenes. Por medio del trabajo arduo y la disciplina, desarrollarás un enfoque más creativo. Dado que necesitas libertad y estabilidad, te beneficias del orden y las rutinas prácticas, pero debes evitar quedarte en tu zona de confort.

• *Cualidades positivas:* idealismo, humanitarismo, creatividad, sensibilidad, generosidad, magnetismo, naturaleza poética, caridad, naturaleza dadivosa, desapego, suerte, popularidad.

• *Cualidades negativas:* frustración, nerviosismo, incertidumbre, egoísmo, falta de practicidad, amargura, tendencia a dejarse llevar, complejo de inferioridad, miedo.

Amor y relaciones

Eres creativo, albergas deseos poderosos, y posees un gran carisma, además de convicciones fuertes. Asimismo, eres fiel y generoso con tus seres queridos. Dado que eres amistoso y sociable, es probable que te guste coquetear y atraer muchas oportunidades románticas y de socialización. Cuando encuentras a alguien nuevo, te sientes motivado a revelar tu naturaleza histriónica y apasionada. Sin embargo, deberás considerar las emociones de tu pareja y evitar ser demasiado dominante. Por otro lado, cuando te sientes motivado quizá quieras dedicar tu vida a apoyar alguna causa en la que creas.

Encontrarás a ese alguien especial entre quienes nacieron en las siguientes fechas.

Amor y amistad: 6, 15, 19, 29 y 31 de enero; 4, 13, 27 y 29 de febrero; 2, 11, 25 y 27 de marzo; 9, 23 y 25 de abril; 7, 21 y 23 de mayo; 5, 19 y 21 de junio; 3, 17, 19 y 30 de julio; 1, 15, 17 y 28 de agosto; 13, 15 y 26 de septiembre; 11, 13 y 24 de octubre; 9, 11 y 22 de noviembre; 7, 9 y 20 de diciembre.

Buenas para ti: 13, 15 y 19 de enero; 11, 13 y 17 de febrero; 9, 11 y 15 de marzo; 7, 9 y 13 de abril; 5, 7 y 11 de mayo; 3, 5 y 9 de junio; 1, 3, 7 y 29 de julio; 1, 5, 27 y 31 de agosto; 3, 25 y 29 de septiembre; 1, 23 y 27 de octubre; 21 y 25 de noviembre; 19 y 23 de diciembre.

Atracción fatal: 30 de mayo; 28 de junio; 26 de julio; 24 de agosto; 22 de septiembre; 20 de octubre; 10, 11, 12 y 18 de noviembre; 16 de diciembre.

Desafiantes: 12 de enero; 10 de febrero; 8 de marzo; 6 de abril; 4 de mayo; 2 de junio; 31 de agosto; 29 de septiembre; 27, 29 y 30 de octubre; 25, 27 y 28 de noviembre; 23, 25, 26 y 30 de diciembre.

Almas gemelas: 2 y 28 de enero, 26 de febrero, 24 de marzo, 22 de abril, 20 de mayo, 18 de junio, 16 de julio, 14 de agosto, 12 de septiembre, 10 de octubre, 8 de noviembre, 6 de diciembre.

10 de mayo

ESTRELLAS FIJAS

Aunque el grado en que se ubica tu Sol no se encuentra vinculado con una estrella fija, algunos de los grados de tus otros planetas sí lo estarán. Si solicitas el cálculo de tu carta astral, encontrarás la posición exacta de los planetas en tu fecha de nacimiento. Esto te permitirá determinar cuáles de las estrellas fijas descritas en este libro son relevantes para ti.

♉ Como lo muestra tu cumpleaños, eres un individuo práctico e independiente, así como ambicioso y de mente abierta y aguda. Prefieres mantenerte ocupado, gracias a que posees una gran vitalidad y eres capaz de tomar decisiones con rapidez. La tendencia a decepcionarte o frustrarte puede ser un golpe a tu optimismo, así que es vital tener metas definitivas y valiosas.

Gracias a la influencia de tu Sol en el decanato de Virgo, eres elocuente e ingenioso, y posees dotes intelectuales. Esto también supone una capacidad crítica y habilidad para lidiar con trabajos de investigación o labores técnicas y detalladas. El énfasis en el pragmatismo de esta combinación también indica un don para los negocios y de la capacidad para analizar situaciones financieras.

Por lo regular, prefieres tener libertad para tomar todas tus decisiones y te desagrada que te den órdenes. Tu capacidad para inspirar a otros con tus planes y entusiasmo indican que posees el potencial para organizar emprendimientos novedosos y emocionantes. Sin embargo, cuando eres voluntarioso y obstinado, puedes perder la admiración que ansías y sentirte inseguro. Por fortuna, también posees un sentido del humor extraordinario que te impedirá actuar de forma obsesiva o compulsiva.

Cerca de los 11 años, cuando tu Sol progresado se desplace hacia Géminis, es posible que experimentes ciertos cambios y encuentres intereses nuevos. Durante las siguientes tres décadas, el estudio y las relaciones personales adquirirán mayor importancia. A los 41 habrá otro punto de inflexión, cuando tu Sol progresado se desplace hacia Cáncer. Es probable que esto incremente tu sensibilidad y que le pongas mayor énfasis a la familia y a la seguridad del hogar. A partir de los 71, cuando tu Sol progresado entre a Leo, tus mecanismos de expresión personal serán más fuertes y te volverás más seguro de ti.

Tu yo secreto

Muchos de los desafíos que enfrentas están relacionados con cuestiones financieras. Posees una capacidad excelente para evaluar las situaciones, lo que te confiere un sentido de la autoridad innato; sin embargo, también puedes ser una persona extremista. Por un lado, eres idealista, generoso, derrochador y audaz; por el otro, puedes ser materialista y egoísta, y estar demasiado preocupado por temas de seguridad. Es importante que integres estos contrastes para encontrar un equilibrio. Asimismo, idear un plan de ahorro realista te permitirá protegerte de los impulsos derrochadores.

Cuando te desapegas, eres capaz de ver la vida desde una perspectiva amplia, gracias a tu visión humanista que ansía ayudar a otros. Tu perspectiva objetiva puede traducirse en intuición, la cual te ayudará en la búsqueda de iluminación, así como en cuestiones más mundanas.

Trabajo y vocación

Puesto que eres independiente y prefieres dar órdenes antes que recibirlas, por lo regular, prosperas en posiciones de autoridad o, si trabajas en equipo, en entornos donde tienes la libertad de operar a tu manera. Por lo general, te gusta emprender proyectos, involucrarte en ideas progresistas o en cuestiones de creación de imagen. No obstante, tu lado más pragmático y comercial podría inclinarte hacia las finanzas, la bolsa y el corretaje. Por otro lado, tus habilidades intelectuales y psicológicas te guiarán hacia la enseñanza, la ciencia o algún tipo de trabajo comunitario. Muchas de las personas nacidas en esta fecha poseen habilidades de sanación naturales, las cuales se pueden manifestar en carreras como medicina o salud alternativa. Tus aptitudes naturales para tratar con la gente suelen ser de gran importancia para cualquier carrera que elijas.

Entre las personas famosas con quienes compartes cumpleaños están el productor de cine David Selznick, el bailarín Fred Astaire, el compositor Donovan, los cantantes Sid Vicious y Bono, y el estudioso del I Ching Richard Wilhelm.

Numerología

Al igual que otras personas con el número 1 en su fecha de nacimiento, eres ambicioso e independiente. Acostumbras perseguir grandes objetivos que probablemente alcances, aunque para ello sea necesario que desarrolles tu paciencia y determinación. Tu espíritu pionero te anima a viajar por territorios inexplorados y a triunfar o fracasar por ti mismo. Con un cumpleaños con el número 10, es posible que también debas entender que no eres el centro del universo. Evita ser egoísta y dictatorial. La subinfluencia del mes número 5 indica que eres entusiasta y tienes instintos fuertes. Sueles ser idealista y motivas a los demás con tus ideas y planes. No obstante, si te sientes limitado, puedes volverte rebelde y negativo. Debido a que eres un buen estratega, debes aprender a poner en práctica tus habilidades y a usar la imaginación. Evita tomar decisiones precipitadas o lanzarte al ruedo sin un plan de acción adecuado. Genera armonía en tu vida y encuentra el equilibrio entre tus aspiraciones y la capacidad para materializarlas.

• *Cualidades positivas:* liderazgo, creatividad, naturaleza progresista, vigor, optimismo, convicciones firmes, competitividad, independencia, sociabilidad.

• *Cualidades negativas:* autoritarismo, celos, egoísmo, orgullo, antagonismo, falta de control, avaricia, inestabilidad, impaciencia.

Amor y relaciones

Aunque parezcas ser impasible, bajo esta apariencia se encuentra una naturaleza amorosa y amable. Disfrutas mucho la compañía de personas con quienes compartes algún tipo de actividad intelectual. En ocasiones, te vuelves demasiado serio y necesitas desarrollar una visión más objetiva y desprendida. Dado que eres un buen comunicador, te llevas bien con la mayoría de la gente y puedes desenvolverte con facilidad en grupos diversos. Ten cuidado, pues las inseguridades ocultas se pueden expresar de forma negativa en un carácter litigante o en una autocomplacencia excesiva. Las relaciones de pareja pueden resultarte benéficas, siempre y cuando recibas tanto como das.

ESE ALGUIEN ESPECIAL

Es posible que encuentres una pareja que te inspire entre personas nacidas en las siguientes fechas.

Amor y amistad: 6, 16 y 20 de enero; 4 y 14 de febrero; 2, 12, 28 y 30 de marzo; 10, 26 y 28 de abril; 8, 24, 26 y 30 de mayo; 6, 22, 24 y 28 de junio; 4, 20, 22, 26 y 31 de julio; 2, 18, 20, 24 y 29 de agosto; 4, 16, 18, 22 y 27 de septiembre; 14, 16, 20 y 25 de octubre; 12, 14, 18 y 23 de noviembre; 10, 12, 16 y 21 de diciembre.

Buenas para ti: 9, 14 y 16 de enero; 7, 12 y 14 de febrero; 5, 10 y 12 de marzo; 3, 8 y 10 de abril; 1, 6 y 8 de mayo; 4 y 6 de junio; 2 y 4 de julio; 2 de agosto; 30 de septiembre; 28 de octubre; 26 y 30 de noviembre; 24, 28 y 29 de diciembre.

Atracción fatal: 21 de enero; 19 de febrero; 17 de marzo; 15 de abril; 13 de mayo; 11 de junio; 9 de julio; 7 de agosto; 5 de septiembre; 3 de octubre; 1, 11, 12 y 13 de noviembre.

Desafiantes: 4, 13 y 28 de enero; 2, 11 y 26 de febrero; 9 y 24 de marzo; 7 y 22 de abril; 5 y 20 de mayo; 3 y 18 de junio; 1 y 16 de julio; 14 de agosto; 12 de septiembre; 10 y 31 de octubre; 8 y 29 de noviembre; 6 y 27 de diciembre.

Almas gemelas: 15 y 22 de enero, 13 y 20 de febrero, 11 y 18 de marzo, 9 y 16 de abril, 7 y 14 de mayo, 5 y 12 de junio, 3 y 10 de julio, 1 y 8 de agosto, 6 de septiembre, 4 de octubre, 2 de noviembre.

11 de mayo

ESTRELLAS FIJAS

Aunque el grado en que se ubica tu Sol no se encuentra vinculado con una estrella fija, algunos de los grados de tus otros planetas sí lo estarán. Si solicitas el cálculo de tu carta astral, encontrarás la posición exacta de los planetas en tu fecha de nacimiento. Esto te permitirá determinar cuáles de las estrellas fijas descritas en este libro son relevantes para ti.

Eres ambicioso, tenaz y posees la fuerza de voluntad y capacidad para explotar al máximo las posibilidades extraordinarias inherentes a tu cumpleaños. Además, eres pragmático, activo y productivo; necesitas sentir que estás ampliando tus horizontes y construyendo un futuro sólido y seguro. Tus grandes habilidades de organización, tu buen sentido de la sincronización y la capacidad de tratar con la gente te garantizan que lograrás tus metas. Aunque a veces seas indeciso, una vez que dispones algo enfrentas tus metas con un enfoque directo y franco, lo cual impide que desperdicies tiempo valioso.

La influencia de Capricornio, el regente de tu decanato, indica que trabajas arduamente y te tomas las responsabilidades en serio. La habilidad financiera innata también supone que eres prudente cuando es necesario. Dado que esto enfatiza tu lealtad y confiabilidad, es probable que te ganes el respeto de quienes te rodean, lo cual será importante para ti, pues valoras el prestigio.

Aunque tengas un lado un tanto conservador, curiosamente también eres poco convencional y tienes ideas poco comunes. Sueles ser confiado y depender de tu intuición, pero debes evitar la tendencia a ser irritable, voluntarioso u obstinado, pues eso frenaría tu ascenso tenaz por la escalera hacia el éxito.

Alrededor de los 10 años, cuando tu Sol progresado se desplace hacia Géminis, encontrarás nuevos intereses y te volverás más sociable. Durante las siguientes tres décadas, el estudio y el aprendizaje de habilidades nuevas se volverán cada vez más importantes. Después de los 40 vendrá otro punto de inflexión, cuando tu Sol progresado entre a Cáncer. Esta influencia enfatizará la necesidad de cercanía emocional y con frecuencia habrá un mayor énfasis en el hogar y la familia cercana. Después de los 70, cuando tu Sol progresado se desplace hacia Leo, te volverás más fuerte, seguro de ti mismo y sociable.

Tu yo secreto

Tu histrionismo interno, mezclado con tu don natural para los negocios, te garantiza que, con trabajo arduo, podrías alcanzar puestos prominentes. El amor por el conocimiento y la agudeza mental que posees te confieren la habilidad de enfrentar cualquier situación. Uno de los posibles obstáculos que te separan de tus logros es la tendencia a fiscalizar en exceso tu mente afinada o volverte demasiado escéptico e indeciso. Dado que es probable que tengas una personalidad fuerte y que expreses tus opiniones sin considerar los sentimientos ajenos, es importante que no abrumes a la gente con la intensidad de tus emociones. Una forma de alcanzar el dominio de uno mismo consiste en confiar en tu intuición y desarrollar la fuerza de voluntad con metas que parezcan estar solo un poco fuera de tu alcance. Esto te ayudará a desarrollar seguridad en ti mismo y tu fe para alcanzar los sueños que te inspiran.

Trabajo y vocación

Te gustan el poder, la estructura y la eficacia, aunque también eres perspicaz a nivel emocional y sensible. Esta combinación puede resultarte útil en todo tipo de entornos, desde la administración de bienes materiales hasta el mundo creativo. Tu encanto afable también te será de gran ayuda en toda clase de interacciones y te garantizará el éxito en carreras que impliquen trato con la gente. Sin duda prefieres ocupar posiciones de poder o trabajar por cuenta propia, pues te disgusta estar en puestos de subordinación. Sin embargo, dado que eres consciente de la importancia del trabajo cooperativo, quizá debas sacrificar parte de tu independencia al trabajar en equipo. Esta fecha de cumpleaños supone talentos musicales, creativos e histriónicos que se pueden comercializar.

Entre las personas famosas con quienes compartes cumpleaños están el pintor Salvador Dalí, la bailarina Martha Graham, el compositor Irving Berlin, el cantante Eric Burdon y el comediante Phil Silvers.

Numerología

La vibración especial del 11, el número maestro en tu fecha de nacimiento, sugiere que el idealismo, la inspiración y la innovación son importantísimos para ti. La combinación de humildad y seguridad en ti mismo te desafía a esforzarte por alcanzar el dominio material y espiritual de tu ser. Si bien tienes poderes de intuición, es posible que malgastes tus energías y necesites encontrar una meta en la cual enfocarte. Tómate las responsabilidades más en serio. Sueles estar conectado con el mundo y posees una gran vitalidad, pero por esa misma razón debes evitar ser demasiado ansioso o impráctico. La subinfluencia del mes 5 indica que eres entusiasta y enérgico, pero necesitas tiempo para desarrollar tus ideas y pensamientos. Eres sincero y la gente te considera buen confidente porque sabes guardar secretos. Quizá te resulte necesario establecer un equilibrio entre tus deseos personales y las responsabilidades frente a otros. Eres perspicaz y pones atención a los detalles, pero debes evitar ser crítico o desconfiado.

• *Cualidades positivas:* equilibrio, concentración, objetividad, entusiasmo, inspiración, espiritualidad, idealismo, intuición, inteligencia, extroversión, inventiva, talento artístico, espíritu de servicio, capacidad de sanación, humanitarismo, fe, habilidad psíquica.

• *Cualidades negativas:* complejo de superioridad, deshonestidad, falta de dirección, exceso de emotividad, tendencia a ofenderse con facilidad, nerviosismo, egoísmo, falta de claridad, crueldad, actitud dominante, mezquindad.

Amor y relaciones

Eres sensible y creativo, y posees una gran riqueza de emociones que te vuelven una persona sociable. Aunque sueles ser seguro de ti, eres indeciso en el amor, sobre todo si te involucras en más de una relación a la vez. Sin embargo, por lo regular, eres leal y afectuoso, y jamás debes subestimar el poder del amor. Eres capaz de hacer grandes sacrificios, pero no te hagas el mártir con parejas que no valgan la pena. Cuídate de los celos y la posesividad. El amor al arte y el aprecio por la belleza y la música son indicativos de que necesitas mecanismos de expresión emocional y disfrutas la compañía de otras personas igual de creativas.

ESE ALGUIEN ESPECIAL

Si quieres encontrar amor, felicidad y a ese alguien especial, búscalos entre personas nacidas en las siguientes fechas.

Amor y amistad: 7, 17, 20 y 21 de enero; 5, 15 y 18 de febrero; 3, 13, 16, 17, 29 y 31 de marzo; 1, 11, 14, 27 y 29 de abril; 9, 12, 25 y 27 de mayo; 7, 10, 23 y 25 de junio; 5, 8, 21 y 23 de julio; 3, 6, 19 y 21 de agosto; 1, 4, 5, 17 y 19 de septiembre; 2, 15 y 17 de octubre; 13, 15 y 30 de noviembre; 11, 13 y 28 de diciembre.

Buenas para ti: 15, 17 y 28 de enero; 13, 15 y 26 de febrero; 11, 13 y 24 de marzo; 9, 11 y 22 de abril; 7, 9 y 20 de mayo; 5, 7 y 18 de junio; 3, 5 y 16 de julio; 1, 3 y 14 de agosto; 1 y 12 de septiembre; 10 y 29 de octubre; 8 y 27 de noviembre; 6 y 25 de diciembre.

Atracción fatal: 5 de enero; 3 de febrero; 1 de marzo; 12, 13 y 14 de noviembre.

Desafiantes: 4, 5 y 14 de enero; 2, 3 y 12 de febrero; 1 y 10 de marzo; 8 y 30 de abril; 6 y 28 de mayo; 4 y 26 de junio; 2 y 24 de julio; 22 de agosto; 20 de septiembre; 18 de octubre; 16 de noviembre; 14 de diciembre.

Almas gemelas: 2 de enero, 29 de marzo, 27 de abril, 25 de mayo, 23 de junio, 21 de julio, 19 de agosto, 17 de septiembre, 15 de octubre, 13 de noviembre, 11 de diciembre.

12 de mayo

ESTRELLAS FIJAS

Aunque el grado en que se ubica tu Sol no se encuentra vinculado con una estrella fija, algunos de los grados de tus otros planetas sí lo estarán. Si solicitas el cálculo de tu carta astral, encontrarás la posición exacta de los planetas en tu fecha de nacimiento. Esto te permitirá determinar cuáles de las estrellas fijas descritas en este libro son relevantes para ti.

♉ Tu fecha de nacimiento revela que eres trabajador, pero también encantador, sincero y sociable. Aunque seas cálido y espontáneo, también puedes ser rígido y responsable. En ocasiones, esto puede generar conflictos entre tu trabajo y tus deseos. Es probable que tengas muchos amigos y que, con tu estoicismo, seas también un amigo leal y fiel.

Gracias a la influencia añadida de Capricornio, el regente de tu decanato, sueles ser responsable y darles importancia al prestigio y al estatus. La seguridad material también te resulta esencial, por lo que sueles hacer planes a largo plazo. Este pragmatismo también indica buena concentración y capacidad para enfocarte con precisión en lo que ansías lograr. Posees cierto toque de perfeccionismo que implica que, si emprendes algún trabajo, lo haces de forma adecuada. Aunque esto supone un carácter tenaz, hacendoso y controlado, deberás cuidar que esta necesidad de control no se convierta en obstinación.

La sociabilidad inherente a tu fecha de cumpleaños indica que disfrutas compartir con otros y que eres generoso y muy sociable. También eres un aliado ferviente, un padre extraordinario y un individuo que protege a su familia a toda costa. Dado que sientes una fuerte atracción por la belleza y los lujos, y tienes buen gusto, es probable que tu hogar sea un lugar cálido y atractivo.

Después de los nueve años, cuando tu Sol progresado se desplace hacia Géminis, sentirás un deseo mayor de relacionarte con personas de tu entorno inmediato. Durante las siguientes tres décadas, esta influencia te impulsará a estudiar y a desarrollar tus habilidades de comunicación de alguna forma, lo cual mantendrá ese mismo rumbo hasta los 39, cuando tu Sol progresado entre a Cáncer. En este punto de inflexión, es probable que el hogar y la necesidad de cuidados emocionales para ti y para otros adquieran una importancia creciente. Después de los 69 años, cuando tu Sol progresado entre en Leo, desarrollaras confianza y mecanismos de expresión personal.

Tu yo secreto

Tu apertura se refleja en tu amor por la naturaleza, el arte y la música; si lo desarrollas, tendrás el potencial de alcanzar una conciencia casi mística. Al desplegar tu enorme corazón de forma positiva como un amor generoso y universal, aceptarás o amarás sin condición y sentirás compasión genuina. Tus emociones potentes también se expresan negativamente en forma de desilusión, frustración e incapacidad para dejar el pasado atrás. Sin embargo, a través de tus experiencias, descubrirás lo valioso que es el poder del amor.

Es probable que seas el tipo de persona en la que los demás confían. Como consejero, ayudarás a otros a tomar distancia de las situaciones al tiempo que les demuestras que te importan. No obstante, si te permites tener actitudes negativas, corres el riesgo de volverte demasiado sacrificado y caer en la autocompasión. Por fortuna, también tienes cualidades maravillosas, sorprendentes y casi infantiles que pueden surgir en momentos inesperados para beneplácito de los demás.

Trabajo y vocación

Tu sentido de la responsabilidad hace que tus empleadores te respeten; si trabajas por cuenta propia, esto garantizará que cumplas con tus compromisos. Suele irte mejor cuando trabajas con otras personas y, gracias a tu encanto innato, tienes la capacidad de mezclar los negocios con el placer. El lado comprometido de tu naturaleza te inclinará hacia carreras que impliquen servicio a la comunidad, como consejería o educación, y como empleador cuidarás, por lo regular, a quienes trabajen para ti. Sueles sobresalir en el mundo de la sanación, por lo que es probable que tengas un enfoque firme frente a la salud en lugar de ser demasiado sentimental. Dado que tienes buen olfato para los negocios, conviertes los talentos en recompensas materiales. El aprecio por la belleza, la naturaleza y las formas te empujará hacia carreras creativas, como artista, diseñador, músico o paisajista. La gente nacida en esta fecha también suele involucrarse en trabajo filantrópico.

Entre las personas famosas con quienes compartes cumpleaños están la actriz Katharine Hepburn, el comediante George Carlin, el pintor prerrafaelita Dante Gabriel Rossetti, el beisbolista Yogi Berra y la enfermera Florence Nightingale.

Numerología

Sueles ser intuitivo y amigable, y tienes una excelente capacidad de razonamiento. Un cumpleaños en el día 12 suele sugerir un deseo de establecer una verdadera individualidad. Eres innovador y sensible, así que sabes aprovechar el buen tacto y las capacidades cooperativas ajenas para alcanzar tus metas y objetivos. A los ojos de los demás puedes parecer seguro de ti mismo, pero la duda y la desconfianza pueden socavar tu personalidad extrovertida y actitud optimista. Cuando encuentres el equilibrio entre tu necesidad de expresarte y el impulso natural de apoyar a otros, encontrarás satisfacción emocional y personal. La subinfluencia del mes 5 indica que te ayuda tener una visión realista del mundo. La necesidad de ser organizado y responsable supone que eres capaz de poner atención a los detalles. Además de ser ambicioso y trabajador, aprendes a través de la observación o del desarrollo de las habilidades que ya posees. Por medio de la perseverancia, la tenacidad y el trabajo arduo, alcanzarás el éxito. Necesitas tiempo a solas para reflexionar, acomodar tus ideas y recobrar energías.

• *Cualidades positivas:* creatividad, atractivo, iniciativa, disciplina, fortalecimiento de otros o de ti mismo.

• *Cualidades negativas:* aislamiento, despilfarro, falta de cooperación, hipersensibilidad, baja autoestima.

Amor y relaciones

Eres idealista y romántico y, en general, prefieres las relaciones serias. Posees un encanto natural que te atrae hacia personas sensibles y atractivas. Sueles estar dispuesto a dar muchas cosas por amor; sin embargo, debes tener cuidado de no sacrificarte antes de saber en realidad si esa persona es adecuada para ti. Tu amabilidad y empatía te vuelven atractivo para gente que busca consejos y consuelo, pero, si te lastiman, te retraes y te vuelves poco comunicativo. En algunas ocasiones, quienes naces en esta fecha entablan relaciones estrechas con personas de otras generaciones.

ESE ALGUIEN ESPECIAL

Encontrarás una pareja que comprenda tu sensibilidad y tus necesidades afectivas entre quienes nacieron en las siguientes fechas.

Amor y amistad: 4, 8, 18, 19, 22 y 23 de enero; 2, 6, 16, 17 y 21 de febrero; 4, 14, 15, 19, 28 y 30 de marzo; 2, 12, 13, 17, 26, 28 y 30 de abril; 10, 11, 15, 24, 26 y 28 de mayo; 8, 9, 13, 22, 24 y 26 de junio; 6, 7, 10, 11, 20, 22, 24 y 30 de julio; 4, 5, 9, 18, 20, 22 y 28 de agosto; 2, 3, 6, 7, 16, 18, 20 y 26 de septiembre; 1, 5, 14, 16, 18 y 24 de octubre; 3, 12, 14, 16 y 22 de noviembre; 1, 10, 12, 14 y 20 de diciembre.

Buenas para ti: 5, 16 y 27 de enero; 3, 14 y 25 de febrero; 1, 12 y 23 de marzo; 10 y 21 de abril; 8 y 19 de mayo; 6 y 17 de junio; 4 y 15 de julio; 2 y 13 de agosto; 11 de septiembre; 9 y 30 de octubre; 7 y 28 de noviembre; 5, 26 y 30 de diciembre.

Atracción fatal: 17 de enero; 15 de febrero; 13 de marzo; 11 de abril; 9 de mayo; 7 de junio; 5 de julio; 3 de agosto; 1 de septiembre; 13, 14 y 15 de noviembre.

Desafiantes: 1, 10 y 15 de enero; 8 y 13 de febrero; 6 y 11 de marzo; 4 y 9 de abril; 2 y 7 de mayo; 5 de junio; 3 y 29 de julio; 1 y 27 de agosto; 25 de septiembre; 23 de octubre; 21 de noviembre; 19 y 29 de diciembre.

Almas gemelas: 30 de agosto, 28 de septiembre, 26 de octubre, 24 de noviembre, 22 de diciembre.

13 de mayo

♉ Tu calidez, carisma natural y habilidad para tratar con la gente son consecuencia de haber nacido bajo el signo de Tauro. Tienes una personalidad despreocupada, pero sin dejar de ser franco y honesto. Además, eres cortés, sencillo, hábil y paciente.

La influencia de tu Sol en el decanato de Capricornio evidencia que eres trabajador y que puedes tener el toque de Midas. Eres juicioso, prudente y, por lo regular, haces buenas inversiones a largo plazo. El prestigio es importante para ti, por lo que sueles proyectarte con dignidad. El fuerte sentido de la responsabilidad indicado por esta fecha de cumpleaños es benéfico siempre y cuando no termines adoptando los problemas de los demás.

Aunque aparentes pragmatismo, sueles pensar de forma irracional y tomar decisiones intuitivas. Aunque no eres especialmente tenaz cuando se trata de tus propias necesidades, lucharás con uñas y dientes para apoyar a los menos privilegiados o causas significativas. Tu gran sentido común y visión constructiva te permiten ser un pilar de apoyo para otros. Sin embargo, a veces te sientes insatisfecho contigo mismo o con otros y te vuelves demasiado crítico. Por otro lado, tu naturaleza afectuosa puede volverse un problema cuando demasiada gente se apoya en ti, ya que te puede tornar irritable y terco. Por fortuna, tu gracia y actitud maravillosa te permiten restablecer la armonía que tanto necesitas.

Después de los ocho años, cuando tu Sol progresado se desplace hacia Géminis, vivirás tres décadas de mayor énfasis en las relaciones personales con gente del entorno inmediato, así como en el estudio y la comunicación. A los 38 años, cuando tu Sol progresado entre a Cáncer, habrá un punto de inflexión que resaltará la importancia creciente de tus emociones, del hogar y de la familia. Después de los 68 años, cuando tu Sol progresado entre en Leo, te volverás más fuerte y seguro de ti.

Tu yo secreto

Puesto que posees un sentido natural de la estética, tienes buen ojo para los colores y las formas. Es probable que tu elegancia y estilo se reflejen en la decoración de tu hogar o en tu apariencia. Posees un encanto sutil y una forma conveniente de relacionarte con los demás, pero es solo a través de la expresión personal que genuinamente desarrollas fe y confianza en tus propias habilidades. Esta confianza en ti mismo está en riesgo cuando sucumbes a la frustración o a las dudas sobre tus decisiones de vida. Por ende, es mejor que dejes atrás las situaciones que te impidan progresar y no te aferres a la desilusión y el desaliento.

Por lo regular, esta fecha de cumpleaños indica bienestar, comodidad física y seguridad económica. Tu familia y amigos desempeñan papeles centrales en tu vida. Con frecuencia, las oportunidades provienen de fuentes impredecibles y pasan desapercibidas en la cotidianeidad. Sin embargo, no debes pasarlas por alto porque podrían garantizarte ventajas que te resultarán importantes en el futuro.

ESTRELLA FIJA

Nombre de la estrella: Zaurak

Posición: 22° 33'–23° 32' de Tauro, entre los años 1930 y 2000

Magnitud: 3

Fuerza: ★★★★★

Órbita: 1° 40'

Constelación: Erídano (Gamma Eridani)

Días efectivos: 13, 14, 15 y 16 de mayo

Propiedades de la estrella: Saturno

Descripción: estrella roja ubicada en el río Erídano

INFLUENCIA DE LA ESTRELLA PRINCIPAL

Zaurak confiere seriedad y una mentalidad pragmática, así como la tendencia a tomarse la vida demasiado en serio. La influencia de esta estrella también supone reacciones hipersensibles a las opiniones de otros, además de una visión pesimista de la vida.

Con respecto a tu grado del Sol, esta estrella confiere una preferencia por la escritura, los negocios y el trabajo con el público. También advierte que debes evitar la tendencia a aislarte y tropezar con obstáculos. Asimismo, marca la fuerte influencia que ejerce sobre ti tu entorno inmediato y del apoyo que requieres de ciertos miembros de tu familia.

• *Positiva:* pragmatismo, seriedad, responsabilidad, emotividad.

• *Negativa:* seriedad excesiva o actitud sombría.

Trabajo y vocación

Ser listo, confiable y leal te hará quedar bien con tus empleadores en cualquier carrera que elijas, incluso si no eres demasiado ambicioso. A ojos de los demás eres de mente abierta, encantador y gracioso, por lo que podrías tener éxito en ocupaciones que requieren don de gentes, como las ventas. Tu tendencia natural a filosofar podría inclinarte hacia la enseñanza o el derecho, mientras que el amor innato por la belleza y la armonía te impulsarán a expresarte con éxito en las artes, el teatro o la música, y sobre todo en proyectos relacionados con el hogar, como decoración, cocina y diseño de interiores. También puedes sobresalir en trabajos relacionados con la tierra, como paisajismo, construcción o inversión inmobiliaria.

Entre las personas famosas con quienes compartes cumpleaños están el compositor Sir Arthur Sullivan, los músicos Stevie Wonder y Gil Evans, los actores Harvey Keitel y Bea Arthur, la escritora Daphne du Maurier y el basquetbolista Dennis Rodman.

Numerología

Sensibilidad emocional, entusiasmo e inspiración son algunas de las cualidades que suelen asociarse con el número 13 en la fecha de nacimiento. En términos numéricos, te caracterizan la ambición y el trabajo arduo, y puedes lograr grandes cosas a través de la tenacidad y los talentos. Sin embargo, quizá tengas que cultivar una perspectiva más pragmática si quieres transformar tu creatividad en productos tangibles. Eres capaz de alcanzar la prosperidad por medio de la dedicación. Tener el número 13 en tu fecha de cumpleaños te hace encantador y amante de la diversión, además de otorgarte una personalidad sociable. Como muchos individuos con quienes compartes día de nacimiento, quizá desees viajar o ansíes encontrar un nuevo ambiente en el cual forjar una vida mejor. La subinfluencia del mes 5 indica que eres intuitivo, receptivo y que necesitas seguridad material. Cuando estás inspirado, te sientes motivado y exhibes voluntad de trabajar arduamente. Eres persuasivo y convincente, por lo que puedes promover causas humanistas y trabajar en favor de quienes necesitan ayuda y apoyo. Te beneficias de tener amplitud de pensamiento y mantener una actitud liberal.

- *Cualidades positivas:* ambición, creatividad, amor por la libertad, autoexpresión, iniciativa.
- *Cualidades negativas:* impulsividad, indecisión, autoritarismo, falta de sensibilidad, rebeldía.

Amor y relaciones

Estás lleno de vitalidad sentimental por lo que tienes altas expectativas en las relaciones. Sueles tener mucha suerte al atraer potenciales parejas, pero tendrás que cuidarte de no ser demasiado demandante en tu vida sentimental. Debido a tu personalidad carismática, generosidad y capacidad para atraer personas de cualquier contexto, será necesario que aprendas a juzgar su caracter . Esto te ayudará a encontrar amistades genuinas que te apoyen en momentos de crisis y que no te desvíen de tu camino.

ESE ALGUIEN ESPECIAL

Encontrarás a ese alguien especial entre quienes nacieron en las siguientes fechas.

Amor y amistad: 5, 9, 18, 19 y 23 de enero; 3, 7, 16 y 17 de febrero; 1, 5, 14, 15, 19 y 31 de marzo; 3, 12, 13 y 29 de abril; 1, 10, 11, 27 y 29 de mayo; 8, 9, 25 y 27 de junio; 6, 7, 23, 25 y 31 de julio; 4, 5, 21, 23 y 29 de agosto; 2, 3, 7, 19, 21, 27 y 30 de septiembre; 1, 17, 19, 25 y 28 de noviembre; 13, 15, 21 y 24 de diciembre.

Buenas para ti: 1, 6 y 17 de enero; 4 y 15 de febrero; 2 y 13 de marzo; 11 de abril; 9 de mayo; 7 de junio; 5 de julio; 3 de agosto; 1 de septiembre; 31 de octubre; 29 de noviembre; 27 de diciembre.

Atracción fatal: 13, 14, 15 y 16 de noviembre.

Desafiantes: 2 y 16 de enero, 14 de febrero, 12 de marzo, 10 de abril, 8 de mayo, 6 de junio, 4 de julio, 2 de agosto, 30 de diciembre.

Almas gemelas: 11 y 31 de enero, 9 y 29 de febrero, 7 y 27 de marzo, 5 y 25 de abril, 3 y 23 de mayo, 1 y 21 de junio, 19 de julio, 17 de agosto, 15 de septiembre, 13 de octubre, 11 de noviembre, 9 de diciembre.

ESTRELLA FIJA

Nombre de la estrella: Zaurak

Posición: 22° 33'–23° 32' de Tauro, entre los años 1930 y 2000

Magnitud: 3

Fuerza: ★★★★★

Órbita: 1° 40'

Constelación: Erídano (Gamma Eridani)

Días efectivos: 13, 14, 15 y 16 de mayo

Propiedades de la estrella: Saturno

Descripción: estrella roja ubicada en el río Erídano

INFLUENCIA DE LA ESTRELLA PRINCIPAL

Zaurak confiere seriedad y una mentalidad pragmática, así como la tendencia a tomarse la vida demasiado en serio. La influencia de esta estrella también supone reacciones hipersensibles a las opiniones de otros, además de una visión pesimista de la vida.

Con respecto a tu grado del Sol, esta estrella confiere una preferencia por la escritura, los negocios y el trabajo con el público. También te advierte que debes evitar la tendencia a aislarte y tropezar con obstáculos. Asimismo, marca la fuerte influencia que ejerce sobre ti tu entorno inmediato y del apoyo que requieres de ciertos miembros de tu familia.

• *Positiva:* pragmatismo, seriedad, responsabilidad, emotividad.

• *Negativa:* seriedad excesiva o actitud sombría.

14 de mayo

Tu fecha de nacimiento indica que eres un visionario pragmático, de mente ágil y reacciones instintivas. La búsqueda de variedad y acción menguarán tus inquietudes internas, por lo que deberás concentrarte y desarrollar tenacidad y autoconciencia para superar tus limitaciones. Es importante que proyectes una buena imagen. Además, es probable que procures rodearte de personas inteligentes.

La influencia del Sol en el decanato de Capricornio indica que eres trabajador y te sientes motivado cuando encuentras cosas que te interesan. La influencia pragmática que supone tu cumpleaños habla de buenas capacidades de concentración y de organización. Quizá debas cuidar que las ansias de control personal no se transformen en mera necedad. Aunque la seguridad material, el estatus y el prestigio sean especialmente importantes para ti, debes luchar con ganas por tus principios.

El estímulo intelectual es un ingrediente importante de tu vida, por lo que quizá sientas la necesidad de hacer viajes lejanos para ampliar tus horizontes e incluso de vivir en otro país. Sin embargo, debes procurar que las distracciones o la evasión no te impidan alcanzar tus metas. Con tanto potencial, será necesario que desarrolles perseverancia para materializar de forma consciente tus sueños más maravillosos.

Después de los siete años, cuando tu Sol progresado se desplace hacia Géminis, iniciará un periodo de tres décadas en el que el énfasis estará puesto en la comunicación, los estudios y el intercambio de ideas. A los 37 años, cuando tu Sol progresado entre a Cáncer, habrá un punto de inflexión que resaltará la importancia del hogar, la familia y las necesidades afectivas. Después de los 67, cuando tu Sol progresado entre en Leo, te volverás más seguro y asertivo.

Tu yo secreto

Tus opiniones tajantes y potencial mental excepcional opacarán la sensibilidad emocional que caracteriza tu fecha de nacimiento. Esto podría hacerte propenso a preocupaciones o frustraciones, sobre todo relacionadas con altibajos económicos. Cuando aprendas a desapegarte, superarás estas inseguridades. Aprendes con mucha rapidez, lo que te permitirá fortalecer tu confianza personal.

Tu lado creativo e ingenioso es resultado de la mezcla de ideas y de imaginación vívida. Eres sociable y tienes un sentido del humor agradable que entretiene a otros; sin embargo, debes evitar los momentos de despilfarro. Si eres indeciso, desperdicias tu energía en cosas triviales. No obstante, también puedes inspirarte lo suficiente como para trabajar duro y aceptar responsabilidades que sean genuinamente productivas.

Trabajo y vocación

Eres competente y versátil, y sueles tener muchos intereses, por lo que es probable que explores diversos caminos antes de elegir una carrera definitiva. Debido a que te encanta la variedad, es importante que elijas una profesión que no sea rutinaria. Tienes fuertes aptitudes visuales y eres consciente de las imágenes, por lo que te iría bien en ocupaciones relacionadas con los medios de comunicación, el diseño gráfico o la fotografía. Por lo regular, trabajas arduamente y tienes don de gentes, por lo que también tendrías éxito en la creación de marcas o algún trabajo similar que implique viajar a lugares desconocidos. Dada tu capacidad de razonamiento profundo, también podrías involucrarte en profesiones que requieran de tus habilidades intelectuales, como investigación, filosofía o educación.

Entre las personas famosas con quienes compartes cumpleaños están el músico David Byrne, el cineasta George Lucas, el científico Gabriel Fahrenheit y el pintor Thomas Gainsborough.

Numerología

Potencial intelectual, pragmatismo y determinación son solo algunas de las cualidades ligadas a un cumpleaños con el número 14. Tienes un fuerte deseo por establecer una base sólida y de alcanzar el éxito mediante el trabajo arduo. Como muchas personas con este cumpleaños, es probable que alcances la cima de tu profesión. Gracias a tu perspicacia respondes con rapidez a los problemas y te gusta resolverlos. Disfrutas correr riesgos o apostar, y es posible que tengas suficiente suerte como para ganar en grande. La subinfluencia del mes número 5 indica que eres entusiasta y ambicioso. Dado que también sueles ser independiente y resistente, te gusta tener el control y ser quien lidere. Quizá debas encontrar el equilibrio entre tus deseos personales y la necesidad de ser entregado y compasivo. Si aprovechas tu sabiduría intuitiva en proyectos prácticos, inspirarás a otros con tu perspicacia. Aunque tengas una personalidad magnética que atraiga a los demás, necesitas encontrar la fuerza en tu interior.

• *Cualidades positivas:* acciones decisivas, trabajo arduo, suerte, creatividad, pragmatismo, imaginación, oficio.

• *Cualidades negativas:* exceso de cautela o impulsividad, inestabilidad, desconsideración, terquedad.

Amor y relaciones

Aunque sueles ser inquieto y nómada, el amor y las amistades te parecen importantes. Tienes inclinaciones sociales y un sentido del humor innato, por lo que tus seres queridos te consideran una compañía divertida. Te agrada relacionarte con personas que te estimulen a nivel intelectual y con quienes te la pases bien. En las relaciones necesitas gente con quien compartir tus intereses y que te mantenga activo mentalmente. Aunque seas despreocupado y de corazón jovial, deberás aprender a responsabilizarte antes de sentar cabeza.

ESE ALGUIEN ESPECIAL

Si buscas seguridad, estímulo intelectual y amor, los encontrarás entre quienes nacieron en las siguientes fechas.

Amor y amistad: 6, 10, 20, 24 y 29 de enero; 4, 8, 18 y 27 de febrero; 2, 6, 16, 20, 25, 28 y 30 de marzo; 4, 14, 23, 26, 28 y 30 de abril; 2, 12, 21, 24, 26, 28 y 30 de mayo; 10, 19, 22, 24, 26 y 28 de junio; 8, 17, 20, 22, 24 y 26 de julio; 6, 15, 18, 20, 22 y 24 de agosto; 4, 8, 13, 16, 18, 20 y 22 de septiembre; 2, 11, 14, 16, 18 y 20 de octubre; 9, 12, 14, 16 y 18 de noviembre; 7, 10, 12, 14 y 16 de diciembre.

Buenas para ti: 7, 13, 18 y 28 de enero; 5, 11, 16 y 26 de febrero; 3, 9, 14 y 24 de marzo; 1, 7, 12 y 22 de abril; 5, 10 y 20 de mayo; 3, 8 y 18 de junio; 1, 6 y 16 de julio; 4 y 14 de agosto; 2, 12 y 30 de septiembre; 10 y 28 de octubre; 8, 26 y 30 de noviembre; 6, 24 y 28 de diciembre.

Atracción fatal: 25 de enero; 23 de febrero; 21 de marzo; 19 de abril; 17 de mayo; 15 de junio; 13 de julio; 11 de agosto; 9 de septiembre; 7 de octubre; 5, 15, 16 y 17 de noviembre; 3 de diciembre.

Desafiantes: 3 y 17 de enero; 1 y 15 de febrero; 13 de marzo; 11 de abril; 9 y 30 de mayo; 7 y 28 de junio; 5, 26 y 29 de julio; 3, 24 y 27 de agosto; 1, 22 y 25 de septiembre; 20 y 23 de octubre; 18 y 21 de noviembre; 16 y 19 de diciembre.

Almas gemelas: 18 de enero, 16 de febrero, 14 de marzo, 12 de abril, 10 y 29 de mayo, 8 y 27 de junio, 6 y 25 de julio, 4 y 23 de agosto, 2 y 21 de septiembre, 19 de octubre, 17 de noviembre, 15 de diciembre.

15 de mayo

ESTRELLAS FIJAS

Zaurak; Algol, también llamada Caput Medusae

ESTRELLA PRINCIPAL

Nombre de la estrella: Zaurak

Posición: 22º 33'–23º 32' de Tauro, entre los años 1930 y 2000

Magnitud: 3

Fuerza: ★★★★★★

Órbita: 1º 40'

Constelación: Erídano (Gamma Eridani)

Días efectivos: 13, 14, 15 y 16 de mayo

Propiedades de la estrella: Saturno

Descripción: estrella roja ubicada en el río Erídano

INFLUENCIA DE LA ESTRELLA PRINCIPAL

Zaurak confiere seriedad y una mentalidad pragmática, así como la tendencia a tomarse la vida demasiado en serio. La influencia de esta estrella también supone reacciones hipersensibles a las opiniones de otros, además de una visión pesimista de la vida.

Con respecto a tu grado del Sol, esta estrella confiere una preferencia por la escritura, los negocios y el trabajo con el público. También te advierte que debes evitar la tendencia a aislarte y tropezar con obstáculos. Asimismo, marca la fuerte influencia que ejerce sobre ti tu entorno inmediato y del apoyo que requieres de ciertos miembros de tu familia.

• *Positiva:* pragmatismo, seriedad, responsabilidad, emotividad.

• *Negativa:* seriedad excesiva o actitud sombría.

Esta fecha de nacimiento indica que eres un Tauro pragmático y sensible, con una imaginación fértil. Eres amistoso y cálido, y le das mucho peso a los valores, por lo que proyectas estabilidad, pero también eres sorprendentemente sensible. Debido a que buscas seguridad, quizá descubras que le das importancia a la protección financiera que trae consigo el trabajo arduo. Es probable que seas leal y confiable. Te enorgulleces de tu trabajo, pues te provee una salida a tus ideas creativas y te transmite cierto sentido de la responsabilidad.

La influencia añadida de tu Sol en el decanato de Capricornio implica que eres activo y metódico, te encanta el orden y posees un sentido común innato. Sin embargo, tu ánimo voluble o la tendencia a ser obstinado y terco pueden echar a perder las ventajas extraordinarias de ser tan trabajador.

Dado que los demás responden a tu amabilidad y cuidados, es probable que tengas muchas buenas amistades. Ser sensible hace que reacciones de forma negativa a entornos discordantes y que requieras mecanismos creativos para canalizar tus ideales elevados y tu amor por la naturaleza, el arte y la música. Sin embargo, en la búsqueda del placer tendrás que ser consciente de las tendencias evasivas y autocomplacientes que te tientan a abusar de las cosas buenas de la vida.

La entrada de tu Sol progresado a Géminis, alrededor de los seis años de edad, coincide con el comienzo de la edad escolar. Durante las siguientes tres décadas, observarás un énfasis en la educación y la comunicación en general. A los 36 años, cuando tu Sol progresado entre en Cáncer, habrá un punto de inflexión que resalte la importancia creciente de la seguridad emocional, el hogar y la familia. Después de los 66 años, cuando tu Sol progresado se desplace hacia Leo, es probable que te vuelvas más seguro de ti y extrovertido.

Tu yo secreto

Por suerte, tu encanto magnético te salvará en muchas situaciones difíciles y atraerá gente hacia ti. Posees un poder emotivo que te da la capacidad de comprender de forma intuitiva las motivaciones ajenas cuando confías en tus primeros instintos. Esta energía interna y veloz inspirará a tu espíritu a desprenderse de las limitaciones rígidas y te ayudará a triunfar.

Aunque te esfuerces mucho por ser responsable en el hogar y con la familia, hay una parte de ti a la que no le gusta estar atada y que puede inquietarse. Esto indica que debes mantenerte activo para dinamizar tu pragmatismo. Además, eso te impedirá ceder a impulsos de rebeldía e impaciencia en las relaciones y en tu entorno cercano.

Trabajo y vocación

Ser práctico y perspicaz te permite triunfar casi en cualquier carrera, desde la investigación científica y los negocios hasta cosas más creativas. Aunque no seas especialmente ambicioso, tienes un olfato natural para los negocios, te gusta el orden y posees habilidades diplomáticas. Esto podría inclinarte hacia profesiones en donde tengas que trabajar con dinero ajeno, como las finanzas, el derecho y las transacciones internacionales. Por otro lado, también podrías elegir trabajar desde casa. Aunque seas inteligente, prefieres adquirir conocimiento a través de la experiencia y no de la teoría. También posees habilidades manuales. Tu fecha de cumpleaños pone sobre la mesa excelentes oportunidades laborales y una fuerte conciencia de tus responsabilidades, por lo que debes evitar caer en la rutina.

Entre las personas famosas con quienes compartes cumpleaños están los actores James Mason y Pierce Brosnan, el músico Mike Oldfield y el científico Pierre Curie.

Numerología

Eres versátil y entusiasta, y tienes una personalidad carismática. Tus más grandes atributos son tus poderosos instintos y la capacidad para aprender rápido mediante la teoría y la práctica. En muchas ocasiones, logras ganar dinero mientras aprendes nuevas habilidades. Reconoces de inmediato las oportunidades cuando se presentan y tienes talento para atraer dinero o para recibir ayuda y apoyo de otras personas. La conclusión exitosa de tus emprendimientos puede ser más frecuente si aprovechas tus habilidades prácticas para materializar tus ideas originales y superas la tendencia hacia la inquietud o la insatisfacción. La subinfluencia del mes número 5 indica que tienes sentido común y aprehendes las ideas con rapidez. Aunque sueles querer que las cosas se hagan a tu manera y eres individualista, te beneficias de aprender a cooperar y trabajar en equipo. Eres empático y comprensivo, lo que te permite desarrollar una paciencia más profunda. Aunque tu naturaleza es aventurera, necesitas encontrar una base sólida o un hogar que consideres tuyo. Tener rutinas y planes de acción te ayudará a fortalecer tu disciplina.

• *Cualidades positivas:* disposición, generosidad, responsabilidad, gentileza, cooperación, aprecio, creatividad.

• *Cualidades negativas:* desasosiego, irresponsabilidad, egocentrismo, miedo al cambio, falta de fe, preocupación, indecisión, materialismo, abuso de poder.

Amor y relaciones

Gracias a tus emociones intensas y profunda generosidad, tienes mucho que ofrecerles a los demás. No obstante, si no canalizas bien este poder a través de la expresión personal, podrás ser víctima de tu volubilidad y frustración. Dado que existe el riesgo de que las relaciones te desilusionen, deberás cuidarte de no caer en juegos de poder o en enfados. Aun así, tu carisma y encanto no dejarán de atraerte admiradores y amigos.

ESE ALGUIEN ESPECIAL

Encontrarás la satisfacción emocional y a ese alguien especial entre quienes nacieron en las siguientes fechas.

Amor y amistad: 7, 11, 22 y 25 de enero; 5, 9 y 20 de febrero; 3, 7, 18, 21 y 31 de marzo; 1, 5, 16 y 29 de abril; 3, 14, 27 y 29 de mayo; 1, 12, 25 y 27 de junio; 10, 23 y 25 de julio; 8, 21, 23 y 31 de agosto; 6, 9, 19, 21 y 29 de septiembre; 4, 17, 19, 27 y 30 de octubre; 2, 15, 17, 25 y 28 de noviembre; 13, 15, 23 y 26 de diciembre.

Buenas para ti: 8, 14 y 19 de enero; 6, 12 y 17 de febrero; 4, 10 y 15 de marzo; 2, 8 y 13 de abril; 6 y 11 de mayo; 4 y 9 de junio; 2 y 7 de julio; 5 de agosto; 3 de septiembre; 1 y 29 de octubre; 27 de noviembre; 25 y 29 de diciembre.

Atracción fatal: 16, 17 y 18 de noviembre.

Desafiantes: 9, 18 y 20 de enero; 7, 16 y 18 de febrero; 5, 14 y 16 de marzo; 3, 12 y 14 de abril; 1, 10 y 12 de mayo; 8 y 10 de junio; 6, 8 y 29 de julio; 4, 6 y 27 de agosto; 2, 4 y 25 de septiembre; 2 y 23 de octubre; 21 de noviembre; 19 de diciembre.

Almas gemelas: 9 de enero, 7 de febrero, 5 de marzo, 3 de abril, 1 de mayo, 30 de octubre, 28 de noviembre, 26 de diciembre.

16 de mayo

ESTRELLAS FIJAS

Zaurak; Algol, también llamada Caput Medusae

ESTRELLA PRINCIPAL

Nombre de la estrella: Zaurak

Posición: 22º 33'–23º 32' de Tauro, entre los años 1930 y 2000

Magnitud: 3

Fuerza: ★★★★★★

Órbita: 1º 40'

Constelación: Erídano (Gamma Eridani)

Días efectivos: 13, 14, 15 y 16 de mayo

Propiedades de la estrella: Saturno

Descripción: estrella roja ubicada en el río Erídano

INFLUENCIA DE LA ESTRELLA PRINCIPAL

Zaurak confiere seriedad y una mentalidad pragmática, así como la tendencia a tomarse la vida demasiado en serio. La influencia de esta estrella supone reacciones hipersensibles a las opiniones de otros, además de una visión pesimista de la vida.

Con respecto a tu grado del Sol, esta estrella confiere una inclinación a la escritura, los negocios y el trabajo con el público. También te advierte que debes evitar la tendencia a aislarte y tropezar con obstáculos. Asimismo, marca la fuerte influencia que ejerce sobre ti tu entorno inmediato y del apoyo que requieres de ciertos miembros de tu familia.

• *Positiva:* pragmatismo, seriedad, responsabilidad, emotividad.

• *Negativa:* seriedad excesiva o actitud sombría.

Tu fecha de nacimiento revela que eres brillante, sociable y creativo. Aparentas ser de sangre ligera y amistoso, pero también posees un lado más serio que suele involucrarse en el estudio de temáticas filosóficas.

Por lo regular, eres trabajador y tienes capacidad de discernimiento, y, a pesar de ser racional y pragmático, también estás abierto a ideas nuevas, poco comunes e ingeniosas. Esto supone que eres un individuo adelantado a su tiempo o que tienes un ingenio mordaz e implacable que resulta divertido. Cuando es necesario, puedes ver más allá de la hipocresía o del subtexto para sugerir alternativas genuinas. Dado que eres independiente, valoras mucho la libertad, pero debes evitar ser demasiado ensimismado o terco, pues eso opacaría tu encanto natural.

La influencia adicional de tu Sol en el decanato de Capricornio te brinda una capacidad de concentración mental e inclinaciones metódicas, así como ansias por hacer bien tu trabajo. Esto conlleva un sentido agudo de los negocios y una ambición inquebrantable, las cuales pueden llevarte a la cima de tu profesión. Esta influencia se refleja en que sabes administrar bien el dinero y obtener las mejores ofertas.

Te interesa la humanidad por naturaleza, lo cual supone que puedes encajar en cualquier círculo social, pero son tu mente extraordinaria y habilidades creativas las que te permiten obtener resultados maravillosos.

Alrededor de los cinco años de edad, cuando tu Sol progresado se desplaza hacia Géminis, empieza un periodo de tres décadas que resalta la importancia del estudio, el aprendizaje de nuevas habilidades y la comunicación. Después de los 35 viene otro punto de inflexión, cuando tu Sol progresado entra a Cáncer, el cual te volverá más sensible, hogareño y apegado a la familia. Después de los 65, cuando tu Sol se desplaza hacia Leo, pondrás mayor énfasis en el liderazgo, la vida pública y la diversión.

Tu yo secreto

Eres un perfeccionista que suele estar dispuesto a hacer grandes sacrificios con tal de lograr tus objetivos o los de tus seres queridos. Tienes un gran sentido de la responsabilidad y conciencia del esfuerzo que se requiere para obtener resultados. Cuando se combinan con tu sentido interno del histrionismo y facilidad para evaluar a las personas y las situaciones, por lo regular, terminas ocupando de forma natural alguna posición de liderazgo. Sin embargo, deberás ser consciente de las desventajas de ser demasiado cauteloso y de no arriesgarte lo suficiente para explotar todo tu potencial.

Darte tiempo a solas te permite reconectarte con el lado más profundo, contemplativo y hasta místico de tu naturaleza. Tener un hogar armonioso se vuelve más importante durante la búsqueda de paz interior, mientras que la tendencia a preocuparte o ser indeciso en cuestiones materiales se puede superar por medio de la fe y la expresión creativa. Cuando estás feliz, proyectas una alegría interna maravillosa que inspira a los demás.

Trabajo y vocación

La creatividad, la inteligencia aguda y la capacidad de trabajar arduamente indican que eres capaz de llegar a la cima de la profesión que elijas. Sin embargo, deberás tener cuidado de no dispersar tus energías. Tu mente inquisitiva, analítica y técnica quiere entender las cosas hasta el último detalle. Con ayuda de tu encanto y habilidades comunicativas, es probable que tengas éxito en cualquier carrera que implique trato con el público. Tu gran olfato para los negocios podría llevarte por caminos como la negociación, las finanzas o la inversión inmobiliaria. Las inclinaciones filosóficas o humanistas se satisfacen en ocupaciones como la clerecía, el trabajo comunitario o la filantropía. Por otro lado, las ansias de expresión personal y el amor por la belleza y las formas se pueden manifestar en carreras musicales, literarias o artísticas.

Entre las personas famosas con quienes compartes cumpleaños están las actrices Tori Spelling y Debra Winger, la cantante Janet Jackson, el baterista de jazz Billy Cobham, el guitarrista Robert Fripp, el escritor Juan Rulfo, el diseñador de moda Christian Lacroix, la gimnasta Olga Kórbut y la tenista Gabriela Sabatini.

Numerología

Un cumpleaños con el número 16 sugiere que eres ambicioso y a la vez sensible, considerado, extrovertido y amigable. Sueles juzgar la vida según como te sientas. Además, tienes una mirada perspicaz y una naturaleza amorosa. Con una fecha de nacimiento con el número 16, tal vez te interesen la política y los asuntos internacionales, y puedes integrarte a corporaciones trasnacionales. Los más creativos de entre los nacidos en este día pueden tener talento para la escritura, con destellos repentinos de inspiración. Si tu cumpleaños es en un día 16, quizá deberás aprender a equilibrar tu exceso de confianza con tus dudas e inseguridades. La subinfluencia del mes 5 indica que eres intuitivo, receptivo, versátil y con inclinaciones sociales. Tienes al alcance muchos contactos e intereses. Las ansias de creatividad suponen que eres capaz de combinar tus ideas originales con tus habilidades prácticas, y así ser ingenioso. Te gusta causar una buena impresión y prestar atención a tu apariencia. Aprende a confiar en tus emociones internas y supera la tendencia a ser indeciso y angustioso.

• *Cualidades positivas:* educación superior, responsabilidad en el hogar y con la familia, integridad, intuición, sociabilidad, cooperación, perspicacia.

• *Cualidades negativas:* preocupación, insatisfacción, irresponsabilidad, autopromoción, dogmatismo, escepticismo, tendencia a ser quisquilloso, egoísmo, falta de empatía.

Amor y relaciones

Sueles concebir las relaciones con un enfoque demasiado idealista. En ocasiones, necesitarás tiempo a solas para reflexionar, lo que te hará parecer ensimismado o indiferente. Puedes ser espontáneo, leal y generoso, pero debes evitar caer en extremos o sacrificarte. Si mantienes una actitud positiva y tienes fe, evitarás la tendencia hacia la sospecha, los celos y las preocupaciones.

ESE ALGUIEN ESPECIAL

Si deseas encontrar felicidad, seguridad y amor duraderos, empieza por buscarlos entre quienes nacieron en las siguientes fechas.

Amor y amistad: 8, 13, 22 y 26 de enero; 6, 20 y 24 de febrero; 4, 18 y 22 de marzo; 2, 16, 20 y 30 de abril; 5, 14, 18, 28 y 30 de mayo; 12, 16, 26 y 28 de junio; 10, 14, 24 y 26 de julio; 8, 12, 22 y 24 de agosto; 6, 10, 20, 22 y 30 de septiembre; 4, 8, 18, 20 y 28 de octubre; 2, 6, 16, 18 y 26 de noviembre; 4, 14, 16 y 24 de diciembre.

Buenas para ti: 9 y 20 de enero; 7 y 18 de febrero; 5, 16 y 29 de marzo; 3, 14 y 27 de abril; 1, 12 y 25 de mayo; 10 y 23 de junio; 8 y 21 de julio; 6 y 19 de agosto; 4 y 17 de septiembre; 2, 15 y 30 de octubre; 13 y 28 de noviembre; 11, 26 y 30 de diciembre.

Atracción fatal: 27 de enero; 25 de febrero; 23 de marzo; 21 de abril; 19 de mayo; 17 de junio; 15 de julio; 13 de agosto; 11 de septiembre; 9 de octubre; 7, 17, 18 y 19 de noviembre; 5 de diciembre.

Desafiantes: 2, 10 y 19 de enero; 8 y 17 de febrero; 6 y 15 de marzo; 4 y 13 de abril; 2 y 11 de mayo; 9 de junio; 7 y 30 de julio; 5 y 28 de agosto; 3 y 26 de septiembre; 1 y 24 de octubre; 22 de noviembre; 20 y 30 de diciembre.

Almas gemelas: 15 de enero, 13 de febrero, 11 de marzo, 9 de abril, 7 de mayo, 5 de junio, 3 de julio, 1 de agosto, 29 de octubre, 27 de noviembre, 25 de diciembre.

ESTRELLA FIJA

Nombre de la estrella: Algol, también llamada Caput Medusae

Posición: 25° 13'–26° 21' de Tauro, entre los años 1930 y 2000

Magnitud: 2.5

Fuerza: ★★★★★★

Órbita: 2°

Constelación: Perseo (Beta Perseus)

Días efectivos: 15, 16, 17, 18 y 19 de mayo

Propiedades de la estrella: Saturno y Júpiter

Descripción: estrella binaria y variable blanca ubicada en la cabeza de Medusa que sostiene Perseo en la mano

INFLUENCIA DE LA ESTRELLA PRINCIPAL

Algol conlleva una doble influencia: por un lado, confiere valores espirituales sólidos; por el otro, vaticina mala suerte y falta de satisfacción o de espiritualidad. Cuando eres positivo, tienes el potencial de que tus logros te lleven a ocupar posiciones de liderazgo o de beneficio a la comunidad. El duelo puede tener un impacto sustancial en tu vida y suele ser relevante para quienes dan consejo o terapia a personas en duelo.

Con respecto a tu grado del Sol, esta estrella otorga éxitos después de periodos de conflicto o victorias sobre otros en conflictos y disputas. No obstante, también te advierte que no disperses tu energía pues terminarás confundido. Esta estrella nos recuerda la importancia de mantener una conducta correcta y así evitar pleitos legales y compañías indeseables que pueden derivar en venganzas, conflictos familiares o peleas físicas.

• *Positiva:* valores espirituales sólidos, conducta correcta.

17 de mayo

♉ Tu gran idealismo, tenacidad y personalidad sociable indican que eres capaz de sobresalir en casi cualquier cosa. Cuando tienes una actitud positiva, proyectas carisma, gran entusiasmo y creencia en tus propias ideas. Tu fecha de nacimiento también supone un talento natural para relacionarte con la gente a nivel personal y la facilidad para disfrutar la vida.

Aunque nunca te faltará dinero, habrá ocasiones en las que sientas un miedo injustificado a no tener suficiente. Por fortuna, si eres decidido y perseverante, es probable que no esperes a que las cosas ocurran o lleguen a tus manos. Tu ambición, ansias de prestigio y de disfrutar los lujos de la vida te motivarán a ponerte en marcha.

La influencia añadida de tu Sol en el decanato de Capricornio contribuye a que avances hacia tus metas y te ayuda a concentrarte en la tarea que tienes enfrente. Posees ideas excelentes, buenas habilidades estratégicas y la capacidad de procurarte cosas materiales. Es impresionante tu inclinación a ser rígido contigo mismo y con otros cuando estás comprometido en seguir los planes al pie de la letra. El lado contrastante de tu naturaleza es la sensibilidad y el idealismo, que emerge cuando ayudas a tu familia o amigos, o contribuyes a causas que despiertan tu compasión.

Un ciclo de tres décadas comienza en tu cumpleaños número cuatro, cuando tu Sol progresado se desplaza hacia Géminis. Este ciclo se caracteriza por un énfasis en la comunicación y en toda clase de aprendizaje. Culmina alrededor de los 34 años, cuando tu Sol progresado entra a Cáncer. En ese punto de inflexión resalta la importancia creciente de la intimidad y seguridad emocionales. A los 64, cuando tu Sol progresado se desplace hacia Leo, habrá otro cambio importante, en donde dejarás de estar tan orientado a la familia y te volverás más extrovertido, sociable y respetable.

Tu yo secreto

Aunque tu vida externa esté llena de planes y acciones, en el fondo buscas paz interior y armonía. Esto te impulsará a desarrollar habilidades musicales, artísticas o creativas; o, por otro lado, a ser una fuerza de sanación para quienes te rodean. La conciencia innata de que solo obtienes logros cuando te esfuerzas te garantiza que jamás darás nada por hecho. El orgullo y la necesidad intensa de reconocimiento suelen motivarte, por lo que no toleras por mucho tiempo que no reconozcan tu potencial.

El prestigio social creciente trae consigo seguridad y recompensas financieras conforme avanzas en la vida. Estás dispuesto a compartirlas con tus seres queridos, pero tendrás que cuidarte de no desarrollar una actitud condescendiente ni ponerte celoso. Entrar en contacto con tus necesidades espirituales te ayudará a encontrar el equilibrio entre la búsqueda de placer y aspectos de la vida más significativos.

Trabajo y vocación

Aunque te gusta estar a cargo o trabajar por cuenta propia, también reconoces la importancia del trabajo cooperativo. Esto te impulsará a asociarte con otros profesionales o involucrarte en proyectos que requieran trabajo en equipo. También eres especialmente bueno para vender o promover ideas y productos. Con tu don de gentes y capacidad para hacer contactos, son ideales para ti las carreras que implican trabajar con otras personas, como relaciones públicas, trabajo de mediación y como agente. Tu sentido agudo de los negocios y habilidades organizacionales te garantizarán éxito en carreras como asesor financiero, negociador o banquero, o en cualquier trabajo que implique propiedades. Por otro lado, otras áreas profesionales que podrían ser significativas para ti son la educación, la ciencia y la música.

Entre las personas famosas con quienes compartes cumpleaños están la cantante Enya, el músico Taj Mahal, el actor Dennis Hopper, el científico pionero en vacunación Edward Jenner y el boxeador Sugar Ray Leonard.

Numerología

Al tener un cumpleaños con el número 17 sueles ser astuto, reservado y con habilidades analíticas. Empleas tus conocimientos de forma específica, lo que te permitirá ocupar una posición importante como especialista o investigador. Ser reservado, introspectivo, objetivo y con interés en datos y cifras te hace una persona reflexiva a la que le gusta tomarse su tiempo. Eres capaz de pasar largos periodos de concentración y resistencia, aunque puedes aprender más mediante la experiencia. Sin embargo, mientras menos escéptico seas, más rápido aprenderás. La subinfluencia del mes número 5 indica que eres práctico, inteligente y te gusta basarte en hechos y cifras. Tu sentido natural de los negocios y enfoque analítico sugieren que puedes convertirte en un especialista en tu campo. Obtener conocimiento y ampliar tus horizontes te ayuda a tener más confianza en ti mismo. Desarrolla también el sentido de la responsabilidad hacia los demás o haz algún tipo de servicio a la comunidad.

• *Cualidades positivas:* amabilidad, pericia, planeación, instinto para los negocios, éxito financiero, intelecto, meticulosidad, precisión, talento para la investigación, capacidad científica.

• *Cualidades negativas:* desapego, terquedad, descuido, malhumor, obcecación, crítica, preocupación, suspicacia.

Amor y relaciones

Sueles tener una vida social ajetreada y ser popular. Consideras que todas tus relaciones son importantes y, aunque eres un amigo fiel, prefieres vincularte con personas poderosas e inteligentes con opiniones firmes. Sin embargo, debes evitar involucrarte en conflictos de poder con tu pareja, pues te causará estrés y ansiedad innecesarios. Cuando te sientes seguro en las relaciones, apoyas mucho a la otra persona y eres generoso. La confianza es un requisito esencial para cualquier relación estrecha, y los estímulos intelectuales suelen sacar lo mejor de ti.

• *Negativa:* mala suerte, impaciencia, conducta inapropiada, andar con malas compañías.

ESE ALGUIEN ESPECIAL

Si buscas seguridad, estímulo intelectual y amor, los encontrarás entre quienes nacieron en las siguientes fechas.

Amor y amistad: 3, 23 y 27 de enero; 11 y 21 de febrero; 9, 19, 28 y 31 de marzo; 7, 17, 21, 26 y 29 de abril; 5, 15, 24, 27, 29 y 31 de mayo; 3, 13, 22, 25, 27 y 29 de junio; 1, 11, 20, 23, 25, 27 y 29 de julio; 9, 18, 21, 23, 25 y 27 de agosto; 7, 11, 16, 19, 21, 23 y 25 de septiembre; 5, 14, 17, 19, 21 y 23 de octubre; 3, 12, 15, 17, 19 y 21 de noviembre; 1, 10, 13, 15, 17 y 19 de diciembre.

Buenas para ti: 3, 4, 10 y 21 de enero; 1, 2, 8 y 19 de febrero; 6, 17 y 30 de marzo; 4, 15 y 28 de abril; 2, 13 y 26 de mayo; 11 y 24 de junio; 9 y 22 de julio; 7 y 20 de agosto; 5 y 18 de septiembre; 3, 16 y 31 de octubre; 1, 14 y 29 de noviembre; 12 y 27 de diciembre.

Atracción fatal: 22 y 28 de enero; 20 y 26 de febrero; 18 y 24 de marzo; 16 y 22 de abril; 14 y 20 de mayo; 12 y 18 de junio; 10 y 16 de julio; 8 y 14 de agosto; 6 y 12 de septiembre; 4 y 10 de octubre; 2, 8, 18, 19 y 20 de noviembre; 6 de diciembre.

Desafiantes: 11 y 20 de enero; 9 y 18 de febrero; 7 y 16 de marzo; 5 y 14 de abril; 3, 12 y 30 de mayo; 1, 10 y 28 de junio; 8, 26 y 31 de julio; 6, 24 y 29 de agosto; 4, 22 y 27 de septiembre; 2, 20 y 25 de octubre; 18 y 23 de octubre; 16 y 21 de diciembre.

Almas gemelas: 26 de enero, 24 de febrero, 22 y 30 de marzo, 20 y 28 de abril, 18 y 26 de mayo, 16 y 24 de junio, 14 y 22 de julio, 12 y 20 de agosto, 10 y 18 de septiembre, 8 y 16 de octubre, 6 y 14 de noviembre, 4 y 12 de diciembre.

SOL: TAURO
DECANATO: CAPRICORNIO/SATURNO
ÁNGULO: 26º–27º 30' DE TAURO
MODALIDAD: FIJA
ELEMENTO: TIERRA

ESTRELLA FIJA

Nombre de la estrella: Algol, también llamada Caput Medusae

Posición: 25º 13'–26º 21' de Tauro, entre los años 1930 y 2000

Magnitud: 2.5

Fuerza: ★★★★★★★

Órbita: 2º

Constelación: Perseo (Beta Perseus)

Días efectivos: 15, 16, 17, 18 y 19 de mayo

Propiedades de la estrella: Saturno y Júpiter

Descripción: estrella binaria y variable blanca ubicada en la cabeza de Medusa que sostiene Perseo en la mano

INFLUENCIA DE LA ESTRELLA PRINCIPAL

Algol conlleva una doble influencia: por un lado, confiere valores espirituales sólidos; por el otro, vaticina mala suerte y falta de satisfacción o de espiritualidad. Cuando eres positivo, tienes el potencial de que tus logros te lleven a ocupar posiciones de liderazgo o de beneficio a la comunidad. El duelo puede tener un impacto sustancial en tu vida y suele ser relevante para quienes dan consejo o terapia a personas en duelo.

Con respecto a tu grado del Sol, esta estrella otorga victorias después de periodos de lucha o victorias sobre otros en conflictos y disputas. No obstante, también te previene para que no disperses tu energía o terminarás confundido. Algol nos recuerda la importancia de mantener una conducta correcta y así evitar pleitos legales y compañías indeseables que pueden derivar en venganzas, conflictos familiares o peleas físicas.

• *Positiva*: valores espirituales sólidos, conducta correcta.

18 de mayo

♉ Tu afabilidad, habilidades de liderazgo y determinación tenaz te caracterizan como alguien que nació para triunfar. Eres pragmático y reconoces la importancia de los valores, además de que aprecias la belleza y las cosas buenas de la vida. No dejas pasar ninguna oportunidad y eres capaz de mezclar el materialismo con un fuerte sentido idealista.

La influencia añadida de tu Sol en el decanato de Capricornio sugiere que el trabajo arduo y la responsabilidad son parte de la rutina diaria, y que las preocupaciones materiales y el estatus también son importantes para ti. Ansías el respeto de tus pares, por lo que eres leal e incansable cuando te comprometes con algún proyecto o causa, y te entregas a él por completo.

Tu idealismo y necesidades espirituales o de autoconciencia se manifiestan con una racha humanista intensa. Este interés en las personas te ayudará a ser más compasivo y te permitirá entender las necesidades ajenas. Tu sensibilidad e imaginación activa también se materializarán a través del arte, la música o el teatro. Las ansias de conocimiento te hacen disfrutar los debates, ser buen organizador y aprehender cualquier situación con rapidez. Sin embargo, debes cuidar la tendencia a oponerte a los demás por pura obstinación. Por fortuna, puedes compensarlo con gestos desinteresados y generosos.

A los tres años, cuando tu Sol progresado se desplace hacia Géminis, emprenderás un ciclo de tres décadas que enfatiza la importancia de los hermanos o hermanas, de aprender nuevas habilidades o de estudiar. A los 33 años, cuando tu Sol progresado se desplace hacia Cáncer, vivirás un punto de inflexión que resaltará la importancia de la familia y el hogar. Después de los 63, cuando tu Sol progresado se desplace hacia Leo, dejarás de ponerle tanto énfasis al hogar para priorizar la creatividad y la expresión personal.

Tu yo secreto

Dado que tu voluntad férrea te permite convertir las ideas en realidades concretas, es de suma importancia que tengas claras tus motivaciones y deseos. Al vincularte con tu poder amoroso interno, te volverás una fuerza que ayude a otros y que conecte los extremos de tu personalidad. Esto podría manifestarse como hipersensibilidad o como dominio excesivo. Eliminarás estos problemas si conservas tu independencia y pones en marcha tus habilidades naturales para la cooperación y la diplomacia. Ser un visionario práctico hace que constantemente mires hacia el futuro y que te plantees desafíos a ti mismo para materializar tus grandiosos planes. Esto te ayuda a superar la inestabilidad o impaciencia internas, las cuales podrían agotar tus recursos.

Trabajo y vocación

Debido a que te impulsan la ambición y el idealismo, estás dispuesto a trabajar arduamente para alcanzar tus objetivos. Gracias a tu tenacidad y capacidad para tomar las riendas de forma natural, disfrutas emprender proyectos nuevos y te inclinas por carreras legales o gubernamentales. Puesto que eres sumamente bueno para promover a la gente y vender ideas, quizás optes por ser mercadólogo, agente o negociador. Gracias a tu fortaleza, compromiso y habilidades de administración, también podrías triunfar en el comercio o como asesor financiero, gerente, corredor de bolsa o emprendedor. Los viajes te serán de especial utilidad para alcanzar tus metas. Tu aprecio por la belleza te inclinará hacia ocupaciones relacionadas con bienes de lujo, antigüedades o diseño. También es posible que tengas habilidades filantrópicas para recaudar fondos o la facilidad para trabajar con productos de la tierra. Por otro lado, tu individualidad férrea encontrará formas de expresarse en el mundo creativo.

Entre las personas famosas con quienes compartes cumpleaños están la bailarina de ballet Margot Fonteyn, los cantantes Perry Como y Toyah Willcox, y el papa Juan Pablo II.

Numerología

Algunos de los atributos asociados con el número 18 en su fecha de cumpleaños son tenacidad, asertividad y ambición. Eres activo y dinámico, por lo que sueles ansiar poder y necesitas desafíos constantes. En ocasiones, eres crítico y difícil de complacer, o te inclinas por temas controversiales. Con la personalidad de alguien nacido en un día 18, puedes usar tus poderes para sanar a otros, dar consejos valiosos o resolver problemas ajenos. Por otro lado, tu facilidad para los negocios y habilidades organizacionales pueden inclinarte hacia el mundo del comercio. La subinfluencia del mes número 5 indica que eres enérgico y decidido, y con un fuerte sentido pragmático. Cuando reflexionas y analizas las cosas, prestas atención a los pequeños detalles para resolver cualquier malentendido. Si tienes demasiada prisa o dejas las cosas a medias puedes tener retrasos posteriores. En ocasiones, eres demasiado exigente y la tendencia a cambiar lo que sientes por otros sugiere cierta insatisfacción interna. Cuando te sientes inseguro, eres reservado y hermético, o cedes ante el malhumor.

• *Cualidades positivas:* actitud progresista, asertividad, intuición, valentía, determinación, capacidad de sanación, eficiencia, facilidad para asesorar.

• *Cualidades negativas:* emociones descontroladas, pereza, desorden, egoísmo, insensibilidad, incapacidad para completar proyectos o trabajos, engaños.

Amor y relaciones

Aunque tu corazón caiga en manos de múltiples intereses amorosos, sueles buscar un alma gemela con la cual compartir algunos de tus ideales. Esta inquietud indica que a veces caes presa del conflicto entre los deberes y los deseos personales. Ser ambicioso y consciente de la seguridad te tentará a casarte por razones ajenas al amor. Admiras la lealtad y la fidelidad; sin embargo, ante la duda, te sientes insatisfecho y experimentas altibajos anímicos. Por un lado, puedes ser cálido y generoso; por el otro, puedes ser serio y frío. Aun así, por medio de la honestidad, la paciencia y la perseverancia encontrarás la felicidad, el equilibrio emocional y la estabilidad.

• *Negativa*: mala suerte, impaciencia, conducta inapropiada, andar con malas compañías.

ESE ALGUIEN ESPECIAL

Encontrarás a la pareja inspiradora que buscas entre quienes nacieron en las siguientes fechas.

Amor y amistad: 14, 24, 28 y 31 de enero; 12, 22, 26 y 29 de febrero; 10, 20, 24 y 27 de marzo; 8, 18 y 25 de abril; 6, 16, 23 y 30 de mayo; 4, 14, 21, 28 y 30 de junio; 2, 12, 19, 26, 28 y 30 de julio; 10, 17, 24, 26 y 28 de agosto; 8, 12, 15, 22, 24 y 26 de septiembre; 6, 13, 20, 22, 24 y 30 de octubre; 4, 11, 18, 20, 22 y 28 de noviembre; 2, 9, 16, 18, 20, 26 y 29 de diciembre.

Buenas para ti: 5, 22 y 30 de enero; 3, 20 y 28 de febrero; 1, 18 y 26 de marzo; 16 y 24 de abril; 14 y 22 de mayo; 12 y 20 de junio; 10, 18 y 29 de julio; 8, 16, 27 y 31 de agosto; 6, 14, 25 y 29 de septiembre; 4, 12, 23 y 27 de octubre; 2, 10, 21 y 25 de noviembre; 9, 19 y 23 de diciembre.

Atracción fatal: 12 de enero; 10 de febrero; 8 de marzo; 6 de abril; 4 de mayo; 2 de junio; 19, 20 y 21 de noviembre.

Desafiantes: 16 y 21 de enero; 14 y 19 de febrero; 12, 17 y 30 de marzo; 10, 15 y 28 de abril; 8, 13 y 26 de mayo; 6, 11 y 24 de junio; 4, 9 y 22 de julio; 2, 7 y 20 de agosto; 5 y 18 de septiembre; 3 y 16 de octubre; 1 y 14 de noviembre; 12 de diciembre.

Almas gemelas: 25 de enero, 23 de febrero, 21 de marzo, 19 de abril, 17 de mayo, 15 de junio, 13 de julio, 11 de agosto, 9 de septiembre, 7 de octubre, 5 de noviembre, 3 y 30 de diciembre.

19 de mayo

ESTRELLAS FIJAS

Alcíone; Algol, también llamada Caput Medusae

ESTRELLA PRINCIPAL

Nombre de la estrella: Alcíone
Posición: 29º de Tauro–0º 6' de Géminis, entre los años 1930 y 2000
Magnitud: 3
Fuerza: ★★★★★
Órbita: 1º 40'
Constelación: Tauro (Eta Taurus)
Días efectivos: 19, 20, 21 y 22 de mayo
Propiedades de la estrella: Luna/Marte
Descripción: estrella verde y amarilla, la estrella principal de las Pléyades, ubicada en el hombro del toro (la más brillante de las Pléyades)

INFLUENCIA DE LA ESTRELLA PRINCIPAL

Alcíone concede apertura, franqueza y honestidad. Aunque también se asocian acciones impulsivas e impacientes. Por naturaleza, estas personas son enérgicas y decididas, pero cuando sus sentimientos se intensifican se inclinan a actuar impulsivamente. Esto puede generar inestabilidad y cambios. Esta estrella también te advierte que podrías padecer fiebres y problemas de la vista.

Con respecto a tu grado del Sol, Alcíone confiere amor, eminencia y talento para el liderazgo. Indica éxito en ámbitos legales y de la función pública, y favorece el uso de la creatividad para el desarrollo de habilidades de escritura.

• *Positiva:* creatividad, honestidad, entusiasmo.

• *Negativa:* irascibilidad, volubilidad, comportamiento temperamental.

El liderazgo sobresaliente que caracteriza a quienes nacen en esta fecha se complementa con excelentes capacidades mentales y buena percepción. Eres cauteloso y prudente, pero también tienes un lado más salvaje e independiente que te permite aparentar confianza, control y seguridad en ti mismo.

Debido a la influencia añadida de tu Sol en el decanato de Capricornio, estás dispuesto a esforzarte una vez que te comprometes con un proyecto, y funcionas mejor cuando tienes una meta definida. Esta influencia también supone ambiciones fuertes y un sólido sentido del deber, así como la capacidad de lograr planes a largo plazo. Aunque seas obstinado, tu poder, tenacidad e intuición te ayudarán a ascender hacia el éxito.

El interés natural en la gente te vuelve un humanista que cree en la necesidad de libertad y reformas sociales. Eres creativo y original. Tu filosofía de vida progresista te ayuda a ser portavoz de otros. Tanto los hombres como las mujeres que nacen en esta fecha deben tener cuidado de no abrumar a los demás. Los debates y las discusiones entre amigos pueden animarte y convertirse en pasatiempos disfrutables. Sin embargo, procura no aparentar ser demasiado ensimismado o poco empático, y evita ser demasiado autocomplaciente con las cosas buenas de la vida. Aun así, tu profundidad de conocimiento y buen juicio suelen tener un efecto benéfico en otros. Algún tipo de educación será esencial para sacar lo mejor de tu potencial maravilloso.

Al llegar a los dos años, tu Sol progresado se desplaza hacia Géminis y enfatiza durante las siguientes tres décadas la importancia del aprendizaje, la escritura, el habla y la comunicación. Esto se mantiene hasta pasados los 30 años, cuando tu Sol progresado entra a Cáncer. Ahí habrá un punto de inflexión que resalte la importancia creciente de la intimidad emocional, la familia, el hogar y la seguridad. Sin embargo, después de los 62, cuando tu Sol se desplace hacia Leo, es probable que te vuelvas más seguro de ti y te interesen más la vida pública y los mecanismos de expresión personal.

Tu yo secreto

Aunque eres un líder nato, también estás consciente de la importancia del trabajo y los esfuerzos grupales. Para evitar caer en situaciones de dependencia, deberás aprovechar tu fuerte intuición para alcanzar el equilibrio adecuado entre defender tus ideas y ser receptivo a las opiniones ajenas. Por fortuna, tu encanto persuasivo te permite convencer a otros de la importancia de tus ideales y sumarlos a tu cruzada.

Las ansias de honestidad y justicia te impulsan a tomar las riendas en situaciones complicadas, lo que te hace parecer autocrático. De hecho, sientes la necesidad de resolver problemas en lugar de dejarlos flotando en el aire. Tu tenacidad, poder y perseverancia te garantizarán el éxito en última instancia. No obstante, detrás de esa máscara de seriedad, hay un corazón idealista que está dispuesto a ayudar a otros a llegar a la que consideran la cima.

Trabajo y vocación

La mezcla entre capacidad de trabajo arduo, liderazgo perspicaz y capacidad para responsabilizarte indica que tienes excelentes perspectivas de éxito. Tu mente original y excepcional genera muchas ideas innovadoras que podrían inclinarte hacia profesiones como educación, filosofía o investigación científica. El humanismo y las posibles aspiraciones espirituales te pueden guiar hacia las reformas sociales y la religión. Por otro lado, tu histrionismo natural puede hacer que te atraigan el arte o el entretenimiento. La facilidad de palabra te inspirará a expresarte a través de la oratoria, la escritura o el canto. Y tu capacidad de sanación innata hará que te inclines por carreras de medicina o salud alternativa.

Entre las personas famosas con quienes compartes cumpleaños están el líder político Malcolm X, los músicos Pete Townshend y Joey Ramone, la actriz Glenn Close y la cantante Grace Jones.

Numerología

Ser una persona nacida bajo el número 19 te vuelve tenaz e ingeniosa, con una visión profunda, aunque el lado soñador de tu naturaleza sea compasivo e impresionable. Las ansias de sobresalir pueden empujarte al dramatismo y a intentar acaparar reflectores. A ojos de los demás eres una persona fuerte e ingeniosa, pero las tensiones internas pueden provocarte altibajos emocionales. Si bien eres orgulloso y tienes la necesidad de que los demás aprecien y reconozcan tus esfuerzos, quizá debas entender que no eres el centro del universo. La subinfluencia del mes número 5 indica que te mantienes alerta y tu mente es incansable. Aunque ansías armonía y paz, necesitas volverte consciente de los sentimientos y las necesidades de otros. Eres creativo e imaginativo, por lo que te beneficiarás si desarrollas tu talento artístico. Evita las preocupaciones al aprender a relajarte y desapegarte. Si impulsas a otros y eres paciente, superarás la tendencia a criticarlos. Quizá debas encontrar un equilibrio entre el egocentrismo y el servicio desinteresado a la comunidad. Ser justo es una muestra de valentía y de auténtico autocontrol.

• *Cualidades positivas:* dinamismo, ecuanimidad, creatividad, liderazgo, suerte, actitud progresista, optimismo, convicciones fuertes, competitividad, independencia, sociabilidad.

• *Cualidades negativas:* ensimismamiento, depresión, angustia, miedo al rechazo, altibajos, materialismo, egoísmo, impaciencia.

Amor y relaciones

Eres abierto y directo, y te caracterizas por cuidar a quienes amas. En las relaciones, un requisito indispensable para ti es la armonía y un entorno apacible, pero, con tu personalidad afable, también te gusta ayudar a quienes experimentan tensiones emocionales. Sin embargo, debes evitar ser demasiado arrogante o inquieto, y no caer en la monotonía. Aunque seas muy sociable, el hogar y la familia son parte esencial de tu plan de vida en general.

ESE ALGUIEN ESPECIAL

Encontrarás relaciones duraderas y estabilidad con personas nacidas en las siguientes fechas.

Amor y amistad: 11, 13, 15, 17, 25 y 29 de enero; 9, 11, 13, 15 y 23 de febrero; 7, 9, 11, 13, 21 y 25 de marzo; 5, 7, 9, 11 y 19 de abril; 3, 5, 7, 9, 17 y 31 de mayo; 1, 3, 5, 7, 15 y 29 de junio; 1, 3, 5, 27, 29 y 31 de julio; 1, 3, 11, 25, 27 y 29 de agosto; 1, 9, 13, 23, 25 y 27 de septiembre; 7, 21, 23 y 25 de octubre; 5, 19, 21 y 23 de noviembre; 3, 17, 19, 21 y 30 de diciembre.

Buenas para ti: 1, 5 y 20 de enero; 3 y 18 de febrero; 1 y 16 de marzo; 14 de abril; 12 de mayo; 10 de junio; 8 de julio; 6 de agosto; 4 de septiembre; 2 de octubre.

Atracción fatal: 19, 20, 21 y 22 de noviembre.

Desafiantes: 6, 22 y 24 de enero; 4, 20 y 22 de febrero; 2, 18 y 20 de marzo; 16 y 18 de abril; 14 y 16 de mayo; 12 y 14 de junio; 10 y 12 de julio; 8, 10 y 31 de agosto; 6, 8 y 29 de septiembre; 4, 6 y 27 de octubre; 2, 4, 25 y 30 de noviembre; 2, 23 y 28 de diciembre.

Almas gemelas: 6 y 12 de enero, 4 y 10 de febrero, 2 y 8 de marzo, 6 de abril, 4 de mayo, 2 de junio.

20 de Mayo

Quienes comparten esta fecha de cumpleaños se caracterizan por una inteligencia especial que tiende a la sociabilidad. Eres un líder natural, entusiasta y con capacidad para brillar. Tienes un don de gentes que te hace amable, a la vez que sociable. Posees dones naturales que otros interpretan como sentido común, encanto y seguridad en ti mismo.

La influencia de tu Sol en el decanato de Capricornio supone que te importan el prestigio y el respeto propios. Cuidar tu dignidad y trabajar arduamente hace que te tomes las responsabilidades en serio. Las habilidades financieras innatas harán que prefieras administrar bien tus recursos y tener siempre en orden tus cuentas bancarias y planes de negocio. Sin embargo, te seguirán atrayendo los lujos, por lo que es probable que inviertas en cosas hermosas; solo cuídate de no ser demasiado autocomplaciente.

Tu histrionismo natural hace que te guste rodearte de personas inteligentes y comunicativas. Con las habilidades verbales que posees, disfrutas un buen debate o discusión amistosa. Tienes la capacidad de aprehender conceptos con rapidez y eres honesto y directo, pero debes cuidar de no volverte demasiado obstinado o testarudo.

Si tus grandes planes fracasan algunas veces, es probable que caigas en la autocompasión, pero no será duradero, pues estás decidido a superar los obstáculos y triunfar.

En el segundo año de tu vida, tu Sol progresado entrará al signo de Géminis y enfatizará que, durante la infancia, aprendas con rapidez y crees vínculos sólidos con tus hermanos y hermanas. Hasta los 30 años, es posible que te enfoques en el estudio y la adquisición de habilidades nuevas. A los 31 habrá un punto de inflexión, cuando tu Sol progresado se desplace hacia Cáncer, en el que apreciarás el valor de los vínculos familiares, el hogar y una base sólida sobre la cual construir tu vida. A partir de los 61, cuando tu Sol progresado se desplace hacia Leo, adquirirás más confianza en ti mismo y quizá te vuelvas más extrovertido y expresivo.

Tu yo secreto

Aunque sabes que eres capaz de logros extraordinarios, debes evitar ser demasiado materialista o crítico contigo mismo. Tu espíritu creativo te garantiza que siempre estarás buscando formas nuevas y emocionantes para utilizar tu intelecto y ampliar tus horizontes. Dado que no te satisface conformarte con lo que ya tienes, es probable que emprendas viajes a tierras lejanas o introspecciones mentales profundas para conocer todas tus posibilidades.

Aunque no lo demuestres, eres sumamente emotivo. Ya que es necesario expresar esta sensibilidad a través de la alegría de vivir, es vital que no te sumerjas en preocupaciones o ansiedades. Cuando eres feliz, pareciera que siempre serás capaz de alcanzar las metas que anhela tu corazón. Solo recuerda que, cuando tomes decisiones, debes priorizar la fe en ti mismo para mantener viva la llama de los sueños. Podrás triunfar de forma extraordinaria gracias a la combinación de tenacidad, inspiración y generosidad.

ESTRELLA FIJA

Nombre de la estrella: Alcíone
Posición: 29° de Tauro–0° 6' de Géminis, entre los años 1930 y 2000
Magnitud: 3
Fuerza: ★★★★★
Órbita: 1° 40'
Constelación: Tauro (Eta Taurus)
Días efectivos: 19, 20, 21 y 22 de mayo
Propiedades de la estrella: Luna/Marte
Descripción: estrella verde y amarilla, la estrella principal de las Pléyades, ubicada en el hombro del toro (la más brillante de las Pléyades)

INFLUENCIA DE LA ESTRELLA PRINCIPAL

Alcíone concede apertura, franqueza y honestidad. Aunque también se asocian acciones impulsivas e impacientes. Por naturaleza, estas personas son enérgicas y decididas, pero cuando sus sentimientos se intensifican se inclinan a actuar impulsivamente. Esto puede generar inestabilidad y cambios. Esta estrella también te advierte que podrías padecer fiebres y problemas de la vista.

Con respecto a tu grado del Sol, Alcíone confiere amor, eminencia y talento para el liderazgo. Indicativa de éxito en ámbitos legales y de la función pública, y favorece el uso de la creatividad para el desarrollo de habilidades de escritura.

• *Positiva:* creatividad, honestidad, entusiasmo.

• *Negativa:* irascibilidad, volubilidad, comportamiento temperamental.

Trabajo y vocación

Con tu inteligencia y ansias de diversidad, es probable que estés aprendiendo cosas nuevas de forma constante. Disfrutas emprender proyectos o tener la compañía de grupos grandes. Te disgusta ocupar posiciones de subordinación, por lo que idealmente necesitarás una profesión en la que puedas trabajar por cuenta propia para mantener cierto control o autoridad. Si eres lo suficientemente disciplinado, tu olfato para los negocios te garantizará el éxito. Es necesario que tu trabajo implique algún tipo de desafío intelectual o variedad para impedir que te aburras. Tu intelecto intuitivo te inclinará hacia la investigación científica, la educación, la metafísica o la filosofía. Tener muchos talentos y apreciar el arte, la música y el teatro también podrían impulsarte a emprender una carrera en las artes, los medios de comunicación o el mundo del entretenimiento. Por otro lado, tu naturaleza afectuosa tendrá cabida en el mundo de la psicoterapia, el trabajo social y la lucha por los derechos de los demás.

Entre las personas famosas con quienes compartes cumpleaños están los cantantes Cher y Joe Cocker, el escritor Honorato de Balzac y el filósofo griego Sócrates.

Numerología

Al haber nacido bajo el número 20, eres intuitivo, adaptable y comprensivo. Suelen agradarte actividades cooperativas en las que puedes interactuar, compartir experiencias y aprender de otros. Tu encanto y gracia te ayudan a desarrollar habilidades diplomáticas que te permiten moverte con fluidez en círculos sociales distintos. No obstante, quizá necesites superar la tendencia a sentirte herido por las acciones y críticas ajenas. En las relaciones y otras sociedades debes evitar martirizarte, ser desconfiado o depender demasiado de los demás. La subinfluencia del mes número 5 indica que eres receptivo e inteligente, y que necesitas expresarte a través de la creatividad. Aunque en ocasiones eres tímido, necesitas aprender a mostrar tus emociones y expresarte con claridad frente a otros. Aunque seas amistoso y te consideres parte de un equipo, necesitas pasar tiempo a solas para estar en paz y acomodar tus ideas. Date el tiempo para estudiar o aprender nuevas habilidades y permite que otros te ayuden a implementar cambios en tu vida. Confía en tu poder de intuición y fortalece tu mente.

• *Cualidades positivas:* buenas asociaciones, gentileza, tacto, receptividad, intuición, amabilidad, armonía, afabilidad, naturaleza amistosa, embajador de buena voluntad.

• *Cualidades negativas:* suspicacia, inseguridad, timidez, hipersensibilidad, egoísmo, tendencia a ofenderse, engaño.

Amor y relaciones

Tu sensibilidad, intuición y agilidad mental hacen que necesites variedad y estímulo intelectual en las relaciones. Aunque te gusta socializar y conocer gente distinta, prefieres la compañía de individuos inteligentes con conocimiento vasto y muchas ideas. Dado que eres capaz de lograr muchas cosas por ti mismo, en las relaciones te niegas a ocupar posiciones secundarias y sueles considerar que tu pareja y tú son iguales. Eres afectuoso, leal y comprensivo, y te preocupas por la gente a la que más quieres. Cuando te enamoras, estás dispuesto a hacer muchos sacrificios. Sin embargo, la inquietud que caracteriza a quienes nacen en esta fecha también indica cambios de opinión e indecisión.

ESE ALGUIEN ESPECIAL

Si buscas una pareja fascinante, es posible que la encuentres entre personas nacidas en las siguientes fechas.

Amor y amistad: 12, 16, 25 y 30 de enero; 10, 14, 23 y 24 de febrero; 8, 12, 22, 26 y 31 de marzo; 6, 10, 20 y 29 de abril; 4, 8, 18 y 27 de mayo; 2, 6, 16, 25 y 30 de junio; 4, 14, 23 y 28 de julio; 2, 12, 21, 26 y 30 de agosto; 10, 14, 19, 24 y 28 de septiembre; 8, 17, 22 y 26 de octubre; 6, 15, 20, 24 y 30 de noviembre; 4, 13, 18, 22 y 28 de diciembre.

Buenas para ti: 2, 13, 22 y 24 de enero; 11, 17, 20 y 22 de febrero; 9, 15, 18, 20 y 28 de marzo; 7, 13, 16, 18 y 26 de abril; 5, 11, 16, 18 y 26 de mayo; 3, 9, 12, 14 y 22 de junio; 1, 7, 10, 12 y 20 de julio; 5, 8, 10 y 18 de agosto; 3, 6, 8 y 16 de septiembre; 1, 4, 6 y 14 de octubre; 2, 4 y 12 de noviembre; 2 y 10 de diciembre.

Atracción fatal: 25 de enero; 23 de febrero; 21 de marzo; 19 de abril; 17 de mayo; 15 de junio; 13 de julio; 11 de agosto; 9 de septiembre; 7 de octubre; 5, 21, 22 y 23 de noviembre; 3 de diciembre.

Desafiantes: 7 y 23 de enero; 5 y 21 de febrero; 3, 19 y 29 de marzo; 1, 17 y 27 de abril; 15 y 25 de mayo; 13 y 23 de junio; 11, 21 y 31 de julio; 9, 19 y 29 de agosto; 7, 17, 27 y 30 de septiembre; 3, 13, 23 y 26 de noviembre; 1, 11, 21 y 24 de diciembre.

Almas gemelas: 17 de enero, 15 de febrero, 13 de marzo, 11 de abril, 9 de mayo, 7 de junio, 5 de julio, 3 de agosto, 1 de septiembre, 30 de noviembre, 28 de diciembre.

SOL: CÚSPIDE TAURO/GÉMINIS
DECANATO: CAPRICORNIO/SATURNO
ÁNGULO: 29º DE TAURO–0º 30'
DE GÉMINIS
MODALIDAD: FIJA
ELEMENTO: TIERRA

21 de mayo

℧ Tu fecha de nacimiento revela que eres un individuo activo, inteligente, ambicioso, con mucho espíritu y magnetismo personal. Tienes la ventaja de haber nacido en la cúspide y posees la sensualidad de Tauro y la capacidad intelectual de Géminis. Uno de tus principales atractivos es el don para relacionarte con la gente, así como cierto sentido histriónico innato. Eres una enciclopedia y te encantan las ideas y el conocimiento, así como transmitirlos de forma divertida. Tienes la capacidad de hacer amistad con gente de toda índole y posees un fuerte sentido de la individualidad y la independencia.

La influencia añadida de tu Sol en la cúspide de dos decanatos indica que eres responsable, leal, trabajador y un excelente comunicador. El olfato para los negocios te viene de forma natural; y tu firme pragmatismo te hace consciente de problemas en el hogar y de seguridad. Cierto espíritu emprendedor impulsará tus ambiciones y garantizará que tus planes más complejos tengan éxito. Sin embargo, debes evitar los arranques de rebeldía y obstinación, los cuales afectan tu comunicación con otras personas.

Tu ingenio, creatividad y franqueza te permiten ser persuasivo y tener la capacidad para organizarte. El amor por los lujos y los placeres supone que quieres disfrutar todo lo que la vida te pueda ofrecer, pero la inclinación hacia los excesos puede poner en riesgo tu felicidad en general. Si practicas la autodisciplina, tienes la capacidad de lograr cosas extraordinarias en cualquier aspecto de tu vida.

Durante las primeras tres décadas de vida, tu Sol progresado pasará por el signo de Géminis. Esto supone que serás un chiquillo alerta y que aprenderás con rapidez. Durante ese periodo, desarrollarás tus habilidades mentales y de comunicación. Cuando tu Sol progresado se desplace hacia Cáncer, a partir de los 30 años, es probable que tu enfoque se mueva hacia las necesidades afectivas, el hogar y la familia. A partir de los 60 años, cuando tu Sol progresado se desplace hacia Leo, aumentarán tu confianza y capacidad de expresión artística, y es probable que te sientas más inclinado hacia la vida pública.

Tu yo secreto

Un fuerte impulso materialista es indicativo del énfasis excesivo que pones en la seguridad, aunque se equilibra con tu gran corazón y compasión. El poder del amor adquiere mayor importancia conforme creces, y te resultará de especial utilidad para encontrar mecanismos de expresión personal. Esto te impulsará a desarrollar tus dones innatos a través de la escritura, el teatro, el arte o la música. Entre tus múltiples talentos están divertirte como niño, lo que puede ayudar a aliviar cargas ajenas.

Cuando te importa algo, estás dispuesto a poner todo de tu parte, pero quizá debas reconocer que la gente no siempre es capaz de retribuir en igual proporción. Tu preocupación por los demás y capacidad para resolver problemas te llevarán a resolver sus conflictos, sobre todo de tus familiares. Podrías preocuparte en exceso por el dinero, lo cual suele ser infundado, pues lo que des siempre lo recuperarás en su totalidad e incluso más.

ESTRELLA FIJA

Nombre de la estrella: Alcíone
Posición: 29º de Tauro–0º 6' de Géminis, entre los años 1930 y 2000
Magnitud: 3
Fuerza: ★★★★★★
Órbita: 1º 40'
Constelación: Tauro (Eta Taurus)
Días efectivos: 19, 20, 21 y 22 de mayo
Propiedades de la estrella: Luna/Marte
Descripción: estrella verde y amarilla, la estrella principal de las Pléyades, ubicada en el hombro del toro (la más brillante de las Pléyades)

INFLUENCIA DE LA ESTRELLA PRINCIPAL

Alcíone concede apertura, franqueza y honestidad. Aunque también se asocian acciones impulsivas e impacientes. Por naturaleza, estas personas son enérgicas y decididas, pero cuando sus sentimientos se intensifican se inclinan a actuar impulsivamente. Esto puede generar inestabilidad y cambios. Esta estrella también te advierte que podrías padecer fiebres y problemas de la vista.

Con respecto a tu grado del Sol, Alcíone confiere amor, eminencia y talento para el liderazgo. Indicativa de éxito en ámbitos legales y de la función pública, y favorece el uso de la creatividad para el desarrollo de habilidades de escritura.

• *Positiva:* creatividad, honestidad, entusiasmo.

• *Negativa:* irascibilidad, volubilidad, comportamiento temperamental.

Trabajo y vocación

Eres talentoso y casi siempre trabajador. Posees el encanto personal para garantizarte éxito en todo tipo de actividades que impliquen trato humano. Gracias a tu agilidad mental, eres un conversador extraordinario, por lo que podrías aprovechar tus talentos literarios en la escritura, el periodismo, la enseñanza, la política o el derecho. Te gusta ser persuasivo y tienes olfato para los negocios, por lo que tendrías una carrera extraordinaria en ventas, publicidad y promociones. La ambición y el deseo de una vida mejor te estimularán a materializar tus mejores planes, pero la educación será indispensable para explotar al máximo tu potencial intelectual sobresaliente. Muchas personas nacidas en esta fecha se sienten atraídas a trabajar en el mundo del arte, la música o el entretenimiento.

Entre las personas famosas con quienes compartes cumpleaños están los actores Raymond Burr y Robert Montgomery, el escritor Harold Robbins, el músico Fats Waller, el pintor Alberto Durero y la política irlandesa Mary Robinson.

Numerología

El dinamismo y la personalidad extrovertida suelen caracterizar a quienes nacen en días 21. Eres sociable y amistoso, tienes muchos contactos sociales y un amplio círculo de amigos. Tener el número 21 en tu fecha de cumpleaños te hace una persona divertida, magnética, creativa y encantadora. Por otro lado, puedes ser tímido y reservado, con necesidad de desarrollar la asertividad, en especial en relaciones cercanas. Aunque te inclines hacia las relaciones de cooperación o el matrimonio, siempre querrás que se reconozcan tus talentos y habilidades. La subinfluencia del mes número 5 indica que eres versátil y entusiasta, y que tu capacidad para aprehender las ideas con rapidez te ayuda a adquirir nuevas habilidades. Quizá debas desarrollar tu sentido de los negocios y sentar bases sólidas para tu vida. Al ser tanto creativo como pragmático, sientes la necesidad de expresar tus ideas y pensamientos de forma individual. Cuando emprendas proyectos nuevos con mucho entusiasmo, debes asegurarte de concluirlos.

• *Cualidades positivas:* inspiración, creatividad, uniones amorosas, relaciones duraderas.

• *Cualidades negativas:* dependencia, nerviosismo, falta de control emocional, falta de visión, decepción, miedo al cambio.

Amor y relaciones

Eres espontáneo y optimista, pero también trabajador y perspicaz, por lo que sueles oscilar entre la necesidad de ser libre e independiente y el deseo de ser una pareja amorosa y devota. Tu entusiasmo y personalidad afable suponen que tienes inclinaciones sociales y eres popular. Encontrarás relaciones específicas que tocan la fibra sensible de tu ansia de una percepción interna más profunda. Intenta no crear expectativas demasiado altas de los demás; sé realista y aprende que la fe y la confianza rinden frutos al final. Tómate tu tiempo para elegir a tus amigos y amantes.

ESE ALGUIEN ESPECIAL

Tus ideales amorosos se materializarán con más facilidad si te relacionas con personas nacidas en las siguientes fechas.

Amor y amistad: 7, 10, 17, 21 y 27 de enero; 5, 8, 15, 25 y 29 de febrero; 3, 6, 13, 23 y 27 de marzo; 1, 4, 11 y 21 de abril; 2, 9 y 19 de mayo; 7 y 17 de junio; 5, 15, 29 y 31 de julio; 3, 13, 27, 29 y 31 de agosto; 1, 11, 15, 25, 27 y 29 de septiembre; 9, 23, 25 y 27 de octubre; 7, 21, 23 y 25 de noviembre; 5, 19, 21 y 23 de diciembre.

Buenas para ti: 3, 5, 20, 25 y 27 de enero; 1, 3, 18, 23 y 25 de febrero; 1, 16, 21 y 23 de marzo; 14, 19 y 21 de abril; 12, 17 y 19 de mayo; 10, 15 y 17 de junio; 8, 13 y 15 de julio; 6, 11 y 13 de agosto; 4, 9 y 11 de septiembre; 2, 7 y 9 de octubre; 5 y 7 de noviembre; 3 y 5 de diciembre.

Atracción fatal: 13 de enero; 11 de febrero; 9 de marzo; 7 de abril; 5 de mayo; 3 de junio; 1 de julio; 22, 23 y 24 de noviembre.

Desafiantes: 16 y 24 de enero; 14 y 22 de febrero; 12 y 20 de marzo; 10 y 18 de abril; 8, 16 y 31 de mayo; 6, 14 y 29 de junio; 4, 12 y 27 de julio; 2, 10 y 25 de agosto; 8 y 23 de septiembre; 6 y 21 de octubre; 4 y 19 de noviembre; 2 y 17 de diciembre.

Almas gemelas: 16 de enero, 14 de febrero, 12 de marzo, 10 de abril, 8 de mayo, 6 de junio, 4 y 31 de julio, 2 y 29 de agosto, 27 de septiembre, 25 de octubre, 23 de noviembre, 21 de diciembre.

Géminis

22 de mayo–21 de junio

22 de mayo

♊ El gran potencial de tu cumpleaños resalta con tu inteligencia ágil, ambición y capacidad de relacionarte con la gente por medio del carisma. Sueles ser franco, directo, de mente abierta y posturas liberales; además, tienes un sentido común afinado. Dado que también tienes un toque de rebeldía y te aburres con facilidad, es esencial que canalices tus talentos extraordinarios hacia proyectos emocionantes.

Cuando te enfrascas en un proyecto nuevo, desarrollas tal entusiasmo que con seguridad tendrás éxito. Ya que eres incapaz de fingir, es esencial que encuentres los medios adecuados de expresión personal para alcanzar tu felicidad.

Haber nacido en la cúspide de Tauro y Géminis te brinda la ventaja especial de la influencia de dos grandes decanatos, Saturno y Mercurio, lo cual resalta la inclinación pragmática de tu mentalidad, así como el deseo de estar bien informado. La capacidad para entender las motivaciones ajenas te lleva a explorar caminos en los que puedes mezclar tu lógica pragmática con tus grandes planes.

Puesto que sabes usar tu encanto persuasivo y tu vitalidad positiva para impulsar a otros, descubrirás que se te da de forma natural aceptar puestos de liderazgo. Sin embargo, debes cuidarte de la obstinación, la premura y la tendencia a ser demasiado parlanchín o discutidor. Esto podría ocurrir sobre todo si tu seguridad se convierte en arrogancia y no te responsabilizas de desarrollar tus habilidades y aptitudes extraordinarias.

En los primeros años de vida habrá una fuerte influencia de una figura masculina que suele ser el padre. Después de los 30, cuando tu Sol progresado se desplace hacia Cáncer, el hogar, la familia y las necesidades afectivas empezarán a desempeñar un papel más central en tu vida. Esta influencia se observa hasta pasados los 60 años, cuando empieza un periodo de autoridad y seguridad en ti mismo, a medida que tu Sol progresado se desplaza hacia Leo.

Tu yo secreto

Posees una fortaleza interior que hace que no quieras que se te asocie con el fracaso bajo ninguna circunstancia y no aceptas los golpes de la vida con los brazos cruzados. La fortaleza de tu carácter te da el potencial de lograr muchas cosas en la vida. Cuando combinas el tesón, la capacidad de persuasión y tus habilidades sociales magistrales, el mundo se pone a tus pies.

En ocasiones, experimentarás una inquietud interna que proviene de tu deseo de lograr más de lo que eres capaz de hacer. Si escuchas a tu yo superior o confías en tu sabiduría interna, descubrirás que tu primer instinto es más preciso que tu retórica intelectual. Puesto que necesitas sentirte orgulloso de tus logros, es necesario que te mantengas actualizado en términos de conocimiento y habilidades, ya que esto te pondrá en una posición ventajosa.

ESTRELLA FIJA

Nombre de la estrella: Alcíone
Posición: 29° de Tauro–0° 6' de Géminis, entre los años 1930 y 2000
Magnitud: 3
Fuerza: ★★★★★★
Órbita: 1° 40'
Constelación: Tauro (Eta Taurus)
Días efectivos: 19, 20, 21 y 22 de mayo
Propiedades de la estrella: Luna/Marte
Descripción: estrella verde y amarilla, la estrella principal de las Pléyades, ubicada en el hombro del toro (la más brillante de las Pléyades)

INFLUENCIA DE LA ESTRELLA PRINCIPAL

Alcíone concede apertura, franqueza y honestidad. Aunque también se asocian acciones impulsivas e impacientes. Por naturaleza, estas personas son enérgicas y decididas, pero cuando sus sentimientos se intensifican se inclinan a actuar impetuosamente. Esto puede generar inestabilidad y cambios. Esta estrella también te advierte que podrías padecer fiebres y problemas de la vista.

Con respecto a tu grado del Sol, Alcíone te confiere amor, eminencia y talento para el liderazgo. Indica éxito en ámbitos legales y de la función pública, y favorece el uso de la creatividad para el desarrollo de habilidades de escritura.

• *Positiva:* creatividad, honestidad, entusiasmo.

• *Negativa:* irascibilidad, volubilidad, comportamiento temperamental.

Trabajo y vocación

Eres pragmático y hábil en la comunicación, por lo que es probable que sobresalgas en carreras como ventas, escritura, promociones o relaciones públicas. Tu agilidad mental y dotes de liderazgo también favorecerán que tengas éxito en los negocios, sobre todo como analista o especialista en diagnóstico de problemas. Por otro lado, quizá te atraiga la academia y encuentres tu sitio en la investigación o la psicología. El amor por la sabiduría podría empujarte a explorar el mundo de la metafísica. Sin embargo, debes evitar las posiciones de subordinación porque te disgusta que te digan qué hacer. Tu creatividad natural y espíritu aventurero te inspirarán a probar suerte en el mundo del entretenimiento. Dado que eres bueno con las manos y tienes el don de la sanación, también podrías sentirte atraído hacia el mundo de la medicina alternativa.

Entre las personas famosas con quienes compartes cumpleaños están el actor Laurence Olivier, el escritor Arthur Conan Doyle y la modelo Naomi Campbell.

Numerología

Es un número maestro que puede vibrar tanto en forma de 22 como en forma de 4. Sueles ser honesto y trabajador, poseer habilidades de liderazgo innatas y tener una personalidad carismática, además de una profunda capacidad de entender a la gente y sus motivaciones. Aunque no demuestras tu afecto, sueles preocuparte por el bienestar de tus seres queridos, pero sin perder de vista tu lado pragmático o realista. Por lo general, eres culto y cosmopolita, y tienes muchos amigos y admiradores. Los más competitivos de entre los nacidos en el día número 22 pueden alcanzar el éxito y la buena fortuna con la ayuda y el apoyo de otros. Muchos de los nacidos en este día tienen fuertes lazos con sus hermanos o hermanas, a quienes protegen y apoyan. La subinfluencia del mes número 5 indica que eres intuitivo pero también nervioso; además, posees habilidades creativas e imaginación. Sueles reforzar tu estilo individual sin aparentar excentricidad. Eres realista y capaz de resolver problemas sin mucho alboroto. Sin embargo, debes evitar exagerar frente a la gente o las situaciones. En el futuro te vuelves más ambicioso.

• *Cualidades positivas:* universalidad, ansias de dirigir, intuición, pragmatismo, practicidad, habilidades manuales, talento, habilidades de construcción y de organización, realismo, capacidad para resolver problemas, éxitos.

• *Cualidades negativas:* codicia que lleva a cometer fraudes para enriquecerse rápido, nerviosismo, complejo de inferioridad, autoritarismo, materialismo, falta de visión, pereza, egoísmo.

Amor y relaciones

Tu naturaleza independiente y fuertes poderes de intuición indican que te atraen individuos poderosos que se caracterizan por su tenacidad y disciplina. Un hombre mayor que representa cierta autoridad y que suele estar asociado con tu fecha de nacimiento podrá tener un impacto importante en tus perspectivas y convicciones. Deberás encontrar una pareja trabajadora a quien respetes. Por otro lado, es posible que intentes emular autoridad siendo autoritario con tus amigos y parejas, aunque en última instancia eso no es lo que quieres lograr. Al adquirir sabiduría y compasión, sin embargo, cumplirás los deseos de tu corazón.

ESE ALGUIEN ESPECIAL

Si deseas encontrar a una pareja, podrás entablar relaciones estables con personas nacidas en las siguientes fechas.

Amor y amistad: 1, 8, 14, 28 y 31 de enero; 12, 26 y 29 de febrero; 10, 24 y 27 de marzo; 8, 22, 25 y 26 de abril; 6, 20 y 23 de mayo; 4, 18 y 21 de junio; 2, 16, 19 y 30 de julio; 14, 17, 28 y 30 de agosto; 12, 15, 16, 26, 28 y 30 de septiembre; 10, 13, 24, 26 y 28 de octubre; 8, 11, 22, 24 y 26 de noviembre; 6, 9, 20, 22 y 24 de diciembre.

Buenas para ti: 26 de enero, 24 de febrero, 22 de marzo, 20 de abril, 18 de mayo, 16 de junio, 14 de julio, 12 de agosto, 10 de septiembre, 8 de octubre, 6 de noviembre, 4 de diciembre.

Atracción fatal: 22, 23 y 24 de noviembre.

Desafiantes: 3 y 25 de enero, 1 y 23 de febrero, 21 de marzo, 19 de abril, 17 de mayo, 15 de junio, 13 de julio, 11 de agosto, 9 de septiembre, 7 de octubre, 5 de noviembre, 3 de diciembre.

Almas gemelas: 3 y 10 de enero, 1 y 8 de febrero, 6 de marzo, 4 de abril, 2 de mayo.

23 de mayo

ESTRELLAS FIJAS

Aunque el grado en que se ubica tu Sol no se encuentra vinculado con una estrella fija, algunos de los grados de tus otros planetas sí lo estarán. Si solicitas el cálculo de tu carta astral, encontrarás la posición exacta de los planetas en tu fecha de nacimiento. Esto te permitirá determinar cuáles de las estrellas fijas descritas en este libro son relevantes para ti.

Eres amistoso e inteligente; te gusta comunicar tus ideas y compartir tu conocimiento. Seguramente eres de corazón jovial. Tu agilidad mental te ayuda a aprehender las ideas con gran rapidez. Aunque seas versátil, debes tener cuidado de que las prisas no se conviertan en inquietud e impaciencia.

Gracias a la doble influencia de Mercurio en el primer decanato de Géminis, te interesan los temas internacionales y disfrutas mantenerte activo. Tu mentalidad es amplia, amable, universal y sincera. Consideras importante decir la verdad, ser directo y honesto con los demás.

En ocasiones, eres propenso a ansiedades perturbadoras que te deprimen o desaniman. En esos momentos, es indispensable desapegarse y no ser demasiado sensible a los infortunios ordinarios. Concéntrate en tus planes a futuro, que suelen ser alegres y optimistas. Generalmente, estás en una posición que te permite apoyar a los menos privilegiados o ayudar y aconsejar a otros, ya que posees un enfoque caritativo y altruista. Aunque seas ahorrador, eres sumamente generoso con tus seres queridos.

Tu deseo innato de armonía hace que el hogar se vuelva la base principal de tu seguridad, y estás dispuesto a hacer sacrificios para mantener las cosas en orden. También tienes inclinación a exploraciones espirituales o psíquicas, y experimentas sueños vívidos cuando entras en contacto directo con tu subconsciente. Necesitas rodearte de gente lista que te estimule a nivel intelectual, pues tienes interés en una amplia gama de temas. Eres un conversador inteligente que habla de sus temas favoritos con mucho entusiasmo. Te suelen interesar sobre todo la filosofía, la religión, la literatura, los viajes y el derecho.

Después de los 29 años, cuando tu Sol progresado se desplace hacia Cáncer, es probable que te vuelvas más sensible y consciente de la seguridad, y que pongas un mayor énfasis en la vida hogareña. Cuando tu Sol progresado se desplace hacia Leo, alrededor de los 59 años, sentirás una mayor necesidad de expresarte y autoafirmarte, lo que te inspirará a ser más sociable y aventurero.

Tu yo secreto

Un histrionismo interno apunta hacia una necesidad intensa de expresar tu creatividad e ideas. Si no satisfaces esta necesidad, podrías frustrarte o decepcionarte. Tener una filosofía de vida positiva o algo en lo cual creer te garantiza no ir a la deriva y te permite concentrarte mucho. La disciplina de la mente y las habilidades son esenciales; la educación, ya sea escolarizada o autodidacta, te da confianza en ti mismo y te impulsa a explotar al máximo tu potencial, lo cual es la clave de tu éxito.

Te parece importante ser justo, actuar de forma responsable y pagar tus deudas, sobre todo porque tienes un sentido de la justicia sólido y quieres que tu entorno sea tan armónico como se pueda. En el proceso, no permitas que el afán de evitar problemas provoque que las situaciones se vuelvan rutinarias y predecibles. Por fortuna, siempre estás buscando mejorar como persona.

Trabajo y vocación

La inclinación natural hacia los negocios, combinada con tus buenas habilidades organizacionales, te ayudará en cualquier profesión. El amor por el conocimiento y el talento para comunicarte te permiten sobresalir en la enseñanza o acercarte a la lingüística, la ciencia o el periodismo. Por lo regular, posees habilidades manuales, sobre todo para emprender proyectos creativos y artísticos. Por otro lado, las ocupaciones relacionadas con asuntos en el extranjero o que impliquen relaciones públicas podrían satisfacer tus ansias de variedad e impedir que te aburras. El derecho, la consultoría y la psicología podrían darle cabida a tu talento para aconsejar y compartir información. La gente nacida en esta fecha también puede tener éxito en el mundo del entretenimiento y la música.

Entre las personas famosas con quienes compartes cumpleaños están los actores Joan Collins y Douglas Fairbanks, y el hipnotista Anton Mesmer.

Numerología

Algunos de los atributos ligados a un cumpleaños con el número 23 son la intuición, la sensibilidad emocional y la creatividad. Sueles ser una persona versátil y apasionada que piensa rápido, mantiene una actitud profesional y siempre está llena de ideas. Con la influencia del número 23, puedes aprender cosas nuevas con facilidad, aunque prefieres la práctica más que la teoría. Te encantan los viajes, la aventura y conocer gente nueva. La cualidad enérgica que trae consigo el número 23 de tu cumpleaños te insta a probar toda clase de experiencias distintas. Además, te adaptas para sacar lo mejor de cada situación. En general, eres amigable y divertido, con valor y empuje. Es posible que necesites un estilo de vida activo para alcanzar tu verdadero potencial. La subinfluencia del mes número 5 indica que posees múltiples talentos y una naturaleza ambiciosa e inquieta. Quizá debas aprender a enfocarte en un objetivo en particular para desarrollar asertividad y tenacidad. Encuentra tu individualidad a través del trabajo y los logros, y convierte tus pensamientos creativos en acciones definidas para volver tus sueños realidad. Eres el tipo de persona que ansía ser reconocida y valorada por sus esfuerzos.

• *Cualidades positivas:* lealtad, responsabilidad, gusto por viajar, comunicación, intuición, creatividad, versatilidad, confiabilidad, fama.

• *Cualidades negativas:* egoísmo, inseguridad, inflexibilidad, buscar fallos en otros, desapego, prejuicios.

Amor y relaciones

La vida familiar y encontrar a una pareja o un alma gemela son de suma importancia para ti. Sin embargo, cuídate de no volverte demasiado dependiente de las relaciones. Aunque seas leal y afectuoso, las uniones amorosas no siempre saldrán como las planeas. Deberás aprender a adaptarte a circunstancias cambiantes y, si desarrollas paciencia, disciplina y desapego, serás capaz de enfrentar los desafíos de la vida y superar la tendencia a darte por vencido con facilidad. Si encuentras el amor verdadero en la juventud, es probable que en ese momento sientes cabeza y estés satisfecho, pues no te gusta estar solo.

ESE ALGUIEN ESPECIAL

Encontrarás satisfacción emocional y a ese alguien especial entre quienes nacieron en las siguientes fechas.

Amor y amistad: 1, 5, 6, 15, 26, 29 y 30 de enero; 13, 24, 27 y 28 de febrero; 11, 22, 25, 26 y 29 de marzo; 9, 20, 23 y 24 de abril; 7, 18, 21 y 22 de mayo; 5, 16, 19 y 20 de junio; 3, 14, 17, 18 y 31 de julio; 1, 12, 15, 16, 29 y 31 de agosto; 10, 13, 14, 17, 27 y 29 de septiembre; 8, 11, 12, 25 y 27 de octubre; 6, 9, 10, 23 y 25 de noviembre; 4, 7, 8, 21, 23 y 29 de diciembre.

Buenas para ti: 1, 2, 10, 14 y 27 de enero; 8, 12 y 25 de febrero; 6 y 23 de marzo; 4, 8 y 21 de abril; 2, 6, 19 y 30 de mayo; 4, 17 y 28 de junio; 2, 15 y 26 de julio; 13 y 24 de agosto; 11 y 22 de septiembre; 9 y 20 de octubre; 7 y 18 de noviembre; 5 y 16 de diciembre.

Atracción fatal: 24, 25 y 26 de noviembre.

Desafiantes: 17 y 26 de enero; 15 y 24 de febrero; 13 y 22 de marzo; 11 y 20 de abril; 9 y 18 de mayo; 7 y 16 de junio; 5 y 14 de julio; 3, 12 y 30 de agosto; 1, 10 y 28 de septiembre; 8, 26 y 29 de octubre; 6, 24 y 27 de noviembre; 4, 22 y 25 de diciembre.

Almas gemelas: 21 de enero, 19 de febrero, 17 de marzo, 15 de abril, 13 de mayo, 11 de junio, 9 y 29 de julio, 7 y 27 de agosto, 5 y 25 de septiembre, 3 y 23 de octubre, 1 y 21 de noviembre, 19 de diciembre.

24 de mayo

ESTRELLA FIJA

Nombre de la estrella: Hyadum I

Posición: 4º 41'–5º 46' de Géminis, entre los años 1930 y 2000

Magnitud: 4

Fuerza: ★★★★

Órbita: 1º 30'

Constelación: Tauro (Gamma Taurus)

Días efectivos: 24, 25, 26, 27 y 28 de mayo

Propiedades de la estrella:
interpretaciones variadas: Saturno/ Mercurio o Marte/Neptuno

Descripción: estrella anaranjada, la principal del cúmulo de las Híades, conformado por 132 estrellas ubicadas en el ojo norte, que marca la frente del toro

INFLUENCIA DE LA ESTRELLA PRINCIPAL

Hyadum I confiere energía, ambición y deseo de prestigio que deriva en logros y grandes éxitos. Sugiere la necesidad de estudiar y educarse para desarrollar un pensamiento claro. No obstante, también conlleva ciertas contradicciones en cuanto a la suerte o durante épocas turbulentas.

Con respecto a tu grado del Sol, esta estrella confiere talento para la escritura, los negocios, los deportes y la astrología, así como éxito en el trabajo con el público. Te brinda la oportunidad de obtener fama y fortuna. Hyadum I te advierte que debes evitar ser soberbio y abusar de otros, y que te abstengas de tomar decisiones precipitadas porque pueden provocar inestabilidad.

• *Positiva:* escritura, educación, comunicación.

• *Negativa:* inquietud, ignorancia, codicia.

Esta fecha de nacimiento es especial, pues otorga inteligencia y sensibilidad emocional. Sueles ser una persona con muchos talentos, curiosa y expresiva a nivel mental, y posees la habilidad de aprehender el núcleo de cualquier tema con particular rapidez. Esto indica que quizá te aburras con facilidad, por lo cual debes desarrollar mayor perseverancia. Por otro lado, tu vitalidad, empuje e intelecto naturales te impulsarán constantemente a investigar conceptos nuevos.

La doble influencia de Mercurio en el primer decanato de Géminis supone sensibilidad y talento para la escritura o la retórica. Al combinar tu elocuencia con tu imaginación excepcional, tienes el potencial de hacer cualquier cosa que te propongas. Puesto que te atrae la experimentación, explorarás muchos caminos en la búsqueda de tu verdadera vocación, pero todo eso será necesario para despertar a tu genio dormido a través de la disciplina, la educación y la paciencia.

Entender que el conocimiento es poder te garantiza que siempre tendrás ávidos deseos de aprender. La sensibilidad asociada a esta fecha de nacimiento implica que sueles buscar la sabiduría. El lado más intuitivo de tu naturaleza fomentará el interés en el misticismo y la espiritualidad, y será un atributo útil al relacionarte con otras personas. Procura no usar tu sensibilidad para engañar ni manipular, y evita ser temperamental o caer en evasiones.

La influencia cerebral de Géminis sobresale hasta los 28 años, cuando tu Sol progresado se desplaza hacia Cáncer. Ese punto de inflexión resalta los temas afectivos, sobre todo en lo relativo al hogar y la familia, además de sentar las bases para tu vida profesional. Esta influencia persiste hasta los 58 años, cuando tu Sol progresado se desplaza hacia Leo y empieza un periodo de mayor autoridad, fuerza y confianza en ti mismo.

Tu yo secreto

Por lo regular, entiendes las motivaciones ajenas de forma instintiva y eres capaz de identificar cuando alguien no está siendo sincero. Dado que tu principal atributo es el poder mental, identificas con rapidez las oportunidades dentro de cualquier situación y conviertes ideas excelentes en emprendimientos comerciales. Puesto que muchas veces eres astuto e ingenioso, sueles confiar en tu suerte natural. Sin embargo, quizá te resulte ineficaz para asumir la responsabilidad necesaria a fin de cumplir con tu destino superior. Aunque probablemente tengas una vida social activa, no permitas que debido a ella se desperdiguen tus energías ni se vuelva un obstáculo para lograr cosas.

Gracias a tu visión amplia de la vida, te sentirás tentado a hacer apuestas o tomar riesgos, con la firme creencia de que ganarás. Esta postura optimista te será de gran ayuda en la vida, siempre y cuando seas capaz de expresarte a través de proyectos creativos o te empeñes en materializar tus ideales. Eres sensible a tu entorno, por lo que es importante que el hogar y el trabajo sean lugares agradables; de otro modo, te molestarás e involucrarás en juegos de poder con otras personas.

Trabajo y vocación

Gracias a tu excelente sentido de las formas y las estructuras, y tus habilidades organizacionales, es probable que estés a cargo en la profesión que elijas. Cuando estás inspirado y adoptas una actitud optimista, tu visión se amplía y te ayuda en carreras artísticas como diseño, fotografía o cinematografía. Tus habilidades comunicativas y conciencia social te pueden inclinar hacia carreras como pedagogía o derecho, pero también son indicativas de logros en ocupaciones que implican trato con el público. Por otro lado, tu olfato natural para los negocios te permitirá triunfar en el comercio, aunque es probable que te vaya mejor si tienes la libertad suficiente para hacer las cosas a tu manera. Ser sensible y tener perspicacia psicológica estimulará tus habilidades de sanación naturales y te empujará hacia profesiones como medicina alópata o alternativa. Con ayuda de tu empuje e ideas innovadoras, querrás transmitirles a otros lo que te inspira a través de profesiones creativas, como actuación, dirección, escritura, canto o composición.

Entre las personas famosas con quienes compartes cumpleaños están las cantantes Patti LaBelle y Rosanne Cash, el cantautor Bob Dylan y la reina Victoria.

Numerología

Aunque quizá te desagrade la rutina, sueles ser una persona trabajadora, con habilidades prácticas y buen juicio. La sensibilidad emocional que sugiere el número 24 indica que tal vez sientas necesidad de estabilidad y orden. Eres fiel y justo, pero poco efusivo, y tiendes a creer que las acciones dicen más que las palabras. Tu visión pragmática de la vida te da buen olfato para los negocios y la capacidad de alcanzar el éxito. Con el número 24 por cumpleaños, es posible que debas superar la tendencia a ser obstinado o de ideas fijas. La subinfluencia del mes número 5 indica que eres receptivo y comprensivo, y que posees un entendimiento espiritual. Al buscar la verdad se revela que eres idealista y visionario, aunque también eres escéptico y exiges ver evidencias materiales. Cuando estás inspirado, hablas con sinceridad y convicción, desde lo más profundo de tu corazón. Eres encantador y te preocupas por los demás. Prefieres formar parte de grupos grandes. Dado que, por lo general, te desagrada estar solo, gastas mucho tiempo en socializar. Confía en tu intuición y aprende a concentrarte en alcanzar tus metas.

• *Cualidades positivas:* idealismo, habilidades prácticas, determinación inquebrantable, honestidad, franqueza, justicia, generosidad, amor al hogar, actividad, energía.

• *Cualidades negativas:* inflexibilidad, materialismo, tacañería, inestabilidad, pereza, deslealtad, comportamiento dominante, necedad, ansias de venganza.

Amor y relaciones

Encontrar a personas que piensen como tú y con quienes compartas valores y visiones es uno de los requisitos indispensables para cualquier relación que entables. El trabajo y el hogar son importantes para ti, y es más probable que las relaciones sean duraderas en entornos estables. Tus relaciones sociales y afectivas más exitosas serán las que te estimulen a nivel intelectual. La curiosidad que te despiertan la gente y sus motivaciones supone que en ocasiones pareces ser provocativo o discutidor, en especial en discusiones sobre política, filosofía o espiritualidad. Sin embargo, eres capaz de entablar relaciones románticas cálidas y tiernas.

ESE ALGUIEN ESPECIAL

Si buscas felicidad duradera, seguridad y un entorno armónico, es posible que los encuentres entre quienes nacieron en las siguientes fechas.

Amor y amistad: 3, 10, 13, 20, 25 y 30 de enero; 8, 11, 18 y 28 de febrero; 6, 9, 16 y 26 de marzo; 4, 7, 14, 24 y 28 de abril; 2, 5, 12 y 22 de mayo; 3, 10 y 20 de junio; 1, 8 y 18 de julio; 6, 16 y 30 de agosto; 4, 14, 18, 28 y 30 de septiembre; 2, 12, 26, 28 y 30 de octubre; 10, 24, 26 y 28 de noviembre; 8, 22, 24 y 26 de diciembre.

Buenas para ti: 12, 16, 17 y 28 de enero; 10, 14, 15 y 26 de febrero; 8, 12, 13 y 24 de marzo; 6, 10, 11 y 22 de abril; 4, 8, 9, 20 y 29 de mayo; 2, 6, 7, 18 y 27 de junio; 4, 5, 16 y 25 de julio; 2, 3, 14 y 23 de agosto; 1, 12 y 21 de septiembre; 10 y 19 de octubre; 8 y 17 de noviembre; 6 y 14 de diciembre.

Atracción fatal: 31 de marzo; 29 de abril; 27 de mayo; 25 de junio; 23 de julio; 21 de agosto; 19 de septiembre; 17 de octubre; 15, 25, 26 y 27 de noviembre; 17 de diciembre.

Desafiantes: 6, 18, 22 y 27 de enero; 4, 16, 20 y 25 de febrero; 2, 14, 18 y 23 de marzo; 12, 16 y 21 de abril; 10, 14 y 19 de mayo; 8, 12 y 17 de junio; 6, 10 y 15 de julio; 4, 8 y 13 de agosto; 2, 6 y 11 de septiembre; 4 y 9 de octubre; 2 y 7 de noviembre; 5 de diciembre.

Almas gemelas: 28 de marzo, 26 de abril, 24 de mayo, 22 de junio, 20 de julio, 18 de agosto, 16 de septiembre, 14 de octubre, 12 de noviembre, 10 de diciembre.

25 de mayo

ESTRELLA FIJA

Nombre de la estrella: Hyadum I

Posición: 4° 41'–5° 46' de Géminis, entre los años 1930 y 2000

Magnitud: 4

Fuerza: ★★★★

Órbita: 1° 30'

Constelación: Tauro (Gamma Taurus)

Días efectivos: 24, 25, 26, 27 y 28 de mayo

Propiedades de la estrella:
interpretaciones variadas: Saturno/Mercurio o Marte/Neptuno

Descripción: estrella anaranjada, la principal del cúmulo de las Híades, conformado por 132 estrellas ubicadas en el ojo norte, que marca la frente del toro

INFLUENCIA DE LA ESTRELLA PRINCIPAL

Hyadum I confiere energía, ambición y deseo de prestigio que deriva en logros y grandes éxitos. Sugiere la necesidad de estudiar y educarse para desarrollar un pensamiento claro. No obstante, también conlleva ciertas contradicciones en cuanto a la suerte o durante épocas turbulentas.

Con respecto a tu grado del Sol, esta estrella confiere talento para la escritura, los negocios, los deportes y la astrología, así como éxito en el trabajo con el público. Te brinda la oportunidad de obtener fama y fortuna. Hyadum I te advierte que debes evitar ser soberbio y abusar de otros, y que te abstengas de tomar decisiones precipitadas porque pueden provocar inestabilidad.

• *Positiva:* escritura, educación, comunicación.

• *Negativa:* inquietud, ignorancia, codicia.

El excelente potencial mental que caracteriza a quienes nacen en este día será quizá la principal clave de tu éxito. Eres listo y astuto, aprehendes las ideas con rapidez y eres innovador y muy trabajador. Necesitas independencia y sueles reaccionar a las situaciones de forma espontánea, con fuerza de voluntad y tenacidad. Sin embargo, la tendencia a dudar o perder la fe podría frenarte cuando vas a todo vapor y negarte todas esas maravillosas posibilidades.

Con la doble influencia de Géminis, el regente de tu decanato, te mantendrás bien informado y disfrutarás excursiones mentales de distintas índoles. Es probable que tengas talento para la escritura o el debate, y que necesites responsabilizarte de desarrollar tus capacidades mentales. Si tienes una actitud positiva, tu ingenio es más ágil y respondes mejor a los desafíos intelectuales. Esto es de especial importancia para detonar rachas de inspiración y emoción, y para hacerte sentir que estás avanzando en la vida. No obstante, quizá debas cuidarte de no volverte irritable u obstinado, o de padecer tensiones nerviosas. Por fortuna, también gozas de inyecciones de energía extraordinarias que te ayudan a alcanzar tus metas e inspirar a otros a emprender acciones positivas.

Los desarrollos novedosos e interesantes te resultan estimulantes, y tienes el potencial de ser innovador además de analítico. Tienes una influencia productiva en el trabajo y, si la combinas con tus ideales humanitarios, será mucho mejor.

Después de los 27 años, cuando tu Sol progresado se desplaza hacia Cáncer, te enfocarás más en tu vida sentimental y en la gente que más influye en ella: tu familia. Te volverás más consciente de la necesidad de sentar bases a partir de las cuales puedas construir cosas, por lo regular, un hogar. Cuando tu Sol progresado se desplace hacia Leo, a los 57 años, sentirás fuertes ansias de expresarte y autoafirmarte, lo que te inspirará a ser más audaz y sociable.

Tu yo secreto

Tendrás mucho éxito para generar fortuna. Sin embargo, el dinero por sí solo nunca te satisfará por completo. Necesitas encontrar formas de explorar la sabiduría y de desarrollar y expresar tu perspicacia. Encontrar espacio y tiempo para ti mismo con cierta regularidad te ayuda a estar en sintonía con esta parte más perceptiva de tu carácter. Tu talento natural para apreciar el valor de las cosas y tu tenacidad y determinación internos serán influencias dinámicas en tu éxito global.

Para superar la tendencia a ser demasiado serio, necesitarás abrirle un espacio a tu espíritu juguetón y aventurero. Además, para evitar los brotes de ira o rebeldía repentinas, deberás dedicar tiempo a la reflexión o la relajación, o asegurarte de que tu profesión te permita expresar algunas de tus influencias más creativas. Si crees en un proyecto, es probable que trabajes arduamente en él para concretarlo.

Trabajo y vocación

Tu inteligencia, elocuencia e inclinación por el debate hacen que prefieras carreras que exploten tus habilidades comunicativas, como vendedor, abogado o agente. Además de ser analítico, tienes habilidades técnicas que podrías aprovechar en trabajos con computadoras, metales, maquinaria o distintos tipos de equipos. La veta humanitaria puede inclinarte hacia carreras como trabajo social, psicología o sanación de alguna índole. A través de la educación desarrollarás un intelecto afinado para estudiar temas a profundidad y no solo a nivel superficial, por lo que es posible que te interesen la filosofía, la metafísica o temas de una naturaleza más compleja. El potencial para escribir o componer música es particularmente enfático en esta fecha de nacimiento.

Entre las personas famosas con quienes compartes cumpleaños están el músico Miles Davis, la cantante de ópera Beverly Sills y el escritor Ralph Waldo Emerson.

Numerología

Eres intuitivo y considerado, pero también rápido y enérgico. Necesitas expresarte a través de experiencias diversas que pueden incluir ideas, personas o lugares nuevos o emocionantes. El deseo de perfección asociado con el día 25 suele instarte a trabajar arduamente y ser productivo. No obstante, debes dejar de ser tan impaciente o crítico si las cosas no salen según lo planeado. Al ser una persona con el número 25 en su cumpleaños, tienes una gran energía mental, que te ayudará a analizar todos los hechos y llegar a una conclusión más rápidamente que cualquier otra persona. El éxito y la felicidad llegan cuando aprendes a confiar en tus propios instintos y fortaleces la perseverancia y la paciencia. La subinfluencia del mes número 5 indica que sueles ser ambicioso, equilibrado y seguro de ti mismo. Sin embargo, el nerviosismo y la inquietud son indicativas de cierta insatisfacción o de falta de disposición para alcanzar acuerdos. Aunque seas entusiasta, a veces abusas de tu confianza personal, caes en la ansiedad y cometes errores. Aprovecha tu creatividad y maleabilidad para evitar las preocupaciones, y encuentra formas de expresarte con libertad, pues no olvides que eres un individuo sensible a nivel emocional.

• *Cualidades positivas:* intuición, perfeccionismo, perspicacia, creatividad, don de gentes.

• *Cualidades negativas:* impulsividad, impaciencia, irresponsabilidad, hipersensibilidad, celos, hermetismo, crítica, volubilidad, nerviosismo.

Amor y relaciones

Eres perspicaz y astuto, pero también desconfiado y reservado, ya que te gusta hablar de cualquier cosa que no sean tus emociones. Puesto que eres escéptico, necesitas tiempo para desarrollar relaciones duraderas y de confianza. Sin embargo, eres apasionado y cercano, aunque tu frialdad y compostura sean lo que atraiga a potenciales parejas. Es más probable que te interesen individuos trabajadores, en especial si también son tenaces, astutos e ingeniosos. Cuando encuentras a una persona inspiradora en la cual confiar, te vuelves una pareja leal y fiel.

ESE ALGUIEN ESPECIAL

Si buscas seguridad, estímulo intelectual y amor, los encontrarás entre quienes nacieron en las siguientes fechas.

Amor y amistad: 2, 21, 28 y 31 de enero; 19, 26 y 29 de febrero; 17, 24 y 27 de marzo; 15, 22, 25 y 29 de abril; 13, 20, 23 y 27 de mayo; 11, 18 y 21 de junio; 9, 16 y 19 de julio; 7, 14, 17 y 31 de agosto; 5, 12, 15, 19 y 29 de septiembre; 3, 10, 13, 27, 29 y 31 de octubre; 1, 8, 11, 25, 27 y 29 de noviembre; 6, 9, 23, 25 y 27 de diciembre.

Buenas para ti: 9, 12, 18, 24 y 29 de enero; 7, 10, 16, 22 y 27 de febrero; 5, 8, 14, 20 y 25 de marzo; 3, 6, 12, 18 y 23 de abril; 1, 10, 16, 21 y 31 de mayo; 2, 8, 14, 19 y 29 de junio; 6, 12, 17 y 27 de julio; 4, 10, 15 y 25 de agosto; 2, 8, 13 y 23 de septiembre; 6, 11 y 21 de octubre; 4, 9 y 19 de noviembre; 2, 7 y 17 de diciembre.

Atracción fatal: 3 de enero; 1 de febrero; 26, 27 y 28 de noviembre.

Desafiantes: 7, 8, 19 y 28 de enero; 5, 6, 17 y 26 de febrero; 3, 4, 15 y 24 de marzo; 1, 2, 13 y 22 de abril; 11 y 20 de mayo; 9 y 18 de junio; 7 y 16 de julio; 5 y 14 de agosto; 3 y 12 de septiembre; 1 y 10 de octubre; 8 de noviembre; 6 de diciembre.

Almas gemelas: 3 y 19 de enero, 1 y 17 de febrero, 15 de marzo, 13 de abril, 11 de mayo, 9 de junio, 7 de julio, 5 de agosto, 3 de septiembre, 1 de octubre.

26 de mayo

♊ Tu mente perspicaz y encanto despreocupado contribuyen a tu personalidad caracterizada por múltiples talentos. Prefieres familiarizarte con las situaciones antes de comprometerte a algo; sin embargo, una vez que das tu palabra, te tomas tus responsabilidades en serio. En cuanto estableces una meta, es importante que encuentres personas que te impulsen y te ayuden a ascender de forma gradual hacia el éxito.

Con la influencia de Mercurio en el primer decanato de Géminis, disfrutas compartir tus ideas y visión única con otros, y es probable que te atraigan temas diversos. Puesto que vas directo al meollo de los problemas y disfrutas la comunicación, tienes el potencial de desarrollar tus habilidades de escritura innatas, así como tus talentos musicales o creativos. Cuando sintetizas tus enfoques imaginativo y realista, eres capaz de hacer tus sueños realidad.

Es probable que tu hogar desempeñe un papel central en la seguridad de la vida, y que estés dispuesto a hacer grandes sacrificios por tus seres queridos. Ya que te caracterizas por tener un intenso amor a la sencillez y la comodidad, te debes cuidar de perder el enfoque o ceder bajo el estrés. Por el contrario, una vez que decides usar tu sentido de la estrategia y de la disciplina, eres decidido, tenaz y trabajador. Es recomendable que realices algún tipo de ejercicio físico de forma regular para evitar la inercia o la acumulación de ira.

Después de los 26 años, cuando tu Sol progresado entra a Cáncer, toma una mayor importancia que tengas una base u hogar sólido a partir del cual construir. Además de resaltar tus necesidades afectivas. Esto continúa hasta los 56 años, cuando tu Sol progresado entre en Leo. En ese momento se intensificarán tu seguridad y fortaleza internas, y demostrarás más autoridad y poder en situaciones públicas.

Tu yo secreto

Las ansias de reconocimiento te impulsarán a desarrollar tus talentos a través de la educación. Esto es excelente para sentar las bases de tu ambición, así como para fortalecer tu sentido de la confianza personal. Es importante que tengas un plan de acción para capitalizar por completo tus habilidades y aptitudes, y así tal vez puedas beneficiarte particularmente de alianzas y esfuerzos colectivos. No permitas que las preocupaciones por el dinero socaven tu tenacidad habitual. Si te frustras, no dejes las cosas para después, porque lo más probable es que pierdas buenas oportunidades.

Cierto toque histriónico y la necesidad de tener el control son indicativas de que disfrutas tener el poder y ser influyente. Si ocupas una posición de autoridad, tendrás que aprender a ser justo, imparcial y evitar ser manipulador. Si eliges ayudar a otros, podrás aprovechar tus poderes de sanación innatos, sobre todo para aliviar a quienes padecen estrés mental o ansiedades afectivas.

ESTRELLA FIJA

Nombre de la estrella: Hyadum I
Posición: 4º 41'–5º 46' de Géminis, entre los años 1930 y 2000
Magnitud: 4
Fuerza: ★★★★
Órbita: 1º 30'
Constelación: Tauro (Gamma Taurus)
Días efectivos: 24, 25, 26, 27 y 28 de mayo
Propiedades de la estrella:
interpretaciones variadas: Saturno/Mercurio o Marte/Neptuno
Descripción: estrella anaranjada, la principal del cúmulo de las Híades, conformado por 132 estrellas ubicadas en el ojo norte, que marca la frente del toro

INFLUENCIA DE LA ESTRELLA PRINCIPAL

Hyadum I confiere energía, ambición y deseo de prestigio que deriva en logros y grandes éxitos. Sugiere la necesidad de estudiar y educarse para desarrollar un pensamiento claro. No obstante, también conlleva ciertas contradicciones en cuanto a la suerte o durante épocas turbulentas.

Con respecto a tu grado del Sol, esta estrella confiere talento para la escritura, los negocios, los deportes y la astrología, así como éxito en el trabajo con el público. Te brinda la oportunidad de obtener fama y fortuna. Hyadum I te advierte que debes evitar ser soberbio y abusar de otros, y que te abstengas de tomar decisiones precipitadas porque pueden provocar inestabilidad.

• *Positiva:* escritura, educación, comunicación.

• *Negativa:* inquietud, ignorancia, codicia.

Trabajo y vocación

Aunque en apariencia no seas especialmente ambicioso, tu mente ágil te permite aprehender las situaciones con facilidad y te ayuda en cualquier carrera que elijas. Será necesario que te disciplines y evites desperdigar tus energías, ya que, si te concentras, tendrás éxito en carreras que explotan al máximo tu potencial mental, como la enseñanza o la escritura. Si te dedicas a los negocios, ser un buen conversador te ayudará en el mundo de las ventas o en servicio al cliente. Por otro lado, quizá prefieras dedicarte a las artes, el teatro o la música. Puesto que es probable que tengas habilidades manuales, podrás aprovecharlas de formas prácticas y creativas. La compasión innata y la comprensión de la naturaleza humana te ayudarán en carreras como consejero o terapeuta, y te servirán para recaudar fondos destinados a buenas causas.

Entre las personas famosas con quienes compartes cumpleaños están los cantantes Peggy Lee y Hank Williams Jr., la cantautora Stevie Nicks, y el actor John Wayne.

Numerología

Una fecha de nacimiento con el número 26 sugiere que tienes un enfoque más pragmático con respecto a la vida, habilidades ejecutivas y un buen instinto para los negocios. Sueles ser responsable y tener un sentido natural de la estética. Tu amor por el hogar y tus fuertes instintos parentales sugieren que debes construir una base sólida o encontrar estabilidad real. Como sueles ser un pilar de fortaleza para otros, estás dispuesto a ayudar a amigos y familiares que recurran a ti en momentos de dificultad. Sin embargo, quizá debas cuidar tus tendencias materialistas y el deseo de controlar situaciones o personas. La subinfluencia del mes número 5 indica que requieres estabilidad y seguridad, pero también debes dejar atrás el pasado y rechazar aquello que no te sirva para nada. Quieres expresar tus pensamientos e ideas creativas desde tu individualidad. Mantener altos estándares y ser responsable, pero también flexible, te ayudará a superar obstáculos o la tendencia a preocuparte. Tu deseo de ser popular te lleva a tener muchos amigos.

• *Cualidades positivas:* creatividad, practicidad, cuidado, responsabilidad, orgullo familiar, entusiasmo, valentía.

• *Cualidades negativas:* necedad, rebeldía, relaciones inestables, falta de entusiasmo y de perseverancia, inestabilidad.

Amor y relaciones

Eres idealista y sensible. Posees un potencial afectivo histriónico que te hace romántico e intensifica tus emociones. Aunque ansías amor y afecto, la estabilidad y la seguridad son requisitos indispensables a los que no estás dispuesto a renunciar. Sueles ser encantador y amistoso. Te encanta socializar y emprender proyectos creativos que activen tu imaginación; sin embargo, debes procurar no ser demasiado emotivo, inseguro o exigente cuando las cosas no estén a la altura de tus expectativas. Te atraen personas inteligentes que te inspiran a usar tu sentido natural de la organización para alcanzar tus metas. Los emprendimientos creativos te ayudarán a liberar tensión y atraerán a personas que piensen como tú.

ESE ALGUIEN ESPECIAL

Encontrarás satisfacción emocional y a ese alguien especial entre quienes nacieron en las siguientes fechas.

Amor y amistad: 8, 18 y 22 de enero; 16 y 20 de febrero; 14, 18 y 28 de marzo; 12, 16 y 26 de abril; 10, 14 y 24 de mayo; 8, 12 y 22 de junio; 6, 10, 20 y 29 de julio; 4, 8, 18, 27 y 30 de agosto; 2, 6, 16, 20, 25 y 28 de septiembre; 4, 14, 23, 26 y 30 de octubre; 2, 12, 21, 24 y 28 de noviembre; 10, 19, 22, 26 y 28 de diciembre.

Buenas para ti: 6, 10, 25 y 30 de enero; 4, 8, 23 y 28 de febrero; 2, 6, 21 y 26 de marzo; 4, 19 y 24 de abril; 2, 17 y 22 de mayo; 15, 20 y 30 de junio; 13, 18 y 28 de julio; 11, 16 y 26 de agosto; 9, 14 y 24 de septiembre; 7, 12 y 22 de octubre; 5, 10 y 20 de noviembre; 3, 8 y 18 de diciembre.

Atracción fatal: 29 de mayo; 27 de junio; 25 de julio; 23 de agosto; 21 de septiembre; 19 de octubre; 17, 26, 27 y 28 de noviembre; 15 de diciembre.

Desafiantes: 13, 29 y 31 de enero; 11, 27 y 29 de febrero; 9, 25 y 27 de marzo; 7, 23 y 25 de abril; 5, 21 y 23 de mayo; 3, 19 y 21 de junio; 1, 17 y 19 de julio; 15 y 17 de agosto; 13 y 15 de septiembre; 11 y 13 de octubre; 9 y 11 de noviembre; 7 y 9 de diciembre.

Almas gemelas: 6 y 25 de enero, 4 y 23 de febrero, 2 y 21 de marzo, 19 de abril, 17 de mayo, 15 de junio, 13 de julio, 11 de agosto, 9 de septiembre, 7 de noviembre, 5 de diciembre.

27 de mayo

♊ La naturaleza brillante y amistosa, propia de quienes nacen en estas fechas, indica que constantemente buscas cosas nuevas y emocionantes que te mantengan activo e interesado a nivel mental. La fascinación por las personas y los cambios te llevará a emprender una búsqueda de variedad y desafíos mentales. Esto te mantendrá activo e incluso podría hacerte viajar por el mundo.

Puesto que estás en el primer decanato de Géminis, tienes la doble influencia de Mercurio, el planeta de la comunicación. Esto indica capacidad para aprehender conceptos con rapidez para luego seguir adelante. Además, te otorga agilidad de pensamiento, aunque posiblemente también impaciencia. Sueles ser elocuente, pero quizá debas desarrollar la capacidad de escuchar más de lo que hablas. Eres versátil y tienes múltiples talentos, pero debes explotar tu potencial mental extraordinario a través de la concentración y la meticulosidad. Sin embargo, cuando sientes curiosidad por un tema, pones en práctica tu lógica más seria y pragmática para resolver problemas. Aunque tienes una capacidad de reflexión profunda, debes evitar ser demasiado rígido a nivel mental y, por lo tanto, volverte terco, cínico y poco comunicativo. Por otro lado, cuando eres asertivo, eres directo al hablar y vas al meollo del asunto.

Tienes un fuerte espíritu emprendedor y sueles ser entusiasta, optimista y aventurero; además de que tienes la visión dinámica de adquirir dinero para satisfacer tus necesidades materiales. Quizá quieras enfocar el potencial de tus fuerzas creativas y espirituales en la escritura o en convertir tus ideas sofisticadas en algo tangible.

Después de los 25 años, cuando tu Sol progresado se desplace hacia Cáncer, las cuestiones relacionadas con la seguridad emocional, el hogar y la familia adquieren mayor importancia en tu vida. Esta influencia persiste hasta los 55, cuando empieza un periodo de autoridad, fuerza y mayor sociabilidad, a medida que tu Sol progresado se desplace hacia Leo.

Tu yo secreto

Aunque la desazón puede impedirte expresar el amor dinámico que es parte vital de tu configuración sentimental, es importante que canalices cualquier tendencia a aburrirte con facilidad hacia tus propios medios de expresión personal. De ese modo, la vida seguirá siendo emocionante y ágil, y dejarás de desperdiciar tu enorme potencial en distracciones menores. Ser instintivo y tener habilidades psíquicas te permite entender bien a la gente; si combinas esto con tu espíritu emprendedor, te aseguras el éxito.

Además de una sensibilidad interna que no es aparente al ver tu talante intelectual, tienes una visión pragmática de la vida que te ayuda a mantener los pies en la tierra. El amor por el misterio te inclinará hacia la metafísica, y quizá te intereses por explorar lo desconocido. Si adquieres conocimiento y desarrollas tu propia filosofía o sistema de creencias, encontrarás estabilidad y seguridad provenientes de tu interior. Aprender a concentrarte también impedirá que desperdicies energías.

ESTRELLAS FIJAS

Hyadum I, Ain

ESTRELLA PRINCIPAL

Nombre de la estrella: Hyadum I
Posición: 4° 41'–5° 46' de Géminis, entre los años 1930 y 2000
Magnitud: 4
Fuerza: ★★★★
Órbita: 1° 30'
Constelación: Tauro (Gamma Taurus)
Días efectivos: 24, 25, 26, 27 y 28 de mayo
Propiedades de la estrella:
interpretaciones variadas: Saturno/Mercurio o Marte/Neptuno
Descripción: estrella anaranjada, la principal del cúmulo de las Híades, conformado por 132 estrellas ubicadas en el ojo norte, que marca la frente del toro

INFLUENCIA DE LA ESTRELLA PRINCIPAL

Hyadum I confiere energía, ambición y deseo de prestigio que deriva en logros y grandes éxitos. Sugiere la necesidad de estudiar y educarse para desarrollar un pensamiento claro. No obstante, también conlleva ciertas contradicciones en cuanto a la suerte o durante épocas turbulentas.

Con respecto a tu grado del Sol, esta estrella confiere talento para la escritura, los negocios, los deportes y la astrología, así como éxito en el trabajo con el público. Te brinda la oportunidad de obtener fama y fortuna. Hyadum I te advierte que debes evitar ser soberbio y abusar de otros, y que te abstengas de tomar decisiones precipitadas porque pueden provocar inestabilidad.

Trabajo y vocación

Dado que es probable que te aburra el trabajo si es demasiado rutinario, la variedad es un ingrediente esencial de cualquier profesión que escojas. Tu inteligencia ágil te permite aprender con rapidez, así que necesitarás una ocupación que te estimule a nivel mental. Tu naturaleza inquieta y ansias de explorar la vida podrían hacerte cambiar de profesión varias veces antes de elegir por fin algo que te interese. Esta influencia supone que habrá segundas oportunidades profesionales durante la madurez o que viajarás para buscar conocimiento y oportunidades. Tu don de palabra y perspicacia particular te ayudarán en carreras como las ventas, la escritura, la promoción, el espectáculo o la política. Eres astuto cuando se trata de temas materiales, por lo que podrías desenvolverte bien en el mundo del comercio.

Entre las personas famosas con quienes compartes cumpleaños están la bailarina Isadora Duncan, los actores Christopher Lee y Vincent Price, y el político Henry Kissinger.

Numerología

El día número 27 indica que eres idealista, sensible, intuitivo y analítico. Posees una mente fértil y creativa, por lo que eres capaz de impresionar a otros con tus ideas y pensamientos originales. Si bien a veces aparentas ser hermético, racional y desapegado, en realidad esto podría ocultar tensiones internas como tendencias hacia la indecisión o suspicacia con respecto a futuros cambios. Al desarrollar buenas habilidades comunicativas, puedes superar tu renuencia a expresar tus sentimientos más profundos. La educación es esencial para las personas con el número 27 y, si profundizas tu capacidad de razonamiento, te volverás más paciente y disciplinado. La subinfluencia del mes número 5 indica que eres versátil e imaginativo por naturaleza, y que posees habilidades psíquicas o instintos fuertes. Aprende a prestar atención a los detalles para evitar ser descuidado, estructura tus ideas y piensa antes de hablar.

• *Cualidades positivas:* versatilidad, imaginación, creatividad, determinación, valentía, comprensión, capacidad intelectual, espiritualidad, ingenio, fortaleza mental.

• *Cualidades negativas:* antipatía, naturaleza pendenciera, tendencia a ofenderse con facilidad y a discutir, inquietud, nerviosismo, desconfianza, hipersensibilidad, impaciencia, tensión.

Amor y relaciones

Aunque, por lo regular, eres elocuente y franco al dar tus opiniones, también eres sensible y reservado. Prefieres observar y revelar poco sobre tus relaciones personales. Esta influencia supone que la falta de comunicación puede provocarte tensiones o preocupaciones en torno a las relaciones personales. Si le dedicas tiempo y eres paciente, podrás enfrentar cada relación como una experiencia de aprendizaje y encontrar gente a quien puedas aprender a amar y confiar. Los nuevos comienzos suelen desempeñar un papel importante al momento de dar forma a tu vida personal. Las oportunidades y experiencias personales nuevas traen consigo lecciones para dejar atrás el pasado.

• *Positiva:* escritura, educación, comunicación.

• *Negativa:* inquietud, ignorancia, codicia.

ESE ALGUIEN ESPECIAL

Si buscas seguridad, confianza y amor, los encontrarás entre quienes hayan nacido en las siguientes fechas.

Amor y amistad: 4, 13, 19 y 23 de enero; 11, 17 y 21 de febrero; 9, 15, 19, 28, 29 y 30 de marzo; 7, 13, 17, 26 y 27 de abril; 5, 11, 15, 24, 25 y 26 de mayo; 3, 9, 13, 22, 23 y 24 de junio; 1, 7, 11, 20, 21 y 22 de julio; 5, 9, 18, 19 y 20 de agosto; 3, 7, 16, 17 y 18 de septiembre; 1, 5, 14, 15, 16, 29 y 31 de octubre; 3, 12, 13, 14, 27 y 29 de noviembre; 1, 10, 11, 12, 25, 27 y 29 de diciembre.

Buenas para ti: 7, 15, 20, 27 y 31 de enero; 5, 13, 18 y 29 de febrero; 3, 11, 16 y 27 de marzo; 1, 9, 14 y 25 de abril; 7, 12 y 23 de mayo; 5, 10 y 21 de junio; 3, 8 y 19 de julio; 1, 6, 17 y 30 de agosto; 4, 15 y 28 de septiembre; 2, 13 y 26 de octubre; 11 y 24 de noviembre; 9 y 22 de diciembre.

Atracción fatal: 28, 29 y 30 de noviembre.

Desafiantes: 6, 14 y 30 de enero; 4, 12 y 28 de febrero; 2, 10 y 26 de marzo; 8 y 24 de abril; 6 y 22 de mayo; 4 y 20 de junio; 2 y 18 de julio; 16 de agosto; 14 de septiembre; 12 de octubre; 10 de noviembre; 8 de diciembre.

Almas gemelas: 30 de abril, 28 de mayo, 26 de junio, 24 de julio, 22 de agosto, 20 de septiembre, 28 y 30 de octubre, 16 y 28 de noviembre, 14 y 26 de diciembre.

ESTRELLAS FIJAS

Aldebarán, también llamada Al-dabarān, que significa "la que sigue"; Hyadum I; Ain

ESTRELLA PRINCIPAL

Nombre de la estrella: Aldebarán, también llamada Al-dabarān, "la que sigue"

Posición: 8º 48'–9º 45' de Géminis, entre los años 1930 y 2000

Magnitud: 1

Fuerza: ★★★★★★★★★

Órbita: 2º 30'

Constelación: Tauro (Alpha Taurus)

Días efectivos: 28, 29, 30 y 31 de mayo; 1 y 2 de junio

Propiedades de la estrella: Marte/ Mercurio/Júpiter

Descripción: estrella gigante rosada y roja ubicada en el ojo izquierdo del toro

INFLUENCIA DE LA ESTRELLA PRINCIPAL

Aldebarán es una de las cuatro estrellas reales o vigilantes del cielo, por ello se le considera sumamente importante. Confiere aspiraciones altas, distinciones, inteligencia e integridad. Esta estrella otorga gran elocuencia, mordacidad, así como la capacidad de discutir y debatir con facilidad. También te hace propenso a pelear y la autodestrucción. Otras advertencias de esta estrella incluyen la envidia, las enemistades y las afecciones oculares.

Con respecto a tu grado del Sol, esta estrella confiere una energía mental extraordinaria que te permite seguir adelante con tu vida y alcanzar tus metas. También indica éxito, sobre todo para tratar con el público. Otorga la capacidad de pensar en grande y emprender proyectos de gran escala. La influencia

28 de mayo

♊ Con tu aguda inteligencia, idealismo y ansias de independencia, sueles ser más feliz cuando te ocupas en algo constructivo o amplías tu conocimiento. Eres honesto, directo, astuto y pragmático. También eres intuitivo ante las situaciones, así como con respecto a las motivaciones ajenas. Si cultivas esta perspicacia y la combinas con tu sentido común sofisticado, te convertirás en un buen consejero.

Para ti es importante la educación, ya sea formal o autodidacta, y es probable que lo siga siendo a lo largo de toda tu vida. Mercurio, el regente tanto de tu Sol como de tu decanato, resalta la propensión a ser jovial y tener una apariencia andrógina. Eres elocuente, persuasivo, y posees una gran capacidad de comprensión. Es probable que una parte importante de tu éxito provenga de la escritura y otras formas de comunicación. Aunque eres un estratega ingenioso, en ocasiones eres demasiado listo para tu propio bien.

Cuando te inspiran tus múltiples ideas, tienes arranques de energía y optimismo que te permiten cumplir tus sueños y emprender proyectos comerciales con mucha suerte. A pesar de ser idealista, debes desarrollar paciencia y tolerancia, sobre todo al lidiar con gente menos desarrollada que tú. Posees una veta poco convencional, lo que te hace emprender proyectos poco comunes o atrevidos. Tu capacidad de ver el panorama completo, te dota de aptitudes de liderazgo naturales. Los viajes suelen alimentar tu espíritu aventurero e inspirarte.

A partir de los 24 años, cuando tu Sol progresado se desplaza hacia Cáncer, adquiere mayor importancia en tu vida tener bases o un hogar sólidos sobre los cuales construir. Esto también resalta las necesidades afectivas personales, y persiste hasta los 54 años, cuando tu Sol progresado entra a Leo. En ese periodo se intensificará tu confianza personal y creatividad, y te permitirá proyectarte con más poder en situaciones públicas.

Tu yo secreto

Eres activo y te mantienes bien informado, pero lo que más deseas es paz mental absoluta. Esta búsqueda de serenidad interna te llevará a explorar muchos caminos de conocimiento. Aun así, quizás el mayor éxito surja al aprender a frenar y simplificar la vida. Reflexionar y aprender a enfocarte te ayudarán a mantener la calma y a lidiar con tu intranquilidad interna. Internamente eres sensible y vulnerable, a pesar de que en la superficie parezcas seguro y competente. Llevar una existencia bien equilibrada será parte crucial de tu plan de vida para integrar ambos lados de tu personalidad.

Las alianzas laborales desempeñarán también un papel importante en tu vida, pues tienes buen ojo para conocer a la gente correcta. Con el tiempo descubrirás que los contactos que consideras valiosos no tienen que ver con el éxito material sino con la sabiduría. Dado que eres responsable, cada vez eres más consciente del valor de la generosidad y el altruismo.

Trabajo y vocación

Es probable que tu mente ágil y astuta esté llena de ideas millonarias. Debido a que eres independiente, necesitas libertad para trabajar a tu manera, pero aun así eres consciente de las ventajas del trabajo cooperativo. Esto puede traducirse en alianzas o proyectos en equipo que te resulten productivos. Ya que planificas y organizas hábilmente puedes aprovechar tu potencial en ámbitos como las ventas, el comercio, el trabajo en agencias o la publicidad. Por otro lado, quizá prefieras servir a otros y elegir una vocación en el mundo del derecho o la educación. También podrías ser especialista en tu área y trabajar como consultor, a nivel personal o profesional. La capacidad de articular tus ideas y tu amor por el conocimiento y la sabiduría te inclinarán hacia la escritura, la publicidad o el sector editorial. Es probable que te interese estudiar filosofía, psicología o pensamiento religioso. Por lo regular, te satisfacen las profesiones que requieren el uso del intelecto, pero tendrás que evitar la tendencia a postergar o a no desarrollar interés profundo.

Entre las personas famosas con quienes compartes cumpleaños están el escritor Ian Fleming, las cantantes Gladys Knight y Kylie Minogue y el músico John Fogerty.

Numerología

Eres independiente, idealista, pragmático y decidido. Acostumbras marchar a tu propio ritmo. La suma de los dos dígitos de tu fecha de cumpleaños, 2 y 8, es igual a 1, lo cual en términos numerológicos significa que eres ambicioso, directo y emprendedor. Tu fecha de nacimiento también indica un conflicto interno entre tu deseo de ser autosuficiente y de pertenecer a un equipo. Siempre estás preparado para la acción y para emprender nuevos proyectos. Enfrentas los desafíos de la vida con valentía, por lo que, gracias a tu entusiasmo, motivas fácilmente a otros, si bien no a seguirte, sí a apoyarte en tus emprendimientos. Con un cumpleaños con el número 28, tienes capacidad de liderazgo y dependes de tu sentido común, lógica e ideas claras. Sueles asumir responsabilidades, pero también puedes ser demasiado entusiasta, impaciente o intolerante. La subinfluencia del mes número 5 indica que eres astuto y tienes instintos afinados. Te beneficiarás de estar consciente de las necesidades ajenas y de apoyarlas. No te aísles; comparte tu conocimiento y pericia; forma parte de grupos o coopera con otros por el bien la sociedad.

• *Cualidades positivas:* compasión, actitud progresista, audacia, veta artística, creatividad, idealismo, ambición, trabajo arduo, vida familiar estable, fuerza de voluntad.

• *Cualidades negativas:* fantasioso, desmotivado, falta de compasión, poco realista, autoritario, falta de juicio, agresividad, inseguridad, dependencia excesiva, orgullo.

Amor y relaciones

Eres idealista, pero también independiente, y sueles tener una idea clara de qué esperas de las relaciones. No obstante, posees cierta inquietud que puede traerte problemas, sobre todo cuando eres impaciente y crees que puedes apresurar a otros. Querer algo fuera de lo común supone que te atraen relaciones poco comunes, como por ejemplo con personas extranjeras. Sin embargo, te retraes con rapidez al encontrar relaciones inapropiadas. Gracias a tu pragmatismo rara vez entregas el corazón a quien no lo merece. Es más probable que expreses opiniones que sentimientos, pero una vez que encuentres a una pareja que te estimule intelectualmente, serás amoroso, leal y solidario.

---

más benéfica de esta estrella implica una preferencia sustancial por el estudio, la escritura y las reformas educativas.

• *Positiva:* aptitudes teológicas, amor por la hermenéutica, expresividad, popularidad.

• *Negativa:* notoriedad, desconcentración, ansiedad.

ESE ALGUIEN ESPECIAL

Encontrarás a ese alguien especial entre quienes nacieron en las siguientes fechas.

Amor y amistad: 3, 4, 6, 8, 14, 20 y 24 de enero; 1, 2, 12, 18 y 22 de febrero; 10, 16, 20, 29 y 30 de marzo; 8, 14, 18, 27 y 28 de abril; 6, 12, 16, 25, 26 y 31 de mayo; 4, 10, 14, 23, 24 y 29 de junio; 2, 8, 12, 21, 22 y 27 de julio; 6, 10, 19, 20 y 25 de agosto; 4, 8, 17, 18 y 23 de septiembre; 2, 6, 15, 16, 21 y 30 de octubre; 4, 13, 14, 19, 28 y 30 de noviembre; 2, 11, 12, 17, 26, 28 y 30 de diciembre.

Buenas para ti: 4, 8 y 21 de enero; 1, 2, 6 y 19 de febrero; 4, 17 y 28 de marzo; 2, 15 y 16 de abril; 13 y 24 de mayo; 11 y 22 de junio; 9 y 20 de julio; 7, 18 y 31 de agosto; 5, 16 y 29 de septiembre; 3, 14 y 27 de octubre; 1, 12 y 25 de noviembre; 10 y 23 de diciembre.

Atracción fatal: 3 de enero; 1 de febrero; 31 de mayo; 29 de junio; 27 de julio; 25 de agosto; 23 de septiembre; 21 de octubre; 19, 28, 29 y 30 de noviembre; 1, 11 y 17 de diciembre.

Desafiantes: 7, 10, 15 y 31 de enero; 5, 8, 13 y 29 de febrero; 3, 6, 11 y 27 de marzo; 1, 4, 9 y 25 de abril; 2, 7 y 23 de mayo; 5 y 21 de junio; 3 y 19 de julio; 1 y 17 de agosto; 15 de septiembre; 13 de octubre; 11 de noviembre; 9 de diciembre.

Almas gemelas: 31 de marzo, 29 de abril, 27 de mayo, 25 de junio, 23 de julio, 21 de agosto, 19 de septiembre, 17 y 29 de octubre, 15 y 27 de noviembre, 13 y 25 de diciembre.

ESTRELLAS FIJAS

Aldebarán, también llamada Al-dabarãn, que significa "la que sigue"; Ain

ESTRELLA PRINCIPAL

Nombre de la estrella: Aldebarán, también llamada Al-dabarãn, que significa "la que sigue"

Posición: 8º 48'–9º 45' de Géminis, entre los años 1930 y 2000

Magnitud: 1

Fuerza: ★★★★★★★★★★

Órbita: 2º 30º

Constelación: Tauro (Alpha Taurus)

Días efectivos: 28, 29, 30 y 31 de mayo; 1 y 2 de junio

Propiedades de la estrella: Marte/ Mercurio/Júpiter

Descripción: estrella gigante rosada y roja ubicada en el ojo izquierdo del toro

INFLUENCIA DE LA ESTRELLA PRINCIPAL

Aldebarán es una de las cuatro estrellas reales o vigilantes del cielo, por ello se le considera sumamente importante. Confiere aspiraciones altas, distinciones, inteligencia e integridad. Gozas de buena suerte. Esta estrella concede gran elocuencia, mordacidad, así como la capacidad de discutir y debatir con facilidad. También te hace propenso a pelear y a la autodestrucción. Esta estrella advierte envidia, enemistades y afecciones oculares.

Con respecto a tu grado del Sol, esta estrella confiere una energía mental extraordinaria que te permite seguir adelante con tu vida y alcanzar tus metas. También indica éxito, sobre todo para tratar con el público. Otorga la capacidad de pensar en grande y emprender proyectos de gran alcance. La influencia

29 de mayo

♊ Proyectas un encanto amistoso, despreocupado y magnético que atrae a la gente, lo que podría ser uno de tus principales atributos. Esta fecha de nacimiento indica que tienes don de gentes y puedes volverte popular con tu ingenio y observaciones astutas. Sin embargo, el lado más inseguro e indeciso de tu naturaleza puede permanecer oculto a los demás, quienes no verán tu vulnerabilidad y sensibilidad.

La doble influencia de Mercurio, el signo de tu Sol y el regente de tu decanato, resalta las habilidades conversacionales e indica versatilidad y personalidad expresiva. Tienes múltiples talentos y te interesan temas diversos, pero corres el riesgo de dispersarte en distintas direcciones. No obstante, también puedes ser tenaz y enfocado cuando tienes una meta definida que requiere tus habilidades estratégicas y de emprendimiento. Solo debes poner en práctica la disciplina y la persistencia propias de esta fecha de nacimiento para explotar al máximo tu potencial extraordinario, aunque existe el peligro de que te distraiga el atractivo de los otros caminos. Evita la tentación de caer en autocomplacencias excesivas y cuídate de la tendencia a preocuparte sin necesidad o a desperdiciar tu energía.

Cuando tienes una actitud positiva, expresas las alegrías de la vida, lo que estimula tu interés en las artes, en especial la escritura. Tu talento natural para el teatro te empujará a ver la vida como un escenario en el que puedes representar los múltiples aspectos de tu personalidad.

Después de los 23 años, cuando tu Sol progresado se desplaza hacia Cáncer, te volverás más sensible y consciente de la seguridad, y habrá un gran énfasis en la vida del hogar. Cuando tu Sol progresado se desplace hacia Leo, a los 53 años, sentirás una mayor necesidad de expresarte y autoafirmarte, lo que estimulará tu sociabilidad y habilidades de liderazgo.

Tu yo secreto

Posees una nobleza y orgullo internos, así como un sentido intrínseco de los negocios. El dinero causará cierta incertidumbre en tu vida, sobre todo si pasas por circunstancias inestables relacionadas con empleos o finanzas. Aunque seas exitoso, tienes una veta derrochadora; toma la precaución de hacer presupuestos o inversiones a largo plazo y planes de ahorro.

Si te sientes limitado, intentarás encontrar mejores oportunidades al tomar riesgos o viajar lejos de casa. Esto también indica que la variedad y el cambio te estimulan e inspiran a lograr cosas. Si cultivas la fe, aprenderás a confiar solo en tus propios recursos y a conquistar las dudas recurrentes. Ocasionalmente enfrentarás cambios de suerte si confías en tus instintos afinados. Esto te permitirá hacer apuestas en la vida y ganar.

Trabajo y vocación

Tu versatilidad y ansias de cambio o estímulo intelectual indican que debes evitar carreras que sean demasiado rutinarias. Tu encanto natural y conciencia social te garantizan el éxito en cualquier ocupación que implique trabajo con el público. La facilidad de palabra te permitiría ser escritor o profesor, pero también sobresalir como vendedor. Si te atraen los negocios, es probable que adoptes un enfoque creativo y seas un agente exitoso en el mundo de los viajes o el turismo. El lado más histriónico de tu naturaleza puede satisfacerse a través de la actuación o la política, y es probable que trabajes arduamente por causas que te interesan. De igual modo, tu originalidad encontrará vías de expresión exitosas en el arte o la música.

Entre las personas famosas con quienes compartes cumpleaños están el expresidente estadounidense John F. Kennedy, el comediante Bob Hope, la actriz Annette Bening, y las cantantes Latoya Jackson y Melissa Etheridge.

Numerología

Los individuos que nacen bajo el número 29 tienen una personalidad enérgica y potencial para sobresalir. Eres intuitivo, sensible y emotivo. La inspiración es la llave de tu éxito, ya que sin ella puedes encontrarte sin rumbo o propósito. Si bien eres soñador, en ocasiones los extremos de tu personalidad sugieren que trates de controlar tus cambios de humor. Si confías en tus sentimientos más profundos y abres tu corazón a otras personas, superarás la tendencia a preocuparte de más o a utilizar tu intelecto como armadura. Usa tus ideas creativas para lograr algo único y especial que pueda inspirar o servirle a otros. La subinfluencia del mes número 5 indica que te beneficias de pensar de forma independiente y que el conocimiento fortalece la seguridad en ti y tu capacidad de persuasión. Tienes buen ojo para los detalles y sueles guardarte lo que piensas, pues prefieres observar más que hablar.

• *Cualidades positivas:* inspiración, equilibrio, paz interior, generosidad, éxito, creatividad, intuición, misticismo, sueños poderosos, cosmopolita, fe.
• *Cualidades negativas:* desconcentración, inseguridad, nerviosismo, malhumor, personalidad difícil, extremismo, desconsideración, hipersensibilidad.

Amor y relaciones

Eres sensible e idealista, pero también encantador, romántico y poético. Se te facilita hacer amigos y cautivar a otros con tu personalidad afable y talentos creativos. Sin embargo, ser inquieto y nervioso te vuelve indeciso con respecto a cómo te sientes en las relaciones. Dado que sueles aburrirte con facilidad, quizá te interesen varias personas de forma simultánea. Aunque eres capaz de hacer grandes sacrificios por la persona a la que amas, también puedes tornarte demasiado frío o serio con ella. Aun así, eres generoso con tus seres queridos y, cuando adoptas una actitud positiva, eres divertido. Sueles buscar parejas sensibles y comprensivas que tengan fe en tus capacidades.

más benéfica de esta estrella implica una preferencia sustancial por el estudio, la escritura y las reformas educativas.

• *Positiva:* aptitudes teológicas, amor por la hermenéutica, expresividad, popularidad.

• *Negativa:* notoriedad, desconcentración, ansiedad.

Amor y amistad: 21, 25 y 30 de enero; 19 y 23 de febrero; 17, 21 y 30 de marzo; 15, 19, 28 y 29 de abril; 13, 17, 26, 27 y 31 de mayo; 11, 15, 24, 25 y 30 de junio; 9, 13, 22, 23 y 28 de julio; 7, 11, 20, 21, 26 y 30 de agosto; 5, 9, 18, 19, 23, 24 y 28 de septiembre; 3, 7, 16, 17, 22, 26 y 29 de octubre; 1, 5, 14, 15, 20, 24 y 27 de noviembre; 3, 12, 13, 18, 22, 25, 27 y 29 de diciembre.

Buenas para ti: 5, 13, 16, 22 y 28 de enero; 3, 11, 14, 20 y 26 de febrero; 1, 9, 12, 18, 24 y 29 de marzo; 7, 10, 16, 22 y 27 de abril; 5, 8, 14, 20 y 25 de mayo; 3, 6, 12, 18 y 23 de junio; 1, 4, 10, 16 y 21 de julio; 2, 8, 14 y 19 de agosto; 6, 12 y 17 de septiembre; 4, 10 y 15 de octubre; 2, 8 y 13 de noviembre; 6 y 11 de diciembre.

Atracción fatal: 30 de junio; 28 de julio; 26 de agosto; 24 de septiembre; 22 de octubre; 20, 28, 29 y 30 de noviembre; 1 y 18 de diciembre.

Desafiantes: 2, 23 y 30 de enero; 21 y 28 de febrero; 19, 26 y 28 de marzo; 17, 24 y 26 de abril; 15, 22 y 24 de mayo; 13, 20 y 22 de junio; 11, 18 y 20 de julio; 16, 18 y 19 de agosto; 7, 14 y 16 de septiembre; 5, 12 y 14 de octubre; 3, 10 y 12 de noviembre; 1, 8 y 10 de diciembre.

Almas gemelas: 14 y 22 de enero, 12 y 20 de febrero, 10 y 18 de marzo, 8 y 16 de abril, 6 y 14 de mayo, 4 y 12 de junio, 2 y 10 de julio, 8 de agosto, 6 de septiembre, 4 de octubre, 2 de noviembre.

30 de mayo

Ⅱ Nacer bajo el signo de Géminis te hace un individuo versátil, locuaz y sociable, con un sentido del humor innato. Ser expresivo y de mente ágil te permite brillar en situaciones sociales, con un énfasis particular en el contacto personal. Mercurio, el regente de tu Sol y de tu decanato, te otorga astucia y agilidad mental, así como la perspicacia para aprovechar las oportunidades. La sed de conocimiento e intelecto agudo te llevarán a involucrarte en toda clase de actividades. Sin embargo, con un sistema nervioso tan afinado como el tuyo, debes procurar no inquietarte demasiado ni desperdigar tus energías en intereses diversos.

Confiar en tu ingenio te permite lidiar con cualquier situación. Y, con la fortaleza que te caracteriza, tienes la tenacidad para triunfar. Si perseveras superarás las dificultades y te volverás más fuerte. Tienes un sexto sentido acerca de lo que motiva a otros, y eres un psicólogo nato que disfruta discusiones amistosas pero competitivas. Sueles hablar con claridad y disfrutas las discusiones y los debates, pero debes evitar ser demasiado provocativo o discutidor. Si usas tus habilidades diplomáticas, conciencia y perspicacia, notarás si estás presionando a la gente o las situaciones, y puedes compensarlo con tu generosidad.

En tus primeros años de vida habrá una influencia significativa de una figura masculina fuerte, como un padre o un tío. A los 22 años, cuando tu Sol progresado entra a Cáncer, te interesará la vida familiar o encontrar un hogar seguro. Este punto de inflexión también enfatizará la necesidad creciente de amor, comprensión y seguridad emocional. A partir de los 52 años, es probable que recibas un empujón de confianza personal y seas más consciente de tus capacidades personales.

Tu yo secreto

Tu sentido personal de la nobleza y el histrionismo te hacen una persona amable y de buen corazón, pues reaccionas bien al amor y al afecto. Sueles ser orgulloso y te importa causar una buena impresión. Aunque seas generoso con tus seres queridos, si percibes cierta hostilidad te vuelves irritable o malhumorado. Con tu agilidad de pensamiento y de reacción, proteges a toda costa tu sensibilidad profunda.

Quizá deseas algo con mayor profundidad y sustancia, lo que puede sacar a relucir el lado más serio y considerado de tu personalidad. Puesto que eres intuitivo, debes aprender a confiar en tus instintos y desarrollar mecanismos para acceder a tu amplio bagaje de sabiduría interna. La necesidad de expresarte indica que experimentas emociones intensas y tienes habilidades creativas extraordinarias. Si las desarrollas, no solo te librarás de las frustraciones afectivas, sino que alcanzarás grandes alturas creativas.

Trabajo y vocación

Tu talento para las palabras, intelecto y astucia te convierten en un candidato excelente a escritor, profesor, conferencista, promotor o negociador. De igual modo, gracias a tu don de gentes, sobresaldrías como agente, vendedor o relacionista público. Eres un

ESTRELLA FIJA

Nombre de la estrella: Aldebarán, también llamada Al-dabarān, que significa "la que sigue"

Posición: 8º 48'–9º 45' de Géminis, entre los años 1930 y 2000

Magnitud: 1

Fuerza: ★★★★★★★★★

Órbita: 2º 30'

Constelación: Tauro (Alpha Taurus)

Días efectivos: 28, 29, 30 y 31 de mayo; 1 y 2 de junio

Propiedades de la estrella: Marte/ Mercurio/Júpiter

Descripción: estrella gigante rosada y roja ubicada en el ojo izquierdo del toro

INFLUENCIA DE LA ESTRELLA PRINCIPAL

Aldebarán es una de las cuatro estrellas reales o vigilantes del cielo, por ello se le considera sumamente importante. Confiere aspiraciones altas, distinciones, inteligencia e integridad. Otorga gran elocuencia, mordacidad, así como la capacidad de discutir y debatir con facilidad. También te inclina a las peleas y la autodestrucción. Esta estrella advierte envidia, enemistades y afecciones oculares.

Con respecto a tu grado del Sol, esta estrella otorga una energía mental extraordinaria que te permite seguir adelante con tu vida y alcanzar tus metas. Indica éxito, sobre todo cuando se trata de tratar con el público. Da la capacidad de pensar en grande y emprender proyectos de gran escala. Una advertencia importante que hace Aldebarán es que la fama y el éxito no son gratuitos y requieren sacrificio. La influencia más benéfica de esta estrella implica una psicólogo nato, por lo que ámbitos como la consejería, la psicoterapia o el cuidado de la salud te resultarán particularmente gratificantes. El mundo del arte y del entretenimiento puede resultarle atractivo a tu lado creativo que ansía la expresión personal y el histrionismo. Por otro lado, tus habilidades de liderazgo, organizacionales y de planeación estratégica te serían de mucha utilidad en el mundo del comercio. Ahí podrías ponerte el desafío de involucrarte en proyectos grandes en los que puedas compartir tu conocimiento con otros.

Entre las personas famosas con quienes compartes cumpleaños están el clarinetista Benny Goodman, la cantante de música country Wynonna Judd, la escritora Cornelia Otis Skinner y el director de cine Howard Hawks.

Numerología

Algunas de las cualidades asociadas a las personas nacidas el día 30 son creatividad, afabilidad y sociabilidad. Eres ambicioso y versátil. Tomas ideas y las desarrollas con tu intenso estilo personal. Al haber nacido bajo el número 30, disfrutas la buena vida y sueles tener un carisma excepcional, además de ser sociable. Tus emociones son intensas, por lo que estar enamorado o satisfecho es un requisito esencial para ti. En tu búsqueda de la felicidad, evita ser perezoso, autocomplaciente, impaciente o celoso, pues esto podría causarte inestabilidad emocional. Muchas de las personas nacidas en este día alcanzarán el reconocimiento o la fama, en particular los músicos, actores y artistas. La subinfluencia del mes número 5 indica que necesitas desarrollar una visión más pragmática. Aprovecha tu inteligencia, perspicacia y creatividad para construir bases sólidas. Asimismo, termina las tareas y no abandones los proyectos a la mitad, pues el trabajo arduo y la cooperación traerán consigo muchas recompensas. Para que las cosas salgan a tu manera, ten mucho tacto y sé diplomático.

• *Cualidades positivas:* aprecio por la diversión, lealtad, afabilidad, capacidad de síntesis, talento con las palabras, creatividad, suerte.

• *Cualidades negativas:* pereza, terquedad, comportamiento errático, impaciencia, inseguridad, indiferencia, desperdicio de energía.

Amor y relaciones

Eres jovial y sociable, lo que hace probable que tengas un lado inquieto que te mantenga constantemente interesado en conocer gente y lugares nuevos. Tu afabilidad y capacidad de discernimiento naturales hacen que no tengas dificultades para atraer amigos y admiradores. Las ansias de diversión y aprecio te permiten integrarte bien en reuniones sociales. Y, dado que sueles ser impulsivo en el amor, experimentas la atracción con mucha fuerza. Sin embargo, cierta tendencia a la volubilidad indica que debes aprender a ver las cosas con más madurez para superar las dificultades en las relaciones. Es posible que te atraigan quienes inspiran tu creatividad o te ayudan a entender tu visión interna.

preferencia sustancial por el estudio, la escritura y las reformas educativas.

• *Positiva:* aptitudes teológicas, amor por la hermenéutica, expresividad, popularidad.

• *Negativa:* notoriedad, desconcentración, ansiedad.

ESE ALGUIEN ESPECIAL

Encontrarás relaciones duraderas y amor entre personas nacidas en las siguientes fechas.

Amor y amistad: 6, 7, 16, 18, 22 y 26 de enero; 4, 14, 20 y 24 de febrero; 2, 12, 18 y 22 de marzo; 10, 16, 20 y 30 de abril; 8, 14, 18 y 28 de mayo; 6, 12, 16 y 26 de junio; 4, 10, 14, 24 y 31 de julio; 2, 4, 8, 12, 22 y 29 de agosto; 6, 10, 20 y 27 de septiembre; 4, 8, 18 y 25 de octubre; 2, 6, 16, 23 y 30 de noviembre; 4, 14, 18, 21, 28 y 30 de diciembre.

Buenas para ti: 6, 17, 23 y 31 de enero; 4, 15, 21 y 29 de febrero; 2, 13, 19, 27 y 30 de marzo; 11, 17, 25 y 28 de abril; 9, 15, 23 y 26 de mayo; 7, 13, 21 y 24 de junio; 5, 11, 19 y 22 de julio; 3, 9, 17 y 20 de agosto; 1, 7, 15, 18 y 30 de septiembre; 5, 13, 16 y 28 de octubre; 3, 11, 14 y 26 de noviembre; 1, 9, 12 y 24 de diciembre.

Atracción fatal: 29 y 30 de noviembre, 1 y 2 de diciembre.

Desafiantes: 24 de enero; 22 de febrero; 20 y 29 de marzo; 18, 27 y 29 de abril; 6, 16, 25, 27 y 30 de mayo; 14, 22, 25 y 28 de junio; 12, 21, 23 y 26 de julio; 10, 19, 21 y 24 de agosto; 8, 17, 19 y 22 de septiembre; 6, 15, 17 y 20 de octubre; 4, 13, 15 y 18 de noviembre; 2, 11, 13 y 16 de diciembre.

Almas gemelas: 13 de enero, 11 de febrero, 9 de marzo, 7 de abril, 5 de mayo, 3 y 30 de junio, 1 y 28 de julio, 26 de agosto, 24 de septiembre, 22 de octubre, 20 de noviembre, 18 de diciembre.

ESTRELLA FIJA

Nombre de la estrella: Aldebarán, también llamada Al-dabarān, que significa "la que sigue"

Posición: 8° 48'–9° 45' de Géminis, entre los años 1930 y 2000

Magnitud: 1

Fuerza: ★★★★★★★★★

Órbita: 2° 30'

Constelación: Tauro (Alpha Taurus)

Días efectivos: 28, 29, 30 y 31 de mayo; 1 y 2 de junio

Propiedades de la estrella: Marte/Mercurio/Júpiter

Descripción: estrella gigante rosada y roja ubicada en el ojo izquierdo del toro

INFLUENCIA DE LA ESTRELLA PRINCIPAL

Aldebarán es una de las cuatro estrellas reales o vigilantes del cielo, por ello se le considera sumamente importante. Confiere aspiraciones altas, distinciones, inteligencia e integridad. Esta estrella otorga gran elocuencia, mordacidad, así como la capacidad de discutir y debatir con facilidad. Te inclina a las peleas y la autodestrucción. Esta estrella advierte envidia, enemistades y afecciones oculares.

Con respecto a tu grado del Sol, esta estrella confiere una energía mental extraordinaria que te permite seguir adelante con tu vida y alcanzar tus metas. Indica éxito, sobre todo cuando se trata de tratar con el público. Otorga la capacidad de pensar en grande y emprender proyectos de gran alcance. Una advertencia importante que hace Aldebarán es que la fama y el éxito no son gratuitos y requieren sacrificio. La influencia más benéfica de esta estrella implica una preferencia sustancial por el estudio, la escritura y las reformas educativas.

31 de mayo

Ⅱ Nacer bajo el signo de Géminis te caracteriza como un individuo voluntarioso, encantador y con gran inteligencia. Ser idealista y práctico te ayuda a materializar tus múltiples ideas y visiones. Tienes la fortuna de ser capaz de trabajar bien con otros, y sueles ser quien inicia o lidera los proyectos.

El impacto doble de Mercurio, que es el regente de tu Sol y de tu decanato, subraya tu agilidad mental y la importancia de la educación, ya sea formal o autodidacta, para desarrollar tus capacidades mentales sobresalientes. Eres un profesor nato, y generalmente estás informado en temas prácticos o intelectuales que te permiten ilustrar a otros con tu conocimiento. Además de ser un pensador creativo, es probable que seas bueno para la escritura, tengas habilidades diplomáticas y te interesen el lenguaje o la literatura.

Aunque eres idealista, también estás consciente de las cuestiones financieras y disfrutas la belleza y los lujos. Sin embargo, cuídate de la vanidad excesiva o el derroche. Usar tu intelecto afinado es parte importante de tu éxito, así que lo ideal es que tengas un trabajo e intereses que te desafíen a nivel mental. Puesto que eres trabajador, encantador e inteligente, solo te falta disciplina para sacar el mayor provecho posible de tu potencial extraordinario.

Después de los 21 años, cuando tu Sol progresado se desplace hacia Cáncer, darás más importancia al hogar, la familia y la construcción de una base sólida. Es probable que sientas una necesidad cada vez mayor de intimidad personal y seguridad emocional. Esta influencia persistirá hasta los 51 años, cuando tu Sol progresado se desplace hacia Leo e inicie un periodo en el que resalten la creatividad, la confianza, la autoridad y la fuerza.

Tu yo secreto

Pese a que proyectas independencia, la necesidad de relaciones estrechas supone que podrías incluso sentirte incompleto si no tienes una pareja adecuada. Eres buen amigo y estás dispuesto a hacer sacrificios por otros. Aunque eres generoso con tu amor, tiempo y compromisos, es importante que haya equidad en estos intercambios y seas consciente de ello. Si das demasiado de ti a cambio de seguridad, corres el riesgo de volverte temeroso o dependiente.

Tu sensibilidad interna e ideales elevados están inspirados por la paz, y te resulta difícil vivir en entornos discordantes o de tensión. Expresas las ansias de amor a través de la dedicación a ideales, al arte o la música, e incluso podrías sentirte atraído hacia experiencias místicas. Tal vez descubras que las personas buscan tu ayuda naturalmente gracias a tus aptitudes y empatía.

Trabajo y vocación

Gracias a tu corazón jovial y ágil inteligencia, tienes una memoria excepcional que te convierte en un elemento valioso dentro de cualquier profesión. Tu interés en los datos y el talento para las palabras te inclinarán hacia la escritura, la bibliotecología o la estadística. Por otro lado, tu capacidad de liderazgo y amor por el conocimiento podrían inclinarte hacia la enseñanza, ya sea en un salón de clases o como capacitador profesional. El interés en profesiones y actividades que implican trato con gente podría llevarte a trabajar como relacionista público, promotor o propagandista. Puesto que es probable que seas creativo, podrías alcanzar el éxito profesional como agente en algún campo artístico, en la industria de la belleza o en emprendimientos musicales y artísticos.

Entre las personas famosas con quienes compartes cumpleaños están los actores Clint Eastwood, Brooke Shields y Lea Thompson; el autor y predicador Norman Vincent Peale; el poeta Walt Whitman, y el jugador de fútbol americano Joe Namath.

Numerología

El número 31 en tu fecha de cumpleaños indica una férrea fuerza de voluntad, determinación y énfasis en la expresión personal. Sueles combinar tu intuición con tus habilidades prácticas para tomar buenas decisiones. Con el 31 en tu día de nacimiento vienen ideas originales, buen sentido de las formas y capacidad de tener éxito en los negocios si te tomas tu tiempo y sigues un plan de acción práctico. La buena suerte y las oportunidades afortunadas también acompañan a este día de cumpleaños, y podrás transformar tus pasatiempos en empresas productivas con bastante éxito. El tiempo para el amor y la diversión es crucial para ti, pues generalmente trabajas mucho. La subinfluencia del mes número 5 indica que eres idealista y valiente. Aunque suelas ser despreocupado, eso no significa que tus convicciones no sean fuertes. Aparentas ser frío y desapegado, pero en el fondo eres sensible y nervioso. Ser paciente y mantenerte concentrado en todo momento te ayudará a no desperdiciar energías. No te des por vencido a la mitad de un proyecto o curso de educación formal.

• *Cualidades positivas:* suerte, creatividad, originalidad, habilidad para construir, tesón, practicidad, buen conversador, responsabilidad.

• *Cualidades negativas:* inseguridad, impaciencia, suspicacia, tendencia a desanimarse con facilidad, falta de ambición, egoísmo, terquedad.

Amor y relaciones

Eres extrovertido práctico y de porte enérgico. Transmites autoridad, pero eres fascinante. Tus habilidades diplomáticas promueven la armonía en las relaciones y, como sabes que el éxito en general es resultado de tus esfuerzos y trabajo, prefieres personas que laboren arduamente y sean exitosas por mérito propio. Sueles estar en busca de tu alma gemela y crees en las uniones y en la lealtad con la pareja con quien elijas sentar cabeza. En algunas ocasiones, cuando no obtienes la atención o el afecto que necesitas, podrías ser temperamental o celoso.

• *Positiva:* aptitudes teológicas, amor por la hermenéutica, expresividad, popularidad.

• *Negativa:* notoriedad, desconcentración, ansiedad.

ESE ALGUIEN ESPECIAL

Encontrarás a una pareja que comprenda tu sensibilidad y tus necesidades afectivas entre quienes nacieron en las siguientes fechas.

Amor y amistad: 1, 4, 9, 27 y 29 de enero; 2, 25 y 27 de febrero; 23 y 25 de marzo; 21 y 23 de abril; 19, 21 y 29 de mayo; 17, 19 y 27 de junio; 15, 17 y 25 de julio; 13, 15 y 23 de agosto; 11, 13 y 21 de septiembre; 9, 11 y 19 de octubre; 7, 9 y 17 de noviembre; 5, 7, 15 y 19 de diciembre.

Buenas para ti: 3, 10, 15 y 18 de enero; 1, 8, 13 y 16 de febrero; 6, 11, 14, 29 y 31 de marzo; 4, 9, 12, 27 y 29 de abril; 2, 7, 10, 25 y 27 de mayo; 5, 8, 23 y 25 de junio; 3, 6, 21 y 23 de julio; 1, 4, 19 y 21 de agosto; 2, 17 y 19 de septiembre; 15 y 17 de octubre; 13 y 15 de noviembre; 11 y 13 de diciembre.

Atracción fatal: 30 de abril; 28 de mayo; 26 de junio; 24 de julio; 22 de agosto; 20 de septiembre; 18 de octubre; 16 de noviembre; 1, 2, 3 y 14 de diciembre.

Desafiantes: 9, 14, 16 y 25 de enero; 7, 12, 14 y 23 de febrero; 5, 10, 12, 21, 28 y 30 de marzo; 3, 8, 10, 19, 26 y 28 de abril; 1, 6, 8, 17, 24 y 26 de mayo; 4, 6, 15, 22 y 24 de junio; 2, 4, 13, 20 y 22 de julio; 2, 11, 18 y 20 de agosto; 9, 16 y 18 de septiembre; 7, 14 y 16 de octubre; 5, 12 y 14 de noviembre; 3, 10 y 12 de diciembre.

Almas gemelas: 29 de diciembre.

ESTRELLA FIJA

Nombre de la estrella: Aldebarán, también llamada Al-dabarán, que significa "la que sigue"

Posición: 8° 48'–9° 45' de Géminis, entre los años 1930 y 2000

Magnitud: 1

Fuerza: ★★★★★★★★★

Órbita: 2° 30'

Constelación: Tauro (Alpha Taurus)

Días efectivos: 28, 29, 30 y 31 de mayo; 1 y 2 de junio

Propiedades de la estrella: Marte/Mercurio/Júpiter

Descripción: estrella gigante rosada y roja ubicada en el ojo izquierdo del toro

INFLUENCIA DE LA ESTRELLA PRINCIPAL

Aldebarán es una de las cuatro estrellas reales o vigilantes del cielo, por ello se le considera sumamente importante. Confiere aspiraciones altas, distinciones, inteligencia e integridad. Dota con una gran elocuencia, mordacidad, así como la capacidad de discutir y debatir con facilidad. Te inclina a las peleas y la autodestrucción. Esta estrella advierte envidia, enemistades y afecciones oculares.

Con respecto a tu grado del Sol, esta estrella confiere una energía mental extraordinaria que te permite seguir adelante con tu vida y alcanzar tus metas. También indica éxito, sobre todo cuando se trata de tratar con el público. Otorga la capacidad de pensar en grande y emprender proyectos de gran escala. Una advertencia importante que hace Aldebarán es que la fama y el éxito no son gratuitos y requieren sacrificio. La influencia más benéfica de esta estrella implica una inclinación profunda por el estudio, la escritura y las reformas educativas.

1 de junio

♊ Nacer bajo el signo de Géminis indica que eres de mente ágil, intuitivo, versátil y de corazón joven. Puesto que Mercurio, tu planeta regente, es el mensajero de los dioses, te otorga buenas habilidades de comunicación y un sistema nervioso sensible. Debido a la subinfluencia del regente de tu decanato, Libra, eres carismático y tienes la capacidad de ser persuasivo y encantador. Esto refuerza tus habilidades sociales y artísticas. Además, revela que eres atractivo y que te gusta que la vida tenga un toque de glamur.

El magnetismo personal y la necesidad de variedad constante atraerán muchas experiencias y personas nuevas a tu vida, y te brindarán la posibilidad de hacer contactos en el extranjero. Aunque tienes muchos intereses y talentos, a veces eres demasiado centrado y decidido. Tu capacidad de trabajar arduamente, aunada a la fe en el resultado de tu esfuerzo, te garantizará el éxito a la larga. Si eres desapegado y aprendes a lidiar con la crítica constructiva, superarás cualquier tendencia a ser hipersensible u obstinado. Es de suma importancia que tengas un plan de acción y que lo completes, en lugar de dejarlo a medias. Las mujeres suelen apoyarte en tus acciones y son de gran ayuda en cualquier emprendimiento.

Debido a tu perspicacia y sensibilidad, puedes usar tu imaginación para crear arte o música, o para manifestar tus sueños idealistas. Por otro lado, también puedes desarrollar tus poderes psíquicos e interesarte en temas espirituales.

Tu mente receptiva y ágil te permite aprehender el conocimiento y las ideas con gran rapidez, pero después de los 20 años, cuando tu Sol progresado se desplace hacia Cáncer, te concentrarás más en la seguridad emocional, el hogar y la familia. Querrás establecer una base propia a partir de la cual puedas diversificarte. A los 50 años experimentarás otro punto de inflexión, cuando tu Sol progresado entre a Leo. En ese momento, te sentirás más fuerte y seguro de ti.

Tu yo secreto

A pesar de que en el fondo ansías armonía, la vida te pondrá pruebas con respecto a tu actitud hacia el dinero y las consideraciones materiales. Vacilarás entre dudar de ti mismo y tomar riesgos sustanciales. Si enfrentas tus miedos, encontrarás la fe verdadera y disfrutarás lo que la vida te ponga enfrente. Aunque eres relajado y aventurero, la madurez traerá consigo un énfasis en la responsabilidad. Si te responsabilizas de tus acciones y enfrentas las cosas con justicia, descubrirás que la vida hará más que solo recompensarte.

Siempre tendrás cierta cualidad jovial que se expresará a través de la creatividad y el juego. Sin embargo, habrá ocasiones en las que te decepcione que otros no estén a la altura de tus expectativas y deberás tener cuidado de no evadirte demasiado para compensarlo. El mayor crecimiento espiritual ocurrirá cuando aprendas la lección del desapego y a compartir o trabajar con otros con una visión de servicio y cooperación.

Trabajo y vocación

Tu capacidad de expresión inusual y tu agilidad mental podrían sentar las bases de tu profesión. Gracias a tus habilidades de comunicación innatas, tienes la capacidad de ser un vendedor o promotor persuasivo. De igual modo, quizá te atraiga una carrera en periodismo, docencia, escritura, música o teatro. La influencia de este cumpleaños también supone que tendrás intereses o trabajos que involucren países extranjeros. Dado que sueles estar en sintonía con el inconsciente colectivo de tu generación, quizá quieras encarnarlo de alguna forma a través de las artes. Sin embargo, las circunstancias inestables en tu entorno laboral indican posibles cambios de carrera.

Entre las personas famosas con quienes compartes cumpleaños están la actriz Marilyn Monroe, la cantante Alanis Morissette, el futbolista Javier "Chicharito" Hernández, el músico Nelson Riddle, el poeta John Masefield y el líder mormón Brigham Young.

Numerología

Al tener el número 1 por cumpleaños, tiendes a ser individualista, innovador, valeroso y enérgico. No es inusual que necesites establecer una identidad sólida y desarrollar tu asertividad. Tu espíritu pionero te insta a hacer las cosas por tu cuenta. Este ímpetu emprendedor también te estimulará a desarrollar habilidades ejecutivas o de liderazgo. Tu gran entusiasmo e ideas originales te permiten mostrarles el camino a los demás. Con el número 1 por cumpleaños, quizá también debas aprender que el mundo no gira a tu alrededor y evitar la tendencia a ser egocéntrico o dictatorial. La subinfluencia del mes número 6 indica que necesitas ser más flexible y receptivo a las necesidades ajenas. Aunque seas autosuficiente, no debes ignorar las responsabilidades familiares. Por medio de la perseverancia y la tenacidad desarrollarás paciencia y tolerancia, y ser de carácter férreo y disciplinado te permitirá ser franco y honesto contigo mismo y con los demás. Busca la seguridad de la sabiduría y el conocimiento en los estudios y la educación.

• *Cualidades positivas:* liderazgo, creatividad, ideas progresistas, vigor, optimismo, convicciones fuertes, competitividad, independencia, sociabilidad.

• *Cualidades negativas:* prepotencia, egocentrismo, orgullo, antagonismo, desenfreno, egoísmo, debilidad, vacilación, impaciencia.

Amor y relaciones

Aunque atraes a todo tipo de gente, es posible que debas escoger a tus amigos. Sueles alternar entre expresar excesivamente tus sentimientos y pensamientos y ser frío y aislarte a nivel emocional. Dado que una de tus principales virtudes es el encanto, tu personalidad carismática te garantizará muchos amigos y parejas. Sin embargo, hay cierto aire de incertidumbre con respecto a lo que quieres en realidad, y con frecuencia enfrentas el desafío de mantener relaciones independientes y armoniosas. Debido a que te atrae gente intelectual, lo mejor sería que compartieras conocimientos e intereses en común con tus amistades.

• *Positiva:* aptitudes teológicas, amor por la hermenéutica, expresividad, popularidad.

• *Negativa:* notoriedad, desconcentración, ansiedad.

ESE ALGUIEN ESPECIAL

Es más probable que tengas suerte en las relaciones si te enamoras de alguien nacido en las siguientes fechas.

Amor y amistad: 9, 13, 23, 25 y 27 de enero; 7, 21, 23 y 25 de febrero; 5, 19, 21, 23 y 29 de marzo; 3, 17, 19, 21, 27 y 30 de abril; l, 15, 17, 19, 25 y 28 de mayo; 13, 15, 17, 23 y 26 de junio; 11, 13, 15, 21 y 24 de julio; 9, 11, 13, 19 y 22 de agosto; 7, 9, 11, 17 y 20 de septiembre; 5, 7, 9, 15 y 18 de octubre; 3, 5, 7, 13 y 16 de noviembre; 1, 3, 5, 11 y 14 de diciembre.

Buenas para ti: 2, 4 y 7 de enero; 2 y 5 de febrero; 3 de marzo; 1 de abril; 31 de mayo; 29 de junio; 27 y 31 de julio; 25 y 29 de agosto; 23 y 27 de septiembre; 21 y 25 de octubre; 19 y 23 de noviembre; 17 y 21 de diciembre.

Atracción fatal: 8 y 14 de enero; 6 y 12 de febrero; 4 y 10 de marzo; 2 y 8 de abril; 6 de mayo; 4 de junio; 2 de julio; 2, 3 y 4 de diciembre.

Desafiantes: 6, 19 y 29 de enero; 4, 17 y 27 de febrero; 2, 15 y 25 de marzo; 13 y 23 de abril; 11 y 21 de mayo; 9 y 19 de junio; 7 y 17 de julio; 5 y 15 de agosto; 3, 13 y 30 de septiembre; 1, 11 y 28 de octubre; 9 y 26 de noviembre; 7, 24 y 29 de diciembre.

Almas gemelas: 16 y 21 de enero; 14 y 19 de febrero; 12 y 17 de marzo; 10 y 15 de abril; 8 y 13 de mayo; 6 y 11 de junio; 4 y 9 de julio; 2 y 7 de agosto; 5 de septiembre; 3 de octubre; 1 de noviembre.

ESTRELLA FIJA

Nombre de la estrella: Aldebarán, también llamada Al-dabarãn, que significa "la que sigue"

Posición: 8º 48'–9º 45' de Géminis, entre los años 1930 y 2000

Magnitud: 1

Fuerza: ★★★★★★★★★

Órbita: 2º 30'

Constelación: Tauro (Alpha Taurus)

Días efectivos: 28, 29, 30 y 31 de mayo; 1 y 2 de junio

Propiedades de la estrella: Marte/ Mercurio/Júpiter

Descripción: estrella gigante rosada y roja ubicada en el ojo izquierdo del toro

INFLUENCIA DE LA ESTRELLA PRINCIPAL

Aldebarán es una de las cuatro estrellas reales o vigilantes del cielo, por ello se le considera sumamente importante. Confiere aspiraciones altas, distinciones, inteligencia e integridad. Dota con una gran elocuencia, mordacidad, así como la capacidad de discutir y debatir con facilidad. También inclina a las peleas y la tendencia a la autodestrucción. Otras advertencias de esta estrella advierte envidia, enemistades y afecciones oculares.

Con respecto a tu grado del Sol, esta estrella confiere una energía mental extraordinaria que te permite seguir adelante con tu vida y alcanzar tus metas. Indica éxito, sobre todo cuando se trata de tratar con el público; y otorga la capacidad de pensar en grande y emprender proyectos de gran escala. La influencia más benéfica de esta estrella implica una preferencia sustancial por el estudio, la escritura y las reformas educativas.

2 de junio

Ⅱ Tu fecha de nacimiento revela que eres trabajador, amigable y popular, con gran potencial de éxito. Aunque eres independiente, tu encanto y perspicacia te sirven de mucho al colaborar con gente a nivel personal o en trabajos en equipo. Puesto que también posees habilidades organizacionales superiores, esto te ayudará especialmente a combinar los negocios con el placer.

La subinfluencia del decanato en Libra trae consigo talento artístico innato y amor por la belleza y el lujo. Las habilidades diplomáticas que conlleva también te ayudarán sin duda en las relaciones y reforzarán tu don de negociador elocuente. Sin embargo, quizá debas cuidarte de abusar de tus habilidades verbales y hacer comentarios mordaces en momentos de irritación, necedad u obstinación. Este lado más rebelde de tu personalidad contrasta con un elemento inesperadamente sensible y compasivo. Dado que te gusta tener el control, rara vez muestras ese lado frente a otras personas.

Aunque tienes sentido común y la visión necesaria para volver realidad tus sueños, cuídate de desviaciones que te distraigan de tus metas idealistas. Esto supone que la pereza y los excesos sociales pueden socavar tu verdadero potencial. Por otro lado, cuando te motivas estás dispuesto a trabajar arduamente, ya que sin duda tienes el talento y la tenacidad para alcanzar tus objetivos.

Después de los 19 años, cuando tu Sol progresado se desplace hacia Cáncer, los asuntos relacionados con la seguridad, el hogar y la familia empiezan a adquirir más importancia en tu vida, y es probable que estés más consciente de tus emociones. Esta tendencia persiste hasta los 49 años, cuando tu Sol progresado se desplaza hacia Leo y empieza un periodo de mayor vitalidad y confianza, en el que desarrollarás un interés creciente en la expresión personal.

Tu yo secreto

Evalúas a la gente y las situaciones con inteligencia y rapidez. Reconoces el poder del conocimiento. Tu nobleza interna e histrionismo fortalecen tu sentido de liderazgo y confianza personal. Puesto que eres competente, te sorprende pasar por periodos en los que dudas de ti mismo y te sientes inferior. Por fortuna, tu extraordinaria intuición te permite observar a profundidad tus defectos y esforzarte por mejorar. Cualquier tipo de educación te beneficiará y te ayudará a alcanzar tus metas y más.

Tus responsabilidades se extienden al hogar y la familia, pues forman parte esencial de tu vida. Evita caer en la monotonía y no te adhieras a la misma antigua rutina para evitar crecer en otros aspectos. Aunque a veces eres obstinado y autoritario, con frecuencia tu veta humanitaria te impulsa a usar tus habilidades y tu pericia para ayudar a otros.

Trabajo y vocación

Tu capacidad para entender a la gente con rapidez y tu encanto te garantizarán el éxito en carreras relacionadas con ventas, promociones y relaciones públicas. Si ingresas al mundo del comercio, quizá prefieras trabajos que impliquen hacer negocios con dinero de otras personas, aunque también serías un excelente comprador, agente o negociador. Tu veta humanitaria podría inclinarte hacia la psicoterapia u otras ocupaciones socialmente responsables. Tu inventiva e innovación podrían hacer que te atrajeran la ciencia y la tecnología. Por otro lado, tu imaginación y talentos visuales encontrarán una vía de expresión en la fotografía, el teatro o la música. Trabajar en colaboración o en grupos te resultará particularmente productivo.

Entre las personas famosas con quienes compartes cumpleaños están el escritor Thomas Hardy; el músico y escritor Marvin Hamlisch; el compositor Edward Elgar; el baterista Charlie Watts, y los actores Johnny Weissmüller, Stacy Keach y Sally Kellerman.

Numerología

El número 2 en tu fecha de nacimiento sugiere sensibilidad y necesidad de pertenecer a un grupo. Tu facilidad para adaptarte y ser comprensivo hace que disfrutes actividades cooperativas en las que interactúas con otras personas. Al intentar complacer a quienes te agradan corres el riesgo de volverte demasiado dependiente. No obstante, si desarrollas la confianza en ti mismo superarás la tendencia a sentirte herido por las acciones y críticas ajenas. La subinfluencia del mes número 6 indica que necesitas responsabilizarte más de tus acciones. Para tomar el control de tu vida, aprende a disciplinarte y a trabajar arduamente. Si eres ahorrador y aprendes a administrar tu dinero, construirás una base sólida que te hará sentir seguro. Perdonar y ser comprensivo con las debilidades y los errores de otros te ayudará a fungir como sanador. Alcanzarás el éxito si perseveras, a pesar de las dificultades.

• *Cualidades positivas:* colaboración, gentileza, tacto, receptividad, intuición, amabilidad, armonía, afabilidad, embajador de buena voluntad.

• *Cualidades negativas:* suspicacia, inseguridad, timidez, hipersensibilidad, egoísmo, tendencia a sentirse herido con facilidad, engaño.

Amor y relaciones

Aunque el hogar sea parte importante de tu vida, debes evitar que las relaciones caigan en rutinas predecibles. Eres intuitivo y sensible a los estados de ánimo ajenos, por lo que necesitas estar en un entorno armonioso. Por otro lado, ten cuidado de no ser hipersensible o voluble. Gracias a tu capacidad de empatía y compasión, apoyas y estimulas a tus seres queridos. Con frecuencia estás dispuesto a ceder con tal de mantener la paz. Compartir algunos proyectos creativos con tu pareja podría ayudar a acercarlos, mientras que, en lo personal, socializar y divertirte con tus amigos es algo que siempre te animará.

• *Positiva:* aptitudes teológicas, amor por la hermenéutica, expresividad, popularidad.

• *Negativa:* notoriedad, desconcentración, ansiedad.

ESE ALGUIEN ESPECIAL

Si deseas encontrar felicidad duradera, seguridad y amor, empieza por buscarlos entre quienes nacieron en las siguientes fechas.

Amor y amistad: 10, 14, 26 y 28 de enero; 8, 12, 24 y 26 de febrero; 6, 22, 24 y 30 de marzo; 4, 20, 22 y 28 de abril; 2, 18, 20, 26 y 29 de mayo; 16, 18, 24 y 27 de junio; 14, 16, 22 y 25 de julio; 12, 14, 20, 23 y 30 de agosto; 10, 12, 18, 21 y 28 de septiembre; 8, 10, 16, 19 y 26 de octubre; 6, 8, 14, 17 y 24 de noviembre; 4, 6, 12, 15 y 22 de diciembre.

Buenas para ti: 8 de enero; 6 de febrero; 4 y 28 de marzo; 2 y 26 de abril; 24 de mayo; 22 y 30 de junio; 20, 28 y 29 de julio; 18, 26, 27 y 30 de agosto; 16, 24, 25 y 28 de septiembre; 14, 22, 23, 26 y 29 de octubre; 12, 20, 21, 24 y 27 de noviembre; 10, 18, 19, 22 y 25 de diciembre.

Atracción fatal: 15 de enero; 13 de febrero; 11 de marzo; 9 de abril; 7 de mayo; 5 de junio; 3 de julio; 1 de agosto; 3, 4 y 5 de diciembre.

Desafiantes: 7, 9 y 30 de enero; 5, 7 y 28 de febrero; 3, 5 y 26 de marzo; 1, 3 y 24 de abril; 1 y 22 de mayo; 20 de junio; 18 de julio; 16 de agosto; 14 de septiembre; 12 y 29 de octubre; 10 y 27 de noviembre; 8, 25 y 30 de diciembre.

Almas gemelas: 8 y 27 de enero, 6 y 25 de febrero, 4 y 23 de marzo, 2 y 21 de abril, 19 de mayo, 17 de junio, 15 de julio, 13 de agosto, 11 de septiembre, 9 de octubre, 7 de noviembre, 5 de diciembre.

ESTRELLA FIJA

Nombre de la estrella: Rigel
Posición: 15º 50'–16º 40' de Géminis, entre los años 1930 y 2000
Magnitud: 1
Fuerza: ★★★★★★★★★
Órbita: 2º 30'
Constelación: Orión (Beta Orionis)
Días efectivos: 3, 4, 5, 6, 7, 8 y 9 de junio
Propiedades de la estrella: influencias variadas: Marte/Júpiter o Saturno/Júpiter
Descripción: estrella doble brillante y blanquiazul ubicada en el pie izquierdo de Orión

INFLUENCIA DE LA ESTRELLA PRINCIPAL

Rigel confiere la capacidad de avanzar con rapidez en la vida, una fuerza de voluntad férrea y una naturaleza ambiciosa, además de impulsar al intelecto a adquirir más conocimiento en general. El amor por la acción y los golpes de suerte fomentan tu competitividad. La capacidad de desarrollarte en las ciencias y ser innovador se vincula con esta estrella. Rigel otorga reconocimientos, riquezas materiales y éxito permanente.

Con respecto a tu grado del Sol, esta estrella indica una personalidad valiente y audaz, así como mentalidad abierta y liberal. Eres trabajador, tienes olfato para los negocios y gusto por la política y las relaciones públicas. Tu fuerte inclinación hacia la astrología, el estudio y la educación superior también provienen de Rigel. Esta estrella decreta que el éxito se alcanza a través de la asertividad y la franqueza, pero también te advierte que debes evitar ser demasiado locuaz.

• *Positiva:* fundador de grandes empresas, liberal, educación, sentido común.

3 de junio

Ⅱ Esta fecha de nacimiento indica que posees una gran agudeza mental y tesón. Además, eres sociable e inteligente, y deseas expresarte de forma creativa. Tu sensibilidad y emociones profundas te convierten en un idealista. Dado que disfrutas emprender proyectos nuevos, es esencial que te mantengas ocupado o trabajes activamente para explotar tu gran potencial.

La fuerte influencia de Venus en el segundo decanato de Géminis refuerza la importancia de tratar con la gente. Eres creativo y tienes amigos divertidos. Es probable que tengas una percepción aguda de la belleza, los colores y las formas. El aspecto relajado e ingenioso de tu personalidad indica que buscas entretenimiento con entusiasmo. La influencia de Venus también apunta hacia los peligros de la vanidad, la indecisión y la autocomplacencia. No obstante, cuando estás en plena forma, eres capaz de combinar tus habilidades sociales y creativas con tu inventiva, tus esfuerzos y tu persistencia para triunfar.

Además de tener excelentes habilidades comunicativas, deseas conocerte a un nivel más profundo. Esta búsqueda de sabiduría implica que ansías encontrar respuestas a las interrogantes profundas de la vida, lo que a la larga te llevará a explorar aspectos espirituales o místicos. Si ignoras estas necesidades, permitirás que el lado introspectivo de tu naturaleza adquiera mucha fuerza y te vuelvas más serio, irritable o hasta depresivo. Sin embargo, por otro lado, es posible que seas encantador e idealista, y tengas una imaginación fértil y una mentalidad inspirada.

Después de los 18 años, cuando tu Sol progresado se desplace hacia Cáncer, durante las siguientes tres décadas, es probable que te vuelvas más sensible y consciente de la seguridad, y que le pongas mayor énfasis a tu vida familiar y hogareña. Cuando tu Sol progresado entre a Leo, al llegar a los 48 años, sentirás un deseo profundo de expresarte y reafirmarte, lo que te inspirará a ser más sociable y aventurero.

Tu yo secreto

Es posible que busques desafíos que provoquen transformaciones profundas en tu interior. Esto refuerza tu capacidad para superar obstáculos y te otorga mayor fortaleza interna. Tus cualidades positivas de análisis e intuición suelen ayudarte en esta tarea, aunque deberás cuidarte de los celos y del miedo al abandono. Por fortuna, posees un maravilloso humor negro que ayuda a aligerar las situaciones más difíciles de la vida.

Eres responsable y dedicado, y te esfuerzas bastante cuando estás interesado en un proyecto o idea. Gracias a tu capacidad para entender la naturaleza humana, eres empático y solidario. Sin embargo, también necesitas tener tu propio espacio y tiempo personal sin sentirte solo, pues el exceso de aislamiento podría volverte hermético o malhumorado. Cuando fortaleces tu fe y aprendes a confiar en tu intuición, puedes lidiar con cualquier cosa en el presente. Esto también te otorga dotes competitivas que te ayudarán a que todos tus planes sean exitosos.

Trabajo y vocación

El deseo de aprender y el rechazo a la rutina implican que explorarás muchos caminos durante tu búsqueda de una carrera desafiante a nivel intelectual. Tu facilidad de palabra y capacidad de persuasión te garantizarán el éxito en el mundo de la comunicación, las ventas, la escritura o la publicidad. Otros valorarán tu acercamiento a ideas nuevas y originales, y admirarán tu capacidad para mantener la calma en tiempos de crisis mientras trabajas arduamente. Gracias a tu actitud independiente y aptitudes de liderazgo, sobresaldrás en el mundo del comercio y la industria. Sin embargo, si buscas medios de expresión creativos o artísticos, considera el mundo del espectáculo, ya sea sobre un escenario o por medio de algún tipo de creación musical.

Entre las personas famosas con quienes compartes cumpleaños están el actor Tony Curtis, el cantante Curtis Mayfield, el poeta Allen Ginsberg y la vedette y activista Joséphine Baker.

Numerología

Tener el número 3 en tu fecha de cumpleaños te convierte en una persona sensible, con la necesidad de externar su creatividad y sus emociones. Eres divertido y buena compañía, ya que disfrutas las actividades sociales amistosas y tienes intereses diversos. Aunque eres versátil, expresivo y necesitas vivir experiencias emocionantes y variadas, tu tendencia a aburrirte con facilidad puede volverte indeciso o demasiado disperso. Aunque el número 3 por cumpleaños te hace artístico, encantador, y con un buen sentido del humor, es posible que debas fortalecer tu autoestima y superar la propensión a preocuparte en exceso, así como tus inseguridades a nivel emocional. La subinfluencia del mes número 6 indica que eres idealista y visionario. La curiosidad y el deseo de encontrarle significado al panorama amplio de la vida suponen una necesidad de desarrollo espiritual. Si eres compasivo y comprensivo, aprenderás a estar siempre a la altura de tus ideales. Por otro lado, decir lo que piensas te permitirá evitar preocupaciones y sospechas.

• *Cualidades positivas:* humor, felicidad, afabilidad, productividad, creatividad, veta artística, deseos vehementes, amor por la libertad, talento con las palabras.

• *Cualidades negativas:* aburrimiento, vanidad, exageración, incapacidad para ser cariñoso, jactancia, extravagancia, autocomplacencia, pereza, hipocresía, desperdicio.

Amor y relaciones

Al ser sociable, disfrutas la compañía de amigos y conocidos. Eres ingenioso, divertido, leal y compasivo. Aunque seas cálido y amoroso, a veces enfrentarás conflictos entre el amor y el trabajo. Podrás superarlos si encuentras a una pareja con quien compartas tus ideales y aspiraciones. Eres el tipo de persona que requiere una intimidad profunda; sin embargo, si te sientes inhibido o inseguro, te vuelves suspicaz o celoso, y te preocupas demasiado por tus propios intereses.

• *Negativa:* irascibilidad, insolencia, rebeldía, exigencia, inquietud.

ESE ALGUIEN ESPECIAL

En tus mejores momentos eres sumamente espontáneo y fluyes con naturalidad; por ende, te será más fácil alcanzar tus objetivos más nobles si lo haces con alguien nacido en las siguientes fechas.

Amor y amistad: 7, 11, 20, 25, 27 y 29 de enero; 9, 18, 23, 25 y 27 de febrero; 7, 16, 21, 23 y 25 de marzo; 5, 14, 19, 21 y 23 de abril; 3, 12, 17, 19 y 21 de mayo; 1, 10, 15, 17 y 19 de junio; 8, 13, 15 y 17 de julio; 6, 11, 13 y 15 de agosto; 4, 9, 11 y 13 de septiembre; 2, 7, 9, 11 y 17 de octubre; 5, 7 y 9 de noviembre; 3, 5 y 7 de diciembre.

Buenas para ti: 9 y 26 de enero; 7 y 24 de febrero; 5 y 22 de marzo; 3 y 20 de abril; 1, 18 y 29 de mayo; 16 y 27 de junio; 14, 25, 29 y 30 de julio; 12, 23, 27, 28 y 31 de agosto; 10, 21, 25, 26 y 29 de septiembre; 8, 19, 23, 24 y 27 de octubre; 6, 17, 21, 22 y 25 de noviembre; 4, 15, 19, 20 y 23 de diciembre.

Atracción fatal: 16 de enero; 14 de febrero; 12 de marzo; 10 de abril; 8 de mayo; 6 de junio; 4 de julio; 2 de agosto; 4, 5 y 6 de diciembre.

Desafiantes: 8, 29 y 31 de enero; 6, 27 y 29 de febrero; 4, 25, 27 y 28 de marzo; 2, 23, 25 y 26 de abril; 21, 23 y 24 de mayo; 19, 21 y 22 de junio; 17, 19 y 20 de julio; 15, 17 y 18 de agosto; 13, 15 y 16 de septiembre; 11, 13, 14 y 30 de octubre; 9, 11, 12 y 28 de noviembre; 7, 9, 10 y 26 de diciembre.

Almas gemelas: 30 de mayo, 28 de junio, 26 de julio, 24 de agosto, 22 y 30 de septiembre, 20 y 28 de octubre, 18 y 26 de noviembre, 16 y 24 de diciembre.

ESTRELLA FIJA

Nombre de la estrella: Rigel

Posición: 15º 50'–16º 40' de Géminis, entre los años 1930 y 2000

Magnitud: 1

Fuerza: ★★★★★★★★★

Órbita: 2º 30'

Constelación: Orión (Beta Orionis)

Días efectivos: 3, 4, 5, 6, 7, 8 y 9 de junio

Propiedades de la estrella: influencias variadas: Marte/Júpiter o Saturno/Júpiter

Descripción: estrella doble brillante y blanquiazul ubicada en el pie izquierdo de Orión

INFLUENCIA DE LA ESTRELLA PRINCIPAL

Rigel confiere la capacidad de avanzar con rapidez en la vida, fuerza de voluntad férrea y naturaleza ambiciosa. Además, impulsa al intelecto a adquirir más conocimiento en general. El amor por la acción y los golpes de suerte fomentan tu competitividad. La capacidad de desarrollarte en las ciencias y ser innovador se vincula con esta estrella. Rigel otorga reconocimientos, riquezas materiales y éxito permanente.

Con respecto a tu grado del Sol, esta estrella indica una personalidad valiente y audaz, así como mentalidad abierta y liberal. Eres trabajador, tienes olfato para los negocios y gusto por la política y las relaciones públicas. Tu fuerte inclinación hacia la astrología, el estudio y la educación superior también provienen de Rigel. Esta estrella decreta que el éxito se alcanza a través de la asertividad y la franqueza, pero también te advierte que debes evitar ser demasiado locuaz.

Positiva: fundador de grandes empresas, liberal, educación, sentido común.

4 de junio

♊ Eres un conversador sofisticado con habilidades sociales bien afinadas. Entiendes bien la naturaleza humana y puedes aglutinar a personas de contextos diversos. Tienes múltiples talentos y aptitudes para liderar en distintos ámbitos de la vida; sin embargo, este gran atributo podría ser un obstáculo si intentas abarcar demasiado y desperdigas tus energías en muchas direcciones. Tu comprensión innata de los valores humanos te permite aconsejar a otros y hacer comentarios puntuales sobre su situación, ya sea desde una perspectiva psicológica o material.

La influencia añadida de Venus en el segundo decanato de Géminis te caracteriza como un individuo cálido y amistoso que se siente atraído por la belleza y las artes creativas. Tu encanto natural te permite ser directo sin ser brusco y te otorga el don de la diplomacia, en caso de que desees usarlo. Venus también enfatiza las ansias de popularidad y te vuelve atractivo a ojos de potenciales parejas.

Posees una mente inventiva y una individualidad poderosa, por lo que quizá descubras que las principales satisfacciones de la vida son resultado de hacer cosas diferentes y originales. Enfrentarás obstáculos que te dificultarán el ascenso al éxito, como la tendencia a ser impaciente y autocomplaciente. Esto también indica que abarcar demasiado te provocará nerviosismo y tensión. Valoras el conocimiento y tienes la capacidad de aprender rápido, lo cual puedes capitalizar de forma práctica. Eres de mente abierta y defiendes la libertad, así que quizá te interesen las luchas sociales y los derechos humanos.

A los 17 años, cuando tu Sol progresado se desplace hacia Cáncer, te enfocarás en la importancia de un entorno armonioso y en tener un hogar seguro y estable. También resaltarán tus necesidades afectivas personales hasta los 47 años, cuando tu Sol progresado entre a Leo. Este punto de inflexión intensificará tu confianza y fortaleza, y te permitirá proyectarte con más potencia en situaciones públicas.

Tu yo secreto

Tu inquietud creativa y mental te hace inquisitivo y te permite tener múltiples intereses, así como disfrutar la experimentación con ideas nuevas. Sin embargo, quizá debas aprender a concentrar tu energía de forma constructiva y limitarte a una cantidad pequeña de proyectos para explotar tu potencial al máximo. Las preocupaciones e indecisiones son improductivas y te drenan la energía. Aunque pareces seguro de ti mismo, las ansias de ser popular indican que necesitas la aprobación de otras personas. Si, por el contrario, te disciplinas y desarrollas tus ideas creativas, triunfarás en grande.

Detrás de tu sensibilidad oculta hay potencial e interés por la filosofía o la espiritualidad; si lo desarrollas, adquirirás fe en tus capacidades y en la vida en general. Puesto que mucha gente nacida en esta fecha ocupa posiciones de subordinación y tiene jefes menos talentosos y hábiles, es vital usar esta fe para alcanzar las metas que te propones. Pasar periodos de reflexión, contemplación o meditación a solas es especialmente bueno para desarrollar la calma interior. Además, nunca subestimes el poder del amor.

Trabajo y vocación

Eres ambicioso y tenaz, así que quizá tu olfato para los negocios te lleve al mundo del comercio. Tus habilidades psicológicas naturales serán útiles en las ventas, la publicidad o algún tipo de terapia. Aunque las ocupaciones que implican trato con el público pueden resultarte satisfactorias, dar clases y compartir tu conocimiento con otros te resultará particularmente gratificante. Sueles ser capaz de colaborar y trabajar en equipo; sin embargo, como te disgusta recibir órdenes de otros, tal vez prefieras trabajar por cuenta propia. La escritura y el periodismo pueden ser medios de expresión positivos para el lado creativo de tu naturaleza. Con respecto a tu lado histriónico, este encontrará refugio en la música, el arte, la danza y el teatro.

Entre las personas famosas con quienes compartes cumpleaños están los actores Dennis Weaver, Bruce Dern y Rosalind Russell; la cantante Michelle Phillips y la escritora y terapeuta Ruth Westheimer.

Numerología

La estructura sólida y el poder jerarquizado que conlleva el número 4 en tu fecha de nacimiento apuntan hacia la necesidad de estabilidad y el gusto por establecer orden. Tu gran cantidad de energía, habilidades prácticas y voluntad férrea te ayudarán a alcanzar el éxito por medio del trabajo arduo. Enfocarte en tu seguridad hará que desees construir una base sólida para tu familia y para ti, así que aprovecha que tu visión pragmática de la vida te confiere un buen sentido de los negocios y la capacidad de alcanzar el éxito material. Acostumbras ser honesto, franco y justo. Los retos que enfrenta un individuo con el número 4 incluyen periodos de inestabilidad o de preocupaciones financieras. La subinfluencia del mes número 6 indica que eres protector y afectuoso, y que para ti es importante ser original, generar tus propias ideas y tomar tus propias decisiones. Quizá debas aprender que ser persuasivo, en lugar de autoritario, trae resultados favorables. Dado que aprecias la libertad, evita ser prejuicioso o demasiado crítico con otras personas, pues podrían resentir tus ansias de control.

• *Cualidades positivas:* organización, autodisciplina, estabilidad, trabajo arduo, destreza, habilidades manuales, pragmatismo, confianza, exactitud.

• *Cualidades negativas:* comportamientos destructivos, incapacidad para comunicarse, represión, rigidez, pereza, insensibilidad, postergación, avaricia, autoritarismo, afectos ocultos, resentimientos.

Amor y relaciones

Tus ansias de paz y armonía atraerán a gente inteligente que practique el pensamiento positivo y te estimule a nivel intelectual. Tu sed de conocimiento también indica que disfrutas pertenecer a grupos donde adquieras información o habilidades nuevas. En las relaciones prefieres que la gente sea directa, aunque entiendes la ventaja de utilizar métodos diplomáticos para mantener el *statu quo*. Dado que te interesa la superación personal, sueles involucrarte con personas ambiciosas que buscan mejorar constantemente. No obstante, al intentar tener éxito debes evitar ser demasiado crítico o autoritario con tu cónyuge o tus colegas.

Negativa: irascibilidad, insolencia, rebeldía, exigencia, inquietud.

ESE ALGUIEN ESPECIAL

Si deseas seguridad, estímulo intelectual y amor, búscalos entre quienes nacieron en las siguientes fechas.

Amor y amistad: 4, 11, 12, 21, 26, 28 y 30 de enero; 2, 9, 10, 19, 24, 26 y 28 de febrero; 7, 8, 22, 24 y 26 de marzo; 5, 6, 20, 22, 24 y 30 de abril; 3, 4, 18, 20, 22, 28 y 31 de mayo; 1, 2, 16, 18, 20, 26 y 29 de junio; 14, 16, 18, 24 y 27 de julio; 12, 14, 16, 22 y 25 de agosto; 10, 12, 14, 20 y 23 de septiembre; 3, 8, 10, 12, 18 y 21 de octubre; 6, 8, 10, 16 y 19 de noviembre; 4, 6, 8, 14 y 17 de diciembre.

Buenas para ti: 3, 10 y 29 de enero; 1, 8 y 27 de febrero; 6 y 25 de marzo; 4 y 23 de abril; 2 y 21 de mayo; 19 de junio; 17 y 30 de julio; 15 y 28 de agosto; 13 y 26 de septiembre; 11 y 24 de octubre; 9 y 22 de noviembre; 7 y 20 de diciembre.

Atracción fatal: 11 de enero; 9 de febrero; 7 de marzo; 5 de abril; 3 de mayo; 1 de junio; 5, 6, 7 y 8 de diciembre.

Desafiantes: 9 de enero; 7 de febrero; 5 y 28 de marzo; 3 y 26 de abril; 1 y 24 de mayo; 22 de junio; 20 de julio; 18 de agosto; 16 de septiembre; 14, 30 y 31 de octubre; 12, 28 y 29 de noviembre; 10, 26 y 27 de diciembre.

Almas gemelas: 7 de enero, 5 de febrero, 3 de marzo, 1 de abril, 29 de mayo, 27 de junio, 25 de julio, 23 de agosto, 21 de septiembre, 19 de octubre, 17 de noviembre, 15 de diciembre.

ESTRELLA FIJA

Nombre de la estrella: Rigel

Posición: 15º 50'–16º 40' de Géminis, entre los años 1930 y 2000

Magnitud: 1

Fuerza: ★★★★★★★★★

Órbita: 2º 30'

Constelación: Orión (Beta Orionis)

Días efectivos: 3, 4, 5, 6, 7, 8 y 9 de junio

Propiedades de la estrella: influencias variadas: Marte/Júpiter o Saturno/Júpiter

Descripción: estrella doble brillante y blanquiazul ubicada en el pie izquierdo de Orión

INFLUENCIA DE LA ESTRELLA PRINCIPAL

Rigel confiere la capacidad de avanzar con rapidez en la vida, fuerza de voluntad férrea y naturaleza ambiciosa. Además, impulsa al intelecto a adquirir más conocimiento en general. El amor por la acción y los golpes de suerte fomentan tu competitividad. La capacidad de desarrollarte en las ciencias y ser innovador se vincula con esta estrella. Rigel otorga reconocimientos, riquezas materiales y éxito permanente.

Con respecto a tu grado del Sol, esta estrella indica una personalidad valiente y audaz, así como mentalidad abierta y liberal. Eres trabajador, tienes olfato para los negocios y gusto por la política y las relaciones públicas. Tu fuerte inclinación hacia la astrología, el estudio y la educación superior también provienen de Rigel. Esta estrella decreta que el éxito se alcanza a través de la asertividad y la franqueza, pero te advierte que debes evitar ser demasiado locuaz.

• *Positiva:* fundador de grandes empresas, liberal, educación, sentido común.

5 de junio

♊ Ser obstinado y de carácter tenaz te vuelve independiente y autosuficiente. Eres dramático pero también realista y pragmático, lo que da como resultado una mezcla idónea para combinar los negocios con el placer. Puesto que tienes la capacidad de ser perseverante y activo, tendrás el éxito al alcance de la mano si evitas distraerte demasiado en cuestiones materialistas.

Libra, el regente de tu decanato, te caracteriza como una persona refinada y sociable que ama la belleza y los lujos. Esto refuerza tus habilidades creativas y fomenta el interés en la música, el arte y el teatro. Sin embargo, también indica la importancia del dinero en el panorama global y evidencia que posees habilidades de negociación excelentes. Te gusta relacionarte con la gente de forma franca y directa, pero tienes que evitar ser autoritario o verbalmente mordaz.

En ocasiones, tienes arranques de energía y valentía extraordinarios que te permiten reaccionar ágilmente a las situaciones y aprovechar las oportunidades. Posees una mente precisa y brillante, capaz de razonamiento profundo, así como inclinaciones técnicas y analíticas. Tu espíritu independiente te impulsa a adoptar un enfoque original y a buscar la libertad personal. No obstante, debes tener cuidado de no ser voluntarioso, voluble, obstinado o pesimista y poco comunicativo. Por fortuna, estás dispuesto a esforzarte para superar cualquier obstáculo, ya sea en tu vida o en situaciones externas.

Conforme tu Sol progresado se desplace hacia Cáncer, a los 16 años, las cuestiones de seguridad y del hogar tendrán mayor importancia. Esto también resalta las inquietudes relativas a las emociones personales, el sentido de seguridad y la familia. Esta tendencia persiste hasta los 46, cuando tu Sol progresado entra a Leo y comienza un periodo de confianza y fortaleza crecientes que te permiten ser más extrovertido y generoso.

Tu yo secreto

Las preocupaciones e indecisiones monetarias suelen ser pruebas que te pone la vida, por lo que deberás tener cuidado de que las ansias de seguridad material no opaquen otros factores importantes. Si te sientes desanimado o desilusionado, serás propenso al despilfarro para compensar e intentar hacerte feliz. Sin embargo, la verdadera satisfacción vendrá de tu disposición a ser generoso, despreocupado y desapegado.

Para ti, las apariencias importan, por lo que avanzarás con más tenacidad en la vida al presentarte en situaciones públicas o reuniones en las que desempeñes un papel protagónico y significativo. La sabiduría inherente a esta fecha de nacimiento demuestra que, si canalizas las inquietudes hacia tu espíritu aventurero, ligero y progresista, recibirás prosperidad a cambio sin tener que preocuparte por ello.

Trabajo y vocación

Es importante que domines la profesión que elijas, que hagas bien tu trabajo y te enorgullezcas de lo que haces. Tus aptitudes de liderazgo naturales, en combinación con tus habilidades administrativas, te permitirían triunfar en el mundo de los negocios, publicidad o creación de marcas. De igual modo, tus habilidades verbales te garantizarían el éxito en los ámbitos del derecho o la comunicación. Tu capacidad para impulsar cambios podría llevarte a ocupar posiciones de liderazgo en sindicatos y organizaciones sin fines de lucro, o como luchador social. Por otro lado, tu olfato para los negocios y talento artístico podrían combinarse en carreras como curador o administrador de espacios de arte. Para expresar tu creatividad y veta histriónica innata, el teatro y la música serían opciones positivas. Esta fecha de nacimiento indica éxito en el ámbito del cuidado de la salud. Sin importar qué carrera elijas, es importante que haya variedad y cambios en tu entorno laboral para mantenerte inspirado e interesado.

Entre las personas famosas con quienes compartes cumpleaños están la cantante Laurie Anderson, el actor Mark Wahlberg, el actor y monologuista Spalding Gray, el comentarista de televisión Bill Moyers y el escritor de literatura infantil Richard Scarry.

Numerología

El número 5 en tu fecha de nacimiento indica instintos poderosos, una naturaleza aventurera y ansias de libertad. La disposición a explorar o probar cosas nuevas, así como tu entusiasmo para enfrentar el mundo, sugieren que la vida tiene mucho que ofrecerte. Los viajes y las múltiples oportunidades de cambio, algunas de ellas inesperadas, podrían conducir a una auténtica transformación de tus perspectivas y creencias. Al tener el número 5 por cumpleaños, necesitas sentir que la vida es emocionante; no obstante, es posible que también debas desarrollar una actitud responsable y evitar la tendencia a ser impredecible, a los excesos y el desasosiego. El talento natural de una persona con el número 5 es saber cómo dejarse llevar por la corriente y mantenerse desapegado. La subinfluencia del mes número 6 indica que, dado que eres una persona inspirada e idealista, necesitas mantenerte enfocado en una sola cosa. Aprende a confiar en tu intuición y desarrolla una actitud filosófica ante la vida. Por lo regular, estás dispuesto a compartir tus ideas con otros, y les hablas con sinceridad y convicción, desde el corazón. Sé independiente y flexible, pero cuídate de las motivaciones egoístas y las acciones apresuradas.

• *Cualidades positivas:* versatilidad, adaptabilidad, actitud progresista, instintos poderosos, magnetismo, suerte, audacia, amor por la libertad, ingenio, agilidad mental, curiosidad, misticismo, sociabilidad.

• *Cualidades negativas:* poca confiabilidad, volatilidad, postergación, incongruencia, lujuria, exceso de confianza, obstinación.

Amor y relaciones

Eres amistoso y sociable. Posees muchos intereses y pasatiempos, por lo que es probable que tengas una vida social activa. Aunque seas amoroso y generoso, la incertidumbre y la indecisión en las relaciones cercanas pueden ser fuente de preocupación y decepción. En ocasiones, eres demasiado dadivoso o haces demasiados sacrificios por tus seres queridos. Evita mostrarte muy entusiasta con alguien y luego perder el interés o no tener claro cómo te sientes con respecto a esa persona. Si te expresas con diplomacia en las relaciones y dejas en claro tu postura, entablarás vínculos más duraderos. Dado que eres ingenioso y divertido, disfrutas las reuniones sociales.

• *Negativa:* irascibilidad, insolencia, rebeldía, exigencia, inquietud.

ESE ALGUIEN ESPECIAL

Encontrarás a una pareja que comprenda tu sensibilidad y tus necesidades afectivas entre quienes nacieron en las siguientes fechas.

Amor y amistad: 13, 22 y 29 de enero; 11, 20, 27 y 29 de febrero; 9, 25 y 27 de marzo; 7, 23 y 25 de abril; 5, 21, 23 y 29 de mayo; 3, 19, 21, 27 y 30 de junio; 1, 17, 19, 25 y 28 de julio; 15, 17, 23 y 26 de agosto; 13, 15, 21 y 24 de septiembre; 11, 13, 19, 22 y 29 de octubre; 9, 11, 17, 20 y 27 de noviembre; 7, 9, 15, 18 y 25 de diciembre.

Buenas para ti: 11 de enero; 9 de febrero; 7 y 31 de marzo; 5 y 29 de abril; 3, 27 y 31 de mayo; 1, 25 y 29 de junio; 23, 27 y 31 de julio; 21, 25, 29 y 30 de agosto; 19, 23, 27 y 28 de septiembre; 4, 17, 21, 25 y 26 de octubre; 15, 19, 23, 24 y 30 de noviembre; 13, 17, 21, 22 y 28 de diciembre.

Atracción fatal: 12 de enero; 10 de febrero; 8 de marzo; 6 de abril; 4 de mayo; 2 de junio; 5, 6, 7 y 8 de diciembre.

Desafiantes: 10 de enero; 8 de febrero; 6 y 29 de marzo; 4 y 27 de abril; 2 y 25 de mayo; 23 de junio; 21 de julio; 19 de agosto; 17 de septiembre; 15 y 31 de octubre; 13, 29 y 30 de noviembre; 11, 27 y 28 de diciembre.

Almas gemelas: 18 y 24 de enero, 16 y 22 de febrero, 14 y 20 de marzo, 12 y 18 de abril, 10 y 16 de mayo, 8 y 14 de junio, 6 y 12 de julio, 4 y 10 de agosto, 2 y 8 de septiembre, 6 de octubre, 4 de noviembre, 2 de diciembre.

ESTRELLA FIJA

Nombre de la estrella: Rigel

Posición: 15º 50'–16º 40' de Géminis, entre los años 1930 y 2000

Magnitud: 1

Fuerza: ★★★★★★★★★

Órbita: 2º 30'

Constelación: Orión (Beta Orionis)

Días efectivos: 3, 4, 5, 6, 7, 8 y 9 de junio

Propiedades de la estrella: influencias variadas: Marte/Júpiter o Saturno/Júpiter

Descripción: estrella doble brillante y blanquiazul ubicada en el pie izquierdo de Orión

INFLUENCIA DE LA ESTRELLA PRINCIPAL

Rigel confiere la capacidad de avanzar con rapidez en la vida, fuerza de voluntad férrea y naturaleza ambiciosa. Además, impulsa al intelecto a adquirir más conocimiento en general. El amor por la acción y los golpes de suerte fomentan tu competitividad. La capacidad de desarrollarte en las ciencias y ser innovador se vincula con esta estrella. Rigel otorga reconocimientos, riquezas materiales y éxito permanente.

Con respecto a tu grado del Sol, esta estrella indica una personalidad valiente y audaz, así como mentalidad abierta y liberal. Eres trabajador, tienes olfato para los negocios y gusto por la política y las relaciones públicas. Tu fuerte inclinación hacia la astrología, el estudio y la educación superior también provienen de Rigel. Esta estrella decreta que el éxito se alcanza a través de la asertividad y la franqueza, pero te advierte que debes evitar ser demasiado locuaz.

• *Positiva:* fundador de grandes empresas, liberal, educación, sentido común.

6 de junio

Ⅱ Eres carismático, divertido, cálido, optimista y amistoso. Las cualidades que otorga tu fecha de nacimiento indican que necesitas estar rodeado de gente y que eres una persona inspirada y llena de ideas. Asimismo, posees cierta gracia natural que te vuelve expresivo y te dota de un sentido sólido de individualidad. Aunque crees que es necesario causar una buena impresión, te parece importante ser sincero y te gusta ser franco y honesto con otros.

Gracias a tu magnetismo personal y la influencia añadida del regente de tu decanato, Libra, te interesan las relaciones humanas y tienes buenas habilidades diplomáticas. Eres experto en el arte de la conversación y deseas la paz por sobre todas las cosas. Además, tienes un encanto social que con frecuencia podrás aprovechar para tu beneficio.

El idealismo y las ansias de trascender lo mundano te confieren una percepción más sofisticada de la luz, los colores, las formas y los sonidos, así como una comprensión innata de los sueños y las esperanzas de una generación entera. Quizá desees usar estos talentos para creaciones artísticas o literarias, con fines espirituales o místicos, o para el beneficio de los demás. Sin embargo, si no los desarrollas, esa misma energía se desperdiciará en evasiones, sueños imposibles o ansias de glamur inalcanzables.

La niñez suele ser una etapa feliz para quienes nacen en esta fecha; después de los 15 años, cuando tu Sol progresado se desplace hacia Cáncer, te volverás más sensible y consciente de cuestiones de seguridad. Esto pone mayor énfasis en la familia, el hogar y la vida íntima. Cuando tu Sol progresado se desplace hacia Leo, en torno a los 45 años de edad, sentirás una mayor necesidad de expresarte y de posicionarte como líder. Esto te impulsará a ser más asertivo y seguro de ti, y te llevará a ocupar papeles públicos. Al llegar a los 75 años, tu Sol progresado se moverá hacia Virgo y desarrollarás un enfoque más analítico y reflexivo.

Tu yo secreto

A pesar de tu inteligencia y expresividad, se te dificulta tomar decisiones o hacer elecciones. Puesto que la multiplicidad de cosas que te interesan te jalan en direcciones distintas, es importante que tengas claro tu propósito. Sin él, es probable que quedes atrapado entre tus ideales y el deseo de satisfacción material. Una parte de ti se sentirá especialmente atraída hacia el dinero, los lujos y la indolencia, mientras que las ansias de inspiración podrían impulsarte a trabajar arduamente para alcanzar tus ideales. Sin importar qué escojas, es posible que se te presenten muchas oportunidades. Además, tienes la capacidad de salir de situaciones difíciles hablando o con ayuda de tu encanto. Cierta cualidad jovial y juguetona te acompañará hasta la vejez y te garantizará que mantendrás a la gente entretenida e interesada. Siempre y cuando asumas tus responsabilidades y seas disciplinado, explotarás al máximo tu extraordinario potencial.

Trabajo y vocación

Es probable que tu magnetismo y carisma sean atributos valiosos para promoverte o promocionar un producto o una causa. Gracias a tus excelentes habilidades sociales y de comunicación, prosperarás en cualquier carrera que requiera un toque personal, así como en educación, periodismo, publicidad y ventas. La firmeza de tus valores te resultará ventajosa en ocupaciones como el derecho o la política. Ver la vida con un enfoque naturalmente creativo te permitirá expresar tus emociones en el teatro o las artes. Sin importar qué profesión elijas, obtendrás una satisfacción particular en ocupaciones que impliquen tratar con gente.

Entre las personas famosas con quienes compartes cumpleaños están el tenista Björn Borg, el escritor Aleksandr Pushkin, la actriz Billie Whitelaw, la comediante Sandra Bernhard y el pintor español Diego Velázquez.

Numerología

Algunos de los atributos propios de la gente nacida en el día 6 son la compasión, el idealismo y la naturaleza atenta. Es el número de los perfeccionistas o de las amistades universales, y a menudo indica que eres un ser humanitario, responsable, amoroso y comprensivo. Con un cumpleaños en el día 6, es frecuente que seas una madre o un padre devoto y dedicado a lo doméstico. Las personas más sensibles entre quienes nacieron en esta fecha deberán encontrar una forma de expresión creativa, pues se sienten atraídas por el mundo del entretenimiento, las artes y el diseño. Quizá debas desarrollar seguridad en ti mismo y superar la tendencia a ser entrometido, preocuparte en exceso y sentir compasión por quien no la necesita. La subinfluencia del mes número 6 indica que eres compasivo con tus amigos y vecinos, además de que te caracteriza una actitud responsable. Necesitas desarrollar asertividad o autoestima para afrontar las críticas. Eres popular, amistoso y necesitas la aprobación de los demás; sin embargo, aprende a enfocar la energía y a no darle importancia a lo que digan o hagan los demás; y a decir que no sin temer ofender a otros.

• *Cualidades positivas:* cosmopolita, afabilidad, compasión, confiabilidad, comprensión, empatía, idealismo, orientación hacia lo doméstico, humanismo, compostura, talento artístico, equilibrio.

• *Cualidades negativas:* insatisfacción, ansiedad, timidez, terquedad, franqueza excesiva, perfeccionismo, comportamiento dominante, irresponsabilidad, egoísmo, suspicacia, cinismo, egocentrismo.

Amor y relaciones

Eres entusiasta, vivaz, amistoso y sociable, por lo que tienes la capacidad de hacer amigos con facilidad. Sin embargo, te inclinas más hacia personas trabajadoras y confiables que te brinden cierta seguridad. Gracias a tu encanto, con frecuencia la gente está dispuesta a ayudarte. Te sientes más feliz cuando tienes estabilidad financiera o puedes combinar los placeres con los negocios. Disfrutas ser el anfitrión de reuniones con amigos o socios de negocios. Es probable que tengas un buen matrimonio y que te beneficies de alianzas cercanas.

• *Negativa:* irascibilidad, insolencia, rebeldía, exigencia, inquietud.

ESE ALGUIEN ESPECIAL

Si deseas seguridad, estímulo intelectual y amor, búscalos entre quienes nacieron en las siguientes fechas.

Amor y amistad: 6, 8, 14, 23, 26 y 28 de enero; 4, 10, 12, 21, 24 y 26 de febrero; 2, 10, 12, 19, 22 y 24 de marzo; 8, 14, 17, 20 y 22 de abril; 6, 15, 16, 18 y 20 de mayo; 4, 13, 16 y 18 de junio; 2, 11, 14, 16 y 20 de julio; 9, 12, 14 y 22 de agosto; 7, 10, 12 y 24 de septiembre; 5, 8, 10 y 26 de octubre; 3, 6, 8 y 28 de noviembre; 1, 4, 6 y 30 de diciembre.

Buenas para ti: 9 y 12 de enero; 7 y 10 de febrero; 5 y 8 de marzo; 3 y 6 de abril; 1 y 4 de mayo; 2 y 30 de junio; 28 de julio; 26, 30 y 31 de agosto; 24, 28 y 29 de septiembre; 22, 26 y 27 de octubre; 20, 24 y 25 de noviembre; 18, 22, 23 y 29 de diciembre.

Atracción fatal: 6, 7, 8 y 9 de diciembre.

Desafiantes: 11, 13 y 29 de enero; 9 y 11 de febrero; 7, 9 y 30 de marzo; 5, 7 y 28 de abril; 3, 5, 26 y 31 de mayo; 1, 3, 24 y 29 de junio; 1, 22 y 27 de julio; 20 y 25 de agosto; 18, 23 y 30 de septiembre; 16, 21 y 28 de octubre; 14, 19 y 26 de noviembre; 12, 17 y 24 de diciembre.

Almas gemelas: 12 y 29 de enero, 10 y 27 de febrero, 8 y 25 de marzo, 6 y 23 de bril, 4 y 21 de mayo, 2 y 19 de junio, 17 de julio, 15 de agosto, 13 de septiembre, 11 de octubre, 9 de noviembre, 7 de diciembre.

ESTRELLA FIJA

Nombre de la estrella: Rigel

Posición: 15° 50'–16° 40' de Géminis, entre los años 1930 y 2000

Magnitud: 1

Fuerza: ★★★★★★★★★

Órbita: 2° 30'

Constelación: Orión (Beta Orionis)

Días efectivos: 3, 4, 5, 6, 7, 8 y 9 de junio

Propiedades de la estrella: influencias variadas: Marte/Júpiter o Saturno/Júpiter

Descripción: estrella doble brillante y blanquiazul ubicada en el pie izquierdo de Orión

INFLUENCIA DE LA ESTRELLA PRINCIPAL

Rigel confiere la capacidad de avanzar con rapidez en la vida, una fuerza de voluntad férrea y una naturaleza ambiciosa. Además, impulsa al intelecto a adquirir más conocimiento en general. El amor por la acción y los golpes de suerte fomentan tu competitividad. La capacidad de desarrollarte en las ciencias y ser innovador se vincula con esta estrella. Rigel otorga reconocimientos, riquezas materiales y éxito permanente.

Con respecto a tu grado del Sol, esta estrella indica una personalidad valiente y audaz, así como mentalidad abierta y liberal. Eres trabajador, tienes olfato para los negocios y gusto por la política y las relaciones públicas. Tu fuerte inclinación hacia la astrología, el estudio y la educación superior también provienen de Rigel. Esta estrella decreta que el éxito se alcanza a través de la asertividad y la franqueza, pero te advierte que debes evitar ser demasiado locuaz.

• *Positiva:* fundador de grandes empresas, liberal, educación, sentido común.

7 de junio

Ⅱ Eres un Géminis versátil, ambicioso y orientado a alcanzar el éxito. Eres bueno para materializar tus sueños, debido a la facilidad con que valoras a la gente y las situaciones, así como el olfato para identificar las oportunidades. Quizá trabajes mejor si te motiva la idea de una recompensa cuantiosa que te espera como parte de un plan o proyecto de gran tamaño. Te desagrada ser mezquino; por ende, la generosidad será uno de tus atributos más positivos.

Ser un comunicador carismático te permite llevarte bien con todo tipo de gente y tener la capacidad de influenciarla con tus ideas. Eres un visionario, por lo que sueles percibir las actitudes cambiantes en la sociedad antes que otras personas. Gracias a tu ingenio y agilidad, eres capaz de sacarle provecho a ese conocimiento. Aunque te preocupe producir dinero, aprenderás que no siempre trae consigo felicidad y serás consciente de lo que arriesgas en la búsqueda del éxito. Tu capacidad para ver el panorama completo te permite organizarte de maravilla y delegar responsabilidades a otros. Sin embargo, procura no desperdiciar tu energía ni dejar las cosas sin terminar.

Con la influencia de Venus en el segundo decanato de Géminis, es probable que seas diplomático y creativo. Cierto sentido natural del refinamiento o de la apreciación artística te impulsará a desarrollar tus talentos, ya sea profesionalmente o como pasatiempo y mecanismo de relajación. También indica aprecio por los lujos y las cosas buenas de la vida, las cuales te motivarán a ponerte en acción.

Después de los 14 años, cuando tu Sol progresado se desplace hacia Cáncer, te enfocarás más en tu vida sentimental y en quienes más influyen en ella: tu familia. Te volverás más consciente de la necesidad de seguridad y bases sólidas. Cuando tu Sol progresado se desplace hacia Leo, a los 44 años, el énfasis se trasladará a la expresión personal y la autoafirmación, lo que te impulsará a ocupar posiciones prominentes en la vida pública. Al llegar a los 74 años, tu Sol progresado se moverá hacia Virgo y empezarás a desarrollar una visión más analítica, reflexiva y pragmática.

Tu yo secreto

Puesto que eres un histrión por naturaleza, eres capaz de proyectar gran confianza en ti mismo. Por lo regular, eres astuto e inteligente, y tienes un sexto sentido poderoso, lo que te permite juzgar a la gente y las situaciones con rapidez. Esto te da la oportunidad de desempeñarte mejor en posiciones de liderazgo, en lugar de agotarte en labores físicas. Debido a que posees un lado serio e introspectivo, elegir la sabiduría en vez de una vida ostentosa en términos materiales será tu mayor recompensa.

Aunque acostumbras ser generoso con tu tiempo y dinero, corres el riesgo de expandirte demasiado o ser demasiado complaciente. Por fortuna, estás abierto a críticas que favorezcan el autoanálisis como herramienta para el desarrollo personal. Gracias a tu gran fuerza de voluntad, eres persuasivo e influyes en la gente. Las mujeres suelen desempeñar un papel importante en tu progreso.

Trabajo y vocación

Eres ambicioso y amigable, pero también independiente, por lo que es probable que prefieras trabajar solo, ya sea en una organización grande o por cuenta propia. Carreras relacionadas con la pedagogía, la docencia o la escritura te darán la libertad suficiente para hacer las cosas a tu modo. Te gusta planear en grande y eres excelente para delegar, así que puedes sobresalir en el comercio o el derecho. Tener múltiples talentos puede dificultar que te enfoques o especialices en un campo de entre la gran variedad de opciones a tu disposición. En términos profesionales, la facilidad con que lidias con el público y tus habilidades comunicativas extraordinarias podrían darte una gran ventaja en ventas, mercadotecnia o el mundo editorial. Debido a tu creatividad innata, quizá te atraigan las artes, el teatro o el entretenimiento musical. Tu olfato para los negocios te permite comercializar cualquier talento. Trabajas mejor cuando usas tu intelecto agudo.

Entre las personas famosas con quienes compartes cumpleaños están el pintor Paul Gauguin, los cantantes Prince y Tom Jones, y los actores Liam Neeson y Jessica Tandy.

Numerología

A pesar de ser analíticas y reflexivas, las personas con el número 7 en su fecha de nacimiento suelen ser críticas y egocéntricas. Tienes una necesidad constante de desarrollar tu autoconciencia. Debido a que disfrutas absorber información, te pueden interesar la lectura, la escritura o la espiritualidad. Si bien eres astuto, también tiendes a ser escéptico o a racionalizar demasiado las cosas y perderte en los detalles. La tendencia a ser enigmático o reservado supone que en ocasiones eres demasiado sensible a las críticas o te sientes incomprendido. La subinfluencia del mes número 6 indica la necesidad de orden y estabilidad, así que toma control de tu vida y empieza por establecer bases firmes. Querrás disfrutar las mejores cosas de la vida, pero cuídate de la autocomplacencia excesiva. Sé responsable de tus acciones y piensa antes de hablar. Aprender de tus errores te permitirá tener una actitud más realista. No olvides que el éxito es producto de la voluntad de trabajar arduamente y del desarrollo de las habilidades y el conocimiento existentes. Escribir tus pensamientos e ideas te ayudará a recordar los pequeños detalles y a ser práctico, creativo y bien organizado.

• *Cualidades positivas:* educación, confianza, meticulosidad, idealismo, honestidad, pensador silencioso, habilidades psíquicas, capacidades científicas, racionalidad, reflexión.

• *Cualidades negativas:* encubrimientos, engaños, tendencia a ser solitario, hermetismo, escepticismo, confusión, insensibilidad.

Amor y relaciones

Estás en una búsqueda constante de efervescencia y satisfacción emocional, pues tienes una naturaleza apasionada y deseos intensos. Dado que tienes una personalidad encantadora y carismática, atraes amigos y admiradores con facilidad. Te interesan personas optimistas capaces de inspirarte con ideas y oportunidades nuevas. Tu amor por la libertad indica que prefieres relaciones que te den suficiente espacio para sentirte independiente. Quizá debas tomarte las cosas con calma cuando se trata del amor y no hacer compromisos apresurados ni al calor del momento.

• *Negativa:* irascibilidad, insolencia, rebeldía, exigencia, inquietud.

ESE ALGUIEN ESPECIAL

Para no perder el interés en las relaciones amorosas, vincúlate con personas nacidas en las siguientes fechas.

Amor y amistad: 6, 15, 29 y 31 de enero; 4, 13, 27 y 29 de febrero; 2, 11, 25 y 27 de marzo; 9, 23 y 25 de abril; 7, 21 y 23 de mayo; 5, 19 y 21 de junio; 3, 17, 19 y 30 de julio; 1, 15, 17 y 28 de agosto; 13, 15 y 26 de septiembre; 11, 13 y 24 de octubre; 9, 11 y 22 de noviembre; 7, 9 y 20 de diciembre.

Buenas para ti: 13, 15 y 19 de enero; 11, 13 y 17 de febrero; 9, 11 y 15 de marzo; 7, 9 y 13 de abril; 5, 7 y 11 de mayo; 3, 5 y 9 de junio; 1, 3, 7 y 29 de julio; 1, 5, 27 y 31 de agosto; 3, 25 y 29 de septiembre; 1, 23 y 27 de octubre; 21 y 25 de noviembre; 19 y 23 de diciembre.

Atracción fatal: 30 de mayo; 28 de junio; 26 de julio; 24 de agosto; 22 de septiembre; 20 de octubre; 18 de noviembre; 7, 8, 9, 10 y 16 de diciembre.

Desafiantes: 12 de enero; 10 de febrero; 8 de marzo; 6 de abril; 4 de mayo; 2 de junio; 31 de agosto; 29 de septiembre; 27, 29 y 30 de octubre; 25, 27 y 28 de noviembre; 23, 25, 26 y 30 de diciembre.

Almas gemelas: 2 y 28 de enero, 26 de febrero, 24 de marzo, 22 de abril, 20 de mayo, 18 de junio, 16 de julio, 14 de agosto, 12 de septiembre, 10 de octubre, 8 de noviembre, 6 de diciembre.

ESTRELLA FIJA

Nombre de la estrella: Rigel

Posición: 15° 50'–16° 40' de Géminis, entre los años 1930 y 2000

Magnitud: 1

Fuerza: ★★★★★★★★★

Órbita: 2° 30'

Constelación: Orión (Beta Orionis)

Días efectivos: 3, 4, 5, 6, 7, 8 y 9 de junio

Propiedades de la estrella: influencias variadas: Marte/Júpiter o Saturno/Júpiter

Descripción: estrella doble brillante y blanquiazul ubicada en el pie izquierdo de Orión

INFLUENCIA DE LA ESTRELLA PRINCIPAL

Rigel confiere la capacidad de avanzar con rapidez en la vida, una fuerza de voluntad férrea y una naturaleza ambiciosa. Además, impulsa al intelecto a adquirir más conocimiento en general. El amor por la acción y los golpes de suerte fomentan tu competitividad. La capacidad de desarrollarte en las ciencias y ser innovador se vincula con esta estrella. Rigel otorga reconocimientos, riquezas materiales y éxito permanente.

Con respecto a tu grado del Sol, esta estrella indica una personalidad valiente y audaz, así como mentalidad abierta y liberal. Eres trabajador, tienes olfato para los negocios y gusto por la política y las relaciones públicas. Tu fuerte inclinación hacia la astrología, el estudio y la educación superior también provienen de Rigel. Esta estrella decreta que el éxito se alcanza a través de la asertividad y la franqueza, pero te advierte que debes evitar ser demasiado locuaz.

• *Positiva:* fundador de grandes empresas, liberal, educación, sentido común.

8 de junio

♊ Tu fecha de nacimiento indica que eres inteligente, generoso, de mente abierta y que tienes buenas habilidades para comunicarte. Eres independiente e ingenioso. Generalmente, te gusta mantenerte ocupado. En algunas ocasiones, puedes sentirte lleno de energía, pero también nervioso. Si aprendes a desapegarte lo suficiente, lograrás mantener la calma. Por fortuna, la frustración y la decepción nunca te duran demasiado, pues tu rapidez de respuesta te ayuda a ponerte de pie de nuevo.

Gracias a la influencia del regente de tu decanato, Libra, eres artístico y creativo, y tienes un encanto maravilloso que te permite relacionarte con la gente. Eres relajado y alegre, lo que te convierte en un compañero divertido que entretiene a otros con su ingenio y elocuencia. Libra también te confiere habilidades diplomáticas. Cuando combinas el don de la perspicacia con tu mente inventiva y analítica, eres capaz de crear cosas originales.

En ocasiones, proyectas una mezcla extraña y enigmática de cualidades opuestas, como ser sensible e idealista, pero también pragmático. Para evitar esperar demasiado de la gente o de las situaciones, y mantener una visión equilibrada, aprovecha tu sentido del humor natural. La tendencia a preocuparte por tus acciones te permitirá hacer un autoexamen positivo y mejorar a nivel personal.

Después de los 13 años, cuando tu Sol progresado se desplace hacia Cáncer, es probable que te concentres en cuestiones relacionadas con el hogar y la vida sentimental. Durante las siguientes tres décadas te volverás más consciente de lo relativo a la familia. A los 43 años, cuando tu Sol progresado se desplace hacia Leo, sentirás una necesidad intensa de expresarte y reafirmarte que te inspirará a ser más audaz, seguro de ti y sociable. Al llegar a los 73, cuando tu Sol progresado entre a Virgo, empezarás a desarrollar una visión de la vida analítica, práctica y servicial.

Tu yo secreto

Tienes excelentes habilidades de evaluación e instinto para el dinero y las cuestiones materiales. En algunas ocasiones, tienes la suerte de poder combinar tu sexto sentido con fragmentos de información inesperados. Puesto que habrá periodos en los que las finanzas fluctúen, tendrás que resolver el problema de vivir bien sin derrochar. El sentido innato de autoridad te ayudará a ascender a posiciones de responsabilidad en las que aproveches tus habilidades organizativas, si además requieren algún tipo de actividad creativa, te satisfarán aún más.

Sin embargo, si adoptas una posición pesimista, te volverás demasiado dominante y pondrás en riesgo las relaciones que hayas entablado hasta el momento. Tu inquietud y desasosiego internos implican que requieres variedad en cualquier ámbito para mantener vivo tu espíritu aventurero, lo que significa que los viajes serán una excelente panacea para muchos de tus pesares.

Trabajo y vocación

Tu intelecto extraordinario siempre está explorando conocimientos nuevos que pueda aprovechar tanto en términos materiales como personales. Esto te ayudará a triunfar en carreras que requieran habilidades mentales y excelente capacidad de comunicación, como científico, abogado, maestro o escritor. Por otro lado, tu buen olfato para los negocios te será útil en las finanzas, el erario público, la bolsa o la contabilidad. El lado humanitario de tu naturaleza encontrará desahogo en profesiones médicas o de trabajo social; mientras que tu buen sentido de la estructura podría manifestarse a través de la arquitectura o la construcción. Esta fecha de nacimiento también indica potencial de éxito en el mundo del espectáculo, las artes o la música.

Entre las personas famosas con quienes compartes cumpleaños están la comediante Joan Rivers, el compositor Robert Schumann, el músico Boz Scaggs, el pintor John Everett Millais, el arquitecto Frank Lloyd Wright y el astrólogo Grant Lewi.

Numerología

El poder del número 8 en tu fecha de nacimiento indica un carácter con valores firmes y un juicio sólido. El número 8 denota que aspiras a conseguir grandes logros y que tienes una naturaleza ambiciosa. Tu fecha de cumpleaños esboza además tu deseo de control, seguridad y éxito material. Como una persona nacida bajo el número 8 tienes un talento natural para los negocios y te beneficiarás en gran medida si desarrollas tus habilidades organizativas y ejecutivas. Tu necesidad de seguridad y estabilidad te insta a hacer planes e inversiones a largo plazo. La subinfluencia del mes número 6 indica que eres afectuoso y leal, aunque en ocasiones seas desconsiderado e insensible. Eres inquieto e imaginativo, pero deberás desarrollar una actitud más flexible para protegerte de la obstinación. Debido a que eres comprensivo y generoso espontáneamente, a veces sueles caer en autocomplacencias excesivas y ser descuidado con el dinero. Dado que tienes una actitud progresista y quieres expresar tus emociones con libertad, evita las situaciones monótonas o ser demasiado rígido. Por medio de la cooperación con otras personas obtendrás seguridad y estabilidad.

• *Cualidades positivas:* liderazgo, minuciosidad, trabajo arduo, tradición, autoridad, protección, poder de sanación, talento para juzgar valores.

• *Cualidades negativas:* impaciencia, intolerancia, avaricia, desasosiego, exceso de trabajo, comportamiento controlador o dominante, tendencia a darte por vencido, abusos, falta de planeación.

Amor y relaciones

Eres un auténtico comunicador que requiere la compañía de otras personas y disfruta el toque personal. Aunque en ocasiones aparentes frialdad e insensibilidad, bajo esa máscara hay un corazón compasivo y amoroso. Estás más satisfecho cuando socializas con personas con las que compartes algún tipo de actividad intelectual. A veces puedes ser sumamente serio, por lo que debes desarrollar una actitud más desapegada. Las inseguridades ocultas también pueden provocar que, en lugar de ser diplomático como acostumbras, seas discutidor o pendenciero, lo que puede provocar tensiones e inquietudes. Aun así, eres leal, amoroso y solidario, ya sea como pareja o amigo.

• *Negativa:* irascibilidad, insolencia, rebeldía, exigencia, inquietud.

ESE ALGUIEN ESPECIAL

Si deseas encontrar felicidad duradera, seguridad y amor, empieza por buscarlos entre quienes nacieron en las siguientes fechas.

Amor y amistad: 6 y 16 de enero; 4 y 14 de febrero; 2, 12, 28 y 30 de marzo; 10, 26 y 28 de abril; 8, 24, 26 y 30 de mayo; 6, 22, 24 y 28 de junio; 4, 20, 22, 26 y 31 de julio; 2, 18, 20, 24 y 29 de agosto; 16, 18, 22 y 27 de septiembre; 14, 16, 20 y 25 de octubre; 12, 14, 18 y 23 de noviembre; 10, 12, 16 y 21 de diciembre.

Buenas para ti: 9, 14 y 16 de enero; 7, 12 y 14 de febrero; 5, 10 y 12 de marzo; 3, 8 y 10 de abril; 1, 6 y 8 de mayo; 4 y 6 de junio; 2 y 4 de julio; 2 de agosto; 30 de septiembre; 28 de octubre; 26 y 30 de noviembre; 24, 28 y 29 de diciembre.

Atracción fatal: 21 de enero; 19 de febrero; 17 de marzo; 15 de abril; 13 de mayo; 11 de junio; 9 de julio; 7 de agosto; 5 de septiembre; 3 de octubre; 1 de noviembre; 8, 9, 10 y 11 de diciembre.

Desafiantes: 4, 13 y 28 de enero; 2, 11 y 26 de febrero; 9 y 24 de marzo; 7 y 22 de abril; 5 y 20 de mayo; 3 y 18 de junio; 1 y 16 de julio; 14 de agosto; 12 de septiembre; 10 y 31 de octubre; 8 y 29 de noviembre; 6 y 27 de diciembre.

Almas gemelas: 15 y 22 de enero, 13 y 20 de febrero, 11 y 18 de marzo, 9 y 16 de abril, 7 y 14 de mayo, 5 y 12 de junio, 3 y 10 de julio, 1 y 8 de agosto, 6 de septiembre, 4 de octubre, 2 de noviembre.

SOL: GÉMINIS
DECANATO: LIBRA/VENUS
ÁNGULO: 17º–18º 30' DE GÉMINIS
MODALIDAD: MUTABLE
ELEMENTO: AIRE

ESTRELLAS FIJAS

Rigel; Bellatrix, que significa "la guerrera"; Capella, también llamada Alhajoth, que significa "cabra pequeña".

ESTRELLA PRINCIPAL

Nombre de la estrella: Rigel
Posición: 15º 50'–16º 40' de Géminis, entre los años 1930 y 2000
Magnitud: 1
Fuerza: ★★★★★★★★★★
Órbita: 2º 30'
Constelación: Orión (Beta Orionis)
Días efectivos: 3, 4, 5, 6, 7, 8 y 9 de junio
Propiedades de la estrella: influencias variadas: Marte/Júpiter o Saturno/Júpiter
Descripción: estrella doble brillante y blanquiazul ubicada en el pie izquierdo de Orión

INFLUENCIA DE LA ESTRELLA PRINCIPAL

Rigel confiere la capacidad de avanzar con rapidez en la vida, una fuerza de voluntad férrea y una naturaleza ambiciosa. Además, impulsa al intelecto a adquirir más conocimiento. La capacidad de desarrollarte en las ciencias y ser innovador se vincula con esta estrella. Rigel otorga reconocimientos, riquezas materiales y éxito permanente.

Con respecto a tu grado del Sol, esta estrella indica una personalidad valiente y audaz, así como mentalidad abierta y liberal. Eres trabajador, tienes olfato para los negocios y gusto por la política y las relaciones públicas. Tu fuerte inclinación hacia la astrología, el estudio y la educación superior también provienen de Rigel. Esta estrella decreta que el éxito se alcanza a través de la asertividad y la

9 de junio

Ⅱ Cierta fuerza de voluntad y determinación son indicativas de que podrás explotar al máximo el potencial conferido por esta fecha de nacimiento. El deseo de expandirte y de ascender por la escalera del éxito, tanto a nivel material como social, te vuelven ambicioso y tenaz. Sin embargo, un posible obstáculo será tu actitud obstinada o rebelde. Dado que te gustan el poder y la autoridad, en ocasiones asumirás responsabilidades y posiciones de liderazgo. No obstante, debes desarrollar tu paciencia para no ser demasiado dominante.

Dada la influencia añadida de Libra, el regente de tu decanato, eres sociable y divertido, y es probable que saques partido de tus interacciones con mujeres. Libra también inclina hacia la apreciación artística o creativa, y amor por la música y el baile. Además de dinero, Venus también trae interés en las relaciones humanas, lo que te empujará a crear un entorno mejor para otras personas.

Por medio de la disciplina sacas lo mejor de ti mismo, incluyendo la capacidad de alcanzar metas extraordinarias y superar los obstáculos. Eres perseverante y anhelas la libertad con ansias, pero debes estar consciente de tus limitaciones y evitar meterte en problemas con figuras de autoridad.

Después de los 12 años, cuando tu Sol progresado se desplace hacia Cáncer, cuestiones relacionadas con el hogar, la seguridad y la familia adquirirán una mayor importancia. Esta influencia persiste hasta los 42 años, cuando inicia un periodo de energía, poder y confianza en ti mismo, a medida que tu Sol progresado se desplaza hacia Leo. Al llegar a los 72 años, cuando tu Sol progresado entre a Virgo, querrás ser más analítico, práctico y reflexivo.

Tu yo secreto

La fe en ti mismo tiene un fuerte impacto en tu confianza, y sin ella enfrentarás periodos de ensimismamiento, inseguridad y baja autoestima. Tu astucia y agudeza mental te permiten aprehender la información con rapidez y usarla a tu favor. Aunque en ocasiones te preocupas demasiado por cuestiones materiales, puedes sobreponerte a una visión fría o escéptica del mundo con ayuda de tu sabiduría interna y perspicacia espiritual. Si te propones vivir de forma espontánea y ser justo, pero competitivo, te impulsarás a ti mismo y a los demás a sentirte poderoso y vivo.

Cuando te interesa que ocurra algo en particular, tienes un sentido natural del control y eres enfocado y paciente. En esas ocasiones, estás dispuesto a trabajar más arduamente que nunca. Además, te atraen personas poderosas y ambiciosas que reconocen tus habilidades y están dispuestas a ayudarte a materializar tus planes.

Trabajo y vocación

Cualquier actividad que involucre trato humano te resultará gratificante, aunque tus ansias de expresión y veta actoral te empujarán hacia las artes o el mundo del entretenimiento. El lado humanitario y filantrópico de tu naturaleza se expresará en profesiones de apoyo terapéutico o a causas sociales. Gracias a tus habilidades organizacionales, administrativas y ejecutivas, sobresaldrás en el comercio, las finanzas o la industria. Tu inmensa fuerza de voluntad y determinación te llevarán a ocupar posiciones de poder. Dado que te gusta tener autonomía absoluta, trabajar por cuenta propia será una alternativa atractiva. Por otro lado, la profesión legal y la función pública te permitirán prosperar también. Tu gusto por la variedad y tus habilidades comunicativas te serán invaluables en ocupaciones como periodismo o política.

Entre las personas famosas con quienes compartes cumpleaños están los actores Johnny Depp y Michael J. Fox, el compositor Cole Porter, el político Robert S. McNamara y la médica pionera Elizabeth Garrett Anderson.

Numerología

La benevolencia, la amabilidad y el sentimentalismo son características asociadas con haber nacido bajo el número 9. Sueles ser generoso, liberal, tolerante y gentil. Tus habilidades intuitivas y psíquicas apuntan hacia una receptividad universal que, canalizada de forma positiva, te inspirará a buscar un camino espiritual. Esta fecha de nacimiento sugiere la necesidad de superar desafíos, y la tendencia a ser hipersensible y experimentar altibajos emocionales. Viajar por el mundo e interactuar con gente de todo tipo te beneficiará, pero es posible que debas cuidarte de tener sueños poco realistas o de tender hacia la evasión. La subinfluencia del mes número 6 indica que puedes ser responsable y encontrar equilibrio y armonía a través del buen juicio y la justicia. Ser generoso, cooperativo y considerado saca a relucir tu lado humanitario. Evita ser problemático o vengativo, e intenta escuchar las necesidades de los demás sin ser egocéntrico, crítico, ni avasallar a otros con tus opiniones. Las mayores recompensas provienen de la compasión y el amor por los demás.

• *Cualidades positivas:* idealismo, humanitarismo, creatividad, sensibilidad, generosidad, magnetismo, naturaleza poética, caridad, naturaleza dadivosa, desapego, suerte, popularidad.

• *Cualidades negativas:* frustración, nerviosismo, fragmentación, incertidumbre, egoísmo, falta de practicidad, tendencia a dejarse llevar, complejo de inferioridad, miedo, preocupación.

Amor y relaciones

Suelen atraerte individuos poderosos pero creativos, y tienes una necesidad de amor y comprensión que pareciera contradecir tu apariencia fuerte y segura de sí misma. Aunque trabajas arduamente, disfrutas divertirte y socializar con amigos y familiares. Te gusta que las cosas se hagan a tu manera, pero también eres leal y solidario. Sin embargo, debes evitar atormentarte o ser temperamental. Las personas más inspiradas de entre las nacidas en esta fecha suelen encontrar mecanismos de expresión a través del amor por las artes, la música o la poesía.

franqueza, pero te advierte que debes evitar ser demasiado locuaz.

• *Positiva:* fundador de grandes empresas, liberal, educación, sentido común.

• *Negativa:* irascibilidad, insolencia, rebeldía, exigencia, inquietud.

ESE ALGUIEN ESPECIAL

Encontrarás a una pareja que comprenda tu sensibilidad y tus necesidades afectivas entre quienes nacieron en las siguientes fechas.

Amor y amistad: 7, 17 y 20 de enero; 5, 15 y 18 de febrero; 3, 13, 16, 29 y 31 de marzo; 1, 11, 14, 27 y 29 de abril; 9, 12, 25 y 27 de mayo; 7, 10, 23 y 25 de junio; 5, 8, 21 y 23 de julio; 3, 6, 19 y 21 de agosto; 1, 4, 17 y 19 de septiembre; 2, 15 y 17 de octubre; 13, 15 y 30 de noviembre; 11, 13 y 28 de diciembre.

Buenas para ti: 15, 17 y 28 de enero; 13, 15 y 26 de febrero; 11, 13 y 24 de marzo; 9, 11 y 22 de abril; 7, 9 y 20 de mayo; 5, 7 y 18 de junio; 3, 5 y 16 de julio; 1, 3 y 14 de agosto; 1 y 12 de septiembre; 10 y 29 de octubre; 8 y 27 de noviembre; 6 y 25 de diciembre.

Atracción fatal: 5 de enero; 3 de febrero; 1 de marzo; 9, 10, 11 y 12 de diciembre.

Desafiantes: 4, 5 y 14 de enero; 2, 3 y 12 de febrero; 1 y 10 de marzo; 8 y 30 de abril; 6 y 28 de mayo; 4 y 26 de junio; 2 y 24 de julio; 22 de agosto; 20 de septiembre; 18 de octubre; 16 de noviembre; 14 de diciembre.

Almas gemelas: 2 de enero, 29 de marzo, 27 de abril, 25 de mayo, 23 de junio, 21 de julio, 19 de agosto, 17 de septiembre, 15 de octubre, 13 de noviembre, 11 de diciembre.

ESTRELLAS FIJAS

Bellatrix, que significa "la guerrera"; Capella, también llamada Alhajoth, que significa "cabra pequeña"

ESTRELLA PRINCIPAL

Nombre de la estrella: Capella, también llamada Alhajoth, que significa "cabra pequeña"

Posición: 20º 52'–21º 48' de Géminis, entre los años 1930 y 2000

Magnitud: 1

Fuerza: ★★★★★★★★★

Órbita: 2º 30'

Constelación: Auriga (Alpha Aurigae)

Días efectivos: 9, 10, 11, 12, 13 y 14 de junio

Propiedades de la estrella: Mercurio/Marte

Descripción: gran estrella blanca y brillante ubicada en el cuerpo de la Cabra, en brazos de Auriga

INFLUENCIA DE LA ESTRELLA PRINCIPAL

Capella confiere una naturaleza enérgica e inquisitiva, así como amor por el aprendizaje. Fomenta el interés en la investigación y las invenciones. Asimismo, otorga reconocimientos y posiciones de confianza prominentes; además, permite amasar riquezas y alcanzar el éxito.

Con respecto a tu grado del Sol, esta estrella indica una tendencia a la verborrea y supone un riesgo de ser demasiado locuaz. Capella te advierte que debes aprender a escuchar a los demás para evitar malentendidos.

• *Positiva:* confiabilidad, lealtad, mente inquisitiva, conocimiento amplio.

• *Negativa:* ganas de discutir, indecisión, angustia, desinterés, desperdicio de energía mental.

10 de junio

♊ Tu fecha de nacimiento indica un intelecto excelente y de gran potencial para alcanzar el éxito material. Es probable que seas persuasivo y te interese la interacción social. Tienes la capacidad de trabajar con una precisión minuciosa. Anhelas independencia y tienes la capacidad de aprender de las experiencias, aunque sueles especializarte en una sola línea de trabajo.

Gracias a la influencia de Venus en el segundo decanato de Géminis, tienes una personalidad carismática y persuasiva. Cuando adoptas una postura optimista, tienes muchas ideas creativas y eres buen conversador. Por lo regular, eres sociable y sensible a la belleza y las artes. Esto se traduce en aprecio por los lujos y capacidad para trabajar de forma cooperativa. Venus también enfatiza la importancia del dinero y demuestra que estás dispuesto a esforzarte mucho por ganártelo. Un posible obstáculo será equilibrar tu deseo de trabajar, ser rígido, estructurado y activo con tu anhelo de placer, amor y espontaneidad.

Si disciplinas tu enorme potencial y canalizas cualquier posible impaciencia hacia una acción creativa, a la larga lograrás resultados en la lucha constante contra los desafíos de la vida. Aprender a mantener una actitud positiva y valorar tus privilegios te hará darte cuenta de que la gratitud es una virtud especial que te ayudará a progresar y permitirá que tu energía fluya con más libertad.

Después de los 11 años, cuando tu Sol progresado se desplace hacia Cáncer, temas relacionados con la seguridad emocional, el hogar y la familia empiezan a volverse más importantes. Esta influencia persiste hasta los 41 años, cuando tu Sol progresado se desplaza hacia Leo e inicia un periodo de tres décadas de seguridad en ti, autoridad y fuerza crecientes, así como de mayor expresión personal. Al llegar a los 71 años, tu Sol progresado se moverá hacia Virgo, y desarrollarás una visión de vida más analítica, perfeccionista y pragmática.

Tu yo secreto

Tu apariencia exterior no revela tu sensibilidad interna, pero tu riqueza de emociones indica que necesitas amor y afecto incondicionales. Cuando recibes este tipo de devoción, sientes que puedes confiar en que la vida te cuidará. La necesidad de seguridad emocional profunda revela que sentirte abandonado o despreciado te provocará miedos y ansiedades, pues la confianza es la clave de tu felicidad. Si te aferras al miedo o a la frustración, le cerrarás la puerta a aquello que necesitas en realidad.

Las demostraciones de afecto son importantes para ti. En ocasiones, adoptas una postura de "todo o nada" y, aunque eres capaz de perdonar y seguir amando, cuando decides que no puedes más, ya no hay vuelta atrás. Evita la tentación de convertirte en lo que otros esperan de ti; sé leal a ti mismo. Cuando abres tu corazón por completo, pero mantienes el desapego suficiente como para no darle demasiada importancia al resultado, eres sumamente generoso y atraes todo lo que necesitas y deseas.

Trabajo y vocación

La ambición, el olfato para los negocios y la capacidad de liderar te ayudarán a ascender al éxito. La capacidad de mezclar los negocios con el placer te hace un excelente conversador y te permite sobresalir en la diplomacia y las relaciones públicas. De igual modo, tus talentos te resultarán útiles en el mundo de las ventas, el comercio o la comunicación. Es probable que triunfes en ocupaciones que involucren cambios y variedad, ya que te desagrada la rutina y te aburres con facilidad. La educación, el periodismo y el servicio a la comunidad te resultarían gratificantes, mientras que tu veta histriónica podría inclinarte hacia el mundo del entretenimiento. El talento para tratar con la gente será uno de tus mejores atributos.

Entre las personas famosas con quienes compartes cumpleaños están la cantante y actriz Judy Garland; el músico Howlin' Wolf; el magnate Robert Maxwell, y el duque de Edimburgo, el príncipe Felipe.

Numerología

Al igual que otras personas con el número 1 en su fecha de nacimiento, acostumbras perseguir grandes objetivos que probablemente alcances. Sin embargo, para ello es necesario que superes algunos obstáculos antes de alcanzar esas metas. Con frecuencia, eres enérgico y original, y defiendes tus creencias aun cuando son distintas a las de los demás. Tu capacidad de iniciar proyectos por cuenta propia y tu espíritu pionero te animan a viajar por territorios inexplorados y a triunfar o fracasar por ti mismo. Es posible que también tengas que entender que no eres el centro del universo. Evita ser egoísta y dictatorial. El éxito y los logros son importantes para aquellos con un cumpleaños con el número 10, por lo que es normal que quieras llegar a la cima de tu profesión. La subinfluencia del mes número 6 indica que tienes convicciones sólidas, que eres observador y prestas atención a los detalles, y que te gusta reunir información útil que después puedas aprovechar de formas prácticas. Cuando algo te preocupa, pareces ausente o inquieto. Nunca estás satisfecho con lo que ya sabes, por lo que te beneficiaría mucho estudiar algo relacionado con metafísica, espiritualidad y filosofía. Si eres flexible y te adaptas, podrás superar cualquier malentendido.

• *Cualidades positivas:* liderazgo, creatividad, naturaleza progresista, vigor, optimismo, convicciones firmes, competitividad, independencia, sociabilidad.

• *Cualidades negativas:* autoritarismo, celos, egocentrismo, orgullo, antagonismo, egoísmo, debilidad, vacilación, impaciencia.

Amor y relaciones

Gracias a tu encanto, sensibilidad y aprecio por la belleza y el arte, sientes una atracción fuerte hacia los lujos. Te interesan personas glamorosas con personalidad carismática. Le encantas a la gente por tu optimismo y generosidad. Estás dispuesto a sacrificarte por amor, pero debes evitar ponerte en el papel de mártir. Aunque suelas buscar relaciones serias, te decepcionarás menos si desarrollas una actitud más realista. Sueles trabajar arduamente para brindarle estabilidad a tu pareja; sin embargo, no debes ignorar tu necesidad intensa de expresión personal creativa, la cual puede traducirse en proyectos artísticos, ya que te gustan la música y el teatro.

ALGUIEN ESPECIAL

Encontrarás a una pareja que comprenda tu sensibilidad y tus necesidades afectivas entre quienes nacieron en las siguientes fechas.

Amor y amistad: 4, 8, 18, 19 y 23 de enero; 2, 6, 16, 17 y 21 de febrero; 4, 14, 15, 19, 28 y 30 de marzo; 2, 12, 13, 17, 26, 28 y 30 de abril; 10, 11, 15, 24, 26 y 28 de mayo; 8, 9, 13, 22, 24 y 26 de junio; 6, 7, 11, 20, 22, 24 y 30 de julio; 4, 5, 9, 18, 20, 22 y 28 de agosto; 2, 3, 7, 16, 18, 20 y 26 de septiembre; 1, 5, 14, 16, 18 y 24 de octubre; 3, 12, 14, 16 y 22 de noviembre; 1, 10, 12, 14 y 20 de diciembre.

Buenas para ti: 5, 16 y 27 de enero; 3, 14 y 25 de febrero; 1, 12 y 23 de marzo; 10 y 21 de abril; 8 y 19 de mayo; 6 y 17 de junio; 4 y 15 de julio; 2 y 13 de agosto; 11 de septiembre; 9 y 30 de octubre; 7 y 28 de noviembre; 5, 26 y 30 de diciembre.

Atracción fatal: 17 de enero; 15 de febrero; 13 de marzo; 11 de abril; 9 de mayo; 7 de junio; 5 de julio; 3 de agosto; 1 de septiembre; 10, 11, 12 y 13 de diciembre.

Desafiantes: 1, 10 y 15 de enero; 8 y 13 de febrero; 6 y 11 de marzo; 4 y 9 de abril; 2 y 7 de mayo; 5 de junio; 3 y 29 de julio; 1 y 27 de agosto; 25 de septiembre; 23 de octubre; 21 de noviembre; 19 y 29 de diciembre.

Almas gemelas: 30 de agosto, 28 de septiembre, 26 de octubre, 24 de noviembre, 22 de diciembre.

11 de junio

ESTRELLAS FIJAS

Capella, también llamada Alhajoth, que significa "cabra pequeña"; Bellatrix, que significa "la guerrera"; Phact; Elnath

ESTRELLA PRINCIPAL

Nombre de la estrella: Capella, también llamada Alhajoth, que significa "cabra pequeña"

Posición: 20° 52'–21° 48' de Géminis, entre los años 1930 y 2000

Magnitud: 1

Fuerza: ★★★★★★★★★

Órbita: 2° 30'

Constelación: Auriga (Alpha Aurigae)

Días efectivos: 9, 10, 11, 12, 13 y 14 de junio

Propiedades de la estrella: Mercurio/Marte

Descripción: gran estrella blanca y brillante ubicada en el cuerpo de la Cabra, en brazos de Auriga

INFLUENCIA DE LA ESTRELLA PRINCIPAL

Capella confiere una naturaleza enérgica e inquisitiva, así como amor por el aprendizaje. Fomenta el interés en la investigación y las invenciones. Asimismo, otorga reconocimientos y posiciones de confianza prominentes, además de permitirte amasar riquezas y alcanzar el éxito.

Con respecto a tu grado del Sol, esta estrella indica una tendencia a la verborrea y supone un riesgo de ser demasiado locuaz. Capella te advierte que debes aprender a escuchar a los demás para evitar malentendidos.

• *Positiva:* confiabilidad, lealtad, mente inquisitiva, conocimiento amplio.

• *Negativa:* ganas de discutir, indecisión, angustia, desinterés, desperdicio de energía mental.

Tu fecha de nacimiento indica que el idealismo y el pragmatismo coexisten por partes iguales en tu vida. Gracias a tu buen juicio y capacidad de razonamiento, proyectas una apariencia astuta pero también sensible. Le das muchísima importancia a la honestidad, y eres capaz de ser directo de forma sutil. Además, posees un sentido común que te permite discernir entre personas y situaciones.

La influencia de Acuario, el regente de tu decanato, acentúa tu independencia y versatilidad. También es indicativa de tu personalidad amistosa, extrovertida y sociable. Sin embargo, podrías tener un lado más inusual y excéntrico. El interés en diferentes temas supone que tu mente ágil adopta un enfoque original y que eres un pensador inspirado. Ir al meollo del asunto hace que disfrutes aprender y que tengas una visión amplia y previsora. No obstante, deberás cuidarte de la tendencia a ser irritable, la cual arruina tu encanto y te aísla del mundo.

Aunque eres carismático y les resultas atractivo a distintos tipos de personas, evita ir a la deriva o dejarte llevar por los dramas ajenos. Te inspiran muchas ideas, pero una vez que tienes una meta definida eres tenaz, organizado y desarrollas un fuerte sentido del propósito. Tener la ventaja añadida de la intuición natural te beneficiará en gran medida, ya que sueles tener un sexto sentido cuando se trata de las personas y las situaciones.

Después de los 10 años, cuando tu Sol progresado se desplace hacia Cáncer, las cuestiones de seguridad emocional, el hogar y la familia empezarán a desempeñar un papel más importante en tu vida. Esta influencia persiste hasta los 40 años, cuando tu Sol progresado entra a Leo. En ese momento, inicia un periodo de tres décadas que se caracteriza por confianza personal, expresión creativa y sociabilidad crecientes. Cuando llegues a los 70 años, tu Sol progresado se moverá hacia Virgo y serás más analítico, práctico y reflexivo.

Tu yo secreto

Eres sensible, imaginativo y con la mente llena de ideas, pero también eres propenso a preocuparte. Es importante que fortalezcas tu confianza personal por medio de la expresión en todas las áreas de tu vida; sobre todo a través de la música, el arte o la palabra escrita. Es probable que tu hogar sea el refugio en el que encuentras paz y seguridad. Aunque ansías armonía, ten cuidado de no ceder demasiado en el camino.

Un desafío interno puede ser el malestar inconsciente que proviene de la frustración o de la decepción ante tus circunstancias o respecto de otras personas. Si enfrentas y manejas estas incertidumbres, serás capaz de tomar decisiones que te permitan mantenerte desapegado y con una actitud positiva. Una vez que te liberes de preocupaciones que no te corresponden, tendrás la libertad de revelar tu espíritu creativo y proyectar alegría por la vida.

Trabajo y vocación

Ser brillante y versátil, y poseer excelentes habilidades comunicativas te permite adaptarte a cualquier oportunidad profesional. Quizá sea necesario que evites desperdigar tus fuerzas, pues es probable que poseas múltiples talentos. No obstante, cuando te interesa un proyecto o causa, sueles esforzarte mucho por él. Esto te será útil en el mundo de los negocios, el trabajo social o la política. También te pueden atraer la ciencia, el derecho, el trabajo gubernamental o la clerecía. Por otro lado, tu habilidad natural para relacionarte con la gente te será útil en las ventas o la hostelería. Puedes decidir si usas tus habilidades manuales de forma creativa o práctica, y, si desarrollas tu talento artístico innato y expresas tus ansias de inspiración, podrías hacer carrera en el cine, la pintura o la música.

Entre las personas famosas con quienes compartes cumpleaños están el actor Gene Wilder, el explorador marino Jacques Cousteau y el deportista Joe Montana.

Numerología

La vibración especial del 11, el número maestro en tu fecha de nacimiento, sugiere que el idealismo, la inspiración y la innovación son importantísimos para ti. La combinación de humildad y seguridad en ti mismo te desafía a esforzarte por alcanzar el dominio material y espiritual de tu ser. A través de la experiencia aprenderás a lidiar con ambos lados de tu naturaleza y a adoptar una actitud menos extrema cuando se trate de confiar en tus emociones. Sueles estar conectado con el mundo y posees una gran vitalidad, pero por esa misma razón debes evitar ser demasiado ansioso o impráctico. La subinfluencia del número 6 indica que eres una persona intuitiva, pero que necesita enfocarse en sus metas. Aunque seas ambicioso, deberás desarrollar una visión más realista para poder materializar tus sueños. Date tiempo para construir bases sólidas. Ser considerado y comprensivo hace que seas una inspiración para otros, pero cuídate de no volverte voluble, hipersensible o irritable. Para convertir tus ideales en realidades tangibles, vete a lo seguro hasta que encuentres una mejor estrategia.

• *Cualidades positivas*: equilibrio, concentración, objetividad, entusiasmo, inspiración, espiritualidad, idealismo, intuición, inteligencia, extroversión, inventiva, talento artístico, espíritu servicial, capacidad de sanación, humanitarismo, habilidad psíquica.

• *Cualidades negativas*: complejo de superioridad, deshonestidad, falta de rumbo, hipersensibilidad, tendencia a ofenderse con demasiada facilidad, nerviosismo, egoísmo, falta de claridad, actitud dominante.

Amor y relaciones

Ser carismático y encantador hace que le intereses a gente de toda índole. Sin embargo, esta habilidad trae consigo la necesidad de ejercer cierto nivel de discernimiento, pues es probable que atraigas a personas que se vuelvan dependientes de ti o que te distraigan de tus objetivos. Sueles tener altas expectativas de las relaciones y, si no se cumplen, te desanimas y te sientes insatisfecho contigo mismo y con los demás. Tu necesidad de aprecio supone que estás dispuesto a hacer sacrificios por tus seres queridos, pero que también ansías recibir mucho amor y reconocimiento a cambio de tus esfuerzos. Por lo regular, tienes mucha suerte al tratar con otras personas.

ESE ALGUIEN ESPECIAL

Encontrarás relaciones duraderas y estabilidad con personas nacidas en las siguientes fechas.

Amor y amistad: 5, 9, 18 y 19 de enero; 3, 7, 16 y 17 de febrero; 1, 5, 14, 15 y 31 de marzo; 3, 12, 13 y 29 de abril; 1, 10, 11, 27 y 29 de mayo; 8, 9, 25 y 27 de junio; 6, 7, 23, 25 y 31 de julio; 4, 5, 21, 23 y 29 de agosto; 2, 3, 19, 21, 27 y 30 de septiembre; 1, 17, 19, 25 y 28 de octubre; 13, 15, 21 y 24 de diciembre.

Buenas para ti: 1, 6 y 17 de enero; 4 y 15 de febrero; 2 y 13 de marzo; 11 de abril; 9 de mayo; 7 de junio; 5 de julio; 3 de agosto; 1 de septiembre; 31 de octubre; 29 de noviembre; 27 de diciembre.

Atracción fatal: 11, 12, 13 y 14 de diciembre.

Desafiantes: 2 y 16 de enero, 14 de febrero, 12 de marzo, 10 de abril, 8 de mayo, 6 de junio, 4 de julio, 2 de agosto, 30 de diciembre.

Almas gemelas: 11 y 31 de enero, 9 y 29 de febrero, 7 y 27 de marzo, 5 y 25 de abril, 3 y 23 de mayo, 1 y 21 de junio, 19 de julio, 17 de agosto, 15 de septiembre, 13 de octubre, 11 de noviembre, 9 de diciembre.

ESTRELLAS FIJAS

Capella, también llamada Alhajoth, que significa "cabra pequeña"; Bellatrix, que significa "la guerrera"; Phact; Mintaka, también llamada Cingula Orionis; Elnath; Alnilam, también llamada Annižãm, que significa "collar de perlas"

ESTRELLA PRINCIPAL

Nombre de la estrella: Capella, también llamada Alhajoth, que significa "cabra pequeña"
Posición: 20° 52'–21° 48' de Géminis, entre los años 1930 y 2000
Magnitud: 1
Fuerza: ★★★★★★★★★
Órbita: 2° 30'
Constelación: Auriga (Alpha Aurigae)
Días efectivos: 9, 10, 11, 12, 13 y 14 de junio
Propiedades de la estrella: Mercurio/Marte
Descripción: gran estrella blanca y brillante ubicada en el cuerpo de la Cabra, en brazos de Auriga

INFLUENCIA DE LA ESTRELLA PRINCIPAL

Capella confiere una naturaleza enérgica e inquisitiva, así como amor por el aprendizaje. Fomenta el interés en la investigación y las invenciones. Asimismo, otorga reconocimientos y posiciones prominentes, además de permitirte amasar riquezas y alcanzar el éxito.

Con respecto a tu grado del Sol, esta estrella indica una tendencia a la verborrea y supone un riesgo de ser demasiado locuaz. Capella te advierte que debes aprender a escuchar a los demás para evitar malentendidos.

• *Positiva:* confiabilidad, lealtad, mente inquisitiva, conocimiento amplio.

12 de junio

La agilidad y los instintos inherentes a esta fecha de nacimiento se combinan bien con tu personalidad visionaria y versátil. Es probable que nunca te quedes quieto, pues tu inquietud interna te impulsa a explorar caminos nuevos y emocionantes. Puesto que entiendes las cosas con mucha rapidez, te aburres con facilidad y te desagrada la rutina. Te atraen las personas con una inteligencia excepcional porque te estimulan intelectualmente. Eres muy sociable, esto te hace consciente de la imagen que proyectas al público y te lleva a ser popular.

Eres sensible y tienes una imaginación poderosa, pero necesitas concentrarte y fijarte metas positivas. Si te vuelves impaciente, es posible que te rindas con facilidad, así que debes desarrollar perseverancia para explotar al máximo tu potencial extraordinario.

Debido a la influencia de Acuario, el regente de tu decanato, te gusta debatir y te atraen intereses un tanto inusuales. Esto también indica que, aunque posees una mente astuta e ingeniosa, enfrentarás un conflicto entre tus lados idealista y mundano. Esta fecha de cumpleaños también indica que los viajes supondrán una gran influencia en tu vida; tendrás la posibilidad de trabajar o vivir en un país diferente.

Después de los nueve años, cuando tu Sol progresado entre a Cáncer, es probable que te enfoques más en el hogar y la familia. Este punto de inflexión trae consigo una mayor necesidad de amor, comprensión y seguridad emocional. A partir de los 39 años, cuando tu Sol progresado entre en Leo, es probable que experimentes una infusión de confianza personal y mayor reconocimiento de tus capacidades personales. Al llegar a los 69 años, tu Sol progresado se moverá hacia Virgo y querrás refinar tu vida y ser más analítico, práctico y reflexivo.

Tu yo secreto

La incertidumbre financiera podría causarte preocupaciones o frustraciones innecesarias. Debido a tu impaciencia innata, debes tener cuidado de no tomar el camino del dinero fácil en lugar de la ruta más larga de construir un futuro de estabilidad económica. Tu veta derrochadora te traerá problemas en este sentido. Sin embargo, una vez que decidas materializar tu visión, serás sumamente enfocado y tenaz.

Tu personalidad dinámica indica que necesitas tener un propósito y concentrarte en él. Eso te ayudará a evitar ansiedades o dudas con respecto a tu confianza personal y autoestima. Eres capaz de ver la vida de forma creativa, lo que implica estar por encima de cualquier dilema y ver la existencia desde una perspectiva más amplia. Aunque en ocasiones debas hacer sacrificios por otras personas, a la larga esto te ayudará a desarrollar compasión y humanismo.

Trabajo y vocación

La agilidad mental y facilidad de comunicación te beneficiarán particularmente en ámbitos como periodismo, servicio al cliente o ventas. Aunque eres trabajador y ambicioso, tu deseo de variedad te hace más adecuado para carreras que impliquen cambios veloces y donde no haya rutinas. Ocupaciones como viajes y turismo estarán en sintonía con tu espíritu aventurero; por otro lado, tu inclinación a la acción hacen que profesiones que impliquen deportes o esparcimiento te permitan canalizar bien tu energía y empuje. Tienes un sentido de la visión y la estructura muy desarrollados, lo que podría inclinarte hacia la fotografía, el diseño gráfico o las matemáticas, además de ayudarte a ser un visionario práctico en el mundo de los negocios. Podrás expresar tu creatividad a través del teatro y la música, o en el mundo de la sanación, en donde aprovecharás tu sensibilidad y trabajarás de forma intuitiva.

Entre las personas famosas con quienes compartes cumpleaños están la icónica Ana Frank, el pintor Egon Schiele, el pianista Chick Corea, el banquero David Rockefeller y el expresidente estadounidense George H. W. Bush.

Numerología

La gente que nace bajo el número 12 suele ser intuitiva, servicial y amigable. Puesto que deseas establecer una verdadera individualidad, tienes una excelente capacidad de razonamiento y eres innovador. Ser comprensivo y sensible por naturaleza te permite aprovechar el buen tacto y las capacidades cooperativas ajenas para alcanzar tus metas y objetivos. Cuando alcances el equilibrio entre tu necesidad de expresarte y el impulso natural de apoyar a otros, encontrarás satisfacción emocional y personal. No obstante, quizá debas armarte de valor para independizarte, desarrollar la seguridad en ti y no dejarte desanimar por otras personas. La subinfluencia del mes número 6 indica que necesitas expresar tus emociones con claridad y precisión. Para evitar malentendidos, hazles saber a otros cómo te sientes y qué piensas. Tener la mente abierta y ver el panorama general te ayuda a mantener una actitud optimista y desapegada. Muestras tu verdadera compasión con una actitud humanista y preocupación por los demás. Presta atención a lo que otros dicen, sin poner en entredicho tus propias creencias, para evitar preocupaciones e indecisiones.

• *Cualidades positivas:* creatividad, atractivo, iniciativa, disciplina, fortalecimiento de otros o de ti mismo.

• *Cualidades negativas:* despilfarro, falta de cooperación, hipersensibilidad, baja autoestima.

Amor y relaciones

Eres inteligente e incansable, por lo que suelen atraerte personas originales y astutas. Las amistades son importantes para ti. Interactuas y socializas con toda clase de gente, lo que refleja tu postura liberal y tu jovialidad de espíritu. Tienes madera de artista del entretenimiento, lo cual sale a relucir cuando estás con tus seres queridos. A través de la educación y el aprendizaje conocerás personas con las que compartas intereses. Aunque te gusta pasarla bien, tomar una actitud más madura garantizará paz y armonía en tus relaciones.

• *Negativa:* ganas de discutir, indecisión, angustia, desinterés, desperdicio de energía mental.

ESE ALGUIEN ESPECIAL

Encontrarás a ese alguien especial entre quienes nacieron en las siguientes fechas.

Amor y amistad: 6, 10, 20 y 29 de enero; 4, 8, 18 y 27 de febrero; 2, 6, 16, 25, 28 y 30 de marzo; 4, 14, 23, 26, 28 y 30 de abril; 2, 12, 21, 24, 26, 28 y 30 de mayo; 10, 19, 22, 24, 26 y 28 de junio; 8, 17, 20, 22, 24 y 26 de julio; 6, 15, 18, 20, 22 y 24 de agosto; 4, 13, 16, 18, 20 y 22 de septiembre; 2, 11, 14, 16, 18 y 20 de octubre; 9, 12, 14, 16 y 18 de noviembre; 7, 10, 12, 14 y 16 de diciembre.

Buenas para ti: 7, 13, 18 y 28 de enero; 5, 11, 16 y 26 de febrero; 3, 9, 14 y 24 de marzo; 1, 7, 12 y 22 de abril; 5, 10 y 20 de mayo; 3, 8 y 18 de junio; 1, 6 y 16 de julio; 4 y 14 de agosto; 2, 12 y 30 de septiembre; 10 y 28 de octubre; 8, 26 y 30 de noviembre; 6, 24 y 28 de diciembre.

Atracción fatal: 25 de enero; 23 de febrero; 21 de marzo; 19 de abril; 17 de mayo; 15 de junio; 13 de julio; 11 de agosto; 9 de septiembre; 7 de octubre; 5 de noviembre; 3, 11, 12, 13 y 14 de diciembre.

Desafiantes: 3 y 17 de enero; 1 y 15 de febrero; 13 de marzo; 11 de abril; 9 y 30 de mayo; 7 y 28 de junio; 5, 26 y 29 de julio; 3, 24 y 27 de agosto; 1, 22 y 25 de septiembre; 20 y 23 de octubre; 18 y 21 de noviembre; 16 y 19 de diciembre.

Almas gemelas: 18 de enero, 16 de febrero, 14 de marzo, 12 de abril, 10 y 29 de mayo, 8 y 27 de junio, 6 y 25 de julio, 4 y 23 de agosto, 2 y 21 de septiembre, 19 de octubre, 17 de noviembre, 15 de diciembre.

ESTRELLAS FIJAS

Capella, también llamada Alhajoth, que significa "cabra pequeña"; Bellatrix, que significa "la guerrera"; Phact; Mintaka, también llamada Cingula Orionis; Elnath; Eusis; Alnilam, también llamada An-niẓām, que significa "collar de perlas"

ESTRELLA PRINCIPAL

Nombre de la estrella: Capella, también llamada Alhajoth, que significa "cabra pequeña"

Posición: 20° 52'–21° 48' de Géminis, entre los años 1930 y 2000

Magnitud: 1

Fuerza: ★★★★★★★★★

Órbita: 2° 30'

Constelación: Auriga (Alpha Aurigae)

Días efectivos: 9, 10, 11, 12, 13 y 14 de junio

Propiedades de la estrella: Mercurio/Marte

Descripción: gran estrella blanca y brillante ubicada en el cuerpo de la Cabra, en brazos de Auriga

INFLUENCIA DE LA ESTRELLA PRINCIPAL

Capella confiere una naturaleza enérgica e inquisitiva, así como amor por el aprendizaje. Fomenta el interés en la investigación y las invenciones. Asimismo, otorga reconocimientos y posiciones prominentes, además de permitirte amasar riquezas y alcanzar el éxito.

Con respecto a tu grado del Sol, esta estrella indica una tendencia a la verborrea y supone un riesgo de ser demasiado locuaz. Capella advierte que debes aprender a escuchar a los demás para evitar malentendidos.

• *Positiva:* confiabilidad, lealtad, mente inquisitiva, conocimiento amplio.

13 de junio

♊ La inteligencia y conciencia práctica que caracteriza a quienes nacen en esta fecha indica que eres idealista, sociable y das mucha importancia a los valores. Puesto que eres sensible, te involucrarás en la construcción de una base sólida para ti mismo. A lo largo de la vida habrá un gran énfasis en el trabajo, y por medio de esfuerzos activos y concertados podrás ubicarte en una posición de seguridad y prosperidad.

La influencia añadida del regente de tu decanato, Acuario, te otorga una mente inventiva extraordinaria que es capaz de juzgar al instante el carácter ajeno. Puesto que esto también supone que eres elocuente, necesitas encontrar formas de aprovechar tus habilidades comunicativas superiores. Solo evita adoptar una postura demasiado obstinada o rígida que opaque tu encanto.

Al realizar una tarea, sueles hacerla con cuidado y enorgullecerte de tu trabajo. Por lo regular, eres leal y tiendes a tomarte las responsabilidades en serio, pero puedes transitar entre la seriedad y la afabilidad. Eres idealista y sientes que tu sensibilidad es útil cuando la usas para ayudar a otros. Dado que también te inclinas hacia los negocios, esta combinación poderosa te convierte en un individuo pragmático y compasivo.

Después de los ocho años, cuando tu Sol progresado se desplace hacia Cáncer, es probable que te vuelvas más sensible y consciente de la seguridad emocional, y que pongas un mayor énfasis en la vida familiar. Cuando tu Sol progresado entre a Leo, al alcanzar los 38 años, sentirás una necesidad creciente de expresarte y autoafirmarte, lo que te impulsará a ser más sociable, audaz y autoritario. Habrá otro punto de inflexión cuando cumplas 68 años y tu Sol progresado se desplace hacia Virgo, a partir del cual desarrollarás un enfoque de vida más analítico, perfeccionista y pragmático.

Tu yo secreto

Tu deseo interno de variedad y cambios quizá no es evidente en tu exterior. Esta parte aventurera de tu naturaleza requerirá mecanismos de expresión a través de la exploración de cosas nuevas y emocionantes. Dado que en ocasiones reprimes tus sentimientos, este mismo deseo puede convertirse en intranquilidad e impaciencia, lo que mermará tu confianza. Para compensar la insatisfacción que sientes con la vida en general, quizá trates de evadirte por medio del alcohol, las drogas, la televisión o la fantasía.

Eres empático y comprensivo y, por lo regular, percibes lo que sienten los demás. Tus ideales elevados traen consigo ansias de amor y afecto que se pueden expresar a través de las artes, la espiritualidad o la sanación. Si pones en práctica esta conciencia en tu vida cotidiana, descubrirás que la inspiración es producto del pensamiento positivo. Sin embargo, debes cuidar tu sistema nervioso delicado y aprender a guardar la calma para impedir que las influencias externas te abrumen.

Trabajo y vocación

Eres práctico pero también sociable, lo cual te ayudará a atraer oportunidades laborales interesantes. Gracias a tu capacidad para comunicarte de forma eficiente, te convienen carreras como el derecho o la pedagogía. Tu amor al orden y tu inteligencia aguda te inclinarán al comercio o la industria, en donde podrás aprovechar al máximo tus habilidades organizacionales. Los empleadores apreciarán tu capacidad para trabajar arduamente, así como tu confiabilidad y responsabilidad. La gente nacida en esta fecha suele tener destreza manual que puede aprovechar de forma creativa o práctica. Por otro lado, la perspicacia que te permite entender la naturaleza humana, combinada con tu creatividad, puede expresarse a través de la escritura, el periodismo o la actuación.

Entre las personas famosas con quienes compartes cumpleaños están el poeta W. B. Yeats, los actores Basil Rathbone y Malcolm McDowell, el comediante Tim Allen y el tenista Don Budge.

Numerología

Sensibilidad emocional, entusiasmo e inspiración son algunas de las cualidades que suelen asociarse con el número 13 en la fecha de nacimiento. En términos numéricos, te caracterizan la ambición y el trabajo arduo, y puedes lograr grandes cosas mediante la expresión creativa. Sin embargo, quizá tengas que cultivar una perspectiva más pragmática si quieres transformar tu creatividad en productos tangibles. Tu enfoque original e innovador inspira ideas nuevas y emocionantes, mismas que con frecuencia se traducen en obras que suelen impresionar a los demás. Tener el número 13 en tu fecha de cumpleaños te hace honesto, romántico, encantador y amante de la diversión, pero también alguien capaz de alcanzar la prosperidad por medio de la dedicación. La subinfluencia del mes número 6 indica que eres ambicioso, perseverante e ingenioso, y que posees una gran capacidad de razonamiento. Colaborar con otros o trabajar en equipo te ayudará a alcanzar el éxito. Si te falta confianza en ti mismo, podrías volverte dependiente de otros. Eres tenaz y te gusta resolver los problemas a tu manera. La insatisfacción indicaría cierta inquietud y descontento, pero también sería un empujón para que logres más y sigas adelante.

• *Cualidades positivas:* ambición, creatividad, amor por la libertad, autoexpresión, iniciativa.

• *Cualidades negativas:* impulsividad, indecisión, autoritarismo, falta de sensibilidad, rebeldía, egoísmo.

Amor y relaciones

Eres idealista y tienes emociones intensas, pero también te caracterizas por ser generoso y amable. En las relaciones, eres propenso a la volubilidad y a sentirte insatisfecho o inquieto. Por otro lado, eres encantador y sociable, y te encanta relacionarte con los demás, por lo que tienes múltiples amigos y admiradores. Sin embargo, ten cuidado de no engañarlos y aprovecharte de ellos. Te puedes beneficiar del apoyo de personas poderosas e influyentes, con grandes planes y ambiciones firmes, gracias a que te sientes atraído hacia ellas.

• *Negativa:* ganas de discutir, indecisión, angustia, desinterés, desperdicio de energía mental.

ESE ALGUIEN ESPECIAL

Es probable que encuentres con quien compartir tus ideales más fácilmente entre quienes nacieron en las siguientes fechas.

Amor y amistad: 7, 11 y 22 de enero; 5, 9 y 20 de febrero; 3, 7, 18 y 31 de marzo; 1, 5, 16 y 29 de abril; 3, 14, 27 y 29 de mayo; 1, 12, 25 y 27 de junio; 10, 23 y 25 de julio; 8, 21, 23 y 31 de agosto; 6, 19, 21 y 29 de septiembre; 4, 17, 19, 27 y 30 de octubre; 2, 15, 17, 25 y 28 de noviembre; 13, 15, 23 y 26 de diciembre.

Buenas para ti: 8, 14 y 19 de enero; 6, 12 y 17 de febrero; 4, 10 y 15 de marzo; 2, 8 y 13 de abril; 6 y 11 de mayo; 4 y 9 de junio; 2 y 7 de julio; 5 de agosto; 3 de septiembre; 1 y 29 de octubre; 27 de noviembre; 25 y 29 de diciembre.

Atracción fatal: 13, 14 y 15 de diciembre.

Desafiantes: 9, 18 y 20 de enero; 7, 16 y 18 de febrero; 5, 14 y 16 de marzo; 3, 12 y 14 de abril; 1, 10 y 12 de mayo; 8 y 10 de junio; 6, 8 y 29 de julio; 4, 6 y 27 de agosto; 2, 4 y 25 de septiembre; 2 y 23 de octubre; 21 de noviembre; 19 de diciembre.

Almas gemelas: 9 de enero, 7 de febrero, 5 de marzo, 3 de abril, 1 de mayo, 30 de octubre, 28 de noviembre, 26 de diciembre.

ESTRELLAS FIJAS

Capella, también llamada Alhajoth, que significa "cabra pequeña"; Phact; Mintaka, también llamada Cingula Orionis; Elnath; Alnilam, también llamada Anniẑām, que significa "collar de perlas"

ESTRELLA PRINCIPAL

Nombre de la estrella: Capella, también llamada Alhajoth, que significa "cabra pequeña"

Posición: 20º 52'–21º 48' de Géminis, entre los años 1930 y 2000

Magnitud: 1

Fuerza: ★★★★★★★★★★

Órbita: 2º 30'

Constelación: Auriga (Alpha Aurigae)

Días efectivos: 9, 10, 11, 12, 13 y 14 de junio

Propiedades de la estrella: Mercurio/ Marte

Descripción: gran estrella blanca y brillante ubicada en el cuerpo de la Cabra, en brazos de Auriga

INFLUENCIA DE LA ESTRELLA PRINCIPAL

Capella confiere una naturaleza enérgica e inquisitiva, así como amor por el aprendizaje. Fomenta el interés en la investigación y las invenciones. Asimismo, otorga reconocimientos y posiciones de confianza prominentes, además de permitirte amasar riquezas y alcanzar el éxito.

Con respecto a tu grado del Sol, esta estrella indica una tendencia a la verborrea y supone un riesgo de ser demasiado locuaz. Capella te advierte que debes aprender a escuchar a los demás para evitar malentendidos.

• *Positiva:* confiabilidad, lealtad, mente inquisitiva, conocimiento amplio.

14 de junio

Ⅱ Esta fecha de nacimiento revela que eres simpático y un comunicador inteligente que ve la vida de forma original. Aunque sueles proyectar tu inteligencia y extroversión, también tienes un lado más serio que puedes usar a tu favor para resolver problemas. Tu deseo de expresarte se manifestará en lo social o te inclinará hacia la escritura y las artes.

Gracias a la influencia del tercer decanato de Géminis, posees una mente objetiva e inventiva que alterna entre destellos de genialidad y momentos de rebeldía. Por fortuna, eres un visionario adelantado a tu tiempo, aunque a veces estés en desacuerdo con la sociedad. Tu ingenio y veta creativa te vuelven atractivo a ojos de los demás, pero tendrás que cuidarte de las preocupaciones e indecisiones que pueden minar tu alegría de vivir.

Puesto que suelen interesarte temas diversos y poco comunes, es importante que no desperdicies tus energías. Sueles ser franco y directo con tus opiniones, pero a veces deberás evitar ser demasiado escéptico o poco comunicativo. En algún punto te interesarán los temas filosóficos o espirituales y, dado que también posees habilidades críticas bien afinadas, podrás aprovechar esto para ayudar a otras personas, en lugar de volverte autoritario y menospreciar a la gente. Tu personalidad versátil, combinada con tu veta creativa, es capaz de inspirar a los demás y trae consigo logros gratificantes y duraderos.

A medida que tu Sol progresado se desplace hacia Cáncer, cuando tienes siete años, la seguridad y las cuestiones del hogar se volverán más importantes. Esto también resalta tus necesidades afectivas y de seguridad, así como las personas que más influyen en ellas. Esta tendencia prevalece hasta los 37 años, cuando tu Sol progresado entra a Leo y aumenta tu fortaleza, confianza y talentos. Al llegar a los 67 años, tu Sol progresado se moverá hacia Virgo y desarrollarás una visión más analítica, perfeccionista y pragmática de la vida.

Tu yo secreto

Eres confiable y consciente, y siempre estás dispuesto a ayudar y aconsejar a otros a través de tu experiencia y pericia. Eres capaz de trabajar arduamente y hacer sacrificios considerables por la gente o las causas que más valoras. Sin embargo, ten cuidado de que esto no se vuelva una carga pesada que te abrume o deprima. Es importante que desarrolles tu extraordinario potencial intuitivo y que aprendas a confiar en él.

Por otro lado, tu lado práctico te enseña a ser un oponente digno y buen estratega. Ser astuto y elocuente te ayuda a comunicar tus ideas con compasión y sinceridad. Esta conexión te permite moverte y crecer por encima de tus aptitudes actuales. Si eres indeciso, te resultará fácil dormirte en tus laureles y tomar el camino más cómodo. Por lo regular, sabes disfrutar la vida y te entretienes con la búsqueda constante de nuevas metas. El hogar y la seguridad de una base propia son importantes para ti, pues necesitas armonía y paz interna para prosperar.

Trabajo y vocación

Ya que eres inteligente y elocuente necesitas una profesión donde haya cambios y variedad que te mantengan inspirado. Aun si no cambias de ocupación, sí cambiará o mejorará la forma en que te desempeñas. Gracias a tus ideas originales y visión particular de la vida, es probable que te atraigan la escritura o carreras que impliquen comunicación. Tu olfato agudo para los negocios te permite tener éxito en el comercio, aunque también podrías aprovechar tu agilidad mental para la investigación y la resolución de problemas. Tu veta competitiva te inclinará hacia los deportes, mientras que tu deseo de expresión personal podría ayudarte a triunfar en la música o el teatro. Aunque te atraen las ventas y otras carreras que involucran trato con el público, también tienes una capacidad de razonamiento profundo y metódico que podría inclinarte hacia la filosofía.

Entre las personas famosas con quienes compartes cumpleaños están el líder revolucionario Ernesto Che Guevara, la escritora Harriet Beecher Stowe, el cantante Boy George y la tenista Steffi Graf.

Numerología

Potencial intelectual, pragmatismo y determinación son solo algunas de las cualidades ligadas a un cumpleaños con el número 14. De hecho, con un cumpleaños con el número 14, sueles priorizar tu trabajo y juzgar a los demás y a ti mismo con base en logros laborales. Aunque necesitas estabilidad, la inquietud que el número 14 sugiere te insta a seguir adelante y enfrentar nuevos retos, en un esfuerzo constante por mejorar tus condiciones. Esta insatisfacción inherente también puede inspirarte a hacer grandes cambios en tu vida, sobre todo si estás inconforme con tus condiciones laborales o tu estado financiero. Gracias a tu perspicacia, respondes con rapidez a los problemas y disfrutas resolverlos. La subinfluencia del mes número 6 indica que te viene bien confiar en tu intuición y desarrollar una actitud filosófica ante la vida. Aunque tu adaptabilidad y fuerte intuición suelen opacar tu terquedad, aprovecha tus habilidades diplomáticas para evitar ansiedades o inseguridades. La necesidad de que reconozcan tus contribuciones y esfuerzos supone que no deberías avergonzarte de reclamar lo que te corresponde por derecho.

• *Cualidades positivas:* acciones decisivas, trabajo arduo, suerte, creatividad, pragmatismo, imaginación, oficio.

• *Cualidades negativas:* exceso de cautela o impulsividad, inestabilidad, desconsideración, terquedad.

Amor y relaciones

Sueles ser amoroso y espontáneo, y estás dispuesto a hacer hasta lo imposible por tus seres queridos. Sin embargo, también hay una parte de tu naturaleza que parece fría e indiferente. Puesto que eres más sensible de lo que aparentas, es esencial que tengas un espacio propio para recobrar fuerzas. Será difícil que alguien esté a la altura de las elevadas expectativas de tu amor ideal, pero, aun así, eres leal y afectuoso, buscas estabilidad y expresas devoción por la pareja que elijes.

• *Negativa:* ganas de discutir, indecisión, angustia, desinterés, desperdicio de energía mental.

ESE ALGUIEN ESPECIAL

Encontrarás satisfacción emocional y a ese alguien especial entre quienes nacieron en las siguientes fechas.

Amor y amistad: 8, 22 y 26 de enero; 6, 20 y 24 de febrero; 4, 18 y 22 de marzo; 2, 16, 20 y 30 de abril; 14, 18, 28 y 30 de mayo; 12, 16, 26 y 28 de junio; 10, 14, 24 y 26 de julio; 8, 12, 22 y 24 de agosto; 6, 10, 20, 22 y 30 de septiembre; 4, 8, 18, 20 y 28 de octubre; 2, 6, 16, 18 y 26 de noviembre; 4, 14, 16 y 24 de diciembre.

Buenas para ti: 9 y 20 de enero; 7 y 18 de febrero; 5, 16 y 29 de marzo; 3, 14 y 27 de abril; 1, 12 y 25 de mayo; 10 y 23 de junio; 8 y 21 de julio; 6 y 19 de agosto; 4 y 17 de septiembre; 2, 15 y 30 de octubre; 13 y 28 de noviembre; 11, 26 y 30 de diciembre.

Atracción fatal: 27 de enero; 25 de febrero; 23 de marzo; 21 de abril; 19 de mayo; 17 de junio; 15 de julio; 13 de agosto; 11 de septiembre; 9 de octubre; 7 de noviembre; 5, 14, 15 y 16 de diciembre.

Desafiantes: 2, 10 y 19 de enero; 8 y 17 de febrero; 6 y 15 de marzo; 4 y 13 de abril; 2 y 11 de mayo; 9 de junio; 7 y 30 de julio; 5 y 28 de agosto; 3 y 26 de septiembre; 1 y 24 de octubre; 22 de noviembre; 20 y 30 de diciembre.

Almas gemelas: 15 de enero, 13 de febrero, 11 de marzo, 9 de abril, 7 de mayo, 5 de junio, 3 de julio, 1 de agosto, 29 de octubre, 27 de noviembre, 25 de diciembre.

15 de junio

ESTRELLAS FIJAS

Mintaka, también llamada Cingula Orionis; Elnath; Alnilam, también llamada An-niẓãm, que significa "collar de perlas"; Al Hecka

ESTRELLA PRINCIPAL

Nombre de la estrella: Mintaka, también llamada Cingula Orionis

Posición: 21° 30'–22° 16' de Géminis, entre los años 1930 y 2000

Magnitud: 2.5–3

Fuerza: ★★★★★★★

Órbita: 1° 40'

Constelación: Orión (Delta Orion)

Días efectivos: 12, 13, 14 y 15 de junio

Propiedades de la estrella: Mercurio/ Saturno/Júpiter

Descripción: estrella binaria variable y brillante, blanca y lila, ubicada en el cinturón de Orión, junto a la estrella Alnilam

INFLUENCIA DE LA ESTRELLA PRINCIPAL

Esta estrella confiere buena suerte y solemnidad. Mintaka otorga valentía, una naturaleza activa y la oportunidad de estar en el lugar correcto en el momento preciso. También transmite habilidades ejecutivas, así como felicidad duradera.

Con respecto a tu grado del Sol, esta estrella otorga agudeza mental, juicio y buena memoria. Probablemente eres una persona cautelosa, discreta y paciente, lo cual te permite generar cambios positivos. Posees buen olfato para reconocer los momentos adecuados y talento natural para voltear las situaciones a tu favor.

• *Positiva:* aprecio de las oportunidades, buen juicio, habilidades gerenciales.

Ⅱ Tu fecha de cumpleaños indica que eres un Géminis amistoso y activo, con una mente veloz y perspicaz. Aunque eres independiente, descubrirás que te inclinas hacia las interacciones sociales y el desarrollo de tus habilidades comunicativas por medio de experiencias que requieren tratar con gente. Te fascinan las personas originales y poco comunes y encontrarás maneras de reunir gente de contextos diversos. Debido a tu gran tenacidad, eres como un maremoto cuando te enfocas en una meta específica.

La influencia de Urano en el tercer decanato de Géminis garantiza que tus ideas sean originales y que tengas buenas aptitudes para evaluar a la gente. También indica astucia y una mentalidad creativa que puede expresarse a través del arte, la música o el teatro; además te sentirás atraído por los debates sobre temas controversiales o la escritura. Una parte de tu naturaleza suele ser rígida, asertiva y casi dominante, mientras que la otra es sensible, imaginativa y generosa. Puesto que ambas conviven en tu interior, es esencial que mantengas un equilibrio entre ellas. Ansiar honestidad y franqueza hace que te frustres si los problemas monetarios chocan con tu idea del mundo perfecto. Aunque seas muy generoso con tus seres queridos, también experimentas el temor infundado de no tener suficiente dinero. Sin embargo, gracias a tus habilidades estratégicas innatas, siempre tendrás protección material.

Después de los seis años, cuando tu Sol progresado se desplace hacia Cáncer, es probable que seas más consciente de tus interacciones afectivas, sobre todo con tu familia. Necesitarás más seguridad y vínculos en el hogar, tendencia que se prolongará hasta que tu Sol progresado entre a Leo, cuando cumplas 36 años. En ese momento habrá un punto de inflexión y te enfocarás más en la expresión personal y la confianza en ti mismo, lo que te impulsará a usar tus habilidades de liderazgo de forma más asertiva y poderosa. Cuando tengas 66 años, tu Sol progresado se moverá hacia Virgo y querrás volverte más analítico, práctico y reflexivo.

Tu yo secreto

Tu deseo interno de seguridad material, poder y prestigio se combinan de forma peculiar con tu gran idealismo. Tu ambición, deseo de paz y satisfacción se mezclan de tal forma que garantizan que, cuando triunfas, estás más que dispuesto a compartir con otros gracias a tu corazón bondadoso. También tienes aspiraciones de comprensión universal, pero evita caer en una especie de inercia o ansiedad interna que puede provenir de tu deseo de mantener la paz y la tranquilidad.

Siempre estás dispuesto a compartir tu conocimiento con otros y haces grandes contribuciones al trabajar en alianza con otras personas. Tienes un poder interno fuerte y constructivo que puede influir en los demás, así que es importante que reconozcas la relevancia de los logros verdaderos que trascienden el éxito material. Si crees en una causa, le darás todo tu apoyo y usarás tus poderes de persuasión para convencer a otros de que también lo hagan.

Trabajo y vocación

Tu agilidad mental y capacidad comunicativa te ayudan en carreras que implican trato con el público. El talento para tratar con otros a nivel personal te puede inclinar hacia ocupaciones como relaciones públicas o trabajo como agente de algún tipo. Tu entusiasmo y capacidad para vender cualquier cosa, ya sea una idea o un producto, siempre y cuando creas en él, te vendrá como anillo al dedo en ámbitos como las ventas, la publicidad y la negociación. Gracias a tu elocuencia y capacidad de persuasión, pueden interesarte el derecho o la docencia. Si naciste en esta fecha puedes trabajar como consejero, ya sea consultor empresarial o terapeuta. Por otro lado, tu necesidad de reconocimiento te es útil en el teatro, el arte o la música. A la larga, tu perseverancia te permitirá alcanzar el éxito que anhelas.

Entre las personas famosas con quienes compartes cumpleaños están el compositor noruego Edvard Grieg; el cantante de música country Waylon Jennings, y los actores Jim Belushi, Courtney Cox y Helen Hunt.

Numerología

El número 15 en tu fecha de nacimiento sugiere versatilidad y entusiasmo. Tus más grandes atributos son tus poderosos instintos y la capacidad para aprender rápido mediante la teoría y la práctica. Sueles utilizar tus poderes intuitivos y reconoces de inmediato las oportunidades cuando se presentan. Con un cumpleaños con el número 15, tienes talento para atraer dinero o para recibir ayuda y apoyo de otras personas. Por lo general, eres despreocupado, entusiasta y recibes lo inesperado con los brazos abiertos. La subinfluencia del mes número 6 indica que necesitas equilibrar tus necesidades y deseos con las obligaciones que tienes frente a otras personas. Eres pragmático y competente, y muestras interés sin mostrar entusiasmo excesivo. No obstante, quieres que reconozcan tus talentos o esfuerzos; además, sueles ser ambicioso y trabajador. Encuentra formas de expresar tu creatividad o sentimientos con más libertad para superar la sensación de estar limitado. Aunque seas aventurero por naturaleza, necesitas una base genuina o un hogar que reconozcas como propio.
• *Cualidades positivas:* disposición, generosidad, responsabilidad, gentileza, cooperación, aprecio, creatividad.
• *Cualidades negativas:* desasosiego, irresponsabilidad, egocentrismo, miedo al cambio, falta de fe, preocupación, indecisión, materialismo.

Amor y relaciones

Eres extrovertido y sociable, pero también asertivo y franco, por lo que sueles tener una vida social activa. Te gusta enfrascarte en conversaciones y discusiones, así como conocer gente con formas de pensar distintas a la tuya. Das mucha importancia a las relaciones, ya que te permiten poner a prueba tu ingenio. Eres de opiniones firmes pero también fiel y solidario, y te esfuerzas por cumplir tus promesas. Te atraen personas con un intelecto poderoso, pues disfrutas debatir con ellas. Sin embargo, ten cuidado de no caer en discusiones bizantinas o juegos de poder mental con tus parejas. Aun así, eres un amigo leal y confiable, y generoso con la gente que quieres.

• *Negativa:* inconstancia, frustración, incongruencia, falta de fortaleza.

ESE ALGUIEN ESPECIAL

Si buscas seguridad, estímulo intelectual y amor, los encontrarás entre quienes nacieron en las siguientes fechas.

Amor y amistad: 3, 19 y 23 de enero; 11 y 21 de febrero; 9, 19, 28 y 31 de marzo; 7, 17, 26 y 29 de abril; 5, 15, 24, 27, 29 y 31 de mayo; 3, 13, 22, 25, 27 y 29 de junio; 1, 11, 20, 23, 25, 27 y 29 de julio; 9, 18, 21, 23, 25 y 27 de agosto; 7, 16, 19, 21, 23 y 25 de septiembre; 1, 5, 14, 17, 19, 21 y 23 de octubre; 3, 12, 15, 17, 19 y 21 de noviembre; 1, 10, 13, 15, 17 y 19 de diciembre.

Buenas para ti: 3, 4, 10 y 21 de enero; 1, 2, 8 y 19 de febrero; 6, 17 y 30 de marzo; 4, 15 y 28 de abril; 2, 13 y 26 de mayo; 11 y 24 de junio; 9 y 22 de julio; 7 y 20 de agosto; 5 y 18 de septiembre; 3, 16 y 31 de octubre; 1, 14 y 29 de noviembre; 12 y 27 de diciembre.

Atracción fatal: 22 y 28 de enero; 20 y 26 de febrero; 18 y 24 de marzo; 16 y 22 de abril; 14 y 20 de mayo; 12 y 18 de junio; 10 y 16 de julio; 8 y 14 de agosto; 6 y 12 de septiembre; 4 y 10 de octubre; 2 y 8 de noviembre; 6, 14, 15, 16 y 17 de diciembre.

Desafiantes: 11 y 20 de enero; 9 y 18 de febrero; 7 y 16 de marzo; 5 y 14 de abril; 3, 12 y 30 de mayo; 1, 10 y 28 de junio; 8, 26 y 31 de julio; 6, 24 y 29 de agosto; 4, 22 y 27 de septiembre; 2, 20 y 25 de octubre; 18 y 23 de noviembre; 16 y 21 de diciembre.

Almas gemelas: 26 de enero, 24 de febrero, 22 y 30 de marzo, 20 y 28 de abril, 18 y 26 de mayo, 16 y 24 de junio, 14 y 22 de julio, 12 y 20 de agosto, 10 y 18 de septiembre, 8 y 16 de octubre, 6 y 14 de noviembre, 4 y 12 de diciembre.

ESTRELLAS FIJAS

Elnath; Alnilam, también llamada An-nižām, que significa "collar de perlas"; Al Hecka

ESTRELLA PRINCIPAL

Nombre de la estrella: Elnath
Posición: 21º 36'–22º 41' de Géminis, entre los años 1930 y 2000
Magnitud: 2
Fuerza: ★★★★★★★
Órbita: 2º 10'
Constelación: Tauro (Beta Taurus)
Días efectivos: 11, 12, 13, 14, 15 y 16 de junio
Propiedades de la estrella: Marte/Mercurio
Descripción: estrella binaria gigante, blanca y gris pálido, ubicada en la punta del cuerno norte del toro

INFLUENCIA DE LA ESTRELLA PRINCIPAL

Elnath confiere ambición, tenacidad y logros a través del emprendimiento. También otorga buena suerte y prestigio. Su influencia infunde inteligencia y capacidad de valorar las situaciones con rapidez. Obtendrás reconocimientos si te inclinas por la investigación y el trabajo científico o el estudio de la filosofía, la teología o la historia.

Con respecto a tu grado del Sol, esta estrella confiere una mente certera, asertividad y conocimiento amplio. Te dota de elocuencia y persuasión poderosas, y favorece el éxito en los ámbitos del derecho y el trabajo gubernamental.

• *Positiva:* educación superior, elocuencia extraordinaria, materialización de pensamientos y planes, logros sobresalientes.

16 de junio

♊ Eres veloz y realista, y haber nacido bajo el signo de Géminis te caracteriza como alguien astuto, independiente y fuerte. La interesante combinación de ideales elevados y deseos financieros prácticos indica que acostumbras fluctuar entre ambos extremos. Por un lado, deseas una casa elegante y costosa, así como un estilo de vida sofisticado; y, por el otro, estás dispuesto a hacer sacrificios por tus ideales. La solución podría consistir en encontrar una causa positiva que también traiga consigo recompensas financieras.

Gracias a la influencia de Acuario, el regente de tu decanato, eres original, de mente abierta y necesitas libertad. Tu agudeza mental y receptividad a ideas nuevas te hace capaz de tomar decisiones en cuestión de segundos e interesarte en la justicia social. Tu visión progresista de la vida te hace valorar el conocimiento. Es probable que uno de tus pasatiempos favoritos sea viajar.

En ocasiones, eres sumamente generoso y amable con tus seres queridos. En otras te vuelves un tanto autoritario o controlador. Debes evitar la tendencia a ser impaciente o inquieto. Si te contradicen, te aferras con obstinación a tus principios debido a cierta rebeldía innata y no a una convicción auténtica.

Idealmente deberías ocupar posiciones en las que tu valentía y capacidad para pensar en grande te permitan actuar como emprendedor de proyectos. El que seas sociable, de manera natural, te permite interactuar con facilidad con la gente y te brinda una excelente habilidad para identificar oportunidades. Siempre y cuando tengas fe en ti mismo, tu enfoque sensato, ideas originales e intuición te garantizarán el éxito.

La familia y la seguridad adquirirán gran importancia en tu vida a partir de los cinco años, cuando tu Sol progresado se desplace hacia Cáncer. Esta tendencia también resaltará tus necesidades afectivas y persistirá hasta los 35 años, cuando tu Sol progresado entre a Leo. En ese momento aumentarán tu confianza y fortaleza personales, y serás más asertivo y expresivo. Al llegar a los 65 años, tu Sol progresado se moverá hacia Virgo, y empezarás a desarrollar una visión analítica y reflexiva.

Tu yo secreto

Tus emociones intensas suelen motivarte a emprender toda clase de acciones o a involucrarte en distintos proyectos. En ocasiones, dejas la precaución a un lado, aunque luega debas lidiar con las consecuencias. Eres muy bueno para negociar o lograr cosas, debido a que con frecuencia evalúas tu valor personal y las ventajas que obtienes de las situaciones. Gracias a tu entusiasmo, fuerza de voluntad y tenacidad, eres capaz de materializar tus ideas. Por ese motivo, es importante que tengas claro qué es lo que deseas en realidad.

La fuerza de tus deseos, encaminada al amor desinteresado y a ayudar a otros, es una virtud que te permitirá hacer el bien; cuando la aprovechas, evitas imponerte sobre otros con tu voluntad férrea y puedes resolver cualquier preocupación relacionada con dinero.

Trabajo y vocación

La combinación de tus habilidades de interacción social y tenacidad te permite cooperar con otros de formas dinámicas y positivas. Eres un solucionador de problemas y negociador por naturaleza, por lo que prosperas al emprender nuevos proyectos y desafíos, además, tienes la capacidad de identificar oportunidades de negocios. Puesto que dominas el arte de la persuasión, con tu entusiasmo eres bueno para promover ideas, productos o a otras personas. Eres valiente y comprometido, y posees habilidades ejecutivas que te permitirán triunfar en el mundo del comercio, ya sea como negociador o como asesor financiero. Dadas tus habilidades comunicativas naturales, también deberías considerar hacer carrera en la enseñanza o como conferencista. De igual modo, el interés en temas de relevancia mundial te impulsará a formar parte de organizaciones internacionales o a trabajar en medios de comunicación. Por otro lado, es posible que te involucres con organizaciones benéficas y contribuyas a causas valiosas. También tienes el potencial de expresar tu individualidad en el mundo del arte, ya que serías un artista o escritor original y creativo.

Entre las personas famosas con quienes compartes cumpleaños están las actrices Laurie Metcalf y Joan Van Ark, el comediante Stan Laurel, la escritora esotérica Alice Bailey, el economista y escritor Adam Smith y el rapero Tupac Shakur.

Numerología

Un cumpleaños con el número 16 sugiere que eres sensible, considerado y amigable. Aunque eres analítico, sueles juzgar la vida según cómo te sientas. Sin embargo, con la personalidad de alguien nacido en este día, vivirás tensiones internas al enfrentarte a la fricción entre tu necesidad de expresión personal y tus responsabilidades hacia otras personas. Tal vez te interesen los asuntos internacionales, por lo que podrías integrarte a corporaciones trasnacionales o al mundo de los medios de comunicación. Los más creativos de entre los nacidos en este día pueden tener talento para la escritura, con destellos repentinos de inspiración. Si tu cumpleaños es en un día 16, quizá debas aprender a equilibrar tu exceso de confianza con tus dudas e inseguridades. La subinfluencia del mes número 6 indica que necesitas una vida hogareña segura y un entorno agradable. El orgullo y las ansias de popularidad son indicativas de que te importa lo que otros piensen o hagan. Las oportunidades para viajar y explorar el mundo ampliarán tu panorama.

• *Cualidades positivas:* educación superior, responsabilidad en el hogar y con la familia, integridad, intuición, sociabilidad, cooperación, perspicacia.

• *Cualidades negativas:* preocupación, irresponsabilidad, dogmatismo, escepticismo, tendencia a ser quisquilloso, irritabilidad, egoísmo, falta de empatía.

Amor y relaciones

Eres inteligente e inquieto, y necesitas estímulos emocionales constantes y experiencias nuevas y apasionantes. Es probable que tus intensas emociones te empujen continuamente a buscar a tu amor ideal y que no te detengan mucho tiempo los fracasos. Ser práctico supone que, aunque eres idealista y te enamoras con facilidad, sabes diferenciar entre la realidad y la fantasía. Necesitas tener la certeza de que, aunque estés en una relación formal, eres libre para ser independiente y hacer lo mismo que hace tu pareja.

• *Negativa:* obstinación, crítica, negatividad, controversial, necedad.

ESE ALGUIEN ESPECIAL

Si deseas seguridad, ya sea sentimental o financiera, empieza por relacionarte con personas nacidas en las siguientes fechas.

Amor y amistad: 3, 5, 14, 24 y 31 de enero; 12, 22 y 29 de febrero; 10, 20 y 27 de marzo; 8, 18 y 25 de abril; 6, 16, 23 y 30 de mayo; 4, 14, 16, 21, 28 y 30 de junio; 2, 12, 19, 26, 28 y 30 de julio; 10, 17, 24, 26 y 28 de agosto; 8, 15, 22, 24 y 26 de septiembre; 6, 13, 20, 22, 24 y 30 de octubre; 4, 11, 18, 20, 22 y 28 de noviembre; 2, 9, 16, 18, 20, 26 y 29 de diciembre.

Buenas para ti: 5, 22 y 30 de enero; 3, 20 y 28 de febrero; 1, 18 y 26 de marzo; 16 y 24 de abril; 14 y 22 de mayo; 12 y 20 de junio; 10, 18 y 29 de julio; 8, 16, 27 y 31 de agosto; 6, 14, 25 y 29 de septiembre; 4, 12, 23 y 27 de octubre; 2, 10, 21 y 25 de noviembre; 9, 19 y 23 de diciembre.

Atracción fatal: 12 de enero; 10 de febrero; 8 de marzo; 6 de abril; 4 de mayo; 2 de junio; 16, 17 y 18 de diciembre.

Desafiantes: 16 y 21 de enero; 14 y 19 de febrero; 12, 17 y 30 de marzo; 10, 15 y 28 de abril; 8, 13 y 26 de mayo; 6, 11 y 24 de junio; 4, 9 y 22 de julio; 2, 7 y 20 de agosto; 5 y 18 de septiembre; 3 y 16 de octubre; 1 y 14 de noviembre; 12 de diciembre.

Almas gemelas: 25 de enero, 23 de febrero, 21 de marzo, 19 de abril, 17 de mayo, 15 de junio, 13 de julio, 11 de agosto, 9 de septiembre, 7 de octubre, 5 de noviembre, 3 y 30 de diciembre.

17 de junio

ESTRELLAS FIJAS

Alnilam, también llamada An-niẑām, que significa "collar de perlas"; Al Hecka; Polaris, también llamada Al Rukkabah y Estrella Polar

ESTRELLA PRINCIPAL

Nombre de la estrella: Alnilam, también llamada An-niẑām, que significa "collar de perlas"

Posición: 22º 29'–23º 22' de Géminis, entre los años 1930 y 2000

Magnitud: 2

Fuerza: ★★★★★★★★

Órbita: 2º 10'

Constelación: Orión (Epsilon Orion)

Días efectivos: 12, 13, 14, 15, 16 y 17 de junio

Propiedades de la estrella: influencias variadas: Júpiter/Saturno y Mercurio/Saturno

Descripción: estrella blanca brillante ubicada en medio del cinturón de Orión

INFLUENCIA DE
LA ESTRELLA PRINCIPAL

Alnilam confiere fama y fortuna efímeras y reconocimiento público. Por ende, es probable que la influencia de esta estrella sea breve. También imprime una personalidad audaz y temeraria, pero supone el riesgo de ser terco o imprudente, así como de cambiar de rumbo sin una estrategia adecuada.

Con respecto a tu grado del Sol, esta estrella denota un carácter fuerte, enérgico y tenaz. Alnilam te impulsa a emprender, aunque también recomienda pensar antes de hacer afirmaciones. Si evitas la necedad, aprovecharás tu vitalidad para hacer cosas positivas y valiosas.

Ⅱ Tu fecha de nacimiento supone que eres un individuo racional y dinámico que reconoce el poder del conocimiento y lo usa a su favor. Gracias a tu mente independiente y carácter fuerte, te gusta estar a cargo. Tu percepción afinada te permite valorar con rapidez a las personas y las situaciones.

La influencia añadida de Acuario, el regente de tu decanato, indica que tu visión de la vida es original y que prefieres ser objetivo. Solo debes tener cuidado de no ser tan desapegado que aparentes frialdad. Con tus reacciones y respuestas instantáneas, eres capaz de defenderte y hasta disfrutas ciertas rivalidades o debates amistosos. Puesto que eres responsable y buen organizador, te suelen poner a cargo de otras personas. Sin embargo, tanto hombres como mujeres nacidos en esta fecha deben evitar ser autoritarios.

La buena fortuna que conlleva tu fecha de nacimiento se fortalece con la franqueza y honestidad que otros perciben en ti debido a tu confianza natural. Tu inclinación al orden y seguridad indica que te gusta construir bases o un hogar con solidez práctica y financiera, alejada de la vida del exterior. En ocasiones, pareces conservador, mientras que otras veces eres extrañamente poco convencional. Tienes el potencial de usar la paciencia y las aptitudes estratégicas para realizar inversiones a largo plazo; el trabajo arduo y la disciplina te permitirán alcanzar metas más altas.

Desde los cuatro años, cuando tu Sol progresado entre a Cáncer, las relaciones afectivas, la seguridad, el hogar y la familia serán lo más importante en tu vida. Esta influencia persistirá hasta los 34 años, cuando entrarás a un periodo de fortaleza, poder y seguridad en ti, a medida que tu Sol progresado se desplace hacia Leo. Otro punto de inflexión ocurrirá a los 64, cuando tu Sol progresado entre en Virgo, en el que desarrollarás un enfoque más analítico, perfeccionista y pragmático.

Tu yo secreto

Eres trabajador y tienes la capacidad de superar cualquier obstáculo. Sientes la necesidad de compartir tu conocimiento, y la interacción con otras personas te permitirá aprender a evaluar este potencial. Quizás esto implique que no permitas que otros se salgan con la suya o que insistas en que las cosas se hagan a tu manera. Sin embargo, tendrás que aprender a usar tus poderes de forma justa. En última instancia, quizá descubras que tu verdadera fuerza proviene de tu amplio conocimiento. Si compaginas tu intuición interna con tu tenacidad férrea, podrás lograr muchas cosas.

Aunque es impresionante verte en acción, eso no significa que no necesites de otros. Además, eres más sensible de lo que proyectas a los demás. Puesto que eres idealista y tienes opiniones tajantes, sueles luchar por aquello que consideras valioso. Y lo harás bien si no pierdes de vista tu sentido del humor y logras mantener el desapego y la compostura.

Trabajo y vocación

Gracias a tu agilidad mental y habilidades de liderazgo, sueles tener muchas oportunidades profesionales. Aunque eres independiente, otras personas reconocen tu capacidad de trabajo y tu responsabilidad, por lo que sueles ascender a posiciones prominentes. Por otro lado, ser autosuficiente te inclinará a trabajar por cuenta propia. Eres idóneo para desempeñarte en profesiones intelectuales, como el derecho, la interpretación, la enseñanza, la ciencia, la investigación o la escritura. Tus habilidades organizacionales y de comunicación serán un excelente atributo en el mundo de los negocios. Tu veta humanista innata te inclinará a impulsar reformas, ya sea en la sociedad o en la religión, o a trabajar en el sector salud. Las ansias de creatividad y de expresar tu individualidad te pueden llevar a desempeñarte en las artes, el teatro y, sobre todo, la música.

Entre las personas famosas con quienes compartes cumpleaños están el compositor Ígor Stravinski, el cantante Barry Manilow, el predicador John Wesley y el actor Dean Martin.

Numerología

Al tener un cumpleaños con el número 17 sueles ser astuto, reservado y con habilidades analíticas. Eres un pensador independiente y talentoso, que se beneficia de su buena educación y sus habilidades. Utilizas tu conocimiento de forma específica para desarrollar tu pericia, lo que te permitirá obtener éxito material u ocupar una posición relevante como especialista o investigador. El que seas reservado, introspectivo y te interesen los datos y cifras se refleja en tu caracter reflexivo y calmado. Al desarrollar tus habilidades comunicativas descubrirás mucho de ti mismo a través de los demás. La subinfluencia del mes número 6 indica que debes encontrar un equilibrio entre la autosuficiencia y la dependencia. Te resulta útil estar consciente de las necesidades ajenas y responsabilizarte de tus palabras y acciones. Eres práctico, solidario y ayudas y motivas a los demás. Aprende a ser flexible y a aceptar los cambios.

- *Cualidades positivas:* amabilidad, pericia, planeación, instinto para los negocios, éxito financiero, intelecto personal, meticulosidad, precisión, talento para la investigación, capacidad científica.
- *Cualidades negativas:* desapego, soledad, terquedad, descuido, malhumor, hipersensibilidad, obcecación, crítica, preocupación.

Amor y relaciones

Eres una pareja sincera, romántica, leal y confiable. Puedes ser muy protectora de tus seres queridos. Te atraen personas fieles, que son honestas y directas en lo emocional debido a tu deseo de tener una relación estable. Sin embargo, debes evitar ser demasiado arrogante o impositivo con tu pareja, y aprender a ser paciente y respetar sus opiniones. Gracias a tu intuición, sabiduría y sensibilidad, sabes apoyar a la gente, sobre todo cuando brindas tu ayuda práctica.

- *Positiva:* osadía, energía, ambición, ganancias y victorias.
- *Negativa:* imprudencia, inestabilidad, cambios repentinos por conveniencia egoísta.

ESE ALGUIEN ESPECIAL

Encontrarás a ese alguien especial entre quienes nacieron en las siguientes fechas.

Amor y amistad: 11, 13, 15, 17, 22 y 25 de enero; 9, 11, 13, 15 y 23 de febrero; 7, 9, 11, 13 y 21 de marzo; 5, 7, 9, 11 y 19 de abril; 3, 5, 7, 9, 17 y 31 de mayo; 1, 3, 5, 7, 15 y 29 de junio; 1, 3, 5, 27, 29 y 31 de julio; 1, 3, 11, 25, 27 y 29 de agosto; 1, 9, 23, 25 y 27 de septiembre; 4, 7, 21, 23 y 25 de octubre; 5, 19, 21 y 23 de noviembre; 3, 17, 19, 21 y 30 de diciembre.

Buenas para ti: 1, 5 y 20 de enero; 3 y 18 de febrero; 1 y 16 de marzo; 14 de abril; 12 de mayo; 10 de junio; 8 de julio; 6 de agosto; 4 de septiembre; 2 de octubre.

Atracción fatal: 17, 18 y 19 de diciembre.

Desafiantes: 6, 22 y 24 de enero; 4, 20 y 22 de febrero; 2, 18 y 20 de marzo; 16 y 18 de abril; 14 y 16 de mayo; 12 y 14 de junio; 10 y 12 de julio; 8, 10 y 31 de agosto; 6, 8 y 29 de septiembre; 4, 6 y 27 de octubre; 2, 4, 25 y 30 de noviembre; 2, 23 y 28 de diciembre

Almas gemelas: 6 y 12 de enero, 4 y 10 de febrero, 2 y 8 de marzo, 6 de abril, 4 de mayo, 2 de junio.

ESTRELLAS FIJAS

Betelgeuze; Polaris, también llamada Al Rukkabah y Estrella Polar

ESTRELLA PRINCIPAL

Nombre de la estrella: Betelgeuze
Posición: 27° 46'–28° 42' de Géminis, entre los años 1930 y 2000
Magnitud: 1
Fuerza: ★★★★★★★★★★
Órbita: 2° 30'
Constelación: Orión (Alpha Orionis)
Días efectivos: 18, 19, 20, 21, 22 y 23 de junio
Propiedades de la estrella: Marte/ Mercurio
Descripción: estrella variable anaranjada y rojiza ubicada en el hombro derecho de Orión

INFLUENCIA DE LA ESTRELLA PRINCIPAL

Betelgeuze confiere buen juicio, visión optimista del mundo, agilidad mental y naturaleza competitiva. También otorga suerte y éxito a través de la determinación y la tenacidad. Gracias a eso, podrás obtener reconocimientos por logros extraordinarios, así como riquezas materiales.

Con respecto a tu grado del Sol, esta estrella denota talento para la filosofía y los estudios metafísicos. Confiere éxito en los deportes y cuestiones legales. Aunque sea posible obtener reconocimientos y amasar riquezas, no necesariamente son duraderos, pues siempre existe el peligro de perderlos repentinamente.

• *Positiva:* buen juicio, resolución de problemas, armonía de acciones y pensamientos.

18 de junio

Ⅱ La influencia venturosa de tu cumpleaños te vuelve sumamente listo, sociable y seguro de ti. Por naturaleza tienes el don de la receptividad mental, la generosidad y el optimismo. Puesto que sueñas en grande, solo basta con que tengas disciplina para convertir tus sueños en realidad. Piensas con agilidad, eres ingenioso, asertivo, franco y honesto.

Debido a la influencia añadida del regente de tu decanato, Acuario, eres voluntarioso e independiente, y generas ideas originales que parecen adelantadas a su tiempo. Posees habilidad con las palabras, por lo que podrías ser un buen escritor. Aunque tienes un toque de genio loco, debes evitar ser impaciente, testarudo o temperamental. Lo que es un hecho es que a lo largo de toda tu vida querrás seguir aprendiendo.

Puesto que posees carisma y cierta cualidad histriónica, necesitas expresarte y sentir que la vida es divertida. También tienes inclinaciones filosóficas que te dan la capacidad de examinar las cosas en su totalidad o que te inclinarán hacia asuntos de una naturaleza más humanista. Entre más desarrolles la intuición, más fácil te resultará tomar decisiones. Por lo regular, no permites que otros interfieran en tu vida. Cuando adoptas una actitud positiva frente a tus metas y tus sueños, tienes el potencial para producir milagros.

Hasta los 32 años, es probable que te preocupen temas relacionados con tus necesidades afectivas, tu seguridad y familia, con un fuerte énfasis en la vida del hogar. A los 33 habrá un punto de inflexión, cuando tu Sol progresado se desplace hacia Leo, el cual promoverá una necesidad de mayor expresión personal y asertividad. Esto te inspirará a ser más seguro de ti mismo, valiente y aventurero. A partir de los 63 años, cuando tu Sol progresado se desplace hacia Virgo, desarrollarás un enfoque de vida práctico, analítico y perfeccionista.

Tu yo secreto

Tu esencia creativa y luminosa te garantiza que siempre mantendrás entretenidas a las personas y encontrarás cosas que los hagan felices. Esta parte sensible e inspiradora de tu ser puede perderse si dudas de ti mismo y te vuelves indeciso, sobre todo en cuestiones del amor o al lidiar con el éxito material.

Aunque tienes el potencial para lograr resultados extraordinarios en términos concretos, sobre todo si pones en marcha tu mente extraordinaria, correrás el riesgo de que las ganancias monetarias no te hagan feliz. Para evitarlo, trabaja en proyectos que te permitan aprender y ampliar tu perspectiva. Por fortuna, tienes claro tu propósito y te impones estándares altos, lo cual, combinado con tu capacidad para pensar en grande, te garantiza que los desafíos de la vida no te desanimarán por mucho tiempo.

Trabajo y vocación

Debido a que eres intuitivo y creativo necesitas una carrera en la que puedas ampliar tu conocimiento. Tu intelecto ágil, ingenio agudo y talento con las palabras indican que sobresaldrás en la escritura y la literatura, el derecho, la pedagogía o los medios de información. Por otro lado, podrías usar tus habilidades organizacionales en grandes corporaciones o en el gobierno y triunfar en los negocios o en empresas manufactureras. Si te interesan las reformas, te atraerán ámbitos en los que puedas hablar en nombre de otros, como en algún sindicato o el gobierno. De igual modo, tus instintos humanistas te pueden inclinar hacia la psicoterapia o el trabajo social. Aunque es probable que prefieras algo creativo, eres práctico y capaz de expresar tu intuición a través de la ciencia o la ingeniería. Tus ansias de expresión artística podrían encontrar una válvula de escape en la música o el teatro.

Entre las personas famosas con quienes compartes cumpleaños están el músico Paul McCartney, la cantante Alison Moyet y las actrices Isabella Rossellini y Jeanette MacDonald.

Numerología

Algunos de los atributos asociados con el número 18 en la fecha de cumpleaños son tenacidad, asertividad y ambición. Eres activo y te gustan los cambios, por lo que procuras mantenerte ocupado y sueles participar en todo tipo de proyectos. Eres competente, trabajador y responsable, por lo cual se te facilita ascender a posiciones de autoridad. Por otro lado, tu facilidad para los negocios y habilidades organizacionales pueden inclinarte hacia el mundo del comercio. Dado que sufres por trabajar en exceso, es importante que aprendas a relajarte y a bajar la velocidad de vez en cuando. Con la personalidad de alguien nacido en un día 18, puedes usar tus poderes para sanar a otros, dar consejos valiosos o resolver problemas ajenos. La subinfluencia del mes número 6 indica que necesitas ser menos demandante y más amoroso y compasivo. Te beneficias cuando demuestras tus emociones, eres más afectuoso y te preocupas menos por ti mismo. Usa tus influencias o tu posición de autoridad para ayudar a otros menos privilegiados. Necesitarás tiempo a solas para estudiar y desarrollar tus habilidades, así que evita que otras inquietudes materiales opaquen los aspectos importantes de tu vida.

• *Cualidades positivas:* actitud progresista, asertividad, intuición, valentía, determinación, capacidad de sanación, eficiencia, facilidad para asesorar.

• *Cualidades negativas:* emociones descontroladas, pereza, desorden, egoísmo, insensibilidad, incapacidad para completar proyectos o trabajos, engaños.

Amor y relaciones

Eres inteligente e ingenioso, y sueles tener una personalidad amistosa y alegre. Dado que te encanta la variedad, disfrutas socializar con gente de distintos entornos y con intereses múltiples. Sin embargo, experimentas cierta inquietud que indica que te aburres con facilidad y buscas personas que te ofrezcan experiencias emocionantes. Es probable que entre tus pasatiempos favoritos esté viajar y aprender cosas nuevas. Por otro lado, también es posible que te interesen cursos o clases en donde puedas aprender habilidades nuevas y conocer gente que comparta tus intereses. La mejor forma de entretenerte y divertirte es explorando a nivel intelectual los intereses que compartes con los demás.

• *Negativa:* obstinación, ansias de discusión, antagonismo.

ESE ALGUIEN ESPECIAL

Encontrarás a la pareja emocionante que buscas entre quienes nacieron en las siguientes fechas.

Amor y amistad: 9, 12, 16 y 25 de enero; 10, 14, 23 y 24 de febrero; 5, 8, 12, 22 y 31 de marzo; 3, 6, 10, 20 y 29 de abril; 4, 8, 18 y 27 de mayo; 2, 6, 16, 25 y 30 de junio; 4, 14, 23 y 28 de julio; 2, 12, 21, 26 y 30 de agosto; 10, 19, 24 y 28 de septiembre; 8, 17, 22 y 26 de octubre; 6, 15, 20, 24 y 30 de noviembre; 4, 13, 18, 22 y 28 de diciembre.

Buenas para ti: 2, 13, 22 y 24 de enero; 11, 17, 20 y 22 de febrero; 9, 15, 18, 20 y 28 de marzo; 7, 13, 16, 18 y 26 de abril; 5, 11, 16, 18 y 26 de mayo; 3, 9, 12, 14 y 22 de junio; 1, 7, 10, 12 y 20 de julio; 5, 8, 10 y 18 de agosto; 3, 6, 8 y 16 de septiembre; 1, 4, 6 y 14 de octubre; 2, 4 y 12 de noviembre; 2 y 10 de diciembre.

Atracción fatal: 25 de enero; 23 de febrero; 21 de marzo; 19 de abril; 17 de mayo; 15 de junio; 13 de julio; 11 de agosto; 9 de septiembre; 7 de octubre; 5 de noviembre; 3, 18, 19 y 20 de diciembre.

Desafiantes: 7 y 23 de enero; 5 y 21 de febrero; 3, 19 y 29 de marzo; 1, 17 y 27 de abril; 15 y 25 de mayo; 13 y 23 de junio; 11, 21 y 31 de julio; 9, 19 y 29 de agosto; 7, 17, 27 y 30 de septiembre; 3, 13, 23 y 26 de noviembre; 1, 11, 21 y 24 de diciembre.

Almas gemelas: 17 de enero, 15 de febrero, 13 de marzo, 11 de abril, 9 de mayo, 7 de junio, 5 de julio, 3 de agosto, 30 de noviembre, 28 de diciembre.

ESTRELLAS FIJAS

Betelgeuze; Polaris, también llamada Al Rukkabah y Estrella Polar; Menkalinan, que significa "el hombro del cochero"

ESTRELLA PRINCIPAL

Nombre de la estrella: Betelgeuze

Posición: 27º 46'–28º 42' de Géminis, entre los años 1930 y 2000

Magnitud: 1

Fuerza: ★★★★★★★★★

Órbita: 2º 30'

Constelación: Orión (Alpha Orionis)

Días efectivos: 18, 19, 20, 21, 22 y 23 de junio

Propiedades de la estrella: Marte/Mercurio

Descripción: estrella variable anaranjada y rojiza ubicada en el hombro derecho de Orión

INFLUENCIA DE LA ESTRELLA PRINCIPAL

Betelgeuze confiere buen juicio, visión optimista del mundo, agilidad mental y naturaleza competitiva. También otorga suerte y éxito a través de la determinación y la tenacidad. Gracias a eso, podrás obtener reconocimientos por logros extraordinarios, así como riquezas materiales.

Con respecto a tu grado del Sol, esta estrella denota talento para la filosofía y los estudios metafísicos. Confiere éxito en los deportes y asuntos legales. Aunque sea posible obtener reconocimientos y amasar riquezas, no necesariamente son duraderos, pues siempre existe el peligro de perderlos repentinamente.

• *Positiva:* buen juicio, resolución de problemas, armonía de acciones y pensamientos.

19 de junio

♊ La influencia de tu fecha de nacimiento supone que eres un Géminis popular, encantador y relajado. Ya que eres inteligente y tienes vastos conocimientos eres capaz de compartirlos con otros. Ya sea a través de la palabra escrita o hablada, es posible que te especialices en comunicación y transmitas tus ideas con entusiasmo y emoción naturales.

Siempre estás en movimiento y te gusta la acción, pero sueles abarcar más de lo que puedes hacer. Apoyas la libre empresa, piensas en grande y es probable que luches por tus creencias. Eres imparable y aventurero, y sueles decir lo que piensas aunque te metas en problemas; sin embargo, debes desarrollar el arte de saber escuchar.

La influencia añadida del regente de tu decanato, Acuario, supone que eres original e innovador, posees buen juicio y capacidad de razonamiento. Puesto que a veces eres inquieto y tomas decisiones precipitadas, es importante que aprendas a disciplinarte y desarrollar tus habilidades. Sin duda, tus poderes de persuasión y habilidades organizacionales te ayudarán a ascender al éxito. Ser ambicioso y tener una visión creativa de la vida refuerza la necesidad de emprender proyectos o defender causas que te satisfagan a nivel emocional y mental, en lugar de solo recibir recompensas materiales. Cuando pones la mira en una meta, estás dispuesto a invertir mucho esfuerzo en demostrar tu talento y tenacidad.

Hasta los 31 años, cuando tu Sol progresado se desplace hacia el signo de Cáncer, las cuestiones relacionadas con la seguridad afectiva, el hogar y la familia desempeñarán un papel importante en tu vida. A los 32, cuando tu Sol progresado se traslade a Leo, arrancará un periodo de mayor expresión personal y creatividad, así como de mayor asertividad y arrojo. A los 62 años habrá otro punto de inflexión, cuando tu Sol progresado se desplace hacia Virgo, que te inclinará a ser más metódico y ordenado, así como brindar ayuda práctica y útil a otras personas.

Tu yo secreto

Siempre tendrás una cualidad jovial y juguetona que, al combinarse con tus emociones intensas, te permitirá inspirar a otros a través de la compasión, el entusiasmo y el humor extravagante. Parecería que adoptas a cabalidad el papel de bufón de la corte con tu conversación divertida e ingeniosa. Por otro lado, tu espíritu humanitario te inspirará a ayudar a otros por medio de consejos y de brindar solución a sus problemas.

La frustración, sobre todo en temas de dinero y situaciones materiales, podrá ser un problema si te aferras a ciertas ideas o sentimientos durante más tiempo del necesario. Deseas intensamente seguridad material, pero para progresar necesitarás equilibrarlas con la confianza de que siempre te ocuparás de ello y tendrás suficiente.

Trabajo y vocación

Además de ser creativo e inteligente, eres versátil y puedes elegir de entre una amplia gama de profesiones. Quizá te atraiga el mundo del comercio, en donde puedes usar tus poderes de persuasión para las ventas, la promoción o la negociación. Con tu actitud positiva y personalidad relajada, triunfarás en grandes corporaciones, en donde ascenderás a puestos de responsabilidad. Por otro lado, tu deseo de expresión creativa indica que tu talento artístico te inclinará hacia el mundo del arte, el diseño, la publicidad o los medios. Debido a tu capacidad para comunicar ideas con precisión, quizá también te interese la pedagogía o la capacitación de empleados en temas de negocios. De igual modo, es probable que te atraigan la escritura, el derecho, la academia y la política. Defiendes causas en las que crees y transmites tus ideas de forma divertida, lo que te será útil si decides entrar al mundo del espectáculo.

Entre las personas famosas con quienes compartes cumpleaños están la actriz Kathleen Turner, la cantante Paula Abdul, el escritor Salman Rushdie, la exduquesa de Windsor Wallis Simpson y el filósofo francés Blaise Pascal.

Numerología

Algunas de las cualidades de las personas nacidas bajo el número 19 son alegría, ambición y humanitarismo. Eres una persona tenaz e ingeniosa, con una visión profunda, pero el lado soñador de tu naturaleza es compasivo, idealista y creativo. Aunque seas una persona sensible, tu necesidad de sobresalir pueden empujarte al dramatismo y a intentar acaparar reflectores. Sueles tener un fuerte deseo de establecer tu identidad individual. Para ello, deberás empezar por aprender a no sucumbir ante la presión social. A ojos de los demás eres una persona segura, fuerte e ingeniosa, pero las tensiones internas pueden provocarte altibajos emocionales. La subinfluencia del mes número 6 indica que debes disciplinar tus pensamientos imaginativos y activos por medio de la creatividad y la inspiración. Ten fe y paciencia para estudiar y aprender habilidades nuevas, o pon tus pensamientos y sueños por escrito. Para evitar malentendidos, mantén la mente abierta o sé franco con tus emociones. Desarrolla una visión filosófica de la vida para no preocuparte demasiado por el mundo material.

• *Cualidades positivas:* dinamismo, ecuanimidad, creatividad, liderazgo, suerte, actitud progresista, optimismo, convicciones fuertes, competitividad, independencia, sociabilidad.

• *Cualidades negativas:* ensimismamiento, depresión, angustia, miedo al rechazo, altibajos, materialismo, impaciencia.

Amor y relaciones

Eres optimista y de corazón jovial, por lo que es probable que seas sociable y popular. En las relaciones personales sueles ser intuitivo y sensible, aunque también intenso y de carácter fuerte. Aunque te gusta ser espontáneo, tus emociones pueden cambiar, por lo que en ocasiones aparentas indiferencia. Sueles estar en busca de tu amor ideal, pero, si tus expectativas son altas, podrías desilusionarte. Eres atractivo para los demás. Eres un amigo fiel y, si encuentras a tu alma gemela, eres amoroso.

• *Negativa:* obstinación, ansias de discusión, antagonismo.

ESE ALGUIEN ESPECIAL

Encontrarás una relación adecuada con alguien que comprenda tu sensibilidad y tus necesidades afectivas entre quienes nacieron en las siguientes fechas.

Amor y amistad: 7, 9, 10, 17 y 27 de enero; 5, 8, 15 y 25 de febrero; 3, 6, 13 y 23 de marzo; 1, 4, 11 y 21 de abril; 2, 9 y 19 de mayo; 7 y 17 de junio; 5, 15, 29 y 31 de julio; 3, 13, 27, 29 y 31 de agosto; 1, 11, 25, 27 y 29 de septiembre; 9, 23, 25 y 27 de octubre; 7, 21, 23 y 25 de noviembre; 5, 19, 21 y 23 de diciembre.

Buenas para ti: 3, 5, 20, 25 y 27 de enero; 1, 3, 18, 23 y 25 de febrero; 1, 16, 21 y 23 de marzo; 14, 19 y 21 de abril; 12, 17 y 19 de mayo; 10, 15 y 17 de junio; 8, 13 y 15 de julio; 6, 11 y 13 de agosto; 4, 9 y 11 de septiembre; 2, 7 y 9 de octubre; 5 y 7 de noviembre; 3 y 5 de diciembre.

Atracción fatal: 13 de enero; 11 de febrero; 9 de marzo; 7 de abril; 5 de mayo; 3 de junio; 1 de julio; 18, 19, 20 y 21 de diciembre.

Desafiantes: 16 y 24 de enero; 14 y 22 de febrero; 12 y 20 de marzo; 10 y 18 de abril; 8, 16 y 31 de mayo; 6, 14 y 29 de junio; 4, 12 y 27 de julio; 2, 10 y 25 de agosto; 8 y 23 de septiembre; 6 y 21 de octubre; 4 y 19 de noviembre; 2 y 17 de diciembre.

Almas gemelas: 16 de enero, 14 de febrero, 12 de marzo, 10 de abril, 8 de mayo, 6 de junio, 4 y 31 de julio, 2 y 29 de agosto, 27 de septiembre, 25 de octubre, 23 de noviembre, 21 de diciembre.

ESTRELLAS FIJAS

Betelgeuze; Polaris, también llamada Al Rukkabah y Estrella Polar; Menkalinan, que significa "el hombro del cochero"

ESTRELLA PRINCIPAL

Nombre de la estrella: Betelgeuze
Posición: 27º 46'–28º 42' de Géminis, entre los años 1930 y 2000
Magnitud: 1
Fuerza: ★★★★★★★★★★
Órbita: 2º 30'
Constelación: Orión (Alpha Orionis)
Días efectivos: 18, 19, 20, 21, 22 y 23 de junio
Propiedades de la estrella: Marte/Mercurio
Descripción: estrella variable anaranjada y rojiza ubicada en el hombro derecho de Orión

INFLUENCIA DE LA ESTRELLA PRINCIPAL

Betelgeuze confiere buen juicio, visión optimista del mundo, agilidad mental y naturaleza competitiva. También otorga suerte y éxito a través de la determinación y la tenacidad. Gracias a eso, podrás obtener reconocimientos por logros extraordinarios, así como riquezas materiales.

Con respecto a tu grado del Sol, esta estrella denota talento para la filosofía y aptitud para los estudios metafísicos. Confiere éxito en los deportes y asuntos legales, además de tener una influencia positiva en todo lo relativo al trato con los demás. Aunque sea posible obtener reconocimientos y amasar riquezas, no necesariamente son duraderos, pues siempre existe el peligro de perderlos repentinamente.

20 de junio

♊ Quienes nacen en esta fecha son sumamente intuitivos y tienen ideas originales. Eres carismático y encantador. Una parte importante de tu éxito depende de tu habilidad para tratar con la gente a nivel personal. Tienes un buen corazón, eres amistoso y sociable, debido a ello eres popular y sabes cómo pasarla bien y mantener entretenidos a los demás. Esto te ayudará a ponerte bajo los reflectores, de preferencia en un lugar protagónico. Sin embargo, ten cuidado, ya que si no te disciplinas y desperdigas tu energía en muchas direcciones podrías no estar a la altura de los desafíos.

La influencia de Acuario, el regente de tu decanato, supone que te gusta explorar conceptos nuevos e innovadores. Tu mente astuta pero inquieta te ayuda a reaccionar y responder con rapidez, así como a evaluar a la gente y las situaciones con facilidad. Sin embargo, evita ser impaciente u obstinado. Por otro lado, tienes la tendencia a no asumir la responsabilidad necesaria para explotar al máximo tu potencial sobresaliente.

Eres ambicioso y es probable que con frecuencia idees planes para generar dinero o progresar en la vida. Tus ansias de creatividad indican que también anhelas expresarte con libertad. Puesto que el entusiasmo innato es uno de tus principales atributos, la clave está en creer genuinamente en una idea antes de emprender un proyecto y obtener resultados.

Hasta los 30 años, cuando tu Sol progresado se encuentre en el signo de Cáncer, estás más enfocado en temas relacionados con la seguridad emocional, el hogar y la familia. A los 31, cuando tu Sol progresado se desplace hacia Leo, te volverás más creativo y seguro de ti mismo. Esto te brindará la asertividad necesaria para ser más aventurero y fortalecerá tus habilidades sociales. Después de los 60, cuando tu Sol progresado se desplace hacia Virgo, es probable que te vuelvas más práctico, juicioso y ordenado.

Tu yo secreto

Tu deseo de entender a los demás y sus motivaciones indica que te juzgas a ti mismo a partir de las relaciones que tienes con ellos. Para entablar uniones armónicas, tendrás que encontrar el equilibrio entre la calidez y el desapego. Por fortuna, posees una naturaleza generosa y deseos de honestidad. Si usaras todo esto para reconocer tus propias limitaciones, aprenderás de cualquier situación y serás capaz de avanzar en la vida.

Te gusta ostentar el poder, lo que te ayudará a alcanzar tus metas, si lo canalizas de forma constructiva. No obstante, el mal uso de este puede manifestarse en forma de tácticas manipuladoras. Si te interesa un proyecto, eres tenaz, dedicado y tienes voluntad para trabajar arduamente. Tu pragmatismo innato y habilidades organizacionales, en combinación con tu talento para tratar con la gente, te permite atraer apoyo de otros y cumplir tus planes.

Trabajo y vocación

Tu fresco encanto y habilidades organizacionales indican que tienes el potencial de triunfar en actividades que implican trato con gente, ya sea en el mundo de los negocios o en el sector público. Es probable que te atraigan ámbitos que impliquen comunicación, por lo que podrías considerar trabajar en enseñanza, recursos humanos, relaciones públicas y política. Otros excelentes medios para explotar el potencial de tu mente compleja son el mundo editorial, la escritura, el periodismo y la investigación. Por otro lado, te inclinas hacia la expresión creativa como el teatro, la música y la composición de canciones. Si eres talentoso, la gente reconocerá tus habilidades únicas y te ayudará a alcanzar la fama.

Entre las personas famosas con quienes compartes cumpleaños están los actores Nicole Kidman, Errol Flynn y Martin Landau; los cantantes Cyndi Lauper y Lionel Richie; el músico Brian Wilson; la dramaturga Lillian Hellman, y la escritora Catherine Cookson.

Numerología

Al haber nacido bajo el número 20, eres intuitivo, sensible, adaptable, comprensivo y, por lo general, te consideras parte de grupos más grandes. Suelen agradarte actividades cooperativas en las que puedes interactuar, compartir experiencias y aprender de otros. Tu encanto y gracia te ayudan a desarrollar habilidades diplomáticas y sociales que te permiten moverte en diferentes círculos sociales con fluidez. No obstante, quizá necesites fortalecer tu confianza o superar la tendencia a sentirte herido por las acciones y críticas ajenas y a ser demasiado dependiente. Tienes una facilidad extraordinaria para crear atmósferas amistosas y armoniosas. La subinfluencia del mes número 6 indica que debes adquirir habilidades prácticas y aprender a mantener el equilibrio entre el idealismo y tu deseo de éxito material. Evita ser demasiado crítico contigo mismo y con otros, así como hacer exigencias poco razonables. Dado que eres perfeccionista, deberás aprender a contrarrestar tus fracasos con tus logros. El tesón y la fuerza de voluntad son claves esenciales para el éxito, pero necesitarás un plan de acción y perseverar a pesar de las dificultades.

• *Cualidades positivas:* buenas asociaciones, gentileza, tacto, receptividad, intuición, amabilidad, armonía, afabilidad, naturaleza amistosa, embajador de buena voluntad.

• *Cualidades negativas:* suspicacia, inseguridad, timidez, hipersensibilidad, egoísmo, tendencia a ofenderse, malicia.

Amor y relaciones

Compartir y saber comunicar son cualidades importantes para ti. Tu necesidad de estar en compañía de personas que ostentan cierta autoridad supone una fuerte influencia de tu padre o de un hombre mayor que en tu juventud dejó una marca notoria en tus puntos de vista y creencias. La necesidad de conocimiento y de comprensión acerca del autocontrol denota que admiras a quienes tienen una perspectiva única de la vida. Aunque quieres ser independiente, si en el camino encuentras gente excepcional te sientes tentado a seguirla. Gracias a tu encanto y porte autoritario natural, sueles atraer a gente que cree en ti. En las relaciones cercanas debes mantener la sangre ligera y una actitud positiva, y evitar ser demasiado serio, autoritario o crítico. El amor por el conocimiento o la sabiduría podría acercarte de forma inesperada a tu pareja ideal.

• *Positiva:* buen juicio, resolución de problemas, armonía de acciones y pensamientos.

• *Negativa:* obstinación, ansias de discusión, antagonismo.

ESE ALGUIEN ESPECIAL

Tus ideales amorosos se materializarán con más facilidad si te relacionas con personas nacidas en las siguientes fechas.

Amor y amistad: 1, 9, 14, 28 y 31 de enero; 7, 12, 26 y 29 de febrero; 10, 24 y 27 de marzo; 8, 22 y 25 de abril; 6, 20 y 23 de mayo; 4, 18 y 21 de junio; 2, 16, 19 y 30 de julio; 14, 17, 28 y 30 de agosto; 12, 15, 26, 28 y 30 de septiembre; 10, 13, 24, 26 y 28 de octubre; 8, 11, 22, 24 y 26 de noviembre; 6, 9, 20, 22 y 24 de diciembre.

Buenas para ti: 26 de enero, 24 de febrero, 22 de marzo, 20 de abril, 18 de mayo, 16 de junio, 14 de julio, 12 de agosto, 10 de septiembre, 8 de octubre, 6 de noviembre, 4 de diciembre.

Atracción fatal: 19, 20, 21 y 22 de diciembre.

Desafiantes: 3 y 25 de enero, 1 y 23 de febrero, 21 de marzo, 19 de abril, 17 de mayo, 15 de junio, 13 de julio, 11 de agosto, 9 de septiembre, 7 de octubre, 5 de noviembre, 3 de diciembre.

Almas gemelas: 3 y 10 de enero, 1 y 8 de febrero, 6 de marzo, 4 de abril, 2 de mayo.

237

SOL: CÚSPIDE GÉMINIS/CÁNCER
DECANATO: ACUARIO/URANO,
CÁNCER/LUNA
ÁNGULO: 28° 30' DE GÉMINIS–0°
DE CÁNCER
MODALIDAD: MUTABLE
ELEMENTO: AIRE

ESTRELLAS FIJAS

Betelgeuze; Polaris, también llamada Al Rukkabah y Estrella Polar; Menkalinan, que significa "el hombro del cochero"

ESTRELLA PRINCIPAL

Nombre de la estrella: Betelgeuze
Posición: 27° 46'–28° 42' de Géminis, entre los años 1930 y 2000
Magnitud: 1
Fuerza: ★★★★★★★★★
Órbita: 2° 30'
Constelación: Orión (Alpha Orionis)
Días efectivos: 18, 19, 20, 21, 22 y 23 de junio
Propiedades de la estrella: Marte/ Mercurio
Descripción: estrella variable anaranjada y rojiza ubicada en el hombro derecho de Orión

INFLUENCIA DE LA ESTRELLA PRINCIPAL

Betelgeuze confiere buen juicio, visión optimista del mundo, agilidad mental y naturaleza competitiva. También otorga suerte y éxito a través de la determinación y la tenacidad. Gracias a eso, podrás obtener reconocimientos por logros extraordinarios, así como riquezas materiales.

Con respecto a tu grado del Sol, esta estrella denota talento para la filosofía y los estudios metafísicos. Confiere éxito en los deportes y en asuntos legales. Aunque sea posible obtener reconocimientos y amasar riquezas, no necesariamente son duraderos, pues siempre existe el peligro de perderlos repentinamente.

21 de junio

Ⅱ Tu fecha de nacimiento indica que eres mentalmente ágil, amistoso y de mente abierta. Tener una mente creativa y con deseos de conocimiento hace que te interesen temas diversos, en especial los asuntos internacionales. Puesto que te importa la imagen que proyectas, al querer impresionar a otros, por lo regular, buscas lo mejor. Eres directo con la gente, pero también amable y generoso.

Gracias a la influencia de tu Sol en la cúspide de Géminis y Cáncer, tienes la suerte de tener dos regentes de tu decanato: Acuario y Cáncer. Esto enfatiza tu sensibilidad y habilidades altamente intuitivas. Además, esta influencia te brinda originalidad, ingenio e imaginación. Estar dispuesto a explorar ideas y teorías nuevas te caracteriza como alguien de avanzada que desea libertad e independencia. Este deseo se equilibra con la necesidad de un hogar y familia. Sin embargo, evita caer en una rutina predecible, en tu afán de conseguir armonía, paz y seguridad.

El querer complacer a otros te dificulta decir que no y te hace propenso a aceptar más de lo que puedes manejar. Esto también implica que debes evitar desperdiciar energías. Aunque seas responsable y acostumbres estar consciente de querer saldar tus deudas, se requiere mucha disciplina para explotar al máximo el extraordinario potencial de tu fecha de nacimiento. En lugar de hablar de grandes planes y de saber un poco de todo, será necesario que te tomes en serio y que te comprometas definitivamente a emprender acciones y mejorar como persona.

Antes de los 30, es probable que te preocupen cuestiones relacionadas con tus necesidades afectivas, el hogar y la familia. A los 30, cuando tu Sol progresado se desplace hacia Leo, empezarás a ser más asertivo y seguro de ti, lo cual contribuirá a tu independencia. A los 60 habrá otro punto de inflexión, cuando tu Sol progresado se desplace hacia Virgo. Eso le dará a la vida un giro más pragmático, metódico y orientado al servicio.

Tu yo secreto

Aunque eres muy optimista, habrá ocasiones en las que tu temperamento nervioso tienda hacia la depresión debido a la falta de seguridad en ti mismo o a la insatisfacción. Adoptar una postura positiva o tener algo en lo cual creer te permite canalizar tus reacciones afectivas intensas, y ese poder emocional se puede expresar a través de la creatividad, ya sea física o mental.

Aunque eres amable y te gusta ayudar a la gente, debes tratar de no interferir demasiado. Eso implica que necesitas escuchar a los demás para evitar malentendidos. Es esencial que entrenes y disciplines tu mente, por lo que la educación, ya sea formal o informal, será una de las principales claves de tu éxito y te dará los medios para explotar al máximo tu potencial. Enfócate en metas positivas en lugar de rumiar las frustraciones y decepciones. Si aprendes a ser paciente y tolerante, proyectarás una personalidad desapegada y liberal, y observarás que a la gente le atraerá tu capacidad de aconsejarla.

Trabajo y vocación

Sin importar qué carrera elijas, sentirás una gran necesidad de expresar tus ideas o imaginación creativa. Sueles ser humanitario y entiendes a la gente por naturaleza, por lo que pueden atraerte la educación, la psicoterapia y el trabajo social. Por otro lado, tus habilidades de organización y administrativas te inclinarán hacia el mundo del comercio, mientras que el amor por el conocimiento podría volver atractivos ámbitos como la filosofía, el derecho, la religión o la política. Eres creativo y artístico, y sueles tener habilidades manuales, por lo que triunfarás en el mundo del diseño, sobre todo de artículos para el hogar. Gracias a tus excelentes habilidades comunicativas, ansiarás expresarte a través de la escritura, la literatura o el periodismo.

Entre las personas famosas con quienes compartes cumpleaños están el príncipe Guillermo de Inglaterra, la lideresa paquistaní Benazir Bhutto, el empresario y publicista Maurice Saatchi, el filósofo Jean-Paul Sartre, el artista estadounidense Rockwell Kent, el guitarrista Nils Lofgren, y las actrices Jane Russell y Juliette Lewis.

Numerología

Tener el número 21 en tu fecha de cumpleaños te hace una persona con empuje dinámico y personalidad extrovertida. Con esas inclinaciones sociales, tienes abundantes intereses y contactos y, por lo regular, tienes mucha suerte. Sueles mostrarte amistoso y sociable con los demás. Eres original, ingenioso e intuitivo, y posees un espíritu independiente. Si tu cumpleaños es en un día con el número 21 es posible que te encante la diversión; que seas magnético, creativo y tengas encanto social. Sin embargo, también podrías ser tímido y reservado, con necesidad de desarrollar la asertividad, en especial en relaciones cercanas. Aunque te inclines hacia las relaciones de cooperación o el matrimonio, siempre querrás que se reconozcan tus talentos y habilidades. La subinfluencia del mes número 6 indica que eres perspicaz y creativo. Aunque sueles buscar opiniones externas, debes aprender a tomar decisiones por cuenta propia. Exhibes una naturaleza afectuosa y compasiva, pero necesitas expresar tu individualidad y tus sentimientos; por lo que es necesario que externes a los demás qué piensas o cómo te sientes. Amplía tu panorama y serás capaz de ver la imagen completa.

• *Cualidades positivas:* inspiración, creatividad, relaciones duraderas.
• *Cualidades negativas:* dependencia, descontrol emocional, falta de visión, miedo al cambio, nerviosismo.

Amor y relaciones

Eres magnético, creativo y cooperativo, tienes encanto social y te encanta la diversión. Puesto que ansías a un alma gemela, las relaciones personales cercanas son importantes para ti. De hecho, son tan cruciales que debes tener cuidado de no depender demasiado de ellas. Quizá debas evitar escoger la seguridad en lugar del amor y la felicidad, pues terminarás resignado a no obtener tu primera opción. Expresa tus emociones auténticas siendo afectuoso y generoso, y considera que la necesidad de mantener cierto desapego te ayudará a tener una visión más equilibrada del amor y las relaciones. Gracias a tus habilidades diplomáticas y buen tacto, tienes muchos contactos; sin embargo, debes adoptar una postura asertiva desde el principio de tus relaciones.

• *Positiva:* buen juicio, resolución de problemas, armonía de acciones y pensamientos.
• *Negativa:* obstinación, ansias de discusión, antagonismo.

ESE ALGUIEN ESPECIAL

Encontrarás a una pareja que comprenda tu sensibilidad y tus necesidades afectivas entre quienes nacieron en las siguientes fechas.

Amor y amistad: 1, 15, 24, 26, 29 y 30 de enero; 13, 24, 27 y 28 de febrero; 11, 22, 25 y 26 de marzo; 9, 20, 23 y 24 de abril; 7, 18, 21 y 22 de mayo; 5, 16, 19 y 20 de junio; 3, 14, 17, 18 y 31 de julio; 1, 12, 15, 16, 29 y 31 de agosto; 10, 13, 14, 27 y 29 de septiembre; 8, 11, 12, 25, 26 y 27 de octubre; 6, 9, 10, 23 y 25 de noviembre; 4, 7, 8, 21, 23 y 29 de diciembre.

Buenas para ti: 1, 2, 10 y 27 de enero; 8 y 25 de febrero; 6 y 23 de marzo; 4 y 21 de abril; 2, 19 y 30 de mayo; 17 y 28 de junio; 15 y 26 de julio; 13 y 24 de agosto; 11 y 22 de septiembre; 9 y 20 de octubre; 7 y 18 de noviembre; 5 y 16 de diciembre.

Atracción fatal: 21, 22 y 23 de diciembre.

Desafiantes: 17 y 26 de enero; 15 y 24 de febrero; 13 y 22 de marzo; 11 y 20 de abril; 9 y 18 de mayo; 7 y 16 de junio; 5 y 14 de julio; 3, 12 y 30 de agosto; 1, 10 y 28 de septiembre; 8, 26 y 29 de octubre; 6, 24 y 27 de noviembre; 4, 22 y 25 de diciembre.

Almas gemelas: 21 de enero, 19 de febrero, 17 de marzo, 15 de abril, 13 de mayo, 11 de junio, 9 y 29 de julio, 7 y 27 de agosto, 5 y 25 de septiembre, 3 y 23 de octubre, 1 y 21 de noviembre, 19 de diciembre.

Cáncer

22 de junio–22 de julio

SOL: CÚSPIDE CÁNCER/GÉMINIS
DECANATO: CÁNCER/LUNA
ÁNGULO: 29° 30' DE GÉMINIS–1°
DE CÁNCER
MODALIDAD: CARDINAL
ELEMENTO: AGUA

22 de junio

ESTRELLAS FIJAS

Betelgeuze; Polaris, también llamada Al Rukkabah y Estrella Polar; Menkalinan, que significa "el hombro del cochero"

ESTRELLA PRINCIPAL

Nombre de la estrella: Betelgeuze
Posición: 27° 46'–28° 42' de Géminis, entre los años 1930 y 2000
Magnitud: 1
Fuerza: ★★★★★★★★★
Órbita: 2° 30'
Constelación: Orión (Alpha Orionis)
Días efectivos: 18, 19, 20, 21, 22 y 23 de junio
Propiedades de la estrella: Marte/Mercurio
Descripción: estrella variable anaranjada y rojiza ubicada en el hombro derecho de Orión

INFLUENCIA DE LA ESTRELLA PRINCIPAL

Betelgeuze confiere buen juicio, visión optimista del mundo, agilidad mental y naturaleza competitiva. También otorga suerte y éxito a través de la determinación y la tenacidad. Gracias a eso, podrás obtener reconocimientos por logros extraordinarios, así como riquezas materiales.

Con respecto a tu grado del Sol, esta estrella denota talento para la filosofía y los estudios metafísicos. Confiere éxito en los deportes y asuntos legales. Aunque sea posible obtener reconocimientos y amasar riquezas, no necesariamente son duraderos, pues siempre existe el peligro de perderlos repentinamente.

♋ La posición privilegiada de tu cumpleaños en una cúspide implica que te beneficias tanto de Géminis como de Cáncer. Posees poderes mentales e intuitivos inigualables, por lo que gracias a tu receptividad natural aprendes con rapidez y tienes un potencial extraordinario para desempeñarte en cualquier campo que elijas.

Nacer en el primer decanato de Cáncer te permite aprovechar la doble influencia de la Luna y tener una imaginación sensible y emociones intensas. Puesto que posees múltiples talentos e intereses, ansías conocimiento y estímulo intelectual. Si emprendes los desafíos que conlleva tu fecha de nacimiento, triunfarás en cualquier campo de estudio. Por otro lado, quizá prefieras usar tu ingenio y habilidades prácticas para participar en reformas que mejoren las condiciones de otras personas.

Eres astuto, solidario, empático y tienes una mentalidad aguda. Aunque eres inteligente e imaginativo, si careces de estructura u objetivos te podrías irritar con facilidad, ser testarudo o caer en juegos de poder que te generen tensión mental. Lo anterior podría provocarte cambios de ánimo o inseguridades personales, sobre todo si permites que otros socaven tu confianza en ti mismo.

Las personas más inspiradas de entre las nacidas en esta fecha sentirán atracción por la expresión personal y las artes, en especial la música y el teatro. Dado que con frecuencia sabes qué quieren o esperan los demás, aprovechas tu buen juicio y personalidad amistosa para transitar con facilidad por toda clase de círculos sociales.

Después de los 30 años, cuando tu Sol progresado se desplace hacia Leo, dejarás de ser tan consciente de la seguridad. Gracias a esto, obtendrás mayor confianza y te desempeñarás con destreza en el campo que elegiste. Si para la mediana edad no has aprovechado la energía intensa que es inherente a tu cumpleaños, recibirás otra oportunidad para alcanzar el éxito. A partir de los 60 años, cuando tu Sol progresado entre a Virgo, adoptarás una actitud más pragmática y el servicio a la comunidad se volverá prioritario para ti.

Tu yo secreto

La gente con la que te relacionas puede poner en jaque tu deseo de sentirte seguro en tus creencias. Aunque ostentas una apariencia segura de ti, muchas veces dudas de tener toda la información necesaria. Eres franco, directo y honesto, y esperas lo mismo de los demás. Sin embargo, la fuerza de tus convicciones puede volverte obstinado, aunque también perseverante. Esto implica que debes diferenciar con detenimiento entre tenacidad e inflexibilidad. Una solución para superar tus inseguridades emocionales radica en la objetividad y el razonamiento.

Quizá disfrutes el riesgo o la tentación de alcanzar tus metas más elevadas a través de la especulación. Aunque sea bueno que pienses en grande, también deberás expresarte de forma creativa o entregarte a tus ideales. No obstante, las tendencias evasivas pondrán en riesgo la capacidad de mantener activa tu mente extraordinaria y explotar al máximo tu potencial.

Trabajo y vocación

La ambición podría inclinarte hacia los negocios, en donde destacarías gracias a tu gusto por la organización y la administración. Esto también supone que podrías sobresalir en manufactura, finanzas, diseño de marcas o bienes raíces. Por otro lado, tu gran visión e imaginación activa podrían atraerte hacia la actuación, el arte, la fotografía, la música, el cine o el diseño de interiores. Tu capacidad innata para relacionarte con la gente tiene cabida en profesiones que impliquen trato con el público, como comunicaciones, educación, salud, trabajo social o derecho. Tu perspicacia y compasión particulares serían útiles en psicoterapia o sanación, ya sea en profesiones médicas o de salud alternativa.

Entre las personas famosas con quienes compartes cumpleaños están el cantante Kris Kristofferson, el músico Todd Rundgren, el compositor Giacomo Puccini, las actrices Meryl Streep y Lindsay Wagner, y el director de cine Billy Wilder.

Numerología

Tener el número 22 en tu fecha de cumpleaños te hace una persona orgullosa, práctica y sumamente intuitiva. Es un número maestro que puede vibrar tanto en forma de 22 como en forma de 4. Sueles ser honesto y trabajador, poseer habilidades de liderazgo innatas y tener una personalidad carismática, así como una profunda capacidad de entender a la gente. Aunque no demuestras tu afecto, sueles preocuparte por el bienestar de tus seres queridos. Muchos de los nacidos en este día tienen fuertes lazos con sus hermanos o hermanas, a quienes protegen y apoyan. La subinfluencia del mes número 6 indica que eres consciente de la importancia de la seguridad y te gusta crear entornos armoniosos. Eres confiable, responsable y un amigo empático que ayuda a los demás. Gracias a tus dotes innatas de imaginación y creatividad, sueles albergar nociones idealistas, aunque tu lado más pragmático te permite mantener los pies en la tierra. Ganar es importante para ti, y el éxito es posible cuando emprendes ideas originales que beneficien a otros.

- *Cualidades positivas:* universalidad, rol de director, intuición, pragmatismo, practicidad, habilidades manuales y de construcción, talento, organización, realismo, capacidad para resolver problemas, éxitos.
- *Cualidades negativas:* facilidad para caer en enriquecimiento ilícito, nerviosismo, autoritarismo, materialismo, falta de visión, pereza, egoísmo, autopromoción.

Amor y relaciones

Tu riqueza de emociones y sexto sentido extraordinario suelen indicar que necesitas a una pareja que comprenda tu sensibilidad y comparta tus valores e ideas. Aunque seas una torre de fortaleza para tus seres queridos, eso no significa que no seas propenso a vaivenes emocionales. Desarrollar una visión filosófica y superar tu tendencia a la preocupación te ayudará a tener estabilidad emocional. Las relaciones sociales y amorosas más exitosas serán aquellas que entables con quienes compartan tus múltiples intereses y que te estimulen a nivel intelectual.

- *Positiva:* buen juicio, resolución de problemas, armonía de acciones y pensamientos.
- *Negativa:* obstinación, ansias de discusión, antagonismo.

ESE ALGUIEN ESPECIAL

Si buscas relaciones cálidas y amorosas, las encontrarás entre quienes nacieron en las siguientes fechas.

Amor y amistad: 10, 13, 20 y 30 de enero; 8, 11, 18 y 28 de febrero; 6, 9, 16 y 26 de marzo; 4, 7, 14 y 24 de abril; 2, 5, 12 y 22 de mayo; 3, 10 y 20 de junio; 1, 8 y 18 de julio; 6, 16 y 30 de agosto; 4, 14, 28 y 30 de septiembre; 2, 12, 26, 28 y 30 de octubre; 10, 24, 26 y 28 de noviembre; 8, 22, 24 y 26 de diciembre.

Buenas para ti: 12, 16, 17 y 28 de enero; 10, 14, 15 y 26 de febrero; 8, 12, 13 y 24 de marzo; 6, 10, 11 y 22 de abril; 4, 8, 9, 20 y 29 de mayo; 2, 6, 7, 18 y 27 de junio; 4, 5, 16 y 25 de julio; 2, 3, 14 y 23 de agosto; 1, 12 y 21 de septiembre; 10 y 19 de octubre; 8 y 17 de noviembre; 6 y 15 de diciembre.

Atracción fatal: 31 de marzo; 29 de abril; 27 de mayo; 25 de junio; 23 de julio; 21 de agosto; 19 de septiembre; 17 de octubre; 15 de noviembre; 17, 21, 22, 23 y 24 de diciembre.

Desafiantes: 6, 18, 22 y 27 de enero; 4, 16, 20 y 25 de febrero; 2, 14, 18 y 23 de marzo; 12, 16 y 21 de abril; 10, 14 y 19 de mayo; 8, 12 y 17 de junio; 6, 10 y 15 de julio; 4, 8 y 13 de agosto; 2, 6 y 11 de septiembre; 4 y 9 de octubre; 2 y 7 de noviembre; 5 de diciembre.

Almas gemelas: 28 de marzo, 26 de abril, 24 de mayo, 22 de junio, 20 de julio, 18 de agosto, 16 de septiembre, 14 de octubre, 12 de noviembre, 10 de diciembre.

ESTRELLAS FIJAS

Betelgeuze; Menkalinan, que significa "el hombre del cochero"; Tejat, también llamada Tejat Prior

ESTRELLA PRINCIPAL

Nombre de la estrella: Betelgeuze
Posición: 27º 46'–28º 42' de Géminis, entre los años 1930 y 2000
Magnitud: 1
Fuerza: ★★★★★★★★★★
Órbita: 2º 30'
Constelación: Orión (Alpha Orionis)
Días efectivos: 18, 19, 20, 21, 22 y 23 de junio
Propiedades de la estrella: Marte/Mercurio
Descripción: estrella variable anaranjada y rojiza ubicada en el hombro derecho de Orión

INFLUENCIA DE LA ESTRELLA PRINCIPAL

Betelgeuze confiere buen juicio, visión optimista del mundo, agilidad mental y naturaleza competitiva. También otorga suerte y éxito a través de la determinación y la tenacidad. Gracias a eso, podrás obtener reconocimientos por logros extraordinarios, así como riquezas materiales.

Con respecto a tu grado del Sol, esta estrella denota talento para la filosofía y los estudios metafísicos. Confiere éxito en los deportes y asuntos legales. Aunque sea posible obtener reconocimientos y amasar riquezas, no necesariamente son duraderos, pues siempre existe el peligro de perderlos repentinamente.

• *Positiva:* buen juicio, resolución de problemas, armonía de acciones y pensamientos.

23 de junio

Tu fecha de nacimiento revela que, además de ser intuitivo y receptivo, eres un individuo listo y astuto, y tienes la capacidad de aprehender las ideas con rapidez. Al haber nacido bajo el signo de Cáncer, eres sensible y tímido; sin embargo, tu extraordinario potencial mental te impulsa a aspirar alto y alcanzar el éxito. Ser solidario y empático te permite apoyar a quienes te rodean, sobre todo porque la familia es el núcleo de tu sentido de bienestar y seguridad.

La naturaleza alerta de tu mente hace que disfrutes mantenerte ocupado y estar bien informado. Aunque sueles confiar en tus emociones, tu tendencia al escepticismo indica que tendrás que aprender que tu mejor atributo es la sabiduría de tu voz interna.

La doble influencia de Cáncer, como tu regente y como planeta de tu decanato, indica que te vendría bien desarrollar tus poderes psíquicos. Si aprendes a canalizar tus intensas emociones hacia metas positivas, superarás los baches de frustración e incertidumbre.

Cuando adoptas una actitud optimista, reaccionas a las situaciones de forma espontánea, con fuerza de voluntad y tenacidad, y desafías a otros a seguir el ritmo de tu flujo de pensamiento. No obstante, la tendencia a perder la fe y volverte retraído y voluble puede frenarte en seco y negarte todas esas posibilidades maravillosas.

En los años anteriores a tu cumpleaños 29, te preocuparán mucho la sensibilidad, el hogar y la familia. Después de este punto, cuando tu Sol progresado se desplace hacia Leo, empezarán a atraerte más las situaciones públicas que requieran que seas fuerte y seguro de ti. Esta tendencia persiste hasta los 59 años, cuando ocurre otro sustancial cambio de énfasis en la vida, a medida que tu Sol progresado entra a Virgo. Conforme esto resalta la importancia de las cuestiones prácticas de la vida, es más probable que te vuelvas metódico y empresarial.

Tu yo secreto

Tu talento natural para entender el valor de las cosas y hacer dinero se suma a tu tenacidad y determinación, y se convierten en un poder interno y una influencia dinámica que permean todos tus triunfos. Gracias a esto tienes la capacidad de superar cualquier obstáculo, sin importar cuán difícil parezca. A veces postergas y sientes que no puedes seguir adelante; sin embargo, una vez que crees en un proyecto, trabajas arduamente para volverlo realidad.

En lo más profundo de tu ser hay una cualidad juguetona que, si se expresa de forma positiva, tendrá una influencia creativa en tu vida e impedirá que te vuelvas demasiado serio. No obstante, necesitas tiempo y espacio para ti mismo cada cierto tiempo para entrar en sintonía con la parte más intuitiva de tu carácter y desarrollar una perspicacia más profunda.

Trabajo y vocación

Tu sensibilidad y naturaleza afectuosa te inclinarán hacia carreras que requieran laborar con sectores menos privilegiados, como sanación o reformas sociales. Con ayuda de tu mente ágil, podrías también trabajar en la docencia o usar tu talento para la comunicación a través de la escritura. Los ámbitos en los que podrías compartir tu conocimiento con otros, como la investigación, los debates o el derecho, también te resultarán atractivos gracias a tu personalidad racional. Si tu fuerte es la tecnología, te interesará trabajar con computadoras o en ingeniería. Por otro lado, también podría atraerte la religión o la metafísica. Probablemente sobresaldrías en la función pública, en la organización de banquetes y en la comercialización de productos para el hogar.

Entre las personas famosas con quienes compartes cumpleaños están el rey de Inglaterra Eduardo VIII, duque de Windsor; el músico Ray Davies; la emperatriz Josefina de Francia, y el psicólogo y autor Alfred Kinsey.

Numerología

Algunos de los atributos ligados a un cumpleaños con el número 23 son la intuición, la sensibilidad emocional y la creatividad. Sueles ser una persona versátil y apasionada que piensa rápido y mantiene una actitud profesional. Tener la mente siempre llena de ideas hace que ostentes múltiples talentos. Te encantan los viajes, la aventura y conocer gente nueva. La cualidad enérgica que trae consigo el número 23 de tu cumpleaños te insta a probar toda clase de experiencias distintas. Además, te adaptas para sacar lo mejor de cada situación. En general, eres amigable, divertido, con valor y empuje. Es posible que necesites de un estilo de vida activo para alcanzar tu verdadero potencial. La subinfluencia del mes número 6 indica que eres emotivo, sensible, con una naturaleza idealista y amorosa. Gracias a tus instintos agudos y habilidades psíquicas, sientes las emociones y pensamientos de los demás. Puesto que ansías estabilidad y seguridad, por lo regular, te inclinas por la vida familiar y eres un padre o madre devoto. Uno de los desafíos que enfrentarás será desarrollar más confianza en ti mismo y evitar ser demasiado dependiente.

• *Cualidades positivas:* lealtad, responsabilidad, gusto por viajar, comunicación, intuición, creatividad, versatilidad, confiabilidad, fama.

• *Cualidades negativas:* egoísmo, inseguridad, intransigencia, inflexibilidad, fijarse en los defectos ajenos, aburrimiento, desapego, prejuicios.

Amor y relaciones

Eres sensible, mentalmente inquieto e intuitivo, y necesitas sentir seguridad emocional. Además, eres solidario e impulsas a otros. Con frecuencia te atraen individuos ambiciosos, de carácter fuerte y trabajadores. Esto hará que busques la compañía de gente inteligente, disciplinada e ingeniosa. Aunque es probable que te tomes tu tiempo antes de comprometerte a relaciones duraderas, una vez que sientas cabeza tienes convicciones firmes y eres leal.

• *Negativa:* obstinación, ansias de discusión, antagonismo.

ESE ALGUIEN ESPECIAL

Te será más sencillo entablar relaciones con personas nacidas en las siguientes fechas.

Amor y amistad: 21, 28 y 31 de enero; 19, 26 y 29 de febrero; 17, 24 y 27 de marzo; 15, 22 y 25 de abril; 13, 20 y 23 de mayo; 11, 18 y 21 de junio; 9, 16 y 19 de julio; 7, 14, 17 y 31 de agosto; 5, 12, 15 y 29 de septiembre; 3, 10, 13, 27, 29 y 31 de octubre; 1, 8, 11, 25, 27 y 29 de noviembre; 6, 9, 23, 25 y 27 de diciembre.

Buenas para ti: 9, 12, 18, 24 y 29 de enero; 7, 10, 16, 22 y 27 de febrero; 5, 8, 14, 20 y 25 de marzo; 3, 6, 12, 18 y 23 de abril; 1, 10, 16, 21 y 31 de mayo; 2, 8, 14, 19 y 29 de junio; 6, 12, 17 y 27 de julio; 4, 10, 15 y 25 de agosto; 2, 8, 13 y 23 de septiembre; 6, 11 y 21 de octubre; 4, 9 y 19 de noviembre; 2, 7 y 17 de diciembre.

Atracción fatal: 3 de enero; 1 de febrero; 30 de abril; 28 de mayo; 26 de junio; 24 de julio; 22 de agosto; 20 de septiembre; 18 de octubre; 16 de noviembre; 14, 22, 23, 24 y 25 de diciembre.

Desafiantes: 7, 8, 19 y 28 de enero; 5, 6, 17 y 26 de febrero; 3, 4, 15 y 24 de marzo; 1, 2, 13 y 22 de abril; 11 y 20 de mayo; 9 y 18 de junio; 7 y 16 de julio; 5 y 14 de agosto; 3 y 12 de septiembre; 1 y 10 de octubre; 8 de noviembre; 6 de diciembre.

Almas gemelas: 3 y 19 de enero, 1 y 17 de febrero, 15 de marzo, 13 de abril, 11 de mayo, 9 de junio, 7 de julio, 5 de agosto, 3 de septiembre, 1 de octubre.

ESTRELLA FIJA

Nombre de la estrella: Tejat, también llamada Tejat Prior

Posición: 2º 27'–3º 26' de Cáncer, entre los años 1930 y 2000

Magnitud: 3

Fuerza: ★★★★★★

Órbita: 1º 40'

Constelación: Géminis (Eta Gemini)

Días efectivos: 23, 24, 25 y 26 de junio

Propiedades de la estrella: Mercurio/ Venus

Descripción: estrella binaria variable, rojiza y anaranjada, ubicada en el pie izquierdo del gemelo del norte

INFLUENCIA DE LA ESTRELLA PRINCIPAL

Tejat otorga confianza, orgullo, dignidad y una naturaleza refinada. Su influencia trae consigo una riqueza de emociones, y habilidades artísticas y literarias. También confiere alegría, sentido del humor y la noción de que dos cabezas trabajan mejor que una. La cooperación, el pensamiento en equipo y el desarrollo de habilidades de persuasión aportan muchos beneficios. No obstante, Tejat te advierte que este talento tiene un lado negativo que puede inclinarte hacia las artimañas, el exceso de confianza y la inconstancia. Debes evitar inmiscuirte en problemas legales.

Con respecto a tu grado del Sol, esta estrella transmite aprecio por la belleza, talento artístico, habilidades literarias e intereses poco comunes. Tejat provee una naturaleza relajada, pero también indica que debes cuidarte de la falta de motivación. Debido al influjo de esta estrella, es posible que experimentes cierta inestabilidad.

24 de junio

♋ Como buen Cáncer, eres relajado y tienes una personalidad amistosa, aunque un tanto reservada. Tu perspectiva conservadora indica que eres un buen mediador. Gracias a tu don de gentes innato, prefieres usar la diplomacia en lugar de entrar en confrontaciones directas.

La doble influencia de la Luna implica que las preocupaciones relativas al hogar y la familia te roban mucho tiempo. Sin embargo, si solo te enfocas en procurar la seguridad y las comodidades de tu familia, no aprovecharás tu verdadero potencial al máximo.

La necesidad de armonía y tranquilidad inherentes a esta fecha de nacimiento no son una señal de debilidad, sino evidencia de una mente bien afinada. Tu visión clara y enfoque pragmático innato te caracterizan como un buen estratega. Debido a tu capacidad de concentración y a la voluntad de emprender trabajos difíciles y desafiantes, eres trabajador y dedicado. La responsabilidad y el sentido del deber son dos de tus principales atributos, y lo que te permitirá avanzar en la vida será producto de tu esfuerzo y fortaleza. Cuando te sientes motivado, estás dispuesto a trabajar sin parar, aunque no recibas recompensas inmediatas.

A pesar de que posees una mente excepcionalmente perspicaz, fluctuar entre la ambición y la inercia entorpece y frena tu potencial extraordinario. Considera entonces que solo si combinas ambos lados de tu personalidad serás capaz de alcanzar y establecer un equilibrio.

Hasta los 28 años, las cuestiones domésticas, la seguridad y la familia serán la parte más importante de tu vida. Sin embargo, después de que tu Sol progresado se desplace hacia Leo, te volverás más audaz, a medida que tu poder, creatividad y confianza se incrementan. Para cuando tu Sol progresado se desplace hacia Virgo, a los 58 años de edad, serás más prudente y eficiente, y es probable que desarrolles un mayor interés en cuestiones de salud o en ayudar a otros.

Tu yo secreto

Aunque el hogar y la familia sean importantes, te fascina el poder y eres muy profesional y tenaz. Cuando te des cuenta de que no prosperas igual solo que en grupo, serás capaz de priorizar los esfuerzos colectivos. En ocasiones, se te dificulta salir de la zona de confort; sin embargo, una vez que te decides y te enfocas en tus metas, eres sumamente trabajador y hábil para comercializar tus talentos.

No permitas que la ansiedad financiera socave tu capacidad para superar los obstáculos, pues la causan miedos infundados. Cuando te angustias, tiendes a esconder la cabeza en la arena en lugar de lidiar con las cosas en el momento adecuado. Por eso es importante tener un plan de acción que te permita activarte y defender el reconocimiento que necesitas y mereces.

Trabajo y vocación

El lado más solidario de tu naturaleza puede inclinarte a profesiones como la psicoterapia o la recaudación de fondos para causas benéficas. Mientras tanto, el interés en desafíos mentales podría inclinarte hacia la enseñanza, la impartición de conferencias, la investigación o la escritura. Tu encanto y aptitud innata para las formas y los colores te podría llevar a trabajar en teatro, música o arte. Entender a la gente por naturaleza te permitirá sobresalir en ocupaciones que impliquen contacto personal, como consejero, terapeuta o responsable de recursos humanos. De igual modo, podrías triunfar en los negocios, sobre todo en ventas, publicidad y relaciones públicas. En esta fecha también nacen buenos administradores y ejecutivos, además de que brinda la oportunidad de beneficiarse económicamente de cualquier carrera relacionada con el hogar.

Entre las personas famosas con quienes compartes cumpleaños están el boxeador Jack Dempsey y el futbolista Lionel Messi.

Numerología

La sensibilidad emocional que sugiere un cumpleaños con el número 24 indica que quizá sientas necesidad de establecer armonía y orden. Por lo general, eres honesto, confiable y consciente de la seguridad. Necesitas amor y respaldo de un compañero, y disfrutas sentar bases sólidas para tu familia y para ti. Tu visión pragmática de la vida también te da buen olfato para los negocios y la capacidad de alcanzar el éxito material. Con el número 24 por cumpleaños, es posible que debas sobreponerte a la tendencia a ser obstinado o de ideas fijas. La subinfluencia del mes número 6 indica que eres consciente y responsable. Aunque sueles estar más orientado a tu carrera, también eres excelente administrador del hogar y un padre o madre devoto. Eres amable, idealista, tenaz pero también solidario, gracias a tu naturaleza afectuosa. A pesar de que te desagrada la rutina, buscas estabilidad y reafirmación. También deberás superar la tendencia al descontento provocado por preocupaciones e interacciones sociales nocivas.

• *Cualidades positivas:* energía, idealismo, habilidades prácticas, determinación inquebrantable, honestidad, generosidad, amor al hogar, actividad.

• *Cualidades negativas:* materialismo, desprecio por la rutina, pereza, comportamiento dominante, necedad, resentimientos.

Amor y relaciones

Tus fuertes instintos y naturaleza apasionada son indicativos de una personalidad dramática. La influencia de tus padres, aunada a tu fecha de nacimiento, supone que eres un padre o madre afectuoso y una pareja amorosa. El poder afectivo asociado con tu cumpleaños implica que debes evitar ser hipersensible o melodramático. Sin embargo, eres hospitalario, encantador, amistoso y tienes lazos familiares estrechos. Las ansias de expresión personal hacen suponer que quizá te atraigan personas creativas e histriónicas, o que te interese recaudar fondos para causas valiosas.

• *Positiva:* pensamientos amorosos, inclinaciones artísticas, uniones amorosas, facilidad de escritura.

• *Negativa:* propensión a despilfarrar, vida relajada, vanidad, arrogancia.

ESE ALGUIEN ESPECIAL

Si buscas a ese alguien especial, es probable que lo encuentres entre quienes nacieron en las siguientes fechas.

Amor y amistad: 18, 22 y 28 de enero; 16, 20 y 26 de febrero; 14, 18 y 28 de marzo; 12, 16 y 26 de abril; 10, 14 y 24 de mayo; 8, 12 y 22 de junio; 6, 10, 20 y 29 de julio; 4, 8, 18, 27 y 30 de agosto; 2, 6, 16, 25 y 28 de septiembre; 4, 14, 23, 26 y 30 de octubre; 2, 12, 21, 24 y 28 de noviembre; 10, 19, 22, 26 y 28 de diciembre.

Buenas para ti: 6, 10, 25 y 30 de enero; 4, 8, 23 y 28 de febrero; 2, 6, 21 y 26 de marzo; 4, 19 y 24 de abril; 2, 17 y 22 de mayo; 15, 20 y 30 de junio; 13, 18 y 28 de julio; 11, 16 y 26 de agosto; 9, 14 y 24 de septiembre; 7, 12 y 22 de octubre; 5, 10 y 20 de noviembre; 3, 8 y 18 de diciembre.

Atracción fatal: 29 de mayo; 27 de junio; 25 de julio; 23 de agosto; 21 de septiembre; 19 de octubre; 17 de noviembre; 14, 23, 24 y 25 de diciembre.

Desafiantes: 13, 29 y 31 de enero; 11, 27 y 29 de febrero; 9, 25 y 27 de marzo; 7, 23 y 25 de abril; 5, 21 y 23 de mayo; 3, 19 y 21 de junio; 1, 17 y 19 de julio; 15 y 17 de agosto; 13 y 15 de septiembre; 11 y 13 de octubre; 9 y 11 de noviembre; 7 y 9 de diciembre.

Almas gemelas: 6 y 25 de enero, 4 y 23 de febrero, 2 y 21 de marzo, 19 de abril, 17 de mayo, 15 de junio, 13 de julio, 11 de agosto, 9 de septiembre, 7 de noviembre, 5 de diciembre.

25 de junio

ESTRELLAS FIJAS

Tejat, también llamada Tejat Prior; Dirah, también llamada Nuhaiti y Tejat Posterior

ESTRELLA PRINCIPAL

Nombre de la estrella: Tejat, también llamada Tejat Prior

Posición: 2º 27'–3º 26' de Cáncer, entre los años 1930 y 2000

Magnitud: 3

Fuerza: ★★★★★★

Órbita: 1º 40'

Constelación: Géminis (Eta Gemini)

Días efectivos: 23, 24, 25 y 26 de junio

Propiedades de la estrella: Mercurio/ Venus

Descripción: estrella binaria variable, rojiza y anaranjada, ubicada en el pie izquierdo del gemelo del norte

INFLUENCIA DE LA ESTRELLA PRINCIPAL

Tejat otorga confianza, orgullo, dignidad y una naturaleza refinada. La influencia de esta estrella trae consigo riqueza de emociones y habilidades artísticas y literarias. También confiere alegría, sentido del humor y la noción de que dos cabezas trabajan mejor que una. La cooperación, el pensamiento en equipo y el desarrollo de habilidades de persuasión aportan muchos beneficios. No obstante, Tejat te advierte que este talento tiene un lado negativo que puede inclinarte hacia las artimañas, el exceso de confianza y la inconstancia. Debes evitar inmiscuirte en problemas legales.

Con respecto a tu grado del Sol, esta estrella transmite aprecio por la belleza, talento artístico, habilidades literarias e intereses poco comunes. Tejat provee una naturaleza relajada, pero

Tus instintos fuertes, mente aguda y ansias de variedad son características de esta fecha de nacimiento. Al haber nacido bajo el signo de Cáncer, eres sensible, imaginativo y tienes una personalidad empática. Tu mente alerta e intuición poderosa te instan también a ser aventurero. Tu curiosidad y agilidad mental te convierten en una buena compañía, sobre todo cuando aprovechas tu sentido del humor particular para entretener a otros. Sin embargo, debido a que eres inteligente no soportas la ignorancia, por lo que a veces eres impaciente.

La doble influencia de la Luna indica tu naturaleza intuitiva y sensible. Anhelas experiencias nuevas y cosas novedosas que hacer, y por eso es posible que te interesen otros países y personas de tierras lejanas. Por desgracia, esta influencia también te hace propenso a la intranquilidad que requiere que desarrolles la capacidad de autodisciplinarte.

Para triunfar, deberás encontrar un tema que atrape tu imaginación e interés en serio y te inspire a llegar a ser especialista en esa rama. Si no te mantienes activo a nivel intelectual, corres el riesgo de desperdigar tus energías o padecer una insatisfacción profunda. Por otro lado, si desarrollas paciencia, responsabilidad y asumes tus obligaciones, notarás que, además de buena intuición, tienes una capacidad de razonamiento profundo que puede serte útil para el trabajo científico y la investigación.

Tu sensibilidad dejará de ser un problema después de los 27 años, cuando tu Sol progresado se desplace hacia Leo. Esto te permitirá ser más audaz y seguro de ti en todos los aspectos de la vida. Después de los 57, cuando tu Sol progresado se desplace hacia Virgo, serás más paciente y preciso con el desarrollo de tus habilidades esenciales y verás la vida de forma más pragmática.

Tu yo secreto

Ser práctico y entusiasta te ayuda a inspirar a otros con tus ideas. El descontento afectivo y la tendencia a aburrirte con facilidad indican que necesitas una vida llena de variedad. Esto también incluye estar con muchas personas y entablar distintos tipos de amistades y relaciones. Aunque casi siempre eres amistoso, en ocasiones te vuelves hermético con respecto a tus necesidades afectivas o vínculos románticos.

Tienes tu propia filosofía acerca de la vida, la cual suele brindarte una actitud positiva en tiempos de dificultad. Tu sentido común innato y tu franqueza te ayudan a simplificar las cosas y resolver los problemas de forma intuitiva, pues externas lo evidente que otros son incapaces de ver. Cuando adoptas una actitud optimista, piensas en grande y te animas a tomar riesgos. Por fortuna, el lado más cauteloso de tu naturaleza garantiza que sean riesgos calculados y no meras acciones precipitadas.

Trabajo y vocación

Tu inteligencia ágil y necesidad de estímulo intelectual explican la necesidad de variedad en tu vida y te permiten aprehender con rapidez los hechos en cualquier situación.

Si sientes que debes expresar tu individualidad, sensibilidad e imaginación maravillosa, podrías sobresalir como escritor, periodista, arquitecto, artista o músico. Tu intuición fuerte y el deseo de investigar te serían útiles en el estudio de las religiones u otras formas de misticismo. Sin importar qué profesión elijas, tienes que evitar a toda costa el aburrimiento, por lo que es esencial que busques ocupaciones que requieran actividad constante, como las industrias restaurantera y turística o el trabajo con el público.

Entre las personas famosas con quienes compartes cumpleaños están el escritor George Orwell, los cantantes George Michael y Carly Simon, el artista Peter Blake y el arquitecto español Antonio Gaudí.

Numerología

Eres instintivo, estás alerta, eres juicioso y tienes buen ojo para el detalle. Puedes adquirir más conocimientos de manera práctica que con la teoría. No obstante, debes dejar de ser tan impaciente o crítico si las cosas no salen según lo planeado. Entre tus atributos ocultos se encuentran la sensibilidad emocional y el talento creativo o artístico. Tienes una gran energía mental, que te ayudará a analizar todos los hechos y llegar a una conclusión más rápidamente que cualquier otra persona. La subinfluencia del mes número 6 indica que sueles ser responsable y emprendedor; además, tienes aptitudes pragmáticas y un juicio sólido. Ya que te interesa la superación personal, el secreto de tu progreso está en el autoanálisis. Quizá debas aprender el arte de expresar tus emociones de forma más abierta y de comunicar tus pensamientos con claridad sin ser tímido ni inseguro.

• *Cualidades positivas:* intuición, perfeccionismo, perspicacia, creatividad, don de gentes.

• *Cualidades negativas:* impulsividad, impaciencia, irresponsabilidad, hipersensibilidad, celos, hermetismo, crítica, volubilidad, nerviosismo.

Amor y relaciones

Eres social y encantador y, por lo regular, tienes muchos amigos. Aunque posees una profundidad sentimental inmensa, tu reticencia a revelar lo que sientes indica que eres distante. Sueles ser idealista; sin embargo, en ocasiones prefieres amistades platónicas en lugar de relaciones sentimentales profundas. A veces te involucras con más de una persona y eres incapaz de elegir entre esos dos amores. No obstante, cuando encuentras a la persona indicada, es más probable que seas leal y solidario.

también indica que debes evitar la falta de motivación. Debido al influjo de esta estrella, es posible que experimentes cierta inestabilidad o cambios.

• *Positiva:* pensamientos amorosos, inclinaciones artísticas, uniones amorosas, facilidad de escritura.

• *Negativa:* propensión a despilfarrar, vida relajada, vanidad, arrogancia.

ESE ALGUIEN ESPECIAL

Se gestarán con más facilidad las relaciones con personas nacidas en las siguientes fechas.

Amor y amistad: 13, 19 y 23 de enero; 11, 17 y 21 de febrero; 9, 15, 19, 28, 29 y 30 de marzo; 7, 13, 17, 26 y 27 de abril; 5, 11, 15, 24, 25 y 26 de mayo; 3, 9, 13, 22, 23 y 24 de junio; 1, 7, 11, 20, 21 y 22 de julio; 5, 9, 18, 19 y 20 de agosto; 3, 7, 16, 17 y 18 de septiembre; 1, 5, 14, 15, 16, 29 y 31 de octubre; 3, 12, 13, 14, 27 y 29 de noviembre; 1, 10, 11, 12, 25, 27 y 29 de diciembre.

Buenas para ti: 7, 15, 20 y 31 de enero; 5, 13, 18 y 29 de febrero; 3, 11, 16 y 27 de marzo; 1, 9, 14 y 25 de abril; 7, 12 y 23 de mayo; 5, 10 y 21 de junio; 3, 8 y 19 de julio; 1, 6, 17 y 30 de agosto; 4, 15 y 28 de septiembre; 2, 13 y 26 de octubre; 11 y 24 de noviembre; 9 y 22 de diciembre.

Atracción fatal: 23, 24, 25 y 26 de diciembre.

Desafiantes: 6, 14 y 30 de enero; 4, 12 y 28 de febrero; 2, 10 y 26 de marzo; 8 y 24 de abril; 6 y 22 de mayo; 4 y 20 de junio; 2 y 18 de julio; 16 de agosto; 14 de septiembre; 12 de octubre; 10 de noviembre; 8 de diciembre.

Almas gemelas: 30 de abril, 28 de mayo, 26 de junio, 24 de julio, 22 de agosto, 20 de septiembre, 18 y 30 de octubre, 16 y 28 de noviembre, 14 y 26 de diciembre.

ESTRELLAS FIJAS

Tejat, también llamada Tejat Prior; Dirah, también llamada Nuhaiti y Tejat Posterior

ESTRELLA PRINCIPAL

Nombre de la estrella: Tejat, también llamada Tejat Prior

Posición: 2° 27'–3° 26' de Cáncer, entre los años 1930 y 2000

Magnitud: 3

Fuerza: ★★★★★★

Órbita: 1° 40'

Constelación: Géminis (Eta Gemini)

Días efectivos: 23, 24, 25 y 26 de junio

Propiedades de la estrella: Mercurio/Venus

Descripción: estrella binaria variable, rojiza y anaranjada, ubicada en el pie izquierdo del gemelo del norte

INFLUENCIA DE LA ESTRELLA PRINCIPAL

Tejat otorga confianza, orgullo, dignidad y naturaleza refinada. La influencia de esta estrella trae consigo riqueza de emociones y habilidades artísticas. También confiere alegría, sentido del humor y la noción de que dos cabezas trabajan mejor que una. La cooperación y el desarrollo de habilidades de persuasión aportan muchos beneficios. No obstante, Tejat te advierte que este talento tiene un lado negativo que puede inclinarte hacia las artimañas, el exceso de confianza y la inconstancia.

Con respecto a tu grado del Sol, esta estrella transmite aprecio por la belleza, talento artístico, habilidades literarias e intereses poco comunes. Tejat provee una naturaleza relajada, pero también indica que debes evitar la falta de motivación. Debido al influjo de esta

26 de junio

♋ Tu intuición y visión pragmática de la vida indican que, aunque eres sensible y solidario, quieres muchas más cosas de la vida. La seguridad y estabilidad son importantes para ti, y en tu caso en particular esto lo enfatiza la doble influencia de tu planeta regente, la Luna. Gracias a que tienes pensamiento positivo, con buenas habilidades organizacionales, te gusta utilizar tu conocimiento de formas constructivas.

La vida familiar suele ser importante para todo el que nace bajo el signo de Cáncer, y debido a ello tienes buena madera de padre y de familiar responsable. Gracias a tu sapiencia y sentido común, sueles actuar como consejero de quienes te rodean. Sientes una gran devoción por el conocimiento, por lo que para ti es importante educarte y sentar bases firmes para cualquier profesión. En caso de que no formes parte de sistemas educativos convencionales, podrás instruirte de otras formas a lo largo de la vida.

La necesidad de comunicar tus ideas y filosofía de vida te lleva a participar en debates sobre temas que te interesan. Entiendes los negocios de compraventa, y sabes usar tus contactos y habilidades diplomáticas cuando te conviene. Te hace feliz mantenerte mentalmente activo y disfrutas viajar y aprender sobre otras culturas y costumbres, en lugar de desperdiciar tu energía en placeres triviales.

Las cuestiones afectivas y familiares te resultarán prioritarias hasta los 25 años. Después de los 26, cuando tu Sol progresado se desplace hacia Leo, es probable que desarrolles la valentía suficiente para mostrar tus talentos y habilidades con optimismo y seguridad en ti mismo. Después de los 56, cuando tu Sol progresado se desplace hacia Virgo, las cuestiones prácticas adquirirán mayor importancia, y es probable que tus habilidades organizacionales, eficiencia y competencias mejoren a partir de entonces.

Tu yo secreto

De cara a los demás, proyectas una personalidad segura y competente, aunque por dentro eres sensible y te preocupan cuestiones de seguridad afectiva. Tu inquietud interna hace que quieras mantenerte activo y que se te dificulte encontrar la felicidad que buscas hasta que aprendas a reflexionar y meditar. Cuando este lado más tranquilo se integra con tu amor por la actividad y el cambio, resulta impresionante verte en acción.

Eres sumamente idealista y ansías armonía, lo que podría inclinarte hacia la música, el arte y otras formas de creatividad. Desear la paz te hace luchar por causas que te importan o se refleja en la construcción de un hogar que te permite refugiarte del mundo. Sin embargo, dado que constantemente anhelas ampliar tus horizontes, a menudo piensas en hacer viajes o emprender aventuras.

Trabajo y vocación

Gracias a tu imaginación poderosa y mente ágil, tienes muchas ideas que pueden traducirse en dinero. El interés en la comida podría canalizarse hacia ocupaciones culinarias y trabajo en restaurantes. Ser buen planeador y organizador te permitiría triunfar en ámbitos como ventas, comercio, promociones, publicidad, deportes o política. Es probable que te interese mucho el estudio de la filosofía, la psicología o el pensamiento religioso. Por ende, algunas profesiones en las que podrías aprovechar tu intelecto extraordinario son enseñanza, impartición de cátedra, política y economía. Si te dedicas a los negocios, necesitarás tener mucho espacio para operar de forma independiente, o quizás incluso para trabajar por cuenta propia. Tus habilidades organizativas y para implementar planes valiosos te convierten en un colaborador valioso dentro de cualquier proyecto.

Entre las personas famosas con quienes compartes cumpleaños están los escritores Pearl S. Buck y Colin Wilson, y los actores Peter Lorre y Chris O'Donnell.

Numerología

La fuerza o el poder asociados con el número 26 en tu cumpleaños muestran que eres una persona cautelosa, con valores sólidos y buen juicio. Tienes un enfoque pragmático con respecto a la vida, así como habilidades ejecutivas y un buen instinto para los negocios. Al tener esta fecha de cumpleaños, sueles ser responsable y poseer un sentido natural de la estética. Sin embargo, debido a tu terquedad o falta de confianza en ti mismo a veces puedes rendirte con demasiada facilidad. La subinfluencia del mes número 6 indica que aunque eres amoroso y responsable, en ocasiones, también eres quisquilloso y ansioso. Sueles ser un pilar de fortaleza para amigos y familiares, dispuesto a apoyar a quienes te buscan en momentos de crisis. Dado que sientes la necesidad de ser popular, haces hasta lo imposible para hacer feliz a todo el mundo. No obstante, debes tener cuidado de no abarcar tanto que termines sin complacer a nadie.

• *Cualidades positivas:* creatividad, practicidad, cuidado, responsabilidad, orgullo familiar, entusiasmo, valentía.

• *Cualidades negativas:* necedad, rebeldía, inseguridad, falta de entusiasmo y de perseverancia, inestabilidad.

Amor y relaciones

Eres afectuoso y sociable. Es probable que tengas muchos amigos y que estés en contacto frecuente con tu familia. Aunque quizás en algún momento de la vida te atrajeron relaciones poco comunes, tu capacidad de discernimiento hace que rara vez te enamores de verdad. Una vez que encuentras a quien de verdad te estimula a nivel intelectual, eres leal y protector. Prefieres ser directo con tus parejas y ofrecer apoyo práctico y realista.

estrella, es posible que experimentes cierta inestabilidad o cambios.

• *Positiva:* pensamientos amorosos, inclinaciones artísticas, uniones amorosas, facilidad de escritura.

• *Negativa:* propensión a despilfarrar, vida relajada, vanidad, arrogancia.

ESE ALGUIEN ESPECIAL

Es más probable que surjan relaciones especiales con personas nacidas en las siguientes fechas.

Amor y amistad: 3, 4, 14, 20 y 24 de enero; 2, 12, 18 y 22 de febrero; 10, 16, 20, 29 y 30 de marzo; 8, 14, 18, 27 y 28 de abril; 6, 12, 16, 25, 26 y 31 de mayo; 4, 10, 14, 23, 24 y 29 de junio; 2, 8, 12, 21, 22 y 27 de julio; 6, 10, 19, 20 y 25 de agosto; 4, 8, 17, 18 y 23 de septiembre; 2, 6, 15, 16, 21 y 30 de octubre; 4, 13, 14, 19, 28 y 30 de noviembre; 2, 11, 12, 17, 26, 28 y 30 de diciembre.

Buenas para ti: 4, 8 y 21 de enero; 2, 6 y 19 de febrero; 4, 17 y 28 de marzo; 2, 15 y 16 de abril; 13 y 24 de mayo; 11 y 22 de junio; 9 y 20 de julio; 7, 18 y 31 de agosto; 5, 16 y 29 de septiembre; 3, 14 y 27 de octubre; 1, 12 y 25 de noviembre; 10 y 23 de diciembre.

Atracción fatal: 3 de enero; 1 de febrero; 31 de mayo; 29 de junio; 27 de julio; 25 de agosto; 23 de septiembre; 21 de octubre; 19 de noviembre; 17, 25, 26, 27 y 28 de diciembre.

Desafiantes: 7, 10, 15 y 31 de enero; 5, 8, 13 y 29 de febrero; 3, 6, 11 y 27 de marzo; 1, 4, 9 y 25 de abril; 2, 7 y 23 de mayo; 5 y 21 de junio; 3 y 19 de julio; 1 y 17 de agosto; 15 de septiembre; 13 de octubre; 11 de noviembre; 9 de diciembre.

Almas gemelas: 31 de marzo, 29 de abril, 27 de mayo, 25 de junio, 23 de julio, 21 de agosto, 19 de septiembre, 17 y 29 de octubre, 15 y 27 de noviembre, 13 y 25 de diciembre.

ESTRELLA FIJA

Nombre de la estrella: Dirah, también llamada Nuhaiti y Tejat Posterior

Posición: 4° 19'–5° 17' de Cáncer, entre los años 1930 y 2000

Magnitud: 3

Fuerza: ★★★★★

Órbita: 1° 40'

Constelación: Géminis (Mu Gemini)

Días efectivos: 25, 26, 27 y 28 de junio

Propiedades de la estrella: Mercurio/ Venus

Descripción: estrella binaria azul y amarilla ubicada en el pie izquierdo del gemelo del norte

INFLUENCIA DE LA ESTRELLA PRINCIPAL

Dirah otorga sano juicio e ideas creativas. Dota de elocuencia enérgica, acompañada de una personalidad amistosa, sociable e ingeniosa. Disfrutas las discusiones, los debates y la popularidad grupal, ya que eres bueno para comunicarte. Te gustan la música y el orden, y tienes un don para hacer que las cosas se vean elegantes y refinadas. Dirah confiere un talento para la escritura que puede traer consigo reconocimientos y riquezas.

Con respecto a tu grado del Sol, esta estrella te permite causar impresiones positivas y volverte popular entre las personas. La influencia de Dirah se observa en ámbitos como las relaciones públicas, la investigación académica y la escritura, así como en la educación, la literatura, la publicación de libros o la política. Podrás sobresalir en los deportes o en el estudio de la astrología y el esoterismo.

• *Positiva:* creatividad, ingenio, habilidades comunicativas, amor por el arte y la belleza.

27 de junio

Eres un Cáncer imaginativo y sensible, con una intuición poderosa. Eres listo, amistoso, versátil y con talento creativo; sin embargo, tu tendencia a sucumbir a la inestabilidad sentimental puede opacar el gran potencial que trae consigo esta fecha de nacimiento.

El que seas comprensivo y solidario te permite ser compasivo con tus seres queridos. Gracias a la subinfluencia del regente de tu decanato, Cáncer, tus habilidades psíquicas se fortalecen. No obstante, evita preocuparte demasiado, estresarte y volverte indeciso.

Si te sientes inseguro a nivel emocional, te mostrarás frente a otros como alguien temperamental, locuaz y disperso. En otras ocasiones, adoptas una postura optimista que te vuelve divertido y buena compañía, gracias a tu excelente sentido del humor.

Eres versátil, sociable y con un intelecto brillante que te impulsará a explorar muchos caminos, aunque esto también puede ser fuente de confusión si intentas hacer demasiadas cosas al mismo tiempo. Aunque tienes una gran creatividad y muchas ideas, te vendrá bien aprender a concentrarte en una sola meta. Si, por otro lado, ya eres una persona realista y tenaz, las probabilidades de triunfar se multiplican.

Debes aprender a expresar tus emociones e ideas, ya sea a través de la escritura, la actuación, el diseño o la decoración. Además, eres social y amistoso, lo que indica que te gusta la diversión y necesitas capturar la alegría de la vida.

Aunque aparentes confianza en ti mismo, descubrirás que la verdadera afirmación que buscas no ocurrirá sino hasta después de los 25 años, cuando tu Sol progresado se desplace hacia Leo. Esto incrementa tu fortaleza y creatividad, y te permite desarrollar más habilidades sociales. Después de los 55, cuando tu Sol progresado se desplace hacia Virgo, te volverás práctico, analítico y perspicaz.

Tu yo secreto

Es probable que los viajes y los cambios desempeñen un papel importante en tu vida, pues necesitas encontrar experiencias estimulantes que te desafíen. No temas arriesgarte o ir un paso más adelante si surgen prospectos prometedores, pues podrían representar oportunidades excelentes. A veces eres sumamente exitoso, pero debes tomar tus precauciones ante posibles cambios de circunstancias financieras. A pesar de ser generoso, cierta veta derrochadora indica que tienes que cuidarte de no caer en complacencias excesivas.

Eres orgulloso y digno, y necesitas tener fe para fortalecer tu confianza y descartar las preocupaciones recurrentes. Como buen psicólogo, que es capaz de evaluar a la gente, detectas de inmediato las fortalezas y debilidades ajenas. Tu encanto e ingenio te dan también la capacidad de cautivar a los demás con tu idealismo e imaginación.

Trabajo y vocación

Tu fecha de nacimiento te caracteriza como hogareño y buen padre; sin importar qué trabajo realices, lo haces de forma creativa. Tener un extraordinario don de gentes te garantiza el éxito en ámbitos como la enseñanza, la psicoterapia, las ventas o los negocios. Necesitas una carrera que involucre cambios y estímulos, por lo que se recomienda que evites ocupaciones monótonas. Si te atraen los negocios, es probable que adoptes una postura positiva y que tengas éxito como agente de algún tipo o en bienes raíces. Las habilidades creativas inherentes a esta fecha de nacimiento te permitirán expresarte de forma eficaz en la música, la actuación y la escritura, aunque el lado más histriónico de tu naturaleza también podría empujarte hacia la política.

Entre las personas famosas con quienes compartes cumpleaños están la educadora Helen Keller, el político Ross Perot, la activista Emma Goldman, el estadista irlandés Charles Parnell y la actriz Isabelle Adjani.

Numerología

Eres intuitivo pero también analítico, y el número 27 en tu fecha de nacimiento indica que tu profundidad de pensamiento puede beneficiarse en gran medida por el desarrollo de la paciencia y el autocontrol. Eres decidido, observador, por lo que pones gran atención a los detalles. Si bien a veces aparentas ser hermético, racional y desapegado, en realidad esto podría ocultar tensiones internas. Al desarrollar buenas habilidades comunicativas, puedes superar tu renuencia a expresar tus sentimientos más profundos. La subinfluencia del mes número 6 indica que constantemente buscas equilibrio y armonía. Dado que tus instintos y emociones intensas a veces entran en conflicto con tus pensamientos y creencias, podrías volverte demasiado aprensivo. Aunque eres afectuoso y considerado, a veces pareces ser hipersensible e inaccesible. Si desarrollas una perspectiva más desapegada, escucharás mejor a los demás y aprovecharás sus críticas o ideas.

• *Cualidades positivas:* versatilidad, imaginación, creatividad, determinación, valentía, capacidad intelectual, espiritualidad, ingenio, fortaleza mental.

• *Cualidades negativas:* antipatía, naturaleza pendenciera, tendencia a ofenderse con facilidad y a discutir, desconfianza, nerviosismo, tensión.

Amor y relaciones

Eres encantador, amistoso y posees una personalidad cálida y afectuosa que te convierte en una pareja devota y un padre amoroso. La familia y la vida hogareña son importantes para ti. Estás dispuesto a hacer sacrificios por tus seres queridos, lo que supone que harías cualquier cosa por protegerlos. Tu naturaleza generosa y talentos creativos también son indicativos de que necesitas encontrar una forma de expresar tu versatilidad; de otro modo, puedes frustrarte o decepcionarte. Aunque te resulta sencillo hacer amigos y atraer a la gente con tu encanto, eres propenso a la volubilidad y, si no tienes cuidado, eso puede afectar tus relaciones.

• *Negativa:* vanidad, arrogancia, derroche, inmadurez.

ESE ALGUIEN ESPECIAL

Es más probable que se gesten relaciones especiales con personas nacidas en las siguientes fechas.

Amor y amistad: 21 y 25 de enero; 19 y 23 de febrero; 17, 21 y 30 de marzo; 15, 19, 28 y 29 de abril; 13, 17, 26 y 27 de mayo; 11, 15, 24, 25 y 30 de junio; 9, 13, 22, 23 y 28 de julio; 7, 11, 20, 21, 26 y 30 de agosto; 5, 9, 18, 19, 24 y 28 de septiembre; 3, 7, 16, 17, 22, 26 y 29 de octubre; 1, 5, 14, 15, 20, 24 y 27 de noviembre; 3, 12, 13, 18, 22, 25, 27 y 29 de diciembre.

Buenas para ti: 5, 13, 16, 22 y 28 de enero; 3, 11, 14, 20 y 26 de febrero; 1, 9, 12, 18, 24 y 29 de marzo; 7, 10, 16, 22 y 27 de abril; 5, 8, 14, 20 y 25 de mayo; 3, 6, 12, 18 y 23 de junio; 1, 4, 10, 16 y 21 de julio; 2, 8, 14 y 19 de agosto; 6, 12 y 17 de septiembre; 4, 10 y 15 de octubre; 2, 8 y 13 de noviembre; 6 y 11 de diciembre.

Atracción fatal: 30 de junio; 28 de julio; 26 de agosto; 24 de septiembre; 22 de octubre; 20 de noviembre; 18, 26, 27, 28 y 29 de diciembre.

Desafiantes: 2, 23 y 30 de enero; 21 y 28 de febrero; 19, 26 y 28 de marzo; 17, 24 y 26 de abril; 15, 22 y 24 de mayo; 13, 20 y 22 de junio; 11, 18 y 20 de julio; 16, 18 y 19 de agosto; 7, 14 y 16 de septiembre; 5, 12 y 14 de octubre; 3, 10 y 12 de noviembre; 1, 8 y 10 de diciembre.

Almas gemelas: 14 y 22 de enero; 12 y 20 de febrero; 10 y 18 de marzo; 8 y 16 de abril; 6 y 14 de mayo; 4 y 12 de junio; 2 y 10 de julio; 8 de agosto; 6 de septiembre; 4 de octubre; 2 de noviembre.

ESTRELLAS FIJAS

Alhena, también llamada Almeisan, "pie brillante de Géminis"; Dirah, también llamada Nuhaiti o Tejat Posterior

ESTRELLA PRINCIPAL

Nombre de la estrella: Alhena, también llamada Almeisan, "pie brillante de Géminis"

Posición: 8° 7'–9° 7' de Cáncer, entre los años 1930 y 2000

Magnitud: 2

Fuerza: ★★★★★★★★

Órbita: 2° 10'

Constelación: Géminis (Gamma Gemini)

Días efectivos: 28, 29 y 30 de junio; 1 y 2 de julio

Propiedades de la estrella: Mercurio/Venus o Luna/Venus con Júpiter

Descripción: estrella blanca brillante ubicada en el pie izquierdo del gemelo del sur

INFLUENCIA DE LA ESTRELLA PRINCIPAL

Alhena puede promover que sobresalgas en el mundo del arte; indica una naturaleza refinada, amorosa y afable. Te interesan la espiritualidad, las artes y las ciencias. Esta estrella también supone que te enorgulleces de tus logros, sin importar su tamaño. Asimismo, trae consigo atracción por la vida fácil y los lujos.

Con respecto a tu grado del Sol, esta estrella transmite inclinaciones artísticas, interés en la ciencia y éxito en el estudio de la astrología y la metafísica. Posees una personalidad carismática y la capacidad de sobresalir en relaciones públicas. Esta estrella también se asocia con lesiones en los pies, sobre todo en el talón de Aquiles.

28 de junio

♋ Tu fecha de nacimiento revela que eres un individuo idealista, pero pragmático, astuto y sumamente intuitivo, que posee una mente ágil y sentido del humor natural. Tener capacidad de razonamiento agudo, así como la habilidad de aprehender y articular con agilidad las ideas es evidencia de un talento innato para las lenguas y la comunicación. Como alguien nacido bajo el signo de Cáncer, eres afectuoso e impresionable, y necesitas la seguridad que traen consigo los lazos familiares fuertes y las comodidades del hogar. Tu apariencia orgullosa, segura de ti y asertiva oculta un alma sensible. Aunque tienes una naturaleza empática e instintos parentales fuertes, la influencia añadida de la Luna puede provocarte altibajos emocionales. Mantenerte ocupado todo el tiempo será un buen antídoto para tu baja tolerancia al aburrimiento. De cualquier forma, tus convicciones fuertes y habilidad innata para evaluar a la gente y las situaciones, aunadas a tu espíritu emprendedor, te garantizarán el éxito.

Tu naturaleza sociable te permite mezclarte con gente de todo tipo y prosperar con tu toque personal. No obstante, debes evitar ser demasiado provocador o manipulador, pues podrías perder los beneficios derivados del trabajo colaborativo. Aprender a equilibrar la cooperación con las ansias de independencia y autosuficiencia te brindará una gran satisfacción personal y fortalecerá tu sensación de bienestar.

La fuerte influencia de la Luna en el primer decanato de Cáncer trae consigo un impacto doble durante la infancia y la juventud. Esta influencia indica que, aunque en los primeros años de vida hayas sido tímido y sensible, querías ocupar una posición central. Después de los 24 años, cuando tu Sol progresado se desplace hacia Leo, es probable que recibas una inyección de creatividad, fortaleza y confianza. Cuando tu Sol progresado se desplace hacia Virgo, a los 54 años de edad, serás menos autoritario y más reflexivo y analítico. Esto traerá consigo el deseo creciente de una vida ordenada.

Tu yo secreto

Gracias a tu tenacidad profunda y la capacidad de emprender nuevos proyectos, ostentas una personalidad orgullosa y dinámica. Prefieres adoptar un enfoque directo y sueles llamar las cosas por su nombre; sin embargo, quizá debas aprender a identificar cuándo es mejor permanecer callado. En tu mejor momento, actúas como consejero o figura de autoridad a quien los demás admiran y respetan.

Por un lado, buscas entender las cosas a profundidad, lo que te vuelve serio, consciente de la seguridad, reflexivo y considerado. Por el otro, tu ingenio satírico, espontaneidad y humor elocuente te permiten expresar el lado más histriónico de tu personalidad y convertirte en el alma de la fiesta. Gracias a tu sed de conocimiento, intelecto y astucia, eres capaz de disfrutar un buen debate, pero debes tener cuidado de no ser demasiado discutidor o sarcástico.

A nivel interno, tocarás fondo, pero aprenderás a levantarte y a superar cualquier obstáculo que se interponga en tu camino. Tu tenacidad, combinada con una gran necesidad de ser consciente de ti mismo, se traducirá en un deseo de transformación absoluta.

Trabajo y vocación

Eres un psicólogo nato, lo que podría orientarte a ocupaciones que impliquen contacto personal, como terapia, recursos humanos, promoción o relaciones públicas. Ser brillante hará que te atraigan profesiones como la docencia o la impartición de conferencias, el periodismo, la salud y la comunicación. Tu deseo de expresión y tu veta histriónica podrían inclinarte hacia los mundos del arte y el entretenimiento. Querer ser creativo en el hogar te resultaría útil en carreras como diseño de interiores o gastronomía. Por otro lado, tus habilidades de liderazgo, organizativas y de planeación estratégica te atraerían al mundo del comercio, en donde disfrutarás el desafío de emprender proyectos de gran tamaño.

Entre las personas famosas con quienes compartes cumpleaños están el director de cine Mel Brooks, los actores John Cusack y Kathy Bates, el pintor Peter Paul Rubens y el filósofo Jean-Jacques Rousseau.

Numerología

Eres independiente, idealista y poco convencional, pero también pragmático, decidido y acostumbras marchar a tu propio ritmo. El número 28 en tu fecha de nacimiento indica un conflicto interno entre tu deseo de ser autosuficiente y al mismo tiempo pertenecer a un equipo. La suma de los dos dígitos de tu fecha de cumpleaños, 2 y 8, es igual a 1, lo cual en términos numerológicos significa que eres ambicioso, directo y emprendedor. Entre tus múltiples atributos están una fuerte convicción, ingenio, buen juicio, sentido común y la capacidad de acumular conocimiento y utilizarlo para resolver problemas. Con un cumpleaños con el número 28, tienes capacidad de liderazgo y dependes de tu sentido común, lógica e ideas claras. Aunque te inclinas hacia el éxito y la ambición, son igualmente importantes para ti la familia y la vida hogareña. La subinfluencia del mes número 6 indica que tienes encanto y convicciones firmes. Aunque eres decidido y tienes un fuerte sentido del propósito, hay una parte de ti que es escéptica y suspicaz. La clave para convertir tus sueños en realidades tangibles está en mostrar tu auténtica generosidad y talento para mezclar los negocios con el placer. Tu ingenio, combinado con tus habilidades administrativas, te ayudará a llegar a puestos de autoridad.

• *Cualidades positivas:* compasión, actitud progresista, audacia, veta artística, creatividad, idealismo, ambición, trabajo arduo, autosuficiencia, fuerza de voluntad.

• *Cualidades negativas:* fantasioso, desmotivado, falta de compasión y de juicio, poco realista, autoritario, agresividad, inseguridad, dependencia excesiva de los demás, orgullo.

Amor y relaciones

Ser amistoso, ingenioso y encantador hace que no tengas dificultad para atraer admiradores. Tu deseo de diversión y aprecio te vuelven sociable, de manera natural; pero la tendencia a ser hipersensible y obsesionarse con el pasado puede plantear obstáculos para formar nuevas relaciones. Encontrar a alguien con quien compartas intereses intelectuales estimulantes te permitirá construir la relación ideal.

• *Positiva:* sensibilidad y tacto, alegría de vivir, sociabilidad, estilo personal con poses de estrella de cine.

• *Negativa:* pereza, autocomplacencia excesiva, despilfarro, arrogancia, orgullo.

ESE ALGUIEN ESPECIAL

Tendrás más incentivos para construir relaciones duraderas con personas nacidas en las siguientes fechas.

Amor y amistad: 6, 16, 22 y 26 de enero; 4, 14, 20 y 24 de febrero; 2, 12, 18 y 22 de marzo; 10, 16, 20 y 30 de abril; 8, 14, 18 y 28 de mayo; 6, 12, 16 y 26 de junio; 4, 10, 14, 24 y 31 de julio; 2, 8, 12, 22 y 29 de agosto; 6, 10, 20 y 27 de septiembre; 4, 8, 18 y 25 de octubre; 2, 6, 16, 23 y 30 de noviembre; 4, 14, 21, 28 y 30 de diciembre.

Buenas para ti: 6, 17, 23 y 31 de enero; 4, 15, 21 y 29 de febrero; 2, 13, 19, 27 y 30 de marzo; 11, 17, 25 y 28 de abril; 9, 15, 23 y 26 de mayo; 7, 13, 21 y 24 de junio; 5, 11, 19 y 22 de julio; 3, 9, 17 y 20 de agosto; 1, 7, 15, 18 y 30 de septiembre; 5, 13, 16 y 28 de octubre; 3, 11, 14 y 26 de noviembre; 1, 9, 12 y 24 de diciembre.

Atracción fatal: 26, 27 y 28 de diciembre.

Desafiantes: 24 de enero; 22 de febrero; 20 y 29 de marzo; 18, 27 y 29 de abril; 6, 16, 25, 27 y 30 de mayo; 14, 22, 25 y 28 de junio; 12, 21, 23 y 26 de julio; 10, 19, 21 y 24 de agosto; 8, 17, 19 y 22 de septiembre; 6, 15, 17 y 20 de octubre; 4, 13, 15 y 18 de noviembre; 2, 11, 13 y 16 de diciembre.

Almas gemelas: 13 de enero, 11 de febrero, 9 de marzo, 7 de abril, 5 de mayo, 3 y 30 de junio, 1 y 28 de julio, 26 de agosto, 24 de septiembre, 22 de octubre, 20 de noviembre, 18 de diciembre.

ESTRELLA FIJA

Nombre de la estrella: Alhena, también llamada Almeisan, "pie brillante de Géminis"

Posición: 8º 7'–9º 7' de Cáncer, entre los años 1930 y 2000

Magnitud: 2

Fuerza: ★★★★★★★★

Órbita: 2º 10'

Constelación: Géminis (Gamma Gemini)

Días efectivos: 28, 29 y 30 de junio; 1 y 2 de julio

Propiedades de la estrella: Mercurio/Venus o Luna/Venus con Júpiter

Descripción: estrella blanca brillante ubicada en el pie izquierdo del gemelo del sur

INFLUENCIA DE LA ESTRELLA PRINCIPAL

Alhena puede promover que sobresalgas en el mundo del arte; además, indica una naturaleza refinada, amorosa y afable. Te interesan la espiritualidad, las artes y las ciencias. Esta estrella también supone que te enorgulleces de tus logros, sin importar su tamaño. Asimismo, trae consigo una potencial atracción por la vida fácil y los lujos.

Con respecto a tu grado del Sol, esta estrella transmite inclinaciones artísticas, interés en la ciencia y éxito en el estudio de la astrología y la metafísica. Posees una personalidad carismática y la capacidad de sobresalir en relaciones públicas y todo tipo de interacciones sociales. Te motivan las ansias de placer y lujos. Esta estrella también se asocia con lesiones en los pies, sobre todo en el tendón de Aquiles.

• *Positiva:* sensibilidad, tacto, alegría de vivir, sociabilidad, estilo personal con poses de estrella de cine.

29 de junio

La inspiración, la sensibilidad y el amor por el conocimiento son algunos de los elementos que conforman tu encanto personal. Haber nacido bajo el signo de Cáncer te caracteriza como un individuo idealista y sensible, pero también dinámico. Con frecuencia, tu mente inquisitiva te insta a ser audaz y a experimentar. Gracias a que asimilas las cosas con rapidez, reconoces las buenas ideas tan pronto como las ves. Eres progresista e innovador, y sueles interesarte en reformas sociales o educativas, lo que te hace buscar constantemente ideas nuevas y emocionantes.

Por lo regular, eres encantador, atractivo, con talento artístico y una naturaleza refinada que se refleja en tu personalidad relajada. Sin embargo, ante la falta de estímulos intelectuales, eres propenso a desperdiciar tus energías en trivialidades. Aunque eres idealista, el gusto por las cosas buenas de la vida hace que el dinero sea importante y que te desagrade que falte. No obstante, eres tan competente e informado que siempre encuentras formas de complementar tus ingresos.

Gracias a tu talento artístico y ansias de conocimiento, recopilas información útil, desarrollas buenas habilidades de comunicación y exhibes una aptitud natural para la escritura. Ser afable y diplomático hace que seas una compañía estimulante y amistosa, aunque cuando estás de mal humor pareces frío o pierdes el interés.

Tu sensibilidad denota la inclinación a ser un tanto hermético en los primeros años de vida, pero después de los 23, cuando tu Sol progresado se desplace hacia Leo, es probable que experimentes una expansión de tu poder, creatividad y confianza. A los 53, cuando tu Sol progresado se desplace hacia Virgo, tenderás a proyectar tu autoridad para ayudar o servir a otros.

Tu yo secreto

Aunque te proyectas como un individuo astuto y autosuficiente, en el fondo las relaciones con tus seres queridos son de vital importancia para ti. Tu visión idealista y ansias de amor te impulsan a buscar el vínculo perfecto o a encontrar un medio de expresión en el arte, la música o las experiencias místicas. Una de las lecciones que te enseñará la vida implicará aprender a dar de ti mismo a nivel emocional, pero también a recibir, para crear una versión tuya más equilibrada.

Eres dinámico e histriónico, y es probable que las personas se sientan atraídas naturalmente por tu inteligencia y empatía. Esto te motivará a aconsejar a los demás o a demostrar tu capacidad para ponerte en su lugar. Puesto que eres muy protector con la gente a la que quieres, al defenderla adoptas una postura provocadora. Aunque al parecer eres independiente, también tienes la capacidad de darte cuenta de que es imposible ir solo por la vida.

Trabajo y vocación

Tu intelecto y sensibilidad, mezcladas con tu memoria privilegiada y habilidades de liderazgo te permitirán hacer contribuciones valiosas en el área que elijas. Si te atraen ocupaciones y actividades que requieren trato con la gente, sobresaldrás como profesor, entrenador, propagandista, agente o publirrelacionista. También descubrirás que tienes habilidades naturales para promover productos y personas, así como para trabajar a favor de causas que te importen. Gracias a tu imaginación y agilidad mental, podrías inclinarte hacia las ciencias, la medicina, la sanación alternativa o los negocios. Por otro lado, te será posible triunfar en la industria de la belleza o en carreras vinculadas con el hogar y la familia. Las ansias de expresión creativa podrían guiarte hacia la escritura, la música y las artes.

Entre las personas famosas con quienes compartes cumpleaños están el escritor Antoine de Saint-Exupéry, el diseñador de moda Claude Montana y el cirujano William James Mayo.

Numerología

Los individuos que nacen bajo el número 29 son visionarios idealistas, con un carácter dinámico y vigoroso, de personalidad enérgica y con potencial para sobresalir. La inspiración es la llave de tu éxito y, sin ella, puedes encontrarte sin rumbo ni propósito. Si bien eres soñador, en ocasiones los extremos de tu personalidad sugieren que debes tener cuidado con tus cambios de humor. Puedes pasar de ser amigable y cálido a ser frío y poco atento; o puedes ir del optimismo al pesimismo. Aunque seas buen observador, quizá necesites aprender a ser menos crítico o dubitativo, y más considerado con quienes te rodean. La subinfluencia del mes número 6 indica que puedes ser responsable, intuitivo y receptivo. Aunque tengas una extraordinaria capacidad de razonamiento, por lo regular, juzgas las situaciones a partir de cómo te sientes y necesitas estar en contacto con tus emociones más profundas. Una vez que desarrolles un conjunto de valores apropiado y aprendas a pensar por ti mismo, serás menos dependiente de los demás.

• *Cualidades positivas:* inspiración, equilibrio, paz interior, generosidad, éxito, creatividad, intuición, misticismo, cosmopolita.

• *Cualidades negativas:* desconcentración, inseguridad, nerviosismo, malhumor, extremismo, desconsideración.

Amor y relaciones

Atraes a las personas con facilidad gracias a tu ingenio y habilidades de socialización, y sueles pensar en pareja. La tendencia a cambiar y sentir celos revela que quizá requieras desarrollar una perspectiva más práctica y equilibrada con respecto a las relaciones personales. Una vez que encuentras a tu amor ideal, estás dispuesto a hacer muchos sacrificios y a apoyar a tu pareja en lo que decida emprender. Gracias a tus habilidades diplomáticas, sabes cómo mantener la armonía y puedes ser hospitalario y generoso. Prefieres a la gente trabajadora y exitosa.

• *Negativa:* pereza, autocomplacencia excesiva, despilfarro, arrogancia, orgullo.

ESE ALGUIEN ESPECIAL

Al parecer, tendrás más suerte para encontrar a una pareja entre quienes nacieron en las siguientes fechas.

Amor y amistad: 1, 4, 27 y 29 de enero; 2, 25 y 27 de febrero; 23 y 25 de marzo; 21 y 23 de abril; 19, 21 y 29 de mayo; 17, 19 y 27 de junio; 15, 17 y 25 de julio; 13, 15 y 23 de agosto; 11, 13 y 21 de septiembre; 9, 11 y 19 de octubre; 7, 9 y 17 de noviembre; 5, 7 y 15 de diciembre.

Buenas para ti: 3, 10, 15 y 18 de enero; 1, 8, 13 y 16 de febrero; 6, 11, 14, 29 y 31 de marzo; 4, 9, 12, 27 y 29 de abril; 2, 7, 10, 25 y 27 de mayo; 5, 8, 23 y 25 de junio; 3, 6, 21 y 23 de julio; 1, 4, 19 y 21 de agosto; 2, 17 y 19 de septiembre; 15 y 17 de octubre; 13 y 15 de noviembre; 11 y 13 de diciembre.

Atracción fatal: 30 de abril; 28 de mayo; 26 de junio; 24 de julio; 22 de agosto; 20 de septiembre; 18 de octubre; 16 de noviembre; 14, 28, 29, 30 y 31 de diciembre.

Desafiantes: 9, 14, 16 y 25 de enero; 7, 12, 14 y 23 de febrero; 5, 10, 12, 21, 28 y 30 de marzo; 3, 8, 10, 19, 26 y 28 de abril; 1, 6, 8, 17, 24 y 26 de mayo; 4, 6, 15, 22 y 24 de junio; 2, 4, 13, 20 y 22 de julio; 2, 11, 18 y 20 de agosto; 9, 16 y 18 de septiembre; 7, 14 y 16 de octubre; 5, 12 y 14 de noviembre; 3, 10 y 12 de diciembre.

Almas gemelas: 29 de diciembre.

ESTRELLA FIJA

Nombre de la estrella: Alhena, también llamada Almeisan, "pie brillante de Géminis"

Posición: 8º 7'–9º 7' de Cáncer, entre los años 1930 y 2000

Magnitud: 2

Fuerza: ★★★★★★★★

Órbita: 2º 10'

Constelación: Géminis (Gamma Gemini)

Días efectivos: 28, 29 y 30 de junio; 1 y 2 de julio

Propiedades de la estrella: Mercurio/ Venus o Luna/Venus con Júpiter

Descripción: estrella blanca brillante ubicada en el pie izquierdo del gemelo del sur

INFLUENCIA DE LA ESTRELLA PRINCIPAL

Alhena puede promover que sobresalgas en el mundo del arte; además, indica una naturaleza refinada, amorosa y afable. Te interesan la espiritualidad, las artes y las ciencias. Esta estrella también supone que te enorgulleces de tus logros, sin importar su tamaño. Asimismo, trae consigo una potencial atracción por la vida fácil y los lujos.

Con respecto a tu grado del Sol, esta estrella transmite inclinaciones artísticas, interés en la ciencia y éxito en el estudio de la astrología y la metafísica. Posees una personalidad carismática y la capacidad de sobresalir en relaciones públicas y todo tipo de interacciones sociales. Te motivan las ansias de placer y lujos. Esta estrella también se asocia con lesiones en los pies, sobre todo en el tendón de Aquiles.

• *Positiva:* sensibilidad y tacto, alegría de vivir, sociabilidad, estilo personal con pose de estrella de cine.

30 de junio

♋ Según tu fecha de nacimiento, tu principal atributo es la fortaleza emocional. Sin duda alguna, esta fuerza dinámica conlleva la búsqueda de mecanismos de expresión personal. Como buen Cáncer, eres imaginativo, intuitivo y de corazón generoso. Estás dispuesto a hacer lo que sea por la gente a la que amas, así que eres un padre o madre, profesor y amigo devoto. Sin embargo, esta fortaleza también requiere que aprendas sobre autocontrol y evites tender hacia la dominación emocional, el malhumor o la frustración.

Tu deseo de amor y aprecio suelen llevarte a la vida pública, y gracias a tu creatividad e histrionismo no tardas en resaltar entre la multitud. Muchas personas que comparten esta fecha de cumpleaños aspiran a ocupar posiciones de autoridad; al igual que ellas, seguramente eres orgulloso y solemne.

Acostumbras ser valiente y directo, por lo que quieres que las cosas sean claras y concisas. Ser apasionado y dedicado implica que estás dispuesto a hacer sacrificios y trabajar arduamente si crees en alguien o en algo. No obstante, debes estar seguro de que tus inversiones emocionales valdrán la pena.

Después de los 22 años, cuando tu Sol progresado se desplace hacia el signo de Leo, se te presentarán oportunidades para aprovechar el lado más histriónico de tu personalidad. Ya sea en el trabajo o a nivel social, serás más sereno y seguro de ti. A partir de los 52 años, cuando tu Sol progresado se desplace hacia Virgo, te inclinarás más hacia las motivaciones prácticas, lo que te volverá más prudente y ordenado.

Tu yo secreto

Sueñas en grande y aspiras a alcanzar cosas elevadas, pero para conquistarlas tendrás que aprender a ser paciente y perseverante. El trabajo arduo y el avance lento podrán ser un gran desafío para tu personalidad dinámica, pero, por fortuna, gracias a tus poderes de persuasión y buen sentido del humor, eres capaz de zafarte de casi cualquier situación difícil. Por lo regular, te dejas guiar por tu corazón, eres apasionado y amoroso, y proteges a toda costa a tus seres queridos.

Tu encanto, deseos de intimidad y toque personal te permiten expresarte por medio de gestos de generosidad espontáneos. No obstante, procura no hacer rabietas en público ni ser demasiado egoísta. Dadas tus dotes de psicólogo, cuando es necesario eres diplomático y desapegado, y usas tu perspicacia de forma generosa y altruista.

Trabajo y vocación

Tus emociones intensas e histrionismo innato te permitirán ocupar posiciones de liderazgo en cualquier proyecto o carrera que emprendas. Tu encanto natural y habilidades comunicativas y de liderazgo podrían inclinarte hacia ocupaciones como profesor, conferencista o escritor. Por otro lado, tu humanismo, empatía e intuición te harían un consejero o terapeuta competente, además de que son aptitudes útiles para el trabajo comunitario o de ayuda social. La pericia mental complementa tu sensibilidad aguda, por lo que quizás elijas aprovecharlas para los negocios, la ciencia o el mundo del entretenimiento.

Entre las personas famosas con quienes compartes cumpleaños están la actriz Susan Hayward, la cantante Lena Horne, el baterista de jazz Buddy Rich, el escritor francés Georges Duhamel y el boxeador Mike Tyson.

Numerología

Eres amistoso y de buen corazón; te encanta socializar y eres excepcionalmente carismático y leal. Si tienes un cumpleaños con el número 30, tus emociones son intensas y necesitas expresarlas de forma creativa. Estar enamorado o satisfecho es un requisito esencial para ti; sin embargo, en tu búsqueda de la felicidad, evita ser autocomplaciente e impaciente. El orgullo y la ambición, en combinación con buenas oportunidades, pueden permitirte llegar a la cima de tu profesión. Tienes buen gusto y ojo para el color y las formas, y disfrutas todo tipo de trabajo enfocado en el arte, el diseño y la música. Entre las personas con el número 30 en su fecha de nacimiento, muchas alcanzarán el reconocimiento o la fama, en particular los músicos, actores y artistas. La subinfluencia del mes número 6 indica que eres idealista y sensible, y con frecuencia juzgas la vida a partir de cómo te sientes. Eres capaz de tomar las ideas y expandirlas con tu dramatismo particular. Ya que a veces te desanimas, aprende a ser tenaz y aprecia lo que has logrado para evitar descontentos.

• *Cualidades positivas:* aprecio por la diversión, lealtad, afabilidad, talento con las palabras, creatividad, generosidad.

• *Cualidades negativas:* pereza, terquedad, comportamiento errático, impaciencia, inseguridad, indiferencia, desperdicio de energía.

Amor y relaciones

El poder del amor es uno de tus mayores atributos, y gracias a tu naturaleza romántica, temperamento apasionado y generosidad, la gente se siente atraída por tu carisma y encanto. Aunque estás dispuesto a hacer grandes sacrificios por tus seres queridos, debes superar la tendencia a dejar que tus sentimientos dirijan tu mente. Si aprendes a dar sin esperar nada a cambio, alcanzarás el autocontrol por medio del altruismo.

• *Negativa:* pereza, autocomplacencia excesiva, despilfarro, arrogancia, orgullo.

ESE ALGUIEN ESPECIAL

Tendrás más éxito en el amor y la amistad si te relacionas con personas nacidas en las siguientes fechas.

Amor y amistad: 2 y 28 de enero; 26 de febrero; 24 de marzo; 22 de abril; 20, 29 y 30 de mayo; 18, 27 y 28 de junio; 16, 25 y 26 de julio; 14, 23 y 24 de agosto; 12, 21 y 22 de septiembre; 10, 19, 20, 29 y 31 de octubre; 8, 17, 18, 27 y 29 de noviembre; 6, 15, 16, 25 y 27 de diciembre.

Buenas para ti: 2, 10, 13 y 16 de enero; 8, 11 y 14 de febrero; 6, 9 y 12 de marzo; 4, 7 y 10 de abril; 2, 5 y 8 de mayo; 3 y 6 de junio; 1, 4 y 30 de julio; 2, 28 y 30 de agosto; 26 y 28 de septiembre; 24 y 26 de octubre; 22 y 24 de noviembre; 20, 22 y 30 de diciembre.

Atracción fatal: 31 de octubre; 29 de noviembre; 27, 29, 30 y 31 de diciembre.

Desafiantes: 3, 9 y 10 de enero; 1, 7 y 8 de febrero; 5, 6 y 31 de marzo; 3, 4 y 29 de abril; 1, 2 y 27 de mayo; 25 de junio; 23 de julio; 2, 21 y 31 de agosto; 19 y 29 de septiembre; 17 y 27 de octubre; 15 y 25 de noviembre; 13 y 23 de diciembre.

Almas gemelas: 5 de enero, 3 de febrero, 1 de marzo, 30 de mayo, 28 de junio, 26 de julio, 24 de agosto, 22 de septiembre, 20 de octubre, 18 de noviembre, 16 de diciembre.

1 de julio

ESTRELLA FIJA

Nombre de la estrella: Alhena también llamada Almeisan, "pie brillante de Géminis"

Posición: 8° 7'–9° 7' de Cáncer, entre los años 1930 y 2000

Magnitud: 2

Fuerza: ★★★★★★★★

Órbita: 2° 10'

Constelación: Géminis (Gamma Gemini)

Días efectivos: 28, 29 y 30 de junio; 1 y 2 de julio

Propiedades de la estrella: Mercurio/Venus o Luna/Venus con Júpiter

Descripción: estrella blanca brillante ubicada en el pie izquierdo del gemelo del sur

INFLUENCIA DE LA ESTRELLA PRINCIPAL

Alhena puede promover que sobresalgas en el mundo del arte; además, indica una naturaleza refinada, amorosa y afable. Te interesan la espiritualidad, las artes y las ciencias. También supone que te enorgulleces de tus logros, sin importar su tamaño. Asimismo, trae consigo una potencial atracción por la vida fácil y los lujos.

Con respecto a tu grado del Sol, esta estrella transmite inclinaciones artísticas, interés en la ciencia y éxito en el estudio de la astrología y la metafísica. Posees una personalidad carismática y la capacidad de sobresalir en las relaciones públicas y todo tipo de interacciones sociales. Te motivan las ansias de placer y lujos. Esta estrella también se asocia con lesiones en los pies, sobre todo en el tendón de Aquiles.

• *Positiva:* sensibilidad y tacto, alegría de vivir, sociabilidad, estilo personal con poses de estrella de cine.

Tu tenacidad profunda, sensibilidad y perspicacia indican que, aunque seas tímido y retraído, detrás de esa sonrisa amable hay una naturaleza inquebrantable. Eres un Cáncer intuitivo, impresionable, trabajador, así como solidario y protector, lo que te hace un padre devoto y un amigo leal. Sin embargo, a veces eres voluble o autoritario porque te aquejan emociones contradictorias. Esto significa que debes evitar inclinarte hacia la depresión o la autoflagelación. No obstante, tu naturaleza sosegada y férrea te brinda el ímpetu necesario para superar desafíos sustanciales. Esta capacidad para volver a empezar y para materializar proyectos e ideas nuevas es uno de tus principales atributos.

La subinfluencia del regente de tu decanato, Cáncer, indica que, aunque eres ambicioso e independiente, necesitas privacidad y anhelas una vida apacible. Aunque eres sociable, intentas ocultar algunas de tus acciones y no toleras que otros interfieran en tu vida.

Tus habilidades de liderazgo y necesidad de mantenerte activo indican que no eres propenso a posponer tus tareas durante periodos prolongados de tiempo. Si desarrollas tu perspicacia natural, reconocerás el valor de la sabiduría adquirida a través de las experiencias de vida. Si por alguna razón se te imponen restricciones, defiendes tu postura y muestras tu veta rebelde. Debido a que eres idealista, nadie te puede detener cuando estás inspirado.

Después de los 21 años, cuando tu Sol progresado entra a Leo, es probable que tengas muchas oportunidades para desarrollar fortaleza, creatividad y expresión personal. Esta tendencia persistirá hasta los 51 años, cuando tu Sol progresado se desplace hacia Virgo y pongas mayor énfasis en el deseo pragmático y racional de ayudar a otros.

Tu yo secreto

La necesidad de entablar relaciones personales o íntimas es una de las principales claves de tu felicidad. Posees buenas habilidades comunicativas, así que, si evitas las sospechas y los celos, tendrás muchas buenas amistades. Aprender a plantarte con firmeza fortalece mucho tu confianza personal e indica que eres capaz de superar el miedo al abandono o a estar solo.

Tus habilidades de liderazgo y capacidad para trabajar arduamente te impulsan en cualquier campo o iniciativa. Debido a que eres perfeccionista, con ideales elevados y nociones románticas, posees una fuerte necesidad de amor y afecto. Puesto que te impones estándares elevados, tanto para ti como para otros, en ocasiones es difícil estar a tu altura. Si encuentras una causa significativa a la cual apoyar, podrás canalizar con eficacia tus ideales, perspicacia y agilidad, así como tu compasión para ayudar a otros.

Trabajo y vocación

Tu comprensión innata de la colectividad humana te ayuda a triunfar en carreras relacionadas con el trato a la gente. Te gusta tener el control más que ocupar posiciones de subordinación, por lo que eres capaz de sobresalir en puestos administrativos y ejecutivos, aunque a veces prefieres trabajar por cuenta propia. Eres empático e intuitivo, pero cuando es necesario sacas tu lado fuerte y autoritario, una combinación que funciona de maravilla en política. Sin duda, otras personas valorarán tanto tus ideas nuevas y originales como tu capacidad para tomar el liderazgo. Si te atraen el teatro o el cine, podrías desempeñarte de maravilla como actor y director, aunque quizá prefieras expresar tu imaginación y tu individualidad férrea a través del arte, la música o el baile. Por otro lado, debido a tus inclinaciones humanistas, quizá preferirías profesiones asistenciales o de trabajo con niños.

Entre las personas famosas con quienes compartes cumpleaños están la princesa Diana; los actores Dan Aykroyd, Charles Laughton, Pamela Anderson, Leslie Caron y Olivia de Havilland; la cantante Deborah Harry; la coreógrafa Twyla Tharp; la magnate de los cosméticos Estée Lauder, y el deportista Carl Lewis.

Numerología

Al tener el número 1 por cumpleaños, tiendes a ser individualista, innovador, valeroso y enérgico. No es inusual que necesites establecer una identidad sólida y desarrollar tu asertividad. Tu espíritu pionero te insta a hacer las cosas por tu cuenta, aunque falles en el intento. Tu gran entusiasmo e ideas originales te permiten mostrarles el camino a los demás. Con el número 1 por cumpleaños, quizá también debas aprender que el mundo no gira a tu alrededor y evitar la tendencia a ser egocéntrico o dictatorial. El triunfo y el éxito son posibles con ideas nuevas o inventando diversos emprendimientos emocionantes. La subinfluencia del mes número 7 indica que eres sensible y que posees una intuición aguda y sabiduría interna. Debes aprender a confiar en tus propios instintos y desarrollar fe y comprensión. Al ser un individuo con valores sólidos y buen juicio, aspiras a lograr cosas grandes. Tu naturaleza ambiciosa y capacidad para sanar a otros supone que puedes trabajar por el bien de la humanidad.

• *Cualidades positivas:* liderazgo, creatividad, ideas progresistas, vigor, optimismo, convicciones fuertes, competitividad, independencia, sociabilidad.

• *Cualidades negativas:* altivez, celos, egocentrismo, orgullo, egoísmo, debilidad, vacilación, impaciencia.

Amor y relaciones

Tu deseo de seguridad y estabilidad financiera generalmente desempeña un papel importante en tu elección de parejas. Aunque seas empático y solidario con la gente a la que quieres, por lo regular, prefieres estar a cargo y tener el control cuando tomas decisiones. Prefieres tener amigos cercanos que muchos conocidos. La lealtad y la confianza son importantes en tus relaciones. La vida familiar y las responsabilidades a veces chocan con tus propios deseos de libertad e independencia.

• *Negativa:* pereza, autocomplacencia excesiva, despilfarro, arrogancia, orgullo.

ESE ALGUIEN ESPECIAL

Será más probable que encuentres a tu pareja ideal entre personas nacidas en las siguientes fechas.

Amor y amistad: 11, 20, 25, 27 y 29 de enero; 9, 18, 23, 25 y 27 de febrero; 7, 16, 21, 23 y 25 de marzo; 5, 14, 19, 21 y 23 de abril; 3, 12, 17, 19 y 21 de mayo; 1, 10, 15, 17 y 19 de junio; 8, 13, 15 y 17 de julio; 6, 11, 13 y 15 de agosto; 4, 9, 11 y 13 de septiembre; 2, 7, 9 y 11 de octubre; 5, 7 y 9 de noviembre; 3, 5 y 7 de diciembre.

Buenas para ti: 9 y 26 de enero; 7 y 24 de febrero; 5 y 22 de marzo; 3 y 20 de abril; 1, 18 y 29 de mayo; 16 y 27 de junio; 14, 25, 29 y 30 de julio; 12, 23, 27, 28 y 31 de agosto; 10, 21, 25, 26 y 29 de septiembre; 8, 19, 23, 24 y 27 de octubre; 6, 17, 21, 22 y 25 de noviembre; 4, 15, 19, 20 y 23 de diciembre.

Atracción fatal: 1, 2 y 16 de enero; 14 de febrero; 12 de marzo; 10 de abril; 8 de mayo; 6 de junio; 4 de julio; 2 de agosto; 30 y 31 de diciembre.

Desafiantes: 8, 29 y 31 de enero; 6, 27 y 29 de febrero; 4, 25, 27 y 28 de marzo; 2, 23, 25 y 26 de abril; 21, 23 y 24 de mayo; 19, 21 y 22 de junio; 17, 19 y 20 de julio; 15, 17 y 18 de agosto; 13, 15 y 16 de septiembre; 11, 13, 14 y 30 de octubre; 9, 11, 12 y 28 de noviembre; 7, 9, 10 y 26 de diciembre.

Almas gemelas: 30 de mayo, 28 de junio; 26 de julio; 24 de agosto; 22 y 30 de septiembre, 20 y 28 de octubre, 18 y 26 de noviembre, 16 y 24 de diciembre.

ESTRELLA FIJA

Nombre de la estrella: Alhena también llamada Almeisan, "pie brillante de Géminis"

Posición: 8° 7'–9° 7' de Cáncer, entre los años 1930 y 2000

Magnitud: 2

Fuerza: ★★★★★★★★

Órbita: 2° 10'

Constelación: Géminis (Gamma Gemini)

Días efectivos: 28, 29 y 30 de junio; 1 y 2 de julio

Propiedades de la estrella: Mercurio/ Venus o Luna/Venus con Júpiter

Descripción: estrella blanca brillante ubicada en el pie izquierdo del gemelo del sur

INFLUENCIA DE LA ESTRELLA PRINCIPAL

Alhena puede promover que sobresalgas en el mundo del arte; además, indica una naturaleza refinada, amorosa y afable. Te interesan la espiritualidad, las artes y las ciencias. También supone que te enorgulleces de tus logros, sin importar su tamaño. Asimismo, trae consigo una potencial atracción por la vida fácil y los lujos.

Con respecto a tu grado del Sol, esta estrella transmite inclinaciones artísticas, interés en la ciencia y éxito en el estudio de la astrología y la metafísica. Posees una personalidad carismática y la capacidad de sobresalir en relaciones públicas y todo tipo de interacciones sociales. Te motivan las ansias de placer y lujos. Esta estrella también se asocia con lesiones en los pies, sobre todo en el tendón de Aquiles.

• *Positiva:* sensibilidad y tacto, alegría de vivir, sociabilidad, estilo personal con poses de estrella de cine.

2 de julio

Aunque tu fecha de nacimiento se asocia con una personalidad dinámica y que proyecta autoridad, también eres idealista, solidario y reservado. La subinfluencia de Escorpión, el regente de tu decanato, te otorga asertividad innata, además de emociones fuertes e intensas. Sueles tener talento artístico y habilidades psíquicas, por lo que necesitas encontrar mecanismos para expresarte y demostrar tu originalidad.

Tu apariencia amistosa y modesta, y tu carisma suelen atraer a la gente, lo que conlleva beneficios derivados de asociaciones o alianzas. Tienes dotes psicológicas por naturaleza, por lo que quieres saber exactamente qué motiva a los demás, y sueles ser desenvuelto y tener un enfoque honesto y directo. Aunque eres un amigo bueno y leal que disfruta las reuniones sociales, posees una sofisticada conciencia materialista y un olfato innato para los negocios que se ocultan sutilmente detrás de tu sonrisa cálida.

Quizá son las ansias de disfrutar las cosas buenas de la vida las que te motivan o inspiran. No obstante, la insatisfacción interna y la tendencia a soñar despierto o aburrirte con facilidad podrían minar tu auténtico potencial. Ten cuidado de saltar de un interés a otro, con nerviosismo, o de querer encontrar tus anhelos en los sueños de otro. Si reconoces que el poder del amor es más fuerte que el del dinero, te sentirás inspirado y enriquecerás tu corazón.

Después de los 20 años, cuando tu Sol progresado se desplace hacia Leo, es probable que te vuelvas más dinámico, optimista y seguro de ti. Esta influencia persistirá durante las siguientes tres décadas y te ayudará a alcanzar posiciones de autoridad. A partir de los 50, cuando tu Sol progresado se desplace hacia Virgo, te volverás más prudente y quizás ansíes ayudar de forma práctica a otros a través del servicio.

Tu yo secreto

Eres minucioso, ingenioso y posees agilidad mental y un don de gentes maravilloso, que te permite obtener contactos valiosos. Sin embargo, tu versatilidad y múltiples talentos te obligan a aprender sobre la importancia de tomar decisiones. Aunque a nivel intelectual eres brillante, si careces de confianza para arriesgarte por cuenta propia, terminarás trabajando en circunstancias donde no se aprovecharán al máximo tus habilidades y talentos. Si aprendes a enfocarte en unas cuantas metas, evitarás preocupaciones e indecisiones, y alcanzarás un mayor éxito.

Interesarte en todo y en todos indica que eres popular y adaptable, y que posees inclinaciones sociales. La necesidad de compartir con otros lo que para ti es divertido implica que sueles ser generoso y que se te dificulta decirle que no a la gente que quieres. Con mucha frecuencia intentas mantener la paz por medio de la diplomacia y con ayuda de tus encantos.

Trabajo y vocación

En términos profesionales, tu don de gentes, habilidades de liderazgo y capacidad de apreciar los valores ajenos te llevarán a ocupar posiciones de autoridad. Dado que te disgusta recibir órdenes, eres apto para desempeñarte en cargos administrativos o ejecutivos, o para trabajar por cuenta propia. También tienes talento para los negocios, y te puede ir especialmente bien en áreas como bienes raíces, medios de comunicación y publicidad. Tu aire de psicólogo y empatía natural podrían inclinarte hacia la psicoterapia, la orientación o el trabajo de sanación. Tienes grandes habilidades organizativas y no temes pensar en grande, lo cual te ayudará en cualquier carrera que elijas. Por otro lado, tu agudeza mental e histrionismo podrían impulsarte a expresarte a través de la escritura, el arte, el teatro o la música.

Entre las personas famosas con quienes compartes cumpleaños están los escritores Franz Kafka y Herman Hesse, y la modelo Jerry Hall.

Numerología

El número 2 en tu fecha de nacimiento sugiere sensibilidad y necesidad de pertenecer a un grupo. Tu facilidad para adaptarte y ser comprensivo hace que disfrutes actividades cooperativas en las que interactúas con otras personas. Eres receptivo e influenciable por tu medioambiente, y tienes una personalidad amigable y cálida, con buenas habilidades sociales y un enfoque diplomático. Al intentar complacer a quienes te agradan corres el riesgo de volverte demasiado dependiente. Por otro lado, si desarrollas la confianza en ti mismo superarás la tendencia a sentirte herido por las acciones ajenas. La subinfluencia del mes número 7 indica que eres perspicaz y reflexivo. Sueles ser perfeccionista, crítico y ensimismado. Sin embargo, a veces racionalizas las cosas tanto que te pierdes en los detalles. Si aprendes a confiar en tus instintos y desarrollas fe, superarás la tendencia a ser demasiado sensible a las críticas ajenas o a sentirte incomprendido.

• *Cualidades positivas:* colaboración, gentileza, tacto, receptividad, intuición, amabilidad, armonía, afabilidad, embajador de buena voluntad.

• *Cualidades negativas:* suspicacia, inseguridad, timidez, hipersensibilidad, tendencia a ofenderse con facilidad.

Amor y relaciones

A menudo sueñas con una vida sencilla y una pareja leal que sea inteligente y te estimule a nivel intelectual. Te atrae gente lista y consciente de sí misma, pues te interesa la superación personal. Las ansias de mezclar los negocios con el placer te permiten socializar y hacer contactos que podrían brindarte oportunidades diversas. Dado que eres generoso con tus amigos, ellos te ayudan siempre que lo necesitas.

• *Negativa:* pereza, autocomplacencia excesiva, despilfarro, arrogancia, orgullo.

ESE ALGUIEN ESPECIAL

Si buscas amor y amistad, encontrarás a la persona ideal entre quienes nacieron en las siguientes fechas.

Amor y amistad: 4, 11, 12, 26, 28 y 30 de enero; 2, 9, 10, 24, 26 y 28 de febrero; 7, 8, 22, 24 y 26 de marzo; 5, 6, 20, 22, 24 y 30 de abril; 3, 4, 18, 20, 22, 28 y 31 de mayo; 1, 2, 16, 18, 20, 26 y 29 de junio; 14, 16, 18, 24 y 27 de julio; 12, 14, 16, 22 y 25 de agosto; 10, 12, 14, 20 y 23 de septiembre; 8, 10, 12, 18 y 21 de octubre; 6, 8, 10, 16 y 19 de noviembre; 4, 6, 8, 14 y 17 de diciembre.

Buenas para ti: 3, 10 y 29 de enero; 1, 8 y 27 de febrero; 6 y 25 de marzo; 4 y 23 de abril; 2 y 21 de mayo; 19 de junio; 17 y 30 de julio; 15 y 28 de agosto; 13 y 26 de septiembre; 11 y 24 de octubre; 9 y 22 de noviembre; 7 y 20 de diciembre.

Atracción fatal: 1, 2, 3 y 11 de enero; 9 de febrero; 7 de marzo; 5 de abril; 3 de mayo; 1 de junio; 31 de diciembre.

Desafiantes: 9 de enero; 7 de febrero; 5 y 28 de marzo; 3 y 26 de abril; 1 y 24 de mayo; 22 de junio; 20 de julio; 18 de agosto; 16 de septiembre; 14, 30 y 31 de octubre; 12, 28 y 29 de noviembre; 10, 26 y 27 de diciembre.

Almas gemelas: 7 de enero, 5 de febrero, 3 de marzo, 1 de abril, 29 de mayo, 4 y 27 de junio, 25 de julio, 23 de agosto, 21 de septiembre, 19 de octubre, 17 de noviembre, 15 de diciembre.

ESTRELLA FIJA

Nombre de la estrella: Sirius

Posición: 13º 6'–14º 2' de Cáncer, entre los años 1930 y 2000

Magnitud: 1

Fuerza: ★★★★★★★★★

Órbita: 2º 30'

Constelación: Can Mayor (Alpha Canis Majoris)

Días efectivos: 3, 4, 5, 6, 7 y 8 de julio

Propiedades de la estrella: interpretaciones variadas: Luna/Júpiter/Marte

Descripción: estrella binaria brillante, blanca y amarilla, ubicada en el hocico del Can Mayor, vinculada con el dios egipcio Osiris

INFLUENCIA DE LA ESTRELLA PRINCIPAL

Sirius otorga una visión amplia y optimista de la vida, así como la capacidad de hacer amigos leales en posiciones de poder. Debido a su influencia, tendrás éxito y prosperidad, y podrás fungir como guardián u ocupar un puesto de custodia. Esta estrella puede traer consigo reconocimientos, riqueza y fama, así como oportunidades para ejercer el poder. También favorece el comportamiento rebelde, por lo que debes cuidarte de los peligros de emprender acciones prematuras.

Con respecto a tu grado del Sol, esta estrella supone éxito en los negocios, felicidad doméstica e inclinación hacia las artes, la astrología, la filosofía y la educación superior. Si recibes reconocimientos a temprana edad, quizá te tomen desprevenido y seas incapaz de lidiar con el éxito. Esta estrella indica que eres confiable y, por ende, puedes custodiar las propiedades de otras personas.

3 de julio

Eres un Cáncer imaginativo y creativo, con habilidades prácticas, que está consciente de la importancia de la seguridad afectiva y posee emociones intensas. La subinfluencia del regente de tu decanato, Escorpión, suele indicar que, dado que eres un humanista con emociones fuertes, el idealismo y la visión desempeñarán un papel central en tu vida. Sin embargo, las preocupaciones materiales te permitirán mantener los pies en la tierra.

Eres observador y perspicaz, y tienes buen ojo para las formas y el estilo, por lo que no tardas en convertir tus intereses y talentos creativos en emprendimientos comerciales exitosos. Gracias a tus habilidades organizativas y poderes de intuición, sueles tener buen juicio y valores materiales sólidos. No obstante, las ansias de llevar una vida de lujos implica que debes evitar la autocomplacencia excesiva y el despilfarro.

La gente suele describirte como alguien generoso, orgulloso y sensible, pero también crítico y sabelotodo. Esto indica que, debido a tus inhibiciones emocionales, a veces ocultas tus sentimientos verdaderos y tus inseguridades. Sin embargo, con tu personalidad dinámica y amistosa, y tu habilidad con las palabras, eres persuasivo.

Después de los 19 años, cuando tu Sol progresado se desplace hacia Leo, te volverás menos tímido y te preocuparás menos por la seguridad emocional. La influencia de Leo te ayudará a adquirir confianza y fortalecerá tu capacidad de desempeño en el campo que elijas. A partir de los 49, cuando tu Sol progresado se desplace hacia Virgo, adoptarás una actitud más práctica y selectiva, y una de las partes más importantes de tu vida será el servicio a la comunidad.

Tu yo secreto

Aunque seas expresivo y creativo, el principal desafío que enfrentarás será la inclinación a desperdigar tu energía en demasiados intereses. Esto apunta a que la indecisión y las preocupaciones, sobre todo financieras, socavarán tu potencial extraordinario. A pesar de tener golpes de suerte, debes evitar las inversiones especulativas o los negocios que prometen darte ganancias rápidas, porque solo a través de la determinación y la perseverancia se alcanza el éxito. Como regla general, eres generoso con tu tiempo y energía.

Tu potencial extraordinario proviene de tu intelecto superior y capacidad para dimensionar las ideas a gran escala. Cuando te inspiras, sale a relucir tu talento para organizar eventos de gran tamaño y trabajar arduamente por una causa valiosa. A la larga, esto te permitirá obtener el reconocimiento que mereces.

Trabajo y vocación

Puesto que eres justo, es probable que sobresalgas en puestos de autoridad, ya que esta cualidad te hace un excelente director o administrador. El altruismo que te permite impulsar reformas sociales puede inspirarte a liderar organizaciones como sindicatos, grupos de padres de familia o instituciones benéficas. Si no eres propiamente un defensor de la libertad, quizá te atraiga la educación u otra forma de trabajo publico o social.

Tu facilidad innata para las finanzas y los valores te será de mucha utilidad en los negocios, donde prosperarás si aprovechas tus habilidades creativas, ya sea como vendedor de antigüedades, chef, empleado de restaurante, comerciante de arte o administrador. La necesidad de expresar tu individualidad y creatividad podría llevarte al mundo del arte y el entretenimiento.

Entre las personas famosas con quienes compartes cumpleaños están el actor Tom Cruise, el director de cine Ken Russell y el dramaturgo Tom Stoppard.

Numerología

Tener el número 3 en tu fecha de cumpleaños te convierte en una persona sensible, con la necesidad de externar su creatividad y sus emociones. Eres divertido y buena compañía, ya que disfrutas las actividades sociales amistosas y tienes intereses diversos. Aunque eres versátil, expresivo y necesitas vivir experiencias emocionantes y variadas, tu tendencia a aburrirte con facilidad puede volverte indeciso o demasiado disperso. A pesar de que, teniendo el número 3 por cumpleaños, eres artístico y encantador, y tienes un buen sentido del humor, es posible que debas fortalecer tu autoestima y superar tus inseguridades emocionales y la propensión a preocuparte en exceso. Las relaciones personales y una atmósfera amorosa son de suma importancia para ti, pues te proveen entusiasmo e inspiración. La subinfluencia del mes número 7 indica que, aunque eres analítico e intuitivo, en ocasiones también eres escéptico. Sueles tener facilidad de palabra y desarrollar el arte de hacer preguntas sutiles sin dejar que los demás sepan lo que piensas.

• *Cualidades positivas:* humor, felicidad, afabilidad, productividad, creatividad, veta artística, deseos vehementes, amor por la libertad, talento con las palabras.

• *Cualidades negativas:* aburrimiento, vanidad, imaginación demasiado activa, exageración, incapacidad para ser cariñoso, jactancioso, autocomplacencia, pereza, hipocresía.

Amor y relaciones

Te inclinas por personas creativas y comunicativas, y sueles encontrar a un nuevo amigo o amor cuando te sientes cómodo con la otra persona. Eres generoso, orgulloso y te gusta mostrar una apariencia segura e inteligente. Tus múltiples intereses te permitirán experimentar diferentes tipos de relaciones. Si te sientes inseguro en tu relación, es posible que los motivos de estrés se deban a tu indecisión y preocupaciones financieras. En algunas ocasiones, tu inquietud e incapacidad para sentar cabeza también son indicativas de cambios de opinión; sin embargo, una vez que elijes a una pareja estable eres leal y cariñoso.

• *Positiva:* fidelidad, responsabilidades importantes, alegría de vivir, amor por el emprendimiento, éxito, actividades creativas.

• *Negativa:* ansias de libertad a cualquier costo, abuso de poder y de posiciones de confianza.

ESE ALGUIEN ESPECIAL

Si deseas encontrar a tu pareja ideal, búscala entre personas nacidas en las siguientes fechas.

Amor y amistad: 13 y 29 de enero; 11, 27 y 29 de febrero; 9, 25 y 27 de marzo; 7, 23 y 25 de abril; 5, 21, 23 y 29 de mayo; 3, 19, 21, 27 y 30 de junio; 1, 17, 19, 25 y 28 de julio; 15, 17, 23 y 26 de agosto; 13, 15, 21 y 24 de septiembre; 11, 13, 19, 22 y 29 de octubre; 9, 11, 17, 20 y 27 de noviembre; 7, 9, 15, 18 y 25 de diciembre.

Buenas para ti: 11 de enero; 9 de febrero; 7 y 31 de marzo; 5 y 29 de abril; 3, 27 y 31 de mayo; 1, 25 y 29 de junio; 23, 27 y 31 de julio; 21, 25, 29 y 30 de agosto; 19, 23, 27 y 28 de septiembre; 17, 21, 25 y 26 de octubre; 15, 19, 23, 24 y 30 de noviembre; 13, 17, 21, 22 y 28 de diciembre.

Atracción fatal: 1, 2, 3, 4 y 12 de enero; 10 de febrero; 8 de marzo; 6 de abril; 4 de mayo; 2 de junio; 31 de diciembre.

Desafiantes: 10 de enero; 8 de febrero; 6 y 29 de marzo; 4 y 27 de abril; 2 y 25 de mayo; 23 de junio; 21 de julio; 19 de agosto; 17 de septiembre; 15 y 31 de octubre; 13, 29 y 30 de noviembre; 11, 27 y 28 de diciembre.

Almas gemelas: 18 y 24 de enero, 16 y 22 de febrero, 14 y 20 de marzo, 12 y 18 de abril, 10 y 16 de mayo, 8 y 14 de junio, 6 y 12 de julio, 4 y 10 de agosto, 2 y 8 de septiembre, 6 de octubre, 4 de noviembre, 2 de diciembre.

ESTRELLAS FIJAS

Sirius, Canopus

ESTRELLA PRINCIPAL

Nombre de la estrella: Sirius
Posición: 13° 6'–14° 2' de Cáncer, entre
   los años 1930 y 2000
Magnitud: 1
Fuerza: ★★★★★★★★★
Órbita: 2° 30'
Constelación: Can Mayor (Alpha Canis
   Majoris)
Días efectivos: 3, 4, 5, 6, 7 y 8 de julio
Propiedades de la estrella:
   interpretaciones variadas: Luna/
   Júpiter/Marte
Descripción: estrella binaria brillante,
   blanca y amarilla, ubicada en el
   hocico del Can Mayor, vinculada
   con el dios egipcio Osiris

INFLUENCIA DE
LA ESTRELLA PRINCIPAL

Sirius otorga una visión amplia y optimista de la vida, así como la capacidad de hacer amigos leales en posiciones de poder. Con su influencia, tendrás éxito y prosperidad, y podrás fungir como guardián u ocupar un puesto de custodia. Esta estrella puede traer consigo reconocimientos, riqueza y fama, así como oportunidades para ejercer el poder. También favorece el comportamiento rebelde, por lo que debes cuidarte de los peligros de emprender acciones prematuras.

Con respecto a tu grado del Sol, esta estrella supone éxito en los negocios, felicidad doméstica e inclinación hacia las artes, la astrología, la filosofía y la educación superior. Si recibes reconocimientos a temprana edad, quizá te tomen desprevenido y seas incapaz de

4 de julio

Esta fecha de nacimiento suele asociarse con éxito y tenacidad. Eres reservado y sensible, pero también tenaz y ambicioso, como otras personas nacidas bajo el signo de Cáncer. Si encuentras algo que te inspire de verdad, estás dispuesto a esforzarte por ello hasta alcanzar la fama y la prosperidad.

Tu carisma y encanto, aunado a tu cualidad jovial e infantil, son parte de tus atributos naturales. Aunque eres una persona entusiasta, ingeniosa y divertida, el lado más serio de tu naturaleza te impulsa a lograr cosas y ser ambicioso. Esta mezcla única de materialismo e idealismo solo es productiva cuando hay un propósito de por medio. Una vez que lo identifiques, de inmediato te transformarás en un individuo responsable y maduro.

Eres espontáneo por naturaleza, y tu amor por la libertad te llena de entusiasmo. Eres adaptable y sociable, y estás consciente de la imagen que proyectas, por lo que necesitas sentirte bien y verte bien arreglado, y para ello gastas dinero en ropa y bienes de lujo. Para saciar las ansias de emoción, variedad y estilo, necesitarás muchos recursos financieros que te permitan darte una buena vida. Aunque te gusta ser independiente, los esfuerzos colaborativos y las alianzas pueden traerte ganancias y éxito. Si adoptas una actitud responsable, por lo regular, harás contribuciones valiosas a tu equipo.

Hasta antes de los 18 años, es probable que te interesen cuestiones del hogar, la familia y la seguridad afectiva. Después de eso, cuando tu Sol progresado se desplace hacia Leo, te atraerán situaciones públicas en las que necesitarás ser fuerte y seguro de ti. Esta tendencia persiste hasta los 48 años, cuando habrá otro gran cambio de énfasis en tu vida, a medida que tu Sol progresado entre a Virgo. Esto resalta la importancia de las cuestiones prácticas, pues es probable que te vuelvas más analítico, observador y ordenado.

Tu yo secreto

Quizá te sientas entre la espada y la pared entre lo que te inspira y lo que te da dinero, lo cual suele generar tensiones internas. Aunque seas creativo y hábil, sin esfuerzo y tenacidad tus talentos no saldrán a relucir. Uno de los desafíos que deberás enfrentar será aprender a tomar las decisiones correctas. Puesto que tienes el don de la intuición y la perspicacia, te beneficiarás mucho si aprendes a escuchar tu voz interna.

Trabajo y vocación

En cuestiones profesionales, lo que más te satisfará será cualquier línea de trabajo que implique el trato con la gente. Tu carisma personal y habilidades de liderazgo y organizacionales son señal de tu potencial para llegar a la cima del campo que elijas. Las posibilidades de triunfar son mayores en sectores como las ventas, la negociación o la promoción. De igual modo, el mundo editorial, el derecho, las finanzas o la política serían ámbitos laborales adecuados para ti. Cualquier ocupación que implique cosas del hogar, comida o cuidados también podrían interesarte. Las ansias de expresión personal y al amor por el histrionismo te guiarán al mundo del arte y el entretenimiento. Aunque, por otro lado, la independencia y la ambición te impulsarán a trabajar por cuenta propia.

Entre las personas famosas con quienes compartes cumpleaños están la actriz Gina Lollobrigida y el escritor Nathaniel Hawthorne.

Numerología

Tu gran cantidad de energía, habilidades prácticas y voluntad férrea te ayudarán a alcanzar el éxito por medio del trabajo arduo. Con una fecha de nacimiento con el número 4, eres sensible a las formas y la composición, y eres capaz de crear sistemas prácticos. Enfocarte en tu seguridad hará que desees construir una base sólida para tu familia y para ti, así que aprovecha que tu visión pragmática de la vida te confiere un buen sentido de los negocios y la capacidad de alcanzar el éxito material. Con el número 4 en tu fecha de nacimiento, acostumbras ser honesto, franco y justo. No obstante, quizá debas aprender a ser más diplomático y a evitar ser terco o falto de tacto. La subinfluencia del mes número 7 indica que puedes ser idealista, intuitivo y dejarte inspirar por ideas nuevas. La combinación de modestia y seguridad en ti te insta a alcanzar una visión más equilibrada y a superar la tendencia a dejarte herir con facilidad por las críticas ajenas. Esta búsqueda de equilibrio también indica que tomas en cuenta cómo te sientes y qué piensas.

• *Cualidades positivas:* autodisciplina, estabilidad, trabajo arduo, organización, destreza, habilidades manuales, pragmatismo, confianza, exactitud.

• *Cualidades negativas:* inestabilidad, comportamientos destructivos, incapacidad para comunicarse, represión, rigidez, pereza, insensibilidad, avaricia, comportamiento controlador o dominante, resentimientos, rigor.

Amor y relaciones

Tienes un corazón jovial y eres una persona amistosa, sociable y con múltiples intereses. Aunque tienes muchos conocidos y haces amigos con facilidad, te inclinas más hacia personas exitosas y emprendedoras que están decididas a triunfar. Además, tienes excelentes oportunidades gracias a amigos y socios. Viajar es uno de tus pasatiempos favoritos. Recibirás ventajas a través del matrimonio o las alianzas comerciales, por lo que si tienes suficientes recursos financieros, estarás satisfecho y feliz. Sin embargo, date tiempo para elegir tus relaciones con cuidado; ya que de otro modo, podrían ser fugaces.

lidiar con el éxito. Esta estrella indica que eres confiable y, por ende, puedes custodiar las propiedades de otras personas.

• *Positiva:* fidelidad, responsabilidades importantes, alegría de vivir, amor por el emprendimiento, éxito, actividades creativas.

• *Negativa:* ansias de libertad a cualquier costo, abuso de poder y de posiciones de confianza.

ESE ALGUIEN ESPECIAL

Amor y amistad: 6, 8, 14, 23, 26 y 28 de enero; 4, 10, 12, 21, 24 y 26 de febrero; 2, 10, 12, 19, 22 y 24 de marzo; 8, 14, 17, 20 y 22 de abril; 6, 15, 16, 18 y 20 de mayo; 4, 13, 16 y 18 de junio; 2, 11, 14, 16 y 20 de julio; 9, 12, 14 y 22 de agosto; 7, 10, 12 y 24 de septiembre; 5, 8, 10 y 26 de octubre; 3, 6, 8 y 28 de noviembre; 1, 4, 6 y 30 de diciembre.

Buenas para ti: 9 y 12 de enero; 7 y 10 de febrero; 5 y 8 de marzo; 3 y 6 de abril; 1 y 4 de mayo; 2 y 30 de junio; 28 de julio; 26, 30 y 31 de agosto; 24, 28 y 29 de septiembre; 22, 26 y 27 de octubre; 20, 24 y 25 de noviembre; 18, 22, 23 y 29 de diciembre.

Atracción fatal: 1, 2, 3, 4 y 5 de enero.

Desafiantes: 11, 13 y 29 de enero; 9 y 11 de febrero; 7, 9 y 30 de marzo; 5, 7 y 28 de abril; 3, 5, 26 y 31 de mayo; 1, 3, 24 y 29 de junio; 1, 22 y 27 de julio; 20 y 25 de agosto; 18, 23 y 30 de septiembre; 16, 21 y 28 de octubre; 14, 19 y 26 de noviembre; 12, 17 y 24 de diciembre.

Almas gemelas: 12 y 29 de enero, 10 y 27 de febrero, 8 y 25 de marzo, 6 y 23 de abril, 4 y 21 de mayo, 2 y 19 de junio, 17 de julio, 15 de agosto, 13 de septiembre, 11 de octubre, 9 de noviembre, 7 de diciembre.

DECANATO: CÁNCER/ESCORPIÓN,
LUNA/MARTE
ÁNGULO: 12º 45'–14º DE CÁNCER
MODALIDAD: CARDINAL
ELEMENTO: AGUA

ESTRELLAS FIJAS

Sirius, Canopus

ESTRELLA PRINCIPAL

Nombre de la estrella: Sirius

Posición: 13º 6'–14º 2' de Cáncer, entre
los años 1930 y 2000

Magnitud: 1

Fuerza: ★★★★★★★★★

Órbita: 2º 30'

Constelación: Can Mayor (Alpha Canis
Majoris)

Días efectivos: 3, 4, 5, 6, 7 y 8 de julio

Propiedades de la estrella:
interpretaciones variadas: Luna/
Júpiter/Marte

Descripción: estrella binaria brillante,
blanca y amarilla, ubicada en el
hocico del Can Mayor, vinculada
con el dios egipcio Osiris

INFLUENCIA DE
LA ESTRELLA PRINCIPAL

Sirius otorga una visión amplia y optimista de la vida, así como la capacidad
de hacer amigos leales en posiciones de
poder. Con su influencia, tendrás éxito y
prosperidad, y podrás fungir como guardián u ocupar un puesto de custodia.
Esta estrella puede traer consigo reconocimientos, riqueza y fama, así como oportunidades para ejercer el poder. También
favorece el comportamiento rebelde, por
lo que debes cuidarte de los peligros de
emprender acciones prematuras.

Con respecto a tu grado del Sol,
esta estrella supone éxito en los negocios, felicidad doméstica e inclinación
hacia las artes, la astrología, la filosofía
y la educación superior. Si recibes reconocimientos a temprana edad, quizá te

5 de julio

♋ Eres optimista, aventurero y talentoso, y tu fecha de nacimiento revela que eres un Cáncer intuitivo con muchas ansias de lograr cosas en la vida. Aunque eres imaginativo y tienes habilidades prácticas, sin paciencia ni perseverancia muchas de tus ideas se quedarán en el tintero.

Tienes un excelente olfato para los negocios, por lo que podrías convertirte en un inversionista astuto que se involucre en empresas y especulaciones de gran tamaño. La subinfluencia de Cáncer, el regente de tu decanato, supone que con frecuencia buscas formas de transformar tu vida. También indica que debes superar la tendencia a sacar provecho de las situaciones. Por lo regular, crees que el dinero es poder pero, aunque muchas veces es cierto, si solo te fijas en los beneficios materiales perderás de vista el panorama completo de lo que en verdad vale la pena en la vida.

Aunque seas disciplinado y trabajador, tienes gustos costosos y tu sentido del valor está basado en gran medida en las cosas que adquieres. Como idealista práctico con habilidades de liderazgo, posees perspicacia y visión. Estas habilidades te permiten comercializar tus atributos por medio de la promoción personal. Por lo regular, sueñas en grande, así que, sin importar a qué te dediques, aspiras a hacerlo también en grande. No obstante, estas ansias de expansión son señal de que cierta inquietud o insatisfacción interna con tu situación actual te impulsarán a seguir avanzando.

Después de los 17 años, cuando tu Sol progresado se desplace hacia Leo, aumentarán tu poder, creatividad y confianza en ti mismo, y es probable que te vuelvas más aventurero. Para cuando tu Sol progresado se desplace hacia Virgo, a los 47 años, te volverás más prudente y eficiente. Existe la probabilidad de que te intereses cada vez más en cuestiones relacionadas con la salud y el servicio a los demás.

Tu yo secreto

Eres entusiasta y sensible, y tienes la perspicacia y capacidad necesarias para evaluar tu entorno al instante. Tu nobleza interna y sentido de la dignidad o el orgullo son señal de que te desagradan las tareas menores o el trabajo que no conlleve desafíos intelectuales. Sin duda alguna, esta capacidad mental superior es justo lo que te permite obtener reconocimiento y triunfar.

Aunque proyectes una imagen de confianza y autosuficiencia, solo a través de la educación y el aprendizaje podrás aprovechar tu potencial genuino. Por lo regular, eres generoso, amable, solidario y cariñoso. Tu capacidad para dimensionar el valor de la sabiduría te permitirá poner tus habilidades al servicio de proyectos humanitarios. Gracias a tus buenas habilidades organizacionales y el deseo de mantenerte ocupado, acostumbras tener una vida satisfactoria y llena de riquezas.

Trabajo y vocación

Tu talento natural para los negocios, astucia para las finanzas y capacidad de aprovechar tus encantos cuando es necesario te traerán muchas recompensas a nivel económico. Te inclinas por carreras orientadas al trato con el público, y tu renuencia a recibir órdenes suele impulsarte a ocupar puestos de autoridad. Tienes múltiples talentos y la capacidad de ser versátil, por lo que sobresaldrás en ocupaciones como vendedor, promotor o restaurantero. También serías igualmente exitoso como emprendedor, administrador, contador o banquero. Por otro lado, tus inclinaciones filosóficas podrían despertar tu interés en la clerecía o la metafísica. Debido a que eres bueno para delegar y una parte de tu naturaleza es altruista, podrían atraerte la enseñanza, la psicoterapia o algún otro trabajo que beneficie a más personas. Si tienes talentos creativos, es probable que te vuelvas escritor, actor, cineasta o músico.

Entre las personas famosas con quienes compartes cumpleaños están el director de cine Jean Cocteau, los músicos Robbie Robertson y Huey Lewis, el expresidente francés George Pompidou y el líder sufí Hazrat Inayat Khan.

Numerología

La disposición a explorar o probar cosas nuevas, así como tu entusiasmo para enfrentar el mundo, sugieren que la vida tiene mucho que ofrecerte. Los viajes y las múltiples oportunidades de cambio, algunas de ellas inesperadas, podrían conducir a una auténtica transformación de tus perspectivas y creencias. Al tener el número 5 por cumpleaños necesitas sentir que la vida es emocionante; no obstante, es posible que también debas desarrollar una actitud responsable y evitar la tendencia a ser impredecible e intranquilo. El talento natural de una persona con el número 5 es saber cómo dejarse llevar por la corriente y mantenerse desapegado. La subinfluencia del mes número 7 indica que eres inquisitivo, mentalmente ágil y pragmático. Sueles confiar en tu intuición y prefieres tomar decisiones por cuenta propia. Eres seguro de ti y de carácter fuerte, y necesitas sentir que tienes seguridad financiera. Además, te gusta recopilar información útil que después te sirva para cosas prácticas.

• *Cualidades positivas:* versatilidad, adaptabilidad, actitud progresista, instintos poderosos, magnetismo, suerte, audacia, amor por la libertad, ingenio, agilidad mental, curiosidad, misticismo, sociabilidad.

• *Cualidades negativas:* poca confiabilidad, volatilidad, inconstancia, exceso de confianza, obstinación.

Amor y relaciones

Eres sensible, intuitivo y apasionado, y sientes una necesidad intensa de expresar tus emociones con dramatismo. Eres amistoso y sociable, por lo que te parece importante ser popular. Además eres leal y generoso con tus seres queridos. Sin embargo, querer las mejores cosas de la vida también conlleva el riesgo de caer en autocomplacencias excesivas, sobre todo si estás intentando compensar carencias afectivas. Prefieres que te asocien con personas exitosas y poderosas, que son carismáticas e influyentes, o con cualquiera que pueda ayudarte a alcanzar el éxito.

tomen desprevenido y seas incapaz de lidiar con el éxito. Esta estrella indica que eres confiable y, por ende, puedes custodiar las propiedades de otras personas.

• *Positiva:* fidelidad, responsabilidades importantes, alegría de vivir, amor por el emprendimiento, éxito, actividades creativas.

• *Negativa:* ansias de libertad a cualquier costo, abuso de poder y de posiciones de confianza.

ESE ALGUIEN ESPECIAL

Amor y amistad: 6, 15, 29 y 31 de enero; 4, 13, 27 y 29 de febrero; 2, 11, 25 y 27 de marzo; 9, 23 y 25 de abril; 7, 21 y 23 de mayo; 5, 19 y 21 de junio; 3, 17, 19 y 30 de julio; 1, 15, 17 y 28 de agosto; 13, 15 y 26 de septiembre; 11, 13 y 24 de octubre; 9, 11 y 22 de noviembre; 7, 9 y 20 de diciembre.

Buenas para ti: 13, 15 y 19 de enero; 11, 13 y 17 de febrero; 9, 11 y 15 de marzo; 7, 9 y 13 de abril; 5, 7 y 11 de mayo; 3, 5 y 9 de junio; 1, 3, 7 y 29 de julio; 1, 5, 27 y 31 de agosto; 3, 25 y 29 de septiembre; 1, 23 y 27 de octubre; 21 y 25 de noviembre; 19 y 23 de diciembre.

Atracción fatal: 2, 3, 4, 5 y 6 de enero; 30 de mayo; 28 de junio; 26 de julio; 24 de agosto; 22 de septiembre; 20 de octubre; 18 de noviembre; 16 de diciembre.

Desafiantes: 12 de enero; 10 de febrero; 8 de marzo; 6 de abril; 4 de mayo; 2 de junio; 31 de agosto; 29 de septiembre; 27, 29 y 30 de octubre; 25, 27 y 28 de noviembre; 23, 25, 26 y 30 de diciembre.

Almas gemelas: 2 y 28 de enero, 26 de febrero, 24 de marzo, 22 de abril, 20 de mayo, 18 de junio, 16 de julio, 14 de agosto, 12 de septiembre, 10 de octubre, 8 de noviembre, 6 de diciembre.

SOL: CÁNCER
DECANATO: CÁNCER/ESCORPIÓN,
LUNA/MARTE
ÁNGULO: 13° 30'–15° 30' DE CÁNCER
MODALIDAD: CARDINAL
ELEMENTO: AGUA

ESTRELLAS FIJAS

Sirius, Canopus

ESTRELLA PRINCIPAL

Nombre de la estrella: Sirius

Posición: 13° 6'–14° 2' de Cáncer, entre los años 1930 y 2000

Magnitud: 1

Fuerza: ★★★★★★★★★

Órbita: 2° 30'

Constelación: Can Mayor (Alpha Canis Majoris)

Días efectivos: 3, 4, 5, 6, 7 y 8 de julio

Propiedades de la estrella:
interpretaciones variadas: Luna/ Júpiter/Marte

Descripción: estrella binaria brillante, blanca y amarilla, ubicada en el hocico del Can Mayor, vinculada con el dios egipcio Osiris

---

INFLUENCIA DE LA ESTRELLA PRINCIPAL

Sirius otorga una visión amplia y optimista de la vida, así como la capacidad de hacer amigos leales en posiciones de poder. Con su influencia, tendrás éxito y prosperidad, y podrás fungir como guardián u ocupar un puesto de custodia. También puede traer consigo reconocimientos, riqueza y fama, así como oportunidades para ejercer el poder. Además, favorece el comportamiento rebelde, por lo que debes cuidarte de los peligros de emprender acciones prematuras.

Con respecto a tu grado del Sol, esta estrella supone éxito en los negocios, felicidad doméstica e inclinación hacia las artes, la astrología, la filosofía y la educación superior. Si recibes reconocimientos a temprana edad, quizá te

6 de julio

♋ Algunas de las cualidades asociadas a esta fecha de nacimiento son generosidad, humanitarismo y amplitud de criterio. Sueles ser una persona feliz y liberal que atrae a sus pares y es popular. No obstante, tu éxito dependerá en gran medida de lo bien que administres tus recursos. Al haber nacido bajo el signo de Cáncer, eres sensible, idealista, intuitivo y sarcástico, y tienes un gran sentido del humor. Sin embargo, en ocasiones aparentas demasiada seriedad o nerviosismo, por lo que debes aprender a desapegarte.

La subinfluencia de Cáncer, el regente de tu decanato, indica que eres una persona tendiente a irse a los extremos. Si intentas resistir el impulso de ser impaciente o derrochador, disminuirán tus frustraciones y sentirás menos incertidumbre. Esto indica que, si desarrollas una actitud equilibrada y armoniosa ante la vida, evitarás muchos obstáculos y decepciones.

Adoptar una actitud responsable y aprender a valorar la suerte te inspirará a explorar tu potencial genuino. Aunque prefieres ver el panorama completo, el entusiasmo te hace olvidar los detalles pequeños pero vitales. Esto indica que si eres metódico y minucioso tendrás más probabilidades de triunfar.

El sentimentalismo dejará de ser un problema después de los 16 años, cuando tu Sol progresado se desplace hacia Leo. Esto te permitirá ser más audaz y seguro en todos los aspectos de tu vida. Después de los 46, cuando tu Sol progresado se desplace hacia Virgo, es probable que te vuelvas más preciso, prudente y consciente de tu salud.

Tu yo secreto

Aunque tienes valores sólidos, las ansias de disfrutar el presente y la insatisfacción causada por las limitaciones materiales pueden provocarte intranquilidad. Quizás ansíes viajar y explorar oportunidades nuevas si la situación en la que estás no te ofrece alternativas para progresar.

Eres orgulloso y teatral, y ser consciente de tu apariencia te hace querer proyectar una imagen favorable. Aunque tienes aptitudes para hacer dinero, el hecho de que seas generoso y compasivo implica que lo gastas más rápido de lo que lo produces. También indica que los altibajos financieros podrían frenar tus aspiraciones. Tu primera lección en el camino al éxito será aprender a administrar tus finanzas. Por otro lado, ser un buen emprendedor o luchar por una causa implica que tendrás oportunidades espectaculares, pues Dios actúa de formas misteriosas.

Trabajo y vocación

La combinación peculiar de sensibilidad y perspicacia intelectual te garantiza que, con disciplina y tenacidad, tendrás éxito en cualquier carrera que elijas. Gracias a tus habilidades de liderazgo, querrás ocupar posiciones de autoridad o al menos tener la libertad de trabajar a tu manera, ya sea en la enseñanza, la impartición de conferencias o el autoempleo. Ser un buen evaluador hará que tu lado más pragmático se incline hacia el sector de bienes raíces, financiero, empresarial o bursátil. Esta fecha de nacimiento también trae consigo potencial de éxito en el mundo del espectáculo y las artes. Por otro lado, con tu veta humanista, es posible que te atraigan profesiones como diseño de imagen, sanación de algún tipo o que desees contribuir con tu comunidad a través del trabajo filantrópico.

Entre las personas famosas con quienes compartes cumpleaños están el Dalái Lama, la ex primera dama estadounidense Nancy Reagan, la pintora Frida Kahlo, el músico Bill Haley y los actores Sylvester Stallone y Janet Leigh.

Numerología

Algunos de los atributos propios de la gente nacida en el día 6 son la compasión, el idealismo y la naturaleza atenta. Sueles ser visionario, humanitario, responsable, amoroso y comprensivo. Si bien puedes ser cosmopolita y estar enfocado en tu carrera, con un cumpleaños en el día 6, es más frecuente que tu orientación sea hacia la vida doméstica y hogareña, que seas una madre o un padre dedicado. Las personas más sensibles entre quienes nacieron en esta fecha deberán encontrar una forma de expresión creativa, pues se sienten atraídas por el mundo del entretenimiento, las artes y el diseño. Los retos para alguien nacido el día 6 pueden incluir desarrollar la confianza en sí mismo o proyectar mayor autoridad. La subinfluencia del mes número 7 indica que necesitas establecer un estilo único, independiente y original. Dado que sueles ser perfeccionista, también eres propenso a ser crítico; sin embargo, es recomendable que aprendas a ser menos dogmático o taciturno. Si te vuelves demasiado sensible a las críticas, te sentirás incomprendido.

• *Cualidades positivas:* cosmopolita, hermandad universal, afabilidad, compasión, confiabilidad, comprensión, empatía, idealismo, orientación hacia lo doméstico, humanismo, compostura, talento artístico, equilibrio.

• *Cualidades negativas:* insatisfacción, ansiedad, timidez, terquedad, franqueza excesiva, falta de armonía, irresponsabilidad, suspicacia, cinismo, egocentrismo.

Amor y relaciones

Te atraen personas que te estimulan a nivel mental, ya que siempre buscas actividades intelectuales. Tu ingenio ágil y buen sentido del humor te convierten en alguien divertido, lo que hace que la gente disfrute estar contigo. Aunque eres amistoso y sociable, cuando las inseguridades ocultas se revelan puedes volverte discutidor o pendenciero; esto puede causarte problemas en tus relaciones más cercanas. Sin embargo, tus habilidades comunicativas te permiten mitigarlos.

tomen desprevenido y seas incapaz de lidiar con el éxito. Esta estrella indica que eres confiable y, por ende, puedes custodiar las propiedades de otras personas.

• *Positiva:* fidelidad, responsabilidades importantes, alegría de vivir, amor por el emprendimiento, éxito, actividades creativas.

• *Negativa:* ansias de libertad a cualquier costo, abuso de poder y de posiciones de confianza.

ESE ALGUIEN ESPECIAL

Amor y amistad: 6 y 16 de enero; 4 y 14 de febrero; 2, 12, 28 y 30 de marzo; 10, 26 y 28 de abril; 8, 24, 26 y 30 de mayo; 6, 22, 24 y 28 de junio; 4, 20, 22, 26 y 31 de julio; 2, 18, 20, 24 y 29 de agosto; 16, 18, 22 y 27 de septiembre; 14, 16, 20 y 25 de octubre; 12, 14, 18 y 23 de noviembre; 10, 12, 16 y 21 de diciembre.

Buenas para ti: 9, 14 y 16 de enero; 7, 12 y 14 de febrero; 5, 10 y 12 de marzo; 3, 8 y 10 de abril; 1, 6 y 8 de mayo; 4 y 6 de junio; 2 y 4 de julio; 2 de agosto; 30 de septiembre; 28 de octubre; 26 y 30 de noviembre; 24, 28 y 29 de diciembre.

Atracción fatal: 3, 4, 5, 6, 7 y 21 de enero; 19 de febrero; 17 de marzo; 15 de abril; 13 de mayo; 11 de junio; 9 de julio; 7 de agosto; 5 de septiembre; 3 de octubre; 1 de noviembre.

Desafiantes: 4, 13 y 28 de enero; 2, 11 y 26 de febrero; 9 y 24 de marzo; 7 y 22 de abril; 5 y 20 de mayo; 3 y 18 de junio; 1 y 16 de julio; 14 de agosto; 12 de septiembre; 10 y 31 de octubre; 8 y 29 de noviembre; 6 y 27 de diciembre.

Almas gemelas: 15 y 22 de enero, 13 y 20 de febrero, 11 y 18 de marzo, 9 y 16 de abril, 7 y 14 de mayo, 5 y 12 de junio, 3 y 10 de julio, 1 y 8 de agosto, 6 de septiembre, 4 de octubre, 2 de noviembre.

ESTRELLAS FIJAS

Sirius, Canopus

ESTRELLA PRINCIPAL

Nombre de la estrella: Sirius

Posición: 13º 6'–14º 2' de Cáncer, entre los años 1930 y 2000

Magnitud: 1

Fuerza: ★★★★★★★★★

Órbita: 2º 30'

Constelación: Can Mayor (Alpha Canis Majoris)

Días efectivos: 3, 4, 5, 6, 7 y 8 de julio

Propiedades de la estrella:

interpretaciones variadas: Luna/ Júpiter/Marte

Descripción: estrella binaria brillante, blanca y amarilla, ubicada en el hocico del Can Mayor, vinculada con el dios egipcio Osiris

INFLUENCIA DE LA ESTRELLA PRINCIPAL

Sirius otorga una visión amplia y optimista de la vida, así como la capacidad de hacer amigos leales en posiciones de poder. Con su influencia, tendrás éxito y prosperidad, y podrás fungir como guardián u ocupar un puesto de custodia. Esta estrella puede traer consigo reconocimientos, riqueza y fama, así como oportunidades para ejercer el poder. También favorece el comportamiento rebelde, por lo que debes cuidarte de los peligros de emprender acciones prematuras.

Con respecto a tu grado del Sol, esta estrella supone éxito en los negocios, felicidad doméstica e inclinación hacia las artes, la astrología, la filosofía y la educación superior. Si recibes reconocimientos a temprana edad, quizá te tomen desprevenido y seas incapaz de

7 de julio

Algunas de las cualidades asociadas a tu fecha de nacimiento son fuerza de voluntad férrea, tenacidad y productividad. Eres intuitivo e imaginativo, como todo buen Cáncer; sin embargo, tu sentido de la valoración e inclinaciones materialistas indican que la seguridad financiera forma parte importante de tu plan global.

La subinfluencia de Escorpión, el regente de tu decanato, supone que te gusta ocupar posiciones influyentes, ostentar poder y tener el control. No obstante, debes evitar la tendencia a ser demasiado autoritario. Ser trabajador y enérgico, y tener buenas habilidades organizativas te brinda un buen olfato para los negocios y una visión pragmática de la vida. Aunque sueles tener posturas conservadoras y buenas cualidades morales, quieres tener éxito en lo material y lo social.

Puesto que ansías expresar tu individualidad, te disgusta recibir órdenes y acostumbras crear tu propio código de ética y moral; sin embargo, procura no volverte demasiado obstinado. Aprender a colaborar con otros traerá consigo experiencias gratificantes; si desarrollas tus habilidades diplomáticas, fortalecerás también tus poderes de persuasión.

Después de los 15 años, cuando tu Sol progresado se desplace hacia Leo, durante un periodo de tres décadas, serás más seguro en todos los aspectos de tu vida. A los 45 ocurrirá otro ajuste de prioridades, cuando tu Sol progresado entre a Virgo. Gracias a esta influencia te volverás más analítico y prudente. A los 75 años, cuando tu Sol progresado entre en Libra, es probable que anheles más armonía y belleza en el entorno.

Tu yo secreto

Eres un observador astuto, asimilas las cosas con rapidez y prestas atención a los detalles. Por lo regular, esto te ayuda a capitalizar tus talentos y hacer inversiones sabias. Entre tus talentos naturales están la perspicacia, la sabiduría y el conocimiento. Quizá debas aprender sobre disciplina para explotar al máximo tu potencial extraordinario. Aunque eres sumamente intuitivo, en ocasiones desconfías o te dejas llevar por la inseguridad personal. Sin embargo, por lo regular, disfrutas poner a prueba tu ingenio con otras personas para mantener tu mente bien aceitada.

Tu orgullo y sentido interno de la nobleza son indicios de que tienes poca tolerancia al fracaso. No obstante, a veces te vuelves demasiado obstinado y debes aprender a ser paciente y a escuchar los consejos de otros. Tu espontaneidad innata te impulsa a ser competitivo y te ayudará a materializar proyectos creativos.

Trabajo y vocación

Eres intuitivo, mentalmente ágil, trabajador y tienes las aptitudes necesarias para llegar a la cima del campo que elijas. Tu estilo franco y emprendedor es garantía de que no perderás el tiempo, sino que irás directo a perseguir tus objetivos. Te gustan el poder, el orden y la eficiencia, así que podrías tener éxito como organizador, ejecutivo o supervisor. También hay probabilidades de éxito en las ventas, la negociación o el mundo editorial. De igual modo, sobresaldrías en la publicidad, el derecho o las finanzas. Por otro lado, las ansias de expresión personal y tu histrionismo innato te inclinarán hacia el mundo del arte o del entretenimiento. Puesto que no te agrada recibir órdenes y eres independiente, quizá prefieras ser tu propio jefe o tener subordinados a los cuales delegarles responsabilidades.

Entre las personas famosas con quienes compartes cumpleaños están el pintor Marc Chagall, el compositor Gustav Mahler, el músico Ringo Starr, y la actriz Shelley Duvall.

Numerología

Como individuo que nació en un día número 7, eres analítico y reflexivo. Prefieres tomar tus propias decisiones y, con frecuencia, aprendes mejor mediante la experiencia. Tienes una necesidad constante de desarrollar tu autoconciencia. Disfrutas absorber información, por lo cual te pueden interesar la lectura, la escritura o la espiritualidad. En ocasiones, llegas a sentirte incomprendido y ser sensible a las críticas. Una tendencia a ser enigmático o reservado puede llevarte a desarrollar el arte de hacer preguntas sutiles, sin revelar tus propios pensamientos. La subinfluencia del mes número 7 indica que eres individualista y orgulloso. Aunque sueles ser práctico, trabajador e independiente, en algunas ocasiones te muestras impaciente y te aburres con facilidad. Sueles alternar entre dejarte engañar o impresionar, por un lado, y pensar de forma independiente y ser escéptico, por el otro. Las ansias de éxito y dinero a menudo te impulsan a aprender habilidades nuevas. Si desarrollas vías de comunicación con otras personas, podrás expresar tus pensamientos con más claridad y precisión.

• *Cualidades positivas:* confianza, meticulosidad, idealismo, honestidad, habilidades psíquicas, capacidades científicas, racionalidad, reflexión.

• *Cualidades negativas:* encubrimiento, engaño, tendencia a ser solitario, hermetismo, escepticismo, confusión, desapego.

Amor y relaciones

Aunque eres amistoso y sociable, también eres indeciso con respecto a las relaciones. Dado que atraes a potenciales parejas con facilidad, debes tener cuidado de no volverte demasiado exigente o hipersensible en lo que respecta a tu vida sentimental. Es probable que des todo por la persona a la que amas. Dedica tiempo a elegir a la pareja indicada. La música es útil para sanar cuando te sientes ansioso.

lidiar con el éxito. Esta estrella también indica que eres confiable y, por ende, puedes custodiar las propiedades de otras personas.

• *Positiva:* fidelidad, responsabilidades importantes, alegría de vivir, amor por el emprendimiento, éxito, actividades creativas.

• *Negativa:* ansias de libertad a cualquier costo, abuso de poder y de posiciones de confianza.

ESE ALGUIEN ESPECIAL

Será más probable que encuentres a tu pareja ideal entre personas nacidas en las siguientes fechas.

Amor y amistad: 7, 17 y 20 de enero; 5, 15 y 18 de febrero; 3, 13, 16, 29 y 31 de marzo; 1, 11, 14, 27 y 29 de abril; 9, 12, 25 y 27 de mayo; 7, 10, 23 y 25 de junio; 5, 8, 21 y 23 de julio; 3, 6, 19 y 21 de agosto; 1, 4, 17 y 19 de septiembre; 2, 15 y 17 de octubre; 13, 15 y 30 de noviembre; 11, 13 y 28 de diciembre.

Buenas para ti: 15, 17 y 28 de enero; 13, 15 y 26 de febrero; 11, 13 y 24 de marzo; 9, 11 y 22 de abril; 7, 9 y 20 de mayo; 5, 7 y 18 de junio; 3, 5 y 16 de julio; 1, 3 y 14 de agosto; 1 y 12 de septiembre; 10 y 29 de octubre; 8 y 27 de noviembre; 6 y 25 de diciembre.

Atracción fatal: 4, 5, 6, 7 y 8 de enero; 3 de febrero; 1 de marzo.

Desafiantes: 4, 5 y 14 de enero; 2, 3 y 12 de febrero; 1 y 10 de marzo; 8 y 30 de abril; 6 y 28 de mayo; 4 y 26 de junio; 2 y 24 de julio; 22 de agosto; 20 de septiembre; 18 de octubre; 16 de noviembre; 14 de diciembre.

Almas gemelas: 2 de enero, 29 de marzo, 27 de abril, 25 de mayo, 23 de junio, 21 de julio, 19 de agosto, 17 de septiembre, 15 de octubre, 13 de noviembre, 11 de diciembre.

ESTRELLAS FIJAS

Sirius, Canopus

ESTRELLA PRINCIPAL

Nombre de la estrella: Sirius

Posición: 13° 6'–14° 2' de Cáncer, entre los años 1930 y 2000

Magnitud: 1

Fuerza: ★★★★★★★★★

Órbita: 2° 30'

Constelación: Can Mayor (Alpha Canis Majoris)

Días efectivos: 3, 4, 5, 6, 7 y 8 de julio

Propiedades de la estrella: interpretaciones variadas: Luna/Júpiter/Marte

Descripción: estrella binaria brillante, blanca y amarilla, ubicada en el hocico del Can Mayor, vinculada con el dios egipcio Osiris

INFLUENCIA DE LA ESTRELLA PRINCIPAL

Sirius otorga una visión amplia y optimista de la vida, así como la capacidad de hacer amigos leales en posiciones de poder. Con su influencia, tendrás éxito y prosperidad, y podrás fungir como guardián u ocupar un puesto de custodia. Esta estrella puede traer consigo reconocimientos, riqueza y fama, así como oportunidades para ejercer el poder. También favorece el comportamiento rebelde, por lo que debes cuidarte de los peligros de emprender acciones prematuras.

Con respecto a tu grado del Sol, esta estrella supone éxito en los negocios, felicidad doméstica e inclinación hacia las artes, la astrología, la filosofía y la educación superior. Si recibes reconocimientos a temprana edad, quizá te tomen desprevenido y seas incapaz de

8 de julio

♋ Eres idealista y encantador, pero también pragmático y hábil. Tu fecha de nacimiento te caracteriza como un individuo receptivo y trabajador. Con frecuencia, tu naturaleza gentil y protectora oculta tu desazón mental y ambición. Como otros Cáncer, eres sensible y empático, por lo que percibes los problemas de los demás como si fueran tuyos. Quisieras proteger a la gente que quieres, pero debes evitar sacrificarte por los demás.

La subinfluencia del regente de tu decanato, Escorpión, indica que tienes una gran fortaleza interna y que, dado que perseveras, por lo regular, superas sin problema las crisis. Además de que eres perseverante, enfático y tienes habilidades organizacionales, posees buen olfato para los negocios y un enfoque pragmático. Aunque te gusta ostentar el poder y tener el control, el lado más amable y responsable de tu naturaleza evidencia lo afectuoso y solidario que eres.

El toque materialista asociado a tu fecha de nacimiento es señal de que la seguridad financiera puede ser un factor importante al momento de tomar decisiones. Aunque, por lo regular, tienes posturas conservadoras y buena moral, ansías triunfar a nivel material y social. Sin embargo, tu calidez y ansias de expresar tus emociones podrían impulsarte a priorizar tus talentos creativos.

Las cuestiones en torno a la sensibilidad y la seguridad tendrán una importancia sustancial hasta los 14 años, cuando tu Sol progresado se desplace hacia Leo. Es probable que entonces adquieras la fuerza para demostrar tus talentos y habilidades con mayor confianza. Después de los 44, cuando tu Sol progresado entre a Virgo, las consideraciones prácticas adquirirán más relevancia, con lo que es probable que mejoren tu eficiencia, tus capacidades y tus habilidades organizacionales. A los 74 años, cuando tu Sol progresado se desplace hacia Libra, habrá otro ajuste de prioridades que resaltará cuestiones de armonía, equilibrio y relaciones personales.

Tu yo secreto

A medida que aprendes a valorar tus emociones y reconoces que son igual de importantes que las necesidades ajenas, te vuelves más seguro de ti. Esto impide que te desilusionen o te frustren las personas o las situaciones, pues eres capaz de mantener una actitud amorosa pero también desapegada, para no apropiarte de las proyecciones o expectativas de los demás.

Aunque eres sociable y espontáneo, y tienes ideales elevados y una moral inquebrantable, también eres extremista. Esto implica que de un momento a otro pasas de ser relajado, generoso y espontáneo a ser crítico y serio. Si encuentras un equilibrio saludable entre lo material y lo espiritual, y dejas de necesitar la aprobación de terceros, es probable que la abundancia de tu amor interno te ayude a superar cualquier obstáculo.

Trabajo y vocación

Tu sociabilidad innata te permitirá tener éxito en cualquier carrera que implique trato con gente, sobre todo gracias a tu capacidad para mezclar los negocios con el placer. Tu histrionismo y tu deseo de expresarte te inclinarán hacia el arte, el teatro o la música. Aunque tienes buen olfato para los negocios, es probable que necesites tener suficiente libertad para trabajar a tu manera. Ser trabajador te permitirá ascender a posiciones de autoridad, aunque quizá prefieras laborar por cuenta propia. Gracias a tu veta solidaria y humanista, sobresaldrás en carreras como enseñanza, psicoterapia o trabajo con niños. Por otro lado, quizá te interese emplearte en algo que beneficie a tu comunidad.

Entre las personas famosas con quienes compartes cumpleaños están los actores Anjelica Huston y Kevin Bacon, el comediante Marty Feldman, la escritora Marianne Williamson y el industrial John D. Rockefeller.

Numerología

El número 8 denota que aspiras a conseguir grandes logros y que tienes una naturaleza ambiciosa. Tu fecha de cumpleaños esboza además tu deseo de control, seguridad y éxito material. Como una persona nacida bajo el número 8 tienes un talento natural para los negocios, lo que te beneficiará en gran medida si desarrollas tus habilidades organizativas y ejecutivas. Si estás dispuesto a trabajar duro, sueles recibir grandes responsabilidades. Es posible que debas aprender a administrarte o a delegar tu autoridad de forma justa y responsable. Tu necesidad de seguridad y estabilidad te insta a hacer planes e inversiones a largo plazo. La subinfluencia del mes número 7 indica que eres veloz, entusiasta y de personalidad carismática. Tus principales atributos son tus instintos afinados y la capacidad de aprender rápidamente a través de la combinación de teoría y práctica. Eres ambicioso, pero también inquieto e intuitivo a nivel emocional, por lo que eres capaz de reconocer las oportunidades cuando surgen; sin embargo, sin un plan pierdes el interés y las abandonas.

• *Cualidades positivas:* liderazgo, minuciosidad, trabajo arduo, tradición, protección, poder de sanación, talento para juzgar valores.

• *Cualidades negativas:* impaciencia, desperdicio, intolerancia, exceso de trabajo, sed de poder, tendencia a darte por vencido, falta de planeación, comportamiento controlador o dominante.

Amor y relaciones

Eres afectuoso y desinteresado, lo que implica que eres una pareja devota y un buen amigo para la gente a la que quieres y admiras. La necesidad de estabilidad indica que estás dispuesto a hacer grandes sacrificios por amor. Es habitual que termines con alguien de una generación o de un contexto distintos. Tu inclinación a la popularidad refleja que tienes un gran círculo de amigos y vínculos estrechos con otros miembros de tu familia.

lidiar con el éxito. Esta estrella también indica que eres confiable y, por ende, puedes custodiar las propiedades de otras personas.

• *Positiva:* fidelidad, responsabilidades importantes, alegría de vivir, amor por el emprendimiento, éxito, actividades creativas.

• *Negativa:* ansias de libertad a cualquier costo, abuso de poder y de posiciones de confianza.

ESE ALGUIEN ESPECIAL

Tendrás más probabilidades de encontrar a tu pareja ideal entre quienes nacieron en las siguientes fechas.

Amor y amistad: 4, 8, 18, 19 y 23 de enero; 2, 6, 16, 17 y 21 de febrero; 4, 14, 15, 19, 28 y 30 de marzo; 2, 12, 13, 17, 26, 28 y 30 de abril; 10, 11, 15, 24, 26 y 28 de mayo; 8, 9, 13, 22, 24 y 26 de junio; 6, 7, 11, 20, 22, 24 y 30 de julio; 4, 5, 9, 18, 20, 22 y 28 de agosto; 2, 3, 7, 16, 18, 20 y 26 de septiembre; 1, 5, 14, 16, 18 y 24 de octubre; 3, 12, 14, 16 y 22 de noviembre; 1, 10, 12, 14 y 20 de diciembre.

Buenas para ti: 5, 16 y 27 de enero; 3, 14 y 25 de febrero; 1, 12 y 23 de marzo; 10 y 21 de abril; 8 y 19 de mayo; 6 y 17 de junio; 4 y 15 de julio; 2 y 13 de agosto; 11 de septiembre; 9 y 30 de octubre; 7 y 28 de noviembre; 5, 26 y 30 de diciembre.

Atracción fatal: 5, 6, 7, 8, 9 y 17 de enero; 15 de febrero; 13 de marzo; 11 de abril; 9 de mayo; 7 de junio; 5 de julio; 3 de agosto; 1 de septiembre.

Desafiantes: 1, 10 y 15 de enero; 8 y 13 de febrero; 6 y 11 de marzo; 4 y 9 de abril; 2 y 7 de mayo; 5 de junio; 3 y 29 de julio; 1 y 27 de agosto; 25 de septiembre; 23 de octubre; 21 de noviembre; 19 y 29 de diciembre.

Almas gemelas: 30 de agosto, 28 de septiembre, 26 de octubre, 24 de noviembre, 22 de diciembre.

ESTRELLAS FIJAS

Canopus, Wasat

ESTRELLA PRINCIPAL

Nombre de la estrella: Canopus
Posición: 13° 58'–15° de Cáncer, entre los
años 1930 y 2000
Magnitud: 1
Fuerza: ★★★★★★★★★★
Órbita: 2° 30'
Constelación: Carina (Alpha Carinae)
Días efectivos: 4, 5, 6, 7, 8, 9 y 10 de julio
Propiedades de la estrella: Saturno/
Júpiter y Luna/Marte
Descripción: estrella blanca y amarilla
ubicada en uno de los remos del
navío Argo

INFLUENCIA DE
LA ESTRELLA PRINCIPAL

Canopus, el dios egipcio, patrón de los
navíos y los viajes, se vincula con esta
estrella, lo cual supone travesías posiblemente largas. Esta estrella imparte
una naturaleza amable, conservadurismo, astucia y éxito en logros educativos y académicos. Tienes la habilidad
para adquirir conocimiento amplio, y
para realizar trabajo comunitario. Canopus te advierte que debes tener cuidado en las relaciones familiares, los
conflictos domésticos y los pleitos con
tus padres.

Con respecto a tu grado del Sol,
esta estrella supone éxito en relaciones
públicas y logro de grandes objetivos. La
fama también está a tu alcance, pero no
siempre será duradera. Quizás se presenten algunas dificultades con amigos
y familiares, aunque siempre estarán ahí
para ayudarte.

9 de julio

Dado que eres carismático y sociable, tienes don de gentes y haces amigos
con facilidad. Aunque, por lo regular, eres extrovertido, tu fecha de nacimiento también te caracteriza como una persona sensible y con emociones
intensas. Gracias a tu perspicacia, intelecto, intuición y sentido de la justicia te gusta
decir lo que piensas y tienes convicciones fuertes. Cuando defiendes tus ideales y luchas
por los demás, sale a relucir tu naturaleza empática y compasiva.

La conciencia de tu sensibilidad y ansias de armonía te disuaden de alterar el orden. Ya sea en casa, con la familia o con amigos, en ocasiones te ves obligado a hacer
sacrificios sustanciales para complacerlos.

Si evitas guardar resentimientos, con el tiempo recibirás las recompensas de tus
buenas acciones. Cuídate de la tendencia a sufrir en silencio, pues provoca arrebatos emocionales. Es importante que construyas una base sólida en la vida y que progre-
ses de forma gradual, aunque quieras empezar a producir dinero antes de saber cuáles
son tus aptitudes reales.

Posees una imaginación fértil, por lo que te beneficiarás si canalizas tus pensamientos hacia emprendimientos constructivos en lugar de permitirles convertirse en
angustias y preocupaciones. En tus buenos momentos, te encanta la diversión, eres
generoso, sociable y tienes un gran sentido del humor.

Después de los 13 años, cuando tu Sol progresado entre al signo de Leo, empiezas
a afirmarte y desarrollas una mayor confianza para mostrar tus talentos y habilidades.
A los 43 años, cuando tu Sol progresado se desplace hacia Virgo, habrá un cambio de
prioridades y es probable que te vuelvas más prudente, pragmático y perfeccionista.
A los 73, cuando tu Sol progresado se desplace hacia Libra, la compañía y las relaciones
en general adquirirán mayor importancia en tu vida.

Tu yo secreto

Las dudas y frustraciones te impedirán concentrarte en tus metas positivas, pero si
perseveras fortalecerás tu voluntad. Esto te garantizará que no te dejes llevar por las
circunstancias, sino que tomarás las riendas. Si te motivas para sobresalir, te sorpren-
derá lo que eres capaz de lograr.

Gracias a que la sensibilidad e imaginación te permiten ponerte en el lugar de
otro, posees el don excepcional de entender a la humanidad. Sin embargo, será necesario complementarlo con tu propio estilo de expresión para desarrollar el poder y el
propósito que tanto necesitas. Ser creativo e intuitivo te permitirá encontrar múltiples
caminos para aprovechar tus talentos.

Trabajo y vocación

Tener don de gentes y empatía innata te vuelven idóneo para trabajos que requieran
trato con el público. Tu interés en la humanidad, la comunidad y las condiciones sociales podría inclinarte hacia profesiones médicas, el derecho, el trabajo social o la

psicoterapia. Esta fecha de nacimiento también indica posible éxito en ventas y promociones. Tu capacidad para expresarte te vendría bien si decides ser orador; este talento con las palabras podría inspirarte a ser escritor. Por otro lado, tu imaginación encontrará una caja de resonancia en los negocios o en emprendimientos artísticos como el teatro, el arte, el diseño o el mundo editorial. Tu lado creativo disfrutará mucho trabajar en cosas relacionadas con el hogar, como el diseño de interiores.

Entre las personas famosas con quienes compartes cumpleaños están los actores Tom Hanks y Richard Roundtree, el artista David Hockney, la escritora Barbara Cartland, el ex primer ministro británico Edward Heath y el inventor Nicola Tesla.

Numerología

Entre las características asociadas con haber nacido bajo el número 9 están la benevolencia, la amabilidad y el sentimentalismo. Tus habilidades intuitivas y psíquicas apuntan hacia una receptividad universal que, canalizada de forma positiva, te inspirará a buscar un camino espiritual. Con un cumpleaños con el número 9, sueles sentir que el sendero de tu vida ya está trazado y no tienes mucho espacio para maniobrar. Quizá debas trabajar en tu comprensión, tolerancia y paciencia, además de intentar ser más objetivo. Aprende a confiar en tus propios instintos y evita que la suerte te decepcione. Ser perseverante y mantener una actitud positiva te llevarán al éxito. La subinfluencia del mes número 7 indica que eres reservado, considerado, de naturaleza sensible y con ansias de realización personal. Como un individuo humanitario, en ocasiones experimentas tensiones internas al enfrentar fricciones entre la necesidad de expresión personal y las responsabilidades ante otros. Quizá debas encontrar el equilibrio entre ser demasiado seguro de ti mismo y ser inseguro y receloso.

• *Cualidades positivas:* idealismo, creatividad, sensibilidad, generosidad, magnetismo, naturaleza poética, caridad, naturaleza dadivosa, desapego, suerte, popularidad.

• *Cualidades negativas:* frustración, nerviosismo, fragmentación, incertidumbre, egoísmo, falta de practicidad, tendencia a dejarse llevar, preocupación, aislamiento.

Amor y relaciones

Eres un amigo leal y confiable. Tu encanto natural te vuelve popular en varios círculos sociales. Tener expectativas altas de las relaciones hace que les des mucho a tus seres queridos, pero también necesitas recibir amor y aprecio en reciprocidad. La capacidad de atraer personas de cualquier contexto trae consigo la necesidad de ejercer cierto tipo de discernimiento. Aunque las relaciones y el matrimonio son importantes para ti, la seguridad material es un requisito indispensable.

• *Positiva:* franqueza, compromiso, amor por los viajes, perseverancia, éxito en lo legal.

• *Negativa:* frustración, descontento, la mayoría de tus problemas son consecuencia de tus acciones, implicación en demandas jurídicas.

ESE ALGUIEN ESPECIAL

Si deseas amor y felicidad, busca a una pareja entre quienes nacieron en las siguientes fechas.

Amor y amistad: 5, 9, 18 y 19 de enero; 3, 7, 16 y 17 de febrero; 1, 5, 14, 15 y 31 de marzo; 3, 12, 13 y 29 de abril; 1, 10, 11, 27 y 29 de mayo; 8, 9, 25 y 27 de junio; 6, 7, 23, 25 y 31 de julio; 4, 5, 21, 23 y 29 de agosto; 2, 3, 19, 21, 27 y 30 de septiembre; 1, 17, 19, 25 y 28 de octubre; 13, 15, 21 y 24 de diciembre.

Buenas para ti: 1, 6 y 17 de enero; 4 y 15 de febrero; 2 y 13 de marzo; 11 de abril; 9 de mayo; 7 de junio; 5 de julio; 3 de agosto; 1 de septiembre; 31 de octubre; 29 de noviembre; 27 de diciembre.

Atracción fatal: 6, 7, 8 y 9 de enero.

Desafiantes: 2 y 16 de enero, 14 de febrero, 12 de marzo, 10 de abril, 8 de mayo, 6 de junio, 4 de julio, 2 de agosto, 30 de diciembre.

Almas gemelas: 11 y 31 de enero, 9 y 29 de febrero, 7 y 27 de marzo, 5 y 25 de abril, 3 y 23 de mayo, 1 y 21 de junio, 19 de julio, 17 de agosto, 15 de septiembre, 13 de octubre, 11 de noviembre, 9 de diciembre.

ESTRELLAS FIJAS

Canopus, Wasat, Propus, Cástor

ESTRELLA PRINCIPAL

Nombre de la estrella: Canopus
Posición: 13° 58'–15° de Cáncer, entre los
años 1930 y 2000
Magnitud: 1
Fuerza: ★★★★★★★★★
Órbita: 2° 30'
Constelación: Carina (Alpha Carinae)
Días efectivos: 4, 5, 6, 7, 8, 9 y 10 de julio
Propiedades de la estrella: Saturno/
Júpiter y Luna/Marte
Descripción: estrella blanca y amarilla
ubicada en uno de los remos del
navío Argo

INFLUENCIA DE
LA ESTRELLA PRINCIPAL

Canopus, el dios egipcio, patrón de los
navíos y los viajes, se vincula con esta
estrella, lo cual supone travesías posiblemente largas. Esta estrella imparte una
naturaleza amable, conservadurismo, astucia, éxito en logros educativos y académicos y con habilidad para adquirir
conocimiento amplio, así como realizar
trabajo comunitario. Canopus te advierte
que debes tener cuidado en las relaciones familiares, los conflictos domésticos
y los pleitos con tus padres.

Con respecto a tu grado del Sol,
esta estrella supone éxito en relaciones
públicas y logro de grandes objetivos. La
fama también está a tu alcance, pero no
siempre será duradera. Quizás se presenten algunas dificultades con amigos
y familiares, aunque siempre estarán ahí
para ayudarte.

• *Positiva:* franqueza, compromiso,
amor por los viajes, perseverancia.

10 de julio

♋ Haber nacido bajo el signo de Cáncer te caracteriza como un individuo ambicioso e incansable, pero también reflexivo y reservado, con una personalidad
dinámica. La vida ha preparado grandes cosas para ti, pues es probable que
ansíes tener muchas experiencias distintas antes de sentar cabeza.

La motivación y la perseverancia te resultarán esenciales para triunfar. Gracias a
la subinfluencia del regente de tu decanato, Escorpión, posees una gran determinación
y empuje. No obstante, existe la posibilidad de que al buscar mejores prospectos dejes
de lado tu vida anterior y pases página para empezar de cero. Esta inquietud inherente
indica que debes mantenerte activo y buscar variedad para evitar la monotonía. Los
planes a largo plazo y las inversiones te darán tranquilidad y seguridad.

Eres individualista y astuto; aprendes rápidamente a través de la experiencia directa. También eres versátil y tienes un gran corazón. Tu intuición, que misteriosamente
casi nunca se equivoca, te ayudará a evaluar posibilidades nuevas. La confianza en ti
mismo y las ansias de libertad, por lo regular, vienen de la mano con oportunidades
laborales en el extranjero o viajes. Si mantienes la mente abierta y eres optimista, descubrirás que, aunque no triunfes a la primera, siempre puedes volverlo a intentar en
otro lugar.

Cuando tu Sol progresado se desplace hacia Leo, al cumplir 12 años, aumentarán tu fuerza y creatividad, y te permitirán mostrarte más seguro al interactuar con
otras personas. A los 42 años, cuando tu Sol progresado se desplace hacia Virgo, te
volverás más práctico y analítico, y más ordenado y selectivo con tus actividades. A los
72 años, cuando tu Sol progresado entre a Libra, cambiarás tu visión y empezarás a
interesarte más en las relaciones. Es posible que también busques mayor armonía y
equilibrio, y que desarrolles tu lado artístico e intereses literarios.

Tu yo secreto

Tienes múltiples talentos y eres adaptable, además de que aprendes con rapidez. Sin
embargo, a veces pierdes la confianza en ti mismo o dudas de poder triunfar. Invariablemente son temores infundados, pues posees un espíritu creativo y la capacidad de
valorar la vida desde una perspectiva amplia y desapegada. Este lado más humanista
de tu naturaleza es capaz de ver más allá de los problemas actuales para enfocarse en
un panorama más universal.

Puesto que te cuesta trabajo asumir que las responsabilidades pueden traer consigo
recompensas sustanciales, tendrás que encontrar proyectos o emprendimientos que
te interesen genuinamente. Si la incertidumbre financiera te provoca preocupaciones
o frustraciones innecesarias, recuerda que suele ser consecuencia de tu impaciencia
innata. Evita el camino de la satisfacción inmediata y opta por el largo sendero de la
construcción de un futuro seguro y libre de angustias.

Trabajo y vocación

Tu aptitud natural para tratar con la gente será tu mejor atributo para triunfar en lo profesional. Aunque sientes un fuerte apego por el hogar y sus comodidades, las ansias de variedad te harán elegir una carrera que no sea rutinaria. Lo ideal sería que aproveches tanto tu sentido práctico como tu imaginación; por ejemplo, como actor, fotógrafo, artista o músico. Cambiarás el rumbo si la carrera elegida no trae consigo recompensas financieras casi inmediatas. Es posible también que te atraigan trabajos que requieran viajar. Por otro lado, el mundo de la sanación y la psicoterapia te resultan igualmente atractivos porque te permitirían trabajar de forma intuitiva. Finalmente, las ansias de estar en movimiento podrían empujarte al mundo de los deportes.

Entre las personas famosas con quienes compartes cumpleaños están el escritor Marcel Proust, la actriz Sofia Vergara, los pintores Camille Pissarro y Giorgio de Chirico, el teólogo Juan Calvino, y los tenistas Virginia Wade y Arthur Ashe.

Numerología

Por lo general, tienes una poderosa necesidad de establecer tu identidad. El número 10 sugiere que puedes ser innovador, seguro de ti mismo y ambicioso. Con frecuencia, eres enérgico, original y defiendes tus creencias, aun cuando sean distintas a las de los demás. Tu capacidad de iniciar proyectos por cuenta propia y tu espíritu pionero te animan a viajar por territorios inexplorados y a triunfar o fracasar por ti mismo. Con un cumpleaños con el número 10, quizá también tengas que entender que no eres el centro del universo, y deberías cuidarte de ser egoísta y dictatorial. El éxito y los logros son importantes para ti, por lo que encontrarás la manera de llegar a la cima de tu profesión. Ya que esto conlleva que trabajes con asuntos mayores, es probable que carezcas de inclinaciones domésticas. La subinfluencia del mes número 7 indica que eres inquisitivo y considerado; sin embargo, dado que prefieres tomar tus propias decisiones, no toleras la interferencia. Aprendes mejor a través de la experiencia personal; además, descubrirás que la clave del éxito radica en responsabilizarse y ser maduro.

• *Cualidades positivas:* liderazgo, creatividad, naturaleza progresista, vigor, optimismo, convicciones firmes, competitividad, independencia, sociabilidad.

• *Cualidades negativas:* autoritarismo, celos, egoísmo, orgullo, antagonismo, descontrol, egoísmo, debilidad, vacilación, impaciencia.

Amor y relaciones

Ser sensible, amistoso e inteligente hace que prefieras la compañía de personas que te estimulen a nivel intelectual. Sueles sentir atracción por individuos enérgicos que tienen claro lo que piensan y que son independientes o ambiciosos. En ocasiones, eres reservado y te gusta aparentar inteligencia. Eres observador y consciente, pero aun así debes evitar ser crítico o prejuicioso si quieres que las relaciones duren.

• *Negativa:* frustración, descontento, la mayoría de tus problemas son consecuencia de tus acciones, implicación en demandas jurídicas.

ESE ALGUIEN ESPECIAL

Si buscas a tu pareja ideal, encontrarás mayor estabilidad en el amor y la amistad con alguien que haya nacido en las siguientes fechas.

Amor y amistad: 6, 10, 20 y 29 de enero; 4, 8, 18 y 27 de febrero; 2, 6, 16, 25, 28 y 30 de marzo; 4, 14, 23, 26, 28 y 30 de abril; 2, 12, 21, 24, 26, 28 y 30 de mayo; 10, 19, 22, 24, 26 y 28 de junio; 8, 17, 20, 22, 24 y 26 de julio; 6, 15, 18, 20, 22 y 24 de agosto; 4, 13, 16, 18, 20 y 22 de septiembre; 2, 11, 14, 16, 18 y 20 de octubre; 9, 12, 14, 16 y 18 de noviembre; 7, 10, 12, 14 y 16 de diciembre.

Buenas para ti: 7, 13, 18 y 28 de enero; 5, 11, 16 y 26 de febrero; 3, 9, 14 y 24 de marzo; 1, 7, 12 y 22 de abril; 5, 10 y 20 de mayo; 3, 8 y 18 de junio; 1, 6 y 16 de julio; 4 y 14 de agosto; 2, 12 y 30 de septiembre; 10 y 28 de octubre; 8, 26 y 30 de noviembre; 6, 24 y 28 de diciembre.

Atracción fatal: 7, 8, 9, 10 y 25 de enero; 23 de febrero; 21 de marzo; 19 de abril; 17 de mayo; 15 de junio; 13 de julio; 11 de agosto; 9 de septiembre; 7 de octubre; 5 de noviembre; 3 de diciembre.

Desafiantes: 3 y 17 de enero; 1 y 15 de febrero; 13 de marzo; 11 de abril; 9 y 30 de mayo; 7 y 28 de junio; 5, 26 y 29 de julio; 3, 24 y 27 de agosto; 1, 22 y 25 de septiembre; 20 y 23 de octubre; 18 y 21 de noviembre; 16 y 19 de diciembre.

Almas gemelas: 18 de enero, 16 de febrero, 14 de marzo, 12 de abril, 10 y 29 de mayo, 8 y 27 de junio, 6 y 25 de julio, 4 y 23 de agosto, 2 y 21 de septiembre, 19 de octubre, 17 de noviembre, 15 de diciembre.

ESTRELLAS FIJAS

Cástor, Wasat, Propus

ESTRELLA PRINCIPAL

Nombre de la estrella: Cástor

Posición: 19° 16'–20° 13' de Cáncer, entre los años 1930 y 2000

Magnitud: 2

Fuerza: ********

Órbita: 2° 10'

Constelación: Géminis (Alpha Gemini)

Días efectivos: 10, 11, 12, 13, 14 y 15 de julio

Propiedades de la estrella: influencias variadas de Mercurio, Venus, Marte y Júpiter

Descripción: estrella binaria blanca, brillante y pálida, ubicada en la cabeza del gemelo del norte

INFLUENCIA DE LA ESTRELLA PRINCIPAL

La influencia de Cástor confiere agilidad mental y agudeza intelectual. Esta estrella indica circunstancias inestables en las que se alternan ganancias y pérdidas, así como golpes repentinos de suerte seguidos de caídas.

Con respecto a tu grado del Sol, Cástor otorga una personalidad enérgica, mucho ingenio y talento para la sátira, pero también tendencia al cinismo. Confiere gusto por la escritura y habilidades para comunicarse de forma eficaz. Es probable que te interesen las relaciones públicas y que elijas una carrera en los medios. También brinda oportunidades en relaciones internacionales, así como buena intuición y talento para los estudios metafísicos.

• *Positiva:* ascensos repentinos de estatus y golpes de suerte, inteligencia aguda, habilidades creativas.

11 de julio

Esta fecha de nacimiento se asocia con habilidades prácticas, productividad y deseo de seguridad. Como buen Cáncer, eres sensible, imaginativo y posees una personalidad firme y tenaz. Eres receptivo y sensible a las formas y las estructuras, lo que te permite combinar tus habilidades prácticas con tu talento artístico. Gracias a tu capacidad para crear sistemas funcionales, desarrollarás habilidades técnicas, organizacionales y de negocios que posees por naturaleza.

La subinfluencia de Escorpión, el regente de tu decanato, indica que, aunque eres sensible y práctico, tienes que aprender a confiar en tus instintos y en las primeras impresiones, además de reconocer tu gran fortaleza interior. Tu visión eficiente y realista es reflejo de tu actitud franca y directa; sin embargo, evita ser demasiado impaciente u obstinado.

Aunque, por lo regular, tienes la fortuna de estar en una posición financiera privilegiada, si acaso experimentas problemas de dinero, no suelen durar demasiado. A pesar de tener prospectos financieros favorables, el énfasis en el trabajo implica que, a través de la perseverancia y los esfuerzos precisos, podrás aprovechar las múltiples oportunidades que se te presenten.

Eres capaz de hacer bien tu trabajo y te enorgulleces de él. Ser perfeccionista te vuelve ahorrativo y te infunde un gran sentido del deber. Sin embargo, a veces ese mismo sentido del deber se impone sobre las inclinaciones del corazón. Muchas cosas dependerán de tu capacidad para ejercer el autocontrol.

A los 11 años, tu Sol progresado se desplazará hacia Leo por un periodo de tres décadas. Con esta influencia, desarrollarás poco a poco más creatividad y confianza en ti mismo. Después de los 41, cuando tu Sol progresado se desplace hacia Virgo, es probable que te vuelvas más paciente y analítico. Esto incluirá brindar ayuda práctica a otros. A los 71 habrá otro punto de inflexión, cuando tu Sol progresado se desplace hacia Libra. Esta influencia resaltará la importancia de todas las relaciones y fomentará un mayor interés en la armonía y la belleza.

Tu yo secreto

Aunque uno de tus principales objetivos sea tener estabilidad, cierta inquietud afectiva interna te impulsará a buscar prospectos y oportunidades nuevas. Para sobreponerte a la insatisfacción que pueda provocarte tu situación, desarrolla paciencia y busca la armonía en tu interior. Si pasas por alto esta necesidad de acción y aventura, terminarás evadiéndote para compensarla.

Aparecerán oportunidades laborales repentinas que quizá requieran cambios de domicilio o viajes a lugares nuevos. Como eres perfeccionista y posees múltiples talentos, tu versatilidad te permitirá aprovechar tus habilidades y producir trabajo de excelente calidad en la profesión que elijas. Gracias a tus instintos poderosos, sueles combinar con éxito la intuición con el razonamiento en tu vida cotidiana.

Trabajo y vocación

Eres imaginativo y práctico, pero necesitas un plan para materializar tus sueños. En los negocios, eres particularmente apto para lidiar con dinero ajeno a través de las finanzas, el derecho o las transacciones internacionales. De igual modo, podrías triunfar en las ventas, sobre todo si se trata de artículos para el hogar, mientras que tu interés en la gente te ayudaría a sobresalir en promociones y relaciones públicas. Es probable que también tengas habilidades manuales, que te servirían en los ámbitos de la artesanía, la carpintería o la cocina. El que seas sensible, creativo y consciente de tu imagen hará que prefieras hacer carrera en el arte, el diseño, la música o el teatro. Además, esta fecha de nacimiento suele traer consigo buenas oportunidades en emprendimientos financieros.

Entre las personas famosas con quienes compartes cumpleaños están los actores Yul Brynner y Sela Ward, el diseñador de modas Giorgio Armani y el expresidente estadounidense John Quincy Adams.

Numerología

La vibración especial del 11, número maestro en tu fecha de nacimiento, sugiere que el idealismo, la inspiración y la innovación son importantísimos para ti. Si bien tienes poderes de intuición, es posible que malgastes tus energías y necesites encontrar una meta en la cual enfocarte. Sueles estar conectado con el mundo y posees una gran vitalidad, pero por esa misma razón debes evitar ser demasiado ansioso o impráctico. La combinación de humildad y seguridad en ti mismo te desafía a esforzarte por alcanzar el balance entre lo material y espiritual de tu ser. La subinfluencia del mes número 7 indica que, aunque eres reservado, también eres tenaz y ambicioso, y posees una mente activa. Quizá debas desarrollar empatía, tolerancia, paciencia y objetividad. Con frecuencia ansías poder y reconocimiento, pero necesitas desarrollar tus habilidades analíticas.

• *Cualidades positivas:* equilibrio, concentración, objetividad, entusiasmo, inspiración, espiritualidad, idealismo, inteligencia, extroversión, inventiva, talento artístico, humanitarismo, habilidad psíquica.

• *Cualidades negativas:* complejo de superioridad, falta de claridad y dirección, hipersensibilidad, susceptibilidad, nerviosismo, egoísmo, actitud dominante.

Amor y relaciones

Eres romántico y sensible, y tienes mucho amor que dar. Si tus emociones intensas no encuentran un canal de expresión positivo, podrías ser víctima de tu volubilidad. Ser idealista e imaginativo hace que suelas buscar una pareja devota y tengas expectativas altas del amor. La inquietud asociada a tu fecha de cumpleaños surgirá si estás demasiado limitado, por lo que es requisito indispensable que te mantengas activo para encontrar la felicidad y la satisfacción emocional.

• *Negativa:* fama demasiado costosa, autosacrificio.

ESE ALGUIEN ESPECIAL

Será más probable que encuentres a tu pareja ideal entre personas nacidas en las siguientes fechas.

Amor y amistad: 7, 11 y 22 de enero; 5, 9 y 20 de febrero; 3, 7, 18 y 31 de marzo; 1, 5, 16 y 29 de abril; 3, 14, 27 y 29 de mayo; 1, 12, 25 y 27 de junio; 10, 23 y 25 de julio; 8, 21, 23 y 31 de agosto; 6, 19, 21 y 29 de septiembre; 4, 17, 19, 27 y 30 de octubre; 2, 15, 17, 25 y 28 de noviembre; 13, 15, 23 y 26 de diciembre.

Buenas para ti: 8, 14 y 19 de enero; 6, 12 y 17 de febrero; 4, 10 y 15 de marzo; 2, 8 y 13 de abril; 6 y 11 de mayo; 4 y 9 de junio; 2 y 7 de julio; 5 de agosto; 3 de septiembre; 1 y 29 de octubre; 27 de noviembre; 25 y 29 de diciembre.

Atracción fatal: 8, 9, 10 y 11 de enero.

Desafiantes: 9, 18 y 20 de enero; 7, 16 y 18 de febrero; 5, 14 y 16 de marzo; 3, 12 y 14 de abril; 1, 10 y 12 de mayo; 8 y 10 de junio; 6, 8 y 29 de julio; 4, 6 y 27 de agosto; 2, 4 y 25 de septiembre; 2 y 23 de octubre; 21 de noviembre; 19 de diciembre.

Almas gemelas: 9 de enero, 7 de febrero, 5 de marzo, 3 de abril, 1 de mayo, 30 de octubre, 28 de noviembre, 26 de diciembre.

ESTRELLAS FIJAS

Cástor, Wasat, Propus

ESTRELLA PRINCIPAL

Nombre de la estrella: Cástor

Posición: 19º 16'–20º 13' de Cáncer, entre los años 1930 y 2000

Magnitud: 2

Fuerza: ★★★★★★★★

Órbita: 2º 10'

Constelación: Géminis (Alpha Gemini)

Días efectivos: 10, 11, 12, 13, 14 y 15 de julio

Propiedades de la estrella: influencias variadas de Mercurio, Venus, Marte y Júpiter

Descripción: estrella binaria blanca, brillante y pálida, ubicada en la cabeza del gemelo del norte

INFLUENCIA DE LA ESTRELLA PRINCIPAL

La influencia de Cástor confiere agilidad mental y agudeza intelectual. Esta estrella indica circunstancias inestables en las que se alternan ganancias y pérdidas, así como golpes repentinos de suerte seguidos de caídas.

Con respecto a tu grado del Sol, Cástor otorga una personalidad enérgica, mucho ingenio y talento para la sátira, pero también tendencia al cinismo. Otorga el gusto por la escritura y habilidades para comunicarse de forma eficaz. Es probable que te interesen las relaciones públicas y que elijas una carrera en los medios. También brinda oportunidades en relaciones internacionales, así como buena intuición y talento para los estudios metafísicos.

• *Positiva:* ascensos repentinos de estatus y golpes de suerte, inteligencia aguda, habilidades creativas.

12 de julio

Algunas de las cualidades propias de esta fecha de nacimiento son la creatividad, el espíritu emprendedor, las habilidades prácticas y la perspicacia intuitiva. Al haber nacido bajo el signo de Cáncer, eres imaginativo e idealista, aunque tu sentido natural de los negocios y capacidad para dar puntos de vista diferentes y originales suelen indicar que eres un pensador objetivo. Sin embargo, tu tendencia a ser indeciso e impredecible puede poner en jaque esta objetividad.

La subinfluencia de Piscis, el regente de tu decanato, contribuye a tu receptividad y te ayuda a absorber con facilidad la atmósfera que te rodea. Esta influencia también te hace propenso a cambios de ánimo, por lo que necesitas construir un entorno armonioso.

En demasiadas ocasiones, las preocupaciones y angustias relativas a cuestiones de dinero entorpecen tu capacidad de resolver problemas y encontrar soluciones simples. Aun así, tus excelentes ideas y visión optimista suelen darte el empujón definitivo en circunstancias que requieren originalidad.

Al ser perfeccionista, tu meticulosidad y capacidad de concentración te permiten aprehender ideas y métodos con rapidez, y gracias a tus habilidades de comunicación te proyectas como una persona simpática y relajada.

Tener una filosofía de vida positiva será esencial para tu bienestar. Si evitas el pesimismo podrás concentrarte en lo que te compete en el momento, en lugar de desperdigar tus energías por impaciencia y nerviosismo.

Después de los 10 años, cuando tu Sol progresado se desplace hacia Leo, tendrás más oportunidades de desarrollar fortaleza, creatividad y mecanismos de expresión personal. Tu confianza seguirá creciendo hasta poco después de los 40, cuando tu Sol progresado entre a Virgo. A partir de entonces, te volverás más pragmático y prudente. A los 70, cuando tu Sol progresado entre en Libra, habrá otro punto de inflexión tras el cual tu interés se desplazará hacia las relaciones, la armonía y el equilibrio.

Tu yo secreto

Muchos de tus proyectos se enfocan en el hogar y sus responsabilidades, y este sentido de familia podría extenderse incluso al planeta entero, dado que eres humanitario por naturaleza. Sientes las cosas con agudeza e intensidad y, por lo regular, generas ideas capaces de brindar armonía al caos. En ocasiones, sentirás que es difícil alcanzar tus objetivos, pero posees la dedicación y capacidades para lograr cosas sobresalientes.

Por dentro eres sumamente sensible y vulnerable, aunque por fuera aparentes confianza y tenacidad. La búsqueda de paz mental podría inclinarte hacia el estudio de la metafísica o de la espiritualidad como mecanismo para desarrollar serenidad interna. Por otro lado, también eres sumamente creativo y tienes muchas ansias de expresar tus emociones. Tu moral inquebrantable te vuelve solidario y te impulsa a luchar por causas en las que crees.

Trabajo y vocación

Posees un enfoque creativo que se manifiesta a través de la escritura o de las artes; sin embargo, debido a que eres sociable por naturaleza, esto se refleja en los negocios. Tus aptitudes y astucia financieras te inclinarán a desempeñarte en el sector bancario o de bienes raíces, y tu mente extraordinaria y grandes habilidades comunicativas te brindarán un extraordinario potencial para lograr lo que te propongas. No obstante, procura no desperdiciar la energía y supera la tendencia a dudar de ti mismo. Ciertas inclinaciones filosóficas o humanitarias encontrarán cabida en ocupaciones como la clerecía o la filantropía. Si no optas por cambiar de carrera en algún momento, es probable que siempre estés buscando formas de transformar o mejorar la forma en que trabajas.

Entre las personas famosas con quienes compartes cumpleaños están el poeta chileno Pablo Neruda, el boxeador Julio Cesar Chavez, el artista Amedeo Modigliani y el inventor y teórico Buckminster Fuller.

Numerología

Un cumpleaños en el día 12 sugiere deseo de establecer una verdadera individualidad. Eres intuitivo, servicial, amigable y tienes una excelente capacidad de razonamiento. Sabes como aprovechar tu buen tacto y capacidades de cooperación para alcanzar tus metas y objetivos debido a que eres innovador, comprensivo y sensible por naturaleza. A los ojos de los demás puedes parecer seguro de ti mismo, pero la duda y la suspicacia pueden socavar tu personalidad extrovertida y actitud optimista. Cuando encuentres el equilibrio entre tu necesidad de expresarte y el impulso natural de apoyar a otros, encontrarás satisfacción emocional y personal. La subinfluencia del mes número 7 indica que eres una persona inteligente y creativa a la que le gusta tomar sus propias decisiones, aunque en ocasiones seas indeciso e inestable. Dado que eres entusiasta y tienes muchas ideas originales, deberás desarrollar habilidades ejecutivas y tener el valor de guiar a otros en una dirección nueva.

• *Cualidades positivas:* creatividad, atractivo, iniciativa, disciplina, fortalecimiento de otros o de ti mismo.

• *Cualidades negativas:* aislamiento, egoísmo, despilfarro, falta de cooperación, hipersensibilidad, timidez, baja autoestima.

Amor y relaciones

Eres idealista, sensible y posees una capacidad intuitiva que muchas veces es sumamente precisa, incluso si tu necesidad de seguridad y amor hace que ignores tus instintos y que te involucres seriamente en ciertas relaciones sin importar el costo. Si de pronto descubres que estás inmerso en una relación inapropiada, evita martirizarte frente a quienes son incapaces de reconocer tu potencial extraordinario. Si mantienes una actitud espontánea e independiente, desarrollarás tus propios poderes internos y seguirás manteniendo relaciones muy amorosas.

• *Negativa:* fama demasiado costosa, autosacrificio.

ESE ALGUIEN ESPECIAL

Tendrás más probabilidades de encontrar amor y romance entre quienes nacieron en las siguientes fechas.

Amor y amistad: 8, 22 y 26 de enero; 6, 20 y 24 de febrero; 4, 18 y 22 de marzo; 2, 16, 20 y 30 de abril; 14, 18, 28 y 30 de mayo; 12, 16, 26 y 28 de junio; 10, 14, 24 y 26 de julio; 8, 12, 22 y 24 de agosto; 6, 10, 20, 22 y 30 de septiembre; 4, 8, 18, 20 y 28 de octubre; 2, 6, 16, 18 y 26 de noviembre; 4, 14, 16 y 24 de diciembre.

Buenas para ti: 9 y 20 de enero; 7 y 18 de febrero; 5, 16 y 29 de marzo; 3, 14 y 27 de abril; 1, 12 y 25 de mayo; 10 y 23 de junio; 8 y 21 de julio; 6 y 19 de agosto; 4 y 17 de septiembre; 2, 15 y 30 de octubre; 13 y 28 de noviembre; 11, 26 y 30 de diciembre.

Atracción fatal: 9, 10, 11, 12 y 27 de enero; 25 de febrero; 23 de marzo; 21 de abril; 19 de mayo; 17 de junio; 15 de julio; 13 de agosto; 11 de septiembre; 9 de octubre; 7 de noviembre; 5 de diciembre.

Desafiantes: 2, 10 y 19 de enero; 8 y 17 de febrero; 6 y 15 de marzo; 4 y 13 de abril; 2 y 11 de mayo; 9 de junio; 7 y 30 de julio; 5 y 28 de agosto; 3 y 26 de septiembre; 1 y 24 de octubre; 22 de noviembre; 20 y 30 de diciembre.

Almas gemelas: 15 de enero, 13 de febrero, 11 de marzo, 9 de abril, 7 de mayo, 5 de junio, 3 de julio, 1 de agosto, 29 de octubre, 27 de noviembre, 25 de diciembre.

ESTRELLAS FIJAS

Pólux, también llamada el Gemelo Púgil o Hércules; Wasat; Propus; Cástor

ESTRELLA PRINCIPAL

Nombre de la estrella: Pólux, también llamada el Gemelo Púgil o Hércules

Posición: 22º 15'–23º 11' de Cáncer, entre los años 1930 y 2000

Magnitud: 1

Fuerza: ★★★★★★★★★

Órbita: 2º 30'

Constelación: Géminis (Beta Gemini)

Días efectivos: 13, 14, 15, 16, 17 y 18 de julio

Propiedades de la estrella: influencias variadas: Marte/Luna/Urano

Descripción: estrella anaranjada brillante ubicada en la cabeza del gemelo del sur

INFLUENCIA DE LA ESTRELLA PRINCIPAL

La influencia de Pólux confiere una naturaleza discreta, autosuficiente, animosa y valiente. Esta estrella otorga amor por los deportes competitivos. Su influjo negativo se refleja en la impaciencia y la hipersensibilidad, las cuales pueden generar frustración y discusiones que deriven en situaciones desagradables.

Con respecto a tu grado del Sol, esta estrella señala amor por la aventura y talento para los deportes. Es probable que trabajes de forma independiente o busques alcanzar el éxito por mérito propio. Pólux confiere habilidades psíquicas y el valor para perseguir los ideales y las metas personales. Su influencia también se observa en la educación superior y el interés en la filosofía.

• *Positiva:* competitivo, pero sutil y sensible; poder de adquisición.

13 de julio

Al haber nacido bajo el signo de Cáncer, eres receptivo e intuitivo, con convicciones profundas y una perspicacia que te permite entender el carácter ajeno, y te distingues por tener inclinaciones sociales fuertes e ideas sobresalientes. Tus emociones intensas necesitan encontrar alguna válvula de escape para expresarse. Tu predilección a participar en emprendimientos financieros indica que los proyectos cooperativos y las alianzas podrían beneficiarte y traerte éxito.

La subinfluencia de Piscis, el regente de tu decanato, fortalece tu sensibilidad y te infunde imaginación e idealismo. Absorbes fácilmente la atmósfera que te rodea, pero el vaivén entre motivación y ánimo depresivo podría desajustar tu equilibrio interno. Esto indica que necesitas priorizar el equilibrio y la estabilidad.

Eres sumamente generoso con la gente a quien quieres y admiras, pero sueles preocuparte por el dinero, lo que explica por qué a veces aparentas ser materialista y egoísta. Sin embargo, tus ansias de establecer contactos personales indica que, si aprendes a compartir y comunicar, inspirarás a otros con tu naturaleza idealista y amistosa.

Tu mente activa y aptitud natural para las actividades que implican trato con la gente reflejan que disfrutas los desafíos mentales y que prosperas cuando tienes oportunidades y contactos nuevos. Esto también indica que podrías sobresalir como vendedor. No obstante, debes evitar ser demasiado discutidor o pendenciero cuando las cosas no salen como esperas.

Después de los nueve años, cuando tu Sol progresado se desplace hacia Leo, es más probable que te vuelvas dinámico, optimista y seguro de ti. Gracias a esto, aprenderás a desarrollar habilidades sociales desde temprana edad. A los 39 años, cuando tu Sol progresado se desplace hacia Virgo, durante un periodo de tres décadas, te volverás más organizado y prudente, y ansiarás ayudar y servir. A los 69, cuando tu Sol progresado se desplace hacia Libra, habrá otro ajuste de prioridades. Esta influencia provoca que las relaciones desempeñen un papel central en tu vida y que tu aprecio por el arte y la belleza se incremente de forma sustancial.

Tu yo secreto

Potentes fuerzas internas te inspirarán a emprender proyectos o generar nuevas oportunidades de éxito. Experimentas más optimismo cuando esta capacidad de lograr cosas se combina con tu idealismo para manifestar tus objetivos nobles. Esto suele llevarte a ocupar puestos de liderazgo, pero para alcanzar el verdadero éxito tendrás que vincular tu ambición y empuje con tu conciencia de la diplomacia y capacidad de trabajar en equipo.

La necesidad inherente de armonía que te caracteriza subraya la importancia particular de tener un hogar seguro que funja como oasis y refugio del mundo exterior. Es posible que esto te impulse a desarrollar tus dones musicales o creativos, pero ten cuidado de que tu deseo de mantener la paz no te vuelva víctima de tus angustias o de la inercia. Cuando adoptas una actitud positiva, adquieres una personalidad alegre y vivaz, gracias a la cual puedes compartir tu sentido de la diversión con otros.

Trabajo y vocación

Tus habilidades para relacionarte y conseguir contactos te hacen apto para cualquier carrera que implique trato con la gente. Entre estos campos estarían las relaciones públicas y las ventas, y actuando como consejero, intermediario o agente. La predilección por los negocios, combinada con tu capacidad para vender ideas o productos en los que crees, estimula tu gran potencial para triunfar. Es probable que también te interesen la preparación de alimentos, los artículos del hogar, el paisajismo o los bienes raíces. Aunque te gusta ser jefe o trabajar por cuenta propia, estás consciente de la importancia de colaborar con otros. Asimismo, tu fuerte veta idealista podría inclinarte hacia la enseñanza, la religión o el trabajo comunitario.

Entre las personas famosas con quienes compartes cumpleaños están el historiador Kenneth Clark, los actores Harrison Ford y Patrick Stewart, y el comediante y actor Cheech Marin.

Numerología

En términos numéricos, te caracterizan la ambición y el trabajo arduo, y puedes lograr grandes cosas mediante la expresión creativa. Tu enfoque original e innovador inspira ideas nuevas y emocionantes, mismas que con frecuencia se traducen en obras que suelen impresionar a los demás. El número 13 de tu fecha de cumpleaños te hace honesto, romántico, encantador y amante de la diversión, pero también alguien capaz de alcanzar la prosperidad por medio de la dedicación. Eres receptivo y te dejas influenciar por tu entorno, por lo que prefieres trabajar con otros, y no por cuenta propia. Aunque eres amistoso y cooperativo, quizá debas ocuparte de los problemas de confianza y lealtad. La subinfluencia del mes número 7 indica que eres racional, reflexivo y abstraído. Sin embargo, en ocasiones eres demasiado sensible a las críticas ajenas y te sientes incomprendido. Eres intuitivo, aunque necesitas darte tiempo para hacer juicios propios. Dado que suele preocuparte la estabilidad, quizá debas aprender a través de la experiencia personal que la seguridad proviene del interior.

• *Cualidades positivas:* ambición, creatividad, amor por la libertad, autoexpresión, iniciativa.

• *Cualidades negativas:* impulsividad, indecisión, autoritarismo, insensibilidad, rebeldía.

Amor y relaciones

Tus convicciones fuertes y aire terco indican que eres tenaz, asertivo, y de ideas propias. Sin embargo, necesitas intimidad y comprensión, así como personas que te estimulen a nivel intelectual. Eres observador, por lo que no se te escapan los detalles. Cuando percibes que algo no anda bien, quieres confrontar la situación para aclarar las cosas. Tus principios sólidos te permiten defender tus posturas y admirar a personas poderosas e independientes.

• *Negativa:* perfidia; naturaleza imprudente; agresividad y egoísmo, con un toque de crueldad; volubilidad.

ESE ALGUIEN ESPECIAL

Será más probable que encuentres a tu pareja ideal entre quienes nacieron en las siguientes fechas.

Amor y amistad: 3 y 23 de enero; 11 y 21 de febrero; 9, 19, 28 y 31 de marzo; 7, 17, 26 y 29 de abril; 5, 15, 24, 27, 29 y 31 de mayo; 3, 13, 22, 25, 27 y 29 de junio; 1, 11, 20, 23, 25, 27 y 29 de julio; 9, 18, 21, 23, 25 y 27 de agosto; 7, 16, 19, 21, 23 y 25 de septiembre; 5, 14, 17, 19, 21 y 23 de octubre; 3, 12, 15, 17, 19 y 21 de noviembre; 1, 10, 13, 15, 17 y 19 de diciembre.

Buenas para ti: 3, 4, 10 y 21 de enero; 1, 2, 8 y 19 de febrero; 6, 17 y 30 de marzo; 4, 15 y 28 de abril; 2, 13 y 26 de mayo; 11 y 24 de junio; 9 y 22 de julio; 7 y 20 de agosto; 5 y 18 de septiembre; 3, 16 y 31 de octubre; 1, 14 y 29 de noviembre; 12 y 27 de diciembre.

Atracción fatal: 10, 11, 12, 13, 22 y 28 de enero; 20 y 26 de febrero; 18 y 24 de marzo; 16 y 22 de abril; 14 y 20 de mayo; 12 y 18 de junio; 10 y 16 de julio; 8 y 14 de agosto; 6 y 12 de septiembre; 4 y 10 de octubre; 2 y 8 de noviembre; 6 de diciembre.

Desafiantes: 11 y 20 de enero; 9 y 18 de febrero; 7 y 16 de marzo; 5 y 14 de abril; 3, 12 y 30 de mayo; 1, 10 y 28 de junio; 8, 26 y 31 de julio; 6, 24 y 29 de agosto; 4, 22 y 27 de septiembre; 2, 20 y 25 de octubre; 18 y 23 de noviembre; 16 y 21 de diciembre.

Almas gemelas: 26 de enero, 24 de febrero, 22 y 30 de marzo, 20 y 28 de abril, 18 y 26 de mayo, 16 y 24 de junio, 14 y 22 de julio, 12 y 20 de agosto, 10 y 18 de septiembre, 8 y 16 de octubre, 6 y 14 de noviembre, 4 y 12 de diciembre.

ESTRELLAS FIJAS

Pólux, también llamada el Gemelo Púgil o Hércules; Cástor

ESTRELLA PRINCIPAL

Nombre de la estrella: Pólux, también llamada el Gemelo Púgil o Hércules
Posición: 22° 15'–23° 11' de Cáncer, entre los años 1930 y 2000
Magnitud: 1
Fuerza: ★★★★★★★★★★
Órbita: 2° 30'
Constelación: Géminis (Beta Gemini)
Días efectivos: 13, 14, 15, 16, 17 y 18 de julio
Propiedades de la estrella: influencias variadas: Marte/Luna/Urano
Descripción: estrella anaranjada brillante ubicada en la cabeza del gemelo del sur

INFLUENCIA DE LA ESTRELLA PRINCIPAL

La influencia de Pólux indica una naturaleza discreta, autosuficiente, animosa y valiente. Otorga amor por los deportes competitivos. Su influjo negativo se observa en la impaciencia y la hipersensibilidad, la cual puede generar frustración y discusiones que deriven en situaciones desagradables.

Con respecto a tu grado del Sol, esta estrella dota de amor por la aventura y talento para los deportes. Es probable que trabajes de forma independiente o busques alcanzar el éxito por mérito propio. Pólux, además, confiere habilidades psíquicas y el valor para perseguir los ideales y las metas personales. Su influencia también se observa en la educación superior y el interés en la filosofía.

• *Positiva:* competitivo, pero sutil y sensible; poder de adquisición.

14 de julio

Ya que naciste bajo el signo de Cáncer, eres un individuo de carácter fuerte, mente férrea y corazón amable. Gracias a tu intelecto agudo y tu gran capacidad para tratar con la gente, proyectas hacia el exterior tus habilidades naturales de liderazgo y fachada de confianza personal. Eres más sensible de lo que aparentas, y esa interesante combinación de pragmatismo e idealismo te brinda el potencial necesario para lograr cosas sobresalientes.

Gracias a la subinfluencia de Piscis, el regente de tu decanato, eres imaginativo y tu agudo sexto sentido te revela qué es lo que quieren los demás. Tu astucia financiera y capacidad para aprehender las situaciones con rapidez te permiten identificar oportunidades de progreso. Si buscas la felicidad en tu mente más que en las cosas materiales, tendrás mayor estabilidad y satisfacción.

Es probable que el primer rubro en tu lista de prioridades sea construir un hogar atractivo y lujoso y, por lo regular, quieres que las cosas de verdad valgan lo que cuestan. Ser previsivo y saber organizarte te da el potencial de materializar esos grandiosos planes. Puesto que necesitarás la ayuda de otros, deberás cuidarte de no contrariarlos de forma obstinada solo porque puedes.

Después de los ocho años, cuando tu Sol progresado se desplace hacia Leo, te volverás menos tímido y no te preocuparán tanto las cuestiones de seguridad emocional. La influencia de Leo se extiende durante tres décadas y te permite fortalecer tu confianza y sobresalir en el campo que elijas. A partir de los 38, cuando tu Sol progresado se desplace hacia Virgo, desarrollas una actitud más metódica y selectiva, y experimentas el deseo de ayudar a los demás. A los 68 años, cuando tu Sol progresado se desplace hacia Libra, habrá otro punto de inflexión, en el que las relaciones y tu conciencia de que necesitas armonía y equilibrio adquirirán mayor importancia.

Tu yo secreto

Independientemente de tus encantos, tienes emociones y deseos potentes que son tus principales motores para emprender proyectos o compromisos nuevos. Para triunfar, necesitarás desarrollar perseverancia y aprender a dejarte guiar por la intuición. Ser activo y enérgico te brinda el empuje y entusiasmo para hacer que las cosas pasen. Es importante que aproveches tus habilidades diplomáticas y de cooperación, en vez de tratar de controlar las situaciones y exigir.

Por fortuna, tienes el don de relacionarte cara a cara y la capacidad de mezclar los negocios con el placer. Puesto que tienes buen ojo para las gangas y las oportunidades, encuentras situaciones provechosas en términos de negocios en casi todas partes. Por otro lado, puedes ayudar de forma práctica a otros o darles tu tiempo, energía y amor de manera generosa y desinteresada. Cuando usas tu voluntad positiva y dinámica para lograr tus objetivos, te vuelves imparable.

Trabajo y vocación

Gracias a tu olfato para los negocios, quizá te interese hacer carrera en el comercio, ya sea como negociador, agente o asesor financiero. Una vez que elijas algo, tendrás la tenacidad, voluntad y habilidades de liderazgo necesarias para triunfar, sobre todo como administrador, ejecutivo, director o emprendedor. Te motiva una combinación potente de idealismo y pragmatismo, por lo que tienes aptitudes naturales para dedicarte a la política o luchar por causas justas. Por otro lado, tu histrionismo sobresaliente y creatividad podrían inclinarte hacia las artes, el entretenimiento o el trabajo con jóvenes. El lado más humanista de tu naturaleza se interesará en particular por la enseñanza y por lograr algo que tenga valor social.

Entre las personas famosas con quienes compartes cumpleaños están el director de cine Ingmar Bergman, el compositor Woody Guthrie, el pintor Gustav Klimt, el escritor Irving Stone, la sufragista Emmeline Pankhurst y el expresidente estadounidense Gerald Ford.

Numerología

Potencial intelectual, pragmatismo y determinación son solo algunas de las cualidades ligadas a un cumpleaños con el número 14. Sueles tener un fuerte deseo por establecer una base sólida y alcanzar el éxito mediante el trabajo arduo. De hecho, con un cumpleaños con este número, sueles priorizar tu trabajo y juzgar a los demás y a ti mismo con base en logros laborales. Aunque necesitas estabilidad, la inquietud que el número 14 sugiere te insta a seguir adelante y enfrentar nuevos retos, en un esfuerzo constante por mejorar tus condiciones. La subinfluencia del mes número 7 indica que eres perspicaz, mentalmente creativo y ambicioso. En general, eres independiente y concentrado. Prefieres basarte en tus juicios personales y tomar decisiones propias. Aprender a confiar y mantener la mente abierta te ayudará a comprender la necesidad de autoconciencia global.

• *Cualidades positivas:* acciones decisivas, trabajo arduo, suerte, creatividad, pragmatismo, imaginación, oficio.

• *Cualidades negativas:* exceso de cautela o impulsividad, inestabilidad, desconsideración, terquedad.

Amor y relaciones

Tu premura para entablar relaciones implica que puedes cambiar de opinión y sentir incertidumbre ante los compromisos a largo plazo. No obstante, eres sensible, afectuoso, y estás dispuesto a respaldar a la gente que amas y admiras. Disfrutas de una vida activa y conoces gente nueva con frecuencia, por lo que tendrás diversas relaciones antes de sentar cabeza. Tu pareja ideal será alguien amoroso y dinámico que te mantenga interesado constantemente.

• *Negativa:* perfidia; naturaleza imprudente; agresividad y egoísmo, con un toque de crueldad; volubilidad.

ESE ALGUIEN ESPECIAL

Te sentirás más inspirado a compartir tu amor y afecto con personas nacidas en las siguientes fechas.

Amor y amistad: 14, 24 y 31 de enero; 12, 22 y 29 de febrero; 10, 20 y 27 de marzo; 8, 18 y 25 de abril; 6, 16, 23 y 30 de mayo; 4, 14, 21, 28 y 30 de junio; 2, 12, 19, 26, 28 y 30 de julio; 10, 17, 24, 26 y 28 de agosto; 8, 15, 22, 24 y 26 de septiembre; 6, 13, 20, 22, 24 y 30 de octubre; 4, 11, 18, 20, 22 y 28 de noviembre; 2, 9, 16, 18, 20, 26 y 29 de diciembre.

Buenas para ti: 5, 22 y 30 de enero; 3, 20 y 28 de febrero; 1, 18 y 26 de marzo; 16 y 24 de abril; 14 y 22 de mayo; 12 y 20 de junio; 10, 18 y 29 de julio; 8, 16, 27 y 31 de agosto; 6, 14, 25 y 29 de septiembre; 4, 12, 23 y 27 de octubre; 2, 10, 21 y 25 de noviembre; 9, 19 y 23 de diciembre.

Atracción fatal: 11, 12, 13 y 14 de enero; 10 de febrero; 8 de marzo; 6 de abril; 4 de mayo; 2 de junio.

Desafiantes: 16 y 21 de enero; 14 y 19 de febrero; 12, 17 y 30 de marzo; 10, 15 y 28 de abril; 8, 13 y 26 de mayo; 6, 11 y 24 de junio; 4, 9 y 22 de julio; 2, 7 y 20 de agosto; 5 y 18 de septiembre; 3 y 16 de octubre; 1 y 14 de noviembre; 12 de diciembre.

Almas gemelas: 25 de enero, 23 de febrero, 21 de marzo, 19 de abril, 17 de mayo, 15 de junio, 13 de julio, 11 de agosto, 9 de septiembre, 7 de octubre, 5 de noviembre, 3 y 30 de diciembre.

15 de julio

ESTRELLAS FIJAS

Pólux, también llamada el Gemelo Púgil o Hércules; Cástor

ESTRELLA PRINCIPAL

Nombre de la estrella: Pólux, también llamada el Gemelo Púgil o Hércules

Posición: 22° 15'–23° 11' de Cáncer, entre los años 1930 y 2000

Magnitud: 1

Fuerza: ★★★★★★★★★★

Órbita: 2° 30'

Constelación: Géminis (Beta Gemini)

Días efectivos: 13, 14, 15, 16, 17 y 18 de julio

Propiedades de la estrella: influencias variadas: Marte/Luna/Urano

Descripción: estrella anaranjada brillante ubicada en la cabeza del gemelo del sur

INFLUENCIA DE LA ESTRELLA PRINCIPAL

La influencia de Pólux indica una naturaleza discreta, autosuficiente, animosa y valiente. Otorga amor por los deportes competitivos. Su influjo negativo se observa en la impaciencia e hipersensibilidad, que pueden generar frustración y discusiones que deriven en situaciones desagradables.

Con respecto a tu grado del Sol, esta estrella otorga amor por la aventura y talento para los deportes. Es probable que trabajes de forma independiente o busques alcanzar el éxito por mérito propio. Además, confiere habilidades psíquicas y el valor para perseguir los ideales y las metas personales. La influencia de esta estrella también se observa en la excelencia en educación superior y el interés en la filosofía.

Tu gran capacidad de razonamiento, intuición fuerte y don de mando suelen asociarse a tu fecha de nacimiento. Eres un Cáncer instintivo y sensible, con buena intuición, que se deja guiar por la mente más que por el corazón. Tu inteligencia es tu principal atributo, y para explotar al máximo tu potencial tendrás que aprender a reconocer el verdadero poder del conocimiento.

La subinfluencia de Piscis, el regente de tu decanato, te fortalece por medio de la imaginación y las habilidades psíquicas. Eres independiente, con objetivos definidos, de pensamientos sumamente reflexivos y articulados, que está dispuesto a trabajar arduamente.

La peculiar mezcla de conservadurismo e idealismo asociada a tu fecha de cumpleaños evidencia que alternas entre ser sumamente seguro o ser inseguro y dudar de ti mismo. En algunas ocasiones, tu pragmatismo innato te inclina a radicalizarte o adoptar actitudes poco convencionales, por lo que debes tener cuidado de no contrariar a otros solo por querer parecer como una persona difícil. Aun así, la paciencia y la perseverancia te permitirán superar desafíos sustanciales y, por medio del trabajo arduo, alcanzar el éxito.

Eres culto y bien informado, pues prefieres formar tus propias opiniones y mantener el control. Las mujeres nacidas en esta fecha, por lo regular, no permiten que su corazón se anteponga a su mente. Dado que la gente reconoce con rapidez tu fortaleza, sueles ascender con facilidad a puestos de autoridad y poder.

A partir de los siete años, cuando tu Sol progresado se desplace hacia Leo por un periodo de tres décadas, te volverás más seguro de ti y expresivo. A los 37 años habrá otro punto de inflexión, a medida que tu Sol progresado se desplace hacia Virgo. Después de eso, es probable que tus metas sean más pragmáticas y realistas, y que te vuelvas más paciente y eficiente. Más tarde, a los 67, cuando tu Sol progresado se desplace hacia Libra, sobresaldrá la importancia de las relaciones y la necesidad de ampliar tu círculo social.

Tu yo secreto

Una poderosa ambición interior y el deseo de lograr grandes cosas permeará todos los aspectos de tu vida. Para sentirte motivado, es indispensable que seas genuinamente entusiasta; sin embargo, una vez que te inspiras, tu tenacidad es inquebrantable y firme. La disposición para trabajar arduamente te ayuda a cumplir lo que deseas. Aunque estás dispuesto a asumir responsabilidades para ayudar a otros, rara vez permites que se aprovechen de ti. Esto quiere decir que si crees que los demás están pasándose de la raya, eres capaz de confrontarlos.

Aunque la diplomacia y el arte de la negociación formen parte de ti, tendrás que desarrollar la capacidad de confiar en los demás y esforzarte por alcanzar el equilibrio en tus relaciones personales. Gracias a que entiendes lo importante que es colaborar con otras personas, disfrutas compartir tu conocimiento. Esto suele ocurrir en el entorno laboral, pero también en otras circunstancias que requieran de tu perspicacia y don de mando en emprendimientos en equipo.

Trabajo y vocación

Tu sensibilidad, capacidad de liderazgo y responsabilidad garantizan que tienes el potencial para triunfar en grande. Gracias a tu mente excepcional, podrían atraerte profesiones como el magisterio, la impartición de conferencias, el periodismo y el cuidado de la salud. Por otro lado, tu veta histriónica podría inclinarte hacia algún tipo de arte o forma de entretenimiento. Tu buena imaginación encontraría cabida en la expresión verbal, ya sea al hablar, escribir, cantar o actuar. Sin importar qué carrera elijas, algún tipo de educación será esencial para aprovechar al máximo tu potencial excepcional. Finalmente, tu naturaleza empática y comprensiva te inclinará hacia la psicoterapia o algún trabajo relacionado con el cuidado hacia los demás.

Entre las personas famosas con quienes compartes cumpleaños están la cantante Linda Ronstadt, el pintor holandés Rembrandt van Rijn, la novelista Iris Murdoch y Muda Hassanal Bolkiah, el sultán de Brunéi.

Numerología

El número 15 en tu fecha de nacimiento sugiere versatilidad, generosidad y entusiasmo. Sueles estar alerta y tienes una personalidad carismática. Tus más grandes atributos son tus poderosos instintos y la capacidad para aprender rápido mediante la teoría y la práctica. En muchas ocasiones, logras ganar dinero mientras aprendes nuevas habilidades. Sueles utilizar tus poderes intuitivos y reconoces de inmediato las oportunidades cuando se presentan. Con un cumpleaños con el número 15, tienes talento para atraer dinero o para recibir ayuda y apoyo de otras personas. Si bien eres aventurero por naturaleza, necesitas encontrar una base real o un hogar que puedas llamar propio. La subinfluencia del mes número 7 indica que eres racional, inquisitivo, y tienes visión práctica. Eres capaz de evaluar con rapidez a la gente y las situaciones; sin embargo, como eres escéptico, fluctúas entre ser muy seguro de ti y asertivo o dudar de ti mismo y ser inseguro. Ya que eres intuitivo, es importante que escuches tu voz interior.

• *Cualidades positivas:* disposición, generosidad, responsabilidad, gentileza, cooperación, aprecio, creatividad.

• *Cualidades negativas:* desasosiego, irresponsabilidad, egocentrismo, falta de fe, preocupación, indecisión, materialismo, abuso de poder.

Amor y relaciones

Además de ser comprensivo e intuitivo, eres franco y directo cuando se trata de tus emociones. Tu carácter fuerte indica que puedes ser muy protector con tu familia o con gente bajo tu cuidado. Si crees en alguien, harás todo lo posible por impulsarlo. Sin embargo, tu inclinación a tomar las riendas de las situaciones te lleva a ser arrogante o dominante. Es mejor aconsejar a otros y luego retroceder para permitirles tomar sus propias decisiones.

• *Positiva:* competitivo, pero sutil y sensible; poder de adquisición.

• *Negativa:* perfidia; naturaleza imprudente; agresividad y egoísmo, con un toque de crueldad; volubilidad.

ESE ALGUIEN ESPECIAL

Tendrás más suerte de encontrar a tu pareja ideal si la buscas entre quienes nacieron en las siguientes fechas.

Amor y amistad: 11, 13, 15, 17 y 25 de enero; 9, 11, 13, 15 y 23 de febrero; 7, 9, 11, 13 y 21 de marzo; 5, 7, 9, 11 y 19 de abril; 3, 5, 7, 9, 17 y 31 de mayo; 1, 3, 5, 7, 15 y 29 de junio; 1, 3, 5, 27, 29 y 31 de julio; 1, 3, 11, 25, 27 y 29 de agosto; 1, 9, 23, 25 y 27 de septiembre; 7, 21, 23 y 25 de octubre; 5, 19, 21 y 23 de noviembre; 3, 17, 19, 21 y 30 de diciembre.

Buenas para ti: 1, 5 y 20 de enero; 3 y 18 de febrero; 1 y 16 de marzo; 14 de abril; 12 de mayo; 10 de junio; 8 de julio; 6 de agosto; 4 de septiembre; 2 de octubre.

Atracción fatal: 12, 13, 14 y 15 de enero.

Desafiantes: 6, 22 y 24 de enero; 4, 20 y 22 de febrero; 2, 18 y 20 de marzo; 16 y 18 de abril; 16 y 14 de mayo; 12 y 14 de junio; 10 y 12 de julio; 8, 10 y 31 de agosto; 6, 8 y 29 de septiembre; 4, 6 y 27 de octubre; 2, 4, 25 y 30 de noviembre; 2, 23 y 28 de diciembre.

Almas gemelas: 6 y 12 de enero, 4 y 10 de febrero, 2 y 8 de marzo, 6 de abril, 4 de mayo, 2 de junio.

ESTRELLAS FIJAS

Pólux, también llamada el Gemelo Púgil o Hércules; Proción

ESTRELLA PRINCIPAL

Nombre de la estrella: Pólux, también llamada el Gemelo Púgil o Hércules

Posición: 22º 15'–23º 11' de Cáncer, entre los años 1930 y 2000

Magnitud: 1

Fuerza: ★★★★★★★★★★

Órbita: 2º 30'

Constelación: Géminis (Beta Gemini)

Días efectivos: 13, 14, 15, 16, 17 y 18 de julio

Propiedades de la estrella: influencias variadas: Marte/Luna/Urano

Descripción: estrella anaranjada brillante ubicada en la cabeza del gemelo del sur

INFLUENCIA DE LA ESTRELLA PRINCIPAL

La influencia de Pólux se asocia a una naturaleza discreta, autosuficiente, animosa y valiente. Otorga amor por los deportes competitivos. Su influjo negativo se hace patente en la impaciencia y la hipersensibilidad, la cual puede generar frustración y discusiones que deriven en situaciones desagradables.

Con respecto a tu grado del Sol, esta estrella otorga amor por la aventura y talento para los deportes. Es probable que trabajes de forma independiente o busques alcanzar el éxito por mérito propio. Pólux también confiere habilidades psíquicas y el valor para perseguir los ideales y las metas personales. Su influencia también se observa en la educación superior y el interés en la filosofía.

• *Positiva:* competitivo, pero sutil y sensible; poder de adquisición.

16 de julio

♋ Eres un Cáncer receptivo e inteligente; con sentido común y habilidades intuitivas; seguro de ti mismo; competente para aprender nuevas habilidades con rapidez; práctico y tenaz, y capaz de combinar tu sabiduría interna con tu buen criterio. Si confías en tu propio conocimiento, aprovecharás tus habilidades de liderazgo para ascender a puestos de autoridad o adoptarás una actitud protagónica, sobre todo en asuntos familiares.

La subinfluencia de Piscis, el regente de tu decanato, implica que tienes un sexto sentido fuerte. Ser receptivo y sensible a los sonidos y las vibraciones hará que la música tenga un efecto calmante para ti. Tus dones naturales y múltiples talentos te permitirán elegir cualquier carrera que te interese.

Eres amistoso y solidario, y te gusta ser anfitrión y socializar. Aunque tienes un buen corazón, en ocasiones impides que otros interfieran en tu vida, y tu veta obstinada puede hacerte impaciente y que parezcas intolerante.

La necesidad de desarrollo y la capacidad de contemplar el panorama completo indican que te impones estándares elevados. Tanto la educación y el aprendizaje de disciplinas elevadas como las aspiraciones sociales, morales y religiosas te ayudarán a alcanzar el éxito. Todo es posible si logras dominar el arte de la disciplina y superar las inseguridades emocionales.

Después de los seis años, cuando tu Sol progresado se desplace hacia Leo, dejarás de ser tan tímido y consciente de la seguridad. La influencia positiva de Leo te permitirá ser más seguro de ti mismo y desempeñarte mejor en el campo que elijas durante las siguientes tres décadas. A partir de los 36, cuando tu Sol progresado se desplace hacia Virgo, es probable que adoptes una actitud práctica y selectiva, y el servicio a la comunidad se vuelva una parte importante de tu vida. A los 66 habrá otro punto de inflexión, cuando tu Sol progresado se desplace hacia Libra, el cual enfatizará la armonía, las relaciones y la necesidad de ampliar tu círculo social.

Tu yo secreto

En tu corazón sensible albergas las ansias de creatividad, así como un fuerte impulso hacia el éxito material. Puesto que a veces eres sumamente generoso, tus preocupaciones financieras abarcan tanto lo que das a otros como la protección para ti y tus seres queridos. Evita desperdiciar tus energías en angustias e indecisiones, sobre todo con respecto a tus relaciones cercanas.

Gracias a tus habilidades sociales desarrolladas y al deseo de servir a la comunidad, podrás canalizar el impulso de obtener éxito material hacia cosas donde tu enorme potencial se aproveche al máximo. Esto incluye crear oportunidades positivas para usar el vasto conocimiento que posees. Si te mantienes ocupado a nivel mental y creativo, no tendrás tiempo ni oportunidades para rumiar las cosas o preocuparte sin necesidad.

Trabajo y vocación

Puesto que tienes fuertes habilidades de liderazgo, tu mayor logro será llegar a la cima de la profesión que elijas. Tus cualidades solidarias y humanistas te darán el ímpetu para dedicarte a la enseñanza, la psicoterapia, el trabajo social o para realizar trabajos que requieran hablar con otras personas. Esto incluye la participación en la política o en sindicatos. Otras carreras posibles son el derecho y ocupaciones de índole filosófica o religiosa. Sin embargo, tu lado práctico podría inclinarse hacia los negocios o las finanzas. Además, gracias a tu creatividad y facilidad de palabra, eres apto para dedicarte a la escritura, la música o el teatro.

Entre las personas famosas con quienes compartes cumpleaños están la actriz Barbara Stanwyck, la actriz y bailarina Ginger Rogers, la escritora Anita Brookner y la fundadora de la ciencia cristiana Mary Baker Eddy.

Numerología

Un cumpleaños con el número 16 sugiere que eres ambicioso, y a la vez sensible, considerado y amigable. Sueles juzgar la vida según cómo te sientas y tienes una mirada perspicaz para analizar a las personas y las situaciones. Sin embargo, con la personalidad de alguien nacido en un día 16, vivirás tensiones internas ya que te debates entre tu necesidad de expresión personal y las responsabilidades que tienes con los demás. Los más creativos de entre los nacidos en este día pueden tener talento para la escritura, con destellos repentinos de inspiración. Aunque algunos pueden provenir de familias muy unidas, con frecuencia eligen vivir solos o viajar bastante. La subinfluencia del mes número 7 indica que eres racional y de mente ágil. Tienes instintos fuertes y puedes anticipar lo que la gente dirá o hará para usarlo a tu favor. Disfrutas adquirir nuevas habilidades y te gusta estar bien informado. Posees una memoria privilegiada, eres listo y te mantienes alerta, aunque a veces te sientes incomprendido o tienes dificultad para expresar tus emociones.

• *Cualidades positivas:* educación superior, responsabilidad en el hogar y con la familia, integridad, intuición, sociabilidad, cooperación, perspicacia.

• *Cualidades negativas:* preocupación, insatisfacción, irresponsabilidad, dogmatismo, escepticismo, irritabilidad, egoísmo, tendencia a ser quisquilloso.

Amor y relaciones

Eres sensible, sumamente intuitivo e inteligente, por lo que buscas la compañía de personas listas e interesantes que te ofrezcan variedad y diversión. Los demás te piden consejos y apoyo en tiempos de crisis debido a tu naturaleza afectuosa y empática. Te interesan las reformas y problemas sociales, por lo que eres importante para tu comunidad y tienes facilidad de palabra frente al público. Respecto de tus relaciones personales, tienes tendencia a aburrirte o inquietarte por lo que que necesitas afecto y seguridad, así como cultivar intereses en común.

• *Negativa:* perfidia; naturaleza imprudente; agresividad y egoísmo, con un toque de crueldad; volubilidad.

ESE ALGUIEN ESPECIAL

Es probable que encuentres a personas que estimulen tu curiosidad e intelecto entre quienes nacieron en las siguientes fechas.

Amor y amistad: 12, 16 y 25 de enero; 10, 14, 23 y 24 de febrero; 8, 12, 22 y 31 de marzo; 6, 10, 20 y 29 de abril; 4, 8, 18 y 27 de mayo; 2, 6, 16, 25 y 30 de junio; 4, 14, 23 y 28 de julio; 2, 12, 21, 26 y 30 de agosto; 10, 19, 24 y 28 de septiembre; 8, 17, 22 y 26 de octubre; 6, 15, 20, 24 y 30 de noviembre; 4, 13, 18, 22 y 28 de diciembre.

Buenas para ti: 2, 13, 22 y 24 de enero; 11, 17, 20 y 22 de febrero; 9, 15, 18, 20 y 28 de marzo; 7, 13, 16, 18 y 26 de abril; 5, 11, 16, 18 y 26 de mayo; 3, 9, 12, 14 y 22 de junio; 1, 7, 10, 12 y 20 de julio; 5, 8, 10 y 18 de agosto; 3, 6, 8 y 16 de septiembre; 1, 4, 6 y 14 de octubre; 2, 4 y 12 de noviembre; 2 y 10 de diciembre.

Atracción fatal: 13, 14, 15, 16 y 25 de enero; 23 de febrero; 21 de marzo; 19 de abril; 17 de mayo; 15 de junio; 13 de julio; 11 de agosto; 9 de septiembre; 7 de octubre; 5 de noviembre; 3 de diciembre.

Desafiantes: 7 y 23 de enero; 5 y 21 de febrero; 3, 19 y 29 de marzo; 1, 17 y 27 de abril; 15 y 25 de mayo; 13 y 23 de junio; 11, 21 y 31 de julio; 9, 19 y 29 de agosto; 7, 17, 27 y 30 de septiembre; 3, 13, 23 y 26 de noviembre; 1, 11, 21 y 24 de diciembre.

Almas gemelas: 17 de enero, 15 de febrero, 13 de marzo, 11 de abril, 9 de mayo, 7 de junio, 5 de julio, 3 de agosto, 1 de septiembre, 30 de noviembre, 28 de diciembre.

SOL: CÁNCER
DECANATO: PISCIS/NEPTUNO
ÁNGULO: 24º–25º DE CÁNCER
MODALIDAD: CARDINAL
ELEMENTO: AGUA

ESTRELLAS FIJAS

Pólux, también llamada el Gemelo Púgil o Hércules; Proción

ESTRELLA PRINCIPAL

Nombre de la estrella: Pólux, también
llamada el Gemelo Púgil o Hércules
Posición: 22º 15'–23º 11' de Cáncer, entre
los años 1930 y 2000
Magnitud: 1
Fuerza: ★★★★★★★★★
Órbita: 2º 30'
Constelación: Géminis (Beta Gemini)
Días efectivos: 13, 14, 15, 16, 17 y 18 de julio
Propiedades de la estrella: influencias
variadas: Marte/Luna/Urano
Descripción: estrella anaranjada
brillante ubicada en la cabeza del
gemelo del sur

INFLUENCIA DE
LA ESTRELLA PRINCIPAL

La influencia de Pólux indica una naturaleza discreta, autosuficiente, animosa
y valiente. Además, otorga amor por los
deportes competitivos. Su influjo negativo se observa en la impaciencia y la
hipersensibilidad, la cual puede generar
frustración y discusiones que deriven en
situaciones desagradables.

Con respecto a tu grado del Sol, esta
estrella indica un amor por la aventura y
talento para los deportes. Es probable
que trabajes de forma independiente o
busques alcanzar el éxito por mérito propio. Pólux confiere habilidades psíquicas
y el valor para perseguir los ideales y las
metas personales. Su influencia también
se observa en la excelencia en educación
superior y el interés en la filosofía.

• *Positiva:* competitivo, pero sutil y
sensible; poder de adquisición.

17 de julio

♋ Eres idealista, entusiasta, brillante, con una visión optimista de la vida, mente ágil y sed de conocimiento. Como buen Cáncer, eres sensible y tímido, pero independiente. Sientes grandes ansias de triunfar y lograr cosas. Tu encanto natural y vehemencia espontánea son indicios de tu gracia e individualidad, así como de tu personalidad jovial.

La subinfluencia de Piscis, el regente de tu decanato, indica que eres impresionable e imaginativo, y que posees una intuición poderosa. Al ser receptivo e idealista, eres capaz de ponerte en el lugar de los demás. Por lo regular, estás bien informado y tienes múltiples talentos. Eres persuasivo y tienes fuertes convicciones cuando adoptas una actitud optimista.

Ser inteligente y seguro de ti mismo te permite tomar decisiones inmediatas. En ocasiones, eres demasiado seguro de ti mismo u obstinado, y por ende actúas de forma impulsiva o aparentemente irresponsable. Ten cuidado con tus emociones desmesuradas, pues en lugar de mostrar tu personalidad individual te harán parecer extravagante.

Las ansias de llevar una vida activa, junto con tu espíritu emprendedor, son indicio de que puedes hacer tus sueños realidad con perseverancia y paciencia. La necesidad de desarrollar una actitud más madura supone que la educación es un componente esencial para que alcances el éxito.

Desde los cinco y hasta los 34 años, tu Sol progresado se moverá a través de Leo, lo que traerá consigo un incremento gradual de tu confianza personal y habilidades sociales. A los 35 habrá un punto de inflexión, cuando tu Sol progresado entre a Virgo, el cual resaltará la importancia de las cuestiones prácticas y te volverá más metódico y ordenado. A los 65, cuando tu Sol progresado entre en Libra, el énfasis estará en las cuestiones sociales, las relaciones y el desarrollo de un mayor aprecio por el arte y la belleza.

Tu yo secreto

Puesto que eres inteligente y tienes opiniones firmes, es importante que encuentres ocasiones idóneas para expresar tus puntos de vista. Cuando estos se vinculan con alguna causa idealista, se activará tu espíritu de lucha gracias a que tendrá un propósito. Posees un gran corazón y eres compasivo, pero tienes que equilibrarlo con tu propia necesidad de expresarte y ser feliz.

Además de ser carismático, tienes un cierto atractivo que seduce a la gente. Tu cualidad andrógina se suma a tu independencia y sensibilidad. Y hay una veta materialista que resaltará la importancia de seguridad financiera en la vida, pero procura no renunciar a tus ideales a cambio de supervivencia financiera.

Trabajo y vocación

Posees múltiples talentos y expresas tus ideas de forma creativa y entretenida. Tu potencial sobresaliente para adquirir conocimiento te dará erudición, lo que te funcionará igual de bien en los ámbitos del derecho o la administración. Tu facilidad de palabra, ya sea hablada o escrita, se expresará a través de la capacitación, la enseñanza o la escritura. También tienes habilidades para las ventas, la impartición de conferencias y la promoción de productos o personas. Gracias a tus principios inquebrantables y habilidades de liderazgo, también podrías ser un portavoz político o luchador social excelente. Por otro lado, gracias a tu veta dramática, es probable que te ganes la vida a través del arte, la música o el teatro. Gracias a tu mente ágil y potencial para esforzarte por cumplir tus objetivos, eres capaz de lograr muchísimas cosas.

Entre las personas famosas con quienes compartes cumpleaños están los actores David Hasselhoff, Jimmy Cagney y Donald Sutherland; y las cantantes Diahann Carroll y Phoebe Snow.

Numerología

Al tener un cumpleaños con el número 17, sueles ser astuto, reservado y con habilidades analíticas. Eres privado, introspectivo e independiente, y confías en tu experiencia personal. Tu interés por los datos y cifras se refleja en que tienes un comportamiento reflexivo y te gusta tomarte tu tiempo. Con frecuencia, eres capaz de pasar largos periodos de concentración y perseverancia, pero puedes aprender más mediante la experiencia. Por otro lado, mientras menos escéptico seas, más rápido aprenderás. La subinfluencia del mes número 7 indica que, aunque te guardas tus propias opiniones, te gusta saber qué piensan los demás. Tu capacidad de usar el conocimiento de una manera específica te permite desarrollar pericia y triunfar. Si te responsabilizas de tus propias acciones, te ahorrarás preocupaciones y desilusiones. Es probable que seas más sensible de lo que aparentas y en ocasiones se te dificulta expresar tus emociones. Aprende a diferenciar entre aceptar consejos y pensar que los demás lo hacen con el afán de interferir o criticarte.

• *Cualidades positivas:* amabilidad, pericia, planeación, instinto para los negocios, intelecto, meticulosidad, precisión, talento para la investigación, capacidad científica.

• *Cualidades negativas:* terquedad, descuido, malhumor, obcecación, crítica, preocupación, suspicacia.

Amor y relaciones

Ser sensible y considerado implica que sueles pensar de forma independiente y que prefieres solucionar tus problemas sin ayuda de nadie. Eres cálido e intenso, pero en ocasiones te vuelves distante. Necesitas entablar un vínculo especial con tu pareja, pues tu ideal del amor y devoción es elevado. Aunque eres amistoso y sociable, en momentos de inseguridad necesitas superar el miedo a la soledad y al abandono. Cuando encuentras a una pareja estable, eres leal, cariñoso y protector.

• *Negativa:* perfidia; naturaleza imprudente; agresividad y egoísmo, con un toque de crueldad; volubilidad.

ESE ALGUIEN ESPECIAL

Para encontrar la felicidad verdadera, busca a una pareja entre quienes nacieron en las siguientes fechas.

Amor y amistad: 7, 10, 17 y 27 de enero; 5, 8, 15 y 25 de febrero; 3, 6, 13 y 23 de marzo; 1, 4, 11 y 21 de abril; 2, 9 y 19 de mayo; 7 y 17 de junio; 5, 15, 29 y 31 de julio; 3, 13, 27, 29 y 31 de agosto; 1, 11, 25, 27 y 29 de septiembre; 9, 23, 25 y 27 de octubre; 7, 21, 23 y 25 de noviembre; 5, 19, 21 y 23 de diciembre.

Buenas para ti: 3, 5, 20, 25 y 27 de enero; 1, 3, 18, 23 y 25 de febrero; 1, 16, 21 y 23 de marzo; 14, 19 y 21 de abril; 12, 17 y 19 de mayo; 10, 15 y 17 de junio; 8, 13 y 15 de julio; 6, 11 y 13 de agosto; 4, 9 y 11 de septiembre; 2, 7 y 9 de octubre; 5 y 7 de noviembre; 3 y 5 de diciembre.

Atracción fatal: 14, 15, 16 y 17 de enero; 11 de febrero; 9 de marzo; 7 de abril; 5 de mayo; 3 de junio; 1 de julio.

Desafiantes: 16 y 24 de enero; 14 y 22 de febrero; 12 y 20 de marzo; 10 y 18 de abril; 8, 16 y 31 de mayo; 6, 14 y 29 de junio; 4, 12 y 27 de julio; 2, 10 y 25 de agosto; 8 y 23 de septiembre; 6 y 21 de octubre; 4 y 19 de noviembre; 2 y 17 de diciembre.

Almas gemelas: 16 de enero, 14 de febrero, 12 de marzo, 10 de abril, 8 de mayo, 6 de junio, 4 y 31 de julio, 2 y 29 de agosto, 27 de septiembre, 25 de octubre, 23 de noviembre, 21 de diciembre.

ESTRELLA FIJA

Nombre de la estrella: Proción

Posición: 24º 48'–25º 43' de Cáncer, entre los años 1930 y 2000

Magnitud: 1

Fuerza: ★★★★★★★★★

Órbita: 2º 30'

Constelación: Can Menor (Alpha Canis Minor)

Días efectivos: 16, 17, 18, 19, 20 y 21 de julio

Propiedades de la estrella: influencias variadas: Mercurio/Marte o Júpiter/Urano

Descripción: estrella binaria blanca y amarilla ubicada en el cuerpo del Can Menor

INFLUENCIA DE LA ESTRELLA PRINCIPAL

La influencia de Proción trae consigo fuerza de voluntad, empuje y la capacidad de ejecutar planes. También sugiere mucha actividad e intereses u ocupaciones poco comunes. Además, otorga oportunidades de tener éxito y amasar riquezas; indica cambios repentinos en las circunstancias que te traerán fama o notoriedad, así como ganancias y pérdidas. Por ende, es importante que ejercites la paciencia y te des tiempo para planear las cosas, pues eso garantizará mejores resultados. Interpretaciones antiguas de esta estrella suponen que debes cuidarte de las mordidas de perro.

Con respecto a tu grado del Sol, esta estrella confiere valentía, ingenio, talentos excepcionales y naturaleza caballeresca. Asimismo, indica que tendrás muchos amigos leales que vendrán a tu rescate y te ayudarán cuando más lo necesites. Vaticina fortunas inesperadas obtenidas mediante regalos o herencias.

18 de julio

♋ El poder inherente a tu fecha de nacimiento te caracteriza como alguien que busca el conocimiento, así como un individuo considerado e inteligente. Eres ambicioso, tienes convicciones fuertes, empuje dinámico y actitudes persuasivas. Asimismo, eres asertivo, magnético e intuitivo. Ostentas posturas independientes, además de una gran capacidad de razonamiento.

La subinfluencia del regente de tu decanato, Piscis, indica que tienes una visión amplia y estás listo para esforzarte por alcanzar tus sueños. Debido a que eres imaginativo y práctico, te gustan los desafíos mentales, pero al intentar poner a prueba tu ingenio e inteligencia puedes volverte discutidor, obcecado o imprudente.

Tu agilidad mental y amplia gama de intereses se reflejan en tu versatilidad y entusiasmo. La capacidad para ver el panorama completo y la disposición para trabajar arduamente te permitirán plantarte con fuerza y emprender con éxito proyectos de gran tamaño. La educación será la piedra angular de una base sólida para incrementar tus probabilidades de éxito.

Aunque eres disciplinado y culto, la verdadera inspiración que buscas podría depender de tu satisfacción emocional. Si te impones sobre los demás con tu intelecto, en realidad no obtendrás ventaja alguna; por otro lado, si ejercitas el mantener la mente abierta y ser amable y compasivo, te ganarás el amor y afecto que deseas.

Durante tus primeros años de vida, a los cuatro, tu Sol progresado se desplazará hacia Leo. Con ello aumentarán las oportunidades para desarrollar una mayor audacia, en la medida en que tu poder, creatividad y confianza aumenten. Cuando tu Sol progresado vuelva a cambiar de signo y entre a Virgo, alrededor de los 34 años, te volverás más prudente, formal y eficiente. Otro punto de inflexión ocurrirá a los 64, cuando tu Sol progresado entre en Libra y se enfatice la importancia de las relaciones, el amor, la belleza y la armonía.

Tu yo secreto

El desarrollo natural de tus poderes instintivos te brinda una especie de sexto sentido con respecto a las personas y, en cualquier circunstancia, te enseña a confiar en tus primeras impresiones. A veces esto te vuelve un tanto astuto e ingenioso, y te permite sacarle provecho personal a la situación. Por otro lado, muestras tu naturaleza generosa y cortés cuando eres caritativo o vas al rescate de otros.

Es probable que poseas una protección financiera innata y que goces de buena salud. Esta buena fortuna se extiende incluso a oportunidades de trabajo que te resulten satisfactorias, pues eres incapaz de fingir entusiasmo si no lo sientes. Dado que rara vez tienes problemas económicos, los desafíos que enfrentas son más bien de índole espiritual.

Trabajo y vocación

Tus aptitudes naturales de liderazgo, intelecto agudo y habilidades sociales extraordinarias te permiten triunfar en casi cualquier carrera que elijas. Sobresaldrías en la enseñanza, la investigación, la ciencia, las relaciones públicas, la filosofía y la política. Puesto que te disgusta que te digan qué hacer, es imperativo que no ocupes puestos de subordinación. Si te dedicas a los negocios, tu talento organizacional y capacidad para pensar en grande te convertirán en una persona que soluciona problemas, de manera extraordinaria. Necesitas encontrar medios de expresión propia, pues tu fascinación con el histrionismo podría inclinarte hacia la escritura o los mundos del arte y el entretenimiento. Sin importar qué carrera elijas, es probable que prefieras la diversidad y seas bueno para emprender proyectos con entusiasmo y voluntad. Tu inclinación por ayudar a la comunidad irá incrementando conforme envejezcas.

Entre las personas famosas con quienes compartes cumpleaños están el expresidente sudafricano Nelson Mandela, el astronauta John Glenn y el magnate Richard Branson.

Numerología

Algunos de los atributos asociados con el número 18 en la fecha de cumpleaños son tenacidad, asertividad y ambición. Eres capaz, trabajador y responsable, por lo cual se te facilita ascender a posiciones de autoridad. Tu facilidad para los negocios y habilidades organizacionales pueden inclinarte hacia el mundo del comercio. Con la personalidad de alguien nacido en un día 18 puedes usar tus poderes para sanar a otros, dar consejos valiosos o resolver problemas ajenos. Sin embargo, quizá debas aprender a distinguir entre el uso y el abuso de poder al acostumbrarte a convivir con otros. La subinfluencia del número 7 indica que eres inteligente, intuitivo y con gran capacidad de discernimiento. Eres entusiasta y tienes una personalidad carismática, además de ser ambicioso e inquieto a nivel emocional. Tus principales atributos son tus fuertes instintos y la capacidad para combinar tus habilidades prácticas con tu originalidad. Reconoces con rapidez las posibilidades y el potencial de las situaciones, y tienes talento para aprovechar las oportunidades.

• *Cualidades positivas:* actitud progresista, asertividad, intuición, valentía, determinación, capacidad de sanación, eficiencia, facilidad para asesorar.

• *Cualidades negativas:* emociones descontroladas, pereza, desorden, egoísmo, incapacidad para completar proyectos o trabajos, engaños.

Amor y relaciones

Los vínculos familiares estrechos y la influencia temprana de una persona mayor sugieren que ansías independencia. Es posible que necesites a una pareja trabajadora y lista con un toque histriónico. Eres intuitivo pero también escéptico, y si te vuelves demasiado suspicaz tendrás que aprender a ser más confiado y respetuoso. De otro modo, terminarás dándole órdenes a tu pareja, algo que en realidad no quieres. Tu encanto natural hace que otros se sientan atraídos por ti y garantiza tu éxito social.

• *Positiva:* fortuna y riquezas, puestos gubernamentales, orgullo y dignidad, prominencia en la religión.

• *Negativa:* esnobismo, descuido, torpeza, perfidia, engaños.

ESE ALGUIEN ESPECIAL

Incrementarás tus probabilidades de encontrar a ese alguien especial si lo buscas entre quienes nacieron en las siguientes fechas.

Amor y amistad: 1, 14, 28 y 31 de enero; 12, 26 y 29 de febrero; 10, 24 y 27 de marzo; 8, 22 y 25 de abril; 6, 20 y 23 de mayo; 4, 18 y 21 de junio; 2, 16, 19 y 30 de julio; 14, 17, 28 y 30 de agosto; 12, 15, 26, 28 y 30 de septiembre; 10, 13, 24, 26 y 28 de octubre; 8, 11, 22, 24 y 26 de noviembre; 6, 9, 20, 22 y 24 de diciembre.

Buenas para ti: 26 de enero, 24 de febrero, 22 de marzo, 20 de abril, 18 de mayo, 16 de junio, 14 de julio, 12 de agosto, 10 de septiembre, 8 de octubre, 6 de noviembre, 4 de diciembre.

Atracción fatal: 15, 16, 17 y 18 de enero.

Desafiantes: 3 y 25 de enero, 1 y 23 de febrero, 21 de marzo, 19 de abril, 17 de mayo, 15 de junio, 13 de julio, 11 de agosto, 9 de septiembre, 7 de octubre, 5 de noviembre, 3 de diciembre.

Almas gemelas: 3 y 10 de enero, 1 y 8 de febrero, 6 de marzo, 4 de abril, 2 de mayo.

ESTRELLA FIJA

Nombre de la estrella: Proción

Posición: 24º 48'–25º 43' de Cáncer, entre los años 1930 y 2000

Magnitud: 1

Fuerza: ★★★★★★★★★

Órbita: 2º 30'

Constelación: Can Menor (Alpha Canis Minor)

Días efectivos: 16, 17, 18, 19, 20 y 21 de julio

Propiedades de la estrella: influencias variadas: Mercurio/Marte o Júpiter/Urano

Descripción: estrella binaria blanca y amarilla ubicada en el cuerpo del Can Menor

INFLUENCIA DE LA ESTRELLA PRINCIPAL

La influencia de Proción trae consigo fuerza de voluntad, empuje y la capacidad de ejecutar planes. Esta estrella sugiere mucha actividad e intereses poco comunes. También otorga oportunidades de tener éxito y amasar riquezas; indica cambios repentinos en las circunstancias que te traerán fama o notoriedad, así como ganancias y pérdidas. Por ende, es importante que ejercites la paciencia y te des tiempo para planear las cosas, pues eso garantizará mejores resultados. Interpretaciones antiguas de esta estrella suponen que debes cuidarte de las mordidas de perro.

Con respecto a tu grado del Sol, esta estrella confiere valentía, ingenio, talentos excepcionales y naturaleza caballeresca. Asimismo, indica que tendrás muchos amigos leales que vendrán a tu rescate y te ayudarán cuando más lo necesites. Vaticina fortunas repentinas obtenidas mediante regalos o herencias.

19 de julio

♋ Entre las cualidades asociadas a esta fecha de nacimiento están el idealismo y la generosidad; muestras una comprensión piadosa y un gran corazón. Al haber nacido bajo el signo de Cáncer, eres sensible e intuitivo. Sueles tener muchas ideas maravillosas, pero también una tendencia a preocuparte que podría socavar tu tenacidad y autoestima. Por ende, combinar el optimismo con la imaginación será la clave para que alcances el equilibrio y la paz interior.

La subinfluencia de Piscis, el regente de tu decanato, refleja que eres impresionable y tienes un fuerte sexto sentido. Dado que eres sensible a los colores y los sonidos, es probable que tengas inclinaciones artísticas o descubras que la música te provoca un efecto calmante.

Si piensas que todo en la vida es una experiencia de la cual se puede aprender, te ahorrarás muchas frustraciones y momentos de impaciencia. Mantener la mente abierta y ser tolerante te hará apreciar la infinidad de posibilidades que tienes al alcance.

Eres encantador, amistoso, aventurero y sientes una gran necesidad de entablar relaciones cercanas, por lo que sueles tener una vida social bastante activa. Puesto que necesitas inspiración para poder explorar tu verdadero potencial mental, es recomendable que priorices la educación y el autoconocimiento. Esto supone que necesitas canalizar tu infinidad de sentimientos y creatividad mental hacia esa meta o que encuentres medios para expresarlos.

Antes de los tres años, cuando tu Sol progresado se desplace hacia Leo, serás más bien tímido y sensible. La fuerte influencia de Leo crece durante las siguientes tres décadas y te permite adquirir mayor fortaleza y seguridad en ti mismo. Después de los 33, cuando tu Sol progresado se desplace hacia Virgo, es probable que tus talentos y habilidades se combinen con una mayor paciencia y perfeccionismo. A los 63, cuando tu Sol progresado se desplace hacia Libra, habrá un punto de inflexión que enfatizará la importancia creciente de las relaciones sociales y personales, e incrementará tu aprecio por la belleza y la armonía.

Tu yo secreto

Prosperas en entornos de amor y apoyo, pues sentirte apreciado te impulsa a esforzarte aún más. Eres justo, responsable y te gusta saldar tus deudas; gracias a eso, aprenderás que uno cosecha lo que siembra. Por medio de la disciplina mental y de las habilidades, te concentrarás mejor y aprovecharás al máximo tu maravilloso potencial.

Si careces de mecanismos para expresar tus intensos sentimientos, podrías desalentarte o deprimirte. Si mantienes una perspectiva objetiva, aprenderás a soltar el pasado y recibirás con los brazos abiertos las buenas oportunidades que te brinda la vida. Eres un consejero innato, pero tienes que evitar involucrarte demasiado en los problemas ajenos al grado de interferir en ellos, pues debes dejar que los demás cometan sus propios errores. Aun así, puesto que eres leal y afectuoso, proteges a toda costa a tus seres queridos. Ya que eres creativo y expresivo, inspiras a los demás con tu idealismo y visión entusiasta.

Trabajo y vocación

Tu gusto por el trato con las personas y amor por el conocimiento te inclinarán hacia ocupaciones como profesor, consejero, trabajador social, o al ámbito del cuidado de la salud. La necesidad de expresar tus propias ideas, por otro lado, podrían acercarte a profesiones como el diseño, la escritura, la música, el arte, la poesía, el relato de cuentos o el teatro. Eres bueno con las palabras y sabes defender tus opiniones, por lo que te sentirías cómodo trabajando como abogado, reformista o político. Gracias a tus habilidades organizacionales y administrativas, podrías sobresalir en los negocios. Tus inclinaciones humanitarias y filosóficas tendrían cabida en la religión o podrían manifestarse a través de la recaudación de fondos para causas benéficas.

Entre las personas famosas con quienes compartes cumpleaños están el actor Anthony Edwards, el pintor francés Edgar Degas, el inventor del revólver Samuel Colt y el tenista Ilie Năstase.

Numerología

Algunas de las cualidades de las personas nacidas bajo el número 19 son la alegría, la ambición y el humanitarismo. Eres una persona tenaz e ingeniosa, con una visión profunda; el lado soñador de tu naturaleza es compasivo, idealista y creativo. Aunque seas una persona sensible, tu necesidad de sobresalir pueden empujarte a ser dramático y a intentar acaparar reflectores. Sueles tener un fuerte deseo de establecer tu propia identidad. Para ello, deberás empezar por aprender a no sucumbir ante la presión social. Solo mediante numerosas experiencias desarrollarás seguridad en ti mismo o habilidades de liderazgo. A ojos de los demás eres una persona segura, fuerte e ingeniosa, pero las tensiones internas pueden provocarte altibajos emocionales. La subinfluencia del mes número 7 indica que eres analítico, considerado e intuitivo. Aunque posees un olfato natural para los negocios, te beneficiará desarrollar tus habilidades organizacionales y ejecutivas.

• *Cualidades positivas:* dinamismo, ecuanimidad, creatividad, liderazgo, suerte, actitud progresista, optimismo, convicciones fuertes, competitividad, independencia, sociabilidad.

• *Cualidades negativas:* ensimismamiento, depresión, angustia, miedo al rechazo, altibajos emocionales, materialismo, egoísmo, impaciencia.

Amor y relaciones

Tu deseo de seguridad emocional hace que suelas buscar relaciones estrechas con personas confiables. Aunque las relaciones de pareja sean importantes para ti, evita la tendencia a volverte demasiado dependiente de la persona que amas. Dado que eres sociable y popular, disfrutas la compañía de otras personas y te desagrada estar solo. Eres afectuoso y generoso, por lo que te sientes tentado a hacer sacrificios por tus seres queridos.

• *Positiva:* fortuna y riquezas, puestos gubernamentales, orgullo y dignidad, prominencia en la religión.

• *Negativa:* esnobismo, descuido, torpeza, perfidia, engaños.

ESE ALGUIEN ESPECIAL

Es probable que encuentres el amor verdadero entre personas nacidas en las siguientes fechas.

Amor y amistad: 1, 15, 26, 29 y 30 de enero; 13, 24, 27 y 28 de febrero; 11, 22, 25 y 26 de marzo; 9, 20, 23 y 24 de abril; 7, 18, 21 y 22 de mayo; 5, 16, 19 y 20 de junio; 3, 14, 17, 18 y 31 de julio; 1, 12, 15, 16, 29 y 31 de agosto; 10, 13, 14, 27 y 29 de septiembre; 8, 11, 12, 25 y 27 de octubre; 6, 9, 10, 23 y 25 de noviembre; 4, 7, 8, 21, 23 y 29 de diciembre.

Buenas para ti: 1, 2, 10 y 27 de enero; 8 y 25 de febrero; 6 y 23 de marzo; 4 y 21 de abril; 2, 19 y 30 de mayo; 17 y 28 de junio; 15 y 26 de julio; 13 y 24 de agosto; 11 y 22 de septiembre; 9 y 20 de octubre; 7 y 18 de noviembre; 5 y 16 de diciembre.

Atracción fatal: 16, 17, 18 y 19 de enero.

Desafiantes: 17 y 26 de enero; 15 y 24 de febrero; 13 y 22 de marzo; 11 y 20 de abril; 9 y 18 de mayo; 7 y 16 de junio; 5 y 14 de julio; 3, 12 y 30 de agosto; 1, 10 y 28 de septiembre; 8, 26 y 29 de octubre; 6, 24 y 27 de noviembre; 4, 22 y 25 de diciembre.

Almas gemelas: 21 de enero, 19 de febrero, 17 de marzo, 15 de abril, 13 de mayo, 11 de junio, 9 y 29 de julio, 7 y 27 de agosto, 5 y 25 de septiembre, 3 y 23 de octubre, 1 y 21 de noviembre, 19 de diciembre.

ESTRELLA FIJA

Nombre de la estrella: Proción

Posición: 24° 48'–25° 43' de Cáncer,
entre los años 1930 y 2000

Magnitud: 1

Fuerza: ★★★★★★★★★

Órbita: 2° 30'

Constelación: Can Menor (Alpha Canis
Minor)

Días efectivos: 16, 17, 18, 19, 20 y 21 de
julio

Propiedades de la estrella: influencias
variadas: Mercurio/Marte o Júpiter/
Urano

Descripción: estrella binaria blanca y
amarilla ubicada en el cuerpo del
Can Menor

INFLUENCIA DE
LA ESTRELLA PRINCIPAL

La influencia de Proción trae consigo fuerza de voluntad, empuje y la capacidad de ejecutar planes. También sugiere mucha actividad e intereses u ocupaciones poco comunes. Otorga oportunidades de tener éxito y amasar riquezas. Indica cambios repentinos en las circunstancias que te traerán fama o notoriedad, así como ganancias y pérdidas. Por ende, es importante que ejercites la paciencia y te des tiempo para planear las cosas, pues eso garantizará mejores resultados. Interpretaciones antiguas de esta estrella suponen que debes cuidarte de las mordidas de perro.

Con respecto a tu grado del Sol, Proción confiere valentía, ingenio, talentos excepcionales y naturaleza caballeresca. Asimismo, indica que tendrás muchos amigos leales que vendrán a tu rescate y te ayudarán cuando más lo necesites. Vaticina fortunas repentinas obtenidas mediante regalos o herencias.

20 de julio

♋ Tu sonrisa amistosa y personalidad encantadora suelen opacar la vitalidad y el empuje característicos de tu fecha de nacimiento. Como buen Cáncer, eres idealista e intuitivo, tienes una gran tenacidad y una mente poderosa.

La subinfluencia de Piscis, el regente de tu decanato, indica que eres imaginativo y tienes una visión amplia y la ambición necesaria para cumplir tus sueños. Estar inspirado y ser pragmático hacen que disfrutes los desafíos mentales, pero cuando pongas a prueba tu ingenio e inteligencia evita el malhumor o la terquedad.

Tu potencial de éxito depende del poder y del conocimiento, así que entre más culto seas más podrás enfocarte en triunfar. Te resultará indispensable alcanzar la paz mental y sentar bases firmes de valores y creencias. Con la confianza del vasto conocimiento que tienes sobre aquello que crees y aprecias, eres capaz de lograr muchas cosas. Eres armonioso por naturaleza, y tu sensibilidad implica que, dado que te dejas influenciar por el entorno inmediato, necesitas una atmósfera positiva para prosperar y florecer. Por otro lado, la falta de armonía saca a la luz tu lado más negativo y, si te encuentras en situaciones de confrontación, podrías sucumbir a discusiones y juegos de poder. No obstante, te beneficiará desarrollar un enfoque diplomático que, con ayuda de tu capacidad de persuasión y facilidad de palabra, te permita convencer a otros de que cambien de opinión.

De los dos a los 32 años, mientras tu Sol progresado se encuentra en el signo de Leo, tendrás muchas oportunidades para aprovechar el lado sociable y vivaz de tu naturaleza. Ya sea en el trabajo o en contextos sociales, aprenderás a ser más sereno y seguro de ti. Después de los 32 habrá un ajuste de prioridades, cuando tu Sol progresado se desplace hacia Virgo. A lo largo de este periodo, te sentirás inclinado a ser más ordenado, motivado y profesional. A los 62 pasarás por otro punto de inflexión, cuando tu Sol progresado se desplace hacia Libra, donde resaltarán la vida social, las relaciones y las oportunidades para desarrollar cualquier talento artístico o literario latente.

Tu yo secreto

El trabajo arduo que se necesita para explotar al máximo tu inmenso potencial puede poner en jaque tus ganas profundas de fortalecerte y transmitir tu inspirado conocimiento. Tus habilidades de liderazgo y el que encuentres oportunidades dentro de cualquier situación es un reflejo de tu capacidad para pensar en grande. Posees una visión optimista de la vida y una gran capacidad para fantasear de forma creativa. Si aprovechas tus aptitudes excepcionales para cumplir tus sueños, lograrás cosas especiales.

Te atraen personas con un intelecto firme, pues te resultan estimulantes y comparten tu búsqueda interminable de conocimiento. Quizá quieras seguir estudiando o te interesen temas místicos, pues es probable que sientas una atracción inconsciente por el proceso de la iluminación espiritual. Esto, sin embargo, no anula tu olfato para los negocios mundanos y pragmáticos, que te permite comercializar tus múltiples talentos.

Trabajo y vocación

Si combinas tu magnífico intelecto y sensibilidad, tendrás garantizado el éxito en carreras que requieran tratar con gente, como la psicoterapia, la educación, el derecho o las reformas sociales. Tu tenacidad, ambición y buenas habilidades organizacionales también te ayudarán a obtener grandes logros en el mundo de los negocios. Quizá tengas un interés especial en trabajar con niños, dedicarte a la preparación de alimentos o promover artículos para el hogar. Por otro lado, tu sentido de la composición visual te guiará a carreras como la fotografía y la cinematografía. De igual modo, tu deseo de expresar tu parte creativa tendrá cabida en el mundo del arte, la música, el teatro o el entretenimiento. Eres sumamente intuitivo y tienes habilidades de sanación naturales que te serían útiles si te dedicaras a la medicina alópata o alternativa.

Entre las personas famosas con quienes compartes cumpleaños están el músico Carlos Santana, las actrices Diana Rigg y Natalie Wood y el explorador Sir Edmund Hillary.

Numerología

Al haber nacido bajo el número 20, eres intuitivo, sensible y adaptable, y a menudo te consideras parte de grupos más grandes. Te agradan las actividades cooperativas en las que puedes interactuar, compartir experiencias y aprender de otros. Tu encanto y gracia te ayudan a desarrollar habilidades diplomáticas y sociales que te permiten moverte con fluidez en diversos círculos sociales. No obstante, quizá necesites fortalecer tu seguridad o superar la tendencia a sentirte herido por las acciones y críticas ajenas. En las relaciones y otras sociedades debes evitar martirizarte, ser desconfiado o demasiado dependiente de los demás. La subinfluencia del mes número 7 indica que eres inteligente, perspicaz y reflexivo. Posees versatilidad e imaginación innatas; instintos afilados y habilidades psíquicas; además de que eres creativo y estás lleno de ideas. Sueles ser idealista, buscar equilibrio y armonía, y dejarte inspirar por otras personas. En ocasiones, eres indeciso y necesitas tiempo a solas para pensar y reflexionar.

• *Cualidades positivas:* buenas asociaciones, gentileza, tacto, receptividad, intuición, amabilidad, armonía, afabilidad, naturaleza amistosa, embajador de buena voluntad.

• *Cualidades negativas:* suspicacia, inseguridad, timidez, hipersensibilidad, egoísmo, tendencia a ofenderse, engaño.

Amor y relaciones

Para ti, la estabilidad y un hogar seguro son ingredientes vitales para una buena vida amorosa. En general, te atraen personas con quienes compartes ideas y principios; por lo que es recomendable que tus relaciones personales más importantes sean con quienes compartas el mismo nivel de entendimiento. Te atrae gente astuta y directa, pues necesitas estímulos intelectuales y aprender mucho de los demás.

• *Positiva:* fortuna y riquezas, puestos gubernamentales, orgullo y dignidad, prominencia en la religión.

• *Negativa:* esnobismo, descuido, torpeza, perfidia, engaños.

ESE ALGUIEN ESPECIAL

Podrás entablar relaciones amorosas y tiernas con personas nacidas en las siguientes fechas.

Amor y amistad: 10, 13, 20 y 30 de enero; 8, 11, 18 y 28 de febrero; 6, 9, 16 y 26 de marzo; 4, 7, 14 y 24 de abril; 2, 5, 12 y 22 de mayo; 3, 10 y 20 de junio; 1, 8 y 18 de julio; 6, 16 y 30 de agosto; 4, 14, 28 y 30 de septiembre; 2, 12, 26, 28 y 30 de octubre; 10, 24, 26 y 28 de noviembre; 8, 22, 24 y 26 de diciembre.

Buenas para ti: 12, 16, 17 y 28 de enero; 10, 14, 15 y 26 de febrero; 8, 12, 13 y 24 de marzo; 6, 10, 11 y 22 de abril; 4, 8, 9, 20 y 29 de mayo; 2, 6, 7, 18 y 27 de junio; 4, 5, 16 y 25 de julio; 2, 3, 14 y 23 de agosto; 1, 12 y 21 de septiembre; 10 y 19 de octubre; 8 y 17 de noviembre; 6 y 14 de diciembre.

Atracción fatal: 17, 18, 19 y 20 de enero; 31 de marzo; 29 de abril; 27 de mayo; 25 de junio; 23 de julio; 21 de agosto; 19 de septiembre; 17 de octubre; 15 de noviembre; 17 de diciembre.

Desafiantes: 6, 18, 22 y 27 de enero; 4, 16, 20 y 25 de febrero; 2, 14, 18 y 23 de marzo; 12, 16 y 21 de abril; 10, 14 y 19 de mayo; 8, 12 y 17 de junio; 6, 10 y 15 de julio; 4, 8 y 13 de agosto; 2, 6 y 11 de septiembre; 4 y 9 de octubre; 2 y 7 de noviembre; 5 de diciembre.

Almas gemelas: 28 de marzo, 26 de abril, 24 de mayo, 22 de junio, 20 de julio, 18 de agosto, 16 de septiembre, 14 de octubre, 12 de noviembre, 10 de diciembre.

21 de julio

ESTRELLAS FIJAS

Proción; Altarf, que significa "la punta"

ESTRELLA PRINCIPAL

Nombre de la estrella: Proción

Posición: 24° 48'–25° 43' de Cáncer, entre los años 1930 y 2000

Magnitud: 1

Fuerza: ★★★★★★★★★

Órbita: 2° 30'

Constelación: Can Menor (Alpha Canis Minor)

Días efectivos: 16, 17, 18, 19, 20 y 21 de julio

Propiedades de la estrella: influencias variadas: Mercurio/Marte o Júpiter/Urano

Descripción: estrella binaria blanca y amarilla ubicada en el cuerpo del Can Menor

INFLUENCIA DE LA ESTRELLA PRINCIPAL

La influencia de Proción trae consigo fuerza de voluntad, empuje y la capacidad de ejecutar planes. También sugiere mucha actividad e intereses poco comunes. Además, otorga oportunidades de éxito y riquezas. Esta estrella indica cambios repentinos en las circunstancias que te traerán fama o notoriedad, así como ganancias y pérdidas. Por ende, es importante que ejercites la paciencia, pues eso garantizará mejores resultados. Interpretaciones antiguas de esta estrella suponen que debes cuidarte de las mordidas de perro.

Con respecto a tu grado del Sol, Proción confiere valentía, ingenio, talentos excepcionales y naturaleza caballeresca. Asimismo, indica que tendrás muchos amigos leales. Vaticina fortunas

Tu fecha de nacimiento revela que eres receptivo, intuitivo, de carácter ambicioso e ingenioso, y personalidad creativa y astuta. Tu curiosidad y comprensión de las motivaciones ajenas indican que evalúas a la gente y las situaciones con rapidez. Como muchos otros Cáncer, eres sensible y tienes una mente astuta y gran capacidad intelectual. No obstante, a veces las angustias y el escepticismo señalan que debes aprender a confiar en tus primeros instintos. Puesto que te gusta mantenerte mentalmente activo e informado, la educación institucional o el aprendizaje autodidacta te ayudarán a fortalecer y afinar tu mente y tu seguridad personal.

La subinfluencia de Piscis, el regente de tu decanato, te infunde imaginación y habilidades psíquicas. Sueles ser independiente y sentir la necesidad de lograr cosas, además de que tienes una capacidad de razonamiento profunda y eres capaz de desarrollar tus habilidades analíticas. Cuando te inspiras, puedes adaptarte a cualquier situación o lidiar con ella. Si adoptas una actitud responsable y te mantienes firme en tus decisiones, jamás sentirás que eres una víctima del destino.

Tu necesidad de alternar entre lo tradicional y vanguardista implica que necesitas mecanismos de expresión personal que reflejen tu individualidad y creatividad. Sin embargo, la falta de estímulos intelectuales podría causarte exasperación y sacar a relucir tu tendencia a ser pendenciero y obstinado.

Dado que tu Sol progresa hacia Leo durante tu primer año de vida, tendrás oportunidades en la primera infancia para desarrollar fortaleza, creatividad y mecanismos de expresión. Es probable que tu confianza siga robusteciéndose hasta los 30, cuando cambiará tu enfoque y te volverás más pragmático y racional, con ansias crecientes de llevar una vida ordenada. A los 60 habrá otro punto de inflexión, conforme tu Sol progresado entre a Libra. Esto resalta la importancia cada vez mayor de las relaciones, tu círculo social y el aprecio por la belleza y la armonía.

Tu yo secreto

En ocasiones, tienes rasgos entusiastas e infantiles, lo que hace que te encanten las competencias y los desafíos creativos. Disfrutas las batallas de ingenio entre amigos y te agrada hacer preguntas sutilmente provocativas. Aunque te gusta la diversión, esta parte de ti querrá evadir las responsabilidades; sin embargo, si tienes fe en un proyecto, te entusiasmarás y trabajarás arduamente para manifestar tus ideales. A pesar de que eres sociable, necesitas pasar tiempo a solas para recuperar energías y tener oportunidad de pensar.

Tu tenacidad y talento natural para apreciar el valor de las cosas te ayudará a amasar una fortuna, pero para encontrar la verdadera satisfacción será necesario que equilibres esas capacidades con tu perspicacia más profunda. Si escuchas a la vocecita interna de tu intuición y confías en ella, en lugar de hacerle caso a tu mente racional, es más probable que triunfes. Por fortuna, tienes un poder interno inmenso que siempre te ayuda en momentos de crisis.

Trabajo y vocación

Tu imaginación e intelecto agudo podrían inclinarte hacia ocupaciones como la enseñanza, la ciencia, el trabajo social o de cuidados asistenciales. El amor por el conocimiento y las ansias de expresar tu individualidad y tus ideas serían útiles si te dedicas a la escritura o a ocupaciones como el diseño, la música, el arte o el teatro. Es posible que tengas tanto habilidades analíticas como técnicas, lo cual podría ayudarte en lo profesional. Puesto que disfrutas los debates, tus habilidades de lucha y comunicación tendrían cabida en la política, las promociones, las ventas y los negocios. La habilidad para recaudar fondos indica que el trabajo filantrópico les brindaría una estructura excelente a tus habilidades organizacionales y administrativas.

Entre las personas famosas con quienes compartes cumpleaños están el escritor Ernest Hemingway, el escritor y director Jonathan Miller, el actor Robin Williams, el violinista Isaac Stern y el músico Cat Stevens.

Numerología

Tener el número 21 en tu fecha de cumpleaños te hace una persona con empuje dinámico y personalidad extrovertida. Con esas inclinaciones sociales, tienes muchos intereses y contactos, y a menudo tienes mucha suerte. Sueles mostrarte amistoso y sociable con los demás. Eres original, intuitivo y de espíritu independiente. Si tu cumpleaños es en un día con el número 21, es posible que te encante la diversión; que seas magnético, creativo y poseas encanto social. Por otro lado, puedes ser tímido y reservado, con necesidad de desarrollar la asertividad, en especial en relaciones cercanas. La subinfluencia del mes número 7 indica que eres inteligente, práctico y tienes un sexto sentido desarrollado. Sin embargo, a veces deberás aprender a confiar en los demás y superar la tendencia a ser demasiado escéptico o suspicaz. En general, eres extrovertido y necesitas interactuar con otros, pero no por eso renuncias a tu originalidad o independencia. Aunque seas sensible, también eres innovador, valiente y tienes mucha energía.

• *Cualidades positivas:* inspiración, creatividad, uniones amorosas, relaciones duraderas, facilidad de palabra.

• *Cualidades negativas:* dependencia, nerviosismo, descontrol emocional, falta de visión, decepción, miedo al cambio.

Amor y relaciones

Eres amistoso pero también reservado. Te atraen las personas creativas, independientes y trabajadoras, que saben lo que quieren. En las relaciones cercanas, necesitas establecer tu asertividad desde el principio; ya que debes evitar la tendencia a preocuparte en exceso. Eres astuto y autosuficiente, y te gusta saber las motivaciones de los demás. Cuando abres tu corazón y expresas tus sentimientos profundos, contribuyes mucho a las relaciones que entablas. A menudo, las mujeres son quienes te apoyan o tienen una influencia benéfica en tu vida.

repentinas obtenidas mediante regalos o herencias.

• *Positiva:* fortuna y riquezas, puestos gubernamentales, orgullo y dignidad, prominencia en la religión.

• *Negativa:* esnobismo, descuido, torpeza, perfidia, engaños.

ESE ALGUIEN ESPECIAL

Para mantener el interés en relaciones a largo plazo, busca personas nacidas en las siguientes fechas.

Amor y amistad: 21, 28 y 31 de enero; 19, 26 y 29 de febrero; 17, 24 y 27 de marzo; 15, 22 y 25 de abril; 13, 20 y 23 de mayo; 11, 18 y 21 de junio; 9, 16 y 19 de julio; 7, 14, 17 y 31 de agosto; 5, 12, 15 y 29 de septiembre; 3, 10, 13, 27, 29 y 31 de octubre; 1, 8, 11, 25, 27 y 29 de noviembre; 6, 9, 23, 25 y 27 de diciembre.

Buenas para ti: 9, 12, 18, 24 y 29 de enero; 7, 10, 16, 22 y 27 de febrero; 5, 8, 14, 20 y 25 de marzo; 3, 6, 12, 18 y 23 de abril; 1, 10, 16, 21 y 31 de mayo; 2, 8, 14, 19 y 29 de junio; 6, 12, 17 y 27 de julio; 4, 10, 15 y 25 de agosto; 2, 8, 13 y 23 de septiembre; 6, 11 y 21 de octubre; 4, 9 y 19 de noviembre; 2, 7 y 17 de diciembre.

Atracción fatal: 3, 18, 19, 20 y 21 de enero; 1 de febrero; 30 de abril; 28 de mayo; 26 de junio; 24 de julio; 22 de agosto; 20 de septiembre; 18 de octubre; 16 de noviembre; 14 de diciembre.

Desafiantes: 7, 8, 19 y 28 de enero; 5, 6, 17 y 26 de febrero; 3, 4, 15 y 24 de marzo; 1, 2, 13 y 22 de abril; 11 y 20 de mayo; 9 y 18 de junio; 7 y 16 de julio; 5 y 14 de agosto; 3 y 12 de septiembre; 1 y 10 de octubre; 8 de noviembre; 6 de diciembre.

Almas gemelas: 3 y 19 de enero, 1 y 17 de febrero, 15 de marzo, 13 de abril, 11 de mayo, 9 de junio, 7 de julio, 5 de agosto, 3 de septiembre, 1 de octubre.

22 de julio

ESTRELLA FIJA

Nombre de la estrella: Altarf, que significa "la punta"

Posición: 30º de Cáncer–1º de Leo, entre los años 1930 y 2000

Magnitud: 3.5

Fuerza: ★★★★★

Órbita: 1º 40'

Constelación: Cáncer (Beta Cáncer)

Días efectivos: 21 y 22 de julio

Propiedades de la estrella: Marte

Descripción: estrella gigante anaranjada ubicada en la punta de la pata sur del cangrejo

INFLUENCIA DE LA ESTRELLA PRINCIPAL

La influencia de Altarf se refleja en tu fuerza de voluntad, fortaleza y capacidad de avanzar en la vida por tus propios méritos. Además de vigor y espíritu de lucha, posees la capacidad para sobreponerte a las dificultades y los peligros. Esta estrella previene contra el exceso de impulsividad o de trabajo.

Con respecto a tu grado del Sol, Altarf otorga valentía, empeño y el deseo constante de mantenerte involucrado en actividades. Además, te transmite confianza en ti mismo, así como entusiasmo y espíritu emprendedor.

• *Positiva:* actividad y productividad, valentía, seguridad en ti.

• *Negativa:* desperdicio de energía, impulsividad, imprudencia y tendencia a apostar.

♋ Puesto que tu fecha de nacimiento está en la cúspide de Cáncer y Leo, eres sensible, asertivo y posees una naturaleza ambiciosa. Sueles ser sociable, por lo que tu personalidad amigable exuda una presencia magnética que atrae amigos e influye en los demás. Eres una persona discretamente enérgica y directa, y puedes avanzar en la vida gracias al simple poder de tu perseverancia.

Eres astuto, considerado, y un estratega natural que, para cumplir sus sueños, es capaz de combinar su mente perspicaz con sus habilidades prácticas. Si encuentras un tema que te interese y que cautive tu imaginación, sigue a tu corazón y no permitas que las angustias y preocupaciones socaven tu potencial extraordinario.

Ser imaginativo y competitivo hace que tengas ideas productivas, por lo que necesitas organizarte para aprovechar al máximo tus capacidades, ya que eres versátil y tienes muchos intereses. Desear obtener más conocimiento hace que te vuelvas un experto en tu profesión, mientras que tener dotes de persuasión verbal te da cierto prestigio. Al ir en busca de lo que ambicionas, procura no volverte demasiado serio porque te causará un estrés innecesario.

Hasta los 29 años, cuando tu Sol progresado se encuentra en Leo, el énfasis está puesto en la creatividad y la sociabilidad. Después de los 30, cuando tu Sol progresado se desplace hacia Virgo, te volverás más analítico, metódico y ordenado. Este perfeccionismo y pragmatismo cambiará a los 60 años, cuando tu Sol progresado se desplace hacia Libra y tomes conciencia de las relaciones personales y tu necesidad de armonía.

Tu yo secreto

Tu sensación de seguridad proviene de tener un propósito o plan para el futuro. Por ende, tendrás que balancear tus ambiciones y deseos de lograr cosas con la tendencia a dejarte llevar por la inercia. Tienes buen olfato para los negocios y capacidad de generar dinero, pero debes evitar el miedo infundado a no contar con suficientes fondos. Aunque eres bastante independiente, trabajas bien en equipo y reconoces el valor de las alianzas y los esfuerzos grupales. Los golpes de suerte que te permiten hacer contactos y comercializar tus talentos siempre te protegerán a nivel financiero.

Eres tenaz y decidido, y logras reconstruirte solo con fuerza de voluntad. Esta es una fuerza de sanación benéfica si se usa de forma positiva, pero expone la necesidad de tener interacciones justas con la gente. Ansías reconocimientos y te enorgulleces de tus esfuerzos. Como eres perfeccionista por naturaleza, sueles estar dispuesto a trabajar arduamente para alcanzar tus objetivos.

Trabajo y vocación

Gracias a tu facilidad de palabra, serías un excelente vendedor, diplomático, político o agente. El amor por el conocimiento indica que podrías trabajar en ámbitos educativos como profesor o conferencista. Por otro lado, quizás el aprecio por las artes te inspire a dedicarte al teatro, el cine, la escritura, la moda, el diseño de interiores o la música.

El interés por las artes culinarias podría llevarte a la cocina, en donde serías capaz de combinar tu creatividad con tu amor por la comida. Mientras tanto, tus habilidades prácticas te hacen apto para ser ingeniero o técnico. Gracias a tu naturaleza solidaria y empática, podrían atraerte ocupaciones como consejero, terapeuta o profesional del cuidado infantil, o quizá te gustaría recaudar fondos para causas benéficas.

Entre las personas famosas con quienes compartes cumpleaños están los actores Terence Stamp y Danny Glover, el diseñador de moda Óscar de la Renta, Rose Kennedy, la matriarca del clan Kennedy y el político estadounidense Bob Dole.

Numerología

Tener el número 22 en tu fecha de tu cumpleaños te hace una persona práctica, disciplinada y sumamente intuitiva. Es un número maestro que puede vibrar tanto en forma de 22 como en forma de 4. Sueles ser honesto y trabajador, posees habilidades de liderazgo innatas, una personalidad carismática, además de una profunda capacidad de entender a la gente. Aunque no demuestras tu afecto, sueles preocuparte por el bienestar de tus seres queridos. No obstante, nunca pierdes de vista tu lado pragmático o realista. La subinfluencia del mes número 7 indica que eres sensible e inteligente, que amas el conocimiento y tienes un sexto sentido bien desarrollado. Eres impresionable y receptivo al entorno, y quizá sea necesario que explores mecanismos de creación y expresión emocional. Sueles ser extrovertido y disfrutas las actividades sociales, así como tus múltiples intereses, pero te beneficiaría enfocarte en un único objetivo. La combinación de humildad y confianza suele obligarte a encontrar un equilibrio entre tu ambición y disposición a trabajar arduamente, y la tentación a tomar el camino fácil y desperdiciar tus energías.

• *Cualidades positivas:* universalidad, ansias de dirigir, intuición, pragmatismo, practicidad, habilidades manuales, de construcción y de organización, talento, realismo, capacidad para resolver problemas, éxitos.

• *Cualidades negativas:* codicia que lleva a cometer fraudes para enriquecerse rápido, nerviosismo, autoritarismo, materialismo, falta de visión, pereza, egoísmo.

Amor y relaciones

Tu encanto es uno de tus principales atributos al socializar con amigos y pareja. Gracias a tu gusto por el histrionismo, tu vida amorosa jamás será aburrida. Dado que el poder emocional es uno de tus puntos más fuertes, necesitas mecanismos para expresar tus pasiones. Aun así, es mejor evitar volverse demasiado emotivo o manipulador, para cuidar las relaciones a largo plazo. Una vez que sientas cabeza, eres un amigo o una pareja fiel y amorosa. Sin embargo, tienes que encontrar el equilibrio entre tu trabajo y tus relaciones.

ESE ALGUIEN ESPECIAL

Aunque seguramente conquistes muchos corazones, podrás entablar relaciones más exitosas con personas nacidas en las siguientes fechas.

Amor y amistad: 18 y 22 de enero; 16 y 20 de febrero; 14, 18 y 28 de marzo; 12, 16 y 26 de abril; 10, 14 y 24 de mayo; 8, 12 y 22 de junio; 6, 10, 20 y 29 de julio; 4, 8, 18, 27 y 30 de agosto; 2, 6, 16, 25 y 28 de septiembre; 4, 14, 23, 26 y 30 de octubre; 2, 12, 21, 24 y 28 de noviembre; 10, 19, 22, 26 y 28 de diciembre.

Buenas para ti: 6, 10, 25 y 30 de enero; 4, 8, 23 y 28 de febrero; 2, 6, 21 y 26 de marzo; 4, 19 y 24 de abril; 2, 17 y 22 de mayo; 15, 20 y 30 de junio; 13, 18 y 28 de julio; 11, 16 y 26 de agosto; 9, 14 y 24 de septiembre; 7, 12 y 22 de octubre; 5, 10 y 20 de noviembre; 3, 8 y 18 de diciembre.

Atracción fatal: 19, 20, 21 y 22 de enero; 29 de mayo; 27 de junio; 25 de julio; 23 de agosto; 21 de septiembre; 19 de octubre; 17 de noviembre; 15 de diciembre.

Desafiantes: 13, 29 y 31 de enero; 11, 27 y 29 de febrero; 9, 25 y 27 de marzo; 7, 23 y 25 de abril; 5, 21 y 23 de mayo; 3, 19 y 21 de junio; 1, 17 y 19 de julio; 15 y 17 de agosto; 13 y 15 de septiembre; 11 y 13 de octubre; 9 y 11 de noviembre; 7 y 9 de diciembre.

Almas gemelas: 6 y 25 de enero, 4 y 23 de febrero, 2 y 21 de marzo, 19 de abril, 17 de mayo, 15 de junio, 13 de julio, 11 de agosto, 9 de septiembre, 7 de noviembre, 5 de diciembre.

Leo

23 de julio–22 de agosto

SOL: CÚSPIDE LEO/CÁNCER
DECANATO: LEO/SOL
ÁNGULO: 29° 30' DE CÁNCER–1°
DE LEO
MODALIDAD: FIJA
ELEMENTO: FUEGO

ESTRELLAS FIJAS

Aunque el grado en que se ubica tu Sol no se encuentra vinculado con una estrella fija, algunos de los grados de tus otros planetas sí lo estarán. Si solicitas el cálculo de tu carta astral, encontrarás la posición exacta de los planetas en tu fecha de nacimiento. Esto te permitirá determinar cuáles de las estrellas fijas descritas en este libro son relevantes para ti.

23 de julio

♌ Algunas de las cualidades asociadas con tu fecha de nacimiento son un espíritu incansable, iniciativa, inteligencia y sensibilidad. Dado que naciste en la cúspide de Leo y Cáncer, te beneficias de las influencias del Sol y de la Luna. Sin embargo, predomina el Sol en Leo, y su influencia sugiere que la dignidad, el orgullo, la creatividad y una necesidad de expresión son parte vital de tu carácter. Desde temprana edad has sido una persona resuelta, así que buscas constantemente nuevos intereses y experiencias. Tu naturaleza aventurera anhela el movimiento y ser quien esté al mando.

Pese a que tu mayor recurso es tu mente ágil y perspicaz, a veces puedes ir quizá demasiado rápido. No obstante, el potencial creativo de tu pensamiento es excelente para aprender nuevas habilidades y mejorar las que ya tienes. En cualquier cosa que hagas, tu aporte creativo y tu ingenio logran hacer la diferencia. Debido a tus poderosos instintos y a tu inusual sentido del humor, puedes ser ocurrente y entretenido.

Uno de tus grandes desafíos tal vez sea la impaciencia, pero si desarrollas una actitud más perseverante podrás superar tu tendencia a actuar con demasiada impulsividad. Cuando encuentras algo que vale la pena y te interesa, tu inteligencia veloz y tu versatilidad te ayudan a elaborar con éxito una línea particular de trabajo. Si perfeccionas tus capacidades de concentración y rendimiento mental, puedes volverte más pragmático en tu perspectiva de las cosas y desarrollar una mayor profundidad de pensamiento.

Para utilizar el gran potencial que corresponde a tu fecha de nacimiento, quizá requieras emplear un enfoque científico y lógico, lo que te ayudará a ser más activo y metódico, en particular en lo que se refiere a la minuciosidad y la atención al detalle. Entre tus múltiples talentos, se encuentra la habilidad de ir directo al meollo de un asunto y de solucionar los problemas rápida y eficientemente.

A los 30 años de edad, tu Sol progresado se desplazará hacia Virgo y, durante las siguientes tres décadas, serás susceptible a la influencia de las cualidades propias de este signo, tales como espíritu práctico, buen criterio, sentido crítico y perfeccionismo. A los 60 años, cuando tu Sol progresado entra a Libra, hay un punto decisivo para ti que resaltará la creciente importancia de las relaciones personales, la creatividad y la armonía.

Tu yo secreto

Eres idealista; optimista; con un gran entusiasmo por la vida y, en tu intento por hacerla a lo grande, te gusta correr riesgos. A pesar de que posees un sentido práctico innato, será mejor que aprendas que sin paciencia, planeación apropiada y previsión, tus sueños podrían acabar en castillos de arena. Aun así, dado que tienes suerte, las nuevas circunstancias tal vez te traigan muchas bendiciones, pues no hay mal que por bien no venga.

Puesto que el amor y los amigos son de suma importancia, quizás haya lecciones por aprender en relación con tus seres amados. Hay un lado inquieto en tu naturaleza y, aunque por dentro seas muy sensible y emocional, es posible que a veces te sientas inseguro de tus sentimientos, lo que podría llevarte a aburrirte con facilidad o a desperdigar tus energías. La disposición para ayudar a los demás muestra cuán compasivo eres en realidad, a pesar de que tu orgullo asociado con esta fecha de nacimiento se relacione con tu proclividad a la adulación.

Trabajo y vocación

Eres rápido para aprender, así que tienes la capacidad de alcanzar el éxito en múltiples ocupaciones. Independientemente de la carrera que elijas, tu ambición y búsqueda de reconocimiento con frecuencia aseguran que llegues a la cima de tu profesión. Una faceta versátil de tu naturaleza deja entrever que disfrutas las profesiones que implican viajes o simplemente variedad. Como eres inquieto, es posible que experimentes con diferentes tipos de experiencias y ocupaciones en tu deseo de encontrar algo que se ajuste a tu personalidad intrépida. Puedes ser particularmente exitoso en los negocios o en cualquier tipo de posición administrativa. Gracias a tu amor por la libertad y tu espíritu emprendedor, también es posible que desees ser independiente y trabajar por tu cuenta.

Entre las personas famosas con quienes compartes cumpleaños están el escritor Raymond Chandler, los actores Michael Wilding y Woody Harrelson, y el teosofista Max Heindel.

Numerología

Algunos de los atributos ligados a un cumpleaños con el número 23 son la intuición, la sensibilidad emocional y la creatividad. Sueles ser una persona versátil y apasionada que piensa rápido, mantiene una actitud profesional y siempre está llena de ideas. Con la influencia del número 23, puedes aprender cosas nuevas con facilidad, aunque prefieres la práctica en lugar de la teoría. Te encantan los viajes, la aventura y conocer gente nueva, y la cualidad enérgica que trae consigo el número 23 de tu cumpleaños te insta a probar toda clase de experiencias distintas. Además, te adaptas para sacar lo mejor de cada situación. La subinfluencia del mes número 7 indica que, aunque en ocasiones dudas de ti mismo, prefieres formarte tus propias opiniones. Sueles tener múltiples talentos y ser inteligente, y necesitas expresarte a través de actividades intelectuales. Dedicas mucho tiempo a trabajos que requieren investigaciones detalladas o esfuerzos independientes. Aunque te muestres considerado y cauteloso, también eres imaginativo, sensible y reaccionas ágilmente.

• *Cualidades positivas:* lealtad, responsabilidad, gusto por viajar, comunicación, intuición, creatividad, versatilidad, confiabilidad, fama.

• *Cualidades negativas:* egoísmo, inseguridad, inflexibilidad, atribuir culpas, desapego, prejuicios.

Amor y relaciones

Eres sociable, entusiasta y te atraen personas imaginativas que te inspiran y te impulsan con su sabiduría y conocimiento. Tu sensibilidad y habilidades intuitivas indican que eres amoroso, solidario y bueno para juzgar el carácter de otros. Eres ingenioso y orgulloso. Te gusta desempeñar un papel central en tu círculo social, aunque tu deseo de privacidad sugiere que te incomodas cuando alguien interfiere en tu vida personal. La insatisfacción podría impulsarte a buscar experiencias nuevas y emocionantes, entre las cuales puede haber relaciones breves o líos amorosos secretos.

ESE ALGUIEN ESPECIAL

Para mantener el interés en relaciones a largo plazo, te conviene buscar personas nacidas en las siguientes fechas.

Amor y amistad: 13, 19 y 23 de enero; 11, 17 y 21 de febrero; 9, 15, 19, 28, 29 y 30 de marzo; 7, 13, 17, 26 y 27 de abril; 5, 11, 15, 24, 25 y 26 de mayo; 3, 9, 13, 22, 23 y 24 de junio; 1, 7, 11, 20, 21 y 22 de julio; 5, 9, 18, 19 y 20 de agosto; 3, 7, 16, 17 y 18 de septiembre; 1, 5, 14, 15, 16, 29 y 31 de octubre; 3, 12, 13, 14, 27 y 29 de noviembre; 1, 10, 11, 12, 25, 27 y 29 de diciembre.

Buenas para ti: 7, 15, 20 y 31 de enero; 5, 13, 18 y 29 de febrero; 3, 11, 16 y 27 de marzo; 1, 9, 14 y 25 de abril; 7, 12 y 23 de mayo; 5, 10 y 21 de junio; 3, 8 y 19 de julio; 1, 6, 17 y 30 de agosto; 4, 15 y 28 de septiembre; 2, 13 y 26 de octubre; 11 y 24 de noviembre; 9 y 22 de diciembre.

Atracción fatal: 19, 20, 21 y 22 de enero.

Desafiantes: 6, 14 y 30 de enero; 4, 12 y 28 de febrero; 2, 10 y 26 de marzo; 8 y 24 de abril; 6 y 22 de mayo; 4 y 20 de junio; 2 y 18 de julio; 16 de agosto; 14 de septiembre; 12 de octubre; 10 de noviembre; 8 de diciembre.

Almas gemelas: 30 de abril, 28 de mayo, 26 de junio, 24 de julio, 22 de agosto, 20 de septiembre, 18 y 30 de octubre, 16 y 28 de noviembre, 14 y 26 de diciembre.

24 de julio

ESTRELLAS FIJAS

Aunque el grado en que se ubica tu Sol no se encuentra vinculado con una estrella fija, algunos de los grados de tus otros planetas sí lo estarán. Si solicitas el cálculo de tu carta astral, encontrarás la posición exacta de los planetas en tu fecha de nacimiento. Esto te permitirá determinar cuáles de las estrellas fijas descritas en este libro son relevantes para ti.

♌ Eres ambicioso, práctico y responsable; sin embargo, también un Leo idealista con un corazón solidario y valiente. Como sueles pensar positivo y tienes habilidades organizacionales y de planeación, haces buen uso de tu amplio conocimiento. El que seas consciente de la ventaja que supone la seguridad te permite establecer una base sólida a partir de la cual construir algo propio. Por lo general, eres más feliz cuando estás activo o trabajas, y no solo cuando desperdicias tus energías a la caza del placer fugaz.

Dado que te sientes particularmente atraído por la gente lista o interesante, eres propenso a hacer contactos basados en intereses compartidos o a buscar conocimiento y sabiduría. La educación suele jugar un papel importante en tu progreso personal, ya sea más tarde o más temprano en la vida; esto puede incluir estudios autodidactas de un tema particular que te inspire. Usar tu refinado sentido común y cultivar tus dones intuitivos te lleva muchas veces a convertirte en consejero de aquellos que te rodean.

Tus cualidades imaginativas y llenas de ideas provechosas hacen de ti alguien que comprende bien las tendencias actuales y que disfruta ser creativo al mismo tiempo que genera ganancias monetarias. Sin embargo, en tu afán por obtener el éxito, evita ser demasiado crítico, testarudo o agresivo; aprende a dar y a recibir, así como a dominar el sutil arte de la negociación.

A los 29 años, tu Sol progresado se desplaza hacia Virgo, y así comienza un periodo de tres décadas en el que harás énfasis en tu trabajo, en la eficiencia práctica y en ser productivo. Es posible que empieces a sentirte más satisfecho al ser útil y al hacer bien tu labor. Otro punto de inflexión sucede a los 59 años de edad, cuando tu Sol progresado se desplaza hacia Libra, lo que te estimulará para ser más diplomático y dar más relieve a las relaciones personales, al equilibrio y a un entorno armonioso.

Tu yo secreto

Gracias a tus múltiples talentos, te interesas en muchos asuntos y te gusta mantenerte bien informado al explorar nuevas ideas. Esto evita que te aburras o inquietes. Por tu cualidad idealista, necesitas hallar un equilibrio entre luchar por aquello en lo que crees y aceptar lo imperturbable del destino. Cuando estableces una filosofía de vida, aprendes a aceptar tus propias limitaciones.

A pesar de que siempre quieres seguir adelante y progresar, es necesario que aprendas a quedarte quieto y reflexionar o meditar las cosas, pues de otra manera podría resultarte difícil lograr la paz interior. La introspección podría llegar a ser una herramienta particularmente útil en tu búsqueda de plenitud. Asimismo, tu casa puede ser un factor importante para obtener la seguridad y la protección necesarias para tu sensibilidad emocional. Por lo regular, buscas cierto conocimiento o sabiduría internas que te proporcionen amor o serenidad interior. Perseguir la sabiduría continuará siendo una búsqueda tenaz hasta el final de tus días, y podrá acentuarse a través del estudio de la metafísica o la espiritualidad.

Trabajo y vocación

Tu orgullo y fuerte sentido de la responsabilidad garantizan que quieras hacer bien tu trabajo. Harías una excelente labor como gerente, ejecutivo o líder, ya que probablemente seas hábil . Como buen estratega y coordinador, puedes sobresalir en el comercio, sobre todo al trabajar en colaboración con otros o en esfuerzos cooperativos. Igualmente, podrías desempeñarte bien en promoción y publicidad. Por lo refinado de tu mente, tal vez te atraigan la educación, la filosofía, la religión o la psicología. Por tu fuerte sentido de lo dramático, ocupaciones tales como la de actor, escritor o político pueden proporcionarte una plataforma para expresar tus firmes opiniones.

Entre las personas famosas con quienes compartes cumpleaños están el escritor francés Alejandro Dumas, la novelista y bailarina Zelda Fitzgerald (esposa del escritor F. Scott Fitzgerald) y la actriz de televisión Linda Carter.

Numerología

Aunque quizá te desagrade la rutina, sueles ser una persona trabajadora, con habilidades prácticas y buen juicio. La sensibilidad emocional que sugiere un cumpleaños con el número 24 indica que quizá sientas necesidad de estabilidad y orden. Eres fiel y justo, pero poco efusivo, y tiendes a creer que las acciones dicen más que las palabras. Tu visión pragmática de la vida también te da buen olfato para los negocios y la capacidad de alcanzar el éxito. Con el número 24 por cumpleaños, es posible que debas sobreponerte a la tendencia a ser obstinado o de ideas fijas. La subinfluencia del mes número 7 indica que te gusta examinar las cosas con detenimiento antes de tomar una decisión. Dado que eres sensible a las estructuras y capaz de crear sistemas eficientes con facilidad, tus habilidades creativas y prácticas son útiles.

• *Cualidades positivas:* energía, idealismo, habilidades prácticas, determinación inquebrantable, honestidad, franqueza, justicia, generosidad, amor al hogar, actividad.

• *Cualidades negativas:* materialismo, tacañería, inestabilidad, implacabilidad, desprecio por la rutina, pereza, deslealtad, necedad.

Amor y relaciones

Eres intuitivo y astuto, por lo que te atraen relaciones poco comunes o personas que te inspiren a adquirir mayor conocimiento. Aunque el hogar y la familia sean importantes para ti, tu necesidad de libertad e independencia indica que hay una inquietud latente y el deseo de lograr cosas en conflicto con tu inclinación a pasar mucho tiempo en un solo lugar. Suelen atraerte personas que saben más que tú. Te sueles expresar teatralmente, ya que siempre tendrás un lado jovial y divertido.

ESE ALGUIEN ESPECIAL

Podrás encontrar a la pareja indicada entre las personas nacidas en las siguientes fechas.

Amor y amistad: 3, 4, 14, 20 y 24 de enero; 2, 12, 18 y 22 de febrero; 10, 16, 20, 29 y 30 de marzo; 8, 14, 18, 27 y 28 de abril; 6, 12, 16, 25, 26 y 31 de mayo; 4, 10, 14, 23, 24 y 29 de junio; 2, 8, 12, 21, 22 y 27 de julio; 6, 10, 19, 20 y 25 de agosto; 4, 8, 17, 18 y 23 de septiembre; 2, 6, 15, 16, 21 y 30 de octubre; 4, 13, 14, 19, 28 y 30 de noviembre; 2, 11, 12, 17, 26, 28 y 30 de diciembre.

Buenas para ti: 4, 8 y 21 de enero; 2, 6 y 19 de febrero; 4, 17 y 28 de marzo; 2, 15 y 16 de abril; 13 y 24 de mayo; 11 y 22 de junio; 9 y 20 de julio; 7, 18 y 31 de agosto; 5, 16 y 29 de septiembre; 3, 14 y 27 de octubre; 1, 12 y 25 de noviembre; 10 y 23 de diciembre.

Atracción fatal: 3, 21, 22 y 23 de enero; 1 de febrero; 31 de mayo; 29 de junio; 27 de julio; 25 de agosto; 23 de septiembre; 21 de octubre; 19 de noviembre; 17 de diciembre.

Desafiantes: 7, 10, 15 y 31 de enero; 5, 8, 13 y 29 de febrero; 3, 6, 11 y 27 de marzo; 1, 4, 9 y 25 de abril; 2, 7 y 23 de mayo; 5 y 21 de junio; 3 y 19 de julio; 1 y 17 de agosto; 15 de septiembre; 13 de octubre; 11 de noviembre; 9 de diciembre.

Almas gemelas: 31 de marzo, 29 de abril, 27 de mayo, 25 de junio, 23 de julio, 21 de agosto, 19 de septiembre, 17 y 29 de octubre, 15 y 27 de noviembre, 13 y 25 de diciembre.

25 de julio

Aunque el grado en que se ubica tu Sol no se encuentra vinculado con una estrella fija, algunos de los grados de tus otros planetas sí lo estarán. Si solicitas el cálculo de tu carta astral, encontrarás la posición exacta de los planetas en tu fecha de nacimiento. Esto te permitirá determinar cuáles de las estrellas fijas descritas en este libro son relevantes para ti.

Eres una persona creativa, te encanta la diversión y eres entretenido; además, tienes habilidad para explotar tus talentos, así que eres un Leo risueño y lleno de encanto, empuje y entusiasmo. No obstante, la vitalidad mental y la actitud despreocupada que corresponden a tu fecha de nacimiento también involucran una condición más profunda e introspectiva que quizá requiera desarrollarse.

Gracias a la subinfluencia del Sol, tu planeta regente, eres digno y capaz de expresar las dichas de la vida. También eres versátil, generoso y de mente curiosa, por eso sueles tener muchos intereses o pasatiempos. Eres amistoso y sociable. Quizás a veces abarques demasiado y estés en peligro de dispersar tus energías. Sin embargo, eres hábil y artístico, y tienes el potencial para el éxito a través de cierto tipo de actividad creativa. Aunque posees un intelecto brillante, es posible que te confundas respecto a lo que en realidad quieres hacer y que eso constituya una fuente de preocupación e indecisión para ti, además de que puede llevarte a explorar distintas opciones. Si te sientes motivado, estás dispuesto a desarrollar la persistencia y la fortaleza necesarias para afrontar los desafíos y hacer que tus sueños, en apariencia imposibles, se conviertan en realidad.

Tus poderosos instintos de supervivencia, así como tu espíritu vanguardista e innovador, te hacen un buen estratega, y puedes demostrar tu dedicación al desarrollar una disposición al trabajo con miras a resultados a largo plazo, sin esperar recompensas inmediatas. Podrás vencer una tendencia a volverte emocionalmente inseguro o celoso si aprendes a confiar de manera espontánea en tus propios instintos.

A los 28 años, tu Sol progresado se desplazará hacia Virgo; durante las siguientes tres décadas, es probable que desarrolles tus habilidades analíticas e influyan en ti las cualidades de tu signo, tales como la practicidad y la eficiencia. Otro momento decisivo ocurrirá alrededor de los 58 años, cuando tu Sol progresado se desplace hacia Libra y te estimule a cooperar más con otras personas, a ser diplomático y a poner más énfasis en tus relaciones y armonía.

Tu yo secreto

Mediante el cultivo de la fe, puedes aprender a depender de tus recursos internos y minimizar así cualquier duda. Dado que eres listo y astuto, posees habilidad para evaluar rápidamente los sucesos y a las personas. Esta destreza psicológica puede usarse en sentido estricto para conseguir objetivos y fines materiales, o para devolver algo de tu sabiduría y experiencia a los demás. A pesar de que requieres de experiencias estimulantes y desafíos que te impulsen hacia delante, quizá te sientas capaz de ayudar a otros de formas inesperadas.

Por el hecho de ser inquieto o impaciente, necesitas aprender a enfocar tus energías y liberarlas de forma positiva con ejercicio, viajes o excursiones emocionantes. Aunque encuentres diversas oportunidades de negocio gracias a tu audacia, debes ser cuidadoso para que tu dinero no desaparezca tan rápido como llegue.

Trabajo y vocación

Eres naturalmente dramático y creativo, de modo que puedes utilizar estos dones en cualquier profesión, así como en el mundo del entretenimiento. Aunque parezcas seguro, convendría que reforzaras la confianza en tus habilidades, y que superes las dudas sobre ti mismo en cualquier profesión que escojas. Tu naturaleza encantadora y tu conciencia social te aseguran el éxito en ocupaciones relacionadas con gente, como en la política o en el trabajo comunitario. Eres especialmente hábil con las palabras, por lo que puedes destacar como escritor, conferencista o en el ámbito de las ventas. Tu necesidad de una actividad versátil y que involucre cambios implica que debes evitar ocupaciones monótonas. Si estás en el mundo de los negocios, tal vez debas optar por una línea creativa y trabajar duro para respaldar cualquier causa que te interese. De igual manera, tu originalidad quizás encuentre su expresión más afortunada en el arte o la música.

Entre las personas famosas con quienes compartes cumpleaños están los pintores Maxfield Parrish y Thomas Eakins, los actores Estelle Getty y Brad Renfro y la supermodelo Iman.

Numerología

Eres intuitivo y considerado, pero también rápido y enérgico, y necesitas expresarte a través de experiencias diversas que pueden incluir ideas, personas o lugares nuevos y emocionantes. El deseo de perfección asociado con el día 25 te insta a trabajar arduamente y ser productivo. No obstante, debes dejar de ser tan impaciente o crítico si las cosas no salen según lo planeado. Al ser una persona con el número 25, tienes una gran energía mental, que te ayudará a analizar todos los hechos y llegar a una conclusión más rápido que cualquier otra persona. El éxito y la felicidad llegan cuando aprendes a confiar en tus propios instintos y fortaleces la perseverancia y la paciencia. La subinfluencia del mes número 7 indica que, aunque en ocasiones eres hermético y temes mostrar tus verdaderas emociones, buscas formas de expresarte. Sueles ser instintivo y estar alerta, y adquieres habilidades y conocimiento a través tanto de la práctica como de la teoría.

• *Cualidades positivas:* intuición, perfeccionismo, perspicacia, creatividad, don de gentes.

• *Cualidades negativas:* impulsividad, impaciencia, irresponsabilidad, hipersensibilidad, celos, hermetismo, circunstancias cambiantes, crítica, volubilidad.

Amor y relaciones

Eres encantador, histriónico, creativo y posees un toque de sensibilidad que te facilita hacer amigos e influir en las personas. Sueles confiar en ti mismo y tener nociones idealistas; además, eres generoso y amoroso. Aunque estás dispuesto a sacrificarte por tus seres queridos, en ocasiones aparentas egoísmo o retraimiento. Tendrás que discernir con cuidado a quién eliges como pareja; sin embargo, una vez que encuentras a un compañero ideal, eres leal, afectuoso y devoto.

ESE ALGUIEN ESPECIAL

Si buscas a alguien especial, tendrás más suerte para encontrarlo entre quienes nacieron en las siguientes fechas.

Amor y amistad: 21 y 25 de enero; 19 y 23 de febrero; 17, 21 y 30 de marzo; 15, 19, 28 y 29 de abril; 13, 17, 26 y 27 de mayo; 11, 15, 24, 25 y 30 de junio; 9, 13, 22, 23 y 28 de julio; 7, 11, 20, 21, 26 y 30 de agosto; 5, 9, 18, 19, 24 y 28 de septiembre; 3, 7, 16, 17, 22, 26 y 29 de octubre; 1, 5, 14, 15, 20, 24 y 27 de noviembre; 3, 12, 13, 18, 22, 25, 27 y 29 de diciembre.

Buenas para ti: 5, 13, 16, 22 y 28 de enero; 3, 11, 14, 20 y 26 de febrero; 1, 9, 12, 18, 24 y 29 de marzo; 7, 10, 16, 22 y 27 de abril; 5, 8, 14, 20 y 25 de mayo; 3, 6, 12, 18 y 23 de junio; 1, 4, 10, 16 y 21 de julio; 2, 8, 14 y 19 de agosto; 6, 12 y 17 de septiembre; 4, 10 y 15 de octubre; 2, 8 y 13 de noviembre; 6 y 11 de diciembre.

Atracción fatal: 21, 22, 23, 24 y 25 de enero; 30 de junio; 28 de julio; 26 de agosto; 24 de septiembre; 22 de octubre; 20 de noviembre; 18 de diciembre.

Desafiantes: 2, 23 y 30 de enero; 21 y 28 de febrero; 19, 26 y 28 de marzo; 17, 24 y 26 de abril; 15, 22 y 24 de mayo; 13, 20 y 22 de junio; 11, 18 y 20 de julio; 16, 18 y 19 de agosto; 7, 14 y 16 de septiembre; 5, 12 y 14 de octubre; 3, 10 y 12 de noviembre; 1, 8 y 10 de diciembre.

Almas gemelas: 14 y 22 de enero, 12 y 20 de febrero, 10 y 18 de marzo, 8 y 16 de abril, 6 y 14 de mayo, 4 y 12 de junio, 2 y 10 de julio, 8 de agosto, 6 de septiembre, 4 de octubre, 2 de noviembre.

26 de julio

ESTRELLAS FIJAS

Aunque el grado en que se ubica tu Sol no se encuentra vinculado con una estrella fija, algunos de los grados de tus otros planetas sí lo estarán. Si solicitas el cálculo de tu carta astral, encontrarás la posición exacta de los planetas en tu fecha de nacimiento. Esto te permitirá determinar cuáles de las estrellas fijas descritas en este libro son relevantes para ti.

Considerado y alegre, con una personalidad ambiciosa, eres capaz de irradiar confianza y ser cautivador y generoso. Como buen Leo, eres digno y honorable, de un intelecto agudo. Esto quiere decir que eres un buen psicólogo que comprende a las personas y aquello que las motiva. Con tu toque personal, tienes el talento de hacer que la gente se sienta especial e importante.

La doble influencia de tu planeta regente, el Sol, significa que además eres orgulloso, así que tal vez debas aprender a distinguir entre ser digno y ser arrogante. Dado que te gusta recibir cumplidos y un buen trato, quizá te cueste mucho aceptar la crítica. Puedes comunicar tus pensamientos e ideas con mayor facilidad si creas armonía y equilibrio en las relaciones personales.

Aunque ser tenaz y perseverante sean buenas cualidades, ya que te ayudan a salir adelante y resistir, es necesario que venzas cierta tendencia a ser demasiado rígido en tus puntos de vista, o ser obstinado e impaciente. Con calma, podrás presentar nuevas ideas a otros de forma entretenida y lógica, a fin de persuadirlos para que vean las cosas desde tu perspectiva. Esto te ayudará a tomar el liderazgo y a usar tus ideas de manera constructiva.

Tu pensamiento incisivo y ágil indican que eres un comunicador asertivo que prefiere ser directo y claro. Pese a tu precisión mental, sería oportuno evitar la inclinación al sarcasmo cuando necesites liberar las frustraciones.

Tu vitalidad natural y el deseo de brillar pueden encaminarte a los deportes, los juegos y las actividades sociales. A partir de los 27 años, cuando tu Sol progresado se desplace hacia Virgo, experimentarás una mayor propensión al orden práctico, al análisis y a la eficiencia en tu vida. Hay un parteaguas a los 57 años, cuando tu Sol progresado entre a Libra; es posible que a partir de este momento madure en ti un deseo de involucrarte más en tus relaciones personales cercanas, y podrías transitar de aspectos prácticos a otros más estéticos.

Tu yo secreto

Por lo general, estás dispuesto a trabajar arduamente para lograr tus objetivos; además, quieres figurar en primer plano de las actividades en que participas. Sin embargo, tu obstinación a veces te hace ignorar tus sentimientos más profundos e intuitivos en un intento por salirte con la tuya. En ocasiones, muestras increíbles y rápidos chispazos de ingenio . Esto se refleja en tu maravillosa vena humorística que conlleva una profunda sabiduría oculta detrás de una fachada de bromista.

Tienes que empezar nuevos proyectos constantemente, de preferencia que involucren la participación de otras personas. Eres muy sociable y necesitas estímulo a través de debates dinámicos para mantenerte activo. En ciertas ocasiones eres capaz de mostrar un cálido interés en los asuntos de otras personas, con amabilidad, consideración y cortesía. Pero si te pones demasiado serio, te puedes volver necio e incitar a los problemas.

Trabajo y vocación

Tu entusiasmo natural y tu fachada de seguridad en ti mismo, combinados con tu gran poder para influir en la gente, indican que puedes ser un líder ideal. Tu talento para la conversación, aunado a tu agudo intelecto, te convierte en un excelente candidato para una carrera de promotor, negociador, agente o vendedor. Asimismo, puedes desempeñarte bien como escritor o conferencista. Como tienes dotes naturales para la psicología, puedes inclinarte hacia profesiones como la psicoterapia o las relaciones públicas. Si estás en el ámbito de los negocios, tus competencias estratégicas y organizacionales suelen atraerte grandes proyectos. Una alternativa sería incursionar en el mundo del entretenimiento, o bien, el arte podría llamarte desde una silla de director. Aunque eres independiente, encontrarás muchas ventajas al trabajar en cooperación con otras personas.

Entre las personas famosas con quienes compartes cumpleaños están el psicólogo suizo Carl Gustav Jung, el novelista Aldous Huxley, el escritor James Lovelock, el dramaturgo George Bernard Shaw, el cantante Mick Jagger, y los directores de cine Stanley Kubrick y Blake Edwards.

Numerología

Una fecha de nacimiento con el número 26 sugiere que tienes un enfoque pragmático con respecto a la vida, habilidades ejecutivas y un buen instinto para los negocios. Sueles ser responsable y tener un sentido natural de la estética; y tu amor por el hogar y tus fuertes instintos parentales sugieren que debes construir una base sólida o encontrar estabilidad real. Como sueles ser un pilar de fortaleza para otros, estás dispuesto a ayudar a amigos y familiares que recurran a ti en momentos de dificultad. Sin embargo, quizá debas cuidar tus tendencias materialistas y el deseo de controlar situaciones o a personas. La subinfluencia del mes número 7 indica que debes encontrar un equilibrio entre tus necesidades y las obligaciones que adquieres frente a otros. Ser perfeccionista hace que te guste prestar atención a los detalles para crear belleza y armonía. El idealismo y la fortaleza indicados por tu fecha de nacimiento muestran que tienes un carácter cauteloso, valores sólidos y un juicio sólido.

• *Cualidades positivas:* creatividad, practicidad, cuidado, responsabilidad, orgullo familiar, entusiasmo, valentía.

• *Cualidades negativas:* necedad, rebeldía, relaciones inestables, falta de entusiasmo, falta de perseverancia.

Amor y relaciones

Es probable que tus relaciones se caractericen por ser joviales y juguetonas, lo cual puede ser agradable pero también irresponsable. Ser sociable y divertido te facilita hacer amigos y ser un excelente anfitrión. Disfrutas compartir con tus seres queridos, y eres una persona cálida y encantadora. Aunque te parezca atractivo ser un soltero codiciado, ansías establecer un compromiso duradero con alguien que comprenda tus necesidades y deseos.

ESE ALGUIEN ESPECIAL

Si quieres a una pareja que traiga emoción a tu vida, búscala entre quienes nacieron en las siguientes fechas.

Amor y amistad: 6, 16, 22 y 26 de enero; 4, 14, 20 y 24 de febrero; 2, 12, 18 y 22 de marzo; 10, 16, 20 y 30 de abril; 8, 14, 18 y 28 de mayo; 6, 12, 16 y 26 de junio; 4, 10, 14, 24 y 31 de julio; 2, 8, 12, 22 y 29 de agosto; 6, 10, 20 y 27 de septiembre; 4, 8, 18 y 25 de octubre; 2, 6, 16, 23 y 30 de noviembre; 4, 14, 21, 28 y 30 de diciembre.

Buenas para ti: 6, 17, 23 y 31 de enero; 4, 15, 21 y 29 de febrero; 2, 13, 19, 27 y 30 de marzo; 11, 17, 25 y 28 de abril; 9, 15, 23 y 26 de mayo; 7, 13, 21 y 24 de junio; 5, 11, 19 y 22 de julio; 3, 9, 17 y 20 de agosto; 1, 7, 15, 18 y 30 de septiembre; 5, 13, 16 y 28 de octubre; 3, 11, 14 y 26 de noviembre; 1, 9, 12 y 24 de diciembre.

Atracción fatal: 22, 23, 24, 25 y 26 de enero.

Desafiantes: 24 de enero; 22 de febrero; 20 y 29 de marzo; 18, 27 y 29 de abril; 6, 16, 25, 27 y 30 de mayo; 14, 22, 25 y 28 de junio; 12, 21, 23 y 26 de julio; 10, 19, 21 y 24 de agosto; 8, 17, 19 y 22 de septiembre; 6, 15, 17 y 20 de octubre; 4, 13, 15 y 18 de noviembre; 2, 11, 13 y 16 de diciembre.

Almas gemelas: 13 de enero, 11 de febrero, 9 de marzo, 7 de abril, 5 de mayo, 3 y 30 de junio, 1 y 28 de julio, 26 de agosto, 24 de septiembre, 22 de octubre, 20 de noviembre, 18 de diciembre.

27 de julio

ESTRELLAS FIJAS

Aunque el grado en que se ubica tu Sol no se encuentra vinculado con una estrella fija, algunos de los grados de tus otros planetas sí lo estarán. Si solicitas el cálculo de tu carta astral, encontrarás la posición exacta de los planetas en tu fecha de nacimiento. Esto te permitirá determinar cuáles de las estrellas fijas descritas en este libro son relevantes para ti.

Eres amigable, comprensivo y posees un sexto sentido, así que eres un Leo receptivo con carácter fuerte. También eres creativo, con sed de conocimiento y un gran anhelo de explorar el mundo. Naciste con el don de una mente imaginativa y curiosa. Te sientes impelido a expresarte en pensamiento y palabra, o a dar rienda suelta a nuevas ideas.

Eres un librepensador, progresista y decidido, por lo tanto buscas estimulación mental y reconoces las buenas ideas cuando te topas con ellas. Como eres rápido, rara vez pierdes una oportunidad de mantenerte al día con la información más actualizada. Tiendes a coleccionar libros, revistas o tecnología.

Tu personalidad vivaz, encantadora y de buena apariencia, se debe a la subinfluencia de Leo, el regente de tu decanato. Por ser amigable, disfrutas las conversaciones íntimas y el contacto personal. No obstante, con frecuencia eres extremista, así que debes aprender a equilibrar el lado generoso de tu naturaleza con una tendencia a ser demasiado sensible, inseguro o testarudo.

Dado que eres amistoso y sociable, con ese estilo convincente que tienes para hablar, te gusta interactuar con el público en general y eres bueno para la diplomacia y las relaciones públicas. Cuando estás inspirado, sin importar a qué te dediques, sueles empezar con un gran entusiasmo, pero no siempre con la preparación suficiente. Esta tendencia puede explicar el porqué de tu inclinación a aburrirte o descorazonarte con facilidad, e indica que tener demasiados intereses distrae tu mente, que de otra forma permanecería enfocada.

Eres un idealista productivo gracias a tu intuición y sentido práctico; así que con tu personalidad entusiasta, erudición y fértil imaginación eres capaz de producir un admirable pensamiento original. Sin embargo, te vendría bien aprender a convertir tus maravillosas ideas en conceptos tangibles.

A partir de los 26 años, cuando tu Sol progresado entre a Virgo, tu cualidad dominante empieza a disminuir pues tu atención se centra en volverte más analítico, práctico y reflexivo. Conforme se incrementan tu obligaciones, notarás que también quieres realizar tu trabajo con mayor eficacia y perfección. De los 56 años en adelante, cuando tu Sol progresado se desplace hacia Libra, se dará un cambio de acento en tu vida y serás más adaptable, diplomático y fácil de tratar.

Tu yo secreto

Aunque en lo personal seas ambicioso, tal vez notes que tu mayor placer proviene de compartir con los demás. Ya que fluctúas entre ser independiente o codependiente, debes equilibrar los extremos emocionales de tu naturaleza para que logres establecer relaciones personales cercanas y profundas. Sería bueno que te cercioraras de que todas tus asociaciones se den en igualdad de condiciones.

Puedes ser cálido, amoroso y sumamente idealista, lo cual te llevará a puntos elevados de inspiración emocional a través del arte, la música o la espiritualidad. El contraste entre habitar tales alturas y bajar al mundo terrenal y la personalidad común de la gente a veces puede provocar tensión interior. Pero podrías evitar esa desilusión si das con espontaneidad, sin esperar que los demás hagan las cosas a tu manera.

Trabajo y vocación

Eres capaz de hacer contribuciones valiosas en casi cualquier actividad gracias a tu inteligencia ágil, memoria excepcional y habilidades de liderazgo. Dada tu atracción por las ocupaciones y actividades relacionadas con la participación de las personas, puedes destacar como vendedor, entrenador, activista, agente o publirrelacionista. Asimismo, puedes sobresalir como escritor, maestro o administrador. Si se trata de negocios, es probable que quieras dirigir el espectáculo, así que tienes que trabajar por tu cuenta o procurar una posición gerencial. Compartir tu conocimiento de cierta materia puede llevarte a que seas abogado o terapeuta, y podrías sentirte cómodo trabajando por una causa social. Quizá también te sientas atraído por carreras que involucren tu apreciación por el color, la belleza y las formas, o la música.

Entre las personas famosas con quienes compartes cumpleaños están la cantautora de música country Bobbie Gentry, la cantante y actriz Maureen McGovern y el poeta Hilaire Belloc.

Numerología

El día número 27 indica que eres idealista y sensible, con una mente fértil y creativa; además, puedes impresionar a otros con tus ideas y pensamientos originales. Si bien a veces aparentas ser hermético, racional y desapegado, en realidad esto podría ocultar tensiones internas como tendencia a la indecisión o suspicacia con respecto a futuros cambios. Al desarrollar buenas habilidades comunicativas, puedes superar tu renuencia a expresar tus sentimientos más profundos. La educación es esencial para las personas con el número 27 y, si profundizas tu capacidad de razonamiento, te volverás más paciente y disciplinado. La subinfluencia del mes número 7 indica que eres carismático, posees una mente imaginativa e instintos afilados. Con frecuencia eres enérgico, tenaz y observador, por lo que prestas mucha atención a los detalles. Si desarrollas una actitud positiva y aprendes a escuchar a los demás, superarás la tendencia a ser escéptico y desconfiado. Para entender mejor la sabiduría de la vida, tendrás que ignorar los consejos de otros y aprender a través de la experiencia personal.

• *Cualidades positivas:* versatilidad, imaginación, creatividad, determinación, valentía, comprensión, capacidad intelectual, espiritualidad, ingenio, fortaleza mental.

• *Cualidades negativas:* antipatía, naturaleza pendenciera, tendencia a ofenderse con facilidad y a discutir, inquietud, nerviosismo, desconfianza, hipersensibilidad.

Amor y relaciones

Aunque eres dinámico y enérgico, sueles pensar en pareja. Eres amistoso, sociable y atraes a otros con tu personalidad alegre, aunque quizá prefieras la intimidad de unas cuantas amistades cercanas. Eres ambicioso, tienes iniciativa y te interesan las personas trabajadoras, que se han forjado su propio camino. Si buscas felicidad y relaciones duraderas, deberás superar la tendencia a ser demasiado posesivo o temperamental. Sin embargo, en las relaciones sueles ser encantador, leal y solidario.

ESE ALGUIEN ESPECIAL

Tus probabilidades de encontrar a una pareja amorosa aumentan si la buscas entre personas nacidas en las siguientes fechas.

Amor y amistad: 1, 4, 27 y 29 de enero; 2, 25 y 27 de febrero; 23 y 25 de marzo; 21 y 23 de abril; 19, 21 y 29 de mayo; 17, 19 y 27 de junio; 15, 17 y 25 de julio; 13, 15 y 23 de agosto; 11, 13 y 21 de septiembre; 9, 11 y 19 de octubre; 7, 9 y 17 de noviembre; 5, 7 y 15 de diciembre.

Buenas para ti: 3, 10, 15 y 18 de enero; 1, 8, 13 y 16 de febrero; 6, 11, 14, 29 y 31 de marzo; 4, 9, 12, 27 y 29 de abril; 2, 7, 10, 25 y 27 de mayo; 5, 8, 23 y 25 de junio; 3, 6, 21 y 23 de julio; 1, 4, 19 y 21 de agosto; 2, 17 y 19 de septiembre; 15 y 17 de octubre; 13 y 15 de noviembre; 11 y 13 de diciembre.

Atracción fatal: 23, 24, 25, 26 y 27 de enero; 30 de abril; 28 de mayo; 26 de junio; 24 de julio; 22 de agosto; 20 de septiembre; 18 de octubre; 16 de noviembre; 14 de diciembre.

Desafiantes: 9, 14, 16 y 25 de enero; 7, 12, 14 y 23 de febrero; 5, 10, 12, 21, 28 y 30 de marzo; 3, 8, 10, 19, 26 y 28 de abril; 1, 6, 8, 17, 24 y 26 de mayo; 4, 6, 15, 22 y 24 de junio; 2, 4, 13, 20 y 22 de julio; 2, 11, 18 y 20 de agosto; 9, 16 y 18 de septiembre; 7, 14 y 16 de octubre; 5, 12 y 14 de noviembre; 3, 10 y 12 de diciembre.

Almas gemelas: 29 de diciembre.

315

28 de julio

ESTRELLAS FIJAS

Aunque el grado en que se ubica tu Sol no se encuentra vinculado con una estrella fija, algunos de los grados de tus otros planetas sí lo estarán. Si solicitas el cálculo de tu carta astral, encontrarás la posición exacta de los planetas en tu fecha de nacimiento. Esto te permitirá determinar cuáles de las estrellas fijas descritas en este libro son relevantes para ti.

El poder emocional que sugiere la fecha de tu nacimiento te dota de una personalidad dinámica y te define como alguien carismático, amable y generoso, con un talento natural de liderazgo. Debido a tus poderosas ambiciones, valor, sensibilidad y velocidad de respuesta, tienes el potencial para logros excepcionales.

Las personas a tu alrededor se sienten atraídas por la imagen de confianza y seguridad que exhibes; eso se debe a la subinfluencia de Leo, el regente de tu decanato. A pesar de que eres trabajador, una vida social activa figura en un lugar importante de tu lista de prioridades; solo asegúrate de que no se anteponga a la disciplina requerida para ejercer la mayoría de tus múltiples y maravillosos talentos.

Por lo general, eres cosmopolita y sofisticado, ya que te gusta rodearte de cosas de calidad y lujos, y aprecias la belleza. Si te sientes motivado, podrías expresarte de forma creativa y buscar el reconocimiento a través del mundo del teatro, el arte, la música y el entretenimiento. Eres sociable y hedonista, y puedes ser también diplomático cuando te interesa algo en particular.

Pese a que, en general, eres un individuo fuerte, orgulloso y digno, en ocasiones puedes llegar a ser sorprendentemente sencillo. No obstante, podrías superar una tendencia a ser impaciente o autoritario, la cual puede surgir de emociones fijas y controladas. Como te gusta pensar en grande o tiendes a ser exagerado, procura no excederte ni en el trabajo ni en el juego, pues a la larga podrías sobrecargarte y poner en jaque tu salud. Lograrás el éxito mediante tu potencial para el trabajo arduo, la estrategia y la planeación.

Desde la infancia eres propenso a interesarte en actividades sociales y a desarrollar tu capacidad de liderazgo al situarte en el centro de la acción. De los 25 años en adelante, cuando tu Sol progresado se desplace hacia Virgo, serás proclive a descartar lo importante de lo que no lo es; además, serás más práctico y atento a tu tiempo y energía. Quizá busques maneras de operar con mayor eficiencia, sobre todo en tu entorno laboral. Cuando llegues a los 55 años, tu Sol progresado entrará a Libra por un periodo de tres décadas, y es probable que esto acentúe tus relaciones personales y que lleve más armonía y equilibrio a tu vida. Asimismo, pondrá de relieve un posible interés en la escritura, el arte, la música o la sanación.

Tu yo secreto

A pesar de que derrochas encanto, ingenio, creatividad y tienes la habilidad para entretener a los demás, a veces llegas a ser excesivamente serio o egoísta, ya que sientes que tus esfuerzos no son apreciados. En esos momentos tiendes a volverte agresivo o autocomplaciente. Canaliza esas frustraciones con generosidad y objetividad, con el fin de mostrar tu verdadera naturaleza humanitaria y compasiva; esto te asegurará la popularidad y te granjeará el reconocimiento que ansías.

Eres intuitivo y tienes buen sentido del humor, pero también te hace falta el reconocimiento de quienes amas. Como no te gusta estar solo, tal vez te comprometas para obtener tranquilidad, casa y familia. Cuida que tu amor por la sensualidad y la comodidad no te disuada de expresar activamente tu gran potencial.

Trabajo y vocación

Por tu nato sentido dramático y esa habilidad tuya para liderar, será fácil que sobresalgas en el teatro como actor o director. Gracias a tus cualidades de liderazgo y a tu independencia, escalarás a posiciones de poder de forma natural, o quizá prefieras trabajar por cuenta propia. Eres talentoso en múltiples áreas, tienes la capacidad para explotar cualquiera de tus dones y la afortunada pericia para hacer contactos útiles. Posees encanto, extraordinarias destrezas sociales y tiendes a triunfar en cualquier actividad relacionada con la participación de la gente. Puedes aprovechar tu conocimiento en materia de comunicación para escribir, dar conferencias, publicar o dedicarte a las ventas. Al combinar la imagen de confianza que proyectas con tu carácter competitivo, también serías exitoso en los negocios, siempre y cuando te aboques a ello con la disciplina necesaria. Por otro lado, tus inclinaciones humanitarias pueden dirigirte hacia una carrera en reformas sociales, de salud y organizaciones benéficas. Esta fecha de nacimiento también indica un don para la música.

Entre las personas famosas con quienes compartes cumpleaños están la escritora de cuentos infantiles Beatrix Potter, el artista Marcel Duchamp y el músico Mike Bloomfield.

Numerología

Eres independiente e idealista; pero también pragmático, decidido y acostumbrado a marchar a tu propio ritmo. La suma de los dos dígitos de tu fecha de cumpleaños, 2 y 8, es igual a 1, lo cual en términos numerológicos significa que eres ambicioso, directo y emprendedor. Tu fecha de nacimiento también indica un conflicto interno entre tu deseo de ser autosuficiente y de pertenecer a un equipo. Siempre estás preparado para la acción y para emprender nuevos proyectos; enfrentas los desafíos de la vida con valentía y, gracias a tu entusiasmo, motivas fácilmente a otros, si bien no a seguirte, por lo menos a apoyarte en tus emprendimientos. Con un cumpleaños con el número 28, tienes capacidad de liderazgo y dependes de tu sentido común, lógica e ideas claras. Sueles asumir responsabilidades, pero también puedes ser demasiado entusiasta, impaciente o intolerante. La subinfluencia del mes número 7 indica que quizá debas aprender a confiar en tus sentimientos internos para superar problemas relacionados con dinámicas de poder y con el mundo material. Si dudas y desconfías, perderás la oportunidad de compartir tus dones creativos con el mundo.

• *Cualidades positivas:* compasión, actitud progresista, audacia, veta artística, creatividad, idealismo, ambición, trabajo arduo, vida familiar estable, fuerza de voluntad.

• *Cualidades negativas:* fantasioso, desmotivado, sin compasión, poco realista, autoritario, falta de juicio, agresividad, inseguridad, dependencia excesiva, orgullo.

Amor y relaciones

Dada tu naturaleza romántica y generosa, la gente se siente atraída por tu personalidad carismática. Aunque consideras que nada es suficientemente bueno para tus seres queridos, ten cuidado de no ser demasiado dominante o impositivo. Con tu temperamento apasionado, sentirás atracciones fuertes e incluso amor a primera vista. Para alcanzar las metas que deseas, tendrás que encontrar el equilibrio entre tu necesidad de independencia y la necesidad de cooperación en el amor y el trabajo.

ESE ALGUIEN ESPECIAL

Es más probable que entables relaciones románticas y de amistad exitosas con personas nacidas en las siguientes fechas.

Amor y amistad: 2 y 28 de enero; 26 de febrero; 24 de marzo; 22 de abril; 20, 29 y 30 de mayo; 18, 27 y 28 de junio; 16, 25 y 26 de julio; 14, 23 y 24 de agosto; 12, 21 y 22 de septiembre; 10, 19, 20, 29 y 31 de octubre; 8, 17, 18, 27 y 29 de noviembre; 6, 15, 16, 25 y 27 de diciembre.

Buenas para ti: 2, 10, 13 y 16 de enero; 8, 11 y 14 de febrero; 6, 9 y 12 de marzo; 4, 7 y 10 de abril; 2, 5 y 8 de mayo; 3 y 6 de junio; 1, 4 y 30 de julio; 2, 28 y 30 de agosto; 26 y 28 de septiembre; 24 y 26 de octubre; 22 y 24 de noviembre; 20, 22 y 30 de diciembre.

Atracción fatal: 24, 25, 26, 27 y 28 de enero; 31 de octubre; 29 de noviembre; 27 de diciembre.

Desafiantes: 3, 9 y 10 de enero; 1, 7 y 8 de febrero; 5, 6 y 31 de marzo; 3, 4 y 29 de abril; 1, 2 y 27 de mayo; 25 de junio; 23 de julio; 2, 21 y 31 de agosto; 19 y 29 de septiembre; 17 y 27 de octubre; 15 y 25 de noviembre; 13 y 23 de diciembre.

Almas gemelas: 5 de enero, 3 de febrero, 1 de marzo, 30 de mayo, 28 de junio, 26 de julio, 24 de agosto, 22 de septiembre, 20 de octubre, 18 de noviembre, 16 de diciembre.

29 de julio

ESTRELLA FIJA

Nombre de la estrella: El Pesebre, también llamada Messier 44

Posición: 6º 16'–7º 16' de Leo, entre los años 1930 y 2000

Magnitud: 5

Fuerza: ★★

Órbita: 1º

Constelación: Cáncer (M44 Cancer)

Días efectivos: 30 y 31 de julio, 1 de agosto

Propiedades de la estrella: Marte/Luna

Descripción: cúmulo de más de 40 estrellas ubicado en la cabeza del cangrejo

INFLUENCIA DE LA ESTRELLA PRINCIPAL

El Pesebre infunde una naturaleza aventurera, trabajadora y con buen olfato para los negocios. Esta estrella trae consigo buena suerte que puede llevarte a participar en la fundación de grandes empresas. Sin embargo, también influye en tu impulsividad e inquietud, por lo que indica que debes evitar generar problemas innecesarios por culpa de tu insolencia excesiva. Asimismo, sugiere que no te involucres en demandas jurídicas o negocios arriesgados.

Con respecto a tu grado del Sol, este cúmulo de estrellas confiere energía, vitalidad, orgullo interior y la capacidad de enfocarte en tus metas. La influencia de esta estrella te atrae amigos y popularidad. Además, te conduce hacia puestos importantes y quizá también a la fama. Sin embargo, El Pesebre te hace propenso a la volubilidad y albergar dudas y temores derivados de malos entendidos con otras personas.

♌ Esta fecha de nacimiento se asocia, generalmente, con la abundancia de sentimientos, sensibilidad e imaginación. Eres dramático y talentoso, con una personalidad encantadora; por lo que eres un Leo decidido que puede alcanzar grandes alturas con inspiración y buenos incentivos.

La subinfluencia de Leo, el regente de tu decanato, significa que exhibes una imagen de confianza y seguridad, aún cuando eres orgulloso y necesitas reconocimiento. Dado que juzgas todo por la forma en que lo sientes, quizá debas encontrar rutas para expresarte o una válvula de escape para tus dotes artísticas o creativas. Lo anterior indica un enorme rango emocional; y por tu amabilidad y cordialidad podrías ganarte la admiración de los demás. Por otro lado, si fracasas en construir tu propio camino, puedes volverte dominante o melodramático, con una inclinación a los arrebatos emocionales.

Toda tu sensibilidad no resta valor al hecho de que también posees una fuerte intuición para los negocios y plena conciencia de las cuestiones materiales. Esta parte de tu personalidad es firme e inflexible, y con un fuerte sentido del deber. Si te interesa algo en especial, puedes ser muy decidido e inspirar a otros, gracias también a tu potente visión y entusiasmo. No obstante, es indispensable que mantengas los pies en la tierra para que sigas siendo humilde y equilibrado.

Después de los 24 años, cuando tu Sol progresado entre a Virgo, serás menos dominante pues tu enfoque mental se hará más analítico, práctico y reflexivo. Tus obligaciones te absorben más tiempo y tal vez quieras trabajar mejor y con mayor eficiencia. A partir de los 54 años, cuando tu Sol progresado se desplace hacia Libra, se dará un cambio de énfasis en tu vida y te volverás más relajado, diplomático y creativo, además de que tus relaciones personales jugarán un papel más importante.

Tu yo secreto

Necesitas metas y objetivos firmes ya que siempre te diriges hacia la consecución de logros. Para alcanzar tus grandes sueños, es indispensable que adoptes una disciplina férrea y te enfoques bien, con la intención de llevarlos a buen término. Uno de tus mayores desafíos proviene de los pensamientos negativos o de esperar demasiado de los demás. Esto puede causarte frustración o decepción, lo que a su vez te provoca sentimientos de insatisfacción emocional. Tomando en cuenta que tu potencial va de las profundidades de la depresión a las alturas de un inspirado humanismo, es vital hallar válvulas de escape positivas para tu imaginación sensible y espíritu creativo. Si canalizas tus emociones dinámicas hacia un trabajo que tenga cierto propósito, es probable que encuentres un profundo reconocimiento de tu esencial e importante papel en la sociedad.

Trabajo y vocación

Debido a tu natural sentido de autoridad, te disgusta ocupar una posición subordinada. Estarás mejor cuando trabajes desinteresadamente por una causa justa o un ideal, lo cual puede inclinarte hacia una carrera en política, causas benéficas o reformas sociales.

Tu excelente sentido del histrionismo funciona bien en la actuación o en el mundo del entretenimiento, y puedes compartir tu conocimiento con los demás mediante la docencia o la escritura. Tu sensibilidad y visión te ayudarán a triunfar como realizador de cine o fotógrafo. Asimismo, una de tus fortalezas es la comercialización de arte o todo lo relacionado con la belleza. Por otro lado, eres capaz de usar tus destrezas sociales para combinar los negocios con el placer.

Entre las personas famosas con quienes compartes cumpleaños están el ex secretario general de la ONU Dag Hammarskjöld, el piloto de Fórmula 1 Fernando Alonso, la actriz Clara Bow y el director de cine Bill Forsyth.

Numerología

Si naciste bajo el número 29 tienes una personalidad enérgica y potencial para sobresalir. Eres intuitivo, sensible y emotivo. La inspiración es la clave de tu éxito, ya que sin ella puedes encontrarte sin rumbo o propósito. Si bien eres un soñador, en ocasiones los extremos de tu personalidad sugieren que trates de controlar tus cambios de humor. Si confías en tus sentimientos más profundos y abres tu corazón a otras personas, superarás la tendencia a preocuparte en exceso o a usar tu intelecto como armadura. Usa tus ideas creativas para lograr algo único y especial que pueda inspirar o servirle a otros. La subinfluencia del mes número 7 indica que tus verdaderos poderes son la honestidad y la compasión, y que con ellos puedes crear amor y armonía. Aunque eres carismático y enérgico, si deseas ocupar posiciones de autoridad tendrás que presentar una actitud responsable, justa e íntegra para ganarte el respeto y la lealtad que ansías.

• *Cualidades positivas:* inspiración, equilibrio, paz interior, generosidad, éxito, creatividad, intuición, misticismo, sueños poderosos, cosmopolita, fe.

• *Cualidades negativas:* desconcentración, inseguridad, nerviosismo, egoísmo, vanidad, malhumor, personalidad difícil, extremismo, desconsideración, hipersensibilidad.

Amor y relaciones

Te atraen personas poderosas e influyentes, aunque eres romántico y un poco dramático. Sin embargo, en algunos casos, las personas con quienes te relacionas son víctima de tus estados de ánimo contrastantes. Gracias a tus emociones profundas, eres sensible, amoroso y posees una naturaleza compasiva y expresiva. La lealtad y la devoción son importantes para ti, pero evita la inclinación a ser autoritario o demandante. A través de la responsabilidad y la generosidad recibirás el respeto y la admiración de los demás.

• *Positiva:* entusiasmo, espíritu emprendedor, voluntad sólida, apertura, franqueza.

• *Negativa:* falta de objetivos, desafío de la autoridad, incompatibilidad, personalidad incomprendida, aislamiento.

ESE ALGUIEN ESPECIAL

Las probabilidades de encontrar a ese alguien especial incrementan al buscarlo entre quienes nacieron en las siguientes fechas.

Amor y amistad: 3, 22, 25, 29 y 30 de enero; 1, 20, 23, 27 y 28 de febrero; 18, 21, 25 y 26 de marzo; 16, 19, 23, 24 y 28 de abril; 14, 17, 21, 22, 26 y 31 de mayo; 12, 15, 19, 20, 24 y 29 de junio; 10, 13, 18 y 22 de julio; 8, 11, 15, 16, 20, 27, 29 y 30 de agosto; 6, 9, 13, 14, 18, 23, 27 y 28 de septiembre; 4, 7, 11, 12, 16, 21, 25 y 26 de octubre; 2, 5, 9, 10, 14, 19, 23 y 24 de noviembre; 3, 7, 8, 12, 17, 21 y 22 de diciembre.

Buenas para ti: 17 de enero; 15 de febrero; 13 de marzo; 11 de abril; 9 y 29 de mayo; 7 y 27 de junio; 5 y 25 de julio; 3 y 23 de agosto; 1 y 21 de septiembre; 19 y 29 de octubre; 17, 27 y 30 de noviembre; 15, 25 y 28 de diciembre.

Atracción fatal: 25, 26, 27, 28 y 29 de enero; 31 de mayo; 29 de junio; 27 de julio; 25 y 30 de agosto; 23 y 28 de septiembre; 21 y 26 de octubre; 19 y 24 de noviembre; 17 y 22 de diciembre.

Desafiantes: 20 y 23 de enero, 18 y 21 de febrero, 16 y 19 de marzo, 14 y 17 de abril, 12 y 15 de mayo, 10 y 13 de junio, 8 y 11 de julio, 6 y 9 de agosto, 4 y 7 de septiembre, 2 y 5 de octubre, 2 de noviembre, 1 de diciembre.

Almas gemelas: 4 y 31 de enero, 2 y 29 de febrero, 27 de marzo, 25 de abril, 23 de mayo, 21 de junio, 19 de julio, 17 de agosto, 15 de septiembre, 13 de octubre, 11 de noviembre, 9 de diciembre.

30 de julio

ESTRELLAS FIJAS

Asellus Borealis; Asellus Australis; el Pesebre, también llamada Messier 44

ESTRELLA PRINCIPAL

Nombre de la estrella: Asellus Borealis
Posición: 6º 34'–7º 35' de Leo, entre los años 1930 y 2000
Magnitud: 5
Fuerza: ★★
Órbita: 1º
Constelación: Cáncer (Gamma Cáncer)
Días efectivos: 30 y 31 de julio, 1 de agosto
Propiedades de la estrella: Marte/Sol
Descripción: estrella doble, blanca y amarilla pálida, ubicada en el cuerpo del cangrejo

INFLUENCIA DE LA ESTRELLA PRINCIPAL

Asellus Borealis transmite vitalidad y vigor, talento creativo, amor por las artes y ganancias inesperadas. Aunque tanto Asellus Borealis como Asellus Australis confieren una naturaleza amorosa y, por ende, responsable, Asellus Borealis es conocida como la estrella benéfica que otorga poder para lograr cosas y una visión caritativa y generosa del mundo. Esta estrella te advierte que con intolerancia y modales agresivos jamás se obtendrán los resultados deseados.

Con respecto a tu grado del Sol, esta estrella transmite gusto por el trato con el público, conexiones sociales positivas y amigos influyentes. También supone una preferencia marcada por la educación, sobre todo en materia de filosofía y religión, así como éxito en los negocios y grandes empresas.

Haber nacido en esta fecha implica que eres creativo, ambicioso, con poder emocional dinámico y una personalidad atractiva. A pesar de que eres juvenil y sociable, prefieres la compañía a la soledad. Aunque eres idealista, eres consciente de los asuntos materiales y tienes intuición para los negocios.

Por la influencia añadida de Leo, el regente de tu decanato, te gusta divertir a los demás y amas el esplendor. Eres orgulloso y dramático, pero proyectas mucha seguridad, con un aire de realeza. También eres amistoso y de buen corazón, con la habilidad de brillar entre la multitud. Sin embargo, debes evitar que tu gran ego te convierta en una persona arrogante o temperamental.

Cierta necesidad de expresión puede inclinarte hacia ocupaciones creativas como la escritura, el teatro, el arte o la música. Ya que posees un liderazgo natural, disfrutarías estar a la cabeza de tu gente. Seguro de ti mismo y arrojado, por lo general, estás dispuesto a correr riesgos y eres capaz de mostrar gestos generosos. Debido a tu deseo de lujos, debes poner especial atención a no ser extravagante o más autocomplaciente de lo tolerable. Además de que eres una persona segura y respetable, eres sumamente entretenido y un excelente amigo.

Después de los 23 años, cuando tu Sol progresado se desplace hacia Virgo y permanezca ahí durante tres décadas, aumentará el afán por un orden práctico en el día a día de tu existencia. Te volcarás al análisis de las cosas y buscarás maneras de restructurar tu vida con la intención de hacerla más saludable y eficiente en general. Tal comportamiento continuará hasta los 53 años, cuando tu Sol progresado entre a Libra. Por su condición decisiva para ti, esta transición realza la creciente necesidad de interactuar con los demás y la importancia de relacionarte íntimamente, apuntalar la creatividad y procurar la armonía.

Tu yo secreto

Por tu acentuada sensibilidad, puedes ser de mentalidad abierta y mostrar empatía respecto a los problemas de las demás personas; esto te lleva a ayudarlas al ser un buen oyente o consejero. Como eres creativo y entretenido, tienes el don de levantar el ánimo de la gente. Tu nobleza interior te confiere gracia natural y libertad ante ideas limitantes.

Por tu aguzada conciencia, eres proclive a irte a los extremos. De vez en cuando te sientes agobiado o asfixiado por un exceso de sentimientos y acabas por enterrar tu sensibilidad bajo la autocompasión o la tendencia a la evasión. Si te concentras demasiado en alimentar tu propio ego, quizá te vuelvas presuntuoso o demasiado egocéntrico y olvides tu vocación más noble. Pero cuando expresas tu cualidad estrella, te recuperas de la preocupación o el infortunio para irradiar amor y calidez a tus muchos admiradores.

Trabajo y vocación

Debido a tu don de mando natural y a esa habilidad tuya para tratar con las personas, idealmente deberías ocupar una posición directiva o, quizá, desempeñarte en una ocupación donde se te conceda mucha libertad para hacer las cosas a tu manera. La diplomacia innata que hay en ti va bien con las relaciones públicas o el servicio al cliente. Tu soltura en el trato con la gente te ayudará a triunfar en actividades de promoción o en el ámbito editorial. Puedes ser especialmente bueno en los negocios que impliquen socialización, como bares o restaurantes. Además, puesto que disfrutas el entretenimiento, seguro te sientes atraído por el mundo del espectáculo o la industria musical. Que hayas nacido en esta fecha también implica que te atrae la industria manufacturera a gran escala.

Entre las personas famosas con quienes compartes cumpleaños están la cantante Kate Bush, la escritora Emily Brontë, el escultor Henry Moore, el director de cine Peter Bogdanovich, el actor Arnold Schwarzenegger, la política estadounidense Patricia Schroeder, el fabricante de autos Henry Ford y el atleta británico Daley Thompson.

Numerología

Algunas de las cualidades asociadas a las personas nacidas el día 30 son creatividad, afabilidad y sociabilidad. Eres ambicioso, versátil y tomas ideas y las desarrollas con tu intenso estilo personal. Al haber nacido bajo el número 30, te gusta la buena vida, tienes un carisma excepcional y eres sociable. Tus emociones son intensas, por lo que estar enamorado o satisfecho es un requisito esencial para ti. En tu búsqueda de la felicidad, evita ser perezoso, autocomplaciente, impaciente o celoso, pues esto podría causarte inestabilidad emocional. Muchas de las personas nacidas en este día alcanzarán el reconocimiento o la fama, en particular los músicos, actores y artistas. La subinfluencia del mes número 7 indica que, aunque aparentes confianza en ti mismo, eres tímido o hermético y te guardas tus opiniones. Eres original, intuitivo y te beneficias de tus múltiples talentos. Si evitas la preocupación y la falta de seguridad en ti mismo, liberarás tus sentimientos más profundos. Dudar y ser escéptico provocará que pierdas la oportunidad de desarrollar tus dones internos.

• *Cualidades positivas:* aprecio por la diversión, lealtad, afabilidad, capacidad de síntesis, talento con las palabras, creatividad, suerte.

• *Cualidades negativas:* pereza, terquedad, comportamiento errático, impaciencia, inseguridad, indiferencia, desperdicio de energía.

Amor y relaciones

Gracias a tu calidez y personalidad entretenida, sin duda tendrás una vida social activa. La necesidad imperiosa de amor te llevará a entablar toda clase de relaciones románticas, algunas de las cuales serán más problemáticas que valiosas. Dado que eres idealista en lo que respecta al amor, debes esforzarte por ser más desapegado. Si adoptas una actitud relajada evitarás ser demasiado serio y no te decepcionarás cuando tus seres queridos no estén a la altura de tus expectativas. Sin embargo, tu visión del amor es universal, y eres sumamente generoso con quienes más quieres.

• *Positiva:* audacia, naturaleza competitiva, muy paciente hasta que decide qué acción emprenderá.

• *Negativa:* precocidad, necedad, inquietud.

ESE ALGUIEN ESPECIAL

Para encontrar a tu pareja ideal, te conviene empezar a buscarla entre personas nacidas en estas fechas.

Amor y amistad: 5, 10, 18, 19, 26 y 30 de enero; 3, 8, 16, 17, 24 y 28 de febrero; 1, 6, 14, 15, 22 y 26 de marzo; 4, 12, 13, 20 y 24 de abril; 2, 10, 11, 18 y 22 de mayo; 8, 9, 16, 20 y 30 de junio; 6, 7, 14, 18 y 28 de julio; 4, 5, 12, 16, 26 y 30 de agosto; 2, 3, 10, 14 y 28 de septiembre; 1, 8, 12, 22 y 26 de octubre; 6, 10, 20 y 24 de noviembre; 4, 8, 18, 22 y 30 de diciembre.

Buenas para ti: 13 de enero, 11 de febrero, 9 de marzo, 7 de abril, 5 de mayo, 3 y 30 de junio, 1 y 28 de julio, 26 de agosto, 24 de septiembre, 22 de octubre, 20 de noviembre, 18 de diciembre.

Atracción fatal: 26, 27, 28 y 29 de enero.

Desafiantes: 14 y 24 de enero, 12 y 22 de febrero, 10 y 20 de marzo, 8 y 18 de abril, 6 y 16 de mayo, 4 y 14 de junio, 2 y 12 de julio, 10 de agosto, 8 de septiembre, 6 de octubre, 4 de noviembre, 2 de diciembre.

Almas gemelas: 30 de julio, 28 de agosto, 26 de septiembre, 24 de octubre, 22 de noviembre, 20 de diciembre.

31 de julio

ESTRELLAS FIJAS

Asellus Borealis; Asellus Australis; el Pesebre, también llamada Messier 44

ESTRELLA PRINCIPAL

Nombre de la estrella: Asellus Borealis

Posición: 6º 34'–7º 35' de Leo, entre los años 1930 y 2000

Magnitud: 5

Fuerza: ★★

Órbita: 1º

Constelación: Cáncer (Gamma Cáncer)

Días efectivos: 30 y 31 de julio, 1 de agosto

Propiedades de la estrella Marte/Sol

Descripción: estrella doble, blanca y amarilla pálida, ubicada en el cuerpo del cangrejo

INFLUENCIA DE LA ESTRELLA PRINCIPAL

Asellus Borealis transmite vitalidad y vigor, talento creativo, amor por las artes y ganancias inesperadas. Aunque tanto Asellus Borealis como Asellus Australis confieren una naturaleza amorosa y, por ende, responsable, Asellus Borealis es conocida como la estrella benéfica que otorga poder para lograr cosas y una visión caritativa y generosa del mundo. Esta estrella te advierte que con intolerancia y modales agresivos jamás se obtendrán los resultados deseados.

Con respecto a tu grado del Sol, esta estrella transmite gusto por el trato con el público, conexiones sociales positivas y amigos influyentes. También supone una preferencia marcada por la educación, sobre todo en materia de filosofía y religión, así como éxito en los negocios y grandes empresas.

♌ Mostrarte cariñoso y amigable son atributos que debes a tu fecha de nacimiento, y se acentúan gracias a tu carisma y personalidad vivaz. Eres independiente, ambicioso, con la habilidad de planear a gran escala. Además, posees un intelecto sagaz y la disposición de trabajar arduamente para alcanzar tus objetivos. Algunas veces, tu sensibilidad y sexto sentido se intensifican, por lo que te vuelves extremadamente intuitivo. Debido a que eres generoso, sueles verte en la situación de que el dinero que ganas se va de tus manos casi tan rápido como llega a ellas. Como eres sociable y proyectas el poder del amor, eres propenso a ser popular.

Por la influencia añadida de Leo, el regente de tu decanato, puedes influir en otros mediante tus destrezas naturales para ejercer la autoridad. Como alguien dado a las conexiones sociales, eres particularmente exitoso en asuntos relacionados con la gente o como líder de organizaciones sociales. Por fortuna, como te atraen las riquezas y el lujo, posees un espíritu emprendedor para hacer de tus grandes sueños una realidad. Sin embargo, por tu fuerte personalidad, debes tener cuidado de no convertirte en una persona terca o egoísta.

Pese a que eres orgulloso, dramático e idealista, también puedes ser práctico. Como buen visionario, por lo general, disfrutas ser pionero en algún proyecto u opinión que encuentres verdaderamente interesante. En ocasiones, te sientes hipersensible y vulnerable, por lo que debes evitar caer en extremos. Por fortuna, sueles ser afectuoso y comprensivo. Posees un espíritu combativo.

Al llegar a los 22 años de edad, tu Sol progresado se desplaza hacia Virgo, y comienza un periodo de tres décadas de creciente énfasis en el orden, la solución práctica de los problemas y la distinción de prioridades respecto a tu tiempo y energía. Otro punto de inflexión ocurre a los 52 años, cuando tu Sol progresado se mueve a Libra y te estimula a ampliar tu círculo social y a poner mayor atención en las relaciones personales, así como en las artes creativas.

Tu yo secreto

Inspirado por la inteligencia, respetas a las personas cultas y perspicaces. Dado que siempre estás en la búsqueda de sabiduría, podrías hacer grandes recorridos; esto comprendería viajes significativos para expandir tus horizontes y vida social. Por lo general, eres honesto y franco, sueles decir lo que piensas, pero prefieres las acciones a las palabras. Si te vuelves inquieto o impaciente, quizá tomes decisiones apresuradas o impulsivas y pases a la acción sin pensar en las repercusiones.

Por tu extrema sensibilidad y tu necesidad de amor, es posible que encuentres plenitud emocional si trabajas en ideales nobles o en proyectos de naturaleza humanitaria o universal. Tienes un aire juvenil que a veces puede darte un aire de inocencia infantil, pero también puede suponer una inclinación hacia la inmadurez. Sin embargo, gozas entretener e inspirar a los demás con tus talentos.

Trabajo y vocación

Inevitablemente tendrás éxito con la gente en cualquier carrera que elijas. Por tu ambición y tus fortalezas organizacionales y de liderazgo, puedes triunfar como gerente o administrador, o en trabajos que te den la mayor libertad. En particular, eres proclive a desempeñarte bien en el derecho, la educación o con grupos comunitarios. Tu sentido del histrionismo puede ayudarte a destacar como actor o político. Por tu naturaleza humanitaria, también puedes ayudar a los demás en profesiones de atención a las personas, como médico o en labores de ayuda social. Si estás en el ámbito de los negocios, te sentirás atraído por trabajos en grandes compañías. Esta fecha de nacimiento también es excelente para escritores, metafísicos o artistas.

Entre las personas famosas con quienes compartes cumpleaños están los actores Geraldine Chaplin y Wesley Snipes, y el autor y presentador de televisión Jonathan Dimbledy.

Numerología

El número 31 en tu fecha de cumpleaños indica una férrea fuerza de voluntad, determinación y énfasis en la autoexpresión. Sueles combinar tu intuición con tus habilidades prácticas para tomar buenas decisiones. Con el 31 en tu día de nacimiento vienen ideas originales, buen sentido de las formas y capacidad de tener éxito en los negocios si te tomas tu tiempo y sigues un plan de acción práctico. La buena fortuna y las oportunidades venturosas también acompañan a este día de cumpleaños. Podrás transformar tus pasatiempos en empresas productivas, con bastante éxito. El tiempo para el amor y la diversión es crucial para ti, pues es probable que trabajes mucho. La subinfluencia del mes número 7 indica que eres sensible y considerado, que las relaciones son importantes para ti y que disfrutas estar en compañía de otras personas. Aprender a mantener el equilibrio y superar la tendencia a la volubilidad impedirá que seas hipersensible o que te dejes herir con facilidad.

• *Cualidades positivas:* suerte, creatividad, originalidad, habilidad para construir, tesón, practicidad, buen conversador, responsabilidad.

• *Cualidades negativas:* inseguridad, impaciencia, suspicacia, tendencia a desanimarse con facilidad, falta de ambición, egoísmo, terquedad.

Amor y relaciones

Gracias a tu encanto y calidez, les resultas atractivo a las personas, ya sea en encuentros grupales o individualmente. Eres sociable, lo que te convierte en un excelente anfitrión; además eres compasivo con los problemas ajenos. Es probable que te atraigan personas fuertes y decididas, pero debes tener cuidado de no entrar en juegos de poder con tu pareja. Las mujeres nacidas en esta fecha suelen estar dispuestas a esforzarse por mantener la armonía en las relaciones, aunque tanto hombres como mujeres pueden ser víctimas de sus propias inquietudes.

• *Positiva:* audacia, naturaleza competitiva, muy paciente hasta que decide qué acción emprenderá.

• *Negativa:* precocidad, necedad, inquietud.

ESE ALGUIEN ESPECIAL

Es más probable que encuentres la felicidad y a una pareja amorosa si las buscas entre personas nacidas en las siguientes fechas.

Amor y amistad: 2, 3, 6, 9, 11, 21, 27 y 31 de enero; 1, 4, 7, 9, 25 y 29 de febrero; 2, 5, 7, 17, 23 y 27 de marzo; 3, 5, 15, 21 y 25 de abril; 1, 3, 13, 19, 23 y 30 de mayo; 1, 11, 17, 21 y 28 de junio; 9, 15, 19, 26 y 29 de julio; 7, 13, 17, 24 y 27 de agosto; 5, 11, 15, 22 y 25 de septiembre; 3, 9, 13, 20 y 23 de octubre; 1, 7, 11, 18, 21 y 30 de noviembre; 5, 9, 16, 19 y 28 de diciembre.

Buenas para ti: 11, 16 y 30 de enero; 9, 24 y 28 de febrero; 7, 22 y 26 de marzo; 5, 20 y 24 de abril; 3, 18, 22 y 31 de mayo; 1, 16, 20 y 29 de junio; 14, 18 y 27 de julio; 12, 16 y 25 de agosto; 10, 14 y 23 de septiembre; 8, 12, 21 y 29 de octubre; 6, 10, 19 y 27 de noviembre; 4, 8, 17 y 25 de diciembre.

Atracción fatal: 26, 27, 28, 29 y 30 de enero.

Desafiantes: 15 de enero, 13 de febrero, 11 de marzo, 9 de abril, 7 y 30 de mayo, 5 y 28 de junio, 3 y 26 de julio, 1 y 24 de agosto, 22 de septiembre, 20 y 30 de octubre, 18 y 28 de noviembre, 16 y 26 de diciembre.

Almas gemelas: 9 y 29 de enero, 7 y 27 de febrero, 5 y 25 de marzo, 3 y 23 de abril, 1 y 21 de mayo, 19 de junio, 17 de julio, 15 de agosto, 13 de septiembre, 11 de octubre, 9 de noviembre, 7 de diciembre.

ESTRELLAS FIJAS

Asellus Australis; Asellus Borealis; el Pesebre, también llamada Messier 44

ESTRELLA PRINCIPAL

Nombre de la estrella: Asellus Borealis
Posición: 6° 34'–7° 35' de Leo, entre los años 1930 y 2000
Magnitud: 5
Fuerza: ★★
Órbita: 1°
Constelación: Cáncer (Gamma Cáncer)
Días efectivos: 30 y 31 de julio, 1 de agosto
Propiedades de la estrella Marte/Sol
Descripción: estrella doble, blanca y amarilla pálida, ubicada en el cuerpo del cangrejo

INFLUENCIA DE LA ESTRELLA PRINCIPAL

Asellus Borealis transmite vitalidad y vigor, talento creativo, amor por las artes y ganancias inesperadas. Aunque tanto Asellus Borealis como Asellus Australis confieren una naturaleza amorosa y, por ende, responsable, Asellus Borealis es conocida como la estrella benéfica que otorga poder para lograr cosas y una visión caritativa y generosa del mundo. Esta estrella te advierte que con intolerancia y modales agresivos jamás se obtendrán los resultados deseados.

Con respecto a tu grado del Sol, esta estrella transmite gusto por el trato con el público, conexiones sociales positivas y amigos influyentes. También supone una preferencia marcada por la educación, sobre todo en materia de filosofía y religión, así como éxito en los negocios y grandes empresas.

1 de agosto

℧ Tu fecha de nacimiento revela liderazgo, ambición y una personalidad dramática. Como buen Leo, eres creativo, tienes fuertes poderes intuitivos y una conducta vigorosa. Aunque tu naturaleza atrevida busque expresarse ampliamente, una fuerte visión pragmática y cierta preocupación por la seguridad deja entrever tu inclinación materialista. Esto indica que mientras el idealismo y la visión juegan papeles importantes en tu vida, las preocupaciones por el dinero o la falta de él te mantienen con los pies bien firmes en la tierra. Sin embargo, eres un individuo de corazón bondadoso con emociones intensas, inclinaciones humanitarias y cualidades de líder.

Debido a la influencia añadida de Leo, el regente de tu decanato, eres digno y orgulloso, y puedes influir en otras personas a través de tus habilidades ejecutivas naturales. Eres observador, perspicaz, hábil y con un marcado sentido de los valores. Como eres de rápido aprendizaje, pronto conviertes tus intereses y esfuerzos creativos en iniciativas comerciales exitosas. Al promover tus talentos, puedes impresionar a los demás con tu determinación y destrezas organizacionales.

Generoso, cortés y seguro de ti mismo, aunque exigente y tenso: así es como otros te describirían. Esto indica que, por inseguridad emocional, a veces escondes tus verdaderos sentimientos. Como eres leal, activo y confiable, te tomas en serio tu trabajo. A pesar de que puedes usar a tu favor tu poder de convencimiento, tu lengua afilada e inclinación a ser excesivamente dominante pueden minar tus grandes esfuerzos.

Alrededor de los 21 años, tu Sol progresado se desplaza hacia Virgo y comienzan tres décadas de énfasis creciente en el orden, la eficiencia, el trabajo y la salud. También es probable que adquieras una mayor conciencia respecto a la solución práctica de los problemas. Otro momento decisivo para ti se da alrededor de los 51 años, cuando tu Sol progresado se mueve a Libra y estimula tu disposición a una mayor cooperación con otros, a ser diplomático y a poner más énfasis en la creatividad y en las relaciones.

Tu yo secreto

Debido a que eres generoso con tu tiempo y energía, tendrás que cuidar tu tendencia a fluctuar entre tus sentimientos de frustración y tus actitudes extravagantes. Esto puede llevarte a la preocupación o a la indecisión sobre tus asuntos materiales aun cuando sea innecesario. Posees la capacidad de mantener cierta distancia crítica para ver las cosas con objetividad, por tanto eres capaz de sobrellevar cualquier situación adversa.

Audaz, independiente e innovador, con velocidad de respuesta, puedes hacer un excelente papel como luchador por la libertad, ya sea que se trate de ti o de otras personas. El refinamiento de tu mente te hace directo y franco, y tu veta intrépida te incita a buscar experiencias inusuales y excitantes. Como buen individualista, en ti abundan las ideas creativas que pueden inspirarte e incitarte a la acción.

Trabajo y vocación

Por tu determinación y voluntad férrea, tiendes a enfocar de forma original tu carrera, a menos que te decantes por la seguridad antes que por tu extraordinario potencial. Debido a tus capacidades ejecutivas y de liderazgo natas, deberías ocupar una posición gerencial o contar con la libertad para trabajar con cierto grado de independencia. Puedes sobresalir en cualquier área, desde ciencia hasta literatura e interpretación, porque posees una mente refinada y una facilidad para lo técnico o lo analítico. Tu gran creatividad tal vez te inspire a adentrarte en el mundo de la música y el arte, donde tu astucia para valorar las situaciones puede ayudarte a comercializar tus talentos. Tu habilidad para impulsar que se acepten cierto tipo de reformas puede inclinarte a trabajar en organizaciones con conciencia social.

Entre las personas famosas con quienes compartes cumpleaños están el músico Jerry Garcia, el diseñador de modas Yves Saint Laurent, el actor Dom DeLuise y el escritor Herman Melville.

Numerología

Tu fecha de nacimiento revela tu deseo de sobresalir y ser independiente. Al tener el número 1 por cumpleaños, tiendes a ser individualista, innovador, valeroso y enérgico. No es inusual que necesites establecer una identidad sólida y desarrollar tu asertividad. Tu espíritu pionero te insta a hacer las cosas por tu cuenta. Este ímpetu emprendedor también te estimulará a desarrollar habilidades ejecutivas o de liderazgo. Tu gran entusiasmo e ideas originales te permiten mostrarles el camino a los demás. Con el número 1 por cumpleaños, quizá debas aprender que el mundo no gira a tu alrededor y evitar la tendencia a ser egocéntrico o dictatorial. La subinfluencia del mes número 8 indica que disfrutas ocupar posiciones influyentes y ansías poder y éxito material. Obtendrás el respeto de otros si eres generoso y justo. Para alcanzar tus objetivos y metas, desarrolla tu naturaleza compasiva por medio de la sensibilidad, la integridad y el carisma.

• *Cualidades positivas:* liderazgo, creatividad, ideas progresistas, vigor, optimismo, convicciones fuertes, competitividad, independencia, sociabilidad.

• *Cualidades negativas:* prepotencia, celos, egocentrismo, orgullo, antagonismo, egoísmo, vacilación, impaciencia.

Amor y relaciones

Eres individualista y dinámico, pero te gusta conocer gente de cualquier contexto. Eres sociable y disfrutas estar en compañía de otros, sobre todo de personas con ideas creativas que te impulsan a expresarte. Aunque eres leal y estás dispuesto a apoyar a tus seres queridos, a veces dudas y eres indeciso en las relaciones. Para evitar decepciones, deberás tomarte un poco más a la ligera los asuntos del corazón y recordar que estás destinado a ser feliz.

• *Positiva:* audacia, naturaleza competitiva, muy paciente hasta que decide qué acción emprenderá.

• *Negativa:* precocidad, necedad, inquietud.

ESE ALGUIEN ESPECIAL

Encontrarás satisfacción emocional y a ese alguien especial entre personas nacidas en las siguientes fechas.

Amor y amistad: 4, 13, 14 y 29 de enero; 11, 27 y 29 de febrero; 9, 15, 25 y 27 de marzo; 7, 23 y 25 de abril; 5, 21, 23 y 29 de mayo; 3, 19, 21, 27 y 30 de junio; 1, 17, 19, 25 y 28 de julio; 15, 17, 23 y 26 de agosto; 13, 15, 21 y 24 de septiembre; 11, 13, 19, 22 y 29 de octubre; 9, 11, 17, 20 y 27 de noviembre; 7, 9, 15, 18 y 25 de diciembre.

Buenas para ti: 11 de enero; 9 de febrero; 7 y 31 de marzo; 5 y 29 de abril; 3, 27 y 31 de mayo; 1, 25 y 29 de junio; 23, 27 y 31 de julio; 21, 25, 29 y 30 de agosto; 19, 23, 27 y 28 de septiembre; 17, 21, 25 y 26 de octubre; 15, 19, 23, 24 y 30 de noviembre; 13, 17, 21, 22 y 28 de diciembre.

Atracción fatal: 12, 30 y 31 de enero; 1 y 10 de febrero; 8 de marzo; 6 de abril; 4 de mayo; 2 de junio.

Desafiantes: 10 de enero; 8 de febrero; 6 y 29 de marzo; 4 y 27 de abril; 2 y 25 de mayo; 23 de junio; 21 de julio; 19 de agosto; 17 de septiembre; 15 y 31 de octubre; 13, 29 y 30 de noviembre; 11, 27 y 28 de diciembre.

Almas gemelas: 18 y 24 de enero, 16 y 22 de febrero, 14 y 20 de marzo, 12 y 18 de abril, 10 y 16 de mayo, 8 y 14 de junio, 6 y 12 de julio, 4 y 10 de agosto, 2 y 8 de septiembre, 6 de octubre, 4 de noviembre, 2 de diciembre.

SOL: LEO
DECANATO: LEO/SOL
ÁNGULO: 9°–10° 30' DE LEO
MODALIDAD: FIJA
ELEMENTO: FUEGO

2 de agosto

ESTRELLAS FIJAS

Aunque el grado en que se ubica tu Sol no se encuentra vinculado con una estrella fija, algunos de los grados de tus otros planetas sí lo estarán. Si solicitas el cálculo de tu carta astral, encontrarás la posición exacta de los planetas en tu fecha de nacimiento. Esto te permitirá determinar cuáles de las estrellas fijas descritas en este libro son relevantes para ti.

♌ Tu personalidad carismática, encanto y amor por el placer y la diversión suelen verse eclipsados por un afán de éxito o un imperioso deseo de ganancias materiales. Como buen Leo, eres orgulloso y extrovertido, tienes un rasgo juvenil o infantil, y estás lleno de energía. Aunque eres decidido y competente, tu actitud un tanto despreocupada podría obstaculizar la realización de tus triunfos.

Por la influencia añadida de Leo, el regente de tu decanato, disfrutas entretener a los demás y tienes un apego por la majestuosidad. Eres dramático, proyectas seguridad en ti mismo y tienes un aire de realeza. Eres alegre y espontáneo, y con frecuencia muestras tu faceta digna y creativa. Recibes sin problema los elogios, pues te gusta sentirte apreciado y admirado. Procura evitar a los amigos que solo están presentes en las buenas, a quienes solo te dicen lo que quieres oír. Personificas una interesante combinación de materialismo y optimismo que te pinta como alguien chispeante e idealista, al mismo tiempo que ambicioso y práctico.

Eres espontáneo por naturaleza, y un amor por la libertad te otorga esa individualidad que te caracteriza. Los esfuerzos conjuntos y la colaboración con tus pares te redituan éxitos y beneficios, por lo que una actitud responsable de tu parte no pasará inadvertida. Tu magnetismo personal, versatilidad y popularidad jugarán papeles importantes en la prosecución de tu sueño. Te ganarás los corazones de muchos si eres flexible, sagaz y divertido.

A partir de los 20 años, cuando tu Sol progresado se desplace hacia Virgo, se incrementará tu deseo práctico de orden, examinar todo con lupa analítica y buscar la eficiencia. En las siguientes tres décadas sentirás la necesidad de volverte más introspectivo o más consciente respecto a tu salud. Hay otro parteaguas en tu vida a los 51 años, cuando tu Sol progresado entre a Libra; a partir de este momento prosperará en ti el deseo de involucrarte más a fondo en tus relaciones personales, y transitarás de consideraciones prácticas a otras más creativas.

Tu yo secreto

Fuiste bendecido con una gran personalidad, agudo intelecto y rápido aprendizaje. En ocasiones, experimentas altibajos en tu estado de ánimo, al pasar de la preocupación a la confusión, mismas que te hacen propenso al comportamiento temperamental o a evadirte de la realidad. Por fortuna, estos periodos duran poco, ya que tu brillantez, simpatía y expresividad, así como tus múltiples intereses, tienden a estimular tu anhelo de creatividad y nuevas oportunidades.

Por tu forma única de abordar la vida, te gusta ser diferente y, en general, vas adelantado a tu tiempo. Entablas amistades con facilidad y te relacionas con gente de todo tipo. La libertad y la independencia ocupan los primeros lugares en tu lista de prioridades. Prefieres ser honesto acerca de tus sentimientos. Eres consciente de la imagen que proyectas y puedes usar esta ventaja de manera constructiva para promoverte a ti mismo. Tu receptividad y la propensión a dejarte influir por tu entorno, además de tus habilidades sociales y tu estilo diplomático, abonan a tu personalidad amistosa y cálida.

Trabajo y vocación

Debido a tu manera innata de vivir la vida con creatividad, puedes considerar como canales para tu expresión emocional las artes visuales y escénicas, en especial como actor o dramaturgo. En particular, tu chispa natural y carisma pueden resultar útiles en las áreas de promoción, ventas o negociación. Ya que posees excelentes habilidades sociales y comunicativas, podrías prosperar como escritor o maestro, en publicidad o en el ámbito editorial. Todas aquellas carreras que hacen gala de un toque personal, como relaciones públicas, medios de comunicación o cualquier tipo de asesoría también son excelentes vías de salida para tus talentos. Al ser tan independiente, requieres libertad para trabajar a tu manera, por lo que quizá prefieras trabajar de forma autónoma. Además, funcionas bien en los negocios, la banca o las leyes.

Entre las personas famosas con quienes compartes cumpleaños están los actores Peter O'Toole y Myrna Loy, el escritor James Baldwin y el psicólogo Ira Progoff.

Numerología

El número 2 en tu fecha de nacimiento sugiere sensibilidad y necesidad de pertenecer a un grupo. Tu facilidad para adaptarte y ser comprensivo hace que disfrutes actividades cooperativas en las que interactúas con otras personas. Al intentar complacer a quienes te agradan corres el riesgo de volverte demasiado dependiente. No obstante, si desarrollas la confianza en ti mismo superarás la tendencia a sentirte herido por las acciones y críticas ajenas. La subinfluencia del mes número 8 indica que eres ambicioso y tenaz, y que posees habilidades prácticas y ejecutivas. Evita preocuparte por luchas de poder y falta de control y supera la tendencia a ser demasiado crítico y exigir perfección. Deberás encontrar el equilibrio entre ayudar a los demás en exceso y tu tendencia a retraerte. Si te sientes inseguro, te resultará difícil materializar tus planes personales. Por otro lado, si encuentras una forma original de expresión creativa o artística, harás realidad tus sueños.

• *Cualidades positivas:* colaborador, gentileza, tacto, receptividad, intuición, amabilidad, armonía, afabilidad, embajador de buena voluntad.

• *Cualidades negativas:* suspicacia, inseguridad, sumisión, hipersensibilidad, egoísmo, susceptibilidad, deshonestidad.

Amor y relaciones

Eres sociable y te encanta la diversión, lo que te convierte en un excelente amigo y buen compañero. Aunque seas afectuoso y cariñoso, debes elegir tus relaciones con cuidado para asegurarte de que sean duraderas. Eres romántico y despliegas tus emociones con franqueza con la gente a la que amas; sin embargo, para ser feliz, también debes tener seguridad financiera. Debido a tu encanto, les resultas atractivo a potenciales parejas, por lo que ansías relaciones amorosas, pero al mismo tiempo también quieres libertad.

ESE ALGUIEN ESPECIAL

Para encontrar amor y amistad duraderos, relaciónate con personas nacidas en las siguientes fechas.

Amor y amistad: 6, 8, 10, 14, 23, 26 y 28 de enero; 4, 10, 12, 21, 24 y 26 de febrero; 2, 10, 12, 19, 22 y 24 de marzo; 8, 14, 17, 20 y 22 de abril; 6, 15, 16, 18 y 20 de mayo; 4, 13, 16 y 18 de junio; 2, 11, 14, 16 y 20 de julio; 9, 12, 14 y 22 de agosto; 7, 10, 12 y 24 de septiembre; 5, 8, 10 y 26 de octubre; 3, 6, 8 y 28 de noviembre; 1, 4, 6 y 30 de diciembre.

Buenas para ti: 9 y 12 de enero; 7 y 10 de febrero; 5 y 8 de marzo; 3 y 6 de abril; 1 y 4 de mayo; 2 y 30 de junio; 28 de julio; 26, 30 y 31 de agosto; 24, 28 y 29 de septiembre; 22, 26 y 27 de octubre; 20, 24 y 25 de noviembre; 18, 22, 23 y 29 de diciembre.

Atracción fatal: 28, 29, 30 y 31 de enero; 1 y 2 de febrero.

Desafiantes: 11, 13 y 29 de enero; 9 y 11 de febrero; 7, 9 y 30 de marzo; 5, 7 y 28 de abril; 3, 5, 26 y 31 de mayo; 1, 3, 24 y 29 de junio; 1, 22 y 27 de julio; 20 y 25 de agosto; 18, 23 y 30 de septiembre; 16, 21 y 28 de octubre; 14, 19 y 26 de noviembre; 12, 17 y 24 de diciembre.

Almas gemelas: 11, 12 y 29 de enero; 9, 10 y 27 de febrero; 7, 8 y 25 de marzo; 5, 6 y 23 de abril; 3, 4 y 21 de mayo; 1, 2 y 19 de junio; 17 de julio; 15 de agosto; 13 de septiembre; 11 de octubre; 9 de noviembre; 7 de diciembre.

3 de agosto

Aunque el grado en que se ubica tu Sol no se encuentra vinculado con una estrella fija, algunos de los grados de tus otros planetas sí lo estarán. Si solicitas el cálculo de tu carta astral, encontrarás la posición exacta de los planetas en tu fecha de nacimiento. Esto te permitirá determinar cuáles de las estrellas fijas descritas en este libro son relevantes para ti.

Eres una persona afortunada, optimista, orientada al éxito, ambiciosa, audaz, con gran visión para los negocios y tremenda capacidad para la estrategia. Tu fecha de nacimiento te revela como un Leo aventurero y con múltiples talentos, y con urgencia de cumplir tus objetivos. No obstante, sin inspiración, expresión creativa o paciencia, muchas de tus ideas y sueños permanecerán insatisfechos.

Pese a que eres dueño de una excelente intuición para los negocios y que podrías ser un inversor astuto o un profesional exitoso en la bolsa de valores, la subinfluencia de Sagitario, el regente de tu decanato, sugiere que debes vencer tu inclinación al optimismo exacerbado o poco realista. La mayoría de las veces tiendes a creer que la seguridad financiera puede proporcionarte todas las respuestas. Pero al enfocarte únicamente en los beneficios materiales, puedes perderte de percibir lo que realmente vale la pena en la vida.

Como un idealista pragmático, gozas de cualidades de líder y una gran visión, y a menudo te las arreglas para explotar tus habilidades mediante la autopromoción. Sin importar a qué te dediques, te inclinas por los grandes sueños. Esta necesidad de expandirte y crecer puede indicar que una inquietud interna o insatisfacción con tu situación actual te alienta a ir siempre un paso más allá.

Las mujeres son quienes con mayor frecuencia te ayudarán en tu camino al éxito y la búsqueda de riquezas. Aun cuando seas disciplinado y trabajador, tienes un gusto extravagante, y las adquisiciones son importantes para tu sentido del bienestar.

Después los 19 años, cuando tu Sol progresado entra a Virgo, dejas de ser tan dominante y tiendes más al análisis, al pragmatismo y a la reflexión. Tus obligaciones empiezan a abarcan gran parte de tu tiempo. Reconocerás en ti una necesidad de trabajar con mayor perfección y eficiencia. A partir de los 49 años, cuando tu Sol progresado se desplace hacia Libra, habrá un cambio de énfasis en tu vida; de ahí en adelante te involucrarás más activamente en tus relaciones personales y en ampliar tu círculo de amigos. También existe la posibilidad de que desarrolles talentos artísticos o literarios latentes.

Tu yo secreto

Tu brillante intelecto y tu pensamiento innovador suelen ir dos pasos adelante. La originalidad de tus ideas y ese sentido de grandeza tan característico en ti señalan una facilidad para destacar cuando estés en una posición directiva. Dada tu astucia para juzgar el carácter de los demás, puedes valorar rápidamente a las personas y las circunstancias. Tienes un excelente potencial para la organización y eres capaz de involucrar a otros en tus planes y estrategias. Tus súbitos destellos de percepción y habilidades de persuasión pueden impresionar a los demás y ganártelos para respaldar tu punto de vista. Eres generoso con tu tiempo y dinero, y trabajas particularmente bien cuando te dedicas a ayudar a los demás.

Una veta rebelde puede acentuar tu deseo de libertad. Gracias a tu buen juicio e inteligencia puedes sobrevivir sin mucho esfuerzo, pero eso conlleva el peligro de elegir el camino fácil. Con la finalidad de saber cuáles son tus habilidades reales, debes estar a la altura de los desafíos necesarios para desplegar tu verdadero potencial.

Trabajo y vocación

Tu ambición y el atractivo de tu personalidad pueden llevarte a la cima en casi cualquier carrera. Tu desagrado a recibir órdenes te lleva a ubicarte en puestos ejecutivos o gerenciales, ya sea que te dediques a la banca o a las artes. Funcionas particularmente bien para el teatro, como actor, director o guionista. Por otro lado, podrías usar tus habilidades sociales para los negocios, donde te desempeñarías bien en ventas, promoción o negociación. Por tu optimismo y propensión a hacer grandes planes, te gusta iniciar nuevos proyectos en los que tengas el rol principal. Eres bueno para delegar, lo cual te hace un excelente administrador y te lleva a trabajar por cuenta propia.

Entre las personas famosas con quienes compartes cumpleaños están el actor Martin Sheen, el director de cine John Landis, el cantante Tony Bennett, la diseñadora de modas Anne Klein y el estadista británico Stanley Baldwin.

Numerología

Tener el número 3 en tu fecha de cumpleaños te convierte en una persona sensible, con la necesidad de externar tu creatividad y emociones. Eres divertido y buena compañía, ya que disfrutas las actividades sociales entre amigos y tienes intereses diversos. Aunque eres versátil, expresivo y necesitas vivir experiencias emocionantes y variadas, tu tendencia a aburrirte con facilidad puede volverte indeciso o demasiado disperso. A pesar de que el número 3 de tu cumpleaños te hace artístico, encantador, y con buen sentido del humor, es posible que debas fortalecer tu autoestima, con el fin de superar tus inseguridades y la propensión a preocuparte en exceso. La subinfluencia del mes número 8 indica que usas tu creatividad e imaginación de forma práctica. Aunque posees múltiples talentos y aprovechas las oportunidades de forma natural, eres inquieto y te sientes tentado a hacer muchas cosas al mismo tiempo. Si te enfocas en unos cuantos proyectos, aprenderás a ser disciplinado y alcanzarás el éxito.

• *Cualidades positivas:* humor, felicidad, afabilidad, productividad, creatividad, veta artística, deseos vehementes, amor por la libertad, talento con las palabras.

• *Cualidades negativas:* aburrimiento, vanidad, fantasioso, exageración, jactancioso, extravagancia, autocomplacencia, pereza, hipocresía, desperdicio.

Amor y relaciones

Tus deseos intensos y apasionados hacen que la vida amorosa se vuelva importantísima para ti. Eres un amigo y amante generoso y popular, aunque a veces muy dominante. Tu atractivo y carisma te brindarán muchas oportunidades a nivel social o romántico. Aunque sueles ser leal, a veces sientes una fuerte tensión entre tu deseo de amor y afecto, y la necesidad de seguridad material. Tus deseos de libertad suponen que prefieres entablar relaciones con alguien que te dé suficiente espacio para sentirte independiente.

ESE ALGUIEN ESPECIAL

Si buscas amor y amistad, es posible que encuentres a la persona indicada entre quienes nacieron en las siguientes fechas.

Amor y amistad: 6, 10, 15, 29 y 31 de enero; 4, 8, 13, 27 y 29 de febrero; 2, 11, 25 y 27 de marzo; 4, 9, 23 y 25 de abril; 7, 21 y 23 de mayo; 5, 19 y 21 de junio; 3, 17, 19 y 30 de julio; 1, 15, 17 y 28 de agosto; 13, 15 y 26 de septiembre; 11, 13 y 24 de octubre; 9, 11 y 22 de noviembre; 7, 9 y 20 de diciembre.

Buenas para ti: 13, 15 y 19 de enero; 11, 13 y 17 de febrero; 9, 11 y 15 de marzo; 7, 9 y 13 de abril; 5, 7 y 11 de mayo; 3, 5 y 9 de junio; 1, 3, 7 y 29 de julio; 1, 5, 27 y 31 de agosto; 3, 25 y 29 de septiembre; 1, 23 y 27 de octubre; 21 y 25 de noviembre; 19 y 23 de diciembre.

Atracción fatal: 31 de enero, 1 y 2 de febrero, 30 de mayo, 28 de junio, 26 de julio, 24 de agosto, 22 de septiembre, 20 de octubre, 18 de noviembre, 16 de diciembre.

Desafiantes: 12 de enero; 10 de febrero; 8 de marzo; 6 de abril; 4 de mayo; 2 de junio; 31 de agosto; 29 de septiembre; 27, 29 y 30 de octubre; 25, 27 y 28 de noviembre; 23, 25, 26 y 30 de diciembre.

Almas gemelas: 2 y 28 de enero, 26 de febrero, 24 de marzo, 22 de abril, 20 de mayo, 18 de junio, 16 de julio, 14 de agosto, 12 de septiembre, 10 de octubre, 8 de noviembre, 6 de diciembre.

4 de agosto

ESTRELLA FIJA

Nombre de la estrella: Kochab

Posición: 11º 56'–12º 45' de Leo, entre los años 1930 y 2000

Magnitud: 2

Fuerza: ★★★★★★★

Órbita: 2º 10'

Constelación: Osa Menor (Beta Ursae Minoris)

Días efectivos: 4, 5, 6 y 7 de agosto

Propiedades de la estrella: Saturno/ Mercurio

Descripción: estrella gigante anaranjada ubicada en la Osa Menor

INFLUENCIA DE LA ESTRELLA PRINCIPAL

La influencia de Kochab infunde lógica, concentración y la capacidad de ir directo al grano durante cualquier discusión. Eres un amante de la limpieza y posees buenas habilidades de organización. Esta estrella otorga energía y fortaleza, así como oportunidades para ascender a puestos de autoridad.

Con respecto a tu grado del Sol, esta estrella señala que se pueden lograr muchas cosas a través del empeño. Tienes la capacidad para combatir con energía y valentía hasta el final, pues tu actitud te impide darte por vencido. Esta estrella indica que no intentes engañar a otros, no actúes con malicia y no te involucres en actividades turbias.

• *Positiva:* perseverancia, empeño, valentía para superar los obstáculos.

• *Negativa:* impaciencia, afición por las travesuras, pesimismo.

Gozas de una perspectiva universal gracias a tu generosidad y mentalidad abierta, pero te preocupas por lo material y eso con frecuencia limita tus inclinaciones humanitarias. Como buen Leo, eres creativo y generoso, además de que tienes habilidades pragmáticas y capacidades para llevar a cabo tus objetivos. Atraes a la gente y eres popular porque sueles ser amistoso y alegre. Eso también indica un gran potencial para el liderazgo y que te desagrada estar en una posición subordinada.

La subinfluencia de Sagitario, el regente de tu decanato, te alienta a expandirte y, sumada a tu mirada optimista, te inspira a tomar las oportunidades al vuelo y con valentía. Cuando temes a lo desconocido, esta influencia también puede funcionar de manera adversa y socavar tu capacidad para llevar a cabo logros notables. Si tratas de resistir tu inclinación a ser impaciente y autoritario, podrás ejercitar la tolerancia. Una actitud objetiva y equilibrada ante la vida te permitirá evitar muchas frustraciones y decepciones.

Adoptar una perspectiva responsable te inspirará a explorar tu verdadero potencial para convertirte en un especialista líder en tu campo de acción. Debido a tu entusiasmo prefieres observar el panorama completo, sin embargo, podrías olvidarte de los pequeños pero vitales detalles. Si aprendes a ser meticuloso o metódico, aumentas tus posibilidades de éxito.

Desde la infancia, tiendes a interesarte por las actividades sociales y a ponerte al centro de la acción. De los 18 años en adelante, conforme tu Sol progresado se desplaza hacia Virgo y permanece ahí durante un periodo de tres décadas, poco a poco te volverás más consciente, reflexivo, reservado y sabrás distinguir mejor las prioridades. Es probable que te interese ser más eficiente en tu ambiente de trabajo. A medida que tu Sol progresado entre a Libra, a los 48 años, alcanzarás un punto de inflexión; esto implica un fuerte acento en tus relaciones sociales y personales. Tus habilidades creativas se intensificarán y querrás robustecer cualquier interés musical, artístico o literario que haya estado latente hasta ese momento.

Tu yo secreto

En general, te caracterizas por tu aire juvenil, además de que el sentirte feliz y relajado saca a relucir tu original sentido del humor. Parte de tu agudo y satírico ingenio proviene de tus sutilezas psicológicas y de tu habilidad natural para evaluar con rapidez a las personas. El hecho de que busques seguridad material a cualquier costo puede causarte un conflicto entre tus ideales o deseos y las limitaciones de tu realidad. Si incorporas aventuras, variedad y viajes en tu vida, podrás transformar tu inquietud interior para conquistar nuevas metas.

Aprender a administrar tus recursos y tu presupuesto te permitirá evitar esos altibajos entre tus periodos de solvencia económica, generosidad y extravagancia y los de precariedad por falta de fondos. Esto también te ayudará a vencer el miedo a la inestabilidad financiera.

Trabajo y vocación

Dado que eres muy independiente y prefieres dar órdenes que aceptarlas, en general, te desenvuelves mejor en una posición de autoridad o, si trabajas como parte de un grupo, donde tengas la libertad de operar a tu manera. Tiendes al éxito en la enseñanza, el teatro, como conferencista o gestionando tu propio negocio. Eres bueno para evaluar las circunstancias, por lo tanto, el lado más pragmático de tu naturaleza puede llevarte al sector de bienes raíces, bancario y bursátil. Por otra parte, tu veta humanitaria podría expresarse en profesiones relacionadas con la salud o con el trabajo social o comunitario.

Entre las personas famosas con quienes compartes cumpleaños están Isabel Bowes-Lyon, la Reina Madre; el poeta Percy Bysshe Shelley; el beisbolista Roger Clemens, y la atleta olímpica Mary Decker-Slaney.

Numerología

La estructura sólida y el poder jerarquizado que conlleva el número 4 en tu fecha de nacimiento apuntan hacia la necesidad de estabilidad y el gusto por establecer orden. Tu gran cantidad de energía, habilidades prácticas y voluntad férrea te ayudarán a alcanzar el éxito por medio del trabajo arduo. Enfocarte en tu seguridad hará que desees construir una base sólida para tu familia y para ti, así que aprovecha que tu visión pragmática de la vida te confiere un buen sentido de los negocios y la capacidad de alcanzar el éxito material. Con el número 4 en tu fecha de nacimiento acostumbras ser honesto, franco y justo. Los retos que enfrenta un individuo con el número 4 incluyen periodos de inestabilidad o de preocupaciones financieras. La subinfluencia del mes número 8 indica que la forma en que manejas tus finanzas podría hacer la diferencia en tu vida, por lo que tienes que aprender a ser práctico y ahorrador. Te gusta pensar de forma creativa y guiar o inspirar a otros. Sueles tener una excelente capacidad de razonamiento y eres buen planificador o diseñador.

• *Cualidades positivas:* organización, autodisciplina, estabilidad, trabajo arduo, destreza, habilidades manuales, pragmatismo, confianza, exactitud.

• *Cualidades negativas:* incapacidad para comunicarse, rigidez, pereza, insensibilidad, postergación, comportamiento controlador o dominante, afectos ocultos, resentimientos, rigor.

Amor y relaciones

Aunque eres amoroso y cálido, en ocasiones las inhibiciones afectivas te hacen parecer frío y desapegado. Las alianzas y colaboraciones son importantes para ti, aun si no siempre expresas tus emociones. Por lo general, te atraen personas que te estimulan a nivel mental o con quienes compartes algún tipo de actividad intelectual. Aunque sueles ser una buena pareja, eres un poco obcecado, lo que puede causar peleas. Por fortuna, esto no es duradero, ya que eres comprensivo, cariñoso, buen amigo y magnífico anfitrión, además de un familiar protector.

ESE ALGUIEN ESPECIAL

Te será más fácil encontrar a la pareja indicada si te relacionas con personas nacidas en las siguientes fechas.

Amor y amistad: 6, 7 y 16 de enero; 4, 5 y 14 de febrero; 2, 12, 28 y 30 de marzo; 10, 26 y 28 de abril; 8, 24, 26 y 30 de mayo; 6, 22, 24 y 28 de junio; 4, 20, 22, 26 y 31 de julio; 2, 18, 20, 24 y 29 de agosto; 16, 18, 22 y 27 de septiembre; 14, 16, 20 y 25 de octubre; 12, 14, 18 y 23 de noviembre; 10, 12, 16 y 21 de diciembre.

Buenas para ti: 9, 14 y 16 de enero; 7, 12 y 14 de febrero; 5, 10 y 12 de marzo; 3, 8 y 10 de abril; 1, 6 y 8 de mayo; 4 y 6 de junio; 2 y 4 de julio; 2 de agosto; 30 de septiembre; 28 de octubre; 26 y 30 de noviembre; 24, 28 y 29 de diciembre.

Atracción fatal: 21 de enero, 19 de febrero, 17 de marzo, 15 de abril, 13 de mayo, 11 de junio, 9 de julio, 7 de agosto, 5 de septiembre, 3 de octubre, 1 de noviembre.

Desafiantes: 4, 13 y 28 de enero; 2, 11 y 26 de febrero; 9 y 24 de marzo; 7 y 22 de abril; 5 y 20 de mayo; 3 y 18 de junio; 1 y 16 de julio; 14 de agosto; 12 de septiembre; 10 y 31 de octubre; 8 y 29 de noviembre; 6 y 27 de diciembre.

Almas gemelas: 15 y 22 de enero, 13 y 20 de febrero, 11 y 18 de marzo, 9 y 16 de abril, 7 y 14 de mayo, 5 y 12 de junio, 3 y 10 de julio, 1 y 8 de agosto, 6 de septiembre, 4 de octubre, 2 de noviembre.

SOL: LEO
DECANATO: SAGITARIO/JÚPITER
ÁNGULO: 12°–13° 30' DE LEO
MODALIDAD: FIJA
ELEMENTO: FUEGO

ESTRELLAS FIJAS

Kochab; Acubens, también llamada Sertan

ESTRELLA PRINCIPAL

Nombre de la estrella: Kochab
Posición: 11° 56'–12° 45' de Leo, entre los años 1930 y 2000
Magnitud: 2
Fuerza: ★★★★★★★★
Órbita: 2° 10'
Constelación: Osa Menor (Beta Ursae Minoris)
Días efectivos: 4, 5, 6 y 7 de agosto
Propiedades de la estrella: Saturno/ Mercurio
Descripción: estrella gigante anaranjada ubicada en la Osa Menor

INFLUENCIA DE LA ESTRELLA PRINCIPAL

La influencia de Kochab infunde lógica, concentración y la capacidad de ir directo al grano durante cualquier discusión. Eres un amante de la limpieza y posees buenas habilidades de organización. Esta estrella otorga energía y fortaleza, así como oportunidades para ascender a puestos de autoridad.

Con respecto a tu grado del Sol, esta estrella señala que se pueden lograr muchas cosas a través del empeño. Tienes la capacidad para combatir con energía y valentía hasta el final, pues tu actitud te impide darte por vencido. Esta estrella advierte en contra de engañar a otros, actuar con malicia e involucrarse en actividades turbias.

• *Positiva:* perseverancia, empeño, valentía para superar los obstáculos.

• *Negativa:* impaciencia, afición por las travesuras, pesimismo.

5 de agosto

♌ Algunas cualidades asociadas con tu fecha de nacimiento son la versatilidad, la creatividad, la fuerza de voluntad y la determinación. Como buen Leo, eres temerario, ambicioso y digno, pero tu gran orgullo y tus inclinaciones materiales implican que la seguridad financiera puede ser un factor de peso para el conjunto de tus planes.

La subinfluencia de Sagitario, el regente de tu decanato, deja entrever que disfrutas ser productivo y que, en general, tienes buenos valores morales. Sin embargo, evita la tendencia a ser impaciente u obstinado. Eres un trabajador dedicado, tienes intuición práctica para los negocios y buenas habilidades organizacionales. Debido a tu personalidad enérgica, debes tener cuidado de no ser demasiado terco o sofocante.

Quieres expresar tu individualidad aun cuando tienes puntos de vista conservadores y deseos de escalar posiciones sociales y económicas. Como alguien a quien le disgusta recibir órdenes de otros, con frecuencia creas tu propia ética y código de conducta, pero debes evitar ser demasiado obstinado. Las mujeres resultan especialmente benéficas para ti. Además, aprender a colaborar con los demás puede brindarte experiencias provechosas y gratificantes.

Después de los 17 años, cuando tu Sol progresado se desplaza hacia Virgo, aumenta tu afán de mantener un orden práctico en tu jornada diaria. Te inclinarás más por analizar las cosas y buscar formas de restructurar tu vida, de tal manera que mejore en lo general. Este comportamiento continúa hasta los 47 años, cuando tu Sol progresado entra a Libra. Como un momento decisivo, destaca la creciente importancia de las relaciones personales, la creatividad y la armonía.

Tu yo secreto

Tu determinación, pragmatismo, amor por el conocimiento y mente sagaz te facilitan enfrentar cualquier situación. Un posible obstáculo en tu camino al éxito es tu tendencia al escepticismo. En el caso de que pierdas la fe, ya sea en ti mismo o en tus capacidades para lograr tus propósitos, existe el peligro que te vuelvas frío y retraído. Si eres osado y espontáneo, puedes retarte a ti mismo a ser más dinámico y poderoso.

Aunque a veces puedes preocuparte demasiado por los asuntos materiales, es a través de tu sabiduría interior o tu sapiencia espiritual que podrás superar las dificultades de la vida. Como tu personalidad suele ser fuerte y con frecuencia expresas tus opiniones o te pronuncias en contra de algo, es importante que te resistas a usar tácticas de poder para salirte con la tuya. Al confiar en tu intuición construyes confianza y fe para lograr tus sueños.

Trabajo y vocación

Para ascender al éxito echas mano de tu ambición, intuición para los negocios y habilidad para tomar la iniciativa. Disfrutas el poder, la estructura y la efectividad, y también posees sensibilidad y sagacidad emocional. Esta combinación puede resultar eficaz para ti en todas las áreas, desde la administración de los recursos materiales hasta el mundo creativo. Siempre consciente de la importancia de la imagen, también sientes una fuerte atracción por el mundo del teatro y el entretenimiento. Es probable que prefieras estar en una posición de poder o trabajar de manera autónoma, pues no te gusta ser subordinado. Gracias a tu fuerza y determinación, sueles destacar en los negocios, sobre todo en las ventas. Por otro lado, también podrías convertirte en un buen abogado.

Entre las personas famosas con quienes compartes cumpleaños están el basquetbolista Patrick Ewing, el astronauta Neil Armstrong, el director de cine John Huston y la actriz Loni Anderson.

Numerología

El número 5 en tu fecha de nacimiento indica instintos poderosos, naturaleza aventurera y ansias de libertad. La disposición a explorar o probar cosas nuevas, así como tu entusiasmo para enfrentar el mundo, sugieren que la vida tiene mucho que ofrecerte. Los viajes y las múltiples oportunidades de cambio, algunas de ellas inesperadas, podrían conducir a una auténtica transformación de tus perspectivas y creencias. Al tener el número 5 por cumpleaños necesitas sentir que la vida es emocionante; no obstante, es posible que también debas desarrollar una actitud responsable y evitar la tendencia a ser impredecible, a los excesos y al desasosiego. Alcanzarás el éxito si evitas las acciones prematuras o especulativas y si aprendes a ser paciente. El talento natural de una persona con el número 5 es saber cómo dejarse llevar por la corriente y mantenerse desapegado. La subinfluencia del mes número 8 indica que eres ambicioso y posees una mente activa y ágil. Los logros y los triunfos son importantes para ti por lo que, dado que eres trabajador y posees buenas habilidades gerenciales, puedes ascender a posiciones influyentes y de autoridad.

• *Cualidades positivas:* versatilidad, adaptabilidad, actitud progresista, instintos poderosos, magnetismo, suerte, audacia, amor por la libertad, ingenio, agilidad mental, curiosidad, misticismo, sociabilidad.

• *Cualidades negativas:* poca confiabilidad, volatilidad, postergación, incongruencia, exceso de confianza, obstinación.

Amor y relaciones

Disfrutas viajar y conocer gente nueva. Aunque eres cálido y sociable, también puedes ser inquieto e indeciso acerca de las relaciones cercanas. Es posible superarlo si te mantienes ocupado en proyectos creativos que no te dejen tiempo libre para preocupaciones o dudas. La música y otras artes pueden resultarte particularmente inspiradoras. Tienes la capacidad de alegrar a otros con tu optimismo y generosidad, pero deberás tener cuidado de no ser demasiado impositivo con la gente a la que quieres.

ESE ALGUIEN ESPECIAL

Si buscas amor verdadero y felicidad, tendrás más éxito al relacionarte con personas nacidas en las siguientes fechas.

Amor y amistad: 1, 7, 17, 18 y 20 de enero; 5, 15 y 18 de febrero; 3, 13, 16, 29 y 31 de marzo; 1, 11, 14, 27 y 29 de abril; 9, 12, 25 y 27 de mayo; 7, 10, 23 y 25 de junio; 5, 8, 21 y 23 de julio; 3, 6, 19 y 21 de agosto; 1, 4, 17 y 19 de septiembre; 2, 15 y 17 de octubre; 13, 15 y 30 de noviembre; 11, 13 y 28 de diciembre.

Buenas para ti: 15, 17 y 28 de enero; 13, 15 y 26 de febrero; 11, 13 y 24 de marzo; 9, 11 y 22 de abril; 7, 9 y 20 de mayo; 5, 7 y 18 de junio; 3, 5 y 16 de julio; 1, 3 y 14 de agosto; 1 y 12 de septiembre; 10 y 29 de octubre; 8 y 27 de noviembre; 6 y 25 de diciembre.

Atracción fatal: 5 de enero; 1, 2, 3 y 4 de febrero; 1 de marzo.

Desafiantes: 4, 5 y 14 de enero; 2, 3 y 12 de febrero; 1 y 10 de marzo; 8 y 30 de abril; 6 y 28 de mayo; 4 y 26 de junio; 2 y 24 de julio; 22 de agosto; 20 de septiembre; 18 de octubre; 16 de noviembre; 14 de diciembre.

Almas gemelas: 2 de enero, 29 de marzo, 27 de abril, 25 de mayo, 23 de junio, 21 de julio, 19 de agosto, 17 de septiembre, 15 de octubre, 13 de noviembre, 11 de diciembre.

ESTRELLAS FIJAS

Kochab; Acubens, también llamada Sertan; Dubhe

ESTRELLA PRINCIPAL

Nombre de la estrella: Kochab
Posición: 11° 56'–12° 45' de Leo, entre
    los años 1930 y 2000
Magnitud: 2
Fuerza: ★★★★★★★
Órbita: 2° 10'
Constelación: Osa Menor (Beta Ursae
    Minoris)
Días efectivos: 4, 5, 6 y 7 de agosto
Propiedades de la estrella: Saturno/
    Mercurio
Descripción: estrella gigante anaranjada
    ubicada en la Osa Menor

INFLUENCIA DE
LA ESTRELLA PRINCIPAL

La influencia de Kochab infunde lógica, concentración y la capacidad de ir directo al grano durante cualquier discusión. Eres un amante de la limpieza y posees buenas habilidades de organización. Esta estrella otorga energía y fortaleza, así como oportunidades para ascender a puestos de autoridad.

Con respecto a tu grado del Sol, esta estrella señala que se pueden lograr muchas cosas a través del empeño. Tienes la capacidad para combatir con energía y valentía hasta el final, pues tu actitud te impide darte por vencido. Advierte en contra de engañar a otros, actuar con malicia e involucrarse en actividades turbias.

• *Positiva:* perseverancia, empeño, valentía para superar los obstáculos.

• *Negativa:* impaciencia, afición por las travesuras, pesimismo.

6 de agosto

Tu fecha de nacimiento revela que bajo tu apariencia sociable e idealista yace una naturaleza práctica que busca explotar tus propios talentos. Como buen Leo, eres encantador, romántico y espontáneo, tienes dones creativos y buen ojo para el color y el estilo. Los extremos de tu ser muestran que, por un lado, puedes ejercer un gran rigor al imponer disciplina, en especial cuando se trata de dinero y, por el otro, puedes ser cariñoso, compasivo y humanitario.

Debido a la subinfluencia de Júpiter, tiendes a ser ambicioso y lleno de vitalidad, así como directo y franco. Sin embargo, tu tendencia a ser crítico implica que debes procurar no dar cabida a tantas dudas ni a preocuparte de más, pues la inspiración es la clave para tu motivación y éxito. Así pues, si te sientes estimulado, te dispondrás a imprimir el esfuerzo necesario. No obstante, evita volverte rígido o hacer las cosas solo por obligación, ya que te puede causar rechazo, falta de confianza en ti mismo o sentimientos de que lo que haces no se aprecia.

Puedes lograr grandes éxitos gracias a tu personalidad atractiva, entusiasmo por la vida y mentalidad positiva. A veces la fortuna te concederá una buena racha; pero procura no asumir nada ni dejar las cosas al azar.

Alrededor de los 16 años, tu Sol progresado se desplaza hacia Virgo y así comienzan tres décadas de creciente énfasis en el orden, la solución práctica de los problemas y en ser más hábil para discriminar las prioridades respecto a tu tiempo y energía. Otro punto de inflexión sucede a los 46 años, cuando tu Sol progresado se mueve a Libra y te estimula a ampliar tu círculo social, a poner mayor énfasis en tus relaciones personales y desarrollar cualquier posible talento musical, artístico o literario que esté latente. A partir de los 76 años, en sintonía con la entrada de tu Sol progresado en Escorpión, sentirás la necesidad de estar más en contacto con tus emociones profundas.

Tu yo secreto

Pese a que aparentas ser muy fuerte o resistente por fuera, tienes una sensibilidad emocional que puede resaltar los extremos de tu carácter. Cuando atraviesas por una nube de negatividad o estás demasiado volcado en ti mismo, tus poderosas emociones pueden expresarse como desilusión o soledad, mientras que cuando eres positivo, gozas de un amor universal para todo en derredor. Gracias a tu desinterés, te dispones a estar al servicio de los demás sin esperar mucho a cambio. Es importante, sin embargo, obtener un buen equilibrio entre ser exigente y comprometerte por el bien de la armonía. Puedes apreciar este proceso al practicar cómo valorarte a ti mismo y la forma en que permites que te trate la gente. Puesto que tienes un fuerte deseo de amar y ser amado, eres sensible a las reacciones de los demás. Amas la belleza y el lujo, y disfrutas compartirlos.

Trabajo y vocación

Gracias a tu encanto y tu sistema de valores, eres excelente para combinar los negocios con el placer. La gente responde a tu sentido de la responsabilidad y capacidad para trabajar duro. Eres dado a las conexiones sociales, y uno de tus mejores recursos es la habilidad para tratar con las personas. Puedes sobresalir en grandes negocios, mercadotecnia, producción y banca, o quizá prefieras trabajar de forma autónoma. Por lo regular, tu talento se siente atraído por el teatro o el mundo del entretenimiento. Si utilizas el lado más compasivo de tu naturaleza, puedes inclinarte hacia el cuidado de niños, asesorías, sanación o trabajo filantrópico para la comunidad. Por otro lado, tu gran apreciación de la belleza, la naturaleza y las formas pueden inclinar tu balanza a una carrera creativa, como el arte visual o el diseño.

Entre las personas famosas con quienes compartes cumpleaños están el poeta Alfred Lord Tennyson, los actores Lucille Ball y Robert Mitchum, el pintor Howard Hodgkin, el científico Alexander Fleming y el magnate de los negocios Freddie Laker.

Numerología

Algunos de los atributos propios de la gente nacida en el día 6 son la compasión, el idealismo y la naturaleza atenta. Es el número de los perfeccionistas o de las amistades universales, y suele indicar que eres un ser humanitario, responsable, amoroso y comprensivo. Con un cumpleaños en el día 6, es frecuente que seas una madre o un padre devoto y dedicado a lo doméstico. Las personas más sensibles entre quienes nacieron en esta fecha deberán encontrar una forma de expresión creativa, pues se sienten atraídas por el mundo del entretenimiento, las artes y el diseño. Quizá debas desarrollar seguridad en ti y superar la tendencia a ser entrometido, a preocuparte en exceso y a sentir compasión por quien no la merece. La subinfluencia del mes número 8 indica que, dado que percibes los cambios con rapidez, eres cauteloso y bueno para juzgar los valores ajenos. Aunque eres práctico y ahorrativo, te inclinas hacia el idealismo y la despreocupación. Si confías en tu intuición y aprendes sobre ti mismo, disfrutarás las interacciones con otras personas.

• *Cualidades positivas:* cosmopolita, hermandad universal, afabilidad, compasión, confiabilidad, comprensión, empatía, idealismo, orientación hacia lo doméstico, humanismo, compostura, talento artístico, equilibrio.

• *Cualidades negativas:* insatisfacción, ansiedad, timidez, irracionalidad, terquedad, falta de armonía, comportamiento dominante, egoísmo, suspicacia, cinismo, egocentrismo.

Amor y relaciones

Eres afectuoso, confiable, amable y disfrutas la diversión. En ocasiones, eres juguetón, como un niño, y es probable que a lo largo de la vida conserves cierta jovialidad. Eres encantador y sociable por naturaleza, lo que te permite atraer amigos y admiradores. En las relaciones serias eres romántico, idealista y leal, pero debes evitar atormentarte o ser demasiado posesivo. Puedes ser una pareja devota, cálida, cuidadosa y amorosa.

ESE ALGUIEN ESPECIAL

Es más probable que entables relaciones duraderas si buscas entre personas nacidas en las siguientes fechas.

Amor y amistad: 4, 8, 9, 18, 19 y 23 de enero; 2, 6, 7, 16, 17 y 21 de febrero; 4, 14, 15, 19, 28 y 30 de marzo; 2, 12, 13, 17, 26, 28 y 30 de abril; 10, 11, 15, 24, 26 y 28 de mayo; 8, 9, 13, 22, 24 y 26 de junio; 6, 7, 11, 20, 22, 24 y 30 de julio; 4, 5, 9, 18, 20, 22 y 28 de agosto; 2, 3, 7, 16, 18, 20 y 26 de septiembre; 1, 5, 14, 16, 18 y 24 de octubre; 3, 12, 14, 16 y 22 de noviembre; 1, 10, 12, 14 y 20 de diciembre.

Buenas para ti: 5, 16 y 27 de enero; 3, 14 y 25 de febrero; 1, 12 y 23 de marzo; 10 y 21 de abril; 8 y 19 de mayo; 6 y 17 de junio; 4 y 15 de julio; 2 y 13 de agosto; 11 de septiembre; 9 y 30 de octubre; 7 y 28 de noviembre; 5, 26 y 30 de diciembre.

Atracción fatal: 17 de enero; 2, 3, 4, 5 y 15 de febrero; 13 de marzo; 11 de abril; 9 de mayo; 7 de junio; 5 de julio; 3 de agosto; 1 de septiembre.

Desafiantes: 1, 10 y 15 de enero; 8 y 13 de febrero; 6 y 11 de marzo; 4 y 9 de abril; 2 y 7 de mayo; 5 de junio; 3 y 29 de julio; 1 y 27 de agosto; 25 de septiembre; 23 de octubre; 21 de noviembre; 19 y 29 de diciembre.

Almas gemelas: 30 de agosto, 28 de septiembre, 26 de octubre, 24 de noviembre, 22 de diciembre.

ESTRELLAS FIJAS

Kochab; Acubens, también llamada Sertan; Dubhe

ESTRELLA PRINCIPAL

Nombre de la estrella: Kochab
Posición: 11º 56'–12º 45' de Leo, entre los años 1930 y 2000
Magnitud: 2
Fuerza: ★★★★★★★★
Órbita: 2º 10'
Constelación: Osa Menor (Beta Ursae Minoris)
Días efectivos: 4, 5, 6 y 7 de agosto
Propiedades de la estrella: Saturno/Mercurio
Descripción: estrella gigante anaranjada ubicada en la Osa Menor

INFLUENCIA DE LA ESTRELLA PRINCIPAL

La influencia de Kochab infunde lógica, concentración y la capacidad de ir directo al grano durante cualquier discusión. Eres un amante de la limpieza y posees buenas habilidades de organización. Esta estrella otorga energía y fortaleza, así como oportunidades para ascender a puestos de autoridad.

Con respecto a tu grado del Sol, Kochab indica que se pueden lograr muchas cosas a través del empeño. Tienes la capacidad para combatir con energía y valentía hasta el final, pues tu actitud te impide darte por vencido. Además, alerta en contra de engañar a otros, actuar con malicia e involucrarse en actividades turbias.

• *Positiva:* perseverancia, empeño, valentía para superar los obstáculos.

• *Negativa:* impaciencia, afición por las travesuras, pesimismo.

7 de agosto

Eres idealista, encantador y un gran trabajador; además de carismático pero reservado, con un sentido común sólido. Esta fecha de nacimiento te revela como un Leo artístico o creativo, con un buen corazón y un fuerte sentido del deber.

Debido a la subinfluencia de Sagitario, el regente de tu decanato, por lo general, eres franco y honesto, así como defensor de los menos afortunados, pero existe el peligro de que en tu trato con los demás adoptes un tono mojigato o arrogante.

Tu optimismo y grandes sueños son la fuerza motora que te conecta con tu mentalidad activa y constructiva. Sin embargo, necesitas plantearte las cosas de una manera más realista, y así regular tu tendencia a ser optimista en exceso o a albergar pensamientos autodestructivos. Entre los muchos atributos que tienes destaca tu capacidad para pensar en términos generales y ser persuasivo.

Lograr el equilibrio entre la motivación y la inercia te permite desear el éxito y la prosperidad, aunque sin el apoyo adecuado fácilmente podrías sentirte descorazonado o andar a la deriva y sin propósito alguno, hasta que algo o alguien encienda tu imaginación. Con paciencia y perserverancia, y una actitud y mentalidad positivas, tendrás garantizado el cumplimiento de tus objetivos y un éxito bien merecido.

Después de los 15 años, cuando tu Sol progresado se desplace hacia Virgo, hay un creciente afán de pragmatismo y de poner orden en tu día a día. Te sentirás más inclinado a analizar las cosas y a buscar formas de restructurar y mejorar tu vida. Este comportamiento continúa hasta los 45 años de edad, cuando tu Sol progresado entra a Libra. En ese momento destaca un punto crucial para ti, la creciente importancia de las relaciones personales, la creatividad y la armonía. A los 75 años, tu Sol progresado entra en Escorpión y enfatiza la trascendencia del poder interior y la transformación personal.

Tu yo secreto

Debido a que eres compasivo y seguro de ti mismo, los demás suelen recurrir a ti en busca de apoyo y ánimo. Aunque eres capaz de dar buenos consejos, algunas veces encuentras difícil practicar en tu propia vida lo que predicas. Es absolutamente necesario que encuentres una vía para expresar tu creatividad e intuición, ya que te ayudará a apuntalar tu fe y seguridad, y constituye una salida para cualquier posible frustración o decepción, ya sea de ti mismo o de otros. Tu generosidad y bondad te permiten preocuparte de forma genuina por los demás; y una vez que te mentalizas en pos de una meta, puedes ser muy determinado.

Debes evitar permanecer en el letargo o quedarte estático. Esto te conducirá a permanecer en tu zona de confort y descansar en cierta rutina fácil que no te retará a que despliegues todo tu potencial. Una interesante combinación de humanismo y deseo de los lujos de la vida te estimulará para que hagas de tus sueños una realidad.

Trabajo y vocación

Como eres amigable, cautivador y tienes facilidad de palabra, puedes sobresalir en ocupaciones que requieren habilidades sociales, como ventas, agencias o promoción. La excelencia de tu mente y tu talento organizacional te decantan hacia los negocios, y es probable que te interese trabajar en compañías grandes. El mundo del teatro y el espectáculo también son áreas en las que puedes prosperar y donde podrías sacar el mejor provecho de tu talento nato para la interpretación. Por otro lado, tu deseo de verdad y una aproximación filosófica a la vida pueden inclinar la balanza al derecho, la clerecía o la metafísica. Dado que eres capaz de combinar tu facilidad para tratar con la gente con el apoyo a los desamparados, también podrías luchar por las causas nobles.

Entre las personas famosas con quienes compartes cumpleaños están la espía Mata Hari, el guitarrista de flamenco Manitas de Plata, el jazzista Roland Kirk, el director de cine Nicholas Ray, el paleontólogo Louis Leakey y el jurista y exjugador de fútbol americano Alan Page.

Numerología

A pesar de ser analíticas y reflexivas, las personas con el número 7 en su fecha de nacimiento suelen ser críticas y egocéntricas. Tienes una necesidad constante de desarrollar tu autoconciencia, además, disfrutas asimilar información y te pueden interesar la lectura, la escritura o la espiritualidad. Si bien eres astuto, también tiendes a ser escéptico o a racionalizar demasiado las cosas y perderte en los detalles. Tu tendencia a ser enigmático o reservado se debe a que en ocasiones eres demasiado sensible a las críticas o te sientes incomprendido. La subinfluencia del mes número 8 indica que eres ambicioso y tienes buen olfato para los negocios. Aunque, en general, no te gusta tener deudas, necesitas aprender a administrar tus finanzas. Las ansias de disfrutar lo bueno de la vida indican que necesitas algo que te motive o inspire; de otro modo, corres el riesgo de perder el rumbo o caer en la rutina. Estás dispuesto a trabajar arduamente para triunfar, sueles atraer las oportunidades y quizá tengas la suerte de hacer muchos viajes al extranjero.

• *Cualidades positivas:* educación, confianza, meticulosidad, idealismo, honestidad, habilidades psíquicas, capacidades científicas, racionalidad, reflexión.

• *Cualidades negativas:* encubrimientos, engaños, hermetismo, escepticismo, confundido por los detalles, fastidioso, desapegado, insensible, susceptible a las críticas.

Amor y relaciones

Eres intuitivo y reflexivo; con una personalidad cálida, capaz de proyectar amor. Además, eres popular. Gracias a tu capacidad de empatía natural, atraes a gente que te roba la energía, por lo que es necesario que sepas discernir quiénes sí son tus amigos. Dado que sueles tener ideales elevados, estás dispuesto a dar mucho de ti y te decepcionas si los demás no son tan generosos como tú.

ESE ALGUIEN ESPECIAL

Si buscas amor, devoción y felicidad, tendrás más probabilidades de encontrarlos con personas nacidas en las siguientes fechas.

Amor y amistad: 5, 9, 10, 18 y 19 de enero; 3, 7, 8, 16 y 17 de febrero; 1, 5, 6, 14, 15 y 31 de marzo; 3, 12, 13 y 29 de abril; 1, 10, 11, 27 y 29 de mayo; 8, 9, 25 y 27 de junio; 6, 7, 23, 25 y 31 de julio; 4, 5, 21, 23 y 29 de agosto; 2, 3, 19, 21, 27 y 30 de septiembre; 1, 17, 19, 25 y 28 de octubre; 13, 15, 21 y 24 de diciembre.

Buenas para ti: 1, 6 y 17 de enero; 4 y 15 de febrero; 2 y 13 de marzo; 11 de abril; 9 de mayo; 7 de junio; 5 de julio; 3 de agosto; 1 de septiembre; 31 de octubre; 29 de noviembre; 27 de diciembre.

Atracción fatal: 2, 3, 4, 5 y 6 de febrero.

Desafiantes: 2 y 16 de enero, 14 de febrero, 12 de marzo, 10 de abril, 8 de mayo, 6 de junio, 4 de julio, 2 de agosto, 30 de diciembre.

Almas gemelas: 11 y 31 de enero, 9 y 29 de febrero, 7 y 27 de marzo, 5 y 25 de abril, 3 y 23 de mayo, 1 y 21 de junio, 19 de julio, 17 de agosto, 15 de septiembre, 13 de octubre, 11 de noviembre, 9 de diciembre.

8 de agosto

℧ El poder dinámico y la inquietud relacionadas con tu fecha de nacimiento revelan que la vida te tiene reservadas muchas cosas buenas. Como buen Leo, eres creativo y ambicioso; además, tienes fuertes deseos de alcanzar el éxito y el reconocimiento.

La subinfluencia de Sagitario, el regente de tu decanato, implica que tu optimismo, entusiasmo y persistencia pueden transformar radicalmente tus circunstancias y estilo de vida. Como gran trabajador, eres alguien pragmático y capaz de pensar instintiva y ágilmente. Aunque la productividad suele asociarse con tu día de nacimiento, debes evitar un exceso de entusiasmo o impaciencia.

La variedad es la sal de la vida, y, sin importar a qué te dediques, ni la rutina ni una existencia monótona son para ti. Conocer a gente nueva, viajar y ser versátil te motiva y te lleva a asumir grandes retos y a embarcarte en muchas aventuras. No obstante, una fuerte necesidad de tranquilizarte y establecerte llegará a desarrollarse más adelante, así que sería recomendable que aprendieras a asumir responsabilidades y hacer inversiones a largo plazo para sentirte más seguro. Pero la batalla entre tus tendencias idealistas y materialistas sugiere que la incertidumbre y la pérdida de enfoque pueden ser tu más grande desafío. Tu tendencia a sucumbir al estrés o darte por vencido muy rápido la puedes superar si planeas con cuidado tus proyectos.

A los 14 años, tu Sol progresado se desplaza hacia Virgo y da pie a tres décadas de creciente énfasis en el orden, en la solución práctica de los problemas y en aprender a distinguir las prioridades a las que darás tiempo y energía. Otro parteaguas sucede a los 44 años, cuando tu Sol progresado entra a Libra y estimula tu anhelo de equilibrio y armonía, además de resaltar tu conciencia de las relaciones personales en general. A los 74 años, tu Sol progresado entra en Escorpión y destaca tu poder interior, así como una búsqueda de mayor profundidad emocional.

Tu yo secreto

Aunque a veces eres capaz de hacer progresos rápidos y decididos, y así obtener ascensos en la vida, estos momentos se alternan con periodos de inactividad, lo cual provoca frustración y baja autoestima. Para superar el sentimiento de parálisis, sería recomendable ejercitar la objetividad y no aferrarse a la decepción, sino resistir. Cuando te des cuenta de que estos periodos son solo temporales y que tarde o temprano pasarán, podrás mirar a largo plazo y evitarás volverte demasiado serio.

Dentro de ti abundan las ideas creativas que pueden incentivarte a ser imaginativo e ingenioso, y que te estimularán a usar tu iniciativa para producir algo original. Hallar esta vena creativa puede ayudarte a disfrutar la vida, a divertirte más y a combatir la preocupación y la indecisión.

ESTRELLAS FIJAS

Dubhe; Acubens, también llamada Sertan

ESTRELLA PRINCIPAL

Nombre de la estrella: Dubhe
Posición: 14° 9'–15° 2' de Leo, entre los años 1930 y 2000
Magnitud: 2
Fuerza: ★★★★★★★★
Órbita: 2° 20'
Constelación: Osa Mayor (Alpha Ursae Majoris)
Días efectivos: 6, 7, 8, 9 y 10 de agosto
Propiedades de la estrella:
interpretaciones variadas:
Mercurio/Venus o Marte
Descripción: estrella amarilla binaria; estrella principal ubicada en la espalda de la Osa Mayor

INFLUENCIA DE
LA ESTRELLA PRINCIPAL

Dubhe infunde idealismo, arrojo y orgullo. Otorga inteligencia, elocuencia y capacidad de persuasión. Aunque es probable que seas aventurero, en ocasiones te volverás inseguro y permitirás que la desconfianza te cause inquietud.

Con respecto a tu grado del Sol, Dubhe confiere empeño para triunfar y sobreponerte a los obstáculos. El amor por el aprendizaje y las ansias de superación te llevarán a emprender estudios superiores, estudiar astrología o derecho. También revela un gusto por la escritura y la filosofía. Esta estrella advierte acerca del peligro de volverse demasiado materialista.

• *Positiva:* educación superior, talento artístico, voz hermosa.

Trabajo y vocación

Pese a que eres un gran trabajador, tu amor por el cambio hace que, por lo general, seas más feliz en actividades u ocupaciones que no te aten a una rutina. Podrías interesarte en el mundo del teatro o del espectáculo, pero es poco probable que persistas si la recompensa financiera no te parece suficiente. Te desagradan los puestos subordinados, así que seguramente preferirás trabajar por tu cuenta o en algo relacionado con la labor de gestión. Gracias a tu imaginación potente y gran sentido visual, llegarías tener éxito en cualquier profesión que requiera generar imágenes. Un trabajo que implique viajar sería ideal para tu alma aventurera.

Entre las personas famosas con quienes compartes cumpleaños están los actores Dustin Hoffman, Keith Carradine y Esther Williams; la cantante Connie Stevens, y el piloto de Fórmula 1 Nigel Mansell.

Numerología

El poder del número 8 en tu fecha de nacimiento indica un carácter con valores firmes y un juicio sólido. El número 8 denota que aspiras a conseguir grandes logros y que tienes una naturaleza ambiciosa. Tu fecha de cumpleaños esboza además tu deseo de control, seguridad y éxito material. Como una persona nacida bajo el número 8 tienes un talento natural para los negocios y te beneficiarás en gran medida si desarrollas tus habilidades organizativas y ejecutivas. Tu necesidad de seguridad y estabilidad te insta a hacer planes e inversiones a largo plazo. La subinfluencia del mes número 8 contribuye a tu carácter. Gracias a tu perspicacia aguda y ágil, sueles ser bueno para evaluar a la gente y las situaciones. Eres muy eficiente con tu trabajo y estás dispuesto a esforzarte y adquirir responsabilidades. Sin embargo, también debes aprender a administrar o delegar trabajo de forma justa. Dado que el orgullo antecede las caídas, evita ser demasiado seguro de ti mismo o vanidoso.

Cualidades positivas: liderazgo, minuciosidad, trabajo arduo, autoridad, protección, poder de sanación, talento para juzgar valores.

Cualidades negativas: impaciencia, desperdicio, intolerancia, exceso de trabajo, comportamiento controlador o dominante, tendencia a rendirte, falta de planeación.

Amor y relaciones

Te atraen personalidades fuertes y te gustan los individuos con convicción y dirección. Los amigos son importantes para ti, por lo que disfrutas reunir a quienes te estimulen a nivel intelectual, y que al mismo tiempo te diviertan. Tienes alma de artista del entretenimiento, la cual sale a relucir cuando estás en compañía de tus seres queridos. Sueles esforzarte por que haya armonía en tus relaciones, pero, si te sientes inseguro, te vuelves pendenciero. Aprender a ser paciente con otros te ayudará a apaciguar las situaciones difíciles.

• *Negativa:* preocupación, inseguridad, falta de imaginación, inclinación por el materialismo.

ESE ALGUIEN ESPECIAL

Si deseas mantenerte jovial, feliz y enamorado, procura entablar relaciones con personas nacidas en las siguientes fechas.

Amor y amistad: 6, 10, 20, 21 y 29 de enero; 4, 8, 18, 19 y 27 de febrero; 2, 6, 16, 25, 28 y 30 de marzo; 4, 14, 23, 26, 28 y 30 de abril; 2, 12, 21, 24, 26, 28 y 30 de mayo; 10, 19, 22, 24, 26 y 28 de junio; 8, 17, 20, 22, 24 y 26 de julio; 6, 15, 18, 20, 22 y 24 de agosto; 4, 13, 16, 18, 20 y 22 de septiembre; 2, 11, 14, 16, 18 y 20 de octubre; 9, 12, 14, 16 y 18 de noviembre; 7, 10, 12, 14 y 16 de diciembre.

Buenas para ti: 7, 13,18 y 28 de enero; 5, 11, 16 y 26 de febrero; 3, 9, 14 y 24 de marzo; 1, 7, 12 y 22 de abril; 5, 10 y 20 de mayo; 3, 8 y 18 de junio; 1, 6 y 16 de julio; 4 y 14 de agosto; 2, 12 y 30 de septiembre; 10 y 28 de octubre; 8, 26 y 30 de noviembre; 6, 24 y 28 de diciembre.

Atracción fatal: 25 de enero; 4, 5, 6 y 23 de febrero; 21 de marzo; 19 de abril; 17 de mayo; 15 de junio; 13 de julio; 11 de agosto; 9 de septiembre; 7 de octubre; 5 de noviembre; 3 de diciembre.

Desafiantes: 3 y 17 de enero; 1 y 15 de febrero; 13 de marzo; 11 de abril; 9 y 30 de mayo; 7 y 28 de junio; 5, 26 y 29 de julio; 3, 24 y 27 de agosto; 1, 22 y 25 de septiembre; 20 y 23 de octubre; 18 y 21 de noviembre; 16 y 19 de diciembre.

Almas gemelas: 18 de enero, 16 de febrero, 14 de marzo, 12 de abril, 10 y 29 de mayo, 8 y 27 de junio, 6 y 25 de julio, 4 y 23 de agosto, 2 y 21 de septiembre, 19 de octubre, 17 de noviembre, 15 de diciembre.

9 de agosto

Intuición, imaginación y pragmatismo son algunas de las cualidades asociadas con tu fecha de nacimiento. Como buen Leo, sueles ser seguro de ti mismo, cautivador y generoso, aunque también eres de naturaleza sensible.

La subinfluencia de Sagitario, el regente de tu decanato, supone que, al combinar inspiración y entusiasmo con un trabajo arduo, eres capaz de sacar ventaja de las oportunidades que te proporcionan protección financiera. Esto también indica que el dinero nunca será tu mayor problema, pero, con el fin de aprovechar a tu benefactor celestial, debes actuar conforme a tus valores y procurar una actitud responsable.

Te orientas a lo social, ya que tienes una personalidad amistosa y sociable, además de que te preocupas por el bienestar de los demás y tienes muchos conocidos a quienes apoyas y animas. Si eres de los Leo más inspirados, puedes ser un gran filántropo que dedique su tiempo y esfuerzo a las causas justas y a las organizaciones benéficas.

Aunque puedes concentrarte con determinación en el trabajo que tengas a la mano, por lo general, eres creativo y tienes diversos intereses. La seriedad con que te tomas el trabajo puede ser un indicio de perfeccionismo. Cuida que este sentido del deber y autocontrol no haga que te preocupes demasiado por tu economía.

Desde la infancia eres propenso a interesarte en actividades sociales y a desarrollar tus cualidades de liderazgo al ponerte en el centro de la acción. De los 13 años en adelante, conforme tu Sol progresado se desplace hacia Virgo durante tres décadas, poco a poco te volverás más consciente y capaz de discriminar lo irrelevante de lo importante para actuar con mayor eficiencia en tu entorno laboral. A los 43 años alcanzarás un punto decisivo cuando tu Sol progresado entre a Libra, lo cual enfatiza tus relaciones sociales y personales. Aumentará tu potencial creativo, y es probable que te dediques a fortalecer tus habilidades musicales, artísticas o literarias. Cuando tengas 73 años, tu Sol progresado se moverá hacia Escorpión y resaltará los asuntos relacionados con cambios emocionales profundos y transformación personal.

Tu yo secreto

Si confías en tus primeras impresiones, eres dueño de un poder emocional que te brinda la capacidad de intuir las intenciones de otras personas. También posees cierta sensibilidad y una sutil percepción que pueden dirigirte de forma positiva si escuchas a tu propio guía interior.

Pese a que quieres seguridad material, podrías sentirte inquieto o impaciente si tu deseo de emoción, acción o exploración de nuevas experiencias se ve limitado. Este descontento podría llevarte a alguna forma de evasión que solo agravará el problema. Continuamente necesitas buscar e investigar con el fin de aprender y de inspirar a tu espíritu a desprenderse de la rigidez de las limitaciones o el orden. Tu trabajo suele ser una clave importante para sentir que satisfaces a tu ser interior y construyes algo positivo para el futuro.

ESTRELLA FIJA

Nombre de la estrella: Dubhe

Posición: 14º 9'–15º 2' de Leo, entre los años 1930 y 2000

Magnitud: 2

Fuerza: ★★★★★★★★

Órbita: 2º 20'

Constelación: Osa Mayor (Alpha Ursae Majoris)

Días efectivos: 6, 7, 8, 9 y 10 de agosto

Propiedades de la estrella:
interpretaciones variadas: Mercurio/Venus o Marte

Descripción: estrella amarilla binaria; estrella principal ubicada en la espalda de la Osa Mayor

INFLUENCIA DE LA ESTRELLA PRINCIPAL

Dubhe infunde idealismo, confianza en uno mismo, arrojo y orgullo. Otorga inteligencia, elocuencia y capacidad de persuasión. Aunque es probable que seas aventurero, en ocasiones te volverás inseguro y permitirás que las sospechas y los pensamientos de desconfianza te causen inquietud.

Con respecto a tu grado del Sol, Dubhe confiere empeño para triunfar y sobreponerte a los obstáculos. El amor por el aprendizaje y las ansias de superación te llevarán a emprender estudios superiores, estudiar astrología o derecho, o unirte a la milicia. A su vez, esto también revela un gusto por la escritura y la filosofía. Esta estrella advierte acerca del peligro de volverse demasiado materialista y sugiere que canalices tu poder en cosas positivas para evitar que se vuelva destructivo.

• *Positiva:* educación superior, talento artístico, voz hermosa.

Trabajo y vocación

Ser ambicioso, práctico y sociable puede atraerte buenas oportunidades de trabajo. Te gusta realizar bien cualquier actividad a la que te dediques, ya que posees un gran sentido de la organización, el método y el orden. Debido a tus habilidades de negociación, por lo regular, eres capaz de hacer buenos tratos y lograr que tu dinero rinda frutos. En el contexto de los negocios, puedes desempeñarte particularmente bien en mercadotecnia, fabricación y todo aquello en lo que tengas que interactuar con el público. Por otro lado, puedes inclinarte hacia el mundo del entretenimiento, donde tu imaginación y talentos te ayudarán a volverte exitoso. Una veta humanitaria o religiosa latente se puede robustecer y atraerte a algún tipo de trabajo que tenga una orientación o esencia acorde con el espíritu cívico.

Entre las personas famosas con quienes compartes cumpleaños están la cantante Whitney Houston, el poeta John Dryden, la actriz Melanie Griffith y el psicólogo infantil Jean Piaget.

Numerología

Las características de quienes nacieron bajo el número 9 son la benevolencia, la amabilidad y el sentimentalismo. Sueles ser generoso, liberal, tolerante y gentil. Tus habilidades intuitivas y psíquicas apuntan hacia una receptividad universal que, canalizada de forma positiva, te inspirará a buscar un camino espiritual. Esta fecha de nacimiento sugiere la necesidad de superar desafíos, y la tendencia a ser hipersensible y experimentar altibajos emocionales. Viajar por el mundo e interactuar con gente de todo tipo te beneficiará, pero es posible que debas cuidarte de tener sueños poco realistas o de tender hacia la evasión. La subinfluencia del mes número 8 indica que tienes una voluntad férrea y un gran deseo de poder e influencia. Aunque seas un idealista de mente amplia, también tienes inclinaciones materiales. Te mueve la necesidad de adquirir fortuna y éxito, y sueles esforzarte para tener más oportunidades y suerte.

• *Cualidades positivas:* idealismo, humanitarismo, creatividad, sensibilidad, generosidad, magnetismo, naturaleza poética, caridad, naturaleza dadivosa, desapego, suerte, popularidad.

• *Cualidades negativas:* frustración, fragmentación, incertidumbre, egoísmo, falta de practicidad, preocupación.

Amor y relaciones

Tu facilidad para socializar, personalidad carismática y encanto suelen atraer muchos amigos y admiradores. Al proyectar tus sentimientos poderosos, expresas tu profundo amor y afecto. Sin embargo, si reprimes tus emociones, corres el riesgo de volverte voluble o caer en juegos de poder. No obstante, sueles estar dispuesto a esforzarte por mantener la paz en las relaciones y rara vez te das por vencido.

• *Negativa:* preocupación, inseguridad, falta de imaginación, inclinación por el materialismo.

ESE ALGUIEN ESPECIAL

Obtendrás satisfacción emocional y encontrarás a ese alguien especial entre quienes nacieron en las siguientes fechas.

Amor y amistad: 7, 11, 21 y 22 de enero; 5, 9, 19 y 20 de febrero; 3, 7, 18 y 31 de marzo; 1, 5, 16 y 29 de abril; 3, 14, 27 y 29 de mayo; 1, 12, 25 y 27 de junio; 10, 23 y 25 de julio; 8, 21, 23 y 31 de agosto; 6, 19, 21 y 29 de septiembre; 4, 17, 19, 27 y 30 de octubre; 2, 15, 17, 25 y 28 de noviembre; 13, 15, 23 y 26 de diciembre.

Buenas para ti: 8, 14 y 19 de enero; 6, 12 y 17 de febrero; 4, 10 y 15 de marzo; 2, 8 y 13 de abril; 6 y 11 de mayo; 4 y 9 de junio; 2 y 7 de julio; 5 de agosto; 3 de septiembre; 1 y 29 de octubre; 27 de noviembre; 25 y 29 de diciembre.

Atracción fatal: 5, 6, 7 y 8 de febrero.

Desafiantes: 9, 18 y 20 de enero; 7, 16 y 18 de febrero; 5, 14 y 16 de marzo; 3, 12 y 14 de abril; 1, 10 y 12 de mayo; 8 y 10 de junio; 6, 8 y 29 de julio; 4, 6 y 27 de agosto; 2, 4 y 25 de septiembre; 2 y 23 de octubre; 21 de noviembre; 19 de diciembre.

Almas gemelas: 9 de enero, 7 de febrero, 5 de marzo, 3 de abril, 1 de mayo, 30 de octubre, 28 de noviembre, 26 de diciembre.

10 de agosto

ESTRELLAS FIJAS

Dubhe, Merak

ESTRELLA PRINCIPAL

Nombre de la estrella: Dubhe
Posición: 14° 9'–15° 2' de Leo, entre los
años 1930 y 2000
Magnitud: 2
Fuerza: ★★★★★★★★
Órbita: 2° 20'
Constelación: Osa Mayor (Alpha Ursae
Majoris)
Días efectivos: 6, 7, 8, 9 y 10 de agosto
Propiedades de la estrella:
interpretaciones variadas:
Mercurio/Venus o Marte
Descripción: estrella amarilla binaria;
estrella principal ubicada en la
espalda de la Osa Mayor

INFLUENCIA DE
LA ESTRELLA PRINCIPAL

Dubhe infunde idealismo, arrojo y orgullo. Otorga inteligencia, elocuencia y
capacidad de persuasión. Aunque es
probable que seas aventurero, en ocasiones te volverás inseguro y permitirás
que la desconfianza te cause inquietud.

Con respecto a tu grado del Sol, Dubhe confiere empeño para triunfar y sobreponerte a los obstáculos. El amor por
el aprendizaje y las ansias de superación
te llevarán a emprender estudios superiores, estudiar astrología o derecho.
También revela un gusto por la escritura
y la filosofía. Esta estrella advierte acerca
del peligro de volverse demasiado materialista.

• *Positiva:* educación superior, talento artístico, voz hermosa.

Tu fecha de nacimiento te revela como una persona intuitiva, inventiva, original, ambiciosa y con gran potencial y liderazgo. Como buen Leo, eres creativo,
talentoso, de estilo independiente e inusual, por lo que te mueve una fuerte
necesidad de expresión.

La subinfluencia de Sagitario, el regente de tu decanato, te alienta a viajar y explorar experiencias diferentes. Dado que eres versátil y tienes múltiples intereses, debes
evitar desperdigar tus energías. Si aprendes a enfocarte y a no desperdiciar tu tiempo,
obtendrás el deseo de tu corazón.

Tus dotes escénicas reales indican que tienes el potencial o la capacidad para apuntalar tus logros. Tus ideas inspiracionales y pensamiento objetivo con frecuencia te
ayudarán a superar tu tendencia a la desilusión, la indecisión o la preocupación. Sin
embargo, en medio de tu entusiasmo por afrontar los desafíos de la vida, procura no
tomar decisiones arriesgadas por creer que los nuevos comienzos resolverán todos tus
problemas del pasado.

Aunque confíes en tu sentido común, tu habilidad para ver las múltiples aristas de
cada situación a veces te puede acarrear dudas y confusión. No obstante, eres un estratega nato, con perspicacia e instintos poderosos, y si te enfrentas a un problema, puedes
dar rápidamente con una solución creativa. Por ser industrioso y metódico, tienes un
enfoque pragmático y sincero, lo que implica que eres franco y vas directo al grano.

Alrededor de los 12 años de edad, cuando tu Sol progresado se desplace hacia
Virgo, comenzarán tres décadas de creciente énfasis en el orden, el trabajo y la eficiencia, así como en la conciencia para resolver de forma práctica los problemas. A los 42
años, tu Sol progresado entrará a Libra, lo que marca un punto de inflexión y te estimula a cooperar más con otras personas, a ser diplomático y a darle un mayor énfasis a
tus relaciones. A los 72 años, tu Sol progresado se desplaza hacia Escorpión y destaca
los asuntos de poder interior y transformación personal.

Tu yo secreto

Cuando dejas de lado tu espíritu creativo por la seguridad material, quiere decir que
estás teniendo éxito en el sentido real de la palabra. Sin embargo, a veces el miedo a
perder lo que has logrado significará que prefieres optar por lo poco interesante pero
seguro. Con ello te niegas la oportunidad de hacer cambios importantes, pues implicaría
asumir ciertos riesgos. Podrás vencer esta inseguridad si reconoces que tu realización
está ligada a hacer lo que en realidad te hace feliz.

Puedes manifestar tu poderoso deseo interior de paz y armonía a través de las
artes, o reflejarlo en tu amor por el hogar y la familia. Posees un fuerte sentido de la
responsabilidad; además, tienes una gran necesidad de expresarte. Sueles ser idealista y
dedicado, en especial si apoyas una causa cercana a tu corazón. Puedes expandir tu
capacidad de amar a través de las artes, el teatro o la música.

Trabajo y vocación

Tu creatividad, inteligencia aguda y capacidad para el trabajo arduo indican que cuentas con el potencial para escalar hasta la cima de la profesión que hayas elegido. Posees dones dramáticos que puedes utilizar en el teatro, la escritura o la política. Con tu sentido nato para los negocios, también tienes talento para la mercadotecnia y la producción. Aunque te podría ir mejor con un negocio propio. Pero independientemente de la carrera que elijas, siempre estarás alerta para mejorar la manera en que trabajas. Por otro lado, podrías satisfacer tu tendencia filosófica o humanitaria mediante ocupaciones como la clerecía, el trabajo en instituciones benéficas o la filantropía.

Entre las personas famosas con quienes compartes cumpleaños están el expresidente estadounidense Herbert Hoover; el cantante Eddie Fisher; la cantante de jazz Patti Austin; las actrices Norma Shearer y Rosanna Arquette, y el científico Wolfgang Paul.

Numerología

Al igual que otras personas con el número 1 en su fecha de nacimiento, acostumbras perseguir grandes objetivos que probablemente alcances. Sin embargo, para ello es necesario que superes algunos obstáculos antes de alcanzar esas metas. Con frecuencia eres enérgico y original, y defiendes tus creencias aun cuando son distintas a las de los demás. Tu capacidad de iniciar proyectos por cuenta propia y tu espíritu pionero te animan a viajar por territorios inexplorados y a triunfar o fracasar por ti mismo. Es posible que también debas entender que no eres el centro del universo. Evita ser egoísta y dictatorial. El éxito y los logros son importantes para aquellos con un cumpleaños con el número 10, así que es normal que quieras llegar a la cima de tu profesión. La subinfluencia del mes número 8 indica que tienes un carácter fuerte, convicciones firmes y un espíritu independiente. Es probable que seas innovador, seguro de ti mismo y ambicioso, aunque tener múltiples talentos también supone que podrías tratar de abarcar demasiado y, por ende, desperdigar tu energía en múltiples direcciones.

• *Cualidades positivas:* liderazgo, creatividad, naturaleza progresista, vigor, optimismo, convicciones firmes, competitividad, independencia, sociabilidad.

• *Cualidades negativas:* autoritarismo, celos, egocentrismo, orgullo, antagonismo, descontrol, egoísmo, vacilación, impaciencia.

Amor y relaciones

Admiras a quienes son capaces de lograr muchas cosas. Quizás estés buscando un amor superior e idealizado, pero es difícil que alguien pueda estar a la altura de esas expectativas. Debido a que fluctúas entre ser amoroso, espontáneo y afectuoso, y aparentar frialdad y retraimiento, es esencial que te des un espacio a solas para equilibrar tus emociones. Tu personalidad amistosa por naturaleza implica que tienes muchos amigos. También eres un gran anfitrión, pues eres hospitalario.

• *Negativa:* preocupación, inseguridad, falta de imaginación, inclinación por el materialismo.

Es más probable que encuentres amor y felicidad entre personas nacidas en las siguientes fechas.

Amor y amistad: 8, 22, 23 y 26 de enero; 6, 20 y 24 de febrero; 4, 18 y 22 de marzo; 2, 16, 17, 20 y 30 de abril; 14, 18, 28 y 30 de mayo; 12, 16, 26 y 28 de junio; 10, 14, 24 y 26 de julio; 8, 12, 22 y 24 de agosto; 6, 10, 20, 22 y 30 de septiembre; 4, 8, 18, 20 y 28 de octubre; 2, 6, 16, 18 y 26 de noviembre; 4, 14, 16 y 24 de diciembre.

Buenas para ti: 9 y 20 de enero; 7 y 18 de febrero; 5, 16 y 29 de marzo; 3, 14 y 27 de abril; 1, 12 y 25 de mayo; 10 y 23 de junio; 8 y 21 de julio; 6 y 19 de agosto; 4 y 17 de septiembre; 2, 15 y 30 de octubre; 13 y 28 de noviembre; 11, 26 y 30 de diciembre.

Atracción fatal: 27 de enero; 7, 8, 9 y 25 de febrero; 23 de marzo; 21 de abril; 19 de mayo; 17 de junio; 15 de julio; 13 de agosto; 11 de septiembre; 9 de octubre; 7 de noviembre; 5 de diciembre.

Desafiantes: 2, 10 y 19 de enero; 8 y 17 de febrero; 6 y 15 de marzo; 4 y 13 de abril; 2 y 11 de mayo; 9 de junio; 7 y 30 de julio; 5 y 28 de agosto; 3 y 26 de septiembre; 1 y 24 de octubre; 22 de noviembre; 20 y 30 de diciembre.

Almas gemelas: 15 de enero, 13 de febrero, 11 de marzo, 9 de abril, 7 de mayo, 5 de junio, 3 de julio, 1 de agosto, 29 de octubre, 27 de noviembre, 25 de diciembre.

11 de agosto

Ω Acción, inspiración y creatividad son algunas de las virtudes asociadas con tu fecha de nacimiento. Posees un espíritu pionero. Eres una mezcla interesante de idealismo e inclinación por el dinero y el estatus. Como buen Leo, tienes encanto y vitalidad y, gracias a tu personalidad amistosa y sociable, los demás te describen como una persona extrovertida y optimista.

Debido a la subinfluencia de Sagitario, el regente de tu decanato, eres a la vez idealista y práctico, por eso sueles tener la visión y el ingenio oportunos para convertir tus sueños en realidad. Esta influencia también indica que tu actitud decidida puede ser un factor clave para que puedas vencer los obstáculos en periodos de adversidad. El efecto de Júpiter también se nota en que tienes algunas ideas extremadamente buenas que te brindan recompensas financieras.

El fuerte énfasis en las relaciones personales y las colaboraciones de trabajo que se da en tu fecha de nacimiento implica que aunque tienes una mentalidad decidida y enfocada, quizá tengas que aprender el arte de comprometerte, con el fin de que te beneficies de lo que otros te ofrecen. Eres amistoso y emprendedor, pero debido a tu debilidad por las comodidades materiales, con frecuencia buscas asociarte para obtener una ganancia e impulso para ascender. La falta de fondos o el miedo a no tener suficiente dinero puede influir en lo que podrían ser buenos prospectos, por lo que debes evitar ser materialista y sin escrúpulos.

A partir de los 11 años, cuando tu Sol progresado se desplace hacia Virgo y se sitúe ahí durante tres décadas, experimentarás una creciente necesidad de seguir una línea práctica en la vida. Poco a poco desearás volverte más eficiente y selectivo con tu tiempo y energía. Hay un punto de inflexión para ti a los 41 años, cuando tu Sol progresado entre a Libra; en ese momento querrás involucrarte más con tus relaciones personales cercanas y tal vez transites de consideraciones prácticas a otras más estéticas. A los 71 años, tu Sol progresado entrará en Escorpión y experimentarás un nuevo periodo de profundos cambios emocionales y de transformación personal.

Tu yo secreto

Una poderosa necesidad de reconocimiento garantiza que quieras triunfar a nivel material y emocional. Dado que posees la energía para lograr tus metas a lo grande, sería importante aprovechar esa virtud para conseguir satisfacción emocional y éxito material. Encontrarás tu mayor plenitud si satisfaces tu inclinación de hacer algo que beneficie a los demás.

Por un sentido interno de la armonía, deseas que tu vida sea pacífica y satisfactoria; así, concentras tu atención en que tu hogar sea un lugar de retiro seguro del mundo. Esta armonía también puede estimular tus competencias musicales, artísticas o creativas, pues quizá solo esperas a perfeccionarlas. Eres entretenido y sociable y, por lo regular, sabes cómo relajarte y disfrutar las cosas. Cuídate de no ceder demasiado para mantener la paz y no permitas que la ansiedad se apodere de ti y te arruine la diversión. Fortalecer tu sexto sentido quizá sea la clave para usar las enormes habilidades inherentes a tu fecha de nacimiento.

ESTRELLA FIJA

Nombre de la estrella: Merak
Posición: 18º 29'–19º 34' de Leo, entre los años 1930 y 2000
Magnitud: 2
Fuerza: ★★★★★★★★
Órbita: 2º 10'
Constelación: Osa Mayor (Alpha Ursae Majoris)
Días efectivos: 10, 11, 12, 13 y 14 de agosto
Propiedades de la estrella: Marte
Descripción: estrella gigante blanca ubicada en un costado de la Osa Mayor

INFLUENCIA DE LA ESTRELLA PRINCIPAL

Merak confiere aprecio por la autoridad y habilidades de liderazgo, aunque también puede indicar una inclinación a ser demasiado dominante. Tu tenacidad te llevará a obtener innumerables éxitos en la vida y triunfar en contextos donde otros han fracasado.

Con respecto a tu grado del Sol, esta estrella otorga valentía, asertividad, vitalidad y pasión. El poder de alcanzar resultados asociado a Merak garantiza que tendrás una vida sumamente activa. Su influencia brinda oportunidades, así como posible fama y reconocimientos.

• *Positiva:* amor por la vida, personalidad activa y creativa, ambición, valentía.

• *Negativa:* impaciencia, obstinación, esfuerzo excesivo.

Trabajo y vocación

Eres amigable, generoso y con inclinaciones idealistas que pueden llevarte a buscar un trabajo en el que te puedas relacionar con los demás. Si crees en una causa, puedes ser convincente o persuasivo para defenderla; como filántropo tienes el poder de hacer el bien en la comunidad. En los negocios, tiendes a sobresalir en las ventas y la promoción, además de que eres capaz de negociar contratos con éxito y cerrar buenos acuerdos. Asimismo, puedes destacar como agente o asesor de inversiones. Además de tu fuerte voluntad y determinación, tienes mucha energía para dirigirla hacia tus logros. Aunque posees grandes habilidades de liderazgo, quizá prefieras trabajar en cooperación con otras personas. También puedes hacer un buen papel en el mundo del entretenimiento, la escritura o la música.

Entre las personas famosas con quienes compartes cumpleaños están la actriz Arlene Dahl, los escritores Enid Blyton y Alex Haley, y el luchador Hulk Hogan.

Numerología

La vibración especial del 11, el número maestro en tu fecha de nacimiento, sugiere que el idealismo, la inspiración y la innovación son importantes para ti. La combinación de humildad y seguridad en ti mismo te alienta a esforzarte por alcanzar el dominio material y espiritual de tu ser. A través de la experiencia aprenderás a lidiar con ambos lados de tu naturaleza y a adoptar una actitud menos extrema cuando se trate de confiar en tus emociones. Sueles estar conectado con el mundo y posees una gran vitalidad, pero por esa misma razón debes evitar ser demasiado ansioso o impráctico. La subinfluencia del mes número 8 indica que puedes ser tenaz y ambicioso, pero también previsor. Además, tienes habilidades ejecutivas. Cuando eres creativo y original te vuelves optimista, trabajador y entusiasta; sin embargo, debes aprender a terminar lo que empiezas y no dejar las cosas a medias. Ya que el miedo se asocia con inseguridades financieras y de poder, deberás superar la tendencia a ser arrogante y calculador. Aprende a expresar tu talento único para desatar tu verdadero potencial.

• *Cualidades positivas:* concentración, objetividad, entusiasmo, inspiración, espiritualidad, intuición, inteligencia, extroversión, inventiva, talento artístico, espíritu servicial, capacidad de sanación, humanitarismo, habilidad psíquica.

• *Cualidades negativas:* complejo de superioridad, falta de rumbo, hipersensibilidad, tendencia a ofenderse con demasiada facilidad, nerviosismo, egoísmo, falta de claridad.

Amor y relaciones

La capacidad para comunicar tus pensamientos creativos atrae a gente con dotes artísticas. Eres cálido, amistoso y sociable. En tus relaciones personales en particular te atraen individuos poderosos e inteligentes. Debes evitar enfrascarte en discusiones con tus seres queridos. Es probable que seas extremadamente generoso con la gente a la que amas, y que seas un amigo o una pareja leal. Estás dispuesto a trabajar duro para mantener la llama en las relaciones, pero aun así necesitas mantener cierta libertad personal.

ESE ALGUIEN ESPECIAL

Si buscas seguridad, estimulación intelectual y amor, empieza por buscarlos entre personas nacidas en las siguientes fechas.

Amor y amistad: 3, 5 y 23 de enero; 3, 11 y 21 de febrero; 9, 19, 28 y 31 de marzo; 7, 17, 26 y 29 de abril; 5, 15, 24, 27, 29 y 31 de mayo; 3, 13, 22, 25, 27 y 29 de junio; 1, 11, 20, 23, 25, 27 y 29 de julio; 9, 18, 21, 23, 25 y 27 de agosto; 7, 16, 19, 21, 23 y 25 de septiembre; 5, 14, 17, 19, 21 y 23 de octubre; 3, 12, 15, 17, 19 y 21 de noviembre; 1, 10, 13, 15, 17 y 19 de diciembre.

Buenas para ti: 3, 4, 10 y 21 de enero; 1, 2, 8 y 19 de febrero; 6, 17 y 30 de marzo; 4, 15 y 28 de abril; 2, 13 y 26 de mayo; 11 y 24 de junio; 9 y 22 de julio; 7 y 20 de agosto; 5 y 18 de septiembre; 3, 16 y 31 de octubre; 1, 14 y 29 de noviembre; 12 y 27 de diciembre.

Atracción fatal: 22 y 28 de enero; 8, 9, 10, 20 y 26 de febrero; 18 y 24 de marzo; 16 y 22 de abril; 14 y 20 de mayo; 12 y 18 de junio; 10 y 16 de julio; 8 y 14 de agosto; 6 y 12 de septiembre; 4 y 10 de octubre; 2 y 8 de noviembre; 6 de diciembre.

Desafiantes: 11 y 20 de enero; 9 y 18 de febrero; 7 y 16 de marzo; 5 y 14 de abril; 3, 12 y 30 de mayo; 1, 10 y 28 de junio; 8, 26 y 31 de julio; 6, 24 y 29 de agosto; 4, 22 y 27 de septiembre; 2, 20 y 25 de octubre; 18 y 23 de noviembre; 16 y 21 de diciembre.

Almas gemelas: 26 de enero, 24 de febrero, 22 y 30 de marzo, 20 y 28 de abril, 18 y 26 de mayo, 16 y 24 de junio, 14 y 22 de julio, 12 y 20 de agosto, 10 y 18 de septiembre, 8 y 16 de octubre, 6 y 14 de noviembre, 4 y 12 de diciembre.

12 de agosto

ESTRELLAS FIJAS

Merak; Algenubi, también llamada Ras Elased Australis

ESTRELLA PRINCIPAL

Nombre de la estrella: Merak

Posición: 18º 29'–19º 34' de Leo, entre los años 1930 y 2000

Magnitud: 2

Fuerza: ★★★★★★★★

Órbita: 2º 10'

Constelación: Osa Mayor (Alpha Ursae Majoris)

Días efectivos: 10, 11, 12, 13 y 14 de agosto

Propiedades de la estrella: Marte

Descripción: estrella gigante blanca ubicada en un costado de la Osa Mayor

INFLUENCIA DE LA ESTRELLA PRINCIPAL

Merak confiere aprecio por la autoridad y habilidades de liderazgo, aunque también puede indicar una inclinación a ser demasiado dominante. Tu tenacidad te llevará a obtener incontables éxitos en la vida y triunfar en contextos donde otros han fracasado.

Con respecto a tu grado del Sol, esta estrella otorga valentía, asertividad, vitalidad y pasión. El poder de alcanzar resultados asociado a Merak garantiza que tendrás una vida sumamente activa. Su influencia trae consigo oportunidades, así como posible fama y reconocimientos.

• *Positiva:* amor por la vida, personalidad activa y creativa, ambición, valentía.

• *Negativa:* impaciencia, obstinación, esfuerzo excesivo.

♌ Eres ambicioso, creativo, con fuertes poderes intuitivos y una gran vitalidad. Tu fecha de nacimiento te pinta como un individuo decidido con una perspectiva positiva de la vida. Como buen Leo, eres enérgico, decidido, inquieto y de una naturaleza firme que suele ayudarte a hacer las cosas a tu manera. Tu estilo directo y tus respuestas de alerta se relacionan con tu capacidad de evaluar con rapidez las circunstancias y a la gente. Si mantienes la objetividad, podrás regular tu tendencia a la fluctuación de tu estado de ánimo.

Tu deseo de éxito y seguridad implica que deseas obtener la aprobación de los demás, por lo que sueles ser amistoso y sociable. Tu magnetismo personal te ayuda a vencer los contratiempos y, con frecuencia, tus poderes intuitivos te sirven de apoyo.

La influencia de Júpiter, el planeta de tu decanato, deja entrever que eres temerario, aguerrido y dinámico, con un deseo de reconocimiento. Posees una dualidad que requiere equilibrio, ya que eres sensible y decidido al mismo tiempo. También posees un fuerte deseo de estabilidad a la par que de ascenso. Esto significa que, a pesar de que eres compasivo y comprensivo, también puedes ser autoritario o tiránico.

Debido a que eres digno y orgulloso, puedes ser sensible a las críticas de otras personas. Debes fortalecer tu perspectiva racional, con lo cual evitarás sentirte herido por los demás. Gracias a tu enfoque sensato y a tus destrezas diplomáticas, disfrutas el trabajo que involucra la cooperación con más gente y estás en tu elemento cuando puedes mezclar los negocios y el placer.

Desde la infancia eres propenso a ser sociable y amistoso. A los 10 años, cuando tu Sol progresado entre a Virgo y permanezca ahí durante tres décadas, poco a poco te volverás más práctico, eficiente, y sabrás distinguir mejor las prioridades. Alrededor de los 40 años, cuando tu Sol progresado entre en Libra, habrá un mayor énfasis en tus relaciones y en el anhelo de atraer más belleza, armonía y equilibrio a tu vida. Así, es probable que te inclines por actividades como la escritura, el arte, la música o la medicina alternativa. A los 70 años, tu Sol progresado se moverá hacia Escorpión y resaltará tu necesidad emocional de cambios profundos y poder interior.

Tu yo secreto

Eres alguien capaz de hacer que las cosas sucedan, así que tu fuerza de voluntad bien enfocada puede ser un formidable motor con el que puedes contar. Por esta razón, no quieres que el miedo controle tus reacciones, pues tiendes a crear justo aquello en lo que te enfocas. Cuando canalizas este poder de forma positiva, puede constituir una tremenda energía para animar a otros.

Dado que te gusta mantenerte activo y eres excelente para las transacciones, con frecuencia usas tus habilidades estratégicas, energía y empuje para superar cualquier obstáculo que se cruce en tu camino. Tiendes a trabajar mejor cuando te sientes motivado y escuchas a tu intuición. Como tienes convicciones sólidas, por lo general, te pronuncias a favor de los principios en los que crees, aun cuando estés equivocado, lo cual sugiere que quizá debas fortalecer el arte de la negociación y comprometerte a fin de ser más objetivo.

Trabajo y vocación

Tu ambición y determinación se conjugan con tus habilidades innatas para el liderazgo. Debido a ello, puedes ser persuasivo, en especial cuando promueves ideas relacionadas con una ganancia financiera. Gracias a tu generosidad y amabilidad, eres excelente para tratar con las personas y sueles distinguir las oportunidades cuando se presentan. Ya sea en el ámbito educativo, de los negocios o en el mundo del entretenimiento, quieres libertad para trabajar a tu manera. Como te desagrada recibir órdenes, sueles buscar posiciones ejecutivas o trabajar por tu cuenta; sin embargo, en cualquier esfera serás capaz de negociar un buen trato o explotar tus talentos.

Entre las personas famosas con quienes compartes cumpleaños están el director de cine Cecil B. DeMille, el actor George Hamilton, el comediante Mario Moreno "Cantinflas", el guitarrista Mark Knopfler y la teosofista Madame Blavatsky.

Numerología

Si naciste bajo el número 12 sueles ser intuitivo, servicial y amigable. Puesto que deseas establecer una verdadera individualidad, tienes una excelente capacidad de razonamiento y eres innovador. Ser comprensivo y sensible por naturaleza te permite aprovechar el buen tacto y las capacidades cooperativas ajenas para alcanzar tus metas y objetivos. Cuando alcances el equilibrio entre tu necesidad de expresarte y el impulso natural de apoyar a otros, encontrarás satisfacción emocional y personal. No obstante, quizá debas armarte de valor para independizarte, desarrollar confianza en ti mismo y no dejarte desanimar por otras personas. La subinfluencia del mes número 8 indica que eres un individuo ambicioso y tenaz, con una intuición afinada. Gracias a tu visión pragmática y habilidades ejecutivas, posees un empuje dinámico y una personalidad extrovertida. En la vida se te presentarán muchas oportunidades para progresar, ya que, generalmente, te gusta aspirar a la prosperidad o a estar bajo los reflectores.

• *Cualidades positivas:* creatividad, atractivo, iniciativa, disciplina, promoción de otros o de ti mismo.

• *Cualidades negativas:* reclusión, despilfarro, falta de cooperación, hipersensibilidad, baja autoestima.

Amor y relaciones

Sueles tener una vida social activa, pues eres entretenido y disfrutas conocer gente nueva. En las relaciones personales, tus sentimientos intensos pueden alternar entre un idealismo romántico intenso y un realismo pragmático. Eres romántico de corazón y te atrae el cortejo, pero una vez que tienes una relación estable, es probable que cambies de opinión. Puesto que tienes una gran necesidad de independencia, deberás elegir a una pareja que te dé la libertad que ansías. Estás orgulloso de tu familia y eres capaz de mover montañas para proteger sus intereses.

ESE ALGUIEN ESPECIAL

Para encontrar a esa pareja especial, te conviene empezar a buscarla entre quienes nacieron en las siguientes fechas.

Amor y amistad: 14, 15, 22, 24, 26 y 31 de enero; 12, 22 y 29 de febrero; 10, 20 y 27 de marzo; 8, 18 y 25 de abril; 6, 16, 23 y 30 de mayo; 4, 14, 21, 28 y 30 de junio; 2, 12, 19, 26, 28 y 30 de julio; 10, 17, 24, 26 y 28 de agosto; 8, 15, 22, 24 y 26 de septiembre; 6, 13, 20, 22, 24 y 30 de octubre; 4, 11, 18, 20, 22 y 28 de noviembre; 2, 9, 16, 18, 20, 26 y 29 de diciembre.

Buenas para ti: 5, 22 y 30 de enero; 3, 20 y 28 de febrero; 1, 18 y 26 de marzo; 16 y 24 de abril; 14 y 22 de mayo; 12 y 20 de junio; 10, 18 y 29 de julio; 8, 16, 27 y 31 de agosto; 6, 14, 25 y 29 de septiembre; 4, 12, 23 y 27 de octubre; 2, 10, 21 y 25 de noviembre; 9, 19 y 23 de diciembre.

Atracción fatal: 12 de enero; 9, 10 y 11 de febrero; 8 de marzo; 6 de abril; 4 de mayo; 2 de junio.

Desafiantes: 16 y 21 de enero; 14 y 19 de febrero; 12, 17 y 30 de marzo; 10, 15 y 28 de abril; 8, 13 y 26 de mayo; 6, 11 y 24 de junio; 4, 9 y 22 de julio; 2, 7 y 20 de agosto; 5 y 18 de septiembre; 3 y 16 de octubre; 1 y 14 de noviembre; 12 de diciembre.

Almas gemelas: 25 de enero, 23 de febrero, 21 de marzo, 19 de abril, 17 de mayo, 15 de junio, 13 de julio, 11 de agosto, 9 de septiembre, 7 de octubre, 5 de noviembre, 3 y 30 de diciembre.

ESTRELLAS FIJAS

Merak; Algenubi, también llamada Ras Elased Australis

ESTRELLA PRINCIPAL

Nombre de la estrella: Merak

Posición: 18º 29'–19º 34' de Leo, entre los años 1930 y 2000

Magnitud: 2

Fuerza: ★★★★★★★

Órbita: 2º 10'

Constelación: Osa Mayor (Alpha Ursae Majoris)

Días efectivos: 10, 11, 12, 13 y 14 de agosto

Propiedades de la estrella: Marte

Descripción: estrella gigante blanca ubicada en un costado de la Osa Mayor

INFLUENCIA DE LA ESTRELLA PRINCIPAL

Merak confiere aprecio por la autoridad y habilidades de liderazgo, aunque también puede indicar una inclinación a ser demasiado dominante. Tu tenacidad te permite alcanzar incontables éxitos en la vida y triunfar en contextos donde otros han fracasado.

Con respecto a tu grado del Sol, esta estrella otorga valentía, asertividad, vitalidad y pasión. El poder de alcanzar resultados asociado a Merak garantiza que tendrás una vida sumamente activa. Su influencia trae consigo oportunidades, así como posible fama y reconocimientos.

• *Positiva:* amor por la vida, personalidad activa y creativa, ambición, valentía.

• *Negativa:* impaciencia, obstinación, esfuerzo excesivo.

13 de agosto

♌ Tu fecha de nacimiento revela que eres independiente, creativo, posees cualidades de líder, don de mando, inteligente y con un pragmatismo agudo. Como buen Leo, eres digno, valiente y cuentas con una gran fortaleza interior. Mediante tu capacidad de raciocinio, aprendes a reconocer el poder del conocimiento que suele estar a tu disposición.

De carácter decidido y dueño de un práctico sentido común, sueles añadir la disciplina a tu lista de atributos. Logras el éxito gracias a que desarrollas tus capacidades mentales y sabes establecerte en el área de tu interés. Eres capaz de abordar los problemas con una aproximación única, por lo que das consejos a otros y sugieres soluciones prácticas. Las mujeres nacidas en este día tienden a pensar de forma competente y se hacen cargo de las situaciones.

La subinfluencia de Sagitario, el regente de tu decanato, enfatiza tu personalidad dominante y un afán de expansión; esto puede implicar también que seas necio y crítico. Aquellas personas que dicen conocerte bien te ven como una extraña mezcla de conservadurismo y rebeldía, pero jamás como alguien aburrido o soso. Al estar siempre bien informado, disfrutas las discusiones y debates, pues sueles salir victorioso. Aun si crees saberlo todo, puedes volverte autoritario y quizá debas aprender que si eres agresivo o intransigente no siempre logras los resultados que deseas.

A los nueve años, cuando tu Sol progresado atraviesa Virgo durante tres décadas, experimentas un creciente deseo de orden práctico y seguridad. Hay un parteaguas en tu vida a los 39 años, cuando tu Sol progresado entra a Libra; a partir de este momento, habrá un mayor énfasis en tus relaciones personales, y poco a poco te volverás más amigable y dispuesto a la colaboración. A los 69 años, cuando tu Sol progresado entra en Escorpión, tiendes a experimentar un deseo más profundo de transformación emocional.

Tu yo secreto

Tu empeño por el trabajo para conseguir las metas que te has propuesto suele asegurar que te tomes en serio la responsabilidad, así que no te gusta perder el tiempo. A pesar de ser sensible y vulnerable, quizá no muestres estas características a la gente por miedo a sentirte controlado. Externamente puedes parecer orgulloso o cínico, pero en tu corazón eres altruista y un defensor de la justicia.

Tu persistencia y determinación para lograr tus objetivos es admirable, pero debes vencer tu tendencia a la manipulación, pues conoces el valor de compartir y trabajar en cooperación a fin de conseguir los mejores resultados. Eres bueno para organizar y, si estás sobrecargado de trabajo, sabes delegar responsabilidades. Aunque generalmente estás dispuesto a colaborar, discutir de forma amistosa con algunas personas cercanas a ti muestra tu deseo de estar en la cima sin que con esto pierdas tu sentido de la diversión.

Trabajo y vocación

Gracias a tu inteligencia aguda, perseverancia y capacidad para trabajar arduamente, es inevitable que asciendas a una posición de autoridad en cualquier carrera que elijas. Tus destrezas ejecutivas y tus habilidades natas para la comunicación serían invaluables en el mundo de los negocios. También eres particularmente apto para las profesiones intelectuales, como el derecho, la ciencia o la educación. La urgencia intensa de expresarte puede encontrar una vía de salida en la escritura o en el negocio del espectáculo, y también podrías optar por el mundo editorial o publicitario. Tu veta humanitaria innata puede convertirte en un reformista social, religioso o político.

Entre las personas famosas con quienes compartes cumpleaños están el director Alfred Hitchcock, el músico Dan Fogelberg, la tiradora del viejo oeste Annie Oakley y el jugador de hockey Bobby Clarke.

Numerología

Sensibilidad emocional, entusiasmo e inspiración son algunas de las cualidades que se asocian con quienes tienen el número 13 en su fecha de nacimiento. En términos numéricos, te caracterizan la ambición y el trabajo arduo, y puedes lograr grandes cosas mediante la expresión creativa. Sin embargo, quizá tengas que cultivar una perspectiva más pragmática si quieres transformar tu creatividad en productos tangibles. Tu enfoque original e innovador inspira ideas nuevas y emocionantes, mismas que con frecuencia se traducen en obras que suelen impresionar a los demás. Tener el número 13 en tu fecha de cumpleaños te hace honesto, romántico, encantador y amante de la diversión, pero también alguien capaz de alcanzar la prosperidad por medio de la dedicación. La subinfluencia del mes número 8 indica que eres enérgico y tenaz, y que te gusta tener el control. Si aprendes a concentrarte en un objetivo en particular y perseveras, sueles llegar a la cima de tu profesión. Por otro lado, tus excelentes habilidades prácticas y administrativas te pueden ayudar a ascender a puestos de autoridad. Aprender sobre alianzas y cooperación te dará la oportunidad de compartir tus talentos extraordinarios con otras personas.

• *Cualidades positivas:* ambición, creatividad, amor por la libertad, autoexpresión, iniciativa.

• *Cualidades negativas:* impulsividad, indecisión, autoritarismo, falta de sensibilidad, rebeldía.

Amor y relaciones

Eres dinámico y de opiniones fuertes, por lo que te atraen individuos cuya agilidad mental sea comparable a la tuya. Debido a que eres astuto y magnético no tienes dificultad para atraer a amigos y parejas. Te gusta ser abierto y directo en tus interacciones, y necesitas tener la certeza de estar construyendo relaciones sólidas con otros. No permitas que tu lado racional opaque tu visión optimista. Es probable que seas afectuoso con la gente cercana y que estés dispuesto a hacer casi cualquier cosa por tus seres queridos.

ESE ALGUIEN ESPECIAL

Encontrarás seguridad emocional y el amor verdadero si los buscas entre quienes nacieron en las siguientes fechas.

Amor y amistad: 11, 13, 15, 17, 25 y 26 de enero; 9, 11, 13, 15 y 23 de febrero; 7, 9, 11, 13 y 21 de marzo; 5, 7, 9, 11 y 19 de abril; 3, 5, 7, 9, 17 y 31 de mayo; 1, 3, 5, 7, 15, 17 y 29 de junio; 1, 3, 5, 27, 29 y 31 de julio; 1, 3, 11, 25, 27 y 29 de agosto; 1, 9, 23, 25 y 27 de septiembre; 7, 21, 23 y 25 de octubre; 5, 19, 21 y 23 de noviembre; 3, 17, 19, 21 y 30 de diciembre.

Buenas para ti: 1, 5 y 20 de enero; 3 y 18 de febrero; 1 y 16 de marzo; 14 de abril; 12 de mayo; 10 de junio; 8 de julio; 6 de agosto; 4 de septiembre; 2 de octubre.

Atracción fatal: 9, 10, 11 y 12 de febrero.

Desafiantes: 6, 22 y 24 de enero; 4, 20 y 22 de febrero; 2, 18 y 20 de marzo; 16 y 18 de abril; 14 y 16 de mayo; 12 y 14 de junio; 10 y 12 de julio; 8, 10 y 31 de agosto; 6, 8 y 29 de septiembre; 4, 6 y 27 de octubre; 2, 4, 25 y 30 de noviembre; 2, 23 y 28 de diciembre.

Almas gemelas: 6 y 12 de enero, 4 y 10 de febrero, 2 y 8 de marzo, 6 de abril, 4 de mayo, 2 de junio.

14 de agosto

ESTRELLAS FIJAS

Merak; Algenubi, también llamada Ras Elased Australis

ESTRELLA PRINCIPAL

Nombre de la estrella: Merak

Posición: 18º 29'–19º 34' de Leo, entre los años 1930 y 2000

Magnitud: 2

Fuerza: ★★★★★★★★

Órbita: 2º 10'

Constelación: Osa Mayor (Alpha Ursae Majoris)

Días efectivos: 10, 11, 12, 13 y 14 de agosto

Propiedades de la estrella: Marte

Descripción: estrella gigante blanca ubicada en un costado de la Osa Mayor

INFLUENCIA DE LA ESTRELLA PRINCIPAL

Merak confiere aprecio por la autoridad y habilidades de liderazgo, aunque también puede indicar una inclinación a ser demasiado dominante. Tu tenacidad te permite alcanzar incontables éxitos en la vida y triunfar en contextos donde otros han fracasado.

Con respecto a tu grado del Sol, esta estrella otorga valentía, asertividad, vitalidad y pasión. El poder de alcanzar resultados asociado a Merak garantiza que tendrás una vida sumamente activa. Su influencia trae consigo oportunidades, así como posible fama y reconocimientos.

• *Positiva:* amor por la vida, personalidad activa y creativa, ambición, valentía.

• *Negativa:* impaciencia, obstinación, esfuerzo excesivo.

Algunas de las cualidades asociadas con tu fecha de nacimiento son el pragmatismo y la disposición para el trabajo arduo. Tu buen juicio y mente creativa te asegurarán el éxito y la prosperidad. Como buen Leo, posees muchos dones y eres sociable por naturaleza, con chispa y una personalidad atractiva. Tu conocimiento te brinda seguridad. Eres sumamente intuitivo, además de receptivo a tu entorno y el más feliz cuando estás activo y eres productivo.

La subinfluencia de Marte, el planeta de tu decanato, te aporta mayor vitalidad y te permite lograr el éxito. No obstante, debes superar tu tendencia a la inseguridad emocional o a la hipersensibilidad para así alcanzar tu verdadero potencial.

Por lo general, los demás te describirían como un gran trabajador, honesto y directo. A pesar de que sueles ser generoso y solidario, llegas a ser intolerante ante la ignorancia o la estupidez, y te muestras impaciente. Debido a que eres un pensador independiente, no aprecias que otros interfieran, y eso puede sacar a relucir tu terquedad.

La combinación de perspicacia y lógica te hace apto para ocupar posiciones de autoridad, y, cuando se trata de comunicación, eres hábil para contraatacar de la manera más acertada gracias a tu impresionante facilidad de palabra. A través del fortalecimiento de la confianza y receptividad de tu voz interior tendrás ventaja sobre los demás. Por tu poder de decisión y determinación, te gusta pasar a la acción inmediata, mientras que tu curiosidad natural te inspira a explorar nuevos territorios.

Alrededor de los ocho años, cuando tu Sol progresado se desplaza hacia Virgo, comienzan tres décadas en las cuales se incrementa el énfasis en lo práctico, el orden y en ser más selectivo con tu tiempo y energía. Cuando tu Sol progresado entre a Libra, ocurrirá otro punto de inflexión, es decir, a los 38 años, lo que te estimulará a desarrollar cualquier talento musical, artístico o literario que haya permanecido latente, y pondrás más atención a tus relaciones personales. Cuando tu Sol progresado entre en Escorpión, a los 68 años, habrá otro momento decisivo que resaltará la importancia de la transformación emocional y el poder interior.

Tu yo secreto

Te pones estándares muy altos como referente debido a que quieres lograr grandes cosas. Solo recuerda que si estos éxitos se limitan al dinero o a los negocios, sin alma o creatividad, es poco probable que te brinden la felicidad que buscas. Sabes responderle a la gente y tienes una maravillosa forma de levantarle el ánimo gracias a tus ideas y acciones positivas. Tu intenso lado histriónico está abierto a informar lo mismo que a entretener, una combinación ideal para fungir como enlace entre personas de distintos grupos sociales.

Necesitas ser exitoso solo para probarte a ti mismo que puedes hacerlo. Te impones retos constantemente para demostrar que eres capaz de superarlos y para potenciar tu confianza. Esto te permite vencer las sensaciones de duda o recelo que en ocasiones podrían amenazar tu paz mental. Sin embargo, una vez que las cosas empiezan a fluir, tu poderoso sentido de propósito se cerciora de que nada te impida alcanzar tu enorme potencial.

Trabajo y vocación

Tus dotes creativas natas y tu inteligencia aguda garantizan que, con un poco de disciplina, figures en primer plano en tu profesión. Tal vez debas permanecer alerta para que cierta inquietud interna no te detenga y puedas desarrollar plenamente tus habilidades. Tu afán de variedad suele indicar una tendencia al aburrimiento si tu trabajo no te ofrece suficientes oportunidades de cambio. Debido a tu sentido natural para los negocios y a tus habilidades organizacionales, puedes triunfar si te dedicas al comercio, la banca o el derecho. Tal vez puedas usar tus dotes dramáticas para la escritura, la música o el teatro. El lado empático o humanitario de tu naturaleza podría proporcionarte el ímpetu para sobresalir como maestro, terapeuta, trabajador social, o en un trabajo que requiera representar a otros, como líder sindical o político. Por otro lado, podrías dejarte seducir por el mundo del deporte, pues tu habilidad para pensar en grande te llevará a la cima.

Entre las personas famosas con quienes compartes cumpleaños están el actor Steve Martin, la cantante Sarah Brightman, el músico David Crosby, el caricaturista Gary Larson, la escritora Danielle Steel y el basquetbolista Magic Johnson.

Numerología

Potencial intelectual, pragmatismo y determinación son solo algunas de las cualidades ligadas a quienes cumplen años en el número 14. A menudo priorizas tu trabajo y juzgas a los demás y a ti mismo basado en los logros laborales. Aunque necesitas estabilidad, la inquietud que el número 14 sugiere te insta a seguir adelante y enfrentar nuevos retos en un esfuerzo constante por mejorar tus condiciones. Esta insatisfacción inherente también puede inspirarte a hacer grandes cambios en tu vida, sobre todo si estás inconforme con tus condiciones laborales o tu estado financiero. Gracias a tu perspicacia, responden con rapidez a los problemas y disfrutas resolverlos. La subinfluencia del mes número 8 indica que materializas tu potencial y tus aspiraciones a través del trabajo arduo. Sueles ser práctico y desear prosperidad; asimismo, abordas la resolución de problemas con un enfoque original, innovador e ideas novedosas y estimulantes que impresionan a otros.

• *Cualidades positivas:* acciones decisivas, trabajo arduo, suerte, creatividad, pragmatismo, imaginación, oficio.

• *Cualidades negativas:* exceso de cautela o impulsividad, desconsideración, terquedad.

Amor y relaciones

Con tu creatividad e inteligencia, logras mezclar los negocios con el placer. Eres amistoso y sociable, y a menudo se te presentan muchas oportunidades para el amor y el romance. En particular te interesa la compañía de personas activas que te estimulen intelectualmente, y necesitas gente que sea capaz de apreciar tu rápido ingenio y sentido del humor. Dada tu capacidad de ser empático y comprensivo, otras personas te buscarán para pedirte apoyo y consejos.

ESE ALGUIEN ESPECIAL

Para encontrar a una pareja o a un amante que mantenga vivo tu interés y aprecie tu sensibilidad, búscalo entre quienes nacieron en las siguientes fechas.

Amor y amistad: 9, 12, 16 y 25 de enero; 7, 10, 14, 23 y 24 de febrero; 8, 12, 22 y 31 de marzo; 3, 6, 10, 20, 21 y 29 de abril; 4, 8, 18 y 27 de mayo; 2, 6, 16, 25 y 30 de junio; 4, 14, 23 y 28 de julio; 2, 12, 21, 26 y 30 de agosto; 10, 19, 24 y 28 de septiembre; 8, 17, 22 y 26 de octubre; 6, 15, 20, 24 y 30 de noviembre; 4, 5, 13, 18, 22 y 28 de diciembre.

Buenas para ti: 2, 13, 22 y 24 de enero; 11, 17, 20 y 22 de febrero; 9, 15, 18, 20 y 28 de marzo; 7, 13, 16, 18 y 26 de abril; 5, 11, 16, 18 y 26 de mayo; 3, 9, 12, 14 y 22 de junio; 1, 7, 10, 12 y 20 de julio; 5, 8, 10 y 18 de agosto; 3, 6, 8 y 16 de septiembre; 1, 4, 6 y 14 de octubre; 2, 4 y 12 de noviembre; 2 y 10 de diciembre.

Atracción fatal: 25 de enero; 11, 12, 13 y 23 de febrero; 21 de marzo; 19 de abril; 17 de mayo; 15 de junio; 13 de julio; 11 de agosto; 9 de septiembre; 7 de octubre; 5 de noviembre; 3 de diciembre.

Desafiantes: 7 y 23 de enero; 5 y 21 de febrero; 3, 19 y 29 de marzo; 1, 17 y 27 de abril; 15 y 25 de mayo; 13 y 23 de junio; 11, 21 y 31 de julio; 9, 19 y 29 de agosto; 7, 17, 27 y 30 de septiembre; 3, 13, 23 y 26 de noviembre; 1, 11, 21 y 24 de diciembre.

Almas gemelas: 17 de enero, 15 de febrero, 13 de marzo, 11 de abril, 9 de mayo, 7 de junio, 5 de julio, 3 de agosto, 1 de septiembre, 30 de noviembre, 28 de diciembre.

15 de agosto

ESTRELLA FIJA

Nombre de la estrella: Algenubi, también llamada Ras Elased Australis

Posición: 19° 44'–20° 43' de Leo, entre los años 1930 y 2000

Magnitud: 3

Fuerza: ★★★★★

Órbita: 1° 40'

Constelación: Leo (Epsilon Leo)

Días efectivos: 12, 13, 14 y 15 de agosto

Propiedades de la estrella: Saturno/ Marte

Descripción: estrella amarilla ubicada en la boca del león

INFLUENCIA DE LA ESTRELLA PRINCIPAL

La influencia de Algenubi se traduce en fortaleza, talento artístico y capacidad de expresión. También otorga una personalidad audaz y atrevida.

Con respecto a tu grado del Sol, Algenubi confiere arrojo, necesidad de ser productivo y habilidades ejecutivas naturales. Tus excelentes habilidades organizacionales suelen llevarte a ocupar posiciones de autoridad. La necesidad de expresarte y ser creativo puede empujarte hacia las artes y profesiones más glamurosas. Esta estrella advierte que, si no encuentras formas constructivas de expresarte, tu comportamiento puede volverse destructivo.

• *Positiva:* fortaleza, creatividad, inclinación artística, vitalidad, magnetismo personal.

• *Negativa:* comportamiento controlador o dominante, orgullo, arrogancia, crueldad.

El entusiasmo y la inteligencia son cualidades que suelen asociarse con tu fecha de nacimiento, por eso eres capaz de aprehender la información con rapidez. Al acumular conocimiento, puedes aumentar tu asertividad y confianza en ti mismo. Como buen Leo, eres agradable, relajado y tienes un aire juvenil. Tu mente está llena de ideas brillantes, por lo cual deberías canalizar tu vitalidad y temperamento inquieto mediante actividades creativas.

Debido a ciertas características, como tu idealismo, orgullo y convicciones sólidas, tiendes de forma natural al mundo de la palabra hablada y escrita. Esto contribuye a tu talento para la escritura o para dar clases y conferencias. Aunque confías en tu propio juicio, prefieres la práctica más que la teoría, pero tu potencial para la consecución de proyectos aumenta si combinas ambos.

Gracias a la subinfluencia de Aries, el regente de tu decanato, eres una persona ambiciosa, llena de vigor y empuje. Si eres responsable y adoptas una actitud más reflexiva, el éxito será más fácil para ti. Una vez que hayas dominado tu oficio, podrás demostrarles a los demás cuán talentoso y listo eres en realidad. A menudo te inclinas a ser poco convencional y progresista, con intereses y pasatiempos inusuales. Si te inspiras, quizá busques reconocimiento en el teatro y, por tu magnetismo personal y sed de triunfo, no tendrás problemas para causar una buena impresión. Aunque tiendes a lo social y a hacer amigos, también te gusta ser diferente y vivir despreocupado, así que rara vez sucumbes a la presión de tus pares.

Al acercarte a los siete años de edad, cuando tu Sol progresado se desplace hacia Virgo por un periodo de tres décadas, considerarás importante mantener el orden práctico y la eficiencia en tu vida diaria, sobre todo en tu ámbito laboral. Este comportamiento continuará hasta los 37 años, cuando tu Sol progresado entre a Libra y se dé un punto de inflexión que te estimule a desarrollar cualquier talento musical, artístico o literario que haya permanecido latente; además, pondrás de relieve la importancia de las relaciones personales. A los 67 años, cuando tu Sol progresado entre en Escorpión, experimentarás otro momento decisivo que destacará los cambios profundos en tu vida, el poder interior y la transformación personal.

Tu yo secreto

Un carismático rasgo interior te permite irradiar amor y positividad, y enfatiza la importancia de que cuentes con medios para expresarte. Por tus sólidas convicciones y disposición de servicio, podrías disfrutar si lideras algún grupo u organización que sea útil para los demás. Solo evita arriesgar de más tu faceta idealista a cambio de la seguridad material. Es probable que te sobrepongas a cualquier temor que experimentes respecto a tus finanzas, ya que a largo plazo se verá que son infundadas.

En tu temperamento se combinan elementos contrastantes como la independencia y la determinación, y la compasión y la sensibilidad. Para preservar tu salud a nivel general es vital mantener estas cualidades en equilibrio. Por tu fuerza de voluntad, decisión e individualidad chispeante, eres una persona fuerte con un potencial excepcional para lograr el bien.

Trabajo y vocación

Tu encanto natural e intuición para los negocios son una buena mezcla para lograr el éxito, sobre todo en el mundo de las ventas, la mercadotecnia y la promoción. Tu gran sentido del histrionismo y amor por el conocimiento garantizan que destacarás en los escenarios de teatro o en una sala de conferencias. Posees la habilidad de exponer tus ideas de forma entretenida, un rasgo que te favorece cuando haces presentaciones en público, escribes o durante tus charlas. Eres un excelente luchador por las causas justas, así que quizá te atraigan carreras como la abogacía o fungir como vocero; si estás interesado en las reformas sociales, podrías decantarte por una profesión en la que seas el portavoz de otros, como la política o liderar un sindicato. Asimismo, por tus instintos humanitarios podrías dedicarte a la psicoterapia o al trabajo social. En cualquier trabajo que emprendas, querrás la libertad de hacer las cosas a tu manera por lo que tal vez prefieras ser autónomo.

Entre las personas famosas con quienes compartes cumpleaños están Napoleón Bonaparte, la princesa Ana del Reino Unido, el músico Oscar Peterson, el escritor Sir Walter Scott, la chef Julia Child y el místico Sri Aurobindo.

Numerología

El número 15 en tu fecha de nacimiento sugiere versatilidad, entusiasmo e inquietud. Tus mayores atributos son tus poderosos instintos y la habilidad para aprender rápido mediante la teoría y la práctica. En muchas ocasiones logras ganar dinero mientras aprendes nuevas habilidades. Sueles utilizar tus poderes intuitivos y reconoces de inmediato las oportunidades cuando se presentan. Tienes talento para atraer dinero o para recibir ayuda y apoyo de otras personas. Por lo general, eres despreocupado, entusiasta y recibes lo inesperado con brazos abiertos. Si bien eres aventurero por naturaleza, necesitas encontrar una base real o un hogar que puedas llamar propio. La subinfluencia del mes número 8 indica que eres ambicioso y tenaz, y que tienes una personalidad dinámica. Gracias a tu perspicacia, habilidades organizacionales y olfato para los negocios, te gusta hacer inversiones duraderas que te ayuden a alcanzar la prosperidad y el éxito.

Cualidades positivas: disposición, generosidad, responsabilidad, gentileza, cooperación, aprecio, creatividad.

Cualidades negativas: desorganización, irresponsabilidad, egocentrismo, miedo al cambio, falta de fe, indecisión, materialismo.

Amor y relaciones

Eres sociable y cálido; puedes ser muy generoso en las relaciones, aunque también necesitas libertad personal. Eres capaz de expresar una amplia gama de emociones, desde sensibilidad y afecto hasta pasión intensa. La tendencia al idealismo indica que quizá busques parejas que te inspiren y con quienes compartas algunos de tus intereses. Las responsabilidades y las cargas ajenas también influirán en tus relaciones. Sin embargo, tu carisma atraerá muchos amigos y oportunidades románticas, y te garantizará popularidad.

ESE ALGUIEN ESPECIAL

Para encontrar a la pareja indicada, que te haga feliz y te ayude a mantener un espíritu jovial, búscala entre quienes nacieron en las siguientes fechas.

Amor y amistad: 2, 7, 10, 15, 17 y 27 de enero; 5, 8, 15 y 25 de febrero; 3, 6, 13 y 23 de marzo; 1, 4, 11 y 21 de abril; 2, 9 y 19 de mayo; 7 y 17 de junio; 5, 15, 29 y 31 de julio; 3, 13, 27, 29 y 31 de agosto; 1, 11, 25, 27 y 29 de septiembre; 9, 23, 25 y 27 de octubre; 7, 21, 23 y 25 de noviembre; 5, 19, 21 y 23 de diciembre.

Buenas para ti: 3, 5, 20, 25 y 27 de enero; 1, 3, 18, 23 y 25 de febrero; 1, 16, 21 y 23 de marzo; 14, 19 y 21 de abril; 12, 17 y 19 de mayo; 10, 15 y 17 de junio; 8, 13 y 15 de julio; 6, 11 y 13 de agosto; 4, 9, 11 y 28 de septiembre; 2, 7, 9 y 26 de octubre; 5, 7 y 24 de noviembre; 3 y 5 de diciembre.

Atracción fatal: 13 de enero; 11, 12 y 13 de febrero; 9 de marzo; 7 de abril; 5 de mayo; 3 de junio; 1 de julio.

Desafiantes: 16 y 24 de enero; 14 y 22 de febrero; 12 y 20 de marzo; 10 y 18 de abril; 8, 16 y 31 de mayo; 6, 14 y 29 de junio; 4, 12 y 27 de julio; 2, 10 y 25 de agosto; 8 y 23 de septiembre; 6 y 21 de octubre; 4 y 19 de noviembre; 2 y 17 de diciembre.

Almas gemelas: 16 de enero, 14 de febrero, 12 de marzo, 10 de abril, 8 de mayo, 6 de junio, 4 y 31 de julio, 2 y 29 de agosto, 27 de septiembre, 25 de octubre, 23 de noviembre, 21 de diciembre.

16 de agosto

ESTRELLAS FIJAS

Aunque el grado en que se ubica tu Sol no se encuentra vinculado con una estrella fija, algunos de los grados de tus otros planetas sí lo estarán. Si solicitas el cálculo de tu carta astral, encontrarás la posición exacta de los planetas en tu fecha de nacimiento. Esto te permitirá determinar cuáles de las estrellas fijas descritas en este libro son relevantes para ti.

Eres cautivador y amistoso; tienes una mente ágil e intuitiva, pero sueles disimular tu capacidad de discernimiento y perspicacia aguda. Aunque puedas parecer distante e introspectivo, eres sensible e idealista. Como buen Leo, eres seguro de ti mismo y muy decidido, y tienes una gran sagacidad, lo cual te permite captar las ideas con rapidez y precisión. Tu enfoque pragmático y directo contribuye a que tengas puntos de vista independientes e indica que posees un don de palabra persuasivo.

La subinfluencia de Marte, el planeta de tu decanato, te concede vitalidad y eleva el grado de tu potencial mental. También te anima a ser más aventurero y osado, lo que te enfrenta con tu faceta introvertida. Marte también puede indicar una veta inquieta y un temperamento de sangre caliente. Procura evitar la ansiedad o ser demasiado impulsivo. Aprende a terminar lo que empiezas mediante la disciplina para ahuyentar el aburrimiento.

Tu búsqueda de aprobación o necesidad de brillar indica que disfrutas presentarte ante el público. Sueles ser serio, pero también puedes ser entusiasta y espontáneo cuando te interesas en algo que en verdad te inspire. Aprende a confiar en tus rápidos instintos y supera la tendencia a ser autoritario o exigente.

A partir de los seis años, cuando tu Sol progresado se desplaza hacia Virgo, inician tres décadas de creciente énfasis en tu sentido práctico y la construcción de un sistema ordenado y eficiente para ti mismo, sobre todo en tu entorno laboral. A los 36 años, cuando tu Sol progresado entre a Libra, experimentarás un punto decisivo y empezarás a otorgarles mayor importancia a tus relaciones personales; además, desarrollarás cualquier talento artístico, dramático o literario que hubiera permanecido latente. A los 66 años, tu Sol progresado entrará en Escorpión y acentuará tu poder interior y un anhelo de cambio o renovación personal, con lo cual tu conciencia se fortalecerá.

Tu yo secreto

Te encanta conocer las motivaciones de los demás, y tu habilidad para tratar con la gente es un elemento clave de tu éxito. Por lo tanto, mucho depende de la armonía de tus relaciones, así que tal vez necesites equilibrar tu gran calidez con tu frío desapego. Si permites que los demás te decepcionen mucho, serás propenso al abatimiento. Sin embargo, cuando eres constructivo, llegas a ser muy generoso y trabajador, y con potencial para lograr cosas extraordinarias.

Dueño de un pragmatismo innato, quizás un día asesores a los demás; ya que estás en tu mejor momento cuando demuestras modestia y compasión. Gracias a tu suerte en cuestiones financieras, los problemas monetarios pueden resolverse solos con rapidez. Si adoptas una actitud positiva y te sintonizas con tu poderosa intuición, puedes mover montañas.

Trabajo y vocación

Tus habilidades sociales e inteligencia aguda te permiten alcanzar todo tu potencial en muchas y diferentes áreas de la vida. El entusiasmo es clave para conseguir lo que quieres y no es algo que puedas simular. En el contexto de los negocios, eres excelente para resolver problemas y te verás seducido de forma natural por las grandes empresas o los medios de comunicación. Tu destreza para los asuntos organizacionales y directivos te ayudará a escalar a posiciones prominentes. Si combinas tu tendencia al histrionismo con tu determinación, podrías tener éxito en el mundo del espectáculo. En cualquier carrera que elijas, evita quedarte en puestos subordinados, pues te desagrada recibir órdenes de otros. Como posees un espíritu de lucha, quizá quieras trabajar para causas justas.

Entre las personas famosas con quienes compartes cumpleaños están la diseñadora de moda Katharine Hamnett; la cantante y actriz Madonna; el actor Timothy Hutton; la presentadora de televisión Kathy Lee Gifford y su esposo, el exjugador de fútbol americano Frank Gifford, y T. E. Lawrence (Lawrence de Arabia).

Numerología

Un cumpleaños con el número 16 sugiere que eres sensible, considerado y amigable. Aunque eres analítico, sueles juzgar la vida según cómo te sientas. Sin embargo, con la personalidad de alguien nacido en este día, vivirás tensiones internas al enfrentarte a la fricción entre tu necesidad de expresión personal y tus responsabilidades hacia otras personas. Tal vez te interesen la política y los asuntos internacionales, y puedes integrarte a corporaciones transnacionales o a los medios de comunicación. Los más creativos de entre los nacidos en este día pueden tener talento para la escritura, con destellos repentinos de inspiración. Quizá deberás aprender a equilibrar tu exceso de confianza con tus dudas e inseguridades. La subinfluencia del mes número 8 indica que, aunque en ocasiones eres distante y desapegado, por lo regular, eres práctico y tienes una serie de valores sólidos. Te gusta ocupar puestos de influencia y poder, pero necesitas tener una conducta justa. Eres orgulloso y cosmopolita, y puedes lograr muchas cosas con fe y determinación.

• *Cualidades positivas:* conocimiento, responsabilidad en el hogar y con la familia, integridad, intuición, sociabilidad, cooperación, perspicacia.

• *Cualidades negativas:* preocupación, insatisfacción, autopromoción, dogmatismo, escepticismo, tendencia a ser quisquilloso, irritabilidad, falta de empatía.

Amor y relaciones

Necesitas encontrar a una pareja que sea ambiciosa y brillante por naturaleza, y en la que puedas confiar. La atracción hacia personas creativas y exitosas, con habilidades histriónicas, supone que te gustan el glamur y la socialización. Comunicar tus pensamientos o ideas también es importante para ti, puesto que respetas el conocimiento y te encanta compartirlo. Sin embargo, debes evitar volverte autoritario con tus parejas.

ESE ALGUIEN ESPECIAL

Para encontrar a una pareja adecuada que comparta tus intereses, búscala entre quienes nacieron en las siguientes fechas.

Amor y amistad: 1, 8, 14, 28 y 31 de enero; 6, 12, 26 y 29 de febrero; 10, 24 y 27 de marzo; 2, 8, 22 y 25 de abril; 6, 20 y 23 de mayo; 4, 18 y 21 de junio; 2, 16, 19 y 30 de julio; 14, 17, 28 y 30 de agosto; 12, 15, 26, 28 y 30 de septiembre; 10, 13, 24, 26 y 28 de octubre; 8, 11, 22, 24 y 26 de noviembre; 6, 9, 20, 22 y 24 de diciembre.

Buenas para ti: 26 de enero, 24 de febrero, 22 de marzo, 20 de abril, 18 de mayo, 16 de junio, 14 de julio, 12 de agosto, 10 de septiembre, 8 de octubre, 6 de noviembre, 4 de diciembre.

Atracción fatal: 10, 11, 12, 13 y 14 de febrero.

Desafiantes: 3 y 25 de enero, 1 y 23 de febrero, 21 de marzo, 19 de abril, 17 de mayo, 15 de junio, 13 de julio, 11 de agosto, 9 de septiembre, 7 de octubre, 5 de noviembre, 3 de diciembre.

Almas gemelas: 3 y 10 de enero, 1 y 8 de febrero, 6 de marzo, 4 de abril, 2 de mayo.

17 de agosto

ESTRELLAS FIJAS

Aunque el grado en que se ubica tu Sol no se encuentra vinculado con una estrella fija, algunos de los grados de tus otros planetas sí lo estarán. Si solicitas el cálculo de tu carta astral, encontrarás la posición exacta de los planetas en tu fecha de nacimiento. Esto te permitirá determinar cuáles de las estrellas fijas descritas en este libro son relevantes para ti.

Eres un Leo creativo, sociable y amistoso que goza de una mente intuitiva y astuta. Debido a que tienes facilidad para entender los conceptos con rapidez, puedes utilizar las circunstancias a tu favor. Te apegas a un sistema de valores sólido, y tus puntos de vista tienen el distintivo humanitario, liberal y de criterio amplio. Ya que te beneficias bastante de la disciplina que te impones, es importante que adquieras una buena educación o que encuentres algo inspirador a qué dedicarte.

El afán de expresar tus múltiples ideas quizá se deba a Aries, el regente de tu decanato, cuya subinfluencia denota un empeño por mantenerte mentalmente activo y productivo. Sin embargo, también puede indicar una veta de inquietud y una inclinación a fluctuar entre ser positivo y creativo y preocuparte de más y ser pesimista. Evita ser un juez demasiado crítico y exigente contigo mismo. Asimismo, procura contener tu impulsividad y aprende a terminar lo que empiezas o practica la paciencia.

Si bien eres leal y cariñoso, debes ser menos dogmático o impetuoso. Para granjearte la admiración que deseas, deberías mostrar tu naturaleza amorosa en vez de tu descontento. Pese a tu generosidad y espontaneidad, las inhibiciones emocionales pueden debilitar tu mirada positiva. Sería recomendable que te involucraras en actividades interesantes y gratificantes a nivel emocional, con las que puedas expresarte en el plano dramático.

Un periodo de tres décadas empieza cuando tu Sol progresado se desplaza hacia Virgo, a los cinco años de edad. Los asuntos prácticos cobrarán importancia, así como un deseo de crear en forma gradual un ambiente eficaz de trabajo para ti mismo. A los 35 años alcanzas un momento clave debido a que tu Sol progresado entra a Libra, lo que subraya la relevancia de tus relaciones sociales y de colaboración. Se acentúan tus habilidades creativas, y puede ser que cultives tus intereses musicales, artísticos o literarios. Ya entrado en tus 60 años, tu Sol progresado se moverá hacia Escorpión y es posible que sientas un deseo de estudiar el significado más profundo de la vida, con lo cual ganarás una mayor profundidad emocional y aceptarás más desafíos.

Tu yo secreto

La apariencia orgullosa que proyectas puede ocultar tu sensibilidad interna. El humanismo se funde con tu sentido del histrionismo y produce un afán de expresar tus ideas y creatividad. Gracias a tu interés en la gente podrías convertirte en un consejero natural, lo que te ayudaría a evitar la insatisfacción personal. Buscas la seguridad del hogar y la familia, y tienes una gran conciencia de tus responsabilidades. Al robustecer tu sentido de los valores, aprenderás a mantener el equilibrio entre ser demasiado extravagante o muy moderado.

Si mantienes una mirada objetiva y un sistema de creencias positivo se reflejará en tu vida de manera prodigiosa, y te ayudará a vencer una posible tendencia a la depresión o a la frustración. Para evitar quedarte atrapado en una rutina cómoda, es indispensable persuadirte a ti mismo de aceptar nuevos retos continuamente. Por suerte, respetas la adquisición de conocimiento y sueles buscar nuevas formas de mejorarte a ti y tus circunstancias.

Trabajo y vocación

Podrás ascender por la escalera del éxito en el ámbito teatral o del entretenimiento gracias a tu ambición y a tus recursos dramáticos naturales, que también pueden ayudarte a triunfar en los negocios o la política. Tienes facilidad para la psicología y disfrutas trabajar con la gente, así que también tienes un buen pronóstico como terapeuta o asesor de inversiones. Dado que se te facilita la gestión y la organización, podrías convertirte en un líder dentro de tu campo de actividad. Tu talento para la comunicación y tu amor por el conocimiento podrían inclinarte hacia la escritura, el derecho o la educación. Por otro lado, tu sensibilidad y conciencia social podrían llevarte al oficio de la sanación o a trabajar por una causa justa.

Entre las personas famosas con quienes compartes cumpleaños están los actores Robert De Niro, Sean Penn, Mae West y Maureen O'Hara; la cantante Belinda Carlisle; el poeta británico laureado Ted Hughes; el piloto de automovilismo Nelson Piquet; la estrella del patinaje artístico Robin Cousins y el explorador Davy Crockett.

Numerología

Si naciste el día 17 sueles ser astuto, reservado y con habilidades analíticas. Eres un pensador independiente y talentoso, estás bien educado y confías en tu experiencia personal. Este número en tu fecha de nacimiento significa que aprovechas tus conocimientos de una forma particular para desarrollar tu pericia, y que puedes lograr el éxito material u ocupar una posición importante como especialista o investigador. El que seas reservado, introspectivo y te interesen los datos y cifras se refleja en un comportamiento reflexivo y en que te guste tomarte tu tiempo. Al desarrollar tus habilidades comunicativas, descubrirás mucho de ti mismo a través de los demás. La subinfluencia del mes número 8 indica que, aunque eres tenaz y tienes un buen sentido de los valores, en ocasiones tu perfeccionismo y tu visión rígida socavan tu progreso. Evita las preocupaciones y las sospechas. Dado que quieres ser influyente y exitoso desde el punto de vista material, deberás trabajar arduamente, desarrollar una capacidad de juicio bien afinada y usar tus energías mentales de forma constructiva.

• *Cualidades positivas:* amabilidad, pericia, planeación, instinto para los negocios, éxito financiero, intelecto personal, meticulosidad, precisión, talento para la investigación, capacidad científica.

• *Cualidades negativas:* desapego, soledad, terquedad, descuido, volubilidad, hipersensibilidad, intolerante, crítica.

Amor y relaciones

Ser amoroso y cuidar a tu pareja te convierten en un compañero devoto. Eres amistoso y sociable, y generalmente tienes muchos amigos y conocidos. Tus relaciones son parte importante de tu vida, así que eres considerado con sus necesidades. Aunque seas leal y solidario con tu pareja, debes mantener un equilibrio emocional entre ser demasiado dependiente o demasiado dominante. La gente creativa tiene una influencia positiva en tu vida.

ESE ALGUIEN ESPECIAL

Si deseas encontrar a ese alguien especial que saque lo mejor de ti, búscalo entre quienes nacieron en las siguientes fechas.

Amor y amistad: 1, 9, 15, 26, 29 y 30 de enero; 7, 13, 24, 27 y 28 de febrero; 11, 22, 25 y 26 de marzo; 3, 9, 20, 23 y 24 de abril; 7, 18, 21 y 22 de mayo; 5, 16, 19 y 20 de junio; 3, 14, 17, 18 y 31 de julio; 1, 12, 15, 16, 29 y 31 de agosto; 10, 13, 14, 27 y 29 de septiembre; 8, 11, 12, 25 y 27 de octubre; 6, 9, 10, 23 y 25 de noviembre; 4, 7, 8, 21, 23 y 29 de diciembre.

Buenas para ti: 1, 2, 10 y 27 de enero; 8 y 25 de febrero; 6 y 23 de marzo; 4 y 21 de abril; 2, 19 y 30 de mayo; 17 y 28 de junio; 15 y 26 de julio; 13 y 24 de agosto; 11 y 22 de septiembre; 9 y 20 de octubre; 7 y 18 de noviembre; 5 y 16 de diciembre.

Atracción fatal: 11, 12, 13, 14 y 15 de febrero.

Desafiantes: 17 y 26 de enero; 15 y 24 de febrero; 13 y 22 de marzo; 11 y 20 de abril; 9 y 18 de mayo; 7 y 16 de junio; 5 y 14 de julio; 3, 12 y 30 de agosto; 1, 10 y 28 de septiembre; 8, 26 y 29 de octubre; 6, 24 y 27 de noviembre; 4, 22 y 25 de diciembre.

Almas gemelas: 21 de enero, 19 de febrero, 17 de marzo, 15 de abril, 13 de mayo, 11 de junio, 9 y 29 de julio, 7 y 27 de agosto, 5 y 25 de septiembre, 3 y 23 de octubre, 1 y 21 de noviembre, 19 de diciembre.

18 de agosto

ESTRELLAS FIJAS

Aunque el grado en que se ubica tu Sol no se encuentra vinculado con una estrella fija, algunos de los grados de tus otros planetas sí lo estarán. Si solicitas el cálculo de tu carta astral, encontrarás la posición exacta de los planetas en tu fecha de nacimiento. Esto te permitirá determinar cuáles de las estrellas fijas descritas en este libro son relevantes para ti.

♌ Eres un Leo con potencial: te alienta la imaginación y tu mente es activa y curiosa. Aunque te sientes orgulloso y digno, y te anima el deseo de obtener éxito, te vienen bien la motivación y la determinación para alcanzar tus objetivos. Dado que buscas distintas experiencias y eres intrépido, sueles concebir una multitud de planes e ideas.

La subinfluencia de Aries, el regente de tu decanato, aporta mayor audacia a tu personalidad. Por tu espíritu emprendedor, esta influencia implica que tengas ansias de acción. Como te desagrada ocupar un puesto subordinado, no te gusta recibir órdenes de otros y prefieres hacer tus propios planes. Con frecuencia deseas asumir el liderazgo o trabajar de forma independiente y, por tu buen sentido de la estructura, tienes la habilidad para organizar y ejecutar los proyectos.

Te das a conocer por tu rápida inteligencia, y a menudo tienes un ávido deseo de conocimiento, al igual que un afán de expresar tus pensamientos e ideas. Gracias a tus dones mentales innatos, sabes detectar las motivaciones de los demás y percibes la hipocresía. Dado que eres sensible a tu entorno, necesitas estar en un ambiente positivo, sobre todo porque adviertes la falta de armonía y las situaciones tensas.

A los cuatro años, cuando tu Sol progresado se desplaza hacia Virgo, inician tres décadas en las que se intensifican las consideraciones prácticas y una necesidad de poner orden en tu vida. Un momento clave para ti ocurre cuando cumples 34 años y tu Sol progresado entra a Libra, entonces cobras mayor conciencia de la importancia de las relaciones personales. También se acentúa tu interés por cultivar tus talentos musicales, literarios o artísticos latentes. Después de los 64 años, cuando tu Sol progresado entra en Escorpión, tratarás con mayor ahínco de hallar significado a tu vida y se presentarán cambios que ahondarán en tu conciencia.

Tu yo secreto

Si eres realista y evitas fantasear o evadirte de la realidad, estarás a la altura del desafío que significa disciplinar tu enorme potencial mental. Gracias a tu sensibilidad e imaginación vívida, en ocasiones puede ganarte la tentación de optar por lo fácil. El conocimiento y la comprensión pueden inclinarte a evaluar ideas espirituales o metafísicas. Por naturaleza eres amigable, comunicativo y, dado tu amor por el debate, tienes la capacidad de relacionarte bien con grupos involucrados en reformas o movimientos progresistas.

Amas el poder, en particular el del conocimiento, y respetas a aquellos que tienen mayor información o sabiduría que tú. Debes evitar el poder de los juegos mentales y de la manipulación cuando tu ego se engancha en ciertas situaciones. Pero tienes la gracia de inspirar a quienes te rodean con tu idealismo, determinación y visión.

Trabajo y vocación

Te encantan los reflectores, así que podrías ser exitoso en una carrera en los escenarios como actor, bailarín o director. Asimismo, tu ambición podría llevarte a la política, el derecho o los negocios, donde es probable que aspires a una posición directiva. Como no soportas recibir órdenes, podrías inclinarte por el trabajo independiente. Tus aptitudes prácticas junto con tu tendencia a lo organizacional podrían significarte el éxito en la industria manufacturera, la mercadotecnia o la banca. Tu facilidad para relacionarte con las personas indica que puedes sobresalir en carreras que te permitan interactuar con la gente, en especial la educación y el bienestar social. Por otro lado, tu sensibilidad, perspicacia para la psicología y virtudes naturales para la curación podrían llevarte hacia profesiones relacionadas con la salud, la medicina convencional o la alternativa.

Entre las personas famosas con quienes compartes cumpleaños están los actores Patrick Swayze, Robert Redford, Martin Mull y Shelley Winters; el director de cine Roman Polański, y el ex secretario de Defensa de Estados Unidos Caspar Weinberger.

Numerología

Algunos de los atributos asociados con el número 18 en la fecha de cumpleaños son tenacidad, asertividad y ambición. Eres activo y te gustan los cambios, por lo que procuras mantenerte ocupado y sueles participar en todo tipo de proyectos. Eres competente, trabajador y responsable, por lo cual se te facilita ascender a posiciones de autoridad. Por otro lado, tu habilidad organizacional y para los negocios pueden inclinarte hacia el mundo del comercio. Dado que sufres por trabajar en exceso, es importante que aprendas a relajarte y a bajar la velocidad de vez en cuando. Con la personalidad de alguien nacido en un día 18 puedes usar tus poderes para sanar a otros, darles consejos valiosos o resolver sus problemas. La subinfluencia del mes número 8 indica que eres mentalmente ágil y que generalmente tienes una gran intuición en lo que respecta a la gente y las situaciones. Aunque seas inquieto e inestable, eres eficiente en el trabajo y eres capaz de ejecutar los planes con tenacidad. Ansías reconocimiento, y sueles experimentar conflictos entre tus creencias idealistas y tus inclinaciones materialistas.

• *Cualidades positivas:* actitud progresista, asertividad, intuición, valentía, determinación, capacidad de sanación, eficiencia, facilidad para asesorar.

• *Cualidades negativas:* emociones descontroladas, pereza, desorden, egoísmo, insensibilidad, incapacidad para completar proyectos o trabajos, engaños.

Amor y relaciones

Eres orgulloso y dramático, pero tienes una personalidad carismática que atrae a otras personas. En las relaciones, para ti es importantísimo ser honesto y directo. Gracias a tu sensibilidad, eres afectuoso y tierno, pero debes procurar no evadirte, ya sea a través de la autocomplacencia excesiva o de la negación. Con tu calidez y buenos consejos, no tienes problemas para atraer a las personas. En tus relaciones más importantes, para ti es crucial encontrar a alguien que te estimule a nivel mental y con quien compartas intereses y valores.

ESE ALGUIEN ESPECIAL

Encontrarás satisfacción emocional y a ese alguien especial entre quienes nacieron en las siguientes fechas.

Amor y amistad: 10, 13, 20, 25 y 30 de enero; 8, 11, 18 y 28 de febrero; 6, 9, 16, 26 y 30 de marzo; 4, 7, 14, 24 y 30 de abril; 2, 5, 12 y 22 de mayo; 3, 10 y 20 de junio; 1, 8 y 18 de julio; 6, 16, 20 y 30 de agosto; 4, 14, 28 y 30 de septiembre; 2, 12, 26, 28 y 30 de octubre; 10, 24, 26 y 28 de noviembre; 8, 22, 24 y 26 de diciembre.

Buenas para ti: 12, 16, 17 y 28 de enero; 10, 14, 15 y 26 de febrero; 8, 12, 13 y 24 de marzo; 6, 10, 11 y 22 de abril; 4, 8, 9, 20 y 29 de mayo; 2, 6, 7, 18 y 27 de junio; 4, 5, 16 y 25 de julio; 2, 3, 14 y 23 de agosto; 1, 12 y 21 de septiembre; 10 y 19 de octubre; 8 y 17 de noviembre; 6 y 15 de diciembre.

Atracción fatal: 14, 15 y 16 de febrero; 31 de marzo; 29 de abril; 27 de mayo; 25 de junio; 23 de julio; 21 de agosto; 19 de septiembre; 17 de octubre; 15 de noviembre; 17 de diciembre.

Desafiantes: 6, 18, 22 y 27 de enero; 4, 16, 20 y 25 de febrero; 2, 14, 18 y 23 de marzo; 12, 16 y 21 de abril; 10, 14 y 19 de mayo; 8, 12 y 17 de junio; 6, 10 y 15 de julio; 4, 8 y 13 de agosto; 2, 6 y 11 de septiembre; 4 y 9 de octubre; 2 y 7 de noviembre; 5 de diciembre.

Almas gemelas: 28 de marzo, 26 de abril, 24 de mayo, 22 de junio, 20 de julio, 18 de agosto, 16 de septiembre, 14 de octubre, 12 de noviembre, 10 de diciembre.

ESTRELLAS FIJAS

Alfard, también llamada Alphard; Aldhafera, también llamada Adhafera; Eta Leonis, también llamada Al Jabhah, que significa "la frente"

ESTRELLA PRINCIPAL

Nombre de la estrella: Alfard, también llamada Alphard

Posición: 26° 17'–27° 8' de Leo, entre los años 1930 y 2000

Magnitud: 2

Fuerza: ★★★★★★★

Órbita: 2° 10'

Constelación: Hidra (Alpha Hydrae)

Días efectivos: 19, 20, 21 y 22 de agosto

Propiedades de la estrella:
interpretaciones variadas: Saturno/Venus y Sol/Júpiter

Descripción: estrella gigante anaranjada ubicada en el cuello de la Hidra

INFLUENCIA DE LA ESTRELLA PRINCIPAL

La influencia de Alfard confiere sabiduría y entendimiento de la naturaleza humana. Aprecias las artes y tienes ambiciones claras y una personalidad sensible. Alfard te previene respecto a una tendencia a la autocomplacencia excesiva, así como la falta de autocontrol. Además, supone una propensión a la inestabilidad y la conmoción. Asimismo, debes cuidarte de los envenenamientos y las infecciones.

Con respecto a tu grado del Sol, esta estrella otorga habilidades ejecutivas y grandes oportunidades de progreso. Tiendes a buscar puestos prominentes y estar bajo los reflectores. No obstante, siempre debes ser justo, pues de otro modo la gente te aislará. Esto puede

19 de agosto

♌ Te encanta lucirte y llamar la atención porque eres dinámico y chispeante, y tienes una personalidad sociable. Como buen Leo, eres orgulloso y seguro de ti mismo, posees una mente creativa y buscas la manera de expresarte con libertad.

La subinfluencia de Aries, el regente de tu decanato, le da un mayor impulso a tu naturaleza ya de por sí enérgica y revela que actúas con gran seguridad. Por lo general, buscas un papel central en diversas situaciones y sueles tomar el mando. La influencia de Marte implica que tienes iniciativa, espontaneidad y una propensión a sacar deducciones. Debes evitar las argucias para enriquecerte rápidamente. Disfrutas hacer las cosas a tu manera, quizá demasiado, así que deberías cultivar un carácter menos dominante o egoísta.

Aunque eres veloz para evaluar las circunstancias, tienes que regular tu tendencia a reaccionar de forma desmesurada, frustrarte o preocuparte en exceso por el dinero. Eres inteligente y astuto, tienes buen potencial mental, y te gusta mantenerte ocupado y bien informado. Tu mezcla de cinismo e inocencia indica que debes responsabilizarte de desarrollar tu intuición y refinar aún más tu mente. Es probable que tengas un carácter juvenil; sin embargo, el trabajo suele jugar un papel destacado en tu vida, en especial conforme te haces mayor. No importa cuán difíciles sean las situaciones que enfrentes en la vida, en el fondo sabes que tienes de tu lado el poder para triunfar sobre la adversidad.

A partir de los tres años de edad, cuando tu Sol progresado entra a Virgo, inician tres décadas en las cuales se intensifica la importancia de crear un andamiaje práctico y ordenado para ti mismo, y se acentúa en ti la importancia de la noción de servicio y de la atención a los detalles. Cuando llegues a los 33 años y tu Sol progresado entre en Libra, habrá un punto de inflexión en tu vida; en ese momento, tus relaciones personales empiezan a cobrar mayor relevancia y podrías hacer prosperar tus aptitudes diplomáticas, sociales o creativas. A los 63 años, cuando tu Sol progresado se desplaza hacia Escorpión, aspirarás a una mayor profundidad emocional, intensidad y transformación.

Tu yo secreto

El conocimiento y la sabiduría son tu fuente de inspiración. Debes cargarte de una actitud positiva y ejercitar la paciencia y la tolerancia, pues eso te ayudará a mantener ocupada tu mente inquieta y activa. Como eres rápido y asertivo, tienes la habilidad de presentar nuevas ideas a los demás e influir en ellos con tu forma de pensar. Evaluar bien las posibilidades te permite trabajar duro con el fin de hacer realidad algún proyecto en el que crees.

Tu marcada fuerza de voluntad y determinación son importantes para conseguir tus propósitos en el plano material, pero lograr la realización plena requiere equilibrar estas fuerzas con tu percepción intuitiva. Así que debes aprender a escuchar la sabiduría de tu voz interior. Si combinas tu agudeza mental, osadía y originalidad, te llegará la brillante inspiración.

Trabajo y vocación

Eres sumamente ambicioso y proyectas una imagen amigable y segura. Posees vitalidad mental, lo que resulta favorable para los debates, ya que puede dotarte de buenos argumentos; por lo general, eso te ayuda a prosperar en el derecho o la política. O tal vez prefieras hacer carrera en ventas o como agente. Así como se te da lo analítico, es posible que tengas aptitudes técnicas que te asistan en tu profesión. Tu gran sentido del histrionismo quizá te lleve al mundo del teatro o el entretenimiento, pero en cualquier cosa que hagas seguramente querrás estar a cargo, dirigir la acción. Ser tan decidido y formal te brinda la alternativa de trabajar por tu cuenta.

Entre las personas famosas con quienes compartes cumpleaños están el expresidente estadounidense Bill Clinton, el magnate Malcolm Forbes, el inventor Orville Wright, la diseñadora de moda Coco Chanel, la actriz Jill St. John y el baterista Ginger Baker.

Numerología

Algunas de las cualidades de los nacidos bajo el número 19 son la alegría, la ambición y el humanitarismo. Eres tenaz e ingenioso, con una visión profunda, pero el lado soñador de tu naturaleza es compasivo, idealista y creativo. Aunque seas sensible, tu necesidad de sobresalir puede empujarte a ser dramático y a intentar acaparar los reflectores. Sueles tener un fuerte deseo de establecer tu identidad individual. Para ello, deberás empezar por aprender a no sucumbir ante la presión social. A ojos de los demás eres una persona segura, fuerte e ingeniosa, pero las tensiones internas pueden provocarte altibajos emocionales. Con frecuencia expresas tu espíritu artístico y tu carisma, y tienes el mundo al alcance de las manos. La subinfluencia del mes número 8 indica que posees vigor y vitalidad. Eres astuto y tenaz, lo que te permite ascender a posiciones influyentes y de autoridad. Por otro lado, tus habilidades ejecutivas y de negocios te guiarán al mundo del comercio.

• *Cualidades positivas:* dinamismo, ecuanimidad, creatividad, liderazgo, suerte, actitud progresista, optimismo, convicciones fuertes, competitividad, independencia, sociabilidad.

• *Cualidades negativas:* ensimismamiento, depresión, angustia, miedo al rechazo, altibajos emocionales, materialismo, egocentrismo, impaciencia.

Amor y relaciones

Además de ser comprensivo y considerado, eres seguro de ti mismo y tienes iniciativa. Tus inclinaciones sociales te dan la capacidad de atraer a otros, lo que significa que siempre puedes encontrar amigos y admiradores. Es probable que te interesen en especial personas trabajadoras y que te estimulen a nivel intelectual. Eres sumamente intuitivo y percibes lo que otros piensan o sienten; sin embargo, necesitas tiempo para desarrollar y construir relaciones duraderas y de confianza. Una vez que te comprometes, eres una pareja generosa y amable.

interferir también en tu trabajo y tus relaciones, donde intervienen los celos.

• *Positiva:* confianza en ti mismo, capacidad para hacerte de un nombre, fama.

• *Negativa:* embrollos y disputas legales, pérdida del autocontrol, envidia.

ESE ALGUIEN ESPECIAL

Es más probable que te comprometas en serio con alguien que haya nacido en las siguientes fechas.

Amor y amistad: 11, 21, 28 y 31 de enero; 9, 19, 26 y 29 de febrero; 17, 24 y 27 de marzo; 5, 15, 22 y 25 de abril; 13, 20 y 23 de mayo; 1, 11, 18 y 21 de junio; 9, 16 y 19 de julio; 7, 14, 17 y 31 de agosto; 5, 12, 15 y 29 de septiembre; 3, 10, 13, 27, 29 y 31 de octubre; 1, 8, 11, 25, 27 y 29 de noviembre; 6, 9, 23, 25 y 27 de diciembre.

Buenas para ti: 9, 12, 18, 24 y 29 de enero; 7, 10, 16, 22 y 27 de febrero; 5, 8, 14, 20 y 25 de marzo; 3, 6, 12, 18 y 23 de abril; 1, 10, 16, 21 y 31 de mayo; 2, 8, 14, 19 y 29 de junio; 6, 12, 17 y 27 de julio; 4, 10, 15 y 25 de agosto; 2, 8, 13 y 23 de septiembre; 6, 11 y 21 de octubre; 4, 9 y 19 de noviembre; 2, 7 y 17 de diciembre.

Atracción fatal: 3 de enero; 1, 15, 16 y 17 de febrero; 30 de abril; 28 de mayo; 26 de junio; 24 de julio; 22 de agosto; 20 de septiembre; 18 de octubre; 16 de noviembre; 14 de diciembre.

Desafiantes: 7, 8, 19 y 28 de enero; 5, 6, 17 y 26 de febrero; 4, 3, 15 y 24 de marzo; 1, 2, 13 y 22 de abril; 11 y 20 de mayo; 9 y 18 de junio; 7 y 16 de julio; 5 y 14 de agosto; 3 y 12 de septiembre; 1 y 10 de octubre; 8 de noviembre; 6 de diciembre.

Almas gemelas: 3 y 19 de enero, 1 y 17 de febrero, 15 de marzo, 13 de abril, 11 de mayo, 9 de junio, 7 de julio, 5 de agosto, 3 de septiembre, 1 de octubre.

ESTRELLAS FIJAS

Alfard, también llamada Alphard; Aldhafera, también llamada Adhafera; Eta Leonis, también llamada Al Jabhah, que significa "la frente"

ESTRELLA PRINCIPAL

Nombre de la estrella: Alfard, también llamada Alphard

Posición: 26° 17'–27° 8' de Leo, entre los años 1930 y 2000

Magnitud: 2

Fuerza: ★★★★★★★★

Órbita: 2° 10'

Constelación: Hidra (Alpha Hydrae)

Días efectivos: 19, 20, 21 y 22 de agosto

Propiedades de la estrella: interpretaciones variadas: Saturno/Venus y Sol/Júpiter

Descripción: estrella gigante anaranjada ubicada en el cuello de la Hidra

INFLUENCIA DE LA ESTRELLA PRINCIPAL

La influencia de Alfard confiere sabiduría y entendimiento de la naturaleza humana. Aprecias las artes y tienes ambiciones claras y una personalidad sensible. Esta estrella advierte respecto a una tendencia a la autocomplacencia excesiva, así como la falta de autocontrol. Además, supone una propensión a la inestabilidad y la conmoción. Asimismo, debes cuidarte de los envenenamientos y las infecciones.

Con respecto a tu grado del Sol, esta estrella otorga habilidades ejecutivas y grandes oportunidades de progreso. Tiendes a buscar puestos prominentes y estar bajo los reflectores. No obstante, siempre debes ser justo, pues de otro modo la gente te aislará. Esto

20 de agosto

♌ Eres amigable, encantador, ambicioso y de naturaleza orgullosa. Eres un Leo capaz de crear armonía y paz por tu tendencia natural al trato con la gente y los asuntos sociales. También eres intuitivo y práctico, puedes conjugar muy bien tus aspiraciones con tu excepcional perspicacia, pero te hace falta la motivación, ya que tienes debilidad por el camino fácil y las comodidades materiales.

Por fortuna, la subinfluencia de Aries, el regente de tu decanato, sugiere que si te orientas a lograr tus objetivos, haces rendir tu energía y empuje, en especial cuando estás a la caza de prestigio y dinero. Eso también implica que te dispones a trabajar arduamente con tal de alcanzar posiciones de influencia o éxito.

Aunque eres perspicaz y responsable, a veces te preocupas porque piensas que haces menos de lo que se espera de ti, y tú buscas el reconocimiento por tus esfuerzos. No obstante, sabes bien cómo mezclar los negocios con el placer y hacer que las personas se sientan a gusto. Conoces el valor de las cosas, lo que te permite arreglártelas para vencer los obstáculos mediante la determinación y la perseverancia.

Tu amor por el conocimiento y ser consciente de que el saber te empodera hacen que disfrutes compartir tus ideas o información. Sueles inspirar a otros con tu sentido del histrionismo nato y tu visión única de las cosas. A veces, tu conflicto entre idealismo y materialismo sugiere que deberías desarrollar una filosofía que te señale una ruta clara a seguir.

Desde la infancia y hasta que cumplas 31 años, tu Sol progresado permanecerá en Virgo, lo cual enfatizará la importancia del orden práctico en tu vida diaria. Notarás que todo el tiempo analizas las cosas con el fin de mejorarlas. Cuando cumplas 32 años y tu Sol progresado entre a Libra, será un momento decisivo que resaltará la creciente relevancia de tus relaciones personales, creatividad y equilibrio. A los 62, cuando tu Sol progresado entre en Escorpión, te inclinarás por dirigir tu atención a los aspectos más profundos y transformadores de tu psique, y procurarás obtener mayor poder interior.

Tu yo secreto

Al parecer disfrutas mucho el poder, y eso se nota en que eres muy decidido y deseas tener el control. Si usas esta característica de manera constructiva, podría ayudarte a conseguir lo que quieres de forma dinámica, pero sería oportuno que evitaras todo indicio de falta de escrúpulos o manipulación. Gracias a tu trabajo arduo y a tu olfato para los negocios, puedes explotar bien tus talentos. A pesar de ser independiente, te percatas de la importancia del trabajo cooperativo.

A veces eres decidido, concienzudo y metódico; otras, puedes sentir una falta de propósito y aguante, así que es muy importante mantener un equilibrio constructivo entre tu tiempo de trabajo y el de esparcimiento. En ocasiones, sientes ansiedad, pero cualquier temor que tengas respecto a los asuntos financieros generalmente resulta infundado. Por fortuna, tienes una gran fortaleza y una habilidad natural de sanación, así que aun cuando las cosas se pongan difíciles, cuentas con la capacidad de levantarte y triunfar sobre la adversidad.

Trabajo y vocación

Eres listo, decidido y más proclive al éxito en carreras que saquen el máximo partido de tu potencial mental. Una tendencia por lo dramático y la necesidad de expresarte pueden hacer que optes por la escritura o el mundo del entretenimiento. Asimismo, tu mente aguda sería ideal en profesiones como la enseñanza, los medios de comunicación y la edición. Si hablamos de negocios, tu necesidad de control sugiere que eres sumamente independiente y que funcionarías mejor si trabajaras por tu cuenta. Como eres un diplomático natural, podrías dejarte seducir por la política o el trabajo que involucre relaciones públicas. Esta fecha de nacimiento suele indicar talento artístico, musical o inclinaciones filantrópicas.

Entre las personas famosas con quienes compartes cumpleaños están el ex primer ministro indio Rajiv Gandhi, el excongresista estadounidense William Gray III, la periodista Connie Chung, el músico Isaac Hayes y los cantantes Robert Plant y Jim Reeves.

Numerología

Al haber nacido bajo el número 20, eres intuitivo, sensible, adaptable, comprensivo y, por lo general, te consideras parte de un grupo numeroso. Te agradan actividades cooperativas en las que puedes interactuar, compartir experiencias y aprender de otros. Tu encanto y gracia te ayudan a desarrollar habilidades diplomáticas y sociales que te permiten moverte con fluidez en círculos sociales diversos. No obstante, quizá necesites fortalecer tu confianza o superar la tendencia a sentirte herido por las acciones y críticas ajenas y a ser demasiado dependiente. Tienes una facilidad extraordinaria para crear ambientes amistosos y armónicos. La subinfluencia del mes número 8 indica que eres pragmático y tenaz, y que tienes un conflicto interno entre tu deseo de liderar y querer ser parte del equipo. Eres ambicioso, directo y emprendedor. Debido a que eres activo y enérgico, enfrentas los desafíos de la vida con valentía. Entre tus múltiples atributos está ser de convicciones firmes, ingenio y buen juicio.

• *Cualidades positivas:* buenas asociaciones, gentileza, tacto, receptividad, intuición, amabilidad, armonía, afabilidad, naturaleza amistosa, embajador de buena voluntad.

• *Cualidades negativas:* suspicacia, inseguridad, sumisión, timidez, hipersensibilidad, egoísmo, engaños.

Amor y relaciones

Eres inteligente y considerado, así como una compañía comprensiva y estimulante. Aunque en tu vida sentimental eres dramático, deseas firmemente mantener la paz y crear relaciones armoniosas. Quizá debas estar consciente de las concesiones que haces en el proceso y de si desempeñas el papel de mártir. Por otro lado, también puedes ser demasiado dominante, por lo cual es importante equilibrar el poder. No obstante, estás dispuesto a ser generoso con tu amor y afecto. Gracias a tus maravillosas habilidades sociales, eres sumamente encantador y carismático.

también aplica al trabajo y las relaciones, donde intervienen los celos.

• *Positiva:* confianza en ti mismo, capacidad para hacerte de un nombre, fama.

• *Negativa:* embrollos y disputas legales, pérdida del autocontrol, envidia.

ESE ALGUIEN ESPECIAL

Amor y amistad: 8, 12, 18 y 22 de enero; 16 y 20 de febrero; 14, 18 y 28 de marzo; 6, 12, 16 y 26 de abril; 10, 14 y 24 de mayo; 2, 8, 12 y 22 de junio; 6, 10, 20 y 29 de julio; 4, 8, 18, 27 y 30 de agosto; 2, 6, 16, 25 y 28 de septiembre; 4, 14, 23, 26 y 30 de octubre; 2, 12, 21, 24 y 28 de noviembre; 10, 19, 22, 26 y 28 de diciembre.

Buenas para ti: 6, 10, 25 y 30 de enero; 4, 8, 23 y 28 de febrero; 2, 6, 21 y 26 de marzo; 4, 19 y 24 de abril; 2, 17 y 22 de mayo; 15, 20 y 30 de junio; 13, 18 y 28 de julio; 11, 16 y 26 de agosto; 9, 14 y 24 de septiembre; 7, 12 y 22 de octubre; 5, 10 y 20 de noviembre; 3, 8 y 18 de diciembre.

Atracción fatal: 16, 17 y 18 de febrero; 29 de mayo; 27 de junio; 25 de julio; 23 de agosto; 21 de septiembre; 19 de octubre; 17 de noviembre; 15 de diciembre.

Desafiantes: 13, 29 y 31 de enero; 11, 27 y 29 de febrero; 9, 25 y 27 de marzo; 7, 23 y 25 de abril; 5, 21 y 23 de mayo; 3, 19 y 21 de junio; 1, 17 y 19 de julio; 15 y 17 de agosto; 13 y 15 de septiembre; 11 y 13 de octubre; 9 y 11 de noviembre; 7 y 9 de diciembre.

Almas gemelas: 6 y 25 de enero, 4 y 23 de febrero, 2 y 21 de marzo, 19 de abril, 17 de mayo, 15 de junio, 13 de julio, 11 de agosto, 9 de septiembre, 7 de octubre, 5 de noviembre, 3 de diciembre.

ESTRELLAS FIJAS

Regulus, también llamada Régulo o Qalb Al Asad, que significa "corazón del león"; Alfard, también llamada Alphard; Aldhafera, también llamada Adhafera; Eta Leonis, también llamada Al Jabhah, que significa "la frente"

ESTRELLA PRINCIPAL

Nombre de la estrella: Regulus, también llamada Régulo o Qalb Al Asad, que significa "corazón del león"
Posición: 28° 51'–29° 48' de Leo, entre los años 1930 y 2000
Magnitud: 1
Fuerza: ★★★★★★★★★
Órbita: 2° 30'
Constelación: Leo (Alpha Leonis)
Días efectivos: 21, 22, 23, 24, 25 y 26 de agosto
Propiedades de la estrella: Marte/Júpiter
Descripción: estrella triple brillante y blanquiazul ubicada en el cuerpo del león

INFLUENCIA DE
LA ESTRELLA PRINCIPAL

Regulus es una estrella que transmite nobleza, reconocimientos importantes, gran carisma y la capacidad de proyectar una personalidad digna. Confiere la capacidad de tomar decisiones con rapidez y resolver situaciones difíciles. Otorga ansias de poder y la capacidad de liderar. Tienes una gran fuerza de voluntad y amor por el emprendimiento, lo cual suele derivar en deseos de libertad. Regulus advierte que estos extraordinarios beneficios no necesariamente son duraderos.

Con respecto a tu grado del Sol, esta estrella otorga ambición, poder y autoridad, así como oportunidades

21 de agosto

♌ Orientado a la acción y ansioso por conseguir lo que quieres, eres un Leo dinámico y versátil, con una ambición natural e instintos poderosos. Por lo general, eres orgulloso y de mente rápida, además de curioso y decidido a salirte con la tuya. Tu actitud optimista y tu espíritu emprendedor te apremian a vivir la vida al máximo. Este entusiasmo también sugiere que te vendría bien expresar tu individualidad mediante canales creativos.

La subinfluencia de Aries, el regente de tu decanato, le aporta aún más vitalidad y empuje a tu personalidad, pero también implica que puedes actuar con premura o aburrirte con facilidad. Quizá deberías evitar ser impulsivo y tratar de no empezar proyectos sin una previa planeación. El gran potencial que conlleva tu fecha de nacimiento también denota que necesitas canalizar tus energías de forma positiva para regular tu tendencia a la insatisfacción.

Por lo general, necesitas recibir estímulos mentales constantes. Además, puedes entretener a los demás con tu ingenio y animada conversación. Sueles lograr tus propósitos cautivando a la gente con tu forma persuasiva de hablar y tu sentido histriónico. No soportas las tonterías, por lo que a veces puedes ser demasiado franco, egoísta o arrogante. Aunque tienes múltiples talentos y disfrutas estar activo, podrías obtener más si te enfocaras en desarrollar una aptitud en particular. Es probable que encuentres grandes ventajas a través de la educación y el aprendizaje.

Al comienzo de tu vida, tu Sol progresado se instala en Virgo, y durante las siguientes tres décadas serás susceptible a la influencia de las cualidades propias de este signo, tales como el pragmatismo, el sentido crítico y el perfeccionismo. Tal vez muestres un interés creciente en ser eficiente en tu entorno laboral. A los 31 años alcanzas un momento decisivo, cuando tu Sol progresado entra a Libra, lo que trae consigo una mayor conciencia de cuán importantes son tus relaciones personales. Aumentan tus destrezas creativas y querrás desarrollar tus talentos musicales, artísticos o literarios latentes. Cuando cumplas 61 años, tu Sol progresado entrará en Escorpión para destacar cuestiones de poder interior y transformación personal. Esta influencia también puede intensificar tu conciencia y tus sentimientos.

Tu yo secreto

Tu sensibilidad emocional te permite ser intuitivo, pero a veces también te empuja en distintas direcciones. Una parte de ti quiere cosas nuevas y emocionantes, y la otra, seguridad y estabilidad. Si no canalizas esto de forma constructiva, puede generarte inquietud, inestabilidad o propensión a evadir la realidad. Por el contrario, si continuamente tienes un plan positivo para algo nuevo que te levante el ánimo, evitarás volverte cínico o rebelde. Tu deseo de la verdad y de perseguir tus ideales te estimula a ser generoso, compasivo y humanitario.

Eres franco y honesto, por lo que esperas lo mismo de las demás personas. Aunque eres amoroso y atento, procura no alimentar tu tendencia al sarcasmo. Los viajes y la educación superior son excelentes vías para que descubras el lado más aventurero de tu naturaleza. Con tus dotes de encanto y espontaneidad, es probable que también te guste explorar los talentos ocultos para el arte y la creatividad que se asocian con tu fecha de nacimiento.

Trabajo y vocación

Dado que asimilas rápido el conocimiento sobre cualquier asunto que capte tu interés, seguramente necesitarás variedad para mantenerte en constante desafío. Tu inteligencia vivaz podría encajar bien con el ramo educativo, la escritura o la publicidad. Idealmente, deberías ocuparte en aquello que utilice tu excelente don para el trato con las personas, y si además involucra cambios o estancias en el extranjero, tanto mejor. Por otro lado, tu afán de expresarte te vincula con el arte, la música o el mundo del entretenimiento; el deporte también constituye una salida positiva para tu necesidad de acción.

Entre las personas famosas con quienes compartes cumpleaños están la princesa Margarita del Reino Unido, el jazzista Count Basie, el cantante Kenny Rogers, el ilustrador Aubrey Beardsley y el basquetbolista Wilt Chamberlain.

Numerología

Tener el número 21 en tu fecha de cumpleaños te hace una persona con impulso dinámico y personalidad extrovertida. Con esas inclinaciones sociales, posees muchos intereses y contactos y, por lo regular, tienes mucha suerte. Sueles mostrarte amistoso y sociable con los demás. También eres original, intuitivo y de espíritu independiente. Es posible que te encante la diversión, que seas magnético, creativo y con encanto social. Por otro lado, puedes ser tímido y reservado, con necesidad de desarrollar tu asertividad, en especial en relaciones cercanas. Se te pueden presentar varias oportunidades en la vida y puedes alcanzar el éxito con otras personas. Aunque te inclines hacia las relaciones de cooperación o el matrimonio, siempre querrás que se reconozcan tus talentos y habilidades. La subinfluencia del mes número 8 indica que eres mentalmente inquieto, y tienes instintos poderosos y gran fuerza de voluntad. Por lo regular, eres enérgico y estás lleno de vitalidad, pero debes evitar ser demasiado ansioso o poco práctico. A pesar de que aprendes con rapidez y te adaptas con facilidad a situaciones nuevas, también eres inflexible y obstinado.

• *Cualidades positivas:* inspiración, creatividad, uniones amorosas, relaciones duraderas.

• *Cualidades negativas:* dependencia, nerviosismo, falta de visión, desilusión, preocupaciones.

Amor y relaciones

Eres ingenioso, divertido y de personalidad alegre. Ser amistoso te permite socializar con toda clase de personas y llevar una vida social activa. Eres un excelente anfitrión y una compañía estimulante. Te atraen personas independientes y exitosas. En las relaciones generalmente necesitas sentirte libre y autosuficiente. Un lado de tu naturaleza amorosa es dramático y apasionado, mientras que el otro es reservado o desconfiado; sin embargo, es probable que seas protector con tu familia y tus seres queridos.

para alcanzar posiciones elevadas en el gobierno y en empresas grandes. Si no ocupas un puesto prominente, posiblemente tengas amigos influyentes. Regulus supone que debes ser amable con los demás durante tu ascenso.

• *Positiva:* bríos, franqueza, valentía, reconocimientos y riquezas, ascenso a posiciones prominentes, autoridad.

• *Negativa:* terquedad, falta de disciplina, personalidad dominante, éxito y fama pasajeros.

ESE ALGUIEN ESPECIAL

Amor y amistad: 4, 13, 19 y 23 de enero; 2, 11, 17 y 21 de febrero; 9, 15, 19, 28, 29 y 30 de marzo; 7, 13, 17, 26 y 27 de abril; 5, 11, 15, 24, 25 y 26 de mayo; 3, 9, 13, 22, 23 y 24 de junio; 1, 7, 11, 20, 21 y 22 de julio; 5, 9, 18, 19 y 20 de agosto; 3, 7, 16, 17 y 18 de septiembre; 1, 5, 14, 15, 16, 29 y 31 de octubre; 3, 12, 13, 14, 27 y 29 de noviembre; 1, 10, 11, 12, 25, 27 y 29 de diciembre.

Buenas para ti: 7, 15, 20 y 31 de enero; 5, 13, 18 y 29 de febrero; 3, 11, 16 y 27 de marzo; 1, 9, 14 y 25 de abril; 7, 12 y 23 de mayo; 5, 10 y 21 de junio; 3, 8 y 19 de julio; 1, 6, 17 y 30 de agosto; 4, 15 y 28 de septiembre; 2, 13 y 26 de octubre; 11 y 24 de noviembre; 9 y 22 de diciembre.

Atracción fatal: 16, 17, 18 y 19 de febrero.

Desafiantes: 6, 9, 14 y 30 de enero; 4, 7, 12 y 28 de febrero; 2, 5, 10 y 26 de marzo; 3, 8 y 24 de abril; 1, 6 y 22 de mayo; 4 y 20 de junio; 2 y 18 de julio; 16 de agosto; 14 de septiembre; 12 de octubre; 10 de noviembre; 8 de diciembre.

Almas gemelas: 30 de abril, 28 de mayo, 26 de junio, 24 de julio, 22 de agosto, 20 de septiembre, 18 y 30 de octubre, 16 y 28 de noviembre, 14 y 26 de diciembre.

ESTRELLAS FIJAS

Regulus, también llamada Régulo o Qalb Al Asad, que significa "corazón del león"; Alfard, también llamada Alphard; Aldhafera, también llamada Adhafera; Eta Leonis, también llamada Al Jabhah, que significa "la frente"; Phecda, también llamada Phekda o Phad

ESTRELLA PRINCIPAL

Nombre de la estrella: Regulus, también llamada Régulo o Qalb Al Asad, que significa "corazón del león"

Posición: 28° 51'–29° 48' de Leo, entre los años 1930 y 2000

Magnitud: 1

Fuerza: ★★★★★★★★★

Órbita: 2° 30'

Constelación: Leo (Alpha Leonis)

Días efectivos: 21, 22, 23, 24, 25 y 26 de agosto

Propiedades de la estrella: Marte/Júpiter

Descripción: estrella triple brillante y blanquiazul ubicada en el cuerpo del león

INFLUENCIA DE LA ESTRELLA PRINCIPAL

Regulus es una estrella que transmite nobleza, reconocimientos importantes, gran carisma y la capacidad de proyectar una personalidad digna. Confiere la capacidad de tomar decisiones con rapidez y resolver situaciones difíciles. Otorga ansias de poder y la aptitud para liderar. Tienes una gran fuerza de voluntad y amor por el emprendimiento, lo cual suele derivar en deseos de libertad. Regulus advierte que estos extraordinarios beneficios no necesariamente son duraderos.

Con respecto a tu grado del Sol, esta estrella otorga ambición, poder y

22 de agosto

Por haber nacido en la cúspide de Leo y Virgo, eres un pensador creativo con un enfoque pragmático. Revelas un extraordinario poder de decisión y amor por emprender proyectos. Eres ambicioso, orgulloso y honorable. Sabes cómo hacer buen uso de tus conocimientos. Tienes la capacidad de concentrarte en un proyecto en particular y actuar con rapidez y firmeza, por lo que eres un coordinador competente y con una mente decidida.

La subinfluencia de Aries, el regente de tu decanato, indica que disfrutas una vida activa. Posees una personalidad dinámica, audaz y aguerrida, y con frecuencia pareces presuntuoso y asertivo. Tu mente rebosa de ideas, y tienes muchas ganas de realizar tus planes justo como te los imaginas. Por lo general, eres exitoso en lo que emprendes, aunque pareces muy cauteloso a los ojos de los demás. Sería recomendable que superaras tu tendencia a la inquietud y la impaciencia. Asimismo, deberías evitar la obstinación al aprender a tener equilibrio entre tu afán de independencia o libertad y una cierta rebeldía, en especial respecto a cuestiones de autoridad.

Eres más feliz cuando trabajas que cuando desperdicias tu energía en la búsqueda del placer, por lo cual necesitas actividades mentales para evitar el aburrimiento. Como disfrutas expandir tus conocimientos, la educación sin duda suele ser beneficiosa, y puedes conseguir el éxito mediante un alto grado de estudios o al ser autodidacta. Aunque posees una marcada veta materialista, tus inclinaciones idealistas dejan ver que eres humanitario y que puedes luchar con gran entusiasmo por una causa justa o una idea.

En tu primer año de vida, tu Sol progresado entra a Virgo. Durante las siguientes tres décadas eres susceptible a la influencia de las cualidades propias de este signo, como la sistematización y el orden práctico. A los 30 años alcanzas un punto de inflexión, cuando tu Sol progresado entra en Libra, lo que propicia una mayor conciencia de la importancia de todas tus relaciones. Mejoran tus habilidades creativas, por lo que te atraerá cultivar tus talentos musicales, artísticos o literarios latentes, además de ampliar tu círculo social. Hay otro momento decisivo cuando cumples 60 años y tu Sol progresado se desplaza hacia Escorpión, el cual realza una necesidad creciente de adquirir poder interior y lograr la transformación personal. Tu conciencia suele incrementarse debido a esta progresión del Sol.

Tu yo secreto

Algunos de tus desafíos involucran sacrificio, altruismo y humildad. Eres consciente de tus responsabilidades y te percatas de que, a final de cuentas, tu paz mental proviene de trabajar para crear armonía en tu entorno, lo cual puede requerir deberes en el hogar y ser protector o consejero para los demás. Tus sólidos puntos de vista, te podrían llevar a defender alguna causa importante.

Si eres afectuoso y perdonas las fallas de los demás, superarás muchas dificultades; sin embargo, sería bueno que además evitaras ser crítico, autoritario o entrometido. Si aprendes a centrarte y permanecer en calma y sereno, serás capaz de controlar cualquier inquietud. Por otro lado, puedes canalizar cualquier insatisfacción mediante la búsqueda de sabiduría o los viajes. Aunque seas práctico, posees una sensibilidad interior, por lo que puedes alcanzar la plenitud con el logro de tus más altos ideales.

Trabajo y vocación

Tienes la habilidad de dirigir y eres bueno para planear y organizar. Respecto a los negocios, podrías ser más feliz si trabajas por tu cuenta. Aunque sueles ser independiente, notarás que las colaboraciones o esfuerzos conjuntos podrían ser productivos para ti. Debido a que siempre estás rebosante de ideas y a que posees un gran don de gentes, es probable que tengas éxito en los negocios, sobre todo en las ventas, la promoción o la publicidad. Te inclinas por profesiones que requieren de una mente aguda, como la tuya, tales como la educación, la escritura o el derecho. Talentoso y dramático, también podrías destacar de forma excepcional en el mundo del entretenimiento o la música.

Entre las personas famosas con quienes compartes cumpleaños están el compositor Claude Debussy, el músico John Lee Hooker, la actriz Valerie Harper, los escritores Ray Bradbury y Dorothy Parker, el beisbolista Carl Yastrzemski, el entrenador de fútbol americano Bill Parcells y el general estadounidense Norman Schwarzkopf.

Numerología

Tener el número 22 en tu fecha de cumpleaños te hace una persona práctica, disciplinada y sumamente intuitiva. Es un número maestro que puede vibrar tanto en forma de 22 como en forma de 4. Sueles ser honesto y trabajador, poseer habilidades de liderazgo innatas y tener una personalidad carismática, así como una profunda capacidad de entender a la gente y sus motivaciones. Aunque no demuestras tu afecto, sueles preocuparte por el bienestar de tus seres queridos, pero sin perder de vista tu lado pragmático o realista. Por lo general, eres culto y cosmopolita, y tienes muchos amigos y admiradores. Los más competitivos de entre los nacidos en este día pueden alcanzar el éxito y la buena fortuna con la ayuda y estímulo de otros. Muchos otros tienen fuertes lazos con sus hermanos o hermanas, y los protegen y apoyan. Por otro lado, la subinfluencia del mes número 8 indica que eres confiable y eficiente, y que tienes un sentido común impecable. Dado que eres perspicaz e imaginativo, disfrutas resolver problemas y en ocasiones asombras a los demás al generar soluciones simples a problemas difíciles.

• *Cualidades positivas:* universalidad, ansias de dirigir, intuición, pragmatismo, practicidad, habilidades manuales, de organización y de construcción, talento, realismo, capacidad para resolver problemas, éxitos.

• *Cualidades negativas:* codicia que lleva a cometer fraudes para enriquecerse rápido, nerviosismo, autoritarismo, materialismo, falta de visión, pereza, autopromoción.

Amor y relaciones

Tu personalidad amistosa y carismática atrae a mucha gente y favorece tu vida social. En tus relaciones cercanas, en ocasiones se te dificulta expresar tu amor. Es posible que te interesen individuos poco comunes. Eres fuerte e independiente, aunque también eres afectuoso y protector con tus seres queridos. Necesitas una pareja inteligente que te impida dominarlo, pero que al mismo tiempo mantenga tu jovialidad y cualidad juguetona.

autoridad, así como oportunidades para alcanzar posiciones elevadas en el gobierno y en empresas grandes. Esta estrella supone que debes ser amable con los demás durante tu ascenso.

• *Positiva:* bríos, franqueza, valentía, reconocimientos y riquezas, ascenso a posiciones prominentes, autoridad.

• *Negativa:* terquedad, falta de disciplina, personalidad dominante, éxito y fama pasajeros.

ESE ALGUIEN ESPECIAL

Amor y amistad: 3, 4, 14, 20, 24 y 25 de enero; 2, 12, 14, 15, 16, 18 y 22 de febrero; 10, 16, 20, 29 y 30 de marzo; 8, 14, 18, 27 y 28 de abril; 6, 12, 16, 25, 26 y 31 de mayo; 4, 10, 14, 23, 24 y 29 de junio; 2, 8, 12, 21, 22 y 27 de julio; 6, 10, 19, 20 y 25 de agosto; 4, 8, 17, 18 y 23 de septiembre; 2, 6, 15, 16, 21 y 30 de octubre; 4, 13, 14, 19, 28 y 30 de noviembre; 2, 11, 12, 17, 26, 28 y 30 de diciembre.

Buenas para ti: 4, 8 y 21 de enero; 2, 6 y 19 de febrero; 4, 17 y 28 de marzo; 2, 15 y 16 de abril; 13 y 24 de mayo; 11 y 22 de junio; 9 y 20 de julio; 7, 18 y 31 de agosto; 5, 16 y 29 de septiembre; 3, 14 y 27 de octubre; 1, 12 y 25 de noviembre; 10 y 23 de diciembre.

Atracción fatal: 3 de enero, 1 de febrero, 31 de mayo, 29 de junio, 27 de julio, 25 de agosto, 23 de septiembre, 21 de octubre, 19 de noviembre, 17 de diciembre.

Desafiantes: 7, 10, 15 y 31 de enero; 5, 8, 13 y 29 de febrero; 3, 6, 11 y 27 de marzo; 1, 4, 9 y 25 de abril; 2, 7 y 23 de mayo; 5 y 21 de junio; 3 y 19 de julio; 1 y 17 de agosto; 15 de septiembre; 13 de octubre; 11 de noviembre; 9 de diciembre.

Almas gemelas: 31 de marzo, 29 de abril, 27 de mayo, 25 de junio, 23 de julio, 21 de agosto, 19 de septiembre, 17 y 29 de octubre, 15 y 27 de noviembre, 13 y 25 de diciembre.

Virgo

23 de agosto–22 de septiembre

SOL: CÚSPIDE VIRGO/LEO
DECANATO: VIRGO/MERCURIO
ÁNGULO: 29º 30' DE LEO–0º
30' DE VIRGO
MODALIDAD: MUTABLE
ELEMENTO: TIERRA

ESTRELLAS FIJAS

Regulus, también llamada Régulo o Qalb Al Asad, que significa "corazón del león"; Phecda, también llamada Phekda o Phad

ESTRELLA PRINCIPAL

Nombre de la estrella: Regulus, también llamada Régulo o Qalb Al Asad, que significa "corazón del león"
Posición: 28º 51'–29º 48' de Leo, entre los años 1930 y 2000
Magnitud: 1
Fuerza: ★★★★★★★★★
Órbita: 2º 30'
Constelación: Leo (Alpha Leonis)
Días efectivos: 21, 22, 23, 24, 25 y 26 de agosto
Propiedades de la estrella: Marte/Júpiter
Descripción: estrella triple brillante y blanquiazul ubicada en el cuerpo del león

INFLUENCIA DE LA ESTRELLA PRINCIPAL

Regulus es una estrella que transmite nobleza, reconocimientos importantes y una personalidad digna. Confiere la capacidad de tomar decisiones con rapidez y resolver situaciones difíciles. Asimismo, otorga ansias de poder y la aptitud para liderar. Tienes una gran fuerza de voluntad y amor por el emprendimiento, lo cual suele derivar deseos de libertad. Regulus advierte que estos extraordinarios beneficios no necesariamente son duraderos.

Con respecto a tu grado del Sol, esta estrella otorga ambición, así como oportunidades para alcanzar posiciones elevadas en el gobierno y en empresas grandes. Esta estrella supone que debes

23 de agosto

♍ Haber nacido en la cúspide de dos signos te da la ventaja de compaginar características de ambos: lo amistoso, cálido y sociable de Leo y la agudeza intelectual de Virgo. Eres emprendedor y trabajador, así que puedes hacerte cargo de proyectos complicados y retadores, y una vez que te encaminas en un curso de acción, eres decidido. La combinación de tu necesidad de expresarte y tus astutas observaciones te aseguran la popularidad. Sin embargo, tu proclividad a la impaciencia, la indecisión y la preocupación podría ser uno de los obstáculos primordiales para lograr lo que te propongas.

La influencia extra de Virgo, el regente de tu decanato, te confiere astucia, sentido práctico y un anhelo de conocimiento. Eres articulado, preciso, ponderas y analizas todos los detalles antes de tomar una decisión. Aun así, sería oportuno que evitaras rumiar una y otra vez los mismos asuntos o volverte demasiado crítico de ti mismo y de los demás. Tu talento para comunicarte con claridad puede fungir como una ventaja especial en tu ascenso al éxito.

Con el fin de evitar la frustración o la irritabilidad, es importante que te disciplines y termines lo que empiezas; de otro modo, una inquietud innata podría diseminar tu energía en muchas direcciones. Dado que tienes un gran corazón y don de gentes, das a tus relaciones personales una particular importancia. Así que podrás atraer a los demás con tu comprensión, personalidad interesante y tu habilidad para cautivarlos cuando es necesario.

A partir de los 30 años, cuando tu Sol progresado se desplace hacia Libra, aumenta el énfasis en tus relaciones y en tu atención por las necesidades de otros. Tu sentido de armonía y equilibrio tiende a acentuarse, y existe la posibilidad de que explores salidas a tus inquietudes artísticas o creativas. Este comportamiento continúa hasta que cumplas los 60 años, cuando tu Sol progresado entre a Escorpión. Este será un momento decisivo que resaltará la importancia creciente de ahondar en los aspectos más sutiles de tu psique, y volverte más sensible.

Tu yo secreto

Puesto que posees una nobleza interna y amor propio, te desagrada que otros te vean fallar. No perseveras porque te aburres con facilidad, por lo que es necesario que encuentres cosas estimulantes y retadoras. Sería recomendable que tomaras decisiones con cuidado en vez de actuar de manera precipitada y abandonar los proyectos más tarde. Por fortuna, con tu habilidad para evaluar a las personas con rapidez, serías buen psicólogo y podrías alcanzar posiciones de autoridad porque la gente respeta tu opinión.

El dinero podría ser un factor de peso para que te sientas inseguro, a lo que no ayuda tu posible inclinación al derroche. Aunque algunas veces puedes ser sumamente exitoso, las circunstancias cambiantes en tus finanzas suponen que serías lo bastante sabio como para ahorrar o idear planes alternos. Los viajes y los cambios son parte importante de tu vida, así que no tengas miedo de diversificarte si se presentan oportunidades prometedoras fuera de tu rutina. Aunque algunas veces sea más que necesario tener fe en ti mismo y cimentar tu propia confianza, tu intuición natural para los negocios siempre te protegerá.

Trabajo y vocación

Tu potencial para múltiples talentos puede asegurarte el éxito en muchas profesiones, pero es importante que evites las ocupaciones monótonas. Por tu don para tratar con la gente y tus habilidades de comunicación, podrías sobresalir en carreras como la enseñanza, las ventas, la escritura, el mundo editorial o del entretenimiento. Por otro lado, cierta habilidad para la precisión podría inclinarte hacia la ingeniería, la ciencia o a crear material gráfico finamente detallado. Tu sentido práctico podría vincularte con una carrera en el sector bancario, de bienes raíces o en la gestión de los recursos de otras personas. En cualquier carrera que elijas, tiendes a ser perfeccionista y deseas hacer bien tu trabajo.

Entre las personas famosas con quienes compartes cumpleaños están los actores River Phoenix, Gene Kelly, Shelley Long y Barbara Eden; el músico Keith Moon; el periodista Henry Pringle, el poeta Edgar Lee Masters y el rey Luis XVI de Francia.

Numerología

Algunos de los atributos ligados a un cumpleaños con el número 23 son la intuición, la sensibilidad emocional y la creatividad. Sueles ser una persona versátil y apasionada que piensa rápido y tiene la mente siempre llena de ideas. Con la influencia de este número, puedes aprender cosas nuevas con facilidad, aunque prefieres la práctica más que la teoría. La cualidad enérgica que trae consigo el número 23 te insta a probar toda clase de experiencias distintas, por lo que te encantan los viajes, la aventura y conocer gente nueva. Además, te adaptas para sacar lo mejor de cada situación. Por lo general, eres amigable y divertido. Debido a tu valor y empuje, es posible que necesites de un estilo de vida activo para alcanzar tu verdadero potencial. La subinfluencia del mes número 8 indica que posees un carácter fuerte y una naturaleza ambiciosa. Si estás en una posición de confianza, tendrás que aprender a ser justo. Aunque seas pragmático, tus ansias de versatilidad sugieren que te aburrirás con facilidad si la vida no está pletórica de acontecimientos.

• *Cualidades positivas:* lealtad, compasión, responsabilidad, gusto por viajar, comunicación, intuición, creatividad, versatilidad, confiabilidad.

• *Cualidades negativas:* egoísmo, inseguridad, intransigencia, inflexibilidad, buscar defectos ajenos, desapego, prejuicios.

Amor y relaciones

Sueles ser divertido, versátil y te gusta reunir a personas de distintos círculos sociales. Sin embargo, eres inquieto, nervioso e indeciso con respecto a cómo te sientes en las relaciones. Cuando estás enamorado, sueles ser idealista y estar dispuesto a hacer sacrificios. No obstante, en algunas ocasiones eres demasiado entusiasta al comienzo, pero te vuelves calculador, frío y desinteresado más adelante. Quizá prefieras una pareja compasiva que confíe en tus capacidades.

ser amable con los demás durante tu ascenso.

• *Positiva:* bríos, franqueza, valentía, reconocimientos y riquezas, ascenso a posiciones prominentes, autoridad.

• *Negativa:* terquedad, falta de disciplina, personalidad dominante, éxito y fama pasajeros.

ESE ALGUIEN ESPECIAL

Amor y amistad: 11, 21 y 25 de enero; 9, 19 y 23 de febrero; 17, 21 y 30 de marzo; 5, 15, 19, 28 y 29 de abril; 13, 17, 26 y 27 de mayo; 11, 15, 24, 25 y 30 de junio; 9, 13, 22, 23 y 28 de julio; 7, 11, 20, 21, 26 y 30 de agosto; 5, 9, 18, 19, 24 y 28 de septiembre; 3, 7, 16, 17, 22, 26 y 29 de octubre; 1, 5, 14, 15, 20, 24 y 27 de noviembre; 3, 12, 13, 18, 22, 25, 27 y 29 de diciembre.

Buenas para ti: 5, 13, 16, 22 y 28 de enero; 3, 11, 14, 20 y 26 de febrero; 1, 9, 12, 18, 24 y 29 de marzo; 7, 10, 16, 22 y 27 de abril; 5, 8, 14, 20 y 25 de mayo; 3, 6, 12, 18 y 23 de junio; 1, 4, 10, 16 y 21 de julio; 2, 8, 14 y 19 de agosto; 6, 12 y 17 de septiembre; 4, 10 y 15 de octubre; 2, 8 y 13 de noviembre; 6 y 11 de diciembre.

Atracción fatal: 19, 20 y 21 de febrero; 30 de junio; 28 de julio; 26 de agosto; 24 de septiembre; 22 de octubre; 20 de noviembre; 18 de diciembre.

Desafiantes: 2, 23 y 30 de enero; 21 y 28 de febrero; 19, 26 y 28 de marzo; 17, 24 y 26 de abril; 15, 22 y 24 de mayo; 13, 20 y 22 de junio; 11, 18 y 20 de julio; 16, 18 y 19 de agosto; 7, 14 y 16 de septiembre; 5, 12 y 14 de octubre; 3, 10 y 12 de noviembre; 1, 8 y 10 de diciembre.

Almas gemelas: 14 y 22 de enero, 12 y 20 de febrero, 10 y 18 de marzo, 8 y 16 de abril, 6 y 14 de mayo, 4 y 12 de junio, 2 y 10 de julio, 8 de agosto, 6 de septiembre, 4 de octubre, 2 de noviembre.

SOL: VIRGO
DECANATO: VIRGO/MERCURIO
ÁNGULO: 0° 30'–1° 30' DE VIRGO
MODALIDAD: MUTABLE
ELEMENTO: TIERRA

ESTRELLAS FIJAS

Regulus, también llamada Régulo o Qalb Al Asad, que significa "corazón del león"; Phecda, también llamada Phekda o Phad

ESTRELLA PRINCIPAL

Nombre de la estrella: Regulus, también llamada Régulo o Qalb Al Asad, que significa "corazón del león"

Posición: 28° 51'–29° 48' de Leo, entre los años 1930 y 2000

Magnitud: 1

Fuerza: ★★★★★★★★★

Órbita: 2° 30'

Constelación: Leo (Alpha Leonis)

Días efectivos: 21, 22, 23, 24, 25 y 26 de agosto

Propiedades de la estrella: Marte/Júpiter

Descripción: estrella triple brillante y blanquiazul ubicada en el cuerpo del león

INFLUENCIA DE LA ESTRELLA PRINCIPAL

Regulus es una estrella que transmite nobleza, reconocimientos importantes, gran carisma y la capacidad de proyectar una personalidad digna. Confiere la capacidad de tomar decisiones con rapidez y resolver situaciones difíciles. Otorga ansias de poder y la aptitud para liderar. Tienes una gran fuerza de voluntad y amor por el emprendimiento, lo cual suele derivar deseos de libertad. Regulus advierte que estos extraordinarios beneficios no necesariamente son duraderos.

Con respecto a tu grado del Sol, esta estrella otorga ambición, así como oportunidades para alcanzar posiciones elevadas en el gobierno y en empresas grandes. Si no ocupas un puesto prominente, posiblemente tengas amigos

24 de agosto

♍ Eres silencioso, de mente aguda y aplomo, y hay más de ti de lo que se percibe a primera vista. En general, te gusta que las cosas sean concisas y directas. Además, puedes ser persuasivo al presentar nuevas ideas de forma lógica. Gracias a tu habilidad racional y tu disposición al trabajo, te enfrentas bien a las situaciones difíciles. Tu persistencia y fuerza de voluntad se traslucen, lo que te gana el respeto y la admiración de los demás.

La influencia adicional de Virgo, el regente de tu decanato, te confiere una capacidad comunicativa ágil y asertiva, y un intelecto agudo. Esta influencia aviva tu perspicacia y esmero, y permite que te vuelvas un experto en tu campo. Por tu aproximación analítica a la vida, tiendes a poner atención a los detalles y prefieres el orden o la pulcritud en tus asuntos. No obstante, procura no volverte demasiado fastidioso o crítico, ni desperdiciar tu tiempo dando cabida a una ansiedad innecesaria.

Debido a tu inventiva y originalidad, las nuevas experiencias pueden estimular y enriquecer tu vida. Tus inclinaciones humanitarias podrían inspirarte a promover la libertad o las reformas progresistas. Como eres valiente y competitivo, puedes enfrentar complicadas pero exitosas batallas para vencer situaciones amenazantes. Sin embargo, tendrás que evitar volverte quisquilloso, irritable o provocador. El ejercicio físico podría ser un antídoto eficaz para contrarrestar cualquier exceso de presión mental.

Al llegar a los 29 años, tu Sol progresado se desplaza hacia Libra y comienzan tres décadas de mayor énfasis en tus relaciones personales y profesionales. Tu sentido de armonía y belleza en las relaciones tiende a acentuarse, y existe la posibilidad de que explores salidas a tu potencial artístico o creativo. Otro momento decisivo se da a tus 59 años, cuando tu Sol progresado se desplaza hacia Escorpión, el cual te estimula a buscar un significado más profundo de la vida y acentúa tu anhelo de cambio.

Tu yo secreto

Poderosas fuerzas internas podrían provocar que fluctúes entre la incertidumbre y la sensación de que eres alguien especial. Si cultivas el pensamiento positivo y la confianza en tu profundo entendimiento intuitivo, evitarás los periodos de agobio o duda. Por suerte, tu irónico sentido del humor te impide tomarte demasiado en serio a ti mismo o a los demás, lo que alivia cualquier posible tensión emocional. Debido a tus nobles ideales, tu sentido del histrionismo y tu potencial para el liderazgo, tienes el poder de capitalizar tus talentos innatos.

Gracias a tu gran sensibilidad, tus relaciones suelen ser especialmente importantes para ti. Sería necesario que mantuvieras un equilibrio entre ser extremadamente independiente y demasiado dependiente de los demás. Si pierdes este equilibrio, podrías oscilar entre el optimismo y el desaliento. Por lo tanto, es importante que mantengas abiertas las líneas de comunicación con los demás.

Trabajo y vocación

Puedes satisfacer la necesidad de compartir tu conocimiento si eliges profesiones académicas como la docencia, dar conferencias o si te dedicas al mundo de la promoción. Por otro lado, tus habilidades organizacionales y de liderazgo, así como para la planeación estratégica, bien pueden situarte en el mundo del comercio. Te convertirías en un excelente investigador, científico, analista financiero o contador gracias a tu amor por el detalle y la minuciosidad. Ser trabajador y un idealista práctico podría inclinar la balanza hacia el trabajo en comunidades o al cuidado de la gente mayor. También satisfarías tus intereses humanitarios en profesiones como la psicoterapia y en lo relacionado con las comunicaciones y la salud. Como psicólogo nato, podrías sentirte atraído por ocupaciones que involucren el contacto personal. Asimismo, destacarías en la inversión inmobiliaria o en bienes raíces.

Entre las personas famosas con quienes compartes cumpleaños están el beisbolista Cal Ripken Jr. y los escritores Jorge Luis Borges y A. S. Byatt.

Numerología

La sensibilidad emocional que sugiere un cumpleaños con el número 24 indica que quizá sientas necesidad de establecer armonía y orden. Tienes sensibilidad para las formas y estructuras, y facilidad para crear sistemas complejos y eficientes. Eres fiel y justo, pero poco efusivo, ya que tiendes a creer que las acciones dicen más que las palabras. Los retos principales a los que se puede enfrentar alguien asociado con el número 24 es aprender a relacionarse con gente de todos los contextos, superar la tendencia a sospechar y construir un hogar seguro. La subinfluencia del mes número 8 indica que eres mentalmente activo, consciente y responsable. Sin embargo, quizá necesites cuidarte de los comportamientos destructivos que se podrían interpretar como obstinación. Si aprendes a ser relajado y a expresar tus emociones, superarás la tendencia a la seriedad. Tu visión pragmática de la vida fortalece tu olfato para los negocios y la capacidad para lograr el éxito material.

• *Cualidades positivas:* energía, idealismo, habilidades prácticas, determinación inquebrantable, honestidad, franqueza, justicia, generosidad, amor al hogar, actividad.

• *Cualidades negativas:* materialismo, mezquindad, crueldad, desprecio por la rutina, pereza, infidelidad, inestabilidad, comportamiento dominante, necedad.

Amor y relaciones

Es probable que poseas un lado jovial que te mantendrá constantemente interesado en personas y lugares nuevos. El amor y la compañía son importantes para ti, pero tus estados de ánimo volubles dificultan las relaciones. Tu deseo de diversión te permite desenvolverte en cualquier entorno social. Tus relaciones serán exitosas si las basas en la afinidad mental. Quizá te atraigan personas que inspiren tu creatividad o una pareja que comparta tu sentido del humor.

influyentes. Esta estrella supone que debes ser amable con los demás durante tu ascenso.

• *Positiva:* bríos, franqueza, valentía, reconocimientos y riquezas, ascenso a posiciones prominentes, autoridad.

• *Negativa:* terquedad, falta de disciplina, personalidad dominante, éxito y fama pasajeros.

ESE ALGUIEN ESPECIAL

Amor y amistad: 6, 16, 22, 26 y 27 de enero; 4, 14, 20 y 24 de febrero; 2, 12, 18, 22 y 23 de marzo; 10, 16, 20 y 30 de abril; 8, 14, 18 y 28 de mayo; 6, 12, 16 y 26 de junio; 4, 10, 14, 24 y 31 de julio; 2, 8, 12, 22 y 29 de agosto; 6, 10, 20 y 27 de septiembre; 4, 8, 18 y 25 de octubre; 2, 6, 16, 23, 24 y 30 de noviembre; 4, 14, 21, 22, 28 y 30 de diciembre.

Buenas para ti: 6, 17, 23 y 31 de enero; 4, 15, 21 y 29 de febrero; 2, 13, 19, 27 y 30 de marzo; 11, 17, 25 y 28 de abril; 9, 15, 23 y 26 de mayo; 7, 13, 21 y 24 de junio; 5, 11, 19 y 22 de julio; 3, 9, 17 y 20 de agosto; 1, 7, 15, 18 y 30 de septiembre; 5, 13, 16 y 28 de octubre; 3, 11, 14 y 26 de noviembre; 1, 9, 12 y 24 de diciembre.

Atracción fatal: 18, 19, 20 y 21 de febrero.

Desafiantes: 24 de enero; 22 de febrero; 20 y 29 de marzo; 18, 27 y 29 de abril; 6, 16, 25, 27 y 30 de mayo; 14, 22, 25 y 28 de junio; 12, 21, 23 y 26 de julio; 10, 19, 21 y 24 de agosto; 8, 17, 19 y 22 de septiembre; 6, 15, 17 y 20 de octubre; 4, 13, 15 y 18 de noviembre; 2, 11, 13 y 16 de diciembre.

Almas gemelas: 13 de enero, 11 de febrero, 9 de marzo, 7 de abril, 5 de mayo, 3 y 30 de junio, 1 y 28 de julio, 26 de agosto, 24 de septiembre, 22 de octubre, 20 de noviembre, 18 de diciembre.

ESTRELLAS FIJAS

Regulus, también llamada Régulo o Qalb Al Asad, que significa "corazón del león"; Phecda, también llamada Phekda o Phad

ESTRELLA PRINCIPAL

Nombre de la estrella: Regulus, también llamada Régulo o Qalb Al Asad, que significa "corazón del león"

Posición: 28° 51'–29° 48' de Leo, entre los años 1930 y 2000

Magnitud: 1

Fuerza: ★★★★★★★★★★

Órbita: 2° 30'

Constelación: Leo (Alpha Leonis)

Días efectivos: 21, 22, 23, 24, 25 y 26 de agosto

Propiedades de la estrella: Marte/Júpiter

Descripción: estrella triple brillante y blanquiazul ubicada en el cuerpo del león

INFLUENCIA DE LA ESTRELLA PRINCIPAL

Regulus es una estrella que transmite nobleza, reconocimientos importantes, gran carisma y la capacidad de proyectar una personalidad digna. Confiere la capacidad de tomar decisiones con rapidez y resolver situaciones difíciles. Otorga ansias de poder y la aptitud para liderar. Tienes una gran fuerza de voluntad y amor por el emprendimiento, lo cual suele derivar en deseos de libertad. Regulus advierte que estos extraordinarios beneficios no necesariamente son duraderos.

Con respecto a tu grado del Sol, esta estrella otorga ambición, así como oportunidades para alcanzar posiciones elevadas en el gobierno y en empresas grandes. Si no ocupas un puesto prominente, posiblemente tengas amigos

25 de agosto

♍ Las influencias especiales de tu fecha de nacimiento indican que tienes una mente ágil y creativa que está en búsqueda constante de ideas nuevas y las ya existentes para mantenerte estimulado a nivel intelectual. Tienes el potencial de convertir tus ideales en realidad gracias a tu voluntad férrea, naturaleza pragmática, imaginación y sensibilidad.

La influencia de Virgo, el regente de tu decanato, te incita a alimentar tus conocimientos generales, así como a pensar de forma progresista y a amar la precisión y el detalle. Debido a que eres metódico y con capacidad de discernimiento, tiendes a refinar y mejorar los sistemas preexistentes.

El efecto de Mercurio es evidente en la forma en que comunicas tus ideas: con precisión y decisión. Tu amor por las palabras o el lenguaje te dota de un talento para la escritura, que te ayudaría a convertirte en un especialista en ese campo. Sin embargo, quizá debas evitar ser demasiado crítico o afligirte por cuestiones menores o sin importancia.

Aunque tienes una energía nerviosa, cuando crees con intensidad en un proyecto, te lanzas con todo hasta completarlo. Este mismo entusiasmo natural te inclina a enseñar y transmitir tu conocimiento y experiencia. Dado que eres ambicioso, y tus deseos son intensos, ten cuidado de no ser muy autoritario ni proyectar tu voluntad en los demás.

Tienes el talento de cautivar y, cuando es necesario, eres diplomático por naturaleza, así que eres capaz de persuadir a los demás apoyado en tu interesante voz. Las mujeres de esta fecha de nacimiento suelen ser independientes y disfrutan empezar nuevos proyectos. Tanto a los hombres como a las mujeres nacidos en este día les gusta mantenerse ocupados.

Desde la infancia tiendes a analizar las situaciones de manera práctica con el fin de comprenderlas y mejorarlas. Tu Sol progresado se desplaza hacia Libra cuando cumples 28 años, y durante las siguientes tres décadas te vuelves cada vez más consciente de la importancia de tus relaciones sociales y de trabajo. Tus habilidades creativas se acentúan y podrías cultivar alguno de tus intereses musicales, artísticos o literarios latentes. A los 58 años alcanzas otro momento decisivo, en consonancia con la entrada de tu Sol progresado a Escorpión. Esto enfatiza la necesidad de cambio y el anhelo de una mayor conciencia de ti mismo y de tu poder interior.

Tu yo secreto

Eres inteligente e intelectual, y en tu fuero interno posees ideales nobles, además de una intensa sensibilidad emocional. Esto último puede hacerte muy vulnerable, sobre todo en lo que toca a tus relaciones personales, de modo que es vital que mantengas un equilibrio entre tu anhelo de independencia y las necesidades de los demás. Eres un excelente amigo, cálido y entregado a aquellos que amas, aunque te sientes incompleto sin una pareja amorosa. Aunque eres joven de corazón, puedes experimentar decepción cuando otros no están a la altura de tus altos ideales. Si estás deprimido, evita generarte dificultades por ponerte de mal humor o evadirte de la realidad. Tu anhelo de amor podría hallar una salida original en el servicio a los demás, o a través del arte, la música, la literatura o la espiritualidad. Eres particularmente sensible a los desacuerdos, por lo que te conviene rodearte de un ambiente armonioso.

Trabajo y vocación

Gracias a tu insaciable sed de conocimiento, podrías dejarte seducir por el mundo académico o por una carrera como entrenador o maestro. Puedes compartir toda tu experiencia a través de la abogacía, todo tipo de asesoría o si trabajas en favor de una causa justa. También te iría bien como investigador, científico, técnico o químico, ya que, de manera natural, eres muy minucioso. También es fácil que sobresalgas en las matemáticas o la ingeniería o en actividades manuales, ya que tienes mucha destreza. Tu disposición al trabajo y tu interés en asuntos económicos te puede inclinar hacia los negocios, donde preferirás la libertad de trabajar a tu manera. En el otro extremo de la balanza, muchas de las personas que comparten tu fecha de nacimiento se inclinan hacia lo musical, lo artístico o el amor por el lenguaje, que podría encaminarte hacia la literatura. Por tus habilidades diplomáticas naturales, quizá te guste una carrera como promotor o agente.

Entre la gente famosa con quienes compartes cumpleaños están los actores Sean Connery y Mel Ferrer, y los escritores Martin Amis y Frederick Forsyth.

Numerología

Eres intuitivo y considerado, pero también rápido y enérgico. Necesitas expresarte a través de experiencias diversas que pueden incluir ideas, personas o lugares nuevos y emocionantes. El deseo de perfección asociado con el día 25 te impulsa a trabajar arduamente y ser productivo. Tienes buenos instintos y siempre estás alerta. En general, puedes adquirir más conocimientos con la aplicación práctica que con la teoría. Tu buen juicio y ojo para los detalles te garantizan logros y éxitos. Es posible que necesites desarrollar una actitud menos escéptica y que te sobrepongas a la tendencia a tomar decisiones erráticas o impulsivas. Al ser una persona con la influencia del número 25, tienes una gran energía mental; cuando te concentras, esta energía te ayuda a examinar todos los hechos y a llegar a conclusiones más rápido que cualquier otra persona. La subinfluencia del mes número 8 indica que eres audaz, innovador y práctico. Tienes talento natural para los negocios, pero te beneficiaría mucho desarrollar tus habilidades ejecutivas y organizacionales. Las ansias de seguridad y de establecerte te instan a hacer planes e inversiones a largo plazo.

• *Cualidades positivas:* intuición, perfeccionismo, perspicacia, creatividad, don de gentes.

• *Cualidades negativas:* impulsividad, impaciencia, irresponsabilidad, hipersensibilidad, celos, hermetismo, crítica, volubilidad, nerviosismo.

Amor y relaciones

Eres seguro y realista, así como encantador y atractivo. Tu naturaleza despreocupada y capacidad para mantener la paz garantizan relaciones armónicas. Puesto que eres ambicioso, admiras a quienes trabajan duro. Prefieres las alianzas y eres leal a la persona con quien sientas cabeza. Aunque eres devoto y generoso, cuídate de no volverte demasiado crítico. Tu carisma natural atraerá como un imán a las personas.

influyentes. Esta estrella supone que debes ser amable con los demás durante tu ascenso.

• *Positiva:* bríos, franqueza, valentía, reconocimientos y riquezas, ascenso a posiciones prominentes, autoridad.

• *Negativa:* terquedad, falta de disciplina, personalidad dominante, éxito y fama pasajeros.

ESE ALGUIEN ESPECIAL

Amor y amistad: 1, 4, 27, 28 y 29 de enero; 2, 25 y 27 de febrero; 23 y 25 de marzo; 21 y 23 de abril; 19, 20, 21 y 29 de mayo; 17, 19 y 27 de junio; 15, 17 y 25 de julio; 13, 15 y 23 de agosto; 11, 13 y 21 de septiembre; 9, 11 y 19 de octubre; 7, 9 y 17 de noviembre; 5, 7 y 15 de diciembre.

Buenas para ti: 3, 10, 15 y 18 de enero; 1, 8, 13 y 16 de febrero; 6, 11, 14, 29 y 31 de marzo; 4, 9, 12, 27 y 29 de abril; 2, 7, 10, 25 y 27 de mayo; 5, 8, 23 y 25 de junio; 3, 6, 21 y 23 de julio; 1, 4, 19 y 21 de agosto; 2, 17 y 19 de septiembre; 15 y 17 de octubre; 13 y 15 de noviembre; 11 y 13 de diciembre.

Atracción fatal: 20, 21, 22 y 23 de febrero; 30 de abril; 28 de mayo; 26 de junio; 24 de julio; 22 de agosto; 20 de septiembre; 18 de octubre; 16 de noviembre; 14 de diciembre.

Desafiantes: 9, 14, 16 y 25 de enero; 7, 12, 14 y 23 de febrero; 5, 10, 12, 21, 28 y 30 de marzo; 3, 8, 10, 19, 26 y 28 de abril; 1, 6, 8, 17, 24 y 26 de mayo; 4, 6, 15, 22 y 24 de junio; 2, 4, 13, 20 y 22 de julio; 2, 11, 18 y 20 de agosto; 9, 16 y 18 de septiembre; 7, 14 y 16 de octubre; 5, 12 y 14 de noviembre; 3, 10 y 12 de diciembre.

Almas gemelas: 29 de diciembre.

26 de agosto

ESTRELLA FIJA

Nombre de la estrella: Regulus, también llamada Régulo o Qalb Al Asad, que significa "corazón del león"

Posición: 28° 51'–29° 48' de Leo, entre los años 1930 y 2000

Magnitud: 1

Fuerza: ★★★★★★★★★★

Órbita: 2° 30'

Constelación: Leo (Alpha Leonis)

Días efectivos: 21, 22, 23, 24, 25 y 26 de agosto

Propiedades de la estrella: Marte/Júpiter

Descripción: estrella triple brillante y blanquiazul ubicada en el cuerpo del león

INFLUENCIA DE LA ESTRELLA PRINCIPAL

Regulus es una estrella que transmite nobleza, reconocimientos importantes, gran carisma y la capacidad de proyectar una personalidad digna. Confiere la capacidad de tomar decisiones con rapidez y resolver situaciones difíciles. Otorga ansias de poder y la aptitud para liderar. Tienes una gran fuerza de voluntad y amor por el emprendimiento, lo cual suele derivar en deseos de libertad. Regulus advierte que estos extraordinarios beneficios no necesariamente son duraderos.

Con respecto a tu grado del Sol, esta estrella otorga ambición, así como oportunidades para alcanzar posiciones elevadas en el gobierno y en empresas grandes. Si no ocupas un puesto prominente, posiblemente tengas amigos influyentes. Esta estrella supone que debes ser amable con los demás durante tu ascenso.

• *Positiva:* bríos, franqueza, valentía, reconocimientos y riquezas, ascenso a posiciones prominentes, autoridad.

♍ Liderazgo natural, apariencia de seguridad y generosidad de espíritu son algunas de las cualidades que te confiere tu fecha de nacimiento. Debido a que eres cálido, amable y sociable, notarás que tus amigos formarán parte importante de tu vida. Tu solidaridad junto con tu gran sentido de la justicia te hacen proclive a defender a los desvalidos o a pelear vigorosamente cuando tus principios están en juego. Uno de los pocos defectos que podrían obstaculizarte el éxito sería quizá tu incapacidad para disciplinarte cuando es realmente necesario.

Por la subinfluencia de Virgo, el regente de tu decanato, tienes una mentalidad pragmática y te atrae la gente inteligente. Sueles tomar decisiones solo después de analizar todas las posibles ramificaciones de un asunto. Cuídate de no rumiar una y otra vez los mismos asuntos y de volverte ansioso o demasiado crítico. Como buen organizador, y con tu pronunciada inclinación al orden y la limpieza, te sientes más feliz cuando todo en la vida fluye con eficacia.

Proyectas magnetismo personal, te importa la gente y puedes ser comprensivo y benevolente. Eres orgulloso pero sensible. Tiendes a interesarte en el hogar y la familia. Por tu estilo abierto y amigable, sueles entablar amistades con facilidad, con gente de todas las edades y contextos. Amas los lujos y los ambientes hermosos; afortunadamente, también posees una habilidad natural para los negocios, lo que te permitirá solventar el estilo de vida que quieres.

En tus primeros años de vida, influye en ti una figura masculina, que pueden ser tu padre o tu abuelo. Al cumplir 27 años, tu Sol progresado se desplaza hacia Libra, dando paso a un periodo de tres décadas durante el cual hay un creciente énfasis en la diplomacia, y en tus relaciones amistosas y laborales. Tiendes a ganar un mayor sentido del equilibrio y armonía que te ayuda a cultivar tu talento artístico o creativo. Otro punto de inflexión para ti ocurre alrededor de los 57 años, cuando tu Sol progresado se desplaza hacia Escorpión y estimula tu sensibilidad, de modo que buscas cambios y transformación en tu vida.

Tu yo secreto

Por tu apariencia segura y orgullosa, la gente no repara en tu faceta más vulnerable e intuitiva. Algunas veces puedes actuar demasiado serio, terco o egoísta, y sientes que tus firmes esfuerzos no son valorados. Durante estos periodos, tiendes a frustrarte o a discutir mucho. Pero como también eres cálido y generoso, estás dispuesto a hacer casi todo por la gente que amas; sin embargo, debes buscar el equilibrio emocional.

Cuando expresas tu verdadera naturaleza humanitaria y compasiva, llegas a ser popular y te ganas la admiración que buscas. Tienes una maravillosa habilidad para utilizar el humor cuando transmites a los demás tu ágil percepción de las cosas, y cuando eres lo bastante objetivo, sales con chispazos de inspirada sabiduría.

Trabajo y vocación

Tus habilidades organizacionales y tu visión natural de los negocios son probadas ventajas en cualquier carrera, pero podrían servirte sobre todo en el mundo del comercio o la administración. Asimismo, con tus destrezas sociales y comunicativas, puedes destacar en la educación, la escritura o el derecho. Tu pensamiento analítico y tu amor por los detalles podrían orientarte al mundo de la ciencia, la ingeniería, la investigación o la industria. En cambio, tu entusiasmo por la gente y las palabras te brinda la alternativa de las ventas o la actuación. Una veta naturalmente solidaria y humanitaria puede hallar salida a través del asesoramiento o la recaudación de fondos para causas benéficas. Tu combinación de intuición y mentalidad racional puede ser de gran utilidad en las profesiones relacionadas con la salud.

Entre las personas famosas con quienes compartes cumpleaños están el actor Macaulay Culkin, los escritores Christopher Isherwood y Guillaume Apollinaire, el músico Branford Marsalis, el príncipe consorte Alberto de Reino Unido y la política estadounidense Geraldine Ferraro.

Numerología

La fuerza o el poder asociados con el número 26 en tu cumpleaños muestran que eres una persona cautelosa, con valores sólidos y buen juicio. Tu amor por el hogar y tus fuertes instintos parentales sugieren que debes construir una base sólida o encontrar estabilidad real. Como sueles ser un pilar de fortaleza para otros, estás dispuesto a ayudar a amigos y familiares que recurran a ti en momentos de dificultad. Sin embargo, quizá debas cuidar tus tendencias materialistas y el deseo de controlar situaciones o a personas. La subinfluencia del mes número 8 indica que aspiras a grandes logros y posees una naturaleza ambiciosa. Aunque estás dispuesto a trabajar duro y adquirir responsabilidades, evita asumir más tareas de las que puedes cumplir. Tienes buen olfato para los negocios y habilidades prácticas, y eres capaz de asesorar a otros en temas monetarios. tu deseo de seguridad o de tener una base sólida te instan a hacer planes e inversiones a largo plazo.

• *Cualidades positivas:* creatividad, practicidad, cuidado, meticulosidad, idealismo, honestidad, responsabilidad, orgullo familiar, entusiasmo, valentía.

• *Cualidades negativas:* necedad, rebeldía, engaños, poco amistoso, falta de entusiasmo, falta de perseverancia, inestabilidad.

Amor y relaciones

Gracias a tu amabilidad y naturaleza generosa, la gente se siente atraída hacia ti. Aunque seas idealista y sientas un fuerte anhelo de saberte amado y apreciado, debes evitar la tendencia a ser dominante o impositivo. Ser apasionado te ayuda a enamorarte con facilidad. Sin embargo, para alcanzar las metas que deseas, deberás encontrar un equilibrio entre tu necesidad de independencia y la necesidad de cooperación en el amor y el trabajo.

• *Negativa:* terquedad, falta de disciplina, personalidad dominante, grandeza pero también grandes fracasos (sobre todo causados por la deshonestidad), éxito y fama pasajeros.

ESE ALGUIEN ESPECIAL

Es más probable que encuentres amor y amistad con personas nacidas en las siguientes fechas.

Amor y amistad: 2 y 28 de enero; 26 de febrero; 24 de marzo; 22 de abril; 20, 29 y 30 de mayo; 18, 27 y 28 de junio; 16, 25 y 26 de julio; 14, 23 y 24 de agosto; 12, 21 y 22 de septiembre; 10, 19, 20, 29 y 31 de octubre; 8, 17, 18, 27 y 29 de noviembre; 6, 15, 16, 25 y 27 de diciembre.

Buenas para ti: 2, 10, 13 y 16 de enero; 8, 11 y 14 de febrero; 6, 9 y 12 de marzo; 4, 7 y 10 de abril; 2, 5 y 8 de mayo; 3 y 6 de junio; 1, 4 y 30 de julio; 2, 28 y 30 de agosto; 26 y 28 de septiembre; 24 y 26 de octubre; 22 y 24 de noviembre; 20, 22 y 30 de diciembre.

Atracción fatal: 23, 24, 25 y 26 de febrero; 31 de octubre; 29 de noviembre; 27 de diciembre.

Desafiantes: 3, 9 y 10 de enero; 1, 7 y 8 de febrero; 5, 6 y 31 de marzo; 3, 4 y 29 de abril; 1, 2 y 27 de mayo; 25 de junio; 23 de julio; 2, 21 y 31 de agosto; 19 y 29 de septiembre; 17 y 27 de octubre; 15 y 25 de noviembre; 13 y 23 de diciembre.

Almas gemelas: 5 de enero, 3 de febrero, 1 de marzo, 30 de mayo, 28 de junio, 26 de julio, 24 de agosto, 22 de septiembre, 20 de octubre, 18 de noviembre, 16 de diciembre.

27 de agosto

ESTRELLAS FIJAS

Aunque el grado en que se ubica tu Sol no se encuentra vinculado con una estrella fija, algunos de los grados de tus otros planetas sí lo estarán. Si solicitas el cálculo de tu carta astral, encontrarás la posición exacta de los planetas en tu fecha de nacimiento. Esto te permitirá determinar cuáles de las estrellas fijas descritas en este libro son relevantes para ti.

Tu fecha de nacimiento te confiere encanto, decisión y una habilidad natural para el liderazgo. Eres práctico y un visionario astuto. Con tu capacidad para la disciplina y el trabajo duro, una vez que has definido tu meta, perseveras hasta el final. Eres capaz de expresar un amplio rango de emociones, ya que puedes ser compasivo y sensible, pero también enérgico y dominante.

La subinfluencia de Virgo, el regente de tu decanato, enfatiza la comunicación en tu vida. Debido a tus fortalezas mentales y sentido de la definición, comprendes las situaciones con rapidez, puedes detectar errores y entender asuntos complejos. Debido a que tienes altos estándares y eres ordenado y metódico algunas veces te dejas llevar y te vuelves demasiado crítico.

Cuando las canalizas de forma constructiva, tus poderosas emociones te aseguran la popularidad, en especial cuando usas ese carisma tan especial. Debes eludir la impaciencia con las personas que son muy lentas, y evitar sentimientos de insatisfacción general hacia tu propio equipo.

Eres intuitivo, práctico y astuto, buscas la inspiración y trabajas bien al servicio de otros. Además eres idealista y generoso. Tienes un marcado sentido del deber pero también te permites ser gracioso y entretenido. Muchos hombres nacidos en esta fecha han desarrollado el lado más sensible de su naturaleza.

Hasta que cumples los 25 años, tu Sol progresado está en Virgo y enfatiza la importancia de enfocarte mentalmente y distinguir prioridades. A los 26 años, cuando tu Sol progresado se desplaza hacia Libra, hay una creciente necesidad de colaborar y relacionarte con otras personas. Tu sentido del equilibrio, armonía y belleza tiende a aumentar, y existe la posibilidad de que explores salidas a tus inquietudes literarias, artísticas o creativas. Este comportamiento continúa hasta los 56 años, cuando tu Sol progresado entra a Escorpión y, como punto de inflexión para ti, resalta un anhelo de regeneración emocional y espiritual. También sugiere emprendimientos financieros.

Tu yo secreto

Ambicioso y trabajador, te orientas al éxito, siempre en aras de mejorar. Al desapegarte de viejas aflicciones o frustraciones, te será más fácil reunir toda la disciplina necesaria para desarrollar tu gran potencial. Pero si experimentas insatisfacción y te rindes sin mucho esfuerzo, te verás envuelto en los dramas ajenos en vez de enfocarte en tu propio sentido del propósito.

Dado que sueles ser universal en tu acercamiento a la vida, podrías hallar mayor plenitud dando salida a tu humanismo latente, a tu espiritualidad o imaginación vívida. Aunque estás dispuesto a hacer sacrificios por otros, es necesario que sea desde la bondad de tu corazón y no con agendas ocultas. Generalmente, tu generosidad y amabilidad suelen verse retribuidas.

Trabajo y vocación

Trabajar de forma desinteresada por una causa o un ideal puede sacar lo mejor de ti si te encaminas a una carrera en la política, en el beneficio social o las profesiones relacionadas con la salud. Podrías ser un excelente maestro o escritor porque disfrutas compartir el conocimiento con otros. La apreciación del color y el sonido suele indicar una debilidad por las artes o la música, y también supone que serías exitoso como comerciante en el rubro artístico, de las antigüedades, las artesanías y el diseño. También podrías sacar ventaja de tu sentido de la estructura en carreras como las matemáticas y la arquitectura. Aunque eres eficiente y minucioso, si estás en los negocios, podrás funcionar mejor cuando emplees tu visión de manera creativa, como en la publicidad o el mundo editorial. Por otro lado, tu don para conversar puede inclinarte hacia el mundo de las ventas o el entretenimiento, y si combinas esa cualidad con tu comprensión solidaria de la gente, puedes nutrir a otros en el ámbito de la salud, la terapia o el servicio público.

Entre las personas famosas con quienes compartes cumpleaños están el filósofo G. F. W. Hegel, el artista Man Ray, el expresidente estadounidense Lyndon Johnson y el político estadounidense Bob Kerrey.

Numerología

Eres intuitivo pero también analítico, y el número 27 en tu fecha de nacimiento indica que tu profundidad de pensamiento puede verse beneficiada enormemente por el desarrollo de la paciencia y el autocontrol. Eres decidido y observador, por lo que pones gran atención a los detalles. Con frecuencia eres idealista y sensible. Debido a tu mente fértil y creativa, puedes impresionar a otros con tus ideas y pensamientos originales. Si desarrollas buenas habilidades comunicativas, podrás superar tu renuencia a expresar tus sentimientos más profundos. La educación es esencial para las personas con el número 27 y, con las credenciales adecuadas, puedes alcanzar el éxito en la escritura, la investigación o al trabajar en grandes organizaciones. La subinfluencia del mes número 8 indica que eres mentalmente activo y perspicaz. Puesto que necesitas expresar tus fuertes emociones, sueles tener una personalidad dinámica. Si desarrollas una perspectiva más desapegada, serás capaz de escuchar a otros e incorporar sus críticas o ideas.

• *Cualidades positivas:* liderazgo, minuciosidad, trabajo arduo, tradición, autoridad, protección, poder de sanación, talento para juzgar valores.

• *Cualidades negativas:* intolerancia, impaciencia, exceso de trabajo, tendencia a rendirse, falta de planeación, comportamiento controlador o dominante.

Amor y relaciones

Eres dinámico, sensible y de emociones intensas, por lo que te atraen personas creativas que saben expresarse en palabras o a través de sus ideas. Eres romántico e histriónico, así que quizá debas tener cuidado de involucrarte en relaciones inadecuadas. Tienes inclinaciones sociales y eres un amigo leal, generoso y solidario. Dado que sueles aspirar a posiciones de poder, puedes ser una pareja fiel pero demandante, que necesita expresar con fuerza su amor por sí mismo y por otros.

ESE ALGUIEN ESPECIAL

Es más probable que encuentres a ese alguien especial si lo buscas entre personas nacidas en las siguientes fechas.

Amor y amistad: 3, 16, 22, 25, 29 y 30 de enero; 1, 14, 20, 23, 27 y 28 de febrero; 18, 21, 25 y 26 de marzo; 16, 19, 23, 24 y 28 de abril; 8, 14, 17, 21, 22, 26 y 31 de mayo; 12, 15, 19, 20, 24 y 29 de junio; 10, 13, 18 y 22 de julio; 8, 11, 15, 16, 20, 27, 29 y 30 de agosto; 6, 9, 13, 14, 18, 23, 27 y 28 de septiembre; 4, 7, 11, 12, 16, 21, 25 y 26 de octubre; 2, 5, 9, 10, 14, 19, 23 y 24 de noviembre; 3, 7, 8, 12, 17, 21 y 22 de diciembre.

Buenas para ti: 17 de enero; 15 de febrero; 13 de marzo; 11 de abril; 9 y 29 de mayo; 7 y 27 de junio; 5 y 25 de julio; 3 y 23 de agosto; 1 y 21 de septiembre; 19 y 29 de octubre; 17, 27 y 30 de noviembre; 15, 25 y 28 de diciembre.

Atracción fatal: 23, 24 y 25 de febrero; 31 de mayo; 29 de junio; 27 de julio; 25 y 30 de agosto; 23 y 28 de septiembre; 21 y 26 de octubre; 19 y 24 de noviembre; 17 y 22 de diciembre.

Desafiantes: 20 y 23 de enero, 18 y 21 de febrero, 16 y 19 de marzo, 14 y 17 de abril, 12 y 15 de mayo, 10 y 13 de junio, 8 y 11 de julio, 6 y 9 de agosto, 4 y 7 de septiembre, 2 y 5 de octubre, 2 de noviembre, 1 de diciembre.

Almas gemelas: 4 y 31 de enero, 2 y 29 de febrero, 27 de marzo, 25 de abril, 23 de mayo, 21 de junio, 19 de julio, 17 de agosto, 15 de septiembre, 13 de octubre, 11 de noviembre, 9 de diciembre.

28 de agosto

ESTRELLAS FIJAS

Aunque el grado en que se ubica tu Sol no se encuentra vinculado con una estrella fija, algunos de los grados de tus otros planetas sí lo estarán. Si solicitas el cálculo de tu carta astral, encontrarás la posición exacta de los planetas en tu fecha de nacimiento. Esto te permitirá determinar cuáles de las estrellas fijas descritas en este libro son relevantes para ti.

♍ Tu fecha de nacimiento te revela como alguien sociable y cálido, amistoso y joven de corazón. Un pronunciado sentido de identidad suele ponerte en la delantera, donde sin duda obtendrás la aprobación que buscas. Tienes gestos desinteresados, eres comprensivo y un buen escucha con aquellos que amas. Cuida que la inmadurez o la obstinación no estropeen tu atractivo encanto.

Gracias a la subinfluencia de Virgo, el regente de tu decanato, eres listo y tienes un enfoque práctico de las cosas e intuición natural para los negocios. A menudo, analizas las situaciones con mucho cuidado, pero procura no volverte escéptico. Eres articulado y directo para hablar, y valoras el conocimiento y la experiencia.

Eres juguetón y romántico, y posees una mezcla dinámica de idealismo y pragmatismo. A pesar de que tiendes a posponer las cosas, una vez que te mentalizas respecto a algo en particular, te dispones a hacer grandes sacrificios para lograr tus metas. Disfrutas un toque de glamur y te atrae la buena vida, así que necesitas una vida social activa y te das a conocer por tu entretenida compañía. Servicial y dispuesto a cooperar, por lo que proporcionas apoyo emocional a los demás. Aunque siempre tendrás un rasgo juvenil en tu personalidad, es a través de la disciplina que serás capaz de aprovechar tu potencial en su totalidad.

Al cumplir los 25 años, tu Sol progresado se desplaza hacia Libra y comienzan tres décadas de creciente énfasis en la colaboración, tanto personales como profesionales. Es un momento en el que también se expande tu sentido de la belleza y la armonía, y es posible que hagas florecer tu potencial creativo. Otro punto de inflexión se da a los 55 años, cuando tu Sol progresado se desplaza hacia Escorpión y te estimula a buscar un significado más profundo de la vida, lo que confiere énfasis en la transformación personal.

Tu yo secreto

Eres bondadoso, amoroso y buscas relaciones armónicas. Posees una nobleza interna y convicciones sólidas; además, necesitas motivarte con desafíos constantes. Esto podría verse obstruido por una tendencia a la impulsividad y el deseo de gratificación inmediata. Disfrutas divertirte, así que quizás optes por algo fácil, lo que a final de cuentas podría hacerte perder el sentido del propósito y la dirección.

Debido a que eres sensible y tienes sentimientos profundos, deberás desarrollar un punto de vista objetivo para evitar que te hieran con facilidad y caigas en la autocompasión. Aprende a canalizar tu exceso de emoción. Al actuar de acuerdo con tu voz interior, puedes empezar a expresarte de forma creativa y a utilizar tus poderes emocionales. Por lo general, eres generoso, compasivo y disfrutas estar al servicio de otras personas.

Trabajo y vocación

Tu intuición innata para los negocios puede ayudarte a triunfar en cualquier proyecto, pero eres más proclive a carreras que involucren el trato con la gente. Tus dotes para la comunicación podrían vincularte con la escritura, la educación o las ventas. También podrías decidirte por el negocio del espectáculo o la industria musical, puesto que disfrutas entretener a los demás. Tu diplomacia natural se lleva bien con el servicio al cliente o las relaciones públicas, y tu facilidad de trato te podría ayudar a destacar en la publicidad o en el mundo editorial. Un sentido natural de la estética podría influir para que elijas ocupaciones como artista o diseñador y todo lo relacionado con enseres y mobiliario para el hogar.

Entre las personas famosas con quienes compartes cumpleaños están los actores Charles Boyer, Ben Gazzara y David Soul, y el filósofo y escritor Wolfgang Goethe.

Numerología

La suma de los dos dígitos de tu fecha de cumpleaños, 2 y 8, es igual a 1, lo cual en términos numerológicos significa que eres ambicioso, directo y emprendedor. Siempre estás preparado para la acción y para iniciar nuevos proyectos; enfrentas los desafíos de la vida con valentía y, gracias a tu entusiasmo, motivas fácilmente a otros, si bien no a seguirte, por lo menos a apoyarte en tus emprendimientos. Aunque te inclinas hacia el éxito y la ambición, la familia y la vida hogareña son igualmente importantes para ti. Encontrar estabilidad y cuidar de tus seres más queridos a veces puede significar un reto para ti. La subinfluencia del mes número 8 indica que posees una mente sumamente intuitiva y activa. Cuando emprendes responsabilidades, te gusta ser eficiente, sin embargo, llegar a ser impaciente e intolerante. Eres una persona dinámica a nivel emocional y sueles estar listo para lo que venga, pero debes aprender a relajarte. Tu capacidad de valorar con rapidez las situaciones te ayuda a resolver problemas con facilidad, pero evita volverte demasiado entusiasta o emprender proyectos sin un plan definido.

• *Cualidades positivas:* actitud progresista, audacia, veta artística, creatividad, compasión, idealismo, ambición, trabajo arduo, vida familiar estable, fuerza de voluntad.

• *Cualidades negativas:* fantasioso, desmotivado, falta de compasión, poco realista, autoritario, falta de juicio, inseguridad, dependencia excesiva de los demás, orgullo.

Amor y relaciones

Aunque sueles aspirar a la autonomía y los logros personales, tu gran necesidad de amor te llevarán a inmiscuirte en toda clase de amoríos y romances. Sueles ser benevolente y cariñoso, pero tu tendencia al idealismo y al perfeccionismo en las relaciones supone que a los demás se les dificulta estar a la altura de tus expectativas. Eres generoso y tienes una personalidad encantadora y naturaleza amistosa, por lo que atraes amigos y parejas con facilidad, aunque algunas de estas relaciones no valgan la pena. Una vez que encuentras a la pareja ideal, eres amoroso y solidario.

ESE ALGUIEN ESPECIAL

Para encontrar a tu pareja ideal, empieza por buscarla entre quienes nacieron en las siguientes fechas.

Amor y amistad: 4, 5, 10, 18, 19, 26 y 30 de enero; 2, 3, 8, 16, 17, 24 y 28 de febrero; 1, 6, 14, 15, 22 y 26 de marzo; 4, 12, 13, 20 y 24 de abril; 2, 10, 11, 18 y 22 de mayo; 8, 9, 16, 20 y 30 de junio; 6, 7, 14, 18 y 28 de julio; 4, 5, 12, 16, 26 y 30 de agosto; 2, 3, 10, 14 y 28 de septiembre; 1, 8, 12, 22 y 26 de octubre; 6, 10, 20 y 24 de noviembre; 4, 8, 18, 22 y 30 de diciembre.

Buenas para ti: 13 de enero, 11 de febrero, 9 de marzo, 7 de abril, 5 de mayo, 3 y 30 de junio, 1 y 28 de julio, 26 de agosto, 24 de septiembre, 22 de octubre, 20 de noviembre, 18 de diciembre.

Atracción fatal: 23, 24, 25 y 26 de febrero.

Desafiantes: 14 y 24 de enero, 12 y 22 de febrero, 10 y 20 de marzo, 8 y 18 de abril, 6 y 16 de mayo, 4 y 14 de junio, 2 y 12 de julio, 10 de agosto, 8 de septiembre, 6 de octubre, 4 de noviembre, 2 de diciembre.

Almas gemelas: 30 de julio, 28 de agosto, 26 de septiembre, 24 de octubre, 22 de noviembre, 20 de diciembre.

29 de agosto

ESTRELLA FIJA

Nombre de la estrella: Alioth

Posición: 7° 52'–8° 52' de Virgo, entre los años 1930 y 2000

Magnitud: 2

Fuerza: ★★★★★★★★

Órbita: 2° 10'

Constelación: Osa Mayor (Epsilon Ursae Majoris)

Días efectivos: 29, 30 y 31 de agosto; 1, 2 y 3 de septiembre

Propiedades de la estrella: Marte

Descripción: estrella blanquiazul ubicada en la cola de la Osa Mayor

INFLUENCIA DE LA ESTRELLA PRINCIPAL

Alioth otorga buen juicio, entusiasmo por la vida y preferencia por la comodidad. Sueles ser una persona de mente abierta, inclinada al liberalismo. Confiere ambición de ganar, naturaleza competitiva y necesidad constante de emprender actividades. También trae consigo talento para la crítica, que se debe utilizar de forma constructiva.

Con respecto a tu grado del Sol, la influencia de esta estrella indica aptitud para los negocios, los deportes y los puestos gubernamentales, así como facilidad para tratar con el público. Promueve el rigor y la capacidad de explotar cualquier situación; pero advierte que evites ser irritable y demasiado confiado.

• *Positiva:* autenticidad, franqueza, fortaleza, capacidad de sobreponerse a las decepciones.

• *Negativa:* crueldad, egoísmo, destructividad, obstinación, crítica excesiva.

Tu fecha de nacimiento te confiere carisma, calidez y ambición; además, posees un intelecto sagaz y un espíritu emprendedor. Eres independiente y orientado a alcanzar el éxito. Te gusta estar activo y piensas en grande. Sin embargo, es recomendable que evites dejarte llevar por tus emociones e irte a los extremos.

Gracias a la subinfluencia de Virgo, el regente de tu decanato, posees una mente práctica y aguda, y sueles ser perfeccionista. Tiendes a poner atención a los detalles y a querer refinar tu trabajo. No obstante, quizá debas refrenarte de darle vueltas y vueltas a un mismo asunto, pues esto te causa ansiedad. Por fortuna, tu sed de conocimiento y amor por el aprendizaje te mantienen mentalmente ocupado y te impiden volverte hipersensible.

Eres sociable y generoso, y se te dan las actividades relacionadas con la gente. Los viajes abiertos a nuevas ideas pueden ser especialmente positivos y brindarte muchos nuevos contactos. Posees habilidades organizacionales y un talante aventurero, además de la habilidad de hacer dinero. Al aplicar la disciplina necesaria, brillará tu maravilloso potencial.

Eres dinámico y encantador, sin embargo, algunas veces te vuelves inseguro y tiendes a aislarte. Al conectar de nuevo con tu intuición y tu visión idealista, regresarás pronto a tu ser entusiasta y creativo.

Desde la infancia, has sido una persona práctica que analiza las situaciones con el fin de entenderlas y mejorarlas. Después de los 24 años, cuando tu Sol progresado se desplace hacia Libra y dé paso a un periodo de tres décadas, se despierta en ti una necesidad creciente de colaborar y relacionarte. Tus aptitudes creativas se acentúan y quizá cultives intereses musicales, artísticos o literarios latentes. Alrededor de los 54 años alcanzas otro punto de inflexión, cuando tu Sol progresado entra a Escorpión, y se intensifica tu anhelo de cambios emocionales, una conciencia más profunda y poder interior.

Tu yo secreto

Por tu caudal de conocimiento, posees un don especial para la palabra hablada y escrita, ya que motivas y entretienes a los demás con tus ideas. Te sientes estimulado por la inteligencia, y una inquietud interna puede alentarte a explorar muchas rutas y posibilidades con el fin de evitar el aburrimiento. Eres sensible e imaginativo. Posees un intenso deseo de libertad, pero evita volverte un soñador autocomplaciente que falla al tratar de materializar sus grandes planes.

Llegas a apasionarte cuando en verdad te interesa un proyecto, por lo que es importante encontrar una actividad que ames, y entonces hacerla bien. Si eres demasiado impaciente, puedes distraerte y lanzarte a la acción sin pensar ni planear detenidamente. En tu mejor versión, eres optimista, entusiasta y capaz de cumplir tu gran potencial.

Trabajo y vocación

Debido a que eres ambicioso y posees habilidades de liderazgo, te puede ir mejor en una posición directiva o al trabajar por tu cuenta. Si eres empleado, necesitas la mayor libertad posible para realizar tu trabajo. Necesitas continuos cambios y variedad en cualquier ocupación que emprendas, con el fin de evitar la monotonía. Tu don de gentes te respaldaría en cualquiera de tus opciones laborales, pero tu comprensión emocional y sabiduría innata son ideales para las profesiones relacionadas con el cuidado de personas o un trabajo donde ayudes otros. Tu intelecto sagaz podría vincularte con la educación, el derecho, la ciencia, la escritura o la política. Por otro lado, tu practicidad e iniciativa podrían encontrar su expresión en los negocios o la industria. Con tu imaginación y creatividad, y con las oportunidades propicias, también serías exitoso en el mundo de la música y el entretenimiento.

Entre las personas famosas con quienes compartes cumpleaños están los cantantes Michael Jackson y Dinah Washington; el compositor de jazz Charlie Parker; los actores Ingrid Bergman y Elliot Gould; el director de cine Richard Attenborough; el coreógrafo Mark Morris, y el pintor francés Jean-Auguste-Dominique Ingres.

Numerología

Los individuos que nacen bajo el número 29 son intuitivos, sensibles y emotivos. Tu naturaleza compasiva y comprensiva inspira el espíritu humanitario en otros y los anima a cumplir sus sueños y objetivos. Si bien eres un soñador, en ocasiones los extremos de tu personalidad sugieren que debes tener cuidado de tus cambios de humor. Al cumplir años en un día 29 ansías ser popular y te importa lo que la gente piense de ti. La subinfluencia del mes número 8 implica que posees una fuerza de voluntad férrea y una naturaleza ambiciosa. Tu necesidad de expresión personal supone que eres imaginativo y sueles buscar la satisfacción emocional. Aunque aparentes ser dinámico y ambicioso, eres idealista y posees una naturaleza sensible y compasiva. Sin embargo, tu necesidad de ser alguien en el mundo te impulsará al histrionismo y a acaparar reflectores. Con frecuencia ansías ser original y forjar tu identidad individual.

• *Cualidades positivas:* inspiración, equilibrio, éxito, misticismo, creatividad, intuición, sueños poderosos, atención a los detalles, fe.

• *Cualidades negativas:* desconcentración, malhumor, personalidad difícil, extremismo, aislamiento, desconsideración, hipersensibilidad.

Amor y relaciones

Tienes una personalidad entusiasta y eres encantador y persuasivo, con un toque histriónico. Suelen interesarte las personas poderosas; sin embargo, debes evitar las luchas de poder con tus parejas. Las mujeres nacidas en esta fecha suelen estar dispuestas a esforzarse por construir una relación y un hogar cómodos y armoniosos. Por lo regular, tienes inclinaciones sociales que te hacen buen anfitrión. Atraer a más de una persona a la vez y no saber qué hacer para no ofender a nadie te dificulta tomar decisiones en las relaciones.

ESE ALGUIEN ESPECIAL

Es más probable que encuentres la felicidad y a una pareja amorosa con personas nacidas en las siguientes fechas.

Amor y amistad: 2, 3, 6, 9, 10, 11, 21, 27 y 31 de enero; 1, 4, 7, 8, 9, 25 y 29 de febrero; 2, 5, 6, 7, 17, 23 y 27 de marzo; 3, 4, 5, 15, 21 y 25 de abril; 1, 3, 13, 19, 23 y 30 de mayo; 1, 11, 17, 21 y 28 de junio; 9, 15, 19, 26 y 29 de julio; 7, 13, 17, 24 y 27 de agosto; 5, 11, 15, 22 y 25 de septiembre; 3, 9, 13, 20 y 23 de octubre; 1, 7, 11, 18, 21 y 30 de noviembre; 5, 9, 16, 19 y 28 de diciembre.

Buenas para ti: 11, 16 y 30 de enero; 9, 24 y 28 de febrero; 7, 22 y 26 de marzo; 5, 20 y 24 de abril; 3, 18, 22 y 31 de mayo; 1, 16, 20 y 29 de junio; 14, 18 y 27 de julio; 12, 16 y 25 de agosto; 10, 14 y 23 de septiembre; 8, 12, 21 y 29 de octubre; 6, 10, 19 y 27 de noviembre; 4, 8, 17 y 25 de diciembre.

Atracción fatal: 24, 25, 26 y 27 de febrero.

Desafiantes: 15 de enero, 13 de febrero, 11 de marzo, 9 de abril, 7 y 30 de mayo, 5 y 28 de junio, 3 y 26 de julio, 1 y 24 de agosto, 22 de septiembre, 20 y 30 de octubre, 18 y 28 de noviembre, 16 y 26 de diciembre.

Almas gemelas: 9 y 29 de enero, 7 y 27 de febrero, 5 y 25 de marzo, 3 y 23 de abril, 1 y 21 de mayo, 19 de junio, 17 de julio, 15 de agosto, 13 de septiembre, 11 de octubre, 9 de noviembre, 7 de diciembre.

30 de agosto

℞ Tienes un genuino interés en la gente. Eres expresivo, trabajador y cariñoso, además de persuasivo y original. Puedes ser amoroso y tierno, pero también riguroso y disciplinado, ya que eres capaz de expresar contrastantes emociones.

Gracias a la subinfluencia de Virgo, el regente de tu decanato, eres dueño de una mente nítida y analítica que atiende cada pequeño detalle. Por tu deseo de conocimiento y la necesidad de mejorarte a ti mismo, normalmente desarrollas tu elocuencia para hablar. Gracias a que eres práctico y con buena concentración, puedes ser meticuloso y activo en tu trabajo pero, en tu búsqueda de la perfección, deberías evitar ser demasiado autocrítico y un juez exigente con los demás.

Te gusta hacer felices a los demás, pues eres sociable y encantador. Proyectas una actitud positiva ante la vida y, al mismo tiempo, eres realista. Ocasionalmente, tienes una actitud seria o retraída, así inhibes tus sentimientos o causas congoja y negatividad. También puedes debatirte entre tu sentido del deber y los deseos de tu corazón. Si aprendes a desapegarte y a expresar el amor y la compasión universal inherentes a tu vida, sabrás experimentar una plenitud emocional aun más gozosa.

Desde tus primeros años de vida, te ha interesado analizar las situaciones con una perspectiva práctica para entenderlas y mejorarlas. A los 23 años de edad, tu Sol progresado se desplaza hacia Libra y comienza un periodo de tres décadas de creciente énfasis en las colaboraciones, tanto personales como profesionales. Es un momento en el que también se expande tu sentido de la belleza y la armonía, y es posible que hagas florecer el potencial creativo que posees. Otro punto de inflexión se da a los 53 años, cuando tu Sol progresado se desplaza hacia Escorpión, en el que se enfatiza tu poder de transformación y la búsqueda de un significado de mayor profundidad emocional en la vida.

Tu yo secreto

La demostración de afecto suele ser importante para ti pues quizás hayas experimentado casos de amor sujeto a condiciones, en etapas anteriores de tu vida, quizás en el hogar donde creciste. Considerando que llegas a ser escéptico, necesitas aprender a tener fe y decidir en quién confiar. Si cultivas la seguridad en ti mismo, serás más capaz de hacerte cargo de tus necesidades. Puede ser de particular importancia distinguir cómo te valoras a ti mismo y a otros, y cómo permites que otros te valoren a ti.

El dinero es importante, y normalmente estás dispuesto a esforzarte mucho para conseguirlo. Sueles trabajar mejor cuando permites que tu intuición detecte el momento propicio para lanzar una idea o proyecto, y luego actuar espontáneamente en vez de restringirte con demasiadas reglas. Por ser tan sensible, necesitas regular tus periodos de soledad para reflexionar y conectar con tu inspiración más profunda.

ESTRELLA FIJA

Nombre de la estrella: Alioth

Posición: 7° 52'–8° 52' de Virgo, entre los años 1930 y 2000

Magnitud: 2

Fuerza: ★★★★★★★★

Órbita: 2° 10'

Constelación: Osa Mayor (Epsilon Ursae Majoris)

Días efectivos: 29, 30 y 31 de agosto; 1, 2 y 3 de septiembre

Propiedades de la estrella: Marte

Descripción: estrella blanquiazul ubicada en la cola de la Osa Mayor

INFLUENCIA DE LA ESTRELLA PRINCIPAL

Alioth otorga buen juicio, entusiasmo por la vida y preferencia por la comodidad. Sueles ser una persona de mente abierta, inclinada al liberalismo. Confiere ambición de ganar, naturaleza competitiva y necesidad constante de emprender actividades. También trae consigo talento para la crítica, que se debe utilizar de forma constructiva.

Con respecto a tu grado del Sol, la influencia de esta estrella indica aptitud para los negocios, los deportes y los puestos gubernamentales, así como facilidad para tratar con el público. Promueve el rigor y la capacidad de explotar cualquier situación; pero advierte que evites ser irritable y demasiado confiado.

• *Positiva:* autenticidad, franqueza, fortaleza, capacidad de sobreponerse a las decepciones.

• *Negativa:* crueldad, egoísmo, destructividad, obstinación, crítica excesiva.

Trabajo y vocación

Por tu facilidad para el análisis o tu mentalidad técnica, las áreas de trabajo ideal para ti serían la investigación, la ciencia y la medicina. Asimismo, tu agudo intelecto y habilidad comunicativa te serían de utilidad en la educación o la escritura. La faceta más humanitaria de tu naturaleza podría verse satisfecha a través de profesiones de cuidado de la gente o de reformas sociales, y tu interés por los demás puede hacer de ti un excelente terapeuta. Con tu sed de conocimiento y pensamiento práctico, puedes llegar a ser un experto en tu campo o entrar al mundo de los negocios. Por otra parte, tu creatividad natural y amor por la belleza te pueden seducir para hacer una carrera como actor, músico o intérprete. Asimismo, tu debilidad por la naturaleza, también podría atraerte una carrera como jardinero.

Entre las personas famosas con quienes compartes cumpleaños están la escritora Mary Shelley, los actores Raymond Massey y Timothy Bottoms, el beisbolista Ted Williams, el físico Ernest Rutherford y el inversionista Warren Buffet.

Numerología

Algunas de las cualidades asociadas a las personas nacidas el día 30 son creatividad, afabilidad y sociabilidad. Te gusta la buena vida, te encanta socializar, tienes un carisma excepcional y eres leal y amigable. Eres sociable y tienes buen gusto y ojo para el color y las formas, por lo que disfrutas todo tipo de trabajo enfocado en el arte, el diseño y la música. De igual modo, tu inclinación a la expresión y tu talento natural con las palabras te permitirán sobresalir en la escritura, la oratoria o el canto. Tus emociones son intensas, y estar enamorado o satisfecho es un requisito esencial para ti. En tu búsqueda de la felicidad, evita ser perezoso, autocomplaciente, impaciente o celoso, pues esto podría causarte inestabilidad emocional. Muchas de las personas nacidas en este día alcanzarán el reconocimiento o la fama, en particular los músicos, actores y artistas. La subinfluencia del mes número 8 indica que eres trabajador e idealista, posees una gran fuerza de voluntad y eres de naturaleza ambiciosa. Gracias a tu entusiasmo espontáneo y sincero, y tu naturaleza emprendedora, con frecuencia adoptas ideas y las desarrollas con tu estilo único e histriónico.

• *Cualidades positivas*: aprecio por la diversión, lealtad, afabilidad, talento para la conversación, creatividad, suerte.

• *Cualidades negativas*: pereza, terquedad, comportamiento errático, impaciencia, inseguridad, indiferencia, indecisión.

Amor y relaciones

Aunque seas una persona afectuosa y de naturaleza apasionada y romántica, tus deseos de variedad y de aventura te vuelven impaciente e inquieto. Sueles ser generoso, pero a veces te vuelves frío y distante. En las relaciones, te conviene mucho salir de la rutina y tomar breves descansos y pequeños viajes de placer. Eres sensible a las necesidades ajenas y puedes someterte a muchos cambios para cubrir las necesidades de tu pareja, por lo que es importante que mantengas tu independencia y entusiasmo.

Para encontrar amor y relaciones duraderas, búscalos con personas nacidas en las siguientes fechas.

Amor y amistad: 2, 9, 11, 12, 22 y 25 de enero; 7, 10, 20, 23 y 26 de febrero; 5, 7, 8, 18 y 21 de marzo; 3, 5, 6, 16 y 19 de abril; 1, 4, 14, 17, 20, 24 y 29 de mayo; 2, 12, 15 y 27 de junio; 10, 13, 16, 20, 25 y 30 de julio; 9, 15, 24 y 26 de agosto; 7, 13, 22 y 24 de septiembre; 4, 7, 10, 14, 19, 24, 28 y 29 de octubre; 2, 5, 8, 12, 17, 22, 26 y 27 de noviembre; 3, 6, 10, 15, 20, 24 y 25 de diciembre.

Buenas para ti: 12, 23 y 29 de enero; 10, 21 y 27 de febrero; 22 y 26 de marzo; 6, 17 y 23 de abril; 4, 15 y 21 de mayo; 2, 13, 19, 28 y 30 de junio; 11, 17, 26 y 28 de julio; 9, 15, 24 y 26 de agosto; 7, 13, 22 y 24 de septiembre; 5, 11, 20 y 22 de octubre; 3, 9, 18, 20 y 30 de noviembre; 1, 7, 16, 18 y 28 de diciembre.

Atracción fatal: 25, 26, 27 y 28 de febrero; 29 de julio; 27 de agosto; 25 de septiembre; 23 de octubre; 21 de noviembre; 19 de diciembre.

Desafiantes: 1, 4, 26 y 30 de enero; 2, 24 y 28 de febrero; 22 y 26 de marzo; 20 y 24 de abril; 18, 22 y 31 de mayo; 16, 20 y 29 de junio; 14, 18 y 27 de julio; 12, 16, 25 y 30 de agosto; 10, 14, 23 y 28 de septiembre; 8, 12, 21 y 26 de octubre; 6, 10, 19 y 24 de noviembre; 4, 8, 17 y 22 de diciembre.

Almas gemelas: 20 de enero, 18 de febrero, 16 de marzo, 14 de abril, 12 de mayo, 10 de junio, 8 de julio, 6 de agosto, 4 de septiembre, 2 de octubre.

31 de agosto

♍ Tu fecha de nacimiento te muestra como un trabajador idealista, con habilidades analíticas, activa imaginación e intensas emociones. La combinación única de magnetismo personal, destrezas comunicativas y determinación te da un estilo creativo para mezclar los negocios con el placer.

La doble influencia de Mercurio implica claridad de visión y habilidad para asimilar y analizar hasta los más pequeños detalles. Por lo general, eres elocuente, discreto y sueles tomar decisiones por deducción metódica. Si refinas tu criterio para discernir, conseguirás la excelencia; solo ten cuidado de que tu búsqueda de la perfección no se convierta en crítica negativa y arrogancia.

Aprecias la belleza y el lujo, y posees una buena voz. Gracias al uso de tu amor dinámico, tu poder interior, entusiasmo y generosidad, cautivas e impresionas a los demás. Algunas veces eres obstinado, retraído o voluble; debido a ello, las personas a tu alrededor se esfuerzan por entender las muchas y distintas facetas de tu personalidad.

De amplio criterio y con una intuición natural para los negocios, eres alguien que comunica bien sus valores y muestra interés en los asuntos de dinero. No obstante, te colman los buenos sentimientos y los grandes sueños.

Te distingue un deseo de transcender lo ordinario y mundano de la vida, lo que posiblemente se manifiesta en interés en la metafísica, el misticismo o las cuestiones religiosas. Si algo te importa, te lanzas de lleno y de corazón a un proyecto, solo tienes que ser cauteloso para no extenuarte por trabajar intensamente.

Al cumplir 22 años de edad, tu Sol progresado se desplaza hacia Libra por un periodo de tres décadas, en los que te vuelves cada vez más consciente de la importancia de tus relaciones sociales y laborales. Tus habilidades creativas y tu sentido de la armonía se acentúan, así que podrías cultivar cualquier interés musical, artístico o literario latente. A los 52 años alcanzas otro punto de inflexión, conforme tu Sol progresado entre en Escorpión; esto enfatiza el anhelo de un cambio emocional profundo, te vuelves más autosuficiente y proclive a estar en control.

Tu yo secreto

Es posible que tu mayor potencial resida en tu necesidad interna de brillar e inspirar a otros, que fluye de tu honestidad natural y noble idealismo. Si lo desarrollas, este recurso te ayudará a superar las dificultades diarias, pero si te perturban, te puedes volver frío y perder la fe. Sin embargo, cuando te vuelves a encarrilar, muestras una maravillosa espontaneidad y receptividad.

Tomando en cuenta que tu fecha de nacimiento se identifica con intensidad emocional, evita usar esto en tácticas de poder, en especial cuando los demás te decepcionen. Podría darse un conflicto entre tus ideales y una realidad diferente. Tu clave para el éxito radica en tu compasiva comprensión de las personas y las situaciones. Cuando esta preocupación por los demás se combina con tu entusiasmo y tus habilidades sociales, creas armonía y felicidad para ti mismo y para quienes te rodean.

ESTRELLA FIJA

Nombre de la estrella: Alioth
Posición: 7º 52'–8º 52' de Virgo, entre los años 1930 y 2000
Magnitud: 2
Fuerza: ★★★★★★★
Órbita: 2º 10'
Constelación: Osa Mayor (Epsilon Ursae Majoris)
Días efectivos: 29, 30 y 31 de agosto; 1, 2 y 3 de septiembre
Propiedades de la estrella: Marte
Descripción: estrella blanca azulada ubicada en la cola de la Osa Mayor

INFLUENCIA DE LA ESTRELLA PRINCIPAL

Alioth otorga buen juicio, entusiasmo por la vida y preferencia por la comodidad. Sueles ser una persona de mente abierta, inclinada al liberalismo. Esta estrella confiere ambición de ganar, naturaleza competitiva y necesidad constante de emprender actividades. También trae consigo talento para la crítica, que se debe utilizar de forma constructiva.

Con respecto a tu grado del Sol, la influencia de esta estrella indica aptitud para los negocios, los deportes y los puestos gubernamentales, así como facilidad para tratar con el público. Promueve el rigor y la capacidad de explotar cualquier situación; pero advierte que evites ser irritable y demasiado confiado.

• *Positiva:* autenticidad, franqueza, fortaleza, capacidad de sobreponerse a las decepciones.

• *Negativa:* crueldad, egoísmo, destructividad, obstinación, crítica excesiva.

Trabajo y vocación

Tu facilidad para el trato con la gente y tu comprensión de las tendencias actuales te ayudarán a destacar al promover tu visión particular en los medios de comunicación o en el área de ventas. El mundo de los negocios también te tentará para convertirte en un ejecutivo, emprendedor o filántropo. Mientras que tu pensamiento analítico te atraerá a la investigación científica, la edición o la educación, tu expresión creativa quizá prefiera una salida a través de la escritura, la música, el arte o el mundo del entretenimiento. Mucha gente nacida en esta fecha suele ser diestra. A tu lado práctico y exacto le vienen bien carreras tales como la contabilidad, la inversión inmobiliaria o la ingeniería. Por otro lado, tu idealismo y sensibilidad te puede conducir a trabajar en causas benéficas o profesiones médicas y de cuidado de la salud.

Entre las personas famosas con quienes compartes cumpleaños están los actores Richard Gere y James Coburn, el cantante y compositor Van Morrison, el compositor Paul Winter, el violinista Itzhak Perlman y la educadora Maria Montessori.

Numerología

El número 31 en tu fecha de cumpleaños indica una férrea fuerza de voluntad, determinación y énfasis en la expresión personal. Por lo general, eres incansable y decidido, con la necesidad correspondiente de lograr progreso material; sin embargo, quizá debas aprender a aceptar las limitaciones de la vida y, por lo tanto, construir una base sólida. La buena fortuna y oportunidades venturosas también vienen con un cumpleaños con el número 31, por lo que podrás transformar tus pasatiempos en empresas productivas con bastante éxito. La diversión es crucial para ti, pues es probable que trabajes de forma ardua. No obstante, cuídate de la tendencia a ser demasiado autocomplaciente, egoísta, así como demasiado optimista. La subinfluencia del mes número 8 indica que eres ambicioso, práctico e inteligente, y que posees habilidades ejecutivas y necesidad de logros. Puesto que buscas satisfacción emocional, tendrás que desarrollar mecanismos para reafirmar tu valía, en lugar de sucumbir a la autocomplacencia excesiva de deseos materiales. Quizá debas aprender también a comunicar tus ideas y expresar tus emociones con más claridad y apertura.

- *Cualidades positivas*: suerte, creatividad, originalidad, habilidad para construir, tesón, practicidad, buen conversador, responsabilidad.
- *Cualidades negativas*: inseguridad, impaciencia, suspicacia, tendencia a desanimarse con facilidad, falta de ambición, egoísmo, terquedad.

Amor y relaciones

Tu personalidad sociable y encantadora te permiten conquistar con facilidad a la gente. Aunque te gusta ser sociable y extrovertido, cuando por fin encuentras tu pareja ideal eres leal y haces hasta lo imposible por construir una relación duradera. Sueles buscar afinidad mental y necesitas una pareja que te brinde seguridad y apoyo. Encuentros con personas extranjeras podrían derivar en amistades cercanas y especiales. Si aprendes a superar la hipersensibilidad o el nerviosismo, alcanzarás un mayor equilibrio y armonía.

ESE ALGUIEN ESPECIAL

Será más sencillo encontrar a tu pareja ideal si la buscas entre quienes hayan nacido en las siguientes fechas.

Amor y amistad: 8, 11, 23 y 29 de enero; 6, 9 y 27 de febrero; 4, 7, 19, 25 y 29 de marzo; 2, 5, 23 y 27 de abril; 3, 21 y 25 de mayo; 1, 19 y 23 de junio; 17 y 21 de julio; 15, 19 y 29 de agosto; 13, 17 y 27 de septiembre; 11, 15, 25, 29 y 30 de octubre; 9, 13, 23, 27 y 28 de noviembre; 7, 11, 21, 25 y 26 de diciembre.

Buenas para ti: 13 y 30 de enero; 11 y 28 de febrero; 9 y 26 de marzo; 7, 24 y 30 de abril; 5, 22 y 28 de mayo; 3, 20 y 26 de junio; 1, 18, 24 y 29 de julio; 16, 22 y 25 de agosto; 14, 20 y 25 de septiembre; 12, 18 y 23 de octubre; 10, 16 y 21 de noviembre; 8, 14 y 19 de diciembre.

Atracción fatal: 27, 28 y 29 de febrero; 30 de octubre; 28 de noviembre; 26 de diciembre.

Desafiantes: 5 y 19 de enero; 3 y 17 de febrero; 1 y 15 de marzo; 13 de abril; 11 de mayo; 9 y 30 de junio; 7, 28 y 30 de julio; 5, 26 y 28 de agosto; 3, 24 y 26 de septiembre; 1, 22 y 24 de octubre; 20 y 22 de noviembre; 18 y 20 de diciembre.

Almas gemelas: 7 de enero, 5 de febrero, 3 de marzo, 4 de abril, 30 de septiembre, 28 de octubre, 26 de noviembre, 24 de diciembre.

1 de septiembre

ESTRELLA FIJA

Nombre de la estrella: Alioth

Posición: 7° 52'–8° 52' de Virgo, entre los años 1930 y 2000

Magnitud: 2

Fuerza: ★★★★★★★

Órbita: 2° 10'

Constelación: Osa Mayor (Epsilon Ursae Majoris)

Días efectivos: 29, 30 y 31 de agosto; 1, 2 y 3 de septiembre

Propiedades de la estrella: Marte

Descripción: estrella blanca azulada ubicada en la cola de la Osa Mayor

INFLUENCIA DE LA ESTRELLA PRINCIPAL

Alioth otorga buen juicio, entusiasmo por la vida y preferencia por la comodidad. Sueles ser una persona de mente abierta, inclinada al liberalismo. Esta estrella confiere ambición de ganar, naturaleza competitiva y necesidad constante de emprender actividades. También trae consigo talento para la crítica, que se debe utilizar de forma constructiva.

Con respecto a tu grado del Sol, la influencia de esta estrella indica aptitud para los negocios, los deportes y los puestos gubernamentales, así como facilidad para tratar con el público. Promueve el rigor y la capacidad de explotar cualquier situación; pero advierte que evites ser irritable y demasiado confiado.

• *Positiva:* autenticidad, franqueza, fortaleza, capacidad de sobreponerse a las decepciones.

• *Negativa:* crueldad, egoísmo, destructividad, obstinación, crítica excesiva.

♍ Eres independiente, con deseos de prosperidad y, según tu fecha de nacimiento, necesitas canalizar tus innovadoras ideas hacia algún tipo de logro. Eres ambicioso, apuntas alto, tienes una mentalidad natural para los negocios y eres bueno para comercializar tus habilidades. Rápido para evaluar a la gente y las situaciones, también puedes ser creativo, vanguardista y veloz para detectar las oportunidades. Consciente de tu apariencia, te gusta presentar una imagen inteligente que atraiga el éxito.

El doble impacto de Virgo, que es tanto tu signo como el regente de tu decanato, enfatiza tu sagaz intelecto y tu sed de conocimiento. Esta influencia también puede acentuar tu nerviosismo, así que debas cerciorarte de tomar descansos regulares para estar tranquilo. La comunicación, ya sea hablada o escrita, es un área en la que puedes sobresalir, y con tu estilo de precisión mental, es probable que seas elocuente. Partiendo de tus altos estándares y meticulosidad en el trabajo, debes tener cuidado de no volverte demasiado crítico de los demás y de ti mismo.

Dado que tu potencial para ser exitoso en lo que toca a las finanzas es sumamente alto, solo necesitas imprimir la disciplina necesaria y evitar posponer las cosas para así lograr resultados. Por suerte, normalmente eres muy trabajador, un buen planeador o alguien que sabe delegar. Aunque regularmente seas práctico, sería bueno que no dudaras en tomar riesgos cuando las posibilidades están a tu favor y quieres buenos rendimientos por tu trabajo.

Al cumplir 21 años de edad, cuando tu Sol progresado se desplaza hacia Libra, tienes una creciente necesidad de colaborar y relacionarte con otras personas. Tu sentido de armonía, equilibrio y refinamiento tenderá a acentuarse, y existe la posibilidad de que explores tus intereses literarios, artísticos o creativos. Este comportamiento continúa hasta los 51 años, cuando tu Sol progresado entra en Escorpión; en este punto de inflexión probablemente te percates de la creciente importancia de tocar de manera más profunda y sutil los aspectos de tu psique, así como de valorar tu propio poder interior.

Tu yo secreto

Tienes una nobleza interior, aunque eres también orgulloso y ligeramente dramático. Como todo un idealista práctico, necesitas estar al servicio de otros y tener un fuerte sentido de propósito, o podrías verte limitado por lo material. Algunas veces puedes ser inesperadamente sencillo y otras veces, seguro y obstinado. Tus ideas son originales y van adelantadas a su tiempo, además requieres libertad para expresarte. Cuando eres positivo y entusiasta sobre algún proyecto, tienes la habilidad de planearlo y entusiasmar a otros.

Tiendes a ser una persona de conexiones que puede enlazar a gente de diferentes grupos. Con tu propia filosofía de vida, por lo general, eres optimista y estás de buen humor. Una urgencia de ampliar tus horizontes te da la facultad de inspeccionar el conjunto completo; eres capaz de liderar, prever e intuir con sabiduría. Entre más confíes y apliques este saber no racional a tu vida diaria, más cosas irán acomodándose de manera natural en su lugar.

Trabajo y vocación

Gracias a tus capacidades organizativas, a tu amor por las grandes empresas y tu habilidad para delegar, serías excelente en los negocios como ejecutivo, gerente o en un trabajo por tu cuenta. Estas mismas destrezas también te servirían como administrador, productor o político. Tus aptitudes para interactuar con otras personas te serían útiles para destacar en la educación, la escritura, las ventas o los medios de comunicación. Eres competitivo, minucioso y te gusta hacer bien tu trabajo, así que quizá te conviertas en un especialista en tu campo de acción o te decantes por la investigación. Tu deseo de liderar e ir a la vanguardia podría inclinarte hacia carreras tan diferentes como la milicia o las artes. La intuición y la creatividad son tus talentos naturales, y si los desarrollas y refinas, tienes garantizado el éxito. Es importante, en tu caso y en cualquier carrera, permanecer tan independiente como sea posible.

Entre las personas famosas con quienes compartes cumpleaños están la actriz Lily Tomlin, los cantantes Gloria Estefan y Barry Gibb, el boxeador Rocky Marciano, la exgobernadora de Texas Ann Richards y el abogado Alan Dershowitz.

Numerología

Tu fecha de nacimiento revela tus ansias de sobresalir y ser independiente. Al tener el número 1 por cumpleaños, tiendes a ser individualista, innovador, valeroso y enérgico. Tu espíritu pionero te insta a hacer las cosas por tu cuenta, aunque falles en el intento. Tu gran entusiasmo e ideas originales te permiten mostrarles el camino a los demás. Con el número 1 por cumpleaños, quizá también debas aprender que el mundo no gira a tu alrededor. La subinfluencia del mes número 9 indica intuición y sensibilidad. Dado que el entorno ejerce una fuerte influencia sobre ti, eres receptivo a lo que piensan los demás. Sueles ser humanitario, de mente abierta y defensor de la justicia. A ojos de los demás pareces seguro de ti y fuerte, pero las tensiones internas podrían provocarte altibajos emocionales. Eres tenaz, ingenioso, posees una visión profunda del mundo y tu lado soñador te hace compasivo e idealista.

• *Cualidades positivas:* liderazgo, creatividad, ideas progresistas, vigor, optimismo, convicciones fuertes, competitividad, independencia, sociabilidad.

• *Cualidades negativas:* altivez, celos, egocentrismo, antagonismo, desenfreno, debilidad, inestabilidad, impaciencia.

Amor y relaciones

Puesto que sueles tener deseos y sentimientos intensos, necesitas comunicarte a nivel personal. Tienes encanto y una personalidad carismática que atrae amigos y admiradores con facilidad. Te gustan las personas optimistas, que te inspiran con nuevas ideas y oportunidades. Tus ansias de libertad suponen que prefieres relaciones que te den suficiente espacio para sentirte independiente. Dado que debes tomarte tu tiempo en lo relativo al amor, es recomendable que no te comprometas demasiado rápido.

ESE ALGUIEN ESPECIAL

Para no desinteresarte en las relaciones amorosas, te conviene buscar a alguien nacido en las siguientes fechas.

Amor y amistad: 6, 10, 15, 29 y 31 de enero; 4, 13, 27 y 29 de febrero; 2, 11, 25 y 27 de marzo; 9, 25, 23 y 30 de abril; 7, 21, 23 y 28 de mayo; 5, 19 y 21 de junio; 3, 17, 19 y 30 de julio; 1, 15, 17 y 28 de agosto; 13, 15 y 26 de septiembre; 11, 13 y 24 de octubre; 9, 11 y 22 de noviembre; 7, 9 y 20 de diciembre.

Buenas para ti: 13, 15 y 19 de enero; 11, 13 y 17 de febrero; 9, 11 y 15 de marzo; 7, 9 y 13 de abril; 5, 7 y 11 de mayo; 3, 5 y 9 de junio; 1, 3, 7 y 29 de julio; 1, 5, 27 y 31 de agosto; 3, 25 y 29 de septiembre; 1, 23 y 27 de octubre; 21 y 25 de noviembre; 19 y 23 de diciembre.

Atracción fatal: 28 y 29 de febrero, 1 de marzo, 30 de mayo, 28 de junio, 26 de julio, 24 de agosto, 22 de septiembre, 20 de octubre, 18 de noviembre, 16 de diciembre.

Desafiantes: 12 de enero; 10 de febrero; 8 de marzo; 6 de abril; 4 de mayo; 2 de junio; 31 de agosto; 29 de septiembre; 27, 29 y 30 de octubre; 25, 27 y 28 de noviembre; 23, 25, 26 y 30 de diciembre.

Almas gemelas: 2 y 28 de enero, 26 de febrero, 24 de marzo, 22 de abril, 20 de mayo, 18 de junio, 16 de julio, 14 de agosto, 12 de septiembre, 10 de octubre, 8 de noviembre, 6 de diciembre.

SOL: VIRGO
DECANATO: VIRGO/MERCURIO
ÁNGULO: 9°–10° DE VIRGO
MODALIDAD: MUTABLE
ELEMENTO: TIERRA

ESTRELLAS FIJAS

Alioth; Zosma, también llamada Duhr

ESTRELLA PRINCIPAL

Nombre de la estrella: Alioth
Posición: 7° 52'–8° 52' de Virgo, entre los
   años 1930 y 2000
Magnitud: 2
Fuerza: ★★★★★★★★
Órbita: 2° 10'
Constelación: Osa Mayor (Epsilon Ursae
   Majoris)
Días efectivos: 29, 30 y 31 de agosto; 1, 2
   y 3 de septiembre
Propiedades de la estrella: Marte
Descripción: estrella blanca azulada
   ubicada en la cola de la Osa Mayor

INFLUENCIA DE
LA ESTRELLA PRINCIPAL

Alioth otorga buen juicio, entusiasmo
por la vida y preferencia por la comodidad. Sueles ser una persona de mente
abierta, inclinada al liberalismo. Esta estrella confiere ambición de ganar, naturaleza competitiva y necesidad constante
de emprender actividades. También trae
consigo talento para la crítica, que se
debe utilizar de forma constructiva.

Con respecto a tu grado del Sol, la
influencia de esta estrella indica aptitud para los negocios, los deportes y los
puestos gubernamentales. Promueve el
rigor y la capacidad de explotar cualquier
situación; pero advierte que evites ser
irritable y demasiado confiado.

• *Positiva:* autenticidad, franqueza,
fortaleza, capacidad de sobreponerse a
las decepciones.

• *Negativa:* crueldad, egoísmo, destructividad, obstinación, crítica excesiva.

2 de septiembre

♍ Tu fecha de nacimiento revela que eres práctico pero, al mismo tiempo, sensible, listo, amistoso y considerado. Debido a que eres entusiasta e independiente, posees la habilidad de inspirar a otros con tus ideas y proyectos. Pero
no dejes que la frustración o la desilusión echen por tierra tus grandes planes.

La subinfluencia de Virgo, el regente de tu decanato, te hace minucioso, trabajador,
metódico y concienzudo. Eres dueño de un sagaz intelecto, y tu deseo de conocimiento
te mantiene bien informado. Aunque analizas las situaciones con cuidado, sé cauto y
no te vuelvas escéptico ni te obsesiones con los mismos asuntos, pues eso te agobia y te
provoca ansiedad.

Eres generoso por naturaleza y un buen psicólogo, también una persona de extremos, ya que en ocasiones puedes ser humanitario y de amplio criterio, y otras, nervioso
y compulsivo. Dado que eres práctico, visionario e innovador, prefieres estar en movimiento antes que quedarte ocioso.

Tu mente creativa te da respuestas veloces, lo que es particularmente útil cuando
trabajas en equipo o en una situación colaborativa. La apariencia es importante, y te
gusta causar una buena impresión. Al disfrutar la compañía de otros, eres cálido y
encantador, con un sentido del humor que suele sacarte de apuros.

Desde la infancia, tiendes a analizar constantemente las situaciones con el fin de
mejorarlas. Sin embargo, cuando llegas a los 20 años, tu Sol progresado se desplaza hacia Libra y comienza un periodo de tres décadas de creciente énfasis en tus relaciones y
colaboración con los demás. Es un momento en el que también se expande tu sentido de
la belleza y la armonía, y es posible que hagas florecer el potencial creativo que posees.
Otro punto de inflexión se da a los 50 años, cuando tu Sol progresado se desplaza hacia
Escorpión y te estimula a buscar un significado más profundo de tu vida; lo que pone
énfasis en el poder de transformación.

Tu yo secreto

A veces eres dado a debatirte entre el idealismo y materialismo. Como evalúas bien las
situaciones y posees instinto para las cuestiones de dinero, encuentras más provechoso
tomar riesgos calculados en ciertas ocasiones; ya que también te gusta algo de emoción.
Sin embargo, sigue siendo un desafío vivir bien sin volverte demasiado extravagante
o muy moderado. Posibles altibajos en tus finanzas podrían requerir un plan a largo
plazo para gestionar tus recursos.

Entre más fortalezcas tu confianza y autoestima, más te ofrecerá la vida. Las cosas
serán más fáciles si te desprendes de tus limitaciones. Los viajes, las exploraciones, los
deportes y el ejercicio son actividades particularmente favorables, ya que te ayudan a
canalizar cualquier posible intranquilidad e impaciencia, y te conducen hacia rutas más
positivas, que estimulan tu espíritu aventurero.

Trabajo y vocación

Quizá notes que disfrutas más tu trabajo si este involucra una amplia variedad de actividades. Dado que, por lo general, trabajas bien en colaboraciones o estás dispuesto a cooperar con los demás, podrías sentirte bien en carreras en los medios de comunicación, consultorías, trabajo social o relaciones públicas. El lado práctico de tu naturaleza se expresaría adecuadamente en el ámbito bancario, el mercado de valores o la contabilidad. Considerando que también posees habilidades técnicas y analíticas, te gustarían carreras como la educación, la escritura o la ciencia. Cuando tu criterio se combina con tu compasión y deseo de servicio, lo ideal sería optar por profesiones relacionadas con la salud o el cuidado de las personas. Esta fecha de nacimiento pronostica un posible éxito en el negocio del espectáculo, la música, en particular, así como los deportes.

Entre las personas famosas con quienes compartes cumpleaños están el músico Russ Conway, el actor Keanu Reeves, la actriz Salma Hayek, el actor Eugenio Derbez, la profesora y astronauta Christa McAuliffe, el tenista Jimmy Connors y los jugadores de fútbol americano Eric Dickerson y Terry Bradshaw.

ESE ALGUIEN ESPECIAL

Para encontrar felicidad, seguridad y amor duraderos, relaciónate con personas nacidas en las siguientes fechas.

Amor y amistad: 2, 6, 16 y 19 de enero; 4 y 14 de febrero; 2, 12, 28 y 30 de marzo; 10, 26 y 28 de abril; 8, 11, 24, 26 y 30 de mayo; 6, 22, 24 y 28 de junio; 4, 20, 22, 26 y 31 de julio; 2, 18, 20, 24 y 29 de agosto; 16, 18, 22 y 27 de septiembre; 14, 16, 20 y 25 de octubre; 12, 14, 18 y 23 de noviembre; 10, 12, 16 y 21 de diciembre.

Buenas para ti: 9, 14 y 16 de enero; 7, 12 y 14 de febrero; 5, 10 y 12 de marzo; 3, 8 y 10 de abril; 1, 6 y 8 de mayo; 4 y 6 de junio; 2 y 4 de julio; 2 de agosto; 30 de septiembre; 28 de octubre; 26 y 30 de noviembre; 24, 28 y 29 de diciembre.

Atracción fatal: 21 de enero; 19 y 29 de febrero; 1, 2 y 17 de marzo; 15 de abril; 13 de mayo; 11 de junio; 9 de julio; 7 de agosto; 5 de septiembre; 3 de octubre; 1 de noviembre.

Desafiantes: 4, 13 y 28 de enero; 2, 11 y 26 de febrero; 9 y 24 de marzo; 7 y 22 de abril; 5 y 20 de mayo; 3 y 18 de junio; 1 y 16 de julio; 14 de agosto; 12 de septiembre; 10 y 31 de octubre; 8 y 29 de noviembre; 6 y 27 de diciembre.

Almas gemelas: 15 y 22 de enero, 13 y 20 de febrero, 11 y 18 de marzo, 9 y 16 de abril, 7 y 14 de mayo, 5 y 12 de junio, 3 y 10 de julio, 1 y 8 de agosto, 6 de septiembre, 4 de octubre, 2 de noviembre.

Numerología

El número 2 en tu fecha de nacimiento sugiere sensibilidad y necesidad de pertenecer a un grupo. Tu facilidad para adaptarte y ser comprensivo hace que disfrutes actividades cooperativas. El gusto por la armonía y la inclinación a trabajar mejor con otras personas te inspirará a fungir como mediador en asuntos familiares o convertirte en conciliador. Al intentar complacer a quienes te agradan, corres el riesgo de volverte demasiado dependiente. La subinfluencia del mes número 9 indica que eres perspicaz, imaginativo y empático. Eres independiente, de mente abierta y liberal, aunque a veces tengas ideas fijas. Eres un humanista que busca la justicia, con previsión y visión progresista; además, eres espiritual y práctico al mismo tiempo. Evita ser impaciente, hipersensible o reaccionar de forma extrema. Quizá debas aprender a comunicar tus ideas y sentimientos libremente.

• *Cualidades positivas:* amabilidad, buena pareja, gentileza, tacto, receptividad, intuición, armonía, afabilidad, embajador de buena voluntad.

• *Cualidades negativas:* suspicacia, inseguridad, sumisión, hipersensibilidad, egoísmo, susceptibilidad, engaño.

Amor y relaciones

Eres amistoso en tu forma de comunicarte y necesitas un círculo de amigos que disfruten charlar o con quienes compartas algún tipo de interés intelectual. Aunque a veces pareces ser demasiado desapegado, tienes un gran corazón. En ocasiones, tus inseguridades ocultas indican que, en lugar de actuar de forma diplomática, como acostumbras, te puedes volver discutidor y generar tensiones e inquietudes. Aun así, como amigo y pareja eres leal, amoroso y solidario.

ESTRELLAS FIJAS

Alioth; Zosma, también llamada Duhr

ESTRELLA PRINCIPAL

Nombre de la estrella: Alioth

Posición: 7° 52'–8° 52' de Virgo, entre los años 1930 y 2000

Magnitud: 2

Fuerza: ★★★★★★★★

Órbita: 2° 10'

Constelación: Osa Mayor (Epsilon Ursae Majoris)

Días efectivos: 29, 30 y 31 de agosto; 1, 2 y 3 de septiembre

Propiedades de la estrella: Marte

Descripción: estrella blanca azulada ubicada en la cola de la Osa Mayor

INFLUENCIA DE LA ESTRELLA PRINCIPAL

Alioth otorga buen juicio, entusiasmo por la vida y preferencia por la comodidad y la facilidad. Sueles ser una persona de mente abierta, inclinada al liberalismo. Esta estrella confiere ambición de ganar, naturaleza competitiva y necesidad constante de emprender actividades. También trae consigo talento para la crítica, que se debe utilizar de forma constructiva.

Con respecto a tu grado del Sol, la influencia de esta estrella indica aptitud para los negocios, los deportes y los puestos gubernamentales. Promueve el rigor y la capacidad de explotar cualquier situación; pero advierte que evites ser irritable y demasiado confiado.

• *Positiva:* autenticidad, franqueza, fortaleza, capacidad de sobreponerse a las decepciones.

• *Negativa:* crueldad, egoísmo, destructividad, obstinación, crítica excesiva.

3 de septiembre

♍ Según tu fecha de nacimiento, eres una persona práctica, decidida y amistosa, de mente aguda y con una marcada fuerza de voluntad. Tu compañía resulta amigable, te inclinas a lo social y disfrutas rodearte de gente agradable. Siempre sientes el deseo de ampliar tus miras y mejorarte a ti mismo, así que solo necesitas tener claras tus metas para llevarlas a cabo con éxito. Esta fecha señala un poder creativo, así como una capacidad para superar los obstáculos y realizar logros sin precedentes.

Gracias a la subinfluencia de Capricornio, el regente de tu decanato, se te facilita la concentración y tienes una mente capaz de asimilar y discernir con rapidez. Eres realista, trabajador, metódico, además de que se te da bien la organización. Tienes intuición natural para los negocios, abordas con sensatez las cosas y te comunicas con claridad y precisión. Aunque eres riguroso y digno de confianza, sería oportuno que evitaras buscar falla en los demás o quedarte estancado en la rutina.

No acostumbras adoptar el papel de víctima del destino ya que eres ambicioso, activo y productivo. Aun cuando seas perseverante y sepas resistir, evita las tareas que no te dejen espacio para nuevas experiencias. Ya que eres orgulloso, quizá debas abstenerte de ser condescendiente con los demás. Si estás bajo presión, puedes ponerte irritable y llegar a frustrarte. Por suerte, también eres talentoso y de ingenio veloz, y puedes convertirte en el alma de la fiesta. Las personas más inspiradas entre aquellos nacidos en esta fecha suelen hallar su válvula de expresión a través del amor al arte, la música o la literatura.

Desde la infancia, te ha interesado analizar las situaciones con el fin de entenderlas y mejorarlas. Después de cumplir 19 años, cuando tu Sol progresado se desplace hacia Libra por un periodo de tres décadas, te volverás cada vez más consciente de la importancia de tus relaciones sociales y laborales. Tus habilidades creativas se acentúan, y podrías inclinarte a cultivar cualquier interés musical, artístico o literario que esté latente. A los 49 años alcanzas otro punto de inflexión, conforme tu Sol progresado entra en Escorpión. Esto produce un anhelo de cambios profundos, transformación y poder interior.

Tu yo secreto

Aparentas ser una persona decidida y segura de sí misma, pero detrás de esa fachada se esconde tu sensibilidad. Ya que a veces te preocupas mucho por los asuntos materiales, confiar en tu intuición te ayudará a superar esa actitud recelosa o escéptica. Aunque necesitas periodos regulares de descanso o recogimiento, ten cuidado de no aislarte. Si te sientes desanimado, corres el peligro de volverte frío, obstinado o autoritario en tu intento de tener el control de circunstancias externas. Cuando te sientes motivado, sin embargo, eres temerario, rápido, competitivo y espontáneo, verdaderamente capaz de expresar tu nítida percepción de las cosas en forma creativa y divertida.

Tu sabiduría innata se manifiesta en una autoridad natural. La nitidez de tu pensamiento y el amor por el conocimiento te dotan de habilidad para manejar cualquier situación. Gracias a tu fuerte personalidad y el potencial para el dominio propio, tienes el poder y la fuerza para animar a los demás y ayudarte a lograr tus sueños más inspirados.

Trabajo y vocación

Disfrutas del poder, la estructura y la eficiencia, y podrías sobresalir particularmente en los negocios como coordinador, gerente o ejecutivo. Debido a tu don de la palabra, también podrías realizarte en el derecho, la escritura, la educación o la política. Es posible que la comunicación en todas sus formas sea parte de tu experiencia natural de trabajo. Tu encanto y facilidad para relacionarte también pueden ser de gran ayuda en tu trato con otras personas y te garantiza el éxito en carreras que tengan que ver con la gente. Como eres meticuloso y concienzudo, podrías sentirte atraído por la investigación, la ciencia o las áreas técnicas. No te gusta recibir órdenes pues eres independiente, así que quizá prefieras ser tu propio jefe o delegar a otros algunas tareas. Tu actitud directa, incluso escueta, podría garantizarte que no pierdas el tiempo, sino que apuntes directo a tus objetivos.

Entre las personas famosas con quienes compartes cumpleaños están el escritor Loren Eiseley, los actores Charlie Sheen y Alan Ladd, el músico de blues Memphis Slim y el físico Carl Anderson.

Numerología

Tener el número 3 en tu fecha de cumpleaños te convierte en una persona sensible, con la necesidad de externar tu creatividad y tus emociones. Eres divertido y buena compañía, ya que disfrutas las actividades sociales entre amigos. Sientes una gran necesidad de expresarte y, cuando adoptas una actitud positiva, irradias alegría de vivir. Tu tendencia a aburrirte con facilidad puede volverte indeciso o demasiado disperso. Aun así, eres artístico y encantador, y tienes un buen sentido del humor. Tu talento con las palabras se puede manifestar a través de la oratoria, la escritura o el canto. Es posible que debas fortalecer tu autoestima y superar la propensión a preocuparte en exceso, así como tus inseguridades a nivel emocional. La subinfluencia del mes número 9 indica que tienes una gran capacidad de razonamiento y eres intuitivo. Con frecuencia debes sobreponerte a las limitaciones y desafíos antes de encontrar paz y armonía. Gracias a tu profundo conocimiento, sueles ser visionario, pero tendrás que aprender a comunicar tus pensamientos y sentimientos con apertura.

• *Cualidades positivas:* humor, felicidad, afabilidad, productividad, creatividad, veta artística, buen conversador, poderes para desear, amor por la libertad.

• *Cualidades negativas:* aburrimiento, vanidad, exageración, jactancioso, extravagancia, autocomplacencia, pereza, hipocresía.

Amor y relaciones

Gracias a tu encanto dinámico, sueles tener muchos amigos y conocidos. Aunque eres trabajador, te gusta divertirte y socializar. Sueles ser el pilar en el que se apoyan los demás. Tu necesidad de amor no siempre es evidente a causa de tu personalidad segura. Puesto que suelen atraerte individuos poderosos y creativos, evita atormentarte. Ser independiente hace que a veces seas ambiguo con respecto al amor; sin embargo, cuando sientas cabeza, eres fiel y cariñoso.

ESE ALGUIEN ESPECIAL

Encontrarás una pareja que comprenda tu sensibilidad y tus necesidades afectivas entre personas nacidas en las siguientes fechas.

Amor y amistad: 1, 7, 17, 20 y 21 de enero; 5, 15 y 18 de febrero; 3, 13, 16, 29 y 31 de marzo; 1, 11, 14, 27 y 29 de abril; 9, 12, 13, 25 y 27 de mayo; 7, 10, 23 y 25 de junio; 5, 8, 21 y 23 de julio; 3, 6, 19 y 21 de agosto; 1, 4, 17 y 19 de septiembre; 2, 15, 17 y 23 de octubre; 13, 15 y 30 de noviembre; 11, 13, 19 y 28 de diciembre.

Buenas para ti: 15, 17 y 28 de enero; 13, 15 y 26 de febrero; 11, 13 y 24 de marzo; 9, 11 y 22 de abril; 7, 9 y 20 de mayo; 5, 7 y 18 de junio; 3, 5 y 16 de julio; 1, 3 y 14 de agosto; 1 y 12 de septiembre; 10 y 29 de octubre; 8 y 27 de noviembre; 6 y 25 de diciembre.

Atracción fatal: 5 de enero; 3 de febrero; 1, 2 y 3 de marzo.

Desafiantes: 4, 5 y 14 de enero; 2, 3 y 12 de febrero; 1 y 10 de marzo; 8 y 30 de abril; 6 y 28 de mayo; 4 y 26 de junio; 2 y 24 de julio; 22 de agosto; 20 de septiembre; 18 de octubre; 16 de noviembre; 14 de diciembre.

Almas gemelas: 2 de enero, 29 de marzo, 27 de abril, 25 de mayo, 23 de junio, 21 de julio, 19 de agosto, 17 de septiembre, 15 de octubre, 13 de noviembre, 11 de diciembre.

SOL: VIRGO
DECANATO: CAPRICORNIO/SATURNO
ÁNGULO: 11º–12º DE VIRGO
MODALIDAD: MUTABLE
ELEMENTO: TIERRA

ESTRELLA FIJA

Nombre de la estrella: Zosma, también llamada Duhr

Posición: 10º 19'–11º 14' de Virgo, entre los años 1930 y 2000

Magnitud: 2.5

Fuerza: ★★★★★★★

Órbita: 2º 10'

Constelación: Leo (Delta Leo)

Días efectivos: 2, 3, 4, 5 y 6 de septiembre

Propiedades de la estrella: Saturno/ Venus

Descripción: estrella triple, blanca, amarillo claro y violeta azulado, ubicada en el lomo del león

INFLUENCIA DE LA ESTRELLA PRINCIPAL

Zosma otorga una naturaleza seria y responsable, así como una mente alerta; pero recomienda que evites el exceso de seriedad y el egoísmo. Además, como es posible que vivas circunstancias cambiantes, también debes evitar temores injustificados. Por el lado positivo, esta estrella confiere una actitud liberal, encanto personal, visión positiva del mundo, así como éxito y progreso inesperados.

Con respecto a tu grado del Sol, esta estrella podría ayudarte a obtener poder y a convencer a otros de concordar con tus opiniones. Puedes volverte influyente y ascender socialmente, puesto que Zosma influye en tu personalidad amistosa y tu popularidad. Aunque parezcas extrovertido y sociable, sueles tener una naturaleza reservada. Esta estrella indica que descubrirás quiénes son tus verdaderos amigos solo en situaciones de crisis.

• *Positiva:* lealtad, diligencia, meticulosidad.

4 de septiembre

♍ Eres una persona trabajadora y persuasiva, dueña de una interesante mezcla de astucia práctica, sensibilidad e ideales. Alguien realista como tú, que se interesa en la gente, puede ser un leal y fiel amigo o compañero. Por la subinfluencia de Capricornio, el regente de tu decanato, posees la habilidad de trabajar con una precisión meticulosa. La agudeza de tu mente te permite analizar e investigar a detalle, pero también te inclinas a agobiarte o ser demasiado crítico contigo mismo y con los demás. Eres confiable, minucioso y productivo en tu trabajo, pero podrías tener un conflicto entre el deber y el amor.

Te gusta rodearte de armonía, y si desarrollas tu apreciación por la belleza y el lujo, podrías dedicarte a alguna profesión relacionada con lo creativo y artístico. Tiendes a planear a largo plazo. Debido a que el dinero es importante, estás dispuesto a trabajar arduamente para adquirirlo. Eres protector con tu familia, buscas la estabilidad y necesitas sentirte valorado.

Aunque eres encantador y responsable, con una exacerbada conciencia de las relaciones personales, controlas firmemente tus emociones. Estos extremos de tu personalidad muestran, por un lado, tu naturaleza afectuosa y humanitaria y, por el otro, demasiada seriedad o rigidez en tus puntos de vista.

Al cumplir 18 años de edad, cuando tu Sol progresado se desplaza hacia Libra por un periodo de tres décadas, hay una creciente necesidad de colaborar y relacionarte. Tu sentido de armonía y belleza pueden acentuarse, y existe la posibilidad de explorar salidas para tus inquietudes literarias, artísticas o creativas. Este comportamiento continúa hasta los 48 años, cuando tu Sol progresado entra en Escorpión y, como punto de inflexión para ti, destaca un anhelo de regeneración emocional y espiritual. También podría darse actividad relacionada con emprendimientos financieros o negocios corporativos. A los 78 años, tu Sol progresado se desplaza hacia Sagitario en el que se pone de manifiesto tu filosofía personal, así como un deseo por la verdad.

Tu yo secreto

Sería importante que aprendieras a ser emocionalmente objetivo pero sin parecer frío o retraído, esto te permitirá ser espontáneo y no tratar de tener todo el control. Ya que eres muy sensible interiormente, las demostraciones de afecto pueden ser importantes para ti. Es posible que en etapas tempranas de tu vida hayas experimentado casos de amor sujeto a condiciones, en los que tenías que cumplir con las expectativas de otras personas, pero conforme aprendes a valorarte a ti mismo y a tus sentimientos, adquieres seguridad y estás menos dispuesto a vivir en función de lo que los demás te aprueben. Cuando atraviesas una racha negativa, tus poderosas emociones se expresan como desilusión, frustración e incapacidad para soltar el pasado. Cuando estás en un momento positivo, eres generoso y profundamente amoroso. En estos periodos, tu actitud receptiva te expone a una compasión universal o sensibilidad espiritual que puede avivar tu deseo de servir a los demás.

Trabajo y vocación

Eres hábil para combinar negocios y placer. Puedes llegar a ser un excelente diplomático. Tu naturaleza bondadosa te inclina a carreras que involucren servicio a los demás, como dar terapia o dar clases. Igualmente, el mundo de las ventas, del comercio y las comunicaciones son vías óptimas para aprovechar tu sagaz intelecto y habilidad para tratar con la gente. Tienes una gran intuición para los negocios y normalmente eres capaz de convertir tus talentos en recursos financieros. Con tus habilidades técnicas y prácticas, puedes abrirte paso en la industria, la ingeniería, la investigación o en la inversión inmobiliaria. Generalmente te va mejor en ocupaciones que incluyan variedad y cambio, pues no te gusta la rutina y podrías aburrirte pronto. Si estás en el mundo de la sanación, tiendes a abordarlo con tu enfoque práctico y los pies bien puestos en la tierra.

Entre las personas famosas con quienes compartes cumpleaños están el empresario Henry Ford II, el escritor Richard Wright, la astróloga y escritora Liz Greene y el arquitecto Daniel Burnham.

Numerología

La estructura sólida y el poder jerarquizado que conlleva el número 4 en tu fecha de nacimiento apuntan hacia la necesidad de estabilidad y el gusto por establecer orden. Con una fecha de nacimiento con el número 4 eres sensible a las formas y la composición. Enfocarte en tu seguridad hará que desees construir una base sólida para tu familia y para ti, así que aprovecha que tu visión pragmática de la vida te confiere un buen sentido de los negocios y la capacidad de alcanzar el éxito material. Aunque seas poco expresivo, acostumbras ser fiel, honesto, franco y justo. No obstante, quizá debas aprender a manifestar más tus sentimientos. Los retos que enfrenta un individuo con el número 4 incluyen periodos de inestabilidad. La subinfluencia del mes número 9 indica que eres receptivo, pero también racional. Puesto que eres sensible a tu entorno, necesitas aislarte de forma ocasional. Sueles ser reservado, pero también humanitario, de mente abierta y un ávido defensor de la justicia.

• *Cualidades positivas*: organización, autodisciplina, estabilidad, trabajo arduo, habilidades manuales, pragmatismo, confianza, exactitud.

• *Cualidades negativas*: incapacidad para comunicarse, represión, rigidez, pereza, insensibilidad, postergación, avaricia, comportamiento controlador o dominante, resentimiento, rigor.

Amor y relaciones

Sueles ser idealista, sensible, encantador y hábil para cautivar a la gente; además eres romántico y amoroso. Te tomas en serio las relaciones personales y eres comprometido. Evita ser extremista y dar demasiado de ti mismo a alguien que no lo valora del todo. Las relaciones pueden tener efectos contrastantes en ti; si pierdes el balance entre control e independencia, alternarás entre ser cálido y espontáneo, y ser rígido e inflexible. Tienes una necesidad intensa de expresarte; si la aprovechas de forma creativa, será una fuente de satisfacción y regocijo. Puedes ser generoso con la gente a la que quieres y te tomas en serio sus necesidades.

• *Negativa*: desvergüenza, egoísmo, falsas amistades, exceso de seriedad.

ESE ALGUIEN ESPECIAL

Encontrarás una pareja que comprenda tu sensibilidad y tus necesidades afectivas entre personas nacidas en las siguientes fechas.

Amor y amistad: 4, 8, 9, 13, 18, 19 y 23 de enero; 2, 6, 16, 17 y 21 de febrero; 4, 9, 14, 15, 19, 28 y 30 de marzo; 2, 12, 13, 17, 26, 28 y 30 de abril; 1, 5, 10, 11, 15, 24, 26 y 28 de mayo; 8, 9, 13, 22, 24 y 26 de junio; 6, 7, 11, 20, 22, 24 y 30 de julio; 4, 5, 9, 18, 20, 22 y 28 de agosto; 2, 3, 7, 16, 18, 20 y 26 de septiembre; 1, 5, 14, 16, 18 y 24 de octubre; 3, 12, 14, 16 y 22 de noviembre; 1, 10, 12, 14 y 20 de diciembre.

Buenas para ti: 5, 16 y 27 de enero; 3, 14 y 25 de febrero; 1, 12 y 23 de marzo; 10 y 21 de abril; 8 y 19 de mayo; 6 y 17 de junio; 4 y 15 de julio; 2 y 13 de agosto; 11 de septiembre; 9 y 30 de octubre; 7 y 28 de noviembre; 5, 26 y 30 de diciembre.

Atracción fatal: 17 de enero; 15 de febrero; 1, 2, 3, 4 y 13 de marzo; 11 de abril; 9 de mayo; 7 de junio; 5 de julio; 3 de agosto; 1 de septiembre.

Desafiantes: 1, 10 y 15 de enero; 8 y 13 de febrero; 6 y 11 de marzo; 4 y 9 de abril; 2 y 7 de mayo; 5 de junio; 3 y 29 de julio; 1 y 27 de agosto; 25 de septiembre; 23 de octubre; 21 de noviembre; 19 y 29 de diciembre.

Almas gemelas: 30 de agosto, 28 de septiembre, 26 de octubre, 24 de noviembre, 22 de diciembre.

5 de septiembre

ESTRELLA FIJA

Nombre de la estrella: Zosma, también llamada Duhr

Posición: 10° 19'–11° 14' de Virgo, entre los años 1930 y 2000

Magnitud: 2.5

Fuerza: ★★★★★★★

Órbita: 2° 10'

Constelación: Leo (Delta Leo)

Días efectivos: 2, 3, 4, 5 y 6 de septiembre

Propiedades de la estrella: Saturno/Venus

Descripción: estrella triple, blanca, amarillo claro y violeta azulado, ubicada en el lomo del león

INFLUENCIA DE LA ESTRELLA PRINCIPAL

Zosma otorga una naturaleza seria y responsable, así como una mente alerta, pero advierte que debes evitar el exceso de seriedad y el egoísmo. Es posible que vivas circunstancias cambiantes, así que debes cuidarte de temores y ansiedades injustificados. Por el lado positivo, confiere una actitud liberal, encanto personal, una visión positiva del mundo, así como éxito y progreso inesperados.

Con respecto a tu grado del Sol, esta estrella podría ayudarte a obtener poder y a convencer a otros de que concuerden con tus opiniones. Puedes volverte influyente y ascender socialmente, puesto que Zosma influye en tu personalidad amistosa y tu popularidad. Aunque parezcas extrovertido y sociable, sueles tener una naturaleza reservada. Esta estrella indica que descubrirás quiénes son tus verdaderos amigos solo en situaciones de crisis.

• *Positiva:* lealtad, diligencia, meticulosidad.

Eres una persona juiciosa, prudente, encantadora, franca y de mente abierta; dueña de un corazón bondadoso y un profundo sentido común. Aunque seas amable y tímido, puedes hacer grandes planes y eres bueno para la organización. Te gusta ser amistoso y te acercas de manera agradable a la gente. Te encanta aprender constantemente y mejorar tus capacidades. Ten cuidado de que la insatisfacción no disminuya tu optimismo natural.

Gracias a la subinfluencia de Capricornio, el regente de tu decanato, eres realista, trabajador y posees una sagaz percepción. Eres independiente, competente y analítico, por lo que ser productivo te genera placer. Estás en busca de perfección, pero evita ser demasiado crítico y preocuparte por detalles insignificantes, pues esto puede provocarte irritabilidad y echar a perder la armonía que buscas.

Esta fecha de nacimiento normalmente promete bienestar, comodidad física y seguridad económica. Te inclinas por la libertad, el cambio o los viajes, pero igual te hace falta la estabilidad de una sólida base en el hogar. Cierto desasosiego podría estimularte a lograr tus grandes planes o bien debilitar tu sentido de propósito. Si no defines tu rumbo, podrías verte envuelto en problemas ajenos. Que te intereses en un amplio rango de asuntos es una influencia positiva siempre y cuando no disperses tus fuerzas entre tantas cosas. Normalmente eres capaz de obtener el éxito a través de la perseverancia y siguiendo tenazmente tus planes.

Desde temprana edad, has tendido a lo práctico y a analizar las situaciones con el fin de mejorarlas. Después de los 17 años, cuando tu Sol progresado se desplaza hacia Libra, te orientas más a lo social, con un marcado afán de ser popular y sentirte valorado. Las colaboraciones profesionales o personales comenzarán a jugar un papel más importante en tu vida. De los 47 años en adelante, tu poder interior aumenta cuando tu Sol progresado se desplaza hacia Escorpión, entonces te haces más autosuficiente y proclive a estar en control. A los 77 años, experimentas otro punto de inflexión conforme tu Sol progresado entra en Sagitario, lo que trae una nueva energía a tu vida, más positiva y amplia.

Tu yo secreto

Es importante que fortalezcas tu confianza, y puedes hacerlo mediante tu habilidad para expresarte en todas las áreas de tu vida. Aunque seas creativo e intuitivo, quizá sufras frustración y dificultad para tomar decisiones sobre qué camino elegir. A esto no ayuda el hecho de que, como buen consejero, atraigas a las personas que quieren que las ayudes pero no siempre están disponibles para ti. Sería oportuno dejarlas que aprendan gracias a sus propios errores, en vez de que siempre estés ahí para apoyarlas.

Cuando tu estado de ánimo es positivo, tienes un enfoque amplio y universal a la vida, eres sociable y te interesas cálidamente por las personas. En esos momentos, eres capaz de tomar decisiones que te permitan permanecer enfocado y objetivo. La educación es particularmente útil en tu búsqueda para conocerte a ti mismo.

Trabajo y vocación

Sabes bien cómo sacarles provecho a tus talentos gracias a tu intuición natural para los negocios. Necesitas variedad en todo porque te impide aburrirte, por lo tanto es importante que no te quedes atrapado en la rutina. Tus destrezas técnicas te pueden llevar a dedicarte a la ciencia, la ingeniería o las computadoras. Tu talento para la comunicación te servirá de mucho en el derecho o la escritura, y te hará un destacado crítico. Asimismo, se te da el trato con la gente, que bien podrías explotar en promoción y ventas. También es probable que seas exitoso trabajando la tierra, por ejemplo en jardinería y paisajismo, en la construcción o en la inversión inmobiliaria. Un cambio filosófico de tu mente te acerca a profesiones en el clero o la educación como opciones atractivas. Tu fecha de nacimiento puede ser una excelente influencia para los intérpretes y compositores.

Entre las personas famosas con quienes compartes cumpleaños están el director de cine Werner Herzog, la actriz Raquel Welch, el comediante Bob Newhart, el escritor Arthur Koestler, la caricaturista Cathy Guisewite, el compositor John Cage, el cantante Freddie Mercury y Luis XIV de Francia.

Numerología

El número 5 en tu fecha de nacimiento indica instintos poderosos, una naturaleza aventurera y ansias de libertad. Los viajes y las múltiples oportunidades de cambio, algunas de ellas inesperadas, podrían conducir a una auténtica transformación de tus perspectivas y creencias. Con frecuencia, tener un cumpleaños con el número 5 significa que necesitas aprender sobre la paciencia y la atención a los detalles; alcanzarás el éxito si evitas acciones impulsivas o especulativas, y aprendes a ser paciente. El talento natural de una persona con el número 5 es saber cómo dejarse llevar por la corriente y mantenerse desapegado.

• *Cualidades positivas*: versatilidad, adaptabilidad, actitud progresista, magnetismo, audacia, amor por la libertad, ingenio, agilidad mental, curiosidad, misticismo, sociabilidad.

• *Cualidades negativas*: poca confiabilidad, volatilidad, postergación, incongruencia, exceso de confianza, irresponsabilidad, obstinación.

Amor y relaciones

Puesto que tienes una aptitud natural para tratar con las personas, eres capaz de hacer amigos en cualquier contexto, por lo que es probable que seas popular entre la gente. Sin embargo, esta capacidad de socializar requiere discreción. Eres generoso y cariñoso. Cuando tienes una actitud positiva, proyectas un amor fuerte y poderoso que te traerá éxito en lo romántico y lo social. También eres un amigo leal y muy protector con tu familia.

• *Negativa*: desvergüenza, egoísmo, falsas amistades, exceso de seriedad.

ESE ALGUIEN ESPECIAL

Entablarás una relación duradera y encontrarás estabilidad con alguien que haya nacido en las siguientes fechas.

Amor y amistad: 3, 5, 9, 10, 18 y 19 de enero; 3, 7, 16 y 17 de febrero; 1, 5, 6, 14, 15 y 31 de marzo; 3, 12, 13 y 29 de abril; 1, 10, 11, 27 y 29 de mayo; 8, 9, 25 y 27 de junio; 6, 7, 23, 25 y 31 de julio; 4, 5, 21, 23 y 29 de agosto; 2, 3, 19, 21, 27 y 30 de septiembre; 1, 17, 19, 25 y 28 de noviembre; 13, 15, 21 y 24 de diciembre.

Buenas para ti: 1, 6 y 17 de enero; 4 y 15 de febrero; 2 y 13 de marzo; 11 de abril; 9 de mayo; 7 de junio; 5 de julio; 3 de agosto; 1 de septiembre; 31 de octubre; 29 de noviembre; 27 de diciembre.

Atracción fatal: 3, 4, 5 y 6 de marzo.

Desafiantes: 2 y 16 de enero, 14 de febrero, 12 de marzo, 10 de abril, 8 de mayo, 6 de junio, 4 de julio, 2 de agosto, 30 de diciembre.

Almas gemelas: 11 y 31 de enero, 9 y 29 de febrero, 7 y 27 de mayo, 5 y 25 de abril, 3 y 23 de mayo, 1 y 21 de junio, 19 de julio, 17 de agosto, 15 de septiembre, 13 de octubre, 11 de noviembre, 9 de diciembre.

6 de septiembre

ESTRELLAS FIJAS

Aunque el grado en que se ubica tu Sol no se encuentra vinculado con una estrella fija, algunos de los grados de tus otros planetas sí lo estarán. Si solicitas el cálculo de tu carta astral, encontrarás la posición exacta de los planetas en tu fecha de nacimiento. Esto te permitirá determinar cuáles de las estrellas fijas descritas en este libro son relevantes para ti.

Tu fecha de nacimiento ejerce su influencia de tal modo que eres alguien idealista y práctico a la vez, así que requieres de estimulación y cambio para evitar aburrirte. Aunque te gustan los viajes y la aventura, también necesitas la seguridad y comodidad de tu propia casa. Eres consciente de la importancia de la imagen, te gusta ser popular y dar una buena impresión.

La subinfluencia de Capricornio, el regente de tu decanato, sugiere que mediante trabajo arduo y perseverancia vas a desarrollar la determinación que te hace falta. Eres capaz de asimilar y discernir rápidamente, pues posees una percepción aguda y fuertes instintos. Podrías prestar servicio a tu comunidad como asesor o especialista en tu ramo. Tu trabajo cobra una gran relevancia para ti, pero cuida que la inquietud o la impaciencia no te causen insatisfacción.

Dado que es probable que experimentes situaciones financieras inestables a lo largo de tu vida, es recomendable que ahorres y que consideres invertir a largo plazo. Esto puede funcionarte bien y ayudarte a superar cualquier posible preocupación o ansiedad por asuntos de dinero. Eres versátil y adaptable, te enfocas extremadamente bien cuando tienes una meta definida. Tu gran conocimiento práctico y sensibilidad para prever, puede ayudarte a conseguir lo que has concebido gracias a tu visión a futuro.

De los 16 años de edad en adelante, cuando tu Sol progresado se desplaza hacia Libra, hay una creciente necesidad de colaborar y relacionarte con la gente en el plano individual. Es probable que se acentúe tu sentido del refinamiento y la belleza, y existe la posibilidad de explorar tus intereses literarios, artísticos o creativos. Este comportamiento continúa hasta los 46 años, cuando tu Sol progresado entra en Escorpión; en este punto decisivo destaca el creciente anhelo de transformación, así como la valoración de tu propio poder interior. Cuando alcanzas los 76 años, tu Sol progresado se desplaza hacia Sagitario, acentuando el deseo de una mayor honestidad y asertividad.

Tu yo secreto

Si canalizas tus inquietudes en algo que realmente te interese, serás capaz de inspirarte lo suficiente para aceptar las responsabilidades que te brinden satisfacción a largo plazo. Algunas veces sufres de inseguridad y dudas de ti mismo porque no tienes la certeza de tomar las decisiones correctas. Si eres más objetivo y confías en que te tomarán en cuenta en planes mayores verás la vida de manera más creativa y ligera.

Un humanismo nato te mantiene interesado en la gente y te permite ver las cosas en perspectiva. Eres sociable, tienes ideas creativas y eres más feliz cuando te expresas libremente. Tu intuición normalmente está bien encaminada y suele ayudarte a juzgar con rapidez las intenciones de los demás. Disfrutas entretener a la gente y puedes llegar a sorprenderla con tu vivaz humor. Un amor por la libertad te podría atraer oportunidades para viajar y trabajar en países extranjeros.

Trabajo y vocación

Aunque eres trabajador, requieres una carrera cuya rutina no te abrume. Tu naturaleza es analítica y competente para llevar a cabo trabajos de manera esmerada, así que podrías hallar satisfacción en la investigación, la ciencia o la psicología. Por tu fuerte sentido visual, también eres sumamente consciente de las posibilidades de las imágenes y, por lo tanto, apto para ocupaciones tales como la publicidad, los medios de comunicación, el diseño gráfico o la fotografía. Si te abocas a los negocios, necesitas variedad, es probable que no te quedes en trabajos en los que no haya recompensas financieras rápidamente. Las carreras que implican viajes, deporte o recreación también podrían ser excelentes opciones para tu energía y empuje. Las personas nacidas en esta fecha suelen inclinarse por la medicina y el cuidado de la salud.

Entre las personas famosas con quienes compartes cumpleaños están el compositor y productor Billy Rose; el científico John Dalton; la reformista Jane Addams; el patriarca de los Kennedy, Joseph Kennedy, y el general francés conocido como el marqués de La Fayette.

ESE ALGUIEN ESPECIAL

Para encontrar a ese alguien especial, búscalo entre quienes nacieron en las siguientes fechas.

Amor y amistad: 6, 10, 20, 21, 26 y 29 de enero; 4, 8, 18 y 27 de febrero; 2, 6, 16, 25, 28 y 30 de marzo; 4, 14, 23, 26, 28 y 30 de abril; 2, 12, 13, 18, 21, 24, 26, 28 y 30 de mayo; 10, 19, 22, 24, 26 y 28 de junio; 8, 17, 20, 22, 24 y 26 de julio; 6, 15, 18, 20, 22 y 24 de agosto; 4, 13, 16, 18, 20 y 22 de septiembre; 2, 11, 14, 16, 18 y 20 de octubre; 9, 12, 14, 16 y 18 de noviembre; 7, 10, 12, 14 y 16 de diciembre.

Buenas para ti: 7, 13, 18 y 28 de enero; 5, 11, 16 y 26 de febrero; 3, 9, 14 y 24 de marzo; 1, 7, 12 y 22 de abril; 5, 10 y 20 de mayo; 3, 8 y 18 de junio; 1, 6 y 16 de julio; 4 y 14 de agosto; 2, 12 y 30 de septiembre; 10 y 28 de octubre; 8, 26 y 30 de noviembre; 6, 24 y 28 de diciembre.

Atracción fatal: 25 de enero; 23 de febrero; 3, 4, 5, 6 y 21 de marzo; 19 de abril; 17 de mayo; 15 de junio; 13 de julio; 11 de agosto; 9 de septiembre; 7 de octubre; 5 de noviembre; 3 de diciembre.

Desafiantes: 3 y 17 de enero; 1 y 15 de febrero; 13 de marzo; 11 de abril; 9 y 30 de mayo; 7 y 28 de junio; 5, 26 y 29 de julio; 3, 24 y 27 de agosto; 1, 22 y 25 de septiembre; 20 y 23 de octubre; 18 y 21 de noviembre; 16 y 19 de diciembre.

Almas gemelas: 18 de enero, 16 de febrero, 14 de marzo, 12 de abril, 10 y 29 de mayo, 8 y 27 de junio, 6 y 25 de julio, 4 y 23 de agosto, 2 y 21 de septiembre, 19 de octubre, 17 de noviembre, 15 de diciembre.

Numerología

Algunos de los atributos propios de la gente nacida en el día 6 son la compasión, el idealismo y la naturaleza humanitaria. Tu orientación hacia la vida hogareña te lleva a que seas una madre o un padre devoto y dedicado a lo doméstico. El deseo de buscar la armonía universal suelen animarte a trabajar arduamente por las cosas en las que crees. Las personas más sensibles entre quienes nacieron en esta fecha deberán encontrar una forma de expresión creativa, pues se sienten atraídas por el mundo del entretenimiento, las artes y el diseño. Los retos para alguien nacido el día 6 pueden ser el desarrollo de la seguridad en sí mismos, la compasión hacia sus amigos y vecinos, así como aprender a ser más responsables. La subinfluencia del mes número 9 indica que eres intuitivo y sensible. Gracias a tu perspicacia, empatía y visión progresista, sueles ser un visionario o humanista afectuoso y solidario. Además, tienes inclinaciones espirituales, pero también eres práctico.

• *Cualidades positivas*: cosmopolita, hermandad universal, afabilidad, compasión, confiabilidad, comprensión, idealismo, compostura, talento artístico, equilibrio.

• *Cualidades negativas*: insatisfacción, ansiedad, timidez, irracionalidad, terquedad, franqueza excesiva, comportamiento dominante, irresponsabilidad, egoísmo, suspicacia, egocentrismo.

Amor y relaciones

Eres amistoso y extrovertido, por lo que te atraen individuos inteligentes o divertidos. Tu deseo de conocimiento, que puede conducir a tu superación personal y a mantener una jovialidad interna, te acompañará toda la vida y te impulsará hacia el éxito social. Aunque seas entretenido, tienes que resolver ciertos problemas de responsabilidad. Aun así, generalmente, estás dispuesto a esforzarte por mantener la armonía en tus relaciones. Breves escapadas con tu pareja harán maravillas para restablecer el entusiasmo y espíritu aventurero de ambos.

7 de septiembre

ESTRELLA FIJA

Nombre de la estrella: Mizar

Posición: 14º 36'–15º 37' de Virgo, entre los años 1930 y 2000

Magnitud: 2.5

Fuerza: ★★★★★★

Órbita: 2º 10'

Constelación: Osa Mayor (Zeta Ursae Majoris)

Días efectivos: 6, 7, 8, 9, 10 y 11 de septiembre

Propiedades de la estrella: Marte y Saturno/Venus

Descripción: estrella blanca y esmeralda claro ubicada en la cola de la Osa Mayor

INFLUENCIA DE LA ESTRELLA PRINCIPAL

Mizar transmite ambición, pragmatismo, creatividad y talento artístico. No obstante, también indica falta de armonía y participación en asuntos controversiales.

Con respecto a tu grado del Sol, esta estrella supone prestigio en la escritura y los negocios, además de éxito al tratar con el público en general. Mizar advierte que no se debe ser demasiado crítico y sugiere poner la capacidad mental al servicio de labores creativas y positivas.

• *Positiva:* seriedad, responsabilidad, creatividad.

• *Negativa:* rebeldía, falta de armonía, egoísmo.

♍ La influencia de tu fecha de nacimiento sugiere que eres una persona práctica, inteligente y sensible, con la necesidad de construir un orden sólido en tu vida. Pones especial énfasis en tu trabajo, lo cual es particularmente beneficioso para proporcionarte protección financiera. Por tu fértil imaginación y tu buen sentido del valor, te darás cuenta de que mediante el esfuerzo concentrado podrás convertir tu visión de futuro en realidad.

Gracias a la influencia extra de Capricornio, el decanato que te rige, eres metódico, activo y con sentido común innato. El orgullo que albergas por tu trabajo lleva el sello del perfeccionista. Tu sentido del deber y el control te hace responsable y experto, pero controlar firmemente tus emociones puede provocar que seas demasiado serio, malhumorado u obstinado.

Tu faceta idealista y sensible bien puede ponerte al servicio de los demás, pero también te inclinas a los negocios; por lo que esta poderosa combinación te lleva a ser alguien compasivo y realista al mismo tiempo. Con el fin de evitar el estrés mental que experimentas algunas veces, debes dedicarle tiempo a la reflexión, el descanso o la meditación. Tus habilidades prácticas, fuerte intuición, capacidad para concentrarte con determinación, así como para tener el trabajo bajo control, son solo algunos de tus muchos talentos.

Cerca de los 15 años de edad, tu Sol progresado se desplaza hacia Libra y comienza un periodo de tres décadas de creciente énfasis en tu vida social y en tus relaciones, tanto personales como profesionales. Es un momento en el que se expande tu sentido de la belleza y la armonía, así como tu deseo de desarrollar el potencial creativo que posees. Otro punto de inflexión se da alrededor de los 45 años, cuando tu Sol progresado se desplaza hacia Escorpión y te alienta a buscar un significado más profundo de la vida, además de poner de relieve el poder de transformación. Cuando alcanzas los 75 años, tu Sol progresado se desplaza hacia Sagitario y estimula un deseo de expansión, sinceridad e ideales positivos.

Tu yo secreto

Pese a que eres confiable y productivo, una inquietud interior podría incentivarte a explorar nuevas experiencias y a ser aventurero. Si te reprimes, es posible que caigas en la insatisfacción y te evadas de la realidad, en compensación. Por fortuna, el encanto magnético que reside en ti te salva de muchas dificultades y atrae personas.

Aunque una parte de ti quiere una vida estable, segura y predecible, otra parte no desea sentirse atada y teme el aburrimiento. Evita caer en la rutina si tu situación se vuelve agradable y cómoda, pues las oportunidades suelen presentarse lejos de tu rutina diaria de casa y trabajo. Tendrás que ejercitar la paciencia y enfrentar el reto de hallar armonía dentro de ti.

Trabajo y vocación

Ser práctico y perspicaz constituye una ventaja para triunfar en casi cualquier carrera, desde la investigación científica y los negocios hasta algo más creativo. Ya que te gusta ser metódico y minucioso, es vital que cuentes con un plan práctico para materializar tus grandes ideas. Gracias a tu gusto por el orden y tu sagaz inteligencia, eres proclive al comercio y la industria, donde puedes destacar por tus habilidades organizacionales. Las empresas suelen apreciar tu habilidad para el trabajo pesado, tu confiabilidad y responsabilidad. Por tus destrezas analíticas y comunicativas, quizá te interese dar clases o escribir. El rasgo imaginativo de tu naturaleza podría encontrar su mejor expresión a través del arte, el drama o la música.

Entre las personas famosas con quienes compartes cumpleaños están la reina Isabel I de Reino Unido, las cantantes Chrissie Hynde y Gloria Gaynor, los músicos Sonny Rollins y Buddy Holly, el director de cine Elia Kazan, el actor Peter Lawford, la artista Grandma Moses, el banquero J. P. Morgan Jr. y el naturalista francés George Louis, conde de Buffon.

Numerología

A pesar de ser analíticas y reflexivas, las personas con el número 7 en su fecha de nacimiento suelen ser críticas y egocéntricas. Por lo general, prefieres tomar tus propias decisiones y, con frecuencia, aprendes mejor mediante la experiencia. Este deseo de aprendizaje puede llevarte al mundo académico o a trabajar constantemente por mejorar tus habilidades. En ocasiones, puedes ser demasiado sensible a las críticas o sentirte incomprendido. Tu tendencia a ser discreto o reservado puede llevarte a desarrollar el arte de hacer preguntas sutiles, sin revelar qué es lo que estás pensando. La subinfluencia del mes número 9 indica que eres perspicaz, astuto y con buena capacidad de discernimiento. Ya que, generalmente, el entorno influye en ti, con facilidad percibes los cambios de ánimo de los demás. Debido a tu mente abierta y sentido humanitario, buscas equilibrio y justicia en el mundo. Con esa perspicacia, no es difícil que seas un visionario; sin embargo, no debes confundir los hechos con la fantasía.

- *Cualidades positivas*: educación, confianza, meticulosidad, idealismo, honestidad, habilidades psíquicas, capacidades científicas, racionalidad, reflexión.
- *Cualidades negativas*: ocultamiento, engaño, hermetismo, escepticismo, confusión, desapego, frialdad.

Amor y relaciones

Tu enfoque práctico y casual con frecuencia enmascara tu sensibilidad afectiva. Tu capacidad para percibir las emociones de los demás te ayudará en cualquier relación. Sin embargo, si reprimes las emociones más intensas serás propenso al malhumor o a aislarte. Es necesario que conozcas las necesidades e intereses de tu pareja para construir una buena relación amorosa. Sueles ser sociable y tener encanto natural, por lo que con frecuencia demuestras tu interés hacia los demás a través de acciones prácticas.

ESE ALGUIEN ESPECIAL

Encontrarás a alguien con quien sea sencillo compartir tus ideales entre personas nacidas en las siguientes fechas.

Amor y amistad: 7, 11, 12 y 22 de enero; 5, 9 y 20 de febrero; 3, 7, 8, 18 y 31 de marzo; 1, 5, 16 y 29 de abril; 3, 4, 14, 27 y 29 de mayo; 1, 12, 25 y 27 de junio; 10, 23 y 25 de julio; 8, 21, 23 y 31 de agosto; 6, 19, 21 y 29 de septiembre; 4, 17, 19, 27 y 30 de octubre; 2, 15, 17, 25 y 28 de noviembre; 13, 15, 23 y 26 de diciembre.

Buenas para ti: 8, 14 y 19 de enero; 6, 12 y 17 de febrero; 4, 10 y 15 de marzo; 2, 8 y 13 de abril; 6 y 11 de mayo; 4 y 9 de junio; 2 y 7 de julio; 5 de agosto; 3 de septiembre; 1 y 29 de octubre; 27 de noviembre; 25 y 29 de diciembre.

Atracción fatal: 5, 6, 7 y 8 de marzo.

Desafiantes: 9, 18 y 20 de enero; 7, 16 y 18 de febrero; 5, 14 y 16 de marzo; 3, 12 y 14 de abril; 1, 10 y 12 de mayo; 8 y 10 de junio; 6, 8 y 29 de julio; 4, 6 y 27 de agosto;. 2, 4 y 25 de septiembre; 2 y 23 de octubre; 21 de noviembre; 19 de diciembre.

Almas gemelas: 9 de enero, 7 de febrero, 5 de marzo, 3 de abril, 1 de mayo, 30 de octubre, 28 de noviembre, 26 de diciembre.

8 de septiembre

♍ De acuerdo con la influencia de tu fecha de nacimiento, eres una persona creativa, práctica, con una personalidad relajada. Eres ambicioso y emprendedor, posees intuición natural para los negocios y habilidad para presentar un punto de vista inusual y original. Aunque normalmente pareces brillante y amistoso, también tienes un lado más serio. Tu marcada necesidad de expresarte se puede manifestar siendo muy sociable y bien podría llevarte a la escritura o las artes. Tu enfoque objetivo de la vida se enfrenta con tu tendencia a la preocupación o a la indecisión, en particular respecto de las finanzas.

Por la influencia adicional de Capricornio, el regente de tu decanato, eres meticuloso para analizar las situaciones; además, eres trabajador y responsable. Ya que la precisión es importante, te precias de hacer bien tu trabajo. Aunque posees una mente aguda, que puedes aprovechar para la resolución de problemas, debes evitar ser demasiado crítico. Por tu buen sentido del valor, es probable que seas cauto económicamente o bueno para obtener rebajas.

Eres dueño de una perspicacia intuitiva, por lo que puedes ser de gran ayuda para la toma de decisiones. Sin embargo, quizá debas evitar ser demasiado serio o malhumorado. Asimismo, tu inclinación a indagar a profundidad en las cosas de la vida se manifiesta en tus habilidades psicológicas, conciencia espiritual o humor negro.

Desde la infancia, tiendes a analizar continuamente las situaciones con el fin de comprenderlas y mejorarlas. A partir de los 14 años, sin embargo, tu Sol progresado se desplaza hacia Libra por un periodo de tres décadas y te vuelves cada vez más consciente de la importancia de tus relaciones sociales y laborales. Tus habilidades creativas se acentúan y podrías cultivar algunos de tus intereses musicales, artísticos o literarios. A los 44 años, alcanzas otro punto de inflexión conforme tu Sol progresado entra en Escorpión y provoca un marcado énfasis en tu profundo anhelo de poder interior, intensidad y transformación. Cuando alcanzas los 74 años, tu Sol progresado entra en Sagitario y estimula un deseo de expandir tus horizontes, en particular a través de la educación, los viajes o la religión.

Tu yo secreto

Hábil y elocuente, sabes comunicar tus ideas con entusiasmo y sinceridad. Un buen sentido de los valores te ayuda en tu búsqueda de unidad. Sin embargo, puedes encontrar un conflicto entre tu acusada necesidad de seguridad material y tu afán de expresión personal. Por fortuna, como eres muy inteligente y estás consciente de tus responsabilidades, es probable que seas un poderoso oponente y buen estratega.

Dado que eres sensible a los desacuerdos o a las situaciones desagradables, notarás que tu sentido del bienestar se conecta a la armonía de tu entorno. Irónicamente, si pierdes el equilibrio, te verás tentado a volverte mordaz o entrometido. No obstante, tienes un profundo deseo de amor y armonía que se puede canalizar en el arte, la música o la ayuda a los demás.

ESTRELLA FIJA

Nombre de la estrella: Mizar

Posición: 14° 36'–15° 37' de Virgo, entre los años 1930 y 2000

Magnitud: 2.5

Fuerza: ★★★★★★★

Órbita: 2° 10'

Constelación: Osa Mayor (Zeta Ursae Majoris)

Días efectivos: 6, 7, 8, 9, 10 y 11 de septiembre

Propiedades de la estrella: Marte y Saturno/Venus

Descripción: estrella blanca y esmeralda claro ubicada en la cola de la Osa Mayor

INFLUENCIA DE LA ESTRELLA PRINCIPAL

Mizar transmite ambición, pragmatismo, creatividad y talento artístico. No obstante, esta estrella también indica falta de armonía y participación en asuntos controversiales.

Con respecto a tu grado del Sol, esta estrella supone prestigio en la escritura y los negocios, además de éxito al tratar con el público en general. Mizar advierte que no se debe ser demasiado crítico y sugiere poner la capacidad mental al servicio de labores creativas y positivas.

• *Positiva:* seriedad, responsabilidad, creatividad.

• *Negativa:* rebeldía, falta de armonía, egoísmo.

Trabajo y vocación

Poseedor de una astuta intuición para los negocios, sueles triunfar en el comercio o usar tu mente nítida para la investigación o la ciencia. Eres hábil en el área técnica y puedes aplicar esta ventaja en cualquier carrera que te interese. Por tus originales ideas y tu particular estilo de abordar la vida, te sientes atraído a la escritura o a ocupaciones relacionadas con la comunicación. Eres inteligente y te expresas con propiedad, así que también podrías hallar satisfacción en una carrera como la educación. Asimismo, una necesidad de expresión podría llevarte al mundo del entretenimiento o la política. Es posible que cambies de carrera porque buscas variar, y si permaneces en la misma ocupación, querrás desarrollar nuevas ideas o mejorar la manera en que operas.

Entre las personas famosas con quienes compartes cumpleaños están los comediantes Peter Sellers y Sid Caesar, la cantante Patsy Cline, el compositor Antonin Dvořák, el político estadounidense Claude Pepper, el patriarca de la Iglesia ortodoxa oriental Dimitrios I y el rey Ricardo Corazón de León.

Numerología

El poder del número 8 en tu fecha de nacimiento indica un carácter con valores firmes y un juicio sólido. Este número denota que aspiras a conseguir grandes logros y que tienes una naturaleza ambiciosa. Esboza además tu deseo de dominio, seguridad y éxito material. Tienes talento natural para los negocios y te beneficiarás en gran medida si desarrollas tus habilidades organizativas y ejecutivas. Sin embargo, es posible que debas aprender a administrarte o a delegar tu autoridad de forma justa y responsable. Tu necesidad de seguridad y estabilidad te insta a hacer planes e inversiones a largo plazo. La subinfluencia del mes número 9 indica que eres pragmático y perspicaz, y que tienes instintos bien calibrados. Te gusta usar el conocimiento de formas creativas y particulares, y, gracias a tu imaginación, eres original y productivo.

• *Cualidades positivas*: liderazgo, minuciosidad, trabajo arduo, autoridad, protección, poder de sanación, talento para juzgar valores.

• *Cualidades negativas*: impaciencia, desperdicio, intolerancia, avaricia, desasosiego, comportamiento controlador o dominante, tendencia a darte por vencido, falta de planeación.

Amor y relaciones

Ser astuto, original y sociable permite que atraigas amigos y admiradores sin problema alguno. Aunque seas espontáneo con tus emociones, en ocasiones alternas entre ser amoroso y sensible, y ser demasiado desapegado. Quizás estés buscando un vínculo especial o espiritual con tu pareja que te puede volver crítico si esa persona no está a la altura de tus ideales elevados. Cuestiones prácticas de seguridad también influirán en tus decisiones amorosas, aunque tu encanto y sociabilidad te garantizarán el éxito en cualquier situación social.

ESE ALGUIEN ESPECIAL

Encontrarás satisfacción emocional y a ese alguien especial entre quienes nacieron en las siguientes fechas.

Amor y amistad: 4, 8, 22, 23 y 26 de enero; 6, 20 y 24 de febrero; 4, 18 y 22 de marzo; 2, 16, 20 y 30 de abril; 14, 15, 18, 28 y 30 de mayo; 12, 16, 26 y 28 de junio; 10, 14, 24 y 26 de julio; 8, 12, 22 y 24 de agosto; 6, 10, 20, 22 y 30 de septiembre; 4, 8, 18, 20 y 28 de octubre; 2, 6, 16, 18 y 26 de noviembre; 4, 14, 16 y 24 de diciembre.

Buenas para ti: 9 y 20 de enero; 7 y 18 de febrero; 5, 16 y 29 de marzo; 3, 14 y 27 de abril; 1, 12 y 25 de mayo; 10 y 23 de junio; 8 y 21 de julio; 6 y 19 de agosto; 4 y 17 de septiembre; 2, 15 y 30 de octubre; 13 y 28 de noviembre; 11, 26 y 30 de diciembre.

Atracción fatal: 27 de enero; 25 de febrero; 6, 7, 8, 9 y 23 de marzo; 21 de abril; 19 de mayo; 17 de junio; 15 de julio; 13 de agosto; 11 de septiembre; 9 de octubre; 7 de noviembre; 5 de diciembre.

Desafiantes: 2, 10 y 19 de enero; 8 y 17 de febrero; 6 y 15 de marzo; 4 y 13 de abril; 2 y 11 de mayo; 9 de junio; 7 y 30 de julio; 5 y 28 de agosto; 3 y 26 de septiembre; 1 y 24 de octubre; 22 de noviembre; 20 y 30 de diciembre.

Almas gemelas: 15 de enero, 13 de febrero, 11 de marzo, 9 de abril, 7 de mayo, 5 de junio, 3 de julio, 1 de agosto, 29 de octubre, 27 de noviembre, 25 de diciembre.

9 de septiembre

ℳ Eres amistoso, consciente, práctico y astuto. La influencia de tu fecha de nacimiento te confiere un perfil idealista y positivo. Te cargas de energía gracias al contacto con la gente, y eres un buen estratega capaz de enfocarse para tomar resoluciones. Posees gentileza, amor por la humanidad y abundancia de sentimientos. Eres sociable, decidido, activo y trabajador, así que tienes el potencial para realizar esos grandes planes que has concebido.

La subinfluencia de Capricornio, el regente de tu decanato, implica que eres realista, preciso y elocuente. También eres disciplinado y tienes buenas habilidades de comunicación. Tu sed de conocimiento, minuciosidad y capacidad de análisis pueden hacer de ti un gran investigador.

Por una parte, puedes ser duro, obstinado y desafiante; por el otro, sensible y extremadamente generoso, en especial con aquellos que amas. Sin embargo, será necesario que equilibres ambos lados de tu naturaleza.

Gozas de una imaginación activa e intensa y, en tu búsqueda idealista de la verdad, podrías inclinarte hacia la metafísica o los asuntos religiosos. Por lo general, eres práctico y optimista, pero algunas veces podrías sentir un miedo infundado de carecer del dinero suficiente, aun cuando te esté yendo muy bien.

A los 13 años de edad, cuando tu Sol progresado se desplaza hacia Libra, aumenta tu necesidad de socializar, colaborar y relacionarte. Tu sentido de la armonía y el equilibrio quizá se acentúe, y existe la posibilidad de explorar salidas para tus inquietudes literarias, artísticas o creativas. Este comportamiento continúa hasta los 43 años, cuando tu Sol progresado entra en Escorpión y, como punto de inflexión para ti, resalta un anhelo de regeneración emocional y espiritual. También sugiere actividad en emprendimientos financieros o negocios corporativos. A los 73 años se da otro momento decisivo, cuando tu Sol progresado entra en Sagitario, entonces te vuelves más filosófico y surge en ti un deseo de expandir tus horizontes, ya sea a través de los viajes o la búsqueda de desarrollo mental.

Tu yo secreto

Un deseo de seguridad material, poder y prestigio se funde extrañamente con tu gran idealismo. Una poderosa motivación para ti es la necesidad de reconocimiento, que podría incentivarte para llegar a mayores alturas. Tienes la energía y la determinación para alcanzar logros sustanciales, pero podrías hallar una mayor plenitud al satisfacer tus aspiraciones de ayudar a otras personas. Cuando te impulsa la voluntad, el entusiasmo y la fe, eres capaz de lograr milagros.

Te encontrarás alternando entre periodos de debilidad y otros de extraordinarios progresos y desarrollo profesional. Entrar en contacto con tus necesidades espirituales podría ayudarte a enriquecer tu capacidad de equilibrio entre la búsqueda del placer y aspectos más significativos de la vida. Por fortuna, siempre mantendrás un rasgo juvenil o juguetón, que te puede ayudar a satisfacer tus nobles objetivos.

ESTRELLA FIJA

Nombre de la estrella: Mizar

Posición: 14° 36'–15° 37' de Virgo, entre los años 1930 y 2000

Magnitud: 2.5

Fuerza: ★★★★★★

Órbita: 2° 10'

Constelación: Osa Mayor (Zeta Ursae Majoris)

Días efectivos: 6, 7, 8, 9, 10 y 11 de septiembre

Propiedades de la estrella: Marte y Saturno/Venus

Descripción: estrella blanca y esmeralda claro ubicada en la cola de la Osa Mayor

INFLUENCIA DE LA ESTRELLA PRINCIPAL

Mizar transmite ambición, pragmatismo, creatividad y talento artístico. No obstante, esta estrella también indica falta de armonía y participación en asuntos controversiales.

Con respecto a tu grado del Sol, esta estrella supone prestigio en la escritura y los negocios, además de éxito al tratar con el público en general. Mizar advierte que no se debe ser demasiado crítico y sugiere poner la capacidad mental al servicio de labores creativas y positivas.

• *Positiva:* seriedad, responsabilidad, creatividad.

• *Negativa:* rebeldía, falta de armonía, egoísmo.

Trabajo y vocación

Tu natural diplomacia y experiencia para hacer contactos pueden ayudarte en las carreras relacionadas con la gente. Si crees en un proyecto, una persona o una idea, entonces tu fe y entusiasmo excepcional te ayudarán a vender o promocionar tu producto. Esto es especialmente útil en el mundo de las relaciones públicas, las agencias y la negociación. Gracias a tu energía y empuje, podrías preferir el trabajo por cuenta propia, pero en cooperación con otros. Tus excelentes aptitudes analíticas y de comunicación podrían servirte bien en la investigación o la escritura, donde eres propenso a triunfar. Idealmente, deberías estar en una posición de autoridad y siendo un buen asesor. Tu activa imaginación sería una gran cualidad en el mundo del arte, el drama y la música.

Entre las personas famosas con quienes compartes cumpleaños están el actor Hugh Grant, el músico y productor Dave Stewart, el cantante Otis Redding, los escritores León Tolstói y Cesare Pavese, el ilustrador Arthur Rackham y el patinador artístico John Curry.

Numerología

Entre las características asociadas con haber nacido bajo el número 9 están la benevolencia, la compasión y la sensibilidad. Tu inteligencia e intuición apuntan hacia una receptividad universal. Con esta fecha de cumpleaños, sueles sentir que el sendero de tu vida ya está trazado y no tienes mucho espacio para maniobrar. Quizá necesites desarrollar la comprensión, la tolerancia, la paciencia y aprender también a ser más objetivo. Viajar por el mundo e interactuar con gente de todo tipo te beneficiará, pero es posible que debas cuidarte de tener sueños poco realistas o de tender hacia la evasión. La subinfluencia del mes número 9 fortalece tu intuición y receptividad. Dado que eres sensible al entorno, con frecuencia te preocupa el bienestar de los demás. Deberás aceptar las limitaciones de la vida y entender que nunca será justa ni perfecta. Con tu perspicacia y sexto sentido, sueles ser un visionario con habilidades psíquicas.

• *Cualidades positivas*: idealismo, humanitarismo, creatividad, sensibilidad, generosidad, magnetismo, naturaleza poética, caridad, naturaleza dadivosa, desapego, suerte, popularidad.

• *Cualidades negativas*: frustración, nerviosismo, incertidumbre, egoísmo, falta de practicidad, tendencia a dejarse llevar, complejo de inferioridad, miedo, preocupación, aislamiento.

Amor y relaciones

Puesto que necesitas comunicarte, disfrutas interactuar con toda clase de círculos sociales distintos. Eres sociable, asertivo y te atraen las personas inteligentes. Tienes el don extraordinario de convertir nuevos amigos en contactos de negocios útiles. Te atraen individuos dotados intelectualmente, evita los juegos de poder con tus parejas. Debido a que eres generoso y solidario con quienes amas, generalmente, estás rodeado de amistades leales. Aunque eres una pareja afectuosa, es importante que conserves tu independencia.

ESE ALGUIEN ESPECIAL

Si buscas seguridad, estímulo intelectual y amor, te conviene empezar a buscarlos entre quienes nacieron en las siguientes fechas.

Amor y amistad: 3, 23 y 24 de enero; 11 y 21 de febrero; 9, 19, 28 y 31 de marzo; 7, 17, 26 y 29 de abril; 5, 15, 16, 24, 27, 29 y 31 de mayo; 3, 13, 22, 25, 27 y 29 de junio; 1, 11, 20, 23, 25, 27 y 29 de julio; 9, 18, 21, 23, 25 y 27 de agosto; 7, 16, 19, 21, 23 y 25 de septiembre; 5, 14, 17, 19, 21 y 23 de octubre; 3, 12, 15, 17, 19 y 21 de noviembre; 1, 10, 13, 15, 17 y 19 de diciembre.

Buenas para ti: 3, 4, 10 y 21 de enero; 1, 2, 8 y 19 de febrero; 6, 17 y 30 de marzo; 4, 15 y 28 de abril; 2, 13 y 26 de mayo; 11 y 24 de junio; 9 y 22 de julio; 7 y 20 de agosto; 5 y 18 de septiembre; 3, 16 y 31 de octubre; 1, 14 y 29 de noviembre; 12 y 27 de diciembre.

Atracción fatal: 22 y 28 de enero; 20 y 26 de febrero; 6, 7, 8, 9, 18 y 24 de marzo; 16 y 22 de abril; 14 y 20 de mayo; 12 y 18 de junio; 10 y 16 de julio; 8 y 14 de agosto; 6 y 12 de septiembre; 4 y 10 de octubre; 2 y 8 de noviembre; 6 de diciembre.

Desafiantes: 11 y 20 de enero; 9 y 18 de febrero; 7 y 16 de marzo; 5 y 14 de abril; 3, 12 y 30 de mayo; 1, 10 y 28 de junio; 8, 26 y 31 de julio; 6, 24 y 29 de agosto; 4, 22 y 27 de septiembre; 2, 20 y 25 de octubre; 18 y 23 de noviembre; 16 y 21 de diciembre.

Almas gemelas: 26 de enero, 24 de febrero, 22 y 30 de marzo, 20 y 28 de abril, 18 y 26 de mayo, 16 y 24 de junio, 14 y 22 de julio, 12 y 20 de agosto, 10 y 18 de septiembre, 8 y 16 de octubre, 6 y 14 de noviembre, 4 y 12 de diciembre.

10 de septiembre

ESTRELLA FIJA

Nombre de la estrella: Mizar

Posición: 14º 36'–15º 37' de Virgo, entre los años 1930 y 2000

Magnitud: 2.5

Fuerza: ★★★★★★★

Órbita: 2º 10'

Constelación: Osa Mayor (Zeta Ursae Majoris)

Días efectivos: 6, 7, 8, 9, 10 y 11 de septiembre

Propiedades de la estrella: Marte y Saturno/Venus

Descripción: estrella blanca y esmeralda claro ubicada en la cola de la Osa Mayor

INFLUENCIA DE LA ESTRELLA PRINCIPAL

Mizar transmite ambición, pragmatismo, creatividad y talento artístico. No obstante, esta estrella también indica falta de armonía y participación en asuntos controversiales.

Con respecto a tu grado del Sol, esta estrella supone prestigio en la escritura y los negocios, además de éxito al tratar con el público en general. Mizar advierte que no se debe ser demasiado crítico y sugiere poner la capacidad mental al servicio de labores creativas y positivas.

• *Positiva:* seriedad, responsabilidad, creatividad.

• *Negativa:* rebeldía, falta de armonía, egoísmo.

Eres una persona de férreas convicciones, determinada, ambiciosa y que aborda con sensatez las cosas. Gracias a tu inteligencia y a tus destrezas diplomáticas, eres rápido para detectar oportunidades. Tu gran idealismo y amistosa personalidad te llevan a triunfar en casi cualquier cosa que emprendas.

Eres realista y trabajador debido a la subinfluencia de Capricornio, el regente de tu decanato. Eres meticuloso, posees una sagaz percepción y tienes un enfoque serio y profundo de la vida. Eres un trabajador leal e incansable cuando te comprometes con un proyecto o causa justa, y tiendes a darlo todo de ti.

Que seas independiente y productivo se debe a que posees un natural sentido de autoridad y pericia ejecutiva. Al ser práctico y tener una excelente comprensión de los valores, aprecias las cosas buenas de la vida. El deseo de prestigio y lujos tiende a motivarte a la acción, pero deberías cuidarte de tu vena extravagante. Eres capaz de grandes gestos de generosidad hacia las personas que amas, aunque también eres estricto en recibir el valor que esperas por tu dinero.

Aunque tienes una fuerte inclinación hacia la libertad, algunas veces puedes llegar a ser impaciente y dominante con los demás, e incluso puedes mostrar el lado más obstinado de tu naturaleza. Idealmente deberías ocupar una posición en la que tu arrojo y recursos de pensamiento a gran escala te ubiquen como pionero, en la primera línea. Tu idealismo y necesidad de conocerte a ti mismo se pueden manifestar en una marcada veta humanitaria; este interés en la gente te otorga una profunda comprensión de los demás y te ayuda a ejercitar la compasión.

Al cumplir los 12 años de edad, cuando tu Sol progresado se desplaza hacia Libra, te orientas más a lo social y surge en ti un marcado afán de ser popular y sentirte valorado. Aprendes a ser más diplomático y disfrutas las actividades armoniosas y creativas. De los 42 años en adelante, cuando tu Sol progresado se desplaza hacia Escorpión, aumenta tu poder interior, que te hace más autosuficiente y proclive a estar en control. Cuando alcanzas los 72 años y tu Sol progresado entra en Sagitario, se acentúa un deseo de explorar y expandir tus horizontes, ya sea a través de los viajes, la educación o intereses nuevos.

Tu yo secreto

A nivel interno tienes potentes deseos y emociones que quizá te hayan puesto en situaciones que cuestionarás más tarde. Estos poderosos sentimientos se pueden canalizar hacia el amor desinteresado, que constituirá una fuerza positiva y poderosa para tu vida y para la de otros. Gozas de una comprensión innata de las necesidades de la gente y normalmente sabes negociar para obtener lo que quieres. Con tu fuerte voluntad y capacidad de hacer realidad tus deseos, es importante que verifiques constantemente tus motivaciones y tengas cuidado con lo que deseas.

Quizá quieras crear algo de gran magnitud, lo que normalmente te lleva a ser decidido y sumamente motivado. Aprovecha que tienes un don para tratar con la gente y para hacer conexiones, ya que si mantienes una mirada positiva, podrás mejorar la vida y circunstancias de aquellos con quienes entras en contacto.

Trabajo y vocación

Te motiva una explosiva combinación de idealismo y practicidad, y ya que posees habilidades naturales para ser líder, puedes fungir en particular como directivo o empresario. Con tus habilidades analíticas, la investigación y los oficios técnicos son actividades en las que claramente podrías sobresalir. Podrías abrirte paso promoviendo ideas, productos o a otras personas gracias a tu carácter persuasivo y entusiasta. Debido a tu audacia y compromiso te sentaría bien ejercer una carrera en el comercio como mediador o asesor financiero. Tu creatividad y habilidades para la comunicación también te permiten considerar una carrera en educación, arte, drama o música. Los deportes podrían ser vías de salida óptimas para tu empuje y entusiasmo.

Entre las personas famosas con quienes compartes cumpleaños están la actriz Amy Irving, el cantante José Feliciano, la poetisa H. D., el diseñador de moda Karl Lagerfeld, el paleontólogo Stephen Jay Gould, el golfista Arnold Palmer y el beisbolista Roger Maris.

Numerología

Al igual que otras personas con el número 1 en su fecha de nacimiento, eres ambicioso e independiente. Aunque es probable que debas superar ciertos desafíos antes de alcanzar tus metas, tu tenacidad te ayudará a lograr tus objetivos. Tu espíritu pionero te anima a viajar por territorios inexplorados y a triunfar o fracasar por ti mismo. Con un cumpleaños con el número 10, es posible que necesites entender que no eres el centro del universo, y evitar ser dominante. La subinfluencia del mes número 9 indica que eres creativo, intuitivo y sensible. Debido a que eres perspicaz y receptivo, estás en sintonía con las tendencias actuales. Tienes una fuerte necesidad de afianzar una identidad clara y de lograr cosas. Además, es probable que te sientas orgulloso y tengas una personalidad enérgica e ideas originales. A ojos de los demás pareces seguro, fuerte e ingenioso, pero las tensiones internas podrían causarte altibajos emocionales.

• *Cualidades positivas*: liderazgo, creatividad, naturaleza progresista, vigor, optimismo, convicciones firmes, competitividad, independencia, sociabilidad.

• *Cualidades negativas*: autoritarismo, celos, egocentrismo, orgullo, antagonismo, egoísmo, debilidad, inestabilidad, impaciencia.

Amor y relaciones

Una mezcla peculiar de idealismo y pragmatismo influyen en tus relaciones. Aunque eres muy amoroso, las emociones intensas a veces te hacen propenso a ser voluble. Como te gusta la emoción y la aventura, necesitas a alguien que te mantenga interesado constantemente, pero también que trabaje arduamente. Aunque seas solidario con tus parejas, en las relaciones más cercanas necesitas libertad para ser independiente.

ESE ALGUIEN ESPECIAL

Si deseas seguridad, ya sea emocional o financiera, búscala con personas nacidas en las siguientes fechas.

Amor y amistad: 3, 6, 14, 24 y 31 de enero; 1, 12, 22 y 29 de febrero; 2, 10, 20 y 27 de marzo; 8, 18 y 25 de abril; 6, 16, 23 y 30 de mayo; 4, 14, 21, 28 y 30 de junio; 2, 12, 19, 26, 28 y 30 de julio; 10, 17, 24, 26 y 28 de agosto; 8, 15, 22, 24 y 26 de septiembre; 6, 13, 20, 22, 24 y 30 de octubre; 4, 11, 18, 20, 22 y 28 de noviembre; 2, 9, 16, 18, 20, 26 y 29 de diciembre.

Buenas para ti: 5, 22 y 30 de enero; 3, 20 y 28 de febrero; 1, 18 y 26 de marzo; 16 y 24 de abril; 14 y 22 de mayo; 12 y 20 de junio; 10, 18 y 29 de julio; 8, 16, 27 y 31 de agosto; 6, 14, 25 y 29 de septiembre; 4, 12, 23 y 27 de octubre; 2, 10, 21 y 25 de noviembre; 9, 19 y 23 de diciembre.

Atracción fatal: 12 de enero; 10 de febrero; 8, 9 y 10 de marzo; 6 de abril; 4 de mayo; 2 de junio.

Desafiantes: 16 y 21 de enero; 14 y 19 de febrero; 12, 17 y 30 de marzo; 10, 15 y 28 de abril; 8, 13 y 26 de mayo; 6, 11 y 24 de junio; 4, 9 y 22 de julio; 2, 7 y 20 de agosto; 5 y 18 de septiembre; 3 y 16 de octubre; 1 y 14 de noviembre; 12 de diciembre.

Almas gemelas: 25 de enero, 23 de febrero, 21 de marzo, 19 de abril, 17 de mayo, 15 de junio, 13 de julio, 11 de agosto, 9 de septiembre, 7 de octubre, 5 de noviembre, 3 y 30 de diciembre.

11 de septiembre

ESTRELLAS FIJAS

Aunque el grado en que se ubica tu Sol no se encuentra vinculado con una estrella fija, algunos de los grados de tus otros planetas sí lo estarán. Si solicitas el cálculo de tu carta astral, encontrarás la posición exacta de los planetas en tu fecha de nacimiento. Esto te permitirá determinar cuáles de las estrellas fijas descritas en este libro son relevantes para ti.

♍ Un potencial excepcional de pensamiento combinado con sensibilidad define lo especiales que son las personas nacidas en esta fecha de nacimiento. Te gusta ser independiente y tener el control de las cosas, eres trabajador y elocuente. Reconoces el poder del conocimiento y lo utilizas a tu favor. Tomando en cuenta todos tus talentos, uno de tus posibles problemas quizá sea tu bajo rendimiento. Eres cauto y prudente, pero también tienes una vena no convencional y eres seguro y desenvuelto frente a los demás.

Debido a la subinfluencia de Capricornio, el regente de tu decanato, posees profundidad de pensamiento y sabes poner atención al detalle. Tus habilidades analíticas te brindan buena concentración y podrían hacer de ti un buen psicólogo o escritor. Te orientas a lograr tus metas, pero algunas veces llegas a ser demasiado crítico o duro contigo mismo. La educación, ya sea formal o autodidacta, puede ser clave para sacar lo mejor de tu potencial.

El liderazgo que promete tu fecha de nacimiento se corresponde bien con tus poderes de percepción. Tanto hombres como mujeres nacidos en este día deben evitar ser demasiado autoritarios o impacientes. Con frecuencia delegas el trabajo, pues percibes la lógica de las demás personas y entiendes sus necesidades. Aprender a confiar en tu propia intuición te permite enfrentar los desafíos de desarrollar un talento creativo de forma original o tu propia visión de negocios.

Al cumplir 11 años de edad, cuando tu Sol progresado se desplaza hacia Libra, te orientas más a lo social y surge en ti un marcado afán de relacionarte con la gente a nivel personal. Es probable que tu sentido del refinamiento y la belleza se fortalezca, y existe la posibilidad de que explores tus intereses literarios, artísticos o creativos. De los 41 años en adelante, conforme tu Sol progresado se desplaza hacia Escorpión, se acentúa tu poder interior, que te hace más autosuficiente y controlado. Cuando alcanzas los 71 años y tu Sol progresado se desplaza hacia Sagitario, tendrás deseos de viajar o expandir tus horizontes mentales.

Tu yo secreto

Cuando estás inspirado, eres capaz de demostrar una determinación asombrosa para conseguir tus metas, pero también posees una comprensión innata de lo importante que es trabajar en equipo. La gente suele subestimar tu tenacidad y fortaleza interna, te interpreta de forma literal. Los demás no se dan cuenta de que eres un buen actor, ya que escondes tu sensibilidad y miedo a lo desconocido. Si eres diplomático y asertivo, aprenderás a confiar en tu capacidad y descubrir tu asombroso potencial.

Ya que utilizas tus conocimientos para competencias amistosas, en las que muestras tu lado ingenioso y entretenido. Ten cuidado de no obsesionarte demasiado con algún problema. Si mantienes una carga de trabajo equilibrada, sin duda ayudará a que no sobrecargues tu sistema. Sueles sentirte inspirado puesto que llevas un idealista interior que pelea contra las injusticias y está ansioso por ayudar a la humanidad.

Trabajo y vocación

Normalmente no te gusta que te den órdenes, te sientes más cómodo en una posición de autoridad o cuando trabajas de manera autónoma. Eres sagaz y tus habilidades organizacionales son excelentes para dedicarte a la administración o la abogacía. También puedes sobresalir como analista, asesor financiero o, debido a tus aptitudes prácticas y analíticas, dedicarte a la estadística. Asimismo, podrías preferir hacer carrera como economista, investigador, científico o técnico. Esta fecha de nacimiento también es propicia para los maestros y escritores. Dada tu responsabilidad y arduo trabajo, otros apreciarán tu ayuda. Una vena humanitaria podría inclinarte hacia la profesión de terapeuta o reformador social. Por otro lado, tus rasgos de líder podrían tentarte para estar bajo los reflectores como artista intérprete o político.

Entre las personas famosas con quienes compartes cumpleaños están los escritores D. H. Lawrence, O. Henry y Jessica Mitford; el director de cine Brian De Palma; el compositor Arvo Pärt; y el exentrenador de fútbol americano colegial Paul "Bear" Bryant.

Numerología

La vibración especial del 11, el número maestro en tu fecha de nacimiento, sugiere que el idealismo, la inspiración y la innovación son importantísimos para ti. La combinación de humildad y seguridad en ti mismo te desafía a esforzarte por alcanzar el dominio material y espiritual de tu ser. Si bien tienes poderes de intuición, es posible que malgastes tus energías y necesites encontrar una meta en la cual enfocarte. Sueles estar conectado con el mundo y posees una gran vitalidad, pero por esa misma razón debes evitar ser demasiado ansioso o poco práctico. La subinfluencia del mes número 9 indica que eres intuitivo y sensible. Dado que también eres receptivo, humanista y de mente amplia, te preocupa el bienestar de la humanidad. Si mantienes la objetividad y usas tus habilidades diplomáticas, entablarás relaciones sólidas con otras personas. Aunque quieres ser solidario y ayudar a otros, debes hacerlo sin volverte demasiado crítico. Gracias a tu perspicacia, eres un visionario con habilidades psíquicas.

• *Cualidades positivas*: equilibrio, concentración, objetividad, entusiasmo, inspiración, espiritualidad, idealismo, intuición, capacidad de sanación, humanitarismo, habilidad psíquica.

• *Cualidades negativas*: complejo de superioridad, deshonestidad, falta de dirección, tendencia a ofenderse con demasiada facilidad, nerviosismo, falta de claridad, actitud dominante, mezquindad.

Amor y relaciones

Eres inteligente y observador, y como pareja o amigo eres leal y confiable. Tu sinceridad y personalidad afectuosa implican que requieres relaciones estables y honestas. Aunque puedes perfeccionar y mejorar en algunas circunstancias, quizá debas aprender a diferenciar entre ser autoritario y crítico, y apoyar a quienes te rodean. Generalmente, te sales con la tuya por medio del arte de la negociación.

ESE ALGUIEN ESPECIAL

Para encontrar a ese alguien especial, búscalo entre personas nacidas en las siguientes fechas.

Amor y amistad: 11, 13, 15, 17 y 25 de enero; 9, 11, 13, 15 y 23 de febrero; 7, 9, 11, 13 y 21 de marzo; 5, 7, 9, 11 y 19 de abril; 3, 5, 7, 9, 17 y 31 de mayo; 1, 3, 5, 7, 15 y 29 de junio; 1, 3, 5, 27, 29 y 31 de julio; 1, 3, 11, 25, 27 y 29 de agosto; 1, 9, 23, 25 y 27 de septiembre; 7, 21, 23 y 25 de octubre; 5, 19, 21 y 23 de noviembre; 3, 17, 19, 21 y 30 de diciembre.

Buenas para ti: 1, 5 y 20 de enero; 3 y 18 de febrero; 1 y 16 de marzo; 14 de abril; 12 de mayo; 10 de junio; 8 de julio; 6 de agosto; 4 de septiembre; 2 de octubre.

Atracción fatal: 8, 9, 10, 11 y 12 de marzo.

Desafiantes: 6, 22 y 24 de enero; 4, 20 y 22 de febrero; 2, 18 y 20 de marzo; 16 y 18 de abril; 14 y 16 de mayo; 12 y 14 de junio; 10 y 12 de julio; 8, 10 y 31 de agosto; 6, 8 y 29 de septiembre; 4, 6 y 27 de octubre; 2, 4, 25 y 30 de noviembre; 2, 23 y 28 de diciembre.

Almas gemelas: 6 y 12 de enero, 4 y 10 de febrero, 2 y 8 de marzo, 6 de abril, 4 de mayo, 2 de junio.

12 de septiembre

ESTRELLA FIJA

Nombre de la estrella: Denébola

Posición: 20º 38'–21º 31' de Virgo, entre los años 1930 y 2000

Magnitud: 2

Fuerza: ★★★★★★★★

Órbita: 2º 10'

Constelación: Leo (Beta Leonis)

Días efectivos: 12, 13, 14, 15 y 16 de septiembre

Propiedades de la estrella: influencias variadas: Saturno/Venus/Mercurio y Marte

Descripción: estrella azul ubicada en la cola del león

INFLUENCIA DE LA ESTRELLA PRINCIPAL

Denébola infunde buen juicio, valentía, audacia y una naturaleza noble y generosa. Su influencia trae consigo sucesos emocionantes y oportunidades de progreso. Quizá poseas un talento natural para pensar con claridad, buenos valores y capacidad de respuesta rápida. No obstante, Denébola te recuerda que los beneficios no necesariamente son duraderos y sugiere que evites la tendencia a enfurecerte.

Con respecto a tu grado del Sol, esta estrella otorga ingenio y tenacidad para adquirir habilidades especiales. También trae consigo recompensas y reconocimientos producto del trabajo, por lo que podrías convertirte en un renombrado especialista en el campo profesional que elijas. Las ganancias y los éxitos suelen provenir del trabajo comunitario y la función pública. Denébola infunde inquietud y advierte sobre el peligro de tomar decisiones precipitadas de las que puedas arrepentirte.

Tu fecha de nacimiento indica que eres un individuo inteligente, amistoso, sociable y desenvuelto. Dado que tienes agilidad mental, disfrutas el ingenio, el debate o las agudezas verbales en la conversación y tienes habilidad para comentar sobre los demás. Tienes el coraje de decir lo que piensas sin importar las consecuencias, ya que prefieres ser directo y honesto. Eres talentoso, mentalmente receptivo, generoso y optimista, solo tienes que disciplinarte para vivir de acuerdo con tu impresionante potencial.

Gracias a la influencia adicional de Capricornio, el regente de tu decanato, posees buena concentración y te gusta la profundidad mental. Bueno como eres para el trabajo duro y para conservar tu dignidad, por lo regular, asumes tus responsabilidades seriamente. Esta influencia también otorga una comprensión natural del funcionamiento del dinero; además, sugiere que el prestigio y respeto a ti mismo te son importantes. Serías un excelente crítico debido a tu pragmático sentido común, habilidad verbal y agudeza. Sin embargo, evita la tensión nerviosa que puede causarte ser impaciente e irónico.

Gracias a tu facilidad para brillar y tu don de gentes, sueles liderar las situaciones. Posees una inclinación filosófica que puede darte la habilidad de examinar las cosas en conjunto, o inclinarte hacia aquello de naturaleza más humanitaria. Cuando eres positivo acerca de tus metas y visión, tienes garantizado el éxito.

Al cumplir los 10 años de edad, cuando tu Sol progresado se desplaza hacia Libra, surge en ti un marcado afán de ser popular y sentirte valorado, así como de aprender más sobre ti mismo a través de tus relaciones cercanas con los demás. Este comportamiento continúa hasta los 40 años aproximadamente, cuando tu Sol progresado entra en Escorpión y, como punto decisivo para ti, resalta el anhelo de transformación, así como de valorar tu propio poder interior para estar en control. Cuando alcanzas los 70 años, tu Sol progresado se desplaza hacia Sagitario, que es otro momento clave, y destaca un acercamiento más amplio y filosófico de la vida.

Tu yo secreto

Debido a tus dotes para la actuación escondes bajo una fachada de asertividad tu sensibilidad interior y tu necesidad de expresión creativa. Eres ambicioso, te pones altos estándares y tienes un gran empuje para el éxito material. Sin embargo, es importante que tomes las decisiones correctas, ya que pierdes energía con tu intranquilidad emocional o tu indecisión, en particular en lo que respecta a tus relaciones cercanas. Con frecuencia te interesas en cuestiones metafísicas o espirituales, y tienes mucho que ganar si fortaleces tu intuición natural o escuchas a tu voz interior.

Si, de vez en cuando, tus grandes planes fallan, es posible que acabes autocompadeciéndote, aunque no por mucho tiempo, pues eres alguien decidido a vencer los obstáculos y a triunfar. Tu espíritu creativo asegura que siempre estarás buscando nuevas y emocionantes formas de ocupar tu mente y expandir tus horizontes.

Trabajo y vocación

Tus excelentes habilidades analíticas te hacen apto para llevar acabo con éxito trabajos relacionados con la investigación, la ciencia o la psicología. Tu ágil intelecto y tu talento con las palabras indican que también podrías destacar en la escritura, la educación y los medios de comunicación; o ser exitoso en el derecho o el mundo editorial. Sin embargo, el lado práctico de tu naturaleza quizá te atraiga al mundo financiero, donde es probable que seas un destacado banquero, economista o corredor de bolsa. Asimismo, podrías prosperar como asesor financiero, contador, comerciante o mediador. Por otro lado, el lado humanitario de tu naturaleza te confiere el ímpetu para sobresalir como trabajador social o en una labor que requiera representar a otros, como siendo líder sindical o político. También te interesarían las carreras de naturaleza filosófica o religiosa. Si te desempeñas en el mundo creativo, podrías ser un excelente diseñador o cantante.

Entre las personas famosas con quienes compartes cumpleaños están los actores Linda Gray y Maurice Chevalier, los cantantes Barry White y Maria Muldaur, el periodista H. L. Mencken, el editor Alfred A. Knopf y el explorador Henry Hudson.

Numerología

Sueles ser intuitivo, servicial, amigable y tienes una excelente capacidad de razonamiento. Un cumpleaños en el día 12 sugiere un deseo de establecer una verdadera individualidad. Eres innovador, comprensivo y sensible por naturaleza, así que sabes aprovechar el buen tacto y las capacidades de cooperación de los demás para alcanzar tus metas y objetivos. A los ojos ajenos puedes parecer seguro de ti mismo, pero, es posible, que la duda y la sospecha socaven tu personalidad extrovertida y actitud optimista. Cuando encuentres el equilibrio entre tu necesidad de expresarte y el impulso natural de apoyar a otros, encontrarás satisfacción emocional y personal. La subinfluencia del mes número 9 indica que eres ingenioso, intuitivo y sensible. Ya que eres inteligente, imaginativo y creativo, necesitas encontrar medios para expresarte con libertad. Evita tomar decisiones apresuradas o desperdigar tu energía en múltiples direcciones. Si comunicas lo que piensas, podrás expresar también tus emociones y evitar que te malinterpreten. Gracias a tu perspicacia y visión progresista eres una persona espiritual y pragmática, al mismo tiempo.

- *Cualidades positivas*: creatividad, atractivo, iniciativa, disciplina, asertividad, confianza en ti mismo.
- *Cualidades negativas*: aislamiento, despilfarro, falta de cooperación, hipersensibilidad, baja autoestima.

Amor y relaciones

Eres amistoso e inteligente. Te caracterizas por tu ingenio y personalidad optimista. Sin embargo, cierta insatisfacción indica que te aburres con facilidad y buscas a personas que te ofrezcan estímulo intelectual. Cuando te enamoras eres leal y solidario, siempre y cuando recibas respeto a cambio y no te tomen a la ligera. En general, te gusta estar informado y disfrutas probar nuevas actividades o visitar lugares desconocidos. De igual modo, es posible que te interese tomar cursos que incrementen tu conocimiento o te ayuden a desarrollar habilidades diferentes, así como conocer gente interesante que te ponga a pensar. Siempre tendrás la capacidad de hacer amigos y atraer a otras personas.

- *Positiva:* autocontrol, generosidad, ingenio, responsabilidad, honra.
- *Negativa:* impulsividad, irresponsabilidad, impaciencia.

ESE ALGUIEN ESPECIAL

Para encontrar a una pareja con la que puedas entablar una relación emocionante, búscala entre quienes nacieron en las siguientes fechas.

Amor y amistad: 12, 16, 25 y 29 de enero; 10, 14, 23 y 24 de febrero; 8, 12, 22, 25 y 31 de marzo; 6, 10, 20, 23 y 29 de abril; 4, 8, 18 y 27 de mayo; 2, 6, 16, 25 y 30 de junio; 4, 14, 23 y 28 de julio; 2, 12, 21, 26 y 30 de agosto; 10, 19, 24 y 28 de septiembre; 8, 17, 22 y 26 de octubre; 6, 15, 20, 24 y 30 de noviembre; 4, 13, 18, 22 y 28 de diciembre.

Buenas para ti: 2, 13, 22 y 24 de enero; 11, 17, 20 y 22 de febrero; 9, 15, 18, 20 y 28 de marzo; 7, 13, 16, 18 y 26 de abril; 5, 11, 16, 18 y 26 de mayo; 3, 9, 12, 14 y 22 de junio; 1, 7, 10, 12 y 20 de julio; 5, 8, 10 y 18 de agosto; 3, 6, 8 y 16 de septiembre; 1, 4, 6 y 14 de octubre; 2, 4 y 12 de noviembre; 2 y 10 de diciembre.

Atracción fatal: 25 de enero; 23 de febrero; 9, 10, 11, 12 y 21 de marzo; 19 de abril; 17 de mayo; 15 de junio; 13 de julio; 11 de agosto; 9 de septiembre; 7 de octubre; 5 de noviembre; 3 de diciembre.

Desafiantes: 7 y 23 de enero; 5 y 21 de febrero; 3, 19 y 29 de marzo; 1, 17 y 27 de abril; 15 y 25 de mayo; 13 y 23 de junio; 11, 21 y 31 de julio; 9, 19 y 29 de agosto; 7, 17, 27 y 30 de septiembre; 3, 13, 23 y 26 de noviembre; 1, 11, 21 y 24 de diciembre.

Almas gemelas: 17 de enero, 15 de febrero, 13 de marzo, 11 y 22 de abril, 9 de mayo, 7 de junio, 5 de julio, 3 de agosto, 30 de noviembre, 28 de diciembre.

ESTRELLA FIJA

Nombre de la estrella: Denébola

Posición: 20º 38'–21º 31' de Virgo, entre los años 1930 y 2000

Magnitud: 2

Fuerza: ★★★★★★★★

Órbita: 2º 10'

Constelación: Leo (Beta Leonis)

Días efectivos: 12, 13, 14, 15 y 16 de septiembre

Propiedades de la estrella: influencias variadas: Saturno/Venus/Mercurio y Marte

Descripción: estrella azul ubicada en la cola del león

INFLUENCIA DE LA ESTRELLA PRINCIPAL

Denébola infunde buen juicio, valentía, audacia y una naturaleza noble y generosa. Su influencia trae consigo sucesos emocionantes y oportunidades de progreso. Quizá poseas un talento natural para pensar con claridad, buenos valores y capacidad de respuesta rápida. No obstante, Denébola te recuerda que los beneficios no necesariamente son duraderos y sugiere que evites la tendencia a enfurecerte.

Con respecto a tu grado del Sol, esta estrella otorga ingenio y tenacidad para adquirir habilidades especiales. También trae consigo recompensas y reconocimientos, producto del trabajo, por lo que podrías convertirte en un renombrado especialista en el campo profesional que elijas. Las ganancias y los éxitos suelen provenir del trabajo comunitario y la función pública. Denébola infunde inquietud y advierte sobre el peligro de tomar decisiones precipitadas de las que puedas arrepentirte.

13 de septiembre

♍ Independencia, inteligencia ágil y practicidad son distintivos que se asocian con tu fecha de nacimiento. Eres sociable, tienes una marcada individualidad y disfrutas relacionarte con gente de todos los ámbitos. Aunque algunas veces seas nervioso y excitable, prefieres ser directo y honesto sobre tus sentimientos. Tienes espíritu empresarial pero debes evitar el estrés que te causa reprimir tus emociones o abarcar demasiadas tareas.

La subinfluencia de Tauro, el regente de tu decanato, tiene que ver con que seas persuasivo y encantador. Eres un pensador creativo y con buen sentido del humor. Seguramente posees una hermosa voz y una educada manera de hablar. Tienes buen gusto debido a que aprecias la belleza y sientes inclinación hacia el lujo y las comodidades. Mediante la educación y la búsqueda de conocimiento, puedes fortalecer tu facilidad para la palabra hablada y escrita, así como mejorar tu intuición natural para los negocios.

Eres eficiente y entusiasta, pero no debes dejarte llevar por los nervios, para no volverte demasiado alborotado o impaciente. Aunque, por lo general, eres leal y trabajador, es importante aprender disciplina y desarrollar tus habilidades con el fin de hacer notar tu maravilloso potencial. Cuando te interesa un proyecto, te puedes poner ansioso, pero por tu deseo de conseguir las cosas, quizá caigas en el autoritaritarismo: procura evitarlo. Gente de esta fecha de nacimiento suele tener rasgos juveniles o andróginos toda su vida.

Desde tu infancia temprana, has tenido un enfoque práctico para cualquier cosa que hagas. Al cumplir los nueve años de edad, sin embargo, cuando tu Sol progresado se desplaza hacia Libra, comienza un periodo de tres décadas de creciente énfasis en la popularidad y las relaciones personales y laborales en general. Es un momento en el que también se expande tu sentido de la belleza y la armonía, y es posible que hagas florecer el potencial creativo que posees. Otro punto de inflexión se da cerca de los 39 años, cuando tu Sol progresado se desplaza hacia Escorpión y te alienta a buscar un significado más profundo de la vida, además de enfatizar el poder de transformación. Cuando alcanzas los 69 años, tu Sol progresado se desplaza hacia Sagitario y te estimula a expandir tus horizontes.

Tu yo secreto

Una carismática cordialidad emana de tu afectuoso corazón. Cuando externas esta poderosa proyección de amor puedes hacer milagros al ayudar a otros o al dominar alguna forma de expresión importante. Cuando te inspiras tienes el talento para transmitir tus ideas al mismo tiempo que mantienes entretenidas a las personas.

En tu forma de abordar los desafíos de la vida normalmente eres idealista y optimista, pero, a veces, escéptico. Aunque eres talentoso y creativo, debes jugar a lo seguro, financieramente hablando, pues la seguridad material puede representar un asunto delicado para ti. Necesitas algo sólido y estable de qué depender o te preocuparías excesivamente por el dinero; pero cualquier temor al respecto normalmente está infundado, dada tu excelente capacidad para obtener ingresos.

Trabajo y vocación

Tus poderes de persuasión y habilidades organizacionales ciertamente te ayudarán en carreras como las ventas, la promoción, las relaciones públicas o la política. Tu sagaz intelecto y amor por el conocimiento, son cualidades aptas para la educación y el derecho. Tus poderosos ideales y dinamismo te convierten en un posible luchador por las causas justas. Asimismo, tu natural intuición para los negocios es ideal para el comercio, los bienes raíces, la contabilidad o el mercado de valores. Como no te gusta estar en posiciones subordinadas, te iría bien en puestos de gerente o administrador, e incluso trabajando por tu cuenta. La alternativa de los deportes constituye una excelente salida para tu energía y empuje; además, tu búsqueda de expresión personal podría llevarte a la actuación o a las artes. En cualquier carrera de tu elección, normalmente estarás dispuesto al trabajo duro para lograr tus objetivos.

Entre las personas famosas con quienes compartes cumpleaños están las actrices Jacqueline Bisset y Claudette Colbert, el cantante Mel Tormé, los escritores Roald Dahl y J. B. Priestley y el biólogo Walter Reed.

Numerología

Sensibilidad emocional e inspiración son algunas de las cualidades que suelen asociarse con el número 13 en la fecha de nacimiento. En términos numéricos, te caracteriza el trabajo arduo y puedes lograr grandes cosas mediante la tenacidad y el talento. Sin embargo, quizá tengas que cultivar una perspectiva más pragmática si quieres transformar tu creatividad en productos tangibles. Eres capaz de alcanzar la prosperidad por medio de la dedicación. Tener el número 13 en tu fecha de cumpleaños te hace encantador y amante de la diversión, con una personalidad sociable. Como muchos individuos con quienes compartes día de nacimiento, quizá desees viajar o ansíes encontrar un nuevo ambiente en el cual forjar una vida mejor. La subinfluencia del mes número 9 indica que eres sumamente perspicaz y empático. Dado que el entorno tiene una fuerte influencia sobre ti, necesitas tener decisión y tomar control de la dirección que lleva tu vida. Por otro lado, deberás dejar de ser tan impaciente, de dudar de ti mismo y de ser ansioso. Tienes tendencias humanitarias y una mente abierta. Gracias a tu capacidad de razonamiento buscas la justicia, así como soluciones prácticas a los problemas.

• *Cualidades positivas*: ambición, creatividad, amor por la libertad, autoexpresión, iniciativa.

• *Cualidades negativas*: impulsividad, indecisión, autoritarismo, falta de sensibilidad, rebeldía.

Amor y relaciones

Aunque seas sociable y amistoso, en las relaciones personales te debates entre ser objetivo y desapegado, y ser apasionado. A pesar de que, generalmente, eres franco, a veces aparentas hermetismo y distanciamiento. Ya que sueles buscar el amor ideal, si tus expectativas son demasiado elevadas te enfrentarás a decepciones. Aun si corres el riesgo de entablar relaciones clandestinas o inadecuadas, eres una pareja amorosa y un amigo fiel. Sueles admirar en especial a la gente lista y entretenida.

• *Positiva:* autocontrol, generosidad, ingenio, responsabilidad, honra.

• *Negativa:* impulsividad, irresponsabilidad, impaciencia.

ESE ALGUIEN ESPECIAL

Podrás entablar una relación adecuada con alguien que comprenda tu sensibilidad y tus necesidades afectivas entre quienes hayan nacido en las siguientes fechas.

Amor y amistad: 2, 7, 10, 17 y 27 de enero; 5, 8, 15 y 25 de febrero; 3, 6, 13 y 23 de marzo; 1, 4, 11 y 21 de abril; 2, 9 y 19 de mayo; 7 y 17 de junio; 5, 15, 29 y 31 de julio; 3, 13, 27, 29 y 31 de agosto; 1, 11, 25, 27 y 29 de septiembre; 9, 23, 25, 27 y 30 de octubre; 7, 21, 23, 25 y 28 de noviembre; 5, 19, 21, 23 y 26 de diciembre.

Buenas para ti: 3, 5, 20, 25 y 27 de enero; 1, 3, 18, 23 y 25 de febrero; 1, 16, 21 y 23 de marzo; 14, 19 y 21 de abril; 12, 17 y 19 de mayo; 10, 15 y 17 de junio; 8, 13 y 15 de julio; 6, 11 y 13 de agosto; 4, 9 y 11 de septiembre; 2, 7 y 9 de octubre; 5 y 7 de noviembre; 3 y 5 de diciembre.

Atracción fatal: 13 de enero; 11 de febrero; 9, 10, 11, 12 y 13 de marzo; 7 de abril; 5 de mayo; 3 de junio; 1 de julio.

Desafiantes: 16 y 24 de enero; 14 y 22 de febrero; 12 y 20 de marzo; 10 y 18 de abril; 8, 16 y 31 de mayo; 6, 14 y 29 de junio; 4, 12 y 27 de julio; 2, 10 y 25 de agosto; 8 y 23 de septiembre; 6 y 21 de octubre; 4 y 19 de noviembre; 2 y 17 de diciembre.

Almas gemelas: 16 de enero, 14 de febrero, 12 de marzo, 10 de abril, 8 de mayo, 6 de junio, 4 y 31 de julio, 2 y 29 de agosto, 27 de septiembre, 25 de octubre, 23 de noviembre, 21 de diciembre.

14 de septiembre

ESTRELLA FIJA

Nombre de la estrella: Denébola

Posición: 20º 38'–21º 31' de Virgo, entre los años 1930 y 2000

Magnitud: 2

Fuerza: ★★★★★★★★

Órbita: 2º 10'

Constelación: Leo (Beta Leonis)

Días efectivos: 12, 13, 14, 15 y 16 de septiembre

Propiedades de la estrella: influencias variadas: Saturno/Venus/Mercurio y Marte

Descripción: estrella azul ubicada en la cola del león

INFLUENCIA DE LA ESTRELLA PRINCIPAL

Denébola infunde buen juicio, valentía, audacia y una naturaleza noble y generosa. Su influencia trae consigo sucesos emocionantes y oportunidades de progreso. Quizá poseas talento natural para pensar con claridad, buenos valores y capacidad de respuesta rápida. No obstante, Denébola te recuerda que los beneficios no necesariamente son duraderos y sugiere que evites la tendencia a enfurecerte.

Con respecto a tu grado del Sol, esta estrella otorga ingenio y tenacidad para adquirir habilidades especiales. También indica recompensas y reconocimientos, producto del trabajo, por lo que podrías convertirte en un renombrado especialista en el campo profesional que elijas. Las ganancias y los éxitos suelen provenir del trabajo comunitario y la función pública. Denébola también infunde inquietud y advierte sobre el peligro de tomar decisiones precipitadas de las que puedas arrepentirte.

La influencia de tu fecha de nacimiento denota tu inteligencia, ambición y sólidas convicciones. Como eres independiente y de carácter decidido, procuras adquirir conocimiento y sabiduría. Cuando encuentras algo en lo que verdaderamente crees, eres capaz de proyectar un increíble entusiasmo, propicio para el éxito.

Tus notables habilidades para la comunicación, elocuencia y encanto se deben a la influencia que Tauro, el regente de tu decanato, añade a tu perfil. Lidias bien con los detalles y eres un excelente crítico. Trata de de no ser excesivamente impaciente y autoritario en tu trato con otras personas. La influencia de Venus intensifica tu intuición natural para los negocios y te ayuda a apreciar las cosas buenas de la vida.

Por lo general, eres independiente, con un gran empuje y necesitas desafiarte constantemente a ti mismo para sacar el mayor provecho de tus talentos, y así evitar aburrirte. Aunque algunas veces puedes ser arrogante u obstinado, otras veces llega a flaquear, extrañamente, tu confianza en ti mismo. Por fortuna, tu rasgo amistoso y sociable te devuelve rápidamente tu caracter optimista de siempre. Versátil e inquieto, eres proclive a explorar la vida a través de los viajes o de la educación. Como puedes ser sumamente persuasivo, solo tienes que practicar la disciplina con el fin de aprovechar las excelentes oportunidades que se te presentan.

Desde los ocho años de edad, cuando tu Sol progresado se desplaza hacia Libra, te orientas más a lo social, y surge en ti un marcado afán de obtener popularidad y sentirte valorado. Durante las siguientes tres décadas aprendes a ser más diplomático y discreto en tus relaciones. A partir de los 38, cuando tu Sol progresado se desplaza hacia Escorpión, se acentúa tu propio poder interior, te vuelves más autosuficiente y proclive a estar en control. Cuando alcanzas los 68 años y tu Sol progresado entra en Sagitario, este nuevo momento decisivo resalta cuestiones en torno a la verdad, la educación, los viajes o expandir tus opciones.

Tu yo secreto

En ocasiones, eres sumamente cálido, generoso, amoroso y sencillo y, otras veces, manipulador, necio y discutes mucho. Para equilibrar estos extremos que existen en tu naturaleza, es necesario que unas razón e intuición para escuchar la silenciosa voz que te guía interiormente. No tendría por qué ser tan difícil puesto que ya has desarrollado un sexto sentido sobre la gente y sus motivaciones.

Por tu comprensión natural de lo que vale el conocimiento y tu buen sentido de la estructura, respetas a quienes han logrado mucho o poseen sabiduría. Eres bueno para hacer que otras personas te apoyen en tu camino al éxito pues aprovechas bien tus habilidades sociales y de organización. Por suerte, tu honestidad es una faceta significativa de tu carácter. Al usar esto para reconocer tus propias fallas, sabrás confrontar y trabajar en medio de situaciones difíciles, así como intensificar tu autoconciencia.

Trabajo y vocación

Tienes notables habilidades gerenciales y talento para resolver problemas. La escritura es una habilidad que se te da naturalmente y, por lo general, la puedes usar de manera creativa o para los negocios. Normalmente no eres feliz en posiciones secundarias, así que te va mejor en puestos que conlleven autoridad, o que trabajes por cuenta propia. La variedad es importante en cualquier carrera; si tu trabajo incluye viajes, mucho mejor. Tus habilidades analíticas naturales son propicias para la investigación, la ciencia, la psicología o la educación. En el ámbito de los negocios, puedes prosperar si tu trabajo involucra el contacto personal. En cualquier carrera que elijas requieres de un genuino entusiasmo, ya que te cuesta trabajo simular interés si no lo hay.

Entre las personas famosas con quienes compartes cumpleaños están la feminista Kate Millet, la pionera de la planificación familiar en Estados Unidos Margaret Sanger y los actores Zoe Caldwell y Jack Hawkins.

Numerología

Potencial intelectual, pragmatismo y determinación son solo algunas de las cualidades ligadas a un cumpleaños con el número 14. Sueles tener un fuerte deseo de establecer una base sólida y de alcanzar el éxito mediante el trabajo arduo. Como muchas personas con este cumpleaños, es posible que llegues a la cima de tu profesión. Gracias a tu perspicacia, respondes con rapidez a los problemas y disfrutas resolverlos. Tener el número 14 en tu día de nacimiento te hace disfrutar de correr riesgos o apostar, y es posible que tengas suficiente suerte como para ganar en grande. La subinfluencia del mes número 9 indica que eres discreto y sensible. Aprende a confiar en tus instintos o intuición, y evita tomar decisiones precipitadas o demasiado materialistas. Aunque sueles ser trabajador, tu naturaleza aventurera y ansias de libertad señalan tu deseo de explorar y probar cosas nuevas. Con tu entusiasmo, verás que la vida tiene mucho que ofrecerte. Los viajes y las oportunidades de cambio, aun si son inesperadas, provocarán una transformación auténtica de tus perspectivas y creencias.

• *Cualidades positivas*: acciones decisivas, trabajo arduo, suerte, creatividad, pragmatismo, imaginación, oficio.

• *Cualidades negativas*: exceso de cautela o impulsividad, inestabilidad, desconsideración, terquedad.

Amor y relaciones

Admiras a personas que ven la vida desde una perspectiva inusual u original. Es posible que también ansíes encontrar a una pareja especialmente disciplinada y trabajadora. Con tu encanto y asertividad natural, sueles atraer a gente que cree en ti. En el caso de relaciones estrechas, debes ser flexible y evitar volverte autoritario o crítico. El amor por el conocimiento y la sabiduría te acercará a tu pareja ideal. Sin embargo, dado que tienes un lado sumamente independiente, necesitas cierto grado de libertad en las relaciones.

• *Positiva:* autocontrol, generosidad, ingenio, responsabilidad, honra.

• *Negativa:* impulsividad, irresponsabilidad, impaciencia.

ESE ALGUIEN ESPECIAL

Alcanzarás tus ideales con más facilidad si te relacionas con personas nacidas en las siguientes fechas.

Amor y amistad: 1, 13, 14, 28 y 31 de enero; 12, 26 y 29 de febrero; 10, 24 y 27 de marzo; 8, 22 y 25 de abril; 5, 6, 20 y 23 de mayo; 4, 18 y 21 de junio; 2, 16, 19 y 30 de julio; 14, 17, 28 y 30 de agosto; 12, 15, 26, 28 y 30 de septiembre; 10, 13, 24, 26 y 28 de octubre; 8, 11, 22, 24 y 26 de noviembre; 6, 9, 20, 22 y 24 de diciembre.

Buenas para ti: 26 de enero, 24 de febrero, 22 de marzo, 20 de abril, 18 de mayo, 16 de junio, 14 de julio, 12 de agosto, 10 de septiembre, 8 de octubre, 6 de noviembre, 4 de diciembre.

Atracción fatal: 12, 13, 14 y 15 de marzo.

Desafiantes: 3 y 25 de enero, 1 y 23 de febrero, 21 de marzo, 19 de abril, 17 de mayo, 15 de junio, 13 de julio, 11 de agosto, 9 de septiembre, 7 de octubre, 5 de noviembre, 3 de diciembre.

Almas gemelas: 3 y 10 de enero, 1 y 8 de febrero, 6 de marzo, 4 de abril, 2 de mayo.

15 de septiembre

ESTRELLA FIJA

Nombre de la estrella: Denébola

Posición: 20º 38'–21º 31' de Virgo, entre los años 1930 y 2000

Magnitud: 2

Fuerza: ★★★★★★★

Órbita: 2º 10'

Constelación: Leo (Beta Leonis)

Días efectivos: 12, 13, 14, 15 y 16 de septiembre

Propiedades de la estrella: influencias variadas: Saturno/Venus/Mercurio y Marte

Descripción: estrella azul ubicada en la cola del león

INFLUENCIA DE LA ESTRELLA PRINCIPAL

Denébola infunde buen juicio, valentía, audacia y una naturaleza noble y generosa. Su influencia trae consigo sucesos emocionantes y oportunidades de progreso. Quizá poseas talento natural para pensar con claridad, buenos valores y capacidad de respuesta rápida. No obstante, Denébola te recuerda que los beneficios no necesariamente son duraderos y sugiere que evites la tendencia a enfurecerte.

Con respecto a tu grado del Sol, esta estrella otorga ingenio y tenacidad para adquirir habilidades especiales. También trae consigo recompensas y reconocimientos, producto del trabajo, por lo que podrías convertirte en un renombrado especialista en el campo profesional que elijas. Las ganancias y los éxitos suelen provenir del trabajo comunitario y la función pública. Denébola también infunde inquietud y advierte sobre el peligro de tomar decisiones precipitadas de las que puedas arrepentirte.

Tu inteligencia, carácter amigable, confiable y con grandes planes son características propias de tu fecha de nacimiento. Amas el conocimiento y te interesan diversos temas, pero quizá te sientas atraído por los asuntos del mundo en particular. Tu imagen suele ser importante para ti por lo que, en tu deseo de impresionar a los demás, generalmente te gusta lo mejor. Vas directo al punto, puedes ser de buen corazón y gran generosidad, y aunque normalmente eres optimista, tienes que vencer una tendencia a pensar de manera negativa.

El hecho de que Tauro, el regente de tu decanato, añada su influencia en tu perfil te hace alguien confiable y de sólida personalidad, con una gran necesidad de afecto y amor. Debido a que aprecias la belleza y las formas, disfrutas del arte, la naturaleza y las cosas buenas de la vida. Eres elocuente, hábil para analizar a detalle y posees habilidades de comunicación creativa, pero debes procurar no ser tan crítico o impaciente. También hay una propensión a que seas demasiado ahorrativo en cuestiones de dinero, aunque eres generoso con la gente que amas.

Siempre estás listo para dar tu opinión, pero algunas veces tus emociones llegan a bloquearse y te producen frustración, timidez o una severa formalidad. Si piensas demasiado las cosas, te hundes en la preocupación y, en tu deseo de complacer a los demás, sueles asumir demasiada carga. Sin embargo, cuando piensas positivo, tu naturaleza idealista concibe excelentes ideas y surge en ti un deseo de servir.

Tras cumplir los siete años de edad, cuando tu Sol progresado se desplaza hacia Libra, surge en ti una marcada necesidad de aceptación social y de establecer relaciones personales cercanas. A partir de este momento se realza tu apreciación de la belleza y la armonía, y existe la posibilidad de que explores algunas salidas creativas. Este comportamiento continúa hasta los 37 años, cuando tu Sol progresado entra en Escorpión y, como punto de inflexión para ti, destaca en ti un anhelo de regeneración emocional y espiritual; así como emprendimientos financieros o actividades empresarial. Cuando alcances los 67 años, y tu Sol progresado entre en Sagitario, será otro momento decisivo en el que quizás empieces a interesarte más en expandir tus horizontes.

Tu yo secreto

Mantener la objetividad y desarrollar una perspectiva positiva y filosófica te permite canalizar creativamente tus intensas emociones y así evitar la insatisfacción. Tu sensibilidad interior destaca la importancia de contar con un hogar o un escenario armonioso en el que te sientas seguro y a salvo; asimismo, sugiere necesidad de paz interna y quietud.

Tienes gran claridad sobre tus responsabilidades y, por lo general, eres consciente de que debes pagar tus deudas. Sin embargo, podría ser necesario que te asegures de desafiarte a ti mismo constantemente en nuevas áreas de acción, en lugar de apegarte a lo ya probado. Una posible forma de expresarte es a través de las ideas, lo que enfatiza la importancia de que debes asociarte con gente mentalmente estimulante. Aunque disfrutas ayudar a las personas y sueles fungir bien como asesor, trata de no entrometerte; algunas veces es mejor dejar que los otros aprendan de sus propios errores.

Trabajo y vocación

Tu sagaz intelecto y tus habilidades analíticas pueden hacer que te decidas por carreras científicas, en la investigación o la medicina. De la misma forma, puedes sobresalir en la educación, la profesión legal o la política. Tus aptitudes para la comunicación creativa también serían de ayuda para triunfar en la escritura o los negocios. Gracias a tu sentido del orden, la proporción y el equilibrio, te iría bien en arquitectura y diseño, o podrías ser artista o matemático. Como asesor natural y buen analista que eres, podrías dedicarte a la psicología o las finanzas. El trabajo para causas benéficas y las reformas sociales serían una buena alternativa para ti debido a tu vena humanitaria.

Entre las personas famosas con quienes compartes cumpleaños están los escritores Agatha Christie y James Fenimore Cooper, los directores de cine Oliver Stone y Jean Renoir, el actor Tommy Lee Jones, la cantante de ópera Jessye Norman y el expresidente y juez estadounidense William Howard Taft.

Numerología

El número 15 en tu fecha de nacimiento sugiere versatilidad, entusiasmo y una personalidad carismática. Tus mayores atributos son tus poderosos instintos y la habilidad para aprender rápido mediante la teoría y la práctica. En muchas ocasiones logras ganar dinero mientras aprendes nuevas habilidades. Sueles utilizar tus poderes intuitivos y reconoces de inmediato las oportunidades cuando se presentan. Con un cumpleaños con el número 15 tienes talento para atraer dinero o para recibir ayuda y apoyo de otras personas. Es más frecuente que concluyas exitosamente tus emprendimientos si aprovechas tus habilidades prácticas para materializar tus ideas originales y superas la tendencia hacia la inquietud o la insatisfacción. La subinfluencia del mes número 9 indica que eres cauteloso y sensible. Si desarrollas una actitud realista y empática, tendrás una existencia más armoniosa y agradable.

• *Cualidades positivas*: disposición, generosidad, responsabilidad, cooperación, aprecio, creatividad.

• *Cualidades negativas*: desorganización, desasosiego, irresponsabilidad, egocentrismo, miedo al cambio, falta de fe, preocupación, indecisión.

Amor y relaciones

Te resulta importante tener relaciones estrechas, pero debes evitar volverte demasiado dependiente de tu pareja. Eres idealista, colaborativo, creativo y con encanto social. Ya que necesitas un alma gemela y te desagrada estar solo, es importante que no sustituyas la seguridad por amor y felicidad. Aunque seas solidario y amoroso, debes desapegarte y dejar de ser tan crítico. Aprender a discutir y compartir tus emociones con tu pareja te ayudará a avanzar en las relaciones.

• *Positiva*: autocontrol, generosidad, ingenio, responsabilidad, honra.

• *Negativa*: impulsividad, irresponsabilidad, impaciencia.

ESE ALGUIEN ESPECIAL

Encontrarás una pareja que comprenda tu sensibilidad y tus necesidades afectivas entre personas nacidas en las siguientes fechas.

Amor y amistad: 1, 5, 15, 26, 29 y 30 de enero; 3, 13, 24, 27 y 28 de febrero; 11, 22, 25 y 26 de marzo; 9, 20, 23 y 24 de abril; 7, 18, 21 y 22 de mayo; 5, 16, 19 y 20 de junio; 3, 14, 17, 18 y 31 de julio; 1, 12, 15, 16, 29 y 31 de agosto; 10, 13, 14, 27 y 29 de septiembre; 8, 11, 12, 25 y 27 de octubre; 6, 9, 10, 23 y 25 de noviembre; 4, 7, 8, 21, 23 y 29 de diciembre.

Buenas para ti: 1, 2, 10 y 27 de enero; 8 y 25 de febrero; 6 y 23 de marzo; 4 y 21 de abril; 2, 19 y 30 de mayo; 17 y 28 de junio; 15 y 26 de julio; 13 y 24 de agosto; 11 y 22 de septiembre; 9 y 20 de octubre; 7 y 18 de noviembre; 5 y 16 de diciembre.

Atracción fatal: 13, 14, 15 y 16 de marzo.

Desafiantes: 17 y 26 de enero; 15 y 24 de febrero; 13 y 22 de marzo; 11 y 20 de abril; 9 y 18 de mayo; 7 y 16 de junio; 5 y 14 de julio; 3, 12 y 30 de agosto; 1, 10 y 28 de septiembre; 8, 26 y 29 de octubre; 6, 24 y 27 de noviembre; 4, 22 y 25 de diciembre.

Almas gemelas: 21 de enero, 19 de febrero, 17 de marzo, 15 de abril, 13 de mayo, 11 de junio, 9 y 29 de julio, 7 y 27 de agosto, 5 y 25 de septiembre, 3 y 23 de octubre, 1 y 21 de noviembre, 19 de diciembre.

ESTRELLAS FIJAS

Denébola, Copula

ESTRELLA PRINCIPAL

Nombre de la estrella: Denébola

Posición: 20° 38'–21° 31' de Virgo, entre los años 1930 y 2000

Magnitud: 2

Fuerza: ★★★★★★★

Órbita: 2° 10'

Constelación: Leo (Beta Leonis)

Días efectivos: 12, 13, 14, 15 y 16 de septiembre

Propiedades de la estrella: influencias variadas: Saturno/Venus/Mercurio y Marte

Descripción: estrella azul ubicada en la cola del león

INFLUENCIA DE LA ESTRELLA PRINCIPAL

Denébola infunde buen juicio, valentía, audacia y una naturaleza noble y generosa. Su influencia trae consigo sucesos emocionantes y oportunidades de progreso. Quizá poseas talento natural para pensar con claridad, buenos valores y capacidad de respuesta rápida. No obstante, Denébola te recuerda que los beneficios no necesariamente son duraderos y sugiere que evites la tendencia a enfurecerte.

Con respecto a tu grado del Sol, esta estrella otorga ingenio y tenacidad para adquirir habilidades especiales. También trae consigo recompensas y reconocimientos, producto del trabajo, por lo que podrías convertirte en un renombrado especialista en el campo profesional que elijas. Las ganancias y los éxitos suelen provenir del trabajo comunitario y la función pública. Denébola advierte

16 de septiembre

♍ La influencia de tu fecha de nacimiento te revela como alguien listo, sensible e independiente pero amistoso. También eres intuitivo y consciente, sabes percibir a la gente y las situaciones. Tu facilidad para sobresalir en todo tipo de actividades intelectuales te da la ventaja sobre los demás, aun así es necesario que seas disciplinado para realizar tus ambiciosos sueños.

Gracias a Tauro, el regente de tu decanato, cuya influencia añade encanto a tu personalidad, sabes disfrutar de las cosas buenas de la vida. El amor y el afecto son especialmente importantes para ti. Por tus habilidades creativas de comunicación, posees un discurso elocuente y una voz agradable. La influencia de Venus también puede concederte intuición natural para los negocios, lo que te llevaría a hacer buenas inversiones y a atraer el dinero. Tu capacidad para manejar todos los detalles te ayudará en lo teórico y lo práctico.

También posees un poderoso deseo de conocimiento que permanecerá contigo a lo largo de tu vida. Así, te inspirará a desarrollar tu maravilloso potencial intelectual mediante algún entrenamiento especial o la educación. Sin embargo, evita involucrarte en juegos de poder mental con los demás.

Como eres visionario y sensible, tienes empuje e imaginación. Esto combina bien cuando te motivas y luchas por tus ideales, además, puede concederte el potencial para un gran éxito. Te desagrada particularmente la hostilidad y te afectan mucho los desacuerdos a tu alrededor, lo que explica que requieras estar en un ambiente positivo. Eres un soñador, así que te conviene canalizar tus pensamientos en actividades creativas, pero evita creer más en la fantasía que en la realidad.

Cerca de los seis años de edad, tu Sol progresado se desplaza hacia Libra y da paso a un periodo de tres décadas en los que tus relaciones formarán parte importante de tu vida; y tal vez desees popularidad y sentirte valorado. De los 36 años en adelante, cuando el Sol progresado se desplaza hacia Escorpión, tu poder interior se acentúa y te vuelves más autosuficiente y proclive a estar en control. En otro momento decisivo, cuando alcanzas los 66 años, tu Sol progresado se desplaza hacia Sagitario, entonces serás más optimista y filosófico, y tendrás un deseo de expandir tu mente a través de los viajes o la educación.

Tu yo secreto

Motivado por un profundo deseo de empoderarte, siempre tienes deseos de superación personal. Es necesario que fortalezcas tu carácter para evitar la tendencia a la manipulación o a evadirte de la realidad, con el fin de salir de manera sencilla de las situaciones difíciles. Fortalecer tu gran sensibilidad y el lado intuitivo de tu naturaleza te ayudará en tu interacción con los demás, incluso podría estimular tu interés por el misticismo o la espiritualidad.

Te atraen las personas inteligentes e interesantes por lo que, para inspirarte, necesitas modelos positivos a seguir. Por tu capacidad para sobresalir en todo tipo de actividades intelectuales que signifiquen un reto, trabajas duro cuando realmente te interesas en algo. Eres más feliz cuando contagias tu inspiración o ideas especiales a otras personas.

Trabajo y vocación

Tu actitud práctica junto con tu talento para la organización indican que siempre lograrás éxito en los negocios. Tu aguda visión analítica te da la oportunidad de encaminarte a la ciencia, las matemáticas o las computadoras. Quizá prefieras una carrera en educación o derecho porque posees habilidades comunicativas y de concientización, pero también es probable que te vaya bien en ocupaciones relacionadas con la gente. Tu especial percepción para la psicología, la nutrición o la sanación podrían inclinarte naturalmente hacia profesiones vinculadas con la salud, la medicina convencional o la alternativa. Sin embargo, con tu empuje e ideas, tal vez quieras compartir tu conocimiento con los demás mediante ocupaciones creativas tales como la actuación o la escritura. También querrás involucrarte con organizaciones de beneficencia o en el trabajo para causas sociales.

Entre las personas famosas con quienes compartes cumpleaños están el músico de blues B. B. King, los actores Lauren Bacall y Peter Falk, el ilusionista David Copperfield, la psicóloga Karen Horney, el biólogo Albert Szent-Györgyi, el regatista Dennis Conner y el beisbolista Orel Hershiser.

Numerología

Un cumpleaños con el número 16 sugiere que eres ambicioso, y a la vez sensible. Eres extrovertido, sociable, considerado y amigable. Sueles juzgar la vida según cómo te sientas y eres perspicaz para analizar personas y situaciones. Con una fecha de nacimiento con el número 16, tal vez te interesen la política y los asuntos internacionales, y podrías integrarte a corporaciones trasnacionales. Los más creativos de entre los nacidos en este día pueden tener talento para la escritura, con destellos repentinos de inspiración. Quizá deberás aprender mantener un equilibrio entre tu exceso de confianza y tus dudas e inseguridades. La subinfluencia del mes número 9 indica que eres observador y cauteloso. Dado que te dejas influir por tus sentimientos, eres receptivo, impresionable y posees instintos poderosos. Las ansias de explorar y crecer a través de la experiencia revelan que harás viajes y emprenderás aventuras.

• *Cualidades positivas*: responsabilidad, integridad, intuición, sociabilidad, cooperación, perspicacia.

• *Cualidades negativas*: preocupación, insatisfacción, irresponsabilidad, autopromoción, dogmatismo, escepticismo, tendencia a ser quisquilloso, irritabilidad, egoísmo, falta de empatía.

Amor y relaciones

Eres idealista y cariñoso, lo que te convierte en un amigo leal y una pareja responsable. Encontrar alguien que comparta tus ideas y sentimientos es un requisito indispensable en tus relaciones. En tus interacciones sociales y sentimentales, es probable que tengas éxito con quienes te inspiren y fortalezcan tu confianza en ti mismo. Eres inquisitivo y quieres saber qué inspira y motiva a los demás. Cuando te enamoras, eres cariñoso, amable y considerado.

sobre el peligro de tomar decisiones precipitadas de las que puedas arrepentirte.

• *Positiva:* autocontrol, generosidad, ingenio, responsabilidad, honra.

• *Negativa:* impulsividad, irresponsabilidad, impaciencia.

ESE ALGUIEN ESPECIAL

Para encontrar felicidad duradera, seguridad y un entorno armonioso, empieza por buscarlos entre quienes nacieron en las siguientes fechas.

Amor y amistad: 3, 10, 13, 20, 21 y 30 de enero; 1, 8, 11, 18 y 28 de febrero; 6, 9, 16 y 26 de marzo; 4, 7, 14 y 24 de abril; 2, 5, 12 y 22 de mayo; 3, 10 y 20 de junio; 1, 8 y 18 de julio; 6, 16 y 30 de agosto; 4, 14, 28 y 30 de septiembre; 2, 12, 26, 28 y 30 de octubre; 10, 24, 26 y 28 de noviembre; 8, 22, 24 y 26 de diciembre.

Buenas para ti: 12, 16, 17 y 28 de enero; 10, 14, 15 y 26 de febrero; 8, 12, 13 y 24 de marzo; 6, 10, 11 y 22 de abril; 4, 8, 9, 20 y 29 de mayo; 2, 6, 7, 18 y 27 de junio; 4, 5, 16 y 25 de julio; 2, 3, 14 y 23 de agosto; 1, 12 y 21 de septiembre; 10 y 19 de octubre; 8 y 17 de noviembre; 6 y 15 de diciembre.

Atracción fatal: 12, 13, 14, 15 y 31 de marzo; 29 de abril; 27 de mayo; 25 de junio; 23 de julio; 21 de agosto; 19 de septiembre; 17 de octubre; 15 de noviembre; 17 de diciembre.

Desafiantes: 6, 18, 22 y 27 de enero; 4, 16, 20 y 25 de febrero; 2, 14, 18 y 23 de marzo; 12, 16 y 21 de abril; 10, 14 y 19 de mayo; 8, 12 y 17 de junio; 6, 10 y 15 de julio; 4, 8 y 13 de agosto; 2, 6 y 11 de septiembre; 4 y 9 de octubre; 2 y 7 de noviembre; 5 de diciembre.

Almas gemelas: 28 de marzo, 26 de abril, 24 de mayo, 22 de junio, 20 de julio, 18 de agosto, 16 de septiembre, 14 de octubre, 12 de noviembre, 10 de diciembre.

ESTRELLAS FIJAS

Labrum, también llamada Santo Grial; Copula

ESTRELLA PRINCIPAL

Nombre de la estrella: Labrum, también llamada Santo Grial

Posición: 25° 41'–26° 21' de Virgo, entre los años 1930 y 2000

Magnitud: 4

Fuerza: ★★★★

Órbita: 1° 30'

Constelación: Cráter (Delta Crateris)

Días efectivos: 17, 18 y 19 de septiembre

Propiedades de la estrella: Venus/ Mercurio

Descripción: estrella amarilla pequeña ubicada en La Copa

INFLUENCIA DE LA ESTRELLA PRINCIPAL

Labrum confiere inteligencia y, con frecuencia, una naturaleza creativa y receptiva, así como poderes intuitivos y psíquicos. También supone que posees perspectivas cosmopolitas, una mentalidad liberal e inclinaciones religiosas. Te interesa la historia, la filosofía o la religión, y con facilidad desarrollarás el talento de la escritura, el cual puede traerte reconocimientos y riquezas.

Con respecto a tu grado del Sol, esta estrella otorga tenacidad y oportunidades de éxito al tratar con el público. Quizás ansíes expresar tu creatividad a través de las artes escénicas, la escritura, la presentación en escenarios, las comunicaciones y los medios. Esta estrella también indica inclinación hacia la comodidad y el placer, por lo que debes evitar el exceso de autocomplacencia y evadir tus responsabilidades.

17 de septiembre

♍ La influencia de tu fecha de nacimiento indica que eres una persona lista y perceptiva, con buenas habilidades para la comunicación. Eres autónomo, brillante y te gusta mantenerte informado. Cuando te inspiras, eres capaz de actuar espontáneamente y medir las oportunidades del momento. Sin embargo, tu tendencia a dudar o perder la fe podría tornarte un tanto escéptico o dado a la preocupación.

La influencia añadida de Tauro, el regente de tu decanato, indica que posees encanto y talento para las palabras. Como ser sociable y afectuoso, aprecias la belleza, el color y las formas. La participación de las mujeres será particularmente útil para el logro de tus metas. Eres práctico y minucioso, dado a poner atención a los pequeños detalles. Puedes volverte un experto en tu área.

Eres proclive a encontrar estímulo en la novedad y tienes el potencial para la inventiva y el análisis, así como para las cuestiones técnicas. No solo posees capacidad de respuesta, sino que también sabes asumir pacientemente trabajos exhaustivos y tareas demandantes. Ansías lo emocionante, y tu inquietud innata podría incentivarte a hacer muchos cambios y explorar la vida por medio de los viajes o la educación. Sin embargo, tales cambios te provocan incertidumbre o disparan un miedo infundado respecto a tus finanzas, además de que causan que te debatas entre ser austero o ser generoso. Aprender a mantenerte en equilibrio creativo entre lo viejo y lo nuevo impedirá que te vuelvas soso y te mantendrá fresco e inspirado.

Al cumplir cinco años de edad, tu Sol progresado se desplaza hacia Libra y entrarás en un periodo de tres décadas de creciente énfasis en tu vida social y en las relaciones uno a uno, tanto personales como profesionales. Otro punto de inflexión sucede a los 35 años, cuando tu Sol progresado se desplaza hacia Escorpión y te estimula a buscar un significado más profundo de la vida, además de que el poder de transformación cobra mayor relevancia para ti. A los 65 años, tu Sol progresado se desplaza hacia Sagitario y pone de relieve un deseo de explorar nuevas ideas o filosofías. Tal vez quieras viajar a lugares lejanos y disfrutar un estilo de vida diferente.

Tu yo secreto

El potencial para tu gran éxito financiero estriba en que posees un sentido innato del valor de las cosas. Sin embargo, cuando desarrollas la sabiduría de tu intuición, te percatas de que el dinero a secas jamás te satisfará completamente. Eres capaz de profundos destellos de percepción, pero necesitas tiempo y espacio para ti mismo con el propósito de reflexionar y renovar energías. Si crees realmente en un proyecto, trabajarás en serio para manifestar tus ideales.

Procuras sentirte productivo y útil y, conforme avanzan los años, tu trabajo cobrará mayor relevancia en tu vida. Por lo tanto es vital que creas en tu labor como algo valioso. Dado que llegas a ser obstinado, recuerda que debes disfrutar los debates con otras personas sin ser polémico.

Trabajo y vocación

Seguramente destacarías en la investigación o la ciencia gracias a tu atención al detalle y minuciosidad. Eres práctico y analítico, así que te iría bien como economista, analista financiero o contador. Asimismo, tu habilidad para la comunicación te ayudará a hacer un gran papel como escritor, crítico o conferencista, o tal vez participando en los noticiarios y el mundo de los medios de comunicación en general. Tienes un vigor mental adecuado para el derecho, pero quizá prefieras trabajar entre bastidores. Hay una probabilidad de que tus destrezas técnicas te decanten por el trabajo computacional o la ingeniería. La carrera médica y las profesiones relacionadas con la salud también son áreas en las que podrías disfrutar compartiendo tu conocimiento con los demás.

Entre las personas famosas con quienes compartes cumpleaños están los actores Anne Bancroft y Roddy McDowall, el cantante Hank Williams, los escritores Ken Kesey y William Carlos Williams, el piloto de carreras Stirling Moss, el navegante Francis Chichester y los jueces de la Suprema Corte de Justicia de Estados Unidos Warren Burger y David Souter.

Numerología

Al tener un cumpleaños con el número 17 sueles ser astuto, reservado y con un enfoque analítico al tomar decisiones. Puesto que aprovechas los conocimientos de una forma particular, puedes desarrollar tus habilidades para triunfar u ocupar una posición prominente como especialista o investigador. Ser privado, introspectivo e interesarte en datos y cifras se refleja en tu comportamiento serio, reflexivo y en el hecho de que te guste tomarte tu tiempo. Eres capaz de pasar con frecuencia largos periodos de concentración y resistencia, y puedes aprender más mediante la experiencia. Sin embargo, mientras menos escéptico seas, más rápido aprenderás. La subinfluencia del mes número 9 indica que eres práctico y receptivo. Te gusta mantenerte informado y llegar a conclusiones de forma autónoma, por lo que juzgas desde tu propia experiencia para, finalmente, tomar tu decisión. Gracias a tu perspicacia y visión progresista eres espiritual y tienes instinto para los negocios. Aunque la seguridad financiera sea importante, evita volverte materialista.

• *Cualidades positivas*: amabilidad, pericia, planeación, instinto para los negocios, éxito financiero, meticulosidad, precisión, capacidad científica.

• *Cualidades negativas*: desapego, terquedad, descuido, malhumor, hipersensibilidad, crítica, preocupación, suspicacia.

Amor y relaciones

Eres intuitivo e inteligente, pero también reservado, por lo que no te gusta revelar tus pensamientos o sentimientos. Sueles estar atento y consciente, lo que saca a relucir el lado nervioso de tu naturaleza e implica que necesitas tiempo para forjar tus relaciones. Es probable que busques la compañía de personas ambiciosas, tenaces y trabajadoras. Necesitas entablar relaciones amorosas basadas en la confianza y crear un entorno de armonía y paz.

• *Positiva:* creatividad, educación, éxito artístico, habilidad para la escritura.
• *Negativa:* vanidad y arrogancia, falta de motivación, autocomplacencia.

ESE ALGUIEN ESPECIAL

Si buscas seguridad, estímulo intelectual y amor, los encontrarás entre quienes nacieron en las siguientes fechas.

Amor y amistad: 21, 22, 28 y 31 de enero; 19, 26 y 29 de febrero; 17, 24 y 27 de marzo; 15, 16, 22 y 25 de abril; 13, 20 y 23 de mayo; 11, 18 y 21 de junio; 9, 16 y 19 de julio; 7, 14, 17 y 31 de agosto; 5, 12, 15 y 29 de septiembre; 3, 10, 13, 27, 29 y 31 de octubre; 1, 8, 11, 25, 27 y 29 de noviembre; 6, 9, 23, 25 y 27 de diciembre.

Buenas para ti: 9, 12, 18, 24 y 29 de enero; 7, 10, 16, 22 y 27 de febrero; 5, 8, 14, 20 y 25 de marzo; 3, 6, 12, 18 y 23 de abril; 1, 10, 16, 21 y 31 de mayo; 2, 8, 14, 19 y 29 de junio; 6, 12, 17 y 27 de julio; 4, 10, 15 y 25 de agosto; 2, 8, 13 y 23 de septiembre; 6, 11 y 21 de octubre; 4, 9 y 19 de noviembre; 2, 7 y 17 de diciembre.

Atracción fatal: 3 de enero; 1 de febrero; 13, 14, 15 y 16 de marzo.

Desafiantes: 7, 8, 19 y 28 de enero; 5, 6, 17 y 26 de febrero; 3, 4, 15 y 24 de marzo; 1, 2, 13 y 22 de abril; 11 y 20 de mayo; 9 y 18 de junio; 7 y 16 de julio; 5 y 14 de agosto; 3 y 12 de septiembre; 1 y 10 de octubre; 8 de noviembre; 6 de diciembre.

Almas gemelas: 3 y 19 de enero, 1 y 17 de febrero, 15 de marzo, 13 de abril, 11 de mayo, 9 de junio, 7 de julio, 5 de agosto, 3 de septiembre, 1 de octubre.

18 de septiembre

ESTRELLAS FIJAS

Labrum, también llamada Santo Grial; Copula; Zavijava, también llamada Zarijan; Alkaid, también llamada Benetnasch

ESTRELLA PRINCIPAL

Nombre de la estrella: Labrum, también llamada Santo Grial

Posición: 25° 41'–26° 21' de Virgo, entre los años 1930 y 2000

Magnitud: 4

Fuerza: ★★★★

Órbita: 1° 30'

Constelación: Cráter (Delta Crateris)

Días efectivos: 17, 18 y 19 de septiembre

Propiedades de la estrella: Venus/Mercurio

Descripción: estrella amarilla pequeña ubicada en La Copa

INFLUENCIA DE LA ESTRELLA PRINCIPAL

Labrum confiere inteligencia y, con frecuencia, también una naturaleza creativa y receptiva, así como poderes intuitivos y psíquicos. También supone que posees perspectivas cosmopolitas, una mentalidad liberal e inclinaciones religiosas. Te interesa la historia, la filosofía o la religión, y con facilidad desarrollarás el talento de la escritura, el cual puede traerte reconocimientos y riquezas.

Con respecto a tu grado del Sol, esta estrella otorga tenacidad y oportunidades de éxito al tratar con el público. Quizás ansíes expresar tu creatividad a través de las artes escénicas, la escritura, las comunicaciones y los medios. Esta estrella también indica inclinación hacia la comodidad y el placer, por lo que debes evitar el exceso de autocomplacencia y evadir tus responsabilidades.

♍ Tomando en cuenta la influencia de tu fecha de nacimiento, eres un individuo práctico, perspicaz, analítico e imaginativo. Aunque llegues a ser decidido y trabajador, y tengas claros tus propósitos cuando te interesa mucho un proyecto, en otros momentos te domina la inercia y te quedas sin hacer nada.

Según la subinfluencia de Tauro, el regente de tu decanato, el amor y el afecto son importantes para ti. Puesto que anhelas paz, un ambiente armonioso y comodidades, tu hogar juega un destacado papel pues te proporciona seguridad en la vida. Gracias a la habilidad de poner atención al mínimo detalle, puedes ser meticuloso, pero deberías evitar estancarte insistiendo en un mismo asunto una y otra vez hasta convertirte en alguien demasiado crítico o ansioso. Amas el conocimiento y te gusta difundir información valiosa.

Aunque algunas veces seas nervioso, tu claridad de visión y tu práctico abordaje de las cosas pueden hacer de ti un gran estratega, por lo que lograrás excelentes resultados cuando seas capaz de combinar esas cualidades con tu poderosa intuición. Sería recomendable para ti evaluar la situación antes de comprometerte con algún tipo de organización, pero una vez que das tu palabra, eres propenso a asumir tus responsabilidades con seriedad.

Al cumplir los cuatro años de edad, tu Sol progresado se desplaza hacia Libra por un periodo de tres décadas. Esta influencia significa que tiendes a ser amistoso y sociable desde pequeño, lo que resalta la importancia de tus relaciones personales y tus habilidades diplomáticas. A los 34 años, tu vida alcanza un punto de inflexión conforme tu Sol progresado entra en Escorpión, lo cual pone de relieve un profundo anhelo emocional de cambio, intensidad y poder interior. Tras rebasar los 64 años, cuando tu Sol progresado entre en Sagitario, posiblemente te vuelvas más aventurero y explores la vida a través de los viajes o la educación superior. Quizá conozcas gente de tierras lejanas o tal vez tú mismo vayas a otros lares.

Tu yo secreto

Como buen perfeccionista, es imperativo que evites ser tan duro contigo mismo. Algunas veces te abruma la idea de hacer menos de lo que se espera de ti. No obstante, posees poder interior y una gran determinación que sortean todos los obstáculos y te proporcionan el reconocimiento que requieres. Si estás en alguna posición de poder, debes aprender a ser justo e imparcial, y evitar la manipulación.

Trabajas con actitud positiva cuando has definido bien tu meta; además, eres consciente de que no es posible hacer las cosas sin la cooperación de otros. Por fortuna, eres hábil para el trato con la gente en un plano personal y se te facilita hacer los contactos adecuados, pero debes superar el miedo infundado respecto a la falta de reservas económicas. Te beneficias en especial de las colaboraciones y los proyectos compartidos.

Trabajo y vocación

Tu minuciosidad y perfeccionismo te ayudarían a triunfar en carreras de investigación, estadística, economía o contaduría. Estar dispuesto a participar en esfuerzos de cooperación puede sumar puntos para ascender en tu carrera, y tal vez decidas formar una colaboración de negocios o trabajo en equipo. Por tus habilidades organizacionales, te iría bien en puestos de mando tales como gerente, administrador o ejecutivo. También podrías dedicarte al derecho o incorporarte a los cuerpos policiales. Ocupaciones excelentes para mantener bien afiladas tus habilidades analíticas incluyen la psicología, la impartición de conferencias y la escritura. Te desempeñarías igualmente bien en el mundo editorial, publicitario o mediático. Una alternativa para sobresalir radica en el mundo de la sanación alternativa. También posees habilidades para la recaudación de fondos para causas sociales.

Entre las personas famosas con quienes compartes cumpleaños están los actores Greta Garbo y Jack Warden, el escritor Samuel Johnson, el cantante Frankie Avalon, el astrólogo Walter Koch y el físico Edwin McMillan.

Numerología

Algunos de los atributos asociados con el número 18 en la fecha de cumpleaños son tenacidad, asertividad y ambición. Eres activo y dinámico, por lo que, en general, deseas poder y desafíos constantes. En ocasiones, eres crítico y difícil de complacer, o te inclinas hacia cuestiones controversiales. Con la personalidad de alguien nacido en un día 18 puedes usar tus poderes para sanar a otros, dar consejos valiosos o resolver problemas ajenos. Por otro lado, tu buen olfato para los negocios y las habilidades organizacionales pueden orientarte hacia el mundo del comercio. La subinfluencia del mes número 9 indica que eres un buen estratega, con necesidad de creatividad e independencia. Gracias a tu perspicacia y visión progresista eres un visionario con un enfoque racional. Por medio de la benevolencia, la compasión y la sensibilidad, aprenderás a desarrollar empatía, tolerancia y paciencia.

• *Cualidades positivas*: actitud progresista, asertividad, intuición, valentía, determinación, eficiencia, facilidad para asesorar.

• *Cualidades negativas*: emociones fuera de control, pereza, falta de orden, egoísmo, incapacidad para completar proyectos o trabajos, sentirse incomprendido.

Amor y relaciones

Eres encantador, amistoso y te gusta socializar. Aunque necesitas amor y afecto, la estabilidad y la seguridad son requisitos indispensables en tus relaciones. Te atrae gente inteligente que te inspira y, por lo regular, quieres compartir tu deseo de expresarte de forma creativa con personas que piensan como tú. A pesar de ser compasivo, romántico y sensible, debes tratar de no ser hipersensible, inseguro o demandante cuando las cosas no están a la altura de tus estándares.

• *Positiva*: creatividad, educación, éxito artístico, habilidad para la escritura.

• *Negativa*: vanidad y arrogancia, falta de motivación, autocomplacencia.

ESE ALGUIEN ESPECIAL

Encontrarás satisfacción emocional y a ese alguien especial entre quienes nacieron en las siguientes fechas.

Amor y amistad: 8, 18 y 22 de enero; 6, 16 y 20 de febrero; 14, 18 y 28 de marzo; 12, 16 y 26 de abril; 10, 14 y 24 de mayo; 8, 12 y 22 de junio; 6, 10, 20 y 29 de julio; 4, 8, 18, 27 y 30 de agosto; 2, 6, 16, 25 y 28 de septiembre; 4, 14, 23, 26 y 30 de octubre; 2, 12, 21, 24 y 28 de noviembre; 10, 19, 22, 26 y 28 de diciembre.

Buenas para ti: 6, 10, 25 y 30 de enero; 4, 8, 23 y 28 de febrero; 2, 6, 21 y 26 de marzo; 4, 19 y 24 de abril; 2, 17 y 22 de mayo; 15, 20 y 30 de junio; 13, 18 y 28 de julio; 11, 16 y 26 de agosto; 9, 14 y 24 de septiembre; 7, 12 y 22 de octubre; 5, 10 y 20 de noviembre; 3, 8 y 18 de diciembre.

Atracción fatal: 13, 14, 15, 16 y 17 de marzo; 29 de mayo; 27 de junio; 25 de julio; 23 de agosto; 21 de septiembre; 19 de octubre; 17 de noviembre; 15 de diciembre.

Desafiantes: 13, 29 y 31 de enero; 11, 27 y 29 de febrero; 9, 25 y 27 de marzo; 7, 23 y 25 de abril; 5, 21 y 23 de mayo; 3, 19 y 21 de junio; 1, 17 y 19 de julio; 15 y 17 de agosto; 13 y 15 de septiembre; 11 y 13 de octubre; 9 y 11 de noviembre; 7 y 9 de diciembre.

Almas gemelas: 6 y 25 de enero, 4 y 23 de febrero, 2 y 21 de marzo, 19 de abril, 17 de mayo, 15 de junio, 13 de julio, 11 de agosto, 9 de septiembre, 7 de noviembre, 5 de diciembre.

ESTRELLAS FIJAS

Alkaid, también llamada Benetnasch; Labrum, también llamada Santo Grial; Zavijava, también llamada Zarijan; Markeb

ESTRELLA PRINCIPAL

Nombre de la estrella: Alkaid, también llamada Benetnasch

Posición: 25º 51'–26º 50' de Virgo, entre los años 1930 y 2000

Magnitud: 2

Fuerza: ★★★★★★★

Órbita: 2º 10'

Constelación: Osa Mayor (Eta Ursae Majoris)

Días efectivos: 18, 19, 20, 21 y 22 de septiembre

Propiedades de la estrella: Luna/ Mercurio

Descripción: estrella azul ubicada en la Osa Mayor

INFLUENCIA DE LA ESTRELLA PRINCIPAL

Alkaid otorga una mente activa, necesidad de expresarte de forma creativa, intuición y capacidad de adaptación. Es probable que disfrutes intercambiar pensamientos e ideas, pero también que cambies de opinión con facilidad. Esta estrella indica aptitud para los negocios y ansias de poder, por lo que tendrás muchas oportunidades de obtener éxito, fortuna y riquezas.

Con respecto a tu grado del Sol, la influencia de Alkaid se refleja en el talento para los negocios. Te inclinas por trabajar con datos, investigaciones o cuestiones que requieran atención a los detalles. Esta estrella te hace una persona inquieta y ambiciosa, cuyo deseo por llegar a la cima puede ser implacable.

19 de septiembre

♍ Tu fecha de nacimiento influye en que tengas un pensamiento agudo, veloz e instintivo. Eres práctico y versátil. Como eres propenso a aburrirte fácilmente si las cosas se tornan demasiado rutinarias, buscas cambios, aventuras o nuevos desafíos. Tu mente curiosa, inquieta e impaciente podría ser un obstáculo que tengas que esquivar en tu sendero rumbo al éxito.

Gracias a la subinfluencia de Tauro, el regente de tu decanato, posees encanto y una mentalidad creativa. Cierta intuición natural para los negocios puede combinarse con tu amor por la buena vida, así como con tu apreciación del arte y la belleza. Tienes pericia para analizar cualquier situación, y si desarrollas concentración metódica y profundidad de pensamiento, lograrás minuciosidad y gran habilidad para la resolución de problemas.

Tu mentalidad sagaz comprende la información rápidamente; en cuanto a lo verbal, vas directo al meollo del asunto. En otras ocasiones, te vuelves terco, cínico o taciturno. No obstante, cuando tu espíritu de emprendimiento reaviva tu optimismo y tu sentido de la buena fortuna, resultas una gran compañía y llegas a ser entretenido.

Desde tu infancia temprana hasta que cumplas los 32 años de edad, tu Sol progresado estará en Libra y enfatizará tus relaciones personales, así como la necesidad de ser popular y sentirte valorado. Hay un punto de inflexión a los 33 años, cuando tu Sol progresado se desplaza hacia Escorpión; a partir de entonces, las cuestiones concernientes a tu poder interior cobran relevancia y te vuelves más autosuficiente y proclive a estar en control. También hay un deseo de transformación y posiblemente se presenten emprendimientos o negocios corporativos. Tras rebasar los 63 años, cuando tu Sol progresado avance al signo de Sagitario, empiezas a ver la vida más filosóficamente y buscas una mayor libertad y aventura, lo que podría incluir continuar tu educación o realizar viajes al extranjero.

Tu yo secreto

Quizá seas más sensible de lo que quisieras mostrar. Sería recomendable que hallaras una forma de expresión para tus intensas emociones, de otro modo podrías ser propenso a la preocupación y la indecisión, particularmente respecto de los asuntos materiales. Aunque una parte de ti quiera cambios continuos, variedad o viajes, la otra parte quiere estar a salvo en la vida, anhela seguridad y estabilidad financiera. Integrar estos opuestos, de manera que trabajes productivamente en proyectos nuevos y emocionantes, podría ser la respuesta a este dilema.

Aunque seas creativo y te orientes al éxito, también tiendes a evadirte de la realidad. Esto se puede superar mediante el desarrollo de tu compasión y humanismo, pues como buen idealista deseas genuinamente ponerte al servicio de los demás.

Trabajo y vocación

Tratándose de tu elección de carrera, debes esquivar el aburrimiento, así que es importante que escojas una ocupación de constantes cambios de ambiente o situaciones, como trabajar con el público o en algo relacionado con los viajes. Tu ágil inteligencia y tus habilidades analíticas te permiten asimilar la información rápidamente, lo cual puede ayudarte en la escritura, el derecho, la docencia, la ciencia, así como en los negocios. Tu condición inquieta por naturaleza y un deseo de explorar la vida podrían hacer que te decantes por una profesión que conlleve grandes dosis de actividad física.

Entre las personas famosas con quienes compartes cumpleaños están el actor Jeremy Irons, la actriz y modelo Twiggy, el escritor William Golding, el representante de los Beatles Brian Epstein, la cantante "Mama" Cass Elliot y la diseñadora de moda Zandra Rhodes.

Numerología

Algunas de las cualidades de las personas nacidas bajo el número 19 son la alegría, la ambición y el humanitarismo. Eres una persona tenaz e ingeniosa, con una visión profunda, pero el lado soñador de tu naturaleza es compasivo e impresionable. Las ansias de sobresalir pueden llevarte a ser dramático y a intentar acaparar reflectores. A ojos de los demás eres una persona segura, fuerte e ingeniosa, pero las tensiones internas pueden provocarte altibajos emocionales. Si bien eres orgulloso, con la necesidad de que los demás aprecien y reconozcan tus esfuerzos, quizá debas entender que no eres el centro del universo. La subinfluencia del mes número 9 indica que eres perspicaz. Con frecuencia eres humanitario y te importa el bienestar de otras personas. Si te impones estándares altos, puedes ser serio o crítico contigo mismo y con otros. Aunque seas ambicioso, las dudas e inseguridades podrían poner en jaque tu motivación.

• *Cualidades positivas*: dinamismo, ecuanimidad, creatividad, liderazgo, actitud progresista, optimismo, convicciones fuertes, competitividad, independencia, sociabilidad.

• *Cualidades negativas*: ensimismamiento, depresión, angustia, miedo al rechazo, materialismo, egoísmo, impaciencia.

Amor y relaciones

Eres sensible, receptivo y te caracteriza tu agilidad mental. Tu deseo de seguridad y estabilidad son factores importantes en tus relaciones personales; y, si te tomas tu tiempo y eres paciente, sabrás determinar a quién amar y en quién confiar. Esta influencia también supone que, si te apresuras en las relaciones, detonarás tensiones emocionales, preocupaciones y sospechas. La necesidad de empezar de cero en un entorno nuevo suele influir al momento de moldear tu vida personal. Las nuevas oportunidades vienen acompañadas de lecciones para dejar el pasado atrás y tener fe.

• *Positiva:* mente activa, buena percepción, empatía, bondad, facilidad de trato con niños.

• *Negativa:* tendencia a la crítica excesiva y al chisme, preocupación, hipersensibilidad, nerviosismo, propensión a la mentira, impaciencia, volubilidad.

ESE ALGUIEN ESPECIAL

Para encontrar seguridad, confianza y amor, búscalos entre personas nacidas en las siguientes fechas.

Amor y amistad: 4, 13, 19, 23 y 24 de enero; 2, 11, 17, 21 y 22 de febrero; 9, 15, 19, 28, 29 y 30 de marzo; 7, 13, 17, 26 y 27 de abril; 5, 11, 15, 24, 25 y 26 de mayo; 3, 9, 13, 22, 23 y 24 de junio; 1, 7, 11, 20, 21 y 22 de julio; 5, 9, 18, 19 y 20 de agosto; 3, 7, 16, 17 y 18 de septiembre; 1, 5, 14, 15, 16, 29 y 31 de octubre; 3, 12, 13, 14, 27 y 29 de noviembre; 1, 10, 11, 12, 25, 27 y 29 de diciembre.

Buenas para ti: 7, 15, 20 y 31 de enero; 5, 13, 18 y 29 de febrero; 3, 11, 16 y 27 de marzo; 1, 9, 14 y 25 de abril; 7, 12 y 23 de mayo; 5, 10 y 21 de junio; 3, 8 y 19 de julio; 1, 6, 17 y 30 de agosto; 4, 15 y 28 de septiembre; 2, 13 y 26 de octubre; 11 y 24 de noviembre; 9 y 22 de diciembre.

Atracción fatal: 15, 16, 17 y 18 de marzo.

Desafiantes: 6, 14 y 30 de enero; 4, 12 y 28 de febrero; 2, 10 y 26 de marzo; 8 y 24 de abril; 6 y 22 de mayo; 4 y 20 de junio; 2 y 18 de julio; 16 de agosto; 14 de septiembre; 12 de octubre; 10 de noviembre; 8 de diciembre.

Almas gemelas: 30 de abril, 28 de mayo, 26 de junio, 24 de julio, 22 de agosto, 20 de septiembre, 18 y 30 de octubre, 16 y 28 de noviembre, 14 y 26 de diciembre.

20 de septiembre

ESTRELLAS FIJAS

Alkaid, también llamada Benetnasch; Zavijava, también llamada Zarijan; Markeb

ESTRELLA PRINCIPAL

Nombre de la estrella: Alkaid, también llamada Benetnasch

Posición: 25º 51'–26º 50' de Virgo, entre los años 1930 y 2000

Magnitud: 2

Fuerza: ★★★★★★★

Órbita: 2º 10'

Constelación: Osa Mayor (Eta Ursae Majoris)

Días efectivos: 18, 19, 20, 21 y 22 de septiembre

Propiedades de la estrella: Luna/Mercurio

Descripción: estrella azul ubicada en la Osa Mayor

INFLUENCIA DE LA ESTRELLA PRINCIPAL

Alkaid otorga una mente activa, necesidad de expresarte de forma creativa, intuición y capacidad de adaptación. Es probable que disfrutes intercambiar pensamientos e ideas, pero también que cambies de opinión con facilidad. Esta estrella indica aptitud para los negocios y deseo de poder, por lo que tendrás muchas oportunidades de obtener éxito, fortuna y riquezas.

Con respecto a tu grado del Sol, la influencia de Alkaid se refleja en el talento para los negocios. Te inclinas por trabajar con datos, investigaciones o cuestiones que requieran atención a los detalles. Esta estrella te hace una persona inquieta y ambiciosa, cuyo deseo por llegar a la cima puede ser implacable.

La influencia de tu fecha de nacimiento indica que eres un individuo astuto y práctico que ve rápidamente las oportunidades a su paso y a quien le gusta aprender. Listo y sensible, disfrutas siendo activamente productivo y posees espíritu de emprendimiento. Normalmente eres optimista, te gusta la honestidad y vas directo al grano, aunque quizá te venga bien practicar la paciencia y la tolerancia.

Gracias a la influencia adicional de Tauro, el regente de tu decanato, llegas a ser encantador y un conversador inteligente que aprecia mucho la belleza. Por lo general, pones atención al detalle, ya que eres meticuloso y tienes un gran sentido de las formas. Eres elocuente y persuasivo, capaz de una rápida comprensión, por lo tanto, la escritura y otras formas de comunicación podrían formar parte fundamental de tu éxito. Aunque tienes una intuición natural para los negocios y percibes las cosas con sagacidad debes evitar ser demasiado crítico.

Aunque eres práctico, también puedes ser idealista e intuitivo, y sabes ver el panorama completo. Disfrutas del ingenio agudo, por lo que te sientes atraído por las personas inteligentes o quienes se han ganado a pulso el éxito. Estos contactos son especialmente benéficos para ti y tu habilidad para obtener ingresos. Viajar será relevante para que logres la inspiración y te estimulará a ser más audaz.

Desde tu infancia temprana hasta los 31 años de edad, tu Sol progresado está en el signo de Libra y enfatiza tu necesidad de ser popular y sentirte valorado, por lo que tus relaciones se convierten en un elemento especialmente importante para ti. Hay un punto de inflexión a los 32 años, cuando tu Sol progresado se desplaza hacia Escorpión; durante las siguientes tres décadas aumenta tu sentido de fortaleza interior, lo que hace que seas más autosuficiente y consciente de la sensibilidad emocional. Después de los 62, cuando el Sol progresado avance al signo de Sagitario, es probable que experimentes un deseo de explorar y expandir tus horizontes; esto podría manifestarse físicamente a través de los viajes o mentalmente por medio del estudio. Es probable que desarrolles una perspectiva más filosófica de las cosas.

Tu yo secreto

No obstante tu deseo de paz, eres dado a buscar constantemente estimulación mental. Aprender a enfocarte, reflexionar o meditar te será de utilidad para mantener la calma y lidiar con tu inquietud interna. Eres sumamente sensible y vulnerable, aunque en la superficie parezcas más seguro. Para tu yo interior impresionable puede ser importante tener un refugio a salvo del mundo, por lo tanto, tu hogar jugará un papel importante en tus responsabilidades y te permitirá tener un cimiento seguro a partir del cual construir. Sin embargo, por tu deseo de armonía, evita estancarte en la rutina. Aunque eres consciente de tus compromisos, sería oportuno que aprendieras el valor de la generosidad y a hacer sacrificios. Esto te ayudaría a pelear por causas humanitarias o a trabajar para lograr un entorno pacífico.

Trabajo y vocación

Eres más proclive a sentirte satisfecho en carreras que requieran tus habilidades para tratar con la gente. Como estás lleno de ideas para hacer dinero y eres bueno para la planeación, serías exitoso en las ventas, las relaciones públicas, la promoción o la publicidad. Siendo talentoso para el análisis y para recopilar información, también prosperarías en carreras relacionadas con la estadística, la investigación o la educación. Aun cuando tienes una aguda intuición para los negocios, probablemente te sientas más interesado en ocupaciones que requieran de tus virtudes creativas, tales como la escritura, la música, el drama o las artes. Es probable que te vaya especialmente bien en colaboraciones de trabajo o esfuerzos conjuntos. Una vena idealista podría decidirte a trabajar a favor de reformas sociales, en psicología u organizaciones filantrópicas.

Entre las personas famosas con quienes compartes cumpleaños están la actriz Sophia Loren, el escritor y activista social Upton Sinclair, la psicóloga Joyce Brothers y el entrenador de básquetbol Red Auerbach.

Numerología

Al haber nacido bajo el número 20, eres intuitivo, sensible, adaptable y comprensivo. Te agradan las actividades cooperativas en las que puedes interactuar, compartir experiencias y aprender de otros. Tu encanto y gracia te ayudan a desarrollar habilidades diplomáticas y sociales que te permiten moverte con fluidez en círculos sociales distintos. No obstante, quizá necesites fortalecer tu confianza o superar la tendencia a sentirte herido por las acciones y críticas ajenas. La subinfluencia del mes número 9 indica que eres un visionario idealista, con una personalidad dinámica y tenaz. Eres sensible, por lo que te dejas influir por el entorno y eres receptivo frente a otras personas. Tienes el don de poder crear atmósferas agradables y armónicas. Si confías en tus emociones más profundas, dejarás a un lado la tendencia a preocuparte. Usa tus pensamientos creativos para lograr algo especial y único que inspire y ayude a los demás.

• *Cualidades positivas*: buenas asociaciones, gentileza, tacto, receptividad, intuición, amabilidad, armonía, afabilidad, naturaleza amistosa, embajador de buena voluntad.

• *Cualidades negativas*: suspicacia, inseguridad, servilismo, hipersensibilidad, egoísmo, tendencia a ofenderse.

Amor y relaciones

Eres inteligente y considerado. Tu enfoque racional hace que sepas con claridad lo que quieres de tus parejas. Sin embargo, en ocasiones te involucras en relaciones inusuales con individuos poco convencionales. Eres pragmático por naturaleza y no te enamoras con facilidad, además de que sabes cuándo dejar atrás las relaciones que han fracasado. Tu agilidad mental implica que necesitas personas que te mantengan interesado y alerta.

• *Positiva*: mente activa, buena percepción, empatía, bondad, facilidad de trato con niños.

• *Negativa*: tendencia a la crítica excesiva y al chisme, preocupación, hipersensibilidad, nerviosismo, propensión a la mentira, impaciencia, volubilidad.

ESE ALGUIEN ESPECIAL

Si buscas a ese alguien especial, es posible que lo encuentres entre personas nacidas en las siguientes fechas.

Amor y amistad: 3, 4, 14, 20, 24 y 25 de enero; 1, 2, 12, 18 y 22 de febrero; 10, 16, 20, 29 y 30 de marzo; 8, 14, 18, 27 y 28 de abril; 6, 12, 16, 25, 26 y 31 de mayo; 4, 10, 14, 23, 24 y 29 de junio; 2, 8, 12, 21, 22 y 27 de julio; 6, 10, 19, 20 y 25 de agosto; 4, 8, 17, 18 y 23 de septiembre; 2, 6, 15, 16, 21 y 30 de octubre; 4, 13, 14, 19, 28 y 30 de noviembre; 2, 11, 12, 17, 26, 28 y 30 de diciembre.

Buenas para ti: 4, 8 y 21 de enero; 1, 2, 6 y 19 de febrero; 4, 17 y 28 de marzo; 2, 15 y 16 de abril; 13 y 24 de mayo; 11 y 22 de junio; 9 y 20 de julio; 7, 18 y 31 de agosto; 5, 16 y 29 de septiembre; 3, 14 y 27 de octubre; 1, 12 y 25 de noviembre; 10 y 23 de diciembre.

Atracción fatal: 3 de enero; 1 de febrero; 16, 17, 18 y 19 de marzo; 31 de mayo; 29 de junio; 27 de julio; 25 de agosto; 23 de septiembre; 21 de octubre; 19 de noviembre; 11 y 17 de diciembre.

Desafiantes: 7, 10, 15 y 31 de enero; 5, 8, 13 y 29 de febrero; 3, 6, 11 y 27 de marzo; 1, 4, 9 y 25 de abril; 2, 7 y 23 de mayo; 5 y 21 de junio; 3 y 19 de julio; 1 y 17 de agosto; 15 de septiembre; 13 de octubre; 11 de noviembre; 9 de diciembre.

Almas gemelas: 31 de marzo, 29 de abril, 27 de mayo, 25 de junio, 23 de julio, 21 de agosto, 19 de septiembre, 17 y 29 de octubre, 15 y 27 de noviembre, 13 y 25 de diciembre.

21 de septiembre

ESTRELLAS FIJAS

Alkaid, también llamada Benetnasch; Zavijava, también llamada Zarijan; Markeb

ESTRELLA PRINCIPAL

Nombre de la estrella: Alkaid, también llamada Benetnasch

Posición: 25° 51'–26° 50' de Virgo, entre los años 1930 y 2000

Magnitud: 2

Fuerza: ★★★★★★★

Órbita: 2° 10'

Constelación: Osa Mayor (Eta Ursae Majoris)

Días efectivos: 18, 19, 20, 21 y 22 de septiembre

Propiedades de la estrella: Luna/Mercurio

Descripción: estrella azul ubicada en la Osa Mayor

INFLUENCIA DE LA ESTRELLA PRINCIPAL

Alkaid otorga una mente activa, necesidad de expresarte de forma creativa, intuición y capacidad de adaptación. Es probable que disfrutes intercambiar pensamientos e ideas, pero también que cambies de opinión con facilidad. Esta estrella indica aptitud para los negocios y deseo de poder, por lo que tendrás muchas oportunidades de obtener éxito, fortuna y riquezas.

Con respecto a tu grado del Sol, la influencia de Alkaid se refleja en el talento para los negocios. Te inclinas por trabajar con datos, investigaciones o cuestiones que requieran atención a los detalles. Esta estrella te hace una persona inquieta y ambiciosa, cuyo deseo por llegar a la cima puede ser implacable.

La fecha en que naciste indica que eres independiente, amistoso, poseedor de un gran potencial creativo y que te inclinas por lo social. Debido a tu necesidad de expresarte, tienes talento con las palabras, pero evita desperdigar tu energía en demasiados intereses o desperdiciarla en preocupaciones e indecisión.

La influencia de Tauro, el regente de tu decanato, determina que el amor y el afecto son de gran importancia para ti. Además de ser práctico y elocuente, posees una sed de conocimiento y puedes ser encantador. Tu apreciación de la belleza y la formas te otorga una personalidad con buen gusto, así como habilidad para disfrutar el arte, la naturaleza y las cosas buenas de la vida. Aunque poseas excelentes destrezas comunicativas y la habilidad de atender los detalles mínimos, procura no regresar continuamente a los mismos pequeños problemas y, por lo tanto, convertirte en alguien demasiado crítico o ansioso. Por fortuna, esta influencia también te concede una intuición natural para los negocios que puede ser un respaldo importante para tu ascenso a la cima.

En ocasiones, llegas a ser sumamente cálido y optimista, y en otras te vuelves frío e irritable, en especial si no te pones metas positivas. A pesar de ser naturalmente intuitivo, debes superar el escepticismo sobre cuestiones espirituales. Sin embargo, es posible que tu brillantez intelectual te lleve a explorar muchas posibilidades en tu búsqueda de la sabiduría.

Tu Sol progresado se desplaza hacia Libra durante tu infancia temprana y enfatiza la necesidad de sentirte valorado. Tus relaciones juegan un papel particularmente importante en tu vida hasta los 31 años, cuando tu Sol progresado se desplaza hacia Escorpión y se da un momento decisivo. Esta nueva influencia aumenta tu poder interior y te hace más decidido y proclive a estar en control. Tras rebasar los 61 años, cuando el Sol progresado avanza al signo de Sagitario, te vuelves más filosófico, amante de la libertad y aventurero.

Tu yo secreto

Aunque tengas un buen código de valores, quizá te venga bien superar las dudas recurrentes que minan tu confianza. Si aprendes a usar tu poder intuitivo, puedes desarrollar la fe y depender de tus recursos interiores. Tu dignidad y orgullo son la causa de que te desagrade tanto el fracaso, pero si dejas que te domine el miedo a tomar las oportunidades, se reducen las probabilidades de desarrollar todo tu potencial. Como te aburres fácilmente, necesitas encontrar algo que te desafíe y estimule. Es a través de la perseverancia y la persistencia que lograrás tus metas.

Pese a que normalmente eres versátil y exitoso, llegas a ser impulsivo, con una vena extravagante. Si tomas esto en cuenta, serás capaz de controlar los altibajos en tus finanzas. La necesidad de cambiar y el deseo de librarse de circunstancias restrictivas quizá te incite a investigar muchas sendas en tu búsqueda de la satisfacción; esto puede incluir viajes y trabajo que amplíen tus horizontes y te proporcionen nuevas oportunidades.

Trabajo y vocación

Puesto que la mayor parte de tu vida se centra en el trabajo, es importante que aproveches al máximo tu espectacular potencial. Tu consumada habilidad con las palabras te será vital como escritor o vendedor. Asimismo, podrías prosperar como agente, abogado, político, actor o editor. Las cualidades creativas que se evidencian en tu fecha de nacimiento también pueden hallar su mejor expresión a través de la música o el canto. Por otro lado, tu intuición natural para los negocios puede serte de mucha ayuda en el mundo del comercio, donde es posible que adoptes un enfoque creativo para tu labor. Es indispensable que evites las ocupaciones monótonas y seguramente te irá mejor si usas tu don de gentes. Un deseo de ayudar a los demás se podría manifestar si ejerces la docencia o das terapia.

Entre las personas famosas con quienes compartes cumpleaños están los escritores Stephen King y H. G. Wells, la escritora y periodista Shirley Conran, el cantante y compositor Leonard Cohen, el compositor Gustav Holst y los actores Bill Murray y Larry Hagman.

Numerología

Tener el número 21 en tu fecha de cumpleaños te hace una persona dinámica, con personalidad extrovertida. Eres sociable, amistoso, con muchos contactos y un gran círculo de amigos. Por otro lado, puedes ser tímido y reservado, con necesidad de desarrollar la asertividad, en especial en relaciones cercanas. Aunque te inclines hacia los vínculos de cooperación o el matrimonio, siempre querrás que se reconozcan tus talentos y habilidades. La subinfluencia del mes número 9 indica que eres ingenioso, discreto y apasionado, y que posees una sensibilidad receptiva. Puesto que eres racional, pero también imaginativo, necesitas encontrar mecanismos para expresarte con libertad. Evita la indecisión o preocuparte demasiado por las opiniones ajenas. Mantienes la mente abierta, eres humanitario y defensor de la justicia. Evita tomar decisiones precipitadas o desperdigar tus energías en demasiadas direcciones. Gracias a tu perspicacia sueles ser un visionario.

• *Cualidades positivas*: inspiración, creatividad, uniones amorosas, relaciones duraderas.

• *Cualidades negativas*: dependencia, nerviosismo, falta de control emocional, falta de visión, decepción, miedo al cambio.

Amor y relaciones

Eres ingenioso, entretenido y divertido por naturaleza. Puesto que, además, eres amistoso, generoso y sociable, te resulta sencillo hacer amigos y cautivar a la gente. Por lo regular, eres sensible e idealista, y tienes un alma encantadora y romántica, pero el descontento y el nerviosismo hacen suponer que puedes volverte crítico e indeciso, o cambiar de opinión sobre cómo te sientes en una relación. Aunque eres capaz de hacer sacrificios por tu pareja, también puedes volverte frío y desapegado. Sueles buscar parejas sensibles y comprensivas, que tengan fe en tus habilidades.

• *Positiva:* mente activa, buena percepción, empatía, bondad, facilidad de trato con niños.

• *Negativa:* tendencia a la crítica excesiva y al chisme, preocupación, hipersensibilidad, nerviosismo, propensión a la mentira, impaciencia, volubilidad.

ESE ALGUIEN ESPECIAL

Amor y amistad: 11, 21 y 25 de enero; 9, 19 y 23 de febrero; 17, 21 y 30 de marzo; 15, 19, 28 y 29 de abril; 3, 13, 17, 26 y 27 de mayo; 11, 15, 24, 25 y 30 de junio; 9, 13, 22, 23 y 28 de julio; 7, 11, 20, 21, 26 y 30 de agosto; 5, 9, 18, 19, 24 y 28 de septiembre; 3, 7, 16, 17, 22, 26 y 29 de octubre; 1, 5, 14, 15, 20, 24 y 27 de noviembre; 3, 12, 13, 18, 22, 25, 27 y 29 de diciembre.

Buenas para ti: 5, 13, 16, 22 y 28 de enero; 3, 11, 14, 20 y 26 de febrero; 1, 9, 12, 18, 24 y 29 de marzo; 7, 10, 16, 22 y 27 de abril; 5, 8, 14, 20 y 25 de mayo; 3, 6, 12, 18 y 23 de junio; 1, 4, 10, 16 y 21 de julio; 2, 8, 14 y 19 de agosto; 6, 12 y 17 de septiembre; 4, 10 y 15 de octubre; 2, 8 y 13 de noviembre; 6 y 11 de diciembre.

Atracción fatal: 17, 18, 19 y 20 de marzo; 30 de junio; 28 de julio; 26 de agosto; 24 de septiembre; 22 de octubre; 20 de noviembre; 18 de diciembre.

Desafiantes: 2, 23 y 30 de enero; 21 y 28 de febrero; 19, 26 y 28 de marzo; 17, 24 y 26 de abril; 15, 22 y 24 de mayo; 13, 20 y 22 de junio; 11, 18 y 20 de julio; 16, 18 y 19 de agosto; 7, 14 y 16 de septiembre; 5, 12 y 14 de octubre; 3, 10 y 12 de noviembre; 1, 8 y 10 de diciembre.

Almas gemelas: 14 y 22 de enero; 12 y 20 de febrero; 10 y 18 de marzo; 8 y 16 de abril; 6 y 14 de mayo; 4 y 12 de junio; 2 y 10 de julio; 8 de agosto; 6 de septiembre; 4 de octubre; 2 de noviembre.

22 de septiembre

ESTRELLA FIJA

Nombre de la estrella: Alkaid, también llamada Benetnasch

Posición: 25º 51'–26º 50' de Virgo, entre los años 1930 y 2000

Magnitud: 2

Fuerza: ★★★★★★★

Órbita: 2º 10'

Constelación: Osa Mayor (Eta Ursae Majoris)

Días efectivos: 18, 19, 20, 21 y 22 de septiembre

Propiedades de la estrella: Luna/Mercurio

Descripción: estrella azul ubicada en la Osa Mayor

INFLUENCIA DE LA ESTRELLA PRINCIPAL

Alkaid otorga una mente activa, necesidad de expresarte de forma creativa, intuición y capacidad de adaptación. Es probable que disfrutes intercambiar pensamientos e ideas, pero también que cambies de opinión con facilidad. Esta estrella indica aptitud para los negocios y ansias de poder, por lo que tendrás muchas oportunidades de obtener éxito, fortuna y riquezas.

Con respecto a tu grado del Sol, la influencia de Alkaid se refleja en el talento para los negocios. Te inclinas por trabajar con datos, investigaciones o cuestiones que requieran atención a los detalles. Esta estrella te hace una persona inquieta y ambiciosa, cuyo deseo por llegar a la cima puede ser implacable. Además, confiere talento para la crítica, el cual debería usarse para cosas positivas.

• *Positiva:* mente activa, buena percepción, empatía, bondad, facilidad de trato con niños.

Haber nacido en la cúspide de Virgo y Libra significa que eres lo suficientemente afortunado para contar con el sagaz intelecto de Virgo y la sociabilidad de Libra. Sueles ser perseverante, meticuloso, preciso y, sobre todo, práctico; también posees un espíritu competitivo. Piensas con originalidad y te deleitas en una buena discusión o debate, pero evita ser polémico o sarcástico en exceso. Posees el don de la diplomacia y lo aprovechas cuando es necesario. Por otro lado, te percatas de las ventajas de trabajar en equipo.

Tauro, el regente de tu decanato, te hace elocuente, astuto y con una gran intuición para los negocios. Es probable que seas encantador y que tu voz resulte agradable; además aprecias la belleza y el lujo. Con tu sagaz percepción, eres un agudo observador, pero debes tener cuidado de no convertirte en alguien demasiado crítico. Tu hambre de conocimiento y agudo intelecto te permiten involucrarte en distintos tipos de actividades. Cuando estás en compañía de tus amigos, sueles disfrutar las bromas amistosas, pues tienes un extraordinario sentido del humor.

Consciente de lo relevante que es la apariencia, te gusta dar una buena impresión. Sin embargo, para sentirte pleno, obtendrías una mayor satisfacción al manifestar tus ideales o ponerte al servicio de la gente. Como eres sumamente intuitivo, debes aprender a confiar en tus instintos.

En tu primer año de vida, tu Sol progresado entra en Libra, por eso, desde pequeño, eres sociable y dado a brillar; además, necesitas entornos armoniosos. En esta etapa tus relaciones juegan un papel importante en tu vida. A los 30 años de edad, cuando tu Sol progresado entra en Escorpión, experimentas un punto de inflexión en tu vida y te vuelves menos temeroso, más autosuficiente emocionalmente y proclive a estar en control. Habiendo cumplido ya los 60 años, cuando tu Sol progresado se desplaza hacia Sagitario, se acentúa tu ánimo aventurero y filosófico, y te interesas por la educación, los viajes, las personas extranjeras y las tierras lejanas.

Tu yo secreto

Respondes bien al amor y al afecto; eres bondadoso, generoso y una buena compañía. Sin embargo, ya que eres orgulloso y, algunas veces, obstinado si te desafían, te puedes poner de mal humor o irritable y sufrir de tensión nerviosa. Sueles proteger tu extrema sensibilidad detrás de tu mente perceptiva, pero, una vez que has decidido algo, muestras tu férrea voluntad y determinación. Esta fortaleza te ayudará a conseguir un éxito impresionante.

Tu acusado afán de llegar a la profundidad de los problemas y descubrir lo que yace debajo de la superficie puede hacer de ti un gran psicólogo y estimularte a investigar las motivaciones de la gente. Mientras esto no te haga sospechoso ante los ojos de los demás, puede fungir como una herramienta de autoconocimiento. Esta percepción te ayudará en el trabajo y también te alentará a influir en los demás.

Trabajo y vocación

Gracias a tu habilidad de análisis y experiencia crítica, podrías ser excelente como editor, escritor, maestro o científico. Asimismo, por tu facilidad para trabajar con la gente, destacarás como agente, vendedor, promotor o quizás en relaciones públicas. Una alternativa para tus competencias de liderazgo, habilidades organizacionales y de planeación estratégica sería que incursionaras en el mundo del comercio, donde podrías ser un excelente mediador o, si te desafías a ti mismo, involucrarte en grandes proyectos. Poseedor de un buen sentido de la estructura, también harías una labor destacada como arquitecto o dibujante. Quizá te inclines al trabajo social o a la sanación alternativa gracias a tu veta humanitaria; en estas disciplinas podrías compartir tus conocimientos con otras personas.

Entre las personas famosas con quienes compartes cumpleaños están la escritora Fay Weldon, la música Joan Jett, el científico Michael Faraday, el jinete olímpico Mark Phillips y el entrenador de béisbol Tommy Lasorda.

Numerología

Tener el número 22 en tu fecha de cumpleaños te hace una persona práctica, disciplinada y sumamente intuitiva. Es un número maestro que puede vibrar tanto en forma de 22 como en forma de 4. Sueles ser honesto y trabajador, poseer habilidades de liderazgo innatas, tener una personalidad carismática y una profunda capacidad de entender a la gente y sus motivaciones. Aunque no demuestras tu afecto, sueles preocuparte por el bienestar de tus seres queridos. No obstante, nunca pierdes de vista tu lado pragmático o realista. La subinfluencia del mes número 9 indica que eres ambicioso, sensible y cauteloso. Dado que eres empático con las emociones ajenas, eres comprensivo y solidario. Estás dotado de energía y entusiasmo, por lo que eres capaz de triunfar a través del trabajo arduo y la tenacidad. Con tu perspicacia e instintos afinados, aprovechas tus habilidades visionarias y logras muchas cosas a través de la expresión creativa. Sin embargo, quizá debas desarrollar una postura pragmática y ser más consciente de tus finanzas.

• *Cualidades positivas*: universalidad, tendencia a dirigir, intuición, pragmatismo, practicidad, habilidades manuales, talento, habilidades de construcción, organización, realismo, capacidad para resolver problemas, éxitos.

• *Cualidades negativas*: codicia, nerviosismo, autoritarismo, materialismo, falta de visión, pereza, egoísmo, avaricia, autopromoción.

Amor y relaciones

Aunque tengas perspectivas y opiniones tajantes, te entusiasman las alianzas. Puesto que le das mucha importancia al amor y al compañerismo, acostumbras ceder o aprovechar tu talento diplomático para mantener la armonía. Eres extrovertido y orgulloso, posees aplomo, y aunque estés al mando eres encantador. Siempre estás en busca de tu pareja ideal y crees en las uniones duraderas, por lo que eres leal a la pareja con quien sientas cabeza. En algunas ocasiones, si no recibes la atención o el afecto que necesitas, debes tratar de no sentirte inseguro o celoso.

• *Negativa*: tendencia a la crítica excesiva y al chisme, preocupación, hipersensibilidad, nerviosismo, propensión a la mentira, impaciencia, volubilidad.

ESE ALGUIEN ESPECIAL

Encontrarás una pareja que comprenda tu sensibilidad y tus necesidades afectivas entre personas nacidas en las siguientes fechas.

Amor y amistad: 6, 16, 22 y 26 de enero; 4, 14, 20 y 24 de febrero; 2, 12, 18 y 22 de marzo; 10, 16, 20 y 30 de abril; 8, 14, 18 y 28 de mayo; 6, 12, 16 y 26 de junio; 4, 10, 14, 24 y 31 de julio; 2, 8, 12, 22 y 29 de agosto; 6, 10, 20 y 27 de septiembre; 4, 8, 18 y 25 de octubre; 2, 6, 16, 23 y 30 de noviembre; 4, 14, 21, 28 y 30 de diciembre.

Buenas para ti: 6, 17, 23 y 31 de enero; 4, 15, 21 y 29 de febrero; 2, 13, 19, 27 y 30 de marzo; 11, 17, 25 y 28 de abril; 9, 15, 23 y 26 de mayo; 7, 13, 21 y 24 de junio; 5, 11, 19 y 22 de julio; 3, 9, 17 y 20 de agosto; 1, 7, 15, 18 y 30 de septiembre; 5, 13, 16 y 28 de octubre; 3, 11, 14 y 26 de noviembre; 1, 9, 12 y 24 de diciembre.

Atracción fatal: 18, 19, 20 y 21 de marzo.

Desafiantes: 24 de enero; 22 de febrero; 20 y 29 de marzo; 18, 27 y 29 de abril; 6, 16, 25, 27 y 30 de mayo; 14, 22, 25 y 28 de junio; 12, 21, 23 y 26 de julio; 10, 19, 21 y 24 de agosto; 8, 17, 19 y 22 de septiembre; 6, 15, 17 y 20 de octubre; 4, 13, 15 y 18 de noviembre; 2, 11, 13 y 16 de diciembre.

Almas gemelas: 13 de enero, 11 de febrero, 9 de marzo, 7 de abril, 5 de mayo, 3 y 30 de junio, 1 y 28 de julio, 26 de agosto, 24 de septiembre, 22 de octubre, 20 de noviembre, 18 de diciembre.

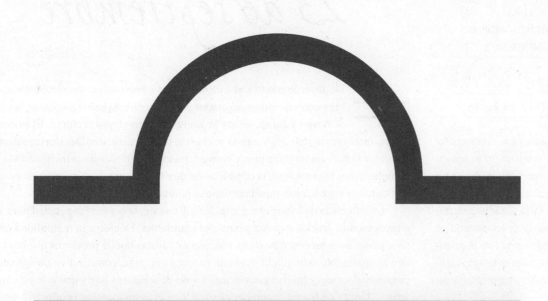

Libra

23 de septiembre–22 de octubre

ESTRELLAS FIJAS

Aunque el grado en que se ubica tu Sol no se encuentra vinculado con una estrella fija, algunos de los grados de tus otros planetas sí lo estarán. Si solicitas el cálculo de tu carta astral, encontrarás la posición exacta de los planetas en tu fecha de nacimiento. Esto te permitirá determinar cuáles de las estrellas fijas descritas en este libro son relevantes para ti.

23 de septiembre

De acuerdo con tu fecha de nacimiento, eres una persona inteligente, sensible y con un estilo encantador pero sencillo. Al haber nacido en la cúspide de Virgo y Libra, tienes la ventaja de dos signos rectores. El primero te otorga inteligencia práctica y aguda y, el otro, talento artístico. Desafortunadamente, esa doble influencia también puede convertirte en un perfeccionista inclinado a la autocomplacencia. Sin embargo, la combinación de tu mente inquisitiva con tus habilidades de liderazgo y emociones sensibles tiene el potencial de llevarte a la cima.

La influencia de Libra, el regente de tu decanato, te confiere capacidad para atraer a las personas, gracias a tu voz y modales agradables. Debido a tu mentalidad progresiva, tienes un gran deseo de conocimiento y disfrutas iniciar proyectos que te mantienen mentalmente estimulado. Aunque pareces tolerante, como individuo ambicioso y empeinado, tienes fuertes convicciones y no descansarás hasta que cumplas tus objetivos. Gozas de buenas habilidades sociales y eres un idealista productivo que, con disciplina y determinación, logra hacer realidad sus deseos.

Tienes talento para comunicarte, ya que eres un pensador creativo y de rápida comprensión. Aunque seas idealista, también puedes ser bastante consciente del dinero y disfrutar de la belleza y el lujo. Sin embargo, quizá debas tratar de evitar la extravagancia o la vanidad. Usar tu fino intelecto es una parte importante de tu éxito, así que necesitas que tu trabajo u otras actividades te mantengan interesado.

Antes de los 29 años, es probable que te preocupes por situaciones relacionadas con el dinero, la creatividad y la armonía para construir tus relaciones. A la edad de 30 años, cuando tu Sol progresado se desplace hacia Escorpión, habrá un punto de inflexión con creciente énfasis en el cambio y la transformación emocional profunda. También puedes involucrarte en proyectos financieros conjuntos o administrar el dinero de otras personas. Otro punto de inflexión importante ocurre al cumplir los 70 años, una vez que tu Sol progresado se desplace hacia Sagitario, lo que indicará la necesidad de ser más aventurero y amante de la libertad, y posiblemente que desearás aumentar tu educación o viajar.

Tu yo secreto

A pesar de que pareces autosuficiente, eres bastante receptivo con tus compañeros y en tus relaciones. Dado que eres cariñoso y diplomático, puedes ser una compañía amigable y estimulante. Pero si pierdes tu equilibrio emocional, puedes volverte malhumorado, frío o incluso perder interés. Pese a que necesitas a otras personas, es vital que te mantengas independiente aun dentro de una relación. Esto significa que, para sentirte feliz, requieres de parejas que sean justas y conscientes de que debe ser una relación equitativa.

Puesto que eres comprensivo y competente, las personas se sienten atraídas hacia ti, pues buscan ayuda y apoyo. Generalmente, te dejas llevar por una visión idealizada de las relaciones amorosas o buscas expresarte por medio del arte, la música o la espiritualidad. Si tu sensibilidad interior se encuentra restringida, tal vez sientas temor y hostilidad, pero cuando eres positivo, tienes la capacidad de trabajar de forma cooperativa con otros, particularmente en sociedades productivas o en equipo.

Trabajo y vocación

Tu flexibilidad y habilidades de comunicación naturales sugieren que disfrutas relacionarte con otras personas y que puedes ser un buen promotor o dedicarte a las relaciones públicas. Gracias a tu encanto y capacidad de persuasión, sueles tomar el rol de vocero. Debido a que te mantienes informado, puedes sentirte atraído por una carrera en educación, periodismo o escritura. Aunque puedes adaptarte a las circunstancias, tu mentalidad innovadora te permite introducir ideas nuevas o refinar viejos conceptos. Si crees en una persona o causa justa, llegas a ser un buen agente o vocero. Al mismo tiempo, el amor por la música puede llevarte al mundo del entretenimiento.

Entre las personas famosas con quienes compartes cumpleaños están los músicos Bruce Springsteen, Ray Charles y John Coltrane; el cantante Julio Iglesias, el actor Mickey Rooney y el escritor Walter Lippmann.

Numerología

Algunos de los atributos ligados a un cumpleaños con el número 23 son la intuición, la sensibilidad emocional y la creatividad. Sueles ser una persona versátil y apasionada que piensa rápido, mantiene una actitud profesional y siempre está llena de ideas. Con la influencia del número 23, puedes aprender cosas nuevas con facilidad, aunque prefieres la práctica más que la teoría. Te encantan los viajes, la aventura y conocer gente nueva. La cualidad enérgica que trae consigo el número 23 de tu cumpleaños te lleva a probar toda clase de experiencias distintas. Además, te adaptas para sacar lo mejor de cada situación. En general, eres amigable, divertido, con valor y empuje. Es posible que necesites de un estilo de vida activo para alcanzar tu verdadero potencial. La subinfluencia del mes número 9 indica que eres intuitivo e imaginativo. Aunque tienes múltiples talentos y eres pragmático, necesitas orden y debes desarrollar tu paciencia. Debido a que te aburres con facilidad, debes procurar no cambiar de rumbo a la mitad del camino, ya que es bueno para ti completar tus tareas antes de emprender nuevos desafíos.

• *Cualidades positivas*: lealtad, responsabilidad, gusto por viajar, comunicación, intuición, creatividad, versatilidad, confiabilidad, fama.

• *Cualidades negativas*: egoísmo, inseguridad, intransigencia, inflexibilidad, atribuir culpas, aburrimiento, desapego, prejuicios.

Amor y relaciones

Con tu gran encanto atraes con facilidad amigos y parejas. Aunque no te comprometas de inmediato, una vez que lo haces procuras que haya armonía en tus relaciones. Como eres romántico y te gusta la estabilidad emocional, generalmente, eres leal a tu pareja. Aun si te desilusionas de alguien, es probable que intentes conservar la cordialidad en tus relaciones, sobre todo si eres mujer. Los hombres no son igual de pacientes, pero aun así se aferran con idealismo a la fantasía de la relación perfecta.

ESE ALGUIEN ESPECIAL

Es más probable que encuentres a ese alguien especial si lo buscas entre personas nacidas en las siguientes fechas.

Amor y amistad: 1, 4, 27, 28 y 29 de enero; 2, 25 y 27 de febrero; 23 y 25 de marzo; 21 y 23 de abril; 19, 21 y 29 de mayo; 17, 19 y 27 de junio; 15, 17 y 25 de julio; 13, 15 y 23 de agosto; 11, 13 y 21 de septiembre; 9, 11 y 19 de octubre; 7, 9 y 17 de noviembre; 5, 7 y 15 de diciembre.

Buenas para ti: 3, 10, 15 y 18 de enero; 1, 8, 13 y 16 de febrero; 6, 11, 14, 29 y 31 de marzo; 4, 9, 12, 27 y 29 de abril; 2, 7, 10, 25 y 27 de mayo; 5, 8, 23 y 25 de junio; 3, 6, 21 y 23 de julio; 1, 4, 19 y 21 de agosto; 2, 17 y 19 de septiembre; 15 y 17 de octubre; 13 y 15 de noviembre; 11 y 13 de diciembre.

Atracción fatal: 19, 20, 21 y 22 de marzo; 30 de abril; 28 de mayo; 26 de junio; 24 de julio; 22 de agosto; 20 de septiembre; 18 de octubre; 16 de noviembre; 14 de diciembre.

Desafiantes: 9, 14, 16 y 25 de enero; 7, 12, 14 y 23 de febrero; 5, 10, 12, 21, 28 y 30 de marzo; 3, 8, 10, 19, 26 y 28 de abril; 1, 6, 8, 17, 24 y 26 de mayo; 4, 6, 15, 22 y 24 de junio; 2, 4, 13, 20 y 22 de julio; 2, 11, 18 y 20 de agosto; 9, 16 y 18 de septiembre; 7, 14 y 16 de octubre; 5, 12 y 14 de noviembre; 3, 10 y 12 de diciembre.

Almas gemelas: 29 de diciembre.

24 de septiembre

ESTRELLAS FIJAS

Aunque el grado en que se ubica tu Sol no se encuentra vinculado con una estrella fija, algunos de los grados de tus otros planetas sí lo estarán. Si solicitas el cálculo de tu carta astral, encontrarás la posición exacta de los planetas en tu fecha de nacimiento. Esto te permitirá determinar cuáles de las estrellas fijas descritas en este libro son relevantes para ti.

Tu fecha de nacimiento revela que eres una persona amistosa, comprensiva y amable; una persona inclinada a lo social y con un fuerte sentido de justicia. Es posible que tengas un interés particular en el hogar y la familia, y en ser diplomático en situaciones adversas. Debido a que eres generoso y romántico, tienes un gran carisma y liderazgo. Si sabes usar tu influencia en el ámbito social, serás capaz de interactuar con personas de diferentes ámbitos.

Libra, el regente de tu decanato, te permite apreciar el lujo y los espacios hermosos. Tus excelentes ideas pueden ayudarte a desarrollar tu talento artístico o creativo innato, aunque tendrás que actuar con paciencia y disciplina para sacar lo mejor de ese maravilloso potencial.

La vida, generalmente, mejora para ti conforme pasan los años y te vuelves menos dependiente de los demás. Es posible que necesites defender tus creencias, aun cuando esto genere algún tipo de confrontación. Puedes convertirte en un excelente animador o anfitrión debido a que eres sociable y buen organizador. Tu amor por el placer y la tranquilidad puede hacer que, muy fácilmente, te relajes en una rutina cómoda. Sin embargo, tienes un rasgo rebelde y humanitario, además de un deseo de acción, que puede llevarte a luchar contra la mediocridad.

Es probable que antes de cumplir los 28 años te intereses en tus relaciones sociales y en crearte espacios armoniosos y lujosos. A los 29 años, cuando tu Sol progresado se desplace hacia Escorpión, podrían aparecer problemas relacionados con cambios emocionales y provocarte el deseo de hallar un sentido de vida más profundo. Una vez que llegues a los 59 años, cuando tu Sol progresado se desplace hacia Sagitario, te convertirás en una persona más aventurera que buscará explorar la vida mental y físicamente a través de la educación o de viajes al extranjero. También puede ser que conozcas personas de diferentes culturas que amplíen tus horizontes.

Tu yo secreto

Cuando eres positivo, logras ser objetivo y ver la vida de manera ligera, divertida y entretenida. Sin embargo, cuando estás deprimido, la frustración o la decepción se ven reflejadas en tus relaciones, por lo que puedes volverte controlador o, incluso, puede que a los demás se les dificulte acercarse a ti emocionalmente. Si esto ocurre, equilibra tus emociones haciéndote responsable de ellas, pero sin tomártelas demasiado en serio. Por lo general, no pasará mucho tiempo antes de que regrese tu naturaleza cálida, generosa y amable.

Con tu vigoroso potencial logras conmover a otros, particularmente si eres artista, político, animador o líder espiritual. Respetas a las personas que te mantienen con los pies en la tierra, capaces de responder verbalmente tan rápido como tú. Ser un excelente observador y un astuto juez de carácter puede llevarte a entender la naturaleza humana, así como a establecer contactos sociales útiles.

Trabajo y vocación

Gracias a que eres creativo e idealista, podrías trabajar para una causa justa e inspirar a otros a hacer lo mismo. Tu generosidad, habilidades prácticas, carisma y personalidad atrayentes implican que puedes liderar a otros, especialmente si organizas grandes eventos o fiestas sociales. Posees habilidades diplomáticas, por lo que tu encanto te permite ganarte a las personas y ser popular. Como creador de redes de contactos de naturaleza humanitaria, podrías participar en la recaudación de fondos para ayuda social. Si estás dispuesto a comprometerte, también llegarás a ser un excelente mediador. Dado que eres responsable y trabajador, quizá te intereses en el ámbito de las leyes y las reformas, pero si buscas expresar tus poderosas emociones, puedes tener éxito en la escritura, el diseño, el teatro, la música o las artes.

Entre las personas famosas con quienes compartes cumpleaños están el escritor F. Scott Fitzgerald, el cantante Anthony Newley, la fotógrafa y música Linda McCartney, el creador de los *Muppets* Jim Henson y el exjuez de la Suprema Corte de Justicia de Estados Unidos John Marshall.

Numerología

Aunque quizá te desagrade la rutina, sueles ser una persona trabajadora, con habilidades prácticas y buen juicio. La sensibilidad emocional que sugiere un cumpleaños con el número 24 indica que quizá sientas necesidad de estabilidad y orden. Eres fiel y justo, pero poco efusivo, y tiendes a creer que las acciones dicen más que las palabras. Tu visión pragmática de la vida también te da buen olfato para los negocios y la capacidad de alcanzar el éxito material. Con el número 24 por cumpleaños, es posible que debas sobreponerte a la tendencia a ser obstinado o de ideas fijas. La subinfluencia del mes número 9 indica que eres imaginativo, generoso y de emociones profundas. Ser idealista y romántico te convierte en una pareja y amigo devoto. La expresión creativa es vital para tu satisfacción personal; de otro modo, puedes frustrarte y experimentar un bloqueo emocional.

• *Cualidades positivas*: idealismo, habilidades prácticas, determinación inquebrantable, honestidad, franqueza, justicia, generosidad, amor al hogar, actividad.

• *Cualidades negativas*: materialismo, inestabilidad, desprecio por la rutina, pereza, deslealtad, comportamiento dominante, necedad, terquedad.

Amor y relaciones

Eres encantador y sociable, por lo que no tienes problema alguno para atraer amigos y parejas. Para ti son importantes el amor y la seguridad de las relaciones, sobre todo porque sientes ansias intensas de tener un hogar cálido y seguro. Por lo regular, estás dispuesto a hacer sacrificios para mantener la paz y la armonía. Sin embargo, si crees en algo, eres inflexible, ya que tienes un rasgo de obstinación. Eres un amigo leal, de corazón generoso. Disfrutas recibir invitados en casa. Valoras el compañerismo, así que también eres una pareja solidaria.

ESE ALGUIEN ESPECIAL

Podrás encontrar a ese alguien especial si lo buscas entre personas nacidas en las siguientes fechas.

Amor y amistad: 2, 5 y 28 de enero; 3 y 26 de febrero; 1 y 24 de marzo; 22 de abril; 20, 29 y 30 de mayo; 18, 27 y 28 de junio; 16, 25 y 26 de julio; 14, 23 y 24 de agosto; 12, 21 y 22 de septiembre; 10, 19, 20, 29 y 31 de octubre; 8, 17, 18, 27 y 29 de noviembre; 6, 15, 16, 25 y 27 de diciembre.

Buenas para ti: 2, 10, 13 y 16 de enero; 8, 11 y 14 de febrero; 6, 9 y 12 de marzo; 4, 7 y 10 de abril; 2, 5 y 8 de mayo; 3 y 6 de junio; 1, 4 y 30 de julio; 2, 28 y 30 de agosto; 26 y 28 de septiembre; 24 y 26 de octubre; 22 y 24 de noviembre; 20, 22 y 30 de diciembre.

Atracción fatal: 21, 22 y 23 de marzo; 31 de octubre; 29 de noviembre; 27 de diciembre.

Desafiantes: 3, 9 y 10 de enero; 1, 7 y 8 de febrero; 5, 6 y 31 de marzo; 3, 4 y 29 de abril; 1, 2 y 27 de mayo; 25 de junio; 23 de julio; 2, 21 y 31 de agosto; 19 y 29 de septiembre; 17 y 27 de octubre; 15 y 25 de noviembre; 13 y 23 de diciembre.

Almas gemelas: 5 de enero, 3 de febrero, 1 de marzo, 30 de mayo, 28 de junio, 26 de julio, 24 de agosto, 22 de septiembre, 20 de octubre, 18 de noviembre, 16 de diciembre.

25 de septiembre

ESTRELLAS FIJAS

Aunque el grado en que se ubica tu Sol no se encuentra vinculado con una estrella fija, algunos de los grados de tus otros planetas sí lo estarán. Si solicitas el cálculo de tu carta astral, encontrarás la posición exacta de los planetas en tu fecha de nacimiento. Esto te permitirá determinar cuáles de las estrellas fijas descritas en este libro son relevantes para ti.

Tu fecha de nacimiento revela que eres una persona encantadora, sensible, astuta y con un corazón cálido. A pesar de que eres idealista y generoso, con una vida social activa, tienes un alto nivel de disciplina y sentido de la obligación. Gracias a tu amplia gama emocional, puedes ir de ser rudo y distante a ser cariñoso y compasivo.

Debido a la influencia de Libra, el regente de tu decanato, el amor y el afecto son especialmente importantes para ti. Tus habilidades sociales te aseguran el éxito con los demás, en particular cuando pones en acción tu carisma especial. Como buen organizador, disfrutas de hacer que la gente se sienta cómoda y, gracias a tu mente rápida, puedes ser ingenioso y entretenido. Tu necesidad de expresarte y tu creatividad podrían encontrar salida a través del arte, la música, el teatro o, al menos, convertirte en un admirador de estas artes. Los asuntos financieros también pueden ser de tu interés y, a través de tu innato sentido de negocios, tienes el potencial de comercializar tus muchos talentos.

Partiendo de que eres un idealista, te darás cuenta de que es importante tener un trabajo o proyectos de vida que te mantengan ocupado de manera constructiva, tal como te gusta. Eres intuitivo y mentalmente astuto, por lo tanto es probable que busques inspiración y trabajo al servicio de los demás. Siendo un agudo perfeccionista, a veces puedes llegar a ser demasiado duro contigo mismo y con los demás, o volverte autoritario y escéptico. Sin embargo, cuando canalizas esto de manera positiva, tus emociones pueden garantizarte el éxito.

Antes de cumplir 27 años, es probable que te interese desarrollar habilidades sociales, talentos creativos y oportunidades de éxito financiero. Al cumplir 28 años, cuando tu Sol progresado se desplace hacia Escorpión, lidiarás con la creciente necesidad de un cambio emocional, poder interior y transformación. Otro cambio significativo ocurrirá a los 58 años, cuando tu Sol progresado se desplace hacia Sagitario, con una alta probabilidad de que te vuelvas más audaz y directo, y con la necesidad de expandir tus horizontes para buscar inspiración y libertad.

Tu yo secreto

Si desarrollas perseverancia y voluntad en tu trabajo, aplicarás la disciplina necesaria para aprovechar el enorme potencial del día de tu nacimiento. Tu deseo de triunfar hace que quieras mejorar constantemente tus circunstancias, pero dada tu sensibilidad y tu amor por el placer, debes ser prudente ante cualquier tipo de exceso o tendencia a evadirte de la realidad.

Generalmente, eres optimista y amigable, posees una poderosa imaginación, emociones dinámicas y la habilidad para brillar o destacar en medio de una multitud. A pesar de eso, puede surgir una sensación de contención, frustración o decepción que te provoquen sentirte insatisfecho, incluso temperamental. Si abres tu pensamiento, serás capaz de perdonar o dejar de lado las dificultades. Además, si aprendes a confiar en tu sensibilidad sobre la psique, aumentará tu seguridad y mejorará tu capacidad para tratar con la gente.

Trabajo y vocación

Dado que eres imaginativo y artístico, disfrutas expresándote y colaborando con los demás. Eres sociable y te gusta rodearte de personas influyentes, involucrarte en la política o trabajar en el mundo de los medios de comunicación, la publicidad o la industria editorial. Gracias a tu talento para las artes, tu ojo para los detalles y buen gusto, sueles reconocer la calidad y la destreza artesanal. Tu creatividad te permite apreciar la belleza y sueles estar interesado en las artes, los museos, las antigüedades o las galerías. Al mismo tiempo, tus poderosos sentimientos pueden encontrar expresión en profesiones relacionadas con la salud, como la enfermería o el cuidado de los demás. Tu inteligencia y amabilidad hacen que disfrutes compartiendo tu conocimiento con otros, por lo que puedes aspirar a ser un buen maestro o conferencista, particularmente de temas como literatura, teatro, arte o música.

Entre las personas famosas con quienes compartes cumpleaños están el compositor Dmitri Shostakóvich; el pianista Glenn Gould; los actores Will Smith, Michael Douglas, Christopher Reeve y Mark Hamill; el pintor Mark Rothko; el escritor William Faulkner y el basquetbolista Scottie Pippen.

Numerología

Eres intuitivo, considerado, rápido y enérgico. Necesitas expresarte a través de experiencias diversas que pueden incluir ideas, personas o lugares nuevos y emocionantes. El deseo de perfección asociado con el día 25 suele instarte a trabajar arduamente y ser productivo. No obstante, debes dejar de ser tan impaciente o crítico si las cosas no salen según lo planeado. Al ser una persona con el número 25, tienes una gran energía mental, que te ayudará a analizar todos los hechos y llegar a una conclusión más rápidamente que cualquier otra persona. El éxito y la felicidad llegan cuando aprendes a confiar en tus propios instintos y fortaleces la perseverancia y la paciencia. La subinfluencia del mes número 9 indica que eres sensible e imaginativo, además de un buen juez de carácter, pero necesitas aprender a confiar en tus emociones y tu intuición, en lugar de ser escéptico y dejarte llevar por las dudas. Aunque eres encantador y sociable, en algunas ocasiones exageras o eres hipersensible e incurres en comportamientos impulsivos.

• *Cualidades positivas*: intuición, perfeccionismo, perspicacia, creatividad, don de gentes.

• *Cualidades negativas*: impulsividad, impaciencia, celos, hermetismo, circunstancias cambiantes, crítica, volubilidad, nerviosismo.

Amor y relaciones

Con tanto poder afectivo y encanto, atraes gente sin problema alguno. Aunque eres romántico y tienes un toque dramático, tu potencial tendencia a la autocomplacencia y la indecisión podrían llevarte a entablar relaciones cuestionables. Sin embargo, si aprendes a ejercitar tu criterio, estarás en una posición excelente para relacionarte con quienes sean tan mentalmente ágiles, cálidas y amorosas como tú. Es probable que sobre todo te atraigan personas que proyectan poder y tenacidad. De cualquier forma, cuando te comprometes eres leal como amigo y pareja.

ESE ALGUIEN ESPECIAL

Es más probable que encuentres a ese alguien especial si lo buscas entre personas nacidas en las siguientes fechas.

Amor y amistad: 3, 8, 22, 25, 29 y 30 de enero; 1, 6, 20, 23, 27 y 28 de febrero; 18, 21, 25 y 26 de marzo; 2, 16, 19, 23, 24 y 28 de abril; 14, 17, 21, 22, 26 y 31 de mayo; 12, 15, 19, 20, 24 y 29 de junio; 10, 13, 18 y 22 de julio; 8, 11, 15, 16, 20, 27, 29 y 30 de agosto; 6, 9, 13, 14, 18, 23, 27 y 28 de septiembre; 4, 7, 11, 12, 16, 21, 25 y 26 de octubre; 2, 5, 9, 10, 14, 19, 23 y 24 de noviembre; 3, 7, 8, 12, 17, 21 y 22 de diciembre.

Buenas para ti: 17 de enero; 15 de febrero; 13 de marzo; 11 de abril; 9 y 29 de mayo; 7 y 27 de junio; 5 y 25 de julio; 3 y 23 de agosto; 1 y 21 de septiembre; 19 y 29 de octubre; 17, 27 y 30 de noviembre; 15, 25 y 28 de diciembre

Atracción fatal: 21, 22, 23 y 24 de marzo; 31 de mayo; 29 de junio; 27 de julio; 25 y 30 de agosto; 23 y 28 de septiembre; 21 y 26 de octubre; 19 y 24 de noviembre; 17 y 22 de diciembre.

Desafiantes: 20 y 23 de enero, 18 y 21 de febrero, 16 y 19 de marzo, 14 y 17 de abril, 12 y 15 de mayo, 10 y 13 de junio, 8 y 11 de julio, 6 y 9 de agosto, 4 y 7 de septiembre, 2 y 5 de octubre, 2 de noviembre, 1 de diciembre.

Almas gemelas: 4 y 31 de enero, 2 y 29 de febrero, 27 de marzo, 25 de abril, 23 de mayo, 21 de junio, 19 de julio, 17 de agosto, 15 de septiembre, 13 de octubre, 11 de noviembre, 9 de diciembre.

26 de septiembre

ESTRELLA FIJA

Nombre de la estrella: Zaniah

Posición: 3º 51'–4º 43' de Libra, entre los años 1930 y 2000

Magnitud: 4

Fuerza: ★★★★

Órbita: 1º 30'

Constelación: Virgo (Eta Virginis)

Días efectivos: 26, 27, 28 y 29 de septiembre

Propiedades de la estrella: Mercurio/ Venus

Descripción: estrella variable blanca ubicada en el ala sur de Virgo

INFLUENCIA DE LA ESTRELLA PRINCIPAL

La influencia de Zaniah transmite refinamiento, simpatía y pasión por la armonía y el orden. Sueles tener una naturaleza amable y personalidad encantadora, por lo que es probable que entables muchas amistades. Esta estrella otorga popularidad, reconocimientos y éxito a través de los vínculos sociales.

Con respecto a tu grado del Sol, Zaniah favorece la educación, el aprendizaje intelectual y un talento nato para la investigación y la literatura. Con su influencia, te volverás un especialista en el tema que te interese. Gozas de excelentes relaciones laborales con tus colegas y eres un buen cónyuge. Esta estrella te confiere un temperamento afable, salvo cuando te provocan.

• *Positiva:* visión, agudeza mental, refinamiento, capacidad para realizar trabajo detallado.

• *Negativa:* vanidad, arrogancia, falta de empuje, despilfarro, búsqueda de soluciones fáciles.

Eres encantador, magnético y proyectas una personalidad cálida atrayente. Al ser sociable y amistoso, con una cierta gracia, eres también mentalmente astuto y decidido. Tu sensible romanticismo y poderosos sentimientos pueden ser una gran fuente de inspiración. Desafortunadamente, también llegarán a originar frustración en ti si otros no viven a la altura de tus elevados ideales.

Gracias a la influencia de Libra, el regente de tu decanato, tienes buen ojo para el color y te sientes feliz en espacios hermosos. Eres artístico y consciente de la imagen, al tiempo que disfrutas de un toque de glamur; eso explica tu elegancia y tu interés por dar una buena impresión. Eres atractivo y refinado, y tienes habilidades diplomáticas naturales, así como el poder de hacer que otros se sientan a gusto. A pesar de que eres bueno socializando y de que puedes atraer a otras personas con tu agradable forma de ser, quizá debas aprender a ser firme y decidido.

Ya que eres juguetón y divertido, tienes habilidades creativas innatas que puedes desarrollar a través de la paciencia y la perseverancia en el ámbito de la escritura, el arte, el teatro o la música. Debes cuidar que este maravilloso potencial no se oriente hacia la autocomplacencia o al camino fácil. Tu interés por las personas y por querer apoyarlas emocionalmente explica la influencia positiva que puedes tener en el plano personal o en esfuerzos grupales. Uno de los pocos obstáculos para que triunfes podría ser tu falta de disciplina, cuando realmente sea necesario aplicarla.

Antes de alcanzar los 26 años, quizá te preocupen los problemas relacionados con el dinero, la creatividad y la construcción de armonía en tus relaciones. A partir de los 27 años, tu Sol progresado se desplazará hacia Escorpión, lo que indicará un periodo de transformación y la necesidad de un cambio emocional profundo que te lleve a ser más decidido y comprometido. Otro momento decisivo ocurrirá cuando llegues a los 57 años, una vez que tu Sol progresado se desplace hacia Sagitario. Puede que a partir de este punto te vuelvas más aventurero y libre, o que encuentres otro interés y empieces una nueva carrera de educación superior e, incluso, que viajes a tierras lejanas o que conozcas personas de diferentes culturas.

Tu yo secreto

Eres dramático, orgulloso y noble, y no siempre te gusta revelar tu extrema sensibilidad o vulnerabilidad. Por eso, una vez que desarrolles tu poderosa intuición o aprendas a desapegarte, serás capaz de percibir situaciones en las cuales no te sientas bien, así podrás evitarlas y salvarte de excesos emocionales. Tiendes a ser comprensivo y puede ser que algunas veces te descubras a ti mismo actuando como consejero. Recuerda equilibrar tu generosidad y compasión con el desapego para evitar cargar con los problemas de los demás.

Gracias a tu gran corazón y y tu alegría por la vida, siempre tendrás un carácter juvenil. Eres amable y generoso, necesitas de otras personas y generalmente buscas compañía y relaciones armoniosas. Cuando encuentras algo que de verdad disfrutas, te conviertes en una persona dedicada y trabajadora. Es posible que descubras que llevar alegría a otros te resulta gratificante.

Trabajo y vocación

Aunque tienes talento para los negocios, tu naturaleza idealista y deseo de expresarte sugieren que las profesiones en las que puedas ser creativo o colaborar con otros son las más adecuadas para ti. Eres sociable y amistoso, tienes encanto y una personalidad tranquila que puede llevarte a las relaciones públicas o a trabajar en servicio al cliente. Si te decides por las ventas, necesitarás creer en el producto que estás promocionando; de lo contrario, sonarás poco convincente. La habilidad de combinar los negocios con tu capacidad de socializar te abre la posibilidad de trabajar en restaurantes, clubes y bares. Asimismo, puedes sentirte atraído por la docencia, especialmente en materias relacionadas con el cine, teatro, literatura y música. Si tienes la fortuna de contar con una buena voz, quizá te deje seducir por el mundo del entretenimiento como aspirante a músico o cantante.

Entre las personas famosas con quienes compartes cumpleaños están el compositor George Gershwin, los cantantes Olivia Newton-John y Bryan Ferry, el escritor T. S. Eliot, el filósofo Martin Heidegger, la feminista Edith Abbott, el científico Iván Pávlov y el arboricultor "Juanito Manzanas" (John Chapman).

Numerología

Al haber nacido bajo el número 26, tienes un enfoque pragmático de la vida, así como habilidades ejecutivas y buen instinto para los negocios. Sueles ser responsable y tener un sentido natural de la estética. Tu amor por el hogar y tus fuertes instintos parentales sugieren que debes construir una base sólida o encontrar estabilidad real. Como sueles ser un pilar de fortaleza para otros, estás dispuesto a ayudar a amigos y familiares que recurran a ti en momentos de dificultad. Sin embargo, quizá debas evitar tus tendencias materialistas y el deseo de controlar situaciones o personas. La subinfluencia del mes número 9 indica que eres imaginativo e intuitivo, y tus instintos están bien afinados. Cuando estás motivado y ambicionas algo en particular, te gusta usar el conocimiento de forma creativa, pero con un toque personal. Aunque prefieres las comodidades y la vida despreocupada, tu idealismo te impulsa a ser tenaz y a hacer grandes sacrificios cuando te sientes motivado. Si eres disciplinado y compasivo, la amabilidad que brindas a los demás se te recompensará y el amor te será retribuido.

• *Cualidades positivas*: creatividad, practicidad, cuidado, responsabilidad, orgullo familiar, entusiasmo, valentía.

• *Cualidades negativas*: necedad, rebeldía, relaciones inestables, falta de entusiasmo, perseverancia, inestabilidad.

Amor y relaciones

Eres amistoso y encantador, por lo que cuentas con una vida social activa y muchos amigos y admiradores. Te integras bien a los grupos e incluso podrías ser la estrella en las reuniones sociales. Aunque eres independiente, el idealismo y la necesidad intensa de amor podrían empujarte a relaciones románticas inadecuadas, por lo que tendrás que ser cauteloso en cualquier interacción personal. Eres un amante generoso, pero debes aprender a desapegarte, o terminarás siendo demasiado serio. Adoptar una actitud altruista y humanitaria te permitirá poner tu vida amorosa en perspectiva.

ESE ALGUIEN ESPECIAL

Encontrarás un amante o una pareja fiel y confiable entre quienes nacieron en las siguientes fechas.

Amor y amistad: 5, 9, 10, 18, 19, 26 y 30 de enero; 3, 8, 16, 17, 24 y 28 de febrero; 1, 6, 14, 15, 22 y 26 de marzo; 4, 12, 13, 20 y 24 de abril; 1, 2, 10, 11, 18 y 22 de mayo; 8, 9, 16, 20 y 30 de junio; 6, 7, 14, 18 y 28 de julio; 4, 5, 12, 16, 26 y 30 de agosto; 2, 3, 10, 14 y 28 de septiembre; 1, 8, 12, 22 y 26 de octubre; 6, 10, 20 y 24 de noviembre; 4, 8, 18, 22 y 30 de diciembre.

Buenas para ti: 13 de enero, 11 de febrero, 9 de marzo, 7 de abril, 5 de mayo, 3 y 30 de junio, 1 y 28 de julio, 26 de agosto, 24 de septiembre, 22 de octubre, 20 de noviembre, 18 de diciembre.

Atracción fatal: 22, 23, 24 y 25 de marzo.

Desafiantes: 14 y 24 de enero, 12 y 22 de febrero, 10 y 20 de marzo, 8 y 18 de abril, 6 y 16 de mayo, 4 y 14 de junio, 2 y 12 de julio, 10 de agosto, 8 de septiembre, 6 de octubre, 4 de noviembre, 2 de diciembre.

Almas gemelas: 30 de julio, 28 de agosto, 26 de septiembre, 24 de octubre, 22 de noviembre, 20 de diciembre.

27 de septiembre

ESTRELLA FIJA

Nombre de la estrella: Zaniah

Posición: 3º 51'–4º 43' de Libra, entre los años 1930 y 2000

Magnitud: 4

Fuerza: ★★★★

Órbita: 1º 30'

Constelación: Virgo (Eta Virginis)

Días efectivos: 26, 27, 28 y 29 de septiembre

Propiedades de la estrella: Mercurio/ Venus

Descripción: estrella variable blanca ubicada en el ala sur de Virgo

INFLUENCIA DE LA ESTRELLA PRINCIPAL

La influencia de Zaniah transmite refinamiento, simpatía y pasión por la armonía y el orden. Sueles tener una naturaleza amable y personalidad encantadora, por lo que es probable que entables muchas amistades. Esta estrella otorga popularidad, reconocimientos y éxito a través de los vínculos sociales.

Con respecto a tu grado del Sol, Zaniah favorece la educación, el aprendizaje intelectual y un talento nato para la investigación y la literatura. Con su ayuda, te volverás un especialista en el tema que te interese. Gozas de excelentes relaciones laborales con tus colegas y eres un buen cónyuge. Esta estrella te confiere un temperamento afable, salvo cuando te provocan.

• *Positiva:* visión, agudeza mental, refinamiento, capacidad para realizar trabajo detallado.

• *Negativa:* vanidad, arrogancia, falta de empuje, despilfarro, búsqueda de soluciones fáciles.

De acuerdo con tu fecha de nacimiento, eres una persona afectuosa, con encanto y espíritu emprendedor. Dada tu honestidad y franqueza, disfrutas compartiendo con los demás y puedes ser una excelente compañía. La ambición te lleva a buscar oportunidades y, con tus grandes planes en mente, necesitarás mantenerte activo. Por otro lado, la fuerza de tus emociones requiere que evites irte a los extremos o actuar demasiado impulsivamente.

Libra, el regente de tu decanato, te permite disfrutar del lujo y la belleza, así como tener una especial sensibilidad por el color, la forma y los sonidos. Te gusta dar una buena impresión, sueles ser atractivo y eres consciente de tu apariencia. Dado que eres cortés, amistoso y capaz de integrarte bien, gozas de habilidades diplomáticas naturales y de la capacidad de hacer que otras personas se relajen. Tu fino intelecto, destrezas organizacionales y naturaleza aventurera te dotaron de la habilidad de hacer dinero. Debido a que eres idealista o espiritual, lo mejor será que tus ganancias estén vinculadas a una filosofía personal o reforma social. La falta de disciplina o indecisión pueden desviarte de cultivar ese gran potencial inherente a tu fecha de nacimiento.

Aunque, por lo regular, eres optimista, tu tendencia a la terquedad puede llevarte, en ocasiones, a alejarte de tus seres queridos. A pesar de eso, cuando tu creatividad y habilidades sociales tienen salidas positivas, tu entusiasmo y espíritu de lucha crecen.

Para el momento en que cumplas 25 años, estarás concentrado en desarrollar tus habilidades sociales, talentos creativos y oportunidades de éxito financiero. Al acercarte a los 26 años, cuando tu Sol progresado se desplace hacia Escorpión, tendrás que lidiar con situaciones relacionadas con cambios emocionales y transformación. Otro punto clave ocurrirá cuando cumplas 56 años, una vez que tu Sol progresado se desplace hacia Sagitario, lo que te llevará a ser más optimista y ampliar tus horizontes, o a buscar inspiración a través del contacto personal con los demás, la religión, la educación o los viajes.

Tu yo secreto

El corazón puro y juvenil que te caracteriza te permite disfrutar el entretener a otros con tus muchos talentos. A veces, esta cualidad infantil puede revelar un tinte de inmadurez, por lo que necesitarás no descuidar tus responsabilidades. El deseo de movimiento y cambio suele manifestarse como inquietud o impaciencia, pero si te sientes motivado, eso te impulsará a explorar e investigar temas o actividades nuevos y emocionantes. Viajar puede jugar un papel significativo a la hora de expandir tus horizontes mentales o de satisfacer tu deseo de libertad.

Debido a que admiras la inteligencia, respetas a quienes poseen sabiduría y perspicacia. Aunque eres sensible, imaginativo y respondes bien al idealismo, necesitas perseverancia para aprovechar al máximo tus talentos naturales. Para evitar aburrirte, tal vez te beneficie la constante búsqueda de conocimiento y maestría, o desafiarte con mayores y mejores oportunidades.

Trabajo y vocación

Eres determinado, dominante y te sientes más cómodo en puestos ejecutivos o gerenciales. Debido a que necesitas libertad para expresarte, puede ser que prefieras trabajar por tu cuenta o en un lugar que te permita cierta independencia. Puedes alcanzar el éxito en el mundo del entretenimiento gracias a tu imaginación y creatividad. Tu agudo intelecto y capacidad de persuasión sugieren que eres humanitario y puedes triunfar creando reformas o trabajando en el sector educativo, legal, científico, literario o político. Para evitar la monotonía, es necesario tener variedad y cambiar de actividad constantemente en cualquier ocupación que asumas. Tomando en cuenta que eres compasivo y comprensivo, con la habilidad de levantar el espíritu a los demás, puede que te sientas inclinado hacia profesiones donde te encuentres al cuidado de otros o ayudes al prójimo.

Entre las personas famosas con quienes compartes cumpleaños están el director de cine Arthur Penn, el actor William Conrad, el cantante y compositor Meat Loaf, el caricaturista George Cruikshank, el estadista y filósofo estadounidense Samuel Adams, el beisbolista Mike Schmidt, la mística Mata Amritanandamayi y el rey Luis XIII de Francia.

Numerología

El día número 27 indica que eres idealista y sensible. Ya que posees una mente fértil y creativa puedes impresionar a los demás con tus ideas y pensamientos originales. Si bien a veces aparentas ser hermético, racional y desapegado, en realidad esto podría ocultar tensiones internas como tendencia hacia la indecisión o suspicacia con respecto a futuros cambios. Al desarrollar buenas habilidades comunicativas, puedes superar tu renuencia a expresar tus sentimientos más profundos. La educación es esencial para las personas con el número 27 y, al ampliar tus perspectivas te volverás más paciente y disciplinado. La subinfluencia del mes número 9 indica que sueles ser magnético y carismático; además, posees una mente perspicaz y naturaleza humanitaria. Aunque seas generoso y compasivo, eres propenso a frustraciones emocionales, estados de ánimo fluctuantes, autocompasión y deseos de evasión. Te beneficiarás en gran medida si desarrollas empatía y tolerancia, y si aprendes a ser más objetivo. Evita ser testarudo o discutir mucho cuando te sientas inseguro a nivel emocional.

• *Cualidades positivas*: versatilidad, imaginación, creatividad, determinación, valentía, comprensión, capacidad intelectual, espiritualidad, ingenio, fortaleza mental.

• *Cualidades negativas*: antipatía, susceptibilidad, naturaleza pendenciera, inquietud, nerviosismo, desconfianza, exceso de emotividad, tensión.

Amor y relaciones

Con tu personalidad carismática, causas impresiones firmes y duraderas. Ser cálido y despreocupado te permite tranquilizar a las personas. Eres el anfitrión ideal, pues disfrutas la compañía y tienes muchos amigos. Tienes tus sentimientos a flor de piel, por lo que necesitas muchísimo afecto y amor, y necesitas una pareja capaz de brindarte tanto amor y ternura como tú a ella. Te atraen individuos poderosos y tenaces, pero debes tener cuidado de no volverte dependiente de tus parejas. Por fortuna, posees la habilidad de mezclar los negocios con el placer.

ESE ALGUIEN ESPECIAL

Si quieres amor y afecto, procura buscar a ese alguien especial entre personas nacidas en las siguientes fechas.

Amor y amistad: 2, 3, 6, 9, 10, 11, 21, 27 y 31 de enero; 1, 4, 7, 8, 9, 25 y 29 de febrero; 2, 5, 7, 17, 23 y 27 de marzo; 3, 5, 15, 21 y 25 de abril; 1, 2, 3, 13, 19, 23 y 30 de mayo; 1, 11, 17, 21 y 28 de junio; 9, 15, 19, 26 y 29 de julio; 7, 13, 17, 24 y 27 de agosto; 5, 11, 15, 22 y 25 de septiembre; 3, 9, 13, 20 y 23 de octubre; 1, 7, 11, 18, 21 y 30 de noviembre; 5, 9, 16, 19 y 28 de diciembre.

Buenas para ti: 11, 16 y 30 de enero; 9, 24 y 28 de febrero; 7, 22 y 26 de marzo; 5, 20 y 24 de abril; 3, 18, 22 y 31 de mayo; 1, 16, 20 y 29 de junio; 14, 18 y 27 de julio; 12, 16 y 25 de agosto; 10, 14 y 23 de septiembre; 8, 12, 21 y 29 de octubre; 6, 10, 19 y 27 de noviembre; 4, 8, 17 y 25 de diciembre.

Atracción fatal: 23, 24, 25, 26 y 27 de marzo.

Desafiantes: 15 de enero, 13 de febrero, 11 de marzo, 9 de abril, 7 y 30 de mayo, 5 y 28 de junio, 3 y 26 de julio, 1 y 24 de agosto, 22 de septiembre, 20 y 30 de octubre, 18 y 28 de noviembre, 16 y 26 de diciembre.

Almas gemelas: 9 y 29 de enero, 7 y 27 de febrero, 5 y 25 de marzo, 3 y 23 de abril, 1 y 21 de mayo, 19 de junio, 17 de julio, 15 de agosto, 13 de septiembre, 11 de octubre, 9 de noviembre, 7 de diciembre.

28 de septiembre

ESTRELLA FIJA

Nombre de la estrella: Zaniah

Posición: 3º 51'–4º 43' de Libra, entre los años 1930 y 2000

Magnitud: 4

Fuerza: ★★★★

Órbita: 1º 30'

Constelación: Virgo (Eta Virginis)

Días efectivos: 26, 27, 28 y 29 de septiembre

Propiedades de la estrella: Mercurio/ Venus

Descripción: estrella variable blanca ubicada en el ala sur de Virgo

INFLUENCIA DE LA ESTRELLA PRINCIPAL

La influencia de Zaniah transmite refinamiento, simpatía y pasión por la armonía y el orden. Sueles tener una naturaleza amable y personalidad encantadora, por lo que es probable que entables muchas amistades. Esta estrella otorga popularidad, reconocimientos y éxito a través de los vínculos sociales.

Con respecto a tu grado del Sol, Zaniah favorece la educación, el aprendizaje intelectual y un talento nato para la investigación y la literatura. Con su ayuda, te volverás un especialista en el tema que te interese. Gozas de excelentes relaciones laborales con tus colegas y eres un buen cónyuge. Esta estrella te confiere un temperamento afable, salvo cuando te provocan.

• *Positiva:* visión, agudeza mental, refinamiento, capacidad para realizar trabajo detallado.

• *Negativa:* vanidad, arrogancia, falta de empuje, despilfarro, búsqueda de soluciones fáciles.

Además de encantador, amistoso e inteligente, eres trabajador, perspicaz, compasivo y cariñoso. Posees sentimientos profundos y a la vez puedes ser astuto, práctico y realista. Como eres persuasivo y siempre te encuentras alerta, te interesan las personas que puedan manifestar un impulso humanitario o que puedan inspirarte a pelear por una causa social.

Libra, el regente de tu decanato, determina que las demostraciones de amor y afecto sean importantes para ti. Tu magnetismo y refinadas habilidades sociales aseguran que disfrutes de hacer sentir bien a otros, al tiempo que garantizan tu éxito con las personas. Prefieres expresarte mediante la música, la pintura o el teatro, así como rodearte de belleza, estilo y lujo, ya que tienes inclinación por la belleza y las artes.

Las finanzas ocupan gran parte de tu atención, así que, con tu talento natural para los negocios y tu voluntad para el trabajo duro, tienes el potencial de comercializar tus muchos talentos. Sin embargo, uno de tus retos puede ser alcanzar el equilibrio entre el trabajo y el placer para asegurar que tu vida no sea excesivamente seria o pesada. A menudo trabajas mejor cuando permites que tu intuición te lleve a una idea o proyecto adecuados, y cuando actúas espontáneamente en lugar de restringirte demasiado por una estructura.

Tendrás que lidiar con algunos problemas de dinero, creatividad y construcción de armonía en tus relaciones poco antes de cumplir 24 años. Al llegar a los 25, cuando tu Sol progresado se desplace hacia Escorpión, necesitarás de cambio emocional, poder personal y transformación en tu vida. Esto causará que te conviertas en una persona más decidida y comprometida. Una vez que cumplas 55 años y que tu Sol progresado se desplace hacia Sagitario, te volverás más aventurero, amante de la libertad, filosófico y desearás obtener mayor inspiración a través del estudio, de relacionarte con personas de otros países o viajar al extranjero.

Tu yo secreto

Eres emocionalmente generoso con aquellos que te importan. Tienes el potencial para dar amor y compasión poderosos. Al ser tan sensible, necesitas de algunos momentos a solas para reflexionar y conectar con tu inspiración, así como de breves descansos de tu rutina.

Es probable que en ocasiones cargues con problemas ajenos y asumas responsabilidad por ellos, o que experimentes un conflicto entre tu sentido del deber y los deseos de tu corazón; esto puede volverte escéptico o retraído. Si tomas la vida como viene, aprenderás a ser más desapegado, a confiar en que la vida te proveerá espontáneamente de todo aquello que necesites en el momento correcto. Como todos, necesitas amor y aprobación, pero puede ser que estos te hayan sido negados en el pasado si no cumpliste con las expectativas de otras personas. Entre más valores tus emociones y a ti mismo, menos probable será que te comprometas solo para obtener el afecto que necesitas, y eso te ayudará a desarrollar seguridad en ti.

Trabajo y vocación

Tienes una tendencia a la ambición, la imaginación, los grandes planes y las ideas originales. A pesar de que eres sensible e idealista, posees una personalidad dominante y magnética. Eres dedicado y trabajador gracias a tu sentido humanista. Buscas equilibrio y armonía, por lo que tratas de ser justo y estás dispuesto a luchar por los menos afortunados. Una vocación alternativa deviene de tu capacidad de persuasión y brillantes ideas, las cuales pueden llevarte a trabajar en el mundo de la publicidad, los medios de comunicación o la industria editorial. Si tienes una inclinación por el arte y la pasión te desborda, tal vez necesites encontrar formas creativas de expresar tus sentimientos, principalmente mediante la música o el teatro.

Entre las personas famosas con quienes compartes cumpleaños están el director y guionista John Sayles; los actores Brigitte Bardot, Marcello Mastroianni y Peter Finch y la celebridad televisiva Ed Sullivan.

Numerología

Eres independiente e idealista, pero también pragmático y decidido, por lo que acostumbras marchar a tu propio ritmo. La suma de los dos dígitos de tu fecha de cumpleaños, 2 y 8, es igual a 1, lo cual en términos numerológicos significa que eres ambicioso, directo y emprendedor. Tu fecha de nacimiento también indica un conflicto interno entre tu deseo de ser independiente y de pertenecer a un equipo. Siempre estás preparado para la acción y para emprender nuevos proyectos; enfrentas los desafíos de la vida con valentía y, gracias a tu entusiasmo, motivas fácilmente a los demás, si bien no a seguirte, por lo menos a apoyarte en tus emprendimientos. Con un cumpleaños con el número 28, tienes capacidad de liderazgo y dependes de tu sentido común, lógica e ideas claras. Sueles asumir responsabilidades, pero también puedes ser demasiado entusiasta, impaciente o intolerante. La subinfluencia del mes número 9 indica que eres imaginativo e intuitivo, y capaz de fuertes premoniciones. Te resulta benéfico desarrollar tu creatividad o emprender una carrera que te permita expresarte con libertad. Aunque ansías afecto y sientes la necesidad de formar parte de un grupo, evita martirizarte.

• *Cualidades positivas*: compasión, actitud progresista, audacia, idealismo, ambición, trabajo arduo, vida familiar estable, fuerza de voluntad.

• *Cualidades negativas*: fantasioso, desmotivado, falta de compasión, poco realista, autoritario, falta de juicio, agresividad, inseguridad, dependencia excesiva, orgullo.

Amor y relaciones

Tu encanto magnético y sociabilidad innatos te hacen atractivo a ojos de los demás. Eres afectuoso, cariñoso y muy físico, además de ser generoso con tus seres queridos. Sin embargo, a veces experimentas cambios de ánimo que te impulsan a actuar de forma precipitada. Eres sensible a lo que quieren los demás, por lo que puedes hacer muchos cambios para adaptarte a las necesidades de tu pareja, pero debes tener cuidado de mantener tu independencia. Necesitas relaciones en las que haya cambios y emoción para que no te inquietes ni caigas en la monotonía, por lo que es esencial que apartes tiempo para relajación, viajes y diversión. Te desempeñas mejor con una pareja que comparta tus ideales.

ESE ALGUIEN ESPECIAL

Tendrás la suerte de encontrar a ese alguien especial entre quienes nacieron en las siguientes fechas.

Amor y amistad: 2, 9, 11, 12, 22 y 25 de enero; 7, 10, 20, 23 y 26 de febrero; 5, 8, 18 y 21 de marzo; 3, 6, 16 y 19 de abril; 1, 3, 4, 14, 17, 20, 24 y 29 de mayo; 1, 2, 12, 15 y 27 de junio; 10, 13, 16, 20, 25 y 30 de julio; 9, 15, 24 y 26 de agosto; 7, 13, 22 y 24 de septiembre; 4, 7, 10, 14, 19, 24, 28 y 29 de octubre; 2, 5, 8, 12, 17, 22, 26 y 27 de noviembre; 3, 6, 10, 15, 20, 24 y 25 de diciembre.

Buenas para ti: 12, 23 y 29 de enero; 10, 21 y 27 de febrero; 22 y 26 de marzo; 6, 17 y 23 de abril; 4, 15 y 21 de mayo; 2, 13, 19, 28 y 30 de junio; 11, 17, 26 y 28 de julio; 9, 15, 24 y 26 de agosto; 7, 13, 22 y 24 de septiembre; 5, 11, 20 y 22 de octubre; 3, 9, 18, 20 y 30 de noviembre; 1, 7, 16, 18 y 28 de diciembre.

Atracción fatal: 24, 25, 26 y 27 de marzo; 29 de julio; 27 de agosto; 25 de septiembre; 23 de octubre; 21 de noviembre; 19 de diciembre.

Desafiantes: 1, 4, 26 y 30 de enero; 2, 24 y 28 de febrero; 22 y 26 de marzo; 20 y 24 de abril; 18, 22 y 31 de mayo; 16, 20 y 29 de junio; 14, 18 y 27 de julio; 12, 16, 25 y 30 de agosto; 10, 14, 23 y 28 de septiembre; 8, 12, 21 y 26 de octubre; 6, 10, 19 y 24 de noviembre; 4, 8, 17 y 22 de diciembre.

Almas gemelas: 20 de enero, 18 de febrero, 16 de marzo, 14 de abril, 12 de mayo, 10 de junio, 8 de julio, 6 de agosto, 4 de septiembre, 2 de octubre.

29 de septiembre

♎ Tu fecha de nacimiento demuestra que eres creativo y romántico, aunque también tienes un poder emocional que puede convertirte en una persona fuerte y decidida. A través de tu encanto dinámico podrías demostrar talento para combinar negocios y placer. Eres capaz de divertir a los demás y de impresionarlos con tu calidez y generosidad.

Tu amor por el lujo y los espacios armoniosos es resultado del regente de tu decanato, Libra. Tu capacidad para apreciar la belleza, el color y el sonido te provee de talento artístico o creativo innatos que se pueden desarrollar a través del canto, la música, el arte o el teatro. Disfrutas de un toque de glamur, sueles ser atractivo y te gusta dar una buena imagen. Eres gentil, amistoso y posees habilidades diplomáticas que te convierten en un excelente negociador. Tienes la capacidad de hacer dinero, pero la falta de disciplina o el exceso de autocomplacencia pueden impedir que desarrolles tu maravilloso potencial.

Las muestras de amor son especialmente importantes para ti, ya que buscas relaciones armoniosas. Sin embargo, como Libra, tu balanza puede oscilar y, aunque posees una gran riqueza de sentimientos y, generalmente, eres alegre, en ocasiones llegas a ser temperamental y obstinado. Esto sucede especialmente si una persona o situación te decepciona, no estuvo a la altura de tus ideales o si tu intensidad emocional causa que recurras a juegos de poder.

Poco antes de cumplir 23 años, te interesarás por desarrollar tus habilidades sociales y financieras, así como por enfocarte en tus relaciones. Tras rebasar los 24 años, cuando tu Sol progresado se desplace hacia Escorpión, los problemas a los que te enfrentarás las siguientes tres décadas están relacionados con cambios y transformación emocional. Más adelante, al llegar a los 64 años, cuando tu Sol progresado se desplace hacia Sagitario, tal vez desees ser más aventurero, tomar mayores riesgos o expandir tu mente a través del estudio o de viajes al extranjero.

Tu yo secreto

Eres altamente idealista e irradias energía positiva cuando ayudas emocionalmente o motivas a otros. Por lo tanto, es importante tener canales para tu creatividad y tus habilidades sociales con la intención de impulsar tu maravillosa espontaneidad, entusiasmo y espíritu de lucha.

Si bien, generalmente, eres optimista, tiendes a padecer altibajos emocionales que pueden alejarte de tus seres queridos. En esos momentos es posible que te alejes o te vuelvas frío, por lo que debes tener fe en que la vida te dará todo lo que necesitas y que encontrarás una salida positiva para tus poderosas emociones. Tu dinámica vitalidad y sensibilidad pueden llevarte a una profesión relacionada con la sanación o con actividades más espirituales. Una alternativa podría ser usar tu compasión y comprensión para ayudar a quienes te rodean a alcanzar una vida mejor.

ESTRELLA FIJA

Nombre de la estrella: Zaniah
Posición: 3º 51'–4º 43' de Libra, entre los años 1930 y 2000
Magnitud: 4
Fuerza: ★★★★
Órbita: 1º 30'
Constelación: Virgo (Eta Virginis)
Días efectivos: 26, 27, 28 y 29 de septiembre
Propiedades de la estrella: Mercurio/Venus
Descripción: estrella variable blanca ubicada en el ala sur de Virgo

INFLUENCIA DE LA ESTRELLA PRINCIPAL

La influencia de Zaniah transmite refinamiento, simpatía y pasión por la armonía y el orden. Sueles tener una naturaleza amable y personalidad encantadora, por lo que es probable que entables muchas amistades. Esta estrella otorga popularidad, reconocimientos y éxito a través de los vínculos sociales.

Con respecto a tu grado del Sol, Zaniah favorece la educación, el aprendizaje intelectual y un talento nato para la investigación y la literatura. Con su ayuda, te volverás un especialista en el tema que te interese. Gozas de excelentes relaciones laborales con tus colegas y eres un buen cónyuge. Esta estrella te confiere un temperamento afable, salvo cuando te provocan.

• *Positiva:* visión, agudeza mental, refinamiento, capacidad para realizar trabajo detallado.

• *Negativa:* vanidad, arrogancia, falta de empuje, despilfarro, búsqueda de soluciones fáciles.

Trabajo y vocación

Tu carácter idealista, dinámico y carismático, sumado a tu personalidad firme, te permite ser sociable y amistoso. Tienes la capacidad de combinar tus habilidades para los negocios con actividades placenteras. Tu necesidad de encontrar satisfacción emocional plantea la búsqueda de una vocación al servicio de otros, preferentemente a favor de una causa justa o un ideal. También es posible que te sientas tentado a trabajar en el sector público, la política o en favor de reformas sociales. Pero, si deseas explorar tu creatividad, puedes tener éxito en el mundo del cine, ya que tu sentido dramático te augura éxito como actor o en el mundo del entretenimiento, donde puedes compartir tus conocimientos con otros a través de la docencia o la escritura.

Entre las personas famosas con quienes compartes cumpleaños están los directores de cine Michelangelo Antonioni y Stanley Kramer, la actriz Anita Ekberg, el cantante Jerry Lee Lewis, el pintor Tintoretto, el almirante británico Lord Nelson y el político polaco Lech Wałęsa.

Numerología

Los individuos que nacen bajo el número 29 tienen personalidad enérgica y potencial para sobresalir. Además, eres intuitivo, sensible y emotivo. La inspiración es la clave de tu éxito, ya que sin ella, puedes encontrarte sin rumbo o propósito. Si bien eres un soñador, en ocasiones los extremos de tu personalidad sugieren que trates de controlar tus cambios de humor. Si confías en tus sentimientos más profundos y abres tu corazón a otras personas, superarás la tendencia a preocuparte de más o a usar tu intelecto como armadura. Usa tus ideas creativas para lograr algo único y especial que puede inspirar o servirle a otros. La subinfluencia del mes número 9 indica que te preocupa el bienestar ajeno. Aunque seas generoso y amable, impones estándares elevados para ti y para otros. Tus expectativas altas te pueden provocar desilusión y frustración, pero, si aprendes a ceder y aceptas tus imperfecciones, lograrás sentirte satisfecho con tu vida.

• *Cualidades positivas*: inspiración, equilibrio, paz interior, generosidad, éxito, creatividad, intuición, misticismo, sueños poderosos, cosmopolita, fe.

• *Cualidades negativas*: falta de concentración, inseguridad, nerviosismo, malhumor, personalidad difícil, extremismo, desconsideración, aislamiento, hipersensibilidad.

Amor y relaciones

Eres amistoso y cálido. Para ti las reuniones sociales son una oportunidad para sobresalir. Debido a que eres apasionado y romántico, te encantan las flores, los corazones y los poemas, pero para una relación a largo plazo necesitas una pareja que te brinde estabilidad y seguridad. Puesto que existe el riesgo de que te desilusiones en el amor, tienes que elegir pareja con cuidado y evitar caer en juegos de poder y pleitos caprichosos.

ESE ALGUIEN ESPECIAL

Encontrarás mayor satisfacción emocional y a ese alguien especial entre quienes nacieron en las siguientes fechas.

Amor y amistad: 8, 11, 12 y 29 de enero; 6, 9 y 27 de febrero; 4, 7, 25 y 29 de marzo; 2, 5, 23 y 27 de abril; 3, 4, 21 y 25 de mayo; 1, 2, 19 y 23 de junio; 17 y 21 de julio; 15, 19 y 29 de agosto; 13, 17 y 27 de septiembre; 11, 15, 25, 29 y 30 de octubre; 9, 13, 23, 27 y 28 de noviembre; 7, 11, 21, 25 y 26 de diciembre.

Buenas para ti: 13 y 30 de enero; 11 y 28 de febrero; 9 y 26 de marzo; 7, 24 y 30 de abril; 5, 22 y 28 de mayo; 3, 20 y 26 de junio; 1, 18, 24 y 29 de julio; 16, 22 y 25 de agosto; 14, 20 y 25 de septiembre; 12, 18 y 23 de octubre; 10, 16 y 21 de noviembre; 8, 14 y 19 de diciembre.

Atracción fatal: 25, 26, 27 y 28 de marzo; 30 de octubre; 28 de noviembre; 26 de diciembre.

Desafiantes: 5 y 19 de enero; 3 y 17 de febrero; 1 y 15 de marzo; 13 de abril; 11 de mayo; 9 y 30 de junio; 7, 28 y 30 de julio; 5, 26 y 28 de agosto; 3, 24 y 26 de septiembre; 1, 22 y 24 de octubre; 20 y 22 de noviembre; 18 y 20 de diciembre.

Almas gemelas: 30 de septiembre, 28 de octubre, 26 de noviembre, 24 de diciembre.

30 de septiembre

ESTRELLAS FIJAS

Aunque el grado en que se ubica tu Sol no se encuentra vinculado con una estrella fija, algunos de los grados de tus otros planetas sí lo estarán. Si solicitas el cálculo de tu carta astral, encontrarás la posición exacta de los planetas en tu fecha de nacimiento. Esto te permitirá determinar cuáles de las estrellas fijas descritas en este libro son relevantes para ti.

Haber nacido en esta fecha te convierte en una persona imaginativa, analítica y sensible, con un enfoque único de la vida y una interesante mezcla de idealismo y escepticismo. Muchos de tus principales retos se centran en tu vulnerabilidad emocional y en el fracaso de otros para alcanzar tus altos estándares. Sin embargo, puedes activar tu encanto y ser altamente creativo.

Gracias a Libra, el regente de tu decanato, el amor y el afecto son especialmente importantes para ti. Tu necesidad de expresión y tu creatividad pueden canalizarse a través del arte, la escritura, la música o el teatro, o te convertirás en un excelente conocedor, como mínimo. Eres refinado, gentil y es probable que tengas buenos modales y una voz agradable.

Como pensador progresista, tienes ansias de conocimiento y disfrutas de los proyectos que te mantienen mentalmente estimulado. Tienes habilidades críticas, analíticas y técnicas. Tu tendencia a sospechar de los demás o a preocuparte puede llegar a estropear tu habitual actitud alegre.

La primera mitad de tu vida quizá sea más difícil que la segunda debido a tu sensibilidad emocional, pero esto puede estimular tu lado intuitivo o místico, lo que, a la larga, será benéfico para ti.

Lo que más te preocupará antes de cumplir 22 años es crear armonía en tus relaciones, desarrollar tus habilidades creativas y sociales y encontrar oportunidades para triunfar en el ámbito financiero. A los 23 años, cuando tu Sol progresado se desplace hacia Escorpión, te enfrentarás a problemas que te pondrán a prueba durante las siguientes tres décadas, y que se relacionan con la intensidad emocional, el cambio y la transformación. Una vez que cumplas 53 años, cuando tu Sol progresado se desplace hacia Sagitario, querrás expandir tus horizontes y buscar inspiración en la vida, ya sea mediante el contacto con otras personas, la religión, la educación o los viajes.

Tu yo secreto

Tus poderosas emociones internas necesitan de un canal para expresarse positivamente, de otro modo te volverás malhumorado. Afortunadamente, cuentas con un enorme potencial para percatarte del poder del amor y canalizarlo a la vida de los demás. Esto hará que te vuelvas más carismático, decidido, inspirado o que te motiven los demás, gracias a tu espontaneidad, gran corazón y generosidad. Si te organizas y eres perseverante y profesional, podrías materializar muchos de los deseos de tu corazón.

La búsqueda de un conocimiento superior puede llevarte a proyectos o personas que alimenten tu alma. Necesitarás trabajar y desafiarte a ti mismo constantemente para lograr algo que tenga cierta profundidad y propósito. Esto evitará que te vuelvas demasiado serio o ensimismado. Paradójicamente, aunque puedas tener problemas para lidiar con la soledad o el abandono, necesitarás de periodos a solas para la contemplación y el autoanálisis.

Trabajo y vocación

Debido a que eres sociable y amistoso, un área de trabajo ideal para ti involucra el pensamiento creativo o el trato con el público. Como persona idealista y leal, disfrutas trabajar en sociedad o colaborar con otros en un esfuerzo de equipo. Posees muchos talentos y prefieres condiciones de trabajo que te permitan jugar y divertirte. Si deseas tener éxito y alcanzar el estrellato, es posible que necesites trabajar duro. Tus habilidades diplomáticas naturales podrían llevarte a profesiones como las relaciones públicas o el servicio al cliente, mientras que tus habilidades sociales quizá te guíen al éxito en la promoción o el mundo editorial. Al disfrutar del entretenimiento, combinas el trabajo y la socialización, de tal manera que puedes dejarte seducir por ocupaciones que tengan relación con clubes o restaurantes, o te decantes por el mundo del espectáculo y la industria musical.

Entre las personas famosas con quienes compartes cumpleaños están el cantante John Mathis; la escritora Laura Esquivel; los actores Angie Dickinson y Deborah Kerr, y los escritores Truman Capote y W. S. Merwin.

Si quieres una pareja con la cual entablar una relación emocionante, búscala entre personas nacidas en las siguientes fechas.

Amor y amistad: 9, 13 y 30 de enero; 7, 11 y 28 de febrero; 5, 26 y 30 de marzo; 3, 24 y 28 de abril; 1, 22 y 26 de mayo; 3, 20 y 24 de junio; 18, 22 y 31 de julio; 16, 20, 29 y 30 de agosto; 14, 18, 27 y 28 de septiembre; 12, 16, 25, 26 y 31 de octubre; 10, 14, 23, 24 y 29 de noviembre; 8, 12, 21, 22 y 27 de diciembre.

Buenas para ti: 15, 22 y 31 de enero; 13, 20 y 29 de febrero; 11, 18 y 27 de marzo; 9, 16 y 25 de abril; 7, 14, 23 y 30 de mayo; 5, 12, 21 y 28 de junio; 3, 10, 19, 26 y 30 de julio; 1, 8, 17, 24 y 28 de agosto; 6, 15, 22 y 26 de septiembre; 4, 13, 20 y 24 de octubre; 2, 11, 18 y 22 de noviembre; 9, 16 y 20 de diciembre.

Atracción fatal: 11 de enero; 9 de febrero; 7, 26, 27, 28 y 29 de marzo; 5 de abril; 3 de mayo; 1 de junio; 31 de octubre; 29 de noviembre; 27 de diciembre.

Desafiantes: 5, 8, 16 y 21 de enero; 3, 6, 14 y 19 de febrero; 1, 4, 12 y 17 de marzo; 2, 10 y 15 de abril; 8 y 13 de mayo; 6 y 11 de junio; 4, 9 y 29 de julio; 2, 7 y 27 de agosto; 5 y 25 de septiembre; 3 y 23 de octubre; 1 y 21 de noviembre; 19 de diciembre.

Almas gemelas: 13 de enero, 11 de febrero, 9 de marzo, 7 de abril, 5 de mayo, 3 de junio, 1 de julio, 31 de agosto, 29 de septiembre, 27 de octubre, 25 de noviembre, 23 de diciembre.

Numerología

Algunas de las cualidades asociadas a las personas nacidas el día 30 son creatividad, afabilidad y sociabilidad. También eres ambicioso y versátil, y tomas ideas y las desarrollas con tu intenso estilo personal. Al haber nacido bajo el número 30, te gusta la buena vida, sueles tener un carisma excepcional y eres sociable. Tus emociones son intensas, por lo que estar enamorado o satisfecho es un requisito esencial para ti. En tu búsqueda de la felicidad, evita ser perezoso, autocomplaciente, impaciente o celoso, pues esto podría causarte inestabilidad emocional. Muchas de las personas nacidas en este día alcanzarán el reconocimiento o la fama, en particular los músicos, actores y artistas. La subinfluencia del mes número 9 indica que eres imaginativo e intuitivo. Sin embargo, dado que eres idealista y dramático, para materializar tus sueños tendrás que ser más realista. Si estás dispuesto a perseverar, trabajar arduamente y defender tus creencias y convicciones con valentía, aprenderás a disfrutar las responsabilidades. Evita caer en la evasión, de otro modo, tus objetivos y deseos no serán más que sueños sin cumplir.

• *Cualidades positivas*: aprecio por la diversión, lealtad, afabilidad, capacidad de síntesis, talento con las palabras, creatividad, suerte.

• *Cualidades negativas*: pereza, terquedad, mal humor, inseguridad, indiferencia, desperdicio de energía.

Amor y relaciones

Aunque eres sensible e idealista, también buscas aventuras para evitar aburrirte o intranquilizarte. El amor personal podría implicar muchos cambios para ti, así que será necesario que aprendas a ajustarte, en lugar de desanimarte. Puesto que en ocasiones te apropias de los problemas ajenos, tendrás que decidir con mucho cuidado entre potenciales parejas para evitar que se te rompa el corazón. Para ti son importantes las muestras de amor y afecto, así que será indispensable que seas honesto y abierto en tus relaciones con los demás. Necesitas algo de emoción en tu vida amorosa para evitar aburrirte.

1 de octubre

ESTRELLA FIJA

Nombre de la estrella: Vindemiatrix, que significa "la vendimiadora"

Posición: 8º 57'–9º 57' de Libra, entre los años 1930 y 2000

Magnitud: 3

Fuerza: ★★★★★★

Órbita: 1º 40'

Constelación: Virgo (Epsilon Virginis)

Días efectivos: 1, 2, 3 y 4 de octubre

Propiedades de la estrella:

interpretaciones variadas: Mercurio/Saturno y Saturno/ Venus/Mercurio

Descripción: estrella amarilla brillante ubicada en el ala derecha de Virgo

INFLUENCIA DE LA ESTRELLA PRINCIPAL

La influencia de Vindemiatrix indica que, a pesar de tu agilidad mental, en ocasiones eres impulsivo o indiscreto. Esta estrella otorga concentración, pensamiento lógico y la capacidad de ir directo al grano. Tiendes a abordar los problemas de forma metódica e insistir hasta resolverlos. No obstante, Vindemiatrix también supone cierta obstinación y falta de flexibilidad.

Con respecto a tu grado del Sol, esta estrella confiere habilidades de liderazgo, orgullo y empuje para lograr cosas y obtener reconocimientos. Sueles disimular tu inteligencia y tiendes a hacer afirmaciones triviales. Esta estrella también señala que el éxito casi siempre es producto del esfuerzo, y advierte sobre la tendencia a preocuparse por el dinero o el fracaso, incluso si no hay bases para ello.

• *Positiva:* reserva, inteligencia, congruencia, paciencia, enfoque metódico.

Haber nacido el primer día de octubre te convierte en una persona independiente y de voluntad férrea, un Libra dinámico, encantador y diplomático. Al ser ambicioso, deseas mejorar constantemente tu situación. Tu determinación, facilidad para los negocios y habilidades organizacionales se esconden detrás de una personalidad agradable y amable. Tan solo necesitas de perseverancia y disciplina para asegurar tu éxito.

Libra, el regente de tu decanato, hace del amor y el afecto dos elementos particularmente importantes para ti. Tu magnetismo y habilidades sociales refinadas te auguran éxito, pues procuras que las personas se sientan cómodas. La música, la pintura, el teatro, así como tu deseo de rodearte de belleza, estilo y lujo, ayudan a que expreses tu sentido artístico.

Lo que te motiva es la necesidad de seguridad y poder, o un deseo de éxito material y reconocimiento. Gracias a tu capacidad de pensar en grande, necesitas obtener una posición de autoridad. Por otro lado, tu tendencia a ser orgulloso, autoritario o egocéntrico provoca que no respondas bien a la crítica, por lo que a veces deberás aprender por las malas.

Eres talentoso, ingenioso, activo, productivo y posees una inteligencia aguda. Es posible que debas cuidarte de tu tendencia a ser demasiado impaciente u obstinado. Cabe mencionar que, si te sientes motivado por un proyecto que creas que vale la pena, tienes el talento, la vitalidad y la capacidad para obtener logros sobresalientes.

Es probable que te preocupes por tus relaciones y por desarrollar tus habilidades sociales y financieras poco antes de cumplir 21 años. A tus 22 años, una vez que tu Sol progresado se desplace hacia Escorpión, empezarás un ciclo de tres décadas que enfatiza las cuestiones relacionadas con el poder personal, el cambio y la transformación. Para cuando alcances los 52 años, tu Sol progresado se desplazará hacia Sagitario, lo cual puede llevarte a asumir más riesgos en la vida o a expandir tu mente a través del estudio, los viajes o la conexión con personas o lugares extranjeros.

Tu yo secreto

Si confías en tu conocimiento rápido e intuitivo, podrás mostrar una sabiduría estoica extraída de la experiencia. Tu naturaleza de líder se revelará a través del autodominio, aunque es posible que no vivas a la altura de tu verdadero potencial si te encuentras continuamente en posiciones de menor categoría. Eres dramático y creativo. Tu fuerza está en la dedicación que muestras para lograr algún propósito u objetivo. Por lo tanto, lo mejor para ti es pensar en grande y apuntar a la cima.

Uno de los posibles obstáculos para que cumplas tus metas es la tendencia a sobrecargar tu sistema nervioso con escepticismo y preocupación. Esto también puede aislarte de los demás; por lo que necesitas tener fe en ti mismo y en tus habilidades, así como aprovechar al máximo tus ideas originales e innovadoras. Sueles ser competitivo y audaz, aunque también puedes ser ingenioso, espontáneo e inspirar a los demás con tu talento. La parte más oscura de tu naturaleza puede manifestarse como soledad o autoanálisis.

Trabajo y vocación

Eres intuitivo, original y tienes un don para socializar y para mezclar negocios con placer. Aunque disfrutas trabajar con otras personas, prefieres tomar la iniciativa en vez de seguir los pasos de alguien. Tu diplomacia y habilidades ejecutivas te llevarán a ocupar puestos gerenciales, administrativos o directivos. También puedes decidir trabajar por cuenta propia. Comprender las necesidades de los demás podría influir en tu decisión de servir al público como asesor financiero o abogado. Podrías dirigir una agencia o galería de arte si utilizas tu aprecio por la belleza y las artes. Si te sientes atraído por la educación superior, podrías estudiar teosofía, filosofía o astrología.

Entre las personas famosas con quienes compartes cumpleaños están la actriz y cantante Julie Andrews, los actores Walter Matthau y Richard Harris, la teósofa Annie Besant, el astrólogo Marc Edmund Jones, la ladrona de bancos Bonnie Parker y el expresidente estadounidense Jimmy Carter.

Numerología

Al tener el número 1 por cumpleaños, tiendes a ser individualista, innovador, valeroso y enérgico. Es frecuente que necesites establecer una identidad sólida y desarrollar tu asertividad. Tu espíritu pionero te insta a hacer las cosas por tu cuenta. Este ímpetu emprendedor también te estimulará a desarrollar habilidades ejecutivas o de liderazgo. Tu gran entusiasmo e ideas originales te permiten mostrarles el camino a los demás. Con el número 1 por cumpleaños, quizá también debas aprender que el mundo no gira a tu alrededor y evitar la tendencia a ser egocéntrico o dictatorial. La subinfluencia del mes número 10 indica que, como eres un individuo sumamente intuitivo, te expresas a través de pensamientos inspirados e ideas originales. Aunque eres audaz y decidido, en ocasiones se te dificulta expresar tus sentimientos más íntimos. Ser una persona dramática y ambiciosa te permite causar impresiones firmes, pero tu éxito proviene de aprender a colaborar con los demás.

• *Cualidades positivas:* liderazgo, creatividad, ideas progresistas, vigor, optimismo, convicciones fuertes, competitividad, independencia, sociabilidad.

• *Cualidades negativas:* prepotencia, celos, egocentrismo, orgullo, antagonismo, egoísmo, debilidad, vacilación, impaciencia.

Amor y relaciones

Eres amistoso y encantador, ansías ser popular y tener un círculo amplio de amigos y conocidos. Eres leal y estás dispuesto a hacer grandes sacrificios por tus seres queridos, pero quizá debas dejar de lado tu inclinación a ser manipulador o egocéntrico. Aunque el amor es importante para ti, a veces eres indeciso y te preocupas por tus relaciones con otros. El amor por el arte y el aprecio por la belleza y la música suponen que necesitas un camino de expresión emocional y disfrutas la compañía de personas creativas.

• *Negativa:* depresión, preocupación, pérdidas cuando hay descuidos con el dinero.

ESE ALGUIEN ESPECIAL

Encontrarás una pareja que comprenda tu sensibilidad y tus necesidades afectivas entre quienes nacieron en las siguientes fechas.

Amor y amistad: 1, 7, 17, 20 y 30 de enero; 5, 15, 18 y 28 de febrero; 3, 13, 16, 29 y 31 de marzo; 1, 11, 14, 27 y 29 de abril; 9, 12, 22, 25 y 27 de mayo; 7, 10, 23 y 25 de junio; 5, 8, 21 y 23 de julio; 3, 6, 19 y 21 de agosto; 1, 4, 17 y 19 de septiembre; 2, 15 y 17 de octubre; 13, 15 y 30 de noviembre; 11, 13 y 28 de diciembre.

Buenas para ti: 15, 17 y 28 de enero; 13, 15 y 26 de febrero; 11, 13 y 24 de marzo; 9, 11 y 22 de abril; 7, 9 y 20 de mayo; 5, 7 y 18 de junio; 3, 5 y 16 de julio; 1, 3 y 14 de agosto; 1 y 12 de septiembre; 10 y 29 de octubre; 8 y 27 de noviembre; 6 y 25 de diciembre.

Atracción fatal: 5 de enero; 3 de febrero; 1, 27, 28, 29 y 30 de marzo.

Desafiantes: 4, 5 y 14 de enero; 2, 3 y 12 de febrero; 1 y 10 de marzo; 8 y 30 de abril; 6 y 28 de mayo; 4 y 26 de junio; 2 y 24 de julio; 22 de agosto; 20 de septiembre; 18 de octubre; 16 de noviembre; 14 de diciembre.

Almas gemelas: 2 de enero, 29 de marzo, 27 de abril, 25 de mayo, 23 de junio, 21 de julio, 19 de agosto, 17 de septiembre, 15 de octubre, 13 de noviembre, 11 de diciembre.

SOL: LIBRA
DECANATO: LIBRA/VENUS
ÁNGULO: 8° 30'–9° 30' DE LIBRA
MODALIDAD: CARDINAL
ELEMENTO: AIRE

ESTRELLAS FIJAS

Vindemiatrix, que significa "la vendimiadora"; Porrima, también llamada Caphir

ESTRELLA PRINCIPAL

Nombre de la estrella: Vindemiatrix, que significa "la vendimiadora"

Posición: 8° 57'–9° 57' de Libra, entre los años 1930 y 2000

Magnitud: 3

Fuerza: ★★★★★

Órbita: 1° 40'

Constelación: Virgo (Epsilon Virginis)

Días efectivos: 1, 2, 3 y 4 de octubre

Propiedades de la estrella:
  interpretaciones variadas:
  Mercurio/Saturno y Saturno/
  Venus/Mercurio

Descripción: estrella amarilla brillante ubicada en el ala derecha de Virgo

INFLUENCIA DE LA ESTRELLA PRINCIPAL

La influencia de Vindemiatrix indica que, a pesar de tu agilidad mental, en ocasiones eres impulsivo o indiscreto. Esta estrella otorga concentración, pensamiento lógico y la capacidad de ir directo al grano. Tiendes a abordar los problemas de forma metódica e insistir hasta resolverlos. No obstante, Vindemiatrix también supone cierta obstinación.

Con respecto a tu grado del Sol, esta estrella confiere habilidades de liderazgo, orgullo y empuje para lograr cosas y obtener reconocimientos. Sueles disimular tu inteligencia y tiendes a hacer afirmaciones triviales. También señala que el éxito casi siempre es producto del esfuerzo, y advierte sobre la tendencia a preocuparse por el dinero o el fracaso, incluso si no hay bases para ello.

2 de octubre

De naturaleza sociable, encantadora y trabajadora, eres un humanitario persuasivo que aprecia la belleza y las artes. Aunque eres idealista, tienes una conciencia práctica que te ayuda a convertir tus sueños en una realidad tangible.

La influencia de Libra, el regente de tu decanato, te ha provisto de habilidades diplomáticas naturales y de la capacidad de hacer que todos se sientan a gusto. Las personas se sienten atraídas por tu modales corteses y refinados, así como por la facilidad con la que trabajas con los demás de forma cooperativa. Puedes ser un amigo leal, un padre excelente y muy protector con los miembros de tu familia.

Aprecias la belleza y posees buen gusto, además de que tu conciencia de la imagen, el color y el sonido hace que quieras dar una buena impresión. Gracias a tu talento artístico y creativo innato puedes expresarte por medio del canto, la música, el arte o el teatro. La sensibilidad respecto a tu entorno hará de tu hogar un espacio cálido y atractivo.

Puedes usar tu idealismo y romanticismo para sumarte a causas significativas en las que probablemente aportes tiempo o dinero de manera generosa. La seguridad material también es importante para ti y, en general, te gusta hacer planes a largo plazo. Eres determinado una vez que tienes un objetivo en mente, lo cual te lleva a trabajar duro parar alcanzar tus objetivos materiales. Sin embargo, debes superar el desafío de mantener el equilibrio entre tu trabajo y la responsabilidad y tu deseo de amor y placer.

Antes de llegar a los 20 años, podrías participar en actividades sociales que involucren relaciones empresariales o personales. Al cumplir 21 años, una vez que tu Sol progresado se desplace hacia Escorpión, alcanzarás una creciente necesidad de cambio emocional e intensidad en tu vida. Esto podría provocar que te vuelvas más decidido y comprometido. A partir de los 51 años, cuando tu Sol progresado se desplace hacia Sagitario, es probable que te vuelvas una persona atrevida y aventurera, con deseos de viajar o buscar más inspiración en la vida a través del estudio filosófico.

Tu yo secreto

Quizá tu sensibilidad interior no sea tan evidente como tu personalidad exterior. Eres comprensivo y tus fuertes sentimientos te permiten identificarte con los problemas de los demás; esto revela el potencial de tu profunda compasión y amor universal. Cuando eres capaz de ver a las personas y las situaciones desde una perspectiva más amplia, puedes ser generoso y desapegado, y confiar en que la vida te llevará de manera espontánea al lugar correcto. Esta conciencia te ayudará a evitar la necesidad de controlar todo y de convertirte en una persona demasiado seria, rígida o frustrada.

Si bien eres amable y cariñoso, también puedes ser una persona de extremos; Cuando te sientes motivado, eres divertido cariñoso, espontáneo y tienes un sentido de la diversión infantil; tomas la vida tal como viene y tienes fe en el momento. Pero si te permites ser negativo, corres el peligro de ser demasiado abnegado o caer en la autocompasión y la autocomplacencia excesiva. Un equilibrio saludable entre el mundo material y el espiritual puede llevarte a encontrar una gran cantidad de amor interior que te ayudará a superar los obstáculos y hacer tus deseos realidad.

Trabajo y vocación

Eres creativo, ambicioso, intuitivo y tienes una personalidad encantadora. Disfrutas trabajando con otras personas y puedes triunfar si te decantas por una profesión donde te relaciones con el público. Probablemente te sientas atraído por el mundo de los medios de comunicación y las relaciones públicas o prefieras ser trabajador social o negociador. Debido a tu idealismo e inclinación intelectual, es posible que quieras ser maestro, psicólogo o terapeuta. Tu sentido artístico y tus ideas originales pueden inspirarte a seguir una carrera como artista o diseñador. Si no tienes vocación artística, podrías usar tu encanto y personalidad relajada para unirte a un cuerpo diplomático y así mezclar la socialización con el trabajo y los viajes. Asimismo, tu capacidad de colaborar con diferentes personas sugiere que te sienta bien trabajar en ventas, promoción o luchar por causas justas como mediador o árbitro.

Entre las personas famosas con quienes compartes cumpleaños están el líder indio Mahatma Gandhi, los comediantes Groucho Marx y Bud Abbott, los escritores Graham Greene y Wallace Stevens, el cantautor Sting y la diseñadora de moda Donna Karan.

Numerología

El número 2 en tu fecha de nacimiento sugiere sensibilidad y necesidad de pertenecer a un grupo. Tu facilidad para adaptarte y ser comprensivo hace que disfrutes actividades cooperativas en las que interactúas con otras personas. Al intentar complacer a quienes te agradan corres el riesgo de volverte demasiado dependiente. No obstante, si desarrollas la confianza en ti mismo, superarás la tendencia a sentirte herido por las acciones y críticas ajenas. La subinfluencia del mes número 10 indica que eres idealista y original, y que posees convicciones fuertes y una personalidad carismática. Si te inspira una idea o una causa, tienes la capacidad para impulsar a que otros se sumen a ella. Sin embargo, las inseguridades pueden causarte preocupación e indecisión acerca de tus necesidades y deseos personales, y hacerte perder el rumbo. Eres receptivo y te dejas influenciar por tu entorno. Necesitas expresarte a través de emprendimientos creativos y sueles estar dispuesto a colaborar con otros para alcanzar tus metas.

• *Cualidades positivas:* colaborador, gentileza, tacto, receptividad, intuición, agilidad, amabilidad, armonía, afabilidad, embajador de buena voluntad.

• *Cualidades negativas:* suspicacia, inseguridad, sumisión, hipersensibilidad, egoísmo, susceptibilidad.

Amor y relaciones

Ser sociable y amistoso te facilita hacer amigos y atraer admiradores. Puesto que eres romántico, es probable que te importen mucho las expresiones de amor, ya sea personal o universal. Sueles estar dispuesto a hacer grandes sacrificios por amor; sin embargo, evita hacer cosas solo por deber, pues te hará sentir poco valorado. Quizá necesites la influencia estabilizante de una pareja formal, por lo que es necesario que elijas muy bien antes de sentar cabeza en una relación duradera. Te atraen en especial personas inteligentes y creativas.

• *Positiva:* reserva, inteligencia, congruencia, paciencia, enfoque metódico.

• *Negativa:* depresión, preocupación, pérdidas cuando hay descuidos con el dinero.

ESE ALGUIEN ESPECIAL

Encontrarás una pareja que comprenda tu sensibilidad y tus necesidades afectivas entre quienes nacieron en las siguientes fechas.

Amor y amistad: 4, 8, 9, 17, 18, 19 y 23 de enero; 2, 6, 16, 17 y 21 de febrero; 4, 14, 15, 19, 28 y 30 de marzo; 2, 12, 13, 17, 26, 28 y 30 de abril; 1, 10, 11, 15, 24, 26 y 28 de mayo; 7, 8, 9, 13, 22, 24 y 26 de junio; 6, 7, 11, 20, 22, 24 y 30 de julio; 4, 5, 9, 18, 20, 22 y 28 de agosto; 2, 3, 7, 16, 18, 20 y 26 de septiembre; 1, 5, 14, 16, 18 y 24 de octubre; 3, 12, 14, 16 y 22 de noviembre; 1, 10, 12, 14 y 20 de diciembre.

Buenas para ti: 5, 16 y 27 de enero; 3, 14 y 25 de febrero; 1, 12 y 23 de marzo; 10 y 21 de abril; 8 y 19 de mayo; 6 y 17 de junio; 4 y 15 de julio; 2 y 13 de agosto; 11 de septiembre; 9 y 30 de octubre; 7 y 28 de noviembre; 5, 26 y 30 de diciembre.

Atracción fatal: 17 de enero; 15 de febrero; 13, 28, 29, 30 y 31 de marzo; 11 de abril; 9 de mayo; 7 de junio; 5 de julio; 3 de agosto; 1 y de septiembre.

Desafiantes: 1, 10 y 15 de enero; 8 y 13 de febrero; 6 y 11 de marzo; 4 y 9 de abril; 2 y 7 de mayo; 5 de junio; 3 y 29 de julio; 1 y 27 de agosto; 25 de septiembre; 23 de octubre; 21 de noviembre; 19 y 29 de noviembre.

Almas gemelas: 30 de agosto, 28 de septiembre, 26 de octubre, 24 de noviembre, 22 de diciembre.

ESTRELLAS FIJAS

Vindemiatrix, que significa "la vendimia-dora"; Porrima, también llamada Caphir

ESTRELLA PRINCIPAL

Nombre de la estrella: Vindemiatrix, que significa "la vendimiadora"

Posición: 8° 57'–9° 57' de Libra, entre los años 1930 y 2000

Magnitud: 3

Fuerza: ★★★★★★

Órbita: 1° 40'

Constelación: Virgo (Epsilon Virginis)

Días efectivos: 1, 2, 3 y 4 de octubre

Propiedades de la estrella:

interpretaciones variadas: Mercurio/Saturno y Saturno/Venus/Mercurio

Descripción: estrella amarilla brillante ubicada en el ala derecha de Virgo

INFLUENCIA DE LA ESTRELLA PRINCIPAL

La influencia de Vindemiatrix indica que, a pesar de tu agilidad mental, en ocasiones eres impulsivo o indiscreto. Esta estrella otorga concentración, pensamiento lógico y la capacidad de ir directo al grano. Tiendes a abordar los problemas de forma metódica e insistir hasta resolverlos. No obstante, Vindemiatrix también otorga cierta obstinación.

Con respecto a tu grado del Sol, esta estrella confiere habilidades de liderazgo, orgullo y empuje para lograr cosas y obtener reconocimientos. Sueles disimular tu inteligencia y tiendes a hacer afirmaciones triviales. También señala que el éxito casi siempre es producto del esfuerzo, y advierte sobre la tendencia a preocuparse por el dinero o el fracaso, incluso si no hay bases para ello.

3 de octubre

Eres creativo, bondadoso, carismático, optimista y con una poderosa imaginación y una mente activa. La combinación de tus fortalezas organizacionales, agilidad para pensar a gran escala y necesidad de expresarte puede funcionar positivamente para ayudarte a lograr los deseos de tu corazón.

La influencia adicional de Libra, el regente de tu decanato, te lleva a amar el lujo y los espacios armoniosos. El magnetismo del que eres dueño y tus refinadas habilidades sociales te aseguran el éxito con la gente. Como buen socializador, tiendes a ser un excelente anfitrión y a disfrutar un toque de glamur; por ello, también, cultivas tu porte atractivo, pues eres consciente de la importancia de crear una buena imagen. Puesto que aprecias la belleza, el color y el sonido, tienes talento artístico o creativo innatos que se pueden expresar a través del canto, la música, el arte o el drama. Un posible peligro para materializar tu maravilloso potencial es una mezcla de motivación e inercia, que podría estancarte en la cómoda rutina. Por fortuna, tu poderoso deseo de obtener las cosas buenas de la vida tal vez te aliente a intensificar tus esfuerzos.

Aunque no seas particularmente combativo respecto a tus propias necesidades, sabrás luchar duro para apoyar a los más débiles o por una causa significativa. Te inspiran muchas ideas, por lo que hasta que defines tu meta y cuentas con un sentido de propósito eres capaz de organizarte y actuar de manera decidida. Desafortunadamente, en ocasiones te irritas con facilidad o eres terco, pero en tus mejores momentos eres amable, generoso y con buen sentido del humor.

Antes de llegar a los 19 años, te preocupan, sobre todo, tus relaciones y desarrollar tus posibilidades sociales y financieras a futuro. A los 20 años, cuando tu Sol progresado se desplace hacia Escorpión, alcanzarás un momento decisivo que se enfoca en asuntos concernientes al poder interior, el cambio y la transformación. Se da otro punto de inflexión a los 50 años, cuando tu Sol progresado se desplace hacia Sagitario, para dar comienzo a un periodo de tres décadas, en el que querrás tomar más riesgos en la vida o expandir tu mente gracias al estudio y los viajes. También podrías tener mayor conexión con gente y lugares del extranjero.

Tu yo secreto

A pesar de tener creatividad, gran imaginación y un aguzado olfato, necesitas expresarte para fortalecer tu poder interior. A veces las preocupaciones, las dudas sobre ti mismo o la indecisión obstaculizan que demuestres tus muchos talentos. En consecuencia, te haría bien tener claridad de tus propias metas y objetivos para evitar que te pierdas en las de otras personas, con diferentes circunstancias. Al utilizar tu amplio criterio y acercamiento universal a la vida, eres capaz de soltar las situaciones que te impiden progresar.

Te interesas genuinamente por las personas, pues eres sociable y tienes la sensibilidad para ponerte en su lugar. Desafortunadamente, algunas personas alrededor de ti a veces hacen que te sientas desilusionado o frustrado, así que es importante mantener la objetividad y permanecer relajado. Manteniendo una actitud mental positiva, serás capaz de combinar tu bienestar con la comodidad física y la seguridad económica que promete tu fecha de nacimiento.

Trabajo y vocación

Dinámico y versátil, tienes una encantadora personalidad y una gran pericia para promover tus ideas. Entre más arduamente trabajes, mejores serán los resultados y mayor la recompensa. En el mundo del comercio puedes triunfar como vendedor. Eres creativo y talentoso, así que probablemente uses tu intuición para anticipar lo que quiere el público; sería lógico que te inclinaras hacia la práctica del derecho o la política para luchar por asuntos sociales o defender a los desvalidos. Si te sientes motivado por el aprendizaje a un mayor nivel, serías excelente como maestro o predicador. Sociable y amistoso como eres, podrías mezclar los negocios y el placer trabajando en un restaurante, un café de moda o un club. Si te interesa la música y el arte, podrías decidirte por la interpretación artística, el teatro o la industria del cine y la música.

Entre las personas famosas con quienes compartes cumpleaños están el compositor Steve Reich, el músico Lindsey Buckingham, el artista Chubby Checker, la actriz Eleonora Duse, los escritores Gore Vidal y Thomas Wolfe y el ocultista Paul Foster Case.

Numerología

Tener el número 3 en tu fecha de cumpleaños te convierte en una persona sensible, con la necesidad de externar tu creatividad y emociones. Eres divertido y buena compañía, ya que disfrutas las actividades sociales amistosas y tienes intereses diversos. Aunque eres versátil, expresivo y necesitas vivir experiencias emocionantes y variadas, tu tendencia a aburrirte con facilidad puede hacerte sentir indeciso o demasiado disperso. A pesar de que tener el número 3 por cumpleaños te hace artístico, encantador y con buen sentido del humor, es posible que debas fortalecer tu autoestima y superar la propensión a preocuparte en exceso, así como tus inseguridades a nivel emocional. La subinfluencia del mes número 10 indica que eres sumamente intuitivo e independiente. Aunque posees múltiples talentos y originalidad, tu preferencia por lo fácil y tu tendencia a regodearte en la inseguridad emocional indica que debes desarrollar el autocontrol y disciplina. Sueles expresar tu naturaleza humanitaria ayudando o respaldando a otros en tiempos de crisis. Eres magnético y encantador, y posees una gran sabiduría interna, pero necesitas confiar en tus emociones y aprender a ser paciente.

• *Cualidades positivas:* humor, felicidad, afabilidad, productividad, creatividad, veta artística, deseos vehementes, amor por la libertad, talento con las palabras.

• *Cualidades negativas:* aburrimiento, vanidad, fantasioso, exageración, desprecio, jactancioso, extravagancia, autocomplacencia, pereza, hipocresía, desperdicio.

Amor y relaciones

Ser sociable y amistoso te permite ser el alma de la fiesta. Tu férreo sentido de la justicia hace que te preocupes por tus seres queridos y respaldes a tus amigos con palabras de aliento. Siempre recuerdas a quienes han sido amables contigo en el pasado. Puesto que eres amoroso y generoso, no permitas que otros se vuelvan demasiado dependientes de ti. Eres leal y confiable como pareja y como amigo. Además, gracias a tu encanto natural, seguramente eres popular en tu gran círculo social.

• *Positiva:* reserva, inteligencia, congruencia, paciencia, enfoque metódico.

• *Negativa:* depresión, preocupación, pérdidas cuando hay descuidos con el dinero.

ESE ALGUIEN ESPECIAL

Si deseas seguridad, estímulo intelectual y amor, te conviene empezar a buscarlos entre personas nacidas en las siguientes fechas.

Amor y amistad: 5, 9, 10, 18 y 19 de enero; 3, 7, 8, 16 y 17 de febrero; 1, 5, 14, 15 y 31 de marzo; 3, 4, 12, 13 y 29 de abril; 1, 10, 11, 27 y 29 de mayo; 8, 9, 25 y 27 de junio; 6, 7, 23, 25 y 31 de julio; 4, 5, 21, 23 y 29 de agosto; 2, 3, 19, 21, 27 y 30 de septiembre; 1, 17, 19, 25 y 28 de noviembre; 13, 15, 21 y 24 de diciembre.

Buenas para ti: 1, 6 y 17 de enero; 4 y 15 de febrero; 2 y 13 de marzo; 11 de abril; 9 de mayo; 7 de junio; 5 de julio; 3 de agosto; 1 de septiembre; 31 de octubre; 29 de noviembre; 27 de diciembre.

Atracción fatal: 28, 30 y 31 de marzo; 1 y 2 de abril.

Desafiantes: 2 y 16 de enero, 14 de febrero, 12 de marzo, 10 de abril, 8 de mayo, 6 de junio, 4 de julio, 2 de agosto, 30 de diciembre.

Almas gemelas: 11 y 31 de enero, 9 y 29 de febrero, 7 y 27 de marzo, 5 y 25 de abril, 3 y 23 de mayo, 1 y 21 de junio, 19 de julio, 17 de agosto, 15 de septiembre, 13 de octubre, 11 de noviembre, 9 de diciembre.

4 de octubre

ESTRELLAS FIJAS

Vindemiatrix, que significa "la vendimiadora"; Porrima, también llamada Caphir

ESTRELLA PRINCIPAL

Nombre de la estrella: Vindemiatrix, que significa "la vendimiadora"

Posición: 8º 57'–9º 57' de Libra, entre los años 1930 y 2000

Magnitud: 3

Fuerza: ★★★★★

Órbita: 1º 40'

Constelación: Virgo (Epsilon Virginis)

Días efectivos: 1, 2, 3 y 4 de octubre

Propiedades de la estrella:
interpretaciones variadas: Mercurio/Saturno y Saturno/Venus/Mercurio

Descripción: estrella amarilla brillante ubicada en el ala derecha de Virgo

INFLUENCIA DE LA ESTRELLA PRINCIPAL

La influencia de Vindemiatrix indica que, a pesar de tu agilidad mental, en ocasiones eres impulsivo o indiscreto. Esta estrella otorga concentración, pensamiento lógico y la capacidad de ir directo al grano. Tiendes a abordar los problemas de forma metódica e insistir hasta resolverlos.

Con respecto a tu grado del Sol, esta estrella confiere habilidades de liderazgo. Sueles disimular tu inteligencia y tiendes a hacer afirmaciones triviales.

• *Positiva:* reserva, inteligencia, congruencia, paciencia, enfoque metódico.

• *Negativa:* depresión, preocupación, pérdidas cuando hay descuidos con el dinero.

Tu fecha de nacimiento revela que eres imaginativo, sensible y creativo, un Libra con espíritu aventurero. Eres honesto, directo, posees diplomacia natural y eres muy consciente de las relaciones personales. Dado que eres amigable e inclinado hacia lo social, tienes un atractivo encanto y, en general, te preocupas por la imagen que das. Eres de personalidad versátil y con frecuencia buscas nuevas y emocionantes experiencias. Sin embargo, debes evitar la tendencia a ser demasiado impaciente o inquieto.

Gracias a la influencia que añade Acuario, el regente de tu decanato, eres una persona creativa y un pensador original. Te interesas en la psicología de las relaciones personales, eres de amplio criterio y disfrutas el debate. Aprecias la belleza y los lujos. Tienes un talento creativo innato que puedes canalizar mediante la escritura, la música, el arte o el drama. Con el poder de concentrarte en una meta particular y darle tu completa atención, puedes llegar a ser decidido una vez que te hayas mentalizado.

Aunque los viajes suelen ocupar un lugar prominente en tu vida, también necesitas la seguridad y el confort de tu propio hogar. Una lucha entre tu tendencia a lo ideal y tu inclinación hacia lo material sugiere que la incertidumbre, la indecisión y la pérdida de enfoque podrían ser tus grandes desafíos.

A los 19 años de edad, cuando tu Sol progresado se desplaza hacia Escorpión, llegas a un punto de inflexión en tu vida y comienza un periodo de tres décadas en el que destaca la creciente necesidad de cambios emocionales, intensidad y transformación. Se da otro momento decisivo a los 49 años, cuando tu Sol progresado se desplaza hacia Sagitario, que indicará tu propensión a la aventura o a lo filosófico, lo que podría alentarte a estudiar y ampliar tus horizontes, así como a interesarte mucho en personas y países del extranjero.

Tu yo secreto

Sensible, pletórico de ideas creativas y poseedor de un fuerte sentido de visión, tienes el potencial para plantear tus originales y más inspirados proyectos. Esto podría ayudarte a superar posibles preocupaciones sobre finanzas inestables o cierta inseguridad sobre si tomas decisiones correctas. No obstante, tu necesidad de expresión y amor por la libertad asegura que, si te desalientas, no permaneces abatido por mucho tiempo.

Eres listo y por eso aprendes con rapidez, pero debes desarrollar el desapego para evitar la frustración o la decepción. El lado humanitario de tu naturaleza, sin embargo, es capaz de pasar por alto los problemas personales para adoptar una perspectiva más universal. Aunque quizá tengas una veta extravagante, tu habilidad para percibir el momento idóneo en que haya oportunidades de una recompensa financiera podría ayudarte a avanzar rápidamente en la vida.

Trabajo y vocación

Eres ambicioso, competente y versátil, te interesan muchas cosas y tiendes a explorar distintas posibilidades antes de establecerte en una profesión. Gracias a tu amor por la variedad, es vital que elijas una carrera que te ofrezca oportunidades para progresar, cambiar y que no implique una rutina fija. Por tu gran sentido visual, te mantienes actualizado respecto de la creación de imágenes, por lo que eres bueno para las ocupaciones en los medios de comunicación, diseño gráfico o fotografía. Por lo general, eres un buen trabajador, con don de gentes, disfrutas ser creativo y artístico, y eres proclive al triunfo si trabajas en algo relacionado con países extranjeros. Por tu capacidad para pensar a profundidad, también podrías dedicarte a profesiones que utilicen, sobre todo, habilidades mentales como la investigación, la filosofía o la educación.

Entre las personas famosas con quienes compartes cumpleaños están los actores Buster Keaton, Charlton Heston y Susan Sarandon; el artista Jean-François Millet; el diseñador Terence Conran; la escritora Jackie Collins, y San Francisco de Asís.

ESE ALGUIEN ESPECIAL

Encontrarás una pareja que te ayude a expresarte y que te mantenga intelectualmente estimulado entre personas nacidas en las siguientes fechas.

Amor y amistad: 2, 6, 10, 20, 25 y 29 de enero; 4, 8, 18 y 27 de febrero; 2, 6, 16, 25, 28 y 30 de marzo; 4, 14, 23, 26, 28 y 30 de abril; 2, 12, 21, 24, 26, 28 y 30 de mayo; 10, 15, 19, 22, 24, 26 y 28 de junio; 8, 17, 20, 22, 24 y 26 de julio; 6, 15, 18, 20, 22 y 24 de agosto; 4, 13, 16, 18, 20 y 22 de septiembre; 2, 11, 14, 16, 18 y 20 de octubre; 9, 12, 14, 16 y 18 de noviembre; 7, 10, 12, 14 y 16 de diciembre.

Buenas para ti: 7, 13, 18 y 28 de enero; 5, 11, 16 y 26 de febrero; 3, 9, 14 y 24 de marzo; 1, 7, 12 y 22 de abril; 5, 10 y 20 de mayo; 3, 8 y 18 de junio; 1, 6 y 16 de julio; 4 y 14 de agosto; 2, 12 y 30 de septiembre; 10 y 28 de octubre; 8, 26 y 30 de noviembre; 6, 24 y 28 de diciembre.

Atracción fatal: 25 de enero; 23 de febrero; 21, 30 y 31 de marzo; 1, 2 y 19 de abril; 17 de mayo; 15 de junio; 13 de julio; 11 de agosto; 9 de septiembre; 7 de octubre; 5 de noviembre; 3 de diciembre.

Desafiantes: 3 y 17 de enero; 1 y 15 de febrero; 13 de marzo; 11 de abril; 9 y 30 de mayo; 7 y 28 de junio; 5, 26 y 29 de julio; 3, 24 y 27 de agosto; 1, 22 y 25 de septiembre; 20 y 23 de octubre; 18 y 21 de noviembre; 16 y 19 de diciembre.

Almas gemelas: 18 de enero, 16 de febrero, 14 de marzo, 12 de abril, 10 y 29 de mayo, 8 y 27 de junio, 6 y 25 de julio, 4 y 23 de agosto, 2 y 21 de septiembre, 19 de octubre, 17 de noviembre, 15 de diciembre.

Numerología

La estructura sólida y el poder jerarquizado que conlleva el número 4 en tu fecha de nacimiento apuntan hacia la necesidad de estabilidad y el gusto por establecer orden. Tu gran cantidad de energía, habilidades prácticas y voluntad férrea te ayudarán a alcanzar el éxito por medio del trabajo arduo. Enfocarte en tu seguridad hará que desees construir una base sólida para tu familia y para ti, así que aprovecha que tu visión pragmática de la vida te confiere un buen sentido para los negocios y la capacidad de alcanzar el éxito material. Acostumbras ser honesto, franco y justo. Los retos que enfrenta un individuo con el número 4 incluyen periodos de inestabilidad o de preocupaciones financieras. La subinfluencia del mes número 10 indica que eres ambicioso e independiente, y que tienes instintos afinados y una mente inquisitiva. Eres progresista y adaptable, y quieres tener la libertad para enfrentar experiencias diferentes, incluyendo viajes de negocios y de placer. Aunque seas ingenioso, entusiasta y estés dispuesto a probar cosas nuevas, a veces eres impredecible o incongruente, y te comportas de manera irresponsable.

• *Cualidades positivas*: organización, autodisciplina, estabilidad, trabajo arduo, organización, destreza, habilidades manuales, pragmatismo, confianza, exactitud.

• *Cualidades negativas*: incapacidad para comunicarse, rigidez, pereza, insensibilidad, postergación, mezquindad, comportamiento controlador o dominante, afectos ocultos, resentimientos, rigor.

Amor y relaciones

Eres carismático y divertido, y sueles tener muchos admiradores. Ser Libra y tener inclinaciones sociales hace que el amor y las amistades sean sumamente importantes para ti. Gracias a tu capacidad de observar y valorar a la gente con rapidez, y a tu sentido del humor innato, eres un compañero entretenido. Idealmente, en las relaciones necesitarás alguien inteligente con quien compartir tus intereses. Sin embargo, en otras ocasiones eres reservado y no demuestras tus verdaderas emociones.

5 de octubre

ESTRELLA FIJA

Nombre de la estrella: Algorab, también llamada Al-Ghurab, que significa "el cuervo"

Posición: 12º 28'–13º 22' de Libra, entre los años 1930 y 2000

Magnitud: 3

Fuerza: ★★★★★

Órbita: 1º 30'

Constelación: Corvus (Delta Corvi)

Días efectivos: 5, 6, 7 y 8 de octubre

Propiedades de la estrella: Marte/Saturno

Descripción: estrella binaria, color amarillo claro y púrpura, ubicada en el ala derecha del cuervo

INFLUENCIA DE LA ESTRELLA PRINCIPAL

Algorab confiere talento para los negocios y los emprendimientos, así como tenacidad y capacidad para superar los desafíos con encanto y gracia. Esta estrella indica una naturaleza reservada y estudiosa, que ambiciona reconocimiento y éxito. Sin embargo, advierte que debes cuidarte de las tendencias destructivas y engañosas de otras personas.

Con respecto a tu grado del Sol, esta estrella otorga talento para causar una buena impresión, tratar exitosamente con el público y conseguir apoyo o respaldo de otros. Si estás bajo la mirada pública, podrás obtener fama y popularidad, aunque debes evitar los escándalos, ya que podrían hacerte perder tu lugar en el mundo.

• *Positiva:* persistencia, emprendimiento en grande, popularidad, reconocimiento militar.

• *Negativa:* métodos poco ortodoxos, trabajar a contracorriente.

Una interesante mezcla de visión emocional y astucia pragmática se devela en tu fecha de nacimiento. Encantador, con una habilidad natural para tratar con el público, buscas constantemente nuevas experiencias en tu búsqueda de autodescubrimiento. Tu carisma y calidez te ganan la simpatía de los demás, pero por lo importantes que son las relaciones en tu vida, no te sentirás satisfecho a menos que te enfoques en ocupaciones gratificantes.

Por la influencia de Acuario, el regente de tu decanato, tienes ideas innovadoras y productivas, y seguramente disfrutas una buena discusión. De mente abierta, te interesas en los asuntos de la gente en relación con la libertad. Posees habilidades diplomáticas naturales, así como disposición para trabajar en cooperación con otras personas. Tu atracción por el arte podría hallar su mejor expresión a través de la música, la pintura o el drama, así como en tu deseo por rodearte de belleza, estilo y lujos.

Con buen ojo para las oportunidades, tienes potencial monetario y sabes cómo negociar un gran trato. Eres versátil y también posees la habilidad para mezclar los negocios y el placer. Cuando llevas a cabo una tarea, te gusta hacerla bien, pues te enorgullece tu labor. Por lo tanto, con todos tus talentos, solo te hace falta poner énfasis en el trabajo arduo, los valores y la responsabilidad para triunfar a lo grande.

Hasta los 17 años de edad, te preocupan mayormente tus relaciones y desarrollar tu conciencia social. A los 18 años, cuando tu Sol progresado se desplaza hacia Escorpión para iniciar un periodo de tres décadas, hay un punto de inflexión que enfatiza el creciente afán por un cambio emocional y la regeneración. Se da un nuevo momento decisivo a los 48 años, cuando tu Sol progresado se desplaza hacia Sagitario, lo cual sugiere que quizá quieras tomar más riesgos en tu vida o expandir tu mente gracias al estudio, la inspiración o los viajes. A partir de los 78 años, cuando tu Sol progresado entra en Capricornio, pones un mayor énfasis en la estructura, la estabilidad y la seguridad.

Tu yo secreto

Pese a tu pragmatismo, tienes una sensibilidad que tal vez te incline a luchar por una causa idealista, con la posibilidad de que te conviertas en una figura destacada en los movimientos humanitarios o religiosos. Por tus rápidos instintos, comprendes intuitivamente a la gente o las situaciones antes de que lo pienses racionalmente. Desarrollar y confiar en esta habilidad intuitiva te ayudará a avanzar en tu percepción y solución de problemas.

Normalmente eres entusiasta cuando te involucras en nuevos proyectos o ideas, así que te verás explorando física o mentalmente varias posibilidades en tu empeño para evitar el aburrimiento y la rutina. Los viajes a veces juegan un papel importante para aumentar tus oportunidades de éxito. Si tu ilusión y el afán por las nuevas experiencias se ven limitados, te sentirás inquieto o impaciente, y lo compensarás evadiéndote de la realidad o excediéndote en la buena vida.

Trabajo y vocación

Como una persona inteligente y creativa que requiere diversidad, eres sumamente apta para ocupaciones que ofrezcan cambios y emoción. Tu encanto con las personas y el hecho de que te desagrade la rutina sugieren que te iría mejor en actividades relacionadas con el público. Talentoso e idealista, quizá quieras seguir una carrera en el mundo del entretenimiento o la música. Si te sientes motivado por una buena causa o una injusticia, podrías involucrarte en las reformas sociales o trabajar para grupos humanitarios o ambientalistas. En tus periodos de prosperidad podrías ceder a la tentación de permitirte muchos excesos y más tarde experimentarías lo contrario, es decir, periodos de carencia. Por seguridad y estabilidad, sería recomendable que adoptes una política de ahorro a largo plazo.

Entre las personas famosas con quienes compartes cumpleaños están el cineasta pionero Louis Lumière, la actriz Glynis Johns, los músicos Bob Geldof y Steve Miller, el astronauta Richard Gordon, el piloto de carreras Michael Andretti y el expresidente checo Václav Havel.

Numerología

El número 5 en tu fecha de nacimiento indica instintos poderosos, naturaleza aventurera y ansias de libertad. La disposición a explorar o probar cosas nuevas, así como tu entusiasmo para enfrentar el mundo, sugieren que la vida tiene mucho que ofrecerte. Los viajes y las múltiples oportunidades de cambio, algunas de ellas inesperadas, podrían conducir a una auténtica transformación de tus perspectivas y creencias. Al tener el número 5 por cumpleaños, necesitas sentir que la vida es emocionante; no obstante, es posible que también debas desarrollar una actitud responsable y evitar la tendencia a ser impredecible, a los excesos y el desasosiego. El talento natural de una persona con el número 5 es saber dejarse llevar por la corriente y mantenerse desapegado. La subinfluencia del mes número 10 indica que eres ambicioso y tenaz cuando te concentras en un plan o una idea. Ser carismático y sociable te brinda la capacidad de atraer oportunidades, pues te gusta tener un círculo amplio de amistades y hacer muchos contactos. Eres creativo y posees múltiples talentos. Generalmente, logras que las situaciones se vuelvan ventajosas para ti, pero debes evitar ser demasiado crítico o exigente.

• *Cualidades positivas*: versatilidad, adaptabilidad, actitud progresista, instintos poderosos, magnetismo, suerte, audacia, amor por la libertad, ingenio, agilidad mental, curiosidad, misticismo, sociabilidad.

• *Cualidades negativas*: poca confiabilidad, volatilidad, postergación, incongruencia, exceso de confianza, obstinación.

Amor y relaciones

Mucha gente se siente atraída por tu encanto y magnetismo innatos. Al ser sociable y disfrutar la compañía de los demás, no tienes dificultades para atraer amistades y parejas románticas. Cuando te enamoras, amas con pasión y profundidad. Puesto que existe el riesgo de que te desilusionen las relaciones, tendrás que evitar involucrarte en juegos de poder emocionales o en enfados. Te atraen personas poderosas con grandes planes y ambiciones fuertes, y te beneficiarás del apoyo de gente influyente.

ESE ALGUIEN ESPECIAL

Es más probable que encuentres a tu pareja ideal entre personas nacidas en las siguientes fechas.

Amor y amistad: 7, 11, 12 y 22 de enero; 5, 9, 10 y 20 de febrero; 3, 7, 18 y 31 de marzo; 1, 5, 16 y 29 de abril; 3, 14, 27 y 29 de mayo; 1, 2, 12, 25 y 27 de junio; 10, 23 y 25 de julio; 8, 21, 23 y 31 de agosto; 6, 19, 21 y 29 de septiembre; 4, 17, 19, 27 y 30 de octubre; 2, 15, 17, 25 y 28 de noviembre; 13, 15, 23 y 26 de diciembre.

Buenas para ti: 8, 14 y 19 de enero; 6, 12 y 17 de febrero; 4, 10 y 15 de marzo; 2, 8 y 13 de abril; 6 y 11 de mayo; 4 y 9 de junio; 2 y 7 de julio; 5 de agosto; 3 de septiembre; 1 y 29 de octubre; 27 de noviembre; 25 y 29 de diciembre.

Atracción fatal: 1, 2, 3, 4 y 5 de abril.

Desafiantes: 9, 18 y 20 de enero; 7, 16 y 18 de febrero; 5, 14 y 16 de marzo; 3, 12 y 14 de abril; 1, 10 y 12 de mayo; 8 y 10 de junio; 6, 8 y 29 de julio; 4, 6 y 27 de agosto; 2, 4 y 25 de septiembre; 2 y 23 de octubre; 21 de noviembre; 19 de diciembre.

Almas gemelas: 9 de enero, 7 de febrero, 5 de marzo, 3 de abril, 1 de mayo, 30 de octubre, 28 de noviembre, 26 de diciembre.

ESTRELLA FIJA

Nombre de la estrella: Algorab, también llamada Al-Ghurab, que significa "el cuervo"

Posición: 12° 28'–13° 22' de Libra, entre los años 1930 y 2000

Magnitud: 3

Fuerza: ★★★★★★

Órbita: 1° 30'

Constelación: Corvus (Delta Corvi)

Días efectivos: 5, 6, 7 y 8 de octubre

Propiedades de la estrella: Marte/Saturno

Descripción: estrella binaria, color amarillo claro y púrpura, ubicada en el ala derecha del cuervo

INFLUENCIA DE LA ESTRELLA PRINCIPAL

Algorab confiere talento para los negocios y los emprendimientos, así como tenacidad y capacidad para superar los desafíos con encanto y gracia. Esta estrella indica una naturaleza reservada y estudiosa, que ambiciona reconocimiento y éxito. Sin embargo, advierte que debes cuidarte de las tendencias destructivas y engañosas de otras personas.

Con respecto a tu grado del Sol, esta estrella otorga talento para dejar una buena impresión, tratar exitosamente con el público y conseguir apoyo o respaldo de otros. Si estás bajo la mirada pública, podrás obtener fama y popularidad, aunque debes evitar los escándalos, ya que podrían hacerte perder tu lugar en el mundo.

• *Positiva:* persistencia, emprendimiento en grande, popularidad, reconocimiento militar.

• *Negativa:* métodos poco ortodoxos, trabajar a contracorriente.

6 de octubre

♎ Tu fecha de nacimiento muestra que eres una persona ligera, amigable y simpática. Un Libra listo y creativo, con ideas originales. Eres diplomático pero directo, te interesa la gente, eres gracioso y competente. Poseedor de una astucia natural en lo que toca a los asuntos financieros, valoras la seguridad y aprecias los lujos de la vida.

La influencia adicional de Acuario, el regente de tu decanato, te dibuja como una persona de mentalidad fuerte con un interés por estar a la vanguardia. Aunque posees un delicado toque de encanto y elegancia, eres independiente y anhelas la libertad. A veces eres crítico pero, por lo general, eres bastante relajado, y con una maravillosa habilidad para hacer contactos sociales. Un posible desafío para tu estabilidad sería la propensión a agobiarte, particularmente sobre asuntos monetarios.

Por tu fuerte necesidad de expresión y tu apreciación de la belleza, el color y el sonido, querrás desarrollar tus talentos creativos en la escritura, la música, el arte o el drama. Independientemente de tu profesión, tienes buen gusto y una atracción por lo inusual. En ocasiones, eres indeciso, pero una vez que estableces un curso de acción, puedes ser firme para lograr tus objetivos.

A los 17 años de edad, cuando tu Sol progresado se desplaza hacia Escorpión, llegas a un punto de inflexión en tu vida que enfatiza tu creciente necesidad de intensidad emocional, poder interior y transformación. A los 47 años llegarás a otro momento decisivo, cuando tu Sol progresado se desplace hacia Sagitario y te influya para arriesgarte y amar más la libertad. A partir de entonces, también puedes tener mayor conexión con gente y países extranjeros, o expandir tu mente gracias a la inspiración o los estudios. De los 77 años en adelante, tu Sol progresado entra a Capricornio y empiezas a hacer mayor énfasis en la seguridad, la disciplina y las cuestiones prácticas.

Tu yo secreto

Eres confiable y minucioso, y si tomas conciencia de tus responsabilidades se pondrá de relieve la importancia del hogar y la familia en tu vida. Como aprendes rápido y tienes la habilidad de resolver problemas, sueles convertirte en consejero de otras personas. Solo ten cuidado de que, en tu deseo de ayudar, no empieces a interferir o ponerte ansioso. Puedes hacer grandes sacrificios por quienes amas, pero rara vez te dejarás llevar por la emoción. Un deseo de armonía y paz mental podría manifestarse como una necesidad de regular los periodos de descanso y recuperación.

Eres rápido para la evaluación de recursos y posees un sentido de lo dramático, por lo que normalmente te encontrarás tomando una posición de liderazgo. Aunque posees intuición para los negocios, debes vencer la tendencia a estar demasiado pendiente de la seguridad o preocupado por las cuestiones materiales.

Trabajo y vocación

Eres creativo, posees múltiples talentos, inteligencia aguda, gran perspicacia para los negocios y el don para vender tus singulares ideas. Te iría mejor si trabajas de forma autónoma dirigiendo tu propio negocio. En cualquier carrera que elijas, siempre estarás indagando sobre formas de mejorar tus condiciones de trabajo. Intuitivo y amigable, eres capaz de crear un ambiente amistoso y lleno de armonía. Tienes habilidad para escribir, así como interés en los asuntos públicos y las reformas sociales, lo que sugiere que te sentirás atraído por el arte, el teatro, la escritura o la música. Por tu sentido natural para las transacciones, también posees el don de promocionar o producir bienes. De forma opcional, una proclividad filosófica o humanitaria podría satisfacerse a través de carreras como la docencia y la política.

Entre las personas famosas con quienes compartes cumpleaños están las actrices Britt Ekland y Carole Lombard, la soprano Jenny Lind, el arquitecto Le Corbusier, el científico e ingeniero George Westinghouse y el explorador Thor Heyerdahl.

Para encontrar a tu pareja ideal, búscala entre quienes nacieron en las siguientes fechas.

Amor y amistad: 4, 8, 13, 22 y 26 de enero; 2, 6, 20 y 24 de febrero; 4, 18 y 22 de marzo; 2, 16, 20 y 30 de abril; 14, 18, 28 y 30 de mayo; 3, 12, 16, 26 y 28 de junio; 10, 14, 24 y 26 de julio; 8, 12, 22 y 24 de agosto; 6, 10, 20, 22 y 30 de septiembre; 4, 8, 18, 20 y 28 de octubre; 2, 6, 16, 18 y 26 de noviembre; 4, 14, 16 y 24 de diciembre.

Buenas para ti: 9 y 20 de enero; 7 y 18 de febrero; 5, 16 y 29 de marzo; 3, 14 y 27 de abril; 1, 12 y 25 de mayo; 10 y 23 de junio; 8 y 21 de julio; 6 y 19 de agosto; 4 y 17 de septiembre; 2, 15 y 30 de octubre; 13 y 28 de noviembre; 11, 26 y 30 de diciembre.

Atracción fatal: 27 de enero; 25 de febrero; 23 de marzo; 2, 3, 4, 5 y 21 de abril; 19 de mayo; 17 de junio; 15 de julio; 13 de agosto; 11 de septiembre; 9 de octubre; 7 de noviembre; 5 de diciembre.

Desafiantes: 2, 10 y 19 de enero; 8 y 17 de febrero; 6 y 15 de marzo; 4 y 13 de abril; 2 y 11 de mayo; 9 de junio; 7 y 30 de julio; 5 y 28 de agosto; 3 y 26 de septiembre; 1 y 24 de octubre; 22 de noviembre; 20 y 30 de diciembre.

Almas gemelas: 15 de enero, 13 de febrero, 11 de marzo, 9 de abril, 7 de mayo, 5 de junio, 3 de julio, 1 de agosto, 29 de octubre, 27 de noviembre, 25 de diciembre.

Numerología

Algunos de los atributos propios de la gente nacida en el día 6 son la compasión, el idealismo y la naturaleza atenta. Es el número de los perfeccionistas o de las amistades universales. Con frecuencia, indica que eres un ser humanitario, responsable, amoroso y comprensivo. Con un cumpleaños en este día, es frecuente que seas una madre o un padre devoto y dedicado a lo doméstico. Las personas más sensibles entre quienes nacieron en esta fecha deberán encontrar una forma de expresión creativa, pues se sienten atraídas por el mundo del entretenimiento, las artes y el diseño. Quizá debas desarrollar la confianza en ti mismo y superar la tendencia a entrometerte en asuntos ajenos, a preocuparte en exceso y a sentir compasión por quien no la necesita. La subinfluencia del mes número 10 indica que eres intuitivo y original, pero también perfeccionista. Aunque ansías paz y armonía, la tendencia al escepticismo y el desengaño indica que las dudas y las preocupaciones te harán perder la noción de dónde están puestas tus lealtades. Si careces de confianza o fe en ti mismo y en los demás estarás constantemente insatisfecho o contrariado.

• *Cualidades positivas*: cosmopolita, hermandad universal, afabilidad, compasión, confiabilidad, comprensión, empatía, idealismo, orientación hacia lo doméstico, humanismo, talento artístico.

• *Cualidades negativas*: insatisfacción, ansiedad, timidez, irracionalidad, falta de armonía, comportamiento dominante, irresponsabilidad, egoísmo, suspicacia, cinismo, egocentrismo.

Amor y relaciones

Ser amistoso y encantador te permite encajar en cualquier situación social y ser una pareja amorosa y un padre comprensivo. Sueles ser espontáneo, leal y generoso, pero si te ensimismas demasiado con tus propias ambiciones quizás aparentes ser frío e indiferente. Si te planteas metas demasiado altas, difícilmente alguien podrá estar a la altura de tus expectativas. Tu personalidad sociable y hospitalaria te garantiza tener muchos amigos y ser un buen anfitrión. Eres creativo, imaginativo, ingenioso y divertido.

7 de octubre

ESTRELLA FIJA

Nombre de la estrella: Algorab, también llamada Al-Ghurab, que significa "el cuervo"

Posición: 12º 28'–13º 22' de Libra, entre los años 1930 y 2000

Magnitud: 3

Fuerza: ★★★★★★

Órbita: 1º 30'

Constelación: Corvus (Delta Corvi)

Días efectivos: 5, 6, 7 y 8 de octubre

Propiedades de la estrella: Marte/ Saturno

Descripción: estrella binaria, color amarillo claro y púrpura, ubicada en el ala derecha del cuervo

INFLUENCIA DE LA ESTRELLA PRINCIPAL

Algorab confiere talento para los negocios y los emprendimientos, así como tenacidad y capacidad para superar los desafíos con encanto y gracia. Esta estrella indica una naturaleza reservada y estudiosa, que ambiciona reconocimiento y éxito. Sin embargo, advierte que debes cuidarte de las tendencias destructivas y engañosas de otras personas.

Con respecto a tu grado del Sol, esta estrella otorga talento para dejar una buena impresión, tratar exitosamente con el público y conseguir apoyo o respaldo de otros. Si estás bajo la mirada pública, podrás obtener fama y popularidad, aunque debes evitar los escándalos, ya que podrían hacerte perder tu lugar en el mundo.

• *Positiva:* persistencia, emprendimiento en grande, popularidad, reconocimiento militar.

• *Negativa:* métodos poco ortodoxos, trabajar a contracorriente.

La influencia de tu fecha de nacimiento se manifiesta en tu ser amigable, agudo y honesto; eres un Libra con excelentes talentos sociales. Disfrutas ser activo, casi siempre estás planeando algún proyecto o estrategia. Una vez que has puesto tu corazón en una meta, tu determinación y enfoque son admirables. Como eres emprendedor y te atraen las comodidades materiales, tienes buena madera para hacer contactos, lo que te traerá ganancias y ascensos laborales.

Gracias a la influencia adicional del Sol en el decanato de Acuario, concibes ideas originales y tienes una aguda comprensión de la humanidad. Eres creativo y disfrutas darles forma a las cosas. Podrías interesarte en particular por el arte, la música o por los asuntos metafísicos y religiosos. De criterio amplio y liberal, lucharás por tus principios y por la justicia.

El fuerte énfasis en tus relaciones y colaboraciones se vincula con tu fecha de nacimiento y deja entrever que trabajas mejor cuando cooperas con los demás. A veces puedes sentir miedo infundado de no tener suficiente dinero, pero siempre tendrás cierta protección material gracias a tus habilidades estratégicas naturales y a tu talento para vender ideas. Una vez que te comprometes con un concepto o actividad, proyectas un poderoso entusiasmo, fortaleza y determinación. Una faceta humanitaria de tu condición natural es ser sensible e idealista, y tal vez encuentre su mejor expresión en ayudar a tu familia, amigos o causas sociales.

Hasta los 15 años de edad, te preocupas más por desarrollar tu conciencia social. No obstante, a los 16, cuando tu Sol progresado se desplaza hacia Escorpión, experimentas un punto de inflexión que resalta, durante las siguientes tres décadas, asuntos relacionados con cambios emocionales, poder interior y regeneración. Más tarde habrá otro momento decisivo, a los 46 años, cuando tu Sol progresado se desplace hacia Sagitario. Este cambio sugiere que te volverás más idealista y optimista, dispuesto a arriesgarte o a diversificar tus vías de expresión mediante el estudio y los viajes. De los 76 en adelante, cuando tu Sol progresado entre a Capricornio, empiezas a hacer más énfasis en tus deberes, metas prácticas y en mantener una perspectiva realista.

Tu yo secreto

Una intensa necesidad de reconocimiento y estatus suele ser tu fuerza motivadora. Cuando este poder se combina con tu idealismo, puedes abrirte a nuevas oportunidades para el éxito o para ser una fuerza positiva en tu comunidad. Lo anterior te ayudará a vencer tu propensión a sucumbir a la inercia o a dejar las cosas para mañana. Sin embargo, una vez que empiezas a moverte, surge tu conciencia innata de que cualquier esfuerzo que hagas ahora se verá recompensado tarde o temprano.

Pese a que eres extremadamente generoso con la gente que amas y admiras, tu tendencia a preocuparte por el dinero explica por qué a veces pareces tan materialista. No obstante, tienes la energía y determinación para alcanzar logros sustanciales, pero quizás encuentres mayor satisfacción ayudando a los demás. Uniendo tu ambición y empuje con tu diplomacia y esfuerzos colectivos, realmente podrás lograr el éxito.

Trabajo y vocación

Tu personalidad es intuitiva e idealista. Disfrutas colaborar con los demás, aun cuando te gusta tomar tus propias decisiones. Como opción, podrías decidir ser independiente o ponerte al servicio de los demás como agente, vendedor o promotor. Tu habilidad para registrar en papel tus pensamientos y sentimientos sugiere que tienes un don para la escritura. La educación es una vocación especialmente significativa para ti. También puedes ser bueno para vender o promocionar ideas y productos. Tu agudeza para los negocios y tus aptitudes de organización te aseguran el triunfo como asesor financiero, terapeuta y mediador. Ser sociable y poseer talento para las relaciones sociales indica que tienes la habilidad de hacer contactos personales y sobresalir en carreras que impliquen trato con las personas.

Entre las personas famosas con quienes compartes cumpleaños están los cantantes Toni Braxton y John Mellencamp, el comentarista de televisión Clive James, el chelista Yo-Yo Ma, el psiquiatra R. D. Laing, el físico Niels Bohr y el arzobispo sudafricano Desmond Tutu.

Numerología

A pesar de ser analíticas y reflexivas, las personas con el número 7 en su fecha de nacimiento suelen ser críticas y egocéntricas. Ya que tienes una necesidad constante de desarrollar tu autoconciencia, disfrutas reuniendo información y te pueden interesar la lectura, la escritura o la espiritualidad. Eres astuto, aunque tiendes a racionalizar demasiado las cosas y perderte en los detalles. Tu tendencia a ser enigmático o reservado se debe a que en ocasiones eres demasiado sensible a las críticas o te sientes incomprendido. La subinfluencia del mes número 10 indica que eres ambicioso e independiente, y tienes la capacidad de terminar lo que te propones. Ser un perfeccionista con expectativas realistas te permite combinar tus habilidades con precisión y delicadeza. Eres culto y divertido. Tu capacidad para entender a la gente implica que eres intuitivo y sensible. Aunque necesitas tiempo a solas, tu talento para los negocios y actitud amistosa indican que prefieres estar en compañía de otros. Tienes muchísimas ideas y necesitas mantenerte activo y poner tus habilidades prácticas a prueba. Si deseas de materializar algunos de tus ideales humanitarios, usa tus poderes de sanación para impulsar a otros.

• *Cualidades positivas*: educación, confianza, meticulosidad, idealismo, honestidad, habilidades psíquicas, capacidades científicas, racionalidad, reflexión.

• *Cualidades negativas*: encubrimientos, falta de comunicación, hostilidad, hermetismo, escepticismo, confusión, frialdad.

Amor y relaciones

Aunque te atraen personas poderosas e inteligentes, la intimidad y las relaciones son importantes para ti; sin embargo, no siempre serán sencillas. Aunque seas cálido y generoso con tus seres queridos, también habrá ocasiones en las que te ensimismes y te vuelvas demasiado egocéntrico. Tu encanto natural te ayuda a atraer gente, pero la pasión por los desafíos mentales implica que debes evitar involucrarte en batallas retóricas con otras personas. Como eres inteligente disfrutas que individuos que piensan como tú te estimulen a nivel intelectual. Eres leal como pareja y amigo.

ESE ALGUIEN ESPECIAL

Si buscas seguridad, estímulo intelectual y amor, los encontrarás entre quienes nacieron en las siguientes fechas.

Amor y amistad: 3, 5 y 23 de enero; 1, 11 y 21 de febrero; 9, 19, 28 y 31 de marzo; 7, 17, 26, 29 y 30 de abril; 5, 15, 24, 27, 28, 29 y 31 de mayo; 3, 13, 22, 25, 27 y 29 de junio; 1, 11, 20, 23, 25, 27 y 29 de julio; 9, 18, 21, 23, 25 y 27 de agosto; 7, 16, 19, 21, 23 y 25 de septiembre; 5, 14, 17, 19, 21 y 23 de octubre; 3, 12, 15, 17, 19 y 21 de noviembre; 1, 10, 13, 15, 17 y 19 de diciembre.

Buenas para ti: 3, 4, 10 y 21 de enero; 1, 2, 8 y 19 de febrero; 6, 17 y 30 de marzo; 4, 15 y 28 de abril; 2, 13 y 26 de mayo; 11 y 24 de junio; 9 y 22 de julio; 7 y 20 de agosto; 5 y 18 de septiembre; 3, 16 y 31 de octubre; 1, 14 y 29 de noviembre; 12 y 27 de diciembre.

Atracción fatal: 22 y 28 de enero; 20 y 26 de febrero; 18 y 24 de marzo; 2, 3, 4, 5, 6, 16 y 22 de abril; 14 y 20 de mayo; 12 y 18 de junio; 10 y 16 de julio; 8 y 14 de agosto; 6 y 12 de septiembre; 4 y 10 de octubre; 2 y 8 de noviembre; 6 de diciembre.

Desafiantes: 11 y 20 de enero; 9 y 18 de febrero; 7 y 16 de marzo; 5 y 14 de abril; 3, 12 y 30 de mayo; 1, 10 y 28 de junio; 8, 26 y 31 de julio; 6, 24 y 29 de agosto; 4, 22 y 27 de septiembre; 2, 20 y 25 de octubre; 18 y 23 de noviembre; 16 y 21 de diciembre.

Almas gemelas: 26 de enero, 24 de febrero, 22 y 30 de marzo, 20 y 28 de abril, 18 y 26 de mayo, 16 y 24 de junio, 14 y 22 de julio, 12 y 20 de agosto, 10 y 18 de septiembre, 8 y 16 de octubre, 6 y 14 de noviembre, 4 y 12 de diciembre.

8 de octubre

ESTRELLA FIJA

Nombre de la estrella: Algorab, también llamada Al-Ghurab, que significa "el cuervo"

Posición: 12º 28'–13º 22' de Libra, entre los años 1930 y 2000

Magnitud: 3

Fuerza: ★★★★★

Órbita: 1º 30'

Constelación: Corvus (Delta Corvi)

Días efectivos: 5, 6, 7 y 8 de octubre

Propiedades de la estrella: Marte/Saturno

Descripción: estrella binaria, color amarillo claro y púrpura, ubicada en el ala derecha del cuervo

INFLUENCIA DE LA ESTRELLA PRINCIPAL

Algorab confiere talento para los negocios y los emprendimientos, así como tenacidad y capacidad para superar los desafíos con encanto y gracia. Esta estrella indica una naturaleza reservada y estudiosa, que ambiciona reconocimiento y éxito. Sin embargo, advierte que debes cuidarte de las tendencias destructivas y engañosas de otras personas.

Con respecto a tu grado del Sol, esta estrella otorga talento para dejar una buena impresión, tratar exitosamente con el público y conseguir apoyo o respaldo de otros. Si estás bajo la mirada pública, podrás obtener fama y popularidad, aunque debes evitar los escándalos, ya que podrían hacerte perder tu lugar en el mundo.

· *Positiva:* persistencia, emprendimiento en grande, popularidad, reconocimiento militar.

· *Negativa:* métodos poco ortodoxos, trabajar a contracorriente.

Aunque eres encantador y amigable, la necesidad de actuar y los logros personales asociados con tu fecha de nacimiento sugieren que eres una persona ambiciosa y con gran fuerza de voluntad. Eres carismático, decidido y cuentas con un liderazgo intuitivo, además de la habilidad de mezclar negocios y placer. Tienes facilidad para evaluar las situaciones que se te presentan, y prefieres ser honesto y directo. Ya que eres emprendedor y buscas triunfar, tu clave del éxito será tu facilidad para compartir con otros tus ideas más afortunadas.

Gracias a la influencia añadida de Acuario, tu decanto regente, puedes ser creativo, productivo y, con frecuencia, buen psicólogo. Ya que eres de mente abierta, tus habilidades para tratar con las personas son excelentes y, por lo general, aprecias la libertad. Aunque eres independiente, disfrutas usar tus habilidades diplomáticas trabajando en equipo. Sin embargo, en ocasiones corres el riesgo de ser demasiado autoritario, especialmente con quienes no cumplen tus altas expectativas.

Tienes una imaginación activa y aprecias las artes, lo cual facilitará que te expreses a través de la escritura, la música, la pintura o la actuación; por eso mismo, te gusta rodearte de belleza, estilo y lujos. No obstante, debes tener cuidado con tu amor por la buena vida, ya que puedes caer en una autocomplacencia excesiva o en darles mayor importancia a las cosas materiales.

Al cumplir 15 años de edad, tu Sol progresado se desplaza hacia Escorpión, y llegas a un momento decisivo de tu vida en el que, durante las próximas tres décadas, tienen mayor peso las cuestiones relacionadas con cambios emocionales y transformaciones personales. El siguiente punto de inflexión llega al cumplir 45 años, cuando tu Sol progresado se desplaza hacia Sagitario y resalta una mayor necesidad de libertad y de expandir tus horizontes y tomar más riesgos. Posiblemente a partir de esta fecha tengas una mayor conexión con personas y lugares extranjeros. A partir de los 77 años, tu Sol progresado entra en Capricornio y comienzas a tomar más en serio tus deberes y las cuestiones prácticas.

Tu yo secreto

Eres visionario realista, cuya sabiduría te permite confiar en tus poderosos instintos y en trabajar mejor cuando te sientes inspirado. Dada tu necesidad constante de aventura y cambio, disfrutas los viajes y estar al día con las nuevas tendencias e ideas. A pesar de tu deseo de dinero, poder y estatus, puedes ser igualmente idealista, sensible y humanitario. Esto implica una necesidad de equilibrio entre tu compasión natural y tu tendencia a usar estrategias de poder o ser egoísta.

Tu naturaleza magnánima, amable y generosa te convierte en una fuerza vigorosa a la hora de ayudar a los demás, sobre todo si conjugas tu voluntad con tus poderosas emociones. Eres bueno para hacer planes a gran escala, pero es importante que los lleves a cabo de manera independiente. Esto implica que con frecuencia debas asumir riesgos o basarte en conjeturas, pero tu don para detectar oportunidades te llevará a obtener valor por tu dinero. Gracias a tu imaginación activa, poderes de persuasión y excelentes habilidades de negociante tienes el potencial para alcanzar un éxito extraordinario.

Trabajo y vocación

Puesto que eres un trabajador esforzado y dinámico, deseas alcanzar muchos logros. Podrías ser un empresario imaginativo y emprendedor. Aunque puedas encontrar éxito en el ámbito comercial, la exploración de tus talentos creativos podría llevarte a perseguir una carrera artística. Tu personalidad cautivante y tus poderosas emociones implican que puedes ser apasionado e idealista en el tema de las reformas sociales, y así encontrar satisfacción en el sector público o en la política. Tus grandes habilidades de negociación pueden llevarte a desempeñar la jefatura de departamento en alguna gran compañía. Por otra parte, tu pasión por la justicia y la honestidad te podría encaminar a trabajar en la corte, ya sea como abogado o como procurador. Por otro lado, tu amor por la belleza y el arte podrían guiarte al trabajo en museos, galerías o en el comercio de arte. Si tienes convicción en ciertos ideales o en alguna persona, puedes trabajar como agente o promotor.

Entre las personas famosas con quienes compartes cumpleaños están los actores Paul Hogan, Sigourney Weaver y Chevy Chase y el político Jesse Jackson.

Numerología

El poder del número 8 en tu fecha de nacimiento indica un carácter con valores firmes y un juicio sólido. El número 8 denota que aspiras a conseguir grandes logros y que tienes una naturaleza ambiciosa. Tu fecha de cumpleaños esboza además tu deseo de dominio, seguridad y éxito material. Como una persona nacida bajo el número 8 tienes un talento natural para los negocios y te beneficiarás en gran medida si desarrollas tus habilidades organizativas y ejecutivas. Tu necesidad de seguridad y estabilidad te insta a hacer planes e inversiones a largo plazo. La subinfluencia del mes número 10 indica que eres intuitivo y tienes una personalidad dinámica. Tener fe en tus capacidades y confiar en tu sabiduría interior te permitirá combinar la creatividad con el éxito material y causar impresiones firmes. Que te motiven aspiraciones superiores y tengas don de gentes te permite transformar tus ideas originales en emprendimientos productivos. Sueles iniciar proyectos nuevos y liderar las reformas o modernizaciones de organizaciones ya existentes.

• *Cualidades positivas*: liderazgo, minuciosidad, trabajo arduo, autoridad, protección, poder de sanación, talento para juzgar valores.

• *Cualidades negativas*: impaciencia, desperdicio, intolerancia, mezquindad, desazón, exceso de trabajo, hambre de poder, comportamiento controlador o dominante, tendencia a darte por vencido, falta de planeación.

Amor y relaciones

Eres amistoso, encantador y sociable, pero también asertivo y franco. Generalmente, tienes una vida social bastante activa. Estar consciente de la importancia de la seguridad en tu vida podría tentarte a contraer matrimonio por razones que poco o nada tienen que ver con amor. Tu ambición y tenacidad revelan que idealmente necesitas una pareja que sea exitosa por mérito propio. Puesto que las relaciones te causan inquietud y eres propenso a cambiar de opinión, tendrás que ejercitar la paciencia para evitar aburrirte. Para ello, te será útil planear viajes o experiencias nuevas y emocionantes.

ESE ALGUIEN ESPECIAL

Encontrarás relaciones duraderas y estabilidad con personas nacidas en las siguientes fechas.

Amor y amistad: 6, 14, 24 y 31 de enero; 4, 12, 22 y 29 de febrero; 2, 10, 20 y 27 de marzo; 8, 18 y 25 de abril; 6, 16, 23 y 30 de mayo; 4, 14, 21, 28 y 30 de junio; 2, 12, 19, 26, 28 y 30 de julio; 10, 17, 24, 26 y 28 de agosto; 8, 15, 22, 24 y 26 de septiembre; 6, 13, 20, 22, 24 y 30 de octubre; 4, 11, 18, 20, 22 y 28 de noviembre; 2, 9, 16, 18, 20, 26 y 29 de diciembre.

Buenas para ti: 5, 22 y 30 de enero; 3, 20 y 28 de febrero; 1, 18 y 26 de marzo; 16 y 24 de abril; 14 y 22 de mayo; 12 y 20 de junio; 10, 18 y 29 de julio; 8, 16, 27 y 31 de agosto; 6, 14, 25 y 29 de septiembre; 4, 12, 23 y 27 de octubre; 2, 10, 21 y 25 de noviembre; 9, 19 y 23 de diciembre.

Atracción fatal: 12 de enero; 10 de febrero; 8 de marzo; 4, 5, 6 y 7 de abril; 4 de mayo; 2 de junio.

Desafiantes: 16 y 21 de enero; 14 y 19 de febrero; 12, 17 y 30 de marzo; 10, 15 y 28 de abril; 8, 13 y 26 de mayo; 6, 11 y 24 de junio; 4, 9 y 22 de julio; 2, 7 y 20 de agosto; 5 y 18 de septiembre; 3 y 16 de octubre; 1 y 14 de noviembre; 12 de diciembre.

Almas gemelas: 25 de enero, 23 de febrero, 21 de marzo, 19 de abril, 17 de mayo, 15 de junio, 13 de julio, 11 de agosto, 9 de septiembre, 7 de octubre, 5 de noviembre, 3 y 30 de diciembre.

9 de octubre

Tu personalidad es independiente, ingeniosa y de carácter fuerte. Tu fecha de nacimiento, además, indica que eres un Libra honesto, directo y con seguridad en ti mismo. También sugiere un liderazgo inherente que va de la mano con tu estupenda habilidad de percepción mental. Como eres creativo y observador, reconoces el poder del conocimiento, aunque también puedes sufrir tensiones emocionales que te traigan descontento o socaven tu confianza natural.

La influencia adicional de tu Sol en el decanato de Acuario propicia que tengas ideas originales y un entendimiento inteligente de la humanidad. Las mujeres nacidas en esta fecha frecuentemente se hacen cargo de las situaciones. Ya que eres un potencial iniciador de movimientos más progresistas, amas la novedad y la vanguardia. Eres liberal y de mente abierta, por lo que eres proclive a luchar por tus principios, la justicia y el juego limpio. Irónicamente, no soportas la necedad y en ocasiones puedes llegar a ser autoritario o dominante.

Gracias a tu perspicacia y deseo de expresarte puedes sentirte inclinado por la escritura, el arte, la música o temas metafísicos o filosóficos. Aunque seas pragmático por naturaleza, a veces puedes llegar a ser radical o poco convencional. Es recomendable cuidarte de la tendencia a llevar la contraria solo por querer ser difícil. Al sentir compasión y tolerancia hacia los demás, incrementarás tus oportunidades de éxito en tus negociaciones con las demás personas.

Al cumplir 14 años de edad, tu Sol progresado se desplaza hacia Escorpión, por lo que encuentras un parteaguas en tu vida en el que, durante las próximas tres décadas, priorizas los asuntos relacionados con cambio y transformación de tus motivaciones personales. Otro punto de inflexión llega al cumplir 44 años, cuando tu Sol progresado se desplaza hacia Sagitario, amplía tus perspectivas y hace surgir en ti un posible deseo de expandir tu mente y explorar distintas posibilidades, ya sea a través del estudio, la inspiración o los viajes. A partir de los 64 años, tu Sol progresado entra en Capricornio y darás mayor relevancia a la disciplina y seguridad práctica.

Tu yo secreto

Debido a tu rápida capacidad de reacción y respuesta, eres capaz de defenderte e incluso llegar a disfrutar un poco de la rivalidad amistosa o el debate. Aprender a confiar en tu intuición te abre las puertas a desafíos, tales como perfeccionar algún talento artístico original o una visión para los negocios. Normalmente disfrutas tener el control, pero en ocasiones puedes llegar a ser inestable, a tener rabietas o a alternar entre la arrogancia y la inseguridad. Aun así, cuentas con una fortaleza interior que puede surgir y ayudarte a triunfar ante la adversidad.

Por lo general, estás dispuesto a trabajar duro y con tenacidad para el logro de tus objetivos. Esto significa que cuentas con una perseverancia y determinación inflexibles, especialmente cuando se trata de alcanzar metas a largo plazo, aunque también es importante que trabajes en tu disciplina para que ese extraordinario potencial salga a la luz. Tu humanismo, en combinación con tu poder interno y tu destreza para tratar con la gente, te ayudarán a convertir tus ideales en realidad.

ESTRELLA FIJA

Nombre de la estrella: Seginus

Posición: 16° 38'–17° 20' de Libra, entre los años 1930 y 2000

Magnitud: 3

Fuerza: ★★★★★

Órbita: 1° 40'

Constelación: Bootes (Gamma Bootis)

Días efectivos: 9, 10, 11 y 12 de octubre

Propiedades de la estrella: Mercurio/ Saturno

Descripción: pequeña estrella blanca y amarilla ubicada en el hombro izquierdo de Bootes

INFLUENCIA DE LA ESTRELLA PRINCIPAL

La influencia de Seginus confiere una mente sagaz y aguda, gran cantidad de contactos y popularidad. Esta estrella indica versatilidad y facilidad de aprendizaje, pero también advierte que hay una tendencia a ser incongruente y realizar muchos cambios repentinos.

Con respecto a tu grado del Sol, esta estrella otorga éxito en los negocios, aptitudes naturales para la astrología y la filosofía, e inclinación hacia intereses poco comunes. Ya que eres sociable y amistoso, tienes muchos amigos que te ayudarán cuando más lo necesites.

• *Positiva:* cooperativo, popularidad, versatilidad.

• *Negativa:* pérdidas a través de amistades y sociedades.

Trabajo y vocación

Como eres inteligente, intuitivo e imaginativo, se te facilitarán muchas oportunidades en diversas carreras. Eres particularmente adecuado para profesiones intelectuales, ya sea derecho, pedagogía, investigación científica o escritura, debido a tu interés en las reformas sociales. Gracias a tu ingenio veloz y liderazgo, cuentas con las habilidades necesarias para el mundo de los negocios. El entusiasmo por la creatividad y la comunicación natural son dones que implican una necesidad de expresar tu individualidad a través de una carrera en el mundo de las bellas artes, el diseño, el teatro, las artes escénicas y, especialmente, la música. Ya que eres un humanista, también puedes sentirte inclinado hacia trabajos en el sector salud.

Entre las personas famosas con quienes compartes cumpleaños están los cantantes y compositores John Lennon, Sean Ono Lennon y Jackson Browne; el cineasta Guillermo del Toro; el compositor Camille Saint-Saëns; el músico John Entwistle y el director de cine Jacques Tati.

Numerología

Entre las características asociadas con haber nacido bajo el número 9 están la benevolencia, la amabilidad y la sensibilidad. Sueles ser generoso, liberal, tolerante y gentil. Tus habilidades intuitivas y psíquicas apuntan hacia una receptividad universal que, canalizada de forma positiva, te inspirará a buscar un camino espiritual. Esta fecha de nacimiento sugiere la necesidad de superar desafíos, y la tendencia a ser hipersensible y experimentar fluctuaciones emocionales. Viajar por el mundo e interactuar con gente de todo tipo te beneficiará, pero es posible que debas cuidarte de tener sueños poco realistas o de tender hacia la evasión. La subinfluencia del mes número 10 indica que, ya que eres independiente al mismo tiempo que humanitario, motivas a otros con tu optimismo y tenacidad. Si bien tienes un toque de genialidad, necesitas perseverar a pesar de los obstáculos para lograr cosas únicas o fuera de lo común. Evita la tendencia a ser obstinado o autoritario si quieres que otros te pidan apoyo y consejos.

• *Cualidades positivas*: idealismo, creatividad, sensibilidad, generosidad, magnetismo, naturaleza poética, caridad, naturaleza dadivosa, desapego, suerte, popularidad.

• *Cualidades negativas*: frustración, nerviosismo, fragmentación, incertidumbre, egoísmo, falta de practicidad, amargura, falta de ética, docilidad, preocupación, aislamiento.

Amor y relaciones

Los amigos y admiradores se sienten atraídos por tu carisma e inteligencia aguda. Además de ser franco y directo, te gusta ser honesto en cualquier interacción humana. Aunque eres sincero, romántico y una pareja leal, en ocasiones alejas a tus seres queridos por ser autoritario o demasiado impaciente. No obstante, también eres solidario, sobre todo cuando brindas ayuda práctica o consejos. Lo ideal sería que encontraras una pareja que te mantenga estimulado a nivel intelectual y que sea tan honesta y directa como tú. Necesitas alguien que entienda tus fluctuaciones entre la confianza absoluta en ti mismo y las inseguridades personales.

ESE ALGUIEN ESPECIAL

Si deseas encontrar felicidad duradera y seguridad, empieza por buscarlas entre quienes nacieron en las siguientes fechas.

Amor y amistad: 7, 11, 13, 15, 16, 17 y 25 de enero; 9, 11, 13, 14, 15 y 23 de febrero; 7, 9, 11, 12, 13 y 21 de marzo; 5, 7, 9, 11 y 19 de abril; 3, 5, 7, 9, 17 y 31 de mayo; 1, 3, 5, 6, 7, 15 y 29 de junio; 1, 3, 5, 27, 29 y 31 de julio; 1, 3, 11, 25, 27 y 29 de agosto; 1, 9, 23, 25 y 27 de septiembre; 7, 21, 23 y 25 de octubre; 5, 19, 21 y 23 de noviembre; 3, 17, 19, 21 y 30 de diciembre.

Buenas para ti: 1, 5 y 20 de enero; 3 y 18 de febrero; 1 y 16 de marzo; 14 de abril; 12 de mayo; 10 de junio; 8 de julio; 6 de agosto; 4 de septiembre; 2 de octubre.

Atracción fatal: 5, 6, 7 y 8 de abril.

Desafiantes: 6, 22 y 24 de enero; 4, 20 y 22 de febrero; 2, 18 y 20 de marzo; 16 y 18 de abril; 16 y 14 de mayo; 12 y 14 de junio; 10 y 12 de julio; 8, 10 y 31 de agosto; 6, 8 y 29 de septiembre; 4, 6 y 27 de octubre; 2, 4, 25 y 30 de noviembre; 2, 23 y 28 de diciembre.

Almas gemelas: 6 y 12 de enero, 4 y 10 de febrero, 2 y 8 de marzo, 6 de abril, 4 de mayo, 2 de junio.

10 de octubre

♎ Tu mente ágil y aguda capacidad de observación combinan bien con tu idealismo y ambición. Como buen Libra, puedes ser bastante encantador, sociable y hábil en tu trato con todo tipo de gente. Ya que eres generoso y amable, disfrutas de dar a los demás; sin embargo, ten cuidado con la autocomplacencia excesiva en todas sus formas. Aprecias el color, el arte y la belleza, por tanto eres proclive a la creatividad y a disfrutar el lujo.

La influencia adicional de Acuario, el regente de tu decanato, inspira tu deseo de estar al día con las nuevas tendencias e ideas y te dota de un fuerte individualismo. Aunque conservas un toque de tu gentil encanto y elegancia, también puedes ser decidido e independiente. Si bien eres competitivo y en ocasiones crítico, en general, eres de trato fácil. Sin embargo, tu estabilidad puede verse desafiada por tu inclinación hacia la necedad y el rechazo a los consejos de otros.

Puesto que eres amigable y divertido, te gusta entretener o socializar. Ya que aspiras a la libertad y a la variedad, es probable que los viajes formen parte de tus planes. Ten cuidado con tu tendencia a impacientarte, ya que puede impedir que desarrolles enteramente tus talentos innatos. Por fortuna, tienes una visión optimista de la vida que te puede ayudar a recuperarte de cualquier posible decepción o contratiempo.

Tras cumplir 13 años de edad, tu Sol progresado se desplaza hacia Escorpión y propicia que experimentes con mayor intensidad las situaciones relacionadas con tu sensibilidad emocional, poder personal y transformación. El siguiente punto de inflexión llega a tus 43 años, cuando tu Sol progresado se desplaza hacia Sagitario, y te impulsa a expandir tus puntos de vista y a ser más aventurero, mental, física o espiritualmente. Después de los 73 años, tu Sol progresado entra en Capricornio y comienza a valorar más la estructura, la estabilidad y las metas prácticas.

Tu yo secreto

Gracias a tu anhelo de conocimiento y gran inteligencia, tienes varias ideas que te pueden traer ganancias. Sin embargo, si superas la inclinación a dejar que las cosas materiales dominen tu vida, te darás cuenta de que hay muchas recompensas que el dinero no puede comprar. Debes conservar la fe en ti mismo y confiar en tu intuición natural para tener éxito.

Ya que eres creativo y sensible, quizá necesites encontrar alguna forma de expresión personal para darle voz a tu mente activa y a tus sentimientos más profundos. Así crearás oportunidades positivas para usar toda la información con la que cuentas. Tu sentido dramático hace que disfrutes divertir a los demás. Esto te puede servir de gran antídoto cuando experimentes duda e indecisión.

Trabajo y vocación

Eres competente y posees muchos talentos; por un lado, eres un humanitario idealista y, por el otro, una persona exitosa. Tu habilidad para tomar el protagonismo y liderar

ESTRELLA FIJA

Nombre de la estrella: Seginus
Posición: 16º 38'–17º 20' de Libra, entre los años 1930 y 2000
Magnitud: 3
Fuerza: ★★★★★
Órbita: 1º 40'
Constelación: Bootes (Gamma Bootis)
Días efectivos: 9, 10, 11 y 12 de octubre
Propiedades de la estrella: Mercurio/Saturno
Descripción: pequeña estrella blanca y amarilla ubicada en el hombro izquierdo de Bootes

INFLUENCIA DE LA ESTRELLA PRINCIPAL

La influencia de Seginus confiere una mente sagaz y aguda, gran cantidad de contactos y popularidad. Esta estrella indica versatilidad y facilidad de aprendizaje, pero también advierte que hay una tendencia a ser incongruente y realizar muchos cambios repentinos.

Con respecto a tu grado del Sol, esta estrella otorga éxito en los negocios, aptitudes naturales para la astrología y la filosofía e inclinación hacia intereses poco comunes. Ya que eres sociable y amistoso, tienes muchos amigos que te ayudarán cuando más lo necesites.

• *Positiva:* cooperativo, popularidad, versatilidad.

• *Negativa:* pérdidas a través de amistades y sociedades.

a otros sugiere que te sientes más cómodo dando órdenes que siguiéndolas. Tomando en cuenta tus destrezas de organización y tu deseo de éxito, te hará bien una carrera desafiante en la que puedas expandir tus conocimientos. Ya que eres una persona astuta y privilegiada, con el don de la palabra, te esperan grandes logros en la escritura, literatura, derecho o educación. Una alternativa para ti está en las grandes empresas o en el mundo de los negocios, gracias a tus capacidades administrativas. Como eres encantador y sociable, te puede atraer el servicio público como líder de sindicato o político. Por tu naturaleza benefactora, también podrías iniciar grandes proyectos de ayuda a la comunidad. Tu deseo de expresión artística puede llevarte al mundo de las artes y el entretenimiento a través de la música o el teatro.

Entre las personas famosas con quienes compartes cumpleaños están el dramaturgo Harold Pinter, los actores Dorothy Lamour y Ben Vereen, el compositor Giuseppe Verdi, el músico y cantante David Lee Roth, el pianista Thelonious Monk y el pintor Jean-Antoine Watteau.

Numerología

Al igual que otras personas con el número 1 en su fecha de nacimiento, acostumbras perseguir grandes objetivos que probablemente alcances. Sin embargo, para ello es necesario que superes algunos obstáculos antes de alcanzar esas metas. Con frecuencia eres enérgico y original, y defiendes tus creencias aun cuando son distintas a las de los demás. Tu capacidad de iniciar proyectos por cuenta propia y tu espíritu pionero te animan a viajar por territorios inexplorados y a triunfar o a fracasar por ti mismo. El éxito y los logros son importantes para aquellos con un cumpleaños con el número 10, por lo que es normal que quieras llegar a la cima de tu profesión. La subinfluencia del mes número 10 indica que eres emprendedor y trabajador. Aunque dependes mucho de tu inteligencia y tienes la capacidad de evaluar a la gente y las situaciones con rapidez, también tienes una gran intuición, capaz de dominar tus pensamientos e instarte a dejarte llevar por lo que sientes. Sueles ser amistoso y usar la persuasión y las habilidades diplomáticas para convencer a otros de que piensen como tú. Por otro lado, debes aprender que el mundo no gira a tu alrededor, así como evitar ser egoísta o hipersensible.

• *Cualidades positivas*: liderazgo, creatividad, naturaleza progresista, vigor, optimismo, convicciones firmes, competitividad, independencia, sociabilidad.

• *Cualidades negativas*: autoritarismo, celos, egocentrismo, orgullo, antagonismo, falta de control, egoísmo, vacilación, impaciencia.

Amor y relaciones

Ser amistoso, inteligente y seductor te facilita atraer amistades y parejas. Sin embargo, cierta inquietud latente indica que te aburres con facilidad y que no estás muy seguro de tus sentimientos por la gente cercana. Puedes evitarlo si eliges una pareja inteligente y activa que te mantenga estimulado intelectualmente de manera constante. Te encantará probar actividades distintas, visitar lugares nuevos y tomar cursos educativos en donde conozcas gente tan lista como tú. Eres extraordinario para hacer redes de contactos y disfrutas los encuentros sociales en donde puedes interactuar con toda clase de personas.

ESE ALGUIEN ESPECIAL

Si buscas seguridad, estímulo intelectual y amor, los encontrarás entre quienes nacieron en las siguientes fechas.

Amor y amistad: 4, 9, 12, 16 y 25 de enero; 2, 10, 14, 23 y 24 de febrero; 8, 12, 22 y 31 de marzo; 6, 10, 20 y 29 de abril; 4, 8, 18 y 27 de mayo; 2, 6, 16, 25 y 30 de junio; 4, 14, 23 y 28 de julio; 2, 12, 21, 26 y 30 de agosto; 10, 19, 24 y 28 de septiembre; 8, 17, 22 y 26 de octubre; 6, 15, 20, 24 y 30 de noviembre; 4, 13, 18, 22 y 28 de diciembre.

Buenas para ti: 2, 13, 22 y 24 de enero; 11, 17, 20 y 22 de febrero; 9, 15, 18, 20 y 28 de marzo; 7, 13, 16, 18 y 26 de abril; 5, 11, 16, 18 y 26 de mayo; 3, 9, 12, 14 y 22 de junio; 1, 7, 10, 12 y 20 de julio; 5, 8, 10 y 18 de agosto; 3, 6, 8 y 16 de septiembre; 1, 4, 6 y 14 de octubre; 2, 4 y 12 de noviembre; 2 y 10 de diciembre.

Atracción fatal: 25 de enero; 23 de febrero; 21 de marzo; 5, 6, 7, 8, 9 y 19 de abril; 17 de mayo; 15 de junio; 13 de julio; 11 de agosto; 9 de septiembre; 7 de octubre; 5 de noviembre; 3 de diciembre.

Desafiantes: 7 y 23 de enero; 5 y 21 de febrero; 3, 19 y 29 de marzo; 1, 17 y 27 de abril; 15 y 25 de mayo; 13 y 23 de junio; 11, 21 y 31 de julio; 9, 19 y 29 de agosto; 7, 17, 27 y 30 de septiembre; 3, 13, 23 y 26 de noviembre; 1, 11, 21 y 24 de diciembre.

Almas gemelas: 17 de enero, 15 de febrero, 13 de marzo, 11 de abril, 9 de mayo, 7 de junio, 5 de julio, 3 de agosto, 1 de septiembre, 30 de noviembre, 28 de diciembre.

11 de octubre

Dado que eres una persona inteligente, con un don para comunicar ideas, proyectas entusiasmo, calidez y magnetismo. Aunque eres un idealista, por lo general, estás dispuesto a sostener tus ideales con acciones. Ya que eres naturalmente optimista y tienes un espíritu juvenil, solo necesitas ser responsable y aplicar la disciplina necesaria para sacar a la luz tu potencial maravilloso.

La influencia adicional de Acuario, el regente de tu decanato, te atribuye originalidad y pensamiento independiente que, combinados con tu iniciativa y deseo de libertad, facilitan que pienses en grande y te inclines a defender o luchar por tus convicciones. Tu encanto y habilidades psicológicas naturales te facilitan el trato con todo tipo de gente. Tienes poderes de persuasión y destrezas organizacionales que te ayudarán en tu camino al éxito.

Gracias a la fuerte influencia que Libra ejerce en ti, amas la belleza, la naturaleza y las artes, y cuentas con una fuerte necesidad de expresarte. A muchas personas, esta fecha de nacimiento les confiere una cualidad andrógina; y, al mismo tiempo, son independientes y sensibles. Hay en ti buen gusto y preferencia por los lujos y las comodidades, conferido por tu veta de refinamiento. Al aumentar tu repertorio de conocimientos, se incrementará también tu asertividad y tu confianza en ti mismo. Tomando en cuenta tu potencial de liderazgo y tus habilidades diplomáticas, tendrás facilidad para trabajar en equipo. Sin embargo, es recomendable que evites el estrés de aceptar demasiadas responsabilidades o ser manipulador en lugar de tratar directamente con las personas.

Tras cumplir los 12 años de edad, tu Sol progresado se desplaza hacia Escorpión. En esta etapa, generalmente, te vuelves más intenso, y crece tu énfasis en los cambios emocionales y la necesidad de poder personal. Otro punto de inflexión llega al cumplir 42 años, cuando tu Sol progresado se desplaza hacia Sagitario, estimulándote a ampliar tus horizontes, ser más libre y buscar inspiración ya sea en el estudio, a través de contactos personales o en viajes. Al cumplir 72 años, tu Sol progresado se desplaza hacia Capricornio y acentúa tu necesidad por un estilo de vida más práctico y realista.

Tu yo secreto

Tienes un magnetismo que cautiva y encanta a los que te rodean, ya que proyectas la riqueza del amor y las emociones. Esta habilidad sugiere una gracia interna, un carácter juguetón y el deseo de amor y afecto. Cuando estás motivado para expresarte, puedes ser ocurrente, alegre y lleno de entusiasmo para ayudar al prójimo o a alguna causa justa. Ten cuidado, pues en tu camino al éxito, puedes llegar a ser dominante o extremo.

Tienes facilidad para las finanzas, además de la habilidad para obtener recursos económicos para ti y para otros. Es posible que en tu plan de vida te encuentres con dificultades económicas, por eso necesitas una base sólida y estable en la que puedas confiar. Aun así, evita la tentación de tomar el camino seguro en vez de desafiarte a ti mismo. No temas: siempre y cuando desarrolles paciencia y perseverancia, tus asuntos financieros resultarán positivos a largo plazo.

ESTRELLA FIJA

Nombre de la estrella: Seginus
Posición: 16° 38'–17° 20' de Libra, entre los años 1930 y 2000
Magnitud: 3
Fuerza: ★★★★★★
Órbita: 1° 40'
Constelación: Bootes (Gamma Bootis)
Días efectivos: 9, 10, 11 y 12 de octubre
Propiedades de la estrella: Mercurio/ Saturno
Descripción: pequeña estrella blanca y amarilla ubicada en el hombro izquierdo de Bootes

INFLUENCIA DE LA ESTRELLA PRINCIPAL

La influencia de Seginus confiere mente sagaz y aguda, gran cantidad de contactos y popularidad. Esta estrella indica versatilidad y facilidad de aprendizaje, pero también advierte que hay una tendencia a ser incongruente y realizar muchos cambios repentinos.

Con respecto a tu grado del Sol, esta estrella otorga éxito en los negocios, aptitudes naturales para la astrología y la filosofía e inclinación hacia intereses poco comunes. Ya que eres sociable y amistoso, tienes muchos amigos que te ayudarán cuando más lo necesites.

• *Positiva:* cooperativo, popularidad, versatilidad.

• *Negativa:* pérdidas a través de amistades y sociedades.

Trabajo y vocación

Eres inteligente, intuitivo, idealista y de muchos talentos, cualidades que te ofrecen una amplia gama de elección de carreras. Es posible que te inclines al comercio y hagas uso de tus encantos persuasivos para las ventas, promoción o negociaciones. Tu habilidad para comunicar ideas de manera divertida te puede acercar a profesiones relacionadas con la educación o entrenamiento para negocios. De igual manera puedes verte atraído a la escritura, el derecho, los servicios públicos o la política. Ya que eres un idealista con iniciativa, puedes perseguir tu expresión personal y desarrollar tu talento artístico. Esto puede llevarte al mundo del arte y el diseño o sobresalir en publicidad y medios de comunicación.

Entre las personas famosas con quienes compartes cumpleaños están el actor Luke Perry, el coreógrafo Jerome Robbins, los músicos Art Blakey y Daryl Hall, y la ex primera dama de Estados Unidos Eleanor Roosevelt.

Numerología

La vibración especial del 11, el número maestro en tu fecha de nacimiento, sugiere que el idealismo, la inspiración y la innovación son importantísimos para ti. La combinación de humildad y seguridad en ti mismo te insta a esforzarte por alcanzar el dominio material y espiritual de tu ser. A través de la experiencia aprenderás a lidiar con ambos lados de tu naturaleza y a adoptar una actitud menos radical cuando se trate de confiar en tus emociones. Sueles estar conectado con el mundo y posees una gran vitalidad, pero por esa misma razón evita ser demasiado ansioso o poco práctico. La subinfluencia del mes número 10 indica que eres astuto, versátil, inteligente y amistoso. Tienes necesidad de expresar tu individualidad y de ser popular entre tus amistades. Si no estás seguro de que algún proyecto sea redituable, te impacientas y cambias de rumbo. Tienes muchos talentos e intereses, y eres idealista, por lo que difícilmente alguien podría decir que eres aburrido o soso. Sin embargo, debes mantenerte concentrado en tus metas y objetivos para triunfar. Puesto que eres talentoso y valoras la libertad, te vendrá bien explorar tus habilidades creativas.

• *Cualidades positivas*: equilibrio, concentración, objetividad, entusiasmo, inspiración, idealismo, inteligencia, extroversión, inventiva, talento artístico, humanismo, habilidad psíquica.

• *Cualidades negativas*: complejo de superioridad, falta de rumbo, hipersensibilidad, tendencia a ofenderse con demasiada facilidad, nerviosismo, egoísmo, falta de claridad, autoritarismo.

Amor y relaciones

Eres romántico e idealista, y buscas entablar relaciones a pesar de que también sientes ansias de libertad e independencia. Con tanto carisma e inteligencia, no deberías tener dificultades para atraer amigos y admiradores. Sin embargo, tu tendencia a fluctuar entre ser un amante intenso y apasionado, y querer ser independiente y libre, podría anular algunas de tus oportunidades en el amor. Es importante que seas prudente para evitar relacionarte con parejas inadecuadas; no obstante, cuando te comprometes, estás dispuesto a esforzarte para que la relación funcione.

ESE ALGUIEN ESPECIAL

Encontrarás a ese alguien especial que traiga felicidad a tu vida entre personas nacidas en las siguientes fechas.

Amor y amistad: 2, 7, 19, 17 y 27 de enero; 5, 8, 15 y 25 de febrero; 3, 6, 13 y 23 de marzo; 1, 4, 11 y 21 de abril; 2, 9 y 19 de mayo; 7 y 17 de junio; 5, 15, 29 y 31 de julio; 3, 13, 27, 29 y 31 de agosto; 1, 11, 25, 27 y 29 de septiembre; 9, 23, 25 y 27 de octubre; 7, 21, 23 y 25 de noviembre; 5, 19, 21 y 23 de diciembre.

Buenas para ti: 3, 5, 20, 25 y 27 de enero; 1, 3, 18, 23 y 25 de febrero; 1, 16, 21 y 23 de marzo; 14, 19 y 21 de abril; 12, 17 y 19 de mayo; 10, 15 y 17 de junio; 8, 13 y 15 de julio; 6, 11 y 13 de agosto; 4, 9 y 11 de septiembre; 2, 7 y 9 de octubre; 5 y 7 de noviembre; 3 y 5 de diciembre.

Atracción fatal: 13 de enero; 11 de febrero; 9 de marzo; 6, 7, 8 y 9 de abril; 5 de mayo; 3 de junio; 1 de julio.

Desafiantes: 16 y 24 de enero; 14 y 22 de febrero; 12 y 20 de marzo; 10 y 18 de abril; 8, 16 y 31 de mayo; 6, 14 y 29 de junio; 4, 12 y 27 de julio; 2, 10 y 25 de agosto; 8 y 23 de septiembre; 6 y 21 de octubre; 4 y 19 de noviembre; 2 y 17 de diciembre.

Almas gemelas: 16 de enero, 14 de febrero, 12 de marzo, 10 de abril, 8 de mayo, 6 de junio, 4 y 31 de julio, 2 y 29 de agosto, 27 de septiembre, 25 de octubre, 23 de noviembre, 21 de diciembre.

12 de octubre

Ⓐ Mentalidad entusiasta, carácter amable y una gran sociabilidad son algunos de los atributos que te confiere tu fecha de nacimiento. Eres entusiasta y un arduo trabajador, lo cual propicia que cuando estás realmente interesado en un proyecto o causa justa, reluzca tu pensamiento creativo y habilidades innatas de liderazgo. Parte importante de tu éxito se halla en la destreza que muestras para tratar con las personas en un plano personal. Adoras el conocimiento, pero solo hasta que aprendas autocontrol lograrás alcanzar la verdadera satisfacción.

Gracias a la influencia extra de Acuario, el regente de tu decanato, tus ideas son únicas e inventivas, y pueden llegar a ser productivas y traer recompensas económicas. Tienes facilidad para reconocer nuevas tendencias y conceptos, y disfrutas de expresar tus ideas. Aunque eres independiente, cuentas con una inclinación natural hacia la diplomacia y al trabajo en equipo. Dado tu agradable encanto, generalmente, eres de trato fácil. Es posible, sin embargo, que en ocasiones seas demasiado dominante, crítico o necio.

Con tu inteligencia, tu aprecio por la libertad y la bondad de tu corazón, tienes mucho que ofrecer a los demás. Tu mente astuta, aunque inquieta, te confiere la habilidad para la toma de decisiones y a menudo te puede ayudar a evaluar situaciones fácilmente. Si bien eres seguro de ti mismo y tienes fuertes convicciones, a veces puedes sentirte preocupado o inseguro. Afortunadamente, tu determinación para triunfar sin importar las dificultades siempre te asistirá para salir adelante.

A partir de los 11 años de edad, tu Sol progresado se desplaza hacia Escorpión y propicia que experimentes con más fuerza situaciones relacionadas con cambios emocionales, poder interior y transformación. Al cumplir 41 años de edad, tu Sol progresado se desplaza hacia Sagitario, trayendo consigo otro punto de inflexión que te estimula a expandir tus perspectivas. Puede ser que necesites más contacto con gente o lugares extranjeros, o bien, adoptar nuevos intereses. Después de los 61 años, cuando tu Sol progresado entra en Capricornio, desarrollas una actitud de vida más práctica, enfocada y orientada a objetivos concretos.

Tu yo secreto

Uno de tus grandes atributos es tu perspicacia intuitiva, aunque también es conveniente escuchar a esa tímida voz interna y descubrir tu fe y confianza. Si empleas tu sabiduría, lograrás verle el lado más profundamente filosófico o divertido a cualquier situación. Tienes en tu naturaleza un lado creativo que garantiza que la expresión personal será una parte fundamental de tu plan de vida y, es posible, que estimule un anhelo por la música, el arte o el teatro.

Una parte importante de tu éxito viene de tu forma de emplear ideas ingeniosas en situaciones prácticas, además de que estás dispuesto a sentar las bases necesarias para alcanzar tus grandes metas. Dado que eres generoso con los demás, sabes cómo divertirte, aunque corres el riesgo de ser demasiado autocomplaciente. Tu deseo interno de honestidad puede contrarrestar tu tendencia a la manipulación y ayudarte en tus planes generales. Cuando encuentras inspiración, te sientes motivado y podrías convertirte en fuente de inspiración para otros.

ESTRELLA FIJA

Nombre de la estrella: Seginus
Posición: 16º 38'–17º 20' de Libra, entre los años 1930 y 2000
Magnitud: 3
Fuerza: ★★★★★★
Órbita: 1º 40'
Constelación: Bootes (Gamma Bootis)
Días efectivos: 9, 10, 11 y 12 de octubre
Propiedades de la estrella: Mercurio/Saturno
Descripción: pequeña estrella blanca y amarilla ubicada en el hombro izquierdo de Bootes

INFLUENCIA DE LA ESTRELLA PRINCIPAL

La influencia de Seginus confiere una mente sagaz y aguda, gran cantidad de contactos y popularidad. Esta estrella indica versatilidad y facilidad de aprendizaje, pero también advierte que hay una tendencia a ser incongruente y realizar muchos cambios repentinos.

Con respecto a tu grado del Sol, esta estrella otorga éxito en los negocios, aptitudes naturales para la astrología y la filosofía e inclinación hacia intereses poco comunes. Ya que eres sociable y amistoso, tienes muchos amigos que te ayudarán cuando más lo necesites.

• Positiva: cooperativo, popularidad, versatilidad.

• Negativa: pérdidas a través de amistades y sociedades.

Trabajo y vocación

Ya que eres pragmático y altamente intuitivo, disfrutas poner a prueba tus pensamientos creativos y demostrar tus capacidades únicas. Entre las múltiples carreras que hay, las siguientes serían las más adecuadas para ti: psicólogo, terapeuta, diplomático o abogado. Cuentas con un encanto natural, además de habilidades de organización que te auguran el éxito en actividades que impliquen trato con gente, ya sea en el mundo de los negocios o en el sector público. Como eres una persona elocuente y sociable, puedes inclinarte por el periodismo, la escritura, la vida académica o el ámbito editorial. Asimismo, puedes encontrar tu expresión en medios creativos con la ayuda de tu mente imaginativa. Si tienes talento como actor, músico o compositor, cuentas con el potencial de alcanzar la fama una vez que el público reconozca tus talentos.

Entre las personas famosas con quienes compartes cumpleaños están el cantante de ópera Luciano Pavarotti, el comediante Dick Gregory, la actriz Susan Anton, el ocultista Aleister Crowley y el ex primer ministro escocés Ramsay MacDonald.

Numerología

La gente que nace bajo el número 12 suele ser intuitiva y amistosa. Puesto que deseas establecer una verdadera individualidad, tienes una excelente capacidad de razonamiento y eres innovador. Ser comprensivo y sensible por naturaleza te permite aprovechar tu buen tacto y métodos cooperativos para alcanzar tus metas y objetivos. Cuando alcances el equilibrio entre tu necesidad de expresarte y el impulso natural de apoyar a otros, encontrarás satisfacción emocional y personal. No obstante, quizá debas armarte de valor para independizarte, desarrollar confianza en ti mismo y no dejarte desanimar por otras personas. La subinfluencia del mes número 10 indica que eres enérgico e inteligente, y que necesitas estabilidad y orden. Eres decidido y dinámico, y disfrutas trabajar en colaboración con otras personas siempre y cuando conserves tu independencia. Aunque ves la vida de forma pragmática y tienes buen olfato para los negocios, en ocasiones titubeas emocionalmente y exageras ante las situaciones o las personas. Si expresas tus emociones y aprovechas tus habilidades diplomáticas, podrás limar asperezas y dejar de ser tan obstinado o desconsiderado.

• *Cualidades positivas*: creatividad, atractivo, iniciativa, disciplina, promoción de otros o de ti mismo.

• *Cualidades negativas*: reclusión, egoísmo, despilfarro, falta de cooperación, hipersensibilidad, baja autoestima, timidez extrema.

Amor y relaciones

Eres astuto y quieres una pareja con quien puedas ser sociable y comunicar tus ideas. En las relaciones estrechas necesitas mantener una actitud despreocupada y positiva, y evitar ser irritable, autoritario o crítico. Sueles sentirte atraído hacia personas trabajadoras y poderosas, pero fluctúas entre tu deseo de independencia y el de una relación cercana. Las ansias de conciencia personal indican que admiras a las personas disciplinadas que ven la vida de forma original.

ESE ALGUIEN ESPECIAL

Entre quienes nacieron en las siguientes fechas podrás encontrar a ese alguien especial que te inspire con su personalidad única.

Amor y amistad: 1, 14, 28 y 31 de enero; 12, 26 y 29 de febrero; 10, 24 y 27 de marzo; 8, 22 y 25 de abril; 6, 20 y 23 de mayo; 4, 18 y 21 de junio; 2, 16, 19 y 30 de julio; 14, 17, 28 y 30 de agosto; 12, 15, 26, 28 y 30 de septiembre; 10, 13, 24, 26 y 28 de octubre; 8, 11, 22, 24 y 26 de noviembre; 6, 9, 20, 22 y 24 de diciembre.

Buenas para ti: 26 de enero, 24 de febrero, 22 de marzo, 20 de abril, 18 de mayo, 16 de junio, 14 de julio, 12 de agosto, 10 de septiembre, 8 de octubre, 6 de noviembre, 4 de diciembre.

Atracción fatal: 7, 8, 9, 10 y 11 de abril.

Desafiantes: 3 y 25 de enero, 1 y 23 de febrero, 21 de marzo, 19 de abril, 17 de mayo, 15 de junio, 13 de julio, 11 de agosto, 9 de septiembre, 7 de octubre, 5 de noviembre, 3 de diciembre.

Almas gemelas: 3 y 10 de enero, 1 y 8 de febrero, 6 de marzo, 4 de abril, 2 de mayo.

---

13 de octubre

ESTRELLAS FIJAS

Aunque el grado en que se ubica tu Sol no se encuentra vinculado con una estrella fija, algunos de los grados de tus otros planetas sí lo estarán. Si solicitas el cálculo de tu carta astral, encontrarás la posición exacta de los planetas en tu fecha de nacimiento. Esto te permitirá determinar cuáles de las estrellas fijas descritas en este libro son relevantes para ti.

Según tu fecha de nacimiento, eres una persona práctica, encantadora, trabajadora y con una gran cantidad de ideas. Tienes la capacidad de comprender conceptos rápidamente, por lo que se te facilita adaptar las situaciones a tu favor. Dado que eres ambicioso y tienes un gran ingenio, disfrutas el debate y la adquisición de conocimientos. Aunque puedes ser responsable, requieres de disciplina para aprovechar el enorme potencial que esconde tu fecha de nacimiento.

La influencia extra del regente de tu decanato, Acuario, indica una mentalidad fuerte y puntos de vista independientes. Gracias a tu capacidad para pensar en grande, puedes interesarte en varios temas y sentirte particularmente atraído hacia asuntos internacionales. Ya que cuentas con un espíritu emprendedor y deseos de libertad, eres dado a defender o luchar por tus convicciones.

Debido a que eres diplomático por naturaleza, se te facilitan las relaciones personales y frecuentemente puedes ser socio o miembro de un equipo. Sin embargo, en ocasiones es conveniente que resistas la tentación de ser demasiado dominante. Posees valores y habilidad de organización; a menudo, tienes el don del discurso persuasivo, que te ayudará en tu camino al éxito.

A partir de los 10 años, tu Sol progresado se desplaza hacia Escorpión lo que, durante las siguientes tres décadas, trae consigo un creciente énfasis en situaciones relacionadas con el cambio, el poder interior y la transformación de tus motivaciones personales. El siguiente momento clave llega al cumplir 40 años, cuando tu Sol progresado se desplaza hacia Sagitario y amplía tus perspectivas, indicando una visión más optimista y de amor a la libertad. Puede ser que esto abarque el desarrollo de tu mente a través del estudio, viajes o nuevos intereses. A partir de los 60 años, tu Sol progresado entra en Capricornio y te hace más proclive a la practicidad, la precaución y la concentración.

Tu yo secreto

Debido a tus fuertes opiniones y dramatismo, no querrás pasar desapercibido, por lo que prefieres las posiciones de liderazgo. Si no encuentras algún medio para expresar tu maravillosa creatividad o tus ideas, corres el riesgo de fluctuar entre la depresión y la arrogancia. Sin embargo, tu exterior esconde una sensibilidad interior y una imaginación que, de ser bien encaminadas, te otorgarán una visión excepcional.

Pese a que eres ahorrativo, económico y disfrutas regatear una buena oferta, puedes llegar a ser extremadamente generoso con aquellos que te importan. Normalmente eres honesto y directo, y prefieres pagar tus deudas. Aunque procuras ser ambicioso, tu apego por la armonía y la comodidad hogareña pueden llegar a ser una fuerza atrayente. Si aprendes a mantener un buen equilibrio y trabajas en tu paz interior, lograrás resultados sorprendentes.

Trabajo y vocación

Considerando que eres creativo y culto, tu mente es inquieta e ingeniosa, y sientes la necesidad de expresarte libremente y sin restricciones. Si se te dice constantemente qué hacer, puedes llegar a ser hostil y problemático. Tomando en cuenta tu carácter amistoso y sociable, puedes sentirte atraído por una carrera en el sector público. Aunque los negocios te interesan, eres humanitario, lo cual te puede encaminar a una carrera en el mundo académico o la enseñanza. Si deseas desarrollar tu talento artístico, lo ideal sería explorar el mundo del entretenimiento, la literatura y escritura, aunque también puedes ser un buen orador o abogado. Por otro lado, ya que eres empático y compasivo, puedes decidirte por el trabajo social, la consejería o la psicología.

Entre las personas famosas con quienes compartes cumpleaños están la ex primera ministra británica Margaret Thatcher, el actor Yves Montand, el comediante Lenny Bruce, el cantante y compositor Paul Simon, la activista y política estadounidense Alexandria Ocasio-Cortez, los músicos Pharoah Sanders y Art Tatum y la patinadora artística Nancy Kerrigan.

Numerología

Sensibilidad emocional, entusiasmo e inspiración son algunas de las cualidades que suelen asociarse con el número 13 en la fecha de nacimiento. En términos numéricos, te caracterizan la ambición y el trabajo arduo, y puedes lograr grandes cosas mediante la expresión creativa. Sin embargo, quizá tengas que cultivar una perspectiva más pragmática si quieres transformar esa creatividad en productos tangibles. Tu enfoque original e innovador inspira ideas nuevas y emocionantes, mismas que, con frecuencia, se traducen en obras que suelen impresionar a los demás. Tener el número 13 en tu fecha de cumpleaños te hace honesto, romántico, encantador y amante de la diversión, pero también alguien capaz de alcanzar la prosperidad por medio de la dedicación. La subinfluencia del mes número 10 indica que eres resistente, práctico y versátil. Ser independiente y autosuficiente implica que posees habilidades de liderazgo y que valoras la libertad. Aunque a ojos de los demás aparentes certeza y seguridad, las tensiones emocionales y las inseguridades te harán dudar y preocuparte sin necesidad. Si aprendes a ser más paciente y menos inquieto, superarás la tendencia a desperdigar tu energía en múltiples direcciones.

• *Cualidades positivas*: ambición, creatividad, amor por la libertad, autoexpresión, iniciativa.

• *Cualidades negativas*: impulsividad, indecisión, autoritarismo, falta de sensibilidad, rebeldía.

Amor y relaciones

Las relaciones y el compañerismo son parte vital de tu plan de vida. Sin embargo, es indispensable que conserves tu autonomía y que no te permitas volverte dependiente. Aunque eres romántico, a veces te inhibes y no expresas tus verdaderos sentimientos. No obstante, toma en cuenta que tus relaciones mejorarán mucho si demuestras tu afecto. Una vez que te comprometes con una pareja, eres leal y solidario.

ESE ALGUIEN ESPECIAL

Para encontrar felicidad duradera, seguridad y un entorno armónico, empieza por buscarlos entre personas nacidas en las siguientes fechas.

Amor y amistad: 1, 15, 26, 29 y 30 de enero; 13, 24, 27 y 28 de febrero; 11, 22, 25 y 26 de marzo; 9, 20, 23 y 24 de abril; 7, 18, 21 y 22 de mayo; 5, 16, 19 y 20 de junio; 3, 14, 17, 18 y 31 de julio; 1, 12, 15, 16, 29 y 31 de agosto; 10, 13, 14, 27 y 29 de septiembre; 8, 11, 12, 25 y 27 de octubre; 6, 9, 10, 23 y 25 de noviembre; 4, 7, 8, 21, 23 y 29 de diciembre.

Buenas para ti: 1, 2, 10 y 27 de enero; 8 y 25 de febrero; 6 y 23 de marzo; 4 y 21 de abril; 2, 19 y 30 de mayo; 17 y 28 de junio; 15 y 26 de julio; 13 y 24 de agosto; 11 y 22 de septiembre; 9 y 20 de octubre; 7 y 18 de noviembre; 5 y 16 de diciembre.

Atracción fatal: 9, 10, 11 y 12 de abril.

Desafiantes: 17 y 26 de enero; 15 y 24 de febrero; 13 y 22 de marzo; 11 y 20 de abril; 9 y 18 de mayo; 7 y 16 de junio; 5 y 14 de julio; 3, 12 y 30 de agosto; 1, 10 y 28 de septiembre; 8, 26 y 29 de octubre; 6, 24 y 27 de noviembre; 4, 22 y 25 de diciembre.

Almas gemelas: 21 de enero, 19 de febrero, 17 de marzo, 15 de abril, 13 de mayo, 11 de junio, 9 y 29 de julio, 7 y 27 de agosto, 5 y 25 de septiembre, 3 y 23 de octubre, 1 y 21 de noviembre, 19 de diciembre.

14 de octubre

ESTRELLAS FIJAS

Espiga, también llamada Spica o Arista; Foramen

ESTRELLA PRINCIPAL

Nombre de la estrella: Espiga, también llamada Spica o Arista

Posición: 22° 51'–23° 46' de Libra, entre los años 1930 y 2000

Magnitud: 1

Fuerza: ★★★★★★★★★

Órbita: 2° 30'

Constelación: Virgo (Alpha Virginis)

Días efectivos: 14, 15, 16, 17 y 18 de octubre

Propiedades de la estrella: variadas: Venus/Marte o Venus/Júpiter/ Mercurio

Descripción: estrella binaria blanca y brillante ubicada en la espiga de trigo de Virgo

INFLUENCIA DE LA ESTRELLA PRINCIPAL

Espiga confiere buen juicio y giros inesperados de buena fortuna. Asimismo, indica refinamiento, interés por la ciencia y amor por la cultura y el arte. Espiga también trae consigo éxito en tierras remotas, viajes largos y el manejo de importaciones y exportaciones.

Con respecto a tu grado del Sol, Espiga otorga posiciones destacadas, buenos vínculos sociales y la capacidad de obtener ganancias a través de inventos novedosos. Ostentas buena concentración e intuición, y posees habilidades psíquicas. Involucrarte en actividades de índole intelectual podrá traerte éxito. Te gusta tratar con el público y eres capaz de amasar una fortuna inmensa.

Gracias a tu encanto, amabilidad y a tu mente sensible y poderosa, posees un fuerte anhelo de amor y amistad. Tienes una vitalidad física innata, con la que probablemente atraes muchos cambios y diversidad en tu vida, además de que disfrutas estar activo. Tu disgusto por los desacuerdos y la crueldad indica que eres una persona sensible con tu medioambiente y que necesitas entornos bellos y armoniosos.

La influencia adicional de Géminis, el regente de tu decanato, te revela como una persona expresiva, inquisitiva, adaptable y versátil. Tu agradable voz te hace un gran conversador y sueles tener una actitud persuasiva. Sin embargo, como eres un adulador, corres el riesgo de caer en la tentación y tomar la salida fácil en las situaciones comprometedoras diciéndole a la gente lo que quiere escuchar. Aun así, eres sociable y de trato fácil, te interesan las relaciones humanas y eres hábil haciendo contactos. Adoras los lujos y la buena vida, pero debes evitar cualquier exceso en tu vida social o la autocomplacencia.

Tu apreciación por los colores y los sonidos se manifiesta en tu talento artístico inherente que quizá quieras desarrollar mediante la música, el arte o el teatro. De manera opcional, tu instinto natural para los negocios se podría expandir y encontrar fortuna con las inversiones. Es posible que tu agudo intelecto te mantenga interesado en explorar constantemente nuevos conceptos y poner a prueba tu ingenio e inteligencia. Aunque eres proclive a sufrir de indecisión, una vez que fijes tus metas te darás cuenta de que tu poder y determinación son formidables.

De los nueve años en adelante, tu Sol progresado se desplaza hacia Escorpión, y experimentas con más fuerza los asuntos relacionados con poder personal y transformación. Después llega otro punto clave a los 39 años de edad, cuando tu Sol progresado se desplaza hacia Sagitario y amplía tu perspectiva, apuntando a un posible deseo de expandir tu mente, ya sea a través de nuevas experiencias, estudio de la filosofía y la religión o conociendo personas o tierras lejanas. A partir de los 69 años, tu Sol progresado entra en Capricornio y te vuelves más pragmático, realista y estructurado.

Tu yo secreto

Gracias a tu extrema sensibilidad y vívida imaginación, eres un posible visionario, pero también puedes tender a escaparte de la realidad a través de la fantasía. Hay en tu naturaleza un lado intuitivo, que puede favorecer tu interés en el misticismo o la espiritualidad, y también puede ser de gran ayuda a la hora de tratar con la gente. Sin embargo, es recomendable que evites abusar de esta sensibilidad con fines de engaño o manipulación. Aunque normalmente tienes suerte para salir adelante, solo si disciplinas tu potencial mental lograrás resultados impresionantes.

Considerando tus aptitudes para el liderazgo y que vislumbras oportunidades en cada situación, tienes la capacidad para pensar en grande y tomar riesgos. Además es posible que encuentres una gran satisfacción al compartir tu conocimiento, inspiración o perspicacia para ayudar a otros.

Trabajo y vocación

Debido a que eres receptivo y cautivador, se te facilita la creación de conceptos nuevos que te serán de ayuda en carreras relacionadas con estilo, imagen, arte o diseño. Por tu espíritu inquisitivo y tu interés en temas sociales, te espera también un futuro prometedor como reportero, periodista, fotógrafo, actor o cineasta. Tu habilidad de comunicación y conciencia social podrían inspirarte a perseguir una carrera en educación. Además eres intuitivo, sensible, espiritual y asertivo en cuanto a las necesidades de los demás, cualidades que te serán de utilidad en el clero o bien en la medicina convencional o en la alternativa. Tu talento para relacionarte con los demás indican posible éxito en cargos públicos o en profesiones que tengan que ver con la gente.

Entre las personas famosas con quienes compartes cumpleaños están el diseñador de moda Ralph Lauren, el poeta E. E. Cummings, el cantante Cliff Richard, los actores Roger Moore y Lillian Gish, el cuáquero prominente William Penn, el expresidente estadounidense Dwight Eisenhower y el ex primer ministro irlandés Éamon de Valera.

Numerología

Potencial intelectual, pragmatismo y determinación son solo algunas de las cualidades ligadas a un cumpleaños con el número 14. De hecho, con un cumpleaños con el número 14, con frecuencia priorizas tu trabajo y juzgas a los demás y a ti mismo con base en los logros laborales. Aunque necesitas estabilidad, la inquietud que el número 14 sugiere te insta a seguir adelante y enfrentar nuevos retos en un esfuerzo constante por mejorar tus condiciones. Esta insatisfacción inherente también puede inspirarte a hacer grandes cambios en tu vida, sobre todo si estás inconforme con tus condiciones laborales o tu estado financiero. Gracias a tu perspicacia, respondes con rapidez a los problemas y disfrutas resolverlos. La subinfluencia del mes número 10 indica que eres intuitivo e idealista, y tienes una actitud amistosa. La disposición a ceder y adaptarte a las situaciones te permite crear paz y armonía en el entorno. Por otro lado, si eres obstinado, generas confrontaciones y tensiones emocionales. Si no tienes orientaciones profesionales, seguramente invertirás tu tiempo y energía en el hogar y la familia.

• *Cualidades positivas*: acciones decisivas, trabajo arduo, suerte, creatividad, pragmatismo, imaginación, oficio.

• *Cualidades negativas*: exceso de cautela o impulsividad, desconsideración, terquedad.

Amor y relaciones

Ser amistoso te permite interactuar con gente de cualquier contexto, pero suelen atraerte personas inteligentes y francas, pues necesitas alguien que te estimule a nivel intelectual. Eres sensible y percibes los cambios emocionales sutiles, por lo que eres afectuoso con tus parejas. Sin embargo, corres el riesgo de que la inquietud te genere aburrimiento y caigas en juegos de poder mental. Aunque también eres cálido, tierno y leal cuando por fin sientas cabeza.

• *Positiva*: económico, pragmatismo, metas concisas.

• *Negativa*: despilfarro, sin rumbo fijo, mente inestable.

ESE ALGUIEN ESPECIAL

Si buscas seguridad, estímulo intelectual y amor, los encontrarás entre quienes nacieron en las siguientes fechas.

Amor y amistad: 3, 10, 13, 20 y 30 de enero; 1, 8, 11, 18 y 28 de febrero; 6, 9, 16 y 26 de marzo; 4, 7, 14 y 24 de abril; 2, 5, 12 y 22 de mayo; 3, 10 y 20 de junio; 1, 8 y 18 de julio; 6, 16 y 30 de agosto; 4, 14, 28 y 30 de septiembre; 2, 12, 26, 28 y 30 de octubre; 10, 24, 26 y 28 de noviembre; 8, 22, 24 y 26 de diciembre.

Buenas para ti: 12, 16, 17 y 28 de enero; 10, 14, 15 y 26 de febrero; 8, 12, 13 y 24 de marzo; 6, 10, 11 y 22 de abril; 4, 8, 9, 20 y 29 de mayo; 2, 6, 7, 18 y 27 de junio; 4, 5, 16 y 25 de julio; 2, 3, 14 y 23 de agosto; 1, 12 y 21 de septiembre; 10 y 19 de octubre; 8 y 17 de noviembre; 6 y 15 de diciembre.

Atracción fatal: 31 de marzo; 9, 10, 11, 12 y 29 de abril; 27 de mayo; 25 de junio; 23 de julio; 21 de agosto; 19 de septiembre; 17 de octubre; 15 de noviembre; 17 de diciembre.

Desafiantes: 6, 18, 22 y 27 de enero; 4, 16, 20 y 25 de febrero; 2, 14, 18 y 23 de marzo; 12, 16 y 21 de abril; 10, 14 y 19 de mayo; 8, 12 y 17 de junio; 6, 10 y 15 de julio; 4, 8 y 13 de agosto; 2, 6 y 11 de septiembre; 4 y 9 de octubre; 2 y 7 de noviembre; 5 de diciembre.

Almas gemelas: 28 de marzo, 26 de abril, 24 de mayo, 22 de junio, 20 de julio, 18 de agosto, 16 de septiembre, 14 de octubre, 12 de noviembre, 10 de diciembre.

15 de octubre

ESTRELLAS FIJAS

Espiga, también llamada Spica o Arista; Foramen

ESTRELLA PRINCIPAL

Nombre de la estrella: Espiga, también llamada Spica o Arista

Posición: 22° 51'–23° 46' de Libra, entre los años 1930 y 2000

Magnitud: 1

Fuerza: ★★★★★★★★★★

Órbita: 2° 30'

Constelación: Virgo (Alpha Virginis)

Días efectivos: 14, 15, 16, 17 y 18 de octubre

Propiedades de la estrella: variadas: Venus/Marte o Venus/Júpiter/Mercurio

Descripción: estrella binaria blanca y brillante ubicada en la espiga de trigo de Virgo

INFLUENCIA DE LA ESTRELLA PRINCIPAL

Espiga confiere buen juicio y giros inesperados de buena fortuna. Asimismo, indica refinamiento, interés por la ciencia y amor por la cultura y el arte. Espiga también trae consigo éxito en tierras remotas, viajes largos y el manejo de importaciones y exportaciones.

Con respecto a tu grado del Sol, Espiga otorga posiciones destacadas, buenos vínculos sociales y la capacidad de obtener ganancias a través de inventos novedosos. Ostentas buena concentración e intuición, y posees habilidades psíquicas. Involucrarte en actividades de índole intelectual podrá traerte éxito. Te gusta tratar con el público y eres capaz de amasar una fortuna inmensa.

♎ Eres cautivador y rápido para evaluar situaciones, y nunca te falta la inspiración. Como buen Libra, eres sociable, tienes don de gentes y diplomacia. También sabes apreciar la belleza, el color y el sonido, debido a tus talentos creativos, que quizá quieras cultivar a través de la expresión personal artística. Eres inteligente y astuto, y cuentas con un buen potencial mental que podrás mantener activo si actualizas con frecuencia tus conocimientos. Eres escéptico, aunque tienes cierta inocencia infantil; con estas dos cualidades gradualmente irás aprendiendo los beneficios de escuchar tu intuición, lo que te ayudará a actuar con espontaneidad y a aprovechar las oportunidades del momento. Sin embargo, debes tener cuidado de que en tu búsqueda de lo que la vida puede ofrecerte, el amor desmesurado por los lujos o los excesos en tu vida social no te desvíen del camino.

La influencia adicional de Géminis, el regente de tu decanato, te muestra como alguien elocuente y curioso. Tiendes a interesarte en la comunicación creativa y en la educación, además de la escritura, para la cual tienes talento. Dado tu ingenio veloz y voz agradable, tienes capacidad para el entretenimiento y hablar en público. Ya que eres versátil y adaptable, te gusta complacer y eres capaz de hablar con quien sea de cualquier tema. Sin embargo, sería prudente que no dejes de estimular tu intelecto; asume la responsabilidad de desarrollar tu mente para sacar el mayor provecho al potencial maravilloso que tienes en el cerebro.

Aunque, por lo general, eres de trato fácil y anhelas una vida armoniosa, eres proclive a ser irritable, obstinado o sufrir de tensiones nerviosas. Practicar yoga, artes marciales o algún deporte puede ser de gran ayuda para alejar la ansiedad y encontrar equilibrio en esa mente tan activa.

A partir de los ocho años de edad, tu Sol progresado se desplaza hacia Escorpión y, durante las siguientes tres décadas, darás mayor peso a cuestiones relacionadas con cambios emocionales y poder personal. Con tu Sol progresado desplazándose hacia Sagitario, llega un momento clave al cumplir 38 años, en el que expandes tu perspectiva mental. Quizá crezca tu espíritu de aventura o adquieras nuevos intereses, como viajar y conocer lugares lejanos. A partir de los 68 años, tu Sol progresado entra en Capricornio, y te vuelves más pragmático, precavido y prudente.

Tu yo secreto

Dada tu habilidad para analizar a la gente, eres un buen psicólogo; además, generalmente, tienes habilidad para hacer contactos. Tu entusiasta entendimiento de la naturaleza humana, junto con tus destellos de perspicacia, revela un deseo genuino de ayudar a otros o de buscar la sabiduría. En ocasiones, requieres de soledad para reflexionar y relajarte. Considerando todos tus talentos, solo necesitas desarrollar tu fe y criterio para triunfar de forma excepcional.

Tomando en cuenta tu poder interior y deseo de cumplir tus metas, puedes llegar a ser decidido. Si cuentas con la motivación suficiente, trabajarás arduamente para llevar a cabo tus planes e ideales. Al comprender el valor de las cosas, serás exitoso y obtendrás riqueza y estatus, aunque necesitas un fuerte sentido de propósito para sentir satisfacción. Puedes beneficiarte de alguna influencia productiva del trabajo si le das un uso constructivo a tu espíritu de competencia.

Trabajo y vocación

Ya que eres inteligente y de personalidad amigable, disfrutas un buen desafío y a menudo te encuentras mentalmente inquieto. Tu entusiasmo y buenas habilidades de comunicación serán grandes aliados para triunfar en ocupaciones relacionadas con la promoción, la industria editorial y la educación. Tu amor por las artes sugiere una naturaleza creativa y sensible, e indica un talento para la escritura o la música. Gracias a que eres muy decidido y persuasivo, podrás sacarle provecho a tu destreza de comunicación como abogado, vendedor o agente. Al ser analítico, posiblemente cuentas con las habilidades técnicas ideales para trabajar con computadoras y varios tipos de ingeniería. Si desarrollas tu mente refinada podrás encontrar expresión en la filosofía, la metafísica o en materias más profundas. Asimismo, tienes una cualidad humanitaria que tal vez te lleve al trabajo social, psicología o el ámbito de la salud.

Entre las personas famosas con quienes compartes cumpleaños están el filósofo Friedrich Nietzsche, los escritores Oscar Wilde y P. G. Wodehouse, el poeta Virgilio, la actriz y directora Penny Marshall, la duquesa de York Sarah Ferguson, el beisbolista Jim Palmer, el empresario Lee Iacocca y el economista John Kenneth Galbraith.

Numerología

El número 15 en tu fecha de nacimiento sugiere versatilidad, entusiasmo e inquietud. Tus más grandes atributos son tus poderosos instintos y la habilidad para aprender rápido mediante la teoría y la práctica. Sueles utilizar tus poderes intuitivos y reconoces de inmediato las oportunidades cuando se presentan. Con un cumpleaños con el número 15 tienes talento para atraer dinero o para recibir ayuda y apoyo de otras personas. Por lo general, eres despreocupado, entusiasta y recibes lo inesperado con los brazos abiertos. Disfrutas las apuestas.

• *Cualidades positivas*: disposición, generosidad, responsabilidad, gentileza, cooperación, aprecio, creatividad.

• *Cualidades negativas*: desorganización, desasosiego, irresponsabilidad, inutilidad, egocentrismo, falta de fe, preocupación, indecisión, abuso de poder.

Amor y relaciones

Te atraen personas trabajadoras, ambiciosas y autodidactas, ya que necesitas una pareja que siga el ritmo de tu energía mental dinámica. Gracias a tu encanto natural, no tendrás problema alguno para atraer admiradores. Sin embargo, tu escepticismo indica que probablemente te das tiempo antes de comprometerte en relaciones a largo plazo. Los contactos sociales y las actividades grupales te parecen importantes porque te ayudan a desarrollar la habilidad para analizar a los demás. Los hombres nacidos en esta fecha se sienten atraídos hacia personas poderosas e independientes, aunque cualquiera tiene suerte de relacionarse con alguien nacido en esta fecha. Una vez que sientas cabeza, eres leal y solidario.

• *Positiva*: económico, pragmatismo, metas concisas.

• *Negativa*: despilfarro, sin rumbo fijo, mente inestable.

ESE ALGUIEN ESPECIAL

Encontrarás a ese alguien especial entre quienes nacieron en las siguientes fechas.

Amor y amistad: 11, 21, 28 y 31 de enero; 9, 19, 26 y 29 de febrero; 17, 24, 27 y 31 de marzo; 15, 22 y 25 de abril; 13, 20, 23 y 27 de mayo; 1, 11, 18 y 21 de junio; 9, 16 y 19 de julio; 7, 14, 17 y 31 de agosto; 5, 12, 15 y 29 de septiembre; 3, 10, 13, 17, 27, 29 y 31 de octubre; 1, 8, 11, 25, 27 y 29 de noviembre; 6, 9, 23, 25 y 27 de diciembre.

Buenas para ti: 9, 12, 18, 24 y 29 de enero; 7, 10, 16, 22 y 27 de febrero; 5, 8, 14, 20 y 25 de marzo; 3, 6, 12, 18 y 23 de abril; 1, 10, 16, 21 y 31 de mayo; 2, 8, 14, 19 y 29 de junio; 6, 12, 17 y 27 de julio; 4, 10, 15 y 25 de agosto; 2, 8, 13 y 23 de septiembre; 6, 11 y 21 de octubre; 4, 9 y 19 de noviembre; 2, 7 y 17 de diciembre.

Atracción fatal: 3 de enero; 1 de febrero; 10, 11, 12, 13 y 30 de abril; 28 de mayo; 26 de junio; 24 de julio; 22 de agosto; 20 de septiembre; 18 de octubre; 16 de noviembre; 14 de diciembre.

Desafiantes: 7, 8, 19 y 28 de enero; 5, 6, 17 y 26 de febrero; 3, 4, 15 y 24 de marzo; 1, 2, 13 y 22 de abril; 11 y 20 de mayo; 9 y 18 de junio; 7 y 16 de julio; 5 y 14 de agosto; 3 y 12 de septiembre; 1 y 10 de octubre; 8 de noviembre; 6 de diciembre.

Almas gemelas: 3 y 19 de enero, 1 y 17 de febrero, 15 de marzo, 13 de abril, 11 de mayo, 9 de junio, 7 de julio, 5 de agosto, 3 de septiembre, 1 de octubre.

ESTRELLAS FIJAS

Arturo también llamada Arcturus, que significa "el guardián de la osa", Alchameth o Al Simak; Espiga, también llamada Spica o Arista; Foramen

ESTRELLA PRINCIPAL

Nombre de la estrella: Arturo también llamada Arcturus, que significa "el guardián de la osa", Alchameth o Al Simak

Posición: 23º 15'–24º 2' de Libra, entre los años 1930 y 2000

Magnitud: 1

Fuerza: ★★★★★★★★★

Órbita: 2º 30'

Constelación: Bootes (Alpha Bootis)

Días efectivos: 16, 17, 18, 19 y 20 de octubre

Propiedades de la estrella: Marte/Júpiter y Venus/Júpiter

Descripción: estrella dorada, anaranjada y amarilla ubicada en la rodilla izquierda de Bootes

INFLUENCIA DE LA ESTRELLA PRINCIPAL

Arturo confiere talento artístico y éxito en el mundo de las bellas artes. Asimismo, brinda fama y prosperidad. Provee éxito en tierras extranjeras y viajes largos. Advierte que debes evitar los momentos de inquietud y ansiedad.

Con respecto a tu grado del Sol, Arturo otorga riquezas y buena reputación. Además, trae consigo éxito después de baches iniciales y confiere habilidades intuitivas, psíquicas o de sanación. Por otro lado, quizá te interese la escritura sobre temas filosóficos, espirituales o religiosos. Esta estrella sugiere que evites ser demasiado aprensivo, así como

16 de octubre

La influencia de tu fecha de nacimiento sugiere que eres un Libra encantador, sensible y trabajador esforzado, además de que puedes llegar a ser determinado. Tu intuición y perspicacia para los negocios te hacen una persona decidida una vez que te interesas por algún proyecto o estableces una meta fija. Sin embargo, en ocasiones puedes ser víctima de la indecisión, la apatía y la postergación, que pueden llegar a opacar tu notable potencial.

La influencia adicional de Géminis, el regente de tu decanato, te atribuye una mente inquisitiva y perspicaz, así como talento para la palabra. Te interesan las relaciones, por tanto sueles destacar en la diplomacia o para hacer contactos. Ya que amas los lujos y la buena vida, es aconsejable que te cuides de los excesos en las reuniones sociales o de cualquier forma de autocomplacencia excesiva. Por otro lado, con frecuencia tu mente creativa está llena de planes e ideas y, una vez que pones las manos a la obra, tu actitud tenaz te ayudará a alcanzar tus sueños personales.

Aunque proyectas una actitud sociable y amistosa, también eres bastante dramático y emocional. Tienes una fuerte necesidad de amor y satisfacción personal, que puedes canalizar en ocupaciones creativas como el arte, la música o el teatro, o bien, encaminarlo a la lucha por alguna causa social. Además, tu visión a futuro y tu enfoque práctico hacen de ti un buen estratega. Sin embargo, quizás haya ocasiones en las que seas propenso a la evasión, la culpa o el egocentrismo. Si combinas ambos lados de tu personalidad, lograrás establecer armonía y equilibrio.

Al cumplir siete años de edad, tu Sol progresado se desplaza hacia Escorpión, por lo que vives con más intensidad las situaciones relacionadas con la sensibilidad emocional y el poder interior. Al cumplir 32 años llega un punto de inflexión, cuando tu Sol progresado se desplaza hacia Sagitario y amplía tus perspectivas de vida, por lo que quizá surja en ti un posible deseo de viajes, estudios o aventuras. A partir de los 67 años, tu Sol progresado entra en Capricornio, y adoptas una actitud más práctica, consciente y prudente.

Tu yo secreto

En tu vida habrá una pronunciada tendencia al trabajo cooperativo y en asociación con otras personas, ya que cuentas con habilidades diplomáticas y destreza para tratar con las personas en un plano personal. Aunque tienes un talento especial para hacer contactos útiles y capitalizar tus talentos, en ocasiones puedes llegar a sentir ansiedad y preocupación innecesaria por temas financieros. Quizá tengas que equilibrar la cómoda rutina del hogar y la familia con tu espíritu empresarial.

Ya que disfrutas la sensación del poder personal, debes asegurarte de que tus motivaciones sean siempre justas y legítimas. Por fortuna, con frecuencia analizas cuidadosamente las circunstancias antes de llegar a conclusiones. Contar con un plan de acción estimulará tu necesidad de estructura y te ayudará a ser más perseverante y decidido. Tu fecha de nacimiento indica que tienes la determinación y la resolución para anteponerte a obstáculos y dificultades.

Trabajo y vocación

Eres un idealista, visionario y, por lo tanto, pacifista y humanitario, que puede motivar a otros para crear armonía. Tu disposición para llegar a acuerdos y tu arduo trabajo sugieren que eres leal y dedicado. Es posible que tu entendimiento de la naturaleza humana y tu amor por el conocimiento te lleven hacia el mundo académico, en el que tienes un buen futuro como profesor o conferencista. Tu amor al teatro, a la música y a las artes indica que eres creativo y sensible. Así, podrías inclinarte por una carrera como escritor o dramaturgo en el mundo del entretenimiento. Si te interesa el comercio, quizá te sientas atraído por la publicidad, la televisión o la industria editorial. Una alternativa, de acuerdo con tu espíritu público y social, podría ser dedicar tus energías al trabajo comunitario, recaudando fondos para causas nobles.

Entre las personas famosas con quienes compartes cumpleaños están el dramaturgo Eugene O'Neill, el escritor Günther Grass, el lexicógrafo Noah Webster, las actrices Angela Lansbury y Suzanne Somers, el juez de la Suprema Corte de Justicia estadounidense William O. Douglas y el ex primer ministro israelí David Ben-Gurión.

Numerología

Un cumpleaños con el número 16 sugiere que eres sensible, considerado y amigable. Aunque eres analítico, sueles juzgar la vida según cómo te sientas. Sin embargo, con la personalidad de alguien nacido en un día 16, vivirás tensiones internas ya que te debates entre tu necesidad de expresión personal y las responsabilidades que tienes con los demás. Tal vez te interesen la política y los asuntos internacionales, por lo que podrías integrarte a corporaciones trasnacionales o al mundo de los medios de comunicación. Los más creativos de entre los nacidos en este día pueden tener talento para la escritura, con destellos repentinos de inspiración. Además, quizá deberás aprender a equilibrar tu exceso de confianza con tus dudas e inseguridades. La subinfluencia del mes número 10 indica que eres ambicioso y posees habilidades de liderazgo. Puesto que ansías seguridad y estabilidad, estás dispuesto a ceder para no alterar el orden establecido. Ser sensible y creativo indica que debes encontrar mecanismos para expresar tus ideas y reforzar tu individualidad. Eres fiel y afectuoso, así como leal y solidario con quienes te rodean.

• *Cualidades positivas*: riqueza y fortuna, puestos gubernamentales, orgullo y dignidad, prominencia en la religión, amor por el conocimiento, lealtad.

• *Cualidades negativas*: esnobismo, descuido, mañas, engaño.

Amor y relaciones

Eres creativo e histriónico y, aunque ansías recibir amor y afecto, también estás dispuesto a dar mucho de ti a quienes amas. Tu amplia gama de emociones te permite alternar entre ser sensible y compasivo, y ser impositivo y autoritario. Con tu extraordinario encanto, te sentirás atraído hacia otras personas creativas e histriónicas que entiendan tus pasiones y necesidades afectivas. Por otro lado, gracias a tu amor por el aprendizaje, es posible que busques personas más conscientes o inteligentes que tú.

aprender a aceptar con serenidad los altibajos de la vida y no aferrarse.

• *Positiva*: vínculos religiosos, buen juicio, viajes largos, glamur.

• *Negativa*: autocomplacencia excesiva, entusiasmo desbordado, pereza, negligencia.

ESE ALGUIEN ESPECIAL

En tu búsqueda de amor, afecto y felicidad, te conviene entablar relaciones con personas nacidas en las siguientes fechas.

Amor y amistad: 8, 18 y 22 de enero; 16 y 20 de febrero; 14, 18, 28 y 31 de marzo; 2, 12, 16 y 26 de abril; 10, 14 y 24 de mayo; 8, 12 y 22 de junio; 6, 10, 20 y 29 de julio; 4, 8, 18, 27 y 30 de agosto; 2, 6, 16, 25 y 28 de septiembre; 4, 14, 23, 26 y 30 de octubre; 2, 12, 21, 24 y 28 de noviembre; 10, 19, 22, 26 y 28 de diciembre.

Buenas para ti: 6, 10, 25 y 30 de enero; 4, 8, 23 y 28 de febrero; 2, 6, 21 y 26 de marzo; 4, 19 y 24 de abril; 2, 17 y 22 de mayo; 15, 20 y 30 de junio; 13, 18 y 28 de julio; 11, 16 y 26 de agosto; 9, 14 y 24 de septiembre; 7, 12 y 22 de octubre; 5, 10 y 20 de noviembre; 3, 8 y 18 de diciembre.

Atracción fatal: 11, 12, 13 y 14 de abril; 29 de mayo; 27 de junio; 25 de julio; 23 de agosto; 21 de septiembre; 19 de octubre; 17 de noviembre; 15 de diciembre.

Desafiantes: 13, 29 y 31 de enero; 11, 27 y 29 de febrero; 9, 25 y 27 de marzo; 7, 23 y 25 de abril; 5, 21 y 23 de mayo; 3, 19 y 21 de junio; 1, 17 y 19 de julio; 15 y 17 de agosto; 13 y 15 de septiembre; 11 y 13 de octubre; 9 y 11 de noviembre; 7 y 9 de diciembre.

Almas gemelas: 6 y 25 de enero, 4 y 23 de febrero, 2 y 21 de marzo, 19 de abril, 17 de mayo, 15 de junio, 13 de julio, 11 de agosto, 9 de septiembre, 7 de octubre, 5 de noviembre, 3 de diciembre.

ESTRELLAS FIJAS

Arturo también llamada Arcturus, que significa "el guardián de la osa", Alchameth o Al Simak; Espiga, también llamada Spica o Arista; Foramen

ESTRELLA PRINCIPAL

Nombre de la estrella: Arturo también llamada Arcturus, que significa "el guardián de la osa", Alchameth o Al Simak

Posición: 23º 15'–24º 2' de Libra, entre los años 1930 y 2000

Magnitud: 1

Fuerza: ★★★★★★★★★★

Órbita: 2º 30'

Constelación: Bootes (Alpha Bootis)

Días efectivos: 16, 17, 18, 19 y 20 de octubre

Propiedades de la estrella: Marte/Júpiter y Venus/Júpiter

Descripción: estrella dorada, anaranjada y amarilla ubicada en la rodilla izquierda de Bootes

INFLUENCIA DE LA ESTRELLA PRINCIPAL

Arturo confiere talento artístico y éxito en el mundo de las bellas artes. Asimismo, brinda fama y prosperidad. Provee éxito en tierras extranjeras y viajes largos. Advierte que debes evitar los momentos de inquietud y ansiedad.

Con respecto a tu grado del Sol, Arturo otorga riquezas y buena reputación. Además, trae consigo éxito después de baches iniciales y confiere habilidades intuitivas, psíquicas o de sanación. Por otro lado, quizá te interese la escritura sobre temas filosóficos, espirituales o religiosos. Esta estrella sugiere que evites ser demasiado aprensivo, así como

17 de octubre

Eres una persona social y versátil, sientes atracción hacia la gente y los cambios que traen variedad y emoción a tu vida. Según tu fecha de nacimiento, eres de ingenio veloz y alerta, y con frecuencia buscas nuevos horizontes intelectuales para mantener despierta tu mente inquisitiva. Gracias a tu encanto atrayente y tu ágil ingenio, puedes ser bastante entretenido, aunque tienes una tendencia hacia la incertidumbre o la impaciencia que puede alejarte de tus propósitos.

Gracias a la influencia adicional de Géminis, el regente de tu decanato, puedes ser un individuo lógico, elocuente y bueno para resolver problemas. Tu destreza diplomática, aunada a tu capacidad de llegar al fondo de la cuestión, te confiere grandes habilidades comunicativas. Lo aconsejable sería que no opacaras tu encanto, siendo obstinado, calculador o hermético. Hay en ti una sensibilidad para el arte que podría expresarse en la música, la pintura o el teatro, además del deseo de estar rodeado de belleza, estilo y lujos.

Dado que eres expresivo y adaptable, quizá sientas la necesidad de desarrollar tu gran potencial mental mediante la concentración y la meticulosidad. Eres instintivo y tienes un sentido de emprendimiento, así que es posible que trabajes mejor pensando en grande y siguiendo tu intuición, antes de dejarte llevar por el pesimismo y la indecisión. Deseas actividad constante y buena fortuna, y eso bien podría extenderse a viajes y oportunidades de trabajo en el extranjero. Amas los lujos y la buena vida, pero evita evadirte de la realidad o caer en cualquier tipo de exceso.

A partir de los seis años de edad, y durante las próximas tres décadas, habrá un énfasis en las situaciones que impliquen poder emocional y transformación, debido al desplazamiento de tu Sol progresado hacia Escorpión. El siguiente punto de inflexión llega al cumplir 36 años, cuando tu Sol progresado se desplaza hacia Sagitario y alienta en tu espíritu un sentido de aventura y de amor a la libertad, o de búsqueda de horizontes más amplios. A partir de los 66 años, tu Sol progresado entra en Capricornio y te vuelve más práctico, consciente y prudente.

Tu yo secreto

Un lado de tu naturaleza es emocionalmente impulsivo e inquieto, mientras que el otro es prudente y deseoso de crear seguridad a largo plazo. Tomando en cuenta lo costoso de tus gustos, es conveniente que te mantengas ocupado de manera constructiva para cumplir tus sueños extravagantes. Mantente positivo y trabaja en tu paciencia y tolerancia para combinar la perspicacia dinámica con la perseverancia, ambas necesarias para lograr tus metas.

Ya que eres sensible e intuitivo, respetas a quienes poseen conocimiento y sabiduría. Tienes un deseo oculto por la verdad y la integridad, que te estimulará a desarrollar tu propia filosofía de vida. Si eres honesto contigo mismo y evitas las intenciones ocultas, encontrarás el respeto que deseas. Dada tu idealista búsqueda del amor y tu necesidad interna de expresión personal, quizá te inspire la escritura o usar tu energía emocional para el beneficio de los demás.

Trabajo y vocación

La necesidad de variedad y estímulos mentales sugieren que te puede ir mejor en alguna profesión que brinde cambio y ascensos. Viajar o trabajar en compañías de exportación e importación te permitirá visitar otros países. Ya que eres un individuo inteligente y con firmes puntos de vista, puedes triunfar en cualquier proyecto en el que te enfoques, siempre y cuando mantengas tu interés y seas constante. Con tu capacidad para aprender a gran velocidad viene la necesidad de tomar precauciones para no aburrirte fácilmente. Eres un comunicador excelente, por lo cual quizá disfrutes desarrollarte en los medios de información. Una alternativa para ti sería dedicarte a la investigación y los estudios académicos, o en la enseñanza y el adiestramiento. Tu sociabilidad te sería útil como funcionario público, en los servicios sociales o en el trabajo comunitario. Gracias a tu sentido común y tu facilidad para resolver problemas, quizás elijas buscar una carrera como psicólogo, consejero o terapeuta.

Entre las personas famosas con quienes compartes cumpleaños están los actores Rita Hayworth y Montgomery Clift, el dramaturgo Arthur Miller, el escritor Nathanael West, el periodista Jimmy Breslin y el acróbata Evel Knievel.

Numerología

Al tener un cumpleaños con el número 17 sueles ser astuto, reservado y con habilidades analíticas. Eres un pensador independiente y talentoso, estás bien educado, y confías en tu experiencia personal. El número 17 en tu fecha de nacimiento significa que aprovechas tus conocimientos de una forma particular para desarrollar tu pericia, lo que te permitirá ocupar una posición importante como especialista o investigador. Ser privado, introspectivo e interesarte en datos y cifras se refleja en tu carácter reflexivo y que te guste tomarte tu tiempo. Al desarrollar tus habilidades comunicativas descubrirás mucho de ti mismo a través de los demás. La subinfluencia del mes número 10 indica que eres ambicioso y tienes una personalidad idealista y carismática. Asimismo, eres inteligente, tienes instintos afinados y buen ojo para los detalles, e intuitivamente entiendes los problemas que enfrentas. Aunque tienes sentido común y confías en tu propio juicio, la tendencia a ser impaciente o a entusiasmarte demasiado supone que debes darte tiempo y no actuar de forma precipitada.

• *Cualidades positivas*: amabilidad, pericia, planeación, instinto para los negocios, éxito financiero, intelecto, precisión, talento para la investigación, capacidad científica.

• *Cualidades negativas*: desapego, terquedad, descuido, malhumor, hipersensibilidad, obcecación, crítica, preocupación.

Amor y relaciones

Es probable que tu deseo de variedad y cambio se refleje también en tu vida social. Suelen atraerte personas fuertes, con iniciativa y perspicacia. Es probable que tengas muchas oportunidades de entablar relaciones románticas. Sin embargo, corres el riesgo de ser hermético con tus parejas, así que lo recomendable es que seas lo más honesto posible para evitar repercusiones posteriores. Si te dejas llevar por tus sentimientos es probable que busques estabilidad y seguridad, pero esto también te hace susceptible a cambios de ánimo e inquietudes, debido a una necesidad de experiencias estimulantes.

aprender a aceptar con serenidad los altibajos de la vida y no aferrarse.

• *Positiva*: vínculos religiosos, buen juicio, viajes largos, glamur.

• *Negativa*: autocomplacencia excesiva, entusiasmo desbordado, pereza, negligencia.

ESE ALGUIEN ESPECIAL

Para obtener estabilidad y entablar relaciones emocionantes, busca personas nacidas en las siguientes fechas.

Amor y amistad: 4, 13, 19, 23 y 24 de enero; 11, 17 y 21 de febrero; 9, 15, 19, 28, 29 y 30 de marzo; 7, 13, 17, 26 y 27 de abril; 5, 11, 15, 24, 25, 26 y 27 de mayo; 3, 9, 13, 22, 23 y 24 de junio; 1, 7, 11, 20, 21 y 22 de julio; 5, 9, 18, 19 y 20 de agosto; 3, 7, 16, 17 y 18 de septiembre; 1, 5, 14, 15, 16, 29 y 31 de octubre; 3, 12, 13, 14, 27 y 29 de noviembre; 1, 10, 11, 12, 25, 27 y 29 de diciembre.

Buenas para ti: 7, 15, 20 y 31 de enero; 5, 13, 18 y 29 de febrero; 3, 11, 16 y 27 de marzo; 1, 9, 14 y 25 de abril; 7, 12 y 23 de mayo; 5, 10 y 21 de junio; 3, 8 y 19 de julio; 1, 6, 17 y 30 de agosto; 4, 15 y 28 de septiembre; 2, 13 y 26 de octubre; 11 y 24 de noviembre; 9 y 22 de diciembre.

Atracción fatal: 13, 14, 15 y 16 de abril.

Desafiantes: 6, 14 y 30 de enero; 4, 12 y 28 de febrero; 2, 10 y 26 de marzo; 8 y 24 de abril; 6 y 22 de mayo; 4 y 20 de junio; 2 y 18 de julio; 16 de agosto; 14 de septiembre; 12 de octubre; 10 de noviembre; 8 de diciembre.

Almas gemelas: 30 de abril, 28 de mayo, 26 de junio, 24 de julio, 22 de agosto, 20 de septiembre, 18 y 30 de octubre, 16 y 28 de noviembre, 14 y 26 de diciembre.

ESTRELLAS FIJAS

Arturo también llamada Arcturus, que significa "el guardián de la osa", Alchameth o Al Simak; Espiga, también llamada Spica o Arista

ESTRELLA PRINCIPAL

Nombre de la estrella: Arturo también llamada Arcturus, que significa "el guardián de la osa", Alchameth o Al Simak

Posición: 23° 15'–24° 2' de Libra, entre los años 1930 y 2000

Magnitud: 1

Fuerza: ★★★★★★★★★

Órbita: 2° 30'

Constelación: Bootes (Alpha Bootis)

Días efectivos: 16, 17, 18, 19 y 20 de octubre

Propiedades de la estrella: Marte/Júpiter y Venus/Júpiter

Descripción: estrella dorada, anaranjada y amarilla ubicada en la rodilla izquierda de Bootes

INFLUENCIA DE LA ESTRELLA PRINCIPAL

Arturo confiere talento artístico y éxito en el mundo de las bellas artes. Asimismo, brinda fama y prosperidad. Provee éxito en tierras extranjeras y viajes largos. Advierte que debes evitar los momentos de inquietud y ansiedad.

Con respecto a tu grado del Sol, Arturo otorga riquezas y buena reputación. Además, trae consigo éxito después de baches iniciales y confiere habilidades intuitivas, psíquicas o de sanación. Por otro lado, quizá te interese la escritura sobre temas filosóficos, espirituales o religiosos. Esta estrella sugiere que evites ser demasiado aprensivo, así como

18 de octubre

Eres un individuo activo y de ideas emprendedoras, alguien que construye y crea. Estás dispuesto a trabajar duro cuando te interesas por un proyecto, ya que necesitas desafíos mentales para vencer el aburrimiento. Debido a que eres bueno para planear y tienes un carácter pragmático, disfrutas expandir tus conocimientos y darles buen uso.

La influencia extra de Géminis, el regente de tu decanato, te confiere adaptabilidad y versatilidad, además de expresión verbal. Debido a que eres directo y honesto con los demás, con frecuencia eres hábil para la diplomacia y para hacer contactos. Tu talento para resolver problemas e instinto para reconocer las necesidades de la gente hacen de ti un gran negociador y consejero. Gracias a tu destreza para comunicar tus ideas y filosofía de vida, puedes involucrarte en debates sobre temas que te interesan. Eres un idealista, aun así, es conveniente trabajar en tu paciencia y tolerancia, especialmente cuando trates con personas menos astutas que tú.

Podrías expresar tus talentos artístico y creativo naturales a través de la música, la pintura, la escritura y el teatro. Por tu ágil inteligencia e intuición, puedes ser ingenioso y entretenido, y con un inherente instinto empresarial. Ya que eres persuasivo por naturaleza y disfrutas poner en práctica tu agudo ingenio, te sientes atraído hacia la gente inteligente o exitosa en su ámbito. Eres un pensador positivo en potencia, ya que cuando estás entusiasmado y enfocado tienes la capacidad de plasmar tus ideas en una realidad tangible. Conviene, sin embargo, que no dañes tu maravilloso potencial siendo demasiado crítico, rebelde u obstinado.

De los cinco años de edad en adelante, tu Sol progresado se desplaza hacia Escorpión, y experimentarás un creciente énfasis en los cambios emocionales, poder interior y transformación. Hay un punto de inflexión al cumplir 35 años, cuando tu Sol progresado se desplaza hacia Sagitario y te inspira un amor por la aventura, la libertad o por expandir tus horizontes. La educación podría convertirse en una tarea relevante, ya sea que la abordes de manera autodidacta o formal, con estudios superiores. A partir de los 65 años, cuando tu Sol progresado entra en Capricornio, adoptas una actitud más pragmática, precavida y consciente.

Tu yo secreto

Eres una persona que aprecia el color y los sonidos, por lo que puedes preferir rodearte de belleza, estilo y lujos. Sin embargo, es aconsejable que tengas precaución para no ser tan autocomplaciente con cualquier tipo de placer. Si canalizas el lado inquieto de tu naturaleza por medio de una mejor concentración, buena información o siendo realmente más intrépido, lograrás mantener vivo tu entusiasmo. Te sientes atraído en dos diferentes direcciones: por un lado, desea paz mental y, por el otro, necesitas, constantemente, aprender y explorar; es necesario que aprendas a desacelerarte, lo que involucra llevar una vida más simple y escuchar tu intuición.

Gracias a tu sensibilidad estás consciente de tus responsabilidades hacia los demás, especialmente con los miembros de tu familia y hogar. Ya que eres amable y considerado, puedes llegar a dar excelentes consejos. Sin embargo, aunque en ocasiones parezca que sabes bien de lo que hablas, los demás podrían malinterpretar tus intenciones como una intromisión. Si aprendes a identificar cuándo es mejor no intervenir, lograrás ayudar a los demás, pero con una sana distancia.

Trabajo y vocación

Gracias a tu gran intuición e imaginación, generas muchas ideas de las que te puedes beneficiar económicamente. Tus habilidades de planeación y tu determinación te hacen un buen organizador, con pensamientos ambiciosos. En general, prefieres estar a cargo de las situaciones y liderar, o bien, ser tu propio jefe. Eres una persona amistosa, sociable y de personalidad carismática; por lo tanto, si crees en algo, lo que te incluye a ti mismo, puedes ser bastante persuasivo y exitoso como agente, vendedor o promotor. Dado tu talento y ambición, necesitarás expresarte creativamente y brillar en tu individualidad. Además eres inteligente, con sentido común y habilidades prácticas, por lo que podrías encontrar tu vocación en profesiones relacionadas con reformas sociales o educación.

Entre las personas famosas con quienes compartes cumpleaños están los actores Jean-Claude van Damme, George C. Scott y Melína Merkoúri; la cantante y actriz Lotte Lenya; el filósofo Henri Bergson y la tenista Martina Navrátilová.

Numerología

Algunos de los atributos asociados con el número 18 en la fecha de cumpleaños son tenacidad, asertividad y ambición. Eres activo y te gustan los cambios, por lo que procuras mantenerte ocupado y sueles participar en todo tipo de proyectos. Eres competente, trabajador y responsable, por lo cual se te facilita ascender a posiciones de autoridad. Por otro lado, tu facilidad para los negocios y habilidades organizacionales pueden inclinarte hacia el mundo del comercio. Dado que sufres por trabajar en exceso, es importante que aprendas a relajarte y a bajar la velocidad de vez en cuando. Con la personalidad de alguien nacido en un día 18, puedes usar tus poderes para sanar a otros, dar consejos valiosos o resolver problemas ajenos. La subinfluencia del mes número 10 indica que anhelas lograr cosas. Aunque eres amistoso y sociable, defiendes tus creencias con valentía, aunque estas sean diferentes a las de los demás. Tu carácter férreo y agudo intelecto te permiten influir en otras personas, debido a tu capacidad de persuasión y encanto, pero ten cuidado de no volverte egoísta o autoritario.

• *Cualidades positivas*: actitud progresista, asertividad, intuición, valentía, determinación, capacidad de sanación, eficiencia, facilidad para asesorar.

• *Cualidades negativas*: emociones fuera de control, pereza, falta de orden, egoísmo, insensibilidad, incapacidad para completar proyectos o trabajos, engaños.

Amor y relaciones

Las relaciones son importantes para ti, aun si no siempre demuestras tus sentimientos o no eres afectuoso. Sin embargo, proteges a tus seres queridos. En general, te atraen personas que trabajan arduamente, poco comunes o que provienen de tierras extranjeras, pues necesitas estímulo intelectual e intercambio de ideas. Eres encantador y amistoso, lo que te lleva a disfrutar socializar, y mostrar tu naturaleza ingeniosa y divertida. Cuando decides sentar cabeza, eres una pareja leal y solidaria.

aprender a aceptar con serenidad los altibajos de la vida y no aferrarse.

• *Positiva:* vínculos religiosos, buen juicio, viajes largos, glamur.

• *Negativa:* autocomplacencia excesiva, entusiasmo desbordado, pereza, negligencia.

ESE ALGUIEN ESPECIAL

Amor y amistad: 4, 14, 20, 24 y 25 de enero; 2, 12, 15, 18, 22 y 23 de febrero; 10, 16, 20, 29 y 30 de marzo; 8, 14, 18, 27 y 28 de abril; 6, 12, 16, 25, 26 y 31 de mayo; 4, 7, 10, 14, 23, 24 y 29 de junio; 2, 8, 12, 21, 22 y 27 de julio; 6, 10, 19, 20 y 25 de agosto; 4, 8, 17, 18 y 23 de septiembre; 2, 6, 15, 16, 21 y 30 de octubre; 4, 13, 14, 19, 28 y 30 de noviembre; 2, 11, 12, 17, 26, 28 y 30 de diciembre.

Buenas para ti: 4, 8 y 21 de enero; 2, 6 y 19 de febrero; 4, 17 y 28 de marzo; 2, 15 y 16 de abril; 13 y 24 de mayo; 11 y 22 de junio; 9 y 20 de julio; 7, 18 y 31 de agosto; 5, 16 y 29 de septiembre; 3, 14 y 27 de octubre; 1, 12 y 25 de noviembre; 10 y 23 de diciembre.

Atracción fatal: 3 de enero; 1 de febrero; 13, 14, 15 y 16 de abril; 31 de mayo; 29 de junio; 27 de julio; 25 de agosto; 23 de septiembre; 21 de octubre; 19 de noviembre; 17 de diciembre.

Desafiantes: 7, 10, 15 y 31 de enero; 5, 8, 13 y 29 de febrero; 3, 6, 11 y 27 de marzo; 1, 4, 9 y 25 de abril; 2, 7 y 23 de mayo; 5 y 21 de junio; 3 y 19 de julio; 1 y 17 de agosto; 15 de septiembre; 13 de octubre; 11 de noviembre; 9 de diciembre.

Almas gemelas: 31 de marzo, 29 de abril, 27 de mayo, 25 de junio, 23 de julio, 21 de agosto, 19 de septiembre, 17 y 29 de octubre, 15 y 27 de noviembre, 13 y 25 de diciembre.

19 de octubre

ESTRELLAS FIJAS

Nombre de la estrella: Arturo también llamada Arcturus, que significa "el guardián de la osa", Alchameth o Al Simak

Posición: 23º 15'–24º 2' de Libra, entre los años 1930 y 2000

Magnitud: 1

Fuerza: ★★★★★★★★★

Órbita: 2º 30'

Constelación: Bootes (Alpha Bootis)

Días efectivos: 16, 17, 18, 19 y 20 de octubre

Propiedades de la estrella: Marte/Júpiter y Venus/Júpiter

Descripción: estrella dorada, anaranjada y amarilla ubicada en la rodilla izquierda de Bootes

INFLUENCIA DE LA ESTRELLA PRINCIPAL

Arturo confiere talento artístico y éxito en el mundo de las bellas artes. Asimismo, brinda fama y prosperidad. Provee éxito en tierras extranjeras y viajes largos. Advierte que debes evitar los momentos de inquietud y ansiedad.

Con respecto a tu grado del Sol, Arturo otorga riquezas y buena reputación. Además, trae consigo éxito después de baches iniciales y confiere habilidades intuitivas, psíquicas o de sanación. Por otro lado, quizá te interese la escritura sobre temas filosóficos, espirituales o religiosos. Esta estrella sugiere que evites ser demasiado aprensivo, así como aprender a aceptar con serenidad los altibajos de la vida y no aferrarse.

· *Positiva:* vínculos religiosos, buen juicio, viajes largos, glamur.

· *Negativa:* autocomplacencia excesiva, entusiasmo desbordado, pereza, negligencia.

Haber nacido en esta fecha indica que eres un Libra creativo, optimista y de mente ágil. Como eres amistoso, sociable y tienes imaginación, puedes ser encantadoramente asertivo y desear ser popular. Eres una persona adaptable y versátil; aunque debes tener cuidado de que la variedad de tus intereses no disperse tus energías o te provoque indecisión.

La subinfluencia de Géminis, el regente de tu decanato, te hace un individuo expresivo y buen conversador. Eres hábil para hacer contactos e influir en los demás, debido a la combinación de tu manera persuasiva de hablar y tu dinámico atractivo. Eres relajado, te interesan las relaciones humanas y eres bueno para tratar con la gente. Sin embargo, mientras más dudes de ti mismo, correrás el riesgo de preocuparte o de esconder tus sentimientos de los demás para proteger tu sensibilidad.

Debido a tu atracción hacia las artes creativas y tu fuerte necesidad de expresarte, eres proclive a rodearte de belleza o incluso llegar a desarrollar tus innatos talentos artístico y literario. Ya que adoras el estilo, los lujos y la buena vida, es aconsejable que te alejes de los excesos sociales o de cualquier tipo de autocomplacencia desmesurada. Afortunadamente, naciste con el don de la compasión, que te permite sentir empatía hacia los demás. Si cultivas esta cualidad, experimentarás un deseo altruista y humanitario de servir a la sociedad. Sin embargo, con tu corazón bondadoso y carisma, sería conveniente que cuides que tu vida social no absorba tus responsabilidades.

A partir de los 14 años de edad, tu Sol progresado se desplaza hacia Escorpión y experimentas un mayor énfasis en los cambios emocionales, el poder personal y la regeneración. Al cumplir 34 años llega otro momento clave, cuando tu Sol progresado se desplaza hacia Sagitario y se da en ti un mayor anhelo de aventura y libertad. Lo que traerá el deseo de viajes o de refinar tu educación. Habiendo cumplido los 64 años, tu Sol progresado entra en Capricornio y te confiere un espíritu más racional, sensible y perspicaz, con una visión realista.

Tu yo secreto

Eres una persona orgullosa y de carácter dramático que prefiere las posiciones de liderazgo. Ya que cuentas con un buen sentido del valor de las cosas, eres rápido para calcular oportunidades y evaluar a la gente. Tu sentido empresarial, combinado con tu iniciativa, te ayudará a encontrar el éxito. Sin embargo, si llegas a perder la fe, puedes sentirte inseguro o temperamental, y con ello, dar demasiado peso al poder de lo material y al estatus.

Puesto que eres de espíritu inquieto, puedes aburrirte fácilmente. Así, tal vez necesites encontrar actividades que te estimulen o desafíen a perseverar. Aunque, en ocasiones, la relación entre tu idealismo y lo mundano puede ser conflictiva, con frecuencia la variedad y el cambio podrán inspirarte para mantener la motivación y seguir activo. Los viajes jugarán un papel importante en tu vida, así que, si te sientes limitado, no temas y arriésgate a ir más allá, en pos de oportunidades prometedoras.

Trabajo y vocación

Eres un individuo versátil y de múltiples talentos, así que necesitas diversidad y emoción en tu vida. La habilidad de adaptación a nuevas circunstancias sugiere un rápido aprendizaje. Ya que eres elocuente y encantador, se te facilita entretener a la gente con tus ingeniosas conversaciones o con tu escritura. Gracias a que eres sensible y receptivo en cuanto a las necesidades del público, puedes imponer moda y estilo, o sentirte atraído por la promoción, la publicidad o la política. Cuentas con la habilidad de congeniar con otros, lo cual implica que podrías desarrollarte bien en alguna gran organización. Como eres exquisito y meticuloso, podrías producir trabajos artísticos finamente detallados, que requieran de precisión, como en metales y piedras preciosas. Por otro lado, si deseas compartir tu conocimiento con otros, podrías ser un excelente profesor, especialmente de arte y drama, aunque tal vez prefieras convertirte en consejero para animar a otros con palabras amables.

Entre las personas famosas con quienes compartes cumpleaños están el escritor John le Carré, el cineasta Auguste Lumière y la abogada y activista feminista Patricia Ireland.

Numerología

Algunas de las cualidades de las personas nacidas bajo el número 19 son la ambición y el humanismo. Eres una persona tenaz e ingeniosa, con una visión profunda, pero el lado soñador de tu naturaleza es compasivo, idealista y creativo. Aunque seas una persona sensible, las ansias de sobresalir pueden empujarte al histrionismo y a intentar acaparar reflectores. Sueles tener un fuerte deseo de establecer tu identidad individual. Para ello, deberás empezar por aprender a no sucumbir ante la presión social. A ojos de los demás eres una persona segura, fuerte e ingeniosa, pero las tensiones internas pueden provocarte altibajos emocionales. La subinfluencia del mes número 10 indica que se te ocurren excelentes ideas, eres autosuficiente, original y posees una personalidad carismática, así como la capacidad para comunicar tus emociones con claridad. Aunque con frecuencia buscas armonía y equilibrio, eres propenso a tener estados de ánimo inestables, que van de la confianza en ti mismo a la inseguridad. La necesidad de estar rodeado de personas o ser popular implica que no te gusta estar aislado o solo.

• *Cualidades positivas*: dinamismo, ecuanimidad, creatividad, liderazgo, suerte, actitud progresista, optimismo, convicciones fuertes, competitividad, independencia, sociabilidad.

• *Cualidades negativas*: ensimismamiento, depresión, angustia, miedo al rechazo, altibajos, materialismo, egocentrismo, impaciencia.

Amor y relaciones

Ser amistoso y popular te facilita hacer amigos y cautivar a la gente. Por lo regular, eres atractivo y tienes muchos admiradores. Sin embargo, corres el riesgo de que, si eres inconstante con tus emociones, el amor se vuelve un campo minado en el que habrá tantas pérdidas como triunfos. Eres compasivo y solidario, y haces sacrificios por tus seres queridos. Al socializar eres generoso, posees un gran magnetismo personal, y eres bueno para lidiar con la intimidad. Sin embargo, quizá debas moderar tu faceta derrochadora o celosa.

ESE ALGUIEN ESPECIAL

Para encontrar el amor con una pareja afectuosa y amorosa, búscalo entre quienes hayan nacido en las siguientes fechas.

Amor y amistad: 21 y 25 de enero; 19 y 23 de febrero; 17, 21 y 30 de marzo; 15, 19, 28 y 29 de abril; 13, 17, 26 y 27 de mayo; 11, 15, 24, 25 y 30 de junio; 9, 13, 22, 23 y 28 de julio; 7, 11, 20, 21, 26 y 30 de agosto; 5, 9, 18, 19, 24 y 28 de septiembre; 3, 7, 16, 17, 22, 26 y 29 de octubre; 1, 5, 14, 15, 20, 24 y 27 de noviembre; 3, 12, 13, 18, 22, 25, 27 y 29 de diciembre.

Buenas para ti: 5, 13, 16, 22 y 28 de enero; 3, 11, 14, 20 y 26 de febrero; 1, 9, 12, 18, 24 y 29 de marzo; 7, 10, 16, 22 y 27 de abril; 5, 8, 14, 20 y 25 de mayo; 3, 6, 12, 18 y 23 de junio; 1, 4, 10, 16 y 21 de julio; 2, 8, 14 y 19 de agosto; 6, 12 y 17 de septiembre; 4, 10 y 15 de octubre; 2, 8 y 13 de noviembre; 6 y 11 de diciembre.

Atracción fatal: 14, 15, 16, 17 y 18 de abril; 30 de junio; 28 de julio; 26 de agosto; 24 de septiembre; 22 de octubre; 20 de noviembre; 18 de diciembre.

Desafiantes: 2, 23 y 30 de enero; 21 y 28 de febrero; 19, 26 y 28 de marzo; 17, 24 y 26 de abril; 15, 22 y 24 de mayo; 13, 20 y 22 de junio; 11, 18 y 20 de julio; 16, 18 y 19 de agosto; 7, 14 y 16 de septiembre; 5, 12 y 14 de octubre; 3, 10 y 12 de noviembre; 1, 8 y 10 de diciembre.

Almas gemelas: 14 y 22 de enero, 12 y 20 de febrero, 10 y 18 de marzo, 8 y 16 de abril, 6 y 14 de mayo, 4 y 12 de junio, 2 y 10 de julio, 8 de agosto, 6 de septiembre, 4 de octubre, 2 de noviembre.

20 de octubre

ESTRELLAS FIJAS

Nombre de la estrella: Arturo también llamada Arcturus, que significa "el guardián de la osa", Alchameth o Al Simak

Posición: 23° 15'–24° 2' de Libra, entre los años 1930 y 2000

Magnitud: 1

Fuerza: ★★★★★★★★★★

Órbita: 2° 30'

Constelación: Bootes (Alpha Bootis)

Días efectivos: 16, 17, 18, 19 y 20 de octubre

Propiedades de la estrella: Marte/Júpiter y Venus/Júpiter

Descripción: estrella dorada, anaranjada y amarilla ubicada en la rodilla izquierda de Bootes

INFLUENCIA DE LA ESTRELLA PRINCIPAL

Arturo confiere talento artístico y éxito en el mundo de las bellas artes. Asimismo, brinda fama y prosperidad. Provee éxito en tierras extranjeras y viajes largos. Advierte que debes evitar los momentos de inquietud y ansiedad.

Con respecto a tu grado del Sol, Arturo otorga riquezas y buena reputación. Además, trae consigo éxito después de baches iniciales y confiere habilidades intuitivas, psíquicas o de sanación. Por otro lado, quizá te interese la escritura sobre temas filosóficos, espirituales o religiosos. Esta estrella sugiere que evites ser demasiado aprensivo, así como aprender a aceptar con serenidad los altibajos de la vida y no aferrarse.

• *Positiva:* vínculos religiosos, buen juicio, viajes largos, glamur.

• *Negativa:* autocomplacencia excesiva, entusiasmo desbordado, pereza, negligencia.

Por la agilidad de tu mente y la gracia de la persuasión, eres un Libra con encanto y don de gentes. Ya que necesitas destacarte, eres propenso a proyectar una apariencia atractiva y acercarte a individuos originales. Considerando que eres de carácter expresivo y un astuto observador de la naturaleza humana, sueles brillar en sociedad. Sabes apreciar el arte, la música y la creatividad, por lo que sientes la necesidad de rodearte de belleza, estilo y lujos.

La subinfluencia de Géminis, el regente de tu decanato, te confiere agilidad intelectual y la capacidad de impresionar a la gente con palabras, ya sea de manera verbal o escrita. Tu habilidad para ser decididamente honesto, pero al mismo tiempo diplomático, explica que seas un buen orador y disfrutes debatir. Ten cuidado con la mordacidad de tu sentido del humor, ya que puedes caer en el sarcasmo.

Obtienes buenos frutos de tus esfuerzos cooperativos y colaboraciones, y te beneficias particularmente de tus contactos personales. Sin embargo, si llegas a ser provocador o manipulador, puedes perder las muchas ventajas que obtendrías de las relaciones que has creado con armonía y equilibrio. Eres sumamente decidido una vez que estableces tu meta; por lo que eres capaz de obtener logros originales e innovadores. Aun así, es aconsejable que protejas tu delicado sistema nervioso de la irritabilidad o el estrés.

Desde una infancia muy temprana, tu Sol progresado se desplaza hacia Escorpión y enfatiza tu creciente percepción de cambio emocional y poder interior. Al cumplir 33 años de edad, ocurre un punto de inflexión cuando tu Sol progresado se desplaza hacia Sagitario y resalta el interés en expandir tus horizontes o viajar. Si la educación adquiere un lugar importante en tu vida, la filosofía, la psicología o el derecho podrían ser opciones beneficiosas. Asimismo, es posible que busques un mayor contacto con personas y lugares extranjeros. A partir de los 63 años de edad, adquieres mayor practicidad, sensibilidad y prudencia.

Tu yo secreto

Un enorme poder interior augura que, con dedicación y arduo trabajo, tendrás éxito en casi todo lo que te propongas. Una vida social activa puede ser una fuente de vibrante actividad y entretenimiento, pero también podría ser una distracción que te impida alcanzar tu sobresaliente potencial; en ocasiones, ambas cosas. Ya sea socializando o trabajando, proyectas una calidez y una cariñosa amabilidad hacia los demás, que puede extenderse a intereses y actividades humanitarias.

Tienes un sexto sentido para percibir las motivaciones de los demás, por lo tanto puedes ser altamente intuitivo. Sin embargo, si tomas una actitud demasiado seria, puedes volverte necio o malhumorado. Si mantienes tu independencia e inicias proyectos nuevos continuamente, fortalecerás tu sentido de propósito y determinación. Ya que cuentas con un rasgo dramático y potencial de liderazgo, tienes la destreza necesaria para beneficiarte con eficacia de tu gran potencial.

Trabajo y vocación

Dado que eres receptivo e intuitivo, gustas de comunicarte con las personas. Tu carácter astuto y amigable, además de tu don de gentes, hacen de ti un gran mediador o negociante. De igual manera serías excelente como agente, vendedor, en relaciones públicas o promoción. Si desarrollas tus talentos creativos, puedes encaminarte a una carrera en el sector educativo o en la industria editorial. Ya que eres diplomático, de trato amable y se te facilita involucrarte en un plano personal, eres un psicólogo nato al que se le augura éxito como terapeuta, consejero o en profesiones de la salud. Puedes canalizar tu necesidad de expresarte en el mundo del entretenimiento y las artes. De manera alterna, tus habilidades de liderazgo, organización y planeación estratégica te respaldarán en el mundo del comercio, donde podrás colaborar con otros o comprometerte con grandes proyectos.

Entre las personas famosas con quienes compartes cumpleaños están el actor Béla Lugosi, el poeta francés Arthur Rimbaud y los beisbolistas Micky Mantle y Keith Hernandez.

Numerología

Al haber nacido bajo el número 20, eres intuitivo, sensible, adaptable y comprensivo y, por lo general, te consideras parte de grupos más grandes. Suelen agradarte actividades cooperativas en las que puedes interactuar, compartir experiencias y aprender de otros. Tu encanto y gracia te ayudan a desarrollar habilidades diplomáticas y sociales que te permiten moverte con fluidez en círculos sociales distintos. No obstante, quizá necesites fortalecer tu confianza o superar la tendencia a sentirte herido por las acciones y críticas ajenas y a ser demasiado dependiente. Tienes una facilidad extraordinaria para crear atmósferas amistosas y armoniosas. La subinfluencia del mes número 10 indica que, aunque eres autosuficiente y capaz de mantener una actitud independiente, tu deseo de amor e intimidad implica que deseas comunicar tus pensamientos e ideas. A pesar de que te encanta la diversión y eres generoso, también anhelas la aprobación y el afecto de tus seres queridos. Si eres tenaz y optimista en tiempos adversos, podrás aprovechar tu creatividad y personalidad carismática para influir en otros y hacer progresos de verdad. Las ansias de expresión personal apuntan a que eres talentoso y, por lo regular, te interesa más de una cosa.

• *Cualidades positivas*: buenas asociaciones, gentileza, tacto, receptividad, intuición, amabilidad, armonía, afabilidad, naturaleza amistosa, embajador de buena voluntad.

• *Cualidades negativas*: suspicacia, inseguridad, servilismo, timidez, hipersensibilidad, egoísmo, susceptibilidad.

Amor y relaciones

Las relaciones son importantes para ti, pero es esencial que no termines volviéndote dependiente. Necesitas compañía porque te desagrada estar solo durante demasiado tiempo. Por fortuna, tu encanto, habilidades diplomáticas y extraordinarios poderes de persuasión te ayudan a hacer amistades y encontrar amantes con facilidad. Sin embargo, a veces tus emociones les resultan intensas y complicadas a otras personas, a pesar de lo mucho que ansías que haya armonía. Gracias a que eres gentil, sociable y divertido, resultas ser un anfitrión excelente.

ESE ALGUIEN ESPECIAL

Para encontrar prosperidad y relaciones duraderas, búscalas entre personas nacidas en las siguientes fechas.

Amor y amistad: 6, 16, 22 y 26 de enero; 4, 14, 20 y 24 de febrero; 2, 12, 18 y 22 de marzo; 10, 16, 20 y 30 de abril; 8, 14, 18 y 28 de mayo; 6, 12, 16 y 26 de junio; 4, 10, 14, 24 y 31 de julio; 2, 8, 12, 22 y 29 de agosto; 6, 10, 20 y 27 de septiembre; 4, 8, 18 y 25 de octubre; 2, 6, 16, 23 y 30 de noviembre; 4, 14, 21, 28 y 30 de diciembre.

Buenas para ti: 6, 17, 23 y 31 de enero; 4, 15, 21 y 29 de febrero; 2, 13, 19, 27 y 30 de marzo; 11, 17, 25 y 28 de abril; 9, 15, 23 y 26 de mayo; 7, 13, 21 y 24 de junio; 5, 11, 19 y 22 de julio; 3, 9, 17 y 20 de agosto; 1, 7, 15, 18 y 30 de septiembre; 5, 13, 16 y 28 de octubre; 3, 11, 14 y 26 de noviembre; 1, 9, 12 y 24 de diciembre.

Atracción fatal: 14, 15, 16, 17, 18 y 19 de abril.

Desafiantes: 24 de enero; 22 de febrero; 20 y 29 de marzo; 18, 27 y 29 de abril; 6, 16, 25, 27 y 30 de mayo; 14, 22, 25 y 28 de junio; 12, 21, 23 y 26 de julio; 10, 19, 21 y 24 de agosto; 8, 17, 19 y 22 de septiembre; 6, 15, 17 y 20 de octubre; 4, 13, 15 y 18 de noviembre; 2, 11, 13 y 16 de diciembre.

Almas gemelas: 13 de enero, 11 de febrero, 9 de marzo, 7 de abril, 5 de mayo, 3 y 30 de junio, 1 y 28 de julio, 26 de agosto, 24 de septiembre, 22 de octubre, 20 de noviembre, 18 de diciembre.

21 de octubre

ESTRELLAS FIJAS

Aunque el grado en que se ubica tu Sol no se encuentra vinculado con una estrella fija, algunos de los grados de tus otros planetas sí lo estarán. Si solicitas el cálculo de tu carta astral, encontrarás la posición exacta de los planetas en tu fecha de nacimiento. Esto te permitirá determinar cuáles de las estrellas fijas descritas en este libro son relevantes para ti.

La influencia de tu fecha de nacimiento te confiere un brillante intelecto y agradables modales. Eres un pensador progresista que disfruta emprender proyectos que te mantendrán mentalmente entusiasta. Eres un idealista práctico, conoces el valor de la intuición y del pragmatismo. Uno de tus mayores atributos es el talento que tienes para tratar con la gente, lo que proviene de tu sociabilidad y magnetismo.

Géminis, el regente de tu decanato, ejerce una subinfluencia que te hace una persona adaptable y versátil, con un toque para la comunicación. Tu naturaleza altamente susceptible y sensible exige que protejas tu delicado sistema nervioso. Gracias a que eres elocuente y tienes buenas habilidades sociales, generalmente, se te facilita la diplomacia y hacer contactos. Siempre aspiras a tener información actualizada y a contagiar a los demás tu entusiasmo por el conocimiento, lo cual te hace un maestro natural. De hecho, cualquier forma de educación es vital para sacarle todo el provecho a tu maravilloso potencial.

Tienes una sensibilidad por las artes que puede encontrar su expresión a través de la música, la pintura, el teatro, o en el amor por la belleza, el estilo y los lujos que te rodean. Posees un refinamiento natural que se muestra en tu alegre personalidad, aunque en ocasiones puedes llegar a ser muy necio. Los debates sobre temas de tu interés, junto con tu talento para resolver problemas, mantendrán ocupada tu mente hábil y creativa. Cuando te faltan estímulos mentales, eres capaz de derrochar tu energía en actividades triviales o de poca importancia. Eres un individuo ambicioso, con fuertes deseos. Tienes habilidades de liderazgo, pero te conviene evitar ser demasiado dominante.

Desde el inicio de tu vida, tu Sol progresado se desplaza hacia Escorpión, por lo que durante los primeros 30 años vives con gran fuerza las cuestiones que impliquen poder y transformación. Al cumplir 32 años de edad llega un punto de inflexión, junto con el desplazamiento de tu Sol progresado hacia Sagitario, que te incita a ser más intrépido y quizá desees estudiar o viajar. En este periodo es probable que tengas un mayor contacto con gente y países extranjeros. Habiendo cumplido los 62 años, tu Sol progresado entra en Capricornio y tu carácter se vuelve más pragmático, precavido y consciente.

Tu yo secreto

Ya que eres honesto y tienes buen instinto para reconocer las necesidades de los demás, puedes llegar a ser un buen negociador y consejero. Aunque aparentes ser independiente, eres receptivo a las necesidades de tus compañeros o colaboradores. En ocasiones, le temes a la soledad, así que ten cuidado de no ser demasiado dependiente o inseguro en tus relaciones. Si desarrollas un sentido de equilibrio y justicia, lograrás ser generoso con tu amor y atención, sin llegar a un apego excesivo.

Gracias a que eres un individuo sensible y con una imaginación excepcional, puedes sentirte inclinado a emplear estos dones dedicándote al arte, a la música, a la sanación o a algún ideal. Puedes ser un buen amigo y compañero comprensivo, pero si tu cariño no encuentra reciprocidad te inclinarás a evadirte de la realidad o vivir malhumorado. El trabajo colaborativo con otros, ya sea como socio o como parte de un equipo, puede llegar a ser importante para tu crecimiento esencial.

Trabajo y vocación

Eres una persona ambiciosa e intrépida, amante del conocimiento, lo que te hace un excelente entrenador y profesor. Puesto que eres amigable, encantador y de personalidad relajada, se te facilita trabajar con gente, por lo que te espera un buen futuro en relaciones públicas y promoción. Gracias a tus múltiples talentos, quizá te sea problemático decidir exactamente qué es lo que quieres lograr. Tu gusto musical y artístico, sumado a tu don para el drama y el discurso, propician que te dediques a la actuación en teatro o cine. Estas cualidades también te pueden inclinar hacia la escritura, especialmente de ficción, humor o dramaturgia, ya que harás uso de tu ingenio, imaginación e ideas originales. Si crees en una causa justa, serás un excelente portavoz. Como eres leal y dedicado, trabajas mejor en colaboración, pero requieres que tus esfuerzos sean apreciados por los demás.

Entre las personas famosas con quienes compartes cumpleaños están el fundador del premio Nobel, Alfred Nobel; los escritores Samuel Taylor Coleridge y Ursula K. Le Guin; la actriz Carrie Fisher; el músico Dizzy Gillespie; el beisbolista Whitey Ford, y el primer ministro israelí Benjamín Netanyahu.

Numerología

Tener el número 21 en tu fecha de cumpleaños te hace una persona con empuje dinámico y personalidad extrovertida. Con esas inclinaciones sociales, tienes muchos intereses y contactos y, en general, tienes mucha suerte. Te muestras amistoso y sociable con los demás. También eres original, intuitivo y de espíritu independiente. Si tu cumpleaños es en un día con el número 21, es posible que te encante la diversión; que seas magnético, creativo y tengas encanto social. Por otro lado, puedes ser tímido y reservado, con necesidad de desarrollar la asertividad, en especial en relaciones cercanas. Aunque te inclines hacia las relaciones de cooperación o el matrimonio, siempre querrás que se reconozcan tus talentos y habilidades. La subinfluencia del mes número 10 indica que eres ambicioso, directo, inquisitivo, talentoso e intuitivo. Necesitas trabajar mucho y disciplinarte para comercializar tus talentos. Gracias a tus habilidades prácticas e ideas creativas, puedes emprender planes de gran tamaño y disfrutas arrancar proyectos nuevos.

• *Cualidades positivas*: inspiración, creatividad, uniones amorosas, relaciones duraderas.

• *Cualidades negativas*: dependencia, nerviosismo, temperamental, falta de visión, desilusión, miedo al cambio.

Amor y relaciones

Eres encantador y amistoso, por lo que no tienes problema alguno para atraer amistades y admiradores. Prefieres que la persona con quien hagas pareja sea trabajadora y exitosa. Es importante que conserves tu independencia, pero también que estés dispuesto a dar de ti y a ser justo en las relaciones. Lo más recomendable sería evitar los celos en tus interacciones sociales, pues pueden opacar tu personalidad afectuosa y solidaria. En tu búsqueda de la pareja perfecta, crees en las relaciones significativas y eres leal a la persona con quien sientas cabeza.

ESE ALGUIEN ESPECIAL

Encontrarás una pareja que comprenda tu sensibilidad y tus necesidades afectivas entre quienes nacieron en las siguientes fechas.

Amor y amistad: 1, 4, 27 y 29 de enero; 2, 25 y 27 de febrero; 23 y 25 de marzo; 21 y 23 de abril; 19, 21 y 29 de mayo; 17, 19 y 27 de junio; 15, 17 y 25 de julio; 13, 15 y 23 de agosto; 11, 13 y 21 de septiembre; 9, 11 y 19 de octubre; 7, 9 y 17 de noviembre; 5, 7 y 15 de diciembre.

Buenas para ti: 3, 10, 15 y 18 de enero; 1, 8, 13 y 16 de febrero; 6, 11, 14, 29 y 31 de marzo; 4, 9, 12, 27 y 29 de abril; 2, 7, 10, 25 y 27 de mayo; 5, 8, 23 y 25 de junio; 3, 6, 21 y 23 de julio; 1, 4, 19 y 21 de agosto; 2, 17 y 19 de septiembre; 15 y 17 de octubre; 13 y 15 de noviembre; 11 y 13 de diciembre.

Atracción fatal: 16, 17, 18, 19, 20 y 30 de abril; 28 de mayo; 26 de junio; 24 de julio; 22 de agosto; 20 de septiembre; 18 de octubre; 16 de noviembre; 14 de diciembre.

Desafiantes: 9, 14, 16 y 25 de enero; 7, 12, 14 y 23 de febrero; 5, 10, 12, 21, 28 y 30 de marzo; 3, 8, 10, 19, 26 y 28 de abril; 1, 6, 8, 17, 24 y 26 de mayo; 4, 6, 15, 22 y 24 de junio; 2, 4, 13, 20 y 22 de julio; 2, 11, 18 y 20 de agosto; 9, 16 y 18 de septiembre; 7, 14 y 16 de octubre; 5, 12 y 14 de noviembre; 3, 10 y 12 de diciembre.

Almas gemelas: 29 de diciembre.

22 de octubre

ESTRELLAS FIJAS

Aunque el grado en que se ubica tu Sol no se encuentra vinculado con una estrella fija, algunos de los grados de tus otros planetas sí lo estarán. Si solicitas el cálculo de tu carta astral, encontrarás la posición exacta de los planetas en tu fecha de nacimiento. Esto te permitirá determinar cuáles de las estrellas fijas descritas en este libro son relevantes para ti.

Magnetismo, encanto y liderazgo son algunas de las características especiales que indica tu fecha de nacimiento. Eres una persona diplomática, con buenas habilidades sociales y sabes cómo ejercer tu influencia para tu beneficio. Gracias a tu fuerte sentido de justicia y tus agudas destrezas mentales, eres capaz de salir delante en cualquier situación. Corres el riesgo, sin embargo, de dejar que la indecisión ante cualquier posible camino, o la autoindulgencia excesiva hacia los placeres mundanos, te desvíen de tus fuertes ideales.

La subinfluencia de Géminis, el regente de tu decanato, te muestra como una persona expresiva y talentosa para la comunicación. Eres naturalmente persuasivo y gozas de un astuto entendimiento de la naturaleza humana, además de que eres sociable y de trato fácil. La viveza de tu carisma asegura que seas divertido y amigable en entornos sociales. Es necesario que trabajes en tu disciplina para obtener todo el beneficio de tu extraordinario potencial.

Ya que tienes un fuerte interés en el hogar y la familia, además de un anhelo por la comodidad, prefieres estar rodeado de objetos de calidad y lujos. El interés por el arte y la belleza, aunado a la necesidad de expresión propia, te puede conducir a la escritura, la pintura o la música. Lo anterior no le resta protagonismo a tu innato sentido de negocios, que te ayudará a triunfar económicamente. En ocasiones, eres capaz de actuar como mediador o diplomático, y de traer paz y armonía en situaciones difíciles. Sin embargo, también puedes llegar a ser autoritario o mezquino, características que te desvían de tu usual estilo relajado.

Desde el inicio de tu vida, tu Sol progresado se desplaza hacia Escorpión y, durante las siguientes tres décadas, resalta la importancia de los temas relacionados con poder interior y transformación. Al cumplir los 30 años llegas a un punto de inflexión, con el desplazamiento de tu Sol progresado hacia Sagitario, el cual te estimula para ser más optimista e intrépido. Asimismo, indica un posible deseo de estudiar o de realizar viajes. Quizá llegues a tener más contacto con personas y lugares de otros países. A partir de los 61 años, cuando tu Sol progresado entra en Capricornio, adquieres un sentido más pragmático, mayor conciencia y enfoque en tus metas y objetivos.

Tu yo secreto

Eres una persona generosa y amable, con una mente abierta y desapegada que te permite sentir afinidad con toda la raza humana. De vez en cuando eres propenso a guardar frustraciones y decepciones, que liberas adoptando una actitud demasiado seria o tienes tendencia a discutir. Aunque en ocasiones puedes aparentar ser egoísta, lo compensas al encontrarle el lado divertido a la vida y usar tu ágil sentido del humor para desviar situaciones potencialmente difíciles.

Aunque aparentas ser una persona segura, escondes tus miedos detrás del orgullo. Quizá necesites algo más significativo en tu vida, una fuente de sabiduría que te ayude a superar los problemas que encuentres a tu paso. Tus poderosos sentimientos están ligados a tu intuición, así que confía en tus instintos. Tienes una fortaleza interior que, cuando se manifiesta de manera positiva, tiene propiedades curativas o creadoras.

Trabajo y vocación

Gracias a tu elegancia, energía y habilidades prácticas, eres de trato amable y haces contactos fácilmente. Tu personalidad carismática y tu creatividad te auguran el éxito en las relaciones públicas, la política, organizaciones humanitarias o empresas internacionales. Dado que tienes múltiples talentos y una naturaleza dramática, puedes elegir cualquier camino profesional que desees, ya sea en el arte, el diseño de interiores, la escritura, la música o el teatro. Entre tus cualidades está ser encantador, generoso y de notables destrezas sociales, las cuales te respaldarán como negociante, mediador y diplomático. Alternativamente, considerando tu honestidad e idealismo, puedes sentirte atraído por el derecho, como abogado, funcionario de la corte o juez. Tu habilidad para planear eventos sociales o recaudar dinero para alguna causa altruista o justa indica que eres persuasivo y emprendedor.

Entre las personas famosas con quienes compartes cumpleaños están el escritor y psicólogo Timothy Leary; la actriz Catherine Deneuve y el compositor Franz Liszt.

Numerología

Este es un número maestro que puede vibrar tanto en forma de 22 como en forma de 4. Sueles ser honesto y trabajador, poseer habilidades de liderazgo innatas y tener una personalidad carismática y una profunda capacidad de entender a la gente y sus motivaciones. Aunque no demuestras tu afecto, sueles preocuparte por el bienestar de tus seres queridos, pero sin perder de vista tu lado pragmático o realista. Por lo general, eres culto y mundano, y tienes muchos amigos y admiradores. Los más competitivos de entre los nacidos en el día número 22 pueden alcanzar el éxito y la buena fortuna con la ayuda de otros. Muchos de los nacidos en este día tienen fuertes lazos con sus hermanos, a quienes protegen y apoyan. La subinfluencia del mes número 10 indica que eres ambicioso, idealista, astuto, y que necesitas aprender a confiar en tus instintos. Tus emociones profundas y ansias de expresión implican que eres dinámico y, cuando te inspiras, te sientes motivado. Tu capacidad de resistencia y perseverancia es evidencia de tu verdadero carácter, el cual sale a relucir en momentos de estrés o dificultades. Aunque eres generoso y entusiasta, en ocasiones te vuelves egoísta o arrogante.

• *Cualidades positivas*: universalidad, ansias de dirigir, pragmatismo, habilidades manuales, talento, habilidades de construcción, habilidad para la organización, realismo, capacidad para resolver problemas, éxitos.

• *Cualidades negativas*: codicia que lleva a cometer fraudes para enriquecerse rápido, nerviosismo, autoritarismo, materialismo, falta de visión, pereza, egocentrismo, obsesión, autopromoción.

Amor y relaciones

Eres romántico y generoso, y la gente se siente atraída hacia tu personalidad amistosa. Tus emociones intensas te permiten experimentar atracciones potentes pero, como no te gusta estar solo, puedes ceder demasiado a cambio de paz, un hogar y una familia. Aunque eres idealista, cuida que tu amor por la sensualidad no te distraiga de tus planes utópicos. Tu naturaleza divertida y cálida te permite ser un anfitrión excelente.

ESE ALGUIEN ESPECIAL

La pareja ideal que te traerá fortuna y materializará todos tus sueños románticos podría encontrarse entre quienes nacieron en las siguientes fechas.

Amor y amistad: 2 y 28 de enero; 12 y 26 de febrero; 24 de marzo; 22 de abril; 20, 29 y 30 de mayo; 4, 18, 27 y 28 de junio; 16, 25 y 26 de julio; 14, 23 y 24 de agosto; 12, 21 y 22 de septiembre; 10, 19, 20, 29 y 31 de octubre; 8, 17, 18, 27 y 29 de noviembre; 6, 15, 16, 25 y 27 de diciembre.

Buenas para ti: 2, 10, 13 y 16 de enero; 8, 11 y 14 de febrero; 6, 9 y 12 de marzo; 4, 7 y 10 de abril; 2, 5 y 8 de mayo; 3 y 6 de junio; 1, 4 y 30 de julio; 2, 28 y 30 de agosto; 26 y 28 de septiembre; 24 y 26 de octubre; 22 y 24 de noviembre; 20, 22 y 30 de diciembre.

Atracción fatal: 18, 19, 20 y 21 de abril; 31 de octubre; 29 de noviembre; 27 de diciembre.

Desafiantes: 3, 9 y 10 de enero; 1, 7 y 8 de febrero; 5, 6 y 31 de marzo; 3, 4 y 29 de abril; 1, 2 y 27 de mayo; 25 de junio; 23 de julio; 2, 21 y 31 de agosto; 19 y 29 de septiembre; 17 y 27 de octubre; 15 y 25 de noviembre; 13 y 23 de diciembre.

Almas gemelas: 5 de enero, 3 de febrero, 1 de marzo, 30 de mayo, 28 de junio, 26 de julio, 24 de agosto, 22 de septiembre, 20 de octubre, 18 de noviembre, 16 de diciembre.

Escorpión

23 de octubre–21 de noviembre

SOL: CÚSPIDE ESCORPIÓN/LIBRA
DECANATO: ESCORPIÓN/PLUTÓN
ÁNGULO: 29° 30' DE LIBRA–0°
30' DE ESCORPIÓN
MODALIDAD: FIJA
ELEMENTO: AGUA

ESTRELLAS FIJAS

Aunque el grado en que se ubica tu Sol no se encuentra vinculado con una estrella fija, algunos de los grados de tus otros planetas sí lo estarán. Si solicitas el cálculo de tu carta astral, encontrarás la posición exacta de los planetas en tu fecha de nacimiento. Esto te permitirá determinar cuáles de las estrellas fijas descritas en este libro son relevantes para ti.

23 de octubre

Haber nacido en la cúspide de Libra y Escorpión te caracteriza como un individuo tenaz y receptivo que posee una perspicacia y conciencia profundas. Eres impresionable y emprendedor, y juzgas las experiencias a partir de lo que sientes, pues eres capaz de experimentar una gama amplia de emociones que van desde ser disciplinado y tener una gran fuerza de voluntad hasta encantador y carismático. Eres trabajador, bueno para hacer contactos profesionales, con un sexto sentido bien afinado y que constantemente busca la manera de interactuar con otras personas. Aunque eres entusiasta por naturaleza, el lado más pragmático de tu carácter te permite superar las crisis.

La subinfluencia de Escorpión, el regente de tu decanato, implica que tienes una fortaleza interna enorme. Además de ser idealista y comprensivo, eres afectuoso y perspicaz. Tu enfoque franco y comentarios tajantes reflejan que eres valiente y perseverante. Si alguien te desafía, te muestras ante tu oponente con una actitud desafiante y atrevida. Por lo regular, tu espíritu tenaz sale a relucir cuando te sientes amenazado o inseguro.

Una vez que encuentres un área de interés, te volverás ambicioso y decidido a averiguar todo lo que se pueda al respecto. Aunque eres impetuoso o inquieto, también tienes un corazón bondadoso y generoso. Generalmente, te gusta estar bien informado, y la búsqueda de conocimiento y ansias de expresión personal son señal de que necesitas afinar tu intelecto.

Antes de los 29 años, es probable que te preocupen cuestiones relacionadas con la sensibilidad emocional y el poder personal. A los 30, cuando tu Sol progresado se desplace hacia Sagitario, habrá un punto de inflexión que resaltará la necesidad creciente de libertad y de ampliar tus horizontes, ya sea a través de viajes, educación o alguna filosofía de vida. A los 60 vendrá otra encrucijada, cuando tu Sol progresado se desplace hacia Capricornio. Es probable que esta traiga consigo una visión de la vida más pragmática, ordenada y enfocada en la seguridad.

Tu yo secreto

Tienes una imaginación maravillosa y emociones dinámicas, pero a veces te frustras o decepcionas, lo cual te impacienta y te hace sentir insatisfecho. Si procuras pensar positivo, te resultará más fácil soltar las dificultades y reunir la disciplina necesaria para aprovechar al máximo tu potencial. Por lo regular, eres amistoso, sensible e incluyente con todo el mundo, pero si desarrollas una visión más universal de la vida, serás aún más generoso y compasivo.

Los deseos de avanzar y progresar durante toda la vida atraen oportunidades de éxito particulares. Dado que eres ambicioso y competitivo, y posees gran agilidad intelectual, por lo general, estás dispuesto a trabajar arduamente para cumplir tus metas. Sin embargo, si evades las responsabilidades requeridas para cumplir tu destino, quizá no logres satisfacer la gran necesidad que tienes de construir algo que tenga valor permanente.

Trabajo y vocación

Tienes la capacidad de ser sumamente exitoso en actividades que impliquen relacionarse con gente. Si sigues el llamado de tu vocación y explotas tu gran potencial de liderazgo, es probable que asciendas a la cima de tu carrera, sobre todo en ámbitos como el derecho, la educación o los negocios. Ser histriónico y expresivo te permite disfrutar de ocupaciones donde puedas ser creativo, como en el arte y el entretenimiento. Por otro lado, tu gran sentido del deber, sensibilidad y naturaleza solidaria implican que podrían atraerte trabajos donde ayudes a otros, como el servicio público, la medicina o la sanación en general. Tu gran imaginación y visión amplia quizá te inspiren a aprovechar esto en carreras como el cine y la publicidad.

Entre las personas famosas con quienes compartes cumpleaños están la celebridad televisiva Johnny Carson, los escritores Robert Seymour Bridges y Michael Crichton, el compositor Albert Lortzing, la actriz Kate del Castillo, el jugador de fútbol americano Doug Flutie y el futbolista brasileño Pelé.

Numerología

Algunos de los atributos ligados a un cumpleaños con el número 23 son la sensibilidad emocional y la creatividad. Sueles ser una persona versátil que piensa rápido, mantiene una actitud profesional y siempre está llena de ideas. Con la influencia del número 23, puedes aprender cosas nuevas con facilidad, aunque prefieres la práctica más que la teoría. Te encantan los viajes, la aventura y conocer gente nueva, y la cualidad enérgica que trae consigo el número 23 de tu cumpleaños te insta a probar toda clase de experiencias distintas y a adaptarte para sacar lo mejor de cada situación. La subinfluencia del mes número 10 indica que posees fortaleza y profundidad internas, y eres capaz de una lealtad férrea. Estas cualidades te permiten ser valiente y trascender las dificultades. Ser autosuficiente y enfocado significa que te gusta tener el control. Aunque no muestres tus emociones, tu naturaleza idealista y franca provoca que, al hablar, seas brutalmente honesto. Aunque a veces seas temerario, procura que tus críticas mordaces no ofendan a la gente.

• *Cualidades positivas:* lealtad, responsabilidad, gusto por viajar, comunicación, intuición, fama, creatividad, versatilidad, confiabilidad.

• *Cualidades negativas:* egoísmo, inseguridad, inflexibilidad, atribuir culpas, aburrimiento, desapego, prejuicios.

Amor y relaciones

Ser sensible y emotivo te convierte en un idealista audaz y romántico. Te atraen individuos enérgicos, por lo que aprovechas la intensidad de tus emociones para expresar tu amor de forma histriónica. No obstante, en algunas ocasiones tus amigos o pareja pueden sufrir tus cambios de humor y tu materialismo excesivo. Gracias a la fuerza de tus emociones, eres solidario, compasivo y expresivo; y la devoción y fidelidad son importantes para ti. Sin embargo, evita la tendencia a ser autoritario y tajante.

ESE ALGUIEN ESPECIAL

Encontrarás satisfacción emocional y a ese alguien especial entre personas nacidas en las siguientes fechas.

Amor y amistad: 3, 19, 22, 25, 29 y 30 de enero; 1, 17, 20, 23, 27 y 28 de febrero; 18, 21, 25 y 26 de marzo; 16, 19, 23, 24 y 28 de abril; 14, 17, 21, 22, 26 y 31 de mayo; 9, 12, 15, 19, 20, 24 y 29 de junio; 10, 13, 18 y 22 de julio; 8, 11, 15, 16, 20, 27, 29 y 30 de agosto; 6, 9, 13, 14, 18, 23, 27 y 28 de septiembre; 4, 7, 11, 12, 16, 21, 25 y 26 de octubre; 2, 5, 9, 10, 14, 19, 23 y 24 de noviembre; 3, 7, 8, 12, 17, 21 y 22 de diciembre.

Buenas para ti: 17 de enero; 15 de febrero; 13 de marzo; 11 de abril; 9 y 29 de mayo; 7 y 27 de junio; 5 y 25 de julio; 3 y 23 de agosto; 1 y 21 de septiembre; 19 y 29 de octubre; 17, 27 y 30 de noviembre; 15, 25 y 28 de diciembre.

Atracción fatal: 19, 20, 21 y 22 de abril; 31 de mayo; 29 de junio; 27 de julio; 25 y 30 de agosto; 23 y 28 de septiembre; 21 y 26 de octubre; 19 y 24 de noviembre; 17 y 22 de diciembre.

Desafiantes: 20 y 23 de enero, 18 y 21 de febrero, 16 y 19 de marzo, 14 y 17 de abril, 12 y 15 de mayo, 10 y 13 de junio, 8 y 11 de julio, 6 y 9 de agosto, 4 y 7 de septiembre, 2 y 5 de octubre, 2 de noviembre, 1 de diciembre.

Almas gemelas: 4 y 31 de enero, 2 y 29 de febrero, 27 de marzo, 25 de abril, 23 de mayo, 21 de junio, 19 de julio, 17 de agosto, 15 de septiembre, 13 de octubre, 11 de noviembre, 9 de diciembre.

24 de octubre

ESTRELLAS FIJAS

Aunque el grado en que se ubica tu Sol no se encuentra vinculado con una estrella fija, algunos de los grados de tus otros planetas sí lo estarán. Si solicitas el cálculo de tu carta astral, encontrarás la posición exacta de los planetas en tu fecha de nacimiento. Esto te permitirá determinar cuáles de las estrellas fijas descritas en este libro son relevantes para ti.

♏ Eres un Escorpión jovial y creativo, con una gran nobleza interna y aprecio por las cosas buenas de la vida. Aunque te atraen el glamur y los lujos, estás dispuesto a trabajar arduamente si encuentras una idea inspiradora o causa que valga la pena.

La subinfluencia de Escorpión, el regente de tu decanato, implica que posees un espíritu tenaz, atrevido y mordaz. Aunque, a veces, tu actitud tajante y directa hace que parezcas audaz y perseverante, tu capacidad para entender a los demás te permite ser empático y comprensivo. Además de ser un individuo creativo, eres bondadoso y emotivo, y tienes muchas aptitudes para las interacciones sociales. Generalmente, eres atractivo y elegante, y logras volverte popular entre la gente. Sin embargo, también buscas constantemente medios para expresarte de forma artística.

Tu perspicacia emocional te permite comprender los cambios de ánimo de los demás. Ser capaz de gestos generosos refleja tu necesidad de aprecio, aunque también eres un amigo y compañero leal. A pesar de que cooperes y contribuyas en los proyectos grupales, si adoptas una actitud negativa o no recibes apoyo emocional suficiente, te muestras resentido o sientes lástima de ti mismo. Si desarrollas autodisciplina, verás que ser responsable y paciente trae consigo muchos beneficios y recompensas.

Hasta los 28 años, te preocuparán cuestiones relacionadas con tu sensibilidad emocional y transformaciones personales. A los 29, cuando tu Sol progresado se desplace hacia Sagitario, habrá un punto de inflexión que resaltará la necesidad creciente de libertad y de una visión más amplia. Esto implicará tomar más riesgos o expandir tu perspectiva mental por medio de la búsqueda de la verdad, la educación y los viajes. A los 59 enfrentarás otra encrucijada, cuando tu Sol progresado entre a Capricornio, en donde adquirirá importancia una visión de vida más seria, disciplinada y práctica.

Tu yo secreto

Eres un histrión nato y posees excelentes habilidades sociales, lo que te vuelve un experto en investigar las motivaciones e intenciones ocultas de los demás, pero sin revelar ni una pizca de tu ser más profundo. Esto te permite proteger tu profunda sensibilidad y te brinda una sensación de control. Al ser generoso y amoroso, necesitas rodearte de gente y relaciones armoniosas. Algunas personas aprecian que seas comprensivo, por lo que no será difícil que busquen tus consejos. Sin embargo, será necesario que aprendas a mantener cierto desapego y un sentido claro de los límites para evitar ser demasiado generoso y compasivo a costa de tu propio bienestar.

Como eres orgulloso e inteligente, con frecuencia necesitas desafíos que te obliguen a mantenerte activo. No obstante, tu deseo de gratificaciones instantáneas y de evadirte a través de los excesos podrían frenar el desarrollo de la disciplina que necesitas para explotar tu potencial extraordinario. Si confías en tu intuición potente, percibirás cuán lejos puedes llevar las cosas y cuándo debes soltarlas para evitar salir herido. Tu habitual actitud jovial te permitirá siempre estar conectado con la alegría de vivir.

Trabajo y vocación

Si combinas tu encanto seductor, aptitud innata para los negocios y don de gentes, sobresaldrás en carreras relacionadas con las relaciones públicas, ventas o publicidad. Probablemente seas muy bueno en negocios que impliquen interacciones sociales, como promoción de productos o actuar como agente de terceros. Por otro lado, ser creativo y disfrutar la diversión hará que te atraigan las artes, el mundo del espectáculo o la industria musical. Gracias a que comprendes al instante los problemas ajenos, fungirás como consejero, terapeuta, cuidador o sanador. Tu astucia para los negocios te ayudará a triunfar en la carrera que elijas, aunque de preferencia deberás tener la libertad necesaria para trabajar a tu manera.

Entre las personas famosas con quienes compartes cumpleaños están el músico Bill Wyman; los actores F. Murray Abraham, Kevin Kline y Dame Sybil Thorndike; el microbiólogo y naturalista Anton van Leeuwenhoek, y el jugador de fútbol americano Y. A. Tittle.

Numerología

Aunque quizá te desagrade la rutina, sueles ser una persona trabajadora, con habilidades prácticas y buen juicio. La sensibilidad emocional que sugiere un cumpleaños con el número 24 indica que quizá sientas necesidad de estabilidad y orden. Eres fiel y justo, pero poco efusivo, y tiendes a creer que las acciones dicen más que las palabras. Tu visión pragmática de la vida también te da buen olfato para los negocios y la capacidad de alcanzar el éxito. Con el número 24 por cumpleaños, es posible que debas sobreponerte a la tendencia a ser obstinado o de ideas fijas. La subinfluencia del mes número 10 indica que eres idealista e independiente, y gozas de un gran poder afectivo. Eres tenaz y sumamente leal, por lo que ayudas a tus seres queridos en momentos de crisis. Ser autosuficiente y valiente hace que prefieras decidir las cosas por tu cuenta. Aunque ganar te resulta importante, evita la tendencia a ser egocéntrico o autoritario. En ocasiones, te muestras evasivo y hermético, pero cuando dices lo que piensas eres crítico y franco.

• *Cualidades positivas:* energía, idealismo, habilidades prácticas, determinación inquebrantable, honestidad, franqueza, justicia, generosidad, amor al hogar, actividad.

• *Cualidades negativas:* materialismo, tacañería, inestabilidad, implacabilidad, desprecio por la rutina, pereza, deslealtad, autoritarismo y necedad, sed de venganza, celos.

Amor y relaciones

Eres sumamente sensible, tienes emociones fuertes y una necesidad imperativa de saberte amado, lo cual te podría arrastrar a toda clase de enredos románticos. Gracias a tu capacidad de ser amable y divertido, sin duda alguna tienes una vida social activa. Aunque eres generoso e idealista, te tomas tan en serio las relaciones que terminas atrapado en ellas. Para evitar frustraciones innecesarias, procura que tus sentimientos no controlen tu mente. Dado que eres responsable y adaptable, en general, te ganas el respeto y la admiración de otros.

ESE ALGUIEN ESPECIAL

Al ser una persona sensual, leal y afectuosa, es probable que encuentres a una pareja que entienda tu sensibilidad y tus necesidades afectivas entre quienes nacieron en las siguientes fechas.

Amor y amistad: 5, 9, 10, 18, 19, 26, 30 y 31 de enero; 3, 8, 16, 17, 24 y 28 de febrero; 1, 5, 6, 14, 15, 22 y 26 de marzo; 3, 4, 12, 13, 20 y 24 de abril; 2, 10, 11, 18 y 22 de mayo; 8, 9, 16, 20 y 30 de junio; 6, 7, 14, 18 y 28 de junio; 4, 5, 12, 16, 26 y 30 de agosto; 2, 3, 10, 14 y 28 de septiembre; 1, 8, 12, 22 y 26 de octubre; 6, 10, 20 y 24 de noviembre; 4, 8, 18, 22 y 30 de diciembre.

Buenas para ti: 13 de enero, 11 de febrero, 9 de marzo, 7 de abril, 5 de mayo, 3 y 30 de junio, 1 y 28 de julio, 26 de agosto, 24 de septiembre, 22 de octubre, 20 de noviembre, 18 de diciembre.

Atracción fatal: 20, 21, 22 y 23 de abril.

Desafiantes: 14 y 24 de enero, 12 y 22 de febrero, 10 y 20 de marzo, 8 y 18 de abril, 6 y 16 de mayo, 4 y 14 de junio, 2 y 12 de julio, 10 de agosto, 8 de septiembre, 6 de octubre, 4 de noviembre, 2 de diciembre.

Almas gemelas: 30 de julio, 28 de agosto, 26 de septiembre, 24 de octubre, 22 de noviembre, 20 de diciembre.

25 de octubre

ESTRELLAS FIJAS

Aunque el grado en que se ubica tu Sol no se encuentra vinculado con una estrella fija, algunos de los grados de tus otros planetas sí lo estarán. Si solicitas el cálculo de tu carta astral, encontrarás la posición exacta de los planetas en tu fecha de nacimiento. Esto te permitirá determinar cuáles de las estrellas fijas descritas en este libro son relevantes para ti.

Eres un Escorpión carismático, dinámico y con emociones intensas. Te caracterizas por ser ambicioso, tenaz y esperar grandes cosas de la vida. Eres entusiasta y posees un gran espíritu emprendedor, además de ser imaginativo y tener facilidad para pensar a gran escala. El que seas sumamente intuitivo y tengas habilidades analíticas favorece que manifiestes tu interés por muchas cosas y que, con frecuencia, te involucres en emprendimientos o proyectos. Sin embargo, la tendencia a ser impulsivo indica que la autodisciplina y la concentración serán componentes esenciales para que alcances el éxito.

La subinfluencia del regente de tu decanato, Escorpión, revela que tus ansias e inquietudes para lograr cosas te impulsan a encontrar distintos medios de expresión. Aunque eres sensorial, también ansías ostentar poder y quieres sobresalir mediante el uso de tus capacidades intelectuales. Tu capacidad para superar los obstáculos refleja que puedes renovarte y empezar de nuevo, de ser necesario.

Aunque a veces tu capacidad de discernimiento y tus reproches abruman a los demás, el hecho de que entiendas las situaciones de forma intuitiva te permite también ser empático y comprensivo. Puesto que eres un individuo sensible, sueles buscar mecanismos para expresarte de forma artística. Por lo regular, eres atractivo, agraciado y capaz de volverte popular, además de tener aptitudes para las interacciones sociales.

Antes de los 27 años, te competen cuestiones relacionadas con tus sentimientos profundos y tu poder personal. A partir de los 28, cuando tu Sol progresado se desplaza hacia Sagitario, hay un punto de inflexión que resalta el optimismo y la necesidad creciente de libertad y de expandir tus horizontes, ya sea a través de tu filosofía de vida, de la educación o de los viajes. Enfrentarás otra encrucijada a los 58 años, cuando tu Sol progresado se desplace hacia Capricornio. Ahí será probable que adquieras un enfoque más realista, sensible y consciente de la seguridad.

Tu yo secreto

Con tu gran sentido de la individualidad e independencia, y tu espíritu emprendedor, puedes aprovechar tus ambiciones para ponerte en marcha y asegurarte de que tus grandes planes tengan éxito. Ser inteligente y tener un gran magnetismo personal te hacen sumamente persuasivo; además, tienes el don de tratar con facilidad con gente de cualquier contexto. Dado que aprendes rápido, constantemente estás en busca de nuevas ideas y conocimiento, y tienes una gran facilidad para comunicar tus pensamientos de forma entretenida.

Es necesario que canalices tu inquietud interna a través de la productividad creativa, pues de otro modo te provocará impaciencia e insatisfacción. Si te involucras de manera activa en trabajos o proyectos que atraigan tu interés, evitarás el aburrimiento y mantendrás vivos tus ideales y tu espíritu aventurero. De hecho, los viajes podrían ser un factor significativo en la ampliación de tus horizontes.

Trabajo y vocación

Gracias a tu inteligencia y astucia, y a la capacidad para pensar en grande, cuando te enfocas y decides de verdad, eres capaz de sobresalir de forma extraordinaria en cualquier campo. Gracias a tu personalidad carismática y aptitudes naturales para cautivar a la gente, te desempeñarás bien en ocupaciones que impliquen trato con el público. Tu intelecto agudo también te permitiría triunfar en las ciencias o la educación, aunque quizá prefieras usar tu creatividad en el arte, el teatro o la música. Por otro lado, ser ambicioso y tener habilidades organizacionales y de liderazgo te permitirá ser exitoso en la administración, el derecho o los negocios. Sin embargo, debido a que necesitas una profesión que te dé tanta libertad como sea posible, quizá prefieras trabajar por cuenta propia.

Entre las personas famosas con quienes compartes cumpleaños están el pintor Pablo Picasso, la violinista Midori, los compositores Johann Strauss y Georges Bizet, el escritor Harold Brodkey y el entrenador de básquetbol Bobby Knight.

Numerología

Eres intuitivo y considerado, pero también rápido y enérgico. Necesitas expresarte a través de experiencias diversas que pueden incluir ideas, personas o lugares nuevos y emocionantes. El deseo de perfección asociado con el día 25 suele instarte a trabajar arduamente y ser productivo. No obstante, debes dejar de ser tan impaciente o crítico si las cosas no salen según lo planeado. Al ser una persona con el número 25, tienes una gran energía mental, que te ayudará analizar todos los hechos y llegar a una conclusión más rápido que cualquier otra persona. El éxito y la felicidad llegan cuando aprendes a confiar en tus propios instintos y fortaleces la perseverancia y la paciencia. La subinfluencia del mes número 10 indica que, aunque eres independiente y carismático, necesitas disfrutar tu gran poder interno y tener el control. Eres tenaz, con una una visión penetrante y una ambición poderosa, todo lo cual te permite enfrentar los desafíos de la vida y superar los obstáculos. Debido a que eres obstinado y terco, y posees la capacidad de sanar a otros, eres una persona ferozmente leal que jamás se rinde.

• *Cualidades positivas:* intuición, perfeccionismo, perspicacia, creatividad, don de gentes.

• *Cualidades negativas:* impulsividad, impaciencia, irresponsabilidad, hipersensibilidad, celos, hermetismo, circunstancias cambiantes, crítica, volubilidad.

Amor y relaciones

Puesto que eres activo y dinámico, en las relaciones personales prefieres a individuos fuertes, inteligentes y trabajadores que disfruten los desafíos u ocupen posiciones de autoridad. Con ayuda de tu encanto y sensibilidad, haces que otros se sientan seguros y especiales. Eres sociable y trabajador, te gusta ser anfitrión y sueles mezclar los negocios con el placer. Cuando adoptas una actitud generosa, tienes gestos de benevolencia y amabilidad. Por otro lado, ya que eres responsable y pragmático, prefieres el orden y planear para el futuro.

ESE ALGUIEN ESPECIAL

Si deseas estabilidad y una relación especial, empieza por buscarlas entre quienes nacieron en las siguientes fechas.

Amor y amistad: 2, 3, 6, 9, 10, 11, 17, 21, 27 y 31 de enero; 1, 4, 7, 9, 25 y 29 de febrero; 2, 5, 7, 13, 17, 23 y 27 de marzo; 3, 5, 15, 21 y 25 de abril; 1, 3, 13, 19, 23 y 30 de mayo; 1, 11, 17, 21 y 28 de junio; 5, 9, 15, 19, 26 y 29 de julio; 7, 13, 17, 24 y 27 de agosto; 5, 11, 15, 22 y 25 de septiembre; 3, 9, 13, 20 y 23 de octubre; 1, 7, 11, 18, 21 y 30 de noviembre; 5, 9, 16, 19 y 28 de diciembre.

Buenas para ti: 11, 16 y 30 de enero; 9, 24 y 28 de febrero; 7, 22 y 26 de marzo; 5, 20 y 24 de abril; 3, 18, 22 y 31 de mayo; 1, 16, 20 y 29 de junio; 14, 18 y 27 de julio; 12, 16 y 25 de agosto; 10, 14 y 23 de septiembre; 8, 12, 21 y 29 de octubre; 6, 10, 19 y 27 de noviembre; 4, 8, 17 y 25 de diciembre.

Atracción fatal: 22, 23, 24 y 25 de abril.

Desafiantes: 15 de enero, 13 de febrero, 11 de marzo, 9 de abril, 7 y 30 de mayo, 5 y 28 de junio, 3 y 26 de julio, 1 y 24 de agosto, 22 de septiembre, 20 y 30 de octubre, 18 y 28 de noviembre, 16 y 26 de diciembre.

Almas gemelas: 9 y 29 de enero, 7 y 27 de febrero, 5 y 25 de marzo, 3 y 23 de abril, 1 y 21 de mayo, 19 de junio, 17 de julio, 15 de agosto, 13 de septiembre, 11 de octubre, 9 de noviembre, 7 de diciembre.

26 de octubre

ESTRELLA FIJA

Nombre de la estrella: Princeps, que significa "príncipe" o "principal"

Posición: 2º 8'–2º 50' de Escorpión, entre los años 1930 y 2000

Magnitud: 3.5

Fuerza: ★★★★★

Órbita: 1º 30'

Constelación: Bootes (Delta Bootis)

Días efectivos: 26, 27, 28 y 29 de octubre

Propiedades de la estrella: Mercurio/ Saturno

Descripción: estrella gigante color amarillo pálido ubicada en el mango de la lanza de Bootes

INFLUENCIA DE LA ESTRELLA PRINCIPAL

Princeps indica agudeza mental y una mente estudiosa y profunda, con una capacidad de comprensión apta para la investigación. Esta estrella confiere tenacidad, inventiva y una postura conservadora.

Con respecto a tu grado del Sol, Princeps te permite sobresalir en la educación, las ciencias o cuestiones legales o gubernamentales. Posees una naturaleza competitiva y personalidad atrevida. Tu asertividad sutil y mentalidad ingeniosa te ayudan a poner en práctica, exitosamente, ideas nuevas o sin demostrar. Eres reservado y no te comprometes hasta estar seguro de dónde estás posicionado. Sin embargo, una vez que estás convencido de los hechos, te atreves a hablar con franqueza y no temes ser directo ni defender tus argumentos, pues prefieres tener el control de la discusión.

• *Positiva:* espíritu inquebrantable, lucha, trabajo arduo, ambición.

Eres un Escorpión idealista, ambicioso, sensible, con emociones intensas y deseos profundos. Eres encantador, imaginativo y constantemente buscas formas de expresar tus potentes emociones y tu apetito por la vida. Como todo humanista, eres muy compasivo y estás dispuesto a ayudar a otros. Aunque seas impulsivo y te dejes llevar por nociones románticas, el lado práctico de tu naturaleza refleja que también eres astuto, calculador y consciente de la seguridad.

La doble influencia de Plutón apunta a que, aunque eres sensible y tienes un gran encanto, también eres decidido, valiente y posees un espíritu aguerrido. Esta fortaleza interna también habla de una fuerza de voluntad dinámica que te permite reinventarte y superar los obstáculos. Por lo regular, eres sociable, aunque reservado. Aunque experimentas emociones intensas, por fuera permaneces tranquilo y ecuánime. Sin embargo, debes tener cuidado de no volverte inflexible, pues podría perjudicarte.

Es probable que buena parte de tu atención también se enfoque en las cuestiones financieras, pero gracias a tu buen olfato para los negocios y voluntad para esforzarte, tienes el potencial de comercializar tus talentos. No obstante, uno de tus desafíos será alcanzar el equilibrio adecuado entre trabajo y ocio, para asegurarte de que tu vida no se vuelva demasiado seria o pesada. Por lo regular, trabajas mejor cuando permites que tu intuición dicte cuál es el momento óptimo para desarrollar una idea o proyecto, y luego actúas de forma espontánea en lugar de dejarte restringir por un exceso de estructuras.

Antes de los 26 años, te inquietan cuestiones relativas a tu aguda perspicacia emocional y sentido del poder personal. A los 27, cuando tu Sol progresado se desplaza hacia Sagitario, hay un ajuste de prioridades que resalta la necesidad creciente de aventura, verdad, inspiración y libertad. Te volverás más optimista y ansiarás ampliar tu panorama mental, quizás a través del aprendizaje o del contacto con personas y lugares extranjeros. A los 52 habrá otro punto de inflexión, cuando tu Sol progresado se desplace hacia Capricornio. A partir de entonces, para alcanzar tus metas serás más disciplinado, tenaz y pragmático.

Tu yo secreto

Debido a tu espíritu generoso, pragmatismo y astucia, es importante que mantengas el equilibrio entre tus elevados ideales y la realidad mundana. Por lo regular, disfrutas los lujos y tienes gustos costosos, pero si aprovechas tu potencial para expresar compasión y amor universal, te ahorrarás muchas frustraciones y decepciones personales.

Aunque a nivel sentimental eres generoso con tus seres queridos, también a veces eres rígido y responsable. Aunque la disciplina y el control propio son necesarios para explotar al máximo tus talentos, es igual de importante que no seas demasiado duro contigo mismo. Si aprendes a desarrollar tu fe y espontaneidad, dejarás de ser tan obstinado, abstraído y escéptico. Debido a tu gran sensibilidad, con frecuencia necesitas pasar periodos a solas para reflexionar y conectarte con tu intuición y perspicacia natural.

Trabajo y vocación

Tu intelecto agudo y buenas habilidades comunicativas te ayudarán a triunfar en cualquier carrera, aunque es posible que, especialmente, te atraigan proyectos grandes, el derecho o la política. Tus habilidades ejecutivas naturales y tu buen olfato para los negocios hacen que otros te respeten porque eres trabajador y responsable. Gracias a tu sed de conocimiento y capacidad de pensamiento pragmático, podrías volverte una autoridad en el campo que elijas. Tus aptitudes analíticas y técnicas podrían inclinarte hacia las ciencias o la salud y la medicina. Por otro lado, es posible que tu creatividad natural y amor por la belleza te inspiren a hacer carrera en la música, el teatro o el entretenimiento. Tu naturaleza humanista encontrará cabida en trabajos de cuidado, actividades filantrópicas y reformas sociales.

Entre las personas famosas con quienes compartes cumpleaños están la excandidata a la presidencia de Estados Unidos Hillary Rodham Clinton, el expresidente francés François Mitterrand, los actores Bob Hoskins y Jaclyn Smith, y la cantante Mahalia Jackson.

Numerología

Una fecha de nacimiento con el número 26 sugiere que tienes un enfoque pragmático con respecto a la vida, habilidades ejecutivas y buen instinto para los negocios. Eres responsable y tienes un sentido natural de la estética. Tu amor por el hogar y tus fuertes instintos parentales sugieren que debes construir una base sólida o encontrar estabilidad real. Como sueles ser un pilar de fortaleza para los demás, estás dispuesto a ayudar a amigos y familiares que recurren a ti en momentos de dificultad. Sin embargo, quizá debas cuidar tus tendencias materialistas y el deseo de controlar situaciones o a personas. La subinfluencia del mes número 10 indica que te inclinas más a enfocarte en una sola cosa. También eres cortés, valiente y posees un gran poder emocional. Si eres trabajador y decidido, descubrirás que, si bien ganar es importante, el emprendimiento de ideas nuevas es lo que suele llevar al éxito. Eres generoso, amable y con la capacidad de motivar a los demás. Dado que eres perfeccionista e idealista, no permitas que tu gran sensibilidad socave tu confianza o te aísle de los demás.

• *Cualidades positivas:* creatividad, practicidad, cuidado, responsabilidad, orgullo familiar, entusiasmo, valentía.

• *Cualidades negativas:* necedad, rebeldía, falta de entusiasmo, falta de perseverancia.

Amor y relaciones

Aunque eres sensible y deseas fervientemente recibir amor y afecto, la necesidad de variedad y compañía estimulante apunta a que te desagrada la idea de que tu vida amorosa se vuelva aburrida. Viajar o salir de la rutina con tus amigos o pareja será especialmente útil para impedir que te vuelvas demasiado serio o que trabajes demasiado. Sin embargo, algunas situaciones nuevas o sucesos inesperados provocan cierta desazón. Si te entusiasmas demasiado al comienzo de una relación, más adelante podrías desanimarte o perder el interés. Te ayudará mucho desarrollar la paciencia y darte tiempo para construir las relaciones.

• *Negativa:* necedad, métodos poco ortodoxos, creas tus propios problemas, comportamiento controlador.

ESE ALGUIEN ESPECIAL

Para encontrar el amor y a un compañero para toda la vida, relaciónate con personas nacidas en las siguientes fechas.

Amor y amistad: 2, 9, 12, 22 y 25 de enero; 7, 10, 20, 23 y 26 de febrero; 5, 8, 18 y 21 de marzo; 3, 6, 16 y 19 de abril; 1, 4, 14, 17, 20, 24 y 29 de mayo; 2, 12, 15 y 27 de junio; 10, 13, 16, 20, 25 y 30 de julio; 9, 15, 24 y 26 de agosto; 7, 13, 22 y 24 de septiembre; 4, 7, 10, 14, 19, 24, 28 y 29 de octubre; 2, 5, 8, 12, 17, 22, 26 y 27 de noviembre; 3, 6, 10, 15, 20, 24 y 25 de diciembre.

Buenas para ti: 12, 23 y 29 de enero; 10, 21 y 27 de febrero; 22 y 26 de marzo; 6, 17 y 23 de abril; 4, 15 y 21 de mayo; 2, 13, 19, 28 y 30 de junio; 11, 17, 26 y 28 de julio; 9, 15, 24 y 26 de agosto; 7, 13, 22 y 24 de septiembre; 5, 11, 20 y 22 de octubre; 3, 9, 18, 20 y 30 de noviembre; 1, 7, 16, 18 y 28 de diciembre.

Atracción fatal: 22, 23, 24 y 25 de abril; 29 de julio; 27 de agosto; 25 de septiembre; 23 de octubre; 21 de noviembre; 19 de diciembre.

Desafiantes: 1, 4, 26 y 30 de enero; 2, 24 y 28 de febrero; 22 y 26 de marzo; 20 y 24 de abril; 18, 22 y 31 de mayo; 16, 20 y 29 de junio; 14, 18 y 27 de julio; 12, 16, 25 y 30 de agosto; 10, 14, 23 y 28 de septiembre; 8, 12, 21 y 26 de octubre; 6, 10, 19 y 24 de noviembre; 4, 8, 17 y 22 de diciembre.

Almas gemelas: 20 de enero, 18 de febrero, 16 de marzo, 14 de abril, 12 de mayo, 10 de junio, 8 de julio, 6 de agosto, 4 de septiembre, 2 de octubre.

ESTRELLA FIJA

Nombre de la estrella: Princeps, que significa "príncipe" o "principal"

Posición: 2º 8'–2º 50' de Escorpión, entre los años 1930 y 2000

Magnitud: 3.5

Fuerza: ★★★★

Órbita: 1º 30'

Constelación: Bootes (Delta Bootis)

Días efectivos: 26, 27, 28 y 29 de octubre

Propiedades de la estrella: Mercurio/ Saturno

Descripción: estrella gigante color amarillo pálido ubicada en el mango de la lanza de Bootes

INFLUENCIA DE LA ESTRELLA PRINCIPAL

Princeps indica agudeza mental y una mente estudiosa y profunda, con una capacidad de comprensión apta para la investigación. Esta estrella confiere tenacidad, inventiva y una postura conservadora.

Con respecto a tu grado del Sol, Princeps te permite sobresalir en la educación, las ciencias o cuestiones legales o gubernamentales. Posees una naturaleza competitiva y personalidad atrevida. Tu asertividad sutil y mentalidad ingeniosa te ayudan a poner en práctica, exitosamente, ideas nuevas o sin demostrar. Eres reservado y no te comprometes hasta estar seguro de dónde estás posicionado. Sin embargo, una vez que estás convencido de los hechos, te atreves a hablar con franqueza y no temes ser directo ni defender tus argumentos, pues prefieres tener el control de la discusión.

• *Positiva:* espíritu inquebrantable, lucha, trabajo arduo, ambición.

27 de octubre

℆ Tu fecha de nacimiento revela que eres un Escorpión imaginativo e idealista, con una poderosa intuición y sentimientos intensos. La combinación única de tenacidad, magnetismo personal y aguda perspicacia te permite mezclar los negocios con el placer sin mayor problema. Puesto que a veces tus emociones intensas se desbalancean, es importante que reconozcas su poder y aprendas a usarlas de forma positiva. Además, encontrar medios de expresión artística te ayudará a no ser tan intenso.

La doble influencia de Plutón sugiere que eres magnético, valiente y de espíritu aguerrido. Esta fortaleza interna indica una fuerza de voluntad dinámica que te permite reinventarte y superar los obstáculos. Por lo regular, eres amistoso pero un tanto reservado. Aunque a veces sientes una gran agitación interna, por fuera pareces calmado y ecuánime. Sin embargo, debes evitar ser rígido porque podría afectarte.

Por medio de tu encanto dinámico, energía y generosidad, cautivas e impresionas a los demás. Alternar entre ser distante y taciturno, y ser empático y generoso hace que para muchos seas un misterio, pues no logran entender los distintos aspectos de tu personalidad.

Antes de los 25 años, tus principales preocupaciones tienen que ver con el desarrollo de tu poder personal y el manejo de tus fuertes y profundas emociones. Después de los 26, cuando tu Sol progresado se desplaza hacia Sagitario, serás más optimista y tendrás una necesidad creciente de ser aventurero y buscar oportunidades. Esto te impulsará a correr riesgos, viajar o estudiar. Después de los 56, cuando tu Sol progresado se desplace hacia Capricornio, desarrollarás una visión más realista y estructurada, así como el deseo de organizarte para actualizar tu potencial.

Tu yo secreto

Puesto que eres sociable y amistoso, te entusiasmas y animas cuando se trata de inspirar o entretener a otros. Una vez que tus poderosas emociones fluyen, te conviertes en una influencia positiva y potente. Idealmente, necesitas marcar el rumbo de esta creatividad espontánea. Sin embargo, si algo bloquea tus intensas emociones, tiendes al malhumor y a retraerte. Si aprovechas tu compasión natural y encaminas tu potencial amoroso hacia la preocupación por los demás, generarás armonía y felicidad tanto para ti como para quienes te rodean.

Eres idealista por naturaleza y respondes bien a los desafíos de la vida cuando tienes una causa por la cual luchar. Dado que tu cumpleaños se asocia con una fuerza dinámica, evita usarla como táctica de dominio, sobre todo cuando alguien te decepciona. Para afianzar tu poder, tendrás que aprender a combinar la intuición con la fe, lo cual te hará sentir victorioso y te impulsará a perseguir tus sueños con éxito.

Trabajo y vocación

Gracias a tu don de gentes e instinto para familiarizarte con las tendencias del momento, podrías sobresalir en la promoción de productos, las ventas y los medios de comunicación. Además de saber qué quiere el público, también posees habilidades ejecutivas que te permitirían triunfar en el mundo de los negocios. Tus grandes aptitudes financieras te permitiría ser empresario o filántropo. Mientras tanto, tu intensa creatividad podría expresarse en la música, las artes o el mundo del entretenimiento. Por otro lado, tu habilidad natural para aliviar a otros quizá te inspire a dedicarte a la medicina o los cuidados. Esta fecha de nacimiento suele traer consigo dotes literarias o interés en la educación.

Entre las personas famosas con quienes compartes cumpleaños están el cantante Simon Le Bon, el violinista y compositor Niccolò Paganini, los poetas Dylan Thomas y Sylvia Plath, el comediante John Cleese y el expresidente estadounidense Theodore Roosevelt.

Numerología

El día número 27 indica que eres idealista y sensible. Además, ser intuitivo y analítico, y tener una mente fértil y creativa te permiten impresionar a otros con tus ideas y pensamientos originales. Si bien a veces aparentas ser hermético, racional y desapegado, en realidad esto podría ocultar tensiones internas como tendencias hacia la indecisión o suspicacia con respecto a futuros cambios. Al desarrollar buenas habilidades comunicativas, puedes superar tu renuencia a expresar tus sentimientos más profundos. La educación es esencial para las personas con el número 27 y, si profundizas tu capacidad de razonamiento, te volverás más paciente y disciplinado. La subinfluencia del mes número 10 indica que eres original y dramático. Tu orgullo, tesón y moral inquebrantable son evidencia de que defiendes lo que dices. Debido a que eres un individuo ferozmente leal, posees la capacidad de sanar o ayudar a otros a superar las dificultades. Tu deseo de satisfacción emocional hacen que te vuelvas productivo y trabajador cuando crees en una causa.

• *Cualidades positivas:* versatilidad, imaginación, creatividad, determinación, valentía, comprensión, espiritualidad, ingenio, fortaleza mental.

• *Cualidades negativas:* antipatía, naturaleza pendenciera, susceptibilidad, inquietud, nerviosismo, desconfianza, hipersensibilidad, tensión.

Amor y relaciones

Aunque, con tus relaciones cercanas, eres fiel e idealista, puedes volverte posesivo y celoso, sobre todo si te sientes inseguro. Debido a que eres responsable, respetas y admiras a la gente trabajadora, tenaz y leal. Eres un amigo sensible, generoso y solidario, ya que te preocupa el bienestar de otras personas. Sin embargo, no permitas que te abrumen los problemas ajenos. Si aprendes a mantener la calma y a desapegarte, evitarás sufrimiento innecesario.

• *Negativa:* necedad, métodos poco ortodoxos, creas tus propios problemas, comportamiento controlador.

ESE ALGUIEN ESPECIAL

Si quieres encontrar a tu pareja ideal, te conviene empezar a buscarla entre personas nacidas en las siguientes fechas.

Amor y amistad: 8, 11, 12 y 29 de enero; 6, 9 y 27 de febrero; 4, 7, 25 y 29 de marzo; 2, 5, 23 y 27 de abril; 3, 21, 25 y 30 de mayo; 1, 19 y 23 de junio; 17 y 21 de julio; 15, 19 y 29 de agosto; 13, 17 y 27 de septiembre; 11, 15, 20, 25, 29 y 30 de octubre; 9, 13, 23, 27 y 28 de noviembre; 7, 11, 21, 25 y 26 de diciembre.

Buenas para ti: 13 y 30 de enero; 11 y 28 de febrero; 9 y 26 de marzo; 7, 24 y 30 de abril; 5, 22 y 28 de mayo; 3, 20 y 26 de junio; 1, 18, 24 y 29 de julio; 16, 22 y 25 de agosto; 14, 20 y 25 de septiembre; 12, 18 y 23 de octubre; 10, 16 y 21 de noviembre; 8, 14 y 19 de diciembre.

Atracción fatal: 23, 24, 25 y 26 de abril; 30 de octubre; 28 de noviembre; 26 de diciembre.

Desafiantes: 5 y 19 de enero; 3 y 17 de febrero; 1 y 15 de marzo; 13 de abril; 11 de mayo; 9 y 30 de junio; 7, 28 y 30 de julio; 5, 26 y 28 de agosto; 3, 24 y 26 de septiembre; 1, 22 y 24 de octubre; 20 y 22 de noviembre; 18 y 20 de diciembre.

Almas gemelas: 7 de enero, 5 de febrero, 3 de marzo, 1 de abril, 30 de septiembre, 28 de octubre, 26 de noviembre, 24 de diciembre.

28 de octubre

♏ La necesidad de cumplir con tus ideales nobles indica que eres un Escorpión poderoso con una gran sensibilidad. Ser autónomo y audaz te permite lograr muchas cosas si desarrollas fe en tus habilidades y no te desanimas. Gracias a tu creatividad e imaginación, eres capaz de comunicar tu visión por medio de la sabiduría y la espiritualidad. Con tenacidad y perseverancia, lograrás cosas únicas y originales.

La subinfluencia de Escorpión, el regente de tu decanato, implica que tienes la capacidad de superar los obstáculos y salir incólume. Aunque a veces pareces vulnerable, tu tenacidad y dinamismo permiten que, siempre y cuando mantengas vigiladas tus emociones, podrás conservar una perspectiva equilibrada.

A pesar de que puedes lograr muchas cosas por ti mismo, te benefician mucho las colaboraciones e interacciones con otras personas. Como buen humanista, tienes un sentido de la moral sólido y grandes aspiraciones, pero debes evitar la tendencia a imponerles tus puntos de vista a los demás. Aunque estás dispuesto a hacer sacrificios por tus seres queridos, evita hacerte el mártir. Quizá debas aprender cómo ayudar con empatía, pero desapegado.

Hasta los 24 años, te ocuparás de tu sensibilidad emocional y necesidad de transformación personal. A los 25, cuando tu Sol progresado entre a Sagitario, habrá un punto de inflexión que resaltará la necesidad creciente de libertad y de ampliar tus horizontes, ya sea a través de viajes, educación o filosofía de vida. Habrá otro vuelco a los 55, cuando tu Sol progresado se desplace hacia Capricornio, que probablemente te conferirá una visión más realista y pragmática para alcanzar tus metas.

Tu yo secreto

Albergas emociones poderosas y dinámicas que no siempre serán obvias desde afuera y que te impulsarán constantemente a emprender nuevos proyectos. Si las canalizas de forma productiva, dejarás de padecer malhumor y emociones negativas. El deseo de saber qué se esconde bajo la superficie de las personas o las situaciones te inspirará a profundizar en los distintos niveles de existencia.

Eres sumamente intuitivo, por lo que poco a poco irás descubriendo el poder del amor, el cual será una fuerza determinante en tus relaciones personales. El encanto magnético que proyectas te será de gran ayuda para el éxito en general y te permitirá motivar a otros con tu entusiasmo y carisma. Aunque te interesan las cuestiones financieras, lo más importante para ti es la expresión del amor y el cumplimiento de tus sueños más grandes.

Trabajo y vocación

Tener un pensamiento tanto analítico como intuitivo te inclinará hacia carreras que requieran creatividad, lo que puede incluir investigación en ámbitos como la filosofía, la ciencia, la psicología o la metafísica. Por otro lado, tus aptitudes técnicas latentes

ESTRELLA FIJA

Nombre de la estrella: Princeps, que significa "príncipe" o "principal"

Posición: 2° 8'–2° 50' de Escorpión, entre los años 1930 y 2000

Magnitud: 3.5

Fuerza: ★★★★★

Órbita: 1° 30'

Constelación: Bootes (Delta Bootis)

Días efectivos: 26, 27, 28 y 29 de octubre

Propiedades de la estrella: Mercurio/Saturno

Descripción: estrella gigante color amarillo pálido ubicada en el mango de la lanza de Bootes

INFLUENCIA DE LA ESTRELLA PRINCIPAL

Princeps indica agudeza mental y una mente estudiosa y profunda, con una capacidad de comprensión apta para la investigación. Esta estrella confiere tenacidad, inventiva y una postura conservadora.

Con respecto a tu grado del Sol, Princeps te permite sobresalir en la educación, las ciencias o cuestiones legales o gubernamentales. Posees una naturaleza competitiva y personalidad atrevida. Tu asertividad sutil y mentalidad ingeniosa te ayudan a poner en práctica, exitosamente, ideas nuevas o sin demostrar. Eres reservado y no te comprometes hasta estar seguro de dónde estás posicionado. Sin embargo, una vez que estás convencido de los hechos, te atreves a hablar con franqueza y no temes ser directo ni defender tus argumentos, pues prefieres tener el control de la discusión.

• *Positiva:* espíritu inquebrantable, lucha, trabajo arduo, ambición.

podrían impulsarte a trabajar con computadoras o en ingeniería. Gracias a tu gran intelecto y buenas habilidades comunicativas, también serías un buen escritor, conferencista o profesor exitoso. Aunque tienes habilidades de liderazgo, te irá mejor si reconoces la importancia del trabajo en equipo o de las alianzas. Tu veta humanitaria también podría motivarte a trabajar en beneficio de la comunidad.

Entre las personas famosas con quienes compartes cumpleaños están las actrices Julia Roberts, Jane Alexander y Joan Plowright; el pintor Francis Bacon; el filósofo y escritor Erasmo de Róterdam; el chef Auguste Escoffier; el investigador médico Jonas Salk; el magnate de la computación Bill Gates, y la exatleta Caitlyn Jenner.

Numerología

Eres independiente e idealista, pero también pragmático y decidido, y acostumbras marchar a tu propio ritmo. La suma de los dos dígitos de tu fecha de cumpleaños, 2 y 8, es igual a 1, lo cual en términos numerológicos significa que eres ambicioso, directo y emprendedor. Tu fecha de nacimiento también indica un conflicto interno entre tu deseo de ser autosuficiente y al mismo tiempo de pertenecer a un equipo. Siempre estás preparado para la acción y para emprender nuevos proyectos; enfrentas los desafíos de la vida con valentía; y, gracias a tu entusiasmo, motivas fácilmente a otros, si bien no a seguirte, por lo menos a apoyarte en tus emprendimientos. Con un cumpleaños con el número 28, tienes capacidad de liderazgo y dependes de tu sentido común, lógica e ideas claras. Sueles asumir responsabilidades, pero también puedes ser exageradamente entusiasta, impaciente o intolerante. La subinfluencia del mes número 10 indica que eres idealista, sensible y que tienes un sexto sentido desarrollado y premoniciones poderosas. Aunque eres voluntarioso y tenaz, las alianzas y los trabajos colaborativos te resultan benéficos. Ser autosuficiente y obstinado te infunde convicciones fuertes, pero, si aprendes a ser diplomático y a ceder un poco, lograrás muchas cosas.

• *Cualidades positivas:* progresista, audacia, veta artística, creatividad, idealismo, ambición, trabajo arduo, vida familiar estable, fuerza de voluntad.

• *Cualidades negativas:* fantasioso, desmotivado, falta de compasión, poco realista, autoritario, falta de juicio, agresividad, inseguridad, dependencia excesiva de los demás, orgullo.

Amor y relaciones

La necesidad de mantenerte activo y tu deseo de variedad revelan que posees talentos diversos. Aunque eres un individuo idealista y con ideas firmes sobre el amor, tu espíritu inquieto e impaciente a veces crea conflictos con tus relaciones más cercanas. Sin embargo, tus actitudes consideradas y devotas indican que eres capaz de hacer grandes sacrificios por tus seres queridos. Si te sientes atraído por relaciones poco comunes, ten en cuenta que las circunstancias pueden cambiar con rapidez y que tendrás que adaptarte.

• *Negativa:* necedad, métodos poco ortodoxos, creas tus propios problemas, comportamiento controlador.

ESE ALGUIEN ESPECIAL

Para encontrar felicidad duradera, seguridad y un entorno familiar, empieza por buscarlos entre personas nacidas en las siguientes fechas.

Amor y amistad: 9, 20 y 30 de enero; 7, 18 y 28 de febrero; 5, 16, 26 y 30 de marzo; 3, 24 y 28 de abril; 1, 22 y 26 de mayo; 20 y 24 de junio; 8, 18, 22 y 31 de julio; 16, 20, 29 y 30 de agosto; 14, 18, 27 y 28 de septiembre; 12, 16, 25, 26 y 31 de octubre; 10, 14, 23, 24 y 29 de noviembre; 8, 12, 21, 22 y 27 de diciembre.

Buenas para ti: 15, 22 y 31 de enero; 13, 20 y 29 de febrero; 11, 18 y 27 de marzo; 9, 16 y 25 de abril; 7, 14, 23 y 30 de mayo; 5, 12, 21 y 28 de junio; 3, 10, 19, 26 y 30 de julio; 1, 8, 17, 24 y 28 de agosto; 6, 15, 22 y 26 de septiembre; 4, 13, 20 y 24 de octubre; 2, 11, 18 y 22 de noviembre; 9, 16 y 20 de diciembre.

Atracción fatal: 11 de enero; 9 de febrero; 7 de marzo; 5, 24, 25, 26 y 27 de abril; 3 de mayo; 1 de junio; 31 de octubre; 29 de noviembre; 27 de diciembre.

Desafiantes: 5, 8, 16 y 21 de enero; 3, 6, 14 y 19 de febrero; 1, 4, 12 y 17 de marzo; 2, 10 y 15 de abril; 8 y 13 de mayo; 6 y 11 de junio; 4, 9 y 29 de julio; 2, 7 y 27 de agosto; 5 y 25 de septiembre; 3 y 23 de octubre; 1 y 21 de noviembre; 19 de diciembre.

Almas gemelas: 13 de enero, 11 de febrero, 9 de marzo, 7 de abril, 5 de mayo, 3 de junio, 1 de julio, 31 de agosto, 29 de septiembre, 27 de octubre, 25 de noviembre, 23 de diciembre.

29 de octubre

ESTRELLA FIJA

Nombre de la estrella: Princeps, que significa "príncipe" o "principal"

Posición: 2º 8'–2º 50' de Escorpión, entre los años 1930 y 2000

Magnitud: 3.5

Fuerza: ★★★★★

Órbita: 1º 30'

Constelación: Bootes (Delta Bootis)

Días efectivos: 26, 27, 28 y 29 de octubre

Propiedades de la estrella: Mercurio/ Saturno

Descripción: estrella gigante color amarillo pálido ubicada en el mango de la lanza de Bootes

INFLUENCIA DE LA ESTRELLA PRINCIPAL

Princeps indica agudeza mental y una mente estudiosa y profunda, con una capacidad de comprensión apta para la investigación. Esta estrella confiere tenacidad, inventiva y una postura conservadora.

Con respecto a tu grado del Sol, Princeps te permite sobresalir en la educación, las ciencias o cuestiones legales o gubernamentales. Posees una naturaleza competitiva y personalidad atrevida. Tu asertividad sutil y mentalidad ingeniosa te ayudan a poner en práctica, exitosamente, ideas nuevas o sin demostrar. Eres reservado y no te comprometes hasta estar seguro de dónde estás posicionado. Sin embargo, una vez que estás convencido de los hechos, te atreves a hablar con franqueza y no temes ser directo ni defender tus argumentos, pues prefieres tener el control de la discusión.

• *Positiva:* espíritu inquebrantable, lucha, trabajo arduo, ambición.

Eres un Escorpión idealista, original, inspirado y bondadoso. Tienes un sexto sentido agudo, una naturaleza generosa e inclinaciones sociales que, aunadas a tu personalidad ligera, te ayudan a ser popular y forjar muchas amistades. Tienes múltiples talentos y eres creativo, pero además posees cualidades únicas que impresionan a los demás.

La subinfluencia de Escorpión, el regente de tu decanato, indica que tu perspicacia poderosa podría volverte un investigador natural o impulsarte a explorar los misterios de la vida. Aunque eres prudente y te mantienes alerta, a veces eres demasiado intenso al hacer observaciones cruciales. Eres intuitivo y tienes una gran fortaleza interior, así como la capacidad para transformarte cuando enfrentas situaciones difíciles. Debido a tu tendencia humanitaria, eres bondadoso y compasivo, pero propenso al malhumor y a la agitación mental.

Cuando acoges el poder de la compasión y del amor, eres capaz de generar armonía y alcanzar la paz o el equilibrio internos. Aunque ansías amor y comodidad, también eres aventurero por naturaleza y tienes una veta de inquietud. Quisieras ampliar tus horizontes y ser libre, pero tu necesidad de seguridad emocional es señal de que te desempeñas mejor cuando no estás aislado o solo. Aunque eres bienintencionado, la tendencia a creer que tienes la razón te impulsa a interferir en los problemas ajenos para intentar ayudarlos. Aun así, eres leal con tu familia, la apoyas y estás orgulloso de tu hogar.

Antes de los 23 años, tu principal preocupación es el desarrollo de tu sentido de poder personal y el manejo de tus fuertes emociones. A partir de los 24, cuando tu Sol progresado se desplaza hacia Sagitario, te vuelves más optimista y sientes una necesidad creciente de ser aventurero; gracias a ello, correrás más riesgos, viajarás o estudiarás. Después de los 54, cuando tu Sol progresado se desplace hacia Capricornio, serás más realista y organizado para lograr tus objetivos.

Tu yo secreto

Las ansias de poder, conocimiento y verdad fortalecen tu creatividad y capacidad para resolver problemas, además, te impulsan a explorar los ámbitos filosófico y metafísico. En términos generales, tienes una mentalidad positiva, trabajas mejor cuando cuentas con un plan o estrategia, y te mantienes ocupado en cosas constructivas. Eres astuto y pragmático, y tienes un don natural para poner en práctica el conocimiento que adquieres, aunque para ello es indispensable que aprendas a no desperdigar tus energías.

Tienes una mente inventiva, capaz de tener destellos de genialidad, por lo que sientes un fuerte deseo de expresarte que se manifestará en lo social o de forma creativa. Por desgracia, también tiendes a la angustia o la indecisión, sobre todo en cuestiones materiales, por lo que es importante mantener una actitud ligera. Tu agilidad e ingenio son atractivos para algunas personas. Es importante que uses tus habilidades críticas de manera constructiva.

Trabajo y vocación

Puesto que eres investigador por naturaleza, por lo general, te interesa averiguar qué se oculta bajo la superficie, ya sea de la gente o de las situaciones. Esto podría conllevar un interés en la psicología, las ciencias o la metafísica. Las ansias de armonía también podrían inclinarte hacia la música o la sanación. Aunque una parte de ti disfruta el ocio absoluto, tu gran sentido de la responsabilidad es lo que te impulsa a actuar. Trabajar en colaboración dentro de un equipo o formar alianzas te resultará especialmente benéfico. Por otro lado, si te dedicas a los negocios, tu don de gentes te ayudará a ser más productivo. Asimismo, tu veta humanitaria, que se preocupa por la gente, podría inclinarte hacia la filantropía o la psicoterapia.

Entre las personas famosas con quienes compartes cumpleaños están los actores Winona Ryder; Kate Jackson y Richard Dreyfuss; las cantantes Melba Moore y Cleo Laine; el escritor James Boswell, y el astrónomo Edmund Halley.

Numerología

Los individuos que nacen bajo el número 29 tienen una personalidad enérgica y gran potencial para sobresalir. Además, eres intuitivo, sensible y emotivo. La inspiración es la clave de tu éxito, ya que sin ella puedes encontrarte sin rumbo o propósito. Si bien eres un soñador, en ocasiones los extremos de tu personalidad sugieren que trates de controlar tus cambios de humor. Si confías en tus sentimientos más profundos y abres tu corazón a otras personas, superarás la tendencia a preocuparte de más o a usar tu intelecto como armadura. Usa tus ideas creativas para lograr algo único y especial que pueda inspirar a otros o resultarles útil. La subinfluencia del mes número 10 indica que, aunque deseas estar en primer lugar y ser independiente, te beneficia trabajar en colaboración con otras personas. Por lo regular, eres ambicioso y tienes ideas sobresalientes; sin embargo, debes ser decidido, tenaz y realista. Cuando adoptas una actitud positiva y te llenas de entusiasmo, eres adaptable, innovador, valiente y enérgico.

• *Cualidades positivas:* inspiración, equilibrio, paz interior, generosidad, éxito, creatividad, intuición, misticismo, sueños poderosos, cosmopolita, fe.

• *Cualidades negativas:* falta de concentración, inseguridad, nerviosismo, egoísmo, vanidad, malhumor, personalidad difícil, extremismo, aislamiento, hipersensibilidad.

Amor y relaciones

Aunque eres afectuoso y propenso a hacer sacrificios por los demás, a veces te inmiscuyes demasiado en la vida de tus seres queridos. Eres encantador, idealista, amable, sentimental y estás dispuesto a ayudar a quienes son menos privilegiados. Aunque eres solidario, te gusta tener seguridad financiera y rodearte de gente adinerada e influyente. Si mantienes el equilibrio y una actitud ligera, crearás un entorno armónico que permitirá que los demás se sientan seguros y amados.

• *Negativa:* necedad, métodos poco ortodoxos, creas tus propios problemas, comportamiento controlador.

ESE ALGUIEN ESPECIAL

Encontrarás a una pareja que comprenda tu sensibilidad y tus necesidades afectivas entre quienes nacieron en las siguientes fechas.

Amor y amistad: 10, 12, 15, 25 y 28 de enero; 10, 13, 23 y 26 de febrero; 8, 10, 11, 21, 24 y 31 de marzo; 6, 9, 19, 22 y 29 de abril; 4, 7, 17, 20 y 27 de mayo; 2, 5, 15, 18 y 25 de junio; 2, 3, 13, 16 y 23 de julio; 1, 11, 14, 21 y 31 de agosto; 9, 12, 19 y 29 de septiembre; 7, 10, 17 y 27 de octubre; 5, 8, 15 y 25 de noviembre; 3, 6, 13 y 23 de diciembre.

Buenas para ti: 12, 23 y 26 de enero; 10, 21 y 24 de febrero; 8, 19, 22 y 28 de marzo; 6, 17, 20 y 26 de abril; 4, 15, 18 y 24 de mayo; 2, 13, 22 y 16 de junio; 11, 14, 20 y 31 de julio; 9, 12, 18 y 29 de agosto; 7, 10, 16 y 27 de septiembre; 5, 8, 14 y 25 de octubre; 3, 6, 12 y 23 de noviembre; 1, 4, 10 y 21 de diciembre.

Atracción fatal: 25, 26, 27 y 28 de abril; 30 de noviembre; 28 de diciembre.

Desafiantes: 17, 18 y 21 de enero; 15, 16 y 19 de febrero; 13, 14, 17 y 29 de marzo; 11, 12, 15 y 27 de abril; 9, 10, 13 y 25 de mayo; 7, 8, 11 y 23 de junio; 5, 6, 9, 21 y 30 de julio; 3, 4, 7, 19 y 28 de agosto; 1, 2, 5, 17 y 26 de septiembre; 3, 15 y 24 de octubre; 1, 13 y 22 de noviembre; 11 y 20 de diciembre.

Almas gemelas: 24 de enero; 22 de febrero; 20 de marzo; 18 y 30 de abril; 16 y 28 de mayo; 14 y 26 de junio; 12 y 24 de julio; 10 y 22 de agosto; 8 y 20 de septiembre; 6 y 18 de octubre; 4 y 16 de noviembre; 2 y 14 de diciembre.

30 de octubre

♏ Eres un Escorpión sensible, encantador y amistoso; con un corazón imparable, que también es versátil y adaptable. Puesto que deseas tener una vida plena y variada, anhelas experiencias diversas y aventuras nuevas. Esta necesidad de libertad personal hace que se te dificulte encontrar relaciones duraderas o que tus altibajos anímicos traigan consigo actitudes cambiantes. Que seas creativo y enérgico te ayuda a comunicar tus ideas con gran pasión.

La subinfluencia de Escorpión, el regente de tu decanato, contribuye a tu fortaleza interna. Eres idealista y sensible; puedes ser afectuoso, pero también hermético. Tu enfoque directo y comentarios mordaces te caracterizan como un individuo satírico. No obstante, debes tener en cuenta que tus críticas no siempre son divertidas y pueden herir a algunas personas. Si alguien te reta, proyectas una imagen desafiante y atrevida frente a tu oponente. Tu verdadero espíritu tenaz sale a relucir cuando te sientes amenazado o inseguro.

Aunque hay quienes te ven como un compañero entretenido y estimulante, la búsqueda de bienestar emocional implica que te desagradan las restricciones y prefieres ignorar las limitaciones personales. Al buscar formas de lograr la satisfacción emocional, recurres a los viajes porque el cambio de atmósfera te ayuda a relajarte y a adoptar una actitud optimista. Aunque parecería que el trabajo interfiere con tu concepto de libertad, la lealtad, sin embargo, el esfuerzo y responsabilidad emocional traen consigo recompensas importantes.

Hasta los 22 años, te preocupan tu sensibilidad emocional y transformación personal. A los 23, cuando tu Sol progresado entra a Sagitario, hay un punto de inflexión que enfatiza la necesidad creciente de expandir tus horizontes y ser optimista, ya sea a través del desarrollo intelectual, la educación o los viajes. A los 53 se presenta otra encrucijada, cuando tu Sol progresado se desplaza hacia Capricornio; a partir de entonces, toman una mayor relevancia las cuestiones prácticas relativas a la perseverancia, la dedicación y el realismo.

Tu yo secreto

Puesto que tienes ideales elevados, quizá sientas que aprovechas tu gran sensibilidad cuando logras ayudar a otros. Sin embargo, como también tienes una faceta empresarial, esta poderosa combinación poderosa te caracterizaría como un pragmático sensible. Por otro lado, si alguien te desilusiona o te sientes inquieto o impaciente, tiendes a canalizar tu sensibilidad hacia la evasión, en lugar de confrontar los desafíos directamente y diseñar de manera creativa tus propias válvulas de escape.

Tu fuerte espíritu emprendedor y aventurero, así como tu entusiasmo y optimismo, te infunden una visión dinámica que te ayuda a satisfacer tus necesidades materiales. Quizá quieras canalizar hacia la escritura tu espiritualidad y creatividad o convertir tus ideas sofisticadas en algo tangible. Debido a tu instinto y profunda capacidad de razonamiento, te formas una opinión de las personas al instante que, generalmente, es acertada. Además, gracias a tu agilidad mental, curiosidad, y sentido del humor único, eres entretenido y buena compañía.

ESTRELLA FIJA

Nombre de la estrella: Khambalia, también llamada Khamblia
Posición: 5º 53'–6º 49' de Escorpión, entre los años 1930 y 2000
Magnitud: 4
Fuerza: ★★★★
Órbita: 1º 30'
Constelación: Virgo (Lambda Virginis)
Días efectivos: 30 y 31 de octubre, 1 de noviembre
Propiedades de la estrella: Mercurio/ Marte
Descripción: pequeña estrella blanca ubicada en el pie izquierdo de Virgo

INFLUENCIA DE LA ESTRELLA PRINCIPAL

Khambalia confiere una mente ágil y buenas habilidades para debatir. Indica circunstancias cambiantes que pueden incluir ganancias inesperadas. La influencia de Khambalia se observa en la visión pragmática y la inclinación a obtener una educación superior. Aunque seas amistoso y sociable, a menudo aparentas ser distante e impersonal.

Con respecto a tu grado del Sol, Khambalia ofrece éxito en los negocios, la política o la función pública. En la profesión que elijas, podrás volverte un especialista con habilidades únicas. En ocasiones, esta estrella también confiere talentos poco comunes y sobresalientes que provocan cambios en el trabajo o el empleo.

• *Positiva:* dedicación, educación superior, lógica pulcra, capacidad de razonamiento.

• *Negativa:* discutidor, inquietud, poca confiabilidad.

Trabajo y vocación

Sin importar la profesión que emprendas, es necesario que tenga variedad y cambios que impidan que te aburras. Aunque reconoces la importancia del hogar, si tu trabajo implica viajar serás feliz en él. Tu magnetismo y encanto te ayudarán sin duda alguna en actividades que involucren trato con el público. Generalmente, entre más grande es el proyecto que emprendas, más lo disfrutarás. Tu talento con las palabras y capacidad para comunicar tus ideas podrían inclinarte hacia la escritura, los medios de comunicación y la política. Esta fecha de cumpleaños suele traer consigo talento para triunfar en el teatro o el cine.

Entre las personas famosas con quienes compartes cumpleaños están el director de cine Louis Malle, el actor Henry Winkler, la cantautora Grace Slick, los escritores Ezra Pound y Paul Valéry, el fisicoculturista Charles Atlas y el explorador Cristóbal Colón.

Numerología

Algunas de las cualidades asociadas a las personas nacidas el día 30 son creatividad, afabilidad y sociabilidad. Eres ambicioso, versátil y tomas ideas y las desarrollas con tu intenso estilo personal. Al haber nacido bajo el número 30, te gusta la buena vida, tienes un carisma excepcional y eres sociable. Tus emociones son intensas, por lo que estar enamorado o satisfecho es un requisito esencial para ti. En tu búsqueda de la felicidad, evita ser perezoso, autocomplaciente, impaciente o celoso, pues esto podría causarte inestabilidad emocional. Muchas de las personas nacidas en este día alcanzarán el reconocimiento o la fama, en particular los músicos, actores y artistas. La subinfluencia del mes número 10 indica que requieres actividades y emoción, pero ser autosuficiente y tenaz basta para obtener buenos resultados. Seguramente eres autónomo por naturaleza y quieres tener la libertad suficiente para explorar intereses diversos. Si te mantienes firme y enfocado, podrás materializar tus sueños más alocados.

• *Cualidades positivas:* aprecio por la diversión, lealtad, afabilidad, capacidad de síntesis, talento con las palabras, creatividad, suerte.

• *Cualidades negativas:* pereza, terquedad, comportamiento errático, impaciencia, inseguridad, indiferencia, desperdicio de energía.

Amor y relaciones

Aunque eres amistoso, también puedes ser hermético, ya que te gusta mantener el control de tus emociones. Admiras a la gente creativa que se enfoca en algo y trabaja arduamente. Puesto que te desagrada la monotonía y eres indeciso con respecto a tus sentimientos, debes darte tiempo para entablar relaciones a largo plazo. Las ansias de libertad personal suponen que, si dentro de una relación percibes que caes en la monotonía o te sientes limitado, buscarás formas de escapar. Con frecuencia, los cambios de circunstancias traen consigo cambios en tus emociones. La inquietud afectiva provoca que, antes de que encuentres a tu pareja ideal, es probable que tengas muchas relaciones breves. Por otro lado, la calidez de tu corazón te garantiza el éxito en circunstancias sociales.

ESE ALGUIEN ESPECIAL

Si quieres una relación emocionante con alguien que te tenga siempre al filo de la butaca, búscala entre quienes hayan nacido en las siguientes fechas.

Amor y amistad: 6, 11, 14 y 15 de enero; 4, 9 y 12 de febrero; 2, 7, 10, 11 y 28 de marzo; 5, 8, 26 y 30 de abril; 3, 6, 24 y 28 de mayo; 1, 4, 22 y 26 de junio; 2, 3, 20 y 24 de julio; 18 y 22 de agosto; 16, 20 y 30 de septiembre; 14, 18 y 28 de octubre; 12, 16 y 26 de noviembre; 10, 14 y 24 de diciembre.

Buenas para ti: 20 y 24 de enero; 18 y 22 de febrero; 16, 20 y 29 de marzo; 14, 18 y 27 de abril; 12, 16 y 25 de mayo; 10, 14, 23 y 29 de junio; 8, 12, 21 y 27 de julio; 6, 10, 19, 25 y 30 de agosto; 4, 8, 17, 23 y 28 de septiembre; 2, 6, 15, 21 y 26 de octubre; 4, 13, 19 y 24 de noviembre; 2, 11, 17 y 22 de diciembre.

Atracción fatal: 26, 27, 28 y 29 de abril; 31 de agosto; 29 de septiembre; 27 de octubre; 25 de noviembre; 23 de diciembre.

Desafiantes: 22, 23 y 27 de enero; 20, 21 y 25 de febrero; 18, 19 y 23 de marzo; 16, 17 y 21 de abril; 14, 15 y 19 de mayo; 12, 13 y 17 de junio; 10, 11, 15 y 31 de julio; 8, 9, 13 y 29 de agosto; 6, 7, 11 y 27 de septiembre; 4, 5, 9 y 25 de octubre; 2, 3, 7 y 23 de noviembre; 1, 5 y 21 de diciembre.

Almas gemelas: 23 de enero, 21 de febrero, 19 de marzo, 17 y 29 de abril; 15 y 27 de mayo, 13 y 25 de junio; 11 y 23 de julio, 9 y 21 de agosto, 7 y 19 de septiembre, 5 y 17 de octubre, 3 y 15 de noviembre, 1 y 13 de diciembre.

31 de octubre

ESTRELLA FIJA

Nombre de la estrella: Khambalia,
también llamada Khamblia

Posición: 5° 53'–6° 49' de Escorpión,
entre los años 1930 y 2000

Magnitud: 4

Fuerza: ★★★★

Órbita: 1° 30'

Constelación: Virgo (Lambda Virginis)

Días efectivos: 30 y 31 de octubre, 1 de
noviembre

Propiedades de la estrella: Mercurio/
Marte

Descripción: pequeña estrella blanca
ubicada en el pie izquierdo de Virgo

INFLUENCIA DE
LA ESTRELLA PRINCIPAL

Khambalia confiere una mente ágil y buenas habilidades para debatir. Indica circunstancias cambiantes que pueden incluir ganancias inesperadas. La influencia de Khambalia se observa en la visión pragmática y la inclinación a obtener una educación superior. Aunque seas amistoso y sociable, a menudo aparentas ser distante e impersonal.

Con respecto a tu grado del Sol, Khambalia ofrece éxito en los negocios, la política o la función pública. En la profesión que elijas, podrás volverte un especialista con habilidades únicas. En ocasiones, esta estrella también confiere talentos poco comunes y sobresalientes que provocan cambios en el trabajo o el empleo.

• *Positiva:* dedicación, educación superior, lógica pulcra, capacidad de razonamiento.

• *Negativa:* discutidor, inquietud, poco confiabilidad.

Además de ser tenaz y productivo, eres un Escorpión pragmático, de ideas fijas y naturaleza perseverante. Aunque tus emociones sean intensas, mostrarte optimista y apoyarte en tu encanto te ayudará a salirte con la tuya. Acostumbras asumir responsabilidades porque eres ambicioso y estás consciente de la importancia de la seguridad, pero quizá debas tener cuidado de no excederte.

La subinfluencia de Escorpión, el regente de tu decanato, contribuye a tu fortaleza interna. Tu enfoque franco y sentido común te convierten en un buen estratega, que es capaz de comunicar sus ideas con claridad. Debido a que eres creativo, idealista y de mente ágil, es primordial que cuentes con mecanismos de expresión personal. Sin embargo, si te preocupas demasiado por la satisfacción personal, dejarás que las angustias socaven tu gran potencial y te empujen hacia la inercia y la pereza.

Puesto que quieres construir bases sólidas, a mucha gente le resulta conveniente tenerte cerca. Eres dedicado y estás dispuesto a ayudar a otros, sobre todo si te inspira una causa o una idea. Al ser un visionario sensible, tienes un sentido inquebrantable de la justicia, y tu sinceridad indica que eres honesto con lo que sientes. No obstante, tu corazón cálido puede volverse duro si te sientes amenazado o engañado. Cuando algún oponente te desafía, le muestras una cara valiente y enérgica. Muestras tu espíritu firme cuando te sientes intimidado o inseguro.

Hasta los 21 años, te preocuparán tus propias trasformaciones emocionales. Después de los 22, cuando tu Sol progresado se desplace hacia Sagitario, sentirás una necesidad creciente de libertad y de ampliar tus horizontes, ya sea por medio de la educación, filosofía de vida o el contacto con extranjeros o lugares lejanos. Habrá otro punto de inflexión a los 52, cuando tu Sol progresado se desplace hacia Capricornio. Es probable que entonces adoptes una visión de la vida más seria, disciplinada y preocupada por la seguridad.

Tu yo secreto

Detrás de esa expresión relajada hay una persona ambiciosa y trabajadora. Cuando estás motivado o enfocado en una meta o propósito, te comprometes por completo a alcanzar tus metas. Debido a que eres práctico, buscas seguridad y trabajas mejor cuando tienes un plan sobre lo que quieres lograr en el futuro. Tu sexto sentido, sobre todo con relación a las cuestiones materiales, te infunde astucia, valores sólidos y capacidad de entender a la gente de inmediato. Además de identificar las oportunidades al instante, también eres bueno para organizarte cuando te decides a hacer algo. Sin embargo, ya que posees fuertes aspiraciones deberás tener cuidado de que ningún exceso disipe tu energía.

Gracias a tu franqueza, honestidad, mente ágil y astuta, y buen juicio, eres capaz de superar cualquier obstáculo por medio de la disciplina. Tu fecha de cumpleaños refleja un gran potencial de éxito en el trabajo, sobre todo cuando no enfrentas desafíos financieros. No obstante, si evades las responsabilidades necesarias para cumplir con lo que dicta tu destino, no podrás saciar tu necesidad de construir algo con valor permanente.

Trabajo y vocación

Eres hábil y trabajador, lo que te hace apto para carreras que requieran calidez humana y un enfoque práctico. Dado que ansías impulsar reformas sociales, te iría especialmente bien en la enseñanza, la psicoterapia y las actividades filantrópicas. La necesidad de expandir tu mente hace que te atraigan la psicología, la filosofía, la medicina y el desarrollo de creencias religiosas. Por otro lado, tu naturaleza pragmática y deseo de construir algo valioso podrían ser adecuadas en la industria de la construcción. Eres un buen padre, tienes capacidad de organización y disfrutas ser productivo. El deseo de expresarte podría inclinarte hacia la escritura, la literatura o las artes escénicas. Sin importar qué carrera elijas, tu honestidad emocional, intelecto sofisticado y habilidades organizacionales te ayudarán a triunfar.

Entre las personas famosas con quienes compartes cumpleaños están el actor Michael Landon, el cantante de música folk Tom Paxton, los periodistas televisivos Dan Rather y Jane Pauley, el escritor John Keats y el expresidente de la República de China Chiang Kai-shek.

Numerología

El número 31 en tu fecha de cumpleaños indica una férrea fuerza de voluntad, determinación y énfasis en la expresión personal. Sueles combinar tu intuición con tus habilidades prácticas para tomar buenas decisiones. El número 31 te confiere ideas originales, buen sentido de las formas y capacidad de tener éxito en los negocios si te tomas tu tiempo y sigues un plan de acción práctico. Los momentos para el amor y la diversión son cruciales para ti, pues es probable que trabajes de manera ardua. La subinfluencia del mes número 10 indica que eres autosuficiente e incansable, Además, necesitas variedad y una vida activa. La tendencia a creer que todo tiempo pasado fue mejor socava tu determinación; por lo tanto, define tus objetivos y apégate a ellos. Esta fecha de nacimiento trae consigo oportunidades nuevas y golpes de suerte, así que podrías tener éxito convirtiendo tus pasatiempos en emprendimientos productivos.

• *Cualidades positivas:* suerte, creatividad, originalidad, habilidad para construir, tesón, practicidad, buen conversador, responsabilidad.

• *Cualidades negativas:* inseguridad, impaciencia, suspicacia, tendencia a desanimarse con facilidad, falta de ambición, egoísmo, terquedad.

Amor y relaciones

Eres encantador y amistoso, por lo que disfrutas pertenecer a grupos y ser hospitalario. Como te disgusta estar solo, acostumbras buscar la compañía de otros. Si superas el miedo a compartir el amor y afecto con los demás, es probable que entiendas por qué las alianzas y los emprendimientos colaborativos son tan benéficos. Ser prudente e intuitivo te permite reconocer el potencial de otras personas, aunque debes evitar ser demasiado dependiente y aprender a agradecer lo que tienes.

ESE ALGUIEN ESPECIAL

Encontrarás a una pareja o a un amante fiel y confiable entre quienes nacieron en las siguientes fechas.

Amor y amistad: 7, 12, 15, 16 y 23 de enero; 5, 10 y 13 de febrero; 3, 8, 11, 12, 19 y 29 de marzo; 1, 6, 9 y 27 de abril; 4, 7, 25 y 29 de mayo; 2, 5, 23 y 27 de junio; 3, 11, 21 y 25 de julio; 1, 19 y 23 de agosto; 17 y 21 de septiembre; 15, 19 y 29 de octubre; 13, 17 y 27 de noviembre; 11, 15, 18 y 25 de diciembre.

Buenas para ti: 21 y 25 de enero; 19 y 23 de febrero; 17, 21 y 30 de marzo; 15, 19 y 28 de abril; 13, 17 y 26 de mayo; 11, 15, 24 y 30 de junio; 9, 13, 22 y 28 de julio; 7, 11, 20, 26 y 31 de agosto; 5, 9, 18, 24 y 29 de septiembre; 3, 7, 16, 22 y 29 de octubre; 1, 5, 14, 20 y 25 de noviembre; 3, 12, 18 y 23 de diciembre.

Atracción fatal: 27, 28, 29 y 30 de abril.

Desafiantes: 5, 8 y 28 de enero; 3, 6 y 26 de febrero; 1, 4 y 24 de marzo; 2 y 22 de abril; 20 de mayo; 18 de junio; 16 de julio; 14 y 30 de agosto; 12, 28 y 30 de septiembre; 10, 26 y 28 de octubre; 8, 24 y 26 de noviembre; 6, 22 y 24 de diciembre.

Almas gemelas: 4 y 10 de enero, 2 y 8 de febrero, 6 de marzo, 4 de abril, 2 de mayo.

1 de noviembre

ESTRELLA FIJA

Nombre de la estrella: Khambalia, también llamada Khamblia

Posición: 5° 53'–6° 49' de Escorpión, entre los años 1930 y 2000

Magnitud: 4

Fuerza: ★★★★

Órbita: 1° 30'

Constelación: Virgo (Lambda Virginis)

Días efectivos: 30 y 31 de octubre, 1 de noviembre

Propiedades de la estrella: Mercurio/ Marte

Descripción: pequeña estrella blanca ubicada en el pie izquierdo de Virgo

INFLUENCIA DE LA ESTRELLA PRINCIPAL

Khambalia confiere una mente ágil y buenas habilidades para debatir. Indica circunstancias cambiantes que pueden incluir ganancias inesperadas. La influencia de Khambalia se observa en la visión pragmática y la inclinación a obtener una educación superior. Aunque seas amistoso y sociable, a menudo aparentas ser distante e impersonal.

Con respecto a tu grado del Sol, Khambalia ofrece éxito en los negocios, la política o la función pública. En la profesión que elijas, podrás volverte un especialista con habilidades únicas. En ocasiones, esta estrella también confiere talentos poco comunes y sobresalientes que provocan cambios en el trabajo o el empleo.

• *Positiva:* dedicación, educación superior, lógica pulcra, capacidad de razonamiento.

• *Negativa:* discutidor, inquietud, poca confiabilidad.

Eres un Escorpión independiente e imaginativo que ansía ser libre. Tu encanto y don de gentes te ayudan a hacer amigos con facilidad y a llevar una vida activa. Aunque eres sociable, también tienes un alma sensible y emociones intensas, por lo que debes aprender a compartirlas o a ensimismarte menos.

Gracias a tu perspicacia, gran sentido de la justicia, convicciones e intelecto agudo te gusta decir lo que piensas. Aunque, por lo regular, prefieres tomar el mando, al luchar por los derechos de otros eres idealista y comprensivo, y muestras tu verdadera naturaleza benevolente.

La subinfluencia del regente de tu decanato, Escorpión, implica que tienes gran energía y determinación. Eres inquisitivo, te gusta ser honesto y revelar la verdad, aunque pueda ser desagradable. Cuando te sientes amenazado o bajo presión, proyectas una apariencia atrevida y desafiante, así como tu auténtico espíritu tenaz.

El deseo de tener una buena vida suele motivarte a lograr cosas. Si un ideal o una causa te inspiran, adquieres el poder para guiar a otros. Si no albergas resentimientos y aprendes a ser responsable y considerado, te ganarás la admiración y el apoyo de los demás. A pesar de que tu enfoque directo y comentarios mordaces muestran tu lado temerario y vigoroso, también eres empático y afectuoso.

Después de los 21 años, cuando tu Sol progresado se desplace hacia Sagitario, te volverás más optimista y desarrollarás una necesidad creciente de aventuras y horizontes expandidos. Esto te permitirá tener más oportunidades o explorar la vida a través de los viajes y la educación. A partir de los 51, cuando tu Sol progresado haya entrado a Capricornio, te volverás más realista, organizado y trabajador para alcanzar tus metas.

Tu yo secreto

Con tu visión caritativa y altruista del mundo, sueles apoyar a los menos privilegiados o ayudar a quienes necesitan consejo. Las frustraciones y desilusiones pueden representar un inconveniente, pero si eres paciente y perseverante, y mantienes una actitud positiva, sin duda alguna obtendrás el éxito que mereces. Tu mente ágil te permite aprehender las ideas con rapidez, por lo que educarte y adquirir conocimientos puede ser algo vital para reforzar la seguridad en ti mismo.

Te caracterizas por ser creativo, intuitivo, con agudas habilidades sociales y artísticas y gran necesidad de expresarte. Tu carisma, capacidad de persuasión, encanto y gran intelecto te harán sobresalir como alguien cuya opinión importa. Quizá te atraiga el estudio de la filosofía, la religión o la metafísica, lo cual te ayudaría a superar la tendencia a la negatividad. Eres práctico pero también idealista, y necesitas desafíos constantes para fortalecer tu sentido del propósito, evitar la inercia y sacar lo mejor de tu potencial extraordinario.

Trabajo y vocación

Tu capacidad para promocionar ideas, aunada a tus habilidades organizacionales, podría permitirte triunfar en los negocios, las ciencias o el derecho. Por otro lado, las ansias de liderar te vendrían bien en el mundo de los deportes. Tus aptitudes empresariales indican que también tendrías éxito en áreas de ventas, promoción de productos, finanzas o bienes raíces. La necesidad de explorar y expandir tus horizontes podría motivarte a viajar o trabajar en el extranjero. Ser creativo e imaginativo te inclina hacia la escritura, la actuación, la música o las artes. De igual modo, tu habilidad innata para tratar con el público tendría cabida en cualquier ámbito que beneficie a la gente, como la psicología, la enseñanza y el trabajo social. Asimismo, tu perspicacia y compasión particulares te resultarían útiles en la terapia y el mundo de la sanación, ya sea dentro de la medicina alópata o la alternativa.

Entre las personas famosas con quienes compartes cumpleaños están el escritor Stephen Crane, el crítico Edward Said, el músico Lyle Lovett, el beisbolista Fernando Valenzuela, el golfista Gary Player y el ajedrecista Alexander Alekhine.

Numerología

Tu fecha de nacimiento revela tus ansias de sobresalir y ser independiente. Al tener el número 1 por cumpleaños, tiendes a ser innovador, valeroso y enérgico. No es inusual que necesites establecer una identidad sólida y desarrollar tu asertividad. Tu espíritu pionero te insta a hacer las cosas por tu cuenta. Este ímpetu emprendedor también te estimulará a desarrollar habilidades ejecutivas o de liderazgo. Tu gran entusiasmo e ideas originales te permiten mostrarles el camino a los demás. Con el número 1 por cumpleaños, quizá también debas aprender que el mundo no gira a tu alrededor y evitar la tendencia a ser egocéntrico o dictatorial. La subinfluencia del mes número 11 indica que eres idealista y tienes muchas ideas. Jamás eres aburrido, aunque en ocasiones puedas ser dogmático, en general, eres entretenido y te interesan temas diversos. Si quieres sentirte satisfecho, tendrás que ser creativo e innovador. Aprende a enfocarte en tus metas y evita desperdiciar energía.

• *Cualidades positivas:* liderazgo, creatividad, ideas progresistas, vigor, optimismo, convicciones fuertes, competitividad, independencia, sociabilidad.

• *Cualidades negativas:* prepotencia, celos, egocentrismo, orgullo, antagonismo, falta de límites, egoísmo, inestabilidad, impaciencia.

Amor y relaciones

Tener don de gentes y ser magnético y carismático te permite hacer amistades con facilidad. Eres atractivo para algunas parejas potenciales, pero quizá se te dificulte elegir entre alguna de ellas. Esperas muchísimo de las relaciones y, por lo regular, buscas a alguien que proteja tus intereses, pero debes evitar los celos, la posesividad y la suspicacia. Sin embargo, dado que eres sensible no te gusta herir a los demás.

ESE ALGUIEN ESPECIAL

En tu búsqueda de amor y felicidad, relaciónate con personas nacidas en las siguientes fechas.

Amor y amistad: 3, 5, 9, 10, 18 y 19 de enero; 1, 3, 7, 16 y 17 de febrero; 1, 5, 6, 14, 15 y 31 de marzo; 3, 12, 13 y 29 de abril; 1, 10, 11, 27 y 29 de mayo; 8, 9, 25 y 27 de junio; 6, 7, 23, 25 y 31 de julio; 4, 5, 21, 23 y 29 de agosto; 2, 3, 19, 21, 27 y 30 de septiembre; 1, 17, 19, 25 y 28 de octubre; 13, 15, 21 y 24 de diciembre.

Buenas para ti: 1, 6 y 17 de enero; 4 y 15 de febrero; 2 y 13 de marzo; 11 de abril; 9 de mayo; 7 de junio; 5 de julio; 3 de agosto; 1 de septiembre; 31 de octubre; 29 de noviembre; 27 de diciembre.

Atracción fatal: 6, 7 y 8 de enero; 29 y 30 de abril; 1 de mayo.

Desafiantes: 2 y 16 de enero, 14 de febrero, 12 de marzo, 10 de abril, 8 de mayo, 6 de junio, 4 de julio, 2 de agosto, 30 de diciembre.

Almas gemelas: 11 y 31 de enero, 9 y 29 de febrero, 7 y 27 de marzo, 5 y 25 de abril, 3 y 23 de mayo, 1 y 21 de junio, 19 de julio, 17 de agosto, 15 de septiembre, 13 de octubre, 11 de noviembre, 9 de diciembre.

2 de noviembre

ESTRELLA FIJA

Nombre de la estrella: Ácrux

Posición: 10º 54'–11º 50' de Escorpión, entre los años 1930 y 2000

Magnitud: 1

Fuerza: ★★★★★★★★★

Órbita: 2º 30'

Constelación: Cruz del Sur (Alpha Crucis)

Días efectivos: 2, 3, 4, 5, 6 y 7 de noviembre

Propiedades de la estrella: Júpiter

Descripción: estrella triple blanquiazul, la más brillante de la Cruz del Sur

INFLUENCIA DE LA ESTRELLA PRINCIPAL

Ácrux transmite amor por el conocimiento, la armonía y la justicia. Trae consigo un interés por la filosofía, la metafísica y la astrología; además, confiere habilidades psíquicas. Posees una mente inquisitiva y probablemente también un apetito insaciable por leer o deseos de viajar. Ácrux puede inclinarte hacia profesiones relacionadas con la investigación y la educación, las ciencias sociales, la filosofía y la religión.

Con respecto a tu grado del Sol, Ácrux indica una naturaleza sensible y sentimental. Otorga creencias humanistas profundas que te inspiran a perseguir la justicia. Es posible que te vuelvas líder en tu profesión y que sobresalgas o alcances posiciones elevadas en organizaciones dedicadas a labores humanitarias.

• *Positiva:* justicia, amor por el prójimo, compasión.

• *Negativa:* venganza, injusticia, falta de emociones.

Al haber nacido bajo el signo de Escorpión, eres sensible, inquieto, posees una personalidad dinámica, así como ansias de variedad. Por lo regular, la vida tiene muchas cosas en puerta para ti, pero, antes de sentar cabeza, es probable que pases por muchas transformaciones. Tu impaciencia innata provoca que te aburras con facilidad en entornos monótonos, mientras que la diversidad, por el contrario, te resulta estimulante a nivel intelectual.

Si las situaciones financieras te causan desazón, es probable que busques mejores prospectos. Este impulso por empezar de cero indica que en ocasiones necesitas dejar el pasado atrás para poder seguir adelante. Sin embargo, por seguridad y por tu propia paz mental, es preferible que tengas planes e inversiones a futuro.

Debido a que eres amistoso y sociable quieres involucrarte en todo tipo de actividades sociales. La subinfluencia de Escorpión, el regente de tu decanato, indica que, aunque eres tenaz e infatigable, y tienes determinación y empuje, tu lado amable refleja tu vulnerabilidad. Si estos extremos son excesivos, tus relaciones pagarán las consecuencias.

Eres idealista, pero a veces tu malhumor y sarcasmo arrollan tus buenas intenciones y esfuerzos. Eres receptivo y astuto, aprendes con rapidez y comprendes a los demás de forma instintiva. Si mantienes la mente abierta y una actitud optimista, en lugar de sentirte inseguro, entenderás que, si no triunfas a la primera, siempre podrás volverlo a intentar.

Después de los 20, cuando tu Sol progresado se desplaza hacia Sagitario, sientes una necesidad creciente de ampliar tus horizontes y ser más optimista. Esto se reflejará en tu desarrollo mental, educación y viajes, o quizá sientas deseos de buscar la verdad y una filosofía de vida. A los 50 habrá otro punto de inflexión, cuando tu Sol progresado se desplace hacia Capricornio, el cual resaltará la importancia del orden, la estructura y el realismo cuando se trata de perseguir tus metas.

Tu yo secreto

Eres generoso, de mente abierta, inteligente e ingenioso. Además te gusta mantenerte ocupado. Aunque tienes una veta derrochadora, el dinero y la seguridad financiera son factores motivantes que te impulsan a actuar. Sin embargo, tu humanismo natural también hace que te intereses mucho en la gente y te ayuda a mantener la perspectiva. Si logras desapegarte lo suficiente, evitarás frustraciones y decepciones de índole personal.

Tu sociabilidad y creatividad hacen que seas feliz cuando tienes medios para expresarte. Tu intuición suele ser acertada y puede ayudarte a juzgar a los demás con rapidez. En otras ocasiones, padeces dudas naturales debidas a que no sabes si estás tomando las decisiones correctas. No obstante, tienes don de gentes, y eres un compañero divertido que entretiene a las personas con su ingenio y comentarios astutos.

Trabajo y vocación

Aunque eres trabajador y ambicioso, ansías que haya variedad, por lo cual debes elegir una carrera que implique cambios. Tu intelecto agudo y astucia empresarial te ayudarán a triunfar en las finanzas, las ventas o el derecho. Gracias a tu capacidad de diplomacia natural, te irá igual de bien en carreras como comunicación, relaciones públicas o arbitraje. Por otro lado, tu sensibilidad, imaginación y visión tendrían cabida en la música, el teatro y la fotografía. Puesto que eres idealista y tienes dotes de psicólogo, también es posible que te atraiga trabajar como terapeuta o luchar por una causa. Asimismo, las carreras que implican deportes o esparcimiento te permitirían canalizar tu energía y empuje.

Entre las personas famosas con quienes compartes cumpleaños están los actores Burt Lancaster y Stephanie Powers, el músico Keith Emerson, la cantante y compositora k.d. lang, el comentarista Patrick Buchanan, la sexóloga y feminista Shere Hite, el Aga Khan III, el pionero Daniel Boone y la reina francesa María Antonieta.

ESE ALGUIEN ESPECIAL

Si buscas a una pareja ideal, encontrarás mayor estabilidad en el amor y buenas amistades entre quienes nacieron en las siguientes fechas.

Amor y amistad: 2, 6, 10, 20, 26 y 29 de enero; 4, 8, 18, 24 y 27 de febrero; 2, 6, 16, 25, 28 y 30 de marzo; 4, 14, 23, 26, 28 y 30 de abril; 2, 12, 21, 24, 26, 28 y 30 de mayo; 10, 19, 22, 24, 26 y 28 de junio; 8, 14, 17, 20, 22, 24 y 26 de julio; 6, 15, 18, 20, 22 y 24 de agosto; 4, 13, 16, 18, 20 y 22 de septiembre; 2, 11, 14, 16, 18 y 20 de octubre; 9, 12, 14, 16 y 18 de noviembre; 7, 10, 12, 14 y 16 de diciembre.

Buenas para ti: 7, 13, 18 y 28 de enero; 5, 11, 16 y 26 de febrero; 3, 9, 14 y 24 de marzo; 1, 7, 12 y 22 de abril; 5, 10 y 20 de mayo; 3, 8 y 18 de junio; 1, 6 y 16 de julio; 4 y 14 de agosto; 2, 12 y 30 de septiembre; 10 y 28 de octubre; 8, 26 y 30 de noviembre; 6, 24 y 28 de diciembre.

Atracción fatal: 25 de enero, 23 de febrero, 21 de marzo, 19 y 30 de abril, 12 y 17 de mayo, 15 de junio, 13 de julio, 11 de agosto, 9 de septiembre, 7 de octubre, 5 de noviembre, 3 de diciembre.

Desafiantes: 3 y 17 de enero; 1 y 15 de febrero; 13 de marzo; 11 de abril; 9 y 30 de mayo; 7 y 28 de junio; 5, 26 y 29 de julio; 3, 24 y 27 de agosto; 1, 22 y 25 de septiembre; 20 y 23 de octubre; 18 y 21 de noviembre; 16 y 19 de diciembre.

Almas gemelas: 18 de enero, 16 de febrero, 14 de marzo, 12 de abril, 10 y 29 de mayo, 8 y 27 de junio, 6 y 25 de julio, 4 y 23 de agosto, 2 y 21 de septiembre, 19 de octubre, 17 de noviembre, 15 de diciembre.

Numerología

El número 2 en tu fecha de nacimiento sugiere sensibilidad y necesidad de pertenecer a un grupo. Tu facilidad para adaptarte y ser comprensivo hace que disfrutes actividades cooperativas en las que interactúas con otras personas. Al intentar complacer a quienes te agradan, corres el riesgo de volverte demasiado dependiente. No obstante, si desarrollas confianza en ti mismo, superarás la tendencia a sentirte herido por las acciones y críticas de los demás. La subinfluencia del mes número 11 indica que eres capaz de expresar tus elevados ideales e inspirar a otros con ello. El que seas innovador y te intereses en las reformas sociales es señal de que sientes la necesidad de estar al frente de los movimientos sociales contemporáneos. Si perseveras y eres pragmático, alcanzarás tus metas u objetivos. Mientras tanto, evita asumir demasiadas responsabilidades o hacer más de lo indispensable por otras personas.

• *Cualidades positivas:* colaboración, gentileza, tacto, receptividad, intuición, amabilidad, armonía, afabilidad, embajador de buena voluntad.

• *Cualidades negativas:* suspicacia, inseguridad, sumisión, hipersensibilidad, egoísmo, susceptibilidad, volubilidad, deshonestidad.

Amor y relaciones

Eres imaginativo y astuto, por lo que debes rodearte de personas que te inspiren y te motiven. Si pareces enigmático es porque a veces eres demasiado reservado o tímido como para expresar tus emociones de verdad. Sin embargo, como eres sociable y divertido, tienes muchos amigos y eres un compañero interesante y entretenido. Les das mucha importancia a las relaciones cercanas, así que estás dispuesto a esforzarte mucho para que perduren.

SOL: ESCORPIÓN
DECANATO: PISCIS/NEPTUNO
ÁNGULO: 10º 30'–11º 30'
DE ESCORPIÓN
MODALIDAD: FIJA
ELEMENTO: AGUA

3 de noviembre

ESTRELLA FIJA

Nombre de la estrella: Ácrux
Posición: 10º 54'–11º 50' de Escorpión, entre los años 1930 y 2000
Magnitud: 1
Fuerza: ★★★★★★★★★
Órbita: 2º 30'
Constelación: Cruz del Sur (Alpha Crucis)
Días efectivos: 2, 3, 4, 5, 6 y 7 de noviembre
Propiedades de la estrella: Júpiter
Descripción: estrella triple blanquiazul, la más brillante de la Cruz del Sur

INFLUENCIA DE LA ESTRELLA PRINCIPAL

Ácrux transmite amor por el conocimiento, la armonía y la justicia. Trae consigo un interés por la filosofía, la metafísica y la astrología; además, confiere habilidades psíquicas. Posees una mente inquisitiva y probablemente también un apetito insaciable por leer o deseos de viajar. Ácrux puede inclinarte hacia profesiones relacionadas con la investigación y la educación, las ciencias sociales, la filosofía y la religión.

Con respecto a tu grado del Sol, Ácrux indica una naturaleza sensible y sentimental. Otorga creencias humanistas profundas que te inspiran a perseguir la justicia. Es posible que te vuelvas líder en tu profesión y que sobresalgas o alcances posiciones elevadas en organizaciones dedicadas a labores humanitarias.

• *Positiva:* justicia, amor por el prójimo, compasión.

• *Negativa:* venganza, injusticia, falta de emociones.

Aunque, en general, ves la vida con un enfoque pragmático, eres un Escorpión sensible e imaginativo. Por lo regular, eres tenaz y tienes una gran necesidad de expresarte de forma creativa, por lo que puedes combinar tus habilidades prácticas con tu talento artístico. Al ser amistoso y sociable, disfrutas mucho estar en compañía de otros y eres entretenido.

La subinfluencia de Piscis, el regente de tu decanato, sugiere que, aunque eres sensible, aprender a confiar en tus instintos y primeras impresiones te permitirá superar las dudas e indecisión. La influencia de Neptuno te concede una gran visión interna, habilidades psíquicas y receptividad. Aunque seas leal y amoroso, tendrás que cuidarte de no ser demasiado obstinado.

Ser un perfeccionista talentoso e idealista hace que, generalmente, te enorgullezcas de tu trabajo y le agregues un toque personal a cualquier cosa que hagas. Si evitas las preocupaciones e inseguridades emocionales de las que sueles ser presa, podrás cumplir con tus obligaciones de forma satisfactoria. Usa tus encantos e ingenio en lugar de hacer comentarios envidiosos o sarcásticos cuando quieras expresar tus puntos de vista.

Casi todas las personas que nacen en esta fecha lo hacen en una cuna privilegiada, pero, si por alguna razón tienes carencias financieras, toma en cuenta que tus problemas no serán duraderos. Aunque tus prospectos económicos sean favorables, si haces énfasis en el trabajo podrás aprovechar, a través de la perseverancia y los esfuerzos denodados, las múltiples oportunidades que se te presenten.

Después de los 19 años, cuando tu Sol progresado se desplace hacia Sagitario, te volverás más optimista y tendrás una necesidad creciente de desarrollar una visión más extensa; esto te impulsará a ampliar tu panorama, buscar la verdad, viajar o estudiar. A partir de los 49, cuando tu Sol progresado entre a Capricornio, te transformarás en alguien más práctico, realista y organizado con tal de alcanzar tus metas.

Tu yo secreto

Aunque proyectas una imagen de fortaleza, tu inquietud interior revela que necesitas aprender a ser paciente y debes enfrentar el desafío de encontrar la armonía dentro de ti. A pesar de que ves la vida con un enfoque pragmático, las ansias de aventura y variedad te llevarán a explorar nuevos horizontes, ya sea a nivel mental o emocional. Sin embargo, si reprimes tus sentimientos más intensos, te sentirás insatisfecho con la vida y buscarás evadirte a través de la fantasía o la autocomplacencia para compensarlo.

Con tu gran corazón y empatía, con frecuencia percibes lo que sienten los demás. Tus ideales elevados traen consigo un deseo de sentirte amado que podría expresarse de forma creativa a través de las artes o la espiritualidad. No obstante, la necesidad de libertad personal podría provocarte cambios de actitud o ser voluble. Por fortuna, tu encanto magnético y percepción aguda te permitirán llegar lejos y serán claves para triunfar en grande.

Trabajo y vocación

Esta fecha de nacimiento trae consigo excelentes oportunidades para que tengas éxito en los negocios y a nivel financiero, siempre y cuando te esfuerces y trabajes lo suficiente. La ambición y las habilidades de negociación te permiten conseguir buenos tratos y sacarle partido a tu dinero, aunque debes tener cuidado de no caer en una rutina. Gracias a tu pragmatismo innato, te gusta desarrollar métodos y ser ordenado, por lo que será vital que tengas un plan para materializar tus visiones grandiosas. Eres creativo y tienes un talento natural para las palabras, así que es probable que poseas habilidades de escritura latentes que te interese cultivar. En los negocios, eres apto para coordinar proyectos grandes y administrar dinero. Por otro lado, podrías aprovechar tu sensibilidad y creatividad para la sanación o la expresión artística.

Entre las personas famosas con quienes compartes cumpleaños están la comediante Roseanne, el actor Charles Bronson, la editora de *Vogue* Anna Wintour, el escritor André Malraux, el vizconde Linley y el boxeador Larry Holmes.

Numerología

Tener el número 3 en tu fecha de cumpleaños te convierte en una persona sensible, con la necesidad de externar su creatividad y sus emociones. Eres divertido y buena compañía, ya que disfrutas las actividades sociales con amigos y tienes intereses diversos. Aunque eres versátil, expresivo y necesitas vivir experiencias emocionantes y variadas, tu tendencia a aburrirte con facilidad puede hacerte sentir indeciso o demasiado disperso. A pesar de que tener el número 3 por cumpleaños te hace artístico y encantador, y te confiere un buen sentido del humor, es posible que debas fortalecer tu autoestima y superar la propensión a preocuparte en exceso, así como tus inseguridades a nivel emocional. La subinfluencia del mes número 11 indica que eres entusiasta y apasionado. Eres particularmente sensible e imaginativo, ya que posees habilidades psíquicas y eres receptivo. Aunque seas pragmático, tener emociones inestables indica que necesitas enfocarte en una sola cosa y aprovechar tus excelentes ideas para servir a otros o en proyectos creativos. Cuando te sientes indeciso o inseguro, sucumbes a la autocomplacencia o desperdigas tus energías en demasiados intereses.

• *Cualidades positivas:* humor, felicidad, afabilidad, productividad, creatividad, veta artística, amor por la libertad, talento con las palabras.

• *Cualidades negativas:* aburrimiento, vanidad, fantasioso, exageración, jactancioso, extravagancia, autocomplacencia, pereza, hipocresía, desperdicio.

Amor y relaciones

Aunque pareces estar centrado, también eres idealista y romántico, y tienes emociones potentes. Por lo regular, estás dispuesto a esforzarte para mantener la estabilidad en las relaciones y muestras tus habilidades diplomáticas, cuando es necesario. Sin embargo, si algo bloquea tus emociones intensas, podrías volverte voluble o dependiente de tu pareja. Tienes la capacidad de ser devoto y cariñoso, al mismo tiempo que rígido y diligente con tus seres queridos. Es imposible vivir aislado del mundo porque eres sociable.

ESE ALGUIEN ESPECIAL

Encontrarás a una pareja que entienda tus ansias de amor y variedad entre personas nacidas en las siguientes fechas.

Amor y amistad: 7, 11, 12 y 22 de enero; 5, 9 y 20 de febrero; 3, 7, 8, 18 y 31 de marzo; 1, 5, 16 y 29 de abril; 3, 4, 14, 27 y 29 de mayo; 1, 12, 25 y 27 de junio; 10, 23 y 25 de julio; 8, 21, 23 y 31 de agosto; 6, 19, 21 y 29 de septiembre; 4, 17, 19, 27 y 30 de octubre; 2, 15, 17, 25 y 28 de noviembre; 13, 15, 23 y 26 de diciembre.

Buenas para ti: 8, 14 y 19 de enero; 6, 12 y 17 de febrero; 4, 10 y 15 de marzo; 2, 8 y 13 de abril; 6 y 11 de mayo; 4 y 9 de junio; 2 y 7 de julio; 5 de agosto; 3 de septiembre; 1 y 29 de octubre; 27 de noviembre; 25 y 29 de diciembre.

Atracción fatal: 1, 2, 3 y 4 de mayo.

Desafiantes: 9, 18 y 20 de enero; 7, 16 y 18 de febrero; 5, 14 y 16 de marzo; 3, 12 y 14 de abril; 1, 10 y 12 de mayo; 8 y 10 de junio; 6, 8 y 29 de julio; 4, 6 y 27 de agosto; 2, 4 y 25 de septiembre; 2 y 23 de octubre; 21 de noviembre; 19 de diciembre.

Almas gemelas: 9 de enero, 7 de febrero, 5 de marzo, 3 de abril, 1 de mayo, 30 de octubre, 28 de noviembre, 26 de diciembre.

SOL: ESCORPIÓN
DECANATO: PISCIS/NEPTUNO
ÁNGULO: 11° 30'–12° 30'
DE ESCORPIÓN
MODALIDAD: FIJA
ELEMENTO: AGUA

ESTRELLAS FIJAS

Ácrux, Alphecca

ESTRELLA PRINCIPAL

Nombre de la estrella: Ácrux
Posición: 10° 54'–11° 50' de Escorpión,
   entre los años 1930 y 2000
Magnitud: 1
Fuerza: ★★★★★★★★★
Órbita: 2° 30'
Constelación: Cruz del Sur (Alpha Crucis)
Días efectivos: 2, 3, 4, 5, 6 y 7 de
   noviembre
Propiedades de la estrella: Júpiter
Descripción: estrella triple blanquiazul,
   la más brillante de la Cruz del Sur

INFLUENCIA DE
LA ESTRELLA PRINCIPAL

Ácrux transmite amor por el conocimiento, la armonía y la justicia. Trae consigo un interés por la filosofía, la metafísica y la astrología; además, confiere habilidades psíquicas. Posees una mente inquisitiva y probablemente también un apetito insaciable por leer o deseos de viajar. Ácrux puede inclinarte hacia profesiones relacionadas con la investigación y la educación, las ciencias sociales, la filosofía y la religión.

Con respecto a tu grado del Sol, Ácrux indica una naturaleza sensible y sentimental. Otorga creencias humanistas profundas que te inspiran a perseguir la justicia. Es posible que te vuelvas líder en tu profesión y que sobresalgas o alcances posiciones elevadas en organizaciones dedicadas a labores humanitarias.

• *Positiva:* justicia, amor por el prójimo, compasión.

4 de noviembre

Además de inspirarte y ser idealista, eres un Escorpión que necesita ser creativo y emprendedor, pero que también quiere ser pragmático y realista. Gracias a tu capacidad de discernimiento, perspicacia y tenacidad, eres versátil y tienes facilidad para los negocios. Por lo regular, sabes las respuestas a los problemas ajenos de forma intuitiva. Además, ser astuto y perspicaz, y tener ideas únicas, te permite plantear puntos de vista frescos y poco comunes que poseen valor práctico y son elegantes gracias a su simplicidad.

La subinfluencia de Piscis, el regente de tu decanato, reafirma tu receptividad y revela que, por lo regular, aprehendes la atmósfera que te rodea. Esta influencia también indica que, aunque seas imaginativo, tiendes a la indecisión y los malentendidos. Por ende, es esencial que mantengas una actitud positiva para procurar tu bienestar. Si combates el pesimismo, podrás centrar tu atención en lo que tienes enfrente en lugar de desperdigar tus energías debido a tu impaciencia y nerviosismo.

Aunque tienes aptitudes financieras, las preocupaciones y angustias en torno al dinero pueden anular tu capacidad para resolver problemas y encontrar soluciones simples. No obstante, tus excelentes ideas, actitud alegre y habilidades de comunicación te dan el empuje necesario cuando se requiere que seas original. También te caracterizas por ser perfeccionista, y tu capacidad para concentrarte y ser meticuloso te permite entender las ideas y los métodos casi de inmediato.

Después de los 18, cuando tu Sol progresado se desplaza hacia Sagitario, te encuentras en un punto de inflexión que enfatiza la necesidad creciente de libertad y optimismo. Quizá desees ampliar tus horizontes por medio de la búsqueda de la verdad, el desarrollo mental, la educación o los viajes. Habrá otra encrucijada a los 48 años, cuando tu Sol progresado se desplace hacia Capricornio y resalten cuestiones prácticas relacionadas con la perseverancia, la dedicación y el realismo. A partir de los 78, cuando tu Sol progresado entre a Acuario, empezarás a darle mayor importancia a la independencia, la amistad y la conciencia colectiva.

Tu yo secreto

Debido a tu sensibilidad innata necesitas mucha armonía, seguridad y afecto. Esto implica que el hogar y la familia serán sumamente importantes para ti; sin embargo, corres el riesgo de preocuparte tanto por tus seres queridos que puedes volverte dominante e intentar hacerte cargo de sus problemas para resolverlos a tu manera. De cualquier forma, el poder de tu amor y afecto te permiten perdonar y superar casi cualquier dificultad. Tu perfeccionismo hace que seas tenaz y devoto cuando te comprometes con una causa o un ideal.

Tu carácter intenso y valores sólidos te ayudan a sobresalir en medio de la multitud. Gracias a tu buen olfato para los negocios puedes sacar provecho de cualquier situación, siempre y cuando no te vuelvas demasiado materialista ni permitas que tu deseo de seguridad te impida arriesgarte. Con tu encanto y refinamiento naturales, basta con agregar la disciplina necesaria a tus habilidades de liderazgo e intuiciones para lograr cosas sobresalientes en la vida.

Trabajo y vocación

Debido a tus ideas originales y enfoque único, podrían atraerte la escritura u ocupaciones relacionadas con la comunicación. Tu astucia empresarial te permitiría triunfar en el comercio; aunque también podrías aprovechar tu agudeza mental en la investigación, las ciencias o la medicina. De igual modo, tu perspicacia aguda podría inclinarte hacia la filosofía, la religión o la metafísica. Puesto que entiendes a la gente de forma intuitiva, cualquier carrera que requiera habilidades psicológicas te permitiría canalizar tus talentos de maravilla. Asimismo, tu histrionismo natural tendría cabida en la política o el mundo del entretenimiento. Sin importar qué carrera elijas, siempre tendrás ideas creativas y querrás mejorar de forma constante tu manera de trabajar.

Entre las personas famosas con quienes compartes cumpleaños están los actores Ralph Macchio, Art Carney y Loretta Swit; el humorista Will Rogers; el periodista Walter Cronkite, y el fotógrafo Robert Mapplethorpe.

Numerología

La estructura sólida y el poder jerarquizado que conlleva el número 4 en tu fecha de nacimiento apuntan hacia la necesidad de estabilidad y el gusto por poner orden. Tu gran cantidad de energía, habilidades prácticas y voluntad férrea te ayudarán a alcanzar el éxito por medio del trabajo arduo. Enfocarte en tu seguridad hará que desees construir una base sólida para tu familia y para ti, así que aprovecha que tu visión pragmática de la vida te confiere un buen sentido de los negocios y la capacidad de alcanzar el éxito material. Con el número 4 en tu fecha de nacimiento acostumbras ser honesto, franco y justo. Este número también indica periodos de inestabilidad o de preocupaciones financieras. Eres leal por naturaleza y te beneficias de la colaboración con otros. La subinfluencia del mes número 11 indica que eres intuitivo y creativo, pero que necesitas disciplinarte. También eres idealista y relajado, y ansías armonía y equilibrio. Si te sientes insatisfecho o fuera de lugar, podrías rebelarte y desperdiciar tus ideas maravillosas en planes imprácticos. Si te tomas en serio tus responsabilidades, alcanzarás la estabilidad duradera.

• *Cualidades positivas:* organización, autodisciplina, estabilidad, trabajo arduo, organización, destreza, habilidades manuales, pragmatismo, confianza, exactitud.

• *Cualidades negativas:* inestabilidad, comportamiento destructivo, incapacidad para comunicarse, represión, rigidez, pereza, insensibilidad, postergación, comportamiento dominante, tacañería, afectos ocultos, resentimientos, rigor.

Amor y relaciones

Ser un individuo idealista y honesto implica que debes elegir a tus parejas con cuidado, pues podrían decepcionarte. Tu hermetismo es señal de que se te dificulta expresar tus emociones verdaderas, por lo que a veces eres frío o indiferente. Si procuras ser sincero y seguro de ti mismo, desarrollarás espontaneidad emocional, lo que fortalecerá tus relaciones afectivas. Tu visión creativa de la vida te garantiza el éxito social y te permite relacionarte con gente de cualquier contexto.

• *Negativa:* venganza, injusticia, falta de emociones.

ESE ALGUIEN ESPECIAL

Para encontrar felicidad duradera y seguridad, relaciónate con personas nacidas en las siguientes fechas.

Amor y amistad: 4, 8, 13, 22 y 26 de enero; 6, 20 y 24 de febrero; 4, 13, 18 y 22 de marzo; 2, 16, 20 y 30 de abril; 14, 18, 28 y 30 de mayo; 12, 16, 26 y 28 de junio; 5, 10, 14, 24 y 26 de julio; 8, 12, 22 y 24 de agosto; 6, 10, 20, 22 y 30 de septiembre; 4, 8, 18, 20 y 28 de octubre; 2, 6, 16, 18 y 26 de noviembre; 4, 14, 16 y 24 de diciembre.

Buenas para ti: 9 y 20 de enero; 7 y 18 de febrero; 5, 16 y 29 de marzo; 3, 14 y 27 de abril; 1, 12 y 25 de mayo; 10 y 23 de junio; 8 y 21 de julio; 6 y 19 de agosto; 4 y 17 de septiembre; 2, 15 y 30 de octubre; 13 y 28 de noviembre; 11, 26 y 30 de diciembre.

Atracción fatal: 27 de enero; 25 de febrero; 23 de marzo; 21 de abril; 1, 2, 3, 4, 5 y 19 de mayo; 17 de junio; 15 de julio; 13 de agosto; 11 de septiembre; 9 de octubre; 7 de noviembre; 5 de diciembre.

Desafiantes: 2, 10 y 19 de enero; 8 y 17 de febrero; 6 y 15 de marzo; 4 y 13 de abril; 2 y 11 de mayo; 9 de junio; 7 y 30 de julio; 5 y 28 de agosto; 3 y 26 de septiembre; 1 y 24 de octubre; 22 de noviembre; 20 y 30 de diciembre.

Almas gemelas: 15 de enero, 13 de febrero, 11 de marzo, 9 de abril, 7 de mayo, 5 de junio, 3 de julio, 1 de agosto, 29 de octubre, 27 de noviembre, 25 de diciembre.

SOL: ESCORPIÓN
DECANATO: PISCIS/NEPTUNO
ÁNGULO: 12º 30'–13º 30'
DE ESCORPIÓN
MODALIDAD: FIJA
ELEMENTO: AGUA

ESTRELLAS FIJAS

Ácrux, Alphecca

ESTRELLA PRINCIPAL

Nombre de la estrella: Ácrux
Posición: 10º 54'–11º 50' de Escorpión,
   entre los años 1930 y 2000
Magnitud: 1
Fuerza: ★★★★★★★★★★
Órbita: 2º 30'
Constelación: Cruz del Sur (Alpha Crucis)
Días efectivos: 2, 3, 4, 5, 6 y 7 de
   noviembre
Propiedades de la estrella: Júpiter
Descripción: estrella triple blanquiazul,
   la más brillante de la Cruz del Sur

INFLUENCIA DE
LA ESTRELLA PRINCIPAL

Ácrux transmite amor por el conocimiento, la armonía y la justicia. Trae consigo un interés por la filosofía, la metafísica y la astrología; además, confiere habilidades psíquicas. Posees una mente inquisitiva y probablemente también un apetito insaciable por leer o deseos de viajar. Ácrux puede inclinarte hacia profesiones relacionadas con la investigación y la educación, las ciencias sociales, la filosofía y la religión.

Con respecto a tu grado del Sol, Ácrux indica una naturaleza sensible y sentimental. Otorga creencias humanistas profundas que te inspiran a perseguir la justicia. Es posible que te vuelvas líder en tu profesión y que sobresalgas o alcances posiciones elevadas en organizaciones dedicadas a labores humanitarias.

• *Positiva:* justicia, amor por el prójimo, compasión.

5 de noviembre

♏ Además de ser un Escorpión inteligente, receptivo y astuto, albergas sentimientos profundos y fuertes poderes internos. Gracias a tu mente inquisitiva y selectiva, procuras fortalecerte a través del conocimiento. Aunque proyectas una imagen apacible, compostura y gentileza, también puedes ser intenso, y tus críticas mordaces a veces son brutalmente francas. Eres tenaz y perseverante, y también posees convicciones fuertes y una actitud decidida que en ocasiones se interpreta como obstinación.

La subinfluencia de Piscis, el regente de tu decanato, le infunde potencia a tu sensibilidad y te permite entender los problemas de forma instintiva. La capacidad para concentrarse en una sola cosa a la vez indica que puedes especializarte en un campo de investigación específico o tener intereses originales. Eres imaginativo y gozas de agudeza sensorial, lo que te permite asimilar todo lo que te rodea. Aunque esta influencia supone que tienes emociones intensas o estados de ánimo variables, alcanzarás el equilibrio interno si generas una atmósfera balanceada y armoniosa.

La necesidad de obtener contactos personales indica que, al crear redes de contactos, tienes aptitudes para actividades públicas y sueles prosperar cuando se presentan oportunidades y contactos nuevos. Al ser una persona mentalmente activa, disfrutas los desafíos intelectuales. Sin embargo, tu inclinación a las discutiones es un reflejo de que te vuelves pendenciero cuando las cosas no salen como esperas. Aun así, el deseo de triunfar o de involucrarte en emprendimientos financieros indica que te beneficias al asociarte con otros o trabajar para ellos.

Después de los 17 años, cuando tu Sol progresado se desplaza hacia Sagitario, empiezas a sentirte más optimista. Esto podría ampliar tu visión mental de la vida, impulsarte a correr riesgos o hacer viajes. Por otro lado, quizá desees más libertad interna y desarrolles un mayor interés psicológico por la verdad, la filosofía y el significado de la vida. Después de los 47 años, cuando tu Sol se desplaza hacia Capricornio, te vuelves más organizado, trabajador y realista, y comprendes mejor tus objetivos y ambiciones. A partir de los 77, cuanto tu Sol progresado entre a Acuario, empezarás a darle mayor importancia al compañerismo, la libertad y la independencia.

Tu yo secreto

La interesante combinación de ideales elevados y capacidad de razonamiento profundo con el deseo práctico de tener dinero, prestigio y lujos indica que fluctúas entre ambos extremos. Proyectas una personalidad fuerte y tenaz cuando tienes un objetivo en mente, e impresionas a otros con tu ímpetu y determinación. Eres un buen estratega y tienes la energía y tenacidad suficientes para alcanzar tus metas personales de forma sobresaliente, aunque quizás encontrarías más felicidad si enfocaras tu fuerza de voluntad en procurar el bien común.

Aunque con frecuencia eres sumamente perspicaz, fluctúas entre la ambición y la inercia, lo que pone en jaque tu potencial que, por lo demás, es extraordinario. Sin embargo, gracias a tu capacidad de concentración, necesidad de reconocimiento y voluntad de emprender trabajos difíciles y desafiantes, eres trabajador y dedicado. Tu necesidad de armonía se refleja en tu aprecio por el arte y la música y en tu talento artístico, o a través de la expresión de un espíritu universal.

· *Negativa:* venganza, injusticia, falta de emociones.

Trabajo y vocación

Por medio de tus habilidades diplomáticas naturales y capacidad para hacer contactos, sobresales en carreras que implican negociación y arbitraje, como las relaciones públicas, la coordinación como agente y el trabajo de enlace, y la consultoría empresarial. Es posible que también seas talentoso para promover ideas o productos. Tu determinación absoluta cuando te comprometes con un proyecto te ayuda a triunfar en cualquier carrera que elijas. Aunque prefieres trabajar por cuenta propia, también reconoces los beneficios de hacerlo en cooperación con otras personas. Por otro lado, las ansias de reconocimiento quizá te impulsen a ponerte bajo los reflectores.

Entre las personas famosas con quienes compartes cumpleaños están el cantante Bryan Adams, el cantante y compositor Art Garfunkel, el dramaturgo y actor Sam Shepard, las actrices Vivien Leigh y Tatum O'Neal, y el sindicalista Eugene Debs.

ESE ALGUIEN ESPECIAL

Es más probable que encuentres a tu alma gemela entre personas nacidas en las siguientes fechas.

Amor y amistad: 2, 3 y 23 de enero; 11 y 21 de febrero; 9, 19, 28 y 31 de marzo; 7, 17, 26 y 29 de abril; 5, 15, 24, 27, 28, 29 y 31 de mayo; 3, 13, 22, 25, 26, 27 y 29 de junio; 1, 11, 20, 23, 25, 27 y 29 de julio; 9, 18, 21, 23, 25 y 27 de agosto; 7, 16, 19, 21, 23 y 25 de septiembre; 5, 14, 17, 19, 21 y 23 de octubre; 3, 12, 15, 17, 19 y 21 de noviembre; 1, 10, 13, 15, 17 y 19 de diciembre.

Buenas para ti: 3, 4, 10 y 21 de enero; 1, 2, 8 y 19 de febrero; 6, 17 y 30 de marzo; 4, 15 y 28 de abril; 2, 13 y 26 de mayo; 11 y 24 de junio; 9 y 22 de julio; 7 y 20 de agosto; 5 y 18 de septiembre; 3, 16 y 31 de octubre; 1, 14 y 29 de noviembre; 12 y 27 de diciembre.

Atracción fatal: 22 y 28 de enero; 20 y 26 de febrero; 18 y 24 de marzo; 16 y 22 de abril; 3, 4, 5, 6, 14 y 20 de mayo; 12 y 18 de junio; 10 y 16 de julio; 8 y 14 de agosto; 6 y 12 de septiembre; 4 y 10 de octubre; 2 y 8 de noviembre; 6 de diciembre.

Desafiantes: 11 y 20 de enero; 9 y 18 de febrero; 7 y 16 de marzo; 5 y 14 de abril; 3, 12 y 30 de mayo; 1, 10 y 28 de junio; 8, 26 y 31 de julio; 6, 24 y 29 de agosto; 4, 22 y 27 de septiembre; 2, 20 y 25 de octubre; 18 y 23 de noviembre; 16 y 21 de diciembre.

Almas gemelas: 26 de enero, 24 de febrero, 22 y 30 de marzo, 20 y 28 de abril, 18 y 26 de mayo, 16 y 24 de junio, 14 y 22 de julio, 12 y 20 de agosto, 10 y 18 de septiembre, 8 y 16 de octubre, 6 y 14 de noviembre, 4 y 12 de diciembre.

Numerología

El número 5 en tu fecha de nacimiento indica instintos poderosos, una naturaleza aventurera y ansias de libertad. La disposición a explorar o probar cosas nuevas, así como tu entusiasmo para enfrentar el mundo, sugieren que la vida tiene mucho que ofrecerte. Los viajes y las múltiples oportunidades de cambio, algunas inesperadas, podrían conducir a una auténtica transformación de tus perspectivas y creencias. Necesitas sentir que la vida es emocionante; no obstante, es posible que también debas desarrollar una actitud responsable y evitar la tendencia a ser impredecible, a los excesos y el desasosiego. Alcanzarás el éxito si evitas las acciones prematuras o especulativas y si aprendes a ser paciente. El talento natural de una persona con el número 5 es saber cómo dejarse llevar por la corriente y mantenerse desapegado. La subinfluencia del mes 11 indica que eres intuitivo, por lo que posees instintos fuertes. Además, ser inteligente y directo te permite comunicar tus ideas con absoluta claridad. Aunque eres receptivo y sensible a las necesidades de los demás, a veces tu lado humorista se mezcla con tu escepticismo y da como resultado una actitud cínica.

• *Cualidades positivas:* versatilidad, adaptabilidad, actitud progresista, instintos poderosos, magnetismo, suerte, audacia, amor por la libertad, ingenio, agilidad mental, curiosidad, misticismo, sociabilidad.

• *Cualidades negativas:* poca confiabilidad, volatilidad, postergación, incongruencia, exceso de confianza, obstinación.

Amor y relaciones

Eres una persona sensible y de emociones poderosas. Posees una naturaleza curiosa, ideas fijas y principios inamovibles. Puesto que admiras a gente poderosa e independiente, necesitas a una pareja fuerte que sea capaz de enfrentársete y no se deje intimidar por tu personalidad férrea. A pesar de ser amistoso y sociable, emprendes aventuras y enfrentas desafíos nuevos por cuenta propia. Ya que necesitas ejercitar tu capacidad intelectual, prefieres rodearte de individuos inteligentes.

DECANATO: PISCIS/NEPTUNO

ÁNGULO: 13º 30'–14º 30'

DE ESCORPIÓN

MODALIDAD: FIJA

ELEMENTO: AGUA

ESTRELLAS FIJAS

Ácrux; Alphecca; Zubenelgenubi, que significa "la pinza sur del escorpión"

ESTRELLA PRINCIPAL

Nombre de la estrella: Ácrux

Posición: 10º 54'–11º 50' de Escorpión, entre los años 1930 y 2000

Magnitud: 1

Fuerza: ★★★★★★★★★

Órbita: 2º 30'

Constelación: Cruz del Sur (Alpha Crucis)

Días efectivos: 2, 3, 4, 5, 6 y 7 de noviembre

Propiedades de la estrella: Júpiter

Descripción: estrella triple blanquiazul, la más brillante de la Cruz del Sur

INFLUENCIA DE LA ESTRELLA PRINCIPAL

Ácrux transmite amor por el conocimiento, la armonía y la justicia. Trae consigo un interés por la filosofía, la metafísica y la astrología; además, confiere habilidades psíquicas. Posees una mente inquisitiva y probablemente también un apetito insaciable por leer o deseos de viajar. Ácrux puede inclinarte hacia profesiones relacionadas con la investigación y la educación, las ciencias sociales, la filosofía y la religión.

Con respecto a tu grado del Sol, Ácrux indica una naturaleza sensible y sentimental. Otorga creencias humanistas profundas que te inspiran a perseguir la justicia. Es posible que te vuelvas líder en tu profesión y que sobresalgas o alcances posiciones elevadas en organizaciones dedicadas a labores humanitarias.

· *Positiva:* justicia, amor por el prójimo, compasión.

6 de noviembre

Como Escorpión, eres encantador y sociable, pero también un individuo enérgico, ambicioso y emprendedor, con visión e idealismo. Las ansias de realización personal y el deseo de actuar son las fuerzas que suelen motivarte más. Aunque, generalmente, pareces alegre y afable, en ocasiones las circunstancias confusas te hacen sentir inseguro o indeciso. Sin embargo, los golpes de suerte te sacarán de muchas situaciones difíciles, incluso si eres tú quien las ha provocado.

La subinfluencia de Piscis, el regente de tu decanato, agrega perspicacia e intuición a tu sensibilidad y te da la capacidad de aprehender o absorber instintivamente el ambiente que te rodea. Eres imaginativo y gozas de sentidos agudos, por lo que, si te sientes motivado, disfrutas ser creativo y fantasear o especular acerca de cómo mejorar tus prospectos. Alcanzarás el equilibrio interno si creas una atmósfera equilibrada y armoniosa en tu entorno.

Emprender ideas nuevas te hace feliz, pues te gusta encabezar las tendencias. Algunos de tus mejores atributos son la creatividad y las habilidades prácticas, mientras que tu capacidad para mostrar una visión nueva e inusual es reflejo de tus pensamientos originales. Sueles ser perfeccionista, y tus excelentes ideas y actitudes positivas te dan el empujón faltante cuando estás en una situación que requiere ingenio e histrionismo.

Después de los 16 años, cuando tu Sol progresado se desplaza hacia Sagitario, te vuelves más positivo y amplías tu visión. Esto podría traducirse en educación superior o viajes, pero también podría impulsarte a ser más aventurero y arriesgado. Quizá también quieras explorar tu psique a través de la filosofía, la religión y la búsqueda de la verdad. A partir de los 46 años, cuando tu Sol progresado se desplace hacia Capricornio, empezarás a adoptar un enfoque de vida más práctico, realista y organizado, y experimentarás una fuerte necesidad de orden y estructura. Más tarde, a los 76, cuando tu Sol progresado entre a Acuario, empezarás a darle una mayor importancia a la amistad, la independencia y los ideales humanitarios.

Tu yo secreto

Fuiste bendecido con talento para generar ideas afortunadas, y sueles buscar alianzas que te traigan ganancias y mayor progreso. El énfasis en las relaciones y las parejas señala que, aunque eres un individuo fuerte y enérgico, quizá debas aprender a negociar para beneficiarte de lo que otros pueden ofrecerte. Gracias a tu visión amplia e intuitiva, y tu capacidad para aprehender las situaciones con rapidez, por lo regular, estás listo para sacar el mayor provecho posible de las oportunidades que se te presentan, aun cuando no hayas sido tú quien las creó.

Puedes ser honesto y sumamente generoso con tus seres queridos, pero también corres el riesgo de arruinar las relaciones al ser demasiado dominante o autodestructivo. Aunque experimentas deseos y emociones intensos, al aprender a ser flexible y aceptar las críticas, estarás más abierto a expresar el amor poderoso y desinteresado que albergas en las profundidades de tu corazón.

Trabajo y vocación

Debido a tu enfoque realista y habilidades diplomáticas naturales, disfrutas trabajos que involucren cooperación con otros y te sientes como pez en el agua cuando puedes mezclar los negocios con el placer o cuando promueves ideas vinculadas a ganancias financieras. Te desagrada recibir órdenes, ya que eres independiente y tienes habilidades de liderazgo innatas; ello te impulsará a buscar puestos gerenciales o a trabajar por cuenta propia. El empuje para actuar y el talento para resolver problemas te ayudan a sobresalir cuando enfrentas nuevos comienzos o desafíos. Eres valiente, pero también persuasivo, y te comprometes y entusiasmas una vez que optas por alguna actividad o carrera. La música y la escritura también podrían resultarte atractivas, ya sea como profesión o como esparcimiento creativo.

Entre las personas famosas con quienes compartes cumpleaños están el director de cine Mike Nichols, la actriz Sally Field, la periodista Maria Shriver, el músico Ray Conniff, el compositor John Philip Sousa y el inventor del básquetbol James Naismith.

Numerología

Algunos de los atributos propios de la gente nacida en el día 6 son la compasión, el idealismo y la naturaleza atenta. Es el número de los perfeccionistas o de los amigos universales. A menudo indica que eres un ser humanitario, responsable, amoroso y comprensivo. Con un cumpleaños en el día 6, es frecuente que seas una madre o un padre devoto y dedicado a lo doméstico. Las personas más sensibles entre quienes nacieron en esta fecha deberán encontrar una forma de expresión creativa, pues se sienten atraídas por el mundo del entretenimiento, las artes y el diseño. Quizá debas desarrollar seguridad en ti mismo y superar la tendencia a ser entrometido, a preocuparte en exceso y a sentir compasión por quien no la merece. La subinfluencia del mes número 11 indica que tienes emociones intensas y un carácter fuerte. Aunque tus ideales son elevados, es importante que seas tenaz, paciente y perseverante para alcanzar tus metas. Eres innovador, imaginativo, te gusta planear el futuro y tener estabilidad material. Si te sientes insatisfecho, evita ser demasiado crítico o autoritario con otros.

• *Cualidades positivas:* cosmopolita, hermandad universal, afabilidad, compasión, confiabilidad, comprensión, empatía, idealismo, orientación hacia lo doméstico, humanismo, compostura, talento artístico, equilibrio.

• *Cualidades negativas:* insatisfacción, ansiedad, timidez, irracionalidad, terquedad, franqueza excesiva, falta de armonía, perfeccionismo, comportamiento dominante, irresponsabilidad, egoísmo, suspicacia, cinismo, egocentrismo.

Amor y relaciones

Tu personalidad fuerte, combinada con tu calidez y encanto, resulta atractiva para otras personas. Aunque eres un individuo ambicioso, también eres comprensivo e impulsas a otros, ya que estás dispuesto a hacer lo que sea por tus seres queridos. Sin embargo, si te impacientas o avanzas demasiado rápido en las relaciones, te arrepentirás una vez que tengas tiempo para reflexionar al respecto. Las cuestiones materiales también serán un factor determinante en tus relaciones, pues para ti es importante la seguridad financiera.

• *Negativa:* venganza, injusticia, falta de emociones.

ESE ALGUIEN ESPECIAL

Para encontrar felicidad duradera y seguridad, empieza a relacionarte con personas nacidas en las siguientes fechas.

Amor y amistad: 14, 15, 24 y 31 de enero; 12, 22 y 29 de febrero; 10, 11, 20 y 27 de marzo; 8, 18 y 25 de abril; 6, 16, 23 y 30 de mayo; 4, 14, 21, 28 y 30 de junio; 2, 3, 12, 19, 26, 28 y 30 de julio; 10, 17, 24, 26 y 28 de agosto; 8, 15, 22, 24 y 26 de septiembre; 6, 13, 20, 22, 24 y 30 de octubre; 4, 11, 18, 20, 22 y 28 de noviembre; 2, 9, 16, 18, 20, 26 y 29 de diciembre.

Buenas para ti: 5, 22 y 30 de enero; 3, 20 y 28 de febrero; 1, 18 y 26 de marzo; 16 y 24 de abril; 14 y 22 de mayo; 12 y 20 de junio; 10, 18 y 29 de julio; 8, 16, 27 y 31 de agosto; 6, 14, 25 y 29 de septiembre; 4, 12, 23 y 27 de octubre; 2, 10, 21 y 25 de noviembre; 9, 19 y 23 de diciembre.

Atracción fatal: 12 de enero; 10 de febrero; 8 de marzo; 6 de abril; 3, 4, 5 y 6 de mayo; 2 de junio.

Desafiantes: 16 y 21 de enero; 14 y 19 de febrero; 12, 17 y 30 de marzo; 10, 15 y 28 de abril; 8, 13 y 26 de mayo; 6, 11 y 24 de junio; 4, 9 y 22 de julio; 2, 7 y 20 de agosto; 5 y 18 de septiembre; 3 y 16 de octubre; 1 y 14 de noviembre; 12 de diciembre.

Almas gemelas: 25 de enero, 23 de febrero, 21 de marzo, 19 de abril, 17 de mayo, 15 de junio, 13 de julio, 11 de agosto, 9 de septiembre, 7 de octubre, 5 de noviembre, 3 y 30 de diciembre.

SOL: ESCORPIÓN
DECANATO: PISCIS/NEPTUNO
ÁNGULO: 14° 30'–15° 30'
DE ESCORPIÓN
MODALIDAD: FIJA
ELEMENTO: AGUA

ESTRELLAS FIJAS

Ácrux; Alphecca; Zubenelgenubi, que significa "la pinza sur del escorpión"

ESTRELLA PRINCIPAL

Nombre de la estrella: Ácrux
Posición: 10° 54'–11° 50' de Escorpión, entre los años 1930 y 2000
Magnitud: 1
Fuerza: ★★★★★★★★★★
Órbita: 2° 30'
Constelación: Cruz del Sur (Alpha Crucis)
Días efectivos: 2, 3, 4, 5, 6 y 7 de noviembre
Propiedades de la estrella: Júpiter
Descripción: estrella triple blanquiazul, la más brillante de la Cruz del Sur

---

INFLUENCIA DE
LA ESTRELLA PRINCIPAL

Ácrux transmite amor por el conocimiento, la armonía y la justicia. Trae consigo un interés por la filosofía, la metafísica y la astrología; además, confiere habilidades psíquicas. Posees una mente inquisitiva y probablemente también un apetito insaciable por leer o deseos de viajar. Ácrux puede inclinarte hacia profesiones relacionadas con la investigación y la educación, las ciencias sociales, la filosofía y la religión.

Con respecto a tu grado del Sol, Ácrux indica una naturaleza sensible y sentimental. Otorga creencias humanistas profundas que te inspiran a perseguir la justicia. Es posible que te vuelvas líder en tu profesión y que sobresalgas o alcances posiciones elevadas en organizaciones dedicadas a labores humanitarias.

• *Positiva:* justicia, amor por el prójimo, compasión.

7 de noviembre

℀ Además de ser independiente e inteligente, eres un Escorpión sumamente intuitivo, con la capacidad de analizar y acumular una gran cantidad de información. Tu ingenio e inteligencia te permiten reconocer el poder del conocimiento y de la educación. Al ser perspicaz y prudente, recibes con gusto las oportunidades de ejercitar el intelecto a través de las discusiones o los debates. Por lo regular, te gusta tomar al mando, y frente a otros te proyectas como una una persona competente con don de mando.

La subinfluencia de Piscis, el regente de tu decanato, te enriquece a través de la imaginación y la capacidad de profundizar en cualquier área de interés. Eres imaginativo, tienes habilidades psíquicas, y disfrutas ser comunicativo y creativo cuando te sientes motivado. Gracias a tu visión y perspicacia intuitiva, con facilidad evalúas la atmósfera que te rodea.

La mezcla de precaución y entusiasmo implica que oscilas entre la confianza y la inseguridad en ti mismo. Aunque eres pragmático por naturaleza, a veces también tienes ideas fuera de lo común. Sin embargo, esta tendencia a pensar de forma poco ortodoxa no debe ser un pretexto para contrariar a otros solo por que sí. Puesto que la gente reconoce tus fortalezas con rapidez, no tardas en ascender a puestos de autoridad y poder. Por medio de la paciencia y la perseverancia, soportarás los desafíos más grandes de la vida y, si trabajas arduamente, casi siempre tendrás éxito.

Después de los 15 años, cuando tu Sol progresado se desplace hacia Sagitario, te volverás más optimista y querrás ser más honesto e idealista. Es momento para estudiar, viajar y ampliar tus horizontes mentales. Habrá otro punto de inflexión a los 45 años, cuando tu Sol progresado se desplace hacia Capricornio. Es probable que entonces te vuelvas más práctico, realista y organizado para poder alcanzar tus metas en la vida, además de que sentirás una fuerte necesidad de tener orden y estructura. A partir de los 75, cuando tu Sol progresado entre a Acuario, ocurrirá otro cambio que enfatizará cuestiones de amistad, independencia e ideales humanitarios.

Tu yo secreto

Eres firme y decidido, pero también magnético y encantador. Tu carácter es una mezcla interesante de contrastes. Además de inteligencia e ingenio agudo, también tienes una veta humanitaria que te permite entender al instante a la gente. Eres responsable y trabajador, y en tu interior hay un idealista ansioso por luchar en contra de las injusticias. No obstante, tu deseo de poder, dinero y prestigio te motivará a subir por la escalera del éxito.

Aunque eres independiente, reconoces el valor de compartir y cooperar para obtener buenos resultados. Para evitar situaciones de dependencia, quizá sea necesario aprovechar tu gran intuición para encontrar el equilibrio adecuado entre defender tus ideales y ser receptivo a las opiniones de otros. Un poco de diversión competitiva te ayudará a mantener el sentido del humor.

Trabajo y vocación

Gracias a tu aguda inteligencia y capacidad de liderazgo, probablemente tendrás muchas oportunidades profesionales distintas y serás capaz de triunfar en cualquiera de ellas. Aunque seas independiente, otras personas valorarán tu responsabilidad y trabajo arduo, por lo que, es posible, que alcances puestos prominentes. Con tu agilidad mental, habilidades comunicativas y ansias de conocimiento, te atraerán carreras como escritor, educador o investigador. Aunque tengas una naturaleza introspectiva o filosófica, también puedes sobresalir en el teatro y la política. Por lo regular, te desagrada recibir órdenes, así que prefieres estar al mando o trabajar por cuenta propia.

Entre las personas famosas con quienes compartes cumpleaños están la cantante y compositora Joni Mitchell, los cantantes Joan Sutherland y Johnny Rivers, el evangelista Billy Graham, la científica Marie Curie, el etólogo Konrad Lorenz y el general ruso León Trotski.

Numerología

A pesar de ser analíticas y reflexivas, las personas con el número 7 en su fecha de nacimiento suelen ser críticas y egocéntricas. Tienes una necesidad constante de desarrollar tu autoconciencia; además, disfrutas recopilar información, por lo que te pueden interesar la lectura, la escritura o la espiritualidad. Si bien eres astuto, también tiendes a racionalizar demasiado las cosas y perderte en los detalles. La tendencia a ser enigmático o reservado supone que en ocasiones eres demasiado sensible a las críticas ajenas o te sientes incomprendido. La subinfluencia del mes número 11 indica que eres sumamente intuitivo y posees capacidad de discernimiento. Debido a tu inteligencia y capacidad de razonamiento profundo, logras cosas extraordinarias cuando permites que tus instintos y tu sentido común práctico te guíen. Eres leal y tienes convicciones fuertes. Brillas cuando es necesario impulsar reformas o inspirar a otros con tu ideología humanitaria.

Para expandir tu fe y enorme compasión, evita usar tu poder con fines destructivos y rebelarte en contra de otras personas.

• *Cualidades positivas:* educación, confianza, meticulosidad, idealismo, honestidad, habilidades psíquicas, capacidades científicas, racionalidad, reflexión.

• *Cualidades negativas:* encubrimientos, engaños, hermetismo, escepticismo, confusión, tendencia a ser fastidioso, desapego, insensibilidad.

Amor y relaciones

Necesitas a una pareja que te dé libertad e independencia suficientes. Ser considerado e intuitivo hace que te guste ser honesto con la gente. También eres ingenioso, pero tu personalidad revela que, de ser necesario, eres convincente y persuasivo. Cuando amas a alguien lo respaldas y alientas. Aunque eres solidario, tu tendencia natural a tomar el control de las situaciones te vuelve controlador a veces. Sin embargo, si te comprometes en una relación, eres responsable y expresas un amor profundo.

• *Negativa:* venganza, injusticia, falta de emociones.

ESE ALGUIEN ESPECIAL

Si buscas a tu pareja ideal, es más probable que la encuentres al relacionarte con personas nacidas en las siguientes fechas.

Amor y amistad: 11, 13, 15, 17 y 25 de enero; 9, 11, 13, 15 y 23 de febrero; 7, 9, 11, 13, 21 y 29 de marzo; 5, 7, 9, 11 y 19 de abril; 3, 5, 7, 9, 17 y 31 de mayo; 1, 3, 5, 7, 15, 23 y 29 de junio; 1, 3, 5, 21, 27, 29 y 31 de julio; 1, 3, 11, 25, 27 y 29 de agosto; 1, 9, 23, 25 y 27 de septiembre; 7, 21, 23 y 25 de octubre; 5, 19, 21 y 23 de noviembre; 3, 17, 19, 21 y 30 de diciembre.

Buenas para ti: 1, 5 y 20 de enero; 3 y 18 de febrero; 1 y 16 de marzo; 14 de abril; 12 de mayo; 10 de junio; 8 de julio; 6 de agosto; 4 de septiembre; 2 de octubre.

Atracción fatal: 5, 6, 7 y 8 de mayo.

Desafiantes: 6, 22 y 24 de enero; 4, 20 y 22 de febrero; 2, 18 y 20 de marzo; 16 y 18 de abril; 14 y 16 de mayo; 12 y 14 de junio; 10 y 12 de julio; 8, 10 y 31 de agosto; 6, 8 y 29 de septiembre; 4, 6 y 27 de octubre; 2, 4, 25 y 30 de noviembre; 2, 23 y 28 de diciembre.

Almas gemelas: 6 y 12 de enero, 4 y 10 de febrero, 2 y 8 de marzo, 6 de abril, 4 de mayo, 2 de junio.

SOL: ESCORPIÓN
DECANATO: PISCIS/NEPTUNO
ÁNGULO: 15° 30'–16° 30'
DE ESCORPIÓN
MODALIDAD: FIJA
ELEMENTO: AGUA

ESTRELLA FIJA

Nombre de la estrella: Zubenelgenubi, que significa "la pinza sur del escorpión"

Posición: 14° 6'–15° 4' de Escorpión, entre los años 1930 y 2000

Magnitud: 3

Fuerza: ★★★★★★

Órbita: 1° 40'

Constelación: Libra (Alpha Librae)

Días efectivos: 6, 7, 8 y 9 de noviembre

Propiedades de la estrella:
interpretaciones variadas: Júpiter/ Marte/Saturno/Venus

Descripción: estrella binaria, amarilla pálida y blanca grisácea, ubicada en el travesaño sur de la balanza

INFLUENCIA DE LA ESTRELLA PRINCIPAL

Zubenelgenubi indica que puedes experimentar cambios y periodos de inestabilidad a lo largo de tu vida. Advierte que necesitarás hacer las cosas de modos ortodoxos o mantenerte siempre del lado derecho del camino. Alcanzarás el éxito y logros conforme aprendas a superar los obstáculos.

Con respecto a tu grado del Sol, esta estrella otorga la capacidad de enfocarte en tus metas y objetivos, y así sobreponerte a los obstáculos y las decepciones. Aun así, para poder evitar la angustia, quizá debas entender que los favores nunca son gratuitos.

• *Positiva:* capacidad para aprender a perdonar, paciencia, perseverancia.

• *Negativa:* incapacidad para perdonar, relación con personajes indeseables, problemas legales.

8 de noviembre

♏ Eres un Escorpión sensible, inteligente, singular y con una personalidad imponente. Además de que eres ambicioso, enérgico y con el valor para comprometerte con tus ideales, eres bondadoso y generoso con tus seres queridos. Debido a que eres una persona observadora, sumamente intuitiva y con ansias de conocimiento puedes evaluar con rapidez las situaciones y generar ideas interesantes. Ser previsor y tener habilidades ejecutivas te ayuda a ponerte a la vanguardia de tendencias y conceptos nuevos.

La subinfluencia de Piscis, el regente de tu decanato, indica que eres imaginativo y talentoso, y que posees un fuerte sexto sentido. Gracias a tus talentos naturales, buscas formas de expresarte y tienes la fortuna de poder elegir una carrera que te guste. Aunque seas enfocado y tenaz, debes procurar no distraerte con tus cambios de humor, fantasías o deseo de evasión.

La necesidad de crecer y la capacidad para examinar las cosas en su totalidad indican que te gusta pensar a gran escala. Eres seguro de ti mismo e inquisitivo. Por lo regular, no permites que otros interfieran en tu vida; sin embargo, al mostrar tu veta obstinada, te proyectas como una persona inquieta e impaciente. La educación superior y las aspiraciones sociales, morales o religiosas pueden traer consigo éxitos. Todo es posible si desarrollas paciencia, tolerancia y disciplina para superar las inseguridades emocionales.

De los 14 a los 33 años, cuando tu Sol progresado está en Sagitario, buscas libertad, ideales positivos y oportunidades de crecimiento. Las ansias de explorar están en su máximo nivel, por lo que quizá viajes o desarrolles interés en la religión, la filosofía o busques el sentido de la vida. A los 44 años, cuando tu Sol progresado se desplace hacia Capricornio, habrá un punto de inflexión a partir del cual empezarás a ser más práctico, disciplinado y enfocado en cumplir tus metas y objetivos. Después de los 74 años, cuando tu Sol progresado entre a Acuario, empezarás a poner más énfasis en la amistad, la independencia y las actividades grupales.

Tu yo secreto

Para aprovechar al máximo tu ingenio, tus ansias de expresión personal y el lado sociable de tu naturaleza, quizá tengas que superar una inclinación a la incertidumbre o la indecisión en tus relaciones sentimentales. Uno de los principales desafíos mentales que enfrentarás, a pesar de que sueles ser estructurado, será tomar decisiones y hacer elecciones. Si usas tu habilidad con las palabras y muchos de tus otros talentos creativos, experimentarás las alegrías de la vida.

Tu orientación hacia el éxito implica que, por lo regular, tienes un plan o esquema de reserva. Ser independiente y bueno para las relaciones públicas y la organización hará que te pongan a cargo de múltiples proyectos. Eres astuto y ágil para evaluar a las personas y los entornos. En general, disfrutas los proyectos grandes y constantemente buscas oportunidades. La generosidad, bondad y el optimismo que te permiten cautivar a otros y ser más afortunado también te ayudan a avanzar en la vida.

Trabajo y vocación

Prefieres ocupar posiciones de liderazgo, por lo que tus excelentes habilidades organizacionales te garantizarán el éxito en los negocios, sobre todo como gerente o administrador. Por otro lado, tu mente inquisitiva se interesa y encuentra satisfacción en la ciencia y la psicología. El lado humanitario de tu naturaleza y tu facilidad de palabra podrían darte el ímpetu necesario para sobresalir como profesor, consejero o abogado, o para realizar un trabajo que requiera hablar en nombre de los demás. Por ejemplo, podrías involucrarte en reformas sociales, en sindicatos o en política. Además, tu veta histriónica podría tener cabida en el mundo del entretenimiento. Otras carreras que podrían interesarte incluyen ocupaciones de naturaleza filosófica, religiosa o metafísica.

Entre las personas famosas con quienes compartes cumpleaños están las cantantes Bonnie Raitt y Rickie Lee Jones, el actor Alain Delon, la escritora Margaret Mitchell, el psiquiatra Hermann Rorschach y el cardiocirujano Christiaan Barnard.

Numerología

El poder del número 8 en tu fecha de nacimiento indica un carácter con valores firmes y un juicio sólido. El número 8 denota que aspiras a conseguir grandes logros y que tienes una naturaleza ambiciosa. Tu fecha de cumpleaños esboza además tu deseo de dominio, seguridad y éxito material. Tienes un talento natural para los negocios y te beneficiarás en gran medida si desarrollas tus habilidades organizativas y ejecutivas. Tu necesidad de seguridad y estabilidad te insta a hacer planes e inversiones a largo plazo. La subinfluencia del mes número 11 indica que eres inteligente y que posees la capacidad de materializar tus excelentes ideas. Debido a que eres productivo y tienes una capacidad de concentración superior, estás dispuesto a adquirir grandes responsabilidades y a trabajar duro para lograr tus objetivos. Aunque puedes ascender a una posición influyente, evita ser terco o autoritario. Para explotar tu verdadero potencial, necesitas ser original y tener fe en tus habilidades. Sin embargo, harías bien en no sucumbir a la tendencia de ser obsesivo o exigirte más de la cuenta.

• *Cualidades positivas:* liderazgo, minuciosidad, trabajo arduo, autoridad, protección, poder de sanación, talento para juzgar valores.

• *Cualidades negativas:* impaciencia, intolerancia, exceso de trabajo, comportamiento controlador o dominante, tendencia a rendirte, falta de planeación.

Amor y relaciones

Eres inteligente e intuitivo; y prefieres rodearte de personas listas e interesantes que te estimulen a nivel intelectual. Tu naturaleza amistosa y empática hace que la gente se te acerque en busca de orientación y apoyo. Tu idealismo y ambición te impulsan a hacerte responsable de ti mismo y de otros. Aunque proyectas una imagen fuerte y vigorosa, el lado más sensible de tu naturaleza a veces te causa inquietudes e inseguridades emocionales. Gracias a tus excelentes habilidades sociales sueles tener muchos amigos y admiradores.

ESE ALGUIEN ESPECIAL

Si ansías seguridad, tranquilidad y afecto, empieza por buscarlos entre quienes nacieron en las siguientes fechas.

Amor y amistad: 4, 12, 16 y 25 de enero; 10, 14, 23 y 24 de febrero; 8, 12, 22 y 31 de marzo; 6, 10, 20 y 29 de abril; 4, 8, 18 y 27 de mayo; 2, 6, 16, 25, 29 y 30 de junio; 4, 14, 23 y 28 de julio; 2, 12, 21, 26 y 30 de agosto; 10, 19, 24 y 28 de septiembre; 8, 17, 22 y 26 de octubre; 6, 15, 20, 24 y 30 de noviembre; 4, 13, 18, 22 y 28 de diciembre.

Buenas para ti: 2, 13, 22 y 24 de enero; 11, 17, 20 y 22 de febrero; 9, 15, 18, 20 y 28 de marzo; 7, 13, 16, 18 y 26 de abril; 5, 11, 16, 18 y 26 de mayo; 3, 9, 12, 14 y 22 de junio; 1, 7, 10, 12 y 20 de julio; 5, 8, 10 y 18 de agosto; 3, 6, 8 y 16 de septiembre; 1, 4, 6 y 14 de octubre; 2, 4 y 12 de noviembre; 2 y 10 de diciembre.

Atracción fatal: 25 de enero; 23 de febrero; 21 de marzo; 19 de abril; 5, 6, 7, 8 y 17 de mayo; 15 de junio; 13 de julio; 11 de agosto; 9 de septiembre; 7 de octubre; 5 de noviembre; 3 de diciembre.

Desafiantes: 7 y 23 de enero; 5 y 21 de febrero; 3, 19 y 29 de marzo; 1, 17 y 27 de abril; 15 y 25 de mayo; 13 y 23 de junio; 11, 21 y 31 de julio; 9, 19 y 29 de agosto; 7, 17, 27 y 30 de septiembre; 3, 13, 23 y 26 de noviembre; 1, 11, 21 y 24 de diciembre.

Almas gemelas: 17 de enero, 15 de febrero, 13 de marzo, 11 de abril, 9 de mayo, 7 de junio, 5 de julio, 3 de agosto, 1 de septiembre, 30 de noviembre, 28 de diciembre.

SOL: ESCORPIÓN
DECANATO: PISCIS/NEPTUNO
ÁNGULO: 16º 30'–17º 30'
DE ESCORPIÓN
MODALIDAD: FIJA
ELEMENTO: AGUA

ESTRELLA FIJA

Nombre de la estrella: Zubenelgenubi,
que significa "la pinza sur del
escorpión"

Posición: 14º 6'–15º 4' de Escorpión,
entre los años 1930 y 2000

Magnitud: 3

Fuerza: ★★★★★

Órbita: 1º 40'

Constelación: Libra (Alpha Librae)

Días efectivos: 6, 7, 8 y 9 de noviembre

Propiedades de la estrella:
interpretaciones variadas: Júpiter/
Marte/Saturno/Venus

Descripción: estrella binaria, amarilla
pálida y blanca grisácea, ubicada en
el travesaño sur de la balanza

INFLUENCIA DE
LA ESTRELLA PRINCIPAL

Zubenelgenubi indica que puedes experimentar cambios y periodos de inestabilidad a lo largo de tu vida. Advierte que necesitarás hacer las cosas de modos ortodoxos o mantenerte siempre del lado derecho del camino. Alcanzarás el éxito y logros conforme aprendas a superar los obstáculos.

Con respecto a tu grado del Sol, esta estrella otorga la capacidad de enfocarte en tus metas y objetivos, y así sobreponerte a los obstáculos y las decepciones. Aun así, quizá debas entender que los favores nunca son gratuitos para poder evitar la angustia.

• *Positiva:* capacidad para aprender a perdonar, paciencia, perseverancia.

• *Negativa:* incapacidad para perdonar, relación con personajes indeseables, problemas legales.

9 de noviembre

Eres un Escorpión sensible, elocuente, vivaz y gozas de una inteligencia sofisticada y amor por el conocimiento. Eres emprendedor, intuitivo, espontáneo, expresivo y de temperamento jovial, por lo que prefieres llevar una vida activa. Sin embargo, a veces debes evitar actuar de forma inmadura; no obstante, cuando aprendes a concentrarte en tus responsabilidades, proyectas una imagen creativa y disciplinada.

La subinfluencia de Piscis, el regente de tu decanato, indica que eres impresionable, imaginativo y capaz de tener premoniciones fuertes. Eres idealista y receptivo. Te caracterizas por tus convicciones fuertes y personalidad sumamente persuasiva. Gracias a que eres encantador y sociable, disfrutas la compañía de otras personas y eres un compañero entretenido, sobre todo en las reuniones. No obstante, lo sensato sería evitar perder el tiempo con personas de carácter ambiguo.

Tu gran fuerza de voluntad y actitudes decididas indican que puedes planear y ejecutar proyectos a gran escala. Sin embargo, a veces exageras y eres demasiado confiado, obstinado o impulsivo. Esas reacciones de agitación excesiva solo resaltan tu excentricidad, en lugar de destacar tu individualidad. Para triunfar, apóyate en tu capacidad para confiar y ser cooperativo. Si aprendes a disciplinar tus energías mentales inquietas, cumplirás tus sueños y convertirás tus ideas más grandes en realidades tangibles.

Entre los 13 y los 42, cuando tu Sol progresado atraviesa Sagitario, sientes la necesidad de ampliar tus horizontes, aprovechar las oportunidades y ser más optimista. Esto también incluye la exploración de tu pensamiento filosófico, la educación o los viajes. A los 43, cuando tu Sol progresado se desplace hacia Capricornio, habrá un punto de inflexión y empezarás a volverte más trabajador, pragmático y perseverante, además de que sentirás una fuerte necesidad de tener orden y estructura. Después de los 73, cuando tu Sol progresado entre a Acuario, habrá cambios y empezarás a poner más énfasis en las ideas nuevas, el compañerismo y el conocimiento de la naturaleza humana.

Tu yo secreto

Eres animado, encantador, entretenido y de corazón bondadoso. Tus ansias de éxito provienen de una mezcla peculiar de materialismo e idealismo. Sin embargo, aunque eres ambicioso, tienes una parte juguetona que te acompañará a lo largo de la vida y que fascinará a otros. Eres amistoso y entusiasta; y descubrirás que estas habilidades sociales te ayudarán mucho a ascender a la cima.

Eres independiente y te enfocas en alcanzar el éxito, por lo que te gusta mantenerte activo y pensar en grande. No obstante, tendrás que tratar de no dejarte llevar por tus emociones o ser extremista. Dado que eres sensible, debes evitar el consumo de cualquier sustancia que altere tu cerebro. Sin embargo, a pesar de lo dinámico y encantador que eres, habrá ocasiones en las que albergarás temores secretos o te enfocarás demasiado en el dinero. Si te pones en contacto con tu intuición y visión idealista, recobrarás tu optimismo.

Trabajo y vocación

Gracias a tus habilidades de liderazgo, es probable que tu mayor logro sea estar a la vanguardia de la profesión que elijas. Tu potencial extraordinario para adquirir conocimiento podría inclinarte hacia el mundo académico; también te resultaría útil en el derecho, la psicología o la medicina. Tus talentos verbales, tanto al hablar como al escribir, te ayudarán a realizarte profesionalmente en la enseñanza, la impartición de conferencias y la escritura. Gracias a tu olfato para los negocios, podrías sentirte atraído por el comercio y usar tu encanto persuasivo para las ventas, la promoción de productos y la negociación. Además, con principios tan sólidos como los tuyos podrías ser un excelente político, portavoz o luchador social. Mientras tanto, tu histrionismo natural podría llevarte al mundo del entretenimiento.

Entre las personas famosas con quienes compartes cumpleaños están el escritor Iván Turguénev, el astrónomo y autor Carl Sagan, las actrices Hedy Lamarr y Karen Dotrice, el exvicepresidente estadounidense Spiro Agnew, el golfista Tom Weiskopf y el entrenador y beisbolista Whitey Herzog.

Numerología

Entre las características asociadas con haber nacido bajo el número 9 están la benevolencia, la amabilidad y el sentimentalismo. Sueles ser generoso, liberal, tolerante y gentil. Tus habilidades intuitivas y psíquicas apuntan hacia una receptividad universal que, canalizada de forma positiva, te inspirará a buscar un camino espiritual. Esta fecha de nacimiento sugiere la necesidad de superar desafíos, y la tendencia a ser hipersensible y experimentar altibajos emocionales. Viajar por el mundo e interactuar con gente de todo tipo te beneficiará, pero es posible que debas cuidarte de tener sueños poco realistas o de tender hacia la evasión. La subinfluencia del mes número 11 indica que eres inteligente, intuitivo y que posees habilidades de médium. Ser imaginativo y receptivo te hace consciente de los sentimientos de los demás. Sin embargo, aunque eres idealista y generoso, también puedes ser hermético y ocultar sentimientos profundos que luego se pueden convertir en resentimientos. Si le das rienda suelta a la intensidad de tus emociones, deberás aprender a ser más desapegado y optimista. Para paliar cualquier malentendido y evitar enemistades aprovecha tus habilidades para la diplomacia.

• *Cualidades positivas:* idealismo, humanitarismo, creatividad, sensibilidad, generosidad, magnetismo, naturaleza dadivosa, desapego, suerte, popularidad.

• *Cualidades negativas:* frustración, nerviosismo, falta de practicidad, amargura, docilidad, complejo de inferioridad, temores, preocupaciones, aislamiento.

Amor y relaciones

Eres un individuo inteligente, sensible, idealista y considerado. Si estás de buen humor, eres espontáneo y apasionado; sin embargo, en momentos de escepticismo y desconfianza, proyectas una imagen distante e indiferente. Necesitarás entablar un vínculo especial con una pareja en quien confíes, pues tu ideal del amor es casi inalcanzable. Aunque eres amistoso y sociable, necesitas superar el miedo a estar solo. Tu comprensión innata de la naturaleza humana te ayuda a trascender las dificultades y te vuelve atractivo a ojos de los demás.

ESE ALGUIEN ESPECIAL

Para encontrar la felicidad verdadera, busca a la pareja inspiradora que tanto ansías entre quienes nacieron en las siguientes fechas.

Amor y amistad: 7, 10, 17 y 27 de enero; 5, 8, 15 y 25 de febrero; 3, 6, 13 y 23 de marzo; 1, 4, 11 y 21 de abril; 2, 9 y 19 de mayo; 7 y 17 de junio; 5, 15, 29 y 31 de julio; 3, 13, 27, 29 y 31 de agosto; 1, 11, 25, 27 y 29 de septiembre; 9, 23, 25 y 27 de octubre; 7, 21, 23 y 25 de noviembre; 5, 19, 21 y 23 de diciembre.

Buenas para ti: 3, 5, 20, 25 y 27 de enero; 1, 3, 18, 23 y 25 de febrero; 1, 16, 21 y 23 de marzo; 14, 19 y 21 de abril; 12, 17 y 19 de mayo; 10, 15 y 17 de junio; 8, 13 y 15 de julio; 6, 11 y 13 de agosto; 4, 9 y 11 de septiembre; 2, 7 y 9 de octubre; 5 y 7 de noviembre; 3 y 5 de diciembre.

Atracción fatal: 13 de enero; 11 de febrero; 9 de marzo; 7 de abril; 5, 6, 7, 8 y 9 de mayo; 3 de junio; 1 de julio.

Desafiantes: 16 y 24 de enero; 14 y 22 de febrero; 12 y 20 de marzo; 10 y 18 de abril; 8, 16 y 31 de mayo; 6, 14 y 29 de junio; 4, 12 y 27 de julio; 2, 10 y 25 de agosto; 8 y 23 de septiembre; 6 y 21 de octubre; 4 y 19 de noviembre; 2 y 17 de diciembre.

Almas gemelas: 16 de enero, 14 de febrero, 12 de marzo, 10 de abril, 8 de mayo, 6 de junio, 4 y 31 de julio, 2 y 29 de agosto, 27 de septiembre, 25 de octubre, 23 de noviembre, 21 de diciembre.

SOL: ESCORPIÓN
DECANATO: PISCIS/NEPTUNO
ÁNGULO: 17° 30'–18° 30'
DE ESCORPIÓN
MODALIDAD: FIJA
ELEMENTO: AGUA

10 de noviembre

ESTRELLAS FIJAS

Aunque el grado en que se ubica tu Sol no se encuentra vinculado con una estrella fija, algunos de los grados de tus otros planetas sí lo estarán. Si solicitas el cálculo de tu carta astral, encontrarás la posición exacta de los planetas en tu fecha de nacimiento. Esto te permitirá determinar cuáles de las estrellas fijas descritas en este libro son relevantes para ti.

♏ Tu creatividad, intuición y personalidad magnética te caracterizan como un Escorpión independiente, asertivo y persuasivo. Aunque, en general, anhelas la libertad, el éxito es producto del uso constructivo de tu fuerza de voluntad e ingenio. Puesto que eres valiente y tienes ideas entusiastas, necesitas elegir el camino del trabajo arduo para cumplir tus sueños ambiciosos.

La subinfluencia de Piscis, el regente de tu decanato, indica que eres imaginativo, receptivo, de convicciones fuertes y una visión poderosa. Disfrutas los desafíos mentales; sin embargo, si vas a poner a prueba tu ingenio e inteligencia, ten cuidado de no ser demasiado provocador o discutidor.

Para tener más probabilidades de éxito, la educación suele ser la piedra angular para la construcción de una base sólida. Gracias a tu agilidad mental y amplia gama de intereses, proyectas versatilidad y entusiasmo, y te beneficias mucho de los viajes y el aprendizaje. Al ser una persona inteligente y considerada, que tiene hambre de conocimiento, sueles desarrollar posturas independientes y capacidad de razonamiento profundo.

Aunque, generalmente, eres disciplinado y adoras aprender, la verdadera inspiración que buscas podría encontrarse en el ámbito de la satisfacción emocional. Si controlas a la gente por medio de tu fuerza de voluntad, en realidad no obtendrás ventaja alguna; solo a través del arte de la tolerancia, la amabilidad y la empatía, obtendrás el amor y el afecto que tanto buscas.

Entre los 12 y los 41 años, mientras tu Sol progresado atraviesa Sagitario, te vuelves más abierto y franco, y necesitas desarrollar ideales positivos y optimistas. Las ansias de ampliar tu conocimiento pueden manifestarse como deseos de aventura, libertad, viajes y educación. A los 42 años, cuando tu Sol progresado se desplace hacia Capricornio, habrá un punto de inflexión a partir del cual te volverás más práctico, disciplinado y orientado a alcanzar tus las metas. A partir de los 72 años, cuando tu Sol progresado entre a Acuario, darás mayor importancia a la amistad y al conocimiento de la naturaleza humana.

Tu yo secreto

Aunque proyectas una imagen de fortaleza, tu sensibilidad y emociones fuertes revelan que a veces dudas de ti mismo. Si aprendes a mostrar tu generosidad y compasión, evitarás controlar o manipular las emociones ajenas para compensar. Entre más confíes en tu intuición y perspicacia, más probable será que triunfes en la vida. No obstante, lo sensato es que evites las preocupaciones y los excesos sociales. Si adoptas una actitud positiva, desarrollas la dignidad y modestia inherentes al deseo de dar lo mejor de ti mismo en lo profesional.

Eres dinámico y creativo. Posees reacciones mentales ágiles y puntuales; además de que tienes una vitalidad positiva y el valor para luchar contra las adversidades. Las ansias de liderar y ejercer poder reflejan tu gran ambición y determinación. Posees encanto, generosidad, bondad y popularidad; sin embargo, debes aprender que ser demasiado franco o impositivo ahuyenta a la gente. Aunque siempre tendrás una veta juguetona, si desarrollas perseverancia y una actitud responsable, explotarás al máximo tu potencial extraordinario y serás capaz de lograr casi cualquier cosa.

Trabajo y vocación

Tu conocimiento profundo, empuje y excelentes habilidades sociales te permitirán explotar tu potencial en muchas áreas de la vida. Tener una mente inquisitiva podría inclinarte hacia la investigación y la psicología. De igual modo, podrías sobresalir en la enseñanza o la filosofía. En los negocios, te atraerán los grandes emprendimientos, puesto que eres excelente para resolver problemas. Ya que te desagrada recibir órdenes, necesitas tener libertad para trabajar a tu manera y, con ayuda de tus habilidades organizacionales y administrativas, eres capaz de ascender a puestos prominentes. Por otro lado, las ansias de expresión personal y tu histrionismo te inclinarán hacia la escritura o al mundo del entretenimiento. Esta fecha de nacimiento es excelente para dedicarse a la medicina o trabajar con extranjeros y fuera del país.

Entre las personas famosas con quienes compartes cumpleaños están los actores Richard Burton, Claude Rains y Roy Scheider; el chef Robert Carrier; el pintor inglés William Hogarth; el escultor Jacob Epstein, y el poeta Vachel Lindsay.

Numerología

Al igual que otras personas con el número 1 en su fecha de nacimiento, acostumbras perseguir grandes objetivos. Sin embargo, para ello es necesario que superes algunos obstáculos antes de alcanzar esas metas. Con frecuencia eres enérgico, original y defiendes tus creencias aun cuando son distintas a las de los demás. Tu capacidad de iniciar proyectos por cuenta propia y tu espíritu pionero te animan a viajar por territorios inexplorados y a triunfar o fracasar por ti mismo. Es posible que también tengas que entender que no eres el centro del universo, y que evites tu tendencia a ser egoísta y dictatorial. El éxito y los logros son importantes para aquellos con un cumpleaños con el número 10, por lo que es normal que quieras llegar a la cima de tu profesión. La subinfluencia del mes número 11 indica que eres versátil, original y talentoso. Tus convicciones fuertes y necesidad de alcanzar el dominio de ti mismo son reflejo de tu conciencia espiritual. A pesar de que tienes una personalidad divertida e ingeniosa, tu espíritu relajado requiere que le infundas dirección y propósito. En ocasiones, eres directo y dogmático, y hablas hasta por los codos, pero eso es justo lo que te hace interesante y divertido. Eres un individuo ambicioso, pero no sobreestimes tus capacidades ni seas egocétrico.

• *Cualidades positivas:* liderazgo, creatividad, naturaleza progresista, vigor, optimismo, convicciones firmes, competitividad, independencia, sociabilidad.

• *Cualidades negativas:* autoritarismo, celos, egocentrismo, orgullo, antagonismo, falta de control, egoísmo, debilidad, inestabilidad, impaciencia.

Amor y relaciones

Eres una persona fuerte y vigorosa, que respeta a quienes son independientes y experimentados. Eres una compañía divertida que no tiene problema alguno para rodearse de amigos y admiradores. Por lo regular, buscas a una pareja inteligente y de carácter fuerte. Aunque proyectas confianza en ti mismo, en la intimidad dudas sobre tus emociones y a veces te vuelves indeciso o escéptico. En caso de albergar sospechas de alguna índole, tendrás que aprender sobre confianza e integridad. Aunque eres creativo y apasionado en las relaciones, evita volverte demasiado demandante u obstinado.

ESE ALGUIEN ESPECIAL

Es más probable que encuentres a ese alguien especial si lo buscas entre personas nacidas en las siguientes fechas.

Amor y amistad: 1, 14, 19, 28 y 31 de enero; 12, 26 y 29 de febrero; 10, 15, 24 y 27 de marzo; 8, 22 y 25 de abril; 6, 20 y 23 de mayo; 4, 18 y 21 de junio; 2, 7, 16, 19 y 30 de julio; 14, 17, 28 y 30 de agosto; 12, 15, 26, 28 y 30 de septiembre; 10, 13, 24, 26 y 28 de octubre; 8, 11, 22, 24 y 26 de noviembre; 6, 9, 20, 22 y 24 de diciembre.

Buenas para ti: 26 de enero, 24 de febrero, 22 de marzo, 20 de abril, 18 de mayo, 16 de junio, 14 de julio, 12 de agosto, 10 de septiembre, 8 de octubre, 6 de noviembre, 4 de diciembre.

Atracción fatal: 8, 9, 10 y 11 de mayo.

Desafiantes: 3 y 25 de enero, 1 y 23 de febrero, 21 de marzo, 19 de abril, 17 de mayo, 15 de junio, 13 de julio, 11 de agosto, 9 de septiembre, 7 de octubre, 5 de noviembre, 3 de diciembre.

Almas gemelas: 3 y 10 de enero, 1 y 8 de febrero, 6 de marzo, 4 de abril, 2 de mayo.

SOL: ESCORPIÓN
DECANATO: PISCIS/NEPTUNO
ÁNGULO: 18° 30'–19° 30'
DE ESCORPIÓN
MODALIDAD: FIJA
ELEMENTO: AGUA

11 de noviembre

ESTRELLA FIJA

Nombre de la estrella: Zubeneschamali, que significa "la pinza norte"

Posición: 18° 23'–19° 19' de Escorpión, entre los años 1930 y 2000

Magnitud: 2.5

Fuerza: ★★★★★★★

Órbita: 1° 30'

Constelación: Libra (Beta Librae)

Días efectivos: 11, 12 y 13 de noviembre

Propiedades de la estrella:

interpretaciones variadas: Mercurio/Júpiter y Júpiter/Marte

Descripción: estrella blanquiazul, en ocasiones color esmeralda pálido, ubicada en el travesaño norte de la balanza

INFLUENCIA DE LA ESTRELLA PRINCIPAL

Zubeneschamali brinda oportunidades para tener buena fortuna. Posees un intelecto sólido y gusto por la ciencia o los temas esotéricos, lo cual resalta tus habilidades intuitivas y psíquicas. Esta estrella puede traer consigo reconocimientos y riquezas que, a su vez, te podrían brindar felicidad duradera.

Con respecto a tu grado del Sol, Zubeneschamali provee un carácter fuerte y habilidades ejecutivas y de liderazgo. Gracias a su influencia, y después de algunas dificultades iniciales, podrás escalar a puestos más altos y alcanzar el éxito en tu carrera. Esta estrella advierte que debes evitar los enredos legales y las situaciones cuestionables. Sin embargo, los problemas duran poco y la buena fortuna vuelve si tomas las decisiones correctas.

Positiva: sentido común bien arraigado, riqueza de ideas, optimismo, habilidades de organización.

Eres un Escorpión sensible e idealista, con un gran potencial intelectual, siempre y cuando estés dispuesto a disciplinarte y concentrarte en tus objetivos. Eres versátil e imaginativo, pero necesitas expresar ese poder creativo y emocional de alguna manera. En muchas ocasiones, tu ecuanimidad y perseverancia serán la clave de tu éxito; por lo que causarás una gran impresión si te especializas en un área específica.

La subinfluencia de Piscis, el regente de tu decanato, indica que eres receptivo y sumamente intuitivo, pero también que posees poderes psíquicos y un sexto sentido. Aunque con frecuencia tienes ideas admirables, la tendencia a preocuparte socavará tus convicciones y autoestima. Sin embargo, la combinación de tu enfoque pragmático con tu aplomo e imaginación te permite equilibrarte. Dado que eres receptivo a las vibraciones y los ritmos, te inclinas por la creatividad y reconoces que la música tiene una influencia positiva en ti.

Ser tolerante y de mente abierta te permite reconocer la infinidad de posibilidades que tienes al alcance. Aunque eres aventurero y valoras la libertad personal, compartir y cooperar con otros podrá ser más productivo que hacer las cosas tú solo. Si ves todo lo que ocurre como una experiencia de aprendizaje y escuchas tu voz interior, valorarás más tu capacidad de razonamiento e intuición.

De los 11 a los 40 años, cuanto tu Sol progresado está en Sagitario, sobresale la necesidad de ser optimista y ampliar tus horizontes a través del estudio, los viajes y la búsqueda personal de la verdad. A los 41 años, cuando tu Sol progresado se desplace hacia Capricornio, habrá un punto de inflexión a partir del cual verás la vida de una manera más pragmática, perseverante y realista. A los 71 años, cuando tu Sol progresado entre a Acuario, darás más importancia a las ideas nuevas, la libertad y el compañerismo.

Tu yo secreto

Gracias a tu histrionismo innato, proyectas toda clase de emociones, desde ser rígido, autoritario y tenaz hasta sensible, solidario y compasivo. A pesar de que eres generoso, idealista y bondadoso, posees un gran sentido del deber y la obligación. Tu intuición y astucia mental hacen que busques motivación y trabajes bien bajo el mando de otros. Además, la necesidad de expresarte hará que tu creatividad se canalice a través del arte, la música o el teatro, o al menos serás un gran conocedor del arte.

Tu gran conciencia de las responsabilidades te hace pagar tus deudas, pero también ser duro contigo mismo y con los demás. Esto podría provocarte depresión y frustraciones. Si tienes una filosofía de vida optimista o defiendes una causa significativa, mantendrás una mentalidad positiva que hará que sobresalgan tus habilidades extraordinarias.

Trabajo y vocación

Dado que eres capaz de ponerte en el lugar de los demás, serías un buen psicólogo o consejero. Tu inclinación natural hacia los negocios, combinada con tus buenas habilidades organizacionales, te ayudaría en cualquier carrera. Gracias a tu sed de conocimiento y talento para la comunicación, sobresaldrías en la enseñanza, las ciencias o la escritura. A través de la educación, sacarás el mayor provecho posible de tu potencial. Las ocupaciones que impliquen trabajo con el público o relacionado con los países extranjeros saciarían tu amor por la variedad e impedirían que te aburrieras. Por otro lado, la necesidad de servir a la comunidad te ayudaría a mantener los pies en la tierra y te brindaría satisfacción emocional.

Entre las personas famosas con quienes compartes cumpleaños están los actores Demi Moore y Leonardo DiCaprio, el comediante Jonathan Winters, los escritores Kurt Vonnegut Jr. y Carlos Fuentes, y el general George Patton.

Numerología

La vibración especial del 11, el número maestro en tu fecha de nacimiento, sugiere que el idealismo, la inspiración y la innovación son importantísimos para ti. La combinación de humildad y seguridad en ti mismo te desafía a esforzarte por alcanzar el dominio material y espiritual de tu ser. A través de la experiencia aprenderás a lidiar con ambas facetas de tu naturaleza y a adoptar una actitud menos extrema cuando se trate de confiar en tus emociones. Sueles estar conectado con el mundo y posees una gran vitalidad, pero por esa misma razón evita ser demasiado ansioso o impráctico. La subinfluencia del mes número 11 revela tu sensibilidad emocional y tus habilidades psíquicas. Aunque eres receptivo a posibles influencias del entorno, procura evitar ambientes hostiles que puedan tener un efecto dañino en tu psique. Mantenerte equilibrado, decidido y enfocado te permite interpretar de manera especial a las personas y las ideas. Aunque necesitas libertad para operar de forma independiente, deja de ocuparte tanto de ti mismo y aprende a trabajar con otros y a realizar proyectos colaborativos. Combina tu imaginación con tu ingenio y habilidades prácticas para generar resultados extraordinarios.

• *Cualidades positivas:* concentración, objetividad, entusiasmo, inspiración, espiritualidad, intuición, inteligencia, extroversión, inventiva, talento artístico, espíritu servicial, capacidad de sanación, humanitarismo, habilidad psíquica.

• *Cualidades negativas:* complejo de superioridad, deshonestidad, falta de rumbo, hipersensibilidad, susceptibilidad, nerviosismo, egoísmo, falta de claridad, mezquindad.

Amor y relaciones

Eres idealista y ansías con desesperación tener seguridad emocional, por lo que las relaciones cercanas son parte integral de tu felicidad. Eres leal, afectuoso y efusivo, pero también debes evitar volverte demasiado serio o inseguro. Eres sociable y popular por lo que disfrutas estar en compañía de otros y te desagrada estar solo. Respaldas a la gente cercana y con frecuencia te sientes tentado a hacer sacrificios por tus seres queridos, pero debes tener cuidado de no ser demasiado dependiente de tus parejas. Por fortuna, tienes un encanto y don de gentes tan maravillosos que cautivas a los demás y refuerzas tu popularidad.

Negativa: exageración, engreimiento, arrogancia.

ESE ALGUIEN ESPECIAL

Entablarás relaciones duraderas y estables con personas nacidas en las siguientes fechas.

Amor y amistad: 1, 5, 15, 26, 29 y 30 de enero; 13, 24, 27 y 28 de febrero; 5, 11, 22, 25 y 26 de marzo; 9, 20, 23 y 24 de abril; 7, 18, 21 y 22 de mayo; 5, 16, 19 y 20 de junio; 3, 14, 17, 18 y 31 de julio; 1, 12, 15, 16, 29 y 31 de agosto; 10, 13, 14, 27 y 29 de septiembre; 8, 11, 12, 25 y 27 de octubre; 6, 9, 10, 23 y 25 de noviembre; 4, 7, 8, 21, 23 y 29 de diciembre.

Buenas para ti: 1, 2, 10 y 27 de enero; 8 y 25 de febrero; 6 y 23 de marzo; 4 y 21 de abril; 2, 19 y 30 de mayo; 17 y 28 de junio; 15 y 26 de julio; 13 y 24 de agosto; 11 y 22 de septiembre; 9 y 20 de octubre; 7 y 18 de noviembre; 5 y 16 de diciembre.

Atracción fatal: 9, 10, 11 y 12 de mayo.

Desafiantes: 17 y 26 de enero; 15 y 24 de febrero; 13 y 22 de marzo; 11 y 20 de abril; 9 y 18 de mayo; 7 y 16 de junio; 5 y 14 de julio; 3, 12 y 30 de agosto; 1, 10 y 28 de septiembre; 8, 26 y 29 de octubre; 6, 24 y 27 de noviembre; 4, 22 y 25 de diciembre.

Almas gemelas: 21 de enero, 19 de febrero, 17 de marzo, 15 de abril, 13 de mayo, 11 de junio, 9 y 29 de julio, 7 y 27 de agosto, 5 y 25 de septiembre, 3 y 23 de octubre, 1 y 21 de noviembre, 19 de diciembre.

SOL: ESCORPIÓN
DECANATO: PISCIS/NEPTUNO
ÁNGULO: 19° 30'–20° 30'
DE ESCORPIÓN
MODALIDAD: FIJA
ELEMENTO: AGUA

12 de noviembre

ESTRELLA FIJA

Nombre de la estrella: Zubeneschamali, que significa "la pinza norte"

Posición: 18° 23'–19° 19' de Escorpión, entre los años 1930 y 2000

Magnitud: 2.5

Fuerza: ★★★★★★★

Órbita: 1° 30'

Constelación: Libra (Beta Librae)

Días efectivos: 11, 12 y 13 de noviembre

Propiedades de la estrella:
interpretaciones variadas:
Mercurio/Júpiter y Júpiter/Marte

Descripción: estrella blanquiazul, en ocasiones color esmeralda pálido, ubicada en el travesaño norte de la balanza

INFLUENCIA DE LA ESTRELLA PRINCIPAL

Zubeneschamali brinda oportunidades para tener la buena fortuna. Posees un intelecto sólido y gusto por la ciencia o los temas esotéricos, lo cual resalta tus habilidades intuitivas y psíquicas. Esta estrella puede traer consigo reconocimientos y riquezas que, a su vez, te podrían brindar felicidad duradera.

Con respecto a tu grado del Sol, Zubeneschamali provee un carácter fuerte y habilidades ejecutivas y de liderazgo. Gracias a su influencia, podrás escalar a puestos más altos y alcanzar el éxito en tu carrera después de algunas dificultades iniciales. Esta estrella advierte que debes evitar los enredos legales y las situaciones cuestionables. Sin embargo, los problemas duran poco y la buena fortuna vuelve si tomas las decisiones correctas.

• *Positiva:* sentido común bien arraigado, riqueza de ideas, optimismo, habilidades de organización.

Eres un Escorpión amigable y comunicativo, con múltiples talentos y aptitudes para tratar con la gente. Aunque a veces parezcas insensible por fuera, en realidad albergas emociones potentes. Eres idealista y te gusta descifrar la verdad, por lo que sueles involucrarte en revelar cuestiones ocultas. Tu personalidad encantadora a veces opaca tu vitalidad y potencia mental, pero, tan pronto aprendes a comunicar tu visión del mundo, motivas a los demás con tu originalidad y profundidad afectiva.

La subinfluencia de Piscis, el regente de tu decanato, indica que eres imaginativo y tienes habilidades psíquicas, así como emociones intensas. Puesto que te gustan los desafíos mentales y disfrutas poner a prueba tu ingenio e inteligencia, tu actitud ligera a veces es engañosa.

El conocimiento fortalece tu confianza personal y te permite alcanzar el éxito, ya que entre más culto seas, más enfocado estarás. Eres armonioso por naturaleza y necesitas paz mental y una atmósfera agradable, para lo cual debes construir bases sólidas, y apoyarlas en convicciones positivas. Por otro lado, si estás en situaciones de confrontación, podrías sucumbir a los juegos de poder o adoptar una actitud provocadora y desagradable. Te resultaría benéfico mejorar tus habilidades de persuasión y diplomacia para convencer a los demás de cambiar de opinión.

De los 10 a los 39 años, cuando tu Sol progresado está en Sagitario, sobresale la importancia de las aventuras y la libertad. Es posible que desees explorar la vida para ampliar con frecuencia tu panorama mental, ya sea a través de los estudios, los viajes o las búsquedas personales de verdad. A los 40 años, cuanto tu Sol progresado se desplaza hacia Capricornio, hay un punto de inflexión en el que empiezas a ver la vida con más determinación, disciplina y realismo, lo cual podría manifestarse a través de un mayor orden y estructura. A los 70 años, cuando tu Sol progresado entra a Acuario, empiezas a darles mayor importancia a la amistad, la independencia y los ideales humanitarios.

Tu yo secreto

Eres sumamente intuitivo y tienes un potente sentido de la visión, por lo que descubrirás que la disciplina y la concentración son esenciales para sacarle provecho a tu mente extraordinaria. La capacidad que tienes para salir adelante con relativa facilidad quizá no contribuya mucho a que te esfuerces para aprovechar tu inmenso potencial. Si entiendes que el conocimiento es poder garantizará que siempre ansiarás aprender cosas nuevas porque no perderás la capacidad infantil de asombro.

La sutileza e inteligencia asociadas a esta fecha de nacimiento reflejan que te interesa entender las motivaciones y los secretos ajenos, y que te atraen personas con un intelecto sobresaliente. Aunque estás consciente de tu natural sabiduría, quizá carezcas de la paciencia suficiente para fortalecerla y, puesto que posees una sensibilidad aguda, debes evitar a toda costa evadirte por medio de las fantasías, el alcohol o las drogas.

Trabajo y vocación

Gracias a tu capacidad para proyectarte como una persona positiva y encantadora, comunicas tus ideas de forma entretenida. Eres un buen estratega, tienes don de gentes y posees aptitud natural para los negocios, la promoción de productos y las ventas. Sin embargo, prefieres posiciones gerenciales o trabajar por cuenta propia, ya que te desagrada recibir órdenes. Por otro lado, las ansias de estar bajo los reflectores te ayudarían a desarrollarte como actor, director o político. Además, tu intelecto agudo y habilidades comunicativas tendrían cabida en la escritura, el derecho, la enseñanza y el trabajo de sanación.

Entre las personas famosas con quienes compartes cumpleaños están la princesa Grace de Mónaco (Grace Kelly), el cantante y compositor Neil Young, el compositor Aleksandr Borodin, la patinadora artística Tonya Harding, la escritora Sor Juana Inés de la Cruz, la gimnasta Nadia Comăneci y el juez de la Suprema Corte de Justicia de Estados Unidos Harry Blackmun.

Numerología

Quienes nacen bajo el número 12 suelen ser intuitivos, serviciales, amigables y con excelente capacidad de razonamiento. Puesto que deseas establecer tu verdadera individualidad, a menudo eres innovador. Ser comprensivo y sensible por naturaleza te permite aprovechar el buen tacto y las capacidades cooperativas ajenas para alcanzar tus metas y objetivos. Cuando alcances el equilibrio entre tu necesidad de expresarte y el impulso natural de apoyar a otros, encontrarás satisfacción emocional y personal. No obstante, quizá debas armarte de valor para independizarte, desarrollar seguridad en ti y no dejarte desanimar por otras personas. La subinfluencia del mes número 11 indica que, aunque sabes expresarte, a veces eres particularmente franco y dogmático. Ser intuitivo y versátil implica que tienes muchos intereses; sin embargo, desperdiciarás tus energías y te desgastarás si no eres perseverante y desarrollas tu tenacidad. Puesto que eres sumamente intuitivo, tienes gran pericia para evaluar a la gente y descubrir qué se esconde bajo la superficie.

• *Cualidades positivas:* creatividad, atractivo, iniciativa, disciplina, promoción de otros o de ti mismo.

• *Cualidades negativas:* reclusión, despilfarro, falta de cooperación, hipersensibilidad, baja autoestima.

Amor y relaciones

Dado que probablemente eres activo y asertivo, necesitas sentirte seguro y tener el control de tu vida. Aunque eres idealista y pragmático, tiendes a ser obstinado, aferrarte a tus creencias básicas y a tu propio código moral estricto. En las relaciones cercanas, procura aprender a negociar en lugar de intentar controlar a tu pareja o hacerle exigencias poco razonables. Eres sensible y necesitas un entorno tranquilo y armonioso que sea mentalmente estimulante. Una vez que te comprometes con una persona, eres una pareja leal, apasionada y tierna.

• *Negativa:* exageración, engreimiento, arrogancia.

ESE ALGUIEN ESPECIAL

Si deseas una relación estimulante, búscala con personas nacidas en las siguientes fechas.

Amor y amistad: 10, 13, 20, 21 y 30 de enero; 8, 11, 18 y 28 de febrero; 6, 9, 16, 17 y 26 de marzo; 4, 7, 14 y 24 de abril; 2, 5, 12 y 22 de mayo; 3, 10 y 20 de junio; 1, 8, 9 y 18 de julio; 6, 16 y 30 de agosto; 4, 14, 28 y 30 de septiembre; 2, 12, 26, 28 y 30 de octubre; 10, 24, 26 y 28 de noviembre; 8, 22, 24 y 26 de diciembre.

Buenas para ti: 12, 16, 17 y 28 de enero; 10, 14, 15 y 26 de febrero; 8, 12, 13 y 24 de marzo; 6, 10, 11 y 22 de abril; 4, 8, 9, 20 y 29 de mayo; 2, 6, 7, 18 y 27 de junio; 4, 5, 16 y 25 de julio; 2, 3, 14 y 23 de agosto; 1, 12 y 21 de septiembre; 10 y 19 de octubre; 8 y 17 de noviembre; 6 y 15 de diciembre.

Atracción fatal: 31 de marzo; 29 de abril; 9, 10, 11, 12 y 27 de mayo; 25 de junio; 23 de julio; 21 de agosto; 19 de septiembre; 17 de octubre; 15 de noviembre; 17 de diciembre.

Desafiantes: 6, 18, 22 y 27 de enero; 4, 16, 20 y 25 de febrero; 2, 14, 18 y 23 de marzo; 12, 16 y 21 de abril; 10, 14 y 19 de mayo; 8, 12 y 17 de junio; 6, 10 y 15 de julio; 4, 8 y 13 de agosto; 2, 6 y 11 de septiembre; 4 y 9 de octubre; 2 y 7 de noviembre; 5 de diciembre.

Almas gemelas: 28 de marzo, 26 de abril, 24 de mayo, 22 de junio, 20 de julio, 18 de agosto, 16 de septiembre, 14 de octubre, 12 de noviembre, 10 de diciembre.

SOL: ESCORPIÓN
DECANATO: CÁNCER/LUNA
ÁNGULO: 20º 30'–21º 30'
DE ESCORPIÓN
MODALIDAD: FIJA
ELEMENTO: AGUA

ESTRELLA FIJA

Nombre de la estrella: Unukalhai

Posición: 21º 3'–21º 54' de Escorpión, entre los años 1930 y 2000

Magnitud: 2.5

Fuerza: ★★★★★★

Órbita: 1º 40'

Constelación: Serpens (Alpha Serpentis)

Días efectivos: 13, 14, 15 y 16 de noviembre

Propiedades de la estrella: Saturno/ Marte

Descripción: estrella amarilla y anaranjada pálida ubicada en el cuello de la serpiente

INFLUENCIA DE LA ESTRELLA PRINCIPAL

Unukalhai otorga una naturaleza atrevida y desafiante; así como tesón y fortaleza, lo cual te ayudará a superar las dificultades. Asimismo, advierte que debes evitar relacionarte con compañías inapropiadas y sugiere que, aunque aprender a hacer lo correcto sea difícil, también resulta gratificante.

Con respecto a tu grado del Sol, Unukalhai favorece el éxito en la escritura, la política y cuestiones ligadas con el trato con el público. Asimismo, otorga un buen sentido de la estructura y la tenacidad, aunque también implica cierta tendencia a la obstinación. La influencia de Unukalhai sugiere que los problemas familiares deben resolverse de manera justa; y advierte sobre los riesgos de involucrarse en batallas legales.

• *Positiva:* tenacidad, capacidad de resistencia, superación de desafíos.

• *Negativa:* rebeldía, pendenciero, transgresiones a la ley, antisistema.

13 de noviembre

♏ Eres un Escorpión creativo, original, pragmático, experimentado y con una mente astuta y una intuición refinada. Eres entusiasta, receptivo, curioso y observador. Te gusta descubrir qué inspira a la gente, además de que eres capaz de evaluar a las personas y las situaciones al instante. Sueles ser independiente y tienes un espíritu tenaz, así como capacidad de razonamiento profundo que te permite desarrollar tus habilidades intuitivas y analíticas.

La subinfluencia del regente de tu decanato, Cáncer, te infunde imaginación y habilidades psíquicas. Cuando te sientes motivado te adaptas sin problema y enfrentas cualquier situación que se te presenta. Aunque eres astuto y consciente, en ocasiones, el escepticismo y la indecisión te causan preocupación y desconfianza; por ende, tendrás que aprender a confiar en tus primeros instintos. Puesto que te gusta mantener la mente ocupada y estar bien informado, la educación y el aprendizaje autodidacta podrían ayudarte a fortalecer el intelecto y la confianza personal.

Alternar entre lo convencional y lo vanguardista es señal de que necesitas expresar tu individualidad y creatividad a través de actividades que te estimulen a nivel intelectual. El aburrimiento y la inactividad favorecen el nerviosismo y la tendencia a ser pendenciero o provocador. Eres ambicioso y estás dispuesto a esforzarte y trabajar arduamente para alcanzar tus metas; por fortuna, adoptar una perspectiva positiva, en lugar de cínica y fría, hará que el camino hacia el éxito sea más directo.

De los nueve a los 38 años, tu Sol progresado se encuentra en Sagitario y resalta la importancia del idealismo, la expansión de los horizontes y las oportunidades. Durante este periodo, quizá te sientas optimista y te animes a correr riesgos. Las ansias de ampliar tus horizontes se manifestarán en el trabajo, la educación o los viajes, aunque quizá también desees explorar más tu mundo interno a través de la búsqueda personal de la verdad. A los 39 años, cuando tu Sol progresado se desplace hacia Capricornio, habrá un punto de inflexión en el que empiezas a ver la vida de forma más disciplinada, tenaz y realista. A partir de los 69, cuando tu Sol progresado entre a Acuario, pondrás un mayor énfasis en la amistad y los ideales humanitarios.

Tu yo secreto

Eres ambicioso y tenaz, y ansías tener poder y éxitos materiales. Gracias a tu pericia financiera y fuertes instintos de supervivencia, amasarás una fortuna y le sacarás provecho a tu entorno. Tienes una visión directa y franca de las metas que te pones, la cual te garantiza que no perderás el tiempo. Aunque tienes un talento natural para producir dinero, tendrás que desarrollar tu autocontrol y dejar atrás la tendencia a ser manipulador, implacable y demasiado materialista. Tu gran motivación y capacidad para trabajar arduamente te convierten en un triunfador con logros extraordinarios.

A pesar de tus respuestas mordaces y agudas, también eres sumamente encantador. Acostumbras pensar por cuenta propia y eres especialmente innovador cuando enfrentas desafíos, pero debes evitar tomar el camino fácil. Tienes una veta jovial y juguetona que te acompañará toda la vida, aunque en la búsqueda de logros tendrás que ser responsable y seguirte estimulando a nivel intelectual. Si en algún momento te tornas escéptico o cínico, deberás fortalecer el impulso de ser más audaz y espontáneo, pues te desempeñas mejor si hay un poco de competencia amistosa.

Trabajo y vocación

Gracias a tu talento para reconocer el valor de las cosas, tu influencia en el trabajo rinde muchos frutos. Esto te ayudará en cualquier carrera que elijas, pero sobre todo en los negocios. Si crees en un proyecto y eres entusiasta, trabajarás con fervor para materializar tus objetivos. Esta fecha de cumpleaños trae consigo talento para la escritura y produce profesores talentosos. Posees una energía mental dinámica que te vendría de maravilla en los debates o en el derecho; asimismo, podrías utilizar tu gran capacidad de análisis en la psicología o la investigación. Mientras tanto, tus habilidades técnicas son útiles en las ingenierías o el trabajo con computadoras. Por otro lado, disfrutarías compartir tu conocimiento con el mundo en el ramo de la medicina y profesiones afines.

Entre las personas famosas con quienes compartes cumpleaños están el escritor Robert Louis Stevenson, las actrices Linda Christian y Whoopi Goldberg y el juez de la Corte Suprema de Estados Unidos Louis Brandeis.

Numerología

Sensibilidad emocional, entusiasmo e inspiración son algunas de las cualidades que suelen asociarse con el número 13 en la fecha de nacimiento. En términos numéricos, te caracterizan la ambición y el trabajo arduo, y puedes lograr grandes cosas mediante la expresión creativa. Sin embargo, quizá tengas que cultivar una perspectiva más pragmática si quieres transformar tu creatividad en productos tangibles. Tu enfoque original e innovador inspira ideas nuevas y emocionantes, que con frecuencia se traducen en obras que impresionan a los demás. El número 13 te hace honesto, romántico, encantador y amante de la diversión, pero también alguien capaz de alcanzar la prosperidad por medio de la dedicación. La subinfluencia del mes número 11 indica que eres astuto y sumamente intuitivo. Aunque tienes muchos pensamientos inspirados, el que a veces dudes de ti mismo socava tu confianza y tenacidad. Eres idealista y considerado, y necesitas desarrollar el tipo de visión que te guíe en la dirección correcta, porque tu escepticismo y dudas con frecuencia dan pie a la desconfianza y la inseguridad emocional. Si muestras el lado humanitario de tu naturaleza, te pondrás a la altura de tus ideales elevados.

• *Cualidades positivas:* ambición, creatividad, amor por la libertad, autoexpresión, iniciativa.

• *Cualidades negativas:* impulsividad, indecisión, autoritarismo, falta de sensibilidad, rebeldía.

Amor y relaciones

A pesar de que eres devoto y afectuoso con tus seres queridos, tu hermetismo evidencia que no te gusta revelar tus verdaderos sentimientos y a veces te sientes solo. Cuando estás enamorado, necesitas tiempo para desarrollar confianza en tu pareja. Por lo regular, te atraen personas tenaces, trabajadoras y ambiciosas. La tendencia a preocuparte o sospechar indica que debes evitar el resentimiento o la venganza. Si encuentras a una persona que te motive y en la que puedas confiar, serás una pareja leal y fiel.

ESE ALGUIEN ESPECIAL

Si buscas seguridad, estímulo intelectual y amor, los encontrarás entre quienes nacieron en las siguientes fechas.

Amor y amistad: 21, 22, 28 y 31 de enero; 19, 20, 26 y 29 de febrero; 17, 24 y 27 de marzo; 15, 22 y 25 de abril; 13, 20 y 23 de mayo; 11, 18 y 21 de junio; 9, 10, 16 y 19 de julio; 7, 14, 17 y 31 de agosto; 5, 12, 15 y 29 de septiembre; 3, 10, 13, 27, 29 y 31 de octubre; 1, 8, 11, 25, 27 y 29 de noviembre; 6, 9, 23, 25 y 27 de diciembre.

Buenas para ti: 9, 12, 18, 24 y 29 de enero; 7, 10, 16, 22 y 27 de febrero; 5, 8, 14, 20 y 25 de marzo; 3, 6, 12, 18 y 23 de abril; 1, 10, 16, 21 y 31 de mayo; 2, 8, 14, 19 y 29 de junio; 6, 12, 17 y 27 de julio; 4, 10, 15 y 25 de agosto; 2, 8, 13 y 23 de septiembre; 6, 11 y 21 de octubre; 4, 9 y 19 de noviembre; 2, 7 y 17 de diciembre.

Atracción fatal: 11, 12, 13 y 14 de mayo.

Desafiantes: 7, 8, 19 y 28 de enero; 5, 6, 17 y 26 de febrero; 3, 4, 15 y 24 de marzo; 1, 2, 13 y 22 de abril; 11 y 20 de mayo; 9 y 18 de junio; 7 y 16 de julio; 5 y 14 de agosto; 3 y 12 de septiembre; 1 y 10 de octubre; 8 de noviembre; 6 de diciembre.

Almas gemelas: 3 y 19 de enero, 1 y 17 de febrero, 15 de marzo, 13 de abril, 11 de mayo, 9 de junio, 7 de julio, 5 de agosto, 3 de septiembre, 1 de octubre.

SOL: ESCORPIÓN

DECANATO: CÁNCER/LUNA

ÁNGULO: 21º 30'–22º 30'

DE ESCORPIÓN

MODALIDAD: FIJA

ELEMENTO: AGUA

ESTRELLAS FIJAS

Agena, también llamada Hadar; Unukalhai

ESTRELLA PRINCIPAL

Nombre de la estrella: Agena, también
llamada Hadar

Posición: 22º 48'–23º 45' de Escorpión,
entre los años 1930 y 2000

Magnitud: 1

Fuerza: ★★★★★★★★★

Órbita: 2º 30'

Constelación: Centauro (Beta Centauri)

Días efectivos: 14, 15, 16, 17 y 18 de
noviembre

Propiedades de la estrella: influencias
variadas: Venus/Júpiter o Marte/
Mercurio

Descripción: estrella blanca pequeña
ubicada en la pata delantera
derecha del centauro

INFLUENCIA DE
LA ESTRELLA PRINCIPAL

Agena favorece los logros y el ascenso a
posiciones de poder. Asimismo, otorga
vitalidad y buena salud. Sueles ser una
persona refinada con principios morales
sólidos, lo que a su vez te atrae amigos,
éxito y reconocimientos.

Con respecto a tu grado del Sol,
Agena confiere ambición y éxito. Es probable que tengas buenos contactos. Esta
estrella te dota de habilidades sociales
y la capacidad de atraer popularidad a
gran escala. Agena fortalece la actividad
y agilidad mental, así como las respuestas francas.

• *Positiva:* asertividad, astucia,
energía, popularidad, moral sólida.

• *Negativa:* impaciencia, indecisión,
falta de honra.

14 de noviembre

♏ Haber nacido bajo el signo de Escorpión te caracteriza como un individuo enérgico y directo, que tiene la capacidad de progresar a través de la
perseverancia. Sueles ser tranquilo y amable; y tu cautivante y sociable
personalidad te permite hacer amigos e influir en los demás.

La subinfluencia de Cáncer, el regente de tu decanato, indica que eres receptivo
y prudente. Posees habilidades psíquicas y emociones intensas y profundas. Tu estilo
amistoso a veces disimula el hecho de que disfrutas investigar y poner a prueba tu
fortaleza interna por medio del ingenio y la inteligencia. Además de que eres sensible
y considerado, también eres un estratega nato con habilidades prácticas; eres capaz de
combinar tus ideas innovadoras y tu tenacidad para cumplir tus sueños.

La mezcla de ambición e inercia refleja que, aunque eres listo y competente, cuando
encuentras un tema que cautiva tu imaginación necesitas desarrollar disciplina para
enfocarte de verdad en tu meta. Puesto que motivas a otros con tus ideas y visión original, no debes permitir que la curiosidad ni tus múltiples intereses te distraigan de tus
objetivos; ni que la ansiedad o las preocupaciones socaven tu gran potencial. La sed
de conocimiento suele volverte especialista en tu área y, dado que eres versátil y competitivo, tus ideas pueden ser productivas. Mientras persigues tus ambiciones, evita ser
demasiado serio, pues eso te causará estrés innecesario.

De los ocho a los 37 años, cuando tu Sol progresado está en Sagitario, poco a poco
serás más optimista y positivo; con necesidad de idealismo y de ampliar tus horizontes.
Quizá te animes a correr más riesgos durante este periodo; posiblemente estudies o te
involucres con personas o lugares extranjeros. A los 38, cuando tu Sol progresado se
desplace hacia Capricornio, habrá un punto de inflexión en el que empezarás a ver la
vida con más realismo, perseverancia y conciencia de la seguridad. Buscarás más estructura y orden. A los 68, cuando tu Sol progresado entre a Acuario, habrá otro cambio en
el que darás más importancia a las ideas nuevas, el humanitarismo y el compañerismo.

Tu yo secreto

Tienes una personalidad histriónica y dignidad interna que te permiten combinar tu
energía y tenacidad para llegar a la cima. Esto enfatiza la importancia de tener metas
claras o una dirección, de modo que una vez que te decidas a hacer algo te enfoques
en ello y seas perseverante. No obstante, deberás evitar los excesos para no volverte
obstinado. Aun así, gracias a tu buen olfato para los negocios, acostumbras proteger
con tenacidad tu área de trabajo durante el tiempo en que estás dispuesto a ejercer la
disciplina necesaria.

Aunque posees habilidades de liderazgo innatas, reconoces las ventajas del trabajo
en equipo y las alianzas. Tienes gran facilidad para obtener contactos y comercializar
tus talentos, aunque a veces te sientes atrapado entre los deberes profesionales y tus
relaciones personales. Por ende, será necesario que mantengas un equilibrio para respetar las necesidades ajenas sin sacrificar mucho de tu poder personal.

Trabajo y vocación

Con ayuda de tus habilidades organizacionales, puedes sobresalir en los negocios o en puestos de autoridad como gerente, administrador o albacea. Tu mente aguda y gusto por los desafíos mentales podrían inclinarte hacia la escritura, la enseñanza, la investigación o las tecnologías de la información. Tu capacidad para entender la naturaleza humana indica que te resultarían gratificantes algunas ocupaciones como consejero, terapeuta o psicólogo. Por otro lado, con tu gran encanto, aptitud natural para las formas y los colores, e histrionismo innato, te iría bien en el teatro, la música y las artes. En la mayoría de los casos, los trabajos colaborativos tienen el potencial de impulsar tu carrera.

Entre las personas famosas con quienes compartes cumpleaños están el príncipe Carlos de Reino Unido, el rey Huséin I de Jordania, el ex primer ministro indio Jawaharlal Nehru, el ex secretario general de la ONU Butros Butros-Ghali, el compositor Aaron Copland, el pintor Claude Monet, la actriz Louise Brooks y la *socialité* estadounidense Barbara Hutton.

Numerología

Potencial intelectual, pragmatismo y determinación son solo algunas de las cualidades ligadas a un cumpleaños con el número 14. Sueles priorizar tu trabajo y juzgas a los demás y a ti mismo con base en logros laborales. Aunque necesitas estabilidad, la inquietud que el número 14 sugiere te insta a seguir adelante y enfrentar nuevos retos, ya que te esfuerzas constantemente para mejorar tus condiciones. Esta insatisfacción inherente también puede inspirarte a hacer grandes cambios en tu vida, sobre todo si estás inconforme con tus condiciones laborales o tu estado financiero. Gracias a tu perspicacia respondes con rapidez a los problemas y disfrutas resolverlos. La subinfluencia del mes número 11 indica que eres inteligente, idealista y sumamente intuitivo. Si combinas tus instintos poderosos con tus habilidades prácticas y pensamientos imaginativos, producirás ideas originales y creativas. Si eres menos escéptico o necio, y más confiado y flexible verás los beneficios de mantener una postura liberal y la mente abierta.

• *Cualidades positivas:* acciones decisivas, trabajo arduo, suerte, creatividad, pragmatismo, imaginación, oficio.

• *Cualidades negativas:* exceso de cautela o impulsividad, inestabilidad, desconsideración, terquedad.

Amor y relaciones

Eres un individuo sensible y compasivo, con una amplia gama de emociones intensas. Por lo regular, eres sociable, por lo que disfrutas tu papel de anfitrion y poder relacionarte con los demás. Aunque necesitas amor y afecto, la estabilidad y la seguridad son requisitos indispensables para tus relaciones. Te atraen personas inteligentes e histriónicas que te inspiran a ser creativo y expresivo. Una vez que empiezas una relación, es importante mantener el equilibrio entre ceder y ser independiente.

ESE ALGUIEN ESPECIAL

Encontrarás a una pareja que entienda tu sensibilidad y tus necesidades afectivas entre quienes nacieron en las siguientes fechas.

Amor y amistad: 8, 12, 18 y 22 de enero; 16 y 20 de febrero; 8, 14, 18 y 28 de marzo; 12, 16 y 26 de abril; 10, 14 y 24 de mayo; 8, 12 y 22 de junio; 6, 10, 20 y 29 de julio; 4, 8, 18, 27 y 30 de agosto; 2, 6, 16, 25 y 28 de septiembre; 4, 14, 23, 26, 27 y 30 de octubre; 2, 12, 21, 24 y 28 de noviembre; 10, 19, 22, 26 y 28 de diciembre.

Buenas para ti: 6, 10, 25 y 30 de enero; 4, 8, 23 y 28 de febrero; 2, 6, 21 y 26 de marzo; 4, 19 y 24 de abril; 2, 17 y 22 de mayo; 15, 20 y 30 de junio; 13, 18 y 28 de julio; 11, 16 y 26 de agosto; 9, 14 y 24 de septiembre; 7, 12, 22 y 31 de octubre; 5, 10 y 20 de noviembre; 3, 8 y 18 de diciembre.

Atracción fatal: 12, 13, 14, 15 y 29 de mayo; 27 de junio; 25 de julio; 23 de agosto; 21 de septiembre; 19 de octubre; 17 de noviembre; 15 de diciembre.

Desafiantes: 13, 29 y 31 de enero; 11, 27 y 29 de febrero; 9, 25 y 27 de marzo; 7, 23 y 25 de abril; 5, 21 y 23 de mayo; 3, 19 y 21 de junio; 1, 17 y 19 de julio; 15 y 17 de agosto; 13 y 15 de septiembre; 11 y 13 de octubre; 9 y 11 de noviembre; 7 y 9 de diciembre.

Almas gemelas: 6 y 25 de enero, 4 y 23 de febrero, 2 y 21 de marzo, 19 de abril, 17 de mayo, 15 de junio, 13 de julio, 11 de agosto, 9 de septiembre, 7 de noviembre, 5 de diciembre.

SOL: ESCORPIÓN
DECANATO: CÁNCER/LUNA
ÁNGULO: 22º 30'–23º 30'
DE ESCORPIÓN
MODALIDAD: FIJA
ELEMENTO: AGUA

15 de noviembre

♏ Tu ambición, inteligencia y espíritu emprendedor te caracterizan como un Escorpión activo con una naturaleza incansable. Tu fecha de nacimiento indica que, aunque tu principal atributo es tu mente ágil y aguda, en ocasiones desperdigas tus energías en muchas direcciones y no logras encontrar algo que te mantenga interesado y satisfecho. No obstante, tu creatividad mental te ayudará a aprender nuevas habilidades y fortalecer el conocimiento que ya tienes. Sin importar a qué te dediques, tu creatividad e ingenio marcarán la diferencia.

La subinfluencia de Cáncer, el regente de tu decanato, revela tu versatilidad e imaginación, así como tus instintos fuertes y sentimientos intensos. Gracias a tu inusual sentido del humor, eres ingenioso y divertido, aunque tus actitudes pueden parecer engañosas, pues te gustan los desafíos mentales y disfrutas los enfrentamientos intelectuales amistosos.

Dado que acostumbras ir directo al grano y resolver los problemas con rapidez y eficacia, debes tener cuidado de no volverte demasiado impaciente. Si fortaleces tu perseverancia, superarás cualquier tendencia a ser impulsivo. Esto también te ayudará a ser más aplicado y metódico cuando se necesite que seas minucioso y prestes atención a los detalles.

Entre los siete y los 36 años, tu Sol progresado estará en Sagitario y enfatizará cuestiones relativas a la expansión de horizontes y las oportunidades. Serás bastante optimista y te animarás a correr riesgos, además de que desearás viajar y estudiar durante este periodo. A los 37, cuando tu Sol progresado se desplace hacia Capricornio, habrá un punto de inflexión tras el cual empezarás a ser más disciplinado, tenaz y realista. Es probable que estés más consciente de tus metas y ambiciones, y que necesites orden. A partir de los 67, cuando tu Sol progresado entre a Acuario, pondrás un mayor énfasis en la amistad, la independencia y los ideales humanitarios.

Tu yo secreto

Es probable que enmascares tu sensibilidad interna para proteger tu vulnerabilidad. En ocasiones, no estás seguro de tus sentimientos y sientes una insatisfacción generalizada. Para evitar aburrirte, debes mantener vivo tu espíritu aventurero. Los viajes, los cambios y las ansias de explorar, tanto a nivel mental como físico, te ayudarán a encontrar experiencias nuevas y emocionantes.

Tus instintos ágiles hacen que seas sumamente intuitivo. Por lo regular, tu primera impresión de una persona o una situación es acertada, y podrás fortalecer este talento si tienes más fe en tu perspicacia. Si dejas que esto guíe tu vida, obtendrás más conocimiento y sabiduría, y evitarás recurrir a la autocomplacencia para evadirte. Si estás dispuesto a arriesgarte en beneficio de tus planes más importantes, con frecuencia, tendrás la suerte de estar en el momento y el lugar adecuados.

ESTRELLAS FIJAS

Agena, también llamada Hadar; Unukalhai

ESTRELLA PRINCIPAL

Nombre de la estrella: Agena, también llamada Hadar

Posición: 22º 48'–23º 45' de Escorpión, entre los años 1930 y 2000

Magnitud: 1

Fuerza: ★★★★★★★★★

Órbita: 2º 30'

Constelación: Centauro (Beta Centauri)

Días efectivos: 14, 15, 16, 17 y 18 de noviembre

Propiedades de la estrella: influencias variadas: Venus/Júpiter o Marte/Mercurio

Descripción: estrella blanca pequeña ubicada en la pata delantera derecha del centauro

INFLUENCIA DE LA ESTRELLA PRINCIPAL

Agena favorece los logros y el ascenso a posiciones de poder. Asimismo, otorga vitalidad y buena salud. Sueles ser una persona refinada con principios morales sólidos, lo que a su vez te atrae amigos, éxito y reconocimientos.

Con respecto a tu grado del Sol, Agena confiere ambición y éxito. Es probable que tengas buenos contactos además de amigos y socios poderosos. Esta estrella te dota de habilidades sociales y la capacidad de atraer popularidad a gran escala. Agena fortalece la actividad y agilidad mental, así como las respuestas francas.

• *Positiva:* asertividad, astucia, energía, popularidad, moral sólida.

Trabajo y vocación

Sin importar la profesión que elijas, aprenderás rápido, así que necesitarás actividades que te desafíen a nivel intelectual. Tu capacidad excepcional para conversar con cualquiera te resulta útil para obtener contactos que te ayudarán en todos tus emprendimientos. Las ansias de variedad podrían inclinarte hacia carreras que impliquen viajes y cambios constantes. Eres ambicioso y quieres reconocimiento, lo que suele garantizar que llegarás a la cima de tu profesión. Entre las carreras en las que podrías aprovechar tu agilidad intelectual están los negocios, el derecho y la política. De igual modo, puedes usar tus dotes histriónicas en los escenarios o la escritura. Dado tu amor por la libertad e inquietud inherente, vivirás experiencias profesionales diversas, por lo cual probarás diferentes ocupaciones con la intención de encontrar la que mejor encaje con tu personalidad emprendedora. Muchas personas nacidas en esta fecha trabajan por su cuenta.

Entre las personas famosas con quienes compartes cumpleaños están la artista Georgia O'Keefe, la cantante Petula Clark, el director de orquesta Daniel Barenboim, el escritor J. G. Ballard, el astrónomo William Herschel y el juez y personalidad televisiva Joseph Wapner.

Numerología

El número 15 en tu fecha de nacimiento sugiere versatilidad, entusiasmo e inquietud. Sueles estar alerta y tienes una personalidad carismática. Tus más grandes atributos son tus poderosos instintos y la habilidad para aprender rápido mediante la teoría y la práctica. En muchas ocasiones logras ganar dinero mientras aprendes nuevas habilidades. Sueles utilizar tus poderes intuitivos y reconoces de inmediato las oportunidades cuando se presentan. Con un cumpleaños con el número 15 tienes talento para atraer dinero o para recibir ayuda y apoyo de otras personas. Si bien eres aventurero por naturaleza, necesitas encontrar una base real o un hogar que puedas llamar propio. La subinfluencia del mes número 11 indica que, aunque tienes dudas sobre ti mismo, posees un carácter fuerte, tenaz y obstinado. Si aprendes a usar tu sentido común y buen juicio, superarás el miedo a los periodos de inestabilidad. Si eres firme pero también flexible, recibirás las situaciones inesperadas y podrás sacarles provecho.

• *Cualidades positivas:* disposición, generosidad, responsabilidad, gentileza, cooperación, aprecio, creatividad.

• *Cualidades negativas:* desorganización, irresponsabilidad, egocentrismo, falta de fe, indecisión, materialismo, abuso de poder.

Amor y relaciones

Aunque eres sumamente intuitivo y sensible, tu actitud escéptica indica que a veces dudas, por lo que evitas comprometerte y no decir lo que piensas. Necesitas estímulos intelectuales y variedad; de otro modo, te aburres con facilidad. La seguridad y la estabilidad son factores importantes en tus relaciones personales. Si eres paciente, tolerante y más prudente, identificarás quién es digno de tu amor y tu confianza. No permitas que elementos autodestructivos y deseos de venganza arruinen tus relaciones. Cuando adoptas una actitud positiva, eres generoso con la gente a la que quieres.

• *Negativa:* impaciencia, indecisión, falta de honra.

ESE ALGUIEN ESPECIAL

Si deseas encontrar felicidad duradera y seguridad, empieza por buscarlas entre quienes nacieron en las siguientes fechas.

Amor y amistad: 13, 19, 23 y 24 de enero; 22 y 26 de febrero; 9, 15, 19, 28, 29 y 30 de marzo; 7, 13, 17, 26 y 27 de abril; 5, 11, 15, 24, 25 y 26 de mayo; 3, 9, 13, 22, 23 y 24 de junio; 1, 7, 11, 20, 21 y 22 de julio; 5, 9, 18, 19 y 20 de agosto; 3, 7, 16, 17 y 18 de septiembre; 1, 5, 14, 15, 16, 29 y 31 de octubre; 3, 12, 13, 14, 27 y 29 de noviembre; 1, 10, 11, 12, 25, 27 y 29 de diciembre.

Buenas para ti: 7, 15, 20 y 31 de enero; 5, 13, 18 y 29 de febrero; 3, 11, 16 y 27 de marzo; 1, 9, 14 y 25 de abril; 7, 12 y 23 de mayo; 5, 10 y 21 de junio; 3, 8 y 19 de julio; 1, 6, 17 y 30 de agosto; 4, 15 y 28 de septiembre; 2, 13 y 26 de octubre; 11 y 24 de noviembre; 9 y 22 de diciembre.

Atracción fatal: 13, 14, 15 y 16 de mayo.

Desafiantes: 6, 14 y 30 de enero; 4, 12 y 28 de febrero; 2, 10 y 26 de marzo; 8 y 24 de abril; 6 y 22 de mayo; 4 y 20 de junio; 2 y 18 de julio; 16 de agosto; 14 de septiembre; 12 de octubre; 10 de noviembre; 8 de diciembre.

Almas gemelas: 30 de abril; 28 de mayo; 26 de junio; 24 de julio; 22 de agosto; 20 de septiembre; 18 y 30 de octubre; 16, 28 y 30 de noviembre; 14, 26 y 28 de diciembre.

SOL: ESCORPIÓN

DECANATO: CÁNCER/LUNA

ÁNGULO: 23° 30'–24° 30'

DE ESCORPIÓN

MODALIDAD: FIJA

ELEMENTO: AGUA

16 de noviembre

ESTRELLA FIJA

Agena, también llamada Hadar, Unukalhai

ESTRELLA PRINCIPAL

Nombre de la estrella: Agena, también llamada Hadar

Posición: 22° 48'–23° 45' de Escorpión, entre los años 1930 y 2000

Magnitud: 1

Fuerza: ★★★★★★★★★★

Órbita: 2° 30'

Constelación: Centauro (Beta Centauri)

Días efectivos: 14, 15, 16, 17 y 18 de noviembre

Propiedades de la estrella: influencias variadas: Venus/Júpiter o Marte/Mercurio

Descripción: estrella blanca pequeña ubicada en la pata delantera derecha del centauro

INFLUENCIA DE LA ESTRELLA PRINCIPAL

Agena favorece los logros y el ascenso a posiciones de poder. Asimismo, otorga vitalidad y buena salud. Sueles ser una persona refinada con principios morales sólidos, lo que a su vez te atrae amigos, éxito y reconocimientos.

Con respecto a tu grado del Sol, Agena confiere ambición y éxito. Es probable que tengas buenos contactos. Esta estrella te dota de habilidades sociales y la capacidad de atraer popularidad a gran escala. Agena fortalece la actividad y agilidad mental, así como las respuestas francas.

· *Positiva:* asertividad, astucia, energía, popularidad, moral sólida.

· *Negativa:* impaciencia, indecisión, falta de honra.

Eres un Escorpión intuitivo, considerado, con una visión pragmática de la vida y buenas habilidades organizacionales y de planeación. Tu raciocinio te inclina a aprovechar el amplio conocimiento que has obtenido gracias a tu mente inquisitiva y curiosa. Tu perfeccionismo y potencial mental hacen que te guste resolver problemas y que te vaya bien en el estudio y los trabajos que requieran investigación.

La influencia de Cáncer, el regente de tu decanato, te infunde imaginación y habilidades psíquicas. Esta influencia también indica que posees sentimientos profundos y la capacidad de expresarte de forma histriónica a través de tu subconsciente dinámico. Eres idealista, de enérgica personalidad y con la capacidad de entender las tendencias actuales. Disfrutarás ser creativo mientras produces dinero, si no haces caso a las críticas ni te aferras a tus ideas.

La mentalidad positiva y la educación, ya sea formal o autodidacta, suelen desempeñar un papel importante en tu progreso. Aunque con frecuencia eres escéptico, aprenderás que a veces en la vida es necesario explorar perspectivas más filosóficas o místicas para afinar el sentido común. Es posible que en ocasiones te pongas en el papel de consejero de otros. Puesto que suelen atraerte personas listas e interesantes, será probable que establezcas alguna relación con quienes compartas intereses.

Entre los seis y los 35 años, cuando tu Sol progresado esté en Sagitario, darás prioridad a la aventura y al crecimiento personal. Durante este periodo serás optimista y querrás ampliar tus horizontes mentales a través del estudio o los viajes. A los 36 años, cuando tu Sol progresado se desplace hacia Capricornio, habrá un punto de inflexión tras el cual adoptarás una postura más práctica, ordenada y realista. A partir de los 66, cuando tu Sol progresado entre a Acuario, te volverás más observador, independiente, humanitario y colaborador.

Tu yo secreto

Por dentro eres sumamente sensible y vulnerable, aunque en apariencia seas seguro de ti, histriónico y fuerte. Con el tiempo vas descubriendo que la responsabilidad y el trabajo arduo abren la puerta del éxito, y estás cada vez más dispuesto a hacer sacrificios por tus objetivos o por otras personas. Expresas tu deseo de armonía y simplicidad a través del arte y la música, lo que también enfatiza la importancia que tiene para ti el hogar y la familia.

En contraste con tus ansias de paz está el deseo constante de moverte y explorar nuevos horizontes mentales. La búsqueda de conocimiento y, en última instancia, de sabiduría podría inclinarte hacia la educación, los viajes y las nuevas aventuras. Para evitar fluctuar entre la inquietud y la monotonía, es importante que lleves una vida bien balanceada, que reflexiones y que mantengas la calma.

Trabajo y vocación

Eres práctico, astuto y con aptitud para los negocios. Los empleadores respetan tu responsabilidad y capacidad para organizarte. Esto te ayudará en trabajos de administración o puestos directivos. Sin embargo, al ser independiente, te gusta tener la libertad de trabajar a tu manera o por cuenta propia. Por lo regular, reconoces las ventajas del trabajo cooperativo, por lo que podrías participar en alianzas profesionales. Tu mente aguda te inclina hacia la investigación, la educación, el derecho o la consultoría. Algunos de quienes cumplen años en este día podrían interesarse en el estudio de la filosofía, la psicología o la metafísica. De igual modo, alcanzarías el éxito financiero en las ventas, el trabajo de agencias o la publicidad. Eres bueno para hacer planes a largo plazo y te gusta defender causas justas.

Entre las personas famosas con quienes compartes cumpleaños están el comediante Griff Rhys Jones, el compositor William Handy, el escritor Chinua Achebe, el boxeador Frank Bruno y el jinete de caballos de carreras Willie Carson.

Numerología

El número 16 sugiere que eres sensible, considerado y amigable. Aunque eres analítico, sueles juzgar la vida según cómo te sientas. Sin embargo, con la personalidad de alguien nacido en un día 16, vivirás tensiones internas ya que te debates entre tu necesidad de expresión personal y las responsabilidades que tienes con los demás. Tal vez te interesen la política y los asuntos internacionales, y puedes integrarte a corporaciones trasnacionales o al mundo de los medios de comunicación. Los más creativos de entre los nacidos en este día pueden tener talento para la escritura, con destellos repentinos de inspiración. Quizá deberás aprender a encontrar un justo medio entre tu exceso de confianza y tus dudas e inseguridades. La subinfluencia del mes número 11 indica que, aunque eres receptivo e imaginativo, y tienes emociones intensas, a veces eres hermético y ocultas tus sentimientos detrás de una fachada de desapego y sosiego. Quizá prefieras racionalizar tus emociones, pero eres propenso a reacciones afectivas intensas o periodos de inestabilidad emocional. Es necesario que expreses estos fuertes deseos de autosatisfacción a través de ideales o una causa. Aunque esperas muchas cosas de los demás, ser incomprensivo o demasiado crítico socavará tus planes a largo plazo.

• *Cualidades positivas:* conocedor, responsabilidad en el hogar y con la familia, integridad, intuición, sociabilidad, cooperación, perspicacia.

• *Cualidades negativas:* preocupación, insatisfacción, irresponsabilidad, autopromoción, dogmatismo, escepticismo, tendencia a ser quisquilloso, irritabilidad.

Amor y relaciones

Aunque eres un individuo pragmático e inteligente, tu carácter idealista y autónomo indica que suelen atraerte relaciones con personas poco convencionales o extranjeras. Por lo regular, te gustan quienes te estimulen intelectualmente. Una vez que te comprometes, te vuelves amoroso, leal y solidario. Aunque eres perfeccionista, evita imponerles a los demás tus ideales y creencias, pues podría molestarles tu actitud autoritaria. En tus relaciones, muestras una faceta jovial y traviesa que hará que no te tomes demasiado en serio las cosas.

ESE ALGUIEN ESPECIAL

Si deseas encontrar a una pareja, empieza por buscarla entre quienes nacieron en las siguientes fechas:

Amor y amistad: 3, 4, 14, 17, 20, 24 y 25 de enero; 1, 2, 12, 18 y 22 de febrero; 10, 13, 16, 20, 29, 30 y 31 de marzo; 8, 14, 18, 27 y 28 de abril; 6, 12, 16, 25, 26 y 31 de mayo; 4, 10, 14, 23, 24 y 29 de junio; 2, 8, 12, 21, 22 y 27 de julio; 6, 10, 19, 20 y 25 de agosto; 4, 8, 17, 18 y 23 de septiembre; 2, 6, 15, 16, 21 y 30 de octubre; 4, 13, 14, 19, 28 y 30 de noviembre; 2, 11, 12, 17, 26, 28 y 30 de diciembre.

Buenas para ti: 4, 8 y 21 de enero; 1, 2, 6 y 19 de febrero; 4, 17 y 28 de marzo; 2, 15 y 16 de abril; 13 y 24 de mayo; 11 y 22 de junio; 9 y 20 de julio; 7, 18 y 31 de agosto; 5, 16 y 29 de septiembre; 3, 14 y 27 de octubre; 1, 12 y 25 de noviembre; 10 y 23 de diciembre.

Atracción fatal: 3 de enero; 12, 13, 14, 15 y 31 de mayo; 29 de junio; 27 de julio; 25 de agosto; 23 de septiembre; 21 de octubre; 19 de noviembre; 11 y 17 de diciembre.

Desafiantes: 7, 10, 15 y 31 de enero; 5, 8, 13 y 29 de febrero; 3, 6, 11 y 27 de marzo; 1, 4, 9 y 25 de abril; 2, 7 y 23 de mayo; 5 y 21 de junio; 3 y 19 de julio; 1 y 17 de agosto; 15 de septiembre; 13 de octubre; 11 de noviembre; 9 de diciembre.

Almas gemelas: 31 de marzo, 29 de abril, 27 de mayo, 25 de junio, 23 de julio, 21 de agosto, 19 de septiembre, 17 y 29 de octubre, 15 y 27 de noviembre, 13 y 25 de diciembre.

SOL: ESCORPIÓN

DECANATO: CÁNCER/LUNA

ÁNGULO: 24º 30'–25º 30'

DE ESCORPIÓN

MODALIDAD: FIJA

ELEMENTO: AGUA

17 de noviembre

ESTRELLA FIJA

Nombre de la estrella: Agena, también llamada Hadar

Posición: 22º 48'–23º 45' de Escorpión, entre los años 1930 y 2000

Magnitud: 1

Fuerza: ★★★★★★★★★★

Órbita: 2º 30'

Constelación: Centauro (Beta Centauri)

Días efectivos: 14, 15, 16, 17 y 18 de noviembre

Propiedades de la estrella: influencias variadas: Venus/Júpiter o Marte/Mercurio

Descripción: estrella blanca pequeña ubicada en la pata delantera derecha del centauro

INFLUENCIA DE LA ESTRELLA PRINCIPAL

Agena favorece los logros y el ascenso a posiciones de poder. Asimismo, otorga vitalidad y buena salud. Sueles ser una persona refinada con principios morales sólidos, lo que a su vez te atrae amigos, triunfos y reconocimientos.

Con respecto a tu grado del Sol, Agena confiere ambición y éxito. Es probable que tengas buenos contactos. Esta estrella te dota de buenas habilidades sociales y la capacidad de atraer popularidad a gran escala, lo que conlleva grandes oportunidades. Agena fortalece la actividad y agilidad mental, así como las respuestas francas; no obstante, también sugiere que hablar en mal momento o ser indiscreto puede salirte caro.

• *Positiva:* asertividad, astucia, energía, popularidad, moral sólida.

• *Negativa:* impaciencia, indecisión, falta de honra.

Tu vitalidad y entusiasmo te caracterizan como un Escorpión sensible pero práctico, además de competente para comercializar tus talentos. Aunque, por lo regular, eres ingenioso y adaptable, también tienes una naturaleza más profunda e introspectiva que te hace parecer modesto o hasta hermético.

La subinfluencia de Cáncer, el regente de tu decanato, indica que eres imaginativo y receptivo, y que tienes una mente inquisitiva. Tu inteligencia te impulsará a explorar distintas opciones antes de decidir en qué quieres aprovechar tus verdaderos talentos. Aunque seas versátil y curioso, no permitas que la multiplicidad de intereses o pasatiempos te confunda o desperdigue tu energía. Generalmente, la disciplina y la imposición de objetivos definidos te inspiran a desarrollar la perseverancia y fortaleza necesarias para emprender desafíos y materializar los sueños más descabellados. Para demostrar tu verdadero talento y tenacidad, refuerza tu capacidad para esforzarte por obtener resultados a largo plazo en lugar de recompensas instantáneas.

Saber entender la naturaleza humana te permite convertirte en un buen estratega que se fija en los detalles. Por lo regular, eres un perfeccionista capaz de una meticulosidad muy precisa; sin embargo, no permitas que este talento se convierta en crítica. Tu espíritu pionero y emprendedor te dota también de fuertes instintos de supervivencia y, si aprendes a confiar en tus instintos de forma espontánea, superarás la tendencia a la inseguridad y suspicacia.

Entre los cinco y los 34 años, tu Sol progresado estará en Sagitario y resaltará cuestiones de expansión y oportunidades. Durante este periodo, es posible que ansíes la libertad, seas optimista y te animes a correr riesgos. A los 35 años, cuando tu Sol progresado se desplace hacia Capricornio, atravesarás una encrucijada que te hará más disciplinado, tenaz y serio frente a tus ambiciones y metas. A los 65 años, cuando tu Sol progresado entre a Acuario, pondrás un mayor énfasis en la amistad, la independencia, los ideales humanitarios y la conciencia colectiva.

Tu yo secreto

Eres orgulloso e histriónico. Tienes buen olfato para los negocios y muchas ansias de expresarte. Tu mente inventiva y férrea individualidad implican que lo que más te satisface es cubrir la necesidad de hacer cosas distintas y originales. Ser un observador astuto de la gente y entender de forma innata sus valores te permite aconsejar o guiar a otras personas. Sin embargo, tu tendencia a preocuparte, ser indeciso o desanimarte, serán potenciales obstáculos en tu camino hacia el éxito. Aun así, una vez que determinas el plan de acción, eres tenaz y te enfocas en tus objetivos.

El aprecio por los cambios y la inquietud interna hacen que necesites intereses estimulantes y que no los abandones, pues te aburres con facilidad. Esto implica que la variedad, las aventuras y los viajes formarán parte importante de tu vida. Aunque seas ambicioso, pasarás por altibajos financieros, así que es importante que las tomes en cuenta en tus planes a futuro. Quizá también tengas que cuidarte de no ser derrochador o demasiado impulsivo.

Trabajo y vocación

Tu encanto magnético y habilidades sociales te ayudarán a triunfar en cualquier ocupación que implique tratar con la gente. Es probable que aproveches tu creatividad y tu talento para la conversación en cualquier cosa que emprendas; por ejemplo en ámbitos como la escritura, la impartición de conferencias, los medios de comunicación o las ventas. Eres versátil y necesitas una carrera variada y cambiante, por lo que debes evitar las ocupaciones monótonas. Asimismo, el lado más histriónico de tu naturaleza podría tener cabida en el mundo del espectáculo o la política, además de que es probable que te esmeres por apoyar una causa que te interese. El deseo de descubrir las motivaciones ocultas de la gente te inclinará hacia carreras con un enfoque psicológico, y tu buen olfato para los negocios te traerá suerte desde el punto de vista financiero.

Entre las personas famosas con quienes compartes cumpleaños están el director de cine Martin Scorsese; el actor y director Lee Strasberg; los actores Danny DeVito, Rock Hudson, Lauren Hutton y Mary Elizabeth Mastrantonio; la personalidad televisiva Jonathan Ross; el diseñador de moda David Emanuel; el beisbolista Tom Seaver; el atleta olímpico Bob Mathias, y el militar Bernard Law Montgomery.

Numerología

Al tener un cumpleaños con el número 17 sueles ser astuto, reservado y con habilidades analíticas. Eres un pensador independiente y talentoso, estás bien educado y eres hábil. Por lo general, aprovechas tus conocimientos de una manera particular para desarrollar tu experiencia y lograr una posición importante como especialista o investigador El que seas reservado, introspectivo y te interesen los datos y cifras, se refleja en un comportamiento reflexivo y en que te guste tomarte tu tiempo. Al desarrollar tus habilidades comunicativas, descubrirás mucho de ti mismo a través de los demás. La subinfluencia del mes número 11 indica que eres sumamente intuitivo y posees habilidades psíquicas. Eres inquisitivo y te gusta averiguar qué se esconde debajo de la superficie. Además de que posees múltiples talentos y ser ambicioso, eres histriónico y magnético. Aunque eres original, creativo y entusiasta, necesitas mantenerte firme y enfocado para aprovechar al máximo tus talentos.

• *Cualidades positivas:* amabilidad, pericia, planeación, instinto para los negocios, éxito financiero, intelecto personal, meticulosidad, precisión, talento para la investigación, capacidad científica.

• *Cualidades negativas:* desapego, terquedad, descuido, malhumor, estrechez de miras, crítica, preocupación, suspicacia.

Amor y relaciones

Aunque eres romántico, encantador, y de emociones intensas, tiendes a la insatisfacción e inquietud, lo que indica que a veces eres crítico o indeciso con respecto a tus sentimientos. Eres leal y devoto, así como capaz de hacer sacrificios en tus relaciones amorosas; sin embargo, es posible que de repente te vuelvas frío, distante o demasiado serio. Por lo regular, buscas a una pareja con un gran corazón, pero que sea lo suficientemente desapegada como para darte la libertad que necesitas.

ESE ALGUIEN ESPECIAL

Encontrarás satisfacción emocional y a ese alguien especial entre quienes nacieron en las siguientes fechas.

Amor y amistad: 11, 18, 21 y 25 de enero; 19 y 23 de febrero; 7, 14, 17, 21 y 30 de marzo; 15, 19, 28 y 29 de abril; 13, 17, 26 y 27 de mayo; 11, 15, 24, 25 y 30 de junio; 9, 13, 22, 23 y 28 de julio; 7, 11, 20, 21, 26 y 30 de agosto; 5, 9, 18, 19, 24 y 28 de septiembre; 3, 7, 16, 17, 22, 26 y 29 de octubre; 1, 5, 14, 15, 20, 24 y 27 de noviembre; 3, 12, 13, 18, 22, 25, 27 y 29 de diciembre.

Buenas para ti: 5, 13, 16, 22 y 28 de enero; 3, 11, 14, 20 y 26 de febrero; 1, 9, 12, 18, 24 y 29 de marzo; 7, 10, 16, 22 y 27 de abril; 5, 8, 14, 20 y 25 de mayo; 3, 6, 12, 18 y 23 de junio; 1, 4, 10, 16 y 21 de julio; 2, 8, 14 y 19 de agosto; 6, 12 y 17 de septiembre; 4, 10 y 15 de octubre; 2, 8 y 13 de noviembre; 6 y 11 de diciembre.

Atracción fatal: 13, 14, 15 y 16 de mayo; 30 de junio; 28 de julio; 26 de agosto; 24 de septiembre; 22 de octubre; 20 de noviembre; 18 de diciembre.

Desafiantes: 2, 23 y 30 de enero; 21 y 28 de febrero; 19, 26 y 28 de marzo; 17, 24 y 26 de abril; 15, 22 y 24 de mayo; 13, 20 y 22 de junio; 11, 18 y 20 de julio; 16, 18 y 19 de agosto; 7, 14 y 16 de septiembre; 5, 12 y 14 de octubre; 3, 10 y 12 de noviembre; 1, 8 y 10 de diciembre.

Almas gemelas: 14 y 22 de enero, 12 y 20 de febrero, 10 y 18 de marzo, 8 y 16 de abril, 6 y 14 de mayo, 4 y 12 de junio, 2 y 10 de julio, 8 de agosto, 6 de septiembre, 4 de octubre, 2 de noviembre.

SOL: ESCORPIÓN

DECANATO: CÁNCER/LUNA

ÁNGULO: 25° 30'–26° 30'

DE ESCORPIÓN

MODALIDAD: FIJA

ELEMENTO: AGUA

18 de noviembre

ESTRELLA FIJA

Nombre de la estrella: Agena, también llamada Hadar

Posición: 22° 48'–23° 45' de Escorpión, entre los años 1930 y 2000

Magnitud: 1

Fuerza: ★★★★★★★★★★

Órbita: 2° 30'

Constelación: Centauro (Beta Centauri)

Días efectivos: 14, 15, 16, 17 y 18 de noviembre

Propiedades de la estrella: influencias variadas: Venus/Júpiter o Marte/Mercurio

Descripción: estrella blanca pequeña ubicada en la pata delantera derecha del centauro

INFLUENCIA DE LA ESTRELLA PRINCIPAL

Agena favorece los logros y el ascenso a posiciones de poder. Asimismo, otorga vitalidad y buena salud. Sueles ser una persona refinada con principios morales sólidos, lo que a su vez te atrae amigos, triunfos y reconocimientos.

Con respecto a tu grado del Sol, Agena confiere ambición y éxito. Es probable que tengas buenos contactos además de amigos y socios poderosos. Esta estrella te dota de buenas habilidades sociales y la capacidad de atraer popularidad a gran escala, lo que conlleva grandes oportunidades. Agena fortalece la actividad y agilidad mental, así como las respuestas francas; no obstante, también sugiere que hablar en mal momento o ser indiscreto puede salirte caro.

· *Positiva:* asertividad, astucia, energía, popularidad, moral sólida.

· *Negativa:* impaciencia, indecisión, falta de honra.

Eres un Escorpión ambicioso, enérgico y generoso que irradia confianza y encanto. La seguridad en ti mismo permite que no te desanimen los fracasos, pero te dificulta reconocer la derrota. Tu intelecto agudo y aptitudes sociales te vuelven un psicólogo nato que entiende a la gente y sus motivaciones. Ya que tienes muchos contactos profesionales, te gusta darle un toque personal a tus interacciones, con el fin de lograr que la gente se sienta especial e importante.

La subinfluencia de Cáncer, el regente de tu decanato, indica que eres intuitivo, imaginativo y que posees instintos emocionales poderosos. Debido a que posees un inusual sentido del humor algunos de tus comentarios son sarcásticos y mordaces, aunque eres ingenioso y entretenido. Eres provocativo y disfrutas los desafíos mentales, por lo que disfrutas involucrarte en debates intelectuales amistosos.

Por lo regular, eres firme, decidido, con la capacidad para salir de los apuros y persistir; por ello, prefieres tomar el mando y usar tus ideas de forma constructiva. Tus convicciones firmes y enfoque pragmático te permiten pensar con agilidad y ser asertivo en los debates. Cuando te relajas y te liberas del estrés, eres capaz de expresar tu punto de vista con claridad y de convencer a otros de que vean las cosas desde tu perspectiva. Sin embargo, si estás de mal humor, evita ser cínico o fijarte en los errores ajenos.

Entre los cuatro y los 33 años, cuando tu Sol progresado está en Sagitario, son importantes para ti cuestiones como la libertad, las aventuras y el crecimiento personal. Quizás ansíes ampliar tus horizontes durante este periodo, ya sea a través del estudio, los viajes y la búsqueda personal de la verdad. A los 34, cuando tu Sol progresado se desplace hacia Capricornio, enfrentarás una encrucijada a partir de la cual adoptarás una perspectiva más responsable, precisa y trabajadora, y buscarás rodearte de más orden y estructura. De los 64 años en adelante, cuando tu Sol progresado esté en Acuario, te volverás más observador, independiente, libre y humanitario.

Tu yo secreto

Los extremos de tu personalidad se reflejan en tu capacidad para ser cálido, sociable y solidario, aunque a veces también seas negativo y taciturno. Para no usar el aguijón del escorpión y evitar problemas de los que podrías arrepentirte, es necesario que te familiarices con tu propio poder y tus motivaciones con ayuda de tu mente astuta y curiosa. Si emprendes la búsqueda deliberada de tu conciencia personal, ayudarás a otros en el camino con tus comentarios agudos y perspicaces.

El lado más histriónico de tu naturaleza necesita rodearse de gente y goza de una vida social activa. El orgullo podría beneficiarte y ayudarte a lograr cosas importantes, pero también puede hacerte arrogante y obstinado. Para evitarlo, y canalizar tu inmenso poder interior, es necesario que con frecuencia emprendas nuevos proyectos o actividades. Esto garantiza que, por medio del trabajo arduo y la dedicación, logres casi cualquier cosa.

Trabajo y vocación

Eres tenaz, perseverante y estás dispuesto a esforzarte y trabajar arduamente cuando te comprometes con un proyecto. Esto te ayudará a triunfar en cualquier aspecto de tu carrera. Gracias a que puedes activar tu encanto cuando es necesario y entiendes al instante la naturaleza humana, podrías ser exitoso en cualquier vocación que requiera trabajar con otras personas. Tus habilidades organizacionales y de liderazgo, y tu capacidad de planeación estratégica son ideales para los negocios, en donde es probable que enfrentes el desafío de coordinar proyectos de gran tamaño. Tu personalidad independiente hace necesario que te permitan trabajar a tu manera o que trabajes por cuenta propia. Por otro lado, con tu agudeza mental es posible que te inclines hacia profesiones como la enseñanza, la impartición de conferencias y la política. De igual manera, tu deseo de expresión y el gusto por el histrionismo tendrían cabida en las artes y el mundo del entretenimiento.

Entre las personas famosas con quienes compartes cumpleaños están el astronauta Alan Shepard; la cantante Kim Wilde; la intérprete de ópera Amelita Galli-Curci; el actor Pedro Infante y el periodista George Gallup.

Numerología

Algunos de los atributos asociados con el número 18 en la fecha de cumpleaños son tenacidad, asertividad y ambición. Eres activo y te gustan los cambios, por lo que procuras mantenerte ocupado y sueles participar en todo tipo de proyectos. Eres competente, trabajador y responsable, por lo cual se te facilita ascender a posiciones de autoridad. Por otro lado, tu facilidad para los negocios y habilidades organizacionales pueden inclinarte hacia el mundo del comercio. Dado que sufres por trabajar en exceso, es importante que aprendas a relajarte y a bajar la velocidad de vez en cuando. Con la personalidad de alguien nacido en un día 18 puedes usar tus poderes para sanar a otros, dar consejos valiosos o resolver problemas ajenos. La subinfluencia del mes número 11 indica que eres terco y decidido. Por lo regular, eres obstinado, seguro de ti mismo, encantador e influyente. Sin embargo, es probable que requieras independencia, pero ten cuidado de no ser egoísta ni rebelde. Ser audaz y tener múltiples talentos te permite concebir ideas entusiastas y te da el valor para materializarlas y convertirlas en historias de éxito.

• *Cualidades positivas:* actitud progresista, asertividad, intuición, valentía, determinación, capacidad de sanación, eficiencia, facilidad para asesorar.

• *Cualidades negativas:* emociones descontroladas, pereza, desorden, egoísmo, insensibilidad, incapacidad para completar proyectos o trabajos.

Amor y relaciones

Eres joven de corazón, te gusta divertirte, eres entretenido y la gente disfruta tu compañía. Te agrada impresionar a otros y ser generoso, pero a veces debes evitar ser irresponsable y egoísta. Dado que el amor y la compañía son importantes para ti, sueles usar tus habilidades diplomáticas para mantener la armonía en las relaciones. Eres extrovertido y orgulloso. Posees una personalidad enérgica, fuerte, magnética y seductora. En algunas ocasiones, debes evitar ser temperamental.

ESE ALGUIEN ESPECIAL

Encontrarás a una pareja que comprenda tu sensibilidad y tus necesidades afectivas entre quienes nacieron en las siguientes fechas.

Amor y amistad: 6, 16, 18, 22 y 26 de enero; 4, 14, 20, 24 y 25 de febrero; 2, 12, 14, 18 y 22 de marzo; 10, 16, 20 y 30 de abril; 8, 14, 18 y 28 de mayo; 6, 12, 16 y 26 de junio; 4, 10, 14, 24 y 31 de julio; 2, 8, 12, 22 y 29 de agosto; 6, 10, 20 y 27 de septiembre; 4, 8, 18 y 25 de octubre; 2, 6, 16, 23 y 30 de noviembre; 4, 14, 21, 28 y 30 de diciembre.

Buenas para ti: 6, 17, 23 y 31 de enero; 4, 15, 21 y 29 de febrero; 2, 13, 19, 27 y 30 de marzo; 11, 17, 25 y 28 de abril; 9, 15, 23 y 26 de mayo; 7, 13, 21 y 24 de junio; 5, 11, 19 y 22 de julio; 3, 9, 17 y 20 de agosto; 1, 7, 15, 18 y 30 de septiembre; 5, 13, 16 y 28 de octubre; 3, 11, 14 y 26 de noviembre; 1, 9, 12 y 24 de diciembre.

Atracción fatal: 13, 14, 15 y 16 de mayo.

Desafiantes: 24 de enero; 22 de febrero; 20 y 29 de marzo; 18, 27 y 29 de abril; 6, 16, 25, 27 y 30 de mayo; 14, 22, 25 y 28 de junio; 12, 21, 23 y 26 de julio; 10, 19, 21 y 24 de agosto; 8, 17, 19 y 22 de septiembre; 6, 15, 17 y 20 de octubre; 4, 13, 15 y 18 de noviembre; 2, 11, 13 y 16 de diciembre.

Almas gemelas: 13 de enero, 11 de febrero, 9 de marzo, 7 de abril, 5 de mayo, 3 y 30 de junio, 1 y 28 de julio, 26 de agosto, 24 de septiembre, 22 de octubre, 20 de noviembre, 18 de diciembre.

SOL: ESCORPIÓN
DECANATO: CÁNCER/LUNA
ÁNGULO: 26º 30'–27º 30'
DE ESCORPIÓN
MODALIDAD: FIJA
ELEMENTO: AGUA

19 de noviembre

ESTRELLAS FIJAS

Aunque el grado en que se ubica tu Sol no se encuentra vinculado con una estrella fija, algunos de los grados de tus otros planetas sí lo estarán. Si solicitas el cálculo de tu carta astral, encontrarás la posición exacta de los planetas en tu fecha de nacimiento. Esto te permitirá determinar cuáles de las estrellas fijas descritas en este libro son relevantes para ti.

La creatividad y sensibilidad emocional suelen ser parte de tu encanto personal. Eres un Escorpión idealista y enérgico, y posees una mente inquisitiva y con hambre de conocimiento que te insta a ser audaz y original. Tu mentalidad progresista e innovadora hace que te intereses en impulsar reformas sociales y educativas, o que con frecuencia busques ideas nuevas y emocionantes.

La subinfluencia de Cáncer, el regente de tu decanato, implica que eres imaginativo, curioso y receptivo. Ya que eres inteligente y versátil, explorarás diversas opciones antes de decidir en dónde invertirás tus verdaderos talentos. La inquietud mental que suele asociarse con esta fecha de cumpleaños supone que te aburres con facilidad cuando careces de estímulos intelectuales y que, por ende, desperdicias tu energía en trivialidades.

Gracias a tu talento artístico y ansias de conocimiento, con frecuencia recopilas información y desarrollas buenas habilidades de comunicación, incluyendo las de la escritura. Tu enfoque pragmático e intelecto agudo te ayudan a confiar en ti mismo y a entender a la gente y sus motivaciones. Eres amistoso y una compañía estimulante que se caracteriza por dar a las cosas un toque personal, con lo cual haces que los demás se sientan especiales e importantes; sin embargo, cuando estás de mal humor proyectas insensibilidad y desinterés.

Entre los tres y los 32 años, tu Sol progresado estará en Sagitario y enfatizará el idealismo positivo, el desarrollo personal y las oportunidades. Será un buen periodo para estudiar, viajar y sentirte libre, en términos generales. A los 33 años, cuando tu Sol progresado se desplace hacia Capricornio, habrá un punto de inflexión después del cual adoptarás una postura más disciplinada, estructurada y realista. Desde los 63 en adelante, cuando tu Sol progresado pase por Acuario, darás mayor importancia a tus ideales humanitarios, la independencia y la amistad.

Tu yo secreto

Las ansias secretas de amor y paz impulsan tu búsqueda de un amor puro y causas idealistas, pero es esencial que nunca pierdas de vista la equidad en las relaciones. Aunque pareces independiente, tienes la sensatez necesaria para reconocer que no puedes ir solo por la vida. Las relaciones de pareja, el trabajo en equipo y los esfuerzos colaborativos desempeñarán entonces un papel importante para ti. A menos que haya garantía de que no sacrificarás demasiado en las relaciones, corres el peligro de decepcionarte o pasar por momentos emocionalmente difíciles.

Es importante que encuentres el equilibrio entre los extremos emocionales de tu naturaleza, dada tu gran sensibilidad. Al ser dinámico e histriónico, es probable que haya gente que se sienta atraída, de manera natural, por tu inteligencia. Además de tener una mente aguda, también eres bondadoso, amoroso y comprensivo. Esto te ayudará a desempeñarte como líder, consejero o protector de otras personas.

Trabajo y vocación

Con ayuda de tus habilidades de liderazgo, don de gentes y aguda inteligencia, podrías sobresalir en casi cualquier carrera. Dado que eres trabajador y te interesan las cuestiones financieras, quizá te atraigan los negocios, en donde darás preferencia a los proyectos grandes y a la libertad para trabajar a tu manera. Los viajes y la variedad podrían influir en gran medida en tu elección de carrera. Puesto que te gusta defender las causas que te interesan, podrían atraerte las reformas sociales o quizá serías buen promotor o portavoz. Eres sumamente persuasivo y posees habilidades verbales que te vendrían muy bien si trabajas en medios de comunicación, en la política o en el derecho. De igual modo, triunfarías como vendedor, publirrelacionista o consejero. Compartir tu conocimiento y pericia con otros podría llevarte a trabajar como conferencista o terapeuta.

Entre las personas famosas con quienes compartes cumpleaños están el diseñador de moda Calvin Klein, las actrices Jodie Foster y Meg Ryan, el presentador de televisión Dick Cavett, el magnate de los medios Ted Turner y la ex primera ministra india Indira Gandhi.

Numerología

Algunas de las cualidades de las personas nacidas bajo el número 19 son el dinamismo, la ambición y el humanitarismo. Eres una persona tenaz, ingeniosa y con una visión profunda. El lado soñador de tu naturaleza es compasivo, idealista y creativo. Aunque seas sensible, tu deseo de sobresalir pueden empujarte al histrionismo y a intentar acaparar reflectores. Sueles tener un fuerte deseo de establecer tu identidad individual. Para ello, deberás empezar por aprender a no sucumbir ante la presión social. A ojos de los demás eres seguro, fuerte e ingenioso, pero las tensiones internas pueden provocarte altibajos emocionales. Con frecuencia expresas tu espíritu artístico y tu carisma, y tienes el mundo al alcance de las manos. La subinfluencia del mes número 11 indica que eres sumamente intuitivo y tienes emociones intensas. Tu peculiar perspicacia te convierte en un visionario, aunque tienes que aprender a comunicar tus pensamientos y emociones abiertamente. Además de tener muchos talentos, posees también una gran capacidad de razonamiento; solo evita impacientarte o preocuparte. Por lo regular, necesitas superar las restricciones y los desafíos antes de encontrar paz y armonía.

• *Cualidades positivas:* dinamismo, ecuanimidad, creatividad, liderazgo, suerte, actitud progresista, optimismo, convicciones fuertes, competitividad, independencia, sociabilidad.

• *Cualidades negativas:* ensimismamiento, depresión, angustia, miedo al rechazo, altibajos emocionales, materialismo, egocentrismo, impaciencia.

Amor y relaciones

Eres práctico, carismático y con una personalidad atractiva y amigable. Con ayuda de tus habilidades diplomáticas, puedes infundir armonía a situaciones y relaciones tensas. Prefieres a personas activas y conscientes que hayan triunfado como resultado de sus propios esfuerzos. Puesto que tienes emociones intensas, procura no ser demasiado enfático ni posesivo. Por lo regular, estás dispuesto a esforzarte mucho para que tus relaciones sean exitosas. Eres muy leal como pareja o amigo.

ESE ALGUIEN ESPECIAL

Si buscas seguridad, estímulo intelectual y amor, los encontrarás entre quienes nacieron en las siguientes fechas.

Amor y amistad: 1, 4, 20, 27 y 29 de enero; 2, 25 y 27 de febrero; 23 y 25 de marzo; 21 y 23 de abril; 19, 21 y 29 de mayo; 17, 19 y 27 de junio; 15, 17 y 25 de julio; 13, 15 y 23 de agosto; 11, 13 y 21 de septiembre; 9, 11 y 19 de octubre; 7, 9 y 17 de noviembre; 5, 7 y 15 de diciembre.

Buenas para ti: 3, 10, 15 y 18 de enero; 1, 8, 13 y 16 de febrero; 6, 11, 14, 29 y 31 de marzo; 4, 9, 12, 27 y 29 de abril; 2, 7, 10, 25 y 27 de mayo; 5, 8, 23 y 25 de junio; 3, 6, 21 y 23 de julio; 1, 4, 19 y 21 de agosto; 2, 17 y 19 de septiembre; 15 y 17 de octubre; 13 y 15 de noviembre; 11 y 13 de diciembre.

Atracción fatal: 30 de abril; 14, 15, 16, 17 y 28 de mayo; 26 de junio; 24 de julio; 22 de agosto; 20 de septiembre; 18 de octubre; 16 de noviembre; 14 de diciembre.

Desafiantes: 9, 14, 16 y 25 de enero; 7, 12, 14 y 23 de febrero; 5, 10, 12, 21, 28 y 30 de marzo; 3, 8, 10, 19, 26 y 28 de abril; 1, 6, 8, 17, 24 y 26 de mayo; 4, 6, 15, 22 y 24 de junio; 2, 4, 13, 20 y 22 de julio; 2, 11, 18 y 20 de agosto; 9, 16 y 18 de septiembre; 7, 14 y 16 de octubre; 5, 12 y 14 de noviembre; 3, 10 y 12 de diciembre.

Almas gemelas: 30 de enero, 28 de febrero, 18 de julio, 29 de diciembre.

SOL: ESCORPIÓN
DECANATO: CÁNCER/LUNA
ÁNGULO: 27º 30'–28º 30'
DE ESCORPIÓN
MODALIDAD: FIJA
ELEMENTO: AGUA

20 de noviembre

ESTRELLA FIJA

Nombre de la estrella: Tolimán, también llamada Bungula o Rigel Kentaurus

Posición: 28º 36'–29º 35' de Escorpión, entre los años 1930 y 2000

Magnitud: 1

Fuerza: ★★★★★★★★★

Órbita: 2º 30'

Constelación: Centauro (Alpha Centauri)

Días efectivos: 20, 21, 22, 23 y 24 de noviembre

Propiedades de la estrella: Venus/Júpiter

Descripción: estrella binaria, blanca y amarilla, ubicada en el pie izquierdo del centauro

INFLUENCIA DE LA ESTRELLA PRINCIPAL

Tolimán confiere una naturaleza apasionada y refinada, así como contactos sociales valiosos. Cuando necesites ayuda, esta estrella te otorgará amigos que te apoyarán en tiempos de necesidad. Brinda oportunidades y posiciones honoríficas o de poder. No obstante, advierte que evites los comportamientos extremistas y las actitudes fatalistas.

Con respecto a tu grado del Sol, Tolimán indica una naturaleza ambiciosa, pero también que posees la determinación y tenacidad para progresar de manera constante. Advierte que te cuides de las rivalidades, las envidias o el egocentrismo.

· *Positiva:* autosuficiencia, capacidad de aprender a compartir, generosidad, popularidad.

· *Negativa:* hipersensibilidad, riñas con otras personas, alejarse de los demás.

Además de carismático e intuitivo, eres un Escorpión amistoso, con una sonrisa cautivadora y emociones potentes. Aunque, por lo regular, tienes un carácter enérgico y una personalidad dinámica, también eres gentil y generoso, e incluso extrañamente discreto. Quizá debas superar la tendencia a aferrarte y aprender a no tratar de controlar tus emociones. Eres ambicioso, histriónico y sensible, y reaccionas con gran rapidez, por lo que tienes el potencial de lograr cosas extraordinarias y creativas.

La subinfluencia de Cáncer, el regente de tu decanato, indica que eres imaginativo y que te gusta rodearte de lujos y cosas bellas. Eres sociable y te gusta la diversión, pero también sabes ser diplomático cuando te conviene. A pesar de ser sensible y dejarte llevar por tus emociones, tu naturaleza pragmática y trabajadora es reflejo de que solo necesitas disciplina para sacarles provecho a tus múltiples talentos.

Cuando estás inspirado, necesitas expresarte de formas creativas y buscar reconocimiento en ámbitos como el teatro, el arte, la música y el entretenimiento. Podrás alcanzar el éxito a través de la tenacidad y el trabajo arduo, pero necesitas superar tu tendencia a ser impaciente, manipulador o autoritario, y desarrollar tus habilidades de planeación y estrategia. A través de la colaboración y los esfuerzos cooperativos harás algunas de tus mayores contribuciones a la comunidad y la sociedad.

Hasta los 31 años, cuando tu Sol progresado está en Sagitario, sientes el ímpetu de avanzar en la vida con optimismo y buscando oportunidades. Resaltará tu espíritu aventurero y estarás dispuesto a correr riesgos; además, te interesará la educación o te sentirás atraído por personas y lugares extranjeros. A los 32 años, cuando tu Sol progresado avance hacia Capricornio, enfrentarás una encrucijada tras la cual adoptarás una postura más práctica, ambiciosa y realista. A partir de los 62 años, cuando tu Sol progresado entre a Acuario, mejorará tu capacidad de observación, experimentarás cosas nuevas y serás más independiente y consciente de la colectividad.

Tu yo secreto

A través del humor y la conciencia de ti mismo podrás equilibrar los extremos emocionales de tu naturaleza; ya que eres generoso pero egoísta; trabajador pero autocomplaciente; rígido pero también sensible. En general, te caracteriza una mezcla interesante de contradicciones. Eres sociable y especialista en contacto personal. Tu encanto y astucia para juzgar el carácter ajeno te ayudarán en cualquier situación. Puesto que te hace infeliz estar solo, rodearte de otros será importante para ti y con frecuencia cederás con tal de mantener la paz. Sin embargo, debes tener cuidado de que tu aprecio por la sensualidad y las comodidades de la vida no frenen la expresión dinámica de tu gran potencial.

Tu intuición poderosa será una herramienta esencial a lo largo de tu vida y te permitirá desarrollar el lado más humanitario y compasivo de tu naturaleza. Cuando se usa para bien, te permite ser más objetivo y seguro, y evita que caigas en frustraciones y decepciones.

Trabajo y vocación

La mezcla de tus habilidades de liderazgo y sensibilidad emocional te permitirá ascender de forma natural a puestos de poder. Tener encanto y habilidades sociales avanzadas incrementa tus probabilidades de triunfar en actividades que impliquen relacionarte con la gente. Tus habilidades de comunicación podrían inclinarte hacia la enseñanza, la impartición de conferencias, la escritura o las ventas. La capacidad de obtener contactos profesionales útiles te vendrá bien en los negocios, sobre todo si la combinas con la capacidad para comercializar tus talentos. Por otro lado, tu histrionismo natural te permitirá triunfar en la política, el mundo del entretenimiento o las artes. Por otro lado, tus inclinaciones humanistas te motivarán a impulsar reformas sociales o trabajar por una causa justa.

Entre las personas famosas con quienes compartes cumpleaños están el estadista estadounidense Robert F. Kennedy, el periodista televisivo Alistair Cooke, el comediante Dick Smothers, la escritora Nadine Gordimer y el guitarrista Duane Allman.

Numerología

Al haber nacido bajo el número 20, eres intuitivo, sensible, adaptable y comprensivo y, por lo general, te consideras parte de grupos más grandes. Suelen agradarte actividades cooperativas en las que puedes interactuar, compartir experiencias y aprender de otros. Tu encanto y gracia te ayudan a desarrollar habilidades diplomáticas y sociales que te permiten moverte con fluidez en círculos sociales distintos. No obstante, quizá necesites fortalecer la seguridad en ti mismo, superar la tendencia a sentirte herido por las acciones y críticas de los demás, y a ser demasiado dependiente. Tienes una facilidad extraordinaria para crear atmósferas amistosas y armoniosas. La subinfluencia del mes número 11 indica que sueles aparentar seguridad y pragmatismo, pero en el fondo posees sentimientos profundos y una gran intuición. Aunque tienes un buen corazón, generoso y leal, también puedes ser terco y suspicaz. Al aprender a equilibrar los dos extremos de tu naturaleza, podrás crear estabilidad y orden.

• *Cualidades positivas:* buenas asociaciones, gentileza, tacto, receptividad, intuición, amabilidad, armonía, afabilidad, naturaleza amistosa, embajador de buena voluntad.

• *Cualidades negativas:* suspicacia, inseguridad, hipersensibilidad, egoísmo, susceptibilidad, deshonestidad.

Amor y relaciones

Eres sociable, generoso, bondadoso y un amigo para toda la vida. Sin embargo, cuando te sientes inseguro, puedes ser posesivo y egoísta. Eres resistente y terco, y posees un fuerte sentido de la responsabilidad. Debido a ello, no te das por vencido en tus relaciones, y rara vez eres quien las termina. Aunque tienes emociones profundas e intensas, también eres hermético al respecto. Eres afectuoso y apasionado, pero también obstinado y dramático.

ESE ALGUIEN ESPECIAL

Si buscas a ese alguien especial, es probable que encuentres satisfacción emocional con personas nacidas en las siguientes fechas.

Amor y amistad: 2, 5, 14 y 28 de enero; 26 de febrero; 1, 10 y 24 de marzo; 22 de abril; 20, 29 y 30 de mayo; 18, 27 y 28 de junio; 16, 25 y 26 de julio; 14, 23 y 24 de agosto; 12, 21 y 22 de septiembre; 10, 19, 20, 29 y 31 de octubre; 8, 17, 18, 27 y 29 de noviembre; 6, 15, 16, 25 y 27 de diciembre.

Buenas para ti: 2, 10, 13 y 16 de enero; 8, 11 y 14 de febrero; 6, 9 y 12 de marzo; 4, 7 y 10 de abril; 2, 5 y 8 de mayo; 3 y 6 de junio; 1, 4 y 30 de julio; 2, 28 y 30 de agosto; 26 y 28 de septiembre; 24 y 26 de octubre; 22 y 24 de noviembre; 20, 22 y 30 de diciembre.

Atracción fatal: 16, 17, 18 y 19 de mayo; 31 de octubre; 29 de noviembre; 27 de diciembre.

Desafiantes: 3, 9 y 10 de enero; 1, 7 y 8 de febrero; 5, 6 y 31 de marzo; 3, 4 y 29 de abril; 1, 2 y 27 de mayo; 25 de junio; 23 de julio; 2, 21 y 31 de agosto; 19 y 29 de septiembre; 17 y 27 de octubre; 15 y 25 de octubre; 13 y 23 de diciembre.

Almas gemelas: 5 de enero, 3 de febrero, 1 de marzo, 30 de mayo, 28 de junio, 26 de julio, 24 de agosto, 22 de septiembre, 20 de octubre, 18 de noviembre, 16 de diciembre.

SOL: CÚSPIDE ESCORPIÓN/SAGITARIO
DECANATO: CÁNCER/LUNA
ÁNGULO: 28° 30'–29° 30'
DE ESCORPIÓN
MODALIDAD: FIJA
ELEMENTO: AGUA

21 de noviembre

ESTRELLA FIJA

Nombre de la estrella: Tolimán, también
llamada Bungula o Rigel Kentaurus

Posición: 28° 36'–29° 35' de Escorpión,
entre los años 1930 y 2000

Magnitud: 1

Fuerza: ★★★★★★★★★

Órbita: 2° 30'

Constelación: Centauro (Alpha Centauri)

Días efectivos: 20, 21, 22, 23 y 24 de
noviembre

Propiedades de la estrella: Venus/
Júpiter

Descripción: estrella binaria, blanca
y amarilla, ubicada en el pie
izquierdo del centauro

INFLUENCIA DE
LA ESTRELLA PRINCIPAL

Tolimán confiere una naturaleza apasionada y refinada, así como contactos sociales valiosos. Cuando necesites
ayuda, esta estrella te otorgará amigos
que te apoyarán en tiempos de necesidad. Brinda oportunidades y posiciones honoríficas o de poder. No obstante,
advierte que debes evitar los comportamientos extremistas y las actitudes
fatalistas.

Con respecto a tu grado del Sol,
Tolimán indica una naturaleza ambiciosa, pero también que posees la determinación y tenacidad para progresar
de manera constante. Advierte que te
cuides de las rivalidades, las envidias o
el egocentrismo.

• *Positiva:* autosuficiencia, capacidad de aprender a compartir, generosidad, popularidad.

• *Negativa:* hipersensibilidad, riñas
con otras personas, alejarse de los demás.

Al haber nacido en la cúspide, recibes tanto la influencia de Escorpión como de Sagitario. Eres un individuo elegante, sociable, encantador y con una personalidad emprendedora, que proyecta una imagen de confianza y seguridad en sí mismo. A pesar de tus sentimientos abundantes e imaginación desbor-dada, por lo regular, eres una persona sutil y ecuánime, aunque el lado apasionado de tu naturaleza revela que también eres tenaz e histriónico.

La subinfluencia de Cáncer, el regente de tu decanato, te caracteriza como una persona intuitiva y perspicaz, con premoniciones fuertes. Por lo regular, juzgas las situa-ciones y las experiencias a partir de cómo te hacen sentir, y tu rango emocional incluye una gran creatividad, capacidad de expresión personal, compasión y empatía. Gracias a ellas sueles obtener el amor y la admiración que tanto ansías; pero, por otro lado, si no logras salirte con la tuya, reaccionas de manera temperamental y exagerada.

Además de ser ambicioso y entusiasta, y ser férreo en tus perspectivas, eres tenaz y trabajador. Tienes muchas ideas, buscas formas de expresarte y se te facilita tomar el mando. Esto revela que te desempeñas mejor cuando eres quien da las órdenes y no quien las recibe. Ser idealista y leal, y tener un gran sentido del deber, hace que prio-rices las obligaciones más que las inclinaciones afectivas. No obstante, tu sensibilidad no menoscaba tu gran olfato para los negocios ni la conciencia de las consideraciones materiales. Esta parte de tu personalidad, de hecho, es categórica e inflexible.

Hasta los 30 años, tu Sol progresado pasa por Sagitario y resalta cuestiones de idealismo, desarrollo personal y búsqueda de oportunidades. Es un buen periodo para los estudios, los viajes y la búsqueda de la verdad, así como de una filosofía positiva. A los 31 años habrá un punto de inflexión, cuando tu Sol progresado se desplace hacia Capricornio. Adoptarás entonces una visión de la vida más disciplinada, tenaz y rea-lista. A partir de los 61 años, cuando tu Sol progresado entre a Acuario, pondrás mayor énfasis en la libertad personal y en la necesidad de expresar tu individualidad. Tam-bién adquirirán más importancia tus ideales humanitarios, la amistad y la conciencia colectiva.

Tu yo secreto

Eres una persona competitiva y orientada al éxito. Siempre estás en busca de maneras para superarte o mejorar tu situación. Si concentras todas tus emociones dinámicas en un trabajo que le dé propósito a tu vida, es probable que adquieras una conciencia más profunda de tu propio poder interno. Para cumplir tus más grandes sueños y satisfacer la necesidad de construir algo que dure para siempre, será indispensable que te enfoques y seas disciplinado.

Si desarrollas tu humanitarismo interno evitarás sentirte insatisfecho a nivel per-sonal o que otras personas te decepcionen. Gran parte de tus logros depende de que amplíes tu conocimiento y refuerces tu comprensión universal. Si te desapegas y eres más objetivo, podrás distanciarte de las situaciones difíciles y resolver los problemas con razonamientos entusiastas. Ser sociable y simpático te ayuda a animar a otros con tus palabras de aliento y motivación.

Trabajo y vocación

Ser trabajador, confiable y tener un sentido natural de la autoridad, te permite invariablemente ascender a posiciones de poder. Gracias a tu encanto y calidez, te llevas de maravilla con la gente, pero también impones disciplina. A pesar de que eres eficiente y minucioso, si te dedicas a los negocios prosperarás al emplear tu visión de manera creativa, ya sea en la publicidad, el mundo editorial o los medios de comunicación. Eres idealista y con frecuencia influyes en movimientos sociales o trabajas desinteresadamente por una causa. Esto podría inspirarte a hacer carrera en la política, la filantropía o la sanación. Puesto que tienes facilidad de palabra y disfrutas compartir tu conocimiento con otros, serías un excelente profesor o escritor. Por otro lado, tu sensibilidad, imaginación y creatividad podrían tener cabida en las artes.

Entre las personas famosas con quienes compartes cumpleaños están las actrices Goldie Hawn y Juliet Mills, el filósofo y escritor Voltaire, las escritoras Marilyn French y Beryl Bainbridge, la exeditora del *New Yorker* Tina Brown, el pintor René Magritte y el beisbolista Stan Musial.

Numerología

Tener el número 21 en tu fecha de cumpleaños te hace una persona con empuje dinámico y personalidad extrovertida. Con esas inclinaciones sociales, posees muchos intereses y contactos y, por lo regular, tienes mucha suerte. Te muestras amistoso y sociable con los demás. También eres original, intuitivo y con espíritu independiente. Si tu cumpleaños es en un día con el número 21 es posible que te encante la diversión, que seas magnético, creativo y con encanto social. Por otro lado, quizá seas tímido y reservado, y necesites desarrollar asertividad, en especial en relaciones cercanas. Se te presentarán varias oportunidades en la vida para mostrar tus múltiples talentos y habilidades de liderazgo. Aunque te inclines hacia las relaciones de cooperación, siempre querrás que se reconozcan tus talentos y habilidades. La subinfluencia del mes número 11 indica que eres receptivo y con frecuencia te sientes inspirado. Tu capacidad para evaluar las situaciones con rapidez es reflejo de que tienes instintos poderosos y gran agilidad mental. No permitas que las dudas o sospechas socaven tu confianza. Si aprendes a ser paciente, desarrollarás tu flujo creativo y evitarás acciones impulsivas.

• *Cualidades positivas:* inspiración, creatividad, uniones amorosas, relaciones duraderas.

• *Cualidades negativas:* dependencia, nerviosismo, descontrol emocional, falta de visión, miedo al cambio.

Amor y relaciones

Eres un individuo idealista e intenso; con emociones potentes y fuertes deseos. También eres histriónico y expresivo; puedes ser amable y solidario con tus seres queridos, así como un amigo leal y generoso. Te preocupas por cuestiones de seguridad financiera y tratas de asegurarte de que todos estén bien en ese rubro. Tu tendencia a atraer personas inusuales indica que debes tener cautela y no entablar relaciones dudosas. Para que haya armonía entre las parejas, es importante que dejes de pensar negativamente y evites ser autoritario.

ESE ALGUIEN ESPECIAL

Encontrarás felicidad y estabilidad en relaciones con personas nacidas en las siguientes fechas.

Amor y amistad: 3, 22, 25, 29 y 30 de enero; 1, 20, 23, 27 y 28 de febrero; 18, 21, 25 y 26 de marzo; 16, 19, 23, 24 y 28 de abril; 14, 17, 21, 22, 24, 26 y 31 de mayo; 12, 15, 19, 20, 24 y 29 de junio; 10, 13, 18 y 22 de julio; 8, 11, 15, 16, 20, 27, 29 y 30 de agosto; 6, 9, 13, 14, 18, 23, 27 y 28 de septiembre; 4, 7, 11, 12, 16, 21, 25 y 26 de octubre; 2, 5, 9, 10, 14, 19, 23 y 24 de noviembre; 3, 7, 8, 12, 17, 21 y 22 de diciembre.

Buenas para ti: 17 de enero; 15 de febrero; 13 de marzo; 11 de abril; 9 y 29 de mayo; 7 y 27 de junio; 5 y 25 de julio; 3 y 23 de agosto; 1 y 21 de septiembre; 19 y 29 de octubre; 17, 27 y 30 de noviembre; 15, 25 y 28 de diciembre.

Atracción fatal: 18, 19, 20, 21 y 31 de mayo; 29 de junio; 27 de julio; 25 y 30 de agosto; 23 y 28 de septiembre; 21 y 26 de octubre; 19 y 24 de noviembre; 17 y 22 de diciembre.

Desafiantes: 20 y 23 de enero, 18 y 21 de febrero, 16 y 19 de marzo, 14 y 17 de abril, 12 y 15 de mayo, 10 y 13 de junio, 8 y 11 de julio, 6 y 9 de agosto, 4 y 7 de septiembre, 2 y 5 de octubre, 2 de noviembre, 1 de diciembre.

Almas gemelas: 4 y 31 de enero, 2 y 29 de febrero, 27 de marzo, 25 de abril, 23 de mayo, 21 de junio, 19 de julio, 17 de agosto, 15 de septiembre, 13 de octubre, 11 de noviembre, 9 de diciembre.

Sagitario

22 de noviembre–21 de diciembre

SOL: CÚSPIDE ESCORPIÓN/SAGITARIO
DECANATO: SAGITARIO/JÚPITER
ÁNGULO: 29º 30' DE ESCORPIÓN–0º
30' DE SAGITARIO
MODALIDAD: MUTABLE
ELEMENTO: FUEGO

ESTRELLA FIJA

Nombre de la estrella: Tolimán, también
llamada Bungula o Rigel Kentaurus

Posición: 28º 36'–29º 35' de Escorpión,
entre los años 1930 y 2000

Magnitud: 1

Fuerza: ★★★★★★★★★

Órbita: 2º 30'

Constelación: Centauro (Alpha Centauri)

Días efectivos: 20, 21, 22, 23 y 24 de
noviembre

Propiedades de la estrella: Venus/
Júpiter

Descripción: estrella binaria brillante,
blanca y amarilla, ubicada en el pie
izquierdo del centauro

INFLUENCIA DE
LA ESTRELLA PRINCIPAL

Tolimán confiere una naturaleza apasionada y refinada, así como contactos sociales valiosos. Cuando necesites
ayuda, esta estrella te otorgará amigos
que te apoyarán en tiempos de necesidad. Brinda oportunidades y posiciones honoríficas o de poder. No obstante,
advierte que debes evitar los comportamientos extremistas y las actitudes
fatalistas.

Con respecto a tu grado del Sol,
Tolimán indica una naturaleza ambiciosa, pero también que posees la determinación y tenacidad para progresar
de manera constante. Advierte que te
cuides de las rivalidades, las envidias o
el egocentrismo.

• *Positiva:* autosuficiencia, capacidad de aprender a compartir, generosidad, popularidad.

• *Negativa:* hipersensibilidad, riñas
con otras personas, alejarse de los demás.

22 de noviembre

Haber nacido en la cúspide permite que te beneficies tanto de la influencia de
Escorpión como de la de Sagitario. La de Escorpión sugiere que eres tenaz, sensible y sumamente intuitivo. Tus gestos generosos, entusiasmo y alegría de vivir
son reflejo de una naturaleza juguetona y compasiva; mientras tanto, bajo la influencia
de Sagitario, eres idealista y de mente abierta.

La subinfluencia del regente de tu decanato, Sagitario, revela que te inspiran los
viajes, la naturaleza y los objetivos elevados, y tienes cierta inclinación hacia la filosofía
y la teología. Tu optimismo, instintos fuertes y personalidad sociable te garantizan que
la gente se sentirá atraída por tu personalidad amistosa y relajada. Tu capacidad para
volverte popular es reflejo de que entretienes y cautivas a otros con tu encanto innato.
Aunque te interesan ideas y hechos novedosos, tienes un umbral del aburrimiento bajo.
Eres amigable y cooperativo, pero a veces se te pasa la mano con el entusiasmo, lo cual
podrías moderar siendo más reservado.

Aunque eres generoso a nivel material y emocional, a veces te vas al extremo de la
autocomplacencia y te das una vida de lujos y glamur. Aunque te dejes llevar demasiado
por la tentación a evadirte y a nunca crecer, en algún momento tendrás que aprender a
responsabilizarte y a adoptar una perspectiva más madura. No obstante, cuando haces
algo que disfrutas, eres capaz de trabajar arduamente, y con dedicación y perseverancia
lograrás lo que sea y triunfarás.

Hasta los 29 años, querrás ampliar tus horizontes y buscar oportunidades, ya sea
a través de emprendimientos, estudios o viajes. A los 30, cuando tu Sol progresado se
desplace hacia Capricornio, adoptarás un enfoque más práctico, orientado a alcanzar
tus metas y realista para cumplir tus objetivos. Otro punto de inflexión ocurrirá a los 60,
cuando tu Sol progresado se desplace hacia Acuario. A partir de entonces, resaltará la
necesidad creciente de libertad, de ideas nuevas y de expresar tu individualidad.

Tu yo secreto

Aunque eres bastante obstinado, tienes una gran sensibilidad emocional y buscas inspirarte. Sin embargo, es posible que lo que te cause una mayor satisfacción sea servir a
la comunidad. Aunque eres solidario, debes desarrollar la capacidad de desapego para
evitar salir herido con facilidad o caer en la autocompasión. Tu receptividad te confiere
un excepcional sentido de las formas y aprecio por el arte y la música, los cuales desearás desarrollar o usar como fuerzas sanadoras. Sin importar lo que hagas en la vida,
es importante que te sientas estimulado con frecuencia para aprovechar al máximo tu
potencial extraordinario.

Eres creativo, atractivo y sabes escuchar. Te caracterizas por necesitar compañía
y rodearte de gente, ya que, por lo regular, eres infeliz si estás solo. Posees un lado
histriónico, un sentido de nobleza interna y un corazón bondadoso, así que disfrutas
estar frente a un público y te esfuerzas por entretener y hacer felices a las personas.
A pesar de ser sociable, tienes la tendencia a ser demasiado autocomplaciente o querer
vivir como rico lo que será una distracción muy tentadora que podría impedirte alcanzar tus ideales elevados.

Trabajo y vocación

Tu sofisticado don de gentes, aptitud para los negocios y naturaleza idealista indican que estás capacitado para dedicarte a profesiones en las que puedas colaborar con otros. Tu encanto, talento para la comunicación y diplomacia innata podrían inclinarte hacia el trabajo en ventas, promociones, agencias o relaciones públicas. De igual modo, sobresaldrías en el mundo de los medios de comunicación, la edición de libros o la política. Puesto que disfrutas las interacciones sociales y te gusta entretener a otros, podrías trabajar en el negocio del espectáculo o en la industria musical. Por otro lado, quizá quieras compartir tus ideas en el campo educativo. Tu capacidad natural para entender los problemas de los demás podría llevarte a ocupar un rol como consejero o cuidador, o en las profesiones médicas. Por otro lado, tu faceta juguetona y competitiva podría canalizarse de forma lucrativa hacia el mundo de los deportes.

Entre las personas famosas con quienes compartes cumpleaños están la actriz Jamie Lee Curtis, el director de cine Terry Gilliam, la escritora George Eliot, los tenistas Billie Jean King y Boris Becker, y el expresidente francés Charles de Gaulle.

Numerología

Tener el número 22 en tu fecha de cumpleaños te hace una persona práctica, orgullosa y sumamente intuitiva. Es un número maestro que puede vibrar tanto en forma de 22 como en forma de 4. Sueles ser honesto y trabajador, poseer habilidades de liderazgo innatas y tener una personalidad carismática, además de una profunda capacidad de entender a la gente y sus motivaciones. Aunque no demuestras tu afecto, sueles preocuparte por el bienestar de tus seres queridos, pero sin perder de vista tu lado pragmático o realista. Por lo general, eres culto y cosmopolita, y tienes muchos amigos y admiradores. Los más competitivos de entre los nacidos en el día número 22 pueden alcanzar el éxito y la buena fortuna con la ayuda y el apoyo de otros. Muchos de los nacidos en este día tienen fuertes lazos con sus hermanos o hermanas, a quienes protegen y apoyan. La subinfluencia del mes número 11 indica que eres tenaz e intuitivo, y tienes sentimientos profundos e ideales elevados. Por lo regular, eres sensible, pero, con el muro que erigiste a tu alrededor, proyectas insensibilidad y desapego. Si te impones estándares demasiado elevados, sufrirás de insatisfacción y te volverás crítico y poco empático.

• *Cualidades positivas:* universalidad, ansias de dirigir, intuición, pragmatismo, practicidad, habilidades manuales, talento, habilidades de construcción, habilidad para la organización, realismo, capacidad para resolver problemas, éxitos.

• *Cualidades negativas:* codicia, nerviosismo, complejo de inferioridad, autoritarismo, materialismo, falta de visión, pereza, egocentrismo, autopromoción.

Amor y relaciones

Eres amistoso y entretenido, pero también sensible y capaz de experimentar emociones fuertes. Tienes una personalidad afable y una necesidad de amor y afecto que puede atraer varias relaciones románticas distintas. Algunas de ellas, sin embargo, no valdrán la pena. Tu jovialidad e idealismo hacen que te encariñes con facilidad a tus parejas, pero ten cuidado de no ser demasiado sentimental para evitar que te rompan el corazón. Gracias a tu espíritu bondadoso, eres generoso y compasivo con tus seres queridos.

ESE ALGUIEN ESPECIAL

Si anhelas encontrar a tu pareja ideal, empieza por buscarla entre quienes nacieron en las siguientes fechas.

Amor y amistad: 5, 9, 10, 18, 19, 26 y 30 de enero; 3, 8, 16, 17, 24 y 28 de febrero; 1, 6, 14, 15, 22, 26 y 31 de marzo; 4, 11, 12, 13, 20 y 24 de abril; 2, 10, 11, 18 y 22 de mayo; 8, 9, 16, 20 y 30 de junio; 6, 7, 14, 18 y 28 de julio; 3, 4, 5, 12, 16, 26 y 30 de agosto; 2, 3, 10, 14 y 28 de septiembre; 1, 8, 12, 22 y 26 de octubre; 6, 10, 20 y 24 de noviembre; 4, 8, 18, 22 y 30 de diciembre.

Buenas para ti: 13 de enero, 11 de febrero, 9 de marzo, 7 de abril, 5 de mayo, 3 y 30 de junio, 1 y 28 de julio, 26 de agosto, 24 de septiembre, 22 de octubre, 20 de noviembre, 18 de diciembre.

Atracción fatal: 20, 21, 22 y 23 de mayo.

Desafiantes: 14 y 24 de enero, 12 y 22 de febrero, 10 y 20 de marzo, 8 y 18 de abril, 6 y 16 de mayo, 4 y 14 de junio, 2 y 12 de julio, 10 de agosto, 8 de septiembre, 6 de octubre, 4 de noviembre, 2 de diciembre.

Almas gemelas: 13 de enero, 11 de febrero, 7 de abril, 30 de julio, 28 de agosto, 26 de septiembre, 24 de octubre, 22 de noviembre, 20 de diciembre.

23 de noviembre

SOL: SAGITARIO
DECANATO: SAGITARIO/JÚPITER
ÁNGULO: 0° 30'–1° 30' DE SAGITARIO
MODALIDAD: MUTABLE
ELEMENTO: FUEGO

ESTRELLA FIJA

Nombre de la estrella: Tolimán, también llamada Bungula o Rigel Kentaurus
Posición: 28° 36'–29° 35' de Escorpión, entre los años 1930 y 2000
Magnitud: 1
Fuerza: ★★★★★★★★★
Órbita: 2° 30'
Constelación: Centauro (Alpha Centauri)
Días efectivos: 20, 21, 22, 23 y 24 de noviembre
Propiedades de la estrella: Venus/Júpiter
Descripción: estrella binaria brillante, blanca y amarilla, ubicada en el pie izquierdo del centauro

INFLUENCIA DE LA ESTRELLA PRINCIPAL

Tolimán confiere una naturaleza apasionada y refinada, así como contactos sociales valiosos. Cuando necesites ayuda, esta estrella te otorgará amigos que te apoyarán en tiempos de necesidad. Brinda oportunidades y posiciones honoríficas o de poder. No obstante, advierte que debes evitar los comportamientos extremistas y las actitudes fatalistas.

Con respecto a tu grado del Sol, Tolimán indica una naturaleza ambiciosa, pero también que posees la determinación y tenacidad para progresar de manera constante. Advierte que te cuides de las rivalidades, las envidias o el egocentrismo.

· *Positiva:* autosuficiencia, capacidad de aprender a compartir, generosidad, popularidad.

· *Negativa:* hipersensibilidad, riñas con otras personas, alejarse de los demás.

Además de ser sociable y entusiasta, eres un Sagitario emprendedor y lleno de vida. Eres encantador y honesto por naturaleza. Tienes la capacidad para hacer amigos e impresionar a la gente. Puesto que te gusta la aventura y mantenerte activo, acostumbras tener la agenda llena y una vida ocupada.

La subinfluencia del regente de tu decanato, Sagitario, le infunde vitalidad a tu naturaleza inquieta y te impulsa a correr riesgos y ampliar tus horizontes. Eres considerado e idealista, y disfrutas aprender ideas nuevas y compartirlas con otros. Sin embargo, te aburres con facilidad y es posible que debas desarrollar una perspectiva más activa, además de aprender a ser más introspectivo y confiable. Evita dejarte llevar por demasiados objetivos para no dispersarte. Cuando te inspiras, a veces actúas de forma impulsiva y te lanzas en una dirección nueva sin planeación previa. Quizá necesites disciplinarte para respaldar tus buenas intenciones.

Eres creativo y competitivo, y posees un espíritu de lucha que revela que necesitas hacer las cosas en grande, tanto a nivel emocional como material. Gracias a tus habilidades ejecutivas y mente ágil, eres versátil y talentoso. Eres espontáneo y franco, pero también puedes ser directo y tajante, lo que hace que otros piensen que te falta tacto y sensibilidad. Sin embargo, compensas tus torpezas verbales con compasión y bondad.

Hasta los 28 años, te preocupas sobre todo por tu libertad y por ampliar tus horizontes, ya sea a través de viajes, educación o tu filosofía de vida. A los 29 habrá un punto de inflexión, cuando tu Sol progresado se desplace hacia Capricornio. Esto le infundirá a tu vida un enfoque pragmático, ordenado y estructurado, con un énfasis importante en el cumplimiento de tus metas principales. Habrá otro cambio de prioridades a los 59, cuando tu Sol progresado entre a Acuario y resalte la necesidad creciente de independencia, ideas progresistas y expresión de tu individualidad.

Tu yo secreto

Eres inteligente y entusiasta, y te encanta aprender, debido a tu capacidad de captar la información nueva con mucha rapidez. Reconoces el poder del conocimiento y refuerzas tu sabiduría, comprensión y confianza al recopilar información. Eres idealista; orgulloso, y tienes convicciones y creencias poderosas que quisieras compartir a través de la palabra hablada o escrita. Con tu fogosidad e intenso magnetismo personal puedes motivar e impresionar a otros.

Tu fecha de nacimiento conlleva amor por la variedad y una vida llena de emoción y aventuras. Puedes canalizar cualquier posible inquietud o impaciencia hacia la superación personal positiva y constante. Tu compleja personalidad te confiere una ventaja y te pone en una mejor posición que la mayoría para lograr cosas a gran escala, debido a que eres al mismo tiempo activo, emotivo y sensible.

Trabajo y vocación

Con tu encanto, carisma y habilidad para tratar con la gente, es probable que te encamines de forma natural hacia posiciones de liderazgo. Necesitas un trabajo que te dé tanta libertad como sea posible, aunque quizá prefieras trabajar por cuenta propia. Eres ambicioso y versátil, y para mantenerte interesado necesitas variedad y cambios. Tu intelecto agudo y poderes de persuasión, aunados a tu enfoque humanitario, te permitirían triunfar impulsando reformas. De igual modo, tendrías éxito en la enseñanza, el derecho, las ciencias, la escritura y la política. Tu sensibilidad emocional te brinda una empatía natural que podría llevarte hacia profesiones de cuidados a las personas o que ayuden a los demás. Por otro lado, tu espíritu emprendedor tendría cabida en los negocios. Con tu imaginación, creatividad y aptitud natural para cautivar a la gente, también podrías triunfar en el mundo del entretenimiento, sobre todo en la música.

Entre las personas famosas con quienes compartes cumpleaños están el cantante Bruce Hornsby; los actores Boris Karloff, Harpo Marx y Maxwell Caulfield; el artista Erté; el gurú Sai Baba, y el tenista Lew Hoad.

Numerología

Algunos de los atributos ligados a un cumpleaños con el número 23 son la sensibilidad emocional y la creatividad. Sueles ser una persona versátil y apasionada que piensa rápido, mantiene una actitud profesional y siempre está llena de ideas. Con la influencia del número 23, puedes aprender cosas nuevas con facilidad, aunque prefieres la práctica más que la teoría. Te encantan los viajes, la aventura y conocer gente nueva, y la cualidad enérgica que trae consigo el número 23 de tu cumpleaños te insta a probar toda clase de experiencias distintas. Además, te adaptas para sacar lo mejor de cada situación. La subinfluencia del mes número 11 indica que te gusta ser metódico y fiarte de tu sentido común. Aunque eres receptivo con otros, por lo regular, te gusta forjarte tu propia opinión. Gracias a tu fe y encanto natural, eres capaz de comunicar tus sentimientos intensos e inspirar a quienes te rodean con tu visión filantrópica. La tendencia a ser enérgico cuando estás inspirado es evidencia de tu veta creativa e histriónica.

• *Cualidades positivas:* lealtad, responsabilidad, gusto por viajar, comunicación, intuición, creatividad, versatilidad, confiabilidad, fama.

• *Cualidades negativas:* egoísmo, inseguridad, inflexibilidad, atribuir culpas, aburrimiento, desapego, prejuicios.

Amor y relaciones

Gracias a tu encanto y capacidad para irradiar calidez, te atraen personas de contextos distintos. Ansías seguridad y estabilidad, así que te gusta planear el futuro. En las relaciones más cercanas, por lo regular, te atraen individuos de carácter fuerte, que poseen un claro propósito en la vida y son tenaces. Ser sociable hace que seas un anfitrión extraordinario, pero también una persona compasiva ante a los problemas ajenos.

ESE ALGUIEN ESPECIAL

Es más probable que encuentres la felicidad y a una pareja amorosa si la buscas entre personas nacidas en las siguientes fechas.

Amor y amistad: 2, 3, 6, 9, 10, 11, 21, 25, 27 y 31 de enero; 1, 4, 7, 8, 9, 25 y 29 de febrero; 2, 5, 7, 17, 23 y 27 de marzo; 3, 4, 5, 15, 21 y 25 de abril; 1, 3, 13, 19, 23 y 30 de mayo; 1, 11, 17, 21 y 28 de junio; 9, 15, 19, 26 y 29 de julio; 7, 13, 17, 24 y 27 de agosto; 5, 11, 15, 22 y 25 de septiembre; 3, 9, 13, 20 y 23 de octubre; 1, 7, 11, 18, 21 y 30 de noviembre; 5, 9, 16, 19 y 28 de diciembre.

Buenas para ti: 11, 16 y 30 de enero; 9, 24 y 28 de febrero; 7, 22 y 26 de marzo; 5, 20 y 24 de abril; 3, 18, 22 y 31 de mayo; 1, 16, 20 y 29 de junio; 14, 18 y 27 de julio; 12, 16 y 25 de agosto; 10, 14 y 23 de septiembre; 8, 12, 21 y 29 de octubre; 6, 10, 19 y 27 de noviembre; 4, 8, 17 y 25 de diciembre.

Atracción fatal: 22, 23, 24 y 25 de mayo.

Desafiantes: 15 de enero, 13 de febrero, 11 de marzo, 9 de abril, 7 y 30 de mayo, 5 y 28 de junio, 3 y 26 de julio, 1 y 24 de agosto, 22 de septiembre, 20 y 30 de octubre, 18 y 28 de noviembre, 16 y 26 de diciembre.

Almas gemelas: 9 y 29 de enero, 7 y 27 de febrero, 5 y 25 de marzo, 3 y 23 de abril, 1 y 21 de mayo, 19 de junio, 17 de julio, 15 de agosto, 13 de septiembre, 11 de octubre, 9 de noviembre, 7 de diciembre.

24 de noviembre

ESTRELLAS FIJAS

Tolimán, también llamada Bungula o Rigel Kentaurus; Dschubba, también llamada Isidis o Iclarkrav; Graffias, también llamada Acrab o Beta Scorpii; Yed Prior.

ESTRELLA PRINCIPAL

Nombre de la estrella: Tolimán, también llamada Bungula o Rigel Kentaurus

Posición: 28° 36'–29° 35' de Escorpión, entre los años 1930 y 2000

Magnitud: 1

Fuerza: ★★★★★★★★★

Órbita: 2° 30'

Constelación: Centauro (Alpha Centauri)

Días efectivos: 20, 21, 22, 23 y 24 de noviembre

Propiedades de la estrella: Venus/Júpiter

Descripción: estrella binaria brillante, blanca y amarilla, ubicada en el pie izquierdo del centauro

INFLUENCIA DE LA ESTRELLA PRINCIPAL

Tolimán confiere una naturaleza apasionada y refinada. Esta estrella te otorgará amigos que te apoyarán en tiempos de necesidad. Brinda oportunidades y posiciones honoríficas. No obstante, advierte que debes evitar los comportamientos extremistas y las actitudes fatalistas.

Con respecto a tu grado del Sol, Tolimán indica una naturaleza ambiciosa, pero también constancia y tenacidad para progresar. Advierte que te cuides de las rivalidades, las envidias o el egocentrismo.

• *Positiva:* autosuficiencia, capacidad de aprender a compartir, generosidad, popularidad.

Eres un Sagitario romántico y expresivo, con emociones profundas, un alma sensible y un gran potencial creativo. Aunque eres inteligente y sumamente intuitivo con respecto a la gente, tener una naturaleza sensible e impresionable hace que quizá debas elegir mejor a tus amigos. El lado serio de tu naturaleza se refleja en tu actitud práctica y trabajadora, visión realista y gran sentido del deber. Eres leal y fiel, a veces incluso en detrimento propio. Por otro lado, te tomas las cosas demasiado en serio y tienes deseos contradictorios.

La subinfluencia del regente de tu decanato, Sagitario, indica que eres optimista y entusiasta. En ocasiones, eres inesperadamente directo y hablas antes de pensar. Cuando te motivas, tienes el potencial de lograr grandes cosas a nivel intelectual y creativo. Estás en alerta constante y buscas satisfacción emocional a través de los viajes y los riesgos. Tus ansias de crecimiento espiritual y aspiraciones morales son reflejo de que la espiritualidad y la filosofía te resultan gratificantes y satisfactorias. Esto te ayudará a desarrollar una visión de futuro y, en lugar de ver todo en blanco y negro, empezarás a entender el concepto de totalidad que engloba los distintos tonos de gris.

Por lo regular, eres honorable y sincero, y te interesas en las personas. Tu idealismo te permite ser también bastante persuasivo y tener la valentía para luchar por las causas en las que crees. Aunque ser amistoso y generoso puede ayudarte a atraer mucha gente, algunos de tus enredos emocionales te desviarán del camino y provocarán desilusión.

Hasta los 27 años, querrás ampliar tus horizontes y buscar oportunidades, ya sea a través de emprendimientos, del estudio o de los viajes. A los 28, cuando tu Sol progresado se desplace hacia Capricornio, empezarás a adoptar una postura más práctica, orientada a alcanzar tus metas, y realista con respecto a la consecución de tus logros. Además, necesitarás más orden y estructura en tu vida. A los 58 habrá otro punto de inflexión, cuando tu Sol progresado entre a Acuario, el cual resaltará la necesidad creciente de libertad, ideas nuevas y expresión de tu individualidad.

Tu yo secreto

Los extremos de tu personalidad revelan, por un lado, una naturaleza humanitaria, compasiva y solidaria; y, por el otro, rigidez y seriedad excesiva. Quizá debas aprender a equilibrar las cosas entre los negocios y tu intimidad. Si eres más espontáneo y dejas de querer controlarlo todo, descubrirás que te vuelves más seguro de ti conforme incrementan la fe y la confianza en tus habilidades.

Para ti es particularmente importante mostrar el amor y afecto. Si haces demasiadas concesiones para mantener a otros felices, aunque te perjudiquen, podrías retraerte y volverte frío. Conforme aprendas a dar el mismo valor a tus sentimientos que a los de los demás, podrás conservar tu empatía, pero a la vez mantenerte objetivo emocionalmente.

Trabajo y vocación

Eres ambicioso, trabajador e imaginativo, y sueles caracterizarte por ser un idealista práctico con ideas originales y grandiosos planes. Tu intelecto agudo y buenas habilidades comunicativas te ayudarán a triunfar en cualquier tipo de trabajo. Aunque eres sensible, tienes una personalidad fuerte y magnética que te vendrá bien en cualquier profesión. Podrás satisfacer el lado más humanitario de tu naturaleza a través de profesiones relacionadas con el cuidado a los demás o reformas sociales. Tu interés en la gente te permitirá ser un excelente consejero. Tu inclinación innata hacia la filosofía hace que desees expresar tus ideas a través de la enseñanza o la escritura. Por otro lado, tu creatividad natural te inclinará hacia carreras como la música, la actuación o el entretenimiento. Quizá viajes con frecuencia por cuestiones de trabajo, o tal vez incluso te mudes a otro país.

Entre las personas famosas con quienes compartes cumpleaños están el artista Henri de Toulouse-Lautrec, el pianista Scott Joplin, la actriz Geraldine Fitzgerald, el comediante Billy Connolly, el filósofo Baruch Spinoza, los escritores William F. Buckley y Frances Hodgson Burnett, y el jugador de cricket Ian Botham.

Numerología

Aunque quizá te desagrade la rutina, sueles ser una persona trabajadora, con habilidades prácticas y buen juicio. La sensibilidad emocional que sugiere un cumpleaños con el número 24 indica que quizá sientas necesidad de estabilidad y orden. Eres fiel y justo, pero poco efusivo, y tiendes a creer que las acciones dicen más que las palabras. Tu visión pragmática de la vida también te da buen olfato para los negocios y la capacidad de alcanzar el éxito. Con el número 24 por cumpleaños, es posible que debas sobreponerte a la tendencia a ser obstinado o de ideas fijas. La subinfluencia del mes número 11 indica que eres idealista y optimista. Tus ansias de expresión personal pueden ser productivas, tanto a nivel emocional como material. Dado que tienes una veta materialista y te gusta la buena vida, eres ambicioso y consciente de la seguridad financiera. Si evitas que tus emociones intensas interfieran en tus relaciones de pareja, disfrutarás los beneficios de un hogar armonioso y estable.

• *Cualidades positivas:* energía, idealismo, habilidades prácticas, determinación inquebrantable, honestidad, franqueza, justicia, generosidad, amor al hogar, actividad.

• *Cualidades negativas:* materialismo, inestabilidad, implacabilidad, pereza, deslealtad, autoritarismo, terquedad, sed de venganza.

Amor y relaciones

Ya que seguramente eres sensible e inquieto, necesitas relaciones que no caigan en la monotonía o carezcan de novedades. Sería excelente que emprendieras aventuras o tomaras unos días de descanso lejos de tu pareja. La tendencia a cambiar de parecer respecto a lo que sientes por la gente sugiere que debes darte tiempo para construir las relaciones. Eres generoso e idealista, y sueles crear vínculos sociales con entusiasmo; sin embargo, luego pierdes el interés. Si te desaniman los problemas económicos, eso interferirá en tu relación y provocará muchos cambios.

• *Negativa:* hipersensibilidad, riñas con otras personas, alejarse de los demás.

ESE ALGUIEN ESPECIAL

Si buscas compañía estimulante y a una pareja perfecta, encontrarás a ese alguien especial entre quienes nacieron en las siguientes fechas.

Amor y amistad: 2, 9, 11, 12, 22 y 25 de enero; 7, 10, 20, 23 y 26 de febrero; 5, 8, 18 y 21 de marzo; 3, 5, 6, 16 y 19 de abril; 1, 4, 14, 17, 20, 24 y 29 de mayo; 2, 12, 15 y 27 de junio; 10, 13, 16, 20, 23, 25 y 30 de julio; 9, 15, 24 y 26 de agosto; 7, 13, 22 y 24 de septiembre; 4, 7, 10, 14, 19, 24, 28 y 29 de octubre; 2, 5, 8, 12, 17, 22, 26 y 27 de noviembre; 3, 6, 10, 11, 15, 20, 24 y 25 de diciembre.

Buenas para ti: 12, 23 y 29 de enero; 10, 21 y 27 de febrero; 22 y 26 de marzo; 6, 17 y 23 de abril; 4, 15 y 21 de mayo; 2, 13, 19, 28 y 30 de junio; 11, 17, 26 y 28 de julio; 9, 15, 24 y 26 de agosto; 7, 13, 22 y 24 de septiembre; 5, 11, 20 y 22 de octubre; 3, 9, 18, 20 y 30 de noviembre; 1, 7, 16, 18 y 28 de diciembre.

Atracción fatal: 21, 22, 23 y 24 de mayo; 29 de julio; 27 de agosto; 25 de septiembre; 23 de octubre; 21 de noviembre; 19 de diciembre.

Desafiantes: 1, 4, 26 y 30 de enero; 2, 24 y 28 de febrero; 22 y 26 de marzo; 20 y 24 de abril; 18, 22 y 31 de mayo; 16, 20 y 29 de junio; 14, 18 y 27 de julio; 12, 16, 25 y 30 de agosto; 10, 14, 23 y 28 de septiembre; 8, 12, 21 y 26 de octubre; 6, 10, 19 y 24 de noviembre; 4, 8, 17 y 22 de diciembre.

Almas gemelas: 20 de enero, 18 de febrero, 16 de marzo, 14 de abril, 12 de mayo, 10 de junio, 8 de julio, 6 de agosto, 4 de septiembre, 2 de octubre.

25 de noviembre

ESTRELLAS FIJAS

Dschubba, también llamada Isidis o Iclarkrav; Graffias, también llamada Acrab o Beta Scorpii; Yed Prior

ESTRELLA PRINCIPAL

Nombre de la estrella: Dschubba, también llamada Isidis o Iclarkrav

Posición: 1º 33'–2º 28' de Sagitario, entre los años 1930 y 2000

Magnitud: 2.5

Fuerza: ★★★★★★

Órbita: 1º 40'

Constelación: Escorpión (Delta Scorpio)

Días efectivos: 24, 25 y 26 de noviembre

Propiedades de la estrella: Marte/Saturno

Descripción: estrella brillante ubicada cerca de la tenaza derecha del escorpión

INFLUENCIA DE LA ESTRELLA PRINCIPAL

Dschubba otorga una actitud liberal, orgullo y aspiraciones elevadas. La influencia de esta estrella se observa en tus ambiciones. Eres competitivo y tu visión del mundo es atrevida y poco convencional. Dschubba sugiere que evites ser impaciente y relacionarte con personas poco fiables.

Con respecto a tu grado del Sol, esta estrella favorece la buena educación y la inclinación hacia la educación superior en campos como el derecho, la política, la filosofía, la religión, la metafísica y la astrología. Probablemente seas una persona sociable y popular, y tengas muchos amigos y relaciones profesionales duraderas. No obstante, tal vez debas aprender a ser discreto.

Eres un Sagitario intuitivo e idealista, con un toque histriónico, emociones intensas, vitalidad y empuje. Aunque, por lo regular, eres práctico, la combinación de optimismo y escepticismo indica que necesitas encontrar un equilibrio entre ser demasiado entusiasta o demasiado crítico.

La doble influencia de tu planeta regente, Júpiter, implica que buscas ampliar tu panorama a través de los viajes y los cambios. Eres entusiasta y optimista, y aspiras a ser honesto a toda costa, así que, por lo regular, eres franco y directo. Tu necesidad de satisfacción emocional refleja que tienes aspiraciones religiosas, espirituales o morales. Dado que probablemente albergas deseos fuertes e ideales elevados, eres inquieto emocionalmente, pero también ambicioso. Cuando muestras tu encanto, proyectas un carisma irresistible. No obstante, te aburres con facilidad y tiendes a ser voluble, así que quizá demuestres tu vulnerabilidad emocional, sobre todo cuando los demás no están a la altura de tus elevadas expectativas.

Eres un pensador progresista, tienes sed de conocimiento y disfrutas los proyectos que te mantienen estimulado a nivel mental. Además de tu honestidad y franqueza, tienes habilidades críticas y analíticas; sin embargo, debido a que te gusta decir lo que piensas, a veces eres inesperadamente directo, sobre todo cuando expresas opiniones fuertes. Pero también eres generoso y comprensivo, das buenos consejos a tus seres queridos y tu lealtad no tiene límites.

Hasta los 26 años, tus prioridades tienen que ver con la libertad y el incremento de oportunidades, ya sea al correr riesgos, por medio de la educación o los viajes. A los 27 años ocurrirá un punto de inflexión, cuando tu Sol progresado se desplace hacia Capricornio, y es probable que traiga consigo un enfoque más pragmático, ordenado y estructurado. Habrá otro cambio de énfasis a los 57 años, cuando tu Sol progresado entre a Acuario, en donde resaltará tu necesidad creciente de independencia, amistad e ideas originales y progresistas. Es posible que también desarrolles un mayor deseo de libertad e interés en cuestiones grupales.

Tu yo secreto

Ser sensible e intuitivo te permite resplandecer y mostrar tu poder y calidez emocional cuando actúas de forma espontánea. Aunque seas entusiasta y tengas un espíritu aguerrido, uno de los principales desafíos que enfrentarás será la tendencia a desconfiar y a dudar de ti mismo y de los demás. Es posible que te involucres en juegos de poder en tus relaciones. Para evitar retraerte y sentirte aislado, debes concentrarte en pensar positivo y confiar más en tu capacidad de materializar tus grandes ideales. Cada paso que das hacia el cumplimiento de tus grandes sueños te traerá satisfacción y recompensas.

Dado que piensas de forma creativa y necesitar sentir que tienes un propósito en la vida, el trabajo y las actividades que desempeñas son especialmente importantes para ti. En ocasiones, ocupar una posición que esté por debajo de tu verdadero talento generará un conflicto entre tus ideales y la contrastante realidad de tu vida diaria. Si enfocas tu perseverancia y disciplina en tu maravillosa visión del mundo, con el tiempo lograrás los resultados que deseas.

Trabajo y vocación

Gracias a tu personalidad dinámica y carismática, eres una influencia enérgica en cualquier trabajo que realices. Eres sociable, amistoso y con la habilidad de mezclar los negocios con el placer, lo que te ayudará sobre todo en la esfera de las ventas, la promoción o los medios de comunicación. Además de que siempre estás informado de las tendencias públicas, también tienes habilidades gerenciales y puedes ser exitoso en el círculo empresarial. Tu espíritu filantrópico e idealista te impulsará a apoyar causas justas o a realizar trabajos de cuidados. Aunque a nivel mental te atraigan la enseñanza, el derecho y los proyectos grandes, las ansias de expresión personal te inspirarán a buscar medios para reflejar tus emociones a través de la escritura, la música, el arte o el mundo del entretenimiento.

Entre las personas famosas con quienes compartes cumpleaños están el músico Bev Bevan, el compositor y escritor Virgil Thomson, el editor de revistas John F. Kennedy Jr., el actor Ricardo Montalbán, el filántropo Andrew Carnegie y el beisbolista Joe DiMaggio.

Numerología

Eres intuitivo y considerado, pero también rápido y enérgico. Necesitas expresarte a través de experiencias diversas que incluyen ideas, personas o lugares nuevos o emocionantes. El deseo de perfección asociado con el día 25 suele instarte a trabajar arduamente y ser productivo. No obstante, debes dejar de ser tan impaciente o crítico si las cosas no salen según lo planeado. Al ser una persona bajo la influencia del número 25, tienes una gran energía mental; cuando te concentras, misma que te ayudará a analizar todos los hechos y llegar a una conclusión más rápido que cualquier otra persona. El éxito y la felicidad llegan cuando aprendes a confiar en tus propios instintos y fortaleces la perseverancia y la paciencia. La subinfluencia del mes número 11 indica que eres idealista y ansías ampliar tu panorama o ser cosmopolita. Cuando te inspira una causa o un ideal, la defiendes con una gran convicción. Eres carismático y directo, y te gusta ser parte de un grupo o trabajar con el público.

• *Cualidades positivas:* intuición, perfeccionismo, perspicacia, creatividad, don de gentes.

• *Cualidades negativas:* impulsividad, impaciencia, irresponsabilidad, hipersensibilidad, celos, hermetismo, circunstancias cambiantes, crítica, volubilidad.

Amor y relaciones

Eres amistoso, sociable y devoto, pero antes de encontrar a tu amor verdadero es probable que rompas algunos corazones en el camino. La tendencia a la ansiedad refleja tu necesidad de seguridad sentimental. Respetas y admiras a la gente trabajadora que es tenaz y leal. Ser responsable te permite trabajar en armonía con tu pareja, aun si es bajo presión. Eres idealista y, si crees en alguien, serás leal y solidario con esa persona. Aunque tus lazos familiares son fuertes, con frecuencia ansías viajar lejos.

Positiva: franqueza y honestidad, educación, cosmopolita.

Negativa: indiscreción, oportunismo, optimismo excesivo.

ESE ALGUIEN ESPECIAL

Es probable que encuentres una relación duradera y estabilidad con alguien que haya nacido en las siguientes fechas.

Amor y amistad: 8, 11, 12 y 29 de enero; 6, 9 y 27 de febrero; 4, 7, 25 y 29 de marzo; 2, 5, 6, 23 y 27 de abril; 3, 21 y 25 de mayo; 1, 19 y 23 de junio; 17 y 21 de julio; 15, 19 y 29 de agosto; 13, 17 y 27 de septiembre; 11, 15, 25, 29 y 30 de octubre; 9, 13, 23, 27 y 28 de noviembre; 7, 11, 21, 25 y 26 de diciembre.

Buenas para ti: 13 y 30 de enero; 11 y 28 de febrero; 9 y 26 de marzo; 7, 24 y 30 de abril; 5, 22 y 28 de mayo; 3, 20 y 26 de junio; 1, 18, 24 y 29 de julio; 16, 22 y 25 de agosto; 14, 20 y 25 de septiembre; 12, 18 y 23 de octubre; 10, 16 y 21 de noviembre; 8, 14 y 19 de diciembre.

Atracción fatal: 23, 24, 25 y 26 de mayo; 30 de octubre; 28 de noviembre; 26 de diciembre.

Desafiantes: 5 y 19 de enero; 3 y 17 de febrero; 1 y 15 de marzo; 13 de abril; 11 de mayo; 9 y 30 de junio; 7, 28 y 30 de julio; 5, 26 y 28 de agosto; 3, 24 y 26 de septiembre; 1, 22 y 24 de octubre; 20 y 22 de noviembre; 18 y 20 de diciembre.

Almas gemelas: 7 de enero, 5 de febrero, 3 de marzo, 1 de abril, 30 de septiembre, 28 de octubre, 26 de noviembre, 24 de diciembre.

26 de noviembre

ESTRELLAS FIJAS

Dschubba, también llamada Isidis o Iclarkrav; Graffias, también llamada Acrab o Beta Scorpii; Yed Prior

ESTRELLA PRINCIPAL

Nombre de la estrella: Dschubba, también llamada Isidis o Iclarkrav

Posición: 1º 33'–2º 28' de Sagitario, entre los años 1930 y 2000

Magnitud: 2.5

Fuerza: ★★★★★★★

Órbita: 1º 40'

Constelación: Escorpión (Delta Scorpii)

Días efectivos: 24, 25 y 26 de noviembre

Propiedades de la estrella: Marte/Saturno

Descripción: estrella brillante ubicada cerca de la tenaza derecha del escorpión

INFLUENCIA DE LA ESTRELLA PRINCIPAL

Dschubba otorga una actitud liberal, orgullo y aspiraciones elevadas. La influencia de esta estrella se observa en tus ambiciones. Eres competitivo y tu visión del mundo es atrevida y poco convencional. Dschubba sugiere que evites ser impaciente y relacionarte con personas poco fiables.

Con respecto a tu grado del Sol, esta estrella favorece la buena educación y la inclinación hacia la educación superior en campos como el derecho, la política, la filosofía, la religión, la metafísica y la astrología. Probablemente seas una persona sociable y popular, y tengas muchos amigos y relaciones profesionales duraderas. No obstante, tal vez debas aprender a ser discreto.

Eres un Sagitario intuitivo, sensible, idealista, que posee emociones poderosas y convicciones fuertes. Si riges tu vida con base en tus altas expectativas y materializas tus ideales, encontrarás alegría y satisfacción.

La doble influencia de tu planeta regente, Júpiter, implica que eres optimista y honesto. Aunque con frecuencia eres entusiasta, uno de los principales desafíos que enfrentarás será la tendencia al escepticismo, lo cual también provocará que seas suspicaz y dudes de ti y de los demás.

Ser extremista significa que eres perfeccionista, crítico y franco; sin embargo, dado que también eres humanitario, sueles ser cariñoso, bondadoso, y tener una visión liberal. Si adoptas una actitud positiva, eres idealista y leal; sin embargo, cuando te sientes vulnerable, muestras el lado opuesto de tu naturaleza, que puede ser frío e insensible. Eres mentalmente inquieto y te aburres con facilidad, a menos que estés inspirado. Por ende, te vendrá bien emprender la búsqueda de iluminación espiritual que requiere desarrollar aspiraciones religiosas y morales, o ampliar tus horizontes intelectuales.

Si canalizas tu inmensa creatividad y poder emocional, fácilmente inspirarás a otros con tus dones artísticos particulares. Ser imaginativo y analítico, al mismo tiempo, hace que necesites una filosofía que te sustente y te ayude a encontrar un enfoque ante la vida, que sea único o independiente.

Hasta los 25 años, necesitas libertad para ser aventurero y buscar oportunidades, ya sea a través de emprendimientos, estudios o viajes. A los 26 años, cuando tu Sol progresado se desplace hacia Capricornio, para lograr tus objetivos empezarás a volverte más práctico, orientado a alcanzar tus metas y realista. Otro punto de inflexión ocurrirá a los 56, cuando tu Sol progresado entre a Acuario y resalte la necesidad creciente de independencia, conciencia grupal y expresión de la individualidad.

Tu yo secreto

El encanto magnético que eres capaz de proyectar te será de gran ayuda para tener éxito en general y te permitirá motivar e influenciar a otros. Tus intensas emociones te harán reconocer la importancia de mantener una perspectiva positiva. Si caes en la negatividad, tenderás al mal humor o a sentirte solo. Por otro lado, cuando te apasiona una persona o un proyecto, irradias entusiasmo y calidez. Aunque te interesas demasiado en cuestiones de dinero, expresar amor y cumplir tus mayores sueños es de especial importancia para ti.

Puesto que es probable que disfrutes mucho emprender nuevos proyectos, es vital que te mantengas activo en el trabajo y ocupado con cosas creativas. Esto te ayudará a evitar situaciones en las que te vuelvas excesivamente serio. Eres sensible y muy intuitivo, por lo que deseas ahondar en niveles de conciencia más profundos que estimulen tu autoanálisis y realización personal.

Trabajo y vocación

Gracias a tu mente aguda y analítica, y a tu imaginación potente, generalmente, piensas de forma creativa. Quizá quieras poner en práctica tus habilidades para resolver problemas en los ámbitos de los negocios, la educación, la filosofía o la escritura. Si tienes inclinaciones técnicas, podrías sentirte atraído por las ingenierías o el trabajo con computadoras. Si eso también implica pensar de forma creativa, como en el caso del diseño y la programación de videojuegos, mucho mejor. Ser sensible y tener habilidades diplomáticas innatas te permitirá sobresalir en actividades que requieran trabajar con otras personas. Eres práctico e intuitivo a la vez, y tienes potencial directivo, aunque es posible que tu espíritu emprendedor te empuje a trabajar por cuenta propia. Tu sensibilidad natural para los colores y las formas podría inclinarte hacia las artes.

Entre las personas famosas con quienes compartes cumpleaños están el músico John McVie, el dramaturgo Eugène Ionesco, los actores Robert Goulet y Cyril Cusack, el comediante Rich Little y el caricaturista Charles Schulz.

Numerología

Una fecha de nacimiento con el número 26 sugiere que tienes un enfoque pragmático de la vida, habilidades ejecutivas y buen instinto para los negocios. Sueles ser responsable y tener un sentido natural de la estética. Tu amor por el hogar y tus fuertes instintos parentales sugieren que debes construir una base sólida o encontrar estabilidad real. Debido a que eres un pilar de fortaleza para los demás, estás dispuesto a ayudar a amigos y familiares que recurran a ti en momentos de dificultad. Sin embargo, quizá debas cuidar tus tendencias materialistas y el deseo de controlar situaciones o a personas. La subinfluencia del mes número 11 indica que eres optimista, intuitivo, emprendedor y ambicioso, y que además tienes la oportunidad de ser responsable y original. Cuando estás decidido a lograr algo, eres obstinado y solo escuchas a tu voz interna. Ser idealista y aventurero provoca que te dejes llevar por tu imaginación a lugares lejanos e inspiradores. Tu necesidad de expandirte y explorar evidencian que deseas lograr muchas cosas. Aunque te mantengas enfocado y perseveres, si careces de un buen incentivo, te desanimarás y rendirás con facilidad.

- *Cualidades positivas:* creatividad, practicidad, cuidado, responsabilidad, orgullo familiar, entusiasmo, valentía.
- *Cualidades negativas:* necedad, rebeldía, relaciones inestables, falta de entusiasmo, falta de perseverancia.

Amor y relaciones

Eres sociable, amistoso, entretenido y buen anfitrión. Tus intensas emociones necesitan un medio de expresión positivo, o de otro modo puedes ser inestable o aburrido. Las inquietudes y las ansias son el preludio de las múltiples oportunidades de cambio que satisfarán tu espíritu aventurero. A veces las situaciones cambiarán rápido y podrían desestabilizarte a ti y a tu pareja, sobre todo si los cambios ocurren sin previo aviso. Aunque seas obstinado y de ideas fijas, al enamorarte eres devoto y haces sacrificios sustanciales por tu pareja.

Positiva: franqueza y honestidad, educación, cosmopolita.

Negativa: indiscreción, oportunismo, optimismo excesivo.

ESE ALGUIEN ESPECIAL

Si buscas seguridad, estímulo intelectual y amor, empieza a relacionarte con personas nacidas en las siguientes fechas.

Amor y amistad: 9, 13 y 30 de enero; 7, 9 y 28 de febrero; 5, 26 y 30 de marzo; 3, 5, 24 y 28 de abril; 1, 22 y 26 de mayo; 20 y 24 de junio; 18, 22 y 31 de julio; 16, 20, 29 y 30 de agosto; 14, 18, 27 y 28 de septiembre; 12, 16, 25, 26 y 31 de octubre; 10, 14, 23, 24 y 29 de noviembre; 8, 12, 21, 22 y 27 de diciembre.

Buenas para ti: 15, 22 y 31 de enero; 13, 20 y 29 de febrero; 11, 18 y 27 de marzo; 9, 16 y 25 de abril; 7, 14, 23 y 30 de mayo; 5, 12, 21 y 28 de junio; 3, 10, 19, 26 y 30 de julio; 1, 8, 17, 24 y 28 de agosto; 6, 15, 22 y 26 de septiembre; 4, 13, 20 y 24 de octubre; 2, 11, 18 y 22 de noviembre; 9, 16 y 20 de diciembre.

Atracción fatal: 11 de enero; 9 de febrero; 7 de marzo; 5 de abril; 3, 24, 25, 26 y 27 de mayo; 1 de junio; 31 de octubre; 29 de noviembre; 27 de diciembre.

Desafiantes: 5, 8, 16 y 21 de enero; 3, 6, 14 y 19 de febrero; 1, 4, 12 y 17 de marzo; 2, 10 y 15 de abril; 8 y 13 de mayo; 6 y 11 de junio; 4, 9 y 29 de julio; 2, 7 y 27 de agosto; 5 y 25 de septiembre; 3 y 23 de octubre; 1 y 21 de noviembre; 19 de diciembre.

Almas gemelas: 13 de enero, 11 de febrero, 9 de marzo, 7 de abril, 5 de mayo, 3 de junio, 1 de julio, 31 de agosto, 29 de septiembre, 27 de octubre, 25 de noviembre, 23 de diciembre.

ESTRELLA FIJA

Nombre de la estrella: Graffias, también llamada Acrab o Beta Scorpii

Posición: 2° 12'–3° 13' de Sagitario, entre los años 1930 y 2000

Magnitud: 3

Fuerza: ★★★★★★

Órbita: 1° 40'

Constelación: Escorpión (Beta Scorpii)

Días efectivos: 24, 25, 26 y 27 de noviembre

Propiedades de la estrella: Saturno/Marte

Descripción: estrella triple, blanca pálida y lila, ubicada en la cabeza del escorpión

INFLUENCIA DE LA ESTRELLA PRINCIPAL

Graffias otorga buen olfato para los negocios, riqueza y poder material. Confiere una mente activa y el deseo de tomar riesgos. Graffias también indica que el éxito se logra después de muchas dificultades; por ende, la fortaleza y la tenacidad son clave para alcanzar tus metas. Esta estrella advierte que los beneficios no necesariamente son duraderos, y que el exceso de actividades puede causar estrés y mermar la salud.

Con respecto a tu grado del Sol, Graffias favorece el triunfo en la política y el potencial de sobresalir en la educación, la religión y el trabajo relacionado con el público. Esta estrella indica que los reconocimientos son consecuencia del trabajo arduo y el servicio. Quizá poseas la capacidad de desear y obtener aquello que ansías, pero no siempre podrás disfrutar al máximo las recompensas de tu éxito bien merecido.

· *Positiva:* fortaleza, trabajo arduo, dedicación.

27 de noviembre

↗ Eres un Sagitario creativo, idealista, de gran corazón y con una personalidad carismática y una sonrisa ganadora. Eres sincero y franco, pero también tímido y sensible. Tienes múltiples intereses y talentos diversos. Aunque acostumbras juzgar la vida a partir de cómo te sientes. Eres un buen comunicador y tienes pensamientos imaginativos. Al ser entusiasta y optimista, sueles atraer amistades y te gusta incluir a otros en tus planes y actividades. No obstante, para fortalecer tu alma y adquirir mayor conciencia de ti mismo, requieres periodos de soledad en los que puedas desarrollar tu mente y tu perspectiva filosófica.

La doble influencia de tu planeta regente, Júpiter, implica que aspiras a la honestidad a nivel espiritual y moral. Eres de mente abierta y procuras ampliar tus horizontes al viajar y tomar riesgos. Debido a que eres un visionario original, necesitas encontrar medios para expresar tu gran riqueza de emociones. A pesar de tus encantos, a veces eres inesperadamente directo y franco, por lo que lo prudente sería evitar ser demasiado crítico para no ofender a alguien sin querer.

Aunque posees sentido común y habilidades prácticas, el lado soñador de tu naturaleza añora una realidad utópica en lugares idílicos. Ser mentalmente inquieto hace que disfrutes la aventura, mientras que tu deseo de seguridad emocional refleja que prosperas más en compañía de otros. Eres entusiasta y optimista, y te gusta ver el panorama completo. Si dominas este arte hasta el más mínimo detalle, abarcarás más y tendrás una visión más amplia.

Hasta los 24 años eres optimista, necesitas aventuras y buscas oportunidades. Esto te impulsará a correr riesgos, viajar o estudiar. A los 35 años, cuando tu Sol progresado entre a Capricornio, te volverás más pragmático, ordenado y realista al enfrentar tus ambiciones de vida. A los 55 ocurrirá otro punto de inflexión, cuando tu Sol progresado se desplace hacia Acuario. A partir de entonces, resaltará la necesidad de independencia, conciencia colectiva e ideas progresistas.

Tu yo secreto

Eres idealista y posees una mente sofisticada, por lo que te sientes más satisfecho cuando eres productivo y amplías tu conocimiento. Prefieres ser franco y directo con los demás. Generalmente, puedes combinar tu practicidad con tu intuición. Tienes muchas ideas constructivas que te permiten tener suerte en los emprendimientos de negocios, sobre todo si tienes un plan positivo sobre lo que quieres lograr. No obstante, deberás ser más paciente y tolerante, sobre todo al tratar con personas con un nivel de conciencia diferente al tuyo.

Tienes un inmenso potencial creativo y una necesidad de expresión personal que podrían manifestarse en conjunto a través de la música, el arte, el teatro o la escritura, o a través de las interacciones sociales. Gracias a tu mente objetiva e inventiva que es capaz de alternar entre chispas de genialidad y momentos de rebeldía, generas ideas que se adelantan a tu época. Con tu ingenio y agilidad entretienes a otros, pero debes evitar la tendencia a preocuparte o a ser indeciso, sobre todo en cuestiones financieras.

Trabajo y vocación

Mientras proyectas una imagen amistosa y encantadora, tu mente veloz idea cosas nuevas y originales para poner en práctica en el trabajo. Tu optimismo y espíritu emprendedor te ayudan a hacer grandes planes, sin importar qué carrera elijas. Es posible que te interesen la escritura, la metafísica o la filosofía. Por otro lado, el gran aprecio por la armonía, los colores y las formas podría inclinarte hacia la música o las artes. Aunque una parte de ti procura mantener las cosas tal y como están para preservar la paz, el amor por los viajes, las ansias de emoción y el fuerte sentido de la responsabilidad que te caracterizan suelen empujarte a actuar. Trabajar en cooperación con otros, ya sea en equipos o alianzas, es particularmente benéfico para ti.

Entre las personas famosas con quienes compartes cumpleaños están el músico Jimi Hendrix, el productor teatral David Merrick, el actor y experto en artes marciales Bruce Lee, el presentador de televisión Buffalo Bob Smith y la abogada Caroline Kennedy Schlossberg.

Numerología

El influjo del día número 27 indica que eres idealista, sensible, con una mente fértil y creativa, y capaz de impresionar a otros con tus ideas y pensamientos originales. Si bien a veces aparentas ser hermético, racional e indiferente, en realidad esto podría ocultar tensiones internas. Al desarrollar buenas habilidades comunicativas, puedes superar tu imposibilidad para expresar tus sentimientos más profundos. La educación es esencial para las personas con el número 27 y, si profundizas tu capacidad de razonamiento, te volverás más paciente y disciplinado. La subinfluencia del mes número 11 indica que eres sumamente intuitivo y posees una imaginación y visión amplias, pero te hace falta encontrar formas de expresarte a través de la escritura y la educación. Aunque sueles ser un humanista con posturas liberales, dudas o tienes altibajos emocionales cuando careces de fe o de una visión filosófica a la cual aspirar. A pesar de que necesitas tiempo a solas, evita aislarte de la gente. Encontrarás más paz si construyes un entorno armonioso.

• *Cualidades positivas:* versatilidad, imaginación, creatividad, determinación, valentía, comprensión, capacidad intelectual, espiritualidad, ingenio, fortaleza mental.

• *Cualidades negativas:* antipatía, naturaleza pendenciera, tendencia a ofenderse con facilidad y a discutir, inquietud, nerviosismo, desconfianza, hipersensibilidad, tensión.

Amor y relaciones

A pesar de que eres afectuoso e idealista, casi nunca te enamoras ni te dejas llevar por tus emociones. Eres liberal, relajado y entablas amistades con facilidad, pero tu deseo de seguridad financiera te hacen considerar las cuestiones económicas al momento de elegir pareja. Te gusta relacionarte con individuos activos, creativos y trabajadores. Sabes que cuentas con tus amigos si necesitas ayuda. Como buen colaborador, por lo regular, prefieres trabajar en equipo que solo o aislado.

• *Negativa:* cambios e inestabilidad, inclinaciones materialistas.

ESE ALGUIEN ESPECIAL

Para no desinteresarte en una relación a largo plazo, acércate a personas nacidas en las siguientes fechas.

Amor y amistad: 12, 14, 15, 25 y 28 de enero; 10, 12, 13, 23 y 26 de febrero; 8, 11, 21, 24 y 31 de marzo; 6, 9, 19, 22 y 29 de abril; 4, 7, 17, 20, 27 y 28 de mayo; 2, 4, 5, 15, 18 y 25 de junio; 3, 13, 16, 23 y 24 de julio; 1, 11, 14, 21 y 31 de agosto; 9, 12, 19 y 29 de septiembre; 7, 10, 17 y 27 de octubre; 5, 8, 15 y 25 de noviembre; 3, 6, 13 y 23 de diciembre.

Buenas para ti: 12, 23 y 26 de enero; 10, 21 y 24 de febrero; 8, 19, 22 y 28 de marzo; 6, 17, 20 y 26 de abril; 4, 15, 18 y 24 de mayo; 2, 13, 16 y 22 de junio; 11, 14, 20 y 31 de julio; 9, 12, 18 y 29 de agosto; 7, 10, 16 y 27 de septiembre; 5, 8, 14 y 25 de octubre; 3, 6, 12 y 23 de noviembre; 1, 4, 10 y 21 de diciembre.

Atracción fatal: 25, 26, 27 y 28 de mayo; 30 de noviembre; 28 de diciembre.

Desafiantes: 17, 18 y 21 de enero; 15, 16 y 19 de febrero; 13, 14, 17 y 29 de marzo; 11, 12, 15 y 27 de abril; 9, 10, 13 y 25 de mayo; 7, 8, 11 y 23 de junio; 5, 6, 9, 21 y 30 de julio; 3, 4, 7, 19 y 28 de agosto; 1, 2, 5, 17 y 26 de septiembre; 3, 15 y 24 de octubre; 1, 13 y 22 de noviembre; 11 y 20 de diciembre.

Almas gemelas: 24 de enero, 22 de febrero, 20 de marzo, 18 y 30 de abril, 16 y 28 de mayo, 14 y 26 de junio, 12 y 24 de julio, 10 y 22 de agosto, 8 y 20 de septiembre, 6 y 18 de octubre, 4 y 16 de noviembre, 2 y 14 de diciembre.

28 de noviembre

ESTRELLAS FIJAS

Aunque el grado en que se ubica tu Sol no se encuentra vinculado con una estrella fija, algunos de los grados de tus otros planetas sí lo estarán. Si solicitas el cálculo de tu carta astral, encontrarás la posición exacta de los planetas en tu fecha de nacimiento. Esto te permitirá determinar cuáles de las estrellas fijas descritas en este libro son relevantes para ti.

Al haber nacido bajo el signo de Sagitario, eres un romántico empedernido con múltiples intereses, y un aventurero con grandes esperanzas, ambiciones y encanto. Puesto que te inspira el conocimiento, cuando te empeñas y tienes claro el plan de acción, eres capaz de superar la tendencia a sentirte insatisfecho con la mundanidad de la vida. A pesar de que el deseo de cambio es reflejo de cierto grado de incertidumbre, también indica que puedes tener una vida variada y exitosa.

La doble influencia de Júpiter, tu planeta regente, te caracteriza como una persona ingeniosa y de naturaleza simpática. Sueles ser entusiasta, optimista, franco y directo. Tu idealismo y convicciones fuertes hacen que aspires a la honestidad a cualquier costo. Esta influencia también te inspirará a hacer lo que te dicta el corazón cuando se trata de expresarte con creatividad a través de aspiraciones morales o religiosas.

Te interesa la idea de la totalidad universal, debido a tu clarividencia y perspectiva filosófica. Sin embargo, la tendencia a pasar por alto los pequeños detalles refleja que debes fortalecer la paciencia y evitar aburrirte o perder el interés demasiado pronto. En vez de transitar con rapidez entre un tema y otro, deberás aprender a concentrarte en un objetivo específico para explotar tu verdadero potencial.

Hasta los 23 años, es probable que lo que más te inquiete sea la libertad y la expansión de horizontes, ya sea por medio de la búsqueda de oportunidades, la filosofía de vida, la educación o los viajes. A los 24 años pasarás por un punto de inflexión, cuando tu Sol progresado se desplace hacia Capricornio. Es probable que entonces adquieras un enfoque de vida más pragmático, ordenado y estructurado, así como una mayor conciencia de tus responsabilidades y del esfuerzo necesario para alcanzar tus metas. Habrá otro ajuste de prioridades a los 54 años, cuando tu Sol progresado entre a Acuario. A partir de entonces, resaltan los asuntos relacionados con la amistad, la conciencia colectiva y la independencia.

Tu yo secreto

Eres idealista e imaginativo. Sientes que aprovechas mejor tu sensibilidad cuando la usas de manera creativa o para ayudar a los demás. Puesto que también eres pragmático y te gusta el orden, esta combinación potente te permite ser un visionario práctico. A lo largo de tu vida pondrás un énfasis sustancial en el trabajo, y a través del esfuerzo constante y la perseverancia alcanzarás una situación financiera estable y benéfica.

Es probable que, con frecuencia, busques intereses nuevos y emocionantes que mantengan tu mente activa y estimulada. Sin embargo, cierta inquietud interna podría causarte insatisfacciones y hacerte propenso a la evasión. Por ende, es importante que te mantengas enfocado en tus metas positivas y constructivas. La fascinación por la gente y los cambios te impulsará a explorar por medio de la educación y los viajes, al tiempo que buscas variedad y desafíos mentales.

Trabajo y vocación

Aunque las ansias de variedad a menudo te empujarán a explorar áreas nuevas, poco a poco dejarás de creer aquello de que "el pasto del vecino es más verde". Descubrir que el trabajo productivo no restringe tu espíritu libre te hará sentirte satisfecho con tus circunstancias. Eres ambicioso y aspiras alto, además de que tienes potencial de liderazgo. A pesar de ser independiente, también te benefician el trabajo en equipo y las alianzas. Si incorporas tu deseo de viajar a tu trabajo, será aún mejor. Por otro lado, quizá quieras desarrollar tus talentos literarios y musicales innatos. Sin importar qué carrera elijas, aprovechar tu talento, calidez y don de gentes a través de acciones dinámicas te hará feliz.

Entre las personas famosas con quienes compartes cumpleaños están el compositor Randy Newman, el músico Paul Shaffer, el cineasta Alfonso Cuarón, las escritoras Nancy Mitford y Rita Mae Brown, el poeta y artista William Blake, el filósofo Federico Engels y el político estadounidense Gary Hart.

Numerología

Eres independiente e idealista, pero también pragmático y decidido. Acostumbras marchar a tu propio ritmo. La suma de los dos dígitos de tu fecha de cumpleaños, 2 y 8, es igual a 1, lo cual en términos numerológicos significa que eres ambicioso, directo y emprendedor. Tu fecha de nacimiento también indica un conflicto interno entre tu deseo de ser autosuficiente y de pertenecer a un equipo. Siempre estás preparado para la acción y para emprender nuevos proyectos. Enfrentas los desafíos de la vida con valentía, y, gracias a tu entusiasmo, motivas fácilmente a otros, si bien no a seguirte, por lo menos a apoyarte en tus emprendimientos. Con un cumpleaños con el número 28, tienes capacidad de liderazgo y dependes de tu sentido común, lógica e ideas claras. Eres responsable, pero también puedes ser demasiado entusiasta, impaciente o intolerante. La subinfluencia del mes número 11 indica que eres una persona motivada e incansable que suele estar en busca de satisfacción emocional. Aunque deseas alcanzar el éxito y tener estabilidad, tus actitudes aventureras y entusiastas señalan que a veces estás dispuesto a arriesgarte para obtener más de la vida.

• *Cualidades positivas:* compasión, actitud progresista, audacia, veta artística, creatividad, idealismo, ambición, trabajo arduo, vida familiar estable, fuerza de voluntad.

• *Cualidades negativas:* fantasioso, desmotivado, falta de compasión, poco realista, autoritario, falta de juicio, agresividad, inseguridad, dependencia excesiva de los demás, orgullo.

Amor y relaciones

El gusto por la variedad y la acción indica que eres un individuo inquieto que aprecia la belleza y tiene un gusto impecable. Sin embargo, en algunas ocasiones eres impersonal o indeciso con respecto a tus sentimientos. Eres aventurero y optimista, aunque las circunstancias cambiantes podrían dificultar que te comprometieras a tener una relación de pareja duradera. Puesto que te desagrada la monotonía, es posible que tengas muchas relaciones breves hasta que encuentres a tu pareja ideal. Admiras a la gente creativa y trabajadora que tiene claras su metas.

ESE ALGUIEN ESPECIAL

Si buscas a alguien especial, es posible que encuentres a un compañero estimulante y a una pareja perfecta entre quienes nacieron en las siguientes fechas.

Amor y amistad: 6, 7, 10, 11 y 14 de enero; 4, 9 y 12 de febrero; 2, 7, 10 y 28 de marzo; 1, 4, 5, 8, 26 y 30 de abril; 3, 6, 24 y 28 de mayo; 1, 4, 22 y 26 de junio; 2, 20 y 24 de julio; 18 y 22 de agosto; 16, 20 y 30 de septiembre; 14, 18 y 28 de octubre; 12, 16 y 26 de noviembre; 10, 14 y 24 de diciembre.

Buenas para ti: 20 y 24 de enero; 18 y 22 de febrero; 16, 20 y 29 de marzo; 14, 18 y 27 de abril; 12, 16 y 25 de mayo; 10, 14, 23 y 29 de junio; 8, 12, 21 y 27 de julio; 6, 10, 19, 25 y 30 de agosto; 4, 8, 17, 23 y 28 de septiembre; 2, 6, 15, 21 y 26 de octubre; 4, 13, 19 y 24 de noviembre; 2, 11, 17 y 22 de diciembre.

Atracción fatal: 25, 26, 27 y 28 de mayo; 31 de agosto; 29 de septiembre; 27 de octubre; 25 de noviembre; 23 de diciembre.

Desafiantes: 22, 23 y 27 de enero; 20, 21 y 25 de febrero; 18, 19 y 23 de marzo; 16, 17 y 21 de abril; 14, 15 y 19 de mayo; 12, 13 y 17 de junio; 10, 11, 15 y 31 de julio; 8, 9, 13 y 29 de agosto; 6, 7, 11 y 27 de septiembre; 4, 5, 9 y 25 de octubre; 2, 3, 7 y 23 de noviembre; 1, 5 y 21 de diciembre.

Almas gemelas: 23 de enero, 21 de febrero, 19 de marzo, 17 y 29 de abril, 15 y 27 de mayo, 13 y 25 de junio, 11 y 23 de julio, 9 y 21 de agosto, 7 y 19 de septiembre, 5 y 17 de octubre, 3 y 15 de noviembre, 1 y 13 de diciembre.

29 de noviembre

ESTRELLAS FIJAS

Aunque el grado en que se ubica tu Sol no se encuentra vinculado con una estrella fija, algunos de los grados de tus otros planetas sí lo estarán. Si solicitas el cálculo de tu carta astral, encontrarás la posición exacta de los planetas en tu fecha de nacimiento. Esto te permitirá determinar cuáles de las estrellas fijas descritas en este libro son relevantes para ti.

Eres un Sagitario receptivo, ingenioso, con vitalidad y empuje. También eres compasivo y con deseos de estabilidad emocional. Al ser un individuo sumamente intuitivo, eres capaz de entender a la gente y sus motivaciones, pero tu búsqueda de seguridad emocional refleja que necesitas saber bien cuál es la naturaleza real de tus relaciones. Aunque eres un idealista nato, tu ambición y fuerte sentido práctico te vuelven enérgico y eficaz cuando mantienes ambos pies en la tierra.

La doble influencia de tu planeta regente, Júpiter, te caracteriza como un individuo idealista y honorable, que aspira a defender la honestidad a toda costa. Eres entusiasta y optimista. Es posible que también tengas aspiraciones religiosas y morales, por lo que tu capacidad de previsión podría hacer que te interesara la filosofía. La necesidad de ampliar tus horizontes y explorar incrementa las probabilidades de que emprendas viajes lejanos en busca de la verdad y la iluminación. Sin embargo, al intentar componer el mundo, ten cuidado de no ser demasiado rígido o inflexible.

Debido a que eres una persona sincera y franca, con convicciones y opiniones fuertes, prefieres ser directo y decir lo que piensas. Por lo regular, eres leal, honesto y te gusta cumplir tu palabra cuando prometes algo. La gente siempre espera que cumplas con tus obligaciones debido a tu capacidad para trabajar arduamente y con dedicación. Aunque eres espontáneo y generoso, procura equilibrar la necesidad de justicia con tus gestos filantrópicos. Es posible que encuentres satisfacción personal si entrelazas tus necesidades prácticas con las emocionales.

Hasta los 22 años, eres optimista y quieres tener más oportunidades, ya sea a través de emprendimientos, del estudio o de los viajes. A los 23 años, cuando tu Sol progresado se desplaza hacia Capricornio, te vuelves más práctico, orientado a alcanzar tus metas y realista cuando se trata de abordar la consecución de tus logros. Esto implicará una mayor necesidad de orden y estructura en tu vida. A los 53 habrá otro punto de inflexión, cuando tu Sol progresado se desplace hacia Acuario. A partir de entonces, resaltará la necesidad creciente de libertad, nuevas ideas y expresión de la individualidad.

Tu yo secreto

Además de ser práctico y tenaz, también eres creativo, ingenioso y entretenido. Tu capacidad para apreciar la belleza y las cosas buenas de la vida te permitirá tener buen gusto y disfrutar los lujos. Aunque, por lo regular, eres amistoso y solidario, corres el riesgo de adoptar un tono santurrón o arrogante que a los demás no les caerá mucho en gracia. Por otro lado, pocas veces tendrás problemas financieros, pues posees una habilidad particular para percibir las oportunidades, además de ser pragmático y astuto.

Estar siempre en busca de objetivos más elevados y ambiciosos, y orientarte hacia el éxito harán que tengas buenos prospectos laborales. Gracias a tu inteligencia aguda y ágil, te sentirás motivado cuando te interese genuinamente alcanzar un objetivo. Aunque prefieres los proyectos de gran tamaño, procura no pasar por alto los detalles, pues son parte del todo. En tus mejores momentos, eres un pensador entusiasta que posee el don de ayudar a los demás a través de tu trabajo y expresiones creativas.

Trabajo y vocación

Defiendes la verdad y la justicia, y posees un fuerte lado humanitario que te impulsará a trabajar por causas justas o inclinarte hacia el derecho, la política y las reformas sociales. Quizá prefieras combinar estos talentos con tu imaginación y sensibilidad, y convertirte en escritor o en profesiones relacionadas con el cuidado a los demás. Por otro lado, saber planear y organizarte te ayuda a ser productivo, lo que podrías aprovechar en los negocios o la administración. Eres un filántropo nato y un buen padre, así que quizá quieras ayudar a otros por medio del trabajo de asistencia social o la recaudación de fondos para comunidades locales.

Entre las personas famosas con quienes compartes cumpleaños están los escritores Louisa May Alcott y C. S. Lewis, el actor Diego Boneta, el jazzista Chuck Mangione, el director de cine Busby Berkeley, el defensor de los derechos civiles Adam Clayton Powell Jr., la política y activista alemana Petra Kelly y el ex primer ministro francés Jacques Chirac.

Numerología

Los individuos que nacen bajo el número 29 tienen una personalidad enérgica y gran potencial para sobresalir. Además, eres intuitivo, sensible y emotivo. La inspiración es la clave de tu éxito, ya que sin ella puedes encontrarte sin rumbo o propósito. Si bien eres un soñador, en ocasiones los extremos de tu personalidad sugieren que trates de evitar los cambios de humor. Si confías en tus sentimientos más profundos y abres tu corazón a otras personas, superarás la tendencia a preocuparte de más o a usar tu intelecto como armadura. Usa tus ideas creativas para lograr algo único y especial que pueda inspirar a otros o serles útil. La subinfluencia del mes número 11 indica que eres un humanista e idealista que busca satisfacción o tranquilidad emocional. Ansías explorar o descubrir ideas nuevas, y te gusta ser inquisitivo y aventurero. Aunque eres optimista y de convicciones firmes, debes ser práctico y usar el sentido común cuando te embarques en emprendimientos nuevos. Tener fe y ampliar tus horizontes por medio de la educación y el estudio suele traer consigo inspiración y conciencia espiritual.

• *Cualidades positivas:* inspiración, equilibrio, paz interior, generosidad, éxito, creatividad, intuición, misticismo, sueños poderosos, cosmopolita, fe.

• *Cualidades negativas:* desconcentración, inseguridad, nerviosismo, egoísmo, vanidad, malhumor, personalidad difícil, extremismo, desconsideración, aislamiento, hipersensibilidad.

Amor y relaciones

Te gusta ser sociable y hacer amistades, ya que eres hospitalario y encantador. Puesto que prefieres estar en compañía de otros, casi todo el tiempo participas en acciones colaborativas. Tu inclinación hacia las actividades sociales refleja que te desagrada estar solo, pero debes tener cuidado de no volverte manipulador o demasiado dependiente de tus parejas y amigos. El hogar y la familia son sumamente importantes para ti, y aspiras a tener una casa cálida, amigable y acogedora.

ESE ALGUIEN ESPECIAL

Si quieres encontrar el amor o la felicidad con tu alma gemela, búscalos entre quienes nacieron en las siguientes fechas.

Amor y amistad: 1, 7, 12, 15 y 19 de enero; 5, 10 y 13 de febrero; 3, 8, 11 y 29 de marzo; 1, 6, 9 y 27 de abril; 4, 7, 25 y 29 de mayo; 2, 5, 23 y 27 de junio; 3, 21 y 25 de julio; 1, 5, 19 y 23 de agosto; 17 y 21 de septiembre; 15, 19 y 29 de octubre; 13, 17 y 27 de noviembre; 11, 15, 18 y 25 de diciembre.

Buenas para ti: 21 y 25 de enero; 19 y 23 de febrero; 17, 21 y 30 de marzo; 15, 19 y 28 de abril; 13, 17 y 26 de mayo; 11, 15, 24 y 30 de junio; 9, 13, 22 y 28 de julio; 7, 11, 20, 26 y 31 de agosto; 5, 9, 18, 24 y 29 de septiembre; 3, 7, 16, 22 y 29 de octubre; 1, 5, 14, 20 y 25 de noviembre; 3, 12, 18 y 23 de diciembre.

Atracción fatal: 28, 29, 30 y 31 de mayo.

Desafiantes: 5, 8 y 28 de enero; 3, 6 y 26 de febrero; 1, 4 y 24 de marzo; 2 y 22 de abril; 20 de mayo; 18 de junio; 16 de julio; 14 y 30 de agosto; 12, 28 y 30 de septiembre; 10, 26 y 28 de octubre; 8, 24 y 26 de noviembre; 6, 22 y 24 de diciembre.

Almas gemelas: 4 y 10 de enero, 2 y 8 de febrero, 6 de marzo, 4 y 7 de abril, 2 de mayo.

SOL: SAGITARIO
DECANATO: SAGITARIO/JÚPITER
ÁNGULO: 7° 30'–8° 30' DE SAGITARIO
MODALIDAD: MUTABLE
ELEMENTO: FUEGO

ESTRELLA FIJA

Nombre de la estrella: Antares, también llamada Anti Aries o "rival de Marte"

Posición: 8° 48'–9° 49' de Sagitario, entre los años 1930 y 2000

Magnitud: 1

Fuerza: ★★★★★★★★★

Órbita: 2° 30'

Constelación: Escorpio (Alpha Scorpii)

Días efectivos: 30 de noviembre; 1, 2, 3, 4 y 5 de diciembre

Propiedades de la estrella: Marte/Júpiter, también Júpiter/Venus

Descripción: estrella binaria, roja ardiente y verde esmeralda, ubicada en el cuerpo del escorpión

INFLUENCIA DE LA ESTRELLA PRINCIPAL

Antares otorga una naturaleza aventurera, mentalidad ágil, amplitud de miras y actitudes liberales. También indica sucesos inesperados, golpes de suerte y viajes a lugares desconocidos. Antares confiere valentía, convicciones fuertes y un carácter audaz. Sin embargo, advierte que debes tratar de no ser demasiado impaciente, obstinado o vengativo.

Con respecto a tu grado del Sol, Antares transmite interés en la educación, la política o los negocios. Es probable que seas una persona idealista dispuesta a luchar por causas justas. Antares también confiere talento para la escritura y una visión religiosa que busca conocimiento y sabiduría. Gracias a su influencia, Antares acarrea circunstancias inesperadas que cambian las situaciones de forma repentina.

• *Positiva:* valentía, sofisticación, viajes a tierras desconocidas, educación superior.

30 de noviembre

Eres un Sagitario creativo, versátil, con excelentes habilidades comunicativas, dotado de imaginación y una personalidad alegre. Debido a que eres adaptable y multifacético, posees entusiasmo y curiosidad. Asimismo, tener certeza en las relaciones personales te ayuda a ser congruente con tus emociones. La capacidad para expresarte indica que eres elocuente y que respondes con agilidad. Aunque eres encantador y divertido, a veces te vuelves discutidor o demasiado franco y expresas tus emociones de forma mordaz. Eres aventurero y romántico, pero con cierta tendencia hacia el dramatismo, por lo que a veces te dejas llevar por tus emociones y eres propenso a la autocomplacencia excesiva.

La doble influencia de tu planeta regente, Júpiter, implica que, por lo general, eres optimista e idealista, y que tienes una naturaleza humanitaria. Cierta inquietud y la tendencia a aburrirte con facilidad suponen que disfrutas enfrentar desafíos y necesitas emociones o experiencias diversas. Eres creativo y tienes aptitudes literarias, por lo que te convendrá encontrar mecanismos para expresarte intelectual y emocionalmente.

A pesar de que eres emprendedor, aventurero, con deseos de viajar y hacer cambios, en ocasiones dudas y te sientes inseguro, sobre todo si eres franco con lo que sientes. Eres sumamente intuitivo y prefieres confiar en tus propios instintos; sin embargo, si aprendes a ser paciente, entenderás que las reacciones impulsivas pueden ser imprudentes.

Hasta los 21 años, tus principales preocupaciones son la libertad y la expansión de tus horizontes, ya sea a través de viajes, educación o tu filosofía de vida. A los 22 años ocurrirá un punto de inflexión, cuando tu Sol progresado se desplace hacia Capricornio. Es probable que traiga consigo un enfoque de vida más pragmático, ordenado y estructurado. A los 52 pasarás por otra encrucijada, cuando tu Sol progresado se desplace hacia Acuario. A partir de entonces, resaltarán cuestiones relacionadas con la amistad, la conciencia colectiva y la independencia.

Tu yo secreto

A pesar de que albergas sentimientos profundos, tus intensas ansias de amor y expresión personal no siempre son notorias. Tu sensibilidad te resultará útil en proyectos artísticos o cuando ayudes a los demás, pero debes evitar ser demasiado sensible o egocéntrico. Por otro lado, es preferible que confíes en tu corazón y en tu intuición poderosa, en lugar de ser demasiado racional. No obstante, debido a tu gran fuerza de voluntad, sentido histriónico y capacidad de persuasión verbal, tienes el potencial de triunfar de forma extraordinaria.

La intuición poderosa, el buen juicio y el intelecto superior son propios de tu fecha de nacimiento. Esta combinación de sabiduría y lógica podría llevarte a ocupar posiciones de autoridad. Eres sociable e histriónico. Debido a tu inteligencia aguda y ansias de aprehender el panorama completo, por lo regular, disfrutas entablar contactos profesionales y compartir información. Eres bueno para dar instrucciones, pero debes evitar ser demasiado obstinado al momento de lidiar con la interferencia ajena.

Trabajo y vocación

Eres ambicioso y sociable. Posees una mente ágil y habilidades comunicativas extraordinarias que podrían convertirse en tus principales atributos profesionales. Ya decidirás después si prefieres usarlos para escribir o en el mundo de las ventas, la política o el entretenimiento. Una vez que superes cualquier indecisión con respecto a tu vocación laboral, podrás aprovechar tu enfoque creativo innato en cualquier carrera que elijas. Tu deseo de acción refleja que la variedad y los viajes te ayudan a prosperar. La educación, ya sea formal o autodidacta, desempeñará un papel importante en tu ascenso al éxito. Dado que eres dinámico pero también amistoso, tu facilidad de palabra te ayudará a progresar en tu profesión y fortalecerá tu popularidad en general.

Entre las personas famosas con quienes compartes cumpleaños están los cantantes Billy Idol y June Pointer; el actor Gael García Bernal; los escritores Jonathan Swift, Mark Twain y David Mamet; el ex primer ministro británico Winston Churchill, y el activista político Abbie Hoffman.

Numerología

Algunas de las cualidades asociadas a las personas nacidas el día 30 son creatividad, afabilidad y sociabilidad. También eres ambicioso, versátil y tomas ideas y las desarrollas con tu intenso estilo personal. Al haber nacido bajo el número 30, te gusta la buena vida, tienes un carisma excepcional y eres sociable. Tus emociones son intensas, por lo que estar enamorado o satisfecho es un requisito esencial para ti. En tu búsqueda de la felicidad, evita ser perezoso, autocomplaciente, impaciente o celoso, pues esto podría causarte inestabilidad emocional. Muchas de las personas nacidas en este día alcanzarán el reconocimiento o la fama, en particular los músicos, actores y artistas. La subinfluencia del mes número 11 indica que eres sumamente sensible y tienes muchas esperanzas y expectativas altas. Aunque puedes obtener lo que anhela tu corazón, al alcanzar tus objetivos quizá te des cuenta de que en realidad quieres algo totalmente diferente. La tendencia a ser inquieto o aburrirte socavará tu capacidad de ser firme y tenaz. Aunque sueles tener muchos dones, la inquietud e indecisión te harán dudar de tus capacidades. Sin embargo, cuando te sientes motivado eres capaz de explotar al máximo tu creatividad y demostrar cuán talentoso y dedicado eres en realidad.

• *Cualidades positivas:* aprecio por la diversión, lealtad, afabilidad, capacidad de síntesis, talento con las palabras, creatividad, suerte.

• *Cualidades negativas:* pereza, terquedad, comportamiento errático, impaciencia, inseguridad, indiferencia, desperdicio de energía.

Amor y relaciones

Eres optimista, disfrutas las situaciones sociales y te gusta ser popular. A pesar de tu carisma, la tendencia a reflexionar demasiado y soñar despierto, o tu necesidad de variedad y estímulos intelectuales, te desestabilizan y te vuelven indeciso acerca de tus compromisos a largo plazo. Ante la duda, evita atormentarte o desperdiciar tu tiempo y energía con personas inadecuadas. Por lo regular, te atraen individuos amistosos, cultos y educados. Para cualquier persona nacida en esta fecha, las mujeres que entren en su vida serán especialmente valiosas y solidarias.

• *Negativa:* irascibilidad, irreverencia, rebeldía, comportamiento destructivo.

ESE ALGUIEN ESPECIAL

Si ansías amor y estímulo intelectual, relaciónate con personas nacidas en las siguientes fechas.

Amor y amistad: 2, 8, 19 y 28 de enero; 6 y 26 de febrero; 4, 24 y 30 de marzo; 2, 22 y 28 de abril; 20, 26 y 30 de mayo; 18, 24 y 28 de junio; 16, 22 y 26 de julio; 5, 14, 20 y 24 de agosto; 12, 18 y 22 de septiembre; 1, 10, 16, 20 y 30 de octubre; 8, 14, 18 y 28 de noviembre; 6, 12, 16 y 26 de diciembre.

Buenas para ti: 18, 21 y 22 de enero; 16, 19 y 20 de febrero; 14, 17, 18 y 31 de marzo; 12, 15, 16 y 29 de abril; 10, 13, 14 y 27 de mayo; 8, 11, 12 y 25 de junio; 6, 9, 10 y 23 de julio; 4, 7, 8, 21 y 30 de agosto; 2, 5, 6, 19, 28 y 30 de septiembre; 3, 4, 17, 26 y 28 de octubre; 1, 2, 15, 24 y 26 de noviembre; 13, 22 y 24 de diciembre.

Atracción fatal: 27, 28, 29 y 30 de mayo; 29 de octubre; 27 de noviembre; 25 de diciembre.

Desafiantes: 29 de enero, 27 de febrero, 25 de marzo, 23 de abril, 21 de mayo, 19 de junio, 17 de julio, 15 y 30 de agosto, 13 y 28 de septiembre, 11 y 26 de octubre, 9 y 24 de noviembre, 7 y 22 de diciembre.

Almas gemelas: 24, 27 y 28 de enero; 22, 25 y 26 de febrero; 20, 23 y 24 de marzo; 18, 21 y 22 de abril; 16, 19 y 20 de mayo; 14, 17, 18 y 30 de junio; 12, 15, 16 y 28 de julio; 10, 13, 14 y 26 de agosto; 8, 11, 12 y 24 de septiembre; 6, 9, 10 y 22 de octubre; 4, 7, 8 y 20 de noviembre; 2, 5, 6, 18 y 30 de diciembre.

1 de diciembre

SOL: SAGITARIO
DECANATO: SAGITARIO/JÚPITER
ÁNGULO: 8° 30'–9° 30' DE SAGITARIO
MODALIDAD: MUTABLE
ELEMENTO: FUEGO

ESTRELLAS FIJAS

Antares, también llamada Anti Aries o "rival de Marte"; Han

ESTRELLA PRINCIPAL

Nombre de la estrella: Antares, también llamada Anti Aries o "rival de Marte"

Posición: 8° 48'–9° 49' de Sagitario, entre los años 1930 y 2000

Magnitud: 1

Fuerza: ★★★★★★★★★

Órbita: 2° 30'

Constelación: Escorpio (Alpha Scorpii)

Días efectivos: 30 de noviembre; 1, 2, 3, 4 y 5 de diciembre

Propiedades de la estrella: Marte/Júpiter, también Júpiter/Venus

Descripción: estrella binaria, roja ardiente y verde esmeralda, ubicada en el cuerpo del escorpión

INFLUENCIA DE LA ESTRELLA PRINCIPAL

Antares otorga una naturaleza aventurera, mentalidad ágil, amplitud de miras y actitudes liberales. También indica sucesos inesperados, golpes de suerte y viajes a lugares desconocidos. Antares confiere valentía, convicciones fuertes y un carácter audaz. Sin embargo, advierte que debes tratar de no ser demasiado impaciente, obstinado o vengativo.

Con respecto a tu grado del Sol, Antares transmite interés en la educación, la política o los negocios. Es probable que seas una persona idealista dispuesta a luchar por causas justas. Antares también confiere talento para la escritura y una visión religiosa que busca conocimiento y sabiduría. Gracias a su influencia, Antares acarrea circunstancias

Eres un Sagitario independiente, ambicioso y tenaz, que se caracteriza por sus aspiraciones idealistas. A pesar de que necesitas tener libertad para expresarte y alcanzar tus objetivos e intereses, también eres un individuo sociable y encantador. Eres entusiasta y optimista, y te gusta mantener tus opciones abiertas por si acaso se presentan oportunidades de aventura. Enfocarte te ayuda a prosperar.

La doble influencia de Júpiter, tu planeta regente, indica que prefieres examinar el panorama completo antes que ver los pequeños detalles, pero eso no afecta tu capacidad para organizarte. Aunque te preocupen cuestiones mundanas, tu necesidad de espiritualidad te empujará a buscar una filosofía práctica que fortalezca tu confianza y seguridad personales. El poder dinámico y la inquietud propias de esta fecha de nacimiento son señal de que la vida tiene preparadas muchas cosas para ti. Aunque también la productividad se asocia con este cumpleaños, debes tener cuidado de no ser demasiado impetuoso o impaciente.

Uno de los principales desafíos que enfrentarás en la vida será evitar desperdigar tus energías o carecer de motivación debido a una lucha entre tu tendencia al idealismo y al materialismo. La inclinación a aburrirte o rendirte ante el estrés se puede superar si planeas con detenimiento tus proyectos y perseveras en tus objetivos. Si eres trabajador y práctico, aprovecharás tu sentido común e intuición para pensar rápido y reaccionar. En ocasiones, eres directo y franco, y expresas opiniones fuertes porque no temes arriesgarte y aspiras a ser honesto a toda costa.

Hasta los 20 años, serás optimista y aventurero. Sentirás necesidad de tener mayores oportunidades, mismas que lograrás por medio de la educación, los viajes o si tomas riesgos. A los 21 habrá un punto de inflexión, cuando tu Sol progresado se desplace hacia Capricornio, el cual le dará a tu vida un enfoque más pragmático, ordenado y estructurado. Además, adquirirás nociones más realistas de cómo alcanzar tus metas. A los 51 habrá otro ajuste de prioridades, cuando tu Sol progresado entre a Acuario. A partir de entonces, destacarán la amistad, la conciencia colectiva y la independencia, y quizá decidas compartir algunas de tus ideas más progresistas con otras personas.

Tu yo secreto

Gracias a tus emociones dinámicas y sensibilidad potente, eres capaz de juzgar las situaciones con rapidez por la forma en que te hacen sentir. Debido a que posees gran intuición, tus primeras impresiones sobre la gente suelen ser acertadas. Dado que posees una amplia gama de emociones, pasas de ser cálido, gentil y compasivo a mostrarte fuerte y decidido. Aunque a veces sufres de inquietud e impaciencia, una vez que te enfocas en un trabajo, lo haces bien y eres tenaz e imparable.

Posees una mezcla interesante de encanto, capacidad de organización práctica e imaginación fértil, y tu trabajo puede ser una válvula de escape importante para tu energía y tus talentos. Debes emprender esfuerzos activos y concentrados para aprovechar al máximo tu potencial extraordinario, pero, por fortuna, tu trabajo arduo te brindará protección financiera. Tu buen sentido de la visión y el énfasis que pones en los valores te permiten influir en otras personas.

576

Trabajo y vocación

Eres un individuo independiente, de carácter fuerte, cuyas habilidades de liderazgo innatas te garantizan el éxito, ya que te posicionan a la vanguardia de tu campo, siempre y cuando estés dispuesto a ser disciplinado. Eres práctico y tienes un enfoque profesional honesto y directo, por lo que la gente agradece tener certeza del tipo de relación que comparte contigo. Tus habilidades organizacionales reflejan tu talento para la administración, aunque quizás esto no te estimule lo suficiente como para hacerte feliz, a menos que también implique trato con la gente y variedad. Gracias a tus ideas originales, por lo regular, disfrutas emprender tus propios proyectos y colaborar para mejorar los sistemas existentes.

Entre las personas famosas con quienes compartes cumpleaños están el comediante y director de cine Woody Allen, la cantante y actriz Bette Midler, el comediante Richard Pryor, el músico Jaco Pastorius, la bailarina Alicia Markova y el golfista Lee Trevino.

Numerología

Tu fecha de nacimiento revela tu deseo de sobresalir y ser independiente. Al tener el número 1 por cumpleaños, tiendes a ser individualista, innovador, valeroso y enérgico. No es inusual que necesites establecer una identidad sólida y desarrollar tu asertividad. Tu espíritu pionero te insta a hacer las cosas por tu cuenta. Este ímpetu emprendedor también te estimulará a desarrollar habilidades ejecutivas o de liderazgo. Tu gran entusiasmo e ideas originales te permiten mostrarles el camino a los demás. Con el número 1 por cumpleaños, quizá también debas aprender que el mundo no gira a tu alrededor y evitar la tendencia a ser egocéntrico o dictatorial. La subinfluencia del mes número 12 indica que eres amistoso y de personalidad generosa. Aunque seas idealista y tengas una actitud atrevida y optimista, querrás mantener los pies bien puestos en la tierra y aprovechar tu sentido común. Aunque, por lo regular, te resulta fácil convencer o atraer a otros, quizá necesites aprender a distinguir cuándo debes tomar las decisiones y cuándo debes aceptar los cambios y ceder.

• *Cualidades positivas:* liderazgo, creatividad, ideas progresistas, vigor, optimismo, convicciones fuertes, competitividad, independencia, sociabilidad.

• *Cualidades negativas:* prepotencia, celos, egocentrismo, orgullo, antagonismo, falta de contención, egoísmo, inestabilidad, impaciencia.

Amor y relaciones

Eres idealista y sociable, y buscas estabilidad y seguridad emocional. Gracias a tu personalidad carismática, atraes muchos amigos y admiradores. Por lo regular, eres equilibrado y amable, y estás dispuesto a esforzarte por mantener la paz en las relaciones, ya que difícilmente te separarías de una pareja a la que amas. Aunque sueles expresar tu amor y afecto, si reprimieras tus emociones te volverías desconsiderado y terco.

inesperadas que cambian las situaciones de forma repentina.

• *Positiva:* valentía, sofisticación, viajes a tierras desconocidas, educación superior.

• *Negativa:* irascibilidad, irreverencia, rebeldía, comportamiento destructivo.

ESE ALGUIEN ESPECIAL

Para encontrar felicidad y seguridad duraderas, relaciónate con personas nacidas en las siguientes fechas.

Amor y amistad: 1, 7, 11, 12, 22 y 27 de enero; 5, 9 y 20 de febrero; 3, 7, 18, 26 y 31 de marzo; 1, 5, 16 y 29 de abril; 3, 14, 27 y 29 de mayo; 1, 12, 25 y 27 de junio; 10, 23 y 25 de julio; 8, 16, 21, 23 y 31 de agosto; 6, 19, 21 y 29 de septiembre; 4, 17, 19, 27 y 30 de octubre; 2, 15, 17, 25 y 28 de noviembre; 13, 15, 23 y 26 de diciembre.

Buenas para ti: 8, 14 y 19 de enero; 6, 12 y 17 de febrero; 4, 10 y 15 de marzo; 2, 8 y 13 de abril; 6 y 11 de mayo; 4 y 9 de junio; 2 y 7 de julio; 5 de agosto; 3 de septiembre; 1 y 29 de octubre; 27 de noviembre; 25 y 29 de diciembre.

Atracción fatal: 30 y 31 de mayo, 1 y 2 de junio.

Desafiantes: 9, 18 y 20 de enero; 7, 16 y 18 de febrero; 5, 14 y 16 de marzo; 3, 12 y 14 de abril; 1, 10 y 12 de mayo; 8 y 10 de junio; 6, 8 y 29 de julio; 4, 6 y 27 de agosto; 2, 4 y 25 de septiembre; 2 y 23 de octubre; 21 de noviembre; 19 de diciembre.

Almas gemelas: 9 de enero, 7 de febrero, 5 de marzo, 3 de abril, 1 de mayo, 30 de octubre, 28 de noviembre, 26 de diciembre.

ESTRELLAS FIJAS

Antares, también llamada Anti Aries o "rival de Marte"; Han

ESTRELLA PRINCIPAL

Nombre de la estrella: Antares, también llamada Anti Aries o "rival de Marte"

Posición: 8° 48'–9° 49' de Sagitario, entre los años 1930 y 2000

Magnitud: 1

Fuerza: ★★★★★★★★★★

Órbita: 2° 30'

Constelación: Escorpio (Alpha Scorpii)

Días efectivos: 30 de noviembre; 1, 2, 3, 4 y 5 de diciembre

Propiedades de la estrella: Marte/Júpiter, también Júpiter/Venus

Descripción: estrella binaria, roja ardiente y verde esmeralda, ubicada en el cuerpo del escorpión

INFLUENCIA DE LA ESTRELLA PRINCIPAL

Antares otorga una naturaleza aventurera, mentalidad ágil, amplitud de miras y actitudes liberales. También indica sucesos inesperados, golpes de suerte y viajes a lugares desconocidos. Antares confiere valentía, convicciones fuertes y un carácter audaz. Sin embargo, advierte que debes tratar de no ser demasiado impaciente, obstinado o vengativo.

Con respecto a tu grado del Sol, Antares transmite interés en la educación, la política o los negocios. Es probable que seas una persona idealista dispuesta a luchar por causas justas. Antares confiere talento para la escritura y una visión religiosa que busca conocimiento y sabiduría. Gracias a su influencia, Antares acarrea circunstancias inesperadas que cambian las situaciones de forma repentina.

2 de diciembre

Eres un Sagitario versátil, sociable e intuitivo, que se caracteriza por su espíritu emprendedor. Además de ser idealista y sensible, tienes una naturaleza inquieta que busca variedad constante. Ser un individuo ingenioso y valiente te permite disfrutar el riesgo que conllevan las emociones y las oportunidades. Eres entusiasta y tienes muchas ideas brillantes, debido a tu creatividad e inspiración.

La influencia de Sagitario, el regente de tu decanato, indica que prefieres examinar el panorama completo antes que ver los pequeños detalles. Por lo regular, eres optimista y humanitario, y tu visión te permite interesarte en ideas que abarquen el todo. Por otro lado, tu asertividad te insta a ser competitivo y aventurero. Los emprendimientos cooperativos suelen traerte beneficios añadidos. Tus dotes literarias te permiten beneficiarte de los mecanismos de expresión, ya sean intelectuales o emocionales. A pesar de enfrentar los desafíos de la vida con entusiasmo, debes evitar tomar riesgos innecesarios por creer que los nuevos comienzos resolverán tus problemas pasados.

Puesto que tienes ideas originales y excelentes habilidades ejecutivas, eres un estratega natural que es capaz de encontrar soluciones prácticas a los problemas para que las cosas avancen con rapidez. Aunque confías en tu sentido común, tu enfoque independiente y original te confiere la capacidad de ver las situaciones desde distintos ángulos. Si eres paciente, lograrás no desperdiciar tus energías en preocupaciones y dudas. Eres aplicado y metódico, y tienes un enfoque abierto y pragmático, lo que implica que eres franco y directo, y sueles ir al meollo del asunto.

Hasta los 19 años, querrás ampliar tus horizontes y buscar oportunidades, ya sea a través de emprendimientos, estudios o viajes. A los 20 años, cuando tu Sol progresado se desplace hacia Capricornio, empezarás a ser más práctico, orientado a alcanzar tus metas y realista al momento de abordar tus logros. Esto implicará una mayor necesidad de orden y estructura en tu vida. A los 50 habrá otro punto de inflexión, cuando tu Sol progresado se desplace hacia Acuario. A partir de entonces, resaltará la necesidad creciente de independencia. Además de querer expresar tu individualidad, te volverás más humanitario y adoptarás una visión más grupal de tu estilo de vida.

Tu yo secreto

Aparentas seguridad en ti mismo, lo que no siempre refleja tu sensibilidad interna. Eres una persona que resuelve problemas y le busca un significado más profundo a la vida porque, por lo regular, intuyes la respuesta a los dilemas ajenos. Eres responsable y sientes una gran necesidad de amor y afecto, por lo que estás dispuesto a hacer hasta lo imposible por generar armonía, aun si debes sacrificarte por los demás. Sin embargo, corres el riesgo de involucrarte tanto que, pese a tus buenas intenciones, te vuelves autoritario e interfieres en la vida de los demás. Si aprovechas el poder del amor, podrás superar los obstáculos y perdonar a los demás para generar la paz que tanto buscas.

Ser una persona dramática, orgullosa y de carácter fuerte hace que te desagrade ocupar posiciones de subordinación. Tu conciencia de los valores y gran olfato para los negocios te permiten sacar provecho de cualquier situación, siempre y cuando no te enfoques demasiado en las preocupaciones materiales. A pesar de que eres encantador, en ocasiones debes evitar ser demasiado franco o mordaz con tus palabras. Aun así, gracias a tu fortaleza interna y personalidad carismática, basta con que tengas un poco de disciplina para alcanzar éxitos sobresalientes.

Trabajo y vocación

Tu inteligencia aguda y excelentes habilidades comunicativas reflejan tu capacidad extraordinaria para lograr cosas. Quizá debas procurar no querer abarcar demasiado y superar la tendencia a dudar de ti mismo. Ser un rebelde con causa podría convertirte en un pionero de las reformas sociales o educativas. Actualizar con frecuencia tus ideas podría inclinarte a cambiar de carrera. Tus aptitudes sociales naturales y tu excelente olfato para los negocios te inclinarán hacia carreras que requieran de estas características, como las ventas, la publicidad o los medios de comunicación. Por otro lado, quizá quieras aprovechar tu lado altamente creativo para dedicarte a la escritura o las artes. Las inclinaciones filosóficas o humanitarias tendrán cabida en ocupaciones como el trabajo de apoyo social, la religión o la filantropía. Particularmente, cosecharás beneficios si viajas o trabajas en colaboración con otras personas.

Entre las personas famosas con quienes compartes cumpleaños están la tenista Monica Seles, el pintor impresionista Georges Seurat, el diseñador de moda Gianni Versace y la cantante de ópera Maria Callas.

Numerología

El número 2 en tu fecha de nacimiento sugiere sensibilidad y necesidad de pertenecer a un grupo. Tu facilidad para adaptarte y ser comprensivo hace que disfrutes actividades cooperativas en las que interactúas con otras personas. Al intentar complacer a quienes te agradan corres el riesgo de volverte demasiado dependiente. No obstante, si desarrollas la confianza en ti mismo, superarás la tendencia a sentirte herido por las acciones y críticas de los demás. La subinfluencia del mes número 12 indica que eres creativo y posees múltiples talentos e instintos poderosos. Tu gran intuición y agudeza mental te hacen amistoso y adaptable. Debido a tu deseo de estímulos intelectuales y tu naturaleza inquieta, te beneficiaría desarrollar una mayor disciplina y constancia. Asimismo, necesitas fortalecer tus habilidades diplomáticas y ser menos brusco o franco. Cuando seas más disciplinado y paciente, aprenderás también a confiar en tus instintos.

• *Cualidades positivas:* colaborador, gentileza, tacto, receptividad, intuición, amabilidad, armonía, afabilidad, embajador de buena voluntad.

• *Cualidades negativas:* suspicacia, inseguridad, sumisión, hipersensibilidad, engaños, egoísmo, volubilidad, susceptibilidad.

Amor y relaciones

Eres idealista y honesto, pero debes elegir a tus parejas con cuidado; de otro modo, será difícil que alguien esté a la altura de tus expectativas. Aunque posees una personalidad amistosa, tener una naturaleza dual hace que alternes entre ser optimista, espontáneo y afectuoso, y parecer indiferente o retraído. Estos altibajos anímicos desconciertan o confunden a los demás. Como acostumbras buscar vínculos espirituales, estás dispuesto a hacer hasta lo imposible por tus seres queridos.

• *Positiva:* valentía, sofisticación, viajes a tierras desconocidas, educación superior.

• *Negativa:* irascibilidad, irreverencia, rebeldía, comportamiento destructivo.

ESE ALGUIEN ESPECIAL

Si buscas amor y amistad, encontrarás a personas inspiradoras entre quienes nacieron en las siguientes fechas.

Amor y amistad: 4, 8, 13, 22 y 26 de enero; 6, 20 y 24 de febrero; 4, 18 y 22 de marzo; 2, 7, 16, 20 y 30 de abril; 14, 18, 28 y 30 de mayo; 12, 16, 26 y 28 de junio; 10, 14, 23, 24 y 26 de julio; 8, 12, 22 y 24 de agosto; 6, 10, 20, 22 y 30 de septiembre; 4, 8, 18, 20 y 28 de octubre; 2, 6, 16, 18 y 26 de noviembre; 4, 14, 16 y 24 de diciembre.

Buenas para ti: 9 y 20 de enero; 7 y 18 de febrero; 5, 16 y 29 de marzo; 3, 14 y 27 de abril; 1, 12 y 25 de mayo; 10 y 23 de junio; 8 y 21 de julio; 6 y 19 de agosto; 4 y 17 de septiembre; 2, 15 y 30 de octubre; 13 y 28 de noviembre; 11, 26 y 30 de diciembre.

Atracción fatal: 27 de enero; 25 de febrero; 23 de marzo; 21 de abril; 19, 30 y 31 de mayo; 1, 2 y 17 de junio; 15 de julio; 13 de agosto; 11 de septiembre; 9 de octubre; 7 de noviembre; 5 de diciembre.

Desafiantes: 2, 10 y 19 de enero; 8 y 17 de febrero; 6 y 15 de marzo; 4 y 13 de abril; 2 y 11 de mayo; 9 de junio; 7 y 30 de julio; 5 y 28 de agosto; 3 y 26 de septiembre; 1 y 24 de octubre; 22 de noviembre; 20 y 30 de diciembre.

Almas gemelas: 15 de enero, 13 de febrero, 11 de marzo, 9 de abril, 7 de mayo, 5 de junio, 3 de julio, 1 de agosto, 29 de octubre, 27 de noviembre, 25 de diciembre.

SOL: SAGITARIO
DECANATO: ARIES/MARTE
ÁNGULO: 10º 30'–11º 30'
DE SAGITARIO
MODALIDAD: MUTABLE
ELEMENTO: FUEGO

ESTRELLAS FIJAS

Antares, también llamada Anti Aries, "rival de Marte"; Rastaban, también llamada Alwaid; Han

ESTRELLA PRINCIPAL

Nombre de la estrella: Antares, también llamada Anti Aries, "rival de Marte"

Posición: 8º 48'–9º 49' de Sagitario, entre los años 1930 y 2000

Magnitud: 1

Fuerza: ★★★★★★★★★

Órbita: 2º 30'

Constelación: Escorpio (Alpha Scorpii)

Días efectivos: 30 de noviembre; 1, 2, 3, 4 y 5 de diciembre

Propiedades de la estrella: Marte/Júpiter, también Júpiter/Venus

Descripción: estrella binaria, roja ardiente y verde esmeralda, ubicada en el cuerpo del escorpión

INFLUENCIA DE LA ESTRELLA PRINCIPAL

Antares otorga una naturaleza aventurera, mentalidad ágil, amplitud de miras y actitudes liberales. Indica sucesos inesperados, golpes de suerte y viajes a lugares desconocidos. Confiere valentía, convicciones fuertes y un carácter audaz. Sin embargo, advierte que debes tratar de no ser demasiado impaciente, obstinado o vengativo.

Con respecto a tu grado del Sol, Antares transmite interés en la educación, la política o los negocios. Es probable que seas una persona idealista dispuesta a luchar por causas justas. Antares confiere talento para la escritura y una visión religiosa que busca conocimiento y sabiduría. Gracias a su influencia, Antares acarrea

3 de diciembre

♐ Ya que naciste bajo el signo de Sagitario, eres creativo y versátil, ves la vida con un enfoque pragmático y posees un don de gentes sobresaliente que se refleja en tu personalidad encantadora y amigable. La disposición a ceder y cooperar con otros, por lo regular, te llevará a hacer emprendimientos conjuntos exitosos, que resultarán benéficos tanto para tus colaboradores como para ti. Aunque sueles ser afortunado, debes superar la tendencia a desperdiciar tus energías; para ello, aprende a enfocar tu espíritu emprendedor en asuntos de mayor importancia.

La subinfluencia de Aries, el regente de tu decanato, le infunde vitalidad a tu visión alegre y tu naturaleza optimista. Además, ser enérgico y tenaz te brinda la capacidad de superar obstáculos. Esta asertividad también te impulsa a ser aventurero y expandir tus horizontes. Si te mantienes alerta, gracias a tus excelentes habilidades ejecutivas, disfrutarás tomando riesgos que te pueden traer buena fortuna y emociones. Tu espíritu de lucha y mentalidad creativa indican que necesitas libertad para expresarte y que te gusta que las cosas avancen con rapidez.

Eres cerebral pero también intuitivo, lo que te caracteriza como un individuo humanitario que disfruta involucrarse en actividades de índole intelectual que estimulan tu imaginación, inspiran tus creencias idealistas o atizan tu interés en temas religiosos o metafísicos. Aunque se te ocurren muchas ideas maravillosas para hacer dinero, el conflicto entre tus ideales y la realidad refleja que necesitas tener metas más realistas. De otro modo, podrías preocuparte por no tener suficiente dinero u oscilar entre periodos de precariedad y otros de progreso decidido y avance en la vida.

Hasta los 18 años, te caracterizarás por ser optimista y aventurero, y ansiar expandir tus oportunidades, ya sea por medio de riesgos, educación o viajes. Al llegar a los 19 años experimentarás un punto de inflexión, cuando tu Sol progresado entre a Capricornio y traiga consigo un enfoque de vida más pragmático, ordenado y estructurado. Durante ese periodo, también desarrollarás un sentido más realista de cómo alcanzar tus metas. A los 49 ocurrirá otro ajuste de prioridades, cuando tu Sol progresado se desplace hacia Acuario, y empiecen a sobresalir cuestiones de amistad, conciencia colectiva e independencia.

Tu yo secreto

Aunque en público eres activo, y con una gran necesidad de reconocimiento, también posees un fuerte deseo interno de paz y tranquilidad. Esto podría inspirarte a emprender proyectos artísticos y creativos, o enfatizar la importancia del hogar como un refugio del mundo exterior. Si aprendes a equilibrar tus ambiciones dinámicas y cosmopolitas con el deseo de una vida sencilla, evitarás irte a los extremos o ensimismarte demasiado. Antes de comprometerte a adoptar alguna forma de estructura en los asuntos prácticos, evalúa las situaciones con ayuda de tu excelente sentido de la intuición.

Tu deseo de éxito material es reflejo de que, por lo regular, te gusta emprender proyectos que genuinamente crees que triunfarán. Puesto que eres tenaz, cuando te enfocas en una meta, te conviertes en una fuerza poderosa. Tu gran necesidad de poder y prestigio se combinan con tus ideales elevados, por lo que es probable que trabajes mejor cuando estás inspirado y le haces caso a tu intuición. Si lo canalizas de forma positiva, tu poder se convierte en una energía extraordinaria, capaz de inspirar a otros.

Trabajo y vocación

A pesar de ser independiente y caracterizarte por tus habilidades de liderazgo, también reconoces la importancia de trabajar en cooperación con otros. Esto te inspirará a involucrarte en alianzas laborales o proyectos que requieran trabajo en equipo. Gracias a tu entusiasmo positivo y vitalidad, eres sumamente bueno para vender o promover ideas y productos. Tus habilidades sociales y capacidad para entablar contactos profesionales te hacen apto para ocupaciones que implican trato con la gente, como publirrelacionista, consejero, intermediario y agente. Debido a tu inteligencia y creatividad, quizás elijas dedicarte a la música, la literatura, el arte o el teatro. Por otro lado, tu parte idealista y práctica disfrutaría mucho cualquier trabajo que implique ayudar a los demás.

Entre las personas famosas con quienes compartes cumpleaños están el director de cine Jean-Luc Godard, el escritor Joseph Conrad, los cantantes Ozzy Osbourne y Andy Williams, la psicóloga Anna Freud y la patinadora artística Katarina Witt.

Numerología

Tener el número 3 en tu fecha de cumpleaños te convierte en una persona sensible, con la necesidad de externar su creatividad y emociones. Eres divertido y buena compañía, ya que disfrutas las actividades sociales entre amigos y tienes intereses diversos. Aunque eres versátil, expresivo y necesitas vivir experiencias emocionantes y variadas, tu tendencia a aburrirte con facilidad puede hacerte sentir indeciso o demasiado disperso. A pesar de que tener el número 3 por cumpleaños te confiere sensibilidad artística, encanto y buen sentido del humor, es posible que debas fortalecer tu autoestima y superar la propensión a preocuparte en exceso, así como tus inseguridades a nivel emocional. La subinfluencia del mes número 12 indica que valoras tu libertad, eres idealista y directo, y tienes una visión optimista y segura. Por lo regular, tienes muchos contactos y gozas de popularidad. La necesidad de mantenerte activo y ser emprendedor es congruente con tu necesidad de pertenecer a un grupo social o de tener una familia grande. El hecho de que requieras actividad y aventura constante también es indicio de que la variedad es crucial para ti; de otro modo, te aburres e inquietas.

• *Cualidades positivas:* humor, felicidad, afabilidad, productividad, creatividad, veta artística, deseos vehementes, amor por la libertad, talento con las palabras.

• *Cualidades negativas:* aburrimiento, vanidad, imaginación desbocada, exageración, jactancioso, extravagancia, autocomplacencia, pereza, hipocresía.

Amor y relaciones

Eres amistoso e idealista. Te atraen personas inteligentes y poderosas y de firmes convicciones. Además de ser cálido y afectuoso, eres sociable y tienes un gran círculo de amigos. Aunque seas optimista y generoso con tus seres queridos, también tienes deseos y ambiciones individuales potentes que a veces te hacen parecer una persona calculadora. Aun si estás dispuesto a sacrificarte para mantener viva una relación, necesitas conservar cierta libertad personal. Algunas de tus amistades también te ayudarán en los negocios.

circunstancias inesperadas que cambian las situaciones de forma repentina.

Positiva: valentía, sofisticación, viajes a tierras desconocidas, educación superior.

Negativa: irascibilidad, irreverencia, rebeldía, comportamiento destructivo.

ESE ALGUIEN ESPECIAL

Amor y amistad: 3, 6 y 23 de enero; 11 y 21 de febrero; 9, 19, 28 y 31 de marzo; 7, 11, 17, 26 y 29 de abril; 5, 15, 24, 27, 29 y 31 de mayo; 3, 13, 22, 25, 27 y 29 de junio; 1, 11, 20, 23, 25, 27 y 29 de julio; 3, 9, 18, 21, 23, 25 y 27 de agosto; 7, 16, 19, 21, 23 y 25 de septiembre; 5, 14, 17, 19, 21 y 23 de octubre; 3, 12, 15, 17, 19 y 21 de noviembre; 1, 10, 13, 15, 17 y 19 de diciembre.

Buenas para ti: 3, 4, 10 y 21 de enero; 1, 2, 8 y 19 de febrero; 6, 17 y 30 de marzo; 4, 15 y 28 de abril; 2, 13 y 26 de mayo; 11 y 24 de junio; 9 y 22 de julio; 7 y 20 de agosto; 5 y 18 de septiembre; 3, 16 y 31 de octubre; 1, 14 y 29 de noviembre; 12 y 27 de diciembre.

Atracción fatal: 22 y 28 de enero; 20 y 26 de febrero; 18 y 24 de marzo; 16 y 22 de abril; 14, 20 y 30 de mayo; 1, 2, 3, 12 y 18 de junio; 10 y 16 de julio; 8 y 14 de agosto; 6 y 12 de septiembre; 4 y 10 de octubre; 2 y 8 de noviembre; 6 de diciembre.

Desafiantes: 11 y 20 de enero; 9 y 18 de febrero; 7 y 16 de marzo; 5 y 14 de abril; 3, 12 y 30 de mayo; 1, 10 y 28 de junio; 8, 26 y 31 de julio; 6, 24 y 29 de agosto; 4, 22 y 27 de septiembre; 2, 20 y 25 de octubre; 18 y 23 de noviembre; 16 y 21 de diciembre.

Almas gemelas: 26 de enero, 24 de febrero, 22 y 30 de marzo, 20 y 28 de abril, 18 y 26 de mayo, 16 y 24 de junio, 14 y 22 de julio, 12 y 20 de agosto, 10 y 18 de septiembre, 8 y 16 de octubre, 6 y 14 de noviembre, 4 y 12 de diciembre.

SOL: SAGITARIO
DECANATO: ARIES/MARTE
ÁNGULO: 11° 30'–12° 30'
DE SAGITARIO
MODALIDAD: MUTABLE
ELEMENTO: FUEGO

ESTRELLAS FIJAS

Antares, también llamada Anti Aries, "rival de Marte"; Rastaban, también llamada Alwaid

ESTRELLA PRINCIPAL

Nombre de la estrella: Antares, también llamada Anti Aries, "rival de Marte"

Posición: 8° 48'–9° 49' de Sagitario, entre los años 1930 y 2000

Magnitud: 1

Fuerza: ★★★★★★★★★

Órbita: 2° 30'

Constelación: Escorpio (Alpha Scorpii)

Días efectivos: 30 de noviembre; 1, 2, 3, 4 y 5 de diciembre

Propiedades de la estrella: Marte/Júpiter, también Júpiter/Venus

Descripción: estrella binaria, roja ardiente y verde esmeralda, ubicada en el cuerpo del escorpión

INFLUENCIA DE LA ESTRELLA PRINCIPAL

Antares otorga una naturaleza aventurera, mentalidad ágil, amplitud de miras y actitudes liberales. Indica sucesos inesperados, golpes de suerte y viajes a lugares desconocidos. Confiere valentía, convicciones fuertes y un carácter audaz. Sin embargo, advierte que debes tratar de no ser demasiado impaciente, obstinado o vengativo.

Con respecto a tu grado del Sol, Antares transmite interés en la educación, la política o los negocios. Es probable que seas una persona idealista dispuesta a luchar por causas justas. Antares también confiere talento para la escritura y una visión religiosa que busca conocimiento y sabiduría. Gracias

4 de diciembre

♐ Te caracterizas por ser un Sagitario optimista, ambicioso y entusiasta. Posees una visión pragmática y naturaleza tenaz. La intensidad y audacia de tu empeño por conseguir dinero y prestigio implican que, con valentía y compromiso, sueles alcanzar tus objetivos e ideales. Eres enérgico y sumamente individualista. Tienes deseos de libertad, lo que significa que prosperas con cada nuevo comienzo y oportunidad para ampliar tus horizontes.

La subinfluencia del regente de tu decanato, Aries, fortalece tu asertividad y te impulsa a ser aventurero e independiente. Tu espíritu emprendedor y competitivo hace que te guste estar activo, mantenerte alerta y ser audaz. Gracias a tus excelentes habilidades ejecutivas, disfrutas el riesgo que acompaña los desafíos y, por lo regular, logras que las cosas avancen con rapidez.

Eres idealista y posees un buen olfato para los negocios, así como ideas afortunadas y la capacidad de materializarlas. Tu previsión y meticulosidad te permiten identificar tendencias y situaciones nuevas con facilidad. Disfrutas emprender proyectos y estar a la vanguardia de conceptos novedosos. Aunque eres ingenioso y valiente, la tendencia a apegarte a tus principios por mera obstinación y no por convicción genuina refleja que necesitas aprender a ceder y a dejar de ser tan dominante.

Hasta los 17 años, te preocupan sobre todo la libertad, las aventuras y las oportunidades. A los 18 años, cuando tu Sol progresado se desplace hacia Capricornio, empezarás a abordar tus logros de forma más práctica, más realista y orientada a alcanzar tus metas, lo cual le traerá más orden y estructura a tu vida. Otro punto de inflexión ocurrirá a los 49 años, cuando tu Sol progresado se desplace hacia Acuario. A partir de entonces, destaca una necesidad creciente de libertad, ideas nuevas y expresión de la individualidad. Es probable que también pongas mayor énfasis en iniciativas grupales y en la importancia de la amistad.

Tu yo secreto

Aunque eres independiente, también tienes un don para tratar con la gente y generar vínculos sociales. Las relaciones son especialmente importantes para ti, sobre todo porque reconoces lo ventajoso que es hacer alianzas y trabajar como parte de un equipo. Tu idealismo y astucia empresarial te convierten en un visionario práctico que se especializa en promover ideas o causas. Aunque a veces tienes miedos financieros infundados, gracias a tu capacidad de persuasión y excelentes habilidades de negociación tienes el potencial de triunfar de manera sobresaliente.

Tienes un carácter fuerte y generoso, y sientes deseos intensos de amor y expresión. Estos deseos se combinan con tu veta humanitaria innata, de modo que, cuando te enfocas en algo positivo, te vuelves una fuerza dinámica que ayuda a otros. Ser entusiasta te lleva a idear planes grandiosos; pero, por lo regular, necesitas que te permitan hacer las cosas a tu manera. Si encuentras un punto medio entre el idealismo y la ambición, el amor y el dinero, y la compasión y el poder, te convertirás en un líder inspirador.

Trabajo y vocación

Eres emprendedor, ambicioso y trabajador. Tienes una gran fuerza de voluntad y capacidad para identificar las oportunidades que te ayudarán a alcanzar el éxito. Tu combinación de habilidades sociales y tenacidad te permite colaborar con otros de manera dinámica y positiva. Puesto que piensas a gran escala y tienes excelentes habilidades de negociación, quizá te interese ser emprendedor o hacer carrera en grandes corporaciones o en puestos administrativos. Gracias a que dominas el arte de la persuasión, quizá te inclines por el comercio o el arbitraje, o trabajar como agente o asesor financiero. A pesar de que tu entusiasmo podría llevarte hacia la promoción comercial de ideas, productos u otras personas, un idealismo igual de fuerte te inspirará a promover causas justas. Quizá también quieras explorar tus talentos creativos a través de una carrera artística.

Entre las personas famosas con quienes compartes cumpleaños están el poeta Rainer Maria Rilke, los actores Jeff Bridges y Marisa Tomei, y el presentador de televisión Wink Martindale.

Numerología

La estructura sólida y el poder jerarquizado que conlleva el número 4 en tu fecha de nacimiento apuntan a que tienes necesidad de estabilidad y deseas establecer orden. Tu gran cantidad de energía, habilidades prácticas y voluntad férrea te ayudarán a alcanzar el éxito por medio del trabajo arduo. Enfocarte en tu seguridad hará que desees construir una base sólida para tu familia y para ti, así que aprovecha que tu visión pragmática de la vida te confiere un buen sentido de los negocios y la capacidad de alcanzar el éxito material. Acostumbras ser honesto, franco y justo. Los retos que enfrenta un individuo con el influjo del número 4 incluyen periodos de inestabilidad o de preocupaciones financieras. La subinfluencia del mes número 12 indica que, aunque eres amistoso y sociable, también eres directo y franco. Gracias a tu veta inquisitiva, que cuestiona todo, disfrutas poner a prueba tus competencias e inteligencia a pesar de estar en desventaja. Además de ser librepensador, eres obstinado y enfocado, una vez que decides cómo vas a proceder. A pesar de tu dinamismo y empuje, necesitas estabilidad y paciencia para canalizar tus energías en algo útil o en un propósito significativo.

• *Cualidades positivas:* organización, autodisciplina, estabilidad, trabajo arduo, organización, destreza, habilidades manuales, pragmatismo, confianza, exactitud.

• *Cualidades negativas:* inestabilidad, comportamientos destructivos, incapacidad para comunicarse, represión, rigidez, pereza, insensibilidad, postergación, tacañería, autoritarismo, afectos ocultos, resentimientos, rigor.

Amor y relaciones

Eres un individuo dinámico y considerado, que necesita libertad personal y una vida social activa. Las emociones cambiantes son señal de que, así sea en el último minuto, las dudas pueden florecer de repente antes de que te comprometas en una relación a largo plazo. En las relaciones amorosas, tus emociones intensas fluctúan entre un optimismo idílico y la realidad práctica. Puesto que ansías autonomía, tendrás que elegir a una pareja que te brinde la libertad que necesitas para ser feliz.

a su influencia, Antares acarrea circunstancias inesperadas que cambian las situaciones de forma repentina.

• *Positiva:* valentía, sofisticación, viajes a tierras desconocidas, educación superior.

• *Negativa:* irascibilidad, irreverencia, rebeldía, comportamiento destructivo.

ESE ALGUIEN ESPECIAL

Para encontrar a alguien que esté a la altura de tus ideales, búscalo entre personas nacidas en las siguientes fechas.

Amor y amistad: 6, 14, 21, 24 y 31 de enero; 4, 12, 19, 22 y 29 de febrero; 10, 20 y 27 de marzo; 8, 18 y 25 de abril; 6, 16, 23 y 30 de mayo; 4, 14, 21, 28 y 30 de junio; 2, 12, 19, 26, 28 y 30 de julio; 10, 17, 24, 26 y 28 de agosto; 8, 15, 22, 24 y 26 de septiembre; 6, 13, 20, 22, 24 y 30 de octubre; 4, 11, 18, 20, 22 y 28 de noviembre; 2, 9, 16, 18, 20, 26 y 29 de diciembre.

Buenas para ti: 5, 22 y 30 de enero; 3, 20 y 28 de febrero; 1, 18 y 26 de marzo; 16 y 24 de abril; 14 y 22 de mayo; 12 y 20 de junio; 10, 18 y 29 de julio; 8, 16, 27 y 31 de agosto; 6, 14, 25 y 29 de septiembre; 4, 12, 23 y 27 de octubre; 2, 10, 21 y 25 de noviembre; 9, 19 y 23 de diciembre.

Atracción fatal: 12 de enero; 10 de febrero; 8 de marzo; 6 de abril; 4 de mayo; 1, 2, 3, 4 y 5 de junio.

Desafiantes: 16 y 21 de enero; 14 y 19 de febrero; 12, 17 y 30 de marzo; 10, 15 y 28 de abril; 8, 13 y 26 de mayo; 6, 11 y 24 de junio; 4, 9 y 22 de julio; 2, 7 y 20 de agosto; 5 y 18 de septiembre; 3 y 16 de octubre; 1 y 14 de noviembre; 12 de diciembre.

Almas gemelas: 25 de enero, 23 de febrero, 21 de marzo, 19 de abril, 17 de mayo, 15 de junio, 13 de julio, 11 de agosto, 9 de septiembre, 7 de octubre, 5 de noviembre, 3 y 30 de diciembre.

SOL: SAGITARIO
DECANATO: ARIES/MARTE
ÁNGULO: 12° 30'–13° 30'
DE SAGITARIO
MODALIDAD: MUTABLE
ELEMENTO: FUEGO

ESTRELLAS FIJAS

Antares, también llamada Anti Aries, "rival de Marte"; Rastaban, también llamada Alwaid

ESTRELLA PRINCIPAL

Nombre de la estrella: Antares, también llamada Anti Arie "rival de Marte"

Posición: 8° 48'–9° 49' de Sagitario, entre los años 1930 y 2000

Magnitud: 1

Fuerza: ★★★★★★★★★

Órbita: 2° 30'

Constelación: Escorpio (Alpha Scorpii)

Días efectivos: 30 de noviembre; 1, 2, 3, 4 y 5 de diciembre

Propiedades de la estrella: Marte/Júpiter, también Júpiter/Venus

Descripción: estrella binaria, roja ardiente y verde esmeralda, ubicada en el cuerpo del escorpión

INFLUENCIA DE LA ESTRELLA PRINCIPAL

Antares otorga una naturaleza aventurera, mentalidad ágil, amplitud de miras y actitudes liberales. Indica sucesos inesperados, golpes de suerte y viajes a lugares desconocidos. Confiere valentía, convicciones fuertes y un carácter audaz. Sin embargo, advierte que debes tratar de no ser demasiado impaciente, obstinado o vengativo.

Con respecto a tu grado del Sol, Antares transmite interés en la educación, la política o los negocios. Es probable que seas una persona idealista y optimista que está dispuesta a luchar por causas justas. Antares también confiere talento para la escritura y una visión religiosa que busca conocimiento y sabiduría.

5 de diciembre

Eres un Sagitario inteligente, tenaz, versátil e inquieto que está destinado a triunfar por medio del conocimiento, la madurez y el discernimiento agudo. Tu optimismo y ansias de llevar una vida activa son señal de que necesitas tener la libertad suficiente para expresarte, tanto a nivel emocional como mental.

La subinfluencia de Aries, el regente de tu decanato, refuerza tu asertividad y te impulsa a ser aventurero e independiente. A pesar de proyectar una apariencia segura y excelentes habilidades ejecutivas, las dudas e inseguridades socavan tu sentido del propósito y te confunden acerca de cuáles son tus verdaderos objetivos.

La tenacidad con que llevas a cabo tus planes te permite desarrollar la paciencia y perseverancia necesarias para alcanzar metas a largo plazo. Dado que eres franco y directo, la perspectiva original con que sugieres reformas refleja que estás informado y eres confiable. Las mujeres nacidas en esta fecha se caracterizan por ser decididas.

Eres astuto y posees una mezcla de conservadurismo y rebeldía que provocan que, aunque seas directo y franco, jamás serás aburrido o soso. Gracias a tu capacidad de razonamiento, sabes reconocer el poder del conocimiento que tienes al alcance. Sin embargo, si te entusiasmas con causas rebeldes, corres el riesgo de desperdigar tus energías o volverte demasiado voluntarioso y obstinado, y arrepentirte después.

Hasta los 16 años, serás sobre todo optimista y aventurero, y tendrás un gran deseo de ampliar tus oportunidades, ya sea por medio de la educación, los viajes o tomando riesgos. Al llegar a los 17 años habrá un punto de inflexión, cuando tu Sol progresado se desplace hacia Capricornio, el cual traerá consigo una visión pragmática, ordenada y estructurada de la vida. A partir de entonces, desarrollarás un enfoque más realista sobre cómo alcanzar tus metas y estarás más consciente de tu seguridad. A los 47 enfrentarás otra encrucijada, cuando tu Sol progresado se desplace hacia Acuario. En ese momento, sobresaldrán cuestiones de independencia y expresión de ideas progresistas y originales. Quizá también sientas mayores ansias de libertad y tengas un mejor entendimiento de la conciencia colectiva y los ideales humanitarios.

Tu yo secreto

Gracias a tu carácter fuerte, por lo regular, eres ambicioso y te orientas a alcanzar tus metas, además de que tienes un férreo sentido del deber y una personalidad tenaz. Eres responsable y disfrutas ostentar poder porque, por lo general, prefieres tener el control de las situaciones. Con tu agilidad mental y facilidad de respuesta eres perfectamente capaz de defenderte, y a veces hasta disfrutas las pequeñas rivalidades. Ser trabajador y perseverante con tus objetivos refleja tu determinación inquebrantable.

Aunque eres un líder nato e independiente, estás consciente de la importancia del trabajo en equipo y los esfuerzos cooperativos. A pesar de que las relaciones laborales desempeñan un papel importante en tu vida, debes encontrar el equilibrio entre tus necesidades y las de los demás. Para evitar tensiones emocionales y despliegues de arrogancia, te será útil aprovechar tus habilidades diplomáticas innatas.

Trabajo y vocación

Gracias a tu capacidad para trabajar arduamente y responsabilizarte, es probable que gravites de forma natural hacia posiciones de autoridad. Tu inteligencia aguda e ideas originales harán que te sientas especialmente atraído por la enseñanza, la filosofía o la investigación científica. Tu nobleza y generosidad te permiten tratar con la gente a la perfección y ver oportunidades ocultas para otros. Dado que te desagrada recibir órdenes, quizás aspires a puestos administrativos o a trabajar por cuenta propia, ya que prefieres tener la libertad de hacer las cosas a tu manera. Tus aspiraciones humanitarias y espirituales posiblemente te inclinarán hacia las reformas sociales o la religión. Por otro lado, tu carácter drámatico tendría cabida en el mundo del entretenimiento.

Entre las personas famosas con quienes compartes cumpleaños están el cantante de ópera José Carreras, la poeta Christina Rossetti, la escritora Joan Didion, el astrólogo Robert Hand y el expresidente estadounidense Martin Van Buren.

Numerología

El número 5 en tu fecha de nacimiento indica instintos poderosos, una naturaleza aventurera y ansias de libertad. La disposición a explorar o probar cosas nuevas, así como tu entusiasmo para enfrentar el mundo, sugieren que la vida tiene mucho que ofrecerte. Los viajes y las múltiples oportunidades de cambio, algunas de ellas inesperadas, podrían conducir a una auténtica transformación de tus perspectivas y creencias. Necesitas sentir que la vida es emocionante; no obstante, es posible que también debas desarrollar una actitud responsable y evitar la tendencia a ser impredecible, a los excesos y al desasosiego. Alcanzarás el éxito si evitas las acciones prematuras o especulativas y si aprendes a ser paciente. El talento natural de una persona con el número 5 es saber cómo dejarse llevar por la corriente y mantenerse desapegado. La subinfluencia del mes número 12 indica que eres sumamente intuitivo, creativo y que posees habilidades prácticas y actitudes persuasivas. A pesar de ser inteligente y de mente abierta, a veces eres impaciente y rígido, sobre todo si las cosas no avanzan con suficiente rapidez. Necesitas libertad personal, y con frecuencia luchas en contra de las injusticias.

• *Cualidades positivas:* versatilidad, adaptabilidad, actitud progresista, instintos poderosos, magnetismo, suerte, audacia, amor por la libertad, ingenio, agilidad mental, curiosidad, misticismo, sociabilidad.

• *Cualidades negativas:* poca confiabilidad, volatilidad, postergación, incongruencia, informalidad, exceso de confianza, obstinación.

Amor y relaciones

Eres inteligente, culto y proyectas un toque de autoridad que atrae a muchos admiradores. Además de ser responsable y considerado, eres honesto y directo. Si crees en alguien, lo respaldarás y alentarás. Aunque eres solidario, tu inclinación a tomar el mando implica que a veces eres impositivo o dominante. Por ende, es mejor simplemente sugerir posibles caminos y dejar que los demás tomen sus propias decisiones. Admiras a la gente equilibrada a nivel emocional, que está satisfecha y feliz con lo que tiene. La necesidad de tener una base sólida y segura en la vida refuerza la importancia que le das al matrimonio o, en caso de ser soltero, a tener un hogar propio.

Gracias a su influencia, Antares acarrea circunstancias inesperadas que cambian las situaciones de forma repentina.

• *Positiva:* valentía, sofisticación, viajes a tierras desconocidas, educación superior.

• *Negativa:* irascibilidad, irreverencia, rebeldía, comportamiento destructivo.

ESE ALGUIEN ESPECIAL

Si buscas a tu pareja ideal, es más probable que la encuentres entre personas nacidas en las siguientes fechas.

Amor y amistad: 7, 11, 13, 15, 17 y 25 de enero; 5, 9, 11, 13, 15 y 23 de febrero; 7, 9, 11, 13 y 21 de marzo; 1, 5, 7, 9, 11 y 19 de abril; 3, 5, 7, 9, 17 y 31 de mayo; 1, 3, 5, 7, 15 y 29 de junio; 1, 3, 5, 27, 29 y 31 de julio; 1, 3, 11, 25, 27 y 29 de agosto; 1, 9, 23, 25 y 27 de septiembre; 7, 21, 23 y 25 de octubre; 5, 19, 21 y 23 de noviembre; 3, 17, 19, 21 y 30 de diciembre.

Buenas para ti: 1, 5 y 20 de enero; 3 y 18 de febrero; 1 y 16 de marzo; 14 de abril; 12 de mayo; 10 de junio; 8 de julio; 6 de agosto; 4 de septiembre; 2 de octubre.

Atracción fatal: 2, 3, 4 y 5 de junio.

Desafiantes: 6, 22 y 24 de enero; 4, 20 y 22 de febrero; 2, 18 y 20 de marzo; 16 y 18 de abril; 16 y 14 de mayo; 12 y 14 de junio; 10 y 12 de julio; 8, 10 y 31 de agosto; 6, 8 y 29 de septiembre; 4, 6 y 27 de octubre; 2, 4, 25 y 30 de noviembre; 2, 23 y 28 de diciembre.

Almas gemelas: 6 y 12 de enero, 4 y 10 de febrero, 2 y 8 de marzo, 6 de abril, 4 de mayo, 2 de junio.

SOL: SAGITARIO
DECANATO: ARIES/MARTE
ÁNGULO: 13º 30'–14º 30'
DE SAGITARIO
MODALIDAD: MUTABLE
ELEMENTO: FUEGO

ESTRELLA FIJA

Nombre de la estrella: Rastaban, también llamada Alwaid

Posición: 10º 49'–11º 42' de Sagitario, entre los años 1930 y 2000

Magnitud: 2.5

Fuerza: ★★★★★★★

Órbita: 1º 40'

Constelación: Draco (Beta Draconis)

Días efectivos: 3, 4, 5 y 6 de diciembre

Propiedades de la estrella: Saturno/ Marte

Descripción: estrella binaria gigante, irregular y variable, de color rojo y amarillo azulado, ubicada en la cabeza del dragón

INFLUENCIA DE LA ESTRELLA PRINCIPAL

Rastaban trae consigo convicciones fuertes, tenacidad y éxito al tratar con el público. Asimismo, indica oportunidades para descubrir o inventar cosas poco comunes, así como de cambios y golpes de suerte inesperados. Otorga una naturaleza valiente, atrevida y ambiciosa. Muchas veces, con la ayuda de otros, obtendrás fama y poder.

Con respecto a tu grado del Sol, Rastaban confiere habilidades ejecutivas, ambición y perseverancia. Con el tiempo, esto te permitiría ocupar posiciones profesionales elevadas en ámbitos como la educación, la religión, la ciencia o la investigación innovadora.

• *Positiva:* fortaleza, paciencia, visión pragmática.

• *Negativa:* rebeldía y postura antisistema, falta de empuje.

6 de diciembre

Tener inteligencia y buen juicio a tu disposición te convierten en un Sagitario perspicaz, con sentimientos intensos e ideales elevados. Si desarrollas tus instintos e intuición, aprenderás a aprovechar el poder del pensamiento positivo para eliminar las preocupaciones o inseguridades emocionales.

La subinfluencia de Aries, el regente de tu decanato, te infunde vitalidad y te insta a ser aventurero e independiente. Sin embargo, para alcanzar tus metas en la inmensidad del mundo, tendrás que ser firme y optimista. Tienes múltiples talentos y eres entusiasta, pero la necesidad de expresar tu originalidad e individualidad requerirá que prestes atención a los detalles y te enfoques en lo que deseas lograr.

Puesto que te gusta pensar de manera independiente, te desagrada que intervengan los demás, por lo que muestras tu faceta inflexible. No obstante, sin importar qué desees lograr en la vida, será bueno que aspires a encontrar la verdad y la sabiduría, o que emprendas una búsqueda espiritual. Dado que eres perfeccionista y tienes excelentes habilidades ejecutivas, puedes emprender proyectos de grandes dimensiones con dedicación y mucho esfuerzo. Gracias a tu personalidad extrovertida y a que eres amistoso, sociable y posees una veta humanitaria y compasiva, tienes un gran círculo de amigos. Aunque, por lo regular, eres encantador, generoso y empático, también eres intolerante con la ignorancia. En esas ocasiones, te muestras impaciente y te niegas a hacer concesiones.

Entre los 16 y los 45 años, mientras tu Sol progresado pasa por Capricornio, darás importancia a cuestiones prácticas y a la necesidad de orden y estructura. A los 46 habrá un punto de inflexión en tu vida, cuando tu Sol progresado se desplace hacia Acuario. En ese momento, resaltará el deseo creciente de independencia, conciencia colectiva e ideas progresistas. También es posible que pases por un periodo más experimental. A los 76 enfrentarás otra encrucijada, cuando tu Sol progresado entre a Piscis. A partir de entonces, habrá un mayor énfasis en la receptividad emocional, la imaginación y la conciencia psíquica.

Tu yo secreto

La capacidad para expresarte te resultará especialmente valiosa para deshacerte de inseguridades emocionales y evitar volverte demasiado sensible. Esta expresión personal también fomentará la alegría de vivir y te impulsará a ser feliz y creativo. Al ser innovador, ingenioso e imaginativo, quizá descubras que la inspiración es un factor importante para el éxito, ya sea en lo social o cuando desarrollas tus talentos artíscos como la música, el teatro o la escritura. Uno de los principales desafíos que enfrentará tu mente estructurada será la preocupación o la indecisión, sobre todo en cuestiones sentimentales.

Eres un individuo afortunado y optimista, orientado a conseguir el éxito, ambicioso y valiente, con buen olfato para los negocios y los emprendimientos a gran escala. Sin embargo, con frecuencia tiendes a creer que la estabilidad financiera trae consigo la respuesta a todos los problemas. No obstante, si solo te enfocas en los beneficios materiales, pasarás por alto las enseñanzas sobre lo que en verdad importa en la vida. Por fortuna, estás conectado intuitivamente a una fuente de conocimiento superior que te traerá mucha felicidad y satisfacción personal, sobre todo si te pones al servicio de los demás.

Trabajo y vocación

Gracias a tu inteligencia aguda y espíritu emprendedor, disfrutas los desafíos y actualizas tus conocimientos de forma constante. Puesto que te desagrada ocupar posiciones de subordinación, lo ideal será que elijas una carrera que te permita tener cierto control o autoridad. La búsqueda de la verdad y el idealismo podrían inclinarte hacia el derecho, la psicoterapia o las reformas sociales. Tu intelecto intuitivo también encontraría cabida en la enseñanza, la investigación científica, la metafísica o la filosofía. Mientras tanto, el lado práctico de tu naturaleza podría sentirse atraído por los negocios, donde tus habilidades organizacionales, capacidad de persuasión y múltiples talentos te ayudarían a triunfar. Por otro lado, las ansias profundas de armonía podrían inclinarte hacia la música o las artes.

Entre las personas famosas con quienes compartes cumpleaños están el jazzista Dave Brubeck, la actriz Agnes Moorehead y la nadadora Eleanor Holm.

Numerología

Algunos de los atributos propios de la gente nacida en el día 6 son la creatividad, el idealismo y la naturaleza atenta. Es el número de los perfeccionistas o de las amistades universales, y suele indicar que eres un ser humanitario, responsable, amoroso y comprensivo. Con un cumpleaños en el día 6, es frecuente que seas una madre o un padre devoto y dedicado a lo doméstico. Las personas más sensibles de entre quienes nacieron en esta fecha deberán encontrar una forma de expresión creativa, pues se sienten atraídas por el mundo del entretenimiento, las artes y el diseño. Quizá debas desarrollar la seguridad en ti mismo y superar la tendencia a ser entrometido, a preocuparte en exceso y a sentir compasión por quien no la merece. La subinfluencia del mes número 12 indica que eres imaginativo y benévolo. Aunque eres un visionario inteligente y con un enfoque optimista, debes aprender a confiar en tu intuición y desarrollar tus habilidades psíquicas. Tu originalidad y apertura ideológica te impulsan a buscar caminos hacia el aprendizaje de temas elevados, por lo que te beneficiaría mucho estudiar metafísica o filosofía. Si tomas en cuenta las necesidades ajenas y asumes tus responsabilidades, por lo regular, encuentras la paz mental que buscas y superas la ansiedad.

• *Cualidades positivas:* cosmopolita, hermandad universal, compasión, confiabilidad, comprensión, empatía, idealismo, orientación hacia lo doméstico, humanismo, compostura, talento artístico.

• *Cualidades negativas:* ansiedad, timidez, irracionalidad, terquedad, franqueza excesiva, comportamiento dominante, irresponsabilidad, suspicacia, egocentrismo.

Amor y relaciones

Eres amistoso e intuitivo. Prefieres rodearte de personas inteligentes y enérgicas que te ofrezcan conversaciones interesantes y estímulos intelectuales. Tu naturaleza afable y empática hace que la gente te busque cuando necesita consejo o apoyo. Al ser idealista o ambicioso, aceptas cumplir responsabilidades propias y ajenas. Pese a que en las relaciones parecieras ser vigoroso y fuerte, el lado sensible de tu naturaleza hace que a veces te inquietes o aburras. Aunque sueles interesarte en personas extranjeras o lugares lejanos, sigues necesitando la seguridad del hogar.

ESE ALGUIEN ESPECIAL

Si buscas afecto, seguridad y tranquilidad, relaciónate con personas nacidas en las siguientes fechas.

Amor y amistad: 4, 9, 12, 16, 25 y 30 de enero; 10, 14, 23 y 24 de febrero; 8, 12, 22 y 31 de marzo; 3, 6, 10, 20 y 29 de abril; 4, 8, 18 y 27 de mayo; 2, 6, 16, 25 y 30 de junio; 4, 14, 23 y 28 de julio; 2, 12, 16, 21, 26 y 30 de agosto; 10, 19, 24 y 28 de septiembre; 8, 17, 22 y 26 de octubre; 6, 15, 20, 24 y 30 de noviembre; 4, 13, 18, 22 y 28 de diciembre.

Buenas para ti: 2, 13, 22 y 24 de enero; 11, 17, 20 y 22 de febrero; 9, 15, 18, 20 y 28 de marzo; 7, 13, 16, 18 y 26 de abril; 5, 11, 16, 18 y 26 de mayo; 3, 9, 12, 14 y 22 de junio; 1, 7, 10, 12 y 20 de julio; 5, 8, 10 y 18 de agosto; 3, 6, 8 y 16 de septiembre; 1, 4, 6 y 14 de octubre; 2, 4 y 12 de noviembre; 2 y 10 de diciembre.

Atracción fatal: 25 de enero; 23 de febrero; 21 de marzo; 19 de abril; 17 de mayo; 2, 3, 4, 5, 6 y 15 de junio; 13 de julio; 11 de agosto; 9 de septiembre; 7 de octubre; 5 de noviembre; 3 de diciembre.

Desafiantes: 7 y 23 de enero; 5 y 21 de febrero; 3, 19 y 29 de marzo; 1, 17 y 27 de abril; 15 y 25 de mayo; 13 y 23 de junio; 11, 21 y 31 de julio; 9, 19 y 29 de agosto; 7, 17, 27 y 30 de septiembre; 3, 13, 23 y 26 de noviembre; 1, 11, 21 y 24 de diciembre.

Almas gemelas: 17 de enero, 15 de febrero, 13 de marzo, 11 de abril, 9 de mayo, 7 de junio, 5 de julio, 3 de agosto, 1 de septiembre, 30 de noviembre, 28 de diciembre.

SOL: SAGITARIO

DECANATO: ARIES/MARTE

ÁNGULO: 14° 30'–15° 30'

DE SAGITARIO

MODALIDAD: MUTABLE

ELEMENTO: FUEGO

ESTRELLAS FIJAS

Aunque el grado en que se ubica tu Sol no se encuentra vinculado con una estrella fija, algunos de los grados de tus otros planetas sí lo estarán. Si solicitas el cálculo de tu carta astral, encontrarás la posición exacta de los planetas en tu fecha de nacimiento. Esto te permitirá determinar cuáles de las estrellas fijas descritas en este libro son relevantes para ti.

7 de diciembre

Al haber nacido bajo el signo de Sagitario, eres tenaz e intuitivo, posees grandes poderes cerebrales y buscas iluminación o mayor conciencia de tu ser. Por lo regular, eres inteligente y entusiasta. Tienes la capacidad de procesar la información con rapidez, así como generar ideas ingeniosas que es necesario canalizar a través de actividades mentales o creativas.

La subinfluencia del regente de tu decanato, Aries, indica que eres ambicioso, y tienes una gran vitalidad y un temperamento inquieto. Eres inquisitivo y aventurero, y disfrutas la emoción y las oportunidades nuevas que vienen de la mano de los riesgos. Tu pensamiento creativo hace que te guste recopilar información, pues al acumular conocimiento te sientes más seguro de ti mismo. Eres talentoso, astuto y espontáneo, y te caracterizas por tus aptitudes verbales, personalidad jovial y magnetismo. La capacidad de comunicar lo que piensas te facilita causar impresiones adecuadas.

Aunque tienes inclinaciones sociales, tu filosofía individualista y actitud autosuficiente apuntan a que prefieres pensar de forma independiente y difícilmente sucumbes a la presión social. Esto también refuerza tu individualidad, escepticismo y necesidad de expresión creativa. Eres idealista y estás dispuesto a luchar en contra de las injusticias; sin embargo, si tus nociones progresistas son poco convencionales, aparentarás más bien ser impulsivo y rebelde.

Entre los 15 y los 44 años, conforme tu Sol progresado avanza por Capricornio, sentirás la necesidad de adoptar un enfoque práctico y realista para alcanzar tus metas. A los 45 habrá un punto de inflexión, cuando tu Sol progresado entre a Acuario. Entonces desearás una mayor independencia y expresar tu individualidad. Es posible que te involucres en cuestiones relacionadas con libertades, conciencia colectiva e ideales humanitarios. Otro ajuste de prioridades ocurrirá a los 75 años, cuando tu Sol progresado se desplace hacia Piscis. Es probable que esto enfatice la importancia de tu receptividad emocional, imaginación o espiritualidad.

Tu yo secreto

Eres carismático y ambicioso. Tienes encanto y un corazón bondadoso. Debido a que eres sociable y generoso, por lo regular, sobresales en actividades que involucran trato con la gente. Eres independiente y aspiras al éxito, por lo que te gusta mantenerte activo y pensar en grande. Gracias a tus convicciones poderosas y deseo de ayudar a otros, disfrutarás apoyar causas justas o liderar movimientos que sean de uso práctico para otros. Aunque eres capaz de sentir una compasión profunda, la fuerza arrolladora de tus emociones sugiere que debes evitar ser extremista o actuar de forma demasiado impulsiva.

Eres honesto y directo. Disfrutas compartir con otros y eres un compañero excelente. Contrario al lado más idealista de tu naturaleza, cierta veta materialista resalta la importancia de la seguridad en tu vida; pero ten cuidado de no renunciar a tu espíritu personal con tal de obtener protección financiera. De cualquier manera, tu entusiasmo jovial, individualidad férrea e inteligencia aguda te ubican en una posición privilegiada para inspirar y entretener a otros con tu conocimiento casi enciclopédico.

Trabajo y vocación

Gracias a tus excelentes habilidades comunicativas y analíticas, sobresaldrías como escritor, portavoz o educador. De igual modo, la capacidad para transmitir tus ideas podría inclinarte hacia el derecho, la academia o la política. Tu actitud positiva, planes sofisticados y personalidad carismática te permitirían triunfar en grandes empresas y ascender a posiciones de mucha responsabilidad. Por otro lado, quizá te atraiga el mundo del comercio y decidas usar tu encanto persuasivo para las ventas, promociones o negociaciones. La necesidad de expresión personal indica que tus talentos creativos también tendrían cabida en el mundo de la música, el arte o el teatro.

Entre las personas famosas con quienes compartes cumpleaños están el lingüista Noam Chomsky, la escritora Willa Cather, los cantautores Harry Chapin y Tom Waits, la actriz Ellen Burstyn, el basquetbolista Larry Bird y el beisbolista Johnny Bench.

Numerología

A pesar de ser analíticas y reflexivas, las personas con el número 7 en su fecha de nacimiento suelen ser críticas y egocéntricas. Tienes una necesidad constante de desarrollar tu autoconciencia, además de que disfrutas absorber información y te pueden interesar la lectura, la escritura o la espiritualidad. Si bien eres astuto, también tiendes a ser escéptico o a racionalizar demasiado las cosas y perderte en los detalles. A veces, te sientes incomprendido, por lo que tiendes a ser enigmático o reservado. Debido a tu sed de conocimiento, te beneficiarás mucho de la educación, sobre todo del estudio de la metafísica, la filosofía y el derecho. La subinfluencia del mes número 12 indica que eres sumamente intuitivo, imaginativo, independiente y competente. Tienes grandes planes e ideas originales. También eres optimista, relajado y te gusta tomar tus propias decisiones. A veces eres insensible sin querer y dices lo que piensas sin reflexionarlo. No obstante, gracias a tu encanto inocente, tus actitudes francas y crudeza infantil, la gente suele perdonarte. Si aprendes a colaborar y desarrollas tus habilidades diplomáticas, superarás la tendencia a ser obstinado y parecer escéptico y provocativo.

• *Cualidades positivas:* educación, confianza, meticulosidad, idealismo, honestidad, habilidades psíquicas, capacidades científicas, racionalidad, reflexión.

• *Cualidades negativas:* encubrimientos, engaños, hostilidad, hermetismo, escepticismo, malicia, frialdad, insensibilidad.

Amor y relaciones

Eres un individuo que se inclina hacia el idealismo y el misticismo, y que busca relaciones verdaderamente significativas. Tu naturaleza dual indica que, aunque seas apasionado y espontáneo, tu lado reflexivo necesita tiempo y espacio a solas, lo que a veces te hace parecer distante e indiferente. Si te desanimas o decepcionas, por lo regular, puedes limar asperezas con la gente si eres honesto y muestras tus emociones. De otro modo, el escepticismo y los problemas derivados de la desconfianza arruinarán las amistades y las relaciones íntimas. Evita inmiscuirte en amores secretos o aferrarte a parejas inapropiadas que luego podrían convertirse en un problema. Necesitas a una pareja inteligente que siga el ritmo de tu mente ágil y te acompañe en la aventura interminable del aprendizaje.

ESE ALGUIEN ESPECIAL

Para encontrar la verdadera felicidad, busca a una pareja inspiradora entre quienes nacieron en las siguientes fechas.

Amor y amistad: 2, 7, 10, 17, 27 y 31 de enero; 5, 8, 15 y 25 de febrero; 3, 6, 13 y 23 de marzo; 1, 4, 11, 21 y 27 de abril; 2, 9 y 19 de mayo; 7 y 17 de junio; 5, 15, 29 y 31 de julio; 3, 13, 27, 29 y 31 de agosto; 1, 11, 25, 27 y 29 de septiembre; 9, 23, 25 y 27 de octubre; 7, 21, 23 y 25 de noviembre; 5, 19, 21 y 23 de diciembre.

Buenas para ti: 3, 5, 20, 25 y 27 de enero; 1, 3, 18, 23 y 25 de febrero; 1, 16, 21 y 23 de marzo; 14, 19 y 21 de abril; 12, 17 y 19 de mayo; 10, 15 y 17 de junio; 8, 13 y 15 de julio; 6, 11 y 13 de agosto; 4, 9 y 11 de septiembre; 2, 7 y 9 de octubre; 5 y 7 de noviembre; 3 y 5 de diciembre.

Atracción fatal: 13 de enero; 11 de febrero; 9 de marzo; 7 de abril; 5 de mayo; 3, 4, 5, 6 y 7 de junio; 1 de julio.

Desafiantes: 16 y 24 de enero; 14 y 22 de febrero; 12 y 20 de marzo; 10 y 18 de abril; 8, 16 y 31 de mayo; 6, 14 y 29 de junio; 4, 12 y 27 de julio; 2, 10 y 25 de agosto; 8 y 23 de septiembre; 6 y 21 de octubre; 4 y 19 de noviembre; 2 y 17 de diciembre.

Almas gemelas: 16 de enero, 14 de febrero, 12 de marzo, 10 de abril, 8 de mayo, 6 de junio, 4 y 31 de julio, 2 y 29 de agosto, 27 de septiembre, 25 de octubre, 23 de noviembre, 21 de diciembre.

SOL: SAGITARIO
DECANATO: ARIES/MARTE
ÁNGULO: 15° 30'–16° 30' DE
SAGITARIO
MODALIDAD: MUTABLE
ELEMENTO: FUEGO

8 de diciembre

Al haber nacido bajo el signo de Sagitario, eres un individuo inteligente y entusiasta, cuya personalidad dinámica es reflejo de tu mente poderosa y naturaleza ambiciosa. Aunque por fuera te muestras ingenioso y valiente, tu sensibilidad y emociones profundas hacen que a veces dudes de ti mismo y te sientas inseguro. Si aprendes a mostrar tu generosidad y compasión, evitarás querer controlar las emociones ajenas o ser manipulador.

La subinfluencia de Aries, el regente de tu decanato, refuerza tu vitalidad, tenacidad y asertividad, lo que te ayuda a pensar de manera independiente. A pesar de que sueles ser cauteloso, tu veta aventurera disfruta los riesgos que traen consigo cambios y emociones. Puesto que tienes excelentes habilidades ejecutivas, te gusta tomar las riendas de las situaciones. Tu espíritu emprendedor y necesidad de expresarte libremente indican que no aprecias que te confinen.

Tu inteligencia, instintos e intuiciones conforman una combinación poderosa que te impulsa a ser creativo, pero también exitoso en términos materiales. Eres idealista y obstinado, por lo que a veces te inquietas o te aburres, y, dado que te desagrada recibir órdenes, también puedes volverte discutidor e intransigente. Por medio de la disciplina, el optimismo, el entusiasmo y el amor por el conocimiento, con frecuencia deseas impulsar reformas o ser innovador y generar ideas nuevas y pioneras.

Entre los 14 y los 43 años, tu Sol progresado atravesará Capricornio y enfatizará la importancia de las cuestiones prácticas y la necesidad de orden y estructura en tu vida. A los 44 habrá un punto de inflexión, cuando tu Sol progresado se desplace hacia Acuario. A partir de entonces, resaltará el deseo creciente de una mayor independencia, conciencia colectiva e ideas progresistas. Querrás también libertad y sentir que eres más experimental. A los 74 enfrentarás otra encrucijada, cuando tu Sol progresado entre a Piscis. Es probable que entonces te vuelvas más sensible, empático e imaginativo. Será un periodo en el que se acentúen tus talentos creativos o espirituales.

Tu yo secreto

Aunque posees cierta cualidad jovial, también eres un pensador independiente que entiende con astucia y agilidad las motivaciones ajenas. Eres intuitivo y prácticamente posees un sexto sentido acerca de las situaciones, el cual te ayudará si confías en tu propia brújula interna. A pesar de que eres innovador al enfrentar desafíos, evita tomar el camino fácil, pues solo si desarrollas perseverancia y una actitud positiva obtendrás resultados notables.

Con tu pragmatismo natural y olfato para los negocios, acostumbras resolver los problemas financieros con rapidez. Tu buena suerte se extenderá a oportunidades de trabajo que te resulten satisfactorias, pues tu éxito, generalmente, es resultado del entusiasmo genuino, el cual no se puede fingir. La combinación del deseo de ser directo y honesto, de tu empuje dinámico y de tu tenacidad positiva te ayudará a obtener resultados extraordinarios en la vida.

ESTRELLA FIJA

Nombre de la estrella: Sabik

Posición: 16° 58'–17° 59' de Sagitario, entre los años 1930 y 2000

Magnitud: 2.5

Fuerza: ★★★★★★★

Órbita: 1° 40'

Constelación: Ofiuco (Eta Ophiuchi)

Días efectivos: 8, 9, 10 y 11 de diciembre

Propiedades de la estrella: influencias variadas: Saturno/Venus y Júpiter/Venus

Descripción: estrella amarilla pálida ubicada en la rodilla izquierda de Ofiuco

INFLUENCIA DE LA ESTRELLA PRINCIPAL

La influencia de Sabik indica honestidad y valor moral. También te impulsa a ser fiel a tu naturaleza y evitar la deshonestidad y el desperdicio. Asimismo, supone que puede ser necesario ejercer el buen juicio y evitar los negocios turbios, sin importar cuán lucrativos parezcan.

Con respecto a tu grado del Sol, Sabik confiere sinceridad, conducta honorable y amor por la justicia. Es posible que ansíes encontrar sabiduría espiritual y te sientas inclinado hacia los estudios filosóficos y temas poco convencionales o controversiales. Esta estrella trae consigo cambios positivos, gracias a lo cual las situaciones desagradables terminan siendo bendiciones encubiertas. Además, indica que, sin importar las circunstancias, los buenos principios y las convicciones te permitirán superar los tiempos difíciles.

• *Positiva:* principios morales y valentía, superación de obstáculos.

Trabajo y vocación

Tienes talento para resolver problemas, así como buenas habilidades organizacionales y administrativas, por lo que, si te dedicas a los negocios, es probable que te interese trabajar con empresas grandes. Puesto que nunca te ha agradado que te digan lo que debes hacer, lo mejor será que ocupes una posición de autoridad o trabajes por cuenta propia. Tu dramatismo intenso, combinado con tu necesidad de expresión personal, te garantizará el éxito en la música, la escritura, el arte y el mundo del entretenimiento. Mucha gente nacida en esta fecha se siente atraída por la metafísica y el entrenamiento mental positivo. Tu espíritu aguerrido te ayudará a superar cualquier obstáculo que encuentres en el trabajo.

Entre las personas famosas con quienes compartes cumpleaños están los cantantes Sinéad O'Connor y Jim Morrison; el compositor Jean Sibelius; el músico, bailarín y actor Sammy Davis Jr.; los actores David Carradine, Maximilian Schell y Kim Basinger, y el muralista Diego Rivera.

Numerología

El poder del número 8 en tu fecha de nacimiento indica un carácter con valores firmes y un juicio sólido. Este número denota que aspiras a conseguir grandes logros y que tienes una naturaleza ambiciosa, y muestra tu deseo de dominio, seguridad y éxito material. Tienes un talento natural para los negocios y te beneficiarás en gran medida si desarrollas tus habilidades organizativas y ejecutivas. Tu necesidad de seguridad y estabilidad te insta a hacer planes e inversiones a largo plazo. La subinfluencia del mes número 12 indica que eres optimista y carismático. Sueles ser enérgico y estar lleno de vitalidad y fuerza de voluntad, por lo que te resulta importante que se respeten tus opiniones. Cuando te sientes inspirado, te expresas con gran claridad y persuasión. Aunque tienes una veta materialista poderosa, te inclinas también hacia la filosofía y el desarrollo intelectual. Tu necesidad de popularidad indica que, cuando te decides y adoptas una actitud positiva, eres capaz de lograr armonía y unión en tu entorno.

• *Cualidades positivas:* liderazgo, minuciosidad, trabajo arduo, autoridad, protección, poder de sanación, talento para juzgar valores.

• *Cualidades negativas:* impaciencia, desperdicio, intolerancia, exceso de trabajo, comportamiento controlador o dominante, tendencia a rendirte, falta de planeación.

Amor y relaciones

Te atraen personas que te inspiran a nivel intelectual y buscas individuos únicos e independientes. Por lo regular, admiras a quienes poseen mucho conocimiento práctico y sabiduría, y a quienes son amables y generosos, y dan buenos consejos. Aunque proyectas una apariencia de seguridad, la tendencia a fluctuar entre el optimismo y el pesimismo revela que dudas de tus sentimientos. Cuando te sientes inseguro, intentas dominar a los demás. Si eres trabajador y acostumbras enfocarte en tu carrera, asegúrate de socializar y dedicar tiempo a tus parejas y seres queridos.

• *Negativa:* desperdicio, deshonestidad, engaño, falta de principios.

ESE ALGUIEN ESPECIAL

Es más probable que encuentres a ese alguien especial entre quienes nacieron en las siguientes fechas.

Amor y amistad: 1, 13, 14, 22, 28, 29 y 31 de enero; 12, 26 y 29 de febrero; 10, 24 y 27 de marzo; 8, 16, 22 y 25 de abril; 6, 20 y 23 de mayo; 4, 18 y 21 de junio; 2, 16, 19 y 30 de julio; 14, 17, 28 y 30 de agosto; 12, 15, 26, 28 y 30 de septiembre; 10, 13, 24, 26 y 28 de octubre; 8, 11, 22, 24 y 26 de noviembre; 6, 9, 20, 22 y 24 de diciembre.

Buenas para ti: 26 de enero, 24 de febrero, 22 de marzo, 20 de abril, 18 de mayo, 16 de junio, 14 de julio, 12 de agosto, 10 de septiembre, 8 de octubre, 6 de noviembre, 4 de diciembre.

Atracción fatal: 5, 6, 7 y 8 de junio.

Desafiantes: 3 y 25 de enero, 1 y 23 de febrero, 21 de marzo, 19 de abril, 17 de mayo, 15 de junio, 13 de julio, 11 de agosto, 9 de septiembre, 7 de octubre, 5 de noviembre, 3 de diciembre.

Almas gemelas: 3 y 10 de enero, 1 y 8 de febrero, 6 de marzo, 4 de abril, 2 de mayo, 31 de agosto.

SOL: SAGITARIO
DECANATO: ARIES/MARTE
ÁNGULO: 16º 30'–17º 30'
DE SAGITARIO
MODALIDAD: MUTABLE
ELEMENTO: FUEGO

9 de diciembre

ESTRELLA FIJA

Nombre de la estrella: Sabik

Posición: 16º 58'–17º 59' de Sagitario, entre los años 1930 y 2000

Magnitud: 2.5

Fuerza: ★★★★★★★

Órbita: 1º 40'

Constelación: Ofiuco (Eta Ophiuchi)

Días efectivos: 8, 9, 10 y 11 de diciembre

Propiedades de la estrella: influencias variadas: Saturno/Venus y Júpiter/Venus

Descripción: estrella amarilla pálida ubicada en la rodilla izquierda de Ofiuco

INFLUENCIA DE LA ESTRELLA PRINCIPAL

La influencia de Sabik indica honestidad y valor moral. También te impulsa a ser fiel a tu naturaleza y evitar la deshonestidad y el desperdicio. Asimismo, supone que puede ser necesario ejercer el buen juicio y evitar los negocios turbios, sin importar cuán lucrativos parezcan.

Con respecto a tu grado del Sol, Sabik confiere sinceridad, conducta honorable y amor por la justicia. Es posible que ansíes encontrar sabiduría espiritual y te sientas inclinado hacia los estudios filosóficos y temas poco convencionales o controversiales. Esta estrella trae consigo cambios positivos, gracias a lo cual las situaciones desagradables terminan siendo bendiciones encubiertas. Además, indica que, sin importar las circunstancias, los buenos principios y las convicciones te permitirán superar los tiempos difíciles.

• *Positiva:* principios morales y valentía, superación de obstáculos.

Las claves de tus logros y éxitos son tu creatividad, sensibilidad y mentalidad positiva. Eres un Sagitario sociable, amistoso y optimista, así como lleno de vida. No obstante, la mezcla afortunada de oportunidades y desafíos te obligará a encontrar un equilibrio entre el entusiasmo y la frustración. Si te tomas la vida con calma, aprenderás que la perseverancia, la paciencia y la tenacidad son esenciales para superar las dificultades.

La influencia del regente de tu decanato, Aries, fortalece tu asertividad y te insta a ser creativo y aventurero. Gracias a que eres astuto e intuitivo, y tienes la capacidad de aprehender las ideas al instante, eres capaz de sacar ventaja hasta de las situaciones más difíciles. Dado que eres un humanitario con posturas progresistas y liberales, tus creencias son sólidas.

Puesto que tienes una mente activa y productiva, generas una gran cantidad de ideas imaginativas. Quizá necesites involucrarte en actividades emocionantes, que te satisfagan a nivel afectivo y te permitan expresarte intelectual y emocionalmente. Sin embargo, también posees una veta inquieta y una inclinación a fluctuar entre ser positivo y creativo, y preocuparte y ser pesimista. Tal vez debas evitar ser demasiado impulsivo, para lo cual deberás aprender a terminar lo que empiezas y a mantener la calma. Aunque tienes excelentes habilidades ejecutivas, tu tendencia a criticar provoca que te exijas demasiado y hagas lo mismo con los demás. En lugar de mostrar insatisfacción, lo más prudente sería que exhibieras tu habitual naturaleza generosa y amorosa.

Entre los 13 y los 42 años, conforme tu Sol progresado atraviesa Capricornio, sentirás la necesidad de adoptar un enfoque más práctico y realista para alcanzar tus metas en la vida. A los 43 habrá un punto de inflexión, cuando tu Sol progresado se desplace hacia Acuario. A partir de entonces, resaltará el deseo de mayor independencia y expresión de la individualidad. Es posible que te involucres en cuestiones de libertad, conciencia colectiva e ideales humanitarios. Otro cambio ocurrirá a los 73, cuando tu Sol progresado entre a Piscis y adquieran más importancia la receptividad, la imaginación y la compasión.

Tu yo secreto

Hay cierta sensibilidad interna detrás de tu apariencia segura. Tus poderosas emociones e histrionismo innato te garantizarán popularidad si los canalizas de forma constructiva y, sobre todo, si muestras tu encanto más especial. Eres imaginativo y tienes opiniones fuertes, por lo que necesitas expresar tu creatividad y tus ideas. Si no lo haces, puedes sentirte enormemente frustrado o decepcionado, sobre todo cuando otras personas no están a la altura de tus expectativas. Disciplinar tu mente y seguirte educando te dará la confianza necesaria y te impulsará a sacar el mayor provecho posible de tu potencial.

El sentido del deber te ayudará a ser responsable y no dejar cosas pendientes en la vida. Debido a tu necesidad de seguridad y de tener un entorno agradable, tu hogar ocupa un lugar especialmente importante en tu plan de vida. Por otro lado, tus ansias de armonía se reflejan en el aprecio por el arte, el teatro, la escritura y la música.

Trabajo y vocación

Tu sed de conocimiento y necesidad de expresar tus ideas harán que te sientas atraído por carreras como la escritura, la ciencias o la enseñanza. De igual modo, puesto que te gustan los debates, tus habilidades comunicativas y de lucha podrían combinarse a la perfección en ocupaciones como abogado, reformista o político. Dado que eres un buen organizador, administrador y con talento para las finanzas, sobresaldrías en los negocios o podrías convertirte en líder en el campo que elijas. Tu humanitarismo innato te puede llevar hacia profesiones relacionadas con los cuidados a las personas y el apoyo a causas justas. Finalmente, tu veta histriónica podría expresarse de maravilla en el mundo del espectáculo.

Entre las personas famosas con quienes compartes cumpleaños están los actores Beau Bridges, Kirk Douglas y John Malkovich, y la cantautora Joan Armatrading.

Numerología

Entre las características asociadas con haber nacido bajo el número 9 están la benevolencia, la amabilidad y el sentimentalismo. Sueles ser generoso y liberal, tolerante y gentil. Tus habilidades intuitivas y psíquicas apuntan hacia una receptividad universal que, canalizada de forma positiva, te inspirará a buscar un camino espiritual. Esta fecha de nacimiento sugiere la necesidad de superar desafíos, y la tendencia a ser hipersensible y experimentar altibajos emocionales. Viajar por el mundo e interactuar con gente de todo tipo te beneficiará, pero es posible que debas cuidarte de tener sueños poco realistas o de tender hacia la evasión. La subinfluencia del mes número 12 indica que eres un humanista con posturas idealistas y optimistas. Los dones que posees y tu deseo de variedad señalan que quieres tener la libertad para explorar y disfrutar diversas experiencias. Por ende, tendrás que cultivar una perspectiva independiente y encontrar mecanismos de expresión para tus múltiples talentos. Aunque eres creativo y encantador, también tiendes a ser irritable. Ya que te gusta mantenerte mentalmente activo, amplía tus horizontes a través del aprendizaje y el desarrollo de la paciencia y la perseverancia.

• *Cualidades positivas:* idealismo, humanitarismo, creatividad, sensibilidad, generosidad, magnetismo, naturaleza poética, caridad, naturaleza dadivosa, desapego, suerte, popularidad.

• *Cualidades negativas:* frustración, nerviosismo, fragmentación, incertidumbre, egoísmo, falta de practicidad, falta de ética, fácil de persuadir, complejo de inferioridad, preocupación, aislamiento.

Amor y relaciones

Eres sociable y considerado. Disfrutas estar en compañía de otras personas porque te desagrada estar solo. Al ser sensible e idealista, y tener una gran necesidad de seguridad emocional, buscas relaciones cercanas con una pareja devota y afectuosa. Aunque seas leal, amoroso y generoso, también quieres tener la libertad de viajar y explorar experiencias diversas. Puesto que no aprecias que te limiten, tendrás que encontrar a una pareja que no te ate con responsabilidades abrumadoras. Debido a que eres un individuo generoso y caritativo, te sientes tentado a hacer muchos sacrificios por tus seres queridos, pero debes evitar volverte demasiado dependiente de los demás.

• *Negativa:* desperdicio, deshonestidad, engaño, falta de principios.

ESE ALGUIEN ESPECIAL

Es posible que encuentres a una pareja amorosa entre personas nacidas en las siguientes fechas.

Amor y amistad: 1, 5, 9, 15, 26, 29 y 30 de enero; 13, 24, 27 y 28 de febrero; 11, 22, 25 y 26 de marzo; 3, 9, 19, 20, 23 y 24 de abril; 7, 18, 21 y 22 de mayo; 5, 16, 19 y 20 de junio; 3, 14, 17, 18 y 31 de julio; 1, 12, 15, 16, 29 y 31 de agosto; 10, 13, 14, 27 y 29 de septiembre; 8, 11, 12, 25 y 27 de octubre; 6, 9, 10, 23 y 25 de noviembre; 4, 7, 8, 21, 23 y 29 de diciembre.

Buenas para ti: 1, 2, 10, 12 y 27 de enero; 8, 10 y 25 de febrero; 6 y 23 de marzo; 4, 8 y 21 de abril; 2, 6, 19 y 30 de mayo; 4, 17 y 28 de junio; 2, 15 y 26 de julio; 13 y 24 de agosto; 11 y 22 de septiembre; 9 y 20 de octubre; 7 y 18 de noviembre; 5 y 16 de diciembre.

Atracción fatal: 8, 9, 10 y 11 de junio.

Desafiantes: 17 y 26 de enero; 15 y 24 de febrero; 13 y 22 de marzo; 11 y 20 de abril; 9 y 18 de mayo; 7 y 16 de junio; 5 y 14 de julio; 3, 12 y 30 de agosto; 1, 10 y 28 de septiembre; 8, 26 y 29 de octubre; 6, 24 y 27 de noviembre; 4, 22 y 25 de diciembre.

Almas gemelas: 21 de enero, 19 de febrero, 17 de marzo, 15 de abril, 13 de mayo, 11 de junio, 9 y 29 de julio, 7 y 27 de agosto, 5 y 25 de septiembre, 3 y 23 de octubre, 1 y 21 de noviembre, 19 de diciembre.

SOL: SAGITARIO
DECANATO: ARIES/MARTE
ÁNGULO: 17° 30'–18° 30'
DE SAGITARIO
MODALIDAD: MUTABLE
ELEMENTO: FUEGO

10 de diciembre

ESTRELLA FIJA

Nombre de la estrella: Sabik

Posición: 16° 58'–17° 59' de Sagitario, entre los años 1930 y 2000

Magnitud: 2.5

Fuerza: ★★★★★★

Órbita: 1° 40'

Constelación: Ofiuco (Eta Ophiuchi)

Días efectivos: 8, 9, 10 y 11 de diciembre

Propiedades de la estrella: influencias variadas: Saturno/Venus y Júpiter/Venus

Descripción: estrella amarilla pálida ubicada en la rodilla izquierda de Ofiuco

INFLUENCIA DE LA ESTRELLA PRINCIPAL

La influencia de Sabik indica honestidad y valor moral. También te impulsa a ser fiel a tu naturaleza y evitar la deshonestidad y el desperdicio. Asimismo, supone que puede ser necesario ejercer el buen juicio y evitar los negocios turbios, sin importar cuán lucrativos parezcan.

Con respecto a tu grado del Sol, Sabik confiere sinceridad, conducta honorable y amor por la justicia. Es posible que ansíes encontrar sabiduría espiritual y te sientas inclinado hacia los estudios filosóficos y temas poco convencionales o controversiales. Esta estrella trae consigo cambios positivos, gracias a lo cual las situaciones desagradables terminan siendo bendiciones encubiertas. Además, indica que, sin importar las circunstancias, los buenos principios y las convicciones te permitirán superar los tiempos difíciles.

• *Positiva:* principios morales y valentía, superación de obstáculos.

Eres un Sagitario inteligente, ambicioso e independiente, con ideas imaginativas y entusiastas. Tu mente activa e inquisitiva te insta a buscar el éxito a través de la originalidad y la innovación. Aunque eres audaz y aventurero, posees una claridad penetrante y un enfoque pragmático que indican que deseas liberarte y tener control de tus fuerzas mentales y emocionales. Por otro lado, tu gran olfato para los negocios te permitirá hacer emprendimientos financieros exitosos, siempre y cuando estés motivado.

La subinfluencia de Aries, el regente de tu decanato, infunde un toque de fortaleza y rebeldía a tu espíritu emprendedor. Puesto que buscas experiencias diversas y eres aventurero, acostumbras tener incontables ideas y hacer un montón de planes. Esta influencia también se refleja en tus actitudes competitivas y ansias de acción que hacen que te atraiga cierto nivel de riesgo. Debido a que prefieres llevar las riendas, no te gusta ocupar posiciones de subordinación ni recibir órdenes. Eres independiente y tienes buenas habilidades ejecutivas que te ayudan a organizar y ejecutar proyectos de gran tamaño.

Eres mentalmente agudo y tienes ávidos deseos de aprender y recopilar información y conocimiento. Es probable que te interese estudiar filosofía, psicología o pensamiento religioso. Ya que eres sumamente intuitivo y posees dones psíquicos, entiendes a los demás con rapidez y percibes la hipocresía de inmediato. A pesar de tu fortaleza, necesitas estar en entornos placenteros en los que puedas relajarte y disfrutar una atmósfera armónica.

Entre los 12 y los 41 años, conforme tu Sol progresado avanza por Capricornio, se enfatiza la importancia de las cuestiones prácticas y la necesidad de orden y estructura en tu vida. A los 42 años ocurrirá un punto de inflexión, cuando tu Sol progresado se desplace hacia Acuario y sobresalga tu deseo creciente de independencia, conciencia colectiva e ideas progresistas. Quizá también anheles tener libertad y sentir que eres más experimental. A los 72 enfrentarás otro ajuste de prioridades, cuando tu Sol progresado entre a Piscis y te vuelvas más sensible, empático e imaginativo.

Tu yo secreto

Eres intuitivo y un tanto nervioso, pues posees una intensa sensibilidad que te vuelve receptivo a los sentimientos y las motivaciones ajenas. Tu excepcional cualidad de visionario y tu individualidad harán que quieras desarrollar tus talentos espirituales, artísticos y creativos innatos. Aunque el poder mental es uno de tus principales atributos, evita desperdiciarlo en manipulación o juegos de poder con otras personas.

Puesto que eres listo y te gusta arriesgarte, con frecuencia te fías de tu suerte natural. Esto podría tentarte a tomar el camino fácil, en lugar de recurrir a la disciplina y la responsabilidad necesarias para ponerte a la altura de tu potencial excepcional. Aunque ser popular te garantice una vida social activa, no permitas que las tendencias evasivas entorpezcan aún más tus logros. Dado que entiendes el poder del conocimiento, buscas inspiración para ti mismo y para otros, y te va mejor cuando tus talentos extraordinarios los enfocas a un ideal valioso.

Trabajo y vocación

Eres un individuo positivo y encantador, con un sentido agudo de los negocios y aptitudes naturales para tratar con la gente que te garantizan el éxito en carreras que requieren trato con el público. Tu mente perspicaz y facilidad de palabra te harán un excelente candidato para ser escritor, educador, abogado, promotor o vendedor. Al ser sensible y tener dotes de psicólogo, descubrirás que las ocupaciones que requieren contacto personal, como la psicoterapia o la medicina alternativa, son gratificantes para ti. Sin embargo, dado que te desagrada recibir órdenes, prefieres ocupar posiciones administrativas o te inclinas hacia el autoempleo. Con una imaginación tan extraordinaria como la tuya, quizá prefieras usar tu talentos visionarios para el arte, el cine, el teatro o la arquitectura.

Entre las personas famosas con quienes compartes cumpleaños están los actores Kenneth Branagh, Dorothy Lamour y Susan Dey; el cineasta experimental Michael Snow; el periodista televisivo Chet Huntley, y la poetisa Emily Dickinson.

Numerología

Al igual que otras personas con el número 1 en su fecha de nacimiento, acostumbras perseguir grandes objetivos. Sin embargo, para ello será necesario que superes algunos obstáculos antes de alcanzar esas metas. Con frecuencia eres enérgico y original, y defiendes tus creencias aun cuando son distintas a las de los demás. Tu capacidad de iniciar proyectos por cuenta propia y tu espíritu pionero te animan a viajar por territorios inexplorados y a triunfar o fracasar por ti mismo. Es posible que también tengas que entender que no eres el centro del universo. Evita ser egoísta y dictatorial. El éxito y los logros son importantes para aquellos con un cumpleaños con el número 10, por lo que es normal que quieras llegar a la cima de tu profesión. La subinfluencia del mes número 12 indica que eres optimista, emprendedor y talentoso. Aunque eres amistoso, idealista y humanitario, no te gusta que cuestionen o confronten tu autoridad ni tus opiniones. Ser creativo e innovador te permite usar tu visión e ingenio para supervisar proyectos de grandes dimensiones.

• *Cualidades positivas:* liderazgo, creatividad, naturaleza progresista, vigor, optimismo, convicciones firmes, competitividad, independencia, sociabilidad.

• *Cualidades negativas:* autoritarismo, celos, egocentrismo, orgullo, antagonismo, egoísmo, debilidad, vacilación, impaciencia.

Amor y relaciones

Ser encantador, amistoso y sociable te facilita ganar amigos y admiradores. Eres bondadoso y un amante sensible y afectuoso, aunque a la larga necesitarás a una pareja que te mantenga mentalmente estimulado e inspirado. Si eres idealista y tienes un código moral fijo, quizás parezcas obstinado. Gracias a tu enfoque directo, prefieres ser honesto con tus seres queridos, aunque a veces se te olvida tener tacto.

• *Negativa:* desperdicio, deshonestidad, engaño, falta de principios.

ESE ALGUIEN ESPECIAL

Si buscas una relación, es probable que encuentres a tu pareja ideal entre personas nacidas en las siguientes fechas.

Amor y amistad: 8, 10, 13, 20 y 30 de enero; 1, 8, 11, 18 y 28 de febrero; 6, 9, 16 y 26 de marzo; 4, 7, 14 y 24 de abril; 2, 5, 12 y 22 de mayo; 3, 10 y 20 de junio; 1, 8 y 18 de julio; 6, 16 y 30 de agosto; 4, 14, 28 y 30 de septiembre; 2, 12, 26, 28 y 30 de octubre; 10, 24, 26 y 28 de noviembre; 8, 22, 24 y 26 de diciembre.

Buenas para ti: 12, 16, 17 y 28 de enero; 10, 14, 15 y 26 de febrero; 8, 12, 13 y 24 de marzo; 6, 10, 11 y 22 de abril; 4, 8, 9, 20 y 29 de mayo; 2, 6, 7, 18 y 27 de junio; 4, 5, 16 y 25 de julio; 2, 3, 14 y 23 de agosto; 1, 12 y 21 de septiembre; 10 y 19 de octubre; 8 y 17 de noviembre; 6 y 15 de diciembre.

Atracción fatal: 31 de marzo; 29 de abril; 27 de mayo; 7, 8, 9, 10, 11 y 25 de junio; 23 de julio; 21 de agosto; 19 de septiembre; 17 de octubre; 15 de noviembre; 17 de diciembre.

Desafiantes: 6, 18, 22 y 27 de enero; 4, 16, 20 y 25 de febrero; 2, 14, 18, 23 y 28 de marzo; 12, 16 y 21 de abril; 6, 10, 14 y 19 de mayo; 4, 8, 12 y 17 de junio; 6, 10 y 15 de julio; 4, 8 y 13 de agosto; 2, 6 y 11 de septiembre; 4 y 9 de octubre; 2 y 7 de noviembre; 5 de diciembre.

Almas gemelas: 28 de marzo, 26 de abril, 24 de mayo, 22 de junio, 20 de julio, 18 de agosto, 16 de septiembre, 14 de octubre, 12 de noviembre, 10 de diciembre.

SOL: SAGITARIO
DECANATO: ARIES/MARTE
ÁNGULO: 18º 30'–19º 30'
DE SAGITARIO
MODALIDAD: MUTABLE
ELEMENTO: FUEGO

ESTRELLA FIJA

Nombre de la estrella: Sabik

Posición: 16º 58'–17º 59' de Sagitario, entre los años 1930 y 2000

Magnitud: 2.5

Fuerza: ★★★★★★★

Órbita: 1º 40'

Constelación: Ofiuco (Eta Ophiuchi)

Días efectivos: 8, 9, 10 y 11 de diciembre

Propiedades de la estrella: influencias variadas: Saturno/Venus y Júpiter/Venus

Descripción: estrella amarilla pálida ubicada en la rodilla izquierda de Ofiuco

INFLUENCIA DE LA ESTRELLA PRINCIPAL

La influencia de Sabik indica honestidad y valor moral. También te impulsa a ser fiel a tu naturaleza y evitar la deshonestidad y el desperdicio. Asimismo, supone que puede ser necesario ejercer el buen juicio y evitar los negocios turbios, sin importar cuán lucrativos parezcan.

Con respecto a tu grado del Sol, Sabik confiere sinceridad, conducta honorable y amor por la justicia. Es posible que ansíes encontrar sabiduría espiritual y te sientas inclinado hacia los estudios filosóficos y temas poco convencionales o controversiales. Esta estrella trae consigo cambios positivos, gracias a lo cual las situaciones desagradables terminan siendo bendiciones encubiertas. Además, indica que, sin importar las circunstancias, los buenos principios y las convicciones te permitirán superar los tiempos difíciles.

Positiva: principios morales y valentía, superación de obstáculos.

11 de diciembre

Eres un Sagitario astuto, entusiasta y aventurero. Posees una personalidad relajada y una visión optimista del mundo. Eres dinámico, alegre y de carácter sociable; por ende, si evitas regodearte en las preocupaciones o las dudas personales, la suerte estará de tu lado. Eres sumamente intuitivo y consciente, pero necesitas combinar tu poder mental con tus premoniciones y aprender a confiar en tus sentimientos.

La subinfluencia de Aries, el regente de tu decanato, le da un empujón adicional a tu naturaleza enérgica y se refleja en tu personalidad espontánea y emprendedora. Sin importar cuán difíciles sean las situaciones que enfrentes en la vida, por dentro sabrás que tienes la capacidad de triunfar frente a las adversidades. La influencia de Marte también hace que disfrutes las especulaciones con cierto nivel de riesgo y que aprendas a evaluar las situaciones con rapidez, aunque debes cuidarte de los fraudes que prometen hacerte millonario en poco tiempo.

Aunque eres idealista y sensible, tu inclinación por las comodidades materiales te empuja a trabajar arduamente y buscar oportunidades para amasar una pequeña fortuna. A pesar de reaccionar con rapidez, debes superar la tendencia a exagerar, a frustrarte o a preocuparte en exceso por el dinero. La mezcla de cinismo e inocencia indica que debes responsabilizarte del desarrollo de tu mente sofisticada y tu fe interna.

Entre los 11 y los 40 años, mientras tu Sol progresado atraviesa Capricornio, necesitarás adoptar un enfoque práctico y realista para alcanzar tus metas de vida. A los 41 años llegarás a una encrucijada, cuando tu Sol progresado se desplace hacia Acuario. A partir de entonces, sobresaldrá el deseo de tener mayor independencia y de expresar tu individualidad. Quizá te involucres en asuntos relacionados con la libertad, la conciencia colectiva y los ideales humanitarios. A los 71 habrá otro punto de inflexión, cuando tu Sol progresado entre a Piscis. Es probable que entonces te enfoques en tu mundo emocional interno, la imaginación, la receptividad y la sensibilidad.

Tu yo secreto

Una de las principales fuerzas motoras de tu naturaleza dinámica es la necesidad de seguridad y poder, o en todo caso el deseo de éxito material y reconocimiento. Aunque tienes talento natural para reconocer el valor de las cosas y ejercer una influencia productiva en el trabajo, quizá debas desarrollar más autocontrol y superar la tendencia a ser manipulador e implacable, o a llevar el materialismo al extremo. Sin embargo, si de verdad crees en un proyecto o te sientes motivado, trabajarás arduamente para materializar tus objetivos y tendrás la capacidad de lograr cosas sobresalientes.

Aunque posees cierta cualidad jovial y entusiasta, obtener logros a través del trabajo adquirirá un papel cada vez más relevante en tu vida. Cuando te inspiras, estás preparado para hacer hasta lo imposible con tal de convertir tus ideales en realidades tangibles. Sería necesario que pasaras periodos a solas para reflexionar y recobrar energías, pues de este modo te conectarás con tu perspicacia intuitiva natural y evitarás ser escéptico y retraído.

Trabajo y vocación

Tu energía mental dinámica, entusiasmo y capacidad para pensar a gran escala te hacen sumamente apto para los negocios, el debate, el derecho o la investigación. Si crees en algún proyecto que te inspira, te esforzarás muchísimo para cumplir tus objetivos. Gracias a tu agudeza mental, podrías también ser un gran profesor. Quizá te gustaría aprovechar tus talentos comunicativos para la escritura. En caso de que poseas inclinaciones técnicas, es posible que te atraiga trabajar con computadoras o ser ingeniero. Por otro lado, podrías afinar tus habilidades intelectuales y encontrar satisfacción en el mundo de las ciencias. Sin importar qué carrera elijas, tus habilidades ejecutivas innatas te llevarán a ocupar posiciones gerenciales o directivas. Con tu talento para reconocer el valor de las cosas y las ansias de compartir tu conocimiento, ejercerás una influencia productiva en tu trabajo.

Entre las personas famosas con quienes compartes cumpleaños están los escritores Aleksandr Solzhenitsyn y Naguib Mahfuz, el cantante Jermaine Jackson, el compositor Hector Berlioz, y el exalcalde de Nueva York Fiorello La Guardia.

Numerología

La vibración especial del 11, el número maestro en tu fecha de nacimiento, sugiere que el idealismo, la inspiración y la innovación son importantísimos para ti. La combinación de humildad y seguridad en ti mismo te desafía a esforzarte por alcanzar el dominio material y espiritual de tu ser. A través de la experiencia aprenderás a lidiar con ambos lados de tu naturaleza y a adoptar una actitud menos extrema cuando se trate de confiar en tus emociones. Sueles estar conectado con el mundo y posees una gran vitalidad, pero por esa misma razón debes evitar ser demasiado ansioso o impráctico. La subinfluencia del mes número 12 indica que eres enérgico, sumamente intuitivo y emprendedor. Además, posees un espíritu libre. Eres amistoso, relajado y de personalidad carismática; pero también eres ambicioso y tenaz, e inclinado a tomar el mando. Si te sientes inseguro, puedes volverte suspicaz, inquieto y nervioso. Ser entusiasta y audaz hace que ansíes liberarte de las restricciones y que con frecuencia estés dispuesto a arriesgarte con tal de mejorar tu situación.

• *Cualidades positivas:* concentración, objetividad, entusiasmo, inspiración, espiritualidad, intuición, inteligencia, extroversión, inventiva, talento artístico, espíritu servicial, capacidad de sanación, humanitarismo, habilidad psíquica.

• *Cualidades negativas:* complejo de superioridad, preocupación, falta de rumbo, hipersensibilidad, tendencia a ofenderse con demasiada facilidad, nerviosismo, egoísmo, confusión, mezquindad.

Amor y relaciones

Puesto que eres intuitivo y sensible, al mismo tiempo que sociable y relajado, tratas de ser hermético y no permitir que nadie se entere de lo que piensas. Cuando te enamoras, necesitas tiempo para ajustarte a tu pareja y aceptarla como es. La tendencia a preocuparte o ser escéptico puede provocarte estrés y angustias. Por lo regular, admiras a la gente ambiciosa y trabajadora que es pragmática, independiente y lo suficientemente segura de sí misma como para vivir según sus propias reglas.

Negativa: desperdicio, deshonestidad, engaño, falta de principios.

ESE ALGUIEN ESPECIAL

Dado que eres leal, devoto y afectuoso con tus seres queridos, encontrarás relaciones más duraderas y estables con alguien que haya nacido en las siguientes fechas.

Amor y amistad: 11, 21, 25, 28 y 31 de enero; 9, 19, 26 y 29 de febrero; 17, 21, 24 y 27 de marzo; 5, 15, 22 y 25 de abril; 13, 20 y 23 de mayo; 11, 18 y 21 de junio; 9, 16 y 19 de julio; 7, 11, 14, 17 y 31 de agosto; 5, 12, 15 y 29 de septiembre; 3, 10, 13, 27, 29 y 31 de octubre; 1, 8, 11, 25, 27 y 29 de noviembre; 6, 9, 23, 25 y 27 de diciembre.

Buenas para ti: 9, 12, 18, 24 y 29 de enero; 7, 10, 16, 22 y 27 de febrero; 5, 8, 14, 20 y 25 de marzo; 3, 6, 12, 18 y 23 de abril; 1, 10, 16, 21 y 31 de mayo; 2, 8, 14, 19 y 29 de junio; 6, 12, 17 y 27 de julio; 4, 10, 15 y 25 de agosto; 2, 8, 13 y 23 de septiembre; 6, 11 y 21 de octubre; 4, 9 y 19 de noviembre; 2, 7 y 17 de diciembre.

Atracción fatal: 28 de mayo; 6, 7, 8, 9, 10, 11, 12 y 26 de junio; 24 de julio; 20 de septiembre.

Desafiantes: 7, 8, 19 y 28 de enero; 5, 6, 17 y 26 de febrero; 3, 4, 15 y 24 de marzo; 1, 2, 13 y 22 de abril; 11 y 20 de mayo; 9 y 18 de junio; 7 y 16 de julio; 5 y 14 de agosto; 3 y 12 de septiembre; 1 y 10 de octubre; 8 de noviembre; 6 de diciembre.

Almas gemelas: 3 y 19 de enero, 1 y 17 de febrero, 15 de marzo, 13 de abril, 11 de mayo, 9 de junio, 7 de julio, 5 de agosto, 3 de septiembre, 1 de octubre.

SOL: SAGITARIO
DECANATO: ARIES/MARTE
ÁNGULO: 19º 30'–20º 30'
DE SAGITARIO
MODALIDAD: MUTABLE
ELEMENTO: FUEGO

12 de diciembre

ESTRELLAS FIJAS

Aunque el grado en que se ubica tu Sol no se encuentra vinculado con una estrella fija, algunos de los grados de tus otros planetas sí lo estarán. Si solicitas el cálculo de tu carta astral, encontrarás la posición exacta de los planetas en tu fecha de nacimiento. Esto te permitirá determinar cuáles de las estrellas fijas descritas en este libro son relevantes para ti.

Eres un Sagitario sociable y amistoso. Eres un idealista con amor por el conocimiento y un fuerte sexto sentido. Al ser un visionario práctico con una naturaleza responsable, posees un excelente olfato para los negocios y buena sincronía, así que, por lo regular, tienes la mirada puesta en lo que viene. Aunque, en general, eres ambicioso, la inclinación a sumergirte en tus preocupaciones puede socavar tu perspectiva optimista. Esta combinación de empuje e inercia refleja que necesitas encontrar una visión del mundo única e inspiradora que puedas compartir con los demás.

La subinfluencia de Aries, el regente de tu decanato, revela que eres una persona valiente, con vitalidad y empuje. Debido a que eres humanitario, es posible que enfrentes un conflicto interno entre el idealismo y el materialismo, el cual te obligará a desarrollar una filosofía de vida que te brinde claridad. Asimismo, indica que te inspiran las causas justas y que estás dispuesto a trabajar arduamente con tal de fortalecer tus talentos y habilidades.

Dado que sabes combinar los negocios con el placer y hacer sentir cómodos a los demás, puedes lograr el éxito material y alcanzar una posición influyente. Ser creativo e inteligente hará que necesites expresar tus aspiraciones y tus ideas excepcionalmente intuitivas por medio de actividades intelectuales, en lugar de seguir el camino fácil y solo disfrutar las comodidades materiales.

Entre los 10 y los 39 años, mientras tu Sol progresado atraviesa Capricornio, darás mucha importancia a cuestiones prácticas y a la necesidad de orden y estructura en tu vida. A los 40 años pasarás por un punto de inflexión, cuando tu Sol progresado se desplace hacia Acuario. A partir de entonces, resaltará el deseo creciente de mayor independencia, conciencia colectiva e ideas progresistas. Quizás ansíes libertad o sentir que experimentas con cosas nuevas. Otro ajuste de prioridades ocurrirá a los 70, cuando tu Sol progresado entre a Piscis. Es probable que te vuelvas una persona más sensible, empática e imaginativa. Suele ser una época en la que se acentúan tus talentos artístico, creativo o espiritual.

Tu yo secreto

Puesto que posees un sentido interno del poder y gran tenacidad, una vez que te decides a hacer algo, nadie puede pararte en la persecución de tus objetivos. El trabajo desempeñará un papel clave en tu historia de vida debido a que eres ambicioso y necesitas sentirte productivo. Sin embargo, es crucial que tengas metas claras y un plan de acción para comercializar al máximo tus talentos y habilidades.

A pesar de que tienes don de gentes y la capacidad de entablar los contactos adecuados, es importante que al relacionarte con otras personas no te pongas en posiciones de dependencia. Si lo haces, quizá quieras compensarlo siendo demasiado dominante. Al mantener un equilibrio entre necesitar a otros y ser independiente, eres capaz de aprovechar al máximo tus múltiples talentos. A veces sientes miedo por cuestiones financieras, pero este suele ser infundado. Las alianzas y los esfuerzos cooperativos te brindarán una fortuna particular.

Trabajo y vocación

Es probable que triunfes en carreras que aprovechen al máximo tu potencial mental, como la enseñanza, la escritura y la política. Con tus poderes de persuasión e ideas brillantes, también podrías tener éxito en el mundo de la publicidad, los medios de comunicación o el sector editorial. Debido a que eres ambicioso, tienes aspiraciones altas y eres sumamente tenaz al perseguir tus metas. Por otro lado, tu creatividad natural e histrionismo innato podrían inclinarte hacia el teatro o las artes. Entender por naturaleza a las personas hará que te atraigan ocupaciones que requieran contacto personal o fungir como asesor o consejero.

Entre las personas famosas con quienes compartes cumpleaños están los cantantes Frank Sinatra y Dionne Warwick, el músico Grover Washington Jr., el dramaturgo John Osborne, el actor Edward G. Robinson, el escritor Gustave Flaubert, el diseñador de moda Jasper Conran y la pintora Helen Frankenthaler.

Numerología

La gente que nace bajo el número 12 suele ser intuitiva, servicial y amigable. Puesto que deseas establecer una verdadera individualidad, tienes una excelente capacidad de razonamiento y eres innovador. Ser comprensivo y sensible por naturaleza te permite aprovechar el buen tacto y las capacidades cooperativas ajenas para alcanzar tus metas y objetivos. Cuando alcances el equilibrio entre tu necesidad de expresarte y el impulso natural de apoyar a otros, encontrarás satisfacción emocional y personal. No obstante, quizá debas armarte de valor para independizarte, desarrollar la seguridad en ti mismo y no dejarte desanimar por otras personas. La subinfluencia del mes número 12 indica que eres idealista y ambicioso. Generalmente, te expresas con claridad y, gracias a tu gran receptividad, evalúas a la gente y las situaciones con precisión. Si eres competitivo, necesitarás creer en las metas que persigues para poder triunfar. Tu capacidad para tomar decisiones justas generará armonía y ayudará a otros a sentirse unidos y seguros. Sin embargo, en caso de tener dudas y sospechas, es posible que caigas en el aburrimiento o la ansiedad, lo que generará tensiones y romperá la armonía.

• *Cualidades positivas:* creatividad, atractivo, iniciativa, disciplina, promoción de otros o de ti mismo.

• *Cualidades negativas:* reclusión, despilfarro, falta de cooperación, hipersensibilidad, baja autoestima.

Amor y relaciones

Eres sociable y generoso, y te gustan la teatralidad y el dramatismo. Por lo regular, te atraen individuos creativos e histriónicos con empuje y entusiasmo. Tu sensibilidad emocional también es reflejo de tu naturaleza apasionada y deseos poderosos. Aunque eres leal y dinámico, evita ser demasiado intenso o autoritario. Puesto que puedes ser relajado y divertido, evita tomarte demasiado en serio las cuestiones emocionales, sobre todo si las cosas no salen tal y como las planeaste.

Es posible que encuentres a una pareja o a un amante confiable y leal entre quienes nacieron en las siguientes fechas.

Amor y amistad: 11, 12, 18 y 22 de enero; 16 y 20 de febrero; 14, 18 y 28 de marzo; 5, 6, 12, 16 y 26 de abril; 10, 14 y 24 de mayo; 8, 12 y 22 de junio; 6, 10, 20 y 29 de julio; 4, 8, 18, 27 y 30 de agosto; 2, 6, 16, 25 y 28 de septiembre; 4, 14, 23, 26 y 30 de octubre; 2, 12, 21, 24 y 28 de noviembre; 10, 19, 22, 26 y 28 de diciembre.

Buenas para ti: 6, 10, 25 y 30 de enero; 4, 8, 23 y 28 de febrero; 2, 6, 21 y 26 de marzo; 4, 19 y 24 de abril; 2, 17 y 22 de mayo; 15, 20 y 30 de junio; 13, 18 y 28 de julio; 11, 16 y 26 de agosto; 9, 14 y 24 de septiembre; 7, 12 y 22 de octubre; 5, 10 y 20 de noviembre; 3, 8 y 18 de diciembre.

Atracción fatal: 29 de mayo; 10, 11, 12, 13 y 27 de junio; 25 de julio; 23 de agosto; 21 de septiembre; 19 de octubre; 17 de noviembre; 15 de diciembre.

Desafiantes: 13, 29 y 31 de enero; 11, 27 y 29 de febrero; 9, 25 y 27 de marzo; 7, 23 y 25 de abril; 5, 21 y 23 de mayo; 3, 19 y 21 de junio; 1, 17 y 19 de julio; 15 y 17 de agosto; 13 y 15 de septiembre; 11 y 13 de octubre; 9 y 11 de noviembre; 7 y 9 de diciembre.

Almas gemelas: 6 y 25 de enero, 4 y 23 de febrero, 2 y 21 de marzo, 19 de abril, 17 de mayo, 15 de junio, 13 de julio, 11 de agosto, 9 de septiembre, 7 de octubre, 5 de noviembre, 3 de diciembre.

SOL: SAGITARIO

DECANATO: LEO/SOL

ÁNGULO: 20° 30'–21° 30'

DE SAGITARIO

MODALIDAD: MUTABLE

ELEMENTO: FUEGO

ESTRELLA FIJA

Nombre de la estrella: Rasalhague, que significa "cabeza del encantador de serpientes"

Posición: 21° 28'–22° 26' de Sagitario, entre los años 1930 y 2000

Magnitud: 2

Fuerza: ★★★★★★★★

Órbita: 2° 10'

Constelación: Ofiuco (Alpha Ophiuchi)

Días efectivos: 13, 14, 15 y 16 de diciembre

Propiedades de la estrella: Saturno/ Venus

Descripción: estrella brillante blanca y azul zafiro ubicada en la cabeza de Ofiuco

INFLUENCIA DE LA ESTRELLA PRINCIPAL

Rasalhague transmite ansias de conocimiento y educación, humanismo, amplitud de miras y perspectivas liberales. También es posible que te interesen la filosofía y la religión, y que tengas un don particular para la visualización.

Con respecto a tu grado del Sol, Rasalhague alude a una naturaleza reservada y considerada. Puede indicar éxito en los negocios, gracias a tu capacidad para concentrarte en proyectos grandes o a tu pensamiento complejo. Suele traer consigo grandes logros individuales que te marcarán como alguien que nació antes de tiempo. Sin embargo, también confiere suspicacia y supone la necesidad de aprender a confiar en otros para obtener popularidad y ampliar tu círculo social.

· *Positiva:* vinculación con grandes empresas, implicación en deportes, buenos ingresos.

· *Negativa:* suspicacia, energías dispersas, exceso de seriedad.

13 de diciembre

Eres un Sagitario entusiasta y creativo. Posees múltiples talentos, astucia y una personalidad optimista. Entre tus planes hay aventuras y extensos viajes al extranjero. Tu animación y ambición te permiten lograr tus metas cuando te enfocas en tus objetivos y perseveras hasta alcanzarlos. Aunque tienes una naturaleza inquieta y te gusta la diversión y sentirte libre, las ansias de estabilidad reflejan que también necesitas desarrollar una perspectiva más práctica y realista.

La subinfluencia del regente de tu decanato, Leo, fortalece tu confianza personal. Gracias a tu espíritu emprendedor y esperanzado, tendrás muchas oportunidades y suerte. Sin embargo, si te empeñas en ser soberbio, podrías volverte obstinado y egocéntrico. Por otro lado, al ser un humanitario idealista, tienes ideas nobles y elevadas que ampliarán tus horizontes. Tu agilidad mental, actitud alerta, gran inteligencia e instintos poderosos contribuyen a que crezcas por medio del desarrollo de una filosofía de vida más amplia.

Eres capaz de un razonamiento profundo y de ser mentalmente perseverante; además, tienes una visión científica y racionalidad que sugieren que eres excelente para resolver problemas. Tus ansias de variedad implican que necesitas actividad, estímulos intelectuales y movimiento constante; de otro modo, te puedes aburrir o sentir insatisfecho. A pesar de que tu sentido del humor inusual implica que eres entretenido e ingenioso, no toleras la ignorancia y a veces te vuelves demasiado franco y mordaz.

Entre los nueve y los 38 años, conforme tu Sol progresado se desplaza hacia Capricornio, sientes la necesidad de adoptar un enfoque realista y práctico para el cumplimiento de tus metas. A los 39 años habrá un punto de inflexión en tu vida, cuando tu Sol progresado se desplace hacia Acuario. Esto resaltará el deseo de ser más independiente y de expresar tu individualidad. Quizás entonces te involucres en cuestiones de libertad, conciencia colectiva e ideales humanitarios. A los 69 años habrá otro cambio de énfasis, cuando tu Sol progresado se desplace hacia Piscis. Es probable que a partir de entonces priorices tu sensibilidad emocional, conciencia psíquica e imaginación.

Tu yo secreto

En algunas ocasiones, tus ideales contradictorios sacudirán tus fuertes emociones. Por un lado, ansías cambio constante; por el otro, quieres pragmatismo y seguridad. Si reconoces que es necesario construir una base sólida para lograr lo que deseas, y perseveras sin renunciar con facilidad, a pesar de aburrirte o impacientarte, obtendrás resultados excelentes. Por lo regular, es preferible que te especialices y que ahondes en una o dos áreas de interés en lugar de perseguir demasiadas metas y objetivos.

Además de sensibilidad, tienes buenas habilidades de organización y un intelecto creativo. Gracias a tu intuición y calidez, posees un don natural para tratar con la gente. A pesar de ser encantador, las inquietudes podrían impedirte expresar el amor dinámico que forma parte importante de tu personalidad. Si luchas con entusiasmo por tus ideales, te mantendrás enfocado y optimista, inspirarás a otros y lograrás cosas extraordinarias.

Trabajo y vocación

Cualquier carrera que elijas deberá incluir variedad y desafíos intelectuales, pues eres capaz de aprehender la información con rapidez. Las ocupaciones que implican viajar te resultarán particularmente benéficas, al igual que cualquier otro trabajo que te estimule a nivel mental. Tener la capacidad para conversar con gente de cualquier contexto, así como para lograr contactos útiles, te ayudará en tus emprendimientos. A pesar de ser ambicioso, tu inquietud y ansias de libertad pueden empujarte a experimentar con distintas ocupaciones o profesiones hasta que encuentres aquella que mejor se adapte a tu personalidad emprendedora.

Entre las personas famosas con quienes compartes cumpleaños están los actores Robert Lindsay, Dick Van Dyke y Christopher Plummer; el comediante Jim Davidson; el escritor Laurens van der Post, y el guitarrista Carlos Montoya.

Numerología

Sensibilidad emocional, entusiasmo e inspiración son algunas de las cualidades que suelen asociarse con el número 13 en la fecha de nacimiento. En términos numéricos, te caracterizan la ambición y el trabajo arduo. Puedes lograr grandes cosas mediante la expresión creativa. Sin embargo, quizá tengas que cultivar una perspectiva más pragmática si quieres transformar tu creatividad en productos tangibles. Tu enfoque original e innovador inspira ideas nuevas y emocionantes, mismas que con frecuencia se traducen en obras que suelen impresionar a los demás. Esta fecha de cumpleaños te hace honesto, romántico, encantador y amante de la diversión, pero también alguien capaz de alcanzar la prosperidad por medio de la dedicación y la paciencia. La subinfluencia del mes número 12 indica que se te dificulta decidir qué quieres de la vida. Te preocupa perder oportunidades, así que intentas hacer demasiado y desperdigas tus energías. Aunque eres amistoso, optimista y un romántico empedernido, te gusta pensar de forma independiente y mantener tu autonomía y libertad. Eres inteligente e inquieto, por lo que te beneficiará mucho desarrollar una filosofía de vida sólida y usar el sentido común para educarte a cabalidad y comprometerte con el aprendizaje de temas metafísicos.

• *Cualidades positivas:* ambición, creatividad, amor por la libertad, autoexpresión, iniciativa.

• *Cualidades negativas:* impulsividad, indecisión, autoritarismo, falta de sensibilidad, rebeldía.

Amor y relaciones

Puesto que te gustan las oportunidades y los nuevos comienzos, necesitas rodearte de personas intelectualmente estimulantes que sean aventureras, idealistas y emprendedoras; de otro modo, te aburrirás e inquietarás. El lado hermético de tu naturaleza hace que prefieras guardarte lo que piensas , por lo que rara vez compartes tus sentimientos reales. Si eres paciente y prudente, construirás relaciones con mucho amor. Sueles ser cuidadoso para mezclar las relaciones personales con los negocios. Si desconfías y eres escéptico, afectarás tus relaciones al no estar dispuesto a comprometerte por completo. Cuando alguien te inspire, debes tener cuidado de no dejarte arrastrar por sus planes e ideas, pues podrías perder el rumbo.

ESE ALGUIEN ESPECIAL

Es más probable que encuentres a tu pareja ideal entre quienes nacieron en las siguientes fechas.

Amor y amistad: 13, 19, 23 y 28 de enero; 11, 17 y 21 de febrero; 9, 15, 19, 24, 28, 29 y 30 de marzo; 7, 13, 17, 26 y 27 de abril; 5, 11, 15, 24, 25 y 26 de mayo; 3, 9, 13, 22, 23 y 24 de junio; 1, 7, 11, 20, 21 y 22 de julio; 5, 9, 14, 18, 19 y 20 de agosto; 3, 7, 16, 17 y 18 de septiembre; 1, 5, 14, 15, 16, 29 y 31 de octubre; 3, 12, 13, 14, 27 y 29 de noviembre; 1, 10, 11, 12, 25, 27 y 29 de diciembre.

Buenas para ti: 7, 15, 20 y 31 de enero; 5, 13, 18 y 29 de febrero; 3, 11, 16 y 27 de marzo; 1, 9, 14 y 25 de abril; 7, 12 y 23 de mayo; 5, 10 y 21 de junio; 3, 8 y 19 de julio; 1, 6, 17 y 30 de agosto; 4, 15 y 28 de septiembre; 2, 13 y 26 de octubre; 11 y 24 de noviembre; 9 y 22 de diciembre.

Atracción fatal: 10, 11, 12 y 13 de junio.

Desafiantes: 6, 14 y 30 de enero; 4, 12 y 28 de febrero; 2, 10 y 26 de marzo; 8 y 24 de abril; 6 y 22 de mayo; 4 y 20 de junio; 2 y 18 de julio; 16 de agosto; 14 de septiembre; 12 de diciembre; 10 de noviembre; 8 de diciembre.

Almas gemelas: 30 de abril, 28 de mayo, 26 de junio, 24 de julio, 22 de agosto, 20 de septiembre, 18 y 30 de octubre, 16 y 28 de noviembre, 14 y 26 de diciembre.

SOL: SAGITARIO

DECANATO: LEO/SOL

ÁNGULO: 21° 30'–22° 30'
DE SAGITARIO

MODALIDAD: MUTABLE

ELEMENTO: FUEGO

ESTRELLA FIJA

Nombre de la estrella: Rasalhague, que
significa "cabeza del encantador de
serpientes"

Posición: 21° 28'–22° 26' de Sagitario,
entre los años 1930 y 2000

Magnitud: 2

Fuerza: ★★★★★★★★

Órbita: 2° 10'

Constelación: Ofiuco (Alpha Ophiuchi)

Días efectivos: 13, 14, 15 y 16 de diciembre

Propiedades de la estrella: Saturno/
Venus

Descripción: estrella brillante blanca y
azul zafiro ubicada en la cabeza de
Ofiuco

INFLUENCIA DE
LA ESTRELLA PRINCIPAL

Rasalhague transmite ansias de conocimiento y educación, humanismo, amplitud de miras y perspectivas liberales.
También es posible que te interesen la
filosofía y la religión, y que tengas un don
particular para la visualización.

Con respecto a tu grado del Sol, Rasalhague alude a una naturaleza reservada y considerada. Puede indicar éxito
en los negocios, gracias a tu capacidad
para concentrarte en proyectos grandes
o a tu pensamiento complejo. Suele traer
consigo grandes logros individuales que
te marcarán como alguien que nació antes de tiempo. Sin embargo, también confiere suspicacia y supone la necesidad de
aprender a confiar en otros para obtener
popularidad y ampliar tu círculo social.

· *Positiva:* vinculación con grandes
empresas, implicación en deportes, buenos ingresos.

· *Negativa:* suspicacia, energías dispersas, exceso de seriedad.

14 de diciembre

↗ A pesar de ser un Sagitario incansable e idealista que ansía aventuras, viajes y
emociones, tu sentido común y necesidad de estabilidad y seguridad reflejan que
también eres astuto y observador. Sin embargo, el deseo de variedad y cambio
también indica que no te gusta dormirte en tus laureles ni conformarte con algo que
no sea lo mejor.

La subinfluencia de Leo, el regente de tu decanato, contribuye a tu confianza personal y, gracias a tu espíritu optimista y entusiasta, te permite producir muchas ideas
nobles o elevadas. Eres franco y de convicciones y opiniones fuertes que necesitas expresar. También eres activo y posees buenas habilidades organizacionales. Te sientes
más satisfecho cuando trabajas o planeas, que cuando desperdicias tu energía en trivialidades. Puesto que prefieres establecer una base sólida a partir de la cual construir tu
vida, te beneficiarás al trabajar con ideales o proyectos a largo plazo en los cuales creas.

Ser inteligente e intuitivo te permite aprovechar cualquier información que tengas
al alcance. A menudo, recurres a la educación para evitar aburrirte, ya que la sabiduría
y el deseo de conocimiento te motivan. Esto significa que te vendría bien ahondar en la
filosofía o la espiritualidad. Sin importar si tus estudios son autodidactas o convencionales, disfrutas cualquier tipo de proeza mental que te ayude a ampliar tus horizontes.

Entre los ocho y los 37 años, tu Sol progresado atravesará Capricornio y traerá
consigo una necesidad creciente de tener orden y estructura en tu vida, lo que gradualmente hará que te orientes a alcanzar tus metas y seas más responsable. A los 38 habrá
un punto de inflexión, cuando tu Sol progresado se desplace hacia Acuario y sobresalga
el deseo de independencia, ideas progresistas y expresión de la individualidad. Otro
ajuste de prioridades ocurrirá a los 68 años, cuando tu Sol progresado entre a Piscis y
se acentúen cuestiones de sensibilidad emocional, imaginación y conciencia psíquica.

Tu yo secreto

A pesar de aparentar confianza, una dicotomía interna revela tanto tu necesidad de
buscar experiencias nuevas y emocionantes así como las ansias de tener paz mental.
Aunque la inquietud te empuje a triunfar, también provoca insatisfacciones que derivan en evasión y autocomplacencia excesiva. Por ende, es importante forjar una vida
bien equilibrada. Si aprendes a ser introspectivo y tranquilo, desarrollarás paciencia y
serenidad internas.

Tus instintos ágiles y tu gran sensibilidad te convierten en una persona sumamente
intuitiva. Si fortaleces estas cualidades, podrás aprovechar tu perspicacia y obtener
sabiduría que te permita inspirar a otros e influir en ellos. No obstante, a pesar de
querer ayudar a otros, debes procurar no ser demasiado crítico ni autoritario. Al ser un
idealista que quiere mejorar el mundo, por lo regular, te sientes más satisfecho cuando
apoyas una causa de forma desinteresada y sirves a tu comunidad.

Trabajo y vocación

Con tu espíritu emprendedor y habilidades de organización, acostumbras pensar en grande. Tu mente ágil y astuta está llena de ideas productivas que te ayudarán a triunfar en los negocios, sobre todo en las ventas, el trabajo en agencias o las promociones. Dado que eres independiente, necesitas tener la libertad de trabajar a tu manera, pero eso no significa que no estés consciente de las ventajas del trabajo cooperativo. Esto puede llevarte a trabajar en equipo o en asociaciones, lo que podría ser muy productivo para ti. Gracias a tu extraordinario sentido común y filosofía personal, podrías actuar como consejero de otros o interesarte en especial en el estudio de la psicología o el pensamiento espiritual. La capacidad para articular tus ideas y tu sed de conocimiento o sabiduría también podrían inclinarte hacia el mundo de la escritura, la publicidad o el sector editorial. Asimismo, a mucha gente nacida en esta fecha le atraen los deportes.

Entre las personas famosas con quienes compartes cumpleaños están las actrices Jane Birkin, Patty Duke y Lee Remick; la escritora Shirley Jackson; el músico Spike Jones; el tenista Stan Smith, y la política estadounidense Margaret Chase Smith.

Numerología

Potencial intelectual, pragmatismo y determinación son solo algunas de las cualidades ligadas a un cumpleaños con el número 14. A menudo priorizas tu trabajo y juzgas a los demás y a ti mismo con base en logros laborales. Aunque necesitas estabilidad, la inquietud que el número 14 sugiere te insta a seguir adelante y enfrentar nuevos retos en un esfuerzo constante por mejorar tus condiciones. Esta insatisfacción inherente también puede inspirarte a hacer grandes cambios en tu vida, sobre todo si estás inconforme con tus condiciones laborales o tu estado financiero. Gracias a tu perspicacia respondes con rapidez a los problemas y disfrutas resolverlos. La subinfluencia del mes número 12 indica que eres ambicioso, idealista y aventurero. Aunque tengas una visión pragmática y mucho sentido común, quieres emociones y acostumbras poner a prueba tu ingenio al correr riesgos. Sin embargo, evita que estos riesgos sean de índole financiera, pues podrías terminar muy endeudado. Una vez que entiendes que el conocimiento es poder, eres capaz de crecer y ampliar tu panorama más allá de lo imaginable.

• *Cualidades positivas:* acciones decisivas, trabajo arduo, suerte, creatividad, pragmatismo, imaginación, oficio.

• *Cualidades negativas:* exceso de cautela o impulsividad, inestabilidad, desconsideración, terquedad.

Amor y relaciones

Tu personalidad inquisitiva y agilidad mental hacen que disfrutes interactuar con personas positivas y emprendedoras que te motiven e inspiren. Aunque eres idealista y romántico, no siempre eres capaz de expresar tus emociones más profundas. Sin embargo, una vez que te comprometes con una pareja, eres leal y amoroso. El dinero y la seguridad financiera serán factores importantes en tus relaciones, pues, generalmente, ansías tener seguridad y comodidades. Con frecuencia te atraen personas inteligentes que se salen de lo convencional y que poseen confianza en sí mismas. Eres solidario, pero debes evitar ser demasiado autoritario con tus seres queridos.

ESE ALGUIEN ESPECIAL

Si buscas a una pareja que te motive, es probable que la encuentres entre quienes nacieron en las siguientes fechas.

Amor y amistad: 3, 4, 14, 17, 20 y 24 de enero; 1, 2, 12, 18 y 22 de febrero; 10, 16, 20, 29 y 30 de marzo; 8, 11, 14, 18, 27 y 28 de abril; 6, 12, 16, 25, 26 y 31 de mayo; 4, 10, 14, 23, 24 y 29 de junio; 2, 8, 12, 21, 22 y 27 de julio; 3, 6, 10, 19, 20 y 25 de agosto; 4, 8, 17, 18 y 23 de septiembre; 2, 6, 15, 16, 21 y 30 de octubre; 4, 13, 14, 19, 28 y 30 de noviembre; 2, 11, 12, 17, 26, 28 y 30 de diciembre.

Buenas para ti: 4, 8 y 21 de enero; 1, 2, 6 y 19 de febrero; 4, 17 y 28 de marzo; 2, 15 y 16 de abril; 13 y 24 de mayo; 11 y 22 de junio; 9 y 20 de julio; 7, 18 y 31 de agosto; 5, 16 y 29 de septiembre; 3, 14 y 27 de octubre; 1, 12 y 25 de noviembre; 10 y 23 de diciembre.

Atracción fatal: 31 de mayo; 11, 12, 13, 14, 15 y 29 de junio; 27 de julio; 25 de agosto; 23 de septiembre; 21 de octubre; 19 de noviembre; 11 y 17 de diciembre.

Desafiantes: 7, 10, 15 y 31 de enero; 5, 8, 13 y 29 de febrero; 3, 6, 11 y 27 de marzo; 1, 4, 9 y 25 de abril; 2, 7 y 23 de mayo; 5 y 21 de junio; 3 y 19 de julio; 1 y 17 de agosto; 15 de septiembre; 13 de octubre; 11 de noviembre; 9 de diciembre.

Almas gemelas: 31 de marzo, 29 de abril, 27 de mayo, 25 de junio, 23 de julio, 21 de agosto, 19 de septiembre, 17 y 29 de octubre, 15 y 27 de noviembre, 13 y 25 de diciembre.

SOL: SAGITARIO
DECANATO: LEO/SOL
ÁNGULO: 22º 30'–23º 30'
DE SAGITARIO
MODALIDAD: MUTABLE
ELEMENTO: FUEGO

15 de diciembre

Eres un Sagitario creativo, imaginativo, con múltiples talentos, una personalidad dinámica y muchos intereses. Eres alegre, amigable y encantador y, por lo regular, llevas una vida social activa y tienes un enfoque optimista. Puesto que tienes muchos talentos, ser tenaz y pragmático reforzará tus probabilidades de éxito.

La subinfluencia de Leo, el regente de tu decanato, contribuye a tu optimismo, y se refleja en tu personalidad orgullosa y emprendedora. La necesidad de seguridad implica que constantemente buscas una situación ideal que te brinde variedad y estímulos intelectuales. Tu mente brillante querrá explorar muchos temas, aunque también esto puede volverse fuente de confusión si te impones demasiados objetivos. Esto también apunta a que la insatisfacción será uno de los principales desafíos que enfrentarás en la vida, y si a eso se suman problemas monetarios, como falta de recursos económicos, podrías volverte cínico o angustioso. A pesar de que a veces eres indeciso, una vez que elijes el plan de acción eres tenaz y enfocado hasta lograr tus objetivos.

Eres ágil e ingenioso, y tu perspicacia te permite entender a la gente, ya que tanto las cosas como las personas te inspiran una gran curiosidad. Aunque disfrutas colaborar con otros, a veces eres impredecible o te comportas de forma impulsiva, y provocas intranquilidad y malentendidos. Por fortuna, eres lo suficientemente sensible e intuitivo como para percibir las tensiones y tener tacto siempre que sea necesario.

De los siete a los 36 años, conforme tu Sol progresado atraviesa Capricornio, adquirirás una conciencia creciente de tus metas y ambiciones de vida, y darás mayor importancia a adoptar un enfoque práctico y realista. A los 37 años, cuando tu Sol progresado entre a Acuario, habrá un punto de inflexión en el que destacará tu necesidad creciente de independencia, ideas progresistas y expresión de la individualidad. A los 67, cuando tu Sol progresado se desplace hacia Piscis, se acentuarán tu sensibilidad emocional, imaginación e intuición.

Tu yo secreto

Eres un conversador ingenioso, con refinadas habilidades sociales, que conoce bien la naturaleza humana y es capaz de interactuar con gente de cualquier contexto. Tu aptitud innata para los negocios y comprensión profunda de los valores te confiere habilidades de liderazgo y la capacidad de juzgar con facilidad las motivaciones ajenas. Asimismo, tener una mente inventiva y una individualidad férrea te permitirá descubrir que la mayor satisfacción en la vida proviene de desarrollar tu lado humanitario o de expresar tu profunda originalidad.

Las cualidades instintivas y de agilidad que esta fecha de nacimiento conlleva se entrelazan bien con tu personalidad visionaria y versátil. Dado que eres orgulloso, te resulta importante proyectar una imagen positiva, por lo que es probable que procures rodearte de gente inteligente. Necesitas enfocarte y desarrollar tenacidad y autoconciencia para superar tus limitaciones, ya que deseas variedad y acción para apaciguar tu inquietud interna. Puesto que el dinero puede ser un factor de incertidumbre importante, procura no ser demasiado despilfarrador y toma precauciones por si, en el futuro, experimentas altibajos en tus finanzas.

ESTRELLAS FIJAS

Rasalhague, "cabeza del encantador de serpientes"; Lesath, "el aguijón"

ESTRELLA PRINCIPAL

Nombre de la estrella: Rasalhague, "cabeza del encantador de serpientes"

Posición: 21º 28'–22º 26' de Sagitario, entre los años 1930 y 2000

Magnitud: 2

Fuerza: ★★★★★★★★

Órbita: 2º 10'

Constelación: Ofiuco (Alpha Ophiuchi)

Días efectivos: 13, 14, 15 y 16 de diciembre

Propiedades de la estrella: Saturno/ Venus

Descripción: estrella brillante blanca y azul zafiro ubicada en la cabeza de Ofiuco

INFLUENCIA DE LA ESTRELLA PRINCIPAL

Rasalhague transmite ansias de conocimiento y educación, humanismo, amplitud de miras y perspectivas liberales. También es posible que te interesen la filosofía y la religión, y que tengas un don particular para la visualización.

Con respecto a tu grado del Sol, Rasalhague alude a una naturaleza reservada y considerada. Puede indicar éxito en los negocios y suele traer consigo grandes logros individuales que te marcarán como alguien que nació antes de tiempo. Sin embargo, también confiere suspicacia y supone la necesidad de aprender a confiar en otros para obtener popularidad y ampliar tu círculo social.

Trabajo y vocación

Puesto que aprehendes las situaciones con gran rapidez, te aburres fácilmente y te desagrada la rutina. Esto apunta a que necesitas una carrera donde haya variedad y estés constantemente en movimiento. No temas arriesgarte a ir más lejos de lo esperado si surgen prospectos laborales prometedores, ya que esto, generalmente, resultará bien para ti. Con tu encanto y habilidades sociales excepcionales, necesitas una ocupación que incluya tratar con gente. Tu capacidad de persuasión y facilidad de palabra te permitirían desempeñarte como escritor, profesor o vendedor. Si te dedicaras a los negocios, sería probable que adoptaras un enfoque creativo y optaras por proyectos grandes. Por otro lado, la parte más histriónica de tu naturaleza encontraría cabida en las artes escénicas o la música, en donde podrías expresar tus ideas y visiones originales.

Entre las personas famosas con quienes compartes cumpleaños están la escritora Edna O'Brien; el ingeniero Alexandre Eiffel, y el magnate J. Paul Getty.

Numerología

El número 15 sugiere versatilidad, entusiasmo e inquietud. Por lo regular, eres ágil y carismático. Tus más grandes atributos son tus poderosos instintos y la habilidad para aprender rápido mediante la teoría y la práctica. En muchas ocasiones, logras ganar dinero mientras aprendes nuevas habilidades. Sueles utilizar tus poderes intuitivos y reconoces de inmediato las oportunidades cuando se presentan. Por lo general, eres despreocupado, entusiasta, te gusta correr riesgos y recibes lo inesperado con los brazos abiertos. Si bien eres aventurero por naturaleza, necesitas encontrar una base real o un hogar que puedas llamar propio. La subinfluencia del mes número 12 indica que eres idealista y optimista, y que posees habilidades psíquicas. Si un concepto o una persona te inspiran, te vuelves entusiasta y apasionado, pero pierdes el interés al poco tiempo si te aburres. Eres sumamente talentoso y tienes muchos intereses, por lo que querrás ampliar tus horizontes intelectuales a través del estudio y los viajes. Aunque quizás haya altibajos en tus circunstancias financieras, por lo regular, tienes facilidad para atraer dinero o recibir ayuda y apoyo de otras personas.

• *Cualidades positivas:* disposición, generosidad, responsabilidad, gentileza, cooperación, aprecio, creatividad.

• *Cualidades negativas:* desestabilización, irresponsabilidad, egocentrismo, miedo al cambio, preocupación, indecisión, materialismo.

Amor y relaciones

Eres sociable y encantador, por lo que se te facilita hacer amistades. Eres generoso al socializar y, además ,haces que otros se sientan cómodos en tu presencia. Las preocupaciones e inseguridades suelen girar en torno a la falta de dinero y causar estrés en relaciones estables; por ende, debes aprender a pensar de forma positiva y tener fe. Dado que eres atractivo, no se te dificulta conseguir pareja. Cuando te enamoras, eres compasivo y amoroso, haces concesiones y antepones las necesidades del otro antes que las tuyas. No obstante, tiendes a ser voluble lo que implica que, aunque eres cálido y afectuoso, cuando te sientes inseguro apagas tus emociones y te vuelves frío e indiferente.

• *Positiva:* vinculación con grandes empresas, implicación en deportes, buenos ingresos.

• *Negativa:* suspicacia, energías dispersas, exceso de seriedad.

ESE ALGUIEN ESPECIAL

Es posible que encuentres a una pareja que te inspire entre quienes nacieron en las siguientes fechas.

Amor y amistad: 11, 21 y 25 de enero; 19 y 23 de febrero; 17, 21 y 30 de marzo; 5, 15, 19, 28 y 29 de abril; 13, 17, 26 y 27 de mayo; 11, 15, 24, 25 y 30 de junio; 9, 13, 22, 23 y 28 de julio; 7, 11, 20, 21, 26 y 30 de agosto; 5, 9, 18, 19, 24 y 28 de septiembre; 3, 7, 16, 17, 22, 26 y 29 de octubre; 1, 5, 14, 15, 20, 24 y 27 de noviembre; 3, 12, 13, 18, 22, 25, 27 y 29 de diciembre.

Buenas para ti: 5, 13, 16, 22 y 28 de enero; 3, 11, 14, 20 y 26 de febrero; 1, 9, 12, 18, 24 y 29 de marzo; 7, 10, 16, 22 y 27 de abril; 5, 8, 14, 20 y 25 de mayo; 3, 6, 12, 18 y 23 de junio; 1, 4, 10, 16 y 21 de julio; 2, 8, 14 y 19 de agosto; 6, 12 y 17 de septiembre; 4, 10 y 15 de octubre; 2, 8 y 13 de noviembre; 6 y 11 de diciembre.

Atracción fatal: 13, 14, 15, 16 y 30 de junio; 28 de julio; 26 de agosto; 24 de septiembre; 22 de octubre; 20 de noviembre; 18 de diciembre.

Desafiantes: 2, 23 y 30 de enero; 21 y 28 de febrero; 19, 26 y 28 de marzo; 17, 24 y 26 de abril; 15, 22 y 24 de mayo; 13, 20 y 22 de junio; 11, 18 y 20 de julio; 16, 18 y 19 de agosto; 7, 14 y 16 de septiembre; 5, 12 y 14 de octubre; 3, 10 y 12 de noviembre; 1, 8 y 10 de diciembre.

Almas gemelas: 14 y 22 de enero, 12 y 20 de febrero, 10 y 18 de marzo, 8 y 16 de abril, 6 y 14 de mayo, 4 y 12 de junio, 2 y 10 de julio, 8 de agosto, 6 de septiembre, 4 de octubre, 2 de noviembre.

SOL: SAGITARIO
DECANATO: LEO/SOL
ÁNGULO: 23º 30'–24 30'
DE SAGITARIO
MODALIDAD: MUTABLE
ELEMENTO: FUEGO

16 de diciembre

ESTRELLAS FIJAS

Rasalhague, "cabeza del encantador de serpientes"; Lesath, "el aguijón"

ESTRELLA PRINCIPAL

Nombre de la estrella: Rasalhague, "cabeza del encantador de serpientes"

Posición: 21º 28'–22º 26' de Sagitario, entre los años 1930 y 2000

Magnitud: 2

Fuerza: ★★★★★★★★

Órbita: 2º 10'

Constelación: Ofiuco (Alpha Ophiuchi)

Días efectivos: 13, 14, 15 y 16 de diciembre

Propiedades de la estrella: Saturno/ Venus

Descripción: estrella brillante blanca y azul zafiro ubicada en la cabeza de Ofiuco

INFLUENCIA DE LA ESTRELLA PRINCIPAL

Rasalhague transmite ansias de conocimiento y educación, humanismo, amplitud de miras y perspectivas liberales. También es posible que te interesen la filosofía y la religión, y que tengas un don particular para la visualización.

Con respecto a tu grado del Sol, Rasalhague alude a una naturaleza reservada y considerada. Puede indicar éxito en los negocios y suele traer consigo grandes logros individuales que te marcarán como alguien que nació antes de tiempo. Sin embargo, también confiere suspicacia y supone la necesidad de aprender a confiar en otros para obtener popularidad y ampliar tu círculo social.

Al haber nacido bajo el signo de Sagitario, eres ambicioso y cosmopolita; disfrutas los encuentros sociales y te caracterizas por tus nociones idealistas. Ser orgulloso y carismático te ayuda a obtener la aprobación de los demás. Al ser un individuo humanitario, demuestras amor y afecto cuando expresar tus emociones más intensas; sin embargo, si eres egocéntrico, lo haces de manera jactanciosa.

La subinfluencia de Leo, el regente de tu decanato, fortalece tu confianza personal. Debido a tu espíritu de esperanza y optimismo, sueles tener ideas nobles y elevadas. Aunque exhibes una gran generosidad y bondad, los conflictos emocionales entre el deber y el deseo de libertad te generan ciertas inseguridades. Cuando te sientes insatisfecho a nivel emocional, despilfarras con tal de impresionar a otros. No obstante, tu sensibilidad también se refleja en tu corazón compasivo. Si desarrollas una perspectiva más filosófica, encontrarás el equilibrio entre las partes extremistas de tu naturaleza.

Eres inteligente y disfrutas aprender y debatir. Como eres ingenioso y tienes un gran sentido del humor, tu forma de socializar resulta atrayente y entretenida. Sin embargo, debes evitar ser cínico o usar tu lengua mordaz para generar tensiones y disputas.

Entre los seis y los 35 años, conforme tu Sol progresado cruza Capricornio, sentirás la necesidad de adoptar un enfoque más práctico para alcanzar tus metas. A los 36 años habrá un punto de inflexión, cuando tu Sol progresado entre a Acuario. En ese momento resaltará el deseo de librarte de las responsabilidades, ser más independiente y expresar tu individualidad. Quizá también te involucres con cuestiones de espiritualidad universal, conciencia colectiva e ideales humanitarios. A los 66 habrá otro cambio de prioridades, cuando tu Sol progresado se desplace hacia Piscis. Es probable que a partir de entonces sobresalgan la sensibilidad y la imaginación.

Tu yo secreto

Tienes una personalidad fuerte, eres sociable y te gusta la diversión, pero también puedes ser diplomático cuando te conviene. Cuando estas cualidades se combinan con tu histrionismo innato, la gente se siente atraída por la imagen de seguridad y confianza que proyectas. Tu poder emocional te infunde una personalidad férrea que se refleja en tu carisma y generosidad. Cuando te sientes inspirado, quizá necesites expresarte y buscar reconocimiento público en los mundos del teatro, el arte, la música o la escritura. Aunque eres muy trabajador, es probable que tu vida social activa también esté entre los primeros lugares de tu lista de prioridades. Solo asegúrate de no pasar por alto la disciplina que se necesita para aprovechar al máximo tus talentos maravillosos.

Gracias a tu mente aguda y facilidad para ir al meollo del asunto, tienes una excelente capacidad para resolver problemas y disfrutas mucho emprender proyectos nuevos. Si fortaleces tu sensibilidad, podrás entenderte a ti mismo y la vida de forma más profunda y evitar posibles periodos de frustración o depresión. La habilidad para identificar las paradojas y cosas absurdas de la vida te mantendrá de buen humor y con buen equilibrio mental. Es importante que estés ocupado el mayor tiempo posible, ya sea trabajando o haciendo cosas creativas, y así aproveches tu potencial para lograr cosas extraordinarias.

Trabajo y vocación

Tu agilidad y agudeza mentales serán tus atributos más valiosos y resultarán especialmente útiles en carreras como escritor, conferencista o político. Posees un espíritu emprendedor, tenacidad y voluntad de trabajar arduamente. Tus habilidades de liderazgo, organización y planeación estratégica son ideales para los negocios. Puesto que valoras tu libertad, necesitas que te permitan trabajar a tu manera o, tal vez, decidas emprender por tu cuenta. Por otro lado, tu necesidad de expresión personal e inclinación hacia el histrionismo podrían guiarte hacia la música, el arte o la actuación. Además, tus habilidades psicológicas innatas te permitirían disfrutar una carrera que requiera cierta comprensión de la naturaleza humana.

Entre las personas famosas con quienes compartes cumpleaños están los escritores Jane Austen y Philip K. Dick; el compositor Ludwig van Beethoven; la pintora Remedios Varo y la antropóloga Margaret Mead.

Numerología

El número 16 sugiere que eres sensible, considerado y amigable. Aunque eres analítico, sueles juzgar la vida según cómo te sientas. Sin embargo, con la personalidad de alguien nacido en un día 16, vivirás tensiones internas, ya que te debates entre tu necesidad de expresión personal y las responsabilidades que tienes con los demás. Tal vez te interesen la política y los asuntos internacionales, y puedes integrarte a corporaciones trasnacionales o a los medios de comunicación. Los más creativos de entre los nacidos en este día pueden tener talento para la escritura, con destellos repentinos de inspiración. Si tu cumpleaños es en un día 16, quizá deberás aprender a equilibrar tu exceso de confianza con tus dudas e inseguridades. La subinfluencia del mes número 12 indica que eres optimista. Tu intuición y capacidad de análisis te convierten en un astuto psicólogo, con buena perspicacia para entender las motivaciones humanas. Eres capaz de brindar los incentivos adecuados, así como de mezclar los negocios con el placer. Disfrutas los gestos histriónicos. Aunque, por lo regular, eres bondadoso y amigable, ten cuidado de no parecer arrogante, egoísta ni autoelogiarte.

• *Cualidades positivas:* conocedor, responsabilidad en el hogar y con la familia, integridad, intuición, sociabilidad, cooperación, perspicacia.

• *Cualidades negativas:* preocupación, insatisfacción, irresponsabilidad, dogmatismo, escepticismo, tendencia a ser quisquilloso, irritabilidad, falta de empatía.

Amor y relaciones

Conocer gente de contextos diversos es señal de que te gusta navegar por varios círculos sociales. Eres amistoso, relajado y posees un buen sentido del humor que sale a relucir cuando socializas y te diviertes. Eres joven de corazón y muy apasionado, y quieres experimentar distintos tipos de relaciones y no sentar cabeza demasiado joven. Por lo regular, te atraen personas con talento artístico y creativas para los negocios. Al ser consciente de la imagen que proyectas, quieres aparentar astucia para impresionar a otros, y sueles tener gestos bondadosos, espontáneos y generosos. Eres buen anfitrión, te gusta invitar a tus amistades y haces que la gente se la pase bien.

• *Positiva:* vinculación con grandes empresas, implicación en deportes, buenos ingresos.

• *Negativa:* suspicacia, energías dispersas, exceso de seriedad.

ESE ALGUIEN ESPECIAL

Si buscas seguridad, estímulo intelectual y amor, empieza por buscarlos entre quienes nacieron en las siguientes fechas.

Amor y amistad: 6, 16, 18, 22 y 26 de enero; 4, 14, 20 y 24 de febrero; 2, 12, 18 y 22 de marzo; 10, 12, 16, 20 y 30 de abril; 8, 14, 18 y 28 de mayo; 6, 12, 16 y 26 de junio; 4, 10, 14, 24, 26 y 31 de julio; 2, 4, 8, 12, 22 y 29 de agosto; 6, 10, 20 y 27 de septiembre; 4, 8, 18 y 25 de octubre; 2, 6, 16, 23 y 30 de noviembre; 4, 14, 21, 28 y 30 de diciembre.

Buenas para ti: 6, 17, 23 y 31 de enero; 4, 15, 21 y 29 de febrero; 2, 13, 19, 27 y 30 de marzo; 11, 17, 25 y 28 de abril; 9, 15, 23 y 26 de mayo; 7, 13, 21 y 24 de junio; 5, 11, 19 y 22 de julio; 3, 9, 17 y 20 de agosto; 1, 7, 15, 18 y 30 de septiembre; 5, 13, 16 y 28 de octubre; 3, 11, 14 y 26 de noviembre; 1, 9, 12 y 24 de diciembre.

Atracción fatal: 14, 15, 16 y 17 de junio.

Desafiantes: 24 de enero; 22 de febrero; 20 y 29 de marzo; 18, 27 y 29 de abril; 6, 16, 25, 27 y 30 de mayo; 14, 22, 25 y 28 de junio; 12, 21, 23 y 26 de julio; 10, 19, 21 y 24 de agosto; 8, 17, 19 y 22 de septiembre; 6, 15, 17 y 20 de octubre; 4, 13, 15 y 18 de noviembre; 2, 11, 13 y 16 de diciembre.

Almas gemelas: 13 de enero, 11 de febrero, 9 de marzo, 7 de abril, 5 de mayo, 3 y 30 de junio, 1 y 28 de julio, 26 de agosto, 24 de septiembre, 22 de octubre, 20 de noviembre, 18 de diciembre.

SOL: SAGITARIO
DECANATO: LEO/SOL
ÁNGULO: 24º 30'–25º 30'
DE SAGITARIO
MODALIDAD: MUTABLE
ELEMENTO: FUEGO

17 de diciembre

ESTRELLAS FIJAS

Lesath, que significa "el aguijón"; Aculeus

ESTRELLA PRINCIPAL

Nombre de la estrella: Lesath, que significa "el aguijón"

Posición: 23º 2'–24º 0' de Sagitario, entre los años 1930 y 2000

Magnitud: 3

Fuerza: ★★★★★★

Órbita: 1º 40'

Constelación: Escorpión (Nu Scorpio)

Días efectivos: 15, 16, 17 y 18 de diciembre

Propiedades de la estrella: Mercurio/Marte

Descripción: pequeño sistema de cuatro estrellas rodeado por una nébula, ubicado en el aguijón del escorpión

---

INFLUENCIA DE
LA ESTRELLA PRINCIPAL

Lesath otorga una mente veloz y motivación personal. Es probable que seas ambicioso, tengas una naturaleza sociable y seas juicioso. Esta estrella confiere creatividad, ingenio y oportunidades para involucrarte en descubrimientos nuevos.

Con respecto a tu grado del Sol, Lesath indica éxito en las relaciones públicas, atracción por la escritura y el aprendizaje. Probablemente seas una persona ingeniosa que contribuye a la sociedad por medio de sus descubrimientos. Podrías ser un buen detective gracias a tu mente activa. Te caracterizas por tu franqueza, trabajo arduo, gran vitalidad y acciones veloces. Sin embargo, debes aprender a canalizar la energía a proyectos que valgan la pena y evitar actividades que podrían ponerte en peligro.

Eres un Sagitario inquisitivo y ambicioso, con una personalidad dinámica y una profunda sed de conocimiento. Eres optimista, creativo, y estás dispuesto a arriesgarte y ser innovador. Aunque eres ambicioso y con deseos intensos, ten cuidado de no ser autoritario ni de proyectar tu voluntad en los demás. Tu facilidad de comprensión y mente creativa hacen que necesites estímulos intelectuales permanentes y que constantemente busques ideas nuevas y emocionantes.

La subinfluencia del regente de tu decanato, Leo, le infunde vitalidad y confianza a tu visión del mundo. Eres emprendedor y posees excelentes habilidades prácticas que te permiten convertir tus ideas en productos tangibles. Ya sea que estés a la vanguardia o tras bambalinas, tu contribución marcará una diferencia significativa.

Aunque eres perspicaz y metódico, tu capacidad para ver las cosas en su totalidad y pensar de forma progresiva indica que te gusta refinar y mejorar los sistemas existentes. No obstante, quizá debas evitar ser demasiado crítico o preocuparte por problemas pequeños o insignificantes. El interés en la educación superior podría inclinarte hacia la filosofía y la espiritualidad, y, dado que eres capaz de comunicar tus ideas de forma precisa y tenaz, quizá te atraiga la investigación académica. El gusto por las palabras y el lenguaje también te confiere talento para la escritura.

Entre los cinco y los 34 años, conforme tu Sol progresado atraviesa Capricornio, te enfocarás en problemas prácticos y en la necesidad de poner orden y estructura en tu vida. A los 35 años habrá un punto de inflexión, cuando tu Sol progresado se desplace hacia Acuario. A partir de entonces, resaltará el deseo creciente de mayor independencia, conciencia colectiva e ideas progresistas, además de que querrás una mayor libertad y sentir que experimentas. A los 65 enfrentarás otra encrucijada, cuando tu Sol progresado se desplace hacia Piscis. Es probable que entonces te vuelvas más receptivo, emocionalmente sensible, empático e imaginativo. Es también un periodo de la vida en el que se acentúan tus talentos artístico, creativo y espiritual.

Tu yo secreto

Tu don de gentes y encanto innatos te convierten en una compañía amigable y estimulante. Gracias a tus buenas habilidades de comunicación, actitud afable y gracia social, tienes un trato refinado y diplomático. Estás consciente de tu imagen personal y quieres ser atractivo para los demás, pero tienes que procurar no ser vanidoso ni tratar de engañar a la gente.

Aunque eres afectuoso y solidario, y necesitas rodearte de gente, es vital que conserves tu independencia cuando entables relaciones con otras personas. Si mantienes un equilibrio saludable, evitarás los temores ocultos y los malos humores. Gracias a tus ideales elevados e imaginación activa, eres un pensador creativo y un visionario práctico. Es posible que aproveches estas habilidades para obtener beneficios materiales; por otro lado, también podría interesarte desarrollar tus talentos creativos y espirituales innatos. Aunque tienes una conciencia perspicaz con respecto al dinero, también sabes promover ideas o causas, y estás dispuesto a esforzarte mucho para alcanzar tus objetivos.

Trabajo y vocación

Tu percepción y agilidad mentales, capacidad para tomar las riendas y amor por el conocimiento te permitirían acercarte a la enseñanza, ya sea en un salón de clases o como capacitador empresarial. De igual modo, podrías triunfar en la escritura, las ciencias o la investigación, donde aprovecharías tu intelecto agudo. Tener excelentes habilidades sociales también te garantizaría el éxito en los negocios, las ventas, las relaciones públicas o las promociones de productos o servicios. Aunque eres independiente, quizás obtengas resultados especialmente benéficos si formas alianzas laborales o trabajas como parte de un equipo. Si acostumbras usar el lado más creativo de tu personalidad, quizá te resultaría satisfactorio dedicarte a la música u otras actividades creativas.

Entre las personas famosas con quienes compartes cumpleaños están los escritores Erskine Caldwell y Ford Madox Ford, el poeta John Greenleaf Whittier, el periodista William Safire, el científico Humphry Davy y el físico Joseph Henry.

Numerología

Al tener un cumpleaños con el número 17 sueles ser astuto, reservado y con habilidades analíticas. Eres un pensador independiente y talentoso, estás bien educado, y confías en tu experiencia personal. Aprovechas tus conocimientos de una forma particular para desarrollar tu pericia, lo que te permitirá ocupar una posición importante como especialista o investigador. El que seas reservado, introspectivo y te interesen los datos y cifras, se refleja en un comportamiento reflexivo y en que te guste tomarte tu tiempo. Al desarrollar tus habilidades comunicativas, descubrirás mucho de ti mismo a través de los demás. La subinfluencia del mes número 12 indica que eres intuitivo y posees múltiples talentos. Por lo regular, eres franco y directo, y no temes expresar tus opiniones fuertes, pero también eres propenso a la impaciencia y la inquietud. Si te sientes indeciso o preocupado, quizá vaciles a nivel emocional o financiero. Desarrolla perseverancia y aprende a ser diplomático y a confiar en tus relaciones con otros, con lo cual cosecharás los beneficios de los proyectos colaborativos y las alianzas.

• *Cualidades positivas:* amabilidad, pericia, planeación, instinto para los negocios, éxito financiero, intelecto personal, meticulosidad, precisión, talento para la investigación, capacidad científica.

• *Cualidades negativas:* desapego, terquedad, malhumor, hipersensibilidad, obcecación, crítica, preocupaciones, suspicacia.

Amor y relaciones

Eres inquisitivo y mentalmente inquieto, y te gusta rodearte de personas inteligentes, creativas y emprendedoras que han triunfado gracias a su ingenio y gran esfuerzo. Dado que sueles considerarte parte de un grupo y tienes una personalidad atractiva, se te facilita encontrar amigos y pareja. Aunque en lo intelectual eres independiente, en ocasiones sufres inseguridades afectivas, sobre todo si tu pareja no te brinda seguridad y confianza. Por lo regular, crees en las relaciones a largo plazo y buscas personas confiables en las que puedas confiar y con quienes puedas sentar cabeza.

• *Positiva:* astucia, creatividad, tenacidad, sentido común.

• *Negativa:* tendencia a la exageración, inestabilidad.

ESE ALGUIEN ESPECIAL

Es probable que tengas suerte en el amor con alguien que haya nacido en las siguientes fechas.

Amor y amistad: 1, 4, 20, 27 y 29 de enero; 2, 25 y 27 de febrero; 23 y 25 de marzo; 4, 21 y 23 de abril; 19, 21 y 29 de mayo; 17, 19 y 27 de junio; 15, 17 y 25 de julio; 6, 13, 15 y 23 de agosto; 11, 13 y 21 de septiembre; 9, 11 y 19 de octubre; 7, 9 y 17 de noviembre; 5, 7 y 15 de diciembre.

Buenas para ti: 3, 10, 15 y 18 de enero; 1, 8, 13 y 16 de febrero; 6, 11, 14, 29 y 31 de marzo; 4, 9, 12, 27 y 29 de abril; 2, 7, 10, 25 y 27 de mayo; 5, 8, 23 y 25 de junio; 3, 6, 21 y 23 de julio; 1, 4, 19 y 21 de agosto; 2, 17 y 19 de septiembre; 15 y 17 de octubre; 13 y 15 de noviembre; 11 y 13 de diciembre.

Atracción fatal: 30 de abril; 28 de mayo; 15, 16, 17, 18 y 26 de junio; 24 de julio; 22 de agosto; 20 de septiembre; 18 de octubre; 16 de noviembre; 14 de diciembre.

Desafiantes: 9, 14, 16 y 25 de enero; 7, 12, 14 y 23 de febrero; 5, 10, 12, 21, 28 y 30 de marzo; 3, 8, 10, 19, 26 y 28 de abril; 1, 6, 8, 17, 24 y 26 de mayo; 4, 6, 15, 22 y 24 de junio; 2, 4, 13, 20 y 22 de julio; 2, 11, 18 y 20 de agosto; 9, 16 y 18 de septiembre; 7, 14 y 16 de octubre; 5, 12 y 14 de noviembre; 3, 10 y 12 de diciembre.

Almas gemelas: 29 de diciembre.

SOL: SAGITARIO
DECANATO: LEO/SOL
ÁNGULO: 25º 30'–26º 30'
DE SAGITARIO
MODALIDAD: MUTABLE
ELEMENTO: FUEGO

18 de diciembre

Eres un Sagitario encantador, ambicioso y sensible, con emociones intensas, corazón de caballero y naturaleza tenaz. Ser cosmopolita y amistoso te impulsa a buscar reconocimiento y satisfacción emocional. Si encuentras un canal apropiado para expresar tu naturaleza histriónica, serás exitoso y alcanzarás la estabilidad emocional. Asimismo, si aprovechas tus habilidades diplomáticas y aprendes a colaborar con la gente, descubrirás que las alianzas y los esfuerzos colectivos traerán consigo muchas recompensas.

La subinfluencia de Leo, el regente de tu decanato, te infunde confianza propia y un espíritu de esperanza y creatividad. Ser optimista te ayuda a ampliar tus horizontes a través de los viajes y nuevas oportunidades. Eres obstinado y orgulloso, y posees un sentido propio de la justicia y la moral; no obstante, eres capaz de tener gestos de buena voluntad, además de ser generoso y de buen corazón.

A pesar de ser ecuánime y comprensivo, cuando insistes en que las cosas se hagan a tu manera, eres tenaz y crítico. Te gusta rodearte de lujos y cosas de la mejor calidad, y esas ansias de llevar una existencia de despilfarro indican que estás dispuesto a trabajar arduamente para poder mantener ese alto nivel de vida. No obstante, quizá debas tener cuidado de que tu aprecio por la sensualidad y la autocomplacencia no socaven la disciplina que necesitas para aprovechar al máximo tu gran potencial.

Entre los cuatro y los 33 años, conforme tu Sol progresado atraviesa Capricornio, sentirás la necesidad de adoptar un enfoque más práctico y realista para lograr tus metas. A los 34 habrá un punto de inflexión, cuando tu Sol progresado se desplace hacia Acuario, el cual resaltará un deseo de mayor independencia y expresión de la individualidad. Es posible que también te involucres con cuestiones de libertad, conciencia colectiva e ideales humanitarios. A los 64 años habrá otro cambio de rumbo, cuando tu Sol progresado entre a Piscis. A partir de ahí, sobresaldrá tu receptividad emocional, imaginación y conciencia psíquica.

Tu yo secreto

Eres carismático, sociable y especialista en contacto personal. Además, tienes encanto y eres un excelente juez de las motivaciones ajenas, cualidades que te ayudan en cualquier situación. La combinación de intelecto agudo y habilidades psicológicas se refleja en que tu humor es tanto perspicaz como mordaz y entretenido. A veces eres provocador y te gustan los desafíos mentales y poner a prueba tu ingenio e inteligencia frente a otras personas. No obstante, la compañía es importante para ti y estás dispuesto a ceder con tal de mantener la paz.

Cuando tienes una meta o un propósito, eres sumamente dedicado y trabajador. Si enfrentas obstáculos, podrás desarrollar la entereza necesaria para seguir adelante y hacer grandes sacrificios. Quizá sea necesario que aprendas a equilibrar los extremos de tu naturaleza, pues eres capaz de ir de las alturas a las profundidades, desde el humanitarismo, la compasión y el desapego a la frustración, la depresión y la seriedad excesiva. A través del autoanálisis y la confianza en tu perspicacia profunda, aprovecharás al máximo tus talentos excepcionales.

ESTRELLAS FIJAS

Lesath, que significa "el aguijón"; Aculeus

ESTRELLA PRINCIPAL

Nombre de la estrella: Lesath, que significa "el aguijón"
Posición: 23º 2'–24º 0' de Sagitario, entre los años 1930 y 2000
Magnitud: 3
Fuerza: ★★★★★
Órbita: 1º 40'
Constelación: Escorpión (Nu Scorpio)
Días efectivos: 15, 16, 17 y 18 de diciembre
Propiedades de la estrella: Mercurio/ Marte
Descripción: pequeño sistema de cuatro estrellas rodeado por una nébula, ubicado en el aguijón del escorpión

INFLUENCIA DE LA ESTRELLA PRINCIPAL

Lesath otorga una mente veloz y motivación personal. Es probable que seas ambicioso, tengas una naturaleza sociable y seas juicioso. Esta estrella confiere creatividad, ingenio y oportunidades para involucrarte en descubrimientos nuevos.

Con respecto a tu grado del Sol, Lesath indica éxito en las relaciones públicas, atracción por la escritura y el aprendizaje. Probablemente seas una persona ingeniosa que contribuye a la sociedad por medio de sus descubrimientos. Podrías ser un buen detective gracias a tu mente activa. Te caracterizas por tu franqueza, trabajo arduo, gran vitalidad y acciones veloces. Sin embargo, debes aprender a canalizar la energía a proyectos que valgan la pena y evitar actividades que podrían ponerte en peligro.

Trabajo y vocación

Eres ambicioso, carismático e independiente. De manera natural, ascenderás a puestos de poder en los que puedas usar tus habilidades de liderazgo naturales. Tu encanto y habilidades sociales avanzadas te permitirán triunfar en casi cualquier actividad que implique trabajar con gente. Si trabajas duro, tu espíritu emprendedor, fachada de seguridad en ti mismo y carácter competitivo te ayudarán a ser exitoso en los negocios, sobre todo si tienes facilidad para obtener contactos útiles. Tus habilidades comunicativas también podrían resultarte útiles en la escritura, las ventas, el mundo editorial o la enseñanza. Gracias a tu veta histriónica, sobresaldrías en el mundo del entretenimiento y la política. Por otro lado, podrías aprovechar el lado humanitario de tu naturaleza en el trabajo filantrópico, las reformas sociales y la recaudación de fondos.

Entre las personas famosas con quienes compartes cumpleaños están los actores Brad Pitt y Betty Grable, el director de cine Steven Spielberg, el músico Keith Richards, el pintor Paul Klee y el activista Steve Biko.

Numerología

Algunos de los atributos asociados con el número 18 en la fecha de cumpleaños son tenacidad, asertividad y ambición. Eres activo y te gustan los cambios, por lo que procuras mantenerte ocupado y sueles participar en todo tipo de proyectos. Eres competente, trabajador y responsable, por lo cual se te facilita ascender a posiciones de autoridad. Por otro lado, tu facilidad para los negocios y habilidades organizacionales pueden inclinarte hacia el mundo del comercio. Dado que sufres por trabajar en exceso, es importante que aprendas a relajarte y a bajar la velocidad de vez en cuando. Con la personalidad de alguien nacido en un día 18 puedes usar tus poderes para sanar a otros, dar consejos valiosos o resolver problemas ajenos. La subinfluencia del mes número 12 indica que eres honesto e idealista, y posees sentimientos intensos, pero también que necesitas crecer y expandirte para alcanzar la satisfacción emocional. Posees múltiples talentos y eres versátil, pero, si no tienes los medios para expresarte, te vuelves inquieto e inestable. Aunque seas generoso y amistoso, también puedes proyectar orgullo y arrogancia. Lo recomendable sería que aprendieras a ser menos exigente y que evitaras imponer tu voluntad.

• *Cualidades positivas:* actitud progresista, asertividad, intuición, valentía, determinación, capacidad de sanación, eficiencia, facilidad para asesorar.

• *Cualidades negativas:* hipersensibilidad, emociones descontroladas, pereza, desorden, egoísmo.

Amor y relaciones

Eres dinámico, generoso y compasivo, y te dejas llevar por tus emociones. Te atraen personas poderosas, frente a quienes te muestras seguro de ti mismo porque te gusta causar una buena impresión. Aunque eres leal y solidario, en ocasiones te desilusionas o bloqueas a nivel emocional y se te dificulta expresar lo que en verdad sientes. Aunque buscas paz y armonía en las relaciones, quizá resientas los cambios y te vuelvas autoritario u obstinado. Procuras ser paciente y haces sacrificios para no perturbar el orden en las relaciones, pero tienes que aprender a soltar las cosas si no están funcionando.

• *Positiva:* astucia, creatividad, tenacidad, sentido común.

• *Negativa:* tendencia a la exageración, inestabilidad.

ESE ALGUIEN ESPECIAL

Si buscas una relación inspiradora, es posible que encuentres a una pareja amorosa entre quienes nacieron en las siguientes fechas.

Amor y amistad: 2 y 28 de enero; 26 de febrero; 24 de marzo; 22 de abril; 20, 29 y 30 de mayo; 18, 27 y 28 de junio; 16, 25 y 26 de julio; 14, 23 y 24 de agosto; 12, 21 y 22 de septiembre; 10, 19, 20, 29 y 31 de octubre; 8, 17, 18, 27 y 29 de noviembre; 6, 15, 16, 25 y 27 de diciembre.

Buenas para ti: 2, 10, 13 y 16 de enero; 8, 11 y 14 de febrero; 6, 9 y 12 de marzo; 4, 7 y 10 de abril; 2, 5 y 8 de mayo; 3 y 6 de junio; 1, 4 y 30 de julio; 21, 28 y 30 de agosto; 26 y 28 de septiembre; 24 y 26 de octubre; 22 y 24 de noviembre; 20, 22 y 30 de diciembre.

Atracción fatal: 31 de octubre, 29 de noviembre, 27 de diciembre.

Desafiantes: 3, 9 y 10 de enero; 1, 7 y 8 de febrero; 5, 6 y 31 de marzo; 3, 4 y 29 de abril; 1, 2 y 27 de mayo; 25 de junio; 23 de julio; 2, 21 y 31 de agosto; 19 y 29 de septiembre; 17 y 27 de octubre; 15 y 25 de noviembre; 13 y 23 de diciembre.

Almas gemelas: 5 de enero, 3 de febrero, 1 de marzo, 30 de mayo, 28 de junio, 26 de julio, 24 de agosto, 22 de septiembre, 20 de octubre, 18 de noviembre, 16 de diciembre.

SOL: SAGITARIO

DECANATO: LEO/SOL

ÁNGULO: 26º 30'–27º 30'

DE SAGITARIO

MODALIDAD: MUTABLE

ELEMENTO: FUEGO

ESTRELLAS FIJAS

Etamin, Aculeus

ESTRELLA PRINCIPAL

Nombre de la estrella: Etamin

Posición: 26º 55'–27º 57' de Sagitario, entre los años 1930 y 2000

Magnitud: 2.5–3

Fuerza: ★★★★★★

Órbita: 1º 40'

Constelación: Dragón (Gamma Draconis)

Días efectivos: 19, 20 y 21 de diciembre

Propiedades de la estrella: Marte/Luna

Descripción: estrella binaria gigante de color rojo ubicada en el ojo del dragón

INFLUENCIA DE LA ESTRELLA PRINCIPAL

Etamin provee una mentalidad ágil, entusiasmo, individualidad y un espíritu pionero. Sueles ser una persona segura de ti, aunque a veces te confías demasiado, lo que se traduce en acciones precipitadas que podrían arriesgar tu posición.

Con respecto a tu grado del Sol, esta estrella te impulsa a hacer carrera en la educación superior, la literatura, el medio editorial o la profesión legal. Por lo regular, Etamin otorga una naturaleza asertiva y tenaz, así como interés en temas, ideas y asuntos poco comunes.

• *Positiva:* fuerza de voluntad, espíritu de lucha, ambición, sinceridad.

• *Negativa:* acciones impulsivas, pleitos, irritabilidad, volubilidad.

En el apéndice encontrarás las lecturas de tus estrellas fijas adicionales.

19 de diciembre

Eres un Sagitario sociable y versátil, con sentimientos poderosos y aptitudes creativas. A pesar de tener múltiples talentos y expresarte de forma histriónica, a nivel intelectual eres práctico y posees un sentido excepcional de la estructura. Cuando canalizas de forma productiva tus emociones dinámicas, te aseguras resultados exitosos, pero quizá debas superar la tendencia a sentirte insatisfecho o impaciente cuando las cosas avanzan lento o no salen como las planeaste. Puesto que ansías lograr muchas cosas, necesitarás aprender que solo obtendrás logros y triunfarás en la vida a través del trabajo arduo y la perseverancia.

La subinfluencia de Leo, el regente de tu decanato, refuerza tu confianza personal. Con tu espíritu de esperanza y optimismo, podrás ampliar tus horizontes. Al ser una persona orgullosa con una naturaleza tenaz y decidida, prefieres ser quien lleve las riendas y no ocupar posiciones de subordinación.

A pesar de que eres racional e inteligente, albergas también una amplia gama de emociones, lo que revela que basas tus juicios en cómo te sientes. Si te interesa alguien o algo, te involucras por completo; de otro modo, te aburres o pierdes el interés. Tu gran sentido del deber implica que, al ser leal y fiel, estás dispuesto a trabajar arduamente, ser dedicado y hacer auténticos sacrificios. En ocasiones, este sentido del deber anula las inclinaciones del corazón, lo que puede frustrarte, volverte temperamental o hacerte sucumbir a inquietudes emocionales.

Entre los tres y los 32 años, conforme tu Sol progresado atraviesa Capricornio, te enfocarás en los problemas prácticos y la necesidad de orden y estructura en tu vida. A los 33 años, cuando tu Sol progresado entre a Acuario, habrá un punto de inflexión que resaltará el deseo creciente de mayor libertad personal, conciencia colectiva e ideas humanitarias progresistas. También querrás independencia y experimentar. Habrá otro cambio de circunstancias a los 66 años, cuando tu Sol progresado se desplace hacia Piscis. Es probable que entonces te vuelvas más receptivo, sensible, empático e imaginativo. Será una época en la que se acentúen tus talentos artístico, creativo o espiritual.

Tu yo secreto

Eres amistoso, inteligente y te gusta comunicar tus ideas y compartir tu conocimiento. Gracias a tu capacidad de razonamiento universal, eres un individuo humanitario, liberal y desapegado, que prefiere tener un enfoque directo y honesto. Eres bondadoso y generoso con la gente a la que quieres, pero quizá debas superar la tendencia a la negatividad o evitar ser crítico u obstinado. Si te apoyas en el pensamiento positivo, desarrollarás la disciplina mental necesaria para superar los obstáculos y alcanzar el éxito.

Cuando te concentras en el éxito, te vuelves ambicioso y trabajador. Asimismo, al orientarte hacia los logros, necesitas objetivos y metas firmes; trabajas mejor cuando te impulsa una visión interna de lo que quieres lograr. Esto permite que tu maravillosa imaginación se enfoque con claridad y que, en lo personal, evites insatisfacciones emocionales.

Trabajo y vocación

La combinación de tu actitud optimista y liderazgo sensible te garantiza el éxito en actividades que involucran interacción con la gente. El que seas inteligente y considerado te hará querer compartir tu conocimiento con otros a través de la enseñanza y la escritura. Además, tu creatividad y talento te permitirá sobresalir en la música y los proyectos artísticos. Asimismo, tienes la capacidad de mezclar los negocios con el placer y de comercializar arte. De igual modo, tu extraordinaria veta histriónica te vendría bien en la actuación o el mundo del entretenimiento. Dado que prefieres tener el control, te desagrada ocupar posiciones deferentes y te desempeñas mejor cuando trabajas de forma altruista por una causa o un ideal. Tu visión extraordinaria podría inclinarte hacia los medios de comunicación, la publicidad o el mundo editorial. Por otro lado, la parte compasiva de tu naturaleza podría expresarse mejor en las profesiones relacionadas con la sanación, el cuidado de otros y el servicio público.

Entre las personas famosas con quienes compartes cumpleaños están los cantantes Édith Piaf y Maurice White, el escritor Jean Genet y el antropólogo Richard Leakey.

Numerología

Algunas de las cualidades de las personas nacidas bajo el número 19 son la ambición y el humanitarismo. Eres una persona tenaz e ingeniosa, con una visión profunda; pero el lado soñador de tu naturaleza es compasivo, idealista y creativo. Aunque seas un individuo sensible, tu necesidad de sobresalir pueden empujarte a ser dramático y a intentar acaparar reflectores. Sueles tener un fuerte deseo de establecer tu identidad individual. Para ello, deberás empezar por aprender a no sucumbir ante la presión social. A ojos de los demás eres una persona segura, fuerte e ingeniosa, pero las tensiones internas pueden provocarte altibajos emocionales. Con frecuencia expresas tu espíritu artístico y tu carisma, y tienes el mundo al alcance de las manos. La subinfluencia del mes número 12 indica que eres un visionario honroso que se caracteriza por tener emociones intensas. Tus habilidades prácticas y personalidad respetable se reflejan en que te gusta tomar el mando de las situaciones y necesitas libertad para expresarte sin restricciones. Si aprendes a mantener una actitud positiva o adoptas una perspectiva filosófica, superarás tanto los desafíos como la tendencia a frustrarte ante los retrasos y los obstáculos.

• *Cualidades positivas:* dinamismo, concentración, creatividad, liderazgo, suerte, actitud progresista, optimismo, convicciones fuertes, competitividad, independencia, sociabilidad.

• *Cualidades negativas:* ensimismamiento, angustia, miedo al rechazo, altibajos, materialismo.

Amor y relaciones

Tus expresiones de amor intensas suelen atraer a personas fuertes. Aunque eres romántico y sensible, tus ansias de estabilidad y seguridad indican que debes tener cuidado al elegir pareja. A pesar de que podrías alcanzar la satisfacción emocional si explotas al máximo tu potencial extraordinario, evita rumiar las preocupaciones, los pensamientos negativos, las sospechas o los celos. Si aprendes a ser paciente y tolerante, superarás la tendencia a frustrarte mentalmente cuando las cosas no salen como las planeaste.

ESE ALGUIEN ESPECIAL

Encontrarás relaciones duraderas y estabilidad con personas nacidas en las siguientes fechas.

Amor y amistad: 3, 8, 22, 25, 29 y 30 de enero; 1, 6, 20, 23, 27 y 28 de febrero; 18, 21, 25, 26 y 30 de marzo; 16, 19, 23, 24 y 28 de abril; 14, 17, 21, 22, 26 y 31 de mayo; 12, 15, 19, 20, 24 y 29 de junio; 10, 13, 18 y 22 de julio; 8, 11, 15, 16, 20, 27, 29 y 30 de agosto; 6, 9, 13, 14, 18, 23, 27 y 28 de septiembre; 4, 7, 11, 12, 16, 21, 25 y 26 de octubre; 2, 5, 9, 10, 14, 19, 23 y 24 de noviembre; 3, 7, 8, 12, 17, 21 y 22 de diciembre.

Buenas para ti: 17 de enero; 15 de febrero; 13 de marzo; 11 de abril; 9 y 29 de mayo; 7 y 27 de junio; 5 y 25 de julio; 3 y 23 de agosto; 1 y 21 de septiembre; 19 y 29 de octubre; 17, 27 y 30 de noviembre; 15, 25 y 28 de diciembre.

Atracción fatal: 31 de mayo; 17, 18, 19, 20 y 29 de junio; 27 de julio; 25 y 30 de agosto; 23 y 28 de septiembre; 21 y 26 de octubre; 19 y 24 de noviembre; 17 y 22 de diciembre.

Desafiantes: 20 y 23 de enero, 18 y 21 de febrero, 16 y 19 de marzo, 14 y 17 de abril, 12 y 15 de mayo, 10 y 13 de junio, 8 y 11 de julio, 6 y 9 de agosto, 4 y 7 de septiembre, 2 y 5 de octubre, 2 de noviembre, 1 de diciembre.

Almas gemelas: 4 y 31 de enero, 2 y 29 de febrero, 27 de marzo, 25 de abril, 23 de mayo, 21 de junio, 19 de julio, 17 de agosto, 15 de septiembre, 13 de octubre, 11 de noviembre, 9 de diciembre.

SOL: SAGITARIO
DECANATO: LEO/SOL
ÁNGULO: 27° 30'–28° 30'
DE SAGITARIO
MODALIDAD: MUTABLE
ELEMENTO: FUEGO

ESTRELLAS FIJAS

Etamin, Acumen

ESTRELLA PRINCIPAL

Nombre de la estrella: Etamin
Posición: 26° 55'–27° 57' de Sagitario,
  entre los años 1930 y 2000
Magnitud: 2.5–3
Fuerza: ★★★★★★
Órbita: 1° 40'
Constelación: Dragón (Gamma Draconis)
Días efectivos: 19, 20 y 21 de diciembre
Propiedades de la estrella: Marte/Luna
Descripción: estrella binaria gigante
  de color rojo ubicada en el ojo del
  dragón

INFLUENCIA DE
LA ESTRELLA PRINCIPAL

Etamin provee una mentalidad ágil, entusiasmo, individualidad y un espíritu pionero. Sueles ser una persona segura de ti, aunque a veces te confías demasiado, lo que se traduce en acciones precipitadas que podrían arriesgar tu posición.

Con respecto a tu grado del Sol, esta estrella te impulsa a hacer carrera en la educación superior, la literatura, el medio editorial o la profesión legal. Por lo regular, Etamin otorga una naturaleza asertiva y tenaz, así como interés en temas, ideas y asuntos poco comunes.

• *Positiva:* fuerza de voluntad, espíritu de lucha, ambición, sinceridad.

• *Negativa:* acciones impulsivas, pleitos, irritabilidad, volubilidad.

En el apéndice encontrarás las lecturas de tus estrellas fijas adicionales.

20 de diciembre

Además de ser receptivo y encantador, eres un Sagitario agraciado y cautivador, con una personalidad atrayente. Eres cooperativo y solidario en los proyectos grupales, y ofreces apoyo emocional y aliento a tus amistades. Ser un idealista con inclinaciones humanitarias fuertes hará que te interese dedicarte a una causa o una vocación. A pesar de ser imaginativo y tener ideas nobles y etéreas, también eres orgulloso y te inclinas hacia el despilfarro y la autocomplacencia.

La subinfluencia de Leo, el regente de tu decanato, refuerza tu confianza personal; mientras tanto, con tu espíritu de esperanza y optimismo, podrás ampliar tus horizontes. Eres mentalmente astuto y tenaz, y, cuando adoptas una actitud positiva, desarrollas paciencia y una visión filosófica que fortalece tu carácter a nivel mental y espiritual.

Eres un romántico impresionable, que alberga sentimientos profundos que pueden ser tu fuente de inspiración. Por desgracia, también podrían causarte frustración, sobre todo si no logras cumplir tus elevadas expectativas. Tu inclinación a hacer lo que es sencillo y agradable, en lugar de lo que es parte de tu deber y responsabilidad implica que debes desarrollar la disciplina, en vez de aspirar a la gratificación instantánea o caer en comportamientos impulsivos.

Eres compasivo y caritativo, y disfrutas interactuar con todo tipo de personas durante tu búsqueda de relaciones armoniosas. Cuando descubres algo inspirador que disfrutas de verdad, estás dispuesto a dedicarte a ello y a trabajar con más empeño que de costumbre.

Hasta los 31 años, mientras tu Sol progresado atraviesa Capricornio, destacará la necesidad de adoptar un enfoque práctico y realista para alcanzar tus metas de vida. A los 32 años pasarás por un punto de inflexión, cuando tu Sol progresado se desplace hacia Acuario. En ese momento resaltará el deseo de ser más independiente y expresar tu individualidad. Quizá también te involucres en cuestiones relacionadas con libertades, conciencia colectiva e ideales humanitarios. A los 62 pasarás por otra encrucijada, cuando tu Sol progresado entre a Piscis. Es probable que entonces enfatices la importancia de la receptividad emocional, la imaginación y el mundo espiritual interno.

Tu yo secreto

Eres extremadamente sociable, por lo que necesitas rodearte de gente. Puedes ser generoso, amable y bondadoso. Al buscar relaciones compatibles y empáticas con otras personas, puedes convertirte en un amigo o compañero excelente. Ser orgulloso e histriónico no siempre te permite revelar tu intensa sensibilidad, pues prefieres mantener el control de lo que proyectas; si te lastiman, evita hacerte el mártir o caer en la autocompasión. No obstante, esta misma sensibilidad te hace sumamente intuitivo y, si la refuerzas, te dará acceso a niveles de existencia más elevados y profundos.

Tu cualidad de jovialidad permanente se combina bien con tus nociones amorosas y te mantiene en contacto con tu alegre niño interior. Este atributo juguetón podría expresarse a través del arte, la música, la escritura y el teatro, o permitirte entretener y divertir a otros. Gracias a tu imaginación maravillosa, emociones dinámicas y compasión natural, eres capaz de animar a la gente y disfrutar la vida al máximo.

Trabajo y vocación

Tu personalidad cálida y encanto arrollador te garantizarán el éxito en ocupaciones que impliquen tratar con gente. Serías especialmente bueno para los negocios que requieren interacción social, como las relaciones públicas, las promociones, las ventas o el trabajo de agente que representa a otros. Tu empatía natural podría inclinarte hacia la psicoterapia, la sanación o el servicio comunitario. De cualquier modo, tu olfato agudo para los negocios te ayudará a triunfar en la carrera que elijas, aunque es preferible que te dé la libertad suficiente para que trabajes a tu manera. Por otro lado, con tu gran creatividad podrías sentirte atraído por la música, la escritura, las artes o el mundo del entretenimiento. Finalmente, tu lado divertido también podría encontrar cabida en el mundo de los deportes.

Entre las personas famosas con quienes compartes cumpleaños están el psíquico Uri Geller, los filósofos Sidney Hook y Susanne Langer, la escritora Sandra Cisneros, el escritor Max Lerner, el expresidente de los Dodgers de Brooklyn Branch Rickey y el piloto de carreras Paddy McNally.

Numerología

Al haber nacido bajo el número 20, eres intuitivo, sensible, adaptable y comprensivo y, por lo general, te consideras parte de grupos más grandes. Suelen agradarte actividades cooperativas en las que puedes interactuar, compartir experiencias y aprender de otros. Tu encanto y gracia te ayudan a desarrollar habilidades diplomáticas y sociales que te permiten moverte con fluidez en círculos sociales distintos. No obstante, quizá necesites fortalecer tu confianza o superar la tendencia a sentirte herido por las acciones y críticas ajenas y a ser demasiado dependiente. Tienes una facilidad extraordinaria para crear atmósferas amistosas y armoniosas. La subinfluencia del mes número 12 indica que eres astuto y receptivo, y que posees una naturaleza inquieta. Te beneficia confiar en tus instintos poderosos, pues sueles ser perspicaz al momento de evaluar a la gente y sus motivaciones. Aunque eres ambicioso y tenaz, tu visión idealista podría hacerte dudar entre querer el progreso personal y sacrificar tus propios deseos en favor del bien común.

• *Cualidades positivas:* buenas asociaciones, gentileza, tacto, receptividad, intuición, amabilidad, armonía, afabilidad, naturaleza amistosa, embajador de buena voluntad.

• *Cualidades negativas:* suspicacia, inseguridad, hipersensibilidad, egoísmo.

Amor y relaciones

Tus ansias de estímulo emocional revelan la potencia de tus emociones. Eres sensible e incansable. Tienes inclinaciones idealistas que probablemente te incitarán a probar muchos tipos de relaciones distintas. Dado que estás dispuesto a hacer sacrificios por tus seres queridos, debes darte tiempo para encontrar a una pareja adecuada. Eres jovial y entusiasta, y te gusta ser espontáneo, pero cuando te aferras a tu pareja corres el riesgo de volverte demasiado serio. En algunas ocasiones, esto te pasará factura y te causará desilusiones innecesarias.

ESE ALGUIEN ESPECIAL

Encontrarás a una pareja que comprenda tu sensibilidad y tus necesidades afectivas entre quienes nacieron en las siguientes fechas.

Amor y amistad: 5, 10, 18, 19, 20, 26 y 30 de enero; 3, 8, 16, 17, 24 y 28 de febrero; 1, 6, 14, 15, 22 y 26 de marzo; 4, 12, 13, 20, 24 y 30 de abril; 2, 10, 11, 12, 18 y 22 de mayo; 8, 9, 16, 20 y 30 de junio; 6, 7, 14, 18 y 28 de julio; 4, 5, 12, 16, 26 y 30 de agosto; 2, 3, 10, 14 y 28 de septiembre; 1, 8, 12, 22 y 26 de octubre; 6, 10, 20 y 24 de noviembre; 4, 8, 18, 22 y 30 de diciembre.

Buenas para ti: 13 de enero, 11 de febrero, 9 de marzo, 7 de abril, 5 de mayo, 3 y 30 de junio, 1 y 28 de julio, 26 de agosto, 24 de septiembre, 22 de octubre, 20 de noviembre, 18 de diciembre.

Atracción fatal: 16, 17, 18, 19 y 20 de junio.

Desafiantes: 14 y 24 de enero, 12 y 22 de febrero, 10 y 20 de marzo, 8 y 18 de abril, 6 y 16 de mayo, 4 y 14 de junio, 2 y 12 de julio, 10 de agosto, 8 de septiembre, 6 de octubre, 4 de noviembre, 2 de diciembre.

Almas gemelas: 30 de julio, 28 de agosto, 26 de septiembre, 24 de octubre, 22 y 23 de noviembre, 20 y 21 de diciembre.

SOL: CÚSPIDE SAGITARIO/
CAPRICORNIO
DECANATO: LEO/SOL
ÁNGULO: 28º 30'–29º 30'
DE SAGITARIO
MODALIDAD: MUTABLE
ELEMENTO: FUEGO

ESTRELLAS FIJAS

Etamin, Acumen, Sinistra, Spiculum

ESTRELLA PRINCIPAL

Nombre de la estrella: Etamin
Posición: 26º 55'–27º 57' de Sagitario,
   entre los años 1930 y 2000
Magnitud: 2.5–3
Fuerza: ★★★★★★
Órbita: 1º 40'
Constelación: Dragón (Gamma Draconis)
Días efectivos: 19, 20 y 21 de diciembre
Propiedades de la estrella: Marte/Luna
Descripción: estrella binaria gigante
   de color rojo ubicada en el ojo del
   dragón

INFLUENCIA DE
LA ESTRELLA PRINCIPAL

Etamin provee una mentalidad ágil, entusiasmo, individualidad y un espíritu pionero. Sueles ser una persona segura de ti, aunque a veces te confías demasiado, lo que se traduce en acciones precipitadas que podrían arriesgar tu posición.

Con respecto a tu grado del Sol, esta estrella te impulsa a hacer carrera en la educación superior, la literatura, el medio editorial o la profesión legal. Por lo regular, Etamin otorga una naturaleza asertiva y tenaz, así como interés en temas, ideas y asuntos poco comunes.

• *Positiva:* fuerza de voluntad, espíritu de lucha, ambición, sinceridad.

• *Negativa:* acciones impulsivas, pleitos, irritabilidad, volubilidad.

En el apéndice encontrarás las lecturas de tus estrellas fijas adicionales.

21 de diciembre

Haber nacido en la cúspide de Sagitario y Capricornio te permite beneficiarte del optimismo de Júpiter y el realismo de Saturno. Eres carismático y versátil. Posees una personalidad dinámica, así como ansias de lograr cosas a gran escala. Tus emociones poderosas son uno de tus principales motores. Anhelas convertir tus sueños en una realidad tangible, como una forma de explotar tu potencial creativo. Aunque eres activo y tienes mucho empuje, tus deseos intensos también te vuelven nervioso y hacen que te precipites a participar en proyectos nuevos sin planeación previa, lo que te hará perder oportunidades valiosas. Si limitas tu inclinación a ser impaciente y aprendes a concentrarte en menos metas, te volverás más responsable y cosecharás las recompensas.

La subinfluencia de los regentes de tu decanato, Leo y Saturno, refuerza tu confianza personal y fortalece tu tenacidad. Por lo regular, eres creativo e idealista, y tienes muchas ideas nobles. Eres afable y de buen corazón, expresas tus emociones con ansias y, gracias a tu enfoque directo, también eres honesto y amistoso. Cuando te sientes lleno de vitalidad, motivas a los demás con tu entusiasmo y espíritu emprendedor.

Gracias a que eres gentil, amable y capaz de relacionarte con gente de cualquier contexto, tienes la capacidad de hacer que los demás se sientan cómodos. La benevolencia y las ansias de crecer y expandirte indican que puedes lograr muchas cosas por ti mismo. No obstante, el gran potencial que trae consigo esta fecha de nacimiento únicamente se materializa de verdad si te involucras en emprendimientos colaborativos que no solo te beneficien a ti, sino que también ayuden a otros.

Hasta los 30 años, conforme tu Sol progresado atraviesa Capricornio, te enfocas en cuestiones prácticas y en la necesidad de tener orden y estructura en tu vida. A los 31 años habrá un punto de inflexión, cuando tu Sol progresado se desplace hacia Acuario. A partir de entonces, resaltará el deseo creciente de tener más independencia. Quizás ansíes libertad o sientas la necesidad de encontrar tu lugar dentro de un grupo. A los 61 enfrentarás otra encrucijada, cuando tu Sol progresado se desplace hacia Piscis. Es probable que entonces te vuelvas más sensible, empático e imaginativo. Será una época en la que se acentuarán tus talentos artístico, creativo o espiritual.

Tu yo secreto

La búsqueda interminable de conocimiento hará que disfrutes aprender hasta el fin de tus días. Tu encanto natural y empeño espontáneo son señal de que, junto con una cualidad juvenil, tienes también gracia y sentido de la individualidad. Con frecuencia te mantienes bien informado y tienes múltiples talentos, y puedes ser persuasivo cuando te sientes seguro de ti mismo y adoptas una actitud positiva. Ser entusiasta e inteligente te permite aprehender las ideas y la información con rapidez y aprovecharlas en tu vida diaria. Sin embargo, ten cuidado de no ser orgulloso ni inflar tus emociones tanto que al reventar la caída sea decepcionante.

Gracias a tu aprecio por la variedad e intenso magnetismo personal, tienes la capacidad de influir en los demás y motivarlos. Tu deseo de movimiento y cambio a veces se manifiestan como inquietud o impaciencia; pero, cuando te inspiras, te impulsa a explorar e investigar temas y actividades nuevas y emocionantes.

Trabajo y vocación

Con tu ambición, inteligencia aguda y capacidad para pensar en grande, sueles ser una persona enfocada y tenaz, que logra sobresalir en cualquier campo. Además, con tus habilidades de liderazgo innatas, necesitas tener la libertad de operar a tu manera, por lo que te desempeñas mejor en puestos gerenciales o al trabajar por cuenta propia. Gracias a tu personalidad carismática y aptitud natural para cautivar a la gente, te puede ir especialmente bien en ocupaciones que impliquen trato con el público, en el mundo del entretenimiento o en la política. Por otro lado, tus habilidades organizacionales, pragmatismo y espíritu emprendedor tendrían cabida en los negocios. Sin embargo, quizás enfrentes un conflicto interno entre tus ambiciones personales y tus ideales humanitarios. Tu intelecto agudo también podría ayudarte a triunfar en las ciencias o la enseñanza, aunque tal vez prefieras aprovechar tus habilidades creativas en el arte, el teatro o la música.

Entre las personas famosas con quienes compartes cumpleaños están el músico Frank Zappa, la actriz Jane Fonda, el presentador de televisión Phil Donahue, la tenista Chris Evert, y el ex primer ministro de Reino Unido Benjamin Disraeli.

Numerología

Tener el número 21 en tu fecha de cumpleaños te hace una persona con empuje dinámico y personalidad extrovertida. Con esas inclinaciones sociales, tienes muchos intereses y contactos y, por lo regular, eres afortunado. Te muestras amistoso y sociable con los demás. También eres original e intuitivo, y posees un espíritu independiente. Si tu cumpleaños es en un día con el número 21 es posible que te encante la diversión; que seas magnético, creativo y tengas encanto social. Suelen presentársete varias oportunidades en la vida y puedes alcanzar el éxito con otras personas. Aunque te inclines hacia las relaciones de cooperación o el matrimonio, siempre querrás que se reconozcan tus talentos y habilidades. La subinfluencia del mes número 12 indica que eres optimista y creativo, y que tienes mucha imaginación e ideales elevados. Sueles ser perfeccionista, pero debes mantener los pies en la tierra si quieres evitar desilusiones. La capacidad para crear una atmósfera armónica y agradable refleja que tienes la habilidad de hacer sentir cómodos a los demás. Ser persuasivo y carismático te permite influir en otras personas.

• *Cualidades positivas:* inspiración, creatividad, uniones amorosas, relaciones duraderas.

• *Cualidades negativas:* dependencia, nerviosismo, irascibilidad, falta de visión, desilusión, miedo al cambio.

Amor y relaciones

La capacidad para identificarte con personas distintas entre sí te permite aceptar los conceptos universales de amor y compasión. Eres carismático, dinámico y responsable, y te gustan el orden y la planeación. Por lo regular, te atraen relaciones que ofrecen seguridad y estabilidad a largo plazo, y es posible que favorezcas a personas trabajadoras y ambiciosas que ocupan puestos de poder y autoridad y que disfrutan los retos. Aunque eres comprensivo y humanitario, quieres encontrar la satisfacción emocional verdadera y no estás dispuesto a conformarte con menos que eso.

ESE ALGUIEN ESPECIAL

Encontrarás estabilidad, compañía estimulante y a una pareja estable entre personas nacidas en las siguientes fechas.

Amor y amistad: 2, 3, 6, 9, 10, 11, 21, 27, 29 y 31 de enero; 1, 4, 7, 9, 25 y 29 de febrero; 2, 5, 7, 17, 23, 25 y 27 de marzo; 3, 4, 5, 15, 21 y 25 de abril; 1, 3, 13, 19, 23 y 30 de mayo; 1, 11, 17, 21 y 28 de junio; 9, 15, 19, 26 y 29 de julio; 7, 13, 17, 24 y 27 de agosto; 5, 11, 15, 22 y 25 de septiembre; 3, 9, 13, 20 y 23 de octubre; 1, 7, 11, 18, 21 y 30 de noviembre; 5, 9, 16, 19 y 28 de diciembre.

Buenas para ti: 11, 16 y 30 de enero; 9, 24 y 28 de febrero; 7, 22 y 26 de marzo; 5, 20 y 24 de abril; 3, 18, 22 y 31 de mayo; 1, 16, 20 y 29 de junio; 14, 18 y 27 de julio; 12, 16 y 25 de agosto; 10, 14 y 23 de septiembre; 8, 12, 21 y 29 de octubre; 6, 10, 19 y 27 de noviembre; 4, 8, 17 y 25 de diciembre.

Atracción fatal: 19, 20, 21 y 22 de junio.

Desafiantes: 15 de enero, 13 de febrero, 11 de marzo, 9 de abril, 7 y 30 de mayo, 5 y 28 de junio, 3 y 26 de julio, 1 y 24 de agosto, 22 de septiembre, 20 y 30 de octubre, 18 y 28 de noviembre, 16 y 26 de diciembre.

Almas gemelas: 9 y 29 de enero, 7 y 27 de febrero, 5 y 25 de marzo, 3 y 23 de abril, 1 y 21 de mayo, 19 de junio, 17 de julio, 15 de agosto, 13 de septiembre, 11 de octubre, 9 de noviembre, 7 de diciembre.

Capricornio

22 de diciembre–20 de enero

SOL: CÚSPIDE SAGITARIO/
CAPRICORNIO
DECANATO: CAPRICORNIO/SATURNO
ÁNGULO: 29º 30' DE SAGITARIO–0º 30'
DE CAPRICORNIO
MODALIDAD: CARDINAL
ELEMENTO: TIERRA

22 de diciembre

ESTRELLA FIJA

Nombre de la estrella: Sinistra
Posición: 28º 46'–29º 44' de Sagitario,
  entre los años 1930 y 2000
Magnitud: 3
Fuerza: ★★★★★★
Órbita: 1º 40'
Constelación: Ofiuco (Nu Ophiuchi)
Días efectivos: 21, 22 y 23 de diciembre
Propiedades de la estrella: Venus/
  Saturno
Descripción: estrella enana anaranjada
  ubicada en la mano izquierda de
  Ofiuco

INFLUENCIA DE
LA ESTRELLA PRINCIPAL

Sinistra otorga éxito en los emprendimientos comerciales, buenas habilidades ejecutivas, potencial de liderazgo y una personalidad independiente y original. Sin embargo, también trae consigo inquietudes y necesidad de cambio constante, lo que puede derivar en fluctuaciones de circunstancias. Por lo regular, buscas posiciones de poder o influencia.

Con respecto a tu grado del Sol, Sinistra confiere aspiraciones elevadas y una naturaleza atrevida y original, aunque también beligerante. Su influjo se observa en el éxito en los negocios, el derecho, la función pública o el trabajo con gente. Por otro lado, es posible que te interese la educación superior en temas de filosofía y religión. Asimismo, tendrás oportunidades para obtener fama y renombre por mérito propio.

• *Positiva:* posición elevada en la vida pública.

• *Negativa:* autoritarismo, insensibilidad, seriedad excesiva.

Eres magnético y encantador, pero también muy trabajador. Posees un potencial extraordinario para lograr cosas, siempre y cuando tengas la disciplina suficiente. Al haber nacido en la cúspide, gozas tanto de la perspectiva realista y pragmática de Capricornio como de la habilidad de Sagitario para identificar las oportunidades positivas. En conjunto, estas cualidades te ayudarán a ascender a puestos de liderazgo, donde podrás aprovechar tus habilidades sociales refinadas y sensibilidad emocional en tus interacciones con la gente.

Gracias a la subinfluencia del regente de tu decanato, Capricornio, eres una persona ambiciosa con un férreo sentido del deber. Además, posees un toque de perfeccionismo que implica que, si emprendes un trabajo, quieres hacerlo bien. Tu buen sentido de la estructura te confiere habilidades empresariales naturales y te ayuda a organizar tus objetivos. Es probable que las inquietudes financieras capten buena parte de tu atención, pero, por fortuna, tienes la capacidad de comercializar tus múltiples talentos. Sin embargo, debes tratar de evitar que las inquietudes materialistas o las ansias de prestigio no te distraigan de tus ideales elevados. De hecho, uno de los desafíos que enfrentarás será encontrar el equilibrio adecuado entre el trabajo y el esparcimiento para evitar que la vida se vuelva difícil.

Eres afectuoso y amable. Además, tienes sentimientos profundos y te gusta tranquilizar a los demás. Tu interés en la gente se manifiesta con una fuerte veta humanitaria que te impulsará a luchar por causas idealistas. Eres amistoso y persuasivo por naturaleza; posees habilidades conversacionales refinadas, además de ser un experto en darles a tus interacciones un toque personal. La sensibilidad artística y estética se expresará a través de la música, el arte o el teatro, así como de un deseo de rodearte de lujos y cosas de buen gusto.

Hasta los 29 años, te orientarás a alcanzar tus metas y te aproximarás a los logros de forma pragmática. A partir de los 30, cuando tu Sol progresado se desplace hacia Acuario, habrá un punto de inflexión que resaltará la necesidad creciente de libertad, ideas nuevas y expresión de la individualidad. A los 60 pasarás por otra encrucijada, cuando tu Sol progresado se desplace hacia Piscis. Es probable que entonces pongas mayor énfasis en tu receptividad emocional, imaginación y conciencia psíquica.

Tu yo secreto

Aunque puedes ser generoso, cálido y espontáneo, también tienes la capacidad de ser rígido y activo. A veces esto genera conflictos entre tus afectos y tu trabajo. Debido a tus emociones intensas, podrías sufrir grandes decepciones o frustraciones si te enfocas en lo negativo y te aferras al pasado. Si piensas positivo y aceptas la realidad tal como es, aprenderás a ser más desapegado y menos cínico, y confiarás en que la vida te proveerá espontáneamente de todo lo que necesitas en el momento indicado.

Seguramente, cuando eras pequeño viviste situaciones de amor sujeto a condiciones, en las que tuviste que estar a la altura de las expectativas ajenas. Si fortaleces la fe y confianza en tus habilidades, podrás brindar cuidados compasivos a otros al intuir a cada instante qué es lo correcto.

Trabajo y vocación

Aunque eres sensible y creativo, también eres pragmático por naturaleza. Es posible que te atraiga el mundo de las finanzas, en donde te desempeñarías como un excelente economista, analista o corredor de bolsa. Por otro lado, podrías trabajar como asesor financiero o contador empresarial. La aptitud para tratar con la gente podría empujarte a trabajar como negociador o distribuidor. Quizá también te interesen la investigación y la ciencia, o el trabajo comunitario. Además, debido a que eres creativo y posees múltiples talentos, quizá te llamen el diseño, el teatro o la música.

Entre las personas famosas con quienes compartes cumpleaños están los cantantes Maurice y Robin Gibb, el compositor de óperas Giacomo Puccini, la actriz Peggy Ashcroft, la personalidad televisiva Noel Edmonds, el beisbolista Steve Carlton y la ex primera dama de Estados Unidos Claudia "Lady Bird" Johnson.

Numerología

Tener el número 22 en tu fecha de cumpleaños te hace una persona práctica, disciplinada y sumamente intuitiva. Es un número maestro que puede vibrar tanto en forma de 22 como en forma de 4. Sueles ser honesto, trabajador, carismático, con habilidades de liderazgo, así como una profunda capacidad para entender a la gente. Aunque no demuestras tu afecto, sueles preocuparte por el bienestar de tus seres queridos, pero sin perder de vista tu lado pragmático o realista. La subinfluencia del número 12 indica que eres ambicioso e idealista. Ser optimista y escéptico al mismo tiempo significa que mucho depende de tu estado mental. Cuando adoptas una actitud positiva, tus ideas pueden ser sumamente productivas, pero debes tener cuidado de no caer en la depresión y la ansiedad. Eres sumamente receptivo y tienes premociones fuertes, pero, si dudas de ti mismo, se convertirán en preocupaciones. El intento de crear un entorno armónico y calmado incrementará tus probabilidades de alcanzar la paz interna y la tranquilidad.

• *Cualidades positivas:* universalidad, originalidad, intuición, pragmatismo, practicidad, habilidades manuales, talento, habilidades de construcción, habilidad para la organización, realismo, capacidad para resolver problemas, éxitos.

• *Cualidades negativas:* codicia que lleva a cometer fraudes para enriquecerse rápido, complejo de inferioridad, autoritarismo, materialismo, pereza, egocentrismo.

Amor y relaciones

Gracias a tu intuición y empatía, te identificas con facilidad con otras personas. Eres amistoso y afectuoso, por lo que necesitas rodearte de gente y entablar relaciones. Aunque sueles ser generoso y cariñoso, a veces te vuelves hipersensible o retraído. En esas ocasiones, proyectas frialdad, por lo que es necesario que recobres el equilibrio. Los cambios, los viajes y el ejercicio físico te ayudarán a recobrar el buen ánimo. Ser romántico y sensible, con una visión humanista y universal, te permite compartir experiencias y ser una pareja o amigo leal y solidario.

ESE ALGUIEN ESPECIAL

Para encontrar el amor y relaciones duraderas, es recomendable que empieces a buscarlos entre quienes nacieron en las siguientes fechas.

Amor y amistad: 2, 7, 9, 11, 12, 22 y 25 de enero; 7, 10, 20, 23 y 26 de febrero; 5, 8, 18 y 21 de marzo; 3, 6, 16 y 19 de abril; 1, 3, 4, 14, 17, 20, 24 y 29 de mayo; 2, 12, 15 y 27 de junio; 10, 13, 16, 20, 25 y 30 de julio; 9, 15, 24 y 26 de agosto; 7, 13, 22 y 24 de septiembre; 4, 7, 10, 14, 19, 24, 28, 29 y 30 de octubre; 2, 5, 8, 12, 17, 22, 26, 27 y 28 de noviembre; 3, 6, 10, 15, 20, 24 y 25 de diciembre.

Buenas para ti: 12, 23 y 29 de enero; 10, 21 y 27 de febrero; 22 y 26 de marzo; 6, 17 y 23 de abril; 4, 15 y 21 de mayo; 2, 13, 19, 28 y 30 de junio; 11, 17, 26 y 28 de julio; 9, 15, 24 y 26 de agosto; 7, 13, 22 y 24 de septiembre; 5, 11, 20 y 22 de octubre; 3, 9, 18, 20 y 30 de noviembre; 1, 7, 16, 18 y 28 de diciembre.

Atracción fatal: 20, 21, 22 y 23 de junio; 29 de julio; 27 de agosto; 25 de septiembre; 23 de octubre; 21 de noviembre; 19 de diciembre.

Desafiantes: 1, 4, 26 y 30 de enero; 2, 24 y 28 de febrero; 22 y 26 de marzo; 20 y 24 de abril; 18, 22 y 31 de mayo; 16, 20 y 29 de junio; 14, 18 y 27 de julio; 12, 16, 25 y 30 de agosto; 10, 14, 23 y 28 de septiembre; 8, 12, 21 y 26 de octubre; 6, 10, 19 y 24 de noviembre; 4, 8, 17 y 22 de diciembre.

Almas gemelas: 20 de enero, 18 de febrero, 16 de marzo, 14 de abril, 12 de mayo, 10 de junio, 8 de julio, 6 de agosto, 4 de septiembre, 2 de octubre.

SOL: CAPRICORNIO
DECANATO: CAPRICORNIO/SATURNO
ÁNGULO: 0º 30'–1º 30'
DE CAPRICORNIO
MODALIDAD: CARDINAL
ELEMENTO: TIERRA

ESTRELLA FIJA

Nombre de la estrella: Polis

Posición: 2º 15'– 3º 14' de Capricornio,
entre los años 1930 y 2000

Magnitud: 4

Fuerza: ★★★★

Órbita: 1º 30'

Constelación: Sagitario (Mu Sagittarius)

Días efectivos: 23, 24, 25 y 26 de
diciembre

Propiedades de la estrella: Júpiter/
Marte

Descripción: estrella triple blanquiazul
ubicada en la parte superior del
arco del arquero

INFLUENCIA DE
LA ESTRELLA PRINCIPAL

Polis otorga percepción aguda y la capacidad de enfocarte en una meta específica. También te impulsa a buscar el éxito y la buena fortuna, además de infundirte tenacidad para ascender a posiciones elevadas. La capacidad para tomar decisiones rápidas y afortunadas es reflejo de tus habilidades de liderazgo. Sin embargo, esta estrella advierte que te cuides de la tendencia a ser rebelde o dominante.

Con respecto a tu grado del Sol, Polis confiere una naturaleza pionera y valiente, así como fortaleza y grandes ambiciones. Eres una persona orgullosa que busca abrirse camino por mérito propio, sin importar si eso conduce a la fama o al reconocimiento. Esta estrella favorece el éxito en la educación superior, con especial interés en temas de espiritualidad. Además, indica que procures no dominar las situaciones o tomar el mando a menos que seas quien emprenda el proyecto.

23 de diciembre

Tu fecha de nacimiento te caracteriza como una persona práctica, imaginativa, fuerte y con ansias de acción. Aunque tienes empuje y tenacidad para prosperar en la vida, solo a través del poder emocional que te permite influir en otros obtendrás satisfacción genuina.

Gracias a la subinfluencia del regente de tu decanato, Capricornio, eres ambicioso y trabajador. Si perseveras, tendrás la energía suficiente para alcanzar las metas que te propones. Aunque, generalmente, eres cortés y amigable, la tendencia a reprimir tus emociones más intensas podría hacerte parecer frío e insensible. No obstante, si aprovechas tu encanto dinámico y la capacidad para entretener a otros, causarás una buena impresión debido a tu calidez y generosidad.

Tu talento para combinar los negocios con el placer te brinda el empuje para obtener ganancias materiales y estatus. Por lo regular, albergas una amplia gama de emociones y sueños ambiciosos. Siempre y cuando estés dispuesto a esforzarte lo suficiente, tu intelecto intuitivo e imaginación extraordinaria serán atributos valiosos para ascender a la cima. A pesar de ser versátil, necesitas transformar cualquier posible inquietud en un deseo puntual de cambio positivo.

Antes de los 28 años, es probable que te preocupes por cuestiones prácticas relacionadas con tu carrera o tus responsabilidades. A los 29 años, cuando tu Sol progresado se desplace hacia Acuario, habrá un punto de inflexión que resaltará la necesidad creciente de ser más independiente y capaz de expresar tu visión singular. A los 59 pasarás por otra encrucijada, cuando tu Sol progresado entre a Piscis. Es probable que entonces pongas un mayor énfasis en tu sensibilidad emocional y que te vuelvas más atento a tus impulsos creativos.

Tu yo secreto

Eres orgulloso e independiente, y necesitas formas positivas de proyectar tu inmenso poder emocional. Aunque seas práctico y realista, también puedes inspirar a los demás con tus ideales y espontaneidad. Gozas de una peculiar astucia para entender a otros, así como un lado altruista y humanitario que te permitirá sobresalir en actividades que requieran tratar con gente.

Los lados contrastantes de tu personalidad a veces confundirán a quienes te rodean. Por lo regular, eres sociable y fuerte, pero la tendencia a aislarte hace que a veces te sientas solo. Si te retraes, también revelas cierta veta obstinada que afecta tus relaciones personales. El deseo de trascender lo mundano te ayudará a superar estas tendencias y te inspirará a compartir tu generosidad, visión y compasión innata con el mundo.

Trabajo y vocación

Debido a que eres un individuo ingenioso y de fuerte personalidad, tienes un olfato innato para los negocios y la capacidad de triunfar en cualquier ocupación que requiera trato con la gente. Por lo regular, eres versátil, responsable, trabajador y dedicado.

Puesto que posees excelentes habilidades ejecutivas, al trabajar en empresas grandes serías capaz de alcanzar posiciones directivas como gerente o administrador. Por otro lado, tu encanto, actitud persuasiva y habilidades comunicativas favorecerían el éxito en ocupaciones como vendedor, publicista o negociador. Eres creativo, así que seguramente te inspiran oficios relacionados con la fotografía, la escritura, el arte, la música y el teatro. Podrás comercializar tus talentos en cualquier carrera que elijas, siempre y cuando estés dispuesto a trabajar duro para alcanzar tus objetivos.

Entre las personas famosas con quienes compartes cumpleaños están el emperador japonés Akihito, la reina Silvia de Suecia, el fundador del mormonismo Joseph Smith, el escritor Robert Bly y el músico Chet Baker.

Numerología

Algunos de los atributos ligados a un cumpleaños con el número 23 son intuición, sensibilidad emocional y creatividad. Sueles ser una persona versátil y apasionada que piensa rápido, mantiene una actitud profesional y siempre está llena de ideas. Con la influencia del número 23, puedes aprender cosas nuevas con facilidad, aunque prefieres la práctica más que la teoría. Te encantan los viajes, la aventura y conocer gente nueva, y la cualidad enérgica que trae consigo el número 23 de tu cumpleaños te insta a probar toda clase de experiencias distintas. Además, te adaptas para sacar lo mejor de cada situación. En general, eres amigable y divertido, con valor y empuje, y es posible que requieras un estilo de vida activo para alcanzar tu verdadero potencial. La subinfluencia del mes número 12 indica que necesitas expresar tus sentimientos con claridad y perseverar a pesar de las dificultades iniciales. Para evitar alteraciones emocionales, tendrás que disciplinarte y evitar sobresaltarte cuando las cosas no salgan como quieres. Si desarrollas el arte de dar y recibir, aprenderás a mantener una postura objetiva.

• *Cualidades positivas:* lealtad, compasión, responsabilidad, gusto por viajar, comunicación, intuición, creatividad, versatilidad, confiabilidad.

• *Cualidades negativas:* egoísmo, inseguridad, intransigencia, inflexibilidad, búsqueda de los defectos ajenos.

Amor y relaciones

Aunque eres activo e inquieto, ansías tener tranquilidad emocional. Deseas tener un entorno armónico, por lo que harás lo posible por mantener la paz, ya que la vida en pareja y el hogar son parte importante de tu plan de vida. Sin embargo, tus emociones intensas también son indicio de la necesidad de expresarte de forma positiva; si las reprimes, te causarán problemas después. Aun así, con tu encanto dinámico, cautivas con facilidad a la gente y atraes admiradores. Aunque tienes mucho amor que ofrecer, en las relaciones a largo plazo necesitas una pareja que te brinde estabilidad y seguridad materiales.

• *Positiva:* concentración, naturaleza competitiva.

• *Negativa:* rebeldía, inquietud, falta de fortaleza, exceso de optimismo.

ESE ALGUIEN ESPECIAL

Si quieres encontrar a ese alguien especial, empieza por buscarlo entre quienes nacieron en las siguientes fechas.

Amor y amistad: 8, 11, 12 y 29 de enero; 6, 9 y 27 de febrero; 7, 25 y 29 de marzo; 2, 5, 23 y 27 de abril; 3, 4, 21 y 25 de mayo; 1, 19 y 23 de junio; 17 y 21 de julio; 15, 19 y 29 de agosto; 13, 17 y 27 de septiembre; 11, 15, 25, 29 y 30 de octubre; 9, 13, 23, 27 y 28 de noviembre; 7, 11, 21, 25 y 26 de diciembre.

Buenas para ti: 13 y 30 de enero; 11 y 28 de febrero; 9 y 26 de marzo; 7, 24 y 30 de abril; 5, 22 y 28 de mayo; 3, 20 y 26 de junio; 1, 18, 24 y 29 de julio; 16, 22 y 25 de agosto; 14, 20 y 25 de septiembre; 12, 18 y 23 de octubre; 10, 16 y 21 de noviembre; 8, 14 y 19 de diciembre.

Atracción fatal: 21, 22 y 23 de junio; 30 de octubre; 28 de noviembre; 26 de diciembre.

Desafiantes: 5 y 19 de enero; 3 y 17 de febrero; 1 y 15 de marzo; 13 de abril; 11 de mayo; 9 y 30 de junio; 7, 28 y 30 de julio; 5, 26 y 28 de agosto; 3, 24 y 26 de septiembre; 1, 22 y 24 de octubre; 20 y 22 de noviembre; 18 y 20 de diciembre.

Almas gemelas: 7 de enero, 5 de febrero, 3 de marzo, 1 de abril, 30 de septiembre, 28 de octubre, 26 de noviembre, 24 de diciembre.

SOL: CAPRICORNIO
DECANATO: CAPRICORNIO/SATURNO
ÁNGULO: 1° 30'–2° 30'
DE CAPRICORNIO
MODALIDAD: CARDINAL
ELEMENTO: TIERRA

24 de diciembre

ESTRELLA FIJA

Nombre de la estrella: Polis

Posición: 2° 15'–3° 14' de Capricornio, entre los años 1930 y 2000

Magnitud: 4

Fuerza: ★★★★

Órbita: 1° 30'

Constelación: Sagitario (Mu Sagittarius)

Días efectivos: 23, 24, 25 y 26 de diciembre

Propiedades de la estrella: Júpiter/ Marte

Descripción: estrella triple blanquiazul ubicada en la parte superior del arco del arquero

INFLUENCIA DE LA ESTRELLA PRINCIPAL

Polis otorga percepción aguda y la capacidad de enfocarte en una meta específica. También te impulsa a buscar el éxito y la buena fortuna, además de infundirte tenacidad para ascender a posiciones elevadas. La capacidad para tomar decisiones rápidas y afortunadas es reflejo de tus habilidades de liderazgo. Sin embargo, esta estrella advierte que te cuides de la tendencia a ser rebelde o dominante.

Con respecto a tu grado del Sol, Polis confiere una naturaleza pionera y valiente, así como muchas oportunidades, fortaleza y grandes ambiciones. Eres una persona orgullosa que busca abrirse camino por mérito propio, sin importar si eso conduce a la fama o al reconocimiento. Esta estrella favorece el éxito en la educación superior, con especial interés en temas de espiritualidad. Además, indica que procures no dominar las situaciones o tomar el mando a menos que seas quien emprenda el proyecto.

Gracias a tu naturaleza pragmática e ideales emocionales sólidos, eres un individuo refinado y pragmático, con un intelecto perspicaz. Eres sumamente intuitivo pero también racional, y puedes aprovechar tus habilidades críticas profesionales y de autoanálisis. Solo debes cuidar que la tendencia al escepticismo no te ciegue a las múltiples posibilidades y oportunidades que se te presentarán.

La influencia de Capricornio, el regente de tu decanato, te caracteriza como una persona ambiciosa y con una gran conciencia de sus responsabilidades. Eres perseverante y tienes la capacidad de avanzar de forma gradual hacia tus metas, a medida que superas las dificultades. Prefieres trabajar en organizaciones estructuradas, pues eres una persona de fiar que se toma las tareas en serio. No obstante, evita que la autocontención te vuelva melancólico o te haga parecer obstinado y frío.

Por lo regular, ves la vida de forma realista, lo cual refuerza tus encantos y talentos. Por su parte, el don de pensar de forma creativa se manifestará a través de la escritura, el habla u otras formas de comunicación. Gracias a tu diplomacia, voz atractiva y personalidad afable, harás muchos amigos e influirás en otros. Si le temes a la soledad o al abandono, te volverás inseguro. Aun así, necesitas periodos regulares de paz y privacidad para dedicarlos a la introspección.

Hasta los 27 años, tendrás una gran necesidad de orden y estructura, y las consideraciones prácticas serán importantes. A los 28 años, cuando tu Sol progresado se desplace hacia Acuario, habrá un punto de inflexión que resaltará la necesidad creciente de independencia y autonomía. Durante ese periodo, te volverás más sociable y consciente de la colectividad, además de que ansiarás expresar tu individualidad. A los 58 habrá otro cambio de rumbo, cuando tu Sol progresado entre a Piscis. Es probable que entonces pongas mayor énfasis en tu receptividad emocional, imaginación y conciencia psíquica y espiritual.

Tu yo secreto

Tu intenso poder emocional interno te brinda la capacidad de cautivar, inspirar y animar a los demás. Al combinar tu imaginación poderosa y pragmatismo agudo, te volverás un visionario realista. No obstante, será prudente que no uses tu veta fantasiosa para soñar despierto o evadirte. Cuando te concentras de forma positiva, eres capaz de proyectar una mezcla de amor poderoso y tenacidad que, sin duda alguna, te traerá éxito.

A pesar de que tu encanto entrañable y habilidades de liderazgo pueden ayudarte a alcanzar la cima, a veces eres tan perfeccionista que la gente no logra estar a la altura de tus ideales. Esto podría generar malentendidos o dificultad para comunicar tus ideas. Con tu agudeza mental, es importante que permanezcas ocupado para aprovechar al máximo tus talentos. Si desarrollas una sensibilidad intuitiva más profunda, podrás entenderte mejor y evitar volverte demasiado serio o deprimirte. Si cuidas tu sentido del humor y disfrutas el placer de emprender actividades nuevas, lograrás mantenerte ocupado de forma creativa.

Trabajo y vocación

Eres tenaz, autosuficiente, intuitivo e inteligente; además de que gozas de ambición y empuje. Tu agudo intelecto indica que te gusta aprovechar tus aptitudes empresariales y emprender negocios. También tienes talento para resolver problemas, así como excelentes habilidades organizacionales y gerenciales. Al estar inspirado, quizá te inclines por desarrollar tus habilidades de escritura innatas. Por otro lado, podrías usar tus talentos para administrar instituciones nacionales de arte. Te atrae la vida pública, así que podrías involucrarte en la enseñanza, la política, la actuación o el mundo del entretenimiento. A pesar de ser práctico, también te llaman la filosofía, la metafísica y el misticismo. Las ansias de variedad y de ser activo e independiente podrían impulsarte a trabajar por cuenta propia.

Entre las personas famosas con quienes compartes cumpleaños están el astrónomo Tycho Brahe, el adivino Nostradamus, el cantante Ricky Martin, la actriz Ava Gardner, el cantante de blues Leadbelly y el coreógrafo Robert Joffrey.

Numerología

La sensibilidad emocional que sugiere un cumpleaños con el número 24 indica que quizá sientas necesidad de estabilidad y orden. Asimismo, tienes una afinidad para las formas y estructuras, y facilidad para crear sistemas tan complejos como eficientes. Eres idealista, fiel y justo, pero poco efusivo, y tiendes a creer que las acciones dicen más que las palabras. El reto principal al que puede enfrentarse alguien asociado con el número 24 es aprender a llevarse con gente de todos los contextos, superar el impulso a sospechar y construir un hogar seguro. La subinfluencia del mes número 12 indica que eres sumamente perspicaz y tienes grandes ambiciones. Eres amigable y sociable, pero también tiendes a enojarte con facilidad y a sentirte herido, lo que indica que a veces te tomas las cosas demasiado a pecho. La inclinación a alternar entre ser seguro e independiente, y ser vulnerable y dudar de ti mismo también implica que necesitas buscar equilibrio y armonía en todas tus relaciones. Si mantienes la mente abierta y una mentalidad liberal, eres capaz de ver el panorama completo. De cualquier modo, eres serio, eficiente, trabajador y confiable.

• *Cualidades positivas:* energía, idealismo, habilidades prácticas, determinación inquebrantable, tolerancia, franqueza, justicia, generosidad, amor al hogar, actividad.

• *Cualidades negativas:* materialismo, celos, implacabilidad, desprecio por la rutina, pereza, deslealtad, necedad.

Amor y relaciones

Gracias a tu amor por la belleza y la verdad, eres una persona honesta y directa. Eres idealista en el amor y buscas amistades y parejas emocionantes y estimulantes. Tener encanto natural te permite cautivar a otros y fortalece tu popularidad. Es probable que pases por muchos cambios emocionales en tus relaciones, por lo que es mejor que seas versátil y te adaptes, en lugar de ser inflexible. Puesto que eres sensible, las demostraciones de amor y afecto son sumamente importantes para ti y te ayudan a superar las inquietudes emocionales. La necesidad de tener una base sólida y un hogar seguro pueden ser lo que al final te impulse a sentar cabeza.

• *Positiva:* concentración, naturaleza competitiva.

• *Negativa:* rebeldía, inquietud, falta de fortaleza, exceso de optimismo.

ESE ALGUIEN ESPECIAL

Es posible que encuentres a un compañero interesante entre quienes nacieron en las siguientes fechas.

Amor y amistad: 9, 13 y 30 de enero; 7 y 28 de febrero; 5, 26 y 30 de marzo; 3, 24 y 28 de abril; 1, 5, 22 y 26 de mayo; 3, 20 y 24 de junio; 18, 22 y 31 de julio; 16, 20, 29 y 30 de agosto; 14, 18, 27 y 28 de septiembre; 12, 16, 25, 26 y 31 de octubre; 10, 14, 23, 24 y 29 de noviembre; 8, 12, 21, 22 y 27 de diciembre.

Buenas para ti: 15, 22 y 31 de enero; 13, 20 y 29 de febrero; 11, 18 y 27 de marzo; 9, 16 y 25 de abril; 7, 14, 23 y 30 de mayo; 5, 12, 21 y 28 de junio; 3, 10, 19, 26 y 30 de julio; 1, 8, 17, 24 y 28 de agosto; 6, 15, 22 y 26 de septiembre; 4, 13, 20 y 24 de octubre; 2, 11, 18 y 22 de noviembre; 9, 16 y 20 de diciembre.

Atracción fatal: 11 de enero; 9 de febrero; 7 de marzo; 5 de abril; 3 de mayo; 1, 22, 23, 24 y 25 de junio; 31 de octubre; 29 de noviembre; 27 de diciembre.

Desafiantes: 5, 8, 16 y 21 de enero; 3, 6, 14 y 19 de febrero; 1, 4, 12 y 17 de marzo; 2, 10 y 15 de abril; 8 y 13 de mayo; 6 y 11 de junio; 4, 9 y 29 de julio; 2, 7 y 27 de agosto; 5 y 25 de septiembre; 3 y 23 de octubre; 1 y 21 de noviembre; 19 de diciembre.

Almas gemelas: 13 de enero, 11 de febrero, 9 de marzo, 7 de abril, 5 de mayo, 3 de junio, 1 de julio, 31 de agosto, 29 de septiembre, 27 de octubre, 25 de noviembre, 23 de diciembre.

SOL: CAPRICORNIO
DECANATO: CAPRICORNIO/SATURNO
ÁNGULO: 2º 30'–3º 30'
DE CAPRICORNIO
MODALIDAD: CARDINAL
ELEMENTO: TIERRA

25 de diciembre

ESTRELLA FIJA

Nombre de la estrella: Polis

Posición: 2º 15'–3º 14' de Capricornio, entre los años 1930 y 2000

Magnitud: 4

Fuerza: ★★★★

Órbita: 1º 30'

Constelación: Sagitario (Mu Sagittarius)

Días efectivos: 23, 24, 25 y 26 de diciembre

Propiedades de la estrella: Júpiter/Marte

Descripción: estrella triple blanquiazul ubicada en la parte superior del arco del arquero

INFLUENCIA DE LA ESTRELLA PRINCIPAL

Polis otorga agudeza de percepción y la capacidad de enfocarte en una meta específica. También te impulsa a buscar el éxito y la buena fortuna, además de infundirte tenacidad para ascender a posiciones elevadas. La capacidad para tomar decisiones rápidas y afortunadas es reflejo de tus habilidades de liderazgo. Sin embargo, esta estrella advierte que te cuides de la tendencia a ser rebelde o dominante.

Con respecto a tu grado del Sol, Polis confiere una naturaleza pionera y valiente, así como muchas oportunidades, fortaleza y grandes ambiciones. Eres una persona orgullosa que busca abrirse camino por mérito propio, sin importar si eso conduce a la fama o al reconocimiento. Esta estrella favorece el éxito en la educación superior, con especial interés en temas de espiritualidad. Además, indica que procures no dominar las situaciones o tomar el mando a menos que seas quien emprenda el proyecto.

Las influencias de tu fecha de nacimiento se reflejan en tu personalidad práctica y afectuosa, así como en tu deseo de armonía. Puesto que el encanto personal será uno de tus principales atributos, la facilidad para tratar con la gente te ayudará a triunfar. Eres un comunicador simpático y listo, con ideas originales. Aunque eres astuto e independiente, también te preocupas genuinamente por los demás, lo cual puede llevarte incluso a respaldar una causa idealista.

Gracias a la influencia del regente de tu decanato, Capricornio, eres confiable y tienes una gran conciencia de tus responsabilidades. Construir un hogar seguro es importante para ti, y estás dispuesto a hacer hasta lo imposible por mantener protegidos a tus seres queridos. Si aceptas algún trabajo, querrás desempeñarlo bien y estarás dispuesto a hacer sacrificios con tal de alcanzar tus metas. Por ende, tener un buen sentido de la estructura te ayudará a organizar tus objetivos y te brindará aptitudes empresariales naturales.

Te gusta vivir bien, pero eso no anula el lado humanitario de tu personalidad. Puesto que deseas auxiliar a otros, por lo regular, actúas como consejero o ayudas a la gente a administrar sus asuntos. Sin embargo, si lo llevas al extremo, corres el riesgo de interferir, arrebatarles las riendas o volverte demasiado crítico y dominante. Aun así, en general, procuras mantener la paz, y eres digno de confianza y de mente abierta.

Antes de los 26 años, es probable que abordes tus logros con una perspectiva pragmática, realista y orientada a alcanzar tus metas. A los 27 años, cuando tu Sol progresado se desplace hacia Acuario, pasarás por una encrucijada que resaltará le necesidad creciente de expresar más libertad e independencia. Quizá también ansíes experimentar con conceptos diferentes, entablar nuevas amistades o involucrarte en actividades grupales. A los 57 habrá otro punto de inflexión, cuando tu Sol progresado entre a Piscis. Es probable que, a partir de entonces, des mayor importancia al mejoramiento de tu sensibilidad y emociones. Además, te volverás más empático y compasivo con los demás, o te involucrarás en actividades artísticas o místicas.

Tu yo secreto

Con tu intelecto agudo, idealismo y perspectiva filosófica innata, por lo regular, te sientes más satisfecho cuando ocupas tu tiempo en hacer algo constructivo y ampliar tu conocimiento. La educación, ya sea formal o autodidacta, desempeñará un papel clave en tus éxitos y avances. En general, eres honesto y directo. También eres sumamente intuitivo para interpretar las situaciones y las motivaciones de los demás. Gracias a tus buenas habilidades estratégicas y capacidad para ver el plan en su totalidad, sueles tener arranques de optimismo e inspiración que te ayudarán a avanzar con audacia e iniciativa.

La capacidad de aprender rápido te infunde una visión creativa de la vida y deseos de expresión personal. Necesitas rodearte de gente, y posees cierta inquietud interna que te impulsará a explorar diversas actividades sociales. Puesto que tienes intereses diversos, es importante que te mantengas concentrado para no dispersarte, preocuparte o volverte indeciso. Si eres modesto y sensible a las necesidades ajenas, desarrollarás una gran tolerancia y te sentirás más satisfecho con la vida.

Trabajo y vocación

Ser un idealista con empuje te caracteriza como un humanista con inclinaciones filantrópicas. Gracias a que eres encantador y receptivo, tienes facilidad para tratar con la gente. Dedicarte a la vida pública encajaría con tu personalidad, por lo que podrías triunfar de forma notable en la política, las profesiones médicas o las organizaciones públicas. El amor por el conocimiento y el interés en la metafísica podrían inspirarte a estudiar y enseñar historia, filosofía o astrología. Por otro lado, es posible que las inclinaciones técnicas y el interés en las matemáticas te animen a estudiar ciencias, astronomía, química o biología. Eres creativo y sientes una gran necesidad de expresarte, por lo que quizá te vuelvas escritor o desarrolles tu talento artístico de otra forma.

Entre las personas famosas con quienes compartes cumpleaños están los actores Sissy Spacek y Humphrey Bogart, el músico Noel Redding, la cantante Annie Lennox, el escritor Carlos Castaneda, la magnate de los cosméticos Helena Rubinstein, la enfermera de la guerra de secesión Clara Barton y el expresidente egipcio Anwar el-Sadat.

Numerología

Eres intuitivo y considerado, pero también rápido y enérgico. Necesitas expresarte a través de experiencias diversas que pueden incluir ideas, personas o lugares nuevos o emocionantes. El deseo de perfección asociado con el día 25 suele instarte a trabajar duro y ser productivo. Sueles ser instintivo y estar alerta, y puedes adquirir más conocimientos con la aplicación práctica que con la teoría. Tu buen juicio y ojo para los detalles te garantizan logros y éxitos. Es posible que necesites desarrollar una actitud menos escéptica y sobreponerte a la tendencia a tomar decisiones erráticas o impulsivas. Al ser una persona con el número 25, tienes una gran energía mental, que te ayudará a analizar todos los hechos y llegar a una conclusión más rápido que cualquier otra persona. La subinfluencia del mes número 12 indica que eres solidario y amistoso, y posees una personalidad atractiva. Tus convicciones fuertes e inclinación a pensar de forma independiente indican que eres inteligente y práctico. Aunque, por lo regular, eres fiel y confiable, la tendencia a ser crítico o a interferir implica que es necesario que mantengas la mente abierta y una actitud humilde.

• *Cualidades positivas:* intuición, perfeccionismo, perspicacia, creatividad, don de gentes.

• *Cualidades negativas:* impulsividad, impaciencia, irresponsabilidad, hipersensibilidad, celos, hermetismo, volubilidad, nerviosismo

Amor y relaciones

Las ansias de amor y afecto podrían empujarte a buscar un romance idealista. Debido a que eres amistoso, con frecuencia te atraen actividades que involucran trato con la gente, pero con tu gran sensibilidad lo prudente sería cuidarte de los excesos sociales. Aunque tu encanto atrae admiradores, es importante que elijas a tus parejas con cuidado para evitar enredos emocionales desafortunados. Si aseguras un equilibrio equitativo en tus relaciones de pareja, no te volverás dependiente. Debido a tu necesidad de armonía y paz interna, tener una base sólida y un hogar seguro determinará tus decisiones.

• *Positiva:* concentración, naturaleza competitiva.

• *Negativa:* rebeldía, inquietud, falta de fortaleza, exceso de optimismo.

ESE ALGUIEN ESPECIAL

Para encontrar amor y una relación estable, empieza por buscarlos entre quienes nacieron en las siguientes fechas.

Amor y amistad: 9, 14, 15, 25 y 28 de enero; 10, 13, 23 y 26 de febrero; 8, 11, 21, 24 y 31 de marzo; 6, 9, 19, 22 y 29 de abril; 4, 6, 7, 17, 20 y 27 de mayo; 2, 5, 15, 18 y 25 de junio; 3, 13, 16 y 23 de julio; 1, 11, 14, 21 y 31 de agosto; 9, 12, 19 y 29 de septiembre; 7, 10, 17 y 27 de octubre; 5, 8, 15 y 25 de noviembre; 3, 6, 13 y 23 de diciembre.

Buenas para ti: 12, 23 y 26 de enero; 10, 21 y 24 de febrero; 8, 19, 22 y 28 de marzo; 6, 17, 20 y 26 de abril; 4, 15, 18 y 24 de mayo; 2, 13, 16 y 22 de junio; 11, 14, 20 y 31 de julio; 9, 12, 18 y 29 de agosto; 7, 10, 16 y 27 de septiembre; 5, 8, 14 y 25 de octubre; 3, 6, 12 y 23 de noviembre; 1, 4, 10 y 21 de diciembre.

Atracción fatal: 23, 24, 25 y 26 de junio; 30 de noviembre; 28 de diciembre.

Desafiantes: 17, 18 y 21 de enero; 15, 16 y 19 de febrero; 13, 14, 17 y 29 de marzo; 11, 12, 15 y 27 de abril; 9, 10, 13 y 25 de mayo; 7, 8, 11 y 23 de junio; 5, 6, 9, 21 y 30 de julio; 3, 4, 7, 19 y 28 de agosto; 1, 2, 5, 17 y 26 de septiembre; 3, 15 y 24 de octubre; 1, 13 y 22 de noviembre; 11 y 20 de diciembre.

Almas gemelas: 24 de enero, 22 de febrero, 20 de marzo, 18 y 30 de abril, 16 y 28 de mayo, 14 y 26 de junio, 12 y 24 de julio, 10 y 22 de agosto, 8 y 20 de septiembre, 6 y 18 de octubre, 4 y 16 de noviembre, 2 y 14 de diciembre.

SOL: CAPRICORNIO
DECANATO: CAPRICORNIO/SATURNO
ÁNGULO: 3º 30'–4º 30'
DE CAPRICORNIO
MODALIDAD: CARDINAL
ELEMENTO: TIERRA

26 de diciembre

ESTRELLA FIJA

Nombre de la estrella: Polis

Posición: 2º 15'–3º 14' de Capricornio, entre los años 1930 y 2000

Magnitud: 4

Fuerza: ★★★★

Órbita: 1º 30'

Constelación: Sagitario (Mu Sagittarius)

Días efectivos: 23, 24, 25 y 26 de diciembre

Propiedades de la estrella: Júpiter/ Marte

Descripción: estrella triple blanquiazul ubicada en la parte superior del arco del arquero

INFLUENCIA DE LA ESTRELLA PRINCIPAL

Polis otorga percepción aguda y la capacidad de enfocarte en una meta específica. También te impulsa a buscar el éxito y la buena fortuna, además de infundirte tenacidad para ascender a posiciones elevadas. La capacidad para tomar decisiones rápidas y afortunadas es reflejo de tus habilidades de liderazgo. Sin embargo, esta estrella advierte que te cuides de la tendencia a ser rebelde o dominante.

Con respecto a tu grado del Sol, Polis confiere una naturaleza pionera y valiente, así como grandes ambiciones. Eres una persona orgullosa que busca abrirse camino por mérito propio. Esta estrella favorece el éxito en la educación superior, con especial interés en temas de espiritualidad. Además, indica que procures no dominar las situaciones o tomar el mando a menos que seas quien emprenda el proyecto.

· *Positiva:* concentración, naturaleza competitiva.

Gracias a tus emociones dinámicas, intuición y calidez, posees un don natural para tratar con la gente. Haber nacido bajo el signo de Capricornio indica que tu pragmatismo innato te ayuda a trabajar con entusiasmo para alcanzar tus ideales. Además de encanto, tienes buenas habilidades organizacionales y un intelecto creativo. Sin embargo, procura que las inquietudes internas no te impidan aprovechar tu potencial singular.

La subinfluencia del regente de tu decanato, Capricornio, te caracteriza como una persona confiable y con un gran sentido del deber. También eres fiel y leal, y sientes un deseo profundo de ayudar a otros. Aunque eres capaz de concentrarte bastante cuando te interesa un proyecto, deberás fortalecer tu paciencia si tiendes a aburrirte rápido.

Es posible que tus muchos planes y tu deseo de acción, libertad y aventura te confieran una vida variada y llena de sucesos. Sin embargo, a veces los problemas financieros interferirán con la expresión de tus deseos o harán que la satisfacción siempre parezca escaparse de tus manos por un pelo. Si realizas un autoanálisis, asumes tus responsabilidades y dejas el pasado atrás, evitarás la inestabilidad emocional.

Hasta los 25 años, sentirás que requieres orden y estructura en tu vida, y las consideraciones prácticas te resultarán importantes. A los 26, cuando tu Sol progresado se desplace hacia Acuario, habrá un punto de inflexión a partir del cual sobresaldrá la necesidad creciente de independencia y liberación de lo mundano. También te volverás más sociable, adquirirás más conciencia colectiva y desearás expresar mejor tu individualidad. A los 56 habrá otra encrucijada, cuando tu Sol progresado se desplace hacia Piscis. Es probable que entonces pongas un mayor énfasis en tu receptividad emocional, imaginación y conciencia psíquica y espiritual.

Tu yo secreto

Aunque proyectas una imagen pragmática, por dentro eres sumamente sensible, pero también intuitivo. Gracias a tus ideales elevados y anhelos amorosos, es posible que te involucres en causas humanitarias, en acciones de expresión artística o en la búsqueda de la verdad a través de la experiencia espiritual. Junto con la igualmente intensa necesidad de tener orden en la vida, pondrás cierto énfasis en lo laboral que, por fortuna, te brindará una particular protección financiera. Con ayuda de tu imaginación fértil y buen sentido de los valores, lograrás materializar tus visiones por medio de tu perseverancia y enfoque.

Tu espíritu emprendedor se refleja en tus ansias de acción y aventura. Si las reprimes, experimentarás una incongruencia que te hará pasar del extremo de la inquietud y la impaciencia al de la inercia. Para evitar recurrir a la evasión o las fantasías, es esencial que te mantengas enfocado en actividades y proyectos creativos y emocionantes. Cuando adoptas una actitud optimista y entusiasta, motivas a otros y favoreces que ocurran cosas grandiosas.

Trabajo y vocación

Eres inteligente, decidido, tenaz y enérgico. Prefieres trabajar en empresas grandes donde haya mucha actividad. Eres autosuficiente y disfrutas triunfar por tus propios méritos y esfuerzos. Puesto que gozas el éxito empresarial y material, quizás ansíes hacer carrera en el medio publicitario o editorial. Tu facilidad de palabra y capacidad de comunicar tus ideas de forma eficaz indican que lograrías muchas cosas como escritor o si trabajaras en los medios de comunicación, el teatro o el cine. Eres práctico y posees buenas habilidades de organización, lo que te permite ser eficiente y proyectar tu autoridad. Sin importar qué carrera elijas, es crucial que esta conlleve desafíos y diversidad para evitar que te aburra.

Entre las personas famosas con quienes compartes cumpleaños están el líder comunista Mao Tse-Tung, la mística india Madre Meera, el productor musical Phil Spector, el actor Richard Widmark, el actor y comediante Steve Allen y el escritor Henry Miller.

Numerología

La fuerza o el poder asociados con el número 26 en tu cumpleaños muestran que eres una persona cautelosa con valores sólidos y buen juicio. Tu amor por el hogar y tus fuertes instintos parentales sugieren que debes construir una base sólida o encontrar estabilidad real. Como sueles ser un pilar de fortaleza para otros, estás dispuesto a ayudar a amigos y familiares que recurran a ti en momentos de dificultad. Sin embargo, quizá debas cuidar tus tendencias materialistas y el deseo de controlar situaciones o a personas. La subinfluencia del mes número 12 indica que eres sociable y amistoso, y que posees un espíritu emprendedor. Gracias a que eres intuitivo e inteligente, y tienes buenas habilidades ejecutivas, generas ideas motivadoras y tienes la capacidad de convertirlas en productos tangibles y alcanzar el éxito financiero. Por lo regular, sabes aprovechar las situaciones nuevas. No obstante, la insatisfacción interna con tus circunstancias podría causarte intranquilidad. Esta búsqueda constante de paz implica que necesitas equilibrio y armonía.

• *Cualidades positivas:* creatividad, practicidad, cuidado, meticulosidad, idealismo, honestidad, responsabilidad, orgullo familiar, entusiasmo, valentía.

• *Cualidades negativas:* necedad, rebeldía, hostilidad, falta de perseverancia, inestabilidad.

Amor y relaciones

Eres capaz de activar tu encanto a voluntad y atraer con facilidad a los demás. Sueles ser sociable y quizá te interesen personas creativas y trabajadoras que te inspiren a desarrollar esas mismas cualidades. Sin embargo, con tus intensas ansias de amor, las elecciones de pareja sentimental serán complicadas, hasta que aprendas a ser desapegado. Eres creativo pero te aburre la rutina, así que es posible que tengas muchas relaciones breves hasta que encuentres a tu pareja ideal. Una vez que encuentres a tu amor verdadero, serás leal y amoroso.

• *Negativa:* rebeldía, inquietud, falta de fortaleza, exceso de optimismo.

ESE ALGUIEN ESPECIAL

Es más probable que encuentres a alguien que entienda tu sensibilidad y tus necesidades entre quienes nacieron en las siguientes fechas.

Amor y amistad: 6, 11, 14 y 26 de enero; 4, 9 y 12 de febrero; 2, 7, 10 y 28 de marzo; 5, 8, 20, 26 y 30 de abril; 3, 6, 24 y 28 de mayo; 1, 4, 22 y 26 de junio; 2, 20 y 24 de julio; 18 y 22 de agosto; 10, 16, 20 y 30 de septiembre; 14, 18 y 28 de octubre; 12, 16 y 26 de noviembre; 10, 14 y 24 de diciembre.

Buenas para ti: 20 y 24 de enero; 18 y 22 de febrero; 16, 20 y 29 de marzo; 14, 18 y 27 de abril; 12, 16 y 25 de mayo; 10, 14, 23 y 29 de junio; 8, 12, 21 y 27 de julio; 6, 10, 19, 25 y 30 de agosto; 4, 8, 17, 23 y 28 de septiembre; 2, 6, 15, 21 y 26 de octubre; 4, 13, 19 y 24 de noviembre; 2, 11, 17 y 22 de diciembre.

Atracción fatal: 24, 25, 26 y 27 de junio; 31 de agosto; 29 de septiembre; 27 de octubre; 25 de noviembre; 23 de diciembre.

Desafiantes: 22, 23 y 27 de enero; 20, 21 y 25 de febrero; 18, 19 y 23 de marzo; 16, 17 y 21 de abril; 14, 15 y 19 de mayo; 12, 13 y 17 de junio; 10, 11, 15 y 31 de julio; 8, 9, 13 y 29 de agosto; 6, 7, 11 y 27 de septiembre; 4, 5, 9 y 25 de octubre; 2, 3, 7 y 23 de noviembre; 1, 5 y 21 de diciembre.

Almas gemelas: 23 de enero, 21 de febrero, 19 de marzo, 17 y 29 de abril, 15 y 27 de mayo, 13 y 25 de junio, 11 y 23 de julio, 9 y 21 de agosto, 7 y 19 de septiembre, 5 y 17 de octubre, 3 y 15 de noviembre, 1 y 13 de diciembre.

SOL: CAPRICORNIO
DECANATO: CAPRICORNIO/SATURNO
ÁNGULO: 4º 30'–5º 30'
DE CAPRICORNIO
MODALIDAD: CARDINAL
ELEMENTO: TIERRA

27 de diciembre

ESTRELLA FIJA

Nombre de la estrella: Kaus Borealis
Posición: 5º 20'–6º 19' de Capricornio,
   entre los años 1930 y 2000
Magnitud: 3
Fuerza: ★★★★★★
Órbita: 1º 40'
Constelación: Sagitario (Lambda
   Sagittarius)
Días efectivos: 27, 28 y 29 de diciembre
Propiedades de la estrella: Mercurio/
   Marte
Descripción: estrella gigante anaranjada
   ubicada en la parte norte del arco
   del arquero

INFLUENCIA DE
LA ESTRELLA PRINCIPAL

Kaus Borealis otorga inteligencia, agudeza mental, extraordinaria elocuencia y buenas habilidades comunicativas. Quienes reciben su influencia se caracterizan por su pasión por las discusiones y el debate; sin embargo, en ocasiones estos individuos parecen agresivos o beligerantes. Con frecuencia, esta estrella infunde tendencias humanitarias y una naturaleza idealista, con un sentido claro de la justicia y la distribución. Además trae consigo cambios que desafían tu obstinación.

Con respecto a tu grado del Sol, Kaus Borealis confiere firmeza y una fuerza motora interna que te permiten alcanzar posiciones influyentes. Otras personas suelen reconocer tus capacidades de liderazgo e ingenio, con las cuales obtienes logros o ascensos. Aun así, la inquietud interna y la necesidad continua de abrirte camino pueden indicar falta de satisfacción.

Debido a que eres un individuo con emociones intensas y un pragmatismo innato, te gusta saber dónde estás parado, ya sea en tus relaciones personales o en el mundo en general. Haber nacido bajo el signo de Capricornio indica la necesidad de tener una base sólida en la vida que sea compatible con tu honestidad y franqueza. A pesar de ser idealista por naturaleza, tus ambiciones hacen que seas emprendedor y trabajador. Te importan mucho las relaciones sociales, por lo que actuar con diplomacia y encanto te ayudará a triunfar en cualquier actividad que implique trato con el público.

Gracias a la subinfluencia de Capricornio, el regente de tu decanato, eres perseverante y te orientas a alcanzar tus metas. Tu intelecto agudo y capacidad de discernimiento te dotan de buen juicio y sentido común. Al ser un buen estratega y planeador, te gusta ser constructivo, pero debes procurar no volverte arrogante ni preocuparte en exceso por tu realización personal.

Debido a tu sensibilidad e intuición, te resulta benéfico confiar en tus sentimientos, pues suelen ser acertados. Disfrutas fungir de anfitrión y, generalmente, sabes mezclar bien los negocios con la vida social. No obstante, cuídate de la veta autocomplaciente que puede hacerte caer en excesos emocionales.

Antes de los 24 años, es probable que encares los logros de forma realista y tengas un sentido claro de lo que quieres en la vida. A los 25 años, cuando tu Sol progresado se desplace hacia Acuario, habrá un punto de inflexión que resaltará la necesidad creciente de expresar tu libertad e independencia. Es posible que también quieras experimentar con distintos conceptos, hacer nuevas amistades e involucrarte en actividades grupales o de índole humanitaria. A los 55 años habrá otro ajuste de prioridades, cuando tu Sol progresado entre a Piscis. Es probable que entonces se enfaticen la sensibilidad y las emociones, y te vuelvas más receptivo a los demás, así como empático y compasivo. Si le das rienda suelta a tu imaginación, podrás participar también en proyectos artísticos o místicos.

Tu yo secreto

A pesar de proyectar desenfado, eres una persona motivada y orientada a alcanzar el éxito, sobre todo cuando tienes un plan de acción claro. El que seas de mente abierta te inclinará a viajar o a estudiar temas filosóficos o espirituales. No obstante, esto no opaca tu pragmatismo y astucia, rasgos que te permiten identificar las oportunidades y sacarle provecho al dinero.

Tu agilidad mental y comentarios mordaces son reflejo de tu ingenio y personalidad divertida. Expresas tus opiniones con convicción, pero debes evitar la tendencia a dejarte llevar o ser arrogante. Tu sexto sentido con respecto a las cuestiones materiales te garantiza protección financiera y te permite entender a la gente al instante. Cuando tienes una meta específica y pones toda tu dedicación en ella, basta con que te empeñes en construir una base sólida para tus logros, para hacer verdaderos milagros y obtener éxitos duraderos.

Trabajo y vocación

Eres ambicioso y trabajador, y tienes aptitudes para tratar con el público, así como habilidades de sanación naturales. Eres idóneo para ocupaciones en las que aproveches tu personalidad relajada y competencias prácticas. Sueles ser ecuánime y comprensivo, y sabes escuchar a la gente, lo que te permitiría desempeñarte como consejero o terapeuta. Mientras tanto, las ansias de impulsar reformas sociales te ayudarían a sobresalir en la enseñanza y la investigación. Puesto que eres bueno para organizar y anhelas construir algo que valga la pena, es probable que te involucres en actividades filantrópicas. Por otro lado, el deseo de expresarte de forma creativa podría atraerte hacia la escritura, la literatura y las artes escénicas. Finalmente, el interés en la metafísica y las habilidades técnicas refleja una posible inclinación hacia la astronomía y la astrología.

Entre las personas famosas con quienes compartes cumpleaños están el actor Gérard Depardieu, el astrónomo Johannes Kepler, y el químico Louis Pasteur.

Numerología

Eres intuitivo e inquisitivo, y el día número 27 indica que tu profundidad de pensamiento puede verse beneficiada enormemente por el desarrollo de la paciencia y el autocontrol. Sueles ser poderoso, tenaz y observador, por lo que prestas mucha atención a los detalles. A menudo eres idealista y sensible. Tienes una mente fértil y creativa, por lo que puedes impresionar a otros con tus ideas y pensamientos originales. Al desarrollar buenas habilidades comunicativas, puedes superar tu renuencia a expresar tus sentimientos más profundos. La educación es esencial para las personas con el número 27 y, con las credenciales adecuadas, puedes alcanzar el éxito en la escritura, la investigación o al trabajar en grandes organizaciones. La subinfluencia del mes número 12 indica que eres talentoso y ambicioso. Además, estar consciente de la importancia de la seguridad te hace pensar de forma realista, aunque a gran escala. Cuando aprendas a confiar en tu intuición, te volverás más ecuánime, pulirás tu sentido común y podrás resolver problemas al ser capaz de ver el panorama completo. Gracias a eso, también te sentirás relajado y proyectarás confianza frente al público.

• *Cualidades positivas:* liderazgo, minuciosidad, trabajo arduo, tradición, autoridad, protección, poder de sanación, talento para juzgar valores.

• *Cualidades negativas:* intolerancia, avaricia, desasosiego, exceso de trabajo, comportamiento controlador o dominante, tendencia a rendirte, falta de planeación.

Amor y relaciones

La necesidad de estar acompañado indica que el amor y las relaciones son especialmente importantes para ti. Gracias a tu personalidad afable, es probable que tengas muchos amigos y que te desempeñes bien en proyectos grupales o alianzas. El amor tan fuerte que sientes por el hogar y la familia provoca que echar raíces y contar con una base sólida sean parte significativa de tu plan de vida. Dado que, en general, no te gusta estar solo, debes evitar volverte demasiado dependiente en las relaciones románticas. Y, por último, puesto que eres propenso a experimentar emociones intensas, eres devoto, leal y solidario, pero también debes estar atento a los comportamientos dominantes ocasionales.

• *Positiva:* versatilidad, tenacidad, experiencia, franqueza.

• *Negativa:* insatisfacción, extremismo, obstinación.

ESE ALGUIEN ESPECIAL

Encontrarás satisfacción emocional y a ese alguien especial entre quienes nacieron en las siguientes fechas.

Amor y amistad: 7, 12, 15 y 27 de enero; 5, 10 y 13 de febrero; 3, 8, 11 y 29 de marzo; 1, 6, 9, 19 y 27 de abril; 4, 7, 25 y 29 de mayo; 2, 5, 23 y 27 de junio; 3, 21 y 25 de julio; 1, 19 y 23 de agosto; 11, 17 y 21 de septiembre; 15, 19 y 29 de octubre; 13, 17 y 27 de noviembre; 11, 15, 18 y 25 de diciembre.

Buenas para ti: 21 y 25 de enero; 19 y 23 de febrero; 17, 21 y 30 de marzo; 15, 19 y 28 de abril; 13, 17 y 26 de mayo; 11, 15, 24 y 30 de junio; 9, 13, 22 y 28 de julio; 7, 11, 20, 26 y 31 de agosto; 5, 9, 18, 24 y 29 de septiembre; 3, 7, 16, 22 y 29 de octubre; 1, 5, 14, 20 y 25 de noviembre; 3, 12, 18 y 23 de diciembre.

Atracción fatal: 26, 27 y 28 de junio.

Desafiantes: 5, 8 y 28 de enero; 3, 6 y 26 de febrero; 1, 4 y 24 de marzo; 2 y 22 de abril; 20 de mayo; 18 de junio; 16 de julio; 14 y 30 de agosto; 12, 28 y 30 de septiembre; 10, 26 y 28 de octubre; 8, 24 y 26 de noviembre; 6, 22 y 24 de diciembre.

Almas gemelas: 4 y 10 de enero, 2 y 8 de febrero, 6 de marzo, 4 de abril, 2 de mayo.

SOL: CAPRICORNIO
DECANATO: CAPRICORNIO/SATURNO
ÁNGULO: 5° 30'–6° 30'
DE CAPRICORNIO
MODALIDAD: CARDINAL
ELEMENTO: TIERRA

28 de diciembre

La influencia de esta fecha de nacimiento se refleja en tu encanto e inteligencia, pues eres un Capricornio sensible y amable, pero también muy trabajador. Puesto que sabes mucho de diversos temas y te entusiasma involucrarte en proyectos nuevos, la educación podría ser un factor significativo a lo largo de tu vida. A pesar de ser ágil, ingenioso y sociable, es probable que uno de los grandes desafíos que enfrente tu mente estructurada sea la indecisión o la preocupación.

La subinfluencia de Capricornio, el regente de tu decanato, indica que, para satisfacer las ansias de expresión personal, tal vez debas superar la inclinación a ser demasiado serio o tímido. Además de ser idealista, posees habilidades ejecutivas y de liderazgo. Estas aptitudes te ayudarán en especial a generar mejores condiciones de vida para otras personas. Al reconocer la importancia de la organización y de tener un buen sistema, aprovecharás tu sentido común e idealismo como fuentes de inspiración y convocarás a gente con la que compartas intereses.

Gracias a tu agilidad mental y a que no soportas aburrirte, es probable que busques incansablemente proyectos nuevos y originales que te mantengan interesado. Sin embargo, ten cuidado de que esto no te cause nerviosismo, incertidumbre o insatisfacción emocional. Como eres ambicioso, perseverante y pragmático, quizá toleres situaciones difíciles, pero, una vez que te hartes, te volverás implacable. Puesto que esta fecha de cumpleaños suele traer consigo dones intuitivos o psíquicos, con la edad irás reconociendo tu sabiduría superior.

Después de los 24 años, cuando tu Sol progresado entre a Acuario, dejarás de preocuparte tanto por las apariencias, te volverás más independiente y confiarás más en tu individualidad. Quizá desarrolles un mayor interés en temas poco comunes, problemas sociales y asuntos humanitarios. A los 54 habrá otro punto de inflexión, cuando tu Sol progresado entre a Piscis. A partir de entonces, darás mayor importancia a tus necesidades e ideales emocionales, y fortalecerás tu sensibilidad e imaginación.

Tu yo secreto

Además de que eres sumamente emotivo y sensible, en tu interior hay una búsqueda de amor y afecto que pasa desapercibida para los demás. Por ende, siempre debes confiar en tu corazón, antes que en tu mente, la cual puede ser demasiado racional o calculadora. Te gusta ser dramático en silencio, así que debes tener cuidado de no caer en la melancolía ni volverte egoísta. Para ello, te ayudará desarrollar algún proyecto creativo, sobre todo si es musical, que te permita expresar tu amor profundo con intensidad.

Eres inteligente y posees un potente magnetismo personal, así como un sentido sólido de la individualidad. Tu espíritu emprendedor permitirá convertir la ambición en acción y garantizará el éxito de tus grandes planes. No obstante, ten cuidado de tu veta rebelde u obstinada, ya que podría socavar la disciplina que necesitas para aprovechar al máximo tu potencial. Por fortuna, estás conectado a una fuente intuitiva de conocimiento superior que te traerá felicidad y satisfacción personal cuando te pongas al servicio de otros.

ESTRELLA FIJA

Nombre de la estrella: Kaus Borealis
Posición: 5° 20'–6° 19' de Capricornio, entre los años 1930 y 2000
Magnitud: 3
Fuerza: ★★★★★★
Órbita: 1° 40'
Constelación: Sagitario (Lambda Sagittarius)
Días efectivos: 27, 28 y 29 de diciembre
Propiedades de la estrella: Mercurio/ Marte
Descripción: estrella gigante anaranjada ubicada en la parte norte del arco del arquero

INFLUENCIA DE LA ESTRELLA PRINCIPAL

Kaus Borealis otorga inteligencia, agudeza mental, extraordinaria elocuencia y buenas habilidades comunicativas. Quienes reciben su influencia se caracterizan por su pasión por las discusiones y el debate; sin embargo, en ocasiones estos individuos parecen agresivos o beligerantes. Con frecuencia, esta estrella infunde tendencias humanitarias y una naturaleza idealista, con un sentido claro de la justicia y la distribución. Además, trae consigo cambios que desafían tu obstinación.

Con respecto a tu grado del Sol, Kaus Borealis confiere firmeza y una fuerza motora interna que te permite alcanzar posiciones influyentes. Otras personas suelen reconocer tus capacidades de liderazgo e ingenio, con las cuales obtienes logros o ascensos. Aun así, la inquietud interna y la necesidad continua de abrirte camino pueden indicar falta de satisfacción.

Trabajo y vocación

Eres persuasivo, encantador y ambicioso. Tienes habilidades organizacionales y múltiples talentos. Tu interés en el conocimiento y tus habilidades comunicativas podrían inclinarte hacia la enseñanza, la industria editorial, la investigación de mercado, los medios de comunicación o la escritura. Por otro lado, podrías aprovechar tus habilidades administrativas en los negocios, la política, las organizaciones sin fines de lucro y sectores de gran tamaño como la función pública. Ya que eres emprendedor, es probable que cambies de vocación al menos una vez, pues necesitas que haya gente y variedad en tu entorno laboral. Tu capacidad para pensar a gran escala y tu férrea necesidad de independencia quizás hagan que prefieras trabajar por cuenta propia o por proyecto.

Entre las personas famosas con quienes compartes cumpleaños están el expresidente estadounidense Woodrow Wilson, los actores Maggie Smith y Denzel Washington, y el violinista Nigel Kennedy.

Numerología

La suma de los dos dígitos de tu fecha de cumpleaños, 2 y 8, es igual a 1, lo cual en términos numerológicos significa que eres ambicioso, directo y emprendedor. Siempre estás preparado para la acción y para emprender nuevos proyectos; enfrentas los desafíos de la vida con valentía, y, gracias a tu entusiasmo, motivas fácilmente a otros, si bien no a seguirte, por lo menos a apoyarte en tus emprendimientos. Aunque eres tenaz y aspiras al éxito, la familia y la vida hogareña son importantes para ti; por lo tanto, encontrar estabilidad y cuidar de tus seres más queridos a veces puede ser un reto. La subinfluencia del mes número 12 indica que eres idealista y tienes múltiples talentos, así como una necesidad imperiosa de expresarte. Cuando crees en algo, eres firme e inflexible. Aunque te desagradan los cambios, te gusta hacer planes para salvaguardar el futuro. Eres sensible, emotivo e intuitivo, y prefieres aprovechar tus talentos creativos en algo práctico. La capacidad para pensar a gran escala revela que, si dejas fluir tu imaginación, eres sumamente ingenioso y original.

• *Cualidades positivas:* actitud progresista, audacia, veta artística, creatividad, compasión, idealismo, ambición, trabajo arduo, vida familiar estable, fuerza de voluntad.

• *Cualidades negativas:* fantasioso, desmotivación, falta de compasión, poco realista, autoritarismo, falta de juicio, desconfianza, dependencia excesiva de los demás, orgullo.

Amor y relaciones

Tu encanto natural y personalidad afable te facilitan hacer amistades; además, una vez que superas la timidez y la hipersensibilidad, te conviertes en una compañía ingeniosa y sumamente entretenida. Para entablar relaciones personales, te atrae la gente creativa, inteligente y de carácter fuerte con quien puedes entrar en sintonía mental. Ciertas dudas e incertidumbres podrían hacerte sentir indeciso y afectar tus relaciones. Sin embargo, si mantienes una actitud positiva y te ocupas en hacer algo creativo, reaccionarás con desenfado y evitarás preocupaciones.

• *Positiva:* versatilidad, tenacidad, experiencia, franqueza.

• *Negativa:* insatisfacción, extremismo, obstinación.

ESE ALGUIEN ESPECIAL

Es posible que encuentres una relación duradera con alguien que haya nacido en las siguientes fechas.

Amor y amistad: 1, 2, 8, 19 y 28 de enero; 6 y 26 de febrero; 4, 24 y 30 de marzo; 2, 22 y 28 de abril; 11, 20, 26 y 30 de mayo; 18, 24 y 28 de junio; 16, 22 y 26 de julio; 14, 20 y 24 de agosto; 3, 12, 18 y 22 de septiembre; 10, 16, 20 y 30 de octubre; 8, 14, 18 y 28 de noviembre; 6, 12, 16 y 26 de diciembre.

Buenas para ti: 18, 21 y 22 de enero; 16, 19 y 20 de febrero; 14, 17, 18 y 31 de marzo; 12, 15, 16 y 29 de abril; 10, 13, 14 y 27 de mayo; 8, 11, 12 y 25 de junio; 6, 9, 10 y 23 de julio; 4, 7, 8, 21 y 30 de agosto; 2, 5, 6, 19, 28 y 30 de septiembre; 3, 4, 17, 26 y 28 de octubre; 1, 2, 15, 24 y 26 de noviembre; 13, 22 y 24 de diciembre.

Atracción fatal: 26, 27, 28 y 29 de junio; 29 de octubre; 27 de noviembre; 25 de diciembre.

Desafiantes: 29 de enero, 27 de febrero, 25 de marzo, 23 de abril, 21 de mayo, 19 de junio, 17 de julio, 15 y 30 de agosto, 13 y 28 de septiembre, 11 y 26 de octubre, 9 y 24 de noviembre, 7 y 22 de diciembre.

Almas gemelas: 24, 27 y 28 de enero; 22, 25 y 26 de febrero; 20, 23 y 24 de marzo; 18, 21 y 22 de abril; 16, 19 y 20 de mayo; 14, 17, 18 y 30 de junio; 12, 15, 16 y 28 de julio; 10, 13, 14 y 26 de agosto; 8, 11, 12 y 24 de septiembre; 6, 9, 10 y 22 de octubre; 4, 7, 8 y 20 de noviembre; 2, 5, 6, 18 y 30 de diciembre.

SOL: CAPRICORNIO
DECANATO: CAPRICORNIO/SATURNO
ÁNGULO: 6º 30'–7º 30'
DE CAPRICORNIO
MODALIDAD: CARDINAL
ELEMENTO: TIERRA

ESTRELLA FIJA

Nombre de la estrella: Kaus Borealis
Posición: 5º 20'–6º 19' de Capricornio, entre los años 1930 y 2000
Magnitud: 3
Fuerza: ★★★★★★
Órbita: 1º 40'
Constelación: Sagitario (Lambda Sagittarius)
Días efectivos: 27, 28 y 29 de diciembre
Propiedades de la estrella: Mercurio/ Marte
Descripción: estrella gigante anaranjada ubicada en la parte norte del arco del arquero

INFLUENCIA DE LA ESTRELLA PRINCIPAL

Kaus Borealis otorga inteligencia, agudeza mental, extraordinaria elocuencia y buenas habilidades comunicativas. Quienes reciben su influencia se caracterizan por su pasión por las discusiones y el debate; sin embargo, en ocasiones estos individuos parecen agresivos o beligerantes. Con frecuencia, esta estrella infunde tendencias humanitarias y una naturaleza idealista, con un sentido claro de la justicia y la distribución. Además, trae consigo cambios que desafíen tu obstinación.

Con respecto a tu grado del Sol, Kaus Borealis confiere firmeza y una fuerza motora interna que te permite alcanzar posiciones influyentes. Otras personas suelen reconocer tus capacidades de liderazgo e ingenio, con las cuales obtienes logros o ascensos. Aun así, la inquietud interna y la necesidad continua de abrirte camino pueden indicar falta de satisfacción.

29 de diciembre

Además de ser un Capricornio encantador y creativo, eres sensible y tienes un don natural para tratar con la gente. Tus buenas habilidades de comunicación, actitud afable y encanto social te permitirán ser cortés y diplomático en tus interacciones sociales. A pesar de tener ideales elevados, también eres pragmático y, por lo regular, estás dispuesto a trabajar arduamente para cumplir tus objetivos.

Gracias a la subinfluencia del regente de tu decanato, Capricornio, eres dedicado y concienzudo cuando crees en una causa o proyecto. Debido a que eres pragmático y bueno para planear, disfrutas hacer cosas constructivas y tienes la astucia y perspicacia necesarias para saber vender o promover ideas o productos. El miedo infundado de no contar con suficiente dinero podría causarte preocupaciones, pero tus excelentes habilidades sociales y compromiso profesional harán que siempre tengas fondos sustanciales a tu disposición.

Eres sumamente imaginativo, así como un pensador creativo y un visionario trabajador. Es posible que aproveches estas habilidades para avanzar en los negocios, aunque quizá también te dejes inspirar por tus talentos artístico y espiritual innatos. Tienes una voz agradable y eres consciente de la imagen que proyectas, lo que te hará atractivo frente a los demás. Si combinas este encanto con tu aprecio por los lujos, tendrás que cuidar que tu veta vanidosa o despilfarradora no sobresalga.

Después de los 23 años, cuando tu Sol progresado entre a Acuario, ya no te dejarás influenciar tanto por las reglas y la tradición. Si sueltas el pasado, te volverás más independiente y serás capaz de confiar en tu perspectiva singular. Asimismo, quizá te interesen cuestiones grupales, asuntos humanitarios y la expresión de tu individualidad. A los 53 habrá otro punto de inflexión, cuando tu Sol progresado se desplace hacia Piscis. A partir de entonces, pondrás un mayor énfasis en tu vida emocional interna, lo que se reflejará en tus visiones, sueños y comprensión intuitiva de tus relaciones personales.

Tu yo secreto

Aunque el amor sea de suma importancia para ti, la búsqueda de conocimiento y el desarrollo de un entendimiento más profundo también son esenciales para la satisfacción emocional. La educación, ya sea autodidacta o a través de canales formales, será la clave para fomentar tu deseo de información y sabiduría.

La necesidad frecuente de emprender proyectos nuevos que te planteen desafíos intelectuales supone que tener una mayor conciencia de ti mismo y oportunidades de compartir tus hallazgos con otros te traerá satisfacción. Cuando combinas el autocontrol y el conocimiento, te conviertes en consejero de otros o descubres tus habilidades de liderazgo naturales. Si conectas tu idealismo y compasión innatos a un marco más amplio, evitarás el pesimismo y los pensamientos negativos.

Trabajo y vocación

Además de ser encantador y carismático, eres entretenido y considerado. La capacidad para tratar con el público podría permitirte lograr muchas cosas si trabajas en ventas o publicidad. El interés en el conocimiento, por su parte, podría inclinarte hacia la enseñanza, ya sea como profesor o conferencista. Puesto que también posees habilidades técnicas, quizá te interesen las tecnologías de la información y la comunicación. La capacidad para asimilar y utilizar la información obtenida podría llevarte a aprender otros idiomas y trabajar en organismos internacionales como intérprete. Por otro lado, quizá quieras dedicarte a la política o la función pública. Mientras tanto, el interés en las artes y el talento para la escritura podrían inspirarte a componer música, escribir poesía o tocar un instrumento musical.

Entre las personas famosas con quienes compartes cumpleaños están los actores Jon Voight, Ted Danson y Mary Tyler Moore; el actor Diego Luna; la cantante Marianne Faithfull, y el violonchelista Pablo Casals.

Numerología

Los individuos que nacen bajo el número 29 suelen ser intuitivos, sensibles y emotivos. Tu naturaleza compasiva y comprensiva inspira el espíritu humanitario en otros a quienes anima a cumplir sus sueños y objetivos. Si bien eres un soñador, en ocasiones los extremos de tu personalidad sugieren que debes cuidar tus cambios de humor. Al tener el número 29 en tu fecha de cumpleaños, ansías ser popular y te importa lo que la gente piense de ti. La subinfluencia del mes número 12 implica que eres sociable y amistoso, aunque aparentes ser tímido y reservado. Tu visión pragmática y disposición para trabajar arduamente con el fin de obtener prosperidad material reflejan la importancia que le das a la seguridad, pero quizá debas superar la tendencia a preocuparte por el dinero. Te gusta la libertad que trae consigo la independencia, pero aprender a compartir y confiar te ayudará mucho en las relaciones cercanas, las alianzas y las colaboraciones o esfuerzos grupales.

• *Cualidades positivas:* inspiración, equilibrio, éxito, misticismo, creatividad, intuición, sueños poderosos, atención al detalle, fe.

• *Cualidades negativas:* desconcentración, malhumor, personalidad difícil, extremismo, desconsideración, hipersensibilidad.

Amor y relaciones

Tu necesidad de compañía enfatiza la importancia que tienen para ti las relaciones personales. A pesar de que siempre estás en busca del amor ideal, te motivan las personas creativas y exitosas, y prefieres relacionarte con gente adinerada, con elevada posición social o perteneciente al mundo del arte. Cuando te comprometes en una relación, te esfuerzas tanto por mantener la paz y la armonía que incluso eres capaz de hacer sacrificios. Disfrutarás más a tus amigos si compartes con ellos intereses creativos e intelectuales.

• *Positiva:* versatilidad, tenacidad, experiencia, franqueza.

• *Negativa:* insatisfacción, extremismo, obstinación.

ESE ALGUIEN ESPECIAL

Para encontrar a tu pareja ideal, búscala entre quienes nacieron en las siguientes fechas.

Amor y amistad: 5, 6, 14, 16 y 31 de enero; 12 y 14 de febrero; 1, 2, 10, 12 y 31 de marzo; 8, 10, 25 y 29 de abril; 6, 8 y 27 de mayo; 4, 6 y 25 de junio; 2, 4, 23 y 29 de julio; 2, 21 y 27 de agosto; 15, 19 y 25 de septiembre; 17, 23 y 31 de octubre; 15, 21 y 29 de noviembre; 13, 19 y 27 de diciembre.

Buenas para ti: 19, 22 y 30 de enero; 17, 20 y 28 de febrero; 15, 18 y 26 de marzo; 13, 16, 24 y 30 de abril; 11, 14, 22 y 28 de mayo; 9, 12, 20 y 26 de junio; 7, 10, 18 y 24 de julio; 5, 8, 16 y 22 de agosto; 3, 6, 14 y 20 de septiembre; 1, 4, 12, 18 y 29 de octubre; 2, 10, 16 y 27 de noviembre; 8, 14 y 25 de diciembre.

Atracción fatal: 27, 28, 29 y 30 de junio.

Desafiantes: 11, 25 y 26 de enero; 9, 23 y 24 de febrero; 7, 21 y 22 de marzo; 5, 19 y 20 de abril; 3, 17, 18 y 29 de mayo; 1, 15, 16 y 27 de junio; 13, 14 y 25 de julio; 11, 12 y 23 de agosto; 9, 10, 21 y 30 de septiembre; 7, 8, 19 y 28 de octubre; 5, 6, 17 y 26 de noviembre; 3, 4, 15 y 24 de diciembre.

Almas gemelas: 31 de mayo, 29 de junio, 27 de julio, 25 de agosto, 23 de septiembre, 21 de octubre, 19 de noviembre, 17 de diciembre.

SOL: CAPRICORNIO
DECANATO: CAPRICORNIO/SATURNO
ÁNGULO: 7° 30'–8° 30'
DE CAPRICORNIO
MODALIDAD: CARDINAL
ELEMENTO: TIERRA

30 de diciembre

ESTRELLA FIJA

Nombre de la estrella: Facies

Posición: 7° 12'–8° 24' de Capricornio, entre los años 1930 y 2000

Magnitud: 5

Fuerza: ★★

Órbita: 1°

Constelación: Sagitario (M22 Sagittarius)

Días efectivos: 29, 30 y 31 de diciembre

Propiedades de la estrella: Sol/Marte

Descripción: nébula y cúmulo abierto de estrellas brillantes ubicados en el arco del arquero

INFLUENCIA DE LA ESTRELLA PRINCIPAL

Facies otorga asertividad, espíritu de lucha y naturaleza temeraria. Estás lleno de vitalidad y vigor y, por lo regular, deseas ejercer el poder, ya que posees las habilidades de liderazgo necesarias. También confiere la habilidad de tomar decisiones con rapidez, considerando que te caracterizas por ser un buen estratega que disfruta competir y ganar.

Con respecto a tu grado del Sol, esta estrella supone éxito en los negocios y en el trato con el público, así como una gran fuerza de voluntad, impulso innato y espíritu competitivo. Sin embargo, advierte que la necesidad constante de ser el número uno puede meterte en problemas, por lo que sugiere evitar los negocios turbios y las situaciones peligrosas.

• *Positiva:* anhelo de vivir, vida activa, capacidad para lograr cosas, firmeza.

• *Negativa:* esfuerzo excesivo, obstinación, ganas de pelear.

Al haber nacido bajo el signo de Capricornio, tus buenas habilidades de comunicación y singular perspectiva de vida te vuelven una persona práctica, astuta e interesante. Abordar la vida de manera creativa refleja que eres amistoso, sociable y que posees un fuerte deseo de amor y expresión personal. Sin embargo, debes cuidar que la tendencia a preocuparte o ser indeciso no arruine tu potencial excepcional.

Gracias a la subinfluencia del regente de tu decanato, Capricornio, siempre estás consciente de que nada en la vida se obtiene sin esfuerzo. Tener una gran fuerza de voluntad implica que sueles ser tenaz y trabajador cuando te involucras en actividades emocionantes. Asimismo, tus múltiples intereses y las ansias de variedad reflejan que disfrutas vivir experiencias distintas; no obstante, evita desperdigar tus energías por hacer demasiadas cosas.

Ya que eres inteligente y sensible, tienes una gran necesidad de rodearte de gente y acostumbras ser quien transmite las ideas dentro de un grupo. Aunque tu sensibilidad resulta útil para emprender proyectos artísticos o ayudar a otros, evita reaccionar de forma exagerada o volverte egocéntrico. Eres impresionable cuando se trata de tu entorno, así que necesitas estar en ambientes armónicos. Esto te ayudará a desarrollar una comprensión universal y desapego emocional, con lo cual evitarás decepcionarte de la gente.

Antes de los 21 años, es probable que abordes la vida con cautela y realismo. Sin embargo, a partir de los 22, cuando tu Sol progresado se desplace hacia Acuario, dejarán de importarte tanto las opiniones ajenas, serás más independiente y ansiarás expresar tu individualidad. Además, tus amigos, los problemas sociales y los temas humanitarios ocuparán un lugar protagónico en tu vida. A los 52 años habrá otro punto de inflexión, cuando tu Sol progresado entre a Piscis. A partir de entonces, darás una mayor importancia a fortalecer tu sensibilidad y tus emociones. Asimismo, te volverás más receptivo e imaginativo, o quizá sientas el impulso de desarrollar y valorar tus talentos creativos.

Tu yo secreto

A pesar de que eres un individuo amoroso y afectuoso, el fuerte deseo interno de obtener éxitos materiales será lo que te motive a ponerte en marcha. Por ende, la necesidad de dinero y estatus a veces se contrapondrá a tus ideales sensibles. Esto indica que quizá fluctúes entre ambos extremos, o que te sientas más satisfecho cuando recibes recompensas financieras por apoyar una causa en la que crees. Aunque tienes habilidades de liderazgo inherentes, lo prudente será evitar volverse demasiado exigente.

Cuando te sientes motivado y optimista, compartes tu felicidad con el mundo. Eres inteligente y te gusta estar bien informado. Dado que no soportas aburrirte, es probable que seas incansable en tu búsqueda de proyectos nuevos y originales que te mantengan ocupado mentalmente. Por desgracia, cierta incertidumbre básica con respecto a tus preocupaciones afectivas o a tu insatisfacción en general podría drenarte el optimismo. Por ende, es importante que aproveches tu creatividad para usar de forma continua tus múltiples talentos. Con el tiempo, descubrirás la importancia de una sabiduría superior que te ayudará a aprovechar tus dones intuitivos innatos.

Trabajo y vocación

Además de que eres creativo y dinámico, tienes una personalidad cautivadora y una visión realista de la vida. Gracias a tus habilidades diplomáticas naturales, disfrutas los trabajos que requieren colaboración; por lo que te sientes como pez en el agua cuando puedes mezclar los negocios con el placer. Si tienes fe en una idea o proyecto, eres entusiasta y comprometido. Al ser independiente y tener habilidades de liderazgo innatas, prefieres ser quien delegue las tareas en lugar de recibir órdenes. Esto te impulsará a buscar puestos gerenciales o a trabajar por cuenta propia. Las ansias de acción y el talento para inspirar a otros te permitirán prosperar con cada nuevo comienzo y desafío emocionante. El arte, la música y la escritura también podrían resultarte atractivas, ya sea como profesiones o actividades recreativas.

Entre las personas famosas con quienes compartes cumpleaños están el escritor Rudyard Kipling, la comediante Tracey Ullman, el guitarrista de blues Bo Diddley, la cantante Patti Smith y el beisbolista Sandy Koufax.

Es más probable que encuentres la felicidad y a una pareja amorosa entre personas nacidas en las siguientes fechas.

Amor y amistad: 5, 6, 7, 15 y 17 de enero; 3, 5, 13 y 15 de febrero; 1, 2, 3, 11 y 13 de marzo; 1, 9, 11, 27 y 30 de abril; 7, 9 y 28 de mayo; 5, 7 y 26 de junio; 3, 5, 24 y 30 de julio; 1, 3, 22 y 28 de agosto; 1, 17, 20 y 26 de septiembre; 18 y 24 de octubre; 16, 22 y 30 de noviembre; 14, 20 y 28 de diciembre.

Buenas para ti: 8, 20 y 31 de enero; 6, 18 y 29 de febrero; 4, 16 y 27 de marzo; 2, 14 y 25 de abril; 12, 23 y 29 de mayo; 10, 21 y 27 de junio; 8, 19 y 25 de julio; 6, 17 y 23 de agosto; 4, 15 y 21 de septiembre; 2, 3, 13, 19 y 30 de octubre; 11, 17 y 28 de noviembre; 9, 15 y 26 de diciembre.

Atracción fatal: 28, 29 y 30 de junio; 1 de julio.

Desafiantes: 11, 12 y 27 de enero; 9, 10 y 25 de febrero; 7, 8 y 23 de marzo; 5, 6 y 21 de abril; 3, 4, 19 y 30 de mayo; 1, 2, 17 y 28 de junio; 15 y 26 de julio; 13 y 24 de agosto; 11 y 22 de septiembre; 9, 20 y 29 de octubre; 7, 18 y 27 de noviembre; 5, 16 y 25 de diciembre.

Almas gemelas: 26 de enero, 24 de febrero, 22 de marzo, 20 de abril, 18 de mayo, 16 de junio, 14 de julio, 12 de agosto, 10 de septiembre, 8 de octubre, 6 y 30 de noviembre, 4 y 28 de diciembre.

Numerología

Algunas de las cualidades asociadas a las personas nacidas el día 30 son creatividad, afabilidad y sociabilidad. Te gusta la buena vida, te encanta socializar, tienes un carisma excepcional y eres leal y amigable. Eres sociable, con buen gusto y ojo para el color y las formas, por lo que disfrutas todo tipo de trabajo enfocado en el arte, el diseño y la música. De igual modo, tu inclinación a la expresión y la facilidad de palabra te inspirarán a explorar la escritura, la oratoria o el canto. Si cumples años en un día 30, tus emociones son intensas, y estar enamorado o satisfecho es un requisito esencial para ti. En tu búsqueda de la felicidad, evita ser perezoso o autocomplaciente. Muchas de las personas nacidas en este día alcanzarán el reconocimiento o la fama, en particular los músicos, actores y artistas. La subinfluencia del mes número 12 indica que eres idealista y tienes la capacidad para cautivar a otros. Tu sentido de la estética y la individualidad te ayudan a prestar atención a los detalles, aunque la tendencia a ser puntilloso indica que debes evitar ser crítico. La capacidad para sintetizar y expandir los conceptos te permite emprender proyectos nuevos o revivir ideas antiguas a las que les infundes frescura.

• *Cualidades positivas:* aprecio por la diversión, lealtad, afabilidad, buen conversador, creatividad, suerte.

• *Cualidades negativas:* pereza, terquedad, comportamiento errático, impaciencia, temperamental, celos, inseguridad, indiferencia.

Amor y relaciones

Eres astuto y dinámico, y posees una personalidad carismática y encantadora. Ser amistoso y sociable te ayuda a atraer el amor y el afecto que anhelas de otros. Las mujeres en particular desempeñarán una parte importante en tu vida y tu progreso. Disfrutas en específico la compañía de personas creativas e histriónicas que te impulsan a ser más sociable y teatral. Sin embargo, en algunas ocasiones, las dudas e indecisiones afectarán tus relaciones estrechas, lo cual te provocará preocupaciones relacionadas con la seguridad.

SOL: CAPRICORNIO
DECANATO: CAPRICORNIO/SATURNO
ÁNGULO: 8° 30'–9° 30'
DE CAPRICORNIO
MODALIDAD: CARDINAL
ELEMENTO: TIERRA

31 de diciembre

Eres serio pero también carismático. Posees un fuerte sentido de la presencia y la individualidad que te marcan como una persona especial. Gracias a tu atrevido encanto, disfrutas ser el centro de atención y eres sumamente tenaz cuando se trata de cumplir tus objetivos. A veces tiendes a la melancolía y al pesimismo, pero siempre eres consciente de ti mismo y organizas tu vida a partir de lineamientos prácticos que te permiten obtener el mayor rendimiento de cualquier situación. Por medio de la disciplina, aprovechas al máximo tus múltiples talentos y potencial extraordinario.

La subinfluencia del regente de tu decanato, Capricornio, indica que valoras mucho la sincronía y la estructura. Por ende, es posible que sientas angustia durante periodos de cambio e inestabilidad. Las ansias de ser absolutamente confiable también reflejan que te gusta tomar las riendas o tener el control. No obstante, tu pragmatismo y gran conciencia de las consideraciones materiales podrían hacerte vacilar entre ser un mercenario y ser capaz de tener revelaciones profundas.

Gracias a que aspiras a ser independiente, eres consciente de tu imagen y de la importancia de las primeras impresiones. Eres muy trabajador y organizado, y, cuando te comprometes a un proyecto o una causa, tu entrega y empeño son asombrosos. Eres dramático, proyectas un gran poder y tienes opiniones fuertes, por lo que necesitas encontrar algún mecanismo de expresión propia que te permita obtener el respeto que deseas. Con frecuencia posees dones intuitivos potentes, así como la capacidad de combatir las situaciones difíciles y reconstruirte después.

Antes de los 20 años, necesitas tener orden y estructura práctica en la vida. Después de los 21, cuando tu Sol progresado está en Acuario, las tradiciones dejan de influir tanto en ti y te vuelves más independiente. Se presentarán nuevas oportunidades gracias a tu singular perspectiva, y te impulsarán a interesarte en problemas sociales y cuestiones humanitarias. A los 51 años habrá otro punto de inflexión, cuando tu Sol progresado entre a Piscis. A partir de entonces, darás más importancia al desarrollo de la sensibilidad, la imaginación y la fortaleza de la vida interior. Esto se reflejará en tus visiones, sueños e ideales afectivos.

Tu yo secreto

Una maravillosa inocencia infantil te acompañará a lo largo de la vida. Esto no solo te otorgará jovialidad, sino que también te permitirá ser creativo e imaginativo. Aunque, en general, tienes una actitud positiva y optimista, a veces sucumbes a las ansiedades o los miedos imaginarios.

La mejor versión de ti mismo es extraordinariamente fuerte y posee una humildad casi mística. Estás dispuesto a hacer sacrificios y compartir tu inmensa compasión para ayudar a otros o ponerte al servicio de la comunidad. Entre los obstáculos que te impedirían aprovechar este potencial profundo están tu veta egoísta y dramática, y la hipersensibilidad que te lleva a exagerar y hacer una tormenta en un vaso de agua. A pesar de que algunas lecciones de la juventud hayan sido desagradables, conforme envejezcas y adquieras sabiduría te beneficiarás de aquellas experiencias. Por lo regular, necesitarás tener una mayor disciplina para encontrar la felicidad y la satisfacción.

ESTRELLA FIJA

Nombre de la estrella: Facies
Posición: 7° 12'–8° 24' de Capricornio, entre los años 1930 y 2000
Magnitud: 5
Fuerza: ★★
Órbita: 1°
Constelación: Sagitario (M22 Sagittarius)
Días efectivos: 29, 30 y 31 de diciembre
Propiedades de la estrella: Sol/Marte
Descripción: nébula y cúmulo abierto de estrellas brillantes ubicados en el arco del arquero

INFLUENCIA DE LA ESTRELLA PRINCIPAL

Facies otorga asertividad, espíritu de lucha y naturaleza temeraria. Estás lleno de vitalidad y vigor y, por lo regular, deseas ejercer el poder, ya que posees las habilidades de liderazgo necesarias. También confiere la habilidad de tomar decisiones con rapidez, considerando que te caracterizas por ser un buen estratega que disfruta competir y ganar.

Con respecto a tu grado del Sol, esta estrella supone éxito en los negocios y en el trato con el público, así como una gran fuerza de voluntad, impulso innato y espíritu competitivo. Sin embargo, advierte que la necesidad constante de ser el número uno puede meterte en problemas, por lo que sugiere evitar los negocios turbios y las situaciones peligrosas.

• *Positiva:* anhelo de vivir, vida activa, capacidad para lograr cosas, firmeza.

• *Negativa:* esfuerzo excesivo, obstinación, ganas de pelear.

Trabajo y vocación

Eres emprendedor y tienes múltiples talentos, lo que te confiere una amplia gama de opciones a tu disposición. Eres ambicioso, te enfocas en alcanzar tus metas, posees excelentes habilidades empresariales y estás dispuesto a trabajar arduamente, sobre todo si se trata de un proyecto que te inspire o si te interesa un tema en particular. Puesto que anhelas sobresalir en lo que haces, tener una vocación y no solo una carrera te permitirá alcanzar la cima de tu profesión. Eres independiente, tienes un enfoque pragmático y habilidades ejecutivas, y te gusta organizar eventos de gran tamaño. Por otro lado, el que seas histriónico, sensible y creativo te hace sumamente apto para dedicarte al teatro o la ópera. Tener facilidad de palabra te impulsará a llevar el bolígrafo al papel y dedicarte a la escritura. Y, gracias a tu voz cautivadora y gusto por la conversación, podrías ser un excelente orador, profesor o conferencista.

Entre las personas famosas con quienes compartes cumpleaños están el artista Henri Matisse; los cantantes John Denver, Donna Summer y Odetta; los actores Ben Kingsley y Anthony Hopkins; la emprendedora del mundo de la belleza Elizabeth Arden, y el astrólogo Noel Tyl.

Numerología

El número 31 en tu fecha de cumpleaños indica una férrea fuerza de voluntad, determinación y énfasis en la expresión personal. Por lo general, eres incansable y decidido, con la necesidad correspondiente de lograr progreso material; sin embargo, quizá debas aprender a aceptar las limitaciones de la vida y, por lo tanto, construir una base sólida. La buena fortuna y las oportunidades venturosas también acompañan a un cumpleaños con el número 31, y podrás transformar tus pasatiempos en empresas productivas con bastante éxito. El tiempo para la diversión es crucial para ti, pues es probable que trabajes de forma ardua. No obstante, cuídate de la tendencia a ser demasiado egoísta u optimista. La subinfluencia del mes número 12 indica que eres creativo y posees múltiples talentos. Aunque eres sociable y amistoso, te gusta pensar por ti mismo y dictar tus propias leyes. Eres aventurero y emprendedor, y buscas realizarte a través de la expresión personal. Experimentarás crecimiento interno al superar obstáculos y desafíos; sin embargo, si deseas adquirir sabiduría genuina, debes replegarte del mundo material o de ocupaciones que solo traigan consigo beneficios económicos.

• *Cualidades positivas:* suerte, creatividad, originalidad, habilidad para construir, tesón, practicidad, buen conversador, responsabilidad.

• *Cualidades negativas:* inseguridad, impaciencia, suspicacia, tendencia a desanimarse con facilidad, falta de ambición, egoísmo, terquedad.

Amor y relaciones

Gracias a tu encanto, carisma e histrionismo innato, atraes amigos y admiradores con facilidad. A pesar de que eres protector con tus seres queridos, en ocasiones también eres demandante. Eres hospitalario y atento, así como un excelente anfitrión que se preocupa genuinamente por los demás. Aunque a veces pasas por periodos de decaimiento emocional, eres un amante cálido, responsable y afectuoso, así como un compañero leal.

ESE ALGUIEN ESPECIAL

Encontrarás satisfacción emocional y a ese alguien especial entre quienes nacieron en las siguientes fechas.

Amor y amistad: 2, 4, 5, 6, 10, 15, 18 y 19 de enero; 7, 25, 28 y 29 de febrero; 1, 2, 4, 6, 11 y 13 de marzo; 21, 24 y 25 de abril; 2, 7, 9, 19 y 22 de mayo; 21, 27, 28 y 29 de junio; 3, 5, 18 y 19 de julio; 23, 24 y 25 de agosto; 1, 11, 14, 15, 21, 22 y 23 de septiembre; 31 de octubre; 7, 10, 11, 17, 18 y 19 de noviembre; 8, 16, 17, 27, 28 y 29 de diciembre.

Buenas para ti: 20 y 31 de enero; 6, 18 y 29 de febrero; 4, 16 y 27 de marzo; 2, 14 y 25 de abril; 12, 23 y 29 de mayo; 10, 21 y 27 de junio; 8, 19 y 25 de julio; 6, 17 y 23 de agosto; 4, 15 y 21 de septiembre; 2, 3, 13, 19 y 30 de octubre; 11, 17 y 28 de noviembre; 9, 15 y 26 de diciembre.

Atracción fatal: 1, 2, 3 y 4 de julio.

Desafiantes: 12, 25 y 27 de enero; 9, 10, 23 y 25 de febrero; 7, 8 y 23 de marzo; 5, 6 y 21 de abril; 3, 4, 19 y 30 de mayo; 1, 2, 17 y 28 de junio; 15 y 26 de julio; 13 y 24 de agosto; 11 y 22 de septiembre; 9, 20 y 29 de octubre; 7, 18 y 27 de noviembre; 5, 16 y 25 de diciembre.

Almas gemelas: 25 y 26 de enero; 23 y 24 de febrero; 22 de marzo; 20 de abril; 18 de mayo; 16 de junio; 14 de julio; 12 de agosto; 10 de septiembre; 8 de octubre; 5, 6 y 30 de noviembre; 4, 28 y 30 de diciembre.

1 de enero

ESTRELLA FIJA

Nombre de la estrella: Nunki, también llamada Pelagus

Posición: 11° 15'–12° 21' de Capricornio, entre los años 1930 y 2000

Magnitud: 2

Fuerza: ★★★★★★★★

Órbita: 2° 10'

Constelación: Sagitario (Sigma Sagittarius)

Días efectivos: 1, 2, 3, 4 y 5 de enero

Propiedades de la estrella: Mercurio/ Júpiter

Descripción: estrella ubicada en la cola de la flecha en la mano del arquero

INFLUENCIA DE LA ESTRELLA PRINCIPAL

La influencia de Nunki se observa en tu amor por la verdad, tu carácter fuerte y tu franqueza y asertividad. Esta estrella otorga tenacidad para alcanzar el éxito y sentido común sólido. Además, guía al individuo hacia la educación y el aprendizaje superior, sobre todo en cuestiones de ciencia, filosofía, historia y espiritualidad. Asimismo, indica una personalidad franca y de convicciones fuertes.

Con respecto a tu grado del Sol, Nunki confiere creatividad y riqueza de ideas, ascenso a puestos públicos influyentes y condiciones favorables en el hogar y en asuntos familiares. Te abrirás camino por mérito propio. Aunque a veces te veas implicado en situaciones complejas, por lo general, saldrás bien librado.

• *Positiva:* educación superior, sentido común sólido, amor por la verdad.

• *Negativa:* controversias, fracasos causados por la deshonestidad.

La influencia de tu fecha de nacimiento te caracteriza como un Capricornio ambicioso y realista que prefiere ocupar posiciones de poder. El autocontrol y un férreo sentido del propósito serán claves esenciales para alcanzar el éxito y la felicidad; sin ellas, serás propenso a la impaciencia y la insatisfacción. Tienes un gran potencial para convertirte en un líder entusiasta, siempre y cuando no evadas tus responsabilidades.

Gracias a la subinfluencia del regente de tu decanato, Tauro, una vez que determines el plan de acción, lograrás alcanzar tu meta. Eres práctico y tienes una gran entereza, además de ser sumamente trabajador. Eres leal y capaz de hacer grandes sacrificios para obtener lo que deseas. Aprecias el arte y tienes talento para la música y el teatro, el cual puedes desarrollar ya sea como pasatiempo o mecanismo de relajación. Sin embargo, debes evitar ser autoritario o egoísta, pues eso podría arruinar tu buena fortuna.

Tu versatilidad y ansias de cambios despertarán tu interés en temas diversos. Asimismo, ser astuto y tener sed de conocimiento hace que te atraiga gente inteligente. En los primeros años de vida, desarrollarás una actitud independiente de la que te fiarás por el resto de tu existencia. No te caracterizas por aceptar consejos ajenos, pues en ocasiones eres obstinado y necio. Uno de los desafíos que enfrentarás será trascender las nimiedades sentimentales para poder expresar tu amor ideal a través del servicio.

Antes de los 19 años, es probable que te tomes la vida muy en serio. No obstante, después de los 20, cuando tu Sol progresado se desplace hacia Acuario, dejarás de darles tanta importancia a las opiniones ajenas, te volverás más independiente y ansiarás expresar tu individualidad. Los amigos, las cuestiones grupales y los temas humanitarios empezarán a desempeñar un papel más preponderante en tu vida. Al llegar a la mediana edad, tendrás tus metas definidas con claridad lo que evitará que te sientas frustrado e impaciente. A los 50 años pasarás por otro punto de inflexión, cuando tu Sol progresado entre a Piscis. A partir de entonces, pondrás un mayor énfasis en el fortalecimiento de tu sensibilidad y sentimientos. Además, serás más receptivo e imaginativo, y quizás incluso sientas el impulso de poner en práctica tus talentos creativos. Si aprendes a confiar en tu intuición, desarrollarás confianza en ti mismo y tendrás una visión de la vida más clara.

Tu yo secreto

Aunque posees conocimiento de ti mismo, nobleza y orgullo, también albergas un sentimiento de inseguridad que te impulsa a buscar logros a toda costa. Ante la incertidumbre, quizás intentes controlar a otras personas. Asimismo, es posible que necesites reconocer el deseo de popularidad y aceptación social, aunque te avergüence un poco. Sin embargo, cada batalla individual que luches irá fortaleciendo poco a poco tu confianza. También adquirirás fuerza al valorar de manera realista tus talentos y limitaciones, y al familiarizarte genuinamente con tu poder y tu potencial.

Aunque hayas fortificado tus defensas en los primeros años de vida, conforme envejezcas es más probable que dejes de ser tan serio y te vuelvas cada vez más relajado. Tras haber aprendido muchas lecciones por las malas, te transformarás en una figura de autoridad sofisticada, autosuficiente y tenaz.

Trabajo y vocación

La autoridad e independencia que proyectas, aunadas a tus habilidades administrativas y ejecutivas, hacen que disfrutes tener el control u ocupar posiciones de liderazgo. Tu intuición y astucia te permiten entender las motivaciones ajenas. Por otro lado, tus habilidades empresariales y enfoque comercial te inclinan hacia el autoempleo o a desempeñarte como creador, político o productor. Si trabajas para otra persona, por lo regular, ocupas puestos ejecutivos o gerenciales. Gracias a tu potencial para sobresalir en todo tipo de proyectos creativos y emprendimientos de negocios, prefieres trabajar para empresas grandes e instituciones gubernamentales en las que puedas desplegar tus habilidades de liderazgo. En general, prefieres especializarte en un campo en particular y tener una profesión formal, en vez de solo dedicarte a los negocios. Eres trabajador y dedicado, pero necesitas aprender a tomar en cuenta las necesidades ajenas.

Entre las personas famosas con quienes compartes cumpleaños están el escritor J. D. Salinger, el patriota estadounidense Paul Revere, el político estadounidense Barry Goldwater y el exdirector del FBI J. Edgar Hoover.

Numerología

Tu fecha de nacimiento revela tus ganas de sobresalir y ser independiente. Al tener el número 1 por cumpleaños, tiendes a ser individualista, innovador, valeroso y enérgico. Tu espíritu pionero te insta a hacer las cosas por tu cuenta, aunque falles en el intento. Tu gran entusiasmo e ideas originales te permiten mostrarles el camino a los demás. Con el número 1 por cumpleaños, quizá también debas aprender que el mundo no gira a tu alrededor. La subinfluencia del mes número 1 indica que eres creativo, perspicaz, sumamente intuitivo y que posees una naturaleza idealista. Eres entusiasta y decidido, y tienes un carácter fuerte. Generalmente, te gusta marcar la pauta, y prefieres dar órdenes antes que recibirlas. Si te cuesta trabajo expresar tus emociones, parecerás frío o indiferente. Aprende a confiar en la fuerza de tu intuición y no les des cabida a los pensamientos negativos. Quizá debas aprender a ceder para evitar la tendencia a ser inflexible y obstinado.

• *Cualidades positivas:* liderazgo, creatividad, ideas progresistas, vigor, optimismo, convicciones fuertes, competitividad, independencia, sociabilidad.

• *Cualidades negativas:* celos, egocentrismo, antagonismo, desenfreno, impaciencia.

Amor y relaciones

Eres inteligente y ágil; debido a esto te aburres con facilidad, por lo que necesitarás una vida social muy activa. Te atraen las personas ingeniosas, y eres leal como amigo y como pareja. Debido a tu personalidad fuerte sueles ser intolerante con la ignorancia, pero puedes recurrir a tu encanto de ser necesario. Tu necesidad de conocimiento, orden y seguridad te vuelven un buen padre o madre, pero tienes que evitar ser autoritario y controlador con tus seres queridos. A pesar de lo mucho que anhelas ser amado, eso no debe derogar las consideraciones prácticas. De cualquier modo, entre más afecto les demuestres a otros, mejor.

ESE ALGUIEN ESPECIAL

Encontrarás compañía estimulante y felicidad con personas nacidas en las siguientes fechas.

Amor y amistad: 9 y 30 de enero; 7 y 28 de febrero; 5 y 26 de marzo; 3 y 24 de abril; 1, 22, 30 y 31 de mayo; 20, 28 y 29 de junio; 18, 26 y 27 de julio; 16, 24 y 25 de agosto; 14, 22 y 23 de septiembre; 12, 20 y 21 de octubre; 10, 18 y 19 de noviembre; 8, 16, 17 y 29 de diciembre.

Buenas para ti: 4, 6, 8 y 21 de enero; 2, 4 y 19 de febrero; 2 y 17 de marzo; 15 de abril; 13 de mayo; 11 de junio; 9 de julio; 7 de agosto; 5 de septiembre; 3 de octubre; 1 de noviembre.

Atracción fatal: 1, 2, 3, 4 y 5 de julio.

Desafiantes: 25 de enero, 23 de febrero, 21 y 31 de marzo, 19 y 29 de abril, 17 y 27 de mayo, 15 y 25 de junio, 13 y 23 de julio, 11 y 21 de agosto, 9 y 19 de septiembre, 7 y 17 de octubre, 5 y 15 de noviembre, 3 y 13 de diciembre.

Almas gemelas: 2 y 13 de enero, 11 de febrero, 9 de marzo, 17 de abril, 5 de mayo, 21 de noviembre.

2 de enero

La influencia de tu fecha de nacimiento te caracteriza como un Capricornio serio y trabajador, pero también ambicioso y perseverante. Eres práctico, realista, con una gran agudeza mental y una excelente capacidad de aprendizaje. Por ende, la educación será especialmente útil para sacarle provecho a tu potencial. Una de las principales lecciones que te dará la vida será aprender a adoptar una actitud positiva ante el dinero y las relaciones.

Debido a la subinfluencia de Tauro, el regente de tu decanato, sentirás una necesidad imperiosa de amor, afecto y relaciones laborales armoniosas. Sientes un profundo aprecio por la belleza y las artes y, aunque eres creativo, prefieres encaminar tus talentos hacia cosas que consideras útiles. Por naturaleza, eres capaz de reconocer el valor de las cosas y eres lo suficientemente pragmático como para aprovechar al máximo las situaciones. Puesto que te gustan las cosas caras y los lujos, quizá no te detengas a reflexionar si estás gastando más de lo que ganas.

Tus ideas originales y capacidad para juzgar con inteligencia la naturaleza humana te permitirán tener excelentes oportunidades para triunfar. No obstante, tu fecha de nacimiento conlleva cierta necesidad de trabajo arduo y disciplina para alcanzar tus metas. Por fortuna, naciste con la entereza suficiente para perseguir tus ambiciones, siempre y cuando evites las tensiones en tus relaciones personales. Uno de los grandes desafíos que enfrentarás será reconocer tus capacidades y creer en ti mismo. Si no lo logras, terminarás por ocupar posiciones inferiores a tus aptitudes.

Antes de los 18, es probable que tengas una necesidad imperiosa de orden y estructura. Después de los 19, cuando tu Sol progresado se desplace hacia Acuario, desearás más independencia y libertad, y tus amigos cobrarán mayor importancia en tu vida. Quizá desarrolles también un interés por temas poco comunes y ansias de expresar tus ideas singulares. A los 49 años habrá otro punto de inflexión, cuando tu Sol progresado entre a Piscis. A partir de entonces, pondrás un mayor énfasis en el desarrollo de tu sensibilidad y de la fortaleza de tu vida interior. Esto se reflejará en tus visiones, sueños e ideales emocionales.

Tu yo secreto

No confundas tu talento innato para capitalizar cualquier cosa con el éxito que obtienes al hacer algo que en verdad vale la pena. A pesar de tener una excelente capacidad para ganar dinero, realizar actividades solo para obtener ganancias financieras te hará parecer exitoso, aunque por dentro no siempre te sientas satisfecho. Por ende, es importante que aprendas a trasladar tus habilidades financieras a proyectos valiosos que te hagan sentir feliz.

Al ser tenaz, aspiras siempre a llegar a lo más alto. Disfrutas tener poder y encuentras fuerzas cuando te dedicas a perseguir una meta o propósito específicos. Sin este control, puedes sentirte inseguro u obstinado, o quizás incluso pases por periodos de volubilidad en los que fluctúes entre la pasión y la indiferencia. No obstante, tu perspicacia e intuición afectiva te protegen y, a su vez, te ayudan a resolver muchos de los dilemas de la vida, sean tuyos o de otros.

ESTRELLA FIJA

Nombre de la estrella: Nunki, también llamada Pelagus

Posición: 11º 15'–12º 21' de Capricornio, entre los años 1930 y 2000

Magnitud: 2

Fuerza: ★★★★★★★

Órbita: 2º 10'

Constelación: Sagitario (Sigma Sagittarius)

Días efectivos: 1, 2, 3, 4 y 5 de enero

Propiedades de la estrella: Mercurio/Júpiter

Descripción: estrella ubicada en la cola de la flecha en la mano del arquero

INFLUENCIA DE LA ESTRELLA PRINCIPAL

La influencia de Nunki se observa en tu amor por la verdad, tu carácter fuerte y tu franqueza y asertividad. Esta estrella otorga tenacidad para alcanzar el éxito y sentido común sólido. Además, guía al individuo hacia la educación y el aprendizaje superior, sobre todo en cuestiones de ciencia, filosofía, historia y espiritualidad. Asimismo, indica una personalidad franca y de convicciones fuertes.

Con respecto a tu grado del Sol, Nunki confiere creatividad y riqueza de ideas, ascenso a puestos públicos influyentes y condiciones favorables en el hogar y en asuntos familiares. Te abrirás camino por mérito propio. Aunque a veces te veas implicado en situaciones complejas, por lo general, saldrás bien librado.

• *Positiva:* educación superior, sentido común sólido, amor por la verdad.

• *Negativa:* controversias, fracasos causados por la deshonestidad.

Trabajo y vocación

Eres ambicioso y creativo, y te enfocas en tener éxito, por lo que sueles colaborar con otras personas cuando haces negocios. Generalmente, eres sumamente intuitivo y tienes un potencial intelectual extraordinario. Si combinas todo esto con tu sensibilidad, podrías sobresalir como sanador, profesor o investigador científico. Ser trabajador y proyectar autoridad te inclinan a laborar para otras personas como periodista, publirrelacionista, árbitro o directivo. Además, tienes dotes de psicólogo y una disposición natural para la escritura que podrías desarrollar en algún momento de la vida. Por otro lado, quizás elijas explorar tu creatividad a través del arte, la fotografía, la música o el teatro. Puesto que necesitas expresarte y obtener sabiduría, los negocios por sí solos no te satisfarán. Quizá los mejores campos laborales sean la educación y el servicio a la comunidad, donde podrías desempeñarte como educador o trabajador social.

Entre las personas famosas con quienes compartes cumpleaños están el escritor Isaac Asimov, el fotógrafo David Bailey y Santa Teresita del Niño Jesús.

Numerología

El número 2 en tu fecha de nacimiento sugiere sensibilidad y una gran necesidad de pertenecer a un grupo. Tu facilidad para adaptarte y ser comprensivo hace que disfrutes actividades cooperativas en las que interactúas con otras personas. El gusto por la armonía y la inclinación a trabajar mejor con otros te inspirará a fungir como mediador o conciliador en asuntos familiares. Al intentar complacer a quienes te agradan corres el riesgo de volverte demasiado dependiente. La subinfluencia del mes número 1 indica que eres un individuo sumamente intuitivo e imaginativo; además, sugiere que posees una iniciativa que te insta a tomar tus propias decisiones o fallar en el intento. Te inclinas por ser independiente, innovador y valiente. Te caracterizas por tener mucha energía. Por lo regular, eres liberal y de mente abierta, aunque a veces tengas ideas fijas. Puesto que eres humanitario y empático, buscas la sabiduría y la justicia. La necesidad de explorar los misterios de la vida podría inspirarte a estudiar y enseñar metafísica y filosofía. Debido a que eres hipersensible, evita tomar decisiones precipitadas y exagerar ante las situaciones. Quizás encuentres la felicidad en el servicio a la comunidad e impulsando reformas, o a través de la iluminación espiritual.

• *Cualidades positivas:* amabilidad, buena pareja, gentileza, tacto, receptividad, intuición, armonía, afabilidad, embajador de buena voluntad.

• *Cualidades negativas:* suspicacia, inseguridad, timidez, hipersensibilidad, egoísmo, susceptibilidad, engaño.

Amor y relaciones

Eres un individuo que ansía amor y afecto. Eres muy sensorial y experimentas atracciones poderosas. Es importante que haya amistad en tus relaciones de pareja, pues tienes necesidad de compañía. Debes evitar ser mezquino o frustrarte en tus interacciones cotidianas, pues esto podría causar insatisfacciones en las relaciones. Por lo regular, eres leal y solidario con tu pareja. Eres generoso con tus seres queridos, aunque los problemas de dinero pueden causar conflictos. Quizá descubras en algún momento de la vida que otros te buscan para pedirte consejos y orientación.

ESE ALGUIEN ESPECIAL

Si quieres encontrar a esa persona especial, te conviene buscarla entre quienes nacieron en las siguientes fechas.

Amor y amistad: 4, 18, 21 y 31 de enero; 2, 16, 19 y 29 de febrero; 14, 17 y 27 de marzo; 12, 15, 25 y 27 de abril; 10, 13, 23 y 25 de mayo; 8, 11 y 21 de junio; 6, 9, 19 y 31 de julio; 4, 7, 17 y 29 de agosto; 2, 15, 17, 27 y 30 de septiembre; 3, 13, 25 y 28 de octubre; 1, 11, 13 y 23 de noviembre; 9, 21, 24 y 30 de diciembre.

Buenas para ti: 6 de enero, 4 de febrero, 2 de marzo, 30 de mayo, 28 de junio, 26 de julio, 24 de agosto, 22 y 30 de septiembre, 20 y 28 de octubre, 18 y 26 de noviembre, 16 y 24 de diciembre.

Atracción fatal: 30 de junio; 3, 4, 5, 6 y 28 de julio; 26 de agosto; 24 de septiembre; 22 de octubre; 20 de noviembre; 18 de diciembre.

Desafiantes: 27 de enero, 25 de febrero, 23 de marzo, 21 de abril, 19 de mayo, 17 de junio, 15 de julio, 13 de agosto, 11 de septiembre, 9 de octubre, 7 de noviembre, 5 de diciembre.

Almas gemelas: 17 y 19 de enero, 15 y 17 de febrero, 13 y 15 de marzo, 11 y 13 de abril, 9 y 11 de mayo, 7 y 9 de junio, 5 y 7 de julio, 3 y 5 de agosto, 1 y 3 de septiembre, 1 de octubre.

3 de enero

ESTRELLA FIJA

Nombre de la estrella: Nunki, también llamada Pelagus

Posición: 11º 15'–12º 21' de Capricornio, entre los años 1930 y 2000

Magnitud: 2

Fuerza: ★★★★★★★★

Órbita: 2º 10'

Constelación: Sagitario (Sigma Sagittarius)

Días efectivos: 1, 2, 3, 4 y 5 de enero

Propiedades de la estrella: Mercurio/ Júpiter

Descripción: estrella ubicada en la cola de la flecha en la mano del arquero

INFLUENCIA DE LA ESTRELLA PRINCIPAL

La influencia de Nunki se observa en tu amor por la verdad, tu carácter fuerte y tu franqueza y asertividad. Esta estrella otorga tenacidad para alcanzar el éxito y sentido común sólido. Además, guía al individuo hacia la educación y el aprendizaje superior, sobre todo en cuestiones de ciencia, filosofía, historia y espiritualidad. Asimismo, indica una personalidad franca y de convicciones fuertes.

Con respecto a tu grado del Sol, Nunki confiere creatividad y riqueza de ideas, ascenso a puestos públicos influyentes y condiciones favorables en el hogar y en asuntos familiares. Te abrirás camino por mérito propio. Aunque a veces te veas implicado en situaciones complejas, por lo general, saldrás bien librado.

• *Positiva:* educación superior, sentido común sólido, amor por la verdad.

• *Negativa:* controversias, fracasos causados por la deshonestidad.

Eres un Capricornio dinámico y creativo, que se caracteriza por su agilidad mental y respuestas mordaces. Por lo regular, eres un pensador independiente que se vuelve especialmente innovador ante los desafíos, pero debes evitar tomar el camino fácil o negarte a hacerle justicia a tu verdadero potencial. Solo si desarrollas perseverancia y una actitud responsable podrás lograr casi cualquier cosa que te propongas.

Gracias a la subinfluencia del regente de tu decanato, Tauro, puedes ser sumamente encantador. Esta fecha de nacimiento suele otorgar aprecio por el arte y talentos musicales y teatrales que quizá desees desarrollar en algún momento. Con tu pericia financiera y fuertes instintos de supervivencia, eres capaz de amasar una fortuna y sacarle provecho a tu entorno. La educación, la planeación y un enfoque tenaz y metódico son esenciales para que tengas éxito.

Puedes optar por aprovechar la disciplina propia de tu fecha de nacimiento o volverte manipulador para obtener lo que deseas. Lo prudente sería evitar los pensamientos negativos y las preocupaciones. Cuando adoptas una actitud positiva, proyectas cierta dignidad proveniente de la conciencia de tu vocación suprema; no obstante, la llevas con modestia y mantienes el deseo de dar lo mejor de ti en cualquier trabajo. A pesar de que tiendes a ser escéptico, con el tiempo desarrollarás una filosofía independiente y librepensadora.

Antes de los 17 años, es probable que le des mucha importancia a tu enfoque de vida. Sin embargo, después de los 18, cuando tu Sol progresado se desplace hacia Acuario, te volverás más independiente y te dejarás influir menos por la tradición y las opiniones ajenas. Sentirás el impulso de expresar tu individualidad. Tus amigos, los problemas sociales y los asuntos humanitarios también adquirirán más prominencia en tu vida. Hacia la mediana edad, te irás dando cuenta de que nada en la vida es gratuito y que, para triunfar, hay que invertir tiempo y esfuerzo. A los 48 años habrá otro punto de inflexión, cuando tu Sol progresado entre a Piscis. A partir de entonces, pondrás un mayor énfasis en el fortalecimiento de tu sensibilidad y tus emociones. Asimismo, te volverás más receptivo, imaginativo y compasivo, o te sentirás atraído por temas espirituales.

Tu yo secreto

El éxito será producto del entusiasmo genuino. Cuando te sientes motivado, eres capaz de entregarte por completo. Esto te infunde la convicción de que lograrás resultados extraordinarios. Ante la duda, quizá reacciones con escepticismo o cinismo. Sin embargo, si tienes fe, serás más audaz y espontáneo, y, si el trabajo incluye competencias amistosas, lo disfrutarás aún más.

Puesto que te gustan los conceptos y las actividades emocionantes y de moda, disfrutas emprender proyectos e instar a otros a participar de la aventura. Eres bueno para luchar por cuestiones humanitarias o para impulsar algún tipo de reforma, ya que motivas a los demás a involucrarse también. Gracias a la sabiduría innata de que el conocimiento es poder, tu excelente capacidad para estructurar mentalmente tus logros te da el potencial de conseguir cosas excepcionales. A lo largo de la vida tendrás revelaciones poderosas conforme reconozcas el valor del amor.

Trabajo y vocación

Eres emprendedor, idealista y posees habilidades ejecutivas. Además, eres un buen promotor o solucionador de problemas. Tu intuición y capacidad para pensar con rapidez implican que necesitas mantenerte activo y que te gusta que las cosas estén bien definidas. La habilidad para mezclar los negocios con el placer indica también que eres amistoso y solidario. Si te dedicas a los negocios, debes tener fe y una visión clara para triunfar. Como buen aventurero, eres emprendedor y original, pero aun así necesitas utilizar métodos ortodoxos. Tu valentía e idealismo te inspirarán a luchar en contra de las injusticias sociales. Por otro lado, gracias a tus habilidades organizacionales y de liderazgo, sueles tomar el mando en cualquier situación. Tu enfoque amigable también resultaría bastante útil en las ventas y la publicidad. Y, como humanitario o reformista social, serías un excelente educador, mientras que tu talento para la escritura se vería bien reflejado en el papel.

Entre las personas famosas con quienes compartes cumpleaños están el director de cine Sergio Leone, el productor musical George Martin y el escritor J. R. R. Tolkien.

Numerología

Tener el número 3 en tu fecha de cumpleaños revela tu necesidad de externar tu creatividad. Eres divertido y buena compañía, ya que disfrutas las actividades sociales amistosas. Cuando adoptas una actitud positiva irradias la alegría de vivir. Sin embargo, tu tendencia a aburrirte con facilidad puede hacerte sentir indeciso o demasiado disperso. De cualquier modo, eres artístico y encantador, y tienes un buen sentido del humor. Tu facilidad de palabra podría manifestarse a través de la escritura, la oratoria o el canto. La subinfluencia del mes número 1 indica que eres autónomo e independiente, que tienes mucho entusiasmo e ideas originales, y que acostumbras ser quien les muestra el camino a los demás. Al ser un individuo serio y trabajador, te gusta hacer uso práctico de tus pensamientos imaginativos. Como eres innovador y valiente, no te preocupa decir lo que piensas, aunque, por lo regular, lo haces con cierto encanto. El espíritu emprendedor, propio de quienes nacen bajo este número, te impulsa a experimentar con conceptos diferentes y a tomar tus propias decisiones, aun si fracasas en el intento.

• *Cualidades positivas:* humor, felicidad, afabilidad, productividad, creatividad, veta artística, buen conversador, deseos vehementes, amor por la libertad.

• *Cualidades negativas:* aburrimiento, vanidad, exageración, extravagancia, autocomplacencia, pereza, indecisión.

Amor y relaciones

A pesar de tu inclinación a ser independiente, sigues necesitando un hogar seguro y una base sólida. Las mujeres nacidas en esta fecha suelen sentirse atraídas por personas atrevidas, arriesgadas y pioneras. A pesar de tener una veta jovial y juguetona, una vez que sientas cabeza te vuelves responsable y te conviertes en un amigo o una pareja leal y fiel. Por desgracia, en algunas ocasiones experimentarás cierto distanciamiento emocional en las relaciones. Sin embargo, debido a que eres sociable, encantador y entretenido, atraes sin problemas a la gente.

ESE ALGUIEN ESPECIAL

Tendrás más incentivos para construir relaciones duraderas si te vinculas con personas nacidas en las siguientes fechas.

Amor y amistad: 4, 5, 6, 11, 21 y 24 de enero; 2, 3, 4, 9, 19 y 22 de febrero; 7, 17 y 20 de marzo; 5, 15, 18 y 30 de abril; 1, 13, 16 y 28 de mayo; 11, 14 y 26 de junio; 9, 12 y 24 de julio; 7, 10 y 22 de agosto; 5, 8 y 20 de septiembre; 3, 6 y 18 de octubre; 1, 4 y 16 de noviembre; 2 y 14 de diciembre.

Buenas para ti: 23 y 27 de enero; 21 y 25 de febrero; 19 y 23 de marzo; 17 y 21 de abril; 15 y 19 de mayo; 13 y 17 de junio; 11, 15 y 31 de julio; 9, 13 y 29 de agosto; 5, 7, 11 y 27 de septiembre; 9 y 25 de octubre; 3, 7 y 23 de noviembre; 1, 5 y 21 de diciembre.

Atracción fatal: 3, 4, 5 y 6 de julio.

Desafiantes: 17 de enero, 15 de febrero, 13 de marzo, 11 de abril, 9 de mayo, 7 de junio, 5 de julio, 3 de agosto, 1 de septiembre.

Almas gemelas: 30 de enero, 28 de febrero, 26 y 29 de marzo, 24 y 27 de abril, 22 y 25 de mayo, 20 y 23 de junio, 18 y 21 de julio, 16 y 19 de agosto, 14 y 17 de septiembre, 12 y 15 de octubre, 10 y 13 de noviembre, 8 y 11 de diciembre.

4 de enero

ESTRELLA FIJA

Nombre de la estrella: Vega, también conocida como "el buitre"

Posición: 14º 20'–15º 19' de Capricornio, entre los años 1930 y 2000

Magnitud: 1

Fuerza: ★★★★★★★★★★

Órbita: 2º 30'

Constelación: Lira (Alpha Lyrae)

Días efectivos: 4, 5, 6, 7 y 8 de enero

Propiedades de la estrella:
interpretaciones variadas: Venus/Mercurio, también Júpiter/Saturno

Descripción: estrella brillante blanca y azul zafiro ubicada en la parte inferior de la lira

INFLUENCIA DE LA ESTRELLA PRINCIPAL

Vega otorga habilidades de liderazgo y una personalidad sociable y extrovertida. Por lo regular, ves la vida de forma idealista y optimista, y posees habilidades creativas y talento para la escritura. Sin embargo, esta estrella también indica que las circunstancias variables traen consigo periodos de éxito ocasionales y supone que solo con tenacidad se puede garantizar la estabilidad.

Con respecto a tu grado del Sol, Vega confiere éxito y oportunidad de ascender a puestos altos. Esta estrella puede conectarte con gente influyente que te permitirá obtener reconocimientos y popularidad. La influencia de Vega también indica que las circunstancias cambiantes acarrean éxitos breves. Probablemente te agrade trabajar en puestos gubernamentales o tratar con el público en general. No obstante, advierte que debes evitar la tendencia a ser demasiado crítico o brusco.

Eres un Capricornio orientado a alcanzar el éxito, franco y honesto, que está dispuesto a esforzarse con tal de lograr sus objetivos. Eres ambicioso y competitivo. Además, posees un intelecto agudo y ágil; así como buen juicio y la capacidad de superar los obstáculos por medio de la disciplina. Sin embargo, si evades las responsabilidades necesarias para cumplir con tu destino supremo, no lograrás saciar las fuertes ansias de construir algo valioso y permanente.

Con ayuda de la influencia del regente de tu decanato, Tauro, podrás expresar tus habilidades creativas y artísticas, ya sea en tu carrera o como pasatiempo. La influencia de Venus te otorga encanto e ingenio, además de hacerte entretenido y sociable. Gracias a tu visión amplia y aprecio por la variedad, quizá te atraigan los viajes o el estudio de temas filosóficos y espirituales. Esto no niega la practicidad astuta que te permite aprovechar tu dinero al máximo y sacar ventaja de cualquier situación.

Aunque confías plenamente en tus opiniones y eres ágil para responder, corres el riesgo de ser arrogante o impaciente en tus interacciones sociales. Debido a que enfrentas la vida con un enfoque pragmático y tienes una gran capacidad para acumular riqueza, encontrarás más satisfacción en actividades de naturaleza más profunda.

A partir de los 17 años, cuando tu Sol progresado entre a Acuario, adquirirás una orientación grupal, menos conservadora y más enfocada en el amor a la libertad. Durante la mediana edad, cosecharás los beneficios de tu trabajo, siempre y cuando te hayas esforzado arduamente y hayas sido dedicado. Si buscas nuevos rumbos, debes aproximarte a ellos con cautela para evitar cambios repentinos y especulaciones imprudentes que podrían ser producto del aburrimiento. Después de los 47 años, cuando tu Sol progresado se desplace hacia Piscis, fortalecerás tu sensibilidad emocional y desarrollarás una vida interior más sólida. Esto se reflejará en tus visiones, sueños e ideales. Es probable que, a pesar de la edad, conserves una perspectiva jovial.

Tu yo secreto

Tu apariencia fuerte y segura oculta tus emociones intensas y tu sensibilidad. Gracias a tu gran imaginación y naturaleza receptiva, eres un visionario práctico capaz de conectarse con la colectividad. A través de la compasión, descubrirás qué es lo que puedes brindarles a otros. Si eres histriónico y orgulloso de ti mismo, traducir estas cualidades a tu trabajo o expresión creativa será una clave vital para el éxito. Por otro lado, si no canalizas tu sensibilidad hacia cosas positivas ni reconoces la importancia que tiene el trabajo en tu vida, serás propenso a evadirte, te faltará claridad y te volverás voluble.

Generalmente, tienes un enfoque agradable, y te interesa una amplia gama de temas, en especial la educación, la filosofía, el derecho, la religión, los viajes y la política. En tu mejor versión, eres un pensador entusiasta o un conversador que inspira, ya que hablas de tus temas favoritos con una pasión inigualable.

Trabajo y vocación

Eres sociable y amistoso, posees buenas habilidades de comunicación y tienes aptitudes para tratar con el público. Dado que esta fecha de nacimiento implica una necesidad de transformación y variedad en el trabajo, necesitarás una profesión que implique mucho movimiento para evitar postergar. Sin lugar a dudas, tendrías mucho éxito en el ámbito del comercio, ya que eres un buen administrador y planeador. También podrías encontrar empleo en agencias gubernamentales, ya sea en la función pública, la policía o el gobierno local. Tu amor por el conocimiento implica que podrías ser un excelente profesor. Gracias a tu imaginación, ingenio y talento natural, eres capaz de combinar el trabajo con las actividades sociales o incluso entrar al mundo del espectáculo.

Entre las personas famosas con quienes compartes cumpleaños están la actriz Dyan Cannon, el escritor de cuentos de hadas Jacob Grimm, el inventor de la taquigrafía Isaac Pitman, el inventor del sistema de lectura para ciegos Louis Braille, el científico Isaac Newton y el boxeador Floyd Patterson.

Numerología

La estructura sólida y el poder jerarquizado que conlleva el número 4 en tu fecha de nacimiento apuntan hacia la necesidad de estabilidad y el gusto por establecer orden. Con una fecha de nacimiento con el número 4, eres sensible a las formas y la composición. Si te enfocas en tu seguridad desearás construir una base sólida para tu familia y para ti, así que aprovecha que tu visión pragmática de la vida te confiere un buen sentido de los negocios y la capacidad de alcanzar el éxito material. A pesar de que eres fiel, pero inexpresivo, en general, acostumbras ser honesto, franco y justo. No obstante, quizá debas aprender a ser más expresivo. Los retos que enfrenta un individuo con el número 4 incluyen periodos de inestabilidad. La subinfluencia del mes número 1 indica que eres ambicioso y emprendedor, y que tienes una visión independiente, innovadora e inquisitiva. Eres sumamente enérgico, trabajador, serio y con ganas de lograr muchas cosas. Tu agudeza mental e intuición te inclinan a tomar tus propias decisiones, aun si fracasas en el intento. Tu tendencia a ser autoritario implica que prefieres dar órdenes que ocupar posiciones de subordinación. Cuando tienes ideas originales que te inspiran, sueles mostrarles el camino a los demás.

- *Cualidades positivas:* organización, autodisciplina, estabilidad, trabajo arduo, habilidades manuales, pragmatismo, confianza, exactitud.
- *Cualidades negativas:* incapacidad para comunicarse, represión, pereza, postergación, tacañería, comportamiento controlador o dominante, resentimiento.

Amor y relaciones

Eres dinámico e ingenioso, pero también sumamente encantador. Cuando sale a relucir tu lado sociable y bondadoso, haces muchos amigos y tienes una vida social activa. Puesto que disfrutas el desenfado y la creatividad, serás feliz al compartir estas cualidades con tus parejas o con otras personas. Sin embargo, quizá seas indeciso cuando llegue el momento de hacer compromisos definitivos, y tendrás que cuidar que los problemas financieros no afecten tus relaciones. En las relaciones románticas, aunque a veces pareces indiferente, debajo de esa fachada hay un alma sensible y compasiva.

- *Positiva:* refinamiento, esperanza, seriedad, responsabilidad.
- *Negativa:* mal uso del poder, demasiado reservado, crítico, brusquedad, enemigos ocultos.

ESE ALGUIEN ESPECIAL

Quizá decidas postergar los compromisos sentimentales, pero es más probable que tu naturaleza amorosa salga a relucir al relacionarte con personas nacidas en las siguientes fechas.

Amor y amistad: 3, 14, 24 y 28 de enero; 1, 12, 22 y 26 de febrero; 10 y 20 de marzo; 8 y 18 de abril; 6, 16, 20 y 31 de mayo; 4, 14 y 29 de junio; 2, 12 y 27 de julio; 10, 25 y 31 de agosto; 8, 12, 23 y 29 de septiembre; 6, 21 y 27 de octubre; 4, 19 y 25 de noviembre; 2, 17 y 23 de diciembre.

Buenas para ti: 1 y 11 de enero; 9 de febrero; 7 y 28 de marzo; 5, 26 y 30 de abril; 3, 24 y 28 de mayo; 1, 22 y 26 de junio; 20 y 24 de julio; 18 y 22 de agosto; 16, 20 y 30 de septiembre; 14, 18 y 28 de octubre; 12, 16 y 26 de noviembre; 10, 14 y 24 de diciembre.

Atracción fatal: 4, 5, 6 y 7 de julio.

Desafiantes: 17 y 20 de enero, 15 y 18 de febrero, 13 y 16 de marzo, 11 y 14 de abril, 9 y 12 de mayo, 7 y 10 de junio, 5 y 8 de julio, 3 y 6 de agosto, 1 y 4 de septiembre, 2 de octubre.

Almas gemelas: 29 de julio, 27 de agosto, 25 de septiembre, 23 y 31 de octubre, 21 y 29 de noviembre, 19 y 27 de diciembre.

ESTRELLA FIJA

Nombre de la estrella: Vega, también conocida como "el buitre"

Posición: 14º 20'–15º 19' de Capricornio, entre los años 1930 y 2000

Magnitud: 1

Fuerza: ★★★★★★★★★

Órbita: 2º 30'

Constelación: Lira (Alpha Lyrae)

Días efectivos: 4, 5, 6, 7 y 8 de enero

Propiedades de la estrella:
interpretaciones variadas: Venus/ Mercurio, también Júpiter/Saturno

Descripción: estrella brillante blanca y azul zafiro ubicada en la parte inferior de la lira

INFLUENCIA DE LA ESTRELLA PRINCIPAL

Vega otorga habilidades de liderazgo y una personalidad sociable y extrovertida. Por lo regular, ves la vida de manera idealista y optimista, y posees habilidades creativas y talento para la escritura. Sin embargo, esta estrella también indica que las circunstancias variables traen consigo periodos de éxito ocasionales y supone que solo con tenacidad se puede garantizar la estabilidad.

Con respecto a tu grado del Sol, Vega confiere éxito y oportunidad de ascender a puestos altos. Esta estrella puede conectarte con gente influyente que te permitirá obtener popularidad. Su influencia también indica que las circunstancias cambiantes acarrean éxitos breves. Probablemente te agrade trabajar en puestos gubernamentales o tratar con el público en general. Vega te advierte que debes evitar la tendencia a ser demasiado crítico o brusco.

• *Positiva:* refinamiento, esperanza, seriedad, responsabilidad.

5 de enero

Haber nacido bajo el signo de Capricornio revela que eres un individuo carismático, leal y trabajador que, al tener una meta valiosa, es sumamente dedicado. Asimismo, eres práctico y realista. Cuando enfrentas obstáculos, desarrollas una entereza tremenda para seguir adelante. Esta fecha de nacimiento te otorga un potencial extraordinario, aunque también sugiere la influencia de extremos: o eres universal y desapegado, o depresivo y excesivamente serio.

La influencia adicional del regente de tu decanato, Tauro, te confiere encanto y aptitudes creativas. Tus habilidades sociales te garantizan cierta tranquilidad en las interacciones con quienes te rodean. Dado que disfrutas las cosas buenas de la vida, prefieres estar en un entorno armonioso y hasta lujoso. Eres poco convencional, por lo que te gusta arreglarte y vestirte de una forma original.

Tus buenas habilidades organizacionales te permiten trabajar mejor cuando piensas de forma positiva y cuentas con un plan a seguir. Te beneficias si canalizas tu empeño en proyectos a largo plazo, y debes evitar a toda costa cualquier oferta que prometa enriquecerte rápido. Sientes una poderosa atracción por la aventura y los viajes, y quizás incluso podrías mudarte lejos de tu primer hogar.

Después de los 16 años, cuando tu Sol progresado se desplace hacia Acuario, te volverás menos tradicional y más independiente, y experimentarás un deseo creciente de expresar tu individualidad. Tus amigos, las cuestiones grupales y los problemas de la humanidad empezarán a desempeñar un papel más importante en tu vida. A los 46 años habrá otro punto de inflexión, cuando tu Sol progresado entre a Piscis. A partir de entonces, pondrás un mayor énfasis en el fortalecimiento de tu sensibilidad y emociones. En el nivel más elevado de conciencia, buscarás conexiones místicas o espirituales, aunque a nivel mundano esto provoque confusión o ensoñaciones. Asimismo, te transformarás en una persona más receptiva e imaginativa, y es posible que aprecies más tus dotes creativas y desees desarrollarlas.

Tu yo secreto

Si eres capaz de aprovechar tu enorme poder emocional y combinarlo con un firme sentido de la dirección, podrás consolidarte como un líder en las artes, el entretenimiento, la política y las cuestiones espirituales. Cuando tu voluntad personal se enfoca en algo positivo, puedes obrar milagros y ser sumamente compasivo. No obstante, si le das rienda suelta a tus pensamientos negativos, podrías volverte dictatorial o propenso a la frustración o a la desilusión. Una vez que aprendas a desapegarte de verdad, sin aparentar frialdad, lo cual seguramente ocurrirá durante la madurez, obtendrás una inmensa libertad interna y un deseo de conocimiento más profundo.

Tu aprecio por la armonía te inspirará a buscar la paz. Gracias a tu sutil sensibilidad y deseo de trascender lo mundano, posees una percepción intensificada de la luz, los colores, las formas y los sonidos, la cual puedes canalizar hacia proyectos de índole artística, musical o espiritual. Gracias a tu férreo sentido de la responsabilidad hacia los demás, sueles defender la sabiduría verdadera o la posibilidad de construir un mundo ideal.

Trabajo y vocación

Eres amigable y generoso, pero también ambicioso y trabajador. Necesitas relaciones laborales armoniosas y un entorno agradable. Tu capacidad para obtener contactos y tratar con la gente te permitiría sobresalir como mediador, directivo o agente. Por lo regular, tienes noción de qué desea el público, puesto que comprendes el anhelo de la colectividad. A pesar de querer triunfar en el mundo de los negocios, tu verdadero talento radica en perseguir una vocación que implique servir a otros a través de la educación y la espiritualidad. Tu talento para la escritura, el teatro y la música es señal de que albergas sentimientos potentes que necesitas expresar.

Entre las personas famosas con quienes compartes cumpleaños están el maestro espiritual Paramahansa Yogananda, el coreógrafo Alvin Ailey, los actores Diane Keaton y Robert Duvall y el político alemán Konrad Adenauer.

Numerología

El número 5 en tu fecha de nacimiento indica instintos poderosos, una naturaleza aventurera y ansias de libertad. Los viajes y las múltiples oportunidades de cambio, algunas de ellas inesperadas, podrían conducir a una auténtica transformación de tus perspectivas y creencias. Con frecuencia, tener un cumpleaños con el número 5 significa que posees una vida activa y necesitas aprender sobre la paciencia y la atención a los detalles. Por lo regular, alcanzarás el éxito si evitas acciones impulsivas o especulativas. El talento natural de una persona con el número 5 es saber cómo dejarse llevar por la corriente y mantenerse desapegado. La subinfluencia del mes número 1 indica que eres orgulloso, ambicioso e independiente. Debido a que eres una persona sensible e intuitiva, también eres compasivo y tienes una naturaleza empática y un corazón generoso. Tu espíritu tenaz revela que necesitas tomar tus propias decisiones o fracasar en el intento. Aunque a veces eres sumamente entusiasta, la necesidad de aprender a perseverar podría causarte frustraciones. Esto implica que, a veces, actuarás de forma precipitada o te impacientarás.

- *Cualidades positivas:* versatilidad, adaptabilidad, magnetismo, audacia, amor por la libertad, ingenio, agilidad mental, curiosidad, misticismo, sociabilidad.
- *Cualidades negativas:* poca confiabilidad, postergación, incongruencia, exceso de confianza, resistencia al cambio.

Amor y relaciones

La gente se siente atraída por tu magnetismo personal, por lo que se te facilita hacer amigos. Expresas tu amor de una manera intensa y potente. A pesar de que ansías ser libre y a veces participas en interacciones sociales bastante inusuales, valoras mucho la amistad y abordas las relaciones con un enfoque bastante amplio y humanista. Los hombres nacidos en esta fecha sentirán atracción por personas fuertes y enérgicas. Para ti es importante estar acompañado, pero debes evitar volverte demasiado dependiente de tu pareja o de otras personas. Además de la necesidad de tener una relación amorosa, también te interesan las personas inteligentes. Una vez que encuentras a tu amor ideal, eres leal y fiel.

• *Negativa:* mal uso del poder, demasiado reservado, crítico, brusquedad, enemigos ocultos.

ESE ALGUIEN ESPECIAL

Si quieres una relación cálida y amorosa, búscala entre personas nacidas en las siguientes fechas.

Amor y amistad: 5, 17 y 19 de enero; 3, 15 y 17 de febrero; 13 y 15 de marzo; 11 y 13 de abril; 9 y 11 de mayo; 7, 9 y 30 de junio; 5, 7, 28 y 30 de julio; 3, 5, 26 y 28 de agosto; 1, 3, 24 y 26 de septiembre; 1, 22 y 24 de octubre; 20 y 22 de noviembre; 18, 20 y 30 de diciembre.

Buenas para ti: 20 y 29 de enero; 18 y 27 de febrero; 16 y 25 de marzo; 14 y 23 de abril; 12 y 21 de mayo; 10 y 19 de junio; 8 y 17 de julio; 6 y 15 de agosto; 4 y 13 de septiembre; 2, 11 y 29 de octubre; 9 y 27 de noviembre; 7 y 25 de diciembre.

Atracción fatal: 29 de marzo; 27 de abril; 25 de mayo; 23 de junio; 5, 6, 7, 8 y 21 de julio; 19 de agosto; 17 de septiembre; 15 de octubre; 13 de noviembre; 11 de diciembre.

Desafiantes: 14 y 27 de enero, 12 y 25 de febrero, 10 y 23 de marzo, 8 y 21 de abril, 6 y 19 de mayo, 4 y 17 de junio, 2 y 15 de julio, 13 de agosto, 11 de septiembre, 9 de octubre, 7 de noviembre, 5 de diciembre.

Almas gemelas: 30 de junio, 28 de julio, 26 de agosto, 24 de septiembre, 22 y 29 de octubre, 20 y 27 de noviembre, 18 y 25 de diciembre.

ESTRELLA FIJA

Nombre de la estrella: Vega, también conocida como "el buitre"

Posición: 14º 20'–15º 19' de Capricornio, entre los años 1930 y 2000

Magnitud: 1

Fuerza: ★★★★★★★★★★

Órbita: 2º 30'

Constelación: Lira (Alpha Lyrae)

Días efectivos: 4, 5, 6, 7 y 8 de enero

Propiedades de la estrella:
interpretaciones variadas: Venus/ Mercurio, también Júpiter/Saturno

Descripción: estrella brillante blanca y azul zafiro ubicada en la parte inferior de la lira

INFLUENCIA DE LA ESTRELLA PRINCIPAL

Vega otorga habilidades de liderazgo y una personalidad sociable y extrovertida. Por lo regular, ves la vida de manera idealista y optimista, y posees habilidades creativas y talento para la escritura. Sin embargo, esta estrella también indica que las circunstancias variables traen consigo periodos de éxito ocasionales y supone que solo con tenacidad se puede garantizar la estabilidad.

Con respecto a tu grado del Sol, Vega confiere éxito y oportunidad de ascender a puestos altos. Esta estrella puede conectarte con gente influyente que te permitirá obtener popularidad. Su influencia también indica que las circunstancias cambiantes acarrean éxitos breves. Probablemente te agrade trabajar en puestos gubernamentales o tratar con el público en general. Vega te advierte que debes evitar la tendencia a ser demasiado crítico o brusco.

• *Positiva:* refinamiento, esperanza, seriedad, responsabilidad.

6 de enero

Eres rígido y tenaz, pero también magnético y encantador. Te caracteriza una interesante combinación de polos opuestos. Tu fecha de nacimiento sugiere que eres un visionario práctico que está dispuesto a trabajar duro con tal de alcanzar sus ideales. Por fortuna, posees una energía tremenda que te permite lograr muchas cosas en la vida, y el deseo de poder, dinero y prestigio te motivará a subir por la escalera que conduce al éxito. Además de ingenio agudo e inteligencia, tienes una veta humanitaria que te permite entender de inmediato a la gente y que te inspira a volar más alto.

Gracias a la subinfluencia de Tauro, el regente de tu decanato, posees un gran amor por el arte y la belleza, así como el don de acumular riquezas. Ya que eres sumamente creativo, prefieres aprovechar tus talentos con fines prácticos y con frecuencia estás dispuesto a hacer sacrificios con tal de alcanzar tus objetivos. No obstante, sería prudente que evitaras tomarte la vida demasiado en serio, pues eso podría causarte frustraciones o desilusiones. Por otro lado, a veces eres extremadamente compasivo y desapegado, y estás rebosante de amor universal.

Además de que eres un individuo fuerte, sueles estar consciente de tus metas. Eres ambicioso, tenaz y posees un desarrollado sentido del deber. Tu forma de pensar es más bien filosófica, y eres capaz de aceptar con optimismo el aprendizaje de las experiencias vividas como resultado de dificultades previas.

Después de los 15 años, cuando tu Sol progresado se desplace hacia Acuario, te dejarás influenciar menos por la tradición, serás más independiente y confiarás en tu perspectiva singular. También empezarás a interesarte más en asuntos grupales o problemas humanitarios. A los 45 años habrá otro punto de inflexión, cuando tu Sol progresado entre a Piscis. A partir de entonces, habrá un mayor énfasis en desarrollar la sensibilidad y una vida interior vívida. Esto podría reflejarse en tus visiones, sueños e ideales emocionales. En años posteriores, notarás que la satisfacción emocional depende de la expresión personal del amor que das a los demás, y de la creencia de que el dinero y el poder no son la respuesta a todo.

Tu yo secreto

En tu caso, la búsqueda de conocimiento es una de las claves centrales de tu éxito y logros; ya que, gracias a la educación de cualquier índole, podrás desarrollar tu inmenso potencial. El orgullo interior te impide demostrar tus dudas e indecisiones y, por lo regular, te lleva a ocupar posiciones de liderazgo, en lugar de ponerte en situaciones donde estés subordinado a otros. Además, deseas que haya originalidad en tu vida, pues las cosas que tienes que decir se salen un poco de lo común. Tienes un temperamento voluntarioso y a veces eres inquieto, pero con ayuda de tus cualidades estratégicas y tu perseverancia, obtendrás resultados a largo plazo. No obstante, ten cuidado de no involucrarte en juegos de poder, pues estos agotarán tu energía positiva.

Tus ansias de reconocimiento hacen que no te guste que te tomen a la ligera. Posees un gran sentido de la responsabilidad, y quizá debas mantener un equilibrio entre los deberes y los ideales. Dado que eres sumamente intuitivo, por lo general, te desempeñas mejor cuando evalúas la situación antes de adquirir cualquier compromiso.

Trabajo y vocación

Eres enérgico y tenaz. Proyectas una fachada atrevida que disimula tus dudas e inseguridades, pero que a la vez te ayuda en todo lo relativo al trato con el público. Idealmente serías apto para dedicarte a profesiones relacionadas con la sanación, por lo que serías un excelente médico o practicante de cuidados alternativos. Gracias a tus habilidades empresariales y tus aptitudes naturales para ayudar a otros, también podrías ser un gran consejero, psicólogo, consultor, negociador o distribuidor. Tu entusiasmo e inteligencia podrían hacer que te sintieras atraído por la religión o la espiritualidad. Puesto que eres un visionario, quizás entres a la industria del cine o trabajes para empresas que vendan imágenes o conceptos. Aunque la satisfacción personal es resultado del esfuerzo y las actividades productivas, debes evitar el peligro potencial de volverte adicto al trabajo.

Entre las personas famosas con quienes compartes cumpleaños están los poetas Yibrán Jalil Yibrán y Carl Sandburg, los escritores Alan Watts y E. L. Doctorow, el compositor Aleksandr Skriabin, el pintor Gustave Doré y la golfista Nancy Lopez.

Numerología

Algunos de los atributos propios de la gente nacida en el día 6 son la compasión, el idealismo y la naturaleza atenta. Es frecuente que tu orientación sea doméstica, hogareña, y que seas una madre o un padre devoto. Tus emociones intensas y el deseo de buscar la armonía universal suelen animarte a trabajar arduamente por las cosas en las que crees. Las personas más sensibles de entre quienes nacieron en esta fecha deberán encontrar una forma de expresión creativa, pues se sienten atraídas por el mundo del entretenimiento, las artes y el diseño. Los retos para alguien nacido el día 6 pueden incluir el desarrollo de una mayor humildad y compasión por sus amigos y vecinos, así como aprender a ser más responsables. La influencia del mes número 1 indica que eres ambicioso, orgulloso y de carácter fuerte. Aunque posees buen olfato para los negocios y excelentes habilidades ejecutivas, evita volverte materialista. Sueles ser autónomo, orgulloso y práctico, además de sumamente intuitivo, con valores sólidos e instintos agudos. Si mantienes una mente abierta y liberal, superarás la tendencia a ser crítico o demasiado autoritario.

• *Cualidades positivas*: cosmopolita, hermandad universal, afabilidad, compasión, confiabilidad, comprensión, idealismo, compostura, talento artístico, equilibrio.

• *Cualidades negativas:* timidez, irracionalidad, terquedad, franqueza excesiva, comportamiento dominante, irresponsabilidad, egoísmo, cinismo, egocentrismo.

Amor y relaciones

Eres dinámico, práctico y protector. Sueles esforzarte mucho por la gente que quieres, aunque debes evitar ser dominante o demasiado autoritario. Tus amigos y prospectos románticos podrían vincularse con tu carrera y ambiciones. Es probable que te atraigan individuos poderosos, que ocupan posiciones importantes o tienen buenas conexiones sociales. Aunque eres leal y responsable, ten cuidado de que las posibles indecisiones o el mal humor no empañen tu felicidad.

• *Negativa:* mal uso del poder, demasiado reservado, crítico, brusquedad, enemigos ocultos.

ESE ALGUIEN ESPECIAL

Es probable que tengas mayor éxito en las relaciones si te vinculas con personas nacidas en las siguientes fechas.

Amor y amistad: 9, 16, 18, 26 y 31 de enero; 7, 14, 16, 24 y 29 de febrero; 5, 12, 14, 22 y 27 de marzo; 3, 10, 12, 20 y 25 de abril; 1, 8, 10, 18 y 23 de mayo; 6, 8, 16 y 21 de junio; 4, 6, 14, 19 y 31 de julio; 2, 4, 12, 17 y 29 de agosto; 2, 10, 15 y 27 de septiembre; 8, 13 y 25 de octubre; 6, 11 y 23 de noviembre; 4, 9, 21 y 30 de diciembre.

Buenas para ti: 1 y 21 de enero, 19 de febrero, 17 de marzo, 15 de abril, 13 de mayo, 11 de junio, 9 de julio, 7 de agosto, 5 de septiembre, 3 y 30 de octubre, 1 y 28 de noviembre, 26 de diciembre.

Atracción fatal: 6, 7, 8, 9 y 10 de julio.

Desafiantes: 29 de marzo, 27 de abril, 25 de mayo, 23 de junio, 21 de julio, 19 de agosto, 17 de septiembre, 15 de octubre, 13 de noviembre, 11 de diciembre.

Almas gemelas: 27 de enero, 25 de febrero, 23 y 30 de marzo, 21 y 28 de abril, 19 y 26 de mayo, 17 y 24 de junio, 15 y 22 de julio, 13 y 20 de agosto, 11 y 18 de septiembre, 9 y 16 de octubre, 7 y 14 de noviembre, 5 y 12 de diciembre.

SOL: CAPRICORNIO
DECANATO: TAURO/VENUS
ÁNGULO: 15°–17° DE CAPRICORNIO
MODALIDAD: CARDINAL
ELEMENTO: TIERRA

ESTRELLA FIJA

Nombre de la estrella: Vega, también conocida como "el buitre"

Posición: 14° 20'–15° 19' de Capricornio, entre los años 1930 y 2000

Magnitud: 1

Fuerza: ★★★★★★★★★

Órbita: 2° 30'

Constelación: Lira (Alpha Lyrae)

Días efectivos: 4, 5, 6, 7 y 8 de enero

Propiedades de la estrella:

interpretaciones variadas: Venus/ Mercurio, también Júpiter/Saturno

Descripción: estrella brillante blanca, y azul zafiro ubicada en la parte inferior de la lira

INFLUENCIA DE LA ESTRELLA PRINCIPAL

Vega otorga habilidades de liderazgo y una personalidad sociable y extrovertida. Por lo regular, ves la vida de manera idealista y optimista, y posees habilidades creativas y talento para la escritura. Sin embargo, esta estrella también indica que las circunstancias variables traen consigo periodos de éxito ocasionales y supone que solo con tenacidad se puede garantizar la estabilidad.

Con respecto a tu grado del Sol, Vega confiere éxito y oportunidad de ascender a puestos altos. Esta estrella puede conectarte con gente influyente que te permitirá obtener popularidad. Su influencia también indica que las circunstancias cambiantes acarrean éxitos breves. Probablemente te agrade trabajar en puestos gubernamentales o tratar con el público en general. Vega te advierte que debes evitar la tendencia a ser demasiado crítico o brusco.

• *Positiva:* refinamiento, esperanza, seriedad, responsabilidad.

7 de enero

Eres un individuo astuto, intuitivo y trabajador, y la influencia de tu fecha de nacimiento implica que tu intelecto y sensibilidad son ingredientes esenciales para triunfar. Aunque eres pragmático y realista, también posees la habilidad de inspirar a otros con tus ideales y tu espontaneidad. Tienes una gran perspicacia con respecto a la gente. El lado altruista y humanitario de tu naturaleza te permitirá sobresalir en actividades que requieran buenas habilidades sociales.

Gracias al apoyo y la influencia del regente de tu decanato, Tauro, y a tu gran sentido de la dedicación, hay una poderosa orientación hacia el éxito en las artes. Al tener la capacidad de combinar los negocios con la socialización, te gusta pensar en grande y aspirar a lo más alto. Sin embargo, el lado más obstinado y opositor de tu naturaleza quizá se niegue a acoplarse a las situaciones solo por fastidiar.

Aunque eres sociable, en ocasiones tiendes a aislarte, lo que te lleva a que algunas veces te sientas solo. Debes mantener un equilibrio entre los aspectos contrastantes de tu personalidad, particularmente entre las ambiciones materiales, los ideales y la conciencia espiritual. No obstante, también es probable que experimentes revelaciones repentinas y golpes de suerte inesperados que te traigan ganancias.

De los 14 a los 43 años, cuando tu Sol progresado esté en Acuario, tendrás una orientación grupal, serás poco tradicional y serio, y sentirás un gran aprecio por la libertad. Quizá te atraigan intereses poco comunes o tengas un deseo intenso de expresar tu individualidad. Después de los 44, cuando tu Sol progresado se desplace hacia Piscis, tu sensibilidad se fortalecerá y desarrollarás una vida interior más significativa. Esto se reflejará en tus visiones, sueños e ideales. A los 74 años habrá otro punto de inflexión, conforme tu Sol progresado entre a Aries, el cual enfatizará la necesidad de tomar la iniciativa y ser valiente y directo al relacionarte con otros.

Tu yo secreto

Uno de los principales desafíos que enfrentarás será reconocer tu poder interno y aprender a rechazar ofertas que estén por debajo de tus capacidades. En ocasiones, trabajarás para personas que no tienen tu mismo nivel de conciencia, por lo que es importante que confíes en tu potencial y talentos extraordinarios. Al ser receptivo a ideas nuevas e interesarte por las libertades y las reformas, serás innovador y progresista, y por ende albergarás la necesidad de expresar tus opiniones originales. Tu mentalidad independiente también te inclina a las confrontaciones, pero si encaminas esta tendencia a discutir hacia el desarrollo de tus habilidades de debate y comunicación, sobresaldrás como nunca. Aunque no busques abiertamente el protagonismo, por naturaleza estás dotado para ocupar posiciones de liderazgo de cualquier índole.

Eres sensible, pero propenso a los cambios de humor, lo que provoca que te retraigas y aparentes frialdad. No obstante, esta conciencia también fortalece tu intuición y te brinda un sexto sentido acerca de la gente o las circunstancias. Cuando puedes confiar por completo en tus pensamientos, inspiración y perspicacia, te conectas con tu fuente de espontaneidad y sabiduría, lo cual te ayuda a irradiar calidez y un amor poderoso que atrae y cautiva a la gente.

Trabajo y vocación

Debido a tu excelente olfato para los negocios, quizá te interesen profesiones que combinen tus habilidades ejecutivas con tu imaginación excepcional. Esto podría manifestarse en la escritura, el teatro o las artes. Tus buenas habilidades de organización, idealismo y veta humanitaria podrían inclinarte a trabajar en organizaciones públicas o de gran tamaño. En términos profesionales, el énfasis está puesto en las habilidades mentales y creativas. Quizá te gustaría desempeñarte como educador, consejero o trabajador social. Si te dedicas a los negocios, podrías trabajar como agente, negociador o como alguien que administra las finanzas ajenas. Generalmente, estás dispuesto a trabajar tras bambalinas, por lo cual serías un gran productor o promotor. La recomendación es que no te conformes con menos de lo que se espera de tu gran potencial. Finalmente, con tu naturaleza humanitaria, quizá desees dedicar tu vida al impulso de reformas sociales.

Entre las personas famosas con quienes compartes cumpleaños están el actor Nicolas Cage, el cantante Juan Gabriel, y Santa Bernardita de Lourdes.

Numerología

Las personas con el número 7 en su fecha de nacimiento suelen ser perfeccionistas, críticas y egocéntricas, aun cuando son analíticas y reflexivas. Por lo general, prefieres tomar tus propias decisiones. Con frecuencia, aprendes mejor mediante la experiencia. Este deseo de aprendizaje puede llevarte al mundo académico o a trabajar constantemente por mejorar tus habilidades existentes. En ocasiones, puedes ser demasiado sensible a las críticas o sentirte incomprendido. Una tendencia a ser enigmático o inquisitivo puede llevarte a desarrollar el arte de hacer preguntas sutiles, sin revelar tus propios pensamientos. La subinfluencia del mes número 1 indica que eres perspicaz y astuto, y que tienes una gran capacidad de discernimiento. Tu fecha de nacimiento también refleja tus ansias de ocupar el primer lugar y ser autónomo. Tu tendencia al escepticismo indica que, aunque eres intuitivo, es probable que dudes de tus propias decisiones y te preocupes. Eres práctico y quieres comercializar tus ideas, además de que sueles especializarte en un área en particular. Ser meticuloso y trabajador te hará inclinarte por una profesión académica o destacar en la investigación, la escritura o la administración.

• *Cualidades positivas:* educación, confianza, meticulosidad, idealismo, honestidad, habilidades psíquicas, capacidades científicas, racionalidad, reflexión.

• *Cualidades negativas:* engaño, escepticismo, confusión, carácter fastidioso, malicia, desapego.

Amor y relaciones

En el amor, tu encanto atrae a muchos admiradores y amigos. Te interesa la gente inteligente, por lo que serías compatible con una pareja que tuviera una visión del mundo tan amplia como la tuya. Sin embargo, lo prudente sería evitar ser demasiado autoritario con tus relaciones más cercanas. Gracias a tu gran tolerancia, una vez que te comprometes en una relación eres leal. Tu aguda destreza mental e intereses poco comunes sugieren que la amistad y el compañerismo pueden surgir en tu trabajo o en actividades sociales, que son estimulantes a nivel intelectual.

• *Negativa:* mal uso del poder, demasiado reservado, crítico, brusquedad, enemigos ocultos.

ESE ALGUIEN ESPECIAL

Podrás entablar relaciones gratificantes con personas nacidas en las siguientes fechas.

Amor y amistad: 21, 28 y 31 de enero; 19, 26 y 29 de febrero; 17, 24 y 27 de marzo; 15, 22 y 25 de abril; 13, 20 y 23 de mayo; 11, 18 y 21 de junio; 9, 16 y 19 de julio; 7, 14, 17 y 31 de agosto; 5, 12, 15 y 29 de septiembre; 3, 10, 13, 27, 29 y 31 de octubre; 1, 8, 11, 25, 27 y 29 de noviembre; 6, 9, 23, 25 y 27 de diciembre.

Buenas para ti: 9, 12, 18, 24 y 29 de enero; 7, 10, 16, 22 y 27 de febrero; 5, 8, 14, 20 y 25 de marzo; 3, 6, 12, 18 y 23 de abril; 1, 4, 10, 16, 21 y 31 de mayo; 2, 8, 14, 19 y 29 de junio; 6, 12, 17 y 27 de julio; 4, 10, 15 y 25 de agosto; 2, 8, 13 y 23 de septiembre; 6, 11 y 21 de octubre; 4, 9 y 19 de noviembre; 2, 7 y 17 de diciembre.

Atracción fatal: 3 de enero; 1 de febrero; 7, 8, 9, 10 y 11 de julio.

Desafiantes: 7, 8, 19 y 28 de enero; 5, 6, 17 y 26 de febrero; 3, 4, 15 y 24 de marzo; 1, 2, 13 y 22 de abril; 11 y 20 de mayo; 9 y 18 de junio; 7 y 16 de julio; 5 y 14 de agosto; 3 y 12 de septiembre; 1 y 10 de octubre; 8 de noviembre; 6 de diciembre.

Almas gemelas: 3 y 19 de enero, 1 y 17 de febrero, 15 de marzo, 13 de abril, 11 de mayo, 9 de junio, 7 de julio, 5 de agosto, 3 de septiembre, 1 de octubre.

ESTRELLA FIJA

Nombre de la estrella: Vega, también conocida como "el buitre"

Posición: 14º 20'–15º 19' de Capricornio, entre los años 1930 y 2000

Magnitud: 1

Fuerza: ★★★★★★★★★★

Órbita: 2º 30'

Constelación: Lira (Alpha Lyrae)

Días efectivos: 4, 5, 6, 7 y 8 de enero

Propiedades de la estrella: interpretaciones variadas: Venus/ Mercurio, también Júpiter/Saturno

Descripción: estrella brillante blanca y azul zafiro ubicada en la parte inferior de la lira

INFLUENCIA DE LA ESTRELLA PRINCIPAL

Vega otorga habilidades de liderazgo y una personalidad sociable y extrovertida. Por lo regular, ves la vida de manera idealista y optimista, y posees habilidades creativas y talento para la escritura. Sin embargo, esta estrella también indica que las circunstancias variables traen consigo periodos de éxito ocasionales y supone que solo con tenacidad se puede garantizar la estabilidad.

Con respecto a tu grado del Sol, Vega confiere éxito y oportunidad de ascender a puestos altos. Esta estrella puede conectarte con gente influyente que te permitirá obtener popularidad. Su influencia también indica que las circunstancias cambiantes acarrean éxitos breves. Probablemente te agrade trabajar en puestos gubernamentales o tratar con el público en general. Vega te advierte que debes evitar la tendencia a ser demasiado crítico o brusco.

• *Positiva:* refinamiento, esperanza, seriedad, responsabilidad.

8 de enero

El que hayas nacido bajo el signo de Capricornio te brinda una personalidad fuerte, tenaz y ambiciosa, pero también sutil, modesta y refinada. Eres decidido, competitivo y trabajador; pero también posees imaginación, sensibilidad, encanto y carisma. Puesto que te caracteriza un gran pragmatismo y una mentalidad cosmopolita, es importante que no pierdas de vista las percepciones intuitivas y la visión que están implícitas en esta fecha de nacimiento.

Gracias a la subinfluencia del regente de tu decanato, Tauro, tus aptitudes musicales, artísticas y financieras suelen traerte éxito y satisfacción. Al interactuar con otros, te beneficias de tus excelentes habilidades y talentos sociales. Dado que aprecias la belleza, el glamur y la buena vida, prefieres los entornos armoniosos y hasta lujosos. A pesar de tener la capacidad de cautivar a la gente, quizá no adviertan que detrás de tu fachada atrevida, es posible que se escondan dudas internas o confusiones.

Aunque te dejas llevar un poco por la inercia en lo referente a tus grandes sueños e ideales, lo que realmente te motiva a actuar es pensar en alcanzar el éxito material. Tienes una personalidad fuerte, pero alegre; además, posees la capacidad de asimilar el conocimiento con rapidez cuando se trata de algo que te interesa. Tu entusiasmo por los proyectos que te apasionan es incomparable, y puede ayudarte a superar el nerviosismo o descontento que podrían inclinarte hacia pasatiempos autodestructivos como el alcohol y las drogas. Sin embargo, tu gran sentido del estilo, aunado a tu veta histriónica, te garantiza que siempre sobresaldrás en medio de la multitud.

Durante tu juventud, una mujer poderosa causará un gran impacto en tu vida. De los 13 a los 42 años, mientras tu Sol progresado atraviesa Acuario, tenderás a ser menos tradicional o cauteloso, apreciarás más la libertad y tendrás orientaciones grupales. Quizá desarrolles intereses poco convencionales o sientas un deseo intenso de expresar tu individualidad. Después de los 43, cuando tu Sol progresado entre a Piscis, tu sensibilidad emocional e intuición se fortalecerán. Es posible que des una mayor importancia a los sueños y los ideales, así como a la conciencia espiritual o psíquica. A los 73 años habrá otro punto de inflexión, cuando tu Sol progresado se desplace hacia Aries. A partir de entonces, resaltará la necesidad de emprender acciones directas con respecto a los problemas que te atañen, en lugar de adoptar una actitud pasiva.

Tu yo secreto

Por medio de tu conciencia inspirada y el desarrollo de la disciplina personal, aprovecharás al máximo tu inmenso potencial. Muchas de las lecciones que te dará la vida estarán relacionadas con el ámbito profesional. Por fortuna, reconoces las ventajas del trabajo cooperativo y en equipo, y sabes que las alianzas pueden traerte beneficios. Sin embargo, es importante que no dependas de nada ni de nadie, pues podrías volverte temeroso y demasiado serio.

Es necesario que aprendas a desapegarte a un nivel profundo, lo cual seguramente no dimensionarás del todo sino hasta la edad madura. Cuando reconozcas esta necesidad, serás más poderoso gracias a esa mayor libertad interna y el deseo de obtener cosas de una índole más humanitaria o profunda. Debido a que eres sumamente intuitivo, tienes ansias de trascender lo mundano, lo que te estimulará a producir obras originales y te hará entrar en contacto con países extranjeros.

Trabajo y vocación

Eres ambicioso y práctico. Posees habilidades sociales que te impulsan a estar en contacto o a colaborar laboralmente con otras personas. La capacidad de trabajar arduamente y prestar atención a los detalles implica que sobresaldrías como científico, religioso, conferencista y educador. Si te dedicas a los negocios, triunfarás al servir a la comunidad o impulsar reformas. Eres carismático, singular, con una voz encantadora y ansias de expresión personal que podrían encaminarte hacia los negocios y el entretenimiento. También podrías dedicarte a la comunicación y la enseñanza, e inspirar a otros en ámbitos como la política, la espiritualidad y la filosofía. Por otro lado, tu sensibilidad y sentido de la armonía podrían inclinarte hacia las artes y la música.

Entre las personas famosas con quienes compartes cumpleaños están los cantantes Elvis Presley, David Bowie y Shirley Bassey; el comediante Soupy Sales, y el científico Stephen Hawking.

Numerología

El poder del número 8 en tu fecha de nacimiento indica un carácter con valores firmes y un juicio sólido. El número 8 denota que aspiras a conseguir grandes logros y que posees una naturaleza ambiciosa. Tu fecha de cumpleaños esboza además tu deseo de dominio, seguridad y éxito material. Como una persona nacida bajo el número 8 tienes un talento natural para los negocios y te beneficiarás mucho si desarrollas tus habilidades organizativas y ejecutivas. Así que es posible que debas aprender a administrarte o a delegar tu autoridad de forma justa y responsable. Tu necesidad de seguridad y estabilidad te insta a hacer planes e inversiones a largo plazo. La subinfluencia del mes número 1 indica que eres emprendedor, perspicaz y eficiente. La vitalidad creativa que esto conlleva te impulsa a expresarte y a emitir tus propios juicios, aun si fallas en el intento. Al ser imaginativo y original, y tener ideas prácticas, te gusta ser metódico y usar tu conocimiento de forma productiva. Aunque eres tenaz y sumamente entusiasta, tendrás que aprender a ser tolerante y menos autoritario.

• *Cualidades positivas:* liderazgo, minuciosidad, trabajo arduo, autoridad, protección, poder de sanación, talento para juzgar valores.

• *Cualidades negativas:* impaciencia, desperdicio, intolerancia, comportamiento controlador o dominante, tendencia a rendirte, falta de planeación.

Amor y relaciones

Tu carisma personal te garantiza brillar en sociedad; sin embargo, muchas de las lecciones que aprenderás a lo largo de la vida provendrán de las relaciones más cercanas. Te atraen personas exitosas que te estimulan a nivel intelectual, por lo que cuando te entusiasma una relación te entregas por completo. Eres un amante afectuoso y apasionado, aunque eres propenso al malhumor. Es probable que tu hogar desempeñe un papel importante para ti, ya que es el lugar en donde te refugias del mundo.

• *Negativa:* mal uso del poder, demasiado reservado, crítico, brusquedad, enemigos ocultos.

ESE ALGUIEN ESPECIAL

Si deseas encontrar a una pareja o a un amante fiel y confiable, empieza por buscarlos entre quienes nacieron en las siguientes fechas.

Amor y amistad: 6, 20, 22, 24 y 30 de enero; 4, 18, 20, 22 y 28 de febrero; 2, 16, 18, 20, 26 y 29 de marzo; 14, 16, 18, 24 y 27 de abril; 12, 14, 16, 22 y 25 de mayo; 10, 12, 14, 20 y 23 de junio; 8, 10, 12, 18 y 21 de julio; 6, 8, 10, 16 y 19 de agosto; 4, 6, 8, 14 y 17 de septiembre; 2, 4, 6, 12 y 15 de octubre; 2, 4, 10 y 13 de noviembre; 2, 8 y 11 de diciembre.

Buenas para ti: 1, 3, 4 y 14 de enero; 1, 2 y 12 de febrero; 10 y 28 de marzo; 8, 26 y 30 de abril; 6, 24 y 28 de mayo; 4, 22 y 26 de junio; 2, 20 y 24 de julio; 18 y 22 de agosto; 16 y 20 de septiembre; 14 y 18 de octubre; 12 y 16 de noviembre; 10 y 14 de diciembre.

Atracción fatal: 11 de enero; 9 de febrero; 7 de marzo; 5 de abril; 3 de mayo; 1 de junio; 8, 9, 10, 11 y 12 de julio.

Desafiantes: 3 y 5 de enero; 1 y 3 de febrero; 1 de marzo; 31 de julio; 29 de agosto; 27 y 30 de septiembre; 25 y 28 de octubre; 23, 26 y 30 de noviembre; 21, 24 y 28 de diciembre.

Almas gemelas: 5 y 12 de enero, 3 y 10 de febrero, 1 y 8 de marzo, 6 de abril, 4 de mayo, 2 de junio.

9 de enero

La influencia de tu fecha de nacimiento te caracteriza como un Capricornio práctico, trabajador y con una gran entereza. La importancia que le prestas a la seguridad hace que quieras construir sobre una base de resultados duraderos. Por otro lado, una vez que te comprometes con una persona o un proyecto, puedes ser leal, activo y responsable. El universalismo de tu mentalidad se manifiesta en un interés humanitario por la gente. No obstante, sería prudente que evitaras los pensamientos negativos, los cuales podrían traer consigo frustraciones e impaciencia.

Gracias a la subinfluencia del regente de tu decanato, Tauro, posees talentos creativos naturales. Quizá desees desarrollarlos a través de las artes para expresar tu imaginación y tus emociones profundas, o quizá prefieras aprovechar tus aptitudes y encantos durante tus interacciones sociales. Las ansias de amor y afecto reflejan tu necesidad de aprobación y enfatizan la importancia que tienen las relaciones para ti.

El aprecio por la belleza y las cosas buenas de la vida indica que prefieres rodearte de armonía y lujos, mientras que el desprecio por las desavenencias podría impulsarte a hundir la cabeza en la arena para evitar las confrontaciones necesarias. Aunque a veces tendrás que enfrentar obstáculos y decepciones, evita que el pesimismo o el materialismo socaven lo mejor de ti. Por lo regular, la clave para resolver muchos de tus problemas radica en el desapego, más que en la inflexibilidad. Por fortuna, posees la perseverancia e inteligencia suficientes para ganar solo por tu empeño.

De los 12 a los 41 años, mientras tu Sol progresado atraviesa Acuario, te volverás más independiente. También podrían atraerte intereses poco comunes, o quizá sientas un fuerte deseo de expresar tu individualidad. Después de los 42, cuando tu Sol progresado se desplace hacia Piscis, tu sensibilidad emocional se fortalecerá y desarrollarás una vida interior más significativa. Esto se reflejará en tus visiones, sueños e ideales. A los 72 años habrá otro punto de inflexión, cuando tu Sol progresado entre a Aries. A partir de entonces, se enfatizará la necesidad de tomar la iniciativa y ser valiente y directo en tus relaciones personales. Esta progresión también traerá consigo nuevos comienzos.

Tu yo secreto

Tus emociones dinámicas necesitan canales de expresión positivos, pues de otra forma podrías terminar atrapado en los dramas de los demás. La capacidad innata para ayudar a otros te permitirá sentirte más satisfecho y entablar nuevas amistades. Cuando te sientes seguro de ti mismo, eres capaz de proyectar el poder del amor y atraer a otros con tu encanto magnético y carisma.

Eres práctico pero también imaginativo; además, te gusta el orden y tienes una visión profunda. Necesitas contar con un plan y un propósito específico, o de otro modo las inquietudes te harán a caer en la autocomplacencia como mecanismo de evasión. El deseo de superación personal y el énfasis que tiene el trabajo en tu vida implican que deberás ser activo y enfocar tus esfuerzos para aprovechar al máximo tu verdadero potencial. De ese modo, si trabajas duro, descubrirás que la protección financiera siempre aparece cuando más la necesitas.

ESTRELLA FIJA

Nombre de la estrella: Deneb, también llamada Al Danab

Posición: 18° 49'–19° 55' de Capricornio, entre los años 1930 y 2000

Magnitud: 3

Fuerza: ★★★★★

Órbita: 1° 40'

Constelación: Águila (Zeta Aquilae)

Días efectivos: 9, 10, 11 y 12 de enero

Propiedades de la estrella: Marte/Júpiter

Descripción: estrella verde ubicada en el ojo del águila

INFLUENCIA DE LA ESTRELLA PRINCIPAL

Deneb otorga habilidades de liderazgo, una actitud liberal y apertura ideológica. Eres optimista, emprendedor, audaz, entusiasta y ambicioso. Posees un sentido común sólido y la capacidad de actuar asertivamente.

Con respecto a tu grado del Sol, Deneb confiere éxito en el trabajo con el público e inclinación hacia los negocios y la profesión legal. Probablemente poseas habilidades ejecutivas y de liderazgo, una voluntad fuerte y la capacidad de instruir a otros. Esta estrella indica una personalidad independiente, dinámica, de auténtica individualidad, la cual te da oportunidades para avanzar con valentía y entusiasmo.

Positiva: espíritu emprendedor, competitividad, ambición.

Negativa: premura, impaciencia, deshonestidad, negligencia.

Trabajo y vocación

Eres emprendedor e imaginativo, y quizá quieras tener la libertad suficiente para hacer lo que te plazca. Tu necesidad de variedad y cambio indica que es probable que puedas enlazar los viajes con el trabajo. Tu deseo de actividad y progreso podrían impulsarte a experimentar con varias ocupaciones. Sin importar lo que hagas, evita los trabajos rutinarios que no conlleven progreso ni emoción. Al ser idealista y creativo quizá te atraigan el arte y la música. Si te interesan los negocios y las reformas sociales, algunas de las carreras que podrían resultarte llamativas son la publicidad, la mercadotecnia, la economía y la política. Tu agilidad de pensamiento y personalidad encantadora permitirían que, si quieres combinar los viajes con los negocios, sobresalieras como organizador de recorridos, agente de viajes, viajero frecuente o vendedor.

Entre las personas famosas con quienes compartes cumpleaños están las cantantes Joan Báez y Crystal Gayle, y la escritora Simone de Beauvoir.

Numerología

Entre las características asociadas con el número 9 están la benevolencia, la amabilidad y el sentimentalismo. Generalmente, eres inteligente e intuitivo, y tus habilidades psíquicas apuntan hacia una receptividad universal. Con un cumpleaños con el número 9, sueles sentir que el sendero de tu vida ya está trazado y no tienes mucho espacio para maniobrar. Quizá debas trabajar en tu paciencia y aprender también a ser más objetivo. Te beneficiará viajar por el mundo e interactuar con gente de todo tipo, pero es posible que sea necesario tratar de evitar los sueños poco realistas o tu tendencia a la evasión. La subinfluencia del mes número 1 fortalece tus poderes de intuición y receptividad. Tu ambición y tenacidad te permiten ser decidido y proyectar autoridad. Gracias a tu perspicacia y sexto sentido, con frecuencia, eres un visionario. Eres imaginativo e idealista, pero necesitas aprender a confiar en tus propios instintos. Las ansias de ocupar el primer lugar y ser autónomo implican que es necesario que aceptes las limitaciones de la vida y entiendas que nunca es justa ni perfecta. En ocasiones, te verás obligado a renunciar a tus planes personales, y entonces entenderás que el mundo no gira a tu alrededor.

• *Cualidades positivas:* idealismo, humanitarismo, creatividad, sensibilidad, generosidad, magnetismo, naturaleza poética, caridad, naturaleza dadivosa, desapego, suerte, popularidad.

• *Cualidades negativas:* frustración, nerviosismo, fragmentación, egoísmo, falta de practicidad, tendencia a dejarse llevar, preocupación.

Amor y relaciones

Debido a que tienes una visión idealista de la pareja perfecta, es posible que optes por relaciones platónicas si no logras encontrar a alguien que esté a la altura de tus ideales elevados. Para evitar decepciones y frustraciones, quizá tendrás más suerte con un compañero que posea una naturaleza humanitaria. Algunas personas nacidas en esta fecha eligen parejas a las que ponen en un pedestal o a quienes intentan rescatar, por lo que es importante que pienses bien al elegir tus relaciones. Sin embargo, una vez que te comprometes, eres una pareja fiel y leal.

ESE ALGUIEN ESPECIAL

Tendrás suerte en el amor si te relacionas con personas nacidas en las siguientes fechas.

Amor y amistad: 1, 7, 21, 23 y 31 de enero; 5, 19, 21 y 29 de febrero; 3, 17, 19 y 27 de marzo; 1, 15, 17 y 25 de abril; 13, 15 y 23 de mayo; 11, 13 y 21 de junio; 9, 11 y 19 de julio; 7, 9 y 17 de agosto; 5, 7 y 15 de septiembre; 3, 5 y 13 de octubre; 1, 3 y 11 de noviembre; 1 y 9 de diciembre.

Buenas para ti: 5, 16 y 18 de enero; 3, 14 y 16 de febrero; 1, 12, 14 y 29 de marzo; 10, 12 y 27 de abril; 8, 10, 25 y 29 de mayo; 6, 8, 23 y 27 de junio; 4, 6, 21 y 25 de julio; 2, 4, 19 y 23 de agosto; 2, 17 y 21 de septiembre; 15 y 19 de octubre; 13 y 17 de noviembre; 11, 15 y 29 de diciembre.

Atracción fatal: 6 y 30 de enero; 4 y 28 de febrero; 2 y 26 de marzo; 24 de abril; 22 de mayo; 20 de junio; 9, 10, 11, 12, 13 y 18 de julio; 16 de agosto; 14 de septiembre; 12 de octubre; 10 de noviembre; 8 de diciembre.

Desafiantes: 4 de enero; 2 de febrero; 29 y 31 de mayo; 27, 29 y 30 de junio; 25, 27 y 28 de julio; 23, 25, 26 y 30 de agosto; 21, 23, 24 y 28 de septiembre; 19, 21, 22 y 26 de octubre; 17, 19, 20 y 24 de noviembre; 15, 17, 28 y 22 de diciembre.

Almas gemelas: 23 de enero, 21 de febrero, 19 de marzo, 17 de abril, 15 de mayo, 13 de junio, 11 y 31 de julio, 9 y 29 de agosto, 7 y 27 de septiembre, 5 y 25 de octubre, 3 y 23 de noviembre, 1 y 21 de diciembre.

10 de enero

El que hayas nacido bajo el signo de Capricornio indica que eres un individuo práctico, amigable y tenaz, con una personalidad fuerte y actitud directa. Tu sexto sentido, sobre todo en relación con las cuestiones materiales, te infunde un sólido sentido de los valores y una astucia particular para entender a la gente instantáneamente. Cuando mezclas tus instintos con tu dedicación o propósito, eres imparable para alcanzar tus metas. La ambición y necesidad de llevar las riendas hace que solo requieras disciplinarte para lograr éxitos extraordinarios.

Debido a la subinfluencia del regente de tu decanato, Tauro, la capacidad de activar tu encanto a placer favorece tu sociabilidad y éxito. Quizá desees rodearte de cosas bellas, lujosas y de buen gusto; sin embargo, aunque la seguridad material, el estatus y el prestigio son importantes, te sentirás más inspirado para obtener resultados cuando encuentres algo que te interese. No obstante, como te gusta la buena vida y sabes cómo disfrutarla, tendrás que evitar caer en autocomplacencias excesivas o volverte demasiado materialista.

Tu calidez y encanto magnético te garantizan buena fortuna en actividades que implican tratar con la gente. Por lo regular, deseas tener seguridad y te gusta construir bases sólidas para cualquier aspecto de tu vida. Por medio del trabajo arduo y una actitud positiva, tendrás el empuje suficiente para mover montañas e impresionarás a la gente con tu conocimiento y tus logros.

De los 11 a los 40 años, mientras tu Sol progresado atraviesa Acuario, sentirás un deseo creciente de independencia, así como un mayor interés en los amigos y la conciencia colectiva. Quizá necesites experimentar o expresar tus singulares ideas. Después de los 41, cuando tu Sol progresado entre a Piscis, tu sensibilidad emocional se refinará a medida que desarrollas una visión más fuerte y poderosa. Esto podría impulsarte a buscar metas idealistas o espirituales. A los 71 años habrá otro punto de inflexión, cuando tu Sol progresado entre en Aries, el cual enfatizará el deseo de enfocarte en tus problemas personales.

Tu yo secreto

Orientarte hacia el éxito y ser un pensador independiente te permite reconocer el poder del conocimiento y la pericia. Tienes una excelente capacidad para resolver problemas, debido a tu mentalidad ágil y práctica. Tu intelecto sensible e intuitivo te facilita tener ideas entusiastas que podrían inclinarte hacia la escritura, el arte, la filosofía, la religión o la metafísica. Otro aspecto importante de tu personalidad es la capacidad de influir en los demás por medio de tu entusiasmo vehemente. Esto te llevará de forma natural a ocupar posiciones de liderazgo, aunque debes tener cuidado de no volverte demasiado obstinado o voluntarioso.

Eres generoso, bondadoso y, por momentos, cariñoso. Casi nunca tienes problemas financieros, sino más bien de índole emocional, sobre todo provocados por las decepciones ajenas. Por fortuna, tu capacidad para identificar las oportunidades suele traer consigo golpes de suerte y ayudarte a mejorar tu situación.

ESTRELLA FIJA

Nombre de la estrella: Deneb, también llamada Al Danab

Posición: 18º 49'–19º 55' de Capricornio, entre los años 1930 y 2000

Magnitud: 3

Fuerza: ★★★★★★

Órbita: 1º 40'

Constelación: Águila (Zeta Aquilae)

Días efectivos: 9, 10, 11 y 12 de enero

Propiedades de la estrella: Marte/Júpiter

Descripción: estrella verde ubicada en el ojo del águila

INFLUENCIA DE LA ESTRELLA PRINCIPAL

Deneb otorga habilidades de liderazgo, una actitud liberal y apertura ideológica. Eres optimista, emprendedor, audaz, entusiasta y ambicioso. Posees un sentido común sólido y la capacidad de actuar asertivamente.

Con respecto a tu grado del Sol, Deneb confiere éxito en el trabajo con el público e inclinación hacia los negocios y la profesión legal. Probablemente poseas habilidades ejecutivas y de liderazgo, una voluntad fuerte y la capacidad de instruir a otros. Esta estrella indica una personalidad independiente, dinámica, de auténtica individualidad, la cual te da oportunidades para avanzar con valentía y entusiasmo.

• *Positiva:* espíritu emprendedor, competitividad, ambición.

• *Negativa:* premura, impaciencia, deshonestidad, negligencia.

Trabajo y vocación

Eres una persona trabajadora y ambiciosa, con un enfoque pragmático. Te gusta pensar de forma independiente, por lo que es habitual que los individuos nacidos en esta fecha se desempeñen como emprendedores de negocios, productores o promotores. Las habilidades manuales y el deseo de construir algo sólido podrían empujarte hacia el mundo de los negocios. También podrías sentirte atraído por la construcción y la ingeniería. Si bien te interesan las artes, también quieres obtener recompensas financieras, por lo que podrías triunfar en la publicidad, la promoción y la administración. Aunque tienes excelentes habilidades empresariales, quizá te interesen también la filosofía, la religión o la metafísica. Al ser un individuo curioso e innovador, querrás explorar lo desconocido y a veces te dejarás llevar por tu alma de aventurero.

Entre las personas famosas con quienes compartes cumpleaños están el cantante Rod Stewart, el bailarín Ray Bolger, el actor Sal Mineo y el boxeador George Foreman.

Numerología

Al igual que otras personas con el número 1 en su fecha de nacimiento, eres emprendedor e independiente. Aunque tendrás que enfrentar desafíos antes de alcanzar tus metas, es probable que logres cumplir tus objetivos por medio de la determinación. Tu espíritu pionero a menudo te anima a viajar por territorios inexplorados. Con un cumpleaños con el número 10, es posible que también tengas que entender que si bien la perseverancia puede ayudarte a conseguir grandes cosas, debes evitar ser egoísta o dictatorial. La subinfluencia del mes número 1 indica que tienes mucho empuje y aspiraciones altas. Por lo regular, eres creativo e innovador, proyectas autoridad y posees buenas habilidades ejecutivas. Eres inteligente, pero prefieres tomar el mando antes que recibir órdenes. La necesidad de enfrentar desafíos indica que te gusta poner a prueba tu ingenio. A veces tendrás que valerte por ti mismo para fortalecer tu confianza personal, porque cuando estás seguro de ti mismo eres trabajador y ambicioso. Aunque, por lo regular, ansías tener una perspectiva equilibrada y estabilidad, otras veces te frustras a nivel emocional y eres incapaz de expresar tus sentimientos. Debido a que deseas triunfar, tendrás que desarrollar tus habilidades diplomáticas y aprender a ceder.

• *Cualidades positivas:* liderazgo, creatividad, naturaleza progresista, vigor, optimismo, convicciones firmes, competitividad, independencia, sociabilidad.

• *Cualidades negativas:* autoritarismo, celos, egocentrismo, antagonismo, egoísmo, vacilación, impaciencia.

Amor y relaciones

Gracias a tu buen gusto y estilo elegante, es probable que tengas un hogar hermoso en el que te agrade recibir a tus amigos y conocidos. Eres ambicioso y prefieres relacionarte con personas inteligentes o exitosas, por lo que es poco probable que le dediques mucho tiempo a gente mediocre. Aunque, en general, eres apasionado, nunca pierdes de vista tu enfoque práctico. En general, eres desinteresado y generoso con tus seres queridos, pero en algunas ocasiones eres inesperadamente mezquino. Tu orgullo y encanto magnético facilitan que atraigas a parejas potenciales, pero ten cuidado de que los asuntos materiales no se conviertan en un factor determinante en tus relaciones cercanas.

ESE ALGUIEN ESPECIAL

Para encontrar a ese alguien especial, empieza por buscarlo entre personas nacidas en las siguientes fechas.

Amor y amistad: 8, 12, 17, 20, 22 y 24 de enero; 6, 15, 18, 20 y 22 de febrero; 4, 13, 16, 18, 20 y 28 de marzo; 2, 11, 14, 16, 18 y 26 de abril; 9, 12, 14 y 16 de mayo; 7, 10, 12 y 14 de junio; 5, 8, 10, 12 y 30 de julio; 3, 6, 8, 10 y 28 de agosto; 1, 4, 6, 8, 16 y 26 de septiembre; 2, 4, 6 y 24 de octubre; 2, 4 y 22 de noviembre; 2 y 20 de diciembre.

Buenas para ti: 6 y 23 de enero; 4 y 21 de febrero; 2, 19 y 30 de marzo; 17 y 28 de abril; 15, 26 y 30 de mayo; 13, 24 y 28 de junio; 11, 22 y 26 de julio; 9, 20 y 24 de agosto; 7, 18 y 22 de septiembre; 5, 16 y 20 de octubre; 3, 14 y 18 de noviembre; 1, 12, 16 y 30 de diciembre.

Atracción fatal: 7 de enero; 5 de febrero; 3 de marzo; 1 de abril; 10, 11, 12, 13 y 14 de julio.

Desafiantes: 5, 26 y 29 de enero; 3, 24 y 27 de febrero; 1, 22 y 25 de marzo; 20 y 23 de abril; 18 y 21 de mayo; 16, 19 y 30 de junio; 14, 17 y 28 de julio; 12, 15, 26 y 31 de agosto; 10, 13, 24 y 29 de septiembre; 8, 11, 22 y 27 de octubre; 6, 9, 20 y 25 de noviembre; 4, 7, 18 y 23 de diciembre.

Almas gemelas: 30 de enero, 28 de febrero, 26 de marzo, 24 de abril, 22 de mayo, 20 de junio, 18 de julio, 16 de agosto, 14 de septiembre, 12 y 31 de octubre, 10 y 29 de noviembre, 8 y 27 de diciembre.

11 de enero

Tu fecha de nacimiento indica que eres una persona trabajadora, con un espíritu idealista y creativo. A pesar de que eres un Capricornio serio y ambicioso, también eres sumamente encantador, bondadoso y con un talento natural para tratar con la gente. Eres singular y estás consciente de tu apariencia, por lo que te gusta arreglarte bien y vestirte de forma original. A pesar de tener un carácter fuerte y ser tenaz, en ocasiones fluctúas entre la fe y la duda, lo cual te causa preocupaciones e indecisión.

Gracias a la subinfluencia del regente de tu decanato, Virgo, eres mentalmente ágil, te mantienes alerta y tienes una gran capacidad de concentración. Eres astuto y firme. Se te facilita resolver problemas y te gusta darles seguimiento a las cosas hasta sus últimas consecuencias. Eres pragmático y un buen estratega, por lo que prefieres darle un uso práctico a tus múltiples talentos. Por otro lado, una vez que determinas el plan de acción, tienes la capacidad de alcanzar tu meta si te esfuerzas lo suficiente. No obstante, lo más prudente es evitar tomarse la vida demasiado en serio, pues eso podría traer consigo frustraciones y decepciones. Estas mismas emociones intensas se podrían aprovechar de forma constructiva a través de la compasión y una actitud universalista.

Puesto que tienes intereses diversos y necesitas que haya acción en tu vida, seguramente disfrutas los viajes y las aventuras. Sientes un gran aprecio por la belleza, el glamur y la buena vida pero, afortunadamente, posees el potencial financiero para amasar una fortuna. Las mujeres en general tendrán una influencia positiva en tu vida.

De los 10 a los 39 años, mientras tu Sol progresado atraviesa Acuario, sentirás una necesidad creciente de libertad e independencia. Desarrollarás un interés particular en los amigos y la conciencia colectiva, y quizás ansíes también expresar tu individualidad. Después de los 40, cuando tu Sol progresado se desplace hacia Piscis, tu sensibilidad emocional sobresaldrá y desarrollarás una visión más poderosa, lo que te impulsará a buscar metas idealistas o espirituales. Durante la mediana edad, es probable que tu trabajo implique viajes y cambios, los cuales tendrán un efecto positivo en tu vida. A los 70 habrá otro punto de inflexión, cuando tu Sol progresado entre a Aries y se acentúe la necesidad de enfrentar los problemas y las relaciones personales de forma franca y activa.

Tu yo secreto

Si adoptas la actitud correcta, tendrás la capacidad de inspirar a otros con tus ideales e imaginación, así que evita invertir tu energía emocional en sucesos triviales o irrelevantes que te distraigan de tus metas positivas y cosmopolitas. Si te concentras en tus energías creativas, podrás obtener resultados productivos. Date tiempo para regenerarte, para lo cual tendrás que prestar atención a tu salud y alimentación, y aprender a relajarte de cuando en cuando.

A pesar de tener la capacidad de cautivar a la gente, quizá no noten que detrás de la fachada atrevida a veces se esconden confusiones internas que te hacen sufrir. En años posteriores, obtendrás sabiduría tras la culminación de tu desarrollo espiritual, comprensión universalista y potencial místico innato. Debes evitar la impulsividad, el despilfarro y caer en los esquema de negocios que prometen enriquecimiento rápido, para lo cual necesitarás invertir en planes a largo plazo.

ESTRELLA FIJA

Nombre de la estrella: Deneb, también llamada Al Danab
Posición: 18° 49'–19° 55' de Capricornio, entre los años 1930 y 2000
Magnitud: 3
Fuerza: ★★★★★
Órbita: 1° 40'
Constelación: Águila (Zeta Aquilae)
Días efectivos: 9, 10, 11 y 12 de enero
Propiedades de la estrella: Marte/Júpiter
Descripción: estrella verde ubicada en el ojo del águila

INFLUENCIA DE LA ESTRELLA PRINCIPAL

Deneb otorga habilidades de liderazgo, una actitud liberal y apertura ideológica. Eres optimista, emprendedor, audaz, entusiasta y ambicioso. Posees un sentido común sólido y la capacidad de actuar asertivamente.

Con respecto a tu grado del Sol, Deneb confiere éxito en el trabajo con el público e inclinación hacia los negocios y la profesión legal. Probablemente poseas habilidades ejecutivas y de liderazgo, una voluntad fuerte y la capacidad de instruir a otros. Esta estrella indica una personalidad independiente, dinámica, de auténtica individualidad, la cual te da oportunidades para avanzar con valentía y entusiasmo.

• *Positiva:* espíritu emprendedor, competitividad, ambición.

• *Negativa:* premura, impaciencia, deshonestidad, negligencia.

Trabajo y vocación

La expresión personal, la libertad y el estímulo intelectual sentarán las bases de tu vida profesional. Puesto que te desagrada recibir órdenes, quizá prefieras trabajar por cuenta propia. Además de ser dinámico y emprendedor, creas tus propias reglas. Gracias a tu compasión universal y mentalidad independiente, podrías dedicarte a la enseñanza, la consejería o la psicología. Tu interés en la religión, la filosofía y la metafísica conlleva también talento para la astrología. Por lo regular, las mujeres desempeñan un papel activo en tu avance profesional. Tu facilidad de palabra, imaginación y habilidades comunicativas suponen aptitudes para la escritura, la música y las artes. Eres idealista, así que quizá quieras impulsar reformas y luchar contra las injusticias desde ocupaciones como clérigo, político o funcionario público.

Entre las personas famosas con quienes compartes cumpleaños están el estadista estadounidense Alexander Hamilton, el músico Clarence Clemons, la cantante Naomi Judd y el psicólogo William James.

Numerología

La vibración especial del 11, el número maestro en tu fecha de nacimiento, sugiere que el idealismo, la inspiración y la innovación son importantísimos para ti. La combinación de humildad y seguridad en ti mismo te desafía a esforzarte por alcanzar el dominio material y espiritual de tu ser. Sueles estar conectado con el mundo y posees una gran vitalidad, pero por esa misma razón evita ser demasiado ansioso o impráctico. La sub-influencia del mes número 1 indica que eres independiente y emprendedor, y que sientes la necesidad de expresarte de forma creativa. A pesar de ser amistoso y extrovertido, te desagradan las restricciones y prefieres actuar con libertad y ser autónomo. Sin embargo, desarrollar habilidades diplomáticas y aprender a ceder te ayudará a encontrar un punto medio y a ser menos egocéntrico. Tienes muchos talentos e intereses, eres innovador y sumamente enérgico. Por lo regular, eres franco pero también entretenido, por lo que nadie se aburre contigo. Aunque tienes una intuición poderosa y eres tenaz, necesitas una meta en la cual concentrarte para no desperdiciar tu energía por doquier.

• *Cualidades positivas:* equilibrio, concentración, objetividad, entusiasmo, inspiración, espiritualidad, idealismo, intuición, capacidad de sanación, humanitarismo, habilidad psíquica.

• *Cualidades negativas:* complejo de superioridad, falta de rumbo, hipersensibilidad, tendencia a ofenderse, egoísmo, falta de claridad, actitud dominante.

Amor y relaciones

La gente se siente atraída hacia ti debido a tu encanto personal. Por lo regular, te interesan más las personas que te estimulan a nivel intelectual, pero además será conveniente si comparten intereses o propósitos. Debido a que eres sensible y albergas emociones intensas, será útil que con frecuencia pases tiempo a solas para reacomodar tus pensamientos y sentimientos. Esto te permitirá percibir de forma intuitiva qué es lo correcto para ti en las relaciones y te ayudará a mantener un equilibrio entre ser independiente y necesitar a otros. Generalmente, eres más prolífico cuando tienes fe en ti mismo y mantienes a tus parejas al filo de la butaca con un poco de rivalidad amistosa.

ESE ALGUIEN ESPECIAL

Es probable que tengas suerte en el amor si te relacionas con gente nacida en las siguientes fechas.

Amor y amistad: 9, 13, 23, 25 y 27 de enero; 7, 21, 23 y 25 de febrero; 5, 19, 21, 23 y 29 de marzo; 3, 17, 19, 21, 27 y 30 de abril; 1, 5, 15, 17, 19, 25 y 28 de mayo; 13, 15, 17, 23 y 26 de junio; 11, 13, 15, 21 y 24 de julio; 9, 11, 13, 19 y 22 de agosto; 7, 9, 11, 17 y 20 de septiembre; 5, 7, 9, 15 y 18 de octubre; 3, 5, 7, 13 y 16 de noviembre; 1, 3, 5, 11 y 14 de diciembre.

Buenas para ti: 2, 4 y 7 de enero; 2 y 5 de febrero; 3 de marzo; 1 de abril; 31 de mayo; 29 de junio; 27 y 31 de julio; 25 y 29 de agosto; 23 y 27 de septiembre; 21 y 25 de octubre; 19 y 23 de noviembre; 17 y 21 de diciembre.

Atracción fatal: 8 y 14 de enero; 6 y 12 de febrero; 4 y 10 de marzo; 2 y 8 de abril; 6 de mayo; 4 de junio; 2, 11, 12, 13, 14 y 15 de julio.

Desafiantes: 6, 19 y 29 de enero; 4, 17 y 27 de febrero; 2, 15 y 25 de marzo; 13 y 23 de abril; 11 y 21 de mayo; 9 y 19 de junio; 7 y 17 de julio; 5 y 15 de agosto; 3, 13 y 30 de septiembre; 1, 11 y 28 de octubre; 9 y 26 de noviembre; 7, 24 y 29 de diciembre.

Almas gemelas: 16 y 21 de enero, 14 y 19 de febrero, 12 y 17 de marzo, 10 y 15 de abril, 8 y 13 de mayo, 6 y 11 de junio, 4 y 9 de julio, 2 y 7 de agosto, 5 de septiembre, 3 de octubre, 1 de noviembre.

12 de enero

♑ Tu fecha de nacimiento te caracteriza como un Capricornio amistoso, trabajador y práctico, con un encanto personal irresistible. A pesar de que eres independiente, tus habilidades diplomáticas innatas te permiten colaborar laboralmente o formar parte de un equipo. Tu enfoque realista no anula que seas altamente imaginativo y tengas una visión poderosa.

La subinfluencia del regente de tu decanato, Virgo, indica que eres responsable y tienes metas claras y percepciones agudas. Eres metódico y te enorgulleces de tu trabajo. Por otro lado, tienes la capacidad de alcanzar tus objetivos, sin importar cuánto tiempo te tome, una vez que determinas tu plan de acción. Esta fecha de nacimiento hace que el trabajo tenga un valor particular para ti; no obstante, debes evitar la tendencia a sumergirte tanto en tus intereses que termines por ignorar tu entorno inmediato.

La combinación de tu sentido empresarial pragmático y emociones sensibles hará que te resulte esencial desarrollar un sentido del equilibrio. Esto te ayudará a evitar temores desconocidos o tensiones ocultas que podrían inclinarte hacia la evasión o la inestabilidad. Aunque comprendes bastante bien el mundo material, el interés por los temas humanitarios o místicos podría hacer que te atrajeran los estudios espirituales o metafísicos. La mezcla de sensibilidad, mente inventiva y perspicacia también te brinda un conocimiento profundo de la naturaleza humana. Prefieres mantenerte activo, por lo que podrías servir a tu comunidad como consejero o especialista.

De los nueve a los 38 años, mientras tu Sol progresado atraviesa Acuario, te dejarás influenciar menos por las posturas tradicionales y te volverás más independiente, a la vez que aprenderás a confiar en tu perspectiva individual. Además, quizá también desarrolles interés en los grupos o los asuntos humanitarios, o sientas un aprecio profundo por tus amigos. A los 39 habrá otro punto de inflexión, cuando tu Sol progresado entre a Piscis. A partir de entonces, pondrás más énfasis en tu vida interior, la cual se reflejará en tus visiones, sueños e ideales emocionales. Esto podría impulsarte a perseguir metas idealistas o espirituales. A los 69 años, cuando tu Sol progresado entre en Aries, habrá otro ajuste de prioridades y sobresaldrán tus ansias de enfrentar de forma activa y franca a la gente y las situaciones de tu vida.

Tu yo secreto

Uno de los principales desafíos que enfrentarás será actuar para materializar tus grandes sueños e ideas entusiastas. Con ayuda de tu inteligencia aguda y nobleza interior, podrás alcanzar posiciones de liderazgo. Sin embargo, a pesar de ser astuto y talentoso, pasarás por periodos de cuestionamiento personal y experimentarás sentimientos de inferioridad. Si reconoces el poder de tu conocimiento y desarrollas tu intuición innata, podrás tomar la iniciativa con confianza y volver realidad tus ideales.

Aunque una parte de ti disfruta relajarse en casa y tener una rutina cómoda, tu sentido innato de la responsabilidad te obligará a moverte. Tu deseo interno de armonía podría traducirse en amor por la música, el arte y los entornos apacibles. A pesar de que a veces te angusties, la mejor versión de ti mismo será capaz de cautivar a los demás por medio de la compasión y la fortaleza personal.

ESTRELLA FIJA

Nombre de la estrella: Deneb, también llamada Al Danab

Posición: 18º 49'–19º 55' de Capricornio, entre los años 1930 y 2000

Magnitud: 3

Fuerza: ★★★★★★

Órbita: 1º 40'

Constelación: Águila (Zeta Aquilae)

Días efectivos: 9, 10, 11 y 12 de enero

Propiedades de la estrella: Marte/Júpiter

Descripción: estrella verde ubicada en el ojo del águila

INFLUENCIA DE LA ESTRELLA PRINCIPAL

Deneb otorga habilidades de liderazgo, una actitud liberal y apertura ideológica. Eres optimista, emprendedor, audaz, entusiasta y ambicioso. Posees un sentido común sólido y la capacidad de actuar asertivamente.

Con respecto a tu grado del Sol, Deneb confiere éxito en el trabajo con el público e inclinación hacia los negocios y la profesión legal. Probablemente poseas habilidades ejecutivas y de liderazgo, una voluntad fuerte y la capacidad de instruir a otros. Esta estrella indica una personalidad independiente, dinámica, de auténtica individualidad, la cual te da oportunidades para avanzar con valentía y entusiasmo.

• *Positiva:* espíritu emprendedor, competitividad, ambición.

• *Negativa:* premura, impaciencia, deshonestidad, negligencia.

Trabajo y vocación

Disfrutas todo tipo de actividades que involucran alianzas o trabajo colaborativo, ya que eres amistoso y diplomático. Tu facilidad de palabra implica que también tienes excelentes habilidades para escribir; si además tienes buen oído para la música, podrías ser compositor e intérprete; por otro lado, quizá te inclines por pintar y dibujar. Eres competitivo y ambicioso, por lo que quizás optes por dedicarte al teatro o a los deportes. Si trabajas por cuenta propia, sobresaldrás como comerciante, agente o negociador. Por otro lado, podrías hacer carrera en las relaciones públicas o la psicoterapia. Si trabajas en la función pública, lo ideal sería que te desempeñaras como diplomático o agregado comercial. El interés en las artes visuales, como la fotografía y el diseño, podría inspirar tu temperamento innovador. Asimismo, al no temerles a los nuevos inventos, quizá te atraigan las tecnologías de la información e industrias similares.

Entre las personas famosas con quienes compartes cumpleaños están el artista John Singer Sargent, el escritor Jack London, las actrices Naya Rivera y Kirstie Alley y el maestro espiritual Swami Vivekananda.

ESE ALGUIEN ESPECIAL

Encontrarás el amor y una pareja leal y amorosa entre quienes nacieron en las siguientes fechas.

Amor y amistad: 10, 14, 26, 27 y 28 de enero; 8, 12, 24 y 26 de febrero; 6, 22, 24 y 30 de marzo; 4, 20, 22 y 28 de abril; 2, 6, 18, 19, 20, 26 y 29 de mayo; 16, 18, 24 y 27 de junio; 14, 16, 22 y 25 de julio; 12, 14, 20, 23 y 30 de agosto; 10, 11, 12, 18, 21 y 28 de septiembre; 8, 10, 16, 19 y 26 de octubre; 6, 8, 14, 17 y 24 de noviembre; 4, 6, 12, 15 y 22 de diciembre.

Buenas para ti: 8 de enero; 6 de febrero; 4 y 28 de marzo; 2 y 26 de abril; 24 de mayo; 22 y 30 de junio; 20, 28 y 29 de julio; 18, 26, 27 y 30 de agosto; 16, 24, 25 y 28 de septiembre; 14, 22, 23, 26 y 29 de octubre; 12, 20, 21, 24 y 27 de noviembre; 10, 18, 19, 22 y 25 de diciembre.

Atracción fatal: 15 de enero; 13 de febrero; 11 de marzo; 9 de abril; 7 de mayo; 5 de junio; 3, 12, 13, 14, 15 y 16 de julio; 1 de agosto.

Desafiantes: 7, 9 y 30 de enero; 5, 7 y 28 de febrero; 3, 5 y 26 de marzo; 1, 3 y 24 de abril; 1 y 22 de mayo; 20 de junio; 18 de julio; 16 de agosto; 14 de septiembre; 12 y 29 de octubre; 10 y 27 de noviembre; 8, 25 y 30 de diciembre.

Almas gemelas: 8 y 27 de enero, 6 y 25 de febrero, 4 y 23 de marzo, 2 y 21 de abril, 19 de mayo, 17 de junio, 15 de julio, 13 de agosto, 11 de septiembre, 9 de octubre, 7 de noviembre, 5 de diciembre.

Numerología

Sueles ser intuitivo y amigable, y tienes una excelente capacidad de razonamiento. Un cumpleaños en el día 12 sugiere el deseo de establecer una verdadera individualidad. Eres innovador y sensible, así que sabes aprovechar el buen tacto y los métodos de cooperación para alcanzar tus metas y objetivos. A los ojos de los demás pareces seguro de ti mismo, pero la duda y la sospecha pueden socavar tu personalidad extrovertida y actitud optimista. Cuando encuentres el equilibrio entre tu necesidad de expresarte y el impulso natural de apoyar a otros, encontrarás satisfacción emocional y personal. La subinfluencia del mes número 1 indica que eres ambicioso y trabajador, y que posees habilidades prácticas. También eres un individuo inteligente, valiente y autónomo, inclinado hacia la innovación, y con excelentes habilidades ejecutivas. Deseas ser el número uno o fracasar en el intento, por lo que, para lograrlo, buscarás las alianzas y la colaboración con otras personas. De cualquier modo, eres entusiasta y original, y prefieres ser cabeza de ratón que cola de león.

• *Cualidades positivas:* creatividad, atractivo, iniciativa, disciplina, asertividad, confianza.

• *Cualidades negativas:* aislamiento, despilfarro, falta de cooperación, hipersensibilidad, baja autoestima.

Amor y relaciones

Aunque por fuera eres sociable, en el fondo eres un tanto reservado. El matrimonio o las relaciones estables serán sumamente importantes para ti, en especial debido al amor que sientes por tu hogar. Sueles ser leal y estás dispuesto a sacrificarte para preservar la armonía en las relaciones. Sin embargo, tendrás que evitar caer en la rutina o volverte desapegado por culpa de una mala comunicación y tu apariencia fría e indiferente. A pesar de lo importantes que son para ti las relaciones, recuerda mantener el equilibrio entre ser independiente e involucrarte de forma activa con alguien.

13 de enero

ESTRELLAS FIJAS

Aunque el grado en que se ubica tu Sol no se encuentra vinculado con una estrella fija, algunos de los grados de tus otros planetas sí lo estarán. Si solicitas el cálculo de tu carta astral, encontrarás la posición exacta de los planetas en tu fecha de nacimiento. Esto te permitirá determinar cuáles de las estrellas fijas descritas en este libro son relevantes para ti.

Gran fuerza de voluntad y agilidad mental son algunas de las cualidades que trae consigo esta fecha de nacimiento. Eres un Capricornio tenaz, por lo que necesitas mantenerte ocupado con trabajo o proyectos creativos. Si desarrollas tu sensibilidad intuitiva, te conocerás mejor a ti mismo y entenderás la vida a un nivel más profundo, lo que te ayudará a esquivar posibles periodos de frustración. Asimismo, tu encanto irresistible y habilidades de liderazgo te ayudarán a llegar a la cima.

La subinfluencia del regente de tu decanato, Virgo, te caracteriza como un individuo mentalmente ágil, con buena capacidad de concentración. Gracias a que vas directo al grano, eres un pensador práctico que goza de un sólido sentido común. Quizá disfrutes emprender proyectos nuevos o resolver problemas. Dado que prefieres la precisión y la exactitud, una vez que determinas la meta, trabajas de forma incesante y con un empeño disciplinado. Si te das tiempo para relajarte o valorar si has perdido el sentido del humor, podrás juzgar si acaso te has excedido o vuelto demasiado serio.

A pesar de ser pragmático, tu sensibilidad, imaginación fértil y pensamientos entusiastas indican que también eres un idealista. Esto hará que tu mayor felicidad provenga de esforzarte por un proyecto o causa que te inspire de verdad. Sin embargo, tu lado obstinado, inflexible o voluntarioso será uno de los principales obstáculos para aprovechar el enorme poder que te confiere tu fecha de nacimiento.

De los ocho a los 37 años, cuando tu Sol progresado esté en Acuario, sentirás una necesidad creciente de libertad e independencia. Asimismo, desarrollarás un interés agudizado en la amistad y la conciencia colectiva, y sentirás una mayor necesidad de expresar tu individualidad. Después de los 38, cuando tu Sol progresado entre a Piscis, enfatizarás tu sensibilidad emocional y desarrollarás una visión más poderosa. Esto te impulsará a perseguir metas idealistas o espirituales. A los 68 años habrá un punto de inflexión, cuando tu Sol progresado entre en Aries, el cual acentuará la necesidad de ser directo y activo respecto a tus asuntos y relaciones. También es posible que empieces a tomar control de las situaciones e inspires a otros.

Tu yo secreto

Además de sensibilidad aguda, posees una intuición poderosa y potencial de sabiduría. Si confías en tus reacciones instintivas ante la gente y las situaciones, poco a poco te familiarizarás con tu fortaleza interna y tu conciencia espontánea. Esto también podría hacerte ver que tus ideales elevados no necesariamente involucran a otras personas, y que el precio que pagarás por defenderlos es que a veces te quedarás solo. Eres artístico y refinado, y tienes una capacidad de pensamiento creativo y visionario que te llevará a emprender proyectos literarios o místicos. Al ser un perfeccionista con talentos críticos y analíticos, abordas tu trabajo con humildad y dedicación.

Tu intelecto agudo y habilidades psicológicas innatas hacen que te interesen las motivaciones de los demás y te otorgan el don innato del autoanálisis. Por lo regular, prefieres darles un toque personal a tus interacciones sociales y tienes talento para hacer que la gente se sienta especial. Gracias a tu humor inusual, también te gustan los desafíos mentales y poner a prueba tu ingenio e inteligencia frente a otras personas.

Trabajo y vocación

Eres trabajador, dedicado, y tienes habilidades de liderazgo. Si trabajas para otros, tus empleadores valorarán tu actitud responsable y apertura hacia las ideas nuevas. Eres disciplinado y conservas la calma en momentos de crisis. Además, eres intuitivo y tienes la capacidad de resolver problemas, lo que te ayudaría a desempeñarte como consultor o especialista en tu campo. Tu interés en la historia, la filosofía y la espiritualidad con frecuencia te impulsará a explorar también la metafísica. Mientras tanto, tu inclinación hacia la educación indica que podrías ser un excelente profesor o escritor. Por otro lado, quizás elijas desempeñarte como orientador o administrador.

Entre las personas famosas con quienes compartes cumpleaños están el actor Robert Stack, la cantante Sophie Tucker y el astrólogo Geoffrey Cornelius.

Numerología

Sensibilidad emocional, entusiasmo e inspiración son algunas de las cualidades que suelen asociarse con el número 13. En términos numéricos, te caracterizan la ambición y el trabajo arduo. Puedes lograr grandes cosas mediante la expresión creativa. Sin embargo, quizá tengas que cultivar una perspectiva más pragmática si quieres transformar tu creatividad en productos tangibles. Tener el número 13 en tu fecha de cumpleaños te hace encantador, amante de la diversión y sociable, pero también alguien capaz de alcanzar la prosperidad y el reconocimiento por medio de la dedicación. Como muchos individuos con quienes compartes día de nacimiento, quizá desees viajar o encontrar un nuevo ambiente en el cual forjar una vida mejor. La subinfluencia del mes número 1 indica que eres inteligente, espontáneo y que posees instintos poderosos. Si caes bajo el hechizo de la sabiduría y el conocimiento, es posible que le des la espalda al mundo material para buscar la iluminación en la espiritualidad. Sueles ser autónomo e innovador, y te caracterizas por tu valentía y gran energía. El espíritu pionero propio de esta combinación numérica te impulsa a explorar nuevos objetivos, territorios y conceptos. Generalmente, tomas tus propias decisiones o fracasas en el intento. Estar lleno de ideas entusiastas y originales te permite mostrarles el camino a los demás.

• *Cualidades positivas:* ambición, originalidad, creatividad, amor por la libertad, autoexpresión, iniciativa.

• *Cualidades negativas:* impulsividad, indecisión, autoritarismo, insensibilidad, rebeldía.

Amor y relaciones

En tus mejores momentos, proyectas encanto y apertura, y no tienes dificultades para atraer amigos y admiradores. Necesitas amor, pero si te sientes inhibido o eres tímido bloqueas tu comunicación con los demás. Esto solo se agudiza por culpa de los posibles conflictos entre el amor y el deber o el trabajo. Sin embargo, una vez que te comprometes en una relación de pareja, eres muy leal y expresas tu gran necesidad de seguridad. Entre más universal seas, menos probable es que te tomes la vida demasiado en serio y que, por ende, te desilusiones. Idealmente, lo mejor sería encontrar a una pareja con quien compartas intereses, esperanzas y aspiraciones.

ESE ALGUIEN ESPECIAL

Es posible que tengas suerte en el amor con una pareja que haya nacido en las siguientes fechas.

Amor y amistad: 11, 20, 24, 25, 27 y 29 de enero; 9, 18, 23, 25 y 27 de febrero; 7, 16, 21, 23 y 25 de marzo; 5, 14, 19, 21 y 23 de abril; 3, 12, 16, 17, 19 y 21 de mayo; 1, 10, 15, 17 y 19 de junio; 8, 13, 15 y 17 de julio; 6, 11, 13 y 15 de agosto; 4, 8, 9, 11 y 13 de septiembre; 2, 7, 9 y 11 de octubre; 5, 7 y 9 de noviembre; 3, 5 y 7 de diciembre.

Buenas para ti: 9 y 26 de enero; 7 y 24 de febrero; 5 y 22 de marzo; 3 y 20 de abril; 1, 18 y 29 de mayo; 16 y 27 de junio; 14, 25, 29 y 30 de julio; 12, 23, 27, 28 y 31 de agosto; 10, 21, 25, 26 y 29 de septiembre; 8, 19, 23, 24 y 27 de octubre; 6, 17, 21, 22 y 25 de noviembre; 4, 15, 19, 20 y 23 de diciembre.

Atracción fatal: 16 de enero; 14 de febrero; 12 de marzo; 10 de abril; 8 de mayo; 6 de junio; 4, 13, 14, 15, 16 y 17 de julio; 2 de agosto.

Desafiantes: 8, 29 y 31 de enero; 6, 27 y 29 de febrero; 4, 25, 27 y 28 de marzo; 2, 23, 25 y 26 de abril; 21, 23 y 24 de mayo; 19, 21 y 22 de junio; 17, 19 y 20 de julio; 15, 17 y 18 de agosto; 13, 15 y 16 de septiembre; 11, 13, 14 y 30 de octubre; 9, 11, 12 y 28 de noviembre; 7, 9, 10 y 26 de diciembre.

Almas gemelas: 30 de mayo, 28 de junio, 26 de julio, 24 de agosto, 22 y 30 de septiembre, 20 y 28 de octubre, 18 y 26 de noviembre, 16 y 24 de diciembre.

14 de enero

ESTRELLAS FIJAS

Aunque el grado en que se ubica tu Sol no se encuentra vinculado con una estrella fija, algunos de los grados de tus otros planetas sí lo estarán. Si solicitas el cálculo de tu carta astral, encontrarás la posición exacta de los planetas en tu fecha de nacimiento. Esto te permitirá determinar cuáles de las estrellas fijas descritas en este libro son relevantes para ti.

Al haber nacido bajo el signo de Capricornio, eres un individuo amistoso, práctico y trabajador, pero también intuitivo, imaginativo y con un gran sentido común. Tu fecha de nacimiento revela que tu encanto magnético es compatible con tu sentido natural del liderazgo, lo que te ayudará durante tus interacciones sociales. Debido a que posees un pensamiento lógico, con una veta creativa, respetas a la gente informada y te gusta adquirir conocimiento. Eres astuto, ambicioso e independiente, y posees talentos que te permitirán triunfar en grande, siempre y cuando evites los pensamientos negativos.

Gracias a la subinfluencia del regente de tu decanato, Virgo, eres un trabajador metódico y cuidadoso que presta atención a los detalles. Aunque posees cierta timidez o reservas, tienes buenas habilidades comunicativas que te permiten ir al meollo del asunto. Además, posees un toque de perfeccionismo que te ayuda a hacer observaciones precisas y certeras, aunque deberás tener cuidado de no volverte demasiado cauteloso o serio.

Estás abierto a ideas nuevas, eres innovador y progresista, y sientes la necesidad de reflejar tu originalidad. A pesar de interesarte en las libertades y las reformas, tu desprecio por las restricciones podría convertirse en obstinación y oposición. Prefieres mantenerte activo, pues tu ágil inteligencia te pide variedad y experiencias nuevas para no aburrirte, aunque lo sensato es impedir que la inquietud interna te obligue a moverte demasiado rápido o a ser impulsivo.

De los siete a los 36 años, cuando tu Sol progresado está en Acuario, experimentas un deseo creciente de ser independiente, así como un interés intensificado en la amistad y la conciencia colectiva. Quizá necesites también expresar tus ideas singulares o experimentar. Después de los 37 años, cuando tu Sol progresado se desplace hacia Piscis, se fortalecerá tu sensibilidad y desarrollarás una conciencia más sólida de tus necesidades afectivas. Además, tu lado visionario podría impulsarte a perseguir metas idealistas o espirituales. A los 67 años habrá otro punto de inflexión, cuando tu Sol progresado entre a Aries y resalte el deseo de autopromoción activa y de tomar la iniciativa en la vida.

Tu yo secreto

Aunque proyectas una apariencia segura, eres propenso a las preocupaciones y la indecisión, pues en el fondo eres más complejo de lo que aparentas. La necesidad de expresarte se manifestará a través de tus talentos creativos para la música, el arte o el teatro; además, si tienes la disciplina necesaria para desarrollar tus ideas, lograrás triunfar en grande. Las ansias de popularidad revelan que también buscas la aprobación de otros, por lo que quizá disimules tu impaciencia si es lo que te conviene en el momento. Aun así, inspirado por otras personas, puedes convertirte en un auténtico visionario y humanista que lucha por causas justas y por sus ideales.

Tu interés por todo y en todos te lleva a intentar hacer demasiadas cosas a la vez. Pasar periodos de reflexión, contemplación o meditación a solas será especialmente bueno para desarrollar la calma interior. Tienes más éxito en las actividades que te apasionan, pues es cuando te sientes más poderoso. Si fortaleces tu sentido del propósito y tienes fe en ti mismo y en lo que la vida te ofrece, obrarás milagros.

Trabajo y vocación

Además de ser creativo y pragmático, por lo regular, eres astuto para juzgar a la gente y sus valores. Eres versátil y tienes múltiples talentos, así que puedes lograr muchas cosas siempre que inviertas tiempo y esfuerzo en ellas. Sueles ser ambicioso y competitivo, y podrías convertirte en un maestro de tu oficio, ya sea que dibujes o cocines. Tus buenas habilidades administrativas indican que querrías ocupar posiciones de liderazgo o directivas. Debido a que eres amistoso y cuentas con excelentes habilidades de comunicación, quizá te interesen la enseñanza, el trabajo en los medios de comunicación, las relaciones públicas, la publicidad y la promoción de productos y personas. Si decides dedicarte a los negocios, quizá te atraigan las finanzas y la casa de bolsa. Eres persuasivo y tienes don de mando, lo que te permitirá triunfar en cualquier ámbito colectivo con ayuda del sentido común y la compasión.

Entre las personas famosas con quienes compartes cumpleaños están la actriz Faye Dunaway, el rapero LL Cool J, el fotógrafo Cecil Beaton, los escritores Yukio Mishima y John Dos Passos, y el médico y filósofo Albert Schweitzer.

Numerología

Potencial intelectual, pragmatismo y determinación son solo algunas de las cualidades ligadas a un cumpleaños con el número 14. Sueles tener un fuerte deseo por establecer una base sólida y de alcanzar el éxito mediante el trabajo arduo. Como muchas personas con este cumpleaños, es posible que llegues a la cima de tu profesión. Gracias a tu perspicacia, responses con rapidez a los problemas y disfrutas resolverlos. El número 14 en tu día de nacimiento te hace disfrutar de correr riesgos o apostar. Es posible que tengas suficiente suerte como para ganar en grande. La subinfluencia del mes número 1 indica que eres original e idealista, pero también inquisitivo y obstinado o de costumbres fijas. El anhelo de ocupar el primer lugar y ser autónomo favorece que puedas ascender a una posición prominente en tu profesión, si desarrollas tus dotes creativas. La esencia experimental propia de esta combinación numérica te incita a juzgar por ti mismo o fallar en el intento. Con visión innovadora y entusiasta, sueles mostrarles el camino a los demás por medio de la introducción de reformas e ideas originales.

• *Cualidades positivas:* acciones decisivas, trabajo arduo, suerte, creatividad, pragmatismo, imaginación, oficio.

• *Cualidades negativas:* exceso de cautela o impulsividad, inestabilidad, desconsideración, terquedad.

Amor y relaciones

Eres generoso y amistoso cuando socializas. Te llevas bien con todo el mundo y disfrutas su compañía. Te interesa la superación personal y suele atraerte la gente astuta que se dedica a mejorar a nivel personal. Tu amor por el conocimiento indica que disfrutas pertenecer a grupos en los que aprendes información o habilidades nuevas. Aunque eres honesto y directo con lo que piensas, en las relaciones se te dificulta expresar tus sentimientos o te vuelves controlador. Tus relaciones son más prósperas cuando involucran a personas con quienes compartes intereses o con quienes colaboras en proyectos conjuntos.

ESE ALGUIEN ESPECIAL

Es posible que experimentes mientras buscas el amor, pero para encontrar a ese alguien especial quizá te convenga buscar entre quienes nacieron en las siguientes fechas.

Amor y amistad: 4, 10, 11, 12, 26, 28, 30 y 31 de enero; 2, 9, 10, 24, 26 y 28 de febrero; 7, 8, 22, 24 y 26 de marzo; 5, 6, 20, 22, 24 y 30 de abril; 3, 4, 18, 20, 22, 28 y 31 de mayo; 1, 2, 16, 18, 20, 26 y 29 de junio; 14, 16, 18, 24 y 27 de julio; 12, 14, 16, 22 y 25 de agosto; 10, 12, 14, 20 y 23 de septiembre; 8, 10, 12, 18 y 21 de octubre; 6, 8, 10, 16 y 19 de noviembre; 4, 6, 8, 14 y 17 de diciembre.

Buenas para ti: 3, 10 y 29 de enero; 1, 8 y 27 de febrero; 6 y 25 de marzo; 4, 23 y 25 de abril; 2, 21 y 23 de mayo; 19 de junio; 17 y 30 de julio; 15 y 28 de agosto; 13, 15 y 26 de septiembre; 11 y 24 de octubre; 9 y 22 de noviembre; 7 y 20 de diciembre.

Atracción fatal: 11 de enero; 9 de febrero; 7 de marzo; 5 de abril; 3 de mayo; 1 de junio; 14, 15, 16, 17 y 18 de julio.

Desafiantes: 9 de enero; 7 de febrero; 5 y 28 de marzo; 3 y 26 de abril; 1 y 24 de mayo; 22 de junio; 20 de julio; 18 de agosto; 16 de septiembre; 14, 30 y 31 de octubre; 12, 28 y 29 de noviembre; 10, 26 y 27 de diciembre.

Almas gemelas: 7 de enero, 5 de febrero, 3 de marzo, 1 de abril, 29 de mayo, 27 de junio, 25 de julio, 23 de agosto, 21 de septiembre, 19 de octubre, 17 de noviembre, 15 de diciembre.

15 de enero

Tu fecha de nacimiento te caracteriza como un Capricornio ambicioso y tenaz, que sabe juzgar los valores humanos. Tu discreto dramatismo, habilidades de liderazgo innatas, tenacidad y la dedicación con que persigues tus metas te ayudarán a alcanzar posiciones elevadas. Eres realista y pragmático. Dices lo que piensas sin tapujos, pero aun así tu don de gentes innato te garantiza el éxito en situaciones sociales. La tendencia a preocuparte en exceso por cuestiones materiales podría ser uno de los obstáculos que te impida sacar el máximo provecho de tu potencial extraordinario.

Gracias a la subinfluencia del regente de tu decanato, Virgo, tienes excelentes habilidades de comunicación y la capacidad de prestar atención a los detalles. Gozas de una mente lógica y meticulosa, capaz de buena concentración y razonamiento profundo. Sin embargo, debes cuidar que tus habilidades críticas no se traduzcan en observaciones sumamente mordaces. La preferencia a tener todo claramente definido y explicado te ayudará a resolver problemas con facilidad o fortalecer tu sentido empresarial innato.

Tu fuerte carácter te ayuda a combinar tu creatividad con tu espíritu emprendedor. Puesto que gozas de buen juicio y tienes la capacidad de evaluar a la gente y las situaciones al instante, es posible que optes por hablar en nombre de los demás y luchar por sus derechos humanos. Eres independiente, autosuficiente y dinámico, posees buenas habilidades organizacionales y tienes la capacidad para inspirar a otros.

De los seis a los 35 años, mientras tu Sol progresado atraviesa Acuario, adquieres una orientación grupal, eres menos serio y aprecias cada vez más la libertad. Quizá te atraigan intereses poco comunes o sientas un deseo intenso de expresar tu individualidad. Después de los 36, cuando tu Sol progresado se desplace hacia Piscis, tu sensibilidad emocional se agudizará y desarrollarás una vida interior más sólida. Esto se reflejará en tus visiones, sueños e ideales. A los 66 habrá un punto de inflexión, cuando tu Sol progresado entre a Aries, el cual enfatizará la necesidad de tomar la iniciativa y enfrentar las relaciones personales con franqueza y valentía.

Tu yo secreto

La faceta humanista y desapegada de tu personalidad podría empujarte a ser generoso con tu tiempo y dinero. Tu capacidad para infundirle energía a una causa o proyecto que apoyas estimulará o inspirará a otros a contribuir. Si te permites vivir en el pasado, experimentarás frustraciones y decepciones; mientras tanto, la tendencia a fluctuar entre ser demasiado consciente de la seguridad económica y despilfarrar en exceso indica que necesitas desarrollar tus aptitudes financieras.

La creatividad interna te impulsará a llegar alto o inspirará alguna forma de expresión personal. En esas ocasiones, puedes ser relajado, sociable y capaz de transmitir la alegría de vivir. Sin embargo, si tratas de abarcar demasiado, podrías preocuparte o sentirte indeciso con respecto a tus elecciones. Sueles ser una persona adelantada a su época, lo que se refleja en tus ideas poco comunes e inventivas, tu ingenio ágil y mordaz, y la capacidad para ser entretenido.

ESTRELLA FIJA

Nombre de la estrella: Terebellum

Posición: 24º 52'–25º 55' de Capricornio, entre los años 1930 y 2000

Magnitud: 5

Fuerza: ★★

Órbita: 1º

Constelación: Sagitario (Omega Sagittarius)

Días efectivos: 15, 16 y 17 de enero

Propiedades de la estrella: Venus/ Saturno

Descripción: cuadrilátero de estrellas anaranjadas y rojizas en la cola del arquero

INFLUENCIA DE LA ESTRELLA PRINCIPAL

Terebellum otorga una visión clara y pragmática, así como una personalidad ambiciosa y tenaz. Sueles tener éxito después de sobreponerte a las adversidades. Esta estrella indica que ser responsable y obediente te permite superar dificultades. Asimismo, supone que quizá tengas dudas y conflictos internos entre tus deseos personales y las obligaciones que tienes con otras personas.

Con respecto a tu grado del Sol, Terebellum confiere inteligencia y ambición para ascender a posiciones prominentes. Sin embargo, advierte que puedes ser malicioso y sugiere que no hagas travesuras o maldades. Esta estrella indica que se pueden alcanzar la fortuna y el éxito, pero muchas veces a costa de grandes sacrificios.

• *Positiva:* ambición, devoción, sentimentalismo, astucia.

• *Negativa:* mercenario, implacable, malicia, egoísmo.

Trabajo y vocación

No solo eres idealista y tenaz, sino que posees el toque de Midas. Esto podría permitirte sobresalir en la enseñanza, la investigación y las ciencias. Tener un buen sentido de la estructura podría motivarte a trabajar en una empresa grande o construirla. Sin importar si eres arquitecto, directivo o funcionario público, es probable que destaques por tu bondad e histrionismo. Cuando tienes éxito, disfrutas ser altruista o fungir como promotor. Eres creativo y técnico, y tienes una veta vanguardista que te permitiría desempeñarte como vendedor de arte, curador o administrador de museos. Debido a que eres elocuente y entretenido, quizá te llamen el teatro, la ópera o la música. Por otro lado, podrías sentirte atraído hacia grupos y organizaciones, y desempeñarte como sindicalista o como un defensor de los derechos civiles que está dispuesto a luchar por causas humanitarias.

Entre las personas famosas con quienes compartes cumpleaños están el líder del movimiento por los derechos civiles Martin Luther King Jr., el dramaturgo francés Molière, el baterista Gene Krupa, el magnate Aristóteles Onassis y el físico Edward Teller.

Numerología

Generalmente, eres veloz y entusiasta, y posees una personalidad carismática. Tus más grandes atributos son tus poderosos instintos y la habilidad para aprender rápido mediante la teoría y la práctica. En muchas ocasiones, logras ganar dinero mientras aprendes nuevas habilidades. Sueles utilizar tus poderes intuitivos y reconoces de inmediato las oportunidades cuando se presentan. Con un cumpleaños con el número 15, tienes talento para atraer dinero o para recibir ayuda y apoyo de otras personas. La conclusión exitosa de tus emprendimientos puede ser más frecuente si aprovechas tus habilidades prácticas para materializar tus ideas originales y superas la tendencia a la inquietud o la insatisfacción. La subinfluencia del mes número 1 indica que eres singular e innovador, y tienes una gran entereza y energía. La iniciativa y vitalidad propias de esta combinación numérica te impulsan a correr riesgos, sobre todo si hay una idea u oportunidad de negocios que te inspire. Eres inteligente e independiente. Te gusta tomar la iniciativa para mostrarles a otros el camino a seguir.

• *Cualidades positivas:* disposición, generosidad, responsabilidad, gentileza, cooperación, aprecio, creatividad.

• *Cualidades negativas:* perturbaciones, desasosiego, irresponsabilidad, egocentrismo, falta de fe, preocupación.

Amor y relaciones

El que seas amigable y desees expresarte de forma creativa te garantizan que disfrutarás una vida social activa. Muchas mujeres nacidas en esta fecha se sienten atraídas por individuos que llevan una vida emocionante, agitada y atrevida. Eres innovador y original, por lo que también podrían atraerte personas listas que te estimulen a nivel intelectual. La incertidumbre y la indecisión con respecto a las relaciones cercanas podrían ser fuente de preocupaciones y desilusiones, a menos que aprendas a mantener una actitud responsable pero relajada.

ESE ALGUIEN ESPECIAL

Para encontrar felicidad duradera, seguridad y amor, búscalos entre quienes nacieron en las siguientes fechas.

Amor y amistad: 13, 26 y 29 de enero; 11, 27 y 29 de febrero; 9, 25 y 27 de marzo; 7, 23 y 25 de abril; 5, 18, 21, 23 y 29 de mayo; 3, 19, 21, 27 y 30 de junio; 1, 17, 19, 25 y 28 de julio; 15, 17, 23 y 26 de agosto; 10, 13, 15, 21 y 24 de septiembre; 11, 13, 19, 22 y 29 de octubre; 9, 11, 17, 20 y 27 de noviembre; 4, 7, 9, 15, 18 y 25 de diciembre.

Buenas para ti: 11 de enero; 9 de febrero; 7 y 31 de marzo; 5 y 29 de abril; 3, 27 y 31 de mayo; 1, 25 y 29 de junio; 23, 27 y 31 de julio; 21, 25, 29 y 30 de agosto; 19, 23, 27 y 28 de septiembre; 17, 21, 25 y 26 de octubre; 15, 19, 23, 24 y 30 de noviembre; 13, 17, 21, 22 y 28 de diciembre.

Atracción fatal: 12 de enero; 10 de febrero; 8 de marzo; 6 de abril; 4 de mayo; 2 de junio; 15, 16, 17, 18 y 19 de julio.

Desafiantes: 10 de enero; 8 de febrero; 6 y 29 de marzo; 4 y 27 de abril; 2 y 25 de mayo; 23 de junio; 21 de julio; 19 de agosto; 17 de septiembre; 15 y 31 de octubre; 13, 29 y 30 de noviembre; 11, 27 y 28 de diciembre.

Almas gemelas: 18 y 24 de enero; 16 y 22 de febrero; 14 y 20 de marzo; 12 y 18 de abril; 10 y 16 de mayo; 8 y 14 de junio; 6 y 12 de julio; 4 y 10 de agosto; 2 y 8 de septiembre; 6 de octubre; 4 de noviembre; 2 de diciembre.

16 de enero

ESTRELLA FIJA

Nombre de la estrella: Terebellum

Posición: 24º 52'–25º 55' de Capricornio, entre los años 1930 y 2000

Magnitud: 5

Fuerza: ★★

Órbita: 1º

Constelación: Sagitario (Omega Sagittarius)

Días efectivos: 15, 16 y 17 de enero

Propiedades de la estrella: Venus/ Saturno

Descripción: cuadrilátero de estrellas anaranjadas y rojizas en la cola del arquero

INFLUENCIA DE LA ESTRELLA PRINCIPAL

Terebellum otorga una visión clara y pragmática, así como una personalidad ambiciosa y tenaz. Sueles tener éxito después de sobreponerte a las adversidades. Esta estrella indica que ser responsable y obediente te permite superar dificultades. Asimismo, supone que quizá tengas dudas y conflictos internos entre tus deseos personales y las obligaciones que tienes con otras personas.

Con respecto a tu grado del Sol, Terebellum confiere inteligencia y ambición para ascender a posiciones prominentes. Sin embargo, advierte que puedes ser malicioso y sugiere que no hagas travesuras o maldades. Esta estrella indica que se pueden alcanzar la fortuna y el éxito, pero muchas veces a costa de grandes sacrificios.

• *Positiva:* ambición, devoción, sentimentalismo, astucia.

• *Negativa:* mercenario, implacable, malicia, egoísmo.

Tu fecha de nacimiento te caracteriza como un Capricornio sociable, encantador, práctico y de sólidos valores. Tu magnetismo personal y capacidad para evaluar a la gente y las situaciones al instante te ayudarán a avanzar en la vida. Gracias a tu fuerte sentido de la individualidad, estás consciente de tu imagen y te gusta verte presentable. También eres consciente de la importancia de la seguridad y prefieres planear por adelantado y perseverar en el logro de los objetivos que te planteas.

Debido a la subinfluencia del regente de tu decanato, Virgo, prefieres apegarte a sistemas estructurados, trabajar con horarios o escribir listas. Tu agudeza mental y precisión verbal te ayudan a ser un buen crítico, honesto y directo. A pesar de mantener cierta timidez o reservas, eres sociable y posees buenas habilidades de comunicación. Puesto que ansías reconocimiento, por lo regular, eres ambicioso y tenaz, aunque a veces albergas dudas y te rehúsas a seguir adelante. No obstante, además de tener un olfato innato para los negocios, eres leal y responsable cuando te comprometes con un proyecto.

La facilidad para entablar amistad con gente de cualquier contexto se manifiesta como un interés humanitario. Aunque seas rígido y pragmático, tu fervor e idealismo reflejan que posees una mezcla interesante de materialismo y entusiasmo. Además, el aprecio por la belleza y la buena vida indica que prefieres los entornos armónicos, lujosos y con un toque de glamur.

Entre los cinco y los 34 años, tu Sol progresado estará en Acuario, lo que resaltará tu individualidad, deseo de libertad y la conciencia colectiva. A los 35 años, cuando tu Sol progresado avance hacia Piscis, habrá un punto de inflexión tras el cual darás más importancia a estar en contacto con tus emociones y fortalecer tu visión de vida. Habrá otro ajuste de prioridades a los 65 años, cuando tu Sol progresado entre a Aries, el cual enfatizará tu necesidad de confianza personal, más acción y comienzos nuevos.

Tu yo secreto

Eres una persona digna y creativa. Posees cualidades expresivas que te garantizan tener múltiples intereses y oportunidades. Tu magnetismo personal y ansias de variedad te traerán experiencias nuevas todo el tiempo, así como la posibilidad de entablar contactos en el extranjero. Esto generará dificultades a la hora de tomar decisiones, por lo que lo prudente sería evitar los pensamientos negativos y las preocupaciones que dificultan la materialización de tus ideales. Si fortaleces tu fe, te resultará más sencillo sacarle provecho a tu potencial extraordinario.

Gracias a tu astucia, intelecto y capacidad para aprender rápido, valoras mucho el conocimiento. Eres original y tienes un don para juzgar las tendencias públicas, por lo que sueles adelantarte a tu época. A pesar de ser serio, posees una cualidad juguetona que puede ser encantadora. Sin embargo, cuídate de tu faceta egocéntrica, que en ocasiones saldrá a relucir y arruinará tus relaciones. De cualquier modo, con la destreza para comunicar tus ideas de manera informativa y divertida, cautivarás e inspirarás a otros.

Trabajo y vocación

Tu personalidad y habilidades comunicativas indican que podrías ser un buen elemento en ámbitos como las ventas, la enseñanza, el entretenimiento y la política. Eres práctico, ambicioso y trabajador, y en los negocios tu encanto será un gran atributo para promocionarte o promover productos o causas. De igual modo, tu toque personal te ayudará a triunfar en el mundo editorial y la publicidad. Puesto que posees valores sólidos y buenas habilidades de organización, tendrías una ventaja adicional si optas por dedicarte a la administración o el derecho. Por otro lado, abordar la vida de forma naturalmente creativa te permitiría encontrar mecanismos para expresar tus emociones a través de la música, la escritura o las artes. Sin importar qué carrera elijas, tendrás éxito al tratar con el público.

Entre las personas famosas con quienes compartes cumpleaños están la actriz y cantante Ethel Merman, la cantante Sade, el coreógrafo Merce Cunningham, la escritora Susan Sontag, la modelo Kate Moss, el compositor y actor Lin-Manuel Miranda, el beisbolista Dizzy Dean y la zoóloga Dian Fossey.

Numerología

Un cumpleaños con el número 16 sugiere que eres ambicioso y a la vez sensible. Por lo regular, eres extrovertido y sociable, considerado y amigable. A pesar de ser analítico, sueles juzgar la vida según cómo te sientas. Eres intuitivo y posees una naturaleza perspicaz y solidaria. Con una fecha de nacimiento con el número 16 tal vez te interesen la política y los asuntos internacionales, y puedes integrarte a corporaciones trasnacionales. Los más creativos de entre los nacidos en este día pueden tener talento para la escritura, con destellos repentinos de inspiración. Quizá deberás aprender a equilibrar tu exceso de confianza con tus dudas e inseguridades. La subinfluencia del mes número 1 robustece la seguridad en ti mismo y el ingenio. Ser emprendedor te permite disfrutar tomar el mando y emprender nuevos proyectos. Al ser un individuo perspicaz y creativo, formulas conceptos nuevos y aportas perspectivas poco comunes y originales. La necesidad de seguridad indica que eres eficiente y realista, y que, generalmente, haces planes a largo plazo.

• *Cualidades positivas:* educación superior, responsabilidad en el hogar y con la familia, integridad, intuición, sociabilidad, cooperación, perspicacia.

• *Cualidades negativas:* preocupación, insatisfacción, irresponsabilidad, dogmatismo, escepticismo, egoísmo, falta de empatía.

Amor y relaciones

El que seas sociable te brinda la capacidad de hacer amigos con facilidad. Por lo tanto, valoras a tus amigos y eres leal con la gente a la que quieres. Puesto que deseas tener seguridad financiera, las consideraciones prácticas suelen desempeñar un papel central en tus relaciones de pareja. Por otro lado, anhelar amor y afecto enfatiza la importancia que tienen las relaciones en tu vida, a pesar de que a veces seas distante y causes una impresión errónea. Además, será necesario que encuentres un equilibrio entre la necesidad de intimidad y las ansias de libertad.

ESE ALGUIEN ESPECIAL

Es probable que tengas suerte en el amor si te relacionas con gente nacida en las siguientes fechas.

Amor y amistad: 2, 6, 8, 14, 23, 26, 27 y 28 de enero; 4, 10, 12, 21, 24 y 26 de febrero; 2, 10, 12, 19, 22 y 24 de marzo; 8, 14, 17, 20 y 22 de abril; 6, 15, 16, 18, 19, 20 y 30 de mayo; 4, 13, 16 y 18 de junio; 2, 11, 14, 16 y 20 de julio; 9, 12, 14 y 22 de agosto; 7, 10, 11, 12 y 24 de septiembre; 5, 8, 10 y 26 de octubre; 3, 6, 8 y 28 de noviembre; 1, 4, 6 y 30 de diciembre.

Buenas para ti: 9, 12 y 18 de enero; 7 y 10 de febrero; 5 y 8 de marzo; 3 y 6 de abril; 1, 4 y 10 de mayo; 2 y 30 de junio; 28 de julio; 26, 30 y 31 de agosto; 24, 28 y 29 de septiembre; 22, 26 y 27 de octubre; 20, 24 y 25 de noviembre; 18, 22, 23 y 29 de diciembre.

Atracción fatal: 16, 17, 18 y 19 de julio.

Desafiantes: 11, 13 y 29 de enero; 9 y 11 de febrero; 7, 9 y 30 de marzo; 5, 7 y 28 de abril; 3, 5, 26 y 31 de mayo; 1, 3, 24 y 29 de junio; 1, 22 y 27 de julio; 20 y 25 de agosto; 18, 23 y 30 de septiembre; 16, 21 y 28 de octubre; 14, 19 y 26 de noviembre; 12, 17 y 24 de diciembre.

Almas gemelas: 12 y 29 de enero, 10 y 27 de febrero, 8 y 25 de marzo, 6 y 23 de abril, 4 y 21 de mayo, 2 y 19 de junio, 17 de julio, 15 de agosto, 13 de septiembre, 11 de octubre, 9 de noviembre, 7 de diciembre.

17 de enero

ESTRELLA FIJA

Nombre de la estrella: Terebellum

Posición: 24º 52'–25º 55' de Capricornio, entre los años 1930 y 2000

Magnitud: 5

Fuerza: ★★

Órbita: 1º

Constelación: Sagitario (Omega Sagittarius)

Días efectivos: 15, 16 y 17 de enero

Propiedades de la estrella: Venus/Saturno

Descripción: cuadrilátero de estrellas anaranjadas y rojizas en la cola del arquero

INFLUENCIA DE LA ESTRELLA PRINCIPAL

Terebellum otorga una visión clara y pragmática, así como una personalidad ambiciosa y tenaz. Sueles tener éxito después de sobreponerte a las adversidades. Esta estrella indica que ser responsable y obediente te permite superar dificultades. Asimismo, supone que quizá tengas dudas y conflictos internos entre tus deseos personales y las obligaciones que tienes con otras personas.

Con respecto a tu grado del Sol, Terebellum confiere inteligencia y ambición para ascender a posiciones prominentes. Sin embargo, advierte que puedes ser malicioso y sugiere que te cuides de las travesuras y las maldades. Esta estrella indica que se pueden alcanzar la fortuna y el éxito, pero muchas veces a costa de grandes sacrificios.

• *Positiva:* ambición, devoción, sentimentalismo, astucia.

• *Negativa:* mercenario, implacable, malicia, egoísmo.

Al haber nacido bajo el signo de Capricornio, eres tenaz, pragmático y dinámico. Además, tienes un estilo franco y directo. Eres independiente y te enfocas en triunfar, pero, para mantenerte interesado y evitar impacientarte o inquietarte, necesitas que haya cambios y aventuras en la vida. Eres seguro de ti mismo y, en general, te desempeñas mejor cuando abordas los proyectos de gran tamaño con optimismo. Esto te impulsará a ponerte en marcha, y, al enfocarte en una meta, te esforzarás al máximo para materializar tus grandiosos planes.

Gracias a la subinfluencia del regente de tu decanato, Virgo, posees agilidad mental, además de tener la capacidad de evaluar las situaciones con rapidez. Tu buena concentración y sentido común te permiten ser meticuloso y capaz de razonar a profundidad. Puesto que te impones estándares laborales elevados y adoptas un enfoque laboral competente, debes tener cuidado de no exigirte demasiado ni hacerlo con los demás.

Tienes una mentalidad empresarial por naturaleza y eres bueno para comercializar tus talentos e identificar las oportunidades cuando surgen. Eres ambicioso, aspiras alto y te gusta tener poder e influencia. Dado que puedes proyectar entusiasmo positivo y contagiárselo a los demás, eres un buen organizador y líder nato.

Tu generosidad y confianza atraen a la gente y potencian tu buena fortuna en general. En ocasiones, tu sentimentalismo te provocará tensiones nerviosas, por lo que es necesario llevar una vida equilibrada y saludable.

De los cuatro a los 33 años, mientras tu Sol progresado atraviesa Acuario, te harás más consciente de tu libertad e independencia. Tendrás orientaciones grupales, te sentirás atraído por cosas poco comunes o sentirás ansias intensas de expresar tu individualidad. Después de los 34 años, cuando tu Sol progresado entre a Piscis, tu sensibilidad emocional se agudiza y desarrollas una vida interior más sólida, lo que se reflejará en tus sueños e ideales. A los 64 años habrá un punto de inflexión, cuando tu Sol progresado entre en Aries. A partir de entonces, darás mayor importancia a la necesidad de tomar la iniciativa y ser valiente y directo al relacionarte con los demás.

Tu yo secreto

Eres orgulloso y con personalidad dramática. Tienes inclinaciones sociales, pero prefieres ser quien lidere. Tu curiosidad innata y mentalidad innovadora te caracterizan como una persona adelantada a su época. Quizás incluso te interesen las reformas y los cambios de actitud en la sociedad. Cuando eres disciplinado y trabajador, puedes acumular riquezas, aunque te sientes más satisfecho al concentrarte en actividades altruistas. Si desarrollas y fortaleces tu sexto sentido, obtendrás muchas ventajas y recompensas.

El deseo de dominio personal y tu naturaleza inquisitiva te inspirarán a explorar nuevas áreas de conocimiento. Sin embargo, si desconfías de tus propios talentos, terminarás por aceptar trabajos inferiores a tus capacidades. Por fortuna, posees la entereza para perseguir tus ambiciones hasta alcanzarlas. No obstante, sería prudente que también escucharas a los demás y evitaras la tendencia a ser obstinado. Sin embargo, con tu intuición, habilidades comunicativas y necesidad de expresión personal, tendrás oportunidades de éxito sustanciales.

Trabajo y vocación

Eres un individuo dinámico e intuitivo cuya ambición y tenacidad lo inspiran a alcanzar el éxito por mérito propio. Al ser inteligente y práctico, te gusta planear a gran escala. Gracias a tus habilidades ejecutivas, podrías triunfar al delegar y supervisar a otras personas. Podrías sentirte atraído por carreras como el derecho, la política o la función pública. Si te interesan las finanzas, quizás optes por trabajar para un banco o una aseguradora grande. La curiosidad por la gastronomía y la industria de servicios podría inspirarte a trabajar en restaurantes u hotelería. Eres culto y tienes talento para la escritura, así que también podrías querer trabajar como educador, escritor o consejero. En caso de tener riquezas materiales, podrías volverte mecenas del arte o un filántropo que apoya causas justas. Sin embargo, si solo aspiras a tener dinero y poder material, es probable que recurras a cazar fortunas o a estafar por medio de esquemas que prometen enriquecimiento de la noche a la mañana.

Entre las personas famosas con quienes compartes cumpleaños están el actor Jim Carrey, el estilista Vidal Sassoon, el boxeador Muhammad Ali, el ex primer ministro del Reino Unido David Lloyd George y el gánster Al Capone.

Numerología

Al tener un cumpleaños con el número 17, sueles ser astuto y ostentar una buena capacidad de razonamiento. Puesto que usas tu conocimiento de forma específica, eres capaz de desarrollar tu pericia, lo que te permitirá ocupar una posición importante como especialista o investigador. El que seas reservado, introspectivo y te interesen los datos y cifras, se refleja en un comportamiento reflexivo y en que te guste tomarte tu tiempo para hacer las cosas. Con frecuencia, podrás pasar largos periodos de concentración y resistencia; además, aprenderás más mediante la experiencia. Así que, mientras menos escéptico seas, más rápido asimilarás los conocimientos. La subinfluencia del mes número 1 indica que eres sumamente intuitivo y ambicioso. Procuras reforzar tu individualidad y ser innovador, y eres analítico, bueno para planear e independiente. Tu valentía, energía desbordante y espíritu aventurero te impulsan a pensar a gran escala o fracasar en el intento. Eres entusiasta y tienes ideas originales que te ayudan a tomar el mando y mostrarles a otros el camino a seguir.

• *Cualidades positivas:* amabilidad, pericia, planeación, instinto para los negocios, éxito financiero, meticulosidad, precisión, aptitud científica.

• *Cualidades negativas:* desapego, terquedad, descuido, malhumor, obcecación, crítica, preocupación, suspicacia.

Amor y relaciones

Por lo regular, eres leal y generoso con tus seres queridos. Al ser amistoso y sociable, consideras de suma importancia que los demás te respeten. Tus sentimientos intensos son reflejo de una naturaleza apasionada e histriónica, aunque nunca pierdas de vista las cuestiones prácticas. A pesar de necesitar amor y afecto, las ansias de libertad son señal de que prefieres las relaciones que te brindan suficiente espacio para sentirte independiente. Te atraen personas poderosas, optimistas e influyentes que te inspiran con sus ideas nuevas y te brindan oportunidades.

Si buscas amor y amistad, es posible que encuentres a la persona indicada entre quienes nacieron en las siguientes fechas.

Amor y amistad: 5, 6, 10, 11, 15, 29 y 31 de enero; 4, 13, 27 y 29 de febrero; 2, 6, 11, 25 y 27 de marzo; 9, 23 y 25 de abril; 2, 3, 7, 21 y 23 de mayo; 5, 19 y 21 de junio; 3, 17, 19 y 30 de julio; 1, 15, 17 y 28 de agosto; 13, 15 y 26 de septiembre; 11, 13 y 24 de octubre; 9, 11 y 22 de noviembre; 7, 9 y 20 de diciembre.

Buenas para ti: 13, 15 y 19 de enero; 11, 13 y 17 de febrero; 9, 11 y 15 de marzo; 7, 9, 13 y 24 de abril; 5, 7 y 11 de mayo; 3, 5 y 9 de junio; 1, 3, 7 y 29 de julio; 1, 5, 27 y 31 de agosto; 3, 16, 25 y 29 de septiembre; 1, 23 y 27 de octubre; 21 y 25 de noviembre; 19 y 23 de diciembre.

Atracción fatal: 30 de mayo; 28 de junio; 17, 18, 19, 20 y 26 de julio; 24 de agosto; 22 de septiembre; 20 de octubre; 18 de noviembre; 16 de diciembre.

Desafiantes: 12 de enero; 10 de febrero; 8 de marzo; 6 de abril; 4 de mayo; 2 de junio; 31 de agosto; 29 de septiembre; 27, 29 y 30 de octubre; 25, 27 y 28 de noviembre; 23, 25, 26 y 30 de diciembre.

Almas gemelas: 2 y 28 de enero, 26 de febrero, 24 de marzo, 22 de abril, 20 de mayo, 18 de junio, 16 de julio, 14 de agosto, 12 de septiembre, 10 de octubre, 8 de noviembre, 6 de diciembre.

18 de enero

ESTRELLAS FIJAS

Aunque el grado en que se ubica tu Sol no se encuentra vinculado con una estrella fija, algunos de los grados de tus otros planetas sí lo estarán. Si solicitas el cálculo de tu carta astral, encontrarás la posición exacta de los planetas en tu fecha de nacimiento. Esto te permitirá determinar cuáles de las estrellas fijas descritas en este libro son relevantes para ti.

Tienes una gran ventaja personal para triunfar, gracias a tu encantadora personalidad y a que ves la vida con astucia e inteligencia. Eres ambicioso y de mente abierta. Debido a que cuentas con un gran potencial de liderazgo, prefieres ser quien da las órdenes; aunque debes tener cuidado de no excederte y volverte autoritario. Por fortuna, el lado más humanitario de tu personalidad revela que juzgas bien el carácter ajeno y disfrutas ayudar a la gente.

La subinfluencia del regente de tu decanato, Virgo, te otorga un intelecto agudo y buenas habilidades de comunicación. Tu excelente sentido de la estructura indica que posees un olfato natural para los negocios y la voluntad de trabajar arduamente para triunfar. Al ser práctico y perspicaz, haces observaciones astutas, aunque debes evitar ser demasiado crítico. El sentido común y la buena capacidad de concentración te permiten razonar a profundidad y obtener resultados positivos.

Eres sociable y amistoso, y, cuando te relajas, también muestras tu sentido del humor original y satírico. Sin embargo, la tendencia a decepcionarte o frustrarte podría socavar tu optimismo. Es importante que te desapegues y te enfoques en ver el panorama completo. Al ampliar tu mente, te darás el lujo de ser generoso con otros y de mostrarles el lado más cálido, bondadoso y generoso de tu naturaleza. Y, dado que eres innovador y tienes ideas originales, podrías también inspirar a otros con tu entusiasmo y grandes planes.

Entre los tres y los 32 años, tu Sol progresado estará en Acuario, lo que resaltará tu individualidad, la importancia de la amistad, las ansias de libertad y la conciencia colectiva. A los 33, conforme tu Sol progresado se desplace hacia Piscis, habrá un punto de inflexión que enfatizará la importancia de la sensibilidad, la imaginación y la necesidad de estar en contacto directo con tus emociones. A los 63 habrá otro ajuste de prioridades, cuando tu Sol progresado entre a Aries y se acentúe tu deseo de tener una mayor confianza personal, ser más activo y empezar de cero.

Tu yo secreto

La pericia para los negocios y el instinto financiero te ayudarán a convertirte en un buen evaluador, lo que, combinado con tus perspectivas liberales, podría traducirse en ser juzgas bien a las personas y las situaciones. Tienes un don de mando innato, y quizá sientas la responsabilidad de transmitir tu conocimiento a otros, por lo que podrías ser un excelente defensor de causas justas o ideales. Sin embargo, ten cuidado de que cierta veta materialista no te distraiga de tus ideales elevados.

Buscas aventuras y cambios porque necesitas una vida variada para evitar aburrirte. Si te sientes demasiado confinado por las estructuras o las responsabilidades, podrías caer en la inquietud e impaciencia; no obstante, si buscas un equilibrio, evitarás los extremismos y no caerás en despilfarros materiales y autocomplacencias para intentar compensar tu insatisfacción emocional. Si encuentras formas de expresar tu sensibilidad dinámica, podrás aprovechar también tu sutil encanto social. Esta habilidad, junto con tu agilidad de respuesta, te permite entretener y animar a la gente.

Trabajo y vocación

Eres una persona competente y creativa, con un interés particular en combinar sus talentos y habilidades prácticas. Tu facilidad para la creación y el diseño de imágenes podría llevarte al mundo de la publicidad, la moda o los medios de comunicación. Por otro lado, al ser idealista y progresista, quizá te interesen la enseñanza, la capacitación o el trabajo filantrópico. Si te dedicas a los negocios, la intuición y tu sólido sexto sentido te ayudarán a triunfar en las finanzas, las inversiones y la bolsa. Mientras tanto, podrías también aprovechar tu naturaleza compasiva en trabajos de sanación o como investigador en ciencia y tecnología. El lado más histriónico de tu personalidad podría inspirarte a escribir o entrar al mundo del cine y el teatro como actor, promotor o productor.

Entre las personas famosas con quienes compartes cumpleaños están el director de cine John Boorman; los actores Kevin Costner, Cary Grant y Danny Kaye; el escritor A. A. Milne, y el naturalista David Bellamy.

Numerología

Algunos de los atributos asociados con el número 18 en la fecha de cumpleaños son tenacidad, asertividad y ambición. Eres dinámico y activo. Con frecuencia, ansías tener poder y requieres desafíos constantes. En ocasiones, eres crítico o difícil de complacer, y te inclinas por temas controversiales. Con la personalidad de alguien nacido en un día 18, puedes usar tus poderes para ayudar a otros, dar consejos valiosos o resolver problemas ajenos. Por otro lado, tu facilidad para los negocios y habilidades organizacionales pueden inclinarte hacia el mundo del comercio. La subinfluencia del mes número 1 indica que eres original y tienes múltiples talentos. Al ser imaginativo y tener muchas ideas, necesitas encontrar formas de expresarte de forma creativa y autónoma. Eres un buen estratega, lo que te permite convertir tus ideas maravillosas en productos tangibles. Tu deseo de ocupar el primer lugar y ser innovador te impulsan a tomar tus propias decisiones o fracasar en el intento. Eres seguro de ti mismo y tienes mucha energía, y tu encanto y entusiasmo pueden inspirar a otros a respaldar tus planes más recientes. A pesar de ser afortunado, deberás aprender que el mundo no gira a tu alrededor.

• *Cualidades positivas:* actitud progresista, asertividad, intuición, valentía, determinación, eficiencia, facilidad para asesorar.

• *Cualidades negativas:* emociones descontroladas, pereza, desorden, egoísmo, incapacidad para completar proyectos o trabajos, sentirse incomprendido.

Amor y relaciones

Es importante que mantengas cierto equilibrio en las relaciones, ya que, en ocasiones, pareces frío y desapegado, mientras que en otras eres cálido y amoroso. Una parte esencial de tu plan de vida incluye tener amigos y pareja que te desafíen a nivel mental; de otro modo, te vuelves un tanto compulsivo y discutidor. Trabajar duro y no dedicarles suficiente tiempo a tus parejas también generará problemas. Por ende, es mejor que tengas compañeros que también sean bastante independientes. De cualquier forma, eres leal, amoroso y solidario, ya sea como pareja o como amigo.

Es más probable que encuentres a ese alguien especial entre quienes nacieron en las siguientes fechas.

Amor y amistad: 2, 6, 7, 11 y 16 de enero; 4 y 14 de febrero; 2, 12, 28 y 30 de marzo; 10, 26 y 28 de abril; 3, 8, 24, 26 y 30 de mayo; 6, 22, 24 y 28 de junio; 4, 20, 22, 26 y 31 de julio; 2, 18, 20, 24 y 29 de agosto; 16, 18, 22 y 27 de septiembre; 14, 16, 20 y 25 de octubre; 12, 14, 18 y 23 de noviembre; 10, 12, 16 y 21 de diciembre.

Buenas para ti: 9, 14 y 16 de enero; 7, 12 y 14 de febrero; 5, 10 y 12 de marzo; 3, 8 y 10 de abril; 1, 6 y 8 de mayo; 4 y 6 de junio; 2 y 4 de julio; 2 de agosto; 30 de septiembre; 28 de octubre; 26 y 30 de noviembre; 24, 28 y 29 de diciembre.

Atracción fatal: 21 de enero; 19 de febrero; 17 de marzo; 15 de abril; 13 de mayo; 11 de junio; 9, 18, 19, 20, 21 y 22 de julio; 7 de agosto; 5 de septiembre; 3 de octubre; 1 de noviembre.

Desafiantes: 4, 13 y 28 de enero; 2, 11 y 26 de febrero; 9 y 24 de marzo; 7 y 22 de abril; 5 y 20 de mayo; 3 y 18 de junio; 1 y 16 de julio; 14 de agosto; 12 de septiembre; 10 y 31 de octubre; 8 y 29 de noviembre; 6 y 27 de diciembre.

Almas gemelas: 15 y 22 de enero, 13 y 20 de febrero, 11 y 18 de marzo, 9 y 16 de abril, 7 y 14 de mayo, 5 y 12 de junio, 3 y 10 de julio, 1 y 8 de agosto, 6 de septiembre, 4 de octubre, 2 de noviembre.

19 de enero

ESTRELLAS FIJAS

Aunque el grado en que se ubica tu Sol no se encuentra vinculado con una estrella fija, algunos de los grados de tus otros planetas sí lo estarán. Si solicitas el cálculo de tu carta astral, encontrarás la posición exacta de los planetas en tu fecha de nacimiento. Esto te permitirá determinar cuáles de las estrellas fijas descritas en este libro son relevantes para ti.

La voluntad férrea y la tenacidad son solo algunas de las características asociadas con esta fecha de nacimiento. Con tu agudeza mental, pragmatismo y deseo de reconocimiento, te desagrada que la gente te tome a la ligera. Debido a tu facilidad innata para los negocios y potencial de liderazgo, eres una persona activa y productiva que prefiere siempre tomar el mando de sus asuntos. Tu fecha de nacimiento trae consigo indicios de que, si estás dispuesto a trabajar arduamente, tendrás un éxito excepcional.

Gracias a la subinfluencia del regente de tu decanato, Virgo, eres una persona estructurada y eficiente, con buenas habilidades comunicativas. Quizá poseas talento para la escritura y la oratoria, y puedas aprovecharlo en tu trabajo. Puesto que sueles pensar en grande y te gusta tener poder, las ansias de seguridad y éxitos materiales te motivarán a lograr muchas cosas. No obstante, la tendencia a ser arrogante, autoritario o egocéntrico indica que no siempre reaccionas bien a las críticas, lo cual puede afectar tus relaciones personales. Si desarrollas habilidades diplomáticas y aprendes a colaborar con la gente, podrás ser más influyente.

Además de ser ingenioso y talentoso, tienes buenas habilidades de organización. Sin embargo, ten cuidado de no ser demasiado impaciente y obcecado. Por fortuna, esta misma tenacidad férrea te ayuda a superar las dificultades y te brinda la fortaleza para lograr cosas extraordinarias.

Entre los dos y los 31 años, tu Sol progresado estará en Acuario y tendrás un deseo creciente de ser independiente, así como un fuerte interés en la amistad y la conciencia colectiva. Es posible que también necesites expresar tus singulares ideas o desees experimentar. Después de los 32 años, cuando tu Sol progresado se desplace hacia Piscis, tu sensibilidad emocional se refinará y desarrollarás una visión más fuerte. Esto podría impulsarte a perseguir metas idealistas o espirituales. A los 62 años habrá otro punto de inflexión, cuando tu Sol progresado entre a Aries. A partir de entonces, se enfatizará el deseo de empezar de cero o la asertividad personal activa.

Tu yo secreto

Eres orgulloso y te mantienes alerta. Valoras la sabiduría adquirida a partir de la experiencia práctica y el trabajo arduo, más que de la teoría. En este sentido, tu poder secreto proviene del dominio de ti mismo, el cual te brindará satisfacciones más profundas que cualquier ganancia material. Si confías en tu perspicacia e intuición, y desarrollas tu fuerza de voluntad, podrás convertirte en una autoridad de tu campo de conocimiento.

Uno de los posibles obstáculos que enfrentarás será la tendencia al cinismo, la frialdad y las dudas. Por ende, la fe interior será parte importante de tu confianza, pues es lo que te impulsa a ser más audaz y espontáneo. Si canalizas tu espíritu competitivo y entusiasmo hacia cosas positivas, te inspirarás a acumular riquezas y obtener más conocimiento.

Trabajo y vocación

Tu ambición y competitividad te llevan a desear ocupar posiciones de poder que te permitan ser influyente. En los negocios, por lo regular, quieres asumir responsabilidades y trabajar arduamente para ascender a los niveles ejecutivos y directivos. Eres un excelente organizador y supervisor; además, eres eficiente y prestas atención a los detalles. Puesto que te desagrada que te digan qué hacer, quizá prefieras trabajar por cuenta propia como especialista, consultor o asesor. Tal vez te interesen también el derecho, la función pública o el trabajo en grandes organizaciones. Al ser original e individualista, es posible que quieras explorar tus poderes creativos a través de la escritura, la pintura, la música o el teatro. La necesidad de mantenerte activo señala que podrían gustarte los deportes y que podrías ser un atleta exitoso.

Entre las personas famosas con quienes compartes cumpleaños están el escritor Edgar Allan Poe; el artista Paul Cézanne; los cantantes Janis Joplin, Dolly Parton y Phil Everly; el actor Michael Crawford; la fotógrafa Cindy Sherman, y el tenista Stefan Edberg.

Numerología

Algunas de las cualidades de las personas nacidas bajo el número 19 son la alegría, la ambición y el humanitarismo. Eres una persona tenaz e ingeniosa, con una visión profunda, pero el lado soñador de tu naturaleza es compasivo e impresionable. Tu necesidad de sobresalir puede empujarte a ser dramático y a intentar acaparar reflectores. A ojos de los demás eres una persona segura, fuerte y resistente, pero las tensiones internas pueden provocarte altibajos emocionales. Si bien eres orgulloso, quizá debas entender que no eres el centro del universo. La subinfluencia del mes número 1 indica que eres sumamente perspicaz y que tienes una personalidad ambiciosa. Aunque emprendes los proyectos con gran entusiasmo, debes aprender a terminar lo que empiezas. Problemas relacionados con el equilibrio y la justicia implican que constantemente debes ser imparcial y justo. Mantén una actitud objetiva para no exagerar frente a las situaciones. Eres autónomo e idealista, y procuras ser singular, innovador, valiente y enérgico. La fuerza motora inherente a esta combinación numérica te empuja a emitir tus propios juicios, sin importar si fallas en el intento. Con tu veta de líder, te gusta mostrarles el camino a los demás.

• *Cualidades positivas:* dinamismo, ecuanimidad, creatividad, liderazgo, actitud progresista, optimismo, convicciones fuertes, competitividad, independencia, sociabilidad.

• *Cualidades negativas:* ensimismamiento, angustia, miedo al rechazo, materialismo, egoísmo, impaciencia.

Amor y relaciones

Eres sociable y disfrutas estar en compañía de otros. Además, tienes una gran necesidad de expresar tus emociones. Aunque eres leal, a veces pasas por momentos de indecisión con respecto a las cuestiones del corazón, y tendrás que tomar muchas decisiones en la búsqueda del amor ideal. Además, deberás balancear tu lado más serio y profundo con la parte más relajada y romántica de tu personalidad. De cualquier forma, el encanto será un atributo útil para entretener y ser un excelente anfitrión.

ESE ALGUIEN ESPECIAL

Es posible que encuentres a una pareja que comprenda tu sensibilidad y tus necesidades afectivas entre quienes nacieron en las siguientes fechas.

Amor y amistad: 1, 7, 12, 17, 20 y 21 de enero; 5, 15 y 18 de febrero; 3, 13, 16, 29 y 31 de marzo; 1, 11, 14, 27 y 29 de abril; 9, 12, 13, 25 y 27 de mayo; 7, 10, 23 y 25 de junio; 5, 8, 21 y 23 de julio; 3, 6, 19 y 21 de agosto; 1, 4, 5, 17 y 19 de septiembre; 2, 15 y 17 de octubre; 13, 15 y 30 de noviembre; 11, 13 y 28 de diciembre.

Buenas para ti: 15, 17 y 28 de enero; 13, 15 y 26 de febrero; 11, 13 y 24 de marzo; 9, 11, 22 y 28 de abril; 7, 9 y 20 de mayo; 5, 7 y 18 de junio; 3, 5 y 16 de julio; 1, 3 y 14 de agosto; 1, 12 y 18 de septiembre; 10 y 29 de octubre; 8 y 27 de noviembre; 6 y 25 de diciembre.

Atracción fatal: 5 de enero; 3 de febrero; 1 de marzo; 19, 20, 21, 22 y 23 de julio.

Desafiantes: 4, 5 y 14 de enero; 2, 3 y 12 de febrero; 1 y 10 de marzo; 8 y 30 de abril; 6 y 28 de mayo; 4 y 26 de junio; 2 y 24 de julio; 22 de agosto; 20 de septiembre; 18 de octubre; 16 de noviembre; 14 de diciembre.

Almas gemelas: 2 de enero, 29 de marzo, 27 de abril, 25 de mayo, 23 de junio, 21 de julio, 19 de agosto, 17 de septiembre, 15 de octubre, 13 de noviembre, 11 de diciembre.

SOL: CÚSPIDE CAPRICORNIO/ACUARIO
DECANATO: VIRGO/MERCURIO
ÁNGULO: 28º DE CAPRICORNIO–0º
DE ACUARIO
MODALIDAD: CARDINAL
ELEMENTO: TIERRA

ESTRELLA FIJA

Nombre de la estrella: Altair, que significa "el águila"

Posición: 0º 47'– 1º 43' de Acuario, entre los años 1930 y 2000

Magnitud: 1

Fuerza: ★★★★★★★★★

Órbita: 2º 30'

Constelación: Águila (Alpha Aquilae)

Días efectivos: 20, 21, 22, 23 y 24 de enero

Propiedades de la estrella: Marte/ Júpiter, Urano, Mercurio

Descripción: estrella blanca y amarilla ubicada en el cuello del águila

---

INFLUENCIA DE
LA ESTRELLA PRINCIPAL

Altair transmite fuertes deseos, confianza, ambición y una actitud liberal, acompañada de una naturaleza inquebrantable. Indica que, aunque puedas ser radical y rebelde, y en ocasiones causes problemas saboteando algún proyecto, tu originalidad e ideas ingeniosas suelen compensar tu comportamiento errático. Altair también otorga auge inesperado de riqueza o éxito a través de invenciones, pero advierte que las circunstancias inestables pueden poner en riesgo las posiciones de autoridad que ocupas.

Con respecto a tu grado del Sol, Altair confiere originalidad, popularidad y tendencias aventureras. Te impulsa a buscar conocimiento y revela tu talento para la escritura y la educación. Dado que sueles ser ambicioso y audaz, buscas cambios de suerte, por lo que quizá recibas ganancias inesperadas u otros beneficios. Debido a que disfrutas estar en grupo, haces amigos e influyes en las personas con facilidad.

20 de enero

Tu fecha de nacimiento te caracteriza como un individuo persuasivo, encantador, práctico, trabajador, pero, sobre todo, sensible. Como naciste en la cúspide, te interesa mucho la gente, y tienes gran capacidad para comprender las relaciones personales, dos características propias de los acuarianos. Tu habilidad para trabajar en cooperación con otros favorecerá tu éxito en general, mientras que tu visión pragmática de la vida indica que tienes un sentido férreo de la lealtad y posees gran entereza. No obstante, uno de los principales desafíos que enfrentarás será mantener el equilibrio entre el deseo de cumplir con tus obligaciones y las ansias de libertad, espontaneidad y placer.

Gracias a la subinfluencia de Virgo, el regente de tu decanato, eres un trabajador metódico y cuidadoso que presta atención a los detalles. A pesar de ser un tanto tímido y reservado, tienes buenas habilidades comunicativas que te permiten ir al meollo del asunto. Cierto toque perfeccionista, combinado con tus habilidades críticas, te inspira a realizar tu trabajo de forma adecuada y a hacer observaciones precisas y certeras. Tu sentido del deber y el control hacen que seas confiable y hábil, pero tratar de controlar tus emociones en exceso también puede volverte demasiado serio, rígido y obstinado.

El aprecio por la belleza y el buen sentido de las formas podrían inclinarte a desarrollar tus dones creativos a través del arte, la música o la escritura. Procuras tener un hogar cálido y atractivo, puesto que tienes buen gusto y disfrutas los lujos. Aunque el dinero es importante, estás dispuesto a trabajar arduamente para obtenerlo, ya que necesitas tener la seguridad que brindan los planes a largo plazo.

Hasta los 30 años, tu Sol progresado está en Acuario y resalta tu individualidad, ansias de libertad y conciencia colectiva. Durante ese periodo, será necesario que expreses tu independencia y les des a tus amigos la importancia que tienen. A los 31 años, conforme tu Sol progresado se desplaza hacia Piscis, habrá un punto de inflexión que enfatizará tu visión de vida y la importancia de estar más en contacto con tus emociones. Habrá otro ajuste de prioridades a los 61 años, cuando tu Sol progresado se desplace hacia Aries. A partir de entonces, se acentuará tu necesidad de desarrollar la confianza en ti mismo, ser más activo y empezar de cero. Es posible que esto te inspire a adoptar papeles de liderazgo.

Tu yo secreto

Tu rigidez aparente suele ocultar tu inmensa sensibilidad interna. El amor y las relaciones son sumamente importantes para ti y, por lo regular, ansías hacer felices a los demás. Esto se expresará a través de cierta solidaridad humanitaria o compasión hacia los sentimientos ajenos. Sin embargo, a veces te frustrarás o decepcionarás porque no puedes relajarte y dejar el pasado atrás. Quizá te condicionaron el amor en los primeros años de vida, en los cuales tenías que cumplir con las expectativas de alguien más antes de recibir el amor y afecto que necesitabas. Por ende, a pesar de que deseas amar y ser amado, es importante que no renuncies a tu verdadero ser ni te retraigas o vuelvas frío y melancólico para protegerte e intentar compensar las carencias.

Dado que deseas paz y armonía, generalmente estás dispuesto a trabajar duro para enfrentar los obstáculos que aparezcan en el camino. Gracias a esto, reconoces la importancia de valorarte y confiar en tus sentimientos.

Trabajo y vocación

Eres sociable y se te facilita mezclar los negocios con el placer, por lo que sueles lograr más cosas cuando trabajas en colaboración con otros. Generalmente, usas tus habilidades comunicativas y diplomáticas para convencer a otros de que piensen como tú. Eres imaginativo, entretenido y original, por lo que aprovechas tu humor y encanto para hacer negocios con otros. Sueles ser perspicaz y solidario, lo que te haría triunfar en las profesiones médicas y de cuidados. La firmeza con que abordas la salud y tu buen olfato para los negocios implican que también podrías trabajar como educador, terapeuta o asesor. Por otro lado, ya que eres un individuo con múltiples talentos y necesidad de ser creativo, podrías dedicarte a la escritura, a pintar, a componer música o a hacer películas.

Entre las personas famosas con quienes compartes cumpleaños están los directores de cine David Lynch y Federico Fellini, y los actores Patricia Neal y George Burns.

Numerología

Al haber nacido bajo el número 20, eres intuitivo, adaptable y comprensivo. Suelen agradarte actividades cooperativas en las que puedes interactuar, compartir experiencias y aprender de otros. Tu encanto y gracia te ayudan a desarrollar habilidades diplomáticas y sociales que te permiten moverte con fluidez en círculos sociales distintos. No obstante, quizá necesites fortalecer tu confianza o superar la tendencia a sentirte herido por las acciones y críticas ajenas. Debes tener cuidado de no atormentarte ni ser desconfiado o egoísta. La subinfluencia del mes número 1 indica que eres ambicioso y tenaz, y que posees un carácter enérgico. Eres singular, innovador y creativo, además de valiente y vivaz cuando te sientes inspirado. Aunque eres amistoso y encantador, con el tiempo tendrás que aprender que el mundo no gira a tu alrededor. En las relaciones, será necesario que equilibres tus propios deseos con las necesidades y deseos de los demás. Aun así, cuando aprendas a confiar en tus emociones internas y tengas fe en tus habilidades, serás exitoso al comercializar tu talento artístico.

• *Cualidades positivas:* buenas asociaciones, gentileza, tacto, receptividad, intuición, amabilidad, armonía, afabilidad, naturaleza amistosa, embajador de buena voluntad.

• *Cualidades negativas:* suspicacia, inseguridad, timidez, hipersensibilidad, egoísmo, engaño.

Amor y relaciones

Tu encanto natural y sociabilidad indican que tienes un gran círculo de amigos con quienes eres generoso y entregado. Eres idealista y romántico. Experimentas una gran necesidad de amor, lo cual sugiere que las demostraciones de afecto son importantes para ti. Gracias a tu fortaleza estoica, puedes ser un amigo leal y fiel, y eres protector con tu familia. Esto significa que sueles estar dispuesto a hacer sacrificios por tus seres queridos, pero debes tener cuidado de no hacerte el mártir. Algunas personas nacidas en esta fecha buscan relaciones cercanas con personas de distintas generaciones.

• *Positiva:* originalidad, ingenio, individualidad, humanismo, creatividad.

• *Negativa:* rebeldía, antagonismo, imprevisibilidad.

ESE ALGUIEN ESPECIAL

Es probable que entables relaciones estables si interactúas con personas nacidas en las siguientes fechas.

Amor y amistad: 4, 8, 9, 13, 18, 19 y 23 de enero; 2, 6, 16, 17 y 21 de febrero; 4, 14, 15, 19, 28 y 30 de marzo; 2, 12, 13, 17, 26, 28 y 30 de abril; 1, 5, 10, 11, 15, 24, 26 y 28 de mayo; 8, 9, 13, 22, 24 y 26 de junio; 6, 7, 11, 20, 22, 24 y 30 de julio; 4, 5, 9, 18, 20, 22 y 28 de agosto; 2, 3, 7, 16, 18, 20 y 26 de septiembre; 1, 5, 14, 16, 18 y 24 de octubre; 3, 12, 14, 16 y 22 de noviembre; 1, 10, 12, 14 y 20 de diciembre.

Buenas para ti: 5, 16 y 27 de enero; 3, 14 y 25 de febrero; 1, 12 y 23 de marzo; 10, 21 y 29 de abril; 8 y 19 de mayo; 6 y 17 de junio; 4 y 15 de julio; 2 y 13 de agosto; 11 y 19 de septiembre; 9 y 30 de octubre; 7 y 28 de noviembre; 5, 26 y 30 de diciembre.

Atracción fatal: 17 de enero; 15 de febrero; 13 de marzo; 11 de abril; 9 de mayo; 7 de junio; 5, 20, 21, 22, 23 y 24 de julio; 3 de agosto; 1 de septiembre.

Desafiantes: 1, 10 y 15 de enero; 8 y 13 de febrero; 6 y 11 de marzo; 4 y 9 de abril; 2 y 7 de mayo; 5 de junio; 3 y 29 de julio; 1 y 27 de agosto; 25 de septiembre; 23 de octubre; 21 de noviembre; 19 y 29 de diciembre.

Almas gemelas: 30 de agosto, 28 de septiembre, 26 de octubre, 24 de noviembre, 22 de diciembre.

Acuario

21 de enero – 19 de febrero

SOL: CÚSPIDE CAPRICORNIO/ACUARIO
DECANATO: ACUARIO/URANO
ÁNGULO: 29° 30' DE CAPRICORNIO-1°
30' DE ACUARIO
MODALIDAD: FIJA
ELEMENTO: AIRE

ESTRELLAS FIJAS

Altair, que significa "el águila"; Albireo

ESTRELLA PRINCIPAL

Nombre de la estrella: Altair, que
significa "el águila"
Posición: 0° 47'– 1° 43' de Acuario, entre
los años 1930 y 2000
Magnitud: 1
Fuerza: ★★★★★★★★★★
Órbita: 2° 30'
Constelación: Águila (Alpha Aquilae)
Días efectivos: 20, 21, 22, 23 y 24 de enero
Propiedades de la estrella: Marte/
Júpiter, Urano, Mercurio
Descripción: estrella blanca y amarilla
ubicada en el cuello del águila

INFLUENCIA DE
LA ESTRELLA PRINCIPAL

Altair transmite fuertes deseos, confianza, ambición y una actitud liberal, acompañada de una naturaleza inquebrantable. Indica que, aunque puedas ser radical y rebelde, y en ocasiones causes problemas saboteando algún proyecto, tu originalidad e ideas ingeniosas suelen compensar tu comportamiento errático. Altair también otorga éxito a través de invenciones, pero advierte que las circunstancias inestables pueden poner en riesgo las posiciones de autoridad que ocupas.

Con respecto a tu grado del Sol, Altair confiere originalidad, popularidad y tendencias aventureras. Te impulsa a buscar conocimiento y revela tu talento para la escritura y la educación. Dado que sueles ser ambicioso y audaz, buscas cambios de suerte, por lo que quizá recibas ganancias inesperadas. Haces

21 de enero

〰〰 Al haber nacido en la cúspide de Acuario y Capricornio, tienes la ventaja
〰〰 de ser tanto amigable y carismático como astuto y pragmático. Eres un
individuo franco y honesto, con convicciones fuertes y un intelecto agudo, al que le gusta ser directo y decir lo que piensa. Tienes un enfoque original, disfrutas aprender y te caracterizas por ser prudente y perspicaz. Aunque llevas una vida sin complicaciones, también tendrás que superar la tendencia a ser irritable, pues esto podría alejar a los demás.

Con la influencia añadida de tu Sol en los decanatos de Acuario y Virgo, eres un pensador entusiasta, capaz de hacer observaciones precisas, sobre todo acerca de la gente. Tienes buena capacidad de concentración y acostumbras tomarte el trabajo muy en serio. Además, eres hábil para resolver problemas; sin embargo, posees un toque perfeccionista que puede volverte demasiado crítico. Tu mente abierta y humanitarismo te caracterizan como un librepensador dispuesto a luchar por las injusticias y los derechos de los demás. Por lo regular, eres original y tienes ideas de avanzada, además de ser sumamente innovador; no obstante, evita ser demasiado brusco o franco, porque eso podría ofender a otros.

Aunque parte de ti ansía paz y tranquilidad, el deseo de llevar una buena vida te motivará a obtener logros. Si te inspiran un ideal o una causa, trabajarás todavía más duro. Además, si eres seguro de ti mismo y solidario, verás que la gente se te acercará en busca de apoyo y consejos.

Hasta los 29 años, tu Sol progresado atravesará Acuario, lo que resaltará cuestiones de libertad, independencia y necesidad de expresar tu individualidad. Después de los 30, cuando tu Sol progresado entre a Piscis, te volverás más sensible y consciente de los problemas emocionales. Es posible que desarrolles una visión más aguda o estés más en contacto con tu mundo interior. A los 60 habrá otro punto de inflexión, cuando tu Sol progresado se desplace hacia Aries, lo cual acentuará una mayor orientación hacia ti mismo, además de que empezarás a sentirte más seguro y asertivo. Asimismo, esta influencia te inspirará a emprender proyectos nuevos.

Tu yo secreto

Gracias a tu visión creativa, posees muchas ideas entusiastas. Quizá desees materializarlas y fortalecer tu confianza por medio de algún mecanismo de expresión personal, ya sea el arte, la música, la escritura o el teatro. Por otro lado, podrías usar tu encanto y habilidades sociales para tener mayor éxito en tus interacciones sociales. Para evitar desperdigar tus energías o ser indeciso, necesitas desarrollar perseverancia y un sentido más sólido del propósito.

Aunque tengas una mentalidad universal y desapegada, a veces te resulta inevitable frustrarte. Si te decepcionan los demás, te muestras resentido y rebelde. No obstante, si dejas el pasado atrás y enfocas tu energía mental en tus metas positivas, evitarás desperdiciar energías. La ventaja adicional de tu intuición innata es que traerá consigo grandes beneficios si confías en tu sexto sentido acerca de la gente y en el resultado definitivo de las situaciones.

Trabajo y vocación

Al haber nacido en la cúspide de tu signo, posees tanto el sentido pragmático de los negocios de Capricornio, que desea prestigio, como la perspicacia sobre la naturaleza humana que conlleva Acuario. Esto te permite mezclar los negocios con la vida social. Además de ser dinámico y versátil, posees una personalidad encantadora y la capacidad de promover tus ideas. Esto te ayudaría muchísimo en el mundo de las ventas, la publicidad y las relaciones públicas. También podrías triunfar en el comercio o las finanzas, donde tendrías que aprovechar tus habilidades sociales. Por otro lado, con tu férreo sentido de la justicia, quizá te atraiga la idea de defender a los menos privilegiados, ya sea a través del derecho o de la política. De igual modo, el deseo de ampliar tu conocimiento podría inclinarte a trabajar en enseñanza, filosofía o ciencias. Eres creativo y talentoso, por lo que también podrían inspirarte carreras como diseño, arte, actuación o música.

Entre las personas famosas con quienes compartes cumpleaños están el diseñador de moda Christian Dior, los actores Paul Scofield y Telly Savalas, la actriz y activista feminista Geena Davis y el cantante de ópera Plácido Domingo.

Numerología

Tener el número 21 en tu fecha de cumpleaños te hace una persona con empuje dinámico y personalidad extrovertida. Con esas inclinaciones sociales, tienes muchos intereses y contactos. Te muestras amistoso y sociable con los demás. También eres original, innovador e intuitivo, y posees un espíritu independiente. Si tu cumpleaños es un día con el número 21 es posible que te encante la diversión, que seas magnético, gentil y tengas encanto social. Por otro lado, puedes ser tímido y reservado, con necesidad de desarrollar la asertividad, en especial en relaciones cercanas. Aunque te inclines hacia las relaciones de cooperación o el matrimonio, siempre querrás que se reconozcan tus talentos y habilidades. La subinfluencia del mes número 1 indica que eres emprendedor y tienes una visión independiente. Asimismo, eres observador, innovador, enérgico y de mente inquisitiva. No importa cuán ambicioso seas, aún así debes esforzarte para obtener el reconocimiento y el éxito que ansías. En ocasiones, eres obstinado y prefieres tomar tus propias decisiones, aunque fracases en el intento. Cuando te inspiras, tienes ideas originales y una perspectiva de vida única.

• *Cualidades positivas:* inspiración, creatividad, uniones amorosas, relaciones duraderas.

• *Cualidades negativas:* dependencia, nerviosismo, falta de visión, miedo al cambio.

Amor y relaciones

Eres carismático e idealista. Esperas mucho de tus relaciones. La aptitud para tratar con la gente te permite relacionarte bien con personas de cualquier contexto. Aunque a veces reaccionas de forma exagerada, eres un humanista que protege a toda costa a sus seres queridos. Evita que otros se aprovechen de tu naturaleza gentil si no deseas que te distraigan de tus propios objetivos. Tu personalidad fuerte, aunada a tu calidez y encanto, le resulta atractiva a los demás.

amigos e influyes en las personas con facilidad.

• *Positiva:* originalidad, ingenio, individualidad, humanismo, creatividad.

• *Negativa:* rebeldía, antagonismo, imprevisibilidad.

Es más probable que encuentres a una pareja adecuada entre personas nacidas en las siguientes fechas.

Amor y amistad: 5, 9, 18, 19 y 23 de enero; 3, 7, 16 y 17 de febrero; 1, 5, 14, 15 y 31 de marzo; 3, 12, 13 y 29 de abril; 1, 10, 11, 15, 27 y 29 de mayo; 8, 9, 25 y 27 de junio; 6, 7, 23, 25 y 31 de julio; 4, 5, 21, 23 y 29 de agosto; 2, 3, 7, 19, 21, 27 y 30 de septiembre; 1, 17, 19, 25 y 28 de noviembre; 13, 15, 21 y 24 de diciembre.

Buenas para ti: 1, 6 y 17 de enero; 4 y 15 de febrero; 2 y 13 de marzo; 11 y 30 de abril; 9 y 28 de mayo; 7 de junio; 5 de julio; 3 y 22 de agosto; 1 de septiembre; 31 de octubre; 29 de noviembre; 27 de diciembre.

Atracción fatal: 22, 23, 24 y 25 de julio.

Desafiantes: 2 y 16 de enero, 14 de febrero, 12 de marzo, 10 de abril, 8 de mayo, 6 de junio, 4 de julio, 2 de agosto, 30 de diciembre.

Almas gemelas: 11 y 31 de enero, 9 y 29 de febrero, 7 y 27 de marzo, 5 y 25 de abril, 3 y 23 de mayo, 1 y 21 de junio, 19 de julio, 17 de agosto, 15 de septiembre, 13 de octubre, 11 de noviembre, 9 de diciembre.

ESTRELLAS FIJAS

Altair, que significa "el águila"; Albireo

ESTRELLA PRINCIPAL

Nombre de la estrella: Altair, que significa "el águila"

Posición: 0º 47'– 1º 43' de Acuario, entre los años 1930 y 2000

Magnitud: 1

Fuerza: ★★★★★★★★★

Órbita: 2º 30'

Constelación: Águila (Alpha Aquilae)

Días efectivos: 20, 21, 22, 23 y 24 de enero

Propiedades de la estrella: Marte/Júpiter, Urano, Mercurio

Descripción: estrella blanca y amarilla ubicada en el cuello del águila

INFLUENCIA DE LA ESTRELLA PRINCIPAL

Altair transmite fuertes deseos, confianza, ambición y una actitud liberal, acompañada de una naturaleza inquebrantable. Indica que, aunque puedas ser radical y rebelde, y en ocasiones causes problemas saboteando algún proyecto, tu originalidad e ideas ingeniosas suelen compensar tu comportamiento errático. Altair también otorga éxito a través de invenciones, pero advierte que las circunstancias inestables pueden poner en riesgo las posiciones de autoridad que ocupas.

Con respecto a tu grado del Sol, Altair confiere originalidad, popularidad y tendencias aventureras. Te impulsa a buscar conocimiento y revela tu talento para la escritura y la educación. Dado que sueles ser ambicioso y audaz, buscas cambios de suerte, por lo que quizá recibas ganancias inesperadas. Haces amigos e influyes en las personas con facilidad.

22 de enero

 Eres un acuariano astuto e instintivo. Te caracterizas por ser activo, sensible y con deseos de cambio. Te desagrada la rutina, por lo que los viajes y la variedad desempeñarán un papel importante en tu historia de vida, e incluso facilitarán que trabajes o vivas en el extranjero. Ser honesto y directo contribuye a tu astucia para los negocios y aptitudes visionarias. Al estar consciente de la imagen que proyectas, te resulta importante causar una buena impresión. No obstante, para contrarrestar tu inquietud interna, deberás enfocarte y desarrollar paciencia y perseverancia.

Gracias a la influencia añadida de tu Sol en el decanato de Acuario, eres amistoso, extrovertido y sociable. También es probable que un lado de tu naturaleza sea poco común o excéntrico. Tu mente objetiva e inventiva hace que tengas destellos de genialidad y facilidad para juzgar con rapidez el carácter ajeno. Tu perspectiva singular refleja que te adelantas a tu tiempo; sin embargo, si la llevas demasiado lejos, podrías volverte antagónico, rebelde u obstinado.

Al ser un idealista práctico, tienes la capacidad y la disciplina necesarias para trabajar arduamente y hacer realidad tus sueños. A veces te sentirás tentado a tomar el camino de la gratificación instantánea, en lugar de construir cosas para el futuro. Para superar cualquier posible ansiedad sobre cambios en tu situación financiera, es recomendable que ahorres y hagas inversiones a largo plazo.

Hasta los 28 años, cuando tu Sol progresado esté en Acuario, te enfocarás en cuestiones de libertad personal, amistad y expresión de la individualidad. A los 29 años, cuando tu Sol progresado se desplace hacia Piscis, empezarás a adquirir mayor conciencia de tus emociones, desarrollarás una visión más sólida y entrarás más en contacto con tu mundo interior. A los 59 habrá un punto de inflexión, cuando tu Sol progresado entre a Aries. Esta influencia te volverá más seguro de ti mismo, asertivo y ambicioso, por lo que es probable que emprendas negocios o actividades nuevas.

Tu yo secreto

Aprendes rápido y necesitas medios para expresar tu creatividad interna. Además, podrás aprender a desechar las preocupaciones o las dudas internas a través de la expresión personal y la defensa de tus decisiones. Eres versátil y adaptable, y te concentras con tenacidad cuando te pones una meta definida. Además de tu fuerte conciencia pragmática, tu perspicacia y sensibilidad también te ayudarán a materializar tus grandes visiones.

Eres generoso y de mente abierta, y gozas de una perspectiva universal de la vida. Debido a que eres amistoso, atraes a la gente y puedes ser bastante popular. Esto refuerza tus habilidades de liderazgo y refleja que te disgusta ocupar posiciones de subordinación. A pesar de poseer un olfato innato para los negocios, debes cuidarte de que la preocupación por las cuestiones materiales no limite tu gran potencial humanitario.

Trabajo y vocación

Aunque eres trabajador y ambicioso, tus ansias de variedad te obligarán a buscar una carrera que implique cambios rápidos y que no conlleve rutinas predecibles. Las ocupaciones que involucran viajes de trabajo serán especialmente apropiadas para alimentar tu espíritu aventurero. Necesitas un trabajo que sea práctico, pero que de alguna forma satisfaga tu idealismo. Si te dedicas a los negocios, podrás aprovechar tus aptitudes visionarias para hacer proyecciones a futuro o venderles tus ideas a otras personas. Sin importar qué carrera elijas, será necesario que conlleve acción. Por otro lado, quizá quieras aprovechar tu imaginación y sensibilidad artística como actor, músico o sanador.

Entre las personas famosas con quienes compartes cumpleaños están los cantantes Michael Hutchence y Sam Cooke, el poeta Lord Byron, el actor John Hurt y el director de cine D. W. Griffith.

Numerología

Este es un número maestro que puede vibrar tanto en forma de 22 como en forma de 4. Sueles ser honesto y trabajador, poseer habilidades de liderazgo innatas y tener una personalidad carismática, además de una profunda capacidad de entender a la gente y sus motivaciones. Aunque no demuestras tu afecto, sueles preocuparte por el bienestar de tus seres queridos; sin embargo, no pierdes de vista tu lado pragmático o realista. Por lo general, eres culto y cosmopolita, y tienes muchos amigos y admiradores. Los más competitivos de entre los nacidos en el día número 22 pueden alcanzar el éxito y la buena fortuna con la ayuda y el apoyo de otros. La subinfluencia del mes número 1 indica que eres ambicioso y emprendedor, y que posees un enfoque independiente. Aunque estás decidido a obtener estabilidad y seguridad, tu veta de inquietud hace que necesites cierta libertad para disfrutar una amplia gama de oportunidades sin restricciones. Tu agudeza mental e intuición te impulsan a tomar tus propias decisiones, aun si fracasas en el intento. Como buen humanista con un enfoque realista, eres un pilar de fortaleza para otros en momentos de crisis.

• *Cualidades positivas:* universalidad, dirección, intuición, pragmatismo, practicidad, habilidades manuales, talento, habilidades de construcción, organización, capacidad para resolver problemas, éxitos.

• *Cualidades negativas:* nerviosismo, complejo de inferioridad, autoritarismo, materialismo, falta de visión, pereza, egoísmo.

Amor y relaciones

Gracias a tus habilidades sociales avanzadas, sueles tener muchos amigos y admiradores. Eres receptivo y amistoso. Necesitas estímulos intelectuales, por lo que es probable que procures rodearte de gente inteligente. Para alcanzar la paz y la armonía, estás dispuesto a hacer concesiones o sacrificios. Los amigos son importantes para ti, pues te gusta relacionarte con personas que te inspiren a ser aventurero y que te ayuden a pasarla bien. Cuando se trata de entretener a tus seres queridos, te sientes como pez en el agua.

• *Positiva:* originalidad, ingenio, individualidad, humanismo, creatividad.

• *Negativa:* rebeldía, antagonismo, imprevisibilidad.

ESE ALGUIEN ESPECIAL

Si deseas encontrar amor verdadero y felicidad, búscalos entre quienes nacieron en las siguientes fechas.

Amor y amistad: 6, 10, 20, 24 y 29 de enero; 4, 8, 18 y 27 de febrero; 2, 6, 16, 25, 28 y 30 de marzo; 4, 14, 23, 26, 27, 28 y 30 de abril; 2, 12, 21, 24, 26, 28 y 30 de mayo; 10, 19, 22, 24, 26 y 28 de junio; 8, 17, 20, 22, 24 y 26 de julio; 6, 15, 18, 20, 22, 24 y 30 de agosto; 4, 13, 16, 17, 18, 20 y 22 de septiembre; 2, 11, 14, 16, 18 y 20 de octubre; 9, 12, 14, 16 y 18 de noviembre; 7, 10, 12, 14 y 16 de diciembre.

Buenas para ti: 7, 13, 18 y 28 de enero; 5, 11, 16 y 26 de febrero; 3, 9, 14 y 24 de marzo; 1, 7, 12 y 22 de abril; 5, 10 y 20 de mayo; 3, 8 y 18 de junio; 1, 6 y 16 de julio; 4 y 14 de agosto; 2, 12 y 30 de septiembre; 10 y 28 de octubre; 8, 26 y 30 de noviembre; 6, 24 y 28 de diciembre.

Atracción fatal: 25 de enero; 23 de febrero; 21 de marzo; 19 de abril; 17 de mayo; 15 de junio; 13, 22, 23, 24, 25 y 26 de julio; 11 de agosto; 9 de septiembre; 7 de octubre; 5 de noviembre; 3 de diciembre.

Desafiantes: 3 y 17 de enero; 1 y 15 de febrero; 13 de marzo; 11 de abril; 9 y 30 de mayo; 7 y 28 de junio; 5, 26 y 29 de julio; 3, 24 y 27 de agosto; 1, 22 y 25 de septiembre; 20 y 23 de octubre; 18 y 21 de noviembre; 16 y 19 de diciembre.

Almas gemelas: 18 de enero, 16 de febrero, 14 de marzo, 12 de abril, 10 y 29 de mayo, 8 y 27 de junio, 6 y 25 de julio, 4 y 23 de agosto, 2 y 21 de septiembre, 19 de octubre, 17 de noviembre, 15 de diciembre.

ESTRELLAS FIJAS

Altair, que significa "el águila"; Albireo; Dabih; Al Giedi, también llamada *al-ja-diyy* o "la cabra"

ESTRELLA PRINCIPAL

Nombre de la estrella: Altair, que significa "el águila"

Posición: 0º 47'– 1º 43' de Acuario, entre los años 1930 y 2000

Magnitud: 1

Fuerza: ★★★★★★★★★

Órbita: 2º 30'

Constelación: Águila (Alpha Aquilae)

Días efectivos: 20, 21, 22, 23 y 24 de enero

Propiedades de la estrella: Marte/ Júpiter, Urano, Mercurio

Descripción: estrella blanca y amarilla ubicada en el cuello del águila

---

INFLUENCIA DE LA ESTRELLA PRINCIPAL

Altair transmite fuertes deseos, confianza, ambición y una actitud liberal, acompañada de una naturaleza inquebrantable. Indica que, aunque puedas ser radical y rebelde, y en ocasiones causes problemas saboteando algún proyecto, tu originalidad e ideas ingeniosas suelen compensar tu comportamiento errático. Altair también otorga éxito a través de invenciones, pero advierte que las circunstancias inestables pueden poner en riesgo las posiciones de autoridad que ocupas.

Con respecto a tu grado del Sol, Altair confiere originalidad, popularidad y tendencias aventureras. Te impulsa a buscar conocimiento y revela tu talento para la escritura y la educación. Dado que sueles ser ambicioso y audaz, buscas cambios de suerte, por lo que quizá recibas

23 de enero

∿∿∿ Eres un acuariano intuitivo, pero práctico y trabajador. Además, sumamente perspicaz cuando se trata de entender a la gente. Prefieres ser metódico y organizado, y te gusta sentar bases sólidas para lograr cosas en la vida. A pesar de tu pragmatismo, también eres sensible y gozas de una fértil imaginación.

Gracias a la influencia añadida de tu Sol en el decanato de Acuario, posees una mente inventiva, sobre todo si se trata de resolver problemas. Eres sociable y amistoso, necesitas rodearte de gente y te gusta proyectar una buena imagen. A nivel instintivo, tienes la astucia necesaria para entender el carácter y las motivaciones ajenas, lo que fortalece tus tendencias humanitarias. Dado que posees un inmenso potencial mental, tienes momentos de mucha inspiración o intuición, pero aun así deberás superar la tendencia a ser necio u obstinado.

Eres honesto y directo. Tienes un encanto magnético que te sacará de muchas situaciones difíciles y atraerá a la gente. A pesar de ser sociable, tienes ciertas reservas que a veces te hacen propenso a suprimir o inhibir tus emociones. En general, eres ahorrador y le das bastante importancia al trabajo. Al ser un idealista práctico, basta con que hagas esfuerzos activos y enfocados para aprovechar tu potencial especial.

Hasta los 27 años, tu Sol progresado estará en Acuario, lo que resaltará la importancia de la libertad personal, la amistad y la expresión de la individualidad. A los 28 años, cuando tu Sol progresado se desplace hacia Piscis, te volverás más sensible y receptivo, y tus impresiones psíquicas de otras personas serán más precisas. A los 58 habrá otro punto de inflexión, cuando tu Sol progresado entre a Aries. Esta influencia reforzará cierto ensimismamiento y la necesidad de actividades nuevas, conforme adquieres más confianza y desarrollas tu asertividad.

Tu yo secreto

Aunque trabajes duro y seas responsable, también necesitas variedad y cambios en la vida; de otro modo, te vuelves impaciente o inquieto. Además de ansiar orden y seguridad, también quieres libertad, por lo cual te desagrada sentirte atado. Estos aspectos contrastantes de tu personalidad reflejan que necesitas tomar descansos periódicos de la rutina y ser un poco más aventurero. Esto te inspirará a ser más productivo y dinámico.

Además de ideales elevados, sueños y poder emocional, te caracteriza una gran necesidad de amor, afecto y expresión. Si la bloqueas, te volverás propenso la inestabilidad emocional o a evadirte. Con algo de paciencia, disfrutarás el desafío de encontrar armonía en tu interior. Y, al gozar de una visión firme, tu previsión y perspicacia profunda te permiten brindarle mucho a la gente.

Trabajo y vocación

Tu mente inventiva necesita estímulos constantes, mientras que tus habilidades sociales te permitirán ser feliz en carreras que involucren trato con el público. El lado práctico de tu naturaleza podría sentirse atraído por los negocios, mientras que tus inclinaciones humanitarias harían que disfrutaras trabajar como terapeuta o en reformas sociales. Tu enfoque práctico y responsable te garantiza que los empleadores notarán y respetarán tus talentos. Sin embargo, a pesar de ser organizado y metódico, no soportarías realizar un trabajo aburrido. Puesto que también posees habilidades manuales, quizás elijas dedicarte a algo que te permita aprovecharlas. Además, si desarrollas tu creatividad innata, invariablemente querrás expresarte de una forma original o única.

Entre las personas famosas con quienes compartes cumpleaños están el pintor Édouard Manet, la actriz Jeanne Moreau, la artista Chita Rivera, la cantante Anita Pointer y la princesa Carolina de Mónaco.

Numerología

Algunos de los atributos ligados a un cumpleaños con el número 23 son la intuición, la sensibilidad emocional y la creatividad. Sueles ser una persona versátil y apasionada, que piensa rápido, mantiene una actitud profesional y siempre está llena de ideas. Con la influencia del número 23, puedes aprender cosas nuevas con facilidad, aunque prefieres la práctica más que la teoría. Te encantan los viajes, la aventura y conocer gente nueva, y la cualidad enérgica que trae consigo el número 23 de tu cumpleaños te insta a probar toda clase de experiencias distintas. Además, te adaptas para sacar lo mejor de cada situación. En general, eres amigable y divertido, con valor y empuje, y es posible que necesites de un estilo de vida activo para alcanzar tu verdadero potencial. La subinfluencia del mes número 1 indica que eres autónomo, entusiasta y original. Aunque tienes un enfoque independiente y progresista, te beneficias mucho del trabajo colaborativo. Si generas una atmósfera de armonía, podrás relajarte y alcanzar la paz interior. No obstante, quizá debas dejar de ser tan obstinado e inflexible con respecto a las cuestiones emocionales.

• *Cualidades positivas:* lealtad, responsabilidad, gusto por viajar, comunicación, intuición, creatividad, versatilidad, confiabilidad, fama.

• *Cualidades negativas:* egoísmo, inseguridad, terquedad, atribuir culpas, desapego, prejuicios.

Amor y relaciones

Eres amigable y receptivo; una persona humanitaria que entiende bien la naturaleza humana. Tu deseo de variedad y la tendencia a ser impaciente son señal de que te conviene la compañía de gente que te estimule a nivel mental y te mantenga interesado en ideas nuevas y progresistas. Puesto que eres capaz de dar mucho amor, es importante que des con la persona indicada que sepa apreciar tu sensibilidad. Encontrar un medio para expresarte te permitirá canalizar tu creatividad y evitará que te vuelvas voluble, lo cual te irrita y te vuelve difícil de tratar. Aunque, en general, eres leal en las relaciones, necesitas libertad para ser tú mismo.

ganancias inesperadas. Haces amigos e influyes en las personas con facilidad.

• *Positiva:* originalidad, ingenio, individualidad, humanismo, creatividad.

• *Negativa:* rebeldía, antagonismo, imprevisibilidad.

ESE ALGUIEN ESPECIAL

Si buscas amor, devoción y felicidad, es más probable que los encuentres con personas nacidas en las siguientes fechas.

Amor y amistad: 7, 11, 12, 22 y 25 de enero; 5, 9 y 20 de febrero; 3, 7, 18 y 31 de marzo; 1, 5, 16 y 29 de abril; 3, 4, 14, 17, 27 y 29 de mayo; 1, 12, 25 y 27 de junio; 10, 23 y 25 de julio; 8, 21, 23 y 31 de agosto; 6, 9, 19, 21 y 29 de septiembre; 4, 17, 19, 27 y 30 de octubre; 2, 15, 17, 25 y 28 de noviembre; 13, 15, 23 y 26 de diciembre.

Buenas para ti: 8, 14, 19 y 30 de enero; 6, 12 y 17 de febrero; 4, 10 y 15 de marzo; 2, 8, 13 y 24 de abril; 6 y 11 de mayo; 4 y 9 de junio; 2 y 7 de julio; 5 de agosto; 3 de septiembre; 1 y 29 de octubre; 27 de noviembre; 25 y 29 de diciembre.

Atracción fatal: 24, 25, 26 y 27 de julio.

Desafiantes: 9, 18 y 20 de enero; 7, 16 y 18 de febrero; 5, 14 y 16 de marzo; 3, 12 y 14 de abril; 1, 10 y 12 de mayo; 8 y 10 de junio; 6, 8 y 29 de julio; 4, 6 y 27 de agosto; 2, 4 y 25 de septiembre; 2 y 23 de octubre; 21 de noviembre; 19 de diciembre.

Almas gemelas: 9 de enero, 7 de febrero, 5 de marzo, 3 de abril, 1 de mayo, 30 de octubre, 28 de noviembre, 26 de diciembre.

24 de enero

ESTRELLAS FIJAS

Altair, que significa "el águila"; Dabih; Al Giedi, también llamada Al-jadiyy, que significa "la cabra"; Oculus

ESTRELLA PRINCIPAL

Nombre de la estrella: Altair, que significa "el águila"

Posición: 0º 47'–1º 43' de Acuario, entre los años 1930 y 2000

Magnitud: 1

Fuerza: ★★★★★★★★★

Órbita: 2º 30'

Constelación: Águila (Alpha Aquilae)

Días efectivos: 20, 21, 22, 23 y 24 de enero

Propiedades de la estrella: Marte/Júpiter, Urano, Mercurio

Descripción: estrella blanca y amarilla ubicada en el cuello del águila

INFLUENCIA DE LA ESTRELLA PRINCIPAL

Altair transmite fuertes deseos, confianza, ambición y una actitud liberal, acompañada de una naturaleza inquebrantable. Indica que, aunque puedas ser radical y rebelde, y en ocasiones causes problemas saboteando algún proyecto, tu originalidad e ideas ingeniosas suelen compensar tu comportamiento errático. Altair también otorga éxito a través de invenciones, pero advierte que las circunstancias inestables pueden poner en riesgo las posiciones de autoridad que ocupas.

Con respecto a tu grado del Sol, Altair confiere originalidad, popularidad y tendencias aventureras. Te impulsa a buscar conocimiento y revela tu talento para la escritura y la educación. Dado que sueles ser ambicioso y audaz, buscas cambios de suerte, por lo que quizá recibas

♒ Eres un acuariano amistoso y creativo, con una personalidad relajada y una visión de vida original. Además de ser ambicioso e ingenioso, gozas de un olfato innato para los negocios y deseos de armonía. Te interesan las personas, ya que tienes un lado humanitario que, junto con tus aptitudes sociales, te permiten interactuar fácilmente con gente de cualquier contexto. Es posible que tus múltiples intereses a veces entorpezcan tu capacidad para tomar decisiones. Sin embargo, tus excelentes ideas y objetividad te servirán para superar las preocupaciones, sobre todo si son de índole financiera. Asimismo, tu excelente potencial mental y tus ansias de expresarte de forma creativa te permitirán lograr cosas extraordinarias.

Gracias a la influencia añadida de tu Sol en el decanato de Acuario, eres afable, extrovertido y sociable. A pesar de proyectar desapego y simpatía, también tienes un lado más perspicaz y serio que podría inclinarte hacia la filosofía o servirte para resolver problemas. Tienes ideas originales que te caracterizan como alguien adelantado a su época, y también eres ingenioso y divertido. Además, ser independiente implica que la libertad es importante para ti, pero no por eso debes volverte voluntarioso u obstinado.

Por lo regular, eres muy trabajador, práctico y juicioso, pero también disfrutas encontrar gangas. En términos generales, eres capaz de ir al meollo del asunto y usar tus excelentes habilidades de comunicación para llegar a la cima del éxito.

Hasta los 26 años, tu Sol progresado estará en Acuario, lo que resaltará cuestiones de libertad, amistad e independencia. Después de los 27, cuando tu Sol progresado se desplace hacia Piscis, te volverás más sensible y consciente de las cuestiones emocionales. Quizá también desarrolles un mayor sentido de la visión o te conectes más con tu mundo interior. A los 57 años habrá otro punto de inflexión, conforme tu Sol progresado entra a Aries. A partir de entonces, se acentuarán los nuevos comienzos, a medida que te vuelves más seguro de ti mismo, asertivo y audaz.

Tu yo secreto

El deseo profundo de amor, afecto y armonía se manifestará en tu vida a través de emprendimientos creativos y un amor intenso por el hogar y la familia. Es posible que adoptes una actitud bastante protectora de la gente que te rodea, aunque quizá te vuelvas demasiado crítico o te apropies de los problemas ajenos. A pesar de tus buenas intenciones, te vendrá bien aprender a no tomar las riendas de la vida de los demás y dejar que cada quien resuelva sus propios problemas. Cuando combinas tu compasión con tu humanitarismo innato, decidirás buscar un significado más profundo de la vida, por lo que ayudarás a otros o apoyarás causas idealistas.

Además de tener múltiples talentos, posees cualidades únicas y destellos de genialidad con los que impresionas a la gente. Aunque buscas medios para expresarte, tu preocupación acerca del dinero y la seguridad material indican que tu veta materialista podría impedir que aproveches ciertas oportunidades en la vida. Mientras tanto, tus habilidades de liderazgo innatas y espíritu de lucha reflejan que es probable que no permanezcas mucho tiempo en donde te sientes insatisfecho.

Trabajo y vocación

Posees ideas originales, inteligencia aguda y enfoque singular ante la vida, por lo que es probable que triunfes en cualquier profesión, especialmente las relacionadas con la comunicación. A nivel profesional, con frecuencia querrás mejorar tu forma de trabajar. Generalmente, eres astuto y exitoso en los negocios, pero también podrías aprovechar tu agudeza mental en la investigación o la resolución de problemas. Tus ansias de expresión personal podrían brindarte éxito en la escritura, la música y el mundo del entretenimiento. A pesar de sentirte atraído por carreras que implican trato con el público, también te caracterizas por tu capacidad de razonamiento profundo, por lo que quizá te interesen la filosofía, la religión o el derecho. El deseo de ampliar tu conocimiento y compartirlo podría llevarte a impulsar reformas sociales o educativas.

Entre las personas famosas con quienes compartes cumpleaños están el cantante Neil Diamond, los actores Nastassja Kinski y John Belushi, y la escritora Edith Wharton.

Numerología

Aunque quizá te desagrade la rutina, sueles ser una persona trabajadora, con habilidades prácticas y buen juicio. La sensibilidad emocional que sugiere un cumpleaños con el número 24 indica que quizá sientas necesidad de estabilidad y orden. Eres fiel y justo, pero poco efusivo, y tiendes a creer que las acciones dicen más que las palabras. Tu visión pragmática de la vida también te confiere buen olfato para los negocios y la capacidad de alcanzar el éxito. Con el número 24 por cumpleaños, es posible que debas sobreponerte a la tendencia a ser obstinado o de ideas fijas. La subinfluencia del mes número 1 indica que eres independiente e idealista. Eres un individuo serio, al que le gusta darle un uso práctico a su imaginación. Además, por tus posturas progresistas, te interesan cuestiones humanitarias y te atraen la vida pública y las reformas, sobre todo en materia de educación y política. Eres innovador y valiente, y te gusta decir lo que piensas aunque, por lo general, lo haces con encanto. El espíritu emprendedor propio de esta combinación numérica te empujará a experimentar con conceptos distintos y a tomar decisiones por tu propia cuenta o fracasar en el intento.

• *Cualidades positivas:* energía, idealismo, habilidades prácticas, determinación inquebrantable, honestidad, franqueza, justicia, generosidad, amor al hogar, actividad.

• *Cualidades negativas:* materialismo, mezquindad, desprecio por la rutina, pereza, deslealtad, autoritarismo, obstinación.

Amor y relaciones

Eres una persona singular y sensible que necesita tiempo y espacio para sí misma. Debido a que eres idealista, tienes expectativas tan altas que a la gente se le dificulta cumplirlas. Aunque seas amoroso y espontáneo, también eres capaz de mostrarte frío o desapegado. Además, al ser una persona generosa, debes tener cuidado de no hacer demasiados sacrificios de los que puedas arrepentirte después. Ser amistoso te ayudará a atraer gente, además de permitirte estar como pez en el agua en situaciones grupales.

ganancias inesperadas. Haces amigos e influyes en las personas con facilidad.

• *Positiva:* originalidad, ingenio, individualidad, humanismo, creatividad.

• *Negativa:* rebeldía, antagonismo, imprevisibilidad.

ESE ALGUIEN ESPECIAL

Encontrarás satisfacción emocional y a ese alguien especial entre quienes nacieron en las siguientes fechas.

Amor y amistad: 4, 8, 13, 22 y 26 de enero; 2, 6, 20 y 24 de febrero; 4, 18 y 22 de marzo; 2, 16, 20 y 30 de abril; 5, 14, 18, 28 y 30 de mayo; 3, 12, 16, 26 y 28 de junio; 10, 14, 24 y 26 de julio; 8, 12, 22 y 24 de agosto; 6, 10, 20, 22 y 30 de septiembre; 4, 8, 18, 20 y 28 de octubre; 2, 6, 16, 18 y 26 de noviembre; 4, 14, 16 y 24 de diciembre.

Buenas para ti: 9 y 20 de enero; 7 y 18 de febrero; 5, 16 y 29 de marzo; 3, 14 y 27 de abril; 1, 12, 25 y 31 de mayo; 10 y 23 de junio; 8 y 21 de julio; 6, 19 y 25 de agosto; 4, 17 y 23 de septiembre; 2, 15 y 30 de octubre; 13 y 28 de noviembre; 11, 26 y 30 de diciembre.

Atracción fatal: 27 de enero; 25 de febrero; 23 de marzo; 21 de abril; 19 de mayo; 17 de junio; 15, 24, 25, 26, 27 y 28 de julio; 13 de agosto; 11 de septiembre; 9 de octubre; 7 de noviembre; 5 de diciembre.

Desafiantes: 2, 10 y 19 de enero; 8 y 17 de febrero; 6 y 15 de marzo; 4 y 13 de abril; 2 y 11 de mayo; 9 de junio; 7 y 30 de julio; 5 y 28 de agosto; 3 y 26 de septiembre; 1 y 24 de octubre; 22 de noviembre; 20 y 30 de noviembre.

Almas gemelas: 15 de enero, 13 de febrero, 11 de marzo, 9 de abril, 7 de mayo, 5 de junio, 3 de julio, 1 de agosto, 29 de octubre, 27 de noviembre, 25 de diciembre.

25 de enero

ESTRELLAS FIJAS

Dabih; Al Giedi, también llamada Al-ja-diyy, que significa "la cabra"; Oculus; Bos

ESTRELLA PRINCIPAL

Nombre de la estrella: Dabih

Posición: 3º 4'–4º 3' de Acuario, entre los años 1930 y 2000

Magnitud: 3

Fuerza: ★★★★★★

Órbita: 1º 40'

Constelación: Capricornio (Beta Capricorni)

Días efectivos: 23, 24, 25 y 26 de enero

Propiedades de la estrella: Saturno/ Venus y Saturno/Urano

Descripción: estrella binaria, anaranjada, amarilla y azul, ubicada en el ojo izquierdo de la cabra

INFLUENCIA DE LA ESTRELLA PRINCIPAL

Dabih otorga posiciones de confianza y autoridad, así como una naturaleza responsable que puede hacerte merecedor de reconocimiento público. Es posible que tengas una naturaleza reservada y la tendencia a desconfiar. Por ende, evita entablar relaciones poco gratas y cuídate de las posibles pérdidas causadas por malos amigos.

Con respecto a tu grado del Sol, esta estrella confiere tenacidad y éxito a través del progreso estable y el trabajo arduo. Además, indica que debes proceder con cuidado y usar métodos convencionales para tener oportunidades de ascenso.

• *Positiva:* trabajo arduo, tenacidad, perseverancia.

• *Negativa:* exceso de suspicacia, desconfianza.

♒ Además de ser amistoso y generoso, eres un acuariano inteligente y activo, con espíritu triunfador. Eres mordaz y consciente, pero también trabajador y disciplinado. Debido a que eres tenaz y buen estratega, enfocas tus energías y empuje en alcanzar tus metas. Tu olfato innato para los negocios te ayudará a comercializar tus talentos, pero tu idealismo natural te impulsará a involucrarte en actividades o proyectos en los que ayudes a otros.

Con la influencia añadida de tu Sol en el decanato de Acuario, eres astuto para juzgar el carácter de las personas y tienes una gran perspicacia para comprender sus motivaciones. Eres un individuo humanitario y de mente abierta, así como un librepensador con ideas inventivas y originales. Para ti, los amigos son sumamente importantes, y, al tener una personalidad afable y extrovertida, posees el don de obtener nuevos contactos. Gracias a tus reacciones ágiles y fuerte sentido de la individualidad, rara vez te aburres, aunque debes procurar no darle rienda suelta al nerviosismo.

Debido a tu naturaleza conformada por extremos, puedes ser fuertemente tenaz, empresarial y asertivo, pero también compasivo, sensible y visionario. Si aprendes a mantener un buen equilibrio, podrás combinar estas cualidades de forma creativa y manifestarlas a través de tus sueños e ideales. En ocasiones, habrá quienes interpreten tu desapego como frialdad o indiferencia, pero tu capacidad para colaborar con otros es quizás uno de tus principales atributos.

Hasta los 25 años, tu Sol progresado estará en Acuario, lo que pondrá énfasis en cuestiones de libertad personal, amistad y expresión de la individualidad. A los 26 años, cuando tu Sol progresado se desplace hacia Piscis, las preocupaciones emocionales adquirirán mayor preponderancia en tu vida, a medida que te vuelvas más sensible e impresionable. Quizá también procurarás conectarte más con tus sueños y tu mundo interior. A los 56 años habrá un punto de inflexión, cuando tu Sol progresado entre a Aries. Esta influencia dinámica acentuará el liderazgo y una mayor orientación hacia el yo, mientras te vuelves más asertivo y seguro de ti mismo. Esto podría inspirarte a emprender proyectos nuevos.

Tu yo secreto

Las ansias de acción y de logros personales, inherentes a esta fecha de nacimiento, indican que eres un individuo ambicioso y de carácter fuerte. Gracias a tu entereza y poderosos instintos de supervivencia, eres perseverante, pero debes evitar ser obstinado o impaciente. A pesar de que a veces te dejas envolver por el mundo material y te preocupas innecesariamente por el dinero, la capacidad para generar ideas venturosas y compartirlas con otros será central para tu éxito.

Podrás expresar tu idealismo e imaginación activa a través del interés en las artes, la música, la religión o la espiritualidad. Dado que tienes grandes sueños, empuje y tenacidad, sorprende que seas propenso a dejarte llevar por la inercia. Sin embargo, mediante una perspectiva universalista podrás mantener tu vida en armonía. Esto te conectará con tu compasión innata y te inspirará a emprender actividades altruistas.

Trabajo y vocación

El que seas ingenioso y un agudo juez del carácter de los demás te será sumamente útil en cualquier carrera, pero sobre todo en la escritura y la psicoterapia. Ser amistoso y capaz de trabajar en colaboración con otros refuerza tu talento natural para obtener contactos que te resulten útiles a lo largo de la vida. Al ser intuitivo e idealista, disfrutas colaborar con la gente, a pesar de que eres independiente y te gusta tomar tus propias decisiones. Eres especialmente bueno para vender o promover ideas y productos. De igual modo, tu astucia para los negocios, habilidades organizacionales y capacidad para tratar con la gente a nivel individual podrían garantizarte el éxito en ocupaciones como asesor financiero o negociador. Por otro lado, al ser sensible y perfeccionista, quizá quieras llevar tus habilidades creativas al máximo nivel de profesionalización, ya sea a través de la música, la escritura o las artes.

Entre las personas famosas con quienes compartes cumpleaños están los escritores Somerset Maugham y Virginia Woolf, el poeta Robert Burns, la violonchelista Jacqueline du Pré, el director de orquesta Wilhelm Furtwängler, la cantante Etta James y la expresidenta filipina Corazón Aquino.

Numerología

Eres intuitivo y considerado, pero también rápido y enérgico. Necesitas expresarte a través de diversas experiencias que pueden incluir ideas, personas o lugares nuevos y emocionantes. El deseo de perfección asociado con el día 25 suele instarte a trabajar arduamente y ser productivo. No obstante, debes dejar de ser tan impaciente o crítico si las cosas no salen según lo planeado. Al ser una persona con el número 25, tienes una gran energía mental, que te ayuda a examinar todos los hechos y a llegar a una conclusión más rápido que cualquier otra persona. El éxito y la felicidad llegan cuando aprendes a confiar en tus propios instintos y fortaleces la perseverancia y la paciencia. La subinfluencia del mes 1 indica que, por lo regular, eres intuitivo y ambicioso. Cuando confías en ti mismo, te muestras entusiasta y dispuesto a colaborar con otros. Sin embargo, cuando dudas, eres desconfiado y no contribuyes. Ser innovador y valiente te impulsa a decir lo que piensas, aunque con encanto. Puesto que te preocupa tu seguridad, necesitas estabilidad para mantener el equilibrio y relajarte.

• *Cualidades positivas:* intuición, perfeccionismo, perspicacia, creatividad, don de gentes.

• *Cualidades negativas:* impaciencia, irresponsabilidad, hipersensibilidad, celos, hermetismo, circunstancias cambiantes, crítica, volubilidad.

Amor y relaciones

Eres una persona sociable y orientada a ser parte de un grupo, gracias a lo cual disfrutas hacer contactos y reunirte con la gente. Sueles tener una vida social activa y eres capaz de mezclar los negocios con el placer. Todas las relaciones son importantes para ti, así que haces el esfuerzo para mantenerte en contacto con tus amigos y conocidos. Por lo general, te gusta estar en compañía de gente inteligente y poderosa. Sin embargo, debes tener cuidado de no ser manipulador con tus parejas. Aunque a veces te preocupe el dinero, eres generoso con tus seres queridos.

ESE ALGUIEN ESPECIAL

Es más probable que encuentres amor y felicidad si te relacionas con personas nacidas en las siguientes fechas.

Amor y amistad: 3, 6, 23 y 28 de enero; 11 y 21 de febrero; 9, 19, 28 y 31 de marzo; 7, 17, 26 y 29 de abril; 5, 15, 24, 27, 29 y 31 de mayo; 3, 13, 18, 22, 25, 27 y 29 de junio; 1, 11, 20, 23, 25, 27 y 29 de julio; 9, 18, 21, 23, 25 y 27 de agosto; 7, 16, 19, 21, 23 y 25 de septiembre; 5, 10, 14, 17, 19, 21 y 23 de octubre; 3, 12, 15, 17, 19 y 21 de noviembre; 1, 10, 13, 15, 17 y 19 de diciembre.

Buenas para ti: 3, 4, 10 y 21 de enero; 1, 2, 8 y 19 de febrero; 6, 17 y 30 de marzo; 4, 15 y 28 de abril; 2, 13 y 26 de mayo; 11 y 24 de junio; 9 y 22 de julio; 7 y 20 de agosto; 5, 18 y 22 de septiembre; 3, 16 y 31 de octubre; 1, 14 y 29 de noviembre; 12 y 27 de diciembre.

Atracción fatal: 22 y 28 de enero; 20 y 26 de febrero; 18 y 24 de marzo; 16 y 22 de abril; 14 y 20 de mayo; 12 y 18 de junio; 10, 16, 26, 27, 28 y 29 de julio; 8 y 14 de agosto; 6 y 12 de septiembre; 4 y 10 de octubre; 2 y 8 de noviembre; 6 de diciembre.

Desafiantes: 11 y 20 de enero; 9 y 18 de febrero; 7 y 16 de marzo; 5 y 14 de abril; 3, 12 y 30 de mayo; 1, 10 y 28 de junio; 8, 26 y 31 de julio; 6, 24 y 29 de agosto; 4, 22 y 27 de septiembre; 2, 20 y 25 de octubre; 18 y 23 de noviembre; 16 y 21 de diciembre.

Almas gemelas: 26 de enero, 24 de febrero, 22 y 30 de marzo, 20 y 28 de abril, 18 y 26 de mayo, 16 y 24 de junio, 14 y 22 de julio, 12 y 20 de agosto, 6 y 14 de noviembre, 4 y 12 de diciembre.

ESTRELLAS FIJAS

Dabih; Oculus; Bos

ESTRELLA PRINCIPAL

Nombre de la estrella: Dabih

Posición: 3º 4'–4º 3' de Acuario, entre los años 1930 y 2000

Magnitud: 3

Fuerza: ★★★★★

Órbita: 1º 40'

Constelación: Capricornio (Beta Capricorni)

Días efectivos: 23, 24, 25 y 26 de enero

Propiedades de la estrella: Saturno/ Venus y Saturno/Urano

Descripción: estrella binaria, anaranjada, amarilla y azul, ubicada en el ojo izquierdo de la cabra

INFLUENCIA DE LA ESTRELLA PRINCIPAL

Dabih otorga posiciones de confianza y autoridad, así como una naturaleza responsable que puede hacerte merecedor de reconocimiento público. Es posible que tengas una naturaleza reservada y la tendencia a desconfiar. Por ende, evita entablar relaciones poco gratas y cuídate de posibles pérdidas causadas por malos amigos.

Con respecto a tu grado del Sol, esta estrella confiere tenacidad y éxito a través del progreso estable y el trabajo arduo. Además, indica que debes proceder con cuidado y usar métodos convencionales para tener oportunidades de ascenso.

· *Positiva:* trabajo arduo, tenacidad, perseverancia.

· *Negativa:* exceso de suspicacia, desconfianza.

26 de enero

〰〰〰 Al haber nacido bajo el signo de Acuario, posees un carácter fuertemente individualista, que procura estar a la vanguardia de las nuevas tendencias e ideas. Eres carismático y tenaz. Posees habilidades de liderazgo intuitivas, así como la capacidad de mezclar, sin problema, los negocios con el placer. Las ansias de actuar y realizarte como persona, que son propias de esta fecha de nacimiento, sugieren también que eres ambicioso y buscas el éxito. Debido a la facilidad con que aprehendes las situaciones, prefieres adoptar un enfoque honesto y directo. Tu empuje poderoso y espíritu emprendedor te otorgan la capacidad de materializar tus grandes sueños.

Gracias a la influencia de tu Sol en el decanato de Acuario, eres un individuo humanitario, de mente abierta y con una veta rebelde. Cuando aprovechas estas cualidades, puedes convertirte en un pionero emprendedor. Paradójicamente, aunque te desagrada que limiten tu libertad personal, corres el riesgo de volverte autoritario al intentar hacer las cosas a tu manera. Eres directo por naturaleza y posees un buen sentido de los valores, por lo que proyectas una personalidad asertiva pero también amistosa.

Aunque tienes excelentes aptitudes para tratar con la gente, quizá la paciencia no es uno de tus atributos más fuertes. Esto podría provocar que fluctúes entre la inquietud y el impulso de hacer gestos generosos. No obstante, una de tus mejores cualidades es la capacidad para entender las motivaciones ajenas. Si la combinas con tus ideas venturosas y enfoque realista, sin duda alcanzarás el éxito y la prosperidad.

Hasta los 24 años, tu Sol progresado estará en Acuario, lo que pondrá énfasis en cuestiones relacionadas con la libertad y la independencia. Asimismo, desarrollarás un interés exacerbado en la amistad, la conciencia colectiva y la expresión de la individualidad. Después de los 25 años, cuando tu Sol progresado se desplace hacia Piscis, te volverás más sensible y tendrás que lidiar más con cuestiones afectivas. Quizá desarrolles una visión más sólida o te conectes más con tu mundo interior. A los 55 habrá otro punto de inflexión, cuando tu Sol progresado entre a Aries. A partir de entonces, enfatizarás la importancia de tomar la iniciativa y de ser directo y activo en las relaciones personales. Empezarás a sentirte más seguro de ti mismo y audaz, y quizás emprendas nuevos planes y actividades.

Tu yo secreto

Con tu capacidad para manifestar lo que quieres en la vida, es esencial que tengas claro lo que deseas. A ojos de los demás parecerás desapegado, pero en el fondo albergas sentimientos y deseos poderosos. Es necesario reconocer y canalizar estas emociones intensas a través de válvulas de escape positivas. Cuando las aprovechas para amar de forma desinteresada y ayudar a otros, tu personalidad e ideales elevados se convierten en una extraordinaria fuerza del bien.

Posees un talento natural para los negocios, así como aptitudes para hacer contactos. Con frecuencia, examinas tu valor personal y las ventajas que puedes obtener de alguna situación, pues te encanta negociar o lograr que ocurran cosas. Incluso si te va bien, quizá temas no tener suficiente dinero; sin embargo, si te mantienes conectado con tu espíritu potente, siempre tendrás los recursos que requieras.

Trabajo y vocación

Además de que posees habilidades de liderazgo, te motiva una sólida combinación de idealismo y pragmatismo. En los negocios, adoptas una actitud saludable ante el dinero; sin embargo, debes evitar las luchas de poder y criticar a los demás. Prosperas con cada nuevo comienzo o desafío, y tienes la extraordinaria capacidad de identificar las oportunidades. Generalmente eres capaz de promover ideas y productos debido a tu gran entusiasmo y poder de persuasión. Al ser alguien valiente y comprometido, y con habilidades ejecutivas, podrías desarrollarte profesionalmente en el comercio como negociador, agente o asesor financiero. Por otro lado, tu enfoque de vida singular y único podría encontrar medios de expresión en el mundo creativo.

Entre las personas famosas con quienes compartes cumpleaños están el actor Paul Newman; la activista feminista Angela Davis; el jugador de hockey Wayne Gretzky, y el general estadounidense Douglas MacArthur.

Numerología

El número 26 sugiere que posees un enfoque pragmático con respecto a la vida, habilidades ejecutivas y buen instinto para los negocios. Sueles ser responsable y tener un sentido natural de la estética. Tu amor por el hogar y tus fuertes instintos parentales sugieren que debes construir una base sólida en tu vida o encontrar estabilidad real. Como sueles ser un pilar de fortaleza para otros, estás dispuesto a ayudar a amigos y familiares que recurran a ti en momentos de dificultad. Sin embargo, quizá debas tener cuidado de tus tendencias materialistas y el deseo de controlar situaciones o personas. La subinfluencia del mes número 1 indica que eres intuitivo e independiente, y que posees un espíritu emprendedor. Las ansias de libertad reflejan que requieres espacio para moverte y poder aprovechar las oportunidades cuando se presentan. Eres práctico y de mente abierta, y eso te permite anticiparte a las tendencias. Al ser un individuo serio y trabajador, eres capaz de progresar y hacer un uso práctico de tus pensamientos imaginativos. Aunque puedes lograr muchas cosas por mérito propio, necesitas trabajar en colaboración o cooperar con otros para triunfar de verdad.

• *Cualidades positivas:* creatividad, practicidad, cuidado, responsabilidad, orgullo familiar, entusiasmo, valentía.

• *Cualidades negativas:* necedad, rebeldía, relaciones inestables, falta de entusiasmo, falta de perseverancia.

Amor y relaciones

Tiendes a que cambien tus sentimientos cuando estás en una relación amorosa, lo que indica, entre otras cosas, que necesitas que haya variedad y movimiento en tu vida. Debes fortalecer la paciencia para ver cómo se van dando las cosas, en lugar de tomar decisiones impulsivas y arrepentirte después. Por lo regular, gozas de una vida activa, conoces gente nueva y experimentas situaciones distintas. Tu pareja ideal sería alguien que pueda mantenerte interesado y alerta, pero que también sea amoroso y comprensivo. Al ser independiente, necesitas tener la libertad de hacer las cosas a tu manera, incluso si estás en una relación romántica.

ESE ALGUIEN ESPECIAL

Si buscas seguridad, estímulo intelectual y amor, es probable que los encuentres entre quienes nacieron en las siguientes fechas.

Amor y amistad: 6, 14, 22, 24 y 31 de enero; 4, 12, 22 y 29 de febrero; 10, 20 y 27 de marzo; 8, 18 y 25 de abril; 6, 16, 23, 25 y 30 de mayo; 4, 14, 21, 28 y 30 de junio; 2, 12, 19, 26, 28 y 30 de julio; 10, 17, 24, 26 y 28 de agosto; 8, 15, 22, 24 y 26 de septiembre; 4, 6, 13, 15, 20, 22, 24 y 30 de octubre; 4, 11, 18, 20, 22 y 28 de noviembre; 2, 9, 16, 18, 20, 26 y 29 de diciembre.

Buenas para ti: 5, 22 y 30 de enero; 3, 20 y 28 de febrero; 1, 18 y 26 de marzo; 16 y 24 de abril; 14 y 22 de mayo; 12 y 20 de junio; 10, 18 y 29 de julio; 8, 16, 27 y 31 de agosto; 6, 14, 25, 27 y 29 de septiembre; 4, 12, 23 y 27 de octubre; 2, 10, 21, 23 y 25 de noviembre; 9, 19 y 23 de diciembre.

Atracción fatal: 12 de enero; 10 de febrero; 8 de marzo; 6 de abril; 4 de mayo; 2 de junio; 28, 29, 30 y 31 de julio.

Desafiantes: 16 y 21 de enero; 14 y 19 de febrero; 12, 17 y 30 de marzo; 10, 15 y 28 de abril; 8, 13 y 26 de mayo; 6, 11 y 24 de junio; 4, 9 y 22 de julio; 2, 7 y 20 de agosto; 5 y 18 de septiembre; 3 y 16 de octubre; 1 y 14 de noviembre; 12 de diciembre.

Almas gemelas: 25 de enero, 23 de febrero, 21 de marzo, 19 de abril, 17 de mayo, 15 de junio, 13 de julio, 11 de agosto, 9 de septiembre, 7 de octubre, 5 de noviembre, 3 y 30 de diciembre.

27 de enero

ESTRELLAS FIJAS

Aunque el grado en que se ubica tu Sol no se encuentra vinculado con una estrella fija, algunos de los grados de tus otros planetas sí lo estarán. Si solicitas el cálculo de tu carta astral, encontrarás la posición exacta de los planetas en tu fecha de nacimiento. Esto te permitirá determinar cuáles de las estrellas fijas descritas en este libro son relevantes para ti.

Eres fuertemente individualista, astuto e intuitivo. Eres un acuariano culto y perspicaz. Tu fecha de nacimiento implica que eres independiente y tienes habilidades de liderazgo, por lo que preferirías ser quien tenga el mando, en lugar de rendirle cuentas a un jefe. Eres asertivo y posees mucho sentido común, por lo que sueles estar dispuesto a esforzarte mucho para lograr tus objetivos. Con ayuda de tu intelecto sobresaliente e intuición, solo falta que desarrolles la disciplina necesaria para explotar al máximo tu potencial extraordinario.

Gracias a la influencia añadida de tu Sol en el decanato de Acuario, eres amistoso, extrovertido y sociable. Eres capaz de abordar los problemas con un enfoque singular, así como de aconsejar a otros y sugerirles soluciones. Quizá también tengas un lado más inusual o excéntrico. Tu mentalidad individualista hace que seas alguien adelantado a su época, pero también te hace propenso a volverte obstinado y rebelde.

Si llevas a cabo tus planes con determinación, desarrollarás la paciencia y perseverancia necesarias para alcanzar metas a largo plazo. Al tener una mente objetiva e inventiva, en ocasiones, experimentas destellos de genialidad, además de que tus instintos casi nunca se equivocan al juzgar a las personas. Dado que eres un buen juez del carácter ajeno, sueles ser directo y franco. Tu perspectiva original te inspirará a impulsar reformas y renovar sistemas anticuados. Las mujeres nacidas en esta fecha tienden a ser decididas y a tomar el mando de las situaciones, en lugar de ser observadoras pasivas.

Hasta los 23 años, tu Sol progresado atraviesa Acuario, lo que resaltará cuestiones de libertad personal, amistad y expresión de la individualidad. A los 24 años, cuando tu Sol progresado se desplace hacia Piscis, te volverás más sensible y emotivo, desarrollarás una visión más poderosa y entablarás una conexión más fuerte con tu mundo interno. A los 54 años habrá otro punto de inflexión, cuando tu Sol progresado entre a Aries. Esta influencia te volverá más seguro de ti mismo, asertivo y ambicioso, por lo que es probable que emprendas o lideres nuevas actividades.

Tu yo secreto

Una vez que estableces una meta definitiva, eres tenaz e inflexible hasta alcanzar tus objetivos. Eso mismo te ayudará a superar los obstáculos que enfrentes en la vida y te permitirá lograr cosas extraordinarias. Disfrutas tener poder y control, pero debes evitar involucrarte en tácticas y juegos psicológicos. Tu gran sentido del deber y ansias de éxito material hacen que te tomes muy en serio el trabajo y las responsabilidades.

A pesar de ser independiente, por lo regular, te desempeñas bien en situaciones grupales o alianzas. Como buen miembro de un equipo, comprendes las dinámicas de la negociación durante las relaciones laborales. Aunque no toleras la ignorancia, sueles ser más productivo cuando aprovechas tus habilidades diplomáticas inherentes que cuando adoptas un enfoque dogmático. Al tratar con personas de forma individual, tienes la facilidad de hacerlas sentir especiales.

Trabajo y vocación

Es factible que tu inteligencia aguda sea lo que más influya al elegir carrera. Puesto que eres astuto, necesitas un trabajo que te mantenga estimulado a nivel mental. Si tienes la oportunidad, ascenderás a posiciones de autoridad. Tu humanismo innato te inclinará hacia las reformas sociales y educativas, aunque también podrías sobresalir en la política o en movimientos de derechos humanos progresistas. Tus habilidades organizacionales y de comunicación serán un gran atributo si decides dedicarte a los negocios o al derecho. No obstante, como también eres independiente, quizá quieras trabajar por cuenta propia. Tu capacidad para entender la naturaleza humana te ayudará en carreras como psicoterapia o medicina. Por otro lado, el deseo de expresar tu creatividad e individualidad tendrían cabida en las artes, sobre todo, en la música.

Entre las personas famosas con quienes compartes cumpleaños están el compositor Wolfgang Amadeus Mozart, el pianista John Ogdon, el escritor Lewis Carroll y la actriz Bridget Fonda.

Numerología

El día número 27 indica que eres idealista y sensible, pero también intuitivo y analítico. Posees una mente fértil y creativa, por lo que eres capaz de impresionar a otros con tus ideas y pensamientos originales. Si bien a veces aparentas ser hermético, racional y desapegado, en realidad esto podría ocultar tensiones internas. Al desarrollar buenas habilidades comunicativas, puedes superar tu renuencia a expresar tus sentimientos más profundos. La educación es esencial para las personas con el número 27 y, si profundizas tu capacidad de razonamiento, te volverás más paciente y disciplinado. La subinfluencia del mes número 1 indica que eres talentoso e imaginativo, y que posees instintos poderosos o habilidades psíquicas. Eres autónomo, asertivo y de mente amplia, y te caracterizas por pensar de forma independiente. También eres entusiasta y tienes muchas ideas, así como una visión progresista, lo que sugiere que acostumbras ser quien les muestre a los demás el camino. Eres idealista; pero también un individuo serio y trabajador, al que le gusta darle un uso práctico a sus pensamientos. Por otro lado, ser innovador y valiente te impulsa a decir lo que piensas cuando se trata de algo importante para ti o a experimentar con conceptos diferentes. Por lo regular, prefieres forjarte opiniones propias.

• *Cualidades positivas:* versatilidad, imaginación, creatividad, valentía, comprensión, capacidad intelectual, espiritualidad, ingenio, fortaleza mental.

• *Cualidades negativas:* tendencia a ofenderse con facilidad y a discutir, inquietud, desconfianza, hipersensibilidad, tensión.

Amor y relaciones

Con tu perspectiva humanitaria y progresista de la vida, necesitas estar rodeado de personas, lo que indica que el amor y las relaciones son sumamente importantes para ti. Eres inteligente y honesto con tus emociones. La gente admira tus habilidades y racionalidad. Las ansias de estabilidad y seguridad emocional harán que tener una familia y una base sólida en la vida sean parte significativa de tu plan global. Al ser una persona de emociones fuertes, eres devoto, leal y cariñoso, pero también debes tener cuidado de no volverte autoritario.

ESE ALGUIEN ESPECIAL

Para encontrar a ese alguien especial, empieza por buscarlo entre personas nacidas en las siguientes fechas.

Amor y amistad: 7, 8, 11, 13, 15, 17 y 25 de enero; 5, 7, 9, 11, 13, 15 y 23 de febrero; 7, 9, 11, 13 y 21 de marzo; 2, 5, 7, 9, 11 y 19 de abril; 3, 5, 7, 9, 17 y 31 de mayo; 1, 3, 5, 7, 15 y 29 de junio; 1, 3, 5, 27, 29 y 31 de julio; 1, 3, 11, 25, 27 y 29 de agosto; 1, 9, 23, 25 y 27 de septiembre; 7, 21, 23 y 25 de octubre; 5, 19, 21 y 23 de noviembre; 3, 17, 19, 21 y 30 de diciembre.

Buenas para ti: 1, 5, 20 y 29 de enero; 3 y 18 de febrero; 1 y 16 de marzo; 14 de abril; 12 de mayo; 10 y 17 de junio; 8 de julio; 6 de agosto; 4 de septiembre; 2 y 9 de octubre.

Atracción fatal: 28, 29, 30 y 31 de julio.

Desafiantes: 6, 22 y 24 de enero; 4, 20 y 22 de febrero; 2, 18 y 20 de marzo; 16 y 18 de abril; 14 y 16 de mayo; 12 y 14 de junio; 10 y 12 de julio; 8, 10 y 31 de agosto; 6, 8 y 29 de septiembre; 4, 6 y 27 de octubre; 2, 4, 25 y 30 de noviembre; 2, 23 y 28 de diciembre.

Almas gemelas: 6 y 12 de enero, 4 y 10 de febrero, 2 y 8 de marzo, 6 de abril, 4 de mayo, 2 de junio.

28 de enero

ESTRELLAS FIJAS

Aunque el grado en que se ubica tu Sol no se encuentra vinculado con una estrella fija, algunos de los grados de tus otros planetas sí lo estarán. Si solicitas el cálculo de tu carta astral, encontrarás la posición exacta de los planetas en tu fecha de nacimiento. Esto te permitirá determinar cuáles de las estrellas fijas descritas en este libro son relevantes para ti.

Eres un acuariano ambicioso y astuto, que se caracteriza por su intuición natural y agilidad mental. Debido a que eres encantador y atractivo, proyectas confianza en ti mismo. Eres generoso y amigable, y posees buenas habilidades sociales, lo que indica que invariablemente eres popular. Dado que eres talentoso y tienes buen juicio, confías en tu conocimiento y prefieres ser un pensador independiente. Gracias a tu presteza para reaccionar y sólido sentido de la individualidad, jamás eres aburrido, aunque quizá debas cuidarte de la tendencia a ser impaciente.

Gracias a la influencia de tu Sol en el decanato de Acuario, eres un humanitario original y de mente abierta que tiene también una veta rebelde. Si canalizas estas cualidades de forma productiva, podrías convertirte en pionero de emprendimientos e ideas progresistas. Al contar con buenas dotes de psicólogo, posees una perspicacia aguda sobre el carácter y las motivaciones de la gente que podría ayudarte a alcanzar la cima.

Tus amigos serán parte integral de tu desarrollo afectivo. Además de que eres cálido y sociable, eres bueno para conocer gente nueva y generar redes de contactos. Irónicamente, aunque te desagrade que otros interfieran en tu vida a veces corres el riesgo de volverte igualmente autoritario u obstinado. No solo eres original e innovador sino que posees una mente ágil, asertiva y concisa, que gusta del ingenio, la sátira y las conversaciones ocurrentes. Si te sientes amenazado, te vuelves competitivo y tienes la capacidad de contraatacar verbalmente de forma atinada. A pesar de ser buen crítico, ten cuidado de no llevarlo al límite ni usar las palabras como armas para herir a otros.

Hasta los 22 años, mientras tu Sol progresado está en Acuario, sobresalen cuestiones relativas a la libertad personal, la amistad y la expresión de la individualidad. A los 23 años, cuando tu Sol progresado se desplace hacia Piscis, adquirirás una mayor conciencia afectiva y serás más receptivo, además de enfatizar tus sueños e intuición natural. A los 53 años habrá un punto de inflexión, cuando tu Sol progresado entre a Aries. Esta influencia acentuará cierto ensimismamiento, a medida que adquieres más confianza en ti mismo y te vuelves más audaz.

Tu yo secreto

Eres dramático, sensible, creativo y con una gran necesidad de expresarte. Aunque, por lo regular, eres optimista, la insatisfacción y la indecisión respecto a cuestiones emocionales podrían implicar un reto. El idealismo es una de tus fuentes de inspiración; sin embargo, como te desagrada aburrirte, es probable que constantemente busques actividades nuevas y originales que mantengan tu mente animada y estimulada. Por medio de tus dones intuitivos y psíquicos innatos, es posible que descubras poco a poco la sabiduría superior.

Te orientas hacia el éxito y tienes la capacidad de ver el panorama completo, por lo que haces planes grandiosos y eres emprendedor. Además de ser ambicioso y valiente, eres afortunado por naturaleza y tienes un excelente olfato para los negocios. Sin embargo, no caigas en la trampa de creer que la seguridad financiera trae consigo todas las respuestas. Esto refuerza la necesidad de hacer elecciones que fortalezcan tus valores, identidad y autoestima.

Trabajo y vocación

Dado que eres un individuo encantador y con facilidad de palabra, prosperas en cualquier carrera que implique comunicación, en especial la escritura, los medios de comunicación o la representación de otros. Tu sed de conocimiento también hace que te atraigan la enseñanza, las ciencias, la literatura y el derecho. Tienes múltiples talentos, y te caracterizas por ser tanto un idealista humanitario como un triunfador con grandes aspiraciones. Este lado de tu naturaleza se sentiría más cómodo al desempeñar un trabajo como terapeuta, hacer labores comunitarias o luchar por causas sociales o políticas. Tus aptitudes de liderazgo te permiten trabajar en grandes empresas o triunfar en los negocios. Por otro lado, las ansias de expresión artística podrían inclinarte hacia el mundo del arte y el entretenimiento, pero sobre todo hacia la música y el teatro.

Entre las personas famosas con quienes compartes cumpleaños están el pianista Arthur Rubinstein, la novelista Colette, el actor Alan Alda y el pintor Jackson Pollock.

Numerología

Eres independiente e idealista, pero también pragmático y decidido. Acostumbras marchar a tu propio ritmo. La suma de los dos dígitos de tu fecha de cumpleaños, 2 y 8, es igual a 1, lo cual en términos numerológicos significa que eres ambicioso, directo y emprendedor. Tu fecha de nacimiento también indica un conflicto interno entre tu deseo de ser autosuficiente y de pertenecer a un equipo. Siempre estás preparado para la acción y para emprender nuevos proyectos. Enfrentas los desafíos de la vida con valentía y, gracias a tu entusiasmo, motivas fácilmente a otros, si bien no a seguirte, por lo menos a apoyarte en tus emprendimientos. Con un cumpleaños con el número 28, tienes capacidad de liderazgo y dependes de tu sentido común, lógica e ideas claras. Sueles asumir responsabilidades, pero también puedes ser demasiado entusiasta, impaciente o intolerante. La subinfluencia del mes número 1 indica que eres entusiasta y tienes ideas originales. Tu astucia e instintos hacen que necesites actividades y desafíos intelectuales, pues eres capaz de lograr muchas cosas, incluso desde temprana edad. Aunque eres práctico, tus valores podrían cambiar a raíz de tus propias experiencias, con lo cual empezarías a expresarte de maneras diferentes. Para encontrar la paz interna, tendrás que crear una atmósfera armoniosa y un entorno amoroso y seguro.

• *Cualidades positivas:* compasión, actitud progresista, audacia, veta artística, creatividad, idealismo, ambición, trabajo arduo, vida familiar estable, fuerza de voluntad.

• *Cualidades negativas:* fantasioso, desmotivado, falta de compasión, poco realista, autoritario, falta de juicio.

Amor y relaciones

Eres inteligente y tenaz. Disfrutas rodearte de personas inteligentes, que te estimulen a nivel intelectual o sean aventureros. La tendencia a aburrirte con facilidad es señal de que también prefieres a quienes tienen iniciativa y son activos. Puesto que te surgen dudas sobre las relaciones íntimas, quizá te sientas más cómodo al entablar relaciones platónicas con personas que tengan los mismos intereses que tú. Cuando al fin le entregas tu corazón a alguien, eres leal, amoroso y solidario.

ESE ALGUIEN ESPECIAL

Para encontrar a una pareja o a un amante que te mantenga interesado y que valore tu sensibilidad, búscalo entre quienes nacieron en las siguientes fechas.

Amor y amistad: 9, 12, 16, 25 y 30 de enero; 7, 10, 14, 23 y 24 de febrero; 5, 8, 12, 22 y 31 de marzo; 6, 10, 20 y 29 de abril; 4, 8, 18, 22 y 27 de mayo; 2, 6, 16, 25 y 30 de junio; 4, 14, 23 y 28 de julio; 2, 12, 21, 26 y 30 de agosto; 10, 19, 24 y 28 de septiembre; 8, 12, 17, 22 y 26 de octubre; 6, 15, 20, 24 y 30 de noviembre; 4, 13, 18, 22 y 28 de diciembre.

Buenas para ti: 2, 13, 19, 22 y 24 de enero; 11, 17, 20 y 22 de febrero; 9, 15, 18, 20 y 28 de marzo; 7, 13, 16, 18 y 26 de abril; 5, 11, 16, 18 y 26 de mayo; 3, 9, 12, 14 y 22 de junio; 1, 7, 10, 12 y 20 de julio; 5, 8, 10 y 18 de agosto; 3, 6, 8 y 16 de septiembre; 1, 4, 6 y 14 de octubre; 2, 4 y 12 de noviembre; 2 y 10 de diciembre.

Atracción fatal: 25 de enero; 23 de febrero; 21 de marzo; 19 de abril; 17 de mayo; 15 de junio; 13, 30 y 31 de julio; 1, 2 y 11 de agosto; 9 de septiembre; 7 de octubre; 5 de noviembre; 3 de diciembre.

Desafiantes: 7 y 23 de enero; 5 y 21 de febrero; 3, 19 y 29 de marzo; 1, 17 y 27 de abril; 15 y 25 de mayo; 13 y 23 de junio; 11, 21 y 31 de julio; 9, 19 y 29 de agosto; 7, 17, 27 y 30 de septiembre; 3, 13, 23 y 26 de noviembre; 1, 11, 21 y 24 de diciembre.

Almas gemelas: 17 de enero, 15 de febrero, 13 de marzo, 11 de abril, 9 de mayo, 7 de junio, 5 de julio, 3 de agosto, 1 de septiembre, 30 de noviembre, 28 de diciembre.

29 de enero

ESTRELLAS FIJAS

Aunque el grado en que se ubica tu Sol no se encuentra vinculado con una estrella fija, algunos de los grados de tus otros planetas sí lo estarán. Si solicitas el cálculo de tu carta astral, encontrarás la posición exacta de los planetas en tu fecha de nacimiento. Esto te permitirá determinar cuáles de las estrellas fijas descritas en este libro son relevantes para ti.

Eres un acuariano inteligente y con carácter fuerte, que se caracteriza por sus excelentes habilidades comunicativas. Quizá decidas aprovechar tu veta rebelde para defender los derechos de otros, ya que, gracias a tu vasto conocimiento, sueles actuar como mediador. Tu magnetismo personal y talentos creativos atraerán a la gente; por ende, es probable que seas popular y que interactúes con facilidad con personas de cualquier contexto. Sueles resplandecer y tener una presencia notable, y es que mantienes a la gente entretenida al tiempo que comunicas tu mensaje.

Con la influencia añadida de tu Sol en el decanato de Acuario, tus ideas inventivas serán consideradas visionarias. Eres independiente y aprecias mucho la libertad, porque sientes la necesidad de hacer las cosas a tu manera. También eres sociable, valoras a tus amigos y adoptas un enfoque humanista hacia las relaciones personales. Eres honesto con lo que sientes, y puedes mostrarte entusiasta e impaciente cuando encuentras a una persona o un proyecto que de verdad te inspira. Sin embargo, la tendencia a ser nervioso e intranquilo implica que debes evitar el estrés de los excesos o ser impredecible.

Eres idealista, de fuertes convicciones y posees facilidad de palabra innata, ya sea hablada o escrita. Esto refuerza tu talento para la escritura o las habilidades de enseñanza y oratoria. Aunque eres práctico y sabes organizarte, a veces te dejas llevar por el optimismo y el espíritu de emprendimiento. Eres franco y estás lleno de vida, te encanta el movimiento y quieres que ocurran cosas grandiosas. A pesar de que eres talentoso y tenaz, debes tener cuidado de que esta no se convierta en pura obstinación o necedad.

Hasta los 21 años, tu Sol progresado estará en Acuario, lo que enfatizará la importancia de la libertad, la independencia y la necesidad de expresar tu individualidad. Después de los 22, cuando tu Sol progresado se desplace hacia Piscis, te volverás más sensible y consciente de las cuestiones afectivas. Quizá también desarrolles una visión más sólida o tengas una conexión más fuerte con tu mundo interior. A los 52 años habrá otro punto de inflexión, cuando tu Sol progresado entre a Aries; a partir de entonces, te enfocarás más en ti mismo, mientras te vuelves más seguro y asertivo, y sentirás una mayor necesidad de incursionar en nuevas áreas de interés.

Tu yo secreto

Eres particularmente persuasivo porque albergas una mezcla interesante de materialismo e idealismo. A pesar de que a veces te preocupas mucho por el dinero o la seguridad material, tu fecha de nacimiento trae consigo protección financiera natural, lo que garantiza que siempre recuperarás lo que des a otros. El aprecio por la belleza y la buena vida refleja que te gustan los lujos, con un toque de glamur. Te expresas de forma original en cualquier actividad artística o creativa, y disfrutas las cosas interesantes y poco comunes.

Eres encantador, bondadoso y albergas emociones intensas. Tu carisma innato te permite irradiar amor y optimismo, lo que enfatiza la importancia de tener mecanismos para expresarte. No obstante, sin importar la fuerza de tus sentimientos, evita volverte extremista o actuar de manera impulsiva. Tu temperamento conjuga elementos contrastantes que ponen un fuerte énfasis tanto en la independencia y la tenacidad, como en la compasión y la sensibilidad.

Trabajo y vocación

Gracias a tu inteligencia aguda, tienes muchas opciones profesionales. La capacidad para comunicar tus ideas hará que te interese dar conferencias, enseñar o escribir. Con tu actitud positiva y personalidad relajada, tendrías éxito en carreras que requieran trato con la gente y podrías ascender a puestos de mayor responsabilidad. Quizá te atraiga el mundo del comercio, donde podrías aprovechar tu encanto persuasivo para vender, promover y negociar. Es igualmente probable que te inclines hacia el derecho, la academia o la política. Por otro lado, las ansias de expresión personal podrían empujarte hacia los medios de comunicación o el mundo del entretenimiento.

Entre las personas famosas con quienes compartes cumpleaños están la presentadora televisiva Oprah Winfrey, los actores Tom Selleck y W. C. Fields, el escritor Antón Chéjov, la feminista Germaine Greer y el revolucionario estadounidense Thomas Paine.

Numerología

Los individuos que nacen bajo el número 29 tienen una personalidad enérgica y gran potencial para sobresalir. Además, eres intuitivo, sensible y emotivo. La inspiración es la clave de tu éxito, ya que sin ella puedes encontrarte sin rumbo o propósito. Si bien eres un soñador, en ocasiones los extremos de tu personalidad sugieren que trates de controlar tus cambios de humor. Si confías en tus sentimientos más profundos y abres tu corazón a otras personas, superarás la tendencia a preocuparte de más o a usar tu intelecto como armadura. Aprovecha tus ideas creativas para lograr algo único y especial que puede inspirar a otros o serles útil. La subinfluencia del mes número 1 indica que eres intuitivo y receptivo, y que posees una naturaleza humanitaria. Ser creativo e inteligente te permite sobresalir en todo tipo de actividades que requieran trabajo individual y astucia mental. El espíritu emprendedor propio de esta combinación numérica te impulsará a experimentar con diferentes conceptos y a decidir por ti mismo aunque falles en el intento. Eres liberal y entusiasta, y te gusta explorar ideas nuevas, además de que, por lo regular, te interesa la información técnica o poner en práctica descubrimientos nuevos. A pesar de ser imaginativo e innovador, te gusta dar un uso práctico a tus ideas.

• *Cualidades positivas:* inspiración, equilibrio, paz interior, generosidad, éxito, creatividad, intuición, misticismo, sueños poderosos, cosmopolita, fe.

• *Cualidades negativas:* desconcentración, inseguridad, malhumor, personalidad difícil, extremismo, desconsideración, hipersensibilidad.

Amor y relaciones

Eres honesto, directo y disfrutas compartir tus múltiples intereses con otros, lo que te convierte en un excelente compañero. Eres espontáneo e idealista, y necesitas entablar un vínculo inspirador con tu pareja. Sin embargo, el temor al abandono o a la soledad podrían hacerte parecer distante e indiferente, o provocar que te aferres a parejas inadecuadas. Procura no proyectar tanto desapego e independencia que tu pareja asuma que no la necesitas. Al ser astuto e intuitivo, disfrutas rodearte de personas creativas y eres un amigo generoso y leal.

ESE ALGUIEN ESPECIAL

Es más probable que te comprometas en serio con alguien que haya nacido en las siguientes fechas.

Amor y amistad: 2, 7, 10, 17, 22, 27 y 31 de enero; 5, 8, 15 y 25 de febrero; 3, 6, 13 y 23 de marzo; 1, 4, 11, 16 y 21 de abril; 2, 9, 19 y 23 de mayo; 7, 12, 17 y 23 de junio; 5, 15, 29 y 31 de julio; 3, 13, 27, 29 y 31 de agosto; 1, 11, 25, 27 y 29 de septiembre; 4, 9, 13, 23, 25 y 27 de octubre; 7, 21, 23 y 25 de noviembre; 5, 19, 21 y 23 de diciembre.

Buenas para ti: 3, 5, 20, 25 y 27 de enero; 1, 3, 18, 23 y 25 de febrero; 1, 16, 21 y 23 de marzo; 14, 19 y 21 de abril; 12, 17 y 19 de mayo; 10, 15 y 17 de junio; 8, 13 y 15 de julio; 6, 11 y 13 de agosto; 4, 9, 11 y 28 de septiembre; 2, 7 y 9 de octubre; 5, 7 y 24 de noviembre; 3 y 5 de diciembre.

Atracción fatal: 13 de enero, 11 de febrero, 9 de marzo, 7 de abril, 5 de mayo, 3 de junio, 1 y 31 de julio, 1 y 2 de agosto.

Desafiantes: 16 y 24 de enero; 14 y 22 de febrero; 12 y 20 de marzo; 10 y 18 de abril; 8, 16 y 31 de mayo; 6, 14 y 29 de junio; 4, 12 y 27 de julio; 2, 10 y 25 de agosto; 8 y 23 de septiembre; 6 y 21 de octubre; 4 y 19 de noviembre; 2 y 17 de diciembre.

Almas gemelas: 16 de enero, 14 de febrero, 12 de marzo, 10 de abril, 8 de mayo, 6 de junio, 4 y 31 de julio, 2 y 29 de agosto, 27 de septiembre, 25 de octubre, 23 de noviembre, 21 de diciembre.

30 de enero

ESTRELLAS FIJAS

Aunque el grado en que se ubica tu Sol no se encuentra vinculado con una estrella fija, algunos de los grados de tus otros planetas sí lo estarán. Si solicitas el cálculo de tu carta astral, encontrarás la posición exacta de los planetas en tu fecha de nacimiento. Esto te permitirá determinar cuáles de las estrellas fijas descritas en este libro son relevantes para ti.

Tu fecha de nacimiento indica que eres un acuariano amistoso, entusiasta, que se orienta hacia el éxito, aprecia la libertad y tiene grandes ideas. Eres asertivo y dinámico; te caracteriza tu trato humano cálido y la ecuanimidad en tus relaciones sociales. Puesto que tienes un intelecto agudo y un enfoque racional, aprecias el conocimiento y solo te sientes satisfecho cuando adquieres sabiduría.

Gracias a la influencia añadida de tu Sol en el decanato de Acuario, eres un humanista de mente abierta, con una veta rebelde. Además de que eres un pensador objetivo y con inventiva, generas ideas entusiastas y singulares que podrían traducirse en recompensas financieras. Con ayuda de tu perspicacia aguda, sueles evaluar con rapidez el carácter ajeno. Esa sagacidad y tu mentalidad vanguardista hacen que parezcas una persona adelantada a su tiempo, pero corres el riesgo de llevar estas cualidades demasiado lejos y volverte obstinado o alguien que critica a los demás.

Reconoces de inmediato las tendencias y los conceptos nuevos y, por lo regular, disfrutas expresar tus propias ideas. A pesar de ser seguro de ti mismo y tener convicciones fuertes, a veces eres propenso a preocuparte y actuar de forma impulsiva. La necesidad de aprobación de los demás y tu deseo de sobresalir reflejan que disfrutas estar frente a un público. Te animas y emocionas cuando encuentras una actividad que de verdad te inspira, y eres capaz de transmitirlo a los demás por medio de tu discurso persuasivo.

Hasta los 20 años, tu Sol progresado está en Acuario, lo que resalta la importancia de la libertad personal, la amistad y la expresión de la individualidad. A los 21, cuando tu Sol progresado se desplaza hacia Piscis, refuerzas tu sensibilidad emocional, desarrollas un mayor empeño para cumplir tus sueños y te conectas mejor con tu mundo interior. A los 51 años hay otro punto de inflexión, cuando tu Sol progresado entra a Aries. Esta influencia te hará más seguro de ti mismo, asertivo y dinámico, a medida que te concentras más en ti mismo.

Tu yo secreto

Eres sumamente intuitivo, pero necesitas escuchar a tu voz interior y dejarte guiar por ella. Esto te ayudará a encontrar un equilibrio entre tu visión y la realidad. Una vez que desarrolles un plan para alcanzar tus metas, será necesario que te apegues a él, a pesar de las dificultades. El deseo genuino de dar lo mejor de ti en el trabajo hará que seas modesto y digno, mientras que la determinación de triunfar siempre te ayudará a ganar.

Eres ambicioso y, en general, te desagrada recibir órdenes, por lo que eres más apto para ocupar posiciones de autoridad. Identificas las oportunidades al instante y gozas de un pragmatismo férreo y buenas habilidades de organización. A pesar de que eres amistoso y tienes una mentalidad astuta, tu impaciencia sale a relucir cuando no escuchas a la gente o te aburres con facilidad. Sin embargo, eres capaz de lograr cosas extraordinarias y hasta de mover montañas con tu actitud positiva.

Trabajo y vocación

Tu astucia para entender la naturaleza humana, tu encanto y tus habilidades organizacionales reflejan que tienes el potencial para prosperar en actividades que involucren trato con la gente, ya sea en los negocios, la educación o el gobierno. Eres independiente, seguro de ti mismo y amistoso, y descubrirás que tus habilidades naturales de liderazgo te llevarán a ocupar posiciones ejecutivas y gerenciales, o a trabajar por cuenta propia. Estás dispuesto a esforzarte mucho cuando encuentras algo que te interesa, y deseas superarte de forma constante. Gracias a tus ideas creativas e inventivas, puedes ser un buen comunicador, escritor o negociador, pero también podrías triunfar en el mundo del espectáculo.

Entre las personas famosas con quienes compartes cumpleaños están los actores Vanessa Redgrave y Gene Hackman, la cantante Jody Watley, el actor Wilmer Valderrama, el inventor de la máquina de vapor James Watt y el expresidente estadounidense Franklin Roosevelt.

Numerología

Algunas de las cualidades asociadas a las personas nacidas el día 30 son creatividad, afabilidad y sociabilidad. Te gusta la buena vida, te encanta socializar, tienes un carisma excepcional y eres leal y amigable. Eres sociable y tienes buen gusto y ojo para el color y las formas, y serías exitoso en todo tipo de trabajo enfocado en el arte, el diseño y la música. De igual modo, tu inclinación a la expresión y tu facilidad de palabra te inspirarán a explorar la escritura, la oratoria o el canto. Si cumples años en un día 30, tus emociones son intensas, y estar enamorado o satisfecho es un requisito esencial para ti. En tu búsqueda de la felicidad, evita ser perezoso y autocomplaciente. Muchas de las personas nacidas en este día alcanzarán el reconocimiento o la fama, en particular los músicos, actores y artistas. La subinfluencia del mes número 1 indica que eres ambicioso e idealista, y que tienes ideas creativas. La capacidad para revitalizar viejas ideas al infundirles energía nueva refleja tu destreza para sintetizar conceptos o ampliarlos. Aunque eres amistoso y receptivo, debes aprender a ceder y evitar ser obstinado o autoritario si quieres que la gente aprecie tu naturaleza ingeniosa y sociable.

• *Cualidades positivas:* aprecio por la diversión, lealtad, afabilidad, buen conversador, creatividad, suerte.

• *Cualidades negativas:* pereza, terquedad, impaciencia, temperamental, celos, indiferencia, dispersión.

Amor y relaciones

Eres singular e independiente, y es probable que tengas muchos intereses y te involucres en diversas actividades. Por lo regular, prefieres entablar relaciones con personas poderosas que tengan estabilidad y autonomía. En ocasiones, las relaciones de pareja se complican debido a la incertidumbre sobre tus propios sentimientos. Necesitas una pareja que sea trabajadora, a quien admires o con quien puedas contar. Por otro lado, quizá tu carrera te resulte más interesante y prefieras dedicarte a lograr cosas y trabajar arduamente. En general, disfrutas socializar con gente astuta y creativa que estimula tu intelecto.

ESE ALGUIEN ESPECIAL

Encontrarás a tu pareja ideal y mayor estabilidad en el amor si te relacionas con personas nacidas en estas fechas.

Amor y amistad: 1, 8, 14, 23, 28 y 31 de enero; 12, 26 y 29 de febrero; 10, 24 y 27 de marzo; 2, 8, 22 y 25 de abril; 6, 20 y 23 de mayo; 4, 13, 18 y 21 de junio; 2, 16, 19 y 30 de julio; 14, 17, 28 y 30 de agosto; 12, 15, 26, 28 y 30 de septiembre; 10, 13, 24, 26 y 28 de octubre; 8, 11, 22, 24 y 26 de noviembre; 6, 9, 20, 22 y 24 de diciembre.

Buenas para ti: 26 de enero, 24 de febrero, 22 de marzo, 20 de abril, 18 de mayo, 16 de junio, 14 de julio, 12 de agosto, 10 y 29 de septiembre, 8 de octubre, 6 de noviembre, 4 y 22 de diciembre.

Atracción fatal: 1, 2, 3 y 4 de agosto.

Desafiantes: 3 y 25 de enero, 1 y 23 de febrero, 21 de marzo, 19 de abril, 17 de mayo, 15 de junio, 13 de julio, 11 de agosto, 9 de septiembre, 7 de octubre, 5 de noviembre, 3 de diciembre.

Almas gemelas: 3 y 10 de enero, 1 y 8 de febrero, 6 de marzo, 4 de abril, 2 de mayo.

31 de enero

ESTRELLAS FIJAS

Aunque el grado en que se ubica tu Sol no se encuentra vinculado con una estrella fija, algunos de los grados de tus otros planetas sí lo estarán. Si solicitas el cálculo de tu carta astral, encontrarás la posición exacta de los planetas en tu fecha de nacimiento. Esto te permitirá determinar cuáles de las estrellas fijas descritas en este libro son relevantes para ti.

Al haber nacido bajo el signo de Acuario, eres una persona veloz, inventiva, generosa y creativa, que se caracteriza por su actitud amistosa. Aprecias la libertad y la independencia; posees cualidades humanitarias y apertura intelectual, así como ideas progresistas. Eres inteligente y tienes un enfoque universalista y abierto que podría impulsarte a viajar o a estudiar como parte de una búsqueda interminable de conocimiento.

Con la influencia añadida de tu Sol en el decanato de Géminis, eres un comunicador hábil y convincente, ya sea al hablar o escribir. Por naturaleza eres curioso y te mantienes mentalmente activo, lo que indica que posees el don de pensar con objetividad y la capacidad de sintetizar información proveniente de diversas fuentes para luego presentarla de forma original. A pesar de haberte adelantado a tu era, no permitas que tu veta rebelde se torne en obstinación o necedad.

Eres un pensador excepcional, incluso con un toque de genialidad y locura. Eres entusiasta y vehemente cuando se te ocurren tus excelentes ideas. La capacidad para observar a la gente te ayudará a hacer comentarios perspicaces y astutos sobre los demás. Sin embargo, la tendencia a ser impaciente puede ocasionar que te aburras con facilidad o distraerte del empeño que pones en desarrollar tu potencial único.

Hasta los 19 años, tu Sol progresado estará en Acuario, lo que resaltará la importancia de la libertad, la independencia y la necesidad de expresar tu individualidad. Después de los 20, cuando tu Sol progresado se desplace hacia Piscis, serás más receptivo, sensible a tus propios sentimientos y consciente de la imagen. Quizá también fortalezcas tu visión o tengas una conexión más sólida con tu mundo subconsciente. A los 50 años habrá otro punto de inflexión, cuando tu Sol progresado entre a Aries. A partir de entonces, sobresaldrá tu espíritu de lucha y capacidad de liderazgo. Quizá necesites dejar el pasado atrás y ser cada vez más asertivo y ambicioso, e incluso emprender proyectos nuevos.

Tu yo secreto

Posees una gran imaginación y poderes creativos, pero es necesario que accedas a estas energías para que puedas fluir junto con tus originales ideas. Si confías en tu propia inspiración y guía interior, tomarás decisiones que te cambien la vida. Evita conformarte con menos de lo que mereces solo porque te preocupa la seguridad. Tu histrionismo refleja que tienes una gran necesidad de expresar tus sentimientos y compartir tus ideas. Si no satisfaces estas necesidades, podrías frustrarte y volverte melancólico. Te interesa una amplia gama de temas, en especial la filosofía, la religión, los viajes y la política, y puedes ser un pensador entusiasta cuya conversación inspire a los demás.

Disciplinar tu mente a través del aprendizaje de nuevas habilidades y la educación te traerá muchos beneficios. Sin importar si eres convencional o vanguardista, el conocimiento será una de las claves esenciales de tu éxito. Si aprendes a ser paciente y tolerante, y tienes algo en qué creer, mantendrás una actitud positiva y lograrás resultados sobresalientes, pese a cualquier dificultad.

Trabajo y vocación

Tu inclinación natural hacia los negocios, combinada con buenas habilidades organizacionales y gerenciales, te ayudará en cualquier carrera que escojas. Ya que disfrutas recopilar información y tienes talento para comunicarte, podrías sobresalir en la enseñanza, las ciencias o la escritura. Además, podrías ser un buen orador o abogado. Gracias a tus tendencias humanitarias, entiendes, de manera natural, a la gente por lo que podrías inclinarte hacia la psicoterapia o las reformas sociales. Las ocupaciones que implican trato con el público y los viajes al extranjero podrían satisfacer tus ansias de variedad e impedir que te aburras. Debido a que eres creativo y culto, es posible que decidas desarrollar tus dotes artísticas y musicales o entrar al mundo del espectáculo.

Entre las personas famosas con quienes compartes cumpleaños están el cantautor Phil Collins, los cantantes John Lydon y Mario Lanza, los compositores Franz Schubert y Philip Glass, el escritor Norman Mailer, la comediante Carol Channing y el beisbolista Nolan Ryan.

Numerología

El número 31 en tu fecha de cumpleaños indica una férrea fuerza de voluntad, determinación y énfasis en la expresión personal. Por lo general, eres incansable y decidido, con la necesidad correspondiente de lograr progreso material; sin embargo, quizá debas aprender a aceptar las limitaciones de la vida y, por lo tanto, construir una base sólida. La buena fortuna y las oportunidades venturosas también vienen con el número 31, y podrás transformar tus pasatiempos en empresas productivas con bastante éxito. Divertirte es crucial para ti, pues es probable que trabajes de forma ardua. No obstante, debes evitar la tendencia a ser demasiado optimista o egoísta. La subinfluencia del mes número 1 indica que eres intuitivo, emprendedor y que posees múltiples talentos. A pesar de que eres astuto, creativo y con una fuerte necesidad de seguridad, es probable que seas inquieto e impaciente. Si mantienes una actitud positiva y optimista, y fluyes con la corriente, aprenderás a ser paciente y prestar atención a los detalles. Ser innovador y tener una mente inquisitiva hacen que tengas ambición y estés dispuesto a trabajar duro para obtener reconocimiento y éxitos. Cuando te inspiras, tienes ideas originales y una perspectiva única.

• *Cualidades positivas:* suerte, creatividad, originalidad, habilidad para construir, tesón, practicidad, buen conversador, responsabilidad.

• *Cualidades negativas:* inseguridad, impaciencia, suspicacia, tendencia a desanimarse con facilidad, falta de ambición, egoísmo, terquedad.

Amor y relaciones

El que seas amistoso, extrovertido, espontáneo y sociable, te brinda la capacidad de atraer a la gente. Sin embargo, cuando te sientes inseguro, es posible que te vuelvas autoritario. Tu creatividad y tu faceta histriónica hacen que disfrutes la compañía de gente mentalmente estimulante y original a la que le gusta expresarse. Aunque eres devoto y amoroso, no te agrada estar solo, lo que implica que debes evitar depender demasiado de tus parejas. Tu astucia y opiniones tenaces hacen que disfrutes en particular los encuentros sociales que incluyen debates animados.

ESE ALGUIEN ESPECIAL

Es más probable que encuentres la felicidad y el amor con alguien nacido en las siguientes fechas.

Amor y amistad: 1, 5, 9, 15, 26, 29 y 30 de enero; 13, 24, 27 y 28 de febrero; 11, 22, 25 y 26 de marzo; 9, 20, 23 y 24 de abril; 7, 18, 21 y 22 de mayo; 5, 16, 19 y 20 de junio; 3, 14, 17, 18 y 31 de julio; 1, 12, 15, 16, 29 y 31 de agosto; 10, 13, 14, 27 y 29 de septiembre; 8, 11, 12, 25 y 27 de octubre; 6, 9, 10, 23 y 25 de noviembre; 4, 7, 8, 21, 23 y 29 de diciembre.

Buenas para ti: 1, 2, 10, 14 y 27 de enero; 8, 12 y 25 de febrero; 6, 10 y 23 de marzo; 4, 8 y 21 de abril; 2, 6, 19 y 30 de mayo; 4, 17 y 28 de junio; 2, 15 y 26 de julio; 13 y 24 de agosto; 11, 22 y 30 de septiembre; 9 y 20 de octubre; 7 y 18 de noviembre; 5 y 16 de diciembre.

Atracción fatal: 2, 3, 4 y 5 de agosto.

Desafiantes: 17 y 26 de enero; 15 y 24 de febrero; 13 y 22 de marzo; 11 y 20 de abril; 9 y 18 de mayo; 7 y 16 de junio; 5 y 14 de julio; 3, 12 y 30 de agosto; 1, 10 y 28 de septiembre; 8, 26 y 29 de octubre; 6, 24 y 27 de noviembre; 4, 22 y 25 de diciembre.

Almas gemelas: 21 de enero, 19 de febrero, 17 de marzo, 15 de abril, 13 de mayo, 11 de junio, 9 y 29 de julio, 7 y 27 de agosto, 5 y 25 de septiembre, 3 y 23 de octubre, 1 y 21 de noviembre, 19 de diciembre.

SOL: ACUARIO
DECANATO: GÉMINIS/MERCURIO
ÁNGULO: 11°–12° DE ACUARIO
MODALIDAD: FIJA
ELEMENTO: AIRE

1 de febrero

~~~ Haber nacido bajo el signo de Acuario indica que los principales atributos de tu personalidad son la individualidad y el intelecto creativo. Puesto que gozas de agudeza mental y reaccionas con rapidez, disfrutas los desafíos intelectuales. Podrías obtener poder a través del trabajo, el cual te permite construir buenas estructuras y desarrollar tu tenacidad y disciplina. La combinación de habilidades intuitivas y talentos prácticos implica que solo necesitas esforzarte un poco para cosechar recompensas positivas casi de inmediato.

Gracias a la influencia añadida de tu Sol en el decanato de Géminis, naturalmente tendrás destellos de inspiración que fortalecerán tus capacidades mentales superiores. Eres curioso y constantemente acumulas y actualizas tu conocimiento para ser capaz de presentar tus ideas de manera convincente y estimulante. Sin embargo, si usas estas cualidades de forma negativa, estas mismas energías te volverán inestable y nervioso.

Eres dramático en silencio, y necesitas mantenerte activo y lograr cosas, en especial si eres quien lidera y va a la vanguardia. Estás orgulloso de tus logros y te gusta motivar a la gente de forma entusiasta y aventurera para instarla a emprender acciones positivas. A pesar de ser ambicioso y competitivo, es posible que también decidas luchar por causas humanitarias o impulsar algún tipo de reforma. No obstante, evita tomar el camino fácil para alcanzar tus metas y opta por hacer lo que sabes que es correcto.

Hasta los 18 años, tu Sol progresado estará en Acuario y resaltará la importancia de la libertad personal, la amistad y la expresión de la individualidad. A los 19, cuando tu Sol progresado se desplace hacia Piscis, tus sueños y visiones tendrán una mayor relevancia, por lo que desarrollarás tu receptividad emocional. A los 49 años habrá otro punto de inflexión, cuando tu Sol progresado entre a Aries. Esta influencia acentuará la autoconciencia a medida que te vuelves más seguro de ti mismo y asertivo, lo que podría inspirarte a emprender actividades nuevas.

Tu yo secreto

Te fascinan las cosas nuevas y poco comunes, y te niegas a acoplarte a mentalidades tradicionales y de miras estrechas. Aunque a veces eres obstinado, cuando enfrentas desafíos te vuelves especialmente innovador. Gracias a tu comprensión particular del comportamiento humano, te es útil interactuar con personas más expertas que tú, sobre todo porque tú también estás dispuesto a inspirar a otros.

Gracias a tu dinamismo mental, eres capaz de emprender acciones instantáneas y firmes, para salir de situaciones difíciles. Puesto que te desagradan las limitaciones, tendrás que aprender a superar los arranques de ira u obstinación que te meten en problemas. Cuando te conectas con tu potente vitalidad interna, te transformas en alguien audaz y espontáneo, y proyectas la convicción de que ganarás o lograrás resultados extraordinarios. Dado que es imposible fingir esta clase de entusiasmo natural, es importante que te concentres en aquello que de verdad te motive a nivel espiritual.

ESTRELLA FIJA

Nombre de la estrella: Armus

Posición: 11° 45'–12° 45' de Acuario, entre los años 1930 y 2000

Magnitud: 5

Fuerza: ★★

Órbita: 1°

Constelación: Capricornio (Eta Capricorni)

Días efectivos: 1, 2 y 3 de febrero

Propiedades de la estrella: Marte/ Mercurio

Descripción: pequeña estrella anaranjada y rojiza ubicada en el corazón de la cabra

INFLUENCIA DE LA ESTRELLA PRINCIPAL

Armus otorga originalidad, ingenio, naturaleza controvertida, agilidad mental y la capacidad de impresionar a otros; además de una elocuencia particular y buen sentido del humor. Advierte acerca del riesgo de discutir demasiado o ser ingrato, así como de una inquietud interna que te puede provocar inestabilidad.

Con respecto a tu grado del Sol, esta estrella confiere independencia, capacidad de reacción inmediata y mente alerta. Probablemente seas sociable y tengas éxito al tratar con la gente en general.

• *Positiva:* sentido común, capacidad de juicio, pericia, elocuencia extraordinaria.

• *Negativa:* irritabilidad, tensión mental, nerviosismo, beligerancia.

Trabajo y vocación

Gracias a tus habilidades y carisma, tienes facilidad para trabajar con otras personas. En los negocios, te gustan las actividades definidas y, por lo regular, eres capaz de ascender a posiciones directivas o ejecutivas. Eres amistoso y persuasivo, por lo que podrías ser especialmente exitoso en las ventas y la promoción de productos y servicios. Prefieres las carreras que impliquen acción y rapidez de pensamiento; por ejemplo, tu valentía podría permitirte defender a otros y luchar en contra de las injusticias sociales. Puesto que necesitas variedad constante, lo prudente sería que evitaras los trabajos rutinarios. Tus ideas inventivas podrían inclinarte hacia la investigación progresista o a hacer innovaciones que te permitan expresar tu individualidad.

Entre las personas famosas con quienes compartes cumpleaños están los actores Clark Gable y Sherilyn Fenn, el director de cine John Ford, los cantantes Rick James y Don Everly, el físico Fritjof Capra y el expresidente ruso Boris Yeltsin.

Numerología

Al tener el número 1 por cumpleaños, tiendes a ser individualista, innovador, valeroso y enérgico. No es inusual que necesites establecer una identidad sólida y desarrollar tu asertividad. Tu espíritu pionero te insta a hacer las cosas por tu cuenta. Este ímpetu emprendedor también te estimulará a desarrollar habilidades ejecutivas o de liderazgo. Tu gran entusiasmo y tus ideas originales te permiten mostrarles el camino a los demás. Quizá necesites aprender que el mundo no gira a tu alrededor. Evita la tendencia a ser egocéntrico o dictatorial. La subinfluencia del mes número 2 indica que eres sumamente receptivo e intuitivo. A pesar de ser amistoso y sociable, tienes un carácter fuerte. Esto sugiere que, con la edad, vas reconociendo tus cualidades únicas y te vuelves más asertivo y seguro de ti mismo. Eres un individuo humanitario, universal y progresista, y estás dispuesto a impulsar reformas sociales y defender causas justas. Si careces de fe o perspicacia sobre tu yo supremo, quizá te vuelvas inseguro o indeciso. Sin embargo, con visión e ingenio, inspirarás a otros, sobre todo si aprovechas tu creatividad para desarrollar una perspectiva única.

• *Cualidades positivas:* liderazgo, creatividad, ideas progresistas, vigor, optimismo, convicciones fuertes, competitividad, independencia, sociabilidad.

• *Cualidades negativas:* celos, egocentrismo, antagonismo, falta de contención, egoísmo, inestabilidad, impaciencia.

Amor y relaciones

Aunque eres una persona progresista e independiente, quieres tener una base sólida y un hogar estable. En general, te atraen individuos fuertes que piensan por sí mismos. Siempre y cuando tengas la libertad de hacer lo que te plazca, eres leal y fiel, ya sea como amigo o como pareja. El que seas sociable, encantador y entretenido hace que la gente se sienta atraída hacia ti.

ESE ALGUIEN ESPECIAL

Para mantener el interés en una relación a largo plazo, acércate a gente nacida en las siguientes fechas.

Amor y amistad: 1, 4, 5, 11, 21 y 24 de enero; 2, 3, 9, 19 y 22 de febrero; 1, 7, 17 y 20 de marzo; 5, 15, 18 y 30 de abril; 1, 13, 16 y 28 de mayo; 11, 14 y 26 de junio; 9, 12 y 24 de julio; 7, 10 y 22 de agosto; 5, 8 y 20 de septiembre; 3, 6 y 18 de octubre; 1, 4 y 16 de noviembre; 2 y 14 de diciembre.

Buenas para ti: 14, 23 y 27 de enero; 12, 21 y 25 de febrero; 19 y 23 de marzo; 17 y 21 de abril; 15 y 19 de mayo; 13 y 17 de junio; 11, 15 y 31 de julio; 9, 13 y 29 de agosto; 7, 11 y 27 de septiembre; 9 y 25 de octubre; 3, 7 y 23 de noviembre; 1, 5 y 21 de diciembre.

Atracción fatal: 4, 5, 6 y 7 de agosto.

Desafiantes: 17 de enero, 15 de febrero, 13 de marzo, 11 de abril, 9 de mayo, 7 de junio, 5 de julio, 3 de agosto, 1 de septiembre.

Almas gemelas: 30 de enero, 28 de febrero, 26 y 29 de marzo, 24 y 27 de abril, 22 y 25 de mayo, 20 y 23 de junio, 18 y 21 de julio, 16 y 19 de agosto, 14 y 17 de septiembre, 12 y 15 de octubre, 10 y 13 de noviembre, 8 y 11 de diciembre.

ESTRELLAS FIJAS

Dorsum, Armus

ESTRELLA PRINCIPAL

Nombre de la estrella: Dorsum
Posición: 12° 51'–13° 50' de Acuario,
   entre los años 1930 y 2000
Magnitud: 4
Fuerza: ★★★★
Órbita: 1° 30'
Constelación: Capricornio (Theta
   Capricorni)
Días efectivos: 2, 3 y 4 de febrero
Propiedades de la estrella: Júpiter/
   Saturno
Descripción: pequeña estrella
   blanquiazul ubicada en el lomo de
   la cabra

INFLUENCIA DE
LA ESTRELLA PRINCIPAL

Dorsum otorga la capacidad para alcanzar objetivos trascendentales a través de la tenacidad y la paciencia. Dado que sueles ser una persona activa, podrás tener mucho éxito en las relaciones públicas.

Con respecto a tu grado del Sol, esta estrella trae consigo avances lentos pero seguros, en los que el progreso suele estar ligado a tu responsabilidad. Dorsum te impulsa a explorar y desarrollar tus habilidades de escritura.

   • *Positiva:* sentido del deber, diplomacia, disposición para el servicio.

   • *Negativa:* tensión, descontento, impaciencia.

En el apéndice encontrarás las lecturas de tus estrellas fijas adicionales.

2 de febrero

〰️ Eres independiente y te enfocas en alcanzar el éxito; además, eres un acuariano con fuertes rasgos individuales. La influencia de tu fecha de nacimiento indica que, gracias a tu perspectiva amplia e imaginación poderosa, eres un pensador independiente que genera ideas entusiastas. Eres amistoso, sociable y posees la astucia necesaria para entender la naturaleza humana, lo que te convierte en un humanitario sensible. Asimismo, eres intelectualmente creativo, y tu agilidad mental te impulsa a buscar variedad y a adquirir conocimiento de forma constante. Por ende, debes evitar la tendencia a ser impaciente o intentar no aburrirte tan fácilmente.

Debido a la influencia añadida de tu Sol en el decanato de Géminis, te interesan las ideas de vanguardia y las innovaciones, y tiendes a mostrar tu espíritu libre de forma rebelde. Eres ingenioso, entretenido, así como un conversador inteligente y con gran facilidad de palabra, ya sea hablada o escrita. A pesar de que eres independiente y autosuficiente, estás consciente de las ventajas que conlleva el trabajo colaborativo y puedes trabajar bien en equipo cuando crees en lo que haces. Dado que tienes una mirada objetiva, te gusta ser franco y honesto en tus interacciones sociales. Sin embargo, ten cuidado de no ser tan desapegado que aparentes indiferencia.

Además de que eres ambicioso y tienes un enfoque emprendedor, sueles estar dispuesto a trabajar arduamente para alcanzar tus objetivos. Para ti es importante tener éxito laboral, por lo que es probable que tu vida gire en torno a actividades profesionales, proyectos especiales y la necesidad de superación constante. Además, la perseverancia y la disciplina te brindarán los éxitos que tanto añoras.

Hasta los 17 años, tu Sol progresado estará en Acuario, donde resaltará la importancia que para ti tiene la libertad, la independencia y la necesidad de expresar tu individualidad. Después de los 18, cuando tu Sol progresado se desplace hacia Piscis, te volverás más sensible, receptivo y consciente de las cuestiones emocionales. A los 48 años habrá otro punto de inflexión, cuando tu Sol progresado entre a Aries y enfatice la necesidad de dejar el pasado atrás y ser más audaz y asertivo. Cuando tu Sol progresado entre en Tauro, a los 78 años, sentirás una mayor necesidad de estabilidad y seguridad material.

Tu yo secreto

A pesar de que proyectas una actitud firme y reservada, por dentro eres sumamente sensible. No obstante, también eres dramático y orgulloso. Cuando descubres que tienes una cualidad especial, te das cuenta también de que tienes mucho qué ofrecer a los demás. Al ser un visionario impresionable, aprecias los colores y los sonidos, y cautivas a los demás por medio de proyectos artísticos, ya sean musicales, gráficos o literarios. Por otro lado, con ayuda de tus ideales refinados y compasión, podrías desarrollar una inclinación natural hacia la filosofía o el misticismo. Si no encuentras canales productivos para expresar tu sensibilidad, corres el peligro de volverte inestable o evadirte.

En la base de todas tus actividades subyace el deseo de honestidad. Genuinamente quieres forjar un mejor futuro, para tus seres queridos, para el mundo y para ti. Para ello, debes asegurarte de que los cimientos sean sólidos antes de avanzar rápidamente al siguiente paso.

Trabajo y vocación

Tu encanto y magnetismo te ayudarán a triunfar en casi cualquier carrera que implique trabajar con gente. Además, tu curiosidad sobre la humanidad te inspirará a explorar ámbitos como la psicología, la sociología o la política. Al ser independiente, prefieres ser tu propio jefe y tener toda la libertad que sea posible dentro de los confines de tu trabajo. Tu agilidad mental y habilidades comunicativas podrían inclinarte hacia la escritura o la educación, ya sea como profesor o conferencista. Por otro lado, tu sensibilidad tendría cabida en la música, las artes o la sanación. Puesto que te aburres con facilidad, es preferible que tengas un trabajo donde haya mucha variedad o, incluso, viajes.

Entre las personas famosas con quienes compartes cumpleaños están los escritores James Joyce y Ayn Rand, la cantautora Shakira, el psicólogo Havelock Ellis, el violinista Jascha Heifetz, el cantante Graham Nash y la actriz Farrah Fawcett.

Numerología

El número 2 en tu fecha de nacimiento sugiere sensibilidad y necesidad de pertenecer a un grupo. Tu facilidad para adaptarte y ser comprensivo hace que disfrutes actividades cooperativas en las que interactúas con otras personas. Al intentar complacer a quienes te agradan corres el riesgo de volverte demasiado dependiente. No obstante, si desarrollas la confianza en ti mismo superarás la tendencia a sentirte herido por las acciones y críticas de los demás. La subinfluencia del mes número 2 indica que eres receptivo e intuitivo. Eres un individuo humanitario, liberal y progresista, que se interesa por la gente, las reformas y las causas justas. Eres cooperativo y solidario, pero necesitas estabilidad y te gusta poner orden. Estar consciente de la importancia de la seguridad te permite planear por adelantado y perseverar en los proyectos a largo plazo. Aunque eres un idealista, tu enfoque pragmático ante la vida refuerza tu olfato para los negocios y tu capacidad para alcanzar éxitos materiales. Puesto que tienes un sexto sentido, tu percepción sobre los demás suele ser correcta, así que lo mejor es que aprendas a confiar en tus emociones.

• *Cualidades positivas:* colaborador, gentileza, tacto, receptividad, intuición, agilidad, amabilidad, armonía, afabilidad, embajador de buena voluntad.

• *Cualidades negativas:* suspicacia, inseguridad, hipersensibilidad, engaños, egoísmo.

Amor y relaciones

Eres sociable, amistoso y disfrutas las actividades grupales y conocer gente nueva. Te caracterizas por ser ambicioso y trabajador. Tu necesidad de seguridad es reflejo de que también eres leal y protector. Sin embargo, las indecisiones y preocupaciones podrían hacerte dudar de tus sentimientos íntimos y de tu elección de pareja con la cual establecerte. Es posible que tu preocupación por las cuestiones financieras añada más tensión a tus relaciones. A pesar de que eres sensible, en términos románticos aparentas ser más bien distante y demasiado pragmático.

ESE ALGUIEN ESPECIAL

Si buscas a ese alguien especial, es más probable que lo encuentres entre quienes nacieron en las siguientes fechas.

Amor y amistad: 3, 14, 24 y 28 de enero; 1, 12 y 22 de febrero; 10 y 20 de marzo; 8 y 18 de abril; 6, 16 y 31 de mayo; 4, 14, 18 y 29 de junio; 2, 12 y 27 de julio; 10, 25 y 31 de agosto; 8, 23 y 29 de septiembre; 6, 10, 21 y 27 de octubre; 4, 19 y 25 de noviembre; 2, 17 y 23 de diciembre.

Buenas para ti: 1 y 11 de enero; 9 de febrero; 7 y 28 de marzo; 5, 26 y 30 de abril; 3, 24 y 28 de mayo; 1, 22 y 26 de junio; 20 y 24 de julio; 18 y 22 de agosto; 16, 20 y 30 de septiembre; 14, 18 y 28 de octubre; 12, 16 y 26 de noviembre; 10, 14 y 24 de diciembre.

Atracción fatal: 4, 5, 6 y 7 de agosto.

Desafiantes: 17 y 20 de enero, 15 y 18 de febrero, 13 y 16 de marzo, 11 y 14 de abril, 9 y 12 de mayo, 7 y 10 de junio, 5 y 8 de julio, 3 y 6 de agosto, 1 y 4 de septiembre, 2 de octubre.

Almas gemelas: 29 de julio, 27 de agosto, 25 de septiembre, 23 y 31 de octubre, 21 y 29 de noviembre, 19 y 27 de diciembre.

ESTRELLAS FIJAS

Dorsum, Armus

ESTRELLA PRINCIPAL

Nombre de la estrella: Dorsum

Posición: 12° 51'–13° 50' de Acuario, entre los años 1930 y 2000

Magnitud: 4

Fuerza: ★★★★

Órbita: 1° 30'

Constelación: Capricornio (Theta Capricorni)

Días efectivos: 2, 3 y 4 de febrero

Propiedades de la estrella: Júpiter/Saturno

Descripción: pequeña estrella blanquiazul ubicada en el lomo de la cabra

INFLUENCIA DE LA ESTRELLA PRINCIPAL

Dorsum otorga la capacidad para alcanzar objetivos trascendentales a través de la tenacidad y la paciencia. Dado que sueles ser una persona activa, podrás tener mucho éxito en las relaciones públicas.

Con respecto a tu grado del Sol, esta estrella trae consigo avances lentos pero seguros, en los que el progreso suele estar ligado a tu responsabilidad. Dorsum te impulsa a explorar y desarrollar tus habilidades de escritura.

• *Positiva:* sentido del deber, diplomacia, disposición para el servicio.

• *Negativa:* tensión, descontento, impaciencia.

En el apéndice encontrarás las lecturas de tus estrellas fijas adicionales.

3 de febrero

〰〰〰 Tu fecha de nacimiento indica que eres un acuariano independiente con buenas habilidades sociales. Eres original y amistoso, y posees una comprensión innata de la naturaleza humana. Tu fascinación con la gente te impulsará a relacionarte con grupos sociales distintos durante tu búsqueda de estímulos creativos y de realización personal. Eres impresionable, estás consciente de la importancia de la imagen y te gusta que las cosas tengan un toque de glamur. Aunque, por lo regular, eres alegre y tienes el don de cautivar a otros, deberás aprender a no aferrarte a las frustraciones o las decepciones, pues podrías sufrir o volverte demasiado serio.

Gracias a la influencia añadida de tu Sol en el decanato de Géminis, tienes destellos de inspiración que fortalecen tus capacidades mentales superiores. Tus excelentes habilidades comunicativas reflejan que eres persuasivo y tienes talentos lingüísticos particulares. Además, tu agudeza mental y receptividad a ideas nuevas te convierten en una persona adelantada a su época. Asimismo, con tu visión objetiva, deseas seguir aprendiendo de forma constante.

Debido a tu magnetismo personal, sueles irradiar individualidad. Los amigos y el compañerismo son aspectos de especial importancia para ti, por lo que acostumbras tener un enfoque más humanitario o inusual hacia las relaciones. Tu sensibilidad sutil y ansias de trascender lo mundano te confieren una capacidad aguda para percibir la luz, los colores, las formas y los sonidos, la cual quizá quieras canalizar hacia proyectos artísticos, musicales o espirituales.

Durante tu juventud, es posible que hayas tenido una figura paterna restrictiva que influyó mucho en ti. Entre los 17 y los 46 años, cuando tu Sol progresado atraviesa Piscis, te vuelves más sensible e imaginativo, desarrollas un sentido profundo de la imaginación y la visión, y entablas una mejor conexión con tu mundo interior. A los 47 años hay un punto de inflexión, cuando tu Sol progresado entra a Aries, tras el cual te vuelves más seguro de ti mismo, asertivo y ambicioso, y posiblemente emprendes nuevos proyectos o actividades. Cuando tu Sol progresado entra en Tauro, a los 77 años, tienes una necesidad más intensa de seguridad material y estabilidad.

Tu yo secreto

Cuando enfocas tu fuerza de voluntad férrea en algo positivo, atraviesas las dificultades y logras cosas sobresalientes. Gracias a tu capacidad para asumir el mando, eres capaz de canalizar tu gran poder emocional para ascender a posiciones de autoridad o influyentes. Dado que eres sensible con quienes te rodean, necesitas una base familiar sólida y apacible, y un entorno armonioso.

Una vez que adoptas una postura positiva, te vuelves trabajador, activo y responsable, y tienes la capacidad de ser meticuloso. Además, tienes un enfoque universalista y desapegado que podría empujarte a materializar tus ideales o servir a otros. Esto te ayudará a superar posibles periodos de inestabilidad y confusión. Aunque a veces aparentas ser distante para evitar que te lastimen, también puedes demostrar tu calidez, sentimientos profundos y compasión cuando de verdad aprecias a alguien.

Trabajo y vocación

Generalmente, lograrás tus mayores éxitos a través de la expresión de tus ideas originales y perspectiva única. Debido a que eres amistoso, necesitas entablar buenas relaciones laborales y tienes la capacidad de hacer contactos. Esto te ayudará en el mundo de las ventas o las relaciones públicas, sobre todo porque tienes la intuición necesaria para reconocer qué es lo que desea la gente. Gracias a tu talento lingüístico innato, podrías ser un buen escritor o conferencista, o sentirte especialmente atraído por proyectos creativos. Sin importar si te dedicas a la ciencia, las artes o los negocios, es probable que triunfes, sobre todo si trabajas en algo en lo que crees. Por otro lado, con tu capacidad para entender la naturaleza humana, quizá también te atraiga trabajar con niños, como terapeuta o en labores sociales.

Entre las personas famosas con quienes compartes cumpleaños están los escritores Gertrude Stein y James Michener, la actriz Morgan Fairchild, el artista Norman Rockwell, el músico Dave Davies y el jugador de fútbol americano Fran Tarkenton.

Numerología

Tener el número 3 en tu fecha de cumpleaños te convierte en una persona sensible, con la necesidad de externar tu creatividad y emociones. Eres divertido y buena compañía, ya que disfrutas las actividades sociales entre amigos y tienes intereses diversos. Aunque eres versátil, expresivo y necesitas vivir experiencias emocionantes y variadas, tu tendencia a aburrirte con facilidad puede volverte indeciso o demasiado disperso. A pesar de que tener el número 3 por cumpleaños te hace artístico y encantador, y te confiere un buen sentido del humor, es posible que debas fortalecer tu autoestima y superar la propensión a preocuparte en exceso, así como tus inseguridades emocionales. La subinfluencia del mes número 2 indica que eres receptivo e idealista, y que tienes don de gentes. Eres ambicioso pero también encantador, y sabes aprovechar tus habilidades diplomáticas y personalidad amistosa. La necesidad de expresar tus talentos se refleja en tus actitudes histriónicas y dinámicas cuando tienes una meta o un propósito. Aunque, por lo regular, eres generoso y amable, a veces te frustras e impacientas; esto podría derivar en reacciones exageradas o impulsivas de despilfarro y autocomplacencia.

• *Cualidades positivas:* humor, felicidad, afabilidad, productividad, creatividad, veta artística, amor por la libertad, talento con las palabras.

• *Cualidades negativas:* aburrimiento, exageración, extravagancia, autocomplacencia, pereza, hipocresía.

Amor y relaciones

Aunque albergas emociones intensas y un gran deseo de amor, necesitas independencia y libertad para expresarte. En lo romántico, tu encanto y carisma te confieren actitudes relajadas. Estar consciente de tu imagen hace que procures verte bien y causar una buena impresión. Puesto que te gusta ser espontáneo, en ocasiones te dejas llevar por la euforia del momento. La gente se siente atraída por tu personalidad vivaracha y magnetismo, mientras que los hombres nacidos en esta fecha se sienten atraídos especialmente por personas independientes y enérgicas.

ESE ALGUIEN ESPECIAL

Te será más fácil entablar relaciones felices con personas nacidas en las siguientes fechas.

Amor y amistad: 8, 17 y 19 de enero; 15 y 17 de febrero; 13 y 15 de marzo; 11 y 13 de abril; 9 y 11 de mayo; 7, 9 y 30 de junio; 5, 7, 28 y 30 de julio; 3, 5, 26 y 28 de agosto; 1, 3, 24 y 26 de septiembre; 1, 22 y 24 de octubre; 20 y 22 de noviembre; 18, 20 y 30 de diciembre.

Buenas para ti: 20 y 29 de enero; 18 y 27 de febrero; 16 y 25 de marzo; 14 y 23 de abril; 12 y 21 de mayo; 10 y 19 de junio; 8 y 17 de julio; 6 y 15 de agosto; 4 y 13 de septiembre; 2, 11 y 29 de octubre; 9 y 27 de noviembre; 7 y 25 de diciembre.

Atracción fatal: 29 de marzo; 27 de abril; 25 de mayo; 23 de junio; 21 de julio; 5, 6, 7, 8 y 19 de agosto; 17 de septiembre; 15 de octubre; 13 de noviembre; 11 de diciembre.

Desafiantes: 14, 20 y 27 de enero; 12 y 25 de febrero; 10 y 23 de marzo; 8 y 21 de abril; 6 y 19 de mayo; 4, 10 y 17 de junio; 2 y 15 de julio; 13 de agosto; 11 de septiembre; 2 y 9 de octubre; 7 de noviembre; 5 de diciembre.

Almas gemelas: 30 de junio, 28 de julio, 26 de agosto, 24 de septiembre, 22 y 29 de octubre, 20 y 27 de noviembre, 18 y 25 de diciembre.

4 de febrero

~~~~ Tu fecha de nacimiento indica que eres un acuariano ambicioso, amistoso y
~~~~ tenaz, que se caracteriza por sus ideas originales. Tienes un carácter fuerte
y la capacidad de trabajar arduamente, por lo que quizás experimentes un
conflicto interno entre tu lado materialista y tus ideales. No obstante, tendrás la oportunidad de combinar con éxito ambos lados de tu naturaleza, una gran fuerza motora
afectiva y tu talento nato para los negocios, y convertirte en un idealista pragmático.

La influencia añadida de tu Sol en el decanato de Géminis te permite comunicar
tus ideas de forma realista, dinámica y convincente. Eres astuto e innovador, aprehendes la información con rapidez y tienes un ingenio agudo, buen juicio y gran capacidad de razonamiento. Dado que eres independiente, te desagrada que limiten tus
libertades personales, pero corres el riesgo de volverte autoritario al intentar hacer las
cosas a tu manera.

Debido a que eres tenaz, emprendedor y con habilidades organizacionales, eres
capaz de encabezar casi cualquier proyecto. No obstante, lo prudente sería evitar la
tendencia a abarcar más de lo que puedes manejar. Al ser directo por naturaleza y tener
un conjunto de valores singulares, tu personalidad se compone de una mezcla peculiar
de polos opuestos que se refleja en una fachada rígida pero encantadora. El deseo de
poder, dinero y prestigio suele equilibrarse con tu fuerte veta humanitaria, la cual te
concede una perspicacia aguda sobre los individuos y la sociedad en general.

Entre los 16 y los 45 años, cuando tu Sol progresado se desplace hacia Piscis, te volverás más sensible, receptivo y consciente de las cuestiones afectivas, y tu imaginación
y visión se fortalecerán. A los 46 años habrá un punto de inflexión, cuando tu Sol progresado entre a Aries, el cual enfatizará la necesidad de dejar el pasado atrás y ser más
audaz y asertivo. Durante la mediana edad, sobresaldrá tu capacidad para coordinar
con éxito proyectos de gran tamaño, que sacarás adelante tomando decisiones firmes.
Cuando tu Sol progresado entre en Tauro, a los 76 años, sentirás una mayor necesidad
de seguridad material y estabilidad.

Tu yo secreto

Tu apariencia segura suele ocultar tus inseguridades y necesidades afectivas. Sin embargo, si expresas tu creatividad natural, ya sea por medio de tu forma de vivir, tus
proyectos artísticos o tus amigos, evitarás la indecisión y la angustia. Tu naturaleza histriónica te impulsa a tomar las riendas o ir directo adonde ocurren las cosas. Puesto que
eres inteligente, tienes poca tolerancia a la ignorancia. El orgullo te infundirá una nobleza interna, pero puede ser contraproducente si te vuelves obstinado o voluntarioso.

El conocimiento tiene una influencia grande en tu vida y es crucial para tu búsqueda interior. Gracias a tu entereza, necesidad de reconocimiento y gran sentido del
deber, te enfocas a materializar tu propia visión de la vida con tenacidad. Si aprovechas tu excelente intuición en las cuestiones prácticas, podrás sentar bases concretas
sobre las cuales desarrollar tus aspiraciones. Al ser honesto y directo, y tener intenciones claras, paciencia y perseverancia, obtendrás éxitos duraderos.

ESTRELLA FIJA

Nombre de la estrella: Dorsum
Posición: 12º 51'–13º 50' de Acuario,
   entre los años 1930 y 2000
Magnitud: 4
Fuerza: ★★★★
Órbita: 1º 30'
Constelación: Capricornio (Theta
   Capricorni)
Días efectivos: 2, 3 y 4 de febrero
Propiedades de la estrella: Júpiter/
   Saturno
Descripción: pequeña estrella
   blanquiazul ubicada en el lomo de
   la cabra

INFLUENCIA DE
LA ESTRELLA PRINCIPAL

Dorsum otorga la capacidad para alcanzar objetivos trascendentales a través
de la tenacidad y la paciencia. Dado que
sueles ser una persona activa, podrás
tener mucho éxito en las relaciones públicas.

Con respecto a tu grado del Sol,
esta estrella trae consigo avances lentos pero seguros, en los que el progreso
suele estar ligado a tu responsabilidad.
Dorsum te impulsa a explorar y desarrollar tus habilidades de escritura.

• *Positiva:* sentido del deber, diplomacia, disposición para el servicio.

• *Negativa:* tensión, descontento,
impaciencia.

Trabajo y vocación

Tu determinación y conciencia del poder y la estructura te infunden un talento natural para los negocios. Gracias a tus ideas inventivas y originales, podrías tener éxito en muchas áreas de la vida. Con tus buenas habilidades comunicativas, quizá te atraigan la escritura, la educación, el mundo editorial o los medios de comunicación. También es posible que te llamen los escenarios o la política. Ser un psicólogo nato te ayudará en cualquier profesión, incluyendo los negocios, aunque quizá prefieras especializarte y trabajar como terapeuta o asesor. Tu lado humanitario podría interesarse en nuevos movimientos sociales, y las ocupaciones que implican trabajar con gente desempeñarán un papel central en tu vida.

Entre las personas famosas con quienes compartes cumpleaños están el exvicepresidente estadounidense Dan Quayle, la exvicepresidenta argentina Isabel Perón, la pionera en la lucha de los derechos civiles Rosa Parks, la feminista Betty Friedan, el aviador Charles Lindbergh, el roquero Alice Cooper y la actriz Ida Lupino.

Numerología

La estructura sólida y el poder jerarquizado que conlleva el número 4 en tu fecha de nacimiento apuntan hacia la necesidad de estabilidad y el gusto por establecer orden. Tu gran cantidad de energía, habilidades prácticas y voluntad férrea te ayudarán a alcanzar el éxito por medio del trabajo arduo. Si te enfocas en tu seguridad material desearás construir una base sólida para tu familia y para ti, así que aprovecha que tu visión pragmática de la vida te confiere un buen sentido de los negocios y la capacidad de alcanzar el éxito material. Eres honesto, franco y justo. Los retos que enfrenta un individuo con el número 4 incluyen periodos de inestabilidad o preocupaciones financieras. La subinfluencia del mes número 2 indica que eres receptivo e idealista. Por lo regular, la vida familiar y el hogar son importantes para ti, e incluso es posible que obtengas beneficios de propiedades o bienes raíces. Aunque eres trabajador, te gusta la buena vida y en ocasiones eres autocomplaciente. A veces tu naturaleza generosa y solidaria se vuelve excesiva y se malinterpreta como interferencia. No obstante, como padre o pareja, eres leal y apoyas a tus seres queridos.

• *Cualidades positivas:* organización, autodisciplina, estabilidad, trabajo arduo, destreza, habilidades manuales, pragmatismo, confianza, exactitud.

• *Cualidades negativas:* inestabilidad, comportamientos destructivos, incapacidad para comunicarse, represión, pereza, insensibilidad, postergación, tacañería, autoritarismo, resentimientos.

Amor y relaciones

Aunque proyectas una imagen relajada y amable, debes evitar volverte autoritario o dominante. Tus aspiraciones románticas y amistosas en muchas ocasiones estarán vinculadas a tus ambiciones profesionales. Por lo regular, te atraen personas poderosas o que ocupan posiciones de liderazgo y tienen buenas conexiones sociales. Eres leal, responsable y acostumbras ser un pilar de fortaleza para quienes te rodean.

ESE ALGUIEN ESPECIAL

Es más probable que tengas éxito en tu vida romántica si te relacionas con personas nacidas en las siguientes fechas.

Amor y amistad: 4, 8, 9, 16, 18, 26 y 31 de enero; 2, 7, 14, 16, 24 y 29 de febrero; 4, 5, 12, 14, 22 y 27 de marzo; 3, 10, 12, 20 y 25 de abril; 1, 8, 10, 18 y 23 de mayo; 6, 8, 16 y 21 de junio; 4, 6, 14, 19 y 31 de julio; 2, 4, 12, 17 y 29 de agosto; 2, 10, 15 y 27 de septiembre; 8, 13 y 25 de octubre; 6, 11 y 23 de noviembre; 4, 9, 21 y 30 de diciembre.

Buenas para ti: 1 y 21 de enero; 19 de febrero; 17 de marzo; 15 de abril; 13 de mayo; 10 y 11 de junio; 9 de julio; 7 de agosto; 5 de septiembre; 2, 3 y 30 de octubre; 1 y 28 de noviembre; 26 de diciembre.

Atracción fatal: 7, 8, 9 y 10 de agosto.

Desafiantes: 29 de marzo, 27 de abril, 25 de mayo, 23 de junio, 21 de julio, 19 de agosto, 17 de septiembre, 15 de octubre, 13 de noviembre, 11 de diciembre.

Almas gemelas: 27 de enero, 25 de febrero, 23 y 30 de marzo, 21 y 28 de abril, 19 y 26 de mayo, 17 y 24 de junio, 15 y 22 de julio, 13 y 20 agosto, 11 y 18 de septiembre, 9 y 16 de octubre, 7 y 14 de noviembre, 5 y 12 de diciembre.

5 de febrero

ESTRELLAS FIJAS

Aunque el grado en que se ubica tu Sol no se encuentra vinculado con una estrella fija, algunos de los grados de tus otros planetas sí lo estarán. Si solicitas el cálculo de tu carta astral, encontrarás la posición exacta de los planetas en tu fecha de nacimiento. Esto te permitirá determinar cuáles de las estrellas fijas descritas en este libro son relevantes para ti.

Tu fecha de nacimiento revela que eres un individuo objetivo, intuitivo y fuerte, que posee una personalidad original. Eres astuto y tienes destellos de inspiración; además, tu constante curiosidad por la vida y la gente se combina con la necesidad de cambio y variedad. Por lo regular, esto te ayuda a desarrollar tus ideas singulares. No obstante, lo prudente sería no permitir que la inquietud ni la tendencia a vacilar emocionalmente socaven tu potencial extraordinario.

Gracias a la subinfluencia del regente de tu decanato, Géminis, tienes reacciones mentales ágiles. Estás abierto a ideas nuevas y, por lo regular, eres progresista y de avanzada. Tienes buenas habilidades comunicativas y facilidad para la escritura. Aunque tienes posturas objetivas, ten cuidado de no mostrarte tan desapegado que parezcas frío. Eres consciente de las ventajas de la colaboración y cooperación, y puedes trabajar bien en equipo si crees en el proyecto.

Debido a tu visión avanzada de la vida, valoras el conocimiento y la libertad, y sueles preocuparte por las reformas sociales. Tu mentalidad autónoma podría hacerte propenso a las confrontaciones. A pesar de tener cierta inclinación hacia la religión y la espiritualidad, es probable que desarrolles tu propio sistema de creencias. Además, al tener un ligero toque de genialidad y locura, es importante que evites volverte impaciente, obstinado o temperamental. En ese sentido, la actividad física tendrá un efecto sanador en tu sistema nervioso y te hará sentir más relajado y alegre.

Durante la juventud, aprendes y reaccionas con rapidez. Entre los 15 y los 44 años, mientras tu Sol progresado atraviesa Piscis, tu sensibilidad afectiva se enfatiza, además de que desarrollas tu imaginación. Esto podría impulsarte a perseguir metas idealistas, creativas o espirituales. Después de los 45, cuando tu Sol progresado se desplaza hacia Aries, sientes la necesidad de ser más asertivo, activo y directo en las cuestiones cotidianas, y quizá también de emprender proyectos nuevos. A los 74 años habrá otro punto de inflexión, cuando tu Sol progresado entre a Tauro, el cual acentuará la necesidad de más estabilidad y seguridad.

Tu yo secreto

Posees múltiples talentos y una perspectiva singular sobre distintos aspectos de la vida. Aunque a veces estés en desacuerdo con gente que carece del mismo nivel de conciencia que tú, necesitas ser paciente. También será necesario que tengas fe en tus capacidades para sacar el mayor provecho posible de tus talentos. La comprensión innata de los valores humanos te permite aconsejar a otros y hacer comentarios precisos sobre su situación, ya sea desde el punto de vista psicológico o material.

Al ser sensible y tener un sistema nervioso bien afinado, necesitas tiempo a solas, y en silencio, para dedicarlo a la introspección y recobrar fuerzas. Estos periodos te inspirarán mucho desde el punto de vista artístico, musical, teatral o hasta místico. Si evitas preocuparte por el dinero y no frustrarte por querer llevar una vida más acomodada, empezarás a disfrutar el poder de tus emociones dinámicas. Además, con tu energía y generosidad, cautivarás e impresionarás a otros.

Trabajo y vocación

Tener buenas habilidades de organización refuerza tu potencial de ascender a posiciones elevadas. Si enfatizas tus habilidades mentales y comunicativas, podrías ser un excelente maestro, consejero, psicólogo o reformista social. A pesar de tener un talento agudo para los negocios y ser capaz de administrar con éxito las finanzas ajenas, quizá te interese más una carrera que requiera creatividad e imaginación, como la escritura, el teatro o las artes. Por otro lado, tu deseo de libertad y la necesidad de poner a prueba tus capacidades intelectuales te impulsarán a emprender tu propio negocio o a trabajar por cuenta propia. Además, con tu veta humanitaria, es posible que prefieras laborar en organizaciones de carácter público.

Entre las personas famosas con quienes compartes cumpleaños están las actrices Charlotte Rampling y Barbara Hershey, el escritor William Burroughs, el beisbolista Hank Aaron, y el estadista estadounidense Adlai Stevenson.

Numerología

El número 5 en tu fecha de nacimiento indica instintos poderosos, una naturaleza aventurera y ansias de libertad. La disposición a explorar o probar cosas nuevas, así como tu entusiasmo para enfrentar el mundo, sugieren que la vida tiene mucho que ofrecerte. Los viajes y las múltiples oportunidades de cambio, algunas de ellas inesperadas, podrían conducir a una auténtica transformación de tus perspectivas y creencias. Al tener el número 5 por cumpleaños necesitas sentir que la vida es emocionante; no obstante, es posible que también debas desarrollar una actitud responsable y evitar la tendencia a ser impredecible, a los excesos y al desasosiego. El talento natural de una persona con el número 5 es saber cómo dejarse llevar por la corriente y mantenerse desapegado. La subinfluencia del mes número 2 indica que eres diplomático y posees una naturaleza amistosa y sociable. Aunque tienes facilidad para tratar con la gente, en ocasiones eres reservado y desconfiado. De cualquier modo, disfrutas colaborar con otros, en especial cuando puedes mezclar los negocios con el placer. Eres intuitivo, adaptable, cortés y sensible a los sentimientos ajenos. Prosperas cuando te sientes respaldado y, en general, necesitas mantener tu mente ocupada.

- *Cualidades positivas:* versatilidad, adaptabilidad, actitud progresista, instintos poderosos, magnetismo, suerte, audacia, amor por la libertad, ingenio, agilidad, curiosidad, misticismo, sociabilidad.

- *Cualidades negativas:* poca confiabilidad, postergación, incongruencia, exceso de confianza.

Amor y relaciones

Gracias a tu encanto, ingenio y capacidad para inspirar a otros, acostumbras tener muchos amigos y una vida social exitosa. En lo romántico, te atraen personas listas con personalidad imponente. Puesto que buscas estímulo intelectual además de romance, es posible que encuentres una pareja vinculada a tu trabajo o a las actividades sociales que desempeñas. Aunque te interesan las personas poderosas e inteligentes, lo prudente será evitar ser demasiado autoritario con tus parejas.

ESE ALGUIEN ESPECIAL

Te será más fácil encontrar amor y compañerismo con personas nacidas en las siguientes fechas.

Amor y amistad: 21, 28, 29 y 31 de enero; 19, 26 y 29 de febrero; 17, 24 y 27 de marzo; 3, 15, 22 y 25 de abril; 13, 20 y 23 de mayo; 11, 18, 19 y 21 de junio; 9, 16 y 19 de julio; 7, 14, 17 y 31 de agosto; 5, 12, 15 y 29 de septiembre; 3, 10, 11, 13, 27, 29 y 31 de octubre; 1, 8, 11, 25, 27 y 29 de noviembre; 6, 9, 23, 25 y 27 de diciembre.

Buenas para ti: 9, 12, 18, 24 y 29 de enero; 7, 10, 16, 22 y 27 de febrero; 5, 8, 14, 20 y 25 de marzo; 3, 6, 12, 18 y 23 de abril; 1, 4, 10, 16, 21 y 31 de mayo; 1, 2, 8, 14, 19 y 29 de junio; 6, 12, 17 y 27 de julio; 4, 10, 15 y 25 de agosto; 2, 8, 13 y 23 de septiembre; 6, 11 y 21 de octubre; 4, 9 y 19 de noviembre; 2, 7 y 17 de diciembre.

Atracción fatal: 3 de enero; 1 de febrero; 7, 8, 9 y 10 de agosto.

Desafiantes: 7, 8, 19 y 28 de enero; 5, 6, 17 y 26 de febrero; 3, 4, 15 y 24 de marzo; 1, 2, 13 y 22 de abril; 11 y 20 de mayo; 9 y 18 de junio; 7 y 16 de julio; 5 y 14 de agosto; 3 y 12 de septiembre; 1 y 10 de octubre; 8 de noviembre; 6 de diciembre.

Almas gemelas: 3 y 19 de enero, 1 y 17 de febrero, 15 de marzo, 13 de abril, 11 de mayo, 9 de junio, 7 de julio, 5 de agosto, 3 de septiembre, 1 de octubre.

6 de febrero

ESTRELLAS FIJAS

Aunque el grado en que se ubica tu Sol no se encuentra vinculado con una estrella fija, algunos de los grados de tus otros planetas sí lo estarán. Si solicitas el cálculo de tu carta astral, encontrarás la posición exacta de los planetas en tu fecha de nacimiento. Esto te permitirá determinar cuáles de las estrellas fijas descritas en este libro son relevantes para ti.

Al haber nacido bajo el signo de Acuario, eres un individuo carismático, amistoso e idealista, así como un diplomático nato. Aunque tengas inclinaciones sociales y proyectes una actitud extrovertida y encantadora, también eres un tanto reservado y serio, así como responsable. A pesar de tener un aprecio sólido por lo cosmopolita, es importante no perder de vista tu perspicacia intuitiva ni tu visión. Tu sed de conocimiento refleja que constantemente recurres a la educación, y a través de esos estudios es posible que obtengas la disciplina necesaria para desatar tu potencial extraordinario.

Gracias a la subinfluencia del regente de tu decanato, Géminis, eres astuto y tienes buenas habilidades comunicativas. Dado que eres independiente y tienes una visión objetiva, a veces eres demasiado franco. Además de ser original e innovador, gozas de buen juicio y capacidad de razonamiento. La combinación de tus capacidades de persuasión y habilidades prácticas también te ayudará a subir por la escalera del éxito.

Puesto que, por lo general, eres responsable y trabajador, con frecuencia te piden que coordines proyectos o ayudes a otros. Un deseo igualmente fuerte de paz y armonía hará que a veces quieras que las cosas permanezcan como están. Sin embargo, si eres reacio a los cambios, podrías atascarte en la monotonía. Por fortuna, pensar en los éxitos materiales te inspira a poner manos a la obra.

Entre los 14 y los 43 años, tu Sol progresado atravesará Piscis, y se fortalecerá tu sensibilidad emocional, lo que te hará más imaginativo, receptivo y consciente de tu vida social. También podrías volverte más visionario o adquirir habilidades de médium, e interesarte en desarrollar tus talentos creativos. A los 44 años habrá un punto de inflexión, cuando tu Sol progresado entre a Aries. Tus ambiciones y tenacidad se harán más visibles, y desarrollarás un carácter asertivo. Quizás incluso te involucres en el emprendimiento de proyectos nuevos o la concepción de ideas originales. A los 74 años habrá otro ajuste de prioridades, cuando tu Sol progresado entre en Tauro y sobresalga una mayor necesidad de estabilidad, seguridad y tranquilidad afectiva.

Tu yo secreto

Posees una conciencia humanitaria que te inclina hacia las reformas sociales y te inspira para colaborar con otras personas. Reconoces las ventajas de trabajar en pro de los ideales grupales progresistas; sin embargo, a veces eres voluntarioso, por lo que habrá ocasiones en las que tendrás que aprender a distinguir entre ser obstinado y ser perseverante. Si mantienes un apego positivo y una mentalidad abierta, evitarás parecer frío e indiferente. También necesitarás aprender a administrar tu tiempo para evitar frustraciones y decepciones. Sin embargo, además de ser responsable y tener la capacidad de inspirar y cautivar a otros, con frecuencia buscas un mundo ideal o la sabiduría verdadera.

Muchas de las lecciones que te enseñará la vida tienen que ver con el trabajo. De hecho, las alianzas desempeñarán un papel central en tu vida, pues compartir es una de las claves de tu éxito. Por lo regular, se te facilita identificarte con otros cuando conversas con ellos cara a cara. No obstante, para evitar volverte temeroso o demasiado serio, es importante mantener un equilibrio entre trabajar en cooperación con otros y conservar tu independencia.

Trabajo y vocación

Tu férreo sentido de la justicia te inspirará a defender la igualdad de derechos y buenas condiciones laborales para todas las personas; por ende, podrías inclinarte hacia el mundo de la política o el activismo social o comunitario. Sin importar qué carrera elijas, deberás poner en práctica tus habilidades sociales avanzadas. Gracias a la capacidad para comunicarte, educar o inspirar a otros, tal vez te interesen la enseñanza, la investigación o las reformas sociales. Si no te inclinas hacia el lado humanista o político de tu naturaleza, tu capacidad para cautivar a un público podrá empujarte hacia el mundo del entretenimiento.

Entre las personas famosas con quienes compartes cumpleaños están el expresidente estadounidense Ronald Reagan; el director de cine François Truffaut; los cantantes Axl Rose, Bob Marley y Natalie Cole, y el beisbolista Babe Ruth.

Numerología

Algunos de los atributos propios de la gente nacida en el día 6 son compasión, idealismo y naturaleza atenta. Es el número de los perfeccionistas o de los amigos universales. Este número indica que eres un ser humanitario, responsable, amoroso y comprensivo. Además, es frecuente que seas una madre o un padre devoto y dedicado a lo doméstico. Las personas más sensibles de entre quienes nacieron en esta fecha deberán encontrar una forma de expresión creativa, pues se sienten atraídas por el mundo del entretenimiento, las artes y el diseño. Quizá debas desarrollar seguridad en ti mismo y superar la tendencia a ser entrometido, a preocuparte en exceso y a sentir compasión por quien no la merece. La subinfluencia del mes número 2 indica que eres intuitivo, cortés e idealista. Además de ser un individuo receptivo y adaptable, eres también solidario y, por lo regular, tienes posturas liberales. Te entusiasman los conceptos nuevos y las reformas, pues eres humanitario de corazón. Cuando colaboras con otras personas, eres trabajador y práctico, y sueles estar dispuesto a compartir tu buena fortuna y percepciones valiosas.

• *Cualidades positivas:* cosmopolita, hermandad universal, amistad, compasión, confiabilidad, comprensión, empatía, idealismo, orientación hacia lo doméstico, humanismo, compostura, talento artístico, equilibrio.

• *Cualidades negativas:* insatisfacción, timidez, irracionalidad, terquedad, franqueza excesiva, falta de armonía, perfeccionismo, comportamiento dominante, irresponsabilidad, suspicacia, cinismo, egocentrismo, interferencia.

Amor y relaciones

Generalmente, te atraen personas inventivas y exitosas, por mérito propio; así como las que son capaces de seguir el ritmo a tu caudal de ideas y de tu entusiasmo. Cuando te enamoras de alguien, eres vehemente y estás dispuesto a contribuir a la relación. Te interesan las personas inteligentes y necesitas una pareja astuta y culta, mientras que tu personalidad carismática te garantizará que siempre tendrás amigos y contactos sociales. El matrimonio y la estabilidad suelen ser elementos importantes de tu visión de vida.

ESE ALGUIEN ESPECIAL

Es posible que encuentres felicidad y compañía con personas nacidas en las siguientes fechas.

Amor y amistad: 6, 20, 22, 24, 28 y 30 de enero; 4, 18, 20, 22 y 28 de febrero; 2, 16, 18, 20, 26 y 29 de marzo; 14, 16, 18, 24 y 27 de abril; 12, 14, 16, 22 y 25 de mayo; 10, 12, 14, 18, 20 y 23 de junio; 8, 10, 12, 18 y 21 de julio; 6, 8, 10, 16 y 19 de agosto; 4, 6, 8, 14, 17 y 29 de septiembre; 2, 4, 6, 12 y 15 de octubre; 2, 4, 10, 13 y 25 de noviembre; 2, 8 y 11 de diciembre.

Buenas para ti: 1, 3, 4, 14 y 23 de enero; 1, 2 y 12 de febrero; 10 y 28 de marzo; 8, 17, 26 y 30 de abril; 6, 24 y 28 de mayo; 4, 22 y 26 de junio; 2, 20 y 24 de julio; 18 y 22 de agosto; 16 y 20 de septiembre; 14 y 18 de octubre; 12 y 16 de noviembre; 10 y 14 de diciembre.

Atracción fatal: 11 de enero; 9 de febrero; 7 de marzo; 5 de abril; 3 de mayo; 1 de junio; 8, 9, 10 y 11 de julio.

Desafiantes: 3 y 5 de enero; 1 y 3 de febrero; 1 de marzo; 31 de julio; 29 de agosto; 27 y 30 de septiembre; 25 y 28 de octubre; 23, 26 y 30 de noviembre; 21, 24 y 28 de diciembre.

Almas gemelas: 5 y 12 de enero, 3 y 10 de febrero, 1 y 8 de marzo, 6 de abril, 4 de mayo, 2 de junio.

7 de febrero

ESTRELLAS FIJAS

Aunque el grado en que se ubica tu Sol no se encuentra vinculado con una estrella fija, algunos de los grados de tus otros planetas sí lo estarán. Si solicitas el cálculo de tu carta astral, encontrarás la posición exacta de los planetas en tu fecha de nacimiento. Esto te permitirá determinar cuáles de las estrellas fijas descritas en este libro son relevantes para ti.

Haber nacido bajo el signo de Acuario te caracteriza como un individuo original y progresista, con agudas capacidades mentales. Eres entusiasta, innovador y humanitario, aprecias la libertad, y te beneficia explorar muchos caminos durante tu búsqueda de variedad y temas interesantes. No obstante, debes tener cuidado de que eso no se convierta en inquietud y nerviosismo, y que eso te impida desarrollar tus talentos sofisticados.

Gracias a la subinfluencia del regente de tu decanato, Géminis, eres curioso por naturaleza y posees objetividad y talento para la investigación científica. Eres un comunicador hábil y entrañable, además de tener la capacidad de hacer observaciones astutas sobre la gente. Tu visión universalista y amplia te inspirará a viajar o a estudiar durante tu búsqueda interminable de conocimiento. Esta curiosidad natural también podría inspirarte a presentar tus exploraciones de forma convincente, por lo que quizá quieras convertirte en escritor o cuentacuentos. Sin embargo, la tendencia a aburrirte con facilidad te dificultará perseverar y explotar al máximo tu potencial único.

El desapego y tu visión universal serán la clave para resolver muchos de tus problemas. No obstante, evita impacientarte, pues esto entorpecería el empeño de cumplir tus metas y perseguir tus ambiciones. Para lograr tus objetivos, resultará más conveniente combinar tu imaginación e idealismo poderosos con tu intelecto agudo.

Entre los 13 y los 42 años, cuando tu Sol progresado está en Piscis, se refuerza tu sensibilidad emocional, a medida que desarrollas un vínculo más fuerte con tu vida interior. Esto se refleja en tus visiones, sueños e ideales, así como en tu vida social. A los 43 años habrá un punto de inflexión, cuando tu Sol progresado entre a Aries y enfatice la necesidad de tomar la iniciativa y de abordar las relaciones personales con valentía y franqueza. Por otro lado, también es posible que fortalezcas tus habilidades sociales. A los 73 años habrá otro ajuste de prioridades, cuando tu Sol progresado entre en Tauro y sobresalga la necesidad imperante de tener seguridad financiera.

Tu yo secreto

Tus emociones fuertes y corazón bondadoso hacen que disfrutes compartir tus experiencias con otras personas. Además de ser cortés y amigable, posees habilidades diplomáticas innatas y la capacidad para hacer que la gente se sienta relajada. Tu gran carisma te permite irradiar amor y positividad, y enfatiza la importancia de tener mecanismos para expresar tus sentimientos. Sin embargo, la intensidad de tus emociones hará que necesites encontrar un equilibrio para no exagerar ni ser extremista. No obstante, gracias a tu encanto y al poder del amor, para sacar lo mejor de ti solo es necesario que encuentres actividades o relaciones satisfactorias.

Eres un excelente compañero y tienes la capacidad innata de ayudar a otros, ya que eres honesto y directo. Además de encanto, también posees ambición y un espíritu emprendedor. A pesar de que estas cualidades suelen impulsarte a buscar oportunidades y mantenerte activo, también necesitarás seguridad y bases sólidas. Para tener un entorno armónico, es necesario que planees tus acciones y aproveches tus habilidades organizacionales.

Trabajo y vocación

Dadas tus ansias de cambio, lo más prudente sería evitar trabajos monótonos. Las carreras que involucren variedad o viajes serán óptimas para alimentar tu espíritu aventurero. Posiblemente puedas ser un buen vendedor, capaz de promover ideas. Con tu imaginación poderosa y necesidad de expresión personal, podrías apaciguar tus inquietudes internas a través de la escritura, el teatro o las artes. Por otro lado, podrías combinar tu receptividad y habilidades analíticas en el mundo de la ciencia y la investigación. Asimismo, con tus fuertes inclinaciones humanitarias, podrían atraerte profesiones que involucren reformas sociales, como la política o la educación. Además, tu compasión natural podría inspirarte a trabajar en el cuidado de la salud o la sanación.

Entre las personas famosas con quienes compartes cumpleaños están el psicólogo Alfred Adler; los escritores Charles Dickens y Sinclair Lewis; y la actriz Juliette Gréco.

Numerología

Aunque son analíticas y reflexivas, las personas con el número 7 en su fecha de nacimiento también son críticas y egocéntricas. Tienes una necesidad constante de desarrollar tu autoconciencia, además de que disfrutas absorber información y te pueden interesar la lectura, la escritura o la espiritualidad. Si bien eres astuto, también tiendes a ser escéptico o a racionalizar demasiado las cosas y perderte en los detalles. La tendencia a ser enigmático o reservado supone que en ocasiones te sientes incomprendido. Al ser alguien que defiende el pensamiento independiente, quieres tener la libertad de tomar tus decisiones y cometer tus propios errores. La subinfluencia del mes número 2 indica que puedes ser sumamente intuitivo y sensible, y, dado que no soportas la monotonía, a veces puedes volverte impaciente y nervioso; esta inquietud emocional indica que disfrutas las emociones y necesitas muchas actividades. Eres progresista y liberal, te interesa la gente y, por lo regular, participas en esfuerzos cooperativos. Puesto que prosperas al recibir aliento, necesitas rodearte de gente que te respalde y te inspire a perseverar, o que te apoye cuando necesitas ayuda. Cuídate de quienes socavan tus capacidades, pero, antes de que llegues a una conclusión, escucha lo que otros tienen que decir.

• *Cualidades positivas:* educación, confianza, meticulosidad, idealismo, honestidad, habilidades psíquicas, capacidades científicas, racionalidad, reflexión.

• *Cualidades negativas:* engaños, hostilidad, hermetismo, escepticismo, confusión, desapego.

Amor y relaciones

Eres sensible en las cuestiones del amor, por lo que es prudente que construyas tus relaciones con cuidado, en lugar de ser demasiado impulsivo. Cuando te enamoras experimentas emociones profundas, y eres capaz de ser leal, incluso durante periodos de dificultad o sacrificios. En las relaciones, tus expectativas elevadas a veces te provocarán desilusiones si los demás no están a la altura de tus ideales. Si aprendes a desapegarte, evitarás posibles frustraciones. Te atraen las personas inteligentes, aunque quizá sea mejor elegir a una pareja que sea tan humanitaria y de mente abierta como tú.

ESE ALGUIEN ESPECIAL

Es posible que tengas suerte en el amor si te relacionas con personas nacidas en las siguientes fechas.

Amor y amistad: 1, 7, 11, 21, 23 y 31 de enero; 5, 19, 21 y 29 de febrero; 3, 17, 19 y 27 de marzo; 1, 15, 17 y 25 de abril; 13, 15 y 23 de mayo; 11, 13 y 21 de junio; 9, 11 y 19 de julio; 7, 9 y 17 de agosto; 5, 7 y 15 de septiembre; 3, 5 y 13 de octubre; 1, 3, 11 y 27 de noviembre; 1, 9 y 24 de diciembre.

Buenas para ti: 5, 16 y 18 de enero; 3, 14 y 16 de febrero; 1, 12, 14 y 29 de marzo; 10, 12 y 27 de abril; 8, 10, 25 y 29 de mayo; 6, 8, 23 y 27 de junio; 4, 6, 21 y 25 de julio; 2, 4, 19 y 23 de agosto; 2, 17 y 21 de septiembre; 15 y 19 de octubre; 13 y 17 de noviembre; 11, 15 y 29 de diciembre.

Atracción fatal: 6 y 30 de enero; 4 y 28 de febrero; 2 y 26 de marzo; 24 de abril; 22 de mayo; 20 de junio; 18 de julio; 9, 10, 11, 12 y 16 de agosto; 14 de septiembre; 12 de octubre; 10 de noviembre; 8 de diciembre.

Desafiantes: 4 de enero; 2 de febrero; 29 y 31 de mayo; 27, 29 y 30 de junio; 25, 27 y 28 de julio; 23, 25, 26 y 30 de agosto; 21, 23, 24 y 28 de septiembre; 19, 21, 22 y 26 de octubre; 17, 19, 20 y 24 de noviembre; 15, 17, 18 y 22 de diciembre.

Almas gemelas: 23 de enero, 21 de febrero, 19 de marzo, 17 de abril, 15 de mayo, 13 de junio, 11 y 31 de julio, 9 y 29 de agosto, 7 y 27 de septiembre, 5 y 25 de octubre, 3 y 23 de noviembre, 1 y 21 de diciembre.

717

8 de febrero

〜〜〜 Además de que eres sociable y amistoso, tu individualidad y carácter fuerte
〜〜〜 te caracterizan como un acuariano carismático y encantador, con opiniones firmes. Eres generoso y directo. Te gusta rodearte de gente y disfrutar de la buena vida. Además, identificas las oportunidades con rapidez, y tienes un enfoque práctico y buenas habilidades organizacionales. Todas estas cualidades, además de tu empuje y tenacidad, te motivarán para pensar en grande y proyectar éxito.

Gracias a la subinfluencia del regente de tu decanato, Géminis, te encanta comunicarte, en voz alta o por escrito. Eres un pensador excepcional, con la capacidad de obtener información y conocimiento de varias fuentes y presentar tus ideas de forma original e interesante. Tener un toque de genialidad y locura te infunde entusiasmo mental y mucho ímpetu. Sueles ser una persona adelantada a su época, lo que se refleja en tus ideas inventivas y progresistas. Tu veta rebelde es notoria en tu apariencia o estilo de vida, pero puede tornarse problemática si te vuelves demasiado excéntrico u obstinado.

Ser seguro de ti mismo y amigable te garantiza que tendrás suerte en actividades que implican trabajar con la gente. Debido a tu astucia mental, aprendes habilidades nuevas con rapidez, pero la tendencia a aburrirte con facilidad indica que los malentendidos ocurren cuando no te das tiempo para escuchar a los demás. No obstante, al buscar relaciones armoniosas, puedes aprovechar tu intuición sobre la gente y el entorno.

Entre los 12 y los 41 años, cuando tu Sol progresado está en Piscis, tu sensibilidad emocional adquiere importancia, y desarrollas una visión más sólida. Esto podría impulsarte a perseguir metas idealistas, artísticas o espirituales. Después de los 42 años, cuando tu Sol progresado se desplace hacia Aries, necesitarás ser más asertivo, activo y directo en tus interacciones diarias, y quizás incluso emprender proyectos nuevos. A los 72 años habrá otro punto de inflexión, cuando tu Sol progresado entre a Tauro; a partir de entonces, resaltará la necesidad de mayor estabilidad financiera y seguridad.

Tu yo secreto

La prosperidad llegará cuando adquieras el conocimiento que te permitirá reforzar tu potencial. Eres ambicioso y entusiasta cuando encuentras un tema o un proyecto que te interesa de verdad. Además de ser astuto y tener buenas habilidades ejecutivas, eres capaz de triunfar y lograr cosas, incluso mover montañas con ayuda de tu actitud positiva. Sin embargo, deberás desarrollar humildad para evitar ser arrogante o autoritario. Al ser una persona creativa, posees talentos naturales que podrían encaminarte hacia actividades como la música, el arte, la escritura o el teatro, en donde seguramente sobresaldrías.

Eres cálido, generoso, tienes un buen sentido común y brindas apoyo y ayuda práctica a otras personas. Estás dispuesto a trabajar duro para hacer realidad tus metas, debido a que quieres construir una base sólida para tus logros. No obstante, evita caer en autocomplacencias y abusar de la buena vida porque eso te distraerá de tus objetivos e ideales elevados.

ESTRELLA FIJA

Nombre de la estrella: Castra

Posición: 19° 30'–20° 12' de Acuario, entre los años 1930 y 2000

Magnitud: 4

Fuerza: ★★★★

Órbita: 1° 30'

Constelación: Capricornio (Epsilon Capricorni)

Días efectivos: 8, 9 y 10 de febrero

Propiedades de la estrella: Júpiter/ Saturno

Descripción: pequeña estrella anaranjada amarillenta ubicada en el vientre de la cabra

INFLUENCIA DE LA ESTRELLA PRINCIPAL

Castra otorga habilidades de liderazgo, asertividad y prominencia en puestos gubernamentales. Esta estrella indica que la paciencia y el trabajo arduo conducen al éxito, y que los comportamientos destructivos pueden provocar fracasos.

Con respecto a tu grado del Sol, Castra trae consigo reconocimiento en el ámbito literario y logros en educación superior; es posible que te interesen la filosofía o la astrología. Asimismo, confiere habilidades psíquicas e intuitivas.

• *Positiva:* perseverancia, ambición, pensamiento filosófico.

• *Negativa:* inseguridad, pesimismo.

Trabajo y vocación

Con ayuda de tu espíritu emprendedor, empuje y habilidades sociales, no tienes problemas para forjar tu carrera. Sin embargo, dado que eres independiente, generalmente, te desagrada recibir órdenes y prefieres trabajar por cuenta propia o desempeñarte en una profesión que te dé mucha libertad. Eres práctico y bueno para organizarte, por lo que deseas construir una base sólida para tus logros; lo que te será útil si emprendes tu propio negocio o desempeñas un puesto gerencial en la industria de la construcción. Tus buenas habilidades comunicativas podrían ayudarte si te dedicas a las ventas, la publicidad o los medios de comunicación. Por otro lado, tu veta histriónica podría guiarte hacia el mundo del entretenimiento, en donde tendrías éxito como actor, director o guionista.

Entre las personas famosas con quienes compartes cumpleaños están los actores Lana Turner, James Dean, Jack Lemmon y Nick Nolte; el director de cine King Vidor; el compositor John Williams; el escritor Julio Verne; el filósofo Martin Buber, y la astróloga Evangeline Adams.

Numerología

El poder del número 8 en tu fecha de nacimiento indica un carácter con valores firmes y un juicio sólido. El número 8 denota que aspiras a conseguir grandes logros y que tienes una naturaleza ambiciosa. Tu fecha de cumpleaños esboza además tu deseo de dominio, seguridad y éxito material. Como una persona nacida bajo el número 8 tienes un talento natural para los negocios y te beneficiarás si desarrollas tus habilidades organizativas y ejecutivas. Tu necesidad de seguridad y estabilidad te insta a hacer planes e inversiones a largo plazo. La subinfluencia del mes número 2 indica que eres receptivo e intuitivo. Aunque eres amistoso, sociable y con don de gentes, por lo regular, confías en ti mismo y proyectas una personalidad independiente y fuerte. No obstante, eres considerado y sensible hacia los sentimientos ajenos; también, cortés y romántico por naturaleza. Eres sumamente intuitivo, original, ambicioso, creativo y con una gran necesidad de expresar tus emociones. Aunque en muchas ocasiones el sentido común te dicta que estás en lo correcto, evita volverte arrogante o demasiado crítico.

• *Cualidades positivas:* liderazgo, minuciosidad, trabajo arduo, tradición, autoridad, protección, poder de sanación, talento para juzgar valores.

• *Cualidades negativas:* impaciencia, desperdicio, intolerancia, mezquindad, inquietud, exceso de trabajo, tendencia a rendirte, falta de planeación, comportamiento controlador.

Amor y relaciones

Eres práctico, gozas de sentido común y amor por las cosas buenas de la vida. Sabes cómo pasarla bien y entretener a otros. Generalmente, prefieres asociarte con personas ambiciosas y trabajadoras que buscan el éxito. El dinero y el prestigio podrían ser factores importantes en tus relaciones, ya que te preocupa la seguridad económica y, además, eres orgulloso. Tu excelente gusto y aprecio por la belleza te permiten valorar la calidad de las cosas. Disfrutas tener gestos de generosidad con la gente que aprecias, además de ser un amigo valioso.

Si deseas una relación duradera, tendrás suerte en el amor con personas nacidas en las siguientes fechas.

Amor y amistad: 8, 14, 17, 20, 22 y 24 de enero; 6, 15, 18, 20 y 22 de febrero; 4, 13, 16, 18 y 20 de marzo; 2, 8, 11, 14, 16 y 18 de abril; 9, 12, 14 y 16 de mayo; 4, 7, 10, 12, 13 y 14 de junio; 5, 8, 10, 12 y 30 de julio; 3, 6, 8, 10 y 28 de agosto; 1, 4, 6, 8 y 26 de septiembre; 2, 4, 6 y 24 de octubre; 2, 4 y 22 de noviembre; 2 y 20 de diciembre.

Buenas para ti: 6 y 23 de enero; 4 y 21 de febrero; 2, 19 y 30 de marzo; 17 y 28 de abril; 15, 26 y 30 de mayo; 13, 24 y 28 de junio; 11, 22 y 26 de julio; 9, 20 y 24 de agosto; 7, 18 y 22 de septiembre; 5, 16 y 20 de octubre; 3, 14 y 18 de noviembre; 1, 12, 16 y 30 de diciembre.

Atracción fatal: 7 de enero; 5 de febrero; 3 de marzo; 1 de abril; 10, 11, 12 y 13 de agosto.

Desafiantes: 5, 26 y 29 de enero; 3, 24 y 27 de febrero; 1, 22 y 25 de marzo; 20 y 23 de abril; 18 y 21 de mayo; 16, 19 y 30 de junio; 14, 17 y 28 de julio; 12, 15, 26 y 31 de agosto; 10, 13, 24 y 29 de septiembre; 8, 11, 22 y 27 de octubre; 6, 9, 20 y 25 de noviembre; 4, 7, 18 y 23 de diciembre.

Almas gemelas: 30 de enero, 28 de febrero, 26 de marzo, 24 de abril, 22 de mayo, 20 de junio, 18 de julio, 16 de agosto, 14 de septiembre, 12 y 31 de octubre, 10 y 29 de noviembre, 8 y 27 de diciembre.

9 de febrero

∿∿∿ Además de creativo y original, eres un acuariano amistoso, con una personalidad independiente. Tu agilidad mental y receptividad te ayudan a ser bastante persuasivo y carismático. Asimismo, tu naturaleza intuitiva y humanitaria te brinda una perspectiva única de la vida e indica que eres sociable y buen observador de la conducta humana. Posees múltiples talentos, que te brindan muchas opciones, por lo que sería prudente evitar las preocupaciones e indecisiones, pues estas podrían socavar tu confianza y drenarte la energía vital.

Gracias a la subinfluencia de Géminis, el regente de tu decanato, resuelves los problemas con un enfoque novedoso. Eres una persona de mente abierta y con ideas poco convencionales que experimenta destellos de inspiración. Dado que necesitas libertad, a veces aparentas ser desapegado, lo que otros podrían interpretar como frialdad o falta de interés.

Ya que te gusta añadir un toque innovador a ideas antiguas, es posible que tus ideas progresistas estén adelantadas a su época. A pesar de que la inspiración puede hacerte volar alto, la disciplina mental es esencial para evitar caer en picada. No obstante, es posible desarrollar una combinación de comprensión universal y potencial místico innato que traiga sabiduría para ti y para los demás.

Tu magnetismo personal y necesidad constante de variedad revelan que eres capaz de obtener contactos y experiencia en diferentes circunstancias de vida, incluso en países extranjeros. A pesar de que con tus múltiples intereses corres el riesgo de desperdiciar tus energías, eres enfocado y trabajador cuando te comprometes con un proyecto o actividad.

Entre los 11 y los 40 años, mientras tu Sol progresado atraviesa Piscis, se acentúan tu sensibilidad emocional e imaginación. Esto hace que seas más impresionable y consciente de tu vida social, de tus sueños y de tus dones espirituales o creativos. A los 41 años habrá un punto de inflexión, cuando tu Sol progresado entre a Aries; a partir de entonces, se enfatizará la necesidad de tomar la iniciativa en tus asuntos, con una actitud proactiva. También existe la posibilidad de emprender negocios o producir ideas innovadoras y progresistas. A los 71 años habrá otro ajuste de prioridades, cuando tu Sol progresado se dirija hacia Tauro y sobresalga una mayor necesidad de estabilidad y de adoptar un enfoque práctico ante la vida.

Tu yo secreto

Tu fuerte deseo interno de armonía se refleja en tu amor por el hogar y la familia. A veces tratas de proteger a quienes te rodean, e intentas resolver sus dificultades. No obstante, aunque tengas las mejores intenciones, debes aprender a no apropiarte de las vidas de los demás y dejarlos que resuelvan sus propios problemas. Para avanzar requerirás acciones firmes, por lo que es importante que definas tu sentido del propósito y aceptes la responsabilidad de los grandes desafíos que enfrentarás para poder aprovechar al máximo tu potencial verdadero.

A lo largo de la vida te acompañará cierta cualidad jovial y juguetona. Querer expresar un estilo único es señal de que podrías explorar tu creatividad a través de

---

ESTRELLA FIJA

Nombre de la estrella: Castra

Posición: 19° 30'–20° 12' de Acuario, entre los años 1930 y 2000

Magnitud: 4

Fuerza: ★★★★

Órbita: 1° 30'

Constelación: Capricornio (Epsilon Capricorni)

Días efectivos: 8, 9 y 10 de febrero

Propiedades de la estrella: Júpiter/ Saturno

Descripción: pequeña estrella anaranjada amarillenta ubicada en el vientre de la cabra

INFLUENCIA DE LA ESTRELLA PRINCIPAL

Castra otorga habilidades de liderazgo, asertividad y prominencia en puestos gubernamentales. Esta estrella indica que la paciencia y el trabajo arduo conducen al éxito, y que los comportamientos destructivos pueden provocar fracasos.

Con respecto a tu grado del Sol, Castra trae consigo reconocimiento en el ámbito literario y logros en educación superior; es posible que te interesen la filosofía o la astrología. Asimismo, confiere habilidades psíquicas e intuitivas.

• *Positiva:* perseverancia, ambición, pensamiento filosófico.

• *Negativa:* inseguridad, pesimismo.

proyectos artísticos. Aunque ansías armonía e ideales utópicos, no será hasta que enfrentes tus responsabilidades que obtendrás recompensas duraderas.

Trabajo y vocación

Al ser un pensador compasivo e independiente, quizá te interese desarrollarte a nivel profesional en la educación, la escritura, la terapia, la psicología o las reformas sociales. Dado que posees múltiples talentos, es probable que te resulte más satisfactorio tener una vocación destacada, que solo trabajar con el fin de obtener recompensas financieras. Es probable que los viajes y los cambios desempeñen un papel importante en tu trabajo y estilo de vida. Si decides hacer carrera en la función pública, podrían interesarte profesiones como administración, derecho y política, o simplemente trabajar como funcionario público. Puesto que tienes un talento latente para identificar los sueños colectivos y los anhelos de toda una generación, quizá te interese explorar tu creatividad por medio de las artes, el teatro, el diseño o la tecnología.

Entre las personas famosas con quienes compartes cumpleaños están los escritores Alice Walker y Brendan Behan, la cantante Carole King, los actores Mia Farrow y Joe Pesci, y el biólogo Jacques Monod.

Numerología

Entre las características asociadas con el número 9 están la benevolencia, la amabilidad y el sentimentalismo. Sueles ser generoso y liberal, tolerante y gentil. Tus habilidades intuitivas y psíquicas apuntan hacia una receptividad universal que, canalizada de forma positiva, te inspirará a buscar un camino espiritual. Esta fecha de nacimiento sugiere la necesidad de superar desafíos, y la tendencia a ser hipersensible y experimentar altibajos emocionales. Viajar por el mundo e interactuar con gente de todo tipo te beneficiará, pero debes cuidarte de tener sueños poco realistas o de la evasión. La subinfluencia del mes número 2 indica que eres sensible y receptivo, pero la tendencia a vacilar refleja que necesitas mantener una postura balanceada. Para triunfar, necesitas encontrar cosas que de verdad te inspiren a desarrollar tus talentos. Al ser versátil, gozas de una amplia gama de intereses, y tu naturaleza independiente hace que necesites la libertad de ser espontáneo e intelectualmente creativo.

• *Cualidades positivas:* idealismo, humanitarismo, creatividad, sensibilidad, generosidad, magnetismo, naturaleza poética, caridad, naturaleza dadivosa, desapego, suerte, popularidad.

• *Cualidades negativas:* frustración, fragmentación, egoísmo, falta de practicidad, docilidad, complejo de inferioridad, preocupación.

Amor y relaciones

Gracias a que eres amistoso y sociable, tienes la capacidad de atraer a muchos tipos de personas. Puesto que alternas entre ser generoso y expresivo, y aparentar insensibilidad, necesitas establecer equilibrio y armonía en tus relaciones. Te interesan las personas inteligentes, por lo cual sería conveniente que compartieras actividades intelectuales con tu pareja o que tuvieran intereses en común. Tu forma de pensar es innovadora, por lo que quizá concibes las relaciones de forma alternativa o inusual.

ESE ALGUIEN ESPECIAL

Es probable que tengas más suerte y te diviertas más con alguien que haya nacido en las siguientes fechas.

Amor y amistad: 7, 9, 23, 25 y 27 de enero; 5, 7, 21, 23 y 25 de febrero; 5, 19, 21, 23 y 29 de marzo; 3, 17, 19, 21, 27 y 30 de abril; 1, 15, 17, 19, 25 y 28 de mayo; 3, 13, 15, 17, 23 y 26 de junio; 11, 13, 15, 21 y 24 de julio; 9, 11, 13, 19 y 22 de agosto; 7, 9, 11, 17 y 20 de septiembre; 5, 7, 9, 15 y 18 de octubre; 3, 5, 7, 13, 16 y 28 de noviembre; 1, 3, 5, 11 y 14 de diciembre.

Buenas para ti: 2, 4, 7 y 26 de enero; 2 y 5 de febrero; 3 de marzo; 1 de abril; 31 de mayo; 16 y 29 de junio; 27 y 31 de julio; 25 y 29 de agosto; 23 y 27 de septiembre; 21 y 25 de octubre; 19 y 23 de noviembre; 17 y 21 de diciembre.

Atracción fatal: 8 y 14 de enero; 6 y 12 de febrero; 4 y 10 de marzo; 2 y 8 de abril; 6 de mayo; 4 de junio; 2 de julio; 11, 12, 13 y 14 de agosto.

Desafiantes: 6, 19 y 29 de enero; 4, 17 y 27 de febrero; 2, 15 y 25 de marzo; 13 y 23 de abril; 11 y 21 de mayo; 9 y 19 de junio; 7 y 17 de julio; 5 y 15 de agosto; 3, 13 y 30 de septiembre; 1, 11 y 28 de octubre; 9 y 26 de noviembre; 7, 24 y 29 de diciembre.

Almas gemelas: 16 y 21 de enero; 14 y 19 de febrero; 12 y 17 de marzo; 10 y 15 de abril; 8 y 13 de mayo; 6 y 11 de junio; 4 y 9 de julio; 2 y 7 de agosto; 5 de septiembre; 3 de octubre; 1 de noviembre.

10 de febrero

ESTRELLAS FIJAS

Nashira, que significa "la portadora de buenas noticias"; Castra

ESTRELLA PRINCIPAL

Nombre de la estrella: Nashira, que significa "la portadora de buenas noticias"

Posición: 20º 48'–21º 45' de Acuario, entre los años 1930 y 2000

Magnitud: 4

Fuerza: ★★★★

Órbita: 1º 30'

Constelación: Capricornio (Gamma Capricorni)

Días efectivos: 10, 11, 12 y 13 de febrero

Propiedades de la estrella: Saturno/Júpiter

Descripción: pequeña estrella ubicada en la cola de la cabra

INFLUENCIA DE LA ESTRELLA PRINCIPAL

Nashira otorga notoriedad y la capacidad de superar cualquier contratiempo o desafío. Infunde una naturaleza cautelosa y supone que la paciencia se recompensa, ya que después de las dificultades viene el triunfo.

Con respecto a tu grado del Sol, Nashira trae consigo habilidades de escritura, gerenciales y ejecutivas, así como éxito laboral en ámbitos que impliquen trato con el público. Aunque puede indicar lucha, una vez que se tiene éxito este es duradero y permite alcanzar posiciones destacadas en el futuro.

• *Positiva:* fortaleza, paciencia, cautela.

• *Negativa:* sentimientos de tensión, insatisfacción, irritabilidad.

Al haber nacido bajo el signo de Acuario, eres una persona bondadosa y trabajadora, con carácter fuerte y un impecable sentido común. Tu carisma y capacidad para tratar con la gente a nivel individual indican que posees habilidades diplomáticas naturales y que puedes desempeñarte bien en proyectos colaborativos o trabajos en equipo. A pesar de que eres pragmático y prefieres mantenerte ocupado, también eres una persona sensible y con una intensa imaginación.

Gracias a la subinfluencia de Libra, el regente de tu decanato, tienes encanto y una intuición poderosa sobre la gente. Al ser un buen observador de la naturaleza humana, tu conciencia superior se profundiza con el paso de los años. A pesar de ser independiente, te gusta rodearte de gente y te sientes satisfecho cuando ayudas a otros. Puesto que impera tu perspectiva autónoma, necesitas libertad y te desagrada que te limiten. Eres innovador, sumamente perspicaz y un excelente solucionador de problemas.

Aunque a veces eres irritable u obstinado, en otras ocasiones cautivas a los demás con tu sensibilidad, solidaridad y compasión. Eres activo y posees un enfoque realista, pero también ideales elevados y una visión poderosa. Tener una imagen clara de lo que quieres lograr suele motivarte a poner manos a la obra. Para mantener el control de las situaciones, lo prudente es que con frecuencia revises tus planes de vida. Si llevas una vida balanceada, evitarás involucrarte en situaciones restrictivas o caer en autocomplacencias para evadirte.

Entre los 10 y los 39 años, mientras tu Sol progresado atraviesa Piscis, tu sensibilidad emocional se enfatiza y desarrollas mecanismos para lidiar con tus emociones. Quizás te sientas impulsado a perseguir algunos de tus sueños. Después de los 40, cuando tu Sol progresado se desplace hacia Aries, necesitarás ser más asertivo, activo y directo en tus interacciones diarias, y quizá también emprender negocios nuevos. A los 70 años habrá otro punto de inflexión, cuando tu Sol progresado entre a Tauro; a partir de entonces, se acentuará la necesidad de una mayor estabilidad financiera y seguridad, y estarás en contacto con la naturaleza más frecuentemente.

Tu yo secreto

Aunque eres afable y diplomático, también posees poder y determinación. Dado que eres responsable, bueno para organizarte y posees una nobleza y orgullo interiores, es común que alcances posiciones importantes o que estés a cargo de otras personas. Gracias a tu intelecto agudo y astucia, desarrollas un estilo franco y directo que la gente interpreta como seguridad innata. Al ser sumamente intuitivo, por lo regular, te desempeñas mejor cuando confías en tu primera impresión de la gente o las situaciones.

Tus responsabilidades se extienden al hogar y la familia, los cuales desempeñan un papel central en tu vida. Tu potente deseo interno de paz y armonía a veces te hace reprimir tu ira o caer en la monotonía. Esto podría provocar tensiones emocionales, cambios de humor y miedo a lo desconocido. Si aprendes a confrontar tus sentimientos y ansiedades, podrás explorar nuevos caminos y mantener una actitud relajada. Al ampliar tus horizontes, equilibrarás la necesidad de ayudar a otros con tus habilidades y pericia, y disfrutarás la novedad de proyectos interesantes y relajantes.

Trabajo y vocación

Debido a que eres independiente y astuto, quieres tener la libertad de hacer lo que te plazca. Tu excelente olfato para los negocios te brinda la capacidad de identificar las gangas. Eres bueno para vender y comprar, así que quizá te atraiga la idea de trabajar como negociador o agente. Tu don de gentes te permitiría triunfar como político o trabajar en el sector público. Ya que deseas ayudar a otros, quizá te llame la filantropía, trabajar en ámbitos religiosos o espirituales, o defender a los menos privilegiados. Puesto que eres una persona creativa, quizá decidas explorar el mundo de las artes. Asimismo, tu naturaleza inventiva podría inspirarte a trabajar en investigación científica o nuevas tecnologías.

Entre las personas famosas con quienes compartes cumpleaños están los escritores Boris Pasternak y Bertolt Brecht, las cantantes Roberta Flack y Leontyne Price, el nadador olímpico Mark Spitz y el ex primer ministro británico Harold Macmillan.

Numerología

Al igual que otras personas con el número 1 en su fecha de nacimiento, acostumbras perseguir grandes objetivos. Sin embargo, para ello es necesario que superes algunos obstáculos antes de alcanzar esas metas. Con frecuencia eres enérgico y original, y defiendes tus creencias aun cuando son distintas de las de los demás. Tu capacidad de iniciar proyectos por tu cuenta y tu espíritu pionero te animan a viajar por territorios inexplorados y a triunfar o fracasar por ti mismo. Es posible que también debas entender que no eres el centro del universo. Evita ser egoísta y dictatorial. El éxito y los logros son importantes para aquellos con un cumpleaños con el número 10, por lo que es normal que quieras llegar a la cima de tu profesión. La subinfluencia del mes número 2 indica que eres intuitivo y adaptable, y que posees una personalidad amistosa. No obstante, en ocasiones tienes demasiadas opciones que te confunden con respecto a qué deberías hacer. Sueles ser diplomático y sociable, y tienes aptitudes para tratar con la gente, por lo que te beneficiarías mucho si colaboraras con otros. A pesar de ser ambicioso, la tendencia a apoyarte en otros podría socavar tu tenacidad. Dado que eres una persona considerada y sensible, sueles ser receptivo a los sentimientos ajenos.

• *Cualidades positivas:* liderazgo, creatividad, naturaleza progresista, vigor, optimismo, convicciones firmes, competitividad, independencia, sociabilidad.

• *Cualidades negativas:* autoritarismo, celos, egocentrismo, antagonismo, falta de control, egoísmo, vacilación, impaciencia.

Amor y relaciones

Ser amistoso hace que te guste socializar y colaborar con otros, sobre todo si sientes que contribuyes con algo valioso. Puesto que te benefician las alianzas, es importante que domines el arte de la diplomacia y el de la negociación. Como te encantan las comodidades, quizá te inclines por conformarte con solo tener seguridad; sin embargo, necesitas inspiración, lo que te impulsa a buscar relaciones que impliquen algún tipo de desafío intelectual. Si te vuelves hipersensible, serás propenso a altibajos de ánimo o malentendidos con otros por falta de comunicación. Por lo regular, eres una pareja leal, y tus allegados saben que cuentan contigo si necesitan amor y apoyo.

ESE ALGUIEN ESPECIAL

Para encontrar satisfacción emocional y a ese alguien especial, búscalos entre personas nacidas en las siguientes fechas.

Amor y amistad: 10, 14, 26 y 28 de enero; 8, 24 y 26 de febrero; 6, 22, 24 y 30 de marzo; 4, 8, 20, 22 y 28 de abril; 2, 18, 20, 26 y 29 de mayo; 4, 16, 18, 24 y 27 de junio; 14, 16, 22 y 25 de julio; 12, 14, 20, 23 y 30 de agosto; 10, 12, 18, 21 y 28 de septiembre; 8, 10, 16, 19 y 26 de octubre; 6, 8, 14, 17 y 24 de noviembre; 4, 6, 12, 15 y 22 de diciembre.

Buenas para ti: 8 de enero; 6 de febrero; 4 y 28 de marzo; 2 y 26 de abril; 24 de mayo; 22 y 30 de junio; 20, 28 y 29 de julio; 18, 26, 27 y 30 de agosto; 16, 24, 25 y 28 de septiembre; 14, 22, 23, 26 y 29 de octubre; 12, 20, 21, 24 y 27 de noviembre; 10, 18, 19, 22 y 25 de diciembre.

Atracción fatal: 15 de enero; 13 de febrero; 11 de marzo; 9 de abril; 7 de mayo; 5 de junio; 3 de julio; 1, 12, 13, 14 y 15 de agosto.

Desafiantes: 7, 9 y 30 de enero; 5, 7 y 28 de febrero; 3, 5 y 26 de marzo; 1, 3 y 24 de abril; 1 y 22 de mayo; 20 de junio; 18 de julio; 16 de agosto; 14 de septiembre; 12 y 29 de octubre; 10 y 27 de noviembre; 8, 25 y 30 de diciembre.

Almas gemelas: 8 y 27 de enero, 6 y 25 de febrero, 4 y 23 de marzo, 2 y 21 de abril, 19 de mayo, 17 de junio, 15 de julio, 13 de agosto, 11 de septiembre, 9 de octubre, 7 de noviembre, 5 de diciembre.

ESTRELLAS FIJAS

Sadalsuud; Deneb Algedi, también llamada Scheddi; Nashira, que significa "la portadora de buenas noticias"

ESTRELLA PRINCIPAL

Nombre de la estrella: Sadalsuud
Posición: 22° 24'–23° 20' de Acuario, entre los años 1930 y 2000
Magnitud: 3
Fuerza: ★★★★★★
Órbita: 1° 30'
Constelación: Acuario (Beta Aquarii)
Días efectivos: 11, 12, 13 y 14 de febrero
Propiedades de la estrella: influencias variadas: Mercurio/Saturno y Sol/Urano
Descripción: estrella amarilla pálida ubicada en el hombro izquierdo de Acuario

INFLUENCIA DE LA ESTRELLA PRINCIPAL

La influencia de Sadalsuud se refleja en tu creatividad, imaginación, intuición y habilidades psíquicas. Es posible que te intereses en la astrología y los estudios metafísicos. Tienes inclinaciones domésticas y te encanta tu hogar. Esta estrella también conlleva una vida familiar feliz y un matrimonio con muchos logros.

Con respecto a tu grado del Sol, esta estrella indica originalidad, éxito al tratar con el público e interés en temas como la astrología, la filosofía y la espiritualidad. Probablemente eres competitivo, original e ingenioso. Sadalsuud también trae consigo sucesos extraños o inesperados.

• *Positiva:* originalidad, creatividad, cambios afortunados, oportunidades nuevas.

11 de febrero

〜〜〜 Eres un acuariano tenaz, con mente inventiva, entendimiento profundo de
〜〜〜 la naturaleza humana y, además, eres original y posees un carácter fuerte.

Tu imaginación y deseo de estar a la vanguardia de las tendencias progresistas te hacen buscar emprendimientos nuevos y emocionantes que ocupen tu mente. Gracias a tu gran fortaleza física y empuje, tienes la perseverancia necesaria para superar los obstáculos y las frustraciones, siempre y cuando te mantengas enfocado en lo positivo.

La subinfluencia de Libra, el regente de tu decanato, te caracteriza como un individuo amistoso y afectuoso, que gusta particularmente de las reuniones sociales. Es posible que tengas talentos creativos y un enfoque original hacia las relaciones. Tu capacidad para interactuar con gente de cualquier contexto indica que el lado humanitario de tu naturaleza es prominente. Al ser un rebelde nato con ideas de avanzada, tienes la capacidad de reformar sistemas obsoletos. No obstante, evita ser obstinado o voluntarioso, pues en última instancia podría generarte muchos problemas.

Tu sensibilidad y emociones intensas te convierten en alguien idealista que se siente realizado cuando trabaja duro en un proyecto o causa de profundo interés. Dado que eres astuto y receptivo, tienes la perspicacia para comprender las situaciones al instante. Al mantenerte ocupado o activo con labores creativas, evitarás aburrirte y aprovecharás tu enorme potencial.

Entre los nueve y los 38 años, mientras tu Sol progresado atraviesa Piscis, se agudiza tu sensibilidad emocional y desarrollas tu imaginación. Esto se refleja en tus sueños e ideales, pero también en tu vida social. A los 39 años habrá un punto de inflexión, cuando tu Sol progresado entre a Aries y enfatice la necesidad de tomar activamente la iniciativa y ser valiente y directo al relacionarte con las personas. Esto también implicará incorporar actividades nuevas a tu vida. A los 69 años habrá otro ajuste de prioridades, cuando tu Sol progresado entre a Tauro y sobresalga la necesidad de adoptar un enfoque más pragmático ante la vida y la seguridad financiera.

Tu yo secreto

Eres sumamente intuitivo y posees un potencial espiritual natural, que te beneficiaría mucho desarrollar. Por medio del autoanálisis y periodos de introspección, puedes mantenerte en contacto con tu sensibilidad interna y espontaneidad, y permitir que la vida se desarrolle a su propio ritmo. Esto te ayuda a relajarte y evitar posibles periodos de desconfianza o aislamiento. Sin embargo, si tienes expectativas demasiado elevadas, a la gente se le dificultará estar a la altura de tus ideales de perfección.

Las interacciones ingeniosas, con un toque satírico, podrían ayudarte a ver las ironías de la vida de una manera más ligera y, así, mantener tu equilibrio mental. Aunque eres provocador y te gusta entretener a la gente, también disfrutas los desafíos mentales que te permiten hacer competencias de ingenio e inteligencia con otras personas. A pesar de ser independiente, tus habilidades para generar redes y tener muchos contactos hacen que prefieras las interacciones con un toque personal y que te permiten trabajar bien en colaboración con otros o como parte de un equipo. Asimismo, tu tenacidad y liderazgo te benefician y ayudan a avanzar en cualquier ámbito de la vida.

Trabajo y vocación

Posees una perspicacia aguda, lo que te hace una persona dinámica y receptiva, con habilidades ejecutivas. Tus inclinaciones humanitarias podrían inspirarte a trabajar como psicólogo o asesor. Puesto que eres innovador y progresista, te gusta estar a la vanguardia de industrias innovadoras. Eres trabajador y dedicado, y tus empleadores saben valorar tu disciplina y amplitud de miras cuando estás ante ideas nuevas y originales. Dado que eres capaz de conservar la calma en momentos de crisis, disfrutas resolver problemas y hacer descubrimientos. Por lo regular, podrías desempeñarte bien como consultor o especialista, o trabajando por cuenta propia. Tu interés en la educación indica que también podrías ser un excelente profesor o escritor, aunque, por otro lado, quizás elijas estudiar filosofía y espiritualidad, o hacer exploraciones metafísicas.

Entre las personas famosas con quienes compartes cumpleaños están el inventor Thomas Alva Edison; la diseñadora de moda Mary Quant y la actriz Jennifer Aniston.

Numerología

La vibración especial del 11 sugiere que el idealismo, la inspiración y la innovación son importantísimos para ti. La combinación de humildad y seguridad en ti mismo te anima a esforzarte para que consigas el dominio material y espiritual de tu ser. A través de la experiencia aprenderás a lidiar con ambos lados de tu naturaleza y a adoptar una actitud menos extrema cuando se trate de confiar en tus emociones. Sueles estar conectado con el mundo y posees una gran vitalidad, pero por esa misma razón debes evitar ser demasiado ansioso o impráctico. La subinfluencia del mes número 2 indica que eres intuitivo y receptivo. Además, eres un individuo sensible, diplomático y sociable, que ve la vida con una perspectiva humanitaria. Te beneficias mucho de las asociaciones y alianzas, sobre todo si te rodeas de gente que te impulsa y te apoya. Aunque eres adaptable, a veces te desanimas con facilidad por temor o desconfianza en la gente. Eres innovador y talentoso, y, si acaso tienes enfrente una aventura o interés en particular, sigue a tu corazón y no permitas que otros socaven tu confianza, sobre todo si estás abriendo camino y experimentando con conceptos originales.

- *Cualidades positivas:* equilibrio, concentración, objetividad, entusiasmo, inspiración, espiritualidad, idealismo, intuición, inteligencia, extroversión, talento artístico, espíritu servicial, capacidad de sanación, humanitarismo, fe, habilidad psíquica.
- *Cualidades negativas:* complejo de superioridad, falta de rumbo, hipersensibilidad, tendencia a ofenderse, egoísmo, falta de claridad, actitud dominante.

Amor y relaciones

Eres idealista y poco convencional, te entusiasman conceptos progresistas y, por lo regular, disfrutas estar en compañía de personas poco ortodoxas, que están dispuestas a acoger ideas nuevas. En ocasiones, alternas entre ser solidario, sensible y sin pretensiones, y ser obstinado y egoísta. Quizás exista un conflicto interno entre tus ideales elevados y ciertas consideraciones prácticas. Aunque necesitas intimidad profunda, a veces te inhibes y eres incapaz de expresar tus emociones intensas. Sin embargo, generalmente, eres un amigo y aliado maravilloso que está dispuesto a usar su voluntad férrea para ayudar y respaldar a sus seres queridos.

- *Negativa:* escándalos, acciones precipitadas que pueden ser contraproducentes.

ESE ALGUIEN ESPECIAL

Es probable que encuentres a alguien con quien compartir tus ideales y aspiraciones entre quienes nacieron en las siguientes fechas.

Amor y amistad: 11, 15, 20, 25, 27, 28 y 29 de enero; 9, 18, 23, 25 y 27 de febrero; 7, 16, 21, 23 y 25 de marzo; 5, 9, 14, 19, 21 y 23 de abril; 3, 12, 17, 19 y 21 de mayo; 1, 5, 10, 15, 17, 18 y 19 de junio; 8, 13, 15 y 17 de julio; 6, 11, 13 y 15 de agosto; 4, 9, 11 y 13 de septiembre; 2, 7, 9 y 11 de octubre; 5, 7 y 9 de noviembre; 3, 5 y 7 de diciembre.

Buenas para ti: 9 y 26 de enero; 7 y 24 de febrero; 5 y 22 de marzo; 3 y 20 de abril; 1, 18 y 29 de mayo; 7, 16 y 27 de junio; 14, 25, 29 y 30 de julio; 12, 23, 27, 28 y 31 de agosto; 10, 21, 25, 26 y 29 de septiembre; 8, 19, 23, 24 y 27 de octubre; 6, 17, 21, 22 y 25 de noviembre; 4, 15, 19, 20 y 23 de diciembre.

Atracción fatal: 16 de enero; 14 de febrero; 12 de marzo; 10 de abril; 8 de mayo; 6 de junio; 4 de julio; 2, 13, 14, 15 y 16 de agosto.

Desafiantes: 8, 29 y 31 de enero; 6, 27 y 29 de febrero; 4, 25, 27 y 28 de marzo; 2, 23, 25 y 26 de abril; 21, 23 y 24 de mayo; 19, 21 y 22 de junio; 17, 19 y 20 de julio; 15, 17 y 18 de agosto; 13, 15 y 16 de septiembre; 11, 13, 14 y 30 de octubre; 9, 11, 12 y 28 de noviembre; 7, 9, 10 y 26 de diciembre.

Almas gemelas: 30 de mayo, 28 de junio, 26 de julio, 24 de agosto, 22 y 30 de septiembre, 20 y 28 de octubre, 18 y 26 de noviembre, 16 y 24 de diciembre.

ESTRELLAS FIJAS

Sadalsuud; Deneb Algedi, también llamada Scheddi; Nashira, que significa "la portadora de buenas noticias"

ESTRELLA PRINCIPAL

Nombre de la estrella: Sadalsuud
Posición: 22° 24'–23° 20' de Acuario, entre los años 1930 y 2000
Magnitud: 3
Fuerza: ★★★★★
Órbita: 1° 30'
Constelación: Acuario (Beta Aquarii)
Días efectivos: 11, 12, 13 y 14 de febrero
Propiedades de la estrella: influencias variadas: Mercurio/Saturno y Sol/Urano
Descripción: estrella amarilla pálida ubicada en el hombro izquierdo de Acuario

INFLUENCIA DE LA ESTRELLA PRINCIPAL

La influencia de Sadalsuud se refleja en tu creatividad, imaginación, intuición y habilidades psíquicas. Es posible que te intereses en la astrología y los estudios metafísicos. Tienes inclinaciones domésticas y te encanta tu hogar. Esta estrella también conlleva una vida familiar feliz y un matrimonio con muchos logros.

Con respecto a tu grado del Sol, esta estrella indica originalidad, éxito al tratar con el público e interés en temas como la astrología, la filosofía y la espiritualidad. Probablemente eres competitivo, original e ingenioso. Sadalsuud también trae consigo sucesos extraños o inesperados.

• *Positiva:* originalidad, creatividad, cambios afortunados, oportunidades nuevas.

12 de febrero

〜〜 Eres un acuariano original, inteligente y creativo, con un encanto relajado y buenas habilidades sociales. Posees potencial de liderazgo y una agudeza y objetividad mental que te permiten valorar con rapidez a la gente, las situaciones o las ideas. Ya que eres ambicioso y astuto, te gusta pensar en grande; solo ten cuidado de no desperdigar tus energías entre tus múltiples talentos y habilidades.

Gracias a la subinfluencia de Libra, el regente de tu decanato, eres encantador, sociable y capaz de relacionarte con gente de cualquier contexto. Aunque a veces parece que eres desapegado y actúas de forma automática, en el fondo ansías afecto y un círculo de amigos cariñosos. Te caracteriza una mezcla peculiar de contrastes: por un lado, tienes un espíritu humanista pero, por el otro, te encanta hacer un buen negocio o encontrar gangas. Tu diplomacia innata y facilidad para obtener contactos, combinada con la habilidad para comercializar tus ideas, favorecen en gran medida tu éxito.

Detrás de la fachada fría y desapegada que proyectas, eres una persona más compleja de lo que aparentas. Si disciplinas tu inquietud interna, podrás materializar esas ideas imaginativas y extraordinariamente creativas. Puesto que tienes un sistema de valores inquebrantable, con facilidad te pones a la altura que las situaciones exigen; no obstante, evita que tus habilidades de liderazgo se transformen en autoritarismo u obstinación. En tu mejor versión, eres independiente, sumamente entusiasta, dinámico e innovador, y posees un estilo único y singular.

Entre los ocho y los 37 años, mientras tu Sol progresado atraviesa Piscis, se refuerza tu sensibilidad emocional y eres más imaginativo, receptivo y consciente de tu vida social. Quizá también te vuelvas más visionario o te interese desarrollar tus talentos creativos o espirituales. A los 38 años habrá un punto de inflexión, cuando tu Sol progresado entre a Aries. A partir de entonces, resaltará la importancia de tu ambición y tenacidad, y empezarás a enfocarte más en ti mismo. Es posible que emprendas proyectos nuevos o ideas innovadoras. A los 68 años habrá otro ajuste de prioridades, cuando tu Sol progresado entre en Tauro y sobresalga la necesidad creciente de estabilidad, seguridad y tranquilidad emocional.

Tu yo secreto

Tu sutil talento artístico y agilidad mental sugieren que tu personalidad tiene muchas facetas ocultas. Tu ingenio agudo y gran necesidad de expresión personal podrían, en parte, satisfacer tu naturaleza aventurera; no obstante, lo prudente sería no desperdiciar tu preciada energía en dudas, indecisiones o preocupaciones. Si desarrollas tu fe interna y disciplina, y aprendes a confiar en tus poderes de intuición innatos, lograrás éxitos maravillosos. Esto quizás implica rechazar trabajos que estén por debajo de tus talentos y capacidades.

Además de que eres sumamente creativo, posees una fuerza motora que te empuja a obtener logros constantes. No obstante, dado que eres sensible y bastante nervioso, quizá necesites pasar temporadas a solas y dedicarlas a la reflexión, la contemplación o la meditación para desarrollar tu calma interior.

Trabajo y vocación

Tu excelente olfato para los negocios implica que eres bueno para tratar con la gente. Es posible que te atraiga hacer carrera en el sector público, aunque tu interés en la educación podría impulsarte a ser profesor o conferencista. Tu preocupación por los problemas sociales quizá te incline a dedicarte a la política o a trabajar como psicoterapeuta o asesor. Por otro lado, tu espíritu independiente y creativo podría encontrar un vehículo de expresión en la escritura, la actuación o las artes en general. Con tu mente objetiva y poco ortodoxa podrías sobresalir como científico o inventor, mientras que tu lado humanitario y altruista te permitiría hacer contribuciones valiosas a la causa de tu preferencia. Eres inquisitivo y, si te interesan otras culturas, podrías dedicarte a la arqueología o la antropología.

Entre las personas famosas con quienes compartes cumpleaños están el biólogo Charles Darwin, el músico Ray Manzarek y el director de cine Franco Zeffirelli.

Numerología

La gente que nace bajo el número 12 suele ser intuitiva y amigable. Puesto que deseas establecer una verdadera individualidad, tienes una excelente capacidad de razonamiento y eres innovador. Ser comprensivo y sensible por naturaleza te permite saber aprovechar tu buen tacto y capacidades cooperativas para alcanzar tus metas y objetivos. Cuando alcances el equilibrio entre tu necesidad de expresarte y el impulso natural de apoyar a otros, encontrarás satisfacción emocional y personal. No obstante, quizá debas armarte de valor para independizarte, desarrollar seguridad en ti mismo y no dejarte desanimar por otras personas. La subinfluencia del mes número 2 indica que eres receptivo y tienes habilidades diplomáticas y don de gentes. Gracias a tu personalidad humanitaria, eres considerado y sensible con los sentimientos ajenos. Sin embargo, tienes que aprender a equilibrar tu activa vida social con tu trabajo y tus compromisos. Aunque seas intuitivo y adaptable, tu naturaleza inquieta hace que a veces muestres tendencias autoritarias o impaciencia. Tu interés en el aprendizaje y las reformas refleja el entusiasmo que sientes hacia los conceptos progresistas y los problemas sociales, en especial educativos y políticos.

• *Cualidades positivas:* creatividad, atractivo, iniciativa, disciplina, promoción de otros o de ti mismo.

• *Cualidades negativas:* reclusión, despilfarro, falta de cooperación, hipersensibilidad, baja autoestima.

Amor y relaciones

Eres amistoso, sociable y divertido. Tienes facilidad para comunicarte con todo tipo de gente. Por lo regular, te agradan las personas mentalmente estimulantes o los grupos en los que puedes compartir tus intereses y aprender. Te mantienes informado de las tendencias actuales, eres consciente de tu imagen y prefieres a la gente que piensa como tú y que ansía superarse a nivel personal. Sin embargo, en las relaciones personales, deberás evitar la tendencia a ser autoritario. Al ser progresista, quizás elijas experimentar durante tu búsqueda de amor. Tu sensibilidad indica que tu exterior desapegado a veces enmascara la dificultad para demostrar tus emociones profundas.

• *Negativa:* escándalos, acciones precipitadas que pueden ser contraproducentes.

ESE ALGUIEN ESPECIAL

Tendrás suerte en tus relaciones con personas nacidas en las siguientes fechas.

Amor y amistad: 4, 11, 12, 26, 28 y 30 de enero; 2, 9, 10, 24, 26 y 28 de febrero; 7, 8, 22, 24 y 26 de marzo; 5, 6, 10, 20, 22, 24 y 30 de abril; 3, 4, 18, 20, 22, 28 y 31 de mayo; 1, 2, 6, 16, 18, 20, 26 y 29 de junio; 14, 16, 18, 24 y 27 de julio; 12, 14, 16, 22 y 25 de agosto; 10, 12, 14, 20 y 23 de septiembre; 8, 10, 12, 13, 18 y 21 de octubre; 6, 8, 10, 16 y 19 de noviembre; 4, 6, 8, 14 y 17 de diciembre.

Buenas para ti: 3, 10, 29 y 31 de enero; 1, 8 y 27 de febrero; 6 y 25 de marzo; 4 y 23 de abril; 2, 21 y 23 de mayo; 19 de junio; 17 y 30 de julio; 15 y 28 de agosto; 13 y 26 de septiembre; 11 y 24 de octubre; 9 y 22 de noviembre; 7 y 20 de diciembre.

Atracción fatal: 11 de enero; 9 de febrero; 7 de marzo; 5 de abril; 3 de mayo; 1 de junio; 14, 15, 16 y 17 de agosto.

Desafiantes: 9 de enero; 7 de febrero; 5 y 28 de marzo; 3 y 26 de abril; 1 y 24 de mayo; 22 de junio; 20 de julio; 18 de agosto; 16 de septiembre; 14, 30 y 31 de octubre; 12, 28 y 29 de noviembre; 10, 26 y 27 de diciembre.

Almas gemelas: 7 de enero, 5 de febrero, 3 de marzo, 1 de abril, 29 de mayo, 27 de junio, 25 de julio, 23 de agosto, 21 de septiembre, 19 de octubre, 17 de noviembre, 15 de diciembre.

SOL: ACUARIO
DECANATO: LIBRA/VENUS
ÁNGULO: 23° 30'–24° 30' DE ACUARIO
MODALIDAD: FIJA
ELEMENTO: AIRE

ESTRELLAS FIJAS

Sadalsuud; Deneb Algedi, también llamada Scheddi; Nashira, que significa "la portadora de buenas noticias"

ESTRELLA PRINCIPAL

Nombre de la estrella: Sadalsuud
Posición: 22° 24'–23° 20' de Acuario, entre los años 1930 y 2000
Magnitud: 3
Fuerza: ★★★★★★
Órbita: 1° 30'
Constelación: Acuario (Beta Aquarii)
Días efectivos: 11, 12, 13 y 14 de febrero
Propiedades de la estrella: influencias variadas: Mercurio/Saturno y Sol/Urano
Descripción: estrella amarilla pálida ubicada en el hombro izquierdo de Acuario

INFLUENCIA DE LA ESTRELLA PRINCIPAL

La influencia de Sadalsuud se refleja en tu creatividad, imaginación, intuición y habilidades psíquicas. Es posible que te intereses en la astrología y los estudios metafísicos. Tienes inclinaciones domésticas y te encanta tu hogar. Esta estrella también conlleva una vida familiar feliz y un matrimonio con muchos logros.

Con respecto a tu grado del Sol, esta estrella indica originalidad, éxito al tratar con el público e interés en temas como la astrología, la filosofía y la espiritualidad. Probablemente eres competitivo, original e ingenioso. Sadalsuud también trae consigo sucesos extraños o inesperados.

Positiva: originalidad, creatividad, cambios afortunados, oportunidades nuevas.

13 de febrero

〰〰〰 Al haber nacido bajo el signo de Acuario, eres un individuo original y talentoso, que posee una veta histriónica, buenas habilidades comunicativas e ideas inventivas. Tu carácter fuerte refleja que te enorgulleces de tu trabajo, pero te desagrada ocupar posiciones de subordinación. Ser activo y confiable, y tener un enfoque creativo, te permite disfrutar ser parte de organizaciones o grupos en los que puedes desempeñar papeles protagónicos.

Gracias a la subinfluencia del regente de tu decanato, Libra, eres sociable, encantador y capaz de interactuar con gente de cualquier círculo social. Tu diplomacia innata y buen sentido de los valores también te ayudan a triunfar en general, pues te otorgan excelentes habilidades de negociación. Al combinar tu visión original, conciencia visual y aprecio por la belleza, es posible que quieras expresar tu individualidad por medio de proyectos literarios o artísticos. Dado que sientes una gran necesidad de amor y afecto, las relaciones son sumamente importantes para ti.

Eres astuto y tienes una mirada firme que, junto con tu razonamiento preciso, implican que analizas las cosas a profundidad. El que seas humanitario y tengas una veta de rebeldía hace que estés dispuesto a luchar por los derechos de los demás y apoyar causas idealistas. Aunque prefieres tratar con la gente de forma directa y franca, ten cuidado de no volverte autoritario o ser mordaz con tus palabras.

Entre los siete y los 36 años, cuando tu Sol progresado está en Piscis, resalta tu sensibilidad emocional y desarrollas una visión más poderosa. Quizá te sientas impulsado a perseguir metas más idealistas, creativas o espirituales. Después de los 37 años, cuando tu Sol progresado se desplace hacia Aries, sentirás una mayor necesidad de ser asertivo, activo y directo en tus interacciones cotidianas, así como ansias de emprender proyectos innovadores. A los 67 años habrá otro punto de inflexión, cuando tu Sol progresado entre a Tauro y se acentúen la necesidad de una mayor estabilidad y seguridad financieras, y el aprecio por la naturaleza.

Tu yo secreto

A pesar de ser ambicioso y tener un olfato agudo para los negocios, a veces las preocupaciones e indecisiones financieras y materiales te impiden disfrutar por completo tu extraordinario potencial creativo. Mantener una postura más relajada, adoptar un enfoque mental positivo y reducir los gastos innecesarios te ayudará a llevar una vida más sencilla. Gracias a tu valentía y espíritu libre, produces ideas entusiastas e inspiradoras. Si las combinas con disciplina, eres capaz de obtener éxitos sobresalientes.

Eres una persona generosa y de mente abierta. Posees una perspectiva universalista que te ayudará a mostrarles el camino a los demás. Dado que disfrutas las emociones fuertes, tienes un don particular para motivar a la gente e impulsar cambios y reformas. A pesar de que algunas veces eres obstinado, es necesario que mantengas cierto desapego y una actitud balanceada, ya que te ahorrará muchas frustraciones y decepciones. Puesto que eres una persona sensible, necesitas periodos frecuentes de descanso y diversión para recargar tus energías inquietas.

Trabajo y vocación

Además de ser innovador y original, te caracterizas por tu inteligencia y habilidades prácticas. Eres creativo y versátil, lo que implica que necesitas variedad y múltiples mecanismos para expresarte. A pesar de que te gustan los proyectos grandes y disfrutas el trabajo colaborativo, te sientes limitado al ocupar puestos de subordinación. Lo ideal sería que eligieras una carrera que te permita trabajar por cuenta propia o mantener cierto control o autoridad. Tu intelecto intuitivo podría inclinarte hacia la investigación científica, la enseñanza, la metafísica o la filosofía. Por otro lado, tu naturaleza solidaria y humanista tendría cabida en el mundo de la psicoterapia, el trabajo social o la lucha por los derechos humanos. Tus múltiples talentos y aprecio por el arte, la música y el teatro podrían ayudarte a hacer carrera en las artes, los medios de comunicación o el mundo del entretenimiento. Además, tu capacidad para impulsar reformas podría inclinarte hacia las causas humanitarias o la función pública.

Entre las personas famosas con quienes compartes cumpleaños están los cantantes Peter Gabriel y Tennessee Ernie Ford, y los actores Oliver Reed y George Segal.

Numerología

Sensibilidad emocional, entusiasmo e inspiración son algunas de las cualidades que suelen asociarse con el número 13. En términos numéricos, te caracterizan la ambición y el trabajo arduo. Puedes lograr grandes cosas mediante la expresión creativa. Sin embargo, quizá tengas que cultivar una perspectiva más pragmática si quieres transformar tu creatividad en productos tangibles. Tu enfoque original e innovador inspira ideas nuevas y emocionantes. Tener el número 13 en tu fecha de cumpleaños te hace honesto, romántico, encantador y amante de la diversión, pero también alguien capaz de alcanzar la prosperidad por medio de la dedicación. La subinfluencia del mes número 2 indica que eres receptivo e idealista, y posees aptitudes para tratar con la gente. Eres ambicioso y sabes usar tus habilidades diplomáticas y personalidad amigable para triunfar a nivel social y financiero. La necesidad de expresar tus talentos refleja que puedes ser histriónico y dinámico cuando tienes una meta. A pesar de ser generoso y amable en términos generales, a veces exageras en tus reacciones o caes en el despilfarro. Por lo regular, te benefician los esfuerzos cooperativos, aunque prefieres ser el líder o quien se haga cargo.

• *Cualidades positivas:* ambición, creatividad, amor por la libertad, autoexpresión, iniciativa.

• *Cualidades negativas:* impulsividad, indecisión, autoritarismo, falta de sensibilidad, rebeldía, egoísmo.

Amor y relaciones

Eres sociable y amistoso. Tu personalidad ingeniosa y entretenida te hace tener muchos amigos y personas cercanas. Por lo general, te interesan quienes son inteligentes, creativos y que te motiven a expresarte. Aunque necesitas amor y afecto, la indecisión y la incertidumbre podrían causarte confusión con respecto a las relaciones a largo plazo. Si aprendes a mantenerte desapegado y procuras ser creativo, evitarás preocuparte demasiado por tu vida personal. El lado humanitario de tu personalidad refuerza la importancia de las amigos en tu vida.

• *Negativa:* escándalos, acciones precipitadas que pueden ser contraproducentes.

ESE ALGUIEN ESPECIAL

Tendrás más oportunidades de encontrar a ese alguien especial si lo buscas entre quienes nacieron en las siguientes fechas.

Amor y amistad: 13, 17 y 29 de enero; 11, 27 y 29 de febrero; 9, 25 y 27 de marzo; 7, 11, 23 y 25 de abril; 5, 21, 23 y 29 de mayo; 3, 7, 19, 21, 27 y 30 de junio; 1, 17, 19, 25 y 28 de julio; 15, 17, 23 y 26 de agosto; 13, 15, 21 y 24 de septiembre; 11, 13, 19, 22 y 29 de octubre; 9, 11, 17, 20 y 27 de noviembre; 7, 9, 15, 18 y 25 de diciembre.

Buenas para ti: 11 de enero; 9 de febrero; 7 y 31 de marzo; 5 y 29 de abril; 3, 27 y 31 de mayo; 1, 9, 25 y 29 de junio; 23, 27 y 31 de julio; 21, 25, 29 y 30 de agosto; 19, 23, 27 y 28 de septiembre; 1, 17, 21, 25 y 26 de octubre; 15, 19, 23, 24 y 30 de noviembre; 13, 17, 21, 22 y 28 de diciembre.

Atracción fatal: 12 de enero; 10 de febrero; 8 de marzo; 6 de abril; 4 de mayo; 2 de junio; 15, 16, 17 y 18 de agosto.

Desafiantes: 10 de enero; 8 de febrero; 6 y 29 de marzo; 4 y 27 de abril; 2 y 25 de mayo; 23 de junio; 21 de julio; 19 de agosto; 17 de septiembre; 15 y 31 de octubre; 13, 29 y 30 de noviembre; 11, 27 y 28 de diciembre.

Almas gemelas: 18 y 24 de enero, 16 y 22 de febrero, 14 y 20 de marzo, 12 y 18 de abril, 10 y 16 de mayo, 8 y 14 de junio, 6 y 12 de julio, 4 y 10 de agosto, 2 y 8 de septiembre, 6 de octubre, 4 de noviembre, 2 de diciembre.

14 de febrero

ESTRELLAS FIJAS

Sadalsuud; Deneb Algedi, también llamada Scheddi

ESTRELLA PRINCIPAL

Nombre de la estrella: Sadalsuud

Posición: 22º 24'–23º 20' de Acuario, entre los años 1930 y 2000

Magnitud: 3

Fuerza: ★★★★★★

Órbita: 1º 30'

Constelación: Acuario (Beta Aquarii)

Días efectivos: 11, 12, 13 y 14 de febrero

Propiedades de la estrella: influencias variadas: Mercurio/Saturno y Sol/Urano

Descripción: estrella amarilla pálida ubicada en el hombro izquierdo de Acuario

INFLUENCIA DE LA ESTRELLA PRINCIPAL

La influencia de Sadalsuud se refleja en tu creatividad, imaginación, intuición y habilidades psíquicas. Es posible que te intereses en la astrología y los estudios metafísicos. Tienes inclinaciones domésticas y te encanta tu hogar. Esta estrella también conlleva una vida familiar feliz y un matrimonio con muchos logros.

Con respecto a tu grado del Sol, esta estrella indica originalidad, éxito al tratar con el público e interés en temas como la astrología, la filosofía y la espiritualidad. Probablemente eres competitivo, original e ingenioso. Sadalsuud también trae consigo sucesos extraños o inesperados.

• *Positiva:* originalidad, creatividad, cambios afortunados, oportunidades nuevas.

Tu fecha de nacimiento te caracteriza como un acuariano amistoso, encantador, inteligente y de corazón bondadoso. Además de la gracia que acentúa tu individualidad, posees habilidades sociales refinadas que te ayudarán a triunfar, en general. Tu imaginación poderosa y conciencia estética te dan la capacidad de ser creativo o causar buena impresión.

Gracias a la influencia añadida de tu Sol en el decanato de Libra, eres afable y relajado, y necesitas entablar relaciones armoniosas y afectuosas. Tienes talentos creativos innatos que refuerzan tu aprecio por la belleza, el arte y la música. Quizá quieras aprovechar tu disciplina para desarrollarlos y construir un mecanismo poderoso de expresión personal. Dado que disfrutas los lujos y tienes buen gusto, es posible que ansíes obtener las mejores cosas de la vida.

Comunicarte de forma directa y honesta es un reflejo de que prefieres que la vida sea sencilla. Tu perspicacia natural acerca de las motivaciones ajenas te caracteriza como un psicólogo y humanista nato. Aunque a veces eres distante, aparentas desapego para impedir que te lastimen. No obstante, debes tener cuidado de que la gente no malinterprete estas señales como desprecio de tu parte. Es probable que cierta cualidad jovial te acompañe a lo largo de la vida y revele esa parte de ti que siempre cautivará y entretendrá a quienes te rodean.

Entre los seis y los 35 años, mientras tu Sol progresado atraviesa Piscis, se acentúa la importancia de la sensibilidad emocional y la imaginación. Esto puede reflejarse en tus visiones, sueños e ideales, así como en tu vida social. A los 36 años habrá un punto de inflexión, cuando tu Sol progresado entre a Aries y enfatice la necesidad de tomar la iniciativa y ser asertivo, involucrarse como líder en la materialización de ideas pioneras o ser directo en tus interacciones sociales. A los 66 años habrá otro ajuste de prioridades, cuando tu Sol progresado entre en Tauro; a partir de entonces, resaltará una necesidad creciente de abordar la vida y la seguridad financiera con un enfoque práctico.

Tu yo secreto

Con tu amplia gama de intereses y deseos, es posible que a veces te sientas indeciso sobre tus elecciones de vida o albergues un conflicto entre tus ideales y la realidad mundana. Sin embargo, tu personalidad alegre y cualidades expresivas te ayudarán a ver las cosas en perspectiva. Procura no permitir que las ansias de seguridad material te impidan aprovechar oportunidades creativas.

A pesar de ser una persona pragmática, también posees dones intuitivos o psíquicos que, al desarrollarlos, contribuirían a reforzar la conciencia de ti mismo y el deseo de ayudar a otros. Aunque tienes un lado juguetón, aprender a responsabilizarte te ayudará a encontrar estabilidad y aumentar tus probabilidades de éxito. Necesitarás canalizar tu vitalidad y temperamento inquieto hacia proyectos creativos, aprovechando tu faceta histriónica e ideas brillantes. Una insaciable sed de conocimiento te acompañará a lo largo de la vida y hará que siempre seas entusiasta y jovial.

Trabajo y vocación

Tu individualidad y tenacidad te otorgan encanto y vitalidad. En los negocios, puedes usar tu personalidad para promoverte y aprovechar las oportunidades para ascender. Acostumbras ser muy trabajador y posees habilidades prácticas y ejecutivas, lo cual te permitirá triunfar en los negocios y las ventas, o crear marcas para promover mercancías. Por otro lado, tus aptitudes sociales te permitirán trabajar como funcionario público o generador de redes de contactos en grandes empresas. Por otro lado, quizá prefieras administrar una agencia o trabajar en medios de comunicación o el sector editorial. Asimismo, las finanzas, las aseguradoras y la bolsa también podrían resultarte atractivas. No obstante, quizá decidas emprender por cuenta propia y armar tu propio negocio. Ahora bien, si deseas una vida emocionante y variada, quizá te convendría hacer carrera en el mundo del espectáculo.

Entre las personas famosas con quienes compartes cumpleaños están el director de cine Alan Parker, el comediante Jack Benny, el coreógrafo Gregory Hines, el activista sindical James Hoffa y el abolicionista Frederick Douglass.

Numerología

Potencial intelectual, pragmatismo y determinación son solo algunas de las cualidades ligadas a un cumpleaños con el número 14. De hecho, con un cumpleaños con el número 14, a menudo priorizas tu trabajo y juzgas a los demás y a ti mismo con base en logros laborales. Aunque necesitas estabilidad, la inquietud que el número 14 sugiere te insta a seguir adelante y enfrentar nuevos retos en un esfuerzo constante por mejorar tus condiciones. Esta insatisfacción inherente también puede inspirarte a hacer grandes cambios en tu vida, sobre todo si estás inconforme con tus condiciones de trabajo o tu estado financiero. Gracias a tu perspicacia, respondes con rapidez a los problemas y disfrutas resolverlos. La subinfluencia del mes número 2 indica que eres intuitivo y perspicaz. Tu tendencia a ser crítico y ensimismado es señal de que sueles ser perfeccionista, pero también caes en racionalizaciones escépticas. A pesar de ser receptivo e intuitivo, eres propenso a ser inquieto y a perder la fe. Puesto que prefieres tomar tus propias decisiones, con frecuencia aprendes mejor a través de la experiencia personal.

• *Cualidades positivas:* acciones decisivas, trabajo arduo, suerte, creatividad, pragmatismo, imaginación, oficio.

• *Cualidades negativas:* exceso de cautela o impulsividad, inestabilidad, desconsideración, terquedad.

Amor y relaciones

Eres encantador y singular, y te gusta tener libertad para aprovechar las oportunidades que están a tu alcance. Puesto que haces amigos con facilidad, se te presentarán diversas oportunidades sociales, muchas de las cuales ocurrirán gracias a gente que conoces. Aunque eres práctico y tienes sentido común, necesitas tiempo para elegir tus relaciones con cuidado; de otro modo, te sentirás limitado o perderás interés. Al ser honesto y directo, es posible que en especial te interese encontrar a una pareja que sea práctica, pero también imaginativa o sensible. Aunque valoras las relaciones, también necesitas tener cierta libertad dentro de ellas.

• *Negativa:* escándalos, acciones precipitadas que pueden ser contraproducentes.

ESE ALGUIEN ESPECIAL

Es más probable que encuentres a una pareja amorosa y una relación a largo plazo entre quienes nacieron en las siguientes fechas.

Amor y amistad: 6, 8, 14, 18, 23, 26 y 28 de enero; 4, 10, 12, 21, 24 y 26 de febrero; 2, 10, 12, 19, 22 y 24 de marzo; 8, 12, 14, 17, 20 y 22 de abril; 6, 15, 16, 18, 20 y 22 de mayo; 4, 13, 16, 18 y 20 de junio; 2, 11, 14, 16 y 20 de julio; 4, 9, 12, 14 y 22 de agosto; 7, 10, 12 y 24 de septiembre; 5, 8, 10, 12 y 26 de octubre; 3, 6, 8 y 28 de noviembre; 1, 4, 6 y 30 de diciembre.

Buenas para ti: 9, 12 y 17 de enero; 7 y 10 de febrero; 5 y 8 de marzo; 3 y 6 de abril; 1 y 4 de mayo; 2, 7 y 30 de junio; 28 de julio; 26, 30 y 31 de agosto; 24, 28 y 29 de septiembre; 22, 26 y 27 de octubre; 20, 24 y 25 de noviembre; 18, 22, 23 y 29 de diciembre.

Atracción fatal: 16, 17, 18 y 19 de agosto.

Desafiantes: 11, 13 y 29 de enero; 9 y 11 de febrero; 7, 9 y 30 de marzo; 5, 7 y 28 de abril; 3, 5, 26 y 31 de mayo; 1, 3, 24 y 29 de junio; 1, 22 y 27 de julio; 20 y 25 de agosto; 18, 23 y 30 de septiembre; 16, 21 y 28 de octubre; 14, 19 y 26 de noviembre; 12, 17 y 24 de diciembre.

Almas gemelas: 12 y 29 de enero, 10 y 27 de febrero, 8 y 25 de marzo, 6 y 23 de abril, 4 y 21 de mayo, 2 y 19 de junio, 17 de julio, 15 de agosto, 13 de septiembre, 11 de octubre, 9 de noviembre, 7 de diciembre.

15 de febrero

ESTRELLAS FIJAS

Aunque el grado en que se ubica tu Sol no se encuentra vinculado con una estrella fija, algunos de los grados de tus otros planetas sí lo estarán. Si solicitas el cálculo de tu carta astral, encontrarás la posición exacta de los planetas en tu fecha de nacimiento. Esto te permitirá determinar cuáles de las estrellas fijas descritas en este libro son relevantes para ti.

Al haber nacido bajo el signo de Acuario, eres un pensador original, con una mente ágil y una profunda conciencia de los valores. Eres generoso, amigable y entusiasta, y tu capacidad para aprender rápido te ayuda a adquirir muchos talentos. Dado que eres un comunicador carismático con un olfato innato para los negocios, con frecuencia identificas al instante las oportunidades y comercializas tus talentos.

Gracias a la influencia añadida de tu Sol en el decanato de Libra, eres capaz de interactuar con todo tipo de gente y puedes influir en ella con tus ideas creativas. Tienes un fuerte lado humanitario. Eres encantador, afectuoso y con una gran necesidad de interacción social. Tu diplomacia natural y facilidad para obtener contactos, en combinación con tu habilidad para vender tus ideas, les darán un gran empujón a tus logros. Con tu aprecio por la belleza, el estilo y los lujos, es probable que tengas gustos costosos.

Tu gran visión o capacidad para ver el panorama completo te permite ser previsor y organizado. No te gusta ser mezquino ni tacaño y, generalmente, te desempeñas mejor cuando tienes en mente un objetivo positivo. A pesar de que tu faceta rebelde puede contribuir a impulsar cambios positivos, será prudente contenerla para evitar volverte obstinado. Ser talentoso y capaz de evaluar las situaciones con rapidez te otorga la capacidad venturosa de hacer tus sueños realidad. Sin embargo, ten cuidado de no desarrollar preocupaciones materiales mientras persigues tus deseos.

Entre los cinco y los 34 años, cuando tu Sol progresado atraviesa Piscis, desarrollarás un sentido más sólido de la sutileza y reforzarás tu sensibilidad emocional. También es posible que te sientas motivado para perseguir metas idealistas o creativas. Después de los 35 años, cuando tu Sol progresado entre a Aries, sentirás la necesidad de ser más asertivo, activo y directo en tus interacciones diarias, así como de emprender proyectos pioneros. A los 65 años habrá otro ajuste de prioridades, cuando tu Sol progresado entre en Tauro y sobresalga la necesidad de mayor estabilidad y seguridad financieras, y de adoptar un enfoque más pragmático.

Tu yo secreto

Al ser dramático y orgulloso, proyectas confianza y acostumbras ascender a puestos de autoridad. Eres bueno para hacer contactos y con frecuencia vinculas gente de distintos grupos, ya que te sientes satisfecho cuando ayudas a otros. Tu sentido natural del refinamiento o aprecio por el arte te inspirarán a desarrollar tus talentos creativos, si bien tal vez no como profesión, sí como pasatiempo relajante. Aunque tienes la capacidad de administrarte a nivel financiero sin mucho esfuerzo, las mayores recompensas las recibirás al desarrollar tus ideales internos y sabiduría innata.

Por fortuna, posees una gran entereza que te ayudará a alcanzar tus metas y objetivos. Si de pronto te das cuenta de que tienes un trabajo que está por debajo de tus capacidades, quizás es porque aún no valoras tu potencial extraordinario como deberías. Si estás dispuesto a esforzarte y disciplinarte lo suficiente, se te presentarán excelentes oportunidades de éxito.

Trabajo y vocación

La aptitud para delegar y el interés en los asuntos públicos te hacen apto para trabajar como funcionario público. Tienes un excelente olfato para los negocios que, aunado a tus habilidades comunicativas y ejecutivas, podría ayudarte a negociar con la gente y a desempeñarte como consultor o asesor. Mientras tanto, tu interés en la educación y el aprendizaje podría inclinarte hacia la enseñanza o la escritura. Dado que también te atraen los nuevos desarrollos tecnológicos, quizá te convendría trabajar con computadoras o como ingeniero. Si optas por el mundo de los negocios, podrían interesarte las finanzas y las industrias de servicios. Por otro lado, tu creatividad podría inspirarte a crear obras de arte originales. Asimismo, tu lado humanitario innato te permitiría hacer contribuciones valiosas a la causa de tu elección. Los individuos pudientes nacidos en esta fecha suelen ser filántropos o mecenas de artistas.

Entre las personas famosas con quienes compartes cumpleaños están los actores Jane Seymour, Claire Bloom, Marisa Berenson y John Barrymore; la cantante Melissa Manchester; el joyero Charles Tiffany, y el astrónomo Galileo Galilei.

Numerología

El número 15 en tu fecha de nacimiento sugiere versatilidad, entusiasmo e inquietud. Tus mayores atributos son tus poderosos instintos y la habilidad para aprender rápido, mediante la teoría y la práctica. Sueles utilizar tus poderes intuitivos y reconoces de inmediato las oportunidades cuando se presentan. Con un cumpleaños con el número 15, tienes talento para atraer dinero o para recibir ayuda y apoyo de otras personas. Por lo general, eres despreocupado, decidido, recibes lo inesperado con los brazos abiertos y disfrutas correr riesgos. La subinfluencia del mes número 2 indica que eres receptivo y altamente intuitivo. A pesar de que eres emprendedor y trabajador, también te gusta socializar, pero debes aprender a confrontar a los demás sin llegar a ser autoritario o agresivo. Eres inquieto y mentalmente activo, además de que posees empuje y ambición, pero ten cuidado de no trabajar en exceso ni caer en autocomplacencias voraces. Eres ágil y acostumbras estar alerta, por lo que es importante que expreses tu dinamismo histriónico con planeación responsable y creativa. Cuando eres entusiasta y optimista, te beneficia colaborar con otros, siempre y cuando termines lo que empiezas.

• *Cualidades positivas:* disposición, generosidad, responsabilidad, gentileza, cooperación, aprecio, creatividad, espíritu emprendedor.

• *Cualidades negativas:* inquietud, irresponsabilidad, egocentrismo, miedo al cambio, falta de fe, preocupación, indecisión, materialismo.

Amor y relaciones

Eres popular y extrovertido, y es probable que tengas muchos amigos y personas cercanas. Ser una pareja leal hace que seas generoso con tus amigos y tus seres queridos. Tu encanto atraerá muchas oportunidades sociales y románticas. Eres inteligente y dinámico, y disfrutas estar en compañía de personas enérgicas y carismáticas. A pesar de tener sentimientos intensos y desear amor y afecto, a veces se te dificulta decidir quién podría ser una buena pareja para ti. Sin embargo, tu personalidad amistosa y carisma te garantizarán éxito social por siempre.

ESE ALGUIEN ESPECIAL

Si buscas a alguien especial, es probable que tengas más suerte si te relacionas con personas nacidas en las siguientes fechas.

Amor y amistad: 6, 15, 18, 29 y 31 de enero; 4, 13, 27 y 29 de febrero; 2, 11, 25 y 27 de marzo; 9, 12, 23 y 25 de abril; 7, 21 y 23 de mayo; 1, 5, 19 y 21 de junio; 3, 17, 19 y 30 de julio; 1, 15, 17 y 28 de agosto; 13, 15 y 26 de septiembre; 1, 11, 13 y 24 de octubre; 9, 11 y 22 de noviembre; 7, 9 y 20 de diciembre.

Buenas para ti: 13, 15 y 19 de enero; 11, 13, 17 y 19 de febrero; 9, 11 y 15 de marzo; 7, 9 y 13 de abril; 5, 7 y 11 de mayo; 3, 5, 9 y 11 de junio; 1, 3, 7 y 29 de julio; 1, 5, 27 y 31 de agosto; 3, 25 y 29 de septiembre; 1, 3, 23 y 27 de octubre; 21 y 25 de noviembre; 19 y 23 de diciembre.

Atracción fatal: 30 de mayo; 28 de junio; 26 de julio; 17, 18, 19, 20 y 24 de agosto; 22 de septiembre; 20 de octubre; 18 de noviembre; 16 de diciembre.

Desafiantes: 12 de enero; 10 de febrero; 8 de marzo; 6 de abril; 4 de mayo; 2 de junio; 31 de agosto; 29 de septiembre; 27, 29 y 30 de octubre; 25, 27 y 28 de noviembre; 23, 25, 26 y 30 de diciembre.

Almas gemelas: 2 y 28 de enero, 26 de febrero, 24 de marzo, 22 de abril, 20 de mayo, 18 de junio, 16 de julio, 14 de agosto, 12 de septiembre, 10 de octubre, 8 de noviembre, 6 de diciembre.

16 de febrero

ESTRELLAS FIJAS

Aunque el grado en que se ubica tu Sol no se encuentra vinculado con una estrella fija, algunos de los grados de tus otros planetas sí lo estarán. Si solicitas el cálculo de tu carta astral, encontrarás la posición exacta de los planetas en tu fecha de nacimiento. Esto te permitirá determinar cuáles de las estrellas fijas descritas en este libro son relevantes para ti.

Eres un acuariano amistoso, independiente e inteligente que se caracteriza por su enfoque universalista. Tu fecha de nacimiento indica que, aunque eres generoso, bondadoso y abierto, también posees un lado introspectivo o crítico. Tus poderosos instintos de líder hacen que no te guste ocupar posiciones de subordinación, pero también que seas un buen juez del carácter de los demás.

Gracias a la influencia añadida de tu Sol en el decanato de Libra, tienes buenas habilidades comunicativas. Necesitas rodearte de gente y recibir amor y afecto, lo que significa que las relaciones son importantes para ti. Eres ingenioso y culto, reaccionas con rapidez y tienes un punto de vista humanitario. A pesar de ser independiente, tu facilidad para tratar con la gente te ayuda a trabajar bien en equipo. Sin embargo, posees cierta inestabilidad excéntrica que implica que te aburres con facilidad y que se te dificulta escuchar a otros o expresarte sin recurrir a la retórica.

Prefieres mantenerte activo y eres productivo e ingenioso. Posees un toque de genialidad y locura que te hace tener ideas únicas y entusiastas. Eres un pensador excepcional y tienes una gran capacidad de sintetizar información, lo que hace que disfrutes el aprendizaje y compartir tu conocimiento con los demás. Sin embargo, cuando te enfrascas en tus propios pensamientos, pierdes la concentración y te vuelves despistado. Aunque en general eres desapegado, tu tendencia a aferrarte a las decepciones y frustraciones puede socavar tus planes y metas positivas. Si dejas el pasado atrás, podrás ser más feliz en el presente.

Entre los cuatro y los 33 años, mientras tu Sol progresado atraviesa Piscis, se refuerza tu sensibilidad emocional y te inclinarás a ser más imaginativo, receptivo y emocionalmente consciente de tu vida social. También puedes volverte visionario e interesarte en desarrollar tus talentos creativos. A los 34 años habrá un punto de inflexión, cuando tu Sol progresado entre a Aries. A partir de ese momento, tu ambición y tenacidad se volverán evidentes y empezarás a enfocarte genuinamente en ti mismo. A los 64 años habrá otro ajuste de prioridades, cuando tu Sol progresado se desplace hacia Tauro, el cual te impulsará a ser más pragmático y te infundirá la necesidad de mayor estabilidad, seguridad y confianza emocional.

Tu yo secreto

Tu pragmatismo innato te permite valorar las ideas o los proyectos con rapidez. Además, se puede combinar bien con tus habilidades psicológicas, lo que te permite evaluar el carácter o las motivaciones ajenas y te lleva a ocupar posiciones de liderazgo. La necesidad de seguridad material desempeñará un papel importante en la toma de decisiones; sin embargo, ten cuidado de que no socave tu crecimiento espiritual. Por fortuna, tu estrafalario sentido del humor te ayudará a ver las cosas en perspectiva.

Si incorporas variedad a tu vida, podrás canalizar la inquietud o impaciencia interna hacia cambios dinámicos, aventuras, viajes o entrenamientos físicos. Quizá debas tomar precauciones por si se presentan circunstancias financieras cambiantes que pudieran hacerte fluctuar entre el despilfarro y la tacañería. La perseverancia y los planes a largo plazo te ayudarán a evitar las insatisfacciones causadas por las limitaciones materiales.

Trabajo y vocación

Tienes facilidad para expresar tu enfoque independiente y progresista a través de la escritura o el habla. Gracias a esto, podrías elegir dedicarte a la enseñanza como profesor o conferencista. Eres idealista, franco, observador, elocuente y con buen ojo para los detalles. Lo anterior indica que podrías optar por aprovechar tus habilidades analíticas para revisar y corregir el trabajo ajeno, o trabajar en los medios de comunicación como periodista o reportero. Por otro lado, tus habilidades ejecutivas y talento empresarial podrían inclinarte hacia el comercio, las finanzas y la bolsa de valores. Si en vez de eso quieres explorar tu creatividad, quizás encuentres inspiración en los deportes, las artes o el mundo del espectáculo. Dado que eres humanitario y dinámico, tal vez prefieras aprovechar tus habilidades prácticas en trabajos caritativos o causas relacionadas con disputas políticas y reformas sociales.

Entre las personas famosas con quienes compartes cumpleaños están el tenista John McEnroe, el director de cine John Schlesinger, el actor LeVar Burton, el cantante y político Sonny Bono y el politólogo George Kennan.

Numerología

Un cumpleaños con el número 16 sugiere que eres sensible, considerado y amigable. Aunque eres analítico, sueles juzgar la vida según cómo te sientas. Sin embargo, vivirás tensiones internas al enfrentarte a la disyuntiva entre tu necesidad de expresión personal y tus responsabilidades hacia otras personas. Tal vez te interesen la política y los asuntos internacionales, y puedes integrarte a corporaciones trasnacionales o al mundo de los medios de comunicación. Los más creativos de entre los nacidos en este día pueden tener talento para la escritura, con destellos repentinos de inspiración. Quizá deberás aprender a equilibrar tu exceso de confianza con tus dudas e inseguridades. La subinfluencia del mes número 2 indica que buscas armonía interna y sueles ser intuitivo y sumamente idealista. Eres un humanitario solidario y bondadoso, dispuesto a hacer hasta lo imposible por cualquier causa en la que creas. Aunque seas sensible con otros, la tendencia a la suspicacia o el mal humor sugiere que a veces fluctúas entre ser generoso y entusiasta o, inseguro e indeciso. Quizá necesites superar la tendencia a ser inquieto o impaciente.

• *Cualidades positivas:* educación superior, responsabilidad en el hogar y con la familia, integridad, intuición, sociabilidad, cooperación, perspicacia.

• *Cualidades negativas:* preocupación, insatisfacción, irresponsabilidad, autopromoción, dogmatismo, escepticismo.

Amor y relaciones

Estar en compañía de otros es una de las cosas que más te satisface. Esto incluye convivir con gente que te estimule a nivel intelectual o con quien compartas intereses. Si evitas la tendencia a ser demasiado serio o discutidor, te mantendrás lo suficientemente desapegado como para adoptar una postura equilibrada. Eres inteligente y astuto, y si aprovechas tus habilidades psicológicas naturales en las relaciones, podrás tener armonía y satisfacción a largo plazo.

ESE ALGUIEN ESPECIAL

Para mantener el interés en una relación a largo plazo, acércate a gente nacida en las siguientes fechas.

Amor y amistad: 6, 11 y 16 de enero; 4 y 14 de febrero; 2, 12, 28 y 30 de marzo; 10, 26 y 28 de abril; 8, 24, 26 y 30 de mayo; 1, 6, 22, 24 y 28 de junio; 4, 20, 22, 26 y 31 de julio; 2, 18, 20, 24 y 29 de agosto; 16, 18, 22, 27 y 28 de septiembre; 14, 16, 20 y 25 de octubre; 12, 14, 18 y 23 de noviembre; 10, 12, 16 y 21 de diciembre.

Buenas para ti: 9, 14 y 16 de enero; 7, 12 y 14 de febrero; 5, 10 y 12 de marzo; 3, 8 y 10 de abril; 1, 6 y 8 de mayo; 4, 6 y 12 de junio; 2 y 4 de julio; 2 de agosto; 30 de septiembre; 4 y 28 de octubre; 26 y 30 de noviembre; 24, 28 y 29 de diciembre.

Atracción fatal: 21 de enero; 19 de febrero; 17 de marzo; 15 de abril; 13 de mayo; 11 de junio; 9 de julio; 7, 19, 20, 21, 22 y 23 de agosto; 5 de septiembre; 3 de octubre; 1 de noviembre.

Desafiantes: 4, 13 y 28 de enero; 2, 11 y 26 de febrero; 9 y 24 de marzo; 7 y 22 de abril; 5 y 20 de mayo; 3 y 18 de junio; 1 y 16 de julio; 14 de agosto; 12 de septiembre; 10 y 31 de octubre; 8 y 29 de noviembre; 6 y 27 de diciembre.

Almas gemelas: 15 y 22 de enero, 13 y 20 de febrero, 11 y 18 de marzo, 9 y 16 de abril, 7 y 14 de mayo, 5 y 12 de junio, 3 y 10 de julio, 1 y 8 de agosto, 6 de septiembre, 4 de octubre, 2 de noviembre.

17 de febrero

ESTRELLAS FIJAS

Aunque el grado en que se ubica tu Sol no se encuentra vinculado con una estrella fija, algunos de los grados de tus otros planetas sí lo estarán. Si solicitas el cálculo de tu carta astral, encontrarás la posición exacta de los planetas en tu fecha de nacimiento. Esto te permitirá determinar cuáles de las estrellas fijas descritas en este libro son relevantes para ti.

Haber nacido bajo el signo de Acuario te caracteriza como un individualista pragmático, tenaz, con carácter fuerte y mente activa. Eres ambicioso, tenaz y de fuerte presencia. Posees buenas habilidades organizacionales que reflejan tu deseo de superación continua, tanto a nivel material como social. Además de ser activo y productivo, disfrutas ostentar poder, por lo que sientes la necesidad de superarte constantemente. A pesar de tener aptitudes de liderazgo innatas, te beneficiará desarrollar paciencia para evitar ser demasiado autoritario. Por fortuna, tienes la capacidad de superar los obstáculos y lograr cosas sobresalientes.

Gracias a la influencia añadida de tu Sol en el decanato de Libra, eres sociable y entretenido, y sientes aprecio por el arte y la creatividad. Es probable que te ayuden mujeres cercanas y que tengas un círculo de buenos amigos. Ya que aprovechas tu encanto al interactuar con otros, se te facilita mezclar los negocios con el placer.

Eres capaz de crear conceptos originales y lucrativos a nivel financiero, debido a tu mente analítica e inventiva. No obstante, un posible obstáculo para lograrlo podría ser tu actitud rebelde u obstinada, ya que si le das rienda suelta, derivará en comportamientos autodestructivos.

Hasta los 32 años, cuando tu Sol progresado está en Piscis, desarrollas una sólida vida interior y refuerzas tu sensibilidad emocional. Esto se verá reflejado en tus visiones, sueños e ideales, así como en tu vida social. A los 33 años habrá un punto de inflexión, cuando tu Sol progresado entre a Aries y enfatice la necesidad de tomar la iniciativa de forma proactiva, generar ideas pioneras y ser valiente y directo al interactuar con otras personas. A los 63 años pasarás por otra encrucijada, cuando tu Sol progresado se desplace hacia Tauro; a partir de entonces, resaltará la necesidad creciente de estabilidad y de tener un enfoque práctico frente a la vida.

Tu yo secreto

Te caracterizas por ser trabajador y poseer entereza, energía y valentía. Dado que también eres orgulloso e histriónico, debes tener cuidado de no ser condescendiente ni irritarte cuando estás tenso, ya que al obtener dominio de ti mismo te sentirás muy satisfecho. Eres capaz de ayudar a otros con tu sentido común realista y directo, o por medio de las enseñanzas adquiridas a través de experiencias personales.

Puesto que disfrutas las competencias mentales, acostumbras hacer comentarios veloces como relámpagos. Una vez que estableces tu fe personal, te atreves a ser espontáneo y seguir lo que dicta tu espíritu. Esto puede ayudarte a superar el escepticismo o las dudas. Cuando se combinan tu amor por el conocimiento y perspicacia aguda con tu sofisticado olfato para los negocios, tienes el potencial de lograr cosas extraordinarias en la vida.

Trabajo y vocación

Eres trabajador, creativo, independiente y posees talentos únicos y habilidades eje-cutivas. Tu gran capacidad de razonamiento hace que te guste investigar problemas y llegar al meollo de las cosas. Es posible que, por ende, te atraiga desempeñarte como detective o abogado. Dado que eres pragmático, también podrías aprovechar tus ha-bilidades organizacionales para administrar empresas de gran tamaño. Por otro lado, con tu talento para la escritura y tu mente imaginativa, podrías llegar a ser escritor, educador o capacitador de habilidades técnicas. Ya que valoras tu independencia, te desagrada recibir órdenes y prefieres ocupar puestos de autoridad, por lo que serías un excelente directivo o supervisor.

Entre las personas famosas con quienes compartes cumpleaños están el basquet-bolista Michael Jordan, el activista defensor de los derechos afroamericanos Huey Newton, el cantautor José José, las escritoras Ruth Rendell e Isabelle Eberhardt, el comediante Barry Humphries y el actor Alan Bates.

Numerología

Al tener un cumpleaños con el número 17 sueles ser astuto, reservado y con habilidades analíticas. Además de ser inquisitivo y original, eres un pensador independiente, estás bien educado y confías en tu experiencia personal. Aprovechas tus conocimientos de una forma particular para desarrollar tu pericia, lo que te permitirá ocupar una posi-ción importante como especialista o investigador. El que seas reservado, introspectivo y te interesen los datos y cifras, se refleja en un comportamiento reflexivo y en que te guste tomarte tu tiempo. Al desarrollar tus habilidades comunicativas, descubrirás mucho de ti mismo a través de los demás. La subinfluencia del mes número 2 indica que eres receptivo e intuitivo. Aunque seas amistoso y sociable, tu naturaleza indepen-diente refleja tus ideas originales y tu perspectiva única. Si no tienes fe en tu yo superior, te sentirás dudoso o indeciso. Ser humanitario implica que tienes una visión universal y progresista, y que estás dispuesto a impulsar reformas sociales o defender causas justas.

• *Cualidades positivas:* amabilidad, pericia, planeación, instinto para los negocios, éxito financiero, intelecto personal, meticulosidad, precisión, talento para la investiga-ción, capacidad científica.

• *Cualidades negativas:* desapego, terquedad, descuido, malhumor, obcecación, crítica, preocupaciones, suspicacia.

Amor y relaciones

Eres sociable, brillante, disfrutas estar en compañía de gente interesante o inusual y eres capaz de interactuar con distintos tipos de personas. Sin embargo, a veces eres indeciso acerca del amor y los compromisos a largo plazo. Suelen atraerte personas poderosas, pero también creativas. Tus ansias de amor, intimidad y comprensión se contraponen con la imagen de fortaleza y seguridad que proyectas. Cuando te enamoras, debes evi-tar atormentarte o ser temperamental. Quieres que las cosas salgan a tu manera, pero también eres leal y cariñoso.

ESE ALGUIEN ESPECIAL

Encontrarás a una pareja que comprenda tu sensibilidad y tus necesidades afecti-vas entre quienes nacieron en las si-guientes fechas.

Amor y amistad: 7, 17, 20 y 21 de enero; 5, 15 y 18 de febrero; 3, 13, 16, 29 y 31 de marzo; 1, 11, 14, 15, 27 y 29 de abril; 9, 12, 25 y 27 de mayo; 7, 10, 11, 23 y 25 de junio; 5, 8, 21 y 23 de julio; 3, 6, 19 y 21 de agosto; 1, 4, 17 y 19 de septiembre; 2, 3, 15 y 17 de octubre; 13, 15 y 30 de noviembre; 11, 13 y 28 de diciembre.

Buenas para ti: 15, 17, 24 y 28 de enero; 13, 15, 22 y 26 de febrero; 11, 13 y 24 de marzo; 9, 11 y 22 de abril; 7, 9 y 20 de mayo; 5, 7, 14 y 18 de junio; 3, 5 y 16 de julio; 1, 3 y 14 de agosto; 1 y 12 de sep-tiembre; 6, 10 y 29 de octubre; 8 y 27 de noviembre; 6 y 25 de diciembre.

Atracción fatal: 5 de enero; 3 de fe-brero; 1 de marzo; 21, 22 y 23 de agosto.

Desafiantes: 4, 5 y 14 de enero; 2, 3 y 12 de febrero; 1 y 10 de marzo; 8 y 30 de abril; 6 y 28 de mayo; 4 y 26 de junio; 2 y 24 de julio; 22 de agosto; 20 de septiem-bre; 18 de octubre; 16 de noviembre; 14 de diciembre.

Almas gemelas: 2 de enero, 29 de marzo, 27 de abril, 25 de mayo, 23 de ju-nio, 21 de julio, 19 de agosto, 17 de sep-tiembre, 15 de octubre, 13 de noviembre, 11 de diciembre.

ESTRELLAS FIJAS

Aunque el grado en que se ubica tu Sol no se encuentra vinculado con una estrella fija, algunos de los grados de tus otros planetas sí lo estarán. Si solicitas el cálculo de tu carta astral, encontrarás la posición exacta de los planetas en tu fecha de nacimiento. Esto te permitirá determinar cuáles de las estrellas fijas descritas en este libro son relevantes para ti.

18 de febrero

Además de ser dinámico, persuasivo y absolutamente individualista, posees una mezcla peculiar de empuje material e ideales humanitarios. Dado que eres sociable y encantador, pero también reservado, te gusta ostentar el poder y emprender proyectos nuevos. Uno de los principales desafíos que enfrentarás en la vida será mantener el equilibrio entre el trabajo y las relaciones íntimas.

Gracias a la influencia añadida de tu Sol en el decanato de Libra, tienes buen ojo para la belleza y el arte, así como un gran sentido de la estética. Tu histrionismo natural te dota de ideas únicas que podrían expresarse a través de la música, la escritura o el teatro. A pesar de ser independiente, les das un gran valor a las relaciones y reconoces las ventajas de trabajar en alianzas o equipos. Tu interés en la gente hace que prefieras asumir el mando, aunque debes evitar volverte controlador o criticar demasiado.

Eres vulnerable pero también imponente, por lo que a algunas personas se les dificulta entender tu mezcla de amor y disciplina. Es probable que dediques buena parte de tu atención a cuestiones financieras, pero con tu tenacidad y olfato agudo para los negocios, puedes capitalizar tus talentos. Cuando tienes una meta, eres tenaz y dedicado, y te gusta crear cosas originales. Si confías lo suficiente, notarás que las cosas fluyen de forma espontánea y se acomodan. Sin embargo, si albergas dudas, es posible que te aferres al pasado y pierdas el sentido de la sincronía. Por lo regular, tienes la capacidad venturosa de ver la disciplina como una inversión positiva y no como una restricción.

Hasta los 31 años, cuando tu Sol progresado está en Piscis, desarrollas una visión sólida y refuerzas tu sensibilidad emocional. Esto podría impulsarte a perseguir metas idealistas, artísticas o espirituales. A partir de los 32 años, cuando tu Sol progresado se desplaza hacia Aries, necesitas ser más asertivo, activo y directo en tus interacciones cotidianas, y quizá también emprender proyectos pioneros. A los 62 años hay otro punto de inflexión, cuando tu Sol progresado entra a Tauro y acentúa la necesidad de mayor estabilidad y seguridad materiales.

Tu yo secreto

En el fondo, eres una persona sumamente sensible, sobre todo cuando se trata de expresar el amor y los sentimientos. Es posible que en tu infancia encontraras dificultades relacionadas con mostrar tus sentimientos. En ocasiones, esto puede volverte escéptico o retraído. Cuando confías en alguien lo suficiente como para abrir tu corazón, te vuelves sumamente generoso y compasivo. Este sentimiento universal podría incluso estimular tu interés en experiencias místicas o espirituales. Si aprendes a dejar el pasado atrás y aceptas la realidad tal y como es, te volverás más desapegado y verás la vida a través de tu sentido del humor mordaz.

Tus sentimientos profundos y espíritu humanitario, podrían impulsarte a luchar intensamente por un ideal o causa. Tu fuerte intuición implica que te desempeñas mejor cuando confías en tus instintos o en tus primeras impresiones.

Trabajo y vocación

Eres trabajador y activo, y estás dispuesto a hacer sacrificios, pero necesitas mantener un equilibrio saludable entre los deberes y el tiempo de relajación y entretenimiento. Dado que eres independiente, querrás tener libertad suficiente para expresar tus ideas originales. Prosperas con el apoyo y la retroalimentación positiva de tus compañeros de trabajo. Por lo regular, eres idealista y encantador, disfrutas tratar con el público y apoyas enfáticamente las reformas sociales. Al ser intuitivo e inteligente, y tener buen olfato para los negocios, eres apto para dedicarte a la administración, donde puedes aprovechar tus talentos críticos y analíticos para aconsejar a otros. Gracias a que eres amistoso y diplomático, se te facilita combinar los negocios con el placer. No obstante, quizá debas asegurarte de no tomarte las cosas de manera personal ni ofenderte por lo que hacen los demás.

Entre las personas famosas con quienes compartes cumpleaños están los actores John Travolta, Matt Dillon y Cybill Shepherd; la artista Yoko Ono; la editora de revistas Helen Gurley Brown; la escritora Toni Morrison, y el místico Ramakrishna.

Numerología

Algunos de los atributos asociados con el número 18 en la fecha de cumpleaños son tenacidad, asertividad y ambición. Eres activo y te gustan los cambios, por lo que procuras mantenerte ocupado y participar en todo tipo de proyectos. Eres competente, trabajador y responsable, por lo cual se te facilita ascender a posiciones de autoridad. Por otro lado, tu facilidad para los negocios y habilidades organizacionales pueden inclinarte hacia el mundo del comercio. Dado que sufres por trabajar en exceso, es importante que aprendas a relajarte y a bajar la velocidad de vez en cuando. Con la personalidad de alguien nacido en un día 18 puedes usar tus poderes para sanar a otros, dar consejos valiosos o resolver los problemas de los demás. La subinfluencia del mes número 2 indica que eres intuitivo, creativo y con pensamientos inspiradores y originales. Aunque eres receptivo y amistoso, te desagradan las restricciones y las responsabilidades, lo que implica que no quieres sentirte atado a una rutina. A pesar de ser idealista y tener habilidades prácticas e ideas originales, necesitas aprender a mantener el equilibrio para encontrar paz y tranquilidad interiores.

• *Cualidades positivas:* actitud progresista, asertividad, intuición, valentía, determinación, capacidad de sanación, eficiencia, facilidad para asesorar.

• *Cualidades negativas:* emociones descontroladas, pereza, desorden, egoísmo, incapacidad para completar trabajos o proyectos.

Amor y relaciones

Eres intuitivo y sensible, y necesitas tener la libertad suficiente para expresar tus sentimientos más profundos. Eres amistoso y astuto, y disfrutas la compañía de gente creativa que sepa pasarla bien. Por lo regular, deseas relaciones serias o significativas, y eres leal y amoroso. Cuando estás de ánimos para ser espontáneo, prefieres hacer lo que te dicta el corazón con tus amigos y pareja. Sin embargo, en las relaciones, estás dispuesto a hacer sacrificios por tu ser amado lo que implica que debes ser un tanto prudente. Además, la amistad es un elemento importante en tus relaciones de pareja.

ESE ALGUIEN ESPECIAL

Para encontrar felicidad y amor verdadero, búscalos entre quienes nacieron en las siguientes fechas.

Amor y amistad: 4, 8, 18, 19 y 23 de enero; 2, 6, 16, 17 y 21 de febrero; 4, 14, 15, 19, 28 y 30 de marzo; 2, 12, 13, 17, 26, 28 y 30 de abril; 10, 11, 15, 24, 26 y 28 de mayo; 8, 9, 12, 13, 22, 24 y 26 de junio; 6, 7, 11, 20, 22, 24 y 30 de julio; 4, 5, 9, 18, 20, 22 y 28 de agosto; 2, 3, 7, 16, 18, 20 y 26 de septiembre; 1, 4, 5, 14, 16, 18 y 24 de octubre; 3, 12, 14, 16 y 22 de noviembre; 1, 10, 12, 14 y 20 de diciembre.

Buenas para ti: 5, 16 y 27 de enero; 3, 14 y 25 de febrero; 1, 12 y 23 de marzo; 10 y 21 de abril; 8 y 19 de mayo; 6 y 17 de junio; 4 y 15 de julio; 2 y 13 de agosto; 11 de septiembre; 9 y 30 de octubre; 7 y 28 de noviembre; 5, 26 y 30 de diciembre.

Atracción fatal: 17 de enero; 15 de febrero; 13 de marzo; 11 de abril; 9 de mayo; 7 de junio; 5 de julio; 3, 21, 22, 23 y 24 de agosto; 1 de septiembre.

Desafiantes: 1, 10 y 15 de enero; 8 y 13 de febrero; 6 y 11 de marzo; 4 y 9 de abril; 2 y 7 de mayo; 5 de junio; 3 y 29 de julio; 1 y 27 de agosto; 25 de septiembre; 23 de octubre; 21 de noviembre; 19 y 29 de diciembre.

Almas gemelas: 30 de agosto, 28 de septiembre, 26 de octubre, 24 de noviembre, 22 de diciembre.

SOL: CÚSPIDE ACUARIO/PISCIS
DECANATO: LIBRA/VENUS
ÁNGULO: 29º 30' DE ACUARIO–0º 30'
DE PISCIS
MODALIDAD: FIJA/MUTABLE
ELEMENTO: AIRE/AGUA

ESTRELLAS FIJAS

Fomalhaut, Sadalmelik

ESTRELLA PRINCIPAL

Nombre de la estrella: Fomalhaut

Posición: 2º 51'–3º 51' de Piscis, entre los años 1930 y 2000

Magnitud: 1

Fuerza: ★★★★★★★★★

Órbita: 2º 30'

Constelación: Piscis Austrinus (Alpha Piscis Austrini)

Días efectivos: 19, 20, 21, 22, 23, 24 y 25 de febrero

Propiedades de la estrella: Venus/ Mercurio

Descripción: estrella blanca rojiza ubicada en la boca del pez del sur

INFLUENCIA DE LA ESTRELLA PRINCIPAL

Fomalhaut es una de las cuatro estrellas reales y marca el solsticio de invierno. Es una estrella especialmente poderosa que confiere buena suerte, éxito y agudeza mental. También indica la necesidad de cambiar tu visión material por una más espiritual.

Con respecto a tu grado del Sol, Fomalhaut otorga buen ritmo, receptividad y la tendencia a seguir la corriente. Te dejas influenciar con facilidad por tu entorno, priorizas tu bienestar y necesitas encontrar mecanismos para expresarte de forma creativa. Además, esta estrella sugiere que puedes esperar legados y herencias, pero debes evitar despilfarrar o gastarlos con rapidez.

• *Positiva:* habilidad para presupuestar, idealismo, imaginación, creatividad.

19 de febrero

〜〜〜 Al haber nacido en la cúspide de Acuario y Piscis, tienes la ventaja de ser mentalmente innovador, sensible e idealista. Tu estilo de comunicación directo y franco refleja que prefieres ser honesto al relacionarte con la gente. Tienes un don para tratar con la gente, eres amistoso, cálido y extrovertido; sin embargo, quizá debas superar la tendencia a ser irritable u obstinado, pues eso podría opacar tu encanto carismático y aislarte.

Gracias a la influencia añadida de tu Sol entre los decanatos de Libra y Piscis, eres romántico, creativo y visionario, y tienes un intelecto intuitivo. Dado que eres sociable, necesitas rodearte de gente y sueles tener una vida social activa. La imagen y el estatus son importantes para ti, por lo que priorizas la elegancia cuando te presentas ante los demás. No obstante, también tienes un lado más inusual o excéntrico que se refleja en tus ideas únicas, originales y de avanzada.

Tienes la fortuna de identificar las oportunidades con ayuda de tu sentido natural para los negocios. Tu tendencia a desanimarte o estancarte en la monotonía en ocasiones te impedirá trabajar arduamente o tener la perseverancia y determinación necesarias para alcanzar tus objetivos. No obstante, cuando adoptas una actitud positiva y optimista, eres capaz de tener ideas entusiastas y ser tenaz. Gracias a tu sentido de la justicia y compasión, tienes convicciones fuertes y con frecuencia defiendes tus ideales o luchas por los demás.

Hasta los 30 años, cuando tu Sol progresado está en Piscis, refuerzas tu sensibilidad emocional y te vuelves imaginativo, receptivo y consciente de tu círculo social. Puedes también convertirte en visionario o interesarte en desarrollar tus talentos creativos o espirituales. A los 31 años hay un punto de inflexión, cuando tu Sol progresado entra a Aries. A partir de entonces, son más evidentes tus ambiciones y empiezas a enfocarte genuinamente en ti mismo. Puedes también involucrarte en el emprendimiento de proyectos o la materialización de ideas pioneras. A los 61 años hay otro ajuste de prioridades, cuando tu Sol progresado entra en Tauro y sobresale la necesidad creciente de estabilidad y seguridad financieras, así como de tranquilidad emocional.

Tu yo secreto

Tu deseo de expresión personal te inclinará hacia la escritura, el arte, la música o el teatro, ya sea a nivel profesional o como forma de esparcimiento. Adoptar un enfoque relajado y creativo hacia la resolución de problemas te ayuda a evitar las preocupaciones e indecisiones. Llegarán a tu vida ventajas y oportunidades de fuentes inesperadas que quizá parezcan nimias, pero no debes ignorarlas, pues con frecuencia resultarán ser significativas después.

Tu apertura mental y lado humanitario hacen que veas la vida desde una perspectiva universalista. Sin embargo, en ocasiones albergas una insatisfacción inconsciente que es resultado de las desilusiones que te han causado algunas situaciones o personas. Cuando sientas esta frustración, evita la tentación de rendirte demasiado rápido o tomar la salida fácil. Si desarrollas desapego mental y perseverancia, te volverás más seguro de ti mismo y alcanzarás éxitos sobresalientes.

Trabajo y vocación

Tu personalidad carismática y don de gentes hacen que disfrutes trabajar con el público. Eres persuasivo y consciente de la imagen que proyectas, así que podrías sobresalir trabajando en ventas o publicidad. Por otro lado, quizá quieras expresarte a través del diseño y la moda, o de la actuación, el baile o el canto. Eres astuto, entretenido y con buen sentido del humor, lo que te permitiría administrar de forma exitosa centros nocturnos. Puesto que disfrutas conocer tanta gente como sea posible, te desempeñas mejor en organizaciones de gran tamaño, en donde puedes progresar y llegar a la cima de tu profesión. Sin embargo, para lograr las cosas, debes trabajar duro, terminar lo que empiezas y no dejar todo para el final.

Entre las personas famosas con quienes compartes cumpleaños están el astrónomo Nicolás Copérnico, los actores Merle Oberon y Lee Marvin, el cantante Smokey Robinson, las escritoras Amy Tan y Siri Hustvedt.

Numerología

Algunas de las cualidades de las personas nacidas bajo el número 19 son alegría, ambición y humanitarismo. Eres una persona tenaz e ingeniosa, con una visión profunda, pero el lado soñador de tu naturaleza es compasivo, idealista y creativo. Aunque seas sensible, tu necesidad de sobresalir puede empujarte al dramatismo y a intentar acaparar reflectores. Sueles tener un fuerte deseo de establecer tu identidad individual. Para ello, deberás empezar por aprender a no sucumbir ante la presión social. A ojos de los demás eres una persona segura, fuerte e ingeniosa, pero las tensiones internas pueden provocarte altibajos emocionales. La subinfluencia del mes número 2 indica que eres receptivo e intuitivo, y que posees una personalidad histriónica. Prosperas cuando te alientan y eres susceptible a tu entorno. Eres un individuo cortés y romántico, pero también eres considerado y sensible a los sentimientos ajenos. Aunque eres amistoso y sociable, y tienes don de gentes, en ocasiones tu naturaleza voluble e inquieta deja entrever tu vulnerabilidad. Aunque seas adaptable, no debes permitir que otros influyan en tu toma de decisiones.

- *Cualidades positivas:* dinamismo, ecuanimidad, creatividad, liderazgo, suerte, actitud progresista, optimismo, convicciones fuertes, competitividad, independencia, sociabilidad, disciplina.
- *Cualidades negativas:* ensimismamiento, angustia, miedo al rechazo, altibajos emocionales, materialismo, egocentrismo, impaciencia.

Amor y relaciones

Te gusta divertirte y eres sociable, gracias a lo cual sueles ser popular y no tienes problema alguno para atraer admiradores. Sin embargo, será necesario que desarrolles tu capacidad de discernimiento para evitar entregarle tu corazón a alguien que no merece tu calidez o devoción. Ser cariñoso, empático y aparentemente seguro de ti mismo hace que la gente te busque para que la aconsejes o apoyes; no obstante, si no es recíproco, tendrás que ser prudente al momento de decidir quién forma parte de tu círculo de amigos más cercanos. Eres generoso con tus seres queridos, y tienes un encanto franco y ganador que resultará ser un atributo valioso en tus relaciones.

• *Negativa:* problemas legales costosos, falta de visión, descuidos.

ESE ALGUIEN ESPECIAL

Es más probable que tengas éxito en el amor y la amistad si te relacionas con personas nacidas en las siguientes fechas.

Amor y amistad: 5, 9, 18, 19 y 23 de enero; 3, 7, 16, 17 y 21 de febrero; 1, 5, 14, 15 y 31 de marzo; 3, 12, 13 y 29 de abril; 1, 10, 11, 27 y 29 de mayo; 4, 8, 9, 25 y 27 de junio; 6, 7, 23, 25 y 31 de julio; 4, 5, 21, 23 y 29 de agosto; 2, 3, 19, 21, 27 y 30 de septiembre; 1, 17, 19, 25 y 28 de octubre; 13, 15, 21 y 24 de diciembre.

Buenas para ti: 1, 6 y 17 de enero; 4 y 15 de febrero; 2 y 13 de marzo; 11 de abril; 9 de mayo; 7 de junio; 5 de julio; 3 de agosto; 1 de septiembre; 31 de octubre; 29 de noviembre; 27 de diciembre.

Atracción fatal: 22, 23, 24 y 25 de agosto.

Desafiantes: 2 y 16 de enero, 14 de febrero, 12 de marzo, 10 de abril, 8 de mayo, 6 de junio, 4 de julio, 2 de agosto, 30 de diciembre.

Almas gemelas: 11 y 31 de enero, 9 y 29 de febrero, 7 y 27 de marzo, 5 y 25 de abril, 3 y 23 de mayo, 1 y 21 de junio, 19 de julio, 17 de agosto, 15 de septiembre, 13 de octubre, 11 de noviembre, 9 de diciembre.

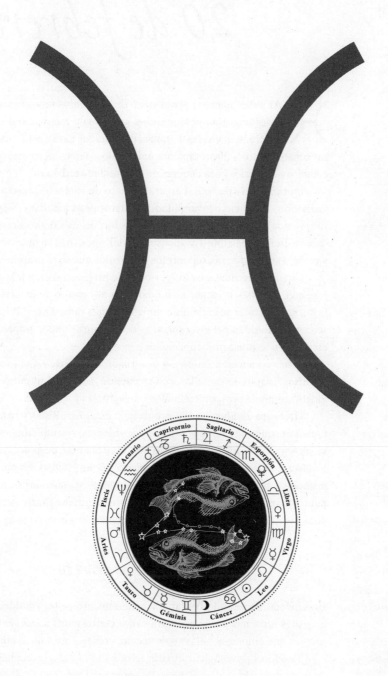

Piscis

20 de febrero–20 de marzo

SOL: PISCIS
DECANATO: PISCIS/NEPTUNO
ÁNGULO: 0°–1° 30' DE PISCIS
MODALIDAD: MUTABLE
ELEMENTO: AGUA

20 de febrero

ESTRELLAS FIJAS

Fomalhaut, Sadalmelik

ESTRELLA PRINCIPAL

Nombre de la estrella: Fomalhaut

Posición: 2° 51'–3° 51' de Piscis, entre los años 1930 y 2000

Magnitud: 1

Fuerza: ★★★★★★★★★★

Órbita: 2° 30'

Constelación: Piscis Austrinus (Alpha Piscis Austrini)

Días efectivos: 19, 20, 21, 22, 23, 24 y 25 de febrero

Propiedades de la estrella: Venus/ Mercurio

Descripción: estrella blanca rojiza ubicada en la boca del pez del sur

INFLUENCIA DE LA ESTRELLA PRINCIPAL

Fomalhaut es una de las cuatro estrellas reales y marca el solsticio de invierno. Es una estrella especialmente poderosa que confiere buena suerte, éxito y agudeza mental. También indica la necesidad de cambiar tu visión material por una más espiritual.

Con respecto a tu grado del Sol, Fomalhaut otorga buen ritmo, receptividad y la tendencia a seguir la corriente. Te dejas influenciar con facilidad por tu entorno, priorizas tu bienestar y necesitas encontrar mecanismos para expresarte de forma creativa. Además, esta estrella sugiere que puedes esperar legados y herencias, pero debes evitar despilfarrar o gastarlos con rapidez.

• *Positiva:* habilidad para presupuestar, idealismo, imaginación, creatividad.

Al haber nacido bajo el signo de Piscis eres un individuo receptivo y encantador, con una personalidad amigable e inclinaciones sociales. A pesar de ser creativo y versátil, tienes dificultades para decidir exactamente cuáles son tus objetivos. Eres discretamente ambicioso y tenaz, pero estás dispuesto a hacer los cambios necesarios para encontrar tu identidad verdadera.

La influencia de tu Sol en el decanato de Piscis le inyecta intuición a tu mente visionaria, así como profundidad a tu naturaleza idealista. Si aprendes a confiar en tus premoniciones, podrás identificar tus fortalezas y deficiencias, y también las de los demás. Tu mejor atributo es tu visión jovial y positiva, ya que sabes que, con tenacidad y trabajo arduo, podrás superar los obstáculos que se te presenten en el camino.

Cuando aprendas que los periodos de progreso suelen ir seguidos de periodos de recesión, cuidarás la estabilidad financiera por medio de inversiones a largo plazo, en lugar de depender solo de las compensaciones inmediatas. Puesto que el éxito suele ser resultado de la perseverancia, es de esperarse que la impaciencia tenga el efecto contrario y te cause preocupaciones e inseguridades.

Tener conciencia estética y una visión sólida hace que produzcas muchas ideas creativas. Inspirado por ellas, con frecuencia, sientes el impulso de buscar situaciones idealistas que te provean estímulos intelectuales y variedad.

Hasta los 29 años, tu Sol progresado estará en Piscis y resaltará tu sensibilidad. Quizá busques situaciones o relaciones ideales, o simplemente algo de magia en tu vida. A partir de los 30, cuando tu Sol progresado se desplace hacia Aries, empezarás a volverte más seguro de ti mismo, asertivo y ambicioso. Es probable que emprendas negocios o tomes la iniciativa en tus interacciones sociales. A los 60 años habrá otro punto de inflexión, cuando tu Sol progresado entre a Tauro. A partir de entonces, bajarás el ritmo y sentirás la necesidad de tener más estabilidad y seguridad financiera.

Tu yo secreto

Eres mentalmente ágil y brillante y, generalmente, posees múltiples talentos, por lo que necesitas ser tenaz y práctico para evitar confusiones y alcanzar tus metas. Por ende, una vez que emprendes el plan de acción, eres tenaz y solo te enfocas en ello.

Tus dotes psicológicas innatas te otorgan la perspicacia necesaria para entender de inmediato a la gente y el deseo de aprender. Dado que eres sociable e inteligente, en general, gozas de una vida social activa que te permite mostrarte amistoso, ingenioso y encantador. Sin embargo, en algunas ocasiones eres propenso a las frustraciones con respecto a tu situación financiera, lo cual podría provocarte arranques de despilfarro. Si desarrollas una perspectiva universalista y humanitaria, te volverás más desapegado y dejarás de angustiarte por tus circunstancias materiales. Gracias a tu capacidad de previsión, sueles desempeñarte mejor cuando intuitivamente evalúas las situaciones antes de ponerte manos a la obra. Si te mantienes enfocado y desarrollas tu autoconciencia, te pondrás metas más realistas y superarás las limitaciones que te impiden aprovechar tu extraordinario potencial.

Trabajo y vocación

A pesar de que eres muy trabajador, tu ambición hace que necesites una carrera que ofrezca posibilidades de crecimiento. Gracias a tu intelecto ágil, por lo regular, deseas tener una vida activa que incluya cambios y viajes. Puesto que eres una persona sensible, para ti es esencial trabajar en un entorno agradable. Si no tienes una buena relación con tu jefe o tus compañeros de trabajo, es probable que renuncies y busques otra cosa. Al ser versátil adquieres habilidades nuevas con rapidez y te adaptas a las situaciones. Tu buen ojo para las formas y los colores indica cierto interés en el arte y el diseño. De igual modo, tu buen sentido del ritmo y sensibilidad podrían inclinarte hacia la música y el baile, o la salud y el trabajo de sanación. Ser sociable y tener una personalidad relajada te permitirá triunfar en todo tipo de trabajo que requiera relaciones públicas. Por otro lado, hacer carrera en los deportes podría motivarte a dedicarte a las competencias o a la enseñanza. Lo más importante es que necesitas un trabajo que no incluya rutinas triviales y que, por el contrario, desafíe tu imaginación.

Entre las personas famosas con quienes compartes cumpleaños están el director de cine Robert Altman, los actores Kelsey Grammer y Sidney Poitier, los cantantes Kurt Cobain y Buffy Sainte-Marie, el fotógrafo Ansel Adams y la empresaria Ivana Trump.

Numerología

Al haber nacido bajo el número 20, eres intuitivo, sensible, adaptable y comprensivo y, por lo general, te consideras parte de grupos más grandes. Suelen agradarte actividades cooperativas en las que puedes interactuar, compartir experiencias y aprender de otros. Tu encanto y gracia te ayudan a desarrollar habilidades diplomáticas y sociales que te permiten moverte con fluidez en círculos sociales distintos. No obstante, quizá necesites fortalecer tu confianza o superar la tendencia a sentirte herido por las acciones y críticas ajenas y a ser demasiado dependiente. Tienes una facilidad extraordinaria para crear atmósferas amistosas y armoniosas. La subinfluencia del mes número 2 indica que eres adaptable y práctico. Tus ansias de estabilidad se agudizan si careces de una metodología, pero ser sensible a tu entorno y apreciar la armonía te inspirará a actuar como mediador o pacificador. Si fortaleces tu paciencia y aprendes a confiar en tus instintos, superarás las dudas y desarrollarás una personalidad más asertiva.

• *Cualidades positivas*: amabilidad, buena pareja, gentileza, tacto, receptividad, intuición, armonía, afabilidad, embajador de buena voluntad.

• *Cualidades negativas*: suspicacia, inseguridad, hipersensibilidad, sensiblería, egoísmo, susceptibilidad.

Amor y relaciones

Eres amistoso y sociable y, por lo regular, procuras que tus relaciones sean pacíficas y armoniosas. Tus amigos son importantes para ti, por lo que acostumbras relacionarte con gente que te estimule a nivel intelectual, pero con la que también te la pases bien. Con frecuencia entretienes a los demás de forma natural, pues eres ingenioso y los haces reír, sobre todo si se trata de tus seres queridos. Aunque sientes cabeza con una sola persona, las ansias de cambio y variedad te inspirarán a viajar y ampliar tu círculo social.

• *Negativa:* problemas legales costosos, falta de visión, descuidos.

ESE ALGUIEN ESPECIAL

Si buscas seguridad, estímulo intelectual y amor, es posible que los encuentres entre personas nacidas en las siguientes fechas.

Amor y amistad: 6, 10, 20, 24 y 29 de enero; 4, 8, 18 y 27 de febrero; 2, 6, 16, 25, 28 y 30 de marzo; 4, 14, 23, 26, 28 y 30 de abril; 2, 12, 21, 24, 26, 28 y 30 de mayo; 10, 19, 22, 24, 26 y 28 de junio; 8, 12, 17, 20, 22, 24 y 26 de julio; 6, 15, 18, 20, 22 y 24 de agosto; 4, 13, 16, 18, 20 y 22 de septiembre; 2, 11, 14, 16, 18 y 20 de octubre; 4, 9, 12, 14, 16 y 18 de noviembre; 7, 10, 12, 14 y 16 de diciembre.

Buenas para ti: 7, 13, 18 y 28 de enero; 5, 11, 16 y 26 de febrero; 3, 9, 14 y 24 de marzo; 1, 7, 12 y 22 de abril; 5, 10 y 20 de mayo; 3, 8 y 18 de junio; 1, 6 y 16 de julio; 4 y 14 de agosto; 2, 12 y 30 de septiembre; 10 y 28 de octubre; 8, 26 y 30 de noviembre; 6, 24 y 28 de diciembre.

Atracción fatal: 25 de enero; 23 de febrero; 21 de marzo; 19 de abril; 17 de mayo; 15 de junio; 13 de julio; 11, 23, 24, 25 y 26 de agosto; 9 de septiembre; 7 de octubre; 5 de noviembre; 3 de diciembre.

Desafiantes: 3 y 17 de enero; 1 y 15 de febrero; 13 de marzo; 11 de abril; 9 y 30 de mayo; 7 y 28 de junio; 5, 26 y 29 de julio; 3, 24 y 27 de agosto; 1, 22 y 25 de septiembre; 20 y 23 de octubre; 18 y 21 de noviembre; 16 y 19 de diciembre.

Almas gemelas: 18 de enero, 16 de febrero, 14 de marzo, 12 de abril, 10 y 29 de mayo, 8 y 27 de junio, 6 y 25 de julio, 4 y 23 de agosto, 2 y 21 de septiembre, 19 de octubre, 17 de noviembre, 15 de diciembre.

21 de febrero

ESTRELLAS FIJAS

Fomalhaut, Sadalmelik

ESTRELLA PRINCIPAL

Nombre de la estrella: Fomalhaut

Posición: 2º 51'–3º 51' de Piscis, entre los años 1930 y 2000

Magnitud: 1

Fuerza: ★★★★★★★★★★

Órbita: 2º 30'

Constelación: Piscis Austrinus (Alpha Piscis Austrini)

Días efectivos: 19, 20, 21, 22, 23, 24 y 25 de febrero

Propiedades de la estrella: Venus/Mercurio

Descripción: estrella blanca rojiza ubicada en la boca del pez del sur

INFLUENCIA DE LA ESTRELLA PRINCIPAL

Fomalhaut es una de las cuatro estrellas reales y marca el solsticio de invierno. Es una estrella especialmente poderosa que confiere buena suerte, éxito y agudeza mental. También indica la necesidad de cambiar tu visión material por una más espiritual.

Con respecto a tu grado del Sol, Fomalhaut otorga buen ritmo, receptividad y la tendencia a seguir la corriente. Te dejas influenciar con facilidad por tu entorno, priorizas tu bienestar y necesitas encontrar mecanismos para expresarte de forma creativa. Además, esta estrella sugiere que puedes esperar legados y herencias, pero debes evitar despilfarrar o gastarlos con rapidez.

• *Positiva:* habilidad para presupuestar, idealismo, imaginación, creatividad.

No solo eres práctico e imaginativo, sino también un Piscis sensible y con una gran necesidad de expresión personal. Además de ser un individuo versátil y creativo, eres susceptible a las impresiones del entorno y te entusiasmas cuando te cautiva una persona o una idea. Tener un enfoque sensible hace que te preocupe construir bases sólidas para tu vida, aunque enfrentar restricciones o tener una rutina tediosa puede desalentar tu naturaleza cambiante. Aunque te desagrada sentirte atado, de ser necesario muestras cuán adaptable y metódico eres en realidad.

La influencia añadida de tu Sol en el decanato de Piscis le inyecta intuición a tu receptividad y también a tus poderes de médium, con facilidad reconoces y entiendes las tendencias del momento. Desde el punto de vista rítmico, tienes buen oído para la música y quizá también talento para el baile. Por otro lado, si te falta dirección, te dejas influenciar por la presión social; por lo que, en lugar de defender tu individualidad, te dejarás arrastrar por lo demás o elegirás la salida fácil de la evasión.

A pesar de que a nivel financiero sueles ser afortunado, la importancia que tiene el trabajo para alguien nacido en esta fecha implica que, con diligencia y esfuerzos concertados, te formas una posición de seguridad y prosperidad. En general, eres leal y profesional, y tiendes a tomarte en serio las responsabilidades. Cuando se trata de cumplir con tus deberes, te gusta hacerlo bien y enorgullecerte de tu trabajo.

Hasta los 28 años, mientras tu Sol progresado recorre Piscis, el énfasis estará puesto en tu desarrollo emocional, sueños a futuro y sensibilidad. Entre los 29 y los 58 años, tu Sol progresado estará en Aries. Esta influencia hace que refuerces tu asertividad y disfrutes ser activo y aventurero. Después de los 59 años, cuando tu Sol progresado esté en Tauro, te volverás más tranquilo y mesurado, y quizá sientas un mayor interés por la naturaleza. Asimismo, sentirás una mayor necesidad de seguridad y estabilidad.

Tu yo secreto

A pesar de ser pragmático y ansiar estabilidad y seguridad, quizá necesites hacer esfuerzos puntuales para superar tu impaciencia interna. Si este nerviosismo se te sale de las manos, tiendes a la evasión o la volubilidad. No obstante, cuando canalizas tu imaginación fértil de forma creativa hacia actividades prácticas, eres más productivo que nunca.

Tienes un encanto interno que te permite proyectar la bondad de tu corazón. Las ansias de acción, libertad y aventura son señal de que aspiras a tener una vida variada y exitosa. Es importante que disfrutes el presente y te centres en él, pues tienes la tendencia a siempre creer que la satisfacción llegará cuando ocurra lo siguiente. Gracias a tus ideales elevados y mentalidad visionaria, podrás expresar tus sueños y anhelos amorosos por medio de proyectos creativos o al ayudar a otros. Por otro lado, tu gran sentido del deber y perfeccionismo guiarán tu atención hacia el orgullo que te genera tu trabajo.

Trabajo y vocación

A pesar de tener un enfoque pragmático y buen sentido común, te desagrada que te limiten con rutinas monótonas. Eres sensible e imaginativo y, al mismo tiempo, una persona estimulante y pragmática. Si bien ansías que haya orden, en general, se te dificulta descifrar exactamente qué es lo que quieres lograr, así que pruebas varias alternativas. Si te dedicas a los negocios, tus habilidades organizacionales te ayudarán a lograr buenos resultados. Por fortuna, se te presentarán muchas buenas oportunidades, siempre y cuando estés dispuesto a esforzarte para triunfar. Debido a que eres sociable y extrovertido, sobresaldrás en cualquier carrera que implique relaciones públicas, en especial en las industrias de la música, la moda, el arte y el diseño. Tu buen sentido del ritmo también podría permitirte triunfar en la música o el baile. Mientras tanto, tu destreza física podría inspirarte a construir o crear cosas con las manos.

Entre las personas famosas con quienes compartes cumpleaños están la cantante Nina Simone, la escritora Anaïs Nin, y el estadista ruso Alekséi Kosygin.

Numerología

Tener el número 21 en tu fecha de cumpleaños te hace una persona con empuje dinámico y personalidad extrovertida. Con esas inclinaciones sociales, tienes muchos intereses y contactos y, por lo regular, tienes mucha suerte. Te muestras amistoso y sociable con los demás. También eres original e intuitivo, y posees un espíritu independiente. Si tu cumpleaños es en un día con el número 21 es posible que te encante la diversión; que seas magnético, creativo y tengas encanto social. Por otro lado, podrías ser tímido y reservado, y con necesidad de desarrollar asertividad, en especial con personas cercanas. Aunque te inclines hacia las relaciones de cooperación o el matrimonio, siempre querrás que se reconozcan tus talentos y habilidades. La subinfluencia del mes número 2 indica que, aunque seas voluntarioso u obstinado, también eres receptivo y te dejas influir por el entorno o círculo social. Si dudas de ti mismo, desperdicias tu energía en múltiples direcciones y eres incapaz de aprovechar al máximo las grandes oportunidades que te trae la vida. La necesidad de mantenerte activo implica que debes encontrar mecanismos de expresión, por lo que encontrar una ocupación emocionante, pero que te estabilice, te inspirará a nivel espiritual y emocional.

• *Cualidades positivas*: inspiración, creatividad, relaciones duraderas.

• *Cualidades negativas*: dependencia, falta de control emocional, falta de visión, decepción, miedo al cambio.

Amor y relaciones

Debido a que eres sociable y amistoso, prosperas en actividades sociales y reuniones de amigos. Tus intensas emociones y corazón sensible revelan que tienes mucho amor para dar. Sin embargo, si no las canalizas, podría generarte cambios de humor o que te lleve a la autocompasión. Debes aprender a dedicar tiempo a la reflexión para asegurarte exactamente con quién quieres estar. Ten cuidado de no asumir el rol de víctima ni el de rescatador, y querer ayudar a quien crees que te necesita, aunque no te lo pida. Para encontrar la felicidad necesitarás a alguien que sea estimulante y generoso, al mismo tiempo, pero que también te brinde la estabilidad que necesitas.

• *Negativa*: problemas legales costosos, falta de visión, descuidos.

Si deseas una pareja divertida que comprenda la potencia de tu amor, búscala entre personas nacidas en las siguientes fechas.

Amor y amistad: 7, 11, 16 y 22 de enero; 5, 9 y 20 de febrero; 3, 7, 18 y 31 de marzo; 1, 5, 16 y 29 de abril; 3, 14, 16, 27 y 29 de mayo; 1, 6, 12, 25 y 27 de junio; 4, 10, 13, 23 y 25 de julio; 8, 21, 23 y 31 de agosto; 6, 19, 21 y 29 de septiembre; 4, 17, 19, 27 y 30 de octubre; 2, 5, 15, 17, 25 y 28 de noviembre; 13, 15, 23 y 26 de diciembre.

Buenas para ti: 8, 14 y 19 de enero; 6, 12 y 17 de febrero; 4, 10 y 15 de marzo; 2, 8 y 13 de abril; 6 y 11 de mayo; 4, 9 y 28 de junio; 2 y 7 de julio; 5 de agosto; 3 de septiembre; 1 y 29 de octubre; 18 y 27 de noviembre; 25 y 29 de diciembre.

Atracción fatal: 24, 25, 26 y 27 de agosto.

Desafiantes: 9, 18 y 20 de enero; 7, 16 y 18 de febrero; 5, 14 y 16 de marzo; 3, 12 y 14 de abril; 1, 10 y 12 de mayo; 8 y 10 de junio; 6, 8 y 29 de julio; 4, 6 y 27 de agosto; 2, 4 y 25 de septiembre; 2 y 23 de octubre; 21 de noviembre; 19 de diciembre.

Almas gemelas: 9 de enero, 7 de febrero, 5 de marzo, 3 de abril, 1 de mayo, 30 de octubre, 28 de noviembre, 26 de diciembre.

ESTRELLAS FIJAS

Fomalhaut; Sadalmelik; Deneb Adige, también llamada Arided y Aridif

ESTRELLA PRINCIPAL

Nombre de la estrella: Fomalhaut

Posición: 2º 51'–3º 51' de Piscis, entre los años 1930 y 2000

Magnitud: 1

Fuerza: ★★★★★★★★★

Órbita: 2º 30'

Constelación: Piscis Austrinus (Alpha Piscis Austrini)

Días efectivos: 19, 20, 21, 22, 23, 24 y 25 de febrero

Propiedades de la estrella: Venus/ Mercurio

Descripción: estrella blanca rojiza ubicada en la boca del pez del sur

INFLUENCIA DE LA ESTRELLA PRINCIPAL

Fomalhaut es una de las cuatro estrellas reales y marca el solsticio de invierno. Es una estrella especialmente poderosa que confiere buena suerte, éxito y agudeza mental. También indica la necesidad de cambiar tu visión material por una más espiritual.

Con respecto a tu grado del Sol, Fomalhaut otorga buen ritmo, receptividad y la tendencia a seguir la corriente. Te dejas influenciar con facilidad por tu entorno, priorizas tu bienestar y necesitas encontrar mecanismos para expresarte de forma creativa. Además, esta estrella indica que puedes esperar legados y herencias, pero debes evitar despilfarrar o gastarlos con rapidez.

• *Positiva:* habilidad para presupuestar, idealismo, imaginación, creatividad.

22 de febrero

♓ Tu fecha de nacimiento revela que eres un Piscis sumamente intuitivo y adaptable, con una perspectiva única ante la vida. Eres imaginativo, receptivo y abordas la solución de problemas desde un enfoque creativo, que refleja que eres un pragmático que tiene momentos de inspiración y genialidad puras.

La influencia añadida de tu Sol en el decanato de Piscis refuerza tu sensibilidad y conciencia psíquica, lo que indica que percibes los distintos ánimos de quienes te rodean, así como las tendencias y modas sociales. A pesar de que eres contemplativo, tienes ideas de avanzada, que a veces no concuerdan con las de los demás. Si de pronto pierdes el rumbo, podrías dejarte influenciar por la presión social en lugar de ser independiente, dejarte llevar y usar la evasión como salida fácil.

Aunque a veces aparentas ser evasivo e impredecible, tu ingenio ágil y talentos creativos hacen que seas atractivo a ojos de los demás. Puesto que eres un individuo versátil, tienes muchos intereses y pasatiempos poco comunes. Si no encuentras mecanismos de expresión, podrías sucumbir a las preocupaciones; si te sientes indeciso, podrías desperdigar tus energías. Aun si eres capaz de mantener una visión alegre y amigable, el lado más serio de tu personalidad sale a relucir cuando se discuten cuestiones financieras.

Hasta los 27 años, mientras tu Sol progresado atraviesa Piscis, resaltará la importancia de la sensibilidad y las interacciones afectivas con otros. Entre los 28 y los 57, tu Sol progresado estará en Aries. Esta influencia sugiere que entrarás a una fase en la que te volverás más decidido y enérgico, lo cual puede traer consigo un fuerte deseo de emprendimientos nuevos. Después de los 58, cuando tu Sol progresado se desplace hacia Tauro, la necesidad de estabilidad y seguridad incrementará, aunada al deseo de una vida más apacible y ecuánime.

Tu yo secreto

Eres una persona responsable y hogareña, que necesita encontrar paz en su interior. En general, estás dispuesto a hacer sacrificios para ayudar a quienes te rodean y albergas sentimientos profundos de amor y afecto, pero las emociones casi nunca te mueven el piso. Si asumes demasiadas responsabilidades y te apropias de los problemas ajenos, podrías experimentar angustiar. Tus ideales elevados y deseos de armonía te inspirarán a expresarte, ya sea a nivel social, a través de actividades creativas o en la lucha por una causa.

Gracias a tu olfato innato para los negocios y capacidad de liderazgo, rara vez ocupas posiciones de subordinación. Eres observador y perspicaz, tienes un sólido sentido de los valores y, por lo regular, eres ingenioso. Aunque impresionas a otros con tus habilidades de negociación y evaluación, debes tener cuidado de no renunciar a tus ideales con tal de tener seguridad. Además de que eres orgulloso y dramático, aprendes rápido y eres capaz de convertir tus intereses y proyectos creativos en emprendimientos comerciales exitosos.

Trabajo y vocación

Además de ser creativo e inteligente, tienes un gran intelecto, imaginación poderosa y buenas habilidades de organización. Puesto que eres amistoso y diplomático por naturaleza, generalmente, le simpatizas a personas que trabajan frente al público. Tus buenas habilidades de comunicación te traerán éxito en la escritura o alguna carrera que implique relaciones públicas. A pesar de ser sensible, también tienes un talento natural para los negocios que podría ayudarte a triunfar en el comercio. Puesto que trabajas bien cuando te sientes motivado, es probable que reevalúes tu profesión con frecuencia para mantener el interés activo. El lado de tu naturaleza que se interesa en la filosofía y en ayudar a otros podría inclinarse hacia el trabajo clerical, las reformas sociales, la política o el sector salud. Por otro lado, tu buen ritmo indica que tienes oído para la música y quizá también talento para el baile. Las intensas ansias de expresión personal podrían permitirte, de igual forma, triunfar en la música o el teatro.

Entre las personas famosas con quienes compartes cumpleaños están el director de cine Luis Buñuel, el compositor Frédéric Chopin, el basquetbolista Julius Erving, el piloto de carreras Niki Lauda y el expresidente estadounidense George Washington.

Numerología

El número 22 te hace una persona práctica, orgullosa y sumamente intuitiva. Es un número maestro que puede vibrar tanto en forma de 22 como en forma de 4. Sueles ser honesto y trabajador, poseer habilidades de liderazgo innatas y tener una personalidad carismática y una profunda capacidad de entender a la gente y sus motivaciones. Aunque no demuestras tu afecto, te preocupas por el bienestar de tus seres queridos. La subinfluencia del mes número 2 indica que, aunque eres perfeccionista y humanitario, necesitas objetivos realistas; además, generalmente, levantas un muro protector a tu alrededor cuando te sientes indeciso o vulnerable. Sin embargo, no te sacrifiques haciendo cosas por gente que no vale la pena. Evita reaccionar de forma exagerada o ser crítico si quieres llevarte mejor con tus seres queridos. El aprecio por la armonía y el deseo de paz interna sugieren que posees una naturaleza compasiva e idealista.

• *Cualidades positivas*: universalidad, ansias de dirigir, intuición, pragmatismo, practicidad, habilidades manuales, pericia, habilidades de construcción, habilidad para la organización, realismo, capacidad para resolver problemas, éxitos.

• *Cualidades negativas*: codicia que lleva a cometer fraudes para enriquecerse rápido, nerviosismo, autoritarismo, materialismo, falta de visión, pereza, egoísmo.

Amor y relaciones

Si eres demasiado idealista, es probable que albergues nociones demasiado elevadas del amor, por lo que será difícil que tus seres queridos estén a la altura de esas expectativas. Tu empatía y amabilidad te permitirán hacer sacrificios por la gente que amas. Aunque eres espontáneo y generoso si te enfocas demasiado en tus necesidades corres el peligro de que, en ocasiones, parezcas frío y desapegado. Por ende, es importante que mantengas el equilibrio y proyectes positividad, en lugar de tener reacciones exageradas. Ser creativo y versátil te permitirá socializar y ser capaz de mezclar el trabajo con el placer. Además, eres leal y solidario con tus amigos y pareja.

• *Negativa:* problemas legales costosos, falta de visión, descuidos.

ESE ALGUIEN ESPECIAL

Encontrarás a la pareja estimulante que buscas entre quienes nacieron en las siguientes fechas.

Amor y amistad: 4, 8, 22 y 26 de enero; 6, 20 y 24 de febrero; 4, 18 y 22 de marzo; 2, 16, 20 y 30 de abril; 14, 18, 28 y 30 de mayo; 12, 16, 26, 28 y 29 de junio; 10, 14, 24 y 26 de julio; 8, 12, 22 y 24 de agosto; 6, 10, 20, 22 y 30 de septiembre; 4, 8, 18, 20, 21 y 28 de octubre; 2, 6, 16, 18 y 26 de noviembre; 4, 14, 16 y 24 de diciembre.

Buenas para ti: 9 y 20 de enero; 7 y 18 de febrero; 5, 16 y 29 de marzo; 3, 14 y 27 de abril; 1, 12 y 25 de mayo; 10 y 23 de junio; 8 y 21 de julio; 6 y 19 de agosto; 4 y 17 de septiembre; 2, 15 y 30 de octubre; 13 y 28 de noviembre; 11, 26 y 30 de diciembre.

Atracción fatal: 27 de enero; 25 de febrero; 23 de marzo; 21 de abril; 19 de mayo; 17 de junio; 15 de julio; 13, 25, 26 y 27 de agosto; 11 de septiembre; 9 de octubre; 7 de noviembre; 5 de diciembre.

Desafiantes: 2, 10 y 19 de enero; 8 y 17 de febrero; 6 y 15 de marzo; 4 y 13 de abril; 2 y 11 de mayo; 9 de junio; 7 y 30 de julio; 5 y 28 de agosto; 3 y 26 de septiembre; 1 y 24 de octubre; 22 de noviembre; 20 y 30 de diciembre.

Almas gemelas: 15 de enero, 13 de febrero, 11 de marzo, 9 de abril, 7 de mayo, 5 de junio, 3 de julio, 1 de agosto, 29 de octubre, 27 de noviembre, 25 de diciembre.

ESTRELLAS FIJAS

Fomalhaut; Deneb Adige, también llamada Arided y Aridif

ESTRELLA PRINCIPAL

Nombre de la estrella: Fomalhaut

Posición: 2° 51'–3° 51' de Piscis, entre los años 1930 y 2000

Magnitud: 1

Fuerza: ★★★★★★★★★★

Órbita: 2° 30'

Constelación: Piscis Austrinus (Alpha Piscis Austrini)

Días efectivos: 19, 20, 21, 22, 23, 24 y 25 de febrero

Propiedades de la estrella: Venus/Mercurio

Descripción: estrella blanca rojiza ubicada en la boca del pez del sur

INFLUENCIA DE LA ESTRELLA PRINCIPAL

Fomalhaut es una de las cuatro estrellas reales y marca el solsticio de invierno. Confiere buena suerte, éxito y agudeza mental. También indica la necesidad de cambiar tu visión material por una más espiritual.

Con respecto a tu grado del Sol, Fomalhaut otorga buen ritmo, receptividad y la tendencia a seguir la corriente. Te dejas influenciar con facilidad por tu entorno, priorizas tu bienestar y necesitas encontrar mecanismos para expresarte de forma creativa. Además, esta estrella indica que puedes esperar legados y herencias, pero debes evitar el despilfarro.

• *Positiva:* habilidad para presupuestar, idealismo, imaginación, creatividad.

• *Negativa:* problemas legales costosos, falta de visión, descuidos.

23 de febrero

H Tu fecha de nacimiento revela que eres un Piscis receptivo, dinámico, amigable y activo; capaz de alcanzar el éxito por medio de alianzas y proyectos cooperativos. A pesar de que eres inquieto por naturaleza, te orientas hacia las interacciones sociales y desarrollas tu individualidad a través de experiencias relacionadas con la gente.

La influencia añadida de tu Sol en el decanato de Piscis refuerza tu receptividad, y tu sexto sentido te permite percibir el estado de ánimo de quienes te rodean. Aunque eres sensible e imaginativo, tu aptitud para hacer negocios y producir ideas te traerá recompensas financieras. Además, tu buen ritmo es indicio de que sueles tener buen oído para la música y un talento natural para el baile. Si en algún momento pierdes el rumbo, podrías dejarte llevar por la presión social, en lugar de ser independiente, y optar por la evasión como salida fácil.

Eres ambicioso y versátil, y tienes la capacidad de combinar los negocios con el placer, lo que te hace un buen creador de redes profesionales, apoyado en tu capacidad para interactuar con gente de todo tipo. Debido a tu tenacidad, cuando te inspira un objetivo o una idea te conviertes en una fuerza imparable. A pesar de tener muchas ansias de triunfar, el lado sensible, idealista e imaginativo de tu naturaleza te impulsa a buscar el equilibrio en tu vida y superar los miedos financieros infundados.

Hasta los 26 años, tu Sol progresado estará en Piscis y acentuará tu sensibilidad y sentimientos. Quizá quieras buscar situaciones o relaciones ideales, o simplemente algo de magia en tu vida. A partir de los 27, cuando tu Sol progresado se desplace hacia Aries, empezarás a ser más seguro de ti mismo, asertivo y ambicioso. Es probable que emprendas negocios o tomes la iniciativa en tus interacciones sociales. A los 57 habrá otro punto de inflexión, cuando tu Sol entre a Tauro. Desde entonces, bajarás el ritmo y necesitarás más estabilidad y seguridad financieras en general.

Tu yo secreto

Aunque eres visionario e idealista, también te motiva la ambición, ya que deseas dinero, poder y prestigio. Aun si eres capaz de trabajar arduamente y ejecutar tus planes de forma metódica, la tendencia a aburrirte con facilidad refleja que, si no hay un incentivo financiero o recompensas inmediatas de por medio, podrías abandonar tus planes y buscar mejores prospectos en otro lado. Gracias a tu comprensión intuitiva de la ley de la causa y el efecto, reconoces de forma innata que, si no te esfuerzas lo suficiente, no puedes obtener recompensas justas.

Tener habilidades de liderazgo y necesitar reconocimiento es reflejo de que piensas a una escala universal. Al ser conceptual y desear armonía, disfrutas los nuevos comienzos, pero evita volverte ansioso o inquieto. Además de ser un individuo generoso y versátil, eres tolerante e ingenioso, y necesitas metas realistas. No obstante, tu veta despilfarradora hace que a veces gastes más de lo que tienes, pero la necesidad de dinero y seguridad suele ser lo que te motiva a emprender negocios y aprovechar nuevas oportunidades.

Trabajo y vocación

Eres imaginativo, pero también tenaz, y tienes una personalidad amigable que te garantizará el éxito en carreras que implican trato con el público. La necesidad de reconocimiento podría ponerte a la vanguardia de tu área de conocimiento. Además, gracias a tus aptitudes especiales para vender las ideas o causas en las que crees, triunfarías en trabajos de promoción o negociación. También te desempeñarías bien en ocupaciones relacionadas con el extranjero, como importaciones o viajes. Aunque quizá prefieras trabajar por cuenta propia, serías valioso como miembro de un equipo. La sensibilidad hacia los colores, los sonidos y las formas podría hacer que te atraigan medios de expresión artística, teatral o musical. Una vez que te comprometes con un proyecto eres sumamente tenaz, y tu astucia para los negocios y habilidades organizacionales te ayudarán a triunfar en la profesión que elijas.

Entre las personas famosas con quienes compartes cumpleaños están los actores Peter Fonda y Julie Walters, el escritor Samuel Pepys, el guitarrista Johnny Winter y el chef Anton Mosimann.

Numerología

Además de que eres intuitivo, sensible y creativo, sueles ser una persona versátil y apasionada. Tener la mente siempre llena de ideas hace que tengas múltiples talentos. Te encantan los viajes, la aventura y conocer gente nueva, y la cualidad enérgica que trae consigo el número 23 de tu cumpleaños te insta a probar toda clase de experiencias distintas. Además, te adaptas para sacar lo mejor de cada situación. En general, eres amigable y divertido, con valor y empuje, y es posible que necesites de un estilo de vida activo para alcanzar tu verdadero potencial. La subinfluencia del mes número 2 indica que, aunque disfrutas las actividades grupales, te gusta mantener tu independencia y forjarte opiniones propias. Además, te beneficia mucho ampliar tus horizontes por medio de la exploración de distintos temas y del desarrollo de la confianza en tus propias habilidades. El aprecio por la armonía y la necesidad de paz y tranquilidad quizá te inspiren a expresar tus ideas originales y talentos únicos.

• *Cualidades positivas*: lealtad, responsabilidad, gusto por viajar, comunicación, intuición, creatividad, versatilidad, confiabilidad, fama.

• *Cualidades negativas*: egoísmo, inseguridad, intransigencia, inflexibilidad, fijarse en los defectos ajenos, prejuicios.

Amor y relaciones

Por lo regular, tienes una vida social activa y muchos amigos. Puesto que las relaciones son importantes para ti, estás dispuesto a hacer el esfuerzo para mantenerlas con vida. Puesto que te caracterizas por tus principios inquebrantables, necesitas una pareja que te enfrente y no se deje intimidar por tu personalidad enérgica. A pesar de que, en general, eres amistoso y relajado, te gustan los desafíos mentales y los debates. Quizá te interese el poder mental y te atraigan los individuos de personalidad fuerte, pero debes evitar someter intelectualmente a los demás o permitir que otra persona te someta. No obstante, además de bondadoso y comprensivo eres generoso con quienes aprecias y estás dispuesto a hacer hasta lo imposible por tus seres queridos.

ESE ALGUIEN ESPECIAL

Si buscas seguridad, estímulo intelectual y amor, los encontrarás con personas nacidas en las siguientes fechas.

Amor y amistad: 3 y 23 de enero; 11, 21 y 25 de febrero; 9, 19, 28 y 31 de marzo; 7, 17, 26 y 29 de abril; 5, 15, 24, 27, 29 y 31 de mayo; 3, 13, 22, 25, 27 y 29 de junio; 1, 11, 15, 20, 23, 25, 27 y 29 de julio; 9, 18, 21, 23, 25 y 27 de agosto; 7, 16, 19, 21, 23 y 25 de septiembre; 5, 14, 17, 19, 21 y 23 de octubre; 3, 7, 12, 15, 17, 19 y 21 de noviembre; 1, 10, 13, 15, 17 y 19 de diciembre.

Buenas para ti: 3, 4, 10 y 21 de enero; 1, 2, 8 y 19 de febrero; 6, 17 y 30 de marzo; 4, 15 y 28 de abril; 2, 13 y 26 de mayo; 11 y 24 de junio; 9 y 22 de julio; 7 y 20 de agosto; 5, 18 y 24 de septiembre; 3, 16, 22 y 31 de octubre; 1, 14 y 29 de noviembre; 12 y 27 de diciembre.

Atracción fatal: 22 y 28 de enero; 20 y 26 de febrero; 18 y 24 de marzo; 16 y 22 de abril; 14 y 20 de mayo; 12 y 18 de junio; 10 y 16 de julio; 8, 14, 26, 27, 28 y 29 de agosto; 6 y 12 de septiembre; 4 y 10 de octubre; 2 y 8 de noviembre; 6 de diciembre.

Desafiantes: 11 y 20 de enero; 9 y 18 de febrero; 7 y 16 de marzo; 5 y 14 de abril; 3, 12 y 30 de mayo; 1, 10 y 28 de junio; 8, 26 y 31 de julio; 6, 24 y 29 de agosto; 4, 22 y 27 de septiembre; 2, 20 y 25 de octubre; 18 y 23 de noviembre; 16 y 21 de diciembre.

Almas gemelas: 26 de enero, 24 de febrero, 22 y 30 de marzo, 20 y 28 de abril, 18 y 26 de mayo, 16 y 24 de junio, 14 y 22 de julio, 12 y 20 de agosto, 10 y 18 de septiembre, 8 y 16 de octubre, 6 y 14 de noviembre, 4 y 12 de diciembre.

ESTRELLAS FIJAS

Fomalhaut; Deneb Adige, también llamada Arided y Aridif

ESTRELLA PRINCIPAL

Nombre de la estrella: Fomalhaut

Posición: 2° 51'–3° 51' de Piscis, entre los años 1930 y 2000

Magnitud: 1

Fuerza: ★★★★★★★★★

Órbita: 2° 30'

Constelación: Piscis Austrinus (Alpha Piscis Austrini)

Días efectivos: 19, 20, 21, 22, 23, 24 y 25 de febrero

Propiedades de la estrella: Venus/ Mercurio

Descripción: estrella blanca rojiza ubicada en la boca del pez del sur

INFLUENCIA DE LA ESTRELLA PRINCIPAL

Fomalhaut es una de las cuatro estrellas reales y marca el solsticio de invierno. Es una estrella especialmente poderosa que confiere buena suerte, éxito y agudeza mental. También indica la necesidad de cambiar tu visión material por una más espiritual.

Con respecto a tu grado del Sol, Fomalhaut otorga buen ritmo, receptividad y la tendencia a seguir la corriente. Te dejas influenciar con facilidad por tu entorno, priorizas tu bienestar y necesitas encontrar mecanismos para expresarte de forma creativa. Además, esta estrella indica que puedes esperar legados y herencias, pero debes evitar despilfarrar o gastarlos con rapidez.

• *Positiva:* habilidad para presupuestar, idealismo, imaginación, creatividad.

24 de febrero

H Haber nacido bajo el signo de Piscis revela que eres un individuo imaginativo, receptivo e independiente, capaz de motivarse por sí mismo. Dado que eres idealista y albergas sentimientos intensos y la disposición a trabajar duro, eres generoso y protector con tus seres queridos. Aun si eres amable y gentil, y tienes un enfoque de vida pragmático, la combinación de ideales elevados y el deseo práctico de dinero y lujos indica que podrías fluctuar entre estos extremos. Si encuentras una causa justa que te inspire y también te brinde un incentivo financiero, superarás la tendencia a dejarte dominar por tus poderosas emociones.

La influencia añadida de tu Sol en el decanato de Piscis refuerza tus poderes intuitivos, aunque a veces te vuelve voluble y nervioso. Tu agudeza mental y perspicacia para identificar tendencias e ideas nuevas te permiten recibir las reformas sociales con los brazos abiertos. A pesar de que, en general, eres imaginativo y contemplativo, tu naturaleza desasosegada podría causarte conflictos con la gente. Si pierdes el rumbo, podrías dejarte influenciar por las presiones sociales y, en lugar de ser independiente, te dejarías llevar por la corriente y optar por la evasión como salida fácil.

Puesto que disfrutas los nuevos comienzos, lo ideal sería que te desempeñaras como promotor, pero también es señal de que debes evitar caer en la monotonía, que te puede provocar impaciencia. Siempre y cuando tengas fe en ti mismo, tu enfoque franco, tus ideas originales y tu intuición te garantizarán el éxito.

Hasta los 25 años, tu Sol progresado estará en Piscis, lo que enfatiza el desarrollo emocional y la intuición, así como los sueños a futuro. Entre los 26 y los 55, tu Sol progresado atravesará Aries. Esta influencia indica que desarrollarás tu asertividad y disfrutarás ser activo y aventurero. Será una buena época para iniciar proyectos, adoptar papeles de liderazgo o aprender a ser más franco en las relaciones. Después de los 56, cuando tu Sol progresado se desplace hacia Tauro, te volverás más tranquilo y estable, y quizá te intereses en la naturaleza. También sentirás una mayor necesidad de seguridad material y emocional.

Tu yo secreto

Eres encantador y cooperativo; y, además, te gusta socializar y sacar a relucir tu personalidad carismática. La facilidad con la que formas redes de contactos te permite conocer a la gente correcta y mezclar los negocios con el placer. Eres imaginativo y original, así como un buen estratega con habilidades ejecutivas. Por ende, cuando te entusiasman nuevos proyectos o ideas, tu naturaleza dinámica revela una gran energía y tenacidad. Tus habilidades intuitivas y aptitudes empresariales te permitirán identificar las oportunidades financieras antes que los demás y tener muchas ideas entusiastas para producir dinero.

Aunque a veces eres bastante autoritario, la capacidad para trabajar con otras personas indica que sabes ser diplomático y negociar. Para ti, las relaciones personales son sumamente importantes, porque son un reflejo de tu propia conciencia personal, pero también porque te brindan la oportunidad de expresar tus emociones intensas y tu amor profundo.

Trabajo y vocación

Tus motivaciones y deseos intensos reflejan que eres una persona idealista, pero con inclinaciones materiales. Además de ser intuitivo y receptivo, tienes un talento extraordinario para tratar con la gente y fungir como asesor financiero, mediador o negociador. Prosperas con cada nuevo comienzo o desafío, y en los negocios tienes una aptitud particular para identificar las oportunidades y a la gente talentosa. Dado que eres imaginativo y sensible a los colores y las formas, podrías expresarte a través del diseño de interiores o el estilismo. Por otro lado, quizá decidas seguir a tu espíritu aventurero y emprender la búsqueda de fortuna. Esto podría incluir viajes a lugares lejanos para conocer distintas formas de vida. Otra opción para canalizar tus múltiples talentos y tu individualidad sería hacer carrera en el mundo creativo como escritor, actor o pintor.

Entre las personas famosas con quienes compartes cumpleaños están el pintor Winslow Homer; el autor de cuentos de hadas Wilhelm Grimm; el músico Nicky Hopkins; los actores James Farentino, Edward James Olmos y Abe Vigoda, y el piloto de carreras francés Alain Prost.

Numerología

La sensibilidad emocional que sugiere un cumpleaños con el número 24 indica que quizá sientas necesidad de establecer armonía y orden. Por lo general, eres honesto, confiable y consciente de la seguridad. Necesitas amor y respaldo de los demás. Asimismo, disfrutas de sentar bases sólidas para tu familia y para ti. Tu visión pragmática de la vida también te da buen olfato para los negocios y la capacidad de alcanzar el éxito material. Es posible que debas sobreponerte a la tendencia a ser obstinado o de ideas fijas. La subinfluencia del mes número 2 indica que se te facilita hacer contactos e interactuar con otros, por lo que podrías colaborar en trabajos grupales o fungir como mediador. Eres eficiente, y te caracterizas por tu tenacidad y buenas habilidades de organización. Por ende, lo único que necesitas para triunfar en grande es disciplina y el deseo de lograr algo en la vida. Dado que procuras ser perspicaz cuando analizas a las personas, necesitas aprender a confiar en tu intuición. Si careces de motivación, te volverás inquieto y desperdiciarás tu energía.

• *Cualidades positivas*: energía, idealismo, habilidades prácticas, determinación inquebrantable, honestidad, franqueza, justicia, generosidad, amor al hogar, actividad.

• *Cualidades negativas*: materialismo, mezquindad, inestabilidad, desprecio por la rutina, pereza, infidelidad, comportamiento dominante, necedad, sed de venganza.

Amor y relaciones

Eres encantador y amistoso y, en general, gozas de una vida activa y te gusta conocer gente nueva. Sin embargo, la tendencia a aburrirte con facilidad indica que necesitas una pareja que te mantenga alerta y constantemente interesado. Idealmente necesitas una persona de carácter fuerte, que sea tan trabajadora como tú. A la larga, las ansias de amor y afecto te permitirán sentar cabeza y comprometerte. Si te das tiempo para elegir a tus amigos y parejas adecuados, es probable que seas menos impulsivo con respecto al amor y las relaciones.

• *Negativa*: problemas legales costosos, falta de visión, descuidos.

ESE ALGUIEN ESPECIAL

Encontrarás estímulo intelectual, amor y amistad entre quienes nacieron en las siguientes fechas.

Amor y amistad: 14, 24 y 31 de enero; 12, 22 y 29 de febrero; 10, 20 y 27 de marzo; 8, 18 y 25 de abril; 6, 16, 23 y 30 de mayo; 4, 14, 18, 21, 28 y 30 de junio; 2, 12, 16, 19, 26, 28 y 30 de julio; 10, 17, 24, 26 y 28 de agosto; 8, 15, 22, 24 y 26 de septiembre; 6, 13, 20, 22, 24 y 30 de octubre; 4, 8, 11, 18, 20, 22 y 28 de noviembre; 2, 9, 16, 18, 20, 26 y 29 de diciembre.

Buenas para ti: 5, 22 y 30 de enero; 3, 20 y 28 de febrero; 1, 18 y 26 de marzo; 16 y 24 de abril; 14 y 22 de mayo; 12 y 20 de junio; 10, 18 y 29 de julio; 8, 16, 27 y 31 de agosto; 6, 14, 25 y 29 de septiembre; 4, 12, 23 y 27 de octubre; 2, 10, 21 y 25 de noviembre; 9, 19 y 23 de diciembre.

Atracción fatal: 12 de enero; 10 de febrero; 8 de marzo; 6 de abril; 4 de mayo; 2 de junio; 27, 28, 29 y 30 de agosto.

Desafiantes: 16 y 21 de enero; 14 y 19 de febrero; 12, 17 y 30 de marzo; 10, 15 y 28 de abril; 8, 13 y 26 de mayo; 6, 11 y 24 de junio; 4, 9 y 22 de julio; 2, 7 y 20 de agosto; 5 y 18 de septiembre; 3 y 16 de octubre; 1 y 14 de noviembre; 12 de diciembre.

Almas gemelas: 25 de enero, 23 de febrero, 21 de marzo, 19 de abril, 17 de mayo, 15 de junio, 13 de julio, 11 de agosto, 9 de septiembre, 7 de octubre, 5 de noviembre, 3 y 30 de diciembre.

ESTRELLAS FIJAS

Fomalhaut; Deneb Adige, también llamada Arided y Aridif

ESTRELLA PRINCIPAL

Nombre de la estrella: Fomalhaut

Posición: 2° 51'–3° 51' de Piscis, entre los años 1930 y 2000

Magnitud: 1

Fuerza: ★★★★★★★★★

Órbita: 2° 30'

Constelación: Piscis Austrinus (Alpha Piscis Austrini)

Días efectivos: 19, 20, 21, 22, 23, 24 y 25 de febrero

Propiedades de la estrella: Venus/ Mercurio

Descripción: estrella blanca rojiza ubicada en la boca del pez del sur

INFLUENCIA DE LA ESTRELLA PRINCIPAL

Fomalhaut es una de las cuatro estrellas reales y marca el solsticio de invierno. Es una estrella especialmente poderosa que confiere buena suerte, éxito y agudeza mental. También indica la necesidad de cambiar tu visión material por una más espiritual.

Con respecto a tu grado del Sol, Fomalhaut otorga buen ritmo, receptividad y la tendencia a seguir la corriente. Te dejas influenciar con facilidad por tu entorno, priorizas tu bienestar y necesitas encontrar mecanismos para expresarte de forma creativa. Además, esta estrella indica que puedes esperar legados y herencias, pero debes evitar despilfarrar o gastarlos con rapidez.

• *Positiva:* habilidad para presupuestar, idealismo, imaginación, creatividad.

25 de febrero

La sensibilidad y el poder mental se combinan en esta fecha de nacimiento para caracterizarte como un Piscis especial. Eres un individuo entusiasta, imaginativo, elocuente, trabajador. Además, te gusta ser independiente y tener el mando. Puesto que eres intuitivo, pero racional al mismo tiempo, si reconoces el poder del conocimiento y aprovechas tu capacidad de discernimiento innata, explotarás al máximo tu inteligencia. Uno de los problemas que podrías enfrentar sería la falta de ambición, a pesar de que posees múltiples talentos. Eres cuidadoso y prudente, pero también tienes una veta poco convencional que hace que los demás te perciban como una persona segura de sí misma.

Gracias a la influencia añadida de tu Sol en el decanato de Piscis, tienes poderes de médium y un razonamiento profundo. Ambas cualidades refuerzan tus habilidades analíticas y te confieren la capacidad de percibir los ánimos de quienes te rodean, así como las tendencias sociales del momento. A pesar de que esta influencia te permite entender de forma singular a la gente y las situaciones, también podría hacerte pasar por periodos de confusión en los que dudes de ti mismo.

Si pierdes el rumbo, podrías sucumbir a la presión social y, en lugar de ser independiente, dejarte arrastrar por la corriente u optar por la evasión como salida fácil. Debido a que eres una persona orientada a alcanzar sus metas, a veces eres demasiado crítico o duro contigo mismo. Aprender a confiar en tu intuición te permitirá enfrentar el desafío de desarrollar una visión original. Además, la educación, ya sea formal o autodidacta, será una de las principales claves para explotar al máximo tu potencial.

Hasta los 24 años, tu Sol progresado estará en Piscis, lo que enfatiza la sensibilidad y las interacciones afectivas con otras personas. Entre los 25 y los 54 años, tu Sol progresado atravesará Aries. Esta influencia indica que entrarás a una nueva fase en la que te volverás más asertivo, tenaz y enérgico, lo que podría traducirse en un mayor deseo de emprender negocios y proyectos nuevos. Después de los 55 años, cuando tu Sol progresado se desplace hacia Tauro, se acentuará tu necesidad de una base estable y seguridad material; así como tu deseo de llevar una vida más tranquila y apacible.

Tu yo secreto

Tu personalidad es una peculiar mezcla de polos opuestos: eres fuerte y tenaz, pero también cautivador y seductor. Además, eres inteligente, observador, de ingenio ágil y lengua mordaz. Tienes la capacidad de adentrarte en la psique de los demás, con perspicacia. Asimismo, al ser idealista y trabajador, eres un individuo autosuficiente que está dispuesto a luchar en contra de las injusticias. Tu deseo de poder, dinero y prestigio también te motivarán a obtener logros.

Aunque eres inteligente, reconoces el valor de compartir y cooperar con otros para obtener los mejores resultados posibles. A veces perseveras en las situaciones con una tenacidad sobresaliente. Sin embargo, será prudente que evites ocupar posiciones de subordinación, pues podrías reaccionar con demasiada intensidad a los juegos de poder de las figuras de autoridad. A pesar de ser un individuo con conciencia social, debes tener cuidado de no generarte estrés al asumir demasiadas responsabilidades.

Trabajo y vocación

Eres inteligente y receptivo. Te caracterizas por tu fuerte personalidad y habilidades de liderazgo. Dado que los empleadores valoran tu capacidad para responsabilizarte y trabajar arduamente, ascenderás a puestos de poder. Si te dedicas a los negocios, podrás comercializar tu conocimiento. Por otro lado, quizá desees hacer carrera en la educación, ya sea como profesor o conferencista. Si quieres explorar tus habilidades creativas, podrás desarrollar tus aptitudes lingüísticas o involucrarte en proyectos de gran tamaño, de preferencia desde la dirección. Tu capacidad para organizar y refinar sistemas obsoletos te motivará a buscar trabajos administrativos donde puedas organizar a la gente gracias a tu gran eficacia. Tu lado humanitario podría inclinarte a hacer reformas y mejorar las condiciones de tu entorno laboral. Si tienes inclinaciones espirituales, quizá favorezcas tus aspiraciones religiosas o te dediques al estudio de la filosofía.

Entre las personas famosas con quienes compartes cumpleaños están el músico George Harrison, el pintor francés Pierre-Auguste Renoir, el director de cine inglés David Puttnam, el comediante y actor Zeppo Marx, y el místico Meher Baba.

Numerología

Eres intuitivo y considerado, pero también rápido y enérgico. Necesitas expresarte a través de experiencias diversas, que pueden incluir ideas, personas o lugares nuevos o emocionantes. El deseo de perfección asociado con el día 25 suele instarte a trabajar duro y ser productivo. No obstante, debes dejar de ser tan impaciente o crítico si las cosas no salen según lo planeado. Al ser una persona con el número 25, tienes una gran energía mental, que te ayudará a analizar todos los hechos y llegar a una conclusión más rápido que cualquier otra persona. El éxito y la felicidad llegan cuando aprendes a confiar en tus propios instintos y fortaleces la perseverancia y la paciencia. La subinfluencia del mes número 2 indica que eres sensible e inteligente, pero las relaciones son un aspecto de la vida de las que, en general, puedes aprender y mejorar. Si mantienes una actitud positiva y no permites que los temores internos socaven tu flujo creativo, refinarás tus habilidades intuitivas y psíquicas. Al ser un humanitario pragmático, contribuirás mucho a las agrupaciones u organizaciones con las que te involucres.

• *Cualidades positivas*: intuición, perfeccionismo, perspicacia, creatividad.
• *Cualidades negativas*: impulsividad, impaciencia, irresponsabilidad, celos, hermetismo, circunstancias cambiantes, crítica, volubilidad, nerviosismo

Amor y relaciones

A pesar de ser sensible a nivel emocional, tu capacidad para ser directo implica que también a veces eres demasiado franco. Admiras a las personas positivas, honestas con sus emociones y directas. Aunque eres responsable e idealista, tu orgullo hace que, al estar en pareja, quieras ser quien esté al mando. Si adoptas una actitud negativa, podrías volverte autoritario o proyectar tus propias insatisfacciones y frustraciones en otros miembros de tu familia. Sin embargo, dado que eres leal y te preocupa la seguridad, eres devoto y protector con tus seres queridos. Tu hogar es tu castillo, en donde puedes refugiarte de las tensiones laborales y presiones externas. Por lo regular, eres un anfitrión cálido y afectuoso que disfruta recibir visitas.

• *Negativa:* problemas legales costosos, falta de visión, descuidos.

ESE ALGUIEN ESPECIAL

Podrás encontrar amor y felicidad con personas nacidas en las siguientes fechas.

Amor y amistad: 11, 13, 15, 17 y 25 de enero; 9, 11, 13, 15 y 23 de febrero; 7, 9, 11, 13 y 21 de marzo; 5, 7, 9, 11 y 19 de abril; 3, 5, 7, 9, 17 y 31 de mayo; 1, 3, 5, 7, 15 y 29 de junio; 1, 3, 5, 17, 27, 29 y 31 de julio; 1, 3, 11, 25, 27 y 29 de agosto; 1, 9, 23, 25 y 27 de septiembre; 7, 21, 23 y 25 de octubre; 5, 9, 19, 21 y 23 de noviembre; 3, 17, 19, 21 y 30 de diciembre.

Buenas para ti: 1, 5 y 20 de enero; 3 y 18 de febrero; 1 y 16 de marzo; 14 de abril; 12 de mayo; 10 de junio; 8 de julio; 6 de agosto; 4 de septiembre; 2 de octubre.

Atracción fatal: 28, 29, 30 y 31 de agosto.

Desafiantes: 6, 22 y 24 de enero; 4, 20 y 22 de febrero; 2, 18 y 20 de marzo; 16 y 18 de abril; 14 y 16 de mayo; 12 y 14 de junio; 10 y 12 de julio; 8, 10 y 31 de agosto; 6, 8 y 29 de septiembre; 4, 6 y 27 de octubre; 2, 4, 25 y 30 de noviembre; 2, 23 y 28 de diciembre.

Almas gemelas: 6 y 12 de enero, 4 y 10 de febrero, 2 y 8 de marzo, 6 de abril, 4 de mayo, 2 de junio.

ESTRELLAS FIJAS

Deneb Adige, también llamada Arided y Aridif; Skat

ESTRELLA PRINCIPAL

Nombre de la estrella: Deneb Adige, también llamada Arided y Aridif

Posición: 4° 19'–4° 55' de Piscis, entre los años 1930 y 2000

Magnitud: 1

Fuerza: ★★★★★★★★★★

Órbita: 2° 30'

Constelación: Cignus, que significa "el Cisne" (Alpha Cygni)

Días efectivos: 22, 23, 24, 25, 26 y 27 de febrero

Propiedades de la estrella: Venus/Mercurio

Descripción: estrella blanca brillante ubicada en la cola del cisne

---

INFLUENCIA DE LA ESTRELLA PRINCIPAL

La influencia de Deneb Adige se refleja en tu inteligencia y capacidad para aprehender la información con facilidad. Otorga versatilidad e idealismo, así como habilidades psíquicas. Aunque eres amistoso y agradable, tendrás que elegir a tus amigos con cuidado.

Con respecto a tu grado del Sol, esta estrella confiere talento para la escritura, amor por la literatura y un potencial interés por la astrología. Trae consigo popularidad y capacidad de tratar con el público de forma exitosa. También indica algunas dificultades experimentadas en la infancia que causan impresiones fuertes.

• *Positiva:* elocuencia, imaginación, astucia, intelecto.

• *Negativa:* falta de tacto, menoscabo de las relaciones.

26 de febrero

Al haber nacido bajo el signo de Piscis, eres un individuo sociable, intuitivo e idealista, con habilidades prácticas y una receptividad mental excepcional. Tus talentos y versatilidad natural, así como la oportunidad de llevar una vida activa y exitosa, hacen que busques satisfacción a través de la expresión de tu individualidad. A pesar de tu inquietud mental, obtienes seguridad emocional y paz mental al trabajar arduamente y construir bases sólidas para tus seres queridos y para ti. Es posible que te atraiga más la idea de ser quien lidere antes que obedecer órdenes. Sin embargo, si intentas hacer demasiadas cosas a la vez, corres el riesgo de abarcar más de lo que puedes lograr.

La influencia añadida de tu Sol en el decanato de Piscis refuerza tu buen juicio con algo de imaginación y habilidades psíquicas, lo que te permite combinar tu sabiduría interna con la lógica. Si aprendes a fiarte de tus instintos, te sentirás seguro de lo que sabes y proyectarás un carácter tenaz y seguridad en ti mismo.

Puesto que eres perfeccionista, por lo regular, te tomas las responsabilidades en serio. Sin embargo, debes evitar las tensiones nerviosas que podrían volverte impaciente o criticón. Gracias a tu agudeza mental y capacidad de discernimiento, eres capaz de decir lo que piensas de forma directa y honesta. Esto refleja tus capacidad para comunicar tus ideas y opiniones con franqueza o a través de conversaciones ingeniosas.

Hasta los 23 años, tu Sol progresado estará en Piscis y acentuará tu sensibilidad y sentimientos. Quizá busques situaciones o relaciones ideales, o simplemente algo de magia en tu vida. A partir de los 24, cuando tu Sol progresado entre a Aries, te volverás más seguro de ti mismo, asertivo y ambicioso. Es probable que emprendas proyectos y negocios, y que seas quien esté a cargo. A los 54 habrá otro punto de inflexión, cuando tu Sol progresado se desplace hacia Tauro. A partir de ese momento bajarás el ritmo y necesitarás mayor estabilidad y seguridad financieras.

Tu yo secreto

Además de ser sumamente inteligente, también eres sensible e intuitivo, y sientes una fuerte necesidad de expresarte. Aunque seas ingenioso y amigable, tendrás que superar la incertidumbre sobre tus emociones personales profundas, sobre todo en las relaciones de pareja. Asimismo, otro de los principales desafíos que enfrentará tu mente racional será la toma de decisiones. Por lo regular, te interesan temas metafísicos y espirituales, de modo que te convendría desarrollar tu intuición natural y aprender a escuchar a tu voz interior.

Tu férrea practicidad refleja tu ambición y astucia, así como la capacidad de evaluar a la gente o las situaciones al instante. Sin embargo, evita creer que la seguridad financiera trae consigo todas las respuestas. De cualquier forma, tu sólido sentido del propósito y la necesidad de obtener logros implican que tienes estándares elevados y sueles orientarte hacia el éxito. Esta necesidad de actividad indica que, por lo regular, tienes un plan o proyecto en curso. La capacidad para pensar de forma independiente revela también que puedes coordinar proyectos de gran tamaño o empresas grandes. Generalmente, enfrentas las limitaciones y las críticas demostrándoles a los demás que se equivocan.

Trabajo y vocación

Eres imaginativo y práctico y, en general, buscas carreras que te permitan ampliar tu conocimiento y gama de habilidades. Además, prefieres trabajos creativos y mentalmente estimulantes, y posees una visión poderosa y capacidad de previsión natural. Tu talento lingüístico te permitiría triunfar en el mundo de las comunicaciones, sobre todo en la escritura, la literatura, la educación o los medios de información. Si tienes inclinaciones científicas, podrías elegir carreras como química o ingeniera. Por otro lado, quizá prefieras las finanzas o el derecho. Dado que sabes organizarte y tienes don de mando, sobresaldrás en lo que sea que hagas. Si te interesan las reformas, podrían atraerte ámbitos donde puedas hablar en nombre de los demás, como los sindicatos o la política. De igual modo, tus instintos humanitarios podrían inclinarte a luchar por causas justas o ayudar a otros como terapeuta o trabajador social. Finalmente, para satisfacer tus inclinaciones artísticas, podrías dedicarte al arte, el diseño, la música o el teatro.

Entre las personas famosas con quienes compartes cumpleaños están el escritor francés Victor Hugo, el comediante y actor Jackie Gleason, la cantante Natalia Lafourcade, los músicos Fats Domino y Johnny Cash, el industrial Sir James Goldsmith y el creador del Lejano Oeste "Buffalo Bill" Cody.

Numerología

Una fecha de nacimiento con el número 26 sugiere que tienes un enfoque pragmático con respecto a la vida, habilidades ejecutivas y un buen instinto para los negocios. Al tener el número 26 en tu fecha de cumpleaños, sueles ser responsable y tener un sentido natural de la estética. Tu amor por el hogar y tus fuertes instintos parentales sugieren que debes construir una base sólida o encontrar estabilidad real. Como sueles ser un pilar de fortaleza para otros, estás dispuesto a ayudar a amigos y familiares que recurran a ti en momentos de dificultad. Sin embargo, quizá debas cuidar tus tendencias materialistas y el deseo de controlar situaciones o personas. La subinfluencia del mes número 2 indica que eres intuitivo y posees un poderoso sexto sentido, así como habilidades prácticas. Al intentar complacer a otros, corres el riesgo de volverte demasiado dependiente. Tu deseo de lograr cosas te inspirará a ser innovador y pensar a gran escala. Debido a que eres receptivo a las opiniones ajenas, resientes la indiferencia de quienes te rodean. Cuando te empeñas en algo, te gusta tener el control de las decisiones.

• *Cualidades positivas*: creatividad, practicidad, cuidado, responsabilidad, orgullo familiar, entusiasmo, valentía.

• *Cualidades negativas*: necedad, rebeldía, relaciones inestables, falta de entusiasmo, falta de perseverancia.

Amor y relaciones

Eres intuitivo y mentalmente inquieto, por lo que te agrada la gente inteligente que ansía obtener logros en la vida. Aunque eres sensible y empático, es posible que tus relaciones cambien y que a veces te sientas desconcertado. Enfrentar oportunidades nuevas o conocer gente interesante podría influir en tus planes, ya que te gustan la variedad y los estímulos intelectuales. Por ende, necesitas una pareja con un gran intelecto y con quien compartas tu amor por el conocimiento.

ESE ALGUIEN ESPECIAL

Si quieres una pareja o amistad especiales, búscalas entre quienes nacieron en las siguientes fechas.

Amor y amistad: 12, 16 y 25 de enero; 10, 14, 23 y 24 de febrero; 8, 12, 22 y 31 de marzo; 6, 10, 20 y 29 de abril; 4, 8, 18 y 27 de mayo; 2, 6, 16, 25 y 30 de junio; 4, 14, 18, 23 y 28 de julio; 2, 12, 21, 26 y 30 de agosto; 10, 19, 24 y 28 de septiembre; 8, 17, 22 y 26 de octubre; 6, 10, 15, 20, 24 y 30 de noviembre; 4, 13, 18, 22 y 28 de diciembre.

Buenas para ti: 2, 13, 22 y 24 de enero; 11, 17, 20 y 22 de febrero; 9, 15, 18, 20 y 28 de marzo; 7, 13, 16, 18 y 26 de abril; 5, 11, 16, 18 y 26 de mayo; 3, 9, 12, 14 y 22 de junio; 1, 7, 10, 12 y 20 de julio; 5, 8, 10 y 18 de agosto; 3, 6, 8 y 16 de septiembre; 1, 4, 6 y 14 de octubre; 2, 4 y 12 de noviembre; 2 y 10 de diciembre.

Atracción fatal: 25 de enero; 23 de febrero; 21 de marzo; 19 de abril; 17 de mayo; 15 de junio; 13 de julio; 11, 30 y 31 de agosto; 1 y 9 de septiembre; 7 de octubre; 5 de noviembre; 3 de diciembre.

Desafiantes: 7 y 23 de enero; 5 y 21 de febrero; 3, 19 y 29 de marzo; 1, 17 y 27 de abril; 15 y 25 de mayo; 13 y 23 de junio; 11, 21 y 31 de julio; 9, 19 y 29 de agosto; 7, 17, 27 y 30 de septiembre; 3, 13, 23 y 26 de noviembre; 1, 11, 21 y 24 de diciembre.

Almas gemelas: 17 de enero, 15 de febrero, 13 de marzo, 11 de abril, 9 de mayo, 7 de junio, 5 de julio, 3 de agosto, 1 de septiembre, 30 de noviembre, 28 de diciembre.

ESTRELLAS FIJAS

Deneb Adige, también llamada Arided y Aridif; Skat

ESTRELLA PRINCIPAL

Nombre de la estrella: Deneb Adige, también llamada Arided y Arïdif

Posición: 4° 19'–4° 55' de Piscis, entre los años 1930 y 2000

Magnitud: 1

Fuerza: ★★★★★★★★★

Órbita: 2° 30'

Constelación: Cignus, que significa "el cisne" (Alpha Cygni)

Días efectivos: 22, 23, 24, 25, 26 y 27 de febrero

Propiedades de la estrella: Venus/Mercurio

Descripción: estrella blanca brillante ubicada en la cola del cisne

INFLUENCIA DE
LA ESTRELLA PRINCIPAL

La influencia de Deneb Adige se refleja en tu inteligencia y capacidad para aprehender la información con facilidad. Otorga versatilidad e idealismo, así como habilidades psíquicas. Aunque eres amistoso y agradable, tendrás que elegir a tus amigos con cuidado.

Con respecto a tu grado del Sol, esta estrella confiere talento para la escritura, amor por la literatura y un potencial interés por la astrología. Trae consigo popularidad y capacidad de tratar con el público de forma exitosa. También indica algunas dificultades experimentadas en la infancia que causan impresiones fuertes.

• *Positiva:* elocuencia, imaginación, astucia, intelecto.

• *Negativa:* falta de tacto, menoscabo de las relaciones.

27 de febrero

Al haber nacido bajo el signo de Piscis, eres un individuo inteligente, receptivo y sensible, con una naturaleza idealista y aspiraciones elevadas. Puesto que eres un visionario, tienes una veta jovial y andrógina que te permite mirar la vida como si fuera la primera vez, pero también te infunde inquietud mental. Por ende, necesitas adoptar una actitud responsable y madura que refuerce tu potencial. Aunque a veces eres evasivo, prefieres ser honesto y directo al expresar tus sentimientos. Te caracterizas por tu espíritu emprendedor, pero debes evitar el estrés causado por las emociones reprimidas y evitar ser demasiado entusiasta.

La influencia añadida de tu Sol en el decanato de Piscis indica que eres intuitivo e imaginativo, y que posees múltiples talentos y una amplísima diversidad de ideas. A pesar de ser empático y encantador, y tener un porte seductor, cuando te pones de mal humor te vuelves enigmático y poco comunicativo.

Aunque eres sociable, ves la vida con independencia. Si te inspira una causa o una idea, te vuelves sumamente entusiasta. Por otro lado, no debes perder de vista que, aunque tengas ansias de lograr las cosas, debes evitar ser autoritario. Debido a que eres un pensador creativo, que tiene amor por el conocimiento, gozas de muchos intereses. Por medio de la educación y la búsqueda de conocimiento, desarrollas con facilidad tus aptitudes para hablar o escribir, y agudizas tu talento natural para los negocios. Además, el aprecio por el arte y la belleza puede traducirse en buen gusto e inclinación a tener lujos y comodidades.

Hasta los 22 años, tu Sol progresado estará en Piscis, lo que reforzará la importancia del desarrollo emocional y la intuición. Entre los 23 y los 52 años, tu Sol progresado atravesará Aries. Esto significa que deberás desarrollar tu asertividad y que disfrutarás ser activo y aventurero. Después de los 53 años, cuando tu Sol progresado entre a Tauro, te volverás más creativo y te interesarás en la naturaleza, los lujos y la buena vida. También sentirás una mayor necesidad de estabilidad y seguridad.

Tu yo secreto

Eres encantador, entretenido, jovial y sumamente entusiasta. Te caracteriza una mezcla interesante de materialismo e idealismo, debido a tu deseo de triunfar. A pesar de ser ambicioso, cierta cualidad relajada te permitirá mantener el optimismo y el entusiasmo a lo largo de la vida, así como mostrar una parte de ti que, sin duda, fascinará a los demás. Eres amigable y extrovertido, y estas habilidades sociales te ayudarán muchísimo a llegar a la cima.

Como le das importancia a la imagen que proyectas y a la seguridad material, a veces albergas temores secretos o solo piensas en dinero. Aun así, por lo general, te enfocas en el éxito y tienes una mente activa y llena de ideas imaginativas. Siempre poseerás una cualidad jovial que, combinada con tus emociones intensas y compasión, te permitirá animar a la gente con tu entusiasmo y espíritu juguetón.

Trabajo y vocación

Eres inteligente y astuto. Posees habilidades de persuasión, que te permitirán ser un excelente promotor. Si te dedicas a los negocios, podrías trabajar en publicidad o ventas. Con tu personalidad encantadora y optimista, eres apto para cualquier carrera que requiera trato con el público. Debido a que eres un individuo humanitario, serías también un buen abogado, político o portavoz de causas justas. Asimismo, tus habilidades ejecutivas y espíritu emprendedor te permitirían armar tu propio negocio o trabajar como directivo o jefe de departamento de una empresa. Siempre y cuando te tomes las responsabilidades en serio, podrás lograr muchas cosas con ayuda de tu vitalidad y determinación. Puesto que aprehendes las situaciones con rapidez, la educación te será sumamente útil para avanzar en la vida. Y, si sigues adquiriendo habilidades nuevas, mantendrás una actitud jovial y animosa a lo largo de la vida.

Entre las personas famosas con quienes compartes cumpleaños están las actrices Elizabeth Taylor y Joanne Woodward, el cantante Michael Bolton, el escritor John Steinbeck, el poeta H. W. Longfellow y el activista Ralph Nader.

Numerología

Además de ser intuitivo y analítico, el día número 27 indica que tu profundidad de pensamiento puede verse beneficiada por el desarrollo de la paciencia y el autocontrol. Eres decidido y observador, por lo que pones gran atención a los detalles. Al desarrollar buenas habilidades comunicativas, puedes superar tu renuencia a expresar tus sentimientos más profundos. La subinfluencia del mes número 2 indica que eres sensible, tienes una fuerte necesidad de pertenencia, eres adaptable, comprensivo y disfrutas las actividades grupales. Puesto que eres receptivo e inquisitivo, necesitas aprender a confiar en tu intuición para canalizar tus pensamientos de forma eficaz y ampliar tu conciencia. Si aprendes a mantener el equilibrio y el desapego, podrás interactuar con otros sin perder tu independencia. Evita las angustias y el nerviosismo si enfrentas oposiciones. Para desarrollar tus cualidades humanitarias, muéstrale al mundo tu naturaleza compasiva. Sin embargo, si abusas de la confianza en ti mismo, es posible que el éxito se te suba a la cabeza.

• *Cualidades positivas*: versatilidad, imaginación, creatividad, determinación, valentía, comprensión, capacidad intelectual, espiritualidad, ingenio, fortaleza mental.

• *Cualidades negativas*: naturaleza pendenciera, inquietud, nerviosismo, desconfianza, exceso de emotividad.

Amor y relaciones

Eres inteligente, encantador y de espíritu jovial. También, es probable que seas sociable y popular. Debido a que eres intenso y sensible, pasas de ser espontáneo y amable a ser frío y distante. Con frecuencia buscas un amor ideal con el cual establecer vínculos solidos. En ocasiones, las responsabilidades hacia los demás podrían retrasar tus planes o afectar tus relaciones. Dado que eres atractivo, no deberías tener dificultades para entablar amistades y encontrar pareja. Irónicamente, a veces te dan miedo la soledad y el abandono, por lo que debes aprender a ceder y acoplarte a los demás. No obstante, una vez que encuentres tu amor ideal, serás un amigo leal y una pareja amorosa.

ESE ALGUIEN ESPECIAL

Para encontrar a ese alguien especial, relaciónate con personas nacidas en las siguientes fechas.

Amor y amistad: 7, 10, 17 y 27 de enero; 5, 8, 15 y 25 de febrero; 3, 6, 13 y 23 de marzo; 1, 4, 11 y 21 de abril; 2, 9 y 19 de mayo; 7 y 17 de junio; 5, 15, 19, 29 y 31 de julio; 3, 13, 27, 29 y 31 de agosto; 1, 11, 25, 27 y 29 de septiembre; 9, 23, 25 y 27 de octubre; 7, 11, 21, 23 y 25 de noviembre; 5, 19, 21 y 23 de diciembre.

Buenas para ti: 3, 5, 20, 25 y 27 de enero; 1, 3, 18, 23 y 25 de febrero; 1, 16, 21 y 23 de marzo; 14, 19 y 21 de abril; 12, 17 y 19 de mayo; 10, 15, 17 y 23 de junio; 8, 13 y 15 de julio; 6, 11 y 13 de agosto; 4, 9 y 11 de septiembre; 2, 7, 9 y 26 de octubre; 5, 7 y 13 de noviembre; 3 y 5 de diciembre.

Atracción fatal: 13 de enero, 11 de febrero, 9 de marzo, 7 de abril, 5 de mayo, 3 de junio, 1 de julio, 31 de agosto, 1 y 2 de septiembre.

Desafiantes: 16 y 24 de enero; 14 y 22 de febrero; 12 y 20 de marzo; 10 y 18 de abril; 8, 16 y 31 de mayo; 6, 14 y 29 de junio; 4, 12 y 27 de julio; 2, 10 y 25 de agosto; 8 y 23 de septiembre; 6 y 21 de octubre; 4 y 19 de noviembre; 2 y 17 de diciembre.

Almas gemelas: 16 de enero, 14 de febrero, 12 de marzo, 10 de abril, 8 de mayo, 6 de junio, 4 y 31 de julio, 2 y 29 de agosto, 27 de septiembre, 25 de octubre, 23 de noviembre, 21 de diciembre.

28 de febrero

H A pesar de ser amigable, ingenioso y simpático, las cualidades asociadas con tu fecha de nacimiento indican que también eres competitivo, trabajador e inteligente. Debido a que la sensibilidad e intuición son algunos de tus mejores atributos, tienes grandes sueños y esperanzas. Aun cuando tienes múltiples talentos, no será posible aprovechar al máximo tu potencial extraordinario sin disciplina, perseverancia y tenacidad. Gracias a tus aptitudes sociales, los esfuerzos colaborativos suelen traerte éxitos.

La influencia de tu Sol en el decanato de Piscis implica que puedes combinar tu visión con tu imaginación, y tu receptividad con tu creatividad. A pesar de ser una persona artística, impresionable y con inspiraciones humanitarias, bajo esa fachada se esconde una mente astuta y un buen olfato para los negocios.

Además de que eres una persona considerada e inteligente en tu búsqueda de conocimiento, posees empuje dinámico y dotes persuasivas. Para reforzar tus probabilidades de éxito, la educación será la piedra angular de los cimientos sólidos que construyas. Eres inspirador, práctico y te gustan los desafíos mentales; pero cuando pones a prueba tu ingenio y aptitudes puedes volverte controversial, obstinado o evasivo. Dado que tienes posturas independientes y buena capacidad de razonamiento, te caracterizas por ser un individuo emprendedor y con convicciones fuertes.

Hasta los 21 años, tu Sol progresado estará en Piscis y resaltará la importancia de la sensibilidad y las interacciones afectivas con otros. Durante tus primeros años de vida, es probable que una fuerte figura masculina haya influido mucho en ti. Entre los 22 y los 51 años, tu Sol progresado atravesará Aries. Esto indica que entrarás a una nueva fase en la que serás más tenaz, asertivo y enérgico, lo que traerá consigo un deseo intenso de emprender cosas nuevas. Después de los 52 años, cuando tu Sol progresado se desplace hacia Tauro, se incrementará tu necesidad de una base material sólida y seguridad financiera, así como el deseo de mayor tranquilidad y estabilidad emocional.

Tu yo secreto

Puesto que eres un individuo persuasivo que goza de perspicacia y conciencia profunda, debes elegir entre aprender a escuchar a tu sabiduría interna y tus principios elevados para satisfacer tus deseos, u obtener lo que quieres por medio de la manipulación. Entre más responsables y virtuosas sean tus acciones, más probabilidades tendrás de triunfar en la vida. Te caracteriza una dignidad peculiar que proviene de la conciencia moral e idealista, por lo que es recomendable que evites ser egoísta o complaciente.

A pesar de que a nivel instintivo sabes muchas cosas, también gozas de un excelente sentido común y reacciones mentales veloces. Esto suele mantenerte alerta e inspirarte a luchar en contra de las adversidades. Aun cuando eres encantador, generoso y amable, y tienes la capacidad de volverte popular, debes aprender también que si eres demasiado arrogante ahuyentarás a la gente. Si bien siempre tendrás un lado juguetón, podrás aprovechar tu potencial extraordinario al máximo si desarrollas perseverancia y te vuelves una persona confiable.

ESTRELLA FIJA

Nombre de la estrella: Skat
Posición: 7° 51'–8° 40' de Piscis, entre los años 1930 y 2000
Magnitud: 3.5–4
Fuerza: ★★★★
Órbita: 1° 30'
Constelación: Acuario (Delta Aquarii)
Días efectivos: 26, 27, 28 y 29 de febrero
Propiedades de la estrella:
interpretaciones variadas: Saturno/Júpiter o Urano/Venus/Mercurio
Descripción: estrella pequeña ubicada en la pierna derecha de Acuario

INFLUENCIA DE LA ESTRELLA PRINCIPAL

La influencia de Skat se observa en tu idealismo, talento artístico y mente receptiva. Esta estrella indica que sueles tener una naturaleza romántica, buena fortuna, éxito y felicidad duradera.

Con respecto a tu grado del Sol, esta estrella confiere sensibilidad, idealismo y habilidades psíquicas, además de brindarte éxito al tratar con el público en general. Es probable que seas popular y obtengas ayuda de tus amigos en momentos de crisis. No obstante, Skat advierte que puedes ser hipersensible y sugiere que debes superar la tendencia a reaccionar de forma desproporcionada a las críticas.

• *Positiva:* creatividad, ritmo, sensibilidad, paciencia.

• *Negativa:* inconstancia, volubilidad, nerviosismo.

Trabajo y vocación

La combinación de astucia mental y habilidades sociales avanzadas te permitirá triunfar en muchos ámbitos de la vida. Tus ansias de explorar intelectualmente todo aquello que te interesa podrían inclinarte hacia la enseñanza, la ciencia, la investigación o la filosofía. De igual modo, tu gran agudeza mental te permitiría dedicarte a solucionar problemas. Aunque te fascinan los viajes, tu inquietud innata podrían bloquearte algunas oportunidades laborales. Prefieres tomar la iniciativa, por lo que te desempeñas mejor en posiciones directivas o al trabajar por cuenta propia. Si te dedicas a los negocios, tus habilidades de organización superiores y espíritu emprendedor te serán de mucha ayuda. Buena parte de tu éxito será producto de tu entusiasmo laboral innato, el cual es imposible de fingir. El deseo de ayudar a otros también suele fortalecerse con la edad. Pero, por otro lado, las ansias de expresión personal y veta histriónica podrían empujarte a la escritura o a los mundos del arte y el entretenimiento.

Entre las personas famosas con quienes compartes cumpleaños están el piloto de carreras Mario Andretti, la actriz Bernadette Peters, el músico Brian Jones, el arquitecto Frank Gehry y el químico Linus Pauling.

Numerología

Eres independiente, idealista y poco convencional, pero también pragmático y decidido. Acostumbras marchar a tu propio ritmo. La suma de los dos dígitos de tu fecha de cumpleaños, 2 y 8, es igual a 1, lo que significa, en términos numerológicos, que eres ambicioso, directo y emprendedor. El número 28 en tu fecha de nacimiento también indica un conflicto interno entre tu deseo de ser autosuficiente y de pertenecer a un equipo. Siempre estás preparado para la acción y para emprender nuevos proyectos; enfrentas los desafíos de la vida con valentía y, gracias a tu entusiasmo, motivas fácilmente a otros, si bien no a seguirte, por lo menos a apoyarte en tus emprendimientos. Con un cumpleaños con el número 28, tienes capacidad de liderazgo y dependes de tu sentido común, lógica e ideas claras. Sueles asumir responsabilidades, pero también puedes ser demasiado entusiasta, impaciente o intolerante. La subinfluencia del mes número 2 indica que eres receptivo y tienes la capacidad de entender de forma intuitiva qué motiva a los demás. Te beneficia tener distintos tipos de interacciones personales. Sueles criticar a los demás, pero debes aprender a ver más de cerca tus propios defectos. La necesidad de generar equilibrio implica que te conviene aprender el arte de dar y recibir.

• *Cualidades positivas*: compasión, actitud progresista, audacia, veta artística, creatividad, idealismo, ambición, trabajo arduo, vida familiar estable, fuerza de voluntad.

• *Cualidades negativas*: fantasioso, falta de motivación, falta de compasión, poco realista, autoritarismo, agresividad, inseguridad, dependencia excesiva, orgullo.

Amor y relaciones

Tus ansias de independencia a veces interferirán en tus relaciones. Por lo regular, admiras a quienes tienen buen conocimiento práctico y sabiduría, así como a la gente bondadosa y solidaria. A pesar de que te caracterizas por tu gran capacidad intelectual, necesitas una pareja que comprenda tu vulnerabilidad. Cuando muestras tu lado sensible, eres capaz de entablar relaciones cálidas y cercanas.

ESE ALGUIEN ESPECIAL

Si quieres encontrar a alguien especial con quien entablar una relación duradera, búscalo entre quienes nacieron en las siguientes fechas.

Amor y amistad: 1, 8, 14, 28 y 31 de enero; 12, 26 y 29 de febrero; 10, 24 y 27 de marzo; 8, 22 y 25 de abril; 6, 20 y 23 de mayo; 4, 18 y 21 de junio; 2, 16, 19, 20 y 30 de julio; 14, 17, 28 y 30 de agosto; 12, 15, 26, 28 y 30 de septiembre; 10, 13, 24, 26 y 28 de octubre; 8, 11, 12, 22, 24 y 26 de noviembre; 6, 9, 20, 22 y 24 de diciembre.

Buenas para ti: 26 de enero, 24 de febrero, 22 de marzo, 20 de abril, 18 de mayo, 16 y 24 de junio, 14 de julio, 12 de agosto, 10 de septiembre, 8 de octubre, 6 y 14 de noviembre, 4 y 29 de diciembre.

Atracción fatal: 31 de agosto; 1, 2 y 3 de septiembre.

Desafiantes: 3 y 25 de enero, 1 y 23 de febrero, 21 de marzo, 19 de abril, 17 de mayo, 15 de junio, 13 de julio, 11 de agosto, 9 de septiembre, 7 de octubre, 5 de noviembre, 3 de diciembre.

Almas gemelas: 3 y 10 de enero, 1 y 8 de febrero, 6 de marzo, 4 de abril, 2 de mayo.

29 de febrero

ﾈ Tenacidad, imaginación y expresión creativa son las cualidades propias de esta fecha de nacimiento. Puesto que eres una persona compasiva e idealista, posees una empatía intuitiva y un corazón bondadoso. A pesar de que tienes una infinidad de ideas sobresalientes, la tendencia a la ansiedad podría debilitar tu determinación y confianza en ti mismo.

La influencia añadida de tu Sol en el decanato de Piscis implica que eres impresionable y posees un fuerte sexto sentido. Eres encantador y cautivas a otros con tus visiones entusiastas e idealismo. Aunque la combinación de imaginación y pensamiento positivo suele ser la clave de tu éxito y felicidad, también necesitas ser más realista y ocuparte de cosas mundanas. Puesto que eres receptivo a los sonidos, posees un buen sentido de la sincronía y el ritmo; por ende, la música podría tener un efecto relajante en ti.

Puesto que necesitas motivación para explorar tu verdadero potencial intelectual, es recomendable que recurras a la educación y al conocimiento personal. Si tomas todo como un aprendizaje de vida, dejarás de sentir tanta frustración e impaciencia. Si refuerzas tus aptitudes sociales al ser tolerante y de mente abierta, aprovecharás las posibilidades infinitas que tienes al alcance.

Hasta los 20 años, tu Sol progresado estará en Piscis y acentuará tu sensibilidad y emociones. Quizá busques situaciones o relaciones ideales, o fortalezcas tu vida interior. A partir de los 21, cuando tu Sol progresado se desplace hacia Aries, empezarás a ser más seguro de ti mismo, asertivo y ambicioso. Es probable que emprendas proyectos nuevos o tengas interacciones sociales más francas. A los 51 años habrá otro punto de inflexión, cuando tu Sol progresado entre a Tauro. A partir de entonces, bajarás el ritmo y necesitarás mayor estabilidad y seguridad financieras en tu vida.

Tu yo secreto

Tu amplia gama de emociones refleja que eres dramático y creativo, y que sientes una gran necesidad de expresarte. Si no fueras capaz de exponer tus sentimientos e ideas, podrías deprimirte o decepcionarte de los demás. Para aprovechar al máximo el potencial extraordinario que trae consigo esta fecha de nacimiento, necesitarás desarrollar una filosofía de vida positiva que incluya paciencia y perseverancia. Tu talento te permitirá encontrar muchos medios para expresar tu creatividad a través del arte, la música o el teatro, o al menos sabrás apreciarlos.

Tienes una gran conciencia de tus responsabilidades y te desagrada tener deudas, por lo que a veces eres demasiado duro contigo mismo o con otros. Eres idealista, generoso y de gran corazón; también tienes un sólido sentido del deber, de las obligaciones y de la lealtad. Puesto que la educación, ya sea convencional o autodidacta, es una de las claves de tu éxito, debes actualizarte con frecuencia y mantenerte ocupado mentalmente.

ESTRELLA FIJA

Nombre de la estrella: Skat
Posición: 7º 51'–8º 40' de Piscis, entre
    los años 1930 y 2000
Magnitud: 3.5–4
Fuerza: ★★★★
Órbita: 1º 30'
Constelación: Acuario (Delta Aquarii)
Días efectivos: 26, 27, 28 y 29 de febrero
Propiedades de la estrella:
    interpretaciones variadas: Saturno/
    Júpiter o Urano/Venus/Mercurio
Descripción: estrella pequeña ubicada
    en la pierna derecha de Acuario

INFLUENCIA DE
LA ESTRELLA PRINCIPAL

La influencia de Skat se observa en tu idealismo, talento artístico y mente receptiva. Esta estrella indica que sueles tener una naturaleza romántica, buena fortuna, éxito y felicidad duradera.

Con respecto a tu grado del Sol, esta estrella confiere sensibilidad, idealismo y habilidades psíquicas, además de brindarte éxito al tratar con el público en general. Es probable que seas popular y obtengas ayuda de tus amigos en momentos de crisis. No obstante, Skat advierte que puedes ser hipersensible y supone que debes superar la tendencia a reaccionar de forma desproporcionada a las críticas.

• *Positiva:* creatividad, ritmo, sensibilidad, paciencia.

• *Negativa:* inconstancia, volubilidad, nerviosismo.

Trabajo y vocación

Con tu amor por el conocimiento y talento para la comunicación, podrías sobresalir en carreras como la educación o las ciencias. Tu inclinación natural hacia los negocios, combinada con tus buenas habilidades organizacionales o directivas, te ayudará en cualquier profesión que desempeñes. Asimismo, tu sensibilidad hacia los colores y los sonidos podría inclinarte hacia el mundo del arte y el diseño, la poesía, la música o el baile. De igual modo, quizá te interese la literatura o la escritura de historias imaginativas. Tu empatía innata e inclinaciones filosóficas podrían empujarte hacia la religión o a defender a los desprotegidos. Por otro lado, tu veta histriónica podría ayudarte a triunfar en el mundo de los negocios.

Entre las personas famosas con quienes compartes cumpleaños están el compositor Gioachino Rossini, el músico Jimmy Dorsey, la cantante y actriz Dinah Shore, el actor James Mitchell y la fundadora de la Sociedad Unida de Creyentes en la Segunda Aparición de Cristo Anne Lee.

Numerología

Los individuos que nacen bajo el número 29 son visionarios idealistas, con un carácter dinámico y vigoroso, que tienen personalidad enérgica y el potencial para sobresalir. La inspiración es la clave de tu éxito y, sin ella, puedes encontrarte sin rumbo o propósito. Si bien eres soñador, en ocasiones los extremos de tu personalidad sugieren que debes tener cuidado de tus cambios de humor, pues puedes pasar de ser amigable y cálido a ser frío e indiferente, o puedes ir del optimismo al pesimismo. Si bien eres bastante observador, quizá necesites aprender a ser menos crítico o incrédulo, y más considerado con quienes te rodean. La subinfluencia del mes número 2 indica que eres observador y sensible, y que albergas emociones potentes. Las ansias de comunicarte o expresarte reflejan tu necesidad de interactuar con otras personas. Posees múltiples talentos y te beneficias cuando das un uso práctico a tus ideas. Al intentar complacer a otros, quizá descubras que no todas tus buenas intenciones son bien recibidas.

• *Cualidades positivas*: inspiración, equilibrio, paz interior, generosidad, creatividad, intuición, misticismo, sueños poderosos, fe, cosmopolita, éxito.

• *Cualidades negativas*: falta de concentración, malhumor, personalidad difícil, extremismo, desconsideración, hipersensibilidad.

Amor y relaciones

A pesar de que las relaciones son importantes para ti, ten cuidado de no volverte dependiente de tus parejas. Quizá necesites cultivar una perspectiva independiente y encontrar medios para expresar tus múltiples talentos. Debido a que eres un individuo fiel, buscas un cónyuge leal y afectuoso que siempre te apoye. Puesto que no temes demostrar tus emociones, ansías entablar una relación duradera con una sola persona. Gracias a tu personalidad cálida, te gusta socializar y recibir a tus amigos en casa, ya que eres un anfitrión entretenido.

ESE ALGUIEN ESPECIAL

Si quieres encontrar seguridad, vínculos emocionales fuertes y amor, tendrás más suerte al buscarlos entre quienes nacieron en las siguientes fechas.

Amor y amistad: 1, 15, 26, 29 y 30 de enero; 13, 24, 27 y 28 de febrero; 11, 22, 25 y 26 de marzo; 9, 20, 23 y 24 de abril; 7, 18, 21 y 22 de mayo; 5, 16, 19, 20 y 23 de junio; 3, 14, 17, 18 y 31 de julio; 1, 12, 15, 16, 29 y 31 de agosto; 10, 13, 14, 27 y 29 de septiembre; 8, 11, 12, 25 y 27 de octubre; 6, 9, 10, 13, 23 y 25 de noviembre; 4, 7, 8, 21, 23 y 29 de diciembre.

Buenas para ti: 1, 2, 10, 14 y 27 de enero; 8 y 25 de febrero; 6 y 23 de marzo; 4 y 21 de abril; 2, 6, 19 y 30 de mayo; 4, 17 y 28 de junio; 2, 15 y 26 de julio; 13 y 24 de agosto; 11 y 22 de septiembre; 9 y 20 de octubre; 7 y 18 de noviembre; 5 y 16 de diciembre.

Atracción fatal: 31 de agosto; 1, 2, 3 y 4 de septiembre.

Desafiantes: 17 y 26 de enero; 15 y 24 de febrero; 13 y 22 de marzo; 11 y 20 de abril; 9 y 18 de mayo; 7 y 16 de junio; 5 y 14 de julio; 3, 12 y 30 de agosto; 1, 10 y 28 de septiembre; 8, 26 y 29 de octubre; 6, 24 y 27 de noviembre; 4, 22 y 25 de diciembre.

Almas gemelas: 21 de enero, 19 de febrero, 17 de marzo, 15 de abril, 13 de mayo, 11 de junio, 9 y 29 de julio, 7 y 27 de agosto, 5 y 25 de septiembre, 3 y 23 de octubre, 1 y 21 de noviembre, 19 de diciembre.

1 de marzo

ESTRELLAS FIJAS

Aunque el grado en que se ubica tu Sol no se encuentra vinculado con una estrella fija, algunos de los grados de tus otros planetas sí lo estarán. Si solicitas el cálculo de tu carta astral, encontrarás la posición exacta de los planetas en tu fecha de nacimiento. Esto te permitirá determinar cuáles de las estrellas fijas descritas en este libro son relevantes para ti.

Haber nacido bajo el signo de Piscis revela que eres un individuo idealista y trabajador que, gracias a su sentido del propósito y objetivos claros, es capaz de ser tenaz y dedicado. Si combinas tu creatividad y habilidades prácticas, puedes demostrar tu verdadera originalidad. Sin embargo, te vendrá bien mantener cierto desapego y aprender a dejar el pasado atrás, en lugar de tomarte la vida demasiado en serio. Aunque a veces enfrentas situaciones adversas y frustraciones, tu entereza y entusiasmo carismático te permitirán obtener ayuda de otras personas.

La influencia añadida de tu Sol en el decanato de Piscis indica que eres sensible e impresionable, y que tienes una visión férrea. Eres un individuo empático y receptivo a las emociones ajenas, pero debes tener cuidado de tu propia volubilidad y nerviosismo. Estos extremos emocionales implican que te beneficias del pensamiento positivo y de estar en entornos armoniosos. La capacidad para acceder al inconsciente colectivo indica que eres psíquico por naturaleza; cuando lo combinas con tus habilidades sociales avanzadas, desarrollas el don de tratar con la gente. No obstante, si te sientes infeliz, no caigas en la autocomplacencia, la evasión o la autocompasión.

Eres ambicioso y tienes excelentes habilidades ejecutivas y potencial de liderazgo. Dado que eres bueno para organizarte, trabajas mejor cuando tienes planes a futuro. Puesto que, por lo regular, te beneficia hacer inversiones a largo plazo, debes evitar los fraudes que prometen enriquecimiento rápido.

Hasta los 19 años, tu Sol progresado estará en Piscis y enfatizará la sensibilidad, la receptividad al entorno y las necesidades afectivas. Entre los 20 y los 49 años, tu Sol progresado atravesará Aries, y esa influencia te hará entrar a una fase en la que serás más asertivo, audaz y entusiasta, y tal vez desearás emprender proyectos nuevos. Después de los 50 años, cuando tu Sol progresado entre a Tauro, necesitarás tener una base sólida y estabilidad financiera, y desearás una vida más tranquila.

Tu yo secreto

Tener poderes afectivos significa que gozas de una personalidad magnética y el potencial de ser compasivo y generoso. Cuando enfocas tu carácter fuerte en algo positivo, obras milagros a través de la tenacidad y tus convicciones férreas. Sin embargo, si te sumerges en pensamientos negativos, puedes volverte sumamente obstinado. Esto también puede causarte desamores y depresión. Si empiezas a expresar tus sentimientos genuinos, alcanzarás la libertad interna al ser desapegado, pero sin aparentar ser frío o despiadado.

Tu deseo de obtener conocimiento de una naturaleza más profunda refleja que sientes un gran aprecio por la armonía y la paz. Gracias a tu sensibilidad sutil, percibes de forma agudizada los colores, las luces y los sonidos, lo cual quizá quieras canalizar hacia proyectos artísticos, musicales o espirituales. Por medio de la entrega desinteresada y la visión universalista de la vida, encontrarás la verdadera felicidad y satisfacción.

Trabajo y vocación

Eres amistoso, pero también ambicioso por naturaleza, y tienes una capacidad particular para emprender proyectos y hacer contactos profesionales. La facilidad con la que tratas con la gente podría ayudarte en cualquier carrera. Tu sensibilidad indica que necesitas relaciones armónicas para estar en paz. Aunque tienes habilidades administrativas y directivas que te permitirían triunfar en los negocios, quizás obtengas mayor satisfacción emocional si aprovechas tu imaginación y sentido de la originalidad. Tienes percepción psíquica para saber qué quiere el público; si te dedicas a las ventas, podrás hacer amistad con tus clientes. Si sirves a otros y adoptas un enfoque espiritual frente a tu trabajo, obtendrás una satisfacción más profunda. Quizás ansíes expresar tus emociones a través de tu talento innato para la escritura, el teatro o la música. Además, puesto que eres independiente, quizá te convendría trabajar por cuenta propia.

Entre las personas famosas con quienes compartes cumpleaños están el músico Glenn Miller, el cantante Roger Daltrey, el cantante y actor Harry Belafonte, el actor David Niven, el pintor Sandro Botticelli, el actor Javier Bardem, el futbolista Carlos Vela y el ex primer ministro israelí Isaac Rabin.

Numerología

Al tener el número 1 por cumpleaños, tiendes a ser individualista, innovador, valeroso y enérgico. No es inusual que necesites establecer una identidad sólida y desarrollar tu asertividad. Tu espíritu pionero te insta a hacer las cosas por tu cuenta, aunque falles en el intento. Este ímpetu emprendedor también te estimulará a desarrollar habilidades ejecutivas o de liderazgo. Tu entusiasmo y tus ideas originales te permiten mostrarles el camino a los demás. Con el número 1 por cumpleaños, quizá también debas aprender que el mundo no gira a tu alrededor y evitar la tendencia a ser egocéntrico o dictatorial. La subinfluencia del mes número 3 indica que necesitas expresar tus sentimientos, pues las relaciones, el compañerismo y los amigos son sumamente importantes para tu desarrollo emocional. Si aprendes a enfocarte en una meta específica, evitarás perder de vista tus propósitos. Además, la necesidad de ensanchar tus horizontes y explorar implica que es probable que viajes y quizás incluso que te mudes a otro país.

• *Cualidades positivas:* liderazgo, creatividad, ideas progresistas, vigor, optimismo, convicciones fuertes, competitividad, independencia, sociabilidad.

• *Cualidades negativas:* altivez, celos, egocentrismo, orgullo, antagonismo, desenfreno, egoísmo, inestabilidad, impaciencia.

Amor y relaciones

Además de ser encantador y carismático, sueles tener una actitud relajada y amistosa. Por lo regular, te atraen individuos fuertes y enérgicos, y la necesidad de expresar tus sentimientos puede ayudarte a sobresalir en situaciones sociales. Eres generoso y amable, y estás dispuesto a hacer hasta lo imposible por tus seres queridos. Por lo regular, admiras a la gente decidida y de mente aguda, y, cuando estás relajado, eres ingenioso y entretenido. Con frecuencia te involucras en relaciones poco comunes, pues necesitas una gran cantidad de libertad y espacio.

ESE ALGUIEN ESPECIAL

Es probable que encuentres a una pareja que entienda tu sensibilidad, pasiones intensas y necesidades afectivas entre quienes nacieron en las siguientes fechas.

Amor y amistad: 7, 8, 17 y 19 de enero; 15 y 17 de febrero; 3, 13 y 15 de marzo; 11 y 13 de abril; 9 y 11 de mayo; 7, 9 y 30 de junio; 5, 7, 28 y 30 de julio; 3, 5, 26 y 28 de agosto; 1, 3, 24 y 26 de septiembre; 1, 22 y 24 de octubre; 20 y 22 de noviembre; 18, 20 y 30 de diciembre.

Buenas para ti: 20 y 29 de enero; 18 y 27 de febrero; 16 y 25 de marzo; 14 y 23 de abril; 12 y 21 de mayo; 10 y 19 de junio; 8 y 17 de julio; 6 y 15 de agosto; 4 y 13 de septiembre; 2, 11 y 29 de octubre; 9 y 27 de noviembre; 7 y 25 de diciembre.

Atracción fatal: 29 de marzo; 27 de abril; 25 de mayo; 23 de junio; 21 de julio; 19 de agosto; 1, 2, 3, 4 y 17 de septiembre; 15 de octubre; 13 de noviembre; 11 de diciembre.

Desafiantes: 14 y 27 de enero, 12 y 25 de febrero, 10 y 23 de marzo, 8 y 21 de abril, 6 y 19 de mayo, 4 y 17 de junio, 2 y 15 de julio, 13 de agosto, 11 de septiembre, 9 de octubre, 7 de noviembre, 5 de diciembre.

Almas gemelas: 30 de junio, 28 de julio, 26 de agosto, 24 de septiembre, 22 y 29 de octubre, 20 y 27 de noviembre, 18 y 25 de diciembre.

2 de marzo

ESTRELLAS FIJAS

Aunque el grado en que se ubica tu Sol no se encuentra vinculado con una estrella fija, algunos de los grados de tus otros planetas sí lo estarán. Si solicitas el cálculo de tu carta astral, encontrarás la posición exacta de los planetas en tu fecha de nacimiento. Esto te permitirá determinar cuáles de las estrellas fijas descritas en este libro son relevantes para ti.

Haber nacido bajo el signo de Piscis te caracteriza como un individuo idealista, práctico, influenciable, pero también inteligente y tenaz. A pesar de tus encantos y personalidad relajada, tienes un carácter fuerte y una visión objetiva y emprendedora. En general, te benefician las alianzas, pero debes evitar ser autoritario o entrar en luchas de poder con tus socios, en especial si se niegan a reconocer tus consejos prácticos o posición de autoridad.

La influencia añadida de tu Sol en el decanato de Cáncer indica que eres sumamente imaginativo, intuitivo y receptivo. Como buen humanitario, eres sensible y solidario, y posees un sentido universal de la familia, lo que refleja que también usas tu conocimiento para ayudar a la gente. Eres empático y receptivo a las necesidades ajenas, pero te convendrá mantener cierto desapego y evitar los cambios de humor. Si te sientes insatisfecho, procura no correr riesgos innecesarios con la intención de evadirte.

Eres magnético y encantador, pero también rígido y tenaz, y te caracterizas por tener una actitud que combina la precaución y el entusiasmo. Ser astuto y lógico te permite valorar a la gente y sus motivaciones con rapidez. Tu deseo de dinero y prestigio te impulsan a ponerte en movimiento e implican que, al ser un visionario trabajador, tienes muchísima energía con la cual lograr cosas en la vida.

Hasta los 18 años, tu Sol progresado estará en Piscis y enfatizará la importancia de la sensibilidad, el desarrollo emocional y los sueños a futuro. Entre los 19 y los 45 años, tu Sol progresado atravesará Aries. Esta influencia revela que poco a poco desarrollarás confianza en ti mismo y asertividad, y que disfrutarás ser activo y aventurero. Será un buen momento para tomar la iniciativa y aprender a ser más franco. Después de los 49 años, cuando tu Sol progresado se desplace hacia Tauro, tendrás una mayor estabilidad emocional y práctica. También sentirás una mayor necesidad de solidez y seguridad financieras, y te nutrirás de la belleza y el amor por la naturaleza.

Tu yo secreto

Aunque proyectas amabilidad, tu personalidad dinámica revela también una nobleza interna, inteligencia y tenacidad férrea. El amor por el aprendizaje y la necesidad de mantenerse informado enfatizan lo importante que es el conocimiento en tu búsqueda interior. Por ende, la educación suele garantizar el desarrollo de tu gran potencial. Tu mentalidad filosófica te permite reconocer la experiencia que has adquirido a partir de dificultades previas. Por lo regular, eres progresista, y en lo profundo de tu ser sientes que tienes algo importante y valioso con lo cual puedes contribuir.

A pesar de ser propenso a la preocupación, el orgullo te impide mostrar tus dudas o indecisiones; además, suele llevarte a ocupar puestos de liderazgo y no de subordinación. Aunque tienes un sólido sentido del deber y la responsabilidad, tendrás que mantener el equilibrio entre tus deberes e ideales. Dado que eres perfeccionista, quizá debas enfocar tu atención en el servicio a la comunidad para superar la tendencia a criticar o ser demasiado exigente. Tus intensas ansias de reconocimiento hacen que te resulte sumamente difícil cuando la gente no te valora. Ten cuidado de no involucrarte en juegos de poder, pues podrían minar tus energías positivas.

Trabajo y vocación

Eres tenaz y progresista, y disfrutas poner en práctica nuevas ideas y métodos. Debido a tu inteligencia y sensibilidad, te resultarán especialmente interesantes las ocupaciones que impliquen trato con la gente. Es posible que te atraigan los escenarios o la política, y que triunfes de alguna forma frente a un público. Gracias a tus ideas originales e inventivas, podrías inclinarte hacia la enseñanza, la escritura o las reformas sociales. Tener poder y un talento innato para los negocios te permitirá lograr muchas cosas en la vida, aunque quizá te satisfaga más que los planes se basen en tu propia visión de la vida. A pesar de que la satisfacción personal es resultado del trabajo y las actividades productivas, evita abarcar demasiadas cosas. Tus talentos también son aptos para las profesiones médicas y de sanación. Por lo regular, te desempeñas bien en trabajos cooperativos o como parte de un equipo o alianza.

Entre las personas famosas con quienes compartes cumpleaños están el estadista ruso Mijaíl Gorbachov; los cantantes Lou Reed, Karen Carpenter y Jon Bon Jovi; el compositor Kurt Weill; la actriz Jennifer Jones; y el actor y músico Desi Arnaz.

Numerología

El número 2 en tu fecha de nacimiento sugiere sensibilidad y necesidad de pertenecer a un grupo. Tu facilidad para adaptarte y ser comprensivo hace que disfrutes actividades cooperativas en las que interactúas con otras personas. Al intentar complacer a quienes te agradan corres el riesgo de volverte demasiado dependiente. No obstante, si desarrollas la confianza en ti mismo superarás la tendencia a sentirte herido por las acciones y críticas ajenas. La subinfluencia del mes número 3 indica que, a pesar de que eres diestro e intuitivo y posees un intelecto agudo, necesitas encontrar un propósito o proyecto emocionante en el cual ocuparte. Tu fecha de nacimiento implica que es probable que haya muchos cambios en tu círculo social, pero también oportunidades de viaje. Cuando te sientes inseguro, tu ánimo inquieto e inestable podría provocarte problemas con otras personas, pero con amor y comprensión, y un sutil poder de persuasión, lograrás que las cosas funcionen. Evita las relaciones donde haya juegos de poder y estrategias de manipulación.

• *Cualidades positivas:* colaborador, gentileza, tacto, receptividad, intuición, amabilidad, armonía, afabilidad, embajador de buena voluntad.

• *Cualidades negativas:* suspicacia, inseguridad, hipersensibilidad, egoísmo, susceptibilidad.

Amor y relaciones

Tu fortaleza y carisma te atraen amigos y admiradores. A pesar de ser protector y amoroso, debes superar la inclinación a ser controlador o autoritario. Tus aspiraciones románticas y amistosas podrían estar vinculadas a tu carrera y tus ambiciones, y es probable que te atraigan personas poderosas con buenas conexiones sociales. La voluntad de esforzarte arduamente por tus seres queridos refleja que eres leal y responsable. En términos románticos, tu búsqueda de amor podría estar influenciada por consideraciones prácticas y la necesidad de tener seguridad.

ESE ALGUIEN ESPECIAL

Es más probable que tengas éxito con personas nacidas en las siguientes fechas.

Amor y amistad: 9, 16, 18, 26 y 31 de enero; 7, 14, 16, 24 y 29 de febrero; 5, 12, 14, 22 y 27 de marzo; 3, 10, 12, 20 y 25 de abril; 1, 8, 10, 12, 18 y 23 de mayo; 6, 8, 16 y 21 de junio; 4, 6, 8, 14, 19 y 31 de julio; 2, 4, 12, 17 y 29 de agosto; 2, 10, 15 y 27 de septiembre; 8, 13 y 25 de octubre; 6, 11 y 23 de noviembre; 4, 9, 21 y 30 de diciembre.

Buenas para ti: 1 y 21 de enero, 19 de febrero, 17 de marzo, 15 de abril, 13 de mayo, 11 de junio, 9 de julio, 7 de agosto, 5 de septiembre, 3 y 30 de octubre, 1 y 28 de noviembre, 26 de diciembre.

Atracción fatal: 2, 3, 4 y 5 de septiembre.

Desafiantes: 29 de marzo, 27 de abril, 25 de mayo, 23 de junio, 21 de julio, 19 de agosto, 17 de septiembre, 15 de octubre, 13 de noviembre, 11 de diciembre.

Almas gemelas: 27 de enero, 25 de febrero, 23 y 30 de marzo, 21 y 28 de abril, 19 y 26 de mayo, 17 y 24 de junio, 15 y 22 de julio, 13 y 20 de agosto, 11 y 18 de septiembre, 9 y 16 de octubre, 7 y 14 de noviembre, 5 y 12 de diciembre.

3 de marzo

ESTRELLA FIJA

Nombre de la estrella: Achernar
Posición: 14° 17'–15° 11' de Piscis, entre
  los años 1930 y 2000
Magnitud: 1
Fuerza: ★★★★★★★★★★
Órbita: 2° 30'
Constelación: Erídano (Alpha Eridani)
Días efectivos: 3, 4, 5, 6, 7 y 8 de marzo
Propiedades de la estrella: Júpiter
Descripción: estrella blanquiazul
  ubicada en la desembocadura del
  río Erídano

INFLUENCIA DE LA ESTRELLA PRINCIPAL

La influencia de Achernar estimula la expansión de tu visión de vida y la capacidad de analizar las cosas en su totalidad. Es probable que tengas una mirada optimista de la vida, amor por la justicia y aspiraciones elevadas. Esta estrella otorga éxito y gusto por el trabajo con el público. También puede inclinarte hacia la filosofía y la religión.

Con respecto a tu grado del Sol, esta estrella confiere una naturaleza generosa, paciente y optimista. Te hará sobresalir en la educación superior y te brindará talento para la escritura. Asimismo, indica recompensas por trabajo extraordinario. Achernar sugiere que es posible alcanzar el éxito en los negocios y en el trabajo con el público en general. Si obtienes fama, generalmente, es duradera.

• *Positiva:* justicia, sentido del bienestar social, aspiraciones.

• *Negativa:* influenciable, evasión, especulaciones, malas interpretaciones.

Haber nacido bajo el signo de Piscis revela que eres un individuo versátil, imaginativo y sensible; con una perspicacia sutil. Tus intensas emociones y necesidad de libertad indican que, ya que eres una persona creativa, te conviene encontrar mecanismos para expresarte. Tu nobleza interna y orgullo son reflejo de tus grandes sueños, pero es importante que no los conviertas en fantasías irreales. Eres idealista, romántico, empático y compasivo.

La influencia añadida de tu Sol en el decanato de Cáncer señala que eres impresionable, receptivo y, que por lo regular, tienes un sexto sentido y premoniciones fuertes. Dado que albergas una amplia gama de sentimientos, eres protector, pero también solidario. Tener fe en lo que haces es sumamente importante; si pierdes la esperanza, pasarás del optimismo y la alegría a mostrarte frío y retraído. No obstante, puesto que eres propositivo y decidido, generalmente, esos estados de ánimo son fugaces.

La capacidad para mezclar los negocios con el placer indica que, debido a tu naturaleza sociable y amistosa, te benefician las actividades grupales y las alianzas. Eres astuto e ingenioso, pero también espontáneo y sumamente divertido. Aunque eres mordaz cuando se trata de juzgar a la gente, evita ser sarcástico, discutir o celar a tus seres queridos.

Entre los 18 y los 49 años, tu Sol progresado atravesará Aries. Esta influencia te ayudará a desarrollar tu asertividad y a disfrutar ser activo y valiente. Después de los 48 años, cuando tu Sol progresado se desplace hacia Tauro, sentirás una mayor necesidad de pragmatismo, estabilidad y seguridad financiera. También te volverás más tranquilo y ecuánime, y te atraerá la naturaleza. A los 78 años habrá un punto de inflexión, cuando tu Sol progresado entre a Géminis. A partir de entonces, aumentará tu curiosidad y transformarás tu forma de pensar. Además, resaltará el interés en la comunicación y en aprender cosas nuevas.

Tu yo secreto

Eres orgullo y sensible, y entiendes bien los valores humanos, por lo que uno de los desafíos que enfrentarás en la vida será el de reconocer tu poder interno y no conformarte con menos de lo que mereces. Si dejas que el dinero se convierta en un tema importante o si te falta autoestima y confianza en tus habilidades, es posible que aceptes trabajar en algo que esté por debajo de tu vocación. La precisión con la que entiendes a la gente hace que seas un excelente observador del comportamiento humano, así como un individualista que valora su libertad.

Eres innovador y progresista, y sientes una gran necesidad de expresar tus ideas y talentos originales. A pesar de que tu sensibilidad puede provocarte inestabilidad emocional, cuando te inspiras, entretienes y animas a otros. Eres idealista y sensible, por lo que podrían inspirarte en especial las artes, la música, el teatro o los intereses místicos. Cuando adoptas una actitud positiva, proyectas un encanto dinámico, entusiasmo y generosidad.

Trabajo y vocación

Tu agudo sentido de los negocios, combinado con tus habilidades intuitivas e imaginativas, te inspirarán a ser innovador o reformista. Tu facilidad de palabra e imaginación excepcional podrían manifestarse de forma creativa en la escritura, el teatro o las artes. Por otro lado, con tus habilidades ejecutivas, de liderazgo y organizacionales, eres apto para administrar los negocios o las finanzas de otros. Sin embargo, tu aprecio por la libertad y la necesidad de poner a prueba tus aptitudes intelectuales podrían inspirarte a trabajar por cuenta propia. Al ser idealista y tener una veta humanitaria, podrías trabajar en organizaciones altruistas, además de que, por lo regular, prefieres hacerlo tras bambalinas. En esta fecha es común que nazcan asesores y profesores sabios.

Entre las personas famosas con quienes compartes cumpleaños están el inventor Alexander Graham Bell, la actriz Jean Harlow, la *socialité* Lee Radziwill, el ilustrador y caricaturista Ronald Searle, la atleta olímpica Jackie Joyner-Kersee y el expresidente rumano Ion Iliescu.

Numerología

Haber nacido en un día número 3 indica necesidad de amor, creatividad y sensibilidad. Eres divertido y una buena compañía, ya que disfrutas las actividades sociales amistosas y tienes intereses diversos. Aunque eres versátil, expresivo y necesitas vivir experiencias emocionantes y variadas, tu tendencia a aburrirte con facilidad puede llevarte a la indecisión o a que seas demasiado disperso. Además de ser entusiasta y encantador, y tener un buen sentido del humor, es posible que debas fortalecer tu autoestima y superar tu inclinación a preocuparte en exceso, así como tus inseguridades a nivel emocional. Tus relaciones personales y una atmósfera amorosa son de suma importancia para ti, pues te proveen entusiasmo e inspiración. La subinfluencia del mes número 3 indica que necesitas convertir tus ideas imaginativas y creativas en realidades tangibles; de otro modo, solo serán sueños frustrados. Con tu orgullo e idealismo, es necesario que desarrolles fe en tus habilidades y dejes de sentirte imperfecto o poco preparado. Cuando adoptas una actitud optimista, tu personalidad destella amor, generosidad y creatividad; sin embargo, cuando te vuelves negativo, eres propenso a una intensidad emocional excesiva.

• *Cualidades positivas:* humor, felicidad, afabilidad, productividad, creatividad, veta artística, afecto, amor por la libertad, talento con las palabras.

• *Cualidades negativas:* aburrimiento, celos, vanidad, exageración, extravagancia, complacencia, pereza, posesividad, actitud malcriada.

Amor y relaciones

En lo romántico, tu encanto natural y tu personalidad divertida suelen atraer a amigos y admiradores. Te gustan las personas inteligentes que logran el éxito por sus propios esfuerzos. Las amistades suelen venir enlazadas al trabajo o a actividades sociales e intelectuales. Eres gregario y espontáneo, y cuando tienes el estado de ánimo adecuado puedes convertirte en el alma de la fiesta. Te gusta debatir y comunicar tus ideas. Sin embargo, debes evitar ser demasiado posesivo e impositivo, pues esto puede revelar inseguridad y ansiedad.

ESE ALGUIEN ESPECIAL

Encontrarás amor, emoción intelectual y reciprocidad con personas nacidas en las siguientes fechas.

Amor y amistad: 21, 28 y 31 de enero; 19, 26, 27 y 29 de febrero; 17, 24 y 27 de marzo; 15, 22, 23 y 25 de abril; 13, 20 y 23 de mayo; 11, 18 y 21 de junio; 9, 16, 17 y 19 de julio; 7, 14, 17 y 31 de agosto; 5, 12, 15 y 29 de septiembre; 3, 10, 13, 27, 29 y 31 de octubre; 1, 8, 9, 11, 25, 27 y 29 de noviembre; 6, 9, 23, 25 y 27 de diciembref.

Buenas para ti: 9, 12, 18, 24 y 29 de enero; 7, 10, 16, 22 y 27 de febrero; 5, 8, 14, 20 y 25 de marzo; 3, 6, 12, 18 y 23 de abril; 1, 4, 10, 16, 21 y 31 de mayo; 2, 8, 14, 19 y 29 de junio; 6, 12, 17 y 27 de julio; 4, 10, 15 y 25 de agosto; 2, 8, 13 y 23 de septiembre; 6, 11 y 21 de octubre; 4, 9 y 19 de noviembre; 2, 7 y 17 de diciembre.

Atracción fatal: 3 de enero; 1 de febrero; 3, 4, 5 y 6 de septiembre.

Desafiantes: 7, 8, 19 y 28 de enero; 5, 6, 17 y 26 de febrero; 3, 4, 15 y 24 de marzo; 1, 2, 13 y 22 de abril; 11 y 20 de mayo; 9 y 18 de junio; 7 y 16 de julio; 5 y 14 de agosto; 3 y 12 de septiembre; 1 y 10 de octubre; 8 de noviembre; 6 de diciembre.

Almas gemelas: 3 y 19 de enero, 1 y 17 de febrero, 15 de marzo, 13 de abril, 11 de mayo, 9 de junio, 7 de julio, 5 de agosto, 3 de septiembre, 1 de octubre.

4 de marzo

Ж Haber nacido bajo el signo de Piscis te dota de una personalidad práctica y dedicada, que es al mismo tiempo ambiciosa y tenaz, pero también sutil y cortés. Además de ser trabajador y competitivo, eres una persona sensible, carismática y fantasiosa. A pesar de tu encanto cosmopolita y sofisticado, posees también una potente perspicacia intuitiva.

La influencia añadida de tu Sol en el decanato de Cáncer te hace una persona impresionable y receptiva. A pesar de tener objetivos y metas altas, tienes una cierta apatía que indica que necesitas incentivos materiales para lograr cosas. Tu empatía te hace receptivo a las emociones ajenas, pero debes cuidarte de tu propia volubilidad y tendencia a preocuparte. La capacidad para percibir las emociones profundas de la gente indica que, por naturaleza, posees dotes psíquicas. Sin embargo, si te sientes infeliz, evita caer en la autocompasión, la evasión o la autocomplacencia.

Eres una persona de carácter fuerte y alegre, capaz de asimilar el conocimiento con rapidez cuando te sientes motivado o estás interesado en el tema. A pesar de que necesitas estabilidad y seguridad, procura evitar las actividades aburridas y tediosas, pues podrían angustiarte a la larga. La necesidad de seguridad y satisfacción personal indica que das mucha importancia a los amigos y a las relaciones de pareja. Aunque eres cooperativo por naturaleza, si te responsabilizas y refuerzas tu disciplina, tendrás más iniciativa y confianza en ti mismo.

Hasta los 16 años, tu Sol progresado estará en Piscis, lo que pondrá el énfasis en la sensibilidad, receptividad al entorno y necesidades emocionales. Entre los 17 y los 46 años, tu Sol progresado atravesará Aries. Esta influencia te hará entrar a una nueva fase en la que te volverás más asertivo, audaz y entusiasta, y quizás ansíes emprender nuevos proyectos. Después de los 47 años, cuando tu Sol progresado se desplace hacia Tauro, incrementará la necesidad de estabilidad y seguridad financieras, así como el deseo de un mayor equilibrio emocional. A los 77 años, cuando tu Sol progresado se desplace hacia Géminis, empezarás a ser más curioso y te interesarás en distintas formas de comunicación, e incluso es posible que adquieras nuevos intereses.

Tu yo secreto

Dado que eres amistoso y extrovertido, disfrutas la cooperación laboral y el trabajo en equipo, y reconoces las ventajas de hacer alianzas profesionales. Si acaso tiendes a preocuparte o aferrarte al pasado, necesitas aprender a desapegarte. Esto significa que es importante no volverse dependiente de nadie ni de nada, pues eso podría amargarte. Si aprendes a dejar el pasado atrás, desarrollarás un fuerte sentido de la libertad personal y podrás conectarte con la universalidad a un nivel más profundo.

Tus habilidades diplomáticas innatas te facilitan la interacción en situaciones sociales. Aunque muchas de las lecciones que te dará la vida se relacionarán con el trabajo, las relaciones personales también son sumamente importantes para tu bienestar. A pesar de estar dispuesto a darlo todo por tus seres queridos, ten cuidado de no sacrificarte. Si mantienes el equilibrio de poder en todas tus relaciones y refuerzas tu disciplina, le darás rienda suelta a tu potencial extraordinario.

ESTRELLA FIJA

Nombre de la estrella: Achernar
Posición: 14° 17'–15° 11' de Piscis, entre los años 1930 y 2000
Magnitud: 1
Fuerza: ★★★★★★★★★
Órbita: 2° 30'
Constelación: Erídano (Alpha Eridani)
Días efectivos: 3, 4, 5, 6, 7 y 8 de marzo
Propiedades de la estrella: Júpiter
Descripción: estrella blanquiazul ubicada en la desembocadura del río Erídano

INFLUENCIA DE LA ESTRELLA PRINCIPAL

La influencia de Achernar estimula la expansión de tu visión de vida y la capacidad de analizar las cosas en su totalidad. Es probable que tengas una mirada optimista de la vida, amor por la justicia y aspiraciones elevadas. Esta estrella otorga éxito y gusto por el trabajo con el público. También puede inclinarte hacia la filosofía y la religión.

Con respecto a tu grado del Sol, esta estrella confiere una naturaleza generosa, paciente y optimista. Te hará sobresalir en la educación superior y te brindará talento para la escritura. Asimismo, indica recompensas por trabajo extraordinario. Achernar sugiere que es posible alcanzar el éxito en los negocios y en el trabajo con el público en general. Si obtienes fama, generalmente, es duradera.

• *Positiva:* justicia, sentido del bienestar social, aspiraciones.

• *Negativa:* influenciable, evasión, especulaciones, malas interpretaciones.

Trabajo y vocación

Tus habilidades sociales te permiten desempeñarte bien en carreras que implican trato con la gente. Eres sumamente intuitivo e imaginativo, por lo que tal vez decidas ejercer tus talentos en actividades creativas como el arte, la peluquería, el baile, la música o la actuación. Es posible que también te atraiga la escritura de cualquier índole. De igual modo, tu naturaleza sensible y empática podría inclinarte hacia carreras que requieran asesoría, enseñanza o servicio al público. Eres trabajador y tienes un talento instintivo para los negocios, por lo que es probable que también te motive el deseo de obtener las mejores cosas de la vida. No obstante, dado que deseas estar en entornos armónicos, ten cuidado de no caer en una rutina excesiva.

Entre las personas famosas con quienes compartes cumpleaños están el compositor Antonio Vivaldi, el escritor Alan Sillitoe, los actores Paula Prentiss y John Garfield, el psicólogo Hans Eysenck y el piloto de carreras Jim Clark.

Numerología

Posees una gran cantidad de energía, habilidades prácticas y voluntad férrea. Estas características te ayudarán a alcanzar el éxito por medio del trabajo arduo. Con una fecha de nacimiento con el número 4 eres sensible a las formas y la composición, y eres capaz de crear sistemas prácticos. Tu preocupación por la seguridad hará que desees construir una base sólida para tu familia y para ti, así que aprovecha que tu visión pragmática de la vida te confiere un buen sentido de los negocios y la capacidad de alcanzar el éxito material. Además, acostumbras ser honesto, franco y justo; no obstante, quizá debas aprender a ser más expresivo con lo que sientes y a evitar la terquedad y la falta de tacto. La subinfluencia del mes número 3 indica que, dado que eres versátil y creativo, necesitas darles un uso práctico a tus ideas. Para combatir la tendencia a postergar, necesitas estructura y estímulos mentales constantes. Ya que te gusta tener una amplia gama de actividades e intereses sociales, debes aprender a enfocarte en menos objetivos. Por lo regular, eres un compañero encantador y entretenido, pero las inseguridades emocionales a veces te hacen parecer reservado. Tienes buenas habilidades analíticas, así que, si te muestras seguro de ti mismo, lograrás que otros presten más atención a tus opiniones.

• *Cualidades positivas*: organización, autodisciplina, estabilidad, trabajo arduo, destreza, habilidades manuales, pragmatismo, confianza, exactitud.

• *Cualidades negativas*: inestabilidad, incapacidad para comunicarse, represión, pereza, postergación, avaricia, autoritarismo, afectos ocultos, resentimientos.

Amor y relaciones

Tener una personalidad carismática te garantiza tener muchos amigos y buenos contactos sociales. A pesar de albergar ciertas incertidumbres ocultas acerca de tus relaciones más cercanas, por lo regular, te asocias con personas inteligentes y asertivas que te estimulan a nivel intelectual. Admiras a los individuos trabajadores que enfrentan los desafíos de la vida con tenacidad. Apreciar el conocimiento y admirar a quienes gozan de sabiduría interna indica que te gusta educarte y colaborar con otros. Asimismo, cuando te entusiasma una relación, estás dispuesto a invertir tiempo y dinero en ella.

ESE ALGUIEN ESPECIAL

Es más probable que encuentres amor y felicidad con alguien que haya nacido en las siguientes fechas.

Amor y amistad: 6, 20, 22, 24, 27 y 30 de enero; 4, 18, 20, 22 y 28 de febrero; 2, 16, 18, 20, 26 y 29 de marzo; 14, 16, 18, 24 y 27 de abril; 2, 12, 14, 16, 22 y 25 de mayo; 10, 12, 14, 20 y 23 de junio; 8, 10, 12, 15, 16, 18 y 21 de julio; 6, 8, 10, 16 y 19 de agosto; 4, 6, 8, 14 y 17 de septiembre; 2, 4, 6, 12 y 15 de octubre; 2, 4, 10, 13 y 17 de noviembre; 2, 8 y 11 de diciembre.

Buenas para ti: 1, 3, 4, 12 y 14 de enero; 1, 2 y 12 de febrero; 10 y 28 de marzo; 8, 26 y 30 de abril; 6, 24 y 28 de mayo; 4, 22 y 26 de junio; 2, 11, 20 y 24 de julio; 18 y 22 de agosto; 16 y 20 de septiembre; 14 y 18 de octubre; 3, 12 y 16 de noviembre; 10 y 14 de diciembre.

Atracción fatal: 11 de enero; 9 de febrero; 7 de marzo; 5 de abril; 3 de mayo; 1 de junio; 4, 5, 6, 7 y 8 de septiembre.

Desafiantes: 3 y 5 de enero; 1 y 3 de febrero; 1 de marzo; 31 de julio; 29 de agosto; 27 y 30 de septiembre; 25 y 28 de octubre; 23, 26 y 30 de noviembre; 21, 24 y 28 de diciembre.

Almas gemelas: 5 y 12 de enero, 3 y 10 de febrero, 1 y 8 de marzo, 6 de abril, 4 de mayo, 2 de junio.

5 de marzo

ESTRELLA FIJA

Nombre de la estrella: Achernar
Posición: 14° 17'–15° 11' de Piscis, entre
    los años 1930 y 2000
Magnitud: 1
Fuerza: ★★★★★★★★★
Órbita: 2° 30'
Constelación: Erídano (Alpha Eridani)
Días efectivos: 3, 4, 5, 6, 7 y 8 de marzo
Propiedades de la estrella: Júpiter
Descripción: estrella blanquiazul
    ubicada en la desembocadura del
    río Erídano

INFLUENCIA DE
LA ESTRELLA PRINCIPAL

La influencia de Achernar estimula la
expansión de tu visión de vida y la capacidad de analizar las cosas en su totalidad. Es probable que tengas una mirada
optimista de la vida, amor por la justicia y aspiraciones elevadas. Esta estrella
otorga éxito y gusto por el trabajo con el
público. También puede inclinarte hacia
la filosofía y la religión.

Con respecto a tu grado del Sol,
esta estrella confiere una naturaleza
generosa, paciente y optimista. Te hará
sobresalir en la educación superior y te
brindará talento para la escritura. Asimismo, indica recompensas por trabajo
extraordinario. Achernar sugiere que es
posible alcanzar el éxito en los negocios
y en el trabajo con el público en general. Si obtienes fama, generalmente, es
duradera.

• *Positiva:* justicia, sentido del bienestar social, aspiraciones.

• *Negativa:* influenciable, evasión,
especulaciones, malas interpretaciones.

Al haber nacido bajo el signo de Piscis, eres dinámico e idealista, así como
un soñador inquieto y ambicioso. Tu sensibilidad y gran intuición te permiten aprovechar tu poderosa imaginación en proyectos creativos y productivos.
Mientras tanto, tu necesidad de variedad implica que constantemente buscas formas
diferentes y emocionantes de expresar tus emociones. Dado que posees una veta impulsiva, a veces actúas de forma espontánea en momentos de entusiasmo.

La influencia añadida de tu Sol en el decanato de Cáncer indica que posees un
férreo sexto sentido y la necesidad de que te apoyan tus familiares y amigos. Eres impresionable y receptivo, y con facilidad percibes los sentimientos ajenos, lo que refleja
talentos psíquicos innatos. Dado que eres un individuo empático y solidario, debes tener
cuidado de no apropiarte de los problemas ajenos como si fueran tuyos. Aunque eres
trabajador práctico, a veces tus emociones poderosas te causan tensiones o reaccionar
de forma dramática.

Eres compasivo por naturaleza y, generalmente, esperas mucho de los demás. Sueles estar dispuesto a hacer sacrificios por tus seres queridos. Cuando enfrentes obstáculos y decepciones, evita dejarte llevar por el pesimismo y el materialismo. Asimismo, si
te sientes insatisfecho, tampoco escondas la cabeza en la arena ni recurras a la autocompasión o la evasión. Si aprendes a confiar en tus instintos poderosos, podrás aprovechar
las cosas inesperadas de la vida. Tu olfato natural para los negocios y amor por los viajes
y el cambio te inspirarán a experimentar diferentes actividades y ocupaciones.

Hasta los 15 años, tu Sol progresado está en Piscis, lo que indica que eres idealista,
amoroso y versátil, pero la tendencia a la hipersensibilidad podría hacer que te aburras
con facilidad. Entre los 16 y los 45 años, tu Sol progresivo atraviesa Aries, lo que sugiere
que poco a poco te volverás más seguro de ti mismo, asertivo y ambicioso. Quizá decidas
emprender proyectos nuevos y obtener ganancias a través de los trabajos cooperativos.
A los 46 años habrá otro punto de inflexión, cuando tu Sol progresado entre a Tauro. A
partir de entonces, bajarás el ritmo y sentirás una mayor necesidad de estabilidad y
seguridad financiera. De los 76 en adelante, cuando tu Sol progresado esté en Géminis,
desarrollarás un interés agudo en la comunicación y el intercambio de ideas.

Tu yo secreto

Tus emociones intensas y naturaleza sensible te permiten alcanzar el éxito por medio
del poder del amor. Si no canalizas tus fuertes emociones o haces algo práctico con
ellas, podrían perjudicarte y volverte hipersensible. Cuando usas esos sentimientos
para algo positivo, favoreces tu dinamismo y creatividad, sobre todo al actuar o subirte
a un escenario.

Eres sociable e idealista, y tienes ideas entusiastas, lo que significa que eres tanto
práctico como imaginativo. Para aprovechar al máximo las posibilidades que se te
presentan, necesitas una visión clara sobre lo que quieres lograr, así como planeación
metódica. Por fortuna, tienes un buen sentido práctico de los valores y la protección financiera que te brinda el trabajo arduo. Este énfasis en el trabajo implica que, si emprendes esfuerzos activos y enfocados, podrás hacer realidad tus sueños más descabellados.

Trabajo y vocación

Debido a que eres sensible e imaginativo, y deseas cambios y emociones, quizá te atraigan mucho las profesiones que impliquen variedad y viajes. Tu dinamismo natural te ayudará a triunfar en los negocios. Tu naturaleza solidaria sugiere un posible interés en impulsar reformas sociales o trabajar en el mundo de la sanación o del cuidado infantil. Mucha gente nacida en esta fecha canaliza sus habilidades visionarias hacia el arte, el diseño, el cine y la moda. Por otra parte, quizá quieras explorar el lado más teatral de tu personalidad, ya sea en el mundo del entretenimiento o de la política. Sin importar qué carrera elijas, es esencial que evites el trabajo monótono. Dado que tienes la capacidad de identificar las oportunidades de negocio con rapidez, podrías dedicarte a las ventas, la publicidad o los negocios internacionales.

Entre las personas famosas con quienes compartes cumpleaños están el ex primer ministro chino Zhou Enlai; la cantante británica Elaine Paige; los actores Dean Stockwell, Rex Harrison y Samantha Eggar; y el director de cine Pier Paolo Pasolini.

Numerología

Tu inclinación a explorar o probar cosas nuevas, así como tu entusiasmo para enfrentar el mundo, sugieren que la vida tiene mucho que ofrecerte. Los viajes y las múltiples oportunidades de cambio, algunas de ellas inesperadas, podrían conducir a una auténtica transformación de tus perspectivas y creencias. Al tener el número 5 por cumpleaños necesitas sentir que la vida es emocionante; no obstante, es posible que también debas desarrollar una actitud responsable y evitar la tendencia a ser impredecible e intranquilo. El talento natural de una persona con el número 5 es saber cómo dejarse llevar por la corriente y mantenerse desapegado. La subinfluencia del mes número 3 indica que eres sociable y extrovertido. Aunque ansías tener seguridad y estabilidad, la tendencia a aburrirte con facilidad implica que necesitas variedad; aunque lo prudente sería desarrollar paciencia y tolerancia. Sientes una gran necesidad de expresarte y, cuando adoptas una actitud positiva, irradias alegría de vivir. Tu facilidad de palabra indica que quizá necesitas aprender a aprovechar la abundancia de tus poderes creativos. Desarrollar entereza a pesar de los desafíos y los retrasos te permitirá tener el control.

• *Cualidades positivas*: versatilidad, adaptabilidad, actitud progresista, instintos poderosos, magnetismo, suerte, audacia, amor por la libertad, ingenio, agilidad mental, curiosidad, misticismo, sociabilidad.

• *Cualidades negativas*: poca confiabilidad, postergación, incongruencia, exceso de confianza.

Amor y relaciones

En el amor, eres romántico e idealista, pero a veces optarás por relaciones de índole platónica porque te resultará difícil encontrar a una pareja que esté a la altura de tus ideales elevados. Admiras a los individuos creativos, humanitarios e idealistas. Cuando te enamoras, amas de forma intensa y sueles ser leal hasta en los momentos más duros. A pesar de ser solidario y cariñoso, debes mantener un enfoque realista y desapegado para no exagerar en tus reacciones ni sacrificarte por los demás.

ESE ALGUIEN ESPECIAL

Tendrás más suerte para entablar relaciones duraderas y encontrar el amor con alguien que haya nacido en las siguientes fechas.

Amor y amistad: 1, 7, 21, 23 y 31 de enero; 5, 19, 21 y 29 de febrero; 3, 7, 17, 19 y 27 de marzo; 1, 15, 17 y 25 de abril; 3, 13, 15 y 23 de mayo; 11, 13 y 21 de junio; 9, 11, 18 y 19 de julio; 7, 9 y 17 de agosto; 5, 7 y 15 de septiembre; 3, 5 y 13 de octubre; 1, 3, 10 y 11 de noviembre; 1 y 9 de diciembre.

Buenas para ti: 5, 16 y 18 de enero; 3, 14 y 16 de febrero; 1, 12, 14 y 29 de marzo; 10, 12 y 27 de abril; 8, 10, 25 y 29 de mayo; 6, 8, 23 y 27 de junio; 4, 6, 21 y 25 de julio; 2, 4, 19 y 23 de agosto; 2, 17 y 21 de septiembre; 15 y 19 de octubre; 13 y 17 de noviembre; 11, 15 y 29 de diciembre.

Atracción fatal: 6 y 30 de enero; 4 y 28 de febrero; 2 y 26 de marzo; 24 de abril; 22 de mayo; 20 de junio; 18 de julio; 16 de agosto; 5, 6, 7, 8, 9 y 14 de septiembre; 12 de octubre; 10 de noviembre; 8 de diciembre.

Desafiantes: 4 de enero; 2 de febrero; 29 y 31 de mayo; 27, 29 y 30 de junio; 25, 27 y 28 de julio; 23, 25, 26 y 30 de agosto; 21, 23, 24 y 28 de septiembre; 19, 21, 22 y 26 de octubre; 17, 19, 20 y 24 de noviembre; 15, 17, 18 y 22 de diciembre.

Almas gemelas: 23 de enero, 21 de febrero, 19 de marzo, 17 de abril, 15 de mayo, 13 de junio, 11 y 31 de julio, 9 y 29 de agosto, 7 y 27 de septiembre, 5 y 25 de octubre, 3 y 23 de noviembre, 1 y 21 de diciembre.

SOL: PISCIS
DECANATO: CÁNCER/LUNA
ÁNGULO: 14° 30'–15° 30' DE PISCIS
MODALIDAD: MUTABLE
ELEMENTO: AGUA

6 de marzo

Haber nacido bajo el signo de Piscis revela que eres un individuo idealista con un buen sentido de los valores y las habilidades prácticas. Eres amistoso, amable, estás dotado de vitalidad y empuje, y posees un carácter fuerte, con un enfoque directo y franco. Eres sumamente intuitivo, sobre todo en lo relativo a las finanzas, y aprovechas las excelentes oportunidades laborales que se te presentan. Cuando te entregas en cuerpo y alma a una causa, eres tanto dedicado como tenaz.

La influencia añadida de tu Sol en el decanato de Cáncer indica que, por lo regular, tu sexto sentido acerca de la gente es correcto. La capacidad para reconocer buenas gangas cuando las encuentras hace que casi nunca pierdas una buena oportunidad. Tu empatía te hace receptivo a las emociones ajenas, pero debes cuidarte de tu propia volubilidad. Tu capacidad de liderazgo natural hace que te desempeñes mejor cuando das órdenes que cuando las recibes. Para alcanzar el éxito, basta con que tengas la disciplina necesaria.

Gozas de buena salud, sabes cómo divertirte y te deleitas en las cosas buenas de la vida. No obstante, ten cuidado de no abusar de la autocomplacencia ni volverte demasiado materialista. Muestra tu lado humilde y gentil para no parecer autoritario o arrogante. Si te falta disciplina, podrías sentir incertidumbre acerca de tus valores y creencias; sin embargo, con la actitud correcta, moverás montañas e impresionarás a otros con tu conocimiento y capacidades.

Hasta los 14 años, tu Sol progresado estará en Piscis y resaltará la importancia del desarrollo emocional. Entre los 15 y los 44, tu Sol progresado atravesará Aries, y su influencia hará que desarrolles gradualmente tu asertividad y disfrutes ser activo y aventurero. Será una buena época para tomar la iniciativa y aprender a ser más directo. Después de los 45 años, cuando tu Sol progresado se desplace hacia Tauro, te volverás más pragmático y estable a nivel emocional. También sentirás una mayor necesidad de tener estabilidad y seguridad financieras, así como de disfrutar la naturaleza y la belleza. A los 75 años, tu Sol progresado se desplazará hacia Géminis, lo que enfatizará la comunicación y el deseo de estudiar o conversar.

Tu yo secreto

Con tu aprecio por el conocimiento, por lo regular, te sientes más satisfecho cuando estás bien informado o cuando tienes las capacidades para resolver los problemas. Si usas tu gran fuerza de voluntad de forma positiva, te impulsará a pensar de forma independiente y constructiva. Por lo regular, eres listo, tenaz, inquisitivo e innovador, y tienes buen ojo para los detalles. Sin embargo, la tendencia a aburrirte implica que prosperas en entornos variados y te entusiasman los intereses nuevos.

Cuando te interesa algo, eres trabajador y aprendes rápido. Eres cálido y creativo, y posees gracia social que te hace sentir cómodo al interactuar con otras personas. No obstante, la inclinación hacia la autocomplacencia podría generar tensión en las relaciones amorosas. Si aprovechas tu encanto, puedes ser sumamente magnético y popular con la gente.

ESTRELLA FIJA

Nombre de la estrella: Achernar
Posición: 14° 17'–15° 11' de Piscis, entre los años 1930 y 2000
Magnitud: 1
Fuerza: ★★★★★★★★★★
Órbita: 2° 30'
Constelación: Erídano (Alpha Eridani)
Días efectivos: 3, 4, 5, 6, 7 y 8 de marzo
Propiedades de la estrella: Júpiter
Descripción: estrella blanquiazul ubicada en la desembocadura del río Erídano

---

INFLUENCIA DE LA ESTRELLA PRINCIPAL

La influencia de Achernar estimula la expansión de tu visión de vida y la capacidad de analizar las cosas en su totalidad. Es probable que tengas una mirada optimista de la vida, amor por la justicia y aspiraciones elevadas. Esta estrella otorga éxito y gusto por el trabajo con el público. También puede inclinarte hacia la filosofía y la religión.

Con respecto a tu grado del Sol, esta estrella confiere una naturaleza generosa, paciente y optimista. Te hará sobresalir en la educación superior y te brindará talento para la escritura. Asimismo, indica recompensas por trabajo extraordinario. Achernar sugiere que es posible alcanzar el éxito en los negocios y en el trabajo con el público en general. Si obtienes fama, generalmente, es duradera.

• *Positiva:* justicia, sentido del bienestar social, aspiraciones.

• *Negativa:* influenciable, evasión, especulaciones, malas interpretaciones.

Trabajo y vocación

Gracias a que eres un visionario con un espíritu emprendedor pragmático, con frecuencia estás dispuesto a organizar y coordinar proyectos de gran tamaño. Eres buen organizador y tienes un excelente sentido de la forma. En general, estás dispuesto a trabajar duro. Tus deseos de armonía y expresión personal te atraerán hacia ámbitos artísticos o creativos como el baile, la música, el teatro o la escritura. Tener buenas habilidades sociales también te permite desempeñarte con éxito en carreras que conllevan trato con el público. Podrías combinar tu astucia empresarial con tu creatividad natural y habilidades sociales para llegar a la cima del mundo financiero. Por otro lado, el deseo de ayudar a otros podría inclinarte hacia las profesiones médicas, la sanación y los cuidados.

Entre las personas famosas con quienes compartes cumpleaños están el pintor y escultor Miguel Ángel, el escritor Gabriel García Márquez, la poeta Elizabeth Barrett Browning, el actor Tom Arnold, el comediante Lou Costello, las cantantes Kiri Te Kanawa y Mary Wilson, y el atleta olímpico Dick Fosbury.

Numerología

Algunos de los atributos propios de la gente nacida en el día 6 son la compasión, el idealismo y la naturaleza atenta. Por lo regular, eres un ser visionario o humanitario, pero también responsable, amoroso y comprensivo. Si bien puedes ser cosmopolita y estar enfocado en tu carrera, con un cumpleaños en el día 6, es más frecuente que tu orientación sea hacia el hogar, que seas una madre o un padre devoto y dedicado a lo doméstico. Las personas más sensibles, entre quienes nacieron en esta fecha, deberán encontrar una forma de expresión creativa, pues se sienten atraídas por el mundo del entretenimiento, las artes y el diseño. Los retos para alguien nacido el día 6 pueden incluir el desarrollo de confianza en sí mismos y proyectar más autoridad. La subinfluencia del mes número 3 indica que eres sensible y posees un fuerte sexto sentido. Te encanta la diversión y eres un buen compañero, por lo que disfrutas las actividades sociales y tienes múltiples intereses. Puesto que eres versátil y tienes la necesidad de vivir experiencias diferentes y emocionantes, la inclinación a aburrirte con facilidad podría causarte indecisión o hacer que desperdigues tus energías. La curiosidad y la necesidad de encontrarle un significado a la totalidad de la vida refleja la necesidad de desarrollo espiritual.

• *Cualidades positivas*: cosmopolitismo, afabilidad, compasión, confiabilidad, empatía, idealismo, orientación hacia lo doméstico, humanismo, compostura, talento artístico, equilibrio.

• *Cualidades negativas*: ansiedad, timidez, terquedad, irracionalidad, franqueza excesiva, comportamiento dominante, irresponsabilidad, cinismo, egocentrismo.

Amor y relaciones

Eres encantador y bondadoso. Te gusta asociarte con el éxito y el prestigio. Saber lo que es la buena vida implica que te atraen los lujos y valoras la buena calidad. El dinero y los buenos prospectos también son factores importantes dentro de las relaciones. Por lo regular, sabes cómo divertirte y entretener a otros, y te gusta relacionarte con quienes tienen ese mismo potencial. Aunque te gusta relacionarte con personas generosas, debes evitar la autocomplacencia excesiva.

ESE ALGUIEN ESPECIAL

Si buscas seguridad, armonía, riqueza y felicidad, tendrás más suerte para encontrarlos entre quienes nacieron en las siguientes fechas.

Amor y amistad: 7, 8, 17, 20, 22 y 24 de enero; 6, 15, 18, 20 y 22 de febrero; 4, 13, 16, 18 y 20 de marzo; 1, 2, 11, 14, 16, 18 y 26 de abril; 9, 12, 14 y 16 de mayo; 7, 10, 12 y 14 de junio; 5, 8, 10, 12, 20 y 30 de julio; 3, 6, 8, 10 y 28 de agosto; 1, 4, 6, 8 y 26 de septiembre; 2, 4, 6 y 24 de octubre; 2, 4, 12 y 22 de noviembre; 2 y 20 de diciembre.

Buenas para ti: 6 y 23 de enero; 4 y 21 de febrero; 2, 19 y 30 de marzo; 17 y 28 de abril; 15, 26 y 30 de mayo; 13, 24 y 28 de junio; 11, 22 y 26 de julio; 9, 20 y 24 de agosto; 7, 18 y 22 de septiembre; 5, 16 y 20 de octubre; 3, 14 y 18 de noviembre; 1, 12, 16 y 30 de diciembre.

Atracción fatal: 7 de enero; 5 de febrero; 3 de marzo; 1 de abril; 6, 7, 8 y 9 de septiembre.

Desafiantes: 5, 26 y 29 de enero; 3, 24 y 27 de febrero; 1, 22 y 25 de marzo; 20 y 23 de abril; 18 y 21 de mayo; 16, 19 y 30 de junio; 14, 17 y 28 de julio; 12, 15, 26 y 31 de agosto; 10, 13, 24 y 29 de septiembre; 8, 11, 22 y 27 de octubre; 6, 9, 20 y 25 de noviembre; 4, 7, 18 y 23 de diciembre.

Almas gemelas: 30 de enero, 28 de febrero, 26 de marzo, 24 de abril, 22 de mayo, 20 de junio, 18 de julio, 16 de agosto, 14 de septiembre, 12 y 31 de octubre, 10 y 29 de noviembre, 8 y 27 de diciembre.

7 de marzo

H Eres imaginativo, idealista y amable, además de un Piscis creativo y prudente que tiene muchas ideas. A pesar de gozar de una intensa vida interior, para alcanzar el éxito y la prosperidad deberás encontrar un propósito práctico para tus pensamientos y sueños maravillosos.

La influencia añadida de tu Sol en el decanato de Cáncer implica que eres intuitivo y que tienes la capacidad de acceder al inconsciente colectivo. Puesto que gozas de una gran riqueza emocional, eres sensible y generoso. Cuando adoptas una actitud positiva y optimista, tu naturaleza solidaria y empática le infunde luz y esperanza a cualquier situación. A pesar de ser receptivo a las emociones ajenas, deberás cuidarte de tu propia volubilidad. Si te sientes insatisfecho, procura no preocuparte o perderte en tus fantasías. Para desarrollar tu lado intuitivo, aprende a confiar en la fuerza de tu sexto sentido.

A pesar de proyectar una imagen alegre y segura frente al mundo, por lo regular, ocultas el lado serio y profundo de tu naturaleza. Tu versatilidad y múltiples talentos indican que tomar las decisiones correctas puede resultarte difícil. El avance en la vida suele ser resultado de las acciones decididas y no de las preocupaciones o indecisiones. Es mejor que inviertas en planes a futuro y bases sólidas, en lugar de procurar ganancias inmediatas. Aunque tienes buenas ideas, debes aprender a ser paciente y a escuchar los consejos que te dan los demás. Si aprendes a ser desapegado y dejas el pasado atrás, evitarás frustraciones y decepciones.

Entre los 14 y los 43, tu Sol progresado atravesará Aries y su influencia te permitirá desarrollar gradualmente tu confianza y disfrutar ser activo y asertivo. Después de los 44 años, cuando tu Sol progresado se desplace hacia Tauro, sentirás una mayor necesidad de estabilidad y seguridad financieras. Es posible que te vuelvas más estable a nivel emocional y desarrolles un mayor interés por la naturaleza. A los 74 años habrá otro punto de inflexión, cuando tu Sol progresado entre a Géminis. A partir de entonces, te volverás más curioso y empezarás a transformar tu mentalidad. Además, te interesarás en la comunicación y en aprender temas nuevos.

Tu yo secreto

A pesar de ser idealista y sumamente intuitivo, fluctúas entre tener confianza y dudar de ti mismo. Si temes correr riesgos, sobre todo si involucran tu seguridad, podrías sentirte frustrado o insatisfecho contigo mismo o con otros. Al enfrentar tus dudas y temores, encontrarás la verdadera fe en ti mismo y descubrirás qué te depara la vida. Cuando adoptas una perspectiva positiva, tienes el potencial para inspirar a otros con tus ideales e imaginación. No obstante, deberás aprender a concentrarte en tus verdaderas metas y no desperdigar tus energías en cosas o sucesos sin importancia.

Aunque quieras rodearte de armonía y belleza, a nivel profundo, muchos de los desafíos personales que enfrentarás tendrán que ver con tu actitud frente al dinero y las cuestiones materiales. Probablemente te resultará difícil aceptar la responsabilidad inherente a los desafíos más apremiantes. Si te concentras en tus energías creativas, serás capaz de obtener resultados originales y productivos. Date tiempo para recobrar fuerzas y presta atención a tu alimentación y tu salud, además de aprender a relajarte.

ESTRELLA FIJA

Nombre de la estrella: Achernar
Posición: 14º 17'–15º 11' de Piscis, entre los años 1930 y 2000
Magnitud: 1
Fuerza: ★★★★★★★★★
Órbita: 2º 30'
Constelación: Erídano (Alpha Eridani)
Días efectivos: 3, 4, 5, 6, 7 y 8 de marzo
Propiedades de la estrella: Júpiter
Descripción: estrella blanquiazul ubicada en la desembocadura del río Erídano

INFLUENCIA DE LA ESTRELLA PRINCIPAL

La influencia de Achernar estimula la expansión de tu visión de vida y la capacidad de analizar las cosas en su totalidad. Es probable que tengas una mirada positiva de la vida, amor por la justicia y aspiraciones elevadas. Esta estrella otorga éxito y gusto por el trabajo con el público. También puede inclinarte hacia la filosofía y la religión.

Con respecto a tu grado del Sol, esta estrella confiere una naturaleza generosa, paciente y optimista. Te hará sobresalir en la educación superior y te brindará talento para la escritura. Asimismo, indica recompensas por trabajo extraordinario. Achernar sugiere que es posible alcanzar el éxito en los negocios y en el trabajo con el público en general. Si obtienes fama, generalmente, es duradera.

• *Positiva:* justicia, sentido del bienestar social, aspiraciones.

• *Negativa:* influenciable, evasión, especulaciones, malas interpretaciones.

Trabajo y vocación

Eres sensible, pero también analítico y tienes una gran necesidad de expresión personal. Cuando estas características se combinan con tu imaginación y personalidad visionaria, es posible que te inclines por hacer carrera en la fotografía, el arte o el cine, o usar tu sensibilidad emocional en la música o el baile. Por otro lado, quizá te atraigan los trabajos en la salud, la medicina, la enseñanza, el trabajo social, el altruismo y el voluntariado. La influencia de esta fecha de nacimiento también hace que te interesen otras culturas y aspires a trabajar en el extranjero. Si te dedicas a los negocios, podrías usar tus habilidades sociales para alcanzar el éxito. Las circunstancias inestables en tu entorno laboral podrían indicar cambios de carrera. Sin importar qué trabajo elijas, tu inteligencia aguda y gran intuición te ayudarán a aprender rápidamente.

Entre las personas famosas con quienes compartes cumpleaños están el compositor Maurice Ravel, el pintor holandés Piet Mondrian, el fotógrafo Lord Snowdon, la actriz Anna Magnani, el horticultor Luther Burbank y el tenista Ivan Lendl.

Numerología

A pesar de ser analíticas y reflexivas, las personas con el número 7 en su fecha de nacimiento suelen ser críticas y egocéntricas. Tienes una necesidad constante de desarrollar tu autoconciencia. Disfrutas recopilar información, y te pueden interesar la lectura, la escritura o la espiritualidad. Si bien eres astuto, también tiendes a ser escéptico o a racionalizar demasiado las cosas y perderte en los detalles. Una tendencia a ser enigmático o reservado puede hacerte sentir incomprendido. La subinfluencia del mes número 3 indica que, aunque eres sensible e idealista, y necesitas tener relaciones personales cercanas, en ocasiones prefieres estar solo. Eres analítico e inquisitivo, y te gusta hacer preguntas sutiles sin revelar tus propios pensamientos. La tendencia al escepticismo o a ser demasiado orgulloso también refleja que necesitas desarrollar habilidades de comunicación para evitar malentendidos. Cuando amplías tu conocimiento y tus horizontes te sientes especialmente satisfecho, pues te beneficias de toda clase de actividades intelectuales. Durante tu búsqueda de sabiduría, encontrarás inspiración en el estudio de la metafísica, la filosofía o las artes de la sanación.

• *Cualidades positivas*: educación, confianza, meticulosidad, idealismo, honestidad, habilidades psíquicas, capacidades científicas, racionalidad, reflexión.

• *Cualidades negativas*: engaño, tendencia a ser solitario, hermetismo, escepticismo, confusión, desapego.

Amor y relaciones

Puesto que es probable que atraigas a todo tipo de gente, necesitas ser prudente al escoger a tus amigos. Alcanzar el equilibrio emocional impedirá que alternes entre expresar tus emociones y aparentar frialdad o retraimiento. Es sumamente importante que seas honesto con tu pareja. Por lo regular, te atraen personas inteligentes con quienes puedes compartir algún tipo de actividad intelectual. Debido a que eres encantador y amistoso, no se te dificulta hacer amigos o encontrar amantes. Gracias a tu actitud gentil y enfoque creativo ante la vida, cautivarás a cualquiera.

ESE ALGUIEN ESPECIAL

Es probable que tengas más suerte si te relacionas con personas nacidas en las siguientes fechas.

Amor y amistad: 9, 23, 25 y 27 de enero; 7, 21, 23 y 25 de febrero; 5, 19, 21, 23 y 29 de marzo; 3, 17, 19, 21, 27 y 30 de abril; 1, 15, 17, 19, 25 y 28 de mayo; 13, 15, 17, 23, 26 y 27 de junio; 11, 13, 15, 21 y 24 de julio; 9, 11, 13, 19 y 22 de agosto; 7, 9, 11, 17 y 20 de septiembre; 5, 7, 9, 15, 18 y 30 de octubre; 3, 5, 7, 13, 16 y 17 de noviembre; 1, 3, 5, 11, 14 y 26 de diciembre.

Buenas para ti: 2, 4, 7 y 26 de enero; 2 y 5 de febrero; 3 de marzo; 1 de abril; 31 de mayo; 29 de junio; 14, 27 y 31 de julio; 25 y 29 de agosto; 23 y 27 de septiembre; 21 y 25 de octubre; 6, 19 y 23 de noviembre; 17 y 21 de diciembre.

Atracción fatal: 8 y 14 de enero; 6 y 12 de febrero; 4 y 10 de marzo; 2 y 8 de abril; 6 de mayo; 4 de junio; 2 de julio; 7, 8, 9 y 10 de septiembre.

Desafiantes: 6, 19 y 29 de enero; 4, 17 y 27 de febrero; 2, 15 y 25 de marzo; 13 y 23 de abril; 11 y 21 de mayo; 9 y 19 de junio; 7 y 17 de julio; 5 y 15 de agosto; 3, 13 y 30 de septiembre; 1, 11 y 28 de octubre; 9 y 26 de noviembre; 7, 24 y 29 de diciembre.

Almas gemelas: 16 y 21 de enero, 14 y 19 de febrero, 12 y 17 de marzo, 10 y 15 de abril, 8 y 13 de mayo, 6 y 11 de junio, 4 y 9 de julio, 2 y 7 de agosto, 5 de septiembre, 3 de octubre, 1 de noviembre.

ESTRELLA FIJA

Nombre de la estrella: Achernar

Posición: 14° 17'–15° 11' de Piscis, entre los años 1930 y 2000

Magnitud: 1

Fuerza: ★★★★★★★★★

Órbita: 2° 30'

Constelación: Erídano (Alpha Eridani)

Días efectivos: 3, 4, 5, 6, 7 y 8 de marzo

Propiedades de la estrella: Júpiter

Descripción: estrella blanquiazul ubicada en la desembocadura del río Erídano

INFLUENCIA DE LA ESTRELLA PRINCIPAL

La influencia de Achernar estimula la expansión de tu visión de vida y la capacidad de analizar las cosas en su totalidad. Es probable que tengas una mirada positiva de la vida, amor por la justicia y aspiraciones elevadas. Esta estrella otorga éxito y gusto por el trabajo con el público. También puede inclinarte hacia la filosofía y la religión.

Con respecto a tu grado del Sol, esta estrella confiere una naturaleza generosa, paciente y optimista. Te hará sobresalir en la educación superior y te brindará talento para la escritura. Asimismo, indica recompensas por trabajo extraordinario. Achernar sugiere que es posible alcanzar el éxito en los negocios y en el trabajo con el público en general. Si obtienes fama, generalmente, es duradera.

• *Positiva:* justicia, sentido del bienestar social, aspiraciones.

• *Negativa:* influenciable, evasión, especulaciones, malas interpretaciones.

8 de marzo

Tu fecha de nacimiento revela que eres un Piscis trabajador y pragmático; con una personalidad amigable y encantadora. Aunque eres directo y tienes un criterio oportuno, eres una persona entusiasta y sumamente imaginativa. Por lo regular, eres autosuficiente y tienes un sólido sentido del propósito, así como habilidades diplomáticas innatas que reflejan que prefieres colaborar con otros como líder del equipo. Sin embargo, evita involucrarte en juegos de poder o tácticas de manipulación.

La influencia añadida de tu Sol en el decanato de Cáncer indica que eres receptivo y sensible. Puesto que, en general, tienes pensamientos poderosos y la capacidad psíquica de percibir el subconsciente de los demás, por naturaleza sabes lo que los motiva. Además de ser un individuo solidario, eres empático con los sentimientos ajenos, pero necesitas cuidarte de tus cambios de humor. Si te sientes inseguro, evita recurrir a discusiones solo por contrariar a los demás; la evasión y la autocompasión tampoco te ayudarán en realidad.

A pesar de que eres ambicioso y tienes un buen sentido para los negocios, tu fecha de nacimiento indica que, con tu dinamismo mental, necesitas restablecer el equilibrio en tu vida con bastante frecuencia. Si procuras rodearte de armonía, podrás superar las tensiones internas y ansiedades sin explicación. La inclinación hacia los temas metafísicos podría inclinarte hacia la espiritualidad y la filosofía. Cuando te inspira una causa o una idea, eres capaz de aprender de ello a cabalidad y hasta contribuir con tus propias ideas.

Entre los 13 y los 42 años tu Sol progresado atravesará Aries, lo que sugiere que poco a poco te volverás más seguro de ti mismo, asertivo y ambicioso. Quizá prefieras ocupar posiciones de liderazgo o emprender proyectos nuevos. A los 43 años habrá un punto de inflexión, cuando tu Sol progresado entre a Tauro. A partir de entonces, bajarás el ritmo y necesitarás más estabilidad y seguridad financieras. De los 73 en adelante, cuando tu Sol entre a Géminis, desarrollarás un gran interés en la comunicación y el intercambio de ideas.

Tu yo secreto

Eres inteligente e imaginativo, y reconoces el valor de la sabiduría y la comprensión. Tus ansias de conocimiento y espíritu emprendedor serán importantes motores en tu vida. A pesar de que una parte de ti se siente satisfecha cuando se relaja en casa y tiene una rutina cómoda, el desafío que enfrentarás tendrá que ver con el empuje y la tenacidad necesarios para poner en práctica tus ideas maravillosas o hacer tus sueños realidad. Tu sentido natural del liderazgo y orgullo hacen que, si no te sientes estimulado a nivel intelectual, no aproveches al máximo tu verdadero potencial.

Eres sumamente intuitivo e imaginativo, y necesitas algo que te motive a actuar de forma independiente. Por lo regular, tienes creencias originales y progresistas, pero necesitas mecanismos creativos para expresarlas. Llevar una vida equilibrada podría ser la clave de tu felicidad. Para evitar angustias, sobre todo con relación al trabajo, quizá debas salir de la rutina cotidiana y explorar otros intereses, pasatiempos y aventuras.

Trabajo y vocación

Eres amigable y cooperador. Te desempeñas bien en actividades que implican alianzas o trabajo en equipo. Tu sentido natural de los negocios podría ayudarte a triunfar en el comercio, las finanzas o las inversiones. Podrías desempeñarte en trabajos administrativos de cualquier índole gracias a tus habilidades organizacionales superiores. Ser diplomático te ayudará en muchos ámbitos, como las relaciones públicas o las negociaciones. De igual modo, tus poderes intuitivos te brindarán un sexto sentido acerca de las oportunidades laborales. El interés en las artes y los conceptos visuales, como la fotografía y el diseño, podrían inspirar tu temperamento creativo, o quizás atraerte hacia la escritura, la música, el teatro o el baile. Eres sensible y necesitas expresar tu creatividad con ayuda del potencial para poner en práctica tus ideas.

Entre las personas famosas con quienes compartes cumpleaños están los actores Lynn Redgrave y Aidan Quinn, la cantante Carole Bayer Sager, el escritor Kenneth Grahame y el pintor Anselm Kiefer.

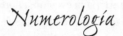

Numerología

El poder del número 8 en tu fecha de nacimiento indica un carácter con valores firmes y un juicio sólido. El número 8 denota que aspiras a conseguir grandes logros y que tienes una naturaleza ambiciosa. Tu fecha de cumpleaños esboza además tu deseo de control, seguridad y éxito material. Como una persona nacida bajo el número 8 tienes un talento natural para los negocios y te beneficiarás en gran medida si desarrollas tus habilidades organizativas y ejecutivas. Tu necesidad de seguridad y estabilidad te insta a hacer planes e inversiones a largo plazo. La subinfluencia del mes número 3 indica que eres imaginativo y tienes múltiples talentos. En ocasiones, tus poderes de intuición te provocarán destellos de inspiración. Eres sensible y necesitas creatividad, pero también usas tus ideas de forma práctica. Sin embargo, al tener una veta oportunista innata, ten cuidado de no intentar hacer demasiadas cosas a la vez. Si te enfocas en proyectos nuevos, fortalecerás tu disciplina y paciencia, lo cual se traducirá en logros exitosos. Con el fin de alcanzar tus metas, aprovecha tu poder de persuasión para apoyar y respaldar a los demás, en lugar de manipular a tu pareja o seres queridos.

• *Cualidades positivas*: liderazgo, minuciosidad, trabajo arduo, autoridad, protección, poder de sanación, talento para juzgar valores.

• *Cualidades negativas*: impaciencia, intolerancia, desasosiego, exceso de trabajo, comportamiento controlador, tendencia a darte por vencido, falta de planeación.

Amor y relaciones

Aunque la estabilidad y la vida familiar sean importantes para ti, tendrás que encontrar formas de expresarte e impedir que tu vida amorosa se vuelva aburrida o monótona. Encontrar el equilibrio entre tus deberes y el esparcimiento ayudará a que las cosas fluyan. A pesar de que la armonía y la seguridad o las relaciones estables parecen esenciales, podrías volverte irritable con tus seres queridos si te sientes insatisfecho o te vuelves demasiado dependiente de tu pareja. Por fortuna, cuando enfocas tu encanto amigable y empatía sensible, tienes la capacidad de hacer sentir a la gente especial. Usa tus habilidades diplomáticas innatas para generar paz y armonía en tus relaciones personales.

ESE ALGUIEN ESPECIAL

Encontrarás amistad o a una pareja o amante fiel entre quienes nacieron en las siguientes fechas.

Amor y amistad: 10, 26 y 28 de enero; 8, 21, 24 y 26 de febrero; 6, 22, 24 y 30 de marzo; 4, 20, 22 y 28 de abril; 2, 18, 20, 26 y 29 de mayo; 16, 18, 24 y 27 de junio; 11, 14, 16, 22 y 25 de julio; 12, 14, 20, 23 y 30 de agosto; 10, 12, 18, 21 y 28 de septiembre; 8, 10, 16, 19 y 26 de octubre; 3, 6, 8, 14, 17 y 24 de noviembre; 4, 6, 12, 15 y 22 de diciembre.

Buenas para ti: 8 de enero; 6 de febrero; 4 y 28 de marzo; 2 y 26 de abril; 24 de mayo; 22 y 30 de junio; 20, 28 y 29 de julio; 18, 26, 27 y 30 de agosto; 16, 24, 25 y 28 de septiembre; 14, 22, 23, 26 y 29 de octubre; 12, 20, 21, 24 y 27 de noviembre; 10, 18, 19, 22 y 25 de diciembre.

Atracción fatal: 15 de enero; 13 de febrero; 11 de marzo; 9 de abril; 7 de mayo; 5 de junio; 3 de julio; 1 de agosto; 8, 9, 10 y 11 de septiembre.

Desafiantes: 7, 9 y 30 de enero; 5, 7 y 28 de febrero; 3, 5 y 26 de marzo; 1, 3 y 24 de abril; 1 y 22 de mayo; 20 de junio; 18 de julio; 16 de agosto; 14 de septiembre; 12 y 29 de octubre; 10 y 27 de noviembre; 8, 25 y 30 de diciembre.

Almas gemelas: 8 y 27 de enero, 6 y 25 de febrero, 4 y 23 de marzo, 2 y 21 de abril, 19 de mayo, 17 de junio, 15 de julio, 13 de agosto, 11 de septiembre, 9 de octubre, 7 de noviembre, 5 de diciembre.

9 de marzo

ESTRELLAS FIJAS

Aunque el grado en que se ubica tu Sol no se encuentra vinculado con una estrella fija, algunos de los grados de tus otros planetas sí lo estarán. Si solicitas el cálculo de tu carta astral, encontrarás la posición exacta de los planetas en tu fecha de nacimiento. Esto te permitirá determinar cuáles de las estrellas fijas descritas en este libro son relevantes para ti.

Al haber nacido bajo el signo de Piscis, eres un individuo sumamente intuitivo y sensible, pero también reservado y observador. Gracias a tu agudeza mental, te gusta emprender proyectos y ocupar posiciones de liderazgo. Eres idealista y albergas emociones profundas, por lo que necesitas desafíos que provoquen la transformación que necesitas para que tu verdadera personalidad emerja.

La influencia añadida de tu Sol en el decanato de Cáncer indica que posees una imaginación fértil. Por lo regular, gozas de una amplia gama de sentimientos, y gracias a eso eres sensible y solidario. Cuando eres empático y receptivo a los sentimientos ajenos, respaldas a la gente y eres leal; sin embargo, evita apropiarte de sus problemas. La capacidad para adentrarte en el inconsciente colectivo te permite reconocer los ánimos del momento, pero trata de evitar tu propia inestabilidad emocional. Si acaso te sientes insatisfecho, evita recurrir a la evasión, la preocupación o la autocompasión.

Dado que tienes múltiples talentos, es importante que te mantengas ocupado con trabajo y que te expreses de forma creativa. Sin embargo, dado que también eres obstinado y voluntarioso, estas actitudes podrían ser un obstáculo para explotar el potencial extraordinario propio de esta fecha de nacimiento. Si desarrollas tu receptividad aguda, podrás entenderte mejor y comprender la vida a un nivel más profundo. Puesto que te inspiran los nuevos comienzos, te sientes confiado y esperanzado cuando trabajas duro en un proyecto en el que tienes fe.

Hasta los 11 años, tu Sol progresado estará en Piscis y enfatizará tu sensibilidad y necesidades afectivas. Entre los 12 y los 41 años, tu Sol progresado atravesará Aries. Esta influencia hará que poco a poco te vuelvas más asertivo, audaz y entusiasta, y desarrollarás un deseo intenso de emprender nuevos proyectos. Después de los 42 años, cuanto su Sol progresado se desplace hacia Tauro, necesitarás tener estabilidad y seguridad financieras, y desearás una vida más apacible y ecuánime. A los 72 años, cuando tu Sol progresado se desplace hacia Géminis, te volverás más curioso y te atraerán diferentes formas de comunicación; incluso es posible que adquieras intereses nuevos.

Tu yo secreto

A pesar de ser capaz de desarrollar excelentes habilidades comunicativas, a veces eres sumamente idealista y se te dificulta expresar tus verdaderos sentimientos. No obstante, la necesidad de entablar relaciones personales o íntimas es una de las claves de tu felicidad. Si aprendes a mantenerte desapegado, a esperar menos de los demás y a plantarte con firmeza en tu postura, desarrollarás la confianza que deseas. Además, te ayudará a superar la suspicacia y el temor a la soledad. Eres meticuloso y pulcro, te gusta prestar atención a los detalles y quizá quieras desarrollar tus habilidades críticas y analíticas.

Tus habilidades de liderazgo, tenacidad y capacidad para trabajar arduamente señalan que, una vez que tomas una decisión, puedes superarte en cualquier ámbito. Dado que eres un perfeccionista con nociones sumamente idealistas y románticas, sientes una gran necesidad de expresar tus talentos creativos. Si encuentras una causa significativa que apoyar, canalizarás con éxito tus ideales elevados, perspicacia y compasión para ayudar a los demás.

Trabajo y vocación

Eres un individuo trabajador y de mente abierta, y puedes dedicarte por completo a un proyecto si te interesa. Tus empleadores aprecian tu responsabilidad y la capacidad que tienes para aprehender los conceptos con rapidez. Gracias a tus habilidades de liderazgo innatas, eres capaz de influir en otros y mantener la calma en tiempos de crisis. Además de ser intuitivo e imaginativo, gozas de una visión poderosa que puedes usar para resolver problemas, tomar precauciones o dedicarte a las artes visuales. También podrían interesarte la música o el baile. Por otro lado, quizás elijas trabajar como asesor o administrador. El interés en la educación indica que podrías ser un profesor o escritor sobresaliente. Algunas personas nacidas en esta fecha sienten un gran interés en la religión o la espiritualidad, y tratan de ayudar a otros por medio de proyectos altruistas o profesiones relacionadas con los cuidados.

Entre las personas famosas con quienes compartes cumpleaños están el ajedrecista Bobby Fischer, el cosmonauta Yuri Gagarin, el jazzista Ornette Coleman, el guitarrista Robin Trower y el escritor Mickey Spillane.

Numerología

Entre las características asociadas con haber nacido bajo el número 9 están la benevolencia, amabilidad y sentimentalismo. Sueles ser generoso, liberal, tolerante y gentil. Tus habilidades intuitivas y psíquicas apuntan hacia una receptividad universal que, canalizada de forma positiva, te inspirará a buscar un camino espiritual. Esta fecha de nacimiento sugiere la necesidad de superar desafíos, y la tendencia a ser hipersensible y experimentar altibajos emocionales. Viajar por el mundo e interactuar con gente de todo tipo te beneficiará, pero es posible que debas cuidarte de tener sueños poco realistas o de tender hacia la evasión. La subinfluencia del mes número 3 indica que eres idealista, creativo e imaginativo. Por lo regular, eres perspicaz, complaciente y amigable. Gracias a tu naturaleza empática y comprensiva, sabes tener tacto y usar métodos de cooperación para alcanzar tus metas y objetivos. Eres inteligente y tienes buena capacidad de razonamiento. Puesto que quieres definir tu verdadera individualidad, sueles ser innovador. Para superar los desafíos, necesitas reforzar tu disciplina y tenacidad.

• *Cualidades positivas*: idealismo, humanitarismo, creatividad, sensibilidad, generosidad, magnetismo, naturaleza poética, caridad, desapego, suerte, popularidad.

• *Cualidades negativas*: frustración, nerviosismo, egoísmo, falta de practicidad, tendencia a dejarse llevar, complejo de inferioridad, preocupación.

Amor y relaciones

Eres sensible y receptivo, por lo que necesitas encontrar a una pareja en la cual confiar y con quien puedas compartir una intimidad profunda. Quizá debas evitar preocuparte tanto por tus propios intereses que te distancies de otros y aprender a superar tu timidez para evitar la inclinación a ser desconfiado. Es más apropiado que te relaciones con gente que comparta tus ideales y aspiraciones elevadas. Tu empuje dinámico y poder para emprender proyectos nuevos siempre hará que la gente te admire.

ESE ALGUIEN ESPECIAL

Te resultará más fácil materializar tus ideales con personas nacidas en las siguientes fechas.

Amor y amistad: 11, 20, 25, 27 y 29 de enero; 9, 18, 23, 25 y 27 de febrero; 7, 16, 21, 23 y 25 de marzo; 5, 14, 19, 21, 23 y 29 de abril; 3, 12, 17, 19 y 21 de mayo; 1, 10, 15, 17, 19 y 25 de junio; 8, 13, 15 y 17 de julio; 6, 11, 13 y 15 de agosto; 4, 9, 11 y 13 de septiembre; 2, 7, 9 y 11 de octubre; 5, 7, 9 y 15 de noviembre; 3, 5 y 7 de diciembre.

Buenas para ti: 9 y 26 de enero; 7 y 24 de febrero; 5 y 22 de marzo; 3 y 20 de abril; 1, 18 y 29 de mayo; 16 y 27 de junio; 14, 25, 29 y 30 de julio; 12, 23, 27, 28 y 31 de agosto; 10, 21, 25, 26 y 29 de septiembre; 8, 19, 23, 24 y 27 de octubre; 6, 17, 21, 22 y 25 de noviembre; 4, 15, 19, 20 y 23 de diciembre.

Atracción fatal: 16 de enero; 14 de febrero; 12 de marzo; 10 de abril; 8 de mayo; 6 de junio; 4 de julio; 2 de agosto; 8, 9, 10, 11 y 12 de septiembre.

Desafiantes: 8, 29 y 31 de enero; 6, 27 y 29 de febrero; 4, 25, 27 y 28 de marzo; 2, 23, 25 y 26 de abril; 21, 23 y 24 de mayo; 19, 21 y 22 de junio; 17, 19 y 20 de julio; 15, 17 y 18 de agosto; 13, 15 y 16 de septiembre; 11, 13, 14 y 30 de octubre; 9, 11, 12 y 28 de noviembre; 7, 9, 10 y 26 de diciembre.

Almas gemelas: 30 de mayo, 28 de junio, 26 de julio, 24 de agosto, 22 y 30 de septiembre, 20 y 28 de octubre, 18 y 26 de noviembre, 16 y 24 de diciembre.

10 de marzo

ESTRELLAS FIJAS

Aunque el grado en que se ubica tu Sol no se encuentra vinculado con una estrella fija, algunos de los grados de tus otros planetas sí lo estarán. Si solicitas el cálculo de tu carta astral, encontrarás la posición exacta de los planetas en tu fecha de nacimiento. Esto te permitirá determinar cuáles de las estrellas fijas descritas en este libro son relevantes para ti.

La mezcla de ambición e idealismo propia de esta fecha de nacimiento indica que eres un Piscis perspicaz, con un enfoque pragmático. Eres talentoso y versátil; cuando te inspiras, sueles tomar las riendas y mostrarles a otros tu originalidad y habilidades administrativas.

La influencia añadida de tu Sol en el decanato de Cáncer combina tu imaginación con tus habilidades intuitivas naturales. A pesar de ser independiente, sientes un deseo profundo de seguridad, por lo que el hogar y la familia son sumamente importantes en tu vida. Dado que posees talentos psíquicos o de médium, es indispensable que confíes en tus sentimientos profundos. Cuando tienes premoniciones, las cosas suelen ocurrir tal y como las imaginas. A pesar de que tu naturaleza cálida y empática te permite ser tolerante y compasivo, tu orgullo y sensibilidad indican que te sientes herido con facilidad y eres propenso al mal humor.

Aunque eres capaz de trabajar arduamente y estás dotado de un gran talento para los negocios, necesitas expresarte al hacer algo poco convencional y creativo. Eres receptivo a ideas y experiencias nuevas, y necesitas tener espacio para maniobrar con libertad; a pesar de tu conciencia material, te desagradan las rutinas mundanas. Ansías libertad; tu encanto, calidez y actitud amistosa hacen que seas popular entre tus allegados. Eres sutil y tienes el don de la diplomacia, por lo que puedes ser directo sin ser ofensivo. La atracción hacia la belleza sugiere que eres refinado y aprecias las artes creativas.

Hasta los 10 años, tu Sol progresado estará en Piscis y resaltará la importancia de la sensibilidad emocional y los sueños a futuro. Entre los 11 y los 40, tu Sol progresado atravesará Cáncer, y su influencia hará que gradualmente desarrolles seguridad en ti y asertividad, y que desees ser más activo y aventurero. Será una buena época para tomar la iniciativa y aprender a ser más directo. Después de los 41 años, cuando tu Sol progresado se desplace hacia Tauro, empezará una nueva fase en la que sobresaldrá la necesidad creciente de tener una base sólida y seguridad financiera, y de nutrirte de la belleza de la naturaleza. A los 71 años, tu Sol progresado se desplazará hacia Géminis y enfatizará la comunicación y el deseo de tener intereses nuevos.

Tu yo secreto

Eres histriónico y sociable por naturaleza y, por lo regular, proyectas confianza en ti mismo. Si a nivel interno careces de confianza propia para hacer las cosas por ti mismo, terminarás en situaciones que no saquen provecho de tus capacidades y talentos. Aunque, por lo general, tienes una amplia gama de intereses, si te enfocas en una idea o proyecto en particular, serás capaz de expresar al máximo tu gran creatividad.

Debido a que eres brillante y adaptable puedes entender a la gente al instante. Esta perspicacia te ayuda a lograr cosas sustanciales en la vida y te garantiza el éxito en situaciones sociales. Eres generoso y comprensivo. Con frecuencia tratas de mantener la paz con ayuda de tus dotes diplomáticas y encanto natural. A pesar de ser amistoso, les ocultas una parte de ti a tus seres queridos y con frecuencia necesitas pasar tiempo a solas para reflexionar y encontrar tu núcleo. Desarrollar y reforzar tu intuición te permitirá tener fe en tus propias capacidades y evitar las angustias e indecisiones.

Trabajo y vocación

Las ocupaciones que implican tratar con gente serán las que más te satisfagan. Tus habilidades psicológicas naturales podrían resultarte útiles en las ventas, la publicidad o la psicoterapia. Aunque sabes trabajar bien en equipo, por lo regular, no te gusta recibir órdenes; lo que refleja que te conviene ocupar posiciones de liderazgo o trabajar por cuenta propia. Tu dramatismo natural e imaginación poderosa podrían tener cabida en la música, el arte, el baile o el teatro. Escribir podría ser una válvula de escape positiva para el lado creativo de tu naturaleza. Al ser empático e intuitivo, también podrían atraerte los trabajos de cuidados. Puesto que, en general, te encanta viajar, podrías involucrarte en negocios internacionales. Otras personas apreciarán tu capacidad para incorporar ideas nuevas y originales a tu trabajo.

Entre las personas famosas con quienes compartes cumpleaños están los actores Sharon Stone y Chuck Norris, el compositor Bix Beiderbecke, la abolicionista de la esclavitud Harriet Tubman y el príncipe Eduardo de la familia real británica.

Numerología

Al igual que otras personas con el número 1 en su fecha de nacimiento, eres ambicioso e independiente. Aunque deberás superar desafíos antes de alcanzar tus metas, eres capaz de cumplir tus objetivos con tenacidad. Tu espíritu pionero te anima a viajar por territorios inexplorados y a triunfar o fracasar por ti mismo. Con el número 10 en tu cumpleaños, es posible que también debas entender que no eres el centro del universo, y deberías evitar ser egoísta y dictatorial. La subinfluencia del mes número 3 indica que tienes que encontrar formas de expresarte. Dado que eres amable y amistoso, disfrutas las actividades sociales y sueles tener muchos intereses. Debido a que eres versátil y posees una veta inquieta, corres el riesgo de aburrirte con facilidad y desperdigar tus energías, a menos que seas disciplinado. A pesar de ser entusiasta y tener buen sentido del humor, tendrás que fortalecer tu autoestima para evitar las preocupaciones. Evita ser autoritario o demasiado criticón en tus relaciones personales. Estar en una atmósfera amorosa es de suma importancia para ti, pues te llena de esperanza e inspiración.

• *Cualidades positivas*: liderazgo, creatividad, naturaleza progresista, vigor, optimismo, convicciones firmes, competitividad, independencia, sociabilidad.

• *Cualidades negativas*: autoritarismo, celos, egoísmo, orgullo, antagonismo, falta de control, avaricia, debilidad, inestabilidad, impaciencia.

Amor y relaciones

Puesto que posees un extraordinario encanto que atrae amigos y admiradores, siempre tendrás una vida social activa y disfrutarás recibir invitados. Por lo regular, te gusta rodearte de gente inteligente que comparta contigo ideas nuevas; por lo que quizá te interese unirte a grupos en los que puedas obtener conocimiento y aprender habilidades prácticas. Tu necesidad de equilibrio y armonía implica que logras más cuando usas métodos diplomáticos y habilidades personales con tu pareja o socios, en lugar de ser dogmático.

ESE ALGUIEN ESPECIAL

Para encontrar seguridad, estímulo intelectual y amor, búscalos entre personas nacidas en las siguientes fechas.

Amor y amistad: 4, 11, 12, 16, 26, 28 y 30 de enero; 2, 9, 10, 24, 26 y 28 de febrero; 7, 8, 22, 24 y 26 de marzo; 5, 6, 20, 22, 24 y 30 de abril; 3, 4, 8, 18, 20, 22, 28 y 31 de mayo; 1, 2, 16, 18, 20, 26 y 29 de junio; 4, 14, 16, 18, 24 y 27 de julio; 12, 14, 16, 22 y 25 de agosto; 10, 12, 14, 20 y 23 de septiembre; 8, 10, 12, 18 y 21 de octubre; 6, 8, 10, 16 y 19 de noviembre; 4, 6, 8, 14 y 17 de diciembre.

Buenas para ti: 3, 10, 29 y 31 de enero; 1, 8, 27 y 29 de febrero; 6, 25 y 27 de marzo; 4, 23 y 25 de abril; 2, 21 y 23 de mayo; 19 y 21 de junio; 17, 19 y 30 de julio; 15, 17 y 28 de agosto; 13, 15 y 26 de septiembre; 11, 13 y 24 de octubre; 9, 11 y 22 de noviembre; 7, 9 y 20 de diciembre.

Atracción fatal: 11 de enero; 9 de febrero; 7 de marzo; 5 de abril; 3 de mayo; 1 de junio; 10, 11, 12 y 13 de septiembre.

Desafiantes: 9 de enero; 7 de febrero; 5 y 28 de marzo; 3 y 26 de abril; 1 y 24 de mayo; 22 de junio; 20 de julio; 18 de agosto; 16 de septiembre; 14, 30 y 31 de octubre; 12, 28 y 29 de noviembre; 10, 26 y 27 de diciembre.

Almas gemelas: 7 de enero, 5 de febrero, 3 de marzo, 1 de abril, 29 de mayo, 27 de junio, 25 de julio, 23 de agosto, 21 de septiembre, 19 de octubre, 17 de noviembre, 15 de diciembre.

SOL: PISCIS
DECANATO: CÁNCER/LUNA
ÁNGULO: 19º 30'–20º 30' DE PISCIS
MODALIDAD: MUTABLE
ELEMENTO: AGUA

ESTRELLAS FIJAS

Aunque el grado en que se ubica tu Sol no se encuentra vinculado con una estrella fija, algunos de los grados de tus otros planetas sí lo estarán. Si solicitas el cálculo de tu carta astral, encontrarás la posición exacta de los planetas en tu fecha de nacimiento. Esto te permitirá determinar cuáles de las estrellas fijas descritas en este libro son relevantes para ti.

11 de marzo

Al haber nacido bajo el signo de Piscis, eres un individuo inspirado, idealista, dinámico y entusiasta, que posee valores sólidos. Tu fortaleza interna y perspicacia poderosa te ayudarán a tomar las riendas o estar a la vanguardia de proyectos nuevos e innovadores. Las preocupaciones materiales y la necesidad de seguridad financiera implican que te gusta combinar tus talentos imaginativos y creativos con emprendimientos comerciales. Ya que deseas tener una buena vida, debes evitar la autocomplacencia excesiva y el despilfarro.

La influencia añadida de tu Sol en el decanato de Cáncer te otorga una intuición poderosa y un sexto sentido extraordinario. Además de imaginación fértil, gozas de visión y dotes premonitorias. Aun si tus habilidades prácticas y buen juicio opacan otros factores, la capacidad de explorar el inconsciente colectivo te hace consciente de las tendencias públicas.

Eres un humanista con determinación, convicciones fuertes y nociones idealistas. Puesto que también puedes ser perseverante y activo, el éxito será tuyo si no te dejas llevar por las preocupaciones materialistas. A pesar de ser capaz de reaccionar con rapidez y de forma intuitiva, si aprendes a mantener la calma y evitas las actividades compulsivas o erráticas, te volverás más paciente y menos autoritario.

Entre los 10 y los 39 años, tu Sol progresado atravesará Aries, y su influencia te ayudará a desarrollar gradualmente tu asertividad y confianza personal, y disfrutarás ser activo y valiente. Después de los 40, cuando tu Sol progresado se desplace hacia Tauro, sentirás una mayor necesidad de estabilidad y seguridad financieras. Te volverás más tranquilo y firme, pero la renuencia al cambio revelará indicios de obstinación. A los 70 años habrá otro punto de inflexión, cuando tu Sol progresado entre a Géminis. A partir de entonces, aumentará tu curiosidad y empezará a transformarse tu forma de pensar. Asimismo, sobresaldrá el interés en la comunicación y en aprender temas nuevos.

Tu yo secreto

Algunas veces, las indecisiones y las preocupaciones en torno a los problemas financieros socavarán tu creatividad maravillosa. Cuando te sientes inspirado, adoptas un enfoque original y eres capaz de un razonamiento profundo. Tu valentía y espíritu independiente te impulsan a buscar la libertad personal y a reaccionar con rapidez ante las situaciones. A pesar de ser expresivo, evita desperdigar tus energías en demasiados intereses. De hecho, la disciplina te ayudará a aprovechar al máximo tu potencial extraordinario.

Eres generoso cuando estás de buen ánimo, pero te frustras cuando te sientes deprimido, por lo que debes aprender que entre más te desapegues, más fácil será evitar las decepciones. Tu mente aguda y capacidad de visión te permitirán ver las cosas a gran escala. Si aprovechas también tus habilidades organizacionales y espíritu combativo, tu conocimiento cosmopolita te permitirá obtener logros, ya sea en lo personal o al apoyar una causa significativa.

Trabajo y vocación

Puedes ser un excelente directivo o administrador y, por lo regular, te desempeñas mejor cuando ocupas puestos de autoridad. Tus aptitudes financieras innatas y valores sólidos podrían inclinarte hacia los negocios, en donde sobresaldrías, sobre todo si combinas tus habilidades prácticas, imaginativas y creativas. La capacidad para impulsar reformas de algún tipo te permitiría liderar organizaciones como sindicatos o impulsarte a luchar por los derechos de los demás. Eres un excelente portavoz, por lo que quizá te interesen la educación o algún otro tipo de servicio público. Por otro lado, la necesidad de expresar tu individualidad y creatividad te inclinarán hacia el arte, la música, el baile o el entretenimiento.

Entre las personas famosas con quienes compartes cumpleaños están el magnate de los medios Rupert Murdoch, el ex primer ministro británico Harold Wilson, la actriz de cine mudo Dorothy Gish, el cantante Bobby McFerrin y el escritor de ciencia ficción Douglas Adams.

Numerología

La vibración especial del 11, el número maestro en tu fecha de nacimiento, sugiere que el idealismo, la inspiración y la innovación son importantísimos para ti. La combinación de humildad y seguridad en ti mismo te desafía a esforzarte por alcanzar el dominio material y espiritual de tu ser. A través de la experiencia aprenderás a lidiar con ambos lados de tu naturaleza y a adoptar una actitud menos extrema cuando se trate de confiar en tus emociones. Sueles estar conectado con el mundo y posees una gran vitalidad pero, por esa misma razón, evita ser demasiado ansioso o impráctico. La subinfluencia del mes número 3 indica que eres sensible, imaginativo, con dinamismo mental y de reacciones rápidas. Por lo regular, eres entusiasta y emprendedor, y estás dispuesto a correr riesgos y empezar de cero. Si eres independiente, no eres el tipo de persona que se duerme en sus laureles, pues necesitas variedad y actividad. No solo sabes lo que quieres, sino que tienes el ingenio suficiente para encontrar la forma más rápida de obtenerlo. Por lo regular, tienes destreza y aptitudes para trabajos técnicos que requieren habilidades y precisión. Además de ser sociable y orgulloso, le das importancia a tu imagen y apariencia.

• *Cualidades positivas*: equilibrio, concentración, objetividad, entusiasmo, inspiración, espiritualidad, idealismo, intuición, inteligencia, extroversión, inventiva, talento artístico, capacidad de sanación, humanitarismo, fe.

• *Cualidades negativas*: complejo de superioridad, deshonestidad, falta de dirección, hipersensibilidad, tendencia a ofenderse con demasiada facilidad, egoísmo, actitud dominante.

Amor y relaciones

Eres extrovertido y sociable, por lo que disfrutas interactuar con la gente y causar una buena impresión. Por lo regular, ansías rodearte quienes son optimistas y pragmáticos, que dan buenos consejos y resuelven problemas. Debido a que eres un individuo dinámico y dramático, debes tener cuidado de no volverte demasiado autoritario con tu pareja o socios. Te beneficiarás mucho si te relacionas con personas que te estimulen a nivel intelectual o si participas en grupos en los que puedas expresar tu creatividad.

ESE ALGUIEN ESPECIAL

Si buscas a una pareja adecuada, intenta relacionarte con personas nacidas en las siguientes fechas.

Amor y amistad: 8, 13, 27 y 29 de enero; 11, 27 y 29 de febrero; 9, 25 y 27 de marzo; 2, 7, 23 y 25 de abril; 5, 21, 23 y 29 de mayo; 3, 19, 21, 27 y 30 de junio; 1, 15, 17, 19, 25 y 28 de julio; 15, 17, 23 y 26 de agosto; 13, 15, 21 y 24 de septiembre; 11, 13, 19, 22 y 29 de octubre; 7, 9, 11, 17, 20 y 27 de noviembre; 7, 9, 15, 18 y 25 de diciembre.

Buenas para ti: 11 de enero; 9 de febrero; 7 y 31 de marzo; 5 y 29 de abril; 3, 27 y 31 de mayo; 1, 25 y 29 de junio; 23, 27 y 31 de julio; 21, 25, 29 y 30 de agosto; 19, 23, 27 y 28 de septiembre; 17, 21, 25 y 26 de octubre; 15, 19, 23, 24 y 30 de noviembre; 13, 17, 21, 22 y 28 de diciembre.

Atracción fatal: 12 de enero; 10 de febrero; 8 de marzo; 6 de abril; 4 de mayo; 2 de junio; 11, 12, 13 y 14 de septiembre.

Desafiantes: 10 de enero; 8 de febrero; 6 y 29 de marzo; 4 y 27 de abril; 2 y 25 de mayo; 23 de junio; 21 de julio; 19 de agosto; 17 de septiembre; 15 y 31 de octubre; 13, 29 y 30 de noviembre; 11, 27 y 28 de diciembre.

Almas gemelas: 18 y 24 de enero, 16 y 22 de febrero, 14 y 20 de marzo, 12 y 18 de abril, 10 y 16 de mayo, 8 y 14 de junio, 6 y 12 de julio, 4 y 10 de agosto, 2 y 8 de septiembre, 6 de octubre, 4 de noviembre, 2 de diciembre.

ESTRELLA FIJA

Nombre de la estrella: Markab

Posición: 22º 29'–23º 22' de Piscis, entre los años 1930 y 2000

Magnitud: 2.5–3

Fuerza: ★★★★★★★

Órbita: 1º 40'

Constelación: Pegaso (Alpha Pegasi)

Días efectivos: 12, 13, 14, 15 y 16 de marzo

Propiedades de la estrella: Marte/ Mercurio

Descripción: estrella blanca brillante ubicada en el ala de Pegaso

INFLUENCIA DE LA ESTRELLA PRINCIPAL

La influencia de Markab se observa en tu espíritu emprendedor, capacidad de decisión y mente tenaz. Esta estrella confiere amor por las discusiones y la argumentación, buen juicio, habilidades y destreza prácticas, y conversación ingeniosa. Es probable que poseas la capacidad de contraatacar con rapidez y elocuencia, y así utilizar las circunstancias a tu favor.

Con respecto a tu grado del Sol, Markab otorga amor por los viajes, talentos creativos y artísticos, y éxito al tratar con el público. Trae consigo aptitud para los negocios y ganancias materiales, las cuales se obtienen al pensar y actuar con rapidez e intuición. Es posible que desees abrirte camino en la educación superior, la espiritualidad, la filosofía o la escritura. Por otro lado, esta estrella advierte que deberás superar la peligrosa autocomplacencia y la falta de entusiasmo.

• *Positiva:* energía, creatividad, emprendimiento.

• *Negativa:* enfoque en los defectos ajenos, obstinación, irritabilidad, impaciencia y acciones prematuras.

12 de marzo

Al haber nacido bajo el signo de Piscis, eres una persona simpática, encantadora y amigable, con un carisma jovial y un enfoque entusiasta. Dado que eres efervescente e idealista, quizá percibas que maduras más despacio que los demás. La peculiar combinación de materialismo e idealismo propia de esta fecha de nacimiento implica que, aunque tienes una naturaleza tenaz y ambiciosa, así como intelecto para los negocios, disfrutas las emociones y eres consciente de la imagen que proyectas. Esto indica que ansías obtener los recursos que te permitan darte una buena vida. Ya que aprendes rápido, descubrirás que el camino al éxito implica desarrollar nuevas habilidades y usarlas de manera creativa.

La influencia añadida de tu Sol en el decanato de Escorpión sugiere que posees una segunda visión o habilidades psíquicas innatas. La inclinación hacia la investigación de la parapsicología, la telepatía y la clarividencia podrían traerte revelaciones místicas. Gracias a que posees una perspicacia poderosa y sentimientos profundos tu mente inquisitiva disfruta llegar al meollo de las cosas. Si encuentras tu verdadera inspiración, estarás dispuesto a trabajar duro y, a cambio, podrás obtener prosperidad y fama.

Además de que eres una persona bondadosa, adaptable y sociable, también eres ingenioso y divertido, y ansías tener aceptación y popularidad. Estás consciente de tu imagen y necesitas sentirte y verte bien, por lo que sueles gastar tu dinero en ropa y bienes de lujo. Aunque te gusta ser independiente, hacer esfuerzos conjuntos y colaborar con otros te traerá ganancias y éxito. Si mantienes una actitud responsable, en general, harás contribuciones excelentes a tu equipo.

Entre los nueve y los 38 años, conforme tu Sol progresado atraviesa Aries, poco a poco te volverás más asertivo y ambicioso. A medida que incremente tu confianza personal, quizá decidas tomar la iniciativa o emprender proyectos nuevos o ser más enfático en tus interacciones sociales. A los 39 años habrá un punto de inflexión, cuando tu Sol progresado entre a Tauro. A partir de entonces, bajarás el ritmo y tendrás una mayor necesidad de estabilidad y seguridad financieras. De los 69 en adelante, cuando tu Sol progresado entre a Géminis, desarrollarás un interés agudo en la comunicación y el intercambio de ideas.

Tu yo secreto

A pesar de que eres talentoso y hábil, sin esfuerzo y tenacidad no podrás aprovechar al máximo tus talentos. Tu personalidad alegre y expresión jovial indican que eres idealista y estás lleno de vida. Puesto que sueles tener diversos intereses y realizar múltiples actividades, es importante que establezcas metas claras y aprendas a mantenerte enfocado.

Al ser tanto inteligente como ambicioso, a veces quedas atrapado entre la espada de la inspiración y la pared de lo que es lucrativo en términos financieros. Una parte de ti podría sentirse atraída hacia un estilo de vida lujoso, mientras que el deseo de inspiración podría impulsar a tu otra parte a trabajar arduamente para cumplir tus ideales. Aprender a tomar las decisiones correctas y defenderlas será importante para tu bienestar. Además, a lo largo de la vida te acompañará la extraordinaria habilidad para entretener y cautivar a la gente.

Trabajo y vocación

Gracias a tu encanto personal y habilidades sociales, cualquier línea de trabajo que implique trato con la gente te traerá una enorme satisfacción. Tu carisma, aptitudes de liderazgo y habilidades organizacionales reflejan tu potencial para llegar a la cima del campo que elijas. Si te dedicas a los negocios, podrías aprovechar que te sientes cómodo con la gente y dedicarte a las ventas, las promociones, la publicidad o los medios de comunicación. Con tu talento para las palabras, también sobresaldrías como escritor o conferencista. Además, las ansias de expresión y el aprecio por lo dramático podrían inclinarte hacia el arte, la música o el mundo del entretenimiento. Eres original y talentoso, pero también un buen juez de los valores ajenos, por lo que puedes combinar tu talento empresarial con tu perspicacia para entender a la gente y generar éxito material.

Entre las personas famosas con quienes compartes cumpleaños están la actriz y cantante Liza Minnelli, el cantante de jazz Al Jarreau, el cantautor James Taylor, el dramaturgo Edward Albee y el escritor Jack Kerouac.

Numerología

Sueles ser intuitivo, servicial, amigable y tienes una excelente capacidad de razonamiento. Ser innovador suele sugerir un deseo de establecer una verdadera individualidad. Eres comprensivo y sensible por naturaleza, así que sabes aprovechar el buen tacto y las capacidades cooperativas ajenas para alcanzar tus metas y objetivos. Cuando encuentres el equilibrio entre tu necesidad de expresarte y el impulso natural de apoyar a otros, encontrarás satisfacción emocional y personal. No obstante, quizá debas armarte de valor para independizarte, desarrollar seguridad en ti mismo y no dejarte desanimar por otras personas. La subinfluencia del mes número 3 indica que eres sensible y posees múltiples talentos. Además, dado que eres amistoso, disfrutas las actividades sociales y tienes múltiples intereses. La necesidad de expresión personal podría impulsarte a tener muchas experiencias distintas. Eres idealista y perfeccionista, y necesitas crear un ambiente armonioso, así como evitar la tendencia a preocuparte o criticar. Además de una atmósfera amorosa, las relaciones personales son sumamente importantes para ti porque te confieren esperanza e inspiración.

• *Cualidades positivas*: creatividad, atractivo, iniciativa, disciplina, autopromoción.
• *Cualidades negativas*. aislamiento, despilfarro, falta de cooperación, hipersensibilidad, baja autoestima.

Amor y relaciones

La capacidad para hacer amigos con facilidad es un reflejo de tu personalidad extrovertida y sociable. Por lo regular, tienes muchos intereses y disfrutas mezclar los negocios con el placer. Admiras a la gente exitosa, ya sea a nivel creativo o financiero; además, con tus habilidades sociales, te beneficia tener muchos amigos y allegados. Sin embargo, lo prudente es que tomes tiempo para elegir a tus parejas con detenimiento para garantizar relaciones duraderas. Gracias a tu visión creativa y cálida, eres capaz de animar a otros, aunque también tendrás que aprender a expresar tus necesidades.

ESE ALGUIEN ESPECIAL

Si deseas relaciones duraderas y amor, busca a la pareja emocionante que anhelas entre quienes nacieron en las siguientes fechas.

Amor y amistad: 6, 8, 14, 23, 26 y 28 de enero; 4, 10, 12, 21, 24 y 26 de febrero; 2, 10, 12, 19, 22 y 24 de marzo; 8, 14, 17, 20 y 22 de abril; 6, 15, 16, 18 y 20 de mayo; 4, 13, 16, 18 y 28 de junio; 2, 11, 14, 16 y 20 de julio; 9, 12, 14 y 22 de agosto; 7, 10, 12 y 24 de septiembre; 5, 8, 10, 23 y 26 de octubre; 3, 6, 8, 15 y 28 de noviembre; 1, 4, 6 y 30 de diciembre.

Buenas para ti: 9 y 12 de enero; 7 y 10 de febrero; 5 y 8 de marzo; 3 y 6 de abril; 1 y 4 de mayo; 2 y 30 de junio; 28 de julio; 26, 30 y 31 de agosto; 24, 28 y 29 de septiembre; 22, 26 y 27 de octubre; 20, 24 y 25 de noviembre; 18, 22, 23 y 29 de diciembre.

Atracción fatal: 12, 13, 14, 15 y 16 de septiembre.

Desafiantes: 11, 13 y 29 de enero; 9 y 11 de febrero; 7, 9 y 30 de marzo; 5, 7 y 28 de abril; 3, 5, 26 y 31 de mayo; 1, 3, 24 y 29 de junio; 1, 22 y 27 de julio; 20 y 25 de agosto; 18, 23 y 30 de septiembre; 16, 21 y 28 de octubre; 14, 19 y 26 de noviembre; 12, 17 y 24 de diciembre.

Almas gemelas: 12 y 29 de enero, 10 y 27 de febrero, 8 y 25 de marzo, 6 y 23 de abril, 4 y 21 de mayo, 2 y 19 de junio, 17 de julio, 15 de agosto, 13 de septiembre, 11 de octubre, 9 de noviembre, 7 de diciembre.

13 de marzo

ESTRELLA FIJA

Nombre de la estrella: Markab

Posición: 22º 29'–23º 22' de Piscis, entre los años 1930 y 2000

Magnitud: 2.5–3

Fuerza: ★★★★★★★

Órbita: 1º 40'

Constelación: Pegaso (Alpha Pegasi)

Días efectivos: 12, 13, 14, 15 y 16 de marzo

Propiedades de la estrella: Marte/ Mercurio

Descripción: estrella blanca brillante ubicada en el ala de Pegaso

INFLUENCIA DE LA ESTRELLA PRINCIPAL

La influencia de Markab se observa en tu espíritu emprendedor, capacidad de decisión y mente tenaz. Esta estrella confiere amor por las discusiones y la argumentación, buen juicio, habilidades y destreza prácticas, y conversación ingeniosa. Es probable que poseas la capacidad de contraatacar con rapidez y elocuencia, y así utilizar las circunstancias a tu favor.

Con respecto a tu grado del Sol, Markab otorga amor por los viajes, talentos creativos y artísticos, y éxito al tratar con el público. Trae consigo aptitud para los negocios y ganancias materiales, las cuales se obtienen al pensar y actuar con rapidez e intuición. Es posible que desees abrirte camino en la educación superior, la espiritualidad, la filosofía o la escritura. Por otro lado, esta estrella advierte que deberás superar la peligrosa autocomplacencia y la falta de entusiasmo.

• *Positiva:* energía, creatividad, emprendimiento.

• *Negativa:* enfoque en los defectos ajenos, obstinación, irritabilidad, impaciencia y acciones prematuras.

Al haber nacido bajo el signo de Piscis, tu fecha de nacimiento revela que eres un individuo talentoso, perspicaz y optimista que ansía a toda costa alcanzar el éxito. A pesar de que necesitas expresarte de forma creativa y práctica, sin tenacidad y perseverancia serás incapaz de manifestar tus múltiples ideas creativas.

La influencia añadida de tu Sol en el decanato de Escorpión infunde profundidad a tus emociones dinámicas, sensibilidad y sentimientos intuitivos. Además de ser un idealista pragmático con habilidades de liderazgo, eres bueno para planear y delegar. Dado que eres un visionario previsor y con emociones potentes, tienes la capacidad de transformar tu expresión de vida. Si te sientes motivado, te concentras con tenacidad en tus objetivos. Mientras tanto, cierto interés en la metafísica revela que eres capaz de desarrollar tus habilidades telepáticas y psíquicas.

Al tener un excelente olfato para los negocios, podrías ser un competidor astuto en emprendimientos comerciales o involucrarte en proyectos y especulaciones de gran tamaño. Si tienes inclinaciones materiales, te caracterizas por tus gustos lujosos, y las posesiones son importantes para reforzar tu sentido del valor personal. Sin embargo, si la preocupación de producir dinero se vuelve excesiva, tendrás que identificar a qué renunciarías con tal de alcanzar el éxito. Eres generoso y optimista, y no te gusta ser mezquino o tacaño, pues prefieres pensar en términos de recompensas sustanciales.

Hasta los siete años, tu Sol progresado estará en Piscis, lo que enfatizará la sensibilidad, la receptividad al entorno y las necesidades afectivas. Entre los ocho y los 37 años, conforme tu Sol progresado atraviesa Aries, su influencia hará que te vuelvas cada vez más asertivo, audaz y entusiasta. Esto podría empujarte a emprender proyectos y ser más seguro de ti mismo. A los 38 años, cuando tu Sol progresado entre a Tauro, la necesidad de tener bases sólidas y seguridad se agudizará, al igual que el deseo de llevar una vida más tranquila y ecuánime. A los 68, cuando tu Sol progresado se desplace hacia Géminis, te darán más curiosidad las distintas formas de comunicación y quizás adquieras intereses nuevos.

Tu yo secreto

Eres sumamente intuitivo, ambicioso, sensible, inteligente y con la capacidad de evaluar a la gente y las situaciones con rapidez. Tus buenas habilidades organizacionales y de supervisión de proyectos grandes te permiten mantenerte ocupado. El sentido interno de la dignidad y el orgullo refleja que te desagradan las tareas restrictivas o los trabajos que carezcan de desafíos mentales. Eres enérgico e inquisitivo, por lo que reconoces el valor del conocimiento. Dado que sueles tener ideas originales y de avanzada, necesitas tener la libertad suficiente para expresarte.

Eres generoso y bondadoso, pero también persuasivo. Generalmente, te desempeñas mejor en posiciones de liderazgo. Eres un generador de redes de contactos por naturaleza, y conoces a gente de círculos sociales diversos. Sueles ser trabajador, imaginativo e innovador, y reconoces las oportunidades para expandirte. También tienes la capacidad de acumular riquezas, pero te satisface más poder ayudar a otros o participar en proyectos altruistas. Cuando adoptas una actitud positiva y entusiasta frente a algún proyecto, tienes la capacidad de contagiársela a los demás. Los vínculos con las mujeres, sobre todo en la educación y el trabajo, serán especialmente benéficos.

Trabajo y vocación

Eres una persona imaginativa, de mente astuta y olfato natural para los negocios, que tiene el don de poder comercializar sus múltiples talentos. La facilidad con la que lidias con el público y tus buenas habilidades de comunicación serán una gran ventaja si te dedicas a las ventas, la publicidad o el sector editorial. Por otro lado, algunas de las personas nacidas en esta fecha se involucran en ciencias o investigación. A pesar de tener un talento natural para los negocios, también muestras tus habilidades de planeación y organización en otras profesiones. Disfrutas trabajar, así que quizá te involucres en trabajo que implique viajar al extranjero. Algunas opciones profesionales, como la enseñanza, la impartición de conferencias o la escritura, te brindarán la libertad que anhelas para trabajar a tu manera.

Entre las personas famosas con quienes compartes cumpleaños están el músico Dick Katz, el cantante Neil Sedaka, la actriz Tessie O'Shea, y el empresario Walter Annenberg.

Numerología

Sensibilidad emocional, entusiasmo e inspiración son algunas de las cualidades que suelen asociarse con el número 13 en la fecha de nacimiento. En términos numéricos, te caracterizan la ambición y el trabajo arduo, y puedes lograr grandes cosas mediante la expresión creativa. Sin embargo, quizá tengas que cultivar una perspectiva más pragmática si quieres transformar tu creatividad en productos tangibles. Tu enfoque original e innovador inspira ideas nuevas y emocionantes, mismas que con frecuencia se traducen en obras que suelen impresionar a los demás. Este número te hace honesto, romántico, encantador y amante de la diversión, pero también alguien capaz de alcanzar la prosperidad por medio de la dedicación. La subinfluencia del mes número 3 indica que eres creativo, imaginativo, inteligente, sensible y que tienes muchas ideas maravillosas y planes sofisticados. Generalmente, eres extrovertido y buen compañero, y disfrutas las actividades sociales entre amigos. La versatilidad y necesidad de expresión personal te impulsarán a tener múltiples experiencias. Sin embargo, la inclinación a aburrirte con facilidad podría volverte indeciso o hacer que intentes abarcar demasiado.

• *Cualidades positivas*: ambición, creatividad, amor por la libertad, autoexpresión, iniciativa.

• *Cualidades negativas*: impulsividad, indecisión, autoritarismo, falta de sensibilidad, rebeldía.

Amor y relaciones

Eres sociable y amistoso. Necesitas ser popular y sueles disfrutar experiencias afectivas nuevas. Es preferible que encuentres a una persona estimulante que te respalde, de otro modo te podrías aburrir. En general, albergas emociones dinámicas y admiras a la gente carismática y con personalidad imponente. Gracias a tu veta histriónica, acostumbras hacer gestos generosos y ayudar a la gente en momentos de crisis. Puesto que tienes emociones intensas y ansias de afecto, eres un amigo considerado y leal.

ESE ALGUIEN ESPECIAL

Es probable que tus encantos te brinden muchas oportunidades románticas y sociales, pero si quieres encontrar a ese alguien especial, búscalo entre personas nacidas en las siguientes fechas.

Amor y amistad: 6, 10, 15, 29 y 31 de enero; 4, 13, 27 y 29 de febrero; 2, 11, 25 y 27 de marzo; 9, 23 y 25 de abril; 2, 7, 21 y 23 de mayo; 5, 19 y 21 de junio; 3, 7, 17, 19 y 30 de julio; 1, 15, 17 y 28 de agosto; 13, 15 y 26 de septiembre; 1, 11, 13 y 24 de octubre; 9, 11 y 22 de noviembre; 7, 9 y 20 de diciembre.

Buenas para ti: 13, 15 y 19 de enero; 11, 13 y 17 de febrero; 9, 11 y 15 de marzo; 7, 9 y 13 de abril; 5, 7 y 11 de mayo; 3, 5 y 9 de junio; 1, 3, 7 y 29 de julio; 1, 5, 27 y 31 de agosto; 3, 25 y 29 de septiembre; 1, 23 y 27 de octubre; 21 y 25 de noviembre; 19 y 23 de diciembre.

Atracción fatal: 30 de mayo; 28 de junio; 26 de julio; 24 de agosto; 13, 14, 15, 16 y 22 de septiembre; 20 de octubre; 18 de noviembre; 16 de diciembre.

Desafiantes: 12 de enero; 10 de febrero; 8 de marzo; 6 de abril; 4 de mayo; 2 de junio; 31 de agosto; 29 de septiembre; 27, 29 y 30 de octubre; 25, 27 y 28 de noviembre; 23, 25, 26 y 30 de diciembre.

Almas gemelas: 2 y 28 de enero, 26 de febrero, 24 de marzo, 22 de abril, 20 de mayo, 18 de junio, 16 de julio, 14 de agosto, 12 de septiembre, 10 de octubre, 8 de noviembre, 6 de diciembre.

ESTRELLA FIJA

Nombre de la estrella: Markab

Posición: 22º 29'–23º 22' de Piscis, entre los años 1930 y 2000

Magnitud: 2.5–3

Fuerza: ★★★★★★★

Órbita: 1º 40'

Constelación: Pegaso (Alpha Pegasi)

Días efectivos: 12, 13, 14, 15 y 16 de marzo

Propiedades de la estrella: Marte/ Mercurio

Descripción: estrella blanca brillante ubicada en el ala de Pegaso

INFLUENCIA DE LA ESTRELLA PRINCIPAL

La influencia de Markab se observa en tu espíritu emprendedor, capacidad de decisión y mente tenaz. Esta estrella confiere amor por las discusiones y la argumentación, buen juicio, habilidades y destreza prácticas, y conversación ingeniosa. Es probable que poseas la capacidad de contraatacar con rapidez y elocuencia, y así utilizar las circunstancias a tu favor.

Con respecto a tu grado del Sol, Markab otorga amor por los viajes, talentos creativos y artísticos, y éxito al tratar con el público. Trae consigo aptitud para los negocios y ganancias materiales, las cuales se obtienen al pensar y actuar con rapidez e intuición. Es posible que desees abrirte camino en la educación superior, la espiritualidad, la filosofía o la escritura. Por otro lado, esta estrella advierte que deberás superar la peligrosa autocomplacencia y la falta de entusiasmo.

• *Positiva:* energía, creatividad, emprendimiento.

• *Negativa:* enfoque en los defectos ajenos, obstinación, irritabilidad, impaciencia y acciones prematuras.

14 de marzo

Aunque eres un Piscis receptivo y sensible, tu naturaleza dinámica e inquieta te insta a explorar las múltiples posibilidades que tienes al alcance de la mano. Tu potencial de éxito radica en tu inteligencia, versatilidad y espíritu autosuficiente. Eres generoso y liberal, le resultas atractivo a la gente y sueles ser popular. Tu enfoque universalista promueve un enfoque humanitario ante la vida y refuerza tu natural sentido del humor.

La influencia añadida de tu Sol en el decanato de Escorpión indica que te caracterizas por ser una mezcla de polos opuestos. Eres idealista e imaginativo, pero también pragmático y con inclinaciones materiales fuertes. Por lo regular, eres magnético y perspicaz, y gozas de premoniciones intensas, pensamientos penetrantes y habilidades psíquicas. Aunque proyectas una imagen tranquila, la frustración y las desilusiones pueden sacar a relucir las tensiones que hay en tu interior por medio de comentarios sarcásticos. Sin embargo, tener múltiples talentos y ser ambicioso y buen evaluador implica que tienes el potencial para alcanzar hasta tus objetivos más elevados.

Por lo regular, eres independiente y te desagrada recibir órdenes. Esto significa que no te gusta estar en posiciones de subordinación y que te desempeñas mejor cuando aprovechas tu potencial de líder. La forma en que administras tus finanzas podría causarte preocupaciones, sobre todo si eres propenso al despilfarro. Las decisiones apresuradas o hechas al calor del momento podrían generarte grandes problemas de dinero. No obstante, si corres riesgos calculados, tu sincronía será precisa porque eres más afortunado que la mayoría de la gente.

Entre los siete y los 36 años, tu Sol progresado atravesará Aries, y su influencia hará que gradualmente te vuelvas más seguro de ti mismo y asertivo, lo que provocará que te enfoques más en ti mismo o desarrolles tu espíritu pionero. Después de los 37 años, cuando tu Sol progresado se desplace hacia Tauro, se agudizará la necesidad de estabilidad y seguridad financiera, así como el deseo de una vida más práctica. A los 67, cuando tu Sol progresado entre a Géminis, empezarás a interesarte más en la comunicación, y resaltará la necesidad de estímulos intelectuales e intereses nuevos.

Tu yo secreto

Proyectas una autoridad que deriva de tu orgullo interno y veta histriónica, la cual podría llevarte a ocupar posiciones de mayor responsabilidad en las que puedas aprovechar tus múltiples talentos. La impaciencia o inquietud inherente a tu fecha de nacimiento refleja que buscas eliminar cualquier restricción o limitación que se te imponga. Si las circunstancias no te brindan oportunidades nuevas o posibilidades de crecimiento, quizás optes por viajar y buscar prospectos nuevos en algún otro lugar.

Además de tener un buen sentido de los valores y un instinto para las cuestiones financieras, también destacarás al luchar por una causa o ideal. No obstante, tus circunstancias financieras inestables podrían entorpecer tus aspiraciones, por lo que quizá sea necesario hacer presupuestos y planear a futuro, en lugar de aspirar a obtener recompensas inmediatas. Si mantienes el desapego necesario, evitarás preocuparte en exceso por la seguridad y aprovecharás tu visión universalista para obtener resultados sobresalientes.

Trabajo y vocación

Entre las carreras que requieren intelecto agudo y habilidades comunicativas como las tuyas y en las que seguro tendrías éxito están la de científico, abogado, profesor o escritor. Gracias a tus ideales elevados y humanitarismo, por lo regular, quieres apoyar alguna causa progresista. Con tu imaginación y mente sofisticada, te gusta explorar ideas nuevas y adquirir conocimiento que te haga más productivo. Por otro lado, quizá tengas inspiraciones creativas y decidas expresar tu sensibilidad a través del arte, la música o el entretenimiento. El lado compasivo de tu naturaleza podría encontrar cabida en las profesiones de sanación o el trabajo social.

Entre las personas famosas con quienes compartes cumpleaños están el físico Albert Einstein; el inmunólogo Paul Ehrlich; los compositores Georg Telemann y Quincy Jones; y los actores Michael Caine, Billy Crystal y Rita Tushingham.

Numerología

Potencial intelectual, pragmatismo y determinación son solo algunas de las cualidades ligadas a un cumpleaños con el número 14. Con frecuencia priorizas tu trabajo y juzgas a los demás y a ti mismo con base en logros laborales. Aunque necesitas estabilidad, la inquietud que el número 14 sugiere te insta a seguir adelante y enfrentar nuevos retos en un esfuerzo constante por mejorar tus condiciones. Esta insatisfacción inherente también puede inspirarte a hacer grandes cambios en tu vida, sobre todo si estás inconforme con tus condiciones laborales o tu estado financiero. Gracias a tu perspicacia respondes con rapidez a los problemas y disfrutas resolverlos. La subinfluencia del mes número 3 indica que eres sensible y albergas emociones poderosas. A pesar de que eres idealista y creativo, ambicionas ser productivo; gracias a que tienes extraordinarias explosiones de energía eres capaz de lograr cosas maravillosas. Sin embargo, la inclinación a aburrirte con facilidad podría volverte indeciso o hacer que intentes abarcar demasiado de golpe. Para ti es esencial estar en un entorno positivo, pues prosperas cuando te inspiras y emocionas.

• *Cualidades positivas*: acciones decisivas, trabajo arduo, suerte, creatividad, pragmatismo, imaginación, oficio.

• *Cualidades negativas*: exceso de cautela o impulsividad, inestabilidad, desconsideración, terquedad.

Amor y relaciones

Tu personalidad relajada no revela de inmediato la bondad de tu corazón. Te fascina socializar con gente que te pone a pensar o con quien compartes algún tipo de actividad intelectual o creativa. A pesar de ser un buen comunicador, a veces necesitas mantenerte desapegado y evitar que tus inseguridades ocultas te vuelvan demasiado serio. Por fortuna, ser intuitivo y entretenido te ayuda a distender las situaciones con tu inusual sentido del humor y comentarios satíricos.

ESE ALGUIEN ESPECIAL

Si buscas seguridad, estímulo intelectual y amor, los encontrarás entre quienes nacieron en las siguientes fechas.

Amor y amistad: 6, 11 y 16 de enero; 4 y 14 de febrero; 2, 12, 28 y 30 de marzo; 10, 26 y 28 de abril; 3, 8, 24, 26 y 30 de mayo; 1, 6, 22, 24 y 28 de junio; 4, 20, 22, 26 y 31 de julio; 2, 18, 20, 24 y 29 de agosto; 16, 18, 22 y 27 de septiembre; 14, 16, 20 y 25 de octubre; 12, 14, 18 y 23 de noviembre; 10, 12, 16 y 21 de diciembre.

Buenas para ti: 9, 14 y 16 de enero; 7, 12 y 14 de febrero; 5, 10 y 12 de marzo; 3, 8 y 10 de abril; 1, 6 y 8 de mayo; 4 y 6 de junio; 2 y 4 de julio; 2 de agosto; 30 de septiembre; 28 de octubre; 26 y 30 de noviembre; 24, 28 y 29 de diciembre.

Atracción fatal: 21 de enero; 19 de febrero; 17 de marzo; 15 de abril; 13 de mayo; 11 de junio; 9 de julio; 7 de agosto; 5, 14, 15, 16 y 17 de septiembre; 3 de octubre; 1 de noviembre.

Desafiantes: 4, 13 y 28 de enero; 2, 11 y 26 de febrero; 9 y 24 de marzo; 7 y 22 de abril; 5 y 20 de mayo; 3 y 18 de junio; 1 y 16 de julio; 14 de agosto; 12 de septiembre; 10 y 31 de octubre; 8 y 29 de noviembre; 6 y 27 de diciembre.

Almas gemelas: 15 y 22 de enero, 13 y 20 de febrero, 11 y 18 de marzo, 9 y 16 de abril, 7 y 14 de mayo, 5 y 12 de junio, 3 y 10 de julio, 1 y 8 de agosto, 6 de septiembre, 4 de octubre, 2 de noviembre.

15 de marzo

ESTRELLA FIJA

Nombre de la estrella: Markab

Posición: 22° 29'–23° 22' de Piscis, entre los años 1930 y 2000

Magnitud: 2.5–3

Fuerza: ★★★★★★★

Órbita: 1° 40'

Constelación: Pegaso (Alpha Pegasi)

Días efectivos: 12, 13, 14, 15 y 16 de marzo

Propiedades de la estrella: Marte/Mercurio

Descripción: estrella blanca brillante ubicada en el ala de Pegaso

INFLUENCIA DE LA ESTRELLA PRINCIPAL

La influencia de Markab se observa en tu espíritu emprendedor, capacidad de decisión y mente tenaz. Esta estrella confiere amor por las discusiones y la argumentación, buen juicio, habilidades y destreza prácticas, y conversación ingeniosa. Es probable que poseas la capacidad de contraatacar con rapidez y elocuencia, y así utilizar las circunstancias a tu favor.

Con respecto a tu grado del Sol, Markab otorga amor por los viajes, talentos creativos y artísticos, y éxito al tratar con el público. Trae consigo aptitud para los negocios y ganancias materiales, las cuales se obtienen al pensar y actuar con rapidez e intuición. Es posible que desees abrirte camino en la educación superior, la espiritualidad, la filosofía o la escritura. Por otro lado, esta estrella advierte que deberás superar la peligrosa autocomplacencia y la falta de entusiasmo.

• *Positiva:* energía, creatividad, emprendimiento.

• *Negativa:* enfoque en los defectos ajenos, obstinación, irritabilidad, impaciencia y acciones prematuras.

Al haber nacido bajo el signo de Piscis, eres un individuo imaginativo e intuitivo que busca seguridad y armonía. Eres amable y sencillo. Tu personalidad encantadora y amigable atrae admiradores. Por lo regular, se te presentan muchas oportunidades para triunfar, a nivel material y social, y tu sólido sentido de los valores indica que la seguridad financiera podría ocupar un lugar preponderante en tu plan de vida. A pesar de tener un empuje dinámico que te permite obtener cierto grado de poder, prestigio o reconocimiento, la tendencia a desperdigar tus energías en demasiados intereses podría minar tu tenacidad.

La influencia añadida de tu Sol en el decanato de Escorpión implica que eres inquisitivo e indagador, y que te interesa lo desconocido, por lo que disfrutas explorar conceptos nuevos o sacar verdades a la luz. Tu fortaleza y crecimiento son producto de la capacidad de superar las dificultades. Cuando te inspira una causa o una idea, por lo regular, encuentras en tu interior la inspiración y el poder creativo para obtener logros sobresalientes.

Dado que con frecuencia alternas entre la desconfianza y la esperanza, a veces pareces inquieto y dudas de ti mismo, y otras veces proyectas seguridad y confianza en ti mismo, y hasta un poco de autoritarismo. Esto podría generar intranquilidad en tu entorno, así como pleitos y conflictos con tus superiores. Si aprendes a relajarte y evitas sentirte irritable o agresivo, podrás restablecer la paz.

Entre los seis y los 35 años, tu Sol progresado atravesará Aries. Esta influencia hará que poco a poco desarrolles tu confianza y asertividad. Después de los 36 habrá un punto de inflexión, cuando tu Sol progresado se desplace hacia Tauro y sientas una mayor necesidad de estabilidad y seguridad financieras. Te volverás más tranquilo y decidido, pero la reticencia al cambio podría ser señal de obstinación. A los 66 años, tu Sol progresado entrará a Géminis. Esto provocará que aumente tu curiosidad y empieces a transformar tu mentalidad, lo que quizá fomente el interés en aprender cosas nuevas.

Tu yo secreto

Debido a que eres orgulloso, dramático y desprecias el fracaso, será importante para ti hacer las cosas bien y proteger tu autoestima. Posees una sabiduría interna que quizá no les muestres a los demás, pero que se manifestará como un deseo de soledad o de entender a profundidad los misterios de la vida. Sin embargo, a veces eres demasiado impaciente, obstinado o confuso, y necesitas desarrollar tolerancia o aprender a escuchar los consejos que te dan los demás. Gracias a tu fortaleza, tienes la capacidad de superar cualquier dificultad y animar a otros con la fuerza de tu espíritu.

Para explotar tu verdadero potencial, tendrás que reconocer que el conocimiento es el camino hacia el éxito. En caso de que pierdas la fe en ti o en tus capacidades de logro, corres el riesgo de aislarte o volverte hermético. Esto podría volverte desconfiado o indeciso. No obstante, ser sumamente intuitivo te convierte también en un observador perspicaz que reacciona con rapidez. Cuando confías en tus primeras impresiones espontáneas y actúas en consecuencia, eres capaz de vivir en el presente, en lugar de aferrarte al pasado o anhelar el futuro.

Trabajo y vocación

Eres sensible, pero también tenaz, y tienes la capacidad de trabajar duro, la cual te ayudará a llegar a la cima en el campo que elijas. Tienes un gran poder y eres eficiente, por lo que podrías triunfar en los negocios o el gobierno, sobre todo como administrador, supervisor o director. También sobresaldrías en la publicidad, el derecho, la ciencia o las finanzas. Podrías ser exitoso en las ventas, la negociación y carreras que requieran investigación. Por otro lado, la parte idealista de tu naturaleza podría inclinarse hacia la función pública o las profesiones que involucren el cuidados de los demás. Puesto que no te gusta recibir órdenes y eres independiente, quizá te agrade trabajar por cuenta propia. Además, si desarrollas el lado más creativo de tu naturaleza, podrías ser especialmente bueno para la música.

Entre las personas famosas con quienes compartes cumpleaños están los cantantes Terence Trent D'Arby y Michael Love; los cantautores Sly Stone, Lightnin' Hopkins y Ry Cooder; el músico Phil Lesh y el expresidente estadounidense Andrew Jackson.

Numerología

El número 15 en tu fecha de nacimiento sugiere versatilidad, entusiasmo e inquietud. Tus más grandes atributos son tus poderosos instintos y la habilidad para aprender rápido mediante la teoría y la práctica. Sueles utilizar tus poderes intuitivos y reconoces de inmediato las oportunidades cuando se presentan. Con un cumpleaños con el número 15, tienes talento para atraer dinero o para recibir ayuda y apoyo de otras personas. Por lo general, eres despreocupado, entusiasta y recibes lo inesperado con brazos abiertos. La subinfluencia del mes número 3 indica que eres receptivo, versátil, encantador y amistoso, por lo que disfrutas las actividades sociales y tienes múltiples intereses. Tienes muchos talentos y eres ambicioso, así que necesitas encontrar mecanismos de expresión personal a través de experiencias distintas y muchas actividades. Sin embargo, tu inclinación a aburrirte con facilidad puede volverte impaciente o hacer que intentes abarcar demasiado. A pesar de ser entusiasta, entretenido y con buen sentido del humor, tendrás que fortalecer tu autoestima para evitar las preocupaciones y otras inseguridades emocionales. Tener buenas relaciones personales cercanas y estar en una atmósfera amorosa son de suma importancia para ti, pues te confieren esperanzas e inspiración.

• *Cualidades positivas*: disposición, generosidad, responsabilidad, gentileza, cooperación, aprecio, creatividad.

• *Cualidades negativas*: desorganización, desasosiego, irresponsabilidad, egocentrismo, miedo al cambio, falta de fe, preocupación, indecisión, materialismo, abuso de poder.

Amor y relaciones

Además de ser sociable y amistoso, eres sensible e idealista, y necesitas comunicar tus emociones. Cuando te enamoras, eres devoto y considerado. Si dudas o eres indeciso, la incertidumbre amorosa te provocará angustia y confusión. Sin embargo, una vez que te decides, eres leal y te comprometes totalmente. Por lo regular, disfrutas las relaciones en las que puedes compartir tus ideas y actividades creativas.

ESE ALGUIEN ESPECIAL

Encontrarás a una pareja que comprenda tu sensibilidad y tus necesidades afectivas entre quienes nacieron en las siguientes fechas.

Amor y amistad: 7, 13, 17 y 20 de enero; 5, 15 y 18 de febrero; 3, 13, 16, 29 y 31 de marzo; 1, 11, 14, 27 y 29 de abril; 5, 9, 12, 25 y 27 de mayo; 7, 10, 23 y 25 de junio; 1, 5, 8, 21 y 23 de julio; 3, 6, 19 y 21 de agosto; 1, 4, 17 y 19 de septiembre; 2, 15 y 17 de octubre; 13, 15 y 30 de noviembre; 11, 13 y 28 de diciembre.

Buenas para ti: 15, 17 y 28 de enero; 13, 15 y 26 de febrero; 11, 13 y 24 de marzo; 9, 11 y 22 de abril; 7, 9 y 20 de mayo; 5, 7 y 18 de junio; 3, 5, 11 y 16 de julio; 1, 3 y 14 de agosto; 1 y 12 de septiembre; 10 y 29 de octubre; 3, 8 y 27 de noviembre; 6 y 25 de diciembre.

Atracción fatal: 5 de enero; 3 de febrero; 1 de marzo; 15, 16, 17 y 18 de septiembre.

Desafiantes: 4, 5 y 14 de enero; 2, 3 y 12 de febrero; 1 y 10 de marzo; 8 y 30 de abril; 6 y 28 de mayo; 4 y 26 de junio; 2 y 24 de julio; 22 de agosto; 20 de septiembre; 18 de octubre; 16 de noviembre; 14 de diciembre.

Almas gemelas: 2 de enero, 29 de marzo, 27 de abril, 25 de mayo, 23 de junio, 21 de julio, 19 de agosto, 17 de septiembre, 15 de octubre, 13 de noviembre, 11 de diciembre.

ESTRELLAS FIJAS

Markab, Scheat

ESTRELLA PRINCIPAL

Nombre de la estrella: Markab
Posición: 22° 29'–23° 22' de Piscis, entre
  los años 1930 y 2000
Magnitud: 2.5–3
Fuerza: ★★★★★★★★
Órbita: 1° 40'
Constelación: Pegaso (Alpha Pegasi)
Días efectivos: 12, 13, 14, 15 y 16 de marzo
Propiedades de la estrella: Marte/
  Mercurio
Descripción: estrella blanca brillante
  ubicada en el ala de Pegaso

INFLUENCIA DE
LA ESTRELLA PRINCIPAL

La influencia de Markab se observa en tu espíritu emprendedor, capacidad de decisión y mente tenaz. Esta estrella confiere amor por las discusiones y la argumentación, buen juicio, habilidades y destreza prácticas, y conversación ingeniosa. Es probable que poseas la capacidad de contraatacar con rapidez y elocuencia, y así utilizar las circunstancias a tu favor.

Con respecto a tu grado del Sol, Markab otorga amor por los viajes, talentos creativos y artísticos, y éxito al tratar con el público. Trae consigo aptitud para los negocios y ganancias materiales, las cuales se obtienen al pensar y actuar con rapidez e intuición. Es posible que desees abrirte camino en la educación superior, la espiritualidad, la filosofía o la escritura. Por otro lado, esta estrella advierte que deberás superar la peligrosa autocomplacencia y la falta de entusiasmo.

16 de marzo

Al haber nacido bajo el signo de Piscis, eres amistoso y sociable. Sueles proyectarte como un idealista con personalidad relajada y encantadora. Aunque aparentes ser tranquilo, te caracteriza una combinación compleja de espiritualidad y materialismo. Por un lado, tienes la visión y las habilidades prácticas necesarias para entrar al mundo del comercio y dejar tu marca como un emprendedor o empresario exitoso y persuasivo. Por el otro, tus inclinaciones filantrópicas podrían inspirarte a ser espontáneo y defender causas humanitarias al tiempo que muestras tu naturaleza más compasiva.

La influencia añadida de tu Sol en el decanato de Escorpión te hace perspicaz e inteligente. Aunque buscas ser más comprensivo, por lo regular, eres introvertido. Al tener el poder de sanar, eres capaz de transformarte y empezar de cero. A pesar de tener una mente penetrante y ser bueno para la investigación, no siempre te agrada la idea de compartir información sobre ti mismo.

Para expresarte, quizá debas darles rienda suelta a tus pensamientos imaginativos a través de la escritura y otros proyectos creativos. Puesto que eres sensible al entorno, la clave de tu felicidad radica en forjar armonía y paz interiores. Te volverás más seguro de ti mismo si cambias las dudas por compromiso y fe en tus capacidades.

Entre los cinco y los 34 años, mientras tu Sol progresado atraviesa Aries, gradualmente te volverás más seguro de ti mismo, asertivo y ambicioso. Quizá decidas emprender nuevas aventuras o aprender a ser más franco en tus interacciones sociales. A los 35 habrá otro punto de inflexión, cuando tu Sol progresado entre a Tauro. A partir de entonces, bajarás el ritmo y tendrás una mayor necesidad de permanencia y protección financiera. De los 65 en adelante, cuando tu Sol progresado entre a Géminis, desarrollarás un interés agudo en la comunicación y el intercambio de ideas.

Tu yo secreto

El amor y las relaciones son especialmente importantes para ti pues, por lo regular, deseas hacer felices a otras personas. Esto se expresa como solidaridad humanitaria o generosidad bondadosa. Sin embargo, dado que eres sensible y receptivo al entorno, quizá se te dificulte ser espontáneo o demostrar tu afecto abiertamente si acaso te sientes limitado. Debido a que la seguridad financiera y el valor propio son esenciales para tu bienestar, a veces te sentirás atrapado entre el deber y los deseos personales. Por medio de las experiencias, aprenderás a valorar el poder del amor.

Puesto que eres idealista, quizás haya dudas sobre qué tanto estás dispuesto a ceder para obtener las recompensas que necesitas y mereces. Es importante establecer un equilibrio entre defender tus derechos y ser solidario y sensible.

Trabajo y vocación

Eres encantador e imaginativo. Tienes una gran sensibilidad visual para los colores y el estilo, por lo que podrías triunfar como diseñador o creador de imágenes. A pesar de ser amistoso y sociable, te tomas en serio las consideraciones financieras y eres bueno para mezclar los negocios con el placer. La necesidad de expresarte implica que, incluso si no eres creativo, te gusta trabajar con cosas hermosas y te atrae la idea de vender arte o antigüedades. Por otro lado, tus pensamientos imaginativos y originales tendrán cabida en la escritura y el periodismo, o en los medios de comunicación y el mundo editorial. Puesto que te interesa la gente y tienes aptitudes para armar redes de contactos, puedes ser un excelente diplomático o mediador. Al ser una persona humanitaria y espiritual, también posees poderes de sanación únicos para reconfortar a los menos privilegiados.

Entre las personas famosas con quienes compartes cumpleaños están el director de cine Bernardo Bertolucci, la actriz Isabelle Huppert, el periodista Jorge Ramos, el comediante Jerry Lewis y la compositora Nancy Wilson.

Numerología

Un cumpleaños con el número 16 sugiere que eres ambicioso, sensible, considerado y amigable. A pesar de ser analítico, sueles juzgar la vida según cómo te sientas. Sin embargo, con la personalidad de alguien nacido en un día 16, vivirás tensiones internas ya que te debates entre tu necesidad de expresión personal y las responsabilidades que tienes con los demás. Tal vez te interesen la política y los asuntos internacionales, y puedes integrarte a corporaciones trasnacionales o al mundo de los medios de comunicación. Los más creativos de entre los nacidos en este día pueden tener talento para la escritura, con destellos repentinos de inspiración. Además, quizá deberás aprender a equilibrar tu exceso de confianza con tus dudas e inseguridades. La subinfluencia del mes número 3 indica que eres idealista y creativo, y que tienes muchísimas ideas originales. A pesar de ser extrovertido y amistoso, prefieres forjarte tus propias opiniones y sueles ser autónomo. Aunque eres intuitivo y sensible, necesitas desarrollar fe en tus habilidades y evitar las preocupaciones profesionales. Aun si crees que el dinero puede resolver todos los problemas, tus inseguridades emocionales tendrán poco que ver con cuestiones financieras. Cuando te sientes inspirado, eres dinámico y motivado, y puedes usar tus poderes para alentar a otros, en lugar de imponer tus deseos.

• *Cualidades positivas*: educación superior, responsabilidad en el hogar y con la familia, integridad, intuición, sociabilidad, cooperación, perspicacia.

• *Cualidades negativas*: preocupación, irresponsabilidad, autopromoción, dogmatismo, escepticismo, tendencia a ser quisquilloso, irritabilidad, egoísmo.

Amor y relaciones

Eres idealista y joven de corazón. Estás dispuesto a hacer algún tipo de sacrificio por amor, o con tal de tener relaciones felices. Eres romántico por naturaleza y sueles creer que el amor y la devoción son más fuertes que cualquier cosa. Sin embargo, ten cuidado de no sacrificarte por alguien que no valga la pena. Es posible que formes pareja con una persona de una generación o un contexto distintos. Gracias a que eres generoso y amoroso, eres una pareja protectora y solidaria. A pesar de que eres sutil, en las relaciones prefieres ser honesto y tienes un gran sentido de la responsabilidad.

• *Positiva*: energía, creatividad, emprendimiento.

• *Negativa*: enfoque en los defectos ajenos, obstinación, irritabilidad, impaciencia y acciones prematuras.

ESE ALGUIEN ESPECIAL

Si buscas una amistad o relación ideal, es posible que las encuentres con personas nacidas en las siguientes fechas.

Amor y amistad: 4, 8, 9, 18, 19 y 23 de enero; 2, 6, 16, 17 y 21 de febrero; 4, 14, 15, 19, 28 y 30 de marzo; 2, 12, 13, 17, 26, 28 y 30 de abril; 1, 10, 11, 15, 24, 26 y 28 de mayo; 8, 9, 13, 22, 24 y 26 de junio; 6, 7, 11, 20, 22, 24 y 30 de julio; 4, 5, 9, 18, 20, 22 y 28 de agosto; 2, 3, 7, 16, 18, 20 y 26 de septiembre; 1, 5, 14, 16, 18 y 24 de octubre; 3, 12, 14, 16 y 22 de noviembre; 1, 10, 12, 14 y 20 de diciembre.

Buenas para ti: 5, 16 y 27 de enero; 3, 14 y 25 de febrero; 1, 12 y 23 de marzo; 10 y 21 de abril; 8 y 19 de mayo; 6 y 17 de junio; 4 y 15 de julio; 2 y 13 de agosto; 11 de septiembre; 9 y 30 de octubre; 7 y 28 de noviembre; 5, 26 y 30 de diciembre.

Atracción fatal: 17 de enero; 15 de febrero; 13 de marzo; 11 de abril; 9 de mayo; 7 de junio; 5 de julio; 3 de agosto; 1, 16, 17, 18 y 19 de septiembre.

Desafiantes: 1, 10 y 15 de enero; 8 y 13 de febrero; 6 y 11 de marzo; 4 y 9 de abril; 2 y 7 de mayo; 5 de junio; 3 y 29 de julio; 1 y 27 de agosto; 25 de septiembre; 23 de octubre; 21 de noviembre; 19 y 29 de diciembre.

Almas gemelas: 30 de agosto, 28 de septiembre, 26 de octubre, 24 de noviembre, 22 de diciembre.

17 de marzo

SOL: PISCIS
DECANATO: ESCORPIÓN/PLUTÓN
ÁNGULO: 25° 30'–26° 30' DE PISCIS
MODALIDAD: MUTABLE
ELEMENTO: AGUA

ESTRELLA FIJA

Nombre de la estrella: Scheat

Posición: 28° 14'–29° 6' de Piscis, entre los años 1930 y 2000

Magnitud: 2

Fuerza: ★★★★★★★★

Órbita: 2° 10'

Constelación: Pegaso (Beta Pegasi)

Días efectivos: 16, 17, 18, 19, 20 y 21 de marzo

Propiedades de la estrella: Marte/Mercurio o Saturno/Mercurio

Descripción: estrella gigante anaranjada amarillenta ubicada en la pata izquierda de Pegaso

INFLUENCIA DE LA ESTRELLA PRINCIPAL

La influencia de Scheat se observa en tu tenacidad y obstinación. Esta estrella indica que te gusta soñar, eres idealista y posees una naturaleza emprendedora. Es probable que tengas muchos amigos y una vida social activa que te da sentido de pertenencia.

Con respecto a tu grado del Sol, Scheat confiere éxito al tratar con el público en general, así como talento para la metafísica, la astrología y temas esotéricos. Es probable que poseas habilidades intuitivas o psíquicas, así como una imaginación prodigiosa. Esta estrella indica que el éxito no siempre es duradero, y supone la necesidad de ser cauteloso al elegir amigos, personas cercanas o socios comerciales.

• *Positiva:* decisión, sentido común, habilidades argumentativas, emprendimientos, tenacidad.

• *Negativa:* peligro en el agua, impaciencia, obstinación.

Al haber nacido bajo el signo de Piscis, eres intuitivo, analítico y sensible, y posees un enfoque pragmático. A pesar de que tienes aspiraciones e ideales elevados, también es probable que te preocupen los intereses materiales. Sueles ser carismático, creativo, imaginativo y receptivo; no obstante, la principal dificultad que enfrentarás será generar armonía por medio de la expresión personal. Cuando te sientes deprimido, quizá se deba a que te sumerges en las preocupaciones, las dudas o los pensamientos pesimistas. El éxito suele ser resultado del trabajo arduo y la dedicación; por ende, para cosechar las recompensas, primero debes completar tus tareas y obligaciones.

La influencia añadida de tu Sol en el decanato de Escorpión te otorga una segunda visión y la capacidad de ser sumamente intuitivo. Con tus percepciones poderosas y profundidad emocional, tu mente inquisitiva disfruta llegar al meollo de las cosas.

Puesto que eres compasivo, franco y honesto, la gente te busca en momentos de crisis y, por lo regular, te inspira defender a los menos privilegiados. Debido a que eres un individuo con sentido común y buenas habilidades de organización, te gusta pensar a gran escala. Cuando te sientes optimista, puedes ser un pensador entusiasta y un conversador estimulante. Aunque, en general, tienes una postura constructiva, a veces sentirte insatisfecho contigo y con otros te vuelve especialmente criticón. Los viajes son buenos para ti, pues encajan bien con tu deseo de mejorar a través del conocimiento.

Entre los cuatro y los 33 años, tu Sol progresado atravesará Aries. Esta influencia hará que poco a poco te vuelvas más asertivo, audaz y entusiasta, lo que traerá consigo un deseo intenso de emprender proyectos nuevos. Después de cumplir 34 años, cuando tu Sol progresado se desplace hacia Tauro, sentirás una mayor necesidad de estabilidad y seguridad, aunada al deseo de una vida más tranquila y mayor ecuanimidad. A los 64 años, cuando tu Sol progresado se desplace hacia Géminis, las diferentes formas de comunicación te darán más curiosidad, y es probable que adquieras intereses nuevos.

Tu yo secreto

Eres receptivo y altruista. En general, prefieres a la gente franca y sin pretensiones. Estás dotado de una naturaleza solidaria y, por lo regular, tienes la posibilidad de ayudar o aconsejar a otros. Aunque proyectes confianza y determinación, las frustraciones y desilusiones pueden ser un gran desafío. Sin embargo, si ejerces la paciencia y la perseverancia, podrás mantener una actitud mental positiva y alcanzar el éxito que mereces. La capacidad para aprehender las ideas con rapidez implica que la educación y la obtención de conocimiento puede ser parte esencial de tu confianza personal.

Eres un individuo carismático, encantador y creativo, y posees un intelecto brillante y una fuerte necesidad de expresión personal. Quizá te interese estudiar filosofía, religión o metafísica, lo que te ayudará a superar la tendencia a pensar de forma negativa. Si deseas armonía, el hogar desempeñará un papel crucial para satisfacer tu necesidad de paz y seguridad.

Trabajo y vocación

A pesar de que tienes un excelente olfato para los negocios y una visión optimista, quizá debas aprender que nada en la vida es gratuito. Eres talentoso y dinámico, y te interesa una amplia gama de temas, por lo que debes ser perseverante y activo. Tiendes a hacer las cosas en el último minuto o, incluso, sin terminar lo que podría causarte frustración y angustia. Si trabajas arduamente y prestas atención a los detalles, ascenderás a puestos altos. Por lo regular, destacarás si trabajas en ventas y publicidad. Con frecuencia, puedes producir arte masivo y convertir tus talentos en éxitos materiales. También podrías obtener buenos resultados a través de la educación, los viajes, la función pública o la política. Eres bueno para tratar con la gente, por lo que podría interesarte el derecho, la filosofía o la religión. Dado que eres creativo, también podrías preferir expresar tus emociones intensas a través de la danza, el arte, la música o el teatro.

Entre las personas famosas con quienes compartes cumpleaños están los cantantes John Sebastian y Nat King Cole; el bailarín Rudolf Nuréyev; los actores Rob Lowe y Kurt Russell; la ilustradora de libros infantiles Kate Greenaway y el golfista Bobby Jones.

Numerología

Al tener un cumpleaños con el número 17 sueles ser astuto, reservado y con habilidades analíticas. Eres un pensador independiente, y te beneficias de tus talentos y tu buena educación. Por lo regular, aprovechas tus conocimientos para desarrollar tu pericia, y gracias a eso puedes alcanzar el éxito material u ocupar una posición importante. Al desarrollar tus habilidades comunicativas descubrirás mucho de ti mismo a través de los demás. La subinfluencia del mes número 3 indica que eres receptivo y gozas de un fuerte sexto sentido y premoniciones poderosas. Cuando te inspiras, tienes ideas maravillosas e imaginativas que vale la pena poner por escrito. Eres bondadoso e idealista, y quienes necesitan reafirmación y aliento se te acercan como un imán. Eres extrovertido, disfrutas las actividades sociales con amigos y tienes muchos intereses. La versatilidad y necesidad de expresión personal te empujarán a vivir toda clase de experiencias creativas. Las relaciones personales y una atmósfera amorosa son sumamente importantes para ti, ya que te confieren esperanzas e inspiración.

• *Cualidades positivas*: amabilidad, pericia, planeación, instinto para los negocios, éxito financiero, intelecto, meticulosidad, precisión, talento para la investigación, capacidad científica.

• *Cualidades negativas*: terquedad, descuido, malhumor, hipersensibilidad, obcecación, crítica, preocupación, suspicacia.

Amor y relaciones

Eres dinámico, amoroso y, por lo regular, atraes muchos admiradores. En general, tienes suerte y disfrutas relacionarte con todo tipo de personas. Sin embargo, tu capacidad para cautivar a otros trae consigo la necesidad de distinguir entre tus amigos verdaderos y quienes ser te acercan por interés. De otro modo, atraerás a individuos que te exijan demasiado tiempo o te distraigan de tus metas. Aunque eres capaz de dar mucho amor, evita exagerar al mostrar tus verdaderos sentimientos. Además de generoso y compasivo, eres solidario y comprensivo con tus parejas y amigos.

ESE ALGUIEN ESPECIAL

Es probable que encuentres a una pareja que comprenda tu sensibilidad, tus pasiones intensas y tus necesidades afectivas entre quienes nacieron en las siguientes fechas.

Amor y amistad: 3, 5, 9, 18 y 19 de enero; 1, 3, 7, 16 y 17 de febrero; 1, 5, 14, 15 y 31 de marzo; 3, 12, 13 y 29 de abril; 1, 10, 11, 27 y 29 de mayo; 8, 9, 25 y 27 de junio; 6, 7, 11, 23, 25 y 31 de julio; 4, 5, 21, 23 y 29 de agosto; 2, 3, 19, 21, 27 y 30 de septiembre; 1, 17, 19, 25 y 28 de octubre; 3 de noviembre; 13, 15, 21 y 24 de diciembre.

Buenas para ti: 1, 6 y 17 de enero; 4 y 15 de febrero; 2 y 13 de marzo; 11 de abril; 9 de mayo; 7 de junio; 5 de julio; 3 de agosto; 1 de septiembre; 31 de octubre; 29 de noviembre; 27 de diciembre.

Atracción fatal: 17, 18, 19, 20 y 21 de septiembre.

Desafiantes: 2 y 16 de enero, 14 de febrero, 12 de marzo, 10 de abril, 8 de mayo, 6 de junio, 4 de julio, 2 de agosto, 30 de diciembre.

Almas gemelas: 11 y 31 de enero, 9 y 29 de febrero, 7 y 27 de marzo, 5 y 25 de abril, 3 y 23 de mayo, 1 y 21 de junio, 19 de julio, 17 de agosto, 15 de septiembre, 13 de octubre, 11 de noviembre, 9 de diciembre.

18 de marzo

ESTRELLA FIJA

Nombre de la estrella: Scheat

Posición: 28º 14'–29º 6' de Piscis, entre los años 1930 y 2000

Magnitud: 2

Fuerza: ★★★★★★★

Órbita: 2º 10'

Constelación: Pegaso (Beta Pegasi)

Días efectivos: 16, 17, 18, 19, 20 y 21 de marzo

Propiedades de la estrella: Marte/Mercurio o Saturno/Mercurio

Descripción: estrella gigante anaranjada amarillenta ubicada en la pata izquierda de Pegaso

INFLUENCIA DE LA ESTRELLA PRINCIPAL

La influencia de Scheat se observa en tu tenacidad y obstinación. Esta estrella indica que te gusta soñar, eres idealista y posees una naturaleza emprendedora. Es probable que tengas muchos amigos y una vida social activa que te da sentido de pertenencia.

Con respecto a tu grado del Sol, Scheat confiere éxito al tratar con el público en general, así como talento para la metafísica, la astrología y temas esotéricos. Es probable que poseas habilidades intuitivas o psíquicas, así como una imaginación prodigiosa. Esta estrella indica que el éxito no siempre es duradero, y supone la necesidad de ser cauteloso al elegir amigos, personas cercanas o socios comerciales.

• *Positiva:* decisión, sentido común, habilidades argumentativas, emprendimientos, tenacidad.

• *Negativa:* peligro en el agua, impaciencia, obstinación.

Al haber nacido bajo el signo de Piscis, eres un individuo sensible e inquieto, que quiere trascender las fronteras de la existencia a través de los viajes y la transformación. Además de ser intuitivo y espontáneo, eres imaginativo y joven de corazón. Al ser un visionario con múltiples talentos, necesitas encontrar mecanismos de expresión personal. El único obstáculo que se atraviesa en tu camino será la falta de perseverancia o el deseo de obtener recompensas financieras inmediatas como producto de tu esfuerzo.

La influencia de Escorpión, el regente de tu decanato, fortalece tu determinación para iniciar cambios que te permitan superarte. Por lo regular, descubres tu verdadera fortaleza cuando atraviesas periodos difíciles. Aunque eres sencillo y receptivo por naturaleza, también eres perspicaz y profundamente comprensivo, lo que indica que te empoderas cuando entiendes las distintas dimensiones de un problema y la sincronía correcta de los sucesos futuros.

Los cambios de circunstancias y el lado extravagante de tu naturaleza indican que, en general, deseas una vida de lujos. Sin embargo, esto implica también que debes desarrollar paciencia y dominarte a ti mismo, para poder trabajar dentro de una estructura disciplinada o un presupuesto. Si aprendes que es más probable tener oportunidades de éxito duradero si te mantienes sereno y estás preparado, podrás mantener el estilo de vida que anhelas.

Entre los tres y los 32 años, tu Sol progresado estará en Aries. Esta influencia hará que gradualmente te vuelvas más seguro de ti y asertivo, lo cual te impulsará a emprender proyectos y tener un sentido de la orientación personal. Después de los 33 años, cuando tu Sol progresado se desplace hacia Tauro, sentirás la necesidad creciente de tener estabilidad y seguridad, aunada al deseo de llevar una vida más práctica. A los 63 años, cuando tu Sol progresado se desplace hacia Géminis, empezarás a experimentar con las comunicaciones y necesitarás más estímulos intelectuales.

Tu yo secreto

Eres una persona generosa, de mente abierta, inteligente, ingenioso y te gusta mantenerte ocupada. En el fondo a veces dudas de ti mismo y permites que las inseguridades socaven tu creatividad, lo que te provoca dudas sobre si estás tomando las decisiones correctas en lo que a tu vida se refiere. No obstante, tu naturaleza humanitaria te permite poner las cosas en perspectiva y ayudarte a superar la tendencia a preocuparte. Si aprendes a relajarte, te permitirás expresar tus talentos naturales y disfrutarás la vida.

Dado que eres ingenioso y entretenido, tienes facilidad para tratar con la gente y disfrutas las reuniones sociales entre amigos. Aunque tienes una veta despilfarradora, el dinero y la seguridad son factores que te motivan. Sientes un gran interés en la gente. Tu capacidad de hacer observaciones astutas implica que tus intuiciones suelen ser acertadas y pueden ayudarte a juzgar a la gente con rapidez. Si te mantienes lo más objetivo posible, podrás evitar frustraciones o decepciones personales.

Trabajo y vocación

A pesar de ser trabajador, necesitas evitar las ocupaciones mundanas que no proveen variedad ni incentivos para progresar. Trabajar en una atmósfera cambiante o emocionante te mantendrá mentalmente estimulado. Las carreras que incluyen viajes serán aptas para tu temperamento inquieto. La necesidad de aventura te inspirará a tener tantas experiencias como sea posible durante la juventud, antes de sentar cabeza de forma más permanente. Con tu imaginación, sensibilidad visual y estructura, podría interesarte hacer carrera como diseñador, artista, arquitecto o cineasta. De igual modo, tener un buen sentido del ritmo podría inclinarte hacia la música o la danza. Como humanitario, quizá te sientas motivado para ayudar, enseñar o instruir a los demás. Por otro lado, tu gran olfato para los negocios podría llevarte al mundo del comercio.

Entre las personas famosas con quienes compartes cumpleaños están el cantante de soul Wilson Pickett, el compositor Nicolái Rimsky-Kórsakov, los escritores John Updike y George Plimpton, y el expresidente estadounidense Grover Cleveland.

Numerología

Algunos de los atributos asociados con el número 18 en la fecha de cumpleaños son tenacidad, asertividad y ambición. Eres activo y te gustan los cambios, por lo que procuras mantenerte ocupado y sueles participar en todo tipo de proyectos. Eres competente, trabajador y responsable, por lo cual se te facilita ascender a posiciones de autoridad. Dado que sufres por trabajar en exceso, es importante que aprendas a relajarte y a bajar la velocidad de vez en cuando. Con la personalidad de alguien nacido en un día 18 puedes usar tus poderes para sanar a otros, dar consejos valiosos o resolver problemas ajenos. La subinfluencia del mes número 3 indica que eres idealista y sensible. Dado que eres extrovertido y un buen compañero, disfrutas las actividades sociales entre amigos y tienes muchos intereses. Te beneficias de ser activo y productivo, debido a que posees una gran versatilidad y sientes necesidad de expresión personal. Si perteneces a una organización de gran tamaño, tu veta humanitaria te ayudará a impulsar mejoras y reformas. Debido a que te aburres con facilidad podrías inclinarte a viajar; pero, por otro lado, debes evitar tratar de abarcar demasiado. Por lo regular, eres entusiasta y encantador, y tienes un buen sentido del humor, pero tendrás que fortalecer tu autoestima y aprender a mantener tu objetividad.

• *Cualidades positivas*: actitud progresista, asertividad, intuición, valentía, determinación, capacidad de sanación, eficiencia, facilidad para asesorar.

• *Cualidades negativas*: emociones fuera de control, pereza, falta de orden, egoísmo, insensibilidad.

Amor y relaciones

A pesar de ser receptivo y sensible, te caracterizas por tu mentalidad independiente. Eres amistoso y sociable. Te sientes atraído hacia personas que estimulan tu intelecto y tu imaginación. Eres inteligente, inquieto y, por lo regular, les das importancia a las relaciones, pues disfrutas interactuar con todo tipo de personas. Gracias a tu sentido del humor innato, eres entretenido cuando estás en compañía de tus seres queridos. Además, te desenvuelves mejor con una pareja inteligente o que comparta tus intereses.

ESE ALGUIEN ESPECIAL

Si quieres encontrar a ese alguien especial, busca parejas emocionantes y divertidas entre quienes nacieron en las siguientes fechas.

Amor y amistad: 6, 10, 20 y 29 de enero; 4, 8, 18 y 27 de febrero; 2, 6, 16, 20, 25, 28 y 30 de marzo; 4, 14, 23, 26, 28 y 30 de abril; 2, 12, 16, 21, 24, 26, 28 y 30 de mayo; 10, 19, 22, 24, 26 y 28 de junio; 8, 12, 17, 20, 22, 24 y 26 de julio; 6, 15, 18, 20, 22 y 24 de agosto; 4, 13, 16, 18, 20 y 22 de septiembre; 2, 11, 14, 16, 18 y 20 de octubre; 4, 9, 12, 14, 16 y 18 de noviembre; 7, 10, 12, 14 y 16 de diciembre.

Buenas para ti: 7, 13, 18 y 28 de enero; 5, 11, 16 y 26 de febrero; 3, 9, 14 y 24 de marzo; 1, 7, 12 y 22 de abril; 5, 10 y 20 de mayo; 3, 8 y 18 de junio; 1, 6 y 16 de julio; 4 y 14 de agosto; 2, 12 y 30 de septiembre; 10 y 28 de octubre; 8, 26 y 30 de noviembre; 6, 24 y 28 de diciembre.

Atracción fatal: 25 de enero; 23 de febrero; 21 de marzo; 19 de abril; 17 de mayo; 15 de junio; 13 de julio; 11 de agosto; 9, 19, 20 y 21 de septiembre; 7 de octubre; 5 de noviembre; 3 de diciembre.

Desafiantes: 3 y 17 de enero; 1 y 15 de febrero; 13 de marzo; 11 de abril; 9 y 30 de mayo; 7 y 28 de junio; 5, 26 y 29 de julio; 3, 24 y 27 de agosto; 1, 22 y 25 de septiembre; 20 y 23 de octubre; 18 y 21 de noviembre; 16 y 19 de diciembre.

Almas gemelas: 18 de enero, 16 de febrero, 14 de marzo, 12 de abril, 10 y 29 de mayo, 8 y 27 de junio, 6 y 25 de julio, 4 y 23 de agosto, 2 y 21 de septiembre, 19 de octubre, 17 de noviembre, 15 de diciembre.

19 de marzo

Al haber nacido bajo el signo de Piscis, eres un individuo decidido, intuitivo y receptivo, con motivación y empuje dinámico. Dado que eres pragmático e imaginativo, quieres estabilidad y seguridad; sin embargo, la variedad y la actividad son las que te permiten prosperar. Tu carrera suele desempeñar un papel significativo en tu vida. Debido a ello, y por medio de la dedicación y el trabajo arduo, podrás afianzarte en una posición permanente y exitosa.

La influencia añadida de tu Sol en el decanato de Escorpión te permite ser observador y perspicaz. A pesar de que tienes una mente aguda y eres un buen investigador, no siempre te gusta mostrar esa parte de ti. Quieres ampliar tu capacidad de comprensión por medio del dominio de ti mismo. Descubres tu expresión creativa cuando controlas la situación y eres emprendedor. Dado que tienes el poder de sanar, eres capaz de transformarte y empezar de cero. Si combinas tus habilidades organizacionales e instintos poderosos, podrás aprovechar las situaciones y crear productos tangibles a partir de tus ideas entusiastas.

Eres idealista, te enorgulleces de tu trabajo y estás dispuesto a dedicar tu tiempo y energía a una causa o proyecto que te inspire. Aunque, generalmente, cuentas con protección financiera, en realidad tienes éxito a través de la perseverancia y el compromiso. Ya que eres un individuo leal, te tomas en serio las responsabilidades, pero necesitas relajarte y adoptar un enfoque más amigable.

Hasta los 31 años, tu Sol progresado atravesará Aries. Esta influencia te permitirá desarrollar tu asertividad, mantenerte activo y ser valiente. Después de los 32 años, cuando tu Sol progresado se desplace hacia Tauro, sentirás una mayor necesidad de estabilidad y seguridad financiera. Serás más tranquilo y decidido, pero la reticencia a los cambios podría revelar indicios de obstinación. A los 62 años, habrá otro punto de inflexión, cuando tu Sol progresado entre a Géminis. A partir de entonces, serás más curioso y empezarás a transformar tu mentalidad. Además, sobresaldrá tu interés en la comunicación y en aprender temas nuevos.

Tu yo secreto

Tienes vitalidad, instintos poderosos y necesitas estímulos emocionales e intelectuales. El deseo de acción y emoción sugiere que disfrutas explorar ideas nuevas o emprender proyectos originales. La falta de actividad o cambios podría causarte incomodidad, y producirte inquietud o impaciencia sin saber por qué. Sin embargo, procura no recurrir a la evasión para intentar compensarlo.

Puesto que la mitad de las personas nacidas en esta fecha quiere variedad y aventura, y la otra mitad busca estabilidad y seguridad, quizá necesites crear un entorno equilibrado que sea predecible, pero también que te brinde oportunidades de crecimiento. Te interesan los cambios y las reformas, y puedes impulsar a otros a actuar. A pesar de ser encantador y sociable, necesitas encontrar satisfacciones emocionales y tener tranquilidad y paz interiores. En lugar de ir en distintas direcciones, escucha tus percepciones internas y tu vida fluirá sin sobresaltos.

ESTRELLA FIJA

Nombre de la estrella: Scheat

Posición: 28° 14'–29° 6' de Piscis, entre los años 1930 y 2000

Magnitud: 2

Fuerza: ★★★★★★★★

Órbita: 2° 10'

Constelación: Pegaso (Beta Pegasi)

Días efectivos: 16, 17, 18, 19, 20 y 21 de marzo

Propiedades de la estrella: Marte/Mercurio o Saturno/Mercurio

Descripción: estrella gigante anaranjada amarillenta ubicada en la pata izquierda de Pegaso

INFLUENCIA DE LA ESTRELLA PRINCIPAL

La influencia de Scheat se observa en tu tenacidad y obstinación. Esta estrella indica que te gusta soñar, eres idealista y posees una naturaleza emprendedora. Es probable que tengas muchos amigos y una vida social activa que te da sentido de pertenencia.

Con respecto a tu grado del Sol, Scheat confiere éxito al tratar con el público en general, así como talento para la metafísica, la astrología y temas esotéricos. Es probable que poseas habilidades intuitivas o psíquicas, así como una imaginación prodigiosa. Esta estrella indica que el éxito no siempre es duradero, y supone la necesidad de ser cauteloso al elegir amigos, personas cercanas o socios comerciales.

• *Positiva:* decisión, sentido común, habilidades argumentativas, emprendimientos, tenacidad.

• *Negativa:* peligro en el agua, impaciencia, obstinación.

Trabajo y vocación

Las excelentes oportunidades profesionales que se te presentan te dificultarán decidir qué quieres lograr. Sin embargo, tu enfoque práctico y buenas habilidades organizacionales te permitirán desempeñar papeles ejecutivos o ascender a puestos de autoridad. Aunque podrías triunfar en el mundo de los negocios, la necesidad de ser creativo refleja que eres demasiado idealista como para que los beneficios económicos por sí solos te complazcan. A menos que también encuentres satisfacción emocional, podrías perder el interés y buscar oportunidades o desafíos nuevos. Por lo regular, te desempeñas mejor en organizaciones grandes donde hay oportunidades de crecimiento. Por otro lado, quizá quieras trabajar por cuenta propia y ser independiente. El amor por los viajes y la variedad indica que te interesa vivir experiencias distintas y te entusiasma trabajar en lugares nuevos.

Entre las personas famosas con quienes compartes cumpleaños están los actores Glenn Close, Ursula Andress y Bruce Willis; el ingeniero ganador del Premio Nobel de Química Mario Molina; y los escritores Philip Roth e Irving Wallace.

Numerología

Algunas de las cualidades de las personas nacidas bajo el número 19 son la ambición, el dinamismo, la creatividad, el idealismo y la sensibilidad. Eres una persona tenaz e ingeniosa, con una visión profunda; pero el lado soñador de tu naturaleza es compasivo e impresionable. Las ansias de sobresalir pueden empujarte al histrionismo y a intentar acaparar los reflectores. A ojos de los demás eres una persona fuerte, segura e ingeniosa, pero las tensiones internas pueden provocarte altibajos emocionales. Si te impones estándares demasiado altos, podrías volverte demasiado serio o crítico de ti mismo y de otros. La subinfluencia del mes número 3 indica que eres sumamente perspicaz. Dado que posees asertividad y múltiples talentos, cuando creas un entorno estable hacia el cual canalizar tus energías constructivas, incrementas tus probabilidades de éxito. Cuando te comprometes con algo, aprovechas tu versatilidad e ingenio para incorporar actitudes nuevas o mejorar las condiciones laborales. Aunque el éxito material sea importante para ti, tu mayor recompensa es integrar la sabiduría con la expresión emocional, pues deseas alcanzar el dominio de ti mismo y transformarte.

• *Cualidades positivas*: dinamismo, ecuanimidad, creatividad, liderazgo, actitud progresista, optimismo, convicciones fuertes, competitividad, independencia, sociabilidad.

• *Cualidades negativas*: ensimismamiento, angustia, miedo al rechazo, materialismo, egoísmo, impaciencia, evasión.

Amor y relaciones

Dado que eres carismático y amistoso, te gusta interactuar con gente de todo tipo. Cuando te enamoras, lo haces con profundidad y pasión. A pesar de que sueles entablar amistades duraderas y formar vínculos sólidos con la gente, no te gusta tener rutinas o responsabilidades que te limiten demasiado. La necesidad de estabilidad y seguridad refleja que buscas una pareja que te emocione, pero también que sea confiable. Las circunstancias cambiantes requieren que te tomes las cosas con calma antes de comprometerte a tener una relación a largo plazo.

ESE ALGUIEN ESPECIAL

Encontrarás a un amante o una pareja fiel, confiable y que aprecie tus talentos entre personas nacidas en las siguientes fechas.

Amor y amistad: 7, 11, 22 y 25 de enero; 5, 9 y 20 de febrero; 3, 7, 18 y 31 de marzo; 1, 5, 16 y 29 de abril; 3, 14, 17, 27 y 29 de mayo; 1, 12, 25 y 27 de junio; 10, 13, 23 y 25 de julio; 8, 21, 23 y 31 de agosto; 6, 19, 21 y 29 de septiembre; 4, 17, 19, 27 y 30 de octubre; 2, 5, 15, 17, 25 y 28 de noviembre; 13, 15, 23 y 26 de diciembre.

Buenas para ti: 8, 14 y 19 de enero; 6, 12 y 17 de febrero; 4, 10 y 15 de marzo; 2, 8 y 13 de abril; 6 y 11 de mayo; 4 y 9 de junio; 2 y 7 de julio; 5 de agosto; 3 de septiembre; 1 y 29 de octubre; 27 de noviembre; 25 y 29 de diciembre.

Atracción fatal: 20, 21, 22, 23 y 24 de septiembre.

Desafiantes: 9, 18 y 20 de enero; 7, 16 y 18 de febrero; 5, 14 y 16 de marzo; 3, 12 y 14 de abril; 1, 10 y 12 de mayo; 8 y 10 de junio; 6, 8 y 29 de julio; 4, 6 y 27 de agosto; 2, 4 y 25 de septiembre; 2 y 23 de octubre; 21 de noviembre; 19 de diciembre.

Almas gemelas: 9 de enero, 7 de febrero, 5 de marzo, 3 de abril, 1 de mayo, 30 de octubre, 28 de noviembre, 26 de diciembre.

SOL: CÚSPIDE PISCIS/ARIES
DECANATO: ESCORPIÓN/PLUTÓN,
ARIES/MARTE
ÁNGULO: 28º 30'–29º 30' DE PISCIS
MODALIDAD: MUTABLE
ELEMENTO: AGUA

ESTRELLA FIJA

Nombre de la estrella: Scheat

Posición: 28º 14'–29º 6' de Piscis, entre los años 1930 y 2000

Magnitud: 2

Fuerza: ★★★★★★★★

Órbita: 2º 10'

Constelación: Pegaso (Beta Pegasi)

Días efectivos: 16, 17, 18, 19, 20 y 21 de marzo

Propiedades de la estrella: Marte/Mercurio o Saturno/Mercurio

Descripción: estrella gigante anaranjada amarillenta ubicada en la pata izquierda de Pegaso

INFLUENCIA DE LA ESTRELLA PRINCIPAL

La influencia de Scheat se observa en tu tenacidad y obstinación. Esta estrella indica que te gusta soñar, eres idealista y posees una naturaleza emprendedora. Es probable que tengas muchos amigos y una vida social activa que te da sentido de pertenencia.

Con respecto a tu grado del Sol, Scheat confiere éxito al tratar con el público en general, así como talento para la metafísica, la astrología y temas esotéricos. Es probable que poseas habilidades intuitivas o psíquicas, así como una imaginación prodigiosa. Esta estrella indica que el éxito no siempre es duradero, y supone la necesidad de ser cauteloso al elegir amigos, personas cercanas o socios comerciales.

• *Positiva:* decisión, sentido común, habilidades argumentativas, emprendimientos, tenacidad.

• *Negativa:* peligro en el agua, impaciencia, obstinación.

20 de marzo

H Al haber nacido en la cúspide de Piscis y Aries, te beneficias de la influencia de ambos signos. Eres idealista y propositivo, pero también capaz de darles uso práctico a tus ideas imaginativas. Debido a que eres sensible, ambicioso y sumamente talentoso, aspiras a lograr muchas cosas. Eres astuto, receptivo y con la capacidad de ir al meollo del asunto. Sin embargo, tus ansias de expresión podrían verse entorpecidas por las dudas y las preocupaciones. Para alcanzar tus sueños, deberás confiar en tus decisiones, independientemente de los obstáculos financieros.

La influencia añadida de tu Sol en los decanatos de Escorpión y Aries te otorga la capacidad intuitiva de percibir intenciones ocultas con rapidez y el deseo de llegar al meollo de las cosas. Cuando adoptas una actitud positiva, eres seguro de ti mismo, atrevido y audaz, y tienes ideas originales y entusiastas. A pesar de que aparentas ser relajado y simpático, en el fondo tienes un lado más serio que podría interesarse en el estudio de temas poco comunes, filosóficos o espirituales.

A pesar de que puedes lograr muchas cosas con ayuda de tus aptitudes únicas, aprender a aprovechar tus encantos y habilidades diplomáticas reforzará tus probabilidades de éxito. Tu interés en la gente refleja tus cualidades humanitarias innatas. Asimismo, hacer alianzas o trabajar en equipo con frecuencia será parte importante de tu crecimiento.

Hasta los 30 años, tu Sol progresado estará en Aries, lo que sugiere que gradualmente desarrollarás planes ambiciosos y fortalecerás tu confianza. Quizá desees emprender proyectos nuevos o experimentar cosas diferentes. A los 31 años habrá otro punto de inflexión, cuando tu Sol progresado entre a Tauro. A partir de entonces, te volverás más práctico y consciente de tu seguridad; además, sentirás un intenso deseo de lujos y belleza. A partir de los 61, cuando tu Sol progresado entre a Géminis, desarrollarás un gran interés en las comunicaciones y el intercambio de ideas.

Tu yo secreto

Eres idealista y práctico. Disfrutas emprender proyectos y trabajar por causas valiosas. A pesar de que sientes una gran necesidad de seguridad material, no estás dispuesto a ceder en cuestiones que te importan genuinamente. No obstante, estás más que dispuesto a ayudar a otros y darles consejos valiosos. Prosperas cuando te motivan. Tu aprecio por la tranquilidad y la armonía implica que harás hasta lo imposible por restablecer el equilibrio en situaciones tensas.

Si crees en una causa, la respaldarás por completo y usarás tus poderes de persuasión para convencer a otros. Siempre estás dispuesto a compartir tu conocimiento, por lo que haces contribuciones sustanciales al trabajar en colaboración o en grupo. Aunque eres romántico e idealista, y anhelas amor y afecto verdaderos, en realidad eres pragmático, consciente de la seguridad, por lo que rara vez te dejas llevar por tus emociones. También es necesario que aprendas a distinguir entre interferir en la vida de los demás y ofrecer consejos cuando te los piden.

Trabajo y vocación

Puesto que tienes una veta competitiva, querrás triunfar y ser creativo. Quizá te atraigan el mundo de los deportes, la música o el teatro. Eres persuasivo y sabes promover tus ideas. Al ser un individuo competente y metódico, podrías interesarte en proyectos de gran tamaño en los que puedas sacar a relucir tus habilidades administrativas. Eres original y versátil en cualquier carrera que elijas. Te gusta hacer cambios y mejoras o impulsar reformas en tu lugar de trabajo. Eres inteligente y elocuente, por lo que puedes obtener logros a través de la enseñanza, la escritura o la comunicación. Tu astucia para los negocios te permite tener éxito en el comercio; aunque quizá quieras aprovechar tu agudeza mental para dedicarte a la investigación y la resolución de problemas.

Entre las personas famosas con quienes compartes cumpleaños están el director de cine Spike Lee; el dramaturgo Henrik Ibsen; el presentador de televisión Fred Rogers (Mr. Rogers); el pianista Sviatoslav Richter; el jugador de hockey Bobby Orr, y el ex primer ministro canadiense Brian Mulroney.

Numerología

Al haber nacido bajo el número 20, eres intuitivo, sensible, adaptable y comprensivo. Generalmente, te consideras parte de un grupo. Te gustan las actividades cooperativas en las que puedes interactuar, compartir experiencias y aprender de otros. Tu encanto y gracia te ayudan a desarrollar habilidades diplomáticas y sociales que te permiten moverte con fluidez en círculos sociales distintos. No obstante, quizá necesites fortalecer tu confianza o superar la tendencia a sentirte herido por las acciones y críticas ajenas y a ser demasiado dependiente. Tienes una facilidad extraordinaria para crear atmósferas amistosas y armoniosas. La subinfluencia del mes número 3 indica que eres creativo, sensible, extrovertido y buena compañía, por lo que disfrutas las actividades sociales entre amigos y tienes múltiples intereses. La versatilidad y las ansias de expresión te empujarán a vivir experiencias de diversas índoles. Sin embargo, la inclinación a aburrirte con facilidad podría volverte indeciso o que intentes abarcar más de lo que puedes llevar a cabo. A pesar de ser entusiasta y encantador, y de tener un buen sentido del humor, tendrás que fortalecer tu autoestima para evitar las preocupaciones y algunas otras inseguridades emocionales. Trabajas mejor cuando te sientes motivado y con esperanzas.

• *Cualidades positivas*: buenas asociaciones, gentileza, tacto, receptividad, intuición, amabilidad, armonía, naturaleza amistosa, embajador de buena voluntad.

• *Cualidades negativas*: suspicacia, inseguridad, hipersensibilidad, egoísmo, tendencia a ofenderse, engaños.

Amor y relaciones

Además de ser sensible y receptivo, por lo regular, eres intuitivo y espontáneo. Estás preparado para hacer hasta lo imposible por tus seres queridos; sin embargo, también posees otra faceta que te hace parecer indiferente o inquieto en ocasiones. Dado que eres más sensible de lo que aparentas, es esencial que construyas un entorno personal armonioso en el que puedas relajarte y descansar. Si acaso buscas el amor ideal, será difícil para cualquiera estar a la altura de tus elevadas expectativas. Sin embargo, además de ser considerado y bondadoso, buscas estabilidad y eres leal a la pareja que eliges.

ESE ALGUIEN ESPECIAL

Si buscas a una pareja dinámica y sensible, podrás entablar relaciones más duraderas con alguien que haya nacido en las siguientes fechas.

Amor y amistad: 4, 8, 13, 22 y 26 de enero; 6, 20 y 24 de febrero; 4, 18 y 22 de marzo; 2, 16, 20 y 30 de abril; 14, 18, 28 y 30 de mayo; 12, 16, 26 y 28 de junio; 1, 10, 14, 24 y 26 de julio; 8, 12, 22 y 24 de agosto; 6, 10, 20, 22 y 30 de septiembre; 4, 8, 18, 20 y 28 de octubre; 2, 6, 16, 18 y 26 de noviembre; 4, 14, 16 y 24 de diciembre.

Buenas para ti: 9 y 20 de enero; 7 y 18 de febrero; 5, 16 y 29 de marzo; 3, 14 y 27 de abril; 1, 12 y 25 de mayo; 10 y 23 de junio; 8 y 21 de julio; 6 y 19 de agosto; 4, 17, 22, 23 y 24 de septiembre; 2, 15 y 30 de octubre; 13 y 28 de noviembre; 11, 26 y 30 de diciembre.

Atracción fatal: 27 de enero, 25 de febrero, 23 de marzo, 21 de abril, 19 de mayo, 17 de junio, 15 de julio, 13 de agosto, 11 de septiembre, 9 de octubre, 7 de noviembre, 5 de diciembre.

Desafiantes: 2, 10 y 19 de enero; 8 y 17 de febrero; 6 y 15 de marzo; 4 y 13 de abril; 2 y 11 de mayo; 9 de junio; 7 y 30 de julio; 5 y 28 de agosto; 3 y 26 de septiembre; 1 y 24 de octubre; 22 de noviembre; 20 y 30 de diciembre.

Almas gemelas: 15 de enero, 13 de febrero, 11 de marzo, 9 de abril, 7 de mayo, 5 de junio, 3 de julio, 1 de agosto, 29 de octubre, 27 de noviembre, 25 de diciembre.

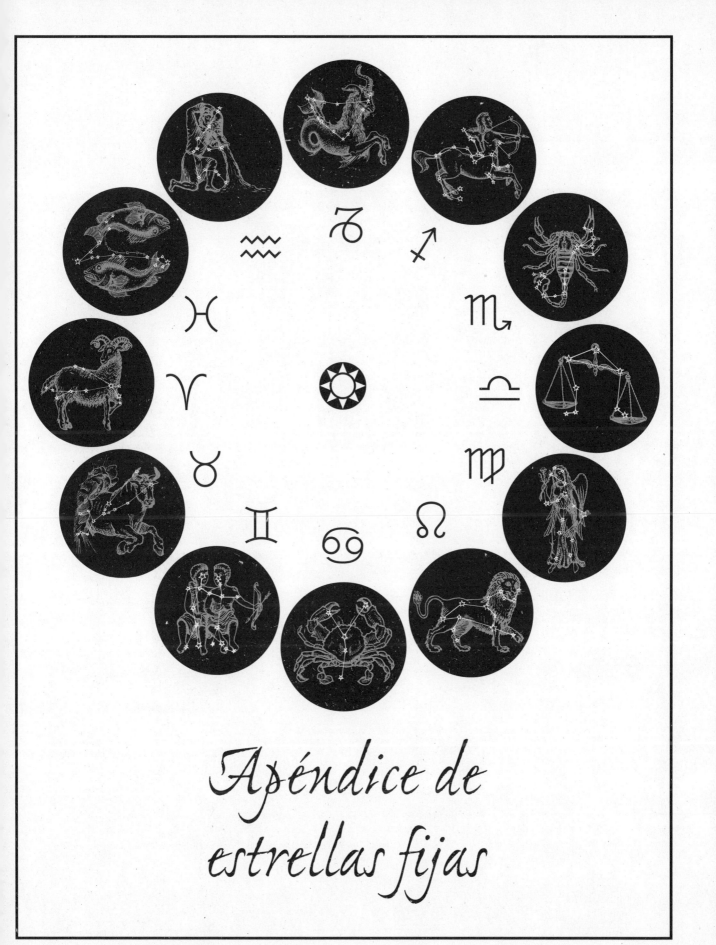

*Apéndice de
estrellas fijas*

Si tu cumpleaños está vinculado con la influencia de más de una estrella fija, a continuación encontrarás un listado completo de estrellas fijas y sus atributos. También puedes complementar la información de este apéndice al solicitar el cálculo profesional de tu carta astral para conocer más sobre el significado de estos cuerpos celestiales.

Aries

DENEB KAITOS

Nombre de la estrella: Deneb Kaitos, también llamada
Diphda
Posición: 1º 32'–2º 27' de Aries, entre los años 1930 y 2000
Magnitud: 2
Fuerza: ★★★★★★★★
Órbita: 2º 10'
Constelación: Cetus (Beta Ceti)
Días efectivos: 21, 22, 23, 24, 25 y 26 de marzo
Propiedades de la estrella: Saturno
Descripción: estrella entre amarilla y anaranjada ubicada
en la cola de la ballena

Deneb Kaitos indica una naturaleza reservada, así como la capacidad para avanzar con determinación. También transmite una inquietud innata que puede llevar a brotes de actividad seguidos de periodos de recuperación. Alerta contra el mal uso de la fuerza y sugiere que estos individuos deben aprender a relajar la mente por medio del pensamiento positivo; también es posible que requieran pasar tiempo a solas.

Con respecto a tu grado del Sol, esta estrella confiere habilidades de organización y enfatiza los deberes y las responsabilidades. Con disciplina y control, es posible lograr mucho. Esta estrella también alerta contra la tendencia a frustrarse.

• *Positiva:* perseverancia, determinación.

• *Negativa:* represión o frustración, hacer cosas por impulso, cambio de dirección sin pensar.

ALGENIB

Nombre de la estrella: Algenib, también llamada Gamma
Pegasi o la punta del ala
Posición: 8º 10'–9º 4' de Aries, entre los años 1930 y 2000
Magnitud: 3
Fuerza: ★★★★★★

Órbita: 2º
Constelación: Pegaso (Alpha Pegasi)
Días efectivos: 29, 30 y 31 de marzo; 1 y 2 de abril
Propiedades de la estrella: Marte/Mercurio
Descripción: estrellita blanca ubicada en la punta
del ala de Pegaso

Algenib confiere capacidad de razonamiento, así como una mente positiva y activa, capaz de lograr cosas extraordinarias a través de sus ideas y acciones. Esta estrella indica una naturaleza decidida, entusiasta y con inclinaciones competitivas. También refuerza la agilidad mental y otorga la confianza necesaria para contraatacar de forma adecuada con un manejo impresionante del lenguaje. Alerta sobre el riesgo de ser temperamental e imprudente.

Con respecto a tu grado del Sol, esta estrella confiere buenas habilidades para los negocios, amor por el aprendizaje, interés en temas religiosos y talento para la escritura. Algenib también involucra cierta necesidad de privacidad y tiempo en soledad. Asimismo, apunta hacia un trato exitoso con el público.

• *Positiva:* determinación, mentalidad emprendedora, voluntad sólida, espíritu de lucha, facilidad de conversación.

• *Negativa:* crítica, sarcasmo, obstinación, depresión, exageración.

SIRRAH

Nombre de la estrella: Sirrah, también llamada Alpheratz y
Caput Andromeda
Posición: 13º 11'–14º 13' de Aries, entre los años 1930 y 2000
Magnitud: 2
Fuerza: ★★★★★★★★
Órbita: 2º 10'
Constelación: Andrómeda (Alpha Andromedae)
Días efectivos: 2, 3, 4, 5, 6 y 7 de abril
Propiedades de la estrella: Júpiter/Venus

Descripción: estrella binaria blanquiazul y púrpura ubicada en la cabeza de Andrómeda

Sirrah implica buenas relaciones personales y popularidad. Asimismo, indica una naturaleza armoniosa y confiere los beneficios de los buenos vínculos sociales. También otorga honra y riqueza, alegría, optimismo, versatilidad y buen juicio. Sin embargo, alerta sobre el riesgo de abusar de la franqueza o de no valorar la popularidad.

Con respecto a tu grado del Sol, esta estrella indica que, por lo general, puedes lograr lo que te propones siempre y cuando tengas tus objetivos claros. A veces, después de obtener lo que quieres, te sientes desorientado sobre qué hacer después. No obstante, ya que uno de tus atributos naturales es identificar a la gente adecuada y encontrarte en el lugar correcto en el momento preciso, ese estado de desorientación suele ser pasajero.

• *Positiva:* buen corazón, alegría, popularidad, personalidad atractiva.

• *Negativa:* arrogancia, tendencia a los excesos.

BATEN KAITOS

Nombre de la estrella: Baten Kaitos, también llamada Cetus o Zeta Ceti
Posición: 20º 57'–21º 49' de Aries, entre los años 1930 y 2000
Magnitud: 3.5–4
Fuerza: ★★★★★
Órbita: 1º 30'
Constelación: Cetus (Zeta Ceti)
Días efectivos: 10, 11, 12 y 13 de abril
Propiedades de la estrella: Saturno
Descripción: estrella de color del topacio amarillo ubicada en el cuerpo de la ballena

Baten Kaitos confiere cautela, seriedad y sinceridad, e indica responsabilidad, franqueza y capacidad para sobreponerse. También supone la preferencia de trabajar en soledad y la tendencia a impacientarse en caso de sentirse limitado.

Con respecto a tu grado del Sol, esta estrella indica que quizá necesitas aprender a adaptarte a los cambios de circunstancias, pues es probable que sucedan cosas que alteren tu suerte y estilo de vida. Justo cuando crees que el agua ha vuelto a su cauce, ocurren las conmociones. No obstante, tendrás también buenas oportunidades para viajar o cambiar de residencia por cuestiones laborales.

• *Positiva:* seriedad, modestia, dedicación, esmero, perseverancia.

• *Negativa:* melancolía, egoísmo, inestabilidad.

AL PHERG

Nombre de la estrella: Al Pherg, también llamada Kullat Nunu o Eta Piscium
Posición: 25º 50'–26º 46' de Aries, entre los años 1930 y 2000
Magnitud: 3.5–4
Fuerza: ★★★★★
Órbita: 1º 30'
Constelación: Piscis (Eta Piscium)
Días efectivos: 15, 16, 17 y 18 de abril
Propiedades de la estrella: Saturno y Júpiter
Descripción: estrella binaria ubicada en el cordón cercano a la cola del pez del norte

Al Pherg confiere voluntad para cumplir con los objetivos personales. El éxito es resultado de la paciencia y la constancia, pero también viene acompañado de esfuerzo. Los logros y el reconocimiento se alcanzan a través de la perseverancia y la dedicación. Esta estrella también supone que la insatisfacción con uno mismo y con los demás puede traducirse en un carácter irritable.

Con respecto a tu grado del Sol, esta estrella denota logros y un ascenso lento pero constante hacia posiciones de mayor poder, así como una preferencia por trabajos gubernamentales y cuestiones políticas.

• *Positiva:* satisfacción en soledad, sentido del deber, franqueza, honestidad.

• *Negativa:* volatilidad, insatisfacción, cambios de humor, tensiones emocionales, inestabilidad de objetivos.

VERTEX

Nombre de la estrella: Vertex, también llamada Gran Nébula
Posición: 26º 51'–27º 47' de Aries, entre los años 1930 y 2000
Magnitud: 3.5–4
Fuerza: ★★★★★
Órbita: 1º
Constelación: Andrómeda (M31 Andromedae)
Días efectivos: 16, 17, 18 y 19 de abril
Propiedades de la estrella: Marte/Luna
Descripción: gran nebulosa ubicada en el lado norte de la cabeza de Andrómeda

Vertex transmite una naturaleza ambiciosa y empuje para sobresalir. Por tu naturaleza, necesitas ocupar el primer lugar y posees un fuerte espíritu de lucha. Esta estrella también trae consigo tensiones internas fuertes, lo que puede provocar acciones impulsivas o prematuras.

Con respecto a tu grado del Sol, esta estrella infunde una gran preferencia por el trato con el público. Algunas de las cualidades que otorga son habilidades de liderazgo, idealismo y deseo de luchar por causas justas. Sin embargo, también es posible que acarree inestabilidad.

• *Positiva:* competitividad, pasión, vigor y entusiasmo, expresividad férrea.

• *Negativa:* inquietud, volubilidad, irritabilidad.

MIRACH

Nombre de la estrella: Mirach, también llamada Beta Andromedae, Cinturón de Andrómeda
Posición: 29º 17' de Aries–0º 24' de Tauro, entre los años 1930 y 2000
Magnitud: 2
Fuerza: ★★★★★★★
Órbita: 2º 10'
Constelación: Andrómeda (Beta Andromedae)
Días efectivos: 18, 19, 20, 21, 22 y 23 de abril
Propiedades de la estrella: Neptuno y Venus
Descripción: estrella amarilla rojiza ubicada en un costado del cinturón de Andrómeda

Mirach confiere sensibilidad, una naturaleza soñadora e idealista, y un refinado sentido de la belleza. Con frecuencia ves la vida con alegría, eres sociable y encantador, ansías ser feliz y disfrutas mucho estar en compañía de otros. La influencia positiva de esta estrella te provee capacidad de imaginación, inspiración y creatividad artística. Sueles tener tendencias de médium, además de que te encanta soñar despierto. Aunque seas aventurero, también eres una persona dedicada y visionaria. Tu influencia en otros es estimulante, además, para ti es fácil hacer amigos. Es común que aceptes la ayuda de los demás.

Con respecto a tu grado del Sol, esta estrella confiere talento para la composición y la interpretación musical. Puedes plantearte el objetivo de crear algo real a partir de lo meramente ideal. Esta estrella indica que la excentricidad puede estar relacionada con falta de confianza en ti mismo.

• *Positiva:* altruismo, mente brillante, inclinación al misticismo, idealismo, buen gusto, talento artístico, amplia gama de intereses.

• *Negativa:* malos hábitos secretos, tendencia a la angustia romántica, idealismo excesivo, autoengaño.

Tauro

MIRA

Nombre de la estrella: Mira, también llamada Ómicron Ceti o Mirae Stellae
Posición: 0º 33'–1º 32' de Tauro, entre los años 1930 y 2000
Magnitud: 2–10
Fuerza: ★★★★★
Órbita: 1º 30'
Constelación: Ómicron Ceti
Días efectivos: 20, 21, 22 y 23 de abril
Propiedades de la estrella: Saturno/Júpiter
Descripción: estrella anaranjada rojiza ubicada en la cola de la ballena

Mira otorga perseverancia, conciencia de objetivos, sentido del deber y la capacidad de superar los obstáculos mediante la fortaleza. Sin embargo, hay que evitar una inclinación al materialismo. La insatisfacción contigo mismo y con los demás a menudo conduce a la frustración y a una existencia inquieta. Por ello, es esencial cultivar la paciencia. No obstante, Mira también concede una mente científica e ingeniosa capaz de generar ideas originales.

Con respecto a tu grado del Sol, esta estrella imparte determinación y una preferencia por los asuntos legales, gubernamentales y aquellos relativos al trato con el público.

• *Positiva:* diligencia, sentido del deber, actitud directa, sinceridad.

• *Negativa:* inestabilidad, irritabilidad, frustración.

SHARATAN

Nombre de la estrella: Sharatan, también llamada Al Sharatain
Posición: 2º 58'–3º 58' de Tauro, entre los años 1930 y 2000
Magnitud: 2.5–3
Fuerza: ★★★★★★
Órbita: 2º
Constelación: Aries (Beta Arietis)
Días efectivos: 22, 23, 24 y 25 de abril
Propiedades de la estrella: Marte/Saturno
Descripción: estrella aperlada ubicada en el cuerno norte del carnero

Sharatan indica una naturaleza perseverante y de la capacidad para sobreponerse a través de la entereza y la energía. Esta estrella sugiere que posees la capacidad para desarrollar habilidades de liderazgo, recibir distinciones y gozar de buena suerte por medio del esfuerzo. Su influencia implica que debes abordar los sucesos irritantes con paciencia, y evitar la frustración y la indecisión, pues te drenan el poder.

Con respecto a tu grado del Sol, esta estrella confiere una inclinación hacia trabajos que requieren fortaleza mental y fuerza física. Gracias a eso, logras sobresalir en tu campo. No obstante, Sharatan también ejerce un influjo negativo que se traduce en una tendencia a dominar o a controlar las situaciones, lo que genera problemas.

- *Positiva:* perseverancia, fuerza incansable.
- *Negativa:* fuerza destructiva, terquedad, falta de energía, falta de vitalidad.

HAMAL

Nombre de la estrella: Hamal, también llamada Al Hamal, que significa "la oveja"
Posición: 6° 43'–7° 38' de Tauro, entre los años 1930 y 2000
Magnitud: 2
Fuerza: ★★★★★★★★
Órbita: 2° 10°
Constelación: Aries (Alpha Arietis)
Días efectivos: 25, 26, 27, 28, 29 y 30 de abril
Propiedades de la estrella: influencias mixtas de Marte y Saturno
Descripción: estrella entre amarilla y anaranjada ubicada en la frente del carnero

Hamal confiere impaciencia y el impulso de sobresalir, así como cierta tendencia rebelde. Advierte, además, que la competitividad y las ansias de éxito en ocasiones te incitan a usar métodos poco ortodoxos para alcanzar tus objetivos.

Con respecto a tu grado del Sol, esta estrella otorga la capacidad de sobreponerte a los obstáculos por medio de la concentración y la perseverancia, pero sugiere evitar ser desconsiderado con los demás o usar la fuerza para salirte con la tuya. Solo con paciencia podrás desarrollar tus habilidades, talentos y capacidades. Hamal también previene acerca del peligro de convertir el dinero en tu principal prioridad.

- *Positiva:* paciencia, disciplina, esfuerzo, energía concentrada, liderazgo.
- *Negativa:* uso de la fuerza, falta de escrúpulos, asociación con personas inapropiadas.

SHEDIR

Nombre de la estrella: Shedir, también llamada Shedar o Alpha Casiopea
Posición: 6° 51'–7° 57' de Tauro, entre los años 1930 y 2000
Magnitud: 2.5
Fuerza: ★★★★★★
Órbita: 2°
Constelación: Casiopea (Alpha Cassiopeia)
Días efectivos: 26, 27, 28, 29 y 30 de abril
Propiedades de la estrella: Saturno
Descripción: estrella principal múltiple y ligeramente variable de color azul ubicada en Alpha Casiopea

La influencia de Schedir te permite recibir ayuda de personas en posiciones influyentes. Por lo regular, Schedir provee inclinaciones místicas y, aunque en el exterior estos individuos aparenten seriedad, disfrutan la buena vida o al menos la desean.

Con respecto a tu grado del Sol, esta estrella suele traer consigo talento para la escritura y éxito en cuestiones que impliquen tratar con el público.

- *Positiva:* respaldo a otras personas, tenacidad, constancia.
- *Negativa:* inclinación hacia el materialismo, exceso de seriedad.

ALAMAK

Nombre de la estrella: Alamak, también llamada Almach
Posición: 13° 15'–14° 20' de Tauro, entre los años 1930 y 2000
Magnitud: 2
Fuerza: ★★★★★★★★
Órbita: 2° 10'
Constelación: Andrómeda (Gamma Andromedae)
Días efectivos: 2, 3, 4, 5, 6 y 7 de mayo
Propiedades de la estrella: Venus
Descripción: estrella binaria, anaranjada, esmeralda y azul, ubicada en el pie izquierdo de Andrómeda

Alamak confiere talento artístico y musical, buena voz y popularidad social. Imparte buena fortuna y éxito, por lo que es posible que recibas distinciones y ganancias inesperadas. Si eres activo y paciente, no solo alcanzarás el éxito, sino que también encontrarás amor, romance y felicidad en las cuestiones familiares.

Con respecto a tu grado del Sol, esta estrella otorga distinciones en los ámbitos de la escritura y la creatividad, así como éxito en la interacción con la gente en general y en la vida pública, sobre todo en cuestiones relacionadas con el derecho y la profesión legal. También indica que, a menudo, puedes obtener fama y prestigio.

- *Positiva:* talento para la creatividad, naturaleza amorosa, capacidad para atraer el éxito material.
- *Negativa:* egoísmo, autocomplacencia, despilfarro.

MENKAR

Nombre de la estrella: Menkar, también llamada Menkab
Posición: 13° 20'–14° 14' de Tauro, entre los años 1930 y 2000
Magnitud: 2.5
Fuerza: ★★★★★★
Órbita: 1° 40'
Constelación: Cetus (Alpha Ceti)
Días efectivos: 3, 4, 5 y 6 de mayo
Propiedades de la estrella: Saturno
Descripción: estrella brillante anaranjada y rojiza ubicada en la mandíbula de la ballena

Menkar predice que enfrentarás muchos desafíos y que necesitarás perseverar. Sueles ser devoto y empático, y tienes la capacidad de mostrarte compasivo. Sin embargo, a veces enfrentarás situaciones familiares difíciles, pero podrás asumir tu parte de la responsabilidad con orgullo y determinación.

Con respecto a tu grado del Sol, esta estrella denota que, a través de la paciencia y de una actitud responsable, alcanzarás el éxito. No obstante, también trae consigo la advertencia de que los legados y las herencias podrían traer desacuerdos familiares. Menkar podría concederte una voz privilegiada, pero advierte que debes cuidarte de problemas en la garganta.

- *Positiva:* devoción, amabilidad, compasión.
- *Negativa:* rendirse demasiado rápido, resentimientos, irresponsabilidad, autocompasión.

ZAURAK

Nombre de la estrella: Zaurak
Posición: 22° 33'–23° 32' de Tauro, entre los años 1930 y 2000
Magnitud: 3
Fuerza: ★★★★★★
Órbita: 1° 40'
Constelación: Erídano (Gamma Eridani)
Días efectivos: 13, 14, 15 y 16 de mayo
Propiedades de la estrella: Saturno
Descripción: estrella roja ubicada en el río Erídano

Zaurak confiere seriedad y una mentalidad pragmática, así como la tendencia a tomarse la vida demasiado en serio. La influencia de esta estrella también supone reacciones hipersensibles a las opiniones de otros, además de una visión pesimista de la vida.

Con respecto a tu grado del Sol, esta estrella confiere una preferencia por la escritura, los negocios y el trabajo con el público. Advierte que debes evitar la propensión a aislarte y tropezar con obstáculos. Asimismo, marca la fuerte influencia que ejerce sobre ti tu entorno inmediato y el apoyo que requieres de ciertos miembros de tu familia.

- *Positiva:* pragmatismo, seriedad, responsabilidad, emotividad.
- *Negativa:* seriedad excesiva o actitud sombría.

CAPULUS

Nombre de la estrella: Capulus, también llamada Gyrus
Posición: 23° 15'–24° 27' de Tauro, entre los años 1930 y 2000
Magnitud: 4
Fuerza: ★★★★
Órbita: 1° 30'
Constelación: Perseo (M34 Perseus)
Días efectivos: 13, 14 y 15 de mayo
Propiedades de la estrella: Marte/Mercurio
Descripción: cúmulo de estrellas binarias ubicado en la mano de Perseo que blande la espada

Capulus otorga capacidad de razonamiento, agilidad mental y la materialización de ideas y planes. También hay indicios de que eres ambicioso y competitivo, lo que a veces provoca que tomes decisiones precipitadas, seas indeciso o cambies de opinión. Esta estrella también transmite aprecio por la conversación y el debate, y te provee de habilidades discursivas impresionantes, así como agilidad verbal. Advierte que no debes usar tus talentos de forma destructiva, ser sarcástico ni involucrarte en controversias.

Con respecto a tu grado del Sol, esta estrella otorga persistencia, fortaleza, determinación y la capacidad de enfocar la energía. La influencia de Capulus te permite alcanzar puestos prominentes en tu campo y también impulsarte a estudiar filosofía, astrología o metafísica. Por otro lado, también indica la posibilidad de éxito en actividades que involucren trato con el público.

- *Positiva:* ambición, buen sentido del humor.
- *Negativa:* sarcasmo, crítica, competitividad excesiva, poder destructivo.

ALGOL

Nombre de la estrella: Algol, también llamada Caput
Medusae
Posición: 25° 13'–26° 21' de Tauro, entre los años 1930 y 2000
Magnitud: 2.5
Fuerza: ★★★★★★
Órbita: 2°
Constelación: Perseo (Beta Perseus)
Días efectivos: 15, 16, 17, 18 y 19 de mayo
Propiedades de la estrella: Saturno/Júpiter
Descripción: estrella binaria y variable blanca ubicada en la
cabeza de Medusa que sostiene Perseo en la mano

Algol conlleva una doble influencia: por un lado, confiere valores espirituales sólidos; por el otro, vaticina mala suerte y falta de satisfacción o de espiritualidad. Cuando eres positivo, tienes el potencial de que tus logros y personalidad sobresaliente te lleven a ocupar posiciones de liderazgo o de beneficio a la comunidad. El duelo puede tener un impacto sustancial en la vida de la persona y es relevante para individuos que dan consejo o terapia a personas en duelo.

Con respecto a tu grado del Sol, esta estrella garantiza victoria después de periodos de lucha o victoria sobre otros en conflictos y disputas. No obstante, también sugiere que evites desperdigar tu energía, pues terminarás confundido. Esta estrella nos recuerda la importancia de mantener una conducta correcta y así evitar pleitos legales y compañías indeseables que pueden derivar en venganzas, conflictos familiares o peleas físicas.

• *Positiva:* valores espirituales sólidos, conducta correcta.

• *Negativa:* mala suerte, impaciencia, conducta inapropiada, andar con malas compañías.

ALCÍONE

Nombre de la estrella: Alcíone
Posición: 29° de Tauro–0° 6' de Géminis, entre
los años 1930 y 2000
Magnitud: 3
Fuerza: ★★★★★★
Órbita: 1° 40'
Constelación: Tauro (Eta Taurus)
Días efectivos: 19, 20, 21 y 22 de mayo
Propiedades de la estrella: Luna/Marte
Descripción: estrella verde y amarilla, la estrella principal de
las Pléyades, ubicada en el hombro del toro (la más brillante
de las Pléyades)

Alcíone concede apertura, franqueza y honestidad. Aunque también se asocian acciones impulsivas e impacientes. Por naturaleza, estas personas son enérgicas y decididas, pero cuando sus sentimientos se intensifican se inclinan a actuar impulsivamente. Esto puede generar inestabilidad y cambios. Esta estrella también te advierte que puedes padecer posibles fiebres y problemas de la vista.

Con respecto a tu grado del Sol, Alcíone confiere amor, eminencia y talento para el liderazgo. Indica éxito en ámbitos legales y de la función pública y favorece el uso de la creatividad para el desarrollo de habilidades de escritura.

• *Positiva:* creatividad, honestidad, entusiasmo.

• *Negativa:* irascibilidad, volubilidad, comportamiento temperamental.

Géminis

HYADUM I

Nombre de la estrella: Hyadum I
Posición: 4° 41'–5° 46' de Géminis, entre
los años 1930 y 2000
Magnitud: 4
Fuerza: ★★★★
Órbita: 1° 30'
Constelación: Tauro (Gamma Taurus)
Días efectivos: 24, 25, 26, 27 y 28 de mayo
Propiedades de la estrella: interpretaciones variadas:
Saturno/Mercurio o Marte/Neptuno
Descripción: estrella anaranjada, la principal del cúmulo de
las Híades, conformado por 132 estrellas ubicadas en el ojo
norte que marca la frente del toro

Hyadum I confiere energía, ambición y deseo de prestigio que deriva en logros y grandes éxitos. Sugiere la necesidad de estudiar y educarse para desarrollar un pensamiento claro. No obstante, también conlleva ciertas contradicciones en cuanto a la suerte o durante épocas turbulentas.

Con respecto a tu grado del Sol, esta estrella confiere talento para la escritura, los negocios, los deportes y la astrología, así como éxito en el trabajo con el público. Te brinda la oportunidad de obtener fama y fortuna, así como de volverte popular y sobresalir. Hyadum I advierte que evites ser soberbio y abusar de otros, y que te abstengas de tomar decisiones precipitadas porque pueden provocar inestabilidad.

• *Positiva:* escritura, educación, comunicación.

• *Negativa:* inquietud, ignorancia, codicia.

AIN

Nombre de la estrella: Ain
Posición: 7º 30'–8º 26' de Géminis, entre los años 1930 y 2000
Magnitud: 4
Fuerza: ★★★★
Órbita: 1º 30'
Constelación: Tauro (Epsilon Taurus)
Días efectivos: 27, 28 y 29 de mayo
Propiedades de la estrella: Mercurio/Marte
Descripción: estrella anaranjada ubicada en el ojo norte del toro

Ain otorga agilidad mental, aprecio por la discusión, capacidad de juicio e ingenio verbal. Sueles ser enérgico y asertivo, y puedes contraatacar de forma adecuada y con gran elocuencia. No obstante, esta estrella advierte sobre los riesgos de la deshonestidad y los problemas legales.

Con respecto a tu grado del Sol, esta estrella resalta la preferencia por el estudio, la escritura y el aprendizaje de temas profundos, entre los cuales están la astrología y las ciencias ocultas. Su influencia transmite la energía y tenacidad que requieres para obtener lo que deseas. Triunfarás en la carrera que elijas y harás contribuciones duraderas. Ain también enseña que los ascensos pueden anteceder a la caída, por lo que advierte que enredarse en cuestiones ilegales podría ser desastroso.

• *Positiva:* capacidad de razonamiento, agilidad verbal, habilidad para juzgar.

• *Negativa:* inquietud, irritabilidad, ignorancia, actitud pendenciera.

ALDEBARÁN

Nombre de la estrella: Aldebarán, también llamada Al-dabarān, que significa "la que sigue"
Posición: 8º 48'–9º 45' de Géminis, entre los años 1930 y 2000
Magnitud: 1
Fuerza: ★★★★★★★★★
Órbita: 2º 30'
Constelación: Tauro (Alpha Taurus)
Días efectivos: 28, 29, 30 y 31 de mayo; 1 y 2 de junio
Propiedades de la estrella: Marte/Mercurio/Júpiter
Descripción: estrella gigante rosada y roja ubicada en el ojo izquierdo del toro

Aldebarán es una de las cuatro estrellas reales o vigilantes del cielo, por ello se le considera sumamente importante.

Confiere aspiraciones altas, distinciones, inteligencia, retórica e integridad; así como personalidad valiente, capaz de alcanzar posiciones de mucha responsabilidad, que goza de buena suerte. No obstante, en muchos casos el éxito es temporal. Otorga gran elocuencia, mordacidad, así como la capacidad de discutir y debatir con facilidad. Te inclina a las peleas y la autodestrucción. Otras advertencias de esta estrella incluyen la envidia, las enemistades y las afecciones oculares.

Con respecto a tu grado del Sol, esta estrella confiere una energía mental extraordinaria que te permite seguir adelante con tu vida y alcanzar tus metas por medio de la tenacidad y la persistencia. También indica éxito, sobre todo para tratar con el público. Otorga la capacidad de pensar en grande y emprender proyectos de gran escala. Una advertencia importante que hace Aldebarán es que la fama y el éxito no son gratuitos y requieren sacrificio. La influencia más benéfica de esta estrella implica una preferencia sustancial por el estudio, la escritura y las reformas educativas.

• *Positiva:* aptitudes teológicas, amor por la hermenéutica, expresividad, popularidad.

• *Negativa:* notoriedad, desconcentración, ansiedad.

RIGEL

Nombre de la estrella: Rigel
Posición: 15º 50'–16º 40' de Géminis, entre los años 1930 y 2000
Magnitud: 1
Fuerza: ★★★★★★★★★★
Órbita: 2º 30'
Constelación: Orión (Beta Orionis)
Días efectivos: 3, 4, 5, 6, 7, 8 y 9 de junio
Propiedades de la estrella: influencias variadas: Marte/Júpiter o Saturno/Júpiter
Descripción: estrella doble brillante y blanquiazul ubicada en el pie izquierdo de Orión

Rigel confiere la capacidad de avanzar con rapidez en la vida, una fuerza de voluntad férrea y una naturaleza ambiciosa, además de impulsar al intelecto a adquirir más conocimiento. El amor por la acción y los golpes de suerte fomentan tu competitividad. La capacidad de desarrollarte en las ciencias y ser innovador se vincula con esta estrella. Rigel otorga reconocimientos, riquezas materiales y éxito permanente.

Con respecto a tu grado del Sol, esta estrella indica una personalidad valiente y audaz, así como mentalidad abierta y liberal. Eres trabajador, tienes olfato para los negocios y gusto por la política y las relaciones públicas. Tu fuerte inclinación hacia la astrología, el estudio y la educación superior también provienen de Rigel. Esta estrella decreta que el éxito se alcanza a través de la asertividad y la franqueza, pero también te advierte que debes evitar ser demasiado locuaz.

• *Positiva:* fundador de grandes empresas, liberal, educación, sentido común.

• *Negativa:* irascibilidad, insolencia, rebeldía, exigencia, inquietud.

BELLATRIX

Nombre de la estrella: Bellatrix, que significa "la guerrera"
Posición: 19° 58'–20° 54' de Géminis, entre los años 1930 y 2000
Magnitud: 1.5
Fuerza: ★★★★★★★★★
Órbita: 2° 10'
Constelación: Orión (Gamma Orionis)
Días efectivos: 9, 10, 11, 12 y 13 de junio
Propiedades de la estrella: Marte/Mercurio
Descripción: gran estrella de color blanco y amarillo pálido ubicada en el hombro izquierdo de Orión

La influencia de Bellatrix se refleja en tu capacidad de razonamiento, sentido común y habilidad para evaluar las situaciones con rapidez. Indica riquezas y buenos contactos sociales. Otorga inteligencia, agilidad mental y elocuencia. Es probable que tengas una capacidad de expresión vocal férrea y te agrada ostentar el poder. En el caso de las mujeres, esta estrella suele dar un enfoque mental más estereotípicamente masculino. Asimismo, transmite autoridad, ambición, energía y ansias de reconocimientos civiles o políticos.

Con respecto a tu grado del Sol, esta estrella denota circunstancias cambiantes, por lo que las riquezas y los reconocimientos no siempre serán duraderos. También concede interés por la investigación, las habilidades mecánicas y la ciencia.

• *Positiva:* sentido común, inteligencia, buenos contactos, buena comunicación.

• *Negativa:* vacilación, impaciencia, obstinación, indecisión en los negocios, incapacidad para escuchar a otros, cambios repentinos e inestabilidad.

CAPELLA

Nombre de la estrella: Capella, también llamada Alhajoth, que significa "cabra pequeña"
Posición: 20° 52'–21° 48' de Géminis, entre los años 1930 y 2000
Magnitud: 1
Fuerza: ★★★★★★★★★★
Órbita: 2° 30'
Constelación: Auriga (Alpha Aurigae)
Días efectivos: 9, 10, 11, 12, 13 y 14 de junio
Propiedades de la estrella: Mercurio/Marte
Descripción: gran estrella blanca y brillante ubicada en el cuerpo de la cabra, en brazos de Auriga

Capella confiere una naturaleza enérgica e inquisitiva, así como amor por el aprendizaje. Fomenta el interés en la investigación y las invenciones. Asimismo, otorga reconocimientos y posiciones de confianza prominentes, además de permitirte amasar riquezas y alcanzar el éxito.

Con respecto a tu grado del Sol, esta estrella indica una tendencia a la verborrea y supone un riesgo de ser demasiado locuaz. Capella advierte que debes aprender a escuchar a los demás para evitar malentendidos.

• *Positiva:* confiabilidad, lealtad, mente inquisitiva, conocimiento amplio.

• *Negativa:* ganas de discutir, indecisión, angustia, desinterés, desperdicio de energía mental.

PHACT

Nombre de la estrella: Phact
Posición: 21° 08'–21° 46' de Géminis, entre los años 1930 y 2000
Magnitud: 2.5–3
Fuerza: ★★★★★★★
Órbita: 1° 40'
Constelación: Columba (Alpha Columbae)
Días efectivos: 11, 12, 13 y 14 de junio
Propiedades de la estrella: Mercurio/Venus con influencia de Urano
Descripción: pequeña estrella binaria y brillante ubicada en la base del ala derecha de la paloma

Phact otorga talento e inteligencia, así como sensibilidad para el ritmo. Revela aptitudes para la escritura creativa e interés en las matemáticas, la música o la educación. Gracias a la influencia de esta estrella, eres amistoso, encantador y gozas de buena suerte.

Con respecto a tu grado del Sol, esta estrella trae consigo popularidad y contactos sociales, sobre todo con gente joven. Su influencia incluye oportunidades de éxito en carreras vinculadas con las artes. Con su ayuda, puedes convertirte en un buen comunicador o mediador, y tratar fácilmente con el público. Phact también infunde un toque de ingenio y habilidades de médium.

- *Positiva:* esperanza, encanto, talentos creativos.
- *Negativa:* exceso de locuacidad, dudas, inseguridades.

MINTAKA

Nombre de la estrella: Mintaka, también llamada
Cingula Orionis
Posición: 21° 30'–22° 16' de Géminis, entre los años
1930 y 2000
Magnitud: 2.5 –3
Fuerza: ★★★★★★
Órbita: 1° 40'
Constelación: Orión (Delta Orion)
Días efectivos: 12, 13, 14 y 15 de junio
Propiedades de la estrella: Mercurio/Saturno/Júpiter
Descripción: estrella binaria variable y brillante, blanca
y lila, ubicada en el cinturón de Orión, junto a la estrella
Alnilam

Esta estrella confiere buena suerte y dignidad. Si piensas positivo, sacarás el mayor provecho posible de cualquier situación. Mintaka otorga valentía, una naturaleza activa y la oportunidad de estar en el lugar correcto en el momento preciso. También transmite habilidades ejecutivas y gerenciales, así como felicidad duradera.

Con respecto a tu grado del Sol, esta estrella confiere agudeza mental, juicio y buena memoria. Probablemente eres una persona cautelosa, discreta y paciente, lo cual te permite generar cambios positivos. Posees buen olfato para reconocer los momentos adecuados y talento natural para voltear las situaciones a tu favor. Esta estrella supone una fuerte inclinación hacia la educación.

- *Positiva:* aprecio de las oportunidades, buen juicio, habilidades gerenciales.
- *Negativa:* inconstancia, frustración, incongruencia, falta de fortaleza.

ELNATH

Nombre de la estrella: Elnath
Posición: 21° 36'–22° 41' de Géminis, entre los años
1930 y 2000
Magnitud: 2
Fuerza: ★★★★★★★★
Órbita: 2° 10'
Constelación: Tauro (Beta Taurus)
Días efectivos: 11, 12, 13, 14, 15 y 16 de junio
Propiedades de la estrella: Marte/Mercurio

Descripción: estrella binaria gigante, blanca y gris pálido,
ubicada en la punta del cuerno norte del toro

Elnath confiere ambición, tenacidad y logros a través del emprendimiento. También otorga buena suerte y prestigio. Su influencia te infunde inteligencia y una capacidad de valorar las situaciones con rapidez. Obtendrás reconocimientos si te inclinas por la investigación y el trabajo científico o el estudio de la filosofía, la teología o la historia.

Con respecto a tu grado del Sol, esta estrella confiere una mente certera, asertividad y conocimiento amplio. Te dota de elocuencia y persuasión poderosas, y favorece el éxito en los ámbitos del derecho y el trabajo gubernamental.

- *Positiva:* educación superior, elocuencia extraordinaria, materialización de pensamientos y planes, logros sobresalientes.
- *Negativa:* obstinación, crítica, negatividad, controversial, necedad.

ENSIS

Nombre de la estrella: Ensis
Posición: 22° 2'–22° 57' de Géminis, entre los años
1930 y 2000
Magnitud: 4.5
Fuerza: ★★★
Órbita: 1°
Constelación: Orión (M42 Orionis)
Días efectivos: 13, 14 y 15 de junio
Propiedades de la estrella: Marte/Luna
Descripción: la gran nebulosa ubicada en la funda de la
espada de Orión

Ensis te otorga una naturaleza desafiante, ambición motivadora y un deseo constante de seguir adelante. Sin embargo, también previene sobre los riesgos de la inquietud y la toma de decisiones precipitada, lo cual puede provocar trastornos innecesarios.

Con respecto a tu grado del Sol, esta estrella transmite una inmensa energía, empuje y fuerza de voluntad. Posees emociones intensas y eres osado, gracias a lo cual emprendes proyectos con mucho vigor. La influencia negativa de esta estrella se refleja en tu espíritu inquieto e impaciente, lo cual puede provocarte cambios de ánimo o arrebatos emocionales.

- *Positiva:* ambición, osadía, liderazgo, energía, vigor, empuje.
- *Negativa:* impaciencia, desasosiego, ira, volubilidad, actitud pendenciera.

ALNILAM

Nombre de la estrella: Alnilam, también llamada An-niżãm, que significa "collar de perlas"
Posición: 22º 29'–23º 22' de Géminis, entre los años 1930 y 2000
Magnitud: 2
Fuerza: ★★★★★★★
Órbita: 2º 10'
Constelación: Orión (Epsilon Orion)
Días efectivos: 12, 13, 14, 15, 16 y 17 de junio
Propiedades de la estrella: influencias variadas: Júpiter/Saturno y Mercurio/Saturno
Descripción: estrella blanca brillante ubicada en medio del cinturón de Orión

Alnilam confiere fama y fortuna efímeras y reconocimiento público. Por ende, es probable que la influencia de esta estrella sea breve. También imprime una personalidad audaz y temeraria, pero supone el riesgo de ser terco o imprudente, así como de cambiar de rumbo sin una estrategia adecuada.

Con respecto a tu grado del Sol, esta estrella denota un carácter fuerte, enérgico y tenaz. Alnilam te impulsa a armar proyectos grandes o a emprender, aunque también recomienda pensar antes de hacer afirmaciones. Si evitas la necedad y frustración, aprovecharás tu inmensa vitalidad para hacer cosas positivas y valiosas.

• *Positiva:* osadía, energía, ambición, ganancias y victorias.
• *Negativa:* imprudencia, inestabilidad, cambios repentinos por conveniencia egoísta.

AL HECKA

Nombre de la estrella: Al Hecka
Posición: 23º 48'–24º 25' de Géminis, entre los años 1930 y 2000
Magnitud: 2
Fuerza: ★★★★★★★★
Órbita: 1º 40'
Constelación: Tauro (Zeta Tauri)
Días efectivos: 14, 15, 16 y 17 de junio
Propiedades de la estrella: Marte o Saturno/Mercurio
Descripción: estrella azulada ubicada en el cuerno sur del toro

Al Hecka te dota de orgullo, naturaleza asertiva y hambre de poder. Es probable que poseas habilidades de liderazgo y la tenacidad para amasar una fortuna y obtener fama. Esta estrella también trae consigo un destello de malicia, por lo que debes tener cuidado de no asociarte con personajes sospechosos.

Con respecto a tu grado del Sol, esta estrella te infunde espíritu reservado, pero también emprendedor. Tu talento para la organización se combina con tu naturaleza estudiosa y trabajadora. Además, Al Hecka otorga una visión inquisitiva y pragmática, así como habilidades ejecutivas que pueden ser benéficas al tratar con el público. Sin embargo, advierte que te cuides de circunstancias sospechosas y de engaños ajenos que puedan ponerte en peligro.

• *Positiva:* pragmatismo, trabajo arduo, tenacidad.
• *Negativa:* ser quien siempre cuestiona todo.

POLARIS

Nombre de la estrella: Polaris, también llamada Al Rukkabah o Estrella Polar
Posición: 27º 35'–28º 33' de Géminis, entre los años 1930 y 2000
Magnitud: 2
Fuerza: ★★★★★★★★
Órbita: 2º 10'
Constelación: Osa Menor (Alpha Ursa Minor)
Días efectivos: 17, 18, 19, 20, 21 y 22 de junio
Propiedades de la estrella: Saturno/Venus
Descripción: estrella binaria color amarillo y blanco pálido ubicada en la cola de la Osa Menor

Polaris te dota de poderes espirituales, discreción y objetivos claros. Eres capaz de ganarte el respeto de los demás, así como el impulso para perseguir tus metas y alcanzarlas. Esta estrella supone que el reconocimiento suele llegar después de los retrasos y los obstáculos. Con una actitud de empeño continuo y de ponerse manos a la obra, obtendrás recompensas. Por desgracia, los legados y las herencias suelen venir acompañadas de malentendidos y disputas.

Con respecto a tu grado del Sol, esta estrella señala una inclinación hacia la espiritualidad, la religión y la filosofía. Polaris también infunde aptitudes para tratar con el público e indica que con frecuencia sufrirás cambios de suerte provocados por sucesos impredecibles.

• *Positiva:* diligencia, buenos instintos, objetivos claros, límites saludables.
• *Negativa:* insensibilidad, seriedad excesiva, inhibición de la expresión de emociones.

BETELGEUZE

Nombre de la estrella: Betelgeuze
Posición: 27º 46'–28º 42' de Géminis, entre los años
1930 y 2000
Magnitud: 1
Fuerza: ★★★★★★★★★★
Órbita: 2º 30'
Constelación: Orión (Alpha Orionis)
Días efectivos: 18, 19, 20, 21, 22 y 23 de junio
Propiedades de la estrella: Marte/Mercurio
Descripción: estrella variable anaranjada y rojiza ubicada en
el hombro derecho de Orión

Betelgeuze confiere buen juicio, visión optimista del mundo,
agilidad mental y naturaleza competitiva. También otorga
suerte y éxito a través de la determinación y la tenacidad.
Gracias a eso, podrás obtener reconocimientos por logros
extraordinarios, así como riquezas materiales.

Con respecto a tu grado del Sol, esta estrella denota talento para la filosofía y aptitud para los estudios metafísicos.
Confiere éxito en los deportes y cuestiones legales, además
de tener una influencia positiva en todo lo relativo al trato
con otros. Aunque sea posible obtener reconocimientos y
amasar riquezas, no necesariamente son duraderos, pues
siempre existe el peligro de perderlos repentinamente.

• *Positiva:* buen juicio, resolución de problemas, armonía de acciones y pensamientos.

• *Negativa:* obstinación, ansias de discusión, antagonismo.

MENKALINAN

Nombre de la estrella: Menkalinan, que significa
"el hombro del cochero"
Posición: 28º 56'–29º 54' de Géminis, entre los años
1930 y 2000
Magnitud: 2
Fuerza: ★★★★★★★★
Órbita: 2º 10'
Constelación: Auriga (Beta Aurigae)
Días efectivos: 19, 20, 21, 22 y 23 de junio
Propiedades de la estrella: Júpiter con influencias de Marte/
Mercurio/Venus
Descripción: estrella amarilla brillante ubicada en el
hombro derecho de Auriga

Menkalinan otorga una naturaleza enérgica, asertiva y competitiva, así como una mente ágil y activa. Por otro lado,
también indica acciones apresuradas e inquietudes. Además,

promete éxitos, reconocimientos y popularidad, pero advierte que debes evitar los cambios repentinos, acciones imprudentes o actitudes destructivas.

Con respecto a tu grado del Sol, esta estrella garantiza
logros y éxitos si avanzas de forma progresiva y evitas provocar perturbaciones innecesarias. Asimismo, sugiere que es
conveniente desarrollar la mentalidad de pensar antes de actuar y evitar emprender acciones apresuradas.

• *Positiva:* poder para resolver cosas, agilidad mental,
asertividad, gusto por el debate, capacidad de contraatacar,
elocuencia impresionante.

• *Negativa:* nerviosismo, impulsividad, ansias de pelear,
terquedad, obstinación, actitud crítica.

Cáncer

TEJAT

Nombre de la estrella: Tejat, también llamada Tejat Prior
Posición: 2º 27'–3º 26' de Cáncer, entre los años 1930 y 2000
Magnitud: 3
Fuerza: ★★★★★★
Órbita: 1º 40'
Constelación: Géminis (Eta Gemini)
Días efectivos: 23, 24, 25 y 26 de junio
Propiedades de la estrella: Mercurio/Venus
Descripción: estrella binaria variable, rojiza y anaranjada,
ubicada en el pie izquierdo del gemelo del norte

Tejat otorga confianza, orgullo, dignidad y una naturaleza
refinada. Su influencia trae consigo una riqueza de emociones, atracción y aprecio por la belleza, y habilidades artísticas y literarias. También confiere alegría, sentido del humor
y la noción de que dos cabezas trabajan mejor que una. La
cooperación, el pensamiento en equipo y el desarrollo de habilidades diplomáticas de persuasión aportan muchos beneficios. No obstante, Tejat advierte que este talento tiene un
lado negativo que puede inclinarte hacia las artimañas, el exceso de confianza y la inconstancia. Debes evitar inmiscuirte
en problemas legales.

Con respecto a tu grado del Sol, esta estrella transmite
aprecio por la belleza, talento artístico, habilidades literarias
e intereses poco comunes. Tejat provee una naturaleza relajada, pero también indica que debes evitar la falta de motivación y la tendencia a la inconstancia. Debido al influjo de
esta estrella, es posible que experimentes cierta inestabilidad
o cambios.

• *Positiva:* pensamientos amorosos, inclinaciones artísticas, uniones amorosas, facilidad de escritura.

• *Negativa:* propensión a despilfarrar, vida relajada, vanidad, arrogancia.

DIRAH

Nombre de la estrella: Dirah, también llamada
Nuhaiti o Tejat Posterior
Posición: 4º 19'–5º 17' de Cáncer, entre los años 1930 y 2000
Magnitud: 3
Fuerza: ★★★★★★
Órbita: 1º 40'
Constelación: Géminis (Mu Gemini)
Días efectivos: 25, 26, 27 y 28 de junio
Propiedades de la estrella: Mercurio/Venus
Descripción: estrella binaria, azul y amarilla ubicada en el
pie izquierdo del gemelo del norte

Dirah otorga sano juicio e ideas creativas. Dota de elocuencia enérgica, acompañada de una personalidad amistosa, sociable e ingeniosa. Disfrutas las discusiones, los debates y la popularidad grupal, ya que eres bueno para la comunicarte. Te gustan la música y el orden, y tienes un don para hacer que las cosas se vean elegantes y refinadas. Dirah confiere un talento para la escritura que puede traer consigo reconocimientos y riquezas.

Con respecto a tu grado del Sol, esta estrella te permite causar impresiones positivas y volverte popular entre las personas con las que entras en contacto. La influencia de Dirah se observa en ámbitos como las relaciones públicas, la investigación académica y la escritura, así como en el éxito en la educación, la literatura, la publicación de libros o la política. Podrás sobresalir en los deportes o en el estudio de la astrología y el esoterismo.

• *Positiva:* creatividad, ingenio, habilidades comunicativas, amor por el arte y la belleza.

• *Negativa:* vanidad, arrogancia, derroche, inmadurez.

ALHENA

Nombre de la estrella: Alhena también llamada Almeisan,
"pie brillante de Géminis"
Posición: 8º 7'–9º 7' de Cáncer, entre los años 1930 y 2000
Magnitud: 2
Fuerza: ★★★★★★★★
Órbita: 2º 10'
Constelación: Géminis (Gamma Gemini)
Días efectivos: 28, 29 y 30 de junio; 1 y 2 de julio

Propiedades de la estrella: Mercurio/Venus o
Luna/Venus con Júpiter
Descripción: estrella blanca brillante ubicada en el pie
izquierdo del gemelo del sur

Alhena puede promover que sobresalgas en el mundo del arte; además, indica una naturaleza refinada, amorosa y afable. Te interesan la espiritualidad, las artes y las ciencias. Esta estrella también supone que te enorgulleces de tus logros, sin importar su tamaño. Asimismo, trae consigo una potencial atracción por la vida fácil y los lujos.

Con respecto a tu grado del Sol, esta estrella transmite inclinaciones artísticas, interés en la ciencia y éxito en el estudio de la astrología y la metafísica. Posees una personalidad carismática y la capacidad de sobresalir en relaciones públicas y todo tipo de interacciones sociales. Te motivan las ansias de placer y lujos. Esta estrella también se asocia con lesiones en los pies, sobre todo en el tendón de Aquiles.

• *Positiva:* sensibilidad y tacto, alegría de vivir, sociabilidad, estilo personal con pose de estrella de cine.

• *Negativa:* pereza, autocomplacencia excesiva, despilfarro, arrogancia, orgullo.

SIRIUS

Nombre de la estrella: Sirius
Posición: 13º 6'–14º 2' de Cáncer, entre los años 1930 y 2000
Magnitud: 1
Fuerza: ★★★★★★★★★★
Órbita: 2º 30'
Constelación: Can Mayor (Alpha Canis Majoris)
Días efectivos: 3, 4, 5, 6, 7 y 8 de julio
Propiedades de la estrella: interpretaciones variadas: Luna/
Júpiter/Marte
Descripción: estrella binaria brillante, blanca y amarilla,
ubicada en el hocico del Can Mayor, vinculada con el dios
egipcio Osiris

Sirius otorga una visión amplia y optimista de la vida, así como la capacidad de hacer amigos leales en posiciones de poder. Con su influencia, tendrás éxito y prosperidad, y podrás fungir como guardián u ocupar un puesto de custodia. A menudo y sin mucho esfuerzo, recibirás favores de tus superiores. Esta estrella puede traer consigo reconocimientos, riqueza y fama, así como habilidades de liderazgo y oportunidades para ejercer el poder. También favorece el comportamiento rebelde o temerario, por lo que debes evitar los peligros de emprender acciones prematuras.

Con respecto a tu grado del Sol, esta estrella supone éxito en los negocios, felicidad doméstica e inclinación hacia las artes, la astrología, la filosofía y la educación superior. Si recibes reconocimientos a temprana edad, quizá te tomen desprevenido y seas incapaz de lidiar con el éxito. Sueles tener una conducta regia que favorece las relaciones públicas. Esta estrella también indica que eres confiable y, por ende, puedes custodiar las propiedades de otras personas.

• *Positiva:* fidelidad, responsabilidades importantes, alegría de vivir, amor por el emprendimiento, éxito, actividades creativas.

• *Negativa:* ansias de libertad a cualquier costo, abuso de poder y de posiciones de confianza.

CANOPUS

Nombre de la estrella: Canopus
Posición: 13° 58'–15° de Cáncer, entre los años 1930 y 2000
Magnitud: 1
Fuerza: ★★★★★★★★★★
Órbita: 2° 30'
Constelación: Carina (Alpha Carinae)
Días efectivos: 4, 5, 6, 7, 8, 9 y 10 de julio
Propiedades de la estrella: Saturno/Júpiter y Luna/Marte
Descripción: estrella blanca y amarilla ubicada en uno de los remos del navío Argo

Canopus, el dios egipcio, patrón de los navíos y los viajes, se vincula con esta estrella, lo cual supone travesías posiblemente largas. Esta estrella imparte una naturaleza amable, conservadurismo, astucia y éxito en logros educativos y académicos. Tienes la habilidad para adquirir conocimiento amplio, y para realizar trabajo comunitario. Canopus advierte que debes tener cuidado en las relaciones familiares, los conflictos domésticos y los pleitos con tus padres.

Con respecto a tu grado del Sol, esta estrella supone éxito en relaciones públicas y logro de grandes objetivos a través del esfuerzo arduo. La fama también está a tu alcance, pero no siempre será duradera. Quizás se presenten algunas dificultades en el ámbito doméstico o con amigos y familiares, aunque siempre estarán ahí para ayudarte cuando lo necesites.

• *Positiva:* franqueza, compromiso, amor por los viajes, perseverancia, éxito en lo legal.

• *Negativa:* frustración, descontento, la mayoría de tus problemas son consecuencia de tus acciones, implicación en demandas jurídicas.

AL WASAT

Nombre de la estrella: Al Wasat
Posición: 17° 32'–18° 34' de Cáncer, entre los años 1930 y 2000
Magnitud: 4
Fuerza: ★★★★
Órbita: 1° 30'
Constelación: Géminis (Delta Gemini)
Días efectivos: 9, 10, 11, 12 y 13 de julio
Propiedades de la estrella: Saturno
Descripción: estrella amarilla y azul ubicada en la cintura de los gemelos

Al Wasat otorga inteligencia, perseverancia y pragmatismo. Asimismo, infunde la capacidad para hablar con claridad y franqueza; en consecuencia, promete trascendencia en asuntos públicos y administrativos. Advierte que debes evitar esforzarte demasiado, al grado de agotar tus energías. También sugiere que evites actitudes destructivas que causan estrés innecesario y general situaciones incómodas de las que te puedes arrepentir después.

Con respecto a tu grado del Sol, Al Wasat confiere fortaleza, sentido común y un empuje innato para avanzar con tenacidad. Además, recomienda que evites ser demasiado insistente y que aprendas a canalizar tus energías hacia una causa que las amerite.

• *Positiva:* recompensas derivadas de esfuerzos anteriores, tenacidad.

• *Negativa:* estafas, agresividad, pesimismo, comportamiento destructivo.

PROPUS

Nombre de la estrella: Propus
Posición: 17° 59'–19° 3' de Cáncer, entre los años 1930 y 2000
Magnitud: 4
Fuerza: ★★★★
Órbita: 1° 30'
Constelación: Géminis (Iota Gemini)
Días efectivos: 10, 11, 12 y 13 de julio
Propiedades de la estrella: Mercurio/Venus
Descripción: pequeña estrella binaria ubicada entre los hombros de los gemelos

Propus infunde una mentalidad aguda y capacidad de expresión personal elocuente. Además de ser sociable, afable e ingenioso, obtendrás reconocimiento y éxito como producto de tus emprendimientos artísticos y relación con el público. Probablemente seas sensible y tengas emociones intensas, además de aprecio por la comodidad y los lujos.

Con respecto a tu grado del Sol, la influencia de Propus puede inclinarte hacia las artes. Tienes un talento natural para la astrología, la escritura y la oratoria. Además, esta estrella te ayudará a desarrollar una actitud firme que te permitirá comunicar tus ideas o emprender proyectos creativos.

• *Positiva:* buena voz, elocuencia impresionante, amor por la música, talentos creativos.

• *Negativa:* hipersensibilidad, charlatanería, arrogancia, falta de empuje para alcanzar metas u objetivos.

CÁSTOR

Nombre de la estrella: Cástor
Posición: 19º 16'–20º 13' de Cáncer, entre los años 1930 y 2000
Magnitud: 2
Fuerza: ★★★★★★★★
Órbita: 2º 10'
Constelación: Géminis (Alpha Gemini)
Días efectivos: 10, 11, 12, 13, 14 y 15 de julio
Propiedades de la estrella: influencias variadas de Mercurio, Venus, Marte y Júpiter
Descripción: estrella binaria blanca, brillante y pálida, ubicada en la cabeza del gemelo del norte

La influencia de Cástor confiere agilidad mental y agudeza intelectual. Esta estrella indica circunstancias inestables en las que se alternan ganancias y pérdidas, así como golpes repentinos de suerte seguidos de caídas.

Con respecto a tu grado del Sol, Cástor otorga una personalidad enérgica, mucho ingenio y talento para la sátira, pero también tendencia al cinismo. Confiere gusto por la escritura y habilidades para comunicarse de forma eficaz. Es probable que te interesen las relaciones públicas y que elijas una carrera en los medios. También brinda oportunidades en relaciones internacionales, así como buena intuición y talento para los estudios metafísicos.

• *Positiva:* ascensos repentinos de estatus y golpes de suerte, inteligencia aguda, habilidades creativas.

• *Negativa:* fama demasiado costosa, autosacrificio.

PÓLUX

Nombre de la estrella: Pólux, también llamada el Gemelo Púgil o Hércules

Posición: 22º 15'–23º 11' de Cáncer, entre los años 1930 y 2000
Magnitud: 1
Fuerza: ★★★★★★★★★
Órbita: 2º 30'
Constelación: Géminis (Beta Gemini)
Días efectivos: 13, 14, 15, 16, 17 y 18 de julio
Propiedades de la estrella: influencias variadas: Marte/Luna/Urano
Descripción: estrella anaranjada brillante ubicada en la cabeza del gemelo del sur

La influencia de Pólux confiere una naturaleza discreta, autosuficiente, animosa y valiente. Esta estrella otorga amor por los deportes competitivos. Su influjo negativo se observa en la impaciencia y la hipersensibilidad, la cual puede generar frustración y discusiones que deriven en situaciones desagradables.

Con respecto a tu grado del Sol, esta estrella indica amor por la aventura y talento para los deportes. Es probable que trabajes de forma independiente o busques alcanzar el éxito por mérito propio. Pólux también confiere habilidades psíquicas y el valor para perseguir los ideales y las metas personales. Su influencia se observa en la excelencia en educación superior y el interés en la filosofía.

• *Positiva:* competitivo pero también sutil y sensible; poder de adquisición.

• *Negativa:* perfidia; naturaleza imprudente; agresividad y egoísmo, con un toque de crueldad; volubilidad.

PROCIÓN

Nombre de la estrella: Proción
Posición: 24º 48'–25º 43' de Cáncer, entre los años 1930 y 2000
Magnitud: 1
Fuerza: ★★★★★★★★★
Órbita: 2º 30'
Constelación: Can Menor (Alpha Canis Minor)
Días efectivos: 16, 17, 18, 19, 20 y 21 de julio
Propiedades de la estrella: influencias variadas: Mercurio/Marte o Júpiter/Urano
Descripción: estrella binaria blanca y amarilla ubicada en el cuerpo del Can Menor

La influencia de Proción trae consigo fuerza de voluntad, empuje y la capacidad de ejecutar planes. También sugiere mucha actividad e intereses u ocupaciones poco comunes. Otorga oportunidades de tener éxito y amasar riquezas. Esta estrella suele indicar cambios repentinos en las circunstancias que te traerán fama o notoriedad, así como ganancias y pérdidas. Por ende, es importante que ejercites la paciencia y te des tiempo para planear las cosas, pues eso garantizará mejores resultados. Interpretaciones antiguas de esta estrella suponen que debes cuidarte de las mordidas de perro.

Con respecto a tu grado del Sol, esta estrella confiere valentía, ingenio, talentos excepcionales y naturaleza caballeresca. Indica que tendrás muchos amigos leales que vendrán a tu rescate y te ayudarán cuando más lo necesites. Vaticina fortunas inesperadas obtenidas mediante regalos o herencias.

• *Positiva:* fortuna y riquezas, puestos gubernamentales, orgullo y dignidad, prominencia en la religión.

• *Negativa:* esnobismo, descuido, torpeza, perfidia, engaños.

ALTARF

Nombre de la estrella: Altarf, que significa "la punta"
Posición: 30º de Cáncer–1º de Leo, entre los años 1930 y 2000
Magnitud: 3.5
Fuerza: ★★★★★
Órbita: 1º 40'
Constelación: Cáncer (Beta Cáncer)
Días efectivos: 21 y 22 de julio
Propiedades de la estrella: Marte
Descripción: estrella gigante anaranjada ubicada en la punta de la pata trasera sur del cangrejo

La influencia de Altarf se refleja en tu fuerza de voluntad, fortaleza y capacidad de avanzar en la vida por tus propios méritos. Además de vigor y espíritu de lucha, posees la capacidad para sobreponerte a las dificultades y los peligros. Esta estrella previene contra el exceso de impulsividad o de que te excedas trabajando.

Con respecto a tu grado del Sol, Altarf otorga valentía, empeño y el deseo constante de mantenerte involucrado en actividades. Además, te transmite confianza en ti mismo, así como entusiasmo y espíritu emprendedor.

• *Positiva:* actividad y productividad, valentía, seguridad en ti.

• *Negativa:* desperdicio de energía, impulsividad, imprudencia y tendencia a apostar.

Leo

EL PESEBRE

Nombre de la estrella: El Pesebre, también llamada Messier 44
Posición: 6º 16'–7º 16' de Leo, entre los años 1930 y 2000
Magnitud: 5
Fuerza: ★★
Órbita: 1º
Constelación: Cáncer (M44 Cancer)
Días efectivos: 30 y 31 de julio, 1 de agosto
Propiedades de la estrella: Marte/Luna
Descripción: cúmulo de más de 40 estrellas ubicado en la cabeza del cangrejo

El Pesebre infunde una naturaleza aventurera y trabajadora, así como buen olfato para los negocios. Trae consigo buena suerte que puede llevarte a participar en la fundación de grandes empresas. No obstante, también influye en tu impulsividad e inquietud, por lo que advierte que debes evitar generar problemas innecesarios por culpa de tu insolencia excesiva. Asimismo, sugiere que no te involucres en demandas jurídicas o negocios arriesgados.

Con respecto a tu grado del Sol, este cúmulo de estrellas confiere energía, vitalidad, orgullo interior y la capacidad de enfocarte en alcanzar tus metas con mucho empeño. Una vez que lo decides, te rehúsas a darte por vencido y sigues persiguiendo tus objetivos. La influencia de esta estrella te atrae amigos y popularidad; además, te conduce a puestos importantes, y quizá también a la fama. Sin embargo, El Pesebre te hace propenso a la volubilidad y a albergar dudas y temores derivados de malos entendidos con otras personas, lo cual puede traducirse en comportamientos autodestructivos.

• *Positiva:* entusiasmo, espíritu emprendedor, voluntad sólida, apertura, franqueza.

• *Negativa:* falta de objetivos, desafío de la autoridad, incompatibilidad, personalidad incomprendida, aislamiento.

ASELLUS BOREALIS

Nombre de la estrella: Asellus Borealis
Posición: 6º 34'–7º 35' de Leo, entre los años 1930 y 2000
Magnitud: 5
Fuerza: ★★
Órbita: 1º
Constelación: Cáncer (Gamma Cancer)
Días efectivos: 30 y 31 de julio, 1 de agosto
Propiedades de la estrella: Marte/Sol

Descripción: estrella doble, blanca y amarilla pálida, ubicada en el cuerpo del cangrejo

Asellus Borealis transmite vitalidad y vigor, talento creativo, amor por las artes y ganancias inesperadas. Aunque tanto Asellus Borealis como Asellus Australis confieren una naturaleza amorosa y, por ende, responsable, Asellus Borealis es conocida como la estrella benéfica que otorga poder para lograr cosas y una visión caritativa y generosa del mundo. Esta estrella advierte que con intolerancia y modales agresivos jamás se obtendrán los resultados deseados.

Con respecto a tu grado del Sol, esta estrella transmite gusto por el trato con el público, conexiones sociales positivas y amigos influyentes. También supone una preferencia marcada por la educación, sobre todo en materia de filosofía y religión, así como éxito en los negocios y grandes empresas.

• *Positiva:* audacia, naturaleza competitiva, muy paciente hasta que decide qué acción emprenderá.

• *Negativa:* precocidad, necedad, inquietud.

ASELLUS AUSTRALIS

Nombre de la estrella: Asellus Australis
Posición: 7° 44'–8° 44' de Leo, entre los años 1930 y 2000
Magnitud: 4
Fuerza: ★★★★
Órbita: 1° 30'
Constelación: Cáncer (Delta Cancer)
Días efectivos: 30 y 31 de julio; 1, 2 y 3 de agosto
Propiedades de la estrella: Marte/Sol
Descripción: estrella doble, color amarillo pálido, ubicada en el cuerpo del cangrejo

Asellus Australis indica que debes tener mucho cuidado y ser un individuo responsable, sobre todo si ocupas posiciones de autoridad. La advertencia que esta estrella trae consigo es que debes evitar ser temerario para no poner tu vida en riesgo, y también aconseja que no incurras en calumnias porque podría salirte el tiro por la culata y perderías tu reputación o tendrías problemas domésticos.

Con respecto a tu grado del Sol, esta estrella tiene una configuración favorable en relación con otros planetas e infunde una visión caritativa y generosa, con inclinación hacia los negocios. También transmite tenacidad, pero menos aptitudes para tratar con el público que su estrella gemela, Asellus Borealis. Ser cauteloso te ayudará a entablar conexiones sociales y amigos que ocupan una posición prominente. No obstante, algunos errores pueden derivar en malentendidos y pérdida de credibilidad, así como problemas en los negocios.

• *Positiva:* amabilidad y solidaridad, cautela.

• *Negativa:* franqueza y descuido, ofensas.

KOCHAB

Nombre de la estrella: Kochab
Posición: 11° 56'–12° 45' de Leo, entre los años 1930 y 2000
Magnitud: 2
Fuerza: ★★★★★★★★
Órbita: 2° 10'
Constelación: Osa Menor (Beta Ursae Minoris)
Días efectivos: 4, 5, 6 y 7 de agosto
Propiedades de la estrella: Saturno/Mercurio
Descripción: estrella gigante anaranjada ubicada en la Osa Menor

La influencia de Kochab infunde lógica, concentración y la capacidad de ir directo al grano durante cualquier discusión. Eres un amante de la limpieza y posees buenas habilidades de organización. Esta estrella otorga energía y fortaleza, así como oportunidades para ascender a puestos de autoridad.

Con respecto a tu grado del Sol, esta estrella indica que se pueden lograr muchas cosas a través del empeño. Tienes la capacidad para combatir con energía y valentía hasta el final, pues tu actitud te impide darte por vencido. Esta estrella alerta en contra de engañar a otros, actuar con malicia e involucrarse en actividades turbias.

• *Positiva:* perseverancia, empeño, valentía para superar los obstáculos.

• *Negativa:* impaciencia, afición por las travesuras, pesimismo.

ACUBENS

Nombre de la estrella: Acubens, también llamada Sertan
Posición: 12° 40'–13° 36' de Leo, entre los años 1930 y 2000
Magnitud: 4
Fuerza: ★★★★
Órbita: 1° 30'
Constelación: Cáncer (Alpha Cancri)
Días efectivos: 5, 6, 7 y 8 de agosto
Propiedades de la estrella: Mercurio/Saturno
Descripción: estrella doble con partes blancas y rojas ubicada en la tenaza sur del cangrejo

Acubens otorga una mente lógica y racional, perseverancia e ideales elevados. Aparentas ser enérgico y eres bastante franco. Asimismo, esta estrella infunde profundidad de pensamiento y talento para la organización, pero también puede sacar a relucir tendencias autoritarias.

Con respecto a tu grado del Sol, Acubens confiere una buena estructura y habilidades ejecutivas. Posees un potencial innato para hacer contribuciones extraordinarias en tu campo de especialización. La inclinación hacia la educación, incluyendo el estudio de la astrología y la ciencia, podría revelar cierto talento para la escritura. Esta estrella se asociaba originalmente con escondites y refugios para forajidos, por lo que advierte sobre los riesgos de ir en contra del sistema.

• *Positiva:* naturaleza pragmática, paciencia y tenacidad.

• *Negativa:* especulación, rebeldía, inquietud, mal uso del conocimiento.

DUBHE

Nombre de la estrella: Dubhe
Posición: 14º 9'–15º 2' de Leo, entre los años 1930 y 2000
Magnitud: 2
Fuerza: ★★★★★★★★
Órbita: 2º 20'
Constelación: Osa Mayor (Alpha Ursae Majoris)
Días efectivos: 6, 7, 8, 9 y 10 de agosto
Propiedades de la estrella: interpretaciones variadas:
Mercurio/Venus o Marte
Descripción: estrella amarilla binaria; estrella principal ubicada en la espalda de la Osa Mayor

Dubhe infunde idealismo, confianza en uno mismo, arrojo y orgullo. Otorga inteligencia, elocuencia y capacidad de persuasión. Aunque es probable que seas aventurero, en ocasiones te volverás inseguro y permitirás que las sospechas y pensamientos de desconfianza te causen inquietud.

Con respecto a tu grado del Sol, Dubhe confiere empeño para triunfar y sobreponerte a los obstáculos. El amor por el aprendizaje y las ansias de superación te llevarán a emprender estudios superiores, estudiar astrología o derecho, o unirte a la milicia. A su vez, esto también revela un gusto por la escritura y la filosofía. Esta estrella advierte acerca del peligro de volverse demasiado materialista y sugiere que canalices tu poder en cosas positivas para evitar que se vuelva destructivo.

• *Positiva:* educación superior, talento artístico, voz hermosa.

• *Negativa:* preocupación, inseguridad, falta de imaginación, inclinación por el materialismo.

MERAK

Nombre de la estrella: Merak
Posición: 18º 29'–19º 34' de Leo, entre los años 1930 y 2000
Magnitud: 2
Fuerza: ★★★★★★★★
Órbita: 2º 10'
Constelación: Osa Mayor (Alpha Ursae Majoris)
Días efectivos: 10, 11, 12, 13 y 14 de agosto
Propiedades de la estrella: Marte
Descripción: estrella gigante blanca ubicada en un costado de la Osa Mayor

Merak confiere aprecio por la autoridad y habilidades de liderazgo, aunque también puede indicar una inclinación a ser demasiado dominante. Tu tenacidad te llevará a obtener innumerables éxitos en la vida y triunfar en contextos donde otros han fracasado.

Con respecto a tu grado del Sol, esta estrella otorga valentía, asertividad, vitalidad y pasión. El poder de alcanzar resultados asociado a Merak garantiza que tendrás una vida sumamente activa. Su influencia trae consigo oportunidades, así como posible fama y reconocimientos.

• *Positiva:* amor por la vida, personalidad activa y creativa, ambición, valentía.

• *Negativa:* impaciencia, obstinación, esfuerzo excesivo.

ALGENUBI

Nombre de la estrella: Algenubi, también llamada Ras Elased Australis
Posición: 19º 44'–20º 43' de Leo, entre los años 1930 y 2000
Magnitud: 3
Fuerza: ★★★★★★
Órbita: 1º 40'
Constelación: Leo (Epsilon Leo)
Días efectivos: 12, 13, 14 y 15 de agosto
Propiedades de la estrella: Saturno/Marte
Descripción: estrella amarilla ubicada en la boca del león

La influencia de Algenubi se traduce en fortaleza, talento artístico y capacidad de expresión. También otorga una personalidad audaz y atrevida.

Con respecto a tu grado del Sol, Algenubi confiere arrojo, necesidad de ser productivo y habilidades ejecutivas naturales. Tus excelentes habilidades organizacionales suelen llevarte a ocupar posiciones de autoridad. La necesidad de expresarte y ser creativo puede llevarte hacia las artes y profesiones más glamurosas. Esta estrella advierte que, si no encuentras formas constructivas de expresarte, tu comportamiento puede volverse destructivo.

- *Positiva:* fortaleza, creatividad, inclinación artística, vitalidad, magnetismo personal.
- *Negativa:* comportamiento controlador o dominante, orgullo, arrogancia, crueldad.

ALFARD

Nombre de la estrella: Alfard, también llamada Alphard
Posición: 26° 17'–27° 8' de Leo, entre los años 1930 y 2000
Magnitud: 2
Fuerza: ★★★★★★★
Órbita: 2° 10'
Constelación: Hidra (Alpha Hydrae)
Días efectivos: 19, 20, 21 y 22 de agosto
Propiedades de la estrella: interpretaciones variadas:
Saturno/Venus y Sol/Júpiter
Descripción: estrella gigante anaranjada ubicada
en el cuello de la Hidra

La influencia de Alfard confiere sabiduría natural y entendimiento profundo de la naturaleza humana. Aprecias las artes y tienes ambiciones claras y una personalidad sensible. Alfard advierte respecto a una tendencia a la autocomplacencia excesiva, así como a la falta de templanza y de autocontrol. Además, supone una propensión negativa, que debes evitar, hacia la inestabilidad y la conmoción. Asimismo, debes cuidarte de los envenenamientos y las infecciones.

Con respecto a tu grado del Sol, esta estrella otorga habilidades ejecutivas, posiciones de autoridad y grandes oportunidades de progreso. Tiendes a buscar puestos prominentes y estar bajo los reflectores. No obstante, siempre debes ser justo, pues de otro modo la gente te aislará. Esto también aplica para el trabajo y las relaciones, donde intervienen los celos y las envidias, por más que intentes disimularlos.

- *Positiva:* confianza en ti mismo, capacidad para hacerte de un nombre, fama.
- *Negativa:* embrollos y disputas legales, pérdida del autocontrol, envidia.

ALDHAFERA

Nombre de la estrella: Aldhafera, también llamada Adhafera
Posición: 26° 35'–27° 34' de Leo, entre los años 1930 y 2000
Magnitud: 3.5–4
Fuerza: ★★★★★
Órbita: 1° 30'

Constelación: Leo (Zeta Leonis)
Días efectivos: 19, 20, 21 y 22 de agosto
Propiedades de la estrella: Saturno/Mercurio
Descripción: estrella doble amarilla en la melena del león

Adhafera otorga profundidad de pensamiento, amor por el orden, buenas habilidades prácticas y la capacidad de enfocarte en el trabajo o problema que tienes enfrente. Eres activo y capaz de concentrarte en proyectos de gran tamaño. Sin embargo, esta estrella advierte que tengas cuidado al usar métodos poco ortodoxos y sugiere que evites las actividades que van en contra de lo establecido.

Con respecto a tu grado del Sol, esta estrella infunde agilidad mental, amor por el aprendizaje y una visión pragmática. Asimismo, confiere tenacidad, fortaleza y excelentes habilidades para resolver problemas.

- *Positiva:* habilidades prácticas, buena capacidad de enfoque, concentración.
- *Negativa:* obstinación, inflexibilidad, pesimismo.

AL JABHAH

Nombre de la estrella: Al Jabhah, que significa "la frente"
Posición: 26° 55'–27° 52' de Leo, entre los años 1930 y 2000
Magnitud: 3.5
Fuerza: ★★★★★
Órbita: 1° 30'
Constelación: Leo (Eta Leonis)
Días efectivos: 19, 20, 21 y 22 de agosto
Propiedades de la estrella: Mercurio/Saturno
Descripción: estrella ubicada en la melena del león

Al Jabhah infunde ambición y gran potencial de éxito y logros laborales. Por lo regular, tienes buen juicio y la tenacidad para triunfar y amasar una fortuna. Esta estrella advierte que los periodos de angustia y de inestabilidad son consecuencia de tus acciones oportunistas y egoístas.

Con respecto a tu grado del Sol, esta estrella confiere una naturaleza competitiva, habilidades ejecutivas y capacidad de concentración en proyectos creativos basados en un método. Además, sugiere que te cuides de ser demasiado confiado o rebelde, pues podrías arrepentirte después.

- *Positiva:* fortaleza, determinación, buena estructura, creatividad.
- *Negativa:* imprudencia, temeridad, decisiones precipitadas.

REGULUS

Nombre de la estrella: Regulus, también llamada Régulo o Qalb Al Asad, que significa "corazón del león"
Posición: 28° 51'–29° 48' de Leo, entre los años 1930 y 2000
Magnitud: 1
Fuerza: ★★★★★★★★★★
Órbita: 2° 30'
Constelación: Leo (Alpha Leonis)
Días efectivos: 21, 22, 23, 24, 25 y 26 de agosto
Propiedades de la estrella: Marte/Júpiter
Descripción: estrella triple brillante y blanquiazul ubicada en el cuerpo del león

Regulus es una estrella majestuosa que adopta un papel dominante entre una cantidad casi infinita de estrellas. Transmite nobleza, reconocimientos importantes, gran carisma y la capacidad de proyectar una personalidad digna. Confiere la capacidad natural de tomar decisiones con rapidez y resolver situaciones difíciles. Asimismo, otorga ansias de poder y la capacidad de liderar y dar órdenes a otros. Tienes una gran fuerza de voluntad y amor por el emprendimiento, lo cual suele derivar en deseos de libertad e independencia. Regulus advierte que estos extraordinarios beneficios no necesariamente son duraderos.

Con respecto a tu grado del Sol, esta estrella otorga ambición, poder y autoridad, así como oportunidades para alcanzar posiciones elevadas en el gobierno y en empresas grandes. Si no ocupas un puesto prominente, posiblemente tengas amigos influyentes. Esta estrella supone que debes ser amable con los demás durante tu ascenso, pues es probable que vuelvas a encontrarte a estas mismas personas en tu descenso.

• *Positiva:* bríos, franqueza, valentía, reconocimientos y riquezas, ascenso a posiciones prominentes, autoridad.

• *Negativa:* terquedad, falta de disciplina, personalidad dominante, grandeza pero también grandes fracasos (sobre todo causados por la deshonestidad), éxito y fama pasajeros.

PHECDA

Nombre de la estrella: Phecda, también llamada Phekda o Phad
Posición: 29° 41'–0° 9' de Virgo, entre los años 1930 y 2000
Magnitud: 3
Fuerza: ★★★★★★
Órbita: 2°
Constelación: Osa Mayor (Gamma Ursae Maioris)
Días efectivos: 22, 23, 24 y 25 de agosto

Propiedades de la estrella: interpretaciones variadas: Marte/Júpiter o Venus
Descripción: la tercera estrella más grande de la Osa Mayor

Phecda confiere un espíritu emprendedor, aprecio por los lujos y carisma. Suele asociarse con entusiasmo y ansias de constante expansión y creatividad. Asimismo, esta estrella infunde ambición y la capacidad de tomar decisiones de inmediato, así como el gusto por la buena vida. Sin embargo, recomienda que evites caer en la pereza o la autocomplacencia.

Con respecto a tu grado del Sol, esta estrella otorga popularidad, una personalidad atractiva y buenas habilidades sociales. Por lo regular, indica talento creativo y potencial para la escritura. Por otro lado, podría impulsarte a triunfar en los negocios como resultado del deseo de una vida más lujosa.

• *Positiva:* habilidades sociales, popularidad, amistades influyentes, espíritu emprendedor.

• *Negativa:* exageración, arrogancia, oportunismo, vanidad, orgullo, exceso de confianza.

Virgo

ALIOTH

Nombre de la estrella: Alioth
Posición: 7° 52'–8° 52' de Virgo, entre los años 1930 y 2000
Magnitud: 2
Fuerza: ★★★★★★★
Órbita: 2° 10'
Constelación: Osa Mayor (Epsilon Ursae Majoris)
Días efectivos: 29, 30 y 31 de agosto; 1, 2 y 3 de septiembre
Propiedades de la estrella: Marte
Descripción: estrella blanquiazul ubicada en la cola de la Osa Mayor

Alioth otorga buen juicio, entusiasmo por la vida y preferencia por la comodidad y la facilidad. Sueles ser una persona de mente abierta, inclinada al liberalismo. Esta estrella confiere ambición de ganar, naturaleza competitiva y necesidad constante de emprender actividades. También trae consigo talento para la crítica, la cual se debe utilizar de forma constructiva.

Con respecto a tu grado del Sol, la influencia de esta estrella indica aptitud para los negocios, los deportes y los puestos gubernamentales, así como facilidad para tratar con el público. Promueve el rigor y la capacidad de explotar cualquier situación, pero advierte que debes evitar ser irritable y demasiado confiado.

• *Positiva:* autenticidad, franqueza, fortaleza, capacidad de sobreponerse a las decepciones.

• *Negativa:* crueldad, egoísmo, destructividad, obstinación, crítica excesiva.

ZOSMA

Nombre de la estrella: Zosma, también llamada Duhr
Posición: 10° 19'–11° 14' de Virgo, entre los años 1930 y 2000
Magnitud: 2.5
Fuerza: ★★★★★★★
Órbita: 2° 10'
Constelación: Leo (Delta Leo)
Días efectivos: 2, 3, 4, 5 y 6 de septiembre
Propiedades de la estrella: Saturno/Venus
Descripción: estrella triple, blanca, amarillo claro y violeta azulado, ubicada en el lomo del león

Zosma otorga una naturaleza seria y responsable, así como una mente alerta. Recomienda que evites el exceso de seriedad y el egoísmo. Además, como es posible que vivas circunstancias cambiantes, también debes tratar de evitar temores y ansiedades injustificados. Por el lado positivo, Zosma confiere una actitud liberal, encanto personal, visión positiva del mundo, así como éxito y progreso inesperados.

Con respecto a tu grado del Sol, esta estrella podría ayudarte a obtener poder y a convencer a otros de concordar con tus opiniones. Puedes volverte influyente y ascender socialmente, puesto que Zosma influye en tu personalidad amistosa y tu popularidad. Aunque parezcas extrovertido y sociable, sueles tener una naturaleza reservada. Esta estrella te advierte que descubrirás quiénes son tus verdaderos amigos solo en situaciones de crisis.

• *Positiva:* lealtad, diligencia, meticulosidad.

• *Negativa:* desvergüenza, egoísmo, falsas amistades, exceso de seriedad.

MIZAR

Nombre de la estrella: Mizar
Posición: 14° 36'–15° 37' de Virgo, entre los años 1930 y 2000
Magnitud: 2.5
Fuerza: ★★★★★★★
Órbita: 2° 10'
Constelación: Osa Mayor (Zeta Ursae Majoris)
Días efectivos: 6, 7, 8, 9, 10 y 11 de septiembre
Propiedades de la estrella: Marte y Saturno/Venus
Descripción: estrella blanca y esmeralda claro ubicada en la cola de la Osa Mayor

Mizar transmite ambición, pragmatismo, creatividad y talento artístico. No obstante, esta estrella también indica falta de armonía y participación en asuntos controversiales.

Con respecto a tu grado del Sol, esta estrella supone prestigio en la escritura y los negocios, y éxito al tratar con el público en general. Mizar recomienda no ser demasiado crítico y sugiere poner la capacidad mental al servicio de labores creativas y positivas.

• *Positiva:* seriedad, responsabilidad, creatividad.

• *Negativa:* rebeldía, falta de armonía, egoísmo.

DENÉBOLA

Nombre de la estrella: Denébola
Posición: 20° 38'–21° 31' de Virgo, entre los años 1930 y 2000
Magnitud: 2
Fuerza: ★★★★★★★★
Órbita: 2° 10'
Constelación: Leo (Beta Leonis)
Días efectivos: 12, 13, 14, 15 y 16 de septiembre
Propiedades de la estrella: influencias variadas: Saturno/Venus/Mercurio y Marte
Descripción: estrella azul ubicada en la cola del león

Denébola infunde buen juicio, valentía, audacia y una naturaleza noble y generosa. La influencia de esta estrella trae consigo sucesos emocionantes y oportunidades de progreso. Quizá poseas talento natural para pensar con claridad, buenos valores y capacidad de respuesta rápida. Esta estrella también indica que serás responsable y activo cuidando los intereses de otros. No obstante, Denébola te recuerda que los beneficios no necesariamente son duraderos y sugiere que evites la tendencia a enfurecerte o angustiarte, lo cual puede arruinar tus relaciones.

Con respecto a tu grado del Sol, esta estrella otorga ingenio y tenacidad para adquirir habilidades especiales. También indica recompensas y reconocimientos, producto del trabajo, por lo que podrías convertirte en un renombrado especialista en el campo profesional que elijas. Las ganancias y los éxitos suelen provenir del trabajo comunitario y la función pública. Denébola también infunde inquietud y advierte sobre el pelibro de tomar decisiones precipitadas de las que puedas arrepentirte.

• *Positiva:* autocontrol, generosidad, ingenio, responsabilidad, honra.

• *Negativa:* impulsividad, irresponsabilidad, impaciencia.

COPULA

Nombre de la estrella: Copula
Posición: 24º 4'–24º 47' de Virgo, entre los años 1930 y 2000
Magnitud: 4
Fuerza: ★★★★
Órbita: 1º
Constelación: Los Lebreles (M51 Canes Venatici)
Días efectivos: 16, 17 y 18 de septiembre
Propiedades de la estrella: Venus/Luna
Descripción: nebulosa en forma de espiral ubicada bajo la cola de la Osa Mayor

La influencia de Copula se refleja en tu gran pasión, sentimientos profundos e intensos, y sensibilidad afectiva. Sueles ser empático, solidario, y tener un corazón dulce. Esta estrella transmite amor por la música y aprecio por el arte, lo cual podría ayudarte a encontrar mecanismos de expresión. Sin embargo, Copula advierte que debes cuidar tu sentido de la vista.

Con respecto a tu grado del Sol, Copula otorga aptitudes para tratar con el público, lo que te inclinará a buscar trabajo en la función pública o involucrarte en cuestiones legales y temas relacionados con el derecho. Advierte, también, que no debes dejarte vencer por pequeños obstáculos o contratiempos, sino mantener la calma y ejercer la paciencia, lo cual te será de mucha ayuda.

• *Positiva:* naturaleza armoniosa, felicidad, disposición alegre, aprender a superar pequeños obstáculos.

• *Negativa:* irritabilidad, volubilidad, conflictos en el amor.

LABRUM

Nombre de la estrella: Labrum, también llamada Santo Grial
Posición: 25º 41'–26º 21' de Virgo, entre los años 1930 y 2000
Magnitud: 4
Fuerza: ★★★★
Órbita: 1º 30'
Constelación: Cráter (Delta Crateris)
Días efectivos: 17, 18 y 19 de septiembre
Propiedades de la estrella: Venus/Mercurio
Descripción: estrella amarilla pequeña ubicada en La Copa

Labrum confiere inteligencia y, con frecuencia, también una naturaleza creativa y receptiva, así como poderes intuitivos y psíquicos. Posees perspectivas cosmopolitas, mentalidad liberal e inclinaciones religiosas. Sueles interesarte en la historia, la filosofía o la religión; con facilidad desarrollarás el talento de la escritura, el cual puede traerte reconocimientos y riquezas.

Con respecto a tu grado del Sol, esta estrella otorga tenacidad y oportunidades de éxito al tratar con el público. Quizás ansíes expresar tu creatividad a través de las artes escénicas, la escritura, la presentación en escenarios, las comunicaciones y los medios. Esta estrella también indica inclinación hacia la comodidad y el placer, pero advierte que debes evitar el exceso de autocomplacencia y evadir tus responsabilidades.

• *Positiva:* creatividad, educación, éxito artístico, habilidad para la escritura.

• *Negativa:* vanidad y arrogancia, falta de motivación, autocomplacencia.

ZAVIJAVA

Nombre de la estrella: Zavijava, también llamada Zarijan
Posición: 26º 10'–27º 4' de Virgo, entre los años 1930 y 2000
Magnitud: 3.5
Fuerza: ★★★★★
Órbita: 1º 30'
Constelación: Virgo (Beta Virginis)
Días efectivos: 18, 19, 20 y 21 de septiembre
Propiedades de la estrella: Marte/Mercurio
Descripción: estrella amarilla pálida ubicada debajo de la cabeza de Virgo

Zavijava confiere un carácter fuerte y dinámico. Eres inteligente y te inclinas hacia la educación, la investigación científica o la profesión legal. Por otro lado, también podría seducirte el mundo editorial, el periodismo o los medios de información. Zavijava te infundirá la capacidad para superar los obstáculos y seguir adelante.

Con respecto a tu grado del Sol, esta estrella te otorga una mente afinada y la capacidad de concentrarte y prestar atención a los detalles. Prefieres el trabajo especializado e incluso tienes el potencial de convertirte en especialista en tu área. Podrías desempeñarte como investigador, encuestador, refinador de sistemas, analista de estadísticas, ingeniero o experto en computación.

• *Positiva:* acciones inmediatas, habilidades y destreza, decisión, franqueza y honestidad, elocuencia impresionante, agilidad verbal.

• *Negativa:* impaciencia, crítica, discutidor.

ALKAID

Nombre de la estrella: Alkaid, también llamada Benetnasch
Posición: 25º 51'–26º 50' de Virgo, entre los años 1930 y 2000
Magnitud: 2

Fuerza: ★★★★★★★
Órbita: 2º 10'
Constelación: Osa Mayor (Eta Ursae Majoris)
Días efectivos: 18, 19, 20, 21 y 22 de septiembre
Propiedades de la estrella: Luna/Mercurio
Descripción: estrella azul ubicada en la Osa Mayor

Alkaid otorga una mente activa, necesidad de expresarte de forma creativa, intuición y la capacidad de adaptarte con facilidad a situaciones nuevas. Es probable que disfrutes intercambiar pensamientos e ideas, pero también que tengas la tendencia a cambiar de opinión con facilidad. Esta estrella indica aptitud para los negocios y ansias de poder, por lo que tendrás muchas oportunidades de obtener éxito, fortuna y riquezas.

Con respecto a tu grado del Sol, la influencia de Alkaid se refleja en el talento para los negocios y apunta hacia el éxito en el trabajo con el público en general. Te inclinas por trabajar con datos, investigaciones o cuestiones que requieran atención a los detalles. Esta estrella te hace una persona inquieta y ambiciosa, cuyo deseo por llegar a la cima puede ser implacable. Confiere talento para la crítica, el cual debería usarse para cosas positivas.

• *Positiva:* mente activa, buena percepción, empatía, bondad, facilidad de trato con niños.

• *Negativa:* tendencia a la crítica excesiva y al chisme, preocupación, hipersensibilidad, nerviosismo, propensión a la mentira, impaciencia, volubilidad.

MARKEB

Nombre de la estrella: Markeb
Posición: 27º 53'–28º 25' de Virgo, entre los años 1930 y 2000
Magnitud: 2.5
Fuerza: ★★★★★★★
Órbita: 1º 40'
Constelación: Vela (Kappa Velorum)
Días efectivos: 19, 20, 21 y 22 de septiembre
Propiedades de la estrella: Júpiter/Saturno
Descripción: estrella pequeña ubicada en el escudo del barco

La influencia de Markeb se ve reflejada en tu devoción, piedad, amor por el conocimiento y capacidad para adquirir conocimientos generales sobre una amplia variedad de temas. Asimismo, confiere un profundo interés en la educación, así como talento natural para la filosofía. Su influencia también denota que es indispensable cultivar paciencia para alcanzar el éxito. Los viajes largos y el trabajo en tierras extranjeras también son efecto de esta estrella.

Con respecto a tu grado del Sol, Markeb te infunde talento para la escritura, los negocios y el trabajo de investigación detallado. Tener a Markeb como estrella fija te hará parecer una biblioteca andante de información y conocimiento.

• *Positiva:* mente ágil, concentración, atención a los detalles.

• *Negativa:* recopilación de información inútil, interés en trivialidades y chismes.

Libra

ZANIAH

Nombre de la estrella: Zaniah
Posición: 3º 51'–4º 43' de Libra, entre los años 1930 y 2000
Magnitud: 4
Fuerza: ★★★★
Órbita: 1º 30'
Constelación: Virgo (Eta Virginis)
Días efectivos: 26, 27, 28 y 29 de septiembre
Propiedades de la estrella: Mercurio/Venus
Descripción: estrella variable blanca ubicada en el ala sur de Virgo

La influencia de Zaniah transmite refinamiento, simpatía y pasión por la armonía y el orden. Sueles tener una naturaleza amable y personalidad encantadora, por lo que es probable que entables muchas amistades. Su influencia confiere popularidad, reconocimientos y éxito a través de los vínculos sociales.

Con respecto a tu grado del Sol, Zaniah favorece la educación, el aprendizaje intelectual y un talento nato para la investigación y la literatura. Con su ayuda te volverás un especialista en el tema que te interese. Gozas de excelentes relaciones laborales con tus colegas y eres un buen cónyuge. Esta estrella te confiere un temperamento afable, salvo cuando te provocan.

• *Positiva:* visión, agudeza mental, refinamiento, capacidad para realizar trabajo detallado.

• *Negativa:* vanidad, arrogancia, falta de empuje, despilfarro, búsqueda de soluciones fáciles.

VINDEMIATRIX

Nombre de la estrella: Vindemiatrix, que significa "la vendimiadora"
Posición: 8º 57'–9º 57' de Libra, entre los años 1930 y 2000
Magnitud: 3
Fuerza: ★★★★★

Órbita: 1º 40'

Constelación: Virgo (Epsilon Virginis)

Días efectivos: 1, 2, 3 y 4 de octubre

Propiedades de la estrella: interpretaciones variadas: Mercurio/Saturno y Saturno/Venus/Mercurio

Descripción: estrella amarilla brillante ubicada en el ala derecha de Virgo

La influencia de Vindemiatrix indica que, a pesar de tu agilidad mental, en ocasiones eres impulsivo o indiscreto. Esta estrella otorga concentración, pensamiento lógico y la capacidad de ir directo al grano. Tiendes a abordar los problemas de forma metódica e insistir hasta resolverlos. No obstante, también posees cierta obstinación y falta de flexibilidad.

Con respecto a tu grado del Sol, esta estrella confiere habilidades de liderazgo, orgullo y empuje para lograr cosas y obtener reconocimientos. Sueles disimular tu inteligencia y tiendes a hacer afirmaciones triviales. Esta estrella señala que el éxito casi siempre es producto del esfuerzo, y advierte sobre la tendencia a preocuparse por el dinero o el fracaso, incluso si no hay bases para ello.

• *Positiva:* reserva, inteligencia, congruencia, paciencia, enfoque metódico.

• *Negativa:* depresión, preocupación, pérdidas cuando hay descuidos con el dinero.

PORRIMA

Nombre de la estrella: Porrima, también llamada Caphir

Posición: 9º 9'–10º 3' de Libra, entre los años 1930 y 2000

Magnitud: 3

Fuerza: ★★★★★★

Órbita: 1º 40'

Constelación: Virgo (Gamma Virgo)

Días efectivos: 1, 2, 3 y 4 de octubre

Propiedades de la estrella: Mercurio/Venus y Venus/Marte

Descripción: estrella binaria variable, amarilla y blanca, ubicada en el brazo izquierdo de Virgo

La influencia de Porrima se refleja en tu personalidad afable y encantadora. Esta estrella infunde idealismo, gusto refinado, diplomacia y buenos modales. Asimismo, puede hacerte más popular y darte oportunidades para progresar a través de tus contactos sociales.

Con respecto a tu grado del Sol, Porrima confiere talento para la escritura, la astrología, las ciencias sociales y la filosofía. Las fuertes ansias de comunicación con otros te hacen apto para tratar con el público. Gracias a tu empuje interno para triunfar y obtener reconocimiento, con el tiempo recibirás los aplausos que mereces. Porrima sugiere que, para desarrollar la confianza en ti mismo, debes confiar en tus instintos.

• *Positiva:* educación, intuición, refinamiento, buen gusto, creatividad, afabilidad.

• *Negativa:* involucramiento en situaciones cuestionables, dudas.

ALGORAB

Nombre de la estrella: Algorab, también llamada Al-Ghurab, que significa "el cuervo"

Posición: 12º 28'–13º 22' de Libra, entre los años 1930 y 2000

Magnitud: 3

Fuerza: ★★★★★★

Órbita: 1º 30'

Constelación: Corvus (Delta Corvi)

Días efectivos: 5, 6, 7 y 8 de octubre

Propiedades de la estrella: Marte/Saturno

Descripción: estrella binaria, color amarillo claro y púrpura, ubicada en el ala derecha del cuervo

Algorab confiere talento para los negocios y los emprendimientos, así como tenacidad y capacidad para superar los desafíos con encanto y gracia. Esta estrella indica una naturaleza reservada y estudiosa, que ambiciona reconocimiento y éxito. Sin embargo, advierte que debes cuidarte de las tendencias destructivas y engañosas de otras personas.

Con respecto a tu grado del Sol, esta estrella otorga talento para causar una buena impresión, tratar exitosamente con el público y conseguir apoyo o respaldo de otros. Si estás bajo la mirada pública, podrás obtener fama y popularidad, pero evita los escándalos, ya que podrían hacerte perder tu lugar en el mundo.

• *Positiva:* persistencia, emprendimiento en grande, popularidad, reconocimiento militar.

• *Negativa:* métodos poco ortodoxos, trabajar a contracorriente.

SEGINUS

Nombre de la estrella: Seginus

Posición: 16º 38'–17º 20' de Libra, entre los años 1930 y 2000

Magnitud: 3

Fuerza: ★★★★★★

Órbita: 1º 40'

Constelación: Bootes (Gamma Bootis)

Días efectivos: 9, 10, 11 y 12 de octubre

Propiedades de la estrella: Mercurio/Saturno
Descripción: pequeña estrella blanca y amarilla ubicada en el hombro izquierdo de Bootes

La influencia de Seginus confiere una mente sagaz y aguda, gran cantidad de contactos y popularidad. Esta estrella indica versatilidad y facilidad de aprendizaje, pero también advierte que hay una tendencia a ser incongruente y realizar muchos cambios repentinos.

Con respecto a tu grado del Sol, esta estrella otorga éxito en los negocios, aptitudes naturales para la astrología y la filosofía e inclinación hacia intereses poco comunes. Ya que eres sociable y amistoso, tienes muchos amigos que te ayudarán cuando más lo necesites.

• *Positiva:* cooperativo, popularidad, versatilidad.
• *Negativa:* pérdidas a través de amistades y sociedades.

FORAMEN

Nombre de la estrella: Foramen
Posición: 21º 12'–22º 18' de Libra, entre los años 1930 y 2000
Magnitud: 4
Fuerza: ★★★★
Órbita: 1º 30'
Constelación: Quilla (Eta Carinae)
Días efectivos: 14, 15, 16 y 17 de octubre
Propiedades de la estrella: Saturno/Júpiter
Descripción: estrella variable rojiza ubicada en la popa del barco Argos y rodeada por una nebulosa de cerradura

La influencia de Foramen se refleja en tu personalidad intuitiva, encantadora y de mente amplia, así como en tus habilidades de liderazgo. Aunque eres amistoso y sencillo, también tienes una fuerte personalidad. Con dignidad y dedicación podrás alcanzar el éxito y la prosperidad.

Con respecto a tu grado del Sol, Foramen concede habilidades diplomáticas y una naturaleza empática y afable, con inclinaciones sociales. Eres capaz de concebir y entender dos o más puntos de vista al mismo tiempo, por lo que eres la persona ideal para actuar como mediador en disputas ajenas.

• *Positiva:* sociabilidad, comprensión, simpatía, paciencia.
• *Negativa:* indecisión, falta de dirección, ingenuidad, codicia.

ESPIGA

Nombre de la estrella: Espiga, también llamada Spica o Arista

Posición: 22º 51'–23º 46' de Libra, entre los años 1930 y 2000
Magnitud: 1
Fuerza: ★★★★★★★★★★
Órbita: 2º 30'
Constelación: Virgo (Alpha Virginis)
Días efectivos: 14, 15, 16, 17 y 18 de octubre
Propiedades de la estrella: variadas: Venus/Marte o Venus/Júpiter/Mercurio
Descripción: estrella binaria blanca y brillante ubicada en la espiga de trigo de Virgo

Espiga es una de las estrellas más predominantes e importantes del cielo. Confiere buen juicio y giros inesperados de buena fortuna. Asimismo, indica refinamiento, interés por la ciencia y amor por la cultura y el arte. Una vez que concluyas tu educación, aumentarán los reconocimientos y las riquezas. Espiga también trae consigo éxito en tierras remotas, viajes largos y el manejo de importaciones y exportaciones.

Con respecto a tu grado del Sol, Espiga otorga posiciones destacadas, buenos vínculos sociales, éxito en los emprendimientos de negocios y la capacidad de obtener ganancias a través de ideas e inventos novedosos. Ostentas buena concentración e intuición, y posees habilidades psíquicas. Involucrarte en actividades de índole intelectual y en organizaciones grandes podrá traerte éxito. Te gusta tratar con el público y eres capaz de amasar una fortuna inmensa, sobre todo a través de proyectos comerciales.

• *Positiva:* económico, pragmatismo, metas concisas.
• *Negativa:* despilfarro, sin rumbo fijo, mente inestable.

ARTURO

Nombre de la estrella: Arturo también llamada Arcturus, que significa "el guardián de la osa"; Alchameth o Al Simak
Posición: 23º 15'–24º 2' de Libra, entre los años 1930 y 2000
Magnitud: 1
Fuerza: ★★★★★★★★★★
Órbita: 2º 30'
Constelación: Bootes (Alpha Bootis)
Días efectivos: 16, 17, 18, 19 y 20 de octubre
Propiedades de la estrella: Marte/Júpiter y Venus/Júpiter
Descripción: estrella dorada, anaranjada y amarilla ubicada en la rodilla izquierda de Bootes

Arturo confiere talento artístico y éxito en el mundo de las bellas artes. Asimismo, brinda riquezas, reconocimientos, fama y prosperidad. Provee éxito en tierras extranjeras y viajes largos. Advierte que debes evitar los momentos de inquietud y ansiedad, los cuales desestabilizan tu vida.

Con respecto a tu grado del Sol, Arturo otorga riquezas y buena reputación. Además, trae consigo éxito después de baches iniciales y confiere habilidades intuitivas, psíquicas o de sanación. La inclinación hacia el derecho o la función pública puede traerte éxito. Por otro lado, quizá te interese la escritura sobre temas filosóficos, espirituales o religiosos. Esta estrella sugiere que evites ser demasiado aprensivo o excesivamente inconforme, así como aprender a aceptar con serenidad los altibajos de la vida y no aferrarse.

• *Positiva:* vínculos religiosos, buen juicio, viajes largos, glamur.

• *Negativa:* autocomplacencia excesiva, entusiasmo desbordado, pereza, negligencia.

Escorpión

PRINCEPS

Nombre de la estrella: Princeps, que significa
"príncipe" o "principal"
Posición: 2° 8'–2° 50' de Escorpión, entre los años
1930 y 2000
Magnitud: 3.5
Fuerza: ★★★★★
Órbita: 1° 30'
Constelación: Bootes (Delta Bootis)
Días efectivos: 26, 27, 28 y 29 de octubre
Propiedades de la estrella: Mercurio/Saturno
Descripción: estrella gigante color amarillo pálido ubicada
en el mango de la lanza de Bootes

Princeps indica agudeza mental y una mente estudiosa y profunda, con una capacidad de comprensión apta para la investigación. Esta estrella confiere tenacidad, inventiva y una postura conservadora.

Con respecto a tu grado del Sol, Princeps te permite sobresalir en la educación, las ciencias o cuestiones legales o gubernamentales. Posees una naturaleza competitiva y personalidad atrevida. Tu asertividad sutil y mentalidad ingeniosa te ayudan a poner en práctica, exitosamente, ideas nuevas o sin demostrar. Eres reservado y no te comprometes hasta estar seguro de dónde estás posicionado. Sin embargo, una vez que estás convencido de los hechos, te atreves a hablar con franqueza y no temes ser directo ni defender tus argumentos, pues prefieres tener el control de la discusión.

• *Positiva:* espíritu inquebrantable, lucha, trabajo arduo, ambición.

• *Negativa:* necedad, métodos poco ortodoxos, creas tus propios problemas, comportamiento controlador.

KHAMBALIA

Nombre de la estrella: Khambalia, también
llamada Khamblia
Posición: 5° 53'–6° 49' de Escorpión, entre los años
1930 y 2000
Magnitud: 4
Fuerza: ★★★★
Órbita: 1° 30'
Constelación: Virgo (Lambda Virginis)
Días efectivos: 30 y 31 de octubre, 1 de noviembre
Propiedades de la estrella: Mercurio/Marte
Descripción: pequeña estrella blanca ubicada en el pie
izquierdo de Virgo

Khambalia confiere una mente ágil y buenas habilidades para debatir. Indica circunstancias cambiantes que pueden incluir ganancias inesperadas. La influencia de Khambalia se observa en la visión pragmática y la inclinación a obtener una educación superior. Aunque seas amistoso y sociable, a menudo aparentas ser distante e impersonal.

Con respecto a tu grado del Sol, Khambalia ofrece éxito en los negocios, la política o la función pública. En la profesión que elijas, podrás volverte un especialista con habilidades únicas. En ocasiones, esta estrella también confiere talentos poco comunes y sobresalientes que provocan cambios en el trabajo o el empleo.

• *Positiva:* dedicación, educación superior, lógica pulcra, capacidad de razonamiento.

• *Negativa:* discutidor, inquietud, poca confiabilidad.

ÁCRUX

Nombre de la estrella: Ácrux
Posición: 10° 54'–11° 50' de Escorpión, entre los años
1930 y 2000
Magnitud: 1
Fuerza: ★★★★★★★★★
Órbita: 2° 30'
Constelación: Cruz del Sur (Alpha Crucis)
Días efectivos: 2, 3, 4, 5, 6 y 7 de noviembre
Propiedades de la estrella: Júpiter
Descripción: estrella triple blanquiazul, la más brillante
de la Cruz del Sur

Ácrux transmite amor por el conocimiento, la armonía y la justicia. Trae consigo un interés por la filosofía, la metafísica y la astrología; además, confiere habilidades psíquicas. Posees una mente inquisitiva y probablemente también un apetito insaciable por leer o deseos de viajar. Ácrux puede inclinarte hacia profesiones relacionadas con la investigación, la educación, las ciencias sociales, la filosofía y la religión.

Con respecto a tu grado del Sol, Ácrux indica una naturaleza sensible y sentimental. Otorga creencias humanistas profundas que te inspiran a perseguir la justicia. Es posible que te vuelvas líder en tu profesión y que sobresalgas o alcances posiciones elevadas en organizaciones dedicadas a labores humanitarias.

• *Positiva:* justicia, amor por el prójimo, compasión.

• *Negativa:* venganza, injusticia, falta de emociones.

ALPHECCA

Nombre de la estrella: Alphecca
Posición: 11º 16'–12º 0' de Escorpión, entre los años
1930 y 2000
Magnitud: 2.5
Fuerza: ★★★★★★★
Órbita: 2º 10'
Constelación: Corona Boreal (Alpha Coronae Borealis)
Días efectivos: 4, 5, 6 y 7 de noviembre
Propiedades de la estrella: Venus/Mercurio
y Marte/Mercurio
Descripción: estrella brillante blanca ubicada
en el nudo del moño

Alphecca confiere dignidad, habilidades de liderazgo, poderes de sanación y talento para aprender temas esotéricos sofisticados como la astrología. Asimismo, infunde habilidades artísticas y aptitudes musicales y poéticas. Eres tenaz y capaz de alcanzar posiciones de autoridad; Alphecca también trae consigo legados benéficos.

Con respecto a tu grado del Sol, esta estrella denota una mente activa con capacidad intelectual extraordinaria, talento para la escritura y don de gentes. Si tu Sol está ligado a esta estrella, es posible que te inclines hacia las artes escénicas, te presentes en espectáculos o te conviertas en una figura pública. Si acaso surgen problemas, no afectarán tu posición. Por medio de la educación fortalecerás, aún más, tu mente activa y creativa.

• *Positiva:* astucia, creatividad, talento para la escritura, educación, conocimiento.

• *Negativa:* indecisión, mañas, mala fortuna.

ZUBENELGENUBI

Nombre de la estrella: Zubenelgenubi, que significa
"la pinza sur del escorpión"
Posición: 14º 6'–15º 4' de Escorpión, entre los años
1930 y 2000
Magnitud: 3
Fuerza: ★★★★★★
Órbita: 1º 40'
Constelación: Libra (Alpha Librae)
Días efectivos: 6, 7, 8 y 9 de noviembre
Propiedades de la estrella: interpretaciones variadas:
Júpiter/Marte/Saturno/Venus
Descripción: estrella binaria, amarilla pálida y blanca
grisácea, ubicada en el travesaño sur de la balanza

Zubenelgenubi indica que puedes experimentar cambios y periodos de inestabilidad a lo largo de tu vida. Advierte que necesitarás hacer las cosas de modos ortodoxos o mantenerte siempre del lado derecho del camino. Alcanzarás éxito y logros conforme aprendas a superar los obstáculos.

Con respecto a tu grado del Sol, esta estrella otorga la capacidad de enfocarte en tus metas y objetivos, y así sobreponerte a los obstáculos y las decepciones. Aun así, para poder evitar la angustia, quizá debas entender que los favores nunca son gratuitos.

• *Positiva:* capacidad para aprender a perdonar, paciencia, perseverancia.

• *Negativa:* incapacidad para perdonar, relación con personajes indeseables, problemas legales.

ZUBENESCHAMALI

Nombre de la estrella: Zubeneschamali, que significa
"la pinza norte"
Posición: 18º 23'–19º 19' de Escorpión, entre los años
1930 y 2000
Magnitud: 2.5
Fuerza: ★★★★★★★
Órbita: 1º 30'
Constelación: Libra (Beta Librae)
Días efectivos: 11, 12 y 13 de noviembre
Propiedades de la estrella: interpretaciones variadas:
Mercurio/Júpiter y Júpiter/Marte
Descripción: estrella blanquiazul, en ocasiones color
esmeralda pálido, ubicada en el travesaño
norte de la balanza

Zubeneschamali brinda oportunidades para tener buena fortuna. Posees un intelecto sólido y gusto por la ciencia o los temas esotéricos, lo cual resalta tus habilidades intuitivas y psíquicas. Esta estrella puede traer consigo reconocimientos y riquezas que, a su vez, te podrían brindar felicidad duradera.

Con respecto a tu grado del Sol, Zubeneschamali provee un carácter fuerte y habilidades ejecutivas y de liderazgo. Gracias a su influencia, y después de algunas dificultades iniciales, podrás escalar a puestos más altos y alcanzar el éxito en tu carrera. Esta estrella advierte que debes evitar los enredos legales y las situaciones cuestionables. Sin embargo, los problemas duran poco y la buena fortuna vuelve si tomas las decisiones correctas.

• *Positiva:* sentido común bien arraigado, riqueza de ideas, optimismo, habilidades de organización.

• *Negativa:* exageración, engreimiento, arrogancia.

UNUKALHAI

Nombre de la estrella: Unukalhai
Posición: 21° 3'–21° 54' de Escorpión, entre los años 1930 y 2000
Magnitud: 2.5
Fuerza: ★★★★★
Órbita: 1° 40'
Constelación: Serpens (Alpha Serpentis)
Días efectivos: 13, 14, 15 y 16 de noviembre
Propiedades de la estrella: Saturno/Marte
Descripción: estrella amarilla y anaranjada pálida ubicada en el cuello de la serpiente

Unukalhai otorga una naturaleza atrevida y desafiante; así como tesón y fortaleza, lo cual te ayudará a superar las dificultades. Asimismo, advierte que debes evitar relacionarte con compañías inapropiadas y sugiere que, aunque aprender a hacer lo correcto sea difícil, también resulta gratificante.

Con respecto a tu grado del Sol, Unukalhai favorece el éxito en la escritura, la política y cuestiones ligadas con el trato con el público. Asimismo, otorga un buen sentido de la estructura y la tenacidad, aunque también implica cierta tendencia a la obstinación. La influencia de Unukalhai sugiere que los problemas familiares deben resolverse de manera justa; y advierte sobre los riesgos de involucrarse en batallas legales.

• *Positiva:* tenacidad, capacidad de resistencia, superación de desafíos.

• *Negativa:* rebeldía, pendenciero, transgresiones a la ley, antisistema.

AGENA

Nombre de la estrella: Agena, también llamada Hadar
Posición: 22° 48'–23° 45' de Escorpión, entre los años 1930 y 2000
Magnitud: 1
Fuerza: ★★★★★★★★★
Órbita: 2° 30'
Constelación: Centauro (Beta Centauri)
Días efectivos: 14, 15, 16, 17 y 18 de noviembre
Propiedades de la estrella: influencias variadas: Venus/Júpiter o Marte/Mercurio
Descripción: estrella blanca pequeña ubicada en la pata delantera derecha del centauro

Agena favorece los logros y el ascenso a posiciones de poder. Asimismo, otorga vitalidad y buena salud. Sueles ser una persona refinada con principios morales sólidos, lo que a su vez te atrae amigos, éxito y reconocimientos.

Con respecto a tu grado del Sol, Agena confiere ambición y éxito. Es probable que tengas buenos contactos además de amigos y socios poderosos. Esta estrella te dota de buenas habilidades sociales y la capacidad de atraer popularidad a gran escala, lo que conlleva grandes oportunidades. Agena fortalece la actividad y agilidad mental, así como las respuestas francas; no obstante, también sugiere que hablar en mal momento o ser indiscreto puede salirte caro.

• *Positiva:* asertividad, astucia, energía, popularidad, moral sólida.

• *Negativa:* impaciencia, indecisión, falta de honra.

TOLIMÁN

Nombre de la estrella: Tolimán, también llamada Bungula o Rigel Kentaurus
Posición: 28° 36'–29° 35' de Escorpión, entre los años 1930 y 2000
Magnitud: 1
Fuerza: ★★★★★★★★★
Órbita: 2° 30'
Constelación: Centauro (Alpha Centauri)
Días efectivos: 20, 21, 22, 23 y 24 de noviembre
Propiedades de la estrella: Venus/Júpiter
Descripción: estrella binaria brillante, blanca y amarilla, ubicada en el pie izquierdo del centauro

Tolimán confiere una naturaleza apasionada y refinada, así como contactos sociales valiosos. Cuando necesites ayuda, esta estrella te otorgará amigos que te apoyarán en tiempos de necesidad. Brinda oportunidades y posiciones honoríficas o de poder. No obstante, advierte que debes evitar los comportamientos extremistas y las actitudes fatalistas.

Con respecto a tu grado del Sol, Tolimán indica una naturaleza ambiciosa, pero también que posees la determinación y tenacidad para progresar de manera constante. Sin embargo, advierte que debes cuidarte de las rivalidades, las envidias o el egocentrismo.

• *Positiva:* autosuficiencia, capacidad de aprender a compartir, generosidad, popularidad.

• *Negativa:* hipersensibilidad, riñas con otras personas, alejarse de los demás.

Sagitario

YED PRIOR

Nombre de la estrella: Yed Prior
Posición: 1º 19'–2º 13' de Sagitario, entre los años 1930 y 2000
Magnitud: 3
Fuerza: ★★★★★★
Órbita: 1º 40'
Constelación: Ofiuco (Delta Ophiuchi)
Días efectivos: 23, 24, 25 y 26 de noviembre
Propiedades de la estrella: Saturno/Venus
Descripción: estrella color amarillo intenso ubicada en la mano izquierda de Ofiuco

La influencia de Yed Prior se observa en tu naturaleza franca y directa, y en tu actitud seria. En general, eres ambicioso, tenaz y posees buenas habilidades sociales.

Con respecto a tu grado del Sol, esta estrella infunde encanto y una personalidad agradable, así como ambición y éxito. Yed Prior también te permite triunfar en la escritura, la educación y el aprendizaje de temas elevados, e indica un interés particular en la astrología, la filosofía y la religión. Por otro lado, quizá hagas carrera en la profesión legal o la política. Tus colegas y empleadores te tienen aprecio y te admiran.

• *Positiva:* popularidad, concentración en todo momento.

• *Negativa:* verborrea, inmoralidad, desvergüenza, rebeldía.

DSCHUBBA

Nombre de la estrella: Dschubba, también llamada Isidis o Iclarkrav

Posición: 1º 33'–2º 28' de Sagitario, entre los años 1930 y 2000
Magnitud: 2.5
Fuerza: ★★★★★★★
Órbita: 1º 40'
Constelación: Escorpión (Delta Scorpio)
Días efectivos: 24, 25 y 26 de noviembre
Propiedades de la estrella: Marte/Saturno
Descripción: estrella brillante ubicada cerca de la tenaza derecha del escorpión

Dschubba otorga una actitud liberal, orgullo y aspiraciones elevadas. La influencia de esta estrella se observa en tus ambiciones. Eres competitivo y tu visión del mundo es atrevida y poco convencional. Dschubba sugiere que evites ser impaciente y relacionarte con personas poco fiables.

Con respecto a tu grado del Sol, esta estrella favorece la buena educación y la inclinación hacia la educación superior en campos como el derecho, la política, la filosofía, la religión, la metafísica y la astrología. Probablemente seas una persona sociable y popular, y tengas muchos amigos y relaciones profesionales duraderas. No obstante, tal vez debas aprender a ser discreto.

• *Positiva:* franqueza y honestidad, educación, cosmopolita.

• *Negativa:* indiscreción, oportunismo, optimismo excesivo.

GRAFFIAS

Nombre de la estrella: Graffias, también llamada Acrab o Beta Scorpii
Posición: 2º 12'–3º 13' de Sagitario, entre los años 1930 y 2000
Magnitud: 3
Fuerza: ★★★★★★
Órbita: 1º 40'
Constelación: Escorpión (Beta Scorpii)
Días efectivos: 24, 25, 26 y 27 de noviembre
Propiedades de la estrella: Saturno/Marte
Descripción: estrella triple, blanca pálida y lila, ubicada en la cabeza del escorpión

Graffias otorga buen olfato para los negocios, riqueza y poder material. Confiere una mente activa y el deseo de tomar riesgos. Graffias también indica que el éxito se logra después de muchas dificultades; por ende, la fortaleza y la tenacidad son clave para alcanzar tus metas. Esta estrella advierte que los beneficios no necesariamente son duraderos, y que el exceso de actividades puede causar estrés y mermar la salud.

Con respecto a tu grado del Sol, Graffias favorece el éxito en la política y el potencial de sobresalir en la educación, la religión y el trabajo relacionado con el público. Esta estrella indica que los reconocimientos son consecuencia del trabajo arduo y el servicio. Quizá poseas la capacidad de desear y obtener aquello que ansías, pero no siempre podrás disfrutar al máximo las recompensas de tu éxito bien merecido.

• *Positiva:* fortaleza, trabajo arduo, dedicación.

• *Negativa:* cambios e inestabilidad, inclinaciones materialistas.

HAN

Nombre de la estrella: Han
Posición: 8° 15'–9° 13' de Sagitario, entre los años 1930 y 2000
Magnitud: 3
Fuerza: ★★★★★★
Órbita: 1° 40'
Constelación: Ofiuco (Zeta Ophiuchi)
Días efectivos: 30 de noviembre; 1, 2 y 3 de diciembre
Propiedades de la estrella: Saturno/Venus
Descripción: pequeña estrella blanquiazul ubicada cerca de la rodilla izquierda de Ofiuco

Han trae consigo oportunidades de éxito, golpes de suerte y reconocimiento; sin embargo, también advierte que trates de evitar los comportamientos autodestructivos y actuar con poca ética en tus interacciones sociales.

Con respecto a tu grado del Sol, Han te otorga una personalidad carismática y la capacidad de dejar una buena impresión. Sueles recibir ayuda de otras personas y eres capaz de obtener ascensos con rapidez, en ocasiones sin esforzarte mucho y no siempre por mérito propio. Esta estrella también conlleva éxito en la escritura y trabajo con el público, y advierte que no te involucres en situaciones cuestionables que puedan causarte angustia y estrés innecesarios.

• *Positiva:* compromiso, responsabilidad, seriedad.

• *Negativa:* desapego de las emociones propias, negación.

ANTARES

Nombre de la estrella: Antares, también llamada Anti Aries que significa "rival de Marte"
Posición: 8° 48'–9° 49' de Sagitario, entre los años 1930 y 2000
Magnitud: 1
Fuerza: ★★★★★★★★★★
Órbita: 2° 30'
Constelación: Escorpio (Alpha Scorpii)
Días efectivos: 30 de noviembre; 1, 2, 3, 4 y 5 de diciembre
Propiedades de la estrella: Marte/Júpiter, también Júpiter/Venus
Descripción: estrella binaria, roja ardiente y verde esmeralda, ubicada en el cuerpo del escorpión

Antares es una de las cuatro estrellas reales, lo que la hace sumamente importante. Otorga una naturaleza aventurera, mentalidad ágil, amplitud de miras y actitudes liberales. Indica sucesos inesperados, golpes de suerte y múltiples oportunidades para viajar a lugares desconocidos. Confiere valentía, convicciones fuertes y un carácter atrevido. Sin embargo, advierte que debes tratar de no ser demasiado impaciente, destructivo, obstinado o vengativo.

Con respecto a tu grado del Sol, Antares transmite interés en la educación, la política o los negocios que implican relación con el público. Es probable que seas una persona idealista y optimista que está dispuesta a luchar por causas justas. Antares también confiere talento para la escritura y una visión religiosa que busca conocimiento y sabiduría. Asimismo, aunque trae consigo reconocimientos y riquezas, estos no siempre son duraderos. Gracias a su influencia, Antares acarrea circunstancias inesperadas que cambian las situaciones de manera repentina, ya sea para bien o para mal.

• *Positiva:* valentía, sofisticación, viajes a tierras desconocidas, educación superior.

• *Negativa:* irascibilidad, irreverencia, rebeldía, comportamiento destructivo.

RASTABAN

Nombre de la estrella: Rastaban, también llamada Alwaid
Posición: 10° 49'–11° 42' de Sagitario, entre los años 1930 y 2000
Magnitud: 2.5
Fuerza: ★★★★★★★
Órbita: 1° 40'
Constelación: Draco (Beta Draconis)
Días efectivos: 3, 4, 5 y 6 de diciembre
Propiedades de la estrella: Saturno/Marte
Descripción: estrella binaria gigante, irregular y variable, de color rojo y amarillo azulado, ubicada en la cabeza del dragón

Rastaban trae consigo convicciones fuertes, tenacidad y éxito al tratar con el público. Asimismo, indica oportunidades para descubrir o inventar cosas poco comunes, así como de cambios y golpes de suerte inesperados. Otorga una naturaleza valiente, atrevida y ambiciosa. Muchas veces, con la ayuda de otros, obtendrás fama y poder.

Con respecto a tu grado del Sol, Rastaban confiere habilidades ejecutivas, ambición y perseverancia. Con el tiempo, esto te permitiría ocupar posiciones profesionales elevadas en ámbitos como la educación, la religión, la ciencia o la investigación innovadora.

• *Positiva:* fortaleza, paciencia, visión pragmática.

• *Negativa:* rebeldía y postura antisistema, falta de empuje.

SABIK

Nombre de la estrella: Sabik
Posición: 16º 58'–17º 59' de Sagitario, entre los años 1930 y 2000
Magnitud: 2.5
Fuerza: ★★★★★★
Órbita: 1º 40'
Constelación: Ofiuco (Eta Ophiuchi)
Días efectivos: 8, 9, 10 y 11 de diciembre
Propiedades de la estrella: influencias variadas: Saturno/Venus y Júpiter/Venus
Descripción: estrella amarilla pálida ubicada en la rodilla izquierda de Ofiuco

La influencia de Sabik indica honestidad y valor moral. También te impulsa a ser fiel a tu naturaleza y evitar la deshonestidad y el desperdicio. Asimismo, supone que puede ser necesario ejercer el buen juicio y evitar los negocios turbios, sin importar cuán lucrativos parezcan.

Con respecto a tu grado del Sol, Sabik confiere sinceridad, conducta honorable y amor por la justicia. Es posible que ansíes encontrar sabiduría espiritual y te sientas inclinado hacia los estudios filosóficos y temas poco convencionales o controversiales. Esta estrella trae consigo cambios positivos, gracias a lo cual las situaciones desagradables terminan siendo bendiciones encubiertas. Además, indica que, sin importar las circunstancias, los buenos principios y las convicciones te permitirán superar los tiempos difíciles.

• *Positiva:* principios morales y valentía, superación de obstáculos.

• *Negativa:* desperdicio, deshonestidad, engaño, falta de principios.

RASALHAGUE

Nombre de la estrella: Rasalhague, que significa "cabeza del encantador de serpientes"
Posición: 21º 28'–22º 26' de Sagitario, entre los años 1930 y 2000
Magnitud: 2
Fuerza: ★★★★★★★
Órbita: 2º 10'
Constelación: Ofiuco (Alpha Ophiuchi)
Días efectivos: 13, 14, 15 y 16 de diciembre
Propiedades de la estrella: Saturno/Venus
Descripción: estrella brillante blanca y azul zafiro ubicada en la cabeza de Ofiuco

Rasalhague transmite ansias de conocimiento y educación, humanismo, amplitud de miras y perspectivas liberales. También es posible que te interesen la filosofía y la religión, y que tengas un don particular para la visualización.

Con respecto a tu grado del Sol, Rasalhague alude a una naturaleza reservada y considerada. Puede indicar éxito en los negocios, gracias a tu capacidad para concentrarte en proyectos grandes o tu pensamiento complejo. Suele traer consigo grandes logros individuales que te marcarán como alguien que nació antes de su tiempo. Sin embargo, también confiere suspicacia y supone la necesidad de aprender a confiar en otros para obtener popularidad y ampliar tu círculo social.

• *Positiva:* vinculación con grandes empresas, implicación en deportes, buenos ingresos.

• *Negativa:* suspicacia, energías dispersas, exceso de seriedad.

LESATH

Nombre de la estrella: Lesath, que significa "el aguijón"
Posición: 23º 2'–24º 0' de Sagitario, entre los años 1930 y 2000
Magnitud: 3
Fuerza: ★★★★★★
Órbita: 1º 40'
Constelación: Escorpión (Nu Scorpio)
Días efectivos: 15, 16, 17 y 18 de diciembre
Propiedades de la estrella: Mercurio/Marte
Descripción: pequeño sistema de cuatro estrellas rodeado por una nébula, ubicado en el aguijón del escorpión

Lesath otorga una mente veloz y ágil, así como asertividad y motivación personal. Es probable que seas ambicioso, tengas una naturaleza sociable y seas juicioso. Esta estrella confiere creatividad, ingenio y oportunidades para involucrarte en hacer descubrimientos nuevos o recibir beneficios inesperados y buena fortuna.

Con respecto a tu grado del Sol, Lesath indica éxito en las relaciones públicas, atracción por la escritura e inclinación hacia la educación superior y el aprendizaje. Probablemente seas una persona ingeniosa e inquisitiva que contribuye a la sociedad por medio de sus descubrimientos. Podrías ser un buen detective o investigador gracias a tu mente activa. Te caracterizas por tu franqueza, trabajo arduo, gran vitalidad y acciones veloces. Sin embargo, debes aprender a canalizar la energía a proyectos que valgan la pena y evitar actividades que podrían ponerte en peligro o meterte en problemas legales.

• *Positiva:* astucia, creatividad, tenacidad, sentido común.

• *Negativa:* tendencia a la exageración, inestabilidad.

ACULEUS

Nombre de la estrella: Aculeus
Posición: 24º 49'–25º 57' de Sagitario, entre los años 1930 y 2000
Magnitud: 4.5
Fuerza: ★★★
Órbita: 1º
Constelación: Escorpión (6M Scorpio)
Días efectivos: 17, 18 y 19 de diciembre
Propiedades de la estrella: Marte/Luna
Descripción: esta estrella se ubica ligeramente arriba del aguijón del escorpión en un cúmulo estelar junto con la estrella Acumen

Aculeus infunde energía, tenacidad y habilidades ejecutivas y de liderazgo. Eres una persona activa, pero inquieta, y eso te vuelve propensa a ser voluble. Por lo que cultivar la paciencia aumentará tus probabilidades de éxito.

Con respecto a tu grado del Sol, Aculeus trae consigo éxito en las relaciones públicas, siempre y cuando estés dispuesto a trabajar arduamente y concentrarte en la misión que tienes enfrente. Además, advierte que debes cuidar tu sentido de la vista.

• *Positiva:* agilidad mental, intuición, asertividad, ambición.

• *Negativa:* impaciencia, irritabilidad, ánimo inestable.

ETAMIN

Nombre de la estrella: Etamin
Posición: 26º 55'–27º 57' de Sagitario, entre los años 1930 y 2000
Magnitud: 2.5–3
Fuerza: ★★★★★★
Órbita: 1º 40'
Constelación: Dragón (Gamma Draconis)
Días efectivos: 19, 20 y 21 de diciembre
Propiedades de la estrella: Marte/Luna
Descripción: estrella binaria gigante de color rojo ubicada en el ojo del dragón

Etamin provee una mentalidad ágil, entusiasmo, individualidad y espíritu pionero. Sueles ser una persona segura de ti, aunque a veces te confías demasiado, lo que se traduce en acciones precipitadas que podrían arriesgar tu posición.

Con respecto a tu grado del Sol, esta estrella te impulsa a hacer carrera en la educación superior, la literatura, el medio editorial o la profesión legal. Por lo regular, Etamin otorga una naturaleza asertiva y tenaz, así como interés en temas, ideas y asuntos poco comunes.

• *Positiva:* fuerza de voluntad, espíritu de lucha, ambición, sinceridad.

• *Negativa:* acciones impulsivas, pleitos, irritabilidad, volubilidad.

ACUMEN

Nombre de la estrella: Acumen
Posición: 27º 45'–28º 54' de Sagitario, entre los años 1930 y 2000
Magnitud: 4.5
Fuerza: ★★★
Órbita: 1º
Constelación: Escorpión (7M Scorpio)
Días efectivos: 20, 21 y 22 de diciembre
Propiedades de la estrella: Marte/Luna
Descripción: este cúmulo estelar se ubica junto a la estrella Aculeus ligeramente arriba del aguijón del escorpión

Acumen otorga habilidades de liderazgo, energía, asertividad y ansias de avanzar en la vida. También te infunde fuerza de voluntad, tensiones internas e impulsividad. Con frecuencia, esta intensidad afectiva y la tendencia a emocionarte en exceso podrían causar confusiones, malentendidos o hasta pleitos. Acumen indica éxito en los negocios. Tienes inclinación hacia la vida campestre, y a tener una familia grande.

Con respecto a tu grado del Sol, esta estrella confiere entusiasmo y empuje. Te gusta demostrar de lo que eres capaz, por lo que tu principal objetivo es ganar. Acumen te brinda vitalidad, la cual te permite emprender ideas o negocios, y trabajar con el público. Sin embargo, necesitas el apoyo y amor de todos los miembros de tu familia. Además, Acumen advierte que debes cuidar tu sentido de la vista.

• *Positiva:* independencia, emotividad, popularidad, ambición.

• *Negativa:* hipersensibilidad, volubilidad, impaciencia, tensiones internas.

SINISTRA

Nombre de la estrella: Sinistra
Posición: 28° 46'–29° 44' de Sagitario, entre los años 1930 y 2000
Magnitud: 3
Fuerza: ★★★★★★
Órbita: 1° 40'
Constelación: Ofiuco (Nu Ophiuchi)
Días efectivos: 21, 22 y 23 de diciembre
Propiedades de la estrella: Venus/Saturno
Descripción: estrella enana anaranjada ubicada en la mano izquierda de Ofiuco

Sinistra otorga éxito en los emprendimientos comerciales, buenas habilidades ejecutivas, potencial de liderazgo y una personalidad independiente y original. Sin embargo, también trae consigo inquietudes y necesidad de cambio constante, lo que puede derivar en fluctuaciones de circunstancias. Por lo regular, buscas posiciones de poder o influencia.

Con respecto a tu grado del Sol, Sinistra confiere aspiraciones elevadas y una naturaleza atrevida y original, aunque también beligerante. Su influjo se observa en el éxito en los negocios, el derecho, la función pública o el trabajo con gente. Por otro lado, es posible que te interese la educación superior en temas de filosofía y religión. Asimismo, tendrás oportunidades para obtener fama y renombre por mérito propio.

• *Positiva:* posición elevada en la vida pública.

• *Negativa:* autoritarismo, insensibilidad, seriedad excesiva.

SPICULUM

Nombre de la estrella: Spiculum, también llamada Trifid Nebulae
Posición: 29° 41' de Sagitario–0° 39' de Capricornio, entre los años 1930 y 2000

Magnitud: 5
Fuerza: ★★
Órbita: 1°
Constelación: Sagitario (20M, 21M Sagittarius)
Días efectivos: 21, 22 y 23 de diciembre
Propiedades de la estrella: Luna/Marte
Descripción: dos cúmulos estelares y una nebulosa ubicados en la punta de la flecha de Sagitario

Spiculum otorga ambición, asertividad, gran valentía y convicciones fuertes. Esta estrella señala tus inclinaciones sociales y revela que disfrutas las reuniones. Asimismo, advierte que eres propenso a los cambios de ánimo y la inquietud, y que, por ende, es probable que tomes decisiones impredecibles o te comportes de forma inusual.

Con respecto a tu grado del Sol, Spiculum te dota de emociones intensas, aspiraciones, ambición, valentía y convicciones fuertes. Además, te caracteriza como una persona sociable que disfruta las reuniones y tiene muchos amigos, en especial mujeres. Por otro lado, advierte que las acciones precipitadas o prematuras traen como resultado conductas de las que podrías arrepentirte.

• *Positiva:* fuerza de voluntad, espíritu de lucha, vigor.

• *Negativa:* volubilidad, irritabilidad, inquietud, actitud pendenciera, decisiones cuestionables.

Capricornio

POLIS

Nombre de la estrella: Polis
Posición: 2° 15'– 3° 14' de Capricornio, entre los años 1930 y 2000
Magnitud: 4
Fuerza: ★★★★
Órbita: 1° 30'
Constelación: Sagitario (Mu Sagittarius)
Días efectivos: 23, 24, 25 y 26 de diciembre
Propiedades de la estrella: Júpiter/Marte
Descripción: estrella triple blanquiazul ubicada en la parte superior del arco del arquero

Polis otorga percepción aguda y la capacidad de enfocarte en una meta específica. También te impulsa a buscar el éxito y la buena fortuna, además de infundirte tenacidad para ascender a posiciones elevadas. La capacidad para tomar decisiones rápidas y afortunadas es reflejo de tus habilidades de liderazgo. Sin embargo, esta estrella advierte que te cuides de la tendencia a ser rebelde o dominante.

Con respecto a tu grado del Sol, Polis confiere una naturaleza pionera y valiente, así como muchas oportunidades, fortaleza y grandes ambiciones. Eres una persona orgullosa que busca abrirse camino por mérito propio, sin importar si eso conduce a la fama o al reconocimiento. Esta estrella favorece el éxito en la educación superior, con especial interés en temas de espiritualidad. Además, indica que debes procurar no dominar las situaciones o tomar el mando a menos que seas quien emprenda el proyecto.

• *Positiva:* concentración, naturaleza competitiva.

• *Negativa:* rebeldía, inquietud, falta de resistencia, exceso de optimismo.

KAUS BOREALIS

Nombre de la estrella: Kaus Borealis
Posición: 5° 20'–6° 19' de Capricornio, entre los años 1930 y 2000
Magnitud: 3
Fuerza: ★★★★★★
Órbita: 1° 40'
Constelación: Sagitario (Lambda Sagittarius)
Días efectivos: 27, 28 y 29 de diciembre
Propiedades de la estrella: Mercurio/Marte
Descripción: estrella gigante anaranjada ubicada en la parte norte del arco del arquero

Kaus Borealis otorga inteligencia, agudeza mental, extraordinaria elocuencia y buenas habilidades comunicativas. Quienes reciben su influencia se caracterizan por su pasión por las discusiones y el debate; sin embargo, en ocasiones estos individuos parecen agresivos o beligerantes. Con frecuencia, esta estrella infunde tendencias humanitarias y una naturaleza idealista, con un sentido claro de la justicia y la distribución. Además, trae consigo cambios que desafían tu obstinación.

Con respecto a tu grado del Sol, Kaus Borealis confiere firmeza y una fuerza motora interna que te permiten alcanzar posiciones influyentes. Otras personas suelen reconocer tus capacidades de liderazgo e ingenio, con las cuales obtienes logros o ascensos. Aun así, la inquietud interna y la necesidad continua de abrirte camino pueden indicar falta de satisfacción.

• *Positiva:* versatilidad, tenacidad, experiencia, franqueza.

• *Negativa:* insatisfacción, extremismo, obstinación.

FACIES

Nombre de la estrella: Facies
Posición: 7° 12'–8° 24' de Capricornio, entre los años 1930 y 2000
Magnitud: 5
Fuerza: ★★
Órbita: 1°
Constelación: Sagitario (M22 Sagittarius)
Días efectivos: 29, 30 y 31 de diciembre
Propiedades de la estrella: Sol/Marte
Descripción: nébula y cúmulo abierto de estrellas brillantes ubicados en el arco del arquero

Facies otorga asertividad, espíritu de lucha y naturaleza temeraria. Estás lleno de vitalidad y vigor y, por lo regular, deseas ejercer el poder, ya que posees las habilidades de liderazgo necesarias. También confiere la habilidad de tomar decisiones con rapidez, considerando que te caracterizas por ser un buen estratega que disfruta competir y ganar.

Con respecto a tu grado del Sol, esta estrella supone éxito en los negocios y en el trato con el público, así como una gran fuerza de voluntad, impulso innato y espíritu competitivo. Sin embargo, advierte que la necesidad constante de ser el número uno puede meterte en problemas, por lo que sugiere evitar los negocios turbios y las situaciones peligrosas.

• *Positiva:* anhelo de vivir, vida activa, capacidad para lograr cosas, firmeza.

• *Negativa:* esfuerzo excesivo, obstinación, ganas de pelear.

NUNKI

Nombre de la estrella: Nunki, también llamada Pelagus
Posición: 11° 15'–12° 21' de Capricornio, entre los años 1930 y 2000
Magnitud: 2
Fuerza: ★★★★★★★★
Órbita: 2° 10'
Constelación: Sagitario (Sigma Sagittarius)
Días efectivos: 1, 2, 3, 4 y 5 de enero
Propiedades de la estrella: Mercurio/Júpiter
Descripción: estrella ubicada en la cola de la flecha en la mano del arquero

La influencia de Nunki se observa en tu amor por la verdad, tu carácter fuerte y tu franqueza y asertividad. Esta estrella otorga tenacidad para alcanzar el éxito y sentido común sólido. Además, guía al individuo hacia la educación y el aprendizaje superior, sobre todo en cuestiones de ciencia, filosofía, historia y espiritualidad. Asimismo, indica una personalidad franca y de convicciones fuertes.

Con respecto a tu grado del Sol, Nunki confiere creatividad y riqueza de ideas, ascenso a puestos públicos influyentes y condiciones favorables en el hogar y en asuntos familiares. Te abrirás camino por mérito propio. Aunque a veces te veas implicado en situaciones complejas, por lo general, saldrás bien librado.

• *Positiva:* educación superior, sentido común sólido, amor por la verdad.

• *Negativa:* controversias, fracasos causados por la deshonestidad.

ASCELLA

Nombre de la estrella: Ascella
Posición: 12º 39'–13º 37' de Capricornio, entre los años 1930 y 2000
Magnitud: 3
Fuerza: ★★★★★★
Órbita: 1º 40'
Constelación: Sagitario (Zeta Sagittarius)
Días efectivos: 3, 4, 5 y 6 de enero
Propiedades de la estrella: Júpiter/Mercurio
Descripción: estrella binaria ubicada en la axila del arquero

Ascella trae consigo riqueza de ideas, buen juicio y una inclinación hacia la espiritualidad y la filosofía. Esta estrella indica que te será posible obtener riquezas y buena fortuna si eres emprendedor y combinas tu capacidad para pensar en grande con tu naturaleza pragmática.

Con respecto a tu grado del Sol, Ascella confiere ambición, moralidad y buen criterio. Es probable que tengas creencias y convicciones fuertes. Además, tus amigos y empleadores influyentes te ayudarán cuando más lo necesites. Su influencia también implica que tus habilidades ejecutivas, en combinación con tu naturaleza sociable, te traerán muchas oportunidades, buena suerte y felicidad.

• *Positiva:* sociabilidad y afabilidad, convicciones fuertes.

• *Negativa:* antipatía, discutidor.

MANUBRIUM

Nombre de la estrella: Manubrium
Posición: 14º 01'–15º 03' de Capricornio, entre los años 1930 y 2000
Magnitud: 4

Fuerza: ★★★★
Órbita: 1º 30'
Constelación: Sagitario (Omicron Sagittarius)
Días efectivos: 5, 6 y 7 de enero
Propiedades de la estrella: Sol/Marte
Descripción: estrella que forma parte de un cúmulo ubicada en el rostro del arquero

La influencia de Manubrium indica que eres valiente u osado, y que tienes una personalidad dinámica. Asimismo, indica que eres capaz de grandes actos de heroísmo o de desafío. Probablemente tengas un temperamento explosivo e impaciente.

Con respecto a tu grado del Sol, esta estrella otorga vitalidad y vigor, además de un fuerte deseo de ocupar posiciones de liderazgo. Manubrium indica que eres orgulloso e innovador, y que te gustan los deportes y las competencias. Sin embargo, también indica que, generalmente, deseas dominar las situaciones.

• *Positiva:* vigor, poder para lograr cosas, valentía, ambición.

• *Negativa:* obstinación, inquietud, inclinación pendenciera.

VEGA

Nombre de la estrella: Vega, también conocida como "el buitre"
Posición: 14º 20'–15º 19' de Capricornio, entre los años 1930 y 2000
Magnitud: 1
Fuerza: ★★★★★★★★★★
Órbita: 2º 30'
Constelación: Lira (Alpha Lyrae)
Días efectivos: 4, 5, 6, 7 y 8 de enero
Propiedades de la estrella: interpretaciones variadas: Venus/Mercurio, también Júpiter/Saturno
Descripción: estrella brillante blanca y azul zafiro ubicada en la parte inferior de la lira

Vega otorga habilidades de liderazgo y una personalidad sociable y extrovertida. Ves la vida de manera idealista y optimista; y posees habilidades creativas y talento para la escritura. Sin embargo, esta estrella también indica que las circunstancias variables traen consigo periodos de éxito ocasionales y supone que solo con tenacidad se puede garantizar la estabilidad.

Con respecto a tu grado del Sol, Vega confiere éxito y oportunidad de ascender a puestos altos. Esta estrella puede conectarte con gente influyente que te permitirá obtener reconocimientos y popularidad. Su influencia también indica que las circunstancias cambiantes acarrean éxitos breves. Probablemente te agrade trabajar en puestos gubernamentales o tratar con el público en general. Vega te advierte que trates de evitar la tendencia a ser demasiado crítico o brusco.

• *Positiva:* refinamiento, esperanza, seriedad, responsabilidad.

• *Negativa:* mal uso del poder, demasiado reservado, crítico, brusquedad, enemigos ocultos.

DENEB

Nombre de la estrella: Deneb, también llamada Al Danab
Posición: 18° 49'–19° 55' de Capricornio, entre los años
1930 y 2000
Magnitud: 3
Fuerza: ★★★★★★
Órbita: 1° 40'
Constelación: Águila (Zeta Aquilae)
Días efectivos: 9, 10, 11 y 12 de enero
Propiedades de la estrella: Marte/Júpiter
Descripción: estrella verde ubicada en el ojo del águila

Deneb otorga habilidades de liderazgo, una actitud liberal y apertura ideológica. Eres optimista, emprendedor, audaz, entusiasta y ambicioso. Posees un sentido común sólido y la capacidad de actuar asertivamente.

Con respecto a tu grado del Sol, Deneb confiere éxito en el trabajo con el público e inclinación hacia los negocios y la profesión legal. Probablemente poseas habilidades ejecutivas y de liderazgo, una voluntad fuerte y la capacidad de instruir a otros. Esta estrella indica una personalidad independiente, dinámica, de auténtica individualidad, la cual te da oportunidades para avanzar con valentía y entusiasmo.

• *Positiva:* espíritu emprendedor, competitividad, ambición.

• *Negativa:* premura, impaciencia, deshonestidad, negligencia.

TEREBELLUM

Nombre de la estrella: Terebellum
Posición: 24° 52'–25° 55' de Capricornio, entre los años
1930 y 2000
Magnitud: 5
Fuerza: ★★
Órbita: 1°

Constelación: Sagitario (Omega Sagittarius)
Días efectivos: 15, 16 y 17 de enero
Propiedades de la estrella: Venus/Saturno
Descripción: cuadrilátero de estrellas anaranjadas y rojizas
en la cola del arquero

Terebellum otorga una visión clara y pragmática, así como una personalidad ambiciosa y tenaz. Sueles tener éxito después de sobreponerte a las adversidades. Esta estrella indica que ser responsable y obediente te permite superar dificultades. Asimismo, supone que quizá tengas dudas y conflictos internos entre tus deseos personales y las obligaciones que tienes con otras personas.

Con respecto a tu grado del Sol, Terebellum confiere inteligencia y ambición para ascender a posiciones prominentes. Sin embargo, advierte que puedes ser malicioso y sugiere que te cuides de hacer travesuras y maldades. Esta estrella indica que se pueden alcanzar la fortuna y el éxito, pero muchas veces a costa de grandes sacrificios.

• *Positiva:* ambición, devoción, sentimentalismo, astucia.

• *Negativa:* mercenario, implacable, malicia, egoísmo.

Acuario

ALBIREO

Nombre de la estrella: Albireo
Posición: 0° 17'–1° 16' de Acuario, entre los años 1930 y 2000
Magnitud: 3
Fuerza: ★★★★★★
Órbita: 1° 40'
Constelación: Cisne (Beta Cygni)
Días efectivos: 20, 21, 22 y 23 de enero
Propiedades de la estrella: Mercurio/Venus
Descripción: estrella binaria de color del topacio amarillo y
azul zafiro ubicada en la cabeza del cisne

La influencia de Albireo se refleja en tu naturaleza refinada y gentil; y suele conferirte una apariencia elegante y atractiva. Esta estrella indica que prefieres la pulcritud, tienes un carácter encantador y te gusta ser popular. Si buscas ayuda de otras personas, por lo regular, la encontrarás cuando más la necesites.

Con respecto a tu grado del Sol, esta estrella te da una personalidad sociable, agradable y relajada que te permite hacer amigos con rapidez y triunfar en las interacciones con el público. También infunde talento para la escritura, en especial de temas humanistas o sociales. Asimismo, indica que es probable que elijas ocupaciones poco comunes y que tengas ciertos hábitos excéntricos, por lo que debes evitar radicalizarte demasiado o volverte extremista.

• *Positiva:* comunicación, postura liberal, ideas creativas, inventiva.

• *Negativa:* rebeldía, radicalización, excentricidad y hostilidad.

ALTAIR

Nombre de la estrella: Altair, que significa "el águila"
Posición: 0° 47'– 1° 43' de Acuario, entre los años 1930 y 2000
Magnitud: 1
Fuerza: ★★★★★★★★★★
Órbita: 2° 30'
Constelación: Águila (Alpha Aquilae)
Días efectivos: 20, 21, 22, 23 y 24 de enero
Propiedades de la estrella: Marte/Júpiter, Urano, Mercurio
Descripción: estrella blanca y amarilla ubicada en el cuello del águila

Altair transmite fuertes deseos, confianza, ambición, actitud liberal y una naturaleza inquebrantable. Indica que, aunque puedas ser radical y rebelde, y en ocasiones causes problemas saboteando algún proyecto, tu originalidad, excentricidad e ideas ingeniosas suelen compensar tu comportamiento errático. También otorga auges inesperados de riqueza o éxito a través de invenciones, pero advierte que las circunstancias inestables pueden poner en riesgo las posiciones de autoridad que ocupas.

Con respecto a tu grado del Sol, Altair confiere originalidad, popularidad y tendencias aventureras. Te impulsa a buscar conocimiento y revela tu talento para la escritura y la educación. Dado que sueles ser ambicioso y audaz, buscas cambios de suerte, por lo que quizá recibas ganancias inesperadas u otros beneficios. Debido a que disfrutas estar en grupos, haces amigos e influyes en la gente con facilidad.

• *Positiva:* originalidad, ingenio, individualidad, humanismo, creatividad.

• *Negativa:* rebeldía, antagonismo, imprevisibilidad.

AL GIEDI

Nombre de la estrella: Al Giedi, también llamada Al-jadiyy, que significa "la cabra"
Posición: 2° 50'–3° 48' de Acuario, entre los años 1930 y 2000
Magnitud: 4
Fuerza: ★★★★

Órbita: 1° 40'
Constelación: Capricornio (Alpha Capricorni)
Días efectivos: 23, 24 y 25 de enero
Propiedades de la estrella: Venus/Marte y Venus/Mercurio
Descripción: estrella binaria de color amarillo, ceniza y lila ubicada en el cuerno sur de la cabra

Al Giedi te traerá una vida atareada llena de sucesos inesperados, vueltas de tuerca, golpes de suerte, triunfos repentinos y alianzas poco comunes. También indica que experimentarás periodos de inestabilidad y circunstancias cambiantes; eso significa que, aunque ahora tengas buena fortuna, debes aprender a esperar lo inesperado.

Con respecto a tu grado del Sol, Al Giedi infunde energía, vitalidad y una personalidad dinámica. Por medio de los talentos creativos, como la escritura, esta estrella te traerá éxito y popularidad entre el público en general. Es posible que tengas amigos influyentes que te apoyen y te hagan favores. Al Giedi advierte que te cuides de la crítica y sugiere que evites transacciones clandestinas.

• *Positiva:* talentos creativos, popularidad, alianzas poco comunes, favores de otras personas.

• *Negativa:* inestabilidad, excentricidad, crítica.

DABIH

Nombre de la estrella: Dabih
Posición: 3° 4'–4° 3' de Acuario, entre los años 1930 y 2000
Magnitud: 3
Fuerza: ★★★★★★
Órbita: 1° 40'
Constelación: Capricornio (Beta Capricorni)
Días efectivos: 23, 24, 25 y 26 de enero
Propiedades de la estrella: Saturno/Venus y Saturno/Urano
Descripción: estrella binaria, anaranjada, amarilla y azul, ubicada en el ojo izquierdo de la cabra

Dabih otorga posiciones de confianza y autoridad, así como una naturaleza responsable que puede hacerte merecedor de reconocimiento público. Es posible que tengas una naturaleza reservada y la tendencia a desconfiar. Por ende, evita entablar relaciones poco gratas y cuídate de posibles pérdidas causadas por malos amigos.

Con respecto a tu grado del Sol, esta estrella confiere tenacidad y éxito a través del progreso estable y el trabajo arduo. Además, indica que debes proceder con cuidado y usar métodos convencionales para tener oportunidades de ascenso.

• *Positiva:* trabajo arduo, tenacidad, perseverancia.

• *Negativa:* exceso de suspicacia, desconfianza.

OCULUS

Nombre de la estrella: Oculus
Posición: 3º 44'–4º 44' de Acuario, entre los años 1930 y 2000
Magnitud: 5
Fuerza: ★★
Órbita: 1º
Constelación: Capricornio (Pi Capricorni)
Días efectivos: 24, 25 y 26 de enero
Propiedades de la estrella: Venus/Saturno
Descripción: pequeña estrella blanca y amarilla ubicada en el ojo derecho de la cabra

Oculus otorga un intelecto agudo, sentido del deber y visión pragmática de la vida. Aunque posees buenas habilidades sociales y tienes muchos amigos y conocidos, tu conducta sombría te hace parecer desapegado. Sin embargo, esta estrella trae consigo amigos leales que te ayudarán a triunfar.

Con respecto a tu grado del Sol, esta estrella confiere encanto y una personalidad amigable. También infunde popularidad y éxito al tratar con el público en general.

• *Positiva:* sociabilidad, afabilidad, orientación grupal.
• *Negativa:* aislamiento, indiferencia, seriedad excesiva.

BOS

Nombre de la estrella: Bos
Posición: 4º 11'–5º 1' de Acuario, entre los años 1930 y 2000
Magnitud: 5
Fuerza: ★★
Órbita: 1º
Constelación: Capricornio (Rho Capricorni)
Días efectivos: 25 y 26 de enero
Propiedades de la estrella: Venus/Saturno
Descripción: pequeña estrella blanca ubicada en el rostro de la cabra

Bos otorga capacidad de discernimiento, talento para la expresión artística e intelecto agudo. Asimismo, confiere un fuerte sentido del deber y te insta a ser activo y trabajador. Cuando eres tenaz y tienes convicciones fuertes, esta estrella te brinda éxito y buena fortuna.

Con respecto a tu grado del Sol, esta estrella te infunde un carácter y convicciones fuertes, individualidad y sentido del propósito. También indica que hay muchos ámbitos que te interesan, pero debes evitar la tendencia a ser extremista o demasiado radical.

• *Positiva:* mente ágil, autocontrol, ambición, éxito a través de la diligencia.

• *Negativa:* exceso de seriedad, autoflagelación, separaciones.

ARMUS

Nombre de la estrella: Armus
Posición: 11º 45'–12º 45' de Acuario, entre los años 1930 y 2000
Magnitud: 5
Fuerza: ★★
Órbita: 1º
Constelación: Capricornio (Eta Capricorni)
Días efectivos: 1, 2 y 3 de febrero
Propiedades de la estrella: Marte/Mercurio
Descripción: pequeña estrella anaranjada y rojiza ubicada en el corazón de la cabra

Armus otorga originalidad, ingenio, naturaleza controvertida, agilidad mental y la capacidad de impresionar a otros; además de una elocuencia particular y buen sentido del humor. Advierte acerca del riesgo de discutir demasiado o ser ingrato, así como de una inquietud interna que te puede provocar inestabilidad.

Con respecto a tu grado del Sol, esta estrella confiere independencia, capacidad de reacción inmediata y mente alerta. Probablemente seas sociable y tengas éxito al tratar con la gente en general.

• *Positiva:* sentido común, capacidad de juicio, pericia, elocuencia extraordinaria.

• *Negativa:* irritabilidad, tensión mental, nerviosismo, beligerancia.

DORSUM

Nombre de la estrella: Dorsum
Posición: 12º 51'–13º 50' de Acuario, entre los años 1930 y 2000
Magnitud: 4
Fuerza: ★★★★
Órbita: 1º 30'
Constelación: Capricornio (Theta Capricorni)
Días efectivos: 2, 3 y 4 de febrero
Propiedades de la estrella: Júpiter/Saturno
Descripción: pequeña estrella blanquiazul ubicada en el lomo de la cabra

Dorsum otorga la capacidad para alcanzar objetivos trascendentales a través de la tenacidad y la paciencia. Dado que sueles ser una persona activa, podrás tener mucho éxito en las relaciones públicas.

Con respecto a tu grado del Sol, esta estrella trae consigo avances lentos pero seguros, en los que el progreso suele estar ligado a tu responsabilidad. Dorsum te impulsa a explorar y desarrollar tus habilidades de escritura.

• *Positiva:* sentido del deber, diplomacia, disposición para el servicio.

• *Negativa:* tensión, descontento, impaciencia.

CASTRA

Nombre de la estrella: Castra
Posición: 19º 30'–20º 12' de Acuario, entre los años 1930 y 2000
Magnitud: 4
Fuerza: ★★★★
Órbita: 1º 30'
Constelación: Capricornio (Epsilon Capricorni)
Días efectivos: 8, 9 y 10 de febrero
Propiedades de la estrella: Júpiter/Saturno
Descripción: pequeña estrella anaranjada amarillenta ubicada en el vientre de la cabra

Castra otorga habilidades de liderazgo, asertividad y prominencia en puestos gubernamentales. Esta estrella indica que la paciencia y el trabajo arduo conducen al éxito, y que los comportamientos destructivos pueden provocar fracasos.

Con respecto a tu grado del Sol, Castra trae consigo reconocimiento en el ámbito literario y logros en educación superior; es posible que te interesen la filosofía o la astrología. Asimismo, confiere habilidades psíquicas e intuitivas.

• *Positiva:* perseverancia, ambición, pensamiento filosófico.

• *Negativa:* inseguridad, pesimismo.

NASHIRA

Nombre de la estrella: Nashira, que significa "la portadora de buenas noticias"
Posición: 20º 48'–21º 45' de Acuario, entre los años 1930 y 2000
Magnitud: 4
Fuerza: ★★★★
Órbita: 1º 30'
Constelación: Capricornio (Gamma Capricorni)
Días efectivos: 10, 11, 12 y 13 de febrero
Propiedades de la estrella: Saturno/Júpiter

Descripción: pequeña estrella ubicada en la cola de la cabra

Nashira otorga notoriedad y la capacidad de superar cualquier contratiempo o desafío. Infunde una naturaleza cautelosa y supone que la paciencia se recompensa, ya que después de las dificultades viene el triunfo.

Con respecto a tu grado del Sol, Nashira trae consigo habilidades de escritura, gerenciales y ejecutivas, así como éxito laboral en ámbitos que impliquen trato con el público. Aunque puede indicar lucha, una vez que se tiene éxito este es duradero y permite alcanzar posiciones destacadas en el futuro.

• *Positiva:* fortaleza, paciencia, cautela.

• *Negativa:* sentimientos de tensión, insatisfacción, irritabilidad.

SADALSUUD

Nombre de la estrella: Sadalsuud
Posición: 22º 24'–23º 20' de Acuario, entre los años 1930 y 2000
Magnitud: 3
Fuerza: ★★★★★★
Órbita: 1º 30'
Constelación: Acuario (Beta Aquarii)
Días efectivos: 11, 12, 13 y 14 de febrero
Propiedades de la estrella: influencias variadas: Mercurio/Saturno y Sol/Urano
Descripción: estrella amarilla pálida ubicada en el hombro izquierdo de Acuario

La influencia de Sadalsuud se refleja en tu creatividad, imaginación, intuición y habilidades psíquicas. Es posible que te intereses en la astrología y los estudios metafísicos. Tienes inclinaciones domésticas y te encanta tu hogar. Esta estrella también conlleva una vida familiar feliz y un matrimonio con muchos logros.

Con respecto a tu grado del Sol, esta estrella indica originalidad, éxito al tratar con el público e interés en temas como la astrología, la filosofía y la espiritualidad. Probablemente eres competitivo, original e ingenioso. Sadalsuud también trae consigo sucesos extraños o inesperados.

• *Positiva:* originalidad, creatividad, cambios afortunados, oportunidades nuevas.

• *Negativa:* escándalos, acciones precipitadas que pueden ser contraproducentes.

DENEB ALGEDI

Nombre de la estrella: Deneb Algedi, también llamada
Scheddi
Posición: 22° 23'–23° 39' de Acuario, entre los años
1930 y 2000
Magnitud: 3
Fuerza: ★★★★★★
Órbita: 1° 40'
Constelación: Capricornio (Delta Capricorni)
Días efectivos: 11, 12, 13 y 14 de febrero
Propiedades de la estrella: Júpiter/Saturno
Descripción: pequeña estrella ubicada en la cola de
la cabra

La influencia de Deneb Algedi se observa en el éxito, la fama, la riqueza y la capacidad de convertir las situaciones difíciles y desventajosas en todo un éxito. Tu olfato para los negocios y personalidad asertiva fortalecerán tus habilidades ejecutivas y de liderazgo. Generalmente, eres un buen estratega y te gusta pensar en grande. Gracias a la influencia de Deneb Algedi, podrás alcanzar posiciones elevadas, aunque deberás ser prudente y seleccionar a tus amigos.

Con respecto a tu grado del Sol, esta estrella otorga inclinación hacia el trabajo en puestos gubernamentales o en cuestiones legales, así como progreso lento pero seguro. Además, indica que debes superar la tendencia a ser impaciente o irritable por problemas nimios.

• *Positiva:* persuasión, perspicacia, ambición, astucia.

• *Negativa:* comportamiento destructivo, pérdida de oportunidades.

Piscis

SADALMELIK

Nombre de la estrella: Sadalmelik
Posición: 2° 21'–3° 16' de Piscis, entre los años 1930 y 2000
Magnitud: 3
Fuerza: ★★★★★★
Órbita: 1° 30'
Constelación: Acuario (Alpha Aquarius)
Días efectivos: 19, 20, 21 y 23 de febrero
Propiedades de la estrella: influencias variadas: Saturno/
Mercurio y Saturno/Júpiter
Descripción: estrella gigante color amarillo pálido ubicada
en el hombro derecho de Acuario

La influencia de Sadalmelik se refleja en tu naturaleza imaginativa y conservadora. Asimismo, confiere habilidades metafísicas e interés en la astrología.

Con respecto a tu grado del Sol, esta estrella te brinda la oportunidad de trabajar en empresas grandes y alcanzar el éxito a través de estas corporaciones. También indica la tendencia a ser ambicioso, trabajador y materialista. Sadalmelik advierte que el éxito vendrá después de los fracasos, pero que en gran parte dependerá de cuánto te esfuerces.

• *Positiva:* practicidad, paciencia, sensibilidad, trabajo arduo.

• *Negativa:* desconfianza, poco realista, confusión.

FOMALHAUT

Nombre de la estrella: Fomalhaut
Posición: 2° 51'–3° 51' de Piscis, entre los años 1930 y 2000
Magnitud: 1
Fuerza: ★★★★★★★★★★
Órbita: 2° 30'
Constelación: Piscis Austrinus (Alpha Piscis Austrini)
Días efectivos: 19, 20, 21, 22, 23, 24 y 25 de febrero
Propiedades de la estrella: Venus/Mercurio
Descripción: estrella blanca rojiza ubicada en la boca del
pez del sur

Fomalhaut es una de las cuatro estrellas reales y marca el solsticio de invierno. Es una estrella especialmente poderosa que confiere buena suerte, éxito y agudeza mental. También indica la necesidad de cambiar tu visión material por una más espiritual.

Con respecto a tu grado del Sol, Fomalhaut otorga buen ritmo, receptividad y la tendencia a seguir la corriente. Te dejas influenciar con facilidad por tu entorno, priorizas tu bienestar y necesitas encontrar mecanismos para expresarte de forma creativa. Además, esta estrella sugiere que puedes esperar legados y herencias, pero debes evitar despilfarrar o gastarlos con rapidez.

• *Positiva:* habilidad para presupuestar, idealismo, imaginación, creatividad.

• *Negativa:* problemas legales costosos, falta de visión, descuidos.

DENEB ADIGE

Nombre de la estrella: Deneb Adige, también llamada
Arided y Aridif
Posición: 4° 19'–4° 55' de Piscis, entre los años 1930 y 2000
Magnitud: 1

Fuerza: ★★★★★★★★★★
Órbita: 2° 30'
Constelación: Cignus, que significa "el cisne" (Alpha Cygni)
Días efectivos: 22, 23, 24, 25, 26 y 27 de febrero
Propiedades de la estrella: Venus/Mercurio
Descripción: estrella blanca brillante ubicada en la cola
del cisne

La influencia de Deneb Adige se refleja en tu inteligencia y capacidad para aprehender la información con facilidad. Otorga versatilidad e idealismo, así como habilidades psíquicas. Aunque eres amistoso y agradable, tendrás que elegir a tus amigos con cuidado.

Con respecto a tu grado del Sol, esta estrella confiere talento para la escritura, amor por la literatura y un potencial interés por la astrología. Trae consigo popularidad y capacidad de tratar con el público de forma exitosa. También indica algunas dificultades experimentadas en la infancia que causan impresiones fuertes.

• *Positiva:* elocuencia, imaginación, astucia, intelecto.
• *Negativa:* falta de tacto, menoscabo de las relaciones.

SKAT

Nombre de la estrella: Skat
Posición: 7° 51'–8° 40' de Piscis, entre los años 1930 y 2000
Magnitud: 3.5–4
Fuerza: ★★★★
Órbita: 1° 30'
Constelación: Acuario (Delta Aquarii)
Días efectivos: 26, 27, 28 y 29 de febrero
Propiedades de la estrella: interpretaciones variadas:
Saturno/Júpiter o Urano/Venus/Mercurio
Descripción: estrella pequeña ubicada en la pierna derecha
de Acuario

La influencia de Skat se observa en tu idealismo, talento artístico y mente receptiva. Esta estrella indica que sueles tener una naturaleza romántica, buena fortuna, éxito y felicidad duradera.

Con respecto a tu grado del Sol, esta estrella confiere sensibilidad, idealismo y habilidades psíquicas, además de brindarte éxito al tratar con el público en general. Es probable que seas popular y obtengas ayuda de tus amigos en momentos de crisis. No obstante, Skat advierte que puedes ser hipersensible y sugiere que debes superar la tendencia a reaccionar de forma desproporcionada a las críticas.

• *Positiva:* creatividad, ritmo, sensibilidad, paciencia.
• *Negativa:* inconstancia, volubilidad, nerviosismo.

ACHERNAR

Nombre de la estrella: Achernar
Posición: 14° 17'–15° 11' de Piscis, entre los años 1930 y 2000
Magnitud: 1
Fuerza: ★★★★★★★★★★
Órbita: 2° 30'
Constelación: Erídano (Alpha Eridani)
Días efectivos: 3, 4, 5, 6, 7 y 8 de marzo
Propiedades de la estrella: Júpiter
Descripción: estrella blanquiazul ubicada en la
desembocadura del río Erídano

La influencia de Achernar estimula la expansión de tu visión de vida y la capacidad de analizar las cosas en su totalidad. Es probable que tengas una mirada optimista de la vida, amor por la justicia y aspiraciones elevadas. Esta estrella otorga éxito y gusto por el trabajo con el público. También puede inclinarte hacia la filosofía y la religión.

Con respecto a tu grado del Sol, esta estrella confiere una naturaleza generosa, paciente y optimista. Te hará sobresalir en la educación superior y te brindará talento para la escritura. Asimismo, indica recompensas por trabajo extraordinario. Achernar sugiere que es posible alcanzar el éxito en los negocios y en el trabajo con el público en general. Si obtienes fama, generalmente, es duradera.

• *Positiva:* justicia, sentido del bienestar social, aspiraciones.
• *Negativa:* influenciable, evasión, especulaciones, malas interpretaciones.

MARKAB

Nombre de la estrella: Markab
Posición: 22° 29'–23° 22' de Piscis, entre los años 1930 y 2000
Magnitud: 2.5–3
Fuerza: ★★★★★★★★
Órbita: 1° 40'
Constelación: Pegaso (Alpha Pegasi)
Días efectivos: 12, 13, 14, 15 y 16 de marzo
Propiedades de la estrella: Marte/Mercurio
Descripción: estrella blanca brillante ubicada en el ala
de Pegaso

La influencia de Markab se observa en tu espíritu emprendedor, capacidad de decisión y mente tenaz. Esta estrella confiere amor por las discusiones y la argumentación, buen juicio, habilidades y destreza prácticas, y conversación ingeniosa. Es probable que poseas la capacidad de contraatacar con rapidez y elocuencia, y así utilizar las circunstancias a tu favor.

Con respecto a tu grado del Sol, Markab otorga amor por los viajes, talentos creativos y artísticos, y éxito al tratar con el público. Trae consigo aptitud para los negocios y ganancias materiales, las cuales se obtienen al pensar y actuar con rapidez e intuición. Es posible que desees abrirte camino en la educación superior, la espiritualidad, la filosofía o la escritura. Por otro lado, esta estrella advierte que deberás superar la peligrosa autocomplacencia y falta de entusiasmo.

- *Positiva:* energía, creatividad, emprendimiento.
- *Negativa:* enfoque en los defectos ajenos, obstinación, irritabilidad, impaciencia y acciones prematuras.

SCHEAT

Nombre de la estrella: Scheat
Posición: 28° 14'–29° 6' de Piscis, entre los años 1930 y 2000
Magnitud: 2
Fuerza: ★★★★★★★★
Órbita: 2° 10'

Constelación: Pegaso (Beta Pegasi)
Días efectivos: 16, 17, 18, 19, 20 y 21 de marzo
Propiedades de la estrella: Marte/Mercurio o Saturno/Mercurio
Descripción: estrella gigante anaranjada amarillenta ubicada en la pata izquierda de Pegaso

La influencia de Scheat se observa en tu tenacidad y obstinación. Esta estrella indica que te gusta soñar, eres idealista y posees una naturaleza emprendedora. Es probable que tengas muchos amigos y una vida social activa que te da sentido de pertenencia.

Con respecto a tu grado del Sol, Scheat confiere éxito al tratar con el público en general, así como talento para la metafísica, la astrología y temas esotéricos. Es probable que poseas habilidades intuitivas o psíquicas, así como una imaginación prodigiosa. Esta estrella indica que el éxito no siempre es duradero, y supone la necesidad de ser cauteloso al elegir amistades, personas cercanas o socios comerciales.

- *Positiva:* decisión, sentido común, habilidades argumentativas, emprendimientos, tenacidad.
- *Negativa:* peligro en el agua, impaciencia, obstinación.

Sobre las autoras

GERALDINE SULLIVAN, nacida el 4 de junio, es astróloga profesional con 20 años de experiencia. Es conferencista internacional y ha aparecido en programas de entrevistas de televisión en los Estados Unidos. Dirige una exitosa consulta de astrología, e imparte talleres y clases de educación para adultos en Londres. Su carrera en Ciencias combinó astrología y psicología, e incluyó investigaciones sobre el inconsciente, los sueños y la experiencia mística.

SAFFI CRAWFORD, nacida el 28 de mayo, es numeróloga y astróloga profesional. Dirige una exitosa consulta de consejería astrológica en Londres, e imparte talleres de astrología y numerología. Sus estudios de maestría en Ciencias Sociales combinaron la historia y la filosofía de la civilización occidental e incluyeron investigaciones sobre la historia de la astrología, la hermenéutica y la reflexividad.